PERÍODO DO ANIVERSÁRIO DA PRIMEIRA PESSOA

Como usar esta tabela:

Localize o período do aniversário da primeira pessoa no alto da tabela e o período do aniversário da segunda pessoa na coluna ao lado da tabela. O ponto onde as duas linhas se cruzam é o número da página onde o perfil do relacionamento desta combinação será encontrado.

Cada aniversário individual está contido dentro dos 48 períodos do ano. Os perfis do estudo da personalidade de cada período estão localizados entre as páginas 19 e 211.

PERÍODO DO ANIVERSÁRIO DA SEGUNDA PESSOA

	19 a 24 de Março	25 de Março a 2 de Abril	3 a 10 de Abril	11 a 18 de Abril	19 a 24 de Abril	25 de Abril a 2 de Maio	3 a 10 de Maio	11 a 18 de Maio	19 a 24 de Maio	25 de Maio a 2 de Junho	3 a 10 de Junho	11 a 18 de Junho	19 a 24 de Junho	25 de Junho a 2 de Julho	3 a 10 de Julho	11 a 18 de Julho	19 a 25 de Julho	26 de Julho a 2 de Agosto	3 a 10 de Agosto	11 a 18 de Agosto	19 a 25 de Agosto	26 de Agosto a 2 de Setembro	3 a 10 de Setembro	11 a 18 de Setembro
19 a 24 de Março	214	214	215	215	216	216	217	217	218	218	219	219	220	220	221	221	222	222	223	223	224	224	225	225
25 de Março a 2 de Abril	214	238	238	239	239	240	240	241	241	242	242	243	243	244	244	245	245	246	246	247	247	248	248	249
3 a 10 de Abril	215	238	261	262	262	263	263	264	264	265	265	266	266	267	267	268	268	269	269	270	270	271	271	272
11 a 18 de Abril	215	239	262	284	285	285	286	286	287	287	288	288	289	289	290	290	291	291	292	292	293	293	294	294
19 a 24 de Abril	216	239	262	285	307	307	308	308	309	309	310	310	311	311	312	312	313	313	314	314	315	315	316	316
25 de Abril a 2 de Maio	216	240	263	285	307	329	329	330	330	331	331	332	332	333	333	334	334	335	335	336	336	337	337	338
3 a 10 de Maio	217	240	263	286	308	329	350	351	351	352	352	353	353	354	354	355	355	356	356	357	357	358	358	359
11 a 18 de Maio	217	241	264	286	308	330	351	371	372	372	373	373	374	374	375	375	376	376	377	377	378	378	379	379
19 a 24 de Maio	218	241	264	287	309	330	351	372	392	392	393	393	394	394	395	395	396	396	397	397	398	398	399	399
25 de Maio a 2 de Junho	218	242	265	287	309	331	352	372	392	412	412	413	413	414	414	415	415	416	416	417	417	418	418	419
3 a 10 de Junho	219	242	265	288	310	331	352	373	393	412	431	432	432	433	433	434	434	435	435	436	436	437	437	438
11 a 18 de Junho	219	243	266	288	310	332	353	373	393	413	432	450	451	451	452	452	453	453	454	454	455	455	456	456
19 a 24 de Junho	220	243	266	289	311	332	353	374	394	413	432	451	469	469	470	470	471	471	472	472	473	473	474	474
25 de Junho a 2 de Julho	220	244	267	289	311	333	354	374	394	414	433	451	469	487	488	488	489	489	490	490	491	491	492	492
3 a 10 de Julho	221	244	267	290	312	333	354	375	395	414	433	452	470	487	504	505	505	506	506	507	507	508	508	509
11 a 18 de Julho	221	245	268	290	312	334	355	375	395	415	434	452	470	488	505	521	522	522	523	523	524	524	525	525
19 a 25 de Julho	222	245	268	291	313	334	355	376	396	415	434	453	471	488	505	522	538	538	539	539	540	540	541	541
26 de Julho a 2 de Agosto	222	246	269	291	313	335	356	376	396	416	435	453	471	489	506	522	538	554	554	555	555	556	556	557
3 a 10 de Agosto	223	246	269	292	314	335	356	377	397	416	435	454	472	489	506	523	539	554	569	570	570	571	571	572
11 a 18 de Agosto	223	247	270	292	314	336	357	377	397	417	436	454	472	490	507	523	539	555	570	584	585	585	586	586
19 a 25 de Agosto	224	247	270	293	315	336	357	378	398	417	436	455	473	490	507	524	540	555	570	585	599	599	600	600
26 de Agosto a 2 de Setembro	224	248	271	293	315	337	358	378	398	418	437	455	473	491	508	524	540	556	571	585	599	613	613	614
3 a 10 de Setembro	225	248	271	294	316	337	358	379	399	418	437	456	474	491	508	525	541	556	571	586	600	613	626	627
11 a 18 de Setembro	225	249	272	294	316	338	359	379	399	419	438	456	474	492	509	525	541	557	572	586	600	614	627	639
19 a 24 de Setembro	226	249	272	295	317	338	359	380	400	419	438	457	475	492	509	526	542	557	572	587	601	614	627	640
25 de Setembro a 2 de Outubro	226	250	273	295	317	339	360	380	400	420	439	457	475	493	510	526	542	558	573	587	601	615	628	640
3 a 10 de Outubro	227	250	273	296	318	339	360	381	401	420	439	458	476	493	510	527	543	558	573	588	602	615	628	641
11 a 18 de Outubro	227	251	274	296	318	340	361	381	401	421	440	458	476	494	511	527	543	559	574	588	602	616	629	641
19 a 25 de Outubro	238	251	274	297	319	340	361	382	402	421	440	459	477	494	511	528	544	559	574	589	603	616	629	642
26 de Outubro a 2 de Novembro	228	252	275	297	319	341	362	382	402	422	441	459	477	495	512	528	544	560	575	589	603	617	630	642
3 a 11 de Novembro	229	252	275	298	320	341	362	383	403	422	441	460	478	495	512	529	545	560	575	590	604	617	630	643
12 a 18 de Novembro	229	253	276	298	320	342	363	383	403	423	442	460	478	496	513	529	545	561	576	590	604	618	631	643
19 a 24 de Novembro	230	253	276	299	321	342	363	384	404	423	442	461	479	496	513	530	546	561	576	591	605	618	631	644
25 de Novembro a 2 de Dezembro	230	254	277	299	321	343	364	384	404	424	443	461	479	497	514	530	546	562	577	591	605	619	632	644
3 a 10 de Dezembro	231	254	277	300	322	343	364	385	405	424	443	462	480	497	514	531	547	562	577	592	606	619	632	645
11 a 18 de Dezembro	231	255	278	300	322	344	365	385	405	425	444	462	480	498	515	531	547	563	578	592	606	620	633	645
19 a 25 de Dezembro	232	255	278	301	323	344	365	386	406	425	444	463	481	498	515	532	548	563	578	593	607	620	633	646
26 de Dezembro a 2 de Janeiro	232	256	279	301	323	345	366	386	406	426	445	463	481	499	516	532	548	564	579	593	607	621	634	646
3 a 9 de Janeiro	233	256	279	302	324	345	366	387	407	426	445	464	482	499	516	533	549	564	579	594	608	621	634	647
10 a 16 de Janeiro	233	257	280	302	324	346	367	387	407	427	446	464	482	500	517	533	549	565	580	594	608	622	635	647
17 a 22 de Janeiro	234	257	280	303	325	346	347	388	408	427	446	465	483	500	517	534	550	565	580	595	609	622	635	648
23 a 30 de Janeiro	234	258	281	303	325	347	368	388	408	428	447	465	483	501	518	534	550	566	581	595	609	623	636	648
31 de Janeiro a 7 de Fevereiro	235	258	281	304	326	347	368	389	409	428	447	466	484	501	518	535	551	566	581	596	610	623	636	649
8 a 15 de Fevereiro	235	259	282	304	326	348	369	389	409	429	448	466	484	502	519	535	551	567	582	596	610	624	637	649
16 a 22 de Fevereiro	236	259	282	305	327	348	369	390	410	429	448	467	485	502	519	536	552	567	582	597	611	624	637	650
23 de Fevereiro a 2 de Março	236	260	283	305	327	349	370	390	410	430	449	467	485	503	520	536	552	568	583	597	611	625	638	650
3 a 10 de Março	237	260	283	306	328	349	370	391	411	430	449	468	486	503	520	537	553	568	583	598	612	625	638	651
11 a 18 de Março	237	261	284	306	328	350	371	391	411	431	450	468	486	501	521	537	553	569	584	598	612	626	639	651

PERÍODO DO ANIVERSÁRIO DA PRIMEIRA PESSOA

19 a 24 de Setembro	25 de Setembro a 2 de Outubro	3 a 10 de Outubro	11 a 18 de Outubro	19 a 25 de Outubro	26 de Outubro a 2 de Novembro	3 a 11 de Novembro	12 a 18 de Novembro	19 a 24 de Novembro	25 de Novembro a 2 de Dezembro	3 a 10 de Dezembro	11 a 18 de Dezembro	19 a 25 de Dezembro	26 de Dezembro a 2 de Janeiro	3 a 9 de Janeiro	10 a 16 de Janeiro	17 a 22 de Janeiro	23 a 30 de Janeiro	31 de Janeiro a 7 de Fevereiro	8 a 15 de Fevereiro	16 a 22 de Fevereiro	23 de Fevereiro a 2 de Março	3 a 10 de Março	11 a 18 de Março	PERÍODO DO ANIVERSÁRIO DA SEGUNDA PESSOA
226	226	227	227	228	228	229	229	230	230	231	231	232	232	233	233	234	234	235	235	236	236	237	237	19 a 24 de Março
249	250	250	251	251	252	252	253	253	254	254	255	255	256	256	257	257	258	258	259	259	260	260	261	25 de Março a 2 de Abril
272	273	273	274	274	275	275	276	276	277	277	278	278	279	279	280	280	281	281	282	282	283	283	284	3 a 10 de Abril
295	295	296	296	297	297	298	298	299	299	300	300	301	301	302	302	303	303	304	304	305	305	306	306	11 a 18 de Abril
317	317	318	318	319	319	320	320	321	321	322	322	323	323	324	324	325	325	326	326	327	327	328	328	19 a 24 de Abril
338	339	339	340	340	341	341	342	342	343	343	344	344	345	345	346	346	347	347	348	348	349	349	350	25 de Abril a 2 de Maio
359	360	360	361	361	362	362	363	363	364	364	365	365	366	366	367	367	368	368	369	369	370	370	371	3 a 10 de Maio
380	380	381	381	382	382	383	383	384	384	385	385	386	386	387	387	388	388	389	389	390	390	391	391	11 a 18 de Maio
400	400	401	401	402	402	403	403	404	404	405	405	406	406	407	407	408	408	409	409	410	410	411	411	19 a 24 de Maio
419	420	420	421	421	422	422	423	423	424	424	425	425	426	426	427	427	428	428	429	429	430	430	431	25 de Maio a 2 de Junho
438	439	439	440	440	441	441	442	442	443	443	444	444	445	445	446	446	447	447	448	448	449	449	450	3 a 10 de Junho
457	457	458	458	459	459	460	460	461	461	462	462	463	463	464	464	465	465	466	466	467	467	468	468	11 a 18 de Junho
475	475	476	476	477	477	478	478	479	479	480	480	481	481	482	482	483	483	484	484	485	485	486	486	19 a 24 de Junho
492	493	493	494	494	495	495	496	496	497	497	498	498	499	499	500	500	501	501	502	502	503	503	504	25 de Junho a 2 de Julho
509	510	510	511	511	512	512	513	513	514	514	515	515	516	516	517	517	518	518	519	519	520	520	521	3 a 10 de Julho
526	526	527	527	528	528	529	529	530	530	531	531	532	532	533	533	534	534	535	535	536	536	537	537	11 a 18 de Julho
542	542	543	543	544	544	545	545	546	546	547	547	548	548	549	549	550	550	551	551	552	552	553	553	19 a 25 de Julho
557	558	558	559	559	560	560	561	561	562	562	563	563	564	564	565	565	566	566	567	567	568	568	569	26 de Julho a 2 Agosto
572	573	573	574	574	575	575	576	576	577	577	578	578	579	579	580	580	581	581	582	582	583	583	584	3 a 10 de Agosto
587	587	588	588	589	589	590	590	591	591	592	592	593	593	594	594	595	595	596	596	597	597	598	598	11 a 18 de Agosto
601	601	602	602	603	603	604	604	605	605	606	606	607	607	608	608	609	609	610	610	611	611	612	612	19 a 25 de Agosto
614	615	615	616	616	617	617	618	618	619	619	620	620	621	621	622	622	623	623	624	624	625	625	626	26 de Agosto a 2 de Setembro
627	628	628	629	629	630	630	631	631	632	632	633	633	634	634	635	635	636	636	637	637	638	638	639	3 a 10 de Setembro
640	640	641	641	642	642	643	643	644	644	645	645	646	646	647	647	648	648	649	649	650	650	651	651	11 a 18 de Setembro
652	652	653	653	654	654	655	655	656	656	657	657	658	658	659	659	660	660	661	661	662	662	663	663	19 a 24 de Setembro
652	664	664	665	665	666	666	667	667	668	668	669	669	670	670	671	671	672	672	673	673	674	674	675	25 de Setembro a 2 de Outubro
653	664	675	676	676	677	677	678	678	679	679	680	680	681	681	682	682	683	683	684	684	685	685	686	3 a 10 de Outubro
653	665	676	686	687	687	688	688	689	689	690	690	691	691	692	692	693	693	694	694	695	695	696	696	11 a 18 de Outubro
654	665	676	687	697	697	698	698	699	699	700	700	701	701	702	702	703	703	704	704	705	705	706	706	19 a 25 de Outubro
654	666	677	687	697	707	707	708	708	709	709	710	710	711	711	712	712	713	713	714	714	715	715	716	26 de Outubro a 2 de Novembro
655	666	677	688	698	707	716	717	717	718	718	719	719	720	720	721	721	722	722	723	723	724	724	725	3 a 11 de Novembro
655	667	678	688	698	708	717	725	726	726	727	727	728	728	729	729	730	730	731	731	732	732	733	733	12 a 18 de Novembro
656	667	678	689	699	708	717	726	734	734	735	735	736	736	737	737	738	738	739	739	740	740	741	741	19 a 24 de Novembro
656	668	679	689	699	709	718	726	734	742	742	743	743	744	744	745	745	746	746	747	747	748	748	749	25 de Novembro a 2 de Dezembro
657	668	679	690	700	709	718	727	735	742	749	750	750	751	751	752	752	753	753	754	754	755	755	756	3 a 10 de Dezembro
657	669	680	690	700	710	719	727	735	743	750	756	757	757	758	758	759	759	760	760	761	761	762	762	11 a 18 de Dezembro
658	669	680	691	701	710	719	728	736	743	750	757	763	763	764	764	765	765	766	766	767	767	768	768	19 a 25 de Dezembro
658	670	681	691	701	711	720	728	736	744	751	757	763	769	769	770	770	771	771	772	772	773	773	774	26 de Dezembro a 2 de Janeiro
659	670	681	692	702	711	720	729	737	744	751	758	764	769	774	775	775	776	776	777	777	778	778	779	3 a 9 de Janeiro
659	671	682	692	702	712	721	729	737	745	752	758	764	770	775	779	780	780	781	781	782	782	783	783	10 a 16 de Janeiro
660	671	682	693	703	712	721	730	738	745	752	759	765	770	775	780	784	784	785	785	786	786	787	787	17 a 22 de Janeiro
660	672	683	693	703	713	722	730	738	746	753	759	765	771	776	780	784	788	788	789	789	790	790	791	23 a 30 de Janeiro
661	672	683	694	704	713	722	731	739	746	753	760	766	771	776	781	785	788	791	792	792	793	793	794	31 de Janeiro a 7 de Fevereiro
661	673	684	694	704	714	723	731	739	747	754	760	766	772	777	781	785	789	792	794	795	795	796	796	8 a 15 de Fevereiro
662	673	684	695	705	714	723	732	740	747	754	761	767	772	777	782	786	789	792	795	797	797	798	798	16 a 22 de Fevereiro
662	674	685	695	705	715	724	732	740	748	755	761	767	773	778	782	786	790	793	795	797	799	799	800	23 de Fevereiro a 2 de Março
663	674	685	696	706	715	724	733	741	748	755	762	768	773	778	783	787	790	793	796	798	799	800	801	3 a 10 de Março
663	675	686	696	706	716	725	733	741	749	756	762	768	774	779	783	787	791	794	796	798	800	801	801	11 a 18 de Março

Como usar esta tabela:

Localize o período do aniversário da primeira pessoa no alto da tabela e o período do aniversário da segunda pessoa na coluna ao lado da tabela. O ponto onde as duas linhas se cruzam é o número da página onde o perfil do relacionamento desta combinação será encontrado.

Cada aniversário individual está contido dentro dos 48 períodos do ano. Os perfis do estudo da personalidade de cada período estão localizados entre as páginas 19 e 211.

A LINGUAGEM SECRETA DOS
Relacionamentos

Tradução
Marly Winckler

EDITORA AFILIADA

Preencha a **ficha de cadastro** no final deste livro
e receba gratuitamente informações
sobre os lançamentos e as promoções da
Editora Campus.

Consulte também nosso catálogo
completo e últimos lançamentos em
www.campus.com.br

Gary Goldschneider
Joost Elffers

A LINGUAGEM SECRETA DOS
Relacionamentos

Guia completo para desvendar
o mistério dos
relacionamentos

EDITORA
CAMPUS

Do original:
The Secret Language of Relationships
Tradução autorizada do idioma inglês da edição publicada por
Penguin Studio Books
Copyright © 1997 by Gary Goldschneider e Joost Elffers

© 2000, Editora Campus Ltda.

Todos os direitos reservados e protegidos pela Lei 5.988 de 14/12/73.
Nenhuma parte deste livro, sem autorização prévia por escrito da editora, poderá
ser reproduzida ou transmitida sejam quais forem os meios empregados:
eletrônicos, mecânicos, fotográficos, gravação ou quaisquer outros.

Capa
Luciana Mello e Monika Mayer

Editoração Eletrônica
RioTexto

Copidesque
Jussara Bivar

Revisão Gráfica
Denise Cardoso
Andréa Campos Bivar

Projeto Gráfico
Editora Campus Ltda.
A Qualidade da Informação
Rua Sete de Setembro, 111 – 16º andar
20050-002 Rio de Janeiro RJ Brasil
Telefone: (021) 509-5340 FAX (021) 507-1991
E-mail: *info@campus.com.br*

ISBN 85-352-0597-7
(Edição original: ISBN 0-670-87527-9)

CIP-Brasil. Catalogação-na-fonte.
Sindicato Nacional dos Editores de Livros, RJ

G575L   Goldschneider, Gary
          A linguagem secreta dos relacionamentos : guia completo
        para desvendar o mistério dos relacionamentos / Gary Goldschneider,
        Joost Elffers ; tradução de Marly Winckler. – Rio de Janeiro : Campus, 2000

            Tradução de: The secret language of relationships
            ISBN 85-352-0597-7

            1. Relações humanas – Miscelânea. 2. Astrologia e psicologia.
        3. Personalidade – Miscelânea. I. Elffers, Joost. III. Título.

00-0312.   CDD – 133.54042
                                            CDU – 133.52:392.1

00   01   02   03   5   4   3   2   1

Para Marie Timell
com meus sinceros agradecimentos
por sua inspiração e orientação

Como Usar Este Livro

MÉTODO UM

A. Descubra a semana ou período em que cai seu aniversário nas laterais da tabela (as extremidades da folha), no início do livro.

B. A seguir, na parte superior da mesma tabela, encontre a semana ou o período em que a pessoa que interessa nasceu. Pode ser qualquer pessoa: amigo, pai, mãe, filho, namorado, companheiro, ou colega.

C. Com um dedo aponte o período de seu nascimento e com outro, o período do nascimento da outra pessoa. Localize o ponto de interseção dos dois. Ali você encontrará o número da página com a descrição do relacionamento desta combinação.

D. Vá até a página indicada e leia sobre o relacionamento.

MÉTODO DOIS

A. Vá até a página 12 para determinar o período do seu nascimento. A seguir, encontre o período em que a pessoa que o interessa nasceu.

B. Consulte as quatro páginas dedicadas a cada período particular de nascimento, encontradas entre as páginas 19 e 211. Ali você encontrará a tabela de todos os relacionamentos com pessoas nascidas nos demais quarenta e oito períodos e a indicação da página com a descrição dos relacionamentos. Você também encontrará uma lista de recomendações dos melhores relacionamentos.

C. Vá até a página indicada e leia sobre o relacionamento.

Sumário

Introdução
1

O Grande Ciclo da Vida
9

Os Quarenta e Oito Períodos
19

Os Perfis de Relacionamentos
213

Índice
803

"A Dança do Zodíaco"

Introdução

Com exceção de nossa chegada nesse mundo e nossa saída dele, raramente nosso destino é estarmos só. Na verdade, diz a sabedoria popular que pessoas criadas em isolamento se voltam para dentro podendo enlouquecer, se debilitarem até, finalmente, morrer. Assim, a necessidade do outro parece inevitável.

Esse outro pode ser amigo ou inimigo, amante ou parceiro, pai ou filho, patrão ou empregado. Alguns diriam que nossa vida consiste em nada mais que uma série de interações com estas e outras pessoas. Estas interações, breves ou duradouras, são os relacionamentos. Mas estes relacionamentos em si podem não satisfazer aos nossos desejos mais profundos. A maioria de nós deseja uma pessoa especial com quem possa partilhar alegrias e tristezas, vitórias e desesperos, alguém com quem possamos ser nós mesmos. Para muitos de nós apenas uma pessoa é suficiente, e o encontro mágico com esta pessoa, o choque do reconhecimento, pode ser uma das experiências mais profundas e emocionantes. Procurar por esta pessoa nos dá razão para seguirmos em frente, torna-se de importância fundamental. Sem um companheiro que nos dê a devida importância e com quem possamos dividir a vida, as glórias da riqueza, da fama e das conquistas viram pó e cinza.

A maioria dos relacionamentos deve-se ao acaso. De fato, poucas pessoas significativas para nós são escolhidas por nós. Não escolhemos nossos pais, irmãos, filhos, colegas ou vizinhos. Mesmos os que nos são mais próximos, nossos namorados, companheiros ou amigos, em geral chegaram até nós em uma feliz volta do destino que os colocou em nosso caminho. Raramente nossas relações devem-se a algo premeditado. O amor é de fato cego às decisões conscientes. É a experiência mais subjetiva.

Quem são exatamente estes outros que entram em nossa vida? Quais são seus desejos, suas tristezas, seus triunfos e suas alegrias mais profundos? Será que cada um de nós pode compreendê-los mais do que compreendemos a nós mesmos? De fato, a interação com os outros toma muito de nossa energia e preenche nossas horas de vigília com uma variedade de emoções e pensamentos, à medida que avançamos cada dia e somos forçados a conhecer pessoas essencialmente estranhas. E o que dizer da regra de muitas teorias psicológicas e ensinamentos espirituais: o outro sou eu? Isto é, o ser que encontramos no outro é de fato apenas um aspecto de nós mesmos, positivo ou negativo, e assim nada mais é que um espelho para quem somos.

Olhar nos olhos de outra pessoa e ver nossa própria imagem faz com que nos perguntemos se o outro não é realmente um reflexo de nossa própria psique, um apelo de nossas necessidades, nossos anseios, nossas expectativas. Além disso, se for este o caso, seria porque nos sentimos atraídos ou atraímos alguém como nós ou porque não conseguimos perceber nada além de nossa própria experiência? De qualquer maneira, o outro também pode servir a um objetivo prático – pode ser alguém de quem necessitamos emocional ou fisicamente e que desperta grande interesse, mas também alguém de quem passamos a depender simbioticamente para dar conta das responsabilidades do dia-a-dia. No entanto, há aqueles que nunca percebem a necessidade que o outro preenche, nem reflete no enigma da vida interior de outra pessoa.

Mas o mistério de um ser humano é sobrepujado por um paradoxo ainda mais profundo, a natureza dos relacionamentos que criamos uns com os outros. Uma pessoa é real, às vezes real até demais, e sua existência pode ser afirmada em qualquer momento pelos sentidos da visão, do tato e da audição. A terceira entidade, o próprio relacionamento, é tão real quanto, porém mais difícil de apreender ou definir. Diferenças individuais são de algum modo transcendidas no processo de sua formação e podem ter enorme influência sobre os indivíduos a quem abarca, muitas vezes alterando-os significativamente para toda a vida.

Um relacionamento é uma terceira entidade muito misteriosa e incrível, que pode ter uma existência independente da vontade ou desejo de seus parceiros, depois que as coisas assumem ritmo próprio. Aliás, em certos casos, um relacionamento pode ser muito mais forte do que qualquer um dos indivíduos separadamente, levando-nos a acreditar que está em operação uma espécie de sinergia. A energia do todo (relacionamento) é muitas vezes bem maior do que a soma de suas partes (os dois indivíduos que o compõe).

No *Tao Te ching*, Lao Tsé escreveu: "O Tao gerou o um. O Um gerou o dois. O Dois gerou o três. E o três gerou as dez mil coisas." Neste contexto, o terceiro é o relacionamento, e é relacionando-se com outros que muitos de nós atingimos os mais altos picos criativos e conquistamos nossos maiores resultados. Formado pela mescla da energia dos parceiros, ou, se quisermos, de suas forças, fraquezas e sutilezas de personalidade, esta terceira nova forma, o relacionamento, tem sua personalidade própria. Além disso, em muitos casos é possível que o que nos atrai em alguém seja menos quem é este alguém, e mais o que é o relacionamento – o que podemos potencialmente criar juntos. É possível que nossa mente subconsciente seja sofisticada o suficiente para saber, em um nível muito sutil, o potencial de um relacionamento, mesmo quando nossos olhos cruzam com os do outro em um primeiro encontro no lado oposto de uma sala?

Certamente relacionar-se com os outros é uma provação, e nela a maioria de nós experimenta suas maiores tristezas e suas alegrias mais intensas. Muitas vezes, é aí que aprendemos nossas melhores lições pessoais e onde mais crescemos. A luta com o outro nos remete sempre de volta a nós mesmos. E assim o ciclo se completa.

Como todo mundo sabe, nem todos os relacionamentos são fáceis para qualquer indivíduo. Muitos são repletos de dificuldades e alguns são mais complicados que outros: por exemplo, o relacionamento patrão-empregado é diferente do relacionamento entre irmãos e caracteriza-se por expectativas e sensibilidades diferentes. Naturalmente, o tipo de relacionamento que muitas vezes desperta mais nosso interesse e energia é o íntimo. Este relacionamento tão cobiçado, o romântico, é altamente valorizado em nossa cultura popular hoje em dia.

Infelizmente, nem todos os casais, de um modo geral, foram feitos para um relacionamento amoroso. Casos de amor bem-sucedidos e duradouros requerem uma química especial, e muitos anseiam por eles, mas poucos os alcançam, a não ser, talvez, em momentos efêmeros. Muitas paixões são fudamentadas em ilusões, que, embora prazerosas a princípio, podem deixar um rastro de destruição quando são despertadas. Ambos os parceiros podem ser atingidos por um raio, varridos pelas asas do desejo, e acordam um belo dia um pouco mais tristes e mais sábios. A amizade pode ter uma grande duração, às vezes toda uma vida, mas também pode desintegrar-se aos poucos, desgastar sua utilidade ou subitamente ruir da noite para o dia. Alguns dos mais poderosos estados emotivos conhecidos da humanidade não têm qualquer garantia de sucesso ou permanência. No caso do casamento, porém, são exatamente nestes estados que a maioria dos indivíduos está disposta não apenas a investir tudo, mas também a mergulhar neles ou até a sacrificar sua própria individualidade.

Assim, o tema do relacionamento é fundamental em nossa vida, e nossos sucessos e fracassos percorrem um longo caminho para determinar nosso nível de contentamento. Na realidade, edificar um bom relacionamento é menos construir alguma coisa e mais trabalhar o que existe. Parece depender muito da manutenção de um saudável equilíbrio entre o ego do indivíduo e o espírito de grupo, ou entre egoísmo e entrega. Acima de tudo, construir um bom relacionamento depende de compreender os anseios e desejos uns dos outros e as qualidades positivas e negativas do próprio relacionamento e, então, negociar e comercializar algo que leve em conta tudo isso. É um ato de criação fundamentado em certos fatos dados.

Nunca antes na história da humanidade tantos de nós tivemos tanta liberdade para tornar real o relacionamento que se deseja. O rigor das regras sociais e das políticas banidas, e mesmo da sexualidade, está diminuindo em muitas partes do mundo. Será que estamos conseguindo construir novas estruturas fundamentadas em reispeito mútuo e consideração, enquanto as velhas estruturas começam a ruir?

Pelo simples fato de vivermos nesta época, muitos de nós recebemos a oportunidade de estabelecer um relacionamento do jeito que gostaríamos que fosse. Não precisamos ter o mesmo relacionamento de nosso vizinho, de nossos pais, de nossos filhos. Podemos criar, mas o "nós" desta frase é muito importante, pois, como a maioria das coisas na vida, precisamos fazer isso com mais alguém.

Talvez os relacionamentos sejam, em última análise, mais humanos do que as próprias pessoas. Afinal, se olharmos para um ser humano anatômica e quimicamente, descobriremos muitos pontos em comum com todas as criaturas vivas na face da Terra, mas o que nos separa delas, em muitos casos, é o amplo alcance e a complexidade da maneira como nos relacionamos uns com os outros. De fato, poderíamos argumentar que alienígenas achariam nossos relacionamentos infinitamente mais interessantes e reveladores do que nosso organismo e psique separadamente. Retratar uma pessoa isoladamente quase não tem sentido – contradiz o que o ser humano é de fato: uma interação pessoal e social.

A Estrutura do Livro

Nas páginas seguintes, procuramos analisar relacionamentos como entidades. São apresentadas 1.176 descrições de diferentes relacionamentos. Chegamos a isso usando a teoria da personalidade delineada no best-seller *A Linguagem Secreta dos Aniversários*, que acompanha este livro. Esperamos que estas descrições dos relacionamentos sejam usadas como um ponto de partida para as pessoas interessadas em aprofundar a compreensão de seu relacionamento.

O Grande Ciclo da Vida

A teoria da personalidade afirma que a astrologia, a história e a psicologia estão relacionadas à congruência de três ciclos: o zodíaco astrológico, a rotação da Terra em torno do Sol, representada pelas estações do ano, e o caminho típico de uma vida humana. Apresentado antes em *A Linguagem Secreta dos Aniversários*, "O Grande Ciclo da Vida" mostra como os doze signos do zodíaco, as estações do ano e os estágios da vida humana, da infância à idade avançada, desdobram-se de maneira semelhante. No estudo da personalidade, os doze signos astrológicos primários como símbolos de tipos de personalidades são substituídos pelos quarenta e oito períodos – doze cúspides e trinta e seis semanas. O resultado é uma abordagem mais detalhada às características da personalidade.

A Linguagem Secreta dos Relacionamentos apresenta "O Grande Ciclo da Vida" nas páginas 9 a 17, visando orientar o leitor no estudo da personalidade. A isto se segue uma descrição bastante ampliada dos quarenta e oito períodos, que ultrapassa em muito o que foi apresentado em *A Linguagem Secreta dos Aniversários*. Esses quarenta e oito vigorosos pilares do sistema da personalidade são representações extremamente originais do terreno intermediário entre os 366 tipos mais específicos de personalidade identificados com cada aniversário do ano, por um lado, e os doze signos mais gerais do zodíaco, por outro.

Os Períodos do Estudo da Personalidade

Os quarenta e oito períodos do estudo da personalidade compostos de doze cúspides e trinta e seis semanas são unidades entre seis e nove dias de extensão. O estudo da personalidade prevê as características da personalidade de alguém nascido no interregno destas datas. Em outras palavras, os nascidos no mesmo período compartilham certos traços de caráter previsíveis.

Embora isto possa não representar completamente todo indivíduo, é suficiente para fornecer uma compreensão de sua energia básica. Extrapolando os períodos do estudo da personalidade, é possível prever a natureza do relacionamento entre duas pessoas. Assim, *A Linguagem Secreta dos Relacionamentos* combina cada período do ano com todos os outros períodos com o objetivo de prever a natureza do relacionamento resultante.

Por exemplo, uma pessoa nascida no dia 31 de março cai no período Áries I. Esta é a Semana da Criança, que simboliza o frescor e a abertura do início da infância e a estação primavera no hemisfério norte (que vai de 25 de março a 2 de abril). As pessoas nascidas nesta época são caracterizadas por uma certa inocência e entusiasmo. Isto em contraste com alguém nascido no dia 10 de novembro, um representante de Escorpião II (que vai de 3 a 11 de novembro). Como cai no outono, que simbolicamente pode ser comparado à meia-idade, esta semana toma a Profundidade como símbolo central. Assim, torna-se possível considerar as implicações teóricas de um relacionamento Áries I-Escorpião II.

Recomendamos que o leitor conheça seu período particular tão bem quanto possível e, por essa razão, quatro páginas são dedicadas a cada um dos quarenta e oito períodos ou semanas. Além disso, ao estudar seu relacionamento com outra pessoa, o leitor deveria também rever com alguma profundidade a descrição do período desta pessoa. Isto ajuda a compreender melhor o perfil do relacionamento. Procure aplicar esta compreensão à sua vida diária. A descrição dos períodos do estudo da personalidade aparece nas páginas 19 a 211. Apresentamos também uma tabela de referência para a localização e o nome de cada período e sua combinação com os demais.

Combinações ou Perfis

Muitos livros de astrologia apresentaram os signos que se apaixonam, mostrando como Gêmeos e Virgem ou Capricórnio e Aquário relacionam-se uns com os outros, mas, como discutido anteriormente, o estudo da personalidade afirma que

---

COMO USAR ESTE LIVRO

É muito fácil usar este livro. Primeiro, consulte a tabela na página 12 para determinar em que período cai seu aniversário. A seguir, encontre o período em que uma pessoa que o interessa nasceu. Pode ser qualquer um: amigo, pai, mãe, filho, namorado, companheiro, colega. Finalmente, consultando a tabela no início do livro, aponte com um dedo o período do seu nascimento e, com outro, o período da outra pessoa e descubra o ponto de interseção, como se estivesse usando um mapa de estrada para encontrar a distância entre duas cidades. Neste ponto você encontrará o número da página a ser consultada para o relacionamento. Ou, se preferir, consulte seu período de aniversário, encontrado nas páginas 19 a 211. Ali você encontrará uma tabela de todos os relacionamentos com pessoas nascidas nos quarenta e oito períodos e a localização da página.

há cinco tipos igualmente importantes de Gêmeos. Cada um se comporta de forma diferente, inclusive nos relacionamentos. Assim, no estudo da personalidade, podem ser definidos relacionamentos muito mais específicos.

A Linguagem Secreta dos Relacionamentos oferece uma descrição das 1.176 combinações dos quarenta e oito períodos do estudo da personalidade. Se você é Leão II, por exemplo, poderá descobrir todas as suas quarenta e oito combinações possíveis, inclusive com outro Leão II. Cada par é discutido com relação a cinco áreas principais da vida: amor, casamento, amizade, família e trabalho. Naturalmente, tudo pode imbricar-se a um grau menor ou maior. Outros tipos de relacionamento, como professor-aluno, de adversários ou competidores, basicamente sexuais, de conhecidos e parceiros são também considerados.

O número possível de diferentes combinações dos quarenta e oito períodos uns com os outros é dado pela fórmula $n(n + 1)/2$ e calculado segundo os 1.176 pares possíveis.

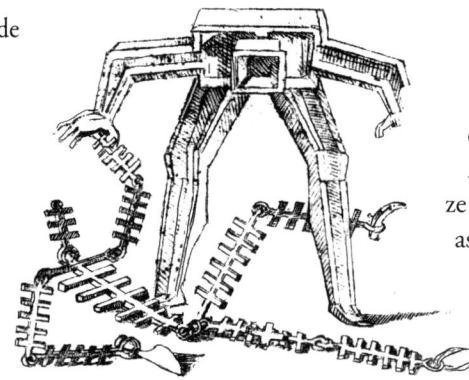

A astrologia solar tradicional descreve apenas setenta e oito tipos possíveis de relacionamento entre os doze signos. *A Linguagem Secreta dos Relacionamentos* oferece cerca de quinze vezes mais combinações com relação à astrologia sol-signo, e assim pode ser muito mais específica.

Os 1.176 pares iniciam na página 213 e são apresentados da seguinte maneira. Começando com o primeiro período, a cúspide Peixes-Áries, todos os quarenta e oito relacionamentos destas pessoas nascidas entre 19 de março e 24 de março, inclusive o relacionamento entre a cúspide Peixes-Áries e a cúspide Peixes-Áries, são apresentados dois em cada página. Seguindo esta exposição, os quarenta e sete novos relacionamentos do período seguinte, Áries I, são mostrados. Por que apenas quarenta e sete? Porque o relacionamento de Áries I com a cúspide Peixes-Áries (o período que o precede) já foi discutido na seção do relacionamento Peixes-Áries. Quando os relacionamentos de Áries II forem apresentados, consistem agora em apenas quarenta e seis, uma vez que dois já fo-

---

BREVE EXPOSIÇÃO DO ESTUDO DA PERSONALIDADE

O estudo da personalidade, como a astrologia, reconhece as doze constelações celestes originais (e os signos delas derivados) que formam o zodíaco que abrange nossa Terra. Entretanto, o estudo da personalidade vai além quando se concentra na área de sobreposição entre dois signos, chamada cúspide. Por exemplo, quatro das doze cúspides têm imensa importância para a vida aqui na Terra, pois o equinócio da primavera, o solstício de verão, o equinócio do outono e o solstício de inverno marcam os limites das próprias estações. Primavera, verão, outono e inverno sucedem-se um ao outro em um ritmo ordenado, em sua maior parte, estruturando a vida no planeta, juntamente com as invariáveis mudanças diárias do dia e da noite. Em termos dos signos, estas cúspides são Peixes-Áries (equinócio da primavera), Gêmeos-Câncer (solstício de verão), Virgem-Libra (equinócio do outono), Sagitário-Capricórnio (solstício de inverno) no hemisfério norte. No estudo da personalidade os nomes destas cúspides são Cúspide Primitiva, Cúspide da Magia, Cúspide da Beleza e Cúspide da Profecia, respectivamente, e os nascidos durante estes e demais oito períodos de seis a sete dias de cúspide compartilham certas características, cujas descrições ou previsões são muito mais abrangentes do que as dos signos do sol na astrologia. Em outras palavras, há algo como uma distinta personalidade de cúspide.

Pessoas de cúspide são diferentes dos outros, não apenas porque incorporam uma mescla de traços bastante constrastantes de dois signos vizinhos (como Áries e Touro ou Gêmeos e Câncer), mas também porque sua individualidade não é determinada por um signo principal do zodíaco, mas por algo mais indefinível. São as pessoas terrenas, imprevisíveis, difíceis, pouco convencionais talvez. Muitas vezes os nascidos em cúspides acham extremamente atraentes ou-

tras pessoas nascidas também em uma cúspide, o que pode ou não ser um bom presságio para formar um relacionamento permanente.

Além disso, nos períodos astrológicos de cerca de um mês entre cúspides, tradicionalmente conhecidos como signos, encontramos diferentes representações da personalidade que levam em conta onde cai uma semana ou período no mês. No estudo da personalidade, estes meses ou signos são divididos ainda mais em três semanas. Por exemplo, os indivíduos de Libra I são Libra em orientação, mas têm certos traços únicos que os diferenciam dos nascidos em Libra III.

Olhando para cada um dos signos astrológicos do ponto de vista da personalidade, encontramos cinco tipos principais de cada signo: em ambos os lados de duas cúspides que o demarcam e no centro de períodos de aproximadamente uma semana, três no total. Por esta razão, enquanto um astrólogo sol-signo fala sobre um ariano, escorpiano ou capricorniano, o estudo da personalidade pode referir-se a um indivíduo de Áries II, Escorpião-Sagitário ou Capricórnio III. Em vez de haver uma personalidade "Virgem", como apresenta o sistema da astrologia sol-signo, no estudo da personalidade há cinco tipos de Virgens: cúspide Leão-Virgem (19 a 25 de agosto, Cúspide da Exposição), Virgem I (26 de agosto a 2 de setembro, Semana dos Construtores de Sistema), Virgem II (3 a 10 de setembro, Semana do Enigma), Virgem III (11 a 18 de setembro, Semana do Literal) e, finalmente, a cúspide Virgem-Libra (Cúspide da Beleza, 19 a 24 de setembro). Naturalmente, como as cúspides são compartilhadas por signos, a última cúspide torna-se o primeiro período dos cinco tipos diferentes de Libra. No livro *A Linguagem Secreta dos Aniversários*, estes períodos foram subdivididos em características distintas de personalidade para cada dia do ano.

ram discutidos, um em Peixes-Áries e o outro em Áries I. Assim, o número de relacionamentos possíveis torna-se 48, 47, 46, 45... até o último relacionamento, Peixes III com Peixes III, ser alcançado. A fórmula $n(n + 1)/2$, onde $n = 48$, revela-se como sendo igual a $1 + 2 + 3 + 4 + 5... 48$. Como mencionado anteriormente, seu relacionamento pode ser encontrado usando as tabelas no início e no final do livro, ou procurando seu período nas páginas 19 a 211. Ali você encontrará a tabela com o par de cada período que se forma com algum outro e o número da página do par que você forma com seu parceiro.

As Melhores Combinações

A astrologia convencional do sol e do signo afirma que em geral os melhores signos para uma pessoa formam trígonos com o seu signo solar (120° de seu signo zodiacal). De fato, são os signos do mesmo elemento que o da pessoa. Em outras palavras, se você é de Touro (um signo terra), as coisas correriam bem com Virgem e Capricórnio, os dois outros signos de terra. Analogamente, os três signos de água (Câncer, Escorpião e Peixes), os três signos de ar (Gêmeos, Libra e Aquário) e os três signos de fogo (Áries, Leão e Sagitário) são recomendados uns para os outros. Embora esta teoria faça sentido, nem sempre funciona na prática, sobretudo quando se trata de sustentar interesses por um longo espaço de tempo. De fato, muitas vezes parece que as melhores combinações são as que a astrologia solar raramente propõe: dois signos em cada lado e oposto ao seu. Por exemplo, se você é do signo de Touro, não necessariamente são os dois outros signos terra, mas o signo antes do seu, Áries, e depois do seu, Gêmeos e o oposto ao seu, Escorpião, os que mais se ajustam ao seu e que são seus favoritos.

Em *A Linguagem Secreta dos Relacionamentos*, a situação é muito mais complexa, uma vez que não há apenas cinco tipos de cada signo, mas pelo menos cinco diferentes áreas da vida em que os relacionamentos podem se manifestar. Criar regras rígidas é difícil. Entretanto, se você olhar para as descrições nas quatro páginas de seu período, verá uma lista dos melhores períodos para você se envolver com cada uma das categorias, uma lista que foi selecionada a partir dos resultados encontrados em seus quarenta e oito pares.

Quando começar a compreender o estudo da personalidade e a aplicar *A Linguagem Secreta dos Relacionamentos*, você pode se interessar em ver com que tipo de pessoas você tende a envolver-se. Observe seus relacionamentos passados e presentes. Você vai constatar, como nós o fizemos, que muitas das pessoas que fazem parte de sua vida nasceram nas mesmas semanas do ano. Em outras palavras, quase sempre nos sentimos atraídos pelos mesmos tipos e combinações de personalidades.

As recomendações para as melhores combinações por categoria para qualquer período são fornecidas em uma tabela, na descrição de cada período encontrada nas páginas 19 a 211.

Como se Revelaram os Relacionamentos

Quatro ferramentas básicas, porém diferentes, foram usadas para criar os perfis ou combinações dos relacionamentos neste livro. A primeira foi estudar cuidadosamente o relacionamento entre duas pessoas, sua principal energia ou foco. Isto foi realizado com base na ferramenta da astrologia tradicional chamada "tabela composta", um fascinante método proposto e aprovado pelo astrólogo Robert Hand, em seu livro *Planets in Composite*. O método envolve a síntese, em que um horóscopo combinado é feito a partir de dois originais. Esta tabela composta é construída a partir de uma série de pontos intermediários entre os planetas das tabelas de dois indivíduos. O método composto ou de ponto intermediário cria uma nova tabela para o próprio relacionamento; é visto como uma nova entidade, com seu próprio caráter, força e fraqueza: uma sinergia, se preferirmos, dos traços de cada pessoa.

Também empregamos outra ferramenta tradicional da astrologia chamada sinastria. Este segundo método envolve o exame das características individuais de ambos os parceiros e a comparação delas ponto por ponto com vistas a extrair as compatibilidades. Assim, passamos de observar o relacionamento como uma entidade distinta em si para focar os indivíduos e suas interações.

O terceiro método usado foi criar um psicodrama imaginário, no qual permitiu-se que interagissem dois indivíduos hipotéticos de dois períodos. Por exemplo, ao colocarmos um protótipo teórico de Gêmeos II e Escorpião III em uma variedade de situações (domésticas, profissionais, íntimas etc.), suas interações podiam ser vistas e estudadas psicologicamente.

Finalmente, a biografia e as informações pessoais de casais famosos e de personalidades conhecidas dos autores forneceram uma fonte confiável de percepções e observações muito interessantes.

Assim foram criados os perfis dos relacionamentos que apresentavam energias e tendências essenciais. Entretanto, isto podia ser aplicado a muitos tipos diferentes de relacionamentos, portanto tomamos a decisão de examinar cinco deles.

As Cinco Categorias de Relacionamento

Amor

Nesta categoria estão incluídos os relacionamentos que vão do platônico ao sexual. Devemos observar que amor significa coisas diferentes para pessoas diferentes. Além disso, cada tipo de relacionamento provavelmente envolve um tipo de amor, em maior ou menor grau. No entanto, chamar um relacionamento mãe-filho, entre irmãos ou amigos de relacionamento amoroso não nos parece apropriado. Portanto, amor é usado como o nome desta categoria, sem implicar de forma alguma que ele se refira exclusivamente a esta emoção.

Tradicionalmente, um caso de amor é considerado pelos psicólogos uma entidade limitada em duração e com maior probabilidade de desintegrar-se do que manter-se, talvez devido à falta de compromisso social, envolvimento e apoio. Estes relacionamentos tendem a ser caracterizados por uma intensidade emocional difícil de sustentar e ausência de pensamento com base na realidade de parte dos parceiros. Muitos relacionamentos amorosos são mantidos ocultos por medo de desaprovação ou rejeição, em geral da família. O fato de que tais relacionamentos tendam a não ter uma base realista não faz com que ocorram menos; ao contrário, freqüentemente a incongruência e o inimaginável fazem com que existam.

A atração sexual é discutida nesta categoria. No entanto, sentimentos românticos não são de forma alguma restritos ao plano erótico e alguns romances podem manifestar-se em muitas combinações do estudo da personalidade que têm pouco a ver com o aspecto físico.

Na maioria dos relacionamentos amorosos, projeção psicológica, vivências da infância, representações e toda uma gama de emoções incluem ciúmes, raiva, desejo de dominar e controlar, impulso de acarinhar e proteger, violência, narcisismo, idolatria e até mesmo disputa pela ascendência. Loucura, exaltação, emoção e frustração e a promessa do amor continuam a empurrar os seres humanos para estas situações na busca de um parceiro perfeito.

Casamento

Numa época em que mais da metade dos casamentos acabam em divórcio é admirável que tantas pessoas ainda se casem. O que é ainda mais intrigante é que jurem amar um ao outro exclusivamente, quando vemos as estatísticas de infidelidade. No entanto, o casamento é uma poderosa instituição social, e a criação dos filhos dentro da unidade familiar ainda é norma amplamente aceita. *A Linguagem Secreta dos Relacionamentos* considera de vital importância a questão de duas pessoas serem adequadas uma para a outra maritalmente, sobretudo quando há filhos. Além disso, não se pode dizer que o amor é sempre o fator principal que motiva o casamento ou que mantém estas unidades juntas. A ênfase nesta área está em apontar a força do par, que tem a ver com valores compartilhados de uma natureza mais prática, financeira, social, intelectual ou estética.

Amizade

Amizades íntimas possuem elementos do amor e do casamento em seu bojo. Dois amigos podem ser extremamente auto-suficientes e não necessitarem de muito auxílio vindo de fora. Se estes amigos também se envolvessem em aventuras profissionais um com o outro, poderiam de fato passar muito mais tempo juntos do que como namorados ou cônjuges. Se fizermos uma lista dos amigos íntimos, é bem provável que o nascimento deles não esteja espalhado igualmente no ano todo, mas esteja confinado a certas áreas. *A Linguagem Secreta dos Relacionamentos* apresenta ao leitor certas combinações que podem ser extremamente benéficas na esfera da amizade e outras que, embora atraentes, melhor seria se não acontecessem.

Família

Os relacionamentos familiares discutidos com maior freqüência são os de pais e filhos e de irmãos, embora avós e parentes mais distantes também sejam mencionados de vez em quando. Aqui algumas das tendências mais possessivas e destrutivas dos seres humanos vêm à tona, quando muitos pais tendem fazer os filhos compensar seus fracassos e inadequações. Pais e filhos são estimulados a criar laços de confiança e aceitação, porque cedo ou tarde terão de enfrentar seus problemas e estabelecer algum tipo de paz um com o outro.

Trabalho

A maioria dos relacionamentos de trabalho são fortuitos; dois indivíduos são colocados lado a lado em um escritório ou unidade de trabalho e têm de fazer o melhor que puderem nesta situação. Entretanto, pode ser útil aos encarregados do departamento de pessoal a leitura de *A Linguagem Secreta dos Aniversários* e *A Linguagem Secreta dos Relacionamentos,* para que saibam se duas pessoas têm personalidades

O QUE SÃO, AFINAL, RELACIONAMENTOS?

Três analogias podem ajudar a descrever a natureza de um relacionamento em termos de certos modelos físicos e metafísicos:

Reação Física *Versus* Química

Em uma reação física duas substâncias são misturadas ou afixadas sem serem transformadas – isto é, ambas podem ser recuperadas da mistura em seu estado original. Uma reação química, por outro lado, produz uma substância inteiramente nova dos dois reagentes, uma substância que é muito diferente dos dois reagentes e não libera facilmente as substâncias originais. Um relacionamento é mais parecido com o composto resultante de uma reação química – é uma terceira entidade distinta, que é mais do que apenas uma mistura das outras duas, é de fato uma nova substância.

Interface

Quando dois objetivos tocam um no outro, a beira ou borda onde se encontram, a interface, possui propriedades bastante diferentes dos objetivos originais. Interfaces não são fáceis de definir e de algum modo transcendem os dois objetos em si. Quando levemente tocamos a imagem de nós mesmos em um espelho, o ponto onde encostamos no vidro pode criar um efeito estranho, como perturbar o reflexo em um lago de águas claras ou tentar nos livrar da sombra. Um relacionamento pode ser motivado pelo desejo por parte de um ou ambos os parceiros de penetrar na interface e interagir com a pessoa do outro lado. Tais interações envolvem em geral uma mistura ou fusão de um ser com outro, muitas vezes resultando em uma transformação milagrosa.

Êxtase

O poeta John Donne concebe o processo como uma fusão de almas. Em seu poema *O Êxtase*, ele descreve dois amantes deitados em um gramado, olhando-se nos olhos. Suas almas, libertas do confinamento do corpo, avançam em direção uma da outra ao longo do "fio duplo" da ligação estabelecida pelos olhos até finalmente fundirem-se uma na outra. Embora os corpos dos amantes estejam entrelaçados fisicamente, o mais importante é que seus eus espirituais também estejam unidos. A palavra "êxtase" do latim *ex stasis*, significa estar fora de si. Em outras palavras, é a alma que se expressa além das fronteiras do físico.

---

compatíveis. Na categoria trabalho, *A Linguagem Secreta dos Relacionamentos* considera colegas, patrão e empregado, parceiros de negócios e *freelancers* como categorias que merecem especial recomendação ou conselho. Além disso, certos relacionamentos de trabalho têm uma tendência maior que outros a se transformarem em amizades produtivas.

Chave para um Relacionamento Bom e Duradouro

Quando um relacionamento entre um indivíduo A e um indivíduo B é discutido, nos referimos à dinâmica que ocorre privadamente entre estes dois indivíduos ou à unidade AB, que interage com o mundo ao seu redor? Naturalmente, o relacionamento AB está presente em público ou em privado, mas o grau com que A e B identificam-se com ele e abandonam sua identidade individual para tornarem-se um relacionamento é de fundamental importância. Não há regras inflexíveis para a entrega a um relacionamento. Em alguns casos, ou em certos momentos de um relacionamento, é necessário para A ou B recuar e afirmar sua própria identidade individual mais uma vez, talvez até o ponto de partir de novo para um caminho próprio. Entretanto, experiências profundas entre duas pessoas são realmente possíveis com a entrega – isto é, o abandono em boa medida do ego individual a serviço do relacionamento AB. Cada pessoa terá algo em troca que é muito mais valioso. Algumas orientações adicionais se seguem:

1. Ouça o que seu parceiro está dizendo.
2. Compartilhe realmente. Somente dar e receber não é a resposta, mas uma combinação dos dois em igual medida.
3. Dê incondicionalmente. Dar esperando um retorno ou certos resultados é o mesmo que pagar por algo.
4. Gentileza, compreensão, confiança e consideração merecem mais do que todos os prazeres egoístas que se possa ter. Se está nisso apenas pelo que pode ganhar, esqueça o significado do relacionamento.
5. Não deixe ninguém tratá-lo de forma abusiva. Exija respeito.
6. Ao recusar-se a tomar decisões, expressar desaprovação ou tomar partido você pode estar realmente apenas evitando assumir responsabilidade por suas decisões. O medo de rejeição está em geral por trás desta fachada conveniente.
7. Cuidado com a possessividade e o comportamento queixoso. Seu parceiro é uma pessoa única e não deveria ser tratado como um objeto ou posse.
8. Não permita que outros ativem seus circuitos elétricos. Um truque é mostrar um conjunto de circuitos que não podem ser ativados facilmente.
9. Muito pode ser aprendido com a auto-observação. No meio de uma briga, procure retroceder e observar-se. Ao observar e ser observado, você aumenta sua consciência.
10. Controle seu lado agressivo e violento. Ao mesmo tempo, busque saídas para seus sentimentos e não os reprima. O melhor é trabalhar as diferenças com uma conversa tranqüila.
11. Aprenda a postergar sua gratificação com paciência, confiança e compreensão.
12. A aceitação é importante, mas não implica concordância. Concorde em discordar. Não insista em que você e seu parceiro precisam ver da mesma forma.
13. Procure distinguir entre necessidade e desejo. Em muitos casos, o que você mais parece querer não é do que você realmente precisa.
14. Seja sensível a *kairos*, o momento certo da ação. O que funciona bem em um conjunto de circunstâncias será totalmente perdido em outra.
15. Respeite o espaço de seu parceiro.

O Grande
Ciclo da Vida

O Grande Ciclo da Vida

Toda a vida pode ser concebida simbolicamente como um grande ciclo. Por analogia, três importantes áreas podem ser estudadas e comparadas dentro de uma estrutura circular: a vida humana, a natureza e a astrologia. Para os humanos, o ciclo pode representar uma vida inteira, do nascimento à morte; para a natureza, a inexorável sucessão das estações ao longo do ano; na astrologia, o zodíaco descreve os signos e suas posições. O círculo em que estes três mundos se baseiam é dividido por dois eixos: um horizontal e outro vertical. Para percorrer um ciclo basta começar no ponto extremo à esquerda do eixo horizontal e avançar no sentido anti-horário até chegar novamente ao começo.

Os quatro pontos mais importantes da circunferência do círculo são onde os dois eixos se cruzam (ver Figura 1, a seguir).

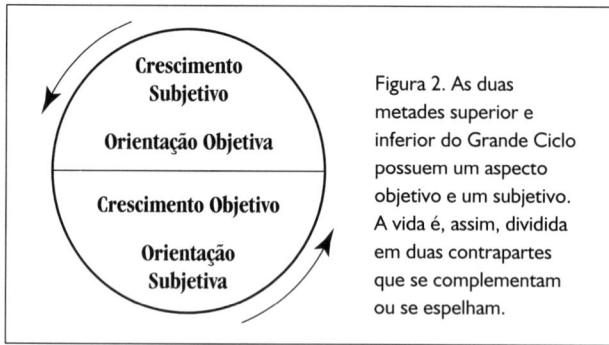

Figura 2. As duas metades superior e inferior do Grande Ciclo possuem um aspecto objetivo e um subjetivo. A vida é, assim, dividida em duas contrapartes que se complementam ou se espelham.

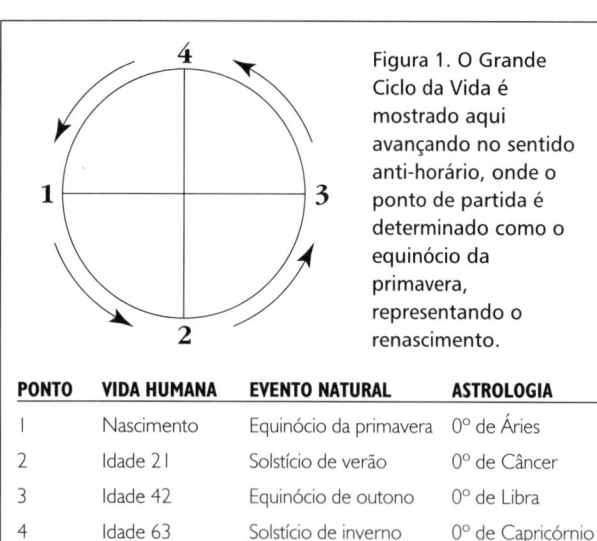

Figura 1. O Grande Ciclo da Vida é mostrado aqui avançando no sentido anti-horário, onde o ponto de partida é determinado como o equinócio da primavera, representando o renascimento.

PONTO	VIDA HUMANA	EVENTO NATURAL	ASTROLOGIA
1	Nascimento	Equinócio da primavera	0° de Áries
2	Idade 21	Solstício de verão	0° de Câncer
3	Idade 42	Equinócio de outono	0° de Libra
4	Idade 63	Solstício de inverno	0° de Capricórnio

Metades Superior e Inferior do Círculo

Como mostra a Figura 2, os eixos horizontais dividem o círculo em duas metades. A metade inferior do círculo, ou primeira metade do ciclo da vida, representa o crescimento objetivo, exterior em termos humanos e naturais (do nascimento até a idade de quarenta e dois anos, da primavera até o outono). Durante este período, ocorrem desenvolvimentos físicos drásticos que transformam os indivíduos e a paisagem. Estas mudanças objetivas nos humanos ocorrem *pari passu* com uma maneira profundamente pessoal de ver o mundo. Assim, em termos astrológicos ou psicológicos a metade inferior pode ser vista como subjetiva (mais inconsciente) e os primeiros signos fixos, regidos pelos planetas "internos" (Mercúrio, Vênus e Marte) e dois luminares (Sol e Lua) em nosso sistema solar, podem ser classificados como signos "pessoais". Estes cinco corpos celestes são quase sempre vistos em termos de sentimentos e emoções cotidianas, relacionamentos familiares e românticos com os outros e assuntos do aqui e agora, em vez de assuntos filosóficos mais complexos ou interesses universais. As faculdades dominantes aqui são elas próprias mais subjetivas – intuição e sentimento. Podemos afirmar, então, que a primeira metade da vida manifesta-se objetivamente, mas é inconsciente em sua orientação psicológica.

Figura 3. Como o diagrama mostra claramente, com exceção do solstício de inverno e de verão, não há época no ano que não seja crescente ou minguante. Assim, em qualquer ponto do círculo há movimento para maior luz ou escuridão.

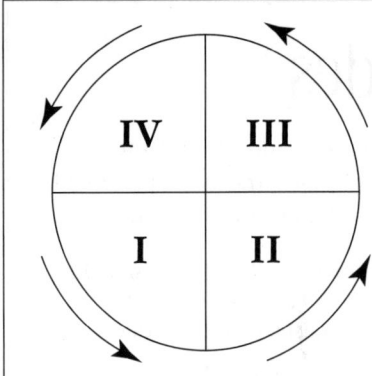

Figura 4. As estações do ano, a duração ideal de uma vida humana (um ciclo de Urano de oitenta e quatro anos) e os doze signos do zodíaco são aqui divididos igualmente por quatro.

QUADRANTE	ESTAÇÃO	IDADE	SIGNO	MUDANÇA	MANIFESTAÇÃO	ORIENTAÇÃO
I	Primavera	0-21	A,T,G	Expansão	Objetiva	Inconsciente
II	Verão	21-42	C,L,V	Contração	Objetiva	Inconsciente
III	Outono	42-63	L,E,S	Contração	Subjetiva	Consciente
IV	Inverno	63-84	C,A,P	Expansão	Subjetiva	Consciente

A metade superior do círculo, ou segunda metade do ciclo da vida, representa o crescimento subjetivo, interior em termos humanos e naturais (idade de 42 a 84 anos, outono até primavera). Durante este período, tanto na natureza quanto na psique humana, ocorre um enorme aprofundamento e maturação abaixo da vida aparente. Esta atividade "subterrânea" é acompanhada por uma objetividade crescente na maneira como os humanos são capazes de ver os acontecimentos ao seu redor, resultando em uma visão mais sábia e talvez mais pragmática das coisas. Assim, em termos astrológicos e psicológicos, a metade superior pode ser vista como objetiva (mais consciente): os signos de 7 a 9 podem ser classificados como "sociais", e de 10 a 12, como "universais". Com exceção de Libra, estes seis signos são regidos pelos planetas "externos" e impessoais do sistema solar (Júpiter, Saturno, Urânio, Netuno e Plutão). Estes corpos maciços e distantes são caracterizados por associações mais filosóficas e universais. Simbolizam questões sociais mais amplas: sorte, destino e os inexoráveis e eternos aspectos da vida. As faculdades dominantes aqui são mais objetivas – sensação e pensamento. Assim, a segunda metade é o reverso da primeira, isto é, manifesta-se subjetivamente (no interior, abaixo da superfície), porém é mais consciente em sua orientação psicológica.

Metades Esquerda e Direita do Círculo

Ao contrário, o eixo vertical divide o círculo em uma metade direita e outra metade esquerda (ver Figura 3). A metade esquerda da roda do zodíaco (de Capricórnio a Câncer) representa **expansão** – no hemisfério norte, nas estações inverno e primavera os dias ficam progressivamente mais longos. O lado direito (de Câncer a Capricórnio) representa **contração** – à medida que passamos pelas estações do verão e do outono os dias ficam cada vez mais curtos. Como os pontos do solstício de verão e de inverno estão nas extremidades deste eixo vertical, mostram a polaridade máxima: dia longo-noite curta (21 de junho) e dia curto-noite longa (21 de dezembro). No *I Ching* (O Livro das Mutações), estes extremos ou pólos representam os pontos mais *yang* e *yin* do ano, respectivamente. Os equinócios, por outro lado, marcam pontos de movimento máximo no sentido de aproximação (21 de março) ou afastamento (23 de setembro) do sol e demonstram um equilíbrio perfeito entre dia e noite.

As Quadraturas

Os dois conjuntos de hemisférios apresentados anteriormente (superior-inferior, esquerdo-direito) podem ser combinados sobrepondo-se um ao outro. Desta forma, o círculo de trezentos e sessenta graus da vida é dividido em quatro quadraturas. Em uma vida humana de oitenta e quatro anos, cada quadratura representa um período de vinte e um anos; no ciclo anual da natureza, uma estação; na astrologia, um grupo de três signos (cuja ordem é invariavelmente cardinal, fixo e mutável). Estas informações estão resumidas na Figura 4.

Além disso, cada uma das quadraturas pode ser associada a uma maneira de apreender o mundo:

I Intuição   III Sensação
II Sentimento IV Pensamento

Cada quadratura então, representando uma estação, um período da vida de vinte e um dias ou um segmento de noventa graus do zodíaco, pode ser avaliada em termos de mudança, manifestação, orientação e modo de apreensão.

Como o estudo da personalidade baseia-se em um sistema distintamente orientado para a Terra, os dois equinócios e solstícios ocupam posição de central importância na demarcação do Grande Ciclo da Vida. Neste sentido, a visão da astrologia tradicional orientada para o céu sofre uma mudança de enfoque para o aqui e agora da nossa vida diária – a eterna progressão cíclica das estações e dos períodos da vida, os ritmos da existência que vivenciamos ano após ano no nosso planeta.

Os 48 Períodos e Cúspides

O estudo da personalidade divide o ano em quarenta e oito períodos, cada qual associado com distintas características da personalidade típicas de pessoas nascidas nestes períodos. A essência destes traços é representada pelo nome de cada período. Os quarenta e oito períodos do estudo da personalidade e seus nomes estão listados aqui.

CÚSPIDE PEIXES-ÁRIES
19 a 24 de Março
Cúspide do Renascimento

ÁRIES I
25 de Março a 2 de Abril
Semana da Criança

ÁRIES II
3 a 10 de Abril
Semana da Estrela

ÁRIES III
11 a 18 de Abril
Semana do Pioneiro

CÚSPIDE ÁRIES-TOURO
19 a 24 de Abril
Cúspide do Poder

TOURO I
25 de Abril a 2 de Maio
Semana da Manifestação

TOURO II
3 a 10 de Maio
Semana do Professor

TOURO III
11 a 18 de Maio
Semana do Natural

CÚSPIDE TOURO-GÊMEOS
19 a 24 de Maio
Cúspide da Energia

GÊMEOS I
25 de Maio a 2 de Junho
Semana da Liberdade

GÊMEOS II
3 a 10 de Junho
Semana da Nova Linguagem

GÊMEOS III
11 a 18 de Junho
Semana do Buscador

CÚSPIDE GÊMEOS-CÂNCER
19 a 24 de Junho
Cúspide da Magia

CÂNCER I
25 de Junho a 2 de Julho
Semana da Empatia

CÂNCER II
3 a 10 de Julho
Semana do Não-Convencional

CÂNCER III
11 a 18 de Julho
Semana do Persuasivo

CÚSPIDE CÂNCER-LEÃO
19 a 25 de Julho
Cúspide da Oscilação

LEÃO I
20 de Julho a 2 de Agosto
Semana da Autoridade

LEÃO II
3 a 10 de Agosto
Semana da Força Equilibrada

LEÃO III
11 a 18 de Agosto
Semana da Liderança

CÚSPIDE LEÃO-VIRGEM
19 a 25 de Agosto
Cúspide da Exposição

VIRGEM I
26 de Agosto a 2 de Setembro
Semana dos Construtores de Sistemas

VIRGEM II
3 a 10 de Setembro
Semana do Enigma

VIRGEM III
11 a 18 de Setembro
Semana do Literal

CÚSPIDE VIRGEM-LIBRA
19 a 24 de Setembro
Cúspide da Beleza

LIBRA I
25 de Setembro a 2 de Outubro
Semana do Perfeccionista

LIBRA II
3 a 10 de Outubro
Semana da Sociedade

LIBRA III
11 a 18 de Outubro
Semana do Teatro

CÚSPIDE LIBRA-ESCORPIÃO
19 a 25 de Outubro
Cúspide do Drama e da Crítica

ESCORPIÃO I
26 de Outubro a 2 de Novembro
Semana da Intensidade

ESCORPIÃO II
3 a 11 de Novembro
Semana da Profundidade

ESCORPIÃO III
12 a 18 de Novembro
Semana do Encanto

CÚSPIDE ESCORPIÃO-SAGITÁRIO
19 a 24 de Novembro
Cúspide da Revolução

SAGITÁRIO I
25 de Novembro a 2 de Dezembro
Semana da Independência

SAGITÁRIO II
3 a 10 de Dezembro
Semana do Originador

SAGITÁRIO III
11 a 18 de Dezembro
Semana do Titã

CÚSPIDE SAGITÁRIO-CAPRICÓRNIO
19 a 25 de Dezembro
Cúspide da Profecia

CAPRICÓRNIO I
26 de Dezembro a 2 de Janeiro
Semana do Regente

CAPRICÓRNIO II
3 a 9 de Janeiro
Semana da Determinação

CAPRICÓRNIO III
10 a 16 de Janeiro
Semana da Dominação

CÚSPIDE CAPRICÓRNIO-AQUÁRIO
17 a 22 de Janeiro
Cúspide do Mistério e da Imaginação

AQUÁRIO I
23 a 30 de Janeiro
Semana do Gênio

AQUÁRIO II
31 de Janeiro a 7 de Fevereiro
Semana da Juventude e Despreocupação

AQUÁRIO III
8 a 15 de Fevereiro
Semana da Aceitação

CÚSPIDE AQUÁRIO-PEIXES
16 a 22 de Fevereiro
Cúspide da Sensibilidade

PEIXES I
23 de Fevereiro a 2 de Março
Semana do Espírito

PEIXES II
3 a 10 de Março
Semana do Solitário

PEIXES III
11 a 18 de Março
Semana dos Dançarinos e Sonhadores

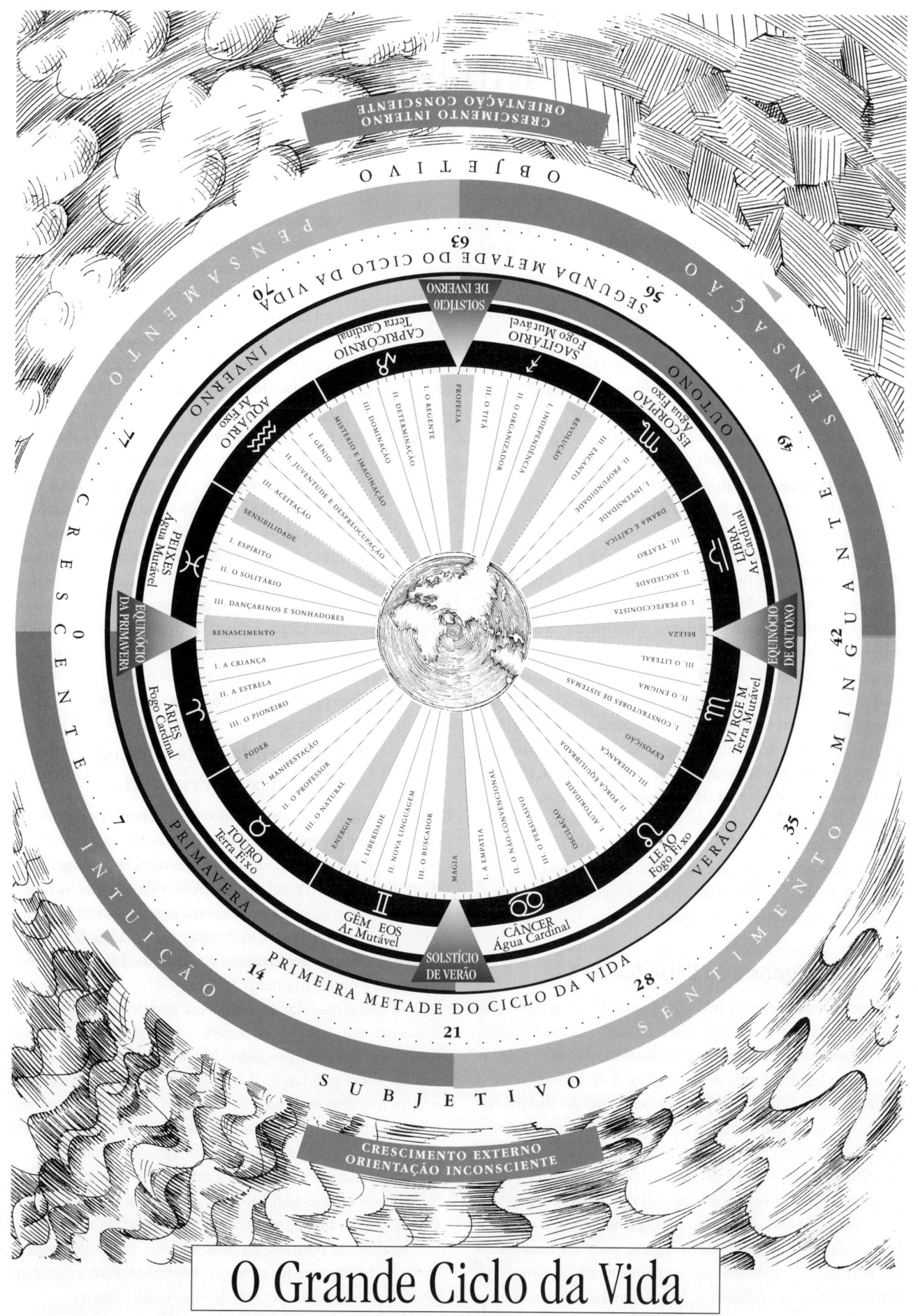

O Grande Ciclo da Vida

Primavera
21 DE MARÇO A 21 DE JUNHO

O início do ano astrológico foi fixado em 0° de Áries (21 de março) pela astrologia moderna. No equinócio da primavera ou vernal, que simboliza o renascimento, os dias e as noites têm igual duração. A astrologia tomou o hemisfério norte como modelo (21 de março marca o início da primavera no hemisfério norte, mas no hemisfério sul a primavera começa no dia 23 de setembro). À medida que a primavera avança, os dias ficam mais longos, e as noites, mais curtas. A primavera é a primeira quadratura ou segmento de 90° do ciclo anual. Estende-se do equinócio da primavera até o solstício de verão.

A primavera é tradicionalmente o período da florescência. À medida que a terra e o ar se aquecem, o fogo do sol derrete o gelo e a neve do inverno. Chuvas primaveris e rios mais volumosos irrigam a terra e uma nova vida irrompe. Plantações são iniciadas assim que as noites se tornam mais curtas e o perigo de congelamento tenha passado. Sementes germinam na terra, plantas brotam e começam a crescer rapidamente. As primeiras flores se abrem e, juntamente com os pássaros e os animais, talvez recém-nascidos, de volta de migrações ou despertos da hibernação, conferem beleza e vivacidade a esta quadratura do ano. Analogamente, à medida que os dias aumentam e a temperatura média sobe as pessoas passam mais tempo fora de casa e usam mais roupas coloridas. Mais luz do dia significa mais tempo disponível para recreação e desfrute do ambiente natural.

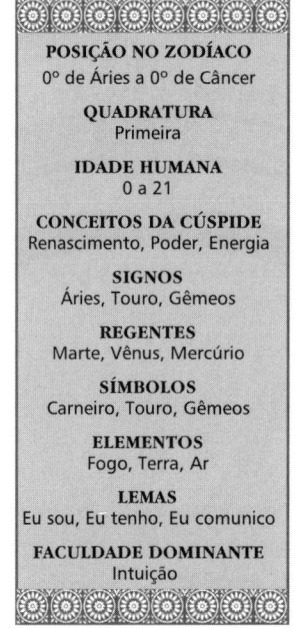

POSIÇÃO NO ZODÍACO
0° de Áries a 0° de Câncer
QUADRATURA
Primeira
IDADE HUMANA
0 a 21
CONCEITOS DA CÚSPIDE
Renascimento, Poder, Energia
SIGNOS
Áries, Touro, Gêmeos
REGENTES
Marte, Vênus, Mercúrio
SÍMBOLOS
Carneiro, Touro, Gêmeos
ELEMENTOS
Fogo, Terra, Ar
LEMAS
Eu sou, Eu tenho, Eu comunico
FACULDADE DOMINANTE
Intuição

Os Signos e os Períodos da Vida

A primavera compreende três signos astrológicos: o signo cardinal de Fogo, Áries, o signo fixo de Terra, Touro, e o signo mutável de Ar, Gêmeos. Em termos humanos, estes três signos podem ser ligados à vida do indivíduo, do nascimento até a idade de vinte e um anos. Este período ativo do desenvolvimento humano, que compreende o nascimento, a primeira, a segunda e a terceira infância e a adolescência, apresenta praticamente o mesmo processo de crescimento, diferenciação e desenvolvimento que ocorre na natureza durante a primavera.

Esta primeira quadratura do Grande Ciclo da Vida é governada pela faculdade da intuição e pode ser vista como um período de expansão que se manifesta objetivamente e tem orientação inconsciente. Isto é, embora externamente neste período esteja ocorrendo um desenvolvimento objetivo na natureza e nos humanos, o estado interior é altamente subjetivo.

Astrologicamente, esse aspecto tem a ver com o fato de os signos de Áries, Touro e Gêmeos serem regidos pelos planetas Marte, Vênus e Mercúrio respectivamente, todos classificados como planetas "internos" ou "pessoais". Isto significa que são relativamente pequenos e próximos da Terra e do Sol.

O período do desenvolvimento humano que corresponde a idade de 0 a 21 anos também mostra orientação altamente subjetiva ou pessoal. A criança em desenvolvimento vê o mundo em grande medida como uma extensão dela própria. Sua apreensão da vida é colorida por intuições e poderosos desejos inconscientes. O poder da criança de absorver e assimilar impressões do mundo exterior é assombroso. Às vezes o jovem se encontra tão à mercê de tais forças poderosas que não age de maneira racional ou consciente.

A Personalidade das Pessoas Nascidas na Primavera

De um modo geral, os nascidos na primavera manifestam entusiasmo pela vida. Sua energia é prodigiosa ao iniciarem projetos e sua capacidade de sobrevivência e adaptação é digna de nota. Em geral mais extrovertidas do que introvertidas, pessoas nascidas na primavera tendem a criar forte impacto em seu ambiente. Entretanto, sua capacidade para dedicar-se de modo perseverante e responsável a uma só atividade não é necessariamente grande.

Pessoas nascidas na primavera gostam de compartilhar o que pensam, criam e produzem e, mais do que os nascidos em outras estações, precisam da apreciação e da aprovação constante do que fazem. O desejo de liberdade caracteriza muitos nascidos nesta estação, e podem não reagir bem a restrições impostas a eles. Pessoas nascidas na primavera precisam crescer, expandir-se e deixar sua marca no mundo.

Os nascidos na primavera muitas vezes carregam um ar infantil por toda a vida. Inocência, espontaneidade, impulsividade são as características das pessoas nascidas na primavera. Geralmente positivas na forma de ver o mundo, podem sentir-se desconcertados com atitudes muito sérias e mostram pouca paciência com pessoas de orientação negativa.

Verão
21 DE JUNHO A 23 DE SETEMBRO

O solstício de verão em geral ocorre no dia 21 de junho no hemisfério norte (esta data marca o início do verão no hemisfério norte, mas no hemisfério sul o verão começa em 21 de dezembro). Nesta estação mágica, os dias são mais longos e as noites mais curtas do que qualquer outra época do ano. À medida que o verão avança, no entanto, os dias ficam mais curtos e as noites aumentam. O verão é a segunda quadratura ou segmento de 90° do ciclo anual. Estende-se do solstício de verão até o equinócio de outono.

O verão é tradicionalmente o período em que a nova vida da primavera alcança a maturidade. A temperatura está em seu ponto mais elevado neste período e a maior parte da vida animal desfruta de preguiçosas tardes, quando está quente demais para muita movimentação. Esta é tradicionalmente a época das férias, de interromper o trabalho e desfrutar de todo tipo de atividade ao ar livre. A escola está fechada e os jovens mais ativos passeiam no período da manhã. Há flores coloridas em profusão. O ritmo da vida nesta quadratura é mais lento e sensual, mas as dietas tendem a ser mais leves, e as roupas, mais confortáveis. A vida é em muitos aspectos mais fácil no verão do que em outras épocas do ano.

Os Signos e os Períodos da Vida

O verão compreende três signos astrológicos: o signo cardinal de Água, Câncer, o signo fixo de Fogo, Leão, e o signo mutável de Terra, Virgem. Em termos humanos, estes três signos podem equivaler à vida do indivíduo dos vinte e um anos até os quarenta e dois. Este período dinâmico do desenvolvimento humano, que compreende a primeira fase da vida adulta e o período médio, apresenta praticamente o mesmo processo de crescimento, florescimento e produção que ocorre na natureza durante o verão.

Esta segunda quadratura do Grande Ciclo da Vida é governada pela faculdade do sentimento e pode ser vista como um período de contração que se manifesta objetivamente e tem uma orientação inconsciente. Isto é, embora neste período esteja ocorrendo externamente um crescimento objetivo na natureza e nos seres humanos, este crescimento já é mais lento. Como na infância, a orientação permanece basicamente subjetiva.

POSIÇÃO NO ZODÍACO
0° de Câncer a 0° de Libra

QUADRATURA
Segunda

IDADE HUMANA
21 a 42

CONCEITOS DA CÚSPIDE
Magia, Oscilação, Exposição

SIGNOS
Câncer, Leão, Virgem

REGENTES
Lua, Sol, Mercúrio

SÍMBOLOS
Caranguejo, Leão, Virgem

ELEMENTOS
Água, Fogo, Terra

LEMAS
Eu sinto, Eu crio, Eu sirvo

FACULDADE DOMINANTE
Sentimento

Astrologicamente, esse aspecto tem a ver com o fato de os signos de Câncer, Leão e Virgem serem regidos pelos corpos celestes pesados, Lua, Sol e Mercúrio, respectivamente; todos classificados como planetas "internos" ou "pessoais" do sistema solar. Isto significa que são relativamente próximos da Terra e levam aproximadamente um mês (no caso da Lua) e um ano (no caso do Sol e de Mercúrio) para percorrerem o zodíaco.

Como a infância, o período do desenvolvimento humano que vai dos 21 aos 42 anos de idade é altamente pessoal, mas também ocorre a manifestação de muita objetividade e sabedoria adquirida. O adulto maduro é capaz de discernir entre seu eu interior e o mundo exterior. Nem tudo é tão colorido por intuições e poderosos desejos inconscientes como antes. Embora a capacidade de absorver e assimilar impressões ainda seja grande, muitas passagens para a personalidade e o ego já estão cerradas. O adulto maduro está também muito menos à mercê de seu eu subjetivo e agora age de forma mais racional e consciente do que antes.

A Personalidade das Pessoas Nascidas no Verão

De um modo geral, os nascidos no verão medem mais suas reações do que os nascidos na primavera e, embora entusiastas, são mais críticos. Sua energia talvez esteja um pouco menos focalizada em iniciar projetos e mais em concretizá-los. Pessoas nascidas no verão tendem a ser uma mistura de introversão e extroversão, mas os sentimentos agora desempenham papel mais importante em suas vidas. O desejo de ajudar e se envolver com os outros é forte neste período. Pessoas nascidas no verão muitas vezes vivenciam interações emocionais não apenas com pessoas, mas também com o trabalho e o ambiente.

Pessoas nascidas no verão podem não demonstrar necessidade premente de dar sua contribuição ao mundo. Muitas características ocultas desenvolvem-se nesta fase, e ser apreciado nem sempre é o mais importante. Em vez de colocarem a liberdade e a independência acima de tudo, as pessoas nascidas no verão estão preparadas para servir aos outros e também para investir neles seu tempo. Estas pessoas precisam se sentir necessárias.

Outono
23 DE SETEMBRO A 21 DE DEZEMBRO

O equinócio do outono usualmente ocorre em torno de 23 de setembro no hemisfério norte (embora, naturalmente, no hemisfério sul o outono comece no dia 21 de março). Nesta época de colheita, os dias e as noites têm igual duração. À medida que o outono avança, os dias ficam mais curtos, e as noites, mais longas. O outono é o terceiro quarto ou segmento de 90° do ciclo anual. Estende-se do equinócio do outono até o solstício de inverno.

O outono é tradicionalmente um período em que se faz a última colheita do que é plantado no verão – depois disso a maior parte do solo é coberta por folhas e matéria orgânica para o inverno. Inicia-se a decomposição da vida das plantas com a qual a terra é enriquecida. Muito da atividade agrícola entra em repouso neste período, mas algumas culturas de inverno podem ser praticadas. A temperatura começa a cair à medida que o sol dá menos de si e noites geladas são seguidas de manhãs frias. Parte da vida animal hiberna ou migra para climas mais quentes. Árvores decíduas mudam de cor em profuso espetáculo e o ar fica impregnado com o frio do outono. O ritmo da vida desta quadratura é mais rápido e mais orientado para a sobrevivência. Dietas ricas em alimentos energéticos são as preferidas (tanto por animais quanto por humanos). A prodigalidade de alimentos diminui e a vida novamente se torna mais difícil.

Os Signos e os Períodos da Vida

O outono compreende três signos astrológicos: o signo cardinal de Ar, Libra, o signo fixo de Água, Escorpião, e o signo mutável de Fogo, Sagitário. Estes três signos equivalem em termos humanos à fase que vai dos 42 aos 63 anos da vida de um indivíduo. Este período poderoso do desenvolvimento humano, que vai do início ao final do período médio, evidencia alguns aspectos idênticos de maturidade, conservação de movimento e energia que, acrescidos de um enfoque na sobrevivência, ocorrem na natureza durante o outono.

Esta terceira quadratura do Grande Ciclo da Vida é governada pela faculdade da sensação e pode ser vista como um período de contração que se manifesta subjetivamente e apresenta orientação consciente. Em outras palavras, a atividade subjetiva, subterrânea, interior, foi substituída pelo desenvolvimento exterior, tanto na natureza quanto nos seres humanos. Psicologicamente, uma percepção consciente e objetiva do processo de envelhecimento torna-se bastante clara. Também torna-se aparente a dificuldade de aceitar tais mudanças e, muitas vezes, a necessidade de controlá-las.

Astrologicamente, esse aspecto tem a ver com o fato de os signos de Libra, Escorpião e Sagitário serem regidos pelos corpos celestes Vênus, Plutão e Júpiter, os dois últimos classificados como planetas externos ou "universais". Estes planetas externos são distantes da Terra e levam aproximadamente 12 anos (no caso de Júpiter) e 248 anos (no caso de Plutão) para percorrerem o zodíaco. Vênus, por outro lado, é um planeta "pessoal" que provoca forte influência social e sensual.

Ao contrário do período que se estende do nascimento até a metade da vida, a visão do adulto nesta fase é mais social que pessoal. Objetividade, crítica, pensamento consciente e percepção caracterizam este período intensamente realista. Surgem atitudes mais filosóficas e uma nova seriedade. Intuição, sentimentos e pensamentos são exercitados, mas a sensação se torna um fator de integração, isto é, uma análise objetiva dos fenômenos, bem como um desfrute mais consciente dos prazeres sensuais.

A Personalidade das Pessoas Nascidas no Outono

De modo geral, os nascidos no outono demonstram maior habilidade e necessidade de controlar o ambiente externo. Pessoas nascidas no outono raramente são tão entusiastas quanto as nascidas na primavera e no verão, sendo mais seletivas e críticas. A manutenção é a consideração dominante aqui, em vez do início ou desenvolvimento de novos projetos. Em certos aspectos, as pessoas nascidas no outono tendem a ser mais introvertidas e ponderadas do que pessoas nascidas na primavera e no verão. Os sentimentos são mais bem controlados. No entanto, as necessidades sociais são mais amadurecidas e plenamente expressas aqui também – amizade, atividades em grupo e comunitárias, trabalho voluntário à sociedade são importantes nesta fase. Pessoas nascidas no outono manifestam forte desejo de compartilhar e tomar parte de relacionamentos sérios e gratificantes.

Pessoas nascidas no outono têm maior conscientização do que acontece ao seu redor, talvez maior do que qualquer outro grupo das demais estações. Impulso e emoção podem não ser tão expressivos, mas muitas vezes são sutis e complexos. Autoconhecimento e autocontrole tornam-se prioridade.

POSIÇÃO NO ZODÍACO
0° de Libra a 0° de Capricórnio

QUADRATURA
Terceira

IDADE HUMANA
42 a 63

CONCEITOS DA CÚSPIDE
Beleza, Dramaturgia e Crítica, Revolução

SIGNOS
Libra, Escorpião, Sagitário

REGENTES
Vênus, Plutão, Júpiter

SÍMBOLOS
Balança, Escorpião, Centauro

ELEMENTOS
Ar, Água, Fogo

LEMAS
Eu peso, Eu controlo, Eu filosofo

FACULDADE DOMINANTE
Sensação

Inverno
21 DE DEZEMBRO A 21 DE MARÇO

O solstício de inverno usualmente ocorre no dia 21 de dezembro no hemisfério norte (esta data marca o início do inverno no hemisfério norte, mas no hemisfério sul o inverno começa por volta de 21 de junho). Nesta época de quietude, as noites são mais longas e os dias mais curtos do que em qualquer outra estação do ano. À medida que o inverno avança para seus dias mais rigorosos para os primeiros sinais da primavera, as noites se tornam mais curtas, e os dias, mais longos. O inverno é a quarta e última quadratura ou segmento de 90° do ciclo anual. Esta estação estende-se do solstício de inverno até o equinócio da primavera.

O inverno é tradicionalmente um período em que a água dos lagos e dos rios congela, cai neve, os sons da natureza emudecem e a terra adormece sob um tapete branco. As árvores estendem seus ramos nus até o céu cinzento, iluminadas poucas horas por dia por um sol baixo no horizonte. Embora muito da natureza pareça morta, esta é uma visão superficial. Nas profundezas da terra, forças poderosas estão preparando uma metamorfose, cujo resultado será evidente na primavera. Nada realmente fenece, mas se transforma em outro estado. Há um sentimento de espera e expectativa. A vida mudou-se para dentro e para os subterrâneos. Busca-se em cavernas e casas calor e proteção do vento uivante e fustigante. O fogo mantém os humanos aquecidos, e os alimentos armazenados para o inverno são ingeridos por pessoas e animais.

Os Signos e os Períodos da Vida

O inverno compreende três signos astrológicos: o signo cardinal de Terra, Capricórnio, o signo fixo de Ar, Aquário, e o signo mutável de Água, Peixes. Estes três signos equivalem em termos humanos à fase que vai dos 63 aos 84 anos da vida de um indivíduo. Este período espiritual do desenvolvimento humano, que vai do final da meia-idade até a morte, evidencia muitos dos mesmos aspectos da quietude, interiorização da experiência e aquietamento das necessidades instintivas que caracterizam a natureza do inverno.

Esta quarta quadratura do Grande Ciclo da Vida é governada pela faculdade do pensamento e pode ser vista como um período de expansão que se manifesta subjetivamente e apresenta orientação consciente. Embora a atividade subjetiva, interior e subterrânea tenha sido completamente substituída pelo desenvolvimento exterior, tanto na natureza quanto nos humanos, mudanças estão a caminho. No caso dos humanos, a consciência pode ocupar-se menos com atividades exteriores e mais com o mundo do pensamento, da religião, da filosofia, da espiritualidade e outros interesses universais.

Astrologicamente, esse aspecto tem a ver com o fato de os signos de Capricórnio, Aquário e Peixes serem regidos pelos corpos celestes Saturno, Urano e Netuno, todos planetas pesados e "externos". Estes corpos são grandes e distantes da Terra, levando cerca de 28, 84 e 165 anos, respectivamente, para percorrerem o zodíaco.

A visão de um adulto nesta fase é mais universal. Interesses como a competição no mercado de trabalho, o sustento da família, a reprodução, construção de poderosas atividades exteriores e a luta para deixar uma marca no mundo em geral diminuem ou estão completamente ausentes agora. Os mais velhos precisam preparar-se psicologicamente para o advento do fim de um ciclo da vida.

A Personalidade das Pessoas Nascidas no Inverno

De modo geral, os nascidos no inverno estão mais interessados em uma visão mais ampla. Podem ser tipos dominantes que governam seu espaço com segurança, mas muitas vezes também demonstram maior grau de flexibilidade, sensibilidade, aceitação e espiritualidade do que os nascidos em outras estações do ano. Embora os nascidos no inverno sejam muitas vezes tipos silenciosos, muitos manifestam grande excitação por meio de seus pensamentos, ideais e trabalho. Destacam-se particularmente por uma vida de imaginação ativa e de fantasia. As pessoas mais bem-sucedidas desta estação podem objetivar estas visões e talvez torná-las fonte de criatividade em vez de se sentirem vítimas delas. O compromisso das pessoas nascidas no inverno não é tanto para com a sociedade ou considerações pessoais, mas pelo mundo das idéias.

Pessoas nascidas no inverno preocupam-se menos com o estado do mundo atual e mais com como ele poderia e deveria ser. Um espírito verdadeiramente reformista pode apresentar-se com esta personalidade, sendo muito comum o interesse por assuntos referentes à política e à justiça econômica.

POSIÇÃO NO ZODÍACO
0° de Capricórnio a 0° de Áries

QUADRATURA
Quarta

IDADE HUMANA
63 a 84

CONCEITOS DA CÚSPIDE
Profecia, Mistério e Imaginação, Sensibilidade

SIGNOS
Capricórnio, Aquário, Peixes

REGENTES
Saturno, Urano, Netuno

SÍMBOLOS
Cabra, O Jovem Aguadeiro, Peixe

ELEMENTOS
Terra, Ar, Água

LEMAS
Eu domino, Eu universalizo, Eu acredito

FACULDADE DOMINANTE
Pensamento

Os Quarenta e Oito Períodos

CÚSPIDE PEIXES-ÁRIES
Cúspide do Renascimento

19 a 24 de Março

A cúspide Peixes-Áries é uma mistura do último signo do zodíaco, Peixes, com o primeiro signo, Áries. Esta cúspide pode ser ligada simbolicamente ao início de cada vida humana na Terra, e considerada como sendo literalmente o início do novo ano astrológico. Assim, pode-se afirmar que a cúspide Peixes-Áries representa o Renascimento. Muitas civilizações atribuíam ao início da primavera (aproximadamente 21 de março no hemisfério norte) o marco do início do ano novo. Este aspecto relacionado ao início é ressaltado pelas palavras utilizadas para primavera em vários idiomas: italiano – *primavera*, francês – *printemps*, holandês – *voorjaar*. Há uma sabedoria subjacente a esta forma mais antiga de perceber o ciclo anual; assim, em vez de apontar arbitrariamente o primeiro dia de janeiro como o início do ano, astrólogos e outros pensadores com uma abordagem mais tradicional preferem considerar o equinócio da primavera, 21 de março, como o primeiro dia.

Os dias que compreendem a Cúspide Peixes-Áries revelam não apenas a desenvoltura ardente e descomplicada que se espera de Áries, mas também os traços mais suaves de sonho, fantasia ativa, quietude e sensibilidade de Peixes.

Os nascidos sob a Cúspide Peixes-Áries são incomumente diretos em sua abordagem à vida e sua franqueza pode torná-los admirados ou incompreendidos. Nascidos nesta cúspide primitiva, são indivíduos elementares e básicos. É intrigante perceber que embora os indivíduos nascidos em Peixes-Áries acreditem ver as coisas de uma maneira simples e desanuviada, os que os conhecem bem muitas vezes os descrevem como incrivelmente sonhadores, incapazes de lidar com a dura realidade do mundo. Estes indivíduos exteriormente são diretos e dinâmicos, o que contradiz uma vida interior sensível, emocionalmente complexa e até problemática. Assim,

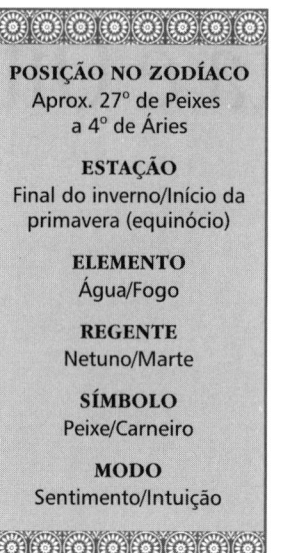

POSIÇÃO NO ZODÍACO
Aprox. 27º de Peixes a 4º de Áries

ESTAÇÃO
Final do inverno/Início da primavera (equinócio)

ELEMENTO
Água/Fogo

REGENTE
Netuno/Marte

SÍMBOLO
Peixe/Carneiro

MODO
Sentimento/Intuição

são pessoas realizadoras e ativas, bem como sonhadoras, e com uma atitude prática do tipo "o que você vê é o que você consegue ter", que na verdade conta apenas parte da história.

Muitas vezes são mal interpretados. Os nascidos em Peixes-Áries podem fazer, por exemplo, uma oferta generosa com o mais puro dos motivos, talvez de tempo ou dinheiro. No entanto, antes que se saiba disso, ele pode estar sendo acusado de ter uma atitude de virtude superior e de se comportar de forma condescendente, e os que estão recebendo os benefícios podem ficar ressentidos. Ao mesmo tempo, os nascidos em Peixes-Áries sentem-se desnorteados e magoados. Tais cenas não são raras na vida dos nascidos na cúspide Peixes-Áries. Na verdade, quanto mais simples e direto seu comportamento, mais os outros interpretam mal suas intenções.

Esta forma direta das pessoas nascidas em Peixes-Áries inevitavelmente desperta antagonismo. Entretanto, os que são suficientemente insensatos para oporem-se diretamente a elas logo se arrependem. Além disso, devido à sua rapidez em captar conceitos e, muitas vezes, em implementar seus pressentimentos intuitivos, as pessoas de Peixes-Áries podem encontrar resistência naqueles que são mais lentos. Esta reação tem pouco efeito sobre os nascidos na cúspide Peixes-Áries, despertando apenas sua impaciência. Assim, sobretudo em esforços grupais, eles precisam aprender a conter sua impetuosidade, a ouvir as sugestões, em geral úteis, dos outros, a desacelerar seu tempo e a entrar em sintonia com o ritmo do grupo. Finalmente, precisam aprender a pesar cuidadosamente as alternativas antes de falar ou agir. Quando conseguem isso, sua lógica pode ser persuasiva, e sua visão, abrangente convincente.

Embora o efeito que exercem sobre outros devesse ensinar-lhes que algo sobre seu comportamento não está bem, os nascidos em Peixes-Áries em geral recusam-se a mudar. Não conseguem realmente ver qualquer falha no que fazem, pois, em seu modo de ver, estão agindo com a mais pura intenção. No final, muitas vezes conseguem abrir caminho, seja forjando sem afrouxarem, seja agarrando-se a suas armas até os outros cederem.

É particularmente difícil para os nascidos na Cúspide do Renascimento lidarem com o fracasso. Como o rematado fracasso não faz parte de seu vocabulário, quando confrontados com a derrota inevitável muitas vezes sentem-se frustrados e confusos. Mas seus mecanismos de defesa a este respeito são extraordinários e eles, muitas vezes, se poupam ao fracasso simplesmente recusando-se a reconhecê-lo. Não são em geral tão fora da realidade ao ponto de confundir perda com vitória, mas com freqüência vêem a perda apenas como um revés parcial no caminho da vitória, temporariamente adiada.

Outros podem aprender, entretanto, a lidar com indivíduos de Peixes-Áries de forma bem-sucedida. Uma das principais regras é não cavar tão fundo em seus motivos ou forçá-los a explicar-se. Outra é não procurar analisar sua personalidade, nem empurrá-los para a auto-análise. Ainda assim, os que usam exemplos em vez de preceitos para incentivá-los suavemente a ser mais objetivos sobre si mesmos podem ter sucesso. Isso não significa que os nascidos em Peixes-Áries não aprendam com seus erros, simplesmente eles precisam de tempos em tempos ser estimulados a isso.

Outra maneira ainda mais simples de lidar com os nascidos em Peixes-Áries é simplesmente fazer o que pedem, pelo menos naquele momento. Se puder apresentar uma idéia melhor mais tarde, ele estará preparado para ouvir, mas raramente, se é que alguma vez, no primeiro repente do entusiasmo. É importante reconhecer a importância dos impulsos, pressentimentos e primeiras ações para os nascidos em Peixes-Áries. Desqualificar ou negar sua intuições com conselhos e sugestões alternativas pode facilmente aliená-los para sempre. Raramente, entretanto, alguém tem sucesso em alquebrar seu espírito ou arrefecer seu movimento para a frente por muito tempo.

Nos relacionamentos, os nascidos em Peixes-Áries podem ser parceiros leais, embora sua lealdade possa ser mais emocional que literal. Amam profunda e apaixonadamente, em outras palavras, dando muita atenção ao objeto de sua paixão, mas ao mesmo tempo nem sempre são monogâmicos; seu lado intuitivo e ardente está sempre vulnerável a algo novo excitante que possa aparecer. Esperam que seus parceiros desempenhem o papel mais estável e paciente. Não que exijam monogamia do parceiro; na verdade, em muitos casos, um relacionamento mais aberto de ambos os lados é mais adequado para eles, pois mitiga alguma culpa que possam sentir por sua indiscrição.

Pessoas nascidas em Peixes-Áries em geral se saem melhor como pais do que como filhos, sentindo mais lealdade e responsabilidade por sua prole do que sentiram por seus pais quando eram jovens. A família pode ter um significado surpreendentemente forte para estas almas tão independentes, mas família em um sentido amplo, incluindo amigos e colegas, bem como parentes.

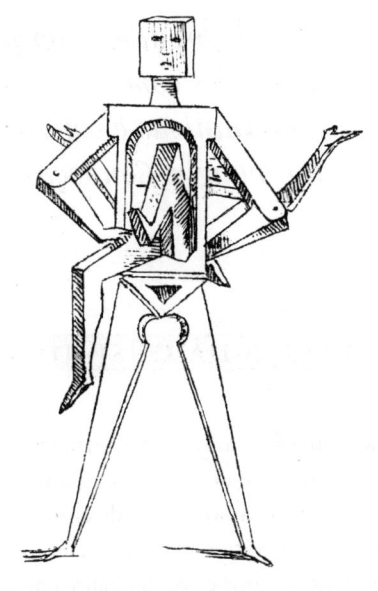

"RENASCIMENTO"

PONTOS FORTES

HONESTO • INTUITIVO
PASSIONAL

PONTOS FRACOS

MAL COMPREENDIDO • IMPACIENTE
FORA DA REALIDADE

CONSELHO

Sua tarefa mais importante é aprender a ter paciência. Desenvolva habilidades sociais em atividades com os outros. Tente refrear o lado impetuoso – pondere as alternativas e considere as conseqüências antes de falar ou agir. Conheça-se melhor.

PESSOAS NOTÁVEIS DA CÚSPIDE PEIXES-ÁRIES

O aniversário de **Johann Sebastian Bach** casa perfeitamente com o equinócio da primavera, o início do ano astrológico. Visto por muitos como o último manancial da música clássica, Bach combinou os vários elementos da música do início do Renascimento e Barroca e também criou novas formas extremamente originais. A família alemã Bach teve vários músicos profissionais do século XVII ao XVIII. O nome da família significa "riacho", que sugere simbolicamente incessante movimento, claro e fluido, de uma fonte pura. O elemento Peixes profundamente religioso e o impulso dinâmico de Áries mesclam-se na música de Bach, que tem uma estrutura altamente complexa, mas é simples em seu apelo.

Spike Lee, do Brooklyn, surgiu na cena do cinema depois que se formou na NYU Film School. Como outros nascidos na cúspide Peixes-Áries, Lee é sonhador e realizador, e muitas vezes mal compreendido. Mais do que qualquer outro diretor, ele apresentou a experiência afro-americana de um modo intransigente. Em *Faça a Coisa Certa* e *Malcolm X*, a mistura singular de Lee de política e história promoveu um espírito mais consciente no cinema americano. Seus filmes buscam a clareza e têm uma entonação forte e intransigente, revelando sensibilidade, características dos nascidos na Cúspide do Renascimento.

Holly Hunter, que alcançou fama no filme *O Piano*, transmite uma imagem e uma presença muito além de seu diminuto tamanho. Tipificando um espírito indômito, não deixa que diminuam seu ritmo, características dos nascidos na cúspide Peixes-Áries. Como uma camaleoa, é capaz de desempenhar uma ampla variedade de papéis com aparente facilidade, enfatizando seu lado pisciano, e de projetar sua energia direta e penetrante de forma intransigente, um traço ariano. Ela também pode representar uma personagem que age lealmente, mas é difícil de entender, um traço típico dos nascidos na Cúspide do Renascimento. Poucas imagens cinematográficas se igualam à de Holly em *O Piano*, quando ela se liberta sob as águas do piano e sobe à superfície para renascer.

Outras pessoas nascidas em Peixes-Áries: Stephen Sondheim, Matthew Broderick, Pamela Harriman, Pat Riley, Gary Oldman, Glenn Close, Andrew Lloyd Webber, Joan Crawford, William Shatner, Bruce Willis, Ingrid Kristiansen, Akira Kurosawa, Chaka Khan, Moses Malone, William Jennings Bryan, Serge Diaghilev, Philip Roth, Ruth Page, George Benson, Ursula Andress, B.F. Skinner, Jesus Alou, Lynda Bird Johnson, Pat Bradley, Fanny Farmer, Wyatt Earp, Wernher von Braun, Steve McQueen, Clyde Barrow, Wilhelm Reich, José de Anchieta, Ayrton Senna da Silva, Assis Valente, Ernesto Nazaré.

Guia de Relacionamentos para a Cúspide Peixes-Áries

Localizador de Página para Todos os Relacionamentos

Cúspide Peixes-Áries	19 a 24 de Março	A chama sentimental	214
Áries I	25 de Março a 2 de Abril	Inocência apaixonada	214
Áries II	3 a 10 de Abril	O caldeirão fervilhante	215
Áries III	11 a 18 de Abril	Alívio cômico	215
Cúspide Áries-Touro	19 a 24 de Abril	Guerra nas estrelas	216
Touro I	25 de Abril a 2 de Maio	Medicamento com gosto bom	216
Touro II	3 a 10 de Maio	Névoa mágica	217
Touro III	11 a 18 de Maio	Água debaixo da ponte	217
Cúspide Touro-Gêmeos	19 a 24 de Maio	Jogo de poder	218
Gêmeos I	25 de Maio a 2 de Junho	Colisão frontal	218
Gêmeos II	3 a 10 de Junho	Leve e solto	219
Gêmeos III	11 a 18 de Junho	Cavando mais fundo	219
Cúspide Gêmeos-Câncer	19 a 24 de Junho	Aparição perigosa	220
Câncer I	25 de Junho a 2 de Julho	Lições a serem aprendidas	220
Câncer II	3 a 10 de Julho	Genuína fascinação	221
Câncer III	11 a 18 de Julho	Reforma zelosa	221
Cúspide Câncer-Leão	19 a 25 de Julho	Sintonizados	222
Leão I	26 de Julho a 2 de Agosto	Puxando juntos	222
Leão II	3 a 10 de Agosto	Águias que voam alto	223
Leão III	11 a 18 de Agosto	Domando o tigre	223
Cúspide Leão-Virgem	19 a 25 de Agosto	Linguagem oculta	224
Virgem I	26 de Agosto a 2 de Setembro	Passos gigantes	224
Virgem II	3 a 10 de Setembro	Exploração intrépida	225
Virgem III	11 a 18 de Setembro	Imaginação embasada	225
Cúspide Virgem-Libra	19 a 24 de Setembro	Um ato equilibrado	226
Libra I	25 de Setembro a 2 de Outubro	Honestidade que confronta	226
Libra II	3 a 10 de Outubro	Desfrute confortável	227
Libra III	11 a 18 de Outubro	Galgar as alturas	227
Cúspide Libra-Escorpião	19 a 25 de Outubro	Coração explosivo	228
Escorpião I	26 de Outubro a 2 de Novembro	Pagando dívidas	228
Escorpião II	3 a 11 de Novembro	Estrela escura	229
Escorpião III	12 a 18 de Novembro	Carisma cativante	229
Cúspide Escorpião-Sagitário	19 a 24 de Novembro	Vulcão inativo	230
Sagitário I	25 de Novembro a 2 de Dezembro	Passeio de montanha-russa	230
Sagitário II	3 a 10 de Dezembro	Entretenimento inventivo	231
Sagitário III	11 a 18 de Dezembro	Quem é o primeiro	231
Cúspide Sagitário-Capricórnio	19 a 25 de Dezembro	Parceria paradoxal	232
Capricórnio I	26 de Dezembro a 2 de Janeiro	Nau-capitânia	232
Capricórnio II	3 a 9 de Janeiro	Admiração tácita	233
Capricórnio III	10 a 16 de Janeiro	Fomento de talentos	233
Cúspide Capricórnio-Aquário	17 a 22 de Janeiro	Sonho lúcido	234
Aquário I	23 a 30 de Janeiro	Mente inquiridora	234
Aquário II	31 de Janeiro a 7 de Fevereiro	Lições de vida	235
Aquário III	8 a 15 de Fevereiro	Abaixo da superfície	235
Cúspide Aquário-Peixes	16 a 22 de Fevereiro	Enseada protegida	236
Peixes I	23 de Fevereiro a 2 de Março	Altar do amor	236
Peixes II	3 a 10 de Março	Competição divertida	237
Peixes III	11 a 18 de Março	Experiências fantásticas	237

MELHORES RELACIONAMENTOS

AMOR
Áries I
Cúspide Câncer-Leão
Cúspide Leão-Virgem
Cúspide Virgem-Libra
Libra II
Escorpião III
Cúspide Sagitário-Capricórnio
Cúspide Capricórnio-Aquário
Cúspide Aquário-Peixes
Peixes III

CASAMENTO
Áries III
Gêmeos III
Virgem I
Capricórnio II
Aquário II

AMIZADE
Cúspide Áries-Touro
Touro II
Câncer II
Câncer III
Leão II
Virgem II
Libra I
Cúspide Libra-Escorpião
Escorpião I
Escorpião II
Cúspide Escorpião-Sagitário
Sagitário II
Sagitário III
Aquário III
Peixes I

FAMÍLIA
Touro III
Gêmeos II
Cúspide Gêmeos-Câncer
Cúspide Peixes-Áries

TRABALHO
Cúspide Peixes-Áries
Touro II
Cúspide Touro-Gêmeos
Câncer I
Câncer II
Leão I

ÁRIES I
Semana da Criança

♈

25 de Março a 2 de Abril

POSIÇÃO NO ZODÍACO Aprox. 3 a 13° de Áries
ESTAÇÃO Início da primavera
ELEMENTO Fogo
REGENTE Marte
SÍMBOLO Carneiro
MODO Intuição

O período correspondente a Áries I toma a Criança como sua imagem central. Como é ligado à fase inicial da vida humana, suas características são tipicamente admiração, assombro, simplicidade, curiosidade e energia primitiva.

Os dias que compreendem o signo de Áries I revelam simbolicamente as primeiras explorações de uma nova pessoa contatando o mundo desconhecido e curioso em torno de si. Cada dia de Áries I ilustra nova faceta da personalidade da Criança e mostra que embora este ser recém-surgido esteja repleto de admiração e assombro pela estarrecedora complexidade da experiência sensorial, é forte e resistente o bastante para sobreviver. Áries I revela a dicotomia humana de uma criança capaz de absorver impressões e tornar-se parte de seu ambiente, sem perder sua individualidade distinta.

Como as pessoas nascidas em Áries I muitas vezes são abertas e francas, com a conduta própria de uma criança, são acusadas de ter uma visão ingênua ou superficial da vida. Mas sua dita ingenuidade é apenas uma manifestação do assombro e do deslumbramento que sentem ao reagirem ao mundo ao seu redor, que estão constantemente redescobrindo. Uma necessidade intensa de expressar este deslumbramento e compartilhar suas observações com os outros também é característica. Como as crianças, não apenas exibem espontaneidade e vivacidade, mas também apreciam estas qualidades nos outros. De fato, muitos podem não compreender como é profunda sua necessidade de expressar-se diretamente.

Como crianças, os nascidos em Áries I são leais, em seus próprios termos, mas não particularmente zelosos, sobretudo quando se trata de preencher expectativas dos pais que projetam seus próprios sonhos e desejos sobre eles. Embora nascido na Semana da Criança, o jovem Áries I em geral dá a impressão de independência, como se não precisasse de forma alguma dos pais, mas isso esconde dependências emocionais sutis e necessidades que podem manifestar-se em pequenas coisas. Raramente uma criança nascida em Áries I faz uma grande demonstração de sentimentos aos pais, preferindo, em vez disso, expressar esta emoção na forma de ações solícitas no dia-a-dia. Os pais de pessoas nascidas em Áries I logo percebem que não devem cometer o erro de mimá-las, sobretudo quando adolescentes. Os nascidos em Áries I também não gostam de que lhes lembrem de sua conduta infantil quando mais velhos, pois é fundamentalmente importante para eles que os outros os considerem maduros e responsáveis.

Os menos sociáveis dão a impressão de serem solícitos e sérios e até os mais gregários e falantes tendem a ter uma vida pessoal extremamente privada. Têm um mundo silencioso para o qual precisam se retirar em intervalos freqüentes e que é inviolável. Muitas vezes, foram forçados a levar uma existência encoberta, até mesmo isolada, na infância devido à excessiva crítica ou incompreensão, mesmo de pais que os amavam e protegiam. O perigo disso é que, como adolescentes e adultos maduros, caiam em períodos de ruminação ou depressão, de onde pode ser difícil conquistarem a liberdade. Além disso, pessoas nascidas em Áries I têm dificuldade em procurar auxílio psicológico, preferindo lidar sozinhas com seus problemas emocionais.

Embora os nascidos em Áries I tendam a passar longos períodos sós quando não estão no trabalho, sua carreira inevitavelmente envolve trabalhos em grupo ou em equipe. Têm muito tino para organização e outros naturalmente passam a depender deles. Raramente são ditatoriais, e até evitam ser escolhidos para liderar grupos, preferindo ocupar um papel importante no centro dos acontecimentos.

A moral das pessoas nascidas em Áries I é em geral fixa e não lhes permite agir de forma clandestina. Sua inflexibilidade, que se reflete nas fortes crenças e idealismo, pode às vezes causar problemas; se sua crença ética no que fazem é forte, não hesitam em opor-se à ordem estabelecida, mesmo ao ponto de praticarem ações ilegais aos olhos da sociedade.

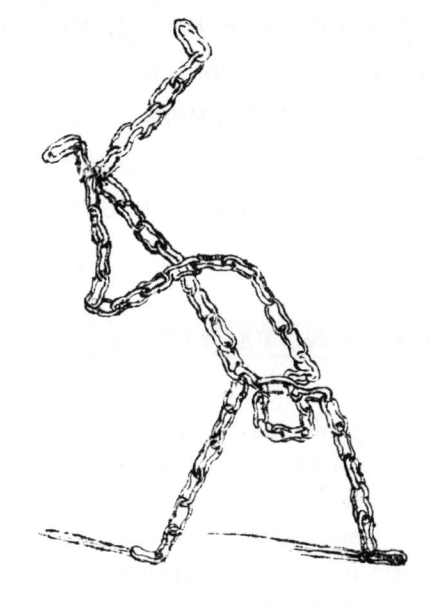

O comportamento dos nascidos em Áries I é em geral uma mistura de reações vivazes e altamente ponderadas. Podem oscilar rapidamente da espontaneidade para um estado pensativo, dependendo da situação. Os que se envolvem com pessoas nascidas em Áries I devem ser sensíveis aos seus humores ou arriscam deixá-los escapar, em geral, como resultado de sentirem que não são compreendidas ou são mal interpretadas. Embora alguns nascidos em Áries I possam explodir de raiva, sua reação mais característica é virar-se sobre os calcanhares e sair da sala. Como os que lhe são próximos podem atestar, entretanto, os nascidos em Áries I em geral estão dispostos a discutir seriamente os problemas de uma determinada situação, desde que a conversa não seja pessoal.

Os nascidos em Áries I exigem muita compreensão de companheiros e amigos. Os mais adequados para relacionamentos íntimos com estes indivíduos energéticos estão dispostos a deixá-los livres para agir e serem eles mesmos, sem tentar colocar restrições. A pessoa talvez mais adequada para um Áries I tem os pés na terra e bom senso de humor, a capacidade de colocar as coisas em perspectiva e uma vida própria. No que diz respeito a amizades, os nascidos em Áries I dependem delas até certo ponto, sendo que este ponto em geral é atingido quando começam a sentir que estão se aproveitando deles. Novamente, os que são sensíveis às suas necessidades protegem a duração do relacionamento evitando levá-los até este ponto. Em qualquer tipo de relacionamento com os nascidos em Áries I, saber quando retroceder é essencial. O confronto deve ser tentado apenas com grande cuidado e sensibilidade.

"CRIANÇA"

De modo geral, a vida familiar estável, incluindo filhos, pode não estar nos planos dos nascidos em Áries I quando jovens; são mais afeitos a este tipo de vida quando mais velhos e já cometeram as loucuras da mocidade. Seus relacionamentos amorosos tendem a ser incomuns, para dizer o mínimo: podem ser extremamente fora da realidade na escolha de um parceiro, e seus relacionamentos às vezes podem ser impregnados das ilusões dos contos de fadas. Os nascidos em Áries I raramente reagem às pressões da sociedade para ter um objeto amoroso reconhecido, preferindo abster-se de manter relações próforma com o cônjuge, o namorado ou o amante.

Casos extraconjugais não são raros para os nascidos em Áries I, que podem não ver tais ações como transgressão. Estes relacionamentos preenchem sua curiosidade e necessidade de aventura e, ao mesmo tempo, revelam sua recusa a seguir os ditames convencionais da sociedade. Um relacionamento pouco convencional com alguém de Áries I pode facilmente durar anos. Por estranho que pareça, é precisamente nestas áreas que os mais nobres e leais sentimentos dos nascidos em Áries I podem ser expressos.

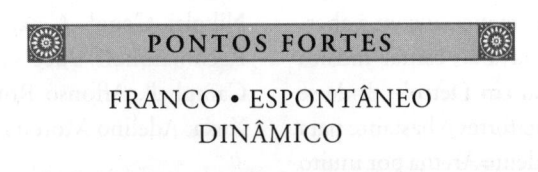

PONTOS FORTES

FRANCO • ESPONTÂNEO
DINÂMICO

PONTOS FRACOS

INGÊNUO • TRANSGRESSIVO
IDEALISTA DEMAIS

CONSELHO

Cultive seu lado silencioso, mas não ignore suas necessidades combativas ou deixe que elas fiquem presas dentro de si. Quando se sentir frustrado, tente compreender o problema e então tome a iniciativa. Reconheça sua necessidade de afeto e apoio. Não hesite em pedir ajuda quando necessitar dela.

PESSOAS NOTÁVEIS DE ÁRIES I

O ator e diretor **Leonard Nimoy** é mais conhecido pelo personagem de orelhas pontudas Spock, do seriado de tevê e cinema *Guerra nas Estrelas*. Seu apelo aos jovens, e mais velhos também, é inconfundível, mas o apelo sobre a fantasia das crianças é um de seus traços que mais despertam afeição. Nimoy transmite as características de abertura e inocência dos nascidos em Áries I, como em seu papel em *The Invasion of the Body Snatchers*, mas também a sensação de que oculta uma vida privada, tanto em cena quanto fora dela, típica destas pessoas. Os que tentam sondar as profundezas da personalidade do nativo de Áries I ou buscam motivos ulteriores podem surpreender-se, pois seja com Spock ou Nimoy, o que se vê é o que se consegue tirar.

A cantora de rock **Aretha Franklin**, mãe de quatro filhos, tem um estilo vivaz e direto de cantar que trai um traço infantil, talvez porque ela permaneceu com a abertura e o entusiasmo que manifestava ao cantar música gospel na igreja Batista de seu pai em Detroit, onde se criou. Poucos, se é que alguém, são fortes o bastante para prender a extremamente independente Aretha por muito tempo ou para tentar privá-la de sua liberdade. O prêmio Grammy e a inclusão de seu nome no Hall da Fama do Rock and Roll, são indicações da determinação e dinamismo que caracterizam os nascidos na Semana da Criança.

O defensor do meio ambiente **Albert Gore, Jr.**, possivelmente um dos vice-presidentes "mais verdes" da história americana, representa a administração Clinton mundo afora, em uma variedade de papéis fundamentais. Nascido e criado em Carthage, Tennessee, Gore é dono de uma pequena fazenda no lugar onde nasceu, o que enfatiza o elo importante com a infância sentido por muitos nascidos em Áries I. A franqueza e a abertura de Gore e sua ojeriza por complicação e subterfúgio e de ser analisado são também marcas de alguém nascido na Semana da Criança. Sua juventude, juntamente com a do presidente, foram fundamentais nas eleições de 1992, quando foram eleitos como os primeiros chefes de nação nascidos no pós-guerra. Gore falou com evidente orgulho quando apresentou ao público a nova e atualizada Superhighway da Informação.

Outras pessoas nascidas em Áries I: Diana Ross, Eric Clapton, Vincent van Gogh, Sandra Day O'Connor, Tennessee Williams, Sarah Vaughan, John Major, Gloria Swanson, Marvin Gaye, Warren Beatty, Mariah Carey, David Lean, Paul Verlaine, Quentin Tarantino, Francisco Goya, Casanova, Emile Zola, Hans Christian Andersen, Arturo Toscanini, Flannery O'Connor, Simone Signoret, Astrid Gilberto, René Descartes, Nikolai Gogol, Cesar Chavez, Rhea Perlman, Sergei Rachmaninoff, Alec Guinness, Camille Paglia, Joseph Campbell, Affonso Romano de Sant'Anna, Edmundo, Xuxa, Adelino Moreira, Herminio Belo de Carvalho.

Guia de Relacionamentos para Áries I

Localizador de Página para Todos os Relacionamentos

Cúspide Peixes-Áries	19 a 24 de Março	Inocência apaixonada	214
Áries I	25 de Março a 2 de Abril	Negação juvenil	238
Áries II	3 a 10 de Abril	Parceria divertida	238
Áries III	11 a 18 de Abril	Em foco	239
Cúspide Áries-Touro	19 a 24 de Abril	Acesso limitado	239
Touro I	25 de Abril a 2 de Maio	Espírito realizador	240
Touro II	3 a 10 de Maio	Cabeça e coração	240
Touro III	11 a 18 de Maio	Cabo de guerra	241
Cúspide Touro-Gêmeos	19 a 24 de Maio	Motivação psicológica	241
Gêmeos I	25 de Maio a 2 de Junho	Guardiões do oprimido	242
Gêmeos II	3 a 10 de Junho	Lago refletor	242
Gêmeos III	11 a 18 de Junho	Despertar perigoso	243
Cúspide Gêmeos-Câncer	19 a 24 de Junho	Tranqüilidade confiante	243
Câncer I	25 de Junho a 2 de Julho	Sentimento natural	244
Câncer II	3 a 10 de Julho	Por trás da máscara	244
Câncer III	11 a 18 de Julho	Troca de opiniões	245
Cúspide Câncer-Leão	19 a 25 de Julho	Alívio da dor	245
Leão I	26 de Julho a 2 de Agosto	Briga generalizada	246
Leão II	3 a 10 de Agosto	Um de cada tipo	246
Leão III	11 a 18 de Agosto	Língua desconhecida	247
Cúspide Leão-Virgem	19 a 25 de Agosto	Projetos confidenciais	247
Virgem I	26 de Agosto a 2 de Setembro	Buscando novas fronteiras	248
Virgem II	3 a 10 de Setembro	Pegar ou largar	248
Virgem III	11 a 18 de Setembro	Magia não reconhecida	249
Cúspide Virgem-Libra	19 a 24 de Setembro	Maestria estética	249
Libra I	25 de Setembro a 2 de Outubro	Vórtice rodopiante	250
Libra II	3 a 10 de Outubro	Camaradas incisivos	250
Libra III	11 a 18 de Outubro	Luta determinada	251
Cúspide Libra-Escorpião	19 a 25 de Outubro	Um de cada tipo	251
Escorpião I	26 de Outubro a 2 de Novembro	Rivalidade compensadora	252
Escorpião II	3 a 11 de Novembro	Voltas e viravoltas	252
Escorpião III	12 a 18 de Novembro	Vivacidade independente	253
Cúspide Escorpião-Sagitário	19 a 24 de Novembro	Pêndulo que oscila	253
Sagitário I	25 de Novembro a 2 de Dezembro	Juventude inocente	254
Sagitário II	3 a 10 de Dezembro	Visão clara	254
Sagitário III	11 a 18 de Dezembro	Pender a balança	255
Cúspide Sagitário-Capricórnio	19 a 25 de Dezembro	Não se preocupe, seja feliz	255
Capricórnio I	26 de Dezembro a 2 de Janeiro	Domínio autônomo	256
Capricórnio II	3 a 9 de Janeiro	Casamento moderno	256
Capricórnio III	10 a 16 de Janeiro	Ervilhas na vagem	257
Cúspide Capricórnio-Aquário	17 a 22 de Janeiro	Casulo protetor	257
Aquário I	23 a 30 de Janeiro	Espíritos livres	258
Aquário II	31 de Janeiro a 7 de Fevereiro	Perturbando a rotina	258
Aquário III	8 a 15 de Fevereiro	Através da fachada	259
Cúspide Aquário-Peixes	16 a 22 de Fevereiro	Desarmando a armadura	259
Peixes I	23 de Fevereiro a 2 de Março	Mundo imaginário	260
Peixes II	3 a 10 de Março	Beleza concreta	260
Peixes III	11 a 18 de Março	Despertar inevitável	261

MELHORES RELACIONAMENTOS

AMOR
Cúspide Peixes-Áries
Gêmeos II
Cúspide Gêmeos-Câncer
Cúspide Câncer-Leão
Escorpião II
Cúspide Escorpião-Sagitário
Cúspide Capricórnio-Aquário
Aquário I

CASAMENTO
Touro II
Câncer II
Leão II
Virgem II
Capricórnio II
Capricórnio III
Aquário III

AMIZADE
Áries I
Cúspide Áries-Touro
Touro III
Gêmeos I
Cúspide Gêmeos-Câncer
Cúspide Leão-Virgem
Virgem III
Libra II
Libra III
Sagitário I
Sagitário II
Capricórnio I
Cúspide Aquário-Peixes

FAMÍLIA
Áries III
Leão I
Cúspide Virgem-Libra
Libra II
Aquário III
Peixes I

TRABALHO
Touro I
Cúspide Touro-Gêmeos
Gêmeos III
Câncer I
Câncer III
Virgem I
Libra I

ÁRIES II
Semana da Estrela

3 a 10 de Abril

O período de Áries II tem a Estrela como imagem central. Pode ser comparado à época em que a criança sai pela primeira vez de seu ambiente protegido, onde se sente cuidada, tornando-se mais consciente da vida ao seu redor e sentindo-se também o centro dos acontecimentos.

Os dias que compreendem o período de Áries II são caracterizados pelo interesse em experiências, iniciação e sociais. Em termos humanos, esta "Estrela" da infância é uma entidade entusiasta e brilhante, ocupada com sua primeira tentativa de autodefinição, e curiosa em saber em torno do que outras pessoas se movem. A criança desenvolve um conceito do eu (formação do ego) e refere-se a si mesma, usando primeiro seu nome e só mais tarde a palavra e o conceito de "eu". Seu ambiente pode ser provado e compreendido apenas por meio de constante experimentação. Este processo envolve uma certa ousadia e, às vezes, a necessidade de ir muito rápido ou longe demais. De fato, a criança precisa se afirmar para ter um desenvolvimento normal.

Os indivíduos de Áries II precisam estar no centro dos acontecimentos. Com freqüência sentem-se sós, mesmo no meio da multidão e, em conseqüência, quase nunca ficam sós. Nascidos na Semana da Estrela, precisam de satélites girando ao seu redor: admiradores, apoiadores ou colegas. Podem parecer autocentrados, mas mesmo que insistam em que sua posição no centro não seja arriscada ou ameaçada, muitos podem esquecer de seu ego indo ao ponto de entregar-se totalmente a um projeto, causa, movimento ou relacionamento. Os nascidos em Áries II podem ser levados de roldão por sua própria vaidade e isso pode ser desagradável para os que os cercam. Infelizmente, entretanto, uma armadilha, sempre armada para eles, é que se apaixonem por suas próprias idéias, seus projetos e, em casos extremos, por si próprios.

POSIÇÃO NO ZODÍACO
Aprox. 12 a 21º de Áries

ESTAÇÃO
Início da primavera

ELEMENTO
Fogo

REGENTE
Marte

SÍMBOLO
Carneiro

MODO
Intuição

Os nascidos no período Áries II são orientados para o sucesso. Infelizmente, para chegarem onde desejam, de vez em quando podem agir de forma amoral e negligenciar os sentimentos alheios. Isto provavelmente não é doloroso para os próprios Áries II, pois em geral não têm muita empatia pelas emoções dos outros. Além disso, suas lutas externas podem tirar de foco quem ficar no centro do palco, pois supostamente quem ali deveria estar são eles próprios. A falta de introspecção, o fato de simplesmente não se conhecerem bem, pode impedir estes indivíduos de se desenvolverem espiritualmente. Por outro lado, os nascidos em Áries II, quando desafiados a perceber que esta elevação interior merece ser conquistada, são pessoas realmente felizes. Galgar estes degraus pode ser a experiência mais importante de sua vida.

Quando se trata de um espírito competitivo, do tipo que gosta de ganhar, poucos se igualam aos nascidos em Áries II. O ponto alto desta energia propulsora é a capacidade de implementar seus ideais, muitas vezes visionários e corajosos; o ponto baixo é a impaciência com mentes e corpos mais vagarosos, irritabilidade que pode facilmente explodir em raiva destrutiva. De fato, o comportamento extremo e uma tendência para o excesso – basicamente sem saber quando parar – pode deixar os nascidos em Áries II em maus lençóis com freqüência. Mas a completa supressão ou repressão de seus sentimentos certamente não é a resposta, pois isto invariavelmente resulta em frustração e depressão, que podem dar início a um novo ciclo.

Por outro lado, os nascidos em Áries II que são equilibrados e relaxados e que deixam sua energia fluir livremente são decerto indivíduos que se pode admirar.

Transformar sua energia em exesso em trabalho árduo é muitas vezes a solução buscada pelos nascidos em Áries II. Em conseqüência, uma maneira de relacionar-se com eles é colocar-se no seu lugar, e trabalhar lado a lado com eles, compartilhando de suas alegrias e tristezas. Os que conseguem isso muitas vezes se tornam seus parceiros e companheiros, embora a prodigiosa energia exigida supere os costumeiros laços de amizade.

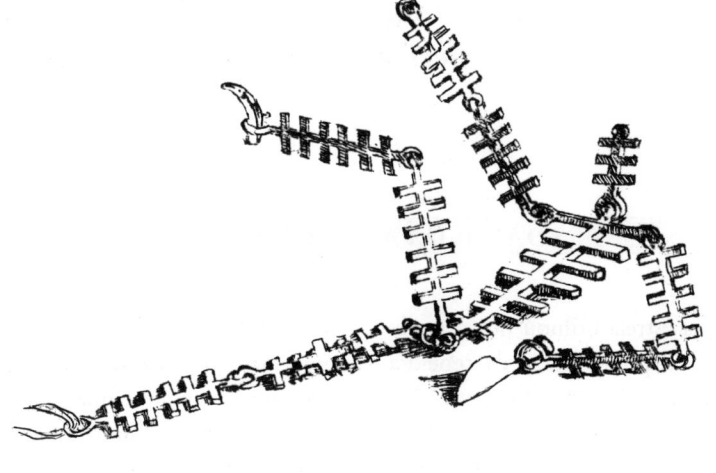

Os nascidos em Áries II com freqüência assumem uma posição como se fossem indispensáveis; dependem muito do sentimento de que os outros precisam deles. Isto é irônico, pois no fundo gostam mesmo é de ter liberdade para agir, movimentar-se, decidir, sem o empecilho de responsabilidades familiares ou sociais. Chega um momento na vida dos nascidos em Áries II em que são rejeitados ou ignorados por seus fãs e se voltam para si mesmos. Quando experiências dolorosas como estas os fazem finalmente superar sua necessidade de se fazerem necessários, podem descobrir seu eu essencial. Não é improvável para os nascidos em Áries II mostrarem seu lado independente mais tarde, talvez até quando têm sessenta ou setenta anos de idade, quando podem viajar, se exercitar, explorar atividades criativas ou passatempos ou se iniciarem de outra forma por conta própria.

É possível que os nascidos em Áries II se realizem emocionalmente em um relacionamento? E os que se envolvem com eles – o que podem esperar? Certamente não muita folga; envolver-se com pessoas nascidas em Áries II pode dar muito trabalho. No entanto, os que se relacionam com eles de fato são muitas vezes colocados primeiro em um papel de amigo ou conselheiro e depois de companheiro ou namorado. O relacionamento amoroso dos nascidos em Áries II muitas vezes acaba logo, como estrelas cadentes. Seu impulso egoísta de conquistar e dominar, infelizmente, se mostra em relacionamentos passionais; rápidos em envolver-se, eles logo também podem deixar de envolver-se.

Os que querem tocar os nascidos em Áries II em nível emocional podem ser repelidos. Eles têm dificuldade para se abrir profundamente. É raro deixarem outros entrar em seu mundo interior e, de fato, parece às vezes que impedem o acesso à sua vida emocional até para eles próprios. Devido ao seu ar de alheamento ou desapego, tipos emocionais muitas vezes se sentem rejeitados por eles. Não obstante, eles têm necessidade de um companheiro compreensivo e solidário ou de um amigo íntimo que possa ajudá-los a se compreenderem melhor. Os melhores são os que se prendem a eles, não apenas exercitando grande paciência e força de vontade, mas também incentivando-os a expressar e discutir seus sentimentos. Finalmente, apesar do ar distante, o ciúme não é incomum entre Áries II; ser substituído como objeto de afeição não é o que têm em mente para si.

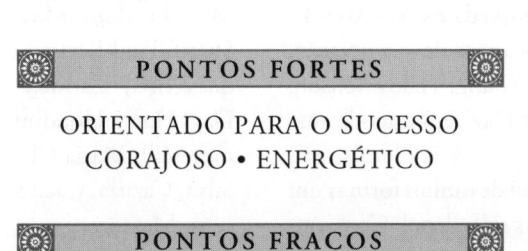

"ESTRELA"

PONTOS FORTES

ORIENTADO PARA O SUCESSO
CORAJOSO • ENERGÉTICO

PONTOS FRACOS

DISTANTE • IRRITÁVEL
DADO A EXCESSOS

CONSELHO

*Procure não oprimir as pessoas com sua energia.
Aja com responsabilidade. Tente não ser demasiadamente carente
de atenção e cuide para não tentar conduzir os outros.
Confirme seus valores interiores e desenvolva talentos ocultos.*

PESSOAS NOTÁVEIS DE ÁRIES II

Marlon Brando, cuja estrela brilhou nos céus de Hollywood, estreou como a quintessência da rebeldia nos anos 1950. Desde *On the Waterfront* e *Uma Rua Chamada Pecado*, até *O Poderoso Chefão*, *O Último Tango em Paris* e *Apocalypse Now*, Brando estabeleceu seu próprio estilo de representar, com um pouco da ajuda de Lee Strasberg e método de atuação. Nascido na Semana da Estrela, Brando não teve escolha a não ser estar no centro das atenções e no meio dos acontecimentos. Ele teve seu quinhão de problemas, mas sua enorme força de vontade permitiu-lhe que reunisse o que se fazia necessário. Características de Áries II é sua inclinação para o excesso e tendência para colocar-se em maus lençóis quando os acontecimentos fogem de seu controle.

Billie Holiday, uma das maiores cantoras de jazz de todos os tempos, era um protótipo da Estrela Áries II. Trabalhando com os melhores músicos de sua geração, notavelmente as bandas de Lester Young, Teddy Wilson, Count Basie e Artie Shaw, "Lady Day" era uma de suas melhores canções com pequenos grupos, em locais mais aconchegantes. Sua vida pessoal foi de muitas formas um desastre, e ela foi vítima das drogas e do álcool. Com o típico desinteresse de Áries II pela auto-análise, ela forçava as pessoas a aceitá-la como era. A palavra compromisso não fazia parte de seu vocabulário. Paradoxalmente, é sua voz mais velha e madura que muitos preferem hoje, mesmo que tenha ficado menos potente por conta de seu estilo de vida destrutivo.

Diretor do Grupo Especial de Servidores da presidência, o **Gal. Colin Powell** foi catapultado à notoriedade da política americana em 1996, quando alguns republicanos tentaram torná-lo o primeiro candidato afro-americano à presidência. Tendo dividido a honra com o Gen. Norman Schwarzkopf na vitória da Guerra do Golfo de 1991, Powell sente-se extremamente confortável no centro do comando, mas fica mais à vontade fazendo parte de uma equipe que gosta de lutar ombro a ombro com outros para alcançar metas concretas. Sua capacidade de equilibrar energias e sentir-se bem na posição de comando reflete qualidades de representantes de Áries II mais evoluídos. Relaxado e confiante, o modesto e silencioso Powell tornou-se um farol para as esperanças e aspirações de muitos jovens afro-americanos.

Outras pessoas nascidas em Áries II: Eddie Murphy, Jane Goodall, Helmut Kohl, Marguerite Duras, Maya Angelou, Francis Ford Coppola, Bette Davis, James Watson, Spencer Tracy, Charles Baudelaire, Gregory Peck, Betty Ford, Gil Hodges, Merle Haggard, Barry Levinson, Buster Douglas, Robert Downey Jr., Mary Pickford, Max von Sydow, Marsha Mason, Omar Sharif, Paul Robeson, Andre Previn, Ravi Shankar, Jacques Brel, Carmen McRae, Michelle Phillips, Doris Day, Harry Houdini, Judith Resnik, Steven Seagal, James Mill, Maria Clara Machado, José Veríssimo, Hélio Silva, Cazuza, Cacilda Becker, Gregório de Matos, Mussum, Mazzoropi.

Guia de Relacionamentos para Áries II

Localizador de Página para Todos os Relacionamentos

MELHORES RELACIONAMENTOS

AMOR
Gêmeos II
Cúspide Gêmeos-Câncer
Sagitário III
Capricórnio II

CASAMENTO
Touro I
Câncer II
Virgem I
Virgem III
Libra II
Sagitário I
Capricórnio II
Cúspide Capricórnio-Aquário
Aquário III
Peixes II

AMIZADE
Leão II
Leão III
Escorpião I
Escorpião II
Escorpião III
Sagitário II
Capricórnio III
Aquário I

FAMÍLIA
Aries III
Cúspide Touro-Gêmeos
Câncer I
Cúspide Virgem-Libra
Cúspide Sagitário-Capricórnio
Aquário II
Cúspide Aquário-Peixes

TRABALHO
Aries II
Cúspide Áries-Touro
Gêmeos I
Gêmeos III
Cúspide Leão-Virgem
Libra I
Cúspide Libra-Escorpião
Peixes I

Cúspide Peixes-Áries	19 a 24 de Março	O caldeirão fervilhante	215
Áries I	25 de Março a 2 de Abril	Parceria divertida	238
Áries II	3 a 10 de Abril	Gêmeos estelares	261
Áries III	11 a 18 de Abril	Percepção social	262
Cúspide Áries-Touro	19 a 24 de Abril	Avançando rapidamente	262
Touro I	25 de Abril a 2 de Maio	Parceiros poderosos	263
Touro II	3 a 10 de Maio	Fria indiferença	263
Touro III	11 a 18 de Maio	Estabilizando o companheirismo	264
Cúspide Touro-Gêmeos	19 a 24 de Maio	Recusa obstinada	264
Gêmeos I	25 de Maio a 2 de Junho	Sólida confiança	265
Gêmeos II	3 a 10 de Junho	Problemas como lições	265
Gêmeos III	11 a 18 de Junho	Miragem magnética	266
Cúspide Gêmeos-Câncer	19 a 24 de Junho	Descontraídos no amor	266
Câncer I	25 de Junho a 2 de Julho	Nem tão perto	267
Câncer II	3 a 10 de Julho	Destravando energias	267
Câncer III	11 a 18 de Julho	Impaciência com restrições	268
Cúspide Câncer-Leão	19 a 25 de Julho	Atividades empolgantes	268
Leão I	26 de Julho a 2 de Agosto	Competição à base de bofetadas	269
Leão II	3 a 10 de Agosto	Sociedade de admiração mútua	269
Leão III	11 a 18 de Agosto	O melhor e pior	270
Cúspide Leão-Virgem	19 a 25 de Agosto	Representando	270
Virgem I	26 de Agosto a 2 de Setembro	Executando o trabalho	271
Virgem II	3 a 10 de Setembro	Intimidade incomum	271
Virgem III	11 a 18 de Setembro	Resistência resoluta	272
Cúspide Virgem-Libra	19 a 24 de Setembro	Intensificar o vínculo	272
Libra I	25 de Setembro a 2 de Outubro	Metas profissionais	273
Libra II	3 a 10 de Outubro	Educação não-convencional	273
Libra III	11 a 18 de Outubro	Volubilidade emocional	274
Cúspide Libra-Escorpião	19 a 25 de Outubro	Espada de Dâmocles	274
Escorpião I	26 de Outubro a 2 de Novembro	Missão improvável	275
Escorpião II	3 a 11 de Novembro	Tempestade	275
Escorpião III	12 a 18 de Novembro	Disfarce consciente	276
Cúspide Escorpião-Sagitário	19 a 24 de Novembro	Evolução controlada	276
Sagitário I	25 de Novembro a 2 de Dezembro	Equilíbrio dinâmico	277
Sagitário II	3 a 10 de Dezembro	Camaradagem afetuosa	277
Sagitário III	11 a 18 de Dezembro	Ser conhecido no topo	278
Cúspide Sagitário-Capricórnio	19 a 25 de Dezembro	Macho-e-fêmea	278
Capricórnio I	26 de Dezembro a 2 de Janeiro	Desejos reprimidos	279
Capricórnio II	3 a 9 de Janeiro	Derrubando muros	279
Capricórnio III	10 a 16 de Janeiro	Estruturas flexíveis	280
Cúspide Capricórnio-Aquário	17 a 22 de Janeiro	Poucos momentos tediosos	280
Aquário I	23 a 30 de Janeiro	Sem volta	281
Aquário II	31 de Janeiro a 7 de Fevereiro	Poucas antipatias	281
Aquário III	8 a 15 de Fevereiro	Novo conjunto de botões	282
Cúspide Aquário-Peixes	16 a 22 de Fevereiro	Laços de imaginação	282
Peixes I	23 de Fevereiro a 2 de Março	Despertar	283
Peixes II	3 a 10 de Março	Gosto pela beleza	283
Peixes III	11 a 18 de Março	Necessitando ser necessário	284

ÁRIES III
Semana do Pioneiro

11 a 18 de Abril

O período de Áries III toma o Pioneiro como imagem central. Simbolizando a socialização ulterior da criança, descreve uma personalidade que exibe humanidade e tem interesse ativo por atividades grupais. Nesta fase, além de nascer seu primeiro dente permanente, o Pioneiro começa a entrar em contato com o vasto repositório da cultura humana por meio de leituras, escrita e a mídia.

Os dias que compreendem o período de Áries III mostram uma personalidade em desenvolvimento contraposta a um cenário de questões e atividades sociais. No Grande Ciclo da Vida, o período de Áries III equivale à época em que uma pessoa demonstra interesse em aprender e inicia o processo de educação formal. O ajuste às regras e também sua ruptura aparecem com força neste desenvolvimento. A criança agora pertence claramente a um grupo onde pode praticar as habilidades de cooperação, liderança e defesa. O espírito de exploração é forte e acompanha o desejo da criança de deixar sua marca em seu ambiente imediato, e de talvez ir além dele. O período de Áries III mostra mais envolvimento com o grupo do que é tradicional para o signo de Áries, antecipando a expressão social vigorosa do signo de Touro que vem a seguir.

Os nascidos em Áries III fogem às características dos tipos arianos autocentrados e egoístas; muito mais sociáveis por natureza, precisam interagir de forma dinâmica e regular com seus semelhantes, sobretudo com relação ao melhoramento das condições de vida e de trabalho. Com freqüência são verdadeiros líderes, mais preocupados em fazer o bem para seus seguidores do que para sua própria glória. Pioneiros são idealistas que seguem suas idéias com destemor. Desnecessário dizcr, não podem viver lado a lado por muito tempo com outra personalidade dominante, sobretudo quem desafia sua autoridade. Estas disputas podem confundir ou deixar aturdidos os nascidos nessa semana, que acreditam que estão apenas agindo para o bem de todos.

POSIÇÃO NO ZODÍACO
Aprox. 20 a 29º de Áries

ESTAÇÃO
Início da primavera

ELEMENTO
Fogo

REGENTE
Marte

SÍMBOLO
Carneiro

MODO
Intuição

Os nascidos em Áries III às vezes são vítimas de seu próprio desejo de ajudar. Como muitas vezes procuram fazer o bem, e podem ser extremamente generosos com seus recursos, os outros podem com facilidade tirar vantagem deles. Hóspedes convidados por alguns dias, acabam ficando semanas, meses ou anos. Pequenos empréstimos ou doações para boas causas podem ser concedidos com freqüência cada vez maior, chegando ao apoio financeiro. Alguns minutos dedicados todos os dias para visitar um inválido ou fazer trabalho voluntário pode estender-se por horas. Esta liberalidade pode significar grande tensão para a família da qual o Áries III faz parte.

Os nascidos na Semana do Pioneiro também podem escolher o caminho do sacrifício, e esperam que sua família ou grupo social participem. Se sua ideologia exigir um certo tipo de dieta saudável, digamos, ou uma drástica redução na importância da comida, farão isso. Adultos nascidos em Áries III podem despertar uma atitude de rebeldia nos filhos ou jovens sob sua tutela, dos quais eles exigem constante sacrifício.

Iconoclastas e tradicionalistas, os nascidos em Áries III às vezes trocam de papel quando passam de uma atividade para outra ou de um período de vida para outro. Porque conhecem as regras tão bem podem quebrá-las. Seu alto grau de criatividade pode expressar-se na descoberta, no desenvolvimento ou na venda de produtos úteis, sobretudo os que melhoram métodos usados no passado.

Os nascidos em Áries III não se dão bem vivendo sozinhos; mesmo assim, não conseguem facilmente ter uma relação conjugal dedicada a uma só pessoa. Precisam cercar-se diariamente de crianças, familiares e grupos sociais e comunitários, nos quais invariavelmente buscam infundir seu idealismo dinâmico.

Os nascidos em Áries III são apaixonados por outras coisas além de suas idéias: a energia sexual é muito valorizada nesse grupo, e seus companheiros, namorados e amantes são mantidos ocupados em satisfazê-los ou em viver em torno de suas necessidades. (Os nascidos em Áries III não hesitam em encontrar satisfação em outro lugar se lhes for negada em casa.)

Algumas vezes eles pensam que ter filhos é uma maneira de ter seus próprios seguidores, e esta visão da paternidade exige um companheiro que concorde com isso e que seja compreensivo e capaz. Este parceiro inevitavelmente deve arcar com enorme responsabilidade, sem se queixar.

Nos relacionamentos, o principal problema dos nascidos em Áries III é o hábito de impor suas idéias, colocando abstrações na frente de considerações pessoais. Seus filhos têm especial problema nesse sentido; os nascidos nesta semana às vezes magoam os sentimentos dos filhos, seja por ignorá-los, seja por recusar-se a reconhecê-los. Tal atitude também pode aplicar-se aos companheiros dos nascidos em Áries III, que podem ser deixados em casa se sentindo ignorados ao passo que seu parceiro está fora desafiando o mundo. Se os homens de Áries III aplicarem suas idéias ao espaço onde vivem, sua esposa ou namorada pode sentir-se completamente privada de privilégios e perdida.

O senso de proteção dos nascidos em Áries III com relação aos amigos e familiares é em geral valioso, desde que não seja sufocante e descontrolado. Melhor na defesa que na ofensiva, os nascidos nessa semana sabem desarmar um oponente desarrazoado com poucas palavras ou até com um ataque físico, embora sua proficiência na arte da diplomacia em geral se antecipe a estes confrontos. De fato, o representante clássico de Áries III vê as nuvens da tempestade se formando a quilômetros de distância, e se prepara para enfrentá-las com antecedência.

Outro problema para quem é íntimo dos nascidos em Áries III é que, embora eles em geral estejam dispostos a ouvir e sejam generosos em dar sua energia para consertar coisas, talvez sejam incapazes de expressar verdadeira simpatia ou piedade. Devido a sua atitude intensamente positiva, têm pouco tempo para resmungar ou se queixar. Estas expressões "negativas", entretanto, podem ser muito úteis em um relacionamento para desabafar e, se negado, pode resultar em frustração. Em sua repulsa a queixas, os nascidos em Áries III podem estar apenas postergando um problema que um dia levará seu parceiro à depressão ou a uma explosão vulcânica de raiva ou até, finalmente, acabar com o relacionamento.

Os benefícios do envolvimento com alguém de Áries III, por outro lado, podem ser grandes. Eles têm muito a ensinar, e como fazem isso pelo exemplo, deixam pouca dúvida sobre sua honestidade. Também transmitem nobreza e profundidade de consciência e responsabilidade extraordinária admiráveis. Finalmente, não são moralistas solenes, mas pessoas divertidas que se revelam em atividades como refeições preparadas ao ar livre, férias de verão, excursões e festas de todo o tipo.

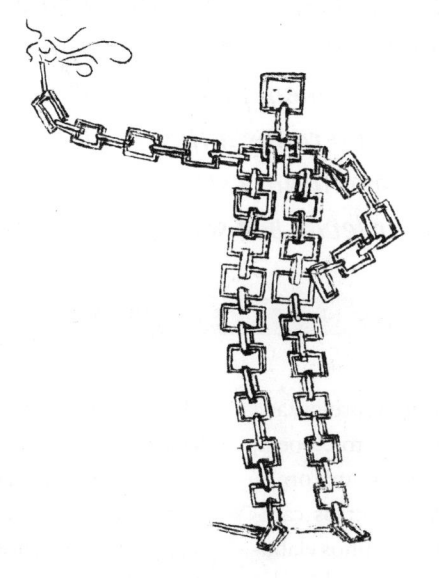

"PIONEIRO"

PONTOS FORTES

PROTETOR • GENEROSO
DESTEMIDO

PONTOS FRACOS

FORA DA REALIDADE
INFLEXÍVEL • SACRIFICADO

CONSELHO

Sintonize-se com o que as pessoas realmente estão dizendo. Tome cuidado com quem deseja monopolizar seu tempo e energia. Ideais e idéias podem ser dignos de devoção, mas também podem ser destrutivos. Veja se os outros desejam ser ajudados ou liderados antes de oferecer-se para isso. Tente manter-se em contato com o atual estado de coisas. Tome cuidado para não se deixar levar por seu próprio entusiasmo.

PESSOAS NOTÁVEIS DE ÁRIES III

A quintessência do Renascimento foi representada por **Leonardo da Vinci**, um consumado pintor, poeta, inventor e especialista em áreas de geologia, anatomia, botânica, mecânica, aeronáutica e muitos outros campos. Poucos que viram sua *Mona Lisa* ou desenhos elaborados e técnicos negam sua absoluta maestria do desenho e da pintura realista. Seus estudos do corpo humano e a tentativa de tornar a vida mais agradável para os que o cercavam marcam Leonardo como um representante de Áries III, mais orientado para o social do que egoísta. Suas descobertas vanguardistas e autênticas e sua mente inquiridora tornam-no um verdadeiro Pioneiro. Liderando com idéias e não por imposição, seu pensamento universal abriu caminho para os pináculos das conquistas humanas.

Loretta Lynn, conhecida como autora da canção *Coal Miner's Daughter*, cresceu em Butcher Hollow, Kentucky. Casou-se aos 13 anos de idade, e aos 17 já tinha 4 filhos, foi avó de 6 crianças aos 31 anos de idade. Seu espírito pioneiro estava claramente em evidência quando ela tornou-se a primeira mulher a receber disco de ouro com uma música country. Uma Áries III legítima, Lynn é música autodidata, e chegou ao topo de sua profissão. Em 1988, tornou-se membro do Hall da Fama em Música Country.

Muitos ideais, conjugados com um senso inato de humanidade e nobreza em face da adversidade, marcam claramente **Charlie Chaplin** como um representante de Áries III. Nascido em circunstâncias miseráveis e forçado a presenciar o pai morrer por alcoolismo e a mãe enlouquecer, Chaplin abriu caminho das sarjetas de Londres até os cenários cinematográficos de Hollywood e no coração dos freqüentadores de cinema do mundo todo. Como o adorável Vagabundo, seu bigode, calças largas, chapéu e bengala eram marcas pessoais, e sua atitude social *em Tempos Modernos* e *O Grande Ditador* revelam-no claramente um Pioneiro. Tanto a criação do United Artists Studios e a perseguição que sofreu como comunista no início dos anos 1950 ilustram a incapacidade de Chaplin de manter-se afastado da controvérsia nos negócios e na vida social.

Outras pessoas nascidas em Áries III: David Letterman, Thomas Jefferson, Evelyn Ashford, John Gielgud, Bessie Smith, Isak Dinesen, Joel Grey, Madalyn O'Hair, Garry Kasparov, Tama Janowitz, Nikita Khrushchev, Merce Cunningham, Ethel Kennedy, Buda, Clarence Darrow, Anne M. Sullivan, Oleg Cassini, Henry James, Samuel Beckett, Dennis Banks, Pete Rose, Scott Turow, Ali Akbar Khan, Julie Christie, Harold Washington, Charles Evans Hughes, Kareem Abdul-Jabbar, Ellen Barkin, Harry Reasoner, J.P. Morgan, Mildred Bailey, Monteiro Lobato, Chico Anísio, Paulo Rónai, Aluísio Azevedo, Roberto Campos, Augusto Frederico Schmidt, Zé Trindade, Antonio Fagundes, Max Weber.

— 11 A 18 DE ABRIL —

Guia de Relacionamentos para Áries III

Localizador de Página para Todos os Relacionamentos

Cúspide Peixes-Áries	19 a 24 de Março	Alívio cômico	215
Áries I	25 de Março a 2 de Abril	Em foco	239
Áries II	3 a 10 de Abril	Percepção social	262
Áries III	11 a 18 de Abril	Luta constante	284
Cúspide Áries-Touro	19 a 24 de Abril	Rivalidade estimulante	285
Touro I	25 de Abril a 2 de Maio	Comer para viver *vs.* viver para comer	285
Touro II	3 a 10 de Maio	Nobres ideais	286
Touro III	11 a 18 de Maio	Estabelecendo um foco	286
Cúspide Touro-Gêmeos	19 a 24 de Maio	Profunda educação	287
Gêmeos I	25 de Maio a 2 de Junho	Influência que puxa para o chão	287
Gêmeos II	3 a 10 de Junho	Encanto sedutor	288
Gêmeos III	11 a 18 de Junho	Recuando fronteiras	288
Cúspide Gêmeos-Câncer	19 a 24 de Junho	Doce demais?	289
Câncer I	25 de Junho a 2 de Julho	Encher completamente	289
Câncer II	3 a 10 de Julho	Independente ou subordinado?	290
Câncer III	11 a 18 de Julho	Lutando pela liberdade	290
Cúspide Câncer-Leão	19 a 25 de Julho	Experiência alterada	291
Leão I	26 de Julho a 2 de Agosto	Preenchendo o vazio	291
Leão II	3 a 10 de Agosto	Batalha titânica	292
Leão III	11 a 18 de Agosto	Busca de objetivos comuns	292
Cúspide Leão-Virgem	19 a 25 de Agosto	Via de mão única	293
Virgem I	26 de Agosto a 2 de Setembro	Mistura misteriosa	293
Virgem II	3 a 10 de Setembro	Mundos privados	294
Virgem III	11 a 18 de Setembro	Exigências estritas	294
Cúspide Virgem-Libra	19 a 24 de Setembro	Crescimento pessoal	295
Libra I	25 de Setembro a 2 de Outubro	Cola peculiar	295
Libra II	3 a 10 de Outubro	Conhece-te a ti mesmo	296
Libra III	11 a 18 de Outubro	Na frente	296
Cúspide Libra-Escorpião	19 a 25 de Outubro	Idéias persuasivas	297
Escorpião I	26 de Outubro a 2 de Novembro	Novos níveis de excitação	297
Escorpião II	3 a 11 de Novembro	Diferença de ritmo	298
Escorpião III	12 a 18 de Novembro	Uau!	298
Cúspide Escorpião-Sagitário	19 a 24 de Novembro	No topo da montanha	299
Sagitário I	25 de Novembro a 2 de Dezembro	Entusiasmo suficiente	299
Sagitário II	3 a 10 de Dezembro	Liderança efetiva	300
Sagitário III	11 a 18 de Dezembro	Desafio para aceitar	300
Cúspide Sagitário-Capricórnio	19 a 25 de Dezembro	Um belo futuro	301
Capricórnio I	26 de Dezembro a 2 de Janeiro	Pouca fanfarra	301
Capricórnio II	3 a 9 de Janeiro	A forma das coisas	302
Capricórnio III	10 a 16 de Janeiro	Promovendo interesses mútuos	302
Cúspide Capricórnio-Aquário	17 a 22 de Janeiro	Amor proibido	303
Aquário I	23 a 30 de Janeiro	Prazeres íntimos	303
Aquário II	31 de Janeiro a 7 de Fevereiro	Integração literal	304
Aquário III	8 a 15 de Fevereiro	Nuvens suaves e fofinhas	304
Cúspide Aquário-Peixes	16 a 22 de Fevereiro	Nascido de novo	305
Peixes I	23 de Fevereiro a 2 de Março	Ideais mais nobres	305
Peixes II	3 a 10 de Março	Contato com o mundo	306
Peixes III	11 a 18 de Março	As novas roupas do imperador	306

MELHORES RELACIONAMENTOS

AMOR
Gêmeos II
Cúspide Gêmeos-Câncer
Câncer III
Leão I
Virgem III
Escorpião I
Escorpião III
Cúspide Escorpião-Sagitário
Cúspide Capricórnio-Aquário
Aquário I

CASAMENTO
Cúspide Peixes-Áries
Touro II
Câncer II
Virgem II
Libra III
Sagitário III
Capricórnio II

AMIZADE
Cúspide Áries-Touro
Touro III
Cúspide Touro-Gêmeos
Cúspide Virgem-Libra
Cúspide Libra-Escorpião
Escorpião II
Sagitário I
Capricórnio I
Capricórnio III
Aquário II
Aquário III
Peixes II

FAMÍLIA
Áries I
Gêmeos III
Libra I

TRABALHO
Áries III
Gêmeos I
Câncer I
Leão III
Virgem I
Libra II
Cúspide Sagitário-Capricórnio
Cúspide Aquário-Peixes
Peixes III

35

CÚSPIDE ÁRIES-TOURO
Cúspide do Poder

19 a 24 de Abril

POSIÇÃO NO ZODÍACO	Aprox. 27° de Áries e 4° de Touro
ESTAÇÃO	Meio da primavera
ELEMENTO	Fogo/Terra
REGENTE	Marte/Vênus
SÍMBOLO	Carneiro/Touro
MODO	Intuição/Sensação

A cúspide Áries-Touro é uma sobreposição e mistura do primeiro signo do zodíaco, Áries, com o segundo, Touro. Esta cúspide pode ser comparada simbolicamente ao período por volta dos sete anos de idade na vida de uma pessoa e literalmente coincide com o começo da metade da primavera no hemisfério norte. Pode-se dizer que a cúspide Áries-Touro representa o Poder. Durante este período do ano, as forças da natureza são plenamente liberadas com grande, às vezes maravilhosa intensidade. O início da primavera pode ser visto como mensageiro de uma estação idílica, pastoral, mas também como uma época de violentos rituais de sangue em culturas primitivas e celebrações da Páscoa cristã e judaica. Na primavera, a neve derretida das montanhas despeja torrentes de água, as chuvas caem e uma nova vida colorida é impelida para a terra em busca de luz e ar. Nos humanos, a idade de sete anos marca o nascimento da dentição permanente e a criança passa para um estágio em que começa a sentir e expressar poderes recém-conhecidos. Idealmente, a identificação com os pais do mesmo sexo ocorre nesta época, e a criança busca afirmar sua crescente independência e autonomia.

Os dias que compreendem a cúspide Áries-Touro revelam um pouco desta manifestação de Poder, não apenas na desenvoltura ardorosa e no voluntarismo esperados de Áries, mas também nos traços mais mundanos de praticidade, resistência e proteção encontrados em Touro.

Os nascidos na cúspide Áries-Touro esforçam-se para alcançar o poder na vida diária, mas sua personalidade tempera e põe um fio-terra no dinamismo ardente de Áries através da solidez e dos pés no chão de Touro. Uma marca inegável dos nascidos nesta semana é a preocupação com o poder. Eles acreditam ser seu direito hereditário nada menos que o melhor que a vida tem a oferecer. No entanto, em geral sabem perseguir suas metas sem despertar antagonismo nos outros. Muito persuasivos, tornam mais fácil e vantajoso concordar com eles do que discordar. Não importa aos nascidos em Áries-Touro se leva muito ou pouco tempo para alcançar seus objetivos, desde que cheguem lá. Acima de tudo, têm um extraordinário senso de oportunidade e de *kairos* – sabem o momento certo de agir e de não agir.

Nos primeiros encontros, muitas vezes dão a impressão de quietos e confiantes – pessoas que sabem observar e esperar. Os nascidos em Áries-Touro não perdem tempo provando tudo para todos, preferem conter-se e economizar energia para quando a ação for levada em conta. Nesse sentido, são formidáveis inimigos e colegas capazes. Sua abordagem ao trabalho é altamente profissional e os que se envolvem com eles devem entender que sua carreira sempre será pelo menos tão importante quanto seus relacionamentos.

Os envolvidos com Áries-Touro podem beneficiar-se muito de sua presença poderosa e de suas capacidades. Eles sabem o valor do dinheiro e sabem também como ganhá-lo. Sua meta, entretanto, em geral não é tanto a segurança financeira quanto o ingresso estável de caixa que recebem de seu trabalho e que permite-lhes gastar livremente. Segundo eles, a dependência financeira de alguém é um compromisso; logo que puderem tratam de ter independência financeira, pois não gostam de perder a liberdade pessoal. Aprender a aceitar apoio financeiro e outros tipos de suporte de companheiros, familiares e amigos pode ser difícil para eles, mas, como o amor, isto os fará dar um passo à frente no próprio desenvolvimento pessoal.

O segredo não revelado dos nascidos em Áries-Touro é que desejam secretamente abandonar a labuta diária do mundo e simplesmente submeterem-se à fantasia, ao prazer, talvez a outro indivíduo, talvez à pura preguiça. Isto é quase sempre impossível de realizar por muito tempo, mas em sua abordagem intensa à vida diária sempre é uma idéia confortante, uma idéia que os faz enfrentar um dia penoso. Certamente os nativos de Áries-Touro se dão melhor quando podem relaxar de vez em quando (por meio do sono, por exemplo, tempo livre, massagem, meditação ou férias), para recarregar as energias.

Nos relacionamentos, quer sua posição seja alta ou baixa, os Áries-Touro marcam sua presença nas interações com os outros. São pessoas grandes, capazes de erros prodigiosos, bem como de sucessos esplendorosos, e deixam pouca dúvida de onde estão. Tendem a escolher em vez de ser escolhidos. Quando fixam seu olhar em alguém o assunto está decidido. Isso não quer dizer que seu julgamento é perfeito: logo atribuem-se o mérito quando escolhem bem, mas sua incapacidade de admitir grandes erros tende a fazê-los sofrer por longos períodos. Os nascidos em Áries-Touro perseveram não apenas porque são leais, mas, mais importante, porque desistir seria admitir o fracasso, e eles realmente têm muita dificuldade em lidar com o fracasso.

Os nascidos na Cúspide do Poder são extremamente generosos, mas em seus próprios termos. Dão apenas quando lhes convém, e são igualmente capazes de tomar de volta não apenas os presentes, mas o afeto – não devido a capricho ou maldade, mas porque sentem que seus presentes não foram apreciados ou merecidos. Não raro, o grau de sua doação pode ser intimidante, despertando insegurança em almas menos fortes. Esta prodigalidade pode criar dependência tanto em quem dá quanto em quem recebe, e mais tarde pode ser difícil ou impossível romper com isso.

Uma lição importante que os nascidos em Áries-Touro devem aprender é substituir uma certa quantidade de poder pela disposição de compartilhar, cooperar e aceitar. Que eles se tornam mais poderosos em um sentido humano ao fazerem isto, é algo que começam a compreender com os anos. Nesse sentido, um companheiro ou amigo caloroso e altruísta e o mútuo afeto que é nutrido em algum tipo de vida familiar são essenciais para seu desenvolvimento.

Uma segunda lição, relacionada com a primeira, é que o maior poder é o poder do amor. Quer seja sexual ou afetuoso, romântico, platônico ou religioso, o amor produz um inegável efeito suavizador nos nascidos na Cúspide do Poder. Embora possam conseguir e descartar namorados quando bem lhes apetece, o desempenho é melhor quando vivem um amor estável com uma pessoa especial. Alcançam o zênite e brilham mais quando este amor envolve a doação incondicional de sua parte, que é talvez o mais próximo que podem chegar do verdadeiro altruísmo.

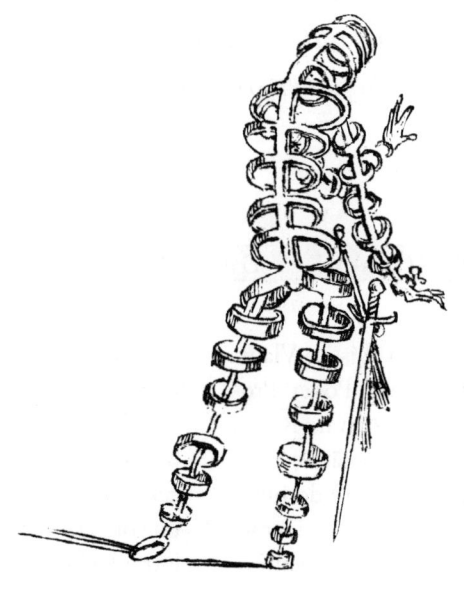

"PODER"

PONTOS FORTES
DENSO • PODEROSO
GENEROSO

PONTOS FRACOS
GROSSEIRO • MERCENÁRIO
PREGUIÇOSO

CONSELHO

Tente não dominar os outros. Aprenda a retroceder e a deixar que as coisas aconteçam como devem acontecer. Embora sinta muita vontade de realizar o trabalho, dê chance aos outros para fazerem ao seu modo, mesmo que cometam erros. Seja sensível aos sentimentos dos outros.

PESSOAS NOTÁVEIS DA CÚSPIDE ÁRIES-TOURO

Líder da revolução bolchevique na Rússia, **Vladimir Ilyich Lenin** foi a corporificação viva do Poder. Proveniente da Alemanha, Lenin entrou de trem na Rússia revolucionária como um vírus oculto, que então se espalhou, multiplicou e atacou fora de controle. O domínio de Lenin das regras do poder logo se tornou evidente, pois seu pequeno partido político conquistou e manteve o controle sobre o maior país do mundo. Os planos de Lenin da revolução mundial não se realizaram, entretanto, e três anos depois de ele estabelecer a Terceira Internacional, foi paralisado por um primeiro ataque cardíaco, que o mataria dois anos mais tarde, em 1922. É interessante notar que seu sucessor, Joseph Stalin, um Sagitário-Capricórnio, e Adolfo Hitler, um Áries-Touro, também eram combinações fogo-terra. (Áries e Sagitário são signos de fogo, Touro e Capricórnio de terra).

Apesar de ser a mulher mais rica do mundo, a **Rainha Elizabeth II** da Grã Bretanha governa em silêncio e firmemente seu país por quase meio século. Embora enfrente forças opostas consideráveis que desejam acabar com a monarquia e seja afligida pelo divórcio e por escândalos dentro da família, Elizabeth consegue manter com mão de ferro os assuntos de Estado. Supostamente uma testa-de-ferro, a poderosa monarca continua a exercer influência econômica e política sobre os que dirigem os destinos da nação. Embora o Império Britânico já não exista, a rainha ainda ocupa um lugar único no coração e na mente da maioria de seus súditos.

Nascida no Brooklyn, a diretora, produtora, cantora e compositora e atriz de cinema de comédias musicais **Barbra Streisand** transformou seus talentos em sucesso com muita coragem, força de vontade e genialidade. Extremamente ambiciosa, Streisand teve sucesso onde muitos fracassaram. Ao longo de sua vida tempestuosa, reinou em Hollywood e nos palcos da Broadway com poder e resolução igualados por poucos de sua geração. Ela deve muito aos seus fãs, que a apóiam em todas as ocasiões. Graças ao relacionamento especial que estabeleceu com seu público, é reverenciada como uma deusa, que oferece um vislumbre do céu por meio de sua graça e estranha beleza.

Outras pessoas nascidas em Áries-Touro: Catarina a Grande, William Shakespeare, Willem de Kooning, Shirley MacLaine, Richard Daly, Jr., Shirley Temple Black, Jack Nicholson, Adolf Hitler, Joan Miró, Yehudi Menuhin, Patti LuPone, Jessica Lange, Daniel Day-Lewis, Luther Vandross, Paloma Picasso, Dudley Moore, Lionel Hampton, Ryan O'Neal, Don Mattingly, Al Unser, James Woods, Manuel Bandeira, Lygia Fagundes Teles, Getulio Vargas, Roberto Carlos, Anselmo Duarte, Ademar de Barros, Arnaldo Cohen, Carlota Joaquina, Pixinguinha, Maestro Severino Araújo, José Sarney.

19 A 24 DE ABRIL

Guia de Relacionamentos para a Cúspide Áries-Touro

Localizador de Página para Todos os Relacionamentos

MELHORES RELACIONAMENTOS

AMOR
Virgem II
Cúspide Virgem-Libra
Libra II
Cúspide Libra-Escorpião
Escorpião II
Escorpião III
Capricórnio III
Aquário III

CASAMENTO
Cúspide Touro-Gêmeos
Cúspide Gêmeos-Câncer
Câncer III
Leão II
Aquário I

AMIZADE
Cúspide Peixes-Áries
Áries I
Áries III
Cúspide Áries-Touro
Touro III
Gêmeos II
Câncer II
Libra I
Libra III
Escorpião I
Escorpião III
Cúspide Escorpião-Sagitário
Capricórnio II
Cúspide Aquário-Peixes
Peixes I

FAMÍLIA
Touro I
Touro II
Cúspide Câncer-Leão
Cúspide Sagitário-Capricórnio
Peixes II

TRABALHO
Áries II
Gêmeos I
Câncer I
Leão III
Virgem I
Virgem III
Sagitário I
Cúspide Capricórnio-Aquário

Cúspide Peixes-Áries	19 a 24 de Março	Guerra nas estrelas	216
Áries I	25 de Março a 2 de Abril	Acesso limitado	239
Áries II	3 a 10 de Abril	Avançando rapidamente	262
Áries III	11 a 18 de Abril	Rivalidade estimulante	285
Cúspide Áries-Touro	19 a 24 de Abril	Baixando a guarda	307
Touro I	25 de Abril a 2 de Maio	Um porto seguro	307
Touro II	3 a 10 de Maio	Criaturas confortam	308
Touro III	11 a 18 de Maio	Necessidade de honestidade	308
Cúspide Touro-Gêmeos	19 a 24 de Maio	Embasbacados	309
Gêmeos I	25 de Maio a 2 de Junho	Colhendo tempestades	309
Gêmeos II	3 a 10 de Junho	Compreensão natural	310
Gêmeos III	11 a 18 de Junho	Encanto revolucionário	310
Cúspide Gêmeos-Câncer	19 a 24 de Junho	Fluxo de energia	311
Câncer I	25 de Junho a 2 de Julho	Luta por independência	311
Câncer II	3 a 10 de Julho	Escapada relaxante	312
Câncer III	11 a 18 de Julho	Conselho sagaz	312
Cúspide Câncer-Leão	19 a 25 de Julho	Mantendo canais abertos	313
Leão I	26 de Julho a 2 de Agosto	Luta ferrenha	313
Leão II	3 a 10 de Agosto	Descobridores empreendedores	314
Leão III	11 a 18 de Agosto	Distribuir livremente	314
Cúspide Leão-Virgem	19 a 25 de Agosto	Retiro na fantasia	315
Virgem I	26 de Agosto a 2 de Setembro	Influência catalisadora	315
Virgem II	3 a 10 de Setembro	Tranqüilidade doméstica	316
Virgem III	11 a 18 de Setembro	Um modo prático de viver	316
Cúspide Virgem-Libra	19 a 24 de Setembro	Fachada convencional	317
Libra I	25 de Setembro a 2 de Outubro	Necessidade de estrutura	317
Libra II	3 a 10 de Outubro	Persuasão educada	318
Libra III	11 a 18 de Outubro	Poucas exigências	318
Cúspide Libra-Escorpião	19 a 25 de Outubro	Comportamento oscilante	319
Escorpião I	26 de Outubro a 2 de Novembro	Testando o brio	319
Escorpião II	3 a 11 de Novembro	Brilhante desafio	320
Escorpião III	12 a 18 de Novembro	Necessidade de ser fiel	320
Cúspide Escorpião-Sagitário	19 a 24 de Novembro	Respeito mútuo	321
Sagitário I	25 de Novembro a 2 de Dezembro	Ritmos cruzados	321
Sagitário II	3 a 10 de Dezembro	Prepare-se para ceder	322
Sagitário III	11 a 18 de Dezembro	Necessidade de ser chefe	322
Cúspide Sagitário-Capricórnio	19 a 25 de Dezembro	Tempestades silenciosas	323
Capricórnio I	26 de Dezembro a 2 de Janeiro	Insuflando vida nova	323
Capricórnio II	3 a 9 de Janeiro	Plano superior	324
Capricórnio III	10 a 16 de Janeiro	Caminhos inescrutáveis	324
Cúspide Capricórnio-Aquário	17 a 22 de Janeiro	Torrente irresistível	325
Aquário I	23 a 30 de Janeiro	Toma-lá-dá-cá	325
Aquário II	31 de Janeiro a 7 de Fevereiro	Na caixa de areia	326
Aquário III	8 a 15 de Fevereiro	Casa em chamas	326
Cúspide Aquário-Peixes	16 a 22 de Fevereiro	Atividades provedoras	327
Peixes I	23 de Fevereiro a 2 de Março	Caixa de ressonância	327
Peixes II	3 a 10 de Março	Ameaça à paz e à tranqüilidade	328
Peixes III	11 a 18 de Março	Superar um ao outro	328

TOURO I
Semana da Manifestação

25 de Abril a 2 de Maio

POSIÇÃO NO ZODÍACO
Aprox. 3 a 13° de Touro

ESTAÇÃO
Meio da primavera

ELEMENTO
Terra

REGENTE
Vênus

SÍMBOLO
Touro

MODO
Sensação

O período de Touro I toma a Manifestação como imagem central. Este período pode ser comparado à época na vida da criança em que o poder real pode ser exercitado, muitas vezes dando forma concreta a idéias e implementando-as efetivamente. Aprender a construir estruturas físicas e a estabelecer sistemas que funcionam é parte deste processo em manifestação.

Os dias que compreendem o período de Touro I revelam simbolicamente a criança em idade escolar, na fase elementar, desenvolvendo uma personalidade individual e própria em evolução permanente, no âmbito de estruturas mais amplas de instituições estabelecidas e na sociedade. Problemas envolvendo luta pelo poder, diplomacia, autonomia, compromisso, sobrevivência e defesa surgem diariamente e precisam ser solucionados. Neste cadinho forma-se o caráter.

Os nascidos em Touro I são práticos e pragmáticos e os nascidos na Semana da Manifestação estão entre os indivíduos mais dominadores do ano. Quando tomados por um plano ou idéia, não descansam até implementá-los. Raramente esta idéia ainda não foi provada ou não contém em si grande promessa. Os nascidos em Touro I estão convencidos do sucesso da maioria de seus empreendimentos desde o início.

Manifestar ou dar forma a um conceito pode incluir estabelecer uma família ou formar um lar, bem como fazer um negócio ou criar outra organização. Um sentimento de estrutura, sobretudo de tipo hierárquico, é natural nos nascidos em Touro I. Talentosos com a técnica, adoram descobrir como as coisas funcionam, não hesitando em desmontá-las e montá-las novamente. Este pendor pela análise prática aplica-se a modelos artísticos e financeiros, bem como mecânicos.

Embora a capacidade de liderança dos nascidos em Touro I seja inegável, é menos o efeito estimulante de liderar outros que os atrai do que a perspectiva de implementar pessoalmente suas idéias por muito dos esforços de um grupo. Os nascidos em Touro I preferem sentar-se e cantar de galo a disputar o poder ou buscar novos mundos para conquistar. Entre os mais teimosos de todos os taurinos, é impossível convencê-los da necessidade de mudança, a menos que se possa demonstrar que eles terão vantagens inequívocas se modificarem os planos.

Como chefes e também como colegas, os nascidos em Touro I podem alcançar grande sucesso por meio de sua diplomacia e compreensão das necessidades dos colegas. Seu papel no trabalho muitas vezes espelha o de casa: protegem e apóiam. Os que são chefes enfatizam a necessidade de os empregados se darem bem uns com os outros e de trabalharem em equipe. Nem sempre estão preparados psicologicamente para lidar com o descontentamento ou situações em que são ignorados, menosprezados ou não reconhecidos. Isto afeta sua capacidade de implementar idéias. Aprender a não levar para o lado pessoal e, sobretudo, a não se sentir abatido ou traído quando pessoas discordam deles, aumenta sua eficácia.

Os nascidos em Touro I são intensamente físicos: sexo, comida, conforto, esportes e recreação de todos os tipos são importantes para seu bem-estar físico e mental. Uma forma de aproximação é compartilhar um programa diário com eles, talvez jogging, natação, squash ou tênis. Este tipo de atividade ajuda a criar laços de confiança mútua, permitindo-lhes abrir o coração e contar seus segredos. Os nascidos em Touro I em geral sabem quando parar em uma área de esforço físico, mas abusam dos prazeres sedentários, o que pode prejudicá-los e ser fonte de perigo para eles. Muitas vezes interessados de forma apaixonada por comida, podem ter problema de excesso de peso, alcoolismo, colesterol alto e doenças físicas do gênero.

Os nascidos em Touro I podem evitar muitos problemas se ajustarem sua auto-imagem de modo a corresponder mais com a realidade. O que pensam que são (firmes, diretos, estáveis) e o que realmente são (sensíveis, emotivos e exagerados) com muita freqüência não combina. Enganados por sua aparência exterior fria e ríspida, quem os conhecem bem sabe que são emocionalmente vulneráveis e que instintivamente buscam proteger-se. Nos assuntos de negócios e sociais, os nascidos em Touro I podem facilmente perder o equilíbrio, sobretudo quando fazem um grande gesto em benefício de outros que os consideram gabolas. Não se desviarem do assunto, serem eles mesmos e evitar envolvimento pessoal são essenciais para suas relações com funcionários. Acima de tudo, os nascidos em Touro I devem evitar mostrar como são generosos e magnânimos; devem aprender a deixar que suas ações falem por si. Presunção e uma atitude de sabe-tudo somente desperta ressentimentos que podem produzir resultados indesejados mais tarde.

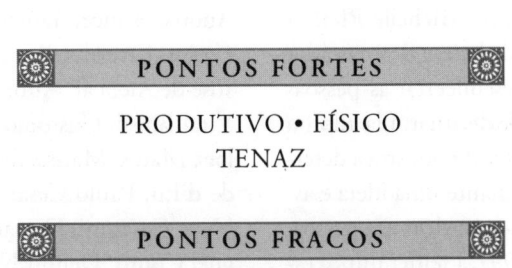

No relacionamento com os nascidos em Touro I, o confronto frontal deve ser evitado. Um método muito mais sensível, sobretudo quando parceiros ou companheiros, é apelar à sua necessidade de afeto e harmonia. A manipulação ou apelo emocional, sobretudo em momentos em que os ânimos estão bons, provavelmente funcionam melhor do que brigas eternas e exaustivas. Como os nascidos em Touro I gostam de comandar o show carregando grandes fardos no trabalho, acreditam que o alívio e a paz do ambiente doméstico devem ser protegidos a todo custo.

Naturalmente, esta paz pode ter suas desvantagens: os nascidos em Touro I podem se sentir tão felizes com sua situação que ignoram sinais de alarme. Propensos à procrastinação, os nascidos nesta semana muitas vezes deixam de lado questões que precisam de sua atenção, seja uma porta que range, uma janela com corrente de ar ou as necessidades de um membro da família. Seu desejo de paz e silêncio e resistência à mudança podem se tornar opressivos, até sufocantes, para quem vive com eles.

Em geral, os nascidos em Touro I tendem a preservar e conservar aquilo que conseguiram. Em algum ponto, contudo, talvez tenham de aprender a afastar-se de um relacionamento em vez de tentar mantê-lo ou remendá-lo: se ele acabar algo melhor pode surgir. Se não aprenderem isso, sua incapacidade para deixar as coisas correrem pode jogar os dois parceiros no limbo. Sua convicção de que os problemas podem melhorar, ou até mesmo acabar, apenas torna o assunto mais doloroso e difícil de ser enfrentado. Isso pode levar os parceiros a se sentirem presos numa armadilha: incapazes de solucionar as coisas e incapazes de se separarem.

"MANIFESTAÇÃO"

PONTOS FORTES
PRODUTIVO • FÍSICO
TENAZ

PONTOS FRACOS
TEIMOSO • PRESUNÇOSO
EXAGERADO

CONSELHO

Tome cuidado para não assumir responsabilidades em excesso. Trabalhe com consciência para periodicamente mudar a si mesmo. Cuide para não postergar em nome da prudência ou do bom senso. Abra seus horizontes expondo-se a disciplinas e pontos de vista diferentes.

PESSOAS NOTÁVEIS DE TOURO I

O industrial e empresário checo-austríaco **Oskar Schindler** salvou mais de mil judeus dos campos de extermínio nazistas. Com a visão obstinada e pragmática que apenas um Touro I pode exibir, Schindler recusou-se a deixar "seus judeus" serem levados do emprego em sua fábrica. Argumentando que eles estavam ajudando no esforço de guerra, Schindler, um membro do Partido Nazista, conseguiu enganar os oficiais alemães sobretudo quando corajosamente entrou em campos de concentração para retirar de lá seus empregados. Imortalizado no filme de Steven Spielberg, *A Lista de Schindler*, a maioria das pessoas nunca tinha ouvido falar deste homem antes que Spielberg o levasse à proeminência. A dedicação para manifestar suas idéias na realidade fria e dura caracteriza os nascidos em Touro I, como Schindler.

A estonteante aparência da atriz **Michelle Pfeiffer** é característica do tipo venusiano de beleza dos nascidos em Touro I. Pfeiffer conseguiu desconcertar as pessoas com seu porte de deusa e habilidade de atuar. Ela adotou um bebê e o cria sem ser casada, o que demonstra a determinação de um Touro I de levar adiante uma idéia e assumir a responsabilidade pelo bem-estar de outra pessoa. Com quarenta anos de idade em 1997, Pfeiffer nunca esteve melhor e sem dúvida continuará a manter sua aparência radiante do típico estilo dos nascidos em Touro I.

Destacado compositor, arranjador e pianista, **Duke Ellington** teve sucesso em dar uma nova sofisticação ao jazz. Trabalhos realizados com Igor Stravinsky e Billy Strayhorn mostraram Ellington como mestre do jazz. Com uma abordagem extremamente própria, a banda de Ellington não buscou a qualidade de *swing* pesado de Count Basie, a excitação de Benny Goodman ou o comercialismo of Glenn Miller, mas subiu alto ao pôr em funcionamento os conceitos artísticos de Ellington, para o deleite de audiências que apreciam a criatividade do mundo todo. Duke foi um mestre da Manifestação, e sua banda, suas composições, seus arranjos, suas performances e gravações provam sua capacidade de colocar idéias em prática.

Outras pessoas nascidas em Touro I: Al Pacino, Talia Shire, Ella Fitzgerald, Andre Agassi, Joseph Heller, Bianca Jagger, Saddam Hussein, Jerry Seinfeld, Duque de Wellington, Coretta Scott King, Rainha Juliana, Rainha Maria II, Willie Nelson, Ulysses S. Grant, I.M. Pei, Bernard Malamud, Michel Fokine, David Hume, Rita Coolidge, Bobbie Ann Mason, Ollie Matson, Pierre Teilhard de Chardin, Terry Southern, Chuck Bednarik, Jill Clayburgh, Imperador Hirohito, James Monroe, Ann-Margret, Kate Smith, Casey Kasem, Sandy Dennis, Anouk Aimee, Janete Clair, Nelson Werneck Sodré, Carlos Lacerda, Bráulio Pedroso, Otto Lara Resende, José de Alencar, Affonso Arinos, Marcelo Rubens Paiva, Vital Brasil, Custódio Mesquita, Paulo Vanzolini, Marlene Matos, Marisa Gata Mansa, Raimundo Faoro, Conde d'Eu, Paulo César Pinheiro, Osório Duque Estrada, Nana Caymmi, Floriano Peixoto, Dorival Caymmi, Miguel Couto, Delfim Neto, Ataulfo Alves.

— 25 DE ABRIL A 2 DE MAIO —

Guia de Relacionamentos para Touro I

MELHORES RELACIONAMENTOS	Localizador de Página para Todos os Relacionamentos			
AMOR Cúspide Peixes-Áries Cúspide Touro-Gêmeos Cúspide Gêmeos-Câncer Cúspide Leão-Virgem Escorpião I Cúspide Capricórnio-Aquário Peixes III	Cúspide Peixes-Áries	19 a 24 de Março	Medicamento com gosto bom	216
	Áries I	25 de Março a 2 de Abril	Espírito realizador	240
	Áries II	3 a 10 de Abril	Parceiros poderosos	263
	Áries III	11 a 18 de Abril	Comer para viver vs. viver para comer	285
	Cúspide Áries-Touro	19 a 24 de Abril	Um porto seguro	307
	Touro I	25 de Abril a 2 de Maio	Um ninho confortável	329
	Touro II	3 a 10 de Maio	Sentimentos profundos	329
	Touro III	11 a 18 de Maio	Deleite e ensino	330
	Cúspide Touro-Gêmeos	19 a 24 de Maio	Revolvendo o borralho	330
CASAMENTO Áries II Touro III Gêmeos II Câncer III Escorpião II Sagitário II Capricórnio I Capricórnio III Aquário II Aquário III	Gêmeos I	25 de Maio a 2 de Junho	Divertindo-se	331
	Gêmeos II	3 a 10 de Junho	Amor pela cama e pela mesa	331
	Gêmeos III	11 a 18 de Junho	Diversidade caleidoscópica	332
	Cúspide Gêmeos-Câncer	19 a 24 de Junho	Sedução crepitante	332
	Câncer I	25 de Junho a 2 de Julho	Campo de provas	333
	Câncer II	3 a 10 de Julho	Uma inclinação única	333
	Câncer III	11 a 18 de Julho	Expressão mútua	334
	Cúspide Câncer-Leão	19 a 25 de Julho	Por conta própria	334
	Leão I	26 de Julho a 2 de Agosto	Escala monumental	335
	Leão II	3 a 10 de Agosto	O tipo forte e silencioso	335
	Leão III	11 a 18 de Agosto	Sucesso mágico	336
AMIZADE Câncer I Leão I Virgem II Virgem III Cúspide Libra-Escorpião Cúspide Escorpião-Sagitário Cúspide Sagitário-Capricórnio Aquário I Peixes II	Cúspide Leão-Virgem	19 a 25 de Agosto	Momento de verdade	336
	Virgem I	26 de Agosto a 2 de Setembro	Uma boa dose de felicidade	337
	Virgem II	3 a 10 de Setembro	Águas inexploradas	337
	Virgem III	11 a 18 de Setembro	Fator de lucro	338
	Cúspide Virgem-Libra	19 a 24 de Setembro	Domínio artístico	338
	Libra I	25 de Setembro a 2 de Outubro	Turbilhão caótico	339
	Libra II	3 a 10 de Outubro	Dando orientação	339
	Libra III	11 a 18 de Outubro	Tendências conflitantes	340
	Cúspide Libra-Escorpião	19 a 25 de Outubro	Pensamento conceitual	340
	Escorpião I	26 de Outubro a 2 de Novembro	Correndo a escala	341
	Escorpião II	3 a 11 de Novembro	Sem dó nem piedade	341
	Escorpião III	12 a 18 de Novembro	Sem brigas	342
FAMÍLIA Cúspide Áries-Touro Touro I Touro II Leão II Cúspide Virgem-Libra Peixes I	Cúspide Escorpião-Sagitário	19 a 24 de Novembro	Gostos generosos	342
	Sagitário I	25 de Novembro a 2 de Dezembro	Teste de paciência	343
	Sagitário II	3 a 10 de Dezembro	Repositório escondido	343
	Sagitário III	11 a 18 de Dezembro	Sensibilidades refinadas	344
	Cúspide Sagitário-Capricórnio	19 a 25 de Dezembro	Planos e logística	344
	Capricórnio I	26 de Dezembro a 2 de Janeiro	Da matéria ao espírito	345
	Capricórnio II	3 a 9 de Janeiro	Sob medida	345
	Capricórnio III	10 a 16 de Janeiro	Sozinho na multidão	346
TRABALHO Áries I Touro I Gêmeos I Gêmeos III Cúspide Câncer-Leão Leão III Virgem I Escorpião III	Cúspide Capricórnio-Aquário	17 a 22 de Janeiro	Solução do quebra-cabeça	346
	Aquário I	23 a 30 de Janeiro	Perguntas universais	347
	Aquário II	31 de Janeiro a 7 de Fevereiro	Contentamento lânguido	347
	Aquário III	8 a 15 de Fevereiro	Caça à borboleta	348
	Cúspide Aquário-Peixes	16 a 22 de Fevereiro	O deus impiedoso da perfeição	348
	Peixes I	23 de Fevereiro a 2 de Março	Sangue novo	349
	Peixes II	3 a 10 de Março	Contato social mais íntimo	349
	Peixes III	11 a 18 de Março	Dieta constante de aplausos	350

TOURO II
Semana do Professor

3 a 10 de Maio

O período de Touro II toma o Professor como sua imagem central. Este período pode ser comparado à época da vida da criança em que o aprendizado e a educação formal passam a ocupar um papel central. O estudo torna-se a base para uma época futura em que o jovem adulto ocupará seu lugar na sociedade.

Os dias que compreendem o período de Touro II revelam o desenvolvimento desse processo de aprendizado formal e ressaltam a importância do professor como modelo. Devoção, percepção, desenvolvimento moral e ação independente são elementos importantes nesta fase. Não apenas a pessoa absorve informações factuais e aprende a solucionar problemas abstratos, mas também desenvolve confiança para criar métodos e projetos inovadores significativos segundo seu ponto de vista. Além disso, a criança nesta fase da vida descobre como esta orientação pessoal ajusta-se ao esquema mais amplo das coisas, sobretudo com relação a outras culturas e nacionalidades. Finalmente, o estudante desenvolve a capacidade de ensinar ou transmitir o que aprendeu aos outros.

As pessoas nascidas na Semana do Professor envolvem-se principalmente com o desenvolvimento de idéias e técnicas. Seja qual for a vocação ou passatempo de um Touro II, ele tem uma mensagem para dar. Verbalizar suas idéias e observações, em geral discutindo-as, e liderar pelo exemplo são atividades favoritas dos nascidos em Touro II. Pode-se dizer que eles têm urgência em compartilhar informações e, mais importante, apresentá-las de uma maneira que os outros entendam.

Não é de admirar que os nascidos em Touro II tenham forte necessidade de interações do tipo professor-aluno. Eles sentem intuitivamente que professor e aluno são duas faces de uma mesma moeda e que querem investir esta moeda em seu futuro. Os nascidos em Touro II em geral se saem bem na escola, mas sentem-se melhor como estudantes ou professores particulares ou em pequenos grupos, como em dança, música, esportes e artes visuais. Para os nascidos em Touro II ser um bom aluno é o primeiro passo para se tornarem professores. Professores deste período também sabem o valor do aprendizado por conta própria e, em lugar de fazerem os alunos dependerem deles, os incentivam a aprenderem por si sós.

Os nascidos em Touro II exercem influência em sua esfera de atividade e, como raramente lidam com tópicos leviano ou superficiais, podem influenciar os outros. Parte da chave disso reside no fato de que os nascidos em Touro II vivem no mundo das idéias, das ideologias. Excelentes administradores, podem estabelecer empresa e famílias sem excessiva necessidade de dominar ou impor uma estrutura inflexível àqueles com quem vivem e trabalham. Entretanto, com freqüência estabelecem linhas que não devem ser cruzadas.

Os nascidos em Touro II têm grande interesse pelas condições de vida daqueles que os cercam, sobretudo por grupos sociais alheios ao seu. Como e onde os outros vivem, trabalham, jogam, comem, cultuam, votam e exercitam-se exerce grande fascinação sobre os nascidos em Touro II, que também tendem a se solidarizar com os desvalidos e a sentir intensamente todas as formas de injustiça e discriminação. Não é de surpreender que relacionamentos inter-raciais ou entre diferentes culturas sejam comuns para os nativos de Touro II. Analogamente, quando mais velhos, podem atrair-se por pessoas mais jovens e nascidos em Touro II mais jovens podem atrair-se por pessoas mais velhas que eles.

A postura moral dos nascidos em Touro II é em geral firme, até mesmo inflexível. Têm idéias definidas sobre o que é certo e errado, e não hesitam em expressá-las. Embora provavelmente não se possa chamá-los de moralistas, podem exibir tendências pudicas e puritanas, sobretudo quando jovens. E estas tendências precoces,

---

POSIÇÃO NO ZODÍACO
Aprox. 12 a 21º de Touro

ESTAÇÃO
Meio da primavera

ELEMENTO
Terra

REGENTE
Vênus

SÍMBOLO
Touro

MODO
Sensação

mesmo quando superadas, podem aparecer em épocas de estresse quando são adultos, para surpresa daqueles que os consideram livres-pensadores. A área em que a orientação ética dos nascidos em Touro II é mais inequívoca é sua insistência na justiça. Pode-se dizer, de fato, que são obcecados pela injustiça, preconceito e discriminação de todas as formas. Sua reação a qualquer forma de racismo é mordaz, intransigente e imediata. Na verdade, a ira pode irromper subitamente em quase todas as áreas da vida do Touro II, e os nascidos nesta semana devem aprender a lidar com seus sentimentos de tristeza de forma saudável, sem reprimi-los.

Atividade física, seja esporte, dança, música ou aptidão física, é natural para os nascidos em Touro II; no entanto, eles não dão a impressão de ser do tipo terra e sensuais. Em geral passam uma forte primeira impressão e causam impacto intenso em seu ambiente, mas isto pode dever-se mais a suas qualidades mentais do que físicas. Mesmo aqueles com uma constituição pequena ou média muitas vezes projetam uma imagem muito maior do que seu tamanho no primeiro encontro.

Embora excelentes chefes, pais e professores, os nascidos em Touro II nem sempre são pessoas fáceis para envolver-se no dia-a-dia como companheiros, namorados ou amigos. Exigentes e críticos, os nascidos nesta semana deixam saber suas preferências de forma abrupta e incisiva, muitas vezes hostilizando ou insultando pessoas com uma disposição mais sensível ou suave. Sua insistência em que as pessoas devem ser rigorosas e firmes, capazes de engolir a verdade em doses únicas, não serve para qualquer um. Quando um

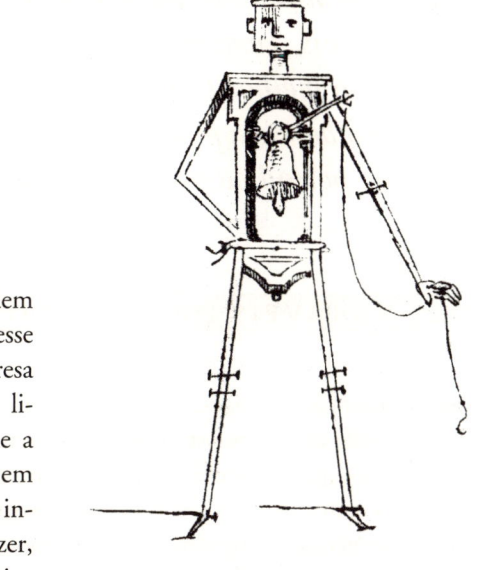

"PROFESSOR"

Touro II está feliz e à vontade consigo mesmo, e à medida que fica mais velho, muitas destas características críticas abrandam-se ou até desaparecem.

Com seu amor venusiano pela beleza e seu grande encanto e magnetismo pessoal, os nascidos em Touro II muitas vezes têm uma hoste de admiradores. Entretanto, não se sentem realmente à vontade quando recebem atenção em demasia e não gostam de se sentir prisioneiros em um círculo social criado por eles próprios. Nestas ocasiões os nascidos neste período têm pouca escolha a não ser retirar-se para uma existência mais isolada. Os que obtêm mais sucesso, portanto, aprendem a controlar seu poder de atração e a criar menos problemas para si próprios.

Os que se dão melhor com pessoas de Touro II em relacionamentos pessoais são os que compreendem sua necessidade de serem deixados sós em vez de ser objeto de preocupação excessiva ou de ser mimados. Os nascidos em Touro II preferem que seus companheiros mostrem seu entusiasmo pelo relacionamento simplesmente desempenhando sua parte nele em vez de exibir gratidão ou afeto. Em situações íntimas, os nascidos em Touro II podem ser extremamente passionais, mas na rotina do dia-a-dia insistem em uma certa distância. Preferem o romance ao sentimentalismo, mas gostam mais de uma abordagem realista e franca ao amor e ao sexo. Em geral, não reagem bem à solicitação de atenção ou afeto, mesmo quando proveniente de pessoas íntimas; qualquer coisa que pareça protesto ou súplica em geral os afasta completamente. Os nascidos em Touro II gostam que seu parceiro seja forte e digno acima de tudo.

PONTOS FORTES

EMPREENDEDOR
JUSTO • MAGNÉTICO

PONTOS FRACOS

EXIGENTE
CRÍTICO • INFLEXÍVEL

CONSELHO

Procure ser mais afetivo e bem-humorado. Cuidado com atitudes ásperas, dogmáticas ou inflexíveis. Lembre-se de que os outros também têm o que ensinar e que o melhor professor é, muitas vezes, um eterno estudante. Dê o bom exemplo admitindo seus erros. Revise e trabalhe periodicamente suas idéias.

PESSOAS NOTÁVEIS DE TOURO II

O didatismo do ator e diretor **Orson Welles** marca-o inegavelmente como um Professor. A inovação de seu primeiro filme, *Cidadão Kane*, apontou o caminho para futuros cineastas como nenhum outro filme antes. Quer falando como ator, diretor ou simplesmente gênio criativo, Welles foi um mestre da observação, da narração, da réplica espirituosa e do sarcasmo. Interessado em idéias por elas mesmas, Welles era um verdadeiro intelectual, mas ao mesmo tempo tinha o desprezo por idéias de segunda mão ou hipocrisia que todos os especialistas têm. O problema com tudo isso é que Welles era um mágico amador e feiticeiro, portanto, apesar de seu brilho as pessoas nem sempre estavam preparadas para acreditar nele. Não obstante, tinha domínio sobre a linguagem, o que é evidenciado em seus filmes.

A vida e a época tumultuada de **Eva Perón** tornaram-se conhecidas de muitos devido ao musical de Andrew Lloyd Webber, *Evita* e a canção *Don't Cry for Me, Argentina*. Ela era filha ilegítima de uma mãe que procurava obter controle através de seus homens. Este modelo influenciou Evita a ter uma série de amantes que pudessem fazê-la avançar na carreira. Como esposa do ditador da Argentina Juan Perón, tornou-se heroína da classe trabalhadora e, característica de muitos representantes de Touro II, protetora e defensora dos pobres e desvalidos. De fato, através de Perón, ela teve sucesso em abrir caminho para melhorar as condições de vida dos trabalhadores argentinos. Intransigente, recusou-se a abandonar sua luta moral quando confrontada pelos militares. Possuidora de um temperamento característico de pessoas de Touro II, ela era sua pior inimiga quando fora de controle.

Fundador da psicanálise e o primeiro psicólogo moderno, **Sigmund Freud** é considerado um dos pioneiros do pensamento do século XX. Suas obras escritas e palestras o marcam claramente como um Professor, sobretudo nas áreas do inconsciente, interpretação de sonhos e tratamento psiquiátrico. Mas ele também tem a rigidez, o dogmatismo e a recusa a admitir erros próprios dos nascidos em Touro II. Muitas de suas observações originais foram desacreditadas porque fundamentavam-se em um grupo relativamente pequeno de pacientes, mas a verdade universal de seus conceitos mais importantes, sobretudo a ênfase na interação pais-filhos nos primeiros anos de vida, são em geral corroboradas.

Outras pessoas nascidas em Touro II: Karl Marx, Greg Gumbel, Sugar Ray Robinson, Golda Meir, Audrey Hepburn, Roberto Rossellini, Dave Prater, Sid Vicious, Keith Haring, Tammy Wynette, Willie Mays, Rodolfo Valentino, Glenda Jackson, Candice Bergen, Fred Astaire, Judith Jamison, Keith Jarrett, Randy Travis, Johannes Brahms, Peter Ilyich Tchaikovsky, Gary Cooper, Mary Lou Williams, Ariel Durant, Pancho Gonzalez, John Brown, Ricky Nelson, Aurélio Buarque de Holanda Ferreira, Dalva de Oliveira, Marechal Rondom, Dircinha Batista, João Havelange, Billy Blanco, Taffarel, Dedé Santana, Celso Cunha. Alfredo Machado.

3 A 10 DE MAIO

Guia de Relacionamentos para Touro II

Localizador de Página para Todos os Relacionamentos

MELHORES RELACIONAMENTOS				
	Cúspide Peixes-Áries	19 a 24 de Março	Névoa mágica	217
AMOR	Áries I	25 de Março a 2 de Abril	Cabeça e coração	240
Touro III	Áries II	3 a 10 de Abril	Fria indiferença	263
Gêmeos III	Áries III	11 a 18 de Abril	Nobres ideais	286
Câncer II	Cúspide Áries-Touro	19 a 24 de Abril	Criaturas confortam	308
Leão II	Touro I	25 de Abril a 2 de Maio	Sentimentos profundos	329
Leão III	Touro II	3 a 10 de Maio	Verdadeira educação	350
Virgem II	Touro III	11 a 18 de Maio	Amor louco	351
Sagitário II	Cúspide Touro-Gêmeos	19 a 24 de Maio	Ganhado o direito de se expressar	351
Capricórnio I	Gêmeos I	25 de Maio a 2 de Junho	Empurre a mim, puxe a ti	352
	Gêmeos II	3 a 10 de Junho	Correntes ascendentes da montanha	352
	Gêmeos III	11 a 18 de Junho	Teste da verdade	353
CASAMENTO	Cúspide Gêmeos-Câncer	19 a 24 de Junho	Ruído branco	353
Áries I	Câncer I	25 de Junho a 2 de Julho	Solo fértil	354
Áries III	Câncer II	3 a 10 de Julho	Fascinação mútua	354
Touro II	Câncer III	11 a 18 de Julho	Gestos expansivos	355
Gêmeos II	Cúspide Câncer-Leão	19 a 25 de Julho	Batendo recordes antigos	355
Câncer I	Leão I	26 de Julho a 2 de Agosto	Eu bem que avisei	356
Cúspide Câncer-Leão	Leão II	3 a 10 de Agosto	Devoção dedicada	356
Libra II	Leão III	11 a 18 de Agosto	Diferença de atitude	357
Cúspide Escorpião-Sagitário	Cúspide Leão-Virgem	19 a 24 de Agosto	Confiança sagrada	357
Aquário I	Virgem I	26 de Agosto a 2 de Setembro	Sérios sacrifícios	358
Peixes II	Virgem II	3 a 10 de Setembro	Diante da tradição	358
	Virgem III	11 a 18 de Setembro	Determinado para o sucesso	359
AMIZADE	Cúspide Virgem-Libra	19 a 24 de Setembro	Influenciando gostos	359
Cúspide Peixes-Áries	Libra I	25 de Setembro a 2 de Outubro	Dia agradável do solstício de inverno	360
Cúspide Gêmeos-Câncer	Libra II	3 a 10 de Outubro	Acentua o positivo	360
Leão I	Libra III	11 a 18 de Outubro	Novo giro	361
Cúspide Leão-Virgem	Cúspide Libra-Escorpião	19 a 25 de Outubro	Adversários formidáveis	361
Escorpião II	Escorpião I	26 de Outubro a 2 de Novembro	Espírito de cruzada	362
Capricórnio II	Escorpião II	3 a 11 de Novembro	Segunda infância	362
Peixes I	Escorpião III	12 a 18 de Novembro	Equilíbrio de poder	363
	Cúspide Escorpião-Sagitário	19 a 24 de Novembro	Faculdade	363
FAMÍLIA	Sagitário I	25 de Novembro a 2 de Dezembro	Abrigo para os despossuídos	364
Cúspide Áries-Touro	Sagitário II	3 a 10 de Dezembro	Convite à intimidade	364
Virgem III	Sagitário III	11 a 18 de Dezembro	Enorme disposição para construir	365
Escorpião I	Cúspide Sagitário-Capricórnio	19 a 25 de Dezembro	Comunicação tácita	365
Sagitário I	Capricórnio I	26 de Dezembro a 2 de Janeiro	Difícil de imaginar	366
Cúspide Sagitário-Capricórnio	Capricórnio II	3 a 9 de Janeiro	Distante dos observadores	366
Cúspide Aquário-Peixes	Capricórnio III	10 a 16 de Janeiro	Vencendo, eficazmente	367
Peixes III	Cúspide Capricórnio-Aquário	17 a 22 de Janeiro	Mundo de sonho	367
	Aquário I	23 a 30 de Janeiro	Desfazendo as ilusões	368
TRABALHO	Aquário II	31 de Janeiro a 7 de Fevereiro	Vida nova	368
Gêmeos I	Aquário III	8 a 15 de Fevereiro	Um relacionamento mais profundo	369
Câncer III	Cúspide Aquário-Peixes	16 a 22 de Fevereiro	Infância viva	369
Virgem I	Peixes I	23 de Fevereiro a 2 de Março	Trânsito extra	370
Cúspide Virgem-Libra	Peixes II	3 a 10 de Março	Eminentemente qualificado	370
Libra III	Peixes III	11 a 18 de Março	Arte da representação	371
Escorpião III				
Sagitário III				

TOURO III
Semana do Natural

11 a 18 de Maio

O período de Touro III toma Natural como imagem central. Este período pode ser comparado com a época em que a criança em rápido processo de amadurecimento trava relações com a sociedade, mas também deseja ser ela mesma, sem exigências sociais indevidas. O início da puberdade significa a aceitação de mudanças sexuais e a tentativa de desenvolver uma atitude mais madura, livre de vergonha ou estigma.

Os dias que compreendem o período de Touro III revelam uma enorme liberação de energia que acompanha o final da infância. Estas mudanças não são apenas físicas, mas ocorrem também na fantasia e no mundo inconsciente. Atração, inibição e carência de inibição, carência de inibição, rebeldia, travessura e colocação em prática de desejos inconscientes fazem parte de sua atividade. Dizer adeus à infância realmente pode ser um processo difícil e muitas crianças sentem necessidade de recolher-se quando são impelidas de forma tão abrupta para o mundo por seu desenvolvimento e desejos naturais. No período de Touro III a natureza normalmente mais estática de Touro torna-se crescentemente dinâmica, até impulsiva, antecipando a energia do próximo signo, Gêmeos.

Os nascidos em Touro III são altamente sensíveis e precisam de liberdade para se expressar tão direta e naturalmente quanto desejem. Não reagem bem quando outros tentam corrigir, reformar ou mudar seus hábitos básicos. Estes indivíduos espontâneos, divertidos e cômicos insistem em ser eles mesmos: de fato, não parecem ter outra escolha. No entanto, a sociedade pode pressionar os indivíduos a se conformarem e os nascidos em Touro III podem, em conseqüência, deparar-se com sérias frustrações e obstáculos enquanto crescem. O resultado não raro é um comportamento nervoso e neurótico e, em casos mais extremos, a depressão e sentimentos reprimidos.

POSIÇÃO NO ZODÍACO
Aprox. 20 a 29° de Touro

ESTAÇÃO
Meio da primavera

ELEMENTO
Terra

REGENTE
Vênus

SÍMBOLO
Touro

MODO
Sensação

A criança de Touro III, como muitos adultos deste período, em geral gosta de divertimento e é imaginativa, cheia de pensamentos fantasiosos e comportamento colorido. Os nascidos em Touro III sentem atração a vida toda pelo mundo natural, em parte devido à liberdade que ele representa. Na infância, podem surgir problemas com pais, irmãos e membros da família ou professores caso estes não simpatizem com seu comportamento "genioso" e tentem corrigi-lo. Os nascidos na Semana do Natural muitas vezes carecem da firmeza para resistir à crítica contundente e podem magoar-se profundamente pela falta de compreensão dos que lhes são próximos. No longo prazo, entretanto, também podem beneficiar-se de alguma resistência a eles, tornando-se mais fortes e mais capazes de lidar com um ambiente hostil e crítico. Os nascidos em Touro II saem cedo de casa e seguem seu próprio caminho e mesmo os que parecem dóceis e satisfeitos muitas vezes secretamente anseiam pelo momento em que possam exercer sua independência. À medida que crescem, a maioria dos nascidos em Touro III tem sucesso em encontrar amigos que gostem dele e raramente carregam para a vida adulta pensamentos dolorosos ou vingativos contra as adversidades da infância. Entretanto, bem podem reter algumas cicatrizes das lutas da infância que, se represadas, podem levar à depressão ou a explosões emocionais súbitas e desconcertantes.

É difícil para os nascidos neste período ter um comportamento que não chame atenção. Anseiam pela ação e pela excitação e, muitas vezes, não têm condições de guardar opiniões fortes sobre os outros, podendo facilmente meter-se em encrenca. Os nascidos em Touro III podem ser muito volúveis emocionalmente e se enfadarem com facilidade, qualidades que invariavelmente levam a mudar muito de amigos, namorados e de lugar de modo geral. Uma eterna fascinação pelos aspectos excêntricos e incomuns da vida sempre ameaça afastá-los

TOURO III

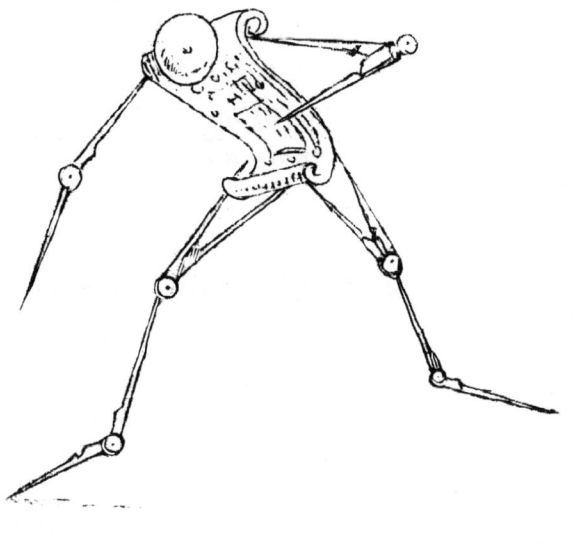

"NATURAL"

de situações vantajosas e indivíduos estáveis. Por outro lado, sua instabilidade pode fazê-los desejar a influência de pessoas, lugares e profissões que os faz colocar os pés no chão e por períodos variados de tempo podem conter-se, sabendo que caso se deixem levar o resultado pode ser uma irremediável falta de direção.

Esta dualidade entre a impulsividade natural e a necessidade de estabilidade (muitas vezes resultado do medo de sua própria intranqüilidade) pode ser um fator-chave em todos os seus relacionamentos adultos. Embora haja muita insegurança em sua personalidade, isto pode ser um combustível poderoso que os impulsiona para ter sucesso na vida, subir em seus empregos e ultrapassar barreiras sociais. Nesse sentido, paradoxalmente, seu dinamismo pode por si só tornar-se uma força estabilizadora, e sua ambição uma rocha onde podem se segurar e uma bússola que lhes mostra o caminho. Assim, muitos nascidos nesta semana que poderiam acomodar-se com uma vida despreocupada, sem estresse e gostosa, até porque são mais ajustados a esse tipo de vida, são impulsionados a subir em busca de segurança, muitas vezes uma meta que envolve independência financeira. Os nascidos em Touro III são acima de tudo pessoas que criam seus próprios desafios.

Embora seria de imaginar que a aventura, o sexo, as drogas e todos os tipos de comportamento rebelde exerçam uma poderosa atração nos nativos de Touro III (como inevitavelmente exercem em algum ponto da vida destes indivíduos), eles não tendem invariavelmente a ter obsessões e vícios a vida toda. Apóiam-se não tanto no bom senso, mas na compreensão da natureza básica das áreas do comportamento, e este tipo de afinidade ou familiaridade permite-lhes navegar perigosamente por rios sem encalhar em bancos de areia.

Nos relacionamentos, a rebeldia contra autoridades pode perseguir os nascidos em Touro III por toda vida. Os que se relacionam com eles, sobretudo companheiros e namorados, arriscam simbolizar para eles as forças repressoras que os nascidos nesta Semana do Natural não toleram. É essencial, então, compreender as lutas que estão sendo travadas na psique de um Touro III, e ao mesmo tempo recusar-se a se tornar um jogo de futebol ou um saco de treinamento de pugilista emocional. Podem surgir dificuldades quando os nascidos em Touro III desejam que os outros os levem a sério – sua combinação de idéias fantásticas e comportamento imprevisível nem sempre são fonte de confiança inspiradora e eles podem ter de lutar muito antes de suas idéias serem aceitas. Ainda assim, como ocorre com seu desejo de ter sucesso financeiro, essas lutas podem dar-lhes direção e segurança. Os que obtêm sucesso são os que conseguem dar forma à sua fantasia, corporificá-la em um produto, serviço ou atividade artística. Tais indivíduos podem tocar cordas profundas da imaginação de seus semelhantes, que podem sentir que vivem em um mundo monótono do qual secretamente anseiam libertar-se. Da mesma maneira, os nascidos em Touro III podem atrair outros como amigos ou namorados.

PONTOS FORTES

DIVERTIDO • AVENTUROSO
IMAGINATIVO

PONTOS FRACOS

OBSESSIVO • REBELDE
FRUSTRADO

CONSELHO

Mergulhe fundo e explore as profundezas de sua personalidade. Tente levar a vida com um pouco menos de seriedade se quiser que os outros façam o mesmo com você. Por outro lado, nunca desista de sua abordagem natural e instintiva à vida. Estabeleça padrões mais elevados e espere mais de si mesmo.

PESSOAS NOTÁVEIS DE TOURO III

Dennis Hopper foi chamado de muitas coisas – pretensioso, arrogante, selvagem, louco – mas raramente alguém disse que ele não é ele mesmo. Seu feitio antiestablishment e maníaco atrai cinéfilos para vê-lo em filmes como *Juventude Transviada* e *Sem Destino* (que ele dirigiu), *Veludo Azul* e *Waterworld*. Sempre do lado de fora, Hopper seguiu sua fantasia como poucos e muitas vezes conseguiu atrair o público. Embora na vida privada em certas épocas tenha estado ligado a drogas, com freqüência largou-as. Talvez a expansão de sua visão do natural visando incluir o inatural tenha sido sua mais constante preocupação.

Com Ruth St. Denis e Isadora Duncan, as "mães" da dança nos Estados Unidos, **Martha Graham** teve sucesso em criar uma coreografia distintamente americana. Lendária por ter dançado aos 80 e 90 anos de idade, Graham introduziu uma nova abordagem natural à dança. Em vez de ater-se às posturas estilizadas do passado, ela penetrou no mundo da natureza em busca de inspiração e descobriu formas orgânicas e eternas que levou aos palcos. Apesar de dinâmicas, suas poses estáticas podem ser o que ela tem de mais característico e memorável. *Appalachion Spring* de Aaron Copland foi um de seus maiores trabalhos, no qual mostrou claramente suas fortes raízes americanas.

O artista espanhol **Salvador Dalí**, principalmente um autodidata, era fascinado pelo excêntrico e o incomum. Tornou-se a corporificação suprema destas qualidades e o escândalo figurou em sua vida e em sua arte. No entanto, imaginá-lo como um sonhador de olhos abertos está longe da verdade. Dalí foi um gênio da técnica em todos os sentidos do termo. Diante das câmaras transformava, em questão de segundos ou minutos, os mais simples materiais em obras de arte deslumbrantes. Também era um tradicionalista, um estudante do passado que construiu sua carreira a partir de descobertas anteriores. Sua irreverência pela autoridade, entretanto, era inegável, e sua capacidade de fazer travessuras ou de ser completamente ofensivo era incomparável.

Outras pessoas nascidas em Touro III: George Lucas, Lindsay Crouse, Joe Louis, David Cronenberg, Papa João Paulo II, David Byrne, Jiddu Krishnamurti, Natasha Richardson, Henry Fonda, Jasper Johns, Katharine Hepburn, Harvey Keitel, Margot Fonteyn, Stevie Wonder, L. Frank Baum, Debra Winger, Brian Eno, Joseph Cotten, Frank Capra, Margaret Rutherford, Andre Gregory, Phil Silvers, George Carlin, Yogi Berra, Emilio Estevez, Daphne du Maurier, Olga Korbut, Eric Satie, Liberace, Bertrand Russell, Rubem Fonseca, Lima Barreto, Carlos Lyra, Raimundo Correia, Angela Maria, Waldick Soriano, Armando Fontes, Guilhermino César, Murilo Mendes.

Guia de Relacionamentos para Touro III

Localizador de Página para Todos os Relacionamentos

Cúspide Peixes-Áries	19 a 24 de Março	Água debaixo da ponte	217
Áries I	25 de Março a 2 de Abril	Cabo-de-guerra	241
Áries II	3 a 10 de Abril	Estabilizando o companheirismo	264
Áries III	11 a 18 de Abril	Estabelecendo um foco	286
Cúspide Áries-Touro	19 a 24 de Abril	Necessidade de honestidade	308
Touro I	25 de Abril a 2 de Maio	Deleite e ensino	330
Touro II	3 a 10 de Maio	Amor louco	351
Touro III	11 a 18 de Maio	Saco de gatos	371
Cúspide Touro-Gêmeos	19 a 24 de Maio	Pavio curto	372
Gêmeos I	25 de Maio a 2 de Junho	Mistura eclética	372
Gêmeos II	3 a 10 de Junho	Saída criativa	373
Gêmeos III	11 a 18 de Junho	Liberdade absoluta	373
Cúspide Gêmeos-Câncer	19 a 24 de Junho	Abrindo novos mundos	374
Câncer I	25 de Junho a 2 de Julho	Encontrar uma linguagem comum	374
Câncer II	3 a 10 de Julho	Energia visionária	375
Câncer III	11 a 18 de Julho	Abastecendo o motor	375
Cúspide Câncer-Leão	19 a 25 de Julho	Shiva, o mascote	376
Leão I	26 de Julho a 2 de Agosto	Encantamento exclusivo	376
Leão II	3 a 10 de Agosto	Concedendo orientação	377
Leão III	11 a 18 de Agosto	Sem garantia	377
Cúspide Leão-Virgem	19 a 25 de Agosto	Exigência de abertura	378
Virgem I	26 de Agosto a 2 de Setembro	Ser tolo	378
Virgem II	3 a 10 de Setembro	A melhor pessoa	379
Virgem III	11 a 18 de Setembro	A arte da persuasão	379
Cúspide Virgem-Libra	19 a 24 de Setembro	Desejo de se entregar	380
Libra I	25 de Setembro a 2 de Outubro	Manifestação de estresse	380
Libra II	3 a 10 de Outubro	Pensamento efervescente	381
Libra III	11 a 18 de Outubro	Procura-se: um chefe	381
Cúspide Libra-Escorpião	19 a 25 de Outubro	Domínios da mente	382
Escorpião I	26 de Outubro a 2 de Novembro	Força na diferença	382
Escorpião II	3 a 11 de Novembro	Aceitação sem reservas	383
Escorpião III	12 a 18 de Novembro	Assumindo a liderança	383
Cúspide Escorpião-Sagitário	19 a 24 de Novembro	Disfarce elaborado	384
Sagitário I	25 de Novembro a 2 de Dezembro	Amigos dedicados	384
Sagitário II	3 a 10 de Dezembro	Cartografando mares desconhecidos	385
Sagitário III	11 a 18 de Dezembro	Objetivos tangíveis do espírito	385
Cúspide Sagitário-Capricórnio	19 a 25 de Dezembro	Preso no labirinto	386
Capricórnio I	26 de Dezembro a 2 de Janeiro	*Folie à deux*	386
Capricórnio II	3 a 9 de Janeiro	Exigindo solução	387
Capricórnio III	10 a 16 de Janeiro	Inventando novos esquemas	387
Cúspide Capricórnio-Aquário	17 a 22 de Janeiro	Jardim das delícias terrenas	388
Aquário I	23 a 30 de Janeiro	Na frente	388
Aquário II	31 de Janeiro a 7 de Fevereiro	Descuidando das áreas mais profundas	389
Aquário III	8 a 15 de Fevereiro	Jogo criativo	389
Cúspide Aquário-Peixes	16 a 22 de Fevereiro	Neutralizando inseguranças	390
Peixes I	23 de Fevereiro a 2 de Março	Um teste de maturidade	390
Peixes II	3 a 10 de Março	Mostre-se!	391
Peixes III	11 a 18 de Março	Sobrevivência garantida	391

MELHORES RELACIONAMENTOS

AMOR
Touro II
Cúspide Gêmeos-Câncer
Leão I
Virgem II
Libra I
Cúspide Escorpião-Sagitário
Sagitário I
Capricórnio I
Cúspide Aquário-Peixes
Peixes II

CASAMENTO
Touro I
Câncer I
Cúspide Câncer-Leão
Leão II
Virgem III
Escorpião I
Capricórnio III
Aquário II
Peixes III

AMIZADE
Áries I
Áries III
Cúspide Áries-Touro
Gêmeos I
Gêmeos III
Câncer III
Leão III
Virgem I
Cúspide Capricórnio-Aquário

FAMÍLIA
Touro III
Câncer I
Cúspide Leão-Virgem
Libra III
Capricórnio II

TRABALHO
Cúspide Touro-Gêmeos
Libra II
Escorpião II
Sagitário II
Peixes I

CÚSPIDE TOURO-GÊMEOS
Cúspide da Energia

19 a 24 de Maio

POSIÇÃO NO ZODÍACO
Aprox. 27° de Touro
e 4° de Gêmeos

ESTAÇÃO
Final da primavera

ELEMENTO
Terra/Ar

REGENTE
Vênus/Mercúrio

SÍMBOLO
Touro/Gêmeos

MODO
Sensação/Pensamento

A cúspide Touro-Gêmeos é uma sobreposição e mistura do segundo signo do zodíaco, Touro, com o terceiro, Gêmeos. Pode ser comparada simbolicamente ao período em torno dos quatorze anos de idade da vida de uma pessoa e literalmente coincide com o final da primavera no hemisfério norte. Pode-se dizer que a cúspide Touro-Gêmeos representa a Energia. Neste período do ano, o desenvolvimento abundante das plantas é evidente. Os dias ficam cada vez mais compridos e as noites mais cálidas, o que acelera o crescimento dos vegetais, frutas e ervas. No desenvolvimento humano, aos quatorze anos, a adolescência se anuncia e o jovem dá adeus à infância. É um período em que a Energia desempenha papel fundamental – não apenas em termos de "saída" mas também de "entrada". O apetite aumenta muito quando o crescimento e o amadurecimento de repente dão um salto. Esta fase em geral não é fácil, nem pautada pela regra. Tanto psicológica, quanto fisicamente, a adolescência que se inicia acarreta mudanças que transformam muito o indivíduo, dando lugar, às vezes, ao que parece ser uma pessoa completamente nova.

Os nascidos na cúspide Touro-Gêmeos facilmente podem ver-se mais como uma força do que como uma pessoa. Como não são especialistas em autoconsciência, desde cedo forjam um papel para si na vida, que é ativo e não passivo, dinâmico e não estático. Interessados como crianças em tudo ao seu redor, os nascidos na Cúspide da Energia muitas vezes se espalham em várias direções na busca de estímulo. Às vezes, para o desespero de seus pais, que corretamente os acusam de querer abarcar o mundo com as pernas e de não se fixarem a nenhuma atividade, querem fazer tudo, tomar o mundo de assalto. Alguns dos nascidos nesta cúspide não desenvolvem um ego forte cedo na vida. Por querer agradar e temer rejeição, os nascidos em Touro-Gêmeos podem acatar o desejo dos outros a expensas dos seus. A auto-afirmação e a construção de um ego poderoso podem tornar-se uma ocupação para toda a vida.

A abundante energia dos nascidos na cúspide Touro-Gêmeos, o agudo interesse pelo mundo ao seu redor e o encanto tendem a atrair numerosos amigos e namorados. Entretanto, o que se envolvem com eles estão constantemente com medo de perdê-los. Para alguns, isso é desafiador e atraente. Outros, porém, podem ser afastados pela reputação dos nascidos nesta cúspide de indignos de confiança, e estes preconceitos podem magoá-los, sobretudo se tem a ver com negócios e emprego.

O brilho de um Touro-Gêmeos não é suficiente para garantir sucesso em determinados campos, a menos que seja fundado em uma série de realizações inegáveis. Infelizmente, os nascidos na Cúspide da Energia nem sempre manifestam resistência igual aos seus desejos e impulsos. Embora indivíduos mais lentos e determinados possam chegar lá, os Touro-Gêmeos podem ver os outros passarem por ele na corrida da vida, como a lebre foi ultrapassada por uma tartaruga segura de si e determinada. Fazer um currículo pode ser um processo doloroso para alguém nascido nesta semana, pois pode revelar uma formação eclética que carece de profundidade, uma permanência curta em cada emprego e realizações dúbias. Aprender a criar estruturas e o valor das limitações é essencial para o desenvolvimento de um Touro-Gêmeos.

Nos relacionamentos os nascidos em Touro-Gêmeos são com freqüência fortes demais. De fato, seus amigos de vez em quando se perguntam por que estas pessoas precisam ser o centro das atenções o tempo todo. Parece que se acham fascinantes e querer compartilhar esta fascinação com todos à sua volta. Pode ser necessário cultivarem certa indiferença com eles mesmos se quiserem melhorar a qualidade de seus relacionamentos, guardarem para si a última coisa que pensaram a seu respeito e se mostrarem mais receptivos e simpáticos com os outros. Se amigos, namorados ou cônjuges sentirem que estão ali apenas para olharem ou escutarem o Touro-Gêmeos, e não são realmente apreciados ou necessários, os dias do relacionamento estão contados.

Como companheiros ou parceiros, os nascidos em Touro-Gêmeos podem passar seu tempo atrás de prospectos mais estimulantes, enquanto seu companheiro lida com as tarefas mundanas da administração da casa, finanças e afazeres domésticos em geral. Esta tendência pode piorar quando leva o Touro-Gêmeos a fazer comparações desfavoráveis, descrevendo seu parceiro como sem graça e desinteressante. Brigas e, finalmente, rompimento podem resultar. Para participar de um relacionamento bem-sucedido em andamento, os nascidos sob a Cúspide da Energia devem sacrificar algo de seu "brilho" para as tarefas necessárias do dia-a-dia, afirmando assim seu interesse e comprometimento com o relacionamento, bem como respeito pelas necessidades do parceiro de tempo criativo e de qualidade. Para ser justo com os nascidos na cúspide Touro-Gêmeos, entretanto, se seu companheiro ou parceiro os aceita como são, mostram-se amorosos e fiéis.

Como a cúspide Touro-Gêmeos combina os traços terrenos e sensuais de Touro com as características mentais etéreas de Gêmeos, podem ser ao mesmo tempo obsessivamente interessados em assuntos físicos e compulsivos em checar tudo o que acontece. Podem ser caracterizados, em outras palavras, pela curiosidade acerca do estado físico dos outros, preocupados com seu próprio corpo e ter uma fascinação por saber se máquinas ou equipamentos operam de forma apropriada. Os melhores parceiros para Touro-Gêmeos são os fortes o bastante para manter sua própria individualidade, estabelecendo limites que não devem ser violados ou infringidos e ao mesmo tempo sendo capazes de preencher as necessidades de comunicação do Touro-Gêmeos.

Os nascidos em Touro-Gêmeos podem ser excelentes pais, apresentando uma grande variedade de assuntos interessantes aos filhos. Devem, no entanto, perguntarem-se de forma realista se suas próprias necessidades não impedem o tipo de estabilidade e empatia necessárias para criar uma família. Sua análise periódica de necessidades e desejos, e o estabelecimento de fortes limites na abrangência de suas atividades são de fato essenciais para seu sucesso em todas as áreas dos relacionamentos pessoais. Antes de comprometer-se em um relacionamento mais longo ou profundo, os nascidos em Touro-Gêmeos precisam ter claro quais são suas prioridades e considerar seriamente a questão de se estão ou não preparados para fazer os sacrifícios necessários. Introspecção, planejamento e investigação da alma não ocorrem facilmente para os nascidos em Touro-Gêmeos, mas a longo prazo evitam muita dor e sofrimento para todos os envolvidos.

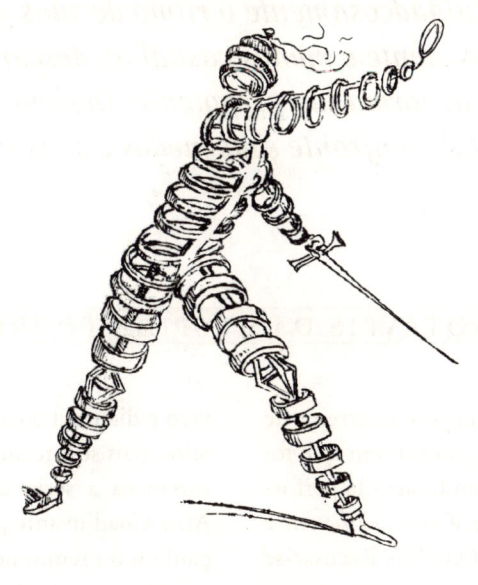

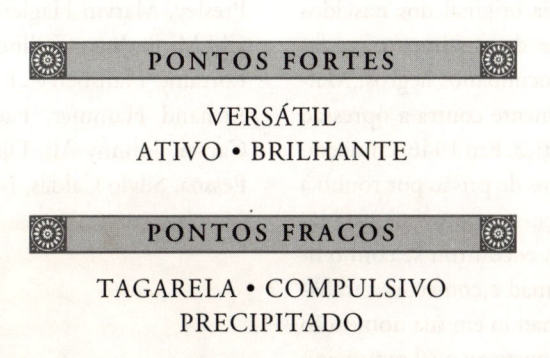

"ENERGIA"

PONTOS FORTES

VERSÁTIL
ATIVO • BRILHANTE

PONTOS FRACOS

TAGARELA • COMPULSIVO
PRECIPITADO

CONSELHO

Monitore cuidadcosamente o ritmo de suas atividades. Procure ser mais consistente e menos casual ao descartar pessoas e idéias. Não se apresente de forma tão prepotente. Desligue periodicamente o motor mental. Confronte seus medos e suas inseguranças.

PESSOAS NOTÁVEIS DA CÚSPIDE TOURO-GÊMEOS

Uma incrível versatilidade marcou a carreira de **Grace Jones**, de modelo a atriz de cinema (em que foi par de Conan o Bárbaro e James Bond), até sua performance nos vídeos *Slave to Rhythm* e *Warm Leatherette* e os álbuns *Inside Story* e *Boomerang OMPST*. Recusar-se a ser classificado em qualquer categoria é típico de um representante de Touro-Gêmeos, e Jones não é exceção. Sua incrível aparência e suas igualmente distintas maneiras a marcam como um verdadeiro indivíduo — um único de cada tipo. Sua *persona* explosiva diz "trate com cuidado" e seu olhar intransigente e feroz não é recomendado para os tímidos. Como outros nascidos na Cúspide da Energia, Jones dedica-se a um amplo conjunto de projetos.

Energético e prolífico, **Malcolm X** exemplifica a natureza eclética e extraordinária original dos nascidos na cúspide Touro-Gêmeos. Líder do movimento em favor dos negros e professor de muçulmanos negros, Malcolm pronunciou-se destemidamente contra a opressão histórica de seu povo e exigiu justiça. Em 1946, começou a cumprir uma sentença de 7 anos de prisão por roubo à mão armada. Na prisão converteu-se ao movimento Nação do Islã. Depois de libertado, encontrou-se com o líder muçulmano Elijah Muhammad e começou a trabalhar por sua organização, culminando em sua nomeação como primeiro pastor nacional, posto ao qual renunciou em 1964 para estabelecer sua própria organização. Temido por alguns americanos, Malcolm era também profundamente amado por muitos outros que continuaram a reverenciar sua memória após seu assassinato em 1965.

Usar diferentes chapéus é algo natural em pessoas nascidas em Touro-Gêmeos e isto certamente se aplica à dinâmica cantora e atriz **Cher**. Uma verdadeira artista, Cher parece igualmente à vontade em performances ao vivo e diante das câmaras de cinema e tevê. Talvez seu feito mais surpreendente tenha sido fazer os críticos levarem-na a sério como atriz. Indicada para Melhor Atriz Coadjuvante por seu trabalho em *Silkwood*, Cher ganhou o prêmio de melhor atriz por seu desempenho em *Moonstruck*. Com o sucesso no cinema, a expressão plena e bombástica de Cher permanece irreprimível. Seu casamento com Sonny Bono e Gregg Allman e ligação romântica com Val Kilmer, Gene Simmons e Richie Sambora foram acompanhados com grande interesse por muitos fãs.

Outras pessoas nascidas em Touro-Gêmeos: Bob Dylan, Arthur Conan Doyle, Mary Cassatt, Rainha Vitória, Laurence Olivier, Andrei Sakharov, Nicole Brown Simpson, Richard Wagner, Henri Rousseau, Priscilla Presley, Marvin Hagler, Jean-Paul Marat, Sócrates, Ho Chi Minh, Joan Collins, Jim Lehrer, Peter Townshend, Lorraine Hansberry, Jimmy Stewart, Albrecht Dürer, Armand Hammer, Fats Waller, George Washington Carver, Johnny Alf, Djanira, Renato Teixeira, Epitácio Pessoa, Silvio Caldas, Marcelo Madureira.

— 19 A 24 DE MAIO —

Guia de Relacionamentos para a Cúspide Touro-Gêmeos

MELHORES RELACIONAMENTOS

AMOR
Touro I
Gêmeos III
Cúspide Leão-Virgem
Libra II
Cúspide
   Sagitário-Capricórnio
Aquário II
Aquário III

CASAMENTO
Cúspide Áries-Touro
Cúspide Touro-Gêmeos
Virgem I
Escorpião III
Cúspide
   Capricórnio-Aquário

AMIZADE
Áries III
Touro II
Câncer I
Leão I
Virgem II
Cúspide Libra-Escorpião
Escorpião II
Sagitário I
Capricórnio II
Peixes II
Peixes III

FAMÍLIA
Áries II
Gêmeos I
Leão II
Virgem III
Libra III
Sagitário II
Sagitário III
Aquário I

TRABALHO
Cúspide Peixes-Áries
Áries I
Touro III
Câncer II
Cúspide Câncer-Leão
Escorpião I
Capricórnio I
Capricórnio III
Cúspide Aquário-Peixes

Localizador de Página para Todos os Relacionamentos

Cúspide Peixes-Áries	19 a 24 de Março	Jogo de poder	218
Áries I	25 de Março a 2 de Abril	Motivação psicológica	241
Áries II	3 a 10 de Abril	Recusa obstinada	264
Áries III	11 a 18 de Abril	Profunda educação	287
Cúspide Áries-Touro	19 a 24 de Abril	Embasbacados	309
Touro I	25 de Abril a 2 de Maio	Revolvendo o borralho	330
Touro II	3 a 10 de Maio	Ganhado o direito de se expressar	351
Touro III	11 a 18 de Maio	Pavio curto	372
Cúspide Touro-Gêmeos	19 a 24 de Maio	Curtos-circuitos	392
Gêmeos I	25 de Maio a 2 de Junho	Franca rivalidade	392
Gêmeos II	3 a 10 de Junho	Fantasias não-reconhecidas	393
Gêmeos III	11 a 18 de Junho	Dons psíquicos	393
Cúspide Gêmeos-Câncer	19 a 24 de Junho	Dando conselhos	394
Câncer I	25 de Junho a 2 de Julho	Entusiasmo moderado	394
Câncer II	3 a 10 de Julho	Interesse excessivo	395
Câncer III	11 a 18 de Julho	Contra todas as expectativas	395
Cúspide Câncer-Leão	19 a 25 de Julho	Um quadro holístico	396
Leão I	26 de Julho a 2 de Agosto	Diferenças marcantes de temperamento	396
Leão II	3 a 10 de Agosto	Quem está sentindo o quê?	397
Leão III	11 a 18 de Agosto	Inteligência emocional	397
Cúspide Leão-Virgem	19 a 25 de Agosto	A mão do destino	398
Virgem I	26 de Agosto a 2 de Setembro	Sucesso a qualquer preço	398
Virgem II	3 a 10 de Setembro	Ponto e contraponto	399
Virgem III	11 a 18 de Setembro	A espinha dorsal da família	399
Cúspide Virgem-Libra	19 a 24 de Setembro	A menina de caracóis	400
Libra I	25 de Setembro a 2 de Outubro	Superando o outro	400
Libra II	3 a 10 de Outubro	O terceiro ouvido	401
Libra III	11 a 18 de Outubro	Jovem para sempre	401
Cúspide Libra-Escorpião	19 a 25 de Outubro	Jogos mentais	402
Escorpião I	26 de Outubro a 2 de Novembro	Petulância imprevisível	402
Escorpião II	3 a 11 de Novembro	Siga o líder	403
Escorpião III	12 a 18 de Novembro	Cristal raro	403
Cúspide Escorpião-Sagitário	19 a 24 de Novembro	Um conduto de conhecimento	404
Sagitário I	25 de Novembro a 2 de Dezembro	Construindo pontes	404
Sagitário II	3 a 10 de Dezembro	O caminho menos percorrido	405
Sagitário III	11 a 18 de Dezembro	Uma estranha mistura	405
Cúspide Sagitário-Capricórnio	19 a 25 de Dezembro	O olho privado	406
Capricórnio I	26 de Dezembro a 2 de Janeiro	Aceitar o que é bom, acatar o que é ruim	406
Capricórnio II	3 a 9 de Janeiro	Voltar à realidade	407
Capricórnio III	10 a 16 de Janeiro	Linhas genuínas	407
Cúspide Capricórnio-Aquário	17 a 22 de Janeiro	Ultrapassando o limite	408
Aquário I	23 a 30 de Janeiro	Emocionalmente romântico	408
Aquário II	31 de Janeiro a 7 de Fevereiro	Sinos de prata e amêijoas	409
Aquário III	8 a 15 de Fevereiro	Puro-sangue nervoso	409
Cúspide Aquário-Peixes	16 a 22 de Fevereiro	O holofote é grande o suficiente?	410
Peixes I	23 de Fevereiro a 2 de Março	Trocas espirituosas	410
Peixes II	3 a 10 de Março	Avenidas inexploradas	411
Peixes III	11 a 18 de Março	Domínio das idéias	411

55

GÊMEOS I
Semana da Liberdade

25 de Maio a 2 de Junho

POSIÇÃO NO ZODÍACO
Aprox. 3 a 13° de Gêmeos

ESTAÇÃO
Final da primavera

ELEMENTO
Ar

REGENTE
Mercúrio

SÍMBOLO
Gêmeos

MODO
Pensamento

O período Gêmeos I toma a Liberdade como sua imagem central. Este período pode ser comparado simbolicamente a uma época na vida do jovem em que lutar pela independência e a liberdade de pensamento torna-se muito importante. Muita rebeldia faz parte desse processo; a injustiça é sentida de forma aguda e todas as formas de tirania são desprezadas. Entretanto, ao definirem uma postura contra certas atitudes estabelecidas, algumas pessoas nesta idade podem na verdade limitar seus horizontes em vez de expandi-los.

Segundo o Grande Ciclo da Vida, Gêmeos I corresponde aproximadamente à idade em que a maioria dos adolescentes está concluindo o ensino fundamental. Conseqüentemente, os dias que compreendem Gêmeos I revelam alguém que expressa sua individualidade aumentando suas habilidades sociais e financeiras, cultivando a capacidade de avaliar as coisas e lidando com problemas de natureza pessoal e intelectual. Idéias e ideais passam a ter importância fundamental. Este período da vida pode ser especialmente doloroso para aqueles que são incapazes de conviver com a multidão.

Os nascidos em Gêmeos I recusam-se a aceitar qualquer restrição e desejam manter sua liberdade a qualquer custo. Em geral do lado do indivíduo, detestam opressão e exploração, opondo-se a elas em teoria e na prática. Quase nunca fogem da luta. Naturalmente combativos, defendem o que acreditam e não hesitam em atacar injustiças de todas as formas, morais ou práticas, pois os nascidos neste período acreditam que há uma maneira certa e uma maneira errada de fazer as coisas, e que apenas a certa produz resultados positivos. Uma de suas armas mais fortes é o riso e o ridículo, que não hesitam em sacar de seu formidável arsenal verbal. Ainda assim, os nascidos em Gêmeos I estão dispostos a dar ao outro uma segunda chance. Flexíveis, não desistem facilmente de relacionamentos valiosos; ao contrário, agüentam firme deixando o ressentimento passar.

Brilhantes, animados e atentos, mas também um pouco rudes, os nascidos em Gêmeos I são rápidos e impacientam-se com a reação lenta dos outros. Muitas vezes tecnicamente dotados, podem ficar irritados quando os outros são menos habilidosos em realizar uma certa tarefa. Dado a este pavio curto, podem estressar-se facilmente, atacando com ironia ou sarcasmo. A agressividade dos nascidos nesse período é muitas vezes uma reação ao que consideram incompetência ou estupidez, por isso não é fácil conviver ou trabalhar com eles.

Os nascidos na Semana da Liberdade têm impulsos rapidíssimos e imaginação fértil, às vezes até demais. Estão constantemente tramando novos planos e esquemas, talvez a expensas de assuntos urgentes que necessite de atenção (como pagar as contas). Podem deixar para trás ao longo de sua vida projetos inacabados o bastante para ocupar uma dúzia de seres humanos. Os nascidos em Gêmeos I muitas vezes não têm paciência para implementar seus planos de maneira sensível. Além disso, podem fazer promessas de boa-fé que não cumprem devido a uma nova demanda urgente. Estas ações minam sua credibilidade.

A vida familiar pode servir de fio terra para sua energia mercuriana; da mesma forma, companheiros e amigos inteligentes canalizam a sagacidade e o talento dos nascidos em Gêmeos I para uma utilização construtiva, um emprego e um negócio que exijam muita atenção e acompanhamento. Um representante de Gêmeos I relativamente desarraigado muitas vezes floresce quando colocado para trabalhar em uma posição estruturada que envolve muita responsabilidade. Se seu trabalho lhe dá oportunidade de inovar, continua satisfeito na mesma posição por muitos anos.

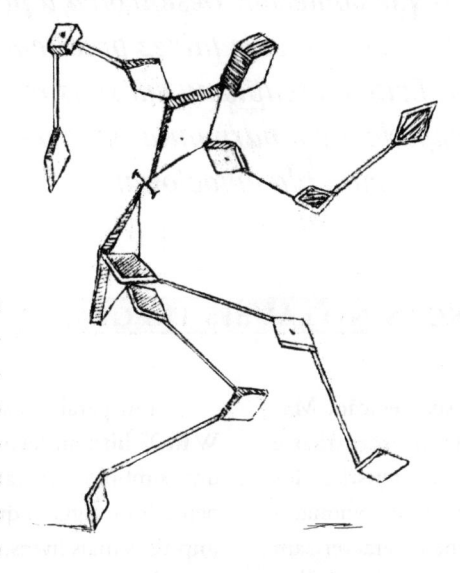

"LIBERDADE"

Os que se envolvem em um relacionamento com um representante de Gêmeos I, seja familiar, de amizade ou amoroso, não precisam pensar muito para adivinhar seu estado mental. Os nascidos na Semana da Liberdade são emocionalmente volúveis e não têm vergonha nenhuma de verbalizar qualquer descontentamento que possam ter. Em casos extremos, de fato, podem se queixar o tempo todo, embora, na maior parte das vezes, simplesmente têm uma periódica necessidade de desabafar. Os que lhes são próximos em geral deixam as coisas correr, apenas atendo-se à essência da dificuldade. Uma reação emocional para um Gêmeos I pode extrapolar rapidamente, transformando-se em briga. É melhor ouvi-los com paciência, por mais tempo que isso leve. Os nascidos em Gêmeos I têm o hábito de repetir-se, portanto não podem acusar os outros de não ouvir o que dizem.

Considerando sua volubilidade e oscilação emocional, são parceiros surpreendentemente leais. Cansam-se logo da rotina, porém, e de tempos em tempos, podem achar necessário mudar a estrutura de suas relações mais íntimas para impedir que se entediem. Os que melhor sabem lidar com eles aceitam sua necessidade de estímulo, variedade e mudança regular de cenário.

Protetores, os nascidos em Gêmeos I são capazes de usar sua prodigiosa energia para salvar outros de problemas. Infelizmente, às vezes acabam sujeitando os que salvaram à sua própria tirania, no esforço benevolente de consertar as coisas. No entanto, como seu primeiro impulso muitas vezes é resolver as dificuldades pela pronta e racional ação, a maneira como procedem pode de algum modo criar mais problemas do que resolver. O representante de Gêmeos I pode reconhecer as necessidades objetivas de um membro da família, por exemplo, e pode procurar satisfazê-lo, mas pode não levar em conta os sentimentos dos parentes. Os nascidos em Gêmeos I podem dar incondicionalmente, usando recompensas como meio de controlar e deixando de dar recompensas como forma de punição.

Os nascidos na Semana da Liberdade não estão acima da manipulação emocional, de jeito nenhum. De fato, raramente hesitam em usar seu considerável encanto para conseguirem o que querem. São extremamente sedutores e poucos resistem ao seu apelo sexual. Com o tempo, entretanto, sua postura namoradeira e provocativa atenua-se chegando a ser substituída por uma postura digna de confiança e simpática. Como podem atestar seus companheiros e namorados, os representantes de Gêmeos I podem ficar perturbados de uma hora para outra. Sentem-se melhor quando mantêm os nervos sob controle. Assim, devem evitar todas as drogas e estimulantes, sobretudo o álcool, que altera seu consciente ou os torna menos presentes.

PONTOS FORTES

ESPIRITUOSO • CARISMÁTICO
TECNICAMENTE DOTADO

PONTOS FRACOS

TIRÂNICO • MANIPULADOR
QUEIXOSO

CONSELHO

Esforce-se para acabar o que começou. Desenvolva a paciência de interagir plenamente com os outros. Seus ideais talvez precisem ser sacrificados em prol da harmonia. Evite o escapismo em suas múltiplas formas. Mantenha-se ocupado e em harmonia, mas não negligencie sua vida emocional.

PESSOAS NOTÁVEIS DE GÊMEOS I

Símbolo de liberdade sexual de sua geração, **Marilyn Monroe** tinha um comportamento excêntrico e tendência a se meter em problemas, característica dos nascidos em Gêmeos I. Sua volubilidade emocional e extrema necessidade de mudança também caracterizam os nascidos na Semana da Liberdade. O dom de Marilyn para a comédia foi descoberto em Hollywood e significou para ela uma importante forma de expressão criativa. O outro lado de seu exterior bombástico era profundamente depressivo, sem dúvida efeito da pobreza e do abuso sexual que sofreu na infância. Talvez Marilyn ansiasse por segurança e estabilidade mais do que qualquer outra coisa, mas, como ocorre com muitos Gêmeos I, não conseguiu encontrar nem uma nem outra. Ligada romanticamente a alguns dos homens mais poderosos de sua época e casada com o ícone dos esportes Joe DiMaggio e o escritor Arthur Miller, sua sorte raramente incluiu a felicidade.

A natureza mercuriana de Gêmeos I, que se movimenta rapidamente em pensamento e ação, é parte do legado astrológico de **John Fitzgerald Kennedy**. Introduzindo um novo espírito de comunicação na Casa Branca, encantou a mídia. Mais do que qualquer outro acontecimento, foram os debates na tevê com o oponente Richard Nixon que resultaram em sua eleição. Kennedy simbolizou uma espécie de liberdade política e pessoal que inspirou milhões de americanos a adorar seu jovem presidente, aumentando o choque que significaram os dias negros após seu assassinato em 22 de novembro de 1963. O dia em que as luzes foram desligadas nos Estados Unidos foi particularmente horrível devido ao brilho com que foram caracterizados durante sua presidência.

Em geral considerado o maior poeta americano, **Walt Whitman** levou uma vida em que a liberdade era um símbolo central. Pioneiro do verso livre, livre-pensador e alguém que instava os outros a expressar seus impulsos mais livres, Whitman foi um arquétipo de Gêmeos I. Originalmente professor em Long Island e editor do jornal *Brooklin Eagle*, apenas aos 36 anos de idade seus poemas foram publicados em um volume intitulado *Leaves of Grass* (*Folhas de Relva*). Era um panteísta que adorava a humanidade, mas também colocava em prática seus ideais, como quando trabalhou como enfermeiro voluntário na Guerra de Secessão. Sua homossexualidade e estilo de vida controverso levaram a oposição da igreja a criar o Comitê Walt Whitman da Filadélfia.

Outras pessoas nascidas em Gêmeos I: Isadora Duncan, Clint Eastwood, Henry Kissinger, Sally K. Ride, Jim Thorpe, Benny Goodman, John Wayne, Marquês de Sade, Tito, Hubert Humphrey, Miles Davis, Dashiell Hammett, Rachel Carson, Morgan Freeman, Charlie Watts, Sally Kellerman, Peggy Lee, Rainha Maria, Ralph Waldo Emerson, Gene Tunney, Pam Grier, Herman Wouk, Brooke Shields, Wild Bill Hickok, Gale Sayers, Levon Helm, Julian Beck, Johnny Weissmuller, Joaquim Pedro de Andrade, Ronaldo Mourão, Sivuca, Ciro Monteiro, Deborah Block, Naum Alves de Sousa, Ana Cristina Cesar.

Guia de Relacionamentos para Gêmeos I

25 DE MAIO A 2 DE JUNHO

Localizador de Página para Todos os Relacionamentos

Cúspide Peixes-Áries	19 a 24 de Março	Colisão frontal	218
Áries I	25 de Março a 2 de Abril	Guardiões do oprimido	242
Áries II	3 a 10 de Abril	Sólida confiança	265
Áries III	11 a 18 de Abril	Influência que puxa para o chão	287
Cúspide Áries-Touro	19 a 24 de Abril	Colhendo tempestades	309
Touro I	25 de Abril a 2 de Maio	Divertindo-se	331
Touro II	3 a 10 de Maio	Empurre a mim, puxe a ti	352
Touro III	11 a 18 de Maio	Mistura eclética	372
Cúspide Touro-Gêmeos	19 a 24 de Maio	Franca rivalidade	392
Gêmeos I	25 de Maio a 2 de Junho	Vale tudo	412
Gêmeos II	3 a 10 de Junho	Moderados	412
Gêmeos III	11 a 18 de Junho	Bombardeio verbal	413
Cúspide Gêmeos-Câncer	19 a 24 de Junho	Favorecendo projetos expansivos	413
Câncer I	25 de Junho a 2 de Julho	Busca mútua	414
Câncer II	3 a 10 de Julho	O lado sombrio	414
Câncer III	11 a 18 de Julho	Capitulação prazerosa	415
Cúspide Câncer-Leão	19 a 25 de Julho	Guiando o bumerangue	415
Leão I	26 de Julho a 2 de Agosto	Líquido e certo	416
Leão II	3 a 10 de Agosto	Segurando a onda	416
Leão III	11 a 18 de Agosto	Antigos inimigos, antigos amigos	417
Cúspide Leão-Virgem	19 a 25 de Agosto	Vencendo uma luta justa	417
Virgem I	26 de Agosto a 2 de Setembro	Necessidade de mudança	418
Virgem II	3 a 10 de Setembro	Projetos criativos	418
Virgem III	11 a 18 de Setembro	Função ondular	419
Cúspide Virgem-Libra	19 a 24 de Setembro	Conexões tênues	419
Libra I	25 de Setembro a 2 de Outubro	Convivendo bem	420
Libra II	3 a 10 de Outubro	Rindo e se divertindo	420
Libra III	11 a 18 de Outubro	Diferenças na velocidade	421
Cúspide Libra-Escorpião	19 a 25 de Outubro	Queda do pedestal	421
Escorpião I	26 de Outubro a 2 de Novembro	Correntes alternadas	422
Escorpião II	3 a 11 de Novembro	Sensibilidades afinadas	422
Escorpião III	12 a 18 de Novembro	A abertura do véu	423
Cúspide Escorpião-Sagitário	19 a 24 de Novembro	Laço espiritual	423
Sagitário I	25 de Novembro a 2 de Dezembro	Independência rígida	424
Sagitário II	3 a 10 de Dezembro	Ritual de conquista	424
Sagitário III	11 a 18 de Dezembro	Intimidade turbulenta	425
Cúspide Sagitário-Capricórnio	19 a 25 de Dezembro	Mariposa e chama	425
Capricórnio I	26 de Dezembro a 2 de Janeiro	Tango de amor	426
Capricórnio II	3 a 9 de Janeiro	Linha dura	426
Capricórnio III	10 a 16 de Janeiro	Trabalho de parto	427
Cúspide Capricórnio-Aquário	17 a 22 de Janeiro	Obra de arte perfeita	427
Aquário I	23 a 30 de Janeiro	Suflê, oba!	428
Aquário II	31 de Janeiro a 7 de Fevereiro	Contrato social	428
Aquário III	8 a 15 de Fevereiro	Agradecendo os cumprimentos juntos	429
Cúspide Aquário-Peixes	16 a 22 de Fevereiro	Impulsos dramáticos	429
Peixes I	23 de Fevereiro a 2 de Março	Desafio pessoal	430
Peixes II	3 a 10 de Março	Dicotomia pensamento/sentimento	430
Peixes III	11 a 18 de Março	Demonstrações emocionais	431

MELHORES RELACIONAMENTOS

AMOR

Câncer II
Leão II
Libra II
Cúspide Libra-Escorpião
Sagitário III
Capricórnio III

CASAMENTO

Áries II
Gêmeos iI
Cúspide Gêmeos-Câncer
Leão I
Virgem II
Libra I
Sagitário II
Capricórnio I
Peixes I

AMIZADE

Áries I
Touro III
Gêmeos III
Câncer III
Cúspide Leão-Virgem
Virgem III
Libra III
Escorpião III
Sagitário I
Cúspide
    Sagitário-Capricórnio
Capricórnio II
Cúspide Aquário-Peixes
Peixes III

FAMÍLIA

Cúspide Touro-Gêmeos
Cúspide
    Escorpião-Sagitário
Aquário II

TRABALHO

Áries III
Cúspide Áries-Touro
Touro II
Câncer I
Cúspide Câncer-Leão
Virgem I
Escorpião II
Cúspide
    Capricórnio-Aquário
Peixes II

GÊMEOS II
Semana da Nova Linguagem

3 a 10 de Junho

POSIÇÃO NO ZODÍACO
Aprox. 12 a 20° de Gêmeos

ESTAÇÃO
Final da primavera

ELEMENTO
Ar

REGENTE
Mercúrio

SÍMBOLO
Gêmeos

MODO
Pensamento

O período de Gêmeos II toma a Nova Linguagem como sua imagem central. Segundo o Grande Ciclo da Vida, este período pode ser comparado à época em que o jovem está se preparando para concluir o ensino médio, seja para ingressar no mundo do trabalho ou para continuar estudando. Durante esta transição, repleta de incerteza e promessas, precisam ser tomadas e verbalizadas importantes decisões sobre a carreira.

Os dias que compreendem o período de Gêmeos II apontam para muitas áreas que entram em cena nesta fase. Pensamentos críticos e a capacidade concomitante de expressar idéias de forma escrita e oral tornam-se cada vez mais importantes. A precisão e a consistência são fundamentais, mas também a imaginação e o discernimento. Finalmente, uma forte impressão de individualidade deve ser transmitida e com ela um caráter bem formado que reconhece os elementos cômicos e trágicos da vida.

Os nascidos em Gêmeos II mostram forte desejo de comunicar verbalmente seus pensamentos e sentimentos. Também precisam ter certeza de que os outros compreendem sua mensagem e percebem seu ponto de vista, mesmo que não concordem. No entanto, os meios de expressão do Gêmeos II são extremamente pessoais, a ponto de desenvolverem sua própria linguagem. Isto pode levar a todos os tipos de problemas, tensões e frustrações, pois com freqüência são mal interpretados. Além disso, quando tentam apresentar seus pontos de vista, alguns Gêmeos II usam uma artilharia de palavras, recorrendo à quantidade mais do que à qualidade para ter sucesso ou tentando diferentes linhas de argumento ao mesmo tempo. Em seu intenso desejo de comunicar-se, o significado pode perder-se na multidão.

Divertidos e espirituosos, os nascidos em Gêmeos II sabem fascinar e prender a atenção do público. Ao longo do tempo requerido para um relacionamento sério, entretanto, esta atitude pode perder seu ardor, sendo vista primeiro como superficial, depois como irritante. Além disso, o nível de insistência verbal e mental dos nascidos nesse período pode ser tão alto que os outros cansam ou se sentem esmagados pela artilharia. Sentindo a urgência da necessidade de compreensão de Gêmeos II, as pessoas podem fingir convenientemente que entenderam, quando de fato não compreenderam; sua falta de compreensão pode surgir mais tarde, provocando censura e reprovação aos nascidos em Gêmeos II.

A palavra falada de modo algum é o único modo de comunicação dos nascidos neste período. Sua linguagem corporal pode ser uma poderosa adição às suas características mentais bem desenvolvidas. Os nascidos em Gêmeos II têm grande necessidade de exercício físico e expressão, sobretudo quando jovens, mas isso dura a vida toda. Estas atividades dão equilíbrio à sua sagacidade, sem as quais podem ser privados do sono e do apetite. Além disso, doses saudáveis de atenção fornecem uma forma fácil e não-verbal de comunicação, fazendo-os sentir que são admirados e amados e reforçando sua necessidade de compartilhar.

A necessidade de competir dos nascidos nesta semana pode facilmente fugir ao controle. A competição os mantêm afiados, mas também os torna litigiosos e seu espadim espirituoso pode deixar profundas cicatrizes. A menos que encontrem uma forma de frear seu impulso à crítica, os nascidos em Gêmeos II podem afastar até os amigos mais chegados. Também são duros com eles mesmos. Quando isto ocorre, é muitas vezes conseqüência de uma baixa auto-imagem, talvez resultado de acusações, da parte dos pais, de irresponsabilidade, excentricidade ou incompetência. Se este problema pode ser corrigido, as reações dos nascidos em Gêmeos II serão suavizadas. Muito do que está em funcionamento é o medo de parecer tolo ou inadequado, ou de ser mal compreendido. Rejeitar velhos modos e aprender a ser mais suave consigo, a ser mais feliz, a aceitar-se mais e a desenvolver relações cordiais com seu lado obscuro podem fazê-los ter relacionamentos mais proveitosos e satisfatórios.

Ao escolherem um companheiro, os nascidos nesta semana com freqüência se deixam levar pelo desejo e descobrem só mais tarde que a pessoa escolhida se importa pouco com o que têm a dizer e não está interessada em dedicar tempo para ouvi-los. Os nascidos em Gêmeos II também podem atrair-se por pessoas silenciosas e reservadas, cujo silêncio e necessidade de privacidade, podem, infelizmente, interpretar como rejeição. Raramente, entretanto, outras pessoas que se comunicam de forma fluente são tão atraentes para os nascidos nesta semana quanto o são os tipos silenciosos. Não apenas os opostos se atraem, mas os Gêmeos II secretamente sentem fascinação pelo lado sombrio da vida. Aparentemente extrovertidos e felizes, às vezes forçam o sorriso e a alegria. Dados a reprimir sua personalidade sombria por medo de rejeição, os nascidos em Gêmeos II com freqüência deixam aparecer este lado na presença de um namorado ou amigo.

Uma abordagem mais realista para escolher um parceiro evidentemente ajuda o representante de Gêmeos II. Tentado a escolher pessoas com formação radicalmente diferente, ele com freqüência tem sucesso ao se relacionar com pessoas da mesma cidade ou bairro, descendência étnica ou nível econômico. Associações e idiomas compartilhados muitas vezes liberam linhas de estática e tornam a comunicação mais fácil para eles. Com o tempo, estes laços comuns podem ter um valor duradouro nos relacionamentos dos nascidos em Gêmeos II, mais do que a paixão de sua atração pelo lado sombrio.

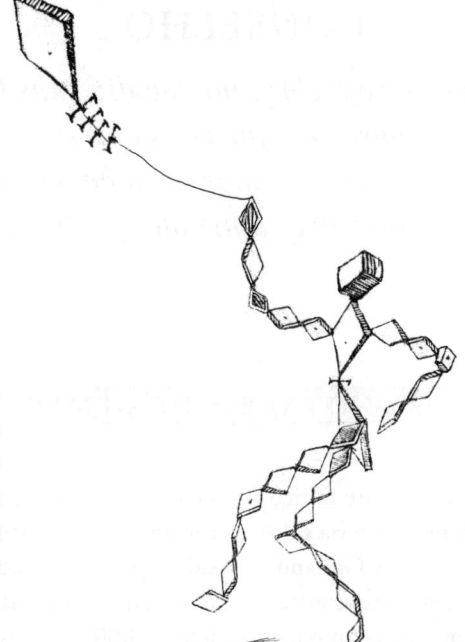

"NOVA LINGUAGEM"

Os nascidos em Gêmeos II têm forte necessidade de variação. Os envolvidos com eles com freqüência são instados a fornecer novos horizontes e mudança de cenário, sobretudo se os nascidos em Gêmeos II carecem de talento organizacional para fazer tais projetos decolarem. Os nascidos nesta semana formam um bom par com pessoas práticas que realizam seu trabalho com pouco estardalhaço ou excitação. Estas combinações estabelecidas ao longo do tempo, o Gêmeos II fornecendo idéias inovadoras e o parceiro introduzindo um fio terra, os refinam e implementam. Estabelecer uma base no lar, criar uma família e até mesmo trabalhar como parceiro em uma empresa ou hobby são resultados possíveis de tais relacionamentos.

Quando suas necessidades não são preenchidas, os nascidos em Gêmeos II quase sempre procuram alguém mais compreensivo. Se esta pessoa é capaz de manter a objetividade e a imparcialidade nas relações de amor, de trabalho ou de amizade principais do Gêmeos II, sua simpatia pode ser benéfica, até salvadora, para com este relacionamento básico. Infelizmente, entretanto, a terceira parte nem sempre é tão escrupulosa e, em consequência, rompimentos podem ocorrer. Os nascidos em Gêmeos II devem ter cuidado ao atrair tipos que parecem simpáticos, mas que na verdade perseguem fins egoístas e destrutivos.

PONTOS FORTES

COMUNICATIVO
COMPETITIVO • INOVADOR

PONTOS FRACOS

MAL INTERPRETADO • EXCÊNTRICO
DESORGANIZADO

CONSELHO

Procure não ser impetuoso. Seja claro no que diz, mas também diplomático. Não negligencie a impressão que causa ou idéia que os outros fazem de você. Há grande valor no silêncio. Dê-se tempo para desenvolver amizades profundas.

PESSOAS NOTÁVEIS DE GÊMEOS II

O Mágico de Oz deu vazão ao inconsciente mítico americano, mas talvez o impacto do filme não teria sido tão grande sem a presença da jovem atriz **Judy Garland**. Na vida real, Garland teve uma vida trágica, caracterizada por problemas pessoais e drogas, que não combinavam com a imagem inocente de Dorothy no filme. Cantora e atriz, Judy especializou-se em desenvolver nova forma de comunicação na indústria de entretenimento, que emprestou-lhe a imagem de alguém nascido na Semana da Nova Linguagem. Como muitos representantes de Gêmeos II, Judy procurava inultilmente negar e escapar do lado sombrio de sua personalidade. Sua morte por suicídio em 1969, aos 47 anos de idade, deixou muitos fãs chocados e pesarosos. A filha de Garland, Liza Minnelli, seguiu a tradição da mãe.

Um dos principais poetas da geração *beat*, **Allen Ginsberg** foi ativo em uma ampla gama de atividades de protesto, de movimentos antiguerra a direitos dos gays. A "Nova Linguagem" que ele expressou em seu poema de meados dos anos 1950, *Uivo*, foi um casamento entre prosa e poesia, de afirmação e metáfora, de irreverência e versos de fôlego. Ginsberg, freqüentemente barbudo e de sandálias, viajou muito para transmitir sua mensagem, fazendo-se acompanhar de harmônio e cantos zen. Obcecado pela comunicação, o representante de Gêmeos II Ginsberg participou de centenas de reuniões políticas a fim de dar sua contribuição artística única a artistas, estudantes e ao público em geral. Sobretudo nos últimos anos, sua identidade judaica ganhou força.

Reconhecido como tendo criado uma nova linguagem na arquitetura americana, **Frank Lloyd Wright** buscou expressar o orgânico e o natural em seu trabalho, adaptando suas criações ao ambiente existente. Trabalhou inicialmente no escritório de Louis Sullivan projetando residências, mas rompeu essa tedência e estabeleceu seu próprio estilo. Embora sua vida privada tenha sido repleta de instabilidade e de problemas pessoais, característicos dos nascidos em Gêmeos II, Wright projetou 1.000 edifícios, dos quais menos de metade foram realmente construídos. Seus métodos controversos no projeto do Hotel Imperial de Tóquio, foram validados quando a estrutura sobreviveu ao grande terremoto de 1972. Wright escreveu e proferiu palestras ativamente, teve sete filhos de três casamentos e morreu dois meses antes de completar 90 anos de idade.

Outras pessoas nascidas em Gêmeos II: Paul Gauguin, Francis Crick, Barbara Bush, Cole Porter, Johnny Depp, Maurice Sendak, Richard Foreman, Príncipe Philip, (TAFKA) Prince, Rocky Graziano, Thomas Mann, Alexander Pushkin, Diego Velazquez, Billie Whitelaw, Laurie Anderson, Bjorn Borg, Federico Garcia Lorca, Bill Moyers, Judith Matina, Bruce Dern, Madame Chiang Kai-Shek, Josephine Baker, Spalding Gray, José Lins do Rego, Aguinaldo Silva, Vianinha, Pedro Nava, Ivo Pitanguy, Ivon Cury, Erasmo Carlos, Tobias Barreto, Nair de Teffé, João Gilberto.

3 A 10 DE JUNHO

Guia de Relacionamentos para Gêmeos II

Localizador de Página para Todos os Relacionamentos

Cúspide Peixes-Áries	19 a 24 de Março	Leve e solto	219
Áries I	25 de Março a 2 de Abril	Lago refletor	242
Áries II	3 a 10 de Abril	Problemas como lições	265
Áries III	11 a 18 de Abril	Encanto sedutor	288
Cúspide Áries-Touro	19 a 24 de Abril	Compreensão natural	310
Touro I	25 de Abril a 2 de Maio	Amor pela cama e pela mesa	331
Touro II	3 a 10 de Maio	Correntes ascendentes da montanha	352
Touro III	11 a 18 de Maio	Saída criativa	373
Cúspide Touro-Gêmeos	19 a 24 de Maio	Fantasias não-reconhecidas	393
Gêmeos I	25 de Maio a 2 de Junho	Moderados	412
Gêmeos II	3 a 10 de Junho	Verborragia	431
Gêmeos III	11 a 18 de Junho	Detalhes do todo	432
Cúspide Gêmeos-Câncer	19 a 24 de Junho	Compreensão mais profunda	432
Câncer I	25 de Junho a 2 de Julho	Andando nas nuvens	433
Câncer II	3 a 10 de Julho	Uma aura de encantamento	433
Câncer III	11 a 18 de Julho	De volta aos trilhos	434
Cúspide Câncer-Leão	19 a 25 de Julho	Seu próprio pior inimigo	434
Leão I	26 de Julho a 2 de Agosto	Regulando a chama	435
Leão II	3 a 10 de Agosto	Irreverência secreta	435
Leão III	11 a 18 de Agosto	Sem dó nem piedade	436
Cúspide Leão-Virgem	19 a 25 de Agosto	Encorajando a auto-expressão	436
Virgem I	26 de Agosto a 2 de Setembro	A um passo	437
Virgem II	3 a 10 de Setembro	Sinais trocados	437
Virgem III	11 a 18 de Setembro	Aberto a novas idéias	438
Cúspide Virgem-Libra	19 a 24 de Setembro	Precisa-se: uma base firme	438
Libra I	25 de Setembro a 2 de Outubro	Um verdadeiro encontro de idéias	439
Libra II	3 a 10 de Outubro	Pressentimentos corretos	439
Libra III	11 a 18 de Outubro	Tentador, encantador, enlouquecedor	440
Cúspide Libra-Escorpião	19 a 25 de Outubro	Impacto sobre o mundo	440
Escorpião I	26 de Outubro a 2 de Novembro	Um canal emocional	441
Escorpião II	3 a 11 de Novembro	Do lado do avesso	441
Escorpião III	12 a 18 de Novembro	Libertado	442
Cúspide Escorpião-Sagitário	19 a 24 de Novembro	Recusa a seguir regras	442
Sagitário I	25 de Novembro a 2 de Dezembro	Aposentadoria prematura	443
Sagitário II	3 a 10 de Dezembro	Gostos excêntricos	443
Sagitário III	11 a 18 de Dezembro	Levando a cabo compromissos	444
Cúspide Sagitário-Capricórnio	19 a 25 de Dezembro	Vagando e sonhando	444
Capricórnio I	26 de Dezembro a 2 de Janeiro	Pleno de desejo	445
Capricórnio II	3 a 9 de Janeiro	Cicatrizando feridas	445
Capricórnio III	10 a 16 de Janeiro	Atendendo a altos padrões	446
Cúspide Capricórnio-Aquário	17 a 22 de Janeiro	Trabalho e diversão	446
Aquário I	23 a 30 de Janeiro	Perito em sociedade	447
Aquário II	31 de Janeiro a 7 de Fevereiro	Como um cometa no céu	447
Aquário III	8 a 15 de Fevereiro	Nos bastidores	448
Cúspide Aquário-Peixes	16 a 22 de Fevereiro	Projetos inovadores	448
Peixes I	23 de Fevereiro a 2 de Março	Balões facilmente estourados	449
Peixes II	3 a 10 de Março	Uma conexão interna profunda	449
Peixes III	11 a 18 de Março	Do êxtase à catástrofe	450

MELHORES RELACIONAMENTOS

AMOR
Áries I
Áries II
Cúspide Câncer-Leão
Leão II
Cúspide Leão-Virgem
Escorpião III
Sagitário I
Capricórnio I
Aquário III
Peixes II
Peixes III

CASAMENTO
Touro I
Touro II
Gêmeos I
Cúspide Gêmeos-Câncer
Virgem I
Cúspide Virgem-Libra
Escorpião II
Capricórnio II

AMIZADE
Cúspide Áries-Touro
Gêmeos II
Câncer II
Virgem III
Sagitário II
Cúspide Capricórnio-Aquário
Aquário I
Peixes I

FAMÍLIA
Cúspide Peixes-Áries
Câncer I
Libra I
Libra III
Escorpião I
Cúspide Sagitário-Capricórnio

TRABALHO
Touro III
Gêmeos III
Câncer III
Leão I
Libra II
Sagitário III
Capricórnio III
Aquário II

GÊMEOS III
Semana do Buscador

11 a 18 de Junho

POSIÇÃO NO ZODÍACO
Aprox. 19 a 28° de Gêmeos
ESTAÇÃO
Final da primavera
ELEMENTO
Ar
REGENTE
Mercúrio
SÍMBOLO
Gêmeos
MODO
Pensamento

O período de Gêmeos III toma o Buscador como imagem central. Este período pode ser comparado à época em que o jovem precisa dar adeus à adolescência e preparar-se ativamente para encontrar seu lugar no mundo. Procurar trabalho, residência, amigos, talvez um companheiro ou buscar idéias estimulantes e novos horizontes são atividades em que pessoas desta idade se envolvem.

Os dias que compreendem o período de Gêmeos III apontam para questões que surgem agora – ser forte o suficiente para confrontar e persuadir, buscar aventura e ampliar limites e, finalmente, investir no futuro. O Buscador precisa estar preparado para ir até onde for necessário e para libertar-se das limitações auto-impostas e das dúvidas que servem apenas para atrasá-lo. Esta é uma época de exploração destemida e de aprendizado pela experiência.

O primeiro impulso de um Gêmeos III é superar os limites impostos pela sociedade e pela natureza. Isto pode tomar a forma do desejo de ter sucesso ou de superar limitações físicas. Os nascidos em Gêmeos III nunca estão mais felizes do que quando em movimento: provando, testando e explorando as coisas mais interessantes que a vida tem a oferecer. Os nascidos nesta semana não temem mudanças e têm atração pelo risco e o perigo. Aventureiros em todos os sentidos da palavra, os Gêmeos III são incansáveis. Seu estilo é permanecer descomprometido, e assim livre para avançar o máximo possível. A vida nunca é tediosa com um Gêmeos III por perto. Os nascidos neste período não necessariamente precisam viajar para terras distantes para fazer explorações e encontrar desafios. Para eles tudo na vida é uma aventura. Assim, os nascidos em Gêmeos III fazem os outros imaginarem qual será seu próximo passo.

Os nascidos na Semana do Buscador não são professores nem líderes. Faltam-lhes paciência e compreensão para ensinar e também as qualidades necessárias para liderar: determinação obstinada, ambição e desejo de controlar os outros. Os que os compreendem logo percebem sua necessidade de seguir o próprio caminho e não tentam prendê-los a uma posição executiva em uma empresa ou família. Os nascidos em Gêmeos III são capazes de assumir a direção, sobretudo quando encontram incompetência ou negligência; no entanto, também podem mostrar um lado indulgente, que aceita as coisas, contentando-se em deixar o barco correr. Esta auto-satisfação pode ser um grande empecilho ao progresso em sua carreira.

Os nascidos em Gêmeos III com freqüência têm uma auto-imagem nublada; têm dificuldade de ver quem realmente são. Isto pode ter começado na infância, com a idolatria de um pai ou mãe ou membro da família, muitas vezes do sexo oposto. A rejeição, a não compreensão ou o maltrato proveniente desta pessoa pode ter sido traumático, deixando profundas cicatrizes que carregam pelo resto da vida. A desilusão em geral pode ser um problema para os Gêmeos III; eles tendem a ser extremamente otimistas no início de um relacionamento, muitas vezes colocando a pessoa ou atividade num pedestal para mais tarde cair em desgraça. Os nascidos em Gêmeos III têm uma inegável tendência a agradar os outros pelo encanto e muitos nascidos nesta semana preferem dourar um pouco a verdade do que ser rejeitados por contar o que realmente ocorre. Perceptivos das necessidades dos que os cercam, podem ser muito controladores e persuadir de maneira sutil. Sabem como conseguir o que querem e como cativar o coração de seus companheiros e amigos. Na extremidade oposta da escala, os nascidos nesta semana podem inventar histórias exageradas e podem até ser suspeitos de fazer falcatruas, de ser aduladores e até mentirosos.

Muitos são surpreendentemente bons com dinheiro. Nem sempre dão a impressão de praticidade ou visão financeira, mas podem administrar uma família ou uma empresa muito bem. Também são capazes de se prender a um parceiro prático ou outra pessoa que garanta-lhes a estabilidade financeira de que tanto precisam. O dinheiro pode vir a simbolizar liberdade para o nascido em Gêmeos III, embora raramente tenham necessidade desesperada de acumulá-lo para seu próprio bem.

Os nascidos na Semana do Buscador em geral são fortes fisicamente, mas preferem negar essa força, procurando transcender os prazeres mundanos da vida. Assim, carecem das qualidades dos que são capazes de ceder aos desejos e caprichos egoísta e desavergonhadamente. Metafísicos no sentido mais básico da palavra, os nascidos nesta semana podem considerar a maestria da realidade tangível da vida apenas como um primeiro passo para alcançar algo maior. Os nascidos em Gêmeos III precisam às vezes preservar-se de irem longe demais e se verem presas de uma interminável luta que não leva a lugar algum.

Amor e afeição são importantes para os nascidos em Gêmeos III, mas em geral não são sua principal prioridade. Os que se envolvem emocionalmente com os nascidos nesta semana podem achá-los às vezes amorosos e altruístas, mas com uma disposição bastante fria e desapegada. De fato, às vezes, e com certa justificativa, são acusados de mudar de opinião com freqüência. Isto é mais resultado de sensibilidade emocional, contudo, do que um desejo calculado de magoar.

"BUSCADOR"

PONTOS FORTES

EXPLORADOR • CORRE RISCOS
SENSATO COM DINHEIRO

PONTOS FRACOS

EMOCIONALMENTE VOLÚVEL
DESILUDIDO • IMPACIENTE

Devido a sua intensa necessidade de mudança no relacionamento, os nascidos em Gêmeos III podem passar um período de sua vida mudando de parceiros. Mesmo aqueles que estabelecem um relacionamento sólido, são constantemente tentados por uma carreira, um hobby ou outra pessoa. Os nascidos em Gêmeos III podem ser leais, entretanto desde que seu parceiro não exija muito de sua fidelidade e lhes dê espaço para respirar. A tentativa de prender os nascidos nesta semana às obrigações estritas e a uma rotina formal está fadada ao fracasso. Por outro lado, estes Buscadores são capazes de impor regimes e regras rigorosos para si mesmos quando consideram necessário.

A atitude sedutora dos nascidos em Gêmeos III tende a criar-lhes problemas. Sua escolha de um parceiro muitas vezes demonstra muito bom senso, mas podem ligar-se a um amigo ou namorado importuno ou destrutivo. Arrependendo-se destas escolhas, os nascidos em Gêmeos III podem achar difícil desvencilhar-se de uma situação emocionalmente confusa. Isso pode dever-se, em parte, a uma inata relutância a rejeitar ou conscientemente magoar os outros, ou a um sentimento de impotência e hesitação em tomar a decisão de cortar um laço. Quando um relacionamento deve ser terminado, entretanto, em geral é o Gêmeos III que acaba rejeitando ou permite ou manipula a outra pessoa para que o faça. Deter controle parece ser importante para eles, mas preferem que o relacionamento acabe da forma mais agradável possível.

CONSELHO

Às vezes o que está bem próximo de você é tão interessante quanto o que é arriscado e exótico. Pode não ser incumbência sua influenciar o curso dos acontecimentos. Permita-se expressar a negatividade quando é chamado para isso. Também permita-se ser gratificado.

PESSOAS NOTÁVEIS DE GÊMEOS III

Uma Buscadora no verdadeiro sentido da palavra, **Margaret Bourke-White** sempre esteve pronta para caminhar aquele quilômetro a mais a fim de observar a exata paisagem que desejava ver. Uma das primeiras a fotografar extensivamente do ar, em aviões e balões civis e militares, o medo não se postava no caminho das oportunidades criativas desta representante de Gêmeos III. A primeira mulher correspondente de guerra, sobreviveu a obuses e torpedos durante a Segunda Guerra Mundial para trazer suas fotos para o público americano. Sua insistência em tirar a melhor foto e captar o momento e sua intensidade continuou até o final de sua carreira. Uma ampla variedade de trabalhos foi publicada em revistas e jornais americanos, bem como em livros ilustrados sobre ela e em seus próprios livros.

O poeta irlandês ganhador do Prêmio Nobel **William Butler Yeats** fez sua imaginação viajar para terras distantes, aos recessos mais remotos do espaço e de outros níveis da realidade para coletar imagens. Fantasia, imaginação, história e o oculto despertaram grande interesse neste Buscador. Yeats era uma curiosa mescla de romântico e clássico, de tradicional e moderno. Em *Sailing to Byzantium* ele fala dos "jovens nos braços uns dos outros", e em *The Second Coming*, retrata a "rude besta [que] se arrastou até Bethlehem para nascer". Um sonhador, com certeza, mas mestre na técnica e observador perspicaz, a frieza e o desapego de Gêmeos III de Yeats provavelmente são mais bem ilustrados por seu epitáfio, redigido por ele mesmo: "Lance um olhar frio à vida; quanto à morte – Cavaleiro, ignore-a."

Barbara McClintock ganhou o Prêmio Nobel em fisiologia com 81 anos de idade, um feito impressionante. Tendo iniciado seu trabalho como cientista americana em 1919, forçou uma profissão dominada por homens a reconhecer seu gênio em uma carreira que durou mais de 60 anos. McClintock foi uma verdadeira Buscadora que não descansou enquanto não fez algumas das mais significativas descobertas da história das ciências biológicas. Estudando o fenômeno genético no milho, McClintock conseguiu mostrar o elo entre a estrutura celular e os traços herdados muito antes do advento do avançado microscópio eletrônico e da descoberta do DNA.

Outras pessoas nascidas em Gêmeos III: Anne Frank, Paul McCartney, Jacques Cousteau, Joe Montana, Steffi Graf, Igor Stravinsky, Isabella Rossellini, Vince Lombardi, Gene Wilder, Newt Gingrich, William Styron, Courtney Cox, James Brown, Waylon Jennings, Donald Trump, George Bush, Egon Schiele, Christo, Paavo Nurmi, Che Guevara, Jerzy Kosinski, Pierre Salinger, Borek Sipek, Xaviera Hollander, Erroll Garner, Edvard Grieg, Roberto Duran, Lamont Dozier, Adam Smith, Eddie Merckx, Peggy Seeger, Mario Cuomo, Jim Belushi, José Bonifácio, Linda Batista, Dalton Trevisan, Walter Clark, Ariano Suassuma, Maurício de Nassau, Antenor Nascentes, Hélio de la Peña, J. Carlos, Fernando Henrique Cardoso, Celly Campelo, Maria Bethânia.

11 A 18 DE JUNHO

Guia de Relacionamentos para Gêmeos III

MELHORES RELACIONAMENTOS

AMOR
Touro II
Cúspide Touro-Gêmeos
Câncer I
Câncer III
Cúspide Leão-Virgem
Cúspide Virgem-Libra
Cúspide Sagitário-Capricórnio
Peixes I

CASAMENTO
Cúspide Peixes-Áries
Cúspide Libra-Escorpião
Escorpião III
Sagitário I
Cúspide Capricórnio-Aquário
Peixes III

AMIZADE
Touro III
Gêmeos I
Cúspide Câncer-Leão
Leão II
Leão III
Libra I
Escorpião II
Sagitário III
Capricórnio I
Aquário I

FAMÍLIA
Áries III
Cúspide Gêmeos-Câncer
Libra II
Aquário III
Cúspide Aquário-Peixes
Peixes II

TRABALHO
Áries I
Gêmeos II
Gêmeos III
Leão I
Virgem III
Libra III
Escorpião I
Sagitário II
Capricórnio II
Aquário II

Localizador de Página para Todos os Relacionamentos

Cúspide Peixes-Áries	19 a 24 de Março	Cavando mais fundo	219
Áries I	25 de Março a 2 de Abril	Despertar perigoso	243
Áries II	3 a 10 de Abril	Miragem magnética	266
Áries III	11 a 18 de Abril	Recuando fronteiras	288
Cúspide Áries-Touro	19 a 24 de Abril	Encanto revolucionário	310
Touro I	25 de Abril a 2 de Maio	Diversidade caleidoscópica	332
Touro II	3 a 10 de Maio	Teste da verdade	353
Touro III	11 a 18 de Maio	Liberdade absoluta	373
Cúspide Touro-Gêmeos	19 a 24 de Maio	Dons psíquicos	393
Gêmeos I	25 de Maio a 2 de Junho	Bombardeio verbal	413
Gêmeos II	3 a 10 de Junho	Detalhes do todo	432
Gêmeos III	11 a 18 de Junho	Ficando frio	450
Cúspide Gêmeos-Câncer	19 a 24 de Junho	Matando dragões	451
Câncer I	25 de Junho a 2 de Julho	Bom demais para ser verdade	451
Câncer II	3 a 10 de Julho	Fantasia *versus* realidade	452
Câncer III	11 a 18 de Julho	Desafiando as leis da sociedade	452
Cúspide Câncer-Leão	19 a 25 de Julho	Determinação corajosa	453
Leão I	26 de Julho a 2 de Agosto	Força para uma mudança positiva	453
Leão II	3 a 10 de Agosto	Repleto de riscos	454
Leão III	11 a 18 de Agosto	Atingindo consistência	454
Cúspide Leão-Virgem	19 a 25 de Agosto	Jogo de esconde-esconde	455
Virgem I	26 de Agosto a 2 de Setembro	Necessidade de compromisso	455
Virgem II	3 a 10 de Setembro	O eterno estudante	456
Virgem III	11 a 18 de Setembro	Forjando princípios básicos	456
Cúspide Virgem-Libra	19 a 24 de Setembro	Ocorrências auspiciosas	457
Libra I	25 de Setembro a 2 de Outubro	Aberto ao escrutínio	457
Libra II	3 a 10 de Outubro	Um brilho no olhar	458
Libra III	11 a 18 de Outubro	Em movimento	458
Cúspide Libra-Escorpião	19 a 25 de Outubro	As alegrias do anonimato	459
Escorpião I	26 de Outubro a 2 de Novembro	Uma questão de honestidade	459
Escorpião II	3 a 11 de Novembro	Auto-suficiência	460
Escorpião III	12 a 18 de Novembro	Apoio ou erosão?	460
Cúspide Escorpião-Sagitário	19 a 24 de Novembro	Dedicação incansável	461
Sagitário I	25 de Novembro a 2 de Dezembro	Dança cósmica	461
Sagitário II	3 a 10 de Dezembro	Integração das forças	462
Sagitário III	11 a 18 de Dezembro	Entrando em contato	462
Cúspide Sagitário-Capricórnio	19 a 25 de Dezembro	Hora de acordar	463
Capricórnio I	26 de Dezembro a 2 de Janeiro	Sonhos de uma vida inteira	463
Capricórnio II	3 a 9 de Janeiro	Avaliação realista	464
Capricórnio III	10 a 16 de Janeiro	Gosto por obstáculos	464
Cúspide Capricórnio-Aquário	17 a 22 de Janeiro	União de almas gêmeas	465
Aquário I	23 a 30 de Janeiro	Necessidade de atenção	465
Aquário II	31 de Janeiro a 7 de Fevereiro	Hora da diversão	466
Aquário III	8 a 15 de Fevereiro	Levado pela paixão	466
Cúspide Aquário-Peixes	16 a 22 de Fevereiro	Estilo e substância	467
Peixes I	23 de Fevereiro a 2 de Março	Voltando-se para dentro	467
Peixes II	3 a 10 de Março	Experiências extremas	468
Peixes III	11 a 18 de Março	Resultado surpreendente	468

CÚSPIDE GÊMEOS-CÂNCER
Cúspide da Magia

19 a 24 de Junho

A cúspide Gêmeos-Câncer é uma sobreposição e mistura do terceiro signo do zodíaco, Gêmeos, com o quarto, Câncer. Esta cúspide pode ser comparada simbolicamente ao período por volta dos vinte e um anos de idade na vida de uma pessoa, e marca literalmente o início do verão no hemisfério norte. Pode-se considerar que a Cúspide Gêmeos-Câncer representa a Magia. Durante este período do ano muitas plantas estão viçosas, em pleno florescimento. Os dias ficam mais longos, atingindo o seu auge, e por volta do dia 21 de junho (solstício de verão) tem-se o dia mais longo e a noite mais curta do ano. Esta é a época mágica da véspera de São João (24 de junho), uma noite cálida e encantada, repleta de perfumes e de sons mágicos em que ocorrem acontecimentos sobrenaturais. No desenvolvimento humano, a idade de vinte e um anos marca o final da adolescência e o início da vida adulta. A magia desempenha papel importante neste período – sobretudo em termos do poder magnético do amor e do encantamento do romance. O jovem adulto experimenta um deslumbramento quase infantil diante da beleza do mundo e dos horizontes mágicos que se abrem diante dele.

Os nascidos na cúspide mágica do solstício do verão logo caem na sedução do encantamento. Românticos e inspirados, os nascidos em Gêmeos-Câncer muitas vezes colocam seus talentos e energia a serviço de altos propósitos, sejam causas familiares, religiosas, filosóficas, artísticas, políticas ou sociais. Como se jogam de corpo e alma a atividades devocionais, os nascidos nesta cúspide muitas vezes parecem dóceis, até modestos. Para muitos destes indivíduos, manter-se anônimos é uma meta em qualquer carreira que sigam. Há porém representantes de Gêmeos-Câncer mais agressivos que se tornam afirmativos quando amadurecem e não têm problema em deixar que o mundo saiba como são.

POSIÇÃO NO ZODÍACO	Aprox. 27° de Gêmeos a 4° de Câncer
ESTAÇÃO	Final da primavera/ Início do verão (solstício)
ELEMENTO	Ar/Água
REGENTE	Mercúrio/Lua
SÍMBOLO	Gêmeos/Caranguejo
MODO	Pensamento/Sentimento

Fáceis de seduzir, os nascidos em Gêmeos-Câncer também podem encantar os outros, consciente ou inconscientemente; estes indivíduos sedutores podem ter um encanto doce e inocente. Devem procurar não deixar que os outros imponham-se sobre eles, mas em geral possuem bons instintos defensivos e na esfera emocional até os mais suaves gentilmente estabelecem normas que não devem ser excedidas. Os mais agressivos com freqüência têm consciência de seu poder de persuasão, que podem usar sem escrúpulo para conseguirem o que querem, mesmo quando outros indivíduos são magoados no processo.

Embora encantadores e atraentes, os nascidos em Gêmeos-Câncer podem ser incrivelmente frios. Têm uma objetividade utilitária e seu poder de raciocínio cria um contraste eficaz com suas profundas emoções. Influenciados por Gêmeos e Câncer, de fato, são uma interessante mistura de lógica e sentimento. Quando os nascidos nesta cúspide apelam para as emoções dos outros, fazem-no de uma maneira desapegada e solícita. Não se perturbam facilmente e inspiram confiança devido a sua simpatia, preocupação e disposição de ajudar. Pessoas nascidas no solstício do verão entram e aninham-se no coração dos que amam e relutam em abandonar sua posição, mesmo quando a separação se mostra necessária.

Gêmeos-Câncer tendem a ser pessoas individualistas que não dão acesso facilmente ao seu mundo interior. Com freqüência, se saem melhor quando podem trabalhar em casa e, muitas vezes, sua casa é uma espécie retiro ou santuário. Ter permissão de compartilhar o espaço onde vivem os Gêmeos-Câncer implica grande confiança e respeito. Um convite para visitar estas pessoas extremamente pessoais é no mais das vezes sentido como um verdadeiro presente ou reflexo do desejo de dividir, do que um sinal de ostentação ou necessidade de socializar.

Os nascidos em Gêmeos-Câncer devem ter cuidado para não se isolarem da sociedade e para não viver no mundo improdutivo dos sonhos. Este desligamento dificulta em seu desenvolvimento pessoal e espiritual, e no final da vida podem ver isto como um sinal de fracasso. Como estar em contato com a realidade é especialmente importante para os nascidos em Gêmeos-Câncer, podem descobrir que amigos e namorados mais extrovertidos do que eles servem de elo essencial com o mundo. Também devem cuidar de uma espécie de egoísmo passivo e para não darem a impressão que pensam que o mundo gira ao seu redor e que exigem constante atenção, apesar de não expressarem isso. Suas necessidades e seus desejos especiais como indivíduos sensíveis podem impor exigências pesadas aos amigos e pessoas íntimas, que podem ao mesmo tempo achar que eles negam-se a responder a suas exigências emocionais e físicas.

Nenhuma área é mais importante para um Gêmeos-Câncer do que o amor. Eles vêem o amor como a razão básica da vida, o que pode fazê-los passar por períodos difíceis. Forçados a escolher entre o amor, por um lado, e a riqueza ou o poder por outro, os nascidos nesta semana em geral escolhem o primeiro. Muitos Gêmeos-Câncer são bastante capazes de amar a distância; o amor platônico tem um significado especial para eles. Outros vêem a posse do objeto do amor como uma consumação necessária e ditosa, mas eles também são pacientes nesta busca. A persistência silenciosa e a crença em seus poderes garantem-lhes o sucesso.

"MAGIA"

Os nascidos em Gêmeos-Câncer têm enorme capacidade de amar, mas são igualmente capazes de conter o amor. Seja qual for a profundidade de sua paixão, são mestres de suas emoções e, portanto, pode ser muito perigoso envolver-se com eles. É preciso ouvi-los cuidadosamente, pois, embora possam entregar completamente o coração, o fato de que estão passando seu tempo com alguém não é garantia de que se entregaram. Os nascidos em Gêmeos-Câncer se envolvem em uma ampla gama de interações pessoais, com conhecidos e amigos e com paixões arrasadoras. Cada relacionamento tem sua própria estrutura, incluindo o que é e o que não é permitido na área do contato físico. Sensibilidade a tais leis é definitivamente um pré-requisito para um relacionamento futuro.

Os nascidos em Gêmeos-Câncer são pais carinhosos, mas muitos pensam duas vezes antes de assumir o séria compromisso de ter filhos. Isto porque, quando crianças, tendem a gostar do calor de uma família unida; podem sofrer terrivelmente quando há brigas ou divórcio. Tedem a idolatrar pelo menos um dos pais e a precisar se dar bem com os pais quando crescem. Não é de surpreender, pois, que quando decidem que estão realmente apaixonados (em geral pré-requisito importante para assumirem um compromisso), são companheiros fiéis e devotados. Entretanto, nunca se pode dar como certo as necessidades românticas de uma pessoa nascida na Cúspide da Magia; jantares à luz de vela, férias em locais charmosos e presentes espontâneos ocasionais são necessários para manter a chama acesa.

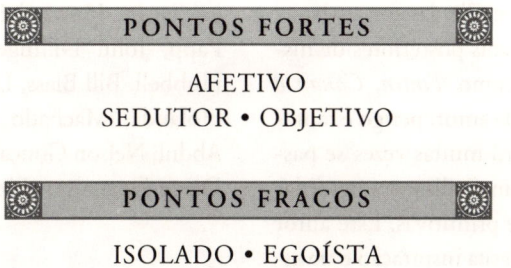

PONTOS FORTES

AFETIVO
SEDUTOR • OBJETIVO

PONTOS FRACOS

ISOLADO • EGOÍSTA
EXIGENTE

CONSELHO

Exercite seus poderes mágicos com cuidado. Pode precisar ser um pouco mais enérgico consigo mesmo. Fique de olho em suas metas e resista a todas as tendências de desviar-se delas. Não se perca tão facilmente em experiências extáticas ou pode ter problema para encontrar-se novamente. Cuidado para não reprimir seus sentimentos ou permitir que emoções destrutivas o controlem.

PESSOAS NOTÁVEIS DA CÚSPIDE GÊMEOS-CÂNCER

A vida de **Aung San Suu Kyi** parece-se um pouco com um conto de fadas e, embora surpreendente, nem sempre é agradável. Filha de Aung San, outrora considerado o pai de seu país, Birmânia, residiu quieta na Inglaterra até 1988, casada com um acadêmico inglês, criando os dois filhos e dando continuidade aos estudos. Quase do dia para a noite durante uma visita à mãe na Birmânia, em 1988, ela se tornou líder de um movimento a favor da democracia do país, pelo que foi feita prisioneira em sua casa entre 1989 e 1995. Em 1991, recebeu o Prêmio Nobel por sua luta não violenta pela democracia. A Magia desta adorável e frágil mulher que acredita na beleza das crianças e nas flores é igual à força militar oposta a ela.

Mestre das histórias de aventura romântica, **H. Rider Haggard** em mais de 40 emocionantes romances, incluindo *As minas do rei Salomão* e *Ela*, lançou as bases para as explorações exóticas de heróis posteriores de histórias em quadrinho e cinema, como *Tintin*, *Conan o Bárbaro* e *Indiana Jones*. Repleto de amor, perigo e fantasia fantástica, os livros de Haggard muitas vezes se passam na África selvagem e envolvem civilizações perdidas e lutas monumentais, se bem que primitivas. Este autor Gêmeos-Câncer deu plena vazão à sua inspiração e transportou seus leitores num tapete mágico em uma viagem para reinos desconhecidos. Embora seu trabalho seja um pouco desatualizado hoje, ainda fornece momentos absorventes e transforma uma tarde silenciosa solitária em uma excitante aventura em um mundo não descoberto.

Esta atriz de primeira grandeza, de papéis sérios e românticos, é formada na Vassar e na Yale Drama School. **Meryl Streep** fez grande sucesso no mundo todo com seu desempenho em *O Franco-atirador*, *Kramer vs. Kramer*, *A Mulher do Tenente Francês*, *A Escolha de Sofia* e *O Rio Selvagem*. Streep tem a capacidade de representar uma imagem extremamente romântica com muito mais do que só uma boa aparência. A mescla de Magia que esta representante de Gêmeos-Câncer opera tem mais a ver com voz e gesto do que apenas com a beleza do rosto. Seus anos de experiência em produção nos palcos a prepararam de forma magnífica para os momentos de intimidade que cria em cena.

Outras pessoas nascidas em Gêmeos-Câncer: Benazir Bhutto, Jean-Paul Sartre, Nicole Kidman, Phylicia Rashad, Billy Wilder, Juliette Lewis, Errol Flynn, Josephine de Beauharnais, Martin Landau, Lillian Hellman, Príncipe William, Mike Todd, Lou Gehrig, Increase Mather, Jane Russell, Jeff Beck, Michelle Lee, Pier Angeli, Bob Fosse, Audie Murphy, Roy Disney, Terry Riley, Niels Bohr, Geena Rowlands, Kathleen Turner, Françoise Sagan, Howard Kaylan, Kris Kristofferson, Joseph Papp, John Dillinger, Klaus Maria Brandauer, Carl Hubbell, Bill Blass, Lindsay Wagner, Chico Buarque de Holanda, Machado de Assis, Irineu Marinho, Paula Abdul, Nelson Gonçalves, Carlos Scliar, Hermeto Pacoal, Dercy Gonçalves, Elza Soares.

19 A 24 DE JUNHO

Guia de Relacionamentos para a Cúspide Gêmeos-Câncer

Localizador de Página para Todos os Relacionamentos

Cúspide Peixes-Áries	19 a 24 de Março	Aparição perigosa	220
Áries I	25 de Março a 2 de Abril	Tranqüilidade confiante	243
Áries II	3 a 10 de Abril	Descontraídos no amor	266
Áries III	11 a 18 de Abril	Doce demais?	289
Cúspide Áries-Touro	19 a 24 de Abril	Fluxo de energia	311
Touro I	25 de Abril a 2 de Maio	Sedução crepitante	332
Touro II	3 a 10 de Maio	Ruído branco	353
Touro III	11 a 18 de Maio	Abrindo novos mundos	374
Cúspide Touro-Gêmeos	19 a 24 de Maio	Dando conselhos	394
Gêmeos I	25 de Maio a 2 de Junho	Favorecendo projetos expansivos	413
Gêmeos II	3 a 10 de Junho	Compreensão mais profunda	432
Gêmeos III	11 a 18 de Junho	Matando dragões	451
Cúspide Gêmeos-Câncer	19 a 24 de Junho	Transbordando com quietude	469
Câncer I	25 de Junho a 2 de Julho	Elaborando sentimentos	469
Câncer II	3 a 10 de Julho	Compartilhar e confiar	470
Câncer III	11 a 18 de Julho	Implorando orientação	470
Cúspide Câncer-Leão	19 a 25 de Julho	Uma unidade bizarra	471
Leão I	26 de Julho a 2 de Agosto	Cedendo para vencer	471
Leão II	3 a 10 de Agosto	Derretendo o gelo	472
Leão III	11 a 18 de Agosto	Um romance irresistível	472
Cúspide Leão-Virgem	19 a 25 de Agosto	Equiparação	473
Virgem I	26 de Agosto a 2 de Setembro	Descobertas ao acaso	473
Virgem II	3 a 10 de Setembro	Lição de firmeza	474
Virgem III	11 a 18 de Setembro	Auto-alimentação	474
Cúspide Virgem-Libra	19 a 24 de Setembro	Harmonia grata	475
Libra I	25 de Setembro a 2 de Outubro	Um toque de humor	475
Libra II	3 a 10 de Outubro	Encontrando sentido e propósito	476
Libra III	11 a 18 de Outubro	Duplamente dinâmico	476
Cúspide Libra-Escorpião	19 a 25 de Outubro	Difícil de decifrar	477
Escorpião I	26 de Outubro a 2 de Novembro	Amor pelo silêncio	477
Escorpião II	3 a 11 de Novembro	Aspectos funcionais	478
Escorpião III	12 a 18 de Novembro	Superenvolvido	478
Cúspide Escorpião-Sagitário	19 a 24 de Novembro	Um ar de mistério	479
Sagitário I	25 de Novembro a 2 de Dezembro	Sonhos comuns	479
Sagitário II	3 a 10 de Dezembro	Testado e aprovado	480
Sagitário III	11 a 18 de Dezembro	Nova esperança	480
Cúspide Sagitário-Capricórnio	19 a 25 de Dezembro	Beleza e equilíbrio	481
Capricórnio I	26 de Dezembro a 2 de Janeiro	Alta tensão	481
Capricórnio II	3 a 9 de Janeiro	Mitigando a seriedade	482
Capricórnio III	10 a 16 de Janeiro	Sentindo-se normal	482
Cúspide Capricórnio-Aquário	17 a 22 de Janeiro	Uma posição central	483
Aquário I	23 a 30 de Janeiro	O mundo é um palco	483
Aquário II	31 de Janeiro a 7 de Fevereiro	Enfrentando o desafio	484
Aquário III	8 a 15 de Fevereiro	Nível de paridade	484
Cúspide Aquário-Peixes	16 a 22 de Fevereiro	Realizando o trabalho	485
Peixes I	23 de Fevereiro a 2 de Março	Amizade até o fim	485
Peixes II	3 a 10 de Março	Uma influência prática	486
Peixes III	11 a 18 de Março	Uma postura reservada	486

MELHORES RELACIONAMENTOS

AMOR

Áries II
Áries III
Touro I
Leão III
Libra III
Escorpião I
Escorpião III
Sagitário III
Aquário II
Aquário III
Peixes III

CASAMENTO

Cúspide Áries-Touro
Gêmeos II
Cúspide Gêmeos-Câncer
Câncer I
Virgem III
Escorpião II
Cúspide
  Sagitário-Capricórnio
Aquário I
Peixes I

AMIZADE

Touro II
Câncer II
Leão II
Virgem I
Libra II
Sagitário I
Capricórnio III
Cúspide Aquário-Peixes

FAMÍLIA

Cúspide Peixes-Áries
Gêmeos III
Câncer III
Sagitário II

TRABALHO

Cúspide Câncer-Leão
Virgem II
Cúspide Virgem-Libra
Libra I
Cúspide Libra-Escorpião
Cúspide
  Escorpião-Sagitário
Cúspide
  Capricórnio-Aquário
Peixes II

71

CÂNCER I
Semana da Empatia

25 de Junho a 2 de Julho

O período de Câncer I toma a Empatia como imagem central. Este período pode ser comparado à época no início da vida adulta em que a necessidade de compreender, sentir e, até certa medida, identificar-se com os outros ganha precedência. Tal compreensão pode estender-se à história da vida, aos sentimentos ou à personalidade de outra pessoa. Pode envolver também simpatia pelas idéias ou modo de pensar do outro. Este processo é importante não apenas para o desenvolvimento de sentimentos humanitários básicos, mas também porque sem um certo grau de empatia o sucesso no mundo da sociedade será negado.

Os dias que compreendem Câncer I revelam simbolicamente o jovem adulto desenvolvendo a capacidade de abrir-se e receber influências positivas do mundo, mas também de ter mais discernimento e flexibilidade para defender-se contra energias nocivas. Além disso, aprender como funcionam a vida emocional e o inconsciente e o que motiva as pessoas a fazerem o que fazem tem grande importância.

Os nascidos em Câncer I são difíceis de decifrar. Emocionalmente complexos, combinam qualidades muito contrastantes em sua estrutura psicológica. Em um momento podem dar uma impressão inteiramente diferente de outro, segundo seu humor. Um representante de Câncer I pode impressionar uma pessoa como sociável, outra como reclusa, outra como positiva e expansiva, outra como negativa e depressiva, outra ainda como despreocupada, e a terceiros como difícil. Apenas aqueles que vivem no dia-a-dia com um Câncer I são capazes de perceber sua profundidade e diversidade.

Parte da razão para a variedade de sua paleta emocional é sua sensibilidade. Empáticos, os nascidos em Câncer I logo percebem os sentimentos dos outros, tanto assim que podem confundi-los com os seus próprios sentimentos. Os nascidos nessa semana podem se pegar reproduzindo o texto alheio e daí desempenhar um papel do drama diário que realmente não é o seu. Desenvolver a autoconsciência, ganhar uma visão precisa de suas interações pessoais e controlar suas emoções é essencial para eles.

POSIÇÃO NO ZODÍACO	Aprox. 3 a 11° de Câncer
ESTAÇÃO	Início do verão
ELEMENTO	Água
REGENTE	Lua
SÍMBOLO	Caranguejo
MODO	Sentimento

Como estão tão à mercê dos sentimentos dos outros quando crianças, os nascidos em Câncer I em geral pedem proteção. Mesmo quando esta proteção lhe é concedida, estas pessoas empáticas podem passar a vida toda procurando quem lhes acalente e trate como uma mãe. Mas se os nascidos nessa semana são, ao contrário, expostos a tratamento duro e pouco simpático por seus familiares e, mais tarde, pelo mundo, são capazes de se rodear de uma carapaça impenetrável. O amor pode capacitá-los a sentirem novamente, derretendo as defesas exteriores e permitindo-lhes expressar suas verdadeiras emoções. Uma boa dose de ressentimento e frustração represados pode ter de encontrar vazão, entretanto, antes que sua mágoa seja liberada e possam confiar outra vez.

Não devemos, no entanto, achar que os nascidos em Câncer I são insípidos, fora do alcance da realidade mundana. De fato, são muito inteligentes quando se trata de abrir o próprio caminho. Os nascidos nesta semana em geral dão alta prioridade ao dinheiro, e com freqüência são astutos com as finanças. Seu senso de investimento pode ser excelente, e podem investir em ações e outros títulos. Também na esfera das habilidades técnicas mostram boa compreensão dos materiais e capacidade de implementar seus planos.

A agressão pode ter um papel ambíguo na vida dos nascidos em Câncer I. São naturalmente agressivos e podem ter dificuldade para transformar esse instinto em uma expressão positiva, sobretudo na esfera sexual, verbal ou atlética. Com muita freqüência oscilam de explosões de raiva à repressão, o que os leva à melancolia e, em casos extremos, sua ira pode ser autodestrutiva. Encontrar um *métier* que permita-lhes fácil

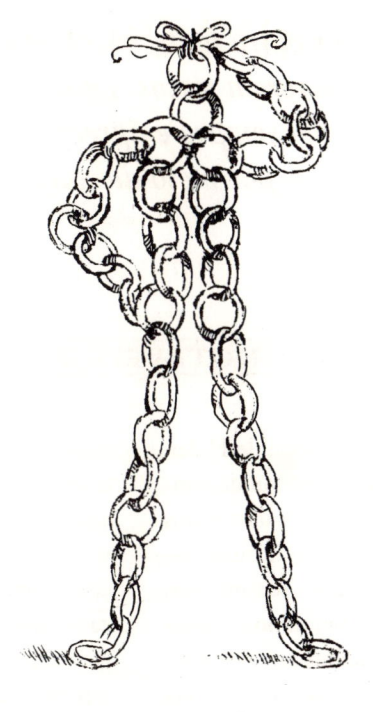

"EMPATIA"

expressão de sua agresividade é uma tarefa importante, e com freqüência negligenciada.

Os nascidos nessa semana são capazes de recolher-se do mundo por meses ou até anos, na luta com eles mesmos para tentarem controlar seus problemas. O desafio que um Câncer I enfrenta é transformar-se de uma pessoa irremediavelmente à deriva no mar dos sentimentos, que consegue apenas manter a cabeça fora da água, em alguém que nada confiantemente nas correntes velozes da vida. Os mais bem-sucedidos são aqueles que põem sua fantasia para trabalhar de uma forma construtiva e que compartilham sua visão única com os outros. Primeiro, naturalmente, devem conquistar seus temores interiores e libertar-se do comportamento estereotipado auto-imposto ou imposto pelos pais. A seguir, devem superar a inflexibilidade e as desvantagens reais ou imaginárias. Com coragem e determinação, podem superar estes e outros obstáculos e colocar sua profunda percepção psicológica a funcionar a serviço dos que o cercam. Profissionalmente se dão bem quando trabalham por conta própria, operando de uma base em casa, ligada ao espaço onde vivem. Se puderem optar por ter filhos, os aspectos de proteção e carinho de sua personalidade é um bom augúrio de sua habilidade como pai ou mãe.

Para os que vivem com eles, pode ser difícil observar os nascidos em Câncer I guardarem seus sentimentos ou entrarem em um isolamento auto-imposto. Embora seja torturante, é quase impossível e, em geral, desaconselhável dar atenção a suas dificuldades. Uma posição mais benéfica é recuar e esperar pacientemente até que subam à superfície e procurem interagir novamente. A paciência é uma virtude obrigatória para os que desejam ter um relacionamento bem-sucedido com estes indivíduos.

Por outro lado, os nascidos em Câncer I têm muito a oferecer em um relacionamento: simpatia, proficiência técnica, astúcia nos negócios e bom senso administrativo. Devido à sua necessidade de passar tempo em casa, ajudam a manter as coisas em ordem e a prover conforto e segurança no lar.

Os nascidos em Câncer I podem ser extremamente persuasivos, às vezes até demais. Sua necessidade de persuadir pode extrapolar o conselho, deixando-os com a culpa de terem enviado alguém na direção errada. Os nascidos nesse período orgulham-se de fazer o dever de casa com objetivo determinado, e quando suas pesquisas são meticulosas podem produzir resultados positivos. Os bons amigos sabem, contudo, que a tensão emocional pode nublar seus pensamentos, tirando-os facilmente dos trilhos, de modo a fazerem julgamentos e darem conselhos confusos com o mesmo ar de convicção e autoridade convincente.

PONTOS FORTES

ASTUTO COM DINHEIRO
SENSÍVEL • PROFICIENTE EM TÉCNICA

PONTOS FRACOS

AGRESSIVO • MEDROSO
NECESSITADO

CONSELHO

Não se arme tanto – por outro lado, mantenha seu discernimento. Dê aos outros liberdade para correrem riscos. Embora sua capacidade para venda possa ser excelente, nem sempre é apreciada. Não apenas desafie seus medos – supere-os por meio da autolibertação e da ação.

PESSOAS NOTÁVEIS DE CÂNCER I

Praticamente todos conhecem a história de **Helen Keller**, a garota cega, surda e muda que superou desvantagens imensas em sua luta para ler e falar. Os obstáculos básicos na luta de Keller, outros que não suas incapacidades, foram sua própria agressividade, ira e sentimentos incontroláveis, encontrados em menor grau por muitos representantes de Câncer I. Talvez o acontecimento mais significativo em sua vida tenha sido o encontro com sua professora, Annie Sullivan, e o fato de ter estabelecido um forte laço de empatia com ela. Uma verdadeira representante da Empatia, Keller também foi capaz de sentir a angústia, o desespero e a esperança dos milhares de indivíduos incapacitados com os quais trabalhou durante toda a sua vida. Dedicando-se à causa dos cegos e outras pessoas fisicamente incapacitadas, ela trabalhou incessantemente para melhorar suas condições e dar-lhes a oportunidade de aprender como ela.

O romancista e poeta alemão **Hermann Hesse** foi menos apreciado em seu próprio tempo do que nos anos 1960, quando sua obra se tornou bastante conhecida por uma geração mais jovem que o viu como um explorador pioneiro no reino da imaginação, das drogas e dos estados elevados da realidade e do subconsciente. Como muitos representantes de Câncer I, Hesse explorou os sentimentos profundos de seus personagens incomuns em obras como *O Lobo da Estepe*, *Sidarta* e *Narciso e Goldmund*. Os elementos religiosos e espirituais da vida inevitavelmente desempenharam importante papel em sua obra, mas Hesse não hesitou em mostrar a angústia, a humilhação, o sofrimento e a dor que são as bases da condição humana.

A outrora Princesa de Gales, **Lady Diana Spencer** acumulou mais espaço nas primeiras páginas nos últimos dez anos do que muitos líderes mundiais. Embora a maioria do público inglês visse as tolices da família real com um misto de fingido horror e diversão, Lady Di conquistou o respeito de muitos ao redor do mundo por ter saído do divórcio do Príncipe Charles mais forte e confiante. A crescente dedicação a causas filantrópicas e a capacidade de tocar o coração de pessoas em desvantagem a quem defendia marcaram-na como uma Câncer I, representante da Empatia. Sua preocupação e cuidados, tanto como mãe como quanto trabalhadora social, são típicos dos nascidos nesta semana.

Outras pessoas nascidas em Câncer I: Mike Tyson, Ross Perot, Babe Zaharias, George Orwell, George Sand, Carl Lewis, Jean Jacques Rousseau, Richard Rodgers, Ron Goldman, Jerry Hall, Gilda Radner, Dan Aykroyd, Emma Goldman, Lena Horne, Buddy Rich, Oriana Fallaci, John Cusack, Pamela Anderson, Nancy Lieberman, Jean Stafford, Mel Brooks, Patty Smyth, Meyer Lansky, Peter Lorre, George Michael, Sidney Lumet, Pearl Buck, Greg LeMond, Kathy Bates, Claudio Abbado, Dave Grusin, Guimarães Rosa, Mário Quintana, Carlos Castelo Branco, Bussunda, Magalhães Pinto, Garoto, Raul Seixas, Gilberto Gil, Ariana Fallaci, Sérgio Brito, Alceu Valença.

25 DE JUNHO A 2 JULHO

Guia de Relacionamentos para Câncer I

Localizador de Página para Todos os Relacionamentos

Cúspide Peixes-Áries	19 a 24 de Março	Lições a serem aprendidas	220
Áries I	25 de Março a 2 de Abril	Sentimento natural	244
Áries II	3 a 10 de Abril	Nem tão perto	267
Áries III	11 a 18 de Abril	Encher completamente	289
Cúspide Áries-Touro	19 a 24 de Abril	Luta por independência	311
Touro I	25 de Abril a 2 de Maio	Campo de provas	333
Touro II	3 a 10 de Maio	Solo fértil	354
Touro III	11 a 18 de Maio	Encontrar uma linguagem comum	374
Cúspide Touro-Gêmeos	19 a 24 de Maio	Entusiasmo moderado	394
Gêmeos I	25 de Maio a 2 de Junho	Busca mútua	414
Gêmeos II	3 a 10 de Junho	Andando nas nuvens	433
Gêmeos III	11 a 18 de Junho	Bom demais para ser verdade	451
Cúspide Gêmeos-Câncer	19 a 24 de Junho	Elaborando sentimentos	469
Câncer I	25 de Junho a 2 de Julho	Confusão de sentimentos	487
Câncer II	3 a 10 de Julho	Mistérios intrigantes	487
Câncer III	11 a 18 de Julho	Aprendendo a viver e a deixar viver	488
Cúspide Câncer-Leão	19 a 25 de Julho	Ganhando controle	488
Leão I	26 de Julho a 2 de Agosto	Sorte e sucesso	489
Leão II	3 a 10 de Agosto	Aos trancos e barrancos	489
Leão III	11 a 18 de Agosto	Gostos e desgostos	490
Cúspide Leão-Virgem	19 a 25 de Agosto	Investigações inteligentes	490
Virgem I	26 de Agosto a 2 de Setembro	Encontrando o cerne da questão	491
Virgem II	3 a 10 de Setembro	Melhorando os humores	491
Virgem III	11 a 18 de Setembro	Razão *versus* emoção	492
Cúspide Virgem-Libra	19 a 24 de Setembro	Ampliando a aceitação	492
Libra I	25 de Setembro a 2 de Outubro	Senso de propósito	493
Libra II	3 a 10 de Outubro	Excesso de prazer	493
Libra III	11 a 18 de Outubro	Tornando-se saudável	494
Cúspide Libra-Escorpião	19 a 25 de Outubro	Reconhecendo um poder maior	494
Escorpião I	26 de Outubro a 2 de Novembro	Estabelecendo parâmetros	495
Escorpião II	3 a 11 de Novembro	Jogo paralelo	495
Escorpião III	12 a 18 de Novembro	Pode a honestidade prevalecer?	496
Cúspide Escorpião-Sagitário	19 a 24 de Novembro	Um mundo irreal	496
Sagitário I	25 de Novembro a 2 de Dezembro	Buscas bem estabelecidas	497
Sagitário II	3 a 10 de Dezembro	Almas afins	497
Sagitário III	11 a 18 de Dezembro	Um dom de dividir	498
Cúspide Sagitário-Capricórnio	19 a 25 de Dezembro	Alívio da sombra	498
Capricórnio I	26 de Dezembro a 2 de Janeiro	Custo-eficácia	499
Capricórnio II	3 a 9 de Janeiro	Necessidade de interação	499
Capricórnio III	10 a 16 de Janeiro	Humor abundante	500
Cúspide Capricórnio-Aquário	17 a 22 de Janeiro	Hora de se vestir bem	500
Aquário I	23 a 30 de Janeiro	Dando à luz novas idéias	501
Aquário II	31 de Janeiro a 7 de Fevereiro	Inteligentemente hedonista	501
Aquário III	8 a 15 de Fevereiro	Um desafio de poder	502
Cúspide Aquário-Peixes	16 a 22 de Fevereiro	Uma oportunidade única	502
Peixes I	23 de Fevereiro a 2 de Março	A longa caminhada	503
Peixes II	3 a 10 de Março	Profundo envolvimento pessoal	503
Peixes III	11 a 18 de Março	A rodovia da vida	504

MELHORES RELACIONAMENTOS

AMOR
Gêmeos III
Cúspide Câncer-Leão
Escorpião I
Escorpião II
Sagitário II
Capricórnio III
Cúspide Capricórnio-Aquário
Cúspide Aquário-Peixes
Peixes II

CASAMENTO
Touro II
Cúspide Gêmeos-Câncer
Câncer II
Leão III
Virgem I
Sagitário III
Aquário III
Peixes I
Peixes III

AMIZADE
Touro I
Cúspide Touro-Gêmeos
Câncer III
Leão I
Leão II
Virgem II
Cúspide Virgem-Libra
Cúspide Libra-Escorpião
Cúspide Sagitário-Capricórnio

FAMÍLIA
Áries II
Touro III
Gêmeos II
Libra III
Cúspide Escorpião-Sagitário
Aquário II

TRABALHO
Cúspide Peixes-Áries
Gêmeos I
Câncer I
Cúspide Leão-Virgem
Virgem III
Escorpião III
Sagitário I
Capricórnio I

75

CÂNCER II
Semana do Não-Convencional

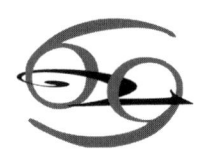

3 a 10 de Julho

> **POSIÇÃO NO ZODÍACO**
> Aprox. 10 a 19° de Câncer
>
> **ESTAÇÃO**
> Início do verão
>
> **ELEMENTO**
> Água
>
> **REGENTE**
> Lua
>
> **SÍMBOLO**
> Caranguejo
>
> **MODO**
> Sentimento

O período de Câncer II toma o Não-Convencional como imagem central. Este período pode ser comparado à época na vida do jovem adulto em que atividades fora do comum e pessoas estranhas despertam seu interesse. Além disso, o desafio de ser único pode ser um objetivo, não de uma forma adolescente mas como afirmação da individualidade. Nenhuma área é considerada distante demais para consideração ou estudo e pouquíssimas atividades, são consideradas fora de seu alcance. O valor da privacidade e de uma vida interior privada é plenamente reconhecido também nesta época.

Os dias que compreendem o período de Câncer II dizem respeito ao exame do valor do grupo, revelação de segredos escondidos, expressão extravagante e exploração e atração por pensamentos e fantasias estranhos. Forças desestabilizadoras e destrutivas também desempenham aqui o seu papel. Neste período rico em fantasias, só são reprovados o embotamento e a falta de imaginação.

Os nascidos em Câncer II parecem bastante normais e muitos ocupam posições comuns no mercado de trabalho, mas sentem-se irresistivelmente atraídos pelo incomum e bizarro. Poucos colegas e amigos têm acesso ao seu mundo secreto; apenas pessoas íntimas suas chegam a compreender, muitas vezes depois de anos de proximidade, como sua fascinação por tudo o que é estranho e curioso espelha seu próprio ser.

"Por que não fazer as coisas de modo normal?", é uma pergunta que com freqüência reverbera na cabeça de um Câncer II. Estas perguntas, que refletem atitudes dos pais internalizadas na infância, podem mantê-los presos a uma mesa de trabalho ou outra tarefa mundana durante anos na medida em que tentam provar ao mundo que são normais ou tentam desesperadamente fugir de seu mundo interior solitário. Um emprego comum pode ser um refúgio, um lugar oculto seguro para os nascidos nesta semana. Ao encobrirem sua personalidade em uma posição anônima em uma empresa, podem evitar a inquirição e mitigar o medo de serem descobertos.

Nas horas de lazer, entretanto, dão mais liberdade ao seu lado excêntrico e maluco. A interação com amigos estranhos dão-lhes oportunidade de compartilhar seu lado mais extravagante e de colocar em prática algumas de suas fantasias inconscientes. Podem passar férias em terras distantes ou sonhar em viver nesses lugares, ou mesmo fazer isso por algum tempo. Além de ter atividades como estas para satisfação pessoal, às vezes alcançam prosperidade econômica fora do emprego, pois têm muitas idéias criativas. O sucesso nesta área em geral envolve o patrocínio de um amigo ou parceiro mais inclinados para os negócios e para o lado prático – raramente são bons em implementar seus vívidos pensamentos e é preciso que outros vejam as possibilidades comerciais de seus mundos fantasiosos. Depois de terem se exposto, no entanto, podem tocar uma comunidade inteira. Assim, os nascidos nesta semana podem alcançar inesperado sucesso financeiro em campos distantes daquele em que trabalham todos os dias.

Os nascidos nessa semana podem ser colecionadores, leitores ou cinéfilos em seu tempo livre, mas apenas assuntos recheados de vívida fantasia prendem sua atenção por longo tempo. Sobretudo atraídos para o lado sombrio da experiência humana, os nascidos em Câncer II são muitas vezes fascinados pelo crime e atividades ilícitas extravagantes. Com freqüência fazem amizade com tipos extremos e podem ficar tão interessados por estas pessoas que acabam se casando ou vivendo com uma delas.

A obsessão pode vir a dominar a vida de um Câncer II. É difícil para ele controlar seus desejos, sobretudo quando se apega a um objeto de amor que não corresponde. De fato, um amor sem esperanças pode se tornar um impasse na vida de um Câncer II e tal indivíduo pode finalmente manifestar tendências autodestrutivas. É importante, pois, que aprenda a lição do desapego, que em geral significa lidar de forma eficaz com suas necessidades compulsivas. Este tipo de trabalho interior é essencial para a saúde psicológica dos nascidos na Semana do Não-Convencional.

Infelizmente, também pode acontecer de o representante de Câncer II ficar preso a seus mundos interiores. Um medo profundo de rejeição, crítica ou ridículo completo muitas vezes os faz temer revelar suas visões pessoais. A realidade dos mais introvertidos pode confinar-se às quatro paredes de sua casa, de onde raramente ou nunca aventuram-se a sair. Mesmo aqueles que têm um emprego regular são especialistas em ocultar-se quando longe do trabalho e muitos simplesmente não querem ser perturbados.

Os nascidos em Câncer II compartilham sua vida melhor com quem valoriza a privacidade. Sua casa se torna um museu, repleto de objetos magníficos e hediondos, muitas vezes adquiridos devido a seus instintos de colecionador ou de seu parceiro ou companheiro incomum. Mas o gosto dos nascidos em Câncer II é extremamente pessoal e a decoração interior dos nascidos nessa semana definitivamente não é orientada socialmente, o que pode ser chocante para o visitante casual. Os nascidos em Câncer II tendem a ser generosos em seus gastos e fazem de tudo para tornar alegre e vistoso o espaço onde vivem.

Os mais conservadores, sobretudo pais e filhos de Câncer II que não têm outra opção a não ser viver parte de sua vida com eles, podem passar por momentos difíceis tentando fazer os nascidos nessa semana agir de forma mais aceitável socialmente pelo menos na maioria das ocasiões. Membros da família muitas vezes se sentem desconfortáveis quando um Câncer II sobe ao palco; ninguém sabe dizer de fato o que pode sair de sua boca ou o que pode despertar seu senso de humor. Os parentes também podem sentir algum desconforto, por outro lado, quando os nascidos em Câncer II se recolhem e se recusam a participar de qualquer coisa.

Muitos Câncer II na verdade são indivíduos suaves que pedem pouco mais do que ser deixados em paz. Mas podem ser motivo de diversão para os amigos próximos, que os acham sensíveis, atenciosos e cuidadosos. Muitas vezes a sensibilidade de um Câncer II para com as peculiaridades de pessoas bastante normais e sua valiosa percepção psicológica e apoio, sobretudo em épocas de privação ou de dificuldade cojugal, podem conquistar-lhes uma posição valiosa na vida dos outros. Ao captar sua imaginação, podem alcançar respeito em seu círculo social ou até no mundo comercial. Entretanto, os nascidos em Câncer II podem sofrer muito se não encontram uma audiência com quem possam compartilhar seus pensamentos.

"NÃO-CONVENCIONAL"

PONTOS FORTES

IMAGINATIVO • DIVERTIDO
PSICOLOGICAMENTE SAGAZ

PONTOS FRACOS

AUTODESTRUTIVO
OBSESSIVO • EMBARAÇOSO

CONSELHO

Esforce-se para expressar-se no mundo. Fortaleça sua postura e tente não ser sensível demais. Desenvolva seu senso financeiro e cultive seus talentos para a manutenção e a continuidade. Mantenha contato com quem se preocupa com você. Canalize sua fantasia e imaginação para algo produtivo.

PESSOAS NOTÁVEIS DE CÂNCER II

Ganhador de Oscars consecutivos por *Filadélfia* e *Forrest Gump*, **Tom Hanks** fez sensíveis caracterizações de duas figuras que, rejeitadas pelo mundo, exigiram e receberem reconhecimento e respeito em seus próprios termos. A fascinação de Hanks pelo incomum e pelo bizarro marcam-no como um representante de Câncer II. Poucos adivinhariam 15 anos atrás que ele seria considerado hoje um dos principais astros do cinema americano e, como muitos outros nascidos nessa semana, seu caminho não se restringiu ao estreito e restrito. As profundas qualidades humanas de Hanks caracterizam um indivíduo compassivo que conheceu o sofrimento emocional e saiu de suas experiências enriquecido em nível pessoal e profissional.

O mundo assombrado e assustador de **Franz Kafka** é repleto do tipo de visão imaginativa extraordinária típica de muitos Câncer II. Como outros nascidos nessa semana, Kafka não teve uma vida convencional, nem se expressou em termos convencionais. Em sua história *A Metamorfose*, o protagonista Gregor Samsa acorda certa manhã e descobre que se transformou em um inseto gigantesco e é forçado a viver a rejeição nas mãos da família, que tenta matá-lo e, finalmente, o deixa morrer de puro desgosto pelo que ele se tornou. Em *O Processo*, um personagem anônimo chamado Joseph K. é preso sem motivo e atormentado dentro e fora da corte até sua execução. Irreais, porém verdadeiras, as imagens de Kafka são amedrontadoras e intrigantes ao extremo.

A vida da pintora mexicana **Frida Kahlo** foi repleta de sofrimento, mas também de exaltação artística. Contraiu poliomielite aos 5 anos de idade, o que a deixou aleijada, e aos 20, uma colisão danificou sua coluna, membros e órgãos internos, tendo de submeter-se a mais de 30 cirurgias. No entanto, sua fome de viver e extraordinária habilidade artística a sustentou, juntamente com seu relacionamento apaixonado com Diego Rivera, por quem se apaixonou quando adolescente e com quem mais tarde se casou. Não-convencional em quase todos os sentidos, Kahlo era típica de outro Câncer II em sua recusa obsessiva a abandonar o casamento ou carreira e em sua determinação de compartilhar seu mundo interior extremamente incomum com estudantes e com o público.

Outras pessoas nascidas em Câncer II: Gustav Mahler, Nikola Tesla, Elias Howe, Marc Chagall, Jean Cocteau, Tom Cruise, Anjelica Huston, Kevin Bacon, Abigail Van Buren, Ann Landers, O.J. Simpson, Geraldo Rivera, John D. Rockefeller, Philip Johnson, Torn Stoppard, Shirley Knight, Dalai Lama, Sylvester Stallone, Elisabeth Kübler-Ross, Pierre Cardin, Giuseppe Garibaldi, Ringo Starr, Louis B. Mayer, P.T. Barnum, George M. Steinbrenner, Ron Kovic, Robbie Robertson, Bill Haley, Nancy Reagan, Janet Leigh, Robert Heinlein, João Saldanha, Claudio Manoel da Costa, Alberto Nepamuceno, Toquinho, Arthur Azevedo Clementina de Jesus, Américo Jacobina Lacombe, Procópio Ferreira, Carlos Chagas, Sousândrade.

3 A 10 DE JULHO

Guia de Relacionamentos para Câncer II

Localizador de Página para Todos os Relacionamentos

Cúspide Peixes-Áries	11 a 24 de Março	Genuína fascinação	221
Áries I	25 de Março a 2 de Abril	Por trás da máscara	244
Áries II	3 a 10 de Abril	Destravando energias	267
Áries III	11 a 18 de Abril	Independente ou subordinado?	290
Cúspide Áries-Touro	19 a 24 de Abril	Escapada relaxante	312
Touro I	25 de Abril a 2 de Maio	Uma inclinação única	333
Touro II	3 a 10 de Maio	Fascinação mútua	354
Touro III	11 a 18 de Maio	Energia visionária	375
Cúspide Touro-Gêmeos	19 a 24 de Maio	Interesse excessivo	395
Gêmeos I	25 de Maio a 2 de Junho	O lado sombrio	414
Gêmeos II	3 a 10 de Junho	Uma aura de encantamento	433
Gêmeos III	11 a 18 de Junho	Fantasia *versus* realidade	452
Cúspide Gêmeos-Câncer	19 a 24 de Junho	Compartilhar e confiar	470
Câncer I	25 de Junho a 2 de Julho	Mistérios intrigantes	487
Câncer II	3 a 10 de Julho	Fora do caminho trilhado	504
Câncer III	11 a 18 de Julho	Fluxo e refluxo	505
Cúspide Câncer-Leão	19 a 25 de Julho	Liderança persuasiva	505
Leão I	26 de Julho a 2 de Agosto	Conflito transcendente	506
Leão II	3 a 10 de Agosto	Oposições estabelecidas	506
Leão III	11 a 18 de Agosto	Empatia especial	507
Cúspide Leão-Virgem	19 a 25 de Agosto	Encontrando a conexão	507
Virgem I	26 de Agosto a 2 de Setembro	Preocupação com o bizarro	508
Virgem II	3 a 10 de Setembro	Encontrando conforto	508
Virgem III	11 a 18 de Setembro	Experiência de aprendizado	509
Cúspide Virgem-Libra	19 a 24 de Setembro	Revezando-se	509
Libra I	25 de Setembro a 2 de Outubro	Um tecido muito delicado	510
Libra II	3 a 10 de Outubro	Um refúgio da sociedade	510
Libra III	11 a 18 de Outubro	Uma pose ultrajante	511
Cúspide Libra-Escorpião	19 a 25 de Outubro	Estabelecendo cronogramas	511
Escorpião I	26 de Outubro a 2 de Novembro	Um plano subterrâneo	512
Escorpião II	3 a 11 de Novembro	Perdendo-se	512
Escorpião III	12 a 18 de Novembro	Atenção em êxtase	513
Cúspide Escorpião-Sagitário	19 a 24 de Novembro	Realidades atuais	513
Sagitário I	25 de Novembro a 2 de Dezembro	Brincalhão por natureza	514
Sagitário II	3 a 10 de Dezembro	Normalmente ousado	514
Sagitário III	11 a 18 de Dezembro	Um pai para a truculência	515
Cúspide Sagitário-Capricórnio	19 a 25 de Dezembro	Grandes expectativas	515
Capricórnio I	26 de Dezembro a 2 de Janeiro	Estrelando juntos	516
Capricórnio II	3 a 9 de Janeiro	Expressando solidariedade	516
Capricórnio III	10 a 16 de Janeiro	Lado excêntrico	517
Cúspide Capricórnio-Aquário	17 a 22 de Janeiro	Postura desbravadora	517
Aquário I	23 a 30 de Janeiro	Ânsia de aprender	518
Aquário II	31 de Janeiro a 7 de Fevereiro	Areia movediça encantadora	518
Aquário III	8 a 15 de Fevereiro	O pacote completo	519
Cúspide Aquário-Peixes	16 a 22 de Fevereiro	Um milagre da manifestação	519
Peixes I	23 de Fevereiro a 2 de Março	Lealdade às idéias	520
Peixes II	3 a 10 de Março	Achando ouro	520
Peixes III	11 a 18 de Março	Sucumbindo ao prazer	521

MELHORES RELACIONAMENTOS

AMOR
Touro II
Gêmeos I
Leão II
Virgem I
Cúspide Virgem-Libra
Escorpião II
Escorpião III
Peixes II

CASAMENTO
Áries I
Áries II
Touro III
Câncer I
Câncer III
Cúspide Leão-Virgem
Libra I
Cúspide Libra-Escorpião
Cúspide Escorpião-Sagitário
Sagitário II
Capricórnio II
Aquário II
Cúspide Aquário-Peixes

AMIZADE
Cúspide Peixes-Áries
Gêmeos II
Câncer II
Cúspide Câncer-Leão
Libra III
Sagitário I
Capricórnio I
Capricórnio III
Aquário I
Aquário III
Peixes I
Peixes III

FAMÍLIA
Virgem II
Virgem III
Cúspide Sagitário-Capricórnio

TRABALHO
Cúspide Touro-Gêmeos
Leão III
Escorpião I
Sagitário III
Cúspide Capricórnio-Aquário

79

CÂNCER III
Semana do Persuasivo

11 a 18 de Julho

POSIÇÃO NO ZODÍACO
Aprox. 18 a 26° de Câncer
ESTAÇÃO
Início do verão
ELEMENTO
Água
REGENTE
Lua
SÍMBOLO
Caranguejo
MODO
Sentimento

O período de Câncer III toma o Persuasivo como imagem central. Em termos humanos, segundo o Grande Ciclo da Vida, este período relaciona-se com o período da metade até o final dos vinte anos, quando os poderes persuasivos podem ser aplicados nos negócios e nos relacionamentos pessoais. É uma época em que todas as avenidas devem ser trilhadas e todas as oportunidades exploradas. Descobrir um negócio próprio, um companheiro, iniciar uma família ou procurar ampliar as oportunidades são típicos deste período.

Os dias que compreendem Câncer III ilustram simbolicamente o interesse ativo do jovem adulto de fazer algo por si mesmo, como investir em uma carreira, tirar vantagem de situações, convencer e persuadir os outros de seu valor e usar materiais disponíveis para construir estruturas sólidas e duradouras.

Os nascidos em Câncer III sabem convencer os outros de seu valor e fazê-los cumprir suas ordens. Grandes manipuladores de seu ambiente, os nascidos em Câncer III muitas vezes manifestam grande energia e determinação. Mesmo os mais tímidos e retraídos nutrem ambições pessoais; os mais agressivos não se esforçam para esconder seu desejo de subir ao topo de sua profissão. A dinâmica subjacente de seu caráter, entretanto, é que o sucesso, para eles, é o melhor antídoto para a incerteza. No entanto, raramente são vítimas da ambição cega, preferindo investir em si do que ceder a viagens do ego ou ao materialismo.

Os nascidos em Câncer III sabem esperar, observar e ouvir. Observadores do que ocorre ao seu redor, são bons em ler os sinais dos tempos e sabem quando agir. Persuasivos, sua capacidade de convencer os outros é suportada por uma sólida base de observação e por ter fatos e resultados à mão. Os nascidos em Câncer III, pois, lidam confortavelmente com a realidade física da vida. De fato, persuadem os outros menos por palavras do que por sua presença. Personalidades fortes, os nascidos neste período não são tímidos para pressionar silenciosa e eficazmente.

Indivíduos apaixonados, os Câncer III não são estranhos à profundeza das emoções humanas. Da mesma forma que a insegurança pode ser vista como o motor por trás da ambição, sua paixão por algo pode ser vista como a gasolina. E em geral são apaixonados por aquilo em que acreditam. Ao estabelecer contato com outros de mentalidade semelhante, dão sólido suporte a suas idéias. Quando convencidos de que estão se esforçando pelo bem de uma organização ou grupo, é difícil opor-se a eles e em geral obtêm significativos benefícios para todos os envolvidos.

No trabalho ou em casa ou como membros de uma equipe, exercem uma força poderosa nos bastidores. Os nascidos em Câncer III são excelentes administradores e críticos; têm um sexto sentido para as fraquezas e inadequações dos outros e podem dar direção ou orientação para solucionar até as dificuldades mais extremas.

Parte do poder pessoal de um Câncer III advém de sua capacidade de controlar suas necessidades. Nos relacionamentos, por exemplo, preferem ficar sozinhos a entrar em uma parceria dúbia ou instável. Conhecendo-se bem o bastante para reconhecer os limites de sua capacidade de assumir responsabilidades do dia-a-dia, o início de um relacionamento com um representante de Câncer III será honesto, eles raramente fingem ser algo que não são. Em todo o caso, viver só não é realmente um problema para os nascidos nessa semana. Em geral exigem poucos luxos e podem organizar de forma eficiente sua vida, sobretudo financeiramente, sem a interferência de outros. Os nascidos em Câncer III podem sublimar o desejo de interação social ou romântica em atividades na carreira e compartilhar experiências comuns com colegas, amigos e familiares.

CÂNCER III

O outro lado da moeda, entretanto, é a tendência prodigiosa dos nascidos em Câncer III de ceder a excessos. Embora possam lidar bem com suas necessidades, seus desejos e anseios podem facilmente fugir ao controle. Os nascidos nessa semana nem sempre sabem quando parar, quando recuar, quando deixar correr. O comportamento obsessivo-compulsivo não é raro entre os Câncer III, seja relacionado com atividades autogratificantes, que forneçam prazer direto, ou neuróticas, que apenas produzem frustração. Por este motivo, alguma forma de treinamento espiritual é muitas vezes essencial para seu desenvolvimento.

Seus relacionamentos mais bem-sucedidos são com colegas e não pessoais ou românticos, onde seu jeito direto pode ser ameaçador para os outros. Também acontece de lidarem melhor com sua intensidade no trabalho, pois na vida privada sua expressão direta de energia pode voltar como um bumerangue e criar dificuldades pessoais.

Como amigos e membros de família, os nascidos na Semana do Persuasivo são altruístas, cooperativos e afetuosos. No entanto, sua atração pelo controle também é evidente aqui. Os nascidos em Câncer III não hesitam em aconselhar e julgar. Seus instintos, felizmente, com freqüência acertam o alvo, mas ao assumirem um papel administrativo negam aos outros a oportunidade de guiar seu próprio destino. Em casos extremos, os nascidos nessa semana podem ser insensíveis e sufocantes e suas manipulações podem provocar devastação em amigos e pessoas íntimas.

Como cônjuges ou namorados, os nascidos em Câncer III muitas vezes acham difícil ocupar outro lugar que não o centro do palco. Não apenas as atividades devem girar ao seu redor, mas podem tomar parte ativa em formar e conformar o que acontece. Conflitos muitas vezes surgem entre estes indivíduos dominadores e os que questionam sua autoridade. Nestes momentos as características mais agressivas dos nascidos em Câncer III provavelmente emergem. Quando deixados em paz para seguir com seu trabalho e seus planos, entretanto, que em geral eles não consideram egoístas mas favoráveis ao grupo, ficam satisfeitos, pacíficos e até com uma conduta tranqüila.

É possível ou desejável que os indivíduos nascidos em Câncer III busquem relacionamentos amorosos duradouros, produtivos e satisfatórios? Sim, certamente, mas suas chances de sucesso nesses assuntos são auxiliadas por uma boa escolha e um julgamento sadio – que eles com muita freqüência permitem que sejam prejudicados pelo calor de suas paixões. No casamento ou em uma situação de vida permanente, a resposta é um parceiro consistente, prático, alguém que lhes dê estabilidade estrutural e emocional.

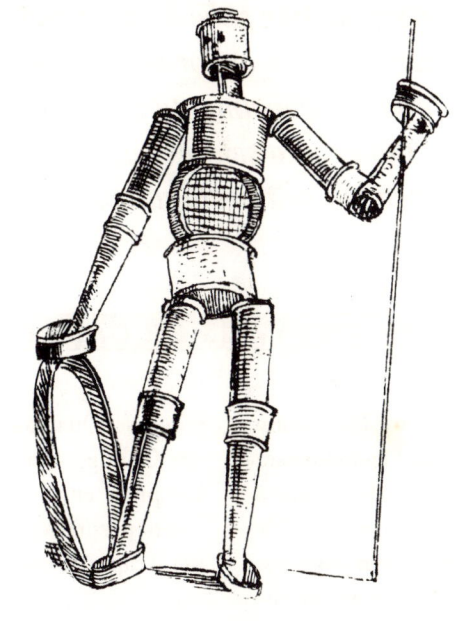

"PERSUASIVO"

PONTOS FORTES

EMPREENDEDOR
PERSUASIVO • OBSERVADOR

PONTOS FRACOS

EXAGERADO • MANIPULADOR
INSEGURO

CONSELHO

Não tenha tanta certeza de que sabe o que é certo para as pessoas. Trabalhe para manter sua casa em ordem. Permita que os outros se expressem com liberdade. Provavelmente ninguém duvida de suas boas intenções, portanto talvez não seja necessário justificá-las. Tenha confiança em sua profunda capacidade.

PESSOAS NOTÁVEIS DE CÂNCER III

Uma pessoa extremamente persuasiva, **Bill Cosby** abriu seu caminho da infância ao norte da Filadélfia para a Universidade Temple, e daí para a frente, de cômico a personalidade da tevê em *I Spy* e, finalmente, em *The Cosby Show*, onde se tornou o artista mais bem pago dos Estados Unidos – tudo num piscar de olhos, mas que poderosa piscadela! Típico representante dos nascidos em Câncer III, Cosby sente-se à vontade para lidar com a realidade física da vida e é também um bom empresário. Além disso, a intensa ambição dos nascidos em Câncer III em seu caso encontrou como veículo o riso e a capacidade de granjear afeição de seus fãs por meio de sua aparência dissimulada e sua astúcia imbatível. Poucos conhecem os pensamentos, as esperanças e os sonhos da pessoa comum e a sutileza de seus personagens tão bem quanto Cosby.

Da prisão para a presidência de seu país, **Nelson Mandela** nunca abandonou o intenso amor por sua pátria. A abolição do apartheid por meio de uma aliança estranha entre F.W. de Klerk e Mandela (foi de Klerk quem perdoou Mandela e o libertou da prisão em 1990) assinalou a entrada da África do Sul para o rebanho dos poderes democráticos do mundo. Um mestre da Persuasão, Mandela nunca se deixou dissuadir de suas crenças, mesmo quando foi-lhe oferecida a liberdade se assim o fizesse.

Canonizada pelo Papa Pio XII como a Patrona Celeste dos Emigrantes, **Santa Madre Cabrini** fundou hospitais, escolas, instituições e orfanatos em todo o mundo. Nascida na Itália, estava investida do espírito missionário, e quando solicitou ao Papa Leão XIII para trabalhar no exterior foi-lhe dito que havia grande carência espiritual de parte dos emigrantes italianos e outros emigrantes nos Estados Unidos, aos quais ela subseqüentemente devotou-se. Quatro grandes hospitais foram fundados: dois em Chicago, um em Seattle e o Columbia (Cabrini) Hospital, em Nova York. Poderosa administradora e muito persuasiva, como são os Câncer III, Madre Cabrini foi capaz de colocar sua ambição a serviço dos outros.

Outras pessoas nascidas em Câncer III: Julio César, Henry David Thoreau, Anita Brookner, Joe Torre, Harrison Ford, Phoebe Cates, James Cagney, Richard Branson, Rembrandt, Giorgio Armani, Steve Wozniak, Mary Baker Eddy, Buckminster Fuller, Bella Davidovich, Julio Cesar Chavez, Donald Sutherland, Ginger Rogers, Kristi Yamaguchi, Woody Guthrie, Linda Ronstadt, Hunter Thompson, Robert the Bruce, Leon Spinks, Marina Oswald, Yul Brynner, Christie McVie, Oscar Hammerstein II, Andrew Wyeth, Van Clibum, John Dee, Sérgio Buarque de Holanda, Orígenes Lessa, Carlos Gomes, Anísio Teixeira, José Bonifácio de Andrada e Silva, João Bosco, Mano Décio da Viola, M. Cavalcante Proença, Paulo Moura, Visconde de Cairu, Paulo Gracindo, Elizete Cardoso, Bola Sete, Arthur Moreira Lima, Carequinha, Jair Amorim.

11 A 18 DE JULHO

Guia de Relacionamentos para Câncer III

Localizador de Página para Todos os Relacionamentos

MELHORES RELACIONAMENTOS

AMOR
- Áries III
- Gêmeos III
- Sagitário II
- Aquário III

CASAMENTO
- Cúspide Áries-Touro
- Touro I
- Câncer II
- Virgem I
- Cúspide Virgem-Libra
- Escorpião I
- Cúspide Sagitário-Capricórnio
- Capricórnio II

AMIZADE
- Touro III
- Gêmeos I
- Câncer I
- Leão I
- Leão III
- Cúspide Leão-Virgem
- Virgem II
- Libra II
- Cúspide Libra-Escorpião
- Escorpião III
- Sagitário I
- Sagitário III
- Aquário II
- Peixes I
- Peixes II

FAMÍLIA
- Cúspide Touro-Gêmeos
- Cúspide Gêmeos-Câncer
- Cúspide Aquário-Peixes

TRABALHO
- Áries I
- Touro II
- Gêmeos II
- Câncer III
- Cúspide Câncer-Leão
- Leão II
- Virgem III
- Libra III
- Cúspide Escorpião-Sagitário
- Peixes III

Cúspide Peixes-Áries	19 a 24 de Março	Reforma zelosa	221
Áries I	25 de Março a 2 de Abril	Troca de opiniões	245
Áries II	3 a 10 de Abril	Impaciência com restrições	268
Áries III	11 a 18 de Abril	Lutando pela liberdade	290
Cúspide Áries-Touro	19 a 24 de Abril	Conselho sagaz	312
Touro I	25 de Abril a 2 de Maio	Expressão mútua	334
Touro II	3 a 10 de Maio	Gestos expansivos	355
Touro III	11 a 18 de Maio	Abastecendo o motor	375
Cúspide Touro-Gêmeos	19 a 24 de Maio	Contra todas as expectativas	395
Gêmeos I	25 de Maio a 2 de Junho	Capitulação prazerosa	415
Gêmeos II	3 a 10 de Junho	De volta aos trilhos	434
Gêmeos III	11 a 18 de Junho	Desafiando as leis da sociedade	452
Cúspide Gêmeos-Câncer	19 a 24 de Junho	Implorando orientação	470
Câncer I	25 de Junho a 2 de Julho	Aprendendo a viver e a deixar viver	488
Câncer II	3 a 10 de Julho	Fluxo e refluxo	505
Câncer III	11 a 18 de Julho	Declaração de trégua	521
Cúspide Câncer-Leão	19 a 25 de Julho	Ombro a ombro	522
Leão I	26 de Julho a 2 de Agosto	Ajuste mútuo	522
Leão II	3 a 10 de Agosto	Inteligência prática	523
Leão III	11 a 18 de Agosto	Nos termos de quem?	523
Cúspide Leão-Virgem	19 a 25 de Agosto	Tirando a rolha da garrafa	524
Virgem I	26 de Agosto a 2 de Setembro	Camuflagem não-descritiva	524
Virgem II	3 a 10 de Setembro	Opção em vez de necessidade	525
Virgem III	11 a 18 de Setembro	Formação do ego	525
Cúspide Virgem-Libra	19 a 24 de Setembro	Aceitando a irritação	526
Libra I	25 de Setembro a 2 de Outubro	Revelando paixões ocultas	526
Libra II	3 a 10 de Outubro	Um vínculo do espírito	527
Libra III	11 a 18 de Outubro	Aproveitando o conflito	527
Cúspide Libra-Escorpião	19 a 25 de Outubro	Correntes velozes	528
Escorpião I	26 de Outubro a 2 de Novembro	Uma cortina de fumaça	528
Escorpião II	3 a 11 de Novembro	Um nicho confortável	529
Escorpião III	12 a 18 de Novembro	Uma fundação firme	529
Cúspide Escorpião-Sagitário	19 a 24 de Novembro	O princípio da incerteza	530
Sagitário I	25 de Novembro a 2 de Dezembro	Arco-íris sobre a montanha distante	530
Sagitário II	3 a 10 de Dezembro	Altas exigências	531
Sagitário III	11 a 18 de Dezembro	Desvios interessantes	531
Cúspide Sagitário-Capricórnio	19 a 25 de Dezembro	Despertando o melhor	532
Capricórnio I	26 de Dezembro a 2 de Janeiro	Unidos resistimos	532
Capricórnio II	3 a 9 de Janeiro	Lutando para superar	533
Capricórnio III	10 a 16 de Janeiro	Consumados desempenhadores de papéis	533
Cúspide Capricórnio-Aquário	17 a 22 de Janeiro	Objetividade no caos	534
Aquário I	23 a 30 de Janeiro	Uma lacuna no mercado	534
Aquário II	31 de Janeiro a 7 de Fevereiro	Uma luta por honestidade	535
Aquário III	8 a 15 de Fevereiro	Instabilidade enlouquecedora	535
Cúspide Aquário-Peixes	16 a 22 de Fevereiro	Voltas e meandros	536
Peixes I	23 de Fevereiro a 2 de Março	Uma mensagem para dividir	536
Peixes II	3 a 10 de Março	Independentemente dependente	537
Peixes III	11 a 18 de Março	Pacificadores naturais	537

CÚSPIDE CÂNCER-LEÃO
Cúspide da Oscilação

19 a 25 de Julho

A cúspide Câncer-Leão é uma sobreposição e mistura do quarto signo do zodíaco, Câncer, como o quinto signo, Leão. Esta cúspide pode ser caracterizada como tendo uma energia oscilante, e pode ser comparada simbolicamente ao período em torno dos vinte e oito anos de idade na vida humana, e ocorre no calor intenso dos dias mais longos do verão no hemisfério norte. Astrologicamente, esta época marca o fechamento do círculo completo do planeta Saturno (que leva vinte e oito ou vinte e nove anos para retornar à posição que ocupava no zodíaco na ocasião do nascimento da pessoa). Estes importantes trânsitos planetários correspondem a um ponto no desenvolvimento humano quando a infância, a puberdade, a adolescência e a fase jovem do adulto podem ser vistas pela primeira vez em um contexto histórico. Muitas pessoas sentem nessa época necessidade de fazer um balanço de suas vidas – avaliá-las e tentar planejar o futuro. Muitas vezes é uma época de crise de identidade e também de mudanças. Casamento, rupturas, busca de novo emprego, mudança para outra cidade ou construção de uma nova casa caracterizam este período. A natureza cíclica da cúspide Câncer-Leão sublinha as energias oscilantes encontradas nesta altura da vida, bem como as incertezas e indecisões que manifesta.

Os nascidos na cúspide Câncer-Leão mostram as influências aquosas e receptivas da Lua e as características ardentes e agressivas do Sol. Das doze cúspides, esta é a que mais claramente mostra a influência distinta de dois signos vizinhos, quase opostos em suas orientações: tendências tradicionalmente femininas (Lua) e masculinas (Sol) combinam-se igualmente em uma única personalidade. Isto significa que os homens nascidos sob esta cúspide provavelmente têm uma forte sensibilidade feminina, e as mulheres um acentuado lado masculino. Integradas em um único indivíduo desta forma, características contrastantes podem resultar em uma personalidade altamente equilibrada e saudável. Quando competem por ascendência, entretanto, produzindo amplas oscilações de humor, podem provocar grande estresse psíquico.

Mudanças drásticas nas predileções nos nascidos na Cúspide da Oscilação podem dificultar que outros se aproximem deles. Os que os compreendem, com freqüência, os acalmam conversando lentamente, sentando-se em silêncio com eles até sua disposição vir à tona. Em geral é difícil ou impossível mudar o Câncer-Leão de um estado psicológico para outro, pois são resistentes à manipulação emocional.

No relacionamento com parceiros de negócios e amigos se dão melhor com pessoas constantes e que criam um ambiente pacífico nas relações do dia-a-dia. Empregos estáveis, relacionamentos estáveis e um companheiro confiável são importantes para equilibrar seus humores contrastantes.

Os nascidos em Câncer-Leão adoram estar na ponta de projetos e atividades inovadores. Embora não sejam necessariamente talhados para serem líderes, sua eficiência e aplicação à tarefa à mão são admiráveis. Também sabem delegar autoridade e trabalhar em equipe. Os nascidos em Câncer-Leão em geral preferem estar no fogo da batalha a ficar de lado; os que podem trabalhar com eles como verdadeiros aliados e parceiros, com freqüência, compartilham estas experiências e, desta forma, penetram profundamente em seus corações e mentes. É essencial para os nascidos na Cúspide da Oscilação trabalhar com pessoas que não sejam apenas extremamente competentes e que possam realizar além da sua parte do trabalho, mas que possam compreendê-lo em nível pessoal.

O Câncer-Leão tem um lado dinâmico que pode colocá-lo em situações de risco e perigo. Os nascidos nesta cúspide em geral anseiam por estímulo; seja nos negócios, na esfera do romance ou no tempo livre, precisam encontrar desafios destemidamente. Sua calma debaixo

---

POSIÇÃO NO ZODÍACO
Aprox. 26° de Câncer
e 3° de Leão

ESTAÇÃO
Meio do verão

ELEMENTO
Água/Fogo

REGENTE
Lua/Sol

SÍMBOLO
Caranguejo/Leão

MODO
Sentimento/Intuição

CÚSPIDE CÂNCER-LEÃO

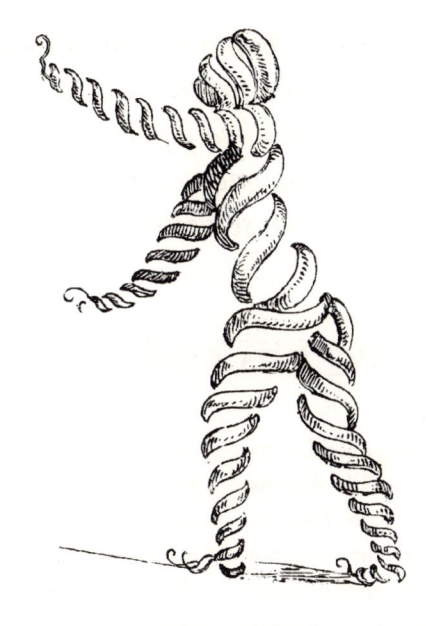

"OSCILAÇÃO"

do fogo, sua coragem moral e potencial para tomar decisões em geral os deixam à vontade em situações de crise e emergências, mas sua atração pelo desafio de vez em quando sai do controle. No trabalho isto pode manifestar-se como megalomania ou desejo de abraçar o mundo. No tempo livre, impulsionados principalmente pelo desejo inconsciente da experiência de quase-morte, podem buscar atividades radicais como voar de asa-delta, canoagem ou escalada de montanha. Também podem sublimar estes impulsos extremos em uma vida de fantasia hiperativa que só é saciada com filmes de ação, romances de aventura ou videogames, tudo em excesso.

Entretanto, os nascidos em Câncer-Leão também tendem às vezes ficar emocionalmente bloqueados. Neste estado são incapazes de sentir, afastando-se de seu lado sensível e empático. Esta experiência, que não raro se manifesta como depressão, pode ser perturbadora e amedrontadora, sobretudo na adolescência e início da vida adulta. Evidentemente, os nascidos nesta cúspide devem andar no fio da navalha para manter sua estabilidade psicológica intacta. Se por um lado precisam de segurança a sua volta e confiar em seu relacionamento, por outro entediam-se facilmente e anseiam por estímulo, mudança e instabilidade, com o que não sabem lidar; então, passam dos limites. Talvez por medo de seu lado selvagem, podem impor-se restrições que provocam frustração e rigidez; no entanto, a pouca autodisciplina pode resultar em comportamento excessivo ou viciado e alarmantes oscilações do humor. Os representantes de Câncer-Leão mais bem-sucedidos encontram equilíbrio entre a segurança e a incerteza. Buscar o meio-termo em todas as coisas pode ser a melhor solução para os nascidos nesta cúspide. O aconselhamento profissional também pode ser útil.

Na amizade, os nascidos em Câncer-Leão em geral dividem igualmente sua energia entre ambos os sexos. E nos relacionamentos amorosos os nascidos na Cúspide da Oscilação podem expressar seus desejos com parceiros variados. Não que sejam promíscuos, mas possuem uma ampla paleta de expressão emocional e sexual. Muitos podem ser notavelmente fiéis a um ou dois companheiros, mas se tais relacionamentos tiverem de ser bem-sucedidos, estes parceiros não só devem ser capazes de prender seu interesse, como também devem ser incomumente receptivos, abertos e compreensivos. Outros Câncer-Leão podem ficar presos em relacionamentos estressantes ou fracassados com indivíduos difíceis e exigentes, procurando ao mesmo tempo prazer e estímulo em outros lugares. No final, a melhor solução para o Câncer-Leão é um amigo íntimo ou companheiro compreensivo, alguém que seja psicologicamente perceptivo e tranqüilizador e que possa ser útil em períodos difíceis para tirar o Câncer-Leão de suas dificuldades.

PONTOS FORTES

MORALMENTE CORAJOSO
EMOCIONANTE • AUDAZ

PONTOS FRACOS

MANÍACO-DEPRESSIVO • VICIADO
EMOCIONALMENTE BLOQUEADO

CONSELHO

Nivele os altos e baixos; as recompensas da estabilidade são grandes. Cultive a autodisciplina, mas não perca a espontaneidade. Construa um centro calmo que apóie sua confiança e permaneça no âmago de seu ser. Concentre-se mais em viver o momento, livre de problemas passados e expectativas futuras. Controle seu ritmo para a dura caminhada.

PESSOAS NOTÁVEIS DA CÚSPIDE CÂNCER-LEÃO

A audácia, indecisão e excitação dos nascidos na Cúspide da Oscilação caracterizaram a vida de **Amelia Earhart**. Seu súbito desaparecimento na parte final de um vôo transglobal continua a despertar emocionante controvérsia e caloroso debate. Earhart não apenas voava em aeroplanos, ela conhecia muito bem seu projeto e função, e era hábil mecânica. Embora também ensinasse e escrevesse, era a emoção de voar que a atraía como um ímã. Estabeleceu vários recordes da aviação, mas sua grande fascinação era cruzar o oceano. Apenas sete anos se passaram entre seu primeiro vôo transatlântico e seu desaparecimento sobre o Pacífico, mas neste curto espaço de tempo ela chamou a atenção do mundo com suas audaciosas explorações.

Durante a lendária e emocionante vida de **Ernest Hemingway** ele foi seu melhor propagandista, não contente apenas em escrever sobre acontecimentos emocionantes contemporâneos, mas insistindo em participar deles. Com freqüência seus personagens eram corporificações mal disfarçadas de suas próprias atividades, reais ou imaginárias, e por meios deles o público americano foi educado sobre guerras e revoluções na Europa, onde Hemingway vivia como expatriado. Aventuras na África foram descritas em *As Neves do Kilimanjaro*, no Caribe em *To Have and Have Not* e, provavelmente seu melhor trabalho, *O Velho e o Mar*. Um típico representante de Câncer-Leão, Hemingway era caracterizado pela oscilação do humor, que ia da passividade à atividade e exibia um lado forte masculino e também feminino.

A vida nunca foi insípida para **Rose Fitzgerald Kennedy**. Casada com um embaixador e milionário americano que venceu com o próprio esforço e mãe de um presidente dos Estados Unidos, de um procurador-geral e um senador, a vida girava em torno dela, mesmo na infância. Vinda de uma família extremamente proeminente de Boston, ao casar-se com Joseph P. Kennedy incorreu no desagrado de sua família. Sua profunda espiritualidade permitiu-lhe superar o assassinato de dois filhos como a grande matriarca do clã Kennedy. Dar continuidade a um difícil mas estimulante casamento, manter o equilíbrio nas grandes crises e a calma debaixo do fogo marcam Rose Kennedy como uma representante de Câncer-Leão.

Outras pessoas nascidas em Câncer-Leão: Simon Bolívar, Edmund Hillary, Woody Harrelson, Iman, Robin Williams, Natalie Wood, John Lovitz, Edgar Degas, Robert Graves, Diana Rigg, Bob Dole, Zelda Fitzgerald, Carlos Santana, Francesco Petrarca, Karl Malone, Hart Crane, Marshall McLuhan, Isaac Stern, Tom Robbins, Emil Jannings, Alexandre Dumas(pai), Omar Khayyam, Walter Payton, Florence Entwhistle, Billy Taylor, Don Drysdale, Leon Fleisher, Raymond Chandler, Danny Glover, Gregor Mendel, Edward Hopper, Kay Starr, Florestan Fernandes, Ari Quintela, Chico Buarque de Holanda, Marquês de Valença, Santos Dumont, Oswaldo França Júnior, José Oiticica, Elton Medeiros. Florestan Fernandes.

— 19 A 25 DE JULHO —

Guia de Relacionamentos para a Cúspide Câncer-Leão

Localizador de Página para Todos os Relacionamentos

Cúspide Peixes-Áries	19 a 24 de Março	Sintonizados	222
Áries I	25 de Março a 2 de Abril	Alívio da dor	245
Áries II	3 a 10 de Abril	Atividades empolgantes	268
Áries III	11 a 18 de Abril	Experiência alterada	291
Cúspide Áries-Touro	19 a 24 de Abril	Mantendo canais abertos	313
Touro I	25 de Abril a 2 de Maio	Por conta própria	334
Touro II	3 a 10 de Maio	Batendo recordes antigos	355
Touro III	11 a 18 de Maio	Shiva, o mascote	376
Cúspide Touro-Gêmeos	19 a 24 de Maio	Um quadro holístico	396
Gêmeos I	25 de Maio a 2 de Junho	Guiando o bumerangue	415
Gêmeos II	3 a 10 de Junho	Seu próprio pior inimigo	434
Gêmeos III	11 a 18 de Junho	Determinação corajosa	453
Cúspide Gêmeos-Câncer	19 a 24 de Junho	Uma unidade bizarra	471
Câncer I	25 de Junho a 2 de Julho	Ganhando controle	488
Câncer II	3 a 10 de Julho	Liderança persuasiva	505
Câncer III	11 a 18 de Julho	Ombro a ombro	522
Cúspide Câncer-Leão	19 a 25 de Julho	Equalizando	538
Leão I	26 de Julho a 2 de Agosto	Chegando ao topo	538
Leão II	3 a 10 de Agosto	Tecendo o tecido	539
Leão III	11 a 18 de Agosto	Voltando-se para o riso	539
Cúspide Leão-Virgem	19 a 25 de Agosto	Encontrando acordos aceitáveis	540
Virgem I	26 de Agosto a 2 de Setembro	Delicada dualidade	540
Virgem II	3 a 10 de Setembro	Alimentando a chama	541
Virgem III	11 a 18 de Setembro	Vendo o outro ponto de vista	541
Cúspide Virgem-Libra	19 a 24 de Setembro	Encontrando o lado escuro	542
Libra I	25 de Setembro a 2 de Outubro	Nunca um momento entediante	542
Libra II	3 a 10 de Outubro	Atitudes estabilizadoras	543
Libra III	11 a 18 de Outubro	Investigações introspectivas	543
Cúspide Libra-Escorpião	19 a 25 de Outubro	Vulnerável a tentações	544
Escorpião I	26 de Outubro a 2 de Novembro	Sentimentos ambivalentes	544
Escorpião II	3 a 11 de Novembro	O aqui e agora	545
Escorpião III	12 a 18 de Novembro	Preservando energias jovens	545
Cúspide Escorpião-Sagitário	19 a 24 de Novembro	Uma fórmula confiável	546
Sagitário I	25 de Novembro a 2 de Dezembro	Curando a rebeldia	546
Sagitário II	3 a 10 de Dezembro	Controle através do poder da mente	547
Sagitário III	11 a 18 de Dezembro	A subida ao topo	547
Cúspide Sagitário-Capricórnio	19 a 25 de Dezembro	Atividades mais sociais	548
Capricórnio I	26 de Dezembro a 2 de Janeiro	Uma combinação vencedora	548
Capricórnio II	3 a 9 de Janeiro	Encenando um espetáculo	549
Capricórnio III	10 a 16 de Janeiro	Atirados à consciência	549
Cúspide Capricórnio-Aquário	17 a 22 de Janeiro	Comportamento escandaloso	550
Aquário I	23 a 30 de Janeiro	Exasperadamente imprevisível	550
Aquário II	31 de Janeiro a 7 de Fevereiro	Determinação firme	551
Aquário III	8 a 15 de Fevereiro	Espreitando ao fundo	551
Cúspide Aquário-Peixes	16 a 22 de Fevereiro	Experiência de vida	552
Peixes I	23 de Fevereiro a 2 de Março	Barreiras invisíveis	552
Peixes II	3 a 10 de Março	Preenchendo as lacunas	553
Peixes III	11 a 18 de Março	Concordar em discordar	553

MELHORES RELACIONAMENTOS

AMOR
Cúspide Peixes-Áries
Áries I
Gêmeos II
Câncer I
Libra III
Sagitário I
Capricórnio II
Cúspide Capricórnio-Aquário
Aquário III

CASAMENTO
Touro II
Touro III
Leão I
Virgem II
Escorpião II
Cúspide Aquário-Peixes
Peixes II

AMIZADE
Gêmeos III
Câncer II
Leão II
Virgem I
Libra I
Cúspide Escorpião-Sagitário
Sagitário II
Cúspide Sagitário-Capricórnio
Capricórnio III
Aquário I

FAMÍLIA
Cúspide Áries-Touro
Libra II
Cúspide Libra-Escorpião

TRABALHO
Touro I
Cúspide Touro-Gêmeos
Gêmeos I
Câncer III
Cúspide Câncer-Leão
Cúspide Leão-Virgem
Virgem III
Escorpião I
Escorpião III
Capricórnio I
Aquário II
Peixes III

87

LEÃO I
Semana da Autoridade

26 de Julho a 2 de Agosto

POSIÇÃO NO ZODÍACO
Aprox. 2 a 11º de Leão

ESTAÇÃO
Meio do verão

ELEMENTO
Fogo

REGENTE
Sol

SÍMBOLO
Leão

MODO
Intuição

O período de Leão I toma a Autoridade como imagem central. Este período pode ser comparado ao início da vida adulta madura quando o indivíduo chega aos trinta anos de idade. A confiança assume importância neste ponto, quando as dúvidas e incertezas do primeiro retorno de Saturno (idade de vinte e oito ou vinte e nove anos) já foram resolvidas. O início do processo de estabelecer-se como autoridade em determinado campo pode ser um objetivo nesta época, assim como uma tarefa absorvente. Alguns precisam assumir o papel de autoridade diante dos filhos em crescimento, outros podem olhar para uma pessoa mais velha, mais experiente que lhes sirva de instrutor, um guia que possa iniciá-lo no entendimento mais abrangente do mundo. Outros nativos de Leão I fortalecem seu senso de confiança com o que aprenderam nos livros, métodos, ensinamentos religiosos ou espirituais, filosofia etc.

Os dias que compreendem Leão I revelam simbolicamente o adulto maduro desenvolvendo um estilo realmente original, tomando decisões importantes em relação a si mesmo, à família e à equipe de trabalho de que faz parte e tentando obter êxito na vida, tornando-se conhecido e confiável.

Entre as mais poderosas autoridades do ano, indivíduos de Leão I são intensos, impetuosos e dedicados às suas próprias atividades, desenvolvimento e crescimento. Afirmarem-se e serem levados a sério é o que os atrai. Além disso, muito de sua energia é canalizada para dentro, e não para fora, para desenvolver suas forças e habilidades. No entanto, não se acham a quintessência – longe disso. Acreditam em autoridades superiores, a quem veneram e servem: em geral verdades e princípios abstratos corporificados na prática de seu principal esforço, seja nas artes, nos negócios, nos esportes ou na filosofia. Embora tenham seus heróis, em geral são a estes princípios e não a pessoas a quem atribuem o mais alto valor.

Muitos nascidos em Leão I podem ser extremamente competitivos e bem preparados para chegar no topo. Outros realmente não se preocupam tanto com o sucesso mundano, estando mais interessados em sua melhor parte. Pode ser difícil para representantes de Leão I trabalhar para um chefe, sobretudo se não o respeitam. Até mesmo quando administram a própria empresa ou negócio podem ter problemas, pois sua capacidade de dominar é muitas vezes maior do que sua capacidade de liderar. Trabalham mais facilmente com pessoas que se aproximaram deles como admiradores, alunos ou discípulos; então o relacionamento é claro desde o princípio. Outra solução pode ser trabalhar por conta própria, talvez como *freelancers*. Os nascidos em Leão I podem tornar-se membros de uma equipe com colegas e aliados quando fica claro que todos estão trabalhando para uma causa comum, em geral elevada.

Os nascidos em Leão I são indivíduos extremamente físicos, atraídos de forma magnética para experiências estimulantes e desafiadoras. Os nascidos nesta semana precisam provar-se repetidamente, seja nos esportes, no mundo selvagem da natureza, na selva das finanças ou na intimidade do quarto de dormir. Tão intensa é esta área de sua personalidade que as pessoas íntimas e também os inimigos podem sentir-se algo ignorados, pois muito de seu esforço é impessoal por natureza, e basicamente uma expressão da vontade do Leão I de se superar. Mesmo em atividades mais mundanas do dia-a-dia, companheiros e namorados de tempos em tempos sentem o desapego do Leão I.

Envolver-se com tais indivíduos raramente é tarefa fácil. Seus padrões para si próprios são extremamente altos e eles, com freqüência, querem que os outros mostrem semelhante devoção e intensidade. No final, contudo, esperam mais de si mesmos do que dos outros e demonstram compreensão com as limitações de colegas e íntimos. Os mais realistas não têm expectativas desproporcionais com relação aos colegas e companheiros, mas esperam o melhor de que são capazes. Isto em si já pode ser uma carga pesada para eles.

Os nascidos em Leão I são amigos leais e fiéis. Em geral aceitam conselho apenas de pessoas íntimas, sobretudo de natureza pessoal, aceitando ajuda de um colega, conselheiro profissional ou estranho. Talvez uma vez na vida, entretanto, os nascidos na Semana da Autoridade possam colocar-se nas mãos de outra pessoa a quem atribuem status quase divino, muitas vezes uma espécie de instrutor ou guru. Esta confiança não é concedida facilmente, e se não for correspondida enorme desilusão certamente se seguirá.

A maioria dos nascidos na Semana da Autoridade faria bem em trabalhar no tratamento de seres humanos, sobretudo em áreas que exigem amabilidade, paciência e compreensão. Os envolvidos com esses sujeitos duros precisam estar preparados para mostrar esses três traços em abundância. Quando as grandes expectativas dos nascidos em Leão I não são preenchidas, podem tornar-se intensamente frustrados e amargos. Além disso, não reagem bem à negatividade, censura e crítica constantes. Os que vivem e trabalham de forma mais bem-sucedida com os nascidos em Leão I, então, são aqueles cujas atitudes são abertas, determinadas e otimistas.

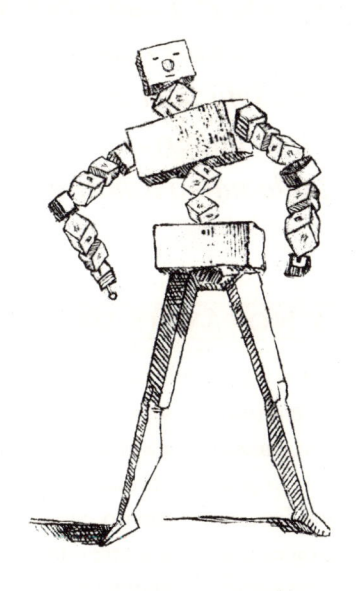

"AUTORIDADE"

PONTOS FORTES

VERAZ
LEAL • APAIXONADO

PONTOS FRACOS

FRUSTRADO • EXIGENTE
EGOÍSTA

A vida familiar funciona para alguns representantes de Leão I; para outros é um grande equívoco. Raramente, entretanto, eles precisam muito dela. Se optarem por ser pais, terão muito a dar; têm muito a ensinar, são protetores e inspiram confiança. Mas seus filhos e companheiros devem logo perceber sua necessidade de espaço e de passar algum tempo longe de casa. Tentar chamar atenção exclusiva de um Leão I pode ser uma experiência frustrante. Com muita freqüência sua idéia de cuidado e atenção pode limitar-se a encontros intensos, em vez de demonstrações constantes de compreensão e simpatia.

Como namorados, os nascidos em Leão I são em geral apaixonados, mais do que sensuais. Também exibem um certo desligamento ou preocupação com outras áreas. Circunstâncias previsíveis e rotineiras com freqüência deixam os nascidos em Leão I sexualmente entediados. Com freqüência, suas experiências sexuais mais prazerosas não ocorrem com parceiros ou companheiros, mas em encontros casuais ou casos clandestinos de longa duração. O cônjuge bem-sucedido de um Leão I sabe manter a chama romântica acesa através de uma variedade de combinações, perícia e imaginação.

Os nascidos em Leão I devem aprender a relaxar e divertir-se ou ficarão exaustos. Os que conseguem seduzi-los abstraindo-os de seu trabalho e preocupações desempenham papel importante em sua vida. Amigos casuais podem fazer isso com freqüência, aproveitando o que de melhor têm os nascidos nesta semana a oferecer.

CONSELHO

Aprenda a aceitar as pessoas como elas são – tanto as positivas quanto as negativas. Provavelmente é inútil tentar camuflar-se, mas procure ser mais diplomático e sensível. Embora seja bom em tomar decisões pelos outros, pode ter negligenciado decisões importantes a seu próprio respeito. Ser mais despreocupado não o diminui como pessoa.

PESSOAS NOTÁVEIS DE LEÃO I

O psicanalista suíço **Carl Gustav Jung** teve enorme influência sobre o pensamento popular, esotérico e intelectual na segunda metade do século XX. Eclipsado por seu colega mais empírico e pragmático, Sigmund Freud, Jung rompeu com ele em 1913 e criou sua própria escola de psiquiatria. Jung tornou-se Autoridade em áreas como personalidade humana e estudo dos símbolos, em parte criando elos entre o mundo dos sonhos e os mitos e ícones encontrados no mundo todo, em sociedades antigas e ditas primitivas. Da astrologia à semiótica, da antropologia cultural à experiência depois da morte, as teorias de Jung ajudaram a desemaranhar enigmas metafísicos não resolvidos.

Com a determinação e a força de um verdadeiro representante de Leão I, **Jacqueline Kennedy Onassis** casou-se com um dos homens mais poderosos do mundo e depois com um dos homens mais ricos do mundo – John F. Kennedy e Aristóteles Onassis, respectivamente. Tendo alcançado sucesso na carreira, na vida social e financeira, antes e depois de conhecer a ambos, Jackie nunca realmente dependeu de ninguém para tornar sua vida plena em termos mundanos. Uma das mulheres mais fotografadas do mundo, era difícil para Jackie dar um passo sem uma hoste de fotógrafos em seu encalço, e uma posição já irredutível com relação à publicidade intensificou-se com os anos. A preservação pessoal é um instinto forte em operação nos nascidos na Semana da Autoridade, e Jackie não foi exceção.

O pintor dadá e artista de montagens **Marcel Duchamp** surpreendeu o mundo das artes com seu controverso *Nu descendo uma escada, número 1*. Expandiu muito o vocabulário da arte moderna e passou do Cubismo para o Futurismo, começando a explorar horizontes artísticos mais distantes, sobretudo depois de fundar o movimento Dadá em Nova York. Pintura, poesia, cinema e escultura ganharam novo significado em suas mãos. A abordagem intensa visando melhorar seu desenvolvimento pessoal e a devoção aos princípios superiores de sua arte o identificam como um Leão I. Firme e intransigente, Duchamp conseguia trabalhar apenas com pessoas cujo profundo comprometimento, maestria técnica e compreensão casassem com os seus. Sua atração pela perfeição o levou a abandonar a arte, trocando-a pelo xadrez no final da vida.

Outras pessoas nascidas em Leão I: Stanley Kubrick, Emily Brontë, Primo Levi, Jerry Garcia, Henry Ford, Myrna Loy, Mick Jagger, Elizabeth Hanford Dole, Dag Hammarskjöld, Patti Scialfa, George Bernard Shaw, Pina Bausch, Leo Durocher, Casey Stengel, Geraldine Chaplin, Arnold Schwarzenegger, Beatrix Potter, Michael Spinks, Bobbie Gentry, Herman Melville, Bill Bradley, Vida Blue, Nick Bollettieri, Elizabeth Hardwick, Alexandre Dumas (filho), Clara Bow, Riccardo Muti, Mikis Theodorakis, Benito Mussolini, Peggy Fleming, Ignácio de Loyola Brandão, Naná Vasconcellos.

26 DE JULHO A 2 DE AGOSTO

Guia de Relacionamentos para Leão I

Localizador de Página para Todos os Relacionamentos

Cúspide Peixes-Áries	19 a 24 de Março	Puxando juntos	222
Áries I	25 de Março a 2 de Abril	Briga generalizada	246
Áries II	3 a 10 de Abril	Competição à base de bofetadas	269
Áries III	11 a 18 de Abril	Preenchendo o vazio	291
Cúspide Áries-Touro	19 a 24 de Abril	Luta ferrenha	313
Touro I	25 de Abril a 2 de Maio	Escala monumental	335
Touro II	3 a 10 de Maio	Eu bem que avisei	356
Touro III	11 a 18 de Maio	Encantamento exclusivo	376
Cúspide Touro-Gêmeos	19 a 24 de Maio	Diferenças marcantes de temperamento	396
Gêmeos I	25 de Maio a 2 de Junho	Líquido e certo	416
Gêmeos II	3 a 10 de Junho	Regulando a chama	435
Gêmeos III	11 a 18 de Junho	Força para uma mudança positiva	453
Cúspide Gêmeos-Câncer	19 a 24 de Junho	Cedendo para vencer	471
Câncer I	25 de Junho a 2 de Julho	Sorte e sucesso	489
Câncer II	3 a 10 de Julho	Conflito transcendente	506
Câncer III	11 a 18 de Julho	Ajuste mútuo	522
Cúspide Câncer-Leão	19 a 25 de Julho	Chegando ao topo	538
Leão I	26 de Julho a 2 de Agosto	Rivalidade magnífica	554
Leão II	3 a 10 de Agosto	Nobreza *versus* sangue	554
Leão III	11 a 18 de Agosto	Autoconfiança destemida	555
Cúspide Leão-Virgem	19 a 25 de Agosto	Devolvendo	555
Virgem I	26 de Agosto a 2 de Setembro	Desenvolvendo projetos conjuntos	556
Virgem II	3 a 10 de Setembro	Não para qualquer um	556
Virgem III	11 a 18 de Setembro	Trazendo a verdade à luz	557
Cúspide Virgem-Libra	19 a 24 de Setembro	Ansiando pelo além	557
Libra I	25 de Setembro a 2 de Outubro	Elegância sensível	558
Libra II	3 a 10 de Outubro	Um local dentro	558
Libra III	11 a 18 de Outubro	Extroversão traída	559
Cúspide Libra-Escorpião	19 a 25 de Outubro	Sensibilidade à crítica	559
Escorpião I	26 de Outubro a 2 de Novembro	Tudo ou nada	560
Escorpião II	3 a 11 de Novembro	O ressurgimento da fênix	560
Escorpião III	12 a 18 de Novembro	Ajustado e apropriado	561
Cúspide Escorpião-Sagitário	19 a 24 de Novembro	Positivo e para cima	561
Sagitário I	25 de Novembro a 2 de Dezembro	Sentimentos fundidos	562
Sagitário II	3 a 10 de Dezembro	Assegurando o sucesso	562
Sagitário III	11 a 18 de Dezembro	Fazendo a dança	563
Cúspide Sagitário-Capricórnio	19 a 25 de Dezembro	Abandonando maus hábitos	563
Capricórnio I	26 de Dezembro a 2 de Janeiro	Uma fuga da realidade	564
Capricórnio II	3 a 9 de Janeiro	Disputa frontal	564
Capricórnio III	10 a 16 de Janeiro	Modelo	565
Cúspide Capricórnio-Aquário	17 a 22 de Janeiro	Química extraordinária	565
Aquário I	23 a 30 de Janeiro	Um espírito investigador	566
Aquário II	31 de Janeiro a 7 de Fevereiro	Efeito aprofundável	566
Aquário III	8 a 15 de Fevereiro	Um destino de experiência	567
Cúspide Aquário-Peixes	16 a 22 de Fevereiro	Magnetismo palpável	567
Peixes I	23 de Fevereiro a 2 de Março	Sendo "si mesmo"	568
Peixes II	3 a 10 de Março	Atração e repulsa	568
Peixes III	11 a 18 de Março	Compartilhando a verdade	569

MELHORES RELACIONAMENTOS

AMOR
Áries III
Touro III
Cúspide Leão-Virgem
Libra I
Libra II
Escorpião II
Sagitário I
Aquário II

CASAMENTO
Gêmeos I
Cúspide Câncer-Leão
Escorpião III
Sagitário III
Capricórnio I
Cúspide Capricórnio-Aquário
Cúspide Aquário-Peixes
Peixes III

AMIZADE
Touro I
Cúspide Touro-Gêmeos
Câncer I
Câncer III
Cúspide Virgem-Libra
Libra III
Escorpião I
Aquário III
Peixes I

FAMÍLIA
Áries I
Leão III
Virgem II
Cúspide Escorpião-Sagitário
Sagitário II
Aquário I

TRABALHO
Cúspide Peixes-Áries
Gêmeos II
Leão II
Virgem I
Virgem III
Cúspide Libra-Escorpião
Cúspide Sagitário-Capricórnio
Capricórnio II
Peixes II

LEÃO II
Semana da Força Equilibrada

3 a 10 de Agosto

O período de Leão II toma a Força Equilibrada como imagem central. Este período pode ser comparado a uma fase na vida adulta de uma pessoa em que a necessidade de adotar uma postura heróica, protetora ou acalentadora ganha precedência. Em geral, esse senso de responsabilidade surge em situações familiares ou no desenvolvimento de trabalhos com grupos que desenvolvem atividades sociais. Neste momento, é importante assumir uma posição condizente com sua importância, colocando em prática o papel requerido e levando a vida a sério na mesma medida. Assim, demonstrar coragem para defender convicções e recusar-se a renunciar aos ideais apesar das conseqüências caracterizam o período de Leão II.

Os dias que compreendem Leão II revelam simbolicamente a maturidade, mas o jovem adulto ainda desenvolve a estabilidade e a serenidade, maximizando a eficácia, exercendo poder e influência dentro de sua esfera e exigindo respeito. A afirmação, a honra, a dignidade e a lealdade são as qualidades que se destacam.

Íntegros e firmes, os nascidos em Leão II não recuam diante de desafios; na verdade prosperam neles e com freqüência sentem-se melhor quando enfrentam dificuldades e problemas. Embora atraídos por experiências com elementos de perigo, não são imprudentes ao ponto de tentar o impossível. Realistas, têm plena consciência de suas limitações, que esticam ao limite do necessário, mas raramente ultrapassam. Atitudes fixas caracterizam os nascidos nesta semana; portanto, é preciso muita paciência e persistência para fazê-los mudar de idéia. Os nascidos em Leão II orgulham-se de sua capacidade de detectar o falso e o absurdo e são particularmente críticos em relação às idéias metafísicas sem base sólida no aqui e no agora.

Os nascidos em Leão II em geral têm enorme poder de concentração, mas devido à fixação em seus objetivos podem perder a visão periférica necessária para manter contato com o entorno. Nesse sentido, sua confiança no raciocínio lógico pode depreciar o que seria mais adequado a eles – isto é, sua forte capacidade e força intuitiva. Estes traços podem levá-los a perder contato com a realidade e ao mesmo tempo ficarem convencidos de sua correção – uma combinação perigosa.

Dotados de resistência e tenacidade, os nascidos em Leão II são persistentes. O lado superior deste traço de caráter é sua intensa lealdade e devoção; o lado fraco é um traço de masoquismo – uma tendência, por exemplo, a sofrer tentando manter um romance, casamento ou negócio. Os nascidos em Leão II podem continuar em uma relação infeliz ou estressante por anos sem indevida queixa, buscando pacientemente formas de fazê-la funcionar. Embora às vezes fariam melhor em desistir, em geral recusam-se a ir pelo caminho mais fácil e não respeitam a quem falta o mesmo nível de comprometimento. Quando relacionamentos duradouros insatisfatórios finalmente desmoronam, talvez devido a um golpe da sorte ou à indisposição do parceiro de continuar, os nascidos em Leão II têm a tendência de afundar em depressão. Com muita freqüência se culpam. Um longo período de pesar pode ser necessário antes de funcionarem bem outra vez.

Podem certamente ser seus piores inimigos. Os nascidos na Semana da Força Equilibrada exalam poder e autoconfiança quando sua prodigiosa energia emerge, mas esta mesma energia também foge ao controle e pode ameaçar despedaçá-la. Nestas ocasiões são dignos de piedade. O álcool e as drogas e atividades criminosas podem ser evidência de que a energia do Leão II está possuída de fúria assassina. Manter o equilíbrio é menos um ideal para eles do que uma absoluta condição para sua sobrevivência espiritual. Os filhos e amigos dos nascidos em Leão II podem chocar-se muito se sua presença normalmente confiante desintegrar-se. Assim, o desejo dos nas-

---

POSIÇÃO NO ZODÍACO
Aprox. 9 a 18º de Leão

ESTAÇÃO
Meio do verão

ELEMENTO
Fogo

REGENTE
Sol

SÍMBOLO
Leão

MODO
Intuição

cidos em Leão II de protegerem os fracos e de ser amigo dos desvalidos pode produzir resultados inesperados.

Os nascidos na Semana da Força Equilibrada saem-se bem em situações altamente estruturadas criadas por eles e em que estão no comando. Entretanto, às vezes sentem uma aguda necessidade de retirar-se para um lugar privado ou completamente isolado. O problema aqui é uma tendência de acalentar menosprezos e mágoas e, em casos extremos, de manifestar paranóia. Desenvolver uma atitude de aceitação e esforçar-se para diminuir o pensamento dogmático e intolerante são essenciais para sua saúde mental.

Na maior parte das vezes, os nascidos em Leão II são pessoas muito fiéis. Vêem-se como defensores dos oprimidos e protetores dos fracos. Desprezam a exclusão e a condescendência e, por esta razão, ficam do lado da pessoa comum e não dos privilegiados. Não que não tenham a capacidade de misturar-se bem com uma variedade de classes sociais; mas não gostam da insinceridade e do fingimento.

Em sua firmeza, os nascidos em Leão II suportam muitas decepções. Em geral se expõem às intempéries e vencem pois sabem esperar, "tendo fôlego de gato". Gostam de ser independentes, mas tendem mesmo assim a construir uma vida bem definida em que exercem o máximo de poder com um mínimo de estardalhaço.

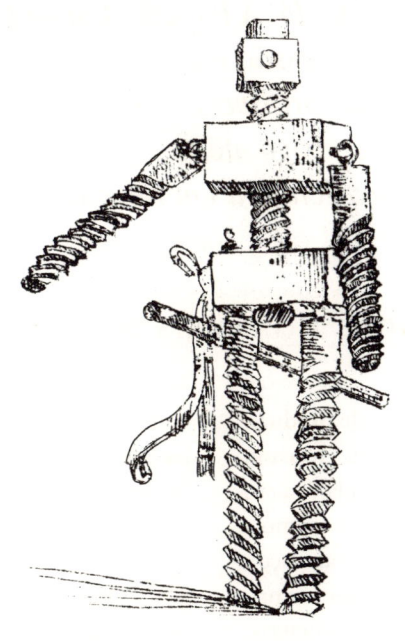

"FORÇA EQUILIBRADA"

Os que se envolvem com nascidos em Leão II, sejam colegas, empregados, familiares, companheiros ou amigos, sabem que eles não devem ser pressionados ou aguilhoados quando em estado mental negativo mas, ao contrário, devem ser deixados em paz para resolverem sozinhos o problema. Os nascidos em Leão II às vezes são acusados de insensibilidade. Isso com maior freqüência é resultado de estarem preocupados, e não por faltar compreensão de sua parte, pois muitos nascidos nesta semana são psicologicamente sagazes; no entanto, embora possam compreender o estado emocional de outra pessoa, talvez achem que não precisam simpatizar com isso. Os nascidos em Leão II não sentem muita empatia por quem os cerca, e são capazes de um desapego pétreo. Muitos nascidos nesta semana simplesmente acham confuso demais envolver-se em relacionamentos amorosos, uma reação que pode ser remontada muitas vezes a uma experiência desagradável na infância. Quando o pai, filho ou namorado de um Leão II é do tipo mais sentimental, podem surgir conflitos.

PONTOS FORTES
DEVOTADO
FIDEDIGNO • FÍSICO

PONTOS FRACOS
MASOQUISTA • DEPRIMIDO
CULPADO

Como são diretos e despretensiosos, os nascidos em Leão II não gostam de pessoas metidas. Nada afeta mais seu temperamento descontrolado do que a insinceridade, a mentira ou a dissimulação. A ira e irascibilidade do Leão II podem enfraquecer o equilíbrio psicológico do qual depende sua força. Os mais próximos destes indivíduos intensos sabem usar a persuasão sensual e uma perspectiva divertida para manter seu parceiro feliz.

CONSELHO

Cuidado com seu temperamento. A impetuosidade pode desequilibrá-lo e ajudar seu oponente. Concessão e diplomacia são virtudes a serem cultivadas, não fraquezas desprezíveis. Permaneça aberto e vulnerável ao amor. Não seja tão severo consigo mesmo, nem tão exigente. Diminua um pouco sua expectativa em relação aos outros.

PESSOAS NOTÁVEIS DE LEÃO II

Nem mesmo os Beatles foram capazes de produzir sete sucessos um atrás do outro, mas **Whitney Houston** conseguiu. A extraordinariamente bem-sucedida e talentosa Houston especializou-se em ser a primeira, como a primeira artista mulher a gravar um álbum que alcançou o primeiro lugar nas paradas de sucesso ou a fazer seu primeiro filme, *O Guarda-costas*, bater recorde de bilheteria. Manter o equilíbrio nem sempre é fácil para Whitney, mas como representante de Leão II ela prospera no desafio, como manter o casamento com o imprevisível Bobby Brown. Entretanto, em todas as áreas da vida, o sofrimento e a recusa a recuar ou admitir derrota são também características de Leão II que Whitney precisa ter cuidado para não transformar em masoquismo.

Pensar no time de basquete New York Knicks sem o representante de Leão II **Patrick Ewing** é como tentar imaginar um pêssego sem caroço. O ataque persistente e poderoso dos Knicks personifica a Força Equilibrada do time. Quieto e controlado na quadra, Ewing faz seu trabalho sem muito estardalhaço ou aborrecimento em um esporte a cada ano mais devotado ao culto de personalidades. Chamá-lo de burro de carga é afirmar o óbvio, mas há poucos jogadores que se esforçam tanto com tanta dignidade.

Apesar da longa história no cinema, o diretor **John Huston** nunca recebeu a homenagem que merecia, em grande parte devido à qualidade frustrante de muitos de seus filmes e também devido a uma lacuna de 20 anos em sua carreira, entre 1953 e 1973. Mas o homem que dirigiu *Relíquia Macabra* e depois *O Tesouro de Sierra Madre*, *The African Queen* e *O Homem que Queria Ser Rei* dificilmente pode ser ignorado na história do cinema. Huston teve uma vida excitante e variada em que a natureza física do Leão II se expressou, seja quando trabalhou como boxeador profissional ou como tenente da cavalaria mexicana. Huston também era ator, como seu pai, Walter, e como sua filha, Anjelica.

Outras pessoas nascidas em Leão II: Andy Warhol, Percy Bysshe Shelley, Melanie Griffith, Dustin Hoffman, Mata Hari, Raoul Wallenberg, Anne Klein, Rosanna Arquette, Martin Sheen, Martha Stewart, Courtney Love, Tony Bennett, Maurice Richard, Isabel Allende, Neil Armstrong, Lucille Ball, David Robinson, Louis Leakey, Patti Austin, Alfred, Lorde Tennyson, Roland Kirk, Nicholas Ray, Emil Nolde, Manitas de Plata, Alberto Salazar, Leonide Massine, Nigel Mansell, Esther Williams, Arthur J. Goldberg, Jean Piaget, Bob Cousy, Brett Hull, Zélia Gattai, Oswaldo Cruz, Gianfrancesco Guarnieri, Gonçalves Dias, Jorge Amado, Deodoro da Fonseca, José Cândido de Carvalho, Adoniram Barbosa, Flávio Rangel, Baden Powell, Paulo Sérgio Valle, Caetano Veloso, Artur Bernardes, Zagalo, Gustavo Capanema.

Guia de Relacionamentos para Leão II

Localizador de Página para Todos os Relacionamentos

Cúspide Peixes-Áries	19 a 24 de Março	Águias que voam alto	223
Áries I	25 de Março a 2 de Abril	Um de cada tipo	246
Áries II	3 a 10 de Abril	Sociedade de admiração mútua	269
Áries III	11 a 18 de Abril	Batalha titânica	292
Cúspide Áries-Touro	19 a 24 de Abril	Descobridores empreendedores	314
Touro I	25 de Abril a 2 de Maio	O tipo forte e silencioso	335
Touro II	3 a 10 de Maio	Devoção dedicada	356
Touro III	11 a 18 de Maio	Concedendo orientação	377
Cúspide Touro-Gêmeos	19 a 24 de Maio	Quem está sentindo o quê?	397
Gêmeos I	25 de Maio a 2 de Junho	Segurando a onda	416
Gêmeos II	3 a 10 de Junho	Irreverência secreta	435
Gêmeos III	11 a 18 de Junho	Repleto de riscos	454
Cúspide Gêmeos-Câncer	19 a 24 de Junho	Derretendo o gelo	472
Câncer I	25 de Junho a 2 de Julho	Aos trancos e barrancos	489
Câncer II	3 a 10 de Julho	Oposições estabelecidas	506
Câncer III	11 a 18 de Julho	Inteligência prática	523
Cúspide Câncer-Leão	19 a 25 de Julho	Tecendo o tecido	539
Leão I	26 de Julho a 2 de Agosto	Nobreza *versus* sangue	554
Leão II	3 a 10 de Agosto	Permanecendo estável	569
Leão III	11 a 18 de Agosto	Calor radiante	570
Cúspide Leão-Virgem	19 a 25 de Agosto	O assento do motorista	570
Virgem I	26 de Agosto a 2 de Setembro	Verdadeiras almas gêmeas	571
Virgem II	3 a 10 de Setembro	Uma necessidade de introspecção	571
Virgem III	11 a 18 de Setembro	Desafios emocionais	572
Cúspide Virgem-Libra	19 a 24 de Setembro	Ficando bem preparado	572
Libra I	25 de Setembro a 2 de Outubro	Cena transitória da vida	573
Libra II	3 a 10 de Outubro	Barreiras psicológicas	573
Libra III	11 a 18 de Outubro	Dois capitães no leme	574
Cúspide Libra-Escorpião	19 a 25 de Outubro	Acordo tácito	574
Escorpião I	26 de Outubro a 2 de Novembro	Experimentando o renascimento	575
Escorpião II	3 a 11 de Novembro	Energias pesadas	575
Escorpião III	12 a 18 de Novembro	Bom humor	576
Cúspide Escorpião-Sagitário	19 a 24 de Novembro	Fazendo o melhor	576
Sagitário I	25 de Novembro a 2 de Dezembro	Apaixonado-se pelo amor	577
Sagitário II	3 a 10 de Dezembro	Sentindo-se normal	577
Sagitário III	11 a 18 de Dezembro	Unanimidade de propósito	578
Cúspide Sagitário-Capricórnio	19 a 25 de Dezembro	Controlando o espetáculo	578
Capricórnio I	26 de Dezembro a 2 de Janeiro	Uma postura monolítica	579
Capricórnio II	3 a 9 de Janeiro	Prazeres predatórios	579
Capricórnio III	10 a 16 de Janeiro	Dando tudo de si	580
Cúspide Capricórnio-Aquário	17 a 22 de Janeiro	Intenso como laser	580
Aquário I	23 a 30 de Janeiro	Tentativa e erro	581
Aquário II	31 de Janeiro a 7 de Fevereiro	Oposição atraente	581
Aquário III	8 a 15 de Fevereiro	Um mar de bons sentimentos	582
Cúspide Aquário-Peixes	16 a 22 de Fevereiro	Abertura confortável	582
Peixes I	23 de Fevereiro a 2 de Março	Deleites inefáveis	583
Peixes II	3 a 10 de Março	Corredores intermináveis	583
Peixes III	11 a 18 de Março	Buscando superação	584

MELHORES RELACIONAMENTOS

AMOR
Touro II
Gêmeos I
Gêmeos II
Câncer II
Leão III
Virgem I
Escorpião II
Aquário III
Cúspide Aquário-Peixes

CASAMENTO
Áries I
Cúspide Áries-Touro
Touro III
Escorpião I
Sagitário I
Sagitário II
Aquário I
Peixes I

AMIZADE
Áries II
Gêmeos III
Câncer I
Leão II
Libra I
Cúspide Libra-Escorpião
Escorpião III
Capricórnio I
Peixes II

FAMÍLIA
Cúspide Touro-Gêmeos
Virgem II
Cúspide Virgem-Libra
Libra II
Cúspide Escorpião-Sagitário
Capricórnio II

TRABALHO
Câncer III
Leão I
Virgem III
Libra III
Sagitário III
Capricórnio III
Cúspide Capricórnio-Aquário
Aquário II

LEÃO III
Semana da Liderança

11 a 18 de Agosto

O período de Leão III toma a Liderança como imagem central. Este período pode ser comparado a uma época no início da vida de uma pessoa em que a correta combinação de experiência, entusiasmo, energia e conhecimento cria oportunidades e torna esta pessoa forte candidata a assumir posições de responsabilidade. Talvez pela primeira vez, tomar as rédeas de um negócio, clube ou família e conduzi-los a novos patamares pareça natural e apropriado. Tal papel de liderança pode ser um estágio de provação para no futuro assumir papéis de ainda maior responsabilidade, como no caso, por exemplo, em que um gerente se torna sócio ou proprietário ou um pai ou uma mãe se torna patriarca ou matriarca.

Os dias que compreendem Leão III descrevem o adulto validando suas habilidades e experiências, aprendendo a contar com a sabedoria convencional e a assumir riscos no momento certo, e descobrindo a forma mais eficaz de entusiasmar uma equipe e conduzi-la com eficácia, inspiração e perseverança.

Os nascidos em Leão III com freqüência assumem um papel de comando em seu grupo familiar, social ou de trabalho. Têm instintos de liderança muito desenvolvidos, mas não necessariamente para dominar ou governar; simplesmente esta ação é natural para estes indivíduos dinâmicos. Também são bons planejadores, capazes de organizar um plano de ataque eficaz e de colocá-lo em prática. Montar uma equipe eficaz é essencial para seu contínuo sucesso, e aprender a delegar autoridade é a chave para impedi-lo de arcar sozinho com fardos irreais, o que pode resultar em exaustão ou esgotamento.

Tanto homens como mulheres nascidos nesta semana têm uma visão heróica de si mesmos. Agressivos, os nascidos em Leão III sabem o que querem e como consegui-lo. Pode faltar-lhes consideração pelo desejo dos outros, despertando antagonismo e colocando-os em maus lençóis, sobretudo porque não são, de fato, insensíveis ao que os outros sentem, mas podem preferir ignorar o que sabem e seguir seus próprios desejos. Ao tratarem com força bruta as emoções dos que fazem parte de sua vida, despertam ressentimento, medo e raiva. Mas os nascidos nesta semana também podem inspirar enorme lealdade, respeito e amor nos outros, tanto assim que seus conhecidos e amigos com freqüência fazem vista grossa para os elementos egoístas de seu caráter.

Os nascidos na Semana da Liderança têm uma fé irresistível em suas próprias capacidades. Em casos extremos vêem-se como infalíveis e procuram projetar um ar de divinos. Problemas evidentes podem resultar desta posição egoísta: no mínimo a perda da fé por parte dos filhos, companheiros e colegas que se sentem frustrados. A caída em desgraça que inevitavelmente se segue pode resultar em profunda desilusão, mas também pode levar a uma visão mais realista da personalidade dos nascidos em Leão III.

Sensatos com a carreira, os nascidos em Leão III são especialistas em dar nova vida a um negócio, grupo social ou familiar doentios. Sua prodigiosa energia e resolução podem ser exatamente o que faltava para colocar as coisas de volta nos trilhos. Os nascidos nesta semana precisam ver seus esforços frutificarem. Ver o florescer da sua reestruturação e implementação é muito satisfatório para eles; ao contrário, ver seus esforços fracassarem é em geral intolerável. Como os nascidos em Leão III não são facilmente abordáveis em nível emocional, lutar ombro a ombro com eles nestes esforços pode ser um meio eficaz de aproximação. Este relacionamento funcional pode criar laços profundos de sentimentos mútuos, que às vezes duram a vida toda.

Se os nascidos nesta semana quiserem colocar um fio terra em sua auto-imagem e aproximarem-se do contato diário com os outros, pode ser importante compartilharem tarefas mais servis. Em particular, conquistam mais respeito se se desincumbirem das responsabilidades

---

POSIÇÃO NO ZODÍACO
Aprox. 17 a 26º de Leão

ESTAÇÃO
Meio do verão

ELEMENTO
Fogo

REGENTE
Sol

SÍMBOLO
Leão

MODO
Intuição

LEÃO III

diárias do lar. A recusa ou incapacidade de "abaixarem-se" a este nível pode resultar em tensões, frustrações e brigas. O mais equilibrados evitam estas dificuldades desnecessárias fazendo as tarefas domésticas rápida e eficazmente, como pouco barulho, livrando-se assim para o que consideram esforços mais importantes.

A criatividade dos nascidos em Leão III muitas vezes é grande. Embora sejam egoístas e limitados nos afazeres pessoais, na carreira sua imaginação, perspectiva filosófica e ampla gama de expressão muitas vezes resultam em criações artísticas, financeiras e sociais de ordem superior. Muitos de seus amigos, conhecidos e colegas, de fato, não se enamoram tanto dos próprios Leão III, mas se sentem atraídos pela aura que os cerca e o trabalho que produzem.

Outras personalidades fortes inevitavelmente se chocam com o Leão III, e o relacionamento com os nascidos nesta semana provavelmente será tempestuoso a menos que o outro esteja disposto a chegar a um acordo ou a recuar. Mas os parceiros e companheiros mais inteligentes e matreiros de um Leão III sabem exatamente como acalmar o leão ou a leoa selvagens. Os nascidos em Leão III não têm consciência de seu carisma e, em conseqüência, valorizam o constante amor e apreciação de pessoas muito especiais. De fato, podem não ser agressivos com os que amam. Desde que sejam honrados e respeitados, serão generosos e amáveis até em demasia: com freqüência recusam-se a ver qualquer coisa de errada no comportamento de um membro da família preferido, um traço que pode torná-los bastante fora da realidade. Uma característica dos nascidos em Leão III é ter um companheiro ou filho completamente mimado. No amor, estão sujeitos a súbitas, violentas e apaixonadas demonstrações de emoção. Seus sentimentos podem existir latentes por longo período, irrompendo inesperadamente e de forma vulcânica.

Os envolvidos em casos amorosos com um Leão III podem apreciar sua intensidade e quase total envolvimento, mas ao mesmo tempo ter dificuldade com suas atitudes despóticas, combativas e relutantes em perdoar. Nos relacionamentos pessoais, embora leais até certo ponto, os nascidos em Leão III não sofrem muito e não hesitam em romper com coisas se estão magoados ou vêem pouca esperança para o futuro. Vendo que aplicam um padrão duplo aos seus relacionamentos, seus parceiros, zangados e desgostosos, podem abandoná-los rudemente, o que deixa pasmos os representantes de Leão III mais inconscientes – justamente quando as coisas iam tão bem! De fato, os nascidos em Leão III podem ter pouco interesse em ver as coisas do ponto de vista dos outros.

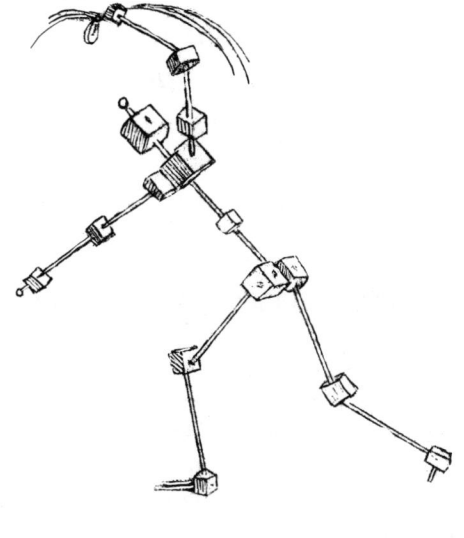

"LIDERANÇA"

PONTOS FORTES

DOMINADOR
HERÓICO • CRIATIVO

PONTOS FRACOS

DITATORIAL • EGOÍSTA
INSENSÍVEL

CONSELHO

Procure moderar seu lado exigente e controlador. Olhe-se no espelho – examine cuidadosamente suas motivações. Lute para manter mais tranqüilo o combatente em você. Distancie-se de si mesmo. Admitir a fraqueza também pode ser um sinal de força.

PESSOAS NOTÁVEIS DE LEÃO III

Um líder gigantesco, embora de tamanho diminuto, **Napoleão Bonaparte** foi o protótipo da personalidade do Leão III. Freqüentemente rude com os sentimentos dos outros, não obstante ele inspirou devoção e extrema lealdade para com seus seguidores. A fé em si mesmo e sua capacidade de colocar sua família corsa e a França de volta nos trilhos identificam Napoleão como um nascido na Semana da Liderança. Conhecido principalmente por seu gênio militar, Napoleão instituiu reformas sociais que mudaram a face da França e da Europa em geral, incluindo a reformulação de leis civis, educação, finanças e administração. Um revolucionário e verdadeiro estudante de história, diz-se que Napoleão criou os belos bulevares amplos de Paris para dificultar que se erguessem barricadas, tornando assim mais segura sua posição.

A superestrela **Madonna** captou a atenção do mundo com seu comportamento escandaloso e enorme talento. Dançarina, modelo, cantora, compositora, atriz, ela abrilhantou o caminho até o firmamento do entretenimento como poucas, se é que alguma, estrelas em anos recentes. Seu desafio às convenções sociais, sobretudo relacionados ao sexo e ao papel da mulher, tornaram-na uma espécie de Líder social não oficial de milhões de fãs e admiradores pelo mundo todo. Típica da personalidade do Leão III, ela representa muito bem este papel de comando. Seu agitado casamento com Sean Penn (também Leão III) e outros relacionamentos íntimos ajustam-se ao molde do Leão III de ser tempestuoso e apaixonado.

Membro da NBA, **Magic Johnson** conquistou o amor e o respeito do público em geral por meio de seus esforços incansáveis em prol das vítimas da AIDS. Sua vida mudou radicalmente depois que recebeu o diagnóstico de HIV positivo, mas ele conseguiu traduzir sua enorme liderança e habilidade de equipe para a arena social como porta-voz dos acometidos pela doença. Suas realizações incluem ser três vezes Jogador Mais Valioso e nove vezes melhor jogador da NBA, o que atesta sua fantástica habilidade no jogo e enorme popularidade entre jogadores, fãs e comentaristas esportivos em geral. O lado heróico e criativo de Magic, bem como seu compromisso social, o fez conquistar o Grammy com o álbum *What You Can Do to Avoid AIDS*.

Outras pessoas nascidas em Leão III: T.E. Lawrence, Julia Child, Angela Bassett, Sean Penn, Alex Haley, Lina Wertmuller, Steve Martin, Gary Larson, Robert De Niro, Roman Polanski, Helena Petrovna Blavatsky, Alfred Hitchcock, Kathie Lee e Frank Gifford, William Goldman, Jim Courier, Fidel Castro, Annie Oakley, Philippe Petit, Kathleen Battle, Robert Redford, Rosalynn Carter, Malcolm-Jamal Warner, Robertson Davies, Ted Hughes, Caetano Veloso, Carlos Eduardo Novaes, Millôr Fernandes, Oscarito, Fernando Collor de Mello, Clara Nunes, Ana Moser, João Donato, Fagundes Varela, Candeia, Paulinho Tapajós.

Guia de Relacionamentos para Leão III

11 A 18 DE AGOSTO

MELHORES RELACIONAMENTOS

AMOR
Touro II
Cúspide Gêmeos-Câncer
Leão II
Virgem I
Libra II
Escorpião II
Sagitário I
Cúspide Sagitário-Capricórnio
Capricórnio II
Aquário I
Aquário II

CASAMENTO
Câncer I
Leão III
Cúspide Virgem-Libra
Libra I
Cúspide Libra-Escorpião

AMIZADE
Áries II
Touro III
Gêmeos III
Câncer III
Virgem II
Libra III
Escorpião I
Cúspide Escorpião-Sagitário
Sagitário II
Cúspide Aquário-Peixes

FAMÍLIA
Leão I
Capricórnio III
Peixes II

TRABALHO
Áries III
Touro I
Gêmeos II
Câncer II
Cúspide Leão-Virgem
Virgem III
Escorpião III
Sagitário III
Capricórnio I
Cúspide Capricórnio-Aquário
Peixes I
Peixes III

Localizador de Página para Todos os Relacionamentos

Cúspide Peixes-Áries	19 a 24 de Março	Domando o tigre	223
Áries I	25 de Março a 2 de Abril	Língua desconhecida	247
Áries II	3 a 10 de Abril	O melhor e pior	270
Áries III	11 a 18 de Abril	Busca de objetivos comuns	292
Cúspide Áries-Touro	19 a 24 de Abril	Distribuir livremente	314
Touro I	25 de Abril a 2 de Maio	Sucesso mágico	336
Touro II	3 a 10 de Maio	Diferença de atitude	357
Touro III	11 a 18 de Maio	Sem garantia	377
Cúspide Touro-Gêmeos	19 a 24 de Maio	Inteligência emocional	397
Gêmeos I	25 de Maio a 2 de Junho	Antigos inimigos, antigos amigos	417
Gêmeos II	3 a 10 de Junho	Sem dó nem piedade	436
Gêmeos III	11 a 18 de Junho	Atingindo consistência	454
Cúspide Gêmeos-Câncer	19 a 24 de Junho	Um romance irresistível	472
Câncer I	25 de Junho a 2 de Julho	Gostos e desgostos	490
Câncer II	3 a 10 de Julho	Empatia especial	507
Câncer III	11 a 18 de Julho	Nos termos de quem?	523
Cúspide Câncer-Leão	19 a 25 de Julho	Voltando-se para o riso	539
Leão I	26 de Julho a 2 de Agosto	Autoconfiança destemida	555
Leão II	3 a 10 de Agosto	Calor radiante	570
Leão III	11 a 18 de Agosto	O maior de todos os poderes	584
Cúspide Leão-Virgem	19 a 25 de Agosto	Aspirações secretas	585
Virgem I	26 de Agosto a 2 de Setembro	Uma transparência inerente	585
Virgem II	3 a 10 de Setembro	Incitados	586
Virgem III	11 a 18 de Setembro	Uma combinação de trabalho eficiente	586
Cúspide Virgem-Libra	19 a 24 de Setembro	Longe da multidão enlouquecedora	587
Libra I	25 de Setembro a 2 de Outubro	A fachada perfeita?	587
Libra II	3 a 10 de Outubro	Animando-se	588
Libra III	11 a 18 de Outubro	Tudo ou nada	588
Cúspide Libra-Escorpião	19 a 25 de Outubro	Fechando o círculo	589
Escorpião I	26 de Outubro a 2 de Novembro	Um labirinto subterrâneo	589
Escorpião II	3 a 11 de Novembro	Clientes muito difíceis	590
Escorpião III	12 a 18 de Novembro	Dínamo-giroscópio	590
Cúspide Escorpião-Sagitário	19 a 24 de Novembro	Causando sensação	591
Sagitário I	25 de Novembro a 2 de Dezembro	Cultivando a paciência	591
Sagitário II	3 a 10 de Dezembro	Fácil descomedimento	592
Sagitário III	11 a 18 de Dezembro	O palco do mundo	592
Cúspide Sagitário-Capricórnio	19 a 25 de Dezembro	Ativando o âmago	593
Capricórnio I	26 de Dezembro a 2 de Janeiro	Poucas desculpas	593
Capricórnio II	3 a 9 de Janeiro	Sonhos práticos	594
Capricórnio III	10 a 16 de Janeiro	Respeito vigiado	594
Cúspide Capricórnio-Aquário	17 a 22 de Janeiro	Esforços de aprendizagem	595
Aquário I	23 a 30 de Janeiro	Carma pesado	595
Aquário II	31 de Janeiro a 7 de Fevereiro	O caminho da menor resistência	596
Aquário III	8 a 15 de Fevereiro	Trazendo ideais para os outros	596
Cúspide Aquário-Peixes	16 a 22 de Fevereiro	Demolindo os portões	597
Peixes I	23 de Fevereiro a 2 de Março	Aberto demais	597
Peixes II	3 a 10 de Março	Espaço para respirar	598
Peixes III	11 a 18 de Março	Falando com o olhar	598

CÚSPIDE LEÃO-VIRGEM
Cúspide da Exposição

♍

19 a 25 de Agosto

POSIÇÃO NO ZODÍACO	Aprox. 27° de Leão e 3° de Virgem
ESTAÇÃO	Final do verão
ELEMENTO	Fogo/Terra
REGENTE	Sol/Mercúrio
SÍMBOLO	Leão/Virgem
MODO	Intuição/Sensação/Pensamento

A cúspide Leão-Virgem é uma mistura do quinto signo do zodíaco, Leão, com o sexto, Virgem. Esta cúspide pode ser comparada ao período por volta dos trinta e cinco anos de idade na vida de uma pessoa e também à época do ano em que ela ocorre – o arrefecer do verão no hemisfério norte. Neste período do ano, o pasto deve ser cortado para servir de feno no inverno, alguns vegetais precisam ser colhidos e outros preparados para a colheita. Os dias se tornam mais curtos, e as noites, mais longas; o outono se aproxima e as férias estão praticamente acabando. Em termos de desenvolvimento humano, na idade dos trinta e cinco anos a vida adulta está no apogeu. É um período em que o tema da Exposição se torna proeminente – sobretudo em termos de desenvolvimento pessoal, caráter e vida familiar. Nesta época, o indivíduo pode descobrir e talvez revelar aos outros partes secretas ou não descobertas de sua personalidade. Ao fazer isto, novas fontes de poder são acessadas, ao mesmo tempo em que é fortalecido o senso de identidade. Muitas mulheres que ainda não tiveram filhos pensam intensamente no assunto, temendo esperar mais tempo. Ambos os sexos reavaliam seus casamentos ou relacionamentos e desejam trazer assuntos escondidos para discussão aberta. Indivíduos mais independentes podem querer definir uma situação de vida mais significativa.

Os nascidos na cúspide Leão-Virgem são uma interessante mistura de introversão e extroversão. Pessoas de Leão-Virgem combinam as qualidades práticas e terrenas de Virgem com os traços mais intuitivos e ardentes de Leão, produzindo indivíduos silenciosamente inspirados que mantêm acesa a chama interior. Alguns representantes de Leão-Virgem passam uma primeira impressão de mutismo e indefinição, escondendo tendências mais vistosas; outros parecem exibicionistas, mas de fato são sensíveis e gostam da vida privada. Podem esconder certas qualidades pessoais ou fatos sobre si durante anos, mas sua riqueza interior irrompe de tempos em tempos até mesmo nos mais introvertidos nascidos neste período, quando certo dia revelam-se ao mundo mostrando inteiramente o que fazem. Muitos chegam a compreender que é inútil esconderem-se, pois quanto mais tentam fazê-lo, mais o mundo os percebe. Ao objetivarem ser mais transparentes e deixarem os outros ver o que realmente são, os nascidos na cúspide Leão-Virgem nivelam algumas das oscilações entre seu comportamento introvertido e extrovertido.

O representante de Leão-Virgem nascido em um ambiente comum ou no pé da escada social, pode começar tarde a lutar para ascender. Mesmo quando dá a partida, apenas com enorme força de vontade e tenacidade pode manter seu impulso. De fato, muitos nascidos nesta semana podem sucumbir ao seu pior temor, uma vida tediosa e medíocre. A crença em si mesmos é muitas vezes inversamente proporcional à crença do mundo neles; em outras palavras, exatamente quando estão ganhando mais autoconfiança, menos os outros os percebem.

Embora o aplauso não seja fundamental para os nascidos em Leão-Virgem, que não precisam chamar atenção da mesma maneira que pessoas nascidas em outros períodos do ano, quer sejam quietos ou auto-suficientes podem ter um senso apurado de seu próprio valor. É característico deles não revelar a verdade sobre si ou mostrar seus verdadeiros sentimentos enquanto não chegam aonde querem, social ou profissionalmente. De fato, este desejo de divulgar, mostrar, pode ser o combustível que alimenta seu impulso para atingir a meta. Os que chegam ao topo e carregaram segredos a vida toda podem ser descobertos, mas em geral através de suas próprias afirmações e comportamento. Esta tendência pode ser vista como uma estranha mistura de narcisismo e masoquismo, de excessiva indulgência e punição.

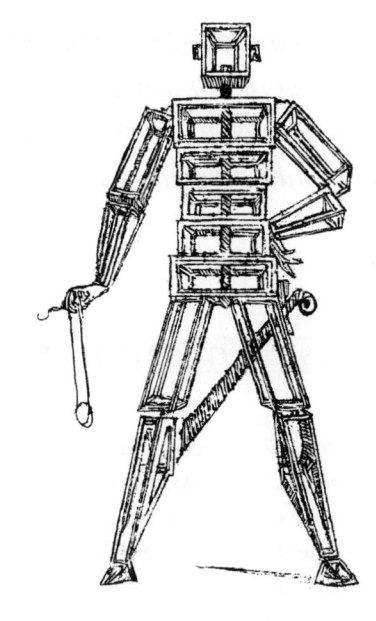

CÚSPIDE LEÃO-VIRGEM

Os nascidos na Cúspide da Exposição são muitas vezes grandes observadores e estudantes da personalidade. Sabem observar silenciosamente, sem chamar a atenção para si. Além disso, com freqüência são bons em gravar suas impressões na mente ou em palavras, e em expressarem-nas mais tarde, após longo período de maturação. Seus amigos e colegas com freqüência dependem de sua memória, julgamento e objetividade. Quando conseguem alcançar estabilidade emocional, os nascidos em Leão-Virgem são amigos confiáveis e leais.

Os que escondem e revelam alternadamente, visando atingir algum objetivo, devem compreender que este jogo é infantil e não-produtivo. Muitas vezes a solução para tais problemas vem quando conhecem uma pessoa, ou algumas, que os aceitam como são; por meio da aceitação, do amor e da confiança deixam de sentir necessidade de brincar de esconde-esconde. A imaturidade emocional pode atormentar os nascidos nesta cúspide, até aceitarem plenamente os desafios de crescer.

Pessoas que gostam de mistério e trabalho de detetive gostam dos nascidos em Leão-Virgem, e os que se dão ao trabalho de compreendê-los são ricamente recompensados. Embora não precisem muito ser admirados, elogiados ou bajulados, clamam por compreensão. Este chamado silencioso é ouvido apenas pelos mais sensíveis, que compreendem, em um nível profundo, os nascidos na Cúspide da Exposição.

"EXPOSIÇÃO"

Confiança é evidentemente a grande questão para os nascidos na Cúspide da Exposição: seus amigos devem ser de confiança para guardar seus segredos, e seus namorados devem ser fiéis. Não é fácil para os nascidos nesta semana apegarem-se apaixonada ou afetuosamente a alguém. Se traídos por um amigo ou namorado, podem ter um colapso emocional.

Caracteristicamente, os nascidos em Leão-Virgem formam relacionamentos duradouros com os que primeiro penetram sua casca de mistério. Os que os aceitam plenamente revelados, continuam a gostar deles mesmo depois que se mostram mais, tornando-se amigos e parceiros íntimos para a vida toda. Os nascidos em Leão-Virgem podem não ser os melhores pais ou filhos. Sua natureza reservada torna a troca entre gerações difícil ou impossível. Entretanto, pode haver um membro da família, primo ou irmão, com quem periodicamente abrem o coração e compartilham seus segredos. Estes pares são valiosos modelos para possíveis companheiros mais tarde; de fato, os nascidos em Leão-Virgem podem colocar seus parceiros no papel de irmãos ou irmãs. Embora em geral muito auto-centrados, calados e desligados para dedicarem-se à vida familiar, pode-se contar com eles para desincumbirem-se de suas obrigações em situações da vida diária, desde que a exigência colocada sobre eles não seja excessiva.

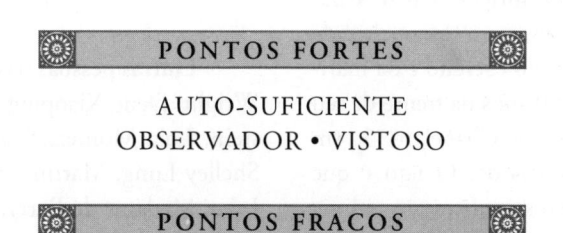

PONTOS FORTES

AUTO-SUFICIENTE
OBSERVADOR • VISTOSO

PONTOS FRACOS

NARCISISTA • RESERVADO
FECHADO

CONSELHO

Não acuse o mundo por não reconhecê-lo se você se esconde. Seja mais transparente – deixe as pessoas verem o que você realmente é. Cuidado ao manter segredos até para você mesmo. Permita que os outros o vejam, compartilhando alegrias e tristezas.

PESSOAS NOTÁVEIS DA CÚSPIDE LEÃO-VIRGEM

O Presidente dos Estados Unidos **Bill Clinton** não é uma personalidade fácil de descrever. Característico dos nascidos na Cúspide da Exposição, ele prefere se esconder ou revelar apenas o que lhe convém no momento. Embora uma pessoa intensamente reservada, dá a impressão de extrema sociabilidade e abertura, mas de fato guarda muito para si mesmo. Clinton aprendeu muito observando e esperando, em vez de se jogar de cabeça imprudentemente. Atencioso, sabe quando assumir um compromisso e quando frustrar seus oponentes adotando a posição deles em vez de opor-se a eles. Mesmo quando negligenciado ou ignorado na juventude, Clinton, como outros nascidos em Leão-Virgem, nutria um forte senso de sua importância, e sabia que um dia impressionaria o mundo.

Quando a mulher liberada **Gabrielle "Coco" Chanel** abriu sua primeira loja em Paris, em 1914, encheu de roupas unissex feitas de materiais do exército e da marinha, uma inovação pelo menos 50 anos na frente de seu tempo. Quando lançou o perfume Chanel nº 5, em 1921, novamente estava na vanguarda. O fato é que Chanel conseguiu colocar o apelo sexual em um vidro e vendê-lo – em seus próprios termos e à sua própria maneira. Chanel nunca fez uma afirmação com relação à moda só por fazer ou porque tinha necessidade disso. Pacientemente, esperava até ter algo significativo para dizer – como muitos nascidos em Leão-Virgem. Ela nunca teve pressa de mostrar o que lhe ia por dentro e viveu até os 88 anos de idade.

Antes de **Sean Connery** estrear como ator, foi lustrador de caixões, modelo de roupas de natação e fisiculturista, representando a Escócia no Mr. Universo de 1950. Seu primeiro trabalho de ator, em um coro da produção londrina do South Pacific, em 1951, fez com que conseguisse papéis pequenos e médios na tevê e no cinema. Mas não foi senão em 1962 que Connery alcançou proeminência como James Bond em *O Satânico Dr. No*. Sua graça, seu encanto e sua virilidade conferiram-lhe instantânea aceitação – e ele fez dali em diante seis outros filmes como Bond. Mas com os anos, ficou insatisfeito com a constante identificação ao personagem espião-sexy Bond. Como é característico de um representante de Leão-Virgem, ele sabia que tinha muito mais a oferecer como ator. Usando seu poder de superastro, escolheu cuidadosamente um leque mais amplo de papéis – estabelecendo-se gradualmente como um ator completo em filmes como *O Nome da Rosa* (1986; prêmio da Academia Britânica), *Os Intocáveis* (1987; Oscar de Melhor Ator Coadjuvante) e *A Caçada ao Outubro Vermelho* (1990). Connery sabia que finalmente seria reconhecido como o artista versátil que é.

Outras pessoas nascidas em Leão-Virgem: Orville Wright, Deng Xiaoping, Cal Ripkin, Jr., Leonard Bernstein, Lola Montez, Wilt Chamberlain, Elvis Costello, Shelley Long, Martin Amis, Gene Roddenberry, Jill St. John, Madame du Barry, Eero Saarinen, Connie Chung, Josué Montello, Nelson Rodrigues, Paulo Coelho, Francisco Alves, Araci de Almeida, Golbery do Couto e Silva, Rui Guerra, Negrão de Lima, Duque de Caxias.

19 A 25 DE AGOSTO

Guia de Relacionamentos para a Cúspide Leão-Virgem

<table>
<tr><td rowspan="2">

MELHORES RELACIONAMENTOS

AMOR

Cúspide Peixes-Áries
Touro I
Cúspide Touro-Gêmeos
Gêmeos II
Gêmeos III
Leão I
Libra I
Libra II
Cúspide Libra-Escorpião
Sagitário II
Aquário II

CASAMENTO

Câncer II
Libra III
Sagitário I
Aquário III
Peixes II

AMIZADE

Áries III
Touro II
Gêmeos I
Cúspide Leão-Virgem
Virgem II
Escorpião III
Cúspide Sagitário-Capricórnio
Peixes I
Peixes III

FAMÍLIA

Cúspide Áries-Touro
Touro III
Câncer III
Escorpião II
Cúspide Escorpião-Sagitário
Sagitário III
Capricórnio III

TRABALHO

Áries II
Cúspide Gêmeos-Câncer
Câncer I
Leão III
Virgem I
Cúspide Virgem-Libra
Escorpião I
Capricórnio II
Cúspide Aquário-Peixes

</td><td colspan="4">

Localizador de Página para Todos os Relacionamentos

</td></tr>
<tr>
<td>Cúspide Peixes-Áries</td><td>19 a 24 de Março</td><td>Linguagem oculta</td><td>224</td>
</tr>
<tr><td colspan="4">

Áries I	25 de Março a 2 de Abril	Projetos confidenciais	247
Áries II	3 a 10 de Abril	Representando	270
Áries III	11 a 18 de Abril	Via de mão única	293
Cúspide Áries-Touro	19 a 24 de Abril	Retiro na fantasia	315
Touro I	25 de Abril a 2 de Maio	Momento de verdade	336
Touro II	3 a 10 de Maio	Confiança sagrada	357
Touro III	11 a 18 de Maio	Exigência de abertura	378
Cúspide Touro-Gêmeos	19 a 24 de Maio	A mão do destino	398
Gêmeos I	25 de Maio a 2 de Junho	Vencendo uma luta justa	417
Gêmeos II	3 a 10 de Junho	Encorajando a auto-expressão	436
Gêmeos III	11 a 18 de Junho	Jogo de esconde-esconde	455
Cúspide Gêmeos-Câncer	19 a 24 de Junho	Equiparação	473
Câncer I	25 de Junho a 2 de Julho	Investigações inteligentes	490
Câncer II	3 a 10 de Julho	Encontrando a conexão	507
Câncer III	11 a 18 de Julho	Tirando a rolha da garrafa	524
Cúspide Câncer-Leão	19 a 25 de Julho	Encontrando acordos aceitáveis	540
Leão I	26 de Julho a 2 de Agosto	Devolvendo	555
Leão II	3 a 10 de Agosto	O assento do motorista	570
Leão III	11 a 18 de Agosto	Aspirações secretas	585
Cúspide Leão-Virgem	19 a 25 de Agosto	Brincando de esconde-esconde	599
Virgem I	26 de Agosto a 2 de Setembro	A chance para a metamorfose	599
Virgem II	3 a 10 de Setembro	Mudando para o atingível	600
Virgem III	11 a 18 de Setembro	Liberdade das palavras	600
Cúspide Virgem-Libra	19 a 24 de Setembro	Forma sobre substância	601
Libra I	25 de Setembro a 2 de Outubro	Desinteresse pela realidade	601
Libra II	3 a 10 de Outubro	Interesse insaciável	602
Libra III	11 a 18 de Outubro	Colaboração relaxada	602
Cúspide Libra-Escorpião	19 a 25 de Outubro	Uma frente imponente	603
Escorpião I	26 de Outubro a 2 de Novembro	Bem camuflado	603
Escorpião II	3 a 11 de Novembro	Orgulho em realizar	604
Escorpião III	12 a 18 de Novembro	Forças além de seu controle	604
Cúspide Escorpião-Sagitário	19 a 24 de Novembro	Arregaçando as mangas	605
Sagitário I	25 de Novembro a 2 de Dezembro	Necessidade de atenção	605
Sagitário II	3 a 10 de Dezembro	Anelo por divertimento	606
Sagitário III	11 a 18 de Dezembro	Passando o bastão	606
Cúspide Sagitário-Capricórnio	19 a 25 de Dezembro	A terceira pessoa	607
Capricórnio I	26 de Dezembro a 2 de Janeiro	Um pragmatismo ortodoxo	607
Capricórnio II	3 a 9 de Janeiro	Uma resposta emocional controlada	608
Capricórnio III	10 a 16 de Janeiro	Confiança sagrada	608
Cúspide Capricórnio-Aquário	17 a 22 de Janeiro	Mistura pessoal de expressão	609
Aquário I	23 a 30 de Janeiro	Trocas fáceis	609
Aquário II	31 de Janeiro a 7 de Fevereiro	Mantendo as aparências	610
Aquário III	8 a 15 de Fevereiro	Maior do que a soma das partes	610
Cúspide Aquário-Peixes	16 a 22 de Fevereiro	Resistência às incursões	611
Peixes I	23 de Fevereiro a 2 de Março	Independência de ação	611
Peixes II	3 a 10 de Março	Assumindo uma posição	612
Peixes III	11 a 18 de Março	Encontrando solo comum	612

</td></tr>
</table>

VIRGEM I
Semana dos Construtores de Sistemas

26 de Agosto a 2 de Setembro

POSIÇÃO NO ZODÍACO
Aprox. 2 a 10º de Virgem
ESTAÇÃO
Final do verão
ELEMENTO
Terra
REGENTE
Mercúrio
SÍMBOLO
Virgem
MODO
Sensação/Pensamento

O período de Virgem I toma os Construtores de Sistemas como imagem central. Este período pode ser comparado à época na vida de uma pessoa em que o instinto para consolidar e solidificar estruturas existentes, casamentos ou parcerias, negócios etc. expressa-se positivamente. Além disso, nesta época, muitos indivíduos tomam parte em atividades orientadas para o serviço, seja no âmbito familiar, profissional ou social. O desejo de ajudar influenciando de modo construtivo o curso dos acontecimentos manifesta-se aqui.

Os dias que compreendem Virgem I revelam simbolicamente o adulto maduro começando a aplicar suas energias a serviço de ideais sociais, talvez trabalhando com um sócio e dando-lhe apoio, solidificando a confiança e a eficiência e adotando uma postura mais prática e profissional perante o mundo. Com efeito, essa pode ser uma época em que indivíduos extremamente despreocupados ou irresponsáveis reconhecem que é chegada a hora de mudar de atitude.

Estrutura é um tema importante na vida dos nascidos em Virgem I, uma espécie de apólice de seguro que inevitavelmente surge em tempos de estresse. É subjacente a sua atitude perante o mundo. A insistência e a concentração mental são sua maior força e, em conseqüência, sofrem mais quando pressões emocionais os impedem de pensar claramente ou dar conta de seus afazeres. Ficam perturbados sobretudo com o caos; portanto, uma rotina diária eficiente, um lar prático ou um espaço de trabalho funcional são essenciais para sua saúde mental. Entretanto, como a inflexibilidade e a rigidez também são uma saída possível para esta estruturação, devem se guardar disso.

A carreira dos nascidos em Virgem I muitas vezes envolve o serviço. No papel na família, preocupam-se com os que precisam de ajuda ou dão apoio no dia-a-dia. Nem todos os nascidos em Virgem I são talhados para estes papéis, entretanto, e apesar de sua tendência e talento para ajudar os outros, podem ressentir-se de pesadas responsabilidades depositadas em suas costas. Embora os nascidos nesta Semana dos Construtores de Sistema pareçam se dar bem vivendo e trabalhando com pessoas que sabem cooperar e dividir o fardo da vida diária, não se pode afirmar que gostam de fazer parte de uma equipe. Os nascidos em Virgem I precisam passar muito tempo sós, e se saem melhor quando sua contribuição para o bem-estar do grupo familiar ou social é feita em seus próprios termos.

Os nascidos em Virgem I em geral não são talhados para papéis de liderança individual, mas podem ser excelentes parceiros e colegas. Gostam de ficar olhando, preferindo observar cuidadosamente antes de agir; esta objetividade e as avaliações resultantes podem torná-los extremamente valiosos para a empresa ou família. Escrever relatórios, expressar verbalmente conclusões e fazer crônicas do que viram ao seu redor em diferentes mídias são as capacidades mais desenvolvidas.

As mulheres nascidas nesta semana podem ser tímidas e recatadas; os homens com freqüência são considerados fortes e silenciosos. Em vez de agir de forma agressiva e ativa, os nascidos em Virgem I tipicamente preferem ser descobertos pelos outros. Este comportamento está muito enraizado, pois evitam rejeição e reforçam seu poder de escolha. De fato, a escolha é fundamental para que se sintam com poder. No entanto, são capazes de fazer escolhas infelizes no amor e na amizade – nos assuntos pessoais suas decisões às vezes são desastrosas. Sua objetividade a respeito do mundo não se reflete no campo das emoções. Em conseqüência, os nascidos em Virgem I sofrem de grave instabilidade nervosa e depressão quando se frustram. Podem surgir sentimentos de inadequação ou fracasso com o que têm dificuldade de lidar.

Os nascidos em Virgem I tendem a ser rígidos em suas atitudes mentais, o que pode despertar antagonismo, sobretudo em quem prefere um estilo de vida mais espontâneo, flexível ou solto. Como membros dominantes da família ou como pais podem ser propensos a estabelecer um número excessivo de regras e a impingi-las com aplicação. Se, por outro lado, acreditam que as pessoas devem ser livres para escolher de acordo com seus ditames, podem implementar esta crença com igual zelo. Os nascidos em Virgem I podem beneficiar-se de envolvimentos pessoais ou relações de trabalho com tipos mais despreocupados, que aceitam as coisas conforme elas ocorrem, sem necessidade de planejá-las com antecedência.

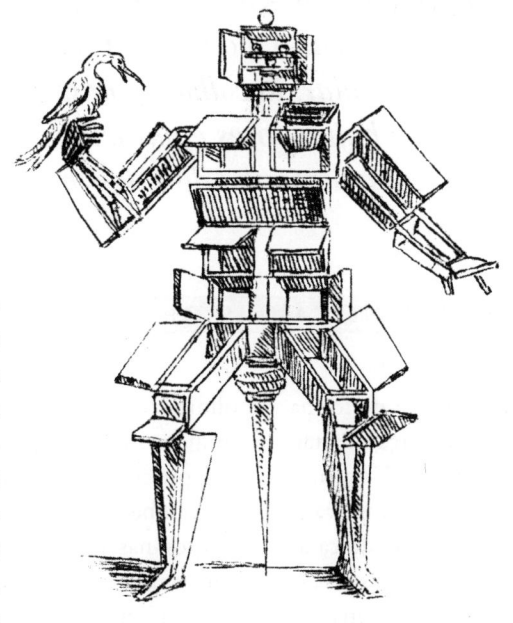

Como aprender a relaxar é essencial para os nascidos em Virgem I, seus melhores relacionamentos são com pessoas com quem se sintam à vontade com quem e passam bons momentos. Estes relacionamentos com tipos divertidos podem ser mutuamente vantajosos, o representante de Virgem fornecendo a estrutura e a confiança, e o outro, a atitude relaxada e alegre de que os nascidos nesta semana dos Construtores de Sistemas carecem. Nos relacionamentos amorosos, podem não se mostrar tão dignos de confiança, pois se seu estado emocional é instável acreditam que têm pouco para dar. Visando recolher-se, tornam-se incapazes de lidar com o sentimento de outra pessoa.

Os nascidos em Virgem I podem ter problemas quando sua postura orientada para o serviço e capacidade prática atrai tipos dependentes, necessitados, que sugam sua energia e exaurem sua capacidade de doação. Alimentar tais dependências pode ser uma forma sutil de comportamento autodestrutivo, pois embora a necessidade de compartilhar e resolver problemas possa inicialmente prover laços comuns positivos, o relacionamento com indivíduos inseguros e carentes pode por fim provocar uma negatividade correspondente nos nascidos nesta semana.

Como viver por meio dos outros pode ser uma tentação para os nascidos em Virgem I, precisam aprender a viver por conta própria e a se sentirem menos sacrificados. Estabelecer um estilo de vida realmente livre, menos dependente das necessidades e desejos dos outros, sejam pais, clientes, amigos ou namorados, pode ser o maior desafio que enfrentam. A longo prazo, pois, relacionamentos íntimos com pessoas extremamente independentes, sobretudo quem gosta de estabelecer limites para as interações humanas, podem ser produtivos e recompensadores. Mesmo que estas personalidades inicialmente pareçam egoístas, são muito benéficas como modelos para o Virgem I. Os nascidos nesta semana precisam estar livres das constantes exigências de outras pessoas se quiserem ter o espaço que precisam para expressar-se e para desenvolver seu lado criativo e financeiramente produtivo.

"CONSTRUTORES DE SISTEMAS"

PONTOS FORTES

ESTRUTURADO • CONFIÁVEL
PRESTATIVO

PONTOS FRACOS

RÍGIDO • INCONSCIENTE
EMOCIONALMENTE • AUTODESTRUTIVO

CONSELHO

Suavize um pouco sua postura – aceite as coisas como elas são e desprenda-se delas quando chegar o momento. Procure manter separados seu trabalho e sua vida particular. Recolha-se mais e exija fidelidade dos outros também. Proteja-se de bajuladores e parasitas. Ocasionalmente, seja mais egoísta e não tenha vergonha de exigir benefícios para si.

PESSOAS NOTÁVEIS DE VIRGEM I

A beleza irresistível de **Ingrid Bergman** de forma alguma eclipsou sua inteligência e grande força mental. Como é característico de um representante de Virgem I, ela dependia de estrutura e estabilidade na vida privada para poder atuar melhor. Em consequência, sendo casada quando apaixonou-se por Roberto Rossellini, sua carreira foi afetada. Fez seis filmes e teve três filhos com o diretor italiano, inclusive a atriz Isabella Rossellini. Durante sete anos, nessa época, foi impedida de fazer cinema nos Estados Unidos. Em seu papel mais famoso, com Humphrey Bogart, *Casablanca*, ela se bate entre o amor pelo marido e o amante e fica confusa quando seu lado racional e emocional entram em conflito.

O poeta alemão **Johann Wolfgang von Goethe** sempre foi representado como o Homem Universal do seu país. Cientista, lingüista, advogado, crítico, filósofo, pintor, poeta, romancista e dramaturgo dos séculos XVIII e XIX, poucas áreas escaparam do vivo interesse de Goethe. Evidente em seu trabalho é o amor pelo sistema e a estrutura que o identificam como um representante de Virgem I, sobretudo em seus trabalhos científicos, como *A Metamorfose das Plantas*. Goethe também se interessou pelo oculto e suas hierarquias complexas, que utilizou de forma artística em sua maior obra, *Fausto*. Uma estranha mistura de clássico, gótico, renascentista e romântico, a obra literária de Goethe é considerada o que de mais belo e elegante foi escrito na língua alemã.

Possivelmente o maior domínio atingido em qualquer esporte por um indivíduo tenha sido conquistado por **Edwin Moses**. Ele foi invencível por cerca de 10 anos em 122 corridas de obstáculos. Pensar em chegar em primeiro, segundo ou terceiro lugar em vários eventos internacionais é em si algo estonteante, mas nunca chegar depois do primeiro em eventos nacionais, internacionais e olímpicos em mais de 100 corridas contra os melhores do mundo, sob quaisquer condições, é quase inconcebível. Sempre com as melhores condições físicas possíveis, Moses também tinha a mente muito disciplinada, como muitos nascidos em Virgem I. Analítico e articulado, com uma atitude quase professoral em seu trabalho, Moses estudou a técnica e a fisiologia da corrida de obstáculos em grande detalhe.

Outras pessoas nascidas em Virgem I: Michael Jackson, Charlie Parker, Mark Harmon, Antonia Fraser, Lyndon Johnson, Mary Shelley, Rocky Marciano, Timothy Bottoms, Gloria Estefan, Yasir Arafat, Peggy Guggenheim, Georg Hegel, Maria Montessori, Frank Robinson, Lou Piniella, Geraldine Ferraro, Richard Gere, James Coburn, William Friedkin, Slobodan Milosevic, Alan Dershowitz, Jimmy Connors, Dory Caymmi, Alfredo Bosi, Madre Teresa, Silvinha Teles, Pereira Passos, Edu Lobo, Jackson do Pandeiro, Emilinha Borba, Francis Hime, Pepê, Arnaldo Antunes.

26 DE AGOSTO A 2 DE SETEMBRO

Guia de Relacionamentos para Virgem I

<table>
<tr><td colspan="4">**Localizador de Página para Todos os Relacionamentos**</td></tr>
<tr><td>Cúspide Peixes-Áries</td><td>19 a 24 de Março</td><td>Passos gigantes</td><td>224</td></tr>
<tr><td>Áries I</td><td>25 de Março a 2 de Abril</td><td>Buscando novas fronteiras</td><td>248</td></tr>
<tr><td>Áries II</td><td>3 a 10 de Abril</td><td>Executando o trabalho</td><td>271</td></tr>
<tr><td>Áries III</td><td>11 a 18 de Abril</td><td>Mistura misteriosa</td><td>293</td></tr>
<tr><td>Cúspide Áries-Touro</td><td>19 a 24 de Abril</td><td>Influência catalisadora</td><td>315</td></tr>
<tr><td>Touro I</td><td>25 de Abril a 2 de Maio</td><td>Uma boa dose de felicidade</td><td>337</td></tr>
<tr><td>Touro II</td><td>3 a 10 de Maio</td><td>Sérios sacrifícios</td><td>358</td></tr>
<tr><td>Touro III</td><td>11 a 18 de Maio</td><td>Ser tolo</td><td>378</td></tr>
<tr><td>Cúspide Touro-Gêmeos</td><td>19 a 24 de Maio</td><td>Sucesso a qualquer preço</td><td>398</td></tr>
<tr><td>Gêmeos I</td><td>25 de Maio a 2 de Junho</td><td>Necessidade de mudança</td><td>418</td></tr>
<tr><td>Gêmeos II</td><td>3 a 10 de Junho</td><td>A um passo</td><td>437</td></tr>
<tr><td>Gêmeos III</td><td>11 a 18 de Junho</td><td>Necessidade de compromisso</td><td>455</td></tr>
<tr><td>Cúspide Gêmeos-Câncer</td><td>19 a 24 de Junho</td><td>Descobertas ao acaso</td><td>473</td></tr>
<tr><td>Câncer I</td><td>25 de Junho a 2 de Julho</td><td>Encontrando o cerne da questão</td><td>491</td></tr>
<tr><td>Câncer II</td><td>3 a 10 de Julho</td><td>Preocupação com o bizarro</td><td>508</td></tr>
<tr><td>Câncer III</td><td>11 a 18 de Julho</td><td>Camuflagem não-descritiva</td><td>524</td></tr>
<tr><td>Cúspide Câncer-Leão</td><td>19 a 25 de Julho</td><td>Delicada dualidade</td><td>540</td></tr>
<tr><td>Leão I</td><td>26 de Julho a 2 de Agosto</td><td>Desenvolvendo projetos conjuntos</td><td>556</td></tr>
<tr><td>Leão II</td><td>3 a 10 de Agosto</td><td>Verdadeiras almas gêmeas</td><td>571</td></tr>
<tr><td>Leão III</td><td>11 a 18 de Agosto</td><td>Uma transparência inerente</td><td>585</td></tr>
<tr><td>Cúspide Leão-Virgem</td><td>19 a 25 de Agosto</td><td>A chance para a metamorfose</td><td>599</td></tr>
<tr><td>Virgem I</td><td>26 de Agosto a 2 de Setembro</td><td>Até o último detalhe</td><td>613</td></tr>
<tr><td>Virgem II</td><td>3 a 10 de Setembro</td><td>Tendência a viciar-se no trabalho</td><td>613</td></tr>
<tr><td>Virgem III</td><td>11 a 18 de Setembro</td><td>Sem coibição</td><td>614</td></tr>
<tr><td>Cúspide Virgem-Libra</td><td>19 a 24 de Setembro</td><td>A cadeia dos milagres</td><td>614</td></tr>
<tr><td>Libra I</td><td>25 de Setembro a 2 de Outubro</td><td>O que há além?</td><td>615</td></tr>
<tr><td>Libra II</td><td>3 a 10 de Outubro</td><td>Visão mais ampla</td><td>615</td></tr>
<tr><td>Libra III</td><td>11 a 18 de Outubro</td><td>Orgulho de si mesmo</td><td>616</td></tr>
<tr><td>Cúspide Libra-Escorpião</td><td>19 a 25 de Outubro</td><td>Crítica corrosiva</td><td>616</td></tr>
<tr><td>Escorpião I</td><td>26 de Outubro a 2 de Novembro</td><td>Atenção ao detalhe</td><td>617</td></tr>
<tr><td>Escorpião II</td><td>3 a 11 de Novembro</td><td>Parceiros autônomos</td><td>617</td></tr>
<tr><td>Escorpião III</td><td>12 a 18 de Novembro</td><td>Um pequeno círculo de amigos</td><td>618</td></tr>
<tr><td>Cúspide Escorpião-Sagitário</td><td>19 a 24 de Novembro</td><td>Inovador e visionário</td><td>618</td></tr>
<tr><td>Sagitário I</td><td>25 de Novembro a 2 de Dezembro</td><td>Amigos ou inimigos?</td><td>619</td></tr>
<tr><td>Sagitário II</td><td>3 a 10 de Dezembro</td><td>Destravando o poder dormente</td><td>619</td></tr>
<tr><td>Sagitário III</td><td>11 a 18 de Dezembro</td><td>Destinado ao conflito</td><td>620</td></tr>
<tr><td>Cúspide Sagitário-Capricórnio</td><td>19 a 25 de Dezembro</td><td>Uma frente unida e obstinada</td><td>620</td></tr>
<tr><td>Capricórnio I</td><td>26 de Dezembro a 2 de Janeiro</td><td>Placas teutônicas</td><td>621</td></tr>
<tr><td>Capricórnio II</td><td>3 a 9 de Janeiro</td><td>Dando um exemplo</td><td>621</td></tr>
<tr><td>Capricórnio III</td><td>10 a 16 de Janeiro</td><td>Difícil de ignorar</td><td>622</td></tr>
<tr><td>Cúspide Capricórnio-Aquário</td><td>17 a 22 de Janeiro</td><td>Renovando o ar</td><td>622</td></tr>
<tr><td>Aquário I</td><td>23 a 30 de Janeiro</td><td>Apelo magnético</td><td>623</td></tr>
<tr><td>Aquário II</td><td>31 de Janeiro a 7 de Fevereiro</td><td>Trocando papéis</td><td>623</td></tr>
<tr><td>Aquário III</td><td>8 a 15 de Fevereiro</td><td>Protegendo os oprimidos</td><td>624</td></tr>
<tr><td>Cúspide Aquário-Peixes</td><td>16 a 22 de Fevereiro</td><td>Uma luta de livre-pensamento</td><td>624</td></tr>
<tr><td>Peixes I</td><td>23 de Fevereiro a 2 de Março</td><td>Limites organizacionais externos</td><td>625</td></tr>
<tr><td>Peixes II</td><td>3 a 10 de Março</td><td>Gosto pelo peculiar</td><td>625</td></tr>
<tr><td>Peixes III</td><td>11 a 18 de Março</td><td>Afiando conceitos</td><td>626</td></tr>
</table>

MELHORES RELACIONAMENTOS

AMOR
- Câncer II
- Leão II
- Leão III
- Cúspide Virgem-Libra
- Libra III
- Sagitário II
- Capricórnio II
- Cúspide Capricórnio-Aquário
- Peixes I
- Peixes II

CASAMENTO
- Cúspide Peixes-Áries
- Áries II
- Touro I
- Gêmeos II
- Câncer I
- Câncer III
- Virgem II
- Libra I
- Escorpião I
- Escorpião III
- Sagitário III
- Capricórnio I
- Capricórnio III

AMIZADE
- Touro III
- Cúspide Gêmeos-Câncer
- Cúspide Câncer-Leão
- Libra II
- Escorpião II
- Sagitário I
- Aquário II

TRABALHO
- Áries III
- Cúspide Áries-Touro
- Touro II
- Gêmeos I
- Leão I
- Cúspide Leão-Virgem
- Virgem I
- Cúspide Libra-Escorpião
- Cúspide Sagitário-Capricórnio
- Aquário I
- Peixes III

VIRGEM II
Semana do Enigma

3 a 10 de Setembro

POSIÇÃO NO ZODÍACO
Aprox. 9 a 18° de Virgem
ESTAÇÃO
Final do verão
ELEMENTO
Terra
REGENTE
Mercúrio
SÍMBOLO
Virgem
MODO
Sensação/Pensamento

O período de Virgem II toma o Enigma como imagem central. Segundo o Grande Ciclo da Vida, em termos humanos, este período corresponde ao encerramento da faixa dos trinta anos de idade, quando para muitos chega a compreensão de que não são mais jovens e que pode ser necessário reavaliar a vida. Assim, muitos aspectos difíceis e intrigantes da existência são simbolizados por este período. O sentimento de que a juventude acabou impõe à mente sérias questões, em geral de natureza pessoal, e a necessidade de resolver problemas psicológicos ou de se mudar certas atitudes. A ética, a moral e as resoluções tomadas para melhorar a si mesmo têm um papel a desempenhar aqui.

Os dias que compreendem Virgem II revelam simbolicamente o adulto maduro rompendo com sistemas ou modelos anteriores de vida, com o objetivo de construir de forma imaginativa, buscar mais sucesso usando meios inteligentes e sondar o lado misterioso, enigmático e problemático do eu. Alcançar metas pessoais assume agora grande prioridade.

Os nascidos em Virgem II são enigmáticos, muitas vezes difíceis até para os mais próximos compreenderem. Seu rosto não revela facilmente o que pensam; de fato, é difícil para eles demonstrar emoção. Atrás de seu exterior atraente ou impressionante pode esconder-se um indivíduo inesperadamente em guarda. Como esfinges, os nascidos em Virgem II não estão acima de erigirem defesas matreiras e cultivarem um ar de mistério sobre si mesmos e sobre o que fazem. Resistem inflexivelmente a tentativas de serem analisados e, com freqüência, deixam claro que não estão interessados de forma alguma em discutir sua vida pessoal ou familiar. O motivo disso raramente é insegurança mas sim mostrar vulnerabilidade, o que pode ser um problema para os nascidos em Virgem II e impedir que outros cheguem realmente perto deles. Tão forte é a crença dos nascidos em Virgem II em sua própria individualidade que alguns colocam-se acima de códigos sociais aceitos. Estas pessoas podem tornar-se isoladas e solitárias, parecendo inabordáveis. Os nascidos na Semana do Enigma são dotados de grande força interior. Muitos inspiram confiança nos outros e, com freqüência, são chamados para ajudar ou tomar conta de algo. No entanto, os nascidos nesta semana podem achar difícil reagir quando são alvo de grandes expectativas. Sua tendência natural nestes momentos é retirar-se para a vida privada, muitas vezes um mundo reservado.

A comunicação pode ser a prioridade número um dos nascidos em Virgem II, sobretudo na carreira e como meio de esclarecer seus pensamentos. Mas podem achar difícil compartilhar experiências mais pessoais. Isto se deve menos à falta de habilidade verbal do que a uma necessidade de manter suas lutas interiores para si e de passar por suas provas sozinhos. Muitos nascidos em Virgem II são amáveis, solícitos e atenciosos e não vêem necessidade de incomodar os que os cercam com suas dificuldades. Pedir ajuda pode ser um verdadeiro problema para eles; parecem fadados a resolverem tudo sozinhos. Muitos acreditam em fazer a coisa certa. Para estes indivíduos extremamente éticos, os seres humanos ganham em estatura moral com o esforço individual.

Os nascidos em Virgem II têm um lado cômico e apreciam o humor em suas várias formas. Podem, às vezes, parecer tolos e primitivos, mas em geral conseguem ver suas falhas e rir de si mesmos. Levada longe demais esta atitude pode resultar em uma baixa auto-estima, mas na maior parte das vezes a capacidade dos nascidos em Virgem II de brincar sobre si é um sinal de força e não de fraqueza. Apesar de seu lado prático em assuntos do dia-a-dia, os nascidos nesta semana têm uma vida rica em fantasia, que complementa seu lado cômico. Mesmo os mais austeros e sérios têm senso de humor, talvez um pouco amargo ou sarcástico, às vezes, mas ainda assim engraçado.

Os nascidos em Virgem II são indivíduos argutos, que se orgulham de seu bom gosto pessoal e também em termos intelectuais. Seus padrões são extremamente elevados, e podem levá-los a rejeitar pessoas como amigos ou a serem rejeitados por elas como excessivamente meticulosos. Seu círculo social portanto tende a ser pequeno. Críticos, mas também honestos, invariavelmente sujeitam-se aos mesmos impiedosos critérios que aplicam aos outros. Esta atitude certamente não os torna relaxados, e os nascidos nesta semana podem envolver-se em situações muito estressantes, que com freqüência provocam graves sintomas físicos. Mais do que em outros, doenças orgânicas em um Virgem II com freqüência são resultado de distúrbios psíquicos.

Por trás da máscara de confiança e ocasional bravata, está um indivíduo que precisa de amor como qualquer um. Encontrar esta pessoa especial com quem possam se abrir (em geral um amigo e não um namorado), é muitas vezes o primeiro passo para desbloquear sua fonte mais profunda de expressão. Alguns, entretanto, tomam como desafio romper as defesas de um Virgem II, que pode apreciar seus esforços: amigos de uma vida toda e até casamentos podem resultar deste comportamento não agressivo. Os nascidos nesta semana não se importam realmente que os outros se aproximem deles, pois têm confiança em sua capacidade de impedir qualquer ataque indesejável.

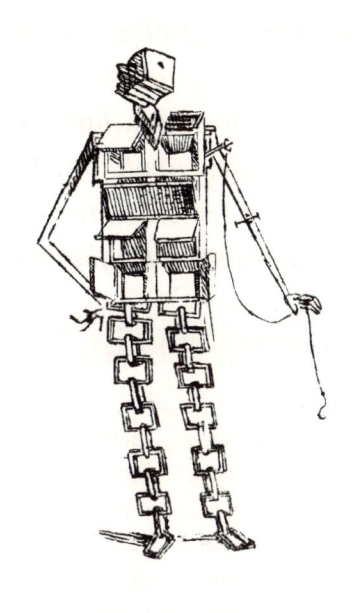

"ENIGMA"

Também muitas vezes gostam de se envolver com tipos ativos e sociáveis, que formam um bom contraste com sua personalidade pensativa e, às vezes, retraída.

A expressão sexual dos nascidos em Virgem II não precisa envolver sentimentos profundos. Eles têm uma forma curiosa de construir barreiras invisíveis entre si e seus namorados, e podem desligar-se de um ato sexual sem que o outro perceba. Os nascidos em Virgem II muitas vezes gostam do incomum nas relações íntimas. Podem enviar mensagens silenciosas sobre isso para seus namorados, que, se percebidas, resultam em grande satisfação, mas se ignoradas por muito tempo pode significar o fim do relacionamento. Mudar de opinião com freqüência, ter súbitos e inesperados acessos de paixão que passam logo são também típicos dos nascidos na Semana do Enigma.

Muitos não têm realmente necessidade de viver com alguém, mas se a vida familiar for atrativa podem ajustar-se bem, desde que tenham tempo e espaço suficientes para si. Como pais, suas tendências rigorosíssimas podem ter de ser mantidas sob controle, e como companheiros sua capacidade limitada de aceitar as fraquezas dos outros certamente será testada. Por meio de interações diárias com outras pessoas, em casa e no trabalho, os nascidos nesta semana aprofundam sua humanidade. O fato de serem forçados a se baterem com outros para resolver problemas mútuos os ensina a perdoar, aceitar e a serem simpáticos.

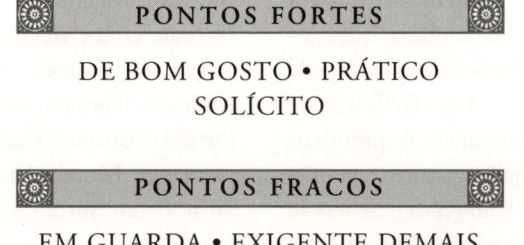

PONTOS FORTES

DE BOM GOSTO • PRÁTICO
SOLÍCITO

PONTOS FRACOS

EM GUARDA • EXIGENTE DEMAIS
DESLIGADO

CONSELHO

Procure manter a flexibilidade e a aceitação sem comprometer seus altos padrões. Abra o coração nos relacionamentos amorosos. Esteja ciente de seu lado que condena e não perdoa. Amabilidade, bondade e diplomacia são traços que merecem ser desenvolvidos. Cuidado ao se colocar acima da lei ou à parte da sociedade. Não tenha receio de mostrar sua vulnerabilidade.

PESSOAS NOTÁVEIS DE VIRGEM II

Uma mãe de 10 filhos que cuidava da fazenda e fazia batatas fritas, a **Grandma (Avó) Moses** começou sua carreira de pintora aos 78 anos de idade. Faleceu aos 101, e nos últimos 23 anos de sua vida pintou mais de 1.500 quadros. O tema destas composições naturalistas, primitivistas e infantis eram imagens e memórias da infância e histórias com as quais cresceu. Um fenômeno inexplicável, como ocorre com muitos nascidos em Virgem II, ela foi completamente autodidata e melhorou a qualidade de seu trabalho com o passar dos anos. Conhecida no mundo todo e altamente valorizada por colecionadores, Grandma Moses ganhou poucos dólares com seus quadros em vida. Uma exceção enigmática no mundo das artes, seu processo artístico desafiou a análise.

Mestre da dialética e da entonação, o comediante e ator de cinema **Peter Sellers** foi também um mestre da dissimulação. Na vida real poucos invadiram sua máscara de segredo e mesmo sua família não podia afirmar que realmente o conhecia. Alguns achavam que Sellers carecia de verdadeira identidade, o que explicaria sua facilidade de imitar os outros. Na maioria de seus papéis, de presidente dos Estados Unidos e tenente inglês a cientista alemão maluco (todos em um filme, *Dr. Strangelove*), Sellers se identificou tanto com os personagens que se fundiu com eles. Como ocorre com outros representantes de Virgem II, era sujeito a curtos e inexplicáveis arroubos de paixão, muitas vezes manifestados ao se apaixonar pela atriz principal (como ocorreu com Sophia Loren) ao ponto de querer largar sua vida e família por ela.

Sax-tenorista tenor **Sonny Rollins** é um dos principais expoentes da técnica na corneta depois de ser músico de jazz por quase cinqüenta anos. Rolins gravou com todos os grandes músicos de jazz, inclusive Charlie Parker, Thelonius Monk e Miles Davis, mas talvez tenha sido melhor quando tocou com seu próprio grupo. Seu trabalho solo nos anos 1960 era com freqüência enigmático e difícil de acompanhar, e como muitos nascidos em Virgem II Sonny se sentiu incompreendido. Em determinado ponto, foi eclipsado pelo músico mais popular John Coltrane. Efetuando uma espécie de fusão entre seu estilo mais técnico, calipso e música dançante americana, Rollins mais tarde se tornou muito mais popular com o público em geral.

Outras pessoas nascidas em Virgem II: Leon Tolstoi, Joseph P. Kennedy, Rainha Elizabeth I, Louis H. Sullivan, Daniel H. Burnham, Luis XIV, John Cage, Otis Redding, Jean-Louis Barrault, Raquel Welch, Dweezil Zappa, Amy Irving, Charlie Sheen, Jane Curtin, Jane Addams, Buddy Holly, Louise Suggs, Freddie Mercury, Ricardo I, Sid Caesar, William Bligh, Margaret Trudeau, Karl Lagerfeld, Yma Sumac, Elvin Jones, Anton Dvorak, Grace Metalious, Patsy Cline, Anton Bruckner, Oskar Schlemmer, Assis Chateaubriand, Mário de Andrade, Ferreira Gullar, Francisco Mignone, Sílvia Orthof, Antonio Carlos Magalhães, Josué de Castro, Henrique Morelenbaum, Di Cavalcanti, Leônidas da Silva, Paulo Autran, Gustavo Kuerten.

— 3 A 10 DE SETEMBRO —

Guia de Relacionamentos para Virgem II

Localizador de Página para Todos os Relacionamentos

Cúspide Peixes-Áries	19 a 24 de Março	Exploração intrépida	225
Áries I	25 de Março a 2 de Abril	Pegar ou largar	248
Áries II	3 a 10 de Abril	Intimidade incomum	271
Áries III	11 a 18 de Abril	Mundos privados	294
Cúspide Áries-Touro	19 a 24 de Abril	Tranqüilidade doméstica	316
Touro I	25 de Abril a 2 de Maio	Águas inexploradas	337
Touro II	3 a 10 de Maio	Diante da tradição	358
Touro III	11 a 18 de Maio	A melhor pessoa	379
Cúspide Touro-Gêmeos	19 a 24 de Maio	Ponto e contraponto	399
Gêmeos I	25 de Maio a 2 de Junho	Projetos criativos	418
Gêmeos II	3 a 10 de Junho	Sinais trocados	437
Gêmeos III	11 a 18 de Junho	O eterno estudante	456
Cúspide Gêmeos-Câncer	19 a 24 de Junho	Lição de firmeza	474
Câncer I	25 de Junho a 2 de Julho	Melhorando os humores	491
Câncer II	3 a 10 de Julho	Encontrando conforto	508
Câncer III	11 a 18 de Julho	Opção em vez de necessidade	525
Cúspide Câncer-Leão	19 a 25 de Julho	Alimentando a chama	541
Leão I	26 de Julho a 2 de Agosto	Não para qualquer um	556
Leão II	3 a 10 de Agosto	Uma necessidade de introspecção	571
Leão III	11 a 18 de Agosto	Incitados	586
Cúspide Leão-Virgem	19 a 25 de Agosto	Mudando para o atingível	600
Virgem I	26 de Agosto a 2 de Setembro	Tendência a viciar-se no trabalho	613
Virgem II	3 a 10 de Setembro	Insondável	626
Virgem III	11 a 18 de Setembro	Difícil de definir	627
Cúspide Virgem-Libra	19 a 24 de Setembro	Diretrizes tradicionais	627
Libra I	25 de Setembro a 2 de Outubro	Escrutínio rigoroso	628
Libra II	3 a 10 de Outubro	Uma interface transparente	628
Libra III	11 a 18 de Outubro	Um excelente contraste	629
Cúspide Libra-Escorpião	19 a 25 de Outubro	Pressão para vencer	629
Escorpião I	26 de Outubro a 2 de Novembro	Agressão pelo escárnio	630
Escorpião II	3 a 11 de Novembro	Socialização inesperada	630
Escorpião III	12 a 18 de Novembro	Dando o melhor de si	631
Cúspide Escorpião-Sagitário	19 a 24 de Novembro	Declarações exageradas	631
Sagitário I	25 de Novembro a 2 de Dezembro	Direção forte	632
Sagitário II	3 a 10 de Dezembro	Fora do comum	632
Sagitário III	11 a 18 de Dezembro	Construção de um império	633
Cúspide Sagitário-Capricórnio	19 a 25 de Dezembro	Nós contra o mundo	633
Capricórnio I	26 de Dezembro a 2 de Janeiro	Evolução paralela	634
Capricórnio II	3 a 9 de Janeiro	Ervilhas na vagem	634
Capricórnio III	10 a 16 de Janeiro	Assimilando experiências	635
Cúspide Capricórnio-Aquário	17 a 22 de Janeiro	União irresistível	635
Aquário I	23 a 30 de Janeiro	Amistosidade e animosidade	636
Aquário II	31 de Janeiro a 7 de Fevereiro	Julgamento desfavorável	636
Aquário III	8 a 15 de Fevereiro	Libertados da negatividade	637
Cúspide Aquário-Peixes	16 a 22 de Fevereiro	Trabalhar de duas formas	637
Peixes I	23 de Fevereiro a 2 de Março	Mapear o futuro	638
Peixes II	3 a 10 de Março	Manter a objetividade	638
Peixes III	11 a 18 de Março	Milagroso e inesperado	639

MELHORES RELACIONAMENTOS

AMOR
Áries II
Cúspide Áries-Touro
Touro II
Touro III
Virgem III
Libra III
Escorpião I
Sagitário II
Capricórnio I

CASAMENTO
Áries III
Gêmeos I
Cúspide Câncer-Leão
Virgem I
Libra II
Cúspide Libra-Escorpião
Escorpião II
Aquário II
Aquário III
Peixes II
Peixes III

AMIZADE
Cúspide Peixes-Áries
Touro I
Cúspide Touro-Gêmeos
Câncer III
Leão III
Cúspide Leão-Virgem
Escorpião III
Cúspide Sagitário-Capricórnio
Capricórnio II
Aquário I
Peixes I

FAMÍLIA
Câncer II
Leão I
Virgem II
Cúspide Virgem-Libra
Sagitário I

TRABALHO
Cúspide Gêmeos-Câncer
Libra I
Cúspide Escorpião-Sagitário
Sagitário III
Capricórnio III

111

VIRGEM III
Semana do Literal

♍

11 a 18 de Setembro

O período de Virgem III toma o Literal como imagem central. No Grande Ciclo da Vida, o período de Virgem III pode ser comparado à época em que uma pessoa atinge os quarenta anos de idade e se aproxima do período médio da vida. Nesta fase, o adulto necessita tornar-se ainda mais realista e fazer escolhas difíceis – optar por uma grande mudança na carreira ou continuar em uma posição mantida há muito, realinhar relacionamentos ou fazer ajustes conjugais e, no caso de algumas mulheres, decidir pela última vez ter ou não filhos.

Os dias que compreendem o período de Virgem III exibem o adulto plenamente maduro tomando decisões fundamentais, desenvolvendo uma atitude mais destemida e tendo coragem para fazer o que realmente deseja. Suas faculdades críticas e seu pragmatismo estão no auge neste momento, mas aspirações e necessidades pessoais também não devem ser negligenciadas. Os dias deste período ressaltam a necessidade de o nativo de Virgem III organizar as coisas do modo como julga mais adequado, isto é, manipular e ordenar o ambiente da forma mais vantajosa possível.

Obstinados, os indivíduos nascidos na semana de Virgem III em geral persistem até conseguirem o que querem. No entanto, longos períodos podem se passar em que se recusam a realizar qualquer ação súbita. Sua meta é tão tangível para eles, tão real, que podem expressar confiança no resultado final por meio de uma espécie de procrastinação. Os nascidos em Virgem III sabem que uma forte orientação mental com freqüência tem influência decisiva no desdobrar dos acontecimentos ao seu redor.

Os nascidos na Semana do Literal são dotados de um caráter prático que pode deixá-los facilmente confusos e até irritados diante da irracionalidade. Mas como em geral controlam seus sentimentos muito além da expressão imediata de irritação ou repugnância, é preciso um estímulo especialmente perturbador para trazer suas verdadeiras emoções à tona. Mesmo os que se deixam provocar com facilidade em geral amadurecem com a idade. Sentem profundamente as emoções, mas se agitam apenas nos encontros mais pessoais com namorados e companheiros. Em geral, os nascidos nesta semana não gostam de demonstrações de emoção, sobretudo públicas, que vêem como sinal de ostentação e falta de autocontrole.

Os nascidos em Virgem III também não gostam de falsidade e fingimento. Literais, gostam de pessoas que se comportam como realmente são e que sejam leais consigo mesmas, por mais difícil que seja.

Por outro lado, os nascidos em Virgem III não gostam de problemas e situações desagradáveis, e acham que um pouco de consideração, cortesia e gratidão se fazem necessárias em qualquer situação humana. Ficam às vezes divididos, portanto, entre seu amor pela verdade e sua necessidade de harmonia.

Os nascidos em Virgem III têm um faro definido pelo sensacional. Às vezes extremamente dramáticos, os nascidos nesta semana procuram descobrir a verdade e revelá-la ao mundo. Podem ser destemidos e corajosos em enfrentar a moral vigente, talvez promovendo idéias de livre expressão, livre estilo de vida e amor livre; o fervor revolucionário com freqüência vigora neste grupo. Não devem sucumbir, contudo, à tentação da rebeldia pura e simples em sua cruzada moral. De outro modo calmos, a paixão dos nascidos nesta semana acende por uma causa ou por um ideal com mais freqüência do que por uma pessoa.

O penetrante instinto para avaliar é o apelo mais forte dos nascidos em Virgem III, mas devem ter cuidado para não deixar sua agudeza nesta área sair do controle. Profissionalmente, podem ser colocados em posições executivas em que são instados a julgar os colegas no dia-a-dia. Ao fazer isto devem procurar ser sensíveis com os sentimentos dos outros, em quem podem facilmente

---

POSIÇÃO NO ZODÍACO
Aprox. 17 a 26º de Virgem

ESTAÇÃO
Final do verão

ELEMENTO
Terra

REGENTE
Mercúrio

SÍMBOLO
Virgem

MODO
Sensação/Pensamento

despertar sentimentos de rejeição e decepção. O ressentimento dos nascidos na Semana do Literal pode gerar uma energia negativa que se torna destrutiva e debilitante. Poucas coisas despertam tanto a admiração dos nascidos nesta semana como a maestria nas artes. Modelos são pois extremamente importantes para os nascidos em Virgem III e podem ser fonte de direta inspiração e estímulo para seu sucesso. Estes indivíduos Literais podem ser ótimos parceiros em empreendimentos criativos, negócios e práticas de todo o tipo, sobretudo quando seus parceiros produzem um trabalho de alta qualidade. Os nascidos em Virgem III são capazes de grande resistência, tanto na carreira quanto nos relacionamentos pessoais, se a qualidade de seu trabalho ou vida amorosa é elevada o bastante.

Nos relacionamentos, os nascidos em Virgem III são muito exigentes, esperando o melhor para si. Seus namorados e companheiros terão de ter garra para agüentar a energia dos nascidos nesta semana que, entretanto, são muitas vezes afetuosos e cuidadosos, sobretudo em tempos difíceis. Os nascidos em Virgem III têm fortes instintos de proteção e acalento, que surgem com força quando pessoas a quem amam estão sofrendo ou sendo atacadas. Extremamente capazes, podem manter vivos relacionamentos problemáticos durante anos por meio de perseverança e dedicação. Enfrentar e superar obstáculos, de fato, pode ser a especialidade dos nascidos em Virgem III em todos os aspectos de sua vida. Sua necessidade de ordem e sua luta para realizar-se em geral

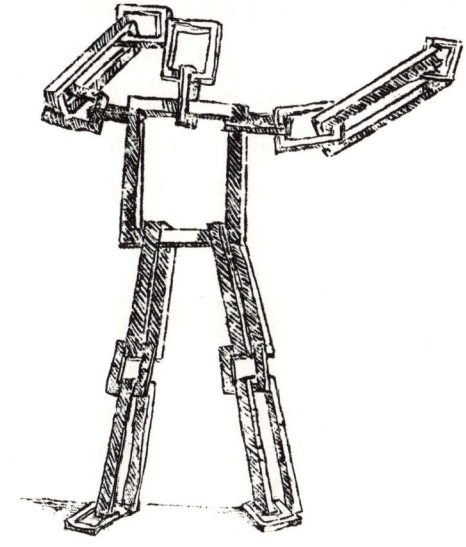

"LITERAL"

encontram especial satisfação quando uma tarefa desafiadora específica ou projeto são afinal concluídos. Os resultados são importantes para estas personalidades pragmáticas, com propensão a perder o interesse ou afastar-se quando os frutos de seus esforços lhes são negados regularmente. Os nascidos em Virgem III imprimem sua postura ética naquilo que fazem e sofrem muito com o tratamento injusto.

Os nascidos nesta semana devem ter cuidado para não sucumbir ao egoísmo e ao desejo de manipular. Amigos, colegas e funcionários podem às vezes achá-los impiedosos em cortar pessoal e relacionamentos de trabalho que não servem mais. Na mente do nascido em Virgem III, isto se justifica como algo realista e íntegro, mas também pode indicar cegueira em ver o ponto de vista do outro. Os mais bem-sucedidos aprendem a tornar o relacionamento mais elegante, sem deixar um gosto amargo no fim.

PONTOS FORTES

SERENO
ACALENTADOR • CAPAZ

PONTOS FRACOS

SENSACIONALISTA
DADO A JULGAR • CRUEL

Os traços humanos mais positivos dos nascidos em Virgem III com freqüência emergem na vida familiar. Podem ser excelentes pais, e filhos amorosos e obedientes. Apesar de toda sua independência e iconoclastia, os nascidos em Virgem III em geral são bastante convencionais em matéria de família, gostando sobretudo de almoços festivos e excursões. Na verdade, os nascidos na semana do Literal têm grande respeito por autoridades, desde que sejam honestas, cuidadosas e justas. Todas as formas e favoritismo, discriminação ou injustiça no tratamento de crianças e pais são extremamente objetáveis para o Virgem III.

CONSELHO

Procure ser mais solidário em relação aos sentimentos dos outros. Nem todos possuem vontade tão forte e direcionada como a sua. Não se atenha ao intelecto; cultivar o amor pela comida, pelo sono e por atividades sensuais é essencial para firmar sua energia. Não se esconda por trás, tampouco se apóie tanto naqueles que desejam servi-lo.

PESSOAS NOTÁVEIS DE VIRGEM III

Crítico e comentarista da cena americana, **H.L. Mencken** foi um verdadeiro literal. Totalmente dedicado ao mundo da escrita e da palavra, Mencken escreveu para o *Baltimore Sun* a maior parte de sua vida, mas também publicou um número considerável de livros sobre vários assuntos. Provavelmente a principal autoridade na língua americana, Mencken foi um de seus leais defensores, sobretudo contra os que achavam que a Inglaterra era a dona do inglês. Como muitos nascidos em Virgem III, o contundente instinto propenso a avaliar de Mencken era sua mais forte qualificação, mas isto com freqüência significava que era dado a julgar ao expressar opiniões, que ele tinha sobre praticamente todos os assuntos.

"Quero que me deixem em paz", disse a atriz **Greta Garbo** e uma das grandes carreiras cinematográficas foi encerrada. Embora esta frase famosa venha do filme *Grande Hotel*, foi para muitos fãs a única pista que podiam encontrar para seu permanente afastamento das telas com a idade de 36 anos. Garbo viveu incríveis 49 anos em isolamento auto-imposto enquanto o mundo seguia seu curso e finalmente a esqueceu, embora sua imagem vivesse para sempre. A frieza e objetividade de uma representante de Virgem III são evidentes na maioria de seus filmes, mas quando ela se deixa arrebatar emocionalmente em *Anna Karenina* e *Ninotchka*, a tela explode. A vida de Garbo ilustra o comportamento obstinado dos nascidos em Virgem III quando exercem sua liberdade de escolha.

Uma grande incongruência de **D.H. Lawrence** foi ele tentar dar ao corpo e à alma maior importância do que à mente, o que de fato ilustra em quase todo parágrafo de sua obra o Virgem III cerebral que era. Nascido na Semana do Literal, Lawrence nunca conseguiu abalar sua forte orientação mental, embora tenha tentado afogá-la em torrentes de sentimento. Em seu terceiro romance, *Filhos e Amantes*, ele revela a luta que o haveria de ocupar a vida toda, sobretudo o triângulo familiar com um grosseiro pai, mineiro de carvão, e uma sensível mas psicologicamente abalada mãe, a quem adorava. Lawrence deu vazão ao lado feminino em sua escrita e assim teve dificuldade em lidar com seu lado masculino, que o ligava mais fortemente ao pai.

Outras pessoas nascidas em Virgem III: Agatha Christie, Jean Renoir, Lauren Bacall, Bruno Walter, Amy Madigan, Zoe Caldwell, O. Henry, Tom Landry, Jessica Mitford, Lola Falana, Brian De Palma, Clara Schumann, Oliver Stone, Tommy Lee Jones, Claudette Colbert, Leo Kottke, Jesse Owens, George Jones, Alfred A. Knopf, Jacqueline Bisset, Bela Karolyi, Jessye Norman, Roald Dahl, Margaret Sanger, Kate Millett, Henrique V, B.B. King, Dennis Connor, Karen Horney, Hank Williams, Frederick Ashton, Juscelino Kubitschek, Dom Marcos Barbosa, Geraldo Vandré, Ismael Silva, D. Paulo Evaristo Arns, Robson Caetano, Marcos Vale, Andréa Beltrão, Fernando Gabeira, Sinhô.

11 A 18 DE SETEMBRO

Guia de Relacionamentos para Virgem III

Localizador de Página para Todos os Relacionamentos

Cúspide Peixes-Áries	19 a 24 de Março	Imaginação embasada	225
Áries I	25 de Março a 2 de Abril	Magia não reconhecida	249
Áries II	3 a 10 de Abril	Resistência resoluta	272
Áries III	11 a 18 de Abril	Exigências estritas	294
Cúspide Áries-Touro	19 a 24 de Abril	Um modo prático de viver	316
Touro I	25 de Abril a 2 de Maio	Fator de lucro	338
Touro II	3 a 10 de Maio	Determinado para o sucesso	359
Touro III	11 a 18 de Maio	A arte da persuasão	379
Cúspide Touro-Gêmeos	19 a 24 de Maio	A espinha dorsal da família	399
Gêmeos I	25 de Maio a 2 de Junho	Função ondular	419
Gêmeos II	3 a 10 de Junho	Aberto a novas idéias	438
Gêmeos III	11 a 18 de Junho	Forjando princípios básicos	456
Cúspide Gêmeos-Câncer	19 a 24 de Junho	Auto-alimentação	474
Câncer I	25 de Junho a 2 de Julho	Razão *versus* emoção	492
Câncer II	3 a 10 de Julho	Experiência de aprendizado	509
Câncer III	11 a 18 de Julho	Formação do ego	525
Cúspide Câncer-Leão	19 a 25 de Julho	Vendo o outro ponto de vista	541
Leão I	26 de Julho a 2 de Agosto	Trazendo a verdade à luz	557
Leão II	3 a 10 de Agosto	Desafios emocionais	572
Leão III	11 a 18 de Agosto	Uma combinação de trabalho eficiente	586
Cúspide Leão-Virgem	19 a 25 de Agosto	Liberdade das palavras	600
Virgem I	26 de Agosto a 2 de Setembro	Sem coibição	614
Virgem II	3 a 10 de Setembro	Difícil de definir	627
Virgem III	11 a 18 de Setembro	Doses não diluídas	639
Cúspide Virgem-Libra	19 a 24 de Setembro	Iniciar novos projetos	640
Libra I	25 de Setembro a 2 de Outubro	Busca de harmonia	640
Libra II	3 a 10 de Outubro	Baixar a guarda	641
Libra III	11 a 18 de Outubro	Valores mais elevados	641
Cúspide Libra-Escorpião	19 a 25 de Outubro	Brilho juvenil	642
Escorpião I	26 de Outubro a 2 de Novembro	Dinâmica adaptada à forma	642
Escorpião II	3 a 11 de Novembro	Equipe coesa	643
Escorpião III	12 a 18 de Novembro	Apresentação cintilante	643
Cúspide Escorpião-Sagitário	19 a 24 de Novembro	Discussões pragmáticas	644
Sagitário I	25 de Novembro a 2 de Dezembro	Abordagem discernidora	644
Sagitário II	3 a 10 de Dezembro	Reconciliar pontos de vista distintos	645
Sagitário III	11 a 18 de Dezembro	Estimular tensões	645
Cúspide Sagitário-Capricórnio	19 a 25 de Dezembro	Soprados velos ventos do acaso	646
Capricórnio I	26 de Dezembro a 2 de Janeiro	Dar cabeçadas	646
Capricórnio II	3 a 9 de Janeiro	Divertir-se	647
Capricórnio III	10 a 16 de Janeiro	Calado mas direto	647
Cúspide Capricórnio-Aquário	17 a 22 de Janeiro	Poucos conflitos profundos	648
Aquário I	23 a 30 de Janeiro	Briguentos intratáveis	648
Aquário II	31 de Janeiro a 7 de Fevereiro	Feito no céu?	649
Aquário III	8 a 15 de Fevereiro	Liberdade da dependência	649
Cúspide Aquário-Peixes	16 a 22 de Fevereiro	Tratamento de choque	650
Peixes I	23 de Fevereiro a 2 de Março	Totalmente diferentes	650
Peixes II	3 a 10 de Março	Jogos calculados	651
Peixes III	11 a 18 de Março	Megalomania	651

MELHORES RELACIONAMENTOS

AMOR
Áries III
Virgem II
Libra II
Sagitário I
Capricórnio III
Cúspide Aquário-Peixes

CASAMENTO
Áries II
Touro III
Cúspide Gêmeos-Câncer
Leão I
Escorpião I
Escorpião III
Aquário I
Aquário III

AMIZADE
Áries I
Gêmeos I
Cúspide Virgem-Libra
Libra III
Sagitário II
Capricórnio II

FAMÍLIA
Touro II
Cúspide Touro-Gêmeos
Câncer II
Cúspide Libra-Escorpião
Escorpião II
Cúspide Capricórnio-Aquário
Aquário II
Peixes II

TRABALHO
Cúspide Áries-Touro
Touro I
Câncer III
Cúspide Câncer-Leão
Leão II
Cúspide Leão-Virgem
Virgem III
Libra I
Cúspide Escorpião-Sagitário
Sagitário III
Peixes III

CÚSPIDE VIRGEM-LIBRA
Cúspide da Beleza

♍♎

19 a 24 de Setembro

> **POSIÇÃO NO ZODÍACO**
> Aprox. 26º de Virgem
> e 2º de Libra
>
> **ESTAÇÃO**
> Final do verão/
> Início do outono
>
> **ELEMENTO**
> Terra/Ar
>
> **REGENTE**
> Mercúrio/Vênus
>
> **SÍMBOLO**
> Virgem/Balança
>
> **MODO**
> Sensação/Pensamento

A cúspide Virgem-Libra é uma mistura do sexto signo do zodíaco, Virgem, com o sétimo, Libra. Esta cúspide pode ser comparada ao período por volta dos quarenta e dois anos de idade da vida humana. A época é assinalada pelo equinócio do outono, quando a duração dos dias e das noites novamente é igual. Astrologicamente, esta época marca o encerramento de um ciclo e meio de Saturno. Ele agora se encontra diretamente em oposição a ponto de onde partiu. Este trânsito de Saturno encontra paralelo em Urano, que também se deslocou para uma posição diretamente oposta à que ocupava na época do nascimento. Como a vida humana é tomada idealmente como um período de oitenta e quatro anos (um ciclo de Urano), quarenta e dois anos de idade pode ser considerado o ponto médio do ciclo. A esta altura da vida, encontra-se com freqüência uma encruzilhada (conhecida como o ponto mediano da vida) onde as pessoas podem sentir necessidade de seguir um ideal. Alguns neste ponto ficam mais preocupados com sua aparência (realizando, talvez, tratamentos de saúde e beleza) e outros buscam identificar-se ou associar-se com os que possuem juventude ou atração física. Outros, ainda, descobrem um novo e mais maduro ideal de beleza, profundo e duradouro. Conseqüentemente, os dias que compreendem a cúspide Virgem-Libra exemplificam a busca da beleza.

Os nascidos na cúspide Virgem-Libra estão totalmente impregnados pela busca de um ideal. Atraídos pela beleza física e sensual, sejam objetos de arte, a natureza ou pessoas, a fascinação das cores, formas, texturas e o intrigante som de uma música ou de uma voz, tudo isso desperta suas emoções e é motivo de inspiração criativa. Influenciados pelos planetas Mercúrio (regente de Virgem) e Vênus (regente de Libra), os nascidos na cúspide Virgem-Libra são extremamente sensíveis a estímulos externos. Reagem fortemente a gostos e cheiros incomuns, e são facilmente impactados por sinais e sons perturbadores. Os nascidos na Cúspide da Beleza precisam, pois, cercar-se de um ambiente altamente estético para viver e trabalhar.

Os nascidos em Virgem-Libra orgulham-se de ser atualizados e de estar a par das últimas tendências da moda, do design, da arte e da tecnologia. Outros podem ver seus interesses nesta áreas como modismo, mas não há como negar que as informações e gostos dos nascidos nesta cúspide são extremamente valiosos para as organizações com as quais estão associados. Muitas vezes os nascidos em Virgem-Libra também são excelentes executivos, possuindo pendor para o marketing e administração, em que seu sexto sentido para as tendências do momento no campo em que atuam os tornam bons prestadores de serviço.

Devido a seu interesse pela aparência externa do mundo físico, os Virgem-Libra podem ser vistos como pessoas superficiais e ostensivas. Cedo ou tarde estes indivíduos terão de voltar-se para assuntos espirituais, pois em geral descobrem em algum momento que seu amor pelo externo é uma preparação inadequada para os aspectos mais desagradáveis, porém inevitáveis, da vida: doenças, acidentes, sofrimento e morte. Notoriamente, os nascidos na Cúspide da Beleza são despreparados em uma destas áreas e se sentem confusos e inadequados. Como resultado, são impelidos a cavoucar um pouco mais fundo abaixo da superfície da existência.

Os nascidos em Virgem-Libra são amigos divertidos. Imaginativos e dotados de um espírito livre, dão vida a qualquer reunião. No entanto, os nascidos na cúspide também têm um lado sombrio emocional, com o qual os amigos e companheiros têm de lidar. Em épocas de estresse financeiro ou agitação emocional, pode surgir uma tendência ao vício, pois eles tendem a se voltar para as drogas e o álcool em vez de enfrentarem de frente e superarem as vicissitudes da vida. É aqui, em particular, que sua natureza sensual pode ser mais destrutiva. Os nascidos nesta cúspide precisam também ter cuidado para que a expressão saudável de sua sexualidade não seja sublimada em desejos neuróticos e possessivos, na tentativa de fugir da realidade.

Os mais bem-sucedidos não perdem o contato ou esquecem de sua origem, por mais humilde que seja. No entanto, têm a tendência de se isolarem em uma torre de marfim onde perdem cada vez mais o contato com os aspectos básicos da vida de seus semelhantes. Isto pode gerar conflito com sua capacidade de estar à frente do gosto público e pode também minar sua utilidade. Em casos extremos, tornam-se esnobes e elitistas, associando-se apenas a indivíduos que acreditam merecer sua atenção ou através de cuja influência podem subir socialmente.

Anunciando a chegada do outono, o equinócio do outono ocorre na cúspide Virgem-Libra, simbolizando a colheita. Talvez o poema de John Keats, *Ode ao Outono*, em suas linhas de abertura "Estação da névoa e da suave frutificação,/ amigo do peito do sol amadurecedor" expresse melhor a disposição e as imagens deste período fecundo. A energia dos que nascem nessa cúspide é de fato "suave": eles evitam brigas, confrontos e situações desagradáveis em geral sempre que possível.

Namorados, colegas e membros da família dos nascidos em Virgem-Libra sabem como são sensíveis a elementos irritantes ou perturbadores no ambiente imediato. Analogamente, os nascidos na Cúspide da Beleza em geral exigem que as pessoas com quem escolhem ter um envolvimento íntimo tenham uma bela aparência. A única exceção a esta tendência ocorre quando eles próprios são extremamente atraentes. Neste caso, seus parceiros podem ser tipos físicos mais comuns. Na verdade, os nascidos na Cúspide da Beleza têm uma atitude ambivalente com relação à deformidade física dos outros, achando-a ao mesmo tempo repugnante e fascinante.

"BELEZA"

Os nascidos em Virgem-Libra podem ligar-se a uma figura estável e forte como companheira ou amiga. De fato, os nascidos nesta cúspide podem precisar manter uma parceria próxima de algum tipo com uma figura assim digna de confiança durante toda a sua vida, se não na vida pessoal, talvez no trabalho, com um colega ou parceiro. Entretanto, estes relacionamentos são afetados com freqüência por projeções psicológicas dos pais ou membros da família.

Embora os nascidos em Virgem-Libra precisem ceder de vez em quando ao sentido do tato, podem parecer alheios ou intocáveis e permitirem contato físico apenas em épocas especiais. Muitos nascidos nesta cúspide ficam satisfeitos em admirar a beleza a distância, vendo-a como uma qualidade a ser adorada ou venerada de longe, em vez de algo ao qual se deve aproximar ou possuir. Relacionamentos platônicos muitas vezes têm um apelo especial para os nascidos na Cúspide da Beleza.

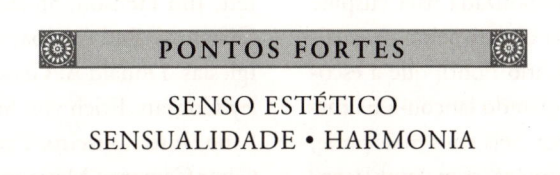

PONTOS FORTES

SENSO ESTÉTICO
SENSUALIDADE • HARMONIA

PONTOS FRACOS

ESNOBE • VICIADO
IRREQUIETO

CONSELHO

Não se preocupe demais com as aparências. Mantenha-se vivo em sua busca pela beleza – evite perder o interesse, preocupar-se demais com a moda ou tornar-se compulsivo. Cuidado para não negligenciar objetivos espirituais ou cair presa de excessivo materialismo. Mantenha seu sistema nervoso sob controle.

PESSOAS NOTÁVEIS DA CÚSPIDE VIRGEM-LIBRA

Cantor de soul e *rhythm-and-blues* **Ray Charles** ainda é, em seus quase 60 anos, apaixonado pela música e por apresentações artísticas como sempre foi. Sua abordagem extremamente sensual ao toque e ao som o marcam como alguém da cúspide Virgem-Libra. Cego desde a infância por glaucoma, Charles é um dos muitos músicos que viveram em um mundo onde outros sentidos foram realçados pela perda da visão. Conhecido do público em geral, a carreira de Charles ganhou impulso em 1980 quando ele apareceu na comédia excêntrica *Os Irmãos Cara-de-Pau*. Seu estilo enlevante e extasiante o mostra totalmente entregue ao fluxo elétrico de sua música, sobretudo em canções como *What'd I Say*, que fez o público dançar nos anos 1950 e 1960.

A esplêndida **Sophia Loren** é um típico exemplo de beleza escultural e terrena simbolizada pala cúspide Virgem-Libra. Suas qualidades extremamente sensuais ficaram aparentes ao produtor Carlo Ponti, que a escolheu em um concurso de beleza quando lançou-a na carreira aos 17 anos de idade artística. Seis anos mais tarde, Ponti (24 anos mais velho), casou-se com Sophia enquanto seu divórcio ainda estava sendo contestado, despertando furor na Itália e forçando o casal a mudar-se para a França. A voluptuosidade de Loren tornou-se marca da atriz, e seu talento ficou particularmente evidente em parcerias com o astro italiano Marcello Mastroiani. Em 1961, ela recebeu o Oscar de melhor atriz por seu papel em *Duas Mulheres*.

Autor de best-sellers, contos e roteiros, **Stephen King** continua no topo ano após ano. A habilidade de King de manter-se sintonizado com o público e ao mesmo tempo definir gostos através de seu trabalho o caracteriza como um representante de Virgem-Libra. O lado escuro do caráter de King também é representativo dos nascidos na Cúspide da Beleza, mas no seu caso o seu trabalho forneceu uma saída altamente criativa e lucrativa para esta faceta sombria. Embora preferindo o relativo isolamento de sua casa no Maine, King nunca retirou-se para uma torre de marfim de esnobismo, uma constante tentação para os nascidos nesta cúspide. Os arrebatadores *O Iluminado e Misery*, juntamente com a série de sucesso nos Estados Unidos, *The Green Mile*, destacam-se como obras-primas.

Outras pessoas nascidas em Virgem-Libra: John Coltrane, H.G. Wells, Ricki Lake, Bill Murray, Irmã Elizabeth Kenny, William Golding, Leonard Cohen, F. Scott Fitzgerald, Bruce Springsteen, Gunnar Nelson, Linda McCartney, Jason Alexander, Romy Schneider, Joseph P. Kennedy, Fay Weldon, Tommy Lasorda, Joan Jett, Jim Henson, Stevie Smith, Larry Hagman, Cheryl Crawford, Red Auerbach, Cass Elliot, Guy Lafleur, Julio Iglesias, Donald A. Glaser, Brian Epstein, Twiggy, Shirley Conran, Erich von Stroheim, Mickey Rooney, Allen Lane, José Louzeiro, Paulo Freire, Zequinha de Abreu, César Camargo Mariano, José Honório Rodrigues, Zélia Cardoso de Melo, Padre José Maurício, Ronaldinho, Joel Silveira, Hortência.

— 19 A 24 DE SETEMBRO —

Guia de Relacionamentos para a Cúspide Virgem-Libra

MELHORES RELACIONAMENTOS	## Localizador de Página para Todos os Relacionamentos			
	Cúspide Peixes-Áries	19 a 24 de Março	Um ato equilibrado	226
AMOR	Áries I	25 de Março a 2 de Abril	Maestria estética	249
	Áries II	3 a 10 de Abril	Intensificar o vínculo	272
Cúspide Peixes-Áries	Áries III	11 a 18 de Abril	Crescimento pessoal	295
Cúspide Áries-Touro	Cúspide Áries-Touro	19 a 24 de Abril	Fachada convencional	317
Gêmeos III	Touro I	25 de Abril a 2 de Maio	Domínio artístico	338
Câncer II	Touro II	3 a 10 de Maio	Influenciando gostos	359
Virgem I	Touro III	11 a 18 de Maio	Desejo de se entregar	380
Escorpião I	Cúspide Touro-Gêmeos	19 a 24 de Maio	A menina de caracóis	400
Sagitário III	Gêmeos I	25 de Maio a 2 de Junho	Conexões tênues	419
Peixes III	Gêmeos II	3 a 10 de Junho	Precisa-se: uma base firme	438
	Gêmeos III	11 a 18 de Junho	Ocorrências auspiciosas	457
CASAMENTO	Cúspide Gêmeos-Câncer	19 a 24 de Junho	Harmonia grata	475
Gêmeos II	Câncer I	25 de Junho a 2 de Julho	Ampliando a aceitação	492
Câncer III	Câncer II	3 a 10 de Julho	Revezando-se	509
Leão III	Câncer III	11 a 18 de Julho	Aceitando a irritação	526
Libra II	Cúspide Câncer-Leão	19 a 25 de Julho	Encontrando o lado escuro	542
Escorpião III	Leão I	26 de Julho a 2 de Agosto	Ansiando pelo além	557
Sagitário I	Leão II	3 a 10 de Agosto	Ficando bem preparado	572
Aquário III	Leão III	11 a 18 de Agosto	Longe da multidão enlouquecedora	587
Cúspide Aquário-Peixes	Cúspide Leão-Virgem	19 a 25 de Agosto	Forma sobre substância	601
	Virgem I	26 de Agosto a 2 de Setembro	A cadeia dos milagres	614
AMIZADE	Virgem II	3 a 10 de Setembro	Diretrizes tradicionais	627
Áries III	Virgem III	11 a 18 de Setembro	Iniciar novos projetos	640
Câncer I	Cúspide Virgem-Libra	19 a 24 de Setembro	Superficial	652
Leão I	Libra I	25 de Setembro a 2 de Outubro	Derreter corações endurecidos	652
Virgem III	Libra II	3 a 10 de Outubro	Pouco descanso	653
Libra III	Libra III	11 a 18 de Outubro	Brilho solar	653
Escorpião II	Cúspide Libra-Escorpião	19 a 25 de Outubro	Divisão curiosa	654
Cúspide Escorpião-Sagitário	Escorpião I	26 de Outubro a 2 de Novembro	Uma dinâmica litigiosa	654
Cúspide Capricórnio-Aquário	Escorpião II	3 a 11 de Novembro	Variedade impetuosa	655
Aquário II	Escorpião III	12 a 18 de Novembro	Buscando bens	655
Peixes I	Cúspide Escorpião-Sagitário	19 a 24 de Novembro	O que nunca foi nunca poderia ter sido	656
	Sagitário I	25 de Novembro a 2 de Dezembro	Construindo tijolo por tijolo	656
FAMÍLIA	Sagitário II	3 a 10 de Dezembro	A bela e a fera	657
Áries I	Sagitário III	11 a 18 de Dezembro	Descobrindo por si mesmos	657
Áries II	Cúspide Sagitário-Capricórnio	19 a 25 de Dezembro	Entrando de cabeça	658
Touro I	Capricórnio I	26 de Dezembro a 2 de Janeiro	Busca de significado	658
Touro III	Capricórnio II	3 a 9 de Janeiro	Resolução do destino	659
Leão II	Capricórnio III	10 a 16 de Janeiro	Incondicionalmente	659
Virgem II	Cúspide Capricórnio-Aquário	17 a 22 de Janeiro	Rebeldia reativa	660
Cúspide Libra-Escorpião	Aquário I	23 a 30 de Janeiro	Trabalhos complexos	660
	Aquário II	31 de Janeiro a 7 de Fevereiro	O dom do riso	661
TRABALHO	Aquário III	8 a 15 de Fevereiro	Uma ligação psíquica	661
Touro II	Cúspide Aquário-Peixes	16 a 22 de Fevereiro	Visão singular	662
Gêmeos I	Peixes I	23 de Fevereiro a 2 de Março	Reconciliando o material e o espiritual	662
Cúspide Gêmeos-Câncer	Peixes II	3 a 10 de Março	Uma atmosfera rarefeita	663
Cúspide Câncer-Leão	Peixes III	11 a 18 de Março	Mundo dos sonhos coloridos	663
Cúspide Leão-Virgem				
Cúspide Virgem-Libra				
Capricórnio III				
Aquário I				

119

LIBRA I
Semana do Perfeccionista

25 de Setembro a 2 de Outubro

O período de Libra I toma o Perfeccionista como imagem central. Este período pode ser comparado, em termos humanos, com os anos que se seguem ao ponto mediano da vida, quando surge uma nova determinação para integrar, direcionar e aperfeiçoar áreas específicas da vida. A ênfase aqui se dá no auto-aperfeiçoamento, no melhoramento do estilo de vida e de atividades sociais. Resolver problemas, consertar coisas, em uma palavra, a manutenção é especialmente importante nesta fase.

Os dias que compreendem Libra I revelam simbolicamente o adulto maduro começando a desenvolver maior objetividade, habilidade verbal, aplicação no trabalho, habilidades sociais e paciência necessária para levar adiante projetos de longa duração. Idealmente, o indivíduo agora enfrenta desafios com firme determinação e aprende a resolver os problemas técnicos e psicológicos da vida de forma mais eficiente.

Os nascidos em Libra I são personalidades muitas vezes extremamente atraentes, mas não são muito sociáveis. Isto pode criar problemas para eles, pois embora tenham grande necessidade de estar em foco, têm maior necessidade de passar tempo a sós. Muitos nascidos nesta semana realmente não são talhados para a vida pública e alguns podem abandonar uma carreira orientada para o social para passar mais tempo dedicados a empreendimentos pessoais, privados ou anônimos. De fato, não é raro para os nascidos nesta semana trabalharem em um emprego bastante comum, e devotarem seus reais interesses e energia a passatempos ou outros esforços no tempo que sobra.

Os nascidos em Libra I têm tendências perfeccionistas que podem permear todas as áreas de sua vida com o desejo de descobrir o que está errado e tentar consertar, o que reflete seus conhecimentos e *know how* técnico e também a convicção de que sabem o que é melhor para os que o cercam.

POSIÇÃO NO ZODÍACO	Aprox. 1 a 10º de Libra
ESTAÇÃO	Início do outono
ELEMENTO	Ar
REGENTE	Vênus
SÍMBOLO	Balança
MODO	Pensamento/Sensação

Em sua atração pela perfeição, os nascidos em Libra I são propensos a aplicar impiedosamente seus altos padrões, a si e aos que os cercam. No fundo de seu perfeccionismo pode residir uma voz de sua infância que constantemente lhes diz que não são bons o bastante. Esta atitude crítica pode fugir do controle e por isso pode ser extremamente difícil conviver com eles. Em áreas da vida diária, do local de trabalho à cozinha e ao dormitório, os nascidos em Libra I podem ter listas de controle que aplicam rigorosamente, deixando pouco espaço para o fracasso ou a negligência por parte de outras pessoas.

Não é de admirar que a fome de perfeição dos nascidos em Libra I às vezes os levem a se tornar obsessivos e compulsivos. Na tentativa de dominar, podem adotar rotinas excessivamente rígidas. Os envolvidos no dia-a-dia com pessoas de Libra I admiram sua compreensão, mas podem ressentir-se com sua incapacidade de deixar as coisas correrem naturalmente. "Se não está quebrado, não conserte" é uma lição que os nascidos nesta semana precisam aprender cedo ou tarde.

A insegurança move os nascidos nesta semana a se portar melhor do que o esperado. São extremamente meticulosos em levar adiante seus planos e em concluir suas atividades. Assim, embora sejam considerados com freqüência extremamente bem-sucedidos, os que os cercam nem sempre percebem como sua vida interior é intranqüila. Sua inflexibilidade em criar regras para si e sua recusa a ceder em seus ideais os colocam sob enorme pressão, que pode levá-los igualmente ao sucesso ou ao desespero.

Os nascidos em Libra I em geral são personalidades intensas, capazes de grandes feitos. No entanto, podem ser divididos pela indecisão, ao ponto de passarem anos tentando resolver o caminho a seguir. Às vezes podem dedicar muito tempo e esforço para uma atividade improdutiva, talvez um hobby ou um relacionamento, restando pouco tempo ou energia para outros esforços mais positivos. Altamente desafiados por problemas, podem achar difícil desistir, falhar ou até admitir que perderam seu tempo.

Os nascidos em Libra I em geral são emocionalmente complexos. Dão a impressão de frieza, mas isso mascara um redemoinho de emoções internas. Tendem não apenas a serem interiormente confusos, mas a resistirem à tentativa dos outros de ajudá-los. Dominar seus sentimentos é em geral uma alta prioridade para eles, mas há o perigo de que seu autocontrole consciente com o tempo vire repressão inconsciente, algo difícil de corrigir. O desafio de compreender o emocional destes indivíduos fascinantes e desafiadores pode manter ocupada uma pessoa íntima por toda a vida.

A incapacidade das pessoas de Libra I de compartilhar ou discutir profundamente seus sentimentos, entretanto, pode finalmente ser debilitante para qualquer relacionamento. Os envolvidos com pessoas de Libra I fariam bem em manter os sentimentos claros desde o começo, ao ponto de insistir que os nascidos nesta semana dêem vazão a suas emoções positivas ou negativas, isto é, não apenas à felicidade, à alegria e ao amor, mas à raiva, ao ciúme, ao desgosto e até ao ódio. Quando os sentimentos de ambos são conhecidos e o ar fica claro, questões de vital importância podem ser discutidas razoavelmente em vez de evitadas.

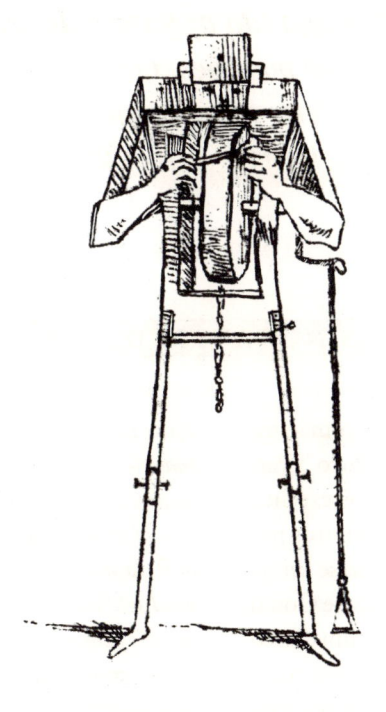

"PERFECCIONISTA"

A oscilação entre o interesse em excesso e o desinteresse pode também ter um efeito adverso sobre a estabilidade dos relacionamentos dos nascidos em Libra I. Seus namorados e companheiros podem gostar da sua intensidade sexual, mas finalmente precisar se recolher um pouco para estabelecer um espaço privado. Por outro lado, os nascidos nesta semana são capazes de ignorar os que vivem com eles, sobretudo quando absorvidos no trabalho, deixando seus parceiros um pouco frustrados.

Os nascidos em Libra I têm um senso de humor estranho e, muitas vezes, uma sagacidade mordaz, que pode se expressar de várias formas, mas principalmente como ironia e sarcasmo. Mas seu humor em geral não pretende magoar, nem mesmo fazer os outros rirem, mas fazê-los refletir. Os nascidos em Libra I podem fazer críticas mordazes que magoam os que lhe são próximos; no entanto, provavelmente não avaliam bem os efeitos emocionais de suas afirmações. Se quiserem viver em harmonia com os que se preocupam com eles, precisam ter mais tato e ser mais gentis ao expressar sua insatisfação.

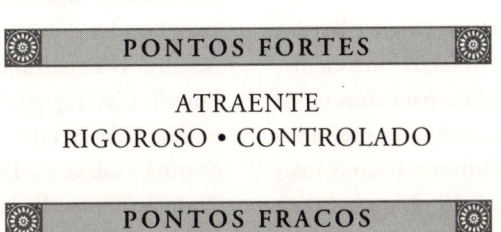

PONTOS FORTES

ATRAENTE
RIGOROSO • CONTROLADO

PONTOS FRACOS

INDECISO • SARCÁSTICO
REPRIMIDO

CONSELHO

Cultive a autoconfiança. Não seja tão agressivo ao criticar os outros – pode magoar. Seja coerente em suas posições. Combata o impulso de adiar, ao mesmo tempo resista a interferir naquilo que funciona, mesmo que não preencha suas expectativas. Erros fazem parte do jogo.

PESSOAS NOTÁVEIS DE LIBRA I

O pianista canadense **Glenn Gould** fez o maestro George Szell chamá-lo certa vez de "gênio maluco". Perfeccionista no enésimo grau, Gould fez muitos executivos de estúdios de gravação, engenheiros e maestros puxar os cabelos ao longo dos anos e finalmente se sentia melhor trabalhando sozinho. As extravagâncias de Gould incluem chegar para uma gravação envolto em um casaco de pele e de luvas em pleno verão, insistindo em tocar sentado em uma cadeira estragada que seu pai fez para ele, cantando e sendo ele mesmo o maestro, enquanto tocava e, talvez o que era mais enervante para os outros músicos, não prestando atenção alguma neles. Seus feitos incluem algumas das melhores execuções de Bach e de músicas anteriores a Bach. A lendária técnica de Gould forçou pedagogos a reexaminar muitas de suas afirmações sobre a arte de tocar piano.

Como muitos nascidos em Libra I, **Brigitte Bardot** tinha intensa necessidade de estar em foco. Finalmente, abandonou a carreira cinematográfica para devotar-se aos interesses dos direitos dos animais, antes predominantemente um hobby. Seus beicinhos e roupas insinuantes tornaram-se marca dos anos 1950, quando seu primeiro filme, *E Deus Criou a Mulher*, causou furor devido ao sexo explícito nele presente. Suas primeiras entrevistas nos Estados Unidos mostram-na inteiramente entregue à sua imagem no cinema. Ao transformar seu envolvimento social em um trabalho mais pessoal e significativo, é típica de muitos nascidos nesta semana.

Líder do grupo cômico Irmãos Marx, **Groucho Marx** foi o mais franco, picante e irônico dos três, como se pode esperar de um representante de Libra I. As respostas prontas e gracejos improvisados tornaram-se sua marca e continuaram após sua carreira cinematográfica, quando se tornou apresentador do show na tevê *You Bet Your Life*. O apelo de Groucho era principalmente verbal, mas ele também fazia trejeitos para andar, levantava as sobrancelhas e manejava o cigarro com efeito. Os irmãos Chico e Harpo, os autores S.J. Perelman e George Kaufmann, e a Paramount Pictures merecem crédito, mas, em última análise, Groucho foi o fator mais importante para o sucesso de seus filmes. Os Irmãos Marx tiveram enorme impacto sobre gerações posteriores de cômicos, e sua popularidade continua imbatível.

Outras pessoas nascidas em Libra I: George Gershwin, Edith Abbott, William Faulkner, Sting, Heather Locklear, Bryant Gumbel, Anita Ekberg, Madeline Kahn, Mark Hamill, Gwyneth Paltrow, Scottie Pippen, Jimmy Carter, Donny Hathaway, Dmitri Shostakovich, Michael Douglas, Truman Capote, Mahatma Gandhi, Jane Smiley, Marcello Mastroianni, Christopher Reeve, Julie London, Annie Leibovitz, Lynn Anderson, Samuel Adams, Mike Schmidt, Heather Watts, Meat Loaf, Bud Powell, Caravaggio, Ed Sullivan, Jerry Lee Lewis, Austregésilo de Ataíde, Pedro Ernesto, Araci de Almeida, Marina Colasanti, Domingos de Oliveira, Aldir Blanc, Roquete Pinto, Pedro Ernesto, Austregésilo de Ataíde, Gal Costa, Adhemar Ferreira da Silva, Plínio Marcos.

Guia de Relacionamentos para Libra I

Localizador de Página para Todos os Relacionamentos

Cúspide Peixes-Áries	19 a 24 de Março	Honestidade que confronta	226
Áries I	25 de Março a 2 de Abril	Vórtice rodopiante	250
Áries II	3 a 10 de Abril	Metas profissionais	273
Áries III	11 a 18 de Abril	Cola peculiar	295
Cúspide Áries-Touro	19 a 24 de Abril	Necessidade de estrutura	317
Touro I	25 de Abril a 2 de Maio	Turbilhão caótico	339
Touro II	3 a 10 de Maio	Dia agradável do solstício de inverno	360
Touro III	11 a 18 de Maio	Manifestação de estresse	380
Cúspide Touro-Gêmeos	19 a 24 de Maio	Superando o outro	400
Gêmeos I	25 de Maio a 2 de Junho	Convivendo bem	420
Gêmeos II	3 a 10 de Junho	Um verdadeiro encontro de idéias	439
Gêmeos III	11 a 18 de Junho	Aberto ao escrutínio	457
Cúspide Gêmeos-Câncer	19 a 24 de Junho	Um toque de humor	475
Câncer I	25 de Junho a 2 de Julho	Senso de propósito	493
Câncer II	3 a 10 de Julho	Um tecido muito delicado	510
Câncer III	11 a 18 de Julho	Revelando paixões ocultas	526
Cúspide Câncer-Leão	19 a 25 de Julho	Nunca um momento entediante	542
Leão I	26 de Julho a 2 de Agosto	Elegância sensível	558
Leão II	3 a 10 de Agosto	Cena transitória da vida	573
Leão III	11 a 18 de Agosto	A fachada perfeita?	587
Cúspide Leão-Virgem	19 a 25 de Agosto	Desinteresse pela realidade	601
Virgem I	26 de Agosto a 2 de Setembro	O que há além?	615
Virgem II	3 a 10 de Setembro	Escrutínio rigoroso	628
Virgem III	11 a 18 de Setembro	Busca de harmonia	640
Cúspide Virgem-Libra	19 a 24 de Setembro	Derreter corações endurecidos	652
Libra I	25 de Setembro a 2 de Outubro	Um lado zombeteiro	664
Libra II	3 a 10 de Outubro	Dignos oponentes	664
Libra III	11 a 18 de Outubro	Um redemoinho social	665
Cúspide Libra-Escorpião	19 a 25 de Outubro	Realização romântica	665
Escorpião I	26 de Outubro a 2 de Novembro	Partindo do entusiasmo	666
Escorpião II	3 a 11 de Novembro	Os duros fatos da vida	666
Escorpião III	12 a 18 de Novembro	Posições fechadas	667
Cúspide Escorpião-Sagitário	19 a 24 de Novembro	Manifestando o lado mais leve	667
Sagitário I	25 de Novembro a 2 de Dezembro	Usando da força	668
Sagitário II	3 a 10 de Dezembro	Pedra de amolar afiada	668
Sagitário III	11 a 18 de Dezembro	Amor secreto	669
Cúspide Sagitário-Capricórnio	19 a 25 de Dezembro	Estudo de contrastes	669
Capricórnio I	26 de Dezembro a 2 de Janeiro	Convenientemente intransigente	670
Capricórnio II	3 a 9 de Janeiro	Florescendo no sucesso	670
Capricórnio III	10 a 16 de Janeiro	Resolução sem agitação	671
Cúspide Capricórnio-Aquário	17 a 22 de Janeiro	Liberdade para agir	671
Aquário I	23 a 30 de Janeiro	Minando a autoridade	672
Aquário II	31 de Janeiro a 7 de Fevereiro	Necessitando de raízes	672
Aquário III	8 a 15 de Fevereiro	Canalizando energias irrepreensíveis	673
Cúspide Aquário-Peixes	16 a 22 de Fevereiro	Prelúdio à aventura	673
Peixes I	23 de Fevereiro a 2 de Março	Pensamentos abrangentes	674
Peixes II	3 a 10 de Março	Encanto cômico	674
Peixes III	11 a 18 de Março	Poderes milagrosos	675

MELHORES RELACIONAMENTOS

AMOR
Touro III
Leão I
Cúspide Leão-Virgem
Virgem I
Cúspide Virgem-Libra
Libra I
Cúspide Libra-Escorpião
Capricórnio III

CASAMENTO
Gêmeos I
Câncer II
Leão III
Virgem I
Libra III
Escorpião III
Capricórnio I
Aquário III
Peixes III

AMIZADE
Cúspide Peixes-Áries
Cúspide Áries-Touro
Gêmeos III
Cúspide Câncer-Leão
Leão II
Sagitário III
Capricórnio II
Aquário II
Peixes I

FAMÍLIA
Áries III
Gêmeos II
Câncer I
Virgem III
Libra III
Sagitário II
Cúspide Sagitário-Capricórnio
Aquário I

TRABALHO
Câncer III
Leão II
Virgem II
Libra II
Escorpião II
Sagitário I
Cúspide Aquário-Peixes

LIBRA II
Semana da Sociedade

3 a 10 de Outubro

O período de Libra II toma a Sociedade como imagem central. Em termos humanos, este período pode ser comparado à época mediana de nossa vida em que há um relacionamento mais significativo com a sociedade ou mais tempo é dedicado a entidades sociais (causas políticas, organizações religiosas, grupos de estudo, associações de bairro ou comunitárias etc.). Neste período, o aprofundamento dos laços sociais pode ser central, não apenas com as instituições mencionadas, mas também com amigos muito antigos e membros da família.

Os dias que compreendem Libra II revelam simbolicamente certos aspectos da idade mediana: assumir a liderança na definição de atitudes sociais, fazer julgamentos difíceis, adquirir sabedoria objetiva sobre a psicologia humana e aprender a conservar recursos físicos e financeiros.

O paradoxo sobre os nascidos nesta semana é que, embora suas habilidades sociais sejam altamente desenvolvidas, podem na verdade ser solitários por natureza. Seu conhecimento dos acontecimentos correntes, moda e matérias concernentes ao estilo de vida é impressionante, e familiares e amigos em geral os consultam para escolherem materiais ou métodos para realizar trabalhos com o maior bom gosto possível. Constantemente solicitados, os nascidos em Libra II muitas vezes têm dificuldade de encontrar tempo para si, e em um certo ponto precisam aprender a limitar o tempo e a energia que estão preparados para dar.

Em geral pessoas benquistas são requisitadas para dar conselhos e como confidentes. Inspiram confiança nos que as encontram pela primeira vez. Sua abordagem não ameaçadora faz as outras pessoas logo sentirem que nada têm a temer dos nascidos em Libra II, a quem podem abrir o coração. De fato, os nascidos em Libra II raramente se comportam de forma a magoar ou com maldade com os que confiam neles. Os que os procuram sentem-se seguros ao seu lado.

POSIÇÃO NO ZODÍACO
Aprox. 9 a 18° de Libra

ESTAÇÃO
Início do outono

ELEMENTO
Ar

REGENTE
Vênus

SÍMBOLO
Balança

MODO
Pensamento/Sensação

Embora honestos, justos e agradáveis na maioria das situações, os nascidos em Libra II também podem ser extremamente ácidos e críticos. Como sua percepção em geral é correta, suas farpas podem doer. Amigos e funcionários que os ouvem provavelmente aprendem algo, mas a fúria do ataque de um Libra II desperta demasiada emoção negativa nos que foram atacados para permitirem que os ouçam claramente. Apenas mais tarde a correção de suas críticas começa a calar no espírito.

As crianças de Libra II podem ser muito exigentes com os pais, e os pais de Libra II podem ser rigorosos com os filhos. Quando jovens, os nascidos nesta semana podem ser extremamente rebeldes ou no mínimo problemáticos com quem tem autoridade sobre eles. São guiados por um senso de justiça e por extrema antipatia a regras e leis estúpidas, nocivas e desnecessárias. Com freqüência jovens de Libra II percebem o mal ou o dano causado por certa atitude social ou por parte dos pais, mas se sentem impotentes para fazer algo a respeito. À medida que crescem, podem tornar-se defensores ou reformadores, mas com a mesma facilidade podem ser observadores silenciosos que ouvem e olham, mas oferecem sua opinião e julgamento só quando instados a isso.

A instabilidade emocional pode ser o maior problema dos nascidos em Libra II. Pode minar seus relacionamentos, tornando-os propensos a ciúme, irritação, possessividade e todo o tipo de emoção negativa que realmente poderiam evitar. Problemas físicos e até incapacidades de toda uma vida podem surgir. O envolvimento em alguma forma de treinamento espiritual, religioso ou físico é essencial para os nascidos em Libra II, pois pode fornecer a estabilidade e o fio terra que eles precisam para manter o equilíbrio.

Com grande freqüência há uma evidente discrepância entre o que os nascidos em Libra II pensam que querem e o que realmente precisam. Os nascidos nesta semana podem embotar seus desejos não os levando a sério. Assim, por meio de sua própria insistência de que não precisam de nada, podem tolher o desenvolvimento de sua vontade. Qualquer confusão resultante, infelicidade ou desespero pode ser útil para eles se puderem tirar vantagem disso. Pela depressão podem entrar em contato com um próprio nível profundo e, despojando-se de elementos externos, descobrir quais são de fato suas maiores necessidades.

Um perigo sempre presente para estes indivíduos imaginativos é que podem viver em um mundo da fantasia onde todas as coisas são possíveis. Devido à complacência e ao narcisismo podem deixar de agir, e esta falta de agressividade pode afetar sua vida profissional. Ambições mundanas podem ser muito saudáveis para os nascidos em Libra II, pois os estimulam a ser mais confiantes e a exigir do mundo o que realmente desejam. O problema aqui é que nem sempre têm certeza do que querem, e com freqüência estão satisfeitos com o que têm e indecisos em estabelecer um curso realista de ação.

Os nascidos em Libra II são extraordinariamente valorizados por seus amigos, no mínimo por suas maneiras suaves e divertidas. São bons de papo, e até o mais tímido sobressai em atividades de pequenos grupos de companheiros, como festas, jantares ou excursões. Os nascidos nesta semana são muito responsivos nestes ambientes e certamente contribuem para seu sucesso. No entanto, ao mesmo tempo em que são cientes e realistas para com as outras pessoas podem estar fora da realidade com eles mesmos. Um traço infeliz dos nascidos em Libra II pode ser o de jogar areia nos olhos do outro. Este estratagema pode levar à escolha desastrosa do parceiro e também a mancadas profissionais. Dito de forma simples: sem uma clara visão de si os nascidos em Libra II não podem fazer escolhas pessoais convincentes e metem-se constantemente em encrencas, embora recuperando-se com facilidade. Ainda assim, não devem tomar como certo sua habilidade de reagir de pronto a injúrias ou derrotas, ou contar indevidamente com isso.

Durante períodos instáveis nos relacionamentos pessoais, os nascidos em Libra II tendem a fazer mais mal para si do que para a outra pessoa. Isto é menos sinal de uma tendência masoquista e mais de uma baixa auto-estima e do hábito de colocar as necessidades e desejos do namorado ou amigo diante dos seus. Sua dificuldade em expressar raiva e agressividade os leva a culparem-se quando as coisas saem errado. Podem, em conseqüência, mergulhar em silenciosa depressão, afundando em um poço de solidão de onde talvez seja muito difícil sair.

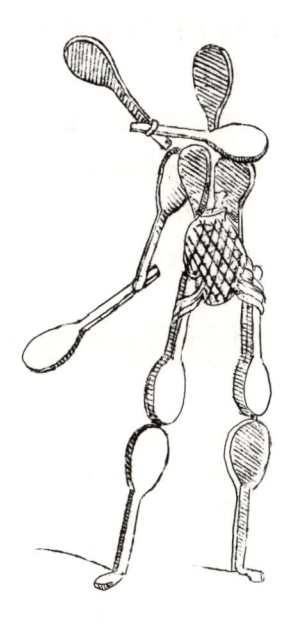

"SOCIEDADE"

PONTOS FORTES

ATUALIZADO • JUSTO
PERSPICAZ

PONTOS FRACOS

COMPLACENTE • RIGOROSO
ABSORVIDO EM SI MESMO

CONSELHO

Procure encontrar o que na verdade seu coração deseja. Uma vez encontrado, lembre-se de mostrar que realmente se interessa por ele. Não desista de seus projetos – prenda-se ao que é mais valioso em si mesmo. Aprenda a limitar suas explorações de assuntos interessantes, mas que distraem, e que podem desviá-lo de seu propósito principal. Faça escolhas difíceis, mas persevere em seus sonhos e visões.

PESSOAS NOTÁVEIS DE LIBRA II

O envolvimento do **Rev. Jesse Jackson** com os movimentos de direitos civis data de 35 anos atrás, quando era estudante. Como um Libra II, a maior parte de sua vida adulta esteve envolvido com questões sociais, como ajudar a causa dos afro-americanos. Depois de participar de passeatas com o Dr. Martin Luther King em Selma, Alabama, filiou-se à Conferência de Liderança Cristã do Sul. Nos anos 1970 e 1980 Jackson tornou-se ativo internacionalmente, e também trabalhou para promover o registro dos votantes. Uma voz proeminente nas convenções nacionais dos Democratas, Jackson possui habilidades muito desenvolvidas para lidar com o povo, aguda percepção dos problemas sociais e a capacidade de expressá-los com força e eloqüência. Seu talento para trabalhar com grupos ficou evidente na Operação Cesta de Pão e na Coalizão Arco-Íris.

A atriz ganhadora de Oscar **Susan Sarandon** superou a todos em sua performance ao lado de Sean Penn em *Os últimos passos de um homem*. Respeitada no mundo do cinema por sua recusa a se comprometer com papéis menos exigentes ou mais vulgares, Sarandon é uma pessoa individualista que faz o que quer, e o que acredita ser o melhor. Mãe e companheira devotada, parece que sua vida fora da tela é tão importante para ela como na tela. Sua disposição amigável é característica dos nascidos em Libra II, assim como seu espírito combativo e posição política franca. Outras performances magníficas em filmes como *Atlantic City* e *Thelma e Louise* a marcam como uma das principais atrizes americanas dos anos 1980 e 1990.

O mais socialmente consciente dos Beatles, **John Lennon** tinha uma boa percepção do funcionamento da sociedade, o que o capacitou a se tornar o porta-voz de toda uma geração de jovens. À moda de um típico Libra II, Lennon podia ser extremamente incisivo e crítico das convenções sociais que barravam o caminho de seu desenvolvimento pessoal. Cada vez mais político, Lennon foi o maior responsável pela ideologia anárquica dos Beatles, assim como corporificou um certo idealismo, como no sucesso solo *Imagine*. Com a esposa Yoko Ono ao seu lado, a estatura de Lennon como ícone cultural cresceu e ele amadureceu como pessoa. Em um período de recolhimento depressivo, Lennon foi assassinado em frente a seu apartamento em Nova York.

Outras pessoas nascidas em Libra II: Buster Keaton, Armand Asssante, Soon-Yi Previn, Vaclav Havel, Elizabeth Shue, Desmond Tutu, Helen MacInness, Amiri Baraka, June Allyson, Jackson Browne, Harold Pinter, Thelonius Monk, Britt Ekland, Ben Vereen, Helen Hayes, James Clavell, Giuseppe Verdi, Klaus Kinski, Janet Gaynor, Matt Biondi, Miguel de Cervantes, Sigourney Weaver, Juan Perón, Chevy Chase, Yo-Yo Ma, Jenny Lind, Carole Lombard, Bob Geldof, Terence Conran, Miguel Falabella, Orlando Silva, Clóvis Beviláqua, Zé Keti, Lula, Fernando Scherer, Adolpho Bloch, José do Patrocínio.

Guia de Relacionamentos para Libra II

Localizador de Página para Todos os Relacionamentos

Cúspide Peixes-Áries	19 a 24 de Março	Desfrute confortável	227
Áries I	25 de Março a 2 de Abril	Camaradas incisivos	250
Áries II	3 a 10 de Abril	Educação não-convencional	273
Áries III	11 a 18 de Abril	Conhece-te a ti mesmo	296
Cúspide Áries-Touro	19 a 24 de Abril	Persuasão educada	318
Touro I	25 de Abril a 2 de Maio	Dando orientação	339
Touro II	3 a 10 de Maio	Acentua o positivo	360
Touro III	11 a 18 de Maio	Pensamento efervescente	381
Cúspide Touro-Gêmeos	19 a 24 de Maio	O terceiro ouvido	401
Gêmeos I	25 de Maio a 2 de Junho	Rindo e se divertindo	420
Gêmeos II	3 a 10 de Junho	Pressentimentos corretos	439
Gêmeos III	11 a 18 de Junho	Um brilho no olhar	458
Cúspide Gêmeos-Câncer	19 a 24 de Junho	Encontrando sentido e propósito	476
Câncer I	25 de Junho a 2 de Julho	Excesso de prazer	493
Câncer II	3 a 10 de Julho	Um refúgio da sociedade	510
Câncer III	11 a 18 de Julho	Um vínculo do espírito	527
Cúspide Câncer-Leão	19 a 25 de Julho	Atitudes estabilizadoras	543
Leão I	26 de Julho a 2 de Agosto	Um local dentro	558
Leão II	3 a 10 de Agosto	Barreiras psicológicas	573
Leão III	11 a 18 de Agosto	Animando-se	588
Cúspide Leão-Virgem	19 a 25 de Agosto	Interesse insaciável	602
Virgem I	26 de Agosto a 2 de Setembro	Visão mais ampla	615
Virgem II	3 a 10 de Setembro	Uma interface transparente	628
Virgem III	11 a 18 de Setembro	Baixar a guarda	641
Cúspide Virgem-Libra	19 a 24 de Setembro	Pouco descanso	653
Libra I	25 de Setembro a 2 de Outubro	Dignos oponentes	664
Libra II	3 a 10 de Outubro	Posição de vantagem	675
Libra III	11 a 18 de Outubro	Ardente busca de atenção	676
Cúspide Libra-Escorpião	19 a 25 de Outubro	Representando um papel	676
Escorpião I	26 de Outubro a 2 de Novembro	Atração fatal pelo poder	677
Escorpião II	3 a 11 de Novembro	Observador desapegado	677
Escorpião III	12 a 18 de Novembro	Uma unidade digna de confiança	678
Cúspide Escorpião-Sagitário	19 a 24 de Novembro	Reforço aos caprichos	678
Sagitário I	25 de Novembro a 2 de Dezembro	Cuidado! Frágil!	679
Sagitário II	3 a 10 de Dezembro	Bem-acabado	679
Sagitário III	11 a 18 de Dezembro	Sentimentos e habilidades práticas	680
Cúspide Sagitário-Capricórnio	19 a 25 de Dezembro	Inclinação febril	680
Capricórnio I	26 de Dezembro a 2 de Janeiro	Decolando	681
Capricórnio II	3 a 9 de Janeiro	Limiar decisivo	681
Capricórnio III	10 a 16 de Janeiro	O outro lado do muro	682
Cúspide Capricórnio-Aquário	17 a 22 de Janeiro	Um ninho de vespas	682
Aquário I	23 a 30 de Janeiro	O mesmo comprimento de onda	683
Aquário II	31 de Janeiro a 7 de Fevereiro	Uma perseguição agradável	683
Aquário III	8 a 15 de Fevereiro	Aprendendo a ser	684
Cúspide Aquário-Peixes	16 a 22 de Fevereiro	Alcançar as estrelas	684
Peixes I	23 de Fevereiro a 2 de Março	A hora certa	685
Peixes II	3 a 10 de Março	Almejar o futuro	685
Peixes III	11 a 18 de Março	Pelos corredores do tempo	686

MELHORES RELACIONAMENTOS

AMOR
Cúspide Peixes-Áries
Cúspide Áries-Touro
Gêmeos I
Leão I
Leão III
Virgem III
Escorpião II
Escorpião III
Cúspide Escorpião-Sagitário
Sagitário II
Cúspide Sagitário-Capricórnio
Aquário II
Cúspide Aquário-Peixes
Peixes III

CASAMENTO
Áries II
Touro II
Virgem II
Cúspide Virgem-Libra
Cúspide Libra-Escorpião
Capricórnio III

AMIZADE
Áries III
Cúspide Gêmeos-Câncer
Câncer III
Virgem I
Libra II
Sagitário III
Capricórnio II
Aquário III
Peixes II

FAMÍLIA
Áries I
Gêmeos III
Cúspide Câncer-Leão
Leão II
Libra III
Escorpião I
Aquário I

TRABALHO
Cúspide Touro-Gêmeos
Gêmeos II
Câncer I
Libra I

LIBRA III
Semana do Teatro

11 a 18 de Outubro

O período de Libra III toma o Teatro como imagem central. Este período pode ser comparado, em termos humanos, aos anos em que a pessoa chega ao final da faixa dos quarenta anos de idade, quando a integração social em geral foi tentada ou realizada. A estas alturas a adoção de um determinado papel social está bem estabelecida. O que resta é desempenhar o papel no palco da vida. Particularmente importante nesta fase é o desenvolvimento das qualidades de expressão, bem como exercer seus poderes para edificar grandes projetos, de preferência de forma agradável e judiciosa.

Os dias que compreendem Libra III revelam simbolicamente o adulto confiante, no meio da vida, esforçando-se para equilibrar as muitas exigências sociais, exercitando agudo julgamento e sólida liderança e, por sentir os ritmos da vida, mantendo-se em sintonia com as linhas mais amplas da grande perspectiva, ao mesmo tempo mantendo o movimento.

Se o "mundo é um palco", como escreveu Shakespeare, então os nascidos em Libra III são alguns dos que melhor nele atuam. Interpretar o drama de sua própria vida nos assuntos do dia-a-dia é uma especialidade dos nascidos nesta semana. Eles conhecem o valor da imagem na vida pessoal e gastam muito tempo se arrumando para se apresentar ao mundo. Seu desligamento, até frieza, pode às vezes irritar ou enfurecer os que os cercam, mas é enganoso; se parecem não impressionar, isso se deve em geral ao cuidadoso e rigoroso treinamento ao qual se submetem; são, na verdade, pessoas muito emotivas.

Teimosos, os nascidos em Libra III podem seguir o mesmo curso durante anos, seja ele errado ou certo. Seu ímpeto de ir em frente a qualquer custo os faz confundir silêncio com repouso; preferem levar a pensar. Em conseqüência, podem equivocar-se muito, pois podem dedicar-se, às vezes de corpo e alma e prematuramente, a um empreendimento sem nem mesmo analisá-lo, planejá-lo ou harmonizá-lo com sua intuição. Acidentes de todos os tipos podem resultar desta atitude desconsiderada.

A liderança com freqüência é bastante desenvolvida nos nascidos em Libra III, que tipicamente se encontram à frente de um grupo social ou empresa. Mais uma vez, entretanto, ao liderar uma família ou assumir um papel executivo podem agir com uma certa presunção ou senso de infalibilidade, deixando de medir os efeitos de suas ações sobre colegas, funcionários ou parentes. No extremo disso, se são finalmente forçados a encarar o fracasso podem ter de enfrentar algo que até ali consideravam impossível, e o choque pode ser muito forte para eles. Os nascidos em Libra III que cultivam a verdadeira humildade com respeito a seus semelhantes, são muito mais felizes a longo prazo.

Os nascidos em Libra III que precisam enfrentar decepções podem se tornar cínicos. Cansados da vida, podem renascer com o amor e a afeição, mas estas são as mesmas qualidades que em geral acham mais difícil de compartilhar. Abrir o coração a um amigo ou membro da família de confiança é essencial para seu bem-estar psicológico. Talvez a ajuda psicológica seja uma solução óbvia, mas a maioria dos nascidos nesta semana resistem a ela. Em épocas de dificuldade, as pessoas amadas por Libra III devem arcar com um ônus bastante pesado, por saber que eles e somente eles estão impedindo seu parceiro de partir.

Sua maior força talvez seja o interesse pelos assuntos mundanos; seu *know how*, conhecimento e experiência dão-lhes a confiança que precisam para enfrentar os desafios do campo que escolheram. Quase que invariavelmente especialistas ou peritos de algum tipo, os nascidos em Libra III são bastante capazes de dominar seu campo de atuação. Têm necessidade de estar bem-informados e se são pouco informados em alguma área assumem como um desafio aprender mais sobre ela. Embora teimosos, os nascidos em Libra III dão atenção a qual-

---

POSIÇÃO NO ZODÍACO
Aprox. 16 a 25º e Libra

ESTAÇÃO
Início do outono

ELEME
Ar

REGENTE
Vênus

SÍMBOLO
Balança

MODO
Pensamento/Sensação

quer idéia, mesmo sendo ela remota, não devido a um senso de imparcialidade, mas porque ela pode contribuir com seus conhecimentos. Para eles, conhecimento é poder.

Dificuldades surgem nos relacionamentos pessoais dos nascidos nesta semana quando seus namorados ou companheiros se sentem negligenciados. Na verdade, os nascidos em Libra III não estão muito interessados em outras pessoas, ou em seus sentimentos, e embora sofram bastante quando mal compreendidos, raramente se esforçam para compreender o outro. Os nascidos na Semana do Teatro sentem-se pouco à vontade quando são objeto de grandes expectativas emocionais, e se retraem ou fogem. Consideram-se sérios, responsáveis e éticos, mas podem relacionar-se mais diretamente com idéias e valores de outras pessoas, e com o que representam, do que com o que as pessoas realmente são.

O amigo ou companheiro de um representante de Libra III pode ter de desempenhar um papel subordinado, pois os nascidos na Semana do Teatro em geral ocupam o centro do palco. No entanto, também têm um lado carente e com freqüência se dão melhor em relacionamentos com personalidades fortes e até dominantes em quem possam se apoiar. Quando alguém se torna parcial ou completamente dependente deles, por outro lado, podem ficar pouco à vontade e inquietos, ansiando por escapar. Precisam sentir-se capazes de assumir e desincumbir-se de responsabilidades generosamente e de bom grado, sem serem forçados a isso.

"TEATRO"

Os lados feminino e masculino aparecem com igual intensidade nos nascidos em Libra III. Podem ser incrivelmente intensos na cama, uma área que permite sua plena expressão emocional. Uma vez liberadas, entretanto, estas paixões podem transformar-se em raiva e mal-estar, que descarregam no parceiro na forma de argumentos repletos de recriminação e censura. A raiva da pessoa de Libra III é violenta, mas na maior parte das vezes de curta duração, pois os nascidos nesta semana não deixam as brigas tomarem conta de sua vida diária.

Provavelmente a melhor coisa que pode acontecer emocionalmente aos nascidos em Libra III é ser ou se tornar membro ativo de um grupo familiar que possa dar a afeição, o apoio e o apreço que estes indivíduos energéticos precisam. O problema é que muitos não estão particularmente interessados em família – seja um cônjuge, sejam filhos ou seus próprios parentes. Como substituto, podem preferir viver, trabalhar ou divertir-se com um grupo de amigos antigos em quem confiam e a quem respeitam. Mesmo assim, a tendência a trabalhar demais dos nascidos em Libra III com freqüência os impede de passar muito tempo com qualquer grupo ou indivíduo com quem escolham viver e pode de fato refletir sua verdadeira preferência – viver só.

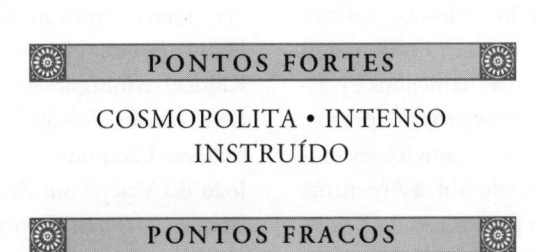

PONTOS FORTES

COSMOPOLITA • INTENSO
INSTRUÍDO

PONTOS FRACOS

DESATENTO • CENSURADOR
CONFIANTE DEMAIS

CONSELHO

Cuidado para não fazer promessas que não pode cumprir. Considere cuidadosamente as possíveis repercussões de suas ações. Às vezes é necessário dissimular, mas não engane a si mesmo no processo. Tenha mais consideração com os sentimentos dos outros; devote tempo e paciência suficientes a assuntos emocionais.

PESSOAS NOTÁVEIS DE LIBRA III

O superastro italiano da ópera **Luciano Pavarotti** foi assistido por milhões em todo o mundo na transmissão pela televisão de *Os Três Tenores*, com Jose Carreras e Placido Domingo e parece adorar cada minuto do programa. Um consumado *showman*, Pavarotti é mestre do grande gesto teatral. Como outros nascidos na Semana do Teatro, Pavarotti parece mais à vontade no palco do que fora dele. Capitalizando a popularidade da ópera em nossos dias, fez muito no sentido de criar todo um novo público para esta arte devido a seu contagiante gosto pelo que faz, típico de um Libra III.

Filha de um verdureiro, a "Dama de Ferro" **Margaret Thatcher** governou a Grã-Bretanha como primeira-ministra do Partido Conservador de 1979 a 1990. Thatcher moldou o país ao longo das linhas de seu pensamento nos anos 1980, instituindo a filosofia política conhecida como "thatcherismo", que em linhas gerais significou a redução das benesses governamentais e o esforço para fazer cada um andar com as próprias pernas, para o melhor e para o pior. Suas fortes convicções morais levaram-na a condenar a África do Sul, a Argentina e o Iraque. Thatcher conferiu um forte senso de Teatro à arena política. Como representante típica de Libra III, Thatcher tinha qualidades de liderança muito desenvolvidas, além de um ar de infalibilidade e da recusa de admitir falhas, que finalmente fizeram com que fosse afastada pelo partido.

Com todas suas inconsistências e fracassos artísticos, **Eugene O'Neill** continua sendo o gigante do teatro americano. As tragédias de sua vida pessoal são espelhadas no fato de que das 60 peças que escreveu apenas uma é comédia. Seu pai era alcoólatra, sua mãe viciada em morfina, seu filho mais velho cometeu suicídio, e ele recusou-se a até mesmo conversar com sua filha Oona depois que ela se casou com Charlie Chaplin. Mas o teatro estava em seu sangue e ele transferiu o Provincentown Players para Nova York a fim de apresentar seus trabalhos. As estranhas voltas do destino impregnaram de tragédia as peças de O'Neill, que tratam principalmente de relacionamentos que dão errado. De alguma forma, O'Neill representou o tipo de Libra III que se tornou cínico depois de muita decepção, mas seus melhores dramas elevam-se acima destas atitudes e têm abrangência universal.

Outras pessoas nascidas em Libra III: Eleanor Roosevelt, Arthur Miller, Dick Gregory, Lee Harvey Oswald, Oscar Wilde, Mario Puzo, Martina Navratilova, LaMonte Young, Sarah Ferguson, Art Blakey, Rita Hayworth, Melina Mercouri, Chuck Berry, Pam Dawber, Pierre Trudeau, George C. Scott, Roger Moore, Lenny Bruce, Nancy Kerrigan, Lotte Lenya, Margot Kidder, Montgomery Clift, Nathaniel West, David Ben-Gurion, Fernando Sabino, D. Pedro I, Ulisses Guimarães, Chiquinha Gonzaga, Grande Otelo, Cartola, João do Vale, Tom Zé, Marçal, Antonio Houaiss, Luís Bonfá, Cafuringa, Benjamin Constant, Padre Manuel da Nóbrega.

Guia de Relacionamentos para Libra III

11 A 18 DE OUTUBRO

Localizador de Página para Todos os Relacionamentos

Cúspide Peixes-Áries	19 a 24 de Março	Galgar as alturas	227
Áries I	25 de Março a 2 de Abril	Luta determinada	251
Áries II	3 a 10 de Abril	Volubilidade emocional	274
Áries III	11 a 18 de Abril	Na frente	296
Cúspide Áries-Touro	19 a 24 de Abril	Poucas exigências	318
Touro I	25 de Abril a 2 de Maio	Tendências conflitantes	340
Touro II	3 a 10 de Maio	Novo giro	361
Touro III	11 a 18 de Maio	Procura-se: um chefe	381
Cúspide Touro-Gêmeos	19 a 24 de Maio	Jovem para sempre	401
Gêmeos I	25 de Maio a 2 de Junho	Diferenças na velocidade	421
Gêmeos II	3 a 10 de Junho	Tentador, encantador, enlouquecedor	440
Gêmeos III	11 a 18 de Junho	Em movimento	458
Cúspide Gêmeos-Câncer	19 a 24 de Junho	Duplamente dinâmico	476
Câncer I	25 de Junho a 2 de Julho	Tornando-se saudável	494
Câncer II	3 a 10 de Julho	Uma pose ultrajante	511
Câncer III	11 a 18 de Julho	Aproveitando o conflito	527
Cúspide Câncer-Leão	19 a 25 de Julho	Investigações introspectivas	543
Leão I	26 de Julho a 2 de Agosto	Extroversão traída	559
Leão II	3 a 10 de Agosto	Dois capitães no leme	574
Leão III	11 a 18 de Agosto	Tudo ou nada	588
Cúspide Leão-Virgem	19 a 25 de Agosto	Colaboração relaxada	602
Virgem I	26 de Agosto a 2 de Setembro	Orgulho de si mesmo	616
Virgem II	3 a 10 de Setembro	Um excelente contraste	629
Virgem III	11 a 18 de Setembro	Valores mais elevados	641
Cúspide Virgem-Libra	19 a 24 de Setembro	Brilho solar	653
Libra I	25 de Setembro a 2 de Outubro	Um redemoinho social	665
Libra II	3 a 10 de Outubro	Ardente busca de atenção	676
Libra III	11 a 18 de Outubro	Partilha interminável	686
Cúspide Libra-Escorpião	19 a 25 de Outubro	Busca de poder	687
Escorpião I	26 de Outubro a 2 de Novembro	A posição elitista	687
Escorpião II	3 a 11 de Novembro	Para melhor e para pior	688
Escorpião III	12 a 18 de Novembro	Declarando trégua	688
Cúspide Escorpião-Sagitário	19 a 24 de Novembro	De olho um no outro	689
Sagitário I	25 de Novembro a 2 de Dezembro	Dependência benéfica	689
Sagitário II	3 a 10 de Dezembro	Deixar tudo à vontade	690
Sagitário III	11 a 18 de Dezembro	Sinceridade à mostra	690
Cúspide Sagitário-Capricórnio	19 a 25 de Dezembro	Preparar para decolar!	691
Capricórnio I	26 de Dezembro a 2 de Janeiro	Descartar o ultrapassado	691
Capricórnio II	3 a 9 de Janeiro	Leve engano	692
Capricórnio III	10 a 16 de Janeiro	Manter a individualidade	692
Cúspide Capricórnio-Aquário	17 a 22 de Janeiro	Necessidade de estímulo	693
Aquário I	23 a 30 de Janeiro	Eletricidade atmosférica	693
Aquário II	31 de Janeiro a 7 de Fevereiro	Lançando o destino ao vento	694
Aquário III	8 a 15 de Fevereiro	Política de portas abertas	694
Cúspide Aquário-Peixes	16 a 22 de Fevereiro	Através do tempo e do espaço	695
Peixes I	23 de Fevereiro a 2 de Março	Sabedoria inerente	695
Peixes II	3 a 10 de Março	Anos de trabalho	696
Peixes III	11 a 18 de Março	Respondendo a pergunta	696

MELHORES RELACIONAMENTOS

AMOR
Cúspide Gêmeos-Câncer
Cúspide Câncer-Leão
Virgem I
Virgem II
Sagitário I
Aquário I
Aquário III
Cúspide Aquário-Peixes

CASAMENTO
Áries III
Cúspide Leão-Virgem
Libra I
Sagitário II
Cúspide Sagitário-Capricórnio
Capricórnio I

AMIZADE
Áries I
Cúspide Áries-Touro
Gêmeos I
Câncer I
Câncer II
Leão III
Cúspide Virgem-Libra
Libra III
Escorpião I
Capricórnio III
Aquário II
Peixes II

FAMÍLIA
Touro III
Cúspide Touro-Gêmeos
Gêmeos II
Libra II
Sagitário III
Peixes III

TRABALHO
Touro II
Gêmeos III
Câncer III
Leão II
Cúspide Libra-Escorpião
Capricórnio II
Cúspide Capricórnio-Aquário
Peixes I

CÚSPIDE LIBRA-ESCORPIÃO
Cúspide do Drama e da Crítica

19 a 25 de Outubro

POSIÇÃO NO ZODÍACO	Aprox. 26º de Libra e 3º de Escorpião
ESTAÇÃO	Meio do outono
ELEMENTO	Ar/Água
REGENTE	Vênus/Plutão e Marte
SÍMBOLO	Balança/Escorpião
MODO	Pensamento/Sensação/Sentimento

A cúspide Libra-Escorpião é uma mistura do sétimo signo do zodíaco, Libra, com o oitavo, Escorpião, onde a natureza etérea, social e teatral de Libra se confronta com a natureza mais séria, de sentimentos profundos e crítica de Escorpião. Esta cúspide pode ser comparada ao período em torno dos quarenta e nove anos da vida humana, e corresponde ao meio do outono no hemisfério norte. Em termos de desenvolvimento humano, na idade dos quarenta e nove anos o período médio da vida está se encerrando e a meia-idade se aproxima. Este é um período que pode ser caracterizado pelos temas Drama e Crítica. Um intensificado senso do drama da vida, tanto em um sentido filosófico quanto pessoal, leva a uma maior consciência da dinâmica da própria existência, tanto passada como presente; surge uma atitude mais crítica que não se coaduna com generalizações despreocupadas e pensamentos pouco precisos, e que busca a essência da verdade. Tal atitude pode provocar mudanças profundas nos relacionamentos pessoais, no modo como o tempo livre é gasto e, de um modo geral, em uma reavaliação do lugar que se ocupa no mundo.

Grandes personalidades, os nascidos na cúspide Libra-Escorpião podem ser difíceis para os outros. Sua influência pode não apenas dominar seu círculo imediato mas ir muito além dele; esta influência é certamente de cunho pessoal, pois são indivíduos carismáticos, e muitas vezes intelectuais, pois suas idéias são ponderadas e desenvolvidas. Os nascidos em Libra-Escorpião em geral têm algo a dizer sobre praticamente qualquer assunto. Seu pendor pela pregação em um púlpito os torna talhados para ser professores, profissional ou informalmente, e seus alunos em geral passam a depender muito de sua orientação.

Os nascidos nesta cúspide fundem a natureza etérea (mental) de Libra com as características aquosas (emocionais) de Escorpião – nem sempre uma tarefa fácil. Estes dois aspectos de sua personalidade estão muitas vezes em guerra, com a cabeça comandando e o coração se sacrificando ou vice-versa. Pessoas nascidas em Libra-Escorpião podem meter-se em uma verdadeira confusão quando sua natureza intelectual e emocional colidem. Períodos de indecisão de Libra podem ser interrompidos por explosões de agressividade do Escorpião e a confiança, determinação e controle do Escorpião podem ser minados pela procrastinação e amor pelo repouso de Libra. As tensões e decepções da vida podem às vezes ser demais para eles, ao ponto de retirarem-se para um lugar isolado. Assim, as pessoas de Libra-Escorpião beneficiam-se do exercício físico, do treinamento para ficarem em forma, de uma boa alimentação e de todas as atividades que promovam seu contato saudável com o mundo, bem como relacionamentos e atividades que amenizem sua tendência ao isolamento ou que sejam benéficos.

A orientação mental dos nascidos na Cúspide do Drama e da Crítica aparece em sua aguda percepção e insight. O duplo perigo aqui é um senso de infalibilidade pessoal e uma tendência para ser crítico em excesso; a atitude de desaprovar ou de denegrir do Libra-Escorpião pode magoar os que lhe são próximos, minando sua confiança de forma sutil. As pessoas íntimas dos nascidos na cúspide Libra-Escorpião podem ter de lutar contra esta expectativa e prognósticos negativos, não apenas para os proteger, mas para os libertar. Os nascidos nesta cúspide devem pensar seriamente em aprender a bater em retirada e a não apenas guardar suas opiniões para si, mas em muitos casos a livrar-se delas completamente.

Os nascidos nesta cúspide decididamente têm uma abordagem moderna em muitas áreas, mas também têm um senso inegável de tradição. Isto fica particularmente claro em sua devoção aos pais e aos filhos, em cuja vida desempenham papel importante – às vezes até demais. Não que os nascidos em Libra-Escorpião aceitem muito facilmente os valores dos pais – longe disso. Seu apego é mais emocional. Depois de uma adolescência tempestuosa e rebelde, os nascidos nesta cúspide muitas vezes voltam a ter um relacionamento muito próximo com os pais.

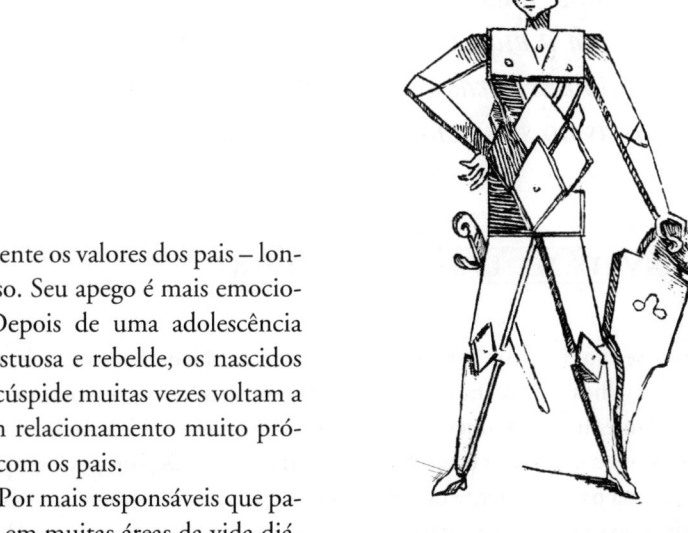

Por mais responsáveis que pareçam em muitas áreas da vida diária, muitos Libra-Escorpião têm um lado inegavelmente rebelde e imprevisível. Dramáticos e impulsivos, ignoram sem hesitação códigos morais da sociedade para afirmar seus valores ou se expressarem, o que podem fazer de forma convincente e bombástica. Até mesmo o mais suave dos nascidos nesta cúspide têm um lado exibicionista, e querem e precisam que os outros os percebam. A vida privada dos nascidos em Libra-Escorpião pode incluir muitos casos amorosos, deixando um rastro salpicado de corações partidos daqueles que se relacionaram com eles. Uma mescla particular de carisma, impulsividade e poder mental os torna indivíduos formidáveis e às vezes até perigosos para os que se envolvem com eles.

Sensualidade e paixão são temas importantes na vida dos nascidos na Cúspide do Drama e da Crítica. No relacionamento com os outros, entretanto, podem estar divididos entre duas áreas, tratando a sexualidade de forma bem diferente da sensualidade e baseando um relacionamento em um ou outro lado, e só raramente nos dois. Os nascidos em Libra-Escorpião expressam sua sensualidade no amor por objetos belos e de bom gosto com os quais se cercam ou na apreciação da arte, música e literatura.

"DRAMA E DA CRÍTICA"

Quem se envolve romanticamente com os nascidos em Libra-Escorpião deve ter cuidado com a tendência ao vício de tais relacionamentos. O apego indevidamente profundo que vai além dos limites usuais ou até saudáveis pode resultar em dependência debilitadora, separações e rupturas dolorosas, e até em sintomas semelhantes ao retraimento ocasionado pelas drogas. O tipo mais bem-sucedido de personalidade Libra-Escorpião consegue estruturar seus relacionamentos de modo que os dois parceiros tenham seu espaço e mantenham sua identidade; os indivíduos menos sucedidos nascidos nesta cúspide podem ser fadados a ter uma série dolorosa de relacionamentos fracassados. Uma combinação de profundo amor e amizade em um casamento com um Libra-Escorpião é possível, entretanto, e este laço supera quase que qualquer dificuldade que possa surgir.

Com filhos, quer sejam os seus ou de outros membros da família ou de amigos, os nascidos em Libra-Escorpião levam a sério o papel de adulto responsável em dar orientação, mas podem perder a objetividade e acabar se envolvendo demais emocionalmente. Os nascidos nesta cúspide precisam aprender a ser respeitosos com crianças, alunos e outros jovens, e a compreender como seus sentimentos e desejos podem ser exigentes, e talvez suas expectativas, irreais.

PONTOS FORTES

SENSUAL
CARISMÁTICO • ARTÍSTICO

PONTOS FRACOS

CRÍTICO DEMAIS • VICIADO
RÍGIDO

CONSELHO

Procure relaxar e divertir-se. Aprenda a ser menos meticuloso. Não se afaste de experiências inusitadas, mas mantenha a estabilidade e o equilíbrio. Continue a lutar com a vida e resista ao escapismo ou à autopiedade. Deixe o passado para trás e abra-se para o futuro. O cinismo e o sarcasmo são veneno para você.

PESSOAS NOTÁVEIS DE LIBRA-ESCORPIÃO

O que tinha **Sarah Bernhardt** para tornar-se uma lenda no palco? De constituição frágil, cabelos vermelhos encaracolados e rosto pálido, ela parecia profundamente apaixonada, mas não excessivamente impressionante. Isto é, até começar a falar e se movimentar. O drama parecia fluir de Bernhardt, de cada poro, mesmerizando seu público e transportando-o para outros mundos. "A Divina Sarah" no palco era carismática e hipnotizante. Entretanto, como outros representantes de Libra-Escorpião, ela era rebelde, imprevisível e enfrentava a autoridade. Difícil de lidar, Bernhardt era mais amável com seu público do que com os colegas de trabalho. Finalmente, cansada de sujeitar-se aos caprichos de outras companhias, ela fundou seu próprio grupo de teatro em Paris. Bernhardt desempenhava vários papéis e chegou a representar o principal papel em *Hamlet* de Shakespeare.

Campeão mundial de pesos-pesados, **Evander Holyfield** conseguiu nocautear Buster Douglas, Riddick Bowe e Mike Tyson, conquistando o título em três diferentes ocasiões. Em grande desvantagem perante Tyson, ficava claro no final da luta que quase todos haviam subestimado a capacidade e determinação de Holyfield. O drama cercou Holyfield durante a maior parte de sua vida, mas ele é um homem humilde, religioso e modesto. Embora tenha recebido um diagnóstico de doença cardíaca que o desqualificava para o boxe, o problema sumiu milagrosamente, o que permitiu-lhe continuar a carreira. Como muitos Libra-Escorpião, a determinação de Holyfield em melhorar sua condição física o levou a ter um contato mais estreito com o mundo.

Considerado por muitos o maior artista do século XX, **Pablo Picasso** pode pagar sua refeições simplesmente assinando o guardanapo. Embora a sensualidade e a paixão tenham marcado seus casos amorosos e casamentos, também o fizeram os problemas emocionais, típicos de muitos relacionamentos de Libra-Escorpião. Extremamente crítico de si e dos outros, Picasso dominou vários estilos de pintura do século XX. Isto pode ser prontamente observado em uma retrospectiva de sua obra bastante variada, que de certa forma se parece com a história da arte moderna. O mestre espanhol também foi um consumado escultor, ceramista e litógrafo. Prolífico, Picasso trabalhou quase que continuamente durante 80 anos e produziu milhares de obras. Sua visão política era intransigente, e sua postura antifascista está corporificada em sua obra-prima *Guernica*.

Outras pessoas nascidas em Libra-Escorpião: Peter Tosh, Catherine Deneuve, Robert Rauschenberg, Annette Funicello, Pelé, Johnny Carson, Midori, Helen Reddy, Dizzy Gillespie, Ursula LeGuin, Carrie Fisher, Benjamin Netanyahu, Jelly Roll Morton, Arthur Rimbaud, Bobby Seale, Mickey Mantle, Vinícius de Morais, Dias Gomes, Darcy Ribeiro, Ziraldo, Capistrano de Abreu, Humberto de Campos, Roberto Menescal, Evaristo de Morais, Dóris Monteiro, Juca Chaves.

Guia de Relacionamentos para a Cúspide Libra-Escorpião

Localizador de Página para Todos os Relacionamentos

Cúspide Peixes-Áries	19 a 24 de Março	Coração explosivo	228
Áries I	25 de Março a 2 de Abril	Um de cada tipo	251
Áries II	3 a 10 de Abril	Espada de Dâmocles	274
Áries III	11 a 18 de Abril	Idéias persuasivas	297
Cúspide Áries-Touro	19 a 24 de Abril	Comportamento oscilante	319
Touro I	25 de Abril a 2 de Maio	Pensamento conceitual	340
Touro II	3 a 10 de Maio	Adversários formidáveis	361
Touro III	11 a 18 de Maio	Domínios da mente	382
Cúspide Touro-Gêmeos	19 a 24 de Maio	Jogos mentais	402
Gêmeos I	25 de Maio a 2 de Junho	Queda do pedestal	421
Gêmeos II	3 a 10 de Junho	Impacto sobre o mundo	440
Gêmeos III	11 a 18 de Junho	As alegrias do anonimato	459
Cúspide Gêmeos-Câncer	19 a 24 de Junho	Difícil de decifrar	477
Câncer I	25 de Junho a 2 de Julho	Reconhecendo um poder maior	494
Câncer II	3 a 10 de Julho	Estabelecendo cronogramas	511
Câncer III	11 a 18 de Julho	Correntes velozes	528
Cúspide Câncer-Leão	19 a 25 de Julho	Vulnerável a tentações	544
Leão I	26 de Julho a 2 de Agosto	Sensibilidade à crítica	559
Leão II	3 a 10 de Agosto	Acordo tácito	574
Leão III	11 a 18 de Agosto	Fechando o círculo	589
Cúspide Leão-Virgem	19 a 25 de Agosto	Uma frente imponente	603
Virgem I	26 de Agosto a 2 de Setembro	Crítica corrosiva	616
Virgem II	3 a 10 de Setembro	Pressão para vencer	629
Virgem III	11 a 18 de Setembro	Brilho juvenil	642
Cúspide Virgem-Libra	19 a 24 de Setembro	Divisão curiosa	654
Libra I	25 de Setembro a 2 de Outubro	Realização romântica	665
Libra II	3 a 10 de Outubro	Representando um papel	676
Libra III	11 a 18 de Outubro	Busca de poder	687
Cúspide Libra-Escorpião	19 a 25 de Outubro	Soltar-se	697
Escorpião I	26 de Outubro a 2 de Novembro	Debate quente	697
Escorpião II	3 a 11 de Novembro	Desenvolvendo a intensidade	698
Escorpião III	12 a 18 de Novembro	Aparar e cultivar	698
Cúspide Escorpião-Sagitário	19 a 24 de Novembro	Frágil equilíbrio	699
Sagitário I	25 de Novembro a 2 de Dezembro	Ataques temperamentais	699
Sagitário II	3 a 10 de Dezembro	Corações cativos	700
Sagitário III	11 a 18 de Dezembro	Pendor ao excesso	700
Cúspide Sagitário-Capricórnio	19 a 25 de Dezembro	Resistência a conceitos ultrapassados	701
Capricórnio I	26 de Dezembro a 2 de Janeiro	Ideal inalcançável	701
Capricórnio II	3 a 9 de Janeiro	Soberania intransigente	702
Capricórnio III	10 a 16 de Janeiro	Reviravolta desnorteante	702
Cúspide Capricórnio-Aquário	17 a 22 de Janeiro	Certamente inflamável	703
Aquário I	23 a 30 de Janeiro	Tentações no caminho	703
Aquário II	31 de Janeiro a 7 de Fevereiro	Duplicação em série	704
Aquário III	8 a 15 de Fevereiro	Necessidade de fantasia	704
Cúspide Aquário-Peixes	16 a 22 de Fevereiro	Um bom ajuste	705
Peixes I	23 de Fevereiro a 2 de Março	Apreciação mútua	705
Peixes II	3 a 10 de Março	Evidentes desigualdades	706
Peixes III	11 a 18 de Março	Não pelo direto e estreito	706

MELHORES RELACIONAMENTOS

AMOR
Cúspide Áries-Touro
Gêmeos I
Cúspide Leão-Virgem
Libra I
Escorpião II
Cúspide Escorpião-Sagitário
Cúspide Capricórnio-Aquário
Peixes I

CASAMENTO
Gêmeos III
Câncer II
Leão III
Virgem II
Libra II
Sagitário I
Sagitário III
Capricórnio I
Aquário II

AMIZADE
Áries III
Touro I
Cúspide Touro-Gêmeos
Câncer III
Leão II
Cúspide Libra-Escorpião
Escorpião III
Capricórnio II
Cúspide Aquário-Peixes

FAMÍLIA
Touro III
Cúspide Câncer-Leão
Virgem III
Cúspide Virgem-Libra
Peixes III

TRABALHO
Áries II
Leão I
Virgem I
Libra III
Escorpião I
Cúspide Sagitário-Capricórnio
Capricórnio III
Aquário III
Peixes II

ESCORPIÃO I
Semana da Intensidade

26 de Outubro a 2 de Novembro

POSIÇÃO NO ZODÍACO
Aprox. 1 a 11º de Escorpião

ESTAÇÃO
Meio do outono

ELEMENTO
Água

REGENTE
Plutão (co-regente: Marte)

SÍMBOLO
Escorpião

MODO
Sentimento

O período de Escorpião I toma a Intensidade como imagem central. Segundo o Grande Ciclo da Vida, este período pode ser comparado ao início da idade mediana, quando o poder de um indivíduo começa a surgir de forma mais plena para atingir o auge no futuro, na faixa dos cinqüenta anos de idade ou início dos sessenta. No período de Escorpião I manifesta-se a capacidade de assumir o controle, de efetivamente conservar e exercer os próprios poderes sobre o ambiente, subjugando à vontade os elementos indóceis.

Os dias que compreendem Escorpião I ilustram o tema subjacente da Intensidade e a capacidade concomitante de formular, guiar e finalmente transformar de forma eficiente e criativa materiais brutos em algo viável e altamente valorizado. Embora o vigor biológico possa ter diminuído ou sido eliminado a esta altura da vida, a expressão sexual ou romântica não necessariamente perdeu importância; muitos até declaram ter sentimentos de maior intensidade, mais calibrados e direcionados e menos difusos ou instáveis.

Os nascidos em Escorpião I são personalidades exigentes, que poucos se igualam em atenção a detalhes e em aplicar seu poder de concentração à tarefa à mão. Os nascidos na Semana da Intensidade são extremamente minuciosos, ao ponto de serem dados a julgar. Sobretudo em matéria de justiça e ética, podem avaliar as pessoas mais por seus motivos do que por suas ações e severamente dar uma sentença para aqueles que consideram transgressores dos limites da moralidade. Podem igualmente ser rigorosos consigo próprios, e tendem a culpar pensamentos e ações obstinados. Assim, sua consciência está sempre funcionando a pleno vapor. Concluir o trabalho é algo importante para eles, mas a maneira como é feito tem prioridade. Até o mais suave dos nascidos nesta semana tem mais do que um toque do executor. Sua energia virtuosa é com freqüência a manifestação externa de um lado necessitado – uma ânsia por aprovação e afeto da família e dos amigos.

Mais do que a maioria, os nascidos em Escorpião I têm a personalidade carregada, polarizada com dois lados: um ensolarado, o outro sombrio. Seu lado ensolarado lhes dá uma radiância e um encanto sedutor que derrete o mais duro coração; seu lado escuro é destrutivo, e quando fora de controle pode infligir graves danos, não apenas aos que os cercam, mas em si próprios. É esta intensidade que não lhes permite recuar em um confronto, de modo que em geral vão até o fim. Quando estão com problemas, sua falta de confiança vem à tona, e pode manifestar-se, por exemplo, na convicção de que não fazem nada certo ou que as pessoas de que gostam não ligam para eles. Acusar os outros de ter emoções negativas (como raiva, ciúmes ou sentimento de rejeição) que de fato são eles que estão sentindo e projetar-se é com freqüência o mecanismo que usam para amenizar sua dor.

Os nascidos nesta semana se orgulham de ter consciência do que fazem e de arcarem com a responsabilidade de suas ações. Como conseqüência, quando outra pessoa comete um ato contra eles, quase sempre partem do princípio que o fizeram de caso pensado ou voluntariamente. Sua recusa em acreditar que a outra pessoa agiu de forma inocente ou sem premeditação pode gerar conflitos. Além disso, os nascidos em Escorpião I em geral recusam-se a aceitar desculpas, no caso, por exemplo, de atraso ou de faltar a um encontro por esquecimento. Com muita freqüência consideram a alegação de lapso de memória como um disfarce para magoar intencionalmente. Também os nascidos em Escorpião I não aceitam todas as desculpas que os outros dão por suas ações: estão mais prontos a perdoar um movimento falso do que um motivo impuro.

Pode ser difícil para os nascidos em Escorpião I perdoar, mas é quase impossível para eles esquecer o menosprezo, a condescendência e qualquer coisa que consi-

"INTENSIDADE"

derem um insulto à sua inteligência. São supersensíveis quando se trata de crítica; portanto, os que lhes são próximos devem ser prudentes para evitar brigas. Estes conflitos podem finalmente ter uma influência destrutiva sobre um relacionamento e levar à ruptura; mas eles também podem ter o efeito positivo de esclarecimento, facultando a honestidade e em geral fazendo os parceiros se esforçarem para melhorar a relação. Com exceção de certas áreas morais, que permanecem fechadas, o Escorpião I com freqüência prefere discutir a combater, mas precisa ter cuidado para não brigar por brigar. Se atacados diretamente, entretanto, seja verbal ou fisicamente, revidam.

Ainda assim, o primeiro impulso do julgamento feito pelo Escorpião I não é destrutivo em si, pelo contrário. Os nascidos nesta semana tendem a pensar que não se importariam com alguém a menos que se preocupassem com este alguém ao ponto de ajudar a melhorar sua sorte. Os nascidos em Escorpião I acreditam no valor positivo da crítica e duvidam que uma má situação se resolva por si. No entanto, seus namorados e amigos podem cansar-se de suas freqüentes análises dolorosamente ácidas, por mais que estes julgamentos finalmente se mostrem sagazes. A ladainha "censura, censura, culpa e vergonha" pode infelizmente ser a única mensagem que ambas as partes se recordam de ouvir.

Como os nascidos em Escorpião I valorizam a qualidade acima da quantidade, suspeitam dos que são demasiadamente versáteis ou que fazem elaboradas defesas do mérito igualmente de todas as diferentes partes de seu trabalho. Os nascidos nesta semana acreditam ser melhor fazer uma coisa realmente bem-feita do que muitas razoavelmente. Seus amigos podem ser poucos, seus contatos com os pais podem ser cuidadosamente planejados e controlados, sua relação com colegas ou parceiros de negócios altamente seletiva. Os escolhidos para amigos ou companheiros destes indivíduos perspicazes, com freqüência cultos, sentem-se honrados. Contar com a atenção exclusiva de um Escorpião I que é atraente, interessante e resoluto pode ser muito gratificante, sobretudo para um ego que precisa de reforço.

Namorados atestam a intensidade de um relacionamento íntimo com os nascidos nesta semana, e amigos conhecem o calor e os bons sentimentos que eles manifestam. Uma nota particular é seu senso de humor – podem fazer os que os cercam rolar de rir. Os nascidos em Escorpião I com freqüência são excelentes mímicos, imitando igualmente bem a entonação, os gestos e movimentos. Também são terríveis caçoadores, em um momento zombam sérios em outro explodem em riso sarcástico. Quando encontram um ponto fraco ou uma veia humorística, não resistem a brincar mesmo quando a diversão já perdeu a graça para quem é alvo dela.

PONTOS FORTES

VERAZ • PERCEPTIVO
RESOLUTO

PONTOS FRACOS

FERINO • DURO
AUTODESTRUTIVO

CONSELHO

Tenha a mesma constância que espera dos outros, mas também seja menos duro consigo quando comete erros. Se possível, tente perdoar e esquecer. Deixe o excesso de bagagem para trás – as ofensas do passado podem ser demasiadamente pesadas para serem carregadas, até mesmo por você.

PESSOAS NOTÁVEIS DE ESCORPIÃO I

Poeta extraordinariamente dotado, **Dylan Thomas** teve uma vida emocional tempestuosa e trágica. Morto aos 39 anos de idade de envenenamento agudo por álcool, a Intensidade que prodigalizou em sua arte poética voltou-se para dentro e o destruiu. Welshman Thomas publicou seu primeiro livro de poemas quando contava apenas 20 anos – foi imediatamente reconhecido como gênio literário. Suas peças *Under Milk Wood* e *Child's Christmas in Wales* foram ouvidas e apreciadas pelo público em todo o mundo pela rádio BBC, de onde Thomas era também comentarista. O número de poemas de Thomas é pequeno, enfatizando a atenção ao detalhe do Escorpião I e a insistência na qualidade e não na quantidade. Embora muitos achem difícil entender sua poesia, poucos podem negar-lhe a beleza e a linguagem extremamente original e o rico senso de metáfora e retórica.

Primeira-dama dos Estados Unidos, **Hillary Rodham Clinton** sempre foi trabalhadora e dinâmica. Sua Intensidade é inconfundível, pois ela projeta seu raio laser em todos os assuntos a que se dedica. Voltou sua atenção para muitas áreas, como aluna brilhante, advogada, professora, presidente, diretora de programas sociais e membro de família. Típica de Escorpião I, Hillary Clinton é uma personalidade responsável e exigente que assumiu um papel extraordinariamente ativo como primeira-dama. Sua inteligência e coragem sob fogo cruzado são particularmente evidentes. Como uma verdadeira representante de Escorpião, ela com freqüência se sente melhor quando está sendo atacada.

Aos 38 anos de idade, **Bill Gates**, o mais jovem bilionário da história, figura entre os homens mais ricos dos Estados Unidos, resultado de seu gigantesco império, a Microsoft. Como a maioria dos computadores do mundo rodam softwares da Microsoft, não é difícil compreender por que a empresa amealhou mais de 25 bilhões de dólares e supera em poder financeiro a maioria das empresas de automóveis e de aviação. O próprio Gates foi retratado como um *nerd*, muitas vezes aparecendo vestido de forma acanhada, com roupas amarrotadas. Sua incrível visão, expressa em seu livro *The Road Ahead*, combina com suas realizações até aqui, ilustrando que o futuro pertence aos que o criam. Característico representante de Escorpião I, Gates faz seu dever de casa e aprende com seus erros. Resoluto e perceptivo, tem pouca dúvida de onde se sobressai.

Outras pessoas nascidas em Escorpião I: Erasmo, Niccolo Paganini, Sylvia Plath, François Mitterrand, Julia Roberts, Kinky Friedman, Larry Flynt, Cristóvão Colombo, Jan Vermeer, John Cleese, Ruby Dee, John Keats, Lauren Holly, Grace Slick, Joanna Shimkus, Pat Sajak, Teddy Roosevelt, Maxine Hong Kingston, Edith Head, Francis Bacon, Jane Alexander, Burt Lancaster, John Candy, Daniel Boone, Shere Hite, Said Aouita, Maria Antonieta, Stephen Crane, Pat Buchanan, Umberto Agnelli, Gary Player, Luís Fernando Veríssimo, Milton Nascimento, Graciliano Ramos, Garrincha, Carlos Drummond de Andrade, Darci Ribeiro, Ronaldo Bôscoli, Garricha, Nelson Cavaquinho, Dina Sfat, Nelson Mota, Dunga, Raphael Rabelo, Osvaldo Goeldi, Guilherme de Pádua.

— 26 DE OUTUBRO A 2 DE NOVEMBRO —

Guia de Relacionamentos para Escorpião I

Localizador de Página para Todos os Relacionamentos

Cúspide Peixes-Áries	19 a 24 de Março	Pagando dívidas	228
Áries I	25 de Março a 2 de Abril	Rivalidade compensadora	252
Áries II	3 a 10 de Abril	Missão improvável	275
Áries III	11 a 18 de Abril	Novos níveis de excitação	297
Cúspide Áries-Touro	19 a 24 de Abril	Testando o brio	319
Touro I	25 de Abril a 2 de Maio	Correndo a escala	341
Touro II	3 a 10 de Maio	Espírito de cruzada	362
Touro III	11 a 18 de Maio	Força na diferença	382
Cúspide Touro-Gêmeos	19 a 24 de Maio	Petulância imprevisível	402
Gêmeos I	25 de Maio a 2 de Junho	Correntes alternadas	422
Gêmeos II	3 a 10 de Junho	Um canal emocional	441
Gêmeos III	11 a 18 de Junho	Uma questão de honestidade	459
Cúspide Gêmeos-Câncer	19 a 24 de Junho	Amor pelo silêncio	477
Câncer I	25 de Junho a 2 de Julho	Estabelecendo parâmetros	495
Câncer II	3 a 10 de Julho	Um plano subterrâneo	512
Câncer III	11 a 18 de Julho	Uma cortina de fumaça	528
Cúspide Câncer-Leão	19 a 25 de Julho	Sentimentos ambivalentes	544
Leão I	26 de Julho a 2 de Agosto	Tudo ou nada	560
Leão II	3 a 10 de Agosto	Experimentando o renascimento	575
Leão III	11 a 18 de Agosto	Um labirinto subterrâneo	589
Cúspide Leão-Virgem	19 a 25 de Agosto	Bem camuflado	603
Virgem I	26 de Agosto a 2 de Setembro	Atenção ao detalhe	617
Virgem II	3 a 10 de Setembro	Agressão pelo escárnio	630
Virgem III	11 a 18 de Setembro	Dinâmica adaptada à forma	642
Cúspide Virgem-Libra	19 a 24 de Setembro	Uma dinâmica litigiosa	654
Libra I	25 de Setembro a 2 de Outubro	Partindo do entusiasmo	666
Libra II	3 a 10 de Outubro	Atração fatal pelo poder	677
Libra III	11 a 18 de Outubro	A posição elitista	687
Cúspide Libra-Escorpião	19 a 25 de Outubro	Debate quente	697
Escorpião I	26 de Outubro a 2 de Novembro	Ceder pela sanidade	707
Escorpião II	3 a 11 de Novembro	Cercar cautelosamente	707
Escorpião III	12 a 18 de Novembro	Raízes antigas	708
Cúspide Escorpião-Sagitário	19 a 24 de Novembro	Desligar o interruptor	708
Sagitário I	25 de Novembro a 2 de Dezembro	Voltear-se e desviar-se	709
Sagitário II	3 a 10 de Dezembro	Plugados	709
Sagitário III	11 a 18 de Dezembro	Desmascaramento vivaz	710
Cúspide Sagitário-Capricórnio	19 a 25 de Dezembro	Espaço para respirar	710
Capricórnio I	26 de Dezembro a 2 de Janeiro	Cultivar abertura	711
Capricórnio II	3 a 9 de Janeiro	Olho no olho	711
Capricórnio III	10 a 16 de Janeiro	Vigilância contínua	712
Cúspide Capricórnio-Aquário	17 a 22 de Janeiro	Ridículo profuso	712
Aquário I	23 a 30 de Janeiro	Horizontes mais amplos	713
Aquário II	31 de Janeiro a 7 de Fevereiro	Grande espectro de admiradores	713
Aquário III	8 a 15 de Fevereiro	Explorar o lado sombrio	714
Cúspide Aquário-Peixes	16 a 22 de Fevereiro	Espelho confiável	714
Peixes I	23 de Fevereiro a 2 de Março	As regras	715
Peixes II	3 a 10 de Março	Nebulosidade ambígua	715
Peixes III	11 a 18 de Março	Várias metamorfoses	716

MELHORES RELACIONAMENTOS

AMOR
Áries III
Touro I
Cúspide Gêmeos-Câncer
Câncer I
Virgem II
Capricórnio II
Aquário II
Peixes II

CASAMENTO
Touro III
Câncer III
Leão II
Virgem I
Virgem III
Escorpião I
Cúspide Escorpião-Sagitário
Peixes III

AMIZADE
Cúspide Peixes-Áries
Áries II
Cúspide Áries-Touro
Leão I
Leão III
Libra III
Cúspide Sagitário-Capricórnio
Cúspide Capricórnio-Aquário
Aquário III
Peixes I

FAMÍLIA
Touro II
Libra II
Escorpião III
Sagitário III
Aquário I

TRABALHO
Cúspide Touro-Gêmeos
Gêmeos III
Câncer II
Cúspide Câncer-Leão
Cúspide Leão-Virgem
Cúspide Libra-Escorpião
Sagitário II
Capricórnio I
Cúspide Aquário-Peixes

ESCORPIÃO II
Semana da Profundidade

3 a 11 de Novembro

POSIÇÃO NO ZODÍACO	Aprox. 10 a 20º de Escorpião
ESTAÇÃO	Meio do outono
ELEMENTO	Água
REGENTE	Plutão (co-regente: Marte)
SÍMBOLO	Escorpião
MODO	Sentimento

O período de Escorpião II toma a Profundidade como imagem central. Este período pode ser comparado simbolicamente à época na vida de um indivíduo de meia-idade em que áreas mais profundas da personalidade apresentam suas exigências e uma nova fonte profunda de poder pode ser descoberta. Neste período são realizados contatos com forças inconscientes e ctônicas, capazes de produzir mudanças que transformam a pessoa.

Os dias que compreendem Escorpião II revelam simbolicamente o lado mais sério da vida humana, e a capacidade de ir além da experiência comum por meio da revelação, da metamorfose e da exploração do mundo interior e exterior. À semelhança do que ocorre quando é descoberto petróleo e um gêiser explode, energias fantásticas são liberadas das camadas mais profundas do inconsciente. Tais energias devem, naturalmente, ser bem direcionadas senão podem levar à destruição. O resultado ideal seriam novas percepções poderosas.

A profundidade de todas as formas é uma atração irresistível para os nascidos em Escorpião II. Esquivos superficialmente, os nascidos na Semana da Profundidade têm uma visão de mundo ponderada e séria, tanto no trabalho quanto no lar. Isto não significa que não gostam de divertir-se, pelo contrário. Ao lidarem com seus hobbies, passatempos e divertimentos, entretanto, mostram a mesma rica intensidade e concentração que evidenciam nas áreas mais sérias de sua vida. O ciúme e a inveja estão naturalmente próximos de seu âmago apaixonado, mas os nascidos em Escorpião II em geral conseguem compreender e controlar estas emoções impedindo-as de provocar confusão. Em casos extremos, entretanto, estes sentimentos podem emergir na personalidade no Escorpião II, ameaçando engolfá-lo completamente.

Uma área em que a posição do Escorpião II está firmemente estabelecida é a das finanças. Ele tem bastante consciência do poder do dinheiro na vida diária, e raramente se coloca em uma posição de desvantagem econômica de forma intencional. Pode inclusive preocupar-se indevidamente com assuntos financeiros e, embora não seja sovina, tende a segurar o que tem. Pode ficar muito aborrecido com um companheiro ou parceiro de negócios que seja muito gastador ou irresponsável com o lado financeiro. No entanto, os nascidos em Escorpião II devem ter cuidado para não aplicar um duplo padrão, pois também podem ir a extremos e gastar dinheiro sem pudor.

Os nascidos em Escorpião II podem sentir empatia pelo sofrimento dos outros, pois sabem o que é sofrer. Os nascidos na Semana da Profundidade em geral não vão atrás de situações dolorosas, mas sabem que a vida sem adversidade e esforço tem pouco significado. Eles sentem, por exemplo, a morte de um pai, amigo ou companheiro profundamente – tão profundamente que o fato pode ter um efeito esmagador sobre eles; e podem nunca recobrar-se disso. Os nascidos em Escorpião II podem não ruminar sobre o assunto da morte, e em geral procuram tirá-lo da mente, mas são profundamente obcecados pelo tema. A necessidade de dormir por longos períodos e o fato de não se lembrarem dos sonhos podem ser característicos destas personalidades, que precisam de muito tempo para a expressão inconsciente e muitas vezes eliminam o conteúdo destas atividades da vigília diária.

Pode ser difícil para os nascidos em Escorpião II abrir-se emocionalmente e falar sobre o que os incomoda. Mesmo um parceiro de confiança ou um amigo querido podem ter de ultrapassar todos os tipos de barricadas antes de chegar perto dos sentimentos interiores dos nascidos nesta semana. Ouvir o que os nascidos em Escorpião II finalmente estão prontos para dizer requer um amor paciente, compreensivo e que não reclama. Qualquer laço profundo formado com um indivíduo assim não pode ser tomado levianamente; nem todos estão prontos para um compromisso tão profundo e denso.

Os nascidos em Escorpião II são fascinados por formas de refúgio. O retiro físico ou psíquico para um porto seguro e a capacidade de desligar o motor mental à vontade, permite aos nascidos nesta semana lidar com os aspectos da vida diária que preferiam não enfrentar. Televisão, cinema, música e livros são hábitos enraizados neles, mas o vício em drogas e álcool, sexo ou violência sempre é uma possibilidade real também. Quando estas atividades envolvem outros, não são necessariamente os nascidos em Escorpião II quem os inicia, pois com freqüência reprimem seu lado sombrio. Ao contrário, entretanto, podem ter comportamento possessivo ou violento em seu ambiente imediato, forçando companheiros e namorados a botar para fora sua própria negatividade represada. Isto pode ser direcionado contra o Escorpião II que então se torna sua própria vítima.

Os nascidos em Escorpião II não são a melhor vítima para atacar, pois são afoitos por natureza e podem ser implacáveis ao protegerem a si e aos seres amados. Poucos que sentiram sua ira desejam despertá-la uma segunda vez. É típico de um Escorpião II, de fato, às vezes ser sujeito a explosões vulcânicas de emoção, que, embora raramente vistas, não são facilmente esquecidas.

Os nascidos em Escorpião II em geral têm amizades inabaláveis e namorados e companheiros fiéis. Isto é apenas em parte um assunto de moralidade; serem flexíveis e mutáveis não é realmente possível para os nascidos nesta semana, portanto, mudar de um parceiro para outro ou adotar novos métodos e técnicas em seu trabalho não é em geral uma opção para eles. Se forçados a fazer tais mudanças pelas circunstâncias ou destino podem trazer à tona seu pior lado.

"PROFUNDIDADE"

Tanto namorados como amigos podem atestar o lado mais suave do Escorpião II. Embora sua presença seja com freqüência formidável, podem ser incrivelmente amáveis, altruístas e até sentimentais. Os nascidos nesta semana são em geral bondosos com animais e crianças pequenas, que despertam seus instintos protetores e acalentadores. Os nascidos em Escorpião II podem ser excelentes pais.

Os nascidos nesta semana podem ser reservados e controladores – traços típicos do Escorpião II. Suas necessidades e exigências sexuais com freqüência também são grandes, mas podem igualmente passar longos períodos de tempo sem querer contato íntimo. Os nascidos em Escorpião II são, de modo geral, muito físicos, desfrutando dos prazeres da mesa e da cama. Desde que permaneçam sensíveis a seus parceiros e capazes de moderação, estes desejos e apetites podem ter um efeito positivo no relacionamento. De fato, os nascidos em Escorpião II muitas vezes apenas são capazes de superar sua forte atração por comportamentos habituais fixos se aprenderem a compartilhar a verdadeira afeição e o amor.

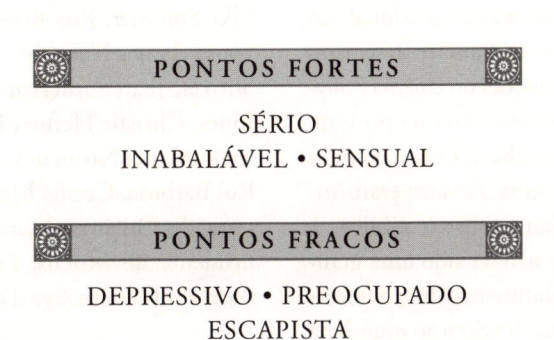

PONTOS FORTES

SÉRIO
INABALÁVEL • SENSUAL

PONTOS FRACOS

DEPRESSIVO • PREOCUPADO
ESCAPISTA

CONSELHO

Deixe a luz do sol entrar e a luz em seu interior sair. Não leve tudo tão a sério. Esforce-se para equilibrar seu humor e veja que pode fazer feliz a si e aos outros. Use seu dom de percepção de modo produtivo. Aprenda a rir mais das ilusões do mundo e também de si mesmo.

PESSOAS NOTÁVEIS DE ESCORPIÃO II

Única pessoa a ganhar Prêmio Nobel em física e química, a cientista nascida na Polônia **Marie Curie** foi um gênio de rara magnitude. Co-descobridora com o marido, Pierre, de dois novos elementos, o rádio e o polônio. Madame Curie estudou as propriedades do raio X e sua capacidade de exterminar células nocivas. A descoberta de segredos atômicos ocultos e a sondagem do profundo e dos reinos plutônicos da matéria realizadas por Curie simbolizam sua orientação de Escorpião II. Capaz de unir o instinto investigador com a necessidade de controlar do Escorpião II, Curie era idealmente apta para conduzir suas experiências. Seu marido morreu em um trágico acidente de carro, e ela finalmente sucumbiu à leucemia devido aos efeitos cumulativos da radiação com que trabalhou a maior parte da vida.

Simbolizando a orientação sexual passional do Escorpião II, a atriz austríaca **Hedy Lamarr** despertou entusiasmo com suas primeiras aparições no cinema hollywoodiano. Tendo já despertado uma onda de protesto devido a sua aparição nua no filme checo *Êxtase*, nem os magnatas americanos nem a própria *Lamarr* eram inconscientes de seu efeito estimulante sobre o público. A beleza morena escorpiônica pode não ter sido uma grande atriz, mas ao lado de Victor Mature no filme *Sansão e Dalila*, ela manifestou uma espécie de tentação mundana que Sansão e o público acharam irresistível. Seus filmes incluem *Tortilla Flat, Her Highness and the Bellboy, White Cargo* e *Lady Without a Passport*.

Fyodor Dostoievsky, autor de *Notas do Subterrâneo*, foi um escritor de grande Profundidade que buscou penetrar nas áreas mais recônditas da alma humana. Em suas maiores obras, *Os Irmãos Karamazov, O Idiota* e *Crime e Castigo*, Dostoievsky explora o tormento psicológico e a exaltação espiritual de uma maneira nunca vista antes nos anais da literatura. A redenção por meio do sofrimento é um tema recorrente de Dostoievsky, que era completamente existencial na insistência de que a vida deve ser vivida em sua plenitude e em seus próprios termos. Em sua "Lenda do Grande Inquisidor" de *Os Irmãos Karamazov*, Cristo vem pela segunda vez e é condenado à morte pela própria igreja estabelecida em seu nome. A discussão filosófica de Dostoievsky do pão *versus* liberdade antecipa o dilema do comunismo.

Outras pessoas nascidas em Escorpião II: Ennio Morricone, Yanni, Kate Capshaw, Robert Mapplethorpe, Bonnie Raitt, Sally Field, Erika Mann, Raymond Loewy, Tatum O'Neal, Ivan Turgenev, Roseanne Barr, Xá do Irã, Richard Burton, Will Rogers, Guilherme de Orange, Art Carney, Ida Minerva Tarbell, Ike Turner, Elke Sommer, Roy Rogers, Florence Sabin, John Philip Sousa, James Naismith, Robert Elder von Musil, Maria Shriver, Joan Sutherland, Angel Cordero Jr., Rickie Lee Jones, Christie Hefner, Kazuo Ishiguro, Florence Chadwick, Mabel Normand, Mike Nichols, Arnaldo Niskier, Rui Barbosa, Cecília Meirelles, Paulo Pontes, Dinah Silveira de Queiroz, Marieta Severo, Reinaldo, Betinho, Prudente de Morais, Frei Damião, Miguel Reale, Ari Barroso, Hubert, Eva Todor, Nássara.

Guia de Relacionamentos para Escorpião II

Localizador de Página para Todos os Relacionamentos

Cúspide Peixes-Áries	19 a 24 de Março	Estrela escura	229
Áries I	25 de Março a 2 de Abril	Voltas e viravoltas	252
Áries II	3 a 10 de Abril	Tempestade	275
Áries III	11 a 18 de Abril	Diferença de ritmo	298
Cúspide Áries-Touro	19 a 24 de Abril	Brilhante desafio	320
Touro I	25 de Abril a 2 de Maio	Sem dó nem piedade	341
Touro II	3 a 10 de Maio	Segunda infância	362
Touro III	11 a 18 de Maio	Aceitação sem reservas	383
Cúspide Touro-Gêmeos	19 a 24 de Maio	Siga o líder	403
Gêmeos I	25 de Maio a 2 de Junho	Sensibilidades afinadas	422
Gêmeos II	3 a 10 de Junho	Do lado do avesso	441
Gêmeos III	11 a 18 de Junho	Auto-suficiência	460
Cúspide Gêmeos-Câncer	19 a 24 de Junho	Aspectos funcionais	478
Câncer I	25 de Junho a 2 de Julho	Jogo paralelo	495
Câncer II	3 a 10 de Julho	Perdendo-se	512
Câncer III	11 a 18 de Julho	Um nicho confortável	529
Cúspide Câncer-Leão	19 a 25 de Julho	O aqui e agora	545
Leão I	26 de Julho a 2 de Agosto	O ressurgimento da fênix	560
Leão II	3 a 10 de Agosto	Energias pesadas	575
Leão III	11 a 18 de Agosto	Clientes muito difíceis	590
Cúspide Leão-Virgem	19 a 25 de Agosto	Orgulho em realizar	604
Virgem I	26 de Agosto a 2 de Setembro	Parceiros autônomos	617
Virgem II	3 a 10 de Setembro	Socialização inesperada	630
Virgem III	11 a 18 de Setembro	Equipe coesa	643
Cúspide Virgem-Libra	19 a 24 de Setembro	Variedade impetuosa	655
Libra I	25 de Setembro a 2 de Outubro	Os duros fatos da vida	666
Libra II	3 a 10 de Outubro	Observador desapegado	677
Libra III	11 a 18 de Outubro	Para melhor e para pior	688
Cúspide Libra-Escorpião	19 a 25 de Outubro	Desenvolvendo a intensidade	698
Escorpião I	26 de Outubro a 2 de Novembro	Cercar cautelosamente	707
Escorpião II	3 a 11 de Novembro	Quase inexpugnável	716
Escorpião III	12 a 18 de Novembro	Confusão materialista	717
Cúspide Escorpião-Sagitário	19 a 24 de Novembro	Estilo em lugar de essência	717
Sagitário I	25 de Novembro a 2 de Dezembro	Reação exotérmica	718
Sagitário II	3 a 10 de Dezembro	Expressando desaprovação	718
Sagitário III	11 a 18 de Dezembro	Estruturando a liberdade	719
Cúspide Sagitário-Capricórnio	19 a 25 de Dezembro	Intercâmbio ativo	719
Capricórnio I	26 de Dezembro a 2 de Janeiro	Largando a batata quente	720
Capricórnio II	3 a 9 de Janeiro	Dando crédito à normalidade	720
Capricórnio III	10 a 16 de Janeiro	Aliviando tensões	721
Cúspide Capricórnio-Aquário	17 a 22 de Janeiro	Beije e faça as pazes	721
Aquário I	23 a 30 de Janeiro	Nada menos que surpreendente	722
Aquário II	31 de Janeiro a 7 de Fevereiro	Chama eterna	722
Aquário III	8 a 15 de Fevereiro	Dividindo experiências emocionais	723
Cúspide Aquário-Peixes	16 a 22 de Fevereiro	Sérias questões éticas	723
Peixes I	23 de Fevereiro a 2 de Março	Céu ou inferno?	724
Peixes II	3 a 10 de Março	Meta almejada	724
Peixes III	11 a 18 de Março	Poder de persuasão	725

MELHORES RELACIONAMENTOS

AMOR
Áries I
Cúspide Áries-Touro
Câncer I
Leão II
Leão III
Libra II
Cúspide Libra-Escorpião
Aquário I
Aquário III
Peixes III

CASAMENTO
Touro I
Gêmeos II
Cúspide Gêmeos-Câncer
Cúspide Câncer-Leão
Virgem II
Escorpião III
Sagitário I
Sagitário III
Capricórnio III
Aquário II
Peixes II

AMIZADE
Cúspide Peixes-Áries
Áries II
Touro II
Cúspide Touro-Gêmeos
Gêmeos III
Virgem I
Escorpião II
Sagitário II
Capricórnio I
Capricórnio II
Cúspide Capricórnio-Aquário

FAMÍLIA
Cúspide Leão-Virgem
Virgem III
Cúspide Aquário-Peixes

TRABALHO
Touro III
Gêmeos I
Câncer III
Libra I
Cúspide Escorpião-Sagitário
Cúspide Sagitário-Capricórnio

ESCORPIÃO III
Semana do Encanto

12 a 18 de Novembro

O período de Escorpião III toma o Encanto como imagem central. Este período pode ser comparado, em termos humanos, à meia-idade, em que se torna mais forte a habilidade para influenciar os outros por meio do poder do magnetismo e do carisma. No período de Escorpião III a emoção intensa pode ser usada com efeito bem marcado, para obter resultados positivos e construtivos, mas igualmente pode ser empregada para fins egoístas e narcisistas.

Os dias que compreendem Escorpião III revelam simbolicamente os poderes de atração do adulto de meia-idade e a capacidade de desenvolver objetivos (mas também obter satisfação) por meio da investigação, observação, encanto sedutor e uso judicioso da capacidade de liderança. Emoções expressivas podem ser direcionadas construtivamente como instrumento poderoso para inspirar os outros, mas não deve ser exercitado como mecanismo de controle. Ao contrário, ao ganhar a confiança dos colegas, empregados ou clientes, pode-se formar um elo emocional favorável para todos os envolvidos.

Realistas antes de mais nada, os nascidos em Escorpião III raramente se excedem. Como têm um ponto de vista realista não apenas sobre suas próprias capacidades, mas as dos outros também, seu julgamento é em geral digno de confiança, e suas afirmações, perspicazes. Os nascidos nesta semana saem-se bem em posições administrativas, como líderes de um grupo social ou trabalhando em equipe, papéis em que sua capacidade de avaliação, de organização e prática se destaca.

Como os nascidos em Escorpião III têm uma vida interior intensa, muitos arriscam tornar-se complacentes ou talvez satisfeitos consigo próprios. Isto pode ser particularmente evidente em sua carreira, onde podem atingir um determinado ponto e não fazer qualquer esforço para subir mais alto. A menos que pessoas próximas e queridas aos nascidos em Escorpião III os incentive de tempos em tempos a aproveitar as oportunidades, podem ficar estagnados e, finalmente, se arrepender de terem perdido oportunidades. Os que alcançam maior sucesso, seja na carreira, seja nos empreendimentos pessoais ou espirituais, são com freqüência aqueles que ousam lutar para realizar seus sonhos mais impossíveis.

A paixão dos nascidos em Escorpião III é tão forte quanto seu controle. Assim, os nascidos nesta semana podem ser sujeitos a furiosas guerras internas, que podem até ameaçar destruí-los. A fachada charmosa ou inescrutável que o Escorpião III apresenta para o mundo com freqüência esconde enormes conflitos interiores. Os que são objeto de tais paixões e causa de tais conflitos podem nunca compreender quanta emoção estão despertando e, portanto, dificilmente assumem qualquer responsabilidade por isso. Os nascidos em Escorpião III capazes de mostrar ou pelo menos discutir uma pequena parte de seus sentimentos com outra pessoa estarão mais próximos de ter sucesso em seus relacionamentos pessoais.

Os nascidos nesta semana não estão acostumados a colocar-se em posição desvantajosa, por mais que desejem um emprego ou pessoa. Sua dignidade é importante para eles e raramente cedem nisso. Se chegarem a um ponto em que uma atração é tão avassaladora que bloqueia seu bom senso, os nascidos em Escorpião III apenas sucumbem após enorme luta interior. Vencem com dificuldade vícios de todos os tipos, sejam drogas, remédios, pessoas ou padrões de comportamento, mas esta compulsão, uma vez dominada, raramente reincide.

Os nascidos em Escorpião III devem ter cuidado para não dominar os outros por meio de atitudes superprotetoras ou controladoras. Estas influências podem ser bastantes sutis, pois os nascidos nesta semana raramente parecem asfixiantes ou ditatoriais na superfície: justos e compreensivos, eles despertam lealdade não apenas em casa, mas no trabalho. As pessoas tendem a seguir suas

---

POSIÇÃO NO ZODÍACO
Aprox. 19 a 27º
de Escorpião

ESTAÇÃO
Meio do outono

ELEMENTO
Água

REGENTE
Plutão (co-regente: Marte)

SÍMBOLO
Escorpião

MODO
Sentimento

ordens prontamente, pois nunca pedem a alguém para fazer algo que não fariam eles mesmos. No entanto, os nascidos na semana do Encanto muitas vezes exibem uma aparência exterior inabordável ou proibida. Os que se relacionam com eles não são em geral afugentados por esta postura ou simplesmente não a vêem. São as pessoas que penetram nas defesas do Escorpião III e conquistam seu coração.

Os que desejam fazer amizade com os nascidos em Escorpião III devem ter em mente sua aversão por pessoas oportunistas. Os nascidos nesta semana com freqüência se atraem por indivíduos auto-suficientes, com algo incomum a oferecer. Por outro lado, os mais sedutores são às vezes vulneráveis à capacidade de sedução dos outros. Em particular, o Escorpião III que opta por seguir um caminho mais questionável ou inescrupuloso corre o perigo de ser trapaceado por pessoas com poder superior de enganar.

O melhor que têm a fazer é se esforçarem para permanecer abertos, até vulneráveis, se quiserem evitar a solidão, sobretudo quando ficam mais velhos. Porque parecem ser tão estáveis emocionalmente, muitas vezes falham em despertar a simpatia dos outros, no entanto suas necessidades mais profundas são tão grandes como a de qualquer um. A capacidade de admitir suas fraquezas e faltas e a coragem de confessar francamente seus fracassos ou lamentar abertamente suas perdas são importantes para o Escorpião III, a fim de formarem relacionamentos profundos e duradouros. Um parceiro para a vida toda pode apenas materializar-se para estes indivíduos capazes depois que começarem realmente a dominar e finalmente a desistir de suas atitudes controladoras.

"ENCANTO"

Os nascidos em Escorpião III raramente zombam de sua vida romântica. Por mais apaixonados que estejam, dificilmente se prendem a relacionamentos improdutivos ou prejudiciais; em geral engenhosos e confiantes, sabem que sempre há mais peixe no mar. No entanto, são leais e sinceros e dão as melhores oportunidades ao relacionamento – mas não mais. Seus parceiros e companheiros sexuais logo aprendem a não achar que contam com as atenções do Escorpião III e a prestar atenção a todos os sinais de alerta – ou descobrem que o que foi dado livremente pode ser suspenso ou retirado por completo.

PONTOS FORTES

SINTONIZADO • ENCANTADOR
ENGENHOSO

PONTOS FRACOS

DEFENSIVO • COMPLACENTE
CONTROLADOR

Amigos íntimos são importantes para o Escorpião III que preferiu viver só, ou que não conta com o apoio de um grupo familiar. Os nascidos na semana do Encanto podem construir um mundo completo em torno de bons amigos, que, até certo ponto, podem tomar o lugar de irmãos, pais, filhos, companheiros ou namorados para eles. Com freqüência passam seu tempo com pessoas muito diferentes deles próprios, fazendo amizades em que cada membro supre o que falta no outro. Ao formar um círculo de amigos, o Escorpião III pode ter sucesso em compensar todas ou quase todas suas deficiências.

CONSELHO

Mantenha um olhar crítico sobre si mesmo. Responda aos mais altos desafios e ocasionalmente assuma riscos que façam sentido. Esteja atento ao que é importante na vida, ao que resiste e contém valor permanente. Sempre tenha altos objetivos e não tema o fracasso.

PESSOAS NOTÁVEIS DE ESCORPIÃO III

Foi uma longa viagem para a *socialite* da Filadélfia **Grace Kelly**, das margens do rio Schuylkill até o reino de Mônaco, no Mediterrâneo, onde reinou como Princesa Grace. Sintetizando o Encanto de muitos nascidos em Escorpião III, a atuação como modelo e nos palcos atraiu a atenção de Hollywood e ela se tornou estrela de cinema, primeiro em *Matar ou Morrer*, fazendo par com Gary Cooper, e mais tarde em três filmes de Alfred Hitchcock: *Disque M para Matar*, *Janela Indiscreta* e *O Ladrão de Casaca*. Captou o olhar do Príncipe Rainier no Festival de Cinema de Cannes, e o resto é história. Sua história de conto de fadas chegou a um fim abrupto quando seu carro despencou de um despenhadeiro.

Atriz e comediante irrepreensível **Whoopi Goldberg** passou de corajosa cômica a ganhadora de Oscar e apresentadora, mas não perdeu um grama de sua forte personalidade. Representante de Escorpião III realista, suas observações de improviso fazem muitos encolher-se, mas para Whoopi verdade é verdade, mesmo que magoe. Poucos cometeriam o erro de atacá-la de frente, e a imagem do ator Danny Glover aproximando-se dela com uma navalha na mão no filme *A Cor Púrpura* ainda dá calafrios em retrospecto. Quer representando uma hesitante clarividente (*Ghost – Do Outro Lado da Vida*) ou uma treinadora de basquete (*Eddie*), a firmeza por trás do sorriso de Whoopi é bastante evidente. Graças a sua determinação, ela se firmou como presença permanente em Hollywood e na Broadway.

Para um homem que esteve nas manchetes no mínimo nos últimos 30 anos, não se conhece tanto assim da verdadeira pessoa por trás da imagem de Sua Majestade **Príncipe Charles**, Príncipe de Gales e herdeiro do trono inglês. Um Escorpião III reservado, Charles lançou várias pistas falsas sobre sua identidade – em seu papel de esportista, marido, filho obediente, amante, teórico da arquitetura etc. – mas nada disso realmente parece sincero. Talvez o papel em que ele melhor se expressa não seja conhecido. Como os nascidos nesta semana se saem tão bem em posições administrativas e reagem bem à responsabilidade, pode ser que enquanto Charles não se tornar rei não descobriremos como ele de fato é.

Outras pessoas nascidas em Escorpião III: Claude Monet, Jawaharlal Nehru, Neil Young, Sun Yat-Sen, Nadia Comaneci, Tonya Harding, Auguste Rodin, Brenda Vaccaro, Robert Louis Stevenson, Demi Moore, Charles Manson, Joseph McCarthy, Boutros Boutros-Ghali, Aaron Copland, Georgia O'Keeffe, Burgess Meredith, W.C. Handy, George S. Kaufman, Dwight Gooden, Buck Clayton, Danny de Vito, Martin Scorsese, Lauren Hutton, Wilma P. Mankiller, Linda Evans, Alan Shepard, Veronica Lake, Erwin Rommel, Yaphet Kotto, Peter Arnett, Santo Agostinho, Paulinho da Viola, Rachel de Queiroz, Iberê Camargo, Osvaldo Aranha, Bernardo Élis, Marlene, Iberê Camargo, Ênio Silveira.

— 12 A 18 DE NOVEMBRO —

Guia de Relacionamentos para Escorpião III

Localizador de Página para Todos os Relacionamentos

Cúspide Peixes-Áries	19 a 24 de Março	Carisma cativante	229
Áries I	25 de Março a 2 de Abril	Vivacidade independente	253
Áries II	3 a 10 de Abril	Disfarce consciente	276
Áries III	11 a 18 de Abril	Uau!	298
Cúspide Áries-Touro	19 a 24 de Abril	Necessidade de ser fiel	320
Touro I	25 de Abril a 2 de Maio	Sem brigas	342
Touro II	3 a 10 de Maio	Equilíbrio de poder	363
Touro III	11 a 18 de Maio	Assumindo a liderança	383
Cúspide Touro-Gêmeos	19 a 24 de Maio	Cristal raro	403
Gêmeos I	25 de Maio a 2 de Junho	A abertura do véu	423
Gêmeos II	3 a 10 de Junho	Libertado	442
Gêmeos III	11 a 18 de Junho	Apoio ou erosão?	460
Cúspide Gêmeos-Câncer	19 a 24 de Junho	Superenvolvido	478
Câncer I	25 de Junho a 2 de Julho	Pode a honestidade prevalecer?	496
Câncer II	3 a 10 de Julho	Atenção em êxtase	513
Câncer III	11 a 18 de Julho	Uma fundação firme	529
Cúspide Câncer-Leão	19 a 25 de Julho	Preservando energias jovens	545
Leão I	26 de Julho a 2 de Agosto	Ajustado e apropriado	561
Leão II	3 a 10 de Agosto	Bom humor	576
Leão III	11 a 18 de Agosto	Dínamo-giroscópio	590
Cúspide Leão-Virgem	19 a 25 de Agosto	Forças além de seu controle	604
Virgem I	26 de Agosto a 2 de Setembro	Um pequeno círculo de amigos	618
Virgem II	3 a 10 de Setembro	Dando o melhor de si	631
Virgem III	11 a 18 de Setembro	Apresentação cintilante	643
Cúspide Virgem-Libra	19 a 24 de Setembro	Buscando bens	655
Libra I	25 de Setembro a 2 de Outubro	Posições fechadas	667
Libra II	3 a 10 de Outubro	Uma unidade digna de confiança	678
Libra III	11 a 18 de Outubro	Declarando trégua	688
Cúspide Libra-Escorpião	19 a 25 de Outubro	Aparar e cultivar	698
Escorpião I	26 de Outubro a 2 de Novembro	Raízes antigas	708
Escorpião II	3 a 11 de Novembro	Confusão materialista	717
Escorpião III	12 a 18 de Novembro	Cedendo terreno	725
Cúspide Escorpião-Sagitário	19 a 24 de Novembro	Choques de evasão	726
Sagitário I	25 de Novembro a 2 de Dezembro	Investida combinada	726
Sagitário II	3 a 10 de Dezembro	Ativação imediata	727
Sagitário III	11 a 18 de Dezembro	Integridade como postura	727
Cúspide Sagitário-Capricórnio	19 a 25 de Dezembro	Perpétua inovação	728
Capricórnio I	26 de Dezembro a 2 de Janeiro	A arte de viver	728
Capricórnio II	3 a 9 de Janeiro	Paladinos intransigentes	729
Capricórnio III	10 a 16 de Janeiro	Sem limites	729
Cúspide Capricórnio-Aquário	17 a 22 de Janeiro	Superotimismo	730
Aquário I	23 a 30 de Janeiro	Tentando compreender	730
Aquário II	31 de Janeiro a 7 de Fevereiro	Vibração solidária	731
Aquário III	8 a 15 de Fevereiro	Decisão difícil	731
Cúspide Aquário-Peixes	16 a 22 de Fevereiro	Um veículo para a projeção	732
Peixes I	23 de Fevereiro a 2 de Março	Um âmago sensível	732
Peixes II	3 a 10 de Março	Absorvendo trocas	733
Peixes III	11 a 18 de Março	Polêmica emocional	733

MELHORES RELACIONAMENTOS

AMOR
Cúspide Peixes-Áries
Áries III
Cúspide Áries-Touro
Gêmeos II
Cúspide Gêmeos-Câncer
Câncer II
Libra II
Sagitário II

CASAMENTO
Cúspide Touro-Gêmeos
Gêmeos III
Leão I
Virgem III
Cúspide Virgem-Libra
Libra I
Escorpião II
Sagitário III
Cúspide Sagitário-Capricórnio
Cúspide Aquário-Peixes

AMIZADE
Áries II
Gêmeos I
Câncer III
Leão II
Cúspide Leão-Virgem
Cúspide Libra-Escorpião
Cúspide Escorpião-Sagitário
Capricórnio I
Aquário II
Peixes I
Peixes III

FAMÍLIA
Touro III
Escorpião I
Aquário I

TRABALHO
Touro II
Câncer I
Leão III
Virgem II
Libra III
Sagitário I
Capricórnio II
Aquário III
Peixes II

CÚSPIDE ESCORPIÃO-SAGITÁRIO
Cúspide da Revolução

19 a 24 de Novembro

POSIÇÃO NO ZODÍACO	Aprox. 26º de Escorpião e 3º de Sagitário
ESTAÇÃO	Final do outono
ELEMENTO	Água/Fogo
REGENTE	Plutão e Marte/Júpiter
SÍMBOLO	Escorpião/Arqueiro
MODO	Sentimento/Intuição

A cúspide Escorpião-Sagitário é uma mistura do oitavo signo do zodíaco, Escorpião, com o nono, Sagitário. As energias combinadas do Escorpião emocionalmente profundo, sério e reservado com o intuitivo, direto, amante da liberdade Sagitário refletem a necessidade primeiro de compreender a si próprio, depois, de proceder mudanças. Pode-se dizer que a cúspide Escorpião-Sagitário representa a Revolução. Simboliza o período em torno dos cinquenta e seis anos de idade na vida de uma pessoa quando mudanças inescapáveis devem ocorrer: a aposentadoria pode estar à vista, casamento e outros relacionamentos podem ter sido abandonados e limitações físicas devem ser confrontadas. Além disso, pode se manifestar agora uma maior empatia por outras pessoas e, com isso, um interesse por assuntos internacionais ou mesmo universais (religião, espiritualidade, fenômenos físicos). Muitos nesta fase podem se sentir ressentidos e rebelar-se por não terem feito o que realmente gostariam de fazer na vida e vêem este período como sua "última chance". A natureza revolucionária da cúspide Escorpião-Sagitário é subjacente à necessidade de total reorganização quando mudanças fundamentais ainda não foram realizadas.

Nem todos os revolucionários têm uma visão ampla e são idealistas que lançam bombas; dentro da alma de muitos defensores dos direitos humanos movem-se furtivamente autocratas que, uma vez no poder, podem ser impelidos a fazer outra revolução. A revolta que faz os nascidos na cúspide Escorpião-Sagitário engajar-se é com frequência a luta contra atitudes piegas, estúpidas, ultrapassadas e não mais aceitáveis. São capazes de destruir mitos antigos, é verdade, mas são igualmente capazes de reviver e preservar mitos que consideram úteis. No fundo, os nascidos nesta cúspide também podem ser tradicionalistas.

Caracterizados pelo desdém por políticas de meio-termo e éticas de classe média, a maioria dos nascidos em Escorpião III prefere ser ou muito rico ou muito pobre, aristocrata ou herói da classe trabalhadora, a algo intermediário. Este anseio por extremos leva muitos nascidos nesta cúspide a ceder a excessos, às vezes em mais de uma área de sua vida.

Os nascidos em Escorpião-Sagitário têm em geral consciência desde cedo de que são diferentes dos outros. Uma mistura incomum de opostos, os nascidos na Cúspide da Revolução combinam a sensibilidade aquosa do Escorpião com a natureza ardente, amante da liberdade do Sagitário. Na família, pois, ocupam uma posição solitária em relação aos pais ou irmãos, e a apreciação de suas habilidades peculiares e forte impulso para o sucesso muitas vezes data dos anos da infância. Fazer planos para o futuro, sonhar com elegantes novos esquemas e fazer uma boa parte disso frutificar são características da imaginação e determinação dos nascidos nesta cúspide. Orientados para objetivos e resultados, os nascidos em Escorpião-Sagitário com frequência mostram a mesma obstinação para escolher amigos ou um parceiro, a quem podem perseguir com zelo inexorável.

O riso dos nascidos na cúspide Escorpião-Sagitário é um barômetro direto de sua saúde mental. Se não o ouvirmos nos primeiros minutos da conversa, podemos ter certeza de que algo está errado. Os nascidos na Cúspide da Revolução podem valer-se do sarcasmo cortante e do escárnio não apenas para fazer objeto de ridículo seus inimigos, mas para dar até aos amigos mais queridos uma cutucada de vez em quando. A este respeito agem com duplo padrão, pois não aceitam bem quando falam deles ou são eles o objeto de escárnio, vendo nisso uma tentativa de humilhá-los. Não se submetem a isso mais de uma vez a ninguém.

Questões morais são importantes para os nascidos na Cúspide da Revolução. Esforçam-se para ser honestos,

"REVOLUÇÃO"

mas nem sempre conseguem; acreditam na lealdade, mas com freqüência não correspondem a seus próprios padrões. Como acham difícil ser completamente abertos e honestos com os que lhes são próximos, podem contar apenas parte da verdade, ficando constrangidos e arrependidos quando são descobertos mais tarde. No entanto, seu inegável charme e sua atitude bem-intencionada, leal e fiel em geral faz com que aqueles que os amam os perdoem.

Mesmo o crítico mais sério dos nascidos na Cúspide da Revolução admitem que são corajosos. Especializados em dizer o indizível ao inacessível, não apenas parecem não temer lidar com autoridades sem ceder, mas demonstram o poder de sua posição. Ainda assim são, de fato, excelentes em chegar a um acordo e sabem quando ceder terreno e quando parar e combater. Seu lado instintivo é altamente desenvolvido e vem em seu auxílio quando eles acreditam o suficiente em seu próprio poder para confiar nele plenamente. Tipos intuitivos, os nascidos em Escorpião-Sagitário ficam atrapalhados e confusos quando tentam penetrar muito fundo em sua capacidade de raciocínio.

Os nascidos na Cúspide da Revolução raramente esquecem uma desfeita ou um ato de verdadeira amizade. Têm plena consciência do poder do dinheiro, mas preferem não aproveitar uma oportunidade, mesmo que lucrativa, se isso significa trabalhar com alguém que não respeitam. Por outro lado, os nascidos em Escorpião-Sagitário dependem muito dos amigos, de ambos os sexos, e podem ser extraordinariamente bem-sucedidos em realizar negócios com pessoas com quem se sentem emocionalmente próximos, em geral parceiros ou membros de uma equipe. Eles realmente vêem estes colegas como pessoas da família.

Os nascidos em Escorpião-Sagitário não são os indivíduos mais estáveis nos relacionamentos amorosos. Quando jovens, sua rebeldia e senso aventureiro podem levá-los de um parceiro para outro; nesse ínterim, naturalmente, qualquer compromisso com um único relacionamento profundo não é possível. Alguns podem achar, mais tarde, que um companheiro permanente é necessário, mas este novo padrão pode fazer-lhes impacientar-se um pouco, anelando pela liberdade que já conheceram. Outros casam-se mais cedo, mas procuram um casamento "moderno", em que ambos os cônjuges levam uma vida mais ou menos independente um do outro. Passar bastante tempo afastados dos parceiros garante aos nascidos em Escorpião-Sagitário a liberdade que precisam com um mínimo de ciúme e recriminação.

Namorados e companheiros de pessoas nascidas em Escorpião-Sagitário atestam sua natureza extremamente sexual, que não apenas é apaixonada, mas também, por extensão, competitiva e combativa. Os nascidos na Cúspide da Revolução são beligerantes no trabalho e na diversão e não deixam esta qualidade em casa. Os nascidos em Escorpião-Sagitário têm um lado doce e afetivo também, mas nos contatos sexuais o carnal e extático em geral superam o suave e sensível.

PONTOS FORTES

EXUBERANTE
LEAL • AVENTUREIRO

PONTOS FRACOS

AUTOCRÁTICO • CÍNICO
REBELDE

CONSELHO

Siga sua visão da vida, mas não perca o contato com a dos outros. Mantenha suas intenções honestas e seus motivos puros. Desenvolva a objetividade necessária para distanciar-se e observar a própria vida. Procure perdoar mais e ser menos possessivo.

PESSOAS NOTÁVEIS DA CÚSPIDE ESCORPIÃO-SAGITÁRIO

Robert Kennedy tinha só 35 anos de idade quando assumiu o cargo de procurador-geral do Departamento de Justiça, em 1961, nomeado por seu irmão presidente. Bobby logo estabeleceu-se como uma força com que se tinha de ajustar contas. Em algum lugar entre o herói da classe trabalhadora e o aristocrata em suas simpatias e conduta, Kennedy era um representante típico de muitos nascidos na Cúspide da Revolução. Em sua postura política, Bobby teve chance de fazer mais inimigos do que seu irmão John, tanto no governo como com o crime organizado, mas, como muitos nascidos em Escorpião-Sagitário, prosperou no conflito e diante do desafio. Competitivo, combativo e intransigente, Kennedy abriu caminho até a liderança do Partido Democrático e o coração dos americanos como um oponente corajoso e intransigente com relação a tudo o que era injusto. Como seu irmão, foi assassinado com um tiro.

Talvez o mais apaixonado e violento muralista mexicano, **Jose Orozco** expressou seus sentimentos com destemor. Como muitos nascidos na Cúspide da Revolução, Orozco não temia expor sua opinião e a maestria da arte dos murais permitia-lhe fazer declarações de forma grandiloqüente. Formado em arquitetura, Orozco mudou de direção e dedicou sua vida à pintura, ao desenho, aos murais e à xilogravura. Pessoas nascidas em Escorpião-Sagitário são intuitivas e Orozco não era exceção, dando expressão muito direta a este estado emocional. Desempenhou papel extremamente importante no desenvolvimento da arte moderna no México, e por meio de seus murais dramáticos tornou seus princípios aceitos pelo público em geral.

Ganhadora do Prêmio Nobel de literatura em 1961, a romancista sul-africana **Nadine Gordimer** testemunhou e retratou os acontecimentos em seu país na época do apartheid. Ela cresceu em uma cidade mineira na África do Sul, filha de imigrantes judeus europeus. Um importante tema em sua obra foi a posição da Europa na África e como pessoas, como sua família, puderam se ajustar a uma forma de vida completamente nova. Nascida na Cúspide da Revolução, Gordimer procurou expressar sua oposição ao apartheid silenciosamente, como uma observadora objetiva e não como ativista. Não obstante, três romances seus foram banidos pelo governo opressor da África do Sul. Sua postura intransigente em face da autoridade a marca como uma legítima representante de Escorpião-Sagitário.

Outras pessoas nascidas em Escorpião-Sagitário: Jodie Foster, Ahmad Rashad, Jamie Lee Curtis, Boris Becker, George Eliot, Charles DeGaulle, Veronica Hamel, Voltaire, Goldie Hawn, Ken Griffey Jr., Harpo Marx, Andre Gide, Dr. John, Mariel Hemingway, Billy the Kid, Boris Karloff, Spinoza, Billie Jean King, Toulouse-Lautrec, Ted Turner, Marilyn French, Coleman Hawkins, Jeane Kirkpatrick, Domingos da Guia, Alcione, Claudio Santoro, Cruz e Sousa.

— 19 A 24 DE NOVEMBRO —

Guia de Relacionamentos para a Cúspide Escorpião-Sagitário

Localizador de Página para Todos os Relacionamentos

Cúspide Peixes-Áries	19 a 24 de Março	Vulcão inativo	230
Áries I	25 de Março a 2 de Abril	Pêndulo que oscila	253
Áries II	3 a 10 de Abril	Evolução controlada	276
Áries III	11 a 18 de Abril	No topo da montanha	299
Cúspide Áries-Touro	19 a 24 de Abril	Respeito mútuo	321
Touro I	25 de Abril a 2 de Maio	Gostos generosos	342
Touro II	3 a 10 de Maio	Faculdade	363
Touro III	11 a 18 de Maio	Disfarce elaborado	384
Cúspide Touro-Gêmeos	19 a 24 de Maio	Um conduto de conhecimento	404
Gêmeos I	25 de Maio a 2 de Junho	Laço espiritual	423
Gêmeos II	3 a 10 de Junho	Recusa a seguir regras	442
Gêmeos III	11 a 18 de Junho	Dedicação incansável	461
Cúspide Gêmeos-Câncer	19 a 24 de Junho	Um ar de mistério	479
Câncer I	25 de Junho a 2 de Julho	Um mundo irreal	496
Câncer II	3 a 10 de Julho	Realidades atuais	513
Câncer III	11 a 18 de Julho	O princípio da incerteza	530
Cúspide Câncer-Leão	19 a 25 de Julho	Uma fórmula confiável	546
Leão I	26 de Julho a 2 de Agosto	Positivo e para cima	561
Leão II	3 a 10 de Agosto	Fazendo o melhor	576
Leão III	11 a 18 de Agosto	Causando sensação	591
Cúspide Leão-Virgem	19 a 25 de Agosto	Arregaçando as mangas	605
Virgem I	26 de Agosto a 2 de Setembro	Inovador e visionário	618
Virgem II	3 a 10 de Setembro	Declarações exageradas	631
Virgem III	11 a 18 de Setembro	Discussões pragmáticas	644
Cúspide Virgem-Libra	19 a 24 de Setembro	O que nunca foi nunca poderia ter sido	656
Libra I	25 de Setembro a 2 de Outubro	Manifestando o lado mais leve	667
Libra II	3 a 10 de Outubro	Reforço aos caprichos	678
Libra III	11 a 18 de Outubro	De olho um no outro	689
Cúspide Libra-Escorpião	19 a 25 de Outubro	Frágil equilíbrio	699
Escorpião I	26 de Outubro a 2 de Novembro	Desligar o interruptor	708
Escorpião II	3 a 11 de Novembro	Estilo em lugar de essência	717
Escorpião III	12 a 18 de Novembro	Choques de evasão	726
Cúspide Escorpião-Sagitário	19 a 24 de Novembro	Grande intensidade	734
Sagitário I	25 de Novembro a 2 de Dezembro	Optando pelo convívio	734
Sagitário II	3 a 10 de Dezembro	A cilada da honestidade	735
Sagitário III	11 a 18 de Dezembro	Mesa de negociação	735
Cúspide Sagitário-Capricórnio	19 a 25 de Dezembro	Postura dissidente	736
Capricórnio I	26 de Dezembro a 2 de Janeiro	Questões políticas	736
Capricórnio II	3 a 9 de Janeiro	A terra do nunca	737
Capricórnio III	10 a 16 de Janeiro	Começar com respeito	737
Cúspide Capricórnio-Aquário	17 a 22 de Janeiro	Ponto de equilíbrio	738
Aquário I	23 a 30 de Janeiro	Zombaria impiedosa	738
Aquário II	31 de Janeiro a 7 de Fevereiro	Poder autorizado	739
Aquário III	8 a 15 de Fevereiro	Acima das regras	739
Cúspide Aquário-Peixes	16 a 22 de Fevereiro	Ambição ou complacência?	740
Peixes I	23 de Fevereiro a 2 de Março	As pessoas certas	740
Peixes II	3 a 10 de Março	Controle ambiental	741
Peixes III	11 a 18 de Março	Vida na Terra	741

MELHORES RELACIONAMENTOS

AMOR
Áries I
Áries III
Touro III
Cúspide Libra-Escorpião
Cúspide Sagitário-Capricórnio
Capricórnio III
Cúspide Capricórnio-Aquário
Aquário II

CASAMENTO
Touro II
Câncer II
Escorpião I
Peixes II

AMIZADE
Cúspide Peixes-Áries
Cúspide Áries-Touro
Touro I
Cúspide Câncer-Leão
Leão III
Virgem II
Cúspide Virgem-Libra
Escorpião III
Sagitário I
Sagitário II
Capricórnio II
Aquário III
Peixes I
Peixes III

FAMÍLIA
Gêmeos I
Câncer I
Leão I
Cúspide Leão-Virgem
Libra I

TRABALHO
Cúspide Gêmeos-Câncer
Câncer III
Virgem I
Virgem III
Libra II
Escorpião II
Sagitário III
Capricórnio I
Aquário I

151

SAGITÁRIO I
Semana da Independência

25 de Novembro a 2 de Dezembro

O período de Sagitário I toma a Independência como imagem central. Segundo o Grande Ciclo da Vida, este período pode ser comparado à época que se segue ao segundo retorno de Saturno, aos cinqüenta e seis anos de idade (ver Cúspide Escorpião-Sagitário), quando se manifesta o desejo por um novo tipo de independência no adulto de meia-idade. A ênfase aqui é iniciar um curso próprio de ação, devotando talvez mais energia a si mesmo e menos à família ou à carreira. Embarcar alegremente em um novo caminho, mas baseado em áreas de real interesse do passado é a característica deste período.

POSIÇÃO NO ZODÍACO	Aprox. 2 a 11º de Sagitário
ESTAÇÃO	Final do outono
ELEMENTO	Fogo
REGENTE	Júpiter
SÍMBOLO	Arqueiro
MODO	Intuição

Os dias que compreendem Sagitário I revelam um adulto maduro afirmando decididamente uma posição individual, com estímulo renovado por estar vivo, buscando horizontes mais amplos e talvez reaprendendo a ficar só (e a gostar disso). Todas as tentativas para desanimar ou sufocar tais impulsos serão firmemente combatidas.

Os nascidos em Sagitário I são difíceis de controlar. De várias formas os mais independentes do ano, precisam sentir-se livres para pôr em prática seus impulsos e intenções. Os que tentam exercer poder sobre eles nos relacionamentos pessoais embarcam numa canoa furada. Quando os nascidos em Sagitário I respeitam seu cônjuge ou parceiro, cooperam, compartilham seus sentimentos e dividem as tarefas domésticas. Quando acham que seu respeito não foi conquistado, ou quando o perdem, há constante conflito e brigas. A honra e a confiança são altas prioridades para os nascidos em Sagitário I; sem isso, acham que a vida deixa de ter significado e adotam a lei da selva.

Os nascidos em Sagitário I dão importância à imparcialidade, esperando que ela seja aplicada não apenas a si próprios, mas aos outros. Seu lado protetor é particularmente evidente em sua relação com os animais, crianças pequenas e membros menos favorecidos da sociedade. Eles simplesmente não toleram maus-tratos aos desamparados em sua presença. Com freqüência agem impulsivamente para proteger os indefesos, sem pensar em sua segurança.

Os nascidos na Semana da Independência procuram dar um ar de equilíbrio e confiança, mas por trás desta fachada com freqüência move-se furtivamente um indivíduo sensível e até inseguro. Isto se torna logo evidente quando estão em uma situação estressante, seja devido à crítica negativa ou algum desafio ao seu caráter. Nestas situações, os nascidos em Sagitário I podem fácil e instantaneamente perder o controle, descarregando sua raiva sobre os que os cercam. Os que prestam atenção nas nuvens da tempestade se formando tentam evitar que seja lançado o raio emocional dos nascidos nesta semana.

Os nascidos em Sagitário I têm enorme força de vontade. Sua lealdade é matéria não apenas de princípio ou de emoção, mas de obstinação; não ceder é um traço de seu caráter. De fato, com muita freqüência seguem seu caminho porque não vêem outra possibilidade. Qualquer pessoa envolvida com um Sagitário I provavelmente sabe que sua natureza vencedora muito competitiva é essencial para os nascidos nesta semana. Aprender a submeter-se e a aceitar graciosamente a derrota em geral não é possível para estes indivíduos dinâmicos. Os poucos que aprendem esta lição podem ter sucesso em enfrentar seus maiores desafios e assim alcançarem um alto grau de maturidade.

Os nascidos em Sagitário I podem ser desarrazoados, mas em geral estão abertos à discussão. Na verdade, estes indivíduos rápidos e espirituosos gostam do debate e da réplica verbal. Isto pode tornar-se um problema se encontram um tema que fica atravessado em sua garganta, pois facilmente podem se tornar beligerantes e argumentativos. Os amigos sabem quais assuntos devem evitar e como suavizar pontos sensíveis por meio de brincadeiras, mas os que encontram um Sagitário I pela primei-

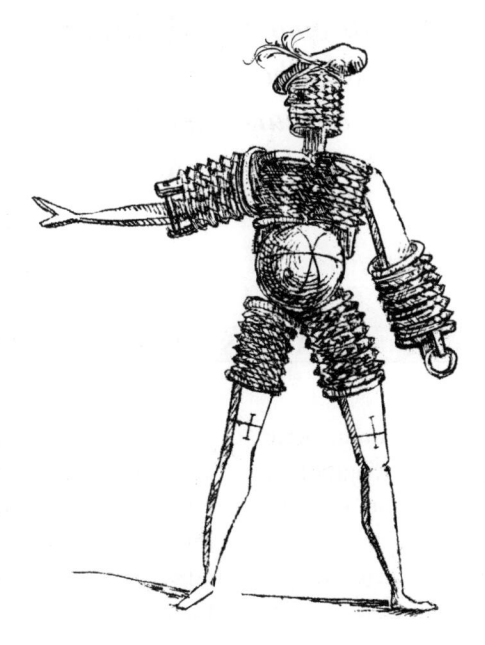

SAGITÁRIO I

ra vez são às vezes pegos de surpresa por sua franqueza, observações e propostas afrontosas.

Muitos nascidos na Semana da Independência têm mais necessidade de dar do que de receber. Sua generosidade está diretamente relacionada a seus sentimentos de auto-estima e amor-próprio, pois têm necessidade de se ver como pessoas preocupadas com os outros e não necessitadas. Também algumas pessoas nascidas em Sagitário I de forma alguma são modestas em fazer exigências e não objetam em ser servidas pelos outros. Os dois tipos, entretanto, com freqüência ocupam uma posição indispensável na família: arcar com substancial responsabilidade, mas em seus próprios termos, é extremamente importante para eles.

Os nascidos em Sagitário I em geral têm apenas uma ou duas pessoas – amigos, companheiros, colegas ou membros da família – de quem se sentem próximos o bastante para compartilhar seus pensamentos mais íntimos. O laço entre um Sagitário I e seus pais ou filhos é muito profundo e pode ser considerado uma verdadeira amizade. Estas pessoas compatíveis sabem que os nascidos nesta semana são indivíduos extremamente éticos que valorizam a integridade e o caráter mais do que qualquer outra coisa, exceto, talvez, sua liberdade. Um representante de Sagitário I que se sente traído por um membro da família ou amigo chegado pode passar por indizíveis agonias de avaliação, julgamento ou rejeição. Nesta luta, avaliar a intenção da pessoa em questão é em geral de grande importância.

"INDEPENDÊNCIA"

Os que querem passar tempo junto ao Sagitário I em geral precisam acompanhá-lo: seus amigos e namorados precisam acompanhar seu passo rápido, seja nos esportes, em viagens, no trabalho ou em hobbies. Uma pessoa especial para o Sagitário I, entretanto, também pode ser alguém que fica por perto em casa ou no local de trabalho. Os nascidos nesta semana têm grande necessidade de estabilidade; um indivíduo que está sempre por perto pode ser uma âncora em sua vida. Embora a maioria dos nascidos em Sagitário I sejam capazes de viver sós, e de fato se adaptam bem a esse tipo de vida, em geral tomam a firme decisão de ser cônjuge ou parceiro de alguém e de continuarem nesse papel, mesmo que superem esta necessidade.

Os nascidos em Sagitário I são ardentes e não reprimidos em sua expressão emocional, sobretudo na esfera sexual. Tornam plenamente aparente a intensidade de sua energia ao parceiro, que se lembrará vivamente dos encontros intensos com eles. Orgulham-se de suas proezas e atração sexual, muitas vezes demonstrando bastante confiança em sua capacidade de satisfazer o parceiro. São extremamente generosos com os sentimentos, mas exigem o mesmo em troco.

PONTOS FORTES

HONRADO
INTUITIVO • RESPONSÁVEL

PONTOS FRACOS

COMPETITIVO DEMAIS
IMPULSIVO • TEMPERAMENTAL

CONSELHO

Esforce-se para manter suas emoções equilibradas. Cuidado para não cultivar uma atitude muito orgulhosa ou muito arbitrária. Controle suas expectativas e procure perdoar mais. Nada há de errado em ceder ou em perdas ocasionais. Cuidado com sua tendência ao exagero.

PESSOAS NOTÁVEIS DE SAGITÁRIO I

Atriz, cantora, comediante e entretenedora, **Bette Midler** ajusta-se perfeitamente ao modelo do Sagitário I, com sua natureza extremamente independente e escandalosa. Embora seu primeiro filme, *A Rosa*, em que tem uma atuação de virtuose como estrela do rock, tenha sido um enorme sucesso, o fracasso de seu segundo filme, *Jinxed!* quase acabou com sua carreira. Entretanto, ela percorreu um longo caminho desde os anos 1980 com sucessos como *Que Sorte Danada*, *Beaches* e *O Clube ds Desquitadas*. Nascida no mesmo dia de Woody Allen (ambos sendo, portanto, de Sagitário I), ela interagiu de forma hilariante e ininterrupta com ele em *Cenas de um Shopping*.

De autor de textos cômicos a comediante e ator, o dramaturgo e diretor de cinema **Woody Allen** evoluiu de forma constante para a direção cada vez mais criativa e autorizada. Mas ele fez isso à sua própria maneira e fez sempre uma exigência onde quer que trabalhasse: que tivesse toda a Independência possível. Embora sua natureza temperamental e impulsiva de sagitariano com freqüência tenha sido um empecilho, a intuição de Allen acertou o bastante para garantir-lhe contínuo sucesso. A oscilação entre filmes sérios e cômicos indispôs muitos espectadores e críticos que acreditam que ele devia fixar-se a um ou outro, mas a qualidade de seu brilho nas produções de baixo orçamento proporcionou-lhe um alto grau de liberdade para expressar sua visão pessoal de uma maneira praticamente inédita na cinematografia moderna.

Certamente a avó mais sexy no mundo do entretenimento **Tina Turner** simplesmente não diminui o ritmo à medida que os anos passam. Tina sofreu por muitos anos com um marido que a maltratava e, como é típico de pessoas de Sagitário I, devido à falta de uma força estável em sua vida. Desde que se voltou para o budismo nos anos 1980, estabeleceu uma base sólida através de cantos e meditação e um relacionamento pessoal que lhe traz muito felicidade. Uma das artistas mais dinâmicas, Tina especializou-se em concertos ao vivo, e ganhou prêmios Grammy consecutivos (1984-1986) como melhor Voz do Rock do Ano. Em 1991, Turner foi escolhida para participar do Hall da Fama do Rock and Roll.

Outras pessoas nascidas em Sagitário I: Winston Churchill, Maria Callas, Mark Twain, Mary Martin, Richard Pryor, Monica Seles, Jonathan Swift, Jimi Hendrix, Bruce Lee, Nikos Kazantzakis, William Blake, Randy Newman, Giovanna Fontana, Bruce Paltrow, David Mamet, Joe DiMaggio, Jacques Chirac, Adam Clayton Powell, Jr., Petra Kelly, Charles Ringling, Julie Harris, Clyfford Still, Dick Clark, Shirley Chisholm, Abbie Hoffman, Louisa May Alcott, Berry Gordy, C.S. Lewis, Friedrich Engels, Alexander Godunov, Caroline Kennedy, John F. Kennedy, Jr., Afonso Arinos de Melo Franco, Eça Queiroz, Mário Lago, Adonias Filho, Vera Fischer, Angélica, Luísa Erundina, Anita Malfati, Gustavo Borges.

Guia de Relacionamentos para Sagitário I

Localizador de Página para Todos os Relacionamentos

Cúspide Peixes-Áries	19 a 24 de Março	Passeio de montanha-russa	230
Áries I	25 de Março a 2 de Abril	Juventude inocente	254
Áries II	3 a 10 de Abril	Equilíbrio dinâmico	277
Áries III	11 a 18 de Abril	Entusiasmo suficiente	299
Cúspide Áries-Touro	19 a 24 de Abril	Ritmos cruzados	321
Touro I	25 de Abril a 2 de Maio	Teste de paciência	343
Touro II	3 a 10 de Maio	Abrigo para os despossuídos	364
Touro III	11 a 18 de Maio	Amigos dedicados	384
Cúspide Touro-Gêmeos	19 a 24 de Maio	Construindo pontes	404
Gêmeos I	25 de Maio a 2 de Junho	Independência rígida	424
Gêmeos II	3 a 10 de Junho	Aposentadoria prematura	443
Gêmeos III	11 a 18 de Junho	Dança cósmica	461
Cúspide Gêmeos-Câncer	19 a 24 de Junho	Sonhos comuns	479
Câncer I	25 de Junho a 2 de Julho	Buscas bem estabelecidas	497
Câncer II	3 a 10 de Julho	Brincalhão por natureza	514
Câncer III	11 a 18 de Julho	Arco-íris sobre a montanha distante	530
Cúspide Câncer-Leão	19 a 25 de Julho	Curando a rebeldia	546
Leão I	26 de Julho a 2 de Agosto	Sentimentos fundidos	562
Leão II	3 a 10 de Agosto	Apaixonado-se pelo amor	577
Leão III	11 a 18 de Agosto	Cultivando a paciência	591
Cúspide Leão-Virgem	19 a 25 de Agosto	Necessidade de atenção	605
Virgem I	26 de Agosto a 2 de Setembro	Amigos ou inimigos?	619
Virgem II	3 a 10 de Setembro	Direção forte	632
Virgem III	11 a 18 de Setembro	Abordagem discernidora	644
Cúspide Virgem-Libra	19 a 24 de Setembro	Construindo tijolo por tijolo	656
Libra I	25 de Setembro a 2 de Outubro	Usando da força	668
Libra II	3 a 10 de Outubro	Cuidado! Frágil!	679
Libra III	11 a 18 de Outubro	Dependência benéfica	689
Cúspide Libra-Escorpião	19 a 25 de Outubro	Ataques temperamentais	699
Escorpião I	26 de Outubro a 2 de Novembro	Voltear-se e desviar-se	709
Escorpião II	3 a 11 de Novembro	Reação exotérmica	718
Escorpião III	12 a 18 de Novembro	Investida combinada	726
Cúspide Escorpião-Sagitário	19 a 24 de Novembro	Optando pelo convívio	734
Sagitário I	25 de Novembro a 2 de Dezembro	Energia cinética	742
Sagitário II	3 a 10 de Dezembro	Por acaso e não por opção	742
Sagitário III	11 a 18 de Dezembro	Fogo cruzado	743
Cúspide Sagitário-Capricórnio	19 a 25 de Dezembro	Alternativa sombria	743
Capricórnio I	26 de Dezembro a 2 de Janeiro	Adorando o debate	744
Capricórnio II	3 a 9 de Janeiro	Leveza ilusória	744
Capricórnio III	10 a 16 de Janeiro	Âmago impenetrável	745
Cúspide Capricórnio-Aquário	17 a 22 de Janeiro	Estrelas cadentes	745
Aquário I	23 a 30 de Janeiro	Palavra empenhada	746
Aquário II	31 de Janeiro a 7 de Fevereiro	Perdendo-se	746
Aquário III	8 a 15 de Fevereiro	Só uma lembrança	747
Cúspide Aquário-Peixes	16 a 22 de Fevereiro	Personificação	747
Peixes I	23 de Fevereiro a 2 de Março	Responsabilidade pessoal	748
Peixes II	3 a 10 de Março	Altos e baixos	748
Peixes III	11 a 18 de Março	Fantasia em ação	749

MELHORES RELACIONAMENTOS

AMOR
Touro III
Gêmeos II
Cúspide Câncer-Leão
Leão I
Leão III
Virgem III
Libra III
Sagitário III
Aquário II

CASAMENTO
Áries I
Áries II
Gêmeos III
Leão II
Cúspide Leão-Virgem
Cúspide Virgem-Libra
Cúspide Libra-Escorpião
Escorpião II

AMIZADE
Áries III
Cúspide Touro-Gêmeos
Gêmeos I
Cúspide Gêmeos-Câncer
Câncer II
Virgem I
Libra I
Cúspide Escorpião-Sagitário
Cúspide Capricórnio-Aquário
Peixes III

FAMÍLIA
Touro II
Virgem II
Sagitário II
Cúspide Sagitário-Capricórnio
Capricórnio I
Aquário I
Peixes II

TRABALHO
Cúspide Áries-Touro
Câncer I
Escorpião III
Sagitário I
Capricórnio II
Aquário III

SAGITÁRIO II
Semana do Originador

3 a 10 de Dezembro

O período de Sagitário II toma o Originador como imagem central. Este período pode ser comparado, em termos humanos, à época na meia-idade em que os impulsos independentes abriram caminho para formas individuais de expressão. Idealmente, a esta altura da vida, uma pessoa pode afirmar sentimentos de uma liberdade recém-descoberta em termos de projetos inventivos e atividades originais que refletem uma perspectiva realmente única e vivenciada. O desejo de deixar tudo correr livremente reflete não apenas o entusiasmo de estar vivo, mas também um destemor com relação ao sucesso ou fracasso, ganhar ou perder e até mesmo à mortalidade.

Os dias que compreendem Sagitário II revelam simbolicamente uma pessoa madura tendo coragem de seguir em frente sendo simplesmente ela mesma. Uma atitude de pegar-ou-largar, uma maior autoconfiança e audácia e um mínimo de autoconsciência e vergonha são típicos deste período. Além disso, a coragem de ser transparente é característica aqui. Excentricidades e idiossincrasias tendem a manifestar-se agora, intensificando-se à medida que a idade avança.

Os nascidos em Sagitário II são diferentes e não temem mostrar isso. Entre os mais incomuns do ano, mesmo os aparentemente mais normais podem parecer um pouco estranhos quando mais bem conhecidos. Raramente fazem qualquer coisa de outra maneira que não a sua. Seria uma coisa se ficassem satisfeitos em ser diferentes, mas em geral esperam que os outros de algum modo os compreendam. Em consequência, é comum os nascidos em Sagitário II se deparar com a rejeição, que precisam aprender a enfrentar caso se sintam frustrados ou amargurados. Em geral se tornam dependentes da aceitação e apoio emocional de um ou dois amigos ou familiares próximos.

Os nascidos em Sagitário II precisam compreender que se tomarem o caminho de menor resistência despertarão menos oposição. Ocupações ou colegas incomuns permitem-lhes trabalhar de uma forma mais adequada a suas idiossincrasias. Muitos Sagitários II bem-sucedidos esforçam-se para subir ao topo a qualquer custo; isto pode ser resultado de sua enorme necessidade de serem aceitos. Por estranho que pareça, apenas quando os indivíduos imprevisíveis nascidos nesta semana esquecem do sucesso é que o alcançam – como que por acidente.

Os mais bem-sucedidos são inteligentes, hábeis com as mãos, rápidos de raciocínio e tecnicamente proficientes em sua principal ocupação. Sejam quais forem suas excentricidades, podem alcançar o sucesso. Seus talentos podem levá-los a ter confiança em excesso, contudo, e por superestimar suas faculdades e capacidades podem escorregar e cair. Podem ser lentos em aprender esta lição. De fato, tornar-se mais realista sobre si próprios e o mundo ao seu redor é em geral um esforço para os nascidos em Sagitário II, que com freqüência dedicam-se a várias atividades ao mesmo tempo e de vez em quando às erradas. Um bom relacionamento de trabalho como membro de uma equipe, ou talvez a confiança de um parceiro prático de negócios, pode servir para aterrar e direcionar sua energia, impedindo-os de se dispersar.

Esta semana contribui com indivíduos expressivos e exibicionistas. Quem sabe em razão de um anseio interior de mostrar quem realmente são, os nascidos em Sagitário II podem às vezes deixar a agressividade pintar o sete, seja ela territorial, intelectual, sexual ou emocional. Talvez o que mais precisam é canalizar diretamente para dentro parte de sua energia exteriorizada, e desenvolver seu lado espiritual. Eles também se beneficiariam se procurassem compreender melhor os outros e se expandissem o círculo de amigos e conhecidos. A participação em projetos humanitários ou comunitários os ajudaria a normalizar suas relações com os humanos.

POSIÇÃO NO ZODÍACO
Aprox. 10 a 19°
de Sagitário

ESTAÇÃO
Final do outono

ELEMENTO
Fogo

REGENTE
Júpiter

SÍMBOLO
Arqueiro

MODO
Intuição

De um modo geral, os nascidos em Sagitário II evitariam muita aflição para si e para os outros se procurassem pessoas que admirassem sua singularidade e evitassem o esforço de tentar impressionar e ser aceitos por quem de fato não os aceita. Isto é verdadeiro com relação a casamento e parceiros de negócios. Os nascidos nesta semana são propensos a abandonar tudo por amor e, às vezes, magoam-se no processo. Quando jovens, podem ter desilusões, mais do que a média, em relacionamentos românticos; um cenário comum envolve idolatrar alguém que não corresponde ao seu entusiasmo. Vários sinais de rejeição de diferentes fontes podem ser necessários para torná-los mais realistas com relação a seus sentimentos e escolhas.

Quando encontram alguém que os ama e compreende, sua primeira reação pode ser afastar esta pessoa, talvez por descrença. Uma vez que um laço de confiança seja formado, entretanto, e sobretudo se este processo foi longo e difícil, os nascidos em Sagitário II podem tornar-se emocionalmente apegados e fiéis. Dependendo da profundidade do amor que sentem, a outra pessoa pode ficar nervosa e recuar assustada.

Os nascidos em Sagitário II devem ser cautelosos, pois, para não largarem um peso muito grande sobre namorados ou amigos e, sobretudo, para não tentarem convencê-los de que são "os únicos que os entendem" – um peso que quase com certeza será contraproducente para o relacionamento.

Os nascidos em Sagitário II têm um lado intensamente físico que clama por satisfação. Como tendem a entregar-se completamente, são amantes ardentes e companheiros e amigos gratos. Com freqüência extremamente atraentes, os nascidos nesta semana podem partir corações. No entanto, sua igualmente forte tendência de agir com irresponsabilidade ou de forma destrutiva pode finalmente fazer o mais paciente dos namorados romper com eles.

"ORIGINADOR"

PONTOS FORTES

INCOMUM
ARDENTE • TALENTOSO

PONTOS FRACOS

PECULIAR • IRRESPONSÁVEL
REJEITADO

CONSELHO

Procure sair mais e fazer como os outros de vez em quando. Não se esconda, acreditando que ninguém o compreende. Faça um esforço para deixar os outros entrarem em seu mundo privado. Não vire as costas para a vida: mantenha tudo arejado e renove sua dedicação.

PESSOAS NOTÁVEIS DE SAGITÁRIO II

A arte do desenho animado nos Estados Unidos é sinônimo de **Walt Disney**. Embora hoje Disney refira-se a um império de entretenimento gigantesco, tudo começou com Walt em uma mesa de desenho, como o Originador de Mickey Mouse, Pato Donald e amigos. Disney rodou o primeiro longa-metragem *Branca de Neve e os Sete Anões*, com impecável som sincronizado. *Pinóquio*, *Dumbo*, *Bambi*, *A Dama e o Vagabundo* e muitos outros filmes animados se seguiram. Dando uma nova interpretação aos arquétipos do inconsciente coletivo, os personagens de Disney forneceram material que povoou os sonhos das crianças do mundo todo. Talvez o maior sucesso artístico de Disney tenha sido *Fantasia*, que representou visões criativas abstratas e de trama inspiradas e harmonizadas com a execução de Leopold Stokowski de Stravinsky e outros compositores clássicos.

Reclusa por muitos anos, poucos na cidadezinha de Amherst, Massachusetts, sabiam que **Emily Dickinson** escrevia poemas. Considerada uma ilustre poetisa americana, é chocante que nenhum de seus poemas tenha sido publicado durante sua vida e continuassem completamente desconhecidos anos depois de sua morte. A natureza peculiar e a tendência escapista dos nascidos em Sagitário II eram magnificadas em Dickinson, assim como sua expressão criativa única, que a tornam uma verdadeira Originadora. Preferindo viver só e nunca tendo se casado, Dickinson teve relacionamentos secretos com três homens em sua vida, o último dos quais, um clérigo da Filadélfia chamado Charles Wadsworth, fez as brasas apagadas de sua criatividade ficarem em chamas.

O pintor expressionista, professor e teórico russo **Wassily Kandinski** caracterizou uma espécie de originalidade criativa associada ao período de Sagitário II. Enfrentando o grande desafio dos nascidos na semana do Originador, Kandinski também conseguiu virar para dentro boa parte de sua energia exteriorizada e desenvolver seu lado espiritual, cujos frutos podem ser vistos em sua grande obra *Sobre o espiritual na arte*. Membro fundador da Escola Blue Rider, com Franz Marc, Kandinski foi o porta-voz do Expressionismo na maior parte de sua vida. De fato, alguns especialistas o consideram a figura mais importante na formulação da pintura não-figurativa, abstrata e geométrica na arte moderna.

Outras pessoas nascidas em Sagitário II: Kenneth Branagh, Joan Didion, Jean-Luc Godard, Katarina Witt, Joseph Conrad, Sinead O'Connor, David Carradine, Kirk Douglas, John Malkovich, Jim Morrison, Redd Foxx, Joan Armatrading, T.V. Soong, Lillian Russell, Tom Waits, Little Richard, Francisco Franco, Larry Bird, Anton Webern, Fritz Lang, George Custer, Ira Gershwin, Dave Brubeck, Sammy Davis Jr., John Cassavetes, Dorothy Lamour, James Galway, Kim Basinger, Willa Cather, Roberto Marinho, Rainer Maria Rilke, Clarice Lispector, Roberto Marinho, Emílio Garrastazu Médici, Egberto Gismonti, Blecaute, Ciro dos Anjos, José Olímpio, Wilson Grey.

Guia de Relacionamentos para Sagitário II

Localizador de Página para Todos os Relacionamentos

Cúspide Peixes-Áries	19 a 24 de Março	Entretenimento inventivo	231
Áries I	25 de Março a 2 de Abril	Visão clara	254
Áries II	3 a 10 de Abril	Camaradagem afetuosa	277
Áries III	11 a 18 de Abril	Liderança efetiva	300
Cúspide Áries-Touro	19 a 24 de Abril	Prepare-se para ceder	322
Touro I	25 de Abril a 2 de Maio	Repositório escondido	343
Touro II	3 a 10 de Maio	Convite à intimidade	364
Touro III	11 a 18 de Maio	Cartografando mares desconhecidos	385
Cúspide Touro-Gêmeos	19 a 24 de Maio	O caminho menos percorrido	405
Gêmeos I	25 de Maio a 2 de Junho	Ritual de conquista	424
Gêmeos II	3 a 10 de Junho	Gostos excêntricos	443
Gêmeos III	11 a 18 de Junho	Integração das forças	462
Cúspide Gêmeos-Câncer	19 a 24 de Junho	Testado e aprovado	480
Câncer I	25 de Junho a 2 de Julho	Almas afins	497
Câncer II	3 a 10 de Julho	Normalmente ousado	514
Câncer III	11 a 18 de Julho	Altas exigências	531
Cúspide Câncer-Leão	19 a 25 de Julho	Controle através do poder da mente	547
Leão I	26 de Julho a 2 de Agosto	Assegurando o sucesso	562
Leão II	3 a 10 de Agosto	Sentindo-se normal	577
Leão III	11 a 18 de Agosto	Fácil descomedimento	592
Cúspide Leão-Virgem	19 a 25 de Agosto	Anelo por divertimento	606
Virgem I	26 de Agosto a 2 de Setembro	Destravando o poder dormente	619
Virgem II	3 a 10 de Setembro	Fora do comum	632
Virgem III	11 a 18 de Setembro	Reconciliar pontos de vista distintos	645
Cúspide Virgem-Libra	19 a 24 de Setembro	A bela e a fera	657
Libra I	25 de Setembro a 2 de Outubro	Pedra de amolar afiada	668
Libra II	3 a 10 de Outubro	Bem-acabado	679
Libra III	11 a 18 de Outubro	Deixar tudo à vontade	690
Cúspide Libra-Escorpião	19 a 25 de Outubro	Corações cativos	700
Escorpião I	26 de Outubro a 2 de Novembro	Plugados	709
Escorpião II	3 a 11 de Novembro	Expressando desaprovação	718
Escorpião III	12 a 18 de Novembro	Ativação imediata	727
Cúspide Escorpião-Sagitário	19 a 24 de Novembro	A cilada da honestidade	735
Sagitário I	25 de Novembro a 2 de Dezembro	Por acaso e não por opção	742
Sagitário II	3 a 10 de Dezembro	Ansiando por alguém normal	749
Sagitário III	11 a 18 de Dezembro	Uma flecha para o futuro	750
Cúspide Sagitário-Capricórnio	19 a 25 de Dezembro	Resolução de triunfar	750
Capricórnio I	26 de Dezembro a 2 de Janeiro	Raramente neutro	751
Capricórnio II	3 a 9 de Janeiro	Nada é permanente, exceto a mudança	751
Capricórnio III	10 a 16 de Janeiro	Marasmo solidário	752
Cúspide Capricórnio-Aquário	17 a 22 de Janeiro	Circunstâncias auspiciosas	752
Aquário I	23 a 30 de Janeiro	Competindo por atenção	753
Aquário II	31 de Janeiro a 7 de Fevereiro	Alcançar o topo	753
Aquário III	8 a 15 de Fevereiro	Persuasão eficaz	754
Cúspide Aquário-Peixes	16 a 22 de Fevereiro	Fixando energias errantes	754
Peixes I	23 de Fevereiro a 2 de Março	Variando a freqüência	755
Peixes II	3 a 10 de Março	Testado a paciência	755
Peixes III	11 a 18 de Março	Na pista de alta velocidade	756

MELHORES RELACIONAMENTOS

AMOR
- Touro II
- Câncer I
- Câncer III
- Cúspide Leão-Virgem
- Virgem I
- Virgem II
- Libra II
- Escorpião III
- Aquário III
- Peixes I
- Peixes III

CASAMENTO
- Touro I
- Gêmeos I
- Câncer II
- Leão II
- Libra III
- Cúspide Aquário-Peixes
- Peixes II

AMIZADE
- Cúspide Peixes-Áries
- Áries I
- Áries II
- Gêmeos II
- Cúspide Câncer-Leão
- Leão III
- Virgem III
- Escorpião II
- Cúspide Escorpião-Sagitário
- Sagitário III
- Capricórnio I

FAMÍLIA
- Cúspide Gêmeos-Câncer
- Leão I
- Libra I
- Sagitário I
- Sagitário II
- Capricórnio III

TRABALHO
- Touro III
- Gêmeos III
- Escorpião I
- Capricórnio II
- Aquário II

SAGITÁRIO III
Semana do Titã

11 a 18 de Dezembro

POSIÇÃO NO ZODÍACO	Aprox. 18 a 27° de Sagitário
ESTAÇÃO	Final do outono
ELEMENTO	Fogo
REGENTE	Júpiter
SÍMBOLO	Arqueiro
MODO	Intuição

O período de Sagitário III toma o Titã como imagem central. Este período pode ser comparado, em termos humanos, ao início da faixa dos sessenta anos de uma pessoa quando para muitos a aposentadoria está para acontecer (ou já aconteceu), e os que afirmaram liberdades recém-descobertas buscam expandir seus horizontes. Nesta época, muitas vezes fazem-se planos para os anos que estão por vir que reformulam prioridades financeiras, enfrentam o desafio de preencher longos períodos de tempo livre e que permitem que o indivíduo siga rumos altamente imaginativos e criativos.

Os dias que compreendem Sagitário III revelam simbolicamente a pessoa madura tornando-se mais atenta a considerações físicas, tendo tempo para aperfeiçoar hobbies e passatempos, mas também para alçar-se com imaginação a todo tipo de pensamentos e atividades expansivos. Pela primeira vez desde a adolescência e o início da vida adulta, muitos indivíduos se sentem livres o bastante para fazer escolhas importantes que irão moldar seu futuro pessoal.

Nascidas na Semana do Titã, as pessoas de Sagitários III pensam grande. Sua mente em geral é equipada para importantes projetos, seja em planejar uma reunião de família ou a estratégia de um negócio. Não apreciando a pequenez em todas as formas, eles vêem o quadro total primeiro, e em geral evitam prender-se a detalhes. Os nascidos em Sagitário III são generosos e dão sem restrições, mas são realistas ao ponto de esperar algo em troca.

Os nascidos em Sagitário III procuram alcançar as estrelas, mas mantêm os pés solidamente cravados no chão. Suas ambições e aspirações são firmemente enraizadas no aqui e agora. Quer pequenos ou grandes em constituição, são imponentes fisicamente e fazem sua presença ser sentida em qualquer reunião. A *persona* que projetam é grande e difícil de entender de imediato. Este sentimento de que são difíceis de lidar pode ir ao ponto de que não podem facilmente ser desviados do caminho – não podem ser enganados por esquemas fantasiosos ou raciocínios imperfeitos. Os que se envolvem pessoalmente com estes indivíduos poderosos inevitavelmente terão que se contentar em desempenhar um papel secundário.

Pode ser perigoso postar-se entre uma pessoa nascida em Sagitário III e suas metas, pois depois que se decidem avançam com a velocidade da luz. Seus amigos e familiares logo aprendem o que um determinado estado de humor está profetizando – silêncio ou ação. As pessoas que se dão melhor com eles procuram decifrar suas condições emocionais no começo do dia, pois podem determinar o resultado de qualquer projeto no final do dia. Os aspectos mais perturbadores dos nascidos em Sagitário III podem ter de ser tolerados ou ignorados em prol da harmonia do grupo e da eficácia da ação.

São os elementos rabugentos e perturbadores da personalidade dos nascidos em Sagitário III que podem criar tensão nos relacionamentos. Se os nascidos na Semana do Titã são depressivos, dificilmente mudam de posição. Com freqüência internalizam pressões externas e podem, em conseqüência, exibir sintomas físicos e mentais crônicos (e não agudos). Os que lhe são próximos terão de finalmente reanimá-los ou fazê-los assumir pontos de vista mais positivos na vida, mas muitas vezes sem proveito, pois os nascidos em Sagitário III na verdade acham estes humores negros uma forma essencial de retirarem-se do mundo para ruminarem sobre determinados assuntos. Extremamente pensativos, podem pensar sobre um problema ou plano durante semanas ou meses antes de finalmente encontrarem uma solução. Nesta atividade é melhor deixá-los em paz.

Como as emoções dos nascidos em Sagitário III vêm de um lugar muito profundo, a erupção de sentimentos é nada menos que vulcânica. É extremamente importante, então, que passem seu tempo com pessoas que simpatizam com eles e com quem possam de vez em quando desabafar discutindo o que lhes passa pela cabeça. Como uma panela de pressão, cratera ardente ou placa tectônica trituradora, precisam liberar energia em pequenas doses, se quiserem evitar serem sacudidos e despedaçados pela "grande dose". A queixa é realmente saudável para os nascidos nesta semana e aqueles que os compreendem aceitam seus ocasionais resmungos e nervosismo: a alternativa seria muito pior.

Os nascidos nesta semana sentem-se atraídos por experiências mágicas e extáticas não apenas na vida pessoal, mas também em sua carreira. O que basicamente os atrai, afinal, é o desafio impossível e eles adoram produzir milagres, grandes e pequenos, diante dos olhos atônitos dos colegas. No entanto, estes Titãs não podem ser chamados de competitivos, pois parecem tão inofensivos em suas cidadelas fortificadas que realmente a competição não é possível. Esta visão pode parecer egoísta, mas dá alguma idéia da autoconfiança e segurança dos nascidos em Sagitário III.

E, no entanto, por trás da maciça fortificação de sua personalidade, em alguma passagem remota dos fundos, move-se furtivamente a insegurança. Este é seu maior inimigo. Uma minúscula voz ainda sussurra de tempos em tempos: você é realmente uma rocha como parece ser? A resposta, naturalmente, é não, mas a palavra é em geral ignorada até que uma rachadura aparece na fachada do Monte Rushmore. Todo mundo tem algum tipo de insegurança, é claro, portanto, não é de surpreender que os nascidos em Sagitário III também tenham; o que é importante, entretanto, é sua incapacidade de reconhecer ou lidar com isso. Esta falta de autoconsciência pode ser um alto preço que pagam por sua paz mental.

Os namorados e companheiros mais bem-sucedidos dos nascidos nesta semana do Titã com freqüência são os que criam um encantamento mágico ao seu redor, depois de tranqüilizá-los fazendo sua guarda baixar. Os nascidos em Sagitário III adoram ser encantados por indivíduos muito especiais que suavizam a pesada carga de trabalho ou responsabilidades pessoais esmagadoras. Os companheiros de um Sagitário III podem beneficiar-se de suas maneiras protetoras e competentes, mas também podem sentir-se aprisionados e impacientar-se diante do sentimento de que a plena expressão de seus próprios talentos e capacidades é negada.

Os nascidos em Sagitário III são tão centrados e inabaláveis por natureza que em geral não é difícil distinguir entre seus desejos e necessidades, que em alguns casos são idênticos. Os que se envolvem emocionalmente com eles sabem o que exigem e em geral só lhes resta uma opção: consentir ou resistir. Negociar e ceder não fazem parte do jogo. Ainda assim, como o gigante no conto de fadas, os nascidos em Sagitário III podem ser enganados, muitas vezes sem que percebam, a não ser mais tarde.

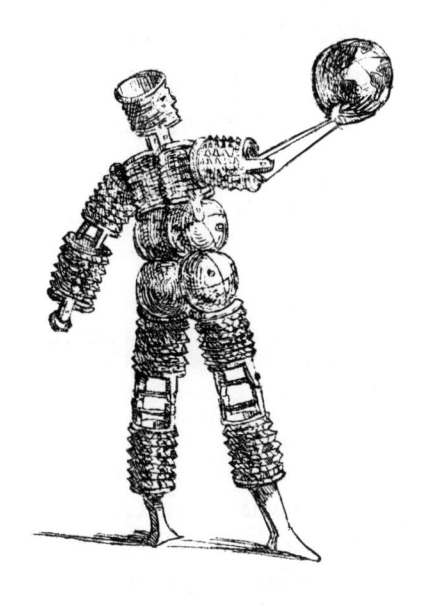

"TITÃ"

PONTOS FORTES

GENEROSO
CONFIANTE • AMBICIOSO

PONTOS FRACOS

INCONSCIENTE DE SI
SECRETAMENTE INSEGURO • EXAGERADO

CONSELHO

Aprenda a apreciar as coisas simples, os prazeres singelos da vida. Procure ser mais compreensivo com os outros. Aplique seus padrões éticos para si mesmo e concentre mais suas energias no desenvolvimento pessoal. Descubra uma maneira de misturar-se, quando necessário, e evite irritar-se.

PESSOAS NOTÁVEIS DE SAGITÁRIO III

O gigante da literatura russa pós-guerra **Alexander Solzhenitsyn** apresenta uma visão titânica da Rússia Soviética e, em particular, do sistema brutal dos campos de Stalin conhecidos como Gulag, em que morreram milhões de pessoas. Aprisionado durante anos, Solzhenitsyn escreveu sobre sua própria experiência. Depois de se recuperar de um câncer, escreveu *Pavilhão de Cancerosos*, que lhe trouxe grande aclamação literária e o fez conquistar o Prêmio Nobel de Literatura, em 1970. Suas maiores obras são *Agosto de 1914* e o enorme *Arquipélago Gulag*, devido ao qual foi banido da União Soviética. Depois de viver em uma fazenda em Vermont, teve permissão de voltar ao seu país após a queda do comunismo.

Épico, arrasa-quarteirão, grandioso – tudo isso descreve a natureza das produções cinematográficas gigantescas de **Steven Spielberg**. Ver as coisas à maneira expansiva de um sagitariano, entretanto, não exclui um olhar para o detalhe. Embora ele seja mestre na manipulação de audiências, fazendo-as acreditar no inacreditável, Spielberg também pode lidar de forma magistral com material factual e histórico, como na obra-prima em preto-e-branco *A Lista de Schindler*, que conquistou nove Oscars. Não obstante, provavelmente será devido aos seus filmes-fantasia, *E.T.*, a série *Indiana Jones*, *Contatos Imediatos do Terceiro Grau* e *Parque dos Dinossauros* que este diretor e produtor extremamente profícuo será lembrado. Sua última aventura comercial, DreamWorks, sem dúvida servirá de veículo para sua visão sempre em expansão.

A atriz norueguesa de teatro e cinema **Liv Ullmann** chamou a atenção do mundo depois que Ingmar Bergman a fez estrear vários de seus filmes mais importantes. Ela viveu com Bergman, como descreve em seu livro, *Escolhas*, publicado depois que conseguiu se livrar do seu controle tirânico e se estabelecer como indivíduo por conta própria. Fisicamente imponente em cena, os humores e as profundas emoções de Ullmann são característicos dos nascidos na Semana do Titã. Ela consegue representar uma variedade de estados, da contemplação profundamente meditativa ao desequilíbrio psicológico assustador. Nascida no mesmo dia de Beethoven, Ullmann compartilha sua afinidade pelo longo prazo e o esforço monumental.

Outras pessoas nascidas em Sagitários III: Beethoven, Frank Sinatra, Helen Frankenthaler, Gustave Flaubert, Dick Van Dyke, Arthur C. Clarke, Margaret Mead, William Safire, Arthur Fiedler, Michael Ovitz, Teri Garr, Fiorello LaGuardia, Carlo Ponti, Dionne Warwick, Emerson Fittipaldi, Edward G. Robinson, J. Paul Getty, Noel Coward, Noel Rosa, Wagner Tiso, Ana Néri, Oscar Niemeyer, Olavo Bilac, Alceu Amoroso Lima, Manuel de Barros, Wagner Tiso, Sílvio Santos, Edu da Gaita, Ana Néri, Adélia Prado, Odilo Costa Filho, Leonardo Boff, Pedro Collor de Melo, Miguel Arraes, Érico Veríssimo, Afrânio Peixoto, Paulo Emílio Sales Gomes.

11 A 18 DE DEZEMBRO

Guia de Relacionamentos para Sagitário III

Localizador de Página para Todos os Relacionamentos

Cúspide Peixes-Áries	19 a 24 de Março	Quem é o primeiro?	231
Áries I	25 de Março a 2 de Abril	Pender a balança	255
Áries II	3 a 10 de Abril	Ser conhecido no topo	278
Áries III	11 a 18 de Abril	Desafio para aceitar	300
Cúspide Áries-Touro	19 a 24 de Abril	Necessidade de ser chefe	322
Touro I	25 de Abril a 2 de Maio	Sensibilidades refinadas	344
Touro II	3 a 10 de Maio	Enorme disposição para construir	365
Touro III	11 a 18 de Maio	Objetivos tangíveis do espírito	385
Cúspide Touro-Gêmeos	19 a 24 de Maio	Uma estranha mistura	405
Gêmeos I	25 de Maio a 2 de Junho	Intimidade turbulenta	425
Gêmeos II	3 a 10 de Junho	Levando a cabo compromissos	444
Gêmeos III	11 a 18 de Junho	Entrando em contato	462
Cúspide Gêmeos-Câncer	19 a 24 de Junho	Nova esperança	480
Câncer I	25 de Junho a 2 de Julho	Um dom de dividir	498
Câncer II	3 a 10 de Julho	Um pai para a truculência	515
Câncer III	11 a 18 de Julho	Desvios interessantes	531
Cúspide Câncer-Leão	19 a 25 de Julho	A subida ao topo	547
Leão I	26 de Julho a 2 de Agosto	Fazendo a dança	563
Leão II	3 a 10 de Agosto	Unanimidade de propósito	578
Leão III	11 a 18 de Agosto	O palco do mundo	592
Cúspide Leão-Virgem	19 a 25 de Agosto	Passando o bastão	606
Virgem I	26 de Agosto a 2 de Setembro	Destinado ao conflito	620
Virgem II	3 a 10 de Setembro	Construção de um império	633
Virgem III	11 a 18 de Setembro	Estimular tensões	645
Cúspide Virgem-Libra	19 a 24 de Setembro	Descobrindo por si mesmos	657
Libra I	25 de Setembro a 2 de Outubro	Amor secreto	669
Libra II	3 a 10 de Outubro	Sentimentos e habilidades práticas	680
Libra III	11 a 18 de Outubro	Sinceridade à mostra	690
Cúspide Libra-Escorpião	19 a 25 de Outubro	Pendor ao excesso	700
Escorpião I	26 de Outubro a 2 de Novembro	Desmascaramento vivaz	710
Escorpião II	3 a 11 de Novembro	Estruturando a liberdade	719
Escorpião III	12 a 18 de Novembro	Integridade como postura	727
Cúspide Escorpião-Sagitário	19 a 24 de Novembro	Mesa de negociação	735
Sagitário I	25 de Novembro a 2 de Dezembro	Fogo cruzado	743
Sagitário II	3 a 10 de Dezembro	Uma flecha para o futuro	750
Sagitário III	11 a 18 de Dezembro	No mundo da lua	756
Cúspide Sagitário-Capricórnio	19 a 25 de Dezembro	Prosperar na dificuldade	757
Capricórnio I	26 de Dezembro a 2 de Janeiro	Abarcando o mundo	757
Capricórnio II	3 a 9 de Janeiro	Saber o que é melhor	758
Capricórnio III	10 a 16 de Janeiro	Disputa pela supremacia	758
Cúspide Capricórnio-Aquário	17 a 22 de Janeiro	Uma bola quadrada	759
Aquário I	23 a 30 de Janeiro	Imbatível, em teoria	759
Aquário II	31 de Janeiro a 7 de Fevereiro	Evitando problemas?	760
Aquário III	8 a 15 de Fevereiro	Assumir o comando	760
Cúspide Aquário-Peixes	16 a 22 de Fevereiro	Isso também passará	761
Peixes I	23 de Fevereiro a 2 de Março	Idealismo pragmático	761
Peixes II	3 a 10 de Março	Fervor moral	762
Peixes III	11 a 18 de Março	Competição intelectual	762

MELHORES RELACIONAMENTOS

AMOR
- Áries II
- Gêmeos I
- Cúspide Gêmeos-Câncer
- Cúspide Câncer-Leão
- Cúspide Virgem-Libra
- Sagitário I
- Cúspide Sagitário-Capricórnio
- Capricórnio II

CASAMENTO
- Áries III
- Câncer I
- Leão I
- Virgem I
- Cúspide Libra-Escorpião
- Escorpião II
- Escorpião III
- Capricórnio I
- Aquário I

AMIZADE
- Cúspide Peixes-Áries
- Gêmeos III
- Câncer III
- Libra I
- Libra II
- Sagitário II
- Aquário III
- Peixes II
- Peixes III

FAMÍLIA
- Cúspide Touro-Gêmeos
- Cúspide Leão-Virgem
- Libra III
- Escorpião I
- Peixes I

TRABALHO
- Touro II
- Gêmeos II
- Câncer II
- Leão III
- Virgem III
- Cúspide Escorpião-Sagitário
- Sagitário III
- Capricórnio III
- Aquário II

163

CÚSPIDE SAGITÁRIO-CAPRICÓRNIO
Cúspide da Profecia

19 a 25 de Dezembro

POSIÇÃO NO ZODÍACO
Aprox. 26° de Sagitário
e 4° de Capricórnio

ESTAÇÃO
Final do outono/Início
do inverno (solstício)

ELEMENTO
Fogo/Terra

REGENTE
Júpiter/Saturno

SÍMBOLO
Arqueiro/Cabra

MODO
Intuição/Sensação

A cúspide Sagitário-Capricórnio pode ser comparada simbolicamente ao período por volta dos sessenta e três anos de idade na vida dos humanos, marcando também o início do inverno no hemisfério norte. Neste período a maior parte da terra permanece inculta, alguns animais dormem placidamente em hibernação, os ventos sopram gelados e, no solstício de inverno, a noite é mais longa e o dia mais curto do que em qualquer outra época do ano. É uma época em que os druidas em Stonehenge faziam observações astronômicas e profecias e a sorte era lançada. De fato, pode-se considerar que a cúspide Sagitário-Capricórnio representa a Profecia.

No desenvolvimento humano, nesta altura da vida, a meia-idade está se encerrando e a fase idosa está por começar. O idoso que está surgindo deve encarar uma época em que tradicionalmente sua utilidade para o mundo material diminuiu. Muitos continuam a trabalhar, mas em geral com um grau mais baixo de energia ou um ritmo reduzido. Entretanto, a utilidade do indivíduo em termos espirituais pode aumentar enormemente, tanto como mentor, quanto inspirador. Os dias que compreendem esta cúspide exemplificam algumas manifestações da Profecia (usando a sabedoria para olhar para o futuro), onde a natureza visionária e intuitiva do sagitariano combina-se com a natureza pragmática e empírica do capricorniano.

Os nascidos na cúspide Sagitário-Capricórnio são influenciados pelo planeta Júpiter (regente do ardente Sagitário) e Saturno (regente do terreno Capricórnio). A energia destes dois planetas são diametralmente opostas: Júpiter representa expansão, alegria e otimismo, Saturno, concentração, seriedade e realismo. Uma espécie de efeito puxa-empurra está em operação na personalidade dos indivíduos incomuns nascidos nesta cúspide – querem divertir-se, por exemplo (Júpiter), mas são sérios demais para isso (Saturno). Ao contrário, em outra ocasião, podem preparar-se para o trabalho à mão (Saturno), mas serem tentados por um novo horizonte (Júpiter). Os representantes de Sagitário-Capricórnio mais bem-sucedidos conseguem integrar as duas influências em sua personalidade.

A natureza ardorosa e terrena do Sagitário-Capricórnio expressa faculdades altamente desenvolvidas de intuição e sensação, respectivamente, mas não necessariamente aponta para uma forte orientação mental ou emocional. Os nascidos nesta cúspide estão, em consequência, em seu melhor quando confiam em seus pressentimentos e nos cinco sentidos, sobretudo a visão e a audição. A articulação e a expressão de seu pensamento e sentimentos pode ser mais problemática. Finalmente, o desenvolvimento de habilidades extra-sensoriais, ou até de um simples sexto sentido, é muitas vezes a qualidade singular e notável que os nascidos na Cúspide da Profecia podem oferecer ao mundo.

Mestres da arte do silêncio, os nascidos na cúspide Sagitário-Capricórnio não têm necessidade de falar para se comunicarem. Com freqüência é difícil para eles escrever ou expressar por telefone o que têm a dizer e podem, em conseqüência, precisar passar sua mensagem pessoalmente. Quer sejam felizes, sedutores, ameaçadores ou punitivos, os nascidos em Sagitário-Capricórnio deixam seus humores ser conhecidos, deixando pouca dúvida sobre como se sentem.

Os nascidos nesta cúspide estão em seu melhor quando confiam em seus poderes, mas são, ao mesmo tempo, amáveis e compreensivos com os outros. Estão em seu pior quando sentem autopiedade, em geral resultado de um fracasso mundano ou de uma rejeição pessoal. Em alguns representantes de Sagitário-Capricórnio, sentimentos de mágoa ou frustração com relação a algo que acreditam nada poderem fazer são psicologicamente gratificantes, aliviando-os da responsabilidade de implementar uma ação positiva. Em outros, uma atitude militante pode ser desencadeada quando sentimentos reprimidos queimam por dentro e provocam traumas. Quando recebem, contudo, um uso positivo, estas energias podem alcançar resultados criativos e extraordinários.

Como cassandras, os nascidos na Cúspide da Profecia não esperam que os outros gostem deles, embora com freqüência isto ocorra. O fato de serem independentes da aprovação dos outros lhes dá um poder e uma liberdade que a muitos falta. No outro lado da moeda, podem gostar de poucas pessoas e serem tachados de anti-sociais. De modo geral, há uma única exigência para ser amigo íntimo de um Sagitário-Capricórnio, além do fato de gostar dele: é preciso aceitá-lo sem reservas do jeito que realmente é. Os nascidos nesta cúspide têm suas antenas erguidas para detectar quando os outros os estão adulando ou simplesmente sendo educados, o que não tem chance com eles. Em conseqüência, poucos indivíduos conseguem chegar perto da maioria dos nascidos em Sagitário-Capricórnio.

Para alguns nascidos em Sagitário-Capricórnio há um risco em tudo isso: que como crianças repitam as palavras algo exageradas "ninguém gosta de mim" e adotem este lema como profecia anunciada. Podem tornar isso realidade ao negligenciarem sua aparência física ou, quando adolescentes, sendo indiferentes. Muitos adolescentes mais extrovertidos nascidos na Cúspide da Profecia podem ter mais necessidade de reconhecimento e aprovação ou, perversamente, de rejeição.

"PROFECIA"

Com mais freqüência, são ações e não palavras que são expressas de forma tão ultrajante.

Os nascidos na Cúspide da Profecia podem ter uma infância difícil devido a conflitos com os pais, quase sempre do mesmo sexo. Eles próprios podem ser pais atenciosos e generosos, mas alguns correm o risco, por identificação, de cometerem precisamente os mesmos erros que seus pais. Entretanto, laços fortes com irmãos ou outros membros da família com freqüência são levados para a vida adulta, e o sucesso destas ligações fraternais faz com que se sintam muito à vontade relacionando-se com pessoas mais jovens como se fossem iguais.

A natureza profunda e apaixonada e a orientação altamente sexual dos nascidos nesta cúspide podem ligar magneticamente os outros a eles. Amigos e namorados de certos Sagitário-Capricórnio compreendem sua necessidade de estarem sós, e com freqüência ficam muito satisfeitos quando conseguem partilhar uma vida privada ou reclusa com eles. Parceiros mais sociáveis de representantes de Sagitário-Capricórnio, por outro lado, com freqüência servem de elo entre eles e o mundo, e os tiram de sua casca. A alegria de observar um Sagitário-Capricórnio florescer socialmente pode ser considerável. Apenas um alerta: sempre há uma chance de que, como Pigmaleão, o parceiro que faz este esforço finalmente seja rejeitado quando a "bela senhora" (ou senhor) desce de seu pedestal e diz adeus.

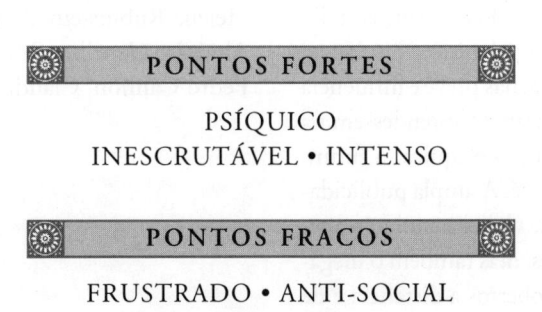

PONTOS FORTES

PSÍQUICO
INESCRUTÁVEL • INTENSO

PONTOS FRACOS

FRUSTRADO • ANTI-SOCIAL
OPRESSIVO

CONSELHO

Aprenda a moderar seu temperamento. Ao compreender-se melhor estará menos à mercê de seus humores. Esforce-se para melhorar seus relacionamentos sociais e auxiliar os outros. Cuidado com a tendência para fechar-se em si mesmo. Permita que seu lado carinhoso e amoroso exerça pleno controle e mantenha seu coração aberto.

PESSOAS NOTÁVEIS DA CÚSPIDE SAGITÁRIO-CAPRICÓRNIO

Como muitos nascidos na cúspide Sagitário-Capricórnio, **Florence Griffith-Joyner** não precisou falar para passar sua mensagem, mas o fez fisicamente de forma convincente. Ganhadora de incríveis três medalhas de ouro e uma de prata nas Olimpíadas de 1988, a detentora do recorde mundial Joyner impressionava tanto por sua beleza, graça e estilo quanto por sua velocidade. Dividir os holofotes com seu marido campeão olímpico e cunhado, Al e Jackie Joyner-Kersee, trouxe enorme satisfação para todos. A Fundação para Jovens Florence Griffith-Joyner foi criada para dar as oportunidades a jovens desassistidos negadas a Florence quando ela cresceu em Los Angeles.

O psíquico israelense **Uri Geller** foi o primeiro de sua profissão a ensinar alguns de seus segredos para o público em geral e a incentivar, sobretudo as crianças, a desenvolver suas próprias habilidades psíquicas. Nascido na Cúspide da Profecia, Geller não apenas prevê e influencia o futuro, mas acredita que se as crianças aprendessem na escola a confiar mais em sua intuição psíquica, o futuro poderia ser muito diferente do que é. A ampla publicidade das habilidades paranormais de Geller inclui não apenas o lendário entortar de colheres, mas também o inegável dom de descrever desenhos cobertos a distância e de mover objetos. Devotado homem de família, suas qualidades de Sagitário-Capricórnio são um misto de elementos divertidos e sérios.

A compositora e cantora francesa **Edith Piaf** teve uma existência trágica. Nascida em um bordel e cega por meningite quando criança, levou uma profundidade de expressão à sua arte talvez não superada na música popular francesa. A mistura peculiar de uma natureza terrena e ardente a identifica como típica representante de Sagitário-Capricórnio. O sofrimento parece ter sido sua sorte, pois à parte de outras decepções na vida pessoal, ela perdeu a pessoa que amava, o boxeador Marcel Cerdan, em um acidente aéreo. Embora tenha primeiro se tornado famosa pelas apresentações em clubes noturnos, mais tarde apareceu no cenário internacional em filmes e gravações. Seu sucesso mais conhecido foi *La Vie en Rose*, que se tornou sua marca registrada.

Outras pessoas nascidas em Sagitário-Capricórnio: Joseph Stalin, Cosima Liszt, Nostradamus, Sissy Spacek, Diane Sawyer, Ismael Merchant, Cicely Tyson, Kiefer Sutherland, Frank Zappa, Jane Fonda, Bobby Colomby, Lila Bell Wallace, Jean Genet, Richard Leakey, Lady Bird Johnson, Robert Bly, Joseph Smith, Leadbelly, Howard Hughes, Ava Gardner, Clara Barton, Rod Serling, Ricky Henderson, Larry Csonka, Annie Lennox, Helena Rubinstein, Anwar Sadat, Ana Maria Machado, Altamiro Carrilho, Roberto Drummond, Hermes Lima, Pedro Calmon, Claudio Manuel, Sérgio Lacerda.

Guia de Relacionamentos para a Cúspide Sagitário-Capricórnio

Localizador de Página para Todos os Relacionamentos

Cúspide Peixes-Áries	19 a 24 de Março	Parceria paradoxal	232
Áries I	25 de Março a 2 de Abril	Não se preocupe, seja feliz	255
Áries II	3 a 10 de Abril	Macho-e-fêmea	278
Áries III	11 a 18 de Abril	Um belo futuro	301
Cúspide Áries-Touro	19 a 24 de Abril	Tempestades silenciosas	323
Touro I	25 de Abril a 2 de Maio	Planos e logística	344
Touro II	3 a 10 de Maio	Comunicação tácita	365
Touro III	11 a 18 de Maio	Preso no labirinto	386
Cúspide Touro-Gêmeos	19 a 24 de Maio	O olho privado	406
Gêmeos I	25 de Maio a 2 de Junho	Mariposa e chama	425
Gêmeos II	3 a 10 de Junho	Vagando e sonhando	444
Gêmeos III	11 a 18 de Junho	Hora de acordar	463
Cúspide Gêmeos-Câncer	19 a 24 de Junho	Beleza e equilíbrio	481
Câncer I	25 de Junho a 2 de Julho	Alívio da sombra	498
Câncer II	3 a 10 de Julho	Grandes expectativas	515
Câncer III	11 a 18 de Julho	Despertando o melhor	532
Cúspide Câncer-Leão	19 a 25 de Julho	Atividades mais sociais	548
Leão I	26 de Julho a 2 de Agosto	Abandonando maus hábitos	563
Leão II	3 a 10 de Agosto	Controlando o espetáculo	578
Leão III	11 a 18 de Agosto	Ativando o âmago	593
Cúspide Leão-Virgem	19 a 25 de Agosto	A terceira pessoa	607
Virgem I	26 de Agosto a 2 de Setembro	Uma frente unida e obstinada	620
Virgem II	3 a 10 de Setembro	Nós contra o mundo	633
Virgem III	11 a 18 de Setembro	Soprados pelos ventos do acaso	646
Cúspide Virgem-Libra	19 a 24 de Setembro	Entrando de cabeça	658
Libra I	25 de Setembro a 2 de Outubro	Estudo de contrastes	669
Libra II	3 a 10 de Outubro	Inclinação febril	680
Libra III	11 a 18 de Outubro	Preparar para decolar!	691
Cúspide Libra-Escorpião	19 a 25 de Outubro	Resistência a conceitos ultrapassados	701
Escorpião I	26 de Outubro a 2 de Novembro	Espaço para respirar	710
Escorpião II	3 a 11 de Novembro	Intercâmbio ativo	719
Escorpião III	12 a 18 de Novembro	Perpétua inovação	728
Cúspide Escorpião-Sagitário	19 a 24 de Novembro	Postura dissidente	736
Sagitário I	25 de Novembro a 2 de Dezembro	Alternativa sombria	743
Sagitário II	3 a 10 de Dezembro	Resolução de triunfar	750
Sagitário III	11 a 18 de Dezembro	Prosperar na dificuldade	757
Cúspide Sagitário-Capricórnio	19 a 25 de Dezembro	Intensos demais	763
Capricórnio I	26 de Dezembro a 2 de Janeiro	Estreitando laços afetivos	763
Capricórnio II	3 a 9 de Janeiro	Lutando pela supremacia	764
Capricórnio III	10 a 16 de Janeiro	Lucrando com o diferente	764
Cúspide Capricórnio-Aquário	17 a 22 de Janeiro	Concretizando idéias	765
Aquário I	23 a 30 de Janeiro	Fala por si	765
Aquário II	31 de Janeiro a 7 de Fevereiro	Melhorando a imagem	766
Aquário III	8 a 15 de Fevereiro	Uma ligação sobrenatural	766
Cúspide Aquário-Peixes	16 a 22 de Fevereiro	Medo do desconhecido	767
Peixes I	23 de Fevereiro a 2 de Março	Uma lei própria	767
Peixes II	3 a 10 de Março	Fofoca e bate-papo	768
Peixes III	11 a 18 de Março	Visualização	768

MELHORES RELACIONAMENTOS

AMOR
Cúspide Peixes-Áries
Cúspide Touro-Gêmeos
Gêmeos III
Leão III
Libra II
Cúspide Escorpião-Sagitário
Sagitário III
Capricórnio III
Aquário I
Aquário III
Peixes III

CASAMENTO
Cúspide Gêmeos-Câncer
Câncer III
Libra III
Escorpião III
Sagitário I
Capricórnio II
Aquário II

AMIZADE
Áries II
Touro I
Gêmeos I
Câncer I
Cúspide Câncer-Leão
Cúspide Leão-Virgem
Virgem II
Escorpião I
Cúspide Sagitário-Capricórnio
Peixes II

FAMÍLIA
Cúspide Áries-Touro
Touro II
Gêmeos II
Câncer II
Libra I

TRABALHO
Áries III
Leão I
Leão II
Virgem I
Cúspide Virgem-Libra
Cúspide Libra-Escorpião
Escorpião II

CAPRICÓRNIO I
Semana do Regente

26 de Dezembro a 2 de Janeiro

POSIÇÃO NO ZODÍACO	Aprox. 3 a 13º de Capricórnio
ESTAÇÃO	Início do inverno
ELEMENTO	Terra
REGENTE	Saturno
SÍMBOLO	Cabra
MODO	Sensação

O período de Capricórnio I toma o Regente como imagem central. Segundo o Grande Ciclo da Vida, este período corresponde à idade humana em que a maioria se prepara para aposentar-se dos afazeres do mundo. A ênfase agora recai no controle da própria vida, tomando decisões sobre as atividades diárias sem as restrições impostas pela carreira. Os que escolhem continuar sua carreira podem fazê-lo com maior sensação de controle e autonomia. Como mais velhos, podem exercer uma espécie de domínio em assuntos familiares, assumindo um papel patriarcal ou matriarcal.

Os dias que compreendem o período de Capricórnio I revelam simbolicamente o idoso exibindo obstinação para a sobrevivência, assumindo o comando, descobrindo novos afazeres e aprofundando interesses estéticos e espirituais.

Extraordinariamente dignos de confiança, os nascidos em Capricórnio I podem assumir muitas das responsabilidades da vida diária sem queixar-se. Não necessariamente líderes, com freqüência assumem a posição de regentes à revelia ou porque não agüentam ver a maneira como os outros fazem as coisas. Reger sua família, os negócios, a organização do departamento ou o seu meio social é o seu forte e são excelentes em delegar responsabilidades e cuidar para que tudo corra bem, para vantagem de todos os envolvidos.

Tirar alguém nascido em Capricórnio I de uma posição executiva é extremamente difícil. De fato, quando os nascidos na Semana do Regente largam seu posto de comando por causa de uma doença, ou são forçados a declinar de um cargo por alegações de erros, choque de personalidade ou pela necessidade de sangue novo, não aceitam isso bem. Lidar com a perda de prestígio, status e poder é em geral o pior desafio que lhes pode acontecer.

Quando os nascidos em Capricórnio I falam, esperam que os outros ouçam. São em geral autoritários, e o alto conceito que têm sobre si e sobre suas idéias pode, em casos extremos, gerar a crença em sua própria infalibilidade. Mesmo que seu cônjuge seja receptivo e submisso, podem ter problema com filhos e outros membros da família que não aceitam sua rigidez e dogmatismo tão prontamente. De fato, conflitos e rebeldia podem sair do controle em sua família, com o nascido em Capricórnio I estabelecendo regras de ferro, dando ultimatos, proferindo ameaças e tornando a vida difícil para os filhos ou parentes que simplesmente não concordam com ele. Os nascidos em Capricórnio I podem fazer da culpa e da censura armas violentas.

Muitos, naturalmente, não são tiranos de todo, e exercem influências extremamente positivas sobre estruturas, assumindo responsabilidades pessoais. Mesmo assim, nem todos os companheiros estão dispostos a aceitar as regras dos nascidos em Capricórnio I e a melhor solução é aquela em que cada parceiro tenha seu próprio domínio. O lado pragmático dos nascidos nesta semana permite-lhes ver o valor de uma divisão de tarefas como esta. Além disso, as recorrentes disputas por poder existentes em algumas famílias de nascidos em Capricórnio I são substituídas em outras pela estimulante troca de idéias que surge quando cada parceiro faz sugestões sobre o trabalho do outro. Há em geral um limite para a quantidade de debate que um Capricórnio I tolera, e ele em geral não se submete à crítica aos seus princípios básicos.

Finalmente, os nascidos na Semana do Regente são ainda mais apegados a ideologias e à ética do que ao bom senso. Assim, podem de vez em quando perder contato com os que os cercam. Mesmo amigos de longa data podem sucumbir da noite para o dia se o Capricórnio I sentir que sua moral foi transgredida ou constatar irresponsabilidade ou desonestidade financeira. Eles também sujeitam seus relacionamentos amorosos a similares padrões rigorosos de confiança e honestidade.

O dinheiro é em geral muito importante para um representante de Capricórnio I, que conhece seu poder e sabe como fazê-lo funcionar. Sagazes calculadores, podem ter instinto apurado para gerar lucros. São pessoas que se gostaria de ter por perto para analisar deficiências de uma empresa falida ou para tirá-la da bancarrota. Reorganizadores, os nascidos em Capricórnio I têm um gênio especial para melhorar a eficiência de qualquer grupo, social ou empresarial. No entanto, sua honestidade e senso de justiça podem minar suas ambições impedindo-os de chegar ao topo de sua profissão. Isto poderia não ser um problema se os nascidos em Capricórnio I não fossem ambiciosos. Mas eles são, e, em conseqüência, se vêem em uma situação sem solução. Muitos nascidos nesta semana encontram um nicho confortável em sua carreira e ali se aninham. Assim, com grande freqüência decidem-se por ser o segundo melhor, para frustração da família e dos amigos, que conhecem seus talentos.

A aceitação não é algo fácil para os nascidos em Capricórnio I. Não que sejam intolerantes ou preconceituosos — muito pelo contrário. Os nascidos em Capricórnio I são admiráveis em sua disposição para opor-se à injustiça com destemor. Afinal, nutrem um saudável respeito pela tradição; são mais orientados para fazer melhorias em um determinado sistema do que em destruí-lo. Raramente rejeitam uma solução consagrada pelo tempo. No entanto, também mantêm-se a par de todos os últimos desenvolvimentos na sociedade ou em seu campo profissional.

"REGENTE"

Apesar disso, as pessoas nascidas na Semana do Regente podem ter dificuldade em estar abertas para a individualidade dos que as cercam. Inflexíveis capatazes, podem esperar que seus companheiros e filhos compreendam que há apenas uma forma de ser. Com muita freqüência, a forma é simplesmente a deles próprios. Para ser justo é preciso dizer-se contudo que seu ponto de vista raramente é arbitrário; refletindo na maioria das vezes valores bastante elaborados e excelência na realização. Os nascidos em Capricórnio I têm tendência a ser viciados em trabalho e esperam que os outros trabalhem pelo menos tanto quanto eles. Fugir da responsabilidade, a covardia, a imoralidade e a preguiça são os quatro pecados que os nascidos nesta semana condenam mais enfaticamente.

A expressão emocional não ocorre com facilidade com os nascidos nesta semana; muitas vezes criaturas de profundos sentimentos podem fechar-se em um casulo de emoção reprimida. Como os relacionamentos amorosos são um meio direto de liberar estes sentimentos, companheiros e namorados podem ser indispensáveis para sua saúde mental e física. Os nascidos em Capricórnio I são em geral extremamente fiéis – podem ser tentados a livrar-se de seu relacionamento principal, mas em geral optam por mantê-lo. Embora não sejam muito sentimentais, são bastante afetuosos e com freqüência sublimam impulsos mais apaixonados em sentimentos de amizade pelas pessoas que amam. Amigos dos nascidos nesta semana os consideram cuidadosos, preocupados e confiáveis.

PONTOS FORTES

CAPAZ • TRABALHADOR
INTERESSADO

PONTOS FRACOS

DOGMÁTICO • CONTIDO
TIRANO

CONSELHO

Deixe os outros comandarem com mais freqüência. Você pode ser sábio, mas lembre-se de que sábios aprendem mais com os tolos do que os tolos com os sábios. Não há mérito especial em agarrar-se a uma crença ultrapassada ou idéia obsoleta.

PESSOAS NOTÁVEIS DE CAPRICÓRNIO I

Impecavelmente treinada na escola de dramaturgia de Max Reinhardt e na Escola de Música de Berlim, a atriz e cantora alemã **Marlene Dietrich** tornou-se um sucesso internacional da noite para o dia com sua lendária aparição no filme *O Anjo Azul*. Uma sedutora e perigosa vamp, seu papel no filme evidenciou o poder do Capricórnio I e suas maneiras impetuosas, rigorosas e friamente desligadas. Ironicamente, Dietrich, que recebeu a oferta de muito dinheiro de Hitler para fazer filmes nazistas, acabou divertindo as tropas americanas durante a Segunda Guerra Mundial, como uma espécie de retaliação astuta própria dos nascidos na Semana do Regente. Sexy e extremamente inteligente, Dietrich atuou em filmes americanos com alguns dos maiores diretores e ao lado dos principais atores da época.

A vida do escritor americano **Henry Miller** pode ser dividida em três partes, segundo o lugar onde viveu – Nova York, Paris e Califórnia. Em cada um destes lugares o representante de Capricórnio I Miller não mudou de fato muito sua atitude dogmática e rude, mas seus pontos de vista sobre a vida e seus escritos mudaram. Pelos primeiros livros, *Trópico de Câncer* e *Trópico de Capricórnio* foi acusado de degenerado, e nos últimos *Big Sur* e *Oranges of Hieronymus Bosch*, mais parece um *hippie* que defende a paz mundial. Em todos os seus trabalhos seu desejo ardente pela vida e forte comando da linguagem são evidentes. Muitos de seus trabalhos foram banidos durante anos como obscenos e só podiam ser obtidos com alguma dificuldade.

Nascido na Semana do Regente, **Mao Zedong** foi presidente da República Popular da China de 1946, quando expulsou o exército de Chiang Kai-shek do continente, até sua morte, em 1976. Aos dezoito anos de idade, Mao juntou-se à revolução contra a Dinastia Manchu, e em 1921 tomou parte na formação do Partido Comunista Chinês. A paciência e firmeza de um Capricórnio I são evidentes na Longa Marcha de 10.000 quilômetros até a Província de Shensi, onde o Exército Vermelho pôde reagrupar-se contra seus inimigos. Nos últimos 30 anos de sua vida, Mao lutou para implementar suas idéias sociais, culminando na Revolução Cultural, em que toda a oposição, real ou imaginária, era impiedosamente reprimida. Os princípios do maoísmo espalharam-se por todo o mundo por meio do livrinho vermelho.

Outras pessoas nascidas em Capricórnio I: Henri Matisse, Diane von Furstenberg, Louis Pasteur, Denzel Washington, Anthony Hopkins, Carlton Fisk, Mike Nesmith, Ted Danson, Madame de Pompadour, Tracey Ullman, Isaac Asimov, Patti Smith, Bo Diddley, Davy Jones, Ray Knight, Gelsey Kirkland, Peter Quaife, Paul Bowles, Lee Salk, Pablo Casals, Mary Tyler Moore, William H. Masters, Gerard Depardieu, Maggie Smith, Donna Summer, John Denver, Betsy Ross, Paul Revere, Marquesa de Santos, Isaack Karabtchevsky, Visconde de Mauá, Cândido Portinari, Luís da Câmara Cascudo, Rita Lee.

26 DE DEZEMBRO A 2 DE JANEIRO

Guia de Relacionamentos para Capricórnio I

Localizador de Página para Todos os Relacionamentos

MELHORES RELACIONAMENTOS				
	Cúspide Peixes-Áries	19 a 24 de Março	Nau-capitânia	232
	Áries I	25 de Março a 2 de Abril	Domínio autônomo	256
AMOR	Áries II	3 a 10 de Abril	Desejos reprimidos	279
Touro II	Áries III	11 a 18 de Abril	Pouca fanfarra	301
Touro III	Cúspide Áries-Touro	19 a 24 de Abril	Insuflando vida nova	323
Gêmeos II	Touro I	25 de Abril a 2 de Maio	Da matéria ao espírito	345
Virgem II	Touro II	3 a 10 de Maio	Difícil de imaginar	366
Escorpião III	Touro III	11 a 18 de Maio	*Folie à deux*	386
Aquário II	Cúspide Touro-Gêmeos	19 a 24 de Maio	Aceitar o que é bom, acatar o que é ruim	406
	Gêmeos I	25 de Maio a 2 de Junho	Tango de amor	426
CASAMENTO	Gêmeos II	3 a 10 de Junho	Pleno de desejo	445
Touro I	Gêmeos III	11 a 18 de Junho	Sonhos de uma vida inteira	463
Gêmeos I	Cúspide Gêmeos-Câncer	19 a 24 de Junho	Alta tensão	481
Leão I	Câncer I	25 de Junho a 2 de Julho	Custo-eficácia	499
Virgem I	Câncer II	3 a 10 de Julho	Estrelando juntos	516
Libra I	Câncer III	11 a 18 de Julho	Unidos resistimos	532
Libra III	Cúspide Câncer-Leão	19 a 25 de Julho	Uma combinação vencedora	548
Cúspide Libra-Escorpião	Leão I	26 de Julho a 2 de Agosto	Uma fuga da realidade	564
Sagitário III	Leão II	3 a 10 de Agosto	Uma postura monolítica	579
Capricórnio I	Leão III	11 a 18 de Agosto	Poucas desculpas	593
Aquário I	Cúspide Leão-Virgem	19 a 25 de Agosto	Um pragmatismo ortodoxo	607
Aquário III	Virgem I	26 de Agosto a 2 de Setembro	Placas teutônicas	621
	Virgem II	3 a 10 de Setembro	Evolução paralela	634
AMIZADE	Virgem III	11 a 18 de Setembro	Dar cabeçadas	646
Áries I	Cúspide Virgem-Libra	19 a 24 de Setembro	Busca de significado	658
Áries III	Libra I	25 de Setembro a 2 de Outubro	Convenientemente intransigente	670
Gêmeos III	Libra II	3 a 10 de Outubro	Decolando	681
Câncer II	Libra III	11 a 18 de Outubro	Descartar o ultrapassado	691
Leão II	Cúspide Libra-Escorpião	19 a 25 de Outubro	Ideal inalcançável	701
Escorpião II	Escorpião I	26 de Outubro a 2 de Novembro	Cultivar abertura	711
Sagitário II	Escorpião II	3 a 11 de Novembro	Largando a batata quente	720
Capricórnio III	Escorpião III	12 a 18 de Novembro	A arte de viver	728
Cúspide Capricórnio-Aquário	Cúspide Escorpião-Sagitário	19 a 24 de Novembro	Questões políticas	736
	Sagitário I	25 de Novembro a 2 de Dezembro	Adorando o debate	744
FAMÍLIA	Sagitário II	3 a 10 de Dezembro	Raramente neutro	751
Cúspide Câncer-Leão	Sagitário III	11 a 18 de Dezembro	Abarcando o mundo	757
Cúspide Virgem-Libra	Cúspide Sagitário-Capricórnio	19 a 25 de Dezembro	Estreitando laços afetivos	763
Sagitário I	Capricórnio I	26 de Dezembro a 2 de Janeiro	Alternativas à luta	769
Peixes I	Capricórnio II	3 a 9 de Janeiro	Excelentes diplomatas	769
Peixes III	Capricórnio III	10 a 16 de Janeiro	Totalmente infalível	770
	Cúspide Capricórnio-Aquário	17 a 22 de Janeiro	Sedução astuta	770
TRABALHO	Aquário I	23 a 30 de Janeiro	Além do desejo	771
Cúspide Peixes-Áries	Aquário II	31 de Janeiro a 7 de Fevereiro	O meio-termo	771
Cúspide Touro-Gêmeos	Aquário III	8 a 15 de Fevereiro	Nem monótono nem instável	772
Câncer I	cúspide Aquário-Peixes	16 a 22 de Fevereiro	Educação empírica	772
Câncer III	Peixes I	23 de Fevereiro a 2 de Março	Uma busca filosófica	773
Leão III	Peixes II	3 a 10 de Março	Equilíbrio emocional	773
Virgem III	Peixes III	11 a 18 de Março	Ligando o encanto	774
Libra II				
Escorpião I				
Cúspide Escorpião-Sagitário				
Capricórnio II				

171

CAPRICÓRNIO II
Semana da Determinação

3 a 9 de Janeiro

O período de Capricórnio II toma a Determinação como imagem central. Este período pode ser relacionado, em termos humanos, à época em que o idoso procura desenvolver novos interesses e é livre para explorá-los. Uma maior universalidade e profundidade de visão manifestam-se agora com intensidade. Pode ser necessário superar doenças; a capacidade de reagir a reveses físicos e uma postura positiva que dá resistência psicológica são fundamentais aqui.

Os dias que compreendem Capricórnio II revelam simbolicamente o idoso engajado em novas explorações, tendo tempo para viajar, formular pontos de vista filosóficos ou religiosos e manifestar ambição (por mais riqueza e poder, talvez por novas metas pessoais e espirituais). Nesta fase o indivíduo busca o que há de melhor para si.

Os nascidos na Semana da Determinação com freqüência têm o desejo e a ambição necessários para chegar ao topo de sua profissão. Tenham ou não sucesso, ninguém pode acusá-los de não ter tentado. Os nascidos em Capricórnio II são esforçados, como a cabra montanhesa que sobe nos mais altos penhascos. Quando tomam um curso de ação, é extremamente difícil dissuadi-los de seus planos. Sejam grandes ou pequenos seus dotes, os nascidos em Capricórnio II tiram o maior proveito de suas capacidades e espicham seus talentos ao máximo.

Os capricornianos são considerados em geral pensadores obstinados, com os pés no chão, mas os nascidos na Semana da Determinação estão com freqüência interessados em assuntos teóricos, até metafísicos, religiosos ou espirituais. Suas idéias nestas áreas não são de modo algum conservadoras; podem, na verdade, ser bastante radicais. Nenhuma idéia é estranha ou remota ao ponto de o nascido em Capricórnio II não considerar, e ele tem uma inegável tendência de deixar sua mente vagar sobre as mais amplas questões da cosmologia e da existência humana. Este pendor filosófico, entretanto, baseia-se em geral nos fatos e na observação, pois os nascidos em Capricórnio II têm pouco tempo para especulação vã ou infundada.

Os nascidos em Capricórnio II muitas vezes parecem duros e agressivos, mas a maioria é extremamente sensível, até hipersensível, sob a superfície. Reagem fortemente à crítica, muitas vezes negando-a. Embora cientes da desaprovação dos outros, em geral têm força para continuar em seu caminho se lá no fundo acreditam que estão certos. Naturalmente, há também pessoas de Capricórnio II imorais, que tentam escapar impunes do máximo que puderem, possam ou não justificar isso, pois sabem algo sobre o poder e como exercê-lo. Podem ser vulneráveis em usar métodos ligeiramente secretos ou inescrupulosos. Mesmo os mais idealistas, que dedicam sua energia ao serviço de uma causa ou organização, podem acabar fazendo reivindicações questionáveis. Classicamente, os nascidos em Capricórnio II com freqüência acreditam que os fins justificam os meios.

Em geral desprezam qualquer tipo de fraqueza e não hesitam em usar a deficiência dos que estão ao seu redor para beneficiar-se. Estas pessoas conseguem considerar apenas o fracasso pessoal como a pior das humilhações. Dizer que um Capricórnio II é despreparado para o fracasso é pouco; para muitos nascidos na Semana da Determinação, na verdade, admitir o fracasso não é realmente uma possibilidade. Em sua filosofia, a derrota é apenas um revés temporário e as próprias armas que destruíram seus projetos devem ser usadas par reconstruí-los. Deixar as coisas acontecerem ou desistir de algo pode ser extremamente difícil nestas circunstâncias. Podem se passar anos, portanto, antes de os nascidos em Capricórnio II livrarem-se da bagagem do passado que carregam em seus hábeis ombros. Por outro lado, são capazes de aproveitar grandes oportunidades em pontos cruciais de sua vida, parecendo, assim, protótipos de sucesso que ousam fracassar.

POSIÇÃO NO ZODÍACO
Aprox. 11 a 20° de Capricórnio

ESTAÇÃO
Início do inverno

ELEMENTO
Terra

REGENTE
Saturno

SÍMBOLO
Cabra

MODO
Sensação

De uma maneira estranha, os nascidos em Capricórnio II são mestres da realidade e da ilusão, pois muitos são persuasivos ao ponto de convencerem os outros de que uma ilusão é de fato realidade. Se os nascidos nesta semana acreditarem em suas ilusões, entretanto, podem tornar-se ineficazes no sentido de perderem a credibilidade com os que os cercam. Assim, um único bom amigo que se recusa a ser trapaceado e tenha coragem de expressar o que viu, honesta e objetivamente, pode ser o recurso mais valioso que um Capricórnio I pode ter.

Na vida pessoal, os nascidos em Capricórnio II são mais felizes quando contam com um parceiro com quem possam partilhar as alegrias e as tristezas da vida diária. Podem viver sós, mas a maioria com freqüência prefere o oposto. Podem até insistir, contudo, em que seu trabalho é uma área inviolável, que eles não têm o dever de compartilhar com seu companheiro, que pode ficar com a impressão que ocupa um lugar secundário no coração dos nascidos em Capricórnio II, isto é, que o trabalho vem em primeiro lugar para estes indivíduos. Em conseqüência, os nascidos nesta semana devem evitar se envolver com pessoas dependentes que precisam de atenção e são incapazes de manter o nariz fora dos negócios do companheiro. Não é de todo raro que os nascidos em Capricórnio II se casem com um cônjuge cujo trabalho tenha pouco, ou nada, em comum com o seu.

Por outro lado, os amigos dos nascidos em Capricórnio II são em geral colegas ou pelo menos trabalham em profissões semelhantes. Relacionamentos extremamente íntimos podem ser formados com estes indivíduos, e os companheiros devem aceitar isto ou enfrentar a infelicidade, o ciúmes ou os sentimentos de rejeição. Muitos nascidos em Capricórnio II acabam levando três vidas completamente separadas e mutuamente exclusivas: a vida do trabalho, a vida social e a vida pessoal íntima. Podem não ter interesse em integrar estas áreas, e, de fato, com freqüência é desnecessário que o façam.

Extremamente engenhosos, os nascidos nesta semana são bons em tirar o melhor partido de uma situação ruim. Isto e sua lealdade os capacitam a perseverar durante anos tentando fazer um relacionamento difícil ou até algo indesejável funcionar. O que os motiva é menos simpatia ou compreensão pelo parceiro do que a recusa a admitir fracasso. Um Capricórnio II pode ser extremamente devotado não tanto a uma pessoa, mas ao relacionamento em si, já que ele acredita no conceito do casamento ou em viver junto.

Por mais realistas que sejam, os nascidos em Capricórnio II são vistos com freqüência como idealistas e até, às vezes, como ingênuos. A ingenuidade, de fato, pode ser considerada seu calcanhar-de-aquiles, mas também pode ser o motivo para os outros gostar ou sentir simpatia por eles. Ser vulneráveis e admitir a fraqueza é essencial para um amor compartilhado e muitos nascidos nesta semana ficam em desvantagem por manter uma fachada dura.

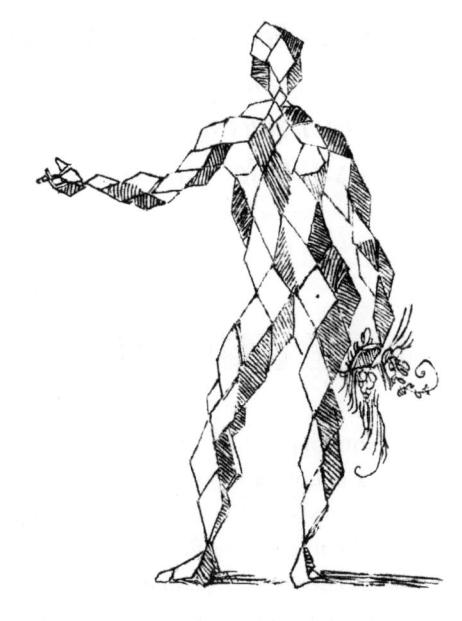

"DETERMINAÇÃO"

PONTOS FORTES

FLEXÍVEL • ENGENHOSO
TEÓRICO

PONTOS FRACOS

INGÊNUO • ARMADO
VICIADO EM TRABALHO

CONSELHO

Reconheça suas limitações – elas existem. Ceda ocasionalmente e até mesmo fracasse, e reconheça isto. Mostrar seu lado vulnerável não deve ser algo ameaçador. Procure manter seus ideais ligados ao chão e certifique-se de que sua "realidade" não seja uma ilusão.

PESSOAS NOTÁVEIS DE CAPRICÓRNIO II

O Presidente da República **Richard Nixon** foi provavelmente o indivíduo mais controvertido a ocupar a Casa Branca neste século. Típico dos nascidos nesta semana da Determinação, Nixon esticou impiedosamente os talentos com os quais nasceu para realizar os altos objetivos que traçou para si. Como é típico nos nascidos em Capricórnio II, Nixon não permitia que nada impedisse o caminho de seu gosto pelo poder ou que frustrasse sua ambição. Embora receba o crédito de ter acabado com a guerra do Vietnã e estabelecido relações com a China, Nixon nunca contou realmente com a confiança de grande porcentagem do eleitorado. Finalmente deposto por seu envolvimento no escândalo Watergate, ele se parece a uma figura da tragédia grega que destrói a si mesmo devido ao seu próprio orgulho e arrogância.

Líderes da esquerda intelectual e movimento existencialista na França, **Simone de Beauvoir** e Jean-Paul Sartre foram amantes, colegas e amigos. Beauvoir ensinou filosofia até 1943, quando se voltou para a escrita. Daí em diante, fez um retrato preciso da primeira metade do século XX em trabalhos autobiográficos. Foi em seu último período dedicado à não-ficção, contudo, que alcançou fama internacional, sobretudo com *O Segundo Sexo*, uma análise do papel da mulher na sociedade. Outra causa que abraçou foi a dos idosos, e seu livro *A Força da Idade* combate atitudes sociais contra cidadãos mais velhos.

Aluno de dramaturgia de Stella Adler e de dança de Martha Graham, **Alvin Ailey** criou sua própria companhia de dança em 1958. Um dos primeiros e mais bem-sucedidos trabalhos de Ailey foi *Revelações*, adaptação dos *spirituals* dos afro-americanos. Sua peça solo mais importante, *Cry*, foi coreografada por Judith Jamison e dedicada às "mulheres negras de todas as partes – sobretudo sua mãe". Ailey tinha o exterior rude e o interior sensível de muitos nascidos em Capricórnio II, acompanhado por um interessante misto de realismo e idealismo. Durante a vida criou cerca de 80 trabalhos, que foram encenados por muitas companhias de dança americanas, incluindo o Joffrey Ballet e o American Ballet Theater. Considerado um dos principais coreógrafos americanos, Ailey foi freqüentemente elogiado por acreditar na fraternidade universal e multirracial.

Outras pessoas nascidas em Capricórnio II: Elvis Presley, Isaac Newton, Louis Braille, Steven Hawking, Diane Keaton, Mel Gibson, Dyan Cannon, Umberto Eco, Crystal Gayle, Chuck Noll, Carrie Chapman Catt, Jennie Churchill, Victoria Principal, George Reeves, Kathryn Walker, Carol Bayer Sager, Paramahansa Yogananda, Raisa Gorbachev, Carlos Saura, Maury Povitch, Jimmy Page, Earl Scruggs, Don Shula, Ray Milland, Steven Stills, Kahlil Gibran, Charles Addams, William Peter Blatty, Artur da Távola, Hélio Pellegrino, João Cabral de Melo Neto, Casimiro de Abreu, Walmir Ayala, João Cabral de Melo Neto, Otávio Gouvêa de Bulhões, Luís Melodia.

Guia de Relacionamentos para Capricórnio II

Localizador de Página para Todos os Relacionamentos

Cúspide Peixes-Áries	19 a 24 de Março	Admiração tácita	233
Áries I	25 de Março a 2 de Abril	Casamento moderno	256
Áries II	3 a 10 de Abril	Derrubando muros	279
Áries III	11 a 18 de Abril	A forma das coisas	302
Cúspide Áries-Touro	19 a 24 de Abril	Plano superior	324
Touro I	25 de Abril a 2 de Maio	Sob medida	345
Touro II	3 a 10 de Maio	Distante dos observadores	366
Touro III	11 a 18 de Maio	Exigindo solução	387
Cúspide Touro-Gêmeos	19 a 24 de Maio	Voltar à realidade	407
Gêmeos I	25 de Maio a 2 de Junho	Linha dura	426
Gêmeos II	3 a 10 de Junho	Cicatrizando feridas	445
Gêmeos III	11 a 18 de Junho	Avaliação realista	464
Cúspide Gêmeos-Câncer	19 a 24 de Junho	Mitigando a seriedade	482
Câncer I	25 de Junho a 2 de Julho	Necessidade de interação	499
Câncer II	3 a 10 de Julho	Expressando solidariedade	516
Câncer III	11 a 18 de Julho	Lutando para superar	533
Cúspide Câncer-Leão	19 a 25 de Julho	Encenando um espetáculo	549
Leão I	26 de Julho a 2 de Agosto	Disputa frontal	564
Leão II	3 a 10 de Agosto	Prazeres predatórios	579
Leão III	11 a 18 de Agosto	Sonhos práticos	594
Cúspide Leão-Virgem	19 a 25 de Agosto	Uma resposta emocional controlada	608
Virgem I	26 de Agosto a 2 de Setembro	Dando um exemplo	621
Virgem II	3 a 10 de Setembro	Ervilhas na vagem	634
Virgem III	11 a 18 de Setembro	Divertir-se	647
Cúspide Virgem-Libra	19 a 24 de Setembro	Resolução do destino	659
Libra I	25 de Setembro a 2 de Outubro	Florescendo no sucesso	670
Libra II	3 a 10 de Outubro	Limiar decisivo	681
Libra III	11 a 18 de Outubro	Leve engano	692
Cúspide Libra-Escorpião	19 a 25 de Outubro	Soberania intransigente	702
Escorpião I	26 de Outubro a 2 de Novembro	Olho no olho	711
Escorpião II	3 a 11 de Novembro	Dando crédito à normalidade	720
Escorpião III	12 a 18 de Novembro	Paladinos intransigentes	729
Cúspide Escorpião-Sagitário	19 a 24 de Novembro	A terra do nunca	737
Sagitário I	25 de Novembro a 2 de Dezembro	Leveza ilusória	744
Sagitário II	3 a 10 de Dezembro	Nada é permanente, exceto a mudança	751
Sagitário III	11 a 18 de Dezembro	Saber o que é melhor	758
Cúspide Sagitário-Capricórnio	19 a 25 de Dezembro	Lutando pela supremacia	764
Capricórnio I	26 de Dezembro a 2 de Janeiro	Excelentes diplomatas	769
Capricórnio II	3 a 9 de Janeiro	Uma marcha inexorável	774
Capricórnio III	10 a 16 de Janeiro	Tirando a máscara	775
Cúspide Capricórnio-Aquário	17 a 22 de Janeiro	Fios do destino	775
Aquário I	23 a 30 de Janeiro	Curiosidade insaciável	776
Aquário II	31 de Janeiro a 7 de Fevereiro	Chama acesa	776
Aquário III	8 a 15 de Fevereiro	Impulsos agressivos	777
Cúspide Aquário-Peixes	16 a 22 de Fevereiro	Fonte de honestidade	777
Peixes I	23 de Fevereiro a 2 de Março	Calma sob fogo	778
Peixes II	3 a 10 de Março	Sem problemas!	778
Peixes III	11 a 18 de Março	Verdadeira equipe de trabalho	779

MELHORES RELACIONAMENTOS

AMOR
- Áries II
- Cúspide Câncer-Leão
- Leão III
- Virgem I
- Escorpião I
- Sagitário III
- Cúspide Capricórnio-Aquário
- Aquário III

CASAMENTO
- Cúspide Peixes-Áries
- Áries I
- Áries III
- Gêmeos II
- Câncer II
- Câncer III
- Cúspide Sagitário-Capricórnio
- Aquário II
- Peixes I

AMIZADE
- Cúspide Áries-Touro
- Touro II
- Cúspide Touro-Gêmeos
- Gêmeos I
- Virgem II
- Libra I
- Cúspide Libra-Escorpião
- Escorpião II
- Cúspide Escorpião-Sagitário
- Capricórnio III
- Cúspide Aquário-Peixes
- Peixes II

FAMÍLIA
- Touro III
- Leão II
- Capricórnio II

TRABALHO
- Touro I
- Gêmeos III
- Leão I
- Libra III
- Escorpião III
- Sagitário I
- Capricórnio I
- Aquário I

CAPRICÓRNIO III
Semana da Dominação

10 a 16 de Janeiro

O período de Capricórnio III toma a Dominação como imagem central. Segundo o Grande Ciclo da Vida, este período pode ser comparado, em termos humanos, ao final da faixa dos sessenta anos de idade, quando o desejo de dominar pode manifestar-se intensamente. Desde que este desejo seja expresso em áreas técnicas, provavelmente trará resultados positivos. Entretanto, na esfera pessoal, o desejo de mandar pode provocar brigas com o parceiro, que também pode pensar da mesma forma. Não raro, tais conflitos podem ser resultados de ambas as pessoas passarem muito tempo em casa. Na pior das hipóteses, a luta pelo poder pode ampliar-se e envolver outros membros da família no conflito. Pessoas bem-sucedidas mais idosas centram-se mais nesta energia poderosa interior – sobretudo para adquirir maior controle de emoções indóceis, impulsos imprevidentes e fantasias incontroláveis.

Os dias que compreendem Capricórnio III ilustram a metáfora do idoso procurando ordenar seu ambiente, fazendo avaliações realistas e escolhas difíceis, ao mesmo tempo que busca mais conforto, felicidade e realização.

Muitos nascidos em Capricórnio III acham desnecessário chegar ao topo de sua profissão, ou mesmo liderar, desde que possam expressar sua dominação dentro da dinâmica do dia-a-dia de seu grupo familiar, de trabalho ou social. Embora tipos ambiciosos possam nascer nesta semana, os nascidos em Capricórnio III muitas vezes alcançam um certo nível em seu círculo particular e contentam-se em ali permanecer para o resto da vida. Têm enorme diligência e dedicação, o que lhes permite manter-se no caminho que traçaram para si sem serem desviados.

A autoconfiança é extremamente importante para o bem-estar psíquico dos nascidos em Capricórnio III. Desde que não sejam assediados por preocupação, não sondem muito profundamente seus motivos ou esperem muito deles, funcionam bem. Entretanto, um complexo de inferioridade secreto pode atormentá-los durante anos, até poderem provar que realmente são pessoas dignas. Alguns nascidos nesta semana podem fantasiar quanto a suas capacidades, superestimando-se – uma tentativa desesperada de negar seu profundo complexo de inferioridade, algo que apenas pode fazê-los fracassar. Os que têm uma auto-estima baixa com freqüência sofrem devido a atitudes depreciativas de seus pais excessivamente exigentes ou desaprovadores na infância.

Quando jovens, os nascidos em Capricórnio III são propensos a idolatrar figuras mais velhas do mesmo sexo. À medida que ficam mais maduros, eles próprios com freqüência são colocados em um molde heróico pelos outros. A idolatria e a idealização podem levar as expectativas que cercam os nascidos em Capricórnio III a um ponto irreal, novamente acabando em inevitáveis decepções depois de caírem em desgraça. Uma forte atitude moral e a tendência a dividir o mundo em bem e mal, são características dos nascidos nesta semana; eles precisam aprender a não julgar os outros e a não ser extremos em sua visão. Os mais felizes são os que aceitam as pessoas como são, sem rejeitá-las ou entrarem em viagens de culpa ou censura.

Os nascidos na Semana da Dominação são extremamente físicos, mas nem sempre sensuais ou dados aos prazeres. Alguns podem fazer da superação de seus desejos e necessidades físicas sua principal ocupação, mostrando domínio sobre seus próprios sentimentos e corpo. Os nascidos em Capricórnio III podem ser rigorosos em lidar consigo e com os que lhes são próximos, sobretudo seus companheiros e familiares. No entanto, em geral oferecem opiniões e conselhos honestos e diretos. Raramente propensos a se iludirem, também têm pouco interesse em enganar os outros; com mais freqüência, pensam no que dizem e dizem o que pensam.

POSIÇÃO NO ZODÍACO
Aprox. 19 a 27°
de Capricórnio

ESTAÇÃO
Início do inverno

ELEMENTO
Terra

REGENTE
Saturno

SÍMBOLO
Cabra

MODO
Sensação

CAPRICÓRNIO III

"DOMINAÇÃO"

Os nascidos em Capricórnio III valorizam muito o trabalho. São competentes e completamente profissionais, mas sua atitude generosa pode levá-los ao sacrifício ou torná-los vulneráveis à exploração. Embora sejam capazes de aprender com estas experiências a dizer não a colegas e conhecidos, ainda assim podem não conseguir ou não estar dispostos a negar os pedidos de seus familiares mais imediatos. Anos de devoção a um membro da família necessitado não apenas podem sugar sua energia, como também privá-los de tempo para si, mas podem também ser a causa de enormes frustrações, que inevitavelmente provocam infelicidade.

Os nascidos em Capricórnio III são atenciosos e também podem ser muito divertidos. Suas atitudes brincalhonas e seu humor sagaz mostram sua capacidade de ver as coisas em perspectiva e também de não levá-las muito a sério. Há um inegável traço de excentricidade em muitos nascidos nesta semana. Embora não demasiadamente sociáveis, com freqüência adoram, acima de tudo, passar uma noite com amigos, seja em silêncio ou no meio do barulho, dependendo de seu humor. Os nascidos em Capricórnio III gostam de fazer parte de um grupo, partilhando experiências e conversas com vários indivíduos; são menos propensos a ter um único melhor amigo. Com freqüência sentem-se atraídos por esportes coletivos, hobbies ou clubes e podem contribuir entusiasticamente para o planejamento e manutenção destas organizações.

Na carreira, muitos nascidos em Capricórnio III são árduos trabalhadores. Com freqüência têm grande prazer em lutar contra grandes adversidades – por exemplo, para superar uma incapacidade física. Outros nascidos nesta semana são mais realistas nos projetos que empreendem, mas mesmo assim mostram tendência a trabalhar em excesso. Um companheiro vivaz e interessante pode ser um bom remédio para os nascidos nesta semana, tirando sua mente das preocupações com a carreira e permitindo que relaxem e se divirtam. Os nascidos em Capricórnio III com freqüência precisam de alguém que possa melhorar seu humor quando chegam em casa.

Embora responsáveis, os nascidos em Capricórnio III não são insípidos de modo algum. Muitos têm uma conduta interessante, até eletrizante, que pode ser extremamente carismática ou, no mínimo, fazer os outros olharem para eles com os olhos esbugalhados de espanto. Os nascidos nesta semana raramente querem ser escandalosos, mas muitas vezes acabam sendo. Os nascidos em Capricórnio III geralmente não têm consciência do efeito que suas afirmações e ações provoca nos outros, e de qualquer modo não se importam. Não sentem muito a rejeição, sobretudo porque sabem que não servem para todos, e também porque em geral não têm grande necessidade de aprovação e da aceitação dos outros. Independentes, os nascidos nesta semana precisam ter cuidado para não serem controladores demais, a fim de não reprimirem seu lado mais expressivo.

PONTOS FORTES

PROFISSIONAL
VENCEDOR • MANTENEDOR

PONTOS FRACOS

DESLIGADO • ESCANDALOSO
TENDÊNCIA AO SACRIFÍCIO

CONSELHO

Não tema correr riscos. Se tiver medo do fracasso pode não alcançar os verdadeiros desejos de seu coração. Sua insistência na segurança às vezes pode ser imprópria. Procure ser mais flexível com os sentimentos dos outros. Não pense que seus valores têm aplicação absoluta ou universal.

PESSOAS NOTÁVEIS DE CAPRICÓRNIO III

Em suas melhores atuações no cinema, **Faye Dunaway** mostra o tipo de atitude dominadora e excêntrica característica dos nascidos em Capricórnio III. Em papéis ao lado de Warren Beatty em *Bonnie e Clyde - Uma Rajada de Balas*, e Jack Nicholson em *Chinatown*, Dunaway exibe não apenas sua beleza e atuação primorosa, mas também seu faro para o incomum. Esta sensibilidade para papéis mais bizarros reflete-se em sua incrível representação da atriz Joan Crawford em *Mamãezinha Querida*, e ao lado de Mickey Rourke em *Barfly – Condenados pelo Vício*, onde ela faz o papel de uma alcoólica abastada. Dunaway também conseguiu expressar notavelmente seu lado dominador como produtora cinematográfica em 1990, com *Cold Sassy Tree*.

A lendária história de como o jovem imigrante grego **Aristóteles Onassis** chegou na Argentina com poucas centenas de dólares no bolso foi contada muitas vezes. Mostrando as características de árduo trabalhador e de determinação dos nascidos na Semana da Dominação, Onassis tornou-se milionário aos 25 anos de idade, trabalhando primeiro no negócio do tabaco e depois usando o que ganhou para comprar navios. Quando encontrou Jackie Kennedy, o armador magnata Onassis havia amealhado uma das maiores fortunas do mundo. Jackie e Onassis casaram-se em 1968 e, embora muitos ficassem aturdidos com sua escolha, poucos podiam negar o poder e autoconfiança de seu marido de Capricórnio III.

A origem de **George I. Gurdjieff**, fundador de um importante movimento espiritual no século XX, está envolta em mistério. Depois de passar seus primeiros 40 anos na Ásia Central, Tibete, Índia e Oriente Médio estudando a sabedoria de vários grupos místicos e religiosos, Gurdjieff apareceu na Rússia e estabeleceu seu Instituto para o Desenvolvimento Harmônico do Homem com a ajuda de seus seguidores. Forçado pela Revolução e Russa a mudar-se, fixou-se nos arredores de Paris, onde o Instituto Gurdjieff disseminou as idéias do mestre para um amplo público. Seus livros *Encontros com Homens Notáveis* e *Contos de Belzebu* atraíram grande interesse ao longo dos anos, embora tenha sido o livro de seu discípulo P.D. Ouspensky *Em Busca do Milagroso*, que popularizou as idéias de Gurdjieff. Gurdjieff possuía o porte eletrizante e dominador, mas também a orientação moral fixa que caracteriza os nascidos em Capricórnio III.

Outras pessoas nascidas em Capricórnio III: Martin Luther King, Jr., Albert Schweitzer, Alexander Hamilton, William James, Eva Le Gallienne, George Foreman, Joana d'Arc, Howard Stem, Julia Louis-Dreyfus, Jack London, Kirstie Allie, Berthe Morisot, Ethel Merman, Trevor Nunn, Mary J. Blige, Gamal Abdel Nasser, Jason Bateman, Iogue Maharishi Mahesh, William James, Edward Teller, Chad Lowe, Max Roach, Dian Fossey, Gwen Verdon, Yukio Mishima, Oswald de Andrade, Sergio Porto, José Américo de Almeida, Lamartine Babo, Rubem Braga, Pascoal Carlos Magno, Gilmar, Dick Farney, João Batista Figueiredo, Flavio Cavalcanti, Samuel Wainer.

— 10 A 16 DE JANEIRO —

Guia de Relacionamentos para Capricórnio III

Localizador de Página para Todos os Relacionamentos

<table>
<tr><td>MELHORES RELACIONAMENTOS</td><td></td><td></td><td></td><td></td></tr>
</table>

MELHORES RELACIONAMENTOS	Cúspide Peixes-Áries	19 a 24 de Março	Fomento de talentos	233
	Áries I	25 de Março a 2 de Abril	Ervilhas na vagem	257
AMOR	Áries II	3 a 10 de Abril	Estruturas flexíveis	280
Cúspide Áries-Touro	Áries III	11 a 18 de Abril	Promovendo interesses mútuos	302
Gêmeos I	Cúspide Áries-Touro	19 a 24 de Abril	Caminhos inescrutáveis	324
Câncer I	Touro I	25 de Abril a 2 de Maio	Sozinho na multidão	346
Cúspide Leão-Virgem	Touro II	3 a 10 de Maio	Vencendo, eficazmente	367
Virgem III	Touro III	11 a 18 de Maio	Inventando novos esquemas	387
Libra I	Cúspide Touro-Gêmeos	19 a 24 de Maio	Linhas genuínas	407
Cúspide Escorpião-Sagitário	Gêmeos I	25 de Maio a 2 de Junho	Trabalho de parto	427
Cúspide Sagitário-Capricórnio	Gêmeos II	3 a 10 de Junho	Atendendo a altos padrões	446
Capricórnio III	Gêmeos III	11 a 18 de Junho	Gosto por obstáculos	464
Cúspide Aquário-Peixes	Cúspide Gêmeos-Câncer	19 a 24 de Junho	Sentindo-se normal	482
	Câncer I	25 de Junho a 2 de Julho	Humor abundante	500
CASAMENTO	Câncer II	3 a 10 de Julho	Lado excêntrico	517
Cúspide Peixes-Áries	Câncer III	11 a 18 de Julho	Consumados desempenhadores de papéis	533
Touro I	Cúspide Câncer-Leão	19 a 25 de Julho	Atirados à consciência	549
Touro III	Leão I	26 de Julho a 2 de Agosto	Modelo	565
Virgem I	Leão II	3 a 10 de Agosto	Dando tudo de si	580
Libra II	Leão III	11 a 18 de Agosto	Respeito vigiado	594
Escorpião II	Cúspide Leão-Virgem	19 a 25 de Agosto	Confiança sagrada	608
Aquário I	Virgem I	26 de Agosto a 2 de Setembro	Difícil de ignorar	622
Peixes I	Virgem II	3 a 10 de Setembro	Assimilando experiências	635
	Virgem III	11 a 18 de Setembro	Calado mas direto	647
AMIZADE	Cúspide Virgem-Libra	19 a 24 de Setembro	Incondicionalmente	659
Áries I	Libra I	25 de Setembro a 2 de Outubro	Resolução sem agitação	671
Áries III	Libra II	3 a 10 de Outubro	O outro lado do muro	682
Cúspide Gêmeos-Câncer	Libra III	11 a 18 de Outubro	Manter a individualidade	692
Câncer II	Cúspide Libra-Escorpião	19 a 25 de Outubro	Reviravolta desnorteante	702
Cúspide Câncer-Leão	Escorpião I	26 de Outubro a 2 de Novembro	Vigilância contínua	712
Libra III	Escorpião II	3 a 11 de Novembro	Aliviando tensões	721
Capricórnio I	Escorpião III	12 a 18 de Novembro	Sem limites	729
Capricórnio II	Cúspide Escorpião-Sagitário	19 a 24 de Novembro	Começar com respeito	737
	Sagitário I	25 de Novembro a 2 de Dezembro	Âmago impenetrável	745
FAMÍLIA	Sagitário II	3 a 10 de Dezembro	Marasmo solidário	752
Câncer III	Sagitário III	11 a 18 de Dezembro	Disputa pela supremacia	758
Leão III	Cúspide Sagitário-Capricórnio	19 a 25 de Dezembro	Lucrando com o diferente	764
Sagitário II	Capricórnio I	26 de Dezembro a 2 de Janeiro	Totalmente infalível	770
Aquário II	Capricórnio II	3 a 9 de Janeiro	Tirando a máscara	775
	Capricórnio III	10 a 16 de Janeiro	Adoração de herói	779
TRABALHO	Cúspide Capricórnio-Aquário	17 a 22 de Janeiro	Pisando nos calos	780
Cúspide Touro-Gêmeos	Aquário I	23 a 30 de Janeiro	Ajustando o passo	780
Gêmeos II	Aquário II	31 de Janeiro a 7 de Fevereiro	Auto-avaliação	781
Leão II	Aquário III	8 a 15 de Fevereiro	Planejando campanhas	781
Virgem II	Cúspide Aquário-Peixes	16 a 22 de Fevereiro	Força interna	782
Cúspide Virgem-Libra	Peixes I	23 de Fevereiro a 2 de Março	Crença como tecido	782
Cúspide Libra-Escorpião	Peixes II	3 a 10 de Março	Não tão simples quanto parece	783
Sagitário III	Peixes III	11 a 18 de Março	Pensando o melhor dos outros	783
Cúspide Capricórnio-Aquário				
Aquário III				
Peixes III				

CÚSPIDE CAPRICÓRNIO-AQUÁRIO
Cúspide do Mistério e Imaginação

17 a 22 de Janeiro

POSIÇÃO NO ZODÍACO	Aprox. 26° de Capricórnio e 3° de Aquário
ESTAÇÃO	Meio do inverno
ELEMENTO	Terra/Ar
REGENTE	Saturno/Urano
SÍMBOLO	Cabra/O Aguadeiro
MODO	Sensação/Pensamento

A cúspide Capricórnio-Aquário pode ser comparada simbolicamente ao período por volta dos setenta anos de idade de um ser humano. Chega no inverno, quando os dias são mais longos, mas continuam frios (no hemisfério norte). De fato, as noites são geladas e é preciso refugiar-se em casa. A cúspide Capricórnio-Aquário representa o Mistério e a Imaginação. No desenvolvimento humano, na idade de setenta anos é preciso certamente aceitar a própria mortalidade. Devem ser feitos preparativos para tornar o tempo remanescente confortável, mas também produtivo e satisfatório. Embora atividades externas tenham em geral diminuído consideravelmente, idealmente pode manifestar-se um tempo correspondente maior de vida interior – mental, emocional e espiritual. Os mundos da imaginação, da fantasia e do sonho são ativos e alguns sentem e agem como crianças. Os dias que compreendem a cúspide Capricórnio-Aquário exemplificam algo da manifestação do Mistério e da Imaginação, onde a natureza prática e conservadora do capricorniano colide com os impulsos imprevisíveis e pouco convencionais do aquariano.

Os indivíduos vívidos e expressivos nascidos na cúspide Capricórnio-Aquário despertam entusiasmo onde quer que estejam. Incapazes de manterem-se afastados da ação por muito tempo, fazem sentir sua presença assim que entram em um recinto. Seus pontos de vista tendem a ser controversos e, conservadores ou radicais, são extremamente estimulantes, muitas vezes devido à maneira dramática com que se apresentam. O interesse dos nascidos na cúspide Capricórnio-Aquário pelos pobres e oprimidos é mais que teórico: a maioria não hesita em fazer contribuições diretas de tempo, dinheiro ou energia para ajudar qualquer pessoa menos afortunada. Ao mesmo tempo têm pouca simpatia por quem consideram oportunistas e parasitas, capazes de arcar com seu peso, mas deixando de fazê-lo.

A influência do planeta Saturno (regente de Capricórnio) empresta estrutura e sentimento de responsabilidade à personalidade de Capricórnio-Aquário, mas a energia imprevisível de Urano (regente de Aquário) pode tender a quebrar esta ordem a qualquer momento. Não é raro que um Capricórnio-Aquário seja acometido por amplas oscilações de humor; podem parecer sensíveis e razoáveis em um momento, incontroláveis no outro. Os nascidos na cúspide Capricórnio-Aquário podem ficar realmente irados, portanto não é de admirar que a violência possa caracterizar sua vida, quer eles a atraiam quer a pratiquem. Energias caóticas, fora de controle, podem produzir grande inquietação na vida dos nascidos nesta cúspide. Sua atenção à segurança pessoal em geral não é muito grande, um traço que pode reforçar sua natureza temerária – uma combinação letal ou pelo menos perigosa. A desconsideração por sua saúde em geral e a insistente confiança de que energias prodigiosas vão livrá-los, uma e outra vez, podem desgastá-los ao longo dos anos ou provocar doenças físicas crônicas. Companheiros e namorados interessados podem ter dificuldade, por exemplo, para afastá-los da bebida e do cigarro em excesso.

Os nascidos em Capricórnio-Aquário têm um pronunciado lado sombrio. Não são de guardar a raiva por muito tempo, por isso podem explodir em acessos de ira que fazem os outros sair correndo. A imagem de um Capricórnio-Aquário furioso firmemente decidido a punir está em enorme desacordo com a feição que apresentam quando estão se divertindo e desfrutando um bom momento. Mais do que a maioria, os nascidos nesta semana podem estar à mercê de seus demônios, de modo que suas explosões temperamentais são realmente espontâneas. Como não são calculistas, é difícil acusá-los por suas enormes oscilações de humor, que são em geral perdoadas, embora não facilmente esquecidas por aqueles que lhes são próximos.

CÚSPIDE CAPRICÓRNIO-AQUÁRIO

"MISTÉRIO E IMAGINAÇÃO"

Até o mais acomodado e convencional dos nascidos em Capricórnio-Aquário com freqüência têm uma vida rica em sonhos e fantasia. Levam uma espécie de existência de Walter Mitty, em que poucos adivinham a extensão de sua vida interior, nem o grau de sua criatividade. Situações do dia-a-dia podem ser um trampolim para bizarros vôos mentais, em que o nascido em Capricórnio-Aquário se torna a personalidade principal de um mundo imaginário. Estes vôos da fantasia raramente indicam estados patológicos, muito pelo contrário, já que os nascidos nesta cúspide mostram como pode ser importante para a saúde mental estar em contato com a própria vida de fantasia.

Os nascidos em Capricórnio-Aquário adoram contar piadas e fazer brincadeiras. Seus companheiros, amigos e familiares devem não apenas entender, mas apreciar esta necessidade se querem vê-los felizes. Entretanto, nem sempre é fácil acompanhar os nascidos em Capricórnio-Aquário, que podem em um momento ser absolutamente sérios em relação a problemas do dia-a-dia, e no momento seguinte explodir em risadas. Também têm um lado convencional que pode torná-los extremamente exigentes: em geral esperam que todos os membros da família façam seu dever e desincumbam-se de suas obrigações o melhor possível.

Os nascidos nesta cúspide respeitam completamente apenas as pessoas que repartem as tarefas e obrigações domésticas com eles de forma justa. Os nascidos em Capricórnio-Aquário com freqüência procuram companheiros trabalhadores, dignos de confiança e não pessoas bonitas ou inteligentes. Fora de seu relacionamento principal e permanente, contudo, o impulsivo Capricórnio-Aquário pode sentir-se magneticamente atraído por indivíduos vivazes e excitantes ou por pessoas silenciosas, mas apaixonadas. O poder sexual dos nascidos na Cúspide do Mistério e da Imaginação é em geral elevado e seu interesse em sexo é pronunciado.

Quando se desviam do curso correto sentem culpa, até certo ponto, mas isto pode dar um sabor extra a suas indiscrições. Embora possam dar pouca importância a estes pulinhos, seu parceiro pode não ser tão compreensivo e mágoas profundas e duradouras podem ser criadas. Em suas escapadas sexuais, os nascidos em Capricórnio-Aquário mostram um lado imaturo, como Peter Pan, que se recusa a crescer.

A juventude é, de fato, uma das qualidades mais evidentes dos nascidos em Capricórnio-Aquário. Eles não necessariamente lidam bem com a idade avançada; muitos arriscam exaurir-se devido a um estilo de vida tumultuado, outros deterioram-se devido a negligência ou abuso do corpo. A impetuosidade e o descaso podem não apenas desgastá-los fisicamente, mas contribuir com a instabilidade psicológica. Por outro lado, os que têm sorte de contar com um grupo de apoio estável, seja na família, sejam amigos ou companheiros, podem ter tudo e mostrar as muitas facetas de sua personalidade. Os nascidos em Capricórnio-Aquário que vivem sós podem, de fato, desenvolver grande força interior em função de lidar com os sujeitos mais difíceis e incompreensíveis que já encontraram – eles próprios.

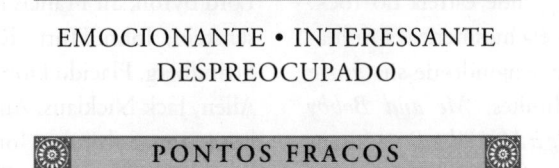

PONTOS FORTES

EMOCIONANTE • INTERESSANTE
DESPREOCUPADO

PONTOS FRACOS

CAÓTICO • DIFÍCIL
EXPLOSIVO

CONSELHO

Encontre uma saída para sua energia criativa. Comunique sua experiência. Procure não se sentir desestimulado por falta de compreensão, ignorância ou críticas negativas. Não se irrite, procure quem o compreenda e aprecie.

PESSOAS NOTÁVEIS DA CÚSPIDE CAPRICÓRNIO-AQUÁRIO

O ex-campeão de boxe peso-pesado **Muhammad Ali** tipifica a vívida expressividade, a atividade e a violência que freqüentemente caracterizam os nascidos na Cúspide Capricórnio-Aquário. Foram a rapidez, o estilo dançante e o conhecimento da técnica que o destacaram de outros pesos-pesados, mas sua capacidade de dar um soco e bater duro nunca foram questionadas. Ali atraiu tanta atenção fora dos ringues como dentro, sobretudo quando se juntou à Nação do Islã e, mais tarde, se recusou a se alistar no serviço militar. Ali decididamente derrotou alguns dos mais duros lutadores de seu tempo, incluindo Joe Frazier e George Foreman, conquistando o respeito de fãs em todo o mundo. Sua inimitável fala era freqüentemente pontuada por um "Eu sou o maior".

Janis Joplin caracterizou a natureza viva, impulsiva e rebelde de muitos nascidos na Cúspide do Mistério e da Imaginação. Joplin viveu nos anos 1960, talvez mais intensamente do qualquer outra grande estrela do rock. Em grandes consertos ao ar livre ela mesmerizava milhares com sua incrível intensidade, exigindo de sua voz e corpo até os mais dolorosos limites. *Me and Bobby McGee* e *Lord, Won't You Buy Me a Mercedez Benz* foram as canções que mais a marcaram, embora seja improvável que Deus tenha mudado com o apelo de Janis. À frente das bandas Big Brother, Holding Company e Kozmic Blues Band, Janis cantava sua música com tendência ao blues com grande carga emocional. Sua morte por drogas em 1970, aos 27 anos de idade, ocorreu simbolicamente quando os anos 1960 também se encerravam.

O diretor de cinema italiano **Federico Fellini** iniciou seu trabalho no cinema neo-realista, mas não resistiu ao empuxo da fantasia e da imaginação sentido tão fortemente pelos nascidos na Cúspide Capricórnio-Aquário. Sua primeira obra-prima *Na Estrada da Vida*, em que estreou sua esposa, Giulietta Masina, mostra o quanto as imagens simbólicas do diretor impregnaram sua visão cinematográfica. Em *A Doce Vida e Oito e Meio*, elementos sociais e fortemente autobiográficos foram adicionados, tornando seus filmes comentários altamente pessoais sobre sua época. Em ambos os filmes, Marcello Mastroianni é a *persona* de Fellini, vagando pelo labirinto de suas visões. *Julieta dos Espíritos*, em que atua outra vez sua esposa, juntamente com *Satyricon* e *Amarcord*, encantam com o uso de cores, fantasia e exploração de imagens da infância para recriar o mundo surrealista de Fellini.

Outras pessoas nascidas em Capricórnio-Aquário: Benjamin Franklin, Edgar Allan Poe, Joe Frazier, Al Capone, Jill Eikenberry, Humphrey Bogart, William Harris, Moira Shearer, Geena Davis, Jean Moreau, Jim Carrey, Dolly Parton, Chita Rivera, Francis Picabia, Lord Byron, Sir Francis Bacon, D.W. Griffith, Sergei Eisenstein, John Hurt, Rasputin, Jerome Kern, August Strindberg, Placido Domingo, Stonewall Jackson, Ethan Allen, Jack Nicklaus, Autran Dourado, Nara Leão, Barbosa Lima Sobrinho, Jorge Mautner, Zacarias, Euclides da Cunha, Chacrinha, Patricia Leal, Leonel Brizola.

Guia de Relacionamentos para a Cúspide Capricórnio-Aquário

Localizador de Página para Todos os Relacionamentos

Cúspide Peixes-Áries	19 a 24 de Março	Sonho lúcido	234
Áries I	25 de Março a 2 de Abril	Casulo protetor	257
Áries II	3 a 10 de Abril	Poucos momentos tediosos	280
Áries III	11 a 18 de Abril	Amor proibido	303
Cúspide Áries-Touro	19 a 24 de Abril	Torrente irresistível	325
Touro I	25 de Abril a 2 de Maio	Solução do quebra-cabeça	346
Touro II	3 a 10 de Maio	Mundo de sonho	367
Touro III	11 a 18 de Maio	Jardim das delícias terrenas	388
Cúspide Touro-Gêmeos	19 a 24 de Maio	Ultrapassando o limite	408
Gêmeos I	25 de Maio a 2 de Junho	Obra de arte perfeita	427
Gêmeos II	3 a 10 de Junho	Trabalho e diversão	446
Gêmeos III	11 a 18 de Junho	União de almas gêmeas	465
Cúspide Gêmeos-Câncer	19 a 24 de Junho	Uma posição central	483
Câncer I	25 de Junho a 2 de Julho	Hora de se vestir bem	500
Câncer II	3 a 10 de Julho	Postura desbravadora	517
Câncer III	11 a 18 de Julho	Objetividade no caos	534
Cúspide Câncer-Leão	19 a 25 de Julho	Comportamento escandaloso	550
Leão I	26 de Julho a 2 de Agosto	Química extraordinária	565
Leão II	3 a 10 de Agosto	Intenso como laser	580
Leão III	11 a 18 de Agosto	Esforços de aprendizagem	595
Cúspide Leão-Virgem	19 a 25 de Agosto	Mistura pessoal de expressão	609
Virgem I	26 de Agosto a 2 de Setembro	Renovando o ar	622
Virgem II	3 a 10 de Setembro	União irresistível	635
Virgem III	11 a 18 de Setembro	Poucos conflitos profundos	648
Cúspide Virgem-Libra	19 a 24 de Setembro	Rebeldia reativa	660
Libra I	25 de Setembro a 2 de Outubro	Liberdade para agir	671
Libra II	3 a 10 de Outubro	Um ninho de vespas	682
Libra III	11 a 18 de Outubro	Necessidade de estímulo	693
Cúspide Libra-Escorpião	19 a 25 de Outubro	Certamente inflamável	703
Escorpião I	26 de Outubro a 2 de Novembro	Ridículo profuso	712
Escorpião II	3 a 11 de Novembro	Beije e faça as pazes	721
Escorpião III	12 a 18 de Novembro	Superotimismo	730
Cúspide Escorpião-Sagitário	19 a 24 de Novembro	Ponto de equilíbrio	738
Sagitário I	25 de Novembro a 2 de Dezembro	Estrelas cadentes	745
Sagitário II	3 a 10 de Dezembro	Circunstâncias auspiciosas	752
Sagitário III	11 a 18 de Dezembro	Uma bola quadrada	759
Cúspide Sagitário-Capricórnio	19 a 25 de Dezembro	Concretizando idéias	765
Capricórnio I	26 de Dezembro a 2 de Janeiro	Sedução astuta	770
Capricórnio II	3 a 9 de Janeiro	Fios do destino	775
Capricórnio III	10 a 16 de Janeiro	Pisando nos calos	780
Cúspide Capricórnio-Aquário	17 a 22 de Janeiro	Um inferno intenso	784
Aquário I	23 a 30 de Janeiro	Acordos forçados	784
Aquário II	31 de Janeiro a 7 de Fevereiro	Satisfação ou insatisfação?	785
Aquário III	8 a 15 de Fevereiro	Frio debaixo de calor	785
Cúspide Aquário-Peixes	16 a 22 de Fevereiro	Contos de fada	786
Peixes I	23 de Fevereiro a 2 de Março	Descobrindo um ritmo próprio	786
Peixes II	3 a 10 de Março	Um processo de treinamento	787
Peixes III	11 a 18 de Março	Arquivos particulares	787

MELHORES RELACIONAMENTOS

AMOR
Cúspide Peixes-Áries
Áries I
Áries III
Touro I
Câncer I
Cúspide Câncer-Leão
Virgem I
Escorpião III
Cúspide Escorpião-Sagitário
Capricórnio II
Aquário III

CASAMENTO
Áries II
Cúspide Touro-Gêmeos
Gêmeos III
Leão I
Peixes III

AMIZADE
Touro III
Gêmeos II
Câncer III
Cúspide Virgem-Libra
Libra II
Escorpião I
Sagitário I
Capricórnio I
Aquário II
Peixes I

FAMÍLIA
Cúspide Leão-Virgem
Virgem III
Aquário I
Cúspide Aquário-Peixes
Peixes II

TRABALHO
Cúspide Áries-Touro
Gêmeos I
Cúspide Gêmeos-Câncer
Câncer II
Leão III
Virgem II
Sagitário III
Cúspide Sagitário-Capricórnio
Cúspide Capricórnio-Aquário

AQUÁRIO I
Semana do Gênio

23 a 30 de Janeiro

O período de Aquário I toma o Gênio como imagem central. Segundo o Grande Ciclo da Vida, este período pode ser comparado simbolicamente ao início da faixa dos setenta anos da vida de uma pessoa. Nesta fase, há uma compreensão mais universal da natureza, do tempo e da humanidade. Ter de impressionar os outros, esforçar-se para acumular dinheiro, arcar com as responsabilidades da família – para a maioria das pessoas tudo isso pertence ao passado. O tempo pode ser gasto lendo e pensando, talvez considerando assuntos filosóficos, áreas sociais ou interesses internacionais. Idealmente, a sabedoria cristalizou-se a esta altura, pois a perspectiva de uma pessoa neste idade é algo fixa.

Os dias que compreendem Aquário I revelam simbolicamente o idoso encarando a idade avançada e chegando à dura conclusão de que não restam muitos anos pela frente. Preocupações de caráter, recolhimento do mundo, pesquisas sobre o destino da humanidade, mas também memórias de pontos altos da vida, seus e dos outros – extraordinárias descobertas científicas, filosóficas ou físicas – podem ser mentalmente observadas.

Embora os nascidos em Aquário I não necessariamente sejam mais inteligentes que os outros, em geral aprendem rápido e exibem uma vivacidade, até uma conduta, altamente sensível. São pessoas de temperamento quente, demonstrando impaciência para dar prosseguimento a alguma coisa. A paciência não é uma de suas virtudes e os nascidos em Aquário I mostram uma marcada impaciência com pessoas mais lentas que precisam de tempo para se expressarem e se decidirem.

Os nascidos em Aquário I com freqüência despertam assombro nos outros, também ciúmes, devido à rapidez e facilidade com que captam as coisas. Quando jovens, esta capacidade pode se manifestar como precocidade, mas pais e professores que não os compreendem podem criticá-los como superficiais e por falta de perseverança em ver um projeto concluído. Mas embora seja verdade que os nascidos em Aquário I raramente são chatos, podem perseverar quando consideram que vale a pena. Nem todos os nascidos nesta semana têm a capacidade de aprender tão rápido, mas a maioria valoriza muito a habilidade mental e procura desenvolvê-la, quer tenha nascido com ela ou não. Eles também prezam a educação, mas nem sempre o tipo ensinado na escola: os nascidos em Aquário I acreditam que a experiência é o melhor professor e com freqüência são autodidatas. O fascínio das emoção mundanas muitas vezes os atrai para fora dos bancos escolares e os incita a viajarem para terras estrangeiras que exercem estranha fascinação sobre eles.

Na carreira, os nascidos nesta semana querem que tudo saia a seu próprio modo. Raramente se dão bem em empregos onde lhes dizem o que fazer. Trabalhar por conta própria ou em posições independentes é o que se ajusta melhor a eles, sobretudo se seu trabalho permite-lhes a liberdade de fazer escolhas, planejar, mudar de direção, seguir seus instintos e ser verdadeiros com o que acreditam. Embora os nascidos em Capricórnio-Aquário possam ser excelentes líderes, seja em grupos familiares ou sociais ou no ambiente profissional, não têm necessidade essencial de governar ou dominar. Sua maior necessidade em relação a outras pessoas pode na verdade ser justamente a atenção, uma vez que todo artista em última análise precisa de um público.

É extremamente importante para os nascidos em Aquário I dar a cada projeto em que atuam sua estampa pessoal. Pessoas que gostam da expressão individual dos outros são fãs dos nascidos nesta semana, mas sua energia com freqüência desestabilizante e autocentrada pode afetar adversamente os projetos do grupo. Os nascidos em Aquário I muitas vezes parecem rebeldes, mas isto em geral se deve a alguma tentativa de subjugá-los ou controlá-los. Sua impulsividade pode facilmente fazê-los entrar

---

POSIÇÃO NO ZODÍACO
Aprox. 2 a 11° de Aquário

ESTAÇÃO
Meio do inverno

ELEMENTO
Ar

REGENTE
Urano

SÍMBOLO
O Aguadeiro

MODO
Pensamento

em conflito com autoridades ou com pessoas de natureza mais conservadora.

Quando os nascidos nesta semana aceitam sua singularidade e compreendem que suas necessidades e impulsos sociais são menos profundos do que pensam, fazem grandes avanços na carreira. Os nascidos em Aquário I mais esclarecidos podem perceber que sua força será mais bem utilizada se perseguirem uma carreira que não envolva contato social. Há muitas áreas da ciência, música, arte, publicidade ou economia que preenchem estes requisitos. Parte dos problemas que os nascidos em Aquário I enfrentam ao trabalhar com outros se deve à sua tendência de exaurir seus talentos e energias com os que lhes são próximos, às vezes em um esforço frustrado para ajustar-se e sentir que pertencem ao grupo.

Pelo lado negativo, os nascidos em Aquário I têm uma tendência à autodestruição. Fazem mais mal a si do que aos outros. Podem ser emocionalmente instáveis e, às vezes, parecer distraídos, muito excitados, auto-absorvidos e que se aborreçam facilmente. Sua sensibilidade a estímulos externos pode manifestar-se de forma pronunciada nestes humores e podem ter grande necessidade de se retirarem para um lugar sossegado, longe do burburinho do mundo. Facilmente estressáveis, até propensos a periódicos esgotamentos, os nascidos em Aquário I precisam aprender a ser mais fortes. Se puderem se controlar melhor para não se sentirem provocados, poderão lidar com mais eficácia com as exigências do dia-a-dia.

"GÊNIO"

Em matéria de amor, os nascidos em Aquário I insistem em que seus companheiros compreendam sua necessidade de liberdade. Não se prendem a rotinas e horários fixos. Amigos e namorados com expectativas mais exigentes podem ter uma grande surpresa; os nascidos em Aquário I não aceitam restrições. Irritando-se com a repressão, simplesmente procuram encontrar outra pessoa de espírito livre para se envolver, uma solução que pode funcionar por um curto espaço de tempo, mas que raramente fornece a estabilidade e a permanência exigida em um relacionamento mais sério. Alguns podem de fato desejar um parceiro permanente, fiel, generoso e estável, mas também ao mesmo tempo podem buscar a liberdade para levar adiante todo o tipo de relacionamento, sexual ou outros. Ao praticar esta espécie de padrão duplo, estas pessoas nascidas em Aquário I procuram satisfazer suas necessidades e desejos, mas também mostram desconsideração pelos outros.

Os que escolhem a vida familiar terão de aprender a direcionar sua energia de forma eficiente, compartilhar responsabilidades, dividir seu tempo e, acima de tudo, dominar sua necessidade de atenção. Seu lado carismático muitas vezes atrai o tipo errado de pessoa, e isto pode tirar energia daqueles a quem amam e que realmente precisam dela, sobretudo membros da família. Restringirem-se a um círculo selecionado de amigos íntimos e concentrar-se naqueles que têm um efeito psicologicamente estabilizante sobre eles e não sejam pessoas carentes, contribuirá muito para sua felicidade.

PONTOS FORTES

PRECOCE • ÚNICO
AUTODIDATA

PONTOS FRACOS

IMPRUDENTE • DISTRAÍDO
ESTRESSADO

OS QUARENTA E OITO PERÍODOS

CONSELHO

Tenha uma imagem realista de si próprio. Uma certa interação pessoal indesejável sempre é necessária; procure ser um pouco mais insensível e, se necessário, completamente insensível. Cultive a calma, a paciência e a persistência em vez de seguir sempre seu próprio modo de ser. Aprenda a lidar com a frustração e seja forte o bastante para exigir silenciosamente o melhor para si.

PESSOAS NOTÁVEIS DE AQUÁRIO I

Certamente o prodígio musical mais precoce que o mundo já conheceu, o compositor austríaco **Wolfgang Amadeus Mozart** exemplifica a habilidade da incrível rapidez dos nascidos na Semana do Gênio. No entanto, talvez a maior luta de Mozart tenha sido conquistar seu lugar no mundo adulto, onde valores como maturidade, responsabilidade e trabalho árduo têm preeminência. Que ele foi artisticamente bem-sucedido nesta luta pode ser observado em obras como as óperas *Don Giovanni* e *A Flauta Mágica* e em suas últimas sinfonias e concertos para piano, embora sua vida pessoal tenha continuado algo caótica. Morto aos 35 anos de idade em circunstâncias misteriosas, deixando um réquiem inacabado de sua própria autoria, o prolífico Mozart já havia escrito obras-primas suficientes par uma dúzia de vidas.

A estrela de tevê e cinema **Oprah Winfrey** ajusta-se ao padrão de precocidade freqüentemente encontrado em pessoas nascidas em Aquário I, que tendem a fazer apresentações públicas em tenra idade. Em sua primeira aparição notável fez um sermão de Páscoa na igreja, aos 2 anos de idade. Oprah especializou-se em linguagem e dramaturgia na faculdade, foi eleita misse Tennessee e aos 19 anos já era âncora de uma tevê local da CBS. A mulher que mais ganha dinheiro dos Estados Unidos há vários anos, Oprah pode atribuir seu enorme sucesso ao elo de empatia que formou com seu público, em parte devido à honestidade sobre sua infância e vida pessoal. Oprah alcança e toca seu público não apenas figurativa mas literalmente, criando laços humanos ainda mais fortes. Seu papel no filme *A Cor Púrpura* demonstra sua extraordinária versatilidade.

Eleito presidente dos Estados Unidos quatro vezes **Franklin Delano Roosevelt** foi possivelmente a figura pública mais popular do século XX. Acredita-se que as reformas propostas no programa New Deal tenham tirado os Estados Unidos da Depressão. Como comandante-em-chefe, ele guiou o país na Segunda Guerra Mundial e, mais do que ninguém, foi responsável pela vitória na guerra. Embora se ajuste ao molde dos nascidos em Aquário I, como impaciente que era para implementar seus últimos planos, também era frívolo, afoito e confiante em excesso quando mais jovem. Talvez tenha sido a poliomielite – que o incapacitou e imobilizou em 1921 – a maior responsável por ter se tornado mais maduro, atencioso e compassivo.

Outras pessoas nascidas em Aquário I: Lewis Carroll, Bridget Fonda, Paul Newman, Mikhail Baryshnikov, Nastassja Kinsky, Adriano, John Belushi, Warren Zevon, Sharon Tate, Maria Tallchief, Virginia Woolf, Somerset Maugham, Etta James, Vanessa Redgrave, Gene Hackman, Barbara Tuchman, Greg Louganis, W.C. Fields, Germaine Greer, Ernie Banks, João Ubaldo Ribeiro, Tom Jobim, Antônio Callado, Romário, João Pessoa, Jânio Quadros, Antonio Calado.

Guia de Relacionamentos para Aquário I

Localizador de Página para Todos os Relacionamentos

MELHORES RELACIONAMENTOS				
	Cúspide Peixes-Áries	19 a 24 de Março	Mente inquiridora	234
AMOR	Áries I	25 de Março a 2 de Abril	Espíritos livres	258
Áries I	Áries II	3 a 10 de Abril	Sem volta	281
Áries III	Áries III	11 a 18 de Abril	Prazeres íntimos	303
Leão III	Cúspide Áries-Touro	19 a 24 de Abril	Toma-lá-dá-cá	325
Libra III	Touro I	25 de Abril a 2 de Maio	Perguntas universais	347
Escorpião II	Touro II	3 a 10 de Maio	Desfazendo as ilusões	368
Cúspide Sagitário-Capricórnio	Touro III	11 a 18 de Maio	Na frente	388
Aquário III	Cúspide Touro-Gêmeos	19 a 24 de Maio	Emocionalmente romântico	408
Peixes I	Gêmeos I	25 de Maio a 2 de Junho	Suflê, oba!	428
Peixes III	Gêmeos II	3 a 10 de Junho	Perito em sociedade	447
	Gêmeos III	11 a 18 de Junho	Necessidade de atenção	465
CASAMENTO	Cúspide Gêmeos-Câncer	19 a 24 de Junho	O mundo é um palco	483
Cúspide Áries-Touro	Câncer I	25 de Junho a 2 de Julho	Dando à luz novas idéias	501
Touro II	Câncer II	3 a 10 de Julho	Ânsia de aprender	518
Cúspide Gêmeos-Câncer	Câncer III	11 a 18 de Julho	Uma lacuna no mercado	534
Leão II	Cúspide Câncer-Leão	19 a 25 de Julho	Exasperadamente imprevisível	550
Virgem III	Leão I	26 de Julho a 2 de Agosto	Um espírito investigador	566
Sagitário III	Leão II	3 a 10 de Agosto	Tentativa e erro	581
Capricórnio I	Leão III	11 a 18 de Agosto	Carma pesado	595
Capricórnio III	Cúspide Leão-Virgem	19 a 25 de Agosto	Trocas fáceis	609
	Virgem I	26 de Agosto a 2 de Setembro	Apelo magnético	623
AMIZADE	Virgem II	3 a 10 de Setembro	Amistosidade e Animosidade	636
Áries II	Virgem III	11 a 18 de Setembro	Briguentos intratáveis	648
Touro I	Cúspide Virgem-Libra	19 a 24 de Setembro	Trabalhos complexos	660
Cúspide Touro-Gêmeos	Libra I	25 de Setembro a 2 de Outubro	Minando a autoridade	672
Gêmeos II	Libra II	3 a 10 de Outubro	O mesmo comprimento de onda	683
Gêmeos III	Libra III	11 a 18 de Outubro	Eletricidade atmosférica	693
Câncer II	Cúspide Libra-Escorpião	19 a 25 de Outubro	Tentações no caminho	703
Cúspide Câncer-Leão	Escorpião I	26 de Outubro a 2 de Novembro	Horizontes mais amplos	713
Virgem II	Escorpião II	3 a 11 de Novembro	Nada menos que surpreendente	722
Aquário I	Escorpião III	12 a 18 de Novembro	Tentando compreender	730
	Cúspide Escorpião-Sagitário	19 a 24 de Novembro	Zombaria impiedosa	738
FAMÍLIA	Sagitário I	25 de Novembro a 2 de Dezembro	Palavra empenhada	746
Leão I	Sagitário II	3 a 10 de Dezembro	Competindo por atenção	753
Libra I	Sagitário III	11 a 18 de Dezembro	Imbatível, em teoria	759
Escorpião III	Cúspide Sagitário-Capricórnio	19 a 25 de Dezembro	Fala por si	765
Sagitário I	Capricórnio I	26 de Dezembro a 2 de Janeiro	Além do desejo	771
Cúspide Capricórnio-Aquário	Capricórnio II	3 a 9 de Janeiro	Curiosidade insaciável	776
Aquário II	Capricórnio III	10 a 16 de Janeiro	Ajustando o passo	780
	Cúspide Capricórnio-Aquário	17 a 22 de Janeiro	Acordos forçados	784
TRABALHO	Aquário I	23 a 30 de Janeiro	A velocidade da luz	788
Câncer I	Aquário II	31 de Janeiro a 7 de Fevereiro	Pagando a conta	788
Câncer III	Aquário III	8 a 15 de Fevereiro	O mais prazeroso possível	789
Virgem I	Cúspide Aquário-Peixes	16 a 22 de Fevereiro	Ficando do lado de fora	789
Cúspide Virgem-Libra	Peixes I	23 de Fevereiro a 2 de Março	Pensamento espiritualizado	790
Cúspide Escorpião-Sagitário	Peixes II	3 a 10 de Março	Tirando os outros do caminho	790
Peixes II	Peixes III	11 a 18 de Março	Domínios teóricos	791

AQUÁRIO II
Semana da Juventude e Despreocupação

31 de Janeiro a 7 de Fevereiro

POSIÇÃO NO ZODÍACO
10 a 19º de Aquário

ESTAÇÃO
Meio do inverno

ELEMENTO
Ar

REGENTE
Urano

SÍMBOLO
O Aguadeiro

MODO
Pensamento

O período de Aquário II toma a Juventude e Despreocupação como imagem central. Paradoxalmente, este período pode ser relacionado, em termos humanos, ao período que vai do início até a metade da faixa dos setenta. De fato, nesta fase pode surgir um elo com crianças (sobretudo com os netos) e, assim, a maturidade e a sabedoria da idade avançada podem fundir-se com o mundo aberto e cheio de admiração da criança. Nesta altura da vida, os impulsos da juventude podem aflorar – de fato, alguns vivem uma espécie de "segunda infância". Relaxar, levar uma vida despreocupada e ter tempo à disposição podem ser agradáveis agora. Os dias que compreendem Aquário I revelam simbolicamente o idoso lidando com a idade avançada e descobrindo novas formas de preencher o tempo com atividades significativas. Nesta época expressa-se uma certa excentricidade e obstinação, talvez encontrando novos amigos da própria idade, aprofundando relacionamentos com crianças, universalizando os pensamentos e maximizando o conforto e a felicidade.

"Nada de briga", pode ser o lema de muitos nascidos em Aquário II. Quando ouvimos pessoas nascidas nesta semana percebemos que não gostam de problema de qualquer tipo e que fariam qualquer coisa para evitá-los. Valorizam muito sua felicidade, tanto a longo quanto a curto prazo. Os nascidos em Aquário II em geral pedem para ser deixados em paz para trilharem seu próprio caminho, com a menor interferência possível. Não estão muito interessados em controlar os outros ou em intrometerem-se em seus assuntos, por isso ficam satisfeitos em dar aos outros o mesmo tratamento que querem para si.

Os nascidos nesta semana têm uma tendência ao virtuosismo no que fazem: seja no escritório, no laboratório, na construção de um local ou na cozinha, exibem maestria. Sua habilidade é pronunciada e embora dêem a impressão de realizar suas tarefas sem esforço, anos de árduo trabalho podem ter se passado para aperfeiçoarem sua técnica. Para muitos nascidos Aquário II, de fato, a técnica não é um fim em si mesmo, mas tão-só um começo, um meio pelo qual podem expressar sua mais alta criatividade.

A juventude de todo o tipo (física, mental e emocional) é característica dos nascidos em Aquário II. Não apenas eles com freqüência parecem muito mais jovens em anos, mas podem desenvolver muitos de seus plenos poderes antes dos vinte anos, de modo que suas habilidades permeiam sua vida desde cedo em vez de virem com a idade. Além disso, filhos e crianças são assuntos e preocupações muitas vezes de toda uma vida, sejam eles os próprios pais ou não. Com freqüência esperam manter as qualidades naturais da criança – espontaneidade, impulso, intuição e abertura – vivas em si até o fim. Não é de admirar que os nascidos na Semana da Juventude e Despreocupação sejam às vezes acusados de imaturidade e superficialidade emocionais. É verdade que são em muitos casos imaturos, mas superficiais não.

Os nascidos em Aquário II tendem a ser tão queridos e admirados que é de se perguntar onde estão seus problemas. Mas a popularidade que é sua força também pode ser sua ruína. Pois podem ficar dependentes do aplauso das outras pessoas e, sobretudo, da admiração de sua maneira livre e solta de ser. A conseqüência pode ser que acabam gastando muito tempo em agradar os outros e deixam de fazer valer seus direitos por medo de perder amigos e fãs. Outros nascidos em Aquário II podem desligar-se ou mesmo isolar-se dos que os cercam, pois acham difícil ou indesejável viver segundo suas expectativas. Alguns destes indivíduos arriscam tornar-se altivos e desapaixonados, sentindo pouca simpatia real por seus semelhantes.

Devido ao alto conceito que fazem de si, podem ser propensos ao preconceito. Por outro lado, como esta auto-avaliação é em geral baseada em seus talentos e habili-

"JUVENTUDE E DESPREOCUPAÇÃO"

dades externos e, finalmente, na atitude e reação das outras pessoas, ela não vem de um lugar profundo dentro deles e, portanto, pode encobrir graves inseguranças e dúvidas. Um grande perigo para os nascidos em Aquário II é a possibilidade de adotarem valores que não são deles próprios e viverem sua vida segundo a expectativa dos outros, privando-se de um ego saudável que funciona bem na vida do dia-a-dia. O desenvolvimento de crenças fortes, sinceras e ardorosamente defendidas, elegidas a partir de suas próprias lutas internas e experiências da vida, pode ajudá-los a chegar na idade mais avançada e a funcionarem como indivíduos maduros.

Poderia parecer então que os nascidos nesta semana devem esforçar-se para formar uma auto-imagem mais realista. Também pode ser possível que eles se esforcem para equilibrar o lado ensolarado e sombrio de sua personalidade conhecendo-se melhor e atracando-se com seus demônios. Com freqüência, não precisamos realmente enfrentar e matar o dragão que vive nas profundezas de nosso ser; apenas precisamos conhecê-lo melhor e, finalmente, talvez, torná-lo nosso amigo. Ao reconhecerem esta fonte de vitalidade e abrirem-se a ela, os nascidos em Aquário II podem na verdade adquirir mais poder.

Mais por escolha do que por necessidade, os nascidos em Aquário II podem gostar de manter seus relacionamentos superficiais e evitarem envolvimentos sérios ou profundos. Mas não devemos entender com isso que eles se protegem de ter sua família, um relacionamento duradouro amoroso e marital ou amigos estáveis. Os que se envolvem intimamente com eles aprendem que se os nascidos em Aquário II insistem em manter distância é para garantir sua própria autonomia. Raramente tentam fundir sua personalidade com a de outras pessoas. Os nascidos nesta semana sabem que ao evitar entrelaçamentos amorosos profundos podem estar se poupando do sofrimento provocado por futuros conflitos e separações.

Surgem problemas quando os nascidos em Aquário II descobrem que com freqüência sentem-se atraídos pelo tipo de personalidade oposta ao que pensam que querem. Paradoxalmente, os nascidos na semana da Juventude e Despreocupação podem sentir-se magneticamente atraídos e ter necessidade de envolver-se com pessoas profundas, intensas e até problemáticas. Esta necessidade pode refletir uma dinâmica psicológica em que se apaixonam por uma projeção de seu lado sombrio, do qual são inconscientes. Personalidades emocionalmente complexas fascinam os nascidos em Aquário II, mas ao mesmo tempo os frustram. Ao observarmos algumas das aflições e torturas mentais deste tipo de relacionamento dos nascidos em Aquário II, nos perguntamos se a imagem despreocupada que estes indivíduos procuram transmitir é realmente tão precisa quanto parece.

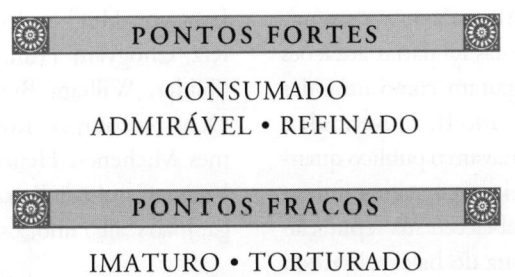

PONTOS FORTES

CONSUMADO
ADMIRÁVEL • REFINADO

PONTOS FRACOS

IMATURO • TORTURADO
ISOLADO

CONSELHO

Procure entrar em contato com seus sentimentos mais profundos. Às vezes é melhor encarar os problemas de frente. Um pouco de sofrimento agora pode prevenir muita dor mais adiante. Não seja tão dependente da opinião dos outros sobre você. Tenha coragem para ser você mesmo e não sinta que deve agradar ou entreter a todos.

PESSOAS NOTÁVEIS DE AQUÁRIO II

Quando o arremessador **Nolan Ryan** se afastou do beisebol em 1993, tinha 5.714 *strikeouts*, uma média de *runs* (ERA) de 3,19 e um recorde de 324 vitórias e 292 derrotas em 27 anos de competição nas principais ligas. Embora seja o maior detentor de recordes de todos os tempos, Ryan jamais ganhou o Cy Young, nem foi escolhido o Jogador Mais Valioso. A juventude de Ryan ajusta-se perfeitamente ao molde do Aquário II, ainda fazendo *strikeouts* facilmente quando tinha mais de 40 anos de idade. Em uma temporada incrível, em 1973, Ryan arremessou 2 *no-hitters*, e na segunda derrotou 17 batedores. Na última arrancada naquela temporada, ele derrotou 16 batedores e quebrou o recorde de Sandy Koufax por um *strikeout*! Entre os 33 e 41 anos de idade, jogando pelos Houston Astros, Ryan atingiu o recorde de 106-94 e uma ERA de 3,14.

O nome da bailarina russa **Anna Pavlova** é sinônimo de beleza, elegância e graça. Suas lendárias atuações no Balé Russo em Paris a consagraram como uma das maiores do mundo. Típica de Aquário II, a Juventude e Despreocupação de Pavlova encantavam o público quando ela exibia sua técnica impecável com aparente indiferença e desligamento. Pavlova estabeleceu sua reputação com os papéis clássicos da literatura do balé, sobretudo *Giselle* e *Chopiniana*. Seu papel mais famoso no Balé Russo, *A Morte do Cisne*, foi criado para ela pelo coreógrafo Michel Fokine.

O virtuosismo e a maestria de seu meio tanto quanto uma atitude desligada e ligeiramente altiva identificam **Clark Gable** como um representante de Aquário II. Gable, como Rhett Butler no filme *...E o Vento Levou*, enfureceu Scarlet O'Hara com sua presunção e, de fato, esta é a impressão que os nascidos em Aquário II freqüentemente dão. Entretanto, ele não foi chamado o "Rei de Hollywood" por nada e personificou o protagonista hollywoodiano nos anos 1930. A facilidade caracterizava a abordagem de Gable na maioria dos papéis; a dificuldade, o sofrimento e a dor em prol de sua arte não faziam parte de seu *modus operandi*. Sua incapacidade de lidar com os sentimentos tornou-se evidente ao entrar em colapso emocional quando sua esposa, Carole Lombard, morreu em um acidente de avião e ele alistou-se na Força Aérea Americana na Segunda Guerra Mundial. Destacou-se como herói da vida real e foi um combatente altamente condecorado.

Outras pessoas nascidas em Aquário II: Franz Schubert, Bob Marley, Charles Dickens, James Joyce, Phil Collins, Betty Friedan, Babe Ruth, Mary Leakey, An Wang, Natalie Cole, Roberto Alomar, Blythe Danner, Philip Glass, Jackie Robinson, Charlotte Rampling, Langston Hughes, John Ford, Ida Lupino, Jascha Heifetz, Chogyam Trungpa, Ronald Reagan, Laura Ingalls Wilder, William Burroughs, Adlai Stevenson, Arthur Ochs Sulzburger, Roger Staubach, Gertrude Stein, James Michener, Henfil, Regina Duarte, Padre Antônio Vieira, Catulo da Paixão Cearense, Beto Silva, José J. Veiga, João Café Filho, Zsa Zsa Gabor, Padre Antônio Vieira.

— 31 DE JANEIRO A 7 DE FEVEREIRO —

Guia de Relacionamentos para Aquário II

Localizador de Página para Todos os Relacionamentos

Cúspide Peixes-Áries	19 a 24 de Março	Lições de vida	235
Áries I	25 de Março a 2 de Abril	Perturbando a rotina	258
Áries II	3 a 10 de Abril	Poucas antipatias	281
Áries III	11 a 18 de Abril	Integração literal	304
Cúspide Áries-Touro	19 a 24 de Abril	Na caixa de areia	326
Touro I	25 de Abril a 2 de Maio	Contentamento lânguido	347
Touro II	3 a 10 de Maio	Vida nova	368
Touro III	11 a 18 de Maio	Descuidando das áreas mais profundas	389
Cúspide Touro-Gêmeos	19 a 24 de Maio	Sinos de prata e amêijoas	409
Gêmeos I	25 de Maio a 2 de Junho	Contrato social	428
Gêmeos II	3 a 10 de Junho	Como um cometa no céu	447
Gêmeos III	11 a 18 de Junho	Hora da diversão	466
Cúspide Gêmeos-Câncer	19 a 24 de Junho	Enfrentando o desafio	484
Câncer I	25 de Junho a 2 de Julho	Inteligentemente hedonista	501
Câncer II	3 a 10 de Julho	Areia movediça encantadora	518
Câncer III	11 a 18 de Julho	Uma luta por honestidade	535
Cúspide Câncer-Leão	19 a 25 de Julho	Determinação firme	551
Leão I	26 de Julho a 2 de Agosto	Efeito aprofundável	566
Leão II	3 a 10 de Agosto	Oposição atraente	581
Leão III	11 a 18 de Agosto	O caminho da menor resistência	596
Cúspide Leão-Virgem	19 a 25 de Agosto	Mantendo as aparências	610
Virgem I	26 de Agosto a 2 de Setembro	Trocando papéis	623
Virgem II	3 a 10 de Setembro	Julgamento desfavorável	636
Virgem III	11 a 18 de Setembro	Feito no céu?	649
Cúspide Virgem-Libra	19 a 24 de Setembro	O dom do riso	661
Libra I	25 de Setembro a 2 de Outubro	Necessitando de raízes	672
Libra II	3 a 10 de Outubro	Uma perseguição agradável	683
Libra III	11 a 18 de Outubro	Lançando o destino ao vento	694
Cúspide Libra-Escorpião	19 a 25 de Outubro	Duplicação em série	704
Escorpião I	26 de Outubro a 2 de Novembro	Grande espectro de admiradores	713
Escorpião II	3 a 11 de Novembro	Chama eterna	722
Escorpião III	12 a 18 de Novembro	Vibração solidária	731
Cúspide Escorpião-Sagitário	19 a 24 de Novembro	Poder autorizado	739
Sagitário I	25 de Novembro a 2 de Dezembro	Perdendo-se	746
Sagitário II	3 a 10 de Dezembro	Alcançar o topo	753
Sagitário III	11 a 18 de Dezembro	Evitando problemas?	760
Cúspide Sagitário-Capricórnio	19 a 25 de Dezembro	Melhorando a imagem	766
Capricórnio I	26 de Dezembro a 2 de Janeiro	O meio termo	771
Capricórnio II	3 a 9 de Janeiro	Chama acesa	776
Capricórnio III	10 a 16 de Janeiro	Auto-avaliação	781
Cúspide Capricórnio-Aquário	17 a 22 de Janeiro	Satisfação ou insatisfação?	785
Aquário I	23 a 30 de Janeiro	Pagando a conta	788
Aquário II	31 de Janeiro a 7 de Fevereiro	Atraindo problemas	791
Aquário III	8 a 15 de Fevereiro	Um carro sem motorista	792
Cúspide Aquário-Peixes	16 a 22 de Fevereiro	Quem são vocês?	792
Peixes I	23 de Fevereiro a 2 de Março	Comportamento moderado	793
Peixes II	3 a 10 de Março	Uma suave mistura	793
Peixes III	11 a 18 de Março	Confiança estimulada	794

MELHORES RELACIONAMENTOS

AMOR
Cúspide Touro-Gêmeos
Cúspide Gêmeos-Câncer
Leão I
Cúspide Leão-Virgem
Libra II
Escorpião I
Cúspide
  Escorpião-Sagitário
Sagitário I
Capricórnio I

CASAMENTO
Cúspide Peixes-Áries
Touro I
Touro III
Câncer II
Virgem II
Cúspide Libra-Escorpião
Escorpião II
Cúspide
  Sagitário-Capricórnio
Capricórnio II
Cúspide Aquário-Peixes

AMIZADE
Áries III
Câncer III
Virgem I
Cúspide Virgem-Libra
Libra I
Libra III
Escorpião III
Cúspide
  Capricórnio-Aquário
Peixes II

FAMÍLIA
Áries II
Gêmeos I
Câncer I
Virgem III
Capricórnio III
Peixes I

TRABALHO
Cúspide Áries-Touro
Gêmeos II
Cúspide Câncer-Leão
Sagitário II
Aquário II
Peixes III

AQUÁRIO III
Semana da Aceitação

8 a 15 de Fevereiro

POSIÇÃO NO ZODÍACO
Aprox. 18 a 27° de Aquário
ESTAÇÃO
Meio do inverno
ELEMENTO
Ar
REGENTE
Urano
SÍMBOLO
O Aguadeiro
MODO
Pensamento

O período de Aquário III toma a Aceitação como imagem central. Este período pode ser comparado simbolicamente à época na idade avançada de uma pessoa em que surgiu uma visão mais tolerante. Muitas atitudes preconceituosas, intolerantes e críticas diminuíram de importância e, por vezes, foram completamente eliminadas. Embora a irritação e o negativismo possam se insurgir nesta fase tardia da vida, muitos a esta altura adotaram uma atitude complacente para consigo, suas escolhas, os amigos e entes queridos e, na verdade, para com o mundo em geral. Para os que seguem uma religião, a crença na vida após a morte e um crescente senso de responsabilidade motivam ações de caridade. Poderes sobrenaturais, o desfrutar de prazeres simples, bem como o humor e a sabedoria que se manifestam no pensamento e na fala, marcam esta época. Idealmente, mesmo enfrentando dificuldades físicas demonstram uma dignidade e uma integridade que servem de inspiração para os mais jovens.

O tema da aceitação é forte na vida dos nascidos em Aquário III. Alguns são teimosos e não são particularmente abertos a idéias e a pessoas incomuns, mas tornam-se cada vez mais tolerantes à medida que os anos passam. Outros são excessivamente receptivos desde cedo e se deixam indevidamente manipular ou influenciar por pessoas mais fortes e egoístas. O desafio para os nascidos em Aquário III é permanecerem abertos ao mundo e ao mesmo tempo reterem a capacidade de ser seletivos com influências nocivas.

Tendo lidado com seus próprios preconceitos, os nascidos em Aquário III muitas vezes se tornam defensores dos oprimidos. Desprezam a intolerância e o tratamento injusto de qualquer forma. Também reagem instintivamente contra os que assumem ares afetados ou fingem ser algo que não são. Achar defeitos nos outros é muitas vezes a especialidade dos nascidos em Aquário III, e se levam esta tendência a um ponto extremo, podem ser extremamente ferinos e causar sofrimento aos outros. O motivo para este comportamento pode ser encontrado em uma baixa auto-imagem, talvez refletindo atitudes dos pais na infância. A ira dos nascidos em Aquário III é súbita e explosiva, mas raramente dura muito. Seus amigos e familiares em geral percebem que é melhor para todos que suas agressividade e insatisfação sejam expressas do que ficarem represadas.

Os indivíduos engenhosos nascidos na Semana da Aceitação raramente estão em falta de novas idéias. Talvez por se meterem em dificuldades ou situações desafiadoras com tanta freqüência, logo aprendem a se deslindarem de dilemas. O fato de criarem e resolverem os próprios problemas faz com que gostem de duas figuras mitológicas fundidas em uma só: Dédalo, que criou o labirinto, e Ariadne, que mostrou a Teseu como sair dele. Em um sentido básico, os nascidos em Aquário III são seus piores inimigos.

Raramente em repouso por muito tempo, os nascidos em Aquário III adoram atividade e movimento. Sua vivacidade é um traço extremamente positivo no que diz respeito aos amigos, e com freqüência são procurados por causa da atração que despertam, da conduta incomum e da linguagem colorida. O lado negativo de seu caráter é com mais freqüência sentido por seus familiares do que por seus amigos, pois são nas tarefas diárias da convivência que se manifestam seus maiores problemas. Os nascidos nesta semana podem estar constantemente aborrecidos com membros da família e, como não dão muito valor à autoconsciência, podem não ver que são eles na verdade os irritantes.

Os nascidos nesta semana são facilmente afetados por aquilo que os outros dizem e fazem. Uma observação ou um olhar enviesado podem facilmente tirá-los do prumo por algumas horas ou até mesmo estragar todo o seu dia. Os nascidos em Aquário III são particularmente vulneráveis ao ataque pessoal. Podem suportar qualquer quantidade de crítica de suas idéias incomuns e, de fato, defendem-se bem, mas derretem quando lidam com pessoas que os tocam emocionalmente. Aprender a ser menos vulneráveis a argumentos *ad hominem* e a rir da negatividade dos outros, intencional ou não, é importante se quiserem manter seu equilíbrio psíquico.

O humor, a ironia e a sagacidade são características dos nascidos nesta semana. Fazem parte dos mecanismos segundo os quais conseguem sobreviver em um mundo difícil e hostil. Outro método que usam é prometerem-se para si mesmos em silêncio não cometer o erro outra vez, ou melhorar sua vida pela ação positiva. Fazer planos e tomar resoluções de todo o tipo para o futuro faz com que passem por momentos de provação. Acima de tudo, sabem que por pior que estejam as coisas, amanhã será outro dia. Nesse sentido, vêem o futuro como potencialmente positivo e como uma possibilidade de renovação.

No momento, por outro lado, os nascidos em Aquário III podem entrar em um estado de desesperança em que acreditam que tudo saiu errado. Amigos ficam impotentes quando eles se queixam sobre suas próprias deficiências e sobre o tratamento injusto que recebem do mundo. Se tiverem atitudes negativas sobre si mesmos, isto pode envolver sentimentos de vergonha que podem ser focalizados em seu corpo ou nos erros que acham que cometeram. Tais atitudes são reforçadas pela culpa. No entanto, embora os nascidos em Aquário III possam censurar-se o tempo todo, raramente ouvem uma reprimenda dos outros sem uma forte reação defensiva, talvez envolvendo um ataque recíproco de quem o acusa. Aprender a ouvir as sugestões dos membros da família em questão pode ser quase impossível para eles; é mais fácil aceitarem conselhos de amigos ou até de estranhos.

"ACEITAÇÃO"

As pessoas nascidas na Semana da Aceitação podem ser extremamente afetuosas com os outros e podem elas próprias ansiarem por amor. Aparentemente é difícil encontrarem o amor, pois estão o tempo todo atrás dele. Os nascidos em Aquário III raramente são capazes de encontrar a pessoa certa para eles antes dos trinta anos de idade, se é que encontram. Suas necessidades muitas vezes exigem uma ampla variedade de parceiros, aliados, companheiros ou amigos. Os nascidos em Aquário III não se satisfazem facilmente e ficam com freqüência entediados. Sua necessidade de atenção pode ser grande, e o perigo aqui é que se tornem a eterna borboleta, saltitando de uma deliciosa flor para outra. Seu desapego não é em si um traço negativo – ao contrário, é uma lição que todos nós precisamos aprender cedo ou tarde. Para os nascidos em Aquário III, entretanto, as lições que precisam ser aprendidas são a da constância, da consistência, da aplicação e da dedicação.

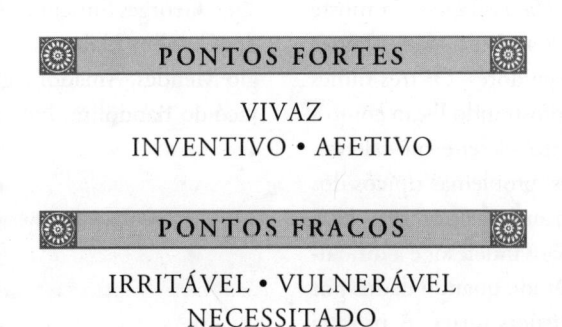

PONTOS FORTES

VIVAZ
INVENTIVO • AFETIVO

PONTOS FRACOS

IRRITÁVEL • VULNERÁVEL
NECESSITADO

CONSELHO

Aceite sua necessidade de outras pessoas e cultive interações sociais significativas. Permaneça aberto e receptivo, mas também exija que os outros o aceitem como é. Suas habilidades psíquicas são valiosas – use-as construtivamente. Cuidado para não permitir que a rejeição diminua sua auto-estima.

PESSOAS NOTÁVEIS DE AQUÁRIO III

Mais conhecida por seu romance *A Cor Púrpura*, pelo qual ganhou o Prêmio Pulitzer, **Alice Walker** também é ensaísta, poeta e contista. O filme de Steven Spielberg baseado no romance fez Alice Walker conquistar maior proeminência pública. Caçula de uma família de agricultores meeiros da Georgia, Walker ficou cega de um olho em um acidente. Aceitar este defeito e recuperar-se da adolescência problemática marcam-na como verdadeira representante de Aquário III. Encontrou seu marido trabalhando nos movimentos pelos direitos civis no Mississippi, o advogado Mel Leventhal, com quem teve uma filha, descrita em seu romance *Meridiano*. Um livro mais recente, *The Same River Twice*, revela a luta de Alice Walker pela aceitação.

Com apenas três filmes, *Juventude Transviada*, *Vidas Amargas* e *Assim Caminha a Humanidade*, e a morte em um acidente de carro aos 24 anos de idade, **James Dean** atraiu uma multidão de seguidores. Os três filmes foram feitos em apenas um ano, mostrando Dean como a quintessência do rebelde e um ator de enorme talento. Tanto na vida quanto nos filmes, problemas típicos dos nascidos em Aquário III, como o anelo pelo amor, a facilidade de entediar-se, a proteção aos indefesos e a dificuldade em aceitar conselhos (sobretudo quando dados por alguém da família) são características fortes. A própria morte de Dean a alta velocidade em um carro esportivo deveu-se a sua incapacidade de aceitar os limites do tempo e do espaço.

Nascida em Hollywood, filha da atriz Maureen O'Sullivan e do diretor John Farrow, **Mia Farrow** estava destinada ao estrelato. Fez sua estréia em um dos filmes de seu pai, *John Paul Jones*, aos 14 anos de idade. Casada com (ou companheira de) três homens famosos – Frank Sinatra, Andre Previn e Woody Allen – Farrow teve de aceitar posições secundárias em todos estes relacionamentos. De acordo com isso, em muitos de seus papéis na tela representa personagens vulneráveis com egos adaptáveis que aprendem a endurecer. Os elementos da sua história de vida incluem aprender a andar com as próprias pernas, superando inseguranças e se tornando ela própria. Mia Farrow é mãe biológica ou por adoção de 13 crianças.

Outras pessoas nascidas em Aquário III: Abraham Lincoln, Galileo, Charles Darwin, Susan B. Anthony, Thomas Edison, Virginia E. Johnson, Júlio Verne, Brendan Behan, Bertolt Brecht, Stella Adler, Charles Tiffany, Bill Russell, Paul Bocuse, Roberta Flack, Jack Lemmon, Greg Norman, Peter Gabriel, Claire Bloom, Carl Bernstein, Jack Benny, George Segal, Oliver Reed, Chuck Yeager, Georges Simenon, Leontyne Price, Sebastião Salgado, Carolina Nabuco, Victor Civita, Caubi Peixoto, Sérgio Mendes, Amador Aguiar, Canhoto, Dominguinhos, Jacó do Bandolim, Nise da Silveira.

8 A 15 DE FEVEREIRO

Guia de Relacionamentos para Aquário III

Localizador de Página para Todos os Relacionamentos

Cúspide Peixes-Áries	19 a 24 de Março	Abaixo da superfície	235
Áries I	25 de Março a 2 de Abril	Através da fachada	259
Áries II	3 a 10 de Abril	Novo conjunto de botões	282
Áries III	11 a 18 de Abril	Nuvens suaves e fofinhas	304
Cúspide Áries-Touro	19 a 24 de Abril	Casa em chamas	326
Touro I	25 de Abril a 2 de Maio	Caça à borboleta	348
Touro II	3 a 10 de Maio	Um relacionamento mais profundo	369
Touro III	11 a 18 de Maio	Jogo criativo	389
Cúspide Touro-Gêmeos	19 a 24 de Maio	Puro-sangue nervoso	409
Gêmeos I	25 de Maio a 2 de Junho	Agradecendo os cumprimentos juntos	429
Gêmeos II	3 a 10 de Junho	Nos bastidores	448
Gêmeos III	11 a 18 de Junho	Levado pela paixão	466
Cúspide Gêmeos-Câncer	19 a 24 de Junho	Nível de paridade	484
Câncer I	25 de Junho a 2 de Julho	Um desafio de poder	502
Câncer II	3 a 10 de Julho	O pacote completo	519
Câncer III	11 a 18 de Julho	Instabilidade enlouquecedora	535
Cúspide Câncer-Leão	19 a 25 de Julho	Espreitando ao fundo	551
Leão I	26 de Julho a 2 de Agosto	Um destino de experiência	567
Leão II	3 a 10 de Agosto	Um mar de bons sentimentos	582
Leão III	11 a 18 de Agosto	Trazendo ideais para os outros	596
Cúspide Leão-Virgem	19 a 25 de Agosto	Maior do que a soma das partes	610
Virgem I	26 de Agosto a 2 de Setembro	Protegendo os oprimidos	624
Virgem II	3 a 10 de Setembro	Libertados da negatividade	637
Virgem III	11 a 18 de Setembro	Liberdade da dependência	649
Cúspide Virgem-Libra	19 a 24 de Setembro	Uma ligação psíquica	661
Libra I	25 de Setembro a 2 de Outubro	Canalizando energias irrepreensíveis	673
Libra II	3 a 10 de Outubro	Aprendendo a ser	684
Libra III	11 a 18 de Outubro	Política de portas abertas	694
Cúspide Libra-Escorpião	19 a 25 de Outubro	Necessidade de fantasia	704
Escorpião I	26 de Outubro a 2 de Novembro	Explorar o lado sombrio	714
Escorpião II	3 a 11 de Novembro	Dividindo experiências emocionais	723
Escorpião III	12 a 18 de Novembro	Decisão difícil	731
Cúspide Escorpião-Sagitário	19 a 24 de Novembro	Acima das regras	739
Sagitário I	25 de Novembro a 2 de Dezembro	Só uma lembrança	747
Sagitário II	3 a 10 de Dezembro	Persuasão eficaz	754
Sagitário III	11 a 18 de Dezembro	Assumir o comando	760
Cúspide Sagitário-Capricórnio	19 a 25 de Dezembro	Uma ligação sobrenatural	766
Capricórnio I	26 de Dezembro a 2 de Janeiro	Nem monótono nem instável	772
Capricórnio II	3 a 9 de Janeiro	Impulsos agressivos	777
Capricórnio III	10 a 16 de Janeiro	Planejando campanhas	781
Cúspide Capricórnio-Aquário	17 a 22 de Janeiro	Frio debaixo de calor	785
Aquário I	23 a 30 de Janeiro	O mais prazeroso possível	789
Aquário II	31 de Janeiro a 7 de Fevereiro	Um carro sem motorista	792
Aquário III	8 a 15 de Fevereiro	Brilho do espelho	794
Cúspide Aquário-Peixes	16 a 22 de Fevereiro	Zelo inexorável	795
Peixes I	23 de Fevereiro a 2 de Março	Ficando pateta	795
Peixes II	3 a 10 de Março	Rotina diária	796
Peixes III	11 a 18 de Março	Unidos pelas diferenças	796

MELHORES RELACIONAMENTOS

AMOR
Cúspide Áries-Touro
Cúspide Touro-Gêmeos
Gêmeos II
Câncer III
Leão II
Cúspide Virgem-Libra
Libra III
Escorpião II
Sagitário II
Capricórnio II
Cúspide Capricórnio-Aquário
Aquário I
Peixes I

CASAMENTO
Áries I
Touro I
Câncer I
Cúspide Leão-Virgem
Virgem II
Libra I
Capricórnio I
Aquário III
Peixes III

AMIZADE
Cúspide Peixes-Áries
Áries III
Câncer II
Leão I
Libra II
Escorpião I
Cúspide Escorpião-Sagitário
Sagitário III
Peixes II

FAMÍLIA
Touro III
Leão III
Aquário II
Cúspide Aquário-Peixes

TRABALHO
Touro II
Virgem I
Escorpião III
Sagitário I
Capricórnio III

CÚSPIDE AQUÁRIO-PEIXES
Cúspide da Sensibilidade

16 a 22 de Fevereiro

POSIÇÃO NO ZODÍACO	Aprox. 26º de Aquário e 4º de Peixes
ESTAÇÃO	Final do inverno
ELEMENTO	Ar/Água
REGENTE	Urano/Netuno
SÍMBOLO	O Aguadeiro/Peixe
MODO	Pensamento/Sentimento

A cúspide Aquário-Peixes pode ser comparada simbolicamente, em termos humanos, ao período por volta dos setenta e sete anos de idade e recai em pleno período gelado, no clima rigoroso do final do inverno no hemisfério norte. Entretanto, o inverno logo acabará e a primavera se aproximará com os dias se tornando cada vez mais longos.

Em termos de desenvolvimento humano, na idade de setenta e sete anos, o final de um ciclo de vida pode estar próximo para muitos dos que ainda sobrevivem. A esta altura o ser humano deve ter chegado a um acordo com sua vida e estar em paz com os entes queridos e amigos. Quebrar toda e qualquer armadura que tenha restado e mostrar sentimentos de forma honesta é importante agora. Raramente surgem novos projetos a esta altura, mas as explorações envolvidas no encerramento da vida podem vir a representar uma espécie de experiência definitiva para os mais filosóficos. Os dias que compreendem a cúspide Aquário-Peixes exemplificam algumas das manifestações da Sensibilidade (o tema central desta cúspide) quando os impulsos ativos, inventivos e universais de Aquário se fundem com as qualidades aguadas, impressionáveis e etéreas de Peixes.

Os nascidos na Cúspide da Sensibilidade com freqüência são orientados para o sucesso, e dão prioridade máxima à sua carreira. Com freqüência são lutadores, uma atitude que às vezes baseia-se na insegurança subjacente e na necessidade de se afirmarem. Uma atitude hostil em muitos nascidos nesta cúspide os torna agressivos com os outros e beligerantes quando atacados. Um grande desafio, portanto, é redescobrir e reconhecer sua estrutura interior e romper as barreiras que construíram. O exterior inflexível, até agressivo, de muitos nascidos na cúspide Aquário-Peixes desmente a personalidade sensível interior. Extremamente vulneráveis quando crianças, reagem à crítica ou ao abuso dos outros construindo uma muralha à sua volta. Levada para a vida adulta, esta armadura pode dar a impressão de um eu interior muito diferente do que é na realidade.

Como Aquário é o signo mais universal e Peixes um dos mais íntimos, não é de admirar que os nascidos nesta cúspide orientem-se por um de dois extremos: ou as buscas mais ideais e remotas, ou as mais interiores e profundas. Combinar estas atitudes essencialmente diferentes pode ser extremamente difícil, e muitos oscilam de uma para outra. No trabalho, por exemplo, podem lidar com ocupações abstratas ou com a tentativa de superar limitações objetivas, mas na vida privada mergulham no mundo dos sentimentos, das pessoas e de assuntos humanos.

Por mais importante que seja reconciliar os dois extremos de sua natureza, os nascidos na cúspide Aquário-Peixes devem também explorar o terreno intermediário entre eles, o lado social da vida. Ficar presos entre os pólos do físico e do metafísico muitas vezes significa negligenciar a interação com outras pessoas.

Os nascidos em Aquário-Peixes podem ser muito ligados à família. Embora a desaprovação e a crítica dos pais os magoe na infância, fortes laços emocionais ligam-nos à mãe, ao pai ou a ambos. (Em geral, os relacionamentos mais fortes e influentes são com o progenitor do sexo oposto.) Livrar-se deste apego é essencial se quiserem chegar à vida adulta como indivíduos únicos, uma verdade, talvez, para muitos de nós, mas a adolescência pode ser particularmente rebelde e tempestuosa para os nascidos nesta cúspide. Os que não conseguem desprender-se nessa época podem levar sua luta para o resto da vida, mesmo depois da morte dos pais ou de outras pessoas mais velhas e fortes da família.

Sobretudo em matéria de amor, os nascidos em Aquário-Peixes têm de esforçar-se para serem abertos, honestos e receptivos com o parceiro e para permitir-se vulneráveis, com o risco de sentirem dor. Assim, os relacionamentos pessoais podem ter o efeito de fazê-los entrar em contato com seu eu essencial. Mesmo os que são eficazes e intensos na carreira, podem ser passivos nos relacionamentos pessoais. Além disso, uma tendência a mostrar as qualidades masculinas e femininas nos relacionamentos sexuais, ao ponto da bissexualidade, pode marcar homens de Aquário-Peixes como incomumente sensíveis e mulheres como incomumente agressivas. Esta inversão de papéis muitas vezes favorece a escolha de um companheiro que seja o oposto: um homem de Aquário-Peixes mais sensível, por exemplo, pode casar com uma mulher mais agressiva e assim por diante.

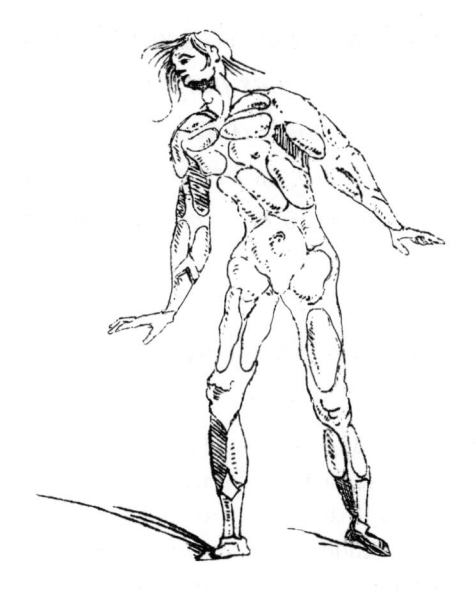

Nos relacionamentos, o medo da rejeição é grande, pois os nascidos em Aquário-Peixes querem ser queridos, mas muitas vezes têm medo de serem magoados ou de não saberem como fazer para conseguir a aprovação sem se comprometerem. Para alguns, uma demonstração de pessimismo ou insatisfação os impede de interagir; outros parecem mais aprazíveis ou agradáveis, mas isto também é uma fachada destinada a impedir qualquer envolvimento profundo. Ter coragem para lutar nos relacionamentos pessoais com a mesma eficácia que na carreira, arriscar ser rejeitado, andar com as próprias pernas e expressar poderosamente as emoções são desafios que os nascidos nesta cúspide finalmente enfrentam.

A amizade pode ser um veículo importante para fazer os nascidos em Aquário-Peixes sair para o mundo, instigando-os a participar de um clube, de uma comunidade, de um empreendimento filantrópico e escolar. O papel essencial que os amigos desempenham para os nascidos nesta cúspide vai além do normal companheirismo e compartilhamento pessoal. Além de ter um pequeno número de amigos, os nascidos em Aquário-Peixes se beneficiam ao construírem pontes com colegas, conhecidos e membros mais afastados da família. Ao desenvolver suas habilidades pessoais, eles ampliam sua humanidade e impedem que sentimentos fiquem isolados e mal compreendidos. Ver o sofrimento dos outros em primeira mão pode ajudar os nascidos na Cúspide da Sensibilidade a compreender que a infelicidade pela qual passaram não é de forma alguma única, o que lhes permite pontos de identificação que desesperadamente precisam.

Estabelecer uma família, inclusive ter filhos ou viver em uma situação familiar é muitas vezes uma experiência positiva para os nascidos em Aquário-Peixes, embora sua necessidade de estar só e dificuldade nas interações regulares ou intensas possa tornar tais relacionamentos difíceis. Ainda assim, seus sentimentos de empatia precisam ser expressos em alguma área de sua vida – se não na família, talvez com animais de estimação ou projetos da carreira. Expressar seu interesse, preocupação e simpatia é tão necessário para os nascidos em Aquário-Peixes quanto o amor e a paixão.

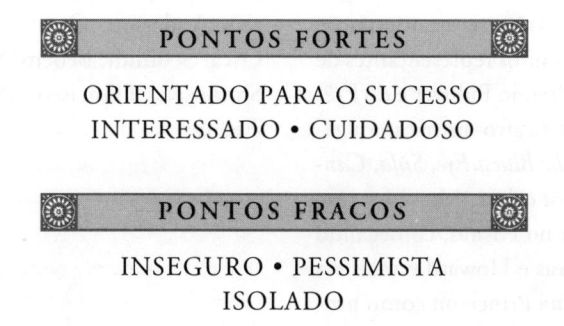

"SENSIBILIDADE"

PONTOS FORTES

ORIENTADO PARA O SUCESSO
INTERESSADO • CUIDADOSO

PONTOS FRACOS

INSEGURO • PESSIMISTA
ISOLADO

CONSELHO

Não se entregue ao mundo nem se esconda em uma trincheira. Se necessário, destrua as obstruções para redescobrir seu eu sensível. Aprender a confiar pode levar à ausência de medo. Sem negar sua necessidade de explorar as profundezas e as alturas, siga o caminho do meio com maior freqüência.

PESSOAS NOTÁVEIS DA CÚSPIDE AQUÁRIO-PEIXES

O mais amado de todos os compositores de música para piano, **Frederic Chopin** se criou em Varsóvia, filho de pai francês e mãe polonesa. Com incríveis 10 anos de idade, Chopin já havia escrito os primeiros estudos, noturnos e concertos para piano. Com uma disposição extraordinariamente sensível, Chopin personifica em sua vida e música as qualidades dos nascidos na cúspide Peixes-Áries. Mudou-se para Paris quando conheceu a escritora George Sand. Em seu caso amoroso mostrou a mistura dos traços masculinos e femininos e a passividade característica de muitos nascidos em Peixes-Áries. Ganhava a vida ensinando piano e deu poucos concertos públicos, preferindo apresentações em salões privados, ocasionalmente com o compositor e pianista Franz Liszt.

Nascida na Cúspide da Sensibilidade, a romancista e professora universitária **Toni Morrison** mostra os laços de família incomumente fortes na infância e a orientação para o sucesso característicos de muitos representantes de Aquário-Peixes. Ganhadora do Prêmio Pulitzer e do Prêmio Nobel de Literatura, a primeira afro-americana a ganhá-lo, é autora dos romances *The Bluest Eye*, *Sula*, *Canção de Salomão*, *Tar Baby*, *Beloved* e *Jazz*. Morrison teve também uma destacada carreira no ensino, começando nas universidades do Sul do Texas e Howard e mais recentemente em Harvard, Yale e na Princeton como professora de ciências humanas. Morrison trabalhou como editora sênior na Random House.

Em um esporte onde sobram superestrelas, o defesa **Michael Jordan** é considerado o maior jogador de basquete de todos os tempos. A extrema sensibilidade de Jordan está bem escondida atrás de uma muralha de autoconfiança, característica de muitos nascidos na cúspide Aquário-Peixes. O público teve um rápido vislumbre de seus sentimentos mais pessoais quando seu pai faleceu. Na quadra, ninguém consegue parar Jordan. Suas estatísticas são assombrosas: 8 vezes melhor do Primeiro Time da NBA, 8 vezes líder em pontos, 10 vezes na seleção, 4 vezes Jogador Mais Valioso, bem como a maior média de pontos da história, incríveis 32 pontos por jogo. Em entrevistas de tevê, impecavelmente vestido, Jordan passa uma imagem forte e articulada, mas guarda em reserva muita emoção.

Outras pessoas nascidas em Aquário-Peixes: Yoko Ono, Amy Tan, Ansel Adams, Sidney Poitier, Charles Barkley, Margaux Hemingway, John Travolta, Ivana Trump, Matt Dillon, Milos Forman, Cybill Shepherd, Gloria Vanderbilt, Julius Erving, Helen Gurley Brown, John McEnroe, Giulietta Masina, Edward M. Kennedy, Anaïs Nin, W.H. Auden, Sam Peckinpah, Barbara Jordan, Sonny Bono, Edgar Bergen, John Schlesinger, Marian Anderson, Oscar Schmidt, Visconde de Taunay, Oscar Schmidt, Bebeto, Marlos Nobre, Mário Henrique Simonsen, Francisco Manuel da Silva, Visconde de Taunay.

— 16 A 22 DE FEVEREIRO —

Guia de Relacionamentos para a Cúspide Aquário-Peixes

Localizador de Página para Todos os Relacionamentos

Cúspide Peixes-Áries	19 a 24 de Março	Enseada protegida	236
Áries I	25 de Março a 2 de Abril	Desarmando a armadura	259
Áries II	3 a 10 de Abril	Laços de imaginação	282
Áries III	11 a 18 de Abril	Nascido de novo	305
Cúspide Áries-Touro	19 a 24 de Abril	Atividades provedoras	327
Touro I	25 de Abril a 2 de Maio	O deus impiedoso da perfeição	348
Touro II	3 a 10 de Maio	Infância viva	369
Touro III	11 a 18 de Maio	Neutralizando inseguranças	390
Cúspide Touro-Gêmeos	19 a 24 de Maio	O holofote é grande o suficiente?	410
Gêmeos I	25 de Maio a 2 de Junho	Impulsos dramáticos	429
Gêmeos II	3 a 10 de Junho	Projetos inovadores	448
Gêmeos III	11 a 18 de Junho	Estilo e substância	467
Cúspide Gêmeos-Câncer	19 a 24 de Junho	Realizando o trabalho	485
Câncer I	25 de Junho a 2 de Julho	Uma oportunidade única	502
Câncer II	3 a 10 de Julho	Um milagre da manifestação	519
Câncer III	11 a 18 de Julho	Voltas e meandros	536
Cúspide Câncer-Leão	19 a 25 de Julho	Experiência de vida	552
Leão I	26 de Julho a 2 de Agosto	Magnetismo palpável	567
Leão II	3 a 10 de Agosto	Abertura confortável	582
Leão III	11 a 18 de Agosto	Demolindo os portões	597
Cúspide Leão-Virgem	19 a 25 de Agosto	Resistência às incursões	611
Virgem I	26 de Agosto a 2 de Setembro	Uma luta de livre-pensamento	624
Virgem II	3 a 10 de Setembro	Trabalhar de duas formas	637
Virgem III	11 a 18 de Setembro	Tratamento de choque	650
Cúspide Virgem-Libra	19 a 24 de Setembro	Visão singular	662
Libra I	25 de Setembro a 2 de Outubro	Prelúdio à aventura	673
Libra II	3 a 10 de Outubro	Alcançar as estrelas	684
Libra III	11 a 18 de Outubro	Através do tempo e do espaço	695
Cúspide Libra-Escorpião	19 a 25 de Outubro	Um bom ajuste	705
Escorpião I	26 de Outubro a 2 de Novembro	Espelho confiável	714
Escorpião II	3 a 11 de Novembro	Sérias questões éticas	723
Escorpião III	12 a 18 de Novembro	Um veículo para a projeção	732
Cúspide Escorpião-Sagitário	19 a 24 de Novembro	Ambição ou complacência?	740
Sagitário I	25 de Novembro a 2 de Dezembro	Personificação	747
Sagitário II	3 a 10 de Dezembro	Fixando energias errantes	754
Sagitário III	11 a 18 de Dezembro	Isso também passará	761
Cúspide Sagitário-Capricórnio	19 a 25 de Dezembro	Medo do desconhecido	767
Capricórnio I	26 de Dezembro a 2 de Janeiro	Educação empírica	772
Capricórnio II	3 a 9 de Janeiro	Fonte de honestidade	777
Capricórnio III	10 a 16 de Janeiro	Força interna	782
Cúspide Capricórnio-Aquário	17 a 22 de Janeiro	Contos de fada	786
Aquário I	23 a 30 de Janeiro	Ficando do lado de fora	789
Aquário II	31 de Janeiro a 7 de Fevereiro	Quem são vocês?	792
Aquário III	8 a 15 de Fevereiro	Zelo inexorável	795
Cúspide Aquário-Peixes	16 a 22 de Fevereiro	Papéis trocados	797
Peixes I	23 de Fevereiro a 2 de Março	Atitudes práticas	797
Peixes II	3 a 10 de Março	Outras maneiras	798
Peixes III	11 a 18 de Março	Passos para o submundo	798

MELHORES RELACIONAMENTOS

AMOR
Cúspide Peixes-Áries
Touro III
Câncer I
Leão II
Virgem III
Libra II
Libra III
Capricórnio I
Capricórnio III
Peixes III

CASAMENTO
Câncer II
Cúspide Câncer-Leão
Leão I
Cúspide Virgem-Libra
Escorpião III
Sagitário II
Aquário II
Peixes I

AMIZADE
Aries I
Cúspide Áries-Touro
Gêmeos I
Cúspide Gêmeos-Câncer
Leão III
Cúspide Libra-Escorpião
Cúspide Sagitário-Capricórnio
Capricórnio II
Cúspide Aquário-Peixes
Peixes II

FAMÍLIA
Áries II
Touro II
Gêmeos III
Câncer III
Cúspide Capricórnio-Aquário
Aquário III

TRABALHO
Áries III
Touro I
Gêmeos II
Cúspide Leão-Virgem
Libra I
Escorpião I

199

PEIXES I
Semana do Espírito

23 de Fevereiro a 2 de Março

O período de Peixes I toma o Espírito como imagem central. Este segmento do Grande Ciclo da Vida pode ser comparado, em termos humanos, ao final da faixa dos setenta anos da vida de uma pessoa. Nesta época, no crepúsculo da vida, muitos pensam em valores elevados e metas espirituais. Para alguns, a religião desempenha papel importante nesta fase, para outros, uma causa que corporifica seus mais elevados ideais. O fato de compreenderem que já viveram além da média confere a muitos uma percepção da natureza preciosa da vida que nunca tiveram antes. Idealmente, cada semana, mês e cada ano – finalmente cada dia – torna-se uma dádiva especial. Entretanto, outros podem considerar a vida como um fardo e anelam libertar o espírito do corpo.

Os dias que compreendem Peixes I revelam simbolicamente o idoso aceitando plenamente o momento presente, seja com alegria ou tristeza, mas também parando para contemplar o passado e o futuro de forma mais significativa que antes. Uma maior consciência do significado da vida, sacrifício por uma causa nobre, crença na vida depois da morte ou reencarnação, e até mesmo um deleite contínuo pela vida e um desejo de continuar jovem, tudo é possível nesta época.

Os nascidos na Semana do Espírito valorizam o lado imaterial da vida. Não é que não respeitem o fato de se ganhar dinheiro ou os negócios ou que não tenham habilidades nestes campos. Simplesmente, quer estejam envolvidos com artes ou finanças, religião ou assuntos administrativos, os nascidos em Peixes I em geral têm uma abordagem devocional ao trabalho, elevando-o a um plano ideal. Não lhes falta também forte empuxo físico ou amor pelos prazeres da mesa e da cama. Uma mistura de espiritual e sensual encontra-se no âmago de sua personalidade. Muitos não vêem a espiritualidade como denotando uma abordagem ascética que os faria cortar laços com o mundo cotidiano. Ao contrário, como os nascidos nesta semana buscam o espírito em tudo ao seu redor, raramente sentem necessidade de rejeitar as considerações mundanas.

A espiritualidade é também característica dos nascidos em Peixes I, que com freqüência são pessoas vivas e interessantes. Têm um ar jovial que pode esconder sua verdadeira idade. Não raro, os nascidos nesta semana também se envolvem em buscas pessoais de saúde ou são defensores disso. É importante para eles levar uma vida saudável, de modo a aumentar não apenas a longevidade, mas a qualidade de sua existência. O desejo de fazer o bem, no sentido de deixar o ambiente imediato ou o mundo em geral um lugar pouco melhor no final da carreira ou da vida, é característico dos nascidos na Semana do Espírito. Observar erros ambientais ou catástrofes pode ser particularmente difícil para estes indivíduos envolventes e solidários.

O lado devocional e voltado para o serviço dos nascidos em Peixes I incita-os a abandonar seus desejos, tornando-os subservientes a sua necessidade de dar prazer e beneficiar os outros. Como conseqüência desta qualidade, podem tornar-se facilmente alvo ou presa de indivíduos mais egoístas, que os vêem como pessoas fáceis de comover e uma fonte segura de simpatia, energia ou dinheiro. Fazer ofertas generosas aos outros e então arrepender-se ou ressentir-se das promessas feitas pode levar os nascidos em Peixes I a discussões e crises emocionais. De fato, enviar sinais mistos é característico dos nascidos nesta semana.

Os nascidos em Peixes I tendem a se sentir magoados quando os outros não correspondem a seus altos padrões de amizade. De fato, eles colocam tantas expectativas em seus relacionamentos que correm o risco de ser infelizes. Com freqüência têm dificuldade de controlar sua intensidade emocional, o que cria problemas com os outros que vêem as coisas de uma forma mais desapegada ou objetiva. Os nascidos nesta semana são transparentes, e seu coração está sempre na reserva, mas pronto para ser

---

POSIÇÃO NO ZODÍACO
Aprox. 3 a 12º de Peixes

ESTAÇÃO
Final do inverno

ELEMENTO
Água

REGENTE
Netuno

SÍMBOLO
Peixe

MODO
Sentimento

usado. Não são particularmente bons em ocultar os sentimentos, sobretudo a decepção. Em um relacionamento depois de outro, podem recusar-se a aprender a se protegerem, por mais que jurem fazê-lo.

Devido a suas qualidades humanitárias e solidárias, os nascidos em Peixes I podem, muitas vezes sem perceber, tender a imaginar-se em um plano superior ao dos que os cercam. Esta atitude inconsciente pode impedi-los de envolver-se profundamente com os outros, levando a relacionamentos superficiais ou, pior, à negatividade e ao cinismo amargo com relação ao mundo. A atitude de sabe-tudo de alguns dos nascidos em Peixes I cria barreiras nos outros e pode levar a ressentimento e, finalmente, à rejeição nos relacionamentos pessoais. Ao admitirem seus erros e, acima de tudo, estarem abertos a sugestões e críticas, os indivíduos filosóficos nascidos nesta semana se elevarão a um nível pessoal ainda mais alto em sua busca pelo significado da vida.

Compartilhar a um nível profundo com familiares e amigos é uma necessidade essencial para os nascidos em Peixes I – a aptidão para desfrutar dos prazeres da vida por si só não faz parte de sua constituição. Infelizmente, nem sempre são bem-sucedidos em sua tentativa de compartilhar e isto pode ser uma fonte de contínua frustração por toda a vida. Nos relacionamentos amorosos, os nascidos em Peixes I muitas vezes exibem instabilidade emocional. Mudar de parceiro pode tornar-se um modo de vida para eles. De fato, o que eles realmente buscam é um ideal e se o encontram não hesitam em comprometer-se com ele em um relacionamento permanente.

Um dos maiores problemas no tratamento que dão aos companheiros ou cônjuges é dar para trás emocionalmente, embora permaneçam leais e devotados. Com o tempo podem fazer exigências que os outros acham sufocantes. Pode ser difícil lidar com os nascidos em Peixes I e por mais que insistam em sua crença na mútua independência ou em um casamento ou relacionamento "aberto", podem estar equivocados quando não reconhecerem sua natureza possessiva e ciumenta.

Em vez de viver em um mundo de expectativas, conceitos e idéias a maior parte do tempo, os nascidos em Peixes I fariam bem em aceitar a responsabilidade das tarefas e das obrigações simples do dia-a-dia que os ligariam ao aqui e agora. A estabilidade nos relacionamentos será estimulada se seus companheiros e amigos insistirem em que assumam responsabilidades, mesmo em tarefas mundanas, repetitivas, difíceis de idealizar. Os parceiros que falham nisso, talvez simplesmente recusando-se a contar com os nascidos em Peixes I e fazendo eles próprios o que precisa ser feito, simplesmente reforçam os maus hábitos de seu companheiro: os nascidos nesta semana infelizmente são propensos a sair da cozinha desatentamente antes que os pratos sejam recolhidos e lavados.

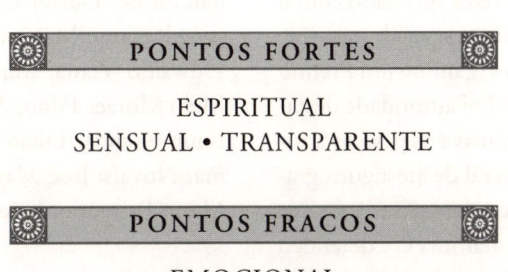

"ESPÍRITO"

PONTOS FORTES

ESPIRITUAL
SENSUAL • TRANSPARENTE

PONTOS FRACOS

EMOCIONAL
IRRESPONSÁVEL • CATASTRÓFICO

CONSELHO

Às vezes é necessário ser mais agressivo. Mantenha-se em contato com assuntos cotidianos e preste atenção em suas necessidades e nas necessidades dos outros. Cuidado para não alienar-se ao colocar-se em um plano superior. Buscar um estado mais elevado de consciência não significativa evitar arcar com os afazeres da vida.

PESSOAS NOTÁVEIS DE PEIXES I

Típica dos nascidos nesta Semana do Espírito, a estrela de cinema **Elizabeth Taylor** fez muitas trocas em sua busca pelo amor ideal e teve dificuldade em se proteger de seus próprios sentimentos. De fato, Taylor casou-se oito vezes, incluindo duas com o ator Richard Burton, com quem ganhou um Oscar por *Quem Tem Medo de Virginia Woolf?* Como muitos nascidos em Peixes I, Taylor é um misto de alta espiritualidade e intensa fisicalidade, traços evidentes tanto nas telas quanto fora delas. Tem se dedicado incansavelmente ao seu trabalho na Fundação Americana pela Pesquisa da AIDS, da qual foi diretora-fundadora. Sua luta contra o álcool e dependência de remédios, típica de piscianos, foi alvo de ampla publicidade.

Corporificando muitos traços dos nascidos na Semana do Espírito, o cientista duas vezes agraciado com o Prêmio Nobel, **Linus Pauling**, dedicou sua vida para tornar os outros mais saudáveis e felizes (ganhou um Prêmio Nobel de Química e outro da Paz). Foi autoridade destacada no uso da vitamina C, e estimulava as pessoas a tomarem doses muito elevadas, em geral de até alguns gramas diários. Pauling refutou todas as matérias sobre os efeitos negativos de megadoses de vitamina C e defendeu seus efeitos positivos no combate de várias moléstias e na criação de resistência contra doenças, sobretudo o resfriado comum. Fundador do Instituto de Ciência e Medicina Linus Pauling, em Palo Alto, Califórnia, continuou extremamente ativo (e controverso) até quase os oitenta anos, o que ele atribuía a um estilo de vida saudável.

Filósofo político e o último presidente soviético, **Mikhail Gorbachev** fez mais do que qualquer simples figura para a dissolução da União Soviética e a emergência da democracia na Rússia. Foi um extraordinário inovador de dois conceitos principais de seu país: *perestroika* (*re*estruturação) e *glasnost* (abertura). Gorbachev foi o único membro do governo na história soviética a ganhar o Prêmio Nobel da Paz. De muitas formas típico de Peixes I, Gorbachev dedicava-se ao trabalho de forma devocional e elevou suas atividades a um plano ideal. Embora extremamente impopular na ex-União Soviética hoje e acusado pela desgraça da atual economia naquele país, Gorbachev goza de grande prestígio no plano internacional.

Outras pessoas nascidas em Peixes I: W.E.B. Du Bois, Georg Friedrich Händel, Adelle Davis, Enrico Caruso, Tom Wolfe, John Irving, Peter Fonda, Lou Reed, David Sarnoff, Bernadette Peters, Vincente Minnelli, George Harrison, Joanne Woodward, Ralph Nader, John Steinbeck, Lawrence Durrell, Harry Belafonte, Dinah Shore, Dexter Gordon, Fats Domino, Jackie Gleason, Kasimir Malevich, James Farentino, Mário Prata, Odwaldo Viana, Mauro Rasi, Paulo Mendes Campos, Melo Moraes Filho, Afrânio de Melo Franco, Guignard, Isaura Garcia, Lucio Costa, D. Hélder Câmara, Guiomar Novais, José Mauro de Vasconcelos, Virgínia Lane, Mário Palmério, João Goulart.

23 DE FEVEREIRO A 2 DE MARÇO

Guia de Relacionamentos para Peixes I

Localizador de Página para Todos os Relacionamentos

Cúspide Peixes-Áries	19 a 24 de Março	Altar do amor	236
Áries I	25 de Março a 2 de Abril	Mundo imaginário	260
Áries II	3 a 10 de Abril	Despertar	283
Áries III	11 a 18 de Abril	Ideais mais nobres	305
Cúspide Áries-Touro	19 a 24 de Abril	Caixa de ressonância	327
Touro I	25 de Abril a 2 de Maio	Sangue novo	349
Touro II	3 a 10 de Maio	Trânsito extra	370
Touro III	11 a 18 de Maio	Um teste de maturidade	390
Cúspide Touro-Gêmeos	19 a 24 de Maio	Trocas espirituosas	410
Gêmeos I	25 de Maio a 2 de Junho	Desafio pessoal	430
Gêmeos II	3 a 10 de Junho	Balões facilmente estourados	449
Gêmeos III	11 a 18 de Junho	Voltando-se para dentro	467
Cúspide Gêmeos-Câncer	19 a 24 de Junho	Amizade até o fim	485
Câncer I	25 de Junho a 2 de Julho	A longa caminhada	503
Câncer II	3 a 10 de Julho	Lealdade às idéias	520
Câncer III	11 a 18 de Julho	Uma mensagem para dividir	536
Cúspide Câncer-Leão	19 a 25 de Julho	Barreiras invisíveis	552
Leão I	26 de Julho a 2 de Agosto	Sendo "si mesmo"	568
Leão II	3 a 10 de Agosto	Deleites inefáveis	583
Leão III	11 a 18 de Agosto	Aberto demais	597
Cúspide Leão-Virgem	19 a 25 de Agosto	Independência de ação	611
Virgem I	26 de Agosto a 2 de Setembro	Limites organizacionais externos	625
Virgem II	3 a 10 de Setembro	Mapear o futuro	638
Virgem III	11 a 18 de Setembro	Totalmente diferentes	650
Cúspide Virgem-Libra	19 a 24 de Setembro	Reconciliando o material e o espiritual	662
Libra I	25 de Setembro a 2 de Outubro	Pensamentos abrangentes	674
Libra II	3 a 10 de Outubro	A hora certa	685
Libra III	11 a 18 de Outubro	Sabedoria inerente	695
Cúspide Libra-Escorpião	19 a 25 de Outubro	Apreciação mútua	705
Escorpião I	26 de Outubro a 2 de Novembro	As regras	715
Escorpião II	3 a 11 de Novembro	Céu ou inferno?	724
Escorpião III	12 a 18 de Novembro	Um âmago sensível	732
Cúspide Escorpião-Sagitário	19 a 24 de Novembro	As pessoas certas	740
Sagitário I	25 de Novembro a 2 de Dezembro	Responsabilidade pessoal	748
Sagitário II	3 a 10 de Dezembro	Variando a freqüência	755
Sagitário III	11 a 18 de Dezembro	Idealismo pragmático	761
Cúspide Sagitário-Capricórnio	19 a 25 de Dezembro	Uma lei própria	767
Capricórnio I	26 de Dezembro a 2 de Janeiro	Uma busca filosófica	773
Capricórnio II	3 a 9 de Janeiro	Calma sob fogo	778
Capricórnio III	10 a 16 de Janeiro	Crença como tecido	782
Cúspide Capricórnio-Aquário	17 a 22 de Janeiro	Descobrindo um ritmo próprio	786
Aquário I	23 a 30 de Janeiro	Pensamento espiritualizado	790
Aquário II	31 de Janeiro a 7 de Fevereiro	Comportamento moderado	793
Aquário III	8 a 15 de Fevereiro	Ficando pateta	795
Cúspide Aquário-Peixes	16 a 22 de Fevereiro	Atitudes práticas	797
Peixes I	23 de Fevereiro a 2 de Março	Terminando	799
Peixes II	3 a 10 de Março	Segredos revelados	799
Peixes III	11 a 18 de Março	Retirando-se	800

MELHORES RELACIONAMENTOS

AMOR
Gêmeos III
Virgem I
Cúspide Libra-Escorpião
Sagitário II
Aquário I
Aquário III
Peixes II

CASAMENTO
Gêmeos I
Cúspide Gêmeos-Câncer
Câncer I
Leão II
Capricórnio II
Capricórnio III
Cúspide Aquário-Peixes

AMIZADE
Áries I
Cúspide Áries-Touro
Touro II
Gêmeos II
Câncer II
Câncer III
Leão I
Cúspide Leão-Virgem
Virgem II
Cúspide Virgem-Libra
Libra I
Escorpião I
Cúspide Escorpião-Sagitário
Cúspide Capricórnio-Aquário

FAMÍLIA
Touro I
Virgem III
Sagitário III
Capricórnio I
Aquário II

TRABALHO
Áries II
Touro III
Leão III
Libra II
Escorpião II
Sagitário I
Peixes I
Peixes III

203

PEIXES II
Semana do Solitário

3 a 10 de Março

O período de Peixes II toma o Solitário como imagem central. Segundo o Grande Ciclo da Vida, em termos humanos, este período relaciona-se com a época em que a pessoa atinge a majestosa idade de oitenta anos. A esta altura, pode surgir não só o sentimento de unidade com a natureza das coisas mas também o isolamento do mundo dos homens. Muitos amigos e talvez o companheiro de toda a vida tenham partido, deixando o octogenário por si só. Esta pode ser uma época extremamente penosa, tanto psicológica quanto fisicamente – sendo difícil manter-se positivo em relação à vida. Alguns agora anelam por um fim tranqüilo, enquanto outros podem gostar de finalmente estarem livres das responsabilidades deste mundo e assim experimentar uma sensação de liberdade renovada.

Os dias que compreendem Peixes II revelam simbolicamente uma pessoa de idade muito avançada voltando-se para dentro e buscando metas puramente interiores, em relativo isolamento. Pensar criativa e imaginativamente e apreender um senso intensificado de beleza na natureza das coisas são típicos deste período.

Os nascidos em Peixes II tendem a viver em um mundo privado só seu. Isto é verdade não apenas interna, mas também externamente, pois sua casa em geral é um retiro do mundo, um lugar em que poucos são admitidos. Os mais abastados podem dar peso igual à carreira, de um lado, e à vida social e pessoal, de outro; os menos equilibrados nascidos nesta semana podem preferir se isolar mais do que é bom para eles.

Os nascidos em Peixes II em geral têm uma distinta aversão por superficialidade. Desconfiam de indivíduos ruidosos, agressivos ou abusados e acham difícil trabalhar com colegas que carecem de sensibilidade. Isto não quer dizer que não tenham força ou ambição. Para eles, entretanto, a forma como as coisas são feitas é mais importante do que a própria coisa e os fins, portanto, raramente justificam os meios. Graça, honestidade e um código estético inexpugnável e moral os impedem de agir de forma clandestina ou, em especial, prejudicial. Por outro lado, os nascidos em Peixes II podem expressar sua aversão aos costumes da sociedade por meio de ações espalhafatosamente anti-sociais, agindo, por assim dizer, em defesa de seu direito individual de expressão. Uma certa elegância e graça são evidentes na maior parte do que fazem, e são finamente sintonizados com muitos tipos de expressões físicas, seja nos esportes, na dança ou em formas mais sensuais de movimento. Os nascidos nesta semana são grandes admiradores da beleza sensual, sobretudo em pessoas e quadros, e sua casa e cercanias em geral têm um toque especial.

Os nascidos em Peixes II têm um lado profundamente emocional, aparente em seu amor pela música e na empatia por todas as formas de sofrimento humano. Eles em geral acreditam que a vida não é apenas para se desfrutar e que de algum modo precisamos pagar nossas dívidas com uma certa quantidade de sofrimento antes de obtermos qualquer benefício real. Raramente os nascidos nesta semana escapam pelo menos de um grave trauma em sua vida, talvez envolvendo danos físicos, doenças ou finalmente a morte de um dos pais ou um amigo. Com freqüência ficam chocados com tais catástrofes inesperadas, mas se recuperam e têm enorme capacidade de resistir a um desastre. Como gatos, têm nove vidas, das quais pelo menos algumas têm certeza de usar.

Os nascidos em Peixes II vêem uma diferença distinta entre serem solitários (o que raramente acontece) e estarem sós (o que com freqüência estão). São sua melhor companhia e são capazes de passar horas e dias sozinhos com um bom livro ou ocupados com um trabalho, sem precisar falar com ninguém. Seus amigos sabem quando querem ficar sozinhos e quando querem companhia e não invadem sua privacidade. No trabalho se dão bem como *freelancers*, trabalhando fora do escritório, mas se

---

POSIÇÃO NO ZODÍACO
Aprox. 11 a 21º de Peixes

ESTAÇÃO
Final do inverno

ELEMENTO
Água

REGENTE
Netuno

SÍMBOLO
Peixe

MODO
Sentimento

são funcionários de uma empresa provavelmente precisam de certa quantidade de tempo todos os dias para realizar trabalhos por conta própria.

Áreas perigosas para a personalidade dos nascidos em Peixes II incluem qualquer coisa que leve a um forte hábito ou vício completo – drogas, bebidas e sexo. Por outro lado, seu intenso êxtase, insights espirituais e alegrias emocionais podem ser incrivelmente vivos e recompensadores. Os nascidos em Peixes II com freqüência anseiam por experiências fortes, que não são em si ruins, desde que possam lidar com elas sem indevido apego. Se os nascidos em Peixes II têm liberdade para se movimentarem, tais experiências os deixam enriquecidos em seu desenvolvimento pessoal. Por outro lado, se forem infelizes e se deixarem abater por sofrimento pessoal ou autopiedade, podem chafurdar nestes estados por períodos de tempo alarmantes.

De modo geral, os nascidos em Peixes II pedem apenas uma coisa do mundo: que sejam aceitos como são. Quando o mundo com freqüência não pode conceder seus desejos torna-se uma cruz que carregam. Para confortar-se e proteger-se de decepções e rejeições, podem entregar-se à busca de dinheiro ou retirarem-se para uma vida interior de pura fantasia, muitas vezes devotada à beleza e à imaginação. Sempre que possível, os nascidos em Peixes II devem ter ocupações que signifiquem sólidas exigências sobre eles sem privá-los da criatividade. Este tipo de trabalho os ajuda a manter-se equilibrados.

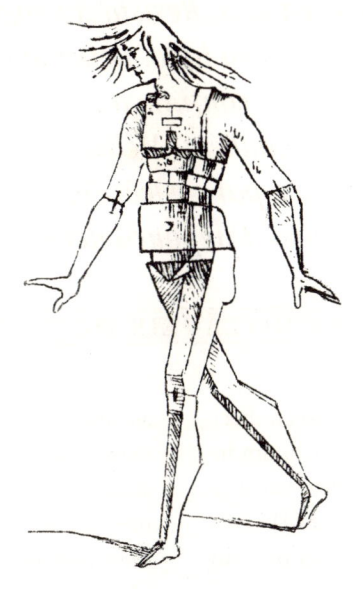

"SOLITÁRIO"

Os nascidos na Semana do Solitário em geral têm poucos amigos, mas os que têm são íntimos e leais. Muitos nascidos nesta semana não gostam de reuniões grandes de família ou eventos sociais; a intimidade é realmente coisa deles e compartilhá-la com os outros, sejam companheiros, amigos, namorados ou membros queridos da família, talvez seja sua atividade mais apreciada. Interações extremamente pessoais são seu forte e dividir alegrias e tristezas é essencial para sua felicidade.

No amor, talvez porque os nascidos nesta semana tenham grande capacidade de gostar ou apreciar o que os outros fazem, ou talvez porque sua resistência ao fascínio dos prazeres físicos seja baixa, são mais propensos do que os outros a se deixar fisgar por um rosto bonito, uma voz sensual ou um corpo fascinante. Uma vez que se apeguem a uma pessoa, seu vício à presença dela pode ser ainda mais grave do que sua atração por substâncias físicas. Eles passarão por toda a gama de dolorosas emoções, do ciúmes ao ódio, no entanto, se decidirem que querem se livrar do objeto amado, e sentirão grande ansiedade pela separação. Amigos e companheiros de uma natureza prática tendem a fazê-los botar os pés no chão. Enquanto isso, os filhos os ajudam a compartilhar seu senso de admiração e espanto diante do mundo natural.

PONTOS FORTES

DE SENTIMENTOS PROFUNDOS
ÍNTIMO • ELEGANTE

PONTOS FRACOS

RECLUSO • DECEPCIONADO
SOFREDOR

CONSELHO

Procure manter uma visão realista. Resista ao engodo da fuga, em todas as suas variadas formas. Por outro lado, deixe uma janela aberta para o mundo. Continue a lutar pela confiança e aceitação, mas lembre-se de defender a si mesmo também. Melhorar sua posição social pode facilitar certas coisas para você. Seu sofrimento pode não ser exclusivo, tampouco necessário.

PESSOAS NOTÁVEIS DE PEIXES II

O nome de **Tamara Karsavina** não é tão conhecido como o de Pavlova e Nijinsky, mas os três foram indubitavelmente os maiores bailarinos do balé russo de sua época. Ela era uma representante de Peixes II extremamente particular, que vivia em um mundo próprio. Perdeu o parceiro Nijinsky, seu igual em técnica clássica, quando ele foi hospitalizado com esquizofrenia aos 28 anos de idade. Primeira bailarina de Diaghilev no Balé Russo em Paris, Karsavina dançou a *Petrouchka*, de Stravinsky, com Michel Fokine e também dançou com o bailarino e coreógrafo Léonide Massine. Karsavina foi co-fundadora da Academia Real de Dança, em Londres, e era considerada uma professora amável e compreensiva, embora excêntrica.

Embora **Bobby Fischer** tenha se consagrado campeão mundial de xadrez depois de sua histórica partida com Boris Spassky, ele retirou-se à moda típica dos nascidos em Peixes II e fez apenas uma aparição pública desde então: em Montenegro, em 1991, quando enfrentou Spassky outra vez. Um grande Solitário, Fischer sentia-se rejeitado pelo mundo do xadrez, sobretudo os russos, a quem via como uma influência maligna no jogo. Fischer foi não apenas um jogador incrivelmente agressivo, mas também muito cauteloso que não hesitava em usar a psicologia contra Spassky para minar sua confiança. Sugerir que Fischer perdeu a primeira partida para Spassky de propósito e deliberadamente perdeu a segunda ao não comparecer é inconcebível, mas ele pode de fato ter-se colocado intencionalmente em uma desvantagem de 2 a 0 visando levantar seu oponente apenas para ser destruído de forma devastadora em seu reaparecimento.

A atriz de cinema italiana **Anna Magnani** tinha sentimentos profundos e qualidade interior de uma mulher nascida em Peixes II. Sua primeira atuação a ganhar aclamação internacional foi no filme neo-realista de Roberto Rossellini, *Roma, Cidade Aberta*. Embora Magnani atuasse principalmente no cinema italiano, tornou-se conhecida do público americano em 1955, quando fez *A Rosa Tatuada*, com Burt Lancaster, pelo qual recebeu o Oscar de melhor atriz. Magnani tinha uma sexualidade terrena, mas sua aparência incomum não a destinou a ser rainha do glamour. Ela se saía melhor em papéis mais sérios e maternais. Assim, Magnani impressionou seu público como uma atriz de sentimentos profundos, característica dos nascidos na Semana do Solitário.

Outras pessoas nascidas em Peixes II: Alexander Graham Bell, Jackie Joyner-Kersee, Gabriel García Márquez, Michelangelo, Aidan Quinn, Piet Mondrian, Cyd Charisse, Ornette Coleman, Raul Julia, Lynn Redgrave, Franco Harris, Lynn Swann, Mickie Spillane, Harriet Tubman, David Rabe, Rosa de Luxemburgo, Oliver Wendell Holmes, Cyrano de Bergerac, Tancredo Neves, Otto Maria Carpeaux, Macalé, Zico, Chagas Freitas, Heitor Villa-Lobos, Cícero Dias, Afrânio Coutinho, Flora Purim, Ziembinsky, Turíbio Santos, Danilo Caymmi, Tom Cavalcante.

3 A 10 DE MARÇO

Guia de Relacionamentos para Peixes II

Localizador de Página para Todos os Relacionamentos

MELHORES RELACIONAMENTOS				
	Cúspide Peixes-Áries	19 a 24 de Março	Competição divertida	237
	Áries I	25 de Março a 2 de Abril	Beleza concreta	260
AMOR	Áries II	3 a 10 de Abril	Gosto pela beleza	283
Touro III	Áries III	11 a 18 de Abril	Contato com o mundo	306
Gêmeos II	Cúspide Áries-Touro	19 a 24 de Abril	Ameaça à paz e à tranqüilidade	328
Câncer I	Touro I	25 de Abril a 2 de Maio	Contato social mais íntimo	349
Câncer II	Touro II	3 a 10 de Maio	Eminentemente qualificado	370
Virgem I	Touro III	11 a 18 de Maio	Mostre-se!	391
Escorpião I	Cúspide Touro-Gêmeos	19 a 24 de Maio	Avenidas inexploradas	411
Peixes I	Gêmeos I	25 de Maio a 2 de Junho	Dicotomia pensamento/sentimento	430
Peixes II	Gêmeos II	3 a 10 de Junho	Uma conexão interna profunda	449
	Gêmeos III	11 a 18 de Junho	Experiências extremas	468
CASAMENTO	Cúspide Gêmeos-Câncer	19 a 24 de Junho	Uma influência prática	486
Áries II	Câncer I	25 de Junho a 2 de Julho	Profundo envolvimento pessoal	503
Touro II	Câncer II	3 a 10 de Julho	Achando ouro	520
Cúspide Câncer-Leão	Câncer III	11 a 18 de Julho	Independentemente dependente	537
Cúspide Leão-Virgem	Cúspide Câncer-Leão	19 a 25 de Julho	Preenchendo as lacunas	553
Virgem II	Leão I	26 de Julho a 2 de Agosto	Atração e repulsa	568
Escorpião II	Leão II	3 a 10 de Agosto	Corredores intermináveis	583
Cúspide Escorpião-Sagitário	Leão III	11 a 18 de Agosto	Espaço para respirar	598
Sagitário II	Cúspide Leão-Virgem	19 a 25 de Agosto	Assumindo uma posição	612
	Virgem I	26 de Agosto a 2 de Setembro	Gosto pelo peculiar	625
AMIZADE	Virgem II	3 a 10 de Setembro	Manter a objetividade	638
Áries III	Virgem III	11 a 18 de Setembro	Jogos calculados	651
Touro I	Cúspide Virgem-Libra	19 a 24 de Setembro	Uma atmosfera rarefeita	663
Cúspide Touro-Gêmeos	Libra I	25 de Setembro a 2 de Outubro	Encanto cômico	674
Câncer III	Libra II	3 a 10 de Outubro	Almejar o futuro	685
Leão II	Libra III	11 a 18 de Outubro	Anos de trabalho	696
Libra I	Cúspide Libra-Escorpião	19 a 25 de Outubro	Evidentes desigualdades	706
Libra III	Escorpião I	26 de Outubro a 2 de Novembro	Nebulosidade ambígua	715
Sagitário III	Escorpião II	3 a 11 de Novembro	Meta almejada	724
Cúspide Sagitário-Capricórnio	Escorpião III	12 a 18 de Novembro	Absorvendo trocas	733
Capricórnio II	Cúspide Escorpião-Sagitário	19 a 24 de Novembro	Controle ambiental	741
Aquário II	Sagitário I	25 de Novembro a 2 de Dezembro	Altos e baixos	748
Aquário III	Sagitário II	3 a 10 de Dezembro	Testando a paciência	755
Cúspide Aquário-Peixes	Sagitário III	11 a 18 de Dezembro	Fervor moral	762
	Cúspide Sagitário-Capricórnio	19 a 25 de Dezembro	Fofoca e bate-papo	768
FAMÍLIA	Capricórnio I	26 de Dezembro a 2 de Janeiro	Equilíbrio emocional	773
Gêmeos III	Capricórnio II	3 a 9 de Janeiro	Sem problemas!	778
Virgem III	Capricórnio III	10 a 16 de Janeiro	Não tão simples quanto parece	783
Sagitário I	Cúspide Capricórnio-Aquário	17 a 22 de Janeiro	Um processo de treinamento	787
Cúspide Capricórnio-Aquário	Aquário I	23 a 30 de Janeiro	Tirando os outros do caminho	790
	Aquário II	31 de Janeiro a 7 de Fevereiro	Uma suave mistura	793
TRABALHO	Aquário III	8 a 15 de Fevereiro	Rotina diária	796
Áries I	Cúspide Aquário-Peixes	16 a 22 de Fevereiro	Outras maneiras	798
Gêmeos I	Peixes I	23 de Fevereiro a 2 de Março	Segredos revelados	799
Leão I	Peixes II	3 a 10 de Março	Pense duas vezes	800
Cúspide Libra-Escorpião	Peixes III	11 a 18 de Março	Só por brincadeira	801
Escorpião III				
Capricórnio III				
Aquário I				

PEIXES III
Semana dos Dançarinos e Sonhadores

11 a 18 de Março

POSIÇÃO NO ZODÍACO
Aprox. 19 a 28° de Peixes
ESTAÇÃO
Final do inverno
ELEMENTO
Água
REGENTE
Netuno
SÍMBOLO
Peixe
MODO
Sentimento

O período de Peixes III toma os Dançarinos e Sonhadores como imagem central. Em poucas palavras, este período encerra o Grande Ciclo e representa o final do tempo de vida na terra. A grande roda finalmente completou o círculo. Os prestes a partir deste plano terreno sentem a gravidade da atração da terra mais fortemente do que nunca, mas também a inexorável atração do mundo além. Mesmo que com dor e sofrimento, toda uma gama de emoções pode ser sentida, desde a aceitação até a expectativa, da excitação ao júbilo. O despertar da sensação de uma experiência que se encontra muito além daquilo que se conhece ou, em alguns casos, o reconhecimento repentino de tal estado pode ser sentido nesta fase. Presente e passado são finalmente deixados para trás no corpo quando a mente mergulha no mundo de sonhos e a alma prossegue em sua dança. Os dias que compreendem Peixes III revelam simbolicamente um indivíduo embarcando na transição final para o além. Exercer as faculdades da intuição e da inspiração, encontrar um destino inexorável (aceitando-o ou lutando contra ele), elevar-se a novas alturas espirituais e a uma nova compreensão e, finalmente, encerrar o ciclo da vida, que pode levar a um novo renascimento, são parte deste processo.

Intensamente filosóficos, os nascidos em Peixes III com freqüência gastam tempo contemplando as complexidades do pensamento humano e as maravilhas do universo. Sua mente vaga livremente em áreas onde muitos achariam assustador ou pelo menos misterioso. Começam cedo a indagar o significado da vida e, muitas vezes, continuam a tratar destes assuntos a vida toda; de fato, estas questões podem tornar-se a força propulsora por trás de sua carreira e estilo de vida.

Embora visionários em pensamento, os nascidos em Peixes III têm um lado intensamente prático e, com freqüência, habilidades científicas ou técnicas bem desenvolvidas. É importante para eles tomar parte ativa no que está ocorrendo ao seu redor e ajudar as outras pessoas a resolver seus problemas; têm enorme necessidade de influenciar a vida dos outros e muitas vezes conseguem. Os nascidos em Peixes III podem ficar envolvidos demais, deixando de reconhecer quando devem recuar. Os que estão à sua volta podem considerar que eles interferem, suspeitam ou ofendem suas boas intenções.

Pode-se acusar os nascidos em Peixes II de viver fora da realidade se não se provarem corretos a maior parte do tempo. Tornar o inacreditável crível ou o impossível possível talvez seja sua maior força. Podem ser vistos como indivíduos com os pés na terra, pragmáticos, até comuns, e no entanto suas realizações às vezes beiram o milagroso. É como se, embora não acreditem realmente em milagres, de algum modo fossem capazes de realizá-los ou vivenciá-los. Há uma tendência pronunciada para a paranormalidade na personalidade dos nascidos na Semana dos Dançarinos e Sonhadores, que pode manifestar-se em tenra idade como a clarividência ou a telepatia. Se os que estão à sua volta minimizam, zombam ou reprimem suas habilidades, podem não se sentir seguros o bastante para reconhecer e revelar estes talentos até bem mais tarde.

Os nascidos em Peixes III devem tomar cuidado para não parecerem loquazes demais e para aprender quando se pronunciar sobre um determinado assunto. Embora muito do que dizem seja verdade, suas maneiras oniscientes podem tornar as pessoas hostis. Desenvolver a humildade e admitir erros não é apenas algo que se soma à sua credibilidade, mas uma lição importante, pois eles ficam muito frustrados se suas palavras não surtem o efeito desejado. Eles com freqüência se vêem como professores, um papel para o qual não necessariamente são talhados, e sua decepção por não terem alunos, seguidores ou discípulos pode ser fonte de grande infelicidade.

Os que estão ao seu redor podem achá-los estranhos ou esquisitos, um traço que pode torná-los mais ou menos desejáveis, dependendo de quem encontram. Alguns têm um ar de importância, outros irradiam uma espécie de ineficácia; os dois tipos podem tornar-se complacentes, entretanto, percebendo que onde quer que estejam no momento, seja na carreira ou na vida particular, é o lugar melhor ou pelo menos mais seguro onde podem estar. A um grau incomum, entretanto, sua vida é regida pelo destino, e em determinado ponto, talvez entre os vinte e oito e quarenta e dois anos de idade, um chamado lhes chega na forma de um grande desafio. O fato de responderem ou não a este convite não solicitado do destino pode determinar o curso do restante de sua vida. Se tentam escalar as alturas, têm uma boa chance de sucesso, maior que a média, mesmo que o esforço seja assustador.

Os nascidos nesta semana gostam de conforto e sabem como tornar a vida agradável para si e para os outros; ao mobiliarem sua casa, por exemplo, com freqüência têm bom gosto e imaginação. No entanto, uma curiosa sede de viagens ou impermanência em seu estilo de vida pode fazer com que se mudem várias vezes e deixem uma série de lares bem mobiliados e confortáveis para trás. Os que conseguem ficar em um mesmo lugar por um bom tempo podem necessitar periodicamente renovar o espaço onde vivem, quer os que vivem com eles acreditem ser isso necessário ou não.

Embora os nascidos em Peixes III em geral pareçam muito independentes, com freqüência estimulam a dependência nos outros. Precisam sentir que contam, que têm importância. Esta necessidade de ser necessário pode ser um de seus pontos mais vulneráveis: se seus filhos, pais, colegas ou namorados afirmam certo grau de independência ou cessam de se apoiar neles, podem desabar. Uma família, biológica ou metafórica, é em geral essencial para os nascidos em Peixes III e o grau de responsabilidade que assumem nela pode ser impressionante.

Os nascidos na Semana dos Dançarinos e Sonhadores são finamente sintonizados com os desejos dos outros. Com freqüência exalam muita empatia e são bons ouvintes e bastante capazes de compreender o ponto de vista dos outros. Os nascidos em Peixes III sabem bem que o mundo é feito de pontos de vista subjetivos, cada um deles verdadeiro para seu autor, e talvez verdadeiro mesmo, em um sentido relativo. Ao mesmo tempo, tendem a sentir que por trás destes pontos de vista diferentes encontra-se um absoluto que não depende da subjetividade de modo algum, mas é verdadeiro objetivamente em todas as situações e em todos os momentos. Assim, a filosofia subjacente destes indivíduos é uma curiosa mistura de subjetividade e objetividade, de relativo e absoluto, de crédulo e de cético.

Os nascidos em Peixes III podem ser instáveis e fora da realidade nos relacionamentos românticos e, muitas vezes, envolvem-se com o parceiro errado. No entanto, se assumem um compromisso com um amor positivo e carinhoso, são cônjuges fiéis e devotados.

"DANÇARINOS E SONHADORES"

PONTOS FORTES

FILOSÓFICO • PRESTATIVO
MILAGROSO

PONTOS FRACOS

INEFICAZ • INSTÁVEL
PROMOVE A DEPENDÊNCIA

CONSELHO

Seja mais exigente consigo quanto ao seu desenvolvimento pessoal e contribua ativamente para a vida ao seu redor. Não deixe de construir uma base sólida. Há limites para o que é capaz de superar – torne a vida mais fácil para você e esteja disposto a ceder quando necessário.

PESSOAS NOTÁVEIS DE PEIXES III

Nascido em Montgomery, Alabama, **Nat King Cole** era o filho caçula de um pastor Batista e cantava solos na igreja ainda criança. Quando seus três irmãos mais velhos se profissionalizaram em música, Nat os acompanhou. Em 1939 formou seu próprio trio de jazz e durante anos foi um pianista influente. Mas como muitos nascidos em Peixes III, Cole estava destinado a seguir seus sonhos, que neste caso significava se tornar um grande cantor pop. Assombrosamente bem-sucedido na nova profissão, Cole vendeu 50 milhões de discos. Sua voz melodiosa e estilo relaxado de cantar cativou o público em todo o mundo. Mais tarde se tornou o primeiro afro-americano a ter seu próprio show na tevê e teve uma participação no filme *Dívida de Sangue*, pouco antes de sua morte.

Atriz, dançarina e cantora, **Liza Minnelli** fez sua estréia no cinema aos 2 anos de idade ao lado da mãe, Judy Garland, no fime *In the Good Old Summertime*. Seu pai, o pisciano Vincente Minnelli, foi diretor de musicais da Broadway e de cinema em Hollywood. Não é de admirar, com esta formação, que a Dançarina e Sonhadora Minnelli tenha se tornado uma estrela da Broadway e de Hollywood, tendo ganhado o Oscar pelo filme *Cabaré* e numerosos outros prêmios. Como muitos nascidos nesta semana, Minnelli passou por decepções em muitos relacionamentos fracassados.

É difícil imaginar que **Albert Einstein**, talvez a maior mente do século XX, tenha começado a falar tarde, tenha sido mau aluno na escola e tenha sido reprovado no exame de admissão para a universidade e, finalmente, tenha conseguido um emprego no Departamento de Patentes de Berna. Felizmente, tinha algum tempo à disposição e conseguiu concluir o doutorado na Universidade de Zurique antes de continuar os estudos revolucionários da física com suas teorias surpreendentes. Einstein era um típico representante de Peixes III, que precisava de tempo para sonhar e não tinha pressa para desenvolver seu pensamento. Em 1915, publicou a *Teoria Geral da Relatividade*, que conferiu-lhe imediato reconhecimento e fama. Sua segunda grande tarefa foi unificar as muitas forças físicas em uma única teoria, mas nisso ele não teve sucesso.

Outras pessoas nascidas em Peixes III: Grover Cleveland, F.W. de Klerk, Paul Ehrlich, Dorothy Schiff, Frank Borman, Ruth Bader Ginsburg, Jerry Lewis, Nijinsky, Kamal Atatürk, Quincy Jones, Rudolf Nureyev, Michael Caine, Diane Arbus, Bernardo Bertolucci, James Madison, Phil Lesh, Sylvia Beach, Billy Crystal, Charley Pride, Mercedes McCambridge, Kate Greenaway, Bonnie Blair, Wilson Pickett, Nicolai Rimsky-Korsakov, Irene Cara, Percival Lowell, L. Ron Hubbard, Walter H. Annenberg, Castro Alves, Carlos Heitor Cony, Camilo Castelo Branco, Augusto Boal, Antônio Maria, Elis Regina, Glauber Rocha, Gilberto Freire, Júlio Prestes, Carlos Machado, Augusto Boal, Guerra-Peixe.

11 A 18 DE MARÇO

Guia de Relacionamentos para Peixes III

Localizador de Página para Todos os Relacionamentos

Cúspide Peixes-Áries	19 a 24 de Março	Experiências fantásticas	237
Áries I	25 de Março a 2 de Abril	Despertar inevitável	261
Áries II	3 a 10 de Abril	Necessitando ser necessário	284
Áries III	11 a 18 de Abril	As novas roupas do imperador	306
Cúspide Áries-Touro	19 a 24 de Abril	Superar um ao outro	328
Touro I	25 de Abril a 2 de Maio	Dieta constante de aplausos	350
Touro II	3 a 10 de Maio	Arte da representação	371
Touro III	11 a 18 de Maio	Sobrevivência garantida	391
Cúspide Touro-Gêmeos	19 a 24 de Maio	Domínio das idéias	411
Gêmeos I	25 de Maio a 2 de Junho	Demonstrações emocionais	431
Gêmeos II	3 a 10 de Junho	Do êxtase à catástrofe	450
Gêmeos III	11 a 18 de Junho	Resultado surpreendente	468
Cúspide Gêmeos-Câncer	19 a 24 de Junho	Uma postura reservada	486
Câncer I	25 de Junho a 2 de Julho	A rodovia da vida	504
Câncer II	3 a 10 de Julho	Sucumbindo ao prazer	521
Câncer III	11 a 18 de Julho	Pacificadores naturais	537
Cúspide Câncer-Leão	19 a 25 de Julho	Concordar em discordar	553
Leão I	26 de Julho a 2 de Agosto	Compartilhando a verdade	569
Leão II	3 a 10 de Agosto	Buscando superação	584
Leão III	11 a 18 de Agosto	Falando com o olhar	598
Cúspide Leão-Virgem	19 a 25 de Agosto	Encontrando solo comum	612
Virgem I	26 de Agosto a 2 de Setembro	Afiando conceitos	626
Virgem II	3 a 10 de Setembro	Milagroso e inesperado	639
Virgem III	11 a 18 de Setembro	Megalomania	651
Cúspide Virgem-Libra	19 a 24 de Setembro	Mundo dos sonhos coloridos	663
Libra I	25 de Setembro a 3 de Outubro	Poderes milagrosos	675
Libra II	3 a 10 de Outubro	Pelos corredores do tempo	686
Libra III	11 a 18 de Outubro	Respondendo a pergunta	696
Cúspide Libra-Escorpião	19 a 25 de Outubro	Não pelo direto e estreito	706
Escorpião I	26 de Outubro a 2 de Novembro	Várias metamorfoses	716
Escorpião II	3 a 11 de Novembro	Poder de persuasão	725
Escorpião III	12 a 18 de Novembro	Polêmica emocional	733
Cúspide Escorpião-Sagitário	19 a 24 de Novembro	Vida na terra	741
Sagitário I	25 de Novembro a 2 de Dezembro	Fantasia em ação	749
Sagitário II	3 a 10 de Dezembro	Na pista de alta velocidade	756
Sagitário III	11 a 18 de Dezembro	Competição intelectual	762
Cúspide Sagitário-Capricórnio	19 a 25 de Dezembro	Visualização	768
Capricórnio I	26 de Dezembro a 2 de Janeiro	Ligando o encanto	774
Capricórnio II	3 a 9 de Janeiro	Verdadeira equipe de trabalho	779
Capricórnio III	10 a 16 de Janeiro	Pensando o melhor dos outros	783
Cúspide Capricórnio-Aquário	17 a 22 de Janeiro	Arquivos particulares	787
Aquário I	23 a 30 de Janeiro	Domínios teóricos	791
Aquário II	31 de Janeiro a 7 de Fevereiro	Confiança estimulada	794
Aquário III	8 a 15 de Fevereiro	Unidos pelas diferenças	796
Cúspide Aquário-Peixes	16 a 22 de Fevereiro	Passos para o submundo	798
Peixes I	23 de Fevereiro a 2 de Março	Retirando-se	800
Peixes II	3 a 10 de Março	Só por brincadeira	801
Peixes III	11 a 18 de Março	Fundindo pensamento e ação	801

MELHORES RELACIONAMENTOS

AMOR
Cúspide Peixes-Áries
Touro I
Gêmeos II
Cúspide Gêmeos-Câncer
Cúspide Virgem-Libra
Libra II
Escorpião II
Sagitário II
Cúspide Sagitário-Capricórnio
Aquário I
Cúspide Aquário-Peixes

CASAMENTO
Touro III
Gêmeos III
Câncer I
Leão I
Virgem II
Libra I
Escorpião I
Cúspide Capricórnio-Aquário
Aquário III

AMIZADE
Gêmeos I
Câncer II
Cúspide Leão-Virgem
Escorpião III
Sagitário I

FAMÍLIA
Touro II
Libra III
Cúspide Libra-Escorpião
Capricórnio I

TRABALHO
Áries III
Cúspide Áries-Touro
Cúspide Touro-Gêmeos
Câncer III
Cúspide Câncer-Leão
Leão III
Virgem III
Cúspide Escorpião-Sagitário
Sagitário III
Aquário II
Peixes III

211

Os Perfis de
Relacionamentos

| **RELACIONAMENTOS** |

PONTOS FORTES: ESSENCIAL, VERDADEIRO, INTRANSIGENTE

PONTOS FRACOS: LITIGIOSO, NEGLIGENTE, ANTIPÁTICO

MELHOR: TRABALHO

PIOR: AMOR

ANDREW LLOYD WEBBER (22/3/48)
STEPHEN SONDHEIM (22/3/30)

Os mestres do teatro musical, que nasceram no mesmo dia, criaram trabalhos que se tornaram referenciais, entre os quais *West Side Story*, *A Funny Thing Happened on the Way to the Forum* e *Into the Woods*, de Sondheim e *Jesus Cristo Superstar*, *Cats* e *Evita*, de Webber.

---

19 a 24 de março
CÚSPIDE DO RENASCIMENTO
CÚSPIDE PEIXES-ÁRIES

19 a 24 de março
CÚSPIDE DO RENASCIMENTO
CÚSPIDE PEIXES-ÁRIES

A chama sentimental

Este relacionamento é paradoxal: franco, simples e, no entanto, emocionalmente profundo e complexo. Cada um desses gêmeos cósmicos, nascidos na Cúspide do Renascimento, é uma mistura de fogo e água, uma interação que gera muito vapor – e simboliza a enorme pressão que ao mesmo tempo une o relacionamento e ameaça rompê-lo. O relacionamento é assinalado por uma espécie de paixão etérea, às vezes amorfa, outras explosiva e fora de controle. Essas qualidades tornam difícil definir ou compreender o relacionamento – exceto para cada parceiro, que compreende a união a um nível profundo, quase subconsciente.

A natureza fundamental do relacionamento é salientada pela expressão franca das emoções, em geral do tipo preto-e-branco: amor ou ódio, e não afeição; preferência ou aversão, e não afinidade; sexo ou abstinência, e não sensualidade. Semelhanças e diferenças, atrações e repulsas – todos evitam as áreas cinzas, intermediárias. As brigas entre os dois são intensas, mas períodos de tranquilidade podem ser marcados por muito companheirismo e bem-estar. Às vezes, os parceiros Peixes-Áries ficam confusos com o que lhes acontece e perdem o controle; como o tempo, seu relacionamento tem a ver com os elementos.

Esta combinação não é aconselhável para um relacionamento amoroso estável ou conjugal, porém duas pessoas de Peixes-Áries podem ser boas amigas. Mas não serão necessariamente íntimas; haverá sempre competição, por mais profunda que seja a compreensão entre elas. Confronto e crítica constantes não favorecem um relacionamento diário, mas talvez seja possível um relacionamento em que não se vejam com freqüência. Os encontros sexuais entre indivíduos nascidos sob esta cúspide provavelmente serão breves e intensos.

A lealdade desse relacionamento também pode levar ao respeito mútuo, e daí, a uma decisão tácita de não competir ou brigar. É possível que esses dois indivíduos cooperem em uma mesma empresa ou até lado a lado, contanto que a natureza de suas tarefas e a posição que ocupam no grupo sejam bem definidas e, de preferência, não coincidam. Se por acaso estiverem do mesmo lado, seu dinamismo pode embolar o meio-de-campo.

Conselho: *Diminua um pouco a sua intensidade. Repense sua posição radical. Trate de encontrar um terreno intermediário, mesmo que pareça amorfo.*

| **RELACIONAMENTOS** |

PONTOS FORTES: ENTUSIÁSTICO, IDEALISTA, INOVADOR

PONTOS FRACOS: INSTÁVEL, IMATURO, BRIGUENTO

MELHOR: AMOR

PIOR: CASAMENTO

LEONARD NIMOY (26/3/31)
WILLIAM SHATNER (22/3/31)

A química entre Shatner como Capitão Kirk e Nimoy como Dr. Spock ajudou a tornar *Guerra nas Estrelas* a série de ficção científica para adultos mais popular da tevê. Também: **Matthew Broderick & Sarah Jessica Parker** (casados; atores); **Bob & Ray** (dupla de rádio); **Steve McQueen & Ali McGraw** (casados); **Kurasawa & Toshiro Mifune** (diretor/ator).

---

19 a 24 de março
CÚSPIDE DO RENASCIMENTO
CÚSPIDE PEIXES-ÁRIES

25 de março a 2 de abril
SEMANA DA CRIANÇA
ÁRIES I

Inocência apaixonada

A busca da inocência perdida, que muitas vezes exerce uma função nesse relacionamento, envolve um objetivo impossível, mas também um ideal a ser conquistado utilizando-se de meios que afetam de fato o comportamento. A imagem inatingível da beleza perfeita que caracteriza esta união confere aos parceiros um certo ar de desapego, caso o ideal não esteja à vista, ou de envolvimento intenso, quando a perfeição parece estar ao alcance. O resultado é um relacionamento caracterizado por uma espécie de admiração infantil ou, do outro lado da moeda, simples infantilidade. Quer seja objetivo, real e consciente, quer subjetivo, difuso e inconsciente, é um relacionamento que desperta numerosos humores e sentimentos, evocando uma ampla gama de emoções nos parceiros. Um ideal de perfeição agora parece atingível, e somente pode ser desejado; quando não é alcançado, os parceiros podem azucrinar e atacar um ao outro.

O amor apaixonado é possível entre Peixes-Áries e Áries I, com o primeiro sempre assumindo o papel ativo e o último o passivo. Com freqüência, os nascidos em Áries I necessitam estar envolvidos com pessoas informais em relacionamentos incomuns, e os representantes de Peixes-Áries podem preencher os requisitos. Problemas surgem quando os nascidos em Peixes-Áries revelam-se muito dominadores e controladores, impedindo que as pessoas de Áries I se sintam elas mesmas ou aquilo que necessitam ser. Por outro lado, os nascidos em Áries I podem não ser dignos de confiança ou fidedignos o suficiente para os representantes de Peixes-Áries, que a princípio podem fascinar-se pela inocência infantil do seu parceiro, mas finalmente a consideram ameaçadora ou difícil de lidar.

A amizade e o relacionamento amoroso entre os dois podem ser muito íntimos, mas também podem ser caracterizados por muita discórdia, disputa e desavenças temporárias. Quando os dois parceiros agem de forma imatura, há muito pouca estabilidade no relacionamento e eles acabam se separando.

O relacionamento gera energia positiva para iniciar novos empreendimentos. A longo prazo, entretanto, e nos afazeres diários de manutenção, esta energia pode enfraquecer e o interesse dos parceiros diminuir. Muitas vezes, o que sinaliza o início do fim é uma queda acentuada do interesse de ambos os lados. Se a parceria sobreviver, deve voltar-se para novo empreendimento, talvez algo que se desenvolva organicamente de um sucesso do passado.

Conselho: *Reconheça que há um lado escuro. Não evite a dor e a perda. Termine um projeto antes de passar para um outro. Dedique-se com afinco à manutenção.*

19 a 24 de março
CÚSPIDE DO RENASCIMENTO
SEMANA DA ESTRELA

3 a 10 de abril
CÚSPIDE PEIXES-ÁRIES
ÁRIES II

O caldeirão fervilhante

A energia juvenil compete pela superioridade aqui; extremamente competitivo, muitas vezes esse relacionamento parece usar de todos os meios ou recursos disponíveis sem que nada o barre. Os fatores motivadores, entretanto, raramente são reais sentimentos rancorosos, destrutivos e violentos, mas, de preferência, há ciúmes e um desejo de melhorar ou superar. Isto torna o relacionamento um pouco mais fácil, mas não muito. Litigioso, ele demanda o melhor que seus parceiros tenham a oferecer e também solicita que eles desempenhem um alto grau de excelência. Ambos sentem a tensão mas também saúdam o desafio. As atitudes são honestas e francas, deixando pouca dúvida de onde se encontram os sentimentos reais.

Os nascidos em Peixes-Áries são emocionalmente complexos e anseiam por compreensão no relacionamento, o que pode ser precisamente o que o representante de Áries II é incapaz de dar. Os nascidos em Áries II, por sua vez, provavelmente não gostam da franqueza rude dos representantes de Peixes-Áries; sensíveis à crítica, necessitam ser aceitos incondicionalmente como são. Além disso, representantes de Peixes-Áries são muito independentes – provavelmente até demais para satisfazer a necessidade dos nascidos em Áries II de ser solicitado. Mais provavelmente, eles exteriorizam somente frustração, e o entregam no endereço errado.

O respeito mútuo nesse relacionamento só é possível depois que a poeira de uma série de batalhas, talvez por poder ou dinheiro, baixar, nas quais ambos os participantes mostraram seu pior lado. Onde quer que o relacionamento surja – no trabalho, na amizade ou na família – e seja qual for a idade que os parceiros tenham, ele mais se assemelha a dois irmãos jovens brigando ferozmente. Tais brigas podem continuar durante anos, e embora a compreensão mútua possa não surgir prontamente, os parceiros indubitavelmente se beneficiam das lições do relacionamento no fortalecimento do ego e da autodefesa. Todavia, não há realmente motivo algum para que essa atitude litigiosa não possa ser suavizada com o tempo, a favor de um armistício negociado. A aceitação pode bem ser a chave aqui.

Conselho: *Busque a calma no olho do furacão. O caminho difícil nem sempre é o melhor. Seu inimigo pode ser um amigo disfarçado.*

RELACIONAMENTOS

PONTOS FORTES: DINÂMICO, DESAFIADOR, FORTE

PONTOS FRACOS: PERTURBADOR, EXPLOSIVO, INCONSCIENTE

MELHOR: ANTAGONISTA

PIOR: FAMÍLIA

RIC OCASEK (23/3/49)
PAULINA PORIZKOVA (9/4/65)

Ocasek foi o líder da Cars, uma banda de *new-wave* bem-sucedida dos anos 1980. Porikova, uma modelo conhecida de Estée Lauder, apareceu em um vídeo musical ao lado dele. Casaram-se em 1989. **Também:** Joseph Pulitzer II & Joseph Pulitzer (pai/filho; império publicitário); Sergei Diaghilev & Pierre Monteux (colaboradores; produtor de balé/maestro).

---

19 a 24 de março
CÚSPIDE DO RENASCIMENTO
CÚSPIDE PEIXES-ÁRIES

11 a 18 de abril
SEMANA DO PIONEIRO
ÁRIES III

Alívio cômico

O riso é usado para aliviar os ânimos neste relacionamento. Da comédia de pancadaria ao trocadilho, da lisonja gentil ao humor negro, a comédia de muitas formas serve para desanuviar o ar e estabelecer uma base comum para a comunicação. A agudeza mental encontrada nesse relacionamento necessita de uma válvula de segurança, e a brincadeira, sarcástica e irônica ou mais cordial, é em geral eficaz.

Ambos os parceiros sentem-se, em geral, obsequiados e satisfeitos pelo relacionamento. Muitas vezes, a ligação se dá entre professor-aluno ou pai-filho, com o representante de Áries III adotando o papel mais maduro. Felizmente, os nascidos em Áries III têm a compreensão e a paciência necessárias para lidar com a complexidade do representante de Peixes-Áries. Quando estão sofrendo, os nascidos em Peixes-Áries tendem a atacar violentamente, porém encontram os representantes de Áries III menos reativos do que nunca, mais dispostos a ouvir e prontos para se comunicar por meio de gracejos. Todavia, com freqüência os nascidos em Áries III são limitados em sua capacidade de ser generosos, e nesse sentido as necessidades do representante de Peixes-Áries podem permanecer insatisfeitas. Quer seja romântica ou platônica, a interação entre essas duas personalidades com freqüência origina-se no plano físico. Eles podem ser bem adequados para um relacionamento sexual, ou para compartilhar esportes, programas de treinamento ou aptidão, talvez no mesmo grupo, ou como parceiros opostos. Manter uma aparência física saudável e atraente é muito, talvez extremamente importante aqui. É improvável que a competitividade saia do controle e pode render resultados positivos no sentido de melhorar gradualmente o desempenho de cada pessoa. Esse relacionamento também é forte na esfera mental, onde essas duas personalidades podem estar em atividade constante, estimulando a inteligência um do outro.

Como colaboradores e parceiros de negócios, os nascidos em Peixes-Áries III podem trabalhar muito bem juntos, compartilhando tarefas e apoiando os esforços um do outro. Como marido e mulher, podem suprir amor e amizade durante a longa caminhada, contanto que ambos pratiquem a flexibilidade e a tolerância.

Conselho: *Compartilhe o sofrimento tanto quanto as alegrias. Permaneça empático. Tente praticar a abertura e a compreensão. Cuide para que as piadas não se tornem armas.*

RELACIONAMENTOS

PONTOS FORTES: BENÉFICO, DIVERTIDO, SAGAZ

PONTOS FRACOS: INTOLERANTE, ANTIPÁTICO, SARCÁSTICO

MELHOR: CASAMENTO

PIOR: FAMÍLIA

CLARENCE DARROW (18/4/1857)
WILLIAM JENNINGS BRYAN (19/3/1860)

Os advogados Bryan e Darrow se enfrentaram no celebrado julgamento em 1925 que contracenou a teoria da evolução de Darwin contra os ensinamentos da Bíblia. Darrow perdeu, mas não antes de expor a falta de conhecimentos biológicos e bíblicos do evangelista Bryan. Bryan faleceu uma semana depois do encerramento do julgamento.

RELACIONAMENTOS

PONTOS FORTES: PODEROSO, BEM-SUCEDIDO, IRRESISTÍVEL

PONTOS FRACOS: COMPETITIVO, PERDULÁRIO, NECESSITADO

MELHOR: AMIZADE, NEGÓCIOS

PIOR: AMOR

CONDESSA DI CASTIGLIONE (22/3/1837)
LUÍS NAPOLEÃO III (20/4/1808)

Uma ligação sexual entre Luís Napoleão III (sobrinho de Bonaparte) e a aventureira sarda de 19 anos de idade teve sucesso em conseguir sua ajuda na luta de unificação da Itália. **Também:** Diaghilev & Prokofiev (fundador do Balé Russo/compositor).

---

19 a 24 de março
CÚSPIDE DO RENASCIMENTO
CÚSPIDE PEIXES-ÁRIES

19 a 24 de abril
CÚSPIDE DO PODER
CÚSPIDE ÁRIES-TOURO

Guerra nas estrelas

A luta pelo poder pode pôr em perigo ou pelo menos perturbar seriamente todos os projetos empreendidos nesse relacionamento, assim como a felicidade de qualquer um que esteja por perto. A cabine deste navio é muito pequena para comportar dois capitães; quando ambos os parceiros competem pelo leme, o relacionamento pode ir à deriva ou acabar arruinado. Se esse dueto tiver de ser bem-sucedido, a questão de quem manda precisa ser resolvida, uma vez que a competição pela posição de estrela desintegra todos os demais esforços. Se a luta por poder puder ser mantida sob controle, todavia, o relacionamento exibe uma generosidade para os outros que conquista muitos do que estiverem por perto.

Enlaçados por sinergia e puxando na mesma direção, a força dos nascidos em Peixes-Áries e Áries-Touro pode ser irresistível. Este é um bom augúrio para parcerias de negócios e operações conjuntas com objetivos bem definidos e capital de giro proporcional. De modo geral, entretanto, os riscos especulativos entre esses dois devem ser evitados em favor de projetos nos quais a força imaginativa dos representantes de Peixes-Áries e o poder conceitual dos nascidos em Áries-Touro podem se unir com uma base sólida, de forma direta e prática.

Já que a generosidade é característica desse relacionamento em qualquer esfera, graves problemas financeiros podem surgir; descuido com dinheiro e compras a crédito em excesso são problemas aqui. No final das contas, o representante de Áries-Touro é muito mais realista no sentido de satisfazer a necessidade de aceitação e compreensão de Peixes-Áries. Os sensíveis representantes de Peixes-Áries, nesse ínterim, muitas vezes consideram intoleráveis as sugestões úteis e o estímulo dos nascidos em Áries-Touro.

Uma guerra de estrelas pode devastar quem estiver no centro das atenções. Nesse caso, os nascidos em Áries-Touro são muito mais fortes do que os representantes de Peixes-Áries. Da mesma forma, se o relacionamento estiver infestado de problemas, sobretudo problemas relacionados à insensibilidade ou ao descaso, os nascidos em Áries-Touro persistem e tentam solucioná-los, enquanto os representantes de Peixes-Áries tendem a se sentir magoados e a desaparecer. Finalmente, ninguém será o vencedor na luta por reconhecimento, e quanto mais cedo ambos fizerem as pazes e brigarem do mesmo lado, mais bem-sucedido será o relacionamento.

Conselho: *Prestem mais atenção um ao outro. Mantenham seu lado luminoso ativo. Compartilhem experiências aventurosas. Tentem diminuir sua necessidade de ser elogiados.*

RELACIONAMENTOS

PONTOS FORTES: SENSUAL, SOCIAL, DIVERTIDO

PONTOS FRACOS: EXPECTANTE, TENSO, INSATISFEITO

MELHOR: LAZER COMPARTILHADO

PIOR: CASAMENTO

GARY OLDMAN (21/3/58)
UMA THURMAN (29/4/70)

Os dois primeiros papéis de Oldman foram de figuras iconoclastas: o punk Sid Vicious e o irreverente teatrólogo gay Joe Orton. O primeiro papel digno de nota de Thurman foi em *Ligações Perigosas* (1988). Após seu divórcio, Oldman envolveu-se com Isabella Rossellini. **Também:** Diaghilev & Fokine (fundador do Balé Russo/coreógrafo); **Pamela Harriman & Edward R. Murrow** (amantes).

---

19 a 24 de março
CÚSPIDE DO RENASCIMENTO
CÚSPIDE PEIXES-ÁRIES

25 de abril a 2 de maio
SEMANA DA MANIFESTAÇÃO
TOURO I

Medicamento com gosto bom

Um relacionamento saudável com esta combinação não envolve uma união ou o exame emocional profundos, mas prazeres compartilhados. Embora possa carecer de um forte vínculo emocional, o relacionamento tem a virtude de se autocorrigir: se as necessidades contrastantes de seus parceiros os colocarem em uma má situação, o relacionamento, em geral, volta a um estado equilibrado e se conserta com uma dose de gostoso e saudável prazer sensual. Desta maneira, o relacionamento pode ser comparado a um médico que pode curar o mal das pessoas simplesmente prestando atenção a elas.

Aqui as qualidades voluptuosas do representante de Touro I complementam o hedonismo sutil do nascido em Peixes-Áries. Porém, o prazer desse par é mais verdadeiro nos relacionamentos ocasionais do que nos que exigem um compromisso mais sério: estar casado ou morar junto, por exemplo, pode revelar-se problemático. Os nascidos em Touro I são trabalhadores dedicados que necessitam de um ambiente doméstico tranqüilo, e os representantes de Peixes-Áries são, muitas vezes, muito nervosos e emocionais para deixá-los sossegados. Além disso, os nascidos em Peixes-Áries podem enfadar-se com a abordagem obstinada dos nascidos em Touro I e tenderem a vagar, deixando de cumprir as responsabilidades domésticas. Talvez o principal problema do relacionamento é que os representantes de Peixes-Áries buscam um nível mais profundo de envolvimento emocional do que os representantes de Touro I estão preparados ou são capazes de dar.

Na família, os pais de Touro I podem relutar em gastar o tempo necessário tentando desenredar as complexidades e sutilezas do filho de Peixes-Áries. A amizade entre esses dois pode não representar uma união séria se o representante de Touro I reprimir sentimentos e for incapaz de compartilhar emoções. Em geral, a saúde do relacionamento pode ressentir-se de conflitos, em que os nascidos de Touro I estão interessados nos resultados e os representantes de Peixes-Áries nos motivos por trás das ações das pessoas, o resultado sendo a culpa e a crítica. Uma abordagem saneadora baseada em atividades prazerosas e divertidas (como comer, viajar, ir ao teatro, ir a musicais, ver tevê, praticar um hobby ou simplesmente a ociosidade) pode ajudar na durabilidade do relacionamento, até mesmo se a paixão verdadeira esmoreceu ou nunca existiu.

Conselho: *Não vá muito fundo. Preste atenção imediatamente nos sentimentos ruins. Concentre-se na saúde. As atividades sociais devem ser enfatizadas. Lembre-se de que a vida é um teatro.*

19 a 24 de março
CÚSPIDE DO RENASCIMENTO
CÚSPIDE PEIXES-ÁRIES

3 a 10 de maio
SEMANA DO PROFESSOR
TOURO II

Névoa mágica

A mútua fascinação e uma tendência para o lado incomum, estranho, bizarro e teatral da vida encontram-se na base desse relacionamento. Pouco tempo é dedicado à introspecção e à ponderação. Sempre em frente, de olho no objeto atraente, o relacionamento não consegue ver o caminho com clareza: uma névoa de irrealidade o encobre. Uma forte atração magnética pode fazer com que uniões íntimas se formem muito rapidamente, mas esse sentimento pode evaporar-se mais tarde com a mesma rapidez. Quando o sinal de alarme começa a piscar, a ausência de raízes estabelecidas (uma vez que o relacionamento se desenvolveu muito precipitadamente) pode minar seriamente qualquer estabilidade que tenha sido alcançada.

Os nascidos em Peixes-Áries e Touro II podem formar uma sociedade em que há admiração mútua, o que os conduz muito rapidamente para um caso amoroso ou casamento. O problema é que eles podem não ver bem suas diferenças no calor do início do envolvimento, sobretudo se compartilharem uma forte atração física. Bem mais adiante, quando os ânimos começarem a esfriar, haverá estresse. Com o passar do tempo, a irritação antes pequena pode se desenvolver em uma grande antipatia. Na esfera do amor e casamento, emoções fortes podem ter sido expressas; quando as mesmas dão lugar às primeiras manifestações de insatisfação, ondas sísmicas maiores engolfam o relacionamento. Como não são naturalmente dominadores, os representantes de Touro II podem aceitar seus parceiros como são e os encorajarem a ser eles mesmos. Todavia, um representante de Peixes-Áries pode se sentir magoado com a primeira manifestação de uma crítica de Touro II que, no seu entender, foi construtiva. Isso deixa o representante de Touro II desnorteado, pois ele só estava tentando ajudar.

O relacionamento pode ter de finalmente ser reestruturado. Se cederem na área emocional e mantiverem seu contato o mais objetivo possível, os parceiros podem talvez ficar amigos ou, se forem colegas de trabalho, continuar colaborando em um projeto comum. Os sentimentos podem se aprofundar com o passar dos anos se for dado tempo para desenvolver uma forte base comum. Os nascidos em Peixes-Áries e Touro II podem muitas vezes ajudarem-se mutuamente na carreira, uma vez que a valorização do talento e do entusiasmo de cada um é característica desse par.

Conselho: *Um passo de cada vez. A excitação é estimulante, mas seus resultados nem sempre são benéficos. Mantenha sua visão focalizada. A crítica pode ser útil.*

RELACIONAMENTOS

PONTOS FORTES: GRATO, EXCITANTE, INOVADOR

PONTOS FRACOS: FORA DA REALIDADE, INFUNDADO, IRRITANTE

MELHOR: AMIZADE, TRABALHO

PIOR: FAMÍLIA

HARRY S. TRUMAN (8/5/1884)
THOMAS E. DEWEY (24/3/02)

Estes dois políticos se enfrentaram na celebrada eleição presidencial de 1948. Embora Dewey tenha perdido por pequena margem para o estilo solidário às vítimas da injustiça social de Truman, eles mantiveram o mútuo respeito ao longo dos anos.

---

19 a 24 de março
CÚSPIDE DO RENASCIMENTO
CÚSPIDE PEIXES-ÁRIES

11 a 18 de maio
SEMANA DO NATURAL
TOURO III

Água debaixo da ponte

Este relacionamento baseia-se em uma abordagem espontânea, honesta e direta à experiência. Revela muito espanto e admiração com relação à criação e o cosmos, uma vez que ele sintetiza e eleva a inocência infantil do representante de Peixes-Áries e o amor pela natureza e a expressão instintiva do representante de Touro III. Também se caracteriza pelo estilo de vida incomum e um interesse compartilhado por temas bizarros. O comportamento tendendo ao excêntrico ou escandaloso pode aparecer aqui e nem sempre conduz à estabilidade.

Sobretudo na esfera da amizade, do amor e do casamento, o relacionamento se desenvolve devagar. Caracteristicamente, os nascidos em Peixes-Áries e Touro III prestam pouca atenção um no outro em princípio; então, um belo dia eles se sentem fortemente atraídos ou repelidos, sem nenhum motivo evidente. Na realidade, eles têm um laço corporativo que os une, mas isso somente se torna aparente depois que muita água passou por baixo da ponte.

O relacionamento assim não se manifesta, em geral, como amor à primeira vista. No início é mais freqüente haver uma certa aversão mútua. Isso faz com que cada pessoa faça uma avaliação objetiva dos pontos fortes e fracos do outro antes de mais nada, uma objetividade que poderá constituir-se em uma base sólida para o envolvimento futuro; caso o relacionamento tenha continuidade, será caracterizado por uma atitude realista e com os pés na terra, curiosamente divergente com seus interesses e comportamentos um tanto rebeldes. O amor e o casamento são mais comuns nesse relacionamento do que a amizade, pois os extremos da emoção despertada pela amizade podem ter um forte lado físico, que, positivo ou negativo, pode impedir atitudes mais controladas e diretas que, em geral, se tem com amigos e conhecidos. Se esse par se manifesta na esfera familiar, sobretudo quando os nascidos em Peixes-Áries e Touro III são irmãos, a oposição a um pai dado a julgar ou outro membro da família opressor pode no futuro estreitar esse laço, que se expressa em uma entidade protetora, afetuosa e quase indestrutível.

Conselho: *Abrande um pouco sua propensão afrontosa – não atire tudo na cara dos outros. Aceite o comportamento normal. Cultive a objetividade em todas as áreas da vida.*

RELACIONAMENTOS

PONTOS FORTES: ESPONTÂNEO, RICO EM FANTASIA, DESPRETENSIOSO

PONTOS FRACOS: REJEITADO, INCOMPREENDIDO, EXCÊNTRICO

MELHOR: IRMÃOS

PIOR: AMIZADE

OTTO KLEMPERER (14/5/1885)
WERNER KLEMPERER (22/3/20)

Otto Klemperer regeu a Orquestra Filarmônica de Londres durante os anos 1960. Seu filho ator, Werner, era mais conhecido por seu papel como o inepto Coronel Klink na série de tevê *Hogan's Heroes*. **Também: Jesus & Felipe Alou** (irmãos jogadores de beisebol); **William Morris & Dante Gabriel Rossetti** (colaboradores; artista/poeta).

RELACIONAMENTOS

PONTOS FORTES: PODEROSO, ORIENTADO PARA O TRABALHO, PERSPICAZ

PONTOS FRACOS: DEFENSIVO, DESCONFIADO, ORGULHOSO

MELHOR: TRABALHO

PIOR: AMOR

MALCOLM X (19/5/25)
SPIKE LEE (20/3/57)

O ativista Spike Lee, um dos cineastas proeminentes de filmes sobre a problemática negra, dirigiu o premiado *Malcolm X*, em 1992, 17 anos depois do assassinato da figura religiosa e politicamente controvertida. **Também: Dane Rudhyar & Alexander Ruperti** (astrólogos modernos).

19 a 24 de março
CÚSPIDE DO RENASCIMENTO
CÚSPIDE PEIXES-ÁRIES

19 a 24 de maio
CÚSPIDE DA ENERGIA
CÚSPIDE TOURO-GÊMEOS

Jogo de poder

A vontade de trabalhar juntos tem preeminência nesse relacionamento, mas o jogo de poder latente cria uma curiosa dificuldade na prática. Em geral, não há o conflito aberto; em vez disso, há competição cautelosa e divertida. Como nas artes marciais, ninguém baixa a guarda, mas tal postura defensiva impede a verdadeira intimidade. O ego e o orgulho – que desempenham papéis importantes neste relacionamento – também impedem a abertura, a doação incondicional e o compartilhar. A confiança terá de ser construída durante muito tempo; não se pode esperar que ocorra facilmente. A percepção de que a bondade, a aceitação e o amor têm uma espécie de força própria, que somente pode ser liberada pelo abandono do jogo de poder, deve ser um objetivo a se alcançar.

Os nascidos em Peixes-Áries e Touro-Gêmeos raramente se sentem completamente à vontade um com o outro. O respeito mútuo não existe em princípio; somente mais tarde surge a valorização dos talentos e das habilidades de cada um. Diferenças elementares prevalecem no início (os representantes de Peixes-Áries são uma combinação de água e fogo, e os de Touro-Gêmeos uma combinação de terra e ar), mas à medida que o relacionamento se desenvolve, o fogo e a terra – simbolizando a intuição e a sensação – em geral se tornam dominantes. Se o jogo de poder for deixado de lado, o relacionamento pode florescer nas atividades físicas, sejam esportes, sexo ou aventura. Os negócios também podem prosperar.

No início, em geral, os nascidos em Peixes-Áries sentem-se mais atraídos pela perspicácia e energia dos representantes de Touro-Gêmeos do que o contrário; em princípio, a complexidade emocional dos nascidos em Peixes-Áries pode até ser um pouco desestimulante para os nascidos em Touro-Gêmeos. Finalmente, porém, são fascinantes demais e os outros tendem a não resistir. Neste ponto, o pêndulo pende para a direção oposta e os nascidos em Touro-Gêmeos podem avançar de forma algo insensível, ferindo a sensibilidade dos representantes de Peixes-Áries ou afugentando-os. Dada essa tensão de vaivém, o relacionamento freqüentemente tem maior sucesso no local de trabalho, onde esses dois podem ser forçados a passar algum tempo juntos e a se conhecer melhor. Somente após estarem no mesmo comprimento de onda é que as relações amorosas e matrimoniais se tornam possíveis.

Conselho: *Confie mais na sua intuição. Use seu poder para alcançar objetivos comuns. Sintonize-se no poder do amor. Para ter sucesso, é preciso às vezes correr o risco de se machucar.*

RELACIONAMENTOS

PONTOS FORTES: RÁPIDO, TÉCNICO, PÉS NO CHÃO

PONTOS FRACOS: INSTÁVEL, IMPULSIVO, CRÍTICO

MELHOR: INTERESSE COMUM

PIOR: AMOR

VIRGINIA RAPPE (29/5/1896)
FATTY ARBUCKLE (24/3/1887)

A carreira do cômico do cinema mudo Arbuckle acabou em escândalo quando ele foi acusado da morte de Rappe, uma jovem atriz e modelo que morreu em razão de uma ruptura da bexiga que ocorreu após uma orgia com muita bebida. Ele foi inocentado após três julgamentos.
Também: Fatty Arbuckle & Dashiell Hammett (Hammett foi investigador no caso Rappe); **Pamela Harriman & Randolph Chumhill** (casados).

19 a 24 de março
CÚSPIDE DO RENASCIMENTO
CÚSPIDE PEIXES-ÁRIES

25 de maio a 2 de junho
SEMANA DA LIBERDADE
GÊMEOS I

Colisão frontal

Este relacionamento terá forte envolvimento com o mundo material. Peixes-Áries é uma mistura de água e fogo, e Gêmeos I é um signo de ar, portanto o relacionamento une os dois por meio da terra, simbolizando não somente sensualidade, mas também praticidade, atitudes pragmáticas e disposição para o trabalho e uma abordagem materialista da vida. Em geral, uma tendência ao intelecto, simbolizada pela troca de idéias, predomina no início do relacionamento; na carreira e na amizade há, com freqüência, também um interesse compartilhado por questões técnicas. A autocompreensão não é característica desse relacionamento, portanto gasta-se energia muitas vezes quando o dueto impulsivamente caminha para a direção errada, sobretudo quando as coisas estão indo bem. Somente quando o colapso ou a crise forçam a reorganização, seja de rotinas e hábitos ou no plano físico, a compreensão e a sensibilidade terão uma chance. A menos que ambos os parceiros compreendam a natureza prática do relacionamento (uma tarefa difícil na melhor das hipóteses para ambos), nenhum avanço ou desenvolvimento positivo será possível.

O fato de os nascidos em Gêmeos I não terem tempo nem interesse em satisfazer a necessidade dos nascidos em Peixes-Áries de serem compreendidos causa frustração no parceiro nessa combinação, sobretudo nos casos amorosos e casamentos. Mas os representantes de Gêmeos I realmente têm a objetividade mental que carecem os nascidos em Peixes-Áries e podem conseqüentemente ser de grande ajuda para eles, aconselhando ou orientando-os nas questões fiscais ou planejando sua carreira. Além disso, é difícil convencer os teimosos representantes de Gêmeos I e o imaginativo representante de Peixes-Áries da necessidade de rebater a idéia de alguém, o que pode ser uma fundamental caixa de ressonância.

Ambos os parceiros são extremamente rápidos em compreender idéias e conceitos, o que é um bom augúrio para canais abertos de comunicação entre eles no âmbito da família. Os nascidos em Gêmeos I têm fluência particular no tratamento de assuntos técnicos ou questões relativas ao movimento físico, e isso pode fascinar os nascidos em Peixes-Áries, que podem buscar ligar-se a tais atividades. Eles também podem satisfazer-se em serem espectadores, mas se realmente participarem dos interesses dos nascidos em Gêmeos I, um projeto comum pode ser a manifestação física que esse par requer.

Conselho: *Obtenha o máximo do presente antes de prosseguir para o futuro. Consolide. Mantenha-se com os pés no chão. Construa com solidez no plano físico.*

19 a 24 de março
CÚSPIDE DO RENASCIMENTO
CÚSPIDE PEIXES-ÁRIES

3 a 10 de junho
SEMANA DA NOVA LINGUAGEM
GÊMEOS II

Leve e solto

Este relacionamento prospera em contatos soltos e leves. Sua marca registrada é a ausência de responsabilidades ou de grandes exigências, que somente o faz afundar e o torna opressivo. O problema principal aqui é como manter o relacionamento intacto permitindo ao mesmo tempo o máximo de liberdade e escolha.

O relacionamento tem mais sucesso quando seus parceiros estão biologicamente ligados. Irmãos são particularmente favorecidos, mas combinações pais-filhos podem revelar-se íntimas e compreensivas. Na amizade, os nascidos em Peixes-Áries e Gêmeos II com freqüência relacionam-se uns com os outros como se fossem irmãos. Atividades familiares que incluem tais amigos, sejam passeios, piqueniques, jantares ou celebrações, em geral são bem-sucedidas.

É interessante notar que freqüentemente o relacionamento transcende uma fraqueza comum a ambos os parceiros: os nascidos em Peixes-Áries e Gêmeos II têm igualmente um traço excêntrico que pode se manifestar no envolvimento com outros como leviandade ou extrema falta de confiança. Combinados, todavia, esses dois mostram alto grau de prudência e responsabilidade e um intenso contato com a realidade. Essa atitude compartilhada pode incluir o entendimento de que se um dos parceiros estiver ausente ou temporariamente incapacitado para concluir sua parte, o outro estará pronto para trabalhar dobrado por algum tempo a fim de que tudo continue funcionando.

Provavelmente o relacionamento será vivo e estimulante. Os nascidos em Gêmeos II são muito divertidos e os representantes de Peixes-Áries podem ficar encantados ou ao menos entretidos com eles. Os nascidos em Gêmeos II também têm a capacidade de compreender e apreciar as voltas e os giros mentais fascinantes dos representantes da cúspide Peixes-Áries. Contanto que os contatos físicos e emocionais entre eles sejam mantidos leves e soltos, esse par pode cultivar um relacionamento bem-sucedido como amigos, companheiros de trabalho ou sócios em negócios durante anos.

Caso o relacionamento avance na direção do amor ou casamento, a maior dificuldade será a vulnerabilidade a novas atrações e envolvimentos. Aqui, manter o canal de comunicação aberto pode garantir a franca análise das necessidades e desejos. A honestidade é importante acima de tudo.

Conselho: *Não considere tudo garantido. Mantenha-se em contato. Não faça exigências grandes demais. Aja com responsabilidade. Mantenha em mente a regra de ouro.*

RELACIONAMENTOS

PONTOS FORTES: BENÉFICO, DIVERTIDO, SAGAZ

PONTOS FRACOS: DISTRAÍDO, SUPERFICIAL, INCONSTANTE

MELHOR: FAMÍLIA

PIOR: CASAMENTO

ROSIE STONE (21/3/45)
FREDDIE STONE (5/6/46)

O guitarrista Freddie e a pianista Rosie, sua irmã, foram membros do grupo original *Sly and the Family Stone*, formado em 1967. A banda multirracial bateu recordes de venda no final dos anos 1960 com *Everyday People*, *Dance to the Music* e *Everybody Is a Star* – todas canções sem ritmo marcado e otimistas. Nos anos 1970, a música do grupo passou a ter uma conotação mais violenta e militante.

---

19 a 24 de março
CÚSPIDE DO RENASCIMENTO
CÚSPIDE PEIXES-ÁRIES

11 a 18 de junho
SEMANA DO BUSCADOR
GÊMEOS III

Cavando mais fundo

Essa combinação, em geral, se move em uma direção positiva e mutuamente benéfica para os parceiros e pode revelar-se favorável em um espectro amplo de envolvimentos – amizade, amor, casamento. Além disso, ela é caracterizada pela paciência com a qual os parceiros lidam com o humor inconstante um do outro, e por seu estímulo mútuo no sentido de uma maior autocompreensão. Logo, em geral, a saúde e a estabilidade são importantes neste relacionamento. A única questão é até onde ela se desenvolverá, uma vez que o egoísmo também pode estar presente aqui. Em conseqüência, tanto casos amorosos quanto amizades nessa combinação podem depender de um delicado equilíbrio. A questão importante é se os parceiros vêem valor real na sustentação e no aprofundamento da união e se consideram importante manter sua impulsividade sob controle ou ainda se cedem às tentações que podem se revelar basicamente destrutivas. Sua atitude no relacionamento, então, é fundamental. Caso coloquem sua união em primeiro lugar e seus interesses individuais em segundo, o relacionamento terá chance de sobreviver. Caso contrário, ele será testado severamente e, talvez, desfeito.

Do lado positivo, os nascidos em Gêmeos III têm energia para acompanhar os representantes de Peixes-Áries, mas também possuem compreensão e paciência para lidar com seus vários humores. Os nascidos em Peixes-Áries podem ganhar muito dos nascidos em Gêmeos III, incluindo incentivo para se conhecer melhor. Os representantes de Gêmeos III também são bons com finanças e podem fornecer aos menos práticos Peixes-Áries a segurança financeira que podem nunca ter tido.

Por outro lado, os nascidos em Gêmeos III são extremamente independentes e não se amarram enquanto não se sentirem prontos para isso. Caso decidam se casar ou viver com um companheiro de Peixes-Áries, podem descobrir um lado todo novo e doméstico de sua personalidade. Na verdade, a busca do Gêmeos III por significado na vida pode deixar um representante de Peixes-Áries carente se sentindo abandonado. Mas se o relacionamento se tornar uma busca mútua, a vida de ambos os parceiros será aprofundada e enriquecida enormemente.

Conselho: *Decida até onde quer ir. Aprofunde seu comprometimento dando início à sua busca e permanecendo em seu caminho. Tenha cuidado com o ciúme e a desonestidade.*

RELACIONAMENTOS

PONTOS FORTES: SAUDÁVEL, PACIENTE, ENCORAJADOR

PONTOS FRACOS: IMPULSIVO, EGOÍSTA, SEDUTOR

MELHOR: CASAMENTO

PIOR: FAMÍLIA

JOSEF ALBERS (19/3/1888)
ANNI ALBERS (12/6/1899)

Josef Albers, pintor abstrato e escritor, e sua esposa Anni, designer inovadora no ramo têxtil, juntos exploraram a teoria do design e sua aplicação. **Também: Russ Meyer & Roger Ebert** (colaboradores cinematográficos); **Paul Reiser & Helen Hunt** (ator/atriz, *Mad About You*); **Gary Oldman & Isabella Rossellini** (noivos); **Diaghilev & Stravinsky** (colaboradores no balé); **J.D. Rockefeller III & J.D. Rockefeller IV** (pai/filho).

RELACIONAMENTOS

PONTOS FORTES: PROFUNDO, MAGNÉTICO, APAIXONADO

PONTOS FRACOS: PERIGOSO, MODESTO, COMBATIVO

MELHOR: FAMÍLIA

PIOR: CONHECIDOS

AYRTON SENNA (21/3/60)
JUAN MANUEL FANGIO (24/6/11)

Estes sul-americanos foram os pilotos de Fórmula-1 mais importantes de sua geração. Fangio ganhou o campeonato mundial 5 vezes nos anos 1950; Senna, que idolatrava Fangio, venceu 3 vezes. Senna morreu em 1994 vítima de uma colisão numa corrida.

---

19 a 24 de março
CÚSPIDE DO RENASCIMENTO
CÚSPIDE PEIXES-ÁRIES

19 a 24 de junho
CÚSPIDE DA MAGIA
CÚSPIDE GÊMEOS-CÂNCER

Aparição perigosa

Este pode ser um relacionamento perigoso, mas também irresistivelmente magnético. Como um gênio na garrafa, uma vez libertado pode não ser fácil controlar. A atração inicial aqui pode ser forte uma vez que sentimentos hipnotizantes lançam seu encantamento mágico. Poderes misteriosos e obscuros há muito removidos da experiência diária podem unir os parceiros em um abraço apaixonado. Evocar tais forças pode ter consequências de amplo alcance.

Ambos os parceiros arriscam ser tragados por esse relacionamento. Seu amor pode ser profundo, contendo lições de vida importantes guardadas para eles, mas pode ao mesmo tempo exigir um grau de modéstia e negação do ego que com o passar do tempo pode não ser saudável. Ao venerar o relacionamento à custa de seu próprio eu, os parceiros podem sentir-se exigidos a sacrificar muito de sua respectiva identidade. Terão que ter firmeza e praticidade e estabelecer limites claros se quiserem evitar a dissolução da responsabilidade pessoal e a perda do auto-respeito.

Um relacionamento casual entre representantes da cúspide Peixes-Áries e Gêmeos-Câncer é, em geral, impossível, uma vez que despertam uma enorme tempestade de emoções um no outro. É mais fácil que se tornem adversários ou até inimigos do que conhecidos ou amigos superficiais. Os nascidos em Peixes-Áries são propensos a criticar de uma maneira agressiva, mas os representantes de Gêmeos-Câncer têm como revidar, e em geral basta-lhes virar as costas e rejeitar por meio do silêncio. Se contiverem seu entusiasmo, admiração, atenção ou amor, os nascidos em Gêmeos-Câncer atingem o ego dos nascidos em Peixes-Áries bem no ponto que realmente dói.

Como pais, os Peixes-Áries podem ser extremamente carinhosos e protetores com seus filhos Gêmeos-Câncer, mas também podem mimá-los com adoração excessiva. Os nascidos em Gêmeos-Câncer, por sua vez, podem aceitar e compreender seus filhos de Peixes-Áries a um grau que os faz bons pais de forma geral, embora também possam ficar decepcionados com a rebeldia dos filhos. Como irmãos, os nascidos em Peixes-Áries e Gêmeos-Câncer certamente brigam muito, mas podem manter-se unidos por um vínculo de emoção e simpatia, que muito provavelmente continuará na vida adulta.

Conselho: *Avance com cuidado. Não se atole em dívidas. Mantenha o auto-respeito. Prazer excessivo pode ser um sinal perigoso. Sirva em vez de sacrificar-se.*

RELACIONAMENTOS

PONTOS FORTES: PROTETOR, COMPREENSIVO, TRABALHADOR

PONTOS FRACOS: INCONSCIENTE, VULNERÁVEL, PROPENSO A CRISES

MELHOR: TRABALHO

PIOR: FAMÍLIA

CHARLES ROBB (26/6/39)
LYNDA BIRD JOHNSON (19/3/44)

Uma das duas filhas do Presidente Lyndon Johnson, Lynda Bird conheceu o hoje senador pela Virgínia "Chuck" Robb quando ele era ajudante-de-ordens da administração Johnson. O casamento bem-sucedido teve 3 filhas. **Também: Lynda Bird Johnson & Luci Baines Johnson** (irmãs); **Carl Reiner & Mel Brooks** (colaboradores comediantes).

---

19 a 24 de março
CÚSPIDE DO RENASCIMENTO
CÚSPIDE PEIXES-ÁRIES

25 de junho a 2 de julho
SEMANA DA EMPATIA
CÂNCER I

Lições a serem aprendidas

Proteção, segurança e enriquecimento mútuos figuram aqui fortemente. Mas apesar desses objetivos comuns e vínculos sentimentais, o relacionamento também pode ser caracterizado pela falta de percepção que impede que ele alcance real profundidade emocional. Se for confrontado por dificuldades, internas ou externas, essa falta de percepção o deixará aberto ao trauma e ao embate psicológicos e, basicamente, é provável que termine em separação. No entanto, o grau de percepção pode ser aumentado. Isso pode não ser fácil, pois haverá grande complexidade emocional, mas esforços conscientes e determinados devem ser feitos para atingir esta maior percepção. Para garantir o vínculo interno forte o suficiente para suportar circunstâncias adversas, um processo de aprendizado e compreensão deve ser empreendido.

Muitos nascidos em Câncer I são tipos agressivos, que necessitam falar francamente; mas se insistem nisso, é improvável que os representantes de Peixes-Áries se sujeitem a um papel passivo por muito tempo. Amizades e relacionamentos amorosos dessa combinação têm mais condições de vingarem se o representante de Peixes-Áries assumir o comando, enquanto o nascido em Câncer I mantém-se em papel secundário, renunciando ao controle. Neste caso, todavia, a natureza sincera e direta do representante de Peixes-Áries pode magoar o sensível Câncer I, abrindo uma brecha entre eles. Pelo lado vantajoso, tanto os nascidos em Peixes-Áries quanto os nascidos em Câncer I compartilham a emoção e sensibilidade profundas, o que podem fazê-los aprender as lições necessárias para esse relacionamento se aprofundar e prosperar.

Esse relacionamento pode talvez ser mais bem-sucedido quando colocado a serviço de uma causa comum na qual o Câncer I e o Peixes-Áries são parceiros e colegas. Através de trabalho árduo e compromissado, o relacionamento frutificará não só financeira, mas também espiritualmente, permitindo que ambos construam os vínculos necessários de confiança e aprendam lições práticas um sobre o outro (e sobre dinheiro) que são fundamentais para o sucesso contínuo. Felizmente, a empatia característica do Câncer I percebe logo quando os nascidos em Peixes-Áries não se sentem bem e sabe quando deve ser receptivo aos seus humores sem os mimar. Um representante de Peixes-Áries impressiona-se com a habilidade de um Câncer I de gerar idéias, mas insiste em que sejam exercitadas a concentração e a devoção necessárias para a execução desses planos.

Conselho: *Aprenda com as suas experiências. A análise é a chave para a compreensão. Enfrente os problemas honestamente. Empenhe-se para aumentar sua percepção. Trabalhe por uma causa comum.*

19 a 24 de março
CÚSPIDE DO RENASCIMENTO
CÚSPIDE PEIXES-ÁRIES

3 a 10 de julho
SEMANA DO NÃO-CONVENCIONAL
CÂNCER II

Genuína fascinação

Esta união naturalmente magnética é caracterizada por uma vida rica e plena de fantasia. Uma ligação cheia de sentimentos profundos, o relacionamento se caracteriza por visões imaginativas que podem se manifestar no dia-a-dia, como decoração e projetos de interiores incomuns do lar, por exemplo, ou no hábito de colecionar objetos raros. Também pode haver atração por indivíduos e experiências singulares, criando um caleidoscópio em eterna mudança de interesses e atividades.

No início desse relacionamento, pode ser feita a escolha sobre qual das duas direções seguir: a ultra-romântica, por um lado, ou a platônica, por outro – isto é, uma amizade ou sociedade comercial que impõe limites ao envolvimento pessoal. Caso o envolvimento romântico seja o escolhido, é provável que surjam problemas envolvendo a atração por terceiros, e conseqüentemente ciúme, possessividade e frustração. Em geral, os nascidos em Peixes-Áries ficam de olho em alguém. Todavia, os nascidos em Câncer II podem ser muito engenhosos para segurar quem amam. Podem ser inteligentes o bastante para dar o espaço que os Peixes-Áries necessitam, deixando-os pensar que são mais livres do que realmente são.

A rejeição pode ser outra questão, caso essa combinação se torne romântica – os nascidos em Câncer II que forem rejeitados pelos representantes de Peixes-Áries podem não reagir bem a isso. Tornando-se mais convencidos do que nunca da necessidade de amar completamente, podem afundar em um poço de depressão, recusando-se reconhecer a inutilidade de seu desejo pelo representante de Peixes-Áries. Os nascidos em Câncer II devem ter muito cuidado para não prescindirem de sua auto-estima e dignidade em tais situações. Não devem se viciar no amor não correspondido.

Quando esse relacionamento vai bem, por outro lado, seja ele romântico ou platônico, a admiração mútua dos parceiros das qualidades imaginativas de cada um é mais do que suficiente para mantê-lo durante anos. Caso se manifeste no âmbito do trabalho, como um elemento na carreira, em campos como o da propaganda, o das relações públicas, o de design ou o de moda, não há limite para o sucesso que o relacionamento pode alcançar.

Conselho: *Cuidado com o vício sexual e amoroso. Seja objetivo nos relacionamentos interpessoais. O comportamento exigente pode afastá-lo. Ponha para funcionar sua imaginação e sua fantasia.*

RELACIONAMENTOS

PONTOS FORTES: PROFUNDO DE SENTIMENTOS, MAGNÉTICO, PERCEPTIVO

PONTOS FRACOS: OFENDIDO, REJEITADO, CIUMENTO

MELHOR: AMIZADE, NEGÓCIOS

PIOR: CASAMENTO

SERGEI DIAGHILEV (19/3/1872)
JEAN COCTEAU (5/7/1889)

Poeta, romancista, teatrólogo, cineasta, pintor e figura proeminente do *avant garde* de Paris nos anos 1920 e 1930, o francês Cocteau colaborou com Diaghilev, fundador do famoso Balé Russo em Paris, na criação do cenário para o balé *Parade*. **Também: John D. Rockefeller III & John D. Rockefeller** (neto/avô; empresário-filantropo).

---

19 a 24 de março
CÚSPIDE DO RENASCIMENTO
CÚSPIDE PEIXES-ÁRIES

11 a 18 de julho
SEMANA DO PERSUASIVO
CÂNCER III

Reforma zelosa

Este relacionamento caracteriza-se pela convicção de que sabe o que é certo, não só para seus próprios membros, mas também para o resto do mundo. Conselhos nem sempre são bem-vindos, é claro, nem os grupos mudam facilmente; portanto, esses dois devem estar prontos para uma árdua luta para convencer os outros da correção de suas opiniões, mas é um par com grande carisma. Nas discussões, não se prendem a fatos frios e áridos, mas se esforçam para persuadir por meio de demonstrações temperamentais, assim como de charme. Uma dinâmica interpessoal interessante surge nesse relacionamento. Os nascidos em Câncer III são talvez mais agressivos do que gostariam os representantes de Peixes-Áries. Realistas, não poupam qualquer negligência dos nascidos em Peixes-Áries e os forçam a encarar suas deficiências. Isto pode contribuir para tensões, mas também significa que os representantes de Câncer III podem ser bons gerentes, e, às vezes, até cônjuges para os Peixes-Áries, cujas melhores qualidades eles realmente reconhecem e apreciam e que podem direcionar para um objetivo alcançável. Quando os nascidos em Peixes-Áries abordam de forma direta os representantes de Câncer III sobre um assunto importante, como é de seu feitio, aqueles em princípio podem parecer concordar com eles, sobretudo para evitar discussão, mas mais tarde agem de forma sutil para orientá-los a uma nova posição. Os nascidos em Peixes-Áries que percebem isso podem se sentir manipulados, criando ressentimentos que podem, finalmente, resultar em um desafio direto da autoridade do Câncer III. Mas os nascidos em Câncer III podem espertamente permitir que os representantes de Peixes-Áries pensem que estão no comando, evitando dessa forma atrito, enquanto ainda mantêm o controle. A estabilidade e solidez necessárias no casamento ou em outro relacionamento amoroso de longa duração em geral estão ausentes aqui. Pode haver uma certa atração, mas é provável que qualquer envolvimento sexual seja breve, embora intenso. Uma compreensão maior pode surgir após um caso amoroso, quando uma amizade mais duradoura pode se seguir.

Conselho: *Cuide do seu nariz e deixe os outros ser o que são. Não dê conselhos com tanta liberdade. Aprenda a recuar. Permita que as coisas aconteçam do jeito dos outros.*

RELACIONAMENTOS

PONTOS FORTES: COMBATIVO, PERSISTENTE, PERCEPTIVO

PONTOS FRACOS: INTROMETIDO, MANIPULADOR, INDESEJÁVEL

MELHOR: SEXUAL, AMIZADE

PIOR: CASAMENTO

HARRIET NELSON (18/7/12)
OZZIE NELSON (20/3/06)

Ozzie e Harriet Nelson, juntamente com seus filhos Ricky e David, foram membros da família idílica americana do sitcom da tevê *Ozzie and Harriet* (1952-66) na vida real. **Também: Stephen Sondheim & Oscar Hammerstein II** (compositor/mentor); **William Shatner & Patrick Stewart** (capitães da série *Guerra nas Estrelas 2*).

| RELACIONAMENTOS |

PONTOS FORTES: COMUNICATIVO, CARINHOSO, EMPÁTICO

PONTOS FRACOS: PROMÍSCUO, CIUMENTO, POUCO PRÁTICO

MELHOR: AMOR

PIOR: TRABALHO

PAT RILEY (20/3/45)
CHUCK DALY (20/7/30)

Os treinadores de basquete Riley e Daly foram rivais nas finais da NBA em 1988 e 1989. Em 1988 Riley levou os LA Lakers à vitória em uma série disputada; em 1989 o Detroit Pistons de Daly se equiparou ao ganhar o título em um circuito de 4 jogos. **Também: Glenn Close & Woody Harrelson** (romance; atores); **Marcel Marceau & Etienne Decroux** (mímico/professor).

---

19 a 24 de março
CÚSPIDE DO RENASCIMENTO
CÚSPIDE PEIXES-ÁRIES

19 a 25 de julho
CÚSPIDE DA OSCILAÇÃO
CÚSPIDE CÂNCER-LEÃO

Sintonizados

Este pode ser um relacionamento excitante e profundamente pessoal, concentrado em ser ele mesmo e expressando emoções bastante individuais. Ambos os parceiros conferem-lhe o dom da intuição, da paixão e da empatia, qualidades associadas aos elementos dominantes do relacionamento fogo (Áries e Leão) e água (Peixes e Câncer). Em combinação, esses dons se reforçam, e o relacionamento contribui mais com eles dando-lhes um alto grau de compatibilidade mental e física. O par, então, é marcado pela fácil comunicação e pelo prazer sexual. No relacionamento nunca haverá exigências indevidas aos parceiros, uma vez que sempre a troca flui livre e com facilidade entre eles. Nenhum terá que dar desculpas pelo seu comportamento ou reprimir seus instintos básicos.

A natureza despreocupada dessa combinação faz com que qualquer tipo de relacionamento que a contenha tenha possibilidade de sucesso, incluindo trabalho ou negócios. Se bem pesado, no entanto, é mais adequado ao amor e à amizade. Os namorados de Peixes-Áries e Câncer-Leão, em geral, se sentem bem nesse relacionamento e estão na maior parte das vezes satisfeitos. Eles em silêncio gozam de prazer e compreensão um em relação ao outro – sentem estar no mesmo comprimento de onda. Aqui só um olhar conta toda a história. Neste relacionamento, amor e afeição podem ser expressos de uma forma fácil, sem demonstrações públicas de emoção ou necessidade de impressionar o outro. O casamento pode ser bem-sucedido também, contanto que seja estabelecida uma base financeira e emocional estável. Para fornecer esse tipo de segurança se faz necessário algum trabalho, e ambos os parceiros podem ter que desistir de uma parcela de liberdade a fim de estabelecer alguns limites à sua impulsividade. Na família, a empatia entre esses dois favorece os pares pais-filhos e irmãos.

Os nascidos em Peixes-Áries e Câncer-Leão devem ter cuidado, contudo, para não desistir de suas prerrogativas individuais, sobretudo quando se refere a outras pessoas. Têm a necessidade e o desejo de compartilhar um com o outro, e podem ser abertos o suficiente para compartilhar com um círculo de amigos comuns. Também é possível, no entanto, que o ciúme e a possessividade surjam como um fator destrutivo. Colocar seu relacionamento em primeiro lugar mantendo ao mesmo tempo certas áreas de suas vidas privadas e exclusivas pode lhes dar a estabilidade necessária.

Conselho: *Compartilhe, mas não se desfaça de tudo. Às vezes você tem que falar francamente. Não considere que tudo está garantido. Respeite a intimidade dos outros.*

| RELACIONAMENTOS |

PONTOS FORTES: INTERDEPENDENTE, DINÂMICO, CONFIANTE

PONTOS FRACOS: ONISCIENTE, REBELDE, POLARIZADO

MELHOR: TRABALHO

PIOR: AMOR

WILLIAM MORRIS (24/3/1834)
GEORGE BERNARD SHAW (26/7/1856)

Ambos reformadores sociais, Morris, o artista e poeta vitoriano que liderou o Movimento *Arts and Crafts,* e o cidadão inglês, dramaturgo e crítico Shaw compartilharam a lealdade ao Socialismo Fabiano. Em 1887 caminharam juntos em uma famosa passeata socialista em Trafalgar Square, Londres.

---

19 a 24 de março
CÚSPIDE DO RENASCIMENTO
CÚSPIDE PEIXES-ÁRIES

26 de julho a 2 de agosto
SEMANA DA AUTORIDADE
LEÃO I

Puxando juntos

A questão central nesse relacionamento é a do domínio e da independência. Por mais forte ou por mais veraz que seja a voz da autoridade, surgem impulsos rebeldes que clamam por ser ouvidos. O reconhecimento é uma questão importante aqui: como pode uma voz baixinha e íntima ser reconhecida quando a autoridade que a reconhece acaba de afirmar os fatos do caso? O que ficou para ser dito – talvez uma pequena brincadeira, um volteio ligeiramente diferente, uma nova idéia? E se, apenas desta vez, a poderosa autoridade estiver errada?

Nenhum relacionamento pode ser dominado completamente por um dos seus parceiros – se puder, não é realmente um relacionamento. No caso em questão, o domínio de Leão I pode ser simplesmente demais para o Peixes-Áries suportar, o qual pode simplesmente recuar. Além disso, uma vez que os nascidos em Leão I gastam tanto tempo com sua carreira, pode ser difícil para eles dar aos representantes de Peixes-Áries verdadeira atenção. Ainda assim, é possível uma interação aqui, se não nas áreas de amor e amizade, então certamente na do trabalho, onde os nascidos em Peixes-Áries podem oferecer idéias imaginativas que os nascidos em Leão I modelam, dão forma e depois implementam. Muito pode ser aprendido nesse relacionamento sobre o valor de se ter um ego forte e sobre os problemas que um ego pode criar nas interações das pessoas com o mundo. Os nascidos em Peixes-Áries, por sua vez, quando se esforçam para se manter firmes no relacionamento, podem aprender alguma coisa sobre o perigo de ir muito longe na arrogância. Inseguranças podem surgir, as quais desequilibram temporariamente o relacionamento, mas também podem levar ao reconhecimento da vulnerabilidade, à admissão de erros e à abertura. Essas são as lições de ser humano. Além disso, os elementos que distraem nesse relacionamento podem ser algo mais que o tédio; podem levar ao relaxamento e à diversão.

A questão da dependência também aparece na interação de pais e filhos. Pais autoritários de Leão I podem provocar revolta em filhos de Peixes-Áries ou fazer com que se retraiam, magoados. Um perigo maior, talvez, é a dependência em excesso, com filhos do Peixes-Áries cultuando pais de Leão I aparentemente oniscientes. É preciso que haja um certo equilíbrio que permita a independência produtiva, onde o relacionamento possa crescer sem polarização irritante.

Conselho: *Permita a vulnerabilidade. Admita os erros. Cresça com as experiências mútuas. Permita que a voz baixinha seja ouvida. Estimule os esforços interdependentes.*

19 a 24 de março
CÚSPIDE DO RENASCIMENTO
CÚSPIDE PEIXES-ÁRIES

3 a 10 de agosto
SEMANA DA FORÇA EQUILIBRADA
LEÃO II

Águias que voam alto

Em poucas palavras, esse relacionamento se baseia na liberdade. Sendo assim, ele inclui muita impaciência e indisposição para se comprometer – mas também uma verdadeira retidão e aversão ao subterfúgio e à desonestidade. O outro lado dessa moeda é que qualquer subtexto psicológico profundo pode revelar-se insondável para os parceiros e muito penoso para decifrar. O tempo, a inclinação e a capacidade para compreender e para expressar simpatia plenamente desenvolvida pode ser insuficiente ou até ausente.

O relacionamento poderá alcançar mais sucesso no plano da amizade – contanto que a liberdade individual possa ser mantida. Se o for, os parceiros devem ser capazes de viver de acordo com suas responsabilidades. Os nascidos em Leão II estão entre as pessoas mais leais do ano, e os representantes de Peixes-Áries se beneficiarão se puderem contar com a ajuda deles em momentos de crise. Os nascidos em Leão II podem ter dificuldade para lidar com os altos e baixos emocionais e ocasionais desesperos dos nascidos em Peixes-Áries, mas eles podem satisfazer-se com a possibilidade de ajudar de uma maneira objetiva e de ver os resultados positivos de sua contribuição. Ambos os parceiros valorizam essa amizade e são sérios na sua manutenção.

Os elementos ardentes do relacionamento entre Peixes-Áries e Leão II podem facilmente encontrar expressão em um caso amoroso, mas os nascidos em Leão II podem ser muito exigente e controladores no domínio físico para os Peixes-Áries. Embora encantados inicialmente com as qualidades mais efêmeras do Peixes-Áries, o Leão II também pode carecer de uma certa sensibilidade, deste modo os nascidos em Peixes-Áries finalmente se sentem desprestigiado e não-satisfeitos. Caso um representante de Leão II tente uma investida direta ao afeto de um Peixes-Áries ou seja muito agressivo no discurso ou na ação, a pessoa nascida em Peixes-Áries pode ser afastada e simplesmente fugir tranqüilamente, considerando que o caso não vale a pena. Esse relacionamento raramente terá uma vida longa. Não só será minado por problemas, mas a necessidade constante de liberdade individual tornará o casamento ou uma situação mais permanente difícil de ser mantida. Por outro lado, a admissão de fracasso completo muitas vezes custará a chegar, de modo que alguns relacionamentos dessa combinação continuam de forma insistente quando deveriam realmente ser deixados de lado. Uma atitude resignada freqüentemente acompanha relacionamentos problemáticos. No caso de Peixes-Áries e Leão II não é diferente.

Conselho: Liberdade pode ser importante, mas também o é a cooperação. Admitir o fracasso pode ser um passo positivo – desistir pode significar conquistar.

RELACIONAMENTOS

PONTOS FORTES: HONESTO, SÉRIO, ABRASADOR

PONTOS FRACOS: PROBLEMÁTICO, INTRANSIGENTE, FATIGANTE

MELHOR: AMIZADE

PIOR: CASAMENTO

FLO ZIEGFELD (21/3/1867)
BILLIE BURKE (7/8/1886)

Ziegfeld, o empresário que produziu o pródigo *Follies* na Broadway, teve grande influência nos musicais de Hollywood nos anos 1930. Sob sua égide, a carreira em comédias musicais de Burke atingiu o estrelato. Foram casados até a morte de Ziegfeld em 1932. **Também: Princesa Eugênia & Rainha Mãe** (bisneta/bisavó); **Princesa Eugênia & Princesa Beatriz** (irmãs; filhas de Fergie e Andrew).

---

19 a 24 de março
CÚSPIDE DO RENASCIMENTO
CÚSPIDE PEIXES-ÁRIES

11 a 18 de agosto
SEMANA DA LIDERANÇA
LEÃO III

Domando o tigre

Há uma necessidade neste relacionamento de tomar energias caprichosas nas mãos, dando-lhes forma e direcionando-as. A paixão encontra aqui um terreno fértil, mas toda e qualquer energia autoritária, dentro ou fora do relacionamento, não será tolerada; essas paixões devem ser subjugadas, contanto que isso seja feito com dignidade e escolha. Na melhor das hipóteses, a combinação entre Peixes-Áries e Leão III pode dar direção a um projeto ou juntar sentimentos sutis e defini-los. Nenhuma tentativa deve ser feita para alquebrar o espírito fortemente independente desse relacionamento.

Uma vez que é extremamente difícil para os parceiros desse relacionamento admitir seus erros, é provável que surjam contendas entre eles, cada um reivindicando ser infalível. O fim de uma discussão arrasadora e prolongada pode vir como exaustão ou trégua constrangida, mas raramente como concessão mútua ou um pedido de desculpa. Talvez a abordagem mais realista seja concordar em discordar, ou pelo menos concordar em não discutir. Infelizmente, isso de pouco serve para solucionar os problemas do relacionamento. Um árduo esforço se faz necessário para manter os canais de comunicação abertos e avançar visando estabelecer a aceitação e a compreensão.

Tanto os nascidos em Peixes-Áries quanto em Leão III são indivíduos emocionalmente misteriosos que vivem em um mundo de sentimentos complexos. O aspecto apaixonado de um relacionamento erótico entre eles pode facilmente se tornar uma saída para cada um expressar tais sentimentos, sejam positivos ou negativos, e seu relacionamento pode revelar-se extremamente satisfatório e até duradouro. No entanto, o controle de energias desordenadas é fundamental nessa combinação, e as emoções fortes que ameaçam a estabilidade desse relacionamento provavelmente levam à sua ruptura. Mesmo assim, ele pode alcançar uma intensidade que ambos os parceiros se lembrarão por toda a vida. Caso seja possível algum tipo de equilíbrio ou direcionamento das energias determinadas e caprichosas presentes nesse relacionamento, muito pode ser alcançado.

Seja na amizade ou nos casos amorosos, a chave para a confiança plena nesse relacionamento pode residir na admissão dos erros e das fraquezas. Qualquer ato de perdão aqui, qualquer freio à tendência de culpar ou entrar em uma viagem de culpa pode ser uma grande vitória. Finalmente, a domesticação do tigre exige perseverança e respeito.

Conselho: A relação senhor-escravo não funciona. O respeito mútuo é a chave. A maestria pode ser adquirida com paciência. Evite a culpa. Equilibre energias caprichosas.

RELACIONAMENTOS

PONTOS FORTES: IMPERIOSO, DESAFIADOR, INDEPENDENTE

PONTOS FRACOS: DESORDEIRO, INFALÍVEL, GENIOSO

MELHOR: SEXUAL

PIOR: TRABALHO

JOHN DEREK (12/8/26)
URSULA ANDRESS (19/3/36)

A magnífica Andress e o elegante ator Derek foram considerados o casal de aparência perfeita até seu divórcio, em 1966. Derek mais tarde se casou com a sereia muito mais jovem Bo Derek. **Também: Andrew Lloyd Webber & Sarah Brightman** (casados; compositor/socialite); **Lynda Bird Johnson & George Hamilton** (romance; filha do presidente/ator).

RELACIONAMENTOS

PONTOS FORTES: SENSUAL, INTELIGENTE, COMUNICATIVO

PONTOS FRACOS: PRECÁRIO, ISOLADO, AUTOCENTRADO

MELHOR: AMOR

PIOR: CASAMENTO

WILLIAM HURT (20/3/50)
MARLEE MATLIN (24/8/65)

Hurt teve um relacionamento que recebeu grande publicidade durante vários anos com Marlee Matlin, atriz surda, ganhadora do Oscar pelo filme *Filhos do Silêncio* (1986), no qual Hurt foi protagonista. **Também: Baronesa Maria Vetsera & Arquiduque Rudolf** (amantes desditosos); **Stephen Sondheim & Leonard Bernstein** (colaboradores); **Spike Lee & Reggie Miller** (celebridades, adversários).

---

19 a 24 de março
CÚSPIDE DO RENASCIMENTO
CÚSPIDE PEIXES-ÁRIES

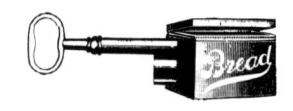

19 a 25 de agosto
CÚSPIDE DA EXPOSIÇÃO
CÚSPIDE LEÃO-VIRGEM

Linguagem oculta

O desequilíbrio aparece com força neste relacionamento, porém a comunicação fácil pode ser um fator estabilizador. A união entre Peixes-Áries e Leão-Virgem tira o foco de si, e compartilha fatos sobre os outros ou assuntos que estão fora dos limites dos outros, e o tom reservado e privado que muitas vezes resulta dessa preferência pode se tornar uma base para amizade: essencialmente, esses dois têm uma linguagem própria, que muitas vezes é sussurrante. Deve-se ter cuidado em tal relacionamento para não cair em padrões de isolamento que separam os dois do mundo, de modo que percam contatos humanos essenciais.

Apesar de valer-se da expressão "nós contra o mundo", o relacionamento sofre de uma instabilidade inerente, que exige ajustes significativos de ambos os parceiros para se contraporem a isso. A natureza muitas vezes precária do relacionamento cria excitação e imprevisibilidade, e não incentiva a realizar as tarefas comuns da vida cotidiana. Os nascidos em Leão-Virgem sentem-se muitas vezes atraídos pelos nascidos em Peixes-Áries, mas podem não revelar seus sentimentos durante muito tempo. Se e quando finalmente se abrem e descobrem que o representante de Peixes-Áries está igualmente atraído, os resultados podem ser irresistíveis e desordenados. Caso seus sentimentos não sejam correspondidos imediatamente, por outro lado, os nascidos em Leão-Virgem podem afastar-se infelizes em vez de perseverar. Em geral, muito ciosos de seus sentimentos, evitam ou fogem de uma situação na qual se sintam rejeitados, em vez de tentar consegui-la de forma masoquista.

Embora os nascidos em Peixes-Áries e Leão-Virgem compartilhem o elemento comum fogo (Áries e Leão são signos de fogo), o Peixes aquoso está mais preocupado com os sentimentos e o Virgem terreno com os assuntos e as atividades práticas. O elemento ardente pode emprestar paixão para qualquer relacionamento amoroso, e ao menos a curto prazo esses dois podem elevar-se às alturas da experiência sensual. É o elemento ausente – o ar – e sua orientação forte mental que pode se tornar o verdadeiro motivo do sucesso de um relacionamento entre Peixes-Áries e Leão-Virgem. Por meio de planejamento inteligente e criterioso, por exemplo, esse casal pode assegurar uma boa base financeira para si. O desenvolvimento do bom senso se revela um forte fator estabilizador em que sempre se pode confiar.

Conselho: *A excitação não é o melhor objetivo. Use seu bom senso. Não torne sua comunicação tão exclusiva. Cuidado com o isolamento.*

RELACIONAMENTOS

PONTOS FORTES: LIBERTADOR, ESTRUTURADO, EXPANSIVO

PONTOS FRACOS: DISPERSO, CONFUSO, DESORDEIRO

MELHOR: CASAMENTO

PIOR: AMOR

WILLIAM MORRIS (24/3/1834)
EDWARD BURNE-JONES (28/8/1833)

O artista, designer, poeta e artesão Morris encontrou Burne-Jones, um grande pintor e designer, em Oxford. Colaboradores e amigos de toda a vida, Burne-Jones foi um primoroso ilustrador da editora Kelmscott de Morris, fundada em 1890. **Também: Lynda Bird Johnson & Lyndon Johnson** (filha/pai).

---

19 a 24 de março
CÚSPIDE DO RENASCIMENTO
CÚSPIDE PEIXES-ÁRIES

26 de agosto a 2 de setembro
DOS CONSTRUTORES DE SISTEMAS
VIRGEM I

Passos gigantes

É característico desse relacionamento procurar alcançar as estrelas, mas mantendo os pés no chão. Pensamentos e ações livres, muitas vezes caóticos e ricos em fantasia, são típicos dele, mas podem ser administrados de forma eficaz pelo estabelecimento de algumas regras simples. A introdução de ordem nas diferentes áreas da vida, em casa e no local de trabalho, tende a equilibrar energias mais esparsas. Ao contrário, também é verdade que a aceitação por esta combinação de uma pequena liberdade de espírito estimula os parceiros a deixar de lado um estilo mais formal, de maneira que o relacionamento permite que eles se tornem mais expressivos e vibrantes. Em geral, o relacionamento é mais bem-sucedido na esfera da amizade, no trabalho ou no casamento do que no plano amoroso, onde elementos instáveis podem surgir, e que levam rapidamente os parceiros a estados de transtorno emocional..

Freqüentemente, os nascidos em Virgem I se envolvem justamente com a pessoa errada. Os nascidos em Peixes-Áries podem facilmente se ajustar a este quadro, sobretudo se forem tipos carentes que sugam a energia dos nascidos em Virgem I. Por outro lado, muitos Peixes-Áries têm humor suficiente para permitir que os nascidos em Virgem I os façam dar uma pausa à sua tendência para a compulsividade e o trabalho em excesso. Os principais problemas entre esses dois são que Virgem I pode ter dificuldade com essa energia tempestuosa de Peixes-Áries e pode ter que se retirar para seu próprio mundo, enquanto os nascidos em Peixes-Áries podem ser incapazes de suportar as atitudes dominadoras e proibitivas de Virgem I, sobretudo com relação ao dinheiro.

No entanto, esse relacionamento às vezes pode assumir proporções gigantescas e, como uma usina extremamente ampla e energética, pode precisar ser posta em ordem e reduzida de tamanho. Encontrar um senso apropriado de proporção, tanto dentro do relacionamento quanto com relação à vida diária em torno dele, talvez seja o maior desafio.

Conselho: *Reduza suas atividades. Não seja tão dominador. Mantenha tudo em perspectiva. Empenhe-se por equilíbrio e proporção. Não ignore assuntos urgentes.*

19 a 24 de março
CÚSPIDE DO RENASCIMENTO
CÚSPIDE PEIXES-ÁRIES

3 a 10 de setembro
SEMANA DO ENIGMA
VIRGEM II

Exploração intrépida

Não é raro um relacionamento originar-se de um desentendimento, mas um encontro entre Peixes-Áries e Virgem II tem uma probabilidade maior do que a média de resultar de tal acontecimento ou de alguma outra ocorrência rara: ambos os parceiros têm uma tendência a ser mal compreendidos ou mal-interpretados. Pelo lado vantajoso, isso significa que esses dois podem encontrar um no outro um ponto comum de empatia. Dois negativos formam um positivo; da mesma forma, o relacionamento que resulta dessa combinação sinergética pode ser muito mais forte do que os indivíduos que o constituem. Apropriadamente, dada a aparente natureza desajustada das duas partes, esse relacionamento concentra-se em criar um mundo particular, havendo tempo para a exploração e o reconhecimento internos. Uma vez que os laços de confiança e parceria sejam formados, podem resultar momentos catárticos e extáticos de revelação mútua. Os dois podem então estar prontos para desafios futuros, tanto na área de crescimento psicológico e espiritual, quanto nas questões do mundo exterior – família, sociedade, trabalho.

É possível que os nascidos em Peixes-Áries e Virgem II criem um vínculo permanente forte, seja como amigos, amantes ou cônjuges. Surgirão obstáculos, certamente, mas a compreensão mútua entre esses dois pode ser tão grande que eles não terão medo de problemas e desafios pessoais, e poderão, na realidade, se sentirem estimulados com eles. Uma das maiores dificuldades desse relacionamento pode residir em estar atrelado a velhos padrões – atitudes negativas de pais ou familiares na infância, por exemplo. Padrões como esses podem levar a representações prejudiciais e denegridoras. Mas esses exemplos do passado podem ser reconhecidos, admitidos e liberados, ou pelo menos minimizados.

Um grande perigo para esse par é que redunde em uma espécie de *folie à deux* tornando-se restrito a um mundo em que há apoio mútuo e seja extremamente privativo, no qual o par permanece confinado na crença de que sua marcha é acompanhada por um tambor diferente. Construir ativamente pontes com seus semelhantes é essencial, talvez com o Virgem II fazendo contatos profissionais e o Peixes-Áries assumindo o comando na área social. O florescimento do relacionamento e a saúde mental de ambos os parceiros podem facilmente depender do sucesso de tais esforços.

Conselho: *Cuidado com dependências. Não se isole do mundo. Comprometa-se em dar e receber. Continue rechaçando seus limites.*

RELACIONAMENTOS

PONTOS FORTES: TERAPÊUTICO, ESTIMULANTE, AVENTUROSO

PONTOS FRACOS: INCOMPREENDIDO, OFENDIDO, ISOLADO

MELHOR: AMIZADE

PIOR: FAMÍLIA

SPIKE LEE (20/3/57)
ROSIE PEREZ (9/6/64)

Depois que o cineasta Lee viu a dançarina Perez em uma apresentação em um clube de Los Angeles, ele a colocou no elenco de *Faça a Coisa Certa*, seu filme indicado para o Oscar em 1989. Perez prosseguiu na carreira e fez papéis dramáticos em *Fearless* (1993) e *It Could Happen to You* (1994). **Também: J.S. Bach & J.C. Bach** (pai/filho; compositores)

---

19 a 24 de março
CÚSPIDE DO RENASCIMENTO
CÚSPIDE PEIXES-ÁRIES

11 a 18 de setembro
SEMANA DO LITERAL
VIRGEM III

Imaginação embasada

Este relacionamento pode facilmente voltar-se para grandes projetos nascidos de idéias de amplo alcance e executadas com hábil perícia. A ambição desses projetos pode despertar expectativas que nem sempre são correspondidas, todavia, uma vez que se faz necessário rigoroso acompanhamento mesmo quando o trem estiver nos trilhos, e esse relacionamento pode não ter fôlego para esforços de longo alcance. Decepções e contratempos podem minar a força do relacionamento, sobretudo se críticas e censuras graves vierem à tona.

Essa combinação não exibe grande força e unidade emocional. Os nascidos em Virgem III tendem a ser extremamente preconceituosos e cuidadosos na expressão de emoções; exercem grande controle sobre seus sentimentos e podem tomar decisões deliberadas em qualquer dada situação com relação a quanto ou quão pouco deles mesmos desejam revelar. Os nascidos em Peixes-Áries são menos seletivos – de fato, não optam realmente por expressar emoções, mas o fazem naturalmente. É difícil, então, para os nascidos em Virgem III lidar com os sentimentos mais francos e imprevisíveis dos representantes de Peixes-Áries. Além disso, os Peixes-Áries são muito sensíveis à crítica de qualquer tipo – um ponto forte de Virgem III.

Às vezes atitudes implacáveis podem dominar esse relacionamento, e raramente uma segunda chance é dada quando erros maiores são cometidos. Uma vez que uma promessa não é cumprida, as esperanças mantidas no futuro são tratadas com cuidado. Vínculos interpessoais podem não sobreviver a encontros emocionais estressantes.

Muito pode ser aprendido nesse relacionamento e muito realizado, mas em geral não na esfera da amizade, do amor ou do casamento. É na convivência, no trabalho ou na capacidade consultiva que o par funciona melhor, sobretudo quando não há muito contato íntimo. Os ingredientes da combinação de imaginação fértil e de realismo obstinado podem facilmente interagir para melhorar o sucesso profissional. E na esfera familiar, onde os nascidos em Virgem III trazem para o chão a energia mais difusa dos representantes de Peixes-Áries, e os nascidos em Peixes-Áries estimulam os Virgem III a agir, um dinamismo bem-sucedido entre dois irmãos ou entre pais e filhos pode beneficiar todos os envolvidos.

Conselho: *Seja objetivo. Não deixe os sentimentos interferir. Evite a censura. Cultive a manutenção. Reduza expectativas não realistas.*

RELACIONAMENTOS

PONTOS FORTES: BEM-SUCEDIDO, IMAGINATIVO, REALISTA

PONTOS FRACOS: DESCONFIADO, RELUTANTE EM PERDOAR, ESTRESSADO

MELHOR: ASSOCIAÇÃO DE NEGÓCIOS

PIOR: AMOR

IRENE JOLIOT-CURIE (12/9/1897)
FREDERIC JOLIOT-CURIE (19/3/1900)

Frederic Joliot casou-se com Irene Curie, filha de Marie e Pierre Curie (descobridores do rádio). Eles ganharam o Prêmio Nobel em 1935 como os primeiros a produzir a radioatividade artificial e foram pioneiros na descoberta do nêutron e na comprovação do fenômeno da fissão. **Também: Adolf Butenandt & Leopold Ruzicka** (ganhadores do Prêmio Nobel em 1939, química).

RELACIONAMENTOS

PONTOS FORTES: COMPLEMENTAR, SOLIDÁRIO, EQUILIBRADO

PONTOS FRACOS: DISSONANTE, DESARMÔNICO, ACUSADOR

MELHOR: AMOR

PIOR: FAMÍLIA

OZZIE NELSON (20/3/06)
GUNNAR & MATTHEW NELSON (20/9/69)

Netos do criador do programa de tevê *Ozzie and Harriet* (1952-66), os gêmeos idênticos Gunnar e Matthew tornaram-se estrelas do rock no final dos anos 1980, início dos 1990, seguindo as pegadas de seu pai, o falecido Ricky Nelson.

---

19 a 24 de março
CÚSPIDE DO RENASCIMENTO
CÚSPIDE PEIXES-ÁRIES

19 a 24 de setembro
CÚSPIDE DA BELEZA
CÚSPIDE VIRGEM-LIBRA

Um ato equilibrado

As cúspides Peixes-Áries e Virgem-Libra correspondem aos equinócios da primavera e do outono, respectivamente; este par raro e incomum, é governado somente pela oposição equinocial do ano, o único momento para carregar as energias perfeitamente equilibradas de dias e noites de igual tamanho. Como é de se esperar, o relacionamento entre Peixes-Áries e Virgem-Libra é extremamente magnético e mágico, e repleto de mútua fascinação, sobretudo na área da sensualidade física ou estética. (Caso se manifeste na área do amor, de fato, pode facilmente evoluir para uma situação mais permanente.) Os nascidos em Peixes-Áries são tipos emoção-e-intuição (seus elementos sendo água e fogo) e os nascidos em Virgem-Libra são tipos sensação-e-pensamento (seus elementos sendo terra e ar); não compartilham nenhum elemento comum em sua composição e têm capacidades e perspectivas diferentes. Um relacionamento que os una, todavia, combina igualmente os quatro elementos.

Os nascidos em Peixes-Áries são mais fortes na esfera subjetiva, os nascidos em Virgem-Libra na objetiva. Representantes de Peixes-Áries tendem a ser sonhadores, seguindo suas premonições e se expressando diretamente; freqüentemente, os nascidos em Virgem-Libra consideram difícil expressar sentimentos profundos e se sentem mais à vontade lidando com preocupações realistas e diárias.

Problemas surgem entre esses dois quando o representante de Peixes-Áries torna-se impaciente com uma qualidade de Virgem-Libra que ele considera superficialidade ou uma preocupação com fenômenos menos importantes da vida. Os nascidos em Virgem-Libra, por outro lado, podem ver os representantes de Peixes-Áries como preocupados demais ou muito envolvidos com assuntos emocionais que os deixam imersos em inércia e indecisão. Com freqüência, também podem achar que os representantes de Peixes-Áries carecem de bom senso e tendem a se soltarem impulsivamente na direção errada. Acusados de impraticabilidade, os nascidos em Peixes-Áries podem acusar os Virgem-Libra de serem muito materialistas. Apesar da forte atração nesse relacionamento, ela pode começar a diminuir se os parceiros perderem o respeito um pelo outro, e suas diferenças visíveis podem levar à hostilidade e a sérios conflitos.

Conselho: *Trabalhem juntos. Mantenham o respeito. Aceitem as diferenças; usem-nas em seu benefício. Reconheçam as necessidades emocionais. Sejam mais receptivos e menos combativos.*

RELACIONAMENTOS

PONTOS FORTES: CONFRONTADOR, ABERTO, COMUNICATIVO

PONTOS FRACOS: CRÍTICO, SOLAPADOR, BRIGUENTO

MELHOR: AMIZADE

PIOR: FINANCEIRO, SEXUAL

BONNIE PARKER (10/1/11)
CLYDE BARROW (24/3/09)

Profundamente apaixonados, Bonnie e Clyde foram notórios assaltantes na década de 1930, matando 12 pessoas antes de caírem em uma emboscada e serem mortos pela polícia em 1934. **Também: Chico & Groucho Marx** (irmãos; comediantes); **Werner von Braun & Willie Ley** (colegas); **William Hurt & Mary Beth Hurt** (casados; atores).

---

19 a 24 de março
CÚSPIDE DO RENASCIMENTO
CÚSPIDE PEIXES-ÁRIES

25 de setembro a 2 de outubro
SEMANA DO PERFECCIONISTA
LIBRA I

Honestidade que confronta

Este relacionamento envolve uma grande quantidade de honestidade e abertura – talvez até demais; seu sucesso depende, de fato, da sua capacidade de suportar confrontações diretas. Estes desafios podem exigir ajustes que estão em desacordo com a natureza básica de ambas as personalidades, e que eles acreditam que comprometem sua individualidade. Ceder às exigências do outro parceiro num esforço desesperado de agradar, e fazer o relacionamento funcionar pode resultar em perda do orgulho e da auto-estima. Fazer concessões significativas é essencial caso o relacionamento deva funcionar a longo prazo, mas ceder pode, infelizmente, ser difícil ou impossível. Brigas entre os parceiros são motivo de enorme tensão na convivência diária.

Isto é particularmente verdadeiro nos assuntos sexuais e financeiros, mas em muitas outras áreas também as emoções negativas criadas pelas atitudes francas características desse relacionamento são com freqüência demais para se lidar e despertam insegurança e infelicidade. Muitas vezes, o foco aqui recai na personalidade de Peixes-Áries e sobre o que o representante de Libra I considera errado com ela. Caso esses dois morem juntos, como membros de uma família, companheiros ou amigos, os nascidos em Libra I podem se ver como conselheiros de seus parceiros nascidos em Peixes-Áries, cujos problemas eles tentam resolver e cujas necessidades eles tratam de preencher. Os nascidos em Peixes-Áries podem, por sua vez, passar a depender desse apoio e até agarrarem-se a determinados problemas porque eles significam uma forma de conseguir atenção. Os nascidos em Libra I, entretanto, podem facilmente oscilar do interesse em excesso ao desinteresse, deixando os representantes de Peixes-Áries frustrados.

Em geral, os nascidos em Peixes-Áries fazem poucas exigências aos representantes de Libra I no sentido de pedir a eles que mudem, mas um pedido que certamente fazem é que se abram e sejam compreensivos. A honestidade emocional é tão importante para os representantes de Peixes-Áries que se não puderem obtê-la de seus parceiros eles se tornam deprimidos, infelizes e desassossegados. Para evitar esse estado depressivo, continuam pressionando cada vez mais, exigindo honestidade, mesmo se isso provocar aborrecimentos. Este relacionamento pode beneficiar-se muito com a discussão aberta, contanto que eqüidade e justiça impeçam que a comunicação descambe para brigas constantes.

Conselho: *Procure ser mais sensível. Demonstre abertamente compreensão e amor. Exija honestidade emocional. Não tenha medo de lutar, mas evite brigas.*

19 a 24 de março
CÚSPIDE DO RENASCIMENTO
CÚSPIDE PEIXES-ÁRIES

3 a 10 de outubro
SEMANA DA SOCIEDADE
LIBRA II

Desfrute confortável

Tanto a força quanto a fraqueza desse relacionamento residem em sua natureza despreocupada e orientada para o prazer. O gosto estético semelhante dos parceiros proporciona a base para uma vida agradável construída em torno de temas como conforto, sensualidade e beleza, sendo a principal atitude aqui o apoio mútuo, em uma ampla variedade de domínios; isso estimula não somente o sucesso profissional, mas o divertimento nas interações sociais. Contudo, a menos que o relacionamento seja capaz de superar sua qualidade descontraída e satisfeita e dar direção a seus parceiros, ele pode estagnar. Objetivos firmes, regras, prazos reais e um pouco de pressão de vez em quando são necessários, mesmo que isso se oponha à inclinação natural, caso se queira alcançar progresso. Não somente assuntos financeiros ou outros de ordem prática, mas também o amor natural ou a amizade que esses dois sintam um pelo outro se beneficiam de uma pequena firmeza de atitude. Desta forma também pode ser esperado crescimento espiritual verdadeiro.

Os nascidos em Libra II tendem a dar muito nos relacionamentos amorosos e necessitam sentir-se desejados. Caso um Peixes-Áries aceite sua atenção, carinho e compreensão, podem se tornar dependentes em satisfazer seu companheiro ou amante e sofrem mais em uma separação ou desavença do que os representantes de Peixes-Áries. Os nascidos em Peixes-Áries podem ser muito egoístas quando se trata de satisfazer suas necessidades e podem ignorar os representantes de Libra II por longos períodos, talvez até se envolvendo com outros. A paciência resignada dos representantes de Libra II e sua tendência a magoar-se a si mesmos podem vir à tona nestes períodos difíceis. Culpar-se pelo que aconteceu, muitas vezes, resulta em uma grave baixa na auto-estima.

Muitos representantes de Peixes-Áries têm uma necessidade gritante de se conhecerem profundamente, e os nascidos em Libra II podem ser muito úteis nesse sentido, uma vez que freqüentemente são bons conselheiros e estão prontos para emprestar um ouvido solidário. Porém, os nascidos em Peixes-Áries podem ficar loucos para voltar para os velhos hábitos e os representantes de Libra II com o tempo se tornam cada vez mais impacientes com este comportamento.

Conselho: *Não passe a vida sonhando. Aja para melhorar. Exija-se um pouco mais. Aumente as expectativas e os objetivos. Seja o melhor que puder.*

RELACIONAMENTOS

PONTOS FORTES: AGRADÁVEL, INTERESSANTE, RELAXADO

PONTOS FRACOS: DESLIGADO, ESTAGNADO, REACIONÁRIO

MELHOR: AMOR

PIOR: TRABALHO

BUSTER KEATON (4/10/1895)
FATTY ARBUCKLE (24/3/1887)

Keaton foi *protegé* do então produtor Arbuckle. O cômico de rosto impassível criou sua própria companhia em 1921 e se tornou um gigante do cinema cômico mudo. Enquanto a comédia de Arbuckle se inspirava no pomposo, Keaton sempre buscou a utopia.

---

19 a 24 de março
CÚSPIDE DO RENASCIMENTO
CÚSPIDE PEIXES-ÁRIES

11 a 18 de outubro
SEMANA DO TEATRO
LIBRA III

Galgar as alturas

Este relacionamento pode parecer sólido como uma rocha e extremamente responsável, uma vez que o sucesso e atingir o topo da escada da sociedade são seu foco consumado. A ambição, porém, nem sempre é suficiente, sobretudo quando necessidades individuais são descuidadas ou sufocadas, excedidas pelos impulsos ambiciosos dessa dupla. O relacionamento pode ser vistoso e excitante, mas pode não ser estável o suficiente para sobreviver às exigências mundanas de se viver junto, sobretudo no casamento. Colocar a energia a serviço dos negócios ou grupos sociais pode ser extremamente estimulante e resultar em novos níveis de realização. Amizades ou sociedades são particularmente favorecidas, em especial quando comprometidas com projetos extensos. O ideal seria esses dois se dedicarem a negócios ou a ocupações nos quais os elementos carismático e dinâmico do relacionamento pudessem encontrar plena expressão na inovação de novos projetos, estabelecendo relações com clientes ou realizando vendas.

Um caso de amor apaixonado entre um Peixes-Áries e um Libra III não pode de qualquer maneira ser impedido, mas a natureza volúvel do relacionamento assegura momentos difíceis, com muitos altos e baixos. Talvez o problema maior nesse romance é que os nascidos em Peixes-Áries podem não ser firmes o suficiente para agüentar o enorme impulso profissional autoconfiante dos nascidos em Libra III, que pode fazê-los se sentir abandonados ou esquecidos por longos períodos. O fato de revelarem esse lado inseguro e nervoso pode provocar recriminações, raiva e ressentimento, que os nascidos em Libra III provavelmente vêem como uma intromissão no seu valioso tempo. Os aspectos mais imaturos de Peixes-Áries podem surgir em tais momentos, e os Libra III podem sentir que estão lidando com uma criança impertinente.

A interrupção na comunicação e problemas concomitantes que surgem nesses momentos podem ser evitados se houver de antemão mais honestidade. Aprender a ser crítico, porém acolhedor, concentrado, porém aberto, e prático, porém emocional, é a chave. Acima de tudo, esses parceiros não devem rejeitar ocasionais insensatez, ostentação ou idiossincrasia, que somente podem dar ao relacionamento caráter e individualidade.

Conselho: *Não esqueça as considerações humanas. Você não é uma máquina. Leve em conta o erro e a individualidade. Não reprima a expressão pessoal.*

RELACIONAMENTOS

PONTOS FORTES: EXCITANTE, AMBICIOSO, FOCALIZADO

PONTOS FRACOS: SÉRIO DEMAIS, IRRITADO, REPRIMIDO

MELHOR: PARCEIROS DE PROJETOS

PIOR: CASAMENTO

LEE HARVEY OSWALD (18/10/39)
JACK RUBY (23/3/11)

Um dia após assassinar o Presidente Kennedy, Oswald recebeu um tiro e foi morto por Jack Ruby, proprietário de um clube noturno de Dallas com reputada ligação com o submundo. **Também: John Sirica & John Dean** (juiz/advogado de defesa no caso Watergate); **Andrew Mellon & Barão Joseph Duveen** (financista/comerciante de arte); **Pamela Harriman & Leland Hayward** (casados).

| RELACIONAMENTOS |

PONTOS FORTES: ARREBATADOR, VÍVIDO, NÃO-CONVENCIONAL

PONTOS FRACOS: COMPETITIVO, CIUMENTO, VICIADO

MELHOR: AMIZADE

PIOR: SEXO E AMOR

SERGEI DIAGHILEV (19/3/1872)
PABLO PICASSO (25/10/1881)

Diaghilev e Picasso logo se tornaram amigos depois que Diaghilev contratou o artista, em 1917, para desenhar os cenários e o vestuário para seu balé *Parade*. A cortina de Picasso para o balé representa um mural, e foi mais bem aceita do que a própria produção.

19 a 24 de março
CÚSPIDE DO RENASCIMENTO
CÚSPIDE PEIXES-ÁRIES

19 a 25 de outubro
CÚSPIDE DO DRAMA E DA CRÍTICA
CÚSPIDE LIBRA-ESCORPIÃO

Coração explosivo

É provável que este relacionamento seja incerto, informal e muito imprevisível. Em alguns casos, ele pode desenvolver um vício ao sexo e ao amor, em que ambos os parceiros fazem exigências e são incapazes de liberar seus sentimentos. Classicamente estes relacionamentos podem provocar extremos tanto de prazer quanto de sofrimento, com experiências de depressão se manifestando com alguma regularidade, e este não é exceção. Para evitar danos emocionais, psicológicos ou, em casos extremos, físicos, limites devem ser impostos quanto ao que é e não é permitido. Os nascidos em Peixes-Áries e Libra-Escorpião compartilham um elemento comum, água (Peixes e Escorpião são ambos signos de água), que representa a capacidade de sentir emoção na personalidade humana. Uma vez que Áries e Libra são signos de fogo e de ar, respectivamente, os nascidos em Peixes-Áries e Libra-Escorpião podem formar uma combinação explosiva, sobretudo no domínio dos sentimentos. Caso este seja um relacionamento amoroso, é provável que seja extremamente apaixonado.

Este par não é recomendado para parcerias de trabalho ou matrimoniais, uma vez que mais cedo ou mais tarde surgem conflitos emocionais que se tornam cada vez mais freqüentes, destruindo o trabalho em questão. Caso o relacionamento se manifeste como uma amizade, é provável que tenha sucesso. Contudo, é preciso ter cuidado para precaver-se contra o ciúme, sobretudo quando os parceiros têm amigos em comum cuja atenção ou carinho buscam. Quando reunidos com um grupo de colegas de trabalho, os nascidos em Peixes-Áries e Libra-Escorpião podem terminar competindo intensamente um com o outro pelo foco das atenções. Ou ainda, cada um pode estimular o lado mais vistoso do outro em reuniões sociais, havendo uma troca intensa, e às vezes contenciosa, que os que estão próximos podem achar muito divertida, se não for longe demais. Este talvez seja o segredo da harmonia deste relacionamento – suavizar o excesso e aprender a viver em um nível de experiência mais normal, embora talvez tedioso.

Conselho: *Evite o excesso, mas não deixe a faísca apagar. Mantenha-se equilibrado. Não sacrifique a intensidade, mas seja razoável. Cuidado com explosões.*

| RELACIONAMENTOS |

PONTOS FORTES: AFETIVO, ÉTICO, SÉRIO

PONTOS FRACOS: INDIGNO DE CONFIANÇA, REBELDE, ENGANADOR

MELHOR: AMIZADE

PIOR: FAMÍLIA

H.R. HALDEMAN (27/10/26)
JOHN ERICHMAN (20/3/25)

O chefe do staff Haldeman foi o braço direito de Nixon, exercendo muito poder. Erichman, conselheiro do presidente para assuntos domésticos e secretário particular, dividia responsabilidades com Haldeman. Ambos estavam profundamente envolvidos nos detalhes do episódio Watergate quando este foi descoberto e, subseqüentemente, encoberto, e foram forçados a demitir-se, enfrentando acusações

19 a 24 de março
CÚSPIDE DO RENASCIMENTO
CÚSPIDE PEIXES-ÁRIES

26 de outubro a 2 de novembro
SEMANA DA INTENSIDADE
ESCORPIÃO I

Pagando dívidas

Em geral esta relação começa com suspeita e desconfiança. Ações e não palavras são necessárias para cada parceiro convencer o outro e gerar confiança mútua. Se um vínculo tiver que ser formado, o aço do relacionamento deve ser tratado pelo fogo se ele quiser ser temperado e digno de confiança. Mas depois de os parceiros terem pago suas dívidas e suportado o sofrimento e as aflições que exige o relacionamento, pode se chegar à abertura e à honestidade. Muito depende do investimento contínuo de tempo em conversas sérias e na ventilação de pontos de vista diferentes. Somente então a solidariedade e a compreensão podem se desenvolver e com isso um aprofundamento do relacionamento e certo grau de permanência.

Ações em si não são suficientes para convencer o representante de Escorpião I; intenções éticas são vitalmente importantes para eles. Mas os nascidos em Peixes-Áries agem muitas vezes impulsivamente, sem pensar. Mesmo se suas intenções sejam puras o suficiente, podem se meter em apuros com os nascidos em Escorpião I, que tendem a suspeitar de sua aparente inocência e, muitas vezes, a abrigar irritantes suspeitas sobre eles, considerando difícil acreditar que eles afinal nada tinham de enganoso ou desonesto em mente.

Tais suspeitas podem minar esse relacionamento, seja ele no domínio da amizade, do amor ou do trabalho. Além disso, uma vez que nenhum desses indivíduos é particularmente forte na autocompreensão, decepções de todos os tipos podem realmente ser abundantes. Os nascidos em Peixes-Áries consideram suas fraquezas e deficiências mais difíceis de esconder do que os representantes de Escorpião I, que raramente – se é que alguma vez – se colocam em desvantagem, sobretudo em qualquer tipo de discussão. Aprendendo cedo que podem ser magoados por um representante de Escorpião I, pois são mais vulneráveis, os nascidos em Peixes-Áries podem ficar com menos disposição de se abrir, tornando-se mais prudentes. Na esfera familiar, esse relacionamento pode se caracterizar por brigas constantes, sobretudo entre irmãos. Pais nascidos em Escorpião I podem fazer exigências muito grandes a um filho de Peixes-Áries, que pode reagir com grande revolta. Os nascidos em Peixes-Áries não toleram a necessidade do Escorpião I de controlar, portanto a perspectiva não é muitas vezes boa. Embora possam surgir mais carinho e afeto do embate, o casamento entre Peixes-Áries e Escorpião I não é recomendado.

Conselho: *Não duvide sempre das intenções. Aceite as coisas como elas são. Muitas vezes a crença é mais importante do que a avaliação. Procure se alegrar e se divertir.*

19 a 24 de março
CÚSPIDE DO RENASCIMENTO
CÚSPIDE PEIXES-ÁRIES

3 a 11 de novembro
SEMANA DA PROFUNDIDADE
ESCORPIÃO II

Estrela escura

Uma imagem visual representando este relacionamento poderia ser a de um sistema solar solitário com somente uma estrela escura no seu centro – pois este é um relacionamento exclusivo, que pode manter os outros afastados. Intimidade e interações interpessoais complexas são a tônica. Os laços profundos de sentimento e solidariedade no relacionamento Estrela Escura podem ser recompensadores e duradouros. Porque essa dupla compartilha pensamentos e experiências com muita facilidade, outros membros da família, cônjuges e amigos terão de ser compreensivos com relação à sua intimidade e controlar qualquer inveja ou ressentimento. Em geral, ambos os parceiros se sentem à vontade nesse relacionamento, sobretudo se for uma amizade antiga. Todavia, os nascidos em Peixes-Áries necessitam de mudança emocional muito mais do que os representantes de Escorpião II; de vez em quando se sentem frustrados por estarem presos nessa órbita e podem desejar desprender-se. Se os nascidos em Escorpião II, por sua vez, se sentirem ameaçados por interesses de terceiros, podem apegar-se ao relacionamento com mais força do que nunca. As emoções são difíceis para esse par, sobretudo quando envolve amor e casamento. Aqui podem surgir no relacionamento aspectos mais depressivos, levando à preocupação e à ansiedade. Parte do problema é uma incapacidade de manter a objetividade e criar limites, e uma concomitante fusão de personalidades.

Caso os dois morem ou trabalhem juntos, os nascidos em Escorpião II podem ficar decepcionados com o que consideram irresponsabilidade financeira do Peixes-Áries. Dinheiro é uma questão importante para os nascidos em Escorpião II, representando controle e poder, enquanto que os nascidos em Peixes-Áries podem tratar esse assunto com muito menos seriedade. Uma outra área de conflito que pode surgir em situações diárias envolve o tempo: representantes de Peixes-Áries são impulsivos, representantes de Escorpião II necessitam ruminar sobre os assuntos por longos períodos antes de agir. Isso pode facilmente resultar em atrito, com os nascidos em Peixes-Áries sempre incitando seu parceiro vagaroso a se apressar, e o Escorpião II tentando fazer com que seu parceiro mais nervoso se acalme.

Conselho: *Faça um intervalo vez ou outra. Não seja tão exclusivo – inclua outros nos seus planos. Anime-se. A preocupação e a depressão podem afundá-lo.*

RELACIONAMENTOS

PONTOS FORTES: ÍNTIMO, COMPREENSIVO, RECOMPENSADOR

PONTOS FRACOS: RESTRITIVO, INIBIDOR, ANSIOSO

MELHOR: AMIZADE

PIOR: TRABALHO

BRUCE WILLIS (19/3/55)
DEMI MOORE (11/11/62)

Estes atores superestrelas, casados em 1987 pelo pastor-cantor de rock and roll Little Richard, têm três filhas. Uma das atrizes mais bem pagas de Hollywood, Moore posou nua para a capa da revista *Vanity Fair* quando grávida. **Também: Andrew Lloyd Webber & Tim Rice** (parceiros musicais); **Fatty Arbuckle & Mabel Normand** (equipe de cinema).

---

19 a 24 de março
CÚSPIDE DO RENASCIMENTO
CÚSPIDE PEIXES-ÁRIES

12 a 18 de novembro
SEMANA DO ENCANTO
ESCORPIÃO III

Carisma cativante

Altamente persuasivo e convincente, este relacionamento exerce uma influência magnética sobre os que estão próximos, promovendo confiança. (O reverso da moeda é que o relacionamento pode estimular a dependência em terceiros que são atraídos para ele.) E ainda, curiosamente, o poder dos nascidos em Peixes-Áries e Escorpião III de convencer um ao outro é bem menor do que o poder do relacionamento como uma unidade – provavelmente porque cada um dos parceiros é muito hábil na arte da sedução e do charme para deixar-se seduzir pelas artimanhas do outro. Por causa da habilidade de persuasão do relacionamento, que em geral deriva da capacidade de decifrar a intenção dos outros rápida e claramente, haverá necessariamente uma boa quantidade de honestidade e abertura entre as partes. Contudo, em determinadas áreas cruciais, fatos e sentimentos podem ser habilmente escondidos e emoções verdadeiras sufocadas. Por medo instintivo de se machucar, o outro parceiro pode preferir fingir não ver tais segredos.

O relacionamento com representantes de Escorpião III revela o lado sensual de Peixes-Áries, permitindo que ele relaxe e que mantenha seu nervosismo sob controle. Se houver atração sexual, provavelmente resultará em um caso amoroso prolongado e complicado. O casamento ou compromisso sério, todavia, não é particularmente recomendado para esse par, pois se surgirem problemas graves os sonhadores nascidos em Peixes-Áries tenderão a sumir, enquanto os representantes de Escorpião III mais realistas, por sua vez, se modificarão ou até desistirão do relacionamento de forma unilateral. Quando as coisas estiverem bem entre esses dois, em outras palavras, eles podem ser muito bons, mas quando o leite azedar, nenhum deles irá considerar que o relacionamento vale o exaustivo esforço exigido para consertá-lo.

Como pais ou chefes, os nascidos em Escorpião III podem revelar-se muito autoritários para os nascidos em Peixes-Áries. Como sócios ou colegas, porém, esses dois podem ser imbatíveis com o caráter persuasivo de seu relacionamento realizando maravilhas sobre os que cruzam seu caminho. A imaginação e a energia de Peixes-Áries e o forte senso para lidar com o dinheiro de Escorpião III são fatores fundamentais. O magnetismo e o carisma dessa dupla podem convencer outros a concordarem com todos os seus conceitos, serviços ou produtos ou a seguir qualquer causa.

Conselho: *Seja verdadeiro. A persuasão pode estimular os outros a ser dependentes em excesso. Ganhar não é tudo. Examine motivações com cuidado.*

RELACIONAMENTOS

PONTOS FORTES: PERSUASIVO, SENSUAL, GRATIFICANTE

PONTOS FRACOS: ENGANADOR, NÃO-COMPROMETIDO, CANSATIVO

MELHOR: AMOR

PIOR: CASAMENTO

PAMELA HARRIMAN (20/3/20)
AVERELL HARRIMAN (15/11/1891)

Averell foi o terceiro marido de Pamela. Da abastada família Harriman, ele foi embaixador na Rússia (1943-46), governador do Estado de Nova York (1955-59) e embaixador (1965-68). Depois de sua morte em 1986, Pamela tornou-se uma proeminente benfeitora/levantadora de fundos dos Democratas. Em 1993, o Presidente Clinton a nomeou embaixadora na França. Ela faleceu em 1997. **Também: Keith Reif & Chris Dreja** (músicos, The Yardbirds).

| **RELACIONAMENTOS** |

PONTOS FORTES: DEDICADO, ARDENTE, LEAL

PONTOS FRACOS: REATIVO, CRÍTICO, FURIOSO

MELHOR: AMIZADE

PIOR: TRABALHO

SIRHAN SIRHAN (19/3/44)
ROBERT KENNEDY (20/11/25)

Na noite de sua vitória nas primárias na Califórnia, em 1968, momentos depois que esta foto (acima, à direita) foi tirada, Kennedy foi fatalmente atingido por Sirhan, um imigrante jordaniano que matou Kennedy devido a suas posições pró-Israel. **Também: J.S. Bach & W.F. Bach** (pai/filho; compositores); **Wyatt Earp & Bat Masterson** (gangue de Dodge City).

---

19 a 24 de março
CÚSPIDE DO RENASCIMENTO
CÚSPIDE PEIXES-ÁRIES

19 a 24 de novembro
CÚSPIDE DA REVOLUÇÃO
CÚSPIDE ESCORPIÃO-SAGITÁRIO

Vulcão inativo

Este relacionamento se manifesta em primeiro lugar no plano físico, com emoções violentas e ardentes lutando pela supremacia. De fato, a sinergia dessa combinação é menos tranqüila do que ferozmente apaixonada, e até em algumas ocasiões violenta. Isto deve-se ao fato de que Peixes-Áries e Escorpião-Sagitário são combinações água-fogo, cada um concebendo o mundo primeiramente através do sentimento e da intuição. Portanto, enquanto na superfície essas duas pessoas têm muito em comum e deveriam ser capazes de compreender muito bem uma à outra, na realidade um relacionamento entre elas revela seus elementos mais fracos: a indecisão e um temperamento ardente.

O grande desafio que essa dupla enfrenta, então, é manter a dedicação, convicção e concentração mental que poderá se opor e controlar a natureza rebeldemente desviante do relacionamento. Do lado positivo, a determinação de se continuarem unidos é capaz de se tornar um objetivo transcendente que pode manter o relacionamento intacto. Pelo lado negativo, isto pode desestimular os parceiros a não arriscarem mudanças pessoais sérias independentemente um do outro. Uma espécie de lealdade obstinada pode se desenvolver aqui, algo que nem o representante de Peixes-Áries nem o de Escorpião-Sagitário podem ter sentido por outra pessoa antes.

Ambos são extremamente sensíveis e muito reativos e vulneráveis às ações e críticas um do outro. Mais propensos à ação do que à reflexão, cada um deseja ardentemente o sucesso; enquanto esse impulso puder ser limitado a sua carreira em vez de contaminarem o próprio relacionamento virando competição pessoal, a harmonia pode ser mantida. Como amigos e amantes, os nascidos na cúspide Peixes-Áries e Escorpião-Sagitário terão um relacionamento exigente e intenso, que eles desejam viver por completo. A dinâmica das sociedades de negócios e conjugais será complexa, sobretudo no que se refere a quem detém o papel dominante. Cada parceiro pode preferir manter-se na retaguarda por um certo período, deixando o outro assumir o comando; esse bom senso e diplomacia são um bom augúrio para a longevidade do relacionamento. Exercer influência por trás dos bastidores é o meio mais eficaz de controlar aqui – o mundo externo pode conhecer pouco do que acontece na privacidade desse relacionamento extraordinário pessoal e misterioso.

Conselho: *Deixe as coisas acontecerem de vez em quando. Encontre tempo para relaxar. Siga os impulsos naturais e pessoais também. Nem sempre é preciso se esconder. Seja mais transparente.*

| **RELACIONAMENTOS** |

PONTOS FORTES: NATURAL, VIGOROSO, INSPIRADOR

PONTOS FRACOS: INSTÁVEL, DISSONANTE, DISRUPTIVO

MELHOR: PARCERIAS NOS ESPORTES

PIOR: NEGÓCIOS

JOHN SIRICA (19/3/04)
G. GORDON LIDDY (30/11/30)

Sirica, o juiz que presidiu o julgamento de Watergate, em 1973, mandou Liddy, um dos 7 advogados de defesa originais, para a prisão. Depois de sua soltura, Liddy virou celebridade, proferindo palestras em universidades, aparecendo em programas de tevê e até sendo apresentador de um *talk show*.

---

19 a 24 de março
CÚSPIDE DO RENASCIMENTO
CÚSPIDE PEIXES-ÁRIES

25 de novembro a 2 de dezembro
SEMANA DA INDEPENDÊNCIA
SAGITÁRIO I

Passeio de montanha-russa

Os altos e baixos emocionais deste relacionamento contribuem para sua instabilidade. Atitudes francas e impulsivas grassam aqui, e paz e harmonia não são as duas palavras-chave. Mas o par tampouco é monótono, e faíscas ocasionais podem desencadear paixões que podem redundar em um caso de amor tumultuado. As duas personalidades têm uma versão, exigindo honestidade um do outro e recusando-se a reter a verdade. Mas manter tudo às claras é o hábito do representante de Sagitário I mais do que o de Peixes-Áries, e este pode usar métodos mais indiretos e manipuladores para conseguir o que quer.

Os nascidos em Peixes-Áries e Sagitário I compartilham a apreciação da natureza e o prazer no exercício ou treinamento vigoroso. Seja como amigos ou parceiros em atividades que envolvem esportes, aptidão física ou aventura, eles contribuem com inspiração e estímulo mútuos, em que o desafio e a competição se destacam. Um forte laço emocional pode se desenvolver em tais situações, mas não necessariamente, e na verdade pode ser contraproducente para atividades manuais. Se melhorarem aquilo que registram e prestarem atenção aos assuntos técnicos, esses dois indivíduos altamente subjetivos poderão ter a objetividade que tão desesperadamente necessitam em sua vida pessoal e em grupo.

Nos negócios e assuntos profissionais, esse relacionamento incute força e impulso físico extraordinariamente criativos ao seu trabalho, que podem ser tanto da esfera de vendas quanto de serviços. Porém, manter sob controle sua energia rodopiante pode ser um problema, e os aspectos ardentes desse par podem minar a estabilidade de seus projetos. Exceto em questões de planejamento fiscal e manuseio de dinheiro, onde muitas vezes o representante de Sagitário I é mais hábil, será tarefa do nascido em Peixes-Áries fazer recomendações e planos que dêem melhor expressão para o talento de Sagitário I. A menos que ambos os parceiros tenham um pé firme na realidade e mantenham seu lado litigioso sob controle, repetidas vezes eles próprios sabotam suas melhores chances de sucesso, sobretudo na área das finanças.

Conselho: *Estabilize seus humores. Conserve a objetividade nas questões financeiras. Use mais seu bom senso. Dê vazão a seus impulsos físicos naturais, mas mantenha-os sob controle.*

19 a 24 de março
CÚSPIDE DO RENASCIMENTO
CÚSPIDE PEIXES-ÁRIES

3 a 10 de dezembro
SEMANA DO ORIGINADOR
SAGITÁRIO II

RELACIONAMENTOS

PONTOS FORTES: SUTIL, DIVERTIDO, ABERTO

PONTOS FRACOS: POUCO PRÁTICO, FORA DA REALIDADE, CAÓTICO

MELHOR: AMIZADE

PIOR: TRABALHO

Entretenimento inventivo

Idiossincrático e sutil, este é um dos relacionamentos mais incomuns do ano. Prazer e diversão são as marcas aqui, e também compreensão e apoio mútuos. Freqüentemente, este par imaginativo e estimulante ocupa o centro de um círculo de amigos, sobre o qual em geral exerce uma influência positiva. Comédia, representação e um amor por jogos, até por aposta, podem ser algumas das áreas nas quais a química particular do relacionamento funciona emprestando vivacidade a qualquer reunião. Também importante é o fato de que esse par dá aos seus parceiros a oportunidade de seguir seu próprio caminho, sem crítica negativa, censura ou tentativa de reforma.

Em geral, os parceiros desse relacionamento sentem-se à vontade, uma vez que ele significa uma solução para a solidão e a tendência anti-social que caracteriza ambos. Em equipe, os nascidos em Peixes-Áries e Sagitário II muitas vezes perdem muito de sua timidez e se expõem. Porém viver juntos pode ser difícil, uma vez que nenhum dos dois em geral mostra muito interesse em cumprir as obrigações e tarefas domésticas. Sem algum tipo de acordo formal sobre a divisão do trabalho, pode criar-se uma situação completamente caótica. Caso os nascidos em Peixes-Áries e Sagitário II tenham filhos, um dos filhos muito provavelmente pode ter de assumir a responsabilidade de manter a casa em ordem e em funcionamento. Não é de admirar que essa combinação não seja particularmente recomendada para relações comerciais e sociedades, uma vez que ela pode carecer de um lado prático importante.

As duas personalidades têm um lado extrovertido, que de vez em quando pode sair do controle, como é o caso do representante de Sagitário II, que muitas vezes tem dificuldade de se conhecer mais profundamente. Mais sensíveis, os nascidos em Peixes-Áries podem ser um espelho para as emoções do representante de Sagitário II, ajudando no processo de autodescoberta. Como professores, amigos ou guias, de fato os nascidos em Peixes-Áries podem facilmente instigar ou nutrir o despertar espiritual do Sagitário II. Neste caso, porém, os nascidos em Sagitário II devem tomar cuidado para não se tornarem dependentes ou idolatrarem os representantes de Peixes-Áries, que podem parecer os únicos capazes de compreendê-los, mas não são.

Conselho: *Tente ser mais sério de vez em quando. As tarefas diárias têm sua importância. Não deixe seu trabalho para outra pessoa.*

SAMMY DAVIS, JR. (8/12/25)
MAY BRITT (22/3/36)

O multitalentoso Sammy Davis, Jr., foi também um membro controvertido do "Rat Pack", que incluiu Frank Sinatra, Dean Martin, Peter Lawford e Joey Bishop. A atriz sueca Mai Britt foi sua esposa de 1960 a 1966. **Também:** Chad & Jeremy (dupla de cantores); Joan Crawford & Douglas Fairbanks Jr. (casados; atores).

---

19 a 24 de março
CÚSPIDE DO RENASCIMENTO
CÚSPIDE PEIXES-ÁRIES

11 a 18 de dezembro
SEMANA DO TITÃ
SAGITÁRIO III

RELACIONAMENTOS

PONTOS FORTES: ENCANTADOR, PROTETOR, VULNERÁVEL

PONTOS FRACOS: VIAJA NO PODER, EGOÍSTA, INFIEL

MELHOR: AMIZADE

PIOR: AMOR

Quem é o primeiro?

A expressão de um equilibrado senso de autoridade é o tema básico aqui. Desde que os dois parceiros compreendam que é a dupla em si que carrega o peso, as coisas correrão tranqüilamente. Este relacionamento funciona bem quando é voltado para fora, para o mundo, ou quando envolve parentesco. Mas nenhum membro desta dupla é feliz ocupando o segundo lugar. Não que a luta é a ordem do dia, mas muitas vezes há uma sensação de desconforto com relação ao papel que cada um representa, cada qual desejando fazer valer seus direitos como a figura de maior autoridade. Conseqüentemente, esforços sutis para conquistar o poder podem minar essa combinação, e relacionamentos amorosos ou conjugais de longo prazo não são favorecidos em especial. O que é mais difícil aqui, todavia, é a incapacidade obsessiva de deixar as coisas em paz, o que torna uma vida diária harmoniosa ainda mais difícil de ser alcançada.

A maneira expansiva dos nascidos em Sagitário III pode ser um pouco intimidante ou desagradável para representante de Peixes-Áries, que não têm uma mente tão larga ou soberba. Os nascidos em Sagitários III têm um ar jovial e confiante, e submetem-se a poucas restrições ou limites; os nascidos em Peixes-Áries necessitam de sua privacidade e ofendem-se com invasões de seu espaço. Dessa maneira, o relacionamento pode trazer à tona o lado tímido do representante de Peixes-Áries, ou até corroer sua autoconfiança, tornando-o capaz de se defender com agressividade. Por outro lado, os nascidos em Sagitários III podem se ver vulneráveis à fascinação dos representantes de Peixes-Áries, que sabem como abrir caminho por meio de formas sutis de manipulação emocional. Os nascidos em Peixes-Áries não hesitam em usar o instinto protetor dos nascidos em Sagitário III ou sua necessidade de admiração para controlá-los. Caso surja uma atração mútua entre esses dois tipos, uma amizade pode facilmente ser o resultado, cada um gostando da abordagem direta do outro. No amor, as diferenças emocionais são um verdadeiro empecilho: os nascidos em Sagitário III tendem a ser apaixonados, que só se entregam completamente nos momentos mais íntimos, enquanto os Peixes-Áries são mais sensuais, precisando de prazer em doses regulares durante o dia. Provavelmente, o relacionamento funciona melhor nos negócios ou ainda em uma sociedade criativa, sobretudo quando ambos os parceiros podem agir como autoridade em seus próprios tópicos ou áreas subjetivas.

Conselho: *Largue para lá o controle. Esforce-se em dar e receber. Pratique o livre debate e o compartilhamento de idéias. Concorde em ser parceiro.*

AMANDA PLUMMER (23/3/57)
CHRISTOPHER PLUMMER (13/12/27)

Famoso por seus papéis em peças shakespearianas, o ator Christopher Plummer foi também o Barão Von Trapp em *A Noviça Rebelde* (1965). Sua filha, Amanda, conquistou reconhecimento em cena como a freira esquizofrênica em *Agnes de Deus* (1982).

RELACIONAMENTOS

PONTOS FORTES: HONESTO, INTENSO, ENFRENTADOR

PONTOS FRACOS: TEIMOSO, DESAPROVADOR, PERVERSO

MELHOR: CASOS DE AMOR

PIOR: TRABALHO

JESUS ALOU (24/3/42)
MATTY ALOU (22/12/38)

Nascidos e criados na República Dominicana, Jesus e Matty, juntamente com Felipe, foram os famosos irmãos Alou, jogadores de beisebol. Digno de nota é que cada um deles jogou uma temporada como defensor do Oakland em três temporadas sucessivas.
Também: Ruth Page & Robert Joffrey (bailarinos e coreógrafos contemporâneos).

---

19 a 24 de março
CÚSPIDE DO RENASCIMENTO
CÚSPIDE PEIXES-ÁRIES

19 a 25 de dezembro
CÚSPIDE DA PROFECIA
CÚSPIDE SAGITÁRIO-CAPRICÓRNIO

Parceria paradoxal

Secretamente, esse relacionamento anseia pela facilidade de troca e por uma expressão natural e infantil. Em determinados momentos de descanso e conforto mútuo, esse ideal pode ser alcançado; um forte senso intuitivo permite que cada um saiba o que o outro deseja. Um traço de obstinação, assim como o voluntarismo e a teimosia, podem fazer com que cada um se recuse a satisfazer os desejos do outro. Somente uma forte determinação e convicção permitem realmente que ambos os parceiros baixem a guarda e satisfaçam um ao outro.

O principal problema aqui é que representantes de Peixes-Áries e Sagitário-Capricórnio têm abordagens muito diferentes com relação aos assuntos da vida diária. Caso terminem se relacionando, muitos provavelmente irão se perguntar como é que eles se encontraram. De forma habitual, choques vigorosos e confrontações violentas serão o exemplo típico em suas relações, podendo haver também irritação e ressentimento periódicos. Tanto os nascidos em Peixes-Áries quanto os nascidos em Sagitário-Capricórnio têm uma natureza ardente, e podem ter de dar uma trégua consciente para evitar perturbar a harmonia na família ou no local de trabalho. Mas embora possam nunca aceitar completamente o jeito um do outro, há uma verdadeira compreensão mútua em nível profundo (se bem que com freqüência acompanhada de um certo senso de desaprovação). E o relacionamento é caracterizado pela honestidade, por mais doloroso que seja. Esta não é uma daquelas amizades que dependem de bajulação para manter as aparências e os interesses.

Ambos os parceiros podem de alguma forma ressentir-se com esse relacionamento, porém são incapazes de fazer alguma coisa a respeito. Infelizmente, a solução escolhida pode ser expressar seu ressentimento tornando as coisas ainda mais difíceis um para o outro. Também podem procrastinar e relutar em expressar seus sentimentos durante longos períodos, em seguida, repentina e inesperadamente, irromper em uma explosão emocional. Tanto os nascidos em Peixes-Áries quanto os nascidos em Sagitário-Capricórnio têm uma enorme necessidade de compartilhar (sejam oportunidades, dinheiro, amigos ou outros recursos), porém também têm dificuldade em colocar isso em prática. Desta forma, casamentos, amizades ou relacionamentos comerciais entre esses dois não são realmente recomendáveis. No entanto, seus relacionamentos de amor e ódio, embora instáveis ou imprevisíveis, podem durar anos.

Conselho: *Baixe mais a guarda. Procure ser razoável. Vá pelo caminho mais fácil. Não levante barricadas. Tudo pode ser mais confortável e prazeroso se você permitir.*

RELACIONAMENTOS

PONTOS FORTES: DIRETO, INSPIRADOR, EFICAZ

PONTOS FRACOS: CRÍTICO, CRIADOR DE CASO, INQUIETANTE

MELHOR: TRABALHO

PIOR: CASAMENTO

MILI BALAKIREV (2/1/1837)
MODEST MUSSORGSKY (21/3/1839)

O compositor Mussorgsky e o pianista e compositor Balakirev foram 2 dos 5 famosos músicos russos de 1860 conhecidos como Grupo dos Cinco. Balakirev liderava o grupo, que compôs música nacionalista. A obra de Mussorgsky inclui *Boris Gudenov*, *Uma Noite no Monte Calvo* e *Quadros de uma Exposição*.

---

19 a 24 de março
CÚSPIDE DO RENASCIMENTO
CÚSPIDE PEIXES-ÁRIES

26 de dezembro a 2 de janeiro
SEMANA DO REGENTE
CAPRICÓRNIO I

Nau capitânia

Este par ilustra belamente a fusão sinergética de duas personalidades muito diferentes em uma terceira entidade, seu relacionamento, que pode ser muito mais bem-sucedido do que qualquer dos parceiros seria sozinho. Embora os nascidos em Capricórnio I sejam fortes, seu autoritarismo necessariamente não os torna líderes bem-sucedidos; os nascidos em Peixes-Áries, entretanto, têm a imaginação e a fantasia necessárias para gerar novas idéias, mas, com freqüência, são muito irresponsáveis e indisciplinados para realizá-las. No entanto, o relacionamento entre esses dois, sobretudo se se der na arena comercial ou social, é caracterizado pela liderança e pode imprimir direção, orientação e inspiração dinâmica em uma ampla gama de projetos.

No entanto, a vida doméstica, é uma história diferente. Pelo lado interpessoal, será difícil para os nascidos em Peixes-Áries aceitar as atitudes autoritárias de Capricórnio I caso esses dois acabem vivendo juntos como companheiros ou irmãos. E os nascidos em Capricórnio I por sua vez são críticos com relação aos projetos imaginativos e, às vezes, quanto às atitudes sentimentais dos representantes de Peixes-Áries. Em conseqüência, um casamento entre esses dois pode ter direção e energia, porém fracassar em razão dos conflitos emocionais. Pode funcionar somente se os nascidos em Peixes-Áries aceitarem a necessidade do representante de Capricórnio I de expressar-se com franqueza e se este aceitar a extrema individualidade da personalidade do nascido em Peixes-Áries sem tentar sufocá-la. O casamento também pode funcionar melhor se os parceiros levarem vidas separadas, envolvendo-se em atividades mutuamente exclusivas – no entanto, ainda assim, inevitavelmente a luta por poder surge em casa. Por outro lado, uma vez que os nascidos em Capricórnio têm tamanha dificuldade de se abrirem emocionalmente, tanto como amantes quanto como companheiros, a energia dos nascidos em Peixes-Áries pode resultar inestimável ao permitir que eles descubram e expressem suas emoções mais profundas – sobretudo as que se referem à bondade, ao amor e à aceitação. Nesse sentido, o relacionamento pode revelar-se curativo. Pais de Capricórnio I (nascidos na Semana do Regente) e filhos de Peixes-Áries (nascidos na Cúspide do Renascimento) se encontram em papéis que espelham bem sua personalidade básica, portanto isso também pode ser uma boa combinação. No cenário oposto, o filho de um representante de Capricórnio I pode finalmente assumir um papel mais maduro e responsável que um pai de Peixes-Áries, normalmente muito infantil.

Conselho: *Compartilhe os sentimentos abertamente. Minimize as lutas por poder. Confie na força de seu relacionamento. Trabalhe junto eficientemente. Mantenha a fé.*

19 a 24 de março
CÚSPIDE DO RENASCIMENTO
CÚSPIDE PEIXES-ÁRIES

3 a 9 de janeiro
SEMANA DA DETERMINAÇÃO
CAPRICÓRNIO II

Admiração tácita

O foco desse relacionamento não é apenas aceitar as diferenças, mas secretamente admirá-las; as senhas comuns da combinação são independência e confiança, envolvendo tanto tolerância para a expressão de individualidade de cada parceiro quanto lealdade para a preservação de laços comuns. Uma necessidade de compartilhar a alegria proporcionada por êxitos e ainda ser valorizado são exigências pronunciadas aqui. Uma fascinação e abertura para o lado original e excêntrico da vida é muitas vezes um tema latente, talvez oculto; uma orientação para assuntos metafísicos, espirituais ou religiosos pode ocasionar experiências compartilhadas em muitos níveis diferentes. Na verdade, muitos representantes de Capricórnio II são tipos pragmáticos e práticos, mas esses personagens pouco sentimentais são extremamente tolerantes com a agudeza de espírito dos nascidos em Peixes-Áries e, na realidade, podem secretamente estar mais interessados em assuntos incomuns do que parece.

Pode ser difícil para os ambiciosos representantes de Peixes-Áries e Capricórnio II cooperarem lado a lado como colegas, uma vez que ambos têm tendência a dominar. O impulso competitivo que provavelmente surge em tal situação é estimulante, mas basicamente contraproducente. Os nascidos em Capricórnio II, todavia, tendem a dividir sua vida em áreas mutuamente excludentes – profissional, social e pessoal – e os nascidos em Peixes-Áries podem contribuir de forma proveitosa em qualquer uma destas últimas esferas. Podem até apreciar esse tipo de divisão, o que pode constrangê-los em uma área, mas liberá-los em outra, dando-lhe o espaço que precisam. A combinação pode funcionar bem, como amizade ou casamento, e quanto mais íntima melhor. Os nascidos em Peixes-Áries e Capricórnio II gostam de descansar juntos à tardinha, depois das aflições e tribulações das atividades profissionais, domésticas e sociais. Podem contar histórias ou apenas desfrutar em silêncio a paz e o bem-estar – descansando, esvaziando-se e recarregando as baterias antes da próxima investida.

Não se pode tolerar que saia do controle a tendência para o trabalho em excesso deste relacionamento. Com freqüência, os dois mesclam o trabalho exigente da semana com o igualmente exigente divertimento nos finais de semana. Há uma certa teimosia aqui, mas em geral o relacionamento não degenera em brigas arrasadoras e prolongadas.

Conselho: *Diminua o ritmo de trabalho. Mantenha a ambição sob controle. Dedique mais tempo para o descanso. Não tenha medo de enfrentar problemas pessoais.*

RELACIONAMENTOS

PONTOS FORTES: RELAXADO, GRATO, RECONHECIDO

PONTOS FRACOS: DOMINADOR, COMPETITIVO, VICIADO EM TRABALHO

MELHOR: CASAMENTO

PIOR: TRABALHO

JOHN ERLICHMAN (20/3/25)
RICHARD NIXON (9/1/13)

O conselheiro para assuntos domésticos Erlichman, juntamente com Bob Haldeman, formavam a chamada guarda palaciana de Nixon, exercendo imensa autoridade em nome do presidente e filtrando informações governamentais Erlichman passou 18 meses na prisão por seu envolvimento no caso Watergate. Nixon renunciou em 1974. **Também: Bill & Vera Allen Cleaver** (casados; co-autores de livros infantis).

---

19 a 24 de março
CÚSPIDE DO RENASCIMENTO
CÚSPIDE PEIXES-ÁRIES

10 a 16 de janeiro
SEMANA DA DOMINAÇÃO
CAPRICÓRNIO III

Fomento de talentos

Este relacionamento funciona bem quando revela ou promove o talento, a energia e a habilidade de seus componentes. Trabalhar para isso ou para um tipo semelhante de ideal ou serviço é o melhor uso que esta combinação pode fazer da sua energia. Esse par pode não ser o mais apropriado para tentar resolver problemas emocionais – na realidade, a honestidade emocional e o compartilhamento de sentimentos íntimos podem ser difíceis ou impossíveis aqui. A combinação pode ser ideal para relacionamentos como professor/aluno ou mentor/acólito, em que um parceiro fomenta os talentos e as habilidades do outro e, ao fazê-lo, cresce como indivíduo.

Relacionamentos mais íntimos são problemáticos nessa combinação. Onde os nascidos em Peixes-Áries em geral anseiam por intimidade, os representantes de Capricórnio III podem não necessitá-la tanto e, por esse motivo, podem considerar o relacionamento mais satisfatório do que os nascidos em Peixes-Áries. Eles também podem achar que uma de suas reais necessidades – serem solicitados – será recompensada quando eles derem estabilidade para os nascidos em Peixes-Áries. Estes podem sentir-se menos felizes, pois além de se sentirem insatisfeitos em seu desejo de intimidade, podem considerar os nascidos em Capricórnio III muito autoritários, sérios e graves. E os Peixes-Áries podem ser determinados e diretos; caso cruzem com representantes de Capricórnio III em seu caminho quando estão atrás de um objetivo, o resultado pode ser parecido a uma força irresistível que encontra um objeto imóvel. Apesar de suas enormes diferenças, os nascidos em Capricórnio III e Peixes-Áries podem ser bons cônjuges se forem suficientemente determinados. Os representantes de Peixes-Áries motivam os Capricórnio III em seu lado mais imaginativo, certificando-se de que eles descansem e até que fiquem um pouco bobos de vez em quando; os nascidos em Capricórnio III adotam um papel conjugal de apoio, tornando-se o amparo financeiro ou prático com o qual os representantes de Peixes-Áries podem contar. Caso tenham filhos, têm a oferecer uma grande variedade de habilidades para sua prole e também evitam a atitude monolítica que incomodam muitos jovens.

Conselho: *Desenvolva mais autoconhecimento. Aprimore suas habilidades psicológicas. Análise e discussão dão resultado. Não desista.*

RELACIONAMENTOS

PONTOS FORTES: PROTETOR, EDUCATIVO, ORIENTADO PARA EQUIPE

PONTOS FRACOS: INFLEXÍVEL, FORMAL DEMAIS, SÉRIO DEMAIS

MELHOR: PROFESSOR-ALUNO

PIOR: AMIZADE

JOAN CRAWFORD (23/3/08)
FAYE DUNAWAY (14/1/41)

Assumindo um semblante impressionante, Dunaway representou com brilho a temperamental Crawford no filme *Mommy Dearest* (Mamãezinha Querida), em 1981, baseado na biografia *best-seller* em que a filha de Crawford, Christina, a descreve como uma mãe cruel e manipuladora.

RELACIONAMENTOS

PONTOS FORTES: ARREBATADOR, IMAGINATIVO, AFÁVEL

PONTOS FRACOS: RESTRITIVO, RESSENTIDO, SUFOCANTE

MELHOR: AMOR

PIOR: FAMÍLIA

WILLIAM SHATNER (22/3/31)
DEFOREST KELLEY (20/1/20)

DeForest Kelley era um personagem relativamente obscuro até fazer parte como Dr. Leonard "Bones" McCoy em *Guerra nas Estrelas* (1966-69), fazendo par com Shatner, também conhecido como Capitão Kirk. **Também: Fatty Arbuckle & Mack Sennett** (ator/produtor, cinema mudo).

---

19 a 24 de março
CÚSPIDE DO RENASCIMENTO
CÚSPIDE PEIXES-ÁRIES

17 a 22 de janeiro
CÚSPIDE DO MISTÉRIO E DA IMAGINAÇÃO
CÚSPIDE CAPRICÓRNIO-AQUÁRIO

Sonho lúcido

Este relacionamento é caracterizado por uma ampla gama de emoções, representando viva imaginação, rica fantasia e uma visão empolgante. Certamente há afinidade espiritual aqui, como se ambos os parceiros estivessem no mesmo comprimento de onda. E há também um forte magnetismo sexual, de forma que o relacionamento pode se manifestar como um caso de amor tempestuoso, porém enlevante. Levando tudo em conta, este pode ser um relacionamento fascinante, embora agitado – seja como amigos, amantes, companheiros ou membros familiares – raramente havendo momentos apáticos.

Como parceiros, esses dois podem ver claramente as falhas um do outro, mas inicialmente, pelo menos, podem deixar de vê-las, sobretudo se for um relacionamento amoroso. Sem dúvida que cada parceiro se vê no outro, e essa projeção não é irracional, uma vez que sua vida inconsciente pode ser muito semelhante. No entanto, as imagens que vêm um no outro também são altamente idealizadas, representando a perfeição que desejam neles mesmos. Como signos do zodíaco, os nascidos em Peixes-Áries combinam água e fogo, os Capricórnio-Aquário, terra e ar, de forma que no relacionamento essas duas personalidades juntam os quatro elementos. Isso sugere que juntos eles podem encontrar a totalidade que carecem como indivíduos. O problema mais evidente, sobretudo em relacionamentos amorosos, é que podem descuidar de seu autodesenvolvimento, e se finalmente se separarem podem perceber que precisam emparelhar-se, pois pararam se evoluir individualmente. Essa tendência para perder o ponto de vista individual, em geral, exclui relacionamento conjugais de longo prazo ou sociedades profissionais duradouras, uma vez que um deles finalmente sentirá necessidade de libertar-se. Os nascidos em Peixes-Áries particularmente são mais propensos a se ressentir com o relacionamento.

Como membros da família, e apesar de sua compreensão e fraqueza evidentes, esses dois podem brigar como loucos, sobretudo se forem pais-filhos. Em relacionamentos com irmãos, todavia, os sentimentos de rivalidade podem diminuir gradualmente com o passar dos anos, permitindo que sentimentos bastante livres e agradáveis aflorem, permitindo que os laços de solidariedade e compreensão – na realidade presentes desde o início – ganhem um primeiro plano.

Conselho: *Cuidado com a dependência emocional. Não idealize tanto – você pode estar se enganando. Atenue as emoções. Tente não reagir.*

RELACIONAMENTOS

PONTOS FORTES: VERBAL, DIVERTIDO, CURIOSO

PONTOS FRACOS: COMPETITIVO, IMATURO, BRIGUENTO

MELHOR: CONVERSAS

PIOR: AMOR

DAVID LIVINGSTONE (19/3/1813)
HENRY MORTON STANLEY (28/1/1841)

O explorador Livingstone perdeu-se em uma expedição na África. Foi encontrado em 1871 por Stanley, um jornalista que virou explorador, o qual pronunciou a famosa frase "Dr. Livingstone, eu suponho?" ao vê-lo. **Também: William Jennings Bryan & William McKinley** (adversários nas eleições presidenciais de 1900); **Timothy Dalton & Vanessa Redgrave** (íntimos companheiros; atores)

---

19 a 24 de março
CÚSPIDE DO RENASCIMENTO
CÚSPIDE PEIXES-ÁRIES

23 a 30 de janeiro
SEMANA DO GÊNIO
AQUÁRIO I

Mente inquiridora

Uma orientação mental rápida e perceptiva, e uma fascinação pelo vagar intelectual pelas mais variadas áreas da experiência humana caracterizam esse relacionamento. Esses dois têm muito a discutir e analisar na área de esportes, história, entretenimento ou artes. O amor por jogos e atividades que envolvem decisões instantâneas e exercício mental também pode absorver muito tempo do relacionamento; juntos, esses parceiros podem sentir um alívio enorme em finalmente estarem livres da mente mais vagarosa dos que não dão valor para tais atividades. Mesmo em seu primeiro encontro, esses dois podem se envolver em uma conversação animada, um prazer simples que traz bons augúrios para a comunicação futura. Cedo ou tarde, porém, o aspecto desvantajoso dessa forte ligação aparece: uma tendência à competitividade que pode levar a discussões e acusações que finalmente afetam de forma destrutiva o futuro do relacionamento.

Mas esta rivalidade não necessariamente se limita às atitudes e aos jogos internos do relacionamento. Os nascidos em Peixes-Áries e Aquário I têm a tendência de compartilhar amigos por cuja afeição e atenção competem. Um casamento na juventude entre esse par pode com freqüência se caracterizar pela atração por outros de seu ambiente social, e até por "escapadas" extraconjugais, com concomitantes ciúmes, possessividade e demonstrações de mau humor. A estabilidade pode não ser possível neste relacionamento, e de fato esses dois somente podem viver juntos em relativa paz quando forem mais velhos.

O desejo imaturo de averiguar, revelar e mexericar pode, além disso, prejudicar o relacionamento, seja o par em questão amantes ou amigos. (Essa combinação não é particularmente recomendada para colegas ou companheiros de trabalho, embora a ciência, a computação ou outros ramos técnicos – campos que envolvem o compartilhamento de questões instigantes não resolvidas – podem ser exceções.) Pelo lado positivo, todavia, os nascidos em Peixes-Áries e Aquário I são espíritos livres e independentes o suficiente, não precisando contar um com o outro para interação, direção e apoio. Se um deles tiver que assumir o comando para traçar diretrizes ou planejar o futuro, provavelmente será melhor que esse papel seja assumido pelo representante de Peixes-Áries, que pode visualizar objetivos e implementar um curso de ação.

Conselho: *Não meta o nariz na vida dos outros. Procure ser mais maduro. Seja sério de vez em quando. Trace planos mais perspicazes para o futuro.*

19 a 24 de março
CÚSPIDE DO RENASCIMENTO
CÚSPIDE PEIXES-ÁRIES

31 de janeiro a 7 de fevereiro
SEMANA DA JUVENTUDE E DESPREOCUPAÇÃO
AQUÁRIO II

Lições de vida

Com freqüência, um interesse, até mesmo um anelo pelo mundo das idéias, música, arte e dança, aparece nesse relacionamento, que também pode ter um traço religioso. Sua visão de vida é muitas vezes suave, talvez idealizada, e o foco emocional principal é, em geral, mais platônico do que apaixonado ou sexual. Mas a sensualidade também está presente aqui, de muitas formas diferentes, com ênfase especial nos prazeres táteis e culinários. Quando o relacionamento é caracterizado pela compreensão e solidariedade, de preferência juntamente com algum hedonismo, os sentimentos afetuosos que o tipificam podem fornecer a base para um casamento duradouro.

Muitas vezes, o relacionamento força os parceiros a enfrentarem determinadas questões que consideram desagradáveis. A presença e influência dos nascidos em Peixes-Áries, por exemplo, deixarão visível a diferença entre o que o representante de Aquário II deseja (nenhuma controvérsia) e o que necessita (para enfrentar seu lado sombrio); os nascidos em Aquário II provavelmente não gostam desse aspecto do relacionamento, mas podem perceber que é essencial para seu desenvolvimento pessoal e espiritual.

E, por sua vez, eles podem ajudar os nascidos em Peixes-Áries estimulando-os não somente a reconhecer a derrota, mas também a admitir quando ela aconteceu, tanto nos assuntos pessoais quanto no trabalho. Os nascidos em Peixes-Áries não reconhecem o fracasso com facilidade, e sua disposição para aceitar esse tipo de ajuda de Aquário II pressupõe muita confiança.

Esses dois consideram difícil lidar com os aspectos mais problemáticos da personalidade de cada um. Quando a realidade se apresenta, ou quando são pressionados além de seus limites, podem reconhecer que erraram na escolha do parceiro. Conseqüentemente, o relacionamento pode ensinar-lhes lições importantes não apenas sobre o encerramento de ciclos, mas sobre o futuro, as escolhas mais realistas de parceiros, a necessidade de abertura e a vulnerabilidade nas questões de amor.

Como amigos, os nascidos em Peixes-Áries e Aquário II podem criar laços íntimos, como de irmãos, e seu relacionamento pode ter um quê de relaxamento e prazer. Muitas vezes não é tão eficaz quando são colegas de trabalho ou sócios, um contexto no qual pode lhes faltar uma base sólida. Por outro lado, sua inspiração e motivação para melhorar a posição social e o desempenho profissional é inegável.

Conselho: *Problemas podem ser um instrutor disfarçado. Tudo não pode ser agradável o tempo todo. O que você precisa pode não ser o que deseja. Aprenda a admitir a derrota.*

RELACIONAMENTOS

PONTOS FORTES: GENTIL, COMPREENSIVO, EDUCATIVO

PONTOS FRACOS: NEGADOR, PROBLEMÁTICO, FORA DA REALIDADE

MELHOR: CASAMENTO

PIOR: TRABALHO

JAMES JOYCE (2/2/1882)
NORA BARNACLE (21/3/1884)

Joyce conheceu a arrumadeira de quarto Barnacle em 1904. Ele viveu com Nora, que lhe inspirava, e tiveram filhos, mas não se casaram senão em 1931. Deixaram a Irlanda e se estabeleceram em Trieste, Itália. **Também: Robert & John Carradine** (pai/filho; atores); **Joan Crawford & Clark Gable** (caso); **Irving Wallace & David Wallechinsky** (pai/filho; co-autores); **John & Clark Gable** (pai/filho; atores).

---

19 a 24 de março
CÚSPIDE DO RENASCIMENTO
CÚSPIDE PEIXES-ÁRIES

8 a 15 de fevereiro
SEMANA DA ACEITAÇÃO
AQUÁRIO III

Abaixo da superfície

Muito mais inescrutável do que ambos os parceiros possam perceber, esse relacionamento exige introspecção e autocompreensão para ter sucesso. Em princípio a rejeição pode figurar proeminentemente por aqui, seja de um pelo outro ou por outras pessoas ou acontecimentos, e os parceiros se acham confusos quanto ao seu papel no relacionamento. Com o passar dos anos, todavia, a atitude de rejeição pode se transformar em atitudes de aprovação e de defesa. Seja o relacionamento uma amizade, casamento ou caso amoroso, funcionará melhor se ambos os parceiros forem mais velhos e mais maduros.

Os nascidos em Aquário III podem ficar fascinados com representantes de Peixes-Áries vendo-os como a corporificação do ser direto, determinado e natural que secretamente desejam ser. O perigo aqui, sobretudo quando esses dois estão envolvidos romanticamente, é que os representantes de Peixes-Áries menos escrupulosos ou mais egoístas possam tirar vantagem com seu charme da vulnerabilidade dos nascidos em Aquário III. Com sua língua afiada e seu talento para a crítica impiedosa, podem assustar os Aquários III menos seguros, que se curvam à sua vontade. Por outro lado, os nascidos em Peixes-Áries menos egoístas, podem revelar-se altamente benéficos para os representantes de Aquários III inseguros que estiverem procurando direção, e para quem os Peixes-Áries podem servir de guias ou instrutores. Nesse sentido, pais de Peixes-Áries podem representar um papel importante para filhos de Aquário III.

A amizade entre esses dois é favorecida quando há uma base para o relacionamento em uma atividade objetiva, talvez um hábito ou passatempo compartilhado. Mas quaisquer laços emocionais íntimos que se desenvolvam a partir desta amizade podem ser rompidos devido a irritação mútua, cuja causa às vezes é difícil de entender. No casamento, sobretudo, uma fonte de irritação é a atenção que os nascidos em Aquário III constantemente podem necessitar dos representantes de Peixes-Áries – mais do que eles podem proporcionar sem se sentirem mal. Os nascidos em Peixes-Áries precisam ser livres e podem considerar asfixiante a constante necessidade dos representantes de Aquário III. Mas caso busquem uma saída em um caso extraconjugal, podem magoar ainda mais a auto-estima do Aquário III. Relacionamentos profissionais, seja como colegas de trabalho ou sócios, não são em geral favorecidos, uma vez que conflitos e ressentimentos pessoais tendem a irromper aqui.

Conselho: *As coisas podem não ser o que parecem. Tente ir mais fundo e compreender. A introspecção o ajudará a ver mais claramente. Aja com destemor quando tiver certeza.*

RELACIONAMENTOS

PONTOS FORTES: PALADINO, ÍNTIMO, GENEROSO

PONTOS FRACOS: RESSENTIDO, IRRITADO, PROPENSO A REJEITAR

MELHOR: AMIZADE TARDE NA VIDA

PIOR: AMOR

PHILIP ROTH (19/3/33)
CLAIR BLOOM (15/2/31)

O romancista Roth é famoso por *O Complexo de Portnoy* (1969) e pelo quarteto Zuckerman sobre um romancista judeu bem-sucedido. A atriz Bloom alcançou proeminência co-estrelando com Chaplin em *Luzes da Ribalta* (1952). Casaram-se quando já tinham cerca de 50 anos; o relacionamento foi problemático. **Também: William Morris & John Ruskin** (colaboradores pré-rafaelitas).

| RELACIONAMENTOS |

PONTOS FORTES: ÍNTIMO, ESTÉTICO, SEGURO

PONTOS FRACOS: ISOLADO, INACESSÍVEL, POUCO PRÁTICO

MELHOR: AMOR

PIOR: CASAMENTO

CYBILL SHEPHERD (18/2/50)
BRUCE WILLIS (19/3/55)

Willis e Shepherd estrearam na popular série de tevê dos anos 1980 *A Gata e o Rato*, um show sobre uma ex-modelo, proprietária de uma agência de detetives administrada por Willis. Cheia de duplos *entendres*, o show representava a química entre as duas estrelas. **Também: Irving Wallace & Sylvia Kahn Wallace** (casados; autores).

---

19 a 24 de março
CÚSPIDE DO RENASCIMENTO
CÚSPIDE PEIXES-ÁRIES

16 a 22 de fevereiro
CÚSPIDE DA SENSIBILIDADE
CÚSPIDE AQUÁRIO-PEIXES

Enseada protegida

Este relacionamento tende a ser um porto de paz e segurança. Embora proporcione uma intimidade que pode ser satisfatória para os dois parceiros, também pode se tornar uma espécie de mundo perdido, prognosticado no corte de laços fundamentais com a sociedade. E caso se torne um santuário íntimo e oculto, pode estagnar, ser levado pela corrente ou desintegrar-se, sobretudo se carecer da força prática e pragmática. Construir uma existência mais estruturada, que esteja firmemente ligada ao mundo externo, deveria ser a consideração mais importante. Dos dois parceiros, os nascidos em Peixes-Áries são os mais propensos a seguir nesta direção, uma vez que os nascidos em Aquário-Peixes provavelmente tendem a se fixar mais nas preocupações abstratas ou pessoais.

  O par pode ser bem-sucedido de forma particular na área da amizade. Tanto os nascidos em Peixes-Áries quanto em Aquário-Peixes são pessoas com grande determinação na carreira, que necessitam relaxar em companhia íntima e prazerosa, em seu tempo livre, e um relacionamento entre eles pode levá-los a atingir novos patamares nesta área, uma vez que há uma sinergia entre sua sensibilidade estética e intelectual. A satisfação emocional é assinalada pela influência em ambos os parceiros do Peixes aquoso, significando sentimentos: é provável que cada um tenha uma antena erguida para o humor e o desejo inconscientes do outro. Casamentos e casos amorosos entre esses dois são um pouco mais problemáticos e não particularmente recomendados. Porém também podem ter sucesso, contanto que um certo grau de objetividade prevaleça e o relacionamento não sucumba aos extremos do isolamento. Nos casos amorosos, os nascidos em Aquário-Peixes devem ser estimulados a arrefecerem suas defesas e redescobrirem sua vulnerabilidade emocional; os nascidos em Peixes-Áries podem ser extremamente úteis e compreensivos a esse respeito, contudo precisam revelar-se para ganhar a confiança dos companheiros Aquário-Peixes, que provavelmente são muito cautelosos em baixarem a guarda. Caso os nascidos em Peixes-Áries abusem dessa confiança ou mostrem que são indignos dela, o relacionamento provavelmente terminará nesse momento – não sendo concedida uma segunda chance. O conhecimento de que um erro grande pode ser facilmente o último coloca o parceiro de Peixes-Áries em uma posição bastante precária.

Conselho: *Conserve as janelas abertas para o mundo. Não se afunde. Evite a tendência de se deixar levar pela corrente. Controle-se e reforce sua motivação.*

| RELACIONAMENTOS |

PONTOS FORTES: DEVOCIONAL, DEDICADO, FLEXÍVEL

PONTOS FRACOS: FRÁGIL, EXIGENTE, SACRIFICADO

MELHOR: AMIZADE

PIOR: TRABALHO

JOAN CRAWFORD (23/3/08)
FRANCHOT TONE (27/2/05)

Tone, um ator dos palcos e das telas, co-estreou em meados dos anos 1960 na série de tevê *Ben Casey*. O primeiro de seus 4 casamentos (1935-39) foi com Joan Crawford, cujos 4 tumultuosos casamentos pontuaram sua carreira de 50 anos em Hollywood. **Também: Martin Ross & Robert Conrad** (co-estrelas, *Wild, Wild West*).

---

19 a 24 de março
CÚSPIDE DO RENASCIMENTO
CÚSPIDE PEIXES-ÁRIES

23 de fevereiro a 2 de março
SEMANA DO ESPÍRITO
PEIXES I

Altar do amor

Em qualquer que seja a área, ocorre a mais íntima troca nesse relacionamento, com a presença de nuances espirituais ou religiosos. Os sentimentos presentes em um caso de amor entre esses dois podem ser puros e idealistas, sugerindo que seu relacionamento se tornou uma espécie de religião para eles, no qual os sentimentos de um pelo outro adquiriram o status de adoração. Dois perigos podem surgir aqui: primeiro, que os parceiros compartilhem um certo fanatismo; segundo, que o relacionamento seja muito frágil para sobreviver em um mundo árduo. Correntes opostas e complexidades são comuns neste par. Relacionamentos estáveis e de longo prazo, tais como o casamento ou o trabalho em conjunto, não são particularmente recomendados, mas a amizade e o relacionamento amoroso podem florescer se houver flexibilidade. Em particular nessa área da amizade, um laço amoroso forte e íntimo pode se desenvolver por meio da solidariedade e compreensão mútuas.

  Os nascidos em Peixes I podem se sentir um pouco ameaçados pela energia direta dos representantes de Peixes-Áries: se mais agressivos podem chocar-se com ela, se mais passivos podem ser dominados e desempenhar um papel submisso. É melhor para eles que se levantem e declarem suas prerrogativas, de outra forma arriscam mergulhar em uma atitude serviçal diante dos Peixes-Áries. É ainda possível que a conseqüente perda da auto-estima possa se acelerar, deixando os nascidos em Peixes-Áries tentando sem resultado convencer os de Peixes I de seu valor. Também podem considerar os representantes de Peixes-Áries autoritários e ditadores, porém admiram a capacidade dos Peixes-Áries de lidar com questões pessoais ou mundanas e de tomar atitudes práticas nesse sentido. Da sua parte, os nascidos em Peixes-Áries podem ficar profundamente emocionados com a empatia que percebem nos representantes de Peixes I, mesmo que não sejam capazes de responder na mesma moeda.

  O lado prático desse par não é de modo algum fraco: os nascidos em Peixes-Áries têm um lado pragmático forte, e os representantes de Peixes I podem ser surpreendentemente hábeis com dinheiro. No entanto, essa força prática terá de florescer para poder equilibrar o fervor e o entusiasmo naturais do relacionamento.

Conselho: *Desenvolva talentos práticos. Preserve a individualidade. Cuidado para não se perder. Cultive o entusiasmo pelo mundo material. Permaneça flexível.*

19 a 24 de março
CÚSPIDE DO RENASCIMENTO
CÚSPIDE PEIXES-ÁRIES

3 a 10 de março
SEMANA DO SOLITÁRIO
PEIXES II

Competição divertida

Em geral, este relacionamento concentra-se em uma forma de competição leve e não séria. A intimidade é bem possível aqui, sobretudo na área da amizade, contanto que uma tendência natural para a acusação possa vez ou outra ser posta de lado, em particular quando um desses dois está demonstrando suas habilidades artísticas, espirituais, intelectuais ou políticas. Esses parceiros podem parecer que estão brigando como cão e gato, mas o confronto entre eles em geral é divertido – se bem que ainda muito competitivo. Em termos emocionais, muitas vezes há comunicação em um comprimento de onda comum nesse relacionamento, que em geral pode conter uma concordância em discordar.

Os nascidos em Peixes-Áries favorecem a confrontação direta, mas os Peixes II em geral preferem não atacá-los cara a cara. Meios mais sutis podem ser usados para acalmá-los: os nascidos em Peixes II que parecem estar simplesmente ocupando-se de seu negócio muitas vezes parecem misteriosamente atraentes e contam com a atenção e o interesse dos Peixes-Áries em seus próprios termos. Suas idiossincrasias e mistérios não são um problema para os Peixes-Áries individualistas, que podem, todavia, ficar perturbados e acabrunhados por seus humores sombrios, depressivos e negativos. Da sua parte, os nascidos em Peixes II muitas vezes se ressentem por terem de acelerar seu passo normalmente vagaroso em resposta à impaciência dos representantes de Peixes-Áries. Mais profundos em termos de pensamento e sentimentos entre essas duas personalidade, eles também podem lamentar-se quanto ao que consideram fluência e ligeireza em um parceiro de Peixes-Áries. Enquanto isso, os nascidos em Peixes-Áries podem oferecer aos Peixes II a aceitação que eles necessitam, mas, infelizmente, não a estabilidade.

Embora os nascidos em Peixes II possam não gostar da abordagem direta e determinada de Peixes-Áries, enquanto estes podem criticar a postura sem direção e preguiçosa daqueles, a natureza inconstante desse relacionamento pode funcionar como um impulso estimulante positivo. As chances para o relacionamento florescer são boas quando ele surge em um cenário doméstico que favorece encontros emocionais profundos. Aqui as diferenças podem ser colocadas de lado em favor de uma harmonia que beneficia todos os envolvidos. Os relacionamentos pais-filhos são favorecidos em comparação aos de irmãos, que em geral envolvem atrito e competição.

Conselho: *Vocês não sabem tudo. Deixem de lado as divergências. Procurem a verdade juntos. Incluam ao invés de excluir. Busquem a harmonia e a paz.*

RELACIONAMENTOS

PONTOS FORTES: ESTIMULANTE, COMPREENSIVO, MOTIVADOR

PONTOS FRACOS: BRIGUENTO, FORA DE SINCRONIA, INSATISFEITO

MELHOR: PAI-FILHO

PIOR: IRMÃOS

ROB REINER (6/3/45)
CARL REINER (20/3/22)

Talentos do cinema e da tevê, Carl e Rob Reiner são pai e filho. O ator cômico e escritor Carl estreou para Sid Caesars escrevendo *Your Show of Shows*, e Rob surgiu no sitcom *All in the Family* e tornou-se depois proeminente diretor de cinema. **Também: J.S. Bach & C.P.E. Bach** (pai/filho; compositores).

---

19 a 24 de março
CÚSPIDE DO RENASCIMENTO
CÚSPIDE PEIXES-ÁRIES

11 a 18 de março
SEMANA DOS DANÇARINOS E SONHADORES
PEIXES III

Experiências fantásticas

Este relacionamento pode dedicar muita atenção ao estilo de vida e, na realidade, ao estilo em geral. Há uma forte orientação aqui para a experiência de vida em oposição ao aprendizado acadêmico: cada parceiro pode já ter demonstrado uma tendência a viver uma experiência em vez de ler a respeito dela, mas juntos podem fazer esta característica ultrapassar os limites. Os nascidos em Peixes-Áries e Peixes III não somente reconhecem um no outro uma alma afim, mas finalmente percebem que um caminho de vida comum, em particular como amigos ou amantes, oferece oportunidades fantásticas. O relacionamento é em geral construído menos em torno de exploração psicológica do que de atividades compartilhadas, que representam sua melhor chance de sucesso.

Esta combinação oferece possibilidades românticas e sexuais excitantes. Caso emoções intensas sejam instigadas, elas podem resultar na expressão apaixonada e sincera de sentimentos; a entrega sensual também pode ser parte da satisfação atingida aqui. Por outro lado quando as coisas não funcionam é muito mais difícil para os nascidos em Peixes III – que em geral adotam um papel mais submisso –, pois podem se tornar dependentes dos representantes de Peixes-Áries. Se qualquer um dos parceiros terminar rejeitando o outro, às vezes os Peixes-Áries se afastam do relacionamento, sem avisar.

O casamento entre esses dois pode ser um erro, sobretudo se for precedido pelo tipo de caso amoroso tumultuado de que essa combinação é capaz. Quando o fogo tiver esfriado, os nascidos em Peixes-Áries podem sentir-se descontentes, insatisfeitos ou enfadados com a complacência e a auto-satisfação dos seus parceiros de Peixes III. Pode ser difícil para eles se desvencilharem do mundo de sonho dos Peixes III, mas terão de fazê-lo se quiserem continuar em seu próprio caminho individual e dinâmico. Os nascidos em Peixes III, entretanto, podem sentir-se desnorteados e confusos, e muito provavelmente se afundam em uma depressão profunda.

Caso um representante de Peixes III e um Peixes-Áries decidirem administrar juntos um negócio, juntar forças como companheiros de trabalho ou apenas compartilhar um interesse comum ou hobby, podem alcançar um certo grau de sucesso. O perigo aqui é manter o relacionamento superficial e preocupar-se em excesso com as aparências.

Conselho: *Perceba que nem tudo é o que parece. Procure valorizar a compreensão psicológica. Cuidado com a superficialidade. Não ignore seu desenvolvimento pessoal.*

RELACIONAMENTOS

PONTOS FORTES: EXPERIENTE, GRATIFICANTE, TEMPESTUOSO

PONTOS FRACOS: SUPERFICIAL, DEBILITANTE, POUCO COMPREENSIVO

MELHOR: AMOR

PIOR: CASAMENTO

GEORGE BENSON (22/3/43)
QUINCY JONES (14/3/33)

Jones, proeminente arranjador e produtor de música pop, trabalhou com Michael Jackson, Ray Charles, Louis Armstrong, Aretha Franklin, Sinatra e outros. Benson ganhou prêmios como guitarrista de jazz e vocalista. Seu primeiro trabalho conjunto, *Give Me the Night* (1980), ganhou 5 Grammys. **Também: Sergei Diaghilev & Vaslav Nijinsky** (balé).

RELACIONAMENTOS

PONTOS FORTES: ESPONTÂNEO, DINÂMICO, DEFINIDO

PONTOS FRACOS: REBELDE, CRIADOR DE CASO, DESINTERESSADO

MELHOR: AMIZADE, QUANDO JOVEM

PIOR: AMOR

GLORIA SWANSON (27/3/1899)
WALLACE BEERY (1/4/1885)

Epítome do glamour de Hollywood, lenda do cinema mudo, Swanson se casou com a grande celebridade Beery, um "peso-pesado" das telas, aos 17 anos de idade. Juntos fizeram filmes para a Keystone Company de Mack Sennett. Divorciaram-se depois de três anos.

---

25 de março a 2 de abril
SEMANA DA CRIANÇA
ÁRIES I

25 de março a 2 de abril
SEMANA DA CRIANÇA
ÁRIES I

Negação juvenil

Este relacionamento é caracterizado por um amor pela exploração e por uma expressão espontânea e franca que podem resultar em uma espécie de alegria primitiva. Mas a energia impulsiva e dinâmica característica desse par também pode conduzir ambos os parceiros para longe das forças estabilizadoras necessárias na vida cotidiana. É mais provável que o relacionamento Áries I-Áries I se manifeste na infância ou na adolescência do que em amizades, em casos amorosos ou em casamentos na maturidade, uma vez que o tipo de compreensão que esses parceiros necessitam com freqüência se torna mais difícil de alcançar quando suas opiniões individuais se tornam mais rígidas com o tempo.

Em geral, os nascidos em Áries I estão interessados em pessoas extraordinárias, muito diferentes deles mesmos. Dois representantes de Áries I, pois, raramente se escolhem como amantes. Provavelmente podem trabalhar juntos sem problemas, contanto que não necessitem se envolver em interação pessoal constante, e desde que seu trabalho seja claro e as tarefas que necessitam realizar sejam específicas e bem definidas. Sociedades comerciais ou posições executivas não são favorecidas, e é sempre melhor para os nascidos em Áries I trabalharem juntos como iguais. As coisas serão mais fáceis se ambos forem instados a empregar sua capacidade especializada e nada mais. Somente após anos juntos no mesmo emprego os dois Áries I começam a desenvolver alguma intimidade em sua abordagem.

Situações familiares envolvendo dois Áries I podem funcionar bem, mas não sem conflito, seja o relacionamento entre irmãos ou pais e filhos. Embora esse relacionamento manifeste algumas das mais fortes energias infantis de todo o ano, ele também retrata uma recusa obstinada de ser tratado como uma criança, seja pelos parceiros ou pelos pais. Dois filhos de Áries I na mesma família podem brigar constantemente se o mais velho adotar um papel paternal, tratando o mais jovem como se fosse seu patrão ou de forma excessivamente protetora. A rebeldia está fadada a irromper em tal situação, ou quando um filho único de Áries I é mimado ou tratado como criança por uma mãe ou pai dominador de Áries I. Em geral, os maiores conflitos são com pais do mesmo sexo, e os vínculos emocionais mais fortes com pais do sexo oposto.

Conselho: *Não exija muito. Dê tempo para que os sentimentos floresçam. Negar a imaturidade atrai suspeita. Deixe que os outros o ajudem.*

RELACIONAMENTOS

PONTOS FORTES: ORGANIZADO, SOCIAL, AVENTUROSO

PONTOS FRACOS: AGRESSIVO, COMPETITIVO, POUCO CARINHOSO

MELHOR: PARCEIROS DE EQUIPE

PIOR: AMIZADE

JACK WEBB (2/4/20)
HARRY MORGAN (10/4/15)

Estes atores fizeram o papel de policiais com expressão impassível no famoso programa policial *Dragnet*, transformando-os em ícones americanos. Webb originou a série que foi ao ar de 1951 a 1959. Morgan juntou-se ao show em sua segunda fase, em 1967. **Também:** Sarah Jessica Parker & Robert Downey, Jr. (romance; atores); **Kelly LeBrock & Steven Seagal** (casados; atores); **Diana Ross & Billie Holiday** (representação no cinema).

---

25 de março a 2 de abril
SEMANA DA CRIANÇA
ÁRIES I

3 a 10 de abril
SEMANA DA ESTRELA
ÁRIES II

Parceria divertida

É improvável que o mundo dos sentimentos profundos figure proeminentemente neste relacionamento muito social, seja seu tom frio ou ardente. O amor ou a amizade íntima podem ser impedidos, mas vínculos comuns relacionados a um hobby compartilhado a atividades esportivas ou a outros interesses podem criar uma determinada confiança e ter uma certa permanência. O desejo de explorar a natureza – sobretudo se for incomum e extraordinária – pode se afirmar em atividades aventureiras de todo tipo, principalmente as que envolverem grupos ou clubes.

Se os nascidos em Áries I e os Áries II forem irmãos brigas podem ocorrer, uma vez que ambos guardam seus espaços e suas prerrogativas intimamente. Caso seus instintos agressivos e competitivos saiam do controle, em particular se forem irmãos do mesmo sexo, a unidade familiar pode sofrer grande pressão, e ser até destruída. Relações entre a combinação pai e filho de Áries I e Áries II podem ser harmoniosas contanto que os pais não demonstrem tendências tirânicas que despertam revolta. Mas o relacionamento nem sempre mostra um lado carinhoso desenvolvido, ou um gosto pelas tarefas diárias de afazeres domésticos, ou pela manutenção da casa ou pela criação dos filhos. Dessa forma, o casamento não é recomendado a menos que os cônjuges possam dar um ao outro uma boa quantidade de autonomia para seguir carreiras independentes e passar longos períodos separados.

Com relação ao trabalho conjunto, a personalidade Estrela dos nascidos em Áries II exige atenção e permanência no centro dos acontecimentos. Isto pode não se ajustar bem aos Áries I, e o ego de ambos pode entrar em conflito; se isso acontecer, os nascidos em Áries I podem se afastar, sentindo-se magoados ou desprezados. Se o relacionamento se manifestar em termos de trabalho, onde eles podem compartilhar o planejamento, a organização e a liderança geral de um negócio ou empresa, podem se perseguir dinamicamente, lado a lado, com objetivos comuns.

Conselho: *Cultive a confiança e a abertura. Busque sentimentos mais profundos. Nem tudo tem que ser divertido. O trabalho árduo produz resultados.*

25 de março a 2 de abril	11 a 18 de abril
SEMANA DA CRIANÇA	SEMANA DO PIONEIRO
ÁRIES I	ÁRIES III

Em foco

Seja na família ou em um grupo de amigos, esse relacionamento terá que ocupar o centro do palco. Isso sugere não somente uma necessidade de atenção, mas também o desejo de conduzir ou dar direção às práticas e às atividades do grupo. O relacionamento entre Áries I e Áries III tem facilidade para lidar com pessoas e, conseqüentemente, é valorizado por qualquer grupo do qual faça parte. Se for um relacionamento familiar ou uma amizade, pode ser estendido a um empreendimento empresarial, seja em turno integral ou parcial. No trabalho, os nascidos em Áries I estão dispostos a colaborar lado a lado com Áries III, embora em geral sejam os nascidos em Áries III que assumem o comando. Os amigos e membros da família nessa combinação também são capazes de viver juntos como uma unidade doméstica na vida adulta diária.

Alguns representantes de Áries III mais compreensivos podem ser excelentes pais para os nascidos em Áries I, mas outros podem se entusiasmar com suas ideologias e obriga os próximos a eles a aceitá-las. Isso pode criar problemas, uma vez que os nascidos em Áries I não gostam de regras rígidas, nem que lhes digam o que fazer. Outros Áries III, sejam pais, amigos ou irmãos podem desempenhar um papel importante na vida dos nascidos em Áries I, criando dependências neles que tolhem seu desenvolvimento individual.

Um amor pelo movimento físico e pela aventura caracteriza esse relacionamento e pode levar a projetos excitantes, como escalar alturas ou explorar as profundezas do mundo natural. A competição positiva pode instigar o relacionamento aos limites absolutos da destreza física, e talvez a superá-la. Tanto a intensidade romântica quanto a sexual de um caso amoroso nessa combinação podem ser grandes. Mas, infelizmente, a expressão de emoção intensa ou a exploração de sentimentos profundos em geral não ocorrem entre esses dois, que acabam por lidar um com o outro de maneira superficial, embora não menos excitante.

Conselho: *A exploração interna também é excitante. Não ignore os sentimentos. Seja responsável para com as necessidades emocionais dos outros. A meditação pode ser útil.*

RELACIONAMENTOS

PONTOS FORTES: EXCITANTE, AVENTUROSO, DOMINADOR

PONTOS FRACOS: SUPERFICIAL, EGOÍSTA, NECESSITADO

MELHOR: FAMÍLIA

PIOR: AMOR

HENRIQUE II [FRANÇA]
(31/3/1519)
CATARINA DE MEDICI
(13/4/1519)

Henrique II, cujo reinado arruinou a Coroa, tinha uma amante dominadora (Diane de Poitiers) que sua esposa Catarina era obrigada a tolerar. Depois de sua morte, Catarina governou como rainha-mãe. **Também: Jennifer Grey & Joel Grey** (filha/pai; atores); **Shirley Jones & David Cassidy** (co-estrelas, *Família Dó-ré-mi*); **Warren Beatty & Julie Christie** (caso; atores); **Sydney Chaplin & Charlie Chaplin** (filho/pai; atores).

---

25 de março a 2 de abril	19 a 24 de abril
SEMANA DA CRIANÇA	CÚSPIDE DO PODER
ÁRIES I	CÚSPIDE ÁRIES-TOURO

Acesso limitado

A base desse par é o estabelecimento de limites firmes, entre os parceiros ou, sobretudo, entre o relacionamento em si e o mundo externo. A chave aqui é a privacidade, tanto para os parceiros quanto para o relacionamento; intrusões não são bem-vindas. Isto faz com que seja improvável que portas emocionais se abram com muita freqüência, de modo que, apesar de haver compreensão mútua, pode ser difícil lidar com o que acontece nesse relacionamento. Além disso, rivalidades românticas são indesejáveis, e ciúmes de terceiros podem ser destrutivos. Uma vez que o par é mais bem-sucedido quando não convive diariamente, amizades e relacionamentos profissionais em geral têm mais êxito do que os familiares, os românticos ou os conjugais.

Diplomáticos, com freqüência os nascidos em Áries I se submetem à perícia dos nascidos em Áries-Touro em uma dada área, mas ainda desejam exercer o verdadeiro poder no relacionamento. O problema aqui é que os nascidos em Áries-Touro consideram o poder seu direito inato e inerente e, em geral, não desistem dele facilmente. Será preciso estabelecer uma trégua e chegar a um acordo explícito ou tácito com relação ao que é permitido ou não. Tal acordo não implica mágoas – muitas vezes pode ser feito com respeito mútuo.

Casos de amor entre esses dois não são particularmente sugeridos e, se ocorrerem, em geral são malsucedidos. Com freqüência, os nascidos em Áries-Touro desejam envolvimentos mais íntimos do que os independentes representantes de Áries I estão preparados para viver. O casamento é menos favorável ainda, uma vez que em geral implica interação pessoal e uma espécie de divisão de espaço que nenhum dos parceiros aceita. Como membros da mesma família, esses dois podem competir um com o outro pela predominância e, com freqüência, finalmente chegam a um impasse, esforçando-se o máximo para ignorar um ao outro.

Como amigos, sobretudo do mesmo sexo, os nascidos em Áries I e Áries-Touro podem ser extremamente solidários em momentos de necessidade, seja por motivo financeiro ou emocional. Embora períodos longos possam transcorrer entre suas visitas, encontros ou telefonemas, raramente eles ficam muito tempo sem pensar um no outro. Esta amizade pode perfeitamente satisfazer as necessidades de ambos os parceiros, exigindo pouco e dando o tempo que eles necessitam para cuidar de seus próprios afazeres.

Conselho: *Construa pontes pessoais. Evite a luta pelo poder. Busque atividades sociais comuns. Cuidado para não se isolar. Abra seu coração com mais freqüência.*

RELACIONAMENTOS

PONTOS FORTES: DIGNO DE CONFIANÇA, RESPEITOSO, COMPREENSIVO

PONTOS FRACOS: ISOLADO, DESLIGADO, CIUMENTO

MELHOR: AMIZADE

PIOR: CASAMENTO

CATARINA, A GRANDE
(21/4/1729)
CASANOVA (2/4/1725)

Catarina, imperatriz aos 33 anos de idade, foi também uma beldade e teve vários casos amorosos registrados na história. Dentre eles, o caso com o famoso Casanova, que escreveu extensivamente sobre suas aventuras sexuais em *História de Minha Vida*. **Também: Warren Beatty & Shirley MacLaine** (irmãos; atores).

RELACIONAMENTOS

PONTOS FORTES: PIONEIRO, DINÂMICO, EMPREENDEDOR

PONTOS FRACOS: INFLEXÍVEL, DESRESPEITOSO, PERPLEXO MELHOR:

MELHOR: TRABALHO

PIOR: PAI-FILHO

VINCENT VAN GOGH (30/3/1853)
THEO VAN GOGH (1/5/1857)

O brilhante mas atormentado Vincent talvez tenha sido mais admirado em vida pelo irmão, Theo, que apoiou o artista financeira e emocionalmente. Inconsolado, Theo morreu 6 meses depois do irmão. Estão enterrados lado a lado em Auvers, França. **Também: Eileen Ford & Wilhelmina** (fundadoras de agências de modelos rivais); **Xuxa Meneghel & Marlene Matos** (entretenedora & produtora de tevê).

25 de março a 2 de abril
SEMANA DA CRIANÇA
ÁRIES I

25 de abril a 2 de maio
SEMANA DA MANIFESTAÇÃO
TOURO I

Espírito realizador

Este relacionamento tem um forte espírito pioneiro. Particularmente quando os dois parceiros estão envolvidos em um projeto comum, seja profissional ou social, sua associação íntima e objetivos comuns em geral garantem o sucesso. A chave aqui é o planejamento cuidadoso seguido pela implementação dinâmica. Os nascidos em Touro I podem se sentir ameaçados pela energia determinada dos nascidos em Áries I, mas contanto que permaneçam no comando, e sua posição dominante não seja ameaçada, o relacionamento pode funcionar.

Problemas sempre surgem, porém, quando chefes ou pais de Touro I são confrontados com o que empregados ou filhos de Áries I realmente pensam deles. Eles não desejam ouvir isso porque são autoritários e têm uma tendência a exaltar em excesso sua própria importância, os nascidos em Áries I podem não resistir à tentação de furar seu balão. Na família, onde os pais de Touro I necessitam ser admirados e respeitados incondicionalmente por seus filhos, um filho de Áries I aberto e honesto pode levantar problemas graves. Da mesma forma, um marido ou mulher adorável de Áries I que idolatra seu cônjuge de Touro I pode ser um espécime bastante raro. Os nascidos em Áries I necessitam ser livres, e o ressentimento por serem tratados como criança também pode ser difícil para o superprotetor Touro I.

O relacionamento amoroso entre esses dois pode sofrer do fato de que os nascidos em Touro I não admitem os problemas do relacionamento, e desejam desfrutar do prazer resultante dele o maior tempo possível. Os nascidos em Áries I podem gostar de sexo e de momentos sensuais com os representantes de Touro I até um certo ponto, mas também podem ter necessidades intensas em outras áreas que não as puramente físicas, que os representantes de Touro I são incapazes de satisfazer.

Não particularmente flexível, esse relacionamento pode ainda ser caracterizado por charme suficiente para derreter o coração mais duro e para superar atitudes obstinadas e inflexíveis. Em particular, se ele surgir no domínio da amizade, pode se tornar sólido quando as forças de cada parceiro desenvolvem-se e florescem em torno de interesses comuns, sobretudo os que envolvem esportes, aventura e outras formas de desafio físico. Um elemento de perigo ou risco somente torna a atração mais forte e o vínculo mais intenso.

Conselho: *A honestidade nem sempre é a solução mais diplomática. Seja realista a respeito de suas capacidades. Reconheça a necessidade de liberdade. Seja flexível.*

RELACIONAMENTOS

PONTOS FORTES: SENSUAL, CRÍTICO, GRATO

PONTOS FRACOS: FRUSTRANTE, VICIADO, TEMPESTUOSO

MELHOR: CASAMENTO

PIOR: AMIZADE

ARISTIDE BRIAND (28/3/1862)
GUSTAV STRESEMANN (10/5/1878)

Estes primeiros-ministros da França e da Alemanha ganharam o Prêmio Nobel da Paz em 1926 pelo Pacto de Locarno, que estabeleceu relações entre os países na Europa do pós-guerra e incluiu a Alemanha na Liga das Nações.

25 de março a 2 de abril
SEMANA DA CRIANÇA
ÁRIES I

3 a 10 de maio
SEMANA DO PROFESSOR
TOURO III

Cabeça e coração

Este relacionamento combina ação vívida e pensamento crítico de uma forma bastante extraordinária. Potencialmente uma combinação íntima e significativa tanto no amor quanto no casamento muitas vezes envolve um forte vínculo sensual, mas a atração de forma alguma limita-se ao plano físico. A compatibilidade mental e emocional que esses dois compartilham pode levá-los a empregar sua energia em uma ampla esfera de atividades, desde negócios e *hobbies* até a formação de uma família. Compreensão mútua e também estima são indicadas aqui, e a fusão sinergética da energia direta e abundante dos parceiros, se bem direcionada, aponta o caminho para esforços produtivos e bem-sucedidos.

Amizades do tipo mais casual nessa combinação podem ser difíceis de manter, uma vez que a atração sexual é tão forte aqui que pode se tornar um vício. Relacionamentos platônicos podem se desenvolver, todavia, se algum obstáculo a uma intimidade maior – tal como o compromisso de um parceiro com outra pessoa – os tornam necessários. Se os sentimentos de um pelo outro forem desiguais, podem resultar frustrações, mas elas podem ser superadas com paciência e compreensão, em geral advinda dos nascidos em Touro I. Os nascidos em Áries I são bem capazes de transgredir os termos de um relacionamento estabelecido com um representante de Touro II, talvez finalmente conduzindo ao rompimento.

Tanto os nascidos em Áries I quanto em Touro II podem ser teimosos e inflexíveis, mas isso também significa que eles tendem a manter-se firmes apesar das dificuldades e não desistem se o caminho se tornar árduo. O casamento, o caso amoroso, os negócios ou outros relacionamentos profissionais conseqüentemente podem sobreviver a muitas tempestades. Os representantes de Áries I são em geral receptivos às qualidades inatas dos nascidos em Touro II, mas também têm uma necessidade extrema de independência e aversão a serem tratados com mimo, o que os representantes de Touro II devem aprender a aceitar. Contudo os nascidos em Áries I realmente têm muito a aprender com o professor Touro II, sobretudo na área do desprendimento filosófico e da compreensão emocional. E os nascidos em Touro II, por sua vez, podem se tornar mais divertidos, menos rígidos e repetitivos no seu comportamento sob a influência dos Áries I.

Conselho: *Continue a aprender sobre o desprendimento. Mantenha sua energia concentrada e direcionada. Trabalhe suas frustrações. Sentimentos não necessitam ser opostos a pensamentos.*

25 de março a 2 de abril
SEMANA DA CRIANÇA
ÁRIES I

11 a 18 de maio
SEMANA DO NATURAL
TOURO III

Cabo de guerra

A química dessa combinação pode ser irrequieta. Os nascidos em Áries I e Touro III têm muito em comum – compartilham uma abordagem de vida aberta e natural – mas juntos pode ser difícil alcançar a estabilidade; seu relacionamento é muitas vezes empurrado e puxado em direções opostas. O jogo de poder entre eles não é de forma alguma incomum, dando à sua ligação uma aparência competitiva e, às vezes, combativa.

A combinação pode não convir a um caso amoroso ou casamento, mas a valorização mútua entre esses dois permite uma amizade íntima. Ela pode não se basear em compartilhamento emocional e na necessidade ou aceitação mútua, mas os parceiros gostam de atividades compartilhadas, sobretudo as de tipo aventureiro, desafiador e até perigoso. (Os nascidos em Áries I e Touro III também são bons concorrentes entre si, estimulando-se como adversários nos esportes de equipe ou em treinamento de aptidão física.) Os nascidos em Áries I podem ser muito protetores e compreensivos com os nascidos em Touro III, que os outros vêem como criadores de caso ou que se sentem rejeitados pela sociedade em geral ou por sua família em particular.

Quando esses dois são irmãos, podem competir pela atenção dos pais. Os nascidos em Áries I não são submissos de forma alguma, porém são mais obedientes do que os Touro III. Quando os representantes de Touro III vêem os nascidos em Áries I como dengosos que bajulam para ganhar amor, pode haver ciúmes, tornando-os sujeitos malvados ou perdedores. Se essa combinação se manifestar como um relacionamento pais-filhos, os nascidos em Áries I se saem melhor no papel de pais; geralmente são mais adequados para a paternidade do que os Touro III, sobretudo mais adiante na vida, quando já se entregaram aos prazeres e às loucuras da mocidade e adquiriram mais autoconfiança. Ainda assim, esse relacionamento pode ser atormentado pela impulsividade imatura na fase adulta, sobretudo quando raiva e ressentimentos não resolvidos trazidos da infância minam sua estabilidade e capacidade inatas.

Conselho: *Deixe o passado para trás. Desfaça-se de velhos rancores e ressentimentos. O poder não é a resposta. Tente ser mais acolhedor e gentil. Puxem juntos.*

RELACIONAMENTOS

PONTOS FORTES: DESAFIADOR, NATURAL, COMPREENSIVO

PONTOS FRACOS: COMBATIVO, IMPULSIVO, INSTÁVEL

MELHOR: AMIZADE

PIOR: FAMÍLIA

L. MIES VAN DER ROHE (27/3/1886)
WALTER GROPIUS (18/5/1883)

Gropius, fundador da escola de arquitetura Bauhaus, juntou-se a Mies van der Rohe (e Le Corbusier), em 1933, para criar a escola de Estilo Internacional. Ambos fugiram da Alemanha e emigraram para os Estados Unidos nos anos 1930. Gropius, que deu aulas em Harvard, projetou o centro de graduação da escola; os famosos arranha-céus de Mies van der Rohe são extraordinários. Os amigos tiveram uma longa e respeitosa ligação.

---

25 de março a 2 de abril
SEMANA DA CRIANÇA
ÁRIES I

19 a 24 de maio
CÚSPIDE DA ENERGIA
CÚSPIDE TOURO-GÊMEOS

Motivação psicológica

Este relacionamento pode ser dramático, no entanto também tende a ser introspectivo e analítico, com seus parceiros discutindo questões psicológicas de uma forma objetiva. Os nascidos em Touro-Gêmeos sentem-se mais à vontade com essa abordagem do que os Áries I, mas em muitos casos é o autoconhecimento de Áries I que floresce aqui, menos pela influência ou observações diretas de seus parceiros do que pelo espírito de abertura que prevalece no relacionamento. Caso a investigação psicológica seja bloqueada, a enorme energia e visão desse par podem se tornar dispersas ou contidas. A tendência a adiar, negar a verdade e remoer injustiças passadas deve ser tratada e combatida, pois ela mina elementos mais positivos, como o desejo, a ambição, a auto-estima e a esperança.

Apesar da ênfase psicológica, não é provável que ocorra amizade íntima, caso amoroso e casamento, com esse relacionamento: com freqüência esses dois não combinam emocional e sexualmente, nem é fácil para eles compartilhar interesses. Podem dar bons conselhos um ao outro, mas em geral são muito independentes e geniosos para desejar se acomodar em relacionamentos pessoais, e nenhum tem muita disposição para ceder. Por outro lado, no trabalho, os nascidos em Touro-Gêmeos podem ser inspiradores e estimulantes para os Áries I, sobretudo como colegas no mesmo nível. Na realidade, o relacionamento entre esses dois é altamente favorecido no local de trabalho, onde as idéias de Touro-Gêmeos e a exatidão de Áries I em geral combinam de forma eficaz. A compulsividade dos nascidos em Touro-Gêmeos geralmente exerce um efeito positivo sobre a tendência de Áries I de procrastinar, ajudando a manter os nascidos em Touro-Gêmeos atentos, evitando que seu interesse se torne vago.

Todavia, há um problema maior que precisa ser resolvido para o relacionamento ter sucesso no trabalho e também na família: os nascidos em Áries I têm necessidade e talento para um envolvimento grupal, ao passo que os nascidos em Touro-Gêmeos têm aversão a isso e, em geral, preferem trabalhar sozinhos. O relacionamento pode superar essa barreira valendo-se de sua força psicológica, à medida que os parceiros discutam essa tensão entre eles e ganhem introvisão.

Conselho: *Trabalhe na solução. Cultive atividades sociais. Não seja tão liberal com conselhos. Revele aos outros seus feitos. Mostre mais abertamente suas emoções.*

RELACIONAMENTOS

PONTOS FORTES: AUTOCOMPREENSIVO, ENERGÉTICO, VISIONÁRIO

PONTOS FRACOS: DISPERSO, CONFUSO, INTRANSIGENTE

MELHOR: TRABALHO

PIOR: AMOR

BERNIE TAUPIN (22/5/50)
ELTON JOHN (25/3/47)

Rivais de Lennon & McCartney, o criativo e inspirado relacionamento de trabalho de John com Taupin foi formidável nos anos 1970. Produziram vários compactos que chegaram aos primeiros lugares nas paradas, e 15 de seus 19 álbuns receberam disco de ouro ou de platina. **Também: Warren Beatty & Joan Collins** (caso; atores); **Elle MacPherson & Naomi Campbell** (sócios de restaurante; supermodelos).

RELACIONAMENTOS

PONTOS FORTES: INTEIRO, PROTETOR, JUSTO

PONTOS FRACOS: ANTI-SOCIAL, REBELDE, SUPERFICIAL

MELHOR: AMIZADE

PIOR: TRABALHO

ANNETTE BENING (29/5/58)
WARREN BEATTY (30/3/37)

Surpreendendo o mundo, o eternamente solteiro Beatty se casou com a jovem atriz Bening, em 1991, no ano em que co-estrearam em *Bugsy*. Após o nascimento de seu filho, apareceram juntos novamente no remake da comédia clássica *Love Affair*.
Também: Dana Carvey & Mike Myers (co-estrelas, *Wayne's World*); Eugene McCarthy & Hubert Humphrey (adversários democratas).

25 de março a 2 de abril
SEMANA DA CRIANÇA
ÁRIES I

25 de maio a 2 de junho
SEMANA DA LIBERDADE
GÊMEOS I

Guardiões do oprimido

A ênfase dessa combinação é na ação. Se se quiser evitar o fracasso do relacionamento, a excitação é essencial, e ela em geral desperta novamente interesses adormecidos e energias sonolentas. Geralmente, ambos os parceiros necessitam fugir para as experiências de vida ao invés de escapar delas, e ambos precisam de um "gêmeo" com quem compartilhar tais experiências. A importância que o relacionamento dá ao que pode parecer ser assunto externo, sobretudo em questões de técnica e qualidade, pode levar os outros a considerá-lo superficial e não muito sério. Este tipo de julgamento pode ignorar o fato de que interesses mundanos não necessariamente impedem emoções profundas ou espiritualidade.

Os nascidos em Áries I têm a mistura perfeita de cautela e coragem para permitir que os representantes de Gêmeos I se divirtam e esqueçam seus problemas. Em uma amizade entre Gêmeos I e Áries I, seja qual for a diferença etária, os nascidos em Áries I se acham tratados como iguais – uma exigência vitalmente importante para eles. Os nascidos em Gêmeos I, por sua vez, não suportam insinceridade de qualquer tipo e acham que seu parceiro nascido em Áries I é incapaz de dissimular.

Seja como amigos, companheiros ou amantes, os nascidos em Gêmeos I e Áries I em combinação devem ter cuidado para não se meter em dificuldades perante a sociedade ou a lei. Um anseio extremo por liberdade e uma postura ética intransigente podem se manifestar como rebelião contra qualquer condição percebida como desleal ou injusta. O resultado pode ser que os de fora vejam esse casal como anti-social ou até, em casos extremos, sociopata, embora o relacionamento tenda a esforçar-se para proteger os fracos e oprimidos. Quando incitada à ação por sentimentos morais nobres, essa dupla pode ter um poder impressionante.

Conselho: *Não seja tão moralista ou reprovador. Desça de seu cavalo branco. O cruzado nem sempre é valorizado. Cultive a espiritualidade. Medite.*

RELACIONAMENTOS

PONTOS FORTES: ROMÂNTICO, FASCINANTE, GRATIFICANTE

PONTOS FRACOS: DESCONFIADO, INCONSCIENTE, DISTRAÍDO

MELHOR: AMOR

PIOR: FAMÍLIA

PAUL GAUGUIN (7/6/1848)
VINCENT VAN GOGH (30/3/1853)

Estes artistas estavam juntos em Arles, França, quando Van Gogh cortou parte de sua orelha depois de uma de suas calorosas discussões. A polícia, encontrando Van Gogh inconsciente, quase prendeu Gauguin, que depois disso partiu sem se despedir.
Também: Joseph Campbell & Bill Moyers (mitólogo/jornalista).

25 de março a 2 de abril
SEMANA DA CRIANÇA
ÁRIES I

3 a 10 de junho
SEMANA DA NOVA LINGUAGEM
GÊMEOS II

Lago refletor

Este relacionamento, como um espelho, age como uma projeção de desejos íntimos e secretos, sobretudo quando é romântico. Apenas à primeira vista ele pareça estar baseado em intensa atração física, na realidade trata-se mais da satisfação de desejos.

Ao se apaixonarem, essas personalidades podem satisfazer um desejo secreto. Por exemplo, com freqüência os nascidos em Áries I desejam ter uma conversação brilhante, que possam convencer os outros com argumentos irresistíveis; já os nascidos em Gêmeos II desejam ser indivíduos voltados para a ação, que obtêm o sucesso ousando fracassar; como parceiros, cada um desses dois pode significar essas coisas um para o outro. As áreas alheias ao amor romântico, incluindo o casamento, são menos adequadas para essa combinação. Os nascidos em Gêmeos II têm uma enorme necessidade de ser compreendidos e podem soterrar o parceiro com um fluxo constante de palavras e idéias; isso só serve para deixar o Áries I nervoso e confuso. Mesmo que os nascidos em Gêmeos II sejam articulados e hábeis para se expressar, provavelmente fazem os representantes de Áries I ansiar por paz e tranqüilidade. Na vida diária, então, essa mistura pode privar os nascidos em Áries I de uma de suas exigências mais fortes em qualquer relacionamento – que eles possam se retirar para um lugar tranqüilo quando necessitarem. Situações onde esses dois devam se ver diariamente, portanto, incluindo família, casamento e trabalho, com freqüência não funcionam.

Uma característica do relacionamento, em qualquer área, é que o debate, a argumentação e a discussão figuram proeminentemente, agradando os nascidos em Gêmeos II, mas frustrando os nascidos em Áries I, que em geral estão mais interessados em agir do que em falar. Após uma atração inicial, além disso, a amizade pode não ser possível aqui, uma vez que os nascidos em Áries I começam logo a suspeitar de que muitas reivindicações ou idéias dos Gêmeos II são um pouco exageradas.

Conselho: *Cuidado com o que deseja. Cuidado com o isolamento. Mantenha os olhos abertos. Descubra o que é seu. A atração física não é tudo.*

25 de março a 2 de abril
SEMANA DA CRIANÇA
ÁRIES I

11 a 18 de junho
SEMANA DO EXPLORADOR
GÊMEOS III

Despertar perigoso

Há uma qualidade irritante e explosiva nesse relacionamento – o desejo de procurar alcançar as estrelas pode traduzir um gosto por façanhas temerárias. Conseqüentemente, a combinação pode ser intranqüila para qualquer parceiro com atitudes conservadoras ou pragmáticas. Será difícil de controlar qualquer sentimento romântico que se manifeste aqui, tornando um caso amoroso entre esses dois extremamente excitante e perigoso, sobretudo se um ou ambos os parceiros já for casado ou está em uma relação estabelecida. Apesar da decepção que esse relacionamento pode causar, ele também pode ensinar a seus integrantes algo de grande valor.

Para piorar a natureza radical do relacionamento está o fato de que os nascidos em Áries I têm uma tendência particular a transgredir nas questões do coração, enquanto os nascidos em Gêmeos III podem lançar a cautela aos ventos quando instigados por seus sentimentos mais tumultuados. Esses dois podem ter um caso de amor tórrido, talvez destrutivo, após o que é improvável que eles tenham um relacionamento permanente. Infelizmente, em retrospecto pode parecer que um dos dois serviu principalmente como veículo ou apoio necessário para ajudar o outro a acabar com um relacionamento preexistente e estabilizado. Como amigos, os nascidos em Áries I e Gêmeos III arriscam a fogueira de emoções intensas, positivas ou negativas, em que seu relacionamento pode se transformar a qualquer momento. Com resultado, eles nunca se sentem completamente à vontade um com o outro, e carecem da intimidade natural exigida para a longevidade. O relacionamento funciona melhor, então, nas buscas objetivas, com os parceiros sendo companheiros de trabalho ou colegas que buscam um objetivo comum.

Na família ou no casamento, o relacionamento caracteristicamente oscila entre o humor altamente construtivo e o extremamente destrutivo. Tudo pode correr bem por semanas ou meses, após o que gradualmente começa a despencar, a queda sendo pontuada de explosões emocionais. Ao longo dos anos, o lado tempestuoso dessa combinação aproxima os parceiros em uma dependência mútua depois de cada cicatrização, mas também os torna cada vez mais cautelosos em se abrirem e confiarem um no outro. Tanto a honestidade emocional quanto a disposição para trabalhar o relacionamento são fundamentais para garantir sua continuação.

Conselho: *Respeite o relacionamento dos outros. Justifique a abertura e a confiança. Estabilize suas emoções. Evite oscilações de humor. Cuidado com a destrutividade.*

RELACIONAMENTOS

PONTOS FORTES: AMBICIOSO, EXCITANTE, APAIXONADO

PONTOS FRACOS: DESCONFIADO, AFLITO, FERINO

MELHOR: TRABALHO

PIOR: AMIZADE

LAMONT DOZIER (16/6/41)
DIANA ROSS (26/3/44)

Ross começou sua carreira de cantora como membro do Supremes, e mais tarde partiu para o estrelato individual. O cantor e compositor Dozier pertencia ao grupo de compositores bem-sucedidos Holland-Dozier-Holland da gravadora Motown, cujas canções levaram o Supremes a bater recordes de venda nos anos 1960. **Também: Dana Carvey & George Bush** (representação cômica no programa *SNL*).

---

25 de março a 2 de abril
SEMANA DA CRIANÇA
ÁRIES I

19 a 24 de junho
CÚSPIDE DA MAGIA
CÚSPIDE GÊMEOS-CÂNCER

Tranqüilidade confiante

A área crucial no par Áries I e Gêmeos-Câncer é a da confiança, pois nenhum parceiro admite facilmente outros em seu mundo interno privado. Essa confiança, juntamente com a capacidade de aprender e se desenvolver juntos, pode ser vagarosa em construir, mas se não prejudicada, finalmente floresce como o foco do relacionamento e, na realidade, pode resultar na espinha dorsal de uma amizade, de um casamento ou de um caso amoroso duradouro. E seja qual for sua intensidade, a ligação entre esses dois é suscetível de ser irreparavelmente rompida se ocorrer infidelidade ou traição, mesmo que uma só vez. O perdão, então, não é característico desse relacionamento.

Com freqüência, os nascidos em Gêmeos-Câncer exercem um efeito suavizante sobre a personalidade dos representantes de Áries I. Os nascidos em Áries I têm um lado estressado e podem se exigirem muito e de forma rápida demais; a energia de um Gêmeos-Câncer esperando em casa pode fazer com que relaxem na tranqüilidade doméstica. Isto não significa que esses dois sempre têm uma influência calmante um sobre o outro, mas em geral o lado mais intuitivo de Áries I permite que eles compreendam a sensibilidade de Gêmeos-Câncer, ao passo que a sensibilidade emocional de Gêmeos-Câncer compreende os problemas dos nascidos em Áries I.

Caso surja uma amizade entre esses dois, será preciso decidir como se pode permitir que ela siga em frente. Se forem estabelecidos limites (seja porque um dos parceiros deseja evitar as águas desconhecidas do envolvimento romântico ou sexual, ou porque um dos parceiros já tem um companheiro ou amante cujo ciúme deve ser aplacado), podem assumir a forma de simplesmente restringir o contato entre um e outro. Esta decisão muitas vezes é difícil de ser tomada: a compreensão que pode se desenvolver vagarosamente entre Áries I e Gêmeos-Câncer é sutil e mágica, e esse relacionamento somente pode ser impedido com grande dificuldade e dor.

Muito entre esses dois permanece não dito, sejam eles amantes ou amigos. Como membros de uma família, os nascidos em Áries I e Gêmeos-Câncer podem ser extremamente íntimos – tão íntimos, na realidade, que seu relacionamento pode ser caraterizado por nuances emocionais, ou mais raramente, implicações fisicamente incestuosas. Em todas as ligações entre esses dois, a objetividade pode ser tanto uma necessidade gritante como também um objetivo impossível.

Conselho: *Mantenha sua mente clara. Esforce-se para se abrir. Tente perdoar e compreender mais. Esclarecer as regras no início pode economizar sofrimento mais tarde.*

RELACIONAMENTOS

PONTOS FORTES: ÍNTIMO, DIGNO DE CONFIANÇA, EDUCATIVO

PONTOS FRACOS: RELUTANTE EM PERDOAR, POUCO OBJETIVO, INCESTUOSO

MELHOR: AMOR, AMIZADE

PIOR: FAMÍLIA

SANTA TERESA DE ÁVILA (28/3/1515)
SÃO JOÃO DA CRUZ (24/6/1542)

Amigos antigos, Santa Teresa da Espanha e São João foram ambos Carmelitas e místicos. Santa Teresa escreveu grandes clássicos da literatura mística; São João foi um dos grandes poetas líricos da Espanha. Juntos fundaram a ordem dos Descalços. **Também: Eric Clapton & Jeff Beck** (Yardbirds originais).

| RELACIONAMENTOS |

PONTOS FORTES: NATURAL, EXPRESSIVO, EFICAZ

PONTOS FRACOS: SENSÍVEL DEMAIS, INIBIDOR, DESCONFIADO

MELHOR: TRABALHO

PIOR: AMIZADE

TOM MAGLIOZZI (28/6/37)
RAY MAGLIOZZI (30/3/49)

Dubladores "Car Guys", os irmãos Tom e Ray apresentam um popular programa de rádio na PBS onde dão úteis conselhos aos ouvintes. São famosos por suas prontas respostas aos que telefonam. **Também: Warren Beatty & Leslie Caron** (caso; atores); **William L. Bragg & William H. Bragg** (pai/filho, ganhadores de Prêmio Nobel, físicos); **Elton John & George Michael** (cantores; amigos).

---

25 de março a 2 de abril
SEMANA DA CRIANÇA
ÁRIES I

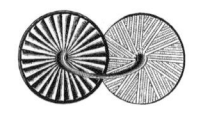

25 de junho a 2 de julho
SEMANA DA EMPATIA
CÂNCER I

Sentimento natural

Este relacionamento é caracterizado pela expressão simples e direta, conferindo às emoções alta prioridade. Isso pode ser bom e mau: se por um lado os parceiros podem dar vazão aos sentimentos e se sentem tranqüilos e à vontade, por outro muita franqueza também pode fazer com que se ultrapasse os limites, às vezes com resultados calamitosos. Finalmente, essa combinação pode levar a um respeito pela privacidade, uma sensibilidade aumentada e uma percepção de que é melhor não tocar em certos assuntos.

Os nascidos em Áries I e Câncer I deveriam se sentir à vontade um com o outro, uma vez que ambos são a favor da expressão direta. Entretanto, os representantes de Câncer I tendem a ver os sentimentos como domínio pessoal e podem tentar se apropriar não somente das pessoas, mas também de suas emoções; os nascidos em Áries I não se sentem à vontade com tais reivindicações que eles podem considerar ameaçadoras à sua necessidade de privacidade. E assim que os nascidos em Áries I sentem que sua liberdade está em risco, desaparecem. Isso pode revelar-se um conflito nesse relacionamento.

Relações interpessoais só podem ter sucesso se o representante de Câncer I souber quando parar de sondar o coração e a psique de Áries I. Estes podem se sentir à vontade com a atenção dos representantes de Câncer I até um certo ponto, mas além desse ponto eles emitem cada vez mais sinais de alerta. Outro lado do mesmo problema surge quando o representante de Áries I, embora possa sentir grande afeição pelo representante de Câncer I, se torna cada vez mais cauteloso em expressar seus sentimentos, temendo que estejam emitindo um sinal verde. Os nascidos em Câncer I têm dificuldade de lidar com isso, uma vez que a abertura emocional do relacionamento é muito importante para eles.

Caso prevaleça um forte sentimento natural, os aspectos dinâmicos de Áries I podem ser bem utilizados em especulações comerciais e misturar-se com o faro para o dinheiro e com os instintos protetores e defensivos de Câncer I. No trabalho, um Áries I no ataque e um Câncer I na defesa formam juntos a base de uma equipe eficaz completa. Empreendimentos somente podem ser bem-sucedidos, entretanto, se cada parceiro se sentir livre o suficiente no relacionamento para expressar seu próprio ponto de vista.

Conselho: *Aprenda a ser atencioso sem asfixiar. Recue e deixe o resto em paz. Conserve sua individualidade — um relacionamento não deve exigir tudo.*

| RELACIONAMENTOS |

PONTOS FORTES: CURIOSO, INTRIGANTE, ECLÉTICO

PONTOS FRACOS: EXTREMISTA, REJEITADO, IRRITANTE

MELHOR: CASAMENTO

PIOR: TRABALHO

E. POWER BIGGS (29/3/06)
WANDA LANDOWSKA (5/7/1877)

O organista Biggs e a harpista Landowska especializaram-se em interpretar obras de J.S. Bach. Nascida na Polônia, Landowska influenciou a maneira de executar nos dias de hoje a música antiga em instrumentos de época; o inglês Biggs é conhecido por ter gravado a obra completa de Bach em órgão. **Também: Pearl Bailey & Louis Bellson** (casados; cantora/percussionista); **Richard Chamberlain & Vince Edwards** (Drs. Kildare & Casey/tevê).

---

25 de março a 2 de abril
SEMANA DA CRIANÇA
ÁRIES I

3 a 10 de julho
SEMANA DO NÃO-CONVENCIONAL
CÂNCER II

Por trás da máscara

Atônica desse relacionamento é uma atração pelo incomum e o novo e por sutilezas, peculiaridades e traços revolucionários. Não é de admirar que o relacionamento se interesse por tendências um tanto rebeldes ou radicais, seja no vestuário, nos adornos, na decoração de interiores, na dança e na música: o próprio casal tem uma certa sutileza charmosa. Também tem força, e embora tenha gosto pelo excêntrico, está apoiado em um alicerce estável. Percebendo isso, pessoas de fora que se envolvam com os parceiros nesse relacionamento gostam ainda mais de suas características raras. De fato, é provável que essa dupla seja popular e muito assediada. Nesse sentido, pode ser uma força real de mudança.

O estilo de vida que esses dois escolhem pode servir de base para morarem juntos ou para o casamento. Uma vez que muitos Áries I são extremamente interessantes, há uma boa chance de que os nascidos em Câncer II os considerem fascinantes, mas a química deve ser correta, e os nascidos em Áries I devem estar abertos para o tipo de segurança doméstica e proteção que os Câncer II têm a oferecer. Embora extremamente independentes, os nascidos em Áries I com freqüência necessitam de algum tipo de vida familiar, e os nascidos em Câncer II podem satisfazer essa necessidade de uma forma que não limite significativamente sua liberdade.

Os nascidos em Câncer II também podem ser personalidades extraordinárias, até bizarras, mas com freqüência se escondem atrás de uma fachada de normalidade ou têm um trabalho diário normal. Da mesma forma, representantes de Áries I muitas vezes mostram uma personalidade aparente (ativa, agressiva) que está em desacordo com seu verdadeiro estado interior (calmo, até retraído). Um relacionamento que permita que esses dois se reconheçam como almas gêmeas por trás das máscaras que mostram ao mundo pode ser bastante adequado para casos amorosos e casamentos.

Os problemas que ocorrem nesse relacionamento em geral surgem na área da má interpretação: os nascidos em Câncer II podem interpretar de forma equivocada a independência dos Áries I como desinteresse, e os representantes de Áries I podem considerar como rejeição a preocupação dos Câncer II com sua vida interior repleta de fantasia. Compartilhar responsabilidades domésticas e ter filhos, entretanto, pode cimentar a combinação.

Conselho: *Coisas comuns também podem ser interessantes. Não dê tanta importância ao fato de ser diferente. Cultive a verdadeira individualidade. Cuidado com modismos.*

25 de março a 2 de abril
SEMANA DA CRIANÇA
ÁRIES I

11 a 18 de julho
SEMANA DO PERSUASIVO
CÂNCER III

Troca de opiniões

Independência e limites são prioridades máximas aqui. O relacionamento concentra-se na comunicação, principalmente por meio da palavra falada: as interações muitas vezes evitam o físico e ocorrem via telefone, fax ou e-mail, com os encontros pessoais com freqüência restritos a determinados momentos e lugares convenientes. De modo geral, as escolhas dessa dupla são conscientes e pensadas, motivadas mais pela intenção e pelo desejo do que pela necessidade. Mesmo assim, o relacionamento com freqüência é caracterizado por consideráveis conflitos emocionais, que podem causar problemas quando ocorrem na esfera familiar, amorosa ou conjugal. Com os anos, essas frustrações e tensões podem levar a uma maior compreensão e finalmente à intimidade cada vez maior, mas a estrada para tal aceitação pode ser longa e pedregosa.

Freqüentemente, não há química romântica e sexual entre esses dois, mas os nascidos em Áries I e Câncer III podem trabalhar juntos de forma eficaz; sobretudo como colegas de trabalho em um grupo envolvido com mídia. Tanto os Câncer III quanto os nascidos em Áries I são ambiciosos, e juntos podem ser muito agressivos na luta pela ascensão; devem tomar cuidado para não ameaçar outras pessoas ou grupos, que podem ficar com ciúmes ou se tornarem competitivos e podem fazer de tudo para frustrar suas aspirações. A luta pelo poder no relacionamento também deve ser monitorada com cuidado, a fim de que os impulsos individuais não minem a causa comum.

Devido à forte orientação mental desse par, os nascidos em Câncer III, mais emocionais, e os Áries I, intuitivos, nem sempre se sentem à vontade um com o outro. Esse relacionamento não dá ênfase a sentimentos e impulsos. Por outro lado, os nascidos em Câncer III realistas e sensatos com dinheiro fazem contribuições importantes para a confiança e a segurança dessa dupla, enquanto os Áries I muitas vezes fornecem impulso e iniciativa. Embora os nascidos em Câncer III tenham dificuldade para fazer com que os nascidos em Áries I se abram e sejam honestos, e os Áries I ocasionalmente se sintam lisonjeados ou manipulados pelos representantes de Câncer III, esses dois encontram ritmo de trabalho, por mais estranhos ou informais que sejam.

Conselho: *Mantenha a ambição sob controle. Encontre formas de evitar a frustração. Aprenda a relaxar e a aceitar. Reconheça impulsos e motivações inconscientes.*

RELACIONAMENTOS

PONTOS FORTES: COMUNICATIVO, ORIENTADO PARA EQUIPE, AMBICIOSO

PONTOS FRACOS: FRUSTRADO, TENSO, AMEAÇADOR

MELHOR: TRABALHO

PIOR: FAMÍLIA

JACK JOHNSON (31/3/1878)
LUPE VELEZ (18/7/08)

O primeiro boxeador negro a conquistar um título mundial, Johnson era vistoso, falava sem rodeios e teve muitas amantes, inclusive Mata Hari. Seu caso com Velez, uma volúvel atriz conhecida como "mexicana irascível" foi intenso, mas de curta duração. **Também: Mariah Carey & Tommy Mottola** (casados; cantora/presidente da gravadora CBS).

---

25 de março a 2 de abril
SEMANA DA CRIANÇA
ÁRIES I

19 a 25 de julho
CÚSPIDE DA OSCILAÇÃO
CÚSPIDE CÂNCER-LEÃO

Alívio da dor

Há uma qualidade libertadora nesse relacionamento, uma sensação de poder respirar, o que pode torná-lo uma combinação enlevante. A compreensão e o instinto de proteção podem florescer aqui, assim como o fervor moral e a paixão. O relacionamento se verá defendendo os oprimidos e não hesitará em se opor à tradição e aos costumes para dar amor e apoio ao parceiro necessitado. Não é raro, então, que ele surja em um momento no qual um dos parceiros está envolvido em um caso de amor ou casamento conturbado ou fracassado, e pode dar a liberdade e segurança que ambos buscam. Em tal ocasião, esse relacionamento pode permitir que os nascidos em Áries I mostrem as melhores e heróicas qualidades que têm a oferecer, até mesmo quando também estendem a compreensão para uma terceira pessoa envolvida. Para os nascidos na cúspide Câncer-Leão, entretanto, é a natureza oculta e secreta, imprevisível e excitante desse relacionamento que em geral fornece a magia.

Em casos de amor que não envolvem um terceiro, a atração entre esses dois pode ser menos intensa: a abertura dos nascidos em Áries I muitas vezes não possui uma mistura emocional carregada o bastante para atrair o interesse dos nascidos em Câncer-Leão. Caso os representantes de Câncer-Leão se apaixonem pelos nascidos em Áries I, contudo, pode ser um desafio para eles conservar o relacionamento, uma vez que os nascidos em Áries I podem se sentir ameaçados e encurralados por sua atitude agressiva. Os nascidos em Câncer-Leão também exigem muita compreensão que os representantes de Áries I podem não ter para dar. Em situações conjugais ou outras, a impulsividade dos Áries I e a instabilidade dos Câncer-Leão não são bom augúrio para sua continuidade e longevidade, sobretudo porque a idealização inicial de cada um não mais existe.

A energia rodopiante do relacionamento pode solidificar-se no trabalho. Em geral esses dois não se prendem às atividades mundanas, mas perseguem projetos que envolvem aventura e viagem, desafio e perigo, com freqüência no mundo executivo das empresas de finanças, de investimento ou de propaganda. A tendência ao exagero de Câncer-Leão e sua inclinação para amplas oscilações de humor necessitam ser temperadas e moderadas pelos representantes de Áries I, que podem sentir-se gratificados em ser os mais responsáveis e dignos de confiança.

Conselho: *Tente não ser tão moralista e propenso a julgar. Considere o ponto de vista da outra pessoa. Cuidado com a destrutividade de atividades secretas. Mantenha seu equilíbrio.*

RELACIONAMENTOS

PONTOS FORTES: PROTETOR, SOLIDÁRIO, EXCITANTE

PONTOS FRACOS: IMPULSIVO, INSTÁVEL, AFLITIVO

MELHOR: AMOR

PIOR: CASAMENTO

DAVID EISENHOWER (1/4/48)
JULIE NIXON (25/7/48)

David, neto do Presidente Eisenhower e Julie, filha de Richard Nixon, passaram a juventude na Casa Branca nos anos 1950 quando Nixon foi vice-presidente da administração Eisenhower. Casaram-se durante o mandato de Nixon como presidente. **Também: Warren Beatty & Natalie Wood** (caso); **Rudolf Serkin & Peter Serkin** (pai/filho; pianistas).

RELACIONAMENTOS

PONTOS FORTES: REALIZADOR, LIVRE, FIRME DE OPINIÃO

PONTOS FRACOS: DESTRUTIVO, COMBATIVO, QUEIXOSO

MELHOR: IRMÃOS

PIOR: TRABALHO

JOSEPH CAMPBELL (26/3/04)
CARL JUNG (26/7/1875)

A obra de Jung na psicologia, religião e mitologia foi influenciada por seus sonhos e visões mitológicos. A compreensão e admiração de Campbell por Jung transparece em seus muitos trabalhos sobre mitologia comparada. **Também:** Eugene McCarthy & Myrna Loy (atriz atuante na campanha presidencial).

25 de março a 2 de abril
SEMANA DA CRIANÇA
ÁRIES I

26 de julho a 2 de agosto
SEMANA DA AUTORIDADE
LEÃO I

Briga generalizada

Os temas fundamentais dessa combinação podem ser a liberdade e a independência de ação. É um relacionamento que necessita avançar, mudar e crescer constantemente, sendo a estagnação uma ameaça particular para esse par. Em geral, os parceiros se dão bem e compreendem um ao outro (devido ao seu relacionamento fácil e trígono – 120° de distância no zodíaco e porque tanto Áries quanto Leão são signos de fogo), mas a chama de seu relacionamento periodicamente se inflama e queima fora de controle. Esses conflitos não refletem de fato a realidade tanto quanto a resistência ao tédio. Mesmo assim, as brigas podem ter vida própria, tendendo rapidamente para a destruição.

É possível que um relacionamento apaixonado entre esses dois irrompa como fogo, mas pode ser extinto rapidamente depois que o combustível tenha sido queimado por completo. Além disso, a ênfase na liberdade de ação aqui pode despertar ciúmes e possessividade, mesmo quando os dois parceiros realmente desejam ser livres para se envolver com outros. A amizade é provavelmente a melhor saída para os nascidos em Áries I e Leão I, contanto que possam manter a objetividade e evitar os conflitos. O fato de em geral haver compreensão mútua não garante que não discordem, e com o passar do tempo isso pode destruir até mesmo a base mais firme da compreensão. Nos assuntos de trabalho, amor e de família, o relacionamento pode se tornar um campo de rivalidades — por um emprego, pelo carinho de um terceiro, pela atenção dos pais. Vencer é uma alta prioridade, mas os nascidos em Leão I em geral exercem o domínio; os nascidos em Áries I podem carecer da paciência necessária ou do amor pela dura luta corpo a corpo que se faz necessária para ter proeminência aqui.

O relacionamento entre um pai de Leão I e um filho de Áries I pode ser particularmente difícil, uma vez que ambos se prendem a papéis surpreendentemente semelhantes às qualidades de sua personalidade individual, reforçando dessa forma tendências dominadoras e infantis, respectivamente. Talvez a melhor possibilidade para esses dois seja como irmãos, sobretudo de sexo oposto; aqui um vínculo emocional baseado na compreensão pode se desenvolver com os anos. Como irmãos, esse par pode substituir tendências competitivas por admiração mútua e ternura, que crescem com o passar dos anos.

Conselho: *Não finja ser mais livre do que realmente é. Admita dependências. Cuidado com duplos padrões. Evite papéis padronizados fixos. Diminua os conflitos.*

RELACIONAMENTOS

PONTOS FORTES: NATURAL, DESPRETENSIOSO, ORIGINAL

PONTOS FRACOS: EXCÊNTRICO, FRUSTRADO, INEFICAZ

MELHOR: CASAMENTO

PIOR: TRABALHO

DEBBIE REYNOLDS (1/4/32)
EDDIE FISHER (10/8/28)

A "Namoradinha da América" e estrela de cinema dos anos 1950, Reynolds, casou-se com o cantor Fisher, em 1955. Juntos tiveram uma filha, a atriz Carrie Fisher. Três horas depois de divorciar-se, em 1959, Fisher se casou com Elizabeth Taylor. **Também:** Rudolf Serkin & Adolf Busch (genro/sogro; pianista/violinista); **Jack Johnson & Mata Hari** (caso; boxeador/espiã).

25 de março a 2 de abril
SEMANA DA CRIANÇA
ÁRIES I

3 a 10 de agosto
SEMANA DA FORÇA EQUILIBRADA
LEÃO II

Um de cada tipo

Este relacionamento muitas vezes retratará uma opinião original e até única sobre a vida. Ética e idealismo são a ordem do dia; este é um par ético, corajoso e leal. Os nascidos em Áries I e Leão II ajustam-se bem à vida doméstica, tanto casados como vivendo juntos. Também compartilham muitas qualidades positivas, que se misturam harmoniosamente nesse relacionamento e podem ser levadas ao limite. O par também é caracterizado pela necessidade de privacidade, com ambos os parceiros exigindo honestidade um do outro nas interações diárias. Agindo com naturalidade e estando satisfeitos com os respectivos papéis, esses dois se aceitam mutuamente e, juntos, sentem-se à vontade consigo próprios. Há uma intensa aversão nesse par por fingimento e dissimulação.

Por outro lado, o relacionamento pode não ser completamente estável, dependendo da habilidade dos nascidos em Leão II de permanecer emocionalmente equilibrados. Os nascidos em Leão II são dados a fortes paixões que podem sair do controle, e problemas profissionais e fracassos podem ser um traço de masoquismo neles, que pode levar à profunda depressão. Infelizmente, os nascidos em Áries I podem não ser muito bons em animar a baixa auto-estima dos representantes de Leão II. Os nascidos em Áries I e tampouco os representantes de Leão II sentem-se à vontade em manifestar sentimentos de forma explícita, e o relacionamento pode, em conseqüência, ser contido, sobretudo em momentos estressantes. Explosões periódicas de raiva podem provocar confrontos violentos mas, como é característico, resultam em expressões de confusão, frustração e impotência.

Na esfera familiar, em geral, esses dois podem ser acolhedores e tolerantes um com o outro, sobretudo como irmãos. Alguma competitividade natural surge enquanto eles estiverem em fase de crescimento, mas podem ter grande satisfação em atividades compartilhadas que envolvem hobbies, esportes e animais de estimação.

Outros podem não gostar nem compreender o relacionamento entre os nascidos em Áries I e Leão II, sobretudo seu gosto um tanto estranho e excêntrico e suas idéias ou estilo de vida idiossincráticos. Tão naturais são as atitudes aqui que o relacionamento pode ser ineficaz no ambiente de trabalho, carecendo do ânimo para fazer avançar um projeto conjunto.

Conselho: *Cuidado com a auto-satisfação e a presunção. Tente com mais afinco. Não seja tão ético ou propenso a julgar. Expresse seus sentimentos.*

25 de março a 2 de abril
SEMANA DA CRIANÇA
ÁRIES I

11 a 18 de agosto
SEMANA DA LIDERANÇA
LEÃO II

Língua desconhecida

Para esse relacionamento crescer, uma base de comunicação comum terá de ser criada. Mas ele tem uma tendência natural de encontrar meios únicos de diálogo que favorecem a compreensão e ajudam a superar elementos conflitantes da personalidade de seus dois parceiros voluntariosos. O relacionamento pode ser colocado em primeiro lugar e os desejos mais egoístas e individualistas podem ser abandonados se canais de comunicação um tanto incomuns que os nascidos em Áries I e Leão III nunca exploraram com parceiros anteriores forem abertos.

Esses dois podem ter um relacionamento profissional muito eficaz, com os nascidos em Leão III assumindo o comando e os representantes de Áries I aplicando sua extraordinária energia no trabalho. É mais provável que se encontre os nascidos em Leão III em um papel executivo ou gerencial, e o sucesso dessa sociedade depende da habilidade de Áries I de aceitá-lo como um empregador ou chefe. Se inteligentemente direcionada para um objetivo comum, a fusão da energia intuitiva pode eliminar qualquer oposição e superar barreiras técnicas e financeiras mais difíceis. Caso surjam conflitos pessoais entre esses indivíduos ardentes, todavia, a interrupção da comunicação pode ameaçar o sucesso de um projeto inteiro.

Geralmente, o casamento não dá certo, pois disputas destrutivas por poder podem surgir quando a paixão é despertada entre esses dois. Um caso de amor pode levar os parceiros para os pináculos da excitação e da satisfação sexual, embora seja improvável que dure, uma vez que a necessidade de Leão III, com seus sentimentos profundos e com freqüência tumultuados, provavelmente perturbam a calma e o desapego que os nascidos em Áries I necessitam para se manterem equilibrados. Em termos simples, os nascidos em Áries I podem finalmente achar muito difícil de lidar com a energia emocional dos nascidos em Leão III.

No relacionamento entre irmãos ou pais-filhos, atitudes de confronto podem ser assumidas, sobretudo se um pai de Leão III ou um irmão mais velho do mesmo sexo tentar impedir com rigor a espontaneidade ou a individualidade de um representante de Áries I. Um perigo a mais surge quando filhos de Áries I idolatram pais de Leão III, ficando cegos em relação a suas imperfeições e indevidamente dependentes deles.

Conselho: *Mantenha sempre abertas as linhas de comunicação. Cuidado com o egoísmo. Aprenda a sacrificar e a compartilhar. Minimize a luta por poder. Lembre-se de ser amável.*

RELACIONAMENTOS

PONTOS FORTES: COMUNTICATIVO, ENERGÉTICO, VENCEDOR

PONTOS FRACOS: COMBATIVO, ARRASADOR, EGOÍSTA

MELHOR: SEXUAL

PIOR: FAMÍLIA

MADONNA (16/8/58)
WARREN BEATTY (30/3/37)

O prolífico amante Beatty e a fã de aventuras Madonna cruzaram seus caminhos. Entre rumores de casamento e possível gravidez, tiveram um caso apaixonado e de curta duração que foi alvo de grande publicidade durante as filmagens de *Dick Tracy* (1990), que Beatty também dirigiu. **Também: David Lean & Robert Bolt** (colaboradores; diretor/escritor).

---

25 de março a 2 de abril
SEMANA DA CRIANÇA
ÁRIES I

19 a 25 de agosto
CÚSPIDE DA EXPOSIÇÃO
CÚSPIDE LEÃO-VIRGEM

Projetos confidenciais

Este relacionamento é caracterizado pela habilidade de originar grandes idéias e projetos ambiciosos, ou pelo menos de fazer planos abrangentes. Porém tende a fazê-lo longe dos olhos vigilantes do mundo, pois este par muitas vezes guarda seus planos para si, mesmo enquanto lentamente realiza seus sonhos. Sua habilidade de pensar em grande escala é uma verdadeira vantagem, mas sua necessidade de manter suas idéias em segredo pode quase se tornar patológica; esse par não se beneficia com as cortinas de fumaça que ergue para manter a privacidade.

Embora o representante de Áries I seja o mais direto dessa dupla, sua abertura muitas vezes desmente um lado oculto, não diferente da reserva de Leão-Virgem. E embora os nascidos em Leão-Virgem em geral no final compartilhem e revelem seus segredos, os nascidos em Áries I raramente ou talvez nunca o façam. Compartilhar seus segredos um com o outro cria um vínculo de confiança entre as duas personalidades, e é com freqüência a forma de eles começarem a construir uma vida privada juntos, em que discutem seus sonhos, objetivos e outras áreas pessoais mais íntimas que tendem a esconder.

Os nascidos em Áries I que se envolvem com representantes de Leão-Virgem podem ficar loucamente apaixonados, sobretudo nos relacionamentos emocionais e românticos. Os nascidos em Leão-Virgem exigem muita compreensão e os representantes de Áries I podem não ter a energia ou o interesse para lidar com seus humores e sentimentos complexos. A atração física intensa pode ser incomum nessa combinação; é improvável que seja a sexualidade o que atrai esses dois um para o outro.

Apesar do prazer de trabalhar juntos em um grande projeto familiar, um casamento entre esses dois pode sofrer uma grave crise quando surgem – meses ou até anos depois do casamento – diferenças fundamentais de personalidade. Os nascidos em Áries I gostam de sua liberdade e podem se sentir presos e confinados no vínculo emocional com os nascidos em Leão-Virgem, sobretudo como cônjuges. Na esfera familiar, em particular entre irmãos de sexo oposto, pode desenvolver-se um laço íntimo em que o dinamismo e a energia sociável de Áries I catalisa, para o benefício de todos, a seriedade do Leão-Virgem.

Conselho: *Reconheça e admita as diferenças. Cuidado para não se isolar do mundo. Permaneça transparente. Mantenha os pés no chão.*

RELACIONAMENTOS

PONTOS FORTES: MENTE AMPLA, EXPANSIVO, CONSTRUTIVO

PONTOS FRACOS: CALADO, FECHADO, ENREDADO

MELHOR: AMIZADE

PIOR: AMANTES

AL GORE (31/3/48)
TIPPER GORE (19/8/48)

Pais de 4 filhos, o vice-presidente Gore e sua esposa Tipper são uma força política extremamente visível na promoção dos valores da família; eles moderam anualmente a Conferência para a Política da Família em Nashville, Tennessee. **Também: Eric Clapton & Ginger Baker** (Cream); **Diane Cilento & Sean Connery** (casados; atores); **Elle MacPherson & Claudia Schiffer** (sócias de restaurante; supermodelos).

RELACIONAMENTOS

PONTOS FORTES: AVENTUROSO, PRÓDIGO, TÉCNICO

PONTOS FRACOS: INTRANQÜILO, DESCONFIADO, DEPRIMIDO

MELHOR: TRABALHO

PIOR: AMOR

FREDERICK HENRY ROYCE (27/3/1863)
CHARLES STEWART ROLLS (27/8/1877)

Rolls e Royce, que fundaram a fábrica de automóveis em 1903, estabeleceram seu distintivo estilo e reputação de qualidade com a introdução do "Silver Ghost", em 1906. Sua parceria durou até a morte de Royce, em um acidente aéreo, em 1910. **Também: Max Ernst & Peggy Guggenheim** (casados; artista/colecionadora-patrona); **Ed Begley & Martha Raye** (casados; ator/comediante).

25 de março a 2 de abril
SEMANA DA CRIANÇA
ÁRIES I

26 de agosto a 2 de setembro
SEMANA DOS CONSTRUTORES DE SISTEMA
VIRGEM I

Buscando novas fronteiras

Este relacionamento favorece projetos arriscados e desafiadores — tudo que faça com que esse par busque uma variedade de experiências ou respostas para uma diversidade de perguntas. As diferenças entre essas duas personalidades, entretanto, são tais que o relacionamento pode acabar completamente envolvido na busca de uma base de compreensão entre eles — um esforço que pode não ter muita recompensa.

Esses parceiros abordam a vida de maneira completamente diferente: os nascidos em Áries I seguem sua intuição e os representantes de Virgem I tendem a ser mais estruturados e lógicos. Defrontados com um acontecimento ou desafio que está por acontecer, os nascidos em Virgem I tendem a planejar tudo até o último detalhe, enquanto os representantes de Áries I tendem viver o momento. No entanto, esses dois podem formar uma bela combinação como colegas de trabalho, envolvendo-se em projetos valiosos ou abrindo novas fronteiras, lado a lado. Sempre se concentram em projetos objetivos de tendência técnica, científica ou financeira em vez de atividades voltadas para pessoas.

Em locais mais íntimos, a energia dos nascidos em Áries I e Virgem I pode se chocar. Tanto o amor quanto o casamento podem ser destruídos pelos problemas emocionais dos nascidos em Virgem I e pela incapacidade de Áries I em lidar com eles. Quando um representante de Virgem I cai em depressão (provocada talvez por se sentir rejeitado, não amado ou ignorado pelo representante de Áries I), pouco há que qualquer um dos parceiros possa fazer construtivamente. A instabilidade nervosa de um Virgem I pode desestabilizar as atitudes positivas e alegres de um Áries I, deixando ambos instáveis e carecendo de confiança para lidar com crises que possam surgir. De forma semelhante, a amizade entre esses dois provavelmente exige um investimento emocional que nenhum deles pode estar preparado para fazer. O relacionamento em geral se ressente tanto de recompensa sexual quanto financeira.

Como pais, os nascidos em Virgem I podem dar o tipo de estrutura na vida cotidiana que permite que representantes de Áries I floresçam e expressem seu lado mais criativo. Um pai de Áries I também pode se beneficiar ao ter um filho de Virgem I que dá ordem à sua vida familiar (embora provavelmente não a compreensão profunda necessária na esfera emocional, mesmo quando a criança ficar mais velha).

Conselho: *Continue buscando novos desafios. Não desista. Mantenha as emoções sob controle. Não se preocupe tanto. Cuidado com a depressão. Tente relaxar.*

RELACIONAMENTOS

PONTOS FORTES: INTRANSIGENTE, INDIVIDUALISTA, CLEMENTE

PONTOS FRACOS: BRIGUENTO, COMPETITIVO, DO CONTRA

MELHOR: CASAMENTO

PIOR: AMIZADE

GLORIA SWANSON (27/3/1899)
JOSEPH KENNEDY (6/9/1888)

O rico empresário, diplomata e pai de JFK, Joseph Kennedy, foi amante da lenda do cinema mudo Swanson. Ele também financiou a produção de filmes seus, 2 dos quais foram indicados para o Oscar, mas suas extravagâncias no filme *A Rainha Kelly*, de Stroheim, puseram um fim ao relacionamento. **Também: Henrique II** (França) **& Diane de Poitiers** (rei/influente amante).

25 de março a 2 de abril
SEMANA DA CRIANÇA
ÁRIES I

3 a 10 de setembro
SEMANA DO ENIGMA
VIRGEM II

Pegar ou largar

Os nascidos em Áries I e Virgem II podem ser extremamente diferentes, mas têm pelo menos três coisas em comum: primeiro, ambos odeiam ser analisados; segundo, acreditam que podem resolver seus problemas sem a ajuda de outra pessoa e terceiro, são ardentes e individualistas. Seu relacionamento estimula de forma sinergética esses traços ao extremo. Como uma parceria, esses dois acreditam em não dar nenhuma desculpa que seja para seus pensamentos, aparência ou ações. As outras pessoas simplesmente devem aceitá-los ou abandoná-los.

Antes de se conhecerem, ambos podem ter tido dificuldade para encontrar um parceiro com quem pudessem viver, mas juntos, muitas vezes, formam uma química especial. De fato, os nascidos em Áries I e Virgem II são excelentes cônjuges, muitas vezes se casando depois de sentirem atração física à primeira vista e de um caso de amor emocionante. Podem ter todas as alegrias conjugais do mundo, incluindo lar e filhos. As coisas nem sempre são fáceis para estas pessoas individualistas e extremamente sensíveis, e desentendimentos e brigas freqüentes ponteiam a paisagem de seu relacionamento. No entanto eles têm a capacidade de perdoar e de se reconciliar, e também de estarem sempre prontos para ajudar um ao outro quando necessário.

Os nascidos em Áries I e Virgem II não se dão muito bem como amigos, quando muitas vezes exercem um efeito desestabilizador um sobre o outro. A competição por um amigo ou amante comum pode ameaçar ou destruir o relacionamento. As atitudes éticas dos nascidos em Virgem II podem deixar os representantes de Áries I decididamente constrangidos, sobretudo se direcionadas contra eles com desaprovação e crítica. E os nascidos em Áries I às vezes parecem impulsivos ou imprevidentes para os Virgem II, que em geral têm muito mais discernimento e são mais cuidadosos.

Como colegas de trabalho ou membros de uma família, esses dois podem realmente irritar um ao outro. Sua abordagem em muitos problemas é diametralmente oposta e podem gerar atritos contraproducentes para os esforços do grupo. Embora os outros possam achar divertidas as circunvoluções desse relacionamento, mais cedo ou mais tarde o humor da situação perde a graça. Uma combinação que pode funcionar, entretanto, é um relacionamento patrão-empregado, com o Virgem II como chefe: os nascidos em Virgem II em geral sabem o que querem, e os representantes de Áries I podem em geral realizar.

Conselho: *Atenue um pouco sua postura ética. Cuidado com a impulsividade. Não ultrapasse limites — o perdão nem sempre está garantido.*

25 de março a 2 de abril
SEMANA DA CRIANÇA
ÁRIES I

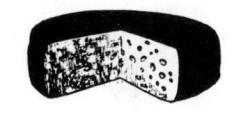

11 a 18 de setembro
SEMANA DO LITERAL
VIRGEM III

Magia não reconhecida

Esse é um relacionamento em que as semelhanças entre os parceiros demoram a ser reconhecidas: esses dois são muito diferentes e fazem um par surpreendente. Ainda que algo despercebida, uma mágica inefável aflora vez ou outra nessa combinação. A afeição implícita existente no relacionamento indica uma lealdade pessoal que supera desavenças temporárias ou a luta pelo poder. A força de vontade e a coragem manifestam-se fortemente nessa relação, acompanhada por um amor à verdade e aversão à falsidade e ao fingimento. Manter as emoções sob controle é um forte requisito para essa combinação.

Os nascidos em Áries I freqüentemente consideram os representantes de Virgem III desnecessariamente teatrais e também superiores – na presença de um Áries I, o Virgem III sempre parece pensar que ele sabe mais. Enquanto isso, para os nascidos em Virgem III, os representantes de Áries I podem parecer tensos. Mas essa atitude pode ser apenas uma projeção da fragilidade dos parceiros, ou uma reação quando um deles se sente ameaçado pelo outro. O relacionamento familiar não é favorecido nessa combinação, sobretudo entre pares irmão-irmã ou pai-filha. Ambas as personalidades podem ser bastante dominadoras – o tipo de pessoa que não precisa falar alto para ser ouvido – em quase todas as situações. Ambos são capazes de enviar farpas afiadas de efeito convincente, e quando essas farpas são dirigidas um para o outro, podem transformar-se em um conflito fora de controle. E ainda assim uma espécie estranha de magnetismo entre esses dois muitas vezes se manifesta e resulta em aceitação e em crescente respeito. Na amizade, esses dois são bastante diretos e francos com relação a seus gostos e aversões não dando descanso aos parceiros. Seu relacionamento pode ser caracterizado por uma espécie de troça, brincadeira ou disputa. Com raros momentos monótonos, eles afiam sua perspicácia um com o outro, freqüentemente fazendo aflorar o melhor e o pior de cada uma das suas personalidades. As pessoas que os encontrarem pela primeira vez podem até mesmo considerá-los inimigos ou no mínimo adversários, mas seus insultos normalmente são feitos de forma afetuosa.

O relacionamento sexual ou romântico entre esses dois signos oscilam entre os extremos do amor e do ódio. Fortes atrações e repulsões são características do par e se tiverem a sorte ou a desdita de fazerem uma breve tentativa e romperem em seguida, dificilmente se reconciliam para uma segunda tentativa.

Conselho: *Reconheçam o que os dois têm em comum. Mantenham sob controle a zombaria. Reconheçam os momentos mágicos. Enfatizem os aspectos positivos. Equilibrem suas emoções.*

RELACIONAMENTOS

PONTOS FORTES: CORAJOSO, CONTROLADO, ENCANTADOR

PONTOS FRACOS: ANTAGÔNICO, BRIGUENTO, DOMINADOR DEMAIS

MELHOR: AMIZADE

PIOR: FAMÍLIA

ED BEGLEY (25/3/01)
ED BEGLEY, JR. (16/9/49)

Ed foi um talentoso ator de teatro, cinema e tevê durante sua longa carreira (1931-70). Em 1962 ele ganhou um Oscar por *O doce pássaro da juventude*. Seu filho, Ed, Jr., estreou como ator de tevê e foi indicado para 2 prêmios Emmy por seu papel em *St. Elsewhere* (1982-88). Ele também fez muitos filmes, a partir de 1972.

---

25 de março a 2 de abril
SEMANA DA CRIANÇA
ÁRIES 1

19 a 24 de setembro
CÚSPIDE DA BELEZA
CÚSPIDE VIRGEM-LIBRA

Maestria estética

Caracterizado por um entusiasmo mútuo por arte, desenho, música ou literatura, esse relacionamento deseja alcançar maestria ou proficiência técnica nestas áreas. Ele também pode ter grande sucesso porque possui a habilidade de prever tendências. Ambos são impressionados pela boa aparência e pelo gosto estético, mas sua combinação freqüentemente desenvolve estes interesses ao limite.

Esse relacionamento pode ser satisfatório mutuamente desde que os sentimentos sejam mantidos em um plano platônico, menos íntimo. Luzes de alerta devem se acender, contudo, quando os nativos de Áries I são fortemente impressionados pelos nascidos em Virgem-Libra. Caso o sentimento seja recíproco, o relacionamento pode começar como uma casa em chamas; mas depois que a paixão esfriar, normalmente surgem problemas, sobretudo se o despretensioso Áries I suspeitar que se envolveu com um grande esnobe. Os nascidos em Áries I não apreciam nenhum tipo de fingimento e podem começar a se esquivar caso percebam que seu parceiro não é o que parece na superfície, por mais atraente que essa superfície possa ser. Por outro lado, os nascidos em Virgem-Libra ficam freqüentemente irritados pela melancolia, pela impetuosidade e pelos problemas emocionais de Áries I. Em relação ao casamento, a atração que esses dois inicialmente sentem dificilmente se transforma em sentimentos profundos necessários para um envolvimento duradouro. Caso os nascidos em Áries I e Virgem-Libra se casem antes que possam realmente se conhecer, o efeito pode ser desastroso quando descobrirem que têm muito pouco em comum, na verdade nada mais do que um gosto estético semelhante e que até menos do que isso os mantém unidos. Obrigações financeiras e questões relacionadas a propriedades podem ser particularmente dolorosas nestes momentos de crise.

Em pares de irmãos e pais e filhos, esse relacionamento pode ser extremamente compreensivo e protetor. Os nativos de Áries I são protetores com relação à vulnerabilidade de Virgem-Libra, e os nascidos em Virgem-Libra podem exercer um efeito calmante sobre a energia frenética de Áries I, sobretudo por tornar seu ambiente doméstico mais confortável e esteticamente satisfatório.

Conselho: *Observe mais profundamente. Explore e compreenda as emoções mais completamente. Preste atenção às questões práticas. Aceite a imperfeição.*

RELACIONAMENTOS

PONTOS FORTES: DE BOM GOSTO, ARTÍSTICO, PROTETOR

PONTOS FRACOS: FORA DA REALIDADE, FRIO, SUPERFICIAL

MELHOR: FAMÍLIA

PIOR: CASAMENTO

GLORIA SWANSON (27/3/1899)
ERICH VON STROHEIM (22/9/1885)

Von Stroheim, mais conhecido por seus papéis na tela como oficial alemão, foi também um brilhante, embora extravagante, diretor. Em 1928, ele e a amante Swanson fizeram *A Rainha Kelly* – um fiasco financeiro que colocou um fim em sua carreira de diretor. Apareceram juntos em *Crepúsculo dos Deuses*, em 1950.

| **RELACIONAMENTOS** | 25 de março a 2 de abril | 25 de setembro a 2 de outubro |

PONTOS FORTES: MAGNÉTICO, EMOCIONAL, OBSERVADOR

PONTOS FRACOS: INSTÁVEL, ANTI-SOCIAL, INCLINADO A JULGAR

MELHOR: TRABALHO

PIOR: AMOR

JIMMY CARTER (1/10/24)
BILLY CARTER (29/3/37)

Caracterizado muitas vezes como um jovem da Geórgia, franco, apreciador de cerveja e de estilo despretensioso, o irmão mais novo, Billy, era um problema para a imagem pública do Presidente Carter. Eles entraram em conflito sobre muitas questões sociais e políticas. **Também: Jack Webb & Julie London** (casados; atores); **Gloria Steinem & Clay Felker** (co-fundadores, revista *New York*).

25 de março a 2 de abril
SEMANA DA CRIANÇA
ÁRIES I

25 de setembro a 2 de outubro
SEMANA DO PERFECCIONISTA
LIBRA I

Vórtice rodopiante

Os nascidos em Áries I e Libra I são opostos no zodíaco, e essa oposição pode imediatamente se transformar em conflito não apenas dentro desse relacionamento, mas também fora dele: juntos esses dois podem adotar uma postura extremamente agressiva em relação ao mundo. Essa tendência pode ser mais bem aproveitada se o relacionamento for motivado por uma causa; ele pode proporcionar, por exemplo, um grande sucesso nos negócios. Além disso, como é muitas vezes o caso, conflito e paixão não estão distantes aqui, e esse par pode freqüentemente incluir uma atração física magnética. Em resumo, os nascidos em Áries I (fogo) e Libra I (ar) apresentam um efeito catalisador um no outro. Tal explosão não indica em geral bons resultados para relacionamentos conjugais e de trabalho, em que a estabilidade é muito importante na longa caminhada. Um motivo particular de discórdia é a aversão dos nascidos em Áries I à crítica: são criaturas naturais, espontâneas que não sabem lidar com a vigilância e o julgamento contínuos. Os nascidos em Libra I, por outro lado, freqüentemente não conseguem deixar de ser críticos. Eles também tentam manter suas emoções sob controle a qualquer custo, e sentem-se perturbados pelas expressões emocionais honestas e os rompantes espontâneos periódicos dos nascidos em Áries I. A esse respeito podem estar inconscientemente reagindo contra atributos que secretamente desejam, porque de alguma forma os nascidos em Áries I são modelos vivos para aquilo que representantes de Libra I mais necessitam cultivar — a abordagem franca e aberta ao mundo que permite que liberem suas inseguranças e tensões interiores.

Na medida em que o relacionamento evolui e os sentimentos afloram, os nascidos em Libra I conseguem ver o que consideravam os problemas de Áries I mais claramente, e desejam se aprofundar e consertar o que percebem como errado. Isto os representantes de Áries I não conseguem suportar. Mas também erram ao julgar moralmente o que eles consideram como comportamento incorreto da parte de Libra I. Dessa forma, o relacionamento se torna um vórtice de sentimentos rodopiantes, positivos e negativos. Como irmãos, esses dois podem permanecer brigando para sempre, sobretudo quando são do mesmo sexo.

Como amigos, esse par deseja ação e excitação, e o relacionamento pode ser estruturado em torno de esportes, dramaturgia, aventura, grupos sociais ou clubes. O ponto de saturação da combinação para socialização é baixo, contudo, e os dois sempre acham necessário retirar-se e encontrar um lugar tranqüilo.

Conselho: *Permita as diferenças. Contenha a crítica excessiva. Mantenha contato com o mundo. Questione seus valores. Não presuma que você é infalível.*

| **RELACIONAMENTOS** | 25 de março a 2 de abril | 3 a 10 de outubro |

PONTOS FORTES: PONTOS FORTES. SENSÍVEL, EMPÁTICO, COMPREENSIVO

PONTOS FRACOS: RABUGENTO, EGOÍSTA, IMPACIENTE

MELHOR: FAMÍLIA, AMIZADE

PIOR: AMOR

HANS CHRISTIAN ANDERSEN (2/4/1805)
JENNY LIND (6/10/1820)

Famoso escritor de contos de fadas, Andersen adorava a cantora Lind, conhecida como o "rouxinol sueco", e a cobria de presentes e poesias. Virgem autoproclamado, ele expressava apenas sentimentos platônicos. **Também: Elton John & Sean Lennon** (padrinho/afilhado; músicos de rock); **Emile Zola & Alfred Dreyfus** (escritor defendeu acusado de traição); **L. Mies van der Rohe & Le Corbusier** (colegas; arquitetos da Bauhaus).

25 de março a 2 de abril
SEMANA DA CRIANÇA
ÁRIES I

3 a 10 de outubro
SEMANA DA SOCIEDADE
LIBRA II

Camaradas empáticos

Essa combinação oferece um bom exemplo de como um relacionamento pode criar sinergias. Quando diante de problemas ou desafios, por exemplo, os nascidos em Áries I agem mais por instinto, ao passo que os mentais Libra II se contêm mais; ainda assim a maior força dessa combinação não é o instinto, nem o pensamento, mas a emoção, o sentimento e a empatia. Na longa caminhada, o relacionamento concede a cada parceiro a sensibilidade de conhecer e entender os sentimentos do outro.

A franqueza dos nascidos em Áries e a ponderação dos representantes de Libra II podem ocasionalmente entrar em conflito, ainda assim cada um tem muito a aprender com o outro. Freqüentemente procrastinadores, os nativos de Libra II podem admirar a habilidade dos nascidos em Áries I de resolver seus problemas e agir sem reflexões intermináveis; por sua vez os teimosos Áries I podem aprender com os nascidos em Libra II como ser menos audaciosos e usar o bom senso. Considerando as diferenças de orientação de cada parte, essa combinação não seria tradicionalmente recomendada para casos amorosos, mas na verdade as coisas podem dar certo. O fator crucial será a intensidade da atração física; um ponto favorável é que ambas as partes no relacionamento apreciam se divertir. Por outro lado, o casamento pode ser muito bem-sucedido mesmo quando questões sensuais ou sexuais são inexpressivas. Companheirismo, afeição e aceitação – todas essas características tornam-se mais fortes à medida que o tempo passa no casamento entre nascidos em Áries I e Libra II. Um amor verdadeiramente sem egoísmo é possível entre esses dois, desde que os nascidos em Áries I não sejam excessivamente egoístas e nem ignorem as necessidades dos representantes de Libra II. Enquanto isso, os nascidos em Libra II devem respeitar a necessidade de independência dos representantes de Áries I, sem contudo ser masoquista e perder o amor-próprio.

Como membros de uma família, os nascidos em Áries I não podem evitar que os nascidos em Libra II fiquem à mercê do seu lado negativo. Os nascidos em Áries I conferem ao relacionamento entre irmãos e entre pais e filhos qualidades relacionadas ao amor e também à compreensão; eles sabem o que é ser atormentado pelo mau humor e podem em geral lidar melhor com essa questão em relação aos outros do que encarar os seus próprios demônios.

Conselho: *Não leve tudo tão a sério. Atração física não é o mais importante. Equilibre liberdade com responsabilidade. Não se compare com os outros.*

25 de abril a 2 de abril
SEMANA DA CRIANÇA
ÁRIES I

11 a 18 de outubro
SEMANA DO TEATRO
LIBRA III

Luta determinada

Determinação obstinada e luta pelo poder são o ponto alto dessa combinação. Como relacionamento duradouro, sobretudo no trabalho ou no casamento, é freqüentemente afligido por dissensões internas, o que pode ser prejudicial a colegas e a filhos. Para que esse relacionamento possa ser bem-sucedido, responsabilidade e autoridade devem ser cuidadosamente delineadas, e um acordo deve ser feito com relação a quem está no comando. Também é necessário trabalhar arduamente para desenvolver atitudes generosas e compreensivas.

Casos de amor nessa combinação podem ser complexos e muito fora da realidade, sobretudo de parte de Áries I, cujo idealismo e idéias fixas podem impedir de ver as coisas como realmente são. Isso com freqüência leva a uma inabilidade de dar continuidade ao relacionamento, caso o mesmo se encontrar estagnado ou estiver se deteriorando. O término de uma relação pode também ser prejudicado ou evitado pela lealdade de Áries I e a indecisão de Libra III. Essas duas personalidades podem facilmente se encontrar aprisionadas numa luta incessante, na qual os nascidos em Áries I são abertamente agressivos, ao passo que os nascidos em Libra III são agressivos mais passivos.

Existe um lado positivo: nem os nascidos em Áries I nem os nascidos em Libra III são tipos particularmente domésticos, e adoram sair juntos e se divertir como amigos. O lado teatral de Áries I pode florescer ao lado de um nativo de Libra III. A amizade também pode apresentar um lado romântico, mesmo que lhe falte um componente físico ou sexual, que pode na realidade divergir disso. A alquimia entre eles envolve uma estranha mistura de realismo e fantasia, na qual mesmo os assuntos e experiências mais mundanos podem ser exaltadas. Todos os arranjos financeiros podem ser discutidos e concluídos antes que qualquer ação seja empreendida.

A natureza inflexível e ambiciosa dessa combinação não torna fácil a relação entre pais e filhos ou irmãos. Existe sempre competição entre esses dois no caso de serem membros de uma família, com possibilidade de confrontos inflamados e violentos.

Conselho: *Desenvolvam o respeito e a bondade. Quem dá as ordens nem sempre é o chefe. Evitem lutar pelo poder. Divirtam-se juntos. Definam claramente seus papéis.*

RELACIONAMENTOS

PONTOS FORTES: DIVERTIDO, AMBICIOSO, REALIZADOR

PONTOS FRACOS: VIAJA NO PODER, IRRITADO, DISCREPANTE

MELHOR: AMIZADE

PIOR: TRABALHO

MARGARET THATCHER (13/10/25)
JOHN MAJOR (29/3/43)

Major, o sucessor de Thatcher como primeiro-ministro da Inglaterra, foi *protegé* desta em uma relação hierárquica de longa duração, tendo sido nomeado por ela secretário do Tesouro, secretário de Relações Exteriores e chanceler do erário público. **Também:** Yves Montand & Simone Signoret (casados; atores).

---

25 de março a 2 de abril
SEMANA DA CRIANÇA
ÁRIES I

19 de outubro a 25 de outubro
CÚSPIDE DO DRAMA E DA CRÍTICA
CÚSPIDE LIBRA-ESCORPIÃO

Gostos raros

Esse relacionamento pode muito bem caracterizar um estilo de vida fora do convencional, mas é, não obstante, bastante convincente para o mundo. O fino gosto estético desenvolvido de um representante de Libra-Escorpião pode combinar bem com a energia direta e dinâmica de um nativo de Áries I: o resultado sendo um faro comum para a decoração de interiores, arquitetura, desenho ou moda. Esses dois podem valorizar seu relacionamento um com o outro, seja uma relação familiar, de amizade ou a base de um empreendimento empresarial ou profissional. Os nascidos em Áries I não se sobressaem por sua perspicácia financeira, mas os representantes de Libra-Escorpião têm um bom olho para barganhas e sabem cortar custos, e os dois podem formar uma boa equipe no trabalho, com talento especial para vendas e marketing. Seu forte é a "perspicácia" para idéias incomuns.

Pelo lado negativo, os nascidos em Libra-Escorpião são pensativos e gostam de fazer comentários, que podem enlouquecer um representante de Áries orientado para a ação quando tentam analisar e corrigir seu comportamento. O resultado pode ser todo o tipo de briga, sobretudo quando os nascidos em Áries I se recusam a ouvir os representantes de Libra-Escorpião. Os nativos de Áries I não costumam procurar problemas, mas no relacionamento romântico com representantes de Libra-Escorpião podem acabar por encontrá-los — caso amoroso e casamento não são recomendados para esse par. Eles serão mais bem-sucedidos como companheiros e parceiros de programas que dividem interesses e se divertem juntos do que como amigos íntimos. Amizades profundas freqüentemente se revelam um pouco estressantes para essa combinação, e os benefícios mútuos podem não ser suficientemente satisfatórios para que os parceiros desejem dar continuidade à amizade.

Pais Libra-Escorpião de filhos Áries I são geralmente atenciosos e protetores, mas podem insistir muito em determinar as regras. Alguns filhos de Áries I poderão, contudo, sentir-se mais seguros quando limites claros são impostos e quando são instados a assumir responsabilidades domésticas. Além disso, o relacionamento pode funcionar de uma forma que torne o lar um lugar confortável e prazeroso. Filhos de Áries I freqüentemente chegam a idolatrar pais de Libra-Escorpião e acomodam-se ao aconchego de sua atenção e carinho.

Conselho: *Brigue menos. Evite usar táticas de choque só com o objetivo de ser diferente. Descubra habilidades práticas. Trabalhe em projetos concretos.*

RELACIONAMENTOS

PONTOS FORTES: ESTÉTICO, INTERESSADO, COBIÇADO

PONTOS FRACOS: ESTRESSADO, INSATISFEITO, PROBLEMÁTICO

MELHOR: TRABALHO

PIOR: CASAMENTO

DEBBIE REYNOLDS (1/4/32)
CARRIE FISHER (21/10/56)

O turbulento relacionamento entre Fisher (Princesa Leia de *Guerra nas Estrelas*) e Reynolds foi dramatizado em *Postcards from the Edge* — um filme feito em 1990 baseado na autobiografia de Fisher, descrevendo sua dependência de drogas e sua vida à sombra da de sua mãe. **Também:** Paul Verlaine & Arthur Rimbaud (caso famoso; poetas); Rostropovich & Vishnevskaya (casados; artistas dissidentes soviéticos).

| RELACIONAMENTOS |

PONTOS FORTES: DESAFIADOR, REALIZADOR, DIGNO DE CONFIANÇA

PONTOS FRACOS: INTRANQÜILO, EXIGENTE, ESTRANHO

MELHOR: COMPETIÇÃO

PIOR: AMOR

ERIC IDLE (29/3/43)
JOHN CLEESE (27/10/39)

Os brilhantes improvisadores Idle e Cleese foram 2 dos 5 membros da troupe de comediantes ingleses Monty Python's Flying Circus (1969-74). Hoje extinto, seu grupo satírico singular goza de status de *cult*, na Inglaterra e nos Estados Unidos.

---

25 de março a 2 de abril
SEMANA DA CRIANÇA
ÁRIES I

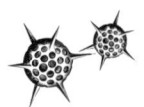

26 de outubro a 2 de novembro
SEMANA DA INTENSIDADE
ESCORPIÃO I

Rivalidade compensadora

O encontro de Áries I com Escorpião I apresenta um elemento de imprevisibilidade e um fator de incerteza que pode ser excitante e ao mesmo tempo constrangedor. O papel de adversário é comum aqui, embora não seja necessariamente hostil – esses dois podem se entender como adversários de uma equipe, rivais científicos ou artísticos, ou opositores políticos ou sociais. Cada parte competindo com o que há de melhor no outro, a parceria formada por Áries I e Escorpião I sempre inspira novos pináculos de realização.

No caso dos nascidos em Áries I e Escorpião I serem rivais da afeição de um amante, contudo, a intensidade da sua ofensiva pode ser forte demais para um simples ser humano desincumbir-se. Em triângulos amorosos, a escala de emoções apaixonadas pode afogar as três partes envolvidas, ameaçando consumir seu relacionamento um com o outro. E como irmãos sobretudo quando forem do mesmo sexo, podem competir diretamente, talvez pela atenção de um ou ambos os pais. No entanto, em momentos de necessidade e crise, o par pode acabar protegendo a fortuna da família, e sendo a base sobre a qual se pode reconstruir uma nova vida após um revés emocional ou financeiro. A perda de um dos pais pode reconciliar os dois após alguns anos de desafeto e separação.

Esse relacionamento pode dar em um casamento interessante, mas não necessariamente estável. Dessa forma, apresenta muitos altos e baixos, e apenas se mantém caso recursos internos de paciência e compreensão forem colocados em prática. Certamente grande coragem será necessária para lidar com uma situação de infidelidade de um dos parceiros, incluindo a decisão de permanecer e lutar ao invés de desistir, em uma postura prejudicial, crítica ou autodepreciativa. Filhos, animais de estimação, uma casa de que se orgulhar ou hobbies e passatempos podem ser pontos de estabilização e organização desse relacionamento em tempos de infelicidade ou tumulto.

Conselho: *Não leve a competição longe demais. Aprenda a trabalhar com o outro. Mantenha contato. Cuidado com triângulos amorosos. Mantenha o lado positivo do grupo em mente.*

| RELACIONAMENTOS |

PONTOS FORTES: SEXUAL, EXPRESSIVO, LEAL

PONTOS FRACOS: INTENSO, DEPENDENTE DEMAIS, CIUMENTO

MELHOR: AMOR

PIOR: TRABALHO

WHITAKER CHAMBERS (4/1/01)
ALGER HISS (11/11/04)

Editor da revista *Time*, Chambers acusou Hiss de ser espião do Departamento de Estado nos anos 1930. Julgado em 1948, Hiss foi considerado culpado de perjúrio e passou algum tempo na cadeia. Faleceu em 1992, afirmando sua inocência. **Também: Phil & Joe Niekro** (irmãos jogadores de beisebol).

---

25 de março a 2 de abril
SEMANA DA CRIANÇA
ÁRIES I

3 a 11 de novembro
SEMANA DA PROFUNDIDADE
ESCORPIÃO II

Voltas e viravoltas

Se o foco de atenção desse relacionamento for sexual, como geralmente é, a combinação pode ser explosiva. Sentimentos de todos os tipos acontecem na medida em que Escorpião II desperta os instintos mais agressivos de Áries I e Áries I desafia Escorpião II a alcançar a expressão completa da sua palheta emocional. Em virtude da profundidade do envolvimento desse relacionamento, os nascidos em Áries I precisam lidar com muitos elementos da psique humana que preferiram evitar: ciúmes, possessividade e fúria. O vulcânico Escorpião II conhece bem essas emoções e pode ser considerado instrutor ou guia de Áries I no que diz respeito a aprender as dimensões mais profundas do sentimento humano.

O ponto relevante aqui é que enquanto Escorpião I sente, Áries II prefere não sentir. Muitos nascidos em Áries I acreditam que sentimentos atrapalham seu desempenho, tanto no trabalho como no lazer. Um caso amoroso com um representante de Escorpião II pode colocar um fim em sua frivolidade, pelo menos durante no momento, e fazê-los confrontar os aspectos mais sérios da vida. O casamento entre esses dois pode ser bem-sucedido, mas cedo ou tarde os nascidos em Áries I podem sentir que as emoções do relacionamento tornaram-se muito exigentes e podem ansiar por escapar. Contudo, escapar de um Escorpião II pode não ser tarefa muito fácil e a luta pode apenas estreitar a relação entre eles, seja positiva ou negativa. A amizade nesse relacionamento pode ser significativa e produtiva, contanto que posições agressivas possam ser deixadas de lado. Dificuldades podem surgir entre amigos em comum, sobretudo se os nascidos em Escorpião II demarcarem seu domínio e os nascidos em Áries I desafiá-los. Infelizmente, tais conflitos podem aumentar e, nesse caso, podem finalmente significar o final do relacionamento.

Os nascidos em Escorpião II podem ser pais leais e firmes de filhos Áries I, sempre estimulando-os a se destacar nos esportes. Mas existe sempre o perigo de que projetem suas próprias ambições frustradas sobre sua prole. Pais de Áries I, por outro lado, devem aprender a deixar filhos de Escorpião II sozinhos para expressar suas disposições e emoções. Irmãos de Áries I e Escorpião II, sobretudo quando são do mesmo sexo, podem formar um laço mútuo de dependência que permanece por toda a vida.

Conselho: *Aprenda a respeitar o espaço do outro. Evite projeções. Não permita que emoções destrutivas se multipliquem. Permaneça aberto e honesto.*

25 de março a 2 de abril
SEMANA DA CRIANÇA
ÁRIES I

12 a 18 de novembro
SEMANA DO ENCANTO
ESCORPIÃO III

Vivacidade independente

A combinação Áries I e Escorpião III pode formar uma equipe dinâmica e vivaz, engajada em atividades sociais e esportivas ou empreendimentos intelectuais ou empresariais. A tônica central aqui é a vívida imaginação, mas também as habilidades práticas que possam surgir a partir dessa qualidade, freqüentemente nas artes visuais. Os outros estão sempre atraídos para esse relacionamento exuberante e eclético. O problema principal é uma tendência para a impulsividade e talvez para assumir muitos encargos; com essas duas inclinações controladas, uma parceria financeira pode funcionar bem. Os nascidos em Escorpião III sabem controlar o dinheiro e os nascidos em Áries I sabem gastá-lo; se concordarem a respeito de suas prioridades podem ser bem-sucedidos como parceiros comerciais.

Em relacionamentos amorosos, os nascidos em Áries I podem desarmar representantes de Escorpião III com sua inocência infantil, que os cativa completamente. Uma vez que as defesas de Escorpião III estejam armadas, não baixam com facilidade, sobretudo se foram desenvolvidas devido a várias relações fracassadas; ainda assim os nascidos em Áries I parecem capazes de simplesmente ignorar as barreiras de um Escorpião III como se elas não existissem. Esse relacionamento inspira sentimentos positivos que podem tirar os parceiros de uma rotina letárgica ou depressiva.

Ainda assim, os desafios desse relacionamento podem ser grandes em uma longa caminhada. Embora possivelmente gratificados pelas atenções de um Escorpião III, os nascidos em Áries I não dividem facilmente seus sentimentos mais profundos, e depois de um caso breve e agradável podem se retirar por motivos desconhecidos e sem muitas despedidas também. Muito freqüentemente esse tratamento resulta em posterior recolhimento do representante de Escorpião III, e ainda em outra promessa para si mesmo de não mais permitir que tal fato se repita.

Na amizade, os nascidos em Áries I podem considerar os nascidos em Escorpião III muito exigentes e controladores. Não contentes com atividades em comum, os representantes de Escorpião III tratam de levar seus conflitos e suas emoções reaquecidas até a porta dos nascidos em Áries I e acabam por concluir que bateram no endereço errado. Os nascidos em Áries I podem ser muito dedicados em uma amizade, mas apenas até certo ponto; se sentirem que alguém está tirando vantagem deles, se mandam. O lado exigente, carente do representante de Escorpião III pode infelizmente levá-lo a esse ponto.

Conselho: *Limite seus objetivos. Não deixe sua imaginação dominá-lo. Priorize o lado prático. Permita a honestidade. Aja de forma conservadora.*

RELACIONAMENTOS

PONTOS FORTES: VIVAZ, IMAGINATIVO, PRÁTICO

PONTOS FRACOS: IMPULSIVO, IRREAL, CONTROLADOR

MELHOR: NEGÓCIOS, SOCIAL

PIOR: AMOR

RHEA PERLMAN (31/3/48)
DANNY DEVITO (17/11/44)

Os atores cômicos Perlman e DeVito se encontraram pela primeira vez em uma peça fora da Broadway, em 1971, com DeVito no papel de um demente que cuidava de um estábulo. Durante seu longo relacionamento e subseqüente casamento, eles atingiram o estrelato de forma independente. **Também: Bart Conner & Nadia Comaneci** (casados; estrelas olímpicas).

---

25 de março a 2 de abril
SEMANA DA CRIANÇA
ÁRIES I

19 a 24 de novembro
CÚSPIDE DA REVOLUÇÃO
CÚSPIDE ESCORPIÃO-SAGITÁRIO

Pêndulo que oscila

Oscilações de humor beirando a insensatez e idéias e sentimentos contrastantes podem dominar essa relação. Ainda assim, a despeito dessa natureza bipolar e do fato desses dois terem dificuldade de direcionar sua energia de forma construtiva, o relacionamento permite que adotem o papel da figura de autoridade, talvez como co-líderes de um projeto, desta forma, podendo construir um caminho comum. Com muitos altos e baixos emocionais, a honestidade é um imperativo; embora ambas as partes sejam fortemente éticas e façam o melhor para serem sinceras, não conseguem ser honestas a respeito de indiscrições ou transgressões. É provável então que surja aqui uma luta agonizante pela verdade, freqüentemente desperdiçando energia criativa que poderia ser canalizada de forma mais construtiva.

Ambos, Áries e Sagitário, são signos de fogo, e os aspectos da personalidade de fogo que esses dois compartilham os tornam compatíveis um com o outro. Ambos tendem a valorizar seu lado intuitivo e a seguir seus palpites. Mas o relacionamento caminha na direção das emoções, e isso pode perturbar o representante de Áries I que possui pouco interesse em ficar atolado no que ele considera um pântano de sentimentos incoerentes e contraditórios. Embora aptos a se relacionarem com o lado mais ativo de Áries I, seja inspirador ou conflitivo, os nascidos na cúspide Escorpião-Sagitário podem também ver uma qualidade vulgar e superficial na rejeição de emoções mais sutis de Áries I. Os nascidos em Áries I podem não ser firmes o suficiente para permanecer com os representantes de Escorpião-Sagitário, que realistas ao extremo possuem pouca paciência com o que consideram ingenuidade e infantilidade de Áries I. Caso esses dois se cruzem em uma relação de amizade de infância ou sejam irmãos, essa relação pode ser íntima e intensa, mas terá dificuldade de sobreviver na maturidade, sobretudo na medida em que os nascidos em Escorpião-Sagitário se tornam mais sofisticados e consideram com desdém suas idéias anteriores. Por sua vez, os nascidos em Áries I podem rejeitar representantes de Escorpião-Sagitário a quem consideram esnobes e esquecidos de suas origens.

Nessa combinação, parcerias de casamento ou negócios não são recomendadas. No caso dos dois se apaixonarem, contudo, um fator extremamente irreal pode permitir que o relacionamento dure algum tempo.

Conselho: *Harmonize sua disposição de ânimo. Volte sua visão para o que é objetivo. É mais fácil falar de ética do que vivenciá-la. Enfrente seus sentimentos. Relaxe e seja consistente.*

RELACIONAMENTOS

PONTOS FORTES: INTUITIVO, INTENSO, CRIATIVO

PONTOS FRACOS: IRREAL, OSCILANTE, INDIGNO DE CONFIANÇA

MELHOR: AMOR

PIOR: CASAMENTO

ERIC IDLE (29/3/43)
TERRY GILLIAM (22/11/40)

Estes membros do grupo Monty Python's Flying Circus ficaram famosos por suas sátiras na tevê inglesa e americana. A especialidade de Idle era retratar chatos tolos; Gilliam, o único membro americano da troupe, contribuiu com brilhante animação para a série e, mais tarde, dirigiu filmes surrealistas.

RELACIONAMENTOS

PONTOS FORTES: ÍNTIMO, COMPREENSIVO, RECOMPENSADOR

PONTOS FRACOS: RESTRITIVO, INIBIDOR, ANSIOSO

MELHOR: AMIZADE

PIOR: TRABALHO

DIANA ROSS (26/3/44)
BERRY GORDY (29/11/29)

Gordy, fundador da Motown Records, foi o mentor da carreira de cantora de Ross e ao longo dos anos estiveram ligados intimamente. Em 1994, Gordy declarou ser o pai de uma das 3 filhas de Ross. **Também: Clementine Hozier & Winston Churchill** (casados); **Marvin Gaye & Berry Gordy** (cunhados, irmã cantora).

---

25 de março a 2 de abril
SEMANA DA CRIANÇA
ÁRIES I

25 de novembro a 2 de dezembro
SEMANA DE INDEPENDÊNCIA
SAGITÁRIO I

Juventude inocente

Esse clássico relacionamento que forma um trígono (120° de distância no zodíaco) facilita a compatibilidade e produz excelente possibilidade de duração, sobretudo no casamento. Ainda mais promissor é o fato de o relacionamento ser catalisador e concentrar-se normalmente na área mental, de forma a produzir uma inteligência que ultrapassa em muito a dos parceiros individuais. Idéias a respeito de ética e de como criar filhos, assim como altas especulações filosóficas, caracterizam esse casal. Essa relação também é marcada por uma juventude inocente, observada sobretudo na sobrevivência de um forte laço físico, apesar da idade avançada.

A intensidade da paixão entre Áries I e Sagitário I em casos amorosos pode conduzir a uma prematura interrupção. Após intensos êxtases, sobretudo na cama, os parceiros podem sentir uma queda gradual de intensidade. Não raro, contudo, tal relacionamento amoroso pode se firmar como uma amizade tranqüila, com ambas as partes fazendo poucas exigências. É de se perguntar, pois, se não seria melhor que esses dois tivessem restringido seus sentimentos à amizade desde o início da relação, pois podem ser excelentes amigos se forem do mesmo sexo ou não, e podem desfrutar de muitas experiências gratificantes e desafiadoras. Eles também podem abrir seus segredos de coração um para o outro de uma forma que não poderiam fazer com os outros.

Irmãos de Áries I e Sagitário I, sobretudo quando do mesmo sexo, podem ser precocemente competitivos, com resultados muito negativos: a vontade de um representante de Sagitário I é tão forte que os irmãos mais novos de Áries I podem sofrer anos por causa disso. Como pais, ambos Sagitário I e Áries I freqüentemente não são muito conscenciosos: podem ser tão dedicados a seus próprios empreendimentos que nem sempre têm paciência de decifrar a complexidade dos estados emocionais de seus filhos. Além disso, o encorajamento para que os filhos sejam independentes pode mais tarde levá-los a se cobrarem por não ter se preocupado com os filhos e de não estarem suficientemente envolvidos e comprometidos com eles. Esses dois devem também ter cuidado para que seus pontos de vista preconceituosos não os tornem rígidos, se recusando a ceder diante de crises que requerem flexibilidade, compaixão e compreensão.

Conselho: *Regule a chama da sua paixão. Lembre-se de que fogo consome ar e, caso aconteça, deixará você sem poder respirar. Tenha paciência.*

RELACIONAMENTOS

PONTOS FORTES: DIGNO DE CONFIANÇA, COMPREENSIVO, HONRADO

PONTOS FRACOS: DESCONFIADO, BELIGERANTE, CEGO

MELHOR: AMIZADE

PIOR: TRABALHO

LEON WILKESON (2/4/52)
GARY ROSSINGTON (4/12/51)

O baixista Wilkeson e o guitarrista Rossington pertenceram ao Lynyrd Skynyrd, uma popular banda de hard-rock. Embora sua colaboração terminasse após um acidente aéreo que matou 3 outros membros, em 1977, o par reuniu-se em 1987 como uma nova versão da banda. **Também: Van Gogh & Kirk Douglas** (representação no cinema).

---

25 de março a 2 de abril
SEMANA DA CRIANÇA
ÁRIES I

3 a 10 de dezembro
SEMANA DO ORIGINADOR
SAGITÁRIO II

Visão clara

Esse relacionamento normalmente depende da questão confiança *versus* rejeição. Os nascidos em Sagitário II freqüentemente sofrem de rejeição durante sua vida, possuindo a tendência de jogar todas as fichas na carta errada e portanto podem não confiar muito em representantes de Áries I; a tragédia é que eles podem estar muito enganados a esse respeito com relação a um do poucos indivíduos do ano capazes de compreendê-los e aceitá-los. Visto claramente, esse relacionamento pode ser uma fonte de força, fidelidade e apoio para ambas as partes. Também pode ser consideravelmente apaixonado e romântico, o que pode iludir os dois a desacreditá-lo, deixando de reconhecer sua forte fundação subjacente. Na verdade, o relacionamento passional dessa combinação pode gerar uma espécie de névoa irreal, que obscurece a visão de ambas as partes.

Em alguns casos, a desconfiança entre esses dois produz exatamente os acontecimentos que eles tanto temem. Quando isso ocorre, devem tentar entender seu próprio papel na criação do desastre. Os nascidos em Áries I que não se livram com evasivas da suspeita, desinteresse ou hostilidade inequívoca do parceiro podem forçar os nascidos em Sagitário II a ver a honestidade da suas intenções, podendo resultar um relacionamento satisfatório e produtivo de amizade ou casamento. Por outro lado, embora os nascidos em Áries I sejam honrados o suficiente para não degradar ou humilhar seus parceiros de Sagitários II, eles podem ficar atordoados ou até mesmo assustados se o representante de Sagitário II é levado por sentimentos intensos, e podem livrar-se com evasivas de certas peculiaridades inerentes à personalidade de Sagitário II. Nesse caso, eles podem recuar diante dos avanços de Sagitário II e se recusar a se envolver mais, algumas vezes simplesmente desaparecendo e se recusando a atender ao telefone. Quando esses dois trabalham juntos, o desejo dos nascidos em Áries I de apenas realizar seu trabalho pode ser frustrado pelas idiossincrasias dos representantes de Sagitário II. Diante disso, a combinação não é recomendada na maioria das situações de trabalho. Na família, pais Áries I podem ser muito compreensivos com a natureza fora do comum de filhos Sagitário II e pacientes com sua necessidade de fazer as coisas a seu modo. Pais Sagitário II, contudo, nem sempre aceitam a postura unidirecional freqüentemente desconsiderada de seus filhos nascidos em Áries I. Novamente, o ponto chave é a confiança.

Conselho: *Mantenha os olhos bem abertos. Não permita que sua visão seja nublada por preconceitos ou pelo passado. Não se sinta desestimulado pela rejeição. Procure orientação mais elevada.*

25 de março a 2 de abril
SEMANA DA CRIANÇA
ÁRIES I

11 a 18 de dezembro
SEMANA DO TITÃ
SAGITÁRIO III

Pender a balança

Os nascidos em Áries I e Sagitário III são valiosos oponentes, embora o par formado pela Criança e pelo Titã possa às vezes lembrar o que existiu entre Davi e Golias, ou entre Alice e a Rainha de Copas. A chave para um relacionamento feliz aqui é equilibrar a força das partes envolvidas e esforçar-se na busca de objetivos comuns. A capacidade de resolver os problemas com tenacidade é inerente a esse relacionamento, embora esse trabalho contínuo passe desapercebido para o mundo. A capacidade de refletir e levantar questões é particularmente útil. Encontros iniciais, amorosos ou sociais, podem ter um quê de confronto, que pode adicionar tempero e aumentar a atração existente em um futuro envolvimento. Os nascidos em Sagitário III raramente baixam a guarda, mas os representantes de Áries I, por meio de sua inocência e espontaneidade, podem abrir brechas em suas defesas.

No casamento, um ou outro exerce o domínio: raramente há um balanceamento equilibrado de poder. Um representante de Áries I obstinado, com idéia fixa em sua carreira, pode tentar estabelecer as regras, mas isso funciona apenas por um tempo – mais cedo ou mais tarde o poder assertivo até mesmo do mais reprimido Sagitário III emerge com uma explosão. O casamento nessa combinação funciona melhor quando Áries I se conforma em desempenhar posição secundária diante de Sagitário III, desde que sua liberdade de escolha, de ir e vir e de tomar decisões importantes não seja comprometida ou infringida. Tal arranjo é possível nesse relacionamento.

Quando os nascidos em Áries I e Sagitário III são amantes, mais cedo ou mais tarde surgem lutas pelo poder entre eles. O fato de que apenas um deles possa permanecer no comando significa que ambos perdem na dura caminhada. Ainda assim, esses indivíduos decididos, unidirecionais e inflamados são realmente bastante parecidos e compatíveis, desde que sua vontade e tendência ao confronto sejam mantidas sob controle. Se um dos amantes toma a decisão de não lutar, o outro normalmente aceita essa espécie de acordo unilateral e um equilíbrio harmonioso pode ser alcançado. No trabalho, a luta para ser o patrão ameaça destruir projetos comuns; melhores resultados são alcançados quando um deles está claramente no poder.

Conselho: *A paz pode ser para seu próprio bem. Trilhe o caminho mais nobre. Procure ouvir e ceder. Às vezes, concorde quanto a quem é o patrão.*

RELACIONAMENTOS

PONTOS FORTES: MENTAL, HONESTO, TRABALHADOR

PONTOS FRACOS: COMBATIVO, VIAJA NO PODER, DOMINADOR

MELHOR: SITUAÇÃO DE CONFRONTO

PIOR: AMOR

LUDWIG VAN BEETHOVEN (16/12/1770)
JOSEF HAYDN (31/3/1732)

Beethoven estudou com Haydn, em 1792. Seu breve relacionamento aluno-professor sofreu de choque de personalidades, mas Beethoven permaneceu grande admirador da obra de Haydn. **Também: John Astin & Patty Duke** (casados; atores); **Bela Bartok & Zoltan Kadoly** (amigos; parceiros musicais); **Haydn & Nikolaus Esterhazy** (compositor/patrono); **David Lean & Noel Coward** (co-diretores de peças de autoria de Coward).

---

25 de março a 2 de abril
SEMANA DA CRIANÇA
ÁRIES I

19 a 25 de dezembro
CÚSPIDE DA PROFECIA
CÚSPIDE SAGITÁRIO–CAPRICÓRNIO

Não se preocupe, seja feliz

A combinação fornece um bom exemplo de pessoas que se sentem atraídas por um relacionamento porque ele é como um espelho; isto é claro e acentua não apenas o lado negativo da personalidade de cada parceiro, mas a auto-absorção e uma disposição de humor que beira a rabugice, e também o lado positivo – o charme e a capacidade de trabalhar a serviço de um ideal.

Os nascidos em Áries I podem ser impacientes com representantes de Sagitário-Capricórnio que sejam obcecados por alguma ideologia ou que estejam muito envolvidos em seu próprio estado emocional. Os nascidos na cúspide Sagitário-Capricórnio são em geral muito profundos e complexos para se expressar diretamente (exceto em casos de raiva ou agressão), e muito freqüentemente o direto representante de Áries pode levar para o lado pessoal seu silêncio ou ausência de afeto. Ainda assim, os nascidos em Áries I também exigem muita compreensão, que os nascidos na cúspide Sagitário-Capricórnio absorvidos em si mesmos não estão sempre preparados para dar. A amizade e o casamento entre esses dois podem ser caracterizados por longos períodos de silêncio, com correspondente ressentimento ou rejeição. Dependendo de uma visão positiva para aliviar a pressão interna do seu lado obscuro, os nascidos em Áries I encontram pouco respaldo nos representantes de Sagitário-Capricórnio, cujas próprias emoções tendem a levá-los mais fundo ao encontro de si mesmos. A longevidade do relacionamento infelizmente não indica sua qualidade, porque esses parceiros podem facilmente se encerrar em uma mútua dependência que nenhum dos dois tem força para romper. Dessa forma, eles podem manter por anos a fio um caso amoroso que não leva a lugar nenhum, e ao mesmo tempo se recusarem a se separar. É possível que os nascidos em Áries I e Sagitário-Capricórnio trabalhem juntos como parceiros de negócios ou colaboradores. Nesse contexto dinâmico, a energia dos nascidos em Áries I e a força estável dos representantes de Sagitário-Capricórnio podem se fundir.

Conselho: *Não insista demais. Aprenda a deixar as coisas acontecerem. Divirta-se mais. Tente aproveitar a vida sem se preocupar. Busque a autoconsciência.*

RELACIONAMENTOS

PONTOS FORTES: RECEPTIVO, RESISTENTE, DINÂMICO

PONTOS FRACOS: ESTAGNADO, NEGADOR, SOMBRIO

MELHOR: TRABALHO

PIOR: CASAMENTO

DARYL HANNAH (19/12/60)
WARREN BEATTY (30/3/37)

Estrela de *Splash* e *Roxanne*, a dominante Hannah teve um caso com Beatty que foi alvo de grande publicidade. Ela também teve romances duradouros com o cantor Jackson Browne e JFK, Jr.

RELACIONAMENTOS

PONTOS FORTES: AUTÔNOMO, AUTORITÁRIO, PRODUTIVO

PONTOS FRACOS: POUCO RECEPTIVO, INSENSÍVEL, INEFICAZ

MELHOR: AMIZADE

PIOR: AMOR

EDWARD STEICHEN (27/3/1879)
ALFRED STIEGLITZ (1/1/1864)

Em 1902, estes gigantes da fotografia americana do século XX criaram o grupo *avant-garde* Photo-Secession que desafiou o estilo fotográfico contemporâneo. Stieglitz foi também braço direito de Steichen na publicação de *Camera World* (1903-17).

---

25 de março a 2 de abril
SEMANA DA CRIANÇA
ÁRIES I

26 de dezembro a 2 de janeiro
SEMANA DO REGENTE
CAPRICÓRNIO I

Domínio autônomo

A criatividade desse relacionamento reside em uma dinâmica na qual os parceiros têm força e sabedoria para criar seu domínio inquestionável na forma de ambientes, obrigações, funções ou atividades em que são autônomos e a outra parte não tenha virtualmente nada a dizer. Isso pode parecer egoísta, mas questões de liderança e aceitação são dominantes nesse relacionamento e é provável que exija esse tipo de solução drástica.

    Conflitos sérios podem surgir quando os nascidos em Capricórnio I estão em posição de autoridade com relação aos nascidos em Áries I, por exemplo, em um relacionamento pai-filho ou empregado-patrão. Nos primeiros anos de tal parceria, o domínio de Capricórnio I pode proporcionar à Áries I a segurança e a estrutura de que eles tanto precisam, mas mais cedo ou mais tarde sua oposição e rebeldia contra todas essas tendências tirânicas inevitavelmente são provocadas. Quando Áries I é o patrão ou o pai, a tendência mais passiva dos nascidos em Capricórnio I podem trazer um certo grau de harmonia e eficiência, desde que os representantes de Áries I ajam com responsabilidade e sensibilidade. Caso sejam ineficientes, contudo, os nascidos em Capricórnio I normalmente estão preparados para assumir a responsabilidade das decisões na empresa ou na família.

    O relacionamento matrimonial e amoroso não é especialmente recomendado para esta combinação, pois os nascidos em Capricórnio I usualmente limita ou modifica a liberdade e a individualidade de um parceiro de Áries I, algo que o representante de Áries I é incapaz de aceitar. Na esfera emocional, esses dois não dividem provavelmente qualquer expressão de sentimentos profundos. A amizade é provavelmente a melhor aposta aqui, sejam os parceiros do mesmo sexo ou não. Os nascidos em Capricórnio I admiram e se divertem com a objetividade de Áries I, e os nascidos em Áries I acham o Capricórnio I prestativo e tranqüilizador. Dinamismo e proteção se fundem, produzindo talvez uma parceria na qual o estabelecimento ou a administração de um clube, de uma equipe ou de uma unidade social qualquer se torna a chave de um relacionamento duradouro e produtivo.

Conselho: *Encontre o seu nicho e mantenha-se ali. Não permita que o maltratem. Procure soluções práticas que beneficiem a todos.*

RELACIONAMENTOS

PONTOS FORTES: ENTUSIÁSTICO, INDEPENDENTE, SATISFEITO

PONTOS FRACOS: MANÍACO, RETRAÍDO, DESAPROVADOR

MELHOR: CASAMENTO MODERNO

PIOR: AMOR

CARL SANDBURG (6/1/1878)
ROBERT FROST (26/3/1874)

Os poetas contemporâneos Sandburg e Frost foram arqui-rivais em estabelecer sua proeminência literária. Frost, conhecido por seus versos pastorais de ritmo tradicional, desaprovava veementemente o estilo sem ritmo de Sandburg que mudou o curso da poesia americana. **Também: Gloria Swanson & Pola Negri** (famosa inimizade); **Edward Steichen & Carl Sandburg** (cunhados).

---

25 de março a 2 de abril
SEMANA DA CRIANÇA
ÁRIES I

3 a 9 de janeiro
SEMANA DA DETERMINAÇÃO
CAPRICÓRNIO II

Casamento moderno

Esse relacionamento pode exibir tendências altamente introvertidas e extrovertidas, com grandes esforços para esconder certos assuntos para apenas trazê-los à tona de forma inesperada e com grande alarde em um belo dia. A preocupação com dinheiro e poder pode ofuscar problemas mais pessoais, que são constantemente relegados a um segundo ou até mesmo terceiro plano. A falta de empatia ou introvisão pode impedir a compreensão emocional necessária quando disposições de humor ditam um retraimento do mundo. Para escapar ou negar que algo esteja faltando, depressão silenciosa pode alternar-se com entusiasmo expansivo. Ambos estados emocionais evitam o problema e também impedem os outros de descobrir o que realmente se passa no relacionamento.

    Os nascidos em Capricórnio I irritam-se constantemente com o que consideram escolhas não realistas em associações de negócio ou membros da família favorecidos por parte de um amigo ou companheiro de Áries I – embora eles possam ser tão ingênuos como seus parceiros em outras áreas da vida. Os nascidos em Áries I consideram opressiva a atitude dos nascidos em Capricórnio II, e vêem pouca ou nenhuma necessidade de mudança. Caso a ambição de Capricórnio II ou a extroversão de Áries I se tornem desgovernadas, cada parceiro pode ver o outro como imoral ou egoísta e podem ser fortemente desaprovadores.

    Como cônjuges, esses parceiros podem colocar sua carreira em primeiro plano e discutir a possibilidade de não ter filhos, animais de estimação ou responsabilidades domésticas exigentes. O casamento independente que resulta pode funcionar desde que a vigilância, o julgamento ou a desaprovação de ambos os parceiros não se tornem proeminentes, e desde que nenhuma das partes necessite de apoio ou de atenção emocional constante. Se o relacionamento entre representantes de Áries I e Capricórnio III é uma amizade, esta deveria ser mantida em um nível superficial, porque o tempo, a força ou o interesse em estabelecer uma ligação firme não estão disponíveis. Uma exceção pode ser o caso de amigos de longa data, que podem precisar ver um ao outro apenas uma ou duas vezes ao ano para manter a ligação viável.

Conselho: *Lide de forma direta com problemas emocionais. Não tente escapar da verdade. Tenha mais empatia. Controle a ambição.*

25 de março a 2 de abril
SEMANA DA CRIANÇA
ÁRIES I

10 a 16 de janeiro
SEMANA DO DOMÍNIO
CAPRICÓRNIO III

Ervilhas na vagem

Esse relacionamento desperta lados desconhecidos em ambos os parceiros: juntos anseiam por investigar idéias universais e podem compartilhar a fome por conta de uma variedade de experiências que realcem e aprofundem a consciência. Nenhuma dessas tendências pode ser considerada típica de Áries I nem de Capricórnio III individualmente. Além disso, em virtude do relacionamento despertar o lado mais nobre de cada um dos parceiros, conflitos que poderiam ser esperados entre eles não se materializam. A sinergia dessa combinação enfatiza a sensibilidade e o respeito mútuo e pode também ser fonte de muito divertimento.

Os nascidos em Capricórnio III gostam de uma atmosfera alegre, algo que Áries I pode proporcionar aos nascidos em Áries I, e que, por sua vez, se beneficiam da atenção de Capricórnio III e desfrutam do conforto de sua poderosa presença física. Fortes atrações podem surgir, desenvolverem-se e serem mantidas pelas vibrações positivas entre o terrestre Capricórnio III e o ígneo Áries I. Dessa forma, a combinação pode se tornar a base de um casamento duradouro, orientado para a família.

Contudo, é algo fora do comum que esses dois mantenham um caso amoroso duradouro, pois esse relacionamento tende para a permanência de um casamento ou de uma amizade duradoura. Ambos, Áries I e Capricórnio III, tendem a ser reservados boa parte do tempo, juntos, contudo, eles apresentam um lado exuberante que gostam de dividir com a família e os amigos. O casal funciona bem dentro de um círculo social e gosta de praticar juntos esportes, hobbies e atividades de clube. Ainda assim, a essência da relação é extremamente privativa para alcançar satisfação, já que esses dois passam longos períodos de tempo sentados, caminhando e sonhando juntos.

Pais Capricórnio III nem sempre são bem-sucedidos com filhos Áries I: embora carinhosos e responsáveis, tendem a ser extremamente dominadores. No caso de uma família estressada ou com problemas disfuncionais, contudo, o par de irmãos Áries I e Capricórnio III pode ser uma das poucas forças estabilizadoras, sobretudo se os pais biológicos são ausentes ou incapazes de cumprir suas obrigações. Em grupos familiares mais normais, irmãos do mesmo sexo de Áries I e Capricórnio III podem demonstrar tendências altamente competitivas e agressivas.

Conselho: *Aproveitem juntos momentos prazerosos. Não tenham medo de discutir questões sérias. Não se isolem ou se satisfaçam sozinhos. Sejam objetivos.*

RELACIONAMENTOS

PONTOS FORTES: ELEVA A CONSCIÊNCIA, DIVERTIDO, COMPREENSIVO

PONTOS FRACOS: COMBATIVO, ISOLADO, SUPERDOMINADOR

MELHOR: AMIZADE, CASAMENTO

PIOR: PAI-FILHO

SUNE KARL BERGSTROM (10/1/16)
JOHN R. VANE (29/3/27)

Vane e Bergstrom são 2 dos 3 bioquímicos que dividiram o Prêmio Nobel de Medicina em 1982. Eles juntaram sua perspicácia na pesquisa da área das prostaglandinas e, dentre outras coisas, explicaram a eficácia do remédio mais usado no mundo, a aspirina.

---

25 de março a 2 de abril
SEMANA DA CRIANÇA
ÁRIES I

17 a 22 de janeiro
CÚSPIDE DO MISTÉRIO E DA IMAGINAÇÃO
CÚSPIDE CAPRICÓRNIO-AQUÁRIO

Casulo protetor

Esse relacionamento pode manifestar uma reserva e um senso de privacidade que isolam seus parceiros em um casulo protetor, mantendo-os um pouco fora de contato com o mundo e salvos do olhar da opinião pública. Muito tempo é gasto construindo um lugar seguro para o seu relacionamento, metafórica ou literalmente. O envolvimento aqui pode ser absoluto ao ponto de despertar ciúmes nos outros, sobretudo em membros da família. Cuidado deve ser tomado então para não formarem uma comunidade fechada mas, ao contrário, para deixarem espaço para envolverem-se com outras pessoas. Quando o relacionamento é pessoal, o perigo, é que os parceiros se envolvam tanto em fantasias mútuas que esqueçam as necessidades mundanas, porém estabilizadoras, do dia-a-dia. Manter pelo menos um dos pés no chão pode ser uma grande conquista para eles.

Parcerias de negócios e ligações de trabalho não são recomendadas para esses dois porque eles podem se distrair constantemente do trabalho, tornando a objetividade difícil ou impossível. No casamento podem passar bons tempos juntos, mas podem não conseguir cumprir as responsabilidades domésticas, financeiras ou paternais, algumas vezes resultando em caos. Na verdade, o grande desafio do relacionamento bem-sucedido entre nascidos em Áries I e Capricórnio III é de dar estrutura e ordem a atividades que desenvolvem em comum.

Na esfera da amizade e do amor, por outro lado, esse relacionamento pode ser extremamente emocionante. Os nascidos em Capricórnio-Aquário despertam as tendências mais dinâmicas e expansivas dos representantes de Áries I, os quais, por sua vez, brilham em sua presença. Embora os nascidos na cúspide Capricórnio-Aquário tenham um lado extremamente obscuro e agressivo, suas tendências mais instáveis e violentas são suavizadas pela energia de Áries I porque este considera tais energias desarmadoras inocentes e infantis. Como amantes esses dois podem alcançar o pináculo da paixão, como amigos podem alcançar os níveis mais profundos de compreensão mútua. Cuidado deve ser tomado, contudo, para que não se tornem presas do sexo e dos vícios do amor. Nesse relacionamento pode ser absolutamente necessário evitar o uso de drogas e bebidas, os quais irão inflamar ainda mais suas chamas excessivas.

Conselho: *Tente colocar alguma ordem na vida. Permaneça em contato com o mundo. Não exclua os outros de seu relacionamento. Muito prazer pode ser algo excessivo.*

RELACIONAMENTOS

PONTOS FORTES: EXCITANTE, PROTETOR, COMPREENSIVO

PONTOS FRACOS: EXCESSIVO, VICIADO, CAÓTICO

MELHOR: AMOR, AMIZADE

PIOR: TRABALHO

MUHAMMAD ALI (17/1/42)
HOWARD COSELL (25/3/20)

O comentarista esportivo Cosell, cujo estilo polissilábico e abrasivo o levou à notoriedade nos anos 1960 e 1970, teve uma longa de dinâmica amizade com o versátil peso-pesado Ali e foi o primeiro a expressar revolta quando lhe tiraram o título em 1967. **Também: Emile Zola & Paul Cézanne** (amigos íntimos; escritor/pintor).

| RELACIONAMENTOS |

PONTOS FORTES: ESPIRITUAL, ENTUSIÁSTICO, VÍVIDO

PONTOS FRACOS: INSTÁVEL, FRENÉTICO, PERTURBADOR

MELHOR: AMOR

PIOR: CASAMENTO

TAMMY TERRELL (24/1/46)
MARVIN GAYE (2/4/39)

Amigos íntimos, Terrell e Gaye tornaram-se conhecidos por seu imortal dueto nos anos 1960, incluindo *Ain't No Mountain High Enough*. Gaye ficou arrasado com a morte de Terrell de tumor cerebral. **Também: Haydn & Mozart** (amigos íntimos; compositores); **David Lean & Ann Todd** (casados; diretor/atriz); **Otto von Bismark & Kaiser Guilherme II** (chanceler/imperador); **Edmundo & Romário** (jogadores de futebol).

25 de março a 2 de abril
SEMANA DA CRIANÇA
ÁRIES I

23 a 30 de janeiro
SEMANA DO GÊNIO
AQUÁRIO I

Espíritos livres

Esse relacionamento está destinado a ser cintilante e vivo, enfatizando o plano espiritual acima de todos os outros. Talvez seja difícil entender algo que sugere uma ligação de "vidas passadas" entre seus parceiros, que sem dúvida os confunde. Para que se sintam completamente à vontade nesse relacionamento, os nascidos em Áries I e Aquário I precisam de uma maturidade que não é usual neles.

Os nascidos em Áries I e Aquário I podem exercer um efeito desestabilizador um sobre o outro, o qual não indica uma boa relação no trabalho ou no casamento. Ambos valorizam extremamente sua independência e é improvável que queiram desistir dela em benefício de seu relacionamento com o outro. Espíritos livres, Áries I e Aquário I certamente admiram um ao outro, e sua mútua atração pode muito bem levá-los a um intenso, mas talvez breve, caso amoroso envolvendo os planos físico, mental e intuitivo. O relacionamento toca e agita as profundezas emocionais de cada parceiro em um grau pouco comum. A amizade entre esses dois pode funcionar bem, havendo compreensão mútua e participação. Contudo, nenhum dos dois tem muita paciência com a disposição de ânimo do outro, nem muito interesse em ajudar o outro a sair do tédio; eles são realmente amigos para os bons momentos. Caso um dos parceiros se encontre em situação de grande necessidade, talvez no caso de uma depressão após a perda de um emprego ou o rompimento de um caso amoroso ou casamento, o outro pode relutar em assumir a responsabilidade de lidar com tal dor e sofrimento.

Irmãos de Áries I e Aquário I dão vida ao cotidiano da esfera familiar. A comoção que eles freqüentemente provocam juntos, contudo, pode ser perturbadora para tipos mais tranqüilos ou mais pensativos. Pais de signo da terra e água podem exercer um efeito calmante sobre a energia frenética desse par, mas podem achar difícil competir com seu transbordante entusiasmo. Ligações íntimas podem se desenvolver no relacionamento entre pais e filhos de Áries I e Aquário I, qualquer que seja o pai dos dois. Mas os adultos podem deixar que os filhos tomem suas próprias decisões na maioria das situações, sem estabelecer muitos limites ou restrições, e essa falta de estrutura pode ser desconfortável para filhos de Áries I e Aquário I, os quais precisam de uma mão gentil, porém firme.

Conselho: *Acalmem-se. Tentem aceitar aquilo que não pode ser definido. Desistam de alguma liberdade. Passem tempo juntos para fortalecer sua ligação. Cultivem a paciência.*

| RELACIONAMENTOS |

PONTOS FORTES: VERBAL, PROFUNDO, INTERATIVO

PONTOS FRACOS: PROBLEMÁTICO, IMATURO, COMPETITIVO

MELHOR: COMPANHEIROS

PIOR: COLEGAS

GLORIA STEINEM (25/3/35)
BETTY FRIEDAN (4/2/21)

Ligadas pelo ativismo político e social, estas destacadas feministas implementaram uma cruzada juntas no movimento pelas mulheres. Prolífica escritora, Steinem foi co-fundadora da revista *Ms*. Friedan foi co-fundadora da Organização Mundial de Mulheres (NOW) e autora do best-seller *A Mística Feminina*.

25 de março a 2 de abril
SEMANA DA CRIANÇA
ÁRIES I

31 de janeiro a 7 de fevereiro
SEMANA DA JUVENTUDE E DESPREOCUPAÇÃO
AQUÁRIO II

Perturbando a rotina

Em virtude da postura franca, aberta e espontânea dos nascidos em Áries I e Aquário II, é possível pensar que eles sentem-se magneticamente atraídos um pelo outro e podem formar uma ligação imediata. Ainda assim seu relacionamento freqüentemente demonstra a necessidade de confrontar o lado obscuro ou sombrio da vida e pode investigar áreas profundamente emocionais, até mesmo problemáticas. A combinação é amplamente orientada para a comunicação, e dessa forma suas explorações em geral ocorrem na forma de longas discussões ou debates. O relacionamento também apresenta uma estrutura oculta mas bastante rígida de regras e obrigações mentais que tendem a criar uma situação desconfortável para os parceiros.

Se puderem manter a relação mais leve, os nascidos em Áries I e Aquário II podem tornar-se excelentes conhecidos ou amigos, compartilhando muitos dos prazeres da vida. Problemas surgem se eles se envolvem em um caso amoroso ou vivem juntos, porque nesse caso sua interação é mais complexa e, freqüentemente, perturbadora. Conflitos certamente surgem para esses dois caso eles passem a competir verbalmente pela atenção dos outros. Como irmãos ou companheiros de trabalho, normalmente acham difícil ou impossível atuar juntos no dia-a-dia; cada um procura constantemente ofuscar o brilho do outro. Pais ou patrões colocados em posição de escolher entre um ou outro (em outras palavras, escolher um favorito) podem considerar a tarefa não compensadora e acabar ignorando ou rejeitando um parceiro ou ambos.

O casamento entre esses dois provavelmente não funciona bem, porque nenhuma das partes deseja assumir um papel mais maduro. Caso tenham filhos, é provável que aconteça uma inversão de papéis, na qual a prole (sobretudo se nascidos sob os signos de terra: Touro, Virgem e Capricórnio) assume responsabilidades em uma idade precoce em virtude da falha dos pais. Os nascidos em Aquário II não procuram problemas, portanto não acham fácil relacionar-se com representantes de Áries I, que são cheios de emoções contrastantes e atitudes francas. Em um caso amoroso, por exemplo, a insistência do representante de Aquário II em uma sensualidade suave pode ser interrompida muitas vezes pela insatisfação e pela frustração do representante de Áries I. Da mesma maneira, o mais dinâmico Áries I pode ressentir-se do que ele percebe como uma influência impeditiva dos nascidos em Aquário II na área da carreira.

Conselho: *Encare a vida com mais leveza. Tente não ser tão competitivo. Aprecie os prazeres sensuais. Seja franco e aberto. Não permaneça parado no debate.*

25 de março a 2 de abril
A SEMANA DA CRIANÇA
ÁRIES I

8 a 15 de fevereiro
A SEMANA DA ACEITAÇÃO
AQUÁRIO II

Através da fachada

A tônica desse relacionamento é a descoberta – em particular, ser capaz de ver através da fachada que esconde desejos secretos ou enigmáticos. No esforço nessa direção, o relacionamento tende a ficar de lado, se isolando para que o trabalho de descoberta possa continuar imperturbado. Há muitos segredos para ser revelados aqui, tanto de cada parceiro quanto do mundo exterior. Os aspectos mais expansivos e dinâmicos de Áries I, por exemplo, com freqüência ocultam um indivíduo necessitado com dependências sutis, apesar da postura independente; os nascidos em Aquário III são capazes de descobrir e aceitar isso, por meio de uma combinação de sensibilidade (um função deste relacionamento) e distância.

Embora demonstrem o contrário, essas personalidades secretamente adoram ser cortejadas. E contanto que os nascidos em Áries I mais agressivos não intimidem ou afugentem os representantes de Aquários III mais delicados e mais receptivos, este relacionamento leva ao galanteio, ao amor e à paixão. Ao mesmo tempo, o casamento entre Áries I e Aquário III, ou o par de irmãos, pode ter uma atitude realista, firme e pragmática, no qual representantes de Aquários III equilibram os de Áries I, às vezes ingênuos e idealistas. O casamento entre esses dois pode funcionar, em geral com os nascidos em Aquários III assumindo o comando. Os nascidos em Aquários III têm jeito para revelar o lado mais delicado e secreto dos representantes de Áries I e permitir que eles expressem compreensão e carinho e até mesmo sentimentalismo. Um relacionamento irmão-irmã entre esses dois pode ser possivelmente um dos mais bem-sucedidos para essa combinação. Sua mútua compreensão é intensa desde a infância, e quando ficam mais velhos, em geral, tentam viver próximos um ao outro ou até compartilhar espaço sob o mesmo teto. O relacionamento entre pais e filhos, por outro lado, sobretudo quando os nascidos em Áries I são o pai, em geral não é recompensador, pois pode haver má comunicação e um choque de vontades.

Esses dois não são bons parceiros comerciais ou membros de uma equipe. Os nascidos em Aquários III são muitas vezes tipos científicos e racionais que, embora muito emotivos na vida pessoal, podem ser objetivos e frios no trabalho; essas forças não se misturam com a abordagem muitas vezes impulsiva, direta e altamente intuitiva dos nascidos em Áries I.

Conselho: *Encontre o seu eu verdadeiro. Não perca tempo construindo defesas. Seja honesto no reconhecimento de suas necessidades. Valorize o interesse dos outros.*

RELACIONAMENTOS

PONTOS FORTES: INVESTIGATIVO, SENSÍVEL, INTRIGANTE

PONTOS FRACOS: ENGANADOR, CONFLITANTE, RESERVADO

MELHOR: CASAMENTO, IRMÃOS

PIOR: PARCEIROS DE NEGÓCIOS

CARL BERNSTEIN (14/2/44)
BOB WOODWARD (26/3/43)

Estes tenazes jornalistas deram novo significado ao termo "reportagem investigativa". A simbiótica equipe de "Woodstein", mais do que qualquer outra coisa, ajudou a expor o escândalo Watergate que reverteu a administração Nixon. Seu trabalho ganhou o Prêmio Pulitzer pelo *Washington Post* e resultou em seu livro e no filme *Todos os Homens do Presidente*.

---

25 de março a 2 de abril
SEMANA DA CRIANÇA
ÁRIES I

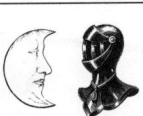

16 a 22 de fevereiro
CÚSPIDE DA SENSIBILIDADE
CÚSPIDE AQUÁRIO-PEIXES

Desarmando a armadura

Este relacionamento envolve a recusa de ser aprisionado. Ele transpõe barreiras, sobretudo as internas ou psicológicas, muitas vezes por meio de um bombardeamento verbal que envolve ataque e defesa. Desnecessário dizer que se esconde nessa combinação a tendência infeliz de usar a crítica como uma arma – trocas verbais podem se tornar veementes aqui. Se um grau de empatia e sensibilidade puder ser mantido, todavia, pode resultar muita confiança da ênfase na abertura desse relacionamento.

A química desse relacionamento permite que os nascidos em Áries I transponham a armadura muitas vezes pesada dos nascidos na cúspide Aquário-Peixes, que são muitas vezes capazes, nesse contexto, de expressar suas necessidade mais profunda: reconhecer e afirmar a sensibilidade que tinham quando jovens. Por sua vez, além de aceitar a energia dinâmica dos representantes de Áries I, eles também são capazes de motivar a emergência de sensibilidades enterradas em seu parceiro, muitas vezes por meio da combinação de abordagens agressivas e determinadas, porém compreensivas. A energia infantil dos nascidos em Áries I se mistura com a capacidade de intimidade dos representantes da cúspide Aquário-Peixes, e os dois podem ter uma amizade recompensadora baseada na honestidade e na confiança. O casamento entre esses dois também freqüentemente é feliz, mas dificuldades podem surgir no decorrer dos anos se as críticas dos cônjuges se tornarem constantes. Os nascidos em Áries I podem ser extremamente agressivos ao exigir a atenção dos nascidos em Aquário-Peixes, que são propensos a se sentirem um pouco inadequados ou insatisfeitos nesse par.

Pais de Áries I não são ideais para filhos Aquário-Peixes, que podem erguer paredes para se proteger deles. Em muitos casos os nascidos em Áries I são simplesmente diretos demais, e seus filhos sensíveis se ressentem disso. Um irmão ou irmã Áries I pode agir como uma ponte entre o outro irmão ou irmã e o mundo, sobretudo por meio de hobbies, esportes ou atividades de clube compartilhadas, pois os nascidos em Aquário-Peixes tendem a gravitar ao redor do pessoal ou do universal e, assim, a deixar de desfrutar dos acontecimentos diários. Os elementos mais ambiciosos do relacionamento trazem bons augúrios para o sucesso de esforços empreendedores ou artísticos nos quais uma abordagem altamente pessoal e individualista pode impedir a oposição séria.

Conselho: *Seja honesto, porém sensível. Respeite a intimidade. Contenha sua agressividade. Saiba quando recuar. Cuidado com as pressuposições fixas.*

RELACIONAMENTOS

PONTOS FORTES: DESARMANTE, DESCOBRIDOR, AFIRMATIVO

PONTOS FRACOS: AMEAÇADOR, CRÍTICO, INSATISFEITO

MELHOR: AMIZADE

PIOR: PAIS-FILHOS

JOHN TRAVOLTA (18/2/54)
GABE KAPLAN (31/3/45)

Antes de Travolta galgar repentinamente o estrelato com *Embalos de Sábado à Noite*, ele co-estreou com Kaplan na série bem-sucedida de tevê *Welcome Back, Kotter*, em que a amizade fora de cena dos dois enriquecia seu relacionamento criativo de trabalho. **Também: Diana Ross & David Geffen** (caso; cantora/produtor).

RELACIONAMENTOS

PONTOS FORTES: GENTIL, IDEALISTA, DESPRETENSIOSO

PONTOS FRACOS: FORA DA REALIDADE, IMATURO, EXIGENTE

MELHOR: AMIZADE, IRMÃOS

PIOR: CASAMENTO

GEORGE HARRISON (25/2/43)
ERIC CLAPTON (30/3/45)

Milagrosamente, a longa amizade entre estes parceiros musicais perdurou, apesar do amor que Clapton sentia pela esposa de Harrison, Pattie Boyd. Após o divórcio de Harrison, Clapton casou-se com Boyd, inspiração de sua famosa canção *Layla*.

---

25 de março a 2 de abril
SEMANA DA CRIANÇA
ÁRIES I

23 de fevereiro a 2 de março
SEMANA DO ESPÍRITO
PEIXES I

Mundo imaginário

Este relacionamento gira em torno de um mundo imaginário que enfatiza a atração física e o idealismo suave. Uma espécie de ação equilibrada é formado aqui, assim como energias conflitantes que devem ser encaradas. O relacionamento tenta chegar a um acordo entre o relativo e o absoluto, o objetivo e o subjetivo, o pragmático e o ideal. Os nascidos em Áries I e Peixes I sentem grande afinidade, apesar de todas as suas diferenças; esse relacionamento tem amor pela pureza e não tem grandes pretensões.

O mundo sensível dos sentimentos em que os representantes de Peixes I vive é alheio aos Áries I, porém atraente e curioso. Ao mesmo tempo, a espontaneidade honesta e direta e a força intuitiva dos nascidos em Áries I com freqüência desafiam os nascidos em Peixes I a agir e os estimula a empreender seus melhores esforços. A combinação é talvez mais benéfica para irmãos e amigos, contanto que sejam colocados limites na interação emocional e na responsabilidade de cada um.

O par pode ter dificuldade no casamento, no trabalho ou no amor. A necessidade que os nascidos em Peixes I têm de atenção pode enlouquecer os representantes de Áries I, esticando ao máximo sua capacidade de dá-la. E não é somente atenção que os nascidos em Peixes I exigem; mais cedo ou mais tarde, eles desejam um tipo mais profundo de envolvimento emocional do que os representantes de Áries I estão preparados para vivenciar, seja como amantes ou cônjuges. O relacionamento profissional entre esses dois não é recomendado como patrão-empregado, mas caso os dois estejam envolvidos em um projeto como companheiros de trabalho, poderão fazê-lo harmoniosamente lado a lado, contanto que suas funções sejam claramente delineadas e não se sobreponham em demasia.

Um caso amoroso entre Áries I e Peixes I pode florescer rapidamente, mas desaparece com a mesma rapidez quando se defrontam com a realidade. No melhor dos casos, a proteção de Áries I e o apreço de Peixes I permanecem após sua paixão ter esfriado, e os dois têm chance de continuar como amigos platônicos – contanto que questões práticas como dinheiro, moradia e bens compartilhados tenham sido tratados justamente. O relacionamento não lida bem com ressentimento e frustração, portanto esquecer fracassos anteriores e começar mais uma vez é preferível a rediscutir o passado.

Conselho: *Fique no seu lado da cama. Deixe que os outros tomem suas próprias decisões. Seja o melhor que puder. Sonhos podem se tornar realidade.*

RELACIONAMENTOS

PONTOS FORTES: GRATO, ESTÉTICO, ORGANIZADO

PONTOS FRACOS: SACRIFICADO, ESTRANHO, POUCO PRÁTICO

MELHOR: TRABALHO

PIOR: AMOR

NATHANIEL CURRIER (27/3/1813)
JAMES IVES (5/3/1824)

Currier e Ives eram litógrafos cujas impressões coloridas de cenas sentimentais foram populares no século XIX. Grandes comerciantes, os 2 amigos se autodenominavam "Editores de Quadros Baratos e Populares". **Também: Elton John & Kiki Dee** (dupla musical); **Shirley Jones & Jack Cassidy** (casados; atores); **Diana Ross & Mary Wilson** (Supremes; briga feia).

---

25 de março a 2 de abril
SEMANA DA CRIANÇA
ÁRIES I

3 a 10 de março
SEMANA DO SOLITÁRIO
PEIXES II

Beleza concreta

O foco desse relacionamento é duplo: primeiro, insiste em um significado mais literal nos padrões de pensamento e discurso, segundo, introduz uma maior valorização estética na vida diária. Sobretudo o relacionamento força seus parceiros a concretizar seus planos em qualquer tipo de empreendimento, não havendo espaço para imprecisão ou para deixar o barco correr. Além disso, a combinação em si pode criar uma atmosfera que apura a percepção da beleza.

Os nascidos em Peixes II deixam muito poucas pessoas compartilharem sua vida interior privada e raramente permitem o acesso dos nascidos em Áries I, extrovertidos e dinâmicos. Mas isso não quer dizer que eles não podem se dar bem ou que serão adversários, pois como conhecidos ou amigos casuais podem facilmente ter um relacionamento viável. O casamento entre esses dois não é recomendado, uma vez que os sacrifícios que Áries I teriam que fazer para satisfazer o desejo de privacidade e a necessidade de criar seu próprio mundo dos nascidos em Peixes II, não é algo realista. A amizade aqui provavelmente é rara, os encontros limitando-se muito em sua freqüência e ocorrendo em locais neutros.

Um aspecto positivo de qualquer relacionamento nessa combinação, seja social, familiar ou pessoal, é que ele pode levar os nascidos em Peixes II a ter um contato muito significativo com o mundo. Projetos criativos compartilhados são especialmente favorecidos, quando a fantasia e a imaginação dos representantes de Peixes II são apresentadas ao público por meio do dinamismo dos nascidos em Áries I. Além disso, o lado imaginativo e criativo de Áries I muito provavelmente é aprofundado e desenvolvido pelo contato com um parceiro de Peixes II. Sociedades comerciais, financeiras ou executivas não são tão favorecidas aqui quanto o trabalho eventual em produtos originais que esses dois possam projetar ou comercializar juntos. Caso seja criada uma empresa para a fabricação e venda de tais produtos, tem grande chance de sucesso contanto que diretrizes legais e fiscais sejam seguidas.

Conselho: *Busque conselho financeiro confiável. Mantenha bons registros. Torne o mundo um lugar mais bonito ficando em casa.*

25 de março a 2 de abril
SEMANA DA CRIANÇA
ÁRIES I

11 a 18 de março
SEMANA DOS DANÇARINOS E SONHADORES
PEIXES III

Despertar inevitável

O padrão deste relacionamento faz vir à tona repentinamente informações ou insights às vezes de forma chocante. Questões esquecidas com freqüência fermentam até estourarem em um clarão dramático de percepção ou simplesmente como uma verdade que surge de forma gradual. Falta de consciência é típica aqui, portanto não é raro que esse par seja esbofeteado por eventos externos. Isso pode estimular o crescimento do relacionamento, mas pode também ameaçá-lo. O esforço no sentido de uma maior consciência pode suavizar o choque das ondas.

Caso Áries I e Peixes III se apaixonem, pode passar bastante tempo antes que despertem para as contradições do seu relacionamento. Os nascidos em Áries I têm enorme necessidade de independência, e qualquer ligação de sua energia às necessidades e exigências de um representante de Peixes III se torna cada vez mais exaurida à medida que os meses e anos passam. Os nascidos em Peixes III, por outro lado (que não fazem escolhas realistas), podem não se dar conta de como se tornaram dependentes dos seus parceiros nascidos em Áries I. Como talvez percebam que precisem deles, podem passar por uma crise psicológica quando os nascidos em Áries finalmente fizerem valer seus direitos. Os nascidos em Áries I que forem até este ponto na sua libertação provavelmente não voltam a desempenhar o antigo papel. O casamento, então, não é particularmente recomendado aqui. A amizade é possível entre esses dois, mas não amizade sincera, caracterizada pela troca de sentimentos profundos. É mais provável que sejam companheiros que compartilham atividades comuns, talvez envolvendo o amor por aventuras, coleções ou desempenho. Os nascidos em Peixes III têm um lado vistoso que pode se misturar com a energia de Áries I, contanto que a competição pela atenção dos amigos e familiares não saia do controle. Conflitos entre irmãos e também com pais do sexo oposto podem ser estimulante e às vezes até divertidos, mas são basicamente debilitantes para a estabilidade familiar. Os representantes de Peixes III que assumem o controle na sociedade familiar, profissional, social ou amorosa podem ter a tendência a pregar e impor suas opiniões filosóficas para os Áries I, que são colocados na posição de aprendizes. Os nascidos em Áries I têm extrema dificuldade de lidar com isso, uma vez que são muito sensíveis quanto a receberem instruções ou serem tratados como crianças. É apenas uma questão de tempo para que eles se rebelem.

Conselho: *Seja mais agressivo no trato com problemas pessoais. Não assuma que tudo está bem. Lute por igualdade e equilíbrio.*

RELACIONAMENTOS

PONTOS FORTES: INTERESSANTE, VISTOSO, ROMÂNTICO

PONTOS FRACOS: ESCAPISTA, DEBILITANTE, CEGO

MELHOR: COMPANHEIRISMO

PIOR: CASAMENTO

PATTIE BOYD (17/3/45)
ERIC CLAPTON (30/3/45)

Embora casada com George Harrison, Boyd foi o objeto do amor de Clapton por muitos anos, inspirando seu sucesso choroso, de 1971, *Layla*, retrabalhado e lançado novamente em 1993 quando alcançou sucesso de novo. Depois que Harrison e Boyd se divorciaram, em 1977, Clapton e Boyd se casaram. Divorciaram-se em 1989.

---

3 a 10 de abril
SEMANA DA ESTRELA
ÁRIES II

3 a 10 de abril
SEMANA DA ESTRELA
ÁRIES II

Gêmeos estelares

Duas estrelas – há lugar para ambas no mesmo firmamento? Provavelmente, mas sob um mesmo teto é algo bastante incerto. Ambas as partes nesse relacionamento necessitam estar no centro dos acontecimentos, o que pode ser simplesmente uma impossibilidade. Como irmãos ou como pais, é provável que esses dois briguem ferozmente pela atenção, vencendo o mais forte ou mais tenaz. Não há realmente vencedores nestes conflitos, e é melhor que as duas Estrelas cheguem a um acordo mútuo de não brigar para que possam brilhar em paz nas suas próprias esferas.

É provável que os casos de amor entre esses dois sejam tempestuosos, antagônicos e curtos. O reatar de um relacionamento tão intenso pode ser tentado com um tipo muito mais passivo e menos exigente. Após um caso tórrido, é improvável que dois Áries II continuem amigos – resta em geral muito pouco desse tipo de relacionamento após a paixão ter esfriado.

O casamento entre dois Áries II somente deve ser tentado com grande cuidado e muita coragem. Idealmente, também deve envolver um trabalho ou uma carreira compartilhados. Lutas por poder e estresse em geral se desenvolvem exponencialmente nesse relacionamento, privando ambos os parceiros do resto. Honestamente, os nascidos em Áries II são personalidades tão extremas que em geral se dão melhor com indivíduos mais normais, menos extraordinários do que um com outro. A maioria dos Áries II exige que um parceiro seja algo como um satélite que gira em torno dele; caso esse parceiro seja uma outra estrela, essa exigência não será evidentemente satisfeita.

Pelas mesmas razões, a amizade entre representantes de Áries II tem seus limites, mas se ambos tiverem seu próprio círculo exclusivo de amigos, ou conjunto de satélites, as coisas podem funcionar. Quanto menos esses dois compartilharem na área de recursos humanos melhor, embora no trabalho possam ser surpreendentemente bons em dividir espaço, equipamentos e idéias, contanto que limites sejam firmemente estabelecidos e traçados.

Conselho: *Desista do palco central. A luta por poder reduz a energia criativa. Promova a igualdade. Defenda sua própria área. Trabalhe em objetivos comuns.*

RELACIONAMENTOS

PONTOS FORTES: INTENSO, ESPECIALIZADO, ORIENTADO PARA META

PONTOS FRACOS: ESTRESSADO, TEMPESTUOSO, ANTAGÔNICO

MELHOR: TRABALHO

PIOR: INTERPESSOAL

HENRY LUCE (3/4/1898)
CLARE BOOTH LUCE (10/4/03)

A dramaturga e política americana Clare Booth casou-se com Henry Luce, o poderoso editor que criou o império das revistas *Time*, *Life* e *Fortune*. O casal teve uma longa e feliz vida juntos como celebridades nos círculos políticos e literários. **Também: Roger Corman & Francis Ford Coppola** (diretor/*protegé*); **Leslie Howard & Ronald Howard** (pai/filho; atores).

261

| RELACIONAMENTOS |

PONTOS FORTES: OUSADO, SOCIÁVEL, EXTROVERTIDO

PONTOS FRACOS: FRANCO, EGOÍSTA, SUPERFICIAL

MELHOR: IRMÃO-IRMÃ

PIOR: AMOR

PETE ROSE (12/4/41)
A. BARTLETT GIAMATTI (4/4/38)

Como administrador da liga de beisebol em 1989, Giamatti, ex-reitor da Yale, foi forçado a banir Rose dos esportes para sempre, porque a superestrela de Cincinnati estava fazendo apostas nos jogos, às vezes de seu próprio time. Rose, um jogador que bateu recordes foi mais tarde banido também do Hall da Fama.

---

3 a 10 de abril
SEMANA DA ESTRELA
ÁRIES II

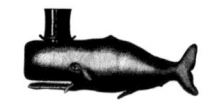

11 a 18 de abril
SEMANA DO PIONEIRO
ÁRIES III

Percepção social

Este relacionamento se concentra na aquisição de habilidades sociais e na obtenção de uma ligação mais significativa com o mundo. Um par estimulante e produtivo não tem medo de se arriscar, mas sua energia, embora divertida e teatral, deve ser direcionada. Áries não é em geral considerado um signo sociável, mas em combinação esses dois concentram muita energia na socialização, imaginando as melhores formas de lidar com pessoas e talvez até de escalar a escada da sociedade de seu meio. Ambos os parceiros aprendem lições valiosas no tratamento interpessoal através desse relacionamento. Mesmo assim, seu sucesso social não está garantido; erros são inevitáveis, uma vez que como uma unidade podem ser arrogantes e falarem sem rodeios. Os nascidos em Áries II exigem muita paciência e atenção, porém isso é precisamente o que os representantes de Áries III podem estar preparados para dar. Eles compreendem o fogo e o espírito dos nascidos em Áries II, e raramente transgridem ou traem, pois sabem que, se devidamente conduzidos a um objetivo, podem ser uma usina de força.

Um perigo aqui é que os nascidos em Áries II podem achar difícil aceitar ou compreender a postura ideológica, religiosa, associativa ou filosófica de um representante de Áries III, e se tornarem resistentes a ela de forma obstinada. Casos amorosos entre Áries II e Áries III não são particularmente recomendados, uma vez que ambos os parceiros podem ser egoístas nas suas exigências e despreparados para compartilhar amor e afeição. Devido a inexistência de sentimentos simples, emoções intensas ou ambos, somente em casos raros o lado sensual de seu relacionamento é altamente desenvolvido. Se girar basicamente em torno do estilo de vida ou de uma profissão comum, o casamento entre esses dois pode funcionar bem, mas é fundamental que tenham uma vida social significativa, através de amizades, clubes ou organizações. Como irmãos, esses dois podem se apoiar e mutuamente desafiar um ao outro, sobretudo se forem do sexo oposto. É muito provável que cada um se envolva com os amigos do outro. Porém tais relacionamentos irmão-irmã podem causar problemas para pais menos energéticos, que podem ser incapazes de acompanhar a energia prodigiosa de seus filhos, e também podem ser ameaçados ou ao menos distraídos por elas. Como pais ou chefes de um filho ou empregado nascido em Áries II, os representantes de Áries III estão bem qualificados para guiar e dirigir a energia prodigiosa de Áries II.

Conselho: *Tentem descobrir o que faz as pessoas palpitarem, e coloquem em prática o que descobrirem. Aprendam com suas mancadas sociais. Não se esqueçam de se relacionarem um com o outro às vezes, também.*

| RELACIONAMENTOS |

PONTOS FORTES: PIONEIRO, TRABALHADOR, EFICAZ

PONTOS FRACOS: EGOÍSTA, ANTIPÁTICO, FORA DE SINCRONIA

MELHOR: TRABALHO OU SERVIÇO

PIOR: AMIZADE

OMAR SHARIF (10/4/32)
BARBRA STREISAND (24/4/42)

A ascensão de Streisand ao estrelato com o musical da Broadway *Funny Girl* foi seguida da versão cinematográfica, onde ela fez par com Sharif. A química romântica entre eles era eletrizante, o que deixou ofendido o então marido de Streisand, Elliott Gould. **Também:** Jerry Brown & Pat Brown (pai/filho; governadores, Califórnia); Ravi Shankar & Yehudi Menuhin (parceiros musicais).

---

3 a 10 de abril
SEMANA DA ESTRELA
ÁRIES II

19 a 24 de abril
CÚSPIDE DO PODER
CÚSPIDE ÁRIES-TOURO

Avançando rapidamente

Este relacionamento não tem em geral uma forte orientação emocional, mas projetos comerciais e com ênfase no trabalho podem obter grande sucesso, sobretudo os de uma natureza vanguardista ou pioneira. O trabalho árduo é característico desse par, embora o ritmo dos parceiros seja muito diferente e possa entrar em conflito. Mesmo enquanto concentrados nos seus objetivos comuns, como uma equipe, esses dois dificilmente esquecem seus companheiros. Pode-se encontrar essa dupla avançando rapidamente em áreas com grande abrangência social, como a política, mesmo que somente como hobby ou uma forma de serviço.

Ao passo que os nascidos em Áries II são tipos determinados que seguem seus instintos e reagem abertamente quando estimulados, os representantes da cúspide Áries-Touro são mais controlados e especialistas em recuarem e esperarem o momento certo para atacar. Com freqüência, eles vêem os nascidos em Áries II como impetuosos e teimosos e podem, em conseqüência, ficarem impacientes ou zangados com eles. Uma vez que o relacionamento se solidifique, esses dois em geral são capazes de concordar na abordagem e execução de um projeto e podem ser muito eficientes em uma situação de competição vigorosa em seu campo.

No nível interpessoal esses dois provavelmente não se dão bem. Os nascidos em Áries II precisam sentir que os outros precisam deles, enquanto os nascidos em Áries-Touro se orgulham de não necessitarem de ninguém – odeiam pedir ajuda aos outros, considerando essa solução um sinal de fraqueza. Há em geral pouca chance de que surja amor ou compreensão entre os dois, sobretudo uma vez que tanto os nascidos em Áries II quanto em Áries-Touro impedem que outros façam reivindicações a eles, e em geral gostam de selecionar eles próprios um companheiro ou amigo. Caso uma atração sexual poderosa se manifeste aqui, tensões podem se desenvolver uma vez que os nascidos em Áries-Touro admiram a distância e fazem planos para se aproximar mais. Um representante de Áries-Touro nunca se submeteria a ser um outro satélite admirador girando em torno da estrela Áries II, mas em geral espera que ele dê o primeiro passo, ou pelo menos sinalize interesse. Depois que o Áries-Touro realmente se aproxima, todavia, pode ser com velocidade e força assustadora, e os nascidos em Áries II retribui ou repele o avanço. Cada parceiro pode ser igualmente egoísta em exigir satisfação imediata nesse relacionamento, mas embora sua partilha possa não ser agradável, pelo menos eles podem ter conseguido o que desejavam.

Conselho: *Construa mais para o futuro. Mantenha sob controle o desejo de satisfação imediata. Não seja apressado – encontre o tempo e o ritmo certos para o que faz.*

3 a 10 de abril
SEMANA DA ESTRELA
ÁRIES II

25 de abril a 2 de maio
SEMANA DA MANIFESTAÇÃO
TOURO I

Parceiros poderosos

Esta combinação pode ser poderosa para sociedades de todos os tipos, sobretudo no casamento ou nos negócios. O foco aqui é o respeito mútuo e uma habilidade de delinear áreas de domínio e perícia, bem como agüentar firme apesar das dificuldades e recusar-se a admitir a derrota – uma característica que une o casal em momentos difíceis. Raramente esses dois revelam qualquer problema ou tensão para o mundo externo; seu relacionamento nunca esquece a importância da imagem e sempre tenta dar uma boa impressão. Também favorece esforços grupais e é capaz de grandes serviços por uma causa, seja ela idealista, comercial, artística ou familiar.

A necessidade dos nascidos em Áries II de serem cercados por admiradores necessariamente não aborrece os representantes de Touro I, que podem ser bastante insensíveis, e também gostam de que os solicitem – se sentem felizes em pensar que um representante de Áries II não pode viver sem eles. Na realidade, os nascidos em Touro I gostam de posses e propriedades, e podem às vezes até considerar um parceiro de Áries II como outro bem raro. Isso finalmente desperta a revolta dos nascidos em Áries II, que no fim necessitam de liberdade. Eles devem ser muito cautelosos, todavia, para saber até onde podem ir sem despertar raiva, ciúme ou a vingança do representante de Touro I, a qual pode ser assustadoramente destrutiva.

Um caso de amor entre esses dois pode durar muito tempo, com a atração física inicial até crescendo com os anos. Na realidade, os nascidos em Touro I e Áries I podem se tornar muito dependentes um do outro, embora nenhum jamais admita. Caso uma luta de poder surja com relação a uma pessoa ou questão particular, basta que um dos parceiros assuma uma posição conciliatória para que as coisas se resolvam, pelo menos temporariamente.

Esses dois têm habilidade para lidar com questões dentro do relacionamento, mas problemas podem surgir se um deles afundar em um fracasso ou depressão, pois o relacionamento em geral precisa que ambos sejam fortes e seguros. Se um mostrar fraqueza, o outro pode ser compreensivo só até um certo ponto. Da mesma forma, doenças crônicas em um dos parceiros de Áries II ou Touro II podem significar uma tensão insuportável para o relacionamento.

Conselho: *Desistir nem sempre é a alternativa mais fácil, nem a pior. A diplomacia e a concessão são freqüentemente exigidas. Admita a fraqueza. Expresse suas exigências.*

RELACIONAMENTOS

PONTOS FORTES: DIGNO DE CONFIANÇA, RESPEITOSO, INDÔMITO

PONTOS FRACOS: DEPENDENTE, VIAJA NO PODER, SUPERFICIAL

MELHOR: CASAMENTO

PIOR: FAMÍLIA

VERNON CASTLE (2/5/1887)
IRENE CASTLE (7/4/1893)

A mundialmente famosa dupla de dançarinos, os Castles, originou suas próprias danças e popularizou outras. Depois da morte de Vernon em um acidente aéreo, a devotada Irene escreveu suas carinhosas memórias *Meu Marido*.
Também: Joseph Pulitzer & William Randolph Hearst (proprietários de jornais rivais); **Gerry Mulligan & Sandy Dennis** (casados; saxofonista/atriz); **Francis Ford Coppola & Talia Shire** (irmãos).

---

3 a 10 de abril
SEMANA DA ESTRELA
ÁRIES II

3 a 10 de maio
SEMANA DO PROFESSOR
TOURO II

Fria indiferença

Este relacionamento com freqüência tem uma forte orientação mental e crítica, e estranhamente carece de sensibilidade emocional. Mesmo quando sexual, ele é frio e não caloroso. Isso pode ser uma vantagem, todavia, uma vez que os nascidos em Áries II e Touro II têm uma queda por irritar um ao outro, de modo que a indiferença inerente neste relacionamento pode ser sua virtude salvadora. Seu talento para o pensamento estratégico e a habilidade de saber quando agir o torna bastante adequado para uma situação de trabalho; pesquisa nas ciências sociais ou físicas vem particularmente indicadas.

No amor e no casamento, por outro lado, é mais provável que haja tensão. Os nascidos em Touro II têm uma postura moral rígida que pode fazê-los questionar o comportamento dos representantes de Áries II. E a condenação do que os Áries II vêm como perfeitamente natural pode finalmente desgastar sua felicidade e minar sua segurança. Os nascidos em Touro II também gostam que seu parceiro seja forte e digno acima de tudo, de forma que as Estrelas nascidas em Áries II estarão desperdiçando seus esforços em sua necessidade constante de elogios e atenção. Além disso, a maneira forte e incisiva com que os representantes de Touro II se expressam pode irritar os nascidos em Áries II mais equilibrados e aborrecer muito os mais irritáveis. Na área da paixão, o relacionamento pode ser mais indiferente do que caracterizado por fortes emoções. Ainda assim, de forma puramente mecânica a compatibilidade sexual é alta, e em termos eróticos o relacionamento pode ser mutuamente satisfatório, revelando fortes impulsos instintivos e percepções. As Estrelas nascidas em Áries II devem ser livres para brilhar e viver sua própria vida, portanto não são particularmente boas alunas de Professores representantes de Touro II e não valorizam de imediato este lado didático do parceiro. Como companheiros de trabalho, esses dois inibem um ao outro e atritos ou acessos de raiva entre eles reduzem ou protelam seus projetos a menos que possam manter sua indiferença e sua orientação para um objetivo. Se forem irmãos, a competição pela atenção dos outros pode causar desconforto para todos. Os pais de Touro II, todavia, podem com freqüência estimular a auto-expressão de filhos Áries II, e são muito compreensivos com sua necessidade de mostrar seu lado mais expansivo e dramático, sobretudo se fizer outros membros da família felizes.

Conselho: *Suavize um pouco sua postura. Desenvolva uma sutil sensualidade. Aprenda a relaxar. Se envolva emocionalmente. Não tenha medo de expressar seus sentimentos.*

RELACIONAMENTOS

PONTOS FORTES: SEXUAL, SERENO, OBJETIVO

PONTOS FRACOS: DESINTERESSADO, INIBIDOR, ABRASIVO

MELHOR: SEXUAL

PIOR: CASAMENTO

RUUD LUBBERS (7/5/39)
HELMUT KOHL (3/4/30)

O ministro e presidente holandês Lubbers e o chanceler alemão Kohl foram líderes políticos de seus países na década de 1980. Trabalharam juntos na formação de uma Europa unificada, a EEC (Comunidade Econômica Européia). Ambos eram também chefes políticos de seus respectivos partidos (coincidentemente com o mesmo nome), o Partido Democrata Cristão.

RELACIONAMENTOS

PONTOS FORTES: EXUBERANTE, ESTABILIZADOR, GRATIFICANTE

PONTOS FRACOS: PROBLEMÁTICO, DESCOMPROMISSADO, ESCAPISTA

MELHOR: COMPANHEIRISMO

PIOR: CASAMENTO

SPENCER TRACY (5/4/1900)
KATHARINE HEPBURN (12/5/07)

Como dupla em 9 filmes, Tracy e Hepburn eram especiais, e seu romance de 27 anos de duração é lendário. Tracy nunca se divorciou de sua esposa católica, embora passassem anos separados. **Também: Michelle Phillips & Dennis Hopper** (breve casamento; cantora/ator); **Efram Zimbalist & Alma Gluck** (casados; violinista/diva); **Francis Ford Coppola & George Lucas** (diretor/*protegé*).

3 a 10 de abril
SEMANA DA ESTRELA
ÁRIES II

11 a 18 de maio
SEMANA DO NATURAL
TOURO III

Estabilizando o companheirismo

Este relacionamento pode ser muito energético, repleto de emoções, mudança e diversidade. Tem um traço rebelde: atrações fortes são características aqui. A tendência é na direção da falta de inibição, incluindo a franqueza de expressão que pode com freqüência vir a revelar-se como crítica ou prejudicial. Com freqüência, no entanto, o fato de expressar a verdade pode ser uma bênção, uma vez que nem Áries I e tampouco Touro III possuem um bom autoconhecimento.

Uma vez que ambos são espíritos livres, podem surgir dificuldades se seu relacionamento exigir que desistam de parte de sua independência ou aceitem quaisquer responsabilidades. O lado divertido e cômico dos nascidos em Touro III atrai os tipos mais extrovertidos de Áries II, e eles podem passar momentos excelentes juntos como amigos ou namorados. Mas os namorados de Áries II são mais realistas do que os de Touro III, que tendem a se empolgar com suas fantasias, e isso pode provocar conflito. Atividades mutuamente desafiadoras e de alguma forma satisfatórias para cada um, evitam que se entediem e os mantêm fiéis até certo ponto – os nascidos em Áries II e Touro III tendem a ser namoradores. Como amigos do mesmo sexo, os nascidos em Áries II e Touro III podem ter um relacionamento recompensador do tipo que enfatiza o companheirismo e a participação em aventuras ou em atividades sociais, em vez do desenvolvimento de laços emocionais íntimos com troca de confiança. A falta de sentimentos profundos aqui pode na realidade ser estabilizadora, pois a tendência da combinação para a sinceridade causa menos prejuízo, e nenhuma das partes terá de lidar com o lado sombrio do outro, o que poderia causar problemas se encarado abertamente. Se os nascidos em Touro III canalizarem seu inegável lado rebelde para as drogas e obsessões semelhantes, os nascidos em Áries II não sabem lidar com isso. Os representantes de Áries II também podem ser impelidos a abandonar o relacionamento se o vício em sexo e amor aflorar nos nascidos em Touro III; o grau de sofrimento pode superar o grau de prazer.

As sociedades conjugais e comerciais entre esses dois são em geral desfavorecidas, uma vez que nem a habilidade, nem o desejo de suportar sofrimento e resolver problemas – sobretudo de natureza pessoal – são grandes aqui. Melhor, então, manter o relacionamento leve, sem muita responsabilidade e deixar uma porta dos fundos aberta para a fuga, se necessário.

Conselho: *Divirta-se, mas assuma a responsabilidade por seus atos. Procure não falar a primeira coisa que vier à mente. Pense primeiro. Desafios ajudam a crescer.*

RELACIONAMENTOS

PONTOS FORTES: EXCITANTE, ENERGÉTICO, INTERESSANTE

PONTOS FRACOS: TEIMOSO, RESISTENTE, COMBATIVO

MELHOR: IRMÃOS

PIOR: AMIZADE

DOUGLAS FAIRBANKS (23/5/1883)
MARY PICKFORD (9/4/1893)

Apelidados de "rei" da realeza de Hollywood e "namorada da América", estas estrelas do cinema mudo se casaram em 1919. Eles recebiam prodigamente em sua mansão, *Pickfair*. Fundaram a United Artists com Charlie Chaplin e D.W Griffith para exercer controle criativo e financeiro sobre sua carreira. Seu famoso casamento acabou em 1935.

3 a 10 de abril
SEMANA DA ESTRELA
ÁRIES II

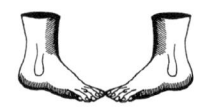

19 a 24 de maio
CÚSPIDE DA ENERGIA
CÚSPIDE TOURO-GÊMEOS

Recusa obstinada

O foco dessa combinação, infelizmente, é uma recusa obstinada em ceder; além disso, ambos em geral necessitam ser o centro das atenções. Como se pode imaginar, então, o relacionamento raramente é adequado para o casamento ou para parcerias profissionais. Pode até ser difícil para esses dois construírem uma amizade, uma vez que eles podem esperar que amigos mútuos declarem uma lealdade básica a um ou ao outro. A competição e até o combate podem ser uma ameaça aqui, mas este conflito raramente se desenvolve por completo, uma vez que um ou ambos os parceiros em geral recuam aborrecidos antes da explosão e fazem o possível para ignorar hostilidades. Caso esses dois deixem de lado sua luta por poder, porém, o relacionamento tem a capacidade inerente de edificar sobre uma fundação sólida um lar, uma equipe, uma empresa ou outra estrutura.

Da mesma forma, embora os nascidos em Áries II e Touro-Gêmeos não se sintam em geral atraídos fisicamente um pelo outro, sua grande energia pode garantir alguns momentos empolgantes. Também é possível que eles resolvam e até expressem seu antagonismo na arena sexual, de forma que seus sentimentos mais obscuros e impulsos socialmente inaceitáveis podem conduzi-los para alguns dos mais interessantes desvios do amor. Em casos extremos, na realidade, uma espécie de perversidade pode ser subjacente a esse par. Os nascidos em Touro-Gêmeos desejam agradar ao outro, e com freqüência sacrificam seus egos para fazê-lo; os nascidos em Áries II, complementarmente, têm uma enorme necessidade de serem admirados e servidos. Exteriormente, então, esses dois parecem se relacionar de maneira harmoniosa, embora às vezes de forma doentia em determinados casos; muito embora os nascidos em Touro-Gêmeos fiquem felizes em agradar ao outro, eles não se sentem inclinados a fazer a corte. Pais de Touro-Gêmeos podem gostar de ver seus filhos de Áries II brilharem e terem sucesso no mundo, sobretudo na esfera competitiva. Os pais de Áries II, no entanto, podem sentir-se ameaçados pelos filhos de Touro-Gêmeos, e podem entrar em uma guerra de poder com eles. Ciúme e antagonismo entre irmãos de Áries II e Touro-Gêmeos são mais raros – eles podem em geral resolver seus conflitos por meio de brincadeiras, sobretudo nos esportes e em jogos, fornecendo uma boa combinação para a energia ilimitada de cada um.

Conselho: *Pegue a estrada principal sempre que possível. Não se atole em competição e combate. O melhor, às vezes, é não assumir qualquer posição.*

3 a 10 de abril
SEMANA DA ESTRELA
ÁRIES II

25 de maio a 2 de junho
SEMANA DA LIBERDADE
GÊMEOS I

Sólida confiança

O fogo (Áries) e o ar (Gêmeos) dessa combinação formam uma mistura explosiva, mas o foco real do relacionamento é um laço de intensa emoção, que somente pode ser estabelecido através de sólida confiança. Como amigos, amantes ou companheiros, esses dois somente podem ser bem-sucedidos juntos se houver uma independência quase total para ambos os parceiros; uma das poucas formas com que isso pode acontecer é por meio de um casamento ou relacionamento amoroso aberto e livre. Se atitudes possessivas forem abandonadas, pode haver grande aceitação e compreensão. Um outro cenário é quando a fidelidade ou a monogamia regem o relacionamento, fortalecendo os parceiros que, de outra forma, podem ser facilmente seduzidos. A proeminência do humor aqui pode emprestar uma força adicional ao relacionamento.

No entanto, os nascidos em Áries II e Gêmeos I com freqüência têm um efeito inquietante um sobre o outro. Ambos facilmente se irritam e aborrecem, e podem precisar passar longos períodos separados para as coisas se acalmarem. No entanto, tais atritos também podem ser estimulantes, e os humores e raivas do relacionamento podem passar rapidamente. No cotidiano, a capacidade de trabalho e a energia dos nascidos em Áries II aliada à rapidez e à habilidade técnica dos representantes de Gêmeos II podem garantir o sucesso de esforços domésticos, criativos ou comerciais. Na realidade, o relacionamento profissional entre esses dois pode ser extremamente produtivo, mesmo que possam se enervar muito mais do que seria desejável, havendo irritação e atrito quase constantes. Aqui o humor ajuda muito. E há relacionamentos que sobrevivem e até florescem nas brincadeiras, suaves ou até mesmo ridículas, sejam bem-intencionadas ou não, e pares formados por Áries II e Gêmeos I podem facilmente ser desse tipo.

O relacionamento combativo entre esses dois pode ser muito destrutivo, e sempre que possível deve ser evitado. Se surgir na família, como pais-filhos ou irmãos, podem ser o desespero de todos ao seu redor, sempre alcançando novos níveis de rivalidade.

Conselho: *Soltem os freios um com o outro. O outro sempre vive de acordo com a confiança que se depositar nele. Evite adotar um padrão duplo. Reduza implicâncias e rivalidades.*

RELACIONAMENTOS

PONTOS FORTES: DIGNO DE CONFIANÇA, LIVRE, PRODUTIVO

PONTOS FRACOS: COMBATIVO, IRRITANTE, INFIEL

MELHOR: TRABALHO

PIOR: IRMÃOS, PAI-FILHO

GEORGE JESSEL (4/3/1898)
NORMA TALMADGE (26/5/1897)

Jessel, um artista *vaudeville*, era "quem propunha o brinde na América", famoso como mestre-de-cerimônias em acontecimentos sociais e caritativos. Embora fosse uma heroína popular do cinema mudo, Talmadge não se adaptou ao cinema falado. Casaram-se em 1934 e se divorciaram 5 anos mais tarde. **Também: Albert Broccoli & Ian Fleming** (produtor de cinema/autor dos romances James Bond).

---

3 a 10 de abril
SEMANA DA ESTRELA
ÁRIES II

3 a 10 de junho
SEMANA DA NOVA LINGUAGEM
GÊMEOS II

Problemas como lições

Este é um relacionamento que pode ensinar muito aos parceiros. A discórdia certamente surge aqui, mas vê-la como um desafio a ser trabalhado e resolvido e como oportunidade para crescimento oferece uma chance de alcançar a harmonia e a integridade. Esses dois com freqüência desejam compartilhar com outras pessoas o que aprenderam no relacionamento um com o outro; também de vez em quando necessitam se distanciar do mundo exterior para digerir as lições aprendidas.

Esses parceiros podem inicialmente sentirem-se atraídos um pelo outro: os nascidos em Áries II valorizam a vivacidade de representantes de Gêmeos II, considerando-os divertidos e engraçados, e os nascidos em Gêmeos II sentem-se atraídos pelo lado mais brilhante de representantes de Áries II, admirando sua abordagem vigorosa tanto no trabalho quanto no lazer. Sobretudo no nível físico, esse relacionamento pode ser em princípio como uma casa em chamas. Infelizmente, ele pode queimar totalmente com a mesma rapidez. É quando os parceiros podem começar a aprender um com o outro. Os nascidos em Áries II, por exemplo, têm um lado sombrio que, com freqüência, dá muito trabalho para eles conhecerem e expressarem; um representante de Gêmeos II pode facilmente estimular esse lado sombrio, tornado-o disponível para ser explorado. Trabalhar durante períodos difíceis com um Gêmeos II cuidadoso e atencioso pode envolver todos os tipos de problemas emocionais e depressões para um Áries II, mas também pode oferecer um verdadeiro caminho para entrar em contato com seu eu mais profundo. Casados, os nascidos em Gêmeos II e Áries II compartilham o amor de amigos interessantes, indo a festas juntos, praticando esportes e ginástica e saindo à noite. Esse traço extrovertido necessita ser compensado, todavia, por atividades calmas e relaxadas curtidas a dois, algo que ambos podem ter de trabalhar. Aqui novamente há lições importantes a serem aprendidas, sobretudo se houver filhos.

Pelo lado negativo, os nascidos em Áries II podem ficar irritados com os aspectos mais excêntricos de Gêmeos II, e os nascidos em Gêmeos II, por sua vez, podem finalmente ficarem fartos com os aspectos exagerados da personalidade de Áries II. Mas caso os nascidos em Áries II não consigam amenizar seus hábitos e atividades, e se a impaciência de Gêmeos II e a insatisfação de Áries II não forem tratadas, o relacionamento pode se desintegrar.

Conselho: *Mantenham sob controle a impaciência. Quando desafiados, tenham fé no poder do amor. Trabalhem ativamente os problemas – a recompensa pode ser grande. Procurem passar um tempo sozinhos.*

RELACIONAMENTOS

PONTOS FORTES: EDUCATIVO, DESAFIADOR, AGRADÁVEL

PONTOS FRACOS: IRRITANTE, INSATISFEITO, EXPLOSIVO

MELHOR: AMOR

PIOR: TRABALHO

L.A. REID (7/6/57)
BABYFACE (10/4/59)

Uma das duplas de compositores e produtores mais bem-sucedidas de *Rhythm and Blues,* juntos deste 1983, produziram para vocalistas de sucesso como Paula Abdul, Bobby Brown e Whitney Houston. Criaram a gravadora LaForce, em 1989, mas partiram para trabalho solo em 1993 devido a diferenças de criatividade. **Também: Maurice de Vlaminck & Raoul Dufy** (pintores fovistas).

RELACIONAMENTOS

PONTOS FORTES: CHARMOSO, MAGNÉTICO, PROFUNDO

PONTOS FRACOS: QUEIXOSO, FORA DA REALIDADE, NECESSITADO

MELHOR: NEGÓCIOS

PIOR: AMOR, CASAMENTO

FANNY BURNEY (13/6/1752)
DR. CHARLES BURNEY (7/4/1726)

O Dr. Burney foi o principal historiador de música de sua época na Inglaterra. Sua filha, a romancista Fanny Burney, escreveu *Evangelina*, em 1778, uma obra que se tornou um marco no gênero romance de costumes. **Também: Colin Powell & George Bush** (general/comandante-em-chefe); **Francis Ford Coppola & Carmine Coppola** (pai/filho; diretor/compositor); **Monteux & Stravinsky** (maestro/compositor).

---

3 a 10 de abril
SEMANA DA ESTRELA
ÁRIES II

11 a 18 de junho
SEMANA DO BUSCADOR
GÊMEOS III

Miragem magnética

A fase inicial desse relacionamento pode ser intensa e magnética, quase hipnótica, e é estimulada ainda mais por um charme intrigante, uma orientação prazerosa e uma total sensualidade. Os parceiros não podem evitar de serem agitados por essas influências, e uma vez abrigados nesse relacionamento consideram difícil sair dele ou deixá-lo para trás.

Os nascidos em Áries I e Gêmeos III não estão acostumados a esse tipo de energia, e nenhum deles sabe lidar com ela. É provável que os representantes de Gêmeos III coloquem os nascidos em Áries II em um pedestal; são inclinados à adoração de um herói ou heroína quando jovens, e podem repetir os padrões infantis nos relacionamentos amorosos e nas amizades da vida adulta. Nesse caso, eles colocam os nascidos em Áries II no papel favorito destes, de Estrelas. O egoísmo dos nascidos em Áries II pode parecer inicialmente para os representantes de Gêmeos III sinônimo de força e autoconfiança, até que se torne aparente como essa personalidade na verdade é necessitada. Em geral mais realistas entre os dois na escolha de seus parceiros, os Gêmeos III provavelmente percebem logo que os nascidos em Áries II não servem para eles. Mesmo assim, a atração magnética do relacionamento faz com que seja difícil eles abdicarem, atraídos como são a tudo o que os intriga. Na realidade, os nascidos em Gêmeos III podem ficar morbidamente fascinados por sua própria armadilha no relacionamento, e com o papel aparentemente fixo de Áries II como peça central de uma rede complicada.

Na família, o relacionamento entre Áries II e Gêmeos III pode ser mais recompensador, até mesmo intensamente, sobretudo quando os representantes de Gêmeos III são pais de filhos de Áries II e contanto que estes pais não liberem suas próprias frustrações ou decepções projetando seus objetivos pessoais nos filhos, forçando-os a se superarem em profissões desafiadoras. Esses dois também podem formar uma combinação eficaz como parceiros comerciais, com os nascidos em Áries II abrindo caminho e os nascidos em Gêmeos III cuidando das questões financeiras. Aqui o charme inerente do relacionamento pode conquistar clientes e contas. Ambos os parceiros são aventurosos, mas em geral são cuidadosos o suficiente para fazer com que seus jogos arriscados tenham sucesso.

Conselho: *Guarde distância. Mantenha a privacidade. Não se deixe controlar por situações obsoletas. Cuidado com papéis rígidos. Encontre sua verdadeira força.*

RELACIONAMENTOS

PONTOS FORTES: NATURAL, DESPRETENCIOSO, APAIXONADO

PONTOS FRACOS: CONFLITUOSO, INADEQUADO, FERINO

MELHOR: AMOR

PIOR: NEGÓCIOS

CHARLES FARRELL (19/6/02)
GALE STORM (5/4/21)

Farrell, astro do cinema mudo, fez par com Storm no programa de tevê *My Little Margie*, que produziu 126 episódios de 1952 a 1955. O par interagiu bem no papel cômico de "viúvo feminino" e "filha intrometida". **Também: James Garner & Mariette Hartley** (comerciais da Polaroid).

---

3 a 10 de abril
SEMANA DA ESTRELA
ÁRIES II

19 a 24 de junho
CÚSPIDE DA MAGIA
CÚSPIDE GÊMEOS-CÂNCER

Descontraídos no amor

Este relacionamento tem um forte senso de descontração, de espontaneidade, de despretensão e uma forte aversão pelo estardalhaço e pelo inoportuno. Os nascidos em Áries II em geral necessitam ser cercados por admiradores, mas podem desistir disso tudo preferindo um olhar, um beijo ou um abraço sinceros de seu amante Gêmeos-Câncer a toda atenção dos olhares de seus fãs. Uma vez que os nascidos em Gêmeos-Câncer externalizam profusamente sua admiração e devoção se estiverem verdadeiramente apaixonados, esse relacionamento pode em geral satisfazer até mesmo as necessidades mais fortes de Áries II. Os nascidos em Áries II podem facilmente responder com uma intensidade apaixonada que os Gêmeos-Câncer acham recompensadora sexual e emocionalmente. Como parceiros conjugais ou vivendo juntos, podem ter um pouco de dificuldade para se ajustarem, principalmente por causa da necessidade de privacidade dos representantes de Gêmeos-Câncer. Os nascidos em Áries II estão preparados para desistir de muita coisa por um Gêmeos-Câncer. Caso os nascidos em Áries II deixem claro para os outros que sua porta está sempre aberta, os Gêmeos-Câncer podem ser forçados a tomar medidas para reduzir o tráfego, e, com isso, conflitos podem surgir. Nas brigas, a agressividade dos nascidos em Áries II pode ser insuportável para os sensíveis Gêmeos-Câncer, que podem se retirar. No entanto, conflitos podem ser negociados e tensões disseminadas simplesmente pela descontração inerente do relacionamento.

Os impulsos profissionais vigorosos de Áries II provavelmente não caem nas graças das ambições mais controladas dos nascidos em Gêmeos-Câncer, e este relacionamento não é recomendado em empresas e no trabalho. Além disso, os Gêmeos-Câncer que verdadeiramente desejam sucesso mundano devem operar à sua própria maneira altamente individual, que com freqüência limita sua participação em esforços grupais. Sua tendência a assumir o comando também reduz sua capacidade de se misturar com um representante ambicioso de Áries II. Pais de Gêmeos-Câncer podem ser compreensivos e solidários com filhos de Áries II, mas pais nascidos em Áries II de filhos Gêmeos-Câncer são menos eficientes. Irmãos dessa combinação podem em geral viver e brincar naturalmente juntos, sobretudo se forem do sexo oposto.

Conselho: *Procure entrar em acordo. Seja diplomata ao fazer sugestões ou reivindicações. Esteja aberto à mútua interação social. Cuidado com atitudes controladoras.*

3 a 10 de abril
SEMANA DA ESTRELA
ÁRIES II

25 de junho a 2 de julho
SEMANA DA EMPATIA
CÂNCER I

Nem tão perto

O vínculo é forte e os sentimentos intensos, mas impulsos combativos e antagônicos regem esse relacionamento. Quanto mais profundos os sentimentos, em geral mais rebelde a energia em operação. Conhecidos e companheiros, então, são mais favorecidos por essa combinação do que casamentos, casos amorosos ou amizades, e esses dois podem funcionar melhor como colegas de trabalho ou parceiros em negócios. Contanto que não seja exigido contato pessoal mais intenso, a força muito diferente dessas duas personalidades pode se complementar muito bem. A proficiência técnica e o bom faro para lidar com dinheiro de muitos representantes de Câncer I se misturam bem com a ambição e a intensidade de Áries II. Juntos, esses dois têm uma capacidade de execução que pode ser útil e lucrativa nos negócios.

Em geral, os nascidos em Áries II acham os representantes de Câncer I muito estranhos para se envolverem profundamente com eles, e os nascidos em Câncer I, por sua vez, podem ser dissuadidos pela agressão e pela necessidade de atenção de representantes de Áries II. Esses dois na realidade têm muito a ensinar um ao outro, mas é improvável que seu relacionamento supere barreiras emocionais entre sua natureza fundamentalmente oposta. Há uma substancial atração sexual ou romântica entre eles, mas provavelmente não conduzirá a lugar algum, e se conduzir, pode basicamente revelar-se dolorosa para ambos os parceiros. Como amigos, esses dois são em geral inadequados para compartilhar emoções intensas, mas sua forte necessidade mútua por expressão física pode torná-los excelentes parceiros em esportes ou ginástica, com Áries II assumindo o comando.

Os nascidos em Câncer I podem ser pais muito compreensivos, mas não são modelos particularmente bons para filhos de Áries II, que em geral desejam uma opção muito mais dinâmica e autoconfiante do que seus pais de Câncer I podem oferecer. No entanto, o lado emocional de um representante de Áries II, com freqüência reprimido ou ignorado, pode ser profundamente tocado por um pai de Câncer I, que pode então ensinar desde cedo o valor das emoções e de valores espirituais aos nascidos em Áries II. Como pais, muitos representantes de Áries II não têm paciência nem compreensão para lidar com as dificuldades e os problemas pessoais de filhos de Câncer I.

Conselho: *Seja prático e objetivo. Respeite e cultive a confiança. Considere as diferenças emocionais.*

RELACIONAMENTOS

PONTOS FORTES: VISIONÁRIO, SENSATO NOS NEGÓCIOS, EXECUTIVO

PONTOS FRACOS: DANOSO, ANTAGONISTA, REBELDE

MELHOR: COMPANHEIRISMO

PIOR: AMOR

WILLIAM WYLER (1/7/02)
BETTE DAVIS (5/4/08)

Este prodigioso diretor e a famosa atriz cruzaram o caminho romântico durante as filmagens de *Jezebel*, em 1937. O caso acabou um ano depois, mas continuaram amigos. Wyler mais tarde dirigiu Davis em *Little Foxes* (1941). Em 1948, participaram da cerimônia do Oscar. **Também: Paul Robeson & Lena Horne** (amigos; cantores).

---

3 a 10 de abril
SEMANA DA ESTRELA
ÁRIES II

3 a 10 de julho
SEMANA DO NÃO-CONVENCIONAL
CÂNCER II

Destravando energias

É um relacionamento, que coloca ambos os parceiros no caminho do autoconhecimento. Como tal, ele libera imensa energia, que em geral se torna seu foco: onde essa energia toda deve ser colocada? O que se faz com os talentos e habilidades que o relacionamento revela? Coloca-se em uso, claro, quase que freneticamente. Como resultado, o relacionamento é conhecido por seu ritmo frenético e por suas realizações.

Uma vez que o aniversário de Áries II e Câncer II formam quadratura um com o outro (90° de distância no zodíaco), a astrologia convencional profetizaria que essas duas personalidades não se dariam bem ou não formariam uma boa combinação. Eles são na realidade muito diferentes, e conflitos certamente surgem, mas uma fascinação mútua pode resultar em um caso de amor prazeroso ou em um casamento interessante e recompensador. Depois que o relacionamento está estabelecido pode iniciar-se um processo sinérgico de realização pessoal. Além de os nascidos em Áries II se beneficiarem da muito necessária autodescoberta oferecida por esse par, eles podem ajudar os representantes de Câncer II a retirar-se do mundo para realizar algumas de suas fantasias. Também pode acontecer de os nascidos em Câncer II meramente projetarem seus sonhos e desejos em seus parceiros, ficando satisfeitos em observar os nascidos em Áries II representarem suas ambições secretas. Um pai de Câncer II que faz tais projeções em um adolescente de Áries II pode não causar dano contanto que ambos os parceiros estejam cientes do que está acontecendo. Os sensíveis representantes de Câncer II que cultuam um pai ou figura autoritária de Áries II, por outro lado, podem achar que o objeto de sua admiração está ocupado com suas próprias buscas, e nem sempre têm tempo para eles.

Na amizade, os nascidos em Câncer II que mostram aos representantes de Áries II seu mundo interior de sentimentos podem formar um relacionamento profundo e duradouro. O único perigo desse par muito raro é que os parceiros se tornem dependentes um do outro. O teste final pode vir se um dos parceiros partir, quando fica aparente se eles podem ou não viver como seres equilibrados um sem o outro.

Conselho: *Concentre-se na força individual à medida que descobre e segue seu próprio caminho. Cuidado com dependências mútuas. Canalize sabiamente sua energia.*

RELACIONAMENTOS

PONTOS FORTES: ATUALIZADO, PROLÍFICO, ENERGÉTICO

PONTOS FRACOS: CONFLITADO, AFEITO A PROJETAR, DEPENDENTE DEMAIS

MELHOR: CASAMENTO

PIOR: FAMÍLIA

MARSHA MASON (3/4/42)
NEIL SIMON (4/7/27)

O brilhante dramaturgo, autor de cinema de tevê e roteirista, Simon, é o autor das comédias mais populares dos Estados Unidos. Em 1973, ele se casou com Mason, uma consumada atriz de teatro e cinema que apareceu em 3 de seus filmes e foi indicada para o Oscar por *A Garota do Adeus*. Seu casamento durou até 1983. **Também: Walter Huston & Anjelica Huston** (avô/neta; atores).

RELACIONAMENTOS

PONTOS FORTES: INDEPENDENTE, LIBERTADOR, AMBICIOSO

PONTOS FRACOS: COMBATIVO, REVOLUCIONÁRIO, CRUEL

MELHOR: PROFISSIONAL

PIOR: AMOR

GERALD FORD (14/7/13)
BETTY FORD (8/4/18)

Ex-modelo e dançarina do grupo de Martha Graham, Betty conheceu o futuro presidente durante uma campanha, em 1948. Uma primeira-dama franca e sincera, ela discutiu publicamente sua mastectomia e revelou que era dependente de álcool e drogas em sua autobiografia. **Também:** Jerry Brown & Linda Ronstadt (caso; político/cantora).

---

3 a 10 de abril
SEMANA DA ESTRELA
ÁRIES II

11 a 18 de julho
SEMANA DO PERSUASIVO
CÂNCER III

Impaciência com restrições

Admiravelmente independente, este relacionamento irrita-se contra qualquer forma de restrição. Juntos, esse par muda a estrutura por bem ou por mal. A atitude afoita do par com relação à ordem existente é muito atraente e livre, sobretudo para os nascidos em Áries II, mas pode finalmente revelar-se perigosa. A sobriedade finalmente se estabelece à medida que os dois começam a se revoltar um contra o outro. Este relacionamento faz com que outros desejem seguir seu exemplo, portanto é preciso ter cuidado para exercer o poder com atenção.

Os nascidos em Câncer III são com freqüência persuasivos e poderiam vender de volta a um vendedor seu próprio produto, mas podem ter pouca sorte com os Áries II. Por um lado, os nascidos em Áries II estão tão ocupados lutando por seus objetivos profissionais que, em geral, não têm tempo para parar e ouvir a lábia do vendedor Câncer III. Por outro, os nascidos em Câncer III podem se tornar tão ofuscados pela Estrela Áries II que ficam mudos e perdem sua oportunidade. Em qualquer dos casos, esses dois em geral carecem de características e interesses compartilhados que possam consolidar emocionalmente sua relação e sua habilidade de lidar com a independência exigida aqui. Casos amorosos e casamentos duradouros nessa combinação são improváveis, mas o par em geral tem melhor sorte como uma amizade – esses dois podem passar bons momentos juntos, contanto que os nascidos em Câncer III mantenham seu lado crítico e mandão sob controle e os representantes de Áries II não se deixem dominar pelo egoísmo ou pela vaidade.

Trabalhando juntos, os nascidos em Áries II e Câncer III podem ser mais bem-sucedidos do que em qualquer outra situação e melhorar suas aspirações pessoais e posição social. Suas ambições podem se misturar bem se estiverem do mesmo lado, mas se forem rivais seus choques podem ser terríveis. Em uma disputa por, digamos, a posição de chefia em uma organização, cada qual pode ser muito cruel, ou pode romper unilateralmente o relacionamento. O relacionamento entre irmãos também pode ser competitivo, até mesmo combativo, e brigas podem surgir na vida adulta, talvez com a morte de um dos pais. Filhos de Áries II com freqüência se ressentem com pais de Câncer III, considerando-os manipuladores e controladores, e pais de Áries II podem revelar a filhos de Câncer III inseguranças, talvez por meio de adoração heróica combinada com baixa auto-estima.

Conselho: *Desista de brigas pelo poder se deseja chegar mais perto. Deixe para trás conflitos da infância. Elimine a mania de ser chefe. Readquira compostura.*

RELACIONAMENTOS

PONTOS FORTES: DESAFIADOR, SOCIÁVEL, AVENTUROSO

PONTOS FRACOS: SUPERFICIAL, INSATISFEITO, INDIFERENTE

MELHOR: COMPANHEIRISMO

PIOR: CASAMENTO

MARY WELSH HEMINGWAY
(5/4/08)
ERNEST HEMINGWAY
(21/7/1899)

Como a quarta esposa de Hemingway paciente e disposta a perdoar, Mary Welsh foi feita sob medida para este romancista aventureiro que dominou suas inúmeras amantes e ex-mulheres. O casamento durou até sua morte, em 1961.

---

3 a 10 de abril
SEMANA DA ESTRELA
ÁRIES II

19 a 25 de julho
CÚSPIDE DA OSCILAÇÃO
CÚSPIDE CÂNCER-LEÃO

Atividades empolgantes

Expansiva e aventurosa, essa combinação valoriza a empolgação e até mesmo o perigo; atividades variando de asa-delta a caiaque, mergulho com garrafa de oxigênio e *snow-boarding* não são raros aqui. Nesse sentido, o relacionamento pode ser muito divertido, mas apoio psicológico e compreensão emocional profunda raramente são bem desenvolvidas aqui, de forma que a amizade e o casamento tendem a ficar em um nível relativamente superficial, não oferecendo suporte emocional em momentos de dificuldade ou estresse. Esse casal funciona melhor quando equipado com limites físicos transcendentais ou metafísicos.

Com sua natureza voltada para o trabalho árduo e o desejo de satisfazer as necessidades práticas diárias dos outros, os nascidos em Áries II podem, no entanto, revelar-se de grande ajuda para os representantes de Câncer-Leão incapacitados pela depressão e a melancolia. Na realidade, o parceiro de Áries II é com freqüência instado a realizar trabalho duplo até que o estado emocional de Câncer-Leão melhore. Os nascidos em Câncer-Leão também têm um lado sensível, orientado para a emoção, que pode ser compreensivo com os problemas de Áries II e pode ajudá-los a se descobrir e a se expressar abertamente em relacionamentos mais apaixonados.

Se esses dois forem amantes ou companheiros que vivem juntos, é provável que seu maior problema seja que a segurança, que os nascidos em Câncer-Leão tão desesperadamente necessitam, diminua em vez de aumentar com a popularidade de Áries II. Observar seu parceiro cercado por admiradores e bombardeado pelo toque do telefone, do fax e da campainha da porta não deixa os nascidos em Câncer-Leão em um estado mental tranqüilo. Como pais, os nascidos em Câncer-Leão podem considerar esse aspecto de seu relacionamento um aspecto adolescente de Áries II quase insuportável.

Caso o relacionamento se manifeste na área dos esportes ou negócios, em geral ele mostra o tipo de coragem e ânimo que garante o sucesso; os aspectos desafiadores do par em geral fazem aflorar o lado empreendedor e ambicioso dos parceiros. Mesmo assim, a relação profissional pode às vezes ser incompleta devido à falta de valorização e compreensão em termos pessoais.

Conselho: *Busque estabilidade emocional. Reflita sobre como você dá apoio. Lute por uma compreensão mais profunda. Expresse sentimentos com honestidade.*

3 a 10 de abril
SEMANA DA ESTRELA
ÁRIES II

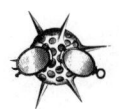

26 de julho a 2 de agosto
SEMANA DA AUTORIDADE
LEÃO I

Competição a base de bofetadas

Feliz ou infelizmente, a tônica desse relacionamento é, com freqüência, a competição renhida ou o combate direto. O lado vantajoso dessa guerra periódica aberta é que ela estimula o relacionamento a alcançar novas alturas em termos de realização; a combinação enfatiza a independência e a originalidade a um grau extremo. Ambas as personalidades são assertivas e, por bem ou por mal, as paixões são exaltadas aqui, ao passo que a simpatia e a compreensão estão em falta, como é fácil perceber. Se a considerável ambição dos nascidos em Áries II e Leão I forem direcionadas para o mesmo objetivo, todavia, o relacionamento pode ser muito bem-sucedido.

Se chegar ao casamento, o relacionamento entre Áries II e Leão I pode chegar a um *modus vivendi*, uma espécie de trégua, incluindo um acordo tácito para não brigar. Caso os parceiros discordem e sejam incapazes de discutir suas diferenças, eles podem optar por ignorar um ao outro, ou por se afastarem e deixarem que as coisas se resolvam dessa forma. Essa abordagem, no entanto, pode levar a uma grande frustração e finalmente à ruptura. Quando os nascidos em Leão I se apresentam como peritos incontestáveis sobre qualquer assunto, por exemplo, seu parceiro de Áries II pode responder fazendo ouvidos moucos ou irritando seu cônjuge ao espertamente elogiar um ponto de vista contrário ao de uma autoridade estabelecida. Por outro lado, a fixação a ideais e os princípios de Leão I pode levar os nascidos em Áries II mais egoístas a se sentir um pouco de lado.

É improvável que possam ser transmitidas as virtudes da bondade, da paciência e da compreensão aos filhos desse relacionamento. No casamento e em casos amorosos esse par pode experimentar o êxtase sexual entre períodos de trabalho árduo e independência, mas pode nunca alcançar níveis profundos de sentimento humano juntos ou com outros na família.

Desnecessário dizer, na esfera profissional essa dupla combina extremamente bem, tanto como adversários ou como sócios, uma vez que ambos são muito obstinados e, em geral, sabem exatamente o que querem. Caso ambos desejem o mesmo objeto, pessoa ou emprego, é provável que haja uma luta aberta. Quando trabalhando em combinação tranqüila como jogadores de uma equipe, companheiros ou colegas de trabalho, por outro lado, esses dois podem ser invencíveis.

Conselho: *Aprenda a se comprometer. Modere seus impulsos mais exagerados. Mantenha abertos canais de comunicação. Seja paciente. Ouça sugestões e críticas.*

RELACIONAMENTOS

PONTOS FORTES: ESTIMULANTE, INDEPENDENTE, SINGULAR

PONTOS FRACOS: DRAMÁTICO DEMAIS, INTRANSIGENTE, COMBATIVO

MELHOR: MUTUAMENTE DESAFIADOR

PIOR: FAMÍLIA

GARY MERRILL (2/8/14)
BETTE DAVIS (5/4/08)

Merrill e a "Primeira-Dama do Cinema Americano" estavam casados em 1950 quando estrearam juntos em *A Malvada*. Merrill, que em geral fazia personagens cruéis e não humorísticos, viveu na sombra de sua famosa esposa. Divorciaram-se em 1960.
Também: Eddie Duchin & Peter Duchin (pai/filho; pianistas).

---

3 a 10 de abril
SEMANA DA ESTRELA
ÁRIES II

3 a 10 de agosto
SEMANA DA FORÇA EQUILIBRADA
LEÃO II

Sociedade de admiração mútua

Considera-se tradicionalmente que o relacionamento com aspecto trígono entre Áries II e Leão II (aproximadamente 120° de distância no zodíaco) torna essa combinação fácil e satisfatória, e na realidade esse par pode funcionar bem, sobretudo na área da amizade. O relacionamento enfatiza a comunicação e desenvolve uma linguagem pessoal e íntima comum – não necessariamente verbal –, que pode servir de base para uma grande troca de intimidade. Esses dois trabalham e relaxam bem juntos, sempre bem-humorados.

O casamento dessa combinação pode ser muito bem-sucedido. No entanto, os nascidos em Áries II devem respeitar a necessidade dos representantes de Leão II de ficarem sozinhos, e devem também evitar depender muito do equilíbrio e da estabilidade habitual do seu cônjuge; caso os nascidos em Leão II se tornem desapegados, os representantes de Áries II podem entrar em parafuso após anos de dependência ao seu fiel companheiro. Os nascidos em Leão II não devem glorificar nem idealizar muito seu parceiro – na realidade a tendência dessa combinação a formar uma sociedade de admiração mútua pode minar a estabilidade do relacionamento impedindo o confronto e o debate dos problemas. Os nascidos em Áries II tendem a admirar os representantes de Leão II, e estes ficam felizes pelo menos em encontrar alguém com quem possam combinar em termos de energia e intensidade.

No amor, a lealdade dos nascidos em Leão II é importante para consolidar o relacionamento. Porém, isto tem seu lado negativo: quando os nascidos em Áries II estão infelizes não hesitam em procurar consolo ao redor ou em uma mudança de cena, e talvez caiam na farra, deixando os representantes de Leão II agüentando firme obstinadamente. Muito sofrimento pode resultar para todos os envolvidos se o representante de Leão II se recusar a deixar o relacionamento se desintegrar até mesmo após ter sobrevivido ao seu período saudável.

Como colegas de trabalho, esses dois podem ter momentos difíceis. Apesar de toda a sua força e autoconfiança os nascidos em Leão II podem reagir mal quando forçados a enfrentar o fracasso. Os nascidos em Áries II são mais firmes, mas o fato de os verem continuar felizes frente a uma crise ou a um revés pode não ser a coisa mais fácil para os representantes de Leão II aceitarem.

Conselho: *Mantenha contato com o mundo. Reconheça e resolva os problemas. Não jogue todas as fichas no mesmo número. Cultive a diversidade e a flexibilidade.*

RELACIONAMENTOS

PONTOS FORTES: COMPREENSIVO, ENERGÉTICO, COMUNICATIVO

PONTOS FRACOS: DEPENDENTE DEMAIS, FORA DA REALIDADE, INSTÁVEL

MELHOR: AMIZADE

PIOR: TRABALHO

JOHN HUSTON (5/8/06)
WALTER HUSTON (6/4/1884)

John dirigiu filmes inesquecíveis, incluindo *O Tesouro de Sierra Madre*, pelo qual pai e filho ganharam Oscars. Moleques de Hollywood, Walter foi um notório mulherengo e John um alcoólatra arruaceiro.
Também: Hugh Hefner & Kimberly Conrad (casados); Francis Ford Coppola & Martin Sheen (diretor/ator; *Apocalypse Now*); Mick Abrahams & Ian Anderson (Jethro Tull).

RELACIONAMENTOS

PONTOS FORTES: FORMIDÁVEL, APAIXONADO, CARISMÁTICO

PONTOS FRACOS: CIUMENTO, HUMILHANTE, RESSENTIDO

MELHOR: AMIZADE

PIOR: IRMÃOS DO MESMO SEXO

ROBIN WRIGHT (8/4/66)
SEAN PENN (17/8/60)

Conhecido por seus personagens rebeldes, desajustados e criminosos, o ator Penn agora também dirige. Depois de um breve e tumultuado casamento com Madonna, ele se casou com Wright, por quem Tom Hanks estava interessado em *Forrest Gump*. O casal tem 2 filhos. **Também: Francis Ford Coppola & Robert De Niro** (sócios de restaurante; diretor/ator); **Mary Pickford & Buddy Rogers** (casados; atores); **Robert Downey, Jr. & Deborah Falconer** (casados).

3 a 10 de abril
SEMANA DA ESTRELA
ÁRIES II

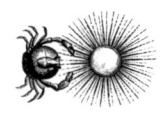

11 a 18 de agosto
SEMANA DA LIDERANÇA
LEÃO II

O melhor e pior

Aparentemente poderosa, essa combinação é do tipo que precisa fazer um ajuste de contas: em qualquer área, esse par não hesita em usar quaisquer meios disponíveis, incluindo os não éticos, para alcançar seus objetivos ou para vencer. Dependendo do objetivo, então, o par pode revelar tanto o melhor quanto o pior de seus parceiros. No relacionamento, é improvável que ambas as personalidades recuem de uma confrontação, tornando sociedades conjugais, comerciais ou outras que exijam contato diário repletas de conflitos e crises periódicas. A questão principal é qual parceiro domina o outro.

Como unidade, o relacionamento tem carisma, força de persuasão e poder enormes, e muitos sentem-se atraídos por ele. Se houver um caso amoroso, pode facilmente ser apaixonado. Uma vez que cada parceiro tem profunda necessidade de dominar, é provável que aflorem viagens de ego e ressentimentos. Estes dois representam um desafio tão grande um para o outro que o caso pode prosseguir por algum tempo, sobretudo se for escondido ou ilícito.

Irmãos do mesmo sexo provavelmente brigam por domínio quando entram na adolescência, mas irmãos do sexo oposto podem ter um relacionamento íntimo e duradouro. Como pais e filhos, os nascidos em Áries II e Leão III estão fadados a resolverem seus impulsos rebeldes e de dominação, seja quem for o pai ou o filho. A amizade entre Áries II e Leão III pode ser muito íntima, contanto que a competição seja limitada a alguma arena inofensiva e controlada, tal como esportes. Qualquer outro conflito, sobretudo quanto à afeição de um terceiro, pode desmanchar a parceria. Para sobreviver, o relacionamento deve vir em primeiro lugar.

Conselho: *Desenvolva ideais comuns e tente viver de acordo com eles. Modere o ímpeto do ego e do poder. Cuidado com ciúmes e relacionamentos a três.*

RELACIONAMENTOS

PONTOS FORTES: ADMIRADOR, GRATIFICANTE, INSPIRADOR

PONTOS FRACOS: DESCOMPROMISSADO, FRUSTRADO, DESAPROVADOR

MELHOR: COLEGAS

PIOR: AMORES

COUNT BASIE (21/8/04)
BILLIE HOLIDAY (7/4/15)

A cantora intensa de blues, arrasa-corações, Holiday, rodou o país com Basie, pianista, compositor e líder de uma das maiores bandas de jazz da história. Eles mantiveram a amizade até a trágica morte de Holiday em decorrência de depressão e drogas, em 1959. **Também: Colin Powell & Norman Schwarzkopf, Jr.** (generais da Guerra do Golfo).

3 a 10 de abril
SEMANA DA ESTRELA
ÁRIES II

19 a 25 de agosto
CÚSPIDE DA EXPOSIÇÃO
CÚSPIDE LEÃO-VIRGEM

Representando

Este relacionamento com freqüência envolve projeção psicológica, uma vez que de muitas formas um representante de Áries II é um Leão-Virgem revelado. Os nascidos em Áries II representam os desejos secretos e a autoconfiança que os representantes de Leão-Virgem podem acalentar no íntimo durante anos; e quando os representantes de Leão-Virgem observam as Estrelas Áries II brilhando, podem estar vendo uma projeção viva de seu eu sufocado. Nesse ínterim, como os nascidos em Leão-Virgem buscam nos representantes de Áries II sua própria habilidade de ser a estrela, os nascidos em Áries II aprendem com as lições de Leão-Virgem sobre independência, auto-suficiência e preservação de privacidade interior. Qual é então o propósito básico desse relacionamento? Buscar e encontrar no outro o que foi perdido ou nunca verdadeiramente revelado em si.

Os nascidos em Leão-Virgem esperam um longo tempo antes de se revelarem para o mundo. É bem possível que eles inicialmente desaprovem a extroversão de Áries II, que pode parecer-lhes impetuosa e sem autocontrole. No entanto, uma parte deles pode admirar a pose extrovertida de seus amigos de Áries II. No mesmo grau que os nascidos em Áries II necessitam que outras pessoas dependam deles, os representantes de Leão-Virgem são auto-suficientes e detestam depender de qualquer um. Como amantes, é improvável que os Leão-Virgem se entreguem completamente aos nascidos em Áries II, uma vez que eles exigem um nível de compreensão e de fidelidade que Áries II simplesmente não pode dar. O relacionamento, então, provavelmente não alcança as alturas e profundezas do amor ou da paixão. Da mesma forma, um representante de Áries II e de Leão-Virgem dificilmente constroem uma amizade mais profunda, a menos que o primeiro sinta-se de fato atraído. À primeira vista, o casamento pode não ser uma boa aposta para esses dois. Caso se casem, nenhum terá vontade de assumir o compromisso de ter filhos ou dar a eles o tempo e a atenção que necessitam. Além disso, a carga de trabalho doméstico e a responsabilidade podem tender a cair sobre os ombros dos nascidos em Áries II, que se tornam o eixo central em torno do qual a família gira.

Conselho: *Lembre-se de que o que você admira ou antipatiza nos outros é em geral uma parte de sua própria composição. Encontre seu caminho e permaneça nele. Seja mais honesto com relação aos seus sentimentos.*

3 a 10 de abril
SEMANA DA ESTRELA
ÁRIES II

26 de agosto a 2 de setembro
SEMANA DOS CONSTRUTORES DE SISTEMAS
VIRGEM I

Executando o trabalho

O trabalho árduo é de importância primordial nesse relacionamento; o foco também centra-se na divisão da responsabilidade e dos papéis para executar o trabalho. O relacionamento pode começar no trabalho, durante um momento de lazer ou em um projeto profissional, e terminar como uma rápida amizade.

Os nascidos em Áries II têm intensa necessidade de compartilhar seu trabalho, e isso pode encontrar terreno fértil na paciência, devoção e discrição da personalidade de Virgem I. De fato, os nascidos em Virgem I podem se aproximar mais dos representantes de Áries II do que todos os outros admiradores ou aduladores destes simplesmente porque desejam chegar lá *pari passo* com eles para realizar as tarefas à mão. As duas personalidades são trabalhadores energéticos, e sua abordagem, embora diferente, não entra em conflito. Na busca de atividades externas, os nascidos em Áries II podem realmente estar se escondendo deles mesmos, enquanto a inclinação para o trabalho dos representantes de Virgem I tem mais a ver com uma necessidade de servir e também com um talento para engajar-se em ações estruturadas. Embora os nascidos em Áries II possam não compreender ou estabelecer relação com os aspectos mais complexos da personalidade de Virgem I, esses dois podem desenvolver uma sociedade conjugal ou comercial sólida, com Virgem I realmente se beneficiando da companhia de alguém que não leva sua disposição de ânimo ou depressão muito a sério, e que insiste em sair com eles para se divertirem ou se dedicarem a buscas objetivas.

Caso o relacionamento envolva romance, há o perigo de que o carisma de Áries II revele a insegurança de Virgem I, sobretudo com os muitos admiradores de Áries II por perto. Caso os nascidos em Virgem I se sintam rejeitados e sofram devido à perda da auto-estima, podem facilmente recuar e terminar o relacionamento. Idealmente, a habilidade desse par para trabalhar arduamente em algo é aplicada também ao relacionamento.

Irmãos nessa combinação podem beneficiar muito o grupo familiar com sua capacidade de satisfazer a necessidade dos outros, contanto que seus esforços possam ser coordenados sem muito conflito. Em um outro cenário familiar, a espontaneidade e a extravagância dos filhos de Áries II podem ser orientadas construtivamente por pais compreensivos de Virgem I sem privá-los de sua individualidade.

Conselho: *Coordene seus esforços e estruture suas atividades. Tente ser mais compreensivo. Trabalhe os problemas psicológicos, especialmente a insegurança. Escapar não é a resposta.*

RELACIONAMENTOS

PONTOS FORTES: TRABALHADOR, RESPONSÁVEL, REALIZADOR

PONTOS FRACOS: INSEGURO, QUEIXOSO, POUCO RECEPTIVO

MELHOR: CASAMENTO

PIOR: ROMANCE

CHRISTOPHER DARDEN (7/4/59)
MARCIA CLARK (31/8/53)

Darden e Clark, promotores públicos no julgamento de O.J. Simpson, segundo dizem, se envolveram romanticamente. Mais tarde, Darden afirmou que apenas se tornaram "amigos íntimos e confidentes". **Também: Michelle Phillips & John Phillips** (casados: Mamas & Papas); **Hortense de Beauharnais & Luís Bonaparte** (casados; enteada de Napoleão/irmão); **Billie Holiday & Lester Young** (amigos; parceiros musicais).

---

3 a 10 de abril
SEMANA DA ESTRELA
ÁRIES II

3 a 10 de setembro
SEMANA DO ENIGMA
VIRGEM II

Intimidade incomum

Este relacionamento origina-se de uma combinação estranha, mas funciona de uma maneira tão sigilosa que nenhuma pessoa de fora suspeitaria. Sua essência é misteriosa porém mágica, e caso o amor possa florescer, pode ser muito charmoso – para surpresa de todos.

Superficialmente, os nascidos em Virgem II são discriminadores, indivíduos até mesmo exagerados, que não parecem sentir atração pela energia rude característica de Áries II. No entanto, secretamente eles podem estar atraídos pelo carisma de Áries II, até mesmo tendo satisfação indireta com a atenção que os outros prestam nestas Estrelas. Caso cheguem ao ponto de sentir que possuem ou que apenas compreendem um representante de Áries II, seja na fantasia ou na realidade, sentem-se orgulhosos pelo fato de possuírem algo tão cobiçado.

Se sexual, o relacionamento pode ser íntimo e até mesmo eroticamente aventuroso, uma vez que tanto Áries II quanto Virgem II admiram a proficiência técnica. Se os nascidos em Virgem II anseiam pelo tipo de energia que Áries II tem a oferecer, as coisas podem correm bem. Se não, os nascidos em Áries II não estão abertos para adequar-se às muitas exigências complexas e incomuns feitas pelos representantes de Virgem II, que podem conseqüentemente ser forçados a usar outros meios sutis de persuasão para conseguir o que querem. Situações de intimidade interessantes e inesperadas podem surgir entre estes dois, muitas das quais não são aparentes para o mundo exterior. Torne-se ou não físico, o relacionamento é marcado pela fascinação romântica. Esses parceiros podem de fato admirar um ao outro de longe, sentindo-se estranhamente atraídos pelo que vêem como seu oposto – um introvertido Virgem I por um extrovertido e sociável Áries II, que por sua vez se atrai por um estranho introvertido. Como no caso de romance ou namoro, o relacionamento de amizade, familiar e comercial pode caracterizar-se por um vínculo tão incomum que confunde os que estão próximos. Seja qual for a natureza do relacionamento, é provável que nenhum dos parceiros deseje ou seja capaz de compartilhar níveis profundos de experiência emocional ou espiritual um com o outro. Isso pouco importa, uma vez que a intimidade dentro do relacionamento o mantém em um terreno estável. Nos negócios, no entanto, a química do relacionamento pode não ser útil no sentido de promover o sucesso de um empreendimento.

Conselho: *Persiga suas fantasias mas seja sensível às atitudes convencionais. Cultive o lado espiritual. Tente ser mais aberto. Não exclua os outros.*

RELACIONAMENTOS

PONTOS FORTES: IMAGINATIVO, ÍNTIMO, CRIATIVO

PONTOS FRACOS: ESTRANHO, INCOMPATÍVEL, INEFICAZ

MELHOR: SEXUAL

PIOR: TRABALHO

MIKLOS ESTERHAZY (8/4/1582)
PAUL ESTERHAZY (7/9/1635)

Os Esterhazy, com uma longa tradição familiar de patronos da arte, também desempenharam papel importante na história da Áustria e da Hungria. Miklos ascendeu para a proeminência política e riqueza pela lealdade aos Habsburgos. Em 1687, o filho Paul tornou-se príncipe imperial. **Também: Charlotte Ford & Henry Ford II** (filha/pai; autora *socialite*/ neto de Henry Ford).

RELACIONAMENTOS

PONTOS FORTES: EXIGENTE, PODEROSO, RESPEITOSO

PONTOS FRACOS: DESINTERESSADO, COMBATIVO, CRUEL

MELHOR: CASAMENTO

PIOR: FAMÍLIA

KATHERYN MURRAY (15/9/06)
ARTHUR MURRAY (4/4/1895)

Os Murray davam aulas de dança de salão nos anos 1920, e mais tarde apresentaram um programa popular de tevê do tipo "festa dançante" e também abriram uma cadeia de salões de dança. Inseparáveis, simbolizaram o par ideal no trabalho e na diversão. **Também: Washington Irving & James Fenimore Cooper** (escritores americanos contemporâneos); **James Garner & Lauren Bacall** (romance; atores).

3 a 10 de abril
SEMANA DA ESTRELA
ÁRIES II

11 a 18 de setembro
SEMANA DO LITERAL
VIRGEM III

Resistência resoluta

Como parceiros, esses dois provavelmente não cedem terreno um ao outro ou dão espaço para serem flexíveis um com o outro. Seu relacionamento é marcado por lutas para demarcar território e decidir quem cantará de galo. Uma atitude radical e exigente caracteriza essa combinação; meio-termo e diplomacia são quase impossíveis. Infelizmente, cada parceiro revela os aspectos egoístas do outro, de forma que casamento e amizade podem encontrar um período difícil pela frente.

No casamento e no trabalho, o relacionamento se beneficia quando causas comuns exigem a atenção de ambos. Contanto que se beneficiem, esses dois podem de fato se dar bem e até mesmo cooperarem um com o outro. Caso se torne claro que um está sendo mais recompensado do que o outro, todavia, quase todas as associações em que eles possam se envolver provavelmente se ressentirão. Os nascidos em Virgem III podem ser implacáveis com relação a saírem de um relacionamento sem muitas explicações, mas podem ter encontrado em um representante de Áries II uma combinação semelhante, isto é, sua capacidade de também largar imediatamente tudo o que está fazendo se aquilo se tornar problemático.

Esses dois provavelmente não constroem um relacionamento amoroso duradouro, mesmo que acenda o fogo um do outro. Uniões românticas breves e apaixonadas são em geral a ordem do dia. Os nascidos em Áries II e Virgem II raramente desejam passar tempo juntos o suficiente para se tornarem amigos, mas por outro lado eles não estão sujeitos ao tipo de impulso mutuamente destrutivo que os tornariam inimigos ou rivais. O relacionamento em geral funciona melhor quando os parceiros optam por manter uma distância cordial um do outro, seja por respeito ou falta de interesse.

Na família, o relacionamento entre Áries II e Virgem III com freqüência é obstinado e teimoso, e pode catalisar brigas horríveis, sejam esses dois irmãos ou pais e filhos. A paz duradoura pode ser impossível, mas em tempos de estresse a dupla é capaz de trabalhar em harmonia para salvaguardar interesses mútuos.

Conselho: *Tente ser mais flexível. Cultive a compreensão e a habilidade de ceder. Suavize sua postura combativa. Dê-se mais tempo para explicar.*

RELACIONAMENTOS

PONTOS FORTES: REFINADO, GRATO, PARTICIPATIVO

PONTOS FRACOS: SUPERFICIAL, SEGUIDOR DE MODA, ESCAPISTA

MELHOR: FAMÍLIA

PIOR: CASAMENTO

LINCOLN STEFFENS (6/4/1866)
WALTER LIPPMANN (23/9/1889)

Eminente jornalista e reformador político, Steffens foi o principal investigador e denunciador da corrupção de sua época, expondo-a nos negócios e na política. Tornou-se mentor de Lippmann, o brilhante editor, colunista e autor cuja obra influenciou toda uma nação de leitores; ambos gozaram de extraordinária empatia em suas causas sociais e políticas.

3 a 10 de abril
SEMANA DA ESTRELA
ÁRIES II

19 a 24 de setembro
CÚSPIDE DA BELEZA
CÚSPIDE VIRGEM-LIBRA

Intensificar o vínculo

O teste desse relacionamento é saber se os parceiros podem ter empatia um pelo outro. Não há certamente nenhuma garantia de que poderão, embora seu relacionamento ajude a fazer isso acontecer. Uma vez que nem Áries II nem Virgem-Libra estão muito preocupados com o funcionamento interno de seus relacionamentos ou deles mesmos, de certa forma eles são perfeitos um para o outro. Juntos podem tentar compreender as idiossincrasias de sua ligação. A menor delas não é o fato de que esse relacionamento deseja se apresentar ao mundo externo à luz mais refinada possível. Faz-se necessário lidar com seu funcionamento interno para cumprir este objetivo. Quase inadvertidamente, esse processo resulta em um vínculo profundo no relacionamento – e em uma maior compreensão.

Ainda assim, o relacionamento inicialmente baseia-se em elementos superficiais. Atraídos por pessoas encantadoras, os nascidos em Virgem-Libra podem achar o que admirar na aparência dos representantes de Áries II, e consideram gratificante que tantos cortejem essas Estrelas. Os nascidos em Virgem-Libra podem ser seguidores de moda e se orgulham de ter um representante de Áries II popular como companheiro ou amante. Os nascidos em Áries II, por sua vez, podem sentir-se gratificados por terem sido escolhidos por indivíduos tão argutos e encantadores. Porém, se sentimentos de empatia ou o desejo de olhar de forma mais intensa finalmente não aflorarem, seria melhor que o casamento ou um relacionamento duradouro não fossem cogitados. A atração e a popularidade diminuem e, portanto, os nascidos em Virgem-Libra podem ansiar por um parceiro de Áries não mais estontearte. A menos que os nascidos em Áries II tenham um interesse especial por assuntos estéticos, entretanto, eles podem facilmente se cansar do interesse dos representantes de Virgem-Libra por objetos de arte, bricabraque e design ou decoração de interiores. No local de trabalho, os nascidos em Virgem-Libra podem exigir mas não encontrar um nível de sofisticação ou de elegância nos colegas de trabalho de Áries II, que, por sua vez, podem considerar os representantes de Virgem-Libra esnobes. O desejo dos nascidos em Áries II de estarem no centro de todos os projetos pode também opor-se ao gosto de Virgem-Libra e se tornar um empecilho para qualquer esforço conjunto. Talvez a melhor combinação para esses dois seja como membros da família, onde eles têm muito a ensinar e a compartilhar e, além disso, melhoram a imagem de seu grupo.

Conselho: *A beleza diminui, o caráter não. Esforcem-se por adotar valores menos sujeitos à oscilação da moda. Não se deixem arrebatar completamente por brilho e esplendor. Procurem compreender os sentimentos um do outro.*

3 a 10 de abril
SEMANA DA ESTRELA
ÁRIES II

25 de setembro a 2 de outubro
SEMANA DO PERFECCIONISTA
LIBRA I

Metas profissionais

Este relacionamento em geral concentra-se na carreira. Os nascidos em Áries II e Libra I caracteristicamente compartilham a motivação para o sucesso, e isso se torna o âmago de seu relacionamento. Podem muito bem se conhecer como colegas de trabalho em um projeto e então decidir prosseguir com seu relacionamento quando o trabalho estiver concluído ou até mesmo enquanto ainda trabalham juntos. São ambos pessoas competitivas, e sua ambição com freqüência reflete-se na intensidade de seu amor ou relacionamento.

Os nascidos em Libra I podem enlouquecer cônjuges de Áries II com sua indecisão e procrastinação. Seus esforços para se apresentarem como decididos somente tornam as coisas piores, logo ficando evidente, para os nascidos em Áries II – cujas expectativas não foram correspondidas – que eles iludem a si próprios. Por sua vez, os nascidos em Áries II ficam ofendidos com as críticas e o perfeccionismo dos representantes de Libra I. Afinal, eles gostam de ser o que são (e de ser admirados por isso), enquanto os nascidos em Libra I são reformistas que pensam que podem melhorar qualquer um ou qualquer coisa. Os nascidos em Libra I, por outro lado, em geral não agüentam a "coceira nas mãos" para fazer com que as coisas funcionem bem.

Esses dois são amantes ardentes. Extremamente atentos às necessidades românticas e sensuais de seus parceiros, os nascidos em Áries II e Libra I podem ter um relacionamento sexual duradouro. Se seu desejo permanecem não expressos, as coisas provavelmente funcionam bem, mas os nascidos em Libra I sempre desejam falar alguma coisa, sobretudo o que pensam que precisa melhorar. Mais cedo ou mais tarde, o perfeccionismo dos Libra I baixa seu cabedal sobre os representantes de Áries II, que não suportam ser constantemente analisados e corrigidos. Finalmente, o *checklist* do que os nascidos em Libra I gostariam que fosse feito por eles ou para eles em situações íntimas começa a incomodar os Áries II, que gostam de ser eles mesmos e seguir sua intuição, evitando rotinas fixas. A melhor saída para essa combinação sempre é a carreira. Se inclinados para os mesmos objetivos, esses dois podem realizar mais juntos do que separados. Colocar de lado suas diferenças em nome das realizações é possível e lucrativo para eles.

Conselho: *Tentem identificar claramente os objetivos que compartilham e concentrem-se nisso. Recuem – seu envolvimento é muito pesado. Deixem as coisas acontecerem naturalmente.*

RELACIONAMENTOS

PONTOS FORTES: DO MUNDO, DETETERMINADO, BEM-SUCEDIDO

PONTOS FRACOS: INTROMETIDO, COMPETITIVO, ENVOLVIDO DEMAIS

MELHOR: TRABALHO, SEXUAL

PIOR: CASAMENTO

MARLON BRANDO (3/4/24)
ANNA KASHFI (30/9/34)

Brando se divorciou de Kashfi, a primeira de suas 3 esposas, em 1959, depois de 2 anos de casamento. Em 1964, ela teve um esgotamento nervoso depois de tirar à força o filho Christian da casa de Brando. **Também:** Boss Tweed & Thomas Nast (cartunistas de políticos corruptos); **Dennis Quaid & Randy Quaid** (irmãos; atores).

---

3 a 10 de abril
SEMANA DA ESTRELA
ÁRIES II

3 a 10 de outubro
SEMANA DA SOCIEDADE
LIBRA II

Educação não-convencional

A preocupação primordial deste relacionamento é analisar, relatar e examinar o trabalho das pessoas e do mundo ao seu redor. Uma vez que isso é realmente o forte dos nascidos em Libra II, eles agem como professores aqui e gostam do relacionamento mais do que os representantes de Áries II. Mas os nascidos em Áries II têm muito a aprender a este respeito, e com Libra II eles exercem a perfeita autoridade. Os representantes de Áries II mais avançados se envolvem nesse relacionamento com certa ansiedade, sabendo que ele será uma verdadeira educação para eles. Esses dois são opostos no zodíaco, posicionados a 180° de distância. Seu relacionamento, então, é extremamente informal, privado e não facilmente compreendido pelos outros.

Pode haver uma forte atração aqui, mas os nascidos em Libra II podem ter dificuldade para lidar com a energia direta e intransigente de Áries II. Os nascidos em Libra II fazem o possível para tornar o relacionamento mais aprazível e menos estranho, mas sua inclinação para o acordo é em geral uma fraca defesa contra a força de vontade dos nascidos em Áries II.

Os nascidos em Libra II sabem muito sobre o mundo e seus habitantes. Podem ser as pessoas certas para protegerem os nascidos em Áries II, ensinando-os muito sobre como se vestir, se portar e, na verdade, como se apresentarem em geral da forma mais vantajosa. Sempre ansiosos por serem o centro das atenções, as Estrelas nascidas em Áries II mais sensatas absorvem essas informações sofregamente. Como pais ou companheiros, os nascidos em Libra II podem ser excelentes para os representantes de Áries II. A amizade entre esses dois pode ser sincera, com um vínculo forte de solidariedade e apreço.

Como colegas de trabalho, por outro lado, podem não se entenderem. Ocupados como estão em observar o mundo e um ao outro, pode ser difícil para eles se concentrarem em seguir em frente. O relacionamento tem suas recompensas, entretanto: os nascidos em Libra II tendem a ser indecisos e inseguros, e nessa área os representantes de Áries II, autoconfiantes e dinâmicos, têm suas próprias lições a ensinar aos Libra II sobre como se tornar bem-sucedido no mundo. Com os nascidos em Áries II, os representantes de Libra II podem aprender a se promover e a implementar ações decisivas sem vacilar.

Conselho: *Fortaleça-se. Não desdenhe soluções mais convencionais. Aprenda sobre o mundo através de experiências compartilhadas. Seja compreensivo. Tente falar a língua dos outros.*

RELACIONAMENTOS

PONTOS FORTES: EDUCATIVO, ESTIMULANTE, SINGULAR

PONTOS FRACOS: ESTRANHO, DESARMÔNICO, DECEPCIONANTE

MELHOR: CASAMENTO

PIOR: colegas

JULIAN LENNON (8/4/63)
JOHN LENNON (9/10/40)

Julian, filho do Beatle John do primeiro casamento, passou a maior parte da vida na Inglaterra, separado do pai, que vivia com Yoko Ono em Nova York. Também músico, Julian ganhou reconhecimento da indústria da música com seu primeiro álbum bem-sucedido *Valotte*. **Também: Houdini & Buster Keaton** (padrinho/afilhado); **Donald Barthelme & Frederick Barthelme** (irmãos; escritores),

| RELACIONAMENTOS |

PONTOS FORTES: DETERMINADO, PERSUASIVO, DESAFIADOR

PONTOS FRACOS: EXPLOSIVO, CIUMENTO, DESTRUTIVO

MELHOR: COMPANHEIRISMO, IRMÃOS

PIOR: AMIZADE

DARYL HALL (11/10/49)
JOHN OATES (7/4/48)

Hall e Oates se uniram em 1972 e se tornaram uma das duplas mais quentes do rock and roll dos anos 1970 e 1980. Se separaram em 1985 depois que sua popularidade diminuiu. Em 1988, se juntaram de novo sem grande sucesso. **Também: Tenente Charles Wilkes & John Wilkes** (sobrinho/tio-avô; reformador social/explorador); **Paul Robeson & Eugene O'Neill** (colaboradores; ator/dramaturgo).

---

3 a 10 de abril
SEMANA DA ESTRELA
ÁRIES II

11 a 18 de outubro
SEMANA DO TEATRO
LIBRA III

Volubilidade emocional

Este relacionamento fala de temperamento, desafio e muita paixão. Tende para a confrontação dinâmica e premia a determinação inflexível e a capacidade de persuadir ou convencer. Em todas essas brigas encetadas pelos parceiros, o vencedor, ou pelo menos o menos prejudicado, provavelmente é o que se mantém objetivo e não se deixa levar por uma torrente de emoções.

Casos amorosos entre Áries II e Libra II são propensos à tempestade e pontuados por rompimento, representação, falsa emoção e manipulação. Geralmente, frustração, depressão e repressão não atuam aqui, uma vez que o relacionamento é tão volúvel que pouco esconde. Se esses dois conseguirem não se destroçarem, no entanto, podem considerar seu relacionamento prazeroso e satisfatório. Sejam amantes que moram juntos ou cônjuges, sua vida diária pode ser muito recompensadora, sobretudo para os nascidos em Áries II e contanto que a necessidade extrema de independência dos representantes de Libra III seja respeitada – desde que, melhor dizendo, não haja qualquer responsabilidade familiar ou doméstica indevida para suportar.

É provável que os membros dessa dupla revelem o lado extrovertido um do outro, e ambos podem ser a vida da festa. Uma consequência disso é que a competição e o ciúme podem ser recorrentes entre eles. O apelo dos nascidos em Libra III é, em geral, mais frio e mais solto do que a abordagem ardente dos representantes de Áries II, mas quando esses dois parceiros estão em rota de colisão, os nascidos em Libra III são capazes de explodir em fúria. Cada uma dessas personalidades necessita estar no centro do palco e, caso se encontrem neste lugar, cada um exige uma parcela igual de atenção. Devido à tendência competitiva do relacionamento, é melhor que suas atividades sejam confinadas à ginástica ou aos esportes do que no dormitório ou na sala de diretoria de uma empresa. Em vez de amizade, é provável que os nascidos em Áries II e Libra III desenvolvam laços de companheirismo em que compartilham aventuras perigosas, ou pratiquem juntos algum esporte específico. Os nascidos em Libra III não são em geral orientados para a família, mas a única exceção é um vínculo íntimo com um dos pais, em geral do sexo oposto, na fase de crescimento, e os nascidos em Áries II são particularmente talhados para esse papel.

Conselho: *Tente dar lugar um ao outro. Aprenda a dividir o holofote. Desenvolva mais a cooperação e a comunicação. Cultive o controle emocional.*

| RELACIONAMENTOS |

PONTOS FORTES: FORTE, DETERMINADO, DIRETO

PONTOS FRACOS: INSATISFEITO, CONTROLADOR, POLARIZADO

MELHOR: TRABALHO

PIOR: CASAMENTO

SAMUEL TAYLOR COLERIDGE
(21/10/1772)
WILLIAM WORDSWORTH
(7/4/1770)

Estes 2 grandes poetas românticos ingleses escreveram juntos *Baladas Líricas*, uma importante coleção de poemas. Intensamente envolvidos na vida e no trabalho intelectual, Coleridge influenciou o rabugento Wordsworth. **Também: Cornell Capa & Rolbert Capa** (irmãos; fotógrafos); **Andre Previn & Dory Previn** (casados; maestro-compositor/cantora); **Ram Dass & Timothy Leary** (amigos; gurus hippies dos anos 1960).

---

3 a 10 de abril
SEMANA DA ESTRELA
ÁRIES II

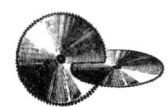

19 a 25 de outubro
CÚSPIDE DO DRAMA E DA CRÍTICA
CÚSPIDE LIBRA-ESCORPIÃO

Espada de Dâmocles

Dominar os outros e um ao outro é um tema sempre presente nessa combinação. Tanto os nascidos em Áries II quanto em Libra-Escorpião expressam o que vêem, deixando pouco espaço para sutilezas, uma abordagem que pode chegar ao limite da coerção nesse relacionamento. Caso estejam unidos por um objetivo comum, entretanto (embora seja improvável), eles podem facilmente dominar os outros.

Os nascidos em Áries II que se entregam completamente ao amor com um representante de Libra-Escorpião podem esperar algumas dificuldades: como uma criança repentina e impiedosamente exposta ao mundo adulto, eles ficam praticamente indefesos diante da mente controladora e crítica e do poder emocional do parceiro. Para simplificar, se os nascidos em Libra-Escorpião estiverem satisfeitos as coisas vão bem; se não, então os nascidos em Áries II podem esperar frustração sem fim ao tentar servir ou agradar um mestre dominador que não pode ou não é satisfeito. De muitas formas, essa insatisfação é como uma espada de Dâmocles que o representante de Libra-Escorpião mantém precariamente sobre a cabeça de Áries II.

O casamento pode ser problemático para esses dois, uma vez que eles abordam a vida de forma muito diferente, e ambos podem buscar impor sua própria maneira de ser no relacionamento. Os nascidos em Áries II agem mais por intuição do que por conhecimento teórico e, com freqüência, desejam traduzir suas idéias em ação imediata; os representantes de Libra-Escorpião, por outro lado, gostam de ter tempo para ponderar sobre os acontecimentos e podem considerar ousada e impetuosa a energia de Áries II, e seu julgamento inocente e ingênuo. Um pai de Libra-Escorpião pode considerar a energia de um filho de Áries II como material cru a ser trabalhado e moldado em um produto mais bem acabado. Infelizmente, isso não é de forma alguma o que os nascidos em Áries II têm em mente, e pode haver discussão e conflitos intermináveis. No trabalho, o relacionamento tem uma melhor chance de sucesso se o nascido em Libra-Escorpião for proprietário ou o executivo da empresa e o representante de Áries II for o funcionário. Dessa forma, a energia de Áries II pode ser direcionada e supervisionada, e se o trabalho for bom, não há quase reclamações ou dificuldades.

Conselho: *Lute por mais igualdade. Brigas por poder podem consumir muita energia. Faça um grande esforço para trocar idéias e exprimir sentimentos. Tenha paciência.*

3 a 10 de abril
SEMANA DA ESTRELA
ÁRIES II

26 de outubro a 2 de novembro
SEMANA DA INTENSIDADE
ESCORPIÃO I

Missão improvável

Este relacionamento é instável, flutuante e cheio de tensão. No trabalho, os nascidos em Escorpião I podem ter pouco respeito pelo ânimo orientado para as metas dos representantes de Áries II, que podem considerar cego e sem sentido. Se princípios se entrepuserem entre um Áries II e o sucesso, com freqüência eles saem pela tangente, e isso o Escorpião I não agüenta. Além disso, caso um Áries II justifique uma ação alegando esquecimento ou que foi mal-informado, a exigência de Escorpião I por veracidade começa a se inflamar. É difícil para o representante de Escorpião I acreditar que o que eles consideram equívoco, engano ou escorregadela por parte de um Áries II não tenha sido deliberado, por mais inocentes ou espontâneos que estes pareçam ser para os outros.

Como um caso amoroso, o relacionamento pode ser intenso, mas também doloroso e incerto. Os nascidos em Escorpião I em geral não largam facilmente aqueles que amam. Os representantes de Áries II, por outro lado, devem ser livres para fazer suas coisas, e não hesitam em abandonar um relacionamento se sentirem que ele é contraproducente ou não realista. Caso seu envolvimento sexual seja profundo o suficiente, todavia, podem se ver presos em determinadas situações à mercê de um Escorpião I controlador, causando grande angústia e frustração. Em tal situação um representante de Áries II pode ter necessidade de servir o Escorpião I, embora tema fazê-lo, mesmo que esteja desfrutando de grande prazer nesse relacionamento.

Como amigos, esses dois podem desentender-se em virtude de promessas não cumpridas, encontros perdidos ou acordos não mantidos, mas os momentos divertidos e bem-humorados que eles compartilham podem ser mais importantes do que este senão. Os nascidos em Áries II gostam muito do senso de humor dos representantes de Escorpião I, e podem até suportar quando se volta contra eles, contanto que saibam que seu amigo realmente se importa com eles. Os nascidos em Escorpião I raramente traem a confiança dos Áries II, mas fazem exigências extremamente rigorosas. Como irmãos, da mesma forma, o par pode passar por muitas situações tendendo a manter um vínculo íntimo de respeito mútuo, apesar da enorme rivalidade e diferença entre eles.

Conselho: *Compreensão e perdão estão intimamente relacionados – desenvolva ambos. Pare de reclamar. Cuidado com a briga por poder. Trabalhe diferenças admissíveis.*

RELACIONAMENTOS

PONTOS FORTES: INTENSO, AGRADÁVEL, DIVERTIDO

PONTOS FRACOS: EXIGENTE, POSSESSIVO, INSTÁVEL

MELHOR: AMIZADE, IRMÃOS

PIOR: TRABALHO

HUGH HEFNER (9/4/26)
LARRY FLYNT (1/11/42)

Embora ambos editores de revistas bem-sucedidas para adultos, Hefner e Flynt desprezavam um ao outro e mantinham-se longe: Hefner como árbitro do gosto erótico refinado e Flynt como divulgador assumido do vulgar. **Também: David Frost & John Cleese** (Cleese escreveu para *The Frost Report*).

---

3 a 10 de abril
SEMANA DA ESTRELA
ÁRIES II

3 a 11 de novembro
SEMANA DA PROFUNDIDADE
ESCORPIÃO II

Tempestade

Este relacionamento tende a ser muito problemático. Apesar de oferecer bastante fascinação é provável que inseguranças ocultas venham à tona nessa combinação. Como resultado, o relacionamento oscila entre a atração e a insegurança, em uma espécie de dança frustrante.

Tanto os nascidos em Áries II quanto em Escorpião II são tipos ciumentos, que exigem ser o alvo principal da atenção de seu amante ou cônjuge. Podem despertar uma tempestade de emoções um no outro, sobretudo na esfera sexual, e embora seu relacionamento possa ser arrebatado por uma paixão extática, também pode envolver possessividade, aversão e até violência. Um caso de amor entre esses dois pode ser uma experiência de crescimento emocional para os nascidos em Áries II, colocando-os em contato com fontes tumultuadas de imaginação e sentimentos intocados ou desconhecidos. Infelizmente, uma ruptura do relacionamento pode ser altamente negativa, resultando em comportamento rancoroso e vingativo a menos que os parceiros façam um esforço para lidarem um com o outro com respeito e amor.

Embora os nascidos em Escorpião II sejam extremamente controladores, eles podem ter dificuldade em controlar os aspectos exagerados do caráter de Áries II. Na área das finanças, por exemplo, os representantes de Escorpião II podem achar os Áries II esbanjadores e até mesmo irresponsáveis na esfera fiscal. Por outro lado, os nascidos em Escorpião II não hesitam em gastar dinheiro com eles mesmos ou com seus interesses, de forma que os Áries II podem se sentir vítimas de um padrão duplo. É fato que os nascidos em Escorpião II são preocupados e os representantes de Áries II exacerbam essa tensão.

O relacionamento flui melhor, talvez, como uma amizade, uma vez que um Escorpião II é mais apto a dividir o amigo do que o amante Áries II com os outros. Os nascidos em Áries II apreciam a profundidade e a intensidade dos representantes de Escorpião II quando os dois praticam atividades físicas desafiadoras. A seriedade dos nascidos em Escorpião II pode às vezes pesar aos Áries II mais otimistas, mas também dão um objetivo aos esforços de Áries II. Irmãos de Áries II e Escorpião II, sobretudo do mesmo sexo, com freqüência têm um relacionamento pitoresco e volátil que, às vezes parece ser uma verdadeira amizade. Este relacionamento adiciona tempero à vida familiar, mas também pode perturbar sua tranqüilidade.

Conselho: *A perturbação emocional pode ser uma experiência de aprendizado, mas não a leve muito além. Aja com responsabilidade. Cuidado com padrões duplos. Responda aos desafios.*

RELACIONAMENTOS

PONTOS FORTES: APAIXONADO, DESAFIADOR, VÍVIDO

PONTOS FRACOS: INSEGURO, POSSESSIVO, VIOLENTO

MELHOR: AMIZADE

PIOR: CASAMENTO

CHRISTIE HEFNER (8/11/52)
HUGH HEFNER (9/4/26)

A *Playboy* de Hefner é a revista para adultos mais bem-sucedida do mundo desde 1953. Devido à "saudável" imagem de mulher, artigos sobre a boa vida e contribuição de grandes escritores, "Hef" conseguiu controlar com sucesso a filha Christie. **Também: Leslie Howard & Vivien Leigh** (co-estrelas ...*E o Vento Levou*); **Bette Davis & Gig Young** (caso).

RELACIONAMENTOS

PONTOS FORTES: PRIVATIVO, DIGNO DE CONFIANÇA, PARTICIPATIVO

PONTOS FRACOS: ENGANOSO, INSENSÍVEL, INCOMPREENDIDO

MELHOR: AMIZADE

PIOR: TRABALHO

ROCK HUDSON (17/11/25)
DORIS DAY (3/4/24)

A química na tela deste casal é lendária. Estreando com *Pillow Talk* (1959), eles atuaram em cenas de cama disfarçadas nos anos 1960 que caracterizavam Day como uma virgem inocente e cheia de brio e Hudson como um conquistador bonitão. (A homossexualidade de Hudson era desconhecida do público.) **Também: Steven Seagal & Whoopi Goldberg** (sócios de restaurante; atores).

---

3 a 10 de abril
SEMANA DA ESTRELA
ÁRIES II

12 a 18 de novembro
SEMANA DO ENCANTO
ESCORPIÃO III

Disfarce consciente

Este relacionamento polarizado com freqüência apresenta uma face calma, não emocional, talvez até alegre e despreocupada para o mundo, mas esconde um lado sombrio e inconstante. Como um par, esses dois desejam ser levados a sério. Estão finamente harmonizados um com o outro, o que também significa que podem provocar um ao outro à vontade, sobretudo nos relacionamentos amorosos. Confiança e honestidade extremas precisam ser desenvolvidas aqui se qualquer tipo de estabilidade tiver de ser alcançada.

O desejo de Áries II de dominar e controlar aparece em primeiro plano no seus relacionamentos pessoais com Escorpião III. Infelizmente para eles, os nascidos em Escorpião III são sujeitos difíceis que não aceitam ordens cegamente, e não hesitam em desistir de um relacionamento que é indevidamente negativo ou improdutivo. Então os nascidos em Áries II que não podem recuar podem estar plantando as sementes de seu próprio rompimento. Ao mesmo tempo, no entanto, uma certa agressividade sadia se faz necessária para penetrar nas defesas dos representantes de Escorpião III, e os nascidos em Áries II podem saber exatamente até onde podem no sentido de perturbar a serenidade do Escorpião III no primeiro encontro. Os nascidos em Áries II podem não compreender os representantes de Escorpião III a um nível profundamente, mas têm uma compreensão intuitiva de suas necessidade, e sabem como tratá-los em muitas situações. Porque os Escorpião III podem optar por viver sozinhos, desistindo dos benefícios da vida com um amante ou em família, eles valorizam muito os amigos e talvez nenhum mais do que um representante de Áries II.

Em um relacionamento patrão-empregado, os nascidos em Escorpião III em geral serão bons patrões, mas com freqüência também o melhor empregado. A necessidade dos nascidos em Áries II de ser o centro das atenções em geral não encontra respaldo na atitude profissional determinada, realista e eficiente dos representantes de Escorpião III. Nos relacionamentos pais-filhos, filhos de representantes de Escorpião III podem se sentir incompreendidos, desprezados ou maltratados pelos pais de Áries II, sentimentos que em geral persistem na vida adulta.

Conselho: *Lute por abertura e honestidade. Aprenda quando recuar. Mantenha sob controle impulsos agressivos. Não tenha medo de se mostrar.*

RELACIONAMENTOS

PONTOS FORTES: BRILHANTE, PODEROSO, APTO NAS FINANÇAS

PONTOS FRACOS: PERTURBADOR, ESNOBE, FRUSTRANTE

MELHOR: PARCERIA

PIOR: AMOR

MEG RYAN (19/11/61)
DENNIS QUAID (9/4/54)

Quaid e Ryan conheceram-se atuando no filme de Spielberg, *Viagem Insólita*, em 1987, e se casaram logo depois. Enquanto ainda era sua namorada, Ryan ajudou Quaid a se recuperar do vício em drogas. O casal tem um filho. **Também: David Frost & Dick Cavett** (rivais da tevê); **Ken Griffey & Ken Griffey, Jr.** (pai/filho; estrelas do beisebol).

---

3 a 10 de abril
SEMANA DA ESTRELA
ÁRIES II

19 a 24 de novembro
CÚSPIDE DA REVOLUÇÃO
CÚSPIDE ESCORPIÃO-SAGITÁRIO

Evolução controlada

Este relacionamento com freqüência progride de um começo brilhante e precoce para uma sensação de tédio e um anseio por liberdade dos rigores e exigências da vida diária. É um relacionamento que exige bastante espírito inventivo e brincadeiras animadas se tiver que durar. Conceitos tradicionais de responsabilidade e compromisso não funcionam aqui.

Os nascidos em Áries II e Escorpião-Sagitário que constroem uma sólida amizade estão em melhor situação se não permitirem que seu relacionamento caminhe para uma direção mais pessoal, física ou romântica, quando pode se tornar contencioso. (As pessoas que se aproximam mais de Áries II são com freqüência conselheiros ou amigos e não amantes ou cônjuges.) Os nascidos em Áries II podem carecer da sensibilidade para criar um vínculo emocional profundo com representantes de Escorpião-Sagitário, que podem sentir-se frustrados com o egoísmo e o autocentrismo dos representantes de Áries II. Mas os nascidos na cúspide Escorpião-Sagitário também podem admirar a franqueza de Áries II, sobretudo na esfera profissional. Nesse sentido, os representantes de Áries II podem ajudar os nascidos em Escorpião-Sagitário ensinando-os, por meio de exemplos, a incrementar sua carreira. A ambição de Áries II com freqüência estimula os nascidos em Escorpião-Sagitário, e a energia de Áries II pode ser apenas o catalisador profissional que os nascidos em Escorpião-Sagitário necessitam.

O casamento entre esses dois não é muito aconselhado por causa do problema do tédio, mas pode funcionar bem, sobretudo quando construído sob uma parceria financeira sólida. Ambos sabem alguma coisa sobre o poder, e podem apreciar compartilhá-lo na forma de dinheiro ou de propriedades. Há mais do que um quê aristocrático em muitos Áries II e Escorpião-Sagitário, que estão unidos pela mútua admiração de um estilo de vida sofisticado. Variedade e contenção deliberada de uma tendência a tolher a liberdade um do outro são a chave aqui. O dinheiro pode ajudar, permitindo viagens e outras atividades que podem dar ao casamento uma sensação de liberdade. Sociedades comerciais entre esses dois podem funcionar ainda melhor do que o casamento, contanto que elementos emocionais perturbadores sejam mantidos sob controle. A lealdade e a proteção de pais Escorpião-Sagitário podem criar um ambiente adequado para o desenvolvimento de um filho de Áries II, desde que sua tendência autocrática não desperte rebeldia.

Conselho: *Saber quando parar é sinal de sabedoria. Seja crítico com relação a planos de expansão. Mantenha o gosto pelo poder sob controle. Compartilhe abertura e honestidade.*

3 a 10 de abril
SEMANA DA ESTRELA
ÁRIES II

25 de novembro a 2 de dezembro
SEMANA DA INDEPENDÊNCIA
SAGITÁRIO I

Equilíbrio dinâmico

Este relacionamento deve conscientemente empenhar-se para alcançar um equilíbrio dinâmico entre níveis altos de energia. Embora combinem em seu entusiasmo pela vida e pela necessidade de independência, essa dupla tem diferenças de opinião importantes que podem exaurir o relacionamento. Mesmo assim, essa combinação pode ser leal, direta, alegre, bem-sucedida, e, como amantes, romântica.

Este relacionamento seria melhor se enfatizasse o que os parceiros têm em comum (uma visão geral) em vez de suas diferenças (de abordagem). Em primeiro lugar, os nascidos em Áries II em geral são mais ambiciosos do que os representantes de Sagitário I, os quais eles acham curiosamente passivos nas questões profissionais. De modo oposto, os nascidos em Sagitário I têm um código de ética forte, e podem considerar falta grave o desejo dos nascidos em Áries II de ir em frente a qualquer custo. Caso representantes de Áries II tenham um comportamento amoral ou claramente imoral, os nascidos em Sagitário I podem desaprovar ou julgar, e em casos extremos terminar abruptamente o relacionamento.

Essas personalidades são extremamente compatíveis no casamento, mas seu caso amoroso corre o risco de se extinguir cedo, portanto, é melhor que sejam prudentes – tarefa difícil para ambos! A amizade pode se desenvolver facilmente aqui, e uma vez que representantes de Áries II e de Sagitário I do mesmo sexo não são somente bons parceiros um para o outro mas também adversários provocantes, eles podem construir um equilíbrio dinâmico em torno de esportes ou outras atividades competitivas.

No local de trabalho e em casa, essa combinação interage intensamente com colegas de trabalho e membros da família. Porém, sua necessidade de estar no centro dos acontecimentos e sua natureza competitiva pode criar conflitos perturbadores por mais estimulante que possa ser em termos de favorecer ações grupais. Os nascidos em Sagitário I em geral são melhores chefes ou pais para os Áries II do que o contrário; um representante de Áries II como chefe é inflexível no sentido de alcançar resultados concretos, que podem colidir com a necessidade de justiça e independência dos nascidos em Sagitário I. Quando jovens, esses dois podem ser excelentes companheiros e estimular um ao outro, tanto dentro quanto fora do ambiente familiar.

Conselho: *O atrito pode atear fogo, mas também gerar apenas muita fumaça. Canalize sua energia. Tente encontrar o meio termo entre resultados e ética.*

RELACIONAMENTOS

PONTOS FORTES: EQUILIBRADO, ENERGÉTICO, ESTIMULANTE

PONTOS FRACOS: CONFLITUOSO, FATIGADO, EXPLOSIVO

MELHOR: CASAMENTO

PIOR: PAIS-FILHOS

MELVYN DOUGLAS (5/4/01)
HELEN GAHAGEN DOUGLAS (25/11/00)

Esta atriz que virou política liberal, concorreu para o senado contra Nixon, que a rotulou de comunista amigável "lady vermelha". Douglas era um ator veterano das telas. Extremamente compatíveis, criativa e politicamente, tiveram um longo e íntimo relacionamento. **Também:** Efram Zimbalist & Efram Zimbalist, Jr. (pai/filho; violinista/ator).

---

3 a 10 de abril
SEMANA DA ESTRELA
ÁRIES II

3 a 10 de dezembro
SEMANA DO CRIADOR
SAGITÁRIO II

Camaradagem afetuosa

Esta clássica configuração com aspecto trígono (120° de distância no zodíaco) traz bons augúrios para um relacionamento amigável e, de fato, o foco dessa combinação pode ser um companheirismo afetuoso, com poucos problemas de percurso. Embora a amizade entre representantes de Áries II e Sagitário II possa ser tão íntimas e recompensadora quanto qualquer outra do ano, na área do amor e do casamento este relacionamento pode enfrentar problemas importantes, embora de forma alguma insuportáveis. A questão principal entre esses parceiros é que ambos têm sua própria maneira de fazer as coisas, e uma vez que nenhum deles é particularmente receptivo ou compreensivo, criam-se conflitos.

Tanto Áries II quanto Sagitário II são com freqüência indivíduos com grande ímpeto e também ambiciosos, e isso nem sempre favorece no sentido de que eles colaborem no local de trabalho, a menos que estejam dispostos a subordinar sua individualidade a uma causa maior. Como irmãos, colegas de trabalho ou companheiros, podem ser excessivamente competitivos, ameaçando a felicidade que ambos desejam e a estabilidade de seu trabalho ou grupo familiar. Funcionam mais facilmente juntos se forem de sexo oposto, quando uma curiosa química psíquica pode se desenvolver entre irmãos ou colegas de trabalho, fazendo com que o relacionamento se manifeste como uma força única, dinâmica e produtiva.

Com freqüência fisicamente atraídos um pelo outro, esses dois podem desfrutar de um romance florescente. Os nascidos em Sagitário II têm inclinação para o culto de heróis, e agrada ao Áries II se tornar o objeto de tal adoração. Infelizmente, os nascidos em Sagitário II não são muitas vezes realistas na escolha de seus parceiros, e correm o risco de serem magoados ou rejeitados por Áries II, que podem não compartilhar sua intensidade de paixão e podem ser amorais ou manipuladores na busca de prazeres passageiros.

Embora casamentos e amizades satisfatórios sejam encontrados com freqüência nessa combinação, é mais provável que a amizade sobreviva ao calor gerado por esses indivíduos ardentes. No casamento, conflitos sobre filhos, propriedades e finanças podem perturbar a tranqüilidade doméstica. Um companheirismo livre e sereno com poucas exigências e muito espaço para atos de independência é mais apropriado para ambos os parceiros.

Conselho: *Comprometa-se quando necessário. Procure ver o todo. Não deixe as emoções se tornarem pesadas demais. Mantenha a independência. Conserve tudo leve e fluido.*

RELACIONAMENTOS

PONTOS FORTES: AMÁVEL, GRATIFICANTE, DESCOMPLICADO

PONTOS FRACOS: NÃO RECEPTIVO, COMPETITIVO, FORA DA REALIDADE

MELHOR: AMIZADE

PIOR: COLEGAS DO MESMO SEXO

KIM BASINGER (8/12/53)
ALEC BALDWIN (3/4/58)

O casamento deles é romântico, durável e gratificante. Baldwin é um ator bem-sucedido, assim como seus irmãos William, Stephen e Daniel. Basinger é uma ex-modelo da Ford. O casal co-estreou em *The Marrying Man* (1991). **Também:** Harry Houdini & Jean-Eugène Houdin (mágico/"pai da mágica moderna").

RELACIONAMENTOS

PONTOS FORTES: ORIENTADO PARA META, CONFIANTE, PODEROSO

PONTOS FRACOS: IRRESPONSÁVEL, CARENTE, DESONESTO

MELHOR: AMOR

PIOR: TRABALHO

FRANCIS FORD COPPOLA (7/4/39)
STEVEN SPIELBERG (18/12/46)

Estes dinâmicos diretores compartilham o ideal comum de fazer cinema centrado na criação de novas tecnologias visionárias. O esforço de Coppola, o Zoetrope Studios, infelizmente fracassou, ao passo que o DreamWorks, uma parceria com Spielberg, prospera. **Também: Hugh Hefner & Bob Guccione** (editores rivais de revistas masculinas).

---

3 a 10 de abril
SEMANA DA ESTRELA
ÁRIES II

11 a 18 de dezembro
SEMANA DO TITÃ
SAGITÁRIO III

Ser conhecido no topo

É provável que surjam lutas sobre quem deve ser o líder nesse relacionamento. Mais do que a maioria das combinações, o relacionamento também necessita estrear seu próprio drama pessoal, mas é difícil para ambos sentar-se na segunda fila, seja para a sociedade ou um para o outro. Os nascidos em Áries II têm dificuldade para se subordinar a uma personalidade mais forte, mas isso é precisamente o que os nascidos em Sagitário III em geral exigem. No entanto, os representantes de Sagitário III podem ficar tão encantados com Áries II que às vezes baixam a guarda, virtualmente ficando boquiabertos de espanto ou admiração. Também, determinados Áries II podem assumir uma posição secundária com relação aos nascidos em Sagitários III, contanto que seu papel central e indispensável na família ou empresa não seja ameaçado ou questionado.

Uma vez que o primeiro ímpeto de paixão tenha passado no caso amoroso entre esses dois, os nascidos em Sagitário III podem começar a aumentar a pressão em prol de sua necessidade de controle. Deveriam perceber que isso só pode terminar em desastre e tentar ser mais sensíveis à necessidade de independência de pensamento e ação de Áries II. Por outro lado, os nascidos em Áries II são capazes de fingir obediência, quando, na realidade, mantêm o controle por meio de manipulação sutil. Eles são bem familiarizados com a marca do egoísmo que se alimenta da atenção dos outros, e podem alternadamente dar e reter energia com relação aos parceiros de Sagitário III visando um efeito eficaz. A amizade entre membros do mesmo sexo pode não ser possível nessa combinação, uma vez que ambos os parceiros necessitam compartilhar os holofotes no seu círculo social. E caso tentem restringir suas amizades a si próprios, um ou outro podem ficar relutantes ou incapazes de compartilhar ou retribuir. O casamento entre esses dois pode sofrer pela mesma razão, embora a pressão das responsabilidades diárias possa forçar o parceiro recalcitrante a agir com responsabilidade.

Sociedades comerciais ou profissionais entre esses dois nem sempre são uma boa aposta. Ambição e impulsos orientados para metas podem às vezes uni-los, outras vezes dividi-los, mas em qualquer caso a irresponsabilidade fiscal e a falta de paciência por detalhes mundanos devem ser superadas.

Conselho: *Desista do holofote de vez em quando. Deixe os outros brilharem também. O anonimato tem seus benefícios. Seja responsável com dinheiro. Aprenda a compartilhar.*

RELACIONAMENTOS

PONTOS FORTES: COMPLEMENTAR, VÍVIDO, ATENTO

PONTOS FRACOS: FALACIOSO, TENSO, DESTRUTIVO

MELHOR: FAMÍLIA

PIOR: CASAMENTO

GREGORY PECK (5/4/16)
AVA GARDNER (24/12/22)

Peck e Gardner estão entre as estrelas mais famosas de Hollywood, aparecendo juntos de forma extraordinária como amantes em *On the Beach* (1959), um assustador conto sobre a destruição nuclear da população do planeta. Suas caracterizações no cinema demonstram a química superlativa dos atores em cena. **Também: Helmut Kohl & Helmut Schmidt** (chanceleres sucessivos da Alemanha).

---

3 a 10 de abril
SEMANA DA ESTRELA
ÁRIES II

19 a 25 de dezembro
CÚSPIDE DA PROFECIA
CÚSPIDE SAGITÁRIO-CAPRICÓRNIO

Macho-e-fêmea

A questão crucial aqui é se os parceiros podem aceitar um ao outro sem irritação ou censura. Suas diferenças são graves: os nascidos em Sagitário-Capricórnio são em geral muito sérios na concepção dos Áries II, que, por sua vez, são exuberantes e diretos – qualidades que provavelmente irritam um parceiro reservado e complexo emocionalmente. Os nascidos em Sagitário-Capricórnio são sensíveis à profundidade e à importância das aflições e tribulações da vida, enquanto os representantes de Áries II, mais despreocupados, não as confrontam ou pensam nelas. Os nascidos em Sagitário-Capricórnio podem em conseqüência achar que o estilo de vida dos Áries II banaliza tudo o que eles estimam muito. Por sorte, esse relacionamento retém algo valioso para ambos os parceiros, incluindo uma abertura de opiniões intrínseca. A consciência moral dos nascidos em Sagitário-Capricórnio pode apenas manter os Áries II na linha, enquanto os Sagitário-Capricórnio, por sua vez, são mais leves do que o normal nesse relacionamento, uma vez que sua orientação viva e divertida contrabalança sua importância. A chave pode ser a forma com que cada parceiro se beneficia da força que o outro tem.

Diferenças de ritmo e de tom podem criar tensão quando um Sagitário-Capricórnio profundo e um Áries II impulsivo são amantes ou cônjuges. Pelo lado positivo, as qualidades naturais de representantes de Sagitário-Capricórnio podem oferecer estabilidade para a união, apesar da influência destruidora do fogo de ambos. (Tanto Sagitário quanto Áries são signos de fogo.) Pelo lado negativo, o casal pode periodicamente ser arrebatado por impulsos destrutivos, apesar de vívidos, sobretudo na esfera financeira.

Amigos de Áries II podem ser exatamente o que os nascidos em Sagitário-Capricórnio necessitam para tirá-los do seus estados de ânimo mais acabrunhados, estimulando-os a agir. Analogamente, irmãos ou pais de Áries II dão vida e ânimo ao seu entorno, o que pode perturbar a concentração dos Sagitário-Capricórnio, mas também pode torná-los mais atentos ao momento presente. Os pais de Sagitário-Capricórnio tendem a ter um olho no futuro, uma qualidade com freqüência muito necessitada pelos filhos impulsivos nascidos em Áries II. Em situações familiares, então, o relacionamento compensa a deficiência de cada parceiro e permite que suas necessidades sejam satisfeitas.

Conselho: *Cuidado com as questões financeiras. Aprendam a ser mais prático. Diminuam a censura. Cultivem mútuos ideais. Tentem ignorar as diferenças.*

3 a 10 de abril
SEMANA DA ESTRELA
ÁRIES II

26 de dezembro a 2 de janeiro
SEMANA DO REGENTE
CAPRICÓRNIO I

Desejos reprimidos

Desejos ocultos e reprimidos, e sua exposição, são a tônica aqui: cada parceiro acalenta o desejo dissimulado de ser o líder, tanto no relacionamento quanto no mundo em geral, embora seja provável que cada um contenha esse impulso para o bem do relacionamento. Mesmo assim, seja no trabalho ou em casa, o relacionamento pode ser complementar ou inibidor, com os nascidos em Capricórnio I fornecendo a estrutura e o planejamento necessários para qualquer empreendimento e os representantes de Áries II o ânimo e o carisma.

A ambição e o ânimo de Áries II podem ser suprimidos em uma dupla com um Capricórnio I, que em geral é mais inseguro e pode ocupar mais facilmente uma posição menos importante. Sendo assim, o relacionamento talvez não permita que os nascidos em Áries II, como colega de trabalho ou membro da família, ultrapasse seu parceiro. Além disso, é provável que os nascidos em Capricórnio I considerem amantes e colegas de Áries II egoístas, egocêntricos e relutantes em assumir as responsabilidades da vida diária de forma prática e eficiente. Os nascidos em Áries II são na realidade bastante capazes de sacrificar seus desejos em prol de um objetivo maior, seja ele casamento, família ou amor. A mistura do terreno Capricórnio com o fogo de Áries pode pressagiar um caso amoroso ardente. A amizade entre esses dois pode ser muito estável e benéfica, embora menos empolgante, e uma ligação comercial entre iguais pode ser a melhor aposta de todas. No trabalho, cada parceiro pode fornecer o que o outro carece; contanto que mantenham os conflitos de personalidade a um grau mínimo, eles podem construir uma fórmula para o sucesso. Chefes nascidos em Áries II, entretanto, podem ver a falta de iniciativa dos representantes de Capricórnio I como prova de letargia ou complacência. E chefes nascidos em Capricórnio I – e também pais – podem expressar sua natureza autoritária de forma que os nascidos em Áries II a vivenciam como extremamente opressiva. A intensa necessidade de liberdade dos nascidos em Áries II pode ressentir-se diante das regras e restrições impostas por representantes de Capricórnio I.

Conselho: *Diferenças podem unir tanto quanto dividir. Minimize a competição e o ciúme. Permita a expressão pessoal. Cuidado com a tendência ao vício.*

RELACIONAMENTOS

PONTOS FORTES: COMPLEMENTAR, ARDENTE, BEM-SUCEDIDO

PONTOS FRACOS: FRUSTRANTE, REPRIMIDO, MONOPOLIZADOR

MELHOR: PARCERIA IGUAL

PIOR: FAMÍLIA

CORONEL WILLIAM DAWES (6/4/1745)
PAUL REVERE (1/1/1735)

Revere nunca concluiu sua famosa cavalgada à meia-noite até Concord, Massachusetts, em 1775: foi capturado em rota pelos ingleses. Ele não cavalgava só. Os compatriotas Dawes e Prescott partiram de Lexington com ele. Dawes voltou e apenas Prescott conseguiu chegar em Concord.

---

3 a 10 de abril
SEMANA DA ESTRELA
ÁRIES II

3 a 9 de janeiro
SEMANA DA DETERMINAÇÃO
CAPRICÓRNIO II

Derrubando muros

A astrologia convencional prediz uma estrada pedregosa para aqueles cujo sol faz quadratura um com o outro (aproximadamente 90° de distância no zodíaco), o que é o caso da combinação Capricórnio II-Áries II. Alguns acreditam que esse relacionamento deveria ser evitado, e para que tenha sucesso muitos muros da intimidade têm de ser derrubados e defesas pessoais rompidas. Como resultado, o relacionamento tem um lado singularmente espinhoso, uma ferida dolorosa, se assim se desejar, que se pressionada pode causar acessos de tensão.

No amor e no casamento, lutar em vez de brigar deveria ser a palavra-chave. Se ambos os parceiros mantiverem o respeito mútuo, podem estimular um ao outro a novos níveis de sensibilidade e percepção. Os nascidos em Capricórnio II gostam de ter um parceiro altamente independente, e Áries II preenche os requisitos satisfatoriamente. Embora independentes, os nascidos em Áries II também necessitam de atenção e de que se os solicite, e esse desejo particular pode não ser satisfeito por um Capricórnio II, que com freqüência fica longe de casa, no trabalho ou se encontrando com amigos.

No trabalho, os nascidos em Capricórnio II certamente encontram seu par em Áries II. Esses dois podem ser excelentes parceiros comerciais, mas também são rivais desafiadores e adversários formidáveis. Ser colegas de trabalho do mesmo nível não é recomendável, na verdade, uma vez que cada um tende a se esforçar para avançar à custa do outro. No que diz respeito à carreira, nenhum dos dois está acima de tirar vantagem injustamente de uma situação para favorecer sua causa, e em uma disputa onde apenas um pode ser o vencedor, nenhum se rende sem brigar.

No casamento, esta disposição litigiosa pode na realidade aumentar a durabilidade do relacionamento, uma vez que os dois parceiros detestam admitir o fracasso. Mesmo relacionamentos conjugais mais litigiosos, então, podem continuar por anos. Como duplas de irmãos ou pais-filhos, é provável que os nascidos em Capricórnio II e Áries II reproduzam estes padrões previsíveis de disputa, luta ou, em casos extremos, combate total.

Conselho: *Por que seus inimigos são difíceis de serem vencidos? Talvez a resposta esteja em você mesmo. Tente alcançar o melhor em você mesmo. Descubra pontos de sensibilidade.*

RELACIONAMENTOS

PONTOS FORTES: ESTIMULANTE, COMPETITIVO, ESFORÇADO

PONTOS FRACOS: VACILANTE, INQUIETANTE, COMBATIVO

MELHOR: AMOR, CASAMENTO

PIOR: COLEGA

NICHOLAS CAGE (7/1/64)
PATRICIA ARQUETTE (8/4/68)

Em 1987, Cage partiu para uma "busca" a fim de tornar Arquette sua esposa. Ao voltar com os itens que ela pediu – uma orquídea negra e a assinatura do escritor J.D. Salinger – ela o recusou. Finalmente, se casaram em 1995. **Também: Gale Storm & ZaSu Pitts** (co-estrelas, *Oh Suzannah!*); **Spencer Tracy & Loretta Young** (caso; atores).

RELACIONAMENTOS

PONTOS FORTES: ORIENTADO PARA META, NÃO-AMEAÇADOR, DESENVOLVEDOR

PONTOS FRACOS: RÍGIDO, IDÓLATRA, SEM LEI

MELHOR: AMIZADE

PIOR: AMOR

JANE GOODALL (3/4/34)
DIAN FOSSEY (16/1/32)

Estimuladas pelo famoso antropólogo Dr. Louis Leakey, Goodall e Fossey realizaram um trabalho pioneiro no estudo dos primatas. Goodall observou minuciosamente chimpanzés na vida selvagem, e Fossey estudou o comportamento dos gorilas. O corpo de pesquisas resultante levou a uma maior compreensão dos seres humanos primitivos.

---

3 a 10 de abril
SEMANA DA ESTRELA
ÁRIES II

10 a 16 de janeiro
SEMANA DA DOMINAÇÃO
CAPRICÓRNIO III

Estruturas flexíveis

Este relacionamento se preocupa muito em revelar ou identificar suas estruturas ocultas, tais como rotinas diárias, regras de moralidade ou acordos tácitos. Ele funciona mais facilmente quando suas atividades e atitudes são estruturadas com flexibilidade. O relacionamento amoroso pode conseqüentemente ser difícil aqui, uma vez que é provável que as expectativas morais sejam rigorosas nessa combinação; se as tensões que isso causa puderem ser superadas, entretanto, esse tipo de rigor pode realmente ser benéfico para o relacionamento conjugal. Em qualquer área, a tendência a dominar dos representantes de Capricórnio III pode encontrar resistência inflexível em Áries II, que não gostam de ser controlados e certamente se rebelam contra as estruturas que esse relacionamento levanta. Por outro lado, os nascidos em Capricórnio III são inclinados ao culto de heróis (em geral algo remanescente da infância), e se vierem a idolatrar uma Estrela Áries II, podem ser menos rígidos.

A amizade entre esses dois pode ser magnífica. O compartilhamento, o apoio mútuo ao ego e uma postura extrovertida são características desse relacionamento não ameaçador. Os nascidos em Capricórnio III são muito físicos, e um representante de Áries II pode ser o companheiro perfeito para eles em atividades que vão de esporte e ginástica até aventura. Ambos os parceiros gostam de superar limites, sejam os próprios ou os recordes de livros. Este volta às estruturas existentes, dá forma ao relacionamento e também uma saída. O perigo aqui pode ser uma propensão a se meter em encrenca, sobretudo com figuras representantes da autoridade ou da lei.

Trabalhar juntos, como colegas ou como um par patrão-empregado, não é favorecido para esses dois, sobretudo se os nascidos em Capricórnio III forem especialmente inflexíveis. Um filho Áries II com freqüência tem de lutar para livrar-se do jugo de um irmão mais velho de Capricórnio III, sobretudo se for do mesmo sexo, mas se ocorrerem modificações estruturais nesse relacionamento como resultado, em geral são benéficas.

Conselho: *Cuidado com a fascinação pelo perigo. Infringir a lei pode se tornar um mau hábito. Expanda limites físicos, não morais. Torne as regras flexíveis. Evite rigidez mental.*

RELACIONAMENTOS

PONTOS FORTES: DIVERTIDO, ANIMADO, TRABALHADOR

PONTOS FRACOS: EXALTADO, ANTAGÔNICO, FRUSTRADO

MELHOR: CASAMENTO, COLEGAS

PIOR: FAMÍLIA

D.W. GRIFFITH (22/1/1895)
MARY PICKFORD (9/4/1893)

Griffith, o prodigioso produtor, diretor e dramaturgo dos primeiros tempos de Hollywood, também lançou talentosas atrizes, como Pickford, com quem teve um longo relacionamento. Com Charlie Chaplin e o então marido de Pickford, Douglas Fairbanks, criaram a United Artists. **Também: William & Catherine Booth** (casados; fundadores do Exército da Salvação); **Robert Sherwood & Alexander Woollcott** (amigos; escritores).

---

3 a 10 de abril
SEMANA DA ESTRELA
ÁRIES II

17 a 22 de janeiro
SEMANA DO MISTÉRIO E DA IMAGINAÇÃO
CÚSPIDE CAPRICÓRNIO-AQUÁRIO

Poucos momentos tediosos

É provável que este relacionamento seja animado e alegre. O par funciona particularmente bem no casamento, prometendo uma vida compartilhada interessante e bem-sucedida. Nenhum dos parceiros necessariamente forma um casamento tão estável com personalidades de outras semanas no ano, de modo que esse é um relacionamento de certa forma único para os dois, um nicho de permanência e segurança. Raramente há um momento de tédio em um lar de representantes de Áries II e Capricórnio-Aquário. O gosto deste por brincadeiras práticas encontra uma platéia nos nascidos em Áries II, mesmo quando são eles o objeto de troça de seu cônjuge. Ambos gostam de reuniões familiares, festas e celebrações. Caso tenham filhos, é provável que os criem um ambiente cordial e amoroso.

Mesmo no meio de tanta tranqüilidade doméstica há alguns problemas, envolvendo sobretudo gastos excessivos. Sublevações emocionais resultantes da oscilação do humor cíclico dos Capricórnio-Aquário também podem ser destruidoras e perturbadoras. Acessos de mau humor podem perturbar mais o caso amoroso entre esses dois, uma vez que ambos são exaltados, e sentimentos apaixonados ou instáveis aqui podem ser como gasolina no fogo. De fato, quando um caso entre esses dois dá errado, sobretudo se escondido ou ilícito, o relacionamento pode terminar dramaticamente em chamas.

É difícil para esses dois permanecerem amigos após uma ruptura. A amizade sem uma história de envolvimento pessoal ou físico íntimo pode da mesma forma não durar, pois pode envolver um alto nível de frustração ou tensão na manutenção da objetividade. Por outro lado, colegas de trabalho nascidos em Áries II e Capricórnio-Aquário podem construir um relacionamento sólido em torno de responsabilidade mútua, respeito e trabalho árduo. Trabalhar lado a lado, seja como cônjuges ou associados profissionais, é uma excelente forma para esses dois se conhecerem e desenvolverem a confiança necessária para sustentar seu relacionamento. Como irmãos, entretanto, podem não se dar bem de modo algum, devido a irritação e antagonismo mútuos.

Conselho: *Tente manter sob controle as oscilações de humor e o ânimo. Desenvolva a honestidade e a confiança. Atenha-se a um orçamento bem planejado. Minimize irritações.*

3 a 10 de abril
SEMANA DA ESTRELA
ÁRIES II

23 a 30 de janeiro
SEMANA DO GÊNIO
AQUÁRIO I

Sem volta

No âmago deste relacionamento há uma atitude permissiva que não somente admite mas exige liberdade, provavelmente minando qualquer tentativa de construir a fundação sólida que pode proporcionar longevidade e felicidade. Destruindo seus próprios esforços, o relacionamento lembra a imagem do homem que ateia fogo à ponte que deixou para trás, com freqüência incluindo, infelizmente, a própria ponte onde se encontra no momento. A questão aqui é se os aspectos positivos da combinação (excitação, dinamismo, impulsividade) fortalecem o relacionamento ou saem do controle. Se ocorrer o último, o relacionamento se autodestruirá. E mesmo no melhor dos casos, o positivo e o negativo estão tão intimamente relacionados aqui que um relacionamento ardente e vivo, sem qualquer estabilidade, é possível.

Os pináculos do relacionamento são celestiais, suas profundezas abismais. Sobretudo nos casos amorosos, um clímax estático contribui pouco para fazer os parceiros se sentirem mais seguros. Este é um relacionamento motivado mais por desejo do que necessidade, e somente terá continuidade se os parceiros desejarem um ao outro. Um incidente desfavorável pode ser o suficiente para desestimular esses amantes efêmeros. Pela mesma razão, o casamento nessa combinação provavelmente não resiste até que a morte os separe, de modo que pode ser sensato para eles viverem juntos como uma tentativa antes de marcarem o dia do casamento. Em casos excepcionais um casamento livre ou aberto pode conferir longevidade ao relacionamento, mas mesmo assim, esse casal deveria pensar cuidadosamente antes de ter filhos.

O nível de estresse e impaciência e a falta de comportamento até mesmo moderado em uma dupla formada por estas duas personalidades, excluem a maioria das situações profissionais. Como amigos ou membros familiares, os nascidos em Áries II e Aquário II combinam suas qualidades de fogo e ar em uma mistura explosiva que imediatamente favorece a ação e periodicamente prejudica seu progresso. Contanto que nenhum dos parceiros penetre no lado obscuro do outro, combinações de irmãos e pais-filhos podem evitar confrontos violentos, mas mecanismos desencadeadores e projeções psicológicas garantem que a qualquer momento as coisas podem começar a funcionar precariamente à vista de uma nova calamidade.

Conselho: *Apertar botões é fácil, manter suas mãos sem tocar neles não é. Torne as coisas mais fáceis e não mais difíceis. Minimize o estresse. Cultive a estabilidade. Moderação é a chave.*

RELACIONAMENTOS

PONTOS FORTES: EXCITANTE, DINÂMICO, INTERESSANTE

PONTOS FRACOS: INSTÁVEL, INSEGURO, AUTODESTRUTIVO

MELHOR: AMIZADE

PIOR: TRABALHO

M.W. NIRENBERG (10/4/1927)
ROBERT HOLLEY (28/1/1922)

Nirenberg e Holley dividiram, em 1968, o Prêmio Nobel de Medicina com o colega cientista H.G. Khorana. Sua descoberta de como os genes determinam a função celular abriu caminho para quebrar o código genético, uma grande contribuição à ciência moderna. Formaram uma dupla de pesquisadores dinâmica e eficiente.

---

3 a 10 de abril
SEMANA DA ESTRELA
ÁRIES II

31 de janeiro a 7 de fevereiro
SEMANA DA JUVENTUDE E DA DESPREOCUPAÇÃO
AQUÁRIO II

Poucas antipatias

Este relacionamento altamente pessoal salienta o prazer não desfigurado por enredos emocionais pesados e confusos. De forma interessante, no entanto, essas personalidades gostam de se socializar dentro do relacionamento, de modo que eles passam a maior parte do tempo sozinhos juntos – tanto assim que o par pode ter um limite curto, e podem terminar enfadados.

Embora apropriados para os nascidos em Áries II como amigos, amantes, companheiros ou membros familiares, os representantes de Aquários II sentem-se com freqüência atraídos por personalidades mais problemáticas e, aos seus olhos, mais excitantes, que talvez representem seu próprio lado sombrio, de modo que talvez não considerem que um Áries II preenche seus requisitos de modo algum. Conseqüentemente, embora a amizade e o amor possam ser leves e divertidos, a atração magnética pode não ser forte o suficiente para impedir que o representante de Aquário II se separe ou siga em frente. Da mesma forma, em geral, o casamento entre nascidos em Áries II e Aquário II não envolve laços sexuais ou românticos profundos. Por outro lado, um gosto compartilhado por viagem, entretenimento, decoração ou animais de estimação pode sobreviver a qualquer envolvimento apaixonado dessas personalidades com uma pessoa de outra semana do ano. Um estilo de vida solto, repleto do melhor que a vida tem a oferecer, pode estar guardado para esse par.

Uma vez que há uma apreensão com relação a envolvimentos românticos profundos, uma amizade envolvendo atividades sociais compartilhadas – talvez clubes – ou esforços físicos, tais como esportes coletivos: talvez seja a melhor aposta. Esta é uma das raras combinações que podem apreciar tanto trabalhar juntos quanto praticar esportes regularmente após o trabalho. Na realidade, poucas antipatias ou pontos de irritação em geral vêm à tona nesse relacionamento para separar os parceiros. Muito mais provável é uma sensação de solidão quando os parceiros estão juntos que os motive a olhar para outro lugar em busca de uma ligação mais significativa. Irmãos de Áries II e Aquário II são com freqüência muito íntimos quando crescem juntos, e podem morar juntos enquanto freqüentam a escola ou trabalhando como profissionais novatos. Contanto que questões financeiras e uma divisão eqüitativa de trabalho possam ser resolvidas, essa combinação pode conviver em harmonia por muitos anos, até mesmo como um relacionamento pai-filho que dura muito além da adolescência.

Conselho: *Seja firme. Aprenda a lidar com o que é bom e com o que é ruim. Esforce-se um pouco mais para chegar lá. Cuidado com a complacência e a dependência.*

RELACIONAMENTOS

PONTOS FORTES: HARMÔNICO, AGRADÁVEL, PRIVATIVO

PONTOS FRACOS: SUPERFICIAL, NÃO-EMOCIONAL, SOLITÁRIO

MELHOR: FAMÍLIA

PIOR: AMOR

BETTE DAVIS (5/4/08)
TALLULAH BANKHEAD (31/1/03)

Estas atrizes temperamentais tinham muito em comum. Na tela, se destacaram representando pessoas irascíveis e sofisticadas; fora das telas, eram tempestuosas, exigentes e rebeldes. Sua personalidade se fundiu em 1950 quando Davis, cuja carreira estava claudicante, voltou no papel de uma tempestuosa estrela da Broadway em *A Malvada* — um filme baseado na vida de Bankhead.

| RELACIONAMENTOS |

PONTOS FORTES: CLEMENTE, PROPENSO A ESQUECER, DIGNO DE CONFIANÇA

PONTOS FRACOS: BRIGUENTO, IRRITADO, PROVOCATIVO

MELHOR: CASAMENTO

PIOR: FAMÍLIA, TRABALHO

MIA FARROW (9/2/45)
ANDRE PREVIN (6/4/29)

A atriz Farrow e o maestro Previn tiveram gêmeos em 1968. Casaram-se em 1970, adotaram 3 meninas e tiveram outro filho. Seu relacionamento era íntimo e durou quase 10 anos.
Também: Michelle Phillips & Chynna Phillips (mãe/filha; cantoras); Boss Tweed & Samuel Tilden (político corrupto/adversários); E.Y. Harburg & Harold Arlen (compositores; parceiros).

3 a 10 de abril
SEMANA DA ESTRELA
ÁRIES II

8 a 15 de fevereiro
SEMANA DA ACEITAÇÃO
AQUÁRIO III

Novo conjunto de botões

O foco desse relacionamento pode ser uma preocupação com interpretações literais e uma recusa em deixar passar detalhes perturbadores. Esta combinação explosiva de fogo (Áries) e ar (Aquário) é inclinada à raiva e irritação, mas em um belo dia as nuvens da tempestade passam rapidamente e as brigas ou comentários injustos são logo esquecidos. A irritabilidade é o problema mais comum desse par, de modo que se os dois tiverem que se dar bem, um deles ou ambos devem ser mais firmes, talvez desenvolvendo todo um novo conjunto de botões que não podem ser apertados com facilidade. Portanto, é sempre melhor reprimir nos estágios iniciais discussões que começam por causa de detalhes insignificantes.

Como os nascidos em Aquário III valorizam tanto o comportamento aberto e natural, podem se ressentir da atenção que os outros dedicam às Estrelas Áries II. Tal ressentimento pode minar a amizade e despertar ciúme intenso no relacionamento amoroso. A insegurança dos nascidos em Aquário III pode aflorar se um parceiro ou cônjuge de Áries II for o objeto de muita atenção de um membro do sexo oposto. Os nascidos em Aquário III devem aprender a harmonizar suas emoções, ser menos reativos e talvez se sentirem orgulhosos de que tantos considerem seu parceiro tão desejável.

Como filhos, os nascidos em Aquário III são com freqüência receptivos e impressionáveis, portanto podem ser influenciados ou idolatrar uma Estrela Áries II, sobretudo se houver uma na família. Estas fixações com freqüência terminam em desilusão, uma vez que os nascidos em Áries II acham tão difícil quanto qualquer um viver de acordo com as expectativas dos representantes de Aquário III. Padrões semelhantes podem surgir quando esses dois são adultos, com os Áries II gostando mas às vezes também se arrependendo da atenção dos Aquário III. Quando a combinação não acontece por escolha, como em uma situação em família ou de trabalho, brigas podem se tornar incontroláveis, e seria melhor que o par se separasse.

Conselho: *Seja menos reativo. Ignore pequenas mágoas. Tente ver o quadro geral. Não leve tudo tão literalmente. Nem todo comentário é pessoal.*

| RELACIONAMENTOS |

PONTOS FORTES: IMAGINATIVO, ADMIRADOR, ENRIQUECEDOR

PONTOS FRACOS: FRUSTRADO, IRREAL, BLOQUEADO

MELHOR: FAMÍLIA, CASAMENTO

PIOR: TRABALHO

MARLON BRANDO (3/4/24)
MOVITA CASTANEDA (17/2/14)

Brando se casou com a atriz Castaneda enquanto filmava *Mutiny on the Bounty* (1960). Ele comprou a ilha tropical próxima de Taiti, chamada Tetiaroa, onde o filme foi rodado. Depois que as filmagens acabaram, ele se exilou lá com sua nova mulher, fugindo por algum tempo da realidade e das extravagâncias da vida em Hollywood. O casamento foi anulado em 1967.

3 a 10 de abril
SEMANA DA ESTRELA
ÁRIES II

16 a 22 de fevereiro
SEMANA DA SENSIBILIDADE
CÚSPIDE AQUÁRIO-PEIXES

Laços de imaginação

Enraizado na fantasia e no espiritual, este relacionamento pode perder o contato com a realidade diária. É essencial que seus parceiros trabalhem a objetividade, uma vez que o romance e a ilusão ameaça arrebatá-los.

Um problema pode se materializar em um caso amoroso quando um representante de Aquário-Peixes sensível, tentando expressar preocupação e compreensão por um Áries II, dá de cara com uma tempestade de paixão e desejo. Essa diferença no estilo pode causar mútua frustração. Mas a agressividade de um amigo ou amante nascidos em Áries II pode simplesmente incorporar o outro lado da psique sensível e passiva dos nascidos em Aquário-Peixes, um lado mais apaixonado com que eles nem sonham.

O casamento entre esses dois, seja ou não influenciado por modelos de infância, pode ser bom e em determinados casos magnífico. Tanto os nascidos em Aquário-Peixes e quanto em Áries II podem ter problemas ao se abrirem em um nível profundo, e a situação doméstica feliz que eles podem alcançar nesse relacionamento tende a ser a melhor terapia possível. Uma vida familiar idílica é possível aqui, com crianças e animais de estimação enriquecendo e assegurando o amor dos adultos. Um aviso: caso um dos parceiros traia a confiança do outro, separando o casal, poderá passar um longo tempo antes que o parceiro vitimado esteja pronto para trilhar outra vez o caminho do matrimônio – se o fizer.

Irmãos desta combinação podem ser extremamente íntimos na infância. Um irmão ou irmã de Áries II ou Aquário-Peixes com freqüência servem como um modelo na busca do adulto por um cônjuge ou companheiro. Como colegas de trabalho, os nascidos em Áries II e Aquário-Peixes podem conviver muito bem, de modo que seus laços fortes de imaginação e emoção interferem no trabalho à mão. Esses dois podem ter que se esforçar para permanecerem nos trilhos e realizarem suas tarefas.

Conselho: *Confiança é no mínimo tão importante quanto desejo. Tente ver as coisas como elas são. Busque seu próprio caminho. Não se defina pelos termos dos outros.*

3 a 10 de abril
SEMANA DA ESTRELA
ÁRIES II

23 de fevereiro a 2 de março
SEMANA DO ESPÍRITO
PEIXES I

Despertar

Este relacionamento mostra como indivíduos muito diferente podem ter um efeito positivo um sobre o outro pelo despertar de qualidades adormecidas que poderiam, de outra forma, seguir não expressas. A imagem central aqui é o renascimento: o relacionamento desperta características individuais há muito esquecidas e permite-lhe expressão criativa. Os nascidos em Áries II, por exemplo, tendem a ser mais ligados ao seu senso de eu do que em problemas e preocupações dos outros, mas têm a capacidade, com freqüência ignorada, de se entregarem sinceramente a uma causa. Os nascidos em Peixes I, por outro lado, são tipos devocionais que com freqüência têm dificuldade em se auto-definir e tendem a se colocar em um segundo plano em torno dos outros. Em um esforço conjunto, podem liderar uma causa envolvendo serviço e despertar social ou espiritual.

Um objetivo comum pode servir como a força propulsora desse relacionamento, e as áreas de interesse comum e expressão emocional que ele abre podem conduzir à amizade, ao amor ou ao casamento. A emotividade dos nascidos em Peixes I pode despertar sentimentos profundos em Áries II, enquanto a ambição propulsora dos nascidos em Áries II pode servir como um modelo para representantes de Peixes I que estão um pouco perdidos ou mal-orientados com relação à carreira. Pode haver problemas no relacionamento amoroso entre esses dois: os nascidos em Peixes I podem se desesperar com a incapacidade dos representantes de Áries II de expressarem sentimentos ou de mostrarem compreensão e empatia, enquanto os nascidos em Áries II às vezes acham os Peixes I necessitados e "grudados". Uma vez que os nascidos em Áries II devem se sentir livres para tomar suas próprias decisões, este relacionamento é com freqüência curto.

É mais provável que a longevidade se dê no casamento aqui. Com o passar dos anos, esses dois podem compensar as deficiências um do outro, e periodicamente insuflar vida nova em seu casamento. Como membros da família, podem desejar melhorar o bem-estar da unidade doméstica, sobretudo se não for vantajosa, e podem unir-se nesse interesse comum.

Conselho: *Use as diferenças como vantagem. Cuidado com atitudes condenatórias. Desenvolva a paciência e a compreensão. De vez em quando, comece tudo novamente.*

RELACIONAMENTOS

PONTOS FORTES: RENOVADOR, COMPLEMENTAR, VERSÁTIL

PONTOS FRACOS: RECALCITRANTE, IMPACIENTE, CONFUSO

MELHOR: TRABALHO

PIOR: AMOR

GEORGE HARRISON (25/2/43)
RAVI SHANKAR (7/4/20)

Shankar popularizou a música tocada com cítara fora da Índia, em turnês pela Europa em meados da década de 1950. Harrison, o espiritualizado Beatle, estudou com Shankar e adotou a cítara em sua música no final dos anos 1960.

---

3 a 10 de abril
SEMANA DA ESTRELA
ÁRIES II

3 a 10 de março
SEMANA DO SOLITÁRIO
PEIXES II

Gosto pela beleza

Este relacionamento freqüentemente centra-se na experiência estética, sobretudo na música, no teatro, nas artes e no desenho. Compartilhar preferências e aversões e explorar questões de gosto juntos estão entre as maiores alegrias desta combinação. Quando esses dois são companheiros ou amigos, os nascidos em Áries II também podem ansiar pela dádiva da intimidade com Peixes II após um dia difícil de luta contra moinhos de vento. Voltados para o exterior, eles raramente têm tempo ou talento para desligarem sua mente das principais atividades, sejam profissionais ou domésticas, e os nascidos em Peixes II têm a capacidade de conduzi-la por caminhos intrigantes da experiência humana, completamente livres das preocupações diárias.

O relacionamento pode se manifestar como um casamento frutífero, porém raro. O mundo pode ficar espantado que tais pessoas tão diferentes possam ser bem-sucedidas juntas, mas a capacidade dos nascidos em Peixes II de refletir profundamente, planejar e avaliar pode ser uma influência animadora e orientadora para a energia espontânea e dinâmica dos nascidos em Áries II. Também, quando os nascidos em Peixes II afundam em depressão, como às vezes acontece, o ponto de vista positivo do representante de Áries II pode ser indispensável. E ambos os parceiros são capazes de aprender a manterem-se afastado e a não se intrometerem nos estados de ânimo um do outro.

No entanto, muitos nascidos em Peixes II não se sentem atraídos inicialmente pelos representantes de Áries II, cuja natureza barulhenta, expansiva e egocêntrica com freqüência os repele. E os nascidos em Áries II podem achar a vida interior de muitos Peixes II intensa, embora intrigante, e ainda assim muito estranha para se envolverem. Conhecidos e sócios em atividades envolvendo questões estéticas ou atração física podem ser as situações mais íntimas que esses dois gostariam de ter um com o outro.

Os nascidos em Peixes II raramente têm suficiente ímpeto para acompanhar os representantes de Áries II no trabalho. Seu humor instável também pode ser contraproducente para realizar o trabalho no prazo, o que os ambiciosos Áries II não suportam. Como pais, essas personalidades reforçam a tendência um do outro de ser muito autocentrados para dar aos filhos a atenção que necessitam.

Conselho: *Desenvolva seu amor pela beleza. Tire algum tempo para ajudar os outros. Cuidado com a autocentralização. Lute contra a tendência ao humor instável.*

RELACIONAMENTOS

PONTOS FORTES: ESTÉTICO, GRATO, ADMIRADOR

PONTOS FRACOS: RABUJENTO, ESTRANHO, AUTOCENTRADO

MELHOR: CASAMENTO

PIOR: TRABALHO

PIERRE MONTEUX (4/4/1875)
MAURICE RAVEL (7/3/1875)

Um dos principais maestros do século XX, Monteux regeu exclusivamente o Balé Russo de Diaghilev em Paris, de 1911 a 1914, durante o qual estreou *Daphnis et Chloe*, de Ravel. Tornou-se um padrão popular no repertório da companhia de balé. **Também: Jan & Dean** (dupla de cantores).

RELACIONAMENTOS

PONTOS FORTES: SOLÍCITO, COMPREENSIVO, BEM-SUCEDIDO

PONTOS FRACOS: SEVERO, INCOMPREENSIVO, NECESSITADO

MELHOR: PARCERIA SOCIAL

PIOR: AMOR

PHIL LESH (15/3/40)
BILL KREUTZMANN (7/4/46)

O tamborista Kreutzmann e o baixista Lesh foram membros originais da lendária banda Grateful Dead e se apresentaram juntos desde os anos 1960. A banda se jacta da legião de fãs do "Deadhead" que carinhosamente preservam os valores e o estilo hippie.
Também: Marilu Henner & Judd Hirsch (co-estrelas, *Taxi*),

---

3 a 10 de abril
SEMANA DA ESTRELA
ÁRIES II

11 a 18 de março
SEMANA DOS DANÇARINOS E SONHADORES
PEIXES III

Necessitando ser essencial

Este relacionamento é orientado para a satisfação das necessidades individuais e a provisão de acalento, ajuda e compreensão. Ambos os indivíduos necessitam ser essenciais, mas de forma diferente; sua habilidade de criar um relacionamento duradouro depende do quanto cada um deles pode satisfazer as necessidades do outro, e de quão profundas são essas necessidades.

Em geral, os nascidos em Áries II gostam de realizar tarefas para os outros, sentindo-se deste modo indispensáveis. Com um parceiro de Peixes II, eles estão aptos a enfatizar sua própria necessidade ao apontar como o parceiro não é realista, nem ambicioso e nem mesmo prático, embora este não seja com freqüência o caso. Isto pode magoar os sentimentos profundos dos nascidos em Peixes III, que, embora apreciando a capacidade e determinação dos representantes de Áries II, não se sentem reconhecidos. Os nascidos em Peixes III precisam se sentir necessários emocionalmente, algo que os representantes de Áries II jamais admitiriam. Esses dois devem se tornar mais cientes de suas diferentes formas de demonstrar amor e aceitar que nem todas suas necessidades podem ser satisfeitas. Pode ser sensato para eles perceber que suas diferenças aqui residem em estilo, não em intenção.

Quando esse par é de amigos ou colegas, o lado filosófico dos nascidos em Peixes III provavelmente não é devidamente apreciado pelos Áries II, que podem ter mais uma orientação para a ação que para a especulação. Assim, a menos que compartilhem uma atividade ou ocupação comum, eles provavelmente não se tornam íntimos. A mente dos nascidos em Peixes III precisa divagar sobre a vasta arena da existência humana, explorando a profundidade de nossas teorias e crenças sobre nós mesmos. Os nascidos em Áries II são mais preocupados com o aqui e o agora. Para decepção dos nascidos em Áries II, os representantes de Peixes III com freqüência se vendem barato em termos dos objetivos pessoais que poderiam alcançar. Pais de Áries II, então, podem ser muito duros com seus filhos de Peixes II, os quais podem achar que eles deixam a desejar. Porém, estes dois podem ser bem-sucedidos em uma empresa, organização social ou equipe de trabalho, quando os nascidos em Peixe III realizam o planejamento e o trabalho intelectual e os nascidos em Áries II envolvem-se com a implementação.

Conselho: *Você prefere ficar sozinho? Aprecie o que tem enquanto ainda tem. Abra vias de simpatia e empatia. Desejos são tão importantes quanto necessidades.*

RELACIONAMENTOS

PONTOS FORTES: JUSTO, GENEROSO, SOCIÁVEL

PONTOS FRACOS: DISCORDANTE, FRUSTRANTE, DOMINADOR

MELHOR: COLEGAS

PIOR: CASAMENTO

J.P. MORGAN (17/4/1837)
NIKITA KHRUSHCHEV (17/4/1896)

Embora nascidos no mesmo dia, estes homens estão em pontos extremos em termos ideológicos: J.P Morgan, um do líderes do mundo capitalista e financeiro, fundou o Banco Morgan e a US Steel; o anticapitalista Khrushchev liderou a Rússia no auge de sua fase comunista. Uma preocupação comum, entretanto, foram as ferrovias. Morgan as reorganizou no leste dos Estados Unidos; Khrushchev dirigiu a construção de ferrovias em Moscou.

---

11 a 18 de abril
SEMANA DO PIONEIRO
ÁRIES III

11 a 18 de abril
SEMANA DO PIONEIRO
ÁRIES III

Luta constante

O tema predominante desse relacionamento pode infelizmente ser a frustração, pois em muitas áreas da vida essa não é uma combinação realista. Os nascidos em Áries III estão em geral envolvidos em fazer coisas com e para outras pessoas – planejamento, organização, execução, manutenção – mas raramente permitem que os outros façam qualquer coisa para eles. Espera-se bastante briga nesse relacionamento, então, sobre quem fará o quê. Pelo lado positivo, esses dois certamente atraem uma corrente constante de pessoas que vão e vêm, e esse tipo de atividade pode ser suficiente para mantê-los satisfeitos.

Dois representantes de Áries III vivendo juntos ou tendo um caso amoroso podem ter dificuldades insuperáveis com o decorrer do tempo. Geralmente guiados por idéias fixas e ideologias, eles podem se envolver em uma luta constante por supremacia, a menos que possuam pontos de vista exatamente iguais ou pelo menos semelhantes. Deveriam se envolver com personalidades diferentes das deles, com pessoas que tenham outras necessidades que possam satisfazer. As coisas podem ficar extremamente difíceis para filhos expostos a conflitos em um casamento entre Áries III e Áries III, e ainda piores na situação "perfeita" de ambos os pais compartilharem as mesmas crenças, quando os filhos só têm a esperar de um conjunto rígido de padrões, sem qualquer chance de apelar para algum outro ponto de vista.

É provável que a amizade e os relacionamentos familiares entre esses representantes se ressintam de conflitos ideológicos, mas se pelo menos um dos parceiros for diplomata, como essas personalidades podem de fato ser, é possível haver concessão mútua em termos de idéias e energia. Como os nascidos em Áries III têm habilidades sociais bem desenvolvidas e necessitam de muita interação social, é provável que entrem em acordo quanto à necessidade de contribuir para o bem-estar dos outros. Desentendimentos fortes podem aflorar com relação a como e quando tais contribuições devem ser feitas, porém essas diferenças podem ser resolvidas se os objetivos comuns forem mantidos à vista. Como colegas de trabalho, os dois podem realizar muito e alcançar o sucesso em uma ampla variedade de esforços, contanto que mantenham sua necessidade de domínio sob controle. Seu senso inato de justiça e sua sensibilidade para o bem do grupo ajuda a tornar isto possível.

Conselho: *Mantenha suas idéias sob controle. Seja flexível. Evite uma postura monolítica. Descanse bastante. Trabalho árduo nem sempre se faz necessário.*

11 de abril a 18 de abril
SEMANA DO PIONEIRO
ÁRIES III

19 a 24 de abril
CÚSPIDE DO PODER
CÚSPIDE ÁRIES-TOURO

Rivalidade estimulante

Este par é com freqüência extremamente dramático e crítico. Tanto os nascidos em Áries III quanto em Áries-Touro são indivíduos obstinados e resolutos, e seu relacionamento amplifica estas características em tal grau que eles podem discutir praticamente tudo o que deve ser feito. Porém a combinação é poderosa se unida e voltada para o exterior, de modo que sua capacidade tanto para atacar quanto para defender possa garantir a segurança e a estabilidade dos que estiverem ao redor, sejam membros da família ou colegas de trabalho. Como indivíduos, os nascidos em Áries-Touro e Áries III são rivais temíveis em matéria de carreira e amor, e uma vez que nenhum admite a pronta derrota, seu combate verbal afiado pode ser prolongado e prejudicial.

Estas duas personalidades são muito físicas, e é provável que seu caso amoroso seja intenso realmente, sobretudo sexualmente. Os nascidos em Áries III tendem a negar suas emoções, mas com um Áries-Touro eles podem expressar sentimentos bastante teatrais. E enquanto os nascidos em Áries-Touro podem ser dados a protelar, a atitude crítica e as demonstrações dramáticas desse relacionamento podem ter o efeito de estimular essas personalidades recalcitrantes para a ação.

A amizade entre esses dois é uma boa aposta. Ambos os parceiros são em geral responsáveis em se desincumbirem de suas obrigações como amigos. Extremamente capazes, pode-se contar com eles em atividades conjuntas – para fazer preparativos de viagem, reservas, pagamentos (talvez um pouquinho tarde, porém), ou checar para que um carro alugado seja devolvido em pelo menos tão bom estado quanto foi entregue. Os nascidos em Áries III têm mais necessidade de atividade física, e a química aqui pode ser catalisadora para os representantes de Áries-Touro: em geral contentes em descansar na praia, eles podem em contrapartida mergulhar, praticar vôo livre ou montanhismo. O relacionamento também pode ter o efeito de estimular os nascidos em Áries III a serem mais abertamente afetuosos e gratos do que normalmente.

Conselho: *Ser capaz de admitir fraqueza pode ser um sinal de força. Não questione tudo. Aprenda a relaxar. Esvazie-se – para que você possa recarregar-se.*

RELACIONAMENTOS

PONTOS FORTES: OUSADO, ESTIMULANTE, RESPONSÁVEL

PONTOS FRACOS: HIPERCRÍTICO, CHEIO DE VONTADES, DANOSO

MELHOR: AMIZADE

PIOR: TRABALHO

OLEG CASSINI (11/4/13)
JAYNE MANSFIELD (19/4/32)

Este famoso designer do guarda-roupa de Jackie O. era conhecido por sua fixação erótica em mulheres. Seu ardente caso com Mansfield, *sex appeal* de filmes hollywoodianos dos anos 1950 e 1960, foi alvo de ampla publicidade. Mansfield morreu em um acidente de carro em 1967. **Também: Charlie Chaplin & Harold Lloyd** (cômicos rivais do cinema mudo).

---

11 a 18 de abril
SEMANA DO PIONEIRO
ÁRIES III

25 de abril a 2 de maio
SEMANA DA MANIFESTAÇÃO
TOURO I

Comer para viver *versus* viver para comer

Este relacionamento poderia fornecer material para um livro completo sobre o poder. Embora tanto os nascidos em Áries III quanto em Touro I sejam tipos altamente dominadores, expressam essa característica de forma muito diferente: os nascidos em Áries III são fustigados pelo desejo de liderar os outros, e de andarilhar pelo mundo, enquanto os nascidos em Touro I podem ficar muito contentes em se sentar em casa ou em um escritório contanto que saibam que outras pessoas estão implementando suas idéias. Em ambos os casos, todavia, cantar de galo é uma exigência constante, o que pode tornar difícil ou impossível um casamento ou outra situação de convivência permanente entre esses dois. Eles podem evitar conflitos se puderem negociar uma divisão rigorosa de obrigações e esferas de influência na família ou no grupo, mas será difícil.

Para citar um exemplo: comida. O que os nascidos em Touro I comem é muito importante para eles, e muitos deles têm grande inclinação para cozinhar. Por outro lado, os nascidos em Áries III são propensos a comer o que quer que esteja à mão, usando a comida simplesmente como combustível. Pode-se dizer que os nascidos em Áries III comem para viver enquanto os representantes de Touro I vivem para comer. Também importante para os nascidos em Touro I são outros tipos de bens materiais, em particular a mobília da casa, o que pode não ter muita importância para os aventureiros Áries III. Lutas sérias por poder afloram quando os nascidos em Áries III insistem que comida e mobília de qualidade são itens que os que moram com eles podem e deveriam ser capazes de viver sem.

Devido à sua resistência física e devoção à idéia díspares, os nascidos em Áries III e Touro I podem ter pouco a compartilhar em um relacionamento amoroso ou casamento. Como amigos, os nascidos em Touro I têm necessidade de expressar compreensão e afeição, enquanto os representantes de Áries III podem aparentar desinteresse e tentar manter sob controle suas emoções (embora não sem ocasionais acessos). A amizade entre esses dois é com freqüência construída em torno de um envolvimento com instituições sociais, comunitárias e familiares, pois nenhum dos parceiros gosta de ficar sozinho por muito tempo.

Conselho: *Doadores devem aprender a receber. Aceitar ajuda não torna alguém um fraco. Viajar no poder pode ser perda de tempo e energia. Fique frio.*

RELACIONAMENTOS

PONTOS FORTES: PERSEVERANTE, ORIENTADO PARA IDÉIAS, SOCIAL

PONTOS FRACOS: DOMINADOR, VIAJA NO PODER, CONFLITUOSO

MELHOR: TRABALHO COMUNITÁRIO E SOCIAL

PIOR: AMOR

DAVID LETTERMAN (12/4/47)
JAY LENO (28/4/50)

Estes proeminentes humoristas tornaram-se arqui-rivais competindo para tirar o lugar do apresentador Johnny Carson do *Tonight Show* na NBC. Leno venceu e uma guerra de números se iniciou entre eles. Letterman, irritado com a NBC, mais tarde se transferiu para o *Late Night Show* da CBS.

| RELACIONAMENTOS |

PONTOS FORTES: JUSTO, TOLERANTE, ÉTICO

PONTOS FRACOS: ESTRITO, HIPERMORALISTA, NEGLIGENTE

MELHOR: CASAMENTO

PIOR: AMOR

JOHN HODIAK (16/4/14)
ANNE BAXTER (7/5/23)

Hodiak, um popular ator dos anos 1940 e 1950, se casou com a atriz Baxter em 1946. Baxter, neta do arquiteto Frank Lloyd Wright ganhou um Oscar por *O Fio da Navalha* (1946) e fez o papel da jovem astuta em *A Malvada* (1950). O casal se divorciou em 1953.

---

11 a 18 de abril
SEMANA DO PIONEIRO
ÁRIES III

3 a 10 de maio
SEMANA DO PROFESSOR
TOURO II

Nobres ideais

A base desse relacionamento pode ser um intenso interesse em igualdade social, apoiado por ideais firmes e elevados padrões éticos. Tanto os nascidos em Áries III quanto em Touro II têm forte senso de responsabilidade para com seus companheiros, e são justos e responsáveis na relação diária com outros. Ambos não gostam de discriminação de qualquer forma. Seu relacionamento, então, muitas vezes assume o papel de protetor dos fracos e oprimidos. Organizações filantrópicas ou sociais se beneficiam dos esforços dessa combinação, a qual também pode formar uma excelente parceria para conduzir um negócio ou um grupo social.

É provável que a amizade funcione bem aqui com relativamente poucos problemas. Mas não necessariamente significa que sentimentos românticos ou sexuais entre Áries III e Touro II possam se desdobrar em um caso amoroso. Estas personalidades sentem-se com muita freqüência apaixonadamente atraídas por pessoas muito diferentes delas mesmas – sobretudo pessoas que estão em desvantagem, são incomuns ou exóticas, ou que possuam formações bastante divergentes em termos raciais, sociais ou nacionais.

O par formado por Áries III e Touro II pode ter um excelente casamento, contanto que os parceiros não sintam que estão comprometendo seus ideais elevados. Podem ter filhos, que crescem em um ambiente de tolerância e nobres padrões, mas ambos os pais devem ter cuidado para não impor seus princípios de forma muito rigorosa à sua prole, que pode se sentir frustrada e rebelar-se a menos que se sintam livres para fazer suas próprias escolhas. No envolvimento com pessoas fora da família, além disso, esses dois deveriam tomar cuidado para não descuidar das necessidades dos próprios filhos.

Irmãos de Áries III e Touro II podem contribuir muito para a estabilidade e felicidade da família. Um relacionamento entre pais e filhos dessa combinação pode ser construído havendo forte respeito mútuo e uma ênfase na confiança e no caráter que podem continuar na vida adulta. O único perigo aqui é a excessiva dependência ou o culto ao herói, que ata filhos aos pais e retarda seu crescimento e sua maturidade.

Conselho: *Às vezes é melhor reprimir padrões elevados de moral e permitir a expressão individual. Evite atitudes condenatórias. Não despreze os sentimentos.*

| RELACIONAMENTOS |

PONTOS FORTES: EXCITANTE, VIBRANTE, DIVERTIDO

PONTOS FRACOS: INSTÁVEL, DESCOMPROMISSADO, RESSENTIDO

MELHOR: AMIZADE

PIOR: CASAMENTO

MARTHA GRAHAM (11/5/1894)
MERCE CUNNINGHAM (16/4/19)

Graham, a "mãe da dança moderna", juntamente com a solista Cunningham, criaram a "coreografia livre". Cunningham mais tarde se tornou líder do movimento *avant-garde* na dança contemporânea. **Também: Charlie Chaplin & Oona O'Neill** (casados; ator/filha de dramaturgo); **Catarina de Medici & Margaret de Valois** (filha/mãe); **Peter Behrens & Walter Gropius** (arquitetos da Bauhaus).

---

11 a 18 de abril
SEMANA DO PIONEIRO
ÁRIES III

11 a 18 de maio
SEMANA DO NATURAL
TOURO III

Estabelecendo um foco

Uma questão determinante nesse relacionamento é se ele pode constituir uma base de estabilidade e foco. Embora a ambição focalizada em geral não é marca de nenhuma das personalidades individualmente, juntas elas têm a capacidade de realizar sonhos. Para isso, precisam superar diferenças em seus pontos de vista e entrar em acordo. Não que eles discutam e briguem; apenas é difícil encontrarem objetivos que sejam igualmente importantes para ambos. Uma vez que consigam, é surpreendentemente fácil para eles alcançar o sucesso.

Como amigos e amantes, os nascidos em Áries III e Touro III podem ter momentos ótimos. Ambos têm senso de humor e gosto por atividades grupais, e seu relacionamento pode ser empolgante, vibrante e vivo. Os nascidos em Áries III devem ter cuidado, no entanto, para não assumir a posição de doador, sacrificando seu próprio conforto em prol do parceiro de Touro III mais irresponsável. O casamento entre representantes de Áries III e Touro III pode ter problema para conseguir estabilidade; diferenças de valores, objetivos e filosofia podem provocar rachas e proibições. Uma solução pode ser o casamento livre e aberto, no qual cada parceiro busca seu próprio estilo de vida idiossincrático, se comprometendo com o formato do casamento, mas não aceitando suas limitações.

Na esfera familiar há problemas. Filhos representantes de Touro III podem cansar-se da ideologia e idéias estranhas de um pai Áries III, pois estes indivíduos naturais necessitam acima de tudo ser eles mesmos e seguir seus impulsos espontâneos, por mais chocantes que sejam. Da mesma forma, filhos representantes de Áries III podem não conseguir a segurança e a consistência que necessitam de um pai Touro III, que eles podem ver como excêntrico e irresponsável.

Como colegas de trabalho ou sócios, os nascidos em Áries III e Touro III têm pouco em comum. Mais entrosados jogando do que trabalhando juntos, como equipe eles carecem de seriedade e envolvimento profissional com valores financeiros e organizacionais. Ainda podem trabalhar bem como parte de um grupo, desenvolvendo novos conceitos e idéias, sobretudo em design, moda, propaganda ou outras áreas relacionadas com o gosto e interesse do público em geral.

Conselho: *Ouça a outra parte. Leve tudo um pouco mais a sério. Encontre uma base sólida para suas atividades. Empenhe-se mais se puder.*

11 a 18 de abril
SEMANA DO PIONEIRO
ÁRIES III

19 a 24 de maio
SEMANA DA ENERGIA
CÚSPIDE TOURO-GÊMEOS

Profunda educação

Este relacionamento se especializa no aprendizado e ensinamento de profundas lições: ambas as personalidades são amigas e conselheiras maravilhosas uma para a outra. Os nascidos em Áries III tendem a chamar à realidade, a direcionar os energéticos representantes da cúspide Touro-Gêmeos e a confrontá-los com a inutilidade de seus medos, preocupações e obsessões; também sabem como encantar os bem-humorados Touro-Gêmeos fazendo-os rir não somente das fraquezas humanas em geral mas também das suas próprias, o que os ajuda a acalmar a ansiedade. Em troca, os nascidos em Touro-Gêmeos com freqüência fascinam os representantes de Áries III e os inspiram a atingir novos patamares de criatividade. É justo dizer, contudo, que os nascidos em Touro-Gêmeos em geral recebem mais do que dão nessa combinação.

Embora o relacionamento seja particularmente bom na análise de emoções profundas, pode não ser tão eficaz na sua expressão diária. Essa combinação pode não ser ideal para o amor ou casamento, uma vez que a paixão tende a ser tão elétrica aqui quanto em uma tempestade de verão. Um caso amoroso entre representantes de Áries III e Touro-Gêmeos será inesquecível para ambos, não por sua longevidade ou profundidade, mas, em geral, por surgir tão rapidamente quanto desaparece.

Pacientes e compreensivos, os nascidos em Áries III podem ser excelentes pais representantes de Touro-Gêmeos. Filhos de um representante de Touro-Gêmeos nascidos em Áries III têm menos sorte; pois eles não gostam da preocupação e intromissão obsessiva dos pais. Como irmãos, esses dois podem deixar exaustos outros membros familiares, que se surpreendem com seus gestos cheios de energia e a corrente interminável de pensamento e discurso que advém deles.

Brilho, excitação, inspiração: o relacionamento entre representantes de Áries III e Touro-Gêmeos pode ser tudo isso, mas não é prático. Aventuras comerciais e projetos sociais começam como uma casa em chamas, com a melhor das intenções e repletas de confiança, somente para fracassar ou simplesmente gorar. É possível, no entanto, que essa dupla nem mesmo perceba isso – mais provavelmente eles já partiram para um próximo projeto.

Conselho: *Procure honestidade emocional. Empenhe-se por autoconhecimento. Preste atenção nas preocupações práticas diárias. Cuidado com o orçamento.*

RELACIONAMENTOS

PONTOS FORTES: EDUCATIVO, INTENSO, MENTALMENTE ÁGIL

PONTOS FRACOS: PRECIPITADO, VOLÚVEL, INCONSCIENTE

MELHOR: AMIZADE

PIOR: TRABALHO

ANATOLY KARPOV (23/5/51)
GARRY KASPAROV (13/4/63)

Estes 2 gigantes russos do xadrez mantinham uma rivalidade criativa e espirituosa. Karpov foi campeão mundial de 1975 até Kasparov derrotá-lo em seu primeiro encontro, em 1985. Karpov desde então tenta em vão recuperar o título.
Também: Charlie Chaplin & Douglas Fairbanks (grandes amigos; atores).

---

11 a 18 de abril
SEMANA DO PIONEIRO
ÁRIES III

25 de maio a 2 de junho
SEMANA DA LIBERDADE
GÊMEOS I

Influência que puxa para o chão

Embora Áries seja um signo de fogo e Gêmeos de ar, esse relacionamento tem o efeito de puxar para o chão ambas as personalidades, mostrando a influência do elemento terra. A energia marciana (Áries) e mercuriana (Gêmeos) também se une em torno dos projetos dessa dupla e em torno dos problemas técnicos em que eles são especialistas em solucionar; na realidade eles podem realizar muito juntos, pois seu relacionamento pode fazer com que fiquem parados o tempo suficiente para se concentrarem. Porém, deveriam saber que a influência do elemento terra no relacionamento leva tempo para ser sentida e para ajudá-los a aprender e crescer.

Os nascidos em Áries III na amizade com os nascidos em Gêmeos I são em geral muito compreensivos com relação à sua necessidade de mudanças constantes e não tentam restringi-los. E os princípios absolutos em que Áries III tende a acreditar incitam a curiosidade dos Gêmeos, podem lançar farpas irônicas ou sarcásticas que magoam ou aborrecem seu parceiro representante de Áries III. Como amantes ou companheiros, esses dois inicialmente têm momentos muito estimulantes, mas o ritmo fica mais lento à medida que se conhecerem. Os nascidos em Gêmeos I também podem ter dificuldade em permanecer fiéis aos Áries III, que provavelmente demonstram pouca compreensão pela vagabundagem dos Gêmeos I. finalmente, no entanto, o relacionamento se estabelece em algo bem estável. Interações pais-filhos podem ter menos influência do elemento terra do que casamentos; pais Áries III provavelmente inibem a necessidade de liberdade dos nascidos em Gêmeos I, enquanto pais Gêmeos I, que não compreendem realmente os ideais nobres e o código de honra dos nascidos em Áries III podem se tornar distantes, cínicos ou tirânicos.

Como parceiros em projetos de trabalho, sobretudo de natureza conceitual, esses dois podem se comunicar com a velocidade da luz. Juntos eles têm uma excelente percepção para o gosto do cliente e a estratégia dos concorrentes comerciais. O ataque dos nascidos em Gêmeos I mistura-se bem com a defesa dos representantes de Áries III, de modo que essa dupla pode formar uma equipe comercial formidável.

Conselho: *Desenvolvam sua força organizacional. Aprendam um com o outro. Sem entrar em conflito, aprofundem os laços emocionais. Compreenda e aceite.*

RELACIONAMENTOS

PONTOS FORTES: TÉCNICO, ESTABILIZADOR, COMUNICATIVO

PONTOS FRACOS: INIBIDOR, SARCÁSTICO, ANTIPÁTICO

MELHOR: TRABALHO

PIOR: PAIS-FILHOS

TONY DOW (13/4/45)
JERRY MATHERS (2/6/48)

Dow e Mathers fizeram o papel dos irmãos Cleaver, Wally e Theodore ("Beavee"), no popular sitcom dos anos 1950 *Leave It to Beaver*. Os atores (na foto com a mãe da tevê) trabalharam bem um com o outro durante os seis anos de popularidade do show.
Também: Henry Kissinger & Nancy Kissinger (casados).

RELACIONAMENTOS

PONTOS FORTES: MAGNÉTICO, VULNERÁVEL, COMPLEXO

PONTOS FRACOS: DESCONCERTANTE, INCOMPREENSIVO

MELHOR: AMOR

PIOR: AMIZADE

PAULETTE GODDARD (3/6/11)
CHARLIE CHAPLIN (16/4/1889)

A atriz Goddard co-estreou com Chaplin no filme clássico de 1936 *Tempos Modernos*, casando-se com ele no mesmo ano. Comparado aos seus 2 casamentos anteriores, com garotas de 16 anos, este foi um relacionamento maduro em que ambos se curtiram mutuamente. **Também: Mary Healy & Peter Lind Hayes** (personalidades do rádio).

---

11 a 18 de abril
SEMANA DO PIONEIRO
ÁRIES III

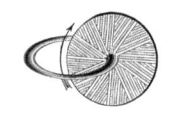

3 a 10 de junho
SEMANA DA NOVA LINGUAGEM
GÊMEOS II

Charme sedutor

Este é um relacionamento caracterizado pela atração magnética e pelo charme sedutor, cada parceiro sendo extremamente vulnerável ao apelo sexual do outro. Mas embora a atração sexual seja um dado aqui, o envolvimento emocional mais parece uma luta, uma vez que ambos os parceiros tentam manter seus sentimentos sob controle e parecer frios e serenos. Mesmo assim, o relacionamento com freqüência os leva a profundidades de envolvimento que nenhum pode ter alcançado antes. Sendo assim, eles podem achar difícil ou impossível se separar.

A amizade entre esses dois com freqüência é marcada por mal-entendidos mútuos, que podem provocar estranhamento. Os nascidos em Áries III podem achar a linguagem altamente pessoal de Gêmeos II difícil de compreender. O lado divertido de ambos os parceiros em geral garante-lhes bons momentos juntos em festas e outros eventos sociais, mas os nascidos em Gêmeos I necessitam ventilar idéias, com freqüência de forma crítica, mordaz ou sarcástica. Isso pode provocar uma tensão considerável em um relacionamento conjugal ou familiar. Os ideais pessoais dos representantes de Áries III não são respeitados pelos Gêmeos II, que apontam a inconsistência e a falta de base da crença de seus parceiros com precisão inclemente.

Os nascidos em Áries III podem ser excelentes modelos de pais para jovens representantes de Gêmeos II, que os admiram e confiam neles. Pais Gêmeos II, todavia, são inclinados a se intrometer na vida de filhos Áries III e a se preocupar com atitudes não realistas, o que somente pode torná-los rebeldes. Irmãos Áries III e Gêmeos II podem criar laços fortes, mas com freqüência desafiam e combatem um ao outro quando jovens e na vida adulta, sobretudo em discussões sobre quem irá desempenhar as responsabilidades familiares.

Conselho: *Encontre um equilíbrio entre desapego e apego. Empenhe-se por honestidade emocional mas cultive a bondade e o respeito. Dê o suficiente.*

RELACIONAMENTOS

PONTOS FORTES: NATURAL, VERSÁTIL, ESTIMULANTE

PONTOS FRACOS: RASO, SONHADOR, INSATISFEITO

MELHOR: FAMÍLIA, AMIZADE

PIOR: AMOR

CLARENCE DARROW (18/4/1857)
RICHARD LOEB (11/6/05)

Em seu julgamento mais famoso, o advogado Darrow defendeu Loeb, que confessou (junto com o cúmplice Leopold) ser um "emocionante assassino" de Chicago. Darrow conseguiu assegurar à dupla a prisão perpétua e não a execução. **Também: Charlie Chaplin & Stan Laurel** (Laurel começou como substituto de Chaplin).

---

11 a 18 de abril
SEMANA DO PIONEIRO
ÁRIES III

11 a 18 de junho
SEMANA DO EXPLORADOR
GÊMEOS III

Recuando fronteiras

Este relacionamento pode facilmente focalizar-se no mundo natural – explorando, ou preservando o ambiente, por exemplo. A combinação pode ser excelente para uma amizade ou um casamento baseado no desafio, em viagens, em investigações e em geral sondando limites espaciais e temporais, em casa ou fora dela. Além disso, onde quer que estes dois possam vagar, seu relacionamento os faz se sentir à vontade, relaxados e naturais física e mentalmente.

Os nascidos em Áries III encontram nos representantes de Gêmeos III seu companheiro de aventura como desbravamentos, caminhadas, montanhismo, natação ou vôo. Os nascidos em Gêmeos III em geral são incapazes de se prender a um parceiro por muito tempo sem procurar por novos interesses e horizontes; mas estas personalidades extremamente independentes gostam de ter um parceiro que seja igualmente livre, de modo que eles possam evitar a culpa, o cuidado ou a preocupação que poderiam sentir com relação a alguém mais dependente. Esses dois não podem explorar maiores profundidades emocionais que lhes forneçam material para uma história de sentimentos compartilhados, lutas particulares e problemas pessoais a que pudessem recorrer em tempos de estresse ou de problema. Fazem bem então em manter tudo muito leve, evitando discussões ou confrontações pesadas.

Irmãos Áries III e Gêmeos III, sobretudo do sexo oposto, podem ser excelentes companheiros de viagem. Este também pode ser um ótimo relacionamento pai-filho; independentemente de qual dos dois é o adulto, ao filho será garantida uma gama de atividades e interesses variados, e sua necessidade de desafio será compreendida. O estímulo mútuo que marca desse relacionamento também pode se manifestar no trabalho, onde um representante de Áries III e Gêmeos III podem confortavelmente compartilhar tarefas como colegas de trabalho, ou dirigir um negócio inovador e dinâmico juntos.

Conselho: *Não evite os problemas. Vá mais fundo emocionalmente. Trave a boa luta. Às vezes é necessário sofrer. Reconheça suas necessidades.*

11 a 18 de abril
SEMANA DO PIONEIRO
ÁRIES III

19 a 24 de junho
CÚSPIDE DA MAGIA
CÚSPIDE GÊMEOS-CÂNCER

Doce demais?

Esse relacionamento pode conter uma espécie de charme sedutor para seus participantes e ao mesmo tempo os torna irresponsavelmente rebeldes com relação a suas atitudes exigentes e cansativas. Na verdade, seu poder sedutor pode ser bom até demais.

Os nascidos em Áries III podem começar com sentimentos muito protetores em relação aos nascidos em Gêmeos-Câncer, e uma vez que sua simpatia é despertada, falta apenas um pequeno passo para que se apaixonem. Sedutores ao extremo, os nascidos na cúspide Gêmeos-Câncer podem estar inconscientemente conduzindo Áries III sem perceber. Na realidade, os nascidos em Gêmeos-Câncer são mais capazes de devoção do que os representantes de Áries III, que podem se sentir pouco à vontade com o grau dos sentimentos dos Gêmeos-Câncer, e dessa forma serem forçados a se rebelar. Por outro lado, contudo, como um caso amoroso esse relacionamento pode funcionar bem.

Caso surja um casamento, os nascidos na cúspide Gêmeos-Câncer são muito reservados para se sentirem felizes com o tipo de ambiente com o qual Áries III se cerca, sobretudo em casa. Conflitos territoriais também podem surgir, porque esses dois, e mais especialmente os nascidos em Gêmeos-Câncer, precisam considerar sua casa como realmente sua. Para que o casamento tenha uma chance de sobreviver, ambos precisam aprender a dividir, adaptar-se e acomodar-se.

Em família, os nascidos na cúspide Gêmeos-Câncer podem proporcionar a compreensão emocional que os nascidos em Áries III precisam, mas provavelmente não terão retorno. Tanto como pais ou irmãos, os nascidos em Áries III são provavelmente superprotetores e sufocam o desenvolvimento dos representantes de Gêmeos–Câncer. A amizade entre esses dois provavelmente tem um efeito positivo sobre os nascidos em Gêmeos-Câncer, levando-os a ter mais contato com o mundo ao seu redor. Os nascidos em Áries III também se beneficiam ao poder contar com um solidário ombro em que se apoiar e chorar. Como colegas, esses parceiros irão desconfiar do charme do relacionamento de um com o outro até que um ou outro entorne o caldo.

Conselho: *Concorde nas questões domésticas. Reduza o intercâmbio, mas não se isole. Desenvolva responsabilidade e confiança.*

RELACIONAMENTOS

PONTOS FORTES: DEVOTADO, PROTETOR, COMPREENSIVO

PONTOS FRACOS: DETESTÁVEL, TERRITORIAL, REBELDE

MELHOR: AMOR

PIOR: TRABALHO

SIRAMAVO BANDARANAIKE (17/4/16)
RANASINGER PREMADASA (23/6/24)

Bandaranaike, de Sri Lanka (Ceilão), foi a primeira primeira-ministra mulher do mundo (1960-65, 1970-77). Nos anos 1980, ela foi expulsa do Parlamento por abusos políticos. Na candidatura seguinte, em 1988, ela perdeu para Premadasa, o primeiro presidente de uma casta inferior. Conflitos internos culminaram no assassinato deste, em 1993. **Também: Nikolai Gumilev & Anna Akhmatova** (casados; poetas russos).

---

11 a 18 de abril
SEMANA DO PIONEIRO
ÁRIES III

25 de junho a 2 de julho
SEMANA DA EMPATIA
CÂNCER I

Encher completamente

Esse relacionamento pode girar em torno de energia, seja quando a questão é decidir qual pode ser o melhor uso e a aplicação de suas energias, quando se trata de compreender quais são as suas exigências em relação à energia e ainda como ela está sendo alcançada. Isso envolve muita discussão, o que consume grande quantidade de energia. É importante para esses dois verbalizar suas necessidades e aprender a se concentrar - eles podem ter grande quantidade de combustível, mas não saber quando e como encher o tanque.

Os nascidos em Áries III freqüentemente têm energia para dar, mas não compreendem o representantes de Câncer I bem o suficiente para saber como dar esta energia. E como eles são extremamente devotados e estão sempre prontos para ajudar a humanidade em geral e também os indivíduos em particular, as necessidades profundas e difíceis de satisfazer dos nascidos em Câncer I podem ser demais para eles. Essa é um razão pela qual esse relacionamento requer extraordinária e incessante energia. Mesmo um representante de Áries III experiente e cheio de vitalidade pode sentir-se frustrado ao tentar satisfazer um amante, amigo ou cônjuge de Câncer I. Por outro lado, os nascidos em Câncer I sempre compreendem as necessidades de Áries III, mas em geral lhes falta disposição para acompanhá-los, que dirá satisfazê-los.

Ainda assim, essa dupla pode constituir uma excelente equipe de negócios. Os nascidos em Câncer I têm grande habilidade para lidar com dinheiro e podem ser ótimos investidores; também são eficientes em criar uma base em casa e manter as coisas funcionando, enquanto os nascidos em Áries III abrem espaço em outros lugares, conquistando novas contas e clientes ou vendendo um produto. A iniciativa e o poder de perseguir objetivos são mais acentuados em Áries III, que pode de tempos em tempos ter que dar um empurrãozinho em Câncer I para mantê-lo ativo. Infelizmente, a menos que os nascidos em Câncer I estejam pessoalmente motivados por uma determinada tarefa ou atividade, eles em geral têm dificuldade para alcançar e sustentar no futuro o ânimo desse relacionamento.

Conselho: *Esforce-se para ser feliz. Às vezes, você não sabe como tem sorte. Equilibre suas energias. Aprenda a dar e receber. Seja mais compreensivo.*

RELACIONAMENTOS

PONTOS FORTES: ORIENTADO PARA EQUIPE, GENEROSO, COOPERATIVO

PONTOS FRACOS: ENERVANTE, FRUSTRANTE, INGRATO

MELHOR: PARCEIROS DE NEGÓCIOS

PIOR: CASAMENTO

HELEN KELLER (27/6/1880)
ANNE SULLIVAN MACY (14/4/1866)

Por meio de sua incrível determinação, apesar dos acessos de raiva e da histeria da assustada criança Keller, a professora Macy a ajudou a superar a cegueira e a surdez, aprendendo a se comunicar. Keller foi em frente e se tornou autora renomada no mundo todo, palestrante e humanitária, exercendo profunda influência sobre a vida dos incapacitados.

RELACIONAMENTOS

PONTOS FORTES: SOLÍCITO, SATISFATÓRIO, ESTIMULANTE

PONTOS FRACOS: DIVIDIDO, DIFERENTE, FRUSTRANTE

MELHOR: CASAMENTO

PIOR: AMIZADE

"BABY DOC" DUVALIER (3/7/51)
"PAPA DOC" DUVALIER (14/4/07)

De 1964 a 1971, o "Papa Doc" do Haiti chefiou um dos governos mais repressivos do mundo. Após sua morte, o filho "Baby Doc" herdou o posto, mas negou-se a cumprir suas promessas. Foi forçado a deixar o Haiti em 1986.
Também: Ann Miller & Louis B. Mayer (noivado; dançarina-atriz/magnata de estúdio cinematográfico).

---

11 a 18 de abril
SEMANA DO PIONEIRO
ÁRIES III

3 a 10 de julho
SEMANA DO NÃO-CONVENCIONAL
CÂNCER II

Independente ou subordinado?

Essas duas personalidades diferentes são diametralmente opostas em suas respectivas psicologias – enquanto os nascidos em Áries III são orientados para fora, na direção do mundo, os representantes de Câncer II são orientados para dentro – ainda que ambos sejam muito independentes. A questão crucial nesse relacionamento é se eles exercem seu desejo de ser livres ou se subordinam sua individualidade à circunstância de estarem juntos. Um nativo de Câncer III, por exemplo, pode juntar-se a um parceiro de Áries III em uma mobilização para o sucesso, ou pode decidir que sua vida emocional e desenvolvimento interior são prioridades mais importantes. Além disso, no amor e no casamento, os nascidos em Câncer II provavelmente não permitem que representantes de Áries III entrem em sua privacidade e estranha vida fantasiosa. Desde o início, portanto, se questiona o quanto este relacionamento pode ser profundo ou pessoal. Se esses dois realmente optam por ficarem juntos, a sinergia do seu relacionamento pode produzir um laço que supera suas diferenças individuais.

No caso desses dois se casarem, eles podem formar uma unidade de interesses fora do comum, com os nascidos em Câncer II concentrando-se nas atividades domésticas e educacionais, e os representantes de Áries III batalhando no mundo. Suas diferenças podem até mesmo complementar e ajudar um ao outro, na medida em que os nascidos em Câncer II colocam os ativos Áries III mais em contato com seu centro emocional e estes, por sua vez, expõem nativos de Câncer II a questões sociais. As duas partes são normalmente compreensivas o suficiente com o companheiro para evitar discussões precipitadas ou reações violentas ou irritadas com relação a diferenças de ponto de vista.

A necessidade de Áries III de comunicação pode ser frustrada quando esse relacionamento manifesta-se em negócios, no trabalho e na amizade porque os nascidos em Câncer II têm dificuldade de dividir com o parceiro. Normalmente são muito presos às suas próprias preocupações para cuidar de todas as necessidades de um filho de Áries III. Os nascidos em Áries III, contudo, podem ser pais muito compreensivos para filhos de Câncer II, desde que não tentem impor suas idéias de modo muito enfático. Da infância até a adolescência, irmãos de Câncer II e Áries III provavelmente dividem um mundo particular, preocupado com coleções, fantasias ou decoração do seu espaço em comum.

Conselho: *Sem abrir mão de sua individualidade, aprenda a dividir. Enfatize as qualidades que vocês tem em comum. Trabalhem juntos nas tarefas do dia-a-dia. Decida-se sobre suas prioridades.*

RELACIONAMENTOS

PONTOS FORTES: APAIXONADO, LIVRE, INTENSO

PONTOS FRACOS: COMBATIVO, EGOÍSTA, ESTRESSADO

MELHOR: AMOR

PIOR: FAMÍLIA

F.W. WOOLWORTH (13/4/1852)
JOHN WANAMAKER (11/7/1838)

Como os 2 varejistas mais bem-sucedidos dos Estados Unidos, Wanamaker e Woolworth eram firmes concorrentes. A Wanamaker, uma enorme loja de departamentos, foi aberta em Nova York em 1896 – no mesmo ano em que a Woolworth abriu sua primeira loja "5 & 10" em Nova York.

---

11 a 18 de abril
SEMANA DO PIONEIRO
ÁRIES III

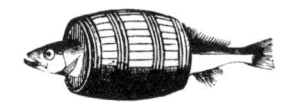

11 a 18 de julho
SEMANA DO PERSUASIVO
CÂNCER III

Lutando pela liberdade

O tema principal dessa combinação é a luta pela liberdade pessoal. Esse relacionamento envolve sempre luta pelo poder, então provavelmente não é estável, sobretudo porque esses dois têm dificuldade de se apegar a qualquer coisa. Existe aqui um forte desejo de permanecer livre de tudo que o relacionamento possa criar, seja um compromisso ou outra estrutura, ou simplesmente um interesse em comum.

Os nascidos em Áries III e Câncer III que se envolvem emocionalmente podem ter um relacionamento interessante, variado e intenso. Os nascidos em Câncer III normalmente têm que fazer tudo à sua maneira, mas seu poder de persuasão e manipulação é duramente testado pela resistência e força de vontade do seu parceiro Áries III no amor ou no casamento. Esses dois ajustam-se melhor um ao outro como amantes do que como esposos, na medida em que a combinação de conflitos, tensões e paixões intensas combinam mais com a excitação, freqüentemente sexual, do que com estabilidade e segurança. A predileção dos nascidos em Câncer III pelo excesso pode ser estimulada se eles se encontram desempenhando um papel secundário em relação ao mais extrovertido Áries III.

No trabalho, os nascidos em Áries III querem apenas ser bem-sucedidos (embora isso seja vital para eles), enquanto os representantes de Câncer III estão motivados para atingir o topo. Para um Câncer III, a luta pela liberdade pessoal contra a influência de um parceiro menos ambicioso provavelmente se torna o centro dessa parceria.

A amizade entre esses dois provavelmente é rara, na medida em que é provável que a carreira, a competição social ou econômica prevaleçam sobre a confiança, o compartilhamento ou simplesmente o puro divertimento. Da mesma forma, irmãos de Áries III e Câncer III provavelmente se engajam em disputas improdutivas que podem desorganizar a vida em família. Como pais, esses dois podem ser influenciados negativamente um pelo outro ao ponto de envolverem-se em lutas pelo poder sobre os filhos, sobretudo em casos de separação. Pais de Câncer III sentem-se frustrados pela sua incapacidade de controlar ou proteger seu filho independente de Áries III, que pode considerar sua influência opressiva ou sufocante; pais de Áries III também provavelmente se sentem desafiados por filhos de Câncer III, sobretudo quando do mesmo sexo, podendo haver luta por supremacia dentro do grupo familiar, sobretudo se um dos pais é o objeto desejado pelos dois na disputa.

Conselho: *A disputa pode torná-lo forte, mas também, infelizmente, insensível. Evite conflitos desnecessários. Respeite os valores do outro. Procure a estabilidade.*

11 a 18 de abril
SEMANA DO PIONEIRO
ÁRIES III

19 a 25 de julho
CÚSPIDE DA OSCILAÇÃO
CÚSPIDE CÂNCER-LEÃO

Experiência alterada

Dominado pelos aspectos abrasadores de ambos parceiros, esse relacionamento destaca-se pela grande intensidade de sentimentos, sexualidade ou simplesmente energia. O amor entre esses dois pode ser ardente e romântico, incluindo viagens a lugares exóticos, desafios físicos e empreendimentos perigosos, estados sexuais alterados ou ligados ao uso de drogas e revelações vigorosas. Experiências alteradas ou epifanias se manifestarem em apenas poucas ocasiões podem ser suficientes para garantir a continuação do relacionamento. Caso sejam constantemente buscadas, contudo, os parceiros podem tornar-se viciados, e o amor puro sentido anteriormente pode se tornar confuso e perigosamente fora da realidade. Uma separação potencialmente dolorosa e destrutiva pode se fazer necessária. Para evitar essa situação, os nascidos em Áries III necessitam manter sob controle seu traço de auto-sacrifício, e os representantes de Câncer-Leão precisam tomar cuidado para não se deixar dominar pelo sentimento de posse ou por exigências exageradas.

Tanto os nascidos em Áries III quanto em Câncer-Leão são audaciosos e corajosos, tornando-os bons companheiros em aventuras desafiadoras e, também, pais e amigos protetores. Os nascidos em Áries III geralmente têm muita energia, sobretudo quando engajados em um projeto, enquanto os representantes de Câncer-Leão são propensos a grande flutuação de energia e humor. Se um nativo de Câncer-Leão entra em uma fase depressiva pode haver conflito com representantes de Áries III, que não gostam de ouvir queixas e são capazes de ficar exauridos diante de excessiva negatividade. No caso de um nativo de Câncer-Leão entrar em parafuso no meio de um empreendimento conjunto, o nascido em Áries III provavelmente fica impaciente e frustrado e pode desejar romper este relacionamento proficional. Os nascidos em Áries III que sejam casados com representantes de Câncer-Leão tendem a ser mais compreensivos com relação a seus humores, mas mesmo um amor profundo pode desgastar-se com o passar do tempo.

Filhos nascidos em Câncer-Leão estão prontos a considerar pais de Áries III pouco compreensivos com seu estado emocional. O representante de Áries III irá escutar, refletir sobre o assunto e discutir seus problemas, mas pode nunca realmente compreendê-los. Como resultado, a prole de Câncer-Leão freqüentemente se sente incompreendida pelo que percebe como um pai meio divino.

Conselho: *Deixe-se conduzir pelo fluxo. A vida tem seus altos e baixos. Cultive a paciência e a compreensão. Lute pela empatia. Coloque os problemas do coração em primeiro plano.*

RELACIONAMENTOS

PONTOS FORTES: ARDENTE, ROMÂNTICO, REVELADOR

PONTOS FRACOS: IMPACIENTE, RABUJENTO, VICIADO

MELHOR: COMPANHEIRISMO

PIOR: TRABALHO

LYNDA CARTER (24/7/51)
LYLE WAGGONER (13/4/35)

O ator Waggoner iniciou sua carreira no *Carol Burnett Show* e em seguida co-estreou com Carter em *Mulher Maravilha* (1977-79), um romance cômico entre uma super-heroína voluptuosa que combatia o nazismo e um agente governamental bonitão.

---

11 a 18 de abril
SEMANA DO PIONEIRO
ÁRIES III

26 de julho a 2 de agosto
SEMANA DA AUTORIDADE
LEÃO I

Preenchendo o vazio

Esse relacionamento tem que encontrar mecanismos que traduzam seu modo diferente de pensar e de se comunicar. A incompreensão é comum aqui, na medida em que ambos os parceiros se consideram autoridade em muitos assuntos e têm uma terminologia própria e extremamente individual. Provavelmente não são capazes de ceder a fim de haver compreensão. No plano ideal, esse relacionamento desenvolve sua própria linguagem original na qual essa dupla pode compartilhar idéias freqüentemente contrastantes.

Os nascidos em Áries III têm muito o que ensinar aos representantes de Leão I no que diz respeito a aceitar melhor as pessoas, sobretudo aquelas com quem eles discordam. Os nascidos em Leão I, por sua vez, podem ajudar Áries III a direcionar sua energia de forma a perseguir primeiro objetivos interiores antes de voltar-se para o mundo. A amizade nessa combinação, sobretudo quando os parceiros são do mesmo sexo, pode ser um relacionamento muito íntimo havendo interesse de aprender e compartilhar em um nível profundo.

No amor, os nascidos em Áries III e Leão I tendem a dar preferência à sexualidade em detrimento da sensualidade. É mais provável que expressem calor humano e afeição na amizade do que nos casos amorosos. Os nascidos em Leão I exigem variedade e mudança no relacionamento sexual, e detestam sentir-se presos a padrões estabelecidos, nesse sentido testam ao limite os representantes de Áries III. Mas os nascidos em Leão I também desejam um amante animado com o qual possam se divertir e que os façam relaxar de um dia de trabalho muito desgastante, e os nascidos em Áries III podem preencher estes requisitos.

A vida em família é uma necessidade para os representantes de Áries I, enquanto que os nascidos em Leão I podem funcionar muito bem sozinhos, não tendo necessidade de público ou séquito. No casamento entre esses dois, Áries III deve estar preparado para assumir o peso das responsabilidades, porque é provável que Leão I as ignore. O relacionamento tem muito a ensinar à sua prole, a qual, contudo, pode não estar tão ansiosa para aprender, e pode considerar a atitude didática dos pais repressiva em relação a sua própria linguagem individual.

Conselho: *Amizade e amor não precisam ser mutuamente exclusivos. Tomem cuidado com a atitude de sabichão. Estejam preparados para ouvir e aprender. Divirtam-se juntos.*

RELACIONAMENTOS

PONTOS FORTES: INFORMATIVO, INVENTIVO, PARTICIPATIVO

PONTOS FRACOS: INCOMPREENDIDO, INTRANSIGENTE

MELHOR: AMOR, AMIZADE

PIOR: FAMÍLIA

RACHELE MUSSOLINI (11/4/1890)
BENITO MUSSOLINI (29/7/1883)

Mussolini renegou a filha da amante de seu pai e mais tarde seduziu e se casou com Rachele, irmã da amante. Ela o adorava, porém ele era um incurável promíscuo. O ditador italiano foi executado em 1945, juntamente com sua amante, e não com a esposa Rachele. **Também: Thomas Jefferson & Polly Jefferson** (pai/filha; ela morreu ao dar à luz seu neto).

RELACIONAMENTOS

PONTOS FORTES: ESTIMULANTE, FUNDAMENTADO, LEAL

PONTOS FRACOS: ANTIPÁTICO, INTIMIDANTE, VIOLENTO

MELHOR: OPONENTE, AMIZADE

PIOR: CASAMENTO

CLARENCE DARROW (18/4/1857)
JOHN T. SCOPES (3/8/1900)

Advogado criminal, Darrow defendeu Scopes, acusado de ensinar a teoria da evolução de Darwin em escolas públicas do Tennessee, no celebrado "Julgamento do Macaco", de 1925. Darrow contestou habilmente o fundamentalismo do promotor público William Jennings Bryan sobre as provas bíblicas contra a evolução. A condenação de Scopes foi mais tarde derrubada.

11 a 18 de abril
SEMANA DO PIONEIRO
ÁRIES III

3 a 10 de agosto
SEMANA DA FORÇA EQUILIBRADA
LEÃO II

Batalha titânica

Esse relacionamento com freqüência é repleto de enfrentamentos e a disputa pode assumir proporções gigantescas. Nenhuma das partes demonstra disposição para recuar e ceder. O casamento não é particularmente recomendado aqui então, mas pode às vezes funcionar se se chegar a um cessar-fogo e a uma apropriada divisão de trabalho, ou se os parceiros se unirem em torno de uma causa ou luta por algo fora do relacionamento.

A questão central no caso amoroso é em geral amor *versus* poder. O nível de combatividade do relacionamento está sempre diretamente relacionado com o nível de paixão. A paz pode surgir se ambos os parceiros desejam desistir das suas lutas e comprometerem-se com um amor incondicional, mas tal amor não é sempre possível, e o caso pode provocar grande sofrimento antes que inevitavelmente termine. Ambos os parceiros são tipos muito físicos, de forma que a ameaça do corpo, que em casos mais extremos pode até mesmo ser satisfeita, não pode ser governada. Esses dois também são capazes de grande desapego emocional, e nenhum pode esperar muita compreensão do outro.

Como são igualmente determinados a vencer, os nascidos em Áries III e Leão II formam um excelente par de oponentes nos esportes, nos negócios, no amor e em outras áreas, incluindo a família, na qual podem exercer seus instintos competitivos de maneira socialmente adequada. A completa inimizade entre eles é improvável, embora possível, exceto em casos extremos por causa do seu respeito mútuo pelo poder e capacidades do outro. A amizade com freqüência surge entre Áries III e Leão II que tenham sido oponentes, a seguir conhecidos, depois companheiros e, finalmente, amigos, um processo que permite a gradual mas firme criação de laços de confiança. Forjados no cadinho da experiência, é provável que este relacionamento suporte grande pressão com o passar dos anos, os parceiros possuindo a capacidade de ser extremamente fiéis um ao outro.

Conselho: *Para vencer, algumas vezes é necessário haver entrega. O amor pode ser mais forte do que o poder. Quando der algo, dê incondicionalmente. Mantenha o antagonismo sob controle.*

RELACIONAMENTOS

PONTOS FORTES: AMBICIOSO, DOMINANTE, INSPIRADOR

PONTOS FRACOS: EGOCÊNTRICO, DIVIDIDO, CIUMENTO

MELHOR: TRABALHO

PIOR: FAMÍLIA

DAVID JUSTICE (14/4/66)
HALLE BERRY (14/8/68)

Ex-rainha de beleza, Halle apareceu em 2 filmes de Spike Lee e fez par com Kurt Russell em *Executive Decision* (1996). Após um romance do tipo que acontece em livros, ela se casou com Justice, jogador de beisebol do Atlanta Braves, mas se divorciou logo depois. **Também: Nikita Khrushchev & Fidel Castro** (aliados comunistas).

11 a 18 de abril
SEMANA DO PIONEIRO
ÁRIES III

11 a 18 de agosto
SEMANA DA LIDERANÇA
LEÃO III

Busca de objetivos comuns

Os nascidos em Áries III e Leão III formam aspecto trígono um em relação ao outro (120° de distância no zodíaco), sendo assim, a astrologia convencional prevê um relacionamento fácil entre eles. Mas raramente este é o caso. Esses dois indivíduos fortes desejam se envolver com o mundo, e o principal tema do seu relacionamento sempre é a busca para identificar e alcançar objetivos. A busca, nesse caso, sempre é tão senão mais importante quanto a realização. Como conseqüência, estes dois despertam instintos competitivos um no outro como poucos outros pares do ano. Trazendo à tona o pior de cada um (assim como o melhor), eles consideram extremamente difícil alcançar um verdadeiro senso de união. Ambos são líderes natos, e se puderem trabalhar juntos em um tarefa executiva conduzem qualquer grupo, empresa, empreendimento social ou esportivo para novos objetivos, inspirando, deste modo, envolvimento e determinação em quem trabalha para eles. É igualmente possível, contudo, que sua luta pelo poder destrua seus projetos, e que sua luta de ego os impeça de se concentrar no objetivo comum.

Os nascidos em Leão III têm extrema dificuldade de se tornar íntimos emocionalmente. No amor e no casamento eles exigem parceiros muito compreensivos, e os nascidos em Áries III nem sempre têm tempo e inclinação (mas muitas vezes possuem talento psicológico) para decifrar os mistérios do seu lado mais sombrio. Ainda assim, em tempos de dificuldades e problemas, os nascidos em Áries III encontram-se entre as poucas pessoas que os representantes de Leão III podem procurar dar vazão à sua dor e ao seu tormento.

Os filhos desse casal podem considerar que nenhum deles seja muito empático, mas em termos gerais, os nascidos em Áries III são os pais mais compreensivos entre os dois; os necessidade Leão III são propensos a mimar seu filho favorito, e podem assim provocar ciúmes antagônicos não apenas nos outros filhos, mas também no companheiro. Os confrontos familiares entre esses dois podem ser realmente devastadores, problemas antigos que deixam os demais parentes exaustos. Estes conflitos surgem com freqüência, sobretudo sobre questões de poder, sendo que os representantes de Áries III se pautam mais por motivações ideológicas e os nascidos em Leão III mais por questões pessoais.

Conselho: *Líderes não deveriam nunca se esquecer do seu séquito. Escute o que os outros dizem sobre você. Não tenha medo de admitir erros. Permaneça inteiro.*

11 a 18 de abril
SEMANA DO PIONEIRO
ÁRIES III

19 a 25 de agosto
CÚSPIDE DA EXPOSIÇÃO
CÚSPIDE LEÃO-VIRGEM

Via de mão única

Esse relacionamento é freqüentemente uma via de mão única na direção de Leão-Virgem, dedicado sobretudo a expor seu lado secreto e escondido. Além disso, esse fato é apenas tacitamente reconhecido, permanecendo implícito na combinação – um aspecto que requer sólida base de confiança.

No amor e nos relacionamentos matrimoniais e familiares, os nascidos em Leão-Virgem exigem ser compreendidos por seu parceiro. Os nascidos em Áries III, de quem se espera tal compreensão, pode ser capaz disso, mas nem sempre está interessado em manifestá-la. Por outro lado, se o seu lado de auto-sacrifício aflora, eles devem arregaçar as mangas e assumir a tarefa de decifrar o parceiro de Leão-Virgem. Seu sucesso não está garantido: os nascidos em Leão-Virgem possuem alguns truques escondidos na manga, e no exato momento em que os representantes de Áries III sentem que estão chegando a algum lugar, é provável que os representantes de Leão-Virgem joguem um balde de água fria ao se revelarem completamente exibicionistas.

Essa pode não ser uma combinação passional, e casos amorosos são provavelmente deixados de lado em favor de uma amizade mais superficial ou despreocupada. O amor é cego, contudo, e os nascidos em Leão-Virgem podem nutrir uma paixão secreta por representantes de Áries III que são discretos e dignos de confiança, raramente revelando os segredos dos nascidos em Leão-Virgem posteriormente.

Os nascidos em Leão-Virgem e Áries III podem formar uma sólida amizade em torno de uma atividade particular, normalmente de natureza prática. Eles trabalham bem juntos e provavelmente combinam amizade com um projeto comum de carreira; nesse caso, esse empreendimento pode ser bem-sucedido e de certa forma lucrativo. Os nascidos em Leão-Virgem podem aprender a expressar suas ambições a partir do modelo fornecido por representantes de Áries III, que não são nada tímidos para mostrar o que sabem e forçar os outros a reconhecer suas habilidades. Confiança mútua e admiração distinguem o relacionamento profissional e objetivo entre esses dois.

Conselho: *Procure ser honesto. Não faça brincadeiras. Egocentrismo é contraproducente. Brincar de esconde-esconde pode ser exaustivo. Vá a luta.*

RELACIONAMENTOS

PONTOS FORTES: DIGNO DE CONFIANÇA, DESPREOCUPADO, ADMIRADOR

PONTOS FRACOS: CALADO, NEURÓTICO, FRUSTRANTE

MELHOR: AMIZADE, TRABALHO

PIOR: AMOR

WILBUR WRIGHT (16/4/1867)
ORVILLE WRIGHT (19/8/1871)

Estes irmãos primeiro exploraram o vôo em 1896 fazendo experiências com pipas e planadores. Trabalhando juntos, construíram uma máquina leve, mas potente, que permitiu-lhes se tornar os primeiros a voarem em um aeroplano autopropelido.
Também: Kingsley Amis & Martin Amis (pai/filho; romancistas),

---

11 a 18 de abril
SEMANA DO PIONEIRO
ÁRIES III

26 de agosto a 2 de setembro
SEMANA DOS CONSTRUTORES DE SISTEMAS
VIRGEM I

Mistura misteriosa

Esse relacionamento produz um efeito poderoso em uma área específica: a carreira. O principal ponto de divergência entre esses dois – a racionalidade de Virgem I *versus* a intuição e espontaneidade de Áries III – pode causar ocasionais crises, mas na maior parte do tempo quando eles trabalham juntos suas respectivas forças se complementam. Esses indivíduos voltados para o trabalho podem despertar o lado mais responsável um do outro, de modo que se o relacionamento se concentra no bem-estar dos outros, ele pode ter um acentuado traço devocional. Neste caso, a combinação pode ser muito benéfica para a humanidade.

Os nascidos em Virgem III ficam nervosos e estressados a menos que consigam manter a vida familiar separada da carreira. Os representantes de Áries III consideram esta separação impossível porque não sentem que o seu trabalho no mundo termine quando eles chegam em casa. Tal circunstância pode colocar o casamento entre Virgem I e Áries III sob forte pressão, sobretudo quando Áries III decide convidar um monte de amigos, colegas de trabalho ou discípulos exatamente quando Virgem I está querendo relaxar numa noite doméstica tranqüila e simpática. Pode ser apenas uma questão de tempo até que Áries III comece a procurar uma saída. Tal situação também faz os nascidos em Virgem I ficarem nervosos, forçando-os a ser ainda mais firmes. Apesar de tudo, as coisas podem correr bem entre esses dois, principalmente se a estrutura que eles organizaram no seu cotidiano libera os nascidos em Áries III de responsabilidades que eles prefeririam deixar para uma pessoa mais organizada.

Ao longo do tempo, os nascidos em Virgem I exercem um efeito salutar, até mesmo mágico, sobre a energia de seus filhos de Áries III, os quais podem não apreciar seus pais nessa época, mas sem dúvida alguma manifestam hábitos pessoais e métodos de trabalho mais organizados mais tarde em sua vida.

Conselho: *Respeite a privacidade. Tente não trazer seu trabalho para casa. Estruture sua situação de vida cuidadosamente. Pense no bem maior.*

RELACIONAMENTOS

PONTOS FORTES: MÁGICO, DEVOCIONAL, RESPONSÁVEL

PONTOS FRACOS: NERVOSO, ESTRESSADO, INSEGURO

MELHOR: TRABALHO

PIOR: CASAMENTO

LORETTA LYNN (14/4/35)
CONWAY TWITTY (1/9/33)

Depois de lançar sua biografia que virou *best-seller*, a cantora e compositora de música country e western, Lynn, foi imortalizada no filme *Coalminer's Daughter*, em 1980. Twitty, outra estrela country-pop bem-sucedida, gravou vários sucessos em dupla com Lynn e viajou com ela em 1970. Seus concertos apresentaram muitas canções de sucesso que se tornaram clássicos da música country.

RELACIONAMENTOS

PONTOS FORTES: REFLEXIVO, OBJETIVO, CONVINCENTE

PONTOS FRACOS: SEM EMOÇÃO, REJEITADO, CRÍTICO

MELHOR: CASAMENTO

PIOR: FAMÍLIA

**MERCE CUNNINGHAM (16/4/19)
JOHN CAGE (5/9/12)**

Cunningham, líder reconhecido do movimento *avant-garde* na dança, fez par com o compositor experimental Cage, cuja contribuição à música contemporânea inclui o uso de sons não musicais. Foram colaboradores e parceiros desde os anos 1940. **Também: J.P. Morgan & J.P. Morgan, Jr.** (pai/filho financistas).

---

11 a 18 de abril
SEMANA DO PIONEIRO
ÁRIES III

3 a 10 de setembro
SEMANA DO ENIGMA
VIRGEM II

Mundos privados

Este relacionamento gosta de investigar, desvendar e adquirir maestria sobre áreas privadas e, às vezes, misteriosas da experiência. A combinação é interessante porque o tema da maestria manifesta-se em dois mundos separados e muito diferentes: Virgem II está ocupado com empreendimentos muito pessoais, enquanto Áries III com empreendimentos do mundo. Embora os dois dividam um tipo semelhante de ânimo, a esfera de influência em que escolhem se expressar é de tal forma diferente que seria difícil para alguém imaginar uma união verdadeira entre eles.

Os nascidos em Virgem II são difíceis de abordar ou compreender, mas não se importam que alguém se aproxime à força (como os representantes de Áries III podem fazer), porque confiam em sua capacidade de repelir o ataque. Na verdade, com freqüência eles secretamente admiram Áries III por sua força e ímpeto. Como cônjuges eles apreciam a proteção de Áries III, como amantes admiram sua natureza ardente e dinâmica. Os nascidos em Virgem II podem muito bem viver sozinhos, sendo assim podem não se precipitar para viver com um nativo de Áries III, preferindo seu próprio espaço. E se realmente decidem viver com um Áries III, este terá de se adaptar ao seu estilo de vida, que exige privacidade. Para evitar confrontos, os nascidos em Áries III precisam abrir mão de parte de sua vida social. Mas os nascidos em Virgem II precisam percorrer um longo caminho para chegar a um acordo nessas questões se estiverem profundamente apaixonados.

No casamento, amor ou na família, o relacionamento não favorece emoções profundas. A atitude crítica de Virgem II e a disposição e preocupações ideológicas de Áries III normalmente desviam a atenção da esfera dos sentimentos, e o relacionamento pode ser marcado pela frieza e pelo isolamento. Tal situação não contribui para um relacionamento mais empático entre pais e filhos ou irmãos, mas ao menos os parceiros em geral sabem como situar-se um em relação ao outro.

A precaução e a natureza crítica de Virgem II podem tornar difícil o trabalho em conjunto para o mais exuberante e positivo Áries III. Ainda assim, aquilo que Áries III deseja e o que realmente precisa são coisas bastante diversas, e Virgem II pode realmente apoiar e puxar para o chão o colega mais dinâmico e criativo Áries III.

Conselho: *Esteja preparado para se comprometer. Encontre o equilíbrio entre o público e o particular. Dê importância à confiança e ao compartilhamento. Diferencie desejo de necessidade.*

RELACIONAMENTOS

PONTOS FORTES: DIGNO DE CONFIANÇA, RESPONSÁVEL, GRATO

PONTOS FRACOS: ANTIPÁTICO, INSTÁVEL, AUTORITÁRIO

MELHOR: AMOR, AMIZADE

PIOR: FAMÍLIA

**LEOPOLD STOKOWSKY
(18/4/1882)
GRETA GARBO (18/9/05)**

O maestro Stokowsky foi o elegante regente da Orquestra da Filadélfia de 1912 a 1936. Sua imagem fascinante estendeu-se para sua vida pessoal, alvo dos holofotes, devido a um longo e notório caso com a incomparável Garbo. Por algum tempo, o par dividiu uma romântica *villa* na Itália. **Também: Bill Irwin & David Shiner** (colaboradores, mímico/cômico).

---

11 a 18 de abril
SEMANA DO PIONEIRO
ÁRIES III

11 a 18 de setembro
SEMANA DO LITERAL
VIRGEM III

Exigências estritas

Responsabilidade é usualmente a palavra chave deste relacionamento; cada parceiro se esforça para que cada exigência do outro seja satisfeita em momentos de necessidade ou crise. Embora normalmente o relacionamento tenha mais chance em setores nos quais a dependência é mais importante do que a afeição e a compreensão, a lealdade existente também pode criar um tipo fora do comum de empatia.

Um par formado por esses dois indivíduos de vontade forte certamente tem seus altos e baixos. Os nascidos em Virgem são extremamente discriminadores e seletivos nas suas escolhas; sendo assim, tendo passado pelo teste rigoroso, os representantes de Áries III se sentem privilegiados de serem amante de um nativo de Virgem III. O caso amoroso desse casal pode ser intenso, com os nascidos em Virgem III tendendo a tomar as decisões, porque eles normalmente sabem melhor o que os representantes de Áries III querem e não querem. A menos que o relacionamento envolva um forte vínculo de respeito mútuo, pode ser impossível uma situação de vida e trabalho harmoniosa. Se Áries III considera Virgem III egoísta, ou Virgem III considera Áries III fora da realidade e também uma pessoa que engana a si mesma, o casal pode rapidamente tornar-se instável ou até mesmo partir para o confronto. A amizade entre Áries III e Virgem III pode ser extremamente forte; a ausência de envolvimento romântico ajuda a prever muitos dos problemas emocionais do relacionamento, favorecendo sua estabilidade.

No casamento, as exigências e solicitações estritas dos parceiros em relação à situação de vida não combinam muito bem. Mas, uma vez que a devoção à obrigação, inerente nessa combinação, torna-se aparente e o modo de viver funcione bem, essa relação pode ser uma união duradoura e fiel. Os filhos desse casal precisam ser fortes se não quiserem ser dominados pelos pais, os quais podem ser dedicados e compreensivos, mas também dominadores.

Conselho: *Esforce-se para ter mais respeito. Não tenha medo de mostrar afeto. Tome cuidado com o egoísmo. Seja tão razoável quanto possível.*

11 a 18 de abril
SEMANA DO PIONEIRO
ÁRIES III

19 a 24 de setembro
CÚSPIDE DA BELEZA
CÚSPIDE VIRGEM-LIBRA

Possibilidade de crescimento pessoal

Este relacionamento pode servir para facilitar a compreensão filosófica, social ou estética e de outras questões mais mundanas dos seus parceiros, que usam esta compreensão, contudo, mais para realizar suas ambições como casal do que como um recurso espiritual. Esses dois são geralmente pragmáticos; a menos que estejam fisicamente atraídos um pelo outro, o que é improvável, um caso de amor passional é usualmente carta fora do baralho para eles. Seu esforço predominantemente não romântico pela estética ou excelência filosófica pode ser mais importante e gratificante para eles quando são amigos ou cônjuges.

O relacionamento pode requerer que um dos parceiros assuma um papel até mesmo paternal, e este parceiro é provavelmente um representante de Áries III. Os nascidos na cúspide Virgem-Libra precisam de um parceiro forte e responsável para apoiá-los, e os representantes de Áries III podem desempenhar bem esse papel. A natureza heróica de Áries III pode também servir como um gancho para as projeções psicológicas de Virgem-Libra: tendo idolatrado ou dependido de um amigo ou membro da família quando jovem, Virgem-Libra pode inconscientemente procurar essas qualidades pessoais mais tarde na vida adulta, e pode pensar que as encontraram em um representante de Áries III. Ao perceber tal situação, os nascidos em Áries III podem sentir um certo ressentimento de ser colocado nesse papel paternal; eles desejam ser amados e apreciados pelo que são, não como uma projeção de outra pessoa qualquer.

Mesmo assim, o casamento entre esses dois pode ser bem-sucedido. Os nascidos em Áries III podem compreender profundamente as pessoas, e serão capazes de ver além do falso brilho das aparências com o qual os representantes de Virgem-Libra freqüentemente se cercam e alertá-los para uma possibilidade maior de crescimento pessoal. Podem haver outras dificuldades, contudo, a mais proeminente delas sendo que questões de gosto e estética não são de grande interesse para a maioria dos Áries III, mas são da maior importância para os Virgem-Libra. Esse casal pode discutir a importância do vestuário, mobiliário, design de arquitetura e decoração. Mas os nascidos em Áries III podem aprender muito com os representantes de Virgem-Libra sobre como apreciar a beleza estética, e sobre o seu valor e utilidade no mundo.

Conselho: *Aprenda a partir da mútua apreciação. Explore áreas espirituais e estéticas. Tome cuidado para não rodar antigos roteiros. Considere as pessoas pelo que elas são.*

RELACIONAMENTOS

PONTOS FORTES: EDUCATIVO, SOLIDÁRIO, COMPREENSIVO

PONTOS FRACOS: AFEITO A PROJETAR, RESTRITIVO, BRIGUENTO

MELHOR: AMIZADE

PIOR: AMOR

HENRIQUE III (20/9/1551)
CATARINA DE MEDICI (13/4/1519)

Catarina foi esposa de um rei e mãe dos últimos 3 reis da casa de Valois, na França. Ela se casou com Henrique II em 1533. Acreditava em astrologia e também foi uma política realista. Quando o Rei Henrique III, seu filho favorito, foi expulso pela Liga Católica, que pretendia controlar a coroa, ela negociou com seus líderes. Henrique foi então assassinado; ela ficou consternada e morreu logo depois.

---

11 a 18 de abril
SEMANA DO PIONEIRO
ÁRIES III

25 de setembro a 2 de outubro
SEMANA DO PERFECCIONISTA
LIBRA I

Cola peculiar

Esse relacionamento é bastante peculiar, ja que esses dois constituem na realidade um raro par e sabem disso. Como um par fora do comum ele deve se esforçar para ser mais convencional, ou até mesmo apenas para ser compreendido, – em geral não para se beneficiar. Esses dois são muito diferentes, e é difícil definir a maneira com que suas energias se fundem. Nada que diz respeito ao par ou seu comportamento é típico.

Com freqüência completamente inconscientes das sutilezas do amor e da emoção, os nascidos em Áries III podem primeiramente considerar um relacionamento com Libra I como o mais perfeito de todos. Cegos pelo poder de atração de Libra I, eles podem estar totalmente desinformados de como as coisas realmente se passam e podem encontrar-se extenuados e envolvidos em uma briga sem nem mesmo saber o que está acontecendo. Na realidade, eles podem nunca descobrir como os representantes de Libra I realmente se sentem emocionalmente em relação a eles.

Os nascidos em Libra I por sua vez raramente estão satisfeitos consigo mesmos, e muito menos com as outras pessoas. Da maneira mais meticulosa, eles podem ter sucesso em ferir o orgulho de Áries III ao vencê-los, privando-os assim da tão necessária satisfação do ego. Se seus balões estouraram, companheiros e amantes de Áries III podem ter pouca opção, a não ser se render completamente à Libra I ou simplesmente dar o fora e lamber as feridas. Os nascidos em Áries III, entretanto, têm um traço iconoclasta e podem finalmente ser forçados a desarmar o perfeccionismo e a difícil fachada de Libra I. No final, aliviados por ser compreendidos, isso pode vencer os nascidos em Libra I. Cada frangalho do parceiro se torna a cola não-convencional que os une.

No entanto, provavelmente é melhor que o relacionamento entre esses dois, sobretudo as amizades e parcerias familiares e de trabalho, seja mantidos de forma menos pessoal e emocional. Uma amizade entre eles pode funcionar bem, com Libra I sendo elogiado por Áries III por sua experiência técnica e eficiência, e Áries III ficando satisfeito com a energia e o ânimo de Libra I. Trabalhando juntos, essa equipe tem muito a oferecer à uma empresa ou negócio, e na família ambos, Libra I e Áries III, animam as reuniões mais enfadonhas.

Conselho: *Relacionamentos românticos devem ser evitados. Combata a tendência de dominar. Mantenha a auto-estima elevada. Aprecie seus pontos positivos. Siga seu próprio caminho.*

RELACIONAMENTOS

PONTOS FORTES: ADMIRADOR, BEM-SUCEDIDO, EFICIENTE

PONTOS FRACOS: DESTRUTIVO, OPRESSIVO, MANIPULADOR

MELHOR: FAMÍLIA, COLEGAS

PIOR: CASAMENTO

DAVID CASSIDY (12/4/50)
SHAUN CASSIDY (27/9/58)

Estes músicos adolescentes são meio-irmãos pelo lado do pai, Jack Cassidy. David fez par com a madrasta Shirley Jones em *A Família Dó-ré-mi*. Shaun estreou em *The Hardy Boys Mysteries*. Também estrearam na peça *Blood Brothers*, na Broadway. **Também: Thomas Jefferson & Martha Jefferson Randolph** (pai/filha; presidente/primeira-dama interina).

RELACIONAMENTOS

PONTOS FORTES: ASTUTO, PERSUASIVO, ENPREENDEDOR

PONTOS FRACOS: INCONSCIENTE DE SI, DEPENDENTE DEMAIS, TRAVADO

MELHOR: TRABALHO

PIOR: AMOR

J.P. MORGAN (17/4/1837)
GEORGE WESTINGHOUSE (6/10/1846)

Inventor e industrial riquíssimo, Westinghouse fundou a Westinghouse Electric em 1886, mas envolveu-se em uma briga ferrenha por poder com o banqueiro e financista Morgan quanto à administração da empresa. **Também: Peter Behrens & Le Corbusier** (arquitetos da Bauhaus).

---

11 a 18 de abril
SEMANA DO PIONEIRO
ÁRIES III

3 a 10 de outubro
SEMANA DE SOCIEDADE
LIBRA II

Conhece-te a ti mesmo

Mais do que a maioria, este relacionamento se preocupa com o mundo objetivo e sua ambição. Se a parceria quiser ser duradoura, contudo, o foco central deve estar na compreensão do mundo subjetivo do relacionamento desse casal e de sua própria vida interior. Como equipe, ironicamente essa dupla pode ter uma boa compreensão da psicologia dos outros seres e da sociedade em geral, mas dentro do relacionamento um grande problema provavelmente é a irrealidade. Os nascidos em Áries III e Libra II são predispostos a ter casos amorosos problemáticos, na medida em que ambos em geral não têm uma idéia clara deles mesmos ou de seus parceiros; no relacionamento com o outro essa característica é ressaltada.

Embora parceiros instáveis e hesitantes, o caso amoroso e o casamento entre Áries III e Libra II podem entretanto durar bastante desde que as partes se concentrem em seus objetivos materiais. O relacionamento pode infelizmente anular a individualidade dos seus parceiros, provocando separações e rompimentos extremamente difíceis e dolorosos. Pelo lado positivo, os nascidos em Libra II se divertem e podem ajudar Áries III a se afastar um pouco de assuntos mais sérios; os nascidos em Áries III podem fornecer a segurança e a confiança que os representantes de Libra II desejam. Pares de pais e filhos nessa combinação, e em qualquer versão possível, podem funcionar bem, com respeito mútuo e amor, desde que não sejam dominados pela competição e pelo ciúmes envolvendo o outro pai ou o outro filho. Irmãos de Libra II e Áries III têm muito a oferecer um ao outro e à vida em família, sobretudo na esfera social.

A amizade entre Áries III e Libra II provavelmente funciona melhor se for baseada na carreira. No trabalho, essa parceria pode ser extremamente persuasiva e bem-sucedida. Uma compreensão do coletivo torna provável o sucesso em áreas como a de propaganda, de relações públicas, de assistência médica, de arte, de vendas ou de marketing. Digno de nota é a consciência do que as pessoas precisam e desejam, de forma que idealizar um produto ou serviço e realizar esse projeto é uma especialidade aqui.

Conselho: *Esteja presente nos bons tempos e maus momentos. Aplique sua intuição a você mesmo. Desanuvie a névoa. Divirta-se, mas trate de assuntos mais sérios também.*

RELACIONAMENTOS

PONTOS FORTES: HONESTO, SEXUAL, AUTÔNOMO

PONTOS FRACOS: DOMINADOR, BRIGUENTO, COMBATIVO

MELHOR: CASAMENTO

PIOR: AMIZADE

DWIGHT EISENHOWER (14/10/1890)
NIKITA KHRUSHCHEV (17/4/1894)

Em 1960, o Presidente Eisenhower negou a acusação de espionagem dos Estados Unidos quando os soviéticos derrubaram uma aeronave espiã U-2. Depois que o líder soviético Khrushchev apresentou o piloto, o presidente assumiu a responsabilidade. O par se hostilizou duramente em uma conferência subseqüente em Paris.

---

11 a 18 de abril
SEMANA DO PIONEIRO
ÁRIES III

11 a 18 de outubro
SEMANA DO TEATRO
LIBRA III

Na frente

Proeminentes aqui provavelmente são a honestidade e a franqueza, mas não necessariamente a intimidade, pois estas duas personalidades são com freqüência competitivas e até mesmo beligerantes. (Áries III e Libra II são signos opostos, 180º graus de distância no zodíaco). Qualquer atividade secreta ou ilícita cria problemas, uma vez que ambas as partes gostam de assumir o que fazem. A dissimulação, o medo, a culpa e a vergonha que acompanham o ato de esconder qualquer coisa que não se encaixa neste relacionamento. Devido os dois serem muito sensuais- e de forma bastante explícita- o prazer físico é importante para o casal.

Ambos são dominadoras e necessitam ocupar o centro do palco, mas o casamento tende a ser bem-sucedido. Embora os nascidos em Libra III não suportem que outras pessoas dependam emocionalmente deles, eles próprios ocasionalmente precisam de uma figura forte em quem possam se apoiar, que pode muito bem ser um representante de Áries III. O relacionamento pode exigir concessão, contudo, no que diz respeito aos filhos: os nascidos em Áries III amam os filhos e a família em geral, os representantes de Libra III não. Talvez o número de filhos possa ser limitado, ou então Áries III possa cuidar dos filhos, deixando Libra III livre para seguir sua carreira.

Como as duas personalidades que precisam de muita autonomia no trabalho, é improvável que possam trabalhar como equipe. No caso de cada um poder dirigir seu próprio negócio ou departamento na empresa, eles podem se relacionar como aliados em igual nível, mas são também capazes de lutar como competidores ferozes. Os nascidos em Áries III e Libra III são dinâmicos, inteligentes, ambiciosos e impetuosos e serão mais do que companheiros um para o outro.

Dois irmãos dessa combinação provavelmente são competitivos e briguentos. A amizade tem as mesmas qualidades, e pode ter curta duração; conflitos enormes podem surgir no relacionamento de pais e filhos de Áries III e Libra III, ameaçando a estrutura da família. Curiosamente, as combinações de pais e filhos e irmãos podem ser mais viáveis mais adiante em suas vidas, mostrando capacidade e interesse sobretudo em lidar com questões financeiras e outros problemas práticos.

Conselho: *Com freqüência é preciso ceder. Se esforce para chegar mais perto. Compartilhe e aceite de verdade. Atenue tendências dominadoras.*

11 a 18 de abril
SEMANA DO PIONEIRO
ÁRIES III

19 a 25 de outubro
CÚSPIDE DO DRAMA E DA CRÍTICA
CÚSPIDE LIBRA-ESCORPIÃO

Idéias persuasivas

Idéias ou ideologias são o tema central desse relacionamento, que se preocupa muito em persuadir as outras pessoas, ou vendê-las a elas. Em alguns casos, se o par está unido em torno de uma perspectiva comum, o relacionamento pode ser extremamente carismático e convincente em si mesmo.

Tanto os nascidos em Áries III quanto em Libra-Escorpião são fascinados por idéias, mas sua abordagem nessa área é muito diferente. Os nascidos em Áries III apóiam entusiasticamente conceitos que acreditem fornecer a base para suas ações; os representantes de Libra-Escorpião são mais intelectuais e objetivos, raramente permitindo que idéias controlem sua vida. Um certo nível de conflito se segue quando esses dois tentam harmonizar seus pontos de vista opostos, e isso pode impedir um caso amoroso de maior duração. Um curto envolvimento passional, sobretudo um relacionamento predominantemente sexual, pode ser possível.

Os nascidos em Libra-Escorpião têm sentimentos intensos e complexos, e a objetividade dos representantes de Áries III pode não ser a maneira mais apropriada e eficiente de abordá-los, sobretudo em um relacionamento íntimo como o casamento. Os nascidos em Áries III são geralmente muito ocupados para se deter e discutir com o de Libra-Escorpião, e, provavelmente, consideram um aborrecimento ou impedimento o que vêem como negatividade ou crítica destrutiva de tal parceiro. Não serem levados a sério é insuportável para representantes de Libra-Escorpião, e se tal reação se torna uma regra, isso pode terminar com o relacionamento.

A amizade com freqüência é a melhor opção aqui, uma vez que tende a ser mais leves e mais solta e a favorecer uma variedade de atividades que podem ser compartilhadas. Tanto Áries III quanto Libra-Escorpião se preocupam com o ser humano, e se sentem atraídos por empreendimentos em grupo; eles podem trabalhar bem juntos em um projeto no qual o bem-estar dos outros seja a preocupação principal. Em uma parceria esses dois podem ser um força poderosa para o bem da comunidade. O relacionamento é menos eficiente em situações de família, em que uma gama de irritações pessoais e conflitos emocionais causam desconfortáveis oscilações de humor.

Conselho: *Às vezes é um erro envolver-se emocionalmente com idéias. Procure relativizar. Mantenha um estado de ânimo leve. Reduza o fator irritação.*

RELACIONAMENTOS

PONTOS FORTES: IDEOLÓGIO, PERSUASIVO, VARIEGADO

PONTOS FRACOS: IRRITANTE, CONFLITUOSO, HESITANTE

MELHOR: AMIZADE

PIOR: CASAMENTO

JOHNNY CARSON (23/10/25)
DAVID LETTERMAN (12/4/47)

Quando Carson se aposentou, depois de 30 anos apresentando o *Tonight Show* (1962-92) na NBC, Letterman esperava substituí-lo. Mas a NBC escolheu Jay Leno para o lugar e Letterman ficou ofendido. Em agosto de 1993, Letterman foi para a CBS com seu *Late Show*, competindo diretamente com o *The Tonight Show* e a guerra de números começou. **Também: Thomas Jefferson & Martha Jefferson** (casados).

---

11 a 18 de abril
SEMANA DO PIONEIRO
ÁRIES III

26 de outubro a 2 de novembro
SEMANA DA INTENSIDADE
ESCORPIÃO I

Novos níveis de excitação

Este relacionamento provavelmente é vibrante e imaginativo, embora pontuado por ocasionais explosões. Sua alquimia pode ser simultaneamente misteriosa e apaixonada. Ambas as partes são com freqüência extremamente sexuais, e seu caso amoroso, muitas vezes mantidos em segredo, pode atingir altos patamares de desejo e satisfação. Isso é acompanhado, contudo, por bastante tumulto emocional.

No amor e no casamento, os nascidos em Áries III são provavelmente dominados por Escorpião I. Esse relacionamento pode ser as mais profundas camadas emocionais, dificultando seu funcionamento, criando problemas em outras áreas da sua vida, e desequilibrando completamente os dois. Os nascidos em Escorpião II sentem-se muito mais à vontade nas violentas explosões desse relacionamento. Eles são familiarizados com tumulto emocional, que é uma constante presença no seu trabalho criativo e profissional. O controle dos sentimentos no poderoso mundo emocional que compartilham é uma especialidade dos nascidos em Escorpião I, que tendem a dominar as manifestações interiores desse relacionamento e de muitos outros também.

Os nascidos em Escorpião I tendem a manter seu cônjuge de Áries III com rédea curta. Eles não aprovam a liberalidade de Áries III nem sua tendência a trazer para casa pessoas interessantes que encontraram recentemente. Bons para fazer o dinheiro render bastante, os nascidos em Escorpião I provavelmente assistem os nascidos em Áries III a aplicar seu dinheiro de forma perdulária e contraproducente; enquanto os nascidos em Áries III vêem o conjunto, Escorpião I se prende aos detalhes. Embora algumas de suas tentativas de tornar Áries III mais atento e realista sejam úteis, elas deveriam ser mais cuidadosas: tanta culpa e crítica terá um efeito negativo. Apesar do poder que exercem sobre o cônjuge ou companheiro de Áries III, os nascidos em Escorpião I têm dificuldade para controlar seus filhos de Áries III, que precisam ter liberdade para fazer as coisas a seu modo. Irmãos do mesmo sexo de Áries III e Escorpião I em geral competem um com o outro, e sua orientação marciana comum (Marte rege Áries e co-rege Escorpião) provoca rompantes de raiva e até mesmo de violência. Como amigos, Áries III e Escorpião I podem ter uma ligação íntima, compartilhando experiências estimulantes, desafiadoras e de certa forma perigosas.

Conselho: *O autocontrole pode ser libertador. Sentimentos não precisam ser perturbadores. Aprimore e aumente seu leque emocional. Mantenha a calma.*

RELACIONAMENTOS

PONTOS FORTES: CINTILANTE, IMAGINATIVO, APAIXONADO

PONTOS FRACOS: IRADO, CENSURADOR, VIOLENTO

MELHOR: AMOR

PIOR: FAMÍLIA

ERIC ROBERTS (18/4/56)
JULIA ROBERTS (28/10/67)

Embora um ator de qualidade, o irmão mais velho Eric apareceu principalmente em filmes pouco expressivos. Em 1986, Julia debutou ao lado dele em *Red Blood*, mas foi em 1990 que *Uma Linda Mulher* a transformou em superestrela. Tablóides anunciaram uma desavença entre eles.
Também: Bradford Diliman & Suzie Parker (casados; ator/modelo dos anos 1950); **David Pirner & Winona Ryder** (romance; atores); **Thomas Jefferson & John Adams** (pais da pátria americana).

297

RELACIONAMENTOS

PONTOS FORTES: EDUCATIVO, INSPIRADOR, APAIXONADO

PONTOS FRACOS: INSTÁVEL, INCERTO, BRIGUENTO

MELHOR: AMIZADE, CASAMENTO

PIOR: FAMÍLIA, TRABALHO

ELIZABETH MONTGOMERY (15/4/33)
GIG YOUNG (4/11/13)

Montgomery, estrela do programa de tevê *A Feiticeira*, foi a terceira esposa de Young, de 1956 a 1963. Um afável ator coadjuvante, ele ganhou um Oscar por *Noite dos Desesperados* (1969). Em 1978 ele matou a quinta esposa e se suicidou. **Também: Dennis Banks & Russell Means** (reformadores sociais); **Charlie Chaplin & Mabel Normand** (caso; atores).

---

11 a 18 de abril
SEMANA DO PIONEIRO
ÁRIES III

3 a 11 de novembro
SEMANA DA PROFUNDIDADE
ESCORPIÃO II

Diferença de ritmo

Esse relacionamento tem que lidar com a incerteza e a instabilidade particularmente em situações de trabalho. Como os nascidos em Escorpião II são pacientes, resistentes ao sofrimento e observadores, e os representantes de Áries III são geralmente impacientes e apressados em passar para algo novo, a diferença de ritmo, estilo e sentimento pode criar problemas aqui. Além disso, os nascidos em Escorpião II podem se ressentir da capacidade de liderança de Áries III, a quem eles podem consideraram inflexíveis e ditatoriais. Uma disputa pode aflorar a respeito de onde recai a autoridade do relacionamento.

O amor entre esses dois geralmente é caracterizado por tempestade e luta. Como os nascidos em Escorpião II tendem a reprimir suas emoções, eles podem se esforçar para fazer com que o parceiro de Áries III manifeste seus sentimentos reprimidos de ciúmes, raiva ou fúria que eles próprios escondem profundamente. Os nascidos em Áries III podem, por sua vez, se afastar devido ao lado emocional que fica exposto nesse relacionamento, uma vez que eles tentam projetar uma imagem fria e evitar cenas embaraçosas.

Pelo lado positivo, o pioneiro Áries III tende a aprender com Escorpião II que o maior desafio que ele enfrenta pode ser interno, e que explorar seu próprio ego pode ser uma recompensa intimidadora ainda que compensadora. Em troca, ele pode muitas vezes despertar um representante de Escorpião II da sua letargia e inspirá-lo a participar do mundo ao seu redor. Como amigos ou companheiros, então, os nascidos em Áries III e Escorpião II têm muito o que ensinar um ao outro.

No entanto, sérios conflitos de autoridade podem ocorrer entre Áries III e Escorpião II, principalmente quando são crianças do mesmo sexo e do mesmo grupo famíliar. Persistindo pela vida adulta, esses conflitos em família podem envolver finanças, herança e controle. Nas relações pais-filhos, particularmente se o Escorpião II é um dos pais, a chave para evitar discussões é a habilidade de deixar a criança em paz sempre que possível

Conselho: *Aprenda quando se preocupar e quando se retirar. Evite luta pelo poder. Trabalhe a compreensão. Aceite a autoridade comum. Permaneça inspirado.*

RELACIONAMENTOS

PONTOS FORTES: VARIEGADO, EXCITANTE, INTERESSANTE

PONTOS FRACOS: DESESTABILIZADOR, DOGMÁTICO, ARROGANTE

MELHOR: AMOR

PIOR: CASAMENTO

OLEG CASSINI (11/4/13)
GRACE KELLY (12/11/29)

Antes de se tornar a Princesa Grace de Mônaco, a bela Kelly teve um empolgante caso com o designer de moda italiano e notório mulherengo Cassini. **Também: Ed O'Neill & Katey Sagal** (co-estrelas da série *Married with Children*); **Robert Delaunay & Sonia Turk** (casados; artistas); **F.W. Woolworth & Barbara Hutton** (magnata/neta de *socialite*).

---

11 a 18 de abril
SEMANA DO PIONEIRO
ÁRIES III

12 a 18 de novembro
SEMANA DO ENCANTO
ESCORPIÃO III

Eta sô!

Variado e excitante, esse relacionamento pode perseguir diversas áreas diferentes de interesse. Ele gosta de estar exposto ao inesperado, o que pode abrir novos modos de expressão. Ideologias novas e incomuns também podem permitir novos horizontes espirituais.

Em relação a Áries III os nascidos em Escorpião III desistir da sua atitude controladora. Isso pode ser bom, pois ao manter tudo sob controle os nascidos em Escorpião III freqüentemente perdem muito do que a vida tem em termos de experiências mais prazerosas e interessantes. Em um relacionamento com Áries III, o representante de Escorpião III tende a entrar em um mundo completamente novo no qual seu profundo lado emocional pode encontrar plena expressão. E o que Áries III ganha de Escorpião III? Um mundo de sentimentos ricos que eles jamais imaginaram existir. Para conquistar o amor de um Escorpião III, eles precisam desistir de algo também, isto é, de parte da sua dedicação ao trabalho e à carreira: ja que este relacionamento exige muita atenção. Mas se o resultado for uma maior atenção dedicada à sua própria vida emocional- que eles podem ter negligenciado durante anos- o relacionamento terá sido proveitoso.

Cônjuges Áries III e Escorpião III podem descobrir que depois que a paixão inicial esfria surge uma objetividade em que sua atitude com relação ao outro se torna mais crítica e relutante em perdoar. É provável que desacordos sobre questões domésticas, gerenciamento financeiro, educação dos filhos, férias e uma variedade de outros assuntos surjam podendo desestabilizar o que uma vez pareceu um relacionamento quase ideal. Pelo lado positivo, esses dois possuem um frescor de idéias que permite a solução criativa de muitos problemas.

Amizades e relacionamentos familiares podem ser satisfatórios, porém não inspiradores. A atitude com relação a como amigos ou membros da família devem agir um com o outro pode ser uma postura inflexível e às vezes moralmente opressora. Esses dois precisam tentar evitar que suas idéias sobre questões variadas, como atividades de grupo e atitudes sociais, se tornem rígidas ou dogmáticas.

Conselho: *Mantenha o relacionamento jovem. Não se enrede com desavenças. Lute contra tendências dogmáticas. Seja compreensivo e flexível.*

11 a 18 de abril
SEMANA DO PIONEIRO
ÁRIES III

19 a 24 de novembro
CÚSPIDE DA REVOLUÇÃO
CÚSPIDE ESCORPIÃO-SAGITÁRIO

No topo da montanha

Esse relacionamento irá fornecer base para a profunda consciência social e o lado ideológico que muitos Escorpião-Sagitário e Áries III têm em comum. Florescendo nesse relacionamento, essa preocupação pode mostrar-se profundamente satisfatória para ambos. Além disso, a combinação pode criar casamentos e amizades equilibrados através das idéias e de sentimentos em comum sobre a estrutura da sociedade. Não é raro para estes dois gostar de explorar juntos novos campos de pensamento, talvez até mesmo envolvendo-os ou conduzindo um grupo dedicado a reformas sociais ou estabelecendo novas instituições. Os próprios parceiros, membros da família ou um grupo de amigos ou colegas de trabalho podem servir como cobaias para tal trabalho.

Os nascidos em Áries III normalmente precisam ajudar as pessoas ao seu redor, mas os representantes de Escorpião-Sagitário são teimosamente independentes e não podem aceitar o tipo de proteção e ajuda que Áries III tem para oferecer. Em alguns relacionamentos pessoais, os nascidos em Escorpião-Sagitário e Áries III chegam a um acordo no qual Áries III tem liberdade para oferecer sua ajuda – exceto para os parceiros de Escorpião-Sagitário.

Em assuntos de amor, os nascidos em Áries III têm grande dificuldade de expressar seus sentimentos mais profundos para representantes de Escorpião-Sagitário. Eles acham difícil penetrar no mundo interior de Escorpião-Sagitário, partindo do pressuposto que estejam realmente interessados em fazer isso. (A amizade entre Áries III de Escorpião-Sagitário sofre do mesmo problema.) Os interesses ideológicos compartilhados nesse relacionamento podem ser mais importantes do que as questões físicas, de forma que uma interação sexual regular não é normalmente necessária com o passar dos anos. Sentimentos platônicos fortes podem muito bem aflorar com o tempo, de forma que o relacionamento atinja um nível espiritual elevado e tranqüilo, embora tenha começado como uma casa em chamas.

Os nascidos em Escorpião-Sagitário consideram difícil lidar com a impetuosidade e energia sem limites de Áries III, e podem sentir alguma frustração ao tentar fazê-los sentar um pouco e refletir. Por outro lado, pares de irmãos nessa combinação estão freqüentemente na mesma sintonia, e podem apreciar e entender um ao outro até mesmo em silêncio.

Conselho: *Guarde para si suas idéias de vez em quando. Atenção com as questões do dia-a-dia. Não seja relapso com as finanças. O corpo precisa se alimentar. Compartilhe mais os sentimentos.*

RELACIONAMENTOS

PONTOS FORTES: EQUILIBRADO, SOCIALMENTE CONSCIENTE, IDEOLÓGICO

PONTOS FRACOS: MANDÃO, BLOQUEADO, FRUSTRADO

MELHOR: AMOR, COLEGA

PIOR: SEXUAL

ROBERT KENNEDY (20/11/25)
ETHEL KENNEDY (11/4/28)

Embora político de carreira, a vida pessoal de Kennedy era voltada para a família. A esposa Ethel e ele eram muito chegados, apesar de ocasionais escapadas de Robert. Ele foi assassinado em 1968 depois de declarar sua candidatura presidencial, deixando 11 filhos. **Também:** George Henry Lewes & George Eliot (famoso caso; escritores); Oleg Cassini & Gene Tierney (casados; costureiro/atriz); Hayley Mills & Juliet Mills (irmãos; atores).

---

11 a 18 de abril
SEMANA DO PIONEIRO
ÁRIES III

le novembro a 2 de dezembro
SEMANA DA INDEPENDÊNCIA
SAGITÁRIO I

Entusiasmo suficiente

Um tema recorrente nesse relacionamento é a jovialidade entusiasmada que traz grande alegria e fácil interação. É um relacionamento caracterizado por aguçada compreensão e habilidade de interagir – na realidade a noção de tempo desse casal é impecável. A chave do relacionamento, em qualquer área da vida que ele apareça, é o respeito mútuo. A crença profunda na honra e honestidade, por exemplo, pode formar uma sólida base para a amizade.

É provável que os nascidos em Áries III e Sagitário I se tornem rapidamente amigos que permanecem unidos em bons e maus momentos. O surgimento em cena de um objeto de amor atraente para ambos, contudo, pode significar grande dificuldade, com paixão e ética competindo por supremacia. É provável que a competição financeira ou profissional se constitua em uma ameaça menor do que questões do coração. Provavelmente a situação mais difícil seria um triângulo amoroso no qual um dos amigos teria se apaixonado pelo parceiro fixo ou amante do outro.

Diferentemente de Áries III, os nascidos em Sagitário I têm pouca necessidade de companhia no dia-a-dia. Perfeitamente capazes de viver sozinhos por grandes períodos de tempo, eles raramente se precipitam para casar ou para assumir uma situação de vida permanente com um amante. Essa combinação não é a mais provável para o casamento, então, embora seus casos amorosos possam ser profundos, satisfatórios e duradouros.

Como parceiros de trabalho ou de negócios, esses dois podem funcionar extremamente bem, sobretudo em questões técnicas. Um panorama financeiro fora da realidade, contudo, pode criar problemas. Há entusiasmo, mas a menos que um dos parceiros (ou alguém fora do relacionamento) adote um abordagem firme e pragmática e mantenha um olho vivo, esses dois podem acabar se divertindo mais do que tendo sucesso.

Os nascidos em Sagitário I freqüentemente se ligam intensamente a um dos pais, a quem tendem a idolatrar; representantes de Áries III são bastante capazes de lidar com a enorme responsabilidade dessa situação, e podem ser excelentes pais nesse papel. Os nascidos em Sagitário I podem ser extremamente protetores e pais estimulantes para filhos nascidos em Áries III.

Conselho: *Entusiasmo em excesso pode ser perigoso. Tente ser realista, tire as vendas. Tome cuidado com a competição no amor. Não negligencie questões financeiras.*

RELACIONAMENTOS

PONTOS FORTES: JOVEM, ENTUSIASTA, HONRADO

PONTOS FRACOS: FORA DA REALIDADE, CIUMENTO, PERDULÁRIO

MELHOR: AMIZADE

PIOR: CASAMENTO

WOODY ALLEN (1/12/35)
LOUISE LASSER (11/4/39)

Lasser, a encantadora estrela de rabo-de-cavalo da novela de tevê *Mary Hartman, Mary Hartman* (1976-77) foi casada com o cineasta Allen de 1966 a 1970. Seu relacionamento no trabalho e no lazer era positivo, caracterizado pelo apoio e divertimento mútuo. **Também:** Charlie Chaplin & Mildred Harris (casados; atores); David Letterman & Paul Shaffer (apresentador de tevê/líder de banda).

RELACIONAMENTOS

PONTOS FORTES: LEAL, ORIENTADO, ARDENTE

PONTOS FRACOS: DESENCADEADOR, EGOÍSTA, COMBATIVO

MELHOR: CONHECIDOS

PIOR: TRABALHO

KENNETH BRANAGH (10/12/60)
EMMA THOMPSON (14/4/59)

O brilhante ator, diretor e roteirista inglês Branagh apresentou Shakespeare para o público contemporâneo. Thompson, seu talentoso par e ex-esposa, apareceu em praticamente todos seus filmes e peças de teatro, incluindo o premiado *Henrique* V, de 1989.

---

11 a 18 de abril
SEMANA DO PIONEIRO
ÁRIES III

3 a 10 de dezembro
SEMANA DO CRIADOR
SAGITÁRIO II

Liderança efetiva

O sucesso desse relacionamento normalmente depende de se poder estabelecer uma liderança e direção efetiva dentro da relação. Os nascidos em Sagitário II têm um lado excêntrico e idiossincrático que não se afina com os nascidos em Áries III em áreas que exijam muita estabilidade, como casamento e trabalho. Aí os nascidos em Áries III tendem a ter idéias morais fixas que os representantes de Sagitário II podem achar difícil ou impossível viver de acordo com elas. Líderes, trabalhadores e coerentes, capazes de dar direção a qualquer projeto, os nascidos em Áries III não são sempre compreensivos quando os Sagitário II decidem na metade do seu caminho que já tiveram o suficiente.

No relacionamento amoroso a paixão se inflama com resultados positivos e negativos. A energia do fogo comum a esses parceiros (Áries e Sagitário são signos de fogo) alimenta um ao outro e às vezes foge do controle, a com ira dos representantes de Sagitário II se descontrolando e os nascidos em Áries III permanecendo impassíveis diante de tais rompantes, recusando-se a ceder, sobretudo se seu próprio interesse ou a própria sobrevivência da relação estiver ameaçada. Os nascidos em Sagitário II podem ser muito exigentes com seus amantes, solicitando talvez que Áries III se afaste de seus amigos e admiradores. Nesta situação, os nascidos em Áries III podem sentir que o caso não está valendo a pena. O casamento entre eles pode não durar a menos que ambos optem pela primazia do relacionamento sobre suas próprias necessidades de liberdade e expressão.

Irmãos nessa combinação provavelmente têm mais do seu quinhão de briga e conflito, o que pode aborrecer o grupo familiar. Ainda assim, existe uma estranha lealdade aqui, que os une em momentos de perigo e ameaça. Mesmo assim, um relacionamento casual e mais superficial pode ser a melhor pedida para essa dupla, que de outra forma tende a provocar um ao outro emocionalmente. Sua amizade pode ser bem-sucedida se não exigir sentimentos profundos ou interação e contato diário.

Conselho: *Assuma uma posição, apesar do risco. Não mude de direção no meio do caminho. Permaneça fiel nos bons e nos maus momentos. Tome cuidado com emoções fora do controle.*

RELACIONAMENTOS

PONTOS FORTES: RECEPTIVO, ATRAENTE, IGUALITÁRIO

PONTOS FRACOS: DESCONFIADO, OFENDIDO, CONFRONTACIONAL

MELHOR: CASAMENTO

PIOR: TRABALHO, AMIZADE

ALEXANDER SOLZHENITSYN (11/12/18)
NIKITA KHRUSHCHEV (17/4/1894)

Khrushchev, premier soviético de 1958 a 1964, libertou milhões de prisioneiros exilados dos campos de trabalho superlotados de Stalin. Entre eles, o escritor Solzhenitsyn, que em 1962 procurou publicar um de seus romances. Com o apoio de Khrushchev o livro foi publicado e recebeu aclamação internacional. **Também: Rainha Frederica & Rei Paul** (casados; monarcas gregos); **David Letterman & Teri Garr** (amigos; atriz/apresentador de tevê).

---

11 a 18 de abril
SEMANA DO PIONEIRO
ÁRIES III

11 a 18 de dezembro
SEMANA DO TITÃ
SAGITÁRIO III

Desafio para aceitar

O sucesso desse relacionamento depende da possibilidade desses dois aceitarem um ao outro. Os nascidos em Áries III e Sagitário III estão em aspecto trígono no zodíaco (120° de distância), então espera-se que eles tenham uma relação relaxada e fácil; mas embora se entendam intuitivamente e possam ter uma amizade sólida, também tendem a desconfiar dos motivos e da energia do outro, de forma que outros tipos de relacionamento podem ter que ser construídos tijolo por tijolo. Este relacionamento certamente exige que cada parte trabalhe no sentido da completa aceitação um do outro. Em muitas áreas, podem surgir brigas ou confrontos abertos e como nenhuma dessas personalidades do fogo (Áries e Sagitário são signos de fogo) normalmente recua, uma ou ambas podem se machucar nesse processo. Essas mágoas são às vezes auto-infligidas, pois na competição ambos tentam seriamente vencer o outro ao ponto de ultrapassar os limites razoáveis. Novamente, a aceitação é a chave para evitar tais disputas ou pelo menos minimizá-las. Ambos são grandes reformadores, e sem dúvida lutam contra tudo o que consideram inaceitável no mundo.

Quando apaixonados os nascidos em Áries III e Sagitário III devem reconhecer e aceitar a absoluta igualdade dos dois, porque nenhum deles tolera ser dominado pelo tipo de energia que o outro possui. A atração sexual ou de outro tipo pode ser forte entre eles e qualquer sentimento negativo que surja será igualmente profundo. Se se quiser evitar a oscilação emocional, o relacionamento precisa desenvolver laços de ternura e simpatia, e o egoísmo precisa ser rigorosamente reduzido. O casamento entre nascidos em Áries III e Sagitário III se beneficia da estabilidade do lar e da família. Pode basear-se em amplos projetos que incluem pais e filhos. Quando esses dois são colegas de trabalho, por outro lado, discordâncias a respeito do caminho a seguir normalmente criam situações de atrito. Como irmãos, sobretudo do mesmo sexo, esses dois formam um bom par. Poucos compreendem a necessidade de Sagitário III de ser deixado sozinho para entender as coisas que se passam, assim como um irmão ou irmã de Áries III. Pais de Áries III podem ser menos compreensivos com seus filhos de Sagitário III e cometer o erro de pressionarem os filhos a aquiescer ou tentar mudar sua disposição de ânimo.

Conselho: *Tome cuidado com a dominação. Estabeleça a igualdade. Lute pela aceitação incondicional e pelo amor. Concorde em enterrar as hostilidades. Trabalhe em conjunto.*

11 a 18 de abril
SEMANA DO PIONEIRO
ÁRIES III

19 a 25 de dezembro
CÚSPIDE DA PROFECIA
CÚSPIDE SAGITÁRIO-CAPRICÓRNIO

Um belo futuro

Este relacionamento pode girar em torno da investigação de futuros cenários e possibilidades, incluindo os de natureza mais pessoal, como autoconfiança e determinação. Manter um olho no futuro e todos os tipos de previsão é importante nessa combinação; ambas as partes estão interessadas em olhar para o futuro, talvez até mesmo em conduzir outros para o futuro. Eles precisam, contudo, evitar devaneios e otimismo excessivo e lembrar de se concentrar nas questões práticas do aqui e o agora.

Em um casamento ou relacionamento amoroso com um Sagitário-Capricórnio Áries III sempre vê grande potencial na personalidade mais oculta de seu parceiro e procura revelá-la ou desenvolvê-la. Grande objetividade e atenção devem ser usadas aqui, pois os nascidos em Áries III se deixam levar por sua necessidade de ser essencial para o representante de Sagitário-Capricórnio, e um dia podem ter choque ao constatar que sua bela criação desceu do pedestal e como um pigmaleão foi embora. A amizade entre esses dois pode não ir muito longe, pois os nascidos em Áries III contam com seus amigos para animarem-se e divertirem-se, e o estado de ânimo dos representantes de Sagitário-Capricórnio pode ser bastante imprevisível. Os nascidos em Sagitário-Capricórnio podem ser realmente bem divertidos, mas quando sérios ou recolhidos, não gostam de ser perturbados. Além disso, embora os nascidos em Áries III sejam capazes de total envolvimento, eles são afastados por causa das reclamações e outras formas de negatividade de que são afeitos os nascidos em Sagitário-Capricórnio.

Como pais, representantes de Áries III provavelmente não são capazes de compreender as oscilações e mudanças da personalidade de Sagitário-Capricórnio, e podem simplesmente estar muito ocupados para fornecer a compreensão que tais filhos necessitam. Mas pais de Sagitário-Capricórnio podem ter uma forte ligação física com seus filhos de Áries III, estimulando-os a brilhar em todos os tipos de atividades vigorosas e participando entusiasmadamente ao lado deles.

Os nascidos em Sagitário-Capricórnio e Áries III podem trabalhar bem juntos em projetos que necessitem de vigor e persistência. Ambos possuem enorme poder de concentração que os capacita a trabalhar lado a lado com objetividade. Esta determinação pode garantir o sucesso de uma empresa ou organização social.

Conselho: *Respeite a privacidade. Na tente brincar de Deus. É melhor deixar em paz certas questões. Seja prestativo mas não exagere. Estimule, mas não se intrometa.*

RELACIONAMENTOS

PONTOS FORTES: PROFÉTICO, REVELADOR, DETERMINADO

PONTOS FRACOS: RABUGENTO, SONHADOR, OFENDIDO

MELHOR: TRABALHO

PIOR: AMOR

LILY PONS (12/4/04)
ANDRE KOSTELANETZ (22/12/01)

Casados por 20 anos, a cantora Pons e o maestro Kostelanetz popularizaram a música clássica no século XX. Pons, também conhecida por suas muitas aparições em filmes, foi a principal soprano da Metropolitan Opera de 1931 a 1940. Kostelanetz era famoso por seus concertos e gravações para o rádio. **Também: Loretta Lynn & Sissy Spacek** (cantora/atriz de cinema).

---

11 a 18 de abril
SEMANA DO PIONEIRO
ÁRIES III

de dezembro a 2 de janeiro
SEMANA DO REGENTE
CAPRICÓRNIO I

Pouca fanfarra

O sucesso deste relacionamento depende de ter ou poder desenvolver sensibilidade e receptividade. Os nascidos em Áries III e Capricórnio I ajustam-se objetivamente um ao outro para colaborar como colegas em iguais condições, ou para ter um negócio como parceiros, mas sua combinação corre o risco de ter luta por poder, animosidade e pouca paciência. A maioria dos nascidos em Capricórnio I é autoritária por natureza, e os representantes de Áries III que são dominadores, provavelmente não acham fácil viver com eles, seja como parceiros ou companheiros. Além disso, esses dois provavelmente não sentem o tipo profundo de amor que poderia conduzir a um relacionamento pessoal mais íntimo. Através de trabalho duro e firme determinação, contudo, eles podem desenvolver sensibilidade e empatia suficientes para ser uma exceção à regra.

Esses dois podem ser amigos bastante íntimos, desde que ambos valorizem a honradez e uma abordagem direta da vida, com pouca fanfarra. Com seu dinamismo e imaginação, os nascidos em Áries III inspiram os representantes de Capricórnio I e são um excelente exemplo de como progredir nesse mundo. Por sua vez, os nascidos em Áries III se beneficiam da confiança e praticidade de representantes de Capricórnio I, um bom contraste para sua própria tendência de perder o contato com algumas das realidades mais duras da vida. Desde que o poder não seja um problema e ciúmes sexuais ou inveja social não se aninhem no fundo de sua mente, a amizade provavelmente é estimulante, fisicamente revigorante e produtiva.

Esse relacionamento provavelmente é caracterizado por tensão nos vínculos familiares, seja no caso de irmãos ou pais e filhos. Os nascidos em Áries III e Capricórnio I provavelmente se envolvem em contínuas e intensas lutas por dominação, nenhum vencendo definitivamente. Contudo, é provável que ambos fiquem mais fortes a partir destes confrontos e que desenvolvam certa sensibilidade com relação às necessidades do outro. Embora sejam incapazes de entender ou ser profundamente compreensivos um com o outro, eles podem respeitar o poder do relacionamento com o passar dos anos e valorizá-lo muito isto mais tarde em sua vida.

Conselho: *A maestria com freqüência envolve entrega. Desenvolva sensibilidade, empatia e compreensão. Reprima tendências dominadoras. Aprenda a dar e compartilhar.*

RELACIONAMENTOS

PONTOS FORTES: REVIGORANTE, BEM-SUCEDIDO, TRABALHADOR

PONTOS FRACOS: ANTIPÁTICO, POUCO CARINHOSO, VIAJA NO PODER

MELHOR: AMIZADE, TRABALHO

PIOR: FAMÍLIA

BETSY ROSS (1/1/1752)
THOMAS JEFFERSON (13/4/1743)

Jefferson e Ross foram compatriotas americanos contemporâneos dos primeiros tempos. Segundo uma lenda popular, Ross costurou a primeira bandeira americana a pedido de George Washington. Em 1777, a bandeira foi adotada oficialmente pelo governo. Na época, Jefferson era representante de Virgínia no Congresso.

| RELACIONAMENTOS |

PONTOS FORTES: ESTRUTURADO, ESTIMULANTE, DIGNO DE CONFIANÇA

PONTOS FRACOS: CONFLITUOSO, FORA DA REALIDADE, CABEÇA-DURA

MELHOR: CASAMENTO

PIOR: TRABALHO

LORETA LYNN (14/4/35)
CRYSTAL GAYLE (9/1/51)

Gayle, *protegé* da irmã mais velha Lynn, largou a música country em troca de um misto de pop, blues e folk. Sua carreira começou quando Lynn a levou em um tour como cantora de apoio. À medida que Gayle desenvolveu seu próprio estilo, ela distanciou-se profissionalmente de Lynn. **Também: Charlie Chaplin & Pola Negri** (caso; atores); **Sirimavo Bandaranaike & S.W.R.D. Bandaranaike** (casados; primeiros-ministros do Sri Lanka).

---

11 a 18 de abril
SEMANA DO PIONEIRO
ÁRIES III

3 a 9 de janeiro
SEMANA DA DETERMINAÇÃO
CAPRICÓRNIO II

A forma das coisas

A tônica desse relacionamento é o estabelecimento de uma firme orientação e uma eficiente estrutura operacional. Com isso como objetivo, um subtema é a exposição da fraqueza do sistema, de forma que ele possa ser consertado.

Um nativo de Capricórnio II que se fixa em um parceiro de Áries III normalmente tem êxito, por mais infeliz que seja sua escolha. A pergunta é realmente se pode ser dada estrutura ou forma ao relacionamento em que os nascidos em Capricórnio II basicamente só desejam "esconder" o parceiro de Áries III para sua própria satisfação - um motivo de perturbação, porque Áries III não é muito de se deixar esconder, e deseja estar socialmente à vista do que se passa. A melhor solução é em geral legalizar a situação, dando a ela uma forma mais substancial. O casamento pode ser bem-sucedido aqui, porque ambas as partes em geral estão muito ocupadas com seus próprios interesses e carreira para incomodar um ao outro sem necessidade. Filhos podem não ser recomendados para esses dois a menos que possam decidir previamente quem irá cuidar deles.

Essa combinação é menos apropriada para uma equipe profissional, seja como parceiros de negócios ou de trabalho. Idéias conflitantes sobre organização e reorganização abundam e a sintonia com a realidade é baixa. Os nascidos em Capricórnio II são propensos a superestimar suas capacidades e são incapazes de lidar com o fracasso, o que pode prejudicar um projeto ou negócio dividido com um representante de Áries III. Analogamente, como membros da família, os dois parceiros são teimosos demais para terem uma boa relação, mas Áries III pode assumir a liderança por ser um pouco mais compreensivo e diplomático.

Os nascidos em Capricórnio II precisam muito de um amigo especial no qual possam confiar e com quem possam se abrir, e um honrado, protetor e compreensivo Áries III pode se adequar muito bem a esse papel. Ambos gostam de trabalhar duro e também se esforçam na área do entretenimento, de forma que estão dispostos a investir tempo e esforço para estruturar um relacionamento no qual possam aguçar sua sagacidade testando idéias com o outro e competir em atividades físicas desafiantes.

Conselho: *Aprender a ouvir é um bom primeiro passo. Ninguém é infalível. Inicie as coisas com cuidado. Dê o espaço necessário. Use o tempo de maneira eficiente.*

| RELACIONAMENTOS |

PONTOS FORTES: INSPIRADOR, SOLÍCITO, EFICAZ

PONTOS FRACOS: NECESSITADO, DOMINANTE, CONTROLADOR

MELHOR: AMIZADE

PIOR: FAMÍLIA

HENRY JAMES (15/4/1843)
WILLIAM JAMES (11/1/1842)

Indivíduos abastados, estes irmãos nascidos em Nova York passaram boa parte de sua vida absorvendo a cultura européia. William, filósofo e psicólogo, escreveu *As Variedades da Experiência Religiosa*. O romancista Henry escreveu dezenas de clássicos, incluindo *Daisy Miller* e *A Volta do Parafuso*. **Também: Thomas Jefferson & Alexander Hamilton** (adversários políticos).

---

11 a 18 de abril
SEMANA DO PIONEIRO
ÁRIES III

10 a 16 de janeiro
SEMANA DA DOMINAÇÃO
CAPRICÓRNIO III

Promovendo interesses mútuos

Estranhamente, embora tanto os nascidos em Áries III quanto em Capricórnio III sejam tipos dominantes, na sua relação um com o outro eles evitam lutas pelo poder em muitas áreas. Sacrifício, trabalho e flexibilidade são pontos fortes nesse relacionamento, então esses dois percorrem mais de metade do caminho para ir ao encontro do outro na maior parte das situações. Também como os dois possuem suas próprias áreas de controle, eles não precisam dar ordens. Exceto quando são irmãos ou pais e filhos, o acordo entre eles é bastante possível em casa. Quando vivem juntos como amantes ou cônjuges, esse par pode formar um time poderoso e eficaz, unidos para promover seus interesses mútuos e individuais.

A amizade entre eles é particularmente favorável para os representantes de Áries III, que se beneficiam da energia estável do Capricórnio III. Mas os nascidos em Capricórnio III também ganham por meio da exposição às idéias de Áries III; eles podem até mesmo considerar seus amigos como seus instrutores. Devem ter cuidado porém para não idolatrar Áries III indevidamente: na sua fraqueza pelo culto de um herói, os nascidos em Capricórnio III tendem a menosprezar-se, fazendo comparações desfavoráveis entre eles e os outros. Um compreensivo Áries III pode ajudar um Capricórnio III a lutar contra um complexo de inferioridade que pode ser resultado de conceitos prejudicais aprendidos na infância. Uma diferença entre esses dois é que os nascidos em Capricórnio III, embora exigentes consigo mesmos, não necessitam realmente da aprovação de outras pessoas, enquanto Áries III tem uma profunda necessidade de saber que eles são importantes. Como amantes ou membros da família, então, os nascidos em Capricórnio III tendem a ser muito mais solitários do que os Áries III.

Quando esses dois trabalham juntos, podem surgir questões de controle e dominação, que causam dificuldades para o grupo. Em casos extremos, é necessário separá-los. Em muitos casos, contudo, Áries III e Capricórnio III inspiram um ao outro a buscar novos patamares de realização. Os nascidos em Áries III podem exercer uma influência favorável nos representantes de Capricórnio III por estimulá-los a arriscar em sua carreira em vez de permanecer estagnados em um trabalho enfadonho e repetitivo.

Conselho: *O fato de dar pode tornar uma pessoa mais rica e não mais pobre. Seja flexível. Esteja aberto a novos empreendimentos. Sacrifique o egoísmo em benefício do bem comum.*

11 a 18 de abril
SEMANA DO PIONEIRO
ÁRIES III

17 a 22 de janeiro
IDE DO MISTÉRIO E DA IMAGINAÇÃO
CÚSPIDE CAPRICÓRNIO-AQUÁRIO

Amor proibido

Esse relacionamento pode ser secreto (por exemplo, se é um caso amoroso) e bastante enigmático e desconhecido para o mundo exterior. Como amantes, é provável que os nascidos em Áries III e os Capricórnio-Áquário alcancem novos patamares românticos, a ordem do dia sendo a expressão emocional vívida e animada. A estabilidade que falta neste relacionamento é compensada pela empolgação, e a energia de Áries III pode ser uma força estabilizadora no lar. O casamento pode não ser recomendado para esses dois, porque ele tende a abafar sua paixão e, na realidade, eles têm poucos motivos para se comprometer com o casamento, a menos que razões éticas e morais o exijam. Na verdade, casos de amor proibidos nessa combinação podem ser ricos e compensadores, pelo menos até que os parceiros sejam forçados a voltar para a realidade.

A amizade entre Áries III e Capricórnio-Áquario pode ser desafiadora, pois ambas personalidades são precipitadas e descuidadas, o que pode desgastar o relacionamento. Além disso, representantes de Capricórnio-Aquarius podem se deixar levar por rompantes de entusiasmo por esta ou aquela pessoa, e os nascidos em Áries III, mais fiéis por natureza, podem se cansar porque o relacionamento é negligenciado ou considerado pelo parceiro como algo garantido.

Na família, pais de Áries III consideram seus filhos de Capricórnio-Áquario difícil de controlar. Como não são sempre realistas, eles podem não compreender que estão tentando reprimir o jeito rebelde dos Capricórnio-Áquario que, na verdade, é uma projeção de seus próprios desejos reprimidos e escondidos. Irmãos nessa combinação podem viver em um mundo fantasioso particular, no qual seres e situações imaginários passam a ter mais importância do que a vida cotidiana. Quando os nascidos em Áries III se interessam mais por questões sociais e fazem novas amizades, seus irmãos ou irmãs de Capricórnio-Áquario podem encarar isto com o um doloroso abandono.

Apenas certas carreiras são adequadas para esse par, sobretudo as que valorizam a imaginação, novas idéias, o divertimento, esquemas de marketing animados ou programas promocionais. Presumindo que o negócio não quebre no primeiro ano, a química do relacionamento pode atrair outras pessoas, fazendo-as desejar o produto ou o serviço oferecido.

Conselho: *Vá com calma. Controle um pouco o entusiasmo, mas não perca a paixão. Exponha-se um pouco. Construa uma sólida base financeira.*

RELACIONAMENTOS

PONTOS FORTES: ROMÂNTICO, VÍVIDO, APAIXONADO

PONTOS FRACOS: ENIGMÁTICO, INSTÁVEL, ISOLADO

MELHOR: AMOR

PIOR: CASAMENTO

**CATARINA DE MEDICI
(13/4/1519)
FRANCISCO II (19/1/1544)**

Aos 14 anos de idade, o filho mais velho de Catarina, Francisco II, rei da França, se casou com Maria, rainha dos escoceses, cuja família católica romana queria destruir os huguenotes. Catarina, mais tarde, se opôs a Francisco e procurou fazer um acordo entre as facções. **Também: Loretta Lynn & Dolly Parton** (superestrelas da música country).

---

11 a 18 de abril
SEMANA DO PIONEIRO
ÁRIES III

23 a 30 de janeiro
SEMANA DO GÊNIO
AQUÁRIO I

Prazeres íntimos

Esse relacionamento freqüentemente se concentra na intimidade. Esses dois estão em um comprimento de onda comum, de forma que amizades bem-sucedidas, relacionamentos amorosos e casamentos são relações possíveis entre eles. Os nascidos em Áries III estão sempre fascinados pelos talentos e pelas habilidades dos representantes de Aquário I, para quem eles podem significar uma força estável e protetora.

Os nascidos em Aquário I são espíritos independentes, e quanto mais cedo Áries III descobrir isso melhor. Representantes de Áries III também podem ser impulsivos e impetuosos de vez em quando, mas são em geral superados nessas qualidades por Aquário I cuja mente e movimentos brilhantes tendem a deslumbrar a todos. Relacionamentos de trabalho entre esses dois não são recomendados, então, pois os nascidos em Aquário I têm dificuldade de aceitar planos ou sistemas simples que o idealista Áries III gosta de implementar. Pais de Áries III são compreensivos com seus filhos de Aquário I e preenchem sua necessidade de segurança, mas precisam fazer um esforço extra para aceitar a necessidade de variedade, vibração e mudança dos filhos.

Apesar da intimidade, é improvável um casamento convencional entre esses dois, uma vez que suas necessidade e desejos são tão diferentes. Pouco inclinados a ficar em casa enquanto os nascidos em Áries III estão ocupados trabalhando com outras pessoas, por exemplo, os representantes de Aquário I normalmente não vêem nada de errado em ter vários outros relacionamentos pessoais, talvez até mesmo amantes, fora de casa. Os nascidos em Áries III, por sua vez, tendem a ser monogâmicos, e só encontram o que precisam nos braços de outro alguém caso estejam infelizes. Os nascidos em Aquário I não são realmente tão sociáveis ou carentes de contato humano como pensam, e uma vez que compreendam isso, um grande abismo pode se formar entre eles e um parceiro de Áries III.

Um nativo de Áries III que é infeliz em casa com o cônjuge ou companheiro pode considerar irresistível um amante pouco convencional de Aquário I. Apesar dos prazeres íntimos de tal relacionamento, a volubilidade emocional pode rapidamente levar a relação a um final caótico, apesar de excitante. Em casos amorosos mais sérios, o alto grau de energia sexual do relacionamento pode ser explosivo e satisfatório.

Conselho: *Não tenha pressa. Diminuir o ritmo prolonga o prazer. Não feche a porta para o mundo. Mantenha-se equilibrado. Entenda o nível do seu compromisso.*

RELACIONAMENTOS

PONTOS FORTES: PESSOAL, PROTETOR, AGRADÁVEL

PONTOS FRACOS: CAÓTICO, DIVIDIDO, IMPETUOSO

MELHOR: SEXUAL

PIOR: TRABALHO

**EDIE ADAMS (16/4/29)
ERNIE KOVACS (23/1/19)**

Com seus shows humorísticos peculiares, Kovacs foi pioneiro na comédia de tevê. Seu casamento com a cantora Adams era intenso e íntimo. Adams aparecia com freqüência em seus programas. Kovacs morreu em um acidente automobilístico, em 1962. **Também: Henry James & Edith Wharton** (romancista/*protegé*).

RELACIONAMENTOS

PONTOS FORTES: INTEGRADO, ENTUSIÁSTICO, RESPONSÁVEL

PONTOS FRACOS: POLARIZADO, DESAGRADÁVEL, FUGAZ

MELHOR: AMIZADE DESPREOCUPADA

PIOR: PARCERIA DE NEGÓCIOS

THOMAS JEFFERSON (13/4/1743)
AARON BURR (6/2/1756)

Concorrendo com Burr, Jefferson mal venceu a campanha para presidente com um voto adicional da Casa dos Representantes. Em 1806, Jefferson mandou prender Burr e o processou por conspiração por fundar uma república independente. Burr foi absolvido. **Também: Samuel Beckett & James Joyce** (amigos; Beckett foi secretário de Joyce)

---

11 a 18 de abril
SEMANA DO PIONEIRO
ÁRIES III

31 de janeiro a 7 de fevereiro
SEMANA DA JUVENTUDE E DESPREOCUPAÇÃO
AQUÁRIO II

Integração literal

Esse relacionamento não apenas evoca elementos polarizados dos personagens mas, se quiser ser bem-sucedido, exige sua integração literal. Especificamente, um relacionamento entre Áries III e Aquário II tem um duplo efeito, apesar de contraditório: a relação compreensivamente desperta a criança adormecida em cada parceiro, e depois dá vida a seu lado adulto mais sério, porém compreensivo. Essa manifestação confusa tende inicialmente a criar problemas psicológicos no relacionamento, mas estas personalidades opostas podem mais tarde ser bem-sucedidas na vida diária reunindo entusiasmo e responsabilidade.

Em poucas palavras, os nascidos em Áries III e Aquário II podem se dar bem e desfrutar de um maravilhoso e descontraído tempo juntos. Sejam irmãos, amigos, amantes ou pais e filhos, seu relacionamento pode ser divertido. Da mesma forma, quando um dos parceiros percebe que o tempo de sua ampulheta se esgotou, pode soprar o apito para um companheiro algo assustado ou furiosamente começar a bater o sino avisando que é hora do jantar ou de ir apara a cama. A menos que o relacionamento – seja amizade ou casamento – possa absorver tais mudanças abruptas de atitude, no decorrer da caminhada ele pode se tornar intolerável e a interrupção de atitudes harmoniosas exigirá um rompimento.

O relacionamento normalmente não prioriza a auto-avaliação; esse par gosta de manter as relações superficiais. Mesmo que se dêem ao trabalho de explorar juntos níveis emocionais profundos, seu relacionamento, apesar de não apresentar certos tipos de problemas, pode não criar uma base sólida, tão necessária para que sobreviva aos tempos de dificuldade ou desastre completo. A amizade aqui tende a ser do tipo positivo e o caso amoroso pode ser bastante prazeroso, mas não necessariamente duradouro.

Como colegas de trabalho ou parceiros de negócios, os obstinados Áries III aparentemente não são apropriados para o mais relaxado Aquário II. Além disso, os nascidos em Aquário I detestam confusão, de tal forma que eles podem não ser firmes o suficiente para se meterem em negociações hábeis ou competições, e isto, juntamente com a irresponsabilidade financeira de Áries III, pode significar o fracasso de qualquer relacionamento ou empresa comercial conjunta.

Conselho: *Vá mais fundo. Investigue e integre com calma e cuidado. Não esqueça de se divertir, mas limpe e arrume tudo depois também. Dificuldades exigem recursos.*

RELACIONAMENTOS

PONTOS FORTES: COMPREENSIVO, SOLIDÁRIO, DIVERTIDO

PONTOS FRACOS: IRRITANTE, NEGLIGENTE, DESINTERESSADO

MELHOR: AMIZADE, IRMÃOS

PIOR: AMOR, PAIS-FILHOS

ROD STEIGER (14/4/25)
CLAIRE BLOOM (15/2/31)

O primeiro filme do ator Steiger foi *On the Waterfront* (1954). Nascida na Inglaterra, treinada à maneira clássica inglesa, Bloom fez par com Charlie Chaplin em *Luzes da Ribalta* (1952). O casamento de Steiger e Bloom, que durou de 1959 a 1969, foi considerado um relacionamento desconfortável.

---

11 a 18 de abril
SEMANA DO PIONEIRO
ÁRIES III

8 a 15 de fevereiro
SEMANA DA ACEITAÇÃO
AQUÁRIO III

Nuvens suaves e fofinhas

Esse relacionamento possui geralmente um tom sonhador e gentil, fomentando compreensão, bondade e apoio mútuo. Ele pode percorrer um longo caminho por meio da troca de experiências físicas e emocionais que são muito importantes para o desenvolvimento pessoal, e também pode ser muito divertido. É mais provável que sua atitude compreensiva e receptiva propicie a amizade do que casos de amor sensuais ou casamento; magnetismo sexual ou atrações emocionais são mais incomuns aqui do que empatia, calor humano e troca.

Os nascidos em Aquário III podem ser muito carentes emocionalmente e exigir muita atenção. Em vez de recorrer a seus pais, eles podem se voltar para amigos e irmãos de Áries III, os quais têm uma enorme capacidade de dar e podem ser bastante dedicados e atenciosos com suas necessidades. Eles podem facilmente recriar esse relacionamento na vida adulta, mas limites devem ser impostos: de forma sincera e desavergonhada, os nascidos em Aquário III podem ser dependentes e até mesmo parasitas, sugando a energia de Áries III.

Olhando para o passado, um adulto de Áries III algumas vezes acusa um pai de Aquário III de ter sido negligente com ele na infância, quando na realidade o pai estava simplesmente dando a seu filho a liberdade que essas personalidades necessitam. Pais de Áries III podem também ter conflitos com seus filhos de Aquário III, que freqüentemente se ressentem com o que percebem como desinteresse dos pais com relação aos seus sentimentos. Estes filhos podem invejar ou até mesmo odiar as idéias e organizações às quais seus pais dedicam tanto tempo e energia.

No casamento e em parcerias de negócios, ou quando esse par trabalha junto no mesmo projeto, a depressão e o mau humor de Aquário III podem pesar muito sobre Áries III. Os nascidos em Aquário III, por sua vez, estão prontos para achar representantes de Áries III irritantes, não necessariamente por algum bom motivo: apesar de compreensivos, os nascidos em Áries III são peritos em despertar a raiva e o mau gênio de Aquário III, muito embora Aquário III se orgulhe de ser legal no trabalho.

Conselho: *Expresse emoções, mas que isso não signifique perder a calma. Dê e receba, mas não se aproveite. Desenvolva a inteligência emocional.*

11 a 18 de abril
SEMANA DO PIONEIRO
ÁRIES III

16 a 22 de fevereiro
CÚSPIDE DA SENSIBILIDADE
CÚSPIDE AQUÁRIO-PEIXES

Nascido de novo

A principal preocupação desse relacionamento é muitas vezes o renascer, o que pode exigir destruir barreiras e defesas construídas ao longo de muitos anos. Os nascidos em Áries III podem ver os problemas dos amigos de Aquário-Peixes bastante claramente, compreendendo que a combinação de pessimismo e alegria desses indivíduos os impede de um envolvimento e interação profundos. A escolha recai em Áries III: aceitar os nascidos em Aquário-Peixes como eles são ou arriscar ser rejeitado ou acusado de violar a amizade e de tentar se envolver profundamente, forçando os representantes de Aquário-Peixes a expressar seus verdadeiros sentimentos descobrindo quem realmente são. Se bem-sucedidos, os nascidos em Áries III podem colher recompensas bem superiores à própria atitude generosa de Aquário-Peixes, pois o amor e a afeição de Aquário-Peixes assim conquistados podem redundar em um relacionamento profundo, duradouro e compensador.

Nas áreas do amor e do casamento, o relacionamento pode demonstrar grande calma e compreensão, sobretudo em tempos de necessidade. Mas esta calma pode ser um aspecto de uma curiosa falta de sentimento profundo. Em tal situação, as barreiras de Aquário-Peixes não são rompidas e a oportunidade para que eles reconquistem as sensibilidades da sua infância perdida é negada. Também os nascidos em Aquário-Peixes raramente pedem ajuda em uma luta prolongada com parceiros de Áries III, conflito que pode ser desagradável, mas que também lhes dá a chance de desenvolver um forte ego. Assim, a bondade e a consideração desse relacionamento, embora fonte de grande apoio, com o tempo não necessariamente faz avançar o desenvolvimento pessoal. Principalmente preocupados com assuntos abstratos e pessoais, podem negligenciar o terreno comum da experiência humana: sua relação com os outros. Eles se sentem mais à vontade com representantes de Áries III como parceiros de trabalho, conhecidos, colegas ou, quando jovens, como membros da família mais afastados, menos ameaçadores do que os que estão emocionalmente mais próximos deles.

Conselho: *Pode valer a pena ir fundo. Ouse fracassar. A autodescoberta é acompanhada de recompensas. Rompa barreiras emocionais.*

RELACIONAMENTOS

PONTOS FORTES: CUIDADOSO, LIBERAL, AVENTUREIRO

PONTOS FRACOS: POUCO CONFIÁVEL, SEM EMOÇÕES, SUFOCANTE

MELHOR: COLEGAS, AMIZADE

PIOR: FAMÍLIA

LEOPOLD STOKOWSKI (18/4/1882)
GLORIA VANDERBILT (20/2/24)

Stokowski, que regia sem batuta, tinha um perfil aristocrático com suas graciosas mãos e cabelos esvoaçantes. Em 1945, ele se casou com Vanderbilt, uma senhora abastada da sociedade e membro da elite da moda. **Também: Hayley Mills & John Mills** (filha/pai; atores); **Charles Wilson Peale & Rembrandt Peale** (pai/filho; pintores).

---

11 a 18 de abril
SEMANA DO PIONEIRO
ÁRIES III

23 de fevereiro a 2 de março
SEMANA DO ESPÍRITO
PEIXES I

Ideais mais nobres

O foco central deste relacionamento é freqüentemente estético e idealista. Os nascidos em Áries III e Peixes I podem formar uma excelente equipe a serviço de ideais nobres e da beleza, sobretudo quando ambos são membros de um grupo social, espiritual ou comunitário; ambas as partes podem ser do tipo dedicado que necessita aplicar sua energia em tais projetos, e o relacionamento pode magnificar sua força de forma sinergética.

A amizade entre esses dois pode desenvolver-se a partir de um destes grupos sociais. Embora os nascidos em Áries III tendam a ser mais dinâmicos e agressivos e os representantes de Peixes I mais relaxados e receptivos, eles inicialmente apreciam os fortes pontos de vista um do outro. Ambos sabem se sacrificar, e devem ter consciência que tipos mais egoístas podem querer tirar vantagem.

Os nascidos em Áries III são tipos passionais que poupam sua afeição e desejo sexual para momentos íntimos especiais, enquanto os representantes de Peixes I são mais sensuais, precisando tocar e sentir o melhor que a vida tem a oferecer constantemente, ao longo do dia. Por causa dessas diferenças, relacionamentos amorosos e casamento podem não constar no mapa destes dois. Contudo, relacionamentos platônicos em que a sexualidade está adormecida ou ausente podem ser satisfatórios, duradouros e, na dura caminhada, bastante positivos para essa combinação.

É provável que irmãos de Áries III e Peixes I criem fortes laços de compreensão e empatia, sobretudo se forem do sexo oposto. Mas o relacionamento entre pais e filhos ou de outro tipo provavelmente são exaustivos, porque esses dois empregam métodos e ritmos de trabalho diferentes. Os nascidos em Áries III, por exemplo, são do tipo que levanta cedo e vai direto para o trabalho, enquanto os representantes de Peixes I podem precisar de um longo tempo para acordar e despertar realmente. E à noite, os nascidos em Áries III podem ir cedo para cama, enquanto os Peixes I tendem a ser notívagos.

Devido a esta abordagem idealista e, às vezes, com um forte traço de irrealidade, essa dupla não é recomendada para parcerias de negócios ou outros projetos comercias. A relação pode funcionar bem, contudo, no trabalho, na igreja ou em outros empreendimentos voltados para a comunidade.

Conselho: *Primeiro construa um forte ego, então livre-se dele. Dê, mas não se deixe tratar como uma bola de futebol. Acorde para a realidade. Interesse-se por assuntos do dia-a-dia.*

RELACIONAMENTOS

PONTOS FORTES: IDEALISTA, ESTÉTICO, PLATÔNICO

PONTOS FRACOS: ESGOTADO, POLARIZADOD, EXPLORADO

MELHOR: BUSCAS IDEALISTAS

PIOR: EMPREENDIMENTOS COMERCIAIS

PHILLIP RANDOLPH (15/4/1889)
W.E.B. DUBOIS (23/2/1868)

Randolph e DuBois defenderam os direitos civis dos negros oprimidos. Randolph aproximou seu povo da corrente principal do movimento trabalhista nos Estados Unidos; o mais radical, DuBois, falou e escreveu sobre liberdade por meio de uma elite negra educada. **Também: Dean Acheson & John Foster Dulles** (sucessivos secretários de estado).

RELACIONAMENTOS

PONTOS FORTES: COMPREENSIVO, INSPIRADOR, SOCIÁVEL

PONTOS FRACOS: DISCORDANTE, DÉBIL, SUPERPROTETOR

MELHOR: AMIZADE, NEGÓCIOS

PIOR: CASAMENTO

DAVID CASSIDY (12/4/50)
JACK CASSIDY (5/3/27)

As estrelas de musicais no palco Jack Cassidy e Evelyn Ward tiveram o filho David, que se tornou cantor pop e co-estrela do programa de tevê *Família Dó-ré-mi* (1970-74). Jack e David tinham uma relação próxima até a morte trágica de Jack, aos 49 anos de idade, em uma casa incendiada.

11 a 18 de abril
SEMANA DO PIONEIRO
ÁRIES III

3 a 10 de março
SEMANA DO SOLITÁRIO
PEIXES II

Contato com o mundo

O principal tema desse relacionamento é a socialização. Os nascidos em Peixes II têm grande necessidade de privacidade e os de Áries III necessita se cercar de pessoas, de forma que se relacionar com os outros é uma questão importante. Como resultado, essa combinação não é normalmente boa para o casamento ou para viver juntos. Ainda assim, quando esses dois querem casar, cada um pode dar sua contribuição (Peixes II provavelmente na esfera doméstica, Áries III na esfera social), desde que cheguem a um firme acordo acerca de como e quando seu espaço deve ser usado por eles mesmos ou pelos outros.

O relacionamento amoroso entre esses dois pode evidenciar laços de simpatia e afeição duradouros, mas geralmente nos casos amorosos, não possui a emoção ardente. Como amigos, os nascidos em Áries III colocam Peixes II mais em contato com o mundo, apresentando-os para pessoas certas e para oportunidades lucrativas. Os representantes de Áries III têm dificuldade para mexer com seus sentimentos mais profundos, e os nascidos em Peixes II, mestres nessa arte, podem ajudá-los a descobrir áreas escondidas e negligenciadas de sua psique, apenas insistindo para que falem sobre como se sentem. Dessa forma, os nascidos em Peixes II podem ajudar amigos de Áries III a viver de forma mais profunda, tornando seus relacionamentos com os outros mais significativos e melhorando a qualidade das suas interações sociais. Eles podem também proporcionar a Áries III a simpatia e aceitação emocional que eles precisam quando estão sendo incompreendidos pelo seu atual cônjuge ou amante. Em troca, amigos de Áries III podem infundir em Peixes II esperança e inspiração quando estes se sentem atolados em um relacionamento estagnado ou sem perspectivas.

Esses dois podem formar uma equipe eficiente, com Peixes II fazendo o trabalho interior (planejando, desenvolvendo, produzindo) e seu parceiro de Áries III o trabalho exterior (RP, vendas, marketing). Como irmãos, eles podem formar uma união produtiva, caso tenham sido se expostos a pais, professores ou outras figuras de autoridade pouco compreensivas ou abusivas.

Conselho: *Decida como você quer organizar a sua vida. Mantenha contato com o mundo. Não negligencie a auto-exploração. Estabeleça diferenças.*

RELACIONAMENTOS

PONTOS FORTES: INFANTIL, HONESTO, PERCEPTIVO

PONTOS FRACOS: IMATURO, CIUMENTO, FRUSTRANTE

MELHOR: TRABALHO

PIOR: AMOR

PAUL WANER (16/4/03)
LLOYD WANER (16/3/06)

Ambos no Hall da Fama, estes irmãos jogaram juntos no Pittsburgh Pirates (Paul, 1926-40; Lloyd, 1927-40). O irmão mais velho Paul apelidado de "Big Poison", e Lloyd de "Little Poison", jogaram a temporada de 1944 com os Dodgers. **Também: Joel Grey & Liza Minnelli** (co-estrelas, *Cabaret*); **Charlie & Sydney Chaplin** (meio-irmãos; ator/empresário).

11 a 18 de abril
SEMANA DO PIONEIRO
ÁRIES III

11 a 18 de março
SEMANA DOS DANÇARINOS E SONHADORES
PEIXES III

As novas roupas do imperador

Esse relacionamento é de um modo geral ingênuo, até mesmo infantil, e nenhuma das partes realmente se importa em entender o outro em um nível profundo. Casamentos produtivos e duradouros são raros nessa combinação, pois esses dois freqüentemente não possuem maturidade física, espiritual ou emocional. Eles estão sempre prontos para fazer avaliações objetivas e sagazes, que lhes fornece intuições valiosas. Tal como a criança que vê o imperador nu em um conto de fadas, eles mantêm uma atmosfera de honestidade, embora nem sempre de compreensão ou solidariedade.

A habilidade dos nascidos em Áries III de atrair seguidores através do ensino pode provocar ciúmes em Peixes II, que normalmente não deseja nada mais do que afetar o seu ambiente desta forma, mas tem mais dificuldades de fazer isso. Esses dois podem formar amizades duradouras, com a admiração pelo talento e habilidade um do outro desempenhando um papel importante. Nas áreas das emoções, contudo, frustrações podem emergir a respeito de uma incapacidade de dividir sentimentos mais profundos.

Embora ambas as parte tenham idéias de amplo alcance, os nascidos em Áries III estão mais preocupados com seus companheiros e com a sociedade como um todo, e os representantes de Peixes III com preocupações filosóficas e universais. Na família, um Áries III pode ver um irmão de Peixes III como um sonhador fora da realidade, ocupado com buscas fantásticas, cósmicas ou ligadas à Nova Era, enquanto um Peixes III pode considerar um irmão de Áries III envolvido em empreendimentos confusos, interpessoais e idealistas que não produzem crescimento pessoal. Os nascidos em Áries III podem não ter muito respeito pela tendência de Peixes III de mergulhar periodicamente em uma letargia ou auto-piedade e ser incapaz de progredir com sua própria causa.

No trabalho, a habilidade e aptidões técnicas de Peixes III de fazer as coisas acontecerem podem ser de grande valor para os parceiros de Áries III. Os nascidos em Áries III têm muitas idéias, mas não são sempre capazes de colocá-las em prática; é aqui que Peixes III pode ajudar. Eles freqüentemente também têm melhor discernimento financeiro do que seus parceiros de Áries III e em geral sabem onde o dinheiro é bem gasto e onde é desperdiçado. É no trabalho que a marca desse relacionamento franco e honesto é mais valorizada.

Conselho: *Mantenha uma abertura infantil mas aprofunde os sentimentos. Desenvolva relacionamentos maduros. Diminua comparações desfavoráveis. Compartilhe e aceite.*

19 a 24 de abril
CÚSPIDE DO PODER
CÚSPIDE ÁRIES-TOURO

19 a 24 de abril
CÚSPIDE DO PODER
CÚSPIDE ÁRIES–TOURO

Baixando a guarda

Como a habilidade de baixar a guarda quando em companhia de alguém como eles mesmos representa um grande alívio para estas usinas de força, esse relacionamento é, até certo ponto tranqüilo e confortável. Curiosamente, esses indivíduos de mente forte freqüentemente têm um relação muito boa porque ambos se respeitam e sabem que o combate completo entre eles seria tolice. Ainda assim, eles raramente se envolvem como amantes ou companheiros. E se realmente se casam (vagarosa, deliberada e cuidadosamente), é provável que não tenham a habilidade ou o desejo de compartilhar poder doméstico, financeiro e familiar. Um caso amoroso entre esses dois pode ser confortante porque eles sabem o que esperar um do outro, mas os nascidos sob a Cúspide do Poder se sentem mais atraídos e mais realizados com parceiros muito diferentes de si mesmos.

Amizades aqui podem funcionar bem desde que a relação não exija contato diário. Atividades em comum, incluindo simplesmente conversar e atualizar novidades pessoais, pode ser relaxante e divertido para esse par. Dois Áries-Touro podem dar um ao outro apoio mútuo e conselho, mas o relacionamento em geral transcorre mais suavemente se eles não fazem o mesmo trabalho ou dividem a mesma profissão. Eles são dessa forma aconselhados a não trabalhar juntos; um relacionamento profissional ou uma parceria de negócios pode despertar conflitos e até mesmo confrontos. Esses dois podem ser excelentes oponentes e inimigos caso trabalhem em organizações rivais ou como adversários financeiros ou de negócios. Estes confrontos normalmente têm apenas um vencedor.

Como membros da família, seja em relacionamentos de irmãos ou de pais e filhos, os nascidos em Áries-Touro provavelmente se envolvem em lutas contínuas pelo poder a menos que se estabeleça um modo de vida em que haja respeito mútuo e aceitação.

Conselho: *Construa laços de respeito. Não espere muito do outro. Aproveite atividades divertidas. Mantenha-se relaxado. Evite conflitos e confrontos.*

RELACIONAMENTOS

PONTOS FORTES: RESPEITOSO, RELAXANTE, SOLÍCITO

PONTOS FRACOS: CONFLITUOSO, BRIGUENTO, VIAJA NO PODER

MELHOR: AMIZADE

PIOR: CASAMENTO

SHIRLEY MACLAINE (24/4/34)
BARBRA STREISAND (24/4/42)

A dançarina, modelo, atriz de teatro e cinema, ativista política, escritora e espiritualista da Nova Era, MacLaine tem uma longa amizade (e nasceu no mesmo dia) com Streisand, a superestrela do palco, do cinema e da música. Elas também são ativas em causas políticas liberais.

---

19 a 24 de abril
CÚSPIDE DO PODER
CÚSPIDE ÁRIES-TOURO

25 de abril a 2 de maio
SEMANA DA MANIFESTAÇÃO
TOURO I

Um porto seguro

Um relacionamento entre esses dois tende a ser intenso, privativo e conflituoso. A maneira mais segura de ele funcionar é se concentrando em uma base, como o lar, no qual Áries-Touro e Touro I são capazes de compartilhar um relacionamento privado, confiável e seguro.

Embora verdadeiramente prazerosos, os casos amorosos entre Áries-Touro e Touro I são normalmente fugazes devido à ausência de emoção profunda associada à irritação ocasional e ao desentendimento. Como cônjuges esses dois têm poucas surpresas e consideram a segurança de saber exatamente o que esperar bastante confortável, apesar de às vezes monótono. Em casa, os nascidos em Touro I podem ser bastante felizes supervisionando o acontecimentos do dia-a-dia, permitindo ao mesmo tempo que os representantes de Áries–Touro decidam as questões mais importantes e estratégicas, sobretudo de natureza financeira, ou questões de decoração. Nesse sentido, ambos podem ser bastante felizes. Sua mútua tendência para a teimosia, contudo, pode dividi-los; ambos fariam bem em aprender a ceder.

A amizade entre representantes de Áries-Touro e Touro I pode ser um porto seguro em tempos de necessidade, não apenas para os próprios parceiros como também para os outros. Esses dois podem compartilhar atividades físicas como esportes, caminhadas, natação e outros projetos desafiadores ao ar livre com grande satisfação, seja como uma equipe ou oponentes amigáveis. Relacionamentos de irmãos e pais e filhos nessa combinação podem também funcionar bem, com cada uma das partes proporcionando apoio mútuo e compreensão ao outro. A confiança e a segurança de tais relacionamentos freqüentemente permanecem, que ultrapassando os limites da infância e da adolescência e perdurando pela vida adulta e idade mais avançada.

Relacionamentos de trabalho entre Áries-Touro e Touro I podem ser bastante satisfatórios contanto que os papéis sejam bem definidos e diferenciados, e desde que lutas pelo poder não aflorem, sobretudo envolvendo progressos na carreira. Porque nenhuma dessas personalidades normalmente despreza quem os ajuda, eles raramente criam problemas que afetem o suave andamento do seu grupo ou organização, que aqui serve efetivamente como base do lar.

Conselho: *Não se vai longe com os dois pés no chão ao mesmo tempo – não tenha medo de ousar. Siga o seu coração. Permita que a energia espiritual aflore.*

RELACIONAMENTOS

PONTOS FORTES: TRANQÜILIZADOR, FÍSICO, COMPREENSIVO

PONTOS FRACOS: INSENSÍVEL, PREVISÍVEL, IRRITANTE

MELHOR: FAMÍLIA

PIOR: AMOR

DANIEL DAY-LEWIS (20/4/57)
C. DAY-LEWIS (27/4/04)

O ator Daniel é filho de C. Day-Lewis, poeta inglês laureado (1968-72), tradutor, professor e escritor de histórias de detetives. Daniel estrelou vários filmes premiados, e ganhou o Oscar de melhor ator como o escritor-pintor inválido em *Meu Pé Esquerdo* (1989). **Também: Getúlio Vargas & Carlos Lacerda** (inimigos íntimos).

RELACIONAMENTOS

PONTOS FORTES: ESTÉTICO, CULTURAL, SEGURO

PONTOS FRACOS: CONDENSCENDENTE, MERCENÁRIO, DESINTERESSANTE

MELHOR: FAMÍLIA

PIOR: AMIZADE

KAI M. SIEGBAHN (20/4/18)
ARTHUR L. SCHAWLOW (5/5/21)

O sueco Siegbahn e o americano Schawlow ganharam o Prêmio Nobel de Física em 1981 (juntamente com Nicolaas Bloembergen). Sua contribuição foi o desenvolvimento da espectografia de elétron de alta resolução, também conhecida como microscópio a laser. O pai de Siegbahn também ganhou um Prêmio Nobel de Física (1924). **Também:** Patti LuPone & Evita Perón (representação na Broadway).

---

19 a 24 de abril
CÚSPIDE DO PODER
CÚSPIDE ÁRIES-TOURO

3 a 10 de maio
SEMANA DO PROFESSOR
TOURO II

Criaturas que confortam

Casos amorosos aqui se caracterizam por muita sensualidade e atração física. Mas tanto Áries-Touro quanto Touro II sentem-se normalmente atraídos por tipos bastante diferentes de si mesmos, de modo que seus laços simples, embora prazerosos, talvez não sustentem seu relacionamento no decorrer da vida. O relacionamento enfatiza a acumulação: poupar e investir são palavras-chave aqui, assim com o são coleção, discussão e compartilhamento de itens belos. O que tudo isso tem em comum, ou o que representam ou simbolizam para esses parceiros, é simplesmente segurança. Para Áries-Touro, segurança é uma forma de poder; para Touro II, é a liberdade de ir ao encontro do mundo e fazer sua contribuição; para ambos é uma base necessária.

O casamento entre esses dois pode ser altamente bem-sucedido, intensificando o impulso doador natural de ambos. A casa deles é um lugar agradável e estimulante para todos, repleta não apenas de calor humano que torna a vida digna de ser vivida, mas de cultura — idéias, livros, música, arte. O relacionamento de pais e filhos pode ser sempre compensador e seguro, mas a amizade pode não funcionar tão bem. Os nascidos em Touro II escolhem seus amigos em todas as camadas sociais, incluindo as em desvantagem, enquanto os Áries-Touro têm uma tendência a ser um pouco esnobes, preferindo se associar com os poderosos e bem-sucedidos. Tal circunstância impede esses dois de compartilhar um grupo social, e a menos que eles tenham um hobby comum – colecionar antigüidades, por exemplo – eles podem simplesmente não circular nas mesmas rodas.

O idealismo de muitos representantes de Touro II pode impedi-los de trabalhar confortavelmente ao lado de Áries-Touro, que estão normalmente interessados em retorno financeiro e promoção profissional. Na realidade, os nascidos em Touro II são também ambivalentes com relação aos representantes de Áries-Touro, por um lado admirando sua habilidade para ganhar dinheiro e ao mesmo tempo ressentindo-se do fato de serem mercenários. Os nascidos em Touro II podem saber muito bem como ganhar e gastar dinheiro, mas acreditam em altruísmo e podem usar o seu tempo trabalhando para pessoas ou causas que Áries-Touro simplesmente não consideram valer a pena.

Conselho: *Dinheiro não compra tudo. Busque a beleza em todo lugar. Não seja tão seletivo nas relações sociais. Destrua atitudes de rejeição.*

RELACIONAMENTOS

PONTOS FORTES: FRANCO, DIVERSIFICADO, EXCITANTE

PONTOS FRACOS: FRUSTRANTE, INCLINADO A JULGAR, REBELDE

MELHOR: AMIZADE

PIOR: CASAMENTO

BOBBY DARIN (14/5/36)
SANDRA DEE (23/4/42)

Eles se casaram logo depois de seu primeiro filme, *Quando Setembro Vier* (1961), em que Darin debutou. Sua carreira cinematográfica acabou depois de aparecerem em mais 2 filmes em meados dos anos 1960. **Também:** Richard Daley, Jr. & Richard Daley, (pai/filho; prefeitos); **Aaron Spelling & Tori Spelling** (pai/filha; produtor/atriz); **Erick Hawkins & Martha Graham** (casados; bailarinos).

---

19 a 24 de abril
CÚSPIDE DO PODER
CÚSPIDE ÁRIES-TOURO

11 a 18 de maio
SEMANA DO NATURAL
TOURO III

Necessidade de honestidade

A necessidade central nesse relacionamento é a honestidade. Cada uma dessas personalidades tem um senso infalível da verdade, e seu relacionamento requer honestidade de ambas as partes em todos os níveis, sobretudo os que envolvem emoções mais profundas. Se houver honestidade, o relacionamento também possuirá uma base segura e estável; sem a honestidade, os parceiros ficam suscetíveis a sentir-se frustrados e usados. O poderoso Áries-Touro, especialmente, é instintivamente propenso a perceber qualquer tipo de truque.

Os nascidos em Touro III podem querer tanto um amigo objetivamente honesto a quem possa solicitar em tempos de estresse que eles olham para Áries-Touro com a intenção de preencher necessidades muito além das exigências normais de uma amizade – a capacidade de dividir bons momentos e prazer. Os nascidos em Áries-Touro, por sua vez, valorizam as respostas naturais e audaciosas de Touro III, as quais, embora freqüentemente perturbadoras, são sempre honestas – os representantes de Áries-Touro gostam de saber onde pisam. Não apenas esses dois são sinceros um com o outro, como se cercam de pessoas que são bastante diretas.

Um pai ou companheiro de Áries-Touro pode ser uma rocha de segurança para uma vida de outra forma caótica, mas os nascidos em Touro III detestam que lhe digam o que fazer ou como ser, e se eles considerarem Áries-Touro muito didáticos, podem se rebelar. Os representantes de Áries-Touro, então, devem ser extremamente compreensivos com a necessidade de seu amante de Touro III se expressar com os outros. Se eles considerarem Touro III como inconstante ou infiel e reagirem com culpa e punição o representante de Touro III pode considerá-los puritanos e opressivos. Os nascidos em Touro III ficam facilmente aborrecidos e se sentem atraídos por situações difíceis, e se os representantes de Áries-Touro se recusarem a aceitar sua necessidade de variedade e ainda, se Touro II se recusar a mudar seus métodos, o casamento entre esses dois pode ser difícil ou até impossível. Uma troca aberta de sentimentos e idéias pode ajudar a prevenir esse tipo de problema. Como pais, Áries-Touro podem mostrar-se bastante rigorosos com seus filhos de Touro III, enquanto um pai de Touro III pode não fornecer o apoio constante e sólido que um filho de Áries-Touro precisa. No trabalho, analogamente, os nascidos em Áries-Touro estão normalmente mais preocupados com o bem estar do grupo ou projeto e, portanto, podem ser rigorosos sobre o que eles consideram desobediência da parte de um Touro III.

Conselho: *Revelar a verdade não é sempre inteligente. Permaneça alerta às necessidades dos outros. Pense, às vezes, antes de reagir. Sempre se paga o preço.*

19 a 24 de abril
CÚSPIDE DO PODER
CÚSPIDE ÁRIES-TOURO

19 a 24 de maio
CÚSPIDE DA ENERGIA
CÚSPIDE TOURO-GÊMEOS

Embasbacados

Este relacionamento oferece muitos insights. Ele pode ensinar lições valiosas aos seus parceiros, ampliando suas consciências. A família e os amigos podem ficar embasbacados de ver como dois indivíduos que parecem ter pouco em comum constroem um vida plena juntos. Além disso, esses dois são capazes de compartilhar com outras pessoas, muitas vezes simplesmente pelo exemplo, o que aprenderam como casal.

A combinação é excelente para casamentos e amizades. Áries-Touro fornece a estabilidade e dedicação que Touro-Gêmeos precisa, e Touro-Gêmeos contribui com o interesse e a motivação necessários a Áries-Touro. Áries-Touro sabe o que deseja e se o que deseja é um fascinante Touro-Gêmeos, ele faz o relacionamento vingar pela pura força de vontade. Felizmente, Touro-Gêmeos tem, com freqüência, prazer em ser escolhido, vendo muitas vantagens em um relacionamento permanente com tal parceiro poderoso e capaz.

Nos casos amorosos (e, às vezes, no casamento, por mais forte que seja esta combinação), diferenças de estilo podem exigir ajustes que são com freqüência uma lição dolorosa. Os nascidos em Touro-Gêmeos são, em geral, volúveis demais para se comprometerem com um único relacionamento amoroso, e é improvável que Áries-Touro, com seus instintos fortes de autoproteção e sobrevivência, sejam masoquistas ao ponto de se humilharem para conservar o parceiro. Confrontados com um ultimato para serem fiéis, os nascidos em Touro-Gêmeos podem tentar cumpri-lo, com sucesso parcial. Eles também podem decidir que não vale realmente a pena parar de pular a cerca. O relacionamento profissional dessa combinação pode funcionar bem em certos casos específicos, quando Touro-Gêmeos inova e Áries-Touro molda e redireciona seus esforços. De outra forma, as diferenças de ritmo entre esses dois (Áries-Touro constante e seguro, Touro-Gêmeos sendo fonte de inspiração) podem minar a equipe ou levar a acusações e recriminações. Se essas dificuldades forem superadas, no entanto, isso pode ser o modelo de uma parceria complementar. Como pais, Áries-Touro pode acabar controlando demais filhos Touro-Gêmeos, e Touro-Gêmeos tende também ser fraco demais para controlar seus filhos de Áries-Touro.

Conselho: *Estabeleça prioridades. Sacrificar-se e ceder se fazem necessários. Não seja tão cabeça-dura. Aprenda a ouvir e lucre com seus erros.*

RELACIONAMENTOS

PONTOS FORTES: PERCEPTIVO, GRATIFICANTE, INTERESSANTE

PONTOS FRACOS: TEIMOSO, CONTROLADOR, INSTÁVEL

MELHOR: CASAMENTO, AMIZADE

PIOR: PAIS-FILHOS

LAURENCE OLIVIER (22/5/07)
WILLLAM SHAKESPEARE (23/4/1564)

Olivier, artista de teatro e cinema desde os anos 1920, atuou em e/ou dirigiu dezenas de peças de teatro do bardo em teatro, cinema e tevê. Ele foi, talvez, o maior intérprete shakespeariano de sua época. **Também: Yehudi Menuhin & Hephzibah Menuhin** (irmãos; músicos); **Lenin & Ho Chi Minh** (ideólogos comunistas contemporâneos); **Lenin & Nicolau II** (revolucionário/czar).

---

19 a 24 de abril
CÚSPIDE DO PODER
CÚSPIDE ÁRIES-TOURO

25 de maio a 2 de junho
SEMANA DA LIBERDADE
GÊMEOS I

Colhendo tempestades

Dizer que esse relacionamento pode ser problemático é pouco. Áries-Touro é regido por fogo e terra; Gêmeos I por ar, mas o foco do relacionamento é na área dos sentimentos (representado pelo quarto elemento, a água). E é precisamente a química da combinação emocional que periodicamente sai de sintonia em pontos onde tudo parecia estar indo bem. Quando esses dois são parceiros, amantes ou irmãos, uma observação infeliz, uma omissão ou um sinal de negligência é o bastante para elevar a temperatura do outro ao ponto de ebulição.

Essa química é exacerbada pelas diferenças significativas no estilo pessoal dos parceiros. Gêmeos I pensa e se movimenta com uma velocidade surpreendente. Áries-Touro precisa de tempo e se recusa a correr. Portanto, Gêmeos I pode ficar rapidamente frustrado com a postura comedida de seu parceiro, que faz Áries-Touro ficar ainda mais parado. Áries-Touro, no entanto, pode ficar nervoso com Gêmeos I, e neste caso, a rejeição eriçada que exibe apenas piora tudo. Em geral, Áries-Touro tende a ser paciente, enquanto Gêmeos I é mais volúvel e propenso a julgar. Uma falta de tato e diplomacia de ambos os lados pode exacerbar qualquer animosidade existente, sobretudo no casamento e na família. Mesmo quando se interessam um pelo outro, quando são pressionados ambos tendem a atacar violentamente para depois se arrepender – talvez bem depois. Como amantes, esses dois podem viver um romance tempestuoso, repleto de paixão descontrolada, grandes oscilações emocionais e explosões muito expressivas. Provavelmente não dura muito.

O relacionamento profissional é muitas vezes o melhor para esse par, uma vez que a sinergia de seu poder de dedicação a um dado projeto e sua concentração em realizá-lo pode ser considerável. Mas a menos que concordem desde o começo quanto aos objetivos e que função cada parceiro exercerá, seus projetos podem ir a pique e arrebentarem na praia.

Conselho: *Tente se acalmar. Aprenda a controlar as emoções. Não permita que sua raiva seja provocada tão facilmente. Tente ser objetivo. Veja o lado bom.*

RELACIONAMENTOS

PONTOS FORTES: BEM-INTENCIONADO, EXPRESSIVO, CONCENTRADO

PONTOS FRACOS: NERVOSO, PROBLEMÁTICO, VOLÚVEL

MELHOR: TRABALHO

PIOR: CASAMENTO

AL UNSER, JR. (19/4/62)
AL UNSER (29/5/39)

De uma família de campeões de Fórmula Indy 500 que conquistou 9 títulos, o pai Al detém o recorde mais extraordinário, com vitória em 1970, 1971 e 1978. Ele voltou em 1987 aos 48 anos de idade e se tornou o mais velho campeão de todos os tempos. O filho Al, Jr. venceu a corrida em 1992 e 1994.

| RELACIONAMENTOS |

PONTOS FORTES: NATURAL, DIVERTIDO, ÚTIL

PONTOS FRACOS: IRRITANTE, NECESSITADO, REJEITADO

MELHOR: AMIZADE

PIOR: AMOR

PHILIP MOUNTBATTEN (10/6/21)
RAINHA ELIZABETH II (21/4/26)

Elizabeth e o marido Philip, Duque de Edinburgh, se casaram em 1947 e tiveram 4 filhos – o Príncipe Charles (nascido em 1948), a Princesa Anne (nascida em 1950), o Príncipe Andrew (nascido em 1960) e o Príncipe Edward (nascido em 1964). Seu longo e duradouro relacionamento baseia-se em cumprir as obrigações da monarquia.
Também: Roberto Carlos e Erasmo Carlos (compositores; cantores).

---

19 a 24 de abril
CÚSPIDE DO PODER
CÚSPIDE ÁRIES-TOURO

3 a 10 de junho
SEMANA DA NOVA LINGUAGEM
GÊMEOS II

Compreensão natural

Este relacionamento é melhor quando os sentimentos podem fluir e as experiências podem ser compartilhadas da maneira mais natural. É caracterizado pela apreciação e solidariedade, sobretudo nos tempos difíceis. Singularmente à vontade um com o outro, esses dois podem suspeitar que já se conheciam, como se tivessem sido amigos desde outras vidas. O relacionamento atinge sua expressão máxima quando os parceiros passam tempo em contato com a natureza e longe das pressões sociais, talvez em uma casa de campo, de férias ou durante uma caminhada na floresta.

O espirituoso Gêmeos II pode ajudar a dissipar o mau humor de Áries-Touro com divertimento e alegria, e seus pontos de vista animados e diferentes atraem seu parceiro. Os nascidos em Áries-Touro, quietos e sério, podem, por sua vez, imaginar Gêmeos II como projeções do próprio lado sombrio. Eles também podem ser bons conselheiros para Gêmeos II, que em geral têm a lucrar em relacionamentos de negócios, sociais ou matrimoniais com tipos mais práticos e confiáveis, tais como Áries-Touro. Nestes relacionamentos, os nascidos em Gêmeos II podem contribuir com idéias novas e originais que Áries-Touro implementam através de seu domínio da capacidade de organização necessária à família, ao clube ou ao negócio. Porém, o relacionamento é em geral desequilibrado em favor de Gêmeos II, com Áries-Touro, infelizmente, dando mais e Gêmeos II recebendo mais.

Uma amizade tranqüila é provavelmente a melhor aposta para esses dois; nos relacionamentos amorosos e nos casamentos, a superficialidade de Gêmeos II pode, em última instância, irritar ou ferir Áries-Touro, e sua torrente interminável de palavras pode acabar com o romantismo.

Pais de Áries-Touro podem compreender pouco filhos de Gêmeos II, que podem vê-los como esquisitos ou irresponsáveis. Seu domínio nesse relacionamento, sobretudo quando o filho é do mesmo sexo, pode criar frustração, já que o filho necessita se identificar com ele como um modelo mas é incapaz de fazê-lo devido às fortes diferenças de temperamento.

Conselho: *Tente entender sua própria frustração. Minimize as necessidades e demandas. Mantenha a situação leve. Recarregue as baterias na natureza.*

| RELACIONAMENTOS |

PONTOS FORTES: CHARMOSO, DIVERTIDO, LEAL

PONTOS FRACOS: INFIEL, INSTIGANTE, PESADO

MELHOR: COMPANHEIRISMO

PIOR: AMOR

NICOLA SACCO (22/4/1891)
BARTOLOMEO VANZETTI (11/6/1888)

Estes anarquistas nascidos na Itália, presos por assassinato em 1920, eram considerados inocentes por muitos que achavam que eles estavam sendo perseguidos por sua convicções políticas. Depois de 6 anos de recursos, foram eletrocutados apesar das manifestações em contrário, algumas violentas.

---

19 a 24 de abril
CÚSPIDE DO PODER
CÚSPIDE ÁRIES-TOURO

11 a 18 de junho
SEMANA DO BUSCADOR
GÊMEOS III

Charme revolucionário

Esta combinação sutilmente charmosa pode exercer uma influência magnética sobre os outros. Não apenas o relacionamento em si é incomumente sedutor, mas ele faz o carisma de seus participantes aflorar. Influenciar os outros é portanto a tônica aqui. Além disso, escondido por trás da fachada charmosa do casal, pode existir um ardor revolucionário que, com freqüência, surpreende seus participantes conforme transtornam os planos de alguém.

Os nascidos em Áries-Touro valorizam a forma como o relacionamento amplia seu charme e portanto seu poder ou magnetismo pessoal. Representantes de Gêmeos III também gostam de motivar os outros, e embora muitas vezes sejam o mais charmoso dos dois, não se importam em ser parte de um casal carismático. Os nascidos em Áries-Touro, por outro lado, se sentem muito pouco à vontade com todo tipo de mudança no relacionamento, porém se tornam de bom grado, provocadores ou instigadores se o objetivo é o aumento de poder. Gêmeos III admira a abordagem poderosa de Áries-Touro com relação a questões profissionais e ao mundo em geral, enquanto Áries-Touro gosta de ouvir a última aventura ou feito do parceiro de Gêmeos III. Porém, os nascidos em Gêmeos III quando crianças têm tendência a idolatrar uma figura de autoridade que inevitavelmente os decepciona e, quando adultos, se projetarem tais sentimentos em um cônjuge ou um amante de Áries-Touro, pode surgir uma situação emocional complexa.

Se em um relacionamento amoroso ou casamento duradouro, Áries-Touro se tornar insensível às necessidades de Gêmeos III com o passar dos anos de Gêmeos III se rebela, buscando, muitas vezes, conforto e afeição fora da relação principal, mesmo ainda ligado a ela. Isso pode funcionar bem contanto que as ligações sejam discretas e escondidas de Áries-Touro, que provavelmente prefere não saber de qualquer forma. Sobretudo no casamento, Gêmeos III pode parecer dependente da praticidade de Áries-Touro, mas na verdade é excelente no trato com o dinheiro e pode sutilmente orientar a família nesse aspecto. Devido à apreciação mútua dos pontos fortes um do outro, o companheirismo e a amizade entre esses dois podem funcionar muitíssimo bem.

Conselho: *Analise todas as conseqüências antes de agir. Desenvolva valores mútuos. Cuidado com a projeção psicológica. Se puder, seja honesto.*

19 a 24 de abril
CÚSPIDE DO PODER
CÚSPIDE ÁRIES-TOURO

19 a 24 de junho
CÚSPIDE DA MAGIA
CÚSPIDE GÊMEOS-CÂNCER

Fluxo de energia

A tônica desse relacionamento é a energia. Como muitas pessoas de cúspide, Áries-Touro e Gêmeos-Câncer tendem a ser extremados, tipo "tudo-ou-nada". Quando bem direcionadas, suas energias podem produzir resultados extraordinários e quando mal direcionadas provocam o caos. As energias predominantes nesse relacionamento possuem dois lados: realçam o físico, com a sensualidade se tornando uma forma de comunicação, e o verbal, com ênfase na conversação sofisticada.

O casamento, a relação amorosa e a amizade entre esses dois podem funcionar. Os nascidos em Gêmeos-Câncer incentivam o lado mais reservado de Áries-Touro, e a dupla indubitavelmente gasta a maior parte de seu tempo sozinhos e juntos, em vez de socializarem com amigos ou visitarem familiares. A intimidade compartilhada pode ser muito especial nesse relacionamento, que é forte na empatia, criação e proteção.

A energia no relacionamento precisa sempre ser canalizada para objetivos construtivos, portanto o planejamento de atividades pode ser importante. Diferenças de temperamento também necessitam ser mantidas sob controle. Gêmeos-Câncer, por exemplo, é extremamente sensível sobre a forma em que o outro o aborda, fala com ele, o toca e, claro, faz amor com ele. Se Áries-Touro for insensível a tais questões, o caso amoroso com Gêmeos-Câncer provavelmente não dura muito. Por outro lado, a paixão de Áries-Touro é mais forte e literal, e o tratamento relativo e etéreo que recebem de Gêmeos-Câncer pode não ser sólido ou substancial o bastante para satisfazê-lo.

Devido às diferenças nos sistemas de valores (Áries-Touro em geral está interessado em poder e riqueza, Gêmeos-Câncer em amor e questões pessoais), essa combinação pode não ser recomendada para relacionamentos comerciais e profissionais, nem os de irmãos e pais e filhos funcionam bem. Há uma certa reserva e desconfiança entre esses dois: Gêmeos-Câncer pode achar Áries-Touro atrevido e agressivo, enquanto Áries-Touro pode considerar Gêmeos-Câncer reservado e furtivo.

Conselho: *Mantenha a energia fluindo de maneira uniforme. Trabalhe os impedimentos. Amplie o entendimento das diferenças individuais. Desenvolva solidariedade e atitudes receptivas.*

RELACIONAMENTOS

PONTOS FORTES: SUAVE, ÍNTIMO, DEVOTADO

PONTOS FRACOS: CAÓTICO, POUCO CONFIÁVEL, TEMPERAMENTAL

MELHOR: CASAMENTO, AMIZADE

PIOR: FAMÍLIA, TRABALHO

MEREDITH BAXTER (21/6/47)
DAVID BIRNEY (23/4/40)

Atores do seriado romântico *Bridget Loves Bernie* (1972-73), este par se casou em 1973. Baxter mais tarde estreou em *Laços de Família* e muitos outros dramas de tevê. Birney atuou em dezenas de filmes e seriados de tevê. Divorciaram-se em meados dos anos 1980. **Também: Elizabeth II & Príncipe William** (avó/neto).

---

19 a 24 de abril
CÚSPIDE DO PODER
CÚSPIDE ÁRIES-TOURO

25 de junho a 2 de julho
SEMANA DA EMPATIA
CÂNCER I

Luta por independência

Na projeção mais favorável, esse relacionamento envolve revolta contra a dominação, um processo que pode estimular o crescimento pessoal. Áries-Touro, por exemplo, pode ser um tanto autoritário com o mais sensível Câncer I, que aceita tais atitudes por um tempo e então se revolta, talvez ganhando ímpeto gradualmente em sua luta e depois emergindo como uma personalidade plenamente desenvolvida e independente. Portanto, um começo negativo pode produzir um resultado positivo aqui.

No entanto, em muitos relacionamentos amorosos e casamentos, Câncer I é sensível e temeroso demais para enfrentar o domínio de Áries-Touro. No começo, de fato, ele pode até mesmo ter dificuldade em planejar como se aproximar de Áries-Touro, quanto mais fazê-lo de fato. Se Áries-Touro se apaixonar por Câncer I, mesmo que temporariamente, Câncer I desfruta da atenção calorosa e afeição de Áries-Touro, sem nunca permitir-se enfrentar a possibilidade de que ele está sendo feito de joguete ou usado, e que o próximo passo pode ser a porta de saída. Como cônjuges, esses dois muitas vezes fazem uma péssima combinação, uma vez que Áries-Touro fica cada vez mais impaciente com os humores e o que percebe como ações ineficazes ou mal orientadas de Câncer I, enquanto Câncer I se ressente ou se torna dependente demais da presença e do apoio de Áries-Touro.

A amizade íntima dessa combinação é improvável devido ao choque de personalidades. Porém, uma amizade superficial, sem maiores compromissos, caracterizada pelo compartilhamento de observações sobre esforços comuns, pode acabar sendo esclarecedora e estimulante. E relacionamentos de trabalho entre esses dois podem ser bem-sucedidos, constituindo o produto sinergético da perícia técnica e das forças financeiras de Câncer I e da iniciativa e estabilidade de Áries-Touro. Ambas as partes sabem bem o valor do dinheiro, e alcançam um equilíbrio construtivo entre a vontade de gastar de Áries-Touro e a necessidade de poupar de Câncer. Discussões surgem, sem dúvida, uma vez que ambos podem parecer sabichões, mas se as irritações pessoais, aversões e animosidades puderem ser mantidas sob controle, é provável que o relacionamento sobreviva.

Conselho *Afirme-se mais. Controle as atitudes dominadoras. Diminua pequenas irritações. Dê amor incondicionalmente. Não brinque com as emoções.*

RELACIONAMENTOS

PONTOS FORTES: ATUALIZADO, SENSATO COM DINHEIRO, ESTIMULANTE

PONTOS FRACOS: DIVIDIDO, MANIPULADOR, RESSENTIDO

MELHOR: NEGÓCIOS

PIOR: AMOR

DANIEL DAY-LEWIS (20/4/57)
ISABEL ADJANI (27/6/55)

O intenso Day-Lewis ganhou um Oscar por *Meu Pé Esquerdo*. Adjani é atualmente a principal atriz francesa de teatro e cinema. Antes de terminarem, o casal ficou junto por 5 anos e teve um filho. **Também: Elizabeth II & Lady Diana** (sogra/nora); **Anthony Quinn & Katherine DeMille** (casados; atores).

RELACIONAMENTOS

PONTOS FORTES: SOLIDÁRIO, FASCINANTE, NÃO-CONVENCIONAL

PONTOS FRACOS: INDIVIDUALISTA, MANIPULADOR, REJEITADO

MELHOR: AMIZADE

PIOR: CASAMENTO

ANJELICA HUSTON (8/7/51)
JACK NICHOLSON (22/4/37)

O mulherengo Nicholson e a ex-modelo da *Vogue* Huston terminaram seu romance de 17 anos quando Nicholson revelou que a filha de seu melhor amigo, a atriz Rebecca Broussard, esperava um filho seu. O casal co-estreou em *A Honra do Poderoso Prizzi*, dirigido por John Huston, pai de Anjelica. **Também: Robert Penn Warren & Eleanor Clark** (casados; escritores),

---

19 a 24 de abril
CÚSPIDE DO PODER
CÚSPIDE ÁRIES-TOURO

3 a 10 de julho
SEMANA DO NÃO-CONVENCIONAL
CÂNCER II

Escapada relaxante

No auge, este relacionamento pode ser uma interessante pausa do mundo, esses dois podem achar novidade e divertimento em suas conversas estimulantes, atividades ou desafios compartilhados e movimentos contínuos. Porém, os participantes devem levar em conta que compromisso, estrutura e responsabilidade não são normas aqui.

Câncer II pode não achar o mais previsível e menos sutil Áries-Touro uma personalidade muito interessante; em geral, ele procura tipos bem diferentes. E quando esses dois são amantes, a paixão convencional e terrena de Áries-Touro é, em geral, um pouco enfadonha para Câncer II. No entanto, embora Áries-Touro possa ser fascinado com Câncer II, não é provável que ele escolha tal excentricidade para um relacionamento mais profundo. Tampouco as características mais estranhas e bizarras da personalidade sexual de Câncer II são, em geral, estimulantes para Áries-Touro. Em muitos casos, no entanto, os gostos mais extravagantes de Áries-Touro casam bem com o paladar sexual mais amplo de Câncer II.

O casamento entre esses dois só pode funcionar se expectativas tradicionais da relação conjugal forem deixadas de fora. Áries-Touro também deve aprender a tolerar as preferências muitas vezes exóticas de Câncer II no que se refere à decoração de interiores e ao estilo de vida. Uma vez que Áries-Touro em geral possui gostos equilibrados e venusianos, exigindo harmonia e beleza (em vez do bizarro) ao seu redor, é improvável que esses dois sejam capazes de viverem juntos confortavelmente.

A amizade nessa combinação é bem possível. Áries-Touro aprecia a fantasia vigorosa do amigo nascido em Câncer II e espera com ansiedade para ficarem juntos como uma escapada relaxante de sua vida por demais previsível. Câncer II, por sua vez, se beneficia dos conselhos mundanos e práticos de Áries-Touro. Um sistema de apoio mútuo e efetivo pode emergir aqui, contanto que sentimentos de desejo ou inveja não se manifestem em nenhum dos dois. Isso em geral é verdadeiro para irmãos dessa combinação também.

Conselho: *Aproximar-se pode envolver desistir de um certo grau de liberdade. Aprenda a compartilhar. Cultive esforços comuns. Procure mais pontos de ligação.*

RELACIONAMENTOS

PONTOS FORTES: ORIGINAL, RESPONSÁVEL, ÚTIL

PONTOS FRACOS: SUFOCANTE, CONTRAPRODUCENTE

MELHOR: CASAMENTO, TRABALHO

PIOR: AMOR

JOHN PAUL JONES (17/7/1747)
CATARINA, A GRANDE (21/4/1729)

Em 1788, Catarina nomeou o oficial da marinha Jones para o posto de contra-almirante da marinha de guerra russa. Após um escândalo ligando Jones a uma garota de 10 anos de idade, Catarina repudiou a acusação, mas por ciúmes, provavelmente, forçou-o a deixar a Rússia.

---

19 a 24 de abril
CÚSPIDE DO PODER
CÚSPIDE ÁRIES-TOURO

11 a 18 de julho
SEMANA DO PERSUASIVO
CÂNCER III

Conselho sagaz

Sobretudo no casamento e no trabalho, esse relacionamento pode ser original, criativo e eficaz, enfatizando a independência e a responsabilidade. Força e poder são temas destacados: os dois têm uma necessidade aguda dessas qualidades, e podem fornecê-las um ao outro na forma de apoio, sabedoria e aconselhamento. Se forem definidos objetivos comuns, delineados papéis e acordadas abordagens imaginativas, essa combinação pode se tornar uma equipe dedicada e trabalhadora. Juntos, no entanto, esses dois devem tomar cuidado para não terem atitudes asfixiantes, mandonas ou autoritárias com filhos e empregados.

O relacionamento amoroso dessa combinação pode ser problemático. Embora a personalidade de Câncer III seja persuasiva, formidável e muitas vezes atraente, Áries-Touro acumula imunidade em seu poder de sedução através dos anos. Extremamente passional, Câncer III pode ter acessos de raiva ou ciúme. Isso pode ser muito desconfortável para Áries-Touro que agüenta muito mas tem um limite, em geral, o ponto onde sente que sua paz e bem-estar estão ameaçados. Por outro lado, a falta de sensibilidade emocional de Áries-Touro pode, em última análise, ser o maior problema para Câncer III, que exige que o parceiro entenda sua natureza emocional. Se esses dois se casarem, estas questões podem ser superadas por importantes objetivos comuns. A amizade e o relacionamento amoroso entre Áries-Touro e Câncer III podem trazer valores duradouros e benefício mútuo com o passar dos anos. O compartilhamento de assuntos pessoais e o fornecimento de conselhos sagazes e ajuda solidária, não apenas um para o outro mas também para a família, amigos e colegas, são especialidades aqui. Tampouco essa relação serve apenas para "as boas horas" – ela sobrevive a bons e maus momentos. Sociedades aqui podem ser especialmente frutíferas, já que poucos possuem a perspicácia para negócios como esses dois.

Se um desses dois parceiros for pai do outro, ele será protetor e atencioso, e o filho apreciará isso. Um perigo, no entanto, é que um vínculo próximo demais entre pai e filho possa minar o crescimento pessoal das duas personalidades.

Conselho: *Permita uma expressão mais individual. Aceite os outros como eles são. Deixe ver como é que fica. Ninguém é indispensável nem infalível.*

19 a 24 de abril
CÚSPIDE DO PODER
CÚSPIDE ÁRIES-TOURO

19 a 25 de julho
CÚSPIDE DA OSCILAÇÃO
CÚSPIDE CÂNCER-LEÃO

Mantendo canais abertos

As cúspides Áries-Touro e Câncer-Leão formam quadratura em relação uma a outra (90º de distância no zodíaco), e como tal, na astrologia tradicional, não seria de se esperar que se dessem bem. Na verdade, o conflito pode ser uma característica dessa relação. O principal desafio é manter o diálogo aberto – caso exista comunicação suficiente para permitir uma interação significativa. Talvez esses dois necessitem desenvolver um modo próprio e singular de comunicação. Isso requer tempo e energia e, claro, investimentos maiores para Câncer-Leão do que para Áries-Touro.

A atração dos nascidos em Câncer-Leão pela instabilidade ou pelo perigo possivelmente não os leva a casos amorosos com parceiros de Áries-Touro, que podem ser considerados previsíveis e práticos demais. Por instinto, eles se envolvem em romances com tipos imprevisíveis e impulsivos, que espelham seu próprio lado maníaco; um relacionamento amoroso com um Áries-Touro mais estável pode de fato ser o que eles realmente precisam, mas infelizmente deixa de fornecer o que acham que desejam. Da mesma forma, é provável que Câncer-Leão ache os parceiros nascidos em Áries-Touro não solidários e não comunicativos como cônjuges. Áries-Touro pode, por sua vez, ficar mais impaciente com a necessidade de variedade e excitação do cônjuge de Câncer-Leão e pode até considerar isso como afronta pessoal. Estes dois parceiros se agarram a um relacionamento por muito tempo após ele ter acabado. É mais provável que Câncer-Leão, no entanto, busque por conforto ou distração fora do casamento por meio de envolvimentos com tipos mais instáveis, desestabilizando ainda mais a relação.

Na família, sobretudo quando pais, os nascidos em Áries-Touros podem exercer uma influência estabilizadora sobre Câncer-Leão, embora também possam ser inibidores e categóricos, ou pelo menos serem percebidos como tal. Filhos de Câncer-Leão podem ter dificuldade em serem eles mesmos aqui, uma vez que mostrar oscilações emocionais ou mudar para papéis mais ativos do que passivos e vice-versa, pode desagradar os pais. No trabalho, os representantes de Câncer-Leão precisam interagir com pessoas que os entendam e serem solidários mesmo que altamente pragmáticos. Áries-Touro em geral tem pouco tempo no trabalho para se preocupar com os sentimentos das outras pessoas.

Conselho: *Admitir o fracasso ou a derrota de vez em quando é positivo. Seja mais solidário, mas também mais realista. Seja inventivo ao abrir canais de comunicação.*

RELACIONAMENTOS

PONTOS FORTES: ESTÁVEL, PRAGMÁTICO, SENSÍVEL

PONTOS FRACOS: POUCO COMPREENSIVO, NÃO COMUNICATIVO, FORA DA REALIDADE

MELHOR: PAIS-FILHOS

PIOR: TRABALHO

HERBERT MARCUSE (19/7/1898)
VLADIMIR LENIN (22/4/1870)

Como fundador do bolchevismo, Lenin desposou a filosofia marxista na Rússia. Uma geração mais tarde, o filósofo-escritor Marcuse aprofundou o neomarxismo nos Estados Unidos, atualizando o pensamento original de Lenin sobre reformas socialistas. Marcuse escreveu *Eros e Civilização* (1955) e *Ideologia da Sociedade Industrial* (1964), que o tornaram herói dos americanos radicais dos anos 1960.

---

19 a 24 de abril
CÚSPIDE DO PODER
CÚSPIDE ÁRIES-TOURO

26 de julho a 2 de agosto
SEMANA DA AUTORIDADE
LEÃO I

Luta ferrenha

É provável que este relacionamento seja ambicioso e expansivo. Esses dois tipos são ambíguos, mas os nascidos em Leão I podem superar Áries-Touro em sua busca do sucesso. O lado despreocupado de Áries-Touro precisa ser satisfeito de tempos em tempos, mas esse relacionamento lhes dá pouco sossego. Por considerarem as exigências de Leão I aborrecidas, é improvável que a combinação funcione como uma amizade. Além disso, o egoísmo de cada parceiro é exacerbado aqui, de forma que o toma-lá-dá-cá fácil e necessário para qualquer amizade pode estar ausente.

Como amantes, esses dois podem ter encontros sexuais intensos, mas o relacionamento pode não se desenvolver de forma profunda e duradoura. Cada parceiro pode tentar controlar o outro, e é provável que haja elementos de combate e competição, incluindo até demonstrações de raiva e ciúme. No casamento de Áries-Touro com Leão I essas tendências podem se tornar secundárias uma vez que outras áreas do relacionamento assumem uma importância igual à do sexo – a saber, prestígio, status social e financeiro e o progresso na carreira. Filhos dessa combinação podem às vezes sentirem-se não valorizados por si mesmos, achando que estão sendo usados ou exibidos como objeto de prestígio. O casamento pode ser altamente bem-sucedido aos olhos do mundo e fértil no que se refere aos parceiros, mas raramente contribui para seu crescimento emocional ou espiritual.

Como jovens, Áries-Touro precisam da atenção e informação dos pais, mas é improvável que a consigam de pais de Leão I. No entanto, Leão I é muito leal, e raramente deixa de tomar conta de seus filhos financeiramente. Irmãos dessa combinação, sobretudo do mesmo sexo, se envolvem em lutas ferozes enquanto crescem, mas mais tarde, como jovens adultos, podem se unir em momentos difíceis, tornando-se esteio do grupo familiar.

É improvável que Áries-Touro e Leão I colaborem bem como colegas de trabalho, uma vez que cada um está preocupado demais com o progresso pessoal. A inveja e a sabotagem flagrante não pode ser excluída em tal situação. Se esses dois forem os chefes de negócios concorrentes ou forem autônomos concorrentes o relacionamento pode ser competitivo.

Conselho: *Seja mais aberto e honesto. Diga o que pensa. Cuidado com atividades sorrateiras. Faça exigências razoáveis. Conte com participação e ajuda.*

RELACIONAMENTOS

PONTOS FORTES: EXPANSIVO, ESTIMULANTE, INTENSO

PONTOS FRACOS: CONTROLADOR, EXPLORADOR, SABOTADOR

MELHOR: COMPETIDORES

PIOR: AMIZADE

CHARLOTTE BRONTË (21/4/1816)
EMILY BRONTË (30/7/1818)

Estas irmãs romancistas passaram a infância juntas, sendo que Charlotte assumiu um papel maternal em conseqüência da morte prematura da mãe. Emily ficou deprimida com a morna receptividade de *O Morro dos Ventos Uivantes* (1847), sobretudo diante do sucesso do livro de Charlotte, *Jane Eyre*, no mesmo ano. Emily faleceu em 1848.

RELACIONAMENTOS

PONTOS FORTES: DESAFIADOR, AVENTUROSO, PROTETOR

PONTOS FRACOS: DISRUPTIVO, SUPERAGRESSIVO, INDIFERENTE

MELHOR: CASAMENTO

PIOR: AMOR

RICHARD ANDERSON (8/8/26)
LEE MAJORS (23/4/40)

Majors estreou em *O Homem de Seis Milhões de Dólares* (1973-78). Seu "chefe", um agente do governo no seriado, foi desempenhado por Anderson, um popular ator coadjuvante de filmes dos anos 1950 e 1960 em Hollywood. Formaram uma equipe de trabalho memorável. **Também: Silvana Mangano & Dino DeLaurentiis** (casados; estrela de cinema italiana/produtor).

19 a 24 de abril
CÚSPIDE DO PODER
CÚSPIDE ÁRIES-TOURO

3 a 10 de agosto
SEMANA DA FORÇA EQUILIBRADA
LEÃO II

Descobridores empreendedores

Aparecendo nas áreas de trabalho ou casamento, esse relacionamento pode florescer através de uma variedade de esforços desafiadores. Sua tônica é a procura por oportunidade e crescimento e, depois, o uso deles da forma mais empreendedora. Como uma unidade, esses dois podem ser bem-sucedidos em qualquer área que os interesse. A combinação é fiel e dedicada, e evita o fracasso. Mas há um aspecto negativo nisso, uma vez que a relutância em admitir a derrota pode fazer o relacionamento ir mais longe do que deveria.

Os nascidos em Áries-Touro e Leão II combinam na força de caráter. Esses dois indivíduos ponderados podem ir longe no estabelecimento de um empreendimento bem-sucedido. Pode-se esperar que surjam conflitos de ego aqui nos casos amorosos e romances, mas o casamento pode ser extremamente estável; cada parceiro tem a habilidade de se agarrar a ele nos momentos difíceis, e o relacionamento em si fornece variedade e preocupação suficiente com a família para torná-lo de valor. Essa combinação também tem pais que reanimam seus filhos, que se sentem protegidos e cuidados. Como adolescentes, no entanto, os filhos desse casamento podem ter violentas explosões se um dos parceiros for insensível às suas necessidades e desejos.

Os nascidos em Áries-Touro e Leão II podem ser amigos confiáveis e fiéis, delicados e carinhosos, contanto que não enveredem por alguma área de competição, que vai de uma pessoa a um trabalho desejado. Os nascidos em Leão II são em geral mais privativos nos seus relacionamentos, e os representantes de Áries-Touro mais sociáveis, mas se Leão II exigir mais tempo longe de multidões e amigos comuns, Áries-Touro provavelmente irá sozinho. Compartilhar atividades esportivas, seja como participante ou espectador, e sair de férias juntos são características desse relacionamento, que, desta forma, satisfazem sua necessidade de descobrimento e aventura.

Sociedades comerciais ou combinações profissionais aqui provavelmente são muito bem-sucedidas; esse par cria uma equipe que constantemente está procurando formas de melhorar e expandir seu mercado.

Conselho: *Rivalidade é contraproducente. Alinhe-se do mesmo lado. Siga seus sonhos. Persiga a busca por excelência. Desista de tarefas impraticáveis.*

RELACIONAMENTOS

PONTOS FORTES: PERSISTENTEE, FIRME, APAIXONADO

PONTOS FRACOS: DECEPCIONANTE, DISCREPANTE, TEIMOSO

MELHOR: PARCERIA NOS NEGÓCIOS

PIOR: FAMÍLIA

RAINHA ELIZABETH II (21/4/26)
PRINCESA ANNE (15/8/50)

A Princesa Anne deu a Elizabeth seu primeiro neto em 1977. Embora o papel moderno da monarquia valorize os valores familiares, a vida pessoal da família real, cada vez mais exposta ao escrutínio público, contradiz estes ideais.

19 a 24 de abril
CÚSPIDE DO PODER
CÚSPIDE ÁRIES-TOURO

11 a 18 de agosto
SEMANA DA LIDERANÇA
LEÃO III

Distribuir livremente

É provável que este relacionamento pareça e seja sentido como algo imenso por seus parceiros – provavelmente algo que não os faz se sentir à vontade nele. Como resultado, cada pessoa ergue defesas que na realidade somente contribuem para a magnitude percebida do relacionamento. As interações são intensas, o que colide com o modo padrão. Cada parceiro é bem capaz de distribuir livremente. Uma forma de administrar a escala do relacionamento é ampliar sua área de influência, dando-lhe um palco mais amplo; limitá-lo a uma esfera doméstica menor pode resultar em um embate de titãs.

Os nascidos em Leão III têm dificuldade de se aproximarem emocionalmente, e os representantes de Áries-Touro podem ter que conquistar seu coração devagar, começando por sua confiança e admiração. Sua paixão ardente flameja com freqüência, mas embora eles tendam a descartar amores antigos tão facilmente quanto uma casca de banana, podem achar mais difícil se livrar de um Áries-Touro – uma pessoa firme que em geral se recusa a ser tratado mal ou depreciados sem uma briga. No combate esses dois combinam um com o outro, cada um dando tanto quanto recebe. Felizmente, eles também devolvem o que receberem no aspecto mais positivo de carinho mútuo.

Um negócio eficiente ou casamento entre esses dois pode ser realizado, no qual há uma união entre a habilidade dos nascidos em Leão III de promover a ação e uma inclinação de Áries-Touro para administrar a base doméstica. Quando os nascidos em Leão III, a força irresistível, e o Áries-Touro, o objeto imóvel, formam uma combinação sinérgica, o par pode ser quase invencível – a menos que seja abalado por desentendimento. Considerações sexuais, emocionais e territoriais aumentam a chance de tais conflitos surgirem no casamento. Sociedades comerciais têm melhor chance de sucesso.

Relacionamentos pais e filhos e irmãos nessa combinação, sobretudo entre membros do mesmo sexo, provavelmente são repletos de conflitos e divergências. Esses dois competem por nada menos do que a supremacia na unidade familiar.

Conselho: *Vá, às vezes, pelo caminho mais fácil. Acordo e diplomacia podem ser um grande alívio. Entregar-se é com freqüência mais prazeroso do que se machucar.*

19 a 24 de abril
CÚSPIDE DO PODER
CÚSPIDE ÁRIES-TOURO

19 a 25 de agosto
CÚSPIDE DA EXPOSIÇÃO
CÚSPIDE LEÃO-VIRGEM

Retiro na fantasia

Esta combinação pode revelar-se profunda e privada. O relacionamento tem uma vida secreta que tem muito pouco a ver com a realidade comum; a imaginação e a fantasia figuram proeminentemente aqui. No entanto, ambos os parceiros são muito pragmáticos, de modo que ao longo do tempo se esperaria que o relacionamento se tornasse desconfortável para eles. Os nascidos em Leão-Virgem, todavia, provavelmente gostam de sua natureza reservada.

Tanto os nascidos em Áries-Touro quanto em Leão-Virgem em geral se esforçam muito em situações difíceis, mas esforço não é a resposta para esta dupla obscura. Além disso, os nascidos em Leão-Virgem não se revelam facilmente e exigem muita compreensão, o que Áries-Touro pode ser relutante em suprir, pois não gosta de comportamento reservado ou enganador, mágicas suspeitas e milagres e tem pouca paciência para o que eles vêem como jogo, ilusão e massagem do ego. É improvável então que o amor e o casamento tenham sucesso nessa combinação, apesar de poder haver uma fascinação romântica, não característica para ambos os parceiros, no início do relacionamento.

De acordo com a astrologia convencional, os nascidos em Leão-Virgem e os Áries-Touro são adequados um para o outro; seu equilíbrio de fogo e terra (Leão e Áries são signos de fogo, Virgem e Touro signos de terra) sugere que eles têm características em comum. Pode ser, porém, que esses mesmos traços os conduzam a conflito. Tanto Virgem quanto Touro são voltados para o lado material, por exemplo, mas os nascidos em Touro são mais generosos e em Virgem mais seletivos, de modo que sua orientação financeira é muito diferente. Ainda assim, em uma amizade ou companheirismo que permita um compartilhamento de idéias e talentos, essas diferenças podem ser resolvidas ou podem se misturar de forma sinergética. Nos relacionamentos familiares e profissionais, é provável que esses dois discordem sobre metodologia. Onde os nascidos em Leão-Virgem em geral acham que o fim justifica os meios, os Áries-Touro podem ser mais rígidos em sua ética. Além disso, é provável que os nascidos em Leão-Virgem escondam suas verdadeiras intenções ou se refugiem na fantasia, o que pode irritar e frustrar os representantes de Áries-Touro. Este relacionamento será mais bem-sucedido como uma parceria criativa enfatizando a imaginação, a fantasia e o desempenho de algum papel.

Conselho: *Investigar antes de se envolver pode valer o tempo investido e a preocupação. Unifiquem sua orientação financeira. Relaxem.*

RELACIONAMENTOS

PONTOS FORTES: FIEL, PARTICIPATIVO, HARMONIOSO,

PONTOS FRACOS: DESCONFIADO, OCULTO, CONFLITUOSO

MELHOR: AMIZADE, PARCERIA

PIOR: CASAMENTO

MARIE TAGLIONI (23/4/1804)
AUGUST BOURNONVILLE (21/8/1805)

O dançarino e coreógrafo de balé romântico e criador do estilo de balé dinamarquês Bournonville foi o parceiro favorito de Taglioni. Eram celebridades conhecidas internacionalmente na década de 1830 e 1840. **Também: Elizabeth II & Princesa Margaret** (irmãs); **Hitler & Leni Riefenstahl** (ditador nazista/cineasta de documentários).

---

19 a 24 de abril
CÚSPIDE DO PODER
CÚSPIDE ÁRIES-TOURO

26 de agosto a 2 de setembro
SEMANA DOS CONSTRUTORES DE SISTEMAS
VIRGEM I

Influência catalisadora

É provável que este relacionamento seja caracterizado por comportamento responsável e ponderado, acompanhado de uma série de comandos bem definidos. O tom geral aqui é peso e seriedade; qualquer coisa até mesmo próxima da frivolidade não será levado em conta.

É provável que os casos amorosos desta combinação sejam menos do que inspiradores, e os nascidos em Áries-Touro e Virgem I que se envolvem neles provavelmente o fazem porque estão procurando alguém em quem possam confiar. O casamento entre Áries-Touro e Virgem I pode na realidade ser sólido. É caracterizado pelo trabalho árduo, com muita sensibilidade para a ordem e a estrutura do lar. O mesmo se aplica ao par quando ocorre no local de trabalho. O relacionamento pode ser rígido, todavia, na aplicação de princípios e métodos de trabalho, e isso pode ter um efeito neutralizador das energias mais criativas, sobretudo no casamento. Também há um perigo que os outros na casa, apesar de se beneficiarem da ordem imposta por esta combinação, possam finalmente achar suas regras inflexíveis e opressivas e se sentirem forçados a se rebelar contra elas.

Mesmo assim, os nascidos em Áries-Touro podem ser excelentes modelos de atuação para os Virgem I, sobretudo como amigos ou pais. A força, segurança e carreira de representantes de Áries-Touro podem exercer uma influência catalisadora na abordagem do mundo de um Virgem I, que de outra forma tende a ser a de um observador ao invés de um participante. Embora raramente se tornem tão agressivos quanto os representantes de Áries-Touro, os nascidos em Virgem I podem ser inspirados a irem em frente por esse relacionamento.

O relacionamento profissional entre Áries-Touro e Virgem I pode ser altamente satisfatórios contanto que Áries-Touro seja o responsável, o que para os nascidos em Virgem é bom, pois são bem capazes de trabalhar como parte de uma equipe e provavelmente não criam problema para um chefe Áries-Touro. A estrutura é um ponto forte dos Virgem I, e os nascidos em Áries-Touro apreciam sua habilidade para resolver problemas e corrigir situações ineficientes ou caóticas. Um Virgem I que analisa, escreve relatórios e recomendações, e em geral serve em uma função consultiva, tem imenso valor para qualquer líder de seção, chefe ou executivo representante de Áries-Touro.

Conselho: *Procure ser flexível. Rigor pode levantar oposição. Empenhe-se nos esforços do grupo. Seja compreensivo com as necessidades dos outros.*

RELACIONAMENTOS

PONTOS FORTES: RESPONSÁVEL, ÍNTEGRO, MOTIVADOR

PONTOS FRACOS: OPRESSIVO, INCONSISTENTE, SEVERO

MELHOR: TRABALHO, CASAMENTO

PIOR: ROMANCE

ELLIOT GOULD (29/8/38)
BARBRA STREISAND (24/4/42)

Streisand e Gould se conheceram na produção de *I Can Get It for You Wholesale*, um musical de 1962, que deslanchou o sucesso precoce de Streisand, mas que nada significou para a carreira de Gould. Casaram-se em 1963 e divorciaram-se em 1967. **Também: Dudley Moore & Tuesday Weld** (casados; atores); **Lionel Hampton & Dinah Washington** (líder de banda/cantor).

RELACIONAMENTOS

PONTOS FORTES: ÍNTIMO, RELAXADO, PICANTE

PONTOS FRACOS: IRRITANTE, INCLINADO A JULGAR, VIAJA NO PODER

MELHOR: AMOR, CASAMENTO

PIOR: FAMÍLIA, TRABALHO

WILLIAM SHAKESPEARE (23/4/1564)
RAINHA ELIZABETH I (7/9/1533)

Estas figuras altaneiras do século XVI sintetizam talvez o maior período cultural da história inglesa. Embora não haja provas de que se conheceram, Elizabeth era uma grande patrona das artes, sobretudo do teatro contemporâneo. **Também: Don Jose Echegaray & Frederic Mistral** (ganhadores de Prêmio Nobel de Literatura, 1904); **Jessica Lange & Patsy Cline** (representação no cinema/cantora).

19 a 24 de abril
CÚSPIDE DO PODER
CÚSPIDE ÁRIES-TOURO

3 a 10 de setembro
SEMANA DO ENIGMA
VIRGEM I

Tranqüilidade doméstica

Este relacionamento tende a revelar o lado doméstico de ambos os parceiros. A privacidade é de importância fundamental aqui, e com ela surge uma intimidade serena, afastada das pressões implacáveis do mundo. Ambos os parceiros saúdam a atmosfera relaxada que esse relacionamento lhes proporciona quando entram em casa, com os nascidos em Áries-Touro se beneficiando sobretudo de uma atitude tranqüila no lar. Ser capaz de deixar para lá o estresse do dia de trabalho pode literalmente equivaler a um salva-vidas para os parceiros.

Como amantes, esses dois podem ter um vínculo físico intenso. Caso seu relacionamento apaixonado funcione, é provável que evolua para uma situação de convivência mais permanente ou para o casamento, uma vez que nenhum dos parceiros gosta de morar sozinho. A amizade entre nascidos em Áries-Touro e Virgem II também pode ser muito intensa. Na realidade, os amantes e cônjuges dessa combinação podem em geral continuar a ser amigos até mesmo após um rompimento infeliz.

Os nascidos em Áries-Touro sentem-se naturalmente atraídos por indivíduos incomuns, enigmáticos como os Virgem II. Humor excêntrico e uma abertura para a experiência sexual – até mesmo para a perversão – excêntrica ou bizarra em relacionamentos com outros casais, dá tempero e excitação a casos amorosos e casamentos. No entanto, como parentes ou outros membros da família, os nascidos em Áries-Touro e Virgem II podem considerar um ao outro irritantes e estressados, e raramente entram em acordo sem que haja atrito. Ambos os parceiros precisam trabalhar arduamente para tornar seu relacionamento menos crítico e condenatório se quiserem que a família tenha paz.

Como esses dois são indivíduos extremamente resolutos e poderosos, um relacionamento profissional entre eles provavelmente não é fácil. Lutas por poder inevitavelmente surgem aqui, mas se os limites e as tarefas são bem definidas, é possível um trabalho eficaz que beneficie o grupo.

Conselho: *Encontre um equilíbrio entre a tranqüilidade e a excitação. Mantenha sob controle tendências negativas. Deixe os outros em paz. Amenize um pouco os conflitos.*

RELACIONAMENTOS

PONTOS FORTES: FRANCO, RESPEITOSO, DETERMINADO

PONTOS FRACOS: EGOÍSTA, INDIFERENTE, COMBATIVO

MELHOR: TRABALHO

PIOR: CASAMENTO

SHIRLEY MACLAINE (24/4/34)
HAL WALLIS (14/9/1899)

Wallis, que produziu mais de 400 filmes, estava na platéia de uma performance na qual MacLaine substituiu outra atriz em *Pajama Game*, em cartaz na Broadway, em 1954. Ele imediatamente a contratou para fazer um filme. **Também: Yehudi Menuhin & Bruno Walter** (violinista/maestro); **Rainha Elizabeth II & Príncipe Henry** (avó/neto).

19 a 24 de abril
CÚSPIDE DO PODER
CÚSPIDE ÁRIES-TOURO

11 a 18 de setembro
SEMANA DO LITERAL
VIRGEM III

Um modo prático de viver

Este é um relacionamento muito determinado; saber o que é desejado e como conseguir são prioridades importantes aqui. É uma combinação que está interessada somente no mundo material e nos aspectos práticos da vida. Qualquer tipo de sentimento, sensibilidade ou emoção profunda recebe pouca atenção.

Tanto os nascidos em Áries-Touro quanto em Virgem III têm um lado fortemente egoísta, e seu relacionamento somente amplifica esta tendência. Após se encontrarem algumas vezes, cada um desses dois tem pouca dúvida que eles encontraram um adversário formidável, alguém com pelo menos tanta vontade e instinto de sobrevivência como ele próprio. Os nascidos em Virgem III são uma mistura interessante de conservador e iconoclasta, e Áries-Touro, sobretudo nos estágios iniciais do relacionamento, pode revelar sua rebeldia: é extremamente sensível à injustiça e à arrogância em todas as formas, e se aborrece com o esnobismo e outras formas de fingimento social de Áries-Touro. Se necessário, todavia, esses dois constroem um modo de viver extremamente prático, assim que ambos percebam que é seu interesse mútuo fazê-lo.

Na amizade e nos casos amorosos, os nascidos em Áries-Touro passam a respeitar o poder de crítica e o bom senso de representantes de Virgem I, que por sua vez valorizam o julgamento correto e as ações eficazes de Áries-Touro. Mas quando esses dois são amantes, brigas por poder do tipo quem cantará de galo? estão sempre prontas a aflorar. Raiva intensa e combate total são mais prováveis do que disputas contínuas, uma vez que nenhum tempo é perdido aqui com trivialidades; ao contrário, as energias combativas são guardadas para questões mais relevantes. O meio-termo é raro aqui, e uma terceira pessoa pode às vezes ser chamada para resolver as brigas do relacionamento.

Embora o casamento possa ser tentado nessa combinação, a incapacidade do casal de se relacionar bem no dia-a-dia faz com que seja improvável de funcionar. Esses dois podem ser compatíveis sexualmente, mas é improvável que se desenvolvam vínculos de compreensão e sentimento que poderiam sustentar o relacionamento.

Na carreira e no trabalho, esses dois podem ser uma dupla formidável. Seu relacionamento baseia-se na confiança e na necessidade mútua, e eles confiam e consultam um ao outro sobre questões importantes.

Conselho: *O respeito nascido da luta é em geral mais duradouro. Coloque limites no egoísmo. Trabalhe para o bem comum. Aprenda a ceder.*

19 a 24 de abril
CÚSPIDE DO PODER
CÚSPIDE ÁRIES-TOURO

19 a 24 de setembro
CÚSPIDE DA BELEZA
CÚSPIDE VIRGEM-LIBRA

Fachada convencional

O foco central desse relacionamento é com freqüência estético, sobretudo em sua inclinação para gostos altamente pessoais em termos de ambiente, roupas, mobília e maneiras. Um lar muito exclusivo e talvez informal pode estar escondido atrás de uma fachada mais convencional. Ambos os parceiros instintivamente apreciam as boas coisas do mundo material e o valor do dinheiro, uma característica que o relacionamento tende a exacerbar. Quando esses dois são cônjuges ou parceiros em um negócio ou outro empreendimento comum, pode existir um vínculo forte entre eles.

O relacionamento tem um lado sensual desenvolvido e pode ser profundamente físico quando esses dois são amantes – contanto que se inicie com uma atração forte. Atenção e afeição excessivas também indicam uma tendência obscuramente viciante, provavelmente escondida; emocionalmente o relacionamento pode ter um aspecto doentio. Apesar desses obstáculos, e embora dissoluções e separações sejam dolorosas para esses dois, um caso amoroso aqui será verdadeiramente inesquecível.

O casamento pode ser tão promissor quanto os casos amorosos. Esses dois gostam de constituir um lar juntos, decorando-o de forma incomum e tornando-o um lugar agradável e confortável para viver. Ambos os parceiros têm gosto refinado e é provável que tenham amigos educados e interessantes, mas não necessariamente os mais reais ou humanos na expressão de seus sentimentos. Os filhos de tal casamento podem se sentir pisando em ovos na maioria das vezes para manter as aparências; a eles nunca, por exemplo, é permitido bagunçar a ordem do lar. Desta maneira, eles podem se tornar inibidos e frustrados se proibidos de expressar sua própria individualidade. A amizade ou relacionamentos profissionais entre esses dois podem ser difíceis, sobretudo se os nascidos em Virgem-Libra se tornam obsessivos com relação aos seus parceiros. Representantes de Áries-Touro não gostam que seus amigos "grudem", e se sentem pouco à vontade quando percebem que seus relacionamentos são governados por emoções manipuladoras de outros, preferindo pessoas mais descontraídas e despreocupadas. Se esses parceiros são apenas conhecidos ou companheiros envolvidos em uma busca estética comum, as coisas podem funcionar melhor para eles.

Conselho: *Lide com seu lado sombrio. Escolhas dolorosas podem ser necessárias. Fortaleça sua decisão. Seja mais transparente. Abra as janelas e deixe o sol entrar.*

RELACIONAMENTOS

PONTOS FORTES: ESTÉTICO, ELEGANTE, PRIVATIVO

PONTOS FRACOS: SUPERFICIAL, ENGANOSO, VICIADO

MELHOR: AMOR

PIOR: AMIZADE

**CATARINA, A GRANDE
(21/4/1729)
GRIGORI POTEMKIN (24/9/1739)**

Um de seus *protegés* e partidários originais, Potemkin ajudou Catarina a subir ao poder em 1762. O caso entre esta imperatriz de 45 anos de idade e seu "oficial favorito" de 35 anos de idade durou 2 anos, após o que permaneceram amigos e Potemkin foi substituído por outros "favoritos". **Também: Jill Ireland & David McCallum** (casados; atores).

---

19 a 24 de abril
CÚSPIDE DO PODER
CÚSPIDE ÁRIES-TOURO

25 de setembro a 2 de outubro
SEMANA DO PERFECCIONISTA
LIBRA I

Necessidade de estrutura

A questão aqui é se pode ser criada estabilidade suficiente para manter o relacionamento unido. O tema latente da combinação é a dominância, mas a natureza de seus participantes é tal que eles não são capazes de dominar uma área, assunto ou grupo juntos; uma estrutura deve ser criada por meio da qual ambos tenham sua esfera de influência própria e separada. Se essa estrutura já estiver no seu lugar, tanto melhor. Caso contrário, o fato de poder ou não ser alcançada determinará se a paz ou o caos prevalecerão.

Embora os nascidos em Libra I e Áries-Touro pareçam combinar bem em muitos aspectos, a química deste par é instável e eles podem enlouquecer um ao outro em uma situação de convivência diária. Os nascidos em Áries-Touro admiram as habilidades e o perfeccionismo dos representantes de Libra I, enquanto os nascidos em Libra I valorizam o hábito de preparação e execução esmerada de Áries-Touro. A indecisão dos representantes de Libra I, todavia, finalmente leva até os Áries-Touro mais pacientes ao limite.

Se as exigências penosas feitas pela personalidade de Libra I forem reveladas aos Áries-Touro durante um caso amoroso, eles podem se sentir compelidos a se afastar – a menos que seu envolvimento sexual com o intenso representantes de Libra I tenha assumido proporções viciantes. Caso não descubram o lado difícil de Libra I antes do casamento, todavia, são fiéis e determinados o suficiente para permanecerem nele até o final amargo. O casamento entre esses dois provavelmente não é tranqüilo, pois os perfeccionistas Libra I tendem a exagerar erros triviais e os Áries-Touro necessitam ser deixados em paz. A insistência dos nascidos em Áries-Touro sobre a honestidade emocional força Libra I a expressar seu verdadeiros sentimentos, por mais negativos ou destrutivos que sejam. Isto é exatamente o que os representantes de Libra I necessitam fazer, e a personalidade forte de um Áries-Touro pode facilmente aprofundar e prolongar uma amizade ou um caso amoroso com um Libra I devido a tais confrontações.

Os nascidos em Libra I têm um lado rebelde e excêntrico que pode criar momentos divertidos neste relacionamento, seja ele um par de irmãos ou colegas de trabalho. Seu senso de humor é apreciado pelos representantes de Áries-Touro, cuja pesada disposição de ânimo é suavizada pela presença de Libra I.

Conselho: *Espanar o ar pode ser o primeiro passo para a compreensão. Seja aberto e honesto. Dê mais estrutura à sua vida. Exclua elementos caóticos.*

RELACIONAMENTOS

PONTOS FORTES: DIVERTIDO, HONESTO, RESISTENTE

PONTOS FRACOS: INSTÁVEL, IRRITADO, FRUSTRADO

MELHOR: AMIZADE

PIOR: CASAMENTO

**J. ROBERT OPPENHEIMER
(22/4/04)
ENRICO FERMI (29/9/01)**

Colegas na criação da bomba, estes físicos trabalharam no Projeto Manhattan, o nome que o governo deu à pesquisa. Fermi construiu o primeiro reator nuclear. Oppenheimer, o "pai da bomba atômica", projetou a arma. **Também: Barbra Streisand & Donna Karan** (amigas; atriz/designer de moda); **Prokofiev & Shostakovitch** (compositores).

RELACIONAMENTOS

19 a 24 de abril
CÚSPIDE DO PODER
CÚSPIDE ÁRIES-TOURO

3 a 10 de outubro
SEMANA DA SOCIEDADE
LIBRA II

Persuasão educada

PONTOS FORTES: RELAXADO, SOCIAL, PERSUASIVO

PONTOS FRACOS: DEPENDENTE DEMAIS, DESMOTIVADO, SOLAPADOR

MELHOR: AMOR

PIOR: PARCERIA DE NEGÓCIOS

TANYA TUCKER (10/10/58)
GLEN CAMPBELL (22/4/36)

Os cantores country Tucker e Campbell, chegaram à fama nos anos 1960 e 1970 e gozam de popularidade ainda hoje. Seu caso altamente badalado acabou em 1981. **Também: Hitler & Himmler** (chefes nazistas); **J. Robert Oppenheimer & Niels Bohr** (cientistas do Projeto Manhattan).

De maneira interessante, este relacionamento está em primeiro lugar voltado para persuadir os outros, preferencialmente um público ou a sociedade. Os sentimentos são fortes aqui, sobretudo com relação ao que quer que seja que esse casal queira que os outros sintam, pensem, compreendam ou façam. Isto é com freqüência uma característica completamente inconsciente do par, o que pode ser bastante modesto em suas intenções gerais. É preciso ter cuidado porém quando esses parceiros se tornam inimigos, quando todo o poder persuasivo é direcionado para condenar um ao outro.

Na amizade, amor ou casamento, o relacionamento pode ser muito descontraído e receptivo. Os nascidos em Libra II têm a mistura certa de tranqüilidade, charme e excentricidade para interessar os representantes de Áries-Touro e assegurar seu interesse contínuo, e eles por sua vez se beneficiam por serem capazes de depender de um parceiro sólido como Áries-Touro. A dependência excessiva pode se tornar um problema aqui: os nascidos em Libra II podem ser muito dedicados e sofrer de baixa auto-estima se se tornarem muito devotados ao seu parceiro, amante ou amigo Áries-Touro.

O amor pode florescer entre Áries-Touro e Libra II após uma amizade introdutória. Ambos se importam com a harmonia e a beleza, criando uma sinergia que aumenta o oposto de cada um pela arte, música, literatura, pelo desenho, por jardinagem e por um grande número de atividades estéticas. Se decidirem morar juntos como amantes, podem não sentir qualquer necessidade de dar ao seu relacionamento uma marca mais sólida de casamento. Mas se eles realmente se casarem, ou até se a relação for duradoura, terão talento para lidar com pessoas e situações sociais. Eles devem tomar cuidado, todavia, para se darem o tempo que necessitam para ficarem sozinhos e para limitar elementos sociais. As relações familiares de Áries-Touro e Libra II podem ser caracterizadas por bons sentimentos e mútua compreensão. Como colegas de trabalho, esses dois podem terminar gostando tanto um do outro que se esquecem de realizar bem o trabalho. Embora esta situação seja de certa forma extrema, uma vez que ambos são em geral muito profissionais, sua apreciação mútua pode fazê-los perder de vista os limites; este relacionamento não é o mais impetuoso e dedicado que se possa imaginar. Sua energia, então, ajusta-se melhor a sociedades tranqüilas do que a parcerias altamente ambiciosas ou competitivas.

Conselho: *A harmonia também tem seus perigos. Seja um pouco mais ambicioso. Pense sobre quem você está persuadindo e por quê. Reflita na natureza da manipulação.*

RELACIONAMENTOS

19 a 24 de abril
CÚSPIDE DO PODER
CÚSPIDE ÁRIES-TOURO

11 a 18 de outubro
SEMANA DO TEATRO
LIBRA III

Poucas exigências

PONTOS FORTES: ESTIMULADOR, EDUCATIVO, COMPROMETIDO

PONTOS FRACOS: CONTROLADOR, ESTRESSADO, INCOMPREENSIVO

MELHOR: AMIZADE

PIOR: CASAMENTO

DUDLEY MOORE (19/4/35)
SUSAN ANTON (12/10/50)

Cantora, atriz e ex-miss América, Anton conheceu o ator e músico Moore em um jantar festivo em 1980. Embora um casal aparentemente improvável, tiveram um relacionamento duradouro. **Também: Barbra Streisand & Ray Stark** (cantora/produtor); **Catarina, a Grande & Grigari Orlov** (amantes; conspiradores).

O sucesso deste relacionamento depende de como ele trata o problema da dominância e das formas sutis de manipulação. Na realidade, suas atitudes podem ser muito inflexíveis e controladoras demais para permitir que os que o compartilham vivam em paz.

Apesar da forte atração inicial e da orientação mutuamente sensual, dificilmente um caso amoroso entre esses dois alcança a estratosfera. Na realidade, é mais provável que as questões do coração entre esses dois terminem onde deveriam ter começado desde cedo – como uma amizade despreocupada, com poucas exigências de ambas as partes. Também é improvável que o casamento seja muito bem-sucedido, sobretudo se envolver filhos ou outros parentes. Os nascidos em Libra III em geral acham difícil se doarem a pessoas em um cenário familiar, preferindo poupar suas energias para outras áreas, como carreira, atividades sociais, hobby ou esporte favorito. Os nascidos em Áries-Touro em geral desejam participar dos vários aspectos da vida familiar quando casados, e essa diferença pode criar problemas irreconciliáveis.

O relacionamento pode, todavia, ser altamente bem-sucedido como uma amizade. Ambos os parceiros exigem força em suas amizades mais profundas, e esta pode ser importante na promoção dos talentos, habilidades e do grau de compromisso com a vida e com o trabalho. Cada parceiro aprende muito com esse relacionamento, que também tem muito a ensinar aos outros. Noites compartilhadas, férias ocasionais e participação em eventos culturais são possíveis aqui.

É provável que os nascidos em Áries-Touro sejam pais dedicados de filhos Libra III, mas com freqüência os compreendem cada vez menos com o passar dos anos – uma pena, uma vez que é na vida adulta que os nascidos em Libra III podem precisam mais dos pais. Os nascidos em Libra III raramente são bons pais para os Áries-Touro, e como colegas de trabalho são com freqüência exigentes e críticos com eles. Profissionalmente, na realidade, as tensões no relacionamento são contraproducentes se o objetivo for alcançar sucesso. Os nascidos em Áries-Touro gostam de honestidade, mas também exigem flexibilidade e concessão, que são a maldição dos Libra III.

Conselho: *Deixe as coisas acontecerem. Recue. Permita que os acontecimentos se desenvolvam sem influenciá-los. Tenha fé. Ceder é essencial. Seja honesto com prioridades.*

19 a 24 de abril
CÚSPIDE DO PODER
CÚSPIDE ÁRIES-TOURO

19 a 25 de outubro
CÚSPIDE DO DRAMA E DA CRÍTICA
CÚSPIDE LIBRA-ESCORPIÃO

Comportamento oscilante

Os opostos se atraem, e esses dois tipos, diretamente opostos um ao outro no zodíaco, são em muitas formas complementares. Áries-Touro é uma combinação fogo-terra, simbolizando um tipo intuitivo e sensual, e Libra-Escorpião um par ar-água, indicando uma parelha de pensamento e sentimento. Entre esses dois, então, eles criam o espectro total terra-ar-fogo-água, tornando esta uma combinação forte para a amizade e, possivelmente, para o amor. No entanto, a sinergia do relacionamento e a oposição astrológica também apontam para amplas oscilações de sentimento e comportamento, de forma que as marcas da combinação são instabilidade, mudança, fluxo e oscilação. Idealmente, desafios e objetivos necessitam ser criados no relacionamento de forma que, em vez de oscilar, ele possa avançar.

Os casos amorosos entre esses dois podem ser espetaculares quando ativos e nada menos do que desastrosos quando no fim. Os nascidos em Libra-Escorpião são extremamente carismáticos, e os representantes de Áries-Touro flechados por seu charme são difíceis de deter. Os problemas em geral surgem menos nesse estágio do que depois que os objetivos tenham sido alcançados, seja o relacionamento romântico ou sexual. Os nascidos em Libra-Escorpião podem ser difíceis de controlar emocionalmente, sobretudo neste relacionamento, o que revela seu lado dramático e pelutante. Na esfera sexual, os Libra-Escorpião tendem a ser mais apaixonados do que sensuais, enquanto os Áries-Touro são decididamente sensuais em todas as áreas da vida. Deste modo os representantes de Áries-Touros podem ficar transtornados com a frieza do relacionamento, enquanto os nascidos em Libra-Escorpião podem sentir falta de uma qualidade sexual arrebatadora e intensa pela qual suspiram.

Na amizade, situações familiares e profissionais o relacionamento é complementar, mas a obstinação e a determinação dos dois criam problemas em situações diárias. Como pais ou chefes, todavia, os nascidos em Áries-Touro são fortes o suficiente para manter a energia dos Libra-Escorpião na linha, impedindo que seu lado excêntrico saia do controle.

Conselho: *Trabalhe as oscilações de humor. Aprecie o valor da moderação. Tente ser mais consistente. Tenda às questões práticas. Trabalhe os desafios.*

RELACIONAMENTOS

PONTOS FORTES: ESPETACULAR, SEXUAL, INDEPENDENTE

PONTOS FRACOS: DESASTRADO, HESITANTE, NEGADOR

MELHOR: AMOR

PIOR: FAMÍLIA

JOHN WATERS (22/4/46)
DIVINE (19/10/45)

Divine, um travesti performático, era amigo de faculdade de Waters, o audacioso diretor que usou Divine em muitos de seus filmes *cult*, hoje clássicos. O par trabalhou junto até a morte de Divine, em 1989. **Também: Napoleão III & Sarah Bernhardt** (caso; nobre/atriz); **Madame de Stael & Benjamin Constant** (caso; escritores); **Lenin & John Reed** (revolucionário/jornalista).

---

19 a 24 de abril
CÚSPIDE DO PODER
CÚSPIDE ÁRIES-TOURO

26 de outubro a 2 de novembro
SEMANA DA INTENSIDADE
ESCORPIÃO I

Testando o brio

Questões de autoridade estão em primeiro plano neste relacionamento, menos em termos de direcionar os outros (embora isto seja parte do assunto) do que em recursos internos e objetivos particulares. No fundo do relacionamento se espera encontrar uma insegurança latente unindo esse par. Eles imprimem uma grande ênfase na ajuda um ao outro para alcançar seu desejo principal: o sucesso de seu esforço será o teste do brio do relacionamento.

Esses dois sentem-se com freqüência fisicamente atraídos um pelo outro, podendo resultar um caso amoroso prenhe de desejo. Porém, os nascidos em Escorpião I podem ser amantes difíceis para os Áries-Touro, apesar de seu ardor e sua paixão, uma vez que eles são extremamente críticos e exigentes. Também podem ser muito na vingativos quando se sentem rejeitados, e depois de alguns ataques que os Áries-Touro podem ver como comportamento sádico da parte de seu parceiro, eles podem decidir que estão quites.

O casamento aqui não é particularmente aconselhado, a menos que os parceiros estejam envolvidos por objetivos puramente sociais. Mesmo então, ambos devem estar prontos para suportar alguns episódios exaustivos e dolorosamente prolongados.

Na amizade desta combinação, a autoridade de cada parceiro deve ser igual. Status e poder desempenham um papel importante neste relacionamento, e os nascidos em Escorpião I em particular podem ficar ressentidos se um amigo. Isto também pode acabar com sua autoconfiança. Conflitos podem surgir se os nascidos em Áries-Touro em situação superior tratarem os de Escorpião I com esnobismo.

Na família e no trabalho, os nascidos em Escorpião I podem ser implacáveis quando acreditam que os que estão à sua volta agem por motivos impuros ou questionáveis. Desempenhar a ação correta não é suficiente se ela for implementada com o motivo errado, e uma vez que os nascidos em Áries-Touro são pragmáticos em seus pontos de vista, podem ficar desnorteados quando seu parceiro Escorpião I os critica quanto a esta atitude. No relacionamento de trabalho a postura ética de um Escorpião I pode ser muito inoportuna para um Áries-Touro, que a verá como improdutiva, minando a eficiência e o trabalho.

Conselho: *Cuidado para não ser esnobe. Cultive a bondade e a consideração. Não seja cruel. Guarde para si sua atitude crítica.*

RELACIONAMENTOS

PONTOS FORTES: APAIXONADO, EQÜITATIVO, MOBILIZADO

PONTOS FRACOS: INCLINADO A JULGAR, EXIGENTE, DANOSO

MELHOR: AMIZADE

PIOR: CASAMENTO

CRISTÓVÃO COLOMBO (30/10/1451)
RAINHA ISABEL (22/4/1451)

Colombo levou quase sete anos para conseguir o apoio de Isabel para procurar o Novo Mundo. Relutante, ela consentiu em financiar sua viagem em 1492. Após suas descobertas, ela continuou a financiá-lo com a intenção de criar um império espanhol nas Américas. **Também: Hitler & Goebbels** (nazistas); **Barbra Streisand & Fanny Brice** (representação em *Funny Girl*; **John Muir & Theodore Roosevelt** (primeiros conservacionistas).

| **RELACIONAMENTOS** |

PONTOS FORTES: BRILHANTE, ESTIMULANTE, DESAFIADOR

PONTOS FRACOS: HIPERCRÍTICO, CONTROLADOR, COMBATIVO

MELHOR: AMOR

PIOR: FAMÍLIA

JESSICA LANGE (20/4/49)
SAM SHEPARD (5/11/43)

Lange teve 5 indicações para o Oscar, ganhando em *Céu Azul* (1994). Seu relacionamento de longa duração com o dramaturgo, roteirista e ator Shepard de Nova York, gerou 2 filhos. **Também: Elaine May & Mike Nichols** (dupla de humoristas); **Lenin & Trotsky** (líderes comunistas); **Ryan O'Neal & Tatum O'Neal** (pai/filha); **Jill Ireland & Charles Bronson** (casados); **Michael O'Keefe & Bonnie Raitt** (casados; ator/cantor).

19 a 24 de abril
CÚSPIDE DO PODER
CÚSPIDE ÁRIES-TOURO

3 a 11 de novembro
SEMANA DA PROFUNDIDADE
ESCORPIÃO II

Brilhante desafio

Esta combinação pode contribuir para um relacionamento altamente incomum, de paixão e brilho. É mais bem-sucedido quando as exigências do relacionamento não forem excessivas e forem respeitadas as diferenças individuais. A liberdade é uma necessidade aqui, e se tiver imaginação suficiente, o relacionamento pode agüentar, uma vez que nenhum dos parceiros jamais encontraria outra parceria tão poderosa ou única. Tanto os nascidos em Áries-Touro quanto em Escorpião II são indivíduos poderosos, e uma combinação que brilha igual a eles é verdadeiramente algo que os seduz. Na realidade eles podem sentir-se mais atraídos pelo relacionamento do que um pelo outro.

Uma amizade do mesmo sexo entre Áries-Touro e Escorpião II é com freqüência muito encorajadora e pode também estimular a carreira de ambos os parceiros. Ela tem uma base de respeito mútuo, e cada um em geral admira as realizações e o poder da outra parte. Ainda mais recompensador são os casos amorosos dessa combinação, que podem ser profundos, apaixonados e emocionalmente desafiadores para ambos os parceiros. Uma questão importante para esses dois pode ser a aparência física; os nascidos em Áries-Touro são sensíveis a comentários sobre esse assunto, e os representantes de Escorpião II podem ser extraordinários críticos sobre tais assuntos. Além disso, os nascidos em Escorpião II tendem a ser controladores em todos os aspectos de seus relacionamentos amorosos, e isso pode criar grandes dificuldades para os parceiros de Áries-Touro, que não se deixam subjugar ou dominar. Inversamente, a dureza de Áries-Touro pode deixar os sentimentos de Escorpião II feridos ou mal compreendidos. Este relacionamento pode ser uma experiência incrível tanto emocional quanto sexualmente, mas os parceiros devem ser capazes de chegar a um ponto de aceitação, abertura e compartilhamento mútuos.

Excessivamente exigentes, pais de Escorpião II despertam revolta em filhos Áries-Touro. O relacionamento profissional dessa combinação pode ser tanto altamente produtivo quanto extremamente destrutivo, dependendo da orientação da dupla; esses dois podem planejar uma agenda de trabalho diário eficaz se mantiverem latentes as questões pessoais; os nascidos em Escorpião são muito cuidadosos com dinheiro, e certamente há conflito com relação aos gastos excessivos de Áries-Touro.

Conselho: *Diminua a sua intensidade. Seja mais clemente e menos rancoroso. Deixe os bons momentos acontecerem. Não fique tão tenso, é apenas dinheiro. Poder não é tudo.*

| **RELACIONAMENTOS** |

PONTOS FORTES: ÍNTIMO, COMPREENSIVO, RECOMPENSADOR

PONTOS FRACOS: RESTRITIVO, INIBIDOR, ANSIOSO

MELHOR: AMIZADE

PIOR: TRABALHO

PRÍNCIPE CHARLES (14/11/48)
RAINHA ELIZABETH II (21/4/26)

Charles, o filho mais velho de Elizabeth e herdeiro do trono, foi criado principalmente para ser rei. Viveu em casa até os 32 anos de idade. A mídia britânica o descreve como um jovem emocionalmente carente, abandonado nas mãos de babás pela mãe e mais tarde forçado a um casamento que era uma farsa. **Também: Elizabeth II & Príncipe Peter** (rainha/primeiro-neto); **Dudley Moore & Peter Cooke** (par humorístico); **Tony Danza & Danny DeVito** (co-estrelas de *Taxi*).

19 a 24 de abril
CÚSPIDE DO PODER
CÚSPIDE ÁRIES-TOURO

12 a 18 de novembro
SEMANA DO ENCANTO
ESCORPIÃO III

Necessidade de ser fiel

Se as questões de autoridade e do equilíbrio do poder, tão profundamente arraigadas nesse relacionamento, tiverem de ser tratadas com sucesso, terá de haver uma concentração no desenvolvimento de fidelidade, confiança e honestidade. Ambos os parceiros devem se sentir livres para falar aberta e francamente. Uma vez que ambos Áries-Touro e Escorpião III são indivíduos poderosos e muito sérios em seus pontos de vista, a tendência do relacionamento de manter seus parceiros otimistas e é uma clara vantagem.

Tanto os nascidos em Áries-Touro quanto em Escorpião III gostam de pessoas que tenham recursos internos para abrir seu próprio caminho e pagar sua própria parte. Quando esses dois são companheiros ou nutrem uma amizade profunda, essa preferência mútua se manifesta como o respeito saudável dos parceiros por cada uma nas questões práticas e diárias.

Um relacionamento amoroso aqui pode ser tanto atraente quanto muito romântico. Mas por mais forte que seja a química sexual, o envolvimento profundo não se desenvolve a menos que haja um vínculo sólido de confiança. Ímpetos de paixão reprimida com freqüência afloram nos representantes de Escorpião III, forçando seu parceiro a reagir com emoções semelhantes ou talvez a se desligar completamente. Felizmente, os nascidos em Áries-Touro têm um lado paciente e compreensivo, mas ainda são perturbados pela tendência do Escorpião III para a possessividade e para o ciúme. Tais tendências podem ter de ser dominadas ou abandonadas se o relacionamento tiver de evoluir para o casamento ou para uma convivência permanente.

Se estes dois podem ou não ser amigos depende da vontade e habilidade do Escorpião III de se abrir para o Áries-Touro na esfera pessoal. Isso pode ser difícil se eles considerarem os nascidos em Áries-Touro muito imponentes ou se seus sentimentos de inferioridade forem despertados. Os nascidos em Escorpião III têm uma forte necessidade de ser honestos com um outro ser a um nível profundo, todavia, e se eles puderem mostrar suas fraquezas e dúvidas para um Áries-Touro (com freqüência um observador e ouvinte muito compreensivo) sem se sentir ameaçados, eles podem receber conselho e orientação inestimáveis. Membros familiares e colegas de trabalho nessa combinação podem desconfiar um do outro e nunca se aproximar muito. Apesar de seu respeito mútuo, a honestidade emocional é difícil entre eles.

Conselho: *Admitir fraqueza pode ser um sinal de força. Aceite atitudes honestas. Cultive a fidelidade. Impeça que toquem em seu ponto fraco.*

19 a 24 de abril
CÚSPIDE DO PODER
CÚSPIDE ÁRIES-TOURO

19 a 24 de novembro
CÚSPIDE DA REVOLUÇÃO
CÚSPIDE ESCORPIÃO-SAGITÁRIO

Respeito mútuo

Este relacionamento pode ser um paradigma para as atitudes despreocupadas e receptivas. Os nascidos em Áries-Touro e Escorpião-Sagitário estão entre as poucas combinações no ano em que os parceiros podem ser tanto amigos quanto amantes antes, durante e após seu caso de amor. Há compreensão e lealdade profunda neste relacionamento e respeito mútuo, sobretudo no plano mental. No entanto, mesmo que esses dois se dêem bem, não quer dizer que se casem ou até que vivam juntos, uma vez que despreocupação não necessariamente leva à profundidade emocional nem a capacidade de se comprometer.

Mesmo que esses dois se conheçam quando um ou ambos estão envolvidos com outro parceiro ou cônjuge constante, a atração sedutora de um caso de amor entre eles em geral é tão grande que nenhum resiste. O resultado pode ser trágico, sobretudo para terceiros, mas a maturidade e o controle que caracterizam o relacionamento entre Áries-Touro e Escorpião-Sagitário pode ter um forte efeito moderador. Tão inabalável é a fé do relacionamento em si, que ele pode mostrar consideração para com os sentimentos dos outros a um grau muito raro.

Esses dois não necessariamente são uma combinação pai-filho forte, principalmente porque os nascidos em Escorpião-Sagitário, como pais, com freqüência podem ser impacientes e como filhos, provavelmente se revoltam com um pai representante de Áries-Touro autoritário ou superprotetor. Um relacionamento entre irmãos, todavia, sobretudo de sexos opostos, pode ser extremamente íntimo e afetivo, tanto na infância quanto em anos mais maduros.

Nos negócios, os nascidos em Escorpião-Sagitário podem exceder até os Áries-Touro nos seus gostos excêntricos, de forma que essa combinação poderia consumir seus lucros. Como colegas de trabalho eles se dão bem mas nenhum pode se entusiasmar o suficiente para mostrar o seu melhor, tanto individualmente quanto juntos, em uma estrutura empresarial. A combinação profissional mais favorável entre os dois pode ser como *freelancers*, consultores ou conselheiros, um contexto que poderia libertá-los para decidir seu próprio curso de ação e métodos de trabalho independentemente um do outro, ao mesmo tempo sendo capazes de se complementarem sempre que haja vantagem mútua em fazê-lo.

Conselho: *Divirta-se mas respeite os outros. Controle desejos egoístas. Cuidado com as atitudes elitistas. Exija-se um pouco mais para escalar as alturas.*

RELACIONAMENTOS

PONTOS FORTES: PRÓXIMO, CONFIANTE, INABALÁVEL

PONTOS FRACOS: IMPACIENTE, SEDUTOR, REBELDE

MELHOR: AMIZADE

PIOR: PAIS-FILHOS

ADOLF HITLER (20/4/1889)
CHARLES DEGAULE (22/11/1890)

Hitler e De Gaulle foram inimigos políticos e militares durante a Segunda Guerra Mundial. Depois que Hitler derrotou o exército francês em 1940, De Gaule foi imbatível ao organizar atividades antigermânicas na França, na Algéria e na Inglaterra. Ele conquistou fama mundial como símbolo da resistência francesa.

---

19 a 24 de abril
CÚSPIDE DO PODER
CÚSPIDE ÁRIES-TOURO

25 de novembro a 2 de dezembro
SEMANA DA INDEPENDÊNCIA
SAGITÁRIO I

Ritmos cruzados

A chave para o sucesso desse relacionamento é a habilidade de criar equilíbrio e prover liderança e orientação em qualquer projeto. Um problema imediato é o da sincronização, pois os ritmos desses dois parceiros podem não encaixar. Diferenças em estilo e "tempo" são substanciais aqui: os nascidos em Áries-Touro são consolidadores de energia e mestres do desenvolvimento lento, os nascidos em Sagitário I são mais propensos a explodir em um rompante rápido. Além disso, o motor interno dos representantes de Sagitários I em geral funciona em um ritmo mais acelerado do que o dos Áries-Touro, que podem ainda estar se aquecendo quando Sagitários I já se foi há muito.

Tais diferenças em tempo podem criar dificuldades nos aspectos emocional e sexual do relacionamento amoroso, mas a intensidade de Sagitário I é em geral suficiente para satisfazer os nascidos em Áries-Touro mais exigentes. Um relacionamento emocional altamente elétrico pode nascer entre esses dois se um deles já estiver envolvido com um parceiro, criando um triângulo amoroso. Caso todos os três possam ser amigos, pode ser esperada uma saída positiva, mas se o representante de Sagitário I ou de Áries-Touro virem a terceira pessoa com hostilidade, é provável que surja uma situação explosiva.

No casamento, nos negócios ou em outros ambientes profissionais, os nascidos em Sagitário I se beneficiam de ter um parceiro estável e digno de confiança que se coloque ao seu lado sem perguntas. Os nascidos em Áries-Touro podem preencher perfeitamente este requisito. Poder contar com tal parceiro como conselheiro, gerente, planejador ou diretor de suas energias será inestimável para os nascidos em Sagitário I e para qualquer equipe do qual esses dois façam parte. A capacidade de execução é altamente eficaz aqui. Pelo mesmo motivo, os nascidos em Áries-Touro podem ser pais compreensivos para filhos Sagitário I – e também filhos compreensivos com pais Sagitário I. Novamente, essa dupla desempenha um papel de liderança na família. E caso amantes Áries-Touro e Sagitário I decidam se casar, podem estar entre as combinações mais carinhosas de todo o ano, proporcionando entusiasmo, direção, segurança e atenção para os filhos. Por outro lado, os nascidos em Áries-Touro e Sagitário I nem sempre são os melhores amigos. Ambos são opiniáticos e de mente decidida e resoluta, e podem não estar no mesmo comprimento de onda emocionalmente.

Conselho: *Desenvolva sensibilidade para ritmos diferentes dos seus. Tente utilizar e coordenar as energias. Busque liderança efetiva. Divida as tarefas de forma justa.*

RELACIONAMENTOS

PONTOS FORTES: DIRETO, GRATIFICANTE, PROTETOR

PONTOS FRACOS: FORA DE SINCRONIA, DOGMÁTICO, INCONVENIENTE

MELHOR: TRABALHO, CASAMENTO

PIOR: AMIZADE

HERVE VILLECHAIZE (23/4/43)
RICARDO MONTALBAN (25/11/20)

O suave e elegante mexicano Montalban foi ator de cinema nos anos 1940. Tornou-se artista popular no seriado de tevê *Ilha da Fantasia*, fazendo par com o diminuto e cômico Villechaize, no papel de seu assistente.

RELACIONAMENTOS

PONTOS FORTES: EXCITANTE, LEAL, CONFIÁVEL

PONTOS FRACOS: PROBLEMÁTICO, IRRITANTE, DESAPROVADOR

MELHOR: IRMÃOS

PIOR: CASAMENTO

MANNE SIEGBAHN (3/12/1886)
KAI SIEGBAHN (20/4/1918)

Manne e seu filho Kai são ambos ganhadores de Prêmio Nobel em Física. Manne ganhou o prêmio em 1924 por sua contribuição à espectroscopia do raio X. Kai ganhou em 1981 pelo desenvolvimento de um espectroscópio de alta resolução.

---

19 a 24 de abril
CÚSPIDE DO PODER
CÚSPIDE ÁRIES-TOURO

3 a 10 de dezembro
SEMANA DO CRIADOR
SAGITÁRIO II

Prepare-se para ceder

A menos que este relacionamento se ocupe primeiramente com a habilidade de aceitar, perdoar e esquecer, é provável que as irritações e atitudes desaprovadoras inerentes aqui provoquem dificuldade, possivelmente até rejeição e separação.

Os nascidos em Sagitário II têm uma natureza imprevisível e impulsiva que com freqüência conduz os mais responsáveis pais, chefes ou companheiros nascidos em Áries-Touro para a desordem. Tipicamente sensíveis, eles provavelmente se preocupam e se perguntam se os representantes de Áries-Touro aceitam suas qualidades mais excêntricas. Por maior que seja a atração entre esses dois, é improvável que um caso amoroso entre eles dure; os nascidos em Áries-Touro são exauridos por sua instabilidade e conflitos fúteis. Em determinados casos raros, todavia, esses parceiros podem concentrar-se nos aspectos mais positivos do relacionamento, resultando em uma relação mais estável (embora nunca completamente assim). O casamento aqui pode ser extremamente problemático, não sendo recomendado a menos que os nascidos em Sagitário I estejam preparado para se envolver e abrandar sua personalidade, e os representantes de Áries-Touro sejam mais pacientes e receptivos ainda do que o normal.

No trabalho, os nascidos em Sagitário II se saem melhor em ocupações que permitem que eles expressem seu lado incomum, e os nascidos em Áries-Touro provavelmente não demonstram grande compreensão por tal comportamento profissional idiossincrático. Mas a amizade entre esses dois pode ser muito recompensadora: os nascidos em Sagitário II contribuindo com interesse e excitação e os Áries-Touro com lealdade e confiança. Contanto que o par não exija envolvimento profundo nas questões pessoais, pode ser altamente satisfatório em um companheirismo ou em uma parceria social. Há um risco, todavia, de que os nascidos em Sagitário II rejeitem os representantes de Áries-Touro em um papel paternal, projetando neles determinados sentimentos da infância.

Um irmão ou irmã Áries-Touro – sobretudo mais velho – pode proporcionar um bom fio terra para a energia de Sagitário II.

Conselho: *Discuta as diferenças abertamente. Trabalhe no envolvimento e na aceitação. Não ceda à negatividade ou desesperança. Veja as coisas em uma luz positiva.*

RELACIONAMENTOS

PONTOS FORTES: DESAFIADOR, FORMIDÁVEL, ESTIMULA REFLEXÃO

PONTOS FRACOS: DESCONFIADO, DOMINANTE, ANTAGÔNICO

MELHOR: COMPETIÇÃO

PIOR: TRABALHO

DON JOHNSON (15/12/49)
BARBRA STREISAND (24/4/42)

Johnson, estrela de *Miami Vice*, teve um rápido caso com a cantora Streisand, em 1988, logo após ela romper com o herdeiro dos sorvetes Richard Baskin. **Também: Elizabeth II & George VI** (filha/pai); **rainha Isabel & Catarina de Aragão** (mãe/filha; rainha espanhola/primeira esposa do inglês Henrique VIII).

---

19 a 24 de abril
CÚSPIDE DO PODER
CÚSPIDE ÁRIES-TOURO

11 a 18 de dezembro
SEMANA DO TITÃ
SAGITÁRIO III

Necessidade de ser chefe

A questão da liderança é um ponto sensível para este par, que provavelmente se concentra nos conflitos sobre dominação. Além disso, é provável que o *modus operandi* subjacente do relacionamento envolva cada parceiro destacando e expondo as fraquezas ou o lado sombrio do outro. Claro que isso não leva a nada e enfraquece a estrutura geral do relacionamento. É improvável, pois, que a combinação entre Áries-Touro e Sagitário III seja boa para negócios e casamento. Ambas as personalidades têm necessidade de ser chefe, e nenhuma cede terreno facilmente. Caso esses dois encabecem grupos comerciais, sociais ou até familiares rivais, é provável que sejam adversários formidáveis.

No relacionamento amoroso o problema da dominação também mostra sua horrenda face. Os nascidos em Sagitário III necessitam ser adorados, admirados e elogiados e os representantes de Áries-Touro não se deixam influenciar facilmente. Também quando outra pessoa obtém algo que consideram ser a suas expensas, os nascidos em Áries-Touro podem perder o interesse ou recuar. Pode haver um certo interesse sexual aqui, mas é provável que seja uma expressão mais do ego do que de amor, e seja motivada mais pelo desafio do que pelo desejo. Os nascidos em Sagitário III podem ter dificuldade em satisfazer o lado sensual dos Áries-Touro e em dar o bastante emocionalmente para seus parceiros exigentes.

No trabalho, representantes de Sagitário III pensam grande e se arriscam para tentar o impossível, ou pelo menos o mais difícil, enquanto os nascidos em Áries-Touro tendem a ser céticos e suspeitam de esquemas grandiosos. A amizade pode funcionar melhor, caracterizando discussões filosóficas intensas que provocam reflexão. E como companheiros em viagens e atividades físicas desafiadoras, os nascidos em Sagitários III podem revelar o lado mais aventureiro dos representantes de Áries-Touro, embora este relacionamento talvez nunca manifeste intimidade emocional.

Pais de Áries-Touro fazem o máximo para instilar um tom de realismo no que eles podem ver como pontos de vista fúteis e fantasias descontroladas de sua prole de Sagitário III. Por outro lado, filhos de Áries-Touro podem se desiludir ao constatar a interrupção periódica dos esquemas talvez inspirados, talvez inflamados, de pais Sagitário III.

Conselho: *Tente dar mais emocionalmente. Suavize atitudes combativas. A competição pode ser produtiva contanto que não saia do controle.*

19 a 24 de abril
CÚSPIDE DO PODER
CÚSPIDE ÁRIES-TOURO

19 a 25 de dezembro
CÚSPIDE DA PROFECIA
CÚSPIDE SAGITÁRIO-CAPRICÓRNIO

Tempestades silenciosas

A sensibilidade é presença forte neste relacionamento, que envolve uma tendência a esconder a irritação e os sentimentos verdadeiros, revelando-os periodicamente de forma alarmante. Para o bem e para o mal, o relacionamento é caracterizado por fortes emoções. Isto ocorre em parte porque a energia da combinação raramente se concentra nos aspectos mundanos e práticos da vida. Ela é direcionada completamente para fora do relacionamento (para o mundo em geral) ou para o relacionamento em si, que inevitavelmente começa a se desintegrar com a tensão.

Os nascidos em Áries-Touro sentem-se perturbados pelo silêncio e aspectos reprimidos do relacionamento, pois eles gostam de atitudes sinceras sobre pensamentos e sentimentos. Os nascidos em Sagitário-Capricórnio tendem a esconder sua verdadeira personalidade, e os representantes de Áries-Touro podem ver isso como algo furtivo e manipulador, sobretudo quando os dois são do mesmo sexo. É improvável ou impossível que haja uma relação positiva entre esses dois; um papel de adversário é muito mais comum.

Com relação ao amor, é improvável que apareça aqui compreensão profunda ou compaixão, no entanto, há com freqüência atração. Pode resultar uma relação sexual de natureza apaixonada, mas com freqüência insensível, mas a menos que sejam introduzidos variedade ou divergência, é provável que o relacionamento se desgaste logo. Freqüentemente, todavia, a sexualidade poderosa de cada um desses parceiros não é colocada em primeiro plano, pois ambos pensam melhor juntos do que se envolvem.

Casamentos e relações comerciais entre esses dois são improváveis. Os nascidos em Áries-Touro consideram a falta de percepção empresarial de Sagitário-Capricórnio um horror, e os representantes de Sagitário-Capricórnio podem ver Áries-Touro como cruéis ou tiranos insensíveis.

Como membros da família, os nascidos em Sagitário-Capricórnio podem venerar ou admirar um representante de Áries-Touro, mas com maior freqüência como avós, tios ou tias do que como pais. Da mesma forma, filhos nascidos em Áries-Touro podem achar os representantes de Sagitário-Capricórnio intrigantes e fascinantes, e pedir-lhes conselho, mas também aprender com suas experiências. É provável que um relacionamento familiar que não seja da variedade pais-filhos seja mais produtivo e satisfatório.

Conselho: *Às vezes é melhor deixar o que está escondido dessa forma. Não crie problemas. Seja honesto, até certo ponto, e observe seus modos. Seja solidário.*

RELACIONAMENTOS

PONTOS FORTES: INTRIGANTE, APAIXONADO, COMPREENSIVO

PONTOS FRACOS: REPRESSOR, CALADO, INSENSÍVEL

MELHOR: FAMÍLIA

PIOR: AMIZADE

VLADIMIR LENIN (22/4/1870)
JOSEPH STALIN (21/12/1879)

Estes companheiros revolucionários se encontraram pela primeira vez em 1905. Depois de alcançar proeminência política, Lenin nomeou Stalin para várias funções dentro do partido bolchevique. Lenin desconfiou do nacionalismo hiperzeloso de Stalin e, antes de morrer, em 1924, tentou impedir que Stalin o sucedesse, mas fracassou. **Também: Hitler & Stalin** (adversários da Segunda Guerra Mundial).

---

19 a 24 de abril
CÚSPIDE DO PODER
CÚSPIDE ÁRIES-TOURO

26 de dezembro a 2 de janeiro
SEMANA DO REGENTE
CAPRICÓRNIO I

Insuflando vida nova

Este relacionamento caracteriza-se pela correção e pela intensificação. Está muito preocupado em localizar e relevar problemas e fraquezas, possibilitando seu conserto. Fazer um objeto, pessoa ou sistema operar de maneira uniforme, saudável ou eficiente é objetivo último. Caso os nascidos em Áries-Touro e Capricórnio I compartilhem opiniões semelhantes sobre como uma empresa, clube ou família deveriam funcionar, eles podem ser parceiros comerciais e conjugais bem-sucedidos. O relacionamento em geral adota uma postura moderada e conservadora, enfatizando determinadas tendências progressivas ou até radicais de parte dessas duas personalidades. Ele pode ser bom com dinheiro – os nascidos em Áries-Touro em ganhá-lo e gastá-lo, os representantes de Capricórnio I em administrá-lo. Embora ambos os parceiros sejam tipos dominantes, é improvável que surjam lutas frqüentes de poder no seu relacionamento, o que caracteriza respeito mútuo e uma percepção de que tais lutas estariam prejudicando o grupo do qual eles fazem parte.

Nos relacionamentos amorosos e familiares, os nascidos em Áries-Touro imploram para que os representantes de Capricórnio I expressem seus sentimentos verdadeiros e mais intensos, e para que demonstrem mais solidariedade e compreensão. Os conflitos podem ser aprofundados somente se os nascidos em Áries-Touro ficarem frustrados com os representantes de Capricórnio I e se retraírem ou esbravejarem de raiva periodicamente. Tensões diárias mínimas, aparentemente insignificantes, podem explodir fora de qualquer proporção, criando uma atmosfera instável e contraproducente. De modo geral, é difícil para estes dois manter sentimentos românticos entusiásticos, sendo com freqüência substituídos por uma atitude mais pragmática, sobretudo nas questões sexuais; é fundamental, então, que o relacionamento renove-se periodicamente. Como pais, tanto representantes de Capricórnio I quanto de Áries-Touro abordam os problemas, proporcionando a estrutura e o apoio que seus filhos necessitam, mas sua prole nem sempre os valorizam, às vezes vendo seus pais como intrometidos. A amizade pode ser bem-sucedida somente se os altos padrões de aprovação do relacionamento forem satisfeitos. Os parceiros devem se mostrar interessantes um para o outro e continuar a ter algo a oferecer um ao outro. Vínculos de amizade, construídos com esmero, podem ser severamente testados ou quebrados pela competição e pelo ciúme. A perda da amizade pode ser desmoralizante para um ou para ambos os parceiros.

Conselho: *Uma fraqueza por dinheiro não implica poder. Insufle vida nova em suas atividades. Uma faca afiada corta melhor. Entre em contato com seus sentimentos mais profundos.*

RELACIONAMENTOS

PONTOS FORTES: ORGANIZADO, MODERADO, SELETIVO

PONTOS FRACOS: PROSAICO, EMBOTADO, CIUMENTO

MELHOR: PARCERIA

PIOR: AMOR

YEHUDI MENUHIN (22/4/16)
NATHAN MILSTEIN (31/12/04)

Menuhin e Milstein, ambos nascidos de pais judeus-russos, estão entre os maiores violinistas do século XX. Menuhin, nascido em Nova York, criança prodígio, debutou internacionalmente nos anos 1920. Milstein, nascido na Rússia, decidiu permanecer nos Estados Unidos após sua estréia em 1929. Ambos fizeram gravações muito bem-sucedidas.

| RELACIONAMENTOS |

PONTOS FORTES: FILOSÓFICO, ESPIRITUAL, COM OS PÉS NO CHÃO

PONTOS FRACOS: NEGLIGENTE, RELUTANTE EM PERDOAR, INSENSÍVEL

MELHOR: AMIZADE

PIOR: TRABALHO

VICTORIA FORDE (21/4/1897)
TOM MIX (6/1/1880)

Mix e a atriz de pequena grandeza Forde foram casados de 1918 a 1930 e tiveram uma filha, Thomasina. Seu casamento durou ao longo de sua carreira cinematográfica como cowboy. Seu contrato previa 5 filmes por ano, de 1917 a 1928. Forde foi a terceira de 7 esposas.

---

19 a 24 de abril
CÚSPIDE DO PODER
CÚSPIDE ÁRIES-TOURO

3 a 9 de janeiro
SEMANA DA DETERMINAÇÃO
CAPRICÓRNIO II

Plano superior

Este relacionamento se sente mais atraído por questões ligadas ao espírito, à religião ou à filosofia. Preocupações materialistas ou pragmáticas não têm importância fundamental aqui. É verdade que a amizade entre Áries-Touro e Capricórnio II possui uma característica prática, fundamentada, sobretudo com relação aos assuntos cotidianos. Mas, além disso, seu relacionamento com freqüência evidencia um interesse profundo na estética e na filosofia, acrescentando uma dimensão totalmente nova à natureza pragmática dos parceiros. O relacionamento é caracterizado por um calor emocional extremamente satisfatório. A discussão de assuntos estritamente pessoais em geral permanece objetiva, sem a intrusão de indevida emoção. A amizade propicia férias e viagens juntos, e a responsabilidade financeira raramente é relevante aqui.

O amor e o casamento exigem cuidado, pois os nascidos em Capricórnio II necessitam manter sua vida privada e sua carreira estritamente separadas. Os nascidos em Áries-Touro em geral são fortes o bastante para não exigir demais sua atenção, e o relacionamento tende a se caracterizar por pontos de vista altamente independentes tanto na carreira quanto nos assuntos sociais. Porém os representantes de Áries-Touro em geral precisam muito mais de afeição constante do que Capricórnio II, e embora Capricórnio II possa ser sexualmente vigoroso, ele não é conhecido por exibir a ternura e a compreensão no dia-a-dia que Áries-Touro necessita para se sentir feliz e satisfeito. Se surgirem disputas por poder, as atitudes podem se tornar ferinas e inflexíveis, no entanto uma atitude sábia e realista com freqüência prevalece, permitindo que as necessidades sejam cumpridas e os ressentimentos esquecidos.

Quando esses dois são colegas de trabalho ou sócios em um negócio, a ambição de Capricórnio II pode acabar sendo um problema: em situações cruciais, Áries-Touro pode suspeitar dos motivos de seu parceiro, sobretudo se ele sentir que Capricórnio II está colocando seus interesses à frente dos do grupo. Capricórnio II também tem um lado demasiadamente trabalhador, enquanto Áries-Touro precisa de tempo para descansar e com freqüência prefere não trabalhar de jeito algum. Portanto, Capricórnio II pode se ressentir do fato de que Áries-Touro está contribuindo com menos energia e esforço do que ele.

Conselho: *Caso se sintam ressentidos, têm a responsabilidade de expressar esse sentimento. A ternura é a chave para a felicidade. Enfatizem o lado positivo empreendendo estudos juntos.*

| RELACIONAMENTOS |

PONTOS FORTES: SENSUAL, PARTICIPATIVO, PODEROSO

PONTOS FRACOS: PREDOMINANTE, CRÍTICO, INSEGURO

MELHOR: AMOR

PIOR: TRABALHO

HAROLD LLOYD (20/4/1893)
HAL ROACH (14/1/1892)

Em 1917, o produtor e diretor Roach criou o famoso personagem Lloyd – um homem de aparência perfeitamente mediana que usava óculos pretos de um tamanho enorme (que se tornaram marca de Lloyd). Até 1923 eles colaboraram de forma bem-sucedida. Então Lloyd começou a produzir seus próprios filmes. **Também: Hitler & Goering** (nazistas); **Eliot Ness & Robert Stack** (agente federal/representação em *Os Intocáveis*).

---

19 a 24 de abril
CÚSPIDE DO PODER
CÚSPIDE ÁRIES-TOURO

10 a 16 de janeiro
SEMANA DO DOMINAÇÃO
CAPRICÓRNIO III

Caminhos inescrutáveis

Essa combinação tende a revelar as inseguranças escondidas dos parceiros, tornando o relacionamento em si instável. Com freqüência, ele envolve comparações desfavoráveis, reais ou imaginadas; há uma tendência para ir longe demais e reagir com exagero na tentativa de afirmar capacidade e perícia. Questionar demais e demonstrar ciúmes são características que revelam a profundidade de tais inseguranças. A combinação de admiração e ciúme pode ser tanto inspiradora quanto inibidora. É provável que o relacionamento, então, tenha elementos de segredo, enigma e complexidade.

Os nascidos em Capricórnio III podem ter um complexo de inferioridade secreto que o relacionamento com um Áries-Touro pode trazer à tona. O relacionamento pode também revelar a insegurança de Áries-Touro. Os nascidos em Áries-Touro e Capricórnio III precisam dominar no lar, e o lar grande o bastante para abrigar os dois, como cônjuges ou companheiros, pode ainda não ter sido construído. Filhos e outros que vivem com eles podem testemunhar disputas de poder de proporções gigantescas, que ameaçam separar a família. Na pior das hipóteses, os filhos são forçados a tomar partido ou, em caso de divórcio litigioso, são usados contra o outro cônjuge. Se prevalecer o senso comum mais cedo no casamento, no entanto, esses cônjuges podem chegar a um acordo mútuo sobre quem manda no que, evitando conflitos para todos os envolvidos. A capacidade de concordar com relação a posses materiais é especialmente importante.

Como amantes, Áries-Touro e Capricórnio III podem ter um envolvimento sensual profundo. Os prazeres da cama e da mesa atraem intensamente a ambos, e se eles acharem um ao outro agradáveis e desejáveis seu caso de amor pode durar um longo tempo. Tal caso de amor pode ser precedido e seguido pela amizade. Se um caso amoroso entre Áries-Touro e Capricórnio III terminar por consentimento mútuo, sem tumulto nem negatividade, é natural que eles desejem continuar se vendo como amigos, ou que compartilhem uma atividade de comum de tempos em tempos.

Esse relacionamento é naturalmente orientado para o trabalho, mas a arena profissional, mais do que qualquer outra, pode causar tensão e insegurança. Uma vez que Áries-Touro e Capricórnio III precisam dominar, é melhor que os dois não trabalhem juntos. Se não houver saída, eles devem estruturar linhas de responsabilidade claras e separadas.

Conselho: *Cuidado para não envolver os outros em suas disputas de poder. Diminua o envolvimento com o ego. Evite comparações. Seja seguro.*

324

19 a 24 de abril
CÚSPIDE DO PODER
CÚSPIDE ÁRIES-TOURO

17 a 22 de janeiro
DE DO MISTÉRIO E DA IMAGINAÇÃO
CÚSPIDE AQUÁRIO-CAPRICÓRNIO

Torrente irresistível

Embora Áries-Touro e Capricórnio-Aquário sejam, respectivamente, uma combinação de fogo-terra e terra-ar, o foco de seu relacionamento é na área do elemento faltante, que simboliza os sentimentos. Essa combinação é extremamente emocional e pode facilmente se tornar um domínio completamente privado, fechado e isolado. Esses parceiros constroem muros de emoção que podem ameaçar esmagá-los. Apenas a mais resoluta das almas se aventuraria a escolher essa combinação hermética e perigosa do ponto de vista emocional.

Os nascidos em Áries-Touro podem, de início, achar representantes de Capricórnio-Aquários diferentes, fascinantes e atraentes. Caso eles se envolvam, podem esperar paixão e desejo fortes, mas também explosões de raiva e mesmo violência. A sinergia do relacionamento amoroso revela o melhor e o pior dos parceiros, uma vez que ambos sabem como atingir os pontos fracos do outro. Tais casos amorosos raramente acabam em casamento ou vida em comum; embora os nascidos em Áries-Touro tenham o tipo de personalidade que dá uma certa estabilidade ao relacionamento, suas tempestades emocionais impossibilitam que eles controlem seus próprios sentimentos no grau necessário, e o poder e o domínio pessoais são supremos para eles.

Se crescerem em uma mesma família, irmãos de Áries-Touro e Capricórnio-Aquário brigam constantemente, sobretudo se forem do mesmo sexo. Com o passar dos anos, no entanto, eles podem desenvolver laços fortes e apoiar um ao outro, muitas vezes começando a se relacionarem melhor no começo da vida adulta.

O relacionamento pode funcionar bem na esfera do trabalho, contanto que todos se atenham às respectivas tarefas e resistam a ser desviados por diferenças e irritações pessoais. De tempos em tempos os nascidos em Áries-Touro consideram a energia de Capricórnio-Aquário caótica, mas reconhecem que eles são trabalhadores árduos contanto que saibam o que se espera deles. Muitas vezes o colega de trabalho Áries-Touro pode exercer uma força estabilizadora sobre Capricórnio-Aquário, dando-lhe o apoio e a compreensão que necessitam para continuar na equipe.

Conselho: *Caos é muitas vezes algo que atraímos e não que encontramos por acaso. Entenda melhor suas emoções. Tenha calma. Aprenda a ser paciente.*

RELACIONAMENTOS

PONTOS FORTES: DESEJOSO, RESPEITOSO, SOLIDÁRIO

PONTOS FRACOS: HIPEREMOCIONAL, IRRITADO, VIOLENTO

MELHOR: COLEGAS

PIOR: CASAMENTO

AL CAPONE (17/1/1899)
ELIOT NESS (19/4/03)

Ness foi contratado em 1929 pelo Departamento de Justiça para apanhar Al Capone, o gângster de Chicago. Com uma equipe de nove homens incorruptíveis (daí o apelido "Intocáveis") Ness se infiltrou no submundo para conseguir provas da sonegação de imposto de Capone. **Também: William Shakespeare & Francis Bacon** (controvérsia sobre autoria); **Charlotte Brontë & Anne Brontë** (irmãs; escritoras).

---

19 a 24 de abril
CÚSPIDE DO PODER
CÚSPIDE ÁRIES-TOURO

23 a 30 de janeiro
SEMANA DO GÊNIO
AQUÁRIO I

Toma-lá-dá-cá

Esse relacionamento tem o potencial de ser satisfatório e sério, com um nível equilibrado de sentimentos e uma espécie de comunicação direta porém contida. O relacionamento lida inerentemente com fronteiras – criando-as e permanecendo dentro delas, para manter tudo funcionando sem sobressaltos.

Os nascidos em Áries-Touro e Aquário I são compatíveis nos casos amorosos, em parte porque nenhum dos dois gosta de interações emocionais complexas. Jovens representantes de Áries-Touro podem se fascinar com a energia precoce de Aquários I, porém quando mais maduros têm problemas com o hábito de Aquários I de praticar um padrão duplo. Os nascidos em Aquário I podem depender intensamente do apoio de Áries-Touro, adquirindo uma certa estabilidade a partir de sua segurança e confiança. Se Aquário I vagar sem destino, esperando que seu parceiro seja fiel, é provável que Áries-Touro perca interesse ou quietamente se comporte de uma maneira dominadora.

O casamento dessa combinação pode ser bem-sucedidos e de longa duração contanto que Aquário I faça sua parte e devote o tempo e a energia necessários às tarefas familiares, sobretudo aquelas que envolvem os filhos. Embora dê a impressão de ser um espírito livre que se recusa a ser amarrado, Aquário I pode precisar da estabilidade da família se deseja de fato evoluir, e Áries-Touro pode ser o parceiro perfeito – grato, afetivo e, acima de tudo, capaz de colocar as coisas em movimento. A química aqui funciona nos dois sentidos, pois Aquário I também faz Áries-Touro sair de casa com mais freqüência, estimulando-o em suas atividades. Cada um fornece uma espécie de estrutura para o outro. Essa combinação não é particularmente recomendada para colegas de trabalho, sócios ou parceiros em negócios, uma vez que os nascidos em Áries-Touro pode impacientar-se com aquilo que consideram miopia e falta de praticidade de Aquário I. Como membros da família, eles também podem se tornar insatisfeitos e frustrados por ter de arrumar tudo depois que irmãos ou filhos de Aquário I se divertiram. Porém, a atitude condenatória e categórica de Áries-Touro relativa ao que vêem como irresponsabilidade de Aquário I pode, por sua vez, irritar e despertar a revolta de membros da família nascidos em Aquário I.

Conselho: *Siga a regra de ouro. Dê e receba igualmente. O serviço é um dos fins mais nobres. Certifique-se de que suas necessidades estejam satisfeitas.*

RELACIONAMENTOS

PONTOS FORTES: CALMO, GRATO, MOTIVADOR

PONTOS FRACOS: EGOÍSTA, INCLINADO A JULGAR, IRRESPONSÁVEL

MELHOR: CASAMENTO

PIOR: FAMÍLIA

MIKHAIL BARYSHNIKOV (28/1/48)
JESSICA LANGE (20/4/49)

A atriz Lange era uma nova estrela em 1976 (*King Kong*) quando iniciou seu famoso caso com a estrela do balé Baryshnikov. O casal teve um adorável filho, mas Lange abruptamente largou Baryshnikov por Sam Shepard. **Também: Valerie Bertinelli & Eddie Van Halen** (casados; atriz/estrela do rock).

| **RELACIONAMENTOS** |

PONTOS FORTES: BRINCALHÃO, TRABALHADOR, DIVERTIDO

PONTOS FRACOS: FATIGANTE, INSTÁVEL, IMPERMANENTE

MELHOR: TRABALHO

PIOR: AMOR

ADOLF HITLER (20/4/1889)
EVA BRAUN (6/2/12)

Braun se tornou amante de Hitler em 1936 em um relacionamento considerado mais doméstico que erótico. Casaram-se em 29 de abril de 1945, quando os aliados se aproximavam, e cometeram suicídio no dia seguinte.
Também: Ryan O'Neal & Farrah Fawcett (pais que moram juntos); Lee Majors & Farrah Fawcett (casados; atores); Shakespeare & Marlowe (dramaturgos elizabetanos).

19 a 24 de abril
CÚSPIDE DO PODER
CÚSPIDE ÁRIES-TOURO

31 de janeiro a 7 de fevereiro
SEMANA DO JUVENTUDE E DESPREOCUPAÇÃO
AQUÁRIO II

Na caixa de areia

Esse relacionamento enfoca a criação da abertura para seguir os impulsos da imaginação, mais especificamente a fantasia e a diversão. Essa liberdade de prazer requer trabalho, principalmente em encontrar o equilíbrio entre pontos de vista e energias conflitantes, sobretudo nas atividades diárias. Mesmo assim, o relacionamento pode ser tão divertido que os parceiros têm dificuldade em saber que estão trabalhando. Os nascidos em Aquário II tendem a revelar o lado mais leve de Áries-Touro, que é sério e poderoso, mas que também gosta de se divertir. Em geral, o relacionamento não é muito profundo, nem precisa ser – como amigos, esses dois muitas vezes desfrutam de bons momentos.

No relacionamento matrimonial e profissional, esse pode ser um excelente casal. Representantes de Áries-Touro admiram as realizações e os talentos de Aquário II; eles mesmos precisam trabalhar com mais afinco para obter o que desejam, mas não sentem ciúmes das pessoas que podem ir longe sem grande esforço. No casamento, no entanto, podem surgir problemas quando as coisas estiverem indo mal para Aquário II, que é predisposto à depressão. Lutar contra seu lado sombrio não é fácil para nenhum dos dois ou para aqueles com quem convivem, e a paciência de Áries-Touro, sobretudo no que se refere à infidelidade, pode ser severamente testada.

Pais de Áries-Touro são extremamente orgulhosos de seus filhos nascidos em Aquário II até o ponto de demonstrarem enorme afeto por eles, mas no entanto podem ser ineficientes no sentido de ensinar-lhes princípios saudáveis e razoáveis da vida. Pais de Aquários II têm muito para ensinar a filhos de Áries-Touro sobre abordagens sofisticadas em várias áreas da vida, e sabem como manter a juventude que precisam nesse relacionamento: de tempos em tempos, é necessário que entrem na caixa de areia com esses filhos. Os casos amorosos dessa combinação podem ser evanescentes e instáveis, uma vai-e-vem tremendo. A permanência e a tradição não são em geral prováveis para esse relacionamento, por mais atraente que possa ser para uma ou para ambas as partes em qualquer dado momento.

Conselho: *Adultos também precisam brincar. Encontre um equilíbrio entre trabalho e lazer. Tudo é relativo. Não esqueça do lado prático da vida.*

| **RELACIONAMENTOS** |

PONTOS FORTES: SENSUAL, ROMÂNTICO, SONHADOR

PONTOS FRACOS: IRREAL, AFEITO A PROJETAR, ACUSATIVO

MELHOR: AMOR

PIOR: CASAMENTO

STEPHEN A. DOUGLAS (23/4/1813)
ABRAHAM LINCOLN (12/2/1809)

Lincoln perdeu as eleições para o senado em 1858 por Illinois para Douglas, seu inimigo de longa data. Seus famosos debates sobre a questão escravocrata lançou Lincoln à proeminência nacional.
Também: Tony Danza & Judith Light (co-estrelas, *Who's the Boss*); J.M.W. Turner & John Ruskin (pintor/erudito da arte-devoto),

19 a 24 de abril
CÚSPIDE DO PODER
CÚSPIDE ÁRIES-TOURO

8 a 15 de fevereiro
SEMANA DO ACEITAÇÃO
AQUÁRIO III

Casa em chamas

Físico e sensual, esse relacionamento muitas vezes também se caracteriza por um interesse por notícias e eventos sociais. Do ponto de vista romântico e sexual, ele pode arder como uma casa em chamas, pelo menos por algum tempo; de fato, o romance e uma qualidade onírica lhe dá um brilho suave. Há um perigo significativo de esses parceiros serem pegos buscando uma visão perfeita de um relacionamento em vez de lidar com sua realidade.

Os nascidos em Áries-Touro são fascinados pela personalidade vívida dos representantes de Aquários III e os acham romanticamente irresistíveis. Os nascidos em Aquários III por sua vez podem achar o estilo sexual de Áries-Touro extremamente rico e recompensador. Um problema nos relacionamentos duradouros aqui é que Aquários III precisa de muita atenção e afeto. Uma vez que Áries-Touro em geral têm outras coisas para fazer, ele pode considerar essa exigência cansativa ou desgastante, sobretudo após um dia duro de trabalho. O casamento ou situações de vida comum permanentes, então, com freqüência não dão certo.

Um problema que esses dois enfrentam como amigos, companheiros e parceiros é que Aquário III tende a acusar Áries-Touro de coisas das quais ele mesmo é culpado. Projeção é a palavra-chave aqui. Muitas vezes, os nascidos em Aquários III são personalidades estimulantes, animadas e felizes, mas quando Áries-Touro vê a irrealidade intangível por trás dessas atitudes positivas, é provável que os problemas não estejam muito longe. Senhor da realidade, Áries-Touro provavelmente é categórico e crítico com relação ao otimismo de Aquário III, que pode sentir que seu entusiasmo está sempre sendo abafado. O mau humor, a raiva e as explosões do lado sombrio de Aquário III podem alimentar o fogo.

Pais de Áries-Touro têm muito a ensinar a filhos de Aquário III, mas em geral acham que eles são difíceis ou impossíveis de controlar. (Os filhos, por sua vez, com freqüência têm dificuldade para agradar pais de Áries-Touro, que parecem saber melhor quase tudo.) Da mesma forma, chefes e parceiros de negócios Áries-Touro podem achar as atitudes irrefreáveis de Aquário III difíceis de administrar ou trabalhar devido a sua insistência em fazer as coisas de seu modo altamente individual e muitas vezes peculiar.

Conselho: *Olhe-se bem no espelho. Cuidados com as ilusões. Tente ser mais tolerante. Aprenda a ceder. Procure limitar a dependência.*

19 a 24 de abril
CÚSPIDE DO PODER
CÚSPIDE ÁRIES-TOURO

16 a 22 de fevereiro
CÚSPIDE DA SENSIBILIDADE
CÚSPIDE AQUÁRIO-PEIXES

Atividades provedoras

Esta combinação um tanto elementar é mais bem aceita pelo que é em vez de analisada pelo que não é. Em sua melhor faceta, pode simbolizar o aspecto central da criação – dando vazão ao novo e totalmente singular. De fato, trazer vida nova ao mundo pode ser um símbolo desse relacionamento. O casamento entre esses dois em geral inclui a vontade de ter filhos ou, caso não consigam, outro tipo de empreendimento criativo. Os nascidos em Aquário-Peixes se beneficiam da estabilidade e praticidade que Áries-Touro tem a oferecer, e os representantes de Áries-Touro acham Aquário-Peixes um cônjuge cuidadoso. É possível que o tipo mais solitário ou retraído de personalidade Aquário-Peixes floresça em um ambiente familiar que inclui um representante de Áries-Touro. Atividades provedoras, incluindo a divisão da responsabilidade pelos filhos (não necessariamente os seus), bichos de estimação e por um jardim, são particularmente apropriados nessa relação.

Nos casos amorosos, os nascidos em Aquário-Peixes podem não possuir intensidade sexual ou audácia romântica suficientes para manter o parceiro de Áries-Touro interessado por muito tempo. Amizades platônicas são mais prováveis, uma vez que o carinho e a compreensão são, com freqüência, mais importantes para Aquário-Peixes do que o contato físico. Esse tipo de relacionamento permite a Áries-Touro expressar elementos mais compreensivos de sua personalidade, e seu traço combativo pode ser amenizado se ele possuir um parceiro não ameaçador.

Os nascidos em Aquário-Peixes possuem uma atitude habitualmente hostil que pode surgir ao contato com personalidades mais ameaçadoras, como os nascidos em Áries-Touro, sobretudo colegas ou membros da família. Porém, eles próprios podem ser agressivos, assim como ambiciosos, e caso se encontrem em uma competição aberta com Áries-Touro, podem se tornar cada vez mais inseguros. Exceto em situações de confronto direto, tais como negócios, carreira ou rivalidades entre irmãos, Áries-Touro pode ficar frustrado ou confuso com as reações de Aquário-Peixes, e com a melhor das intenções busca deixá-lo menos preocupado e mais à vontade. Como filhos, os sensuais Aquário-Peixes podem se sentir incompreendidos pelos pais de Áries-Touro e procuram proteger-se construindo um muro contra aquilo que percebem como crítica ou agressão. Filhos nascidos em Áries-Touro em geral acham pais de Aquário-Peixes carinhosos e atenciosos.

Conselho: *Nunca é tarde demais para perdoar e entender. Não seja obcecado com seus próprios problemas. Anime-se. Ouça as críticas.*

RELACIONAMENTOS

PONTOS FORTES: ESTÁVEL, PROTETOR, COMPREENSIVO

PONTOS FRACOS: INSEGURO, CONFUSO, RETRAÍDO

MELHOR: AMIZADE

PIOR: AMOR ROMÂNTICO

PHIL ESPOSITO (20/2/42)
TONY ESPOSITO (23/4/43)

Estes irmãos nascidos no Canadá estão entre os maiores jogadores de hóquei de todos os tempos. Phil, o meia de Boston, foi o primeiro a fazer mais de 100 gols em uma temporada: 126 em 1968-69 e 152 em 1970-71. Goakender Tony levou sua equipe de Chicago a 423 vitórias, terceiro maior da história da Liga de Hóquei. **Também: Harold Lloyd & Mildred Davis** (casados; atores).

---

19 a 24 de abril
CÚSPIDE DO PODER
CÚSPIDE ÁRIES-TOURO

23 de fevereiro a 2 de março
SEMANA DO ESPÍRITO
PEIXES I

Caixa de ressonância

Este relacionamento tende a se concentrar no que seus parceiros consideram as coisas mais finas. Refinados, estéticos, talvez até mesmo mundanos em sua energia, a combinação adora a beleza em qualquer forma, e a beleza une esses dois. Uma certa consciência e desapego objetivos, inerentes aqui e necessários para a avaliação de qualquer tipo de arte, inibe a formação de uma ligação mais profunda.

Embora opostos em muitos aspectos em termos psicológicos, Áries-Touro e Peixes I podem gostar um do outro e apreciam passar algum tempo juntos, sobretudo quando compartilham interesses comuns. É provável que a sutileza e o afastamento emocional da personalidade de Peixes I escapem ao mais direto Áries-Touro, que em breve se cansa de gastar energia sendo compreensivo e alimentando os sentimentos de Peixes I. Áries-Touro corre o risco de ser rejeitado por Peixes I por ser controlador, dado a julgar e mercenário. O relacionamento amoroso e o casamento entre esses dois estão, em geral, fadados ao fracasso.

A amizade, por outro lado, pode ser instantânea. Os dois são compreensivos e solidários, sobretudo quando Áries-Touro necessita conversar sobre o que lhe está aborrecendo no trabalho e em sua vida pessoal. O relacionamento pode também fornecer apoio ao ego de Peixes I encorajando-o a ir fundo e a tirar proveito de seus talentos. Os nascidos em Peixes I precisam de bastante reconhecimento, e esse relacionamento pode servir-lhe tanto de caixa de ressonância como um modo gratificante para ele compartilhar sua apreciação pela arte e música. A combinação pode também trazer à luz o lado físico dos parceiros, estimulando-os em atividades que vão de longas caminhadas a esportes individuais competitivos. No entanto, não se recomendam negócios ou outros relacionamentos de trabalho: os nascidos em Áries-Touro têm pouco tempo para satisfazer as necessidades emocionais de Peixes I ou para prestar atenção em sua sensibilidade no calor de um projeto ou negociação.

Como irmãos esses dois podem fazer um bom par, formando uma unidade com muita sinergia – unidade esta mais total e integrada do que qualquer um dos indivíduos que a compõe.

Conselho: *Cultive seu amor pela beleza. Mantenha sua tendência a controlar sob rédeas curtas. Relaxe com atitudes perfeccionistas. Trabalhe a intimidade.*

RELACIONAMENTOS

PONTOS FORTES: COMPREENSIVO, SOLIDÁRIO, GRATO

PONTOS FRACOS: DEPENDENTE, NECESSITADO, REJEITADO

MELHOR: AMIZADE, IRMÃOS

PIOR: TRABALHO

VLADIMIR LENIN (22/4/1870)
NADEZHDA KRUPSKAYA (26/2/1869)

Os revolucionários Krupskaya e Lenin se conheceram após a prisão deste, em 1895, quando ela o acompanhou ao exílio na Sibéria. Casaram-se em 1898. Auxiliando a cruzada marxista de Lenin, ela ajudou a organizar os bolcheviques e cumpriu funções em seu governo após a revolução de 1917. **Também: Clint Howard & Ron Howard** (irmãos; atores).

RELACIONAMENTOS

PONTOS FORTES: SOCIAL, AFETIVO, ATENTO

PONTOS FRACOS: TEMPESTUOSO, NECESSITADO, VOLÚVEL

MELHOR: PAIS-FILHOS

PIOR: AMOR

REI FERNANDO (10/3/1452)
RAINHA ISABEL (22/4/1451)

O casamento de Fernando e Isabel, em 1469, foi um sucesso político que finalmente unificou a Espanha depois de Isabel ser coroada Rainha de Castela e Aragão, em 1474. O par ficou conhecido como os "Reis Católicos". **Também: Elizabeth II & Príncipe Edward** (mãe/filho).

19 a 24 de abril
CÚSPIDE DO PODER
CÚSPIDE ÁRIES-TOURO

3 a 10 de março
SEMANA DO SOLITÁRIO
PEIXES II

Ameaça à paz e à tranqüilidade

Algo sobre esse relacionamento nos lembra o pátio da escola. Seu tema é uma espécie de auto-investigação hesitante porém entusiástica, com surtos repentinos de teimosia e brigas tempestuosas que se desvanecem rapidamente contra um pano de fundo de atividade social intensa. Em resumo, esse é um relacionamento um tanto barulhento e estridente, e é improvável que satisfaça qualquer dos parceiros por muito tempo.

É improvável que a combinação se manifeste como um caso de amor apaixonado. Os nascidos em Peixes II desejam uma abordagem incomum no amor, muitas vezes com um parceiro exótico ou misterioso – um perfil no qual o sólido Áries-Touro não se encaixa. O romântico, sensível, poético e criativo Peixes II com freqüência se sente desestimulado pela abordagem direta de Áries-Touro e deve ser cortejado por meios mais sutis. Os nascidos em Áries-Touro e Peixes II preferem um relacionamento menos ruidoso, menos cheio de compromissos do que este. O casamento também é incomum, uma vez que os dois grandes temas do casamento são a interação social e os filhos, e Áries-Touro raramente consegue isso de um cônjuge nascido em Peixes II, que provavelmente prefere levar uma existência isolada e calma, com poucas distrações, até mesmo sem filhos. E se o casamento com Peixes II significa desistir de ter filhos, Áries-Touro pode desistir da relação. Há representantes de Peixes II, no entanto, que desejam assumir a responsabilidade por uma família grande, e em tais casos o relacionamento pode ser bem-sucedido.

Um relacionamento de pais e filhos entre esses dois é, com freqüência, íntimo e envolve troca constante de carinho e compreensão. Pais de Áries-Touro são atenciosos com as necessidades de filhos de Peixes II, e pais de Peixes II são solidários e carinhosos com filhos de Áries-Touro. Mas provavelmente os nascidos em Peixes II consideram um irmão ou irmã de Áries-Touro agressivos, ditadores e intolerantes. Esses dois não podem atuar com facilidade juntos em um escritório, uma equipe de trabalho ou sociedades de negócios. Os nascidos em Peixes II se ressentem da luta por poder, demonstrações do ego e tentativas de controle, e tudo isso pode ser exatamente o que esse relacionamento traz à tona. Os nascidos em Áries-Touro, por outro lado, podem não gostar de um relacionamento no qual precisam aceitar a atitude despreocupada do parceiro e sua incapacidade de se fixar em uma linha de pensamento ou trabalhar com firmeza por longos períodos de tempo.

Conselho: *Para se amar plenamente, é preciso se permitir descobrir os próprios sentimentos. Esteja aberto ao assombro e aos milagres.*

RELACIONAMENTOS

PONTOS FORTES: ÍNTEGRO, INSPIRADOR, BEM-SUCEDIDO

PONTOS FRACOS: AUTOCENTRADO, SABE-TUDO, VIAJA NO PODER

MELHOR: COLEGAS

PIOR: CASAMENTO

BARBARA FELDON (12/3/41)
DON ADAMS (19/4/26)

Adams e Feldon co-estrearam durante 5 anos o seriado de tevê *Agente 86*. Adams fazia o papel de um agente secreto. Feldon (ganhadora na vida real de 64.000 dólares em um programa de perguntas e respostas) era sua parceira inteligente e engenhosa. **Também: Willem DeKooning & Elaine DeKooning** (casados; artistas); **Max Planck & Albert Einstein** (colegas; físicos).

19 a 24 de abril
CÚSPIDE DO PODER
CÚSPIDE ÁRIES-TOURO

11 a 18 de março
SEMANA DOS DANÇARINOS E SONHADORES
PEIXES III

Superar um ao outro

Esta combinação é centrada em quem será a estrela, uma vez que a química aqui promove sentimentos de onisciência e uma tendência a competir pela atenção dos amigos e da família. O relacionamento se caracteriza por desacordo público e demonstrações de arrogância intelectual; é improvável que a amizade se desenvolva a menos que tais atitudes possam ser deixadas de lado. É possível, no entanto, que esses dois adotem uma postura de competição saudável, tanto na vida diária quanto em jogos, que pode estimulá-los a superarem o melhor de si.

Os casos amorosos entre Áries-Touro e Peixes III podem ser intensos em termos físicos, com os dois parceiros dando o máximo de si. Com muita freqüência, no entanto, esses casos envolvem disputas pelo poder, com cada um lutando para dominar o outro. Ambos, mas sobretudo Áries-Touro, devem aprender a desistir do controle e se dar conta da qualidade do poder superior da doação e do amor altruístas. Isso também é verdade para os relacionamentos entre pais e filhos e irmãos.

No casamento, é provável que Peixes III leve o prático cônjuge Áries-Touro à loucura com seu idealismo e desprendimento filosófico. Os nascidos em Áries-Touro, com muita freqüência desejam mais atenção do que Peixes III, que está mais interessado em esquemas e pensamentos mirabolantes e deleita-se em peregrinações tortuosas da mente que podem ser demais até mesmo para o mais paciente Áries-Touro suportar.

Esses dois podem desenvolver um relacionamento sadio como colegas de trabalho, uma vez que a perícia de Peixes III se entrosa bem com a força impulsionadora de Áries-Touro. Se puderem deixar de lado a necessidade de competirem por atenção, podem formar uma combinação capaz de escalar as alturas. É improvável que sociedades empresariais, no entanto, sejam bem-sucedidas, uma vez que esses parceiros dificilmente concordam sobre idéias, estratégias e implementação de qualquer esforço de marketing.

Conselho: *É melhor deixar a vontade de superar do lado de fora do quarto. Dê amor incondicionalmente. Dê espaço às diferenças. Tente atingir um terreno comum.*

25 de abril a 2 de maio
SEMANA DA MANIFESTAÇÃO
TOURO I

25 de abril a 2 de maio
SEMANA DA MANIFESTAÇÃO
TOURO I

Um ninho confortável

A combinação de dois Touros I pode ser caracterizada como um ninho seguro e confortável. Ela inclui o amor pelo descanso em um lar que é um porto seguro inviolável e calmo, bem longe das pressões da vida cotidiana. Os amantes de Touro I desfrutam de uma vida sensual provavelmente gratificante, mas previsível. O problema é que nenhum dos dois se sente desafiado o suficiente para incrementar seu desenvolvimento pessoal. Uma situação confortável porém estagnada pode ser o resultado. Se uma terceira pessoa mais emocionante ou instável surgir, tentando um Touro I a deixar o outro, ambos inevitavelmente sofrerão de culpa, remorso e frustração reprimida. Uma das maiores dificuldades que os dois representantes de Touros I enfrentam, seja no amor ou no casamento, é sua incapacidade de reconhecer o fracasso em um relacionamento de permitir que se desintegre.

Amigos Touro I em geral criam um laço forte, dando ênfase à diversão por meio de atividades físicas. Se crescerem juntos, é provável que tenham um relacionamento informal e recompensador que dura a vida toda. Obstinadamente tenazes e fiéis (embora, às vezes, mais por incapacidade de admitir o fracasso do que por verdadeira lealdade), o relacionamento talvez seja mesmo melhor talhado para a carreira e a família. Dois representantes de Touro I, por exemplo, seriam um bom apoio para pais idosos ou parentes necessitados.

No trabalho ou em casa, o relacionamento pode ser a pedra fundamental de qualquer grupo, conferindo-lhe grande estabilidade. Como pais, esses dois precisam tomar cuidado para não impor um conjunto de regras ou expectativas monolíticos sobre os filhos, tornando-os passivos ou rebeldes demais. Nesse caso é mais provável que se tornem passivos, uma situação do tipo armadilha do amor na qual os filhos se tornam dependentes demais dos pais e deixam de desenvolver uma formação sólida de ego. O tino forte para negócios práticos desse casal pode redundar no sucesso em qualquer campo. Mutuamente solidários, esses parceiros em geral se entendem bem e são especialmente compreensivos quando um deles se sente decepcionado ou não admirado por outras pessoas. Eles sabem como dividir a autoridade e delegar responsabilidade, habilidades necessárias para qualquer parceira florescer.

Conselho: *Conforto e lazer não são sempre os melhores estímulos para o crescimento. Busque desafios. Deixe o apego de lado. Ouse perder.*

RELACIONAMENTOS

PONTOS FORTES: SENSUAL, DESPREOCUPADO, DIGNO DE CONFIANÇA

PONTOS FRACOS: ESTAGNADO, MONOLÍTICO, DEPENDENTE

MELHOR: FAMÍLIA

PIOR: AMOR

JILL CLAYBURGH (30/4/44)
AL PACINO (25/4/40)

Em contraste com a refinada, socialmente proeminente e rica Clayburgh, o inconstante Pacino cresceu em um bairro periférico de Nova York, fazendo trabalhos menores antes de ser ator. Moraram juntos durante 5 anos nos anos 1970. **Também:** Henry Houghton & George Mifflin (editores co-fundadores).

---

25 de abril a 2 de maio
SEMANA DA MANIFESTAÇÃO
TOURO I

3 a 10 de maio
SEMANA DO PROFESSOR
TOURO II

Sentimentos profundos

Embora Touro seja um signo de terra, que orienta essa personalidade para as faculdades da sensação e dos prazeres materiais da vida, o relacionamento entre Touro I e Touro II é extremamente eletivo. Qualquer emoção que se manifeste o faz com intensidade, de modo que preocupações, sentimentos feridos e cismas são comuns. Juntos, esses dois se preocupam muito com os motivos dos outros – eles reforçam a capacidade um do outro de descobrir a verdade e a moralidade nas ações das outras pessoas. Esta é uma dupla que adota uma postura defensiva contra o resto do mundo.

Nas situações de vida em comum e de trabalho dessa combinação, surgem disputas emocionais com relação ao que Touro II percebe como inflexibilidade ou injustiça em Touro I. Touro I está sempre se vendo como extremamente justo e dadivoso, até mesmo em excesso, uma auto-imagem que pode ser vista por Touro II como falsa e condescendente. Não se sentindo apreciado e ferido por esse julgamento, Touro I pode por sua vez retirar seus favores e se recolher. Esse é um relacionamento no qual os sentimentos reprimidos de frustração podem um dia evoluir para um clímax de violenta explosão.

Os casos amorosos desta combinação podem ser muito apaixonados, de fato intenso que a esse sentimento atua como uma pressão que dificulta esses dois se tornarem parceiros de vida. Não assumir compromissos pode também ser preferível porque a separação provável aqui é mais dolorosa quando o par é casado, sobretudo no que diz respeito a decisões sobre bens, filhos e dinheiro. Quando dificuldades surgem tanto no amor quanto no casamento, os nascidos em Touro II provavelmente têm uma visão realista, se bem que moralista, e insistem em uma separação experimental, à qual Touro I pode se opor terminantemente. Na amizade, é provável que as atitudes críticas de Touro II e sua exigência de que o relacionamento precisa avançar perturbem Touro I que desfruta as coisas como elas são. Relacionamentos desse tipo em geral não funcionam a longo prazo, apesar dos muitos pontos de interesse e de prazer em comum. Como irmãos, Touro I e II podem entrar em conflito por sua obstinação e recusa em ceder. No relacionamento entre pais e filhos, qualquer um deles pode dar a atenção e prover a reverência que os torna um bom pai para o outro.

Conselho: *O julgamento pode ser tão injusto quanto as ações e as atitudes que ele condena. Seja mais compreensivo. Tente ser honesto consigo mesmo. Preserve a liberdade.*

RELACIONAMENTOS

PONTOS FORTES: EMOCIONAL, AGRADÁVEL, PROFUNDO

PONTOS FRACOS: DESCONFIADO, FRUSTRADO, MORALISTA DEMAIS

MELHOR: PAIS-FILHOS

PIOR: AMIZADE

ANOUK AIMÉE (27/4/32)
ALBERT FINNEY (9/5/36)

Mais conhecida na Europa do que nos Estados Unidos, Aimée foi indicada para o Oscar por *Um Homem, uma Mulher* (1966). O astro de teatro e cinema Finney foi casado com ela de 1970 a 1978. **Também: Imperador Hirohito & Harry Truman** (inimigos da Segunda Guerra); **William Randolph Hearst & Orson Welles** (editor/representação em *Cidadão Kane*).

RELACIONAMENTOS

PONTOS FORTES: IDEOLÓGICO, SEGURO, EDUCATIVO

PONTOS FRACOS: DEPRECIADOR, HOSTIL, DADO A PROJETAR

MELHOR: CASAMENTO

PIOR: FAMÍLIA

BERTRAND RUSSEL (18/5/1872)
LUDWIG WITTGENSTEIN (26/4/1889)

O filósofo vienense Wittgenstein começou a estudar com o filósofo inglês Russel em 1911 e avançou o pensamento de seu professor. Ambos levaram a filosofia do pós-guerra para uma direção mais positiva.

25 de abril a 2 de maio
SEMANA DA MANIFESTAÇÃO
TOURO I

11 a 18 de maio
SEMANA DO NATURAL
TOURO III

Deleite e ensino

A energia dessa combinação é, com freqüência, dirigida para o compartilhamento entusiástico de idéias ou técnicas novas. Como uma unidade, esses dois podem ser considerados pouco convencionais – sua mensagem é única para eles. Individualmente, cada um tem uma abordagem diferente do outro, mas juntos eles criam algo novo e inusitado, e adoram um público com vontade de aprender.

Os nascidos em Touro III muitas vezes têm dificuldade em se fixar em algo – simplesmente deixar de lado qualquer coisa que seja difícil demais ou não funcione é sua forma normal de proceder. Os representantes de Touro I, por outro lado, não conseguem descansar a menos que as suas ou as idéias do outro sejam implementadas de forma eficiente. Além disso, os nascidos em Touro I precisam de divertimento só de vez em quando e apenas enquanto não entre em conflito com sua necessidade de trabalhar e produzir, enquanto os nascidos em Touro III desejam bons momentos e aventura quase o tempo todo. Os nascidos em Touro I podem vir a encarar representantes de Touro III como superficiais ou preguiçosos, mas a abordagem naturalista de Touro III pode ser justamente o que faltava para acender a faísca de criação. Nesse caso, Touro I é a pessoa ideal para transformar essa faísca em uma idéia, tornando-a algo útil.

É de se esperar que compartilhar e desenvolver uma visão comum do mundo seja tão importante quanto um caso amoroso entre esses dois, assim como evitar a adoção de papéis inflexíveis. Os nascidos em Touro III muitas vezes projetam modelos infantis – sobretudo os repressores, sejam os pais ou outros – nos parceiros e cônjuges, e os nascidos em Touro I podem se tornar objeto de sua agressão, hostilidade ou rebeldia. As coisas podem estar bem entre esses dois quando um surto inexplicável de discussões ou conflitos de repente aflora com intensidade assustadora. Pode ser difícil para Touro I mostrar a flexibilidade e a compreensão que permitem Touro III expressar suas emoções voláteis sem que surja hostilidade, com freqüência de ambos os lados. Os nascidos em Touro III necessitam não apenas de liberdade mas de segurança, e esse relacionamento, sobretudo se evoluir para o casamento, pode ser especialmente bom em satisfazer este tipo de necessidade. Com algum esforço e algumas lições aprendidas, esses dois podem criar uma forma incomum de casamento, que resulta em um lar estável e prazeroso e promove o entendimento, a solidariedade e o aprendizado.

Conselho: *Cuidado com a projeção psicológica. Deixe de lado velhos roteiros. Construa um lar seguro. Aprender não exclui a diversão.*

RELACIONAMENTOS

PONTOS FORTES: MAGNÉTICO, GRATO, FILOSÓFICO

PONTOS FRACOS: IRREQUIETO, INFIEL, VIOLENTO

MELHOR: AMOR

PIOR: FAMÍLIA

ANITA LOSS (26/4/1893)
DOUGLAS FAIRBANKS (23/5/1883)

O trabalho de Loss como roteirista e teatróloga durou 5 décadas. De 1912 a 1916 ela escreveu roteiros para D.W. Griffith. Seu texto satírico e títulos graciosos ajudaram a deslanchar a carreira do irrepreensível Fairbanks no cinema mudo.

25 de abril a 2 de maio
SEMANA DA MANIFESTAÇÃO
TOURO I

19 a 24 de maio
CÚSPIDE DA ENERGIA
CÚSPIDE TOURO-GÊMEOS

Revolvendo o borralho

Esse relacionamento mexe com emoções profundas, e a atração magnética desempenha um papel forte aqui. Tão forte é essa atração, de fato, que seria melhor que esses dois estabelecessem algumas regras básicas ou uma filosofia moral com a qual ambos possam concordar. De outra forma, a tendência do relacionamento para o vício ou a dependência mútua pode magoar um ou ambos os parceiros por causa de uma avaliação irreal do que está acontecendo.

Os nascidos em Touro I podem se sentir fascinados pela mente de um namorado de Touro-Gêmeos, e os nascidos em Touro-Gêmeos pelos predicados físicos e pelas proezas de Touro I. Mas Touro-Gêmeos pode acabar sendo volúvel demais para Touro I: infidelidade, ciúmes e competição aberta podem aparecer aqui, maculando um relacionamento em geral frutífero. Se perdão, compreensão ou atitudes condescendentes forem desenvolvidas, no entanto, os parceiros dando liberdade um ao outro para passar algum tempo com outras pessoas (embora provavelmente não admitindo a infidelidade sexual), o relacionamento pode suportar o teste do tempo no amor e no casamento.

Os nascidos em Touro-Gêmeos têm muito a aprender de Touro I sobre trabalho árduo, enquanto os nascidos em Touro I se beneficiam do exemplo de flexibilidade e adaptabilidade que é Touro-Gêmeos. Seja como colegas de trabalho, amantes ou parceiros em um casamento, esses dois podem funcionar bem lado a lado, preenchendo as lacunas um do outro e apreciando os pontos fortes. Existe uma atração física forte entre eles que pode levar a encontros sexuais intensos; essa intensidade pode também ser sublimada na competição mutuamente recompensadora, no campo de jogos ou na sala da diretoria.

Esses dois podem ser bons amigos, sobretudo se conseguirem trocar idéias com liberdade e facilidade na esfera intelectual ou filosófica. Nem sempre Touro-Gêmeos atende às expectativas de Touro I de fidelidade e envolvimento profundo, no entanto, e a amizade pode ser arranhada por compromissos perdidos e outras irresponsabilidades. A paciência dos pais de Touro I é severamente testada pelos filhos energéticos de Touro-Gêmeos, e sua necessidade de paz e tranqüilidade em casa após um dia duro de trabalho pode ser frustrada nesse relacionamento.

Conselho: *Desenvolva a tolerância. Minimize as regras e atitudes condenatórias. Pratique esportes ou exercícios. Controle emoções violentas. Medite.*

25 de abril a 2 de maio
SEMANA DA MANIFESTAÇÃO
TOURO I

25 de maio a 2 de junho
CÚSPIDE DA LIBERDADE
GÊMEOS I

Divertindo-se

Este relacionamento está em sua melhor fase quando não há exigências; divertir-se juntos e evitar assuntos sérios é em geral a melhor abordagem aqui. Touro I e Gêmeos I se relacionam melhor como conhecidos ou companheiros ocasionais do que como amigos íntimos ou esposos. Se tentarem ficar íntimos, irritação, impaciência e franca aversão podem prejudicar esse relacionamento prazeroso, embora um tanto superficial.

Com freqüência, Gêmeos I se beneficia em aceitar uma posição profissional que não seja muito exigente mas forneça a estabilidade que necessita; um supervisor, colega, proprietário ou chefe Touro I pode servi-lo bem. O casamento entre esses dois pode não funcionar tão bem, no entanto, sobretudo se Touro I fizer exigências pesadas a seu parceiro Gêmeos I. Gêmeos I precisa ter um senso de responsabilidade próprio, e agir a este respeito no seu próprio tempo e a seu próprio modo, por mais estranhos que seus métodos pareçam. Touro I, no entanto, muitas vezes exige que seu parceiro aja com responsabilidade e de acordo com um conjunto de padrões fixos. Isso pode ser demais para um Gêmeos I suportar.

Nos casos amorosos, a atração sexual é forte e lúdica. No entanto, o relacionamento pode acabar não sendo profundo ou produtivo. Às vezes, de fato, é um caso escondido no qual um ou ambos os parceiros já está envolvido ou comprometido com alguém muito diferente deles dois e do parceiro oculto. Embora seja improvável que tais ligações secretas sejam duradouras, elas podem fornecer o reforço e a força psicológica necessária para uma tomada de decisão – continuar o relacionamento já estabelecido ou terminá-lo.

Como pais, é provável que Touro I acabe sendo restritivo ou asfixiante com seus filhos de Gêmeos I. Pais de Gêmeos I, por outro lado, não podem fornecer aos filhos representantes de Touro I a estabilidade emocional que precisam. Os irmãos dessa combinação gostam, entendem e se apóiam mutuamente, apesar de suas diferenças de temperamento.

Conselho: *Seja mais aberto e honesto. Diga o que pensa. Cuidado com atividades furtivas. Faça exigências cabíveis. Conte com participação e ajuda.*

RELACIONAMENTOS

PONTOS FORTES: NATURAL, ENGRAÇADO, ESTÁVEL

PONTOS FRACOS: SUPERFICIAL, POUCO PRODUTIVO, IRRITANTE

MELHOR: TRABALHO

PIOR: CASAMENTO

**SHOSHANNA LONSTEIN
(29/5/75)
JERRY SEINFIELD (29/4/54)**

Em 1993, Seinfield, humorista de peso e estrela de seu próprio *sitcom*, criou rebuliço na mídia quando começou a sair com Lonstein, uma nova-iorquina com 19 anos menos que ele. Eles romperam em 1997. **Também: Andre Agassi & Brooke Shields** (descasados); **Calamity Jane & Wild Bill Hickok** (casamento não comprovado); **Bing Crosby & Bob Hope** (amigos; co-estrelas); **Anita Loss & John Emerson** (casados; roteirista/diretor-escritor).

---

25 de abril a 2 de maio
SEMANA DA MANIFESTAÇÃO
TOURO I

3 a 10 de junho
SEMANA DA NOVA LINGUAGEM
GÊMEOS II

Amor pela cama e pela mesa

Caracterizado por uma sensualidade quase totalmente absorvente, é provável que esse relacionamento seja muito pouco convencional. Uma certa rebeldia é inerente a ele, enquanto a dupla persegue os prazeres da comida, do amor, do vinho e do entretenimento, não importa a que custo. Apesar dessa tendência para se satisfazer, ou talvez por causa dela, quando decidem trabalhar ou miram em um objetivo não podem ser dissuadidos até que atinjam sua meta.

No amor, Gêmeos II com freqüência sente-se atraído por tipos fortes e silenciosos e Touro I pode não possuir o lado escuro e emocionalmente complexo capaz de atrair e manter o outro. Esses dois podem ser melhores esposos do que amantes, uma vez que o amor pela mesa e pela cama e as características físicas confiáveis e estáveis do relacionamento encontram em geral uma forma mais completa no ambiente doméstico do que no romântico. Touro I precisa se tornar um bom ouvinte, porque Gêmeos II precisa ser ouvido e entendido. As formas surpreendentemente novas e originais da expressão verbal que são sua marca registrada podem acabar sendo atraentes mas também exaustivas para um Touro I mais interessado em ação eficaz do que elucubrações verbais. Se Gêmeos II pode apoiar suas palavras com ações, e estar disponível para assumir tarefas diárias sem reclamar, Touro I pode se sentir muito feliz com este parceiro surpreendente.

É improvável que o compartilhamento de prazeres sensuais seja uma base suficiente para a amizade nessa combinação. De fato, é provável que esses dois se irritem com a atitude de sabe-tudo um do outro; nenhum dos dois dá ao outro crédito e apoio total. O compartilhamento informal e aberto de problemas íntimos não é, em geral, possível nesse relacionamento devido a uma falta de confiança profunda e também a uma certa dose de competição.

Os relacionamentos familiares e profissionais podem, de início, enfrentarem muitas dificuldades e conflitos. Gêmeos II é em geral idiossincrático demais em sua abordagem dos problemas cotidianos para satisfazer as expectativas inflexíveis de Touro I quanto à forma de como as coisas deveriam ser feitas. Ademais, Gêmeos II pode ser terrivelmente crítico como colega de trabalho, pai ou irmão de Touro I, que pode se tornar defensivo a princípio e depois agressivo em resposta a essa avalanche de censura, por fim fugindo magoado ou retirando-se completamente.

Conselho: *Compartilhe mais. Minimize a tensão. Falar não é suficiente. Deixe a ação mostrar o que você pensa. Aposte no longo prazo.*

RELACIONAMENTOS

PONTOS FORTES: SENSUAL, DOMÉSTICO, SATISFATÓRIO

PONTOS FRACOS: INDIGNO DE CONFIANÇA, NOCIVO, TENSO

MELHOR: CASAMENTO

PIOR: AMIZADE

**KARL FERDINAND BRAUN
(6/6/1850)
GUGLIELMO MARCONI
(25/4/1874)**

Embora nascido na Itália, Marconi é considerado em geral o inventor do rádio. O físico alemão Braun aperfeiçoou o telégrafo sem fio de Marconi e tornou o rádio próprio para uso em massa. O par dividiu o Prêmio Nobel de Física em 1909.

RELACIONAMENTOS

PONTOS FORTES: DESAFIADOR, DIVERSO, BOM COM DINHEIRO

PONTOS FRACOS: NÃO COMPARTILHA, INVEJOSO, SONHADOR

MELHOR: PARCEIROS, COLEGAS

PIOR: AMOR

SADDAM HUSSEIN (28/4/37)
GEORGE BUSH (12/6/24)

Hussein foi condenado internacionalmente pela invasão do Kuwait em agosto de 1990. Quando se recusou a retirar-se, Bush liderou uma coalizão multinacional e entrou na Guerra do Golfo, em que Hussein foi rapidamente derrotado. **Também: Winthrop Rockefeller & David Rockefeller** (irmãos; governador/banqueiro).

---

25 de abril a 2 de maio
SEMANA DA MANIFESTAÇÃO
TOURO I

11 a 18 de junho
SEMANA DO BUSCADOR
GÊMEOS III

Diversidade caleidoscópica

A grande necessidade de variedade e mudança deste relacionamento pode minar sua estabilidade, mas também contribuir para mantê-lo vivo. Mesmo quando a responsabilidade e a confiança são mais desenvolvidas, há em geral também uma ânsia por atividades novas e desafiadoras. Por ser a energia no relacionamento tão inquieta, quase explosiva, ele exige um foco muito bem direcionado para que seja bem-sucedido. Além disso, seu ritmo frenético é, em geral, demais para a vida doméstica.

Se houver casamento nessa combinação, a mudança e a diversidade terão que ser cultivadas constantemente. De outra forma, cada parte pode criá-las para si mesmo, talvez na forma de um amor secreto – ou talvez por meio de uma paixão por viagens independentes, ou por um passatempo ou esporte que domine seus pensamentos e ações. Raramente os parceiros arriscam prejudicar o relacionamento de forma irreparável, mas nenhum dos dois desiste de seus interesses extracurriculares (ou extraconjugais), muitas vezes obsessivos. Em geral, o rumo mais prático é recusar-se a reconhecer a profundidade do envolvimento, ou mesmo a revelá-lo. Essa abordagem pode funcionar por anos, uma vez que o relacionamento também possui uma tendência para o auto-engano, que atua como um escudo protetor.

É improvável que o amor ou a amizade entre esses dois dure muito, uma vez que há uma falta mútua de química aqui, e poucos pontos em comum que poderiam levar a uma ligação emocional profunda. Essa falta de laços comuns e uma espécie curiosa de inveja pessoal, pode minar o relacionamento familiar entre Touro I e Gêmeos III, seja entre pais e filhos ou entre irmãos. Touro I com freqüência tem inveja do distanciamento mostrado por Gêmeos III, que por sua vez pode sentir ciúmes da serenidade e da paciência de Touro I, qualidades que parecem desprezar, mas de fato secretamente desejam ardentemente. Chefes de Touro I podem achar os empregados de Gêmeos III difíceis ou impossíveis de controlar, mas como colegas de trabalho em condições iguais esses dois provavelmente se dão muito bem. Como parceiros de negócios, da mesma forma, Gêmeos III oferece bom senso e sabedoria financeira surpreendentes para os negócios inspirados e dirigidos por Touro I, assim como análise astuta e julgamento crítico.

Conselho: *Não diga tudo, mas não esconda tudo também. Encontre pontos comuns. Cumpra as responsabilidades de uma forma agradável.*

RELACIONAMENTOS

PONTOS FORTES: INTUITIVO, RESPEITOSO, PROTETOR

PONTOS FRACOS: MANIPULADOR, DESAPROVADOR, INCOMPATÍVEL

MELHOR: AMOR

PIOR: TRABALHO

RITA COOLIDGE (1/5/45)
KRIS KRISTOFFERSON (22/6/37)

A cantora Coolidge e o cantor e ator Kristofferson se conheceram em 1971 e se casaram 2 anos mais tarde, depois de atuarem juntos em *Pat Garrett e Billy the Kid*. Percorreram o país e gravaram nos anos 1970, divorciando-se em 1980. **Também: Aiatolá Khomeini & Salman Rushdie** (líder religioso/autor condenado).

---

25 de abril a 2 de maio
SEMANA DA MANIFESTAÇÃO
TOURO I

19 a 24 de junho
CÚSPIDE DA MAGIA
CÚSPIDE GÊMEOS-CÂNCER

Sedução crepitante

Para duas pessoas tão tradicionais, esse relacionamento tem uma independência surpreendentemente ardorosa. Nesse particular reside sua atração já que faz com que os parceiros assumam riscos e alcem vôos, e os impele a basear suas decisões na intuição, mais do que qualquer um faria por si mesmo. Isso pode dar uma sensação de liberdade e, se o relacionamento for romântico, pode fazer as chamas de ardor crepitarem ainda mais fortemente.

Os nascidos em Touro I e Gêmeos-Câncer podem facilmente se sentirem seduzidos pela magia do relacionamento no que se refere ao amor. Pressentimentos, espontaneidade e impulsos podem representar uma força aqui, em virtude do foco do relacionamento ser na intuição. A natureza etérea de muitos Gêmeos-Câncer pode cativar totalmente o terreno Touro I, e a harmonia, calma ou beleza de Touro I pode acabar sendo irresistível para o romântico Gêmeos-Câncer, mas todo encanto por fim acaba, e apenas o tempo dirá se o relacionamento durará. Por outro lado, negatividade, disputas pelo poder e perda de respeito raramente aparecem nos casos de amor desses dois, tornando possível para eles continuar juntos por muitos anos, seja evoluindo para o casamento ou se transformando em amizade. Queimando como chama estável, o relacionamento em geral justifica a atração inicialmente ardente.

A amizade nessa combinação é rara a menos que precedida por um relacionamento romântico ou de trabalho – esses dois raramente começam a se interessar um pelo outro como amigos. Muito provavelmente, Touro I acha Gêmeos-Câncer um pouco estranho, e Gêmeos-Câncer se retrai em face da abordagem direta de Touro I, se ressentindo daquilo que percebe como agressão e falta de sensibilidade. Pais de Touro I podem ser cativados por seus filhos refinados de Gêmeos-Câncer, que em geral sabem manipular por meio indiretos e sedutores. Pais de Gêmeos-Câncer podem fornecer o ambiente aconchegante e provedor tão importante para Touro I. No trabalho, Gêmeos-Câncer respeita a dedicação de Touro I, mas pode não aprovar sua ética ou atitude no trabalho, vendo-as como exageradas e auto-suficientes. Touro I, por outro lado, pode achar Gêmeos-Câncer um pouco descontraído demais.

Conselho: *Como o vinho, o amor deve ser apreciado enquanto dura. Mantenha suas amizades vivas. Cuidado para não ser demasiadamente impulsivo. Deixe as intenções serem julgadas pelos atos.*

25 de abril a 2 de maio
SEMANA DA MANIFESTAÇÃO
TOURO I

25 de junho a 2 de julho
SEMANA DA EMPATIA
CÂNCER I

Campo de provas

Manter-se firme ou bater-se por algo em que se acredita é a lição central desse relacionamento. Um certo espírito de luta é inerente aqui, sobretudo quando a questão é liberdade pessoal, e é provável que este seja o caso. O lado positivo é que os participantes dessa relação aprendem a assumir uma posição, a protegerem-se e a seu relacionamento, contra qualquer um que queira que eles sejam diferentes.

O foco do relacionamento recai sobre Câncer I: poderá ele alcançar liberdade e independência aqui? Os ultracapazes nascidos em Touro I podem fornecer a proteção que Câncer I tão desesperadamente necessita, mas o preço a pagar por essa segurança pode ser a inibição de seu crescimento pessoal. Câncer I pode já ter encontrado um Touro I na infância como pai, irmão, tio, tia ou professor, e sua extrema empatia o faz ansiar por satisfazer um Touro I obedecendo fielmente os comandos e desejos do parceiro, à custa da auto-expressão. Por fim, Câncer I precisa encontrar uma forma de auto-afirmação, talvez instigando uma explosão de ressentimentos e sentimentos.

Mesmo sem uma figura representante de Touro I em sua infância, os nascidos em Câncer I adultos podem inconscientemente seguir um roteiro antigo com um namorado, colega ou chefe de Touro I, para a frustração de seu parceiro. Os nascidos em Touro I podem também achar que estão sendo manipulados pelo charme inconsciente de Câncer-Gêmeos, mas, de seu jeito costumeiro, se recusam a agir. Por fim, haverá um confronto. Os nascidos em Touro I e Câncer I podem muitas vezes ter um relacionamento amoroso e até mesmo um casamento bem-sucedido quando se encontram mais tarde na vida, após cada um ter tido tempo para desenvolver uma maior percepção. Como uma amizade, essa combinação pode oferecer um campo de provas para trabalhar problemas pessoais e para desenvolver confiança e entendimento. É um relacionamento que alimenta e que, em geral, é compensador, contanto que evite dependência indevida. Profissionalmente, Câncer I é melhor trabalhando sozinho, muitas vezes em casa, rendendo um astuto financista para o relacionamento de trabalho com Touro I, talvez um parceiro de negócios ou colega. É essencial, no entanto, que o equilíbrio entre eles se mantenha objetivamente eqüitativo.

Conselho: *Trabalhe o autoconhecimento. Aprenda a dar e receber. Evite dependências. Mantenha-se firme. Livre-se de velhos dogmas.*

RELACIONAMENTOS

PONTOS FORTES: ATUALIZADO, COMPREENSIVO, PARTICIPATIVO

PONTOS FRACOS: DEPENDENTE, FRUSTRADO, INCONSCIENTE

MELHOR: AMIZADE

PIOR: FAMÍLIA

LORENZ HART (2/5/1895)
RICHARD RODGERS (28/6/02)

O liricista Hart e o compositor Rodgers se tornaram amigos próximos e colaboraram quando eram estudantes na Universidade de Columbia. Depois de escreverem seu primeiro musical completo, em 1925, prosseguiram e criaram muitos outros programas populares e bem-sucedidos, incluindo *Pal Joey*. **Também: Rainha Juliana & Príncipe Bernhard** (rainha holandesa/consorte); **Bing Crosby & Garry Crosby** (pai/filho; cantor/ator).

---

25 de abril a 2 de maio
SEMANA DA MANIFESTAÇÃO
TOURO I

3 a 10 de julho
SEMANA DO NÃO-CONVENCIONAL
CÂNCER II

Uma inclinação única

O desafio desse par é aceitar a originalidade. O relacionamento simplesmente não é regido pelos códigos sociais ou regras usuais; juntos, esses dois precisam fazer coisas do seu próprio jeito. Ser original tem suas vantagens, no entanto, e a criatividade da dupla pode fazer uma contribuição positiva em muitos campos de trabalho.

Na superfície, os nascidos em Câncer II aparentemente pouco práticos e imaginativos demais, podem parecer muito estranhos para representantes de Touro I, inerentemente conservadores, no entanto, eles podem muitas vezes atrair a curiosidade de tais personalidades e despertar suas emoções. Na verdade, é improvável que Câncer II se interesse por Touro I; inevitavelmente atraídos para mais tipos informais, com freqüência com um lado escuro, eles em geral acham Touro I insípidos e previsíveis. Assim sendo, o desejo dos nascidos em Touro I por Câncer II é com freqüência desesperançado, mas no caso de um Touro I atípico com um charme bastante venusiano e uma tendência oculta pelo incomum ou bizarro, esses dois podem ter um relacionamento, seja como amantes ou como amigos. Se assim for, provavelmente será extremamente original, sobretudo nas esferas sexual, estética ou social. Os nascidos em Touro I e Câncer II poderiam casar e levar uma vida a dois repleta de acontecimentos. Eles poderiam, viver separadamente, bastante distantes um do outro, no entanto, cada um sente uma forte admiração por seu parceiro muito diferente, que os amigos e familiares nunca conseguem entender bem.

Pais de Touro I exigem muitas vezes de seus filhos a única coisa da qual os representantes de Câncer II são incapazes: ser normais. Isso pode causar sentimentos de mágoa de ambos os lados, a menos que Touro I esteja disposto a deixar de lado ou corrigir suas expectativas. Pais de Câncer II em geral não dão a devida atenção e segurança aos filhos nascidos em Touro I, que podem se sentir constrangidos pelas atitudes e pelo comportamento dos pais na frente de parentes e amigos.

Conselho: *A normalidade pode ser tão estranha para alguns quanto o bizarro é para outros. Encontre pontos em comum. Construa criativamente. Não sinta vergonha por ser diferente.*

RELACIONAMENTOS

PONTOS FORTES: ORIGINAL, INCOMUM, CRIATIVO

PONTOS FRACOS: FATÍDICO, SEM ATRATIVOS, REJEITADO

MELHOR: CONHECIDOS

PIOR: TRABALHO

GUGLIELMO MARCONI (25/4/1874)
NIKOLA TESLA (9/7/1856)

Poucos sabem que Marconi utilizou (alguns dizem roubou) a patente do rádio de Tesla, se apoiando inteiramente nas pesquisas deste para sua invenção do rádio. Enquanto Marconi recebeu toda a glória, Tesla morreu pobre e amargurado. **Também: Winthrop Rockefeller & Nelson Rockefeller** (irmãos; governadores).

RELACIONAMENTOS

PONTOS FORTES: COMUNICATIVO, COMPREENSIVO, EXPRESSIVO

PONTOS FRACOS: MANDÃO, CONTROLADOR, COMPETITIVO

MELHOR: CASAMENTO

PIOR: AMOR

ALEXANDER BROOK (14/7/1898)
PEGGY BACON (2/5/1895)

Bacon foi uma destacada artista plástica, autora, pintora e ilustradora de livros, e Brook um retratista de estúdio e pintor de estilo realista romântico. Ele conheceu Bacon quando estudava na Art Students League em Nova York. Foram casados de 1920 a 1940.

---

25 de abril a 2 de maio
SEMANA DA MANIFESTAÇÃO
TOURO I

11 a 18 de julho
SEMANA DO PERSUASIVO
CÂNCER III

Expressão mútua

Este relacionamento diz respeito a todas as formas de expressão. Os canais de comunicação entre esses dois devem ser abertos e diretos, e outras formas de expressão, criativas e diferentes, são também muito importantes para eles. O relacionamento pode ser extremamente original, exigindo mais do que apenas idéias inventadas. Ele tem uma intensa necessidade de manifestar ou pôr em prática sua criatividade no mundo material – seja por meio da arte, dos negócios, dos filhos ou simplesmente como expressão física ou linguagem corporal.

Particularmente importante neste relacionamento é não se apressar para compreender não somente os pensamentos mas também os sentimentos. Quando isso for feito, o casamento pode ser sólido, efetivo, enfim, uma unidade poderosa que funciona ainda melhor se os nascidos em Câncer III se comprometerem com ele completamente, e se modificarem sua necessidade de estar no centro da cena e controlar. Mas o relacionamento com freqüência não sai do chão, uma vez que alguns Câncer III sentem-se atraídos por um tipo muito diferente, mais empolgante e irresponsável do que os representantes de Touro I – que podem, todavia, ser os mais capazes de dar-lhes o que realmente necessitam.

Esses dois podem ter um relacionamento profissional bem-sucedido contanto que haja respeito mútuo. Sem isso, impulsos competitivos e ciúmes podem sair de controle, sobretudo se um dos parceiros vir o outro como uma ameaça à sua posição presente ou futura dentro de uma organização ou de um campo. Caso os nascidos em Touro I tenham uma posição mais elevada, os representantes de Câncer III podem sentir-se intimidados ou inseguros, e podem se tornar manipuladores na tentativa de controlar e finalmente vencer a superioridade de Touro I. Caso ambas as personalidades tenham seus olhos na mesma posição, a crueldade de Touro I encontra seu par no impulso de Câncer III para o sucesso, o qual somente se torna mais pronunciado quando inseguranças forem manifestadas.

Na família, quer o relacionamento se manifeste como pais-filhos ou irmãos, ele pode ser protetor e carinhoso. Mas um pai ou irmão mais velho de Touro I ou Câncer III também pode ser mandões e até sufocantes com o membro da família mais jovem, o que resulta no colapso da relação ou na falta total de comunicação.

Conselho: *Para as flores crescerem, o jardineiro às vezes tem que refluir. Não aja como um Deus. Chegue ao meio-termo. Mantenha canais de comunicação abertos.*

RELACIONAMENTOS

PONTOS FORTES: COMPREENSIVO, EMPOLGANTE, APAIXONADO

PONTOS FRACOS: INSTÁVEL, EMPERRADO, DADO A JULGAR

MELHOR: TRABALHO

PIOR: FAMÍLIA

WALTER PAYTON (25/7/54)
CHUCK BEDNARIK (1/5/25)

Bednarik e Payton foram heróis do futebol americano de suas respectivas gerações. Ambos receberam a grande distinção de serem escolhidos os melhores da seleção 7 vezes. Bednarik com o Philadelphia Eagles nos anos 1950 e Payton com o Chicago Bears nos anos 1970 e 1980.

---

25 de abril a 2 de maio
SEMANA DA MANIFESTAÇÃO
TOURO I

19 a 25 de julho
CÚSPIDE DA OSCILAÇÃO
CÚSPIDE CÂNCER-LEÃO

Por conta própria

O desafio desse relacionamento é se sua necessidade de variedade e mudança pode ser satisfeita sem minar sua estabilidade – que, felizmente, é muito forte e permanente. Ele tem uma tendência a persistir, e quando se manifesta na amizade, no amor ou no casamento, resiste à renúncia ou à admissão do fracasso. Com esse tipo de alicerce, os parceiros podem seguramente seguir seu próprio caminho e buscar seus próprios interesses. O ideal, claro, seria que eles sofressem mudanças e buscassem atividades interessantes juntos, mas os nascidos em Câncer-Leão em particular necessitam seguir seu próprio caminho – uma característica que exige compreensão de seu fiel parceiro Touro I, que não deve ver isso como rejeição, desinteresse ou infidelidade implícitos. Os nascidos em Câncer-Leão devem perceber que representantes de Touro I não permitem que seus interesses sejam comprometidos, por mais receptivos ou compreensivos que sejam, e devem aprender quando reduzir ou parar algumas de suas atividades.

No trabalho, este relacionamento pode ser aceitável ou até promissor, contanto que a necessidade dos nascidos em Câncer-Leão por se arriscar em determinados momentos não decepcione os representantes de Touro I mais conservadores. Mas em geral, os nascidos em Câncer-Leão são cautelosos o suficiente para satisfazer os padrões de segurança de Touro I e, na realidade, o relacionamento com freqüência tem o efeito de aumentar sua autodisciplina.

Na família, pais nascidos em Touro I podem desesperar-se com representantes de Câncer-Leão, vendo-os como instáveis, auto-destrutivos e maus modelos de atuação para os jovens. Os nascidos em Câncer-Leão podem responder a essa visão com ceticismo ou um sorriso – eles se vêem como muito responsáveis, e aos nascidos em Touro I, com freqüência, como sem imaginação, inibidores e críticos.

Os nascidos em Câncer-Leão quando em busca de um par romântico sentem-se com freqüência atraídos pelos representantes de Touro I altamente físicos, que se sentem felizes em juntar-se no divertimento, mas também exigem algo mais sério do que os Câncer-Leão têm a oferecer. Tais relacionamentos em geral têm pouca estabilidade, e embora possam proporcionar intensa satisfação, provavelmente se dissolvem logo.

Conselho: *Até mesmo a compreensão tem seus limites. Não exija muito. Preserve a compreensão e a sensibilidade. Cuidado com o egoísmo.*

25 de abril a 2 de maio
SEMANA DA MANIFESTAÇÃO
TOURO I

26 de julho a 2 de agosto
SEMANA DA AUTORIDADE
LEÃO I

Escala monumental

Expansão é o tema desse par – a representação de sentimentos, pensamentos, ações e idéias em uma escala monumental. O relacionamento tende a forçar seus parceiros além deles mesmos, na realidade, além dos limites comuns do tempo e do espaço, e não seria surpresa encontrar esse par envolvido com o metafísico. Em todo caso, fazer tudo de uma maneira grandiosa é algo natural para eles. O resultado é que o relacionamento faz com que eles avancem além do ponto onde normalmente escolheriam ir, uma vez que individualmente eles têm a tendência a não arredar pé e resistir à mudança. Lealdade, integridade e responsabilidade são as palavras-chaves desse relacionamento, e pesar para o parceiro que deixa o outro em uma situação difícil. Nas uniões entre esses dois, a força irresistível (Leão I) encontra o objeto imóvel (Touro I). Como os nascidos em Leão e os Touro formam quadratura (a 90) em relação ao outro no zodíaco, pode-se esperar conflito aqui. Faíscas podem na realidade saltar, mas podem da mesma forma inflamar facilmente as chamas da paixão ou estimular o esforço de um grupo, uma vez que eles podem desencadear hostilidade e forças destrutivas.

Como amigos, esses dois são uma dupla da pesada, resistente às influências externas. Uma amizade duradoura pode resultar após a poeira dos confrontos iniciais ter baixado. É provável que os relacionamentos amorosos e familiares entre esses dois sejam tempestuosos e repletos de conflitos. Os nascidos em Touro I são em geral mais sensuais e gostam de tranqüilidade, os representantes de Leão I são mais apaixonados e dinâmicos; essas diferenças podem resultar em cisões e conduzir a mal-entendidos.

Dada a natureza teimosa dos participantes, o casamento nessa combinação pode ser difícil, sobretudo porque cada um dos parceiro tem necessidade de dar ordens. Em raras circunstâncias eles podem dividir o papel dominante na família, porém mais freqüentemente acontece que os filhos ou outros são testemunhas das lutas periódicas por poder. Caso esses dois compartilhem um objetivo filosófico maior e mais elevado, podem deixar de lado suas diferenças de estilo pelo bem maior. Poucos se comparam a esses dois no que diz respeito à convicção e à responsabilidade. No trabalho, o relacionamento é caracterizado pelo pragmatismo idealista.

Conselho: *Quando faíscas começam a saltar, qualquer coisa que está perto pode se inflamar. Mantenha as emoções destrutivas sob controle. Tenha em mente o bem maior.*

RELACIONAMENTOS

PONTOS FORTES: EXPANSIVO, AMBICIOSO, LEAL

PONTOS FRACOS: TEIMOSO, DOGMÁTICO, INTRANSIGENTE

MELHOR: AMIZADE

PIOR: CASAMENTO

BIANCA JAGGER (2/5/45)
MICK JAGGER (26/7/43)

Bianca e Mick foram figuras favoritas do jet-set internacional durante seu casamento de 1971 a 1979. Embora o início humilde de Mick contraste com a formação abastada de Bianca, seu relacionamento foi charmoso e livre. **Também: Andre Agassi & Nick Bollettieri** (*protegé*; treinador de tênis).

---

25 de abril a 2 de maio
SEMANA DA MANIFESTAÇÃO
TOURO I

3 a 10 de agosto
SEMANA DA FORÇA EQUILIBRADA
LEÃO I

O tipo forte e silencioso

O tom deste relacionamento é com freqüência forte e silencioso, com uma inclinação para olhar para o futuro. A expressão sensual é extremamente forte, mas os sentimentos são em geral mantidos sob controle, dando ao relacionamento uma objetividade e frio desapego. Linhas de defesa são claramente desenhadas, e discussões e diferenças são deixadas em latência na esperança que eles finalmente se aquietem. Em momentos difíceis, o relacionamento tem a capacidade de prever problemas futuros e virtualmente mover montanhas para restaurar o equilíbrio.

Esses dois formam um par romântico improvável, mas uma vez juntos eles tendem a agüentar firme. Se a chama romântica começar a se apagar, os nascidos em Touro I vêem primeiro a necessidade de mudar, mas nem sempre estão certos sobre a direção a tomar. Os nascidos em Leão II, por outro lado, podem exibir tendências masoquistas na recusa de reconhecer um problema, mas são capazes de criar um plano para o futuro que possa tornar o relacionamento mais tolerável.

O casamento entre esses dois é possível, desde que ambos desejem vestir a camisa. Caracteristicamente, a visualização de um estado futuro estimula a decisão de se casar; em geral, uma atitude realista prevalece aqui, na qual o romance não é visto como um ingrediente necessário. Ao contrário, questões práticas, especialmente o planejamento financeiro, são retratadas como tomando uma parte importante de tempo. O lado sexual do relacionamento também pode ser visto em termos pragmáticos e não idealizado. Os filhos dessa combinação com freqüência acham seus pais dedicados e às vezes entusiasmados com seu progresso, sobretudo na área dos esportes e das realizações acadêmicas.

Relacionamentos profissionais aqui são improváveis de se consolidar: como parceiros comerciais ou como um par patrão-empregado, esses dois podem se envolver em lutas por poder. Mas se ambos ocupam uma posição igual como colegas de trabalho em uma organização, eles podem ser uma combinação forte e extremamente útil para o grupo. Como irmãos eles podem da mesma forma proporcionar uma base de estabilidade, contanto que não entrem em conflito um com o emocional, de forma especial por meio de competição pela atenção paterna ou ciúme de bens materiais.

Conselho: *O fogo finalmente se extingue se as brasas não forem revolvidas de vez em quando. Reconheça e dê força ao inesperado. Arriscar é importante. Arrisque fracassar.*

RELACIONAMENTOS

PONTOS FORTES: PRÁTICO, OBJETIVO, ESTÁVEL

PONTOS FRACOS: INSENSÍVEL, FRIO, POUCO ROMÂNTICO

MELHOR: IRMÃOS, COLEGAS

PIOR: PARCERIA DE NEGÓCIOS

HEDDA HOPPER (2/5/1885)
LOUELLA PARSONS (6/8/1881)

Hopper, a atriz que virou escritora de coluna social, foi a famosa rival de Parsons nos anos 1940 e 1950. Embora ambas fossem muito influentes em Hollywood, constantemente brigavam em sua busca por poder. **Também: Al Pacino & Martin Sheen** (amigos; atores).

RELACIONAMENTOS

PONTOS FORTES: FORMIDÁVEL, BEM-SUCEDIDO, INABALÁVEL

PONTOS FRACOS: IMUTÁVEL, VIAJA NO PODER, POUCO ROMÂNTICO

MELHOR: PARCERIA DE NEGÓCIOS

PIOR: AMOR

PETE SAMPRAS (12/8/71)
ANDRE AGASSI (29/4/70)

Amigos antigos e próximos fora das quadras, estes campeões tenistas são ferozes adversários do lado oposto da rede. Em 1995, Agassi derrotou o então aparentemente imbatível Sampras e se tornou número um do mundo. **Também: Ella Fitzgerald & Oscar Peterson** (colaboradores); **Lionel Barrymore & Ethel Barrymore** (irmãos: atores); **Barão von Richthofen & Frieda Lawrence** (irmãos; fugitivos da Primeira Guerra/Sra. D.H. Lawrence).

---

25 de abril a 2 de maio
SEMANA DA MANIFESTAÇÃO
TOURO I

11 a 18 de agosto
SEMANA DA LIDERANÇA
LEÃO III

Sucesso mágico

A união mágica das forças aqui pode ser especialmente bem-sucedida na área da carreira – mas um certo romance e sensibilidade também estão em operação. A combinação serve, então, para virtualmente qualquer esforço. Juntos esses dois são inspirados, parecendo ser capazes de intuir o que é necessário para o sucesso.

Tanto os nascidos em Touro I quanto em Leão III são tipos dominadores, portanto trabalho e relacionamentos comerciais entre eles podem parecer ser difícil ou impossível. Mas há uma diferença sutil no seu domínio; os nascidos em Leão III têm que liderar mas não necessariamente controlar, enquanto para os representantes de Touro I liderar é menos importante do que mandar. Esta é uma combinação comercial imbatível, com os nascidos em Leão III reorganizando, planejando cada nova conquista e liderando a equipe na batalha, enquanto os nascidos em Touro I tomam conta do lar e mantêm tudo funcionando com tranqüilidade. Problemas surgem em geral quando suas tarefas e responsabilidades se sobrepõem, mas a dedicação e um conhecimento do que funciona melhor pode minimizar a luta por poder desse par e os conflitos do ego, tornando o relacionamento verdadeiramente formidável.

Casos amorosos, amizades e casamentos entre Leão III e Touro I são proposições difíceis, apesar de haver um determinado brilho romântico inspirador. Os nascidos em Touro I podem se sentir atraídos pela energia dos representantes de Leão III, mas em última análise a acham muito imprevisível, perturbadora ou até violenta; os nascidos em Leão III, por outro lado, podem se aborrecer facilmente com a sensualidade suave de seus parceiros de Touro I. A maior diferença, todavia, reside na questão da harmonia, da qual os nascidos em Leão III desconfiam (um amor ou amizade enfadonha ou monótona, por mais prazerosos que sejam, são em geral intoleráveis para eles) e os Touro I necessitam. Os nascidos em Leão III também podem achar os parceiros Touro I muito obstinados e relutantes em mudar. Mesmo quando é evidente que as coisas não estão indo bem, os nascidos em Touro I podem simplesmente ignorar sugestões de mudança, ou, se elas forem formuladas como exigências, podem teimosamente resistir a elas. O casamento funciona melhor aqui quando também contém um componente comercial – quando os cônjuges também administram algum tipo de empreendimento comercial juntos. O tipo de divisão de trabalho que é um pré-requisito nos negócios deságua na cena doméstica, proporcionando mais paz no lar.

Conselho: *Traga a magia para sua vida pessoal. Equilibre a previsibilidade e a imprevisibilidade. Minimize conflitos desnecessários. Seja mais romântico.*

RELACIONAMENTOS

PONTOS FORTES: BRINCALHÃO, DESCOBRIDOR, ESTIMULADOR

PONTOS FRACOS: COMPLACENTE, INTROMETIDO, ENGANOSO

MELHOR: AMOR

PIOR: CASAMENTO

PETER HORTON (20/8/53)
MICHELLE PFEIFFER (29/4/57)

O ator e diretor Horton é mais conhecido como Gary no seriado de tevê *Thirtysomething*. Ele se casou com a atriz Pfeiffer em 1981, exatamente quando sua carreira estava começando a deslanchar. Divorciaram-se em 1988. **Também: Bing Crosby & Bob Crosby** (irmãos; cantor-ator/líder de banda).

---

25 de abril a 2 de maio
SEMANA DA MANIFESTAÇÃO
TOURO I

19 a 25 de agosto
CÚSPIDE DA EXPOSIÇÃO
CÚSPIDE LEÃO-VIRGEM

Momento da verdade

O foco no conhecimento deste relacionamento pode resultar em uma espécie de curiosidade contínua. O relacionamento manifesta particularmente um desejo de encontrar respostas para enigmas e mistérios. Seu investimento em conhecer tudo pode significar que esses parceiros brincam de esconde-esconde emocional, não somente um com o outro mas com outros que têm curiosidade em saber o que faz essa dupla estranha se dar bem. Simultaneamente desejando conhecimento completo e optando por não revelar tudo de si mesmos, mais cedo ou mais tarde eles em geral são descobertos. Este momento de verdade pode finalizar o relacionamento ou prolongá-lo: dependendo se gostam do que vêem ou não.

Se o relacionamento é uma amizade ou um caso amoroso, pode continuar por anos, com benefício mútuo para ambos os parceiros. Esses dois podem sentir alegria com seus jogos complexos, quebra-cabeças, investigações psicológicas e exploração física. O relacionamento também pode conduzi-los ao progresso profissional, cada um apresentando o outro para pessoas que têm contatos úteis ou ofertas honestas a fazer.

Casamento é uma possibilidade para essa combinação, mas os nascidos em Leão-Virgem raramente estão muito interessados em ter filhos, o que causa aos protetores representantes de Touro I uma certa frustração. Eles por sua vez precisam ser compreensivos com as necessidades dos Leão-Virgem de ser introvertidos e extrovertidos alternadamente – qualquer que seja o lado dominante no momento. Em alguns casos, este relacionamento pode ter um efeito desfavorável sobre o processo de auto-realização dos Leão-Virgem, que podem cair em um estado apático ou de complacente satisfação do qual seus companheiros receptivos Touro I não tentam tirá-los.

Os nascidos em Leão-Virgem podem compartilhar alguns de seus segredos mais íntimos com pais ou irmãos de Touro I, a quem em geral eles acham fidedignos com relação a suas confidências. Ao mesmo tempo, eles podem estar bastante absorvidos com seu próprio mundo interior e emoções para dar em troca aos Touro I a compreensão e a valorização que necessitam.

Conselho: *Envolva-se mais. Indague menos. Assuma incumbências com plenitude. Não se deixe capturar por buscas fúteis. Tente jogar em um nível mais alto.*

25 de abril a 2 de maio
SEMANA DA MANIFESTAÇÃO
TOURO I

26 de agosto a 2 de setembro
SEMANA DOS CONSTRUTORES DE SISTEMAS
VIRGEM I

Uma boa dose de felicidade

Um vínculo sólido de empatia, respeito e compreensão é forjado neste relacionamento, que em geral é caracterizado por um companheirismo tranqüilo. Esses dois sabem deixar um ao outro livre – seu vínculo, que com freqüência se aprofunda com os anos, dá espaço para a privacidade de cada parceiro. Felizmente, eles podem construir um lar confortável juntos, e sempre compartilham uma perspectiva semelhante sobre dinheiro e o administram bem. Esta pode ser uma excelente sociedade para o casamento e a carreira.

Nas questões amorosas, o relacionamento pode não ser apaixonados. No entanto, sua habilidade de satisfazer as necessidades mútuas dos parceiros pode conferir-lhe longevidade, e suas atitudes receptivas proporcionam uma boa medida de felicidade. Se surgirem problemas, é a crítica, a insatisfação e a tendência autodestrutiva de Virgem I que os criam. Cuidado deve ser tomado para minimizar as frustrações e questões de Virgem I pelo seu reconhecimento e pelo ajuste das prioridades. Os nascidos em Touro I gostam de representar o papel dominante neste relacionamento, se beneficiando do desejo de Virgem I de ser útil e servir.

Uma vez que os nascidos em Virgem I necessitam passar boa parte do tempo sozinhos, e estão com freqüência ocupados com a família e as obrigações profissionais, não se poderia esperar que eles formassem amizades profundas com os representantes de Touro I, que exigem um investimento saudável de tempo e energia. A amizade mais forte entre esses dois muito provavelmente nasce dos relacionamentos profissionais ou se desenvolve entre membros da família mais distantes.

Patrões Touro I e empregados Virgem I com freqüência trabalham bem juntos, assim como os pais de Touro I e filhos de Virgem I. Um relacionamento produtivo e positivo aqui pode significar muito para a existência contínua da empresa e da família das quais eles fazem parte.

Conselho: *Empatia não deveria levar à apatia. Busque desafios mais intensos. Cuidado com o auto-sacrifício. Envolva-se mais no mundo.*

RELACIONAMENTOS

PONTOS FORTES: EMPÁTICO, PRODUTIVO, FELIZ

PONTOS FRACOS: DESINTERESSADO, INGRATO, FRUSTRADO

MELHOR: TRABALHO

PIOR: AMIZADE

AL PACINO (25/4/40)
TUESDAY WELD (27/8/43)

O caso de Pacino com Weld não recebeu muita publicidade, mas eles eram considerados bons um para o outro. Cheio de altos e baixos, a carreira e vida pessoal de Weld a tornaram uma figura *cult* em meados dos anos 1960. **Também: Claire Clairmont & Mary Wollstonecraft Shelley** (meias-irmãs; amigas literárias).

---

25 de abril a 2 de maio
SEMANA DA MANIFESTAÇÃO
TOURO I

3 a 10 de setembro
SEMANA DO ENIGMA
VIRGEM II

Águas inexploradas

Este relacionamento pode mover-se em águas inexploradas. Um lado excêntrico em ambos os parceiros é amplificado aqui, permitindo que eles externalizem suas fantasias e as deixem aflorar. Então o relacionamento pode se tornar uma arena maravilhosa para a expressividade e para a liberação de desejos até agora sufocados. O humor também pode representar um papel proeminente e agradável. A pergunta é: uma vez que a caixa de Pandora é aberta, os espíritos libertados podem ser controlados ou contidos novamente? Caso o relacionamento saia do controle, ele pode ameaçar a estabilidade mental dos parceiros.

Relacionamentos interpessoais baseados na escolha – amizades, amor e casamento – podem ser muito bem-sucedidos aqui. Os instintos protetores e carinhosos de Touro I são postos para funcionar no acalanto dos nascidos em Virgem II que podem ter se retirado para um mundo interior privado; o relacionamento pode fortalecer seus egos, uma vez que os nascidos em Touro I gentilmente os acompanham e os estimulam para um contato social cada vez maior. Os nascidos em Virgem II, por outro lado, permitem que os representantes de Touro I redescubram seu lado divertido e compartilhem sua visão imaginativa em um relacionamento que não é dado a condenar. A amizade entre esses dois pode envolver-se em hobbies ou interesses raros, e tipos informais de diversão são a marca de todas as suas atividades.

Parcerias profissionais entre esses dois provavelmente não funcionam: eles em geral não somente carecem da compreensão emocional garantida nas relações pessoais nesta combinação, mas as exigências pragmáticas de Touro I podem estar além da habilidade de Virgem II de satisfazê-las. Então a situação de colega de trabalho pode caracterizar impaciência e frustração que impedem a conclusão efetiva do trabalho à mão.

Na família, irmãos desta combinação podem influenciar um ao outro positivamente, contanto que possam se dar bem emocionalmente; os pais, todavia, podem sentir que eles se superestimam mutuamente. Combinações pais-filhos, por outro lado, podem ter problemas com comunicação, aceitação e compreensão mútua, a menos que sejam unidos por um estilo de vida incomum ou informal.

Conselho: *Expresse suas fantasias, mas mantenha contato com a realidade. Estabilize suas emoções. Encontre um equilíbrio entre os impulsos introvertidos e extrovertidos.*

RELACIONAMENTOS

PONTOS FORTES: BEM-HUMORADO, NÃO-CONVENCIONAL, PROTETOR

PONTOS FRACOS: IMPACIENTE, ENROLADO, POUCO RECEPTIVO

MELHOR: AMIZADE

PIOR: TRABALHO

I. M. PEI (26/4/17)
KENZO TANGE (4/9/13)

Ambos arquitetos proeminentes do século XX, Pei e Tange ganharam o Prêmio Pritzker de Arquitetura, a honraria mais prestigiada em seu campo. Embora influenciado por Le Corbusier, o trabalho de Tange é mais tradicionalmente japonês. As estruturas de Pei são inovadoras, muitas vezes controversas, como a pirâmide de vidro no Louvre em Paris.

RELACIONAMENTOS

PONTOS FORTES: DETERMINADO, PROTETOR, GERADOR DE LUCRO

PONTOS FRACOS: INSENSÍVEL, RESTRITIVO, DISSONANTE

MELHOR: AMIZADE

PIOR: TRABALHO

ALBERT KING (25/4/23)
B.B. KING (16/9/25)

Embora ambos procedam da mesma cidadezinha de Indianola, no Mississippi, estes King não têm parentesco. Entre os mais bem-sucedidos guitarristas de blues de todos os tempos, a carreira de ambos atingiu o auge nos anos 1960 e 1970. Albert tocou até morrer, em 1992, e B.B., aspirando ser o "embaixador do blues", ainda é um músico ativo. **Também:** Joyce DeWitt & John Ritter (co-estrelas, *Three's Company*).

25 de abril a 2 de maio
SEMANA DA MANIFESTAÇÃO
TOURO I

11 a 18 de setembro
SEMANA DO LITERAL
VIRGEM III

Fator de lucro

Uma determinação obstinada para fazer as coisas funcionarem, sobretudo na área profissional, é intensamente enfatizada aqui. Ambos são pragmáticos o suficiente para saber o que se espera deles e podem em geral manter seu temperamento tranqüilo e o limite de sua irritação alto. Seja qual for a atmosfera em que o relacionamento se manifeste, ele mostra um grande interesse por questões profissionais, sendo especialmente preocupado com a melhoria do trabalho e com os aumentos de salário concomitantes. Em geral funciona melhor se os nascidos em Touro I e Virgem III forem colegas de trabalho em vez de patrão e empregado. Com freqüência, a determinação dos parceiros é inflamada ou fortalecida pela postura orientada para o sucesso do relacionamento em si. Não é de admirar que ele pode alcançar seu maior sucesso como uma sociedade comercial, caracterizando a administração ativa, produção, propaganda e habilidades de vendas necessárias para alcançar altos ganhos.

Os relacionamentos amorosos e conjugais provavelmente são mais vulneráveis à desavença e à discórdia. É possível, todavia, que o fingimento e o esnobismo de Touro I, e a seletividade e a rigidez de Virgem III, se liberem. Os nascidos em Virgem III tendem a se sentir menos à vontade do que os Touro I com a instabilidade ocasional dessa combinação. O amor pela cama e pela mesa aparece com freqüência nesse par e se a atração física dos parceiros for forte o suficiente ambos podem achar esta combinação prazerosa e satisfatória. Os nascidos em Virgem III podem ter dificuldade com a natureza fixa do relacionamento, que os faz se sentir presos; os nascidos em Touro I aceitam melhor o compromisso total.

É improvável que a amizade se desenvolva aqui, dados os interesses e as abordagens diferenciadas dos parceiros, e sua tendência a escolher amigos que são mais divertidos do que responsáveis. Relacionamentos pais-filhos de ambas as combinações podem ser tempestuosos. Como irmãos, todavia, esses dois podem formar um vínculo estreito para promover seus interesses mútuos contra pressões, sejam sociais, financeiras ou paternas, exercidas contra eles.

Conselho: *Deixe as coisas acontecerem. Não sinta que você sempre tem que manter tudo unido. Dê descanso à sua força de vontade e determinação de vez em quando. Anime-se.*

RELACIONAMENTOS

PONTOS FORTES: ESTÉTICO, SENSUAL, INSPIRADOR

PONTOS FRACOS: NEGADOR, VICIADO, INFLEXÍVEL

MELHOR: FAMÍLIA

PIOR: AMIZADE

MARIA DE MEDICI (26/4/1573)
CARDEAL RICHELIEU (19/9/1585)

Richelieu pacificava as disputas entre Maria e o filho, o Rei Luís XIII. Ela considerou Richelieu seu *protegé* quando entrou pela primeira vez no conselho real em 1624, mas ele mais tarde se tornou seu inimigo político. Logo depois de seu esforço fracassado de afastar Richelieu, Luís a baniu para Compiègne, mas ela fugiu para Bruxelas, na Holanda.

25 de abril a 2 de maio
SEMANA DA MANIFESTAÇÃO
TOURO I

19 a 24 de setembro
CÚSPIDE DA BELEZA
CÚSPIDE VIRGEM-LIBRA

Domínio artístico

A ambição ou o desejo de dominar os outros em um campo particular é o que mais impulsiona aqui. Este par de alguma forma envolve-se com as artes, onde eles podem vagarosa mas certamente escalar as alturas. Eles fazem tudo o que puderem para chegar lá, insistindo na supremacia e desenvolvendo bastante engenhosidade ao longo do caminho. Isto não equivale a dizer que eles carecem de requinte; na realidade eles têm muito em comum em termos de valorização estética, e também compartilham perspicácia comercial. Seu problema maior é que eles desejam que todos ao seu redor concordem com eles.

Os relacionamentos amorosos aqui têm como alvo uma abordagem calma, fundada e medida, e são orientados para o mundo externo. Mas diferenças rigorosas de temperamento entre esses parceiros podem levar a conflitos; os nascidos em Virgem-Libra altamente sensíveis, instáveis e nervosos podem perturbar seus parceiros mais terrenos, que, todavia, são firmes e podem ser bem ajustados para satisfazer a necessidade dos Virgem-Libra de uma figura estável e fidedigna. Caso o par decida se casar, as coisas podem ir bem durante os bons momentos, mas o relacionamento não é intrinsecamente flexível e habilidoso no tratamento das dificuldades. Além disso, com freqüência há uma atitude de negar ou ignorar os problemas que poderiam ser administrados fácil e eficientemente se fossem tratados desde logo, mas se tornam difíceis se deixados para mais tarde. Pelo lado positivo, a criação de um belo lar e uma área onde eles podem se concentrar em algo além da carreira pode ser uma dessas grandes alegrias e solidez do par.

A amizade entre Touro I Virgem-Libra é provavelmente divertida, mas não serve de apoio ou estabilidade psicológica – eles não proporcionam os insights ou a orientação que conduz à autocompreensão ou à empatia. Porém, quando a combinação aparece na família, não somente os pais mas com freqüência os parentes tais como tias, tios ou avós de ambos os signos podem formar um laço efetivo com os filhos do outro signo, estimulando seu crescimento e sucesso. Por mais ambiciosos que esses dois sejam juntos, trabalhar na mesma empresa pode fazer aflorar sua competitividade a menos que seus papéis sejam claramente definidos. O mesmo é verdadeiro para parceiros comerciais.

Conselho: *Trate logo dos pequenos problemas. Não se deixe prender na teia material. Reconheça que o seu não é o único ponto de vista. Cultive um vida interior.*

25 de abril a 2 de maio
SEMANA DA MANIFESTAÇÃO
TOURO I

25 de setembro a 2 de outubro
SEMANA DO PERFECCIONISTA
LIBRA I

Turbilhão caótico

Como uma unidade, este casal é poderosamente convincente para abrir seu caminho, mas no relacionamento em si atitudes manipuladoras podem acabar sendo perturbadoras e debilitante, sobretudo a longo prazo. Ambos os parceiros gostam das coisas feitas de uma determinada maneira, mas não necessariamente da mesma maneira. Portanto o palco está montado para a discussão, uma vez que cada um tenta persuadir o outro, em geral por meio da lógica e da razão, de que sua maneira de administrar as coisas é a melhor. Caso os dois estejam unidos em sua opinião, todavia, seja no ambiente comercial, social ou familiar, podem ser uma força potente reorganizadora e reformista.

O impulso de persuadir deste relacionamento é em geral prático em vez de moral; está baseado no senso comum – pelo menos é como vê quem tenta persuadir. A "melhor" forma de fazer algo, todavia, é com freqüência muito irrealista aqui, uma vez que esses dois juntos tendem a encontrar não somente formas excessivamente complexas de realizar coisas muito simples, mas soluções muito simples para problemas potencialmente complexos. O casamento e a amizade entre esses dois provavelmente são atormentados por tais metodologias contrastantes, que podem às vezes dar sabor e humor mas no fim se torna velho e cansativo.

Casos amorosos aqui tendem a ser vívidos, porém irreais. O relacionamento entre Touro I e Libra I exibe alguma instabilidade clássica prevista por um aspecto quincôncio (150° de distância no zodíaco), mas uma vez que tanto os nascidos em Touro quanto em Libra são regidos por Vênus, há também uma ligação nas questões estéticas e do amor. Ainda assim, o amor é verdadeiramente cego aqui, e este relacionamento percorre um longo caminho para provar isso. Quando esses dois se apaixonam, ardor, loucura, presunção, emoção fingida, pose, meias-verdades e manipulação competem pela ascendência. Este turbilhão caótico de sentimentos não conduz em geral a um relacionamento longo e saudável.

É improvável que irmãos, sobretudo do mesmo sexo, mostrem qualidades implícitas do tipo dominação-submissão, extroversão-introversão e sadomasoquismo. O desafio é encontrar um equilíbrio no humor, e uma igualdade que permita a cada parceiro desenvolver seu próprio caminho separadamente.

Conselho: *Deixe as pessoas se decidirem. Trabalhe para tornar o seu ponto de vista mais realista. Promova igualdade. Tente ver mais do que um lado de qualquer situação.*

RELACIONAMENTOS

PONTOS FORTES: ÍNTIMO, COMPREENSIVO, RECOMPENSADOR

PONTOS FRACOS: RESTRITIVO, INIBIDOR, ANSIOSO

MELHOR: AMIZADE

PIOR: TRABALHO

JERRY SEINFELD (29/4/54)
JASON ALEXANDER (26/9/55)

Alexander foi elevado à proeminência como o comediante infeliz e neurótico no seriado de tevê *Seinfeld*. A trama do show é baseada em um grupo íntimo de amigos. Ambos os atores claramente gostam de seu trabalho e estimulam o talento um do outro. **Também: Jack Paar & Ed Sullivan** (inimizade; apresentador de tevê); **Lady Emma Hamilton & Lorde Horatio Nelson** (amante casada/almirante inglês).

---

25 de abril a 2 de maio
SEMANA DA MANIFESTAÇÃO
TOURO I

3 a 10 de outubro
SEMANA DA SOCIEDADE
LIBRA II

Dando orientação

Concentrando-se nos limites, este relacionamento é forte nas áreas da estrutura e da fantasia. Seu desafio principal, então, pode ser reconciliar os dois ou aplicar regras e organização à imaginação, à criatividade e ao divertimento. Claramente este talento pode permitir que o par funcione bem como pais, chefes ou diretores de, digamos, um clube ou equipe. Eles formam uma dupla real e compreensiva no que diz respeito a atuar de comum acordo para dar orientação a um grupo.

Os nascidos em Libra II beneficiam-se de casamentos, casos amorosos e amizades com representantes de Touro I, que dão a eles a solidez e a segurança que eles tão intensamente necessitam. Não somente podem encantar e divertir os nascidos em Touro I em troca, mas, mais importante, têm a objetividade para encorajar o desenvolvimento pessoal de tal parceiro oferecendo profunda introvisão psicológica de seu próprio caráter. A fraqueza principal é que esses dois tendem a procrastinar, sobretudo nas decisões sobre o lar, carreira, ou obrigações financeiras. Paralisia, escusa e até colapsos podem às vezes se manifestar quando tais decisões necessitam ser tomadas. Mas o casal finalmente se restabelece e aplica alguns pensamentos organizados para a situação à mão.

O hedonismo em uma amizade ou casamento entre Touro I e Libra II pode se tornar tão pronunciado que virtualmente toda a força de vontade individual é suspensa. Esses parceiros podem viver em um vácuo prazeroso, mas incrivelmente improdutivo. Os nascidos em Libra II em geral são mais ativos na tentativa de fazer as coisas andar novamente, mas à vista da resistência formidável de Touro I eles podem apenas desistir, ficar aborrecidos, roer unhas ou outras formas de fuga ou frustração.

Muitos tipos de relacionamentos profissionais entre esses dois podem não vingar devido a diferenças no estilo. Os nascidos em Libra II são em geral incapazes de trabalhar na mesma coisa após semana, projeto após projeto, da forma como seus parceiros de Touro I o fazem – pelo menos sem efeitos danosos para sua saúde. Na família, da mesma forma, pais ou irmãos de Touro I podem ficar frustrados com a inabilidade ou relutância de Libra II de se entregarem sinceramente às questões domésticas, deixando tarefas por fazer.

Conselho: *Cuidado com impulsos e sonhos. Estabeleça objetivos e os alcance. Compreenda suas capacidades. Combata o desejo de adiar.*

RELACIONAMENTOS

PONTOS FORTES: ESTRUTURADO, IMAGINATIVO, AGRADÁVEL

PONTOS FRACOS: ESTAGNADO, FRUSTRANTE, PROCRASTINADOR

MELHOR: EQUIPE, SÓCIO DE CLUBE

PIOR: FAMÍLIA

BARÃO VON RICHTHOFEN (2/5/1892)
EDDIE RICKENBACKER (8/10/1890)

Ligados para sempre como aviadores rivais, estes dois ases do combate aéreo eram destemidos e impetuosos. O alemão Richthofen derrubou 80 aeroplanos dos aliados; o capitão Rickenbacker destruiu 26 aviões inimigos e se tornou o piloto americano mais condecorado da Primeira Guerra.

RELACIONAMENTOS

PONTOS FORTES: AFETIVO, GENEROSO, IRRESISTÍVEL

PONTOS FRACOS: DETONADOR, ANTI-SOCIAL, CONTROLADOR

MELHOR: PARCERIA DE EXECUTIVOS

PIOR: AMIZADE

TALIA SHIRE (25/4/46)
MARIO PUZO (15/10/20)

A atriz Shire e o romancista, roteirista e escritor Puzo foram ambos premiados pela série de filmes *O Poderoso Chefão*, dirigida por Francis Ford Coppola, irmão mais velho de Shire. Ela ganhou o Prêmio dos Críticos de Cinema de Nova York por seu papel como Connie Corleone em *O Poderoso Chefão*, Parte II (1974). Puzo ganhou Oscar de melhor roteiro por *O Poderoso Chefão* I (1972) e II. **Também: Percy Heath & Art Blakey** (baixista de jazz /baterista).

---

25 a 2 de maio
SEMANA DA MANIFESTAÇÃO
TOURO I

11 a 18 de outubro
SEMANA DO TEATRO
LIBRA III

Tendências conflitantes

O relacionamento entre Touro I e Libra III tem suas complexidades e seus altos e baixos. A combinação é fadada a se preocupar com a tentativa de reconciliar a natureza conflitante de seus parceiros. Uma grande quantidade de energia necessita ser dedicada à criação de algo firmemente estabelecido entre esses dois, tolhendo assim possibilidades gerais de crescimento do relacionamento ou de seus parceiros. O desfecho é que determinadas áreas são difíceis ou improváveis, sobretudo relacionamentos como casamento, que envolvem filhos e vida familiar estabelecida.

Os nascidos em Touro I necessitam se estabelecer, os representantes de Libra III precisam resistir. Além disso, a habilidade provedora dos nascidos em Touro I não faz sentido para um Libra III, que provavelmente não deseja estar por perto muito tempo. Isto tira muito da graça do relacionamento para o representante de Touro I. Atividades grupais envolvendo esses dois, sejam sociais ou comerciais, também são problemáticas, tanto por causa da necessidade dos nascidos em Touro I de ser o chefe quanto pela falta de interesse relativa dos representantes de Libra III por outras pessoas. O melhor papel para esses dois seria como parceiros executivos em um negócio com funções bem definidas.

É provável que relacionamentos mais íntimos sejam instáveis e tempestuosos, especialmente se a energia sexual inicial for forte. Os nascidos em Touro I não reagem bem à alternada frieza e à propensão de Libra III a explodir nos confrontos; sua teimosia contribui para isso e seu lado plácido é testado. Os nascidos em Libra III instintivamente sabem como irritar representantes de Touro I, deixando-os exasperados ou desesperados. Para completar, os nascidos em Libra III provavelmente se entediam com o Touro I.

A amizade nesta combinação pode ser instável, e por isso não é recomendada. Como adversários nos esportes ou parceiros de equipe, todavia, esta dupla pode ser irresistível, dragando o terreno à sua frente. Relações familiares podem ser idealizadas, afetuosas e altruístas, sobretudo entre pai e filha, mãe e filho, e irmãos do mesmo sexo. Este vínculo firmemente unido pode ser o eixo mais forte na família, mas também se caracteriza por grandes demonstrações de temperamento e confrontos furiosos, que os parentes fariam bem em ficar de fora.

Conselho: *Tente se manter equilibrado. Dê às emoções um uso construtivo ou prazeroso. Seja um pouco mais firme e não se deixe irritar.*

RELACIONAMENTOS

PONTOS FORTES: CONCEITUAL, PERCEPTIVO COM DINHEIRO, ESTÉTICO

PONTOS FRACOS: NOCIVO, DISRUPTIVO, FORA DE SINCRONIA

MELHOR: AMIZADE

PIOR: AMOR

BRIAN AHERNE (2/5/02)
JOAN FONTAINE (22/10/17)

Aherne e Fontaine foram casados de 1939 a 1945. O inglês Aherne foi para Hollywood em 1931 e protagonizou muitos personagens românticos, muitas vezes caracterizado como um inglês típico de cachimbo e roupa de *tweedy*. A carreira de Fontaine deslanchou quando ela fez o papel de protagonista em 2 filmes de Hitchcock, *Rebecca* (1940) e *Suspeita* (1941).

---

25 de abril a 2 de maio
SEMANA DA MANIFESTAÇÃO
TOURO I

19 a 25 de outubro
CÚSPIDE DO DRAMA E DA CRÍTICA
CÚSPIDE LIBRA-ESCORPIÃO

Pensamento conceitual

Este relacionamento está genuinamente em casa no mundo das idéias e das ideologias. Ambos os parceiros trazem para ele uma tendência para um tipo de pensamento conceitual guiado para o pragmatismo; isto pode ser uma força poderosamente unificadora. A inovação pode ser uma extensão do relacionamento, tornando-o uma boa combinação para negócios ou esforços grupais. Nos relacionamentos pessoais, esses dois consideram o relacionamento de certa forma difícil de estabelecer claramente ou definir.

O relacionamento possivelmente pode caracterizar um compartilhamento de interesses intelectuais e estéticos, e é provável que os representantes de Touro I fiquem admirados com o poder mental dos nascidos em Libra-Escorpião, e orgulhosos de estar em um relacionamento que dispensa consideração séria com seus próprios pensamentos. Mas os nascidos em Libra-Escorpião também podem criticar ou denegrir as idéias dos representantes de Touro I, os quais consideram isso um ataque pessoal. Daí pode advir grande perturbação. Na esfera romântica ou conjugal – mais precisamente no plano das sensações físicas – os nascidos em Libra-Escorpião podem se mexer em domínios apaixonados e estáticos que deixam um parceiro de Touro I para trás. E sua energia, às vezes explodindo abruptamente fora do controle na forma de comentário mordaz e sarcástico, pode magoar, confundir ou até amedrontar os nascidos em Touro I mais impassíveis e calmos, que podem se retirar confusos ou simplesmente ficar imobilizados em um estado de choque. Do lado positivo, todavia, este relacionamento pode proporcionar forte segurança econômica, caracterizando bons investimentos, padrões elevados de renda e uso sagaz do dinheiro no dia-a-dia.

A possibilidade mais bem-sucedida para esta combinação pode ser a amizade, onde grande parte da força dos pares pode se manifestar sem ser acompanhada de perturbação emocional. Uma vez que a luta por poder e o combate sexual não são ativados aqui, a amizade pode ser prazerosa, estável, psicologicamente solidária e intelectualmente interessante. Tanto na esfera comercial quanto na familiar, esta dupla pode ser uma força para o senso racional e comum. Suas atitudes em geral são construtivas e voltadas para o futuro. O relacionamento estimula o lado tradicional de ambos os parceiros, que juntos, tendem a promover valores que têm resistido ao teste do tempo.

Conselho: *Tente se manter equilibrado. Promova esforços financeiros. Cultive habilidades grupais e organizacionais. Minimize as lutas por poder.*

25 de abril a 2 de maio
SEMANA DA MANIFESTAÇÃO
TOURO I

26 de outubro a 2 de novembro
SEMANA DA INTENSIDADE
ESCORPIÃO I

Correndo a escala

Os opostos se atraem – e como! Uma vez que os nascidos em Touro I e em Escorpião I estão a 180° de distância no zodíaco, não é de admirar que uma forte atração magnética esteja presente. E esta atração inicial não é nada comparada à energia que pode ser gerada, tanto para o bem quanto para o mal, depois que o relacionamento deslancha. Na realidade este par percorre toda a escala de expressividade, do mais brilhante até o mais apaixonado. No entanto, há um requinte na atração sentida por estas personalidades, e sua mistura sinergética apresenta para o mundo um exterior sólido e formidável. Em resumo, esta pode ser uma combinação imbatível no trabalho, nas quadras de esporte, na família ou no grupo social.

Caso esses dois se apaixonem, é provável que se elevem às alturas da sensação física e ao êxtase sexual, mas devem ter cuidado para não ficarem presos a isso. Sua paixão pode ser também o prelúdio para a incursão espiritual, mas com freqüência se enreda em questões de possessividade e controle, co-dependência e apego no caso amoroso. A destruição pode ter uma proeminência inaceitável aqui, o relacionamento se tornando agitado ou arrasado por lutas violentas por supremacia. Na realidade o carma do relacionamento com freqüência parece exigir que se vá até este próprio antes que os conflitos possam ser finalmente resolvidos.

O casamento entre representantes de Touro I e Escorpião I em geral não funciona se ele se origina a partir de um caso amoroso desse tipo. Ele tem melhor chance de sucesso quando se desenvolve fora da amizade, onde os vínculos da confiança, do respeito e da ternura, tão valiosos no casamento, podem se formar em um contexto menos competitivo. Na realidade, a amizade nesta combinação pode ser muito íntima, aproximando-se de um verdadeiro casamento de corações e mentes.

Na família, e sobretudo nos pares pais-filhos, ambos os arranjos possíveis dessas duas personalidades produz relacionamentos em que há interesse, proteção e carinho, mas também superproteção e controle. A saída em geral reside no direcionamento da rejeição, da rebeldia ou de ambos.

Conselho: *Saiba quando parar. Cuidado com forças negativas. Não fique preso a atitudes destrutivas. Cultive a confiança e a ternura.*

RELACIONAMENTOS

PONTOS FORTES: EXPRESSIVO, DIGNO DE CONFIANÇA, ENLEVANTE

PONTOS FRACOS: CONTROLADOR, DESTRUTIVO, REBELDE

MELHOR: AMOR

PIOR: PAIS-FILHOS

AIATOLÁ KHOMEINI (1/5/1900)
XÁ DO IRÃ (26/10/19)

Líder de um regime brutal e corrupto, o xá enfrentou a oposição religiosa dos partidários de Khomeini em 1978. Suas concessões iniciais em subjugar as demonstrações da massa fracassaram, culminando com seu exílio em 1979 e levando Khomeini ao poder.

---

25 de abril a 2 de maio
SEMANA DA MANIFESTAÇÃO
TOURO I

3 a 11 de novembro
SEMANA DA PROFUNDIDADE
ESCORPIÃO II

Sem dó nem piedade

O desafio deste relacionamento é preservar o equilíbrio do poder. Ambos os parceiros se consideram autoridade em uma variedade de assuntos, e podem ser extremamente intolerantes com relação a outros pontos de vista. Quando concordam, seus amigos e familiares podem se bater contra uma parede sólida de oposição e autoridade. Quando discordam, o relacionamento pode ser embalado ao som da luta. "Sem dó nem piedade" e "Não tenha clemência" são comandos que não conduzem à harmonia e à tranqüilidade, mas este dois são iguais e podem necessitar de confrontos desse tipo para satisfazer sua necessidade de combate, estimular sua habilidade argumentativa e ter oportunidade de sentir a emoção da vitória. A rivalidade pode ser satisfatória até que o relacionamento reconheça uma excitação maior: os resultados substanciais que se originam da cooperação e da compreensão mútuas.

O casamento nesta combinação pode ser um tanto difícil, mas pode ser duradouro, para não os paciente diante das dificuldades. Bem-sucedido em muitos aspectos, incluindo financeira e profissionalmente, ele se caracteriza por interações nas quais lutas pelo controle do poder, sobretudo na esfera do dinheiro, estão sempre à espreita. A paixão corre frouxa: alegria, satisfação, excitação, dor, sofrimento, depressão. Independente do estado emocional ou psicológico dos parceiros, eles inevitavelmente voltam a sentir desejo de exercer o controle individual e a necessidade de desistir dele, seja pela força ou pela razão. O equilíbrio pode finalmente ser alcançado aqui, nem que seja por causa de uma média inevitável dos ganhos e perdas individuais, ou, mais positivamente, por causa de uma percepção de que o equilíbrio é essencial para a saúde do relacionamento. As amizades profundas que são possíveis aqui podem ser especialmente efetivas na promoção dos esportes, atividades em família ou sociais. Elas podem se tornar um baluarte da segurança organizacional de um clube ou equipe, seja no levantamento de fundos, em piqueniques ou festas ou no tratamento dos problemas do dia-a-dia. É provável que os relacionamentos familiares, por outro lado, sobretudo entre irmãos, sejam marcados por dificuldades. Particularmente intensas podem ser as brigas entre dois irmãos e duas irmãs, onde as diferenças de idade estabelecem padrões de coerção e rebeldia que somente podem ser resolvidos mais tarde na vida, se é que possam ser resolvidos.

Conselho: *Trabalhe em harmonia para o bem comum. Tente minimizar as lutas do ego e de poder. Alegre-se e divirta-se. Agir tolamente não é vergonhoso. Deixe as coisas acontecerem.*

RELACIONAMENTOS

PONTOS FORTES: DIGNO DE CONFIANÇA, DESAFIADOR, FINANCISTA

PONTOS FRACOS: INTOLERANTE, DEPRESSIVO, COMBATIVO

MELHOR: CASAMENTO

PIOR: IRMÃOS

REI GUILHERME III (4/11/1650)
RAINHA MARIA II (30/4/1662)

Para proteger alianças políticas, os primos Guilherme e Maria se casaram em 1677. Embora fosse herdeira legítima do trono inglês, Maria insistiu em governarem juntos como soberanos. Coroados juntos em 1689, Maria, daí para a frente, sempre submeteu-se aos desejos de Guilherme.
Também: Uma Thurman & Ethan Hawke (romance; atores).

341

RELACIONAMENTOS

PONTOS FORTES: DESPREOCUPADO, COMPREENSIVO, PERCEPTIVO

PONTOS FRACOS: MIMADO, SUPERFICIAL, MANIPULADOR

MELHOR: TRABALHO

PIOR: PAIS-FILHOS

EDWARD R. MURROW (25/4/08)
JOSEPH MCCARTHY (14/11/08)

O repórter Murrow foi uma luz para o liberalismo e a integridade, enquanto seu inimigo ideológico, o senador McCarthy, liderou uma caça aos anticomunistas. O conflito entre eles atingiu o clímax em 1954 quando o programa de tevê de Murrow atacou as táticas de investigação de McCarthy.

---

25 de abril a 2 de maio
SEMANA DA MANIFESTAÇÃO
TOURO I

12 a 18 de novembro
SEMANA DO ENCANTO
ESCORPIÃO III

Sem brigas

O lema deste par poderia ser "Sem brigas". Esses dois em geral fazem exigências bem definidas, mas seu relacionamento, sobretudo no casamento, é notável por manter as exigências de cada um a um mínimo, e por se ater ao que é mais exatamente do que o que poderia ser. Os nascidos em Touro I gostam de entrar pela porta e relaxar após um dia difícil; os nascidos em Escorpião III gostam de ser valorizados pelo que eles têm para dar. O relacionamento satisfaz necessidades importantes, mas também encoraja um despreocupado toma-lá-dá-cá que faz valer a pena viver.

É provável que o amor entre Touro I e Escorpião III seja, na maioria dos casos, magnético, físico e sensual, alcançando novos patamares de uma sexualidade tórrida, para grande prazer de ambos os parceiros. Muito ocasionalmente, também pode ser vulcânico, desencadeando hostilidade juntamente com desejo e paixão. No casamento, o lar pode se tornar um porto seguro e confortável, longe das pressões do mundo. As brigas podem ser mantidas a um mínimo e noites pacíficas acontecem. Isto não quer dizer que esses dois sejam de qualquer maneira desligados, mas, ao contrário, que a inteligência emocional do relacionamento é alta. Há uma compreensão do valor do compromisso e do entendimento, e uma percepção de que a impaciência e a raiva constante são contraproducentes e indesejáveis.

Tanto o relacionamento de amizade quanto de trabalho nesta combinação são com freqüência descontraídos e produtivos. Em nenhum deles os parceiros são polarizados, e a igualdade pode ser considerada a norma. No trabalho, seja o representante de Touro I o chefe e Escorpião III o empregado ou vice-versa, o poder não é visto como ameaçador nem o serviço como humilhante.

Caso os nascidos em Touro I e Escorpião III sejam uma combinação pai-filha ou mãe-filho, há o risco da criança ser mimada. Filhos de Escorpião III podem saber como ligar o charme e conseguir o que querem com um pai de Touro I que de outro modo pode parecer extremamente resistente.

Conselho: *Cuidado com a letargia. Busque atividades estimulantes. Não caia na não produtividade. Tensão nem sempre é indesejável. Promova a ação.*

RELACIONAMENTOS

PONTOS FORTES: IDEOLÓGICO, GENEROSO, LEAL

PONTOS FRACOS: DESORIENTADO, AO SABOR DA CORRENTE, TENTADO

MELHOR: AMIZADE

PIOR: TRABALHO

ELEANOR POWELL (21/11/12)
GLENN FORD (1/5/16)

Powell foi estrela do sapateado nos musicais da MGM nos anos 1930 e 1940. Ela se afastou do cinema depois de se casar com o ator Ford, em 1943. Depois de seu divórcio, em 1959, ela fez um retorno bem-sucedido em clubes noturnos. **Também: Duke Ellington & Billy Strayhorn** (parceiros musicais); **Sheldon Harnick & Jerry Bock** (parceiros musicais).

---

25 de abril a 2 de maio
SEMANA DA MANIFESTAÇÃO
TOURO I

19 a 24 de novembro
CÚSPIDE DA REVOLUÇÃO
CÚSPIDE ESCORPIÃO-SAGITÁRIO

Gostos generosos

O problema central deste relacionamento, e seu maior desafio, é dar direção e liderança às suas atividades. Os nascidos em Touro I e Escorpião-Sagitário parecem reforçar a mania de adiar um do outro, portanto ter as coisas feitas é com freqüência um problema aqui. Além disso, ambos os parceiros estão ocupados uma boa parte do tempo com idéias e planos, de forma que o relacionamento pode ser carente na esfera da implementação. A generosidade e o excesso, sobretudo no domínio do físico, são amplificados aqui: com freqüência, muito do tempo e do dinheiro do relacionamento são gastos em comida, bebida e artigos de luxo.

A lealdade desempenha um papel importante na amizade entre esses dois, que são em geral sensíveis e compreensivos um com o outro. Os nascidos em Escorpião-Sagitário vêem através do exterior duro de Touro I, instintivamente reconhecendo e respondendo ao seu lado sensível e emocional; enquanto isso os nascidos em Touro I sabem quando deixar sozinhos representantes de Escorpião-Sagitário para esvaziar-se e recarregar-se, e também para ponderar sobre suas idéias em paz.

Casos amorosos, por outro lado, colocam a lealdade em teste. Os nascidos em Escorpião-Sagitário que reagem de forma sensível aos parceiros de Touro I podem ainda assim não fazer deles objeto exclusivo de sua afeição. Não que os nascidos em Touro I sejam incapazes de satisfazê-los, mas com freqüência os nascidos em Escorpião-Sagitário não se satisfazem com um só parceiro. Sua necessidade de variedade e mudança nos assuntos sexuais, e sua dificuldade em evitar de envolver-se com quem consideram atraente é um duplo problema neste relacionamento. Como os nascidos em Touro I ficam facilmente magoados e se sentem rejeitados quando os nascidos em Escorpião-Sagitário põem o radar a funcionar, é provável que o casamento nesta combinação seja difícil.

O relacionamento familiar e profissional entre esses dois pode ser problemático por duas razões. Primeiro, conflitos sobre métodos, idéias e planos em geral são uma barreira intransponível. Segundo, ambos os parceiros gostam de ser o chefe e dar direção aos seus projetos. Enquanto lutam pelo comando do leme, infelizmente o navio pode estar se dirigindo para as pedras.

Conselho: *Procure não adiar seus compromissos. Mantenha-se na posição mais privilegiada da situação. Dê direção firme a seus projetos. Assuma um curso de ação e permaneça nele.*

25 de abril a 2 de maio
SEMANA DA MANIFESTAÇÃO
TOURO I

25 de novembro a 2 de dezembro
SEMANA DA INDEPENDÊNCIA
SAGITÁRIO I

Teste de paciência

O sucesso deste relacionamento é proporcional ao grau em que os parceiros possam pacientemente aceitar suas diferenças individuais em benefício do seu bem comum. O relacionamento pode cultivar objetividade e compreensão com algum sucesso se os parceiros estiverem dispostos a se darem uma chance. O resultado final pode ser que esses dois aprendam a aceitar e a compreender não somente um ao outro mas aos que estiverem em seu círculo, amigos, família, grupos e outros em geral na sociedade. À primeira vista, diferenças de abordagem podem tornar difícil para os nascidos em Touro I e Sagitário I lidarem um com o outro efetivamente. Os nascidos em Sagitário I, mais independentes, em geral acreditam na educação através da escola do sofrimento, enquanto os representantes de Touro I, orientados para as pessoas, vivem para implementar idéias que eles com freqüência derivam de outros modelos escritos ou verbais. Uma outra diferença é que os nascidos em Sagitário I movem-se como óleo de candeia, enquanto os representantes de Touro I são constantes e seguros.

Uma barreira emocional no amor e no casamento pode ser a questão do toma-lá-dá-cá. Os nascidos em Touro I têm um lado provedor forte, que pode ficar frustrado ao lado de representantes de Sagitário I, tão independentes que raramente aceitam ajuda. Os nascidos em Sagitário I realmente necessitam receber, mas com freqüência o fazem de forma muito agressiva, de um modo que os faz sentir que dominaram ou conquistaram algo. Os nascidos em Touro I têm necessidades profundas, mas acham difícil compartilhar sentimentos com representantes de Sagitário I egoístas e impacientes.

A amizade e os relacionamentos familiares são mais favoráveis. As combinações pais-filhos provavelmente são caracterizadas pelo apoio e a compreensão mútuas. Naturalmente, um pai de Touro I pode ser asfixiante e um filho de Sagitário I insubordinado e rebelde, mas qualquer que seja a personalidade que desempenhe qualquer dos papéis, o relacionamento é caracterizado por honestidade e confiança. O amor pela natureza e preocupação com animais de estimação pode ser compartilhado e desenvolvido, com especial ênfase no envolvimento de uma compreensão profunda das questões biológicas e ecológicas.

Conselho: *Construa sua força e diversidade. Aprenda a receber o que é dado e dar quando receber. Reduza suas defesas. Compartilhe sentimentos em um nível profundo sempre que possível.*

RELACIONAMENTOS

PONTOS FORTES: HONESTO, FÍSICO, RECEPTIVO

PONTOS FRACOS: FRUSTRADO, AGRESSIVO, AUTOCENTRADO

MELHOR: PAIS-FILHOS

PIOR: CASAMENTO

BING CROSBY (2/5/04)
KATHRYN GRANT (25/11/33)

A rainha da beleza Grant desempenhou papel de protagonista em filmes dos anos 1950 até abandonar sua carreira, em 1957, para se tornar a segunda esposa do cantor popular Crosby. Em meados dos anos 1970, ela apresentou um programa de tevê em San Francisco. Seu casamento durou até a morte de Crosby, em 1977.

---

25 de abril a 2 de maio
SEMANA DA MANIFESTAÇÃO
TOURO I

3 a 10 de dezembro
SEMANA DO ORIGINADOR
SAGITÁRIO II

Repositório escondido

Este relacionamento complexo é governado por elementos contrastantes e com freqüência contraditórios: aceitação *versus* rejeição, rebeldia *versus* desejo de agradar, necessidade de esconder *versus* necessidade de revelar e compartilhar. O equilíbrio entre esses dois com freqüência será um fator determinante em quão próximo é o relacionamento. Compartilhar segredos também é uma marca da combinação, e o relacionamento pode se tornar um repositório de verdades inenarráveis em outro ambiente.

A intimidade do relacionamento é profetizada de acordo com o que e quando seus parceiros escolhem para expor um ao outro. Os nascidos em Sagitário II têm problemas explícitos com tendências ao escapismo, que, se reveladas, perturbam os representantes de Touro I, por mais íntimo ou intenso que seja seu caso amoroso. A incapacidade do Sagitário II de enfrentar responsabilidade, ou talvez seus próprios vícios, pode ser um problema. Os nascidos em Touro I podem secretamente gostar de agir como protetores dos representantes de Sagitário II, que podem vê-los como excêntricos, enquanto estes podem esconder o fato de que, no fundo, admiram a solidez e a orientação para a realização lenta porém segura dos nascidos em Touro I.

O casamento e a amizade podem ser caracterizados pelo apoio e compreensão mútuos, embora sejam estressantes. Como têm uma auto-estima baixa, os nascidos em Sagitário II inicialmente suspeitam dos avanços de Touro I, mas no final podem se tornar excessivamente dependentes de seus parceiros extremamente capazes. Os nascidos em Touro I podem se sentir bem com relação às contribuições que fazem para o relacionamento, mas também frustrados com sua incapacidade de alcançar níveis mais profundos de interação emocional. E a necessidade profunda dos Sagitário II de autocompreensão e crescimento espiritual pode da mesma forma não ser satisfeita neste relacionamento, de modo que eles tendem a buscar essa dimensão fora dele. No trabalho ou na família, os esforços dos representantes de Touro I para formar uma equipe podem ser eliminados pelo extremo individualismo dos nascidos em Sagitário II.

Conselho: *Objetive a abertura. Examine sua necessidade de guardar segredos. Medos passados devem ser confrontados. Cuidado com o isolamento do mundo.*

RELACIONAMENTOS

PONTOS FORTES: PRÓXIMO, PARTICIPATIVO, DEDICADO

PONTOS FRACOS: FRUSTRADO, DEPENDENTE DEMAIS, DISSIMULADO

MELHOR: CASAMENTO

PIOR: TRABALHO

EDUARDO IV (29/4/1442)
HENRIQUE VI (6/12/1421)

O rei da casa de Lancaster da Inglaterra de 1422 a 1461, Henrique VI foi um regente ineficiente sujeito a acessos de insanidade. Em 1461, durante a Guerra das Rosas, Eduardo IV reivindicou o trono após a derrota dos partidários de Henrique. **Também: Carol Burnett & Carrie Hamilton** (mãe/filha; atrizes); **Bing Crosby & Dorothy Lamour** (co-estrelas); **Al Pacino & Ellen Burstyn** (co-diretores, Actors Studio).

| **RELACIONAMENTOS** |

PONTOS FORTES: SINTONIZADO, SENSÍVEL, DIGNO DE CONFIANÇA

PONTOS FRACOS: DETONADOR, COMBATIVO, DESEQUILIBRADO

MELHOR: TRABALHO

PIOR: FAMÍLIA

ANN-MARGRET (28/4/41)
ROGER SMITH (18/12/32)

Ex-símbolo sexual dos anos 1960, Ann-Margret resistiu ao teste do tempo e é considerada uma atriz versátil e multitalentosa. Seu devotado marido e empresário, o ator de tevê Smith, foi fundamental em seu retorno nos anos 1970.

---

25 de abril a 2 de maio
SEMANA DA MANIFESTAÇÃO
TOURO I

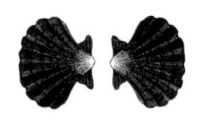

11 a 18 de dezembro
SEMANA DO TITÃ
SAGITÁRIO III

Sensibilidades refinadas

À primeira vista, se esperaria que o tema maior deste relacionamento fosse simples: uma luta por poder entre dois indivíduos determinados. Touro é um signo de terra, contribuindo para uma natureza pragmática e teimosa, enquanto a personalidade de Sagitário, um signo do fogo, é mais expansiva e orgulhosa. Mas esta interpretação ignora as forças intensas em funcionamento aqui e a natureza desses dois indivíduos. Juntos eles podem revelar muitos aspectos até agora inesperados, incluindo o lado espiritual, uma confiança e um conhecimento emocional maiores e a capacidade de explorar questões e significados mais amplos.

No amor, casamento e amizade, o relacionamento bem-sucedido de Touro I e Sagitário III caracteriza-se por uma sensibilidade muito refinada, tanto no tratamento com o mundo exterior quanto na permissão dos próprios parceiros para alcançar camadas mais profundas de compartilhamento e confiança. Em tais explorações mútuas, capacidades racionais e senso comum se misturam bem com a abertura emocional. O lado negativo deste maior conhecimento é uma tendência a exagerar ou a perder o equilíbrio. Na realidade, a sensibilidade do relacionamento pode se tornar um problema, forçando esses dois a construírem uma parede para se protegerem, de forma que eles pareçam mais fortes e pragmáticos do que realmente são. Um olhar ou reconhecimento silencioso, todavia, é suficiente para atestar a proximidade contínua do relacionamento.

Na família, esses dois podem facilmente se envolver em lutas por poder, com resultados altamente negativos para ambos e para o grupo maior. Relacionamentos pais-filhos e irmãos provavelmente se caracterizam por batalhas de proporções gigantescas; a incapacidade de retratar-se ou de ceder é característica. Infelizmente, a sensibilidade aqui resulta em transtorno com mais freqüência do que alcança alcançar níveis mais profundos de compreensão.

No trabalho, os nascidos em Touro I e Sagitário III podem ser uma combinação forte e bem integrada. Em geral funcionando melhor como parceiros conduzindo um negócio do que como patrão-empregado ou colegas de trabalho, eles demonstram respeito pelos talento e força um do outro. E conflitos podem ser evitados dentro da sua organização por causa de uma percepção instintiva de que a energia é mais bem gasta na oposição a adversários do que na luta um contra o outro.

Conselho: *Permaneça aberto e confiante. Não se feche aos sentimentos. Não se deixe irritar tão facilmente. Use a sensibilidade para alcançar emoções mais intensas.*

| **RELACIONAMENTOS** |

PONTOS FORTES: ORGANIZADO, POUCO AMEAÇADOR, HONESTO

PONTOS FRACOS: IRRACIONAL, TEIMOSO, RECALCITRANTE

MELHOR: AMIZADE, TRABALHO

PIOR: AMOR

IMPERADOR HIROHITO
(29/4/01)
IMPERADOR AKHITO (23/12/33)

A sucessão de imperadores japoneses ao longo dos séculos nunca desviou-se da linha sangüínea real. Hirohito sucedeu seu pai Yoshihito no trono. Seu filho Akhito sucedeu o reinado de 62 anos de Hirohito, após sua morte em 1989.

---

25 de abril a 2 de maio
SEMANA DA MANIFESTAÇÃO
TOURO I

19 a 25 de dezembro
CÚSPIDE DA PROFECIA
CÚSPIDE SAGITÁRIO-CAPRICÓRNIO

Planos e logísticas

Este relacionamento enfatiza a estrutura e a implementação de planos e idéias. Esse é o âmago da natureza de Touro I, mas no que se refere a colocar conceitos em funcionamento, os nascidos em Sagitário-Capricórnio também não ficam para trás. O relacionamento amoroso aqui é um pouco problemático, uma vez que a complexidade e dificuldades da personalidade de Sagitário-Capricórnio pode ser demais para os representantes de Touro I lidarem. O que parece ser acordos, planos e conversas razoáveis sobre logística pode ser deixado de lado por uma explosão de grande intensidade emocional, resultando talvez em ressentimento ou frustração reprimidos. Teimosia e obstinação também são características aqui, resultando na recusa em expressar emoção ou concordar com uma discussão razoável.

Na família, no casamento e no trabalho, esta dupla pode se distinguir nas questões organizacionais. Porém ela tem um lado emocionalmente instável e depressivo que pode aflorar quando as coisas não saem de acordo com o plano. Uma atmosfera de insegurança pode surgir aparentemente sem nenhuma razão, resultando em auto-estima baixa e falta de confiança. O relacionamento pode funcionar melhor na área da amizade, que pode proporcionar uma atmosfera não ameaçadora na qual se expressam ou discutem necessidades ocultas. O grau de honestidade que pode ser alcançado aqui é impossível em relacionamentos onde os parceiros sintam que têm muito a perder. A amizade raramente é competitiva, a menos que uma terceira pessoa esteja envolvida, a qual seja o objeto das afeições de ambos os parceiros.

Sociedades profissionais podem ser muito recompensadoras para esses dois, que se sentem à vontade como membros de uma equipe ou parceiros iguais. Eles se complementam bem, uma vez que os nascidos em Sagitário-Capricórnio são excelentes em iniciar projetos enquanto os representantes de Touro I gostam da manutenção. A energia do relacionamento é boa se aplicada no trabalho grupal e no trabalho de bastidores, e é idealmente orientada para qualquer tipo de serviço. Além disso, as habilidades psíquicas dos nascidos em Sagitário-Capricórnio com freqüência permitem que eles prevejam o futuro e tenham uma idéia do que reside à sua frente. Os nascidos em Touro I são práticos demais para reconhecer esses poderes e percepções, que eles provavelmente descartam como palpite ou leitura da sorte.

Conselho: *Tenha confiança em si mesmo. No trabalho, seja objetivo e não deixe que sentimentos interfiram. Mostre inteligência emocional. Torne as coisas fáceis.*

25 de abril a 2 de maio
SEMANA DA MANIFESTAÇÃO
TOURO I

26 de dezembro a 2 de janeiro
SEMANA DO REGENTE
CAPRICÓRNIO I

Da matéria ao espírito

O relacionamento com formação de trígono (120° de distância no zodíaco) entre os signos de terra Touro I e Capricórnio I tradicionalmente indica complacência com uma orientação compartilhada para o trabalho e o prazer sensual. Mas este par pode objetivar alguma coisa mais transcendente, começando com o material, mas evoluindo para o espiritual – não necessariamente como um estado no qual eles flutuam pelo mundo, guardando certa distância dele, mas como eles vêem o aqui e agora com uma luz mais consciente e perceptiva. Uma vez que cada personalidade traz para o relacionamento um conhecimento e uma familiaridade natural com as preocupações materiais, juntos o par pode com freqüência tomar isso como algo certo, em vez de investigar juntos fenômenos estéticos, religiosos, de nova era e até psíquicos.

Os casos amorosos entre Touro I e Capricórnio I enfatizam uma sensualidade natural e altamente prazerosa, embora seja uma sensualidade de um tipo que conduz a uma espécie de paz meditativa ou estática na qual a matéria é transcendida e o espírito liberado. No entanto, excessos na área de comes e bebes, bem como do sexo e vícios do amor, são um perigo sempre presente aqui, e a moderação deve ser observada ou a conseqüência pode ser a má saúde.

A amizade e o casamento entre esses dois são fortemente recomendados. Questões práticas são administradas com eficiência e o dinheiro é bem gasto. Para os cônjuges, compartilhar as mesmas atividades prazerosas em casos amorosos – como comida e sexo – pode continuar a ser satisfatório, mas eles também apreciam construir um lar agradável juntos. Uma desvantagem desta combinação pode ser uma falta de estímulo ou impulso, uma vez que o relacionamento é em geral agradável dessa maneira e o par pode não sentir necessidade de se esforçar na direção de objetivos difíceis ou impossíveis. Por um lado, isto torna o relacionamento realista, por outro ele também pode ser um pouco complacente e satisfeito consigo mesmo.

O relacionamento entre pais e filhos é íntimo e compreensivo, a proteção exercendo um forte papel, até quando os pais envelhecem e necessitam do tipo de atenção que um dia deram aos filhos. Cuidado deve ser tomado, todavia, para que este relacionamento não se torne muito dependente ou iniba o crescimento pessoal.

Conselho: *Não desista de seu percurso individual. Estimule-se para realizações maiores. Não fique preso a uma armadilha prazerosa. Busque a liberdade.*

RELACIONAMENTOS

PONTOS FORTES: SENSUAL, TRANSCENDENTE, ESPIRITUAL

PONTOS FRACOS: EMPERRADO, COMPLACENTE, SEM OBJETIVO

MELHOR: CASAMENTO

PIOR: TRABALHO

JACK PAAR (1/5/18)
STEVE ALLEN (26/12/21)

Allen e Paar foram apresentadores do *Tonight Show* na NBC antes da dinastia Carson. Allen apresentou o programa de 1954 a 1957; sua ênfase era a comédia e a música; Allen era acompanhado de um pianista e compositor talentoso. Paar apresentou o show de 1957 a 1962; mais popular que Allen, Paar atraiu uma ampla audiência mais pela conversa e a controvérsia do que pelo humor.

---

25 de abril a 2 de maio
SEMANA DA MANIFESTAÇÃO
TOURO I

3 a 9 de janeiro
SEMANA DA DETERMINAÇÃO
CAPRICÓRNIO II

Sob medida

Para que este relacionamento dure, ele necessita construir uma organização, uma equipe ou uma família bem-sucedida feita para satisfazer as necessidades pessoais, e sobretudo para amarrar seus interesses aos do grupo. A estrutura tanto do relacionamento quanto da organização que ela enseja pode não ser especialmente bem compreendida pelos que estão à sua volta, os quais podem considerar seus métodos estranhos, sua estrutura singular e seus objetivos, claramente bizarros.

Uma equipe Touro I-Capricórnio II pode ser energética e dinâmica. Um problema, todavia, é que os nascidos em Capricórnio II podem estar mais interessados em seus próprios avanços ou benefícios do que no do par, de forma que eles podem pular fora no momento crucial – e em geral sem qualquer aviso. Os nascidos em Touro I, constantes e dedicados, consideram mais difícil ainda terminar o relacionamento, quer se manifeste na esfera comercial, social ou conjugal.

Casamentos, amizades e relacionamentos familiares nesta combinação podem ser muito ambiciosos na busca por status social na comunidade ou no círculo. Eles apreciam dinheiro, prestígio e poder, considerando que vale a pena qualquer esforço necessário para obtê-los. Os nascidos em Touro I podem ficar um pouco perturbados com a abordagem superagressiva e amoral dos representantes de Capricórnio II, que por sua vez podem considerar parceiros de Touro I um pouco preguiçosos ou excessivamente moralistas. Uma determinada falta de ênfase nos valores humanos de simpatia, bondade e afeição pode fazer o relacionamento correr o perigo de se tornar difícil e sem emoções. Os casos amorosos nesta combinação são com freqüência confrontações difíceis e sexualmente orientadas, em que os parceiros não estão realmente preparados para se darem, mas tendem a medir um ao outro em temos do lucro que eles poderiam ganhar ficando juntos.

Se o relacionamento é uma sociedade no mundo dos negócios, ele precisa sobreviver a muita crítica externa e falta de compreensão. Deve desenvolver boas relações públicas e enfatizar as exigências incomuns dos parceiros. Caso os nascidos em Touro I e Capricórnio II achem essas tarefas satisfatórias, eles avançam um pouco mais e tornam seu relacionamento capaz de proporcionar os bens e serviços de alta qualidade que satisfazem os clientes mais exigentes.

Conselho: *Examine seus motivos. O fim pode não justificar os meios. Desenvolva seu lado atencioso e afetuoso. Dedique tempo para conhecer pessoas. Compartilhe sentimentos.*

RELACIONAMENTOS

PONTOS FORTES: FIRME, BEM-SUCEDIDO, ESTRUTURADO

PONTOS FRACOS: INSENSÍVEL, INDELICADO, CRUEL

MELHOR: TRABALHO

PIOR: AMIZADE

WILLIAM RANDOLPH HEARST (29/4/1863)
MARION DAVIES (3/1/1897)

Apesar da recusa da esposa de se divorciar, o intenso caso amoroso do magnata da imprensa Hearst com a atriz Davies durou de 1917 até sua morte, em 1951. Obcecado por ela, ele prometeu tornar Davies a maior atriz do mundo, mas não conseguiu. **Também: Al Pacino & Diane Keaton** (caso; atores); **Ann-Margret & Elvis Presley** (caso; atriz/cantor).

345

RELACIONAMENTOS

PONTOS FORTES: CONFIANTE, PODEROSO, AGRADÁVEL

PONTOS FRACOS: DESTRUTIVO, PREDOMINANTE, COMBATIVO

MELHOR: CASAMENTO

PIOR: AMIZADE

MARTIN LUTHER KING, JR. (15/1/29)
CORETTA KING (27/4/27)

Unidos em 1953 pelo reverendo King, pai de Martin, os King tiveram um casamento profundamente devotado que girou em torno de sua carreira na defesa dos direitos civis. Coretta cuidava dos filhos e da casa e dava total apoio à valente cruzada do marido.
Também: Jerry Seinfeld & Julia Louis-Dreyfus (co-estrelas, *Seinfeld*).

25 de abril a 2 de maio
SEMANA DA MANIFESTAÇÃO
TOURO I

10 a 16 de janeiro
SEMANA DA DOMINAÇÃO
CAPRICÓRNIO III

Sozinho na multidão

Poucos indivíduos são tão dominantes quanto qualquer um desses dois. Não se poderia esperar nem que eles formassem uma amizade, então, que dirá o mais íntimo dos relacionamentos. No entanto, existe a possibilidade de um vínculo verdadeiro de espírito que torna este relacionamento muito diferente dos outros. Esses dois podem se sentir completamente sozinhos no meio de uma sala lotada. Talvez uma das bases de sua intimidade resida no fato de que essas personalidades, ambas altamente ambiciosas, devem na realidade compreender um ao outro muito bem. Contanto que suas esferas de influência não entrem em conflito, eles podem ver um no outro o que cada um mais respeita, e isso pode se tornar a base para que eles compartilhem uma vida interior que nenhum deles teria com alguém que não admirasse. Além disso, juntos eles podem encontrar um conjunto de idéias mais significativo ou socialmente responsável onde possam atrelar sua ambição.

Mesmo assim, os casos amorosos entre esses dois podem ser muito difíceis. É provável que surjam constantemente lutas por poder, sobretudo nos relacionamentos puramente sexuais. Em um relacionamento sério ou casamento, os parceiros deveriam estar mais seguros para definir seu território incontestado – de outra forma estas lutas podem separar o casal. Mas a harmonia prevalece se os papéis forem bem delineados e as tarefas definidas e os aspectos mais positivos do relacionamento puderem revelar-se aqui, onde pode existir um grau maior de confiança, empatia e compreensão.

O relacionamento familiar une as pessoas independentemente de sua escolha, portanto a pergunta aqui é como esses dois se relacionam. Infelizmente eles em geral não se dão bem e há pouco a ser feito a respeito. Trabalhar a compreensão, a aceitação, a reflexão e finalmente o amor é difícil quando jogos de poder são a ordem do dia, mas se o relacionamento tiver que ser produtivo e não destrutivo, um dos parceiros terá de dar o primeiro passo. O *status quo*, o equilíbrio de poder ou uma trégua é, às vezes, o melhor que pode ser esperado, pelo menos temporariamente. No trabalho, ambos devem controlar seu espaço imediato, portanto, faria sentido se trabalhassem em departamentos diferentes.

Conselho: *Declare um armistício. Encontre áreas nas quais o conflito não é a questão. Promova cooperação mútua para alcançar objetivos comuns. Seja bondoso.*

RELACIONAMENTOS

PONTOS FORTES: INTRIGANTE, REALIZADO, CALMANTE

PONTOS FRACOS: PREOCUPADO, IRRITADO, DEPRIMIDO

MELHOR: AMOR

PIOR: CASAMENTO

ULYSSES S. GRANT (27/4/1822)
ROBERT E. LEE (19/1/1807)

Em 1864, a União Geral de Grant entrou em conflito com o Confederado Geral de Lee em uma série de batalhas sangrentas da Guerra de Secessão. Embora Lee tenha conseguido uma vantagem inicial, seus Confederados foram finalmente derrotados e forçados a se entregar em Appomatox, Virgínia, em 1865.
Também: Claire Clairmont & Lord Byron (amante/poeta); **Judy Carne & Vidal Sassoon** (romance; atriz/cabeleireiro).

25 de abril a 2 de maio
SEMANA DA MANIFESTAÇÃO
TOURO I

17 a 22 de janeiro
CÚSPIDE DO MISTÉRIO E DA IMAGINAÇÃO
CÚSPIDE CAPRICÓRNIO-AQUÁRIO

Solucionando o quebra-cabeça

Esses dois têm pouco em comum. Seu problema é como reconciliar manifestação e mistério, dois conceitos muito diferentes de fato. A luta contínua do par será sempre como concretizar o insondável e espiritualizar o concreto – em suma, como fazer sentido da vida e manter a admiração por ela; como compreender o amor em termos mais do que materiais e ainda assim expressá-lo no mundo real; e como abordar a beleza abstrata de forma íntima o bastante para dar a ela uma forma material. Esses objetivos evasivos podem facilmente manter o relacionamento unido por algum tempo, uma vez que cada parceiro busca o que o outro carece – algo como caçar borboletas.

O relacionamento certamente é um porto seguro para os caóticos nascidos em Capricórnio-Aquário se abrigarem, mas também os põem em contato com seu lado obscuro, induzindo-os a compreendê-lo melhor ou despertando inquietação ou preocupação em ambos os parceiros. Os nascidos em Touro I, por outro lado, são hipnotizados pelos aspectos mais enigmáticos do relacionamento e buscam desvendar o quebra-cabeça. Assim, o relacionamento guia ambos os parceiros para regiões psicológicas interiores, cuja exploração aprofunda sua conexão, mas também os ajuda ao longo de seu caminho individual de auto-realização.

No amor, é provável que os nascidos em Touro I se sintam atraídos pela vibração da personalidade dos representantes de Capricórnio-Aquário, mas também se satisfazem em ser capazes de puxar esses indivíduos excitantes para o plano físico e envolvê-los em um relacionamento com um efeito calmante. Os nascidos em Capricórnio-Aquário valorizam a sensualidade terrena dos representantes de Touro I e gostam de relaxar em um relacionamento menos frenético do que eles ordinariamente escolheriam.

Esses dois podem formar uma equipe eficaz como cônjuges ou parceiros de trabalho, pois ambos sabem trabalhar arduamente no dia-a-dia, e este relacionamento revela seu lado mais responsável. Ambos têm um forte lado tirânico, contudo, que pode ser magnificado aqui, criando problemas sérios para filhos, empregados e colegas de trabalho – e para cada um deles.

Conselho: *Procure nivelar suas emoções. Evite se preocupar e remoer. Busque saídas saudáveis para sua energia. Use construtivamente sua introvisão.*

25 de abril a 2 de maio
SEMANA DA MANIFESTAÇÃO
TOURO I

23 a 30 de janeiro
SEMANA DO GÊNIO
AQUÁRIO I

Perguntas universais

Este relacionamento pode exibir um alto grau de atividade mental, aspirando em grande medida não somente responder perguntas universais, mas também lidar com emoções a um nível humano básico. Esses dois se prendem a questões como equilibrar o absoluto e o relativo, o subjetivo e o objetivo, o ideal e o pragmático. Ambas as partes se beneficiam de tais explorações, porém devem ter cuidado para não se empolgarem e se esquecerem de considerações mais práticas. Os nascidos em Touro I em geral têm os dois pés no chão, mas podem ser seduzidos para longe desta postura pela atração magnética do relacionamento, de forma que eles ocasionalmente ficam um pouco perdidos ou confusos. Os nascidos em Aquário I estão em solo mais familiar e gostam de guiar seu parceiro Touro I através de domínios de raciocínios complicados.

Nos casos amorosos, é provável que os nascidos em Aquário I sejam um pouco moderados ou um pouco excêntricos para o gosto dos Touro I. De forma semelhante, embora a sensualidade terrena de Touro I possa intrigar os representantes de Aquário I por um curto tempo, no decorrer do tempo ele pode parecer previsível e inimaginável para eles. No entanto, esses parceiros realmente compartilham um amor caracterizado por ideais e princípios elevados que podem levá-los a continuar seu relacionamento na esfera platônica, sem grande envolvimento físico, e a gostar de compartilhar afeição e simpatia.

É provável que o casamento e a amizade nesta combinação sejam a melhor aposta; eles permitem que áreas idealistas e emocionais sejam completamente exploradas sem que sentimentos prejudiciais aflorem, pelo menos não com muita freqüência. Questões práticas e abstratas se fundem aqui, proporcionando um bom equilíbrio na vida diária. O relacionamento é especialmente adequado para interação com outros amigos ou com filhos, para quem pode ser uma fonte de inspiração.

Relacionamentos profissionais e familiares terão problemas óbvios se o patrão ou os pais forem Touro I e os filhos ou empregados Aquário I; em aspectos mais básicos, os nascidos em Touro I invariavelmente tentam mudar Aquário I, que não reage bem a ser controlado ou forçado a ajustar-se a um molde e que quase com certeza se rebela contra as regras e expectativas de Touro I, sobretudo na área das tarefas diárias repetitivas.

Conselho: *Não se deixe levar. Atenda às tarefas diárias. Mantenha os olhos na montanha distante, mas os pés no chão. Equilibre suas energias.*

RELACIONAMENTOS

PONTOS FORTES: ATENCIOSO, IDEALISTA, INSPIRADOR

PONTOS FRACOS: DESCONECTADO, REBELDE, PERDIDO

MELHOR: AMIZADE

PIOR: TRABALHO

IMPERADOR HIROHITO (29/4/01)
FRANKLIN D. ROOSEVELT (30/1/1882)

Em 1941 as relações econômicas e diplomáticas entre Hirohito e Roosevelt foram rompidas. Os Estados Unidos esperavam por uma eventual guerra com o Japão, mas foram surpreendidos pelo bombardeio de Pearl Harbor, em 7 de dezembro: "uma data que viverá na infâmia", disse Roosevelt, então inimigo confesso de Hirohito. **Também:** William Randolph Hearst & Julia Morgan (construtor do Castelo Hearst/arquiteta).

---

25 de abril a 2 de maio
SEMANA DA MANIFESTAÇÃO
TOURO I

31 de janeiro a 7 de fevereiro
SEMANA DA JUVENTUDE E DESPREOCUPAÇÃO
AQUÁRIO II

Contentamento lânguido

Este relacionamento pode facilmente enfocar o amor pela beleza física e sensual. Os aspectos hedonistas da combinação são pronunciados, de forma mais evidente nas interações altamente prazerosas de seus parceiros e, em segundo lugar, em um amor por objetos belos que dão prazer a sua vida. O perigo aqui é que a atitude tranqüila de Aquário II e o amor pelo sossego de Touro I podem combinar-se em dar ao relacionamento um ar lânguido e satisfeito, promovendo preguiça e procrastinação. Na realidade, o relacionamento pode às vezes ser tão satisfeito que parece carecer de qualquer confiança e ambição para o futuro.

Na esfera profissional, evidentemente isso pode significar fracasso, portanto, este relacionamento não é recomendado para colegas de trabalho ou parceiros profissionais. Mas amizades e relacionamentos amorosos nesta combinação podem florescer e resistir ao teste do tempo. Casos amorosos tendem a ser sensuais em vez de apaixonados, sendo maior o desejo de agradar do que de ser agradado. Desvantagens podem incluir a falta de percepção ou consciência elevada e uma tendência a atolar-se no plano físico. Os nascidos em Aquário II podem retirar-se do relacionamento por duas razões: primeiro, o medo de chegar muito próximo de seu parceiro de Touro I; segundo, uma necessidade de envolver-se em um relacionamento romântico mais complexo, problemático e até prejudicial. Os nascidos em Touro I tendem a recuar quando este lado de seu parceiro é revelado, mas se estão profundamente apaixonados, ou indevidamente presos ao que quer que o relacionamento dê a eles, o sofrimento é inevitável.

O casamento entre Touro I e Aquário II pode funcionar bem, caracterizando uma confortável vida no lar e um tranqüilo toma-lá-dá-cá nas interações diárias. Os filhos podem se beneficiar deste contexto, influenciados pela harmonia predominante em seu ambiente para desenvolver o lado mais calmo de sua personalidade. Esse casamento pode durar a vida toda. Se for o segundo ou o terceiro casamento do cônjuge, pode vir a ser o último, e o mais feliz de todos.

Conselho: *Cuidado com a preguiça. Estabeleça objetivos e prazos firmes. Olhe além da esfera física. Não procure confusão, mas também não tenha medo dela.*

RELACIONAMENTOS

PONTOS FORTES: RELAXADO, SENSUAL, POUCO EXIGENTE

PONTOS FRACOS: INCONSCIENTE, COMPLACENTE, OBSESSIVO

MELHOR: CASAMENTO

PIOR: COLEGAS

GERTRUDE STEIN (3/2/1874)
ALICE B. TOKLAS (30/4/1877)

Toklas foi secretária da escritora Stein e sua companheira de 1907 até a morte de Stein, em 1946. Este celebrado casal de lésbicas viveu junto em Paris durante anos e recebeu proeminentes artistas e escritores em seu famoso salão. **Também:** **Mikhail Fokine & Anna Pavlova** (coreógrafo/bailarina); **Rainha Juliana & Rainha Beatrix** (mãe holandesa/filha).

RELACIONAMENTOS

PONTOS FORTES: RENOVADOR, OTIMISTA, GRATIFICANTE

PONTOS FRACOS: CHEIO DE EXPECTATIVA, FORA DA REALIDADE, HIPERCRÍTICO

MELHOR: CASAMENTO TARDIO

PIOR: AMOR JOVEM

JUDY CARNE (27/4/39)
BURT REINOLDS (11/2/36)

Carne, a garota simplória do programa de tevê *Laugh-in* (1968-73), casou-se com o ator bonitão, em 1963. Para Reynolds, foi um dos muitos relacionamentos difíceis com mulheres. Após o divórcio, em 1966, Carne acusou Reynolds de ter abusado dela.

---

25 de abril a 2 de maio
SEMANA DA MANIFESTAÇÃO
TOURO I

8 a 15 de fevereiro
SEMANA DA ACEITAÇÃO
AQUÁRIO III

Caça à borboleta

É um relacionamento orientado para a ação – é provável que qualquer desses dois se encontrem no mesmo movimento. Exatamente para onde eles estão se movendo é a grande pergunta, uma vez que nenhuma dessas personalidades nem este relacionamento sentem-se à vontade com a auto-análise: esse movimento está indo para ou fugindo de?

Quando esses dois são parceiros românticos é de se esperar que tenham se envolvido em um casamento precoce, ou em uma série de casos amorosos excitantes mas essencialmente não satisfatórios, em que se aproximam um do outro com um sentimento de "É isso aí". Se este sentimento é razoável ou recomendável é algo aberto ao questionamento: é provável que surja inesperadamente uma expectativa em relação ao relacionamento amoroso. Os nascidos em Aquário III não se comprometem com facilidade, e certamente não no início; sua tendência a flertar e sua freqüente incapacidade de sossegar provavelmente fazem com que seu relacionamento com um Touro I seja apenas um entre muitos. Por outro lado, os nascidos em Touro I tendem a se comprometer e permanecer comprometidos. Rompimentos são extremamente difíceis para eles. Na realidade um representante de Touro I que se prende a um representantes de Aquário III pode recusar-se a deixá-lo partir – um exercício fútil, como o de tentar pegar uma borboleta com uma rede furada.

Ainda assim, mais tarde, um casamento ou amizade íntima entre Touro I e Aquário III pode funcionar como uma solução ou compromisso após relacionamentos precoces terem fracassado. Muita água terá passado sob a ponte até este momento, e escolhas realistas são mais prováveis. Os nascidos em Aquário III terão aprendido a ser mais receptivos e os representantes de Touro I menos facilmente se decepcionarão e serão menos sensíveis à censura. Um relacionamento patrão-empregado e pais-filhos pode ser problemático nesta combinação. Os nascidos em Touro I têm o hábito de bancar e fingir ser algo que não é, e os representantes de Aquário III necessitam acabar com esta situação; os nascidos em Touro I também desejam que se pense bem deles, e o tipo de escárnio que Aquário III manifesta os fazem se sentir subestimados e inseguros, uma vez que tendem a reagir emocionalmente e não são tão fortes quanto parecem.

Conselho: *Aceite os relacionamentos como são – nem mais, nem menos. Busque novas abordagens, mas não negligencie métodos novos. Cuidado com padrões antigos, talvez escondidos.*

RELACIONAMENTOS

PONTOS FORTES: EFICIENTE, TÉCNICO, ALEGRE

PONTOS FRACOS: REPRIMIDO, DANOSO, NEGLIGENTE

MELHOR: TRABALHO

PIOR: PAIS-FILHOS

WILLIAM RANDOLPH HEARST (29/4/1863)
PATTY HEARST (20/2/54)

Neta do abominável magnata da imprensa, a herdeira de Hearst, Patty, chocou o mundo quando, após seu seqüestro, pelo Exército da Libertação, em 1974, ela ajudou seus seqüestradores em um assalto a banco. Patty mais tarde declarou ao FBI ter sido vítima de lavagem cerebral.

---

25 de abril a 2 de maio
SEMANA DA MANIFESTAÇÃO
TOURO I

16 a 22 de fevereiro
CÚSPIDE DA SENSIBILIDADE
CÚSPIDE AQUÁRIO-PEIXES

O deus impiedoso da perfeição

Este relacionamento provavelmente deseja afiar as habilidades e amolá-las até a perfeição. Sua orientação técnica de muitas formas complementa o uso de uma *persona* ou concha externa forte tanto por Touro I quanto por Aquário–Peixes visando proteger do mundo sua sensibilidade interior. Ao dar ênfase à perfeição externa, eles podem esconder seus problemas emocionais, mas ao mesmo tempo correm o risco de se isolarem de seu eu mais íntimo. O perigo neste relacionamento é que tais atitudes sejam mutuamente reforçadas, criando um ambiente que despreza ou nega o desenvolvimento pessoal e o crescimento espiritual em nome do sucesso mundano.

O amor é uma área onde as emoções mais íntimas podem ser incitadas. Porque ambos os parceiros tendem a esconder seus sentimentos atrás de um muro, eles podem compartilhar enfaticamente a tristeza de uma infância perdida e o desgosto de ter sacrificado seu coração para o deus impiedoso da perfeição. O relacionamento carrega a responsabilidade de despertar novamente estas energias internas, um processo que pode ser doloroso, mas pode finalmente levar à alegria e até a expressões de êxtase. O casamento também é favorecido nesta combinação, pelo menos externamente, pois cônjuges Touro I e Aquário-Peixes provavelmente criam um ambiente doméstico bem equipado, repleto de comodidades e instrumentos modernos para tornar o trabalho mais fácil. Atividades envolvendo computador e Internet, assim como equipamentos eletrônicos, são particularmente enfatizados. Infelizmente, emoções pessoais podem ser vistas como confusas nesta esfera doméstica tecnicamente avançada e, conseqüentemente, podem ser suprimidas.

Membros da família e amigos nesta combinação em geral compartilham interesses mútuos e hábitos satisfatórios. Tais relacionamentos não são excessivamente emocionais, e podem carecer de qualidades provedoras, mas também podem ser impregnados de sentimentos bondosos e ter sensibilidade para questões pessoais. A frieza deste relacionamento debaixo do fogo pode ser especialmente benéfica para os grupos dos quais faz parte.

O relacionamento profissional é altamente favorecido aqui. Touro I e Aquário-Peixes podem ser excelentes colegas de trabalho e parceiros executivos, conduzindo sua organização para patamares de competência e eficiência.

Conselho: *Não despreze a emoção e a espiritualidade. A perfeição pode não valer o preço. Cometer erros e admiti-los é simplesmente humano. Relaxe.*

348

25 de abril a 2 de maio
SEMANA DA MANIFESTAÇÃO
TOURO I

23 de fevereiro a 2 de março
SEMANA DO ESPÍRITO
PEIXES I

Sangue novo

Enfocando a inocência e a espontaneidade infantil, esta combinação se caracteriza pela expressão direta e pela abertura. Ambos os parceiros possuem um forte traço de devoção que o relacionamento abençoa e realça, de modo que o serviço a grupos familiares, sociais e religiosos e as empresas comerciais são bem naturais aqui. Ao fornecer tais serviços, esses dois devem ter cuidado para não serem usados, e devem insistir em receber algo substancial em troca de seus esforços. Seja qual for sua situação, no entanto, eles transpiram frescor, divertimento e charme – tudo isso certamente os torna um casal extremamente popular.

O casamento e o amor podem levar tempo para se estabilizar. Os nascidos em Peixes I podem mesmo pressionar para estabelecerem arranjos abertos que os deixem livres para circular ou para se relacionarem com vários parceiros, e o relacionamento aparenta ser capaz de conviver com isso; mas os representantes de Touro I precisam de segurança, e em tal acordo dolorosamente percebem o quanto necessitam da atenção exclusiva de seu parceiro. De positivo, Peixes I traz entusiasmo e vida para Touro I, que devolve o favor com sua proteção e apoio. Felizmente, Touro I é suficientemente enfeitiçado por Peixes I para não ver sua tendência a ignorar o lado prático da vida e as questões relacionadas com o mundo material.

As qualidades juvenis do relacionamento encontram expressão plena na amizade e na família. O humor, o divertimento e a zombaria desse casal levanta o ânimo de qualquer grupo. É preciso notar, no entanto, que sua energia pode facilmente fugir do controle, fazendo com que esqueçam ou ignorem as responsabilidades do momento. Outros amigos e membros da família podem procurá-los em horas de diversão mas ignorá-los quando houver trabalho sério a ser feito.

Obviamente essa combinação pode ser bem talhada para o compartilhamento de responsabilidades no trabalho. As qualidades infantis do casal, no entanto, podem fazer com que às vezes eles sejam submissos demais à autoridade, ou mesmo temerosos dela, e em outros momentos rebeldes demais contra a mesma. O desenvolvimento da maturidade será fundamental e a equipe só funcionará a contento após vários anos de experiência e trabalho conjunto. Como uma sociedade em esforços autônomos, o casal é financeiramente astuto e receptivo às necessidades do cliente, mas pode não possuir a determinação para exigir o valor que acredita ser digno.

Conselho: *Reconheça necessidades mútuas. Aceite o crescimento como inevitável. Não esqueça das responsabilidades. Force os outros a reconhecer seu valor.*

RELACIONAMENTOS

PONTOS FORTES: VIGOROSO, DEVOCIONAL, ESPONTÂNEO

PONTOS FRACOS: INGÊNUO, ACOSTUMADO, RESERVADO

MELHOR: FAMÍLIA

PIOR: AMOR

JACY KLUGMAN (27/4/22)
TONY RANDALL (26/2/20)

A interdependência criativa destes atores cômicos, que representaram as personalidades opostas Oscar Madison e Felix Unger, fizeram de *The Odd Couple* um dos programas de tevê mais populares e duradouros. **Também:** Rowland Evans, Jr. & Robert Novak (equipe jornalística).

---

25 de abril a 2 de maio
SEMANA DA MANIFESTAÇÃO
TOURO I

3 a 10 de março
SEMANA DO SOLITÁRIO
PEIXES II

Contato social mais íntimo

Os nascidos em Peixes II têm muito a aprender com esse relacionamento, que se concentra na interação social e que pode trazê-los de uma posição isolada para o contato íntimo com seus semelhantes. Os nascidos em Touro I também se beneficiam aqui, aprofundando seus dons sociais e compreendendo melhor as pessoas, em vez de apenas usá-las para implementar suas idéias. Como equipe, essa dupla forma uma conexão mutuamente benéfica em clubes, organizações e outros grupos sociais.

Os nascidos em Peixes II e Touro I podem se dar bem no amor, na amizade e no casamento, mas encontrarão a maior satisfação na interação com outros, em geral amigos. É provável que o relacionamento esteja no centro de um ou mais grupos de amigos, sócios ou espectadores que estejam ansiosos para se associar a ele. Tais poderes magnéticos mostram bem a harmonia entre os parceiros e também a sinergia que geram. Arrumar as finanças e organizar para jantares, festas e visitas a clubes ou teatros é uma de suas especialidades.

Na família, o relacionamento pode despertar ciúme e raiva naqueles que o encaram como um alvo de admiração que retira energia do grupo e exige demasiada atenção. Se esses dois forem irmãos, o membro familiar ofendido poderá ser um dos pais, outro irmão ou um tio, tia ou primo que se ressente do relacionamento entre Touro I e Peixes II por desviar os holofotes deste para si.

O relacionamento profissional entre esses dois pode ser mais fraco na questão prática e técnica e mais intenso no humor, na coleta de informações e na comunicação. Com freqüência, os mais animados nas festas de escritório, esse par também torna mais leve a carga e azeita as engrenagens no trabalho. Claro que as coisas podem se tornar muito prazerosas no meio de um projeto – esse casal pode por vezes ser repreendido e mandado de volta ao trabalho para que as cotas de produção e os prazos sejam cumpridos.

Conselho: *Não despreze talentos individuais ou a auto-expressão. Concentre-se mais no aperfeiçoamento pessoal. Cuidado para não despertar emoções negativas.*

RELACIONAMENTOS

PONTOS FORTES: SOCIAL, ORGANIZADOR, BEM-HUMORADO

PONTOS FRACOS: DISTRAÍDO, POUCO PRÁTICO, HOSTIL

MELHOR: AMIZADE

PIOR: TRABALHO

MARY WOLLSTONECRAFT (27/4/1759)
WILLIAM GODWIN (3/3/1756)

Godwin foi um filósofo e escritor romântico. Wollstonecraft uma feminista precursora radical que escreveu *Reivindicação dos Direitos das Mulheres* (1792). Meses depois de se casar, em 1797, Wollstonecraft morreu de parto. Sua filha foi Mary Shelley, autora de *Frankenstein* e esposa do poeta Percy Bysshe Shelley. **Também:** Jill Clayburgh & David Rabe (casados; atriz/dramaturgo).

RELACIONAMENTOS

PONTOS FORTES: ADMIRADOR, PARTICIPATIVO, ATRAENTE

PONTOS FRACOS: COMPETITIVO, DADO A PROJETAR, NEGLIGENTE

MELHOR: AMOR

PIOR: FAMÍLIA

BIANCA JAGGER (2/5/45)
MICHAEL CAINE (14/3/33)

Tempos depois de seu celebrado casamento com o Rolling Stones Mick Jagger, Bianca teve um caso que recebeu muita publicidade com o ator inglês Caine, que levava um estilo de vida instável antes de se casar com uma rainha da beleza e sossegar. **Também: Jerome Leiber & Michael Stoller** (dupla de compositores).

25 de abril a 2 de maio
SEMANA DA MANIFESTAÇÃO
TOURO I

11 a 18 de março
SEMANA DOS DANÇARINOS E SONHADORES
PEIXES III

Necessidade constante de aplausos

A energia aqui concentra-se em quem será a estrela. Seja qual for o resultado, no entanto, é provável que esse casal carismático se destaque em qualquer sociedade e tenha consciência de que chamam a atenção onde quer que forem. Devem tomar cuidado, entretanto, quanto ao que deixam os outros verem. O conflito aberto é provável aqui e precisa ser mantido sob controle. De certa forma, esses dois podem mesmo provocar o pior no outro, uma vez que qualquer empatia natural ou compreensão que tenham pelo outro tendem a ser deixadas de lado em suas brincadeiras.

Os nascidos em Peixes III sentem-se definitivamente atraídos pela ribalta, e Touro I não tolera ser expulso dela. Como resultado, essa combinação tende a criar um tipo de competição pouco edificante entre eles, que pode levar a grandes conflitos se fugir ao controle. Talvez a chave aqui seja que os parceiros precisam apreciar os talentos um do outro, regularmente fornecendo os aplausos necessários para sustentar o ego de cada um. Considerar os sentimentos de outra pessoa também deve ser uma prioridade. Outra solução possível aparece quando o próprio relacionamento atrai atenção e é admirado como uma entidade em si, satisfazendo portanto o orgulho dos parceiros.

O casamento e o amor exigem que os parceiros tenham o mesmo interesse um pelo outro: talvez Peixes III admire Touro I por sua capacidade prática, enquanto Touro I admire Peixes III por sua imaginação. Ser ignorado ou desprezado é o pior castigo que pode ser dado aqui, e infelizmente esses dois muitas vezes usam o desprezo como arma nas brigas um com o outro. Se for dada a devida atenção, no entanto, nada menos que a rejeição franca ou a infidelidade aberta podem ser fortes o bastante para acabar com esse relacionamento.

No trabalho e na amizade, os nascidos em Touro I e Peixes III podem formar uma sociedade de admiração mútua. O perigo aqui é que os parceiros se tornem tão satisfeitos com a atenção que recebem um do outro que deixam de lado o próprio desenvolvimento pessoal e outros colegas de trabalho e amigos. Nos relacionamentos familiares, sobretudo combinações pais e filhos, pais de ambos os signos podem projetar os próprios sonhos e desejos frustrados em seus filhos, estimulando-os a serem estrelas.

Conselho: *Pare de competir. Trabalhe o desenvolvimento pessoal. Não ignore os outros. Ser admirado nem sempre é produtivo. Se eliminar as necessidades do ego se sentirá mais livre.*

RELACIONAMENTOS

PONTOS FORTES: EDUCATIVO, FÍSICO, INTELECTUAL

PONTOS FRACOS: IRRITANTE, CRÍTICO, COMBATIVO

MELHOR: CASAMENTO

PIOR: AMOR

PHIL MAHRE (10/5/57)
STEVE MAHRE (10/5/57)

Os gêmeos Mahre são esquiadores campeões que ganharam medalhas de ouro e de prata nas Olimpíadas de 1984. Phil ganhou também 3 títulos consecutivos na Copa do Mundo, entre 1981 e 1983.

3 a 10 de maio
SEMANA DO PROFESSOR
TOURO II

3 a 10 de maio
SEMANA DO PROFESSOR
TOURO II

Verdadeira educação

Os temas mais freqüentes aqui, não é de admirar, são o aprendizado e a educação. Uma vez que Touro II não apenas é bom professor, mas também bom aluno, esse relacionamento pode colocar um dos parceiros no primeiro papel e o outro no segundo. Esses papéis podem facilmente ser invertidos: pais, tios ou tias Touro II podem se ver como mentores de uma criança Touro II até que um dia fica evidente que são eles quem realmente estão aprendendo mais nesse relacionamento. Pode-se esperar que esses dois compartilhem um entusiasmo por atividades físicas, assim como pelas mentais.

O relacionamento amoroso e a amizade entre esses dois podem não ser bem-sucedidos. Os nascidos em Touro II sentem-se, em geral, atraídos por seu oposto, tendo interesse especial (mas não exclusivo) em qualquer um que considerem em desvantagem. Provavelmente eles se entediam com alguém que os lembrem dele mesmo, tal como outro Touro II. Se decidirem se casar, o resultado pode ser bastante produtivo; as qualidades provedoras são elevadas aqui, favorecendo não apenas os filhos, mas animais de estimação e a jardinagem, e o casamento também pode incluir um interesse profundo em atividades intelectuais, estéticas e criativas (sobretudo a dança e a música). Porém, também é provável que o relacionamento tenha um tom crítico e, às vezes, irritante. As responsabilidades domésticas precisam ser cuidadosamente divididas e designadas, pois Touro II raramente possui um grande interesse em trabalho doméstico. E embora seja amoroso com os filhos, seu lado altamente moral é acentuado aqui, resultando às vezes em regras e atitudes demasiadamente rígidas que podem inadvertidamente inculcar culpa e vergonha nos mais jovens. Os atritos de um casamento como esse podem crescer até chegar à guerra, e uma vez tais conflitos surjam, as conseqüências podem afetar a atmosfera do relacionamento por semanas ou mesmo meses. Existe, no entanto, uma arena na qual esses sentimentos agressivos podem muitas vezes ser trabalhados: o quarto. Ambos são igualmente francos e abertos no que se refere ao sexo. A capacidade empresarial e organizacional de Touro II pode tornar esse relacionamento indispensável para um projeto comercial ou familiar. Uma vez que tal projeto esteja terminado, no entanto, não se deve presumir que esses dois indivíduos eficientes continuem a trabalhar juntos em harmonia.

Conselho: *Amenize suas críticas. Ensinar e aprender são dois lados da mesma moeda. Não aponte culpados. Seja ético e moral mas não com exagero. Diminua as tensões.*

3 a 10 de maio
SEMANA DO PROFESSOR
TOURO II

11 a 18 de maio
SEMANA DO NATURAL
TOURO III

Amor louco

Esses dois parceiros têm uma forte energia terrena (Touro é um signo de terra), significando o mundo da sensação, praticidade e fundamento. No entanto, seu relacionamento é caracterizado pelos sentimentos. Juntos, tendem a sentir e expressar profundidade e uma abrangência de emoções que pode afetá-los profundamente. A variedade de sentimentos que podem aflorar aqui, de fato, pode mesmo confundi-los, sobretudo quando domina uma parte mais negativa do espectro, tal como a competição ou o ciúme. Afortunadamente, esse aspecto sombrio, mais inclinado a remoer, é compensado pela capacidade do casal de se divertir e gozar de todas as formas de entretenimento. Charme nunca falta e o magnetismo corre solto.

A amizade e os relacionamentos familiares mais bem-sucedidos (sobretudo entre irmãos) nessa combinação são aqueles em que prevalecem atitudes maduras, a reflexão e a consideração não sendo julgadas como contrárias ao prazer. Embora esses dois tendam a se divertir bastante juntos, eles podem se sentir culpados caso sintam que não cumpriram suas responsabilidades, deixando-as de lado.

Nos casos amorosos, a espontaneidade e os aspectos desinibidos da personalidade de Touro III com freqüência trazem à tona o lado semelhante, mais natural de Touro II, resultando em relacionamentos muitas vezes hilários ou frenéticos que podem não apenas ser muito divertidos mas também emocionalmente significativos, enquanto duram. A necessidade extrema de Touro III de liberdade e independência encontra uma boa contrapartida na recusa de Touro II em fazer exigências pesadas sobre outro, enquanto Touro II, por seu lado, gosta de ser deixado sozinho sem ser importunado. O casamento pode ser menos bem-sucedido devido à falta de fatores estabilizadores. No entanto, a combinação é profundamente solidária e carinhosa, deixando seus parceiros livres para expressar emoção profunda e para discutir suas diferenças abertamente, encontrando aceitação em vez de condenação.

Fisicamente, essa combinação pode ser uma parceria satisfatória, natural e sensual.

Os relacionamentos profissionais entre esses dois podem funcionar bem, sobretudo com um chefe Touro II que se sente bem quando os empregados se divertem no local de trabalho, e que cumpre obrigações porque gosta de fazê-lo e não como uma exigência. Os nascidos em Touro III sentem-se completamente à vontade com tais atitudes.

Conselho: *Tente equilibrar o entusiasmo e as atitudes críticas. Divirta-se, mas assuma as responsabilidades diárias. Continue a explorar as áreas emocionais.*

RELACIONAMENTOS

PONTOS FORTES: COMPREENSIVO, EXCITANTE, LIVRE

PONTOS FRACOS: CULPADO, CRÍTICO, OFENDIDO

MELHOR: AMOR

PIOR: FAMÍLIA

**RICHARD D'OYLY CARTE (3/5/1844)
ARTHUR S. SULLIVAN (13/5/1842)**

D'Oyly Carte foi o empresário de teatro que levou os cantores de ópera Gilbert e Sullivan ao palco na Inglaterra. Ele organizou sua companhia de ópera e, em 1885, construiu o Savoy Theatre, exclusivamente para suas produções. **Também: Randy Travis & George Strait** (rivais da música country).

---

3 a 10 de maio
SEMANA DO PROFESSOR
TOURO II

19 a 24 de maio
CÚSPIDE DA ENERGIA
CÚSPIDE TOURO-GÊMEOS

Ganhando o direito de se expressar

Embora esse relacionamento enfoque um estilo natural e descontraído, seu humor subjacente é menos livre e aberto do que se poderia esperar. De fato, o direito de se expressar abertamente precisa ser conquistado em vez de considerado como líquido e certo. Uma atitude crítica e exigente pode prevalecer a não ser que seja ventilada periodicamente, e irritações e ressentimentos, se ignorados ou reprimidos, podem aflorar de forma desagradável e inesperada. A condenação por um parceiro da irresponsabilidade do outro pode ocorrer com freqüência. Da mesma forma, uma desconfiança da ostentação e do culto ao ego em geral requer que esses dois sejam mais contidos em seu comportamento. Não é que certos comportamentos invariavelmente causem vergonha ou culpa, mas em vez disso o relacionamento exige uma certa dignidade.

No amor e no casamento, é improvável que seu ritmo nervoso e frenético forneça o sentimento de segurança que Touro II necessita. Principalmente no casamento, os esforços de Touro II para dar estabilidade ao relacionamento podem ser minados pela incapacidade de Touro-Gêmeos de se ligar a um único parceiro. Por outro lado, sobretudo nos casos amorosos, as atitudes francas e críticas de Touro II podem provocar muita insegurança em Touro-Gêmeos que pode estar perdidamente apaixonado.

É provável que a amizade entre os dois seja a melhor manifestação dessa combinação. Um casamento fracassado ou um caso de amor possivelmente pode virar uma amizade, talvez sugerindo que essa forma teria sido a melhor desde o começo. Um ar de apreciação, admiração e aceitação mútua pode prevalecer aqui.

Os relacionamentos familiares, sobretudo entre pai e filha ou mãe e filho, podem ser tumultuados, porém compensadores. O pai e o filho em geral gostam um do outro, mas enfrentam dificuldades para se aproximarem; eles até mesmo mantêm uma certa distância física, evitando demonstrações abertas de afeição. Embora a afeição seja de fato uma necessidade forte aqui, infelizmente com freqüência é evasiva e frustrante. Irmãos dessa combinação podem gerar energias conflitantes que atrapalham o cotidiano da vida familiar. Alguns tipos de arranjos profissionais dessa combinação podem funcionar bem. O relacionamento entre patrão e empregado tende a ser bem-sucedido se Touro II estiver em comando.

Conselho: *Seja mais aberto com seus sentimentos. As necessidades podem ser discutidas mesmo se não sejam expressas. Construa o respeito e cultive o afeto. Cuidado com padrões duplos.*

RELACIONAMENTOS

PONTOS FORTES: GRATO, ADMIRADOR, DESPREOCUPADO

PONTOS FRACOS: INSEGURO, DISRUPTIVO, DESCONFIADO

MELHOR: AMIZADE

PIOR: IRMÃOS

**JIMMY STEWART (20/5/08)
GARY COOPER (7/5/01)**

O câncer terminal de Cooper foi acidentalmente revelado pelo amigo próximo Stewart na cerimônia da entrega dos Prêmios da Academia em 1961, em que Cooper foi agraciado com um Oscar honorário. **Também: George Clooney & Rosemary Clooney** (sobrinho/tia, ator/cantora); **Golda Meir & Moshe Dayan** (primeira-ministra de Israel/ministro da Defesa); **Jean Henri Dunant & Frederic Passy** (primeiro Prêmio Nobel da Paz).

| **RELACIONAMENTOS** |

PONTOS FORTES: MAGNÉTICO, PRODUTIVO, EXCITANTE

PONTOS FRACOS: REBELDE, INCLINADO A JULGAR, DEGRADADO

MELHOR: TRABALHO

PIOR: CASAMENTO

DON AMECHE (31/5/08)
ALICE FAYE (5/5/15)

Ameche, cuja carreira durou 70 anos, com freqüência contracenou com Faye, como jovem protagonista. Faye tipicamente representava a mulher que descarta amantes e no final consegue seu homem – muitas vezes Ameche.
Também: William Henry Vanderbilt & Cornelius Vanderbilt (filho/pai; magnatas de ferrovias, financistas).

---

3 a 10 de maio
SEMANA DO PROFESSOR
TOURO II

25 de maio a 2 de junho
SEMANA DA LIBERDADE
GÊMEOS I

Empurre a mim, puxe a ti

Este relacionamento volátil é alternadamente magnético e rebelde: seus parceiros sentem-se atraídos mas, ao mesmo tempo, repelidos. Alguma forma de rebeldia é desencadeada assim que se aproximam demais, forçando um certo distanciamento para atingir o equilíbrio novamente. Atitudes peremptórias são muitas vezes usadas para atingir este objetivo. Como resultado, a verdadeira intimidade é evasiva aqui e pode não existir de forma alguma, exceto por breves momentos.

Quando esses dois se envolvem, o tom pedante e didático de Touro II muitas vezes aflora, fazendo os nascidos em Gêmeos I recuar, se rebelar e fugir. Eles podem sentir-se atraídos, no entanto, por seus pontos de vista semelhantes sobre justiça e moral; e podem funcionar melhor juntos quando lutam lado a lado pela mesma causa.

Nos casos de amor, o espírito livre de Gêmeos I pode, em princípio, ser muito atraente para Touro II, mas acabar sendo percebido como uma rebeldia que deve ser controlada ou rejeitada. Em última análise, os nascidos em Touro II exigem uma devoção e estabilidade que Gêmeos I em geral é incapaz de dar. Além disso, embora os nascidos em Gêmeos I sejam muitas vezes sedutores e fisicamente excitantes, quando rejeitados por um Touro II, podem perder o rumo, indulgindo em comportamentos indignos e, em casos extremos, deploráveis. Tanto o casamento quanto a amizade têm melhor chance de sucesso quando dirigidos para fora por meio de atividades compartilhadas. O maior problema aqui é, em geral, que Touro II tem pouca paciência com os vícios de Gêmeos I, e começa a procurar a saída assim que esses vícios surgirem.

Na família e nos relacionamentos profissionais (estes últimos sendo mais produtivos), provavelmente pais e patrões de Touro II dão mais liberdade a filhos e empregados de Gêmeos I do que o contrário. Como pais, no entanto, ambas as personalidades periodicamente expressam aos filhos atitudes morais condenatórias, o que pode causar perplexidade, uma vez que a atmosfera é em geral bastante descontraída. Quanto aos filhos ou empregados, de qualquer dessas semanas do ano, é provável que se rebelem ao primeiro sinal de tratamento tirânico ou injusto, colocando a responsabilidade sobre a figura autoritária de se explicar e de evitar enviar sinais truncados, incutir culpa ou praticar outras formas de comportamento ambivalente.

Conselho: *Nunca comprometa sua própria dignidade ou a do outro. Analise seus sentimentos. Seja honesto. Não tenha medo da rejeição. Não considere tudo como líquido e certo.*

| **RELACIONAMENTOS** |

PONTOS FORTES: ENVOLVIDO, INFLUENTE, ADAPTÁVEL

PONTOS FRACOS: ABSORVIDO, DESORDEIRO, CAÓTICO

MELHOR: CASAMENTO

PIOR: TRABALHO

FRANK LLOYD WRIGHT
(8/6/1867)
ANNE BAXTER (7/5/23)

A atriz de cinema Baxter é neta do famoso arquiteto Wright. Criada na abastada Bronxville, Nova York, e recebendo aulas particulares antes de começar a atuar aos 13 anos de idade, ela foi o oposto de Wright, cuja vida foi marcada por casos escandalosos. Também:
Archibald MacLeish & Bruce Dern (tio/sobrinho: poeta-dramaturgo/ator).

---

3 a 10 de maio
SEMANA DO PROFESSOR
TOURO II

3 a 10 de junho
SEMANA DA NOVA LINGUAGEM
GÊMEOS II

Correntes ascendentes da montanha

Este relacionamento pode ser ativo, versátil, multifacetado e emocionalmente complexo. O foco aqui é a energia, fluindo e refluindo em contracorrentes fortes e redemoinhos intensos. As energias da terra e do ar, significando sensação e pensamentos, são dramáticas, como ventos ascendentes da montanha, com reações imediatas a estímulos externos juntando-se poderosamente com o posterior e mais objetivo exame dessas reações. Esses dois indivíduos têm efeitos marcantes um sobre o outro, influenciando as áreas mais importantes de suas vida – mesmo sem necessariamente gastar muito tempo juntos, ou até se relacionar por longos períodos.

Mesmo nos relacionamentos mais íntimos desta combinação, como amor, amizade e casamento (que em alguns casos aqui sobrepõem-se ou são indistintos um do outro), esses dois às vezes gastam mais tempo com conhecidos do que um com o outro. As atrações mais destrutivas e sombrias de Gêmeos II e a simpatia de Touro II pelo fracos e desprotegidos com freqüência desempenham um papel complicado aqui. Tais triângulos e quartetos podem ser tão importantes e, pelo menos, tão fortes quanto o relacionamento entre Touro II e Gêmeos II em si. Em situações como essas, compartilhar pensamentos e sentimentos, comunicar honestamente e construir organizações (sejam sociais, financeiras, artísticas ou esportivas) são questões sempre presentes – assim como lidar com o ciúme, a competição e o ressentimento. O relacionamento precisa ter flexibilidade para fazer uma adaptação psicológica e física ao grupo maior do qual faz parte. O casamento que passa por tal prova de fogo e sai intacto com freqüência dura para sempre.

Os relacionamentos profissionais têm problemas de compatibilidade, uma vez que ambos operam melhor sozinhos, com liberdade total de movimentos e, acima de tudo, com o direito de tomarem suas próprias decisões. Na família, onde os membros estão ligados por força das circunstâncias, muitos anos se fazem necessários para esses dois se adaptarem um ao outro. A intolerância de Gêmeos II e a teimosia de Touro II podem ser uma fonte constante de ressentimentos.

Conselho: *Não perca de vista o que é mais importante. Mantenha a cabeça no lugar. Sentimentos intensos não são garantia de permanência, pelo contrário.*

3 a 10 de maio
SEMANA DO PROFESSOR
TOURO II

11 a 18 de junho
SEMANA DO BUSCADOR
GÊMEOS III

Teste da verdade

O foco desse relacionamento é a independência, uma necessidade que Gêmeos III precisa aprender a expressar para o parceiro Touro II e que deve ensinar e provocar em Touro II também. Infelizmente, os nascidos em Touro II possuem um lado exigente e podem reagir às necessidades de Gêmeos III de buscar e seguir outros interesses com um grau nunca visto de raiva e possessividade. O relacionamento pode de fato se tornar um bom campo de provas para o desenvolvimento de atitudes de aceitação e não reivindicação, uma espécie de teste da verdade que ambos os parceiros, por fim, precisam fazer.

Na carreira, família e casamento, os nascidos em Gêmeos III enfrentam problemas em se vincular a um grupo. Os nascidos em Touro II seriamente envolvidos em tais assuntos encontram dificuldades em trabalhar com esses parceiros evasivos. Uma alternativa, sobretudo se filhos estiverem envolvidos, é Touro II se juntar a Gêmeos III em um relacionamento baseado na aventura, em viagens e em outras formas de investigação, exploração e aprendizagem. Aqui o tema da independência pode se referir ao relacionamento em si, em vez de aos dois membros. Outra possibilidade é Gêmeos III funcionar dentro de uma empresa ou organização dirigida por Touro II como um agente autônomo ou como um consultor na área financeira com liberdade para determinar seu horário e decidir como as responsabilidades são cumpridas.

Os relacionamentos amorosos aqui podem ser motivadores, mas em última instância insatisfatórios, sobretudo se forem do tipo convencional. Mas aquele Gêmeos III que sente necessidade de variedade em um relacionamento já estabilizado pode buscar um Touro II mais físico e atraente para ter um caso passageiro ou mesmo de longa duração. Nos relacionamentos secretos como esses, Touro II pode vir a ter sentimentos protetores para com representantes de Gêmeos III, convencido de que pode lhes oferecer o amor, a compreensão e a paixão que lhes são negadas no primeiro relacionamento.

Amizades altamente independentes com poucas responsabilidades podem ser bem-sucedidas. O compartilhamento de atividades desafiadoras pode testar ao máximo as capacidades de ambos os parceiros.

Conselho: *Seja o mais honesto possível. Comprometa-se ocasionalmente com uma única linha de ação. Seja aventureiro, mas não imprudente. Perceba seus interesses comuns.*

RELACIONAMENTOS

PONTOS FORTES: INDEPENDENTE, AVENTUROSO, NÃO SE QUEIXA

PONTOS FRACOS: IRRESPONSÁVEL, ENGANOSO, POUCO GRATIFICANTE

MELHOR: CASO AMOROSO

PIOR: FAMÍLIA

ROBERT LA FOLLETTE (14/6/1855)
PHILIP LA FOLLETTE (8/5/1897)

Philip, governador 2 vezes de Wisconsin, foi responsável pela primeira legislação para desempregados dos Estados Unidos. Seu pai, Robert, liderou o movimento progressista nos Estados Unidos e foi representante de Wisconsin, senador e governador antes de se candidatar a presidente, em 1924.

---

3 a 10 de maio
SEMANA DO PROFESSOR
TOURO II

19 a 24 de junho
CÚSPIDE DA MAGIA
CÚSPIDE GÊMEOS-CÂNCER

Ruído branco

Os canais emocionais entre esses dois estão, com freqüência, bloqueados por interferências e por ligações incompletas. Pode-se esperar problemas de comunicação em abundância entre eles. De fato, às vezes eles se dão melhor não falando de forma alguma, um suportando o outro em silêncio. Um arranjo desse tipo pode se ajustar a esses dois, pois ambos adoram a privacidade. No entanto a incapacidade para comunicar-se mais significativamente tem um efeito colateral infeliz: o casal tende a deixar um rastro de projetos inacabados.

Elementos irritantes abundam nesse relacionamento, sobretudo na área do romance. Os nascidos em Touro II são prosaicos demais sobre assuntos físicos para satisfazer as necessidades de Gêmeos-Câncer de sensibilidade e privacidade. Ademais, eles estão pouco interessados em fornecer o tipo de solidariedade e compreensão que Gêmeos-Câncer exige, considerando não apenas uma chateação mas uma espécie de favorecimento suave que não aprovam. Os casos amorosos e os casamentos entre esses dois podem ser problemáticos. A amizade pode ser bem-sucedida caso garanta a máxima liberdade para cada parceiro. Mas a questão então permanece: existe algo que ligue esses dois, algo que torne o relacionamento possível ou desejável de alguma forma? Haverá mais probabilidade se uma atividade compartilhada puder ser encontrada, uma que seja prática e realista e que não exija atenção diária (ao contrário da jardinagem e dos animais domésticos). Muitas vezes um interesse por arte, cinema, música ou esportes pode preencher bem esses requisitos.

Os relacionamentos familiares aqui são complexos. Pais de Gêmeos-Câncer são capazes de fornecer segurança e lares amorosos para filhos de Touro II, que, no entanto, podem detestar esse tipo de contexto. É difícil se aproximar emocionalmente de filhos nascidos em Touro II, sobretudo na fase de crescimento. Por outro lado, pais nascidos em Touro II de filhos nascidos em Gêmeos-Câncer podem dar-lhes tanta liberdade (ou, como Touro II vê isso, tanta responsabilidade) que eles se ressentem, lembrando disso mais tarde como desprezo ou desinteresse. Como colegas de trabalho em um empresa ou em projetos autônomos, esses dois podem obter um certo sucesso, mas, por fim, suas orientações emocionais e éticas diferentes podem provocar divisões.

Conselho: *Encontre algo em comum para compartilhar. Aprenda a entrar em acordo e a se solidarizar. Veja os pontos de vista do outro. Fale francamente.*

RELACIONAMENTOS

PONTOS FORTES: LIVRE, OBJETIVO, HONESTO

PONTOS FRACOS: NÃO ENVOLVIDO, INCOMPREENSIVO, DESCONECTADO

MELHOR: AMIZADE

PIOR: PAIS-FILHOS

MARY MCCARTHY (21/6/12)
EDMUND WILSON (8/5/1895)

Wilson foi um proeminente crítico literário, político e social. Ao se casar com a resenhista de livros McCarthy, ele a estimulou a aplicar sua perspicácia e poder analítico à ficção. Ela se tornou uma romancista de grande vendagem. **Também: Gary Cooper & Lou Gehrig** (representação no cinema da estrela do beisebol); **Alice Faye & Phil Harris** (casados; performáticos); **Nancy & Beaumont Newhall** (casados; documentarista/fotógrafo).

| RELACIONAMENTOS |

PONTOS FORTES: ORIGINAL, PROTETOR, CARINHOSO

PONTOS FRACOS: CIUMENTO, POUCO COMUNICATIVO, REJEITADO

MELHOR: CASAMENTO

PIOR: TRABALHO

JEAN ACKER (27/6/1893)
RODOLFO VALENTINO (6/5/1895)

O lendário amante e astro do cinema mudo Valentino casou-se com a atriz Jean Acker, em 1919. O primeiro de sua longa série de relacionamentos, o casamento nunca foi consumado; na noite de núpcias, Acker o trancou para fora da suíte nupcial.

---

3 a 10 de maio
SEMANA DO PROFESSOR
TOURO II

25 de junho a 2 de julho
SEMANA DA EMPATIA
CÂNCER I

Solo fértil

Regras tradicionais de conduta nunca regem esse relacionamento, o qual deseja desenvolver sua própria escala de valores. Em alguns casos, isso confere-lhe grande integridade. De fato, a combinação pode ter originalidade e honradez, qualidades que ambos os parceiros valorizam e mesmo idealizam, ajudando o relacionamento a durar muito.

O casamento e os casos amorosos dessa combinação podem florescer. Há aqui certa atração por pessoas, lugares e coisas diferentes, resultando, por exemplo, em objetos incomuns para decorar o lar, e em amizades com outros casais que em outra circunstância nem sempre são apreciados ou entendidos. A necessidade de Touro II de prover e proteger aqueles que o mundo tratou mal aparece nesse relacionamento. Os nascidos em Câncer I, no entanto, gostam de tentar tornar a vida de representantes de Touro II mais confortável e segura, sobretudo por meio de energia investida no lar. Dada a gama completa da expressão emocional desse relacionamento, solidariedade, gentileza, amor e compreensão provavelmente encontram um terreno fértil.

Bons sentimentos dominam a amizade dessa combinação, e um gosto comum pelos caminhos pouco freqüentados da vida, sejam nas esferas psicológica, da arte e da música, ou da natureza, pode se tornar uma base para um laço mais forte. Há que tomar cuidado na esfera emocional, no entanto, pois é provável que o ciúme e os sentimentos de rejeição surjam periodicamente, sobretudo quando há concentração de atenção em uma terceira pessoa. Na família, pais, netos, tios e tias de ambos os signos tendem a ter relações altamente protetoras com filhos do outro signo. Se esses laços íntimos coincidirem com um período de grande estresse e necessidade na vida de um dos parceiros, eles acabam sendo altamente solidários. Os relacionamentos profissionais aqui são menos recomendados, uma vez que Touro II pode precisar de mais independência do que o parceiro nascido em Câncer I, mais orientado para a organização, deseja sustentar. Ademais, pontos de vista diferentes sobre a gestão das finanças e da estruturação da empresa, juntamente com brigas e interrupções ocasionais na comunicação, podem dificultar a colaboração.

Conselho: *Tente discutir as diferenças sem brigar. Questões comuns também precisam de atenção. Não rejeite de antemão pontos de vista conservadores. Seja aberto.*

| RELACIONAMENTOS |

PONTOS FORTES: COMUNICATIVO, APAIXONADO, EDUCATIVO

PONTOS FRACOS: EXCLUSIVISTA, ESCRAVIZADO, DESTRUTIVO

MELHOR: AMOR

PIOR: FAMÍLIA

JAKE LAMOTTA (10/7/21)
SUGAR RAY ROBINSON (3/5/21)

Estes pugilistas começaram sua rivalidade nos anos 1942-43, quando o alinhado Robinson venceu o briguento LaMotta em 2 de 3 lutas. Robinson oficialmente venceu LaMotta disputando a coroa de meio-pesado, em 1951.
Também: Pete Seeger & Ruth Crawford Seeger (filho/mãe; cantor de música folk/compositor).

---

3 a 10 de maio
SEMANA DO PROFESSOR
TOURO II

3 a 10 de julho
SEMANA DO NÃO-CONVENCIONAL
CÂNCER II

Fascinação mútua

A força propulsora deste relacionamento pode ser derrubar as barreiras da comunicação e abrir canais comuns de expressão. Pode haver uma curiosidade intensa em descobrir aspectos ocultos e talvez não apreciados do outro parceiro – em ficar mais perto, estudando, aprendendo e, acima de tudo, entendendo. Ambos possuem uma forte e incomum necessidade de expressar seus pontos de vista; este é um relacionamento talhado especificamente para isso. Os nascidos em Touro II têm muito que ensinar a representantes de Câncer II, mas também muito que aprender com eles sobre como ser eles mesmos sem comprometer a individualidade frente às pressões da sociedade, ou escravizar-se por causa das exigências profissionais, escolares ou familiares. Na verdade, o orgulho da individualidade pode aparecer como um tema importante.

Os casos de amor entre Touro II e Câncer II podem ser profundos e passionais. Os nascidos em Touro II têm uma profunda queda pela falta de convenção de Câncer II e pode se dar aqui sem reservas. Ele estimula Câncer II a revelar seu lado mais oculto e não-convencional no âmbito da segurança do relacionamento. Os nascidos em Câncer II podem ver Touro II como sérios demais ou mesmo enfadonhos em certos aspectos, mas apreciam seu entusiasmo em aprender sobre assuntos e atividades incomuns. Eles poderiam ensinar representantes de Touro II a se alegrar e rir, sobretudo vendo o lado humorístico do bizarro, e também gostam da estabilidade e da segurança de Touro II. Em todas essas formas o relacionamento pode ser ideal para ambos.

A amizade entre esses dois pode ser exclusiva, orientadas mais para dentro, na direção dos próprios parceiros, e não para fora, como uma unidade que interage com os outros. Horas podem ser gastas juntos em discussões mutuamente fascinantes sobre as formas diferentes de ser de cada um, e sobre não apenas experiências cotidianas, mas ocasionalmente miraculosas ou mesmo psíquicas. Existe um perigo aqui de se tornarem isolados e separados do mundo. Por razões semelhantes, é provável que os relacionamentos familiares e profissionais nessa combinação funcionem em detrimento do bem do grupo; essa preocupação do casal com os assuntos privados não conduz ao sucesso.

Conselho: *Cuidado com tendências destrutivas e anti-sociais. Mantenha a objetividade. Se for arrebatado, lembre-se também de que precisa voltar. Siga tanto a cabeça quanto o coração.*

3 a 10 de maio
SEMANA DO PROFESSOR
TOURO II

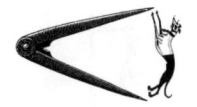

11 a 18 de julho
SEMANA DO PERSUASIVO
CÂNCER II

Gestos expansivos

Grandes projetos, idéias grandiosas e gestos expansivos são a base desse relacionamento. Avareza e intolerância são vistos como deprimentes e são desprezados; o relacionamento galvaniza o lado mais magnânimo de ambas as personalidades. Um com o outro, é mais provável que dêem do que compartilhem, e como uma unidade que se relaciona, eles podem ter a atitude generosa que dinheiro dado é presente, enquanto o dinheiro devolvido é redefinido como um empréstimo. Pode-se esperar que esses dois trabalhem juntos por um objetivo maior e em áreas envolvendo consciência social.

No entanto, dar sem limites pode ter suas desvantagens, sobretudo se isso coloca o casal à mercê de aproveitadores. Como casamento ou amizade, de fato, esse relacionamento provavelmente precisa se tornar mais firme ao lidar com o mundo exterior se quiser evitar que tirem vantagem dele, pois mesmo esse casal generoso alcança seu limite mais cedo ou mais tarde. Há também uma tendência pronunciada para incluir outros no relacionamento, um hábito de abertura para outros que pode com freqüência ameaçar o laço básico em si.

Os casos amorosos entre Touro II e Câncer II podem ser passionais em princípio, mas no romance os nascidos em Câncer II raramente são capazes de seguir seu coração, uma vez que provavelmente já o deram para sua causa ou profissão. Diferenças agudas nas necessidades e desejos podem também tornar esse relacionamento difícil a longo prazo. Os nascidos em Câncer III podem vir a se ressentir da personalidade didática de Touro II, enquanto representantes de Touro II podem criticar a ambição de Câncer III.

No trabalho, esses dois formam uma equipe poderosa, sobretudo como parceiros de negócios ou colegas de trabalho comprometidos em lançar novos projetos. Eles são menos bem-sucedidos como patrão e empregado. Os projetos envolvendo transporte de longa distância, grande maquinaria (real, estrutural ou no papel) ou corporações em rápida expansão são especialmente favorecidos. Na família, é provável que esse casal pressione muito e seja rápido demais. Atitudes ambiciosas podem levar a família a dar um passo maior que as pernas, sobretudo na esfera financeira, com resultados desastrosos.

Conselho: *Dê um passo de cada vez. Primeiro as prioridades. Alguns presentes implicam expectativas; o amor não deveria ser um deles. Cuidado com parasitas.*

RELACIONAMENTOS

PONTOS FORTES: MAGNÂNIMO, INICIATÓRIO, OTIMISTA

PONTOS FRACOS: INGÊNUO, ATREVIDO, OBSESSIVO

MELHOR: TRABALHO

PIOR: AMOR

GINGER ROGERS (16/7/11)
FRED ASTAIRE (10/5/1899)

Astaire e Rogers sempre serão lembrados como a melhor dupla de dançarinos que abrilhantou as telas de Hollywood. **Também:** Oscar Hammerstein & Oscar Hammerstein II (avô/neto; empresário/compositor); **Gary Cooper & Lupe Velez** (caso trágico; atores); **Pete Seeger & Woody Guthrie** (cantores de folk); **John Brown & Henry David Thoreau** (defensores da anti-escravatura).

---

3 a 10 de maio
SEMANA DO PROFESSOR
TOURO II

19 a 25 de julho
CÚSPIDE DA OSCILAÇÃO
CÚSPIDE CÂNCER-LEÃO

Batendo recordes antigos

Embora os nascidos em Touro II sejam regidos pelo elemento terra (Touro é um signo de terra) e representantes de Câncer-Leão pela água e pelo fogo (Câncer é um signo de água, Leão, de fogo), é o quarto elemento, o ar (simbolizando o pensamento), que rege esse relacionamento. A busca por excitação e aventura, ou talvez tentar bater recordes antigos ou aspirar a objetivos filosóficos e espirituais, tudo é natural. A estabilidade pode ser um problema, mas o sucesso financeiro em vários empreendimentos, se tratados com inteligência ao longo do tempo, pode muitas vezes render o apoio necessário.

A amizade e os relacionamentos amorosos podem florescer aqui contanto que não apenas garantam a liberdade de pensamento e ação de seus parceiros, mas também dirija o casal como uma unidade independente com aspirações compartilhadas. Em última análise, o mais importante para Touro II é o valor educacional do relacionamento e para Câncer-Leão, atingir metas. Esforços de planejamento, avaliação de méritos, fazer escolhas e, após o fato, analisar e reorganizar novas investidas são especialidades dessa combinação. O lado teimoso e prático de Touro II se junta ao lado intuitivo e emocional de Câncer-Leão, de forma sinergética produzindo energia mental e voltada para a comunicação. Problemas podem surgir, no entanto, se uma extrema intelectualização, idealização ou fantasia sobre alguma experiência suplantar a experiência em si.

O casamento dessa combinação pode ser altamente bem-sucedido, cheio de atividades interessantes e desafiadoras. Ele prospera quando cercado de problemas, embora deve-se tomar cuidado para não criar empecilhos desnecessários ou para não cair em padrões completamente involuntários de ciclos de desastre e salvação. Esses dois podem ou não incluir os filhos em suas atividades, mas em ambos os casos podem negligenciar a profunda necessidade de segurança do filho. O relacionamento entre irmãos desta combinação é competitivo, mas de uma forma produtiva, inspirando a parceria a realizar novos feitos.

O relacionamento entre pais-filhos nessa combinação, no entanto, pode sofrer de energias e interesses conflitantes. O sucesso de relacionamentos profissionais depende de poder reconciliar as diferenças de temperamento e redirecionar controlada ou construtivamente as emoções negativas.

Conselho: *Não se deixe levar. Tente manter o realismo. A estabilidade o ajudará a atingir seus objetivos. Guarde-se contra expectativas negativas.*

RELACIONAMENTOS

PONTOS FORTES: AMBICIOSO, ATENCIOSO, PRODUTIVO

PONTOS FRACOS: INSTÁVEL, FORA DA REALIDADE, DESASTRADO

MELHOR: CASAMENTO

PIOR: PAIS-FILHOS

ERNEST HEMINGWAY (21/7/1899)
GARY COOPER (7/5/01)

Alto, calado e intenso, o protagonista Cooper fez o papel arquetípico de Hemingway em 2 filmes do romancista, *Adeus às Armas* (1932) e *Por Quem os Sinos Dobram* (1943). **Também: Sugar Ray Robinson & Gene Fullmer** (rivais do boxe).

RELACIONAMENTOS

PONTOS FORTES: CULTO, PROFÉTICO, EDUCATIVO

PONTOS FRACOS: BRIGUENTO, SABE-TUDO, DESAPROVADOR

MELHOR: AMIZADE

PIOR: TRABALHO

CARL JUNG (26/7/1875)
SIGMUND FREUD (6/5/1856)

Estes psicanalistas eram colaboradores próximos até romperem formalmente em 1912 devido a um agudo desacordo teórico. Jung, que enfatizou o simbolismo, acreditava que Freud dava demasiada importância à base sexual da neurose. **Também: Gary Cooper & Clara Bow** (caso); **Alice Faye & Rudy Vallee** (cantora membro de banda); **Thomas Huxley & Aldous Huxley** (avô/neto; biólogo/escritor).

---

3 a 10 de maio
SEMANA DO PROFESSOR
TOURO II

26 de julho a 2 de agosto
SEMANA DA AUTORIDADE
LEÃO I

Eu bem que avisei

Esse relacionamento com freqüência centra-se no uso de conhecimentos existentes para olhar para o futuro e prevê-lo. Até mesmo quando esses parceiros possuem pressentimentos fortes sobre como as coisas se desenrolarão, eles inevitavelmente procuram alguma fonte para apoiar o que pensam. Os conflitos do relacionamento e as brigas, então, podem ser focados em quem está certo, quem estava certo da última vez, e quem estará certo no futuro. Se ambos os parceiros forem capazes de concordar em uma fonte incontestável de autoridade, provavelmente eles a usarão como uma arma contra outros indivíduos ou grupos.

O casamento entre representantes de Touro II e Leão I pode surgir da amizade, de um caso amoroso ou de ambos. A questão é que esse movimento em direção ao casamento é muitas vezes um processo evolucionário para esses dois e pode parar em algum ponto ao longo do caminho. Não raro, uma escola ou outra instituição de aprendizado é a primeira arena de encontro – eles podem ser estudantes, professores ou um casal de aluno e professor. Nesse contexto, as brigas e desacordos sobre conhecimento e informações são virtualmente inevitáveis, com um desafiando o outro para provar que a fonte ou referência é confiável. A satisfação da atitude de "Eu bem que avisei" também aparece mais inocuamente em brincadeiras ou apostas bem-humoradas sobre o desenrolar de um evento.

Como amigos, os nascidos em Touro II e Leão I sentem-se magneticamente atraídos um para o outro, sobretudo quando são do mesmo sexo. É provável que a amizade aqui seja íntima. No entanto, há também em geral alguma grande diferença entre esses dois, talvez de estatura, passado ou ideologia, que nega ou obscurece esse laço empático, de modo que outras pessoas possam erroneamente presumir que eles não são íntimos. Um aborrecimento constante é quando os outros fazem suposições e afirmações prejudiciais, sobretudo de natureza racista ou sexista. Quando esse botão é acionado, é provável que o casal se retire por repugnância ou também assuma rapidamente uma posição de ataque. Os relacionamentos familiares nessa combinação muitas vezes manifestam muitos atritos, com brigas a respeito de quem tem razão e com dedos apontados em condenação para quem está errado. As brigas a respeito de quem será o chefe ou figura de autoridade tendem a ser sérias.

Conselho: *Concordem em não discordar tão abertamente – os outros podem não gostar de vê-los brigar. Sejam tolerantes e abertos a novas idéias. Abandonem atitudes do tipo sabe-tudo.*

RELACIONAMENTOS

PONTOS FORTES: GENTIL, SENSUAL, ENCANTADOR

PONTOS FRACOS: EXPLOSIVO, TEIMOSO, ENFADONHO

MELHOR: AMOR

PIOR: CASAMENTO

SYLVIA SIDNEY (8/8/10)
LUTHER ADLER (4/5/03)

Como performer das telas, Adler foi poderoso e versátil, ao passo que Sidney, com sua marca registrada de olhos tristes e lábios trêmulos, muitas vezes fez o papel de garota de classe trabalhadora oprimida. Foram casados de 1938 a 1947. **Também: Almirante Peary & Matthew Henson** (exploradores do Pólo Norte); **Keith Haring & Andy Warhol** (artistas pop de Nova York); **Bono Vox & Dave Evans** (membros da banda U2).

---

3 a 10 de maio
SEMANA DO PROFESSOR
TOURO II

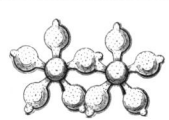

3 a 10 de agosto
SEMANA DA FORÇA EQUILIBRADA
LEÃO II

Devoção dedicada

Por estarem numa posição de quadratura um em relação ao outro no zodíaco (90° de distância), a astrologia convencional prevê atritos, problemas e conflitos entre eles e, de fato, esses dois signos fixos – Touro, um signo de terra, e Leão, um signo de fogo – são dogmáticos e teimosos. Na verdade, as personalidades Touro II e Leão II se misturam muito bem: ambos são indivíduos práticos, com uma empatia profundamente sentida para com todos os menos afortunados que eles. Seu relacionamento também reforça essa última característica, enfatizando a devoção e a dedicação, e amenizando a primeira, permitindo que esses dois sejam mais inspiradores e românticos do que em geral são.

A magia é um tema importante aqui: amor e amizade compartilham uma qualidade sensual suave com um componente forte e romântico. Esses dois podem vagar de mãos dadas por vários lugares encantados, mas ambos são responsáveis o suficiente para cumprirem sua parte no acordo, e eles não entendem que fidelidade e confiança sejam antiéticos com relação ao amor – pelo contrário. De fato, essas qualidades geram bons sentimentos, contribuindo, na verdade, para o romance. O relacionamento tem um certo orgulho de si próprio, que parece aos outros como uma espécie de intensidade radiante no sorriso tímido dos parceiros.

O casamento é menos recomendado, pois muito do encanto do relacionamento é dissipado na, às vezes, rotineira continuidade da vida cotidiana. Os parceiros podem expressar, mais tarde, arrependimento por terem tentado solidificar e dar sentido ou estrutura social à combinação antes tão natural e despretensiosa. Infelizmente, os nascidos em Touro II e Leão II são, em geral, incapazes de dar ao casamento o mesmo tipo de incandescência que caracterizou o caso de amor, por mais que tentem.

É provável que os relacionamentos familiares sejam afetuosos e solidários, sobretudo entre irmãos do mesmo sexo. Explosões ocasionais e confrontos de teimosia podem ser inevitáveis mas purificam o ar e indicam a honestidade dos parceiros. Um relacionamento profissional pode ser algo mundano para esses dois a menos que seja dedicado a uma causa social ou a ajudar os desprotegidos, em tal caso eles formariam uma equipe inspirada e incomumente bem-sucedida.

Conselho: *Romance nem sempre é necessário. Aprendam a trabalhar juntos de forma eficiente no dia-a-dia. Explorem empreendimentos criativos.*

356

3 a 10 de maio
SEMANA DO PROFESSOR
TOURO II

11 a 18 de agosto
SEMANA DA LIDERANÇA
LEÃO III

Diferença de atitude

Lutas por poder tendem a surgir neste relacionamento. Para os nascidos em Leão III, conseguir resultados e mirar em objetivos bem definidos é profundamente importante, e embora a honra possa ser importante para ele é, com muita freqüência, apenas uma expressão de seu ego inflado. Os nascidos em Touro II, se preocupam com os motivos e em última análise com o certo e o errado. Portanto, a moral de representantes de Touro II (os fins não justificam os meios) entra em conflito com a agressividade de Leão III (os fins justificam os meios). Se esses dois forem capazes de encontrar uma maneira de trabalharem juntos, eles podem desempenhar um papel importante na construção do futuro.

A amizade e os casos de amor têm chances de sucesso – são tipos de relacionamento nos quais é provável que essa combinação possa evitar as lutas pelo poder. As atitudes propensas a julgar tendem a ser mais relaxadas, e os níveis de combate são menores ou inexistentes por bons períodos.

Os relacionamentos matrimoniais encorajam a dependência de Touro II de Leão III, que em geral assume a liderança e gosta de apoiar seus companheiros e filhos. Se fracassarem em cumprir suas promessas, no entanto, ou se tornarem vítimas da própria arrogância, é provável que Touro II tenha uma visão confusa sobre ele, sobretudo se ele também experimentar algum tipo de revés. Os nascidos em Touro II exigem dignidade acima de tudo em um companheiro, e um representante de Leão III que tenha perdido a dignidade pode ser um quadro deprimente.

É provável que o relacionamento de pais seja problemático aqui: em qualquer combinação entre pais e filhos, é provável que o ético representante de Touro II julgue as ações de Leão III um tanto severamente. E se Leão III for um dos pais, ele terá uma tendência para mimar seus filhos, um tratamento do qual Touro II tende a se ressentir. No trabalho, o par patrão e empregado muitas vezes se depara com lutas pelo poder relativas ao que o empregado percebe como tratamento injusto do patrão.

Conselho: *Tente aceitar mais e ser menos categórico. Divirta-se sem reservas. Seja mais carinhoso. Coloque-se no lugar do outro.*

RELACIONAMENTOS

PONTOS FORTES: SOLIDÁRIO, CALOROSO, INTENSO

PONTOS FRACOS: DECEPCIONANTE, INJUSTO, INCLINADO A JULGAR

MELHOR: AMOR

PIOR: TRABALHO

MADONNA (16/8/58)
EVITA PERÓN (7/5/19)

Em seu magnético filme em que fez o papel de Evita, Madonna deu vida ao personagem. Elas têm muito em comum: uma formação humilde; escalada social ambiciosa e admiração e escárnio do público. **Também: Fred Astaire & Robyn Smith** (casados; dançarino/jóquei); **Lex Barker & Arlene Dahl** (casados; atores); **Henry Brown Blackwell & Lucy Stone** (casados; defensores do feminismo).

---

3 a 10 de maio
SEMANA DO PROFESSOR
TOURO II

19 a 25 de agosto
CÚSPIDE DA EXPOSIÇÃO
CÚSPIDE LEÃO-VIRGEM

Confiança sagrada

As atitudes altamente solidárias e compreensivas que aparecem nesse relacionamento conferem-lhe uma atmosfera de confiança. Assuntos privados podem ser mantidos em sigilo sem ameaça de ser revelados. O lado negativo é uma sensibilidade exacerbada com relação a traições de confiança de qualquer forma, de modo que, a despeito desta confiança, o relacionamento contém ao mesmo tempo um tom subjacente de suspeita. Contudo, na maioria das vezes, os segredos são considerados sagrados e plenamente honrados, e esses dois juntos gozam da confiança dos outros. Isso, por outro lado, permite-lhes persuadir, ensinar e orientar em qualquer campo que lhes aprouver.

Tenham ou não interesses em comum no início desse relacionamento, os nascidos em Touro II e Leão-Virgem desenvolvem áreas de participação, prazer e crescimento em seu dia-a-dia. Em muitos aspectos, esse é um laço saudável, mas certas tendências precisam ser monitoradas com cuidado, notadamente as que levam à prisão excessiva dos sentimentos e a um conseqüente isolamento da interação social. Ampliar o círculo de amigos para incluir outros é essencial aqui, não apenas para enriquecer o relacionamento básico em si, mas para aprender a lição de compartilhar em um sentido social e universal mais amplo. Os amigos são especialmente favorecidos nessa combinação.

Os casos de amor, embora cheios de compreensão, podem deixar de acender as chamas da paixão ou de tocar camadas mais profundas da emoção. O casamento pode não ser bem-sucedido também, em parte porque os nascidos em Touro II precisam proteger e representantes de Leão-Virgem têm dificuldades em fazê-lo. Ter filhos não é recomendado, pois Leão-Virgem tende a priorizar suas próprias necessidades e exigir toda a atenção. É provável que os relacionamentos familiares sejam íntimos, repletos de demonstrações de mau temperamento, sobretudo entre irmãos de sexo oposto. As emoções profundas sentidas aqui podem continuar na idade adulta, em alguns casos até resultando em irmãos habitando lares vizinhos.

Os relacionamentos profissionais podem ser bem-sucedidos se os parceiros mantiverem uma estrita objetividade no trabalho. Eles podem ser bem-sucedidos em qualquer cargo de vendas contanto que não entre em conflito com seus ideais pessoais.

Conselho: *Construa pontes para o mundo. A reserva pode despertar suspeitas. Tente ser mais aberto. Lembre de suas responsabilidades para com os outros.*

RELACIONAMENTOS

PONTOS FORTES: COMPREENSIVO, SOLIDÁRIO, ÍNTIMO

PONTOS FRACOS: DESCONFIADO, AMEAÇADOR, FECHADO

MELHOR: AMIZADE

PIOR: AMOR

MEL FERRER (25/8/17)
AUDREY HEPBURN (4/5/29)

Hepburn e Ferrer tiveram um casamento íntimo (1954-68) e um ótimo relacionamento de trabalho. Contracenaram em *Guerra e Paz* (1956); ele a dirigiu em *Green Mansions* (1959) e produziu o filme *Wait Until Dark* (1967), pelo qual ela recebeu uma indicação para o Oscar. **Também: Fred Astaire & Gene Kelly** (parceiros em filmes musicais).

| RELACIONAMENTOS |

PONTOS FORTES: DETERMINADO, INSPIRADOR, DEDICADO

PONTOS FRACOS: INSEGURO, SACRIFICADO DEMAIS

MELHOR: TRABALHO

PIOR: CASAMENTO

NICHOLAS ASHFORD (4/5/43)
VALERIE SIMPSON (26/8/48)

Ashford e Simpson começaram escrevendo canções e atuando juntos no final dos anos 1960. Casaram-se em 1974 e ainda são uma força importante no cenário da música rhythm & blues, viajando e trabalhando como produtores independentes. **Também: Toni Tennille & Daryl Dragon** (casados; The Captain & Tennille); **Roberto Rossellini & Ingrid Bergman** (caso escandaloso, 1949).

---

3 a 10 de maio
SEMANA DO PROFESSOR
TOURO II

26 de agosto a 2 de setembro
SEMANA DOS CONSTRUTORES DE SISTEMAS
VIRGEM I

Sérios sacrifícios

Este relacionamento empurra seus parceiros para ter coragem e determinação de alcançar objetivos bem definidos e talvez muito desejados e não para sentar-se e relaxar. A seriedade do relacionamento se reflete nos sacrifícios que os parceiros estão dispostos a fazer, com freqüência passando apertos durante meses ou anos para que por fim obtenham o que desejam e cheguem onde desejam estar. Essa dedicação implica enorme unidade de propósito. Ela também exige que os canais de comunicação permaneçam abertos para que mal-entendidos contraproducentes possam ser rapidamente corrigidos.

Os nascidos em Virgem I têm necessidade de envolvimentos relativamente pouco sérios que os deixem soltos e os divirtam. No amor e no casamento, seu relacionamento com Touro II pode ser prejudicado pelo que vêem como regras, estruturas e imperativos morais em excesso, que atrapalham um toma-lá-dá-cá mais descomplicado. As tensões de ambos os lados podem tornar difícil ou impossível o desfrute das recompensas de todo o trabalho pesado do casal. Embora a escolha por Virgem I desse parceiro específico possa ser realista em vários aspectos, os nascidos em Touro II podem não responder com paixão suficiente, e se isso desperta a insegurança de Virgem I (o sentimento de ser pouco atraente ou pouco valorizado), o resultado provável é o recolhimento e a ansiedade.

Esse relacionamento é bem-sucedido na esfera do trabalho, e também naquelas famílias em que uma combinação pai e filho entre Touro II e Virgem I administra um negócio ou serviço juntos. Atingir objetivos de curto prazo – talvez conseguir empréstimos, construir um novo espaço de trabalho, captar clientes, reorganizar a contabilidade, fazer inventário e coisas do gênero – constrói a confiança que esses dois precisam para manter o movimento na direção dos objetivos de longo prazo. A amizade aqui pode também ser uma influência profissional extremamente positiva, inspirando cada parceiro em suas respectivas áreas. Um parceiro profissionalmente bem-sucedido pode servir como um modelo para o outro, sobretudo quando as influências dos pais na infância tenham sido tumultuadas ou abertamente destrutivas.

Conselho: *Relaxe o suficiente para apreciar os frutos do trabalho. Divirta-se. Mire em objetivos atingíveis a curto prazo. Cultive ambientes românticos.*

| RELACIONAMENTOS |

PONTOS FORTES: FRANCO, INVENTIVO, COMPLEXO

PONTOS FRACOS: INCOMPREENDIDO, ESTRANHO, CRÍTICO

MELHOR: AMOR

PIOR: CASAMENTO

ADELE ASTAIRE (10/9/1898)
FRED ASTAIRE (10/5/1899)

Antes de Fred iniciar sua carreira cinematográfica em 1933, os irmãos eram parceiros de dança *vaudeville*. Estrearam na Broadway, em 1917, tornando-se favoritos nos anos 1920. Sua parceria acabou quando Adele se casou, em 1932. **Também: Donovan & Ione Skye** (pai/filha; cantor/atriz).

---

3 a 10 de maio
SEMANA DO PROFESSOR
TOURO II

3 a 10 de setembro
SEMANA DO ENIGMA
VIRGEM II

Diante da tradição

Não-convencional é provavelmente a melhor palavra para definir esse relacionamento, que tende a questionar a tradição e se opor às expectativas e desejos de amigos e de membros da família. Para piorar o clima, essa dupla vai mais além e critica pessoas de pontos de vista mais tradicionais. Nascido na Semana do Enigma, Virgem II é diferente, um indivíduo reservado difícil de conhecer – exatamente o tipo de pessoa por quem Touro II sente-se atraído com freqüência. Por seu lado, Touro II pode romper as defesas de Virgem II com uma combinação irresistível de agressividade e charme.

Os casos de amor entre esses dois são altamente significativos, muitas vezes destacando uma abordagem complexa, prazerosa e não tradicional do amor e de fazer amor. A abordagem franca e honesta de Touro II ao sexo, muitas vezes independente de carinho e às vezes até mesmo de romance, combina bem com a aversão de Virgem II ao emocionalismo e ao sentimentalismo. Quando o relacionamento permite que o lado carnal de Touro II predomine sobre o puritanismo, novos patamares de paixão e inventividade podem ser alcançados. Isso não significa dizer que o relacionamento necessariamente mexa com as profundezas internas de Virgem II, ou mesmo as alcance, mas a confiança íntima duradoura de um parceiro amoroso nascido em Touro II pode introduzir níveis mais profundos de revelação e envolvimento emocional. O casamento é uma possibilidade, mas um ou ambos os parceiros podem ter aversão por oficializar o vínculo, preferindo a atmosfera mais livre de viverem juntos.

A amizade pode, da mesma forma, ser um primeiro passo para o compartilhamento e a confiança mais íntimos, mas esses dois nem sempre vão tão longe. O aspecto de trígono aqui (Touro II e Virgem II estão a 120º de distância no zodíaco) significa que, pelo menos em um nível superficial, há em geral um bom entendimento, de modo que o relacionamento com colegas de trabalho possa surgir com facilidade; mas tais relacionamentos podem não levar a amizades de longo prazo. Como uma equipe de trabalho, esse casal pode acabar sendo muito inovador, encontrando novas formas de atingir seus objetivos e alcançar o sucesso. Os relacionamentos familiares em geral se caracterizam pela falta de compreensão, com ataques negativos severos seguidos de recolhimento ou silêncio.

Conselho: *Mantenha intactos os laços de confiança. Trabalhe a honestidade emocional para alcançar níveis mais profundos de comunicação. Lutar contra atitudes convencionais pode ser uma perda de tempo e energia.*

3 a 10 de maio
SEMANA DO PROFESSOR
TOURO II

11 a 18 de setembro
SEMANA DO LITERAL
VIRGEM III

Determinado para o sucesso

A mútua energia teimosa de Touro I e Virgem III com freqüência colide na forma de lutas por domínio, mas também pode se unir de forma sinergética em um relacionamento que é dedicado e determinado para o sucesso, seja nos negócios ou no lar. O relacionamento pode de fato se tornar o contrapino da roda, ou pelo menos uma defesa importante, de uma empresa ou família bem-sucedida. O fator determinante aqui com freqüência é se esses dois gostam um do outro pura e simplesmente. Eles realmente compartilham muitas qualidades, tais como uma aversão ao fingimento e à falsidade e uma insistência pelo que é justo, especialmente para os que estão em desvantagem. No entanto, este não é um antídoto para sua luta por supremacia.

É provável que relacionamentos pessoais tais como casamento, casos amorosos e amizade evidenciem o lado mais conflitante, oscilante, com expressões sinceras e carinhosas. Os casos amorosos entre Touro II e Virgem III podem ser altamente prazerosos, mas sentimentos tendem a ser mais profundos quando um ou ambos os parceiros já têm um relacionamento em outro lugar qualquer. De modo geral, se opor aos dogmas da sociedade e ao domínio do outro parceiro é algo natural neste relacionamento. Esses dois não hesitam em demonstrar dramaticamente sua paixão, não sentindo necessidade alguma de segredo ou subserviência.

Conflitos no casamento trazem resultados tanto positivos quanto negativos. O relacionamento com freqüência é fortalecido pelo debate honesto e até pela discussão, o elemento emocional nestas confrontações sendo rapidamente esquecido. A comunicação é uma força; o par é objetivo, ouvindo o outro ponto de vista claramente e respondendo com lógica, se bem que com sentimento. Eles também são responsáveis em suas atitudes para com as questões domésticas e com relação aos filhos – contanto que ambos os parceiros mantenham sua parte no acordo, sem serem forçados a lutas por poder destrutivas. A amizade aqui pode ser tranqüila, mas um pouco superficial. Ela raramente é de importância primária para seus parceiros, que passam a não gastar muito tempo juntos. Freqüentemente respeitosos com o poder e o talento de cada um, esses dois funcionam melhor como irmãos em uma família, como colegas de trabalho ou parceiros em um emprego.

Conselho: *Cuidado com os sentimentos das pessoas. Não sucumba aos impulsos do poder. Cuidado com a crueldade. Nunca comprometa a dignidade ou os valores dos outros.*

RELACIONAMENTOS

PONTOS FORTES: HONESTO, DESPRETENSIOSO, INTERESSADO

PONTOS FRACOS: BRIGUENTO, ANTAGÔNICO, CABEÇA-DURA

MELHOR: FAMÍLIA

PIOR: AMIZADE

MAX MALLOWAN (6/5/04)
AGATHA CHRISTIE (15/9/1890)

Christie casou-se com o destacado arqueólogo inglês Mallowan em 1930. Ela foi sua assistente em expedições ao Oriente Médio, que forneceram base científica para vários de seus romances. **Também: Tammy Wynette & George Jones** (casados; estrelas da música country); **Johannes Brahms & Clara Schumann** (amigos próximos); **Peter Benchley & Robert Benchley** (pai/filho; escritor/humorista).

---

3 a 10 de maio
SEMANA DO PROFESSOR
TOURO II

19 a 24 de setembro
CÚSPIDE DA BELEZA
CÚSPIDE VIRGEM-LIBRA

Influenciando gostos

É provável que este relacionamento envolva tentativas de influenciar gostos e pontos de vista estéticos, não somente os dos próprios parceiros como também os dos outros, sejam eles individuais ou coletivo. Há sentimentos ambivalentes aqui, sobretudo nas questões sociais e assuntos de estilo. Parte dos comentários correntes do relacionamento tem a ver com uma divisão nas atitudes dos nascidos em Touro II: por um lado, eles estão extremamente interessados em tudo que é atualizado, está na moda e tem a ver com estética; por outro, detestam o esnobismo, quem se dá ares de grande importância e todas as formas de elitismo, o que naturalmente abunda no mundo da moda e das artes. As atitudes de Virgem-Libra, entretanto, são geralmente inequivocamente elitistas, e a sensibilidade é altamente refinada.

Amizade e amor entre esses dois podem ser honestamente baseados na atração física, e caracterizam formas de persuasão sedutoras, com freqüência sensuais. No interesse de preservar a harmonia e os bons sentimentos, questões importantes que deveriam na realidade ser esgotadas podem ser evitadas. Diferenças nas estruturas de valor fundamental tornam o casamento entre Touro II e Virgem-Libra problemático: a natureza mais superficial e as aspirações sociais de Virgem-Libra podem ser inaceitáveis para os nascidos em Touro II, que finalmente passam a julgar seu parceiro de forma bastante dura.

É menos provável que surjam ressentimentos e conflitos no escritório, ou em um trabalho como *freelance*. Caso sua empresa lide diretamente com assuntos de estilo ou moda, a unanimidade pode ser total. Caso o trabalho seja mais pessoal, todavia, tal como um restaurante, uma pequena loja ou outra ocupação na qual possam marcar sua presença de forma mais livre e casual, os nascidos em Touro II e Virgem-Libra passam muito tempo debatendo esta questão, cada um tentando persuadir o outro do seu ponto de vista. Caso eles venham a ter um acordo estético, poderiam ter enorme sucesso persuadindo os outros a seguir seus conselhos. Propaganda é um ponto forte aqui. Nos relacionamentos pais-filhos, diferenças de geração conduzem a abordagens diferentes, mas em vez de discutir ou tentar intimidar, os parceiros usam formas mais sutis de manipulação para convencer um ao outro.

Conselho: *Deixe os outros se decidirem sozinhos. Tente encontrar uma base sólida para sua vida. Não se deixe levar pelos ventos da mudança. Busque valores duradouros.*

RELACIONAMENTOS

PONTOS FORTES: HARMÔNICO, DE BOM GOSTO, ATRAENTE

PONTOS FRACOS: MANIPULADOR, ESCAPISTA, AMBÍGUO

MELHOR: TRABALHO

PIOR: CASAMENTO

F. SCOTT FITZGERALD (24/9/1896)
EDMUND WILSON (8/5/1895)

Wilson e Fitzgerald eram amigos próximos em Princeton. O erudito Wilson cultivou o interesse por literatura que começava a despertar no escritor Fitzgerald. **Também: Billy Joel & Ray Charles** (colaboradores; músicos); **Ricky Nelson & Gunnar Nelson** (pai/filho; cantores de rock and roll); **Orson Welles & John Houseman** (colaboradores no teatro e no cinema).

| **RELACIONAMENTOS** |

PONTOS FORTES: EXCITANTE, INTENSO, APAIXONADO

PONTOS FRACOS: HIPERCRÍTICO, OBSESSIVO-COMPULSIVO, INSTÁVEL

MELHOR: SEXUAL

PIOR: IRMÃOS

BRYANT GUMBEL (29/9/48)
GREG GUMBEL (3/5/46)

Greg, o ganhador do prêmio Emmy, é comentarista esportivo na tevê NBC. Ele fez sua estréia por meio do irmão Bryant, que arranjou a primeira entrevista de Greg na rede. Apresentador de um programa, Bryant desde então se mudou para a CBS com um contrato muito lucrativo. Ele também ganhou vários Emmys.
Também: Maxim Shostakovich & Dmitri Shostakovich (pai/filho; maestro/compositor).

---

3 a 10 de maio
SEMANA DO PROFESSOR
TOURO II

25 de setembro a 2 de outubro
SEMANA DO PERFECCIONISTA
LIBRA I

Dia agradável do solstício de inverno

Pensamento incisivo é o tema principal, conduzindo a interações e idéias vivas e vibrantes. Aspectos críticos e dominantes também são fortes características, de forma que a estabilidade é um pouco baixa: muito freqüentemente, inquietações e preocupações sobre fazer a coisa certa minam a segurança do relacionamento, conduzindo a atitudes críticas ou condenáveis que impedem qualquer prazer. Um desses relacionamentos que pode não durar muito, como um dia agradável de solstício de inverno, este par deve no entanto ser completamente apreciado sem muita reflexão.

Casos amorosos entre esses dois podem ser altamente satisfatórios, sobretudo na esfera sexual, onde cada parceiro sente-se excitado pela atração física do outro. Combinando a ênfase do relacionamento com o mental, esta ligação física pode conferir ao relacionamento uma qualidade obsessiva, reduzindo o controle consciente e aumentando o sofrimento de qualquer separação ou rompimento. O motor mental pode ser desligado, todavia, pelo envolvimento total em alguma área absorvente mas não necessariamente intelectual – trabalho, afazeres domésticos, atividades financeiras ou administrativas.

Tanto os nascidos em Touro II quanto em Libra I são altamente críticos, e suas empresas e sociedades conjugais tendem a ser de alguma forma inconstantes e irregulares. As coisas podem ir bem por algum tempo, mas nuvens de tempestade inevitavelmente se formam e trovões relampejam. Esta dupla arrisca fugir de problemas urgentes, um hábito que, sobretudo no casamento, pode refletir uma recusa de enfrentar emoções e ser honesto sobre elas (um traço característico de Libra I). Parceiros nascidos em Touro II podem experimentar alguma frustração por serem incapazes de atingir os nascidos em Libra I a um nível mais profundo, mas com paciência e com tempo, o relacionamento pode se tornar um instrumento eficaz para abrir totalmente as portas fechadas em ambos os parceiros e promover compartilhamento e confiança.

A falta de honestidade emocional do relacionamento pode fazer com que a amizade nesta combinação seja difícil, e há também uma certa incapacidade de manter emoções mais extremas sob controle. Relacionamentos familiares, sobretudo entre irmãos, provavelmente também são tempestuosos e às vezes violentos.

Conselho: *Não sucumba ao escapismo. Enfrente as coisas como elas são. Objetive a honestidade e a abertura emocional.*

| **RELACIONAMENTOS** |

PONTOS FORTES: HARMONIOSO, BRINCALHÃO, AUDACIOSO

PONTOS FRACOS: INSTÁVEL, QUEIXOSO, PROCRASTINADOR

MELHOR: CASAMENTO

PIOR: TRABALHO

JUAN PERÓN (8/10/1895)
EVITA PERÓN (7/5/19)

Evita (Eva Duarte) foi atriz de rádio e cinema antes de casar-se com Perón, em 1945. Depois deste ser o presidente da Argentina, em 1946, ela se tornou seu braço direito. Idolatrada pelas massas, sua morte por câncer em 1952 foi uma tragédia nacional.
Também: Daniel Berrigan & Philip Berrigan (irmãos; ativistas dos anos 1960); **Mark David Chapman & John Lennon** (assassino que baleou o Beatle).

---

3 a 10 de maio
SEMANA DO PROFESSOR
TOURO II

3 a 10 de outubro
SEMANA DA SOCIEDADE
LIBRA II

Acentua o positivo

Inerentemente volátil e incerta, esta combinação pode ser confusa. Um impulso contínuo para a frente é necessário, pois o fato de enfrentar desafios pode ajudar a superar os problemas de ser incapaz de definir o que realmente acontece.

Uma vez que esta combinação tem um aspecto quincôncio (as duas semanas estão a 150° de distância no zodíaco), a astrologia convencional prediz alguma instabilidade aqui e está, neste caso, certa. Tanto os nascidos em Touro quanto em Libra são regidos por Vênus, sugerindo harmonia e compartilhando amor pela beleza, mas características mais negativas também são reforçadas, tais como procrastinação, preguiça e provocação. Também pode haver recusa em deixar as coisas como estão, e uma tendência a reclamar e prender-se a detalhes. O fato de enfatizar a realização pode compensar essas características.

A instabilidade pode ser emocionante, sobretudo no amor, e ambos os parceiros podem sentir-se estimulados por este relacionamento. Casos ilícitos e ocultos exercem fascinação aqui. O casamento é algo mais desafiador – talvez o tipo mais desafiador de relacionamento nesta combinação, e também o mais potencialmente compensador. Características negativas e positivas se unem de forma sinergética aqui. A aliança é capaz de geral prazer sensual, jogos, humor e conforto; o lar de um casal Touro II-Libra II pode ser ricamente decorado embora extremamente funcional, com muitas áreas vívidas estudadas profundamente até o último detalhe. À medida que alguém passa de uma sala para outra em tal residência, talento e cor se alternam ritmicamente com sobriedade e quietude. Uma notável tranqüilidade pode reger a cena doméstica neste casamento. Ainda assim, oscilações de humor nunca estão ausentes por muito tempo.

No trabalho, este par pode sofrer de uma certa imobilidade periódica da vontade, desinteresse ou incapacidade de se concentrar. Tais colapsos podem provar ser muito contraproducentes, e um chefe pode separar esses dois deslocando-os no local de trabalho. Relacionamentos familiares, sobretudo entre pais e filhos, podem sofrer de ataques regulares de provocação mútua, apesar de longos períodos de harmonia e paz relativas.

Conselho: *Afrouxe sua intensidade. Seja mais clemente e perdoe com mais facilidade. Deixe os bons tempos acontecerem. Não fique tão nervoso, é somente dinheiro. Poder não é tudo.*

3 a 10 de maio
SEMANA DO PROFESSOR
TOURO II

11 a 18 de outubro
SEMANA DO TEATRO
LIBRA III

Novo giro

Onde uma vida comum pode ser ligada durante anos pela energia da imaginação e da fantasia, é provável que este relacionamento manifeste rupturas dramáticas. Um agente catalisador que revela o subconsciente de seus parceiros, ele pode às vezes ser visto como o beneficiário de algum giro excedente do destino com efeitos profundos e de longo alcance. Caso uma atividade social, financeira ou comercial, digamos, for o recipiente das energias do relacionamento, ele pode alcançar grande sucesso, contanto que estas energias sejam bem direcionadas.

Pares nesta combinação podem ser íntimos mas tensionados. Os nascidos em Libra III necessitam de muita atenção, mas estão longe de terem isso o tempo todo; quando a necessitam, precisam obtê-la a qualquer custo. Eles se saem melhor como parceiros que não impõem exigências pesadas sobre eles, sejam bastante independentes e tenham força de caráter. Todos essas exigências podem ser satisfeitas muito prontamente por representantes de Touro II, que obtêm algum benefício também: em geral com o aprendizado de habilidades sociais, usando os contatos de Libra III e sendo entretidos por eles.

Casamentos e casos amorosos podem enredar-se em um véu de irrealidade. Tão forte é a projeção da fantasia aqui que o relacionamento pode parecer ter sido invocado como o gênio da lâmpada de Aladim. Os resultados podem ser ilusórios e destrutivos, mas o problema principal nesta combinação é o conflito com as exigências da realidade diária, pressões sociais e a percepção dos amigos e familiares que não compartilham a visão deste par. Caso esses parceiros sejam capazes de romper com tais influências sociais, acreditando ao contrário totalmente na realidade pessoal de seu relacionamento, podem fazer dele um sucesso, enquanto durar.

Nos negócios, uma sociedade fornecendo um serviço ou produto para o público em geral é mais favorecida aqui. Esses dois em geral encontram um nicho no mercado e propõem alguma coisa original, ou dão um novo giro a uma velha idéia. Seja a entrega, a embalagem, a propaganda ou a abordagem pessoal envolvida no produto que é incomum, ele tem boa chance de chamar a atenção e causar um significativo impacto no mercado.

Conselho: *Equilibre sua vida pessoal e social. Suas fantasias podem significar pouco para os outros. Dedique tempo para se explicar. Não seja autocentrado.*

RELACIONAMENTOS

PONTOS FORTES: IMAGINATIVO, COMMERCIAL, SOCIAL

PONTOS FRACOS: RETRAÍDO, ILUSÓRIO, FORA DA REALIDADE

MELHOR: TRABALHO

PIOR: AMOR

ORSON WELLES (6/5/15)
RITA HAYWORTH (17/10/18)

Estes artistas absortos em si mesmos casaram-se em 1948, o ano em que Welles dirigiu e co-estreou com Hayworth *A Dama de Shanghai*. Ela pediu o divórcio logo após as filmagens. **Também: Mike Wallace & Chris Wallace** (pai/filho; repórteres); **Robert Knievel & Evel Knievel** (filho/pai; dublês); **Dave Prater & Sam Moore** (dupla musical Sam & Dave); **Dennis Thatcher & Margaret Thatcher** (casados).

---

3 a 10 de maio
SEMANA DO PROFESSOR
TOURO II

19 a 25 de outubro
CÚSPIDE DO DRAMA E DA CRÍTICA
CÚSPIDE LIBRA-ESCORPIÃO

Adversários formidáveis

Esses dois têm muito em comum. Infelizmente, seus traços e talentos comuns tendem a não se fundir e a não melhorar seu relacionamento mas, ao contrário, a piorá-lo. O ponto de ligação é em geral a questão da autoridade: ambos têm uma forte necessidade de ser a figura que exerce autoridade ou, mais particularmente, o professor, e ter outros que os ouçam. Relacionamentos do tipo aluno-professor são difíceis ou impossíveis aqui. É provável que discussão, crítica e desentendimento impeçam este par de se mover para uma direção positiva.

Quando trabalham em empresas, clubes ou equipes rivais, esses dois são adversários formidáveis. Sua verdadeira força com freqüência aflora em tais relacionamentos, onde eles podem controlar sua habilidade intelectual em uma demonstração não diferente da encontrada nas artes marciais ou no esgrima. A intenção não é posta em dúvida: ganhar, superar, derrotar. Trabalhando juntos na mesma organização, eles têm a chance de obter sucesso se estiverem situados no mesmo patamar na hierarquia, tenham contato pessoal mínimo e estejam engajados em tarefas objetivas ou técnicas, por exemplo, em áreas científicas, ligadas a computação, medicina ou línguas.

Casos amorosos, amizade e casamento podem ser menos dominadores e belicosos, mas em geral são competitivos. Todos podem ser difíceis, mas o casamento talvez seja a melhor aposta dos três, uma vez que a forte energia dessas personalidades são puxadas para o chão pelas tarefas e responsabilidades diárias compartilhadas. Em determinados casos uma trégua duradoura é possível, com instintos agressivos sendo sublimados ou direcionados para o exterior, contra outros casais ou indivíduos. Os casos amorosos tendem a ser apaixonados ou prosaicos, com ênfase na franqueza, tendência ao culto ao físico e pouca probabilidade de sentimentos ou compreensão profundos. Relacionamentos familiares, sobretudo entre irmãos em igual posição, podem ser intensos como qualquer outro nesta combinação. Relacionamentos entre pais e filhos não são muito positivos: em geral os pais, sejam de Touro II ou Libra-Escorpião, dominam os filhos, pelo menos até que a fase da rebeldia da adolescência seja alcançada e as interações possam ser menos unilaterais.

Conselho: *Procurem revelar seu melhor sem indevidos conflitos. Tenham em vista objetivos positivos. Minimizem as discussões, maximizem a compreensão. Fiquem juntos.*

RELACIONAMENTOS

PONTOS FORTES: DESAFIADOR, INSTRUTIVO, INTELECTUAL

PONTOS FRACOS: DESTRUTIVO, HIPERCRÍTICO, DO CONTRA

MELHOR: OPONENTE

PIOR: AMIZADE

SIR GEORGE P. THOMSON
(3/5/1892)
CLINTON J. DAVISSON
(22/10/1881)

Thomson e Davisson dividiram o Prêmio Nobel de Física em 1937. Sua pesquisa combinada sobre a difração do elétron provou que a matéria é semelhante a ondas e partículas.

RELACIONAMENTOS

PONTOS FORTES: JUSTO, INTELIGENTE, ESTIMULANTE

PONTOS FRACOS: HIPERZELOSO, SEM EMOÇÕES, RESISTENTE

MELHOR: FAMÍLIA

PIOR: AMOR

**CANDICE BERGEN (8/5/46)
LOUIS MALLE (30/10/32)**

Em 1980, antes de seu estrelato como Murphy Brown na tevê, Bergen se casou com o diretor francês Malle, 14 anos mais velho que ela. Uma consumada fotojornalista e dramaturga, bem como atriz, Bergen deu apoio a seus filmes controversos, que exploram o erotismo, a política, a subcultura e questões sociais. Seu casamento foi sólido. Malle morreu em 1995.

---

3 a 10 de maio
SEMANA DO PROFESSOR
TOURO II

26 de outubro a 2 de novembro
SEMANA DA INTENSIDADE
ESCORPIÃO I

Espírito de cruzada

É provável que o foco deste relacionamento seja a rápida comunicação mental. A inteligência e a transmissão de idéias são altamente valorizadas aqui, e há também um interesse compartilhado nos livros, quebra-cabeças, jogos e proezas de memória e raciocínio. Também há preocupação com códigos sociais e morais, questões de justiça e injustiça e pensamentos avançados ou idéias visionárias. A ligação entre esses dois é com freqüência tão íntima que cada um pode saber o que o outro está pensando sem que uma palavra seja pronunciada.

O fator determinante para o sucesso do amor e do casamento nesta combinação é se a comunicação emocional do casal é tão boa quanto a variedade mental. Vínculos de empatia são um tanto raros aqui, uma vez que os nascidos em Touro II não vivem nas esferas mais emocionais e, em geral, resistem ao tipo de vigilância psicológica intensa que é a especialidade dos representantes de Escorpião I. Mesmo assim, solidariedade e compreensão podem se tornar uma marca registrada deste relacionamento, contanto que o casal esteja determinado a fazê-lo desta forma. Os nascidos em Touro II em geral sentem aversão pelo lado sombrio dos representantes de Escorpião I, mas podem também ficar fascinados por ele. Felizmente são os aspectos luminosos dos representantes de Escorpião I que o relacionamento tende a ativar.

Quando esses dois são amigos ou sócios em negócios, seu relacionamento amplia seu envolvimento inerente com o conceito de justiça. Pode facilmente demonstrar um espírito de cruzada, tornando-o ativo social e politicamente, sempre do lado dos oprimidos, dos destituídos de direitos civis ou em desvantagem social. Uma preocupação relacionada com indivíduos que enfrentam sérios desafios, sejam mentais ou físicos, pode se tornar a base para uma carreira dedicada ao serviço.

Na família, pais nascidos em Touro II são adequados para filhos nascidos em Escorpião I em termos tanto do que eles podem dar a eles quanto do que eles podem receber deles. Pais nascidos em Escorpião I tendem a ser estimulantes, até inspiradores para seus filhos representantes de Touro II. Em qualquer combinação, é provável que o aprendizado, a utilidade, a compreensão e, naturalmente, a justiça sejam proeminentes. Pares de irmãos provavelmente serão mutuamente encorajadores e generosos, divertidos e mentalmente desafiadores, mas temperamentais, como o clima.

Conselho: *Não superenfatizem a lógica. Reconheçam o valor dos sentimentos. Aprendam um com o outro. Desenvolvam suas habilidades paranormais.*

RELACIONAMENTOS

PONTOS FORTES: DIVERTIDO, VIGOROSO, RELAXADO

PONTOS FRACOS: FECHADO, DESORIENTADO, TEIMOSO

MELHOR: AMIZADE

PIOR: AMOR

**ARIEL DURANT (10/5/1898)
WILL DURANT (5/11/1885)**

Casados em 1913 quando Ariel tinha só 15 anos, os Durant popularizaram a História para milhões com seus livros em série *A História da Civilização* (1935-75). Inseparáveis até o fim, morreram com um hiato de meses em 1981. **Também: Mike Wallace & Morley Safer** (apresentadores, *60 Minutes*).

---

3 a 10 de maio
SEMANA DO PROFESSOR
TOURO II

3 a 11 de novembro
SEMANA DA PROFUNDIDADE
ESCORPIÃO II

Segunda infância

Esta combinação estimula seus participantes a se alegrar e divertir. Os nascidos em Touro II e Escorpião II situam-se em posição oposta um ao outro no zodíaco, fazendo-os despertar um no outro seriedade e prudência, embora seu relacionamento também tenha um lado mais leve, evitando um pouco do peso em favor de uma perspectiva mais divertida e jovial. Sua aversão a lutas por poder e problemas é tal que seus parceiros desejam mantê-los em um equilíbrio saudável, fixando cuidadosamente linhas de defesa que eles igualmente têm cuidado para não transgredir.

A amizade pode ser a melhor oportunidade de esta dupla relaxar e aproveitar o lado mais divertido da vida. Como filhos, os nascidos em Touro II podem ser excelentes companheiros para representantes de Escorpião II, e a despreocupação do par pode ser uma segunda infância depois que eles já cresceram. Promovendo o humor e o tranqüilo companheirismo, este relacionamento com freqüência funciona como uma válvula de segurança para as pressões e dificuldades que seus parceiros enfrentam em outras áreas da vida.

Amor e casamento, por outro lado, podem envolver problemas com estresse, obstrução emocional e falta de comunicação. Os nascidos em Touro II podem ser muito compreensivos, mas uma dose diária de depressão e de sofrimento auto-induzido de um Escorpião II pode empurrá-lo além de seu limite de tolerância. E se a agressão e o ressentimento começarem a florescer em sua direção, eles podem recuar ou desaparecer completamente. A paixão pode ser intensa, mas há um perigo de que a intensidade e o romance percam seu elã ao longo dos anos, e que áreas emocionais mais profundas sejam fechadas. Ao mesmo tempo, é provável que o relacionamento funcione muito bem em áreas mais mundanas, sendo as responsabilidades diárias fielmente cumpridas.

Nos esforços grupais, seja no trabalho ou na família, é provável que o relacionamento seja fidedigno e produtivo. A juventude pode ser um importante tema nas interações pais-filhos, mas os pais de qualquer semana do ano são às vezes propensos a exagerar na tentativa de parecer jovens e avançados, tranqüilos e modernos, enquanto os filhos se esforçam para ser mais adultos e maduros. Tais inversões de papéis podem produzir resultados interessantes, mas às vezes ridículos.

Conselho: *Permaneça jovem mas com dignidade. Aceite a maturidade, mas não seja tão sério. Libere-se e divirta-se. Não se feche ou se reprima.*

3 a 10 de maio
SEMANA DO PROFESSOR
TOURO II

12 a 18 de novembro
SEMANA DO ENCANTO
ESCORPIÃO III

Equilíbrio de poder

Este relacionamento trabalha a criação de um equilíbrio de forças individuais de forma que eles discutem em vez de brigar, sobretudo a serviço da carreira ou de esforço em um negócio. Lutas por poder raramente surgem aqui, e os parceiros podem abafar seus impulsos do ego na busca de objetivos comuns não somente trabalhando juntos mas aprendendo um com o outro. Produtivo em termos organizacionais, o relacionamento também está a serviço do desenvolvimento pessoal dos parceiros.

A amizade entre Touro II e Escorpião III pode ser vitalmente importante para cada participante, com freqüência muito mais do que seria um caso amoroso ou casamento. Grandes expectativas podem ser contraproducentes, todavia, e atitudes rígidas e implacáveis podem tornar difícil ou impossível uma troca despreocupada e tranqüila. Os casos amorosos entre Touro II e Escorpião III podem ser complexos: paixão, atração sexual e ciúme podem ser intensos, estando a dor e o sofrimento também inevitavelmente muito próximos. Um determinado magnetismo pessoal pode resultar em triângulo amoroso, com resultados destrutivos. Os nascidos em Escorpião III necessitam de honestidade emocional e a completa expressão pode ser frustrada ou ferida pelas atitudes críticas e avaliações francas de Touro II; também, os nascidos em Touro II gostam de ser deixados a sós por muito tempo, e é provável que a postura controladora e exigente do Escorpião III clássico os perturbe.

O casamento entre esses dois pode ser eficaz, sobretudo quando os objetivos são bem definidos e a estrutura do poder é equilibrada. A interação sexual prazerosa e satisfatória pode continuar na idade adulta. Como pais, todavia, esses dois devem ter cuidado para não dominar seus filhos ou permitir que suas respectivas abordagens, radicalmente diferentes para criá-los, cause confusão. Da mesma forma, embora os relacionamentos familiares entre Touro II e Escorpião III possam ser muito favoráveis (sobretudo em momentos de necessidade), a postura moral de pais nascidos em Touro II e as atitudes controladoras e protetoras de representantes de Escorpião III mais velhos podem se tornar perturbadoras e debilitantes para filhos de outro signo.

Conselho: *Equilibre pontos de vista diferentes. Em casa, trabalhe para o bem comum. Não espere muito. Simplifique o amor.*

RELACIONAMENTOS

PONTOS FORTES: EQUILIBRADO, ALTRUÍSTA, MAGNÉTICO

PONTOS FRACOS: ARRASADOR, RELUTANTE EM PERDOAR, CIUMENTO

MELHOR: TRABALHO

PIOR: AMIZADE

GEORGE S. KAUFMAN (16/11/1889)
MARY ASTOR (3/5/06)

Para a atriz Astor, seu caso nos anos 1930 com o dramaturgo Kaufman foi eufórico; para ele simplesmente outra amizade sexual. Depois que seu diário foi publicado, em 1936, Kaufman foi apelidado de "Amante Público Número Um". **Também: Tyrone Power & Linda Christian** (casados); **John Wilkes Booth & Edwin Booth** (irmãos; atores shakespearianos).

---

3 a 10 de maio
SEMANA DO PROFESSOR
TOURO II

19 a 24 de novembro
CÚSPIDE DA REVOLUÇÃO
CÚSPIDE ESCORPIÃO-SAGITÁRIO

Faculdade

Aceitação é o foco deste relacionamento e a chave para o sucesso nas questões emocionais, físicas e espirituais, assim como nas intelectuais. É provável que os parceiros venham de formações social e religiosa diferentes, e se eles perceberem como este relacionamento pode ser rico e conseqüentemente valioso em termos de diversidade, eles se esforçarão arduamente para proteger essas diferenças em vez de insistir em uma uniformidade sem sentido. Os nascidos em Touro II em geral acreditam no valor do ensino, seja em uma instituição ou em uma situação particular, enquanto os nascidos em Escorpião-Sagitário são com freqüência graduados na faculdade dos golpes duros da vida, e acreditam que a experiência é o verdadeiro professor. Formado por tais fontes diferentes, este relacionamento pode reunir conhecimento do espectro mais amplo da sabedoria, contanto que ele possa ter espaço para a aceitação das diferenças.

É provável que o amor aqui seja direto, intenso e imprevisível. Os lados mais instáveis de ambos os parceiros com freqüência se misturam em um caso romântico e selvagem, que varre tudo à sua frente. Sexualmente, cada um desses dois encontra seu par no outro, mas necessita verificar seus instintos combativos. Os "lapsos de memória" dos Escorpião-Sagitário podem ser um problema, uma vez que é improvável que os nascidos em Touro II sejam muito pacientes com indiscrições e infidelidades ou com mentiras a seu respeito. É provável que o casamento nuble a chama do romance, que se alimenta tão ricamente da incerteza e do segredo. No entanto, a estabilidade deste casal pode aumentar com o comprometimento, de forma que questões domésticas se beneficiam de um relacionamento mais permanente. Os nascidos em Touro II podem ser fortes o suficiente para se agarrarem a um Escorpião-Sagitário, que combina um impulso para a infidelidade com uma necessidade igual, porém mais oculta, de ser leal. A vida familiar pode ser apta para essa dupla, sublimando sua rebeldia em energia constante necessária para um espectro total de atividades, que vai de projetos domésticos e negócios familiares até viagens.

Amizades íntimas, afinidade com irmãos e sociedades profissionais podem ocorrer entre representantes de Touro II e Escorpião-Sagitário do mesmo sexo, mas relacionamentos pais-filhos e patrão-empregado podem ser destrutivos ou contraproducentes. Nos relacionamentos bem-sucedidos, confiança, honra e, acima de tudo, aceitação recebem prioridade.

Conselho: *Mantenha as diferenças vivas. Atitudes condenatórias e repressivas diminuem seu valor. Seja expressivo, porém não caótico. Estabeleça-se na vida diária.*

RELACIONAMENTOS

PONTOS FORTES: RECEPTIVO, DIFERENTE, EXPRESSIVO

PONTOS FRACOS: DESONESTO, CONFLITUOSO, CAÓTICO

MELHOR: CASAMENTO

PIOR: PAIS-FILHOS

MICHAEL PALIN (5/5/43)
TERRY GILLIAM (22/11/40)

Palin e Gilliam são mais conhecidos como membros do Flying Circus's Monty Python. Educado em Oxford, Palin era ator de um grupo de comediantes ingleses; Gilliam, o único membro americano, criou a brilhante animação em um programa na BBC. **Também: Gerald Levin & Ted Turner** (magnatas da mídia).

RELACIONAMENTOS

PONTOS FORTES: DIRETO, DESAFIADOR, HONRADO

PONTOS FRACOS: TEMPESTUOSO, ESCANDALOSO, DESASTRADO

MELHOR: FAMÍLIA

PIOR: AMOR

KARL MARX (5/5/1818)
FRIEDRICH ENGELS (28/11/1820)

Considerados os "pais do comunismo", Marx e Engels se conheceram em 1844. Participantes da mesma ideologia, eles colaboraram no Manifesto Comunista (1848). Trabalharam lado a lado durante 40 anos, até a morte de Marx, em 1883. **Também: Betty Comden & Adolph Green** (parceiros compositores musicais): **Pia Zadora & Meshulam Riklis** (casados; atriz/perfumista Fabergé).

---

3 a 10 de maio
SEMANA DO PROFESSOR
TOURO II

25 de novembro a 2 de dezembro
SEMANA DA INDEPENDÊNCIA
SAGITÁRIO I

Abrigo para os despossuídos

Este relacionamento pode facilmente envolver uma equipe que lidera e dá direção a novos empreendimentos, sejam eles negócios, grupos sociais, famílias ou casamentos, que exigem aptidão para a noção de tempo como uma parte importante de seu sucesso. Tanto os nascidos em Touro II quanto em Sagitário I são indivíduos orgulhosos, mas seu relacionamento pode revelar um aspecto secreto neles, possivelmente tendo a ver com dinheiro. Também pode proporcionar uma saída para o lado menos estável ou fidedigno de cada parceiro, possivelmente criando caos ou quase desastre. Tudo é exposto aqui mais cedo ou mais tarde, e atividades ocultas podem causar escândalo quando trazidas à luz.

Os casos amorosos são tempestuosos, para dizer o mínimo, mas altamente excitantes. É um relacionamento no qual o sexo não implica de modo algum intimidade, pois poderá haver muito daquele e muito pouco deste, pelo menos nos primeiros estágios. Mais tarde, a intimidade pode tomar o lugar da paixão, talvez conduzindo à amizade ou ao casamento. Juntos os parceiros podem explorar áreas emocionais ocultas nunca antes reveladas para os pais ou para o mundo (ou ainda escondidas desde a infância ou o início da adolescência).

A amizade nesta combinação raramente é estática, e muitas vezes evolui para um relacionamento profissional, um casamento, uma parceria social ou esportiva, ou atividades desafiantes construídas em torno da natureza, do campo ou da exploração. Um relacionamento convencional ou satisfatório, do tipo tranqüilo, raramente é possível. Relacionamentos familiares, sejam entre irmãos ou pais e filhos, podem demonstrar profunda compreensão mútua. Tanto os nascidos em Touro II quanto em Sagitário I em geral adoram animais, acreditam na verdade e na honra, e desprezam discriminação ou injustiça de qualquer forma. Uma família que contenha tal combinação pode se tornar um abrigo para os despossuídos e defensora dos oprimidos, uma classe que pode facilmente incluir uma percentagem razoável de rejeitados e extraviados da vizinhança. Sociedades e organizações nas quais esses dois trabalhem como patrão e empregado podem ser alvo de seu esforço, até que as fraquezas financeiras sejam localizadas e tratadas. Os nascidos em Touro II em geral são os mais realistas do par, enquanto os representantes de Sagitário I estão muitas vezes metidos com novas idéias excitantes que nem sempre dão resultado.

Conselho: *Esforce-se para ser mais prático e menos caótico. Reconcilie paixão com intimidade. Não se deixe empolgar por idealismo. Nem tudo tem de ser revelado.*

RELACIONAMENTOS

PONTOS FORTES: SENSÍVEL, PERCEPTIVO, FIRME

PONTOS FRACOS: RESSENTIDO, INDIGNO DE CONFIANÇA, REJEITADO

MELHOR: AMOR

PIOR: FAMÍLIA

SIGMUND FREUD (6/5/1856)
ANNA FREUD (3/12/1895)

Anna jamais se casou e viveu com o pai famoso, de quem era muito próxima. Depois de ser psicanalisada em 1918, ela seguiu este campo de conhecimento e se tornou uma renomada psicanalista. Após a morte de Freud, em 1939, ela centrou-se na análise infantil.

---

3 a 10 de maio
SEMANA DO PROFESSOR
TOURO II

3 a 10 de dezembro
SEMANA DO CRIADOR
SAGITÁRIO II

Convite à intimidade

Este relacionamento pode empurrar seus parceiros para explorar domínios mais profundos de sentimento, espiritualidade, intimidade e outras qualidades. É um par no qual a sensibilidade deve ser tratada com compreensão e aceitação, mas também com firmeza e coragem, de forma que a afinidade não conduza à desonestidade ou a que se evite confrontar a realidade.

Os nascidos em Sagitário II são muito difíceis de satisfazer emocionalmente e tremendamente exigentes de compreensão, sobretudo nas questões do amor. Eles podem achar exatamente o par certo em um representante de Touro II. Esses dois períodos astrológicos formam um quincôncio um em relação ao outro no zodíaco (150° de distância), e conseqüentemente na astrologia considera-se que promovam a instabilidade, mas a excitação e o interesse gerados por este relacionamento podem facilmente compensar esta desvantagem. O nervosismo de Sagitário II também fere os nascidos em Touro II, mas os representantes de Touro II têm vastas reservas de estabilidade e compreensão para dar ao relacionamento. É provável que os nascidos em Sagitário II não permitam que eles no início sejam muito próximos emocionalmente, até os dois serem íntimos fisicamente, mas com o tempo pode haver uma sólida confiança. Psicologicamente os astutos representantes de Touro II têm muito a ensinar aos nascidos em Sagitário II sobre eles mesmos, e por sua parte aproveitam completamente esta maneira original de pensar de seu parceiro. Pelo lado negativo, há um risco de que os nascidos em Sagitário II possam se tornar dependentes dos representantes de Touro II, e às vezes sacrifiquem sua dignidade ao pedirem ajuda (ou até, em casos extremos, quando percebem rejeição, quando suplicam por ajuda). Os nascidos em Touro II acham isto intolerável; se o relacionamento tiver de ser bem-sucedido, a dignidade precisa ser preservada.

A intimidade no amor não significa necessariamente intimidade no casamento, e um caso amoroso aqui se dá melhor sem o esforço de torná-lo mais permanente. Da mesma forma, os relacionamentos profissionais e familiares nesta combinação com freqüência encontram dificuldades precisamente porque possuem o selo da continuidade. Amizades duradouras podem ter o mesmo problema. Pouco pode ser feito sobre isso quando cônjuges de Touro II e Sagitário II têm filhos, mas amigos e colegas de trabalho podem se dar melhor como conhecidos ou trabalhadores autônomos, recorrendo um ao outro somente quando desejam ou necessitam.

Conselho: *Seja honesto. Enfrente-se. Não conte com compreensão como algo certo. Não ceda em seu auto-respeito. Responsabilidade não necessita ser uma ameaça.*

3 a 10 de maio
SEMANA DO PROFESSOR
TOURO II

11 a 18 de dezembro
SEMANA DO TITÃ
SAGITÁRIO III

Enorme disposição para construir

Esses dois constroem estruturas, sejam ideológicas ou físicas. Seu relacionamento é complementar: juntos possuem as habilidades que necessitam para criar qualquer sistema, por maior que seja. Esta dupla pode ser especialmente talentosa nas questões de procedimento e eficiência. Os objetivos tendem a ser extremamente bem definidos aqui. Os nascidos em Touro II sabem que colocar-se entre um representante de Sagitário III e seu destino projetado é cortejar o desastre. Também compreensivos o suficiente para perceberem que o mesmo vale com relação aos humores dos nascidos em Sagitário III, eles não são estúpidos ao ponto de tentar tirar esses Titãs da grande depressão em que eles periodicamente caem. As pessoas maduras nascidas em Sagitário III são da mesma maneira capazes de dar aos representantes de Touro II a latitude que necessitam, de forma que o grande impulso do relacionamento de construir algo de valor duradouro – o tema maior aqui – raramente é eliminado ou interrompido por questões emocionais.

Esta combinação é mais adequada para situações profissionais e casamentos, nos quais um sistema profissional ou familiar necessita ser estabelecido, administrado e mantido. Não somente a estrutura literal do escritório ou da casa se beneficia como também as idéias, planos e estratégias que trazem sucesso para a carreira e esforços domésticos semelhantes. No casamento, todavia, questões tais como negligência, favoritismo, insensibilidade e rejeição podem se tornar problemáticas e até explosivas, sejam expressas ou reprimidas. Os conflitos podem levar as coisas ao rompimento completo. Nos casos amorosos, da mesma forma, os nascidos em Touro II não gostam de ficar em segundo plano com relação à carreira de um Sagitário III, ou ser dominado por este parceiro. Esses dois podem construir uma amizade em torno de atividades compartilhadas, mas a necessidade dos nascidos em Sagitário III de estar no comando pode impedir que o relacionamento alcance uma camaradagem tranqüila e igual participação. Relacionamentos familiares, sobretudo da variedade pais-filhos, provavelmente incitam lutas por poder que podem abalar a base do lar e a tranqüilidade de seus habitantes; neste caso, o relacionamento pode enfraquecer a estrutura ao invés de reforçá-la. Quando os filhos crescem, todavia, o respeito mútuo pode começar a aumentar entre eles e seus pais, de forma que quando eles chegam à maturidade muito do conflito terá sido resolvido.

Conselho: *Diminua a luta por poder. Não permita que emoções interfiram no trabalho. Aumente a compreensão por meio de atitudes maduras. Promova a igualdade.*

RELACIONAMENTOS

PONTOS FORTES: SÓLIDO, COMPREENSIVO, EFICAZ

PONTOS FRACOS: CONFLITADO, SOLAPADOR, DOMINADO

MELHOR: TRABALHO

PIOR: AMIZADE

GREGORY BATESON (9/5/04)
MARGARET MEAD (16/12/01)

O antropólogo e psicólogo inglês Bateson foi o terceiro marido da famosa antropóloga cultural Mead. Casados de 1936 a 1950, eles defenderam o uso da fotografia nos estudos antropológicos. **Também:** William Henry Vanderbilt & William Kissam Vanderbilt (pai/filho; magnatas da ferrovia).

---

3 a 10 de maio
SEMANA DO PROFESSOR
TOURO II

19 a 25 de dezembro
CÚSPIDE DA PROFECIA
CÚSPIDE SAGITÁRIO-CAPRICÓRNIO

Comunicação tácita

Apesar da orientação preponderantemente física de cada um em outras parcerias, é provável que este relacionamento se concentre em domínios mais etéreos. Juntos os nascidos em Touro II e Sagitário-Capricórnio podem gostar de exploração, do estudo de esoterismo ou temas metafísicos. Sua forte ligação psíquica muitas vezes transcende barreiras de espaço. Compreensão e comunicação tácitas são características do relacionamento do que solidariedade e expressões de sentimento; esses dois têm uma tendência a se fundirem um com o outro de uma forma, que se for muito pronunciada pode criar questões de limite.

O sucesso dos relacionamentos amorosos nesta combinação em geral depende de quão longe desejam ir os representantes de Touro II em sondar as profundezas ocultas da personalidade enigmática dos nascidos em Sagitário-Capricórnio. Com freqüência atraídos por relacionamentos mais tranqüilos e prazerosos, eles podem ser afugentados pela intensidade de Sagitário-Capricórnio, ou podem recuar de alguma interação negativa. Caso o relacionamento continue, ambos os parceiros devem estar prontos para a gama de sentimentos que tende a aflorar em suas trocas mais intensas: das áreas mais perturbadoramente emocionais de ressentimento, frustração e ciúme até as alturas espirituais da exaltação. Finalmente a sociedade pode se tornar um fluxo contínuo de junta-separa, junta-separa e assim por diante.

A amizade e os relacionamentos de trabalho demonstram um interesse marcado pelos assuntos espirituais e psíquicos, estimulando conversas interessantes e possível participação em atividades ligadas à nova era e outras atividades realizadas no tempo livre. Esse relacionamento se dá melhor quando os parceiros permanecerem onde estão e não tentam partir para um romance ou casamento: caso os nascidos em Sagitário-Capricórnio sejam rejeitados em qualquer área por representantes de Touro II, provavelmente haverá grande sofrimento, e um rompimento pode significar a perda do relacionamento original também ou um grau de dano que impossibilita começar novamente. Remorso e desgosto por este tipo de perda podem estar entre as situações mais difíceis que este relacionamento pode enfrentar. Os relacionamentos familiares podem ser íntimos, sobretudo combinações pais-filhos e entre os irmãos do mesmo sexo.

Conselho: *Nivelem altos e baixos. Não considerem a comunicação algo certo. Não tenham pressa para explicar-se. Gastem mais tempo juntos. Compartilhem sentimentos.*

RELACIONAMENTOS

PONTOS FORTES: ESPIRITUAL, COMUNICATIVO, EXALTADO

PONTOS FRACOS: RESSENTIDO, FRUSTRANTE, DANOSO

MELHOR: FAMÍLIA

PIOR: CASAMENTO

TONY MARTIN (25/12/13)
ALICE FAYE (5/5/15)

A atriz Faye e o ator e cantor Martin foram casados de 1937 a 1940. O primeiro casamento de ambos durou pouco mais do que os 3 filmes musicais que protagonizaram juntos: *Sing, Baby, Sing* (1936), *You Can't Have Everything* (1937) e *Sally, Irene and Mary* (1938). **Também:** Ruth Prawar Jhabvala & Ismail Merchant (colaboradores; escritor/produtor).

RELACIONAMENTOS

PONTOS FORTES: TRABALHADOR, HONESTO, ENVOLVIDO

PONTOS FRACOS: INTOLERANTE, DESCONFIADO, RECEOSO

MELHOR: AMOR

PIOR: PAIS-FILHOS

NICOLAU MAQUIAVEL (3/5/1469)
LOURENÇO DE MEDICI
(1/1/1449)

Quando Lourenço (o Magnífico) perdeu o controle sobre seu banco, Maquiavel acusou fontes estrangeiras e o aconselhou a reestruturar sua política financeira. Embora Lourenço não tenha logrado isto e tenha morrido em situação caótica, Maquiavel o isentou de culpa em um eloqüente elogio. **Também: Luther Adler & Jacob Adler** (pai/filho; atores); **Gary Cooper & Marlene Dietrich** (caso; atores).

---

3 a 10 de maio
SEMANA DO PROFESSOR
TOURO II

26 de dezembro a 2 de janeiro
SEMANA DO REGENTE
CAPRICÓRNIO I

Difícil de imaginar

O sentido deste relacionamento nem sempre está claro, mesmo para seus parceiros, se lhes perguntarem a esse respeito. O comum é os dois estarem ocupados demais em fornecer estrutura à família e aos seus negócios e não poderem perder tempo. O fato é que, se a atividade em comum em torno da qual o relacionamento se acha construído cessar, os parceiros podem não encontrar muitos motivos para manter este vínculo emocional ou espiritual.

Relacionamentos íntimos, sobretudo casos amorosos e amizades, podem ser os mais difíceis de imaginar. Em geral, com uma forte carga de privacidade, os parceiros podem não ficar deliberadamente escondidos do mundo, mas também não se mostram muito dispostos a se expor. É possível que as circunstâncias mais acidentais e inesperadas tenham tornado essa união inevitável, pois ambos se movem em círculos tão diferentes e têm atividades tão mutuamente exclusivas que jamais poderiam se encontrar de outra forma, senão por obra do acaso. É muitas vezes necessário pôr de lado um relacionamento existente e de certa importância, o que aumenta o nível de tensão e gera uma atmosfera de suspeita e desconfiança. Pode valer muito a pena fazer isso, pois é raro um relacionamento dessa natureza ser passageiro. Trata-se de uma relação séria e cármica, que deve ser trabalhada completa e cuidadosamente até se extinguir. Uma vida inteira talvez não seja suficiente.

Casamentos entre os nascidos em Touro II e Capricórnio I se destacam pela honestidade e pelo senso da tradição que caracterizam os dois parceiros. Todavia, os representantes de Touro II acharão as atitudes autoritárias de seu par opressivas. Sabiamente, é raro os nascidos em Touro II tentarem se opor à necessidade de Capricórnio I de assumir o comando, mas de forma sutil e diplomática eles buscarão setores, no âmbito do próprio relacionamento, que possam controlar e com os quais possam se ocupar. Talvez surjam problemas, se a intolerância dos nascidos em Capricórnio I deixar transparecer certo preconceito, com tendência à discriminação. O relacionamento entre pais e filhos, sobretudo quando o pai é de Capricórnio I, pode da mesma forma gerar um conflito em torno de atitudes intolerantes e inaceitáveis.

Conselho: *Não esconda o que você tem. Respeite os sentimentos dos outros e coloque-se no lugar deles. Derrube as paredes da desconfiança.*

RELACIONAMENTOS

PONTOS FORTES: ÍNTIMO, AGRADÁVEL, FIEL

PONTOS FRACOS: ISOLADO, À DERIVA, IRREAL

MELHOR: AMIZADE

PIOR: FAMÍLIA

ALVIN AILEY (5/1/31)
JUDITH JAMISON (10/5/44)

Principal dançarino e coreógrafo afro-americano, Ailey criou o Alvin Ailey American Dance Theater, em 1958. Sua amiga íntima e colaboradora Jamison atuou no grupo de 1965 a 1980, e foi nomeada diretora após sua morte em 1989. **Também: Rodolfo Valentino & Pola Negri** (caso famoso; estrelas do cinema mudo).

---

3 a 10 de maio
SEMANA DO PROFESSOR
TOURO II

3 a 9 de janeiro
SEMANA DA DETERMINAÇÃO
CAPRICÓRNIO II

Distante dos observadores

É provável que esse relacionamento crie uma espécie de reino particular, isolado do mundo – talvez literalmente em um lugar afastado, até mesmo secreto. Poucos são aceitos nesse domínio fechado, seja como meros observadores ou participantes.

O amor e a amizade são intensamente pessoais. Esses parceiros vêem seu relacionamento menos como uma unidade social do que um abrigo e, quando estão juntos, raramente se colocam na companhia dos outros. O fato de os nascidos em Touro II e em Capricórnio II formarem trígono um com o outro (120° separados no zodíaco) contribui para estabelecer uma familiaridade tranqüila e terrena. Dada a orientação introvertida do relacionamento, a intimidade e o desenvolvimento da vida interior são prioridades. Os dois parceiros podem levar vidas muito ativas e autônomas, mas, quando juntos, o relacionamento os isola do barulho lá fora e das distrações externas.

Casamentos nesta combinação valorizam uma estada ou temporada de férias em um lugar de beleza natural, que lhes garanta descanso e relaxamento por certo período do ano. O perigo é que esse isolamento auto-imposto tenha um efeito prejudicial no que diz respeito aos filhos, sobretudo se esta atitude também prevalecer em casa. A habilidade do casal para permitir que outros compartilhem suas alegrias e tristezas representa um indício da solidez e saúde do relacionamento. Antes de tudo, é importante cortar pela raiz sensações latentes de medo, xenofobia e, em casos extremos, paranóia.

Relacionamentos familiares, sobretudo entre pais solteiros e seus filhos, ou entre irmãos do sexo oposto, podem se tornar muito exclusivistas. Embora tais relacionamentos possam ser ricos, profundos, recompensadores e altamente produtivos, eles podem ser neuroticamente anti-sociais e desfavoráveis ao desenvolvimento normal da criança.

Colegas de trabalho nesta combinação, em uma empresa ou organização, podem se tornar amigos para a vida inteira. Podem ser dolorosas as separações inevitáveis por motivo de reorganização nos departamentos ou restruturação na empresa, e estabelecer um relacionamento semelhante com outros pode ser uma tarefa impossível. Como sócios em um empreendimento, ambos podem gostar da companhia um do outro e não se preocuparem muito em lograr um êxito comercial mais amplo, a menos que os dois estejam muito bem direcionados.

Conselho: *Fique aberto para a advertência objetiva. Não perca o contato com a realidade. Procure ter mais atividades sociais. A intimidade não necessita de isolamento.*

3 a 10 de maio
SEMANA DO PROFESSOR
TOURO II

10 a 16 de janeiro
SEMANA DA DOMINAÇÃO
CAPRICÓRNIO III

Vencendo eficazmente

Esta combinação, não raro caracterizada pela determinação e pelo entusiasmo, concentra-se poderosamente em realizar a tarefa da forma mais eficaz e prática possível. É favorável a expor todos os tipos de energias destrutivas para redirecioná-las de maneira positiva. Embora esta dupla formidável possa ser um pouco autoritária, ela em geral impressiona o suficiente para inspirar (ou coagir) a cooperação de indivíduos de temperamento muito difícil.

Os casos amorosos nesta combinação podem ser satisfatórios do ponto de vista físico, para dizer o mínimo. Mas esse relacionamento não está isento de situações que impliquem conflito, o que, apesar disso, não quer dizer que seus efeitos sejam totalmente negativos; pelo contrário, eles aumentam a intensidade e definem um vencedor – a vitória pode ser um tema importante aqui. É muito estranho que, embora este tipo de confronto em geral estabeleça uma prioridade sobre a bondade, o amor e a consideração, ele não impede que esses elementos positivos aflorem. Se a relação se dissolver por causa desses conflitos, os parceiros podem demonstrar verdadeira compaixão um pelo outro, e a tristeza, em vez da alegria, é quase sempre o sentimento que prevalece numa situação dessas.

É provável que falte aos casamentos e às amizades a mesma intensidade que se observa nos casos amorosos, mas aqueles podem certamente ser mais tranqüilos e prazerosos. Os nascidos em Touro II sofrem conflitos terríveis quando eclodem lutas pelo poder, pois eles em geral não dedicam muito tempo no desenvolvimento de atitudes persistentes, pacientes e joviais dos representantes de Capricórnio III. Nessas horas, uma trégua tácita deveria vigorar periodicamente entre os dois parceiros.

Como líderes de empresa, de organizações sociais ou desportivas e como chefes de família, esses dois têm condições de obter o máximo dos outros. Um resultado decente em geral não basta para eles; produzir combinações vencedoras é o sentido desta relação. O perigo é que diferenças radicais de opinião entre os dois acabem dividindo o grupo em dois segmentos, com cada lado tomando partidos e os conflitos internos fugindo ao controle. Enquanto a autonomia do ego deste par estiver a serviço do grupo ou de uma causa mais ampla, a harmonia em geral prevalecerá. A presença de um inimigo terrível ou rival pode ser útil para promover a coesão interna.

Conselho: *Um ganho também pode ser uma perda. Amor verdadeiro tem pouco a ver com triunfo. Cultive atitudes generosas. Reduza a competitividade. Jogue por diversão.*

RELACIONAMENTOS

PONTOS FORTES: EFICIENTE, COESO, AGRADÁVEL

PONTOS FRACOS: AGRESSIVO, CONFUSO, DERROTADO

MELHOR: PARCERIA DE NEGÓCIOS

PIOR: CASAMENTO

MIKE WALLACE (9/5/18)
ANDY ROONEY (14/1/19)

Bons amigos, Wallace e Rooney foram veteranos do programa de tevê com maior duração e audiência no horário nobre, *60 Minutes*. Wallace, um entrevistador respeitado e provocativo, fez parte do programa desde o início em 1968. Em 1978 Rooney começou a fazer seus comentários sociais humorísticos.

---

3 a 10 de maio
SEMANA DO PROFESSOR
TOURO II

17 a 22 de janeiro
CÚSPIDE DO MISTÉRIO E DA IMAGINAÇÃO
CÚSPIDE CAPRICÓRNIO-SAGITÁRIO

Mundo de sonho

Muitas vezes falta a esse relacionamento uma base firme na realidade. Ideais, fantasias e sonhos figuram em destaque aqui, o que pode ser extremamente positivo para o trabalho criativo, mas gera dificuldades para ambos realizarem seus sonhos com o pé firme na terra. Isto os fará se sentir estranhos e minados, pois em geral os dois têm talento para planejar. O que está subjacente nesta relação é a falta de confiança, que desencadeia insegurança e impede a estabilidade.

Os vistosos representantes da cúspide Capricórnio-Aquário podem ser muito sedutores para os nascidos em Touro II, e a sensualidade e a agudeza mental do terreno Touro II atraem seus parceiros excitantes. Mesmo assim, é improvável que esta relação vingue. A fantasia e o desejo de realizar os sonhos podem arremessar os nascidos em Touro II para longe da postura pragmática e sensível que lhes caracteriza, e os resultados nem sempre são o desejado. A decepção com expectativas fracassadas de ambos os lados pode acabar sendo a herança deste relacionamento, a menos que haja um esforço no sentido de se adotar uma postura mais realista e de se aceitarem as coisas como são.

É no cenário da amizade e do amor que as expectativas nada práticas são as mais nocivas. É característico dessa relação os dois parceiros serem arrebatados, quando se encontram pela primeira vez, e logo compartilham seus sonhos e visões. Após ficarem juntos por um tempo (talvez bastante tempo), interagindo como um casal com os outros indivíduos e sendo forçados a defender seu relacionamento contra a crítica, eles provavelmente terão uma visão um pouco mais realista das coisas. Quando as divergências vierem à tona e a intimidade finalmente enfraquecer, eles podem perceber que muito do que eles esperavam não vai acontecer nunca. Aceitar isso pode ser difícil e triste, mas infelizmente é inevitável na maioria dos casos.

Casamentos e relacionamentos familiares e profissionais têm uma chance maior de serem estáveis em parte porque o compromisso mútuo se estabelece com mais facilidade e em parte também por razões logísticas: a responsabilidade de constitui um agente moderador neste relacionamento, e, embora prejudique um pouco o aspecto romântico, contribui poderosamente para sua longevidade. Neste caso, o relacionamento se preocupa menos com a personalidade e a visão de seus parceiros e mais com a eficácia, a eficiência e a realização de objetivos tangíveis, mediante esforços coletivos.

Conselho: *Mantenha seus pés no chão. Não seja muito esperançoso e cheio de expectativas. Mire objetivos de curto prazo. O sucesso pode ser obtido um passo de cada vez.*

RELACIONAMENTOS

PONTOS FORTES: IMAGINATIVO, ESTIMULANTE, COMPROMETIDO

PONTOS FRACOS: EXPECTANTE, FORA DA REALIDADE, DECEPCIONADO

MELHOR: TRABALHO

PIOR: AMOR

RODOLFO VALENTINO (6/5/1895)
NATASHA RAMBOVA (19/1/1897)

A cenógrafa de Hollywood Rambova, segunda esposa de Valentino, tomou conta de sua carreira nos anos 1920 e deu um toque feminino à sua imagem na tela. Valentino era completamente dependente dela até sua morte súbita em 1926. **Também:** Johnnie Taylor & Sam Cooke (artistas; músicos); Gary Cooper & Patricia Neal (caso; atores); Audrey Hepburn & Danny Kaye (trabalho no UNICEF).

RELACIONAMENTOS

PONTOS FORTES: GRATO, ESTÉTICO, BRINCALHÃO

PONTOS FRACOS: MATERIALISTA, SEGUE MODA, EMPERRADO

MELHOR: CASAMENTO

PIOR: AMIZADE

ALICE LIDDELL (4/5/1852)
LEWIS CARROLL (27/1/1832)

O escritor inglês Lewis Carroll (Charles Lutwidge Dodgson) era também um notável fotógrafo de crianças. Liddell, sua modelo favorita, foi a inspiração de seu clássico *Alice no País das Maravilhas* (1865). **Também: Harry S. Truman & Douglas MacArthur** (presidente/general dispensado); **Alex Van Halen & Eddie Van Halen** (irmãos; músicos de rock and roll); **Truman & FDR** (vice-presidente/presidente).

---

3 a 10 de maio
SEMANA DO PROFESSOR
TOURO II

23 a 30 de janeiro
SEMANA DO GÊNIO
AQUÁRIO I

Desfazendo as ilusões

Que combinação bonita – o brilhante professor Touro II e o talentoso estudante Aquário I! Ou não? Bom, os gênios em geral são desajustados, os professores frustrados e a interação pessoal entre os dois um desastre emocional. Quando ambos se juntam, seus ideais elevados se enfraquecem e eles passam a se concentrar nos detalhes mais óbvios e mais mundanos – e, firmando posição, empenham-se em guerras pelas mínimas coisas e tornam-se excessivamente críticos. Há a possibilidade de os nascidos em Touro II e os em Aquário I tirarem proveito dessa situação não como admiradores um do outro, mas sim da beleza estética e da criatividade na arte, na música e na literatura. Como o relacionamento carece de profundidade de sentimento e paixão verdadeira, os parceiros podem procurar nas obras alheias o que lhes falta. Além do gosto pela arte, os dois também podem sentir atração pela beleza física e sensual das pessoas ou da natureza, o que é menos freqüente.

O comum são as amizades e os casos amorosos nesta combinação se envolverem em realidades tangíveis, como dinheiro disponível, presentes caros, carros novos, ou férias exóticas. Eles podem ser considerados superficiais, mas possuem um tipo de pensamento criativo que lhes permite atingir um nível muito acima do que a maioria pode apenas sonhar. Os dois também têm a capacidade de se lançar em experiências mais significativas, talvez implicando abandono dessas buscas mundanas, uma vez satisfeitos esses desejos. Para este par, a espiritualidade pode ser um fim a ser alcançado, somente após buscar, realizar e finalmente desmanchar muitos níveis de ilusão.

Os casamentos nesta combinação podem ser muito conscientes, construídos sobre premissas práticas e sobre buscas de objetivos atingíveis. Muito tempo pode ser dedicado a uma busca imensamente satisfatória da beleza e do prazer em um ambiente doméstico confortável. É provável que os relacionamentos familiares – sobretudo entre tio e tia e sobrinho e sobrinha, ou entre avós e netos – revelem o gosto mútuo pela diversão, pelas reuniões familiares extraordinárias e pelas alegrias proporcionadas pelos jogos. Se colegas de trabalho nesta combinação costumam se divertir um com o outro fora do trabalho, o potencial deste relacionamento se desenvolverá mais amplamente, com efeitos positivos no ambiente de trabalho.

Conselho: *Conquiste objetivos materiais depois encontre algo mais importante. Continue procurando. Permaneça no seu caminho. Não se venda por dinheiro.*

RELACIONAMENTOS

PONTOS FORTES: RENOVADOR, ENTUSIASTA, OTIMISTA

PONTOS FRACOS: INFANTIL, EXIGENTE, EMPERRADO

MELHOR: PAIS

PIOR: AMOR

CHRISTIE BRINKLEY (2/2/54)
BILLY JOEL (9/5/49)

A canção de sucesso *Uptown Girl* (1983) do cantor e compositor Joel foi inspirada pela supermodelo Brinkley, a quem ele considerava inatingível para um músico não muito bonito de Long Island. Eles ficaram casados de 1985 a 1994. **Também: Amos'n' Andy** (equipe de rádio); **Sid Vicious & Johnny Rotten** (Sex Pistols); **Stewart Granger & Jean Simmons** (casados; atores).

---

3 a 10 de maio
SEMANA DO PROFESSOR
TOURO II

31 de janeiro a 7 de fevereiro
SEMANA DA JUVENTUDE E DESPREOCUPAÇÃO
AQUÁRIO II

Vida nova

O foco desta relação é o rejuvenescimento. Não somente os representantes de Touro II e os de Aquário II podem tirar proveito desse encontro, mas seu relacionamento pode servir de modelo para outros indivíduos e casais, que poderão aprender com seus exemplos, em vez adotarem regras. Uma característica é a valorização não apenas das alegrias da vida em termos gerais, mas especificamente do renascer na natureza, como nos revela a primavera.

Nos casos amorosos, os nascidos em Touro II podem ser algo mais do que necessitam os nascidos em Aquário II e menos do que eles desejam. O provável é que os representantes de Touro II sejam os mais sérios e emocionalmente maduros da dupla e considerem infantis os de Aquário II; mesmo assim, estes podem também despertar qualidades infantis em Touro II, permitindo que se divirtam e relaxem. No casamento, os representantes de Aquário II correm o risco de exagerar nas tentativas de agradar seus cônjuges nascidos em Touro II. As crianças são natural e profundamente bem-vindas nesta relação tão honestamente baseada no tema do renascimento, e os pais nascidos em Touro II e em Aquário II podem sinceramente acolher sua prole. Todavia, isto não é garantia alguma de que eles sejam financeiramente responsáveis ou emocionalmente estáveis, mas uma atitude atenciosa e profundamente interessada no tocante aos filhos é em geral uma característica dessa relação.

Os relacionamentos familiares mais satisfatórios nesta combinação são mais comuns quando um representante de Touro II é um dos pais, avós, tio ou tia de uma criança nascida em Aquário II. As amizades e os relacionamentos profissionais nesta combinação são em geral tranqüilos, mas exigem constante renovação. O pior cenário neste tipo de relacionamento é ficar preso a hábitos repetitivos. Relacionamentos comerciais nesta combinação muitas vezes formam-se em torno de novos empreendimentos. Para essa dupla, é melhor iniciar um negócio ou reviver um negócio fracassado do que assumir um empreendimento já funcionando.

Conselho: *Seja mais inocente, menos infantil. Renovação implica preservação. Explore algo completamente antes de avançar para outra coisa – mas não fique preso.*

3 a 10 de maio
SEMANA DO PROFESSOR
TOURO II

8 a 15 de fevereiro
SEMANA DA ACEITAÇÃO
AQUÁRIO III

Um relacionamento mais profundo

Este relacionamento põe a natureza crítica dos parceiros em primeiro plano. Irritações, discussões e reclamações são comuns, mas há também a possibilidade de cada parceiro aprender um com o outro e de haver uma harmonia emocional intensa entre os dois. Apesar dos confrontos e dos conflitos, ou mesmo por causa deles, é possível alcançar um completo e harmonioso equilíbrio. Todavia, ambos precisam aprender a parar de se importar com tudo; neste relacionamento eles tendem a constantemente querer consertar alguma coisa, não apenas o relacionamento, mas o caráter do outro.

Grande parte deste relacionamento se dá no plano externo, de forma que a tendência é evitar frustração e reprimir sentimentos que levam à depressão. Casos amorosos nesta combinação revelam o lado mais volátil e agressivo dos nascidos em Touro II, e os representantes de Aquário III terão de estender ao máximo sua capacidade de aceitar tal comportamento. Estes podem precisar de mais amor e atenção do que os nascidos em Touro II têm condições de proporcionar. Entretanto, problemas de rejeição nesta combinação são muitas vezes temporários, deixando aberto o caminho para uma reconciliação em que os parceiros deixam para trás o lado negativo e tentam corrigir as dificuldades e resolver os problemas. É provável que este relacionamento seja uma experiência madura, em que muito se aprende sobre a vida e, principalmente, sobre como duas pessoas vivem bem juntas.

Casamentos nesta combinação são um teste para a paciência dos nascidos em Touro II, pois os representantes de Aquário III necessitam de variedade e mudança constantes e podem agir de forma muito irresponsável uma vez ou outra. Todavia, os representantes de Touro II serão uma influência positiva no sentido do cumprimento das obrigações diárias. Se as atitudes morais, a teimosia e o domínio dos representantes de Touro II vierem à tona, é provável que os nascidos em Aquário III reajam com obstinação e revolta, tornando inviável o relacionamento. No trabalho e na amizade, Touro II e Aquário II se dão bem a menos que as exigências do relacionamento se tornem excessivas. Se os dois forem pais, a tendência ao perfeccionismo no relacionamento pode ser intensa no tocante aos filhos, tanto da parte de Touro II quanto da de Aquário III, que acharão difícil viver numa situação em que são constantemente instados a melhorar.

Conselho: *Seja mais paciente. Encare o conflito como uma experiência de aprendizado. A rejeição deve ser passageira. Exponha seus ressentimentos. Faça vista grossa para as imperfeições.*

RELACIONAMENTOS

PONTOS FORTES: ADAPTADO, INCENTIVADOR, ERUDITO

PONTOS FRACOS: CRÍTICO, LITIGIOSO, QUEIXOSO

MELHOR: TRABALHO

PIOR: PAIS-FILHOS

ABRAHAM LINCOLN (12/2/1809)
JOHN WILKES BOOTH (10/5/1838)

Booth, um ator shakespeariano, foi também agente secreto escravagista. Em 1865 ele assassinou o Presidente Lincoln em um teatro durante uma peça. **Também: Harry & Bess Truman** (casados); **Mary Astor & John Barrymore** (caso; atores); **Luther Adler & Stella Adler** (casados; ator/professor de representação); **Tammy Wynette & Burt Reynolds** (caso; cantora country/ator).

---

3 a 10 de maio
SEMANA DO PROFESSOR
TOURO II

16 a 22 de fevereiro
CÚSPIDE DA SENSIBILIDADE
CÚSPIDE AQUÁRIO-PEIXES

Infância viva

Este relacionamento muitas vezes lida com sentimentos e situações da infância. O despertar das memórias infantis é uma questão central na vida dos nascidos na cúspide Aquário-Peixes, e a experiência é raramente prazerosa, embora em termos terapêuticos seja necessária quando a repressão é quase total. É provável que os nascidos em Touro II também se beneficiem com uma análise de seus primeiros anos, mas suas experiências podem ser mais fáceis de lidar do que as dos nascidos na cúspide Aquário-Peixes. O exame da infância de alguém sob uma luz crítica e construtiva é menos uma questão de história intelectual do que reviver o passado e é preciso lidar com ele da forma mais saudável no momento.

Muito dos modelos de representação dos papéis da infância podem se repetir em casamentos, amizades e casos amorosos entre os nascidos em Touro II e na cúspide Aquário-Peixes, sobretudo quando o primeiro fica no papel de pai e o último no de filho. Se esta troca dinâmica tornar-se irreconhecível, os nascidos em Touro II podem ficar confusos com a profundidade de sentimentos que eles suscitam em seus parceiros, até se darem conta de que esta torrente de emoção não se dirige a eles, mas a outra pessoa. Essa circunstância inevitavelmente despertará ressentimento em alto grau e no senso de justiça dos nascidos em Touro II. Esses papéis também podem se inverter, o que pode ser muito saudável para os representantes da cúspide Aquário-Peixes, pois ao menos eles vão ter de enfrentar e talvez concordar com a dificuldade de ser pai, uma vez forçados a representar eles mesmos esse papel.

É provável que os relacionamentos familiares estejam focalizados nos anos de juventude que caracterizam a infância. Temas de desamparo e dependência, e também de amor inocente e apoio duradouro, provavelmente surgirão nesta combinação. Ao cuidarem de um filho recém-nascido, um irmão, neto ou de uma sobrinha ou sobrinho, várias combinações de Touro II e Aquário-Peixes podem reviver aspectos positivos e negativos de sua própria infância e desencadear uma análise consciente de como tais elementos se repetem na vida adulta.

Conselho: *Análises psicológicas podem distraí-lo de seu trabalho. Tenha mais consciência dos modelos que definem os papéis no relacionamento. Aprenda com o passado, sobretudo com a infância.*

RELACIONAMENTOS

PONTOS FORTES: ESCLARECEDOR, VIGOROSO, PERCEPTIVO

PONTOS FRACOS: INCONSCIENTE, DEPENDENTE, DADO A PROJETAR

MELHOR: FAMÍLIA

PIOR: TRABALHO

CANDICE BERGEN (8/5/46)
EDGAR BERGEN (16/2/03)

Candice teve um relacionamento afetuoso e estimulante com seu falecido pai, Edgar Bergen, o famoso ventríloquo de rádio e teatro (com "Charlie McCarthy"). **Também: Patrick Ewing & Charles Barkley** (Dream Team); **Audrey Hepburn & Hubert de Givenchy** (amigos; cliente/costureiro); **Edmund Wilson & Edna St. Vincent Millay** (namorados; escritores); **Harry S. Truman & Margaret Truman** (pai/filha).

369

RELACIONAMENTOS

PONTOS FORTES: SOCIAL, COMUNICATIVO, SOLIDÁRIO

PONTOS FRACOS: DISTRAÍDO, FRAGMENTADOR, DESCENTRADO

MELHOR: AMIZADE, VOLUNTÁRIOS

PIOR: TRABALHO

NANCY SPUNGEN (27/2/58)
SID VICIOUS (10/5/57)

Vicious liderou o Sex Pistols, um grupo punk dos anos 1970 que desafiou a música praticada na época. Em 1979, ele apunhalou a namorada Spungen até a morte no Hotel Chelsea em Nova York. Quando estava solto sob fiança, morreu de overdose de heroína. **Também: David O. Selznick & Jennifer Jones** (casados; produtor/atriz).

---

3 a 10 de maio
SEMANA DO PROFESSOR
TOURO II

23 de fevereiro a 2 de março
SEMANA DO ESPÍRITO
PEIXES I

Trânsito extra

O impulso deste relacionamento provavelmente será o social. Embora Touro seja um signo da terra e Peixes da água (respectivamente denotando sensação e sentimento), juntos esses dois devem explorar os domínios do pensamento e da comunicação, competência do elemento do ar. Nestas combinações, acham-se favorecidas as atividades de equipe, nas quais o relacionamento pode funcionar como uma unidade integradora. Não seria surpresa encontrar esta dupla ativamente envolvida em trabalho de caridade e em outras causas que os levassem ao contato com os outros.

As amizades e os casos amorosos dependerão intensamente da interação social. Na realidade, a qualidade do relacionamento é muitas vezes definida pela natureza de seu comportamento nos ambientes sociais. É comum os nascidos em Touro II e em Peixes I se interessarem por música, dança, filme e outras espécies de diversão; juntos eles podem demonstrar sua força motora na reunião de um grupo de familiares e amigos para compartilhar tais atividades. Ficar com outras pessoas uma boa parte do tempo tira o foco dos problemas pessoais e torna o par mais relaxado; todavia também os priva da habilidade de se enfrentar, resolver questões e aprofundar o relacionamento. Eles são naturalmente capazes de aproveitar a intimidade, mas é a dimensão social que proporciona energia a esses dois.

Esta socialização pode ser altamente benéfica ou negativa para o casamento. Estar constantemente na presença de amigos tanto pode enfraquecer como fortalecer os vínculos domésticos, e esse trânsito extra no ambiente da casa pode, no final das contas, causar irritação. Além disso, ambos têm um lado solitário que pode ser suprimido nesta relação, quase certamente criando tensão. Triângulos são comuns, muitas vezes escondendo uma fachada de amizade, mas com capacidade de crescer e despedaçar os vínculos frágeis do relacionamento principal. Escolhas inevitavelmente têm de ser feitas, e podem ser difíceis e dolorosas.

Relacionamentos familiares, sobretudo entre irmãos e pai e filho, podem ser íntimos, alegres e protetores. No local de trabalho, o relacionamento entre Touro II e Peixes I pode ser divertido para a equipe, mas não tem condições de ir às últimas conseqüências, especialmente quando é preciso muita energia, dedicação e concentração.

Conselho: *Fique sozinho o tempo que quiser. A necessidade de atenção não deve ser um vício. Aproveitem a companhia um do outro sem exageros. Melhore as habilidades sociais.*

RELACIONAMENTOS

PONTOS FORTES: PROEMINENTE, COMPREENSIVO, SACRIFICADO

PONTOS FRACOS: COMPETITIVO, NECESSITADO, AUTODESTRUTIVO

MELHOR: CASAMENTO

PIOR: AMOR

ROBERT BROWNING (7/5/1812)
ELIZABETH BARRETT (6/3/1806)

Quando os dois se conheceram Browning, ao contrário de Barrett, era desconhecido. Depois de uma calorosa corte, se casaram em 1846 e se estabeleceram em Florença. Barrett acreditava que a fama do marido ultrapassaria a sua, mas a história provou o contrário. **Também: John Brown & Harriet Tubman** (abolicionistas); **Audrey Hepburn & Rex Harrison** (co-estrelas, *Minha Querida Dama*); **Roberto Rossellini & Anna Magnani** (amigos antigos).

---

3 a 10 de maio
SEMANA DO PROFESSOR
TOURO II

3 a 10 de março
SEMANA DO SOLITÁRIO
PEIXES II

Eminentemente qualificado

Há uma simpatia natural entre esses dois, mas também uma competição em torno de quem será o centro das atenções. Esta situação pode se resolver se cada indivíduo sacrificar as necessidades do ego pelo bem do par, empenhando-se em fazer o relacionamento brilhar em um círculo de amigos ou no ambiente familiar. Assim uma tendência à divisão pode se transformar em um item unificador, transformando uma fraqueza em uma força. Um outro exemplo de metamorfose positiva surge no âmbito financeiro, em que os nascidos em Touro II e em Peixes II, cuja tendência é esbanjar ou demonstrar falta de realismo no tocante a investimentos de longo prazo, podem dar uma guinada, revelando juntos astúcia financeira e bom senso.

Casos amorosos são uma área importante, na qual a competição em torno da atenção pode separar os parceiros e estabelecer um conflito aberto. Necessidades e exigências deste tipo podem escapar ao controle, e, se os parceiros não conseguirem receber a atenção um do outro, podem ser forçados a buscá-la em outro lugar. Esse fato pode minar a estabilidade do relacionamento e, o que é pior, pode destruí-lo.

As amizades e os casamentos são talvez as estruturas que têm mais chance de lograr êxito no que se refere a superar os impulsos egoístas. Nesse tipo de relacionamento, o par pode estar evidentemente qualificado para atuar como uma força positiva no sentido da mudança, sendo um refúgio para os outros nos momentos de necessidade e uma âncora segura no que diz respeito a proporcionar estabilidade econômica. Esta circunstância também é válida para os nascidos em Touro II e em Peixes II que entram em um empreendimento juntos, sejam eles cônjuges ou amigos, ou têm uma ligação puramente comercial. A recusa dos representantes de Touro II em tentar estabelecer as regras e governar as ações daqueles com quem vive e trabalha pode ser útil para evitar conflitos nesta combinação, pois esse tipo de atitude é fundamental para a felicidade e a produtividade dos nascidos em Peixes II.

Nos relacionamentos familiares, sobretudo entre o par formado pelo pai e filho de ambas as combinações, a revolta contra a autoridade severa não deve ser um problema. Mas a atitude oposta – permissividade em excesso e ausência de orientação – pode acarretar problemas, vindo a ser incentivo à rebeldia ou a um comportamento sociopata no mundo externo.

Conselho: *Tenha cuidado para não ser muito permissivo. Orientação é muitas vezes uma necessidade. Não deixe que a necessidade de atenção saia de controle. Cultive a confiança serena.*

3 a 10 de maio
SEMANA DO PROFESSOR
TOURO II

11 a 18 de março
SEMANA DOS DANÇARINOS E SONHADORES
PEIXES III

Arte da representação

Este relacionamento estimula a extroversão e, na verdade, seu foco pode muito bem se manifestar no fascínio pela representação teatral, seja como participante ou como platéia. É comum nesta combinação ser muito acentuado o misto de interesses por música, dança, teatro e desenho. O relacionamento pode ser conhecido por sua orientação estética de modo imediato, e pode até mesmo alcançar um círculo mais amplo, talvez envolvendo a montagem de espetáculos ou a supervisão de atividades de interesse artístico.

Nos casos amorosos e nos casamentos, é preciso alcançar um equilíbrio entre intimidade, tranqüilidade, contemplação e extroversão. Quando os nascidos em Touro II estão apaixonados, podem às vezes parecer um pouco ameaçadores para os meigos representantes de Peixes III, que, mesmo assim, têm grandes condições de corresponder à sensualidade do parceiro. Pode haver divergências quando Touro II adotar uma postura franca e intransigente para com o relacionamento, evitando solidariedade emocional e romantismo – qualidades essenciais para muitos nascidos em Peixes III. Os independentes representantes de Touro II não se mostrarão dispostos ou não terão capacidade de atender ao desejo de Peixes III de ser indispensável.

Na família, esta relação pode ter um efeito muito positivo no sentido de incentivar o conhecimento e desenvolver o gosto pelas artes cênicas. Esta influência pode contribuir muito para a cultura geral do grupo. Uma amizade entre Touro II e Peixes III exercerá de forma semelhante sua influência em um círculo social que goste de sair para clubes e concertos.

É fundamental para os nascidos em Peixes III e em Touro II que eles e seus colegas de trabalho (ou, se eles forem chefes, seus funcionários) sejam felizes no próprio ambiente de trabalho e se divirtam nos encontros sociais que envolvam atividades profissionais. O trabalho representa pouco para eles se não houver esse tipo de recompensa emocional. E se eles forem sócios em algum empreendimento ou executivos, são inteligentes o suficiente para perceber que boa vontade e felicidade, tanto quanto sinais tangíveis de valorização (talvez na forma de presentes ou bônus), são poderosos elementos motivadores no cumprimento de prazos e quotas de produção.

Conselho: *Desenvolva seu lado meditativo. Cultive seu espaço interior. Não se empolgue com atividades sociais. Separe tempo para a intimidade serena.*

RELACIONAMENTOS

PONTOS FORTES: EXTROVERTIDO, ARTÍSTICO, ESTIMULANTE

PONTOS FRACOS: BARULHENTO, INTROMETIDO, INDIFERENTE

MELHOR: FAMÍLIA

PIOR: CASAMENTO

NICOLAAS BLOEMBERGEN (11/3/20)
ARTHUR L. SCHAWLOW (5/5/21)

Colegas compatíveis, Schawlow e Bloembergen (juntamente com Kai M. Siegbahn) dividiram o Prêmio Nobel de Física em 1981. Schawlow pesquisou a microscopia a laser, Bloembergen, envolvido com o desenvolvimento do laser desde o início, descobriu técnicas que melhoraram a espectroscopia.

---

11 a 18 de maio
SEMANA DO NATURAL
TOURO III

11 a 18 de maio
SEMANA DO NATURAL
TOURO III

Saco de gatos

Quão natural você pode ser? Embora este relacionamento tenha uma tendência inegável de deixar tudo em suspenso, forças repressivas e inibidoras também podem estar atuando, sobretudo se o talento, os interesses e a atividade dos parceiros forem divergentes ou mutuamente exclusivos, com cada qual desaprovando o ponto de vista do outro. No entanto, se ambos forem capazes de respeitar suas diferenças, como em geral eles conseguem, o valor do relacionamento aumentará em vez de diminuir. Esses dois indivíduos que gostam de se divertir são uma combinação exuberante e alegre, embora caótica. O lado negativo é que eles podem despertar a insegurança, que não é pouca, de um e de outro, criando uma instabilidade latente.

Dois representantes de Touro III podem ser muito divertidos. Diversão é de importância suprema aqui, e a única regra simples é ser autêntico. Os casos amorosos e as amizades são muitas vezes afetuosos e abertos, em vez de profundos e apaixonados, e a instabilidade e a infidelidade podem ameaçar a durabilidade desta relação, mas o compartilhamento e a aceitação muitas vezes atenuam o que para os outros poderia ser uma dificuldade insuperável. Atitudes ciumentas e reivindicativas são raramente um problema aqui.

Os casamentos e os relacionamentos profissionais nesta combinação podem ser altamente produtivos, mas férias, diversão e humor são essenciais para manter os companheiros e os colegas de trabalho em uma atmosfera de pensamento positivo. Críticas de avós, chefes ou outros colegas ou de membros da família sobre a educação dos filhos ou sobre como o trabalho deve ser feito podem ser um ponto extremamente sensível, muitas vezes revelando sentimentos latentes de inferioridade e desencadeando raiva e agressão. A relação pode impulsivamente mudar para um tipo de defesa ou ataque violento.

Famílias que têm como pais representantes de Touro III, irmãos, avós ou tias e tios podem ser grupos animados. Esses pares animarão as vidas não somente dos familiares, mas também dos que estão ligados a eles, seja por vínculos de amizade, amor, trabalho ou casamento. Mas às vezes o nível de energia pode ser caótico, perturbando irmãos ou pais que tenham um temperamento mais sério e meditativo.

Conselho: *Aumente sua autoconfiança. Trabalhe no sentido de superar as inseguranças. Crítica não significa uma ameaça. Equilibre seus sentimentos. Busque a moderação.*

RELACIONAMENTOS

PONTOS FORTES: DESINIBIDO, VIVAZ, RECEPTIVO

PONTOS FRACOS: CAÓTICO, INSEGURO, VOLÚVEL

MELHOR: FAMÍLIA

PIOR: AMOR

ANDRE GREGORY (11/5/34)
RICHARD AVEDON (15/5/23)

O fotógrafo Avedon e a personalidade de teatro Gregory são amigos próximos. Avedon foi escolhido como um dos 10 melhores fotógrafos do mundo, mais conhecido por seus retratos. Gregory, diretor-ator-produtor, foi estrela (e tema) de um filme sutil *My Dinner with Andre* (1981). Os amigos apareceram juntos em um documentário dos anos 1990. **Também: Henry Fonda & Margaret Sullavan** (casados; atores).

RELACIONAMENTOS

PONTOS FORTES: ATRAENTE, ENERGÉTICO, PRODUTIVO

PONTOS FRACOS: REBELDE, TEIMOSO, HIPEREMOCIONAL

MELHOR: TRABALHO

PIOR: AMOR

MARCEL BREUER (21/5/02)
WALTER GROPIUS (18/5/1883)

De 1920 a 1928 o arquiteto e designer Breuer trabalhou com Gropius na recém-criada Bauhaus, deixando a Alemanha quando os nazistas chegaram ao poder em 1933. Eles retomaram a colaboração em 1937 como professores da Harvard, trabalhando juntos até 1946. **Também: Henry Fonda & Jimmy Stewart** (ex-companheiros de quarto; atores); **Frank Capra & Jimmy Stewart** (colaboradores; diretor/ator).

---

11 a 18 de maio
SEMANA DO NATURAL
TOURO III

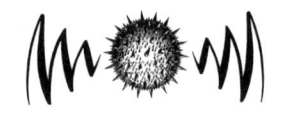

19 a 24 de maio
CÚSPIDE DA ENERGIA
CÚSPIDE TOURO-GÊMEOS

Pavio curto

Embora a expectativa seja de uma fusão dos dois para produzir uma "energia natural", a equação química aqui nem sempre é clara ou simples. Na verdade, o relacionamento é muitas vezes positivo e realmente encantador, mas a rebeldia e a competitividade podem eclodir também. A tendência de ambos os parceiros de achar que sabem mais do que os outros pode minar a solidez desta relação e sua capacidade de agir eficazmente como uma unidade; o comum é ambos se moverem em direções opostas desde o início. Tanto os nascidos em Touro II quanto os representantes da cúspide Touro-Gêmeos têm um temperamento que se caracteriza pelo que chamamos de "pavio curto", quando o que está em questão é uma crítica que consideram injusta. E o relacionamento dos dois precipita ainda mais essas reações.

Embora a terra e o ar, respectivamente os elementos da sensação e do pensamento, prevaleçam nesta combinação (Touro sendo um signo da terra, Gêmeos do ar), os sentimentos (água) tendem a predominar, e de fato constituem seu maior desafio. No relacionamento amoroso e entre amigos, emoções poderosas podem ser compensadoras, destrutivas ou ambas. Graves instabilidades e oscilações de humor podem comprometer até mesmo os momentos mais alegres dessa relação com a eclosão repentina de sentimentos negativos, até violentamente destrutivos, confundindo os dois parceiros.

As tarefas compartilhadas de trabalho e casamento muitas vezes ajudam a estabilizar esta relação. No trabalho, é possível uma intensa produtividade se a emoção for excluída desse contexto. O nível de energia nesta combinação pode ser altíssimo, mas o esgotamento e o estresse também são perigos constantes. Pais e chefes de ambos os signos terão de mostrar grande sensibilidade para não despertar atitudes de rebeldia em seus filhos ou funcionários.

O relacionamento entre pai, filho e irmãos, embora muitas vezes afetuosos e compreensivos, também podem gerar dificuldades sérias ligadas a atitudes críticas, rejeição e falta de solidariedade. São comuns as discussões sobre o tratamento das questões domésticas, com os dois lados defendendo seus pontos de vista com obstinação.

Conselho: *Examine conscientemente áreas de sua emoção. A compreensão pode abrandar a rebeldia. Preserve sua energia no trabalho. Seja mais paciente.*

RELACIONAMENTOS

PONTOS FORTES: ECLÉTICO, VIVAZ, COMUNICATIVO

PONTOS FRACOS: NERVOSO, ESBANJADOR, INFIEL

MELHOR: AMIZADE

PIOR: AMOR

JOHNNY WEISSMULLER (2/6/04)
MAUREEN O'SULLIVAN (17/5/11)

O físico do inglês Weissmuller, ex-nadador medalha de ouro olímpica, e o charme da atriz O'Sullivan conferiram a este par uma presença singular nas telas de Hollywood como os mais famosos Tarzan e Jane. Fizeram 6 filmes juntos.

---

11 a 18 de maio
SEMANA DO NATURAL
TOURO III

25 de maio a 2 de junho
SEMANA DA LIBERDADE
GÊMEOS I

Mistura eclética

A energia é a palavra-chave desta combinação, o que representa atividade e movimento, sobretudo do tipo que vai à luta e consegue o que quer. O relacionamento é caracterizado não tanto pela ambição ou pelo desejo de controlar, mas por uma ânsia pela vida. Com interesses diversos, esta combinação apresenta uma mistura eclética de estilo, de política, filosofia, estética e amor à natureza. A energia entre os parceiros é concreta, visível a olho nu. Esses dois exercem uma influência mútua e profunda, elevando a sensibilidade de cada um ao estímulo da visão, da audição e do olfato, e também contribuindo para torná-los mais nervosos, impacientes e irritados. Todavia as linhas de comunicação entre os dois encontram-se abertas, e eles amam o diálogo, quase sempre rápido e constante, favorecendo trocas brilhantes (embora em certos casos repetitivas). É comum esta dupla ser convidada a festas e a outros eventos sociais, onde com vivacidade poderá discorrer sobre seus pontos de vista e manifestar suas modernas opiniões sobre muitos assuntos.

O relacionamento amoroso nesta combinação pode ser problemático. Os nascidos em Touro III em geral buscam um nível mais profundo de envolvimento do que poderia desejar um representante de Gêmeos I, que se sente confuso diante do comportamento estranho e errático de Touro III e também pode recuar em vista da dificuldade do parceiro em se comprometer totalmente. Os nascidos em Touro III são sensíveis à rejeição e é provável que para eles esse comportamento seja mesmo uma rejeição.

Todavia, uma vez estabelecido o compromisso, os casamentos nesta combinação podem ser muito sólidos. É verdade que eles podem ser atormentados por energias secretas, sobretudo tendo em vista a tendência dos dois parceiro de perambular – infidelidade aqui não é surpresa. Mas com o passar do tempo, isto pode se tornar uma questão de pouca importância. Uma das alegrias desta relação será desenvolver os gostos raros na decoração do lar, em roupas e na música.

Parcerias comerciais entre os representantes de Touro III e Gêmeos I são muitas vezes dinâmicas e bem-sucedidas. Mas o tratamento das finanças pode rapidamente se descontrolar, caracterizado pelo consumo exagerado, por dívidas pessoais dos dois lados e por gastos excessivos com o cartão de crédito. Contratar bons contadores e seguir o conselho desses profissionais pode ser uma solução parcial neste caso.

Conselho: *Cultive a calma e a tranqüilidade. Aprenda a relaxar. Fique quieto de vez em quando. Concentre-se em uma coisa de cada vez. Controle os gastos.*

11 a 18 de maio
SEMANA DO NATURAL
TOURO III

3 a 10 de junho
SEMANA DA NOVA LINGUAGEM
GÊMEOS II

Saída criativa

Uma turbulência pode surgir aqui, reforçando o desejo de liberdade e o lado excêntrico desses parceiros. Como o relacionamento se concentra na independência, a conseqüente falta de estabilidade ou segurança não é necessariamente ruim para esta relação. Além disso, embora esta combinação possa motivar o desejo de destruir a tradição ou de combater modelos mais sóbrios de pensamento ou comportamento, na realidade não há a instabilidade que supostamente se acredita existir. Essa dupla é bem capaz de se estabelecer com o intuito de trabalhar no sistema, se assim o desejar; e o temperamento revolucionário que um suscita no outro pode ser sobretudo uma espécie de jogo ou uma manifestação da criatividade que, se encontrar uma válvula de escape, pode tornar esses indivíduos muito sérios.

O amor e o casamento em geral só funcionarão se ambos puderem ser independentes na forma de pensar c de agir. Na realidade, eles podem ser as criaturas mais felizes se viverem separadamente, sem nenhuma responsabilidade maior em relação ao outro e, principalmente, se ficarem juntos apenas quando desejarem. Se um dos parceiros for carente, sobretudo um nascido em Gêmeos II em busca de um parceiro forte, estável e seguro, ele ou ela provavelmente acabarão frustrados e ressentidos. Os representantes de Touro III, cansados de assumir responsabilidades todos os dias, podem da mesma maneira começar a ver os nascidos em Gêmeos II como excêntricos e irresponsáveis.

Amizades em que não prevaleçam muitas exigências podem ser positivas nesta combinação, sobretudo porque é provável esses dois valorizarem atitudes inovadoras e não convencionais e, no plano particular, desenvolverem formas diferentes de comunicação que se manifestam no uso criativo da linguagem. Talvez os dois se entusiasmem com o relacionamento, encarando-o como uma saída criativa para suas vidas. Pares formados pelo pai e o filho podem ser menos livres do que a relação exige, criando problemas na comunicação; já os irmãos provavelmente irão admirar os talentos e as habilidades um do outro, e os dois muitas vezes se mesclam eficazmente nos esportes, nos hobbies, nos clubes e em outros empreendimentos de equipe. Talvez os relacionamentos mais bem-sucedidos nesta combinação sejam os ligados ao trabalho, que se caracterizam por canais de comunicação abertos, uma reunião de habilidades técnicas e um misto de estrutura e estabilidade – sobretudo quando os dois são colegas de trabalho no mesmo nível hierárquico.

Conselho: *Busque objetivos comuns mas preserve sua individualidade. Não crie muitas expectativas. Dê o que é necessário a cada dia. Aprenda um com ou outro.*

RELACIONAMENTOS

PONTOS FORTES: INDEPENDENTE, TÉCNICO, CRIATIVO

PONTOS FRACOS: INSEGURO, FRUSTRANTE, RESSENTIDO

MELHOR: COLEGAS

PIOR: PATRÃO-EMPREGADO

CZARINA ALEXANDRA (6/6/1872)
CZAR NICOLAU II (18/5/1868)

Destacando-se como o parceiro dominante deste casamento, realizado em 1894, a proteção de Alexandra ao inseguro Nicolau, juntamente com a incompetência social e política dela, danificaram seriamente o prestígio da família real russa. **Também:** Natasha Richardson & Liam Neeson (casados; atores); Salvador Dalí & Federico García Lorca (artista/escritor; o amor de García Lorca por Dalí não era correspondido).

---

11 a 18 de maio
SEMANA DO NATURAL
TOURO III

11 a 18 de junho
SEMANA DO EXPLORADOR
GÊMEOS III

Liberdade absoluta

Na melhor das hipóteses, a necessidade extrema de liberdade se aplica ao relacionamento propriamente dito e não aos seus parceiros. Juntos eles podem ter anseios de superar as limitações de tempo e espaço, e até podem conseguir isso. Este par se esquivará de todas as formas de constrangimento, imposição, repressão e domínio.

Liberdade absoluta é difícil de manter em qualquer relação amorosa, e esta não é uma exceção. Por isso, neste caso é mais realista ter amizades. A ausência de paixão sexual, ciúme e atitudes reivindicatórias diminui os conflitos internos, enquanto a dupla pode atuar dinamicamente em diversas atividades, no ambiente social, externo ou criativo.

No trabalho, pares formados por representantes de Touro III e de Gêmeos III podem causar problemas para os funcionários, chefes e executivos, e podem acabar separados. Se tiverem liberdade de trabalhar, mesmo numa equipe, talvez com pesquisa ou no desenvolvimento de novos projetos, eles podem ser de grande valia para uma empresa. Os casamentos entre eles podem não ter o mesmo sucesso, sobretudo se houver filhos. A paciência e as habilidades domésticas necessárias para tornar a vida familiar íntima e estável não estão em geral acessíveis neste relacionamento. Todavia, se os dois se dedicarem a viagens, periodicamente mudando de emprego, carreira ou residência – ou seja, se estiverem constantemente em busca de novos horizontes ou certos de que podem conseguir o que desejam – o casamento pode ser mutuamente satisfatório. As habilidades financeiras dos nascidos em Gêmeos III e as habilidades sociais dos representantes de Touro III contribuem muito para esses esforços inovadores.

Como irmãos, Touro III e Gêmeos III talvez se rebelem contra a autoridade paterna, e ainda bem jovens busquem sua autonomia. Eles desejam ir aonde querem, quando querem, sem precisar de explicação ou permissão. Se essa liberdade estiver garantida, eles podem ser muito afetuosos e solidários com seus pais, mas se esta lhes for negada, o pior vai acontecer.

Conselho: *Seja tolerante. Aprenda o valor da diplomacia. Os outros também anseiam a liberdade. Você pode carregar sua casa com você – dentro.*

RELACIONAMENTOS

PONTOS FORTES: INOVADOR, LIBERADO, DINÂMICO

PONTOS FRACOS: INQUIETANTE, REBELDE, INTRANSIGENTE

MELHOR: AMIZADE

PIOR: AMOR

ROBERTO DURAN (16/6/51)
SUGAR RAY LEONARD (17/5/56)

Em junho de 1980, o lendário Leonard perdeu o título de meio-pesado para o arqui-rival Duran, o panamenho com "punho de pedra". Determinado a ganhar de novo, ele lutou com Duran novamente naquele ano, forçando-o a abandonar a luta com as palavras "no mas" ("não mais"). **Também:** Otto Frank & Anne Frank (pai/filha; prisioneiros de campo de concentração).

RELACIONAMENTOS

PONTOS FORTES: APAIXONADO, ESTIMULANTE, DESAFIADOR

PONTOS FRACOS: POUCO PRÁTICO, INTRANSIGENTE, INCOMPATÍVEL

MELHOR: AMOR

PIOR: FAMÍLIA

PAULA ABDUL (19/6/62)
EMILIO ESTEVEZ (12/5/62)

Além de atuar, Estevez também escreveu, dirigiu e produziu filmes. Igualmente versátil é a cantora pop Abdul, dançarina, coreógrafa e atriz de tevê. Eles se casaram em 1992 e se divorciaram 2 anos depois.

---

11 a 18 de maio
SEMANA DO NATURAL
TOURO III

19 a 24 de junho
CÚSPIDE DA MAGIA
CÚSPIDE GÊMEOS-CÂNCER

Abrindo novos mundos

Este relacionamento se concentra em domínios maiores, expande a mente superior. Os problemas residem no trato com o cotidiano; extroversão entusiasmada de Touro III e a encantadora introversão dos nascidos na cúspide Gêmeos-Câncer os tornam um par improvável. Além disso, embora Touro seja um signo de terra e a cúspide Gêmeos-Câncer reúna o ar e a água, o relacionamento dos dois enfatiza o fogo, elemento de iniciação e intuição. Se eles passam o tempo criando projetos e buscando sonhos, proporcionando a eles mesmos paixão, entusiasmo e desafio, a relação será muito produtiva.

O amor entre esses parceiros, sobretudo o amor romântico, será charmoso e sedutor. A intimidade, tanto em casa, como na natureza, proporcionará um convívio importante. Psicologicamente, cada parceiro pode ter um desejo secreto e permanente, que só pode ser satisfeito por alguém que seja quase seu oposto, como acontece em tantos contos de fada. Os nascidos na cúspide Gêmeos-Câncer e os representantes de Touro III podem se apaixonar por uma projeção de seu próprio eu mais profundo, muitas vezes desconhecido. As diferenças entre esses dois se tornam mais pronunciadas nos casamentos e nas amizades. Os nascidos em Touro III terão de compreender a necessidade de privacidade e intimidade característica dos nascidos na cúspide Gêmeos-Câncer, e terão de se controlar para não encher a sala de convidados a qualquer hora e para não ficar fora de casa por muito tempo. Os nascidos na cúspide Gêmeos-Câncer, por sua vez, talvez precisem aprender a ser mais sociáveis.

Esses dois devem ser bons parceiros em iniciativas de marketing para divulgação de um produto ou de um serviço interessante, com as idéias dos representantes da cúspide Gêmeos-Câncer sendo implementadas pela energia dinâmica dos representantes de Touro III. Os nascidos na cúspide Gêmeos-Câncer poderiam se encarregar do trabalho de desenvolvimento, das operações diárias e do serviço de relações públicas, enquanto os representantes de Touro III se ocupariam com as vendas. Mas eles precisam regularmente recorrer a uma consultoria financeira, pois esta é uma área em que o relacionamento não é naturalmente muito estável.

Equívocos são prováveis na família, onde os exuberantes nascidos em Touro III se mostram prudentes com os sentimentos dos nascidos na cúspide Gêmeos-Câncer, que são muito sensíveis.

Conselho: *Aprenda a conciliar. Tire proveito dos pontos fortes de cada um. Trabalhe junto quando for possível. Realize os sonhos um do outro. Dê muitos presentes.*

RELACIONAMENTOS

PONTOS FORTES: OBJETIVO, EDUCATIVO, EFICAZ

PONTOS FRACOS: DESCONECTADO, INVEJOSO, SIMULADO

MELHOR: FAMÍLIA

PIOR: ROMANCE

MARGARET SULLAVAN (16/5/1896)
WILLIAM WYLER (1/7/02)

A carreira no teatro e no cinema de Sullavan atingiu o auge nos anos 1930 e 1940. Em 1934, ela se casou com o diretor Wyler, o segundo de seus três maridos. Ela apareceu apenas uma vez em seus muitos filmes – *The Good Fairy* (1935). Divorciaram-se em 1936.

---

11 a 18 de maio
SEMANA DO NATURAL
TOURO III

25 de junho a 2 de julho
SEMANA DA EMPATIA
CÂNCER I

Encontrar uma linguagem comum

Problemas de comunicação são centrais neste relacionamento. Se esses parceiros não souberem expressar suas necessidades mais íntimas e complexas, seus sentimentos e sensibilidades talvez não encontrem muitos motivos para ficar juntos e tenham muitas razões para se separar. Como não são especialmente atraídos um pelo outro, tanto física como romanticamente, os nascidos em Touro III e em Câncer I podem ter dificuldade em encontrar uma linguagem comum, seja oral ou de qualquer outra natureza. Em determinados relacionamentos familiares e profissionais, porém, esta ausência de resposta subjetiva pode na verdade alimentar uma comunicação construtiva.

O amor e o casamento raramente se desenvolvem em solo fértil no tocante a esta relação. Em casos excepcionais, porém, a capacidade dos representantes de Câncer I de ter empatia se solidificará com a disposição humana dos nascidos em Touro III de criar uma atmosfera de apoio e respeito emocional. Amizades são possíveis nesta combinação, mas elas podem ser altamente complexas: quando os nascidos em Câncer I se fecham, não há muito o que fazer para ajudar, e eles então podem sentir inveja da capacidade de extroversão e de convívio social do seu parceiro. Todavia, os nascidos em Touro III podem desabar de seu pedestal com a crítica e o sarcasmo de Câncer I e pela recusa do parceiro em se deixar motivar pela energia natural. Os representantes de Touro III estão sujeitos sofrer depressões e será fácil culpar seus amigos nascidos em Câncer I por essa situação.

As interações e experiências compartilhadas, obrigatórias no dia-a-dia de pares formados por pais, filhos e irmãos, podem aperfeiçoar a comunicação. Resolver diferenças pode ser precisamente tarefa para uma vida inteira, tornando o relacionamento um processo de aprendizado importantíssimo, com aceitação e compreensão sendo as lições mais importantes.

Os relacionamentos nesta combinação podem ser reais e eficazes, especialmente se houver pouco contato pessoal. Habilidades objetivas, que vão da área financeira à técnica, farão deste par um bem valioso para qualquer empresa. Suas diferenças podem se unir efetivamente na implementação de projetos, tornando o seu relacionamento muito mais forte do que a soma de suas forças.

Conselho: *Resolver as diferenças é a regra do jogo. Aprenda com o outro. Cultive a compreensão. Use forças objetivas. Seja solidário.*

11 a 18 de maio
SEMANA DO NATURAL
TOURO III

3 a 10 de julho
SEMANA DO NÃO-CONVENCIONAL
CÂNCER II

Energia visionária

Este relacionamento pode criar algumas visões fantásticas. Suas idéias e seus planos maiores, até gigantescos, representam um encontro de dois mundos separados de vigorosa fantasia, com chances de produzir resultados surpreendentes – se houver sincronia. Relativamente poucos destes sonhos amadurecem e, na verdade, a maioria pode estar totalmente fora da realidade. No entanto, seu teor de originalidade e imaginação é impressionante.

Essa dupla é capaz de amizades íntimas que podem culminar em relacionamentos amorosos e casamentos. Os reclusos e arredios representantes de Câncer II muitas vezes ficarão fascinados pelos alegres e exuberantes nascidos em Touro III, que talvez espelhem seu próprio desejo secreto de ser mais extrovertido. Os representantes de Câncer III podem se sentir atormentados pelos desejos dos nascidos em Touro III, que, por sua vez, podem vir a apreciá-los e ajudá-los a revelar suas visões ocultas. Nestes casos, fantasia e sonhos florescerão, alimentando a alegria íntima e incentivando projetos interessantes na forma de um romance maduro.

Se houver casamento ou uma situação de convívio, seja como amigos ou como casal, existe a possibilidade de se criar o espaço doméstico mais extraordinário, onde os dois estão livres para expor suas fantasias sem medo de fracasso ou rejeição. Esse espaço pode servir de laboratório para as incursões sociais ou artísticas no mundo, e também de abrigo contra pessoas incompreensivas que provocam decepções. Os casamentos podem ser magníficos e satisfatórios, mas os pais nascidos em Touro III e em Câncer II, que são considerados diferentes ou modernos por seus filhos ou familiares mais práticos, devem ter cuidado para não rejeitar os pontos de vista e os sentimentos de sua família.

A energia visionária de irmãos e colegas de trabalho nesta combinação não será fácil para uma família ou empresa lidar no dia-a-dia. Se ambos destruírem o lado prático, serão contraproducentes para os melhores interesses do grupo. Em certas ocasiões, a família ou a empresa pode adotar para si os sonhos e os desejos do par formado por Touro III e Câncer II, mas no fim só colherão decepções. Após esse fracasso, será difícil para os dois fazer com que os outros encarem suas idéias a sério novamente.

Conselho: *Não perca o contato com a realidade nem com a fantasia. Expectativas menores geram menos fracasso. Aprenda a administrar suas decepções. Mantenha-se forte.*

RELACIONAMENTOS

PONTOS FORTES: IMAGINATIVO, EXPANSIVO, CRIATIVO

PONTOS FRACOS: FORA DA REALIDADE, REJEITADO, DECEPCIONADO

MELHOR: CASAMENTO

PIOR: TRABALHO

BILLY MARTIN (16/5/28)
GEORGE STEINBRENNER (4/7/30)

Apesar de ganharem duas Séries Mundiais juntos, o temperamento forte de Martin como treinador dos Yankees e a interferência do proprietário Steinbrenner destruiu seus sonhos para a equipe. Steinbrenner despediu e recontratou Martin várias vezes ao longo de sua associação.
Também: Henry Cabot Lodge & Henry Cabot Lodge, Jr. (avô/neto; senadores por Massachusetts); **Felipe Alou & Moises Alou** (pai/filho; jogadores de beisebol).

---

11 a 18 de maio
SEMANA DO NATURAL
TOURO III

11 a 18 de julho
SEMANA DO PERSUASIVO
CÂNCER III

Abastecendo o motor

Este relacionamento intensifica a combinação de seus parceiros e seu objetivo é superar todas as limitações, em geral pelo caminho da vida pública ou da carreira. Ambos desejam chegar a algum lugar e querem que os outros os vejam em ação. Engajar-se em algo maior pode trazer à tona sentimentos de inadequação, e esta sensação aumenta neste relacionamento – a insegurança de ambos pode ser exagerada. E, a menos que os dois estejam chutando para o mesmo gol e tenham o compromisso de ser um time, suas inseguranças lançarão um contra o outro: se alguém chegar na frente, o parceiro ficará com ciúmes, frustrado e irado.

Amor e casamento nesta combinação são problemáticos. Os nascidos em Câncer III são felizes sozinhos e, quando eles realmente procuram um parceiro, desejam alguém estável e seguro. Eles podem desaprovar ou rejeitar a impetuosidade dos representantes de Touro III, e a irresponsabilidade financeira de Touro III pode colocá-los contra a parede. Com Touro III exigindo mais liberdade e Câncer III mais compromisso, espera-se um empate ou um colapso nesta relação. E os representantes de Câncer III, que se sentem inseguros em relação a seus parceiros, podem reagir com tentativas de manipulação ou dominação de Touro III, sufocando-o com seu encanto; todas essas reações provavelmente despertarão mais insegurança e resistência.

Amizades, sobretudo as que não implicam muita exigência, podem ser excelentes nesta combinação. Pode-se desenvolver um gosto por assuntos espirituais ou ambientais. Ambos conviverão sem medo de censura; os nascidos em Touro III podem estimular a imaginação dos representantes de Câncer III, enquanto Câncer III pode ajudar Touro III a ser responsável.

Como colegas, ambos podem ser desagradavelmente competitivos. Esta competição estimula a quantidade e a qualidade do trabalho, mas há o perigo de os dois agirem sub-repticiamente ou de se comportarem de maneira não muito proveitosa. Se eles estiverem no cimo da montanha, talvez tenham de fazer as pazes, pelo menos temporariamente, e manter a empresa a salvo. Uma sociedade sólida entre os dois pode ter grandes realizações. Antagonismos também podem emergir na esfera familiar, sobretudo entre pares de irmãos ou primos de sexo oposto. Mas as confusões que esses pares criam em geral soam piores do que são na realidade, e a relação pode evoluir para um relacionamento duradouro e maduro.

Conselho: *Reconheça a insegurança e a mantenha sob controle. Não deixe o rabo sacudir o cachorro. Abafe as desavenças. Preserve a tranqüilidade da equipe. Desenvolva a espiritualidade.*

RELACIONAMENTOS

PONTOS FORTES: ESFORÇADO, ESPIRITUAL, BEM-SUCEDIDO

PONTOS FRACOS: SOLAPADOR, BARULHENTO, CONTRAPRODUCENTE

MELHOR: AMIZADE

PIOR: CASAMENTO

LINCOLN ELLSWORTH (12/5/1880)
ROALD AMUNDSEN (16/7/1872)

O explorador polar e milionário Ellsworth acompanhou e financiou Amundsen à Expedição Aérea Polar de 1925. Em 1926, o par (juntamente com Umberto Nobile) completou o primeiro vôo transpolar com um dirigível.
Também: Thomas Wedgwood & Josiah Wedgwood (filho/pai; inventores fotográficos).

RELACIONAMENTOS

PONTOS FORTES: APAIXONADO, ESTIMULANTE, REVELADOR

PONTOS FRACOS: INDIFERENTE, SOMBRIO, MEDROSO

MELHOR: CASAMENTO

PIOR: AMOR

ARCHIBALD COX (17/5/12)
ELLIOT RICHARDSON (20/7/20)

Durante a cobertura do escândalo de Watergate em 1973, o promotor público especial Cox pressionou Nixon a liberar as fitas incriminadoras das conversas na Casa Branca. Nixon ordenou o Advogado Geral Richardson a despedir Cox. Richardson recusou-se e renunciou.

---

11 a 18 de maio
SEMANA DO NATURAL
TOURO III

19 a 25 de julho
CÚSPIDE DA OSCILAÇÃO
CÚSPIDE CÂNCER-LEÃO

Shiva o mascote

Ligado-desligado, alto-baixo, muito-pouco – o comportamento bipolar é uma característica deste relacionamento, que está destinado a ter poucos momentos de tédio. Na realidade, ele pode reforçar o lado obscuro de cada personalidade, produzindo entusiasmo e, às vezes, um comportamento destrutivo. Destruição, porém, é uma parte importante do processo criativo e, nesse aspecto, Shiva, o deus hindu da criação e da destruição, deve ser o mascote do relacionamento. Se os nascidos na cúspide Câncer-Leão desejam alguém para proporcionar um ambiente de paz e equilíbrio para seus humores contrastantes, é pouco provável que escolham um representante de Touro III; os dois juntos muito provavelmente revelarão o lado selvagem e as oscilações de humor de ambos.

O relacionamento familiar e amoroso desperta emoções profundas, acessos repentinos de paixão e manifestações de amor e ódio imortais. Se o ódio estiver em ação, ele pode arder em fogo lento silenciosamente e continuar despercebido por longos períodos até explodir, ou se refletir em reações de desinteresse ou descuido, dissimulado pela aparência da tolerância. No entanto, esses dois podem ter receio de renunciar, medo de ver tudo se despedaçar. Este medo muitas vezes determina tal comportamento, tornando difícil que o ódio reprimido se manifeste.

As amizades e os casamentos podem ser muito mais satisfatórios. Engajados na aventura, nos esportes vigorosos e em outras atividades que representam um desafio físico, esses relacionamentos possuem seus altos e baixos emocionais, mas em geral se acham subordinados a confrontos estimulantes que paradoxalmente proporcionam um *quantum* de estabilidade – eles descarregam vapor. As atitudes positivas e as abordagens inovadoras dos nascidos em Touro III se opõem à tendência dos representantes da cúspide Câncer-Leão de se bloquearem emocionalmente, resgatando-os de suas depressões. Os nascidos em Touro III colhem os benefícios de serem valorizados por essas iniciativas. Se tiverem filhos, satisfarão a ânsia de Shiva de reprodução e incentivarão a criatividade. Como colegas de trabalho ou sócios, é provável que obtenham sucesso se Touro III tiver a paciência e o interesse de trabalhar com perseverança ao lado dos nascidos na cúspide Câncer-Leão. Mas os nascidos em Touro III talvez careçam da capacidade de compreensão psicológica de que os representantes da cúspide Câncer-Leão necessitam.

Conselho: *Ficar cansado não é crime. Cultive momentos mais tranqüilos. Pratique meditação ou ioga. Concentre-se no aqui e agora.*

RELACIONAMENTOS

PONTOS FORTES: ENCANTADOR, SÉRIO, SENSUAL

PONTOS FRACOS: EGOÍSTA, AUTORITÁRIO, REBELDE

MELHOR: CASO DE AMOR

PIOR: PAIS-FILHOS

LIBERACE (16/5/19)
GEORGE LIBERACE (31/7/11)

Liberace, o popular pianista conhecido por suas roupas cintilantes e vistosas, foi o entretenedor mais bem pago dos Estados Unidos nos anos 1960 e 1970. Seu irmão George era seu braço direito e administrador dos negócios.
Também: Sian Phillips & Peter O'Toole (casados; atores); **Yogi Berra & Casey Stengel** (treinadores do Yankee); **Oona O'Neill & Geraldine Chaplin** (mãe/filha).

---

11 a 18 de maio
SEMANA DO NATURAL
TOURO III

26 de julho a 2 de agosto
SEMANA DA AUTORIDADE
LEÃO I

Encantamento exclusivo

A mistura dos nascidos em Touro III com os representantes de Leão I pode gerar um tipo diferente de encantamento e proporcionar até um certo brilho, no qual a admiração por princípios sérios e prazer sensual combinam de forma hedonística. É provável que o lado sério de Leão I lance uma sombra sobre o relacionamento, mas este não é de forma alguma um par unilateral, pois as energias de Touro III proporcionam um contrapeso de prazer e diversão. Embora ambos sejam em geral extrovertidos, seu mistério é de tal ordem que tendem a manter exclusiva em vez de expor a magia que existe entre os dois.

Como namorados é raro eles se darem bem, mas os nascidos em Leão I que já estão casados ou comprometidos podem muito bem buscar excitação, aventura e romance com representantes de Touro III fora do relacionamento principal. Dificilmente os nascidos em Touro III abandonam esse combate por medo; na realidade seu grau de informalidade e seus instintos naturais não reprimidos quase sempre se sentem estimulados pelos avanços ou pela disponibilidades dos representantes de Leão I. Esse relacionamento pode evoluir de maneira muito prazerosa por anos a fio.

São raras as amizades nessa combinação, eles nunca sacrificam muito seus egos fortes para construir uma amizade duradoura e significativa.

É provável que casamentos, relacionamentos entre pais e filhos e entre profissionais sejam dominados por conflitos que refletem atitudes autoritárias e rebeldes. Os nascidos em Touro III sentem a autoridade de Leão I como uma força repressora, independentemente de quão camuflada ou sutil ela seja, e desejam ser aceitos como são sem crítica ou censura. Embora pais, chefes ou cônjuges nascidos em Leão I recompensem justamente filhos, funcionários ou companheiros nascidos em Touro III por trabalhos bem-feitos, não é provável que eles demonstrem algo mais além de bondade ou compreensão. Neste caso, os representantes de Touro III provavelmente se ressentirão, observando em seus parceiros atitudes que consideram desumanas e, às vezes, antinaturais.

Conselho: *Evite posturas críticas e rebeldes. Compartilhe sempre que possível. Fazer um sacrifício pode ser necessário. Cuidado para não machucar os outros.*

11 a 18 de maio
SEMANA DO NATURAL
TOURO III

3 a 10 de agosto
SEMANA DA FORÇA EQUILIBRADA
LEÃO II

Concedendo orientação

O desafio deste relacionamento é adotar regras ou, pelo menos, uma estrutura que seja reconhecível, proporcionando orientação na vida diária. Uma vez estabelecido um sistema (o que pode levar semanas, meses ou até anos), o relacionamento pode evoluir de maneira construtiva. Até então, o provável é esta relação ficar à deriva, conforme o lado em que soprarem os ventos do desejo e, talvez, seja preciso jogar uma âncora em um porto seguro.

Nos relacionamentos amorosos, os nascidos em Leão III tendem a ser pacientes. Além disso, enquanto os representantes de Touro III podem escapulir rapidamente quando algo não vai bem, os nascidos em Leão II se sentem culpados. Casos amorosos entre esses dois, portanto, podem facilmente terminar com os lamentos de Leão II e com os sofrimentos de Touro III, que está machucado mas em rápida recuperação. Quando tudo vai bem, o relacionamento pode ser altamente compensador em termos físicos e, embora encontros sexuais deixem transparecer lutas pelo poder, o prazer é muitas vezes proporcional a seu grau de conflito. E quando as paixões esfriam, é possível que às vezes se manifestem sentimentos sinceros de bondade, solidariedade e verdadeiro amor.

Os nascidos em Leão II necessitam de alegria e diversão, e nas amizades e nos casamentos os representantes de Touro III podem se revelar a pessoa certa para eles. Este par pode reconhecer os obstáculos e ainda assim desfrutar bons momentos juntos, seja numa conversa ou em alguma atividade de entretenimento. Tendo pouca necessidade de contato com o grupo ou de interação social em grande escala, o relacionamento admitirá apenas alguns poucos amigos ou casais casados em seu círculo, e, se esses amigos por algum motivo saírem de cena, o provável é não serem substituídos com facilidade, se é que algum dia o serão.

As relações no plano familiar e profissional tiram proveito dessa estrutura de hierarquias, onde está evidentemente claro o que é permitido e o que não é. Seja como irmãos ou colegas de trabalho, os nascidos em Touro III e Leão II têm a capacidade de incentivar os outros e formar uma grande equipe. Mas um funcionário ou filho nascido em Touro III pode achar um chefe ou pai representante de Leão II extremamente insensível em certas ocasiões, e com isso é capaz de se fechar num silêncio impiedoso e ameaçador.

Conselho: *Agüente firme, mas não perca de vista quando desistir. Aceite as regras gerais. Cumpra a sua parte no trato. Fique aberto às influências externas.*

RELACIONAMENTOS

PONTOS FORTES: ESTRUTURADO, SELETIVO, DIVERTIDO

PONTOS FRACOS: AO SABOR DA CORRENTE, BELIGERANTE, FECHADO

MELHOR: CASAMENTO

PIOR: AMOR

EMILIO ESTEVEZ (12/5/62)
MARTIN SHEEN (3/8/40)

O nome de nascença de Sheen era Ramon Estevez, que recebeu de seu pai espanhol. Emilio escolheu o sobrenome original do pai quando começou a atuar e teve um relacionamento próximo com Sheen, que ajudou a orientar a carreira do filho. **Também:** Ted Mann & Rhonda Fleming (casados; magnata do teatro/atriz).

---

11 a 18 de maio
SEMANA DO NATURAL
TOURO III

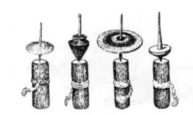

11 a 18 de agosto
SEMANA DA LIDERANÇA
LEÃO III

Sem garantia

A astrologia convencional assinala corretamente uma viagem difícil para este relacionamento por causa de sua orientação fixa e posição em quadratura (esses parceiros estão a 90° de distância no zodíaco; Leão e Touro são signos fixos). O conceito-chave aqui é a empatia, mas, embora os parceiros compreendam os sentimentos um do outro, não há nenhuma garantia de que eles serão solidários, honrarão ou até prestarão atenção a eles; a agressividade, ou mesmo raiva, está latente nesta relação. Na verdade, esta é uma combinação amorosa de empatia e egoísmo, de forma que os parceiros podem se mostrar muito insensíveis e até rudes entre si e também no trato com as outras pessoas.

Em geral muito mais flexíveis do que os nascidos em Leão III, os representantes de Touro III são os mais capazes de se adaptar e de assumir um compromisso. Nas relações amorosas e familiares, porém, eles podem não demonstrar interesse algum nesse sentido. Quando disputas surgem entre namorados, pais e filhos ou irmãos nesta combinação, por exemplo, os nascidos em Touro III são muito capazes de acalmar o leão ou a leoa selvagem, mas o farão somente quando assim desejarem, mesmo sendo de seu interesse fazê-lo. Além disso, como os nascidos em Leão III não são apenas líderes naturais, mas tendem a ser muito generosos nos relacionamentos, virtualmente idolatrando os que eles amam ou lhes são mais próximos, esta relação exclusiva pode no final das contas ser dirigida – não necessariamente de forma muito racional – pelos nascidos em Touro III, que manipularão as atitudes previsíveis de Leão III.

Na amizade, os representantes de Leão III são muito leais, mas podem não ter bastante interesse nas atividades de Touro III para compartilhá-las. É provável que ambos dêem apoio um ao outro nos momentos de estresse, mas não se mostrem necessariamente atenciosos às exigências de cada um nas fases movimentadas ou de maior êxito. Todavia, seus vínculos permanecerão intactos; mesmo quando estiverem fisicamente distantes, eles manterão abertas suas linhas de comunicação por meio do telefone, correspondência ou fax.

No âmbito profissional, ambos são muitas vezes bastante reativos aos humores um do outro para se darem bem como sócios ou colegas de trabalho. Se eles forem amigos ou cônjuges, seu desempenho profissional é melhor se as carreiras forem separadas.

Conselho: *Tente ser solidário e demonstre empatia. Mostre que você se importa com o outro. Seja bondoso e menos egoísta. Cuidado com a insensibilidade. Dê atenção.*

RELACIONAMENTOS

PONTOS FORTES: EMPÁTICO, LEAL, CONFIÁVEL

PONTOS FRACOS: EGOÍSTA, POUCO COMPASSIVO, CRUEL

MELHOR: AMIZADE

PIOR: TRABALHO

DEBRA WINGER (16/5/55)
TIMOTHY HUTTON (16/8/60)

Winger e Hutton foram casados de 1986 a 1990 e tiveram um filho. Sua carreira como atores se cruzou em *Made in Heaven* (1987), em que Hutton estreou e Winger representou um papel menor. **Também:** Fürst von Metternich & Napoleão Bonaparte (ministro do Exterior/imperador).

RELACIONAMENTOS

PONTOS FORTES: MOTIVADOR, ABERTO, PROFUNDO

PONTOS FRACOS: TIRANO, INSENSÍVEL, FRACO

MELHOR: FAMÍLIA

PIOR: CARREIRA

PIERCE BROSNAN (16/5/52)
SEAN CONNERY (25/8/30)

Com a diferença de idade de 22 anos, Connery e Brosnan fizeram o papel do mais velho e mais jovem 007 em filmes de James Bond. Connery lançou a série em 1962 com *O Satânico Dr. No*, e Brosnan nos brindou com sua última atuação em 1995 em *Goldeneye*.

---

11 a 18 de maio
SEMANA DO NATURAL
TOURO III

19 a 25 de agosto
CÚSPIDE DA EXPOSIÇÃO
CÚSPIDE LEÃO-VIRGEM

Exigência de abertura

Esta combinação exige que seus parceiros mantenham seus sentimentos e atitudes francos e abertos, em vez de escondidos e reprimidos. Uma relação que faz do comportamento natural e sincero sua maior exigência pode parecer bastante prazerosa, mas este é precisamente o setor em que a maioria dos nascidos na cúspide Leão-Virgem têm problemas, e eles podem, às vezes, considerar a relação como sendo tirânica ou insensível aos sentimentos deles. São aptos para retaliar e pôr às claras a insegurança dos representantes de Touro III, que por sua vez acham o relacionamento desagradável. Com o passar do tempo, os nascidos na cúspide Leão-Virgem geralmente atenuam seus ressentimentos à medida que perdem suas inibições, enquanto os representantes de Touro III gostam da estrutura que o relacionamento impõe.

No amor e no trabalho, os nascidos na cúspide Leão-Virgem desejam ter a opção de esconder e revelar. A pressão por ser aberto o tempo todo os deixa frustrados, e eles podem invejar a facilidade das atitudes dos representantes de Touro III. Do mesmo modo, quando privados da habilidade de se revelar de forma dramática, seja física, emocional ou espiritualmente, nos momentos em que fazem suas próprias escolhas, sentem-se sem poder e curiosamente amortecidos pela mesmice de uma rotina enfadonha (se bem que natural). É provável que esta impossibilidade de escolha nos relacionamentos os torne rebeldes e perversos.

O domínio dos nascidos em Touro III, ou mais corretamente sua crença na abordagem direta, é fortemente observado neste relacionamento e casamento com os nascidos na cúspide Leão-Virgem, que podem, mais uma vez, sentir insegurança no tocante a sua habilidade de satisfazer a exigência de serem naturais e abertos. Também podem vir a odiar-se por serem fechados e reservados. Este conflito não é apenas prejudicial mas desnecessário; no esforço de ser eles mesmos, os representantes da cúspide Leão-Virgem se fortalecem e também tornam-se capazes de influenciar seus parceiros no sentido de revelar o valor dessa intimidade. Se houver um equilíbrio entre a introversão e a extroversão, pode existir uma calma e estabilidade. Os solidários e alegres pais e irmãos nascidos em Touro III terão um efeito saudável sobre os filhos, irmãos ou irmãs mal-humoradas, que representam a cúspide Leão-Virgem. Inversamente, as reviravoltas do caráter da cúspide Leão-Virgem fascinarão os curiosos representantes de Touro III, despertando-os para suas fantasias e seus desejos ocultos.

Conselho: *Não se sinta ameaçado. Abra-se. Revele quem você realmente é. Ensine o valor da intimidade. Privacidade é importante também. Estabeleça um equilíbrio.*

RELACIONAMENTOS

PONTOS FORTES: INCOMUM, PARTICIPATIVO, INSPIRADOR

PONTOS FRACOS: EXPECTANTE, INCLINADO A JULGAR, COERCITIVO

MELHOR: AMIZADE

PIOR: PAIS-FILHOS

JANET JACKSON (16/5/66)
MICHAEL JACKSON (29/8/58)

Janet estabeleceu-se como estrela proeminente do pop-funk no final dos anos 1980. Em 1995, ela colaborou com o famoso irmão em *Scream*. **Também: Debra Winger & Gov. Bob Kerrey** (romance; atriz/político); **Dante Gabriel Rossetti & Edward Burne-Jones** (colaboradores; artistas); **Walter Gropius & Alma Schindler** (casados; arquiteto/artista).

---

11 a 18 de maio
SEMANA DO NATURAL
TOURO III

26 de agosto a 2 de setembro
SEMANA DOS CONSTRUTORES DE SISTEMAS
VIRGEM I

Ser tolo

Na melhor das hipóteses, o relacionamento é divertido, expressando alegria e humor em alto grau, mas este não é o tipo de humor que se espera desses dois. Juntos, eles têm tendência à observação aguda no tocante às interações humanas e possuem uma inteligência compassiva – eles riem com as pessoas, não delas. Isto pode ser muito divertido para eles; o relacionamento os libera de seus "eus" corriqueiros. Os nascidos em Touro III, sendo naturais, são sempre um pouco presunçosos, enquanto os representantes de Virgem I são um pouco rígidos. O maior presente que este relacionamento pode dar a esses parceiros é a habilidade de rirem de si mesmos e um do outro.

Sob muitos aspectos, ambos são opostos – os nascidos em Touro III são mais descontraídos, enquanto os representantes de Virgem I exigem uma estrutura – mas podem acolher um ao outro, muitas vezes por meio de soluções nada convencionais. A vida dos nascidos em Touro III possui um tipo de entropia, uma tendência natural de perturbar, o que é precisamente o que os representantes de Virgem I necessitam um pouco em suas vidas, cuja tônica é a rigidez. Realmente, a severidade e a inflexibilidade dos nascidos em Virgem I podem ser uma defesa contra o medo inconsciente da desordem. Por meio da confiança, compreensão e, talvez, do amor, um representante de Touro III pode inspirar um nascido em Virgem I a ser um indivíduo mais completo.

Os nascidos em Virgem I, que são orientados para o trabalho, podem tirar proveito do binômio amor e família no convívio com representantes de Touro III, que são independentes e podem lhes proporcionar uma folga. A espontaneidade dos nascidos em Touro III irá exasperar um pouco os representantes de Virgem I, mas também os animará, energizando-os e tirando-os da depressão. Amizade é talvez o melhor relacionamento para este processo. Nesta combinação, Virgem I apreciará a naturalidade de Touro III, e o par terá condições de relaxar e se divertir. Não há limites neste caso – ser tolo, pateta ou louco por um instante é algo a ser valorizado, em vez de criticado. Relacionamentos mais "sérios" – pares de trabalho, casamentos, casos amorosos – podem envolver expectativas que tornam difícil para ambos serem eles mesmos. É provável que os nascidos em Virgem I sejam emocionalmente exigentes, embora incapazes de dar, enquanto os representantes de Touro III sentem-se julgados por seu comportamento desleixado. As relações entre pai e filho e professor e aluno também podem tomar este mesmo rumo.

Conselho: *Cuidado com as expectativas. Profecias de empenho pessoal se tornam realidade de fato. Aprenda o que os outros têm para ensinar. Coloque as energias realmente para funcionar. Ria de si mesmo.*

11 a 18 de maio
SEMANA DO NATURAL
TOURO III

3 a 10 de setembro
SEMANA DO ENIGMA
VIRGEM II

A melhor pessoa

Responsabilidade é a palavra-chave desta combinação, mas ela é de um tipo muito diferente. A tônica está na responsabilidade menos para com os outros e mais para consigo mesmo, e sobretudo no autodesenvolvimento, talvez em um sentido espiritual ou moral. A relação pode ter um lema principal único, que é "seja a melhor pessoa possível".

As amizades e os casos amorosos podem ser extremamente íntimos aqui. Muitas vezes começam com um nascido em Touro III agressivo ou curioso, no anseio e na expectativa de ser notado por um atraente, mas tímido, representante de Virgem II – que não raro dará um sinal positivo de que um avanço maior é bem-vindo. Quando o par reconhece seu mútuo interesse, tudo parece se mover rapidamente em direção a uma intimidade maior. Os nascidos em Touro III têm uma forma interessante de ignorar as defesas de Virgem II e de atingir diretamente o coração de seus parceiros. Esses dois podem partilhar uma percepção de fantasia e comédia, mas a tendência dos representantes de Virgem II de se recolher emocionalmente frustrará ocasionalmente os nascidos em Touro III, sobretudo quando isso ocorrer nos momentos íntimos. Os representantes de Touro III podem não medir esforços para convencer seus parceiros da necessidade de estarem realmente presentes e sinceramente envolvidos.

Nos casamentos e nas relações profissionais, a idéia de autodesenvolvimento e realização pessoal é fortíssima. Os dois parceiros podem tirar proveito do foco na auto-realização que predomina neste relacionamento, muito embora ambos estejam dispostos a estar juntos um do outro quando for necessário. Assim, da mesma forma que os dois são capazes de evoluir no desenvolvimento pessoal e no caminho espiritual, sua parceria, no que se refere à família ou à empresa, também evoluirá e terá dimensões maiores.

Os relacionamentos familiares nesta combinação mostram-se mais problemáticos. A responsabilidade neste contexto pode ter mais o significado de se desincumbir de tarefas e fazer biscates do que de ajudar o outro. As relações entre pais e filhos ou avós e netos de ambas as combinações, bem como o relacionamento de irmãos com grande diferença de idade, podem tender ao autoritarismo, às exigências em excesso e à crítica.

Conselho: *Continue no seu caminho. Valorize o autodesenvolvimento mas cresça junto também. Evite as atitudes críticas. Busque objetivos espirituais. Derrube as fronteiras.*

RELACIONAMENTOS

PONTOS FORTES: ÍNTIMO, ATUALIZADO, ESPIRITUAL

PONTOS FRACOS: MANDÃO, DESLIGADO, CRÍTICO

MELHOR: AMOR

PIOR: FAMÍLIA

GALA DALÍ (7/9/1894)
SALVADOR DALÍ (11/5/04)

Gala conheceu o artista surrealista Dalí quando ele estava em seu estado psicológico mais problemático, e foi ela quem o salvou. Eles se casaram e se tornaram inseparáveis, sintetizando um dos grandes relacionamentos amorosos do século. **Também: Richie Valens & Buddy Holly** (músicos; morreram em acidente aéreo); **Mark Van Doren & Carl Van Doren** (irmãos; educadores); **Emilio Estevez & Charlie Sheen** (irmãos; atores).

---

11 a 18 de maio
SEMANA DO NATURAL
TOURO III

11 a 18 de setembro
SEMANA DO LITERAL
VIRGEM III

A arte da persuasão

Este relacionamento pode elevar a arte da persuasão a um nível realmente alto – mas na tentativa de domínio desta habilidade, os dois são em geral mais bem-sucedidos em convencer outras pessoas do que um ao outro. Cada parceiro exerce formas extremamente sutis de manipulação para pôr o outro na direção desejada. No entanto, ambos estão em geral muito cientes do que está acontecendo. Suas manipulações podem envolver chantagem emocional ("Eu amo você"), suborno ("Isso me faria amar você") ou ameaças disfarçadas ("Talvez eu não ame você"), além de avisos que sinalizam simplesmente afeição ou atenção; raramente, porém, esse comportamento fugirá ao controle ou parecerá agressivo ou ameaçador, tão habilmente ele é utilizado. Os nascidos em Touro III e em Virgem III são definitivamente indivíduos que sabem o que querem; portanto, a questão é apenas aperfeiçoar a habilidade de conseguir o que querem um do outro.

Os que vêem de fora esse laço de amizade, casamento ou família podem nem entender o que está acontecendo e confundem um processo dinâmico de concessões mútuas com harmonia ou acordo. Este fato pode ser reflexo da habilidade deste par de exercer tamanha influência sobre os outros: convencendo-os da honestidade, saúde e dos bons sentimentos que prevalecem nesta relação, eles podem efetivamente hipnotizar as pessoas no sentido de cooperarem. Os amigos, irmãos e cônjuges dos representantes de Touro III e de Virgem III podem ser rechaçados pelos outros, que já estão preparados para serem convencidos, quando eles chegarem em busca de idéias e conselho.

As relações amorosas são notoriamente um trabalho de manipulação, mas os nascidos em Touro III e em Virgem III são curiosamente mais honestos do que a maioria. Uma vez que a fase romântica do relacionamento tenha estabelecido um padrão cotidiano, a persuasão e a manipulação deixarão de ser tão acentuadas. Na realidade, o objetivo de uma relação amorosa e realmente sincera será superar juntos esses comportamentos pouco a pouco, de uma forma consciente e dedicada.

Nas relações profissionais, essa persuasão tem importância limitada, mesmo no nível executivo. Cedo ou tarde, resultados pragmáticos, como vendas, produtividade, margens de lucro e simples contabilidade, irão revelar algumas verdades negativas que não se explicam facilmente.

Conselho: *Deixe os outros tomarem suas próprias decisões. Nunca manipule um manipulador. Seja menos egoísta e mais generoso. Convencer torna-se algo pouco convincente.*

RELACIONAMENTOS

PONTOS FORTES: PERSUASIVO, DEDICADO, HABILIDOSO

PONTOS FRACOS: MANIPULADOR, SUBORNADOR, AMEAÇADOR

MELHOR: CASAMENTO

PIOR: TRABALHO

ARCHIBALD COX (17/5/12)
SAM ERVIN (17/9/1896)

Cox e Ervin conduziram investigações no escândalo Watergate. Cox foi indicado pelo Advogado Geral Richardson, que renunciou em vez de despedir Cox sob ordens de Nixon. Ervin presidiu o comitê de investigação do Senado e é lembrado por sua sagacidade e bom senso nas audiências. **Também: Margaret Rutherford & Agatha Christie** (representação do personagem Miss Marple, de Christie).

| RELACIONAMENTOS |

PONTOS FORTES: IMAGINATIVO, AGRADÁVEL, ESTÉTICO

PONTOS FRACOS: DEPENDENTE, VICIADO, ESCAPISTA

MELHOR: PAIS-FILHOS

PIOR: AMOR

TOMMY LASORDA (22/9/27)
BILLY MARTIN (16/5/28)

Os treinadores arqui-rivais de beisebol Lasorda (LA Dodgers) e Martin (NY Yankees) se encontraram cara a cara nas Séries Mundiais de 1977 – em que os Yanks ganharam por 4 a 2. As duas equipes se encontraram novamente nas séries de 1978 e os Yanks ganharam – mas Martin, substituído no meio da temporada, não conseguiu derrotar Lasorda duas vezes. **Também: Julianne Phillips & Bruce Springsteen** (casados; atriz/estrela do rock); **Archibald Cox & Leon Jaw**orski (promotores públicos do caso Watergate).

---

11 a 18 de maio
SEMANA DO NATURAL
TOURO III

19 a 24 de setembro
CÚSPIDE DA BELEZA
CÚSPIDE DE VIRGEM-LIBRA

Desejo de se entregar

Este relacionamento altamente imaginativo está pronto para se envolver na busca da beleza e da sensualidade. O perigo é que viver em um mundo prazeroso e fantástico pode se tornar uma experiência inebriante, induzindo os parceiros a se submeter ao domínio de um e de outro, ou de alguma outra coisa – que podem ser drogas, sexo ou música – com o intuito de prolongar o prazer e alimentar a energia. Pode ser difícil conter os vícios e, assim, perde-se a capacidade de manter contato com a realidade do dia-a-dia. Entregando-se à busca da beleza e sensualidade, esses parceiros arriscam-se a ignorar os sentimentos das outras pessoas (entre as quais os pais, os filhos, os amigos, os professores e os colegas de trabalho), na voragem de um impulso cujo o intuito é satisfazer necessidades cada vez maiores.

Os relacionamentos amorosos e as amizades tendem a apresentar dependências emocionais e vícios. Desejando apenas um ao outro, ambos podem exigir mais e mais atenção ou amor, tornando-se incapazes de viver sem o parceiro e até sofrendo sintomas físicos, quando eles se afastam. O tema da beleza é a tônica desta combinação: os parceiros anseiam por ela e querem se render a ela. Na realidade, o relacionamento exige que eles sacrifiquem seus egos no altar da beleza, seja esta real ou imaginária, ou dos próprios parceiros ou de alguma fonte externa (artes plásticas, som, sabor ou mesmo estados de êxtase induzidos pela droga). O importante aqui é fundir-se nesta beleza e pôr de lado as preocupações mundanas.

Tal escapismo pode ser dosado nos casamentos e nas relações profissionais; do contrário, seriam impossíveis de se sustentar. Mesmo assim, é provável que esse desejo provoque a dissolução periódica desses cenários práticos, quase sempre acarretando perturbações, infelicidade e rompimentos.

As relações entre pais e filhos dificilmente chegam ao extremo que se verifica nos casos amorosos. Aqui a imaginação está muitas vezes associada a algo mais positivo e os dois podem revelar solidariedade e compreensão profundas. O relacionamento entre irmãos, sobretudo de sexo oposto, pode transcender o simples compartilhamento de estados íntimos baseados na fantasia, sendo possível observar um comportamento distante da realidade ou mesmo incestuoso.

Conselho: *Controle seus desejos. Cuidado com o comportamento vicioso. Tente equilibrar a fantasia e a realidade cotidianas. Não se isole.*

| RELACIONAMENTOS |

PONTOS FORTES: FRANCO, COMPREENSIVO, SEXUAL

PONTOS FRACOS: PREMENTE, INSTÁVEL, PROCRASTINADOR

MELHOR: AMOR

PIOR: AMIZADE

ETHEL ROSENBERG (28/9/15)
JULIUS ROSENBERG (12/5/18)

Apesar do apelo público por indulgência, os Rosenberg foram os primeiros cidadãos americanos a serem executados por espionagem depois de serem acusados de fornecer informações vitais para a Rússia sobre a bomba atômica. **Também: Joe Louis & Max Schmeling** (boxeadores inimigos); **Robert Morse & Truman Capote** (representação no palco); **Burt Bacharach & Angie Dickinson** (casados; compositor/ator); **Harvey Keitel & Lorraine Bracco** (casados; atores).

---

11 a 18 de maio
SEMANA DO NATURAL
TOURO III

25 de setembro a 2 de outubro
SEMANA DO PERFECCIONISTA
LIBRA I

Manifestação de estresse

É improvável que este relacionamento tenha completa estabilidade. As críticas e os ressentimentos são em geral muito intensos para haver tranqüilidade. Os parceiros apresentam atitudes muito diferentes entre si, sobretudo no que diz respeito às questões físicas. É de esperar que eles tenham muitas coisas para resolver nesse terreno. Além disso, os nascidos em Libra I sentem necessidade de aperfeiçoar seus sócios que representam os nascidos em Touro III, jogando em cima destes expectativas impressionantes. Como os nascidos em Libra I não têm habilidade para deixar a sós os representantes de Touro III, estes, na maioria das vezes, lutarão, se afastarão ou provocarão um rompimento da relação.

Os nascidos em Touro III têm muito a contribuir nos casos amorosos com representantes de Libra I, sobretudo os ajudando a se descontrair. A atitude aberta de Touro III para o sexo ensinará muito ao compreensivo representante de Libra I, proporcionando uma saída estimulante e compensadora para o estresse diário. Afeição e simpatia também podem se expressar neste relacionamento, aprofundando o nível de confiança e aceitação.

No casamento, é provável que as pressões pessoais sejam muito difíceis de suportar. Os nascidos em Touro III em geral reagem agressivamente quando criticados, e podem acusar os representantes de Libra I de ter ímpetos de perfeição que tornam o relacionamento algo artificial, distante dos sentimentos, dos pensamentos e das atitudes naturais. É muito grande a probabilidade de se tornar intolerável para os nascidos em Touro III o hábito dos representantes de Libra I de monitorar as atividades do par, do âmbito financeiro ao sexual.

As amizades podem ser ainda mais problemáticas. Embora esses parceiros tenham um relacionamento muito positivo, não têm muito tempo para passar juntos, a menos que um projeto especial capte sua imaginação. Da mesma maneira, atitudes egoístas talvez os privem da ajuda um do outro em momentos de necessidade, e com o passar dos anos é provável que eles se afastem. O mesmo pode acontecer nos laços familiares. As relações profissionais nesta combinação podem ser muito satisfatórias, desde que a união desses parceiros de trabalho ou sócios num empreendimento esteja protegida contra o estresse excessivo ou prazos rígidos. Ambos tendem a ser às vezes muito preguiçosos, talvez pela influência venusiana que atua nos dois parceiros (Vênus rege Touro e Libra), o que é um incentivo ao prazer e à satisfação no plano diário e concreto, e um motivo para a procrastinação.

Conselho: *Pare de monitorar a vida do parceiro. Tente agir mais naturalmente e reduza suas expectativas. Esteja presente nos momentos de necessidade. Fortaleça os laços familiares.*

11 a 18 de maio
SEMANA DO NATURAL
TOURO III

3 a 10 de outubro
SEMANA DA SOCIEDADE
LIBRA II

Pensamento efervescente

É provável que idéias estimulantes e sentimentos fortes figurem neste relacionamento efervescente, levando os parceiros a atuar no setor de serviços, seja numa equipe ou numa empresa. As áreas de interesse podem ser gerenciamento de energia, a busca de soluções para problemas ambientais e o papel da sociedade no tocante ao meio ambiente e questões relativas à qualidade de vida e à liberdade. Esta relação está fortemente voltada para o pensamento, sobretudo do tipo idealista ou teórico. Estabelecer essa atividade mental no plano físico serve de esteio para o relacionamento, afastando-o do que poderia ser pura fantasia e especulação inútil.

A menos que ambos formem vínculos fortes baseados na busca e nos interesses compartilhados, é provável que eles demonstrem hesitação no amor e no casamento, e esta relação muitas vezes estará sujeita à instabilidade das emoções oscilantes. É muito comum o medo e a insegurança que emergem dos nascidos em Touro III e em Libra II ameaçarem a estrutura do relacionamento. Nenhum parceiro está bem posicionado no terreno do autoconhecimento relativo às questões amorosas, e a relação quase sempre desencadeia irritação e depressão nos representantes de Libra II e inconstância nos nascidos em Touro III. Pode ser útil procurar estabilidade nas áreas religiosa, psicológica ou espiritual, talvez na forma de cultos, *workshops* ou terapias.

Os relacionamentos familiares nesta combinação podem apresentar um elevado grau de auto-satisfação e até de presunção. O perigo aqui é que se desenvolva uma atitude elitista e superior, com os parceiros exibindo sua suposta excelência mental ou social. Os pares formados pelo pai e a mãe, pelos pais e os filhos ou irmãos podem adotar essas atitudes, o que provoca uma estagnação e estabelece um cenário longe da realidade

As amizades e combinações profissionais estão favorecidas aqui. Elas enfatizarão em geral os projetos e as atividades que exijam alto grau de envolvimento. Também é possível que como amigos eles atuem em setores comerciais e sociais, e como colegas de trabalho e parceiros estabeleçam amizades muito íntimas. Talvez, a melhor solução, neste caso seja trabalhar em uma empresa que tenha preocupação ambiental e seja financeiramente bem-sucedida, sem deixar de prestar rigorosa atenção às necessidades e aos melhores interesses da sociedade e do planeta Terra.

Conselho: *Cultive o conhecimento pessoal bem como o social. Desenvolva atividades espirituais. Cuidado com a vaidade. Não se prenda a pensamentos inúteis.*

RELACIONAMENTOS

PONTOS FORTES: ATENCIOSO, ENVOLVIDO, IDEALISTA

PONTOS FRACOS: INCONSCIENTE, FLUTUANTE, PRESUNÇOSO

MELHOR: TRABALHO

PIOR: FAMÍLIA

LE CORBUSIER (6/10/1987)
WALTER GROPIUS (18/5/1883)

O arquiteto franco-suíço Le Corbusier trabalhou no estúdio do designer industrial Peter Behrens, em Berlim, onde conheceu o futuro líder da Bauhaus Gropius (juntamente com Mies van der Rohe). Eles compartilharam idéias e projetos arquitetônicos.

---

11 a 18 de maio
SEMANA DO NATURAL
TOURO III

11 a 18 de outubro
SEMANA DO TEATRO
LIBRA III

Procura-se um chefe

O assunto mais difícil e mais importante a ser tratado neste relacionamento é a definição das responsabilidades. Ambos devem definir com quem está a autoridade, e em que áreas e que padrões precisam ser estabelecidos. Sem esse foco, o relacionamento provavelmente irá perecer, se é que alguma vez houve relacionamento, diga-se de passagem. O problema é que nenhum dos dois é tão forte como uma rocha, apesar da face competente que eles podem exibir para o mundo. Insegurança, desinteresse, relaxamento, descaso – todos esses problemas e mais alguns outros concorrem para agravar a situação.

A paixão pode estar acima do amor – e, como tal, rapidamente fenecer. Os nascidos em Touro III que buscam algo profundo podem encontrar em um representante de Libra III o contrário do que desejam, isto é, apenas uma aventura. Ah bom, não faz mal! Os nascidos em Touro III são alegres o bastante para superar esse tipo de decepção e perseverar em sua busca – ou não.

É provável que casamentos sejam problemáticos a menos que haja uma saída para suas emoções exacerbadas e intensas. Se elas forem reprimidas ou tornarem-se irreconhecíveis, espere frustração e discussão constantes. No fim de tudo, será preciso estabelecer uma fonte fidedigna que irradie autoridade, sobretudo se o casal tiver filhos. Os representantes de Libra III têm uma percepção aguçada e sutil de estilo, enquanto os nascidos em Touro III são mais naturais e deixam tudo sobressair; no casamento, ambos precisam concordar sobre qual estilo de vida devem adotar.

As amizades podem ficar comprometidas pela falta de foco e autoridade. Não se pode esperar desses dois que se tornem amigos do peito, levando-se em conta que nenhum deles está disposto a ceder em prol do relacionamento. Talvez seja mais conveniente para ambos serem colegas em um mesmo círculo de amizades, nos esportes, em atividades sociais e na profissão. Os dois parceiros são ambiciosos, e se ascenderem na hierarquia de uma organização podem se tornar sócios cordiais que se vêem em certas ocasiões. Esta circunstância também vale para os colegas de trabalho. Nos relacionamentos familiares nesta combinação, os pais ou os avós firmarão sua autoridade. Em muitos casos, esta provisão de estrutura e regras não será prejudicial e pode realmente ser uma necessidade para representantes mais caóticos de Touro III e Libra III.

Conselho: *Aceitar autoridade é imperativo. A insegurança diminui com a aceitação das regras. Reconheça os limites. Expresse seus sentimentos.*

RELACIONAMENTOS

PONTOS FORTES: APAIXONADO, AMBICIOSO, VISTOSO

PONTOS FRACOS: FRUSTRADO, NEGLIGENTE, CAÓTICO

MELHOR: FAMÍLIA

PIOR: CASAMENTO

JOSEPH ALSOP (11/10/10)
STEWART ALSOP (17/5/14)

Estes irmãos da Liga Ivy e celebrados jornalistas americanos colaboraram numa coluna sobre questões sindicais "triviais" de 1945 a 1958 e são mais lembrados por seus artigos apocalípticos sobre mísseis nucleares. **Também: Margaret Sullavan & Leland Hayward** (casados; atriz/agente); **Katharine Hepburn & Leland Hayward** (noivos no passado; atriz/agente).

RELACIONAMENTOS

PONTOS FORTES: DIVERTIDO, DESPREOCUPADO, ATENCIOSO

PONTOS FRACOS: DESPREOCUPADO DEMAIS, SARCÁSTICO, SATISFEITO CONSIGO MESMO

MELHOR: IRMÃOS, PRIMOS

PIOR: NEGÓCIOS

ROBERT RAUSCHENBERG (22/10/25)
JASPER JOHNS (15/5/30)

Os amigos de longa data Rauschenberg e Johns pertenceram ao mesmo círculo de jovens artistas de Nova York nos anos 1950. Seus trabalhos inovadores desafiaram os preceitos do expressionismo abstrato e lançaram a fundação da arte pop nos anos 1960. **Também: Georges Braque & Pablo Picasso** (amigos; artistas rivais).

---

11 a 18 de maio
SEMANA DO NATURAL
TOURO III

19 a 25 de outubro
CÚSPIDE DO DRAMA E DA CRÍTICA
CÚSPIDE LIBRA-ESCORPIÃO

Domínios da mente

Esses dois se articulam bem com o lado jovem e selvagem um do outro. No relacionamento, nenhum dos parceiros está interessado em problemas, embora seja provável que surjam discussões intelectuais. Réplicas espirituosas podem ser proeminentes aqui, com abundância de ironia, sarcasmo e humor, mas em geral elas são bem-intencionadas e verdadeiramente divertidas. Relacionamentos mais intensos e mais apaixonados ou sérios não são em geral estimulados nesta combinação.

Mesmo assim, as amizades e os relacionamentos amorosos estão favorecidos e muitas vezes podem culminar em casamento ou alguma outra situação que envolva um convívio prolongado. Uma amizade ou caso amoroso pode ser visto tardiamente como a evolução de algo experimental que gerou um compromisso mais profundo, e esses relacionamentos têm muito valor em si mesmo e geralmente estão isentos de expectativas. Amigos e namorados nascidos em Touro III têm muito orgulho das habilidades de seus parceiros representantes da cúspide Libra-Escorpião, que, por sua vez, admiram a desenvoltura natural de Touro III. Esta relação tem muito a ensinar aos parceiros: os representantes da cúspide Libra-Escorpião aprendem a relaxar, enquanto os nascidos em Touro III a concentrar os pensamentos de forma mais eficaz. Sejam quais forem as atrações físicas que estejam atuando aqui, o impulso primordial dessa relação não é necessariamente o sexo ou a emoção. Geralmente reside nos domínios da mente.

Nos casamentos e nos relacionamentos comerciais, os dois parceiros colhem benefícios, mas também carregam o ônus das atitudes fáceis desta combinação, que podem eliminar as ambições e diluir iniciativas dinâmicas e, ao mesmo tempo, proporcionar uma produtividade maior e poucos reveses decorrentes de discussões e estresse, sobretudo no que se refere ao casamento. O gosto por questões de estética também pode ser um ponto de união desses dois. Os relacionamentos familiares, sobretudo entre irmãos e primos, podem ser muito divertidos e se transformar na ligação mais importantes na vida dessa dupla. Já na tenra infância, esses relacionamentos podem se mostrar precoces e de fácil interação. Se esses irmãos ou primos decidirem administrar um negócio, compartilhar um espaço para viver ou simplesmente tirar férias juntos de vez em quando, na vida adulta, seus vínculos dificilmente se romperão, exigindo algo mais do que um simples telefonema, uma carta ou visita para mantê-los vivos.

Conselho: *Não se deixe dominar pelo sarcasmo. Não permita que as atitudes fáceis diminuam seu ímpeto. Não fique enrustido. Mostre sempre que você se importa.*

RELACIONAMENTOS

PONTOS FORTES: COMPLEMENTAR, DIVERSIFICADO, ENLEVANTE

PONTOS FRACOS: DESEQUILIBRADO, BELIGERANTE, IRREQUIETO

MELHOR: CASAMENTO

PIOR: IRMÃOS

DANIEL BAIRD WESSON (18/5/1825)
HORACE SMITH (28/10/1808)

Smith e Wesson foram parceiros na invenção e fabricação de armas, trabalhando juntos por muitos anos. Deram importantes contribuições ao desenvolvimento de armas manuais, inclusive a invenção do revólver com cartucheira. **Também: Louis Farrakhan & W.D. Muhammad** (facções opostas do movimento muçulmano americano).

---

11 a 18 de maio
SEMANA DO NATURAL
TOURO III

26 de outubro a 2 de novembro
SEMANA DA INTENSIDADE
ESCORPIÃO I

Força na diferença

Este relacionamento pretende estabelecer um equilíbrio entre as diferenças na orientação e intensidade de seus parceiros, incentivando-os a encontrar o meio termo e ensinando-os sobre como moderar seus impulsos. É claro que isso não ocorre naturalmente no princípio. Por sorte, a fidelidade e a paciência acham-se consolidadas neste relacionamento, o que é uma vantagem a longo prazo e garantia de apoio para se resolver qualquer problema que surgir pela frente.

Os nascidos em Touro III e em Escorpião I têm muito a aprender um com o outro. Os representantes de Escorpião I, por exemplo, são naturalmente capazes de controlar suas emoções, enquanto os nascidos em Touro III são mais aptos para exprimir o que sentem; assim, o desafio para os representantes de Escorpião I mais reprimidos é deixar transparecer seu sentimentos, enquanto para os de Touro III mais exuberantes é mantê-los sob controle. Os nascidos em Escorpião I são intensos e podem aprender com a natureza mais condescendente dos nascidos em Touro III, que por sua vez fariam bem em imitar um pouco a determinação de Escorpião I diante das adversidades. Nestes e em outros sentidos, os talentos de um desses parceiros podem corresponder rigorosamente aos desafios e necessidades do outro.

Embora os nascidos em Touro III sejam regidos pela terra e Escorpião I pela água, correspondendo respectivamente a sensação e sentimento, a relação de ambos é regida pelo elemento do fogo, que está associado à intuição. Assim, um caso amoroso entre os dois tende a ser excitante, apaixonado (sexual, em vez de sensual) e impulsivo. Como eles se perdem em experiências extáticas que transcendem tanto sensação quanto sentimento, seu amor pode elevar-se ao céus – mas, como fogo, ele também pode ser absorvente e perigoso. O equilíbrio é essencial, se houver uma explosão de ciúmes, e o ódio também precisa ser controlado durante ou após um rompimento de relações.

Na amizade e no casamento, esses dois são uma combinação intensa. Muitas vezes eles gostam um do outro e até admiram-se mutuamente, e podem aprender bastante com a vivência do parceiro. Mesmo quando seus antecedentes e estilos de vida são diferentes, os dois vêem os méritos – e também as deficiências – das atitudes do parceiro. Como amigos e cônjuges eles podem ser uma ótima dupla, aplicando suas energias extras em empreendimentos comerciais e artísticos.

Conselho: *Procure a moderação. Aprenda com o seu parceiro. Acordo não é sinal de fraqueza. As energias não são inesgotáveis.*

11 a 18 de maio
SEMANA DO NATURAL
TOURO III

3 a 11 de novembro
SEMANA DA PROFUNDIDADE
ESCORPIÃO II

Aceitação sem reservas

As emoções profundas e quase violentas neste relacionamento podem ser esclarecidas e até resolvidas, tirando seus parceiros do poço de sentimentos mais intensos e conduzindo-os para os domínios de pensamentos mais aéreos. A objetividade e a capacidade de aceitação nesta combinação vão longe, permitindo que os parceiros periodicamente se separem um do outro e elaborem o que quer que possa estar ocorrendo entre eles, não importando quão profundo ou difícil isto seja. As pessoas em geral ignoram o lado brincalhão dos nascidos em Escorpião II, enfatizando sua expressividade sexual, seriedade e necessidade de controle, mas os representantes de Touro III muitas vezes proporcionam o humor necessário para resgatá-los de seus humores obscuros. Os nascidos em Touro III são muitas vezes divergentes, carecendo das ferramentas para entender seus próprios sentimentos; o convívio com a compreensão profunda que caracteriza os nascidos em Escorpião II os ajuda a atingir um maior autoconhecimento.

Os relacionamentos amorosos entre representantes de Touro III e de Escorpião II amplificam o lado físico de ambos os parceiros, e podem ser tórridos e intensamente apaixonados. A necessidade de distanciamento é muito grande aqui, e, na realidade, esses namorados não raro são capazes de expor e discutir seus problemas com a máxima objetividade. Embora essas situações sejam quase sempre breves, elas são memoráveis.

O casamento e as amizades muitas vezes começam mais casualmente, evoluindo de encontros imprevistos ou circunstâncias muito comuns. Ambos podem se encontrar em reuniões sociais, em clubes ou academias, em viagens ou por intermédio de um amigo comum. (Todavia, a conexão raramente é um êxito, se for fruto da iniciativa de casamenteiros ou de apresentações planejadas em festas ou jantares.) As habilidades inatas dos parceiros mesclam-se bem, tornado-os pais solidários ou mesmo zelosos donos de animais de estimação. Aceitar um ao outro sem reservas torna-se um objetivo importante, testado pela interação diária. Os nascidos em Escorpião II podem sofrer profundamente a perda de um membro da família representada por Touro III, seja um pai, avô ou irmão. Eles encaram esse acontecimento como uma tragédia, sobretudo porque os representantes de Touro III podem ter sido tremendamente e talvez os únicos solidários e compreensivos com Escorpião II. Quando ambos são colegas de trabalho e companheiros, a fidelidade e a dedicação obstinada de Escorpião II podem se fundir perfeitamente com a energia física de Touro III.

Conselho: *Cultive um comportamento mais acolhedor. Divirta-se em todos os aspectos da vida. A compreensão decorre da aceitação. O trabalho árduo vale a pena.*

RELACIONAMENTOS

PONTOS FORTES: BEM-HUMORADO, PROTETOR, DIGNO DE CONFIANÇA

PONTOS FRACOS: POUCO RECEPTIVO, APEGADO DEMAIS, EFÊMERO

MELHOR: TRABALHO

PIOR: FAMÍLIA

PIERRE CURIE (15/5/1859)
MARIE CURIE (7/11/1867)

Os Curie se conheceram em 1894 e se casaram um ano depois. Parceiros de pesquisa de toda uma vida, seu trabalho em radioatividade os levou à descoberta do rádio e do polônio em 1898. Ganharam o Prêmio Nobel em 1903. **Também:** Mark Vonnegut & Kurt Vonnegut (filho/pai; escritores); Emilio Estevez & Demi Moore (ex-noivos; atores).

---

11 a 18 de maio
SEMANA DO NATURAL
TOURO III

12 a 18 de novembro
SEMANA DO ENCANTO
ESCORPIÃO III

Assumindo a liderança

Questões controversas circulam neste relacionamento volátil, competidor e marcado pela definição de superioridade. Predominam os temas gerais de liderança e ego: esses parceiros certamente lutarão para decidir qual deles comandará e em que áreas, e qual dos dois egos receberá o maior golpe. Uma boa dica é: quem se mostrar menos aberto quanto a este objetivo é justamente aquele que mais o deseja, tornando a situação um problema difícil de lidar. Todavia, a tensão e o conflito podem produzir grandes lições em termos de renúncia e aceitação.

A tensão também pode se resolver se os parceiros, sendo um casal, assumirem um papel de liderança no relacionamento com as pessoas à sua volta. Na verdade, todo o seu estilo pode se caracterizar por um comportamento majestoso – garantindo platéias e favores de amigos, impressionando com entradas e saídas dramáticas e, em geral, alimentando uma espécie de frenesi ou alvoroço ao redor. À medida que eles criam um mito em torno de si, podem começar a acreditar nesse mito. Feliz ou infelizmente, os problemas internos do relacionamento os chamarão à realidade, ao mesmo tempo em que irão aflorar algumas de suas características mais agressivas, fazendo-os lembrar que eles são simples mortais.

É provável que os temerários representantes de Touro III liderem nas amizades e nos casos amorosos. Eles têm muito que ensinar aos nascidos em Escorpião III, que são mais isolados. No casamento, porém, esses dois atuam de formas diferentes, com os representantes de Escorpião III assumindo o controle nas questões domésticas e os nascidos em Touro III acompanhando e complementando.

Os representantes de Touro III e Escorpião III são exatamente o oposto um do outro astrologicamente (180° de distância no zodíaco), e tanto Touro quanto Escorpião são signos fixos. Seu relacionamento pode se caracterizar por grande tensão, mas também por grande resistência e solidez. Esta polaridade pode ser mais evidente nos relacionamentos entre pais e filhos: os nascidos em Escorpião III se adaptam melhor ao papel de pais, e respostas e sentimentos naturais predominarão nas crianças de Touro III. No trabalho, os chefes nascidos em Escorpião III e os funcionários nascidos em Touro III podem se combinar de forma eficaz; com Escorpião III sendo firme, generoso e atencioso, e Touro III sendo enérgico e dedicado no cumprimento de suas atribuições.

Conselho: *Encontre uma orientação correta. Desempenhe bem o seu papel. Não decepcione o equilíbrio do poder. Liderança forte não implica subserviência.*

RELACIONAMENTOS

PONTOS FORTES: DETERMINADO, EDUCATIVO, COMPREENSIVO

PONTOS FRACOS: EGOÍSTA, DESAFIADOR, INQUIETANTE

MELHOR: PAIS-FILHOS, TRABALHO

PIOR: ROMANCE

SIR ARTHUR SULLIVAN (13/5/1842)
SIR WILLIAM GILBERT (18/11/1836)

A famosa colaboração entre Gilbert e Sullivan entre 1871 e 1896 rendeu 14 operetas ainda hoje populares. Embora frutífera, sua associação foi tempestuosa, com o libretista Gilbert, o líder criativo, muitas vezes sendo controlado por Sullivan. **Também:** Irving Berlin & George S. Kaufman (colaboradores; compositor/escritor); Martha Graham & Isamu Noguchi (colaboradores; coreógrafa/artista-cenógrafo).

RELACIONAMENTOS

PONTOS FORTES: TRANSPARENTE, RECEPTIVO, HONESTO

PONTOS FRACOS: ENGANOSO, DESCONFIADO, REJEITADO

MELHOR: AMOR

PIOR: FAMÍLIA

OTIS CHANDLER (23/11/27)
HARRY CHANDLER (17/5/1864)

Harry juntou-se ao *LA Times* em 1885, aumentando sua circulação até sua aposentadoria em 1942. O neto Otis continuou a dinastia, seguindo a aposentadoria do pai Norman em 1960. No comando de Otis, o *LA Times* lançou os classificados nos jornais americanos.

---

11 a 18 de maio
SEMANA DO NATURAL
TOURO III

19 a 24 de novembro
CÚSPIDE DA REVOLUÇÃO
CÚSPIDE ESCORPIÃO-SAGITÁRIO

Disfarce elaborado

Este relacionamento pode revelar lados de ambos os parceiros que estão em geral ocultos, sobretudo uma certa violência imprevisível ou o amor pela liberdade que eles têm em comum. O relacionamento dá grande valor à honestidade e à abertura emocional, mas enquanto incentiva os parceiros a se revelarem, simultaneamente gera o medo da rejeição. Um complexo dinâmico aflora, que idealmente termina em aceitação – o melhor panorama para este relacionamento é quando seus parceiros se sentem livres para revelar como são, podendo até ser violentos, que serão aceitos pelo outro. A pior situação para ambos é quando sentem-se constantemente forçados a esconder algo, por medo de serem rejeitados ou de serem descobertos.

No amor e no casamento, naturalmente, essas questões surgem com regularidade. O impasse muitas vezes envolve questões relacionadas à verdade e à fidelidade, que surgem a partir de envolvimentos com outras pessoas. A honestidade não é fácil nesta combinação, pois parceiros temem ferir um ao outro e também receiam ser controlados ou rejeitados. Além disso, ambos tendem a querer revelar seus envolvimentos e, embora tal revelação possa provocar cenas e ameaças de rompimento, com o passar do tempo esse fato também pode trazer compreensão e abertura cada vez maiores. Parte do segredo de se dar bem aqui é ser honesto nas pequenas coisas da vida diária. O estabelecimento de um padrão de mentira ou decepção em torno de assuntos supostamente triviais pode ser um hábito desagradável que ocupa praticamente todos os setores relacionamento.

Amizades nesta combinação muitas vezes representam um risco e um desafio menor. A capacidade de relaxar juntos, porém, não é garantia alguma de atitudes mais verdadeiras ou abertas. Muito pode permanecer escondido aqui, e formas sutis de dissimulação podem se manifestar e minar o relacionamento. Quando as crises surgirem, ou quando um dos parceiros fizer muitas exigência em um momento de necessidade, essas amizades podem se desmoronar como um castelo de cartas.

Relacionamentos profissionais e familiares estão em geral comprometidos por emoções negativas, sobretudo desconfiança e medo. Com uma curiosa incapacidade de ser honestos acerca de suas responsabilidades, esforços e objetivos pessoais, os nascidos em Touro III e os representantes da cúspide Escorpião-Sagitário podem gerar dúvidas e ansiedade em seus parceiros e compartilhar um disfarce muito elaborado.

Conselho: *Incentive a honestidade. Descubra seus mecanismos de auto-ilusão. Favoreça a privacidade, mas valorize a verdade. Desista de jogar. Veja através da máscara.*

RELACIONAMENTOS

PONTOS FORTES: SENSÍVEL, AFETIVO, ESTIMULANTE

PONTOS FRACOS: ISOLADO, REJEITADO, CONFUSO

MELHOR: AMOR

PIOR: TRABALHO

DAVID MAMET (30/11/47)
LINDSAY CROUSE (12/5/48)

Mamet, dramaturgo, roteirista e diretor, escreveu a maioria de seus trabalhos em uma cabana em Vermont, junto com sua esposa a atriz Crouse. Antes de seu divórcio, ela apareceu em 2 de seus filmes, incluindo o premiado *House of Games* (1987).

---

11 a 18 de maio
SEMANA DO NATURAL
TOURO III

25 de novembro a 2 de dezembro
SEMANA DA INDEPENDÊNCIA
SAGITÁRIO I

Amigos dedicados

O ponto culminante desta combinação é a sensibilidade de cada parceiro para com as necessidades do outro. Responsável por natureza, o relacionamento muitas vezes revela atitudes profundamente compreensivas e dadivosas. Em geral, ele é mais extrovertido do que introvertido, como se pode comprovar pela lista completa de atividades físicas vigorosas.

Esses dois são amigos esplêndidos. Eles muitas vezes parecem tão íntimos quanto um irmão e irmã, desenvolvendo uma cumplicidade que tem a vantagem adicional de não haver os atritos comuns entre irmãos. Eles realmente competem, mas em geral em atividades positivas, como nos esportes e nos jogos. Se trabalharem juntos talvez encontrem dificuldade por causa da falta de objetividade em relação ao trabalho a ser feito.

Relacionamentos amorosos entre os representantes de Touro III e de Sagitário I podem ser fisicamente intensos e também apaixonados. Na realidade, se forem apenas amigos, podem parecer irmãos; como namorados, eles parecem amigos dedicados e revelam uma espécie de compreensão interna só reservada aos membros da família. O comportamento natural é altamente valorizado. Há realmente o perigo de se formar uma aliança isolada de mútua admiração, e, se esses parceiros cortarem seus laços com os amigos, com a família e com os colegas de trabalho, há o risco de surgir uma situação de crise, sobretudo se o caso amoroso não tiver êxito ou fracassar, pois nenhum dos parceiros poderá contar com um grupo de apoio.

O relacionamento às vezes segue a evolução natural da amizade para o caso amoroso, do caso amoroso para uma aliança de vida. Essas personalidades são muito independentes, e, assim, eles podem adiar compromissos finais, preferindo manter sua liberdade em vez de se arriscar a perder o que têm.

A natureza animada e de amor à liberdade que caracteriza este par os torna menos do que colegas ideais de trabalho. Sem dúvida alguma, eles incentivarão um ao outro a adiar e, no plano dos negócios, essa vadiagem será um desperdício.

Conselho: *Mantenha intactos os laços com a família e os amigos. Cuidado com o isolamento. Não tenha medo de compromissos mais sérios. Desistir um pouco da liberdade pode valer a pena.*

11 a 18 de maio
SEMANA DO NATURAL
TOURO III

3 a 10 de dezembro
SEMANA DO ORIGINADOR
SAGITÁRIO II

Cartografando mares desconhecidos

O desafio aqui é construir um relacionamento efetivo e eficiente que possa alcançar objetivos simples e interagir significativamente com as outras pessoas. Os dois são informais e podem acreditar que a realização mundana não é de seu agrado. Na realidade, eles necessitam confessar francamente a si mesmos o fato de que desejam reconhecimento, satisfação e recompensa, tanto quanto qualquer outra pessoa o deseja. Seu relacionamento pode ajudar a ensiná-los como agir em função desses desejos.

Um dos fatores mais gratificantes desta combinação é que, enquanto outros podem tentar corrigir e modificar os nascidos em Touro III e em Sagitário II, o relacionamento de ambos em geral os protege contra críticas e julgamentos. Cada qual aceita o lado raro e até bizarro do outro. A relação pode ser difícil aos olhos dos outros, mas isto importará pouco para eles e pode até acabar sendo uma fonte de alegria.

O relacionamento aciona respectivamente os elementos de terra e de fogo dos signos de Touro e Sagitário, e reforça as faculdades que correspondem à sensação e à intuição. Amor e casamento podem assim caracterizar-se pela sensualidade apaixonada, com sexo e sensualidade se fundindo prazerosamente. Um relacionamento que atinge abertura psicológica e física de forma moderada e estruturada, em vez de uma abertura selvagem e caótica, pode neutralizar as discussões, a raiva e outras manifestações negativas. As amizades e os relacionamentos no plano familiar, por estranho que isso possa parecer, nem sempre são muito íntimos. Embora este relacionamento seja o defensor da individualidade de seus parceiros, ele se desenvolve em uma sociedade mais conservadora e "direta" do que ele próprio; assim, os amigos dos nascidos em Touro III e em Sagitário II, e até os irmãos, podem passar relativamente pouco tempo juntos.

No plano dos negócios, se já existir algum tipo de estrutura pronta, os representantes de Touro III e de Sagitário II se sairão melhor como autônomos, talvez como uma dupla ou uma equipe que coloca suas qualidades raras para uso comercial. Obrigado a aprender contabilidade e planejamento financeiro, o relacionamento será forçado a cartografar mares desconhecidos e a evitar o desleixo nas questões financeiras.

Conselho: *Seja você mesmo no mundo. Procure conhecer todos os tipos de pessoas. Nem sempre considere-se tão estranho. Normalidade não precisa ser um sofrimento.*

RELACIONAMENTOS

PONTOS FORTES: RECEPTIVO, ESTRUTURADO, INTUITIVO

PONTOS FRACOS: INEFICAZ, INEFICIENTE, ISOLADO

MELHOR: TRABALHO

PIOR: AMIZADE

DANTE GABRIEL ROSSETTI (12/5/1828)
CHRISTINA ROSSETTI (5/12/1830)

Os irmãos Dante e Christina pertenceram ao movimento pré-rafaelita. Poeta e pintor, Dante se viciou em sedativos, depois da morte da esposa em 1862. Christina, uma destacada poetisa vitoriana, sofreu danos permanentes em função da doença de Graves. **Também:** Imperatriz Maria Theresa & Francisco I (casados; regentes austríacos).

---

11 a 18 de maio
SEMANA DO NATURAL
TOURO III

11 a 18 de dezembro
SEMANA DO TITÃ
SAGITÁRIO III

Objetivos tangíveis do espírito

Este relacionamento é muitas vezes abençoado por uma energia abundante e um espírito elevado. A tendência não é somente a de elevar-se a domínios mais altos do pensamento, mas a de mergulhar nas recônditas profundezas da emoção. A ênfase dá-se no geral, de forma que os detalhes muitas vezes se perdem. Acreditar em algo é visto como mais importante do que simplesmente pensar que é a verdade; este tipo de crença, porém, se baseia no senso comum e nos sentimentos.

Como namorados, os nascidos em Touro III são fortes o suficiente para corresponder aos desejos deste parceiro singular. Eles tendem a insistir nos valores profundamente humanos, enquanto os representantes de Sagitário III muitas vezes se deixam empolgar pelo poder e por impulsos do ego; o provável resultado disso é eles se sentirem insatisfeitos e descontentes. Pelos motivos errados, os nascidos em Sagitário III podem levar tudo para o lado pessoal, desencadeando sentimentos de inadaptação. Casamentos entre os dois são raramente recomendados, pois é provável que os representantes de Touro III fiquem ressentidos com as atitudes de Sagitário III, o que com certeza provocará atitudes de rebeldia. Também uma posição em quincôncio (Sagitário III e Touro III estão a 150° de distância no zodíaco) proporciona instabilidade ao relacionamento conjugal e estabelece um mau prognóstico no futuro.

Nas amizades e nas relações familiares, é provável que os nascidos em Sagitário III novamente dominem, em geral de forma protetora. Todavia, eles podem se tornar muito dependentes do otimismo e dos bons fluidos dos nascidos em Touro III para mantê-los felizes e livres da depressão, sobretudo quando os dois são amigos ou irmãos. Essa dupla pode também se envolver em buscas espirituais mutuamente enaltecedoras, pelas quais eles desistem de sua luta pelo poder. Na realidade, o ponto central dessas atividades pode ser aprender esta e outras lições importantes.

É provável que relacionamentos profissionais entre os dois se concentrem em projetos de grande porte no âmbito artístico, social, religioso e espiritual, muitas vezes com Sagitário III na direção. Desde que os nascidos em Touro III não se sintam usados ou abandonados, eles podem trabalhar bem e com entusiasmo como assistentes dos representantes de Sagitário III, evoluindo para objetivos tangíveis do espírito. Seus poderes de persuasão se combinam bem com a liderança poderosa de Sagitário III.

Conselho: *Não leve as coisas para o lado pessoal. Deixe de lado as atitudes autoritárias. Esforce-se em prol da igualdade. Busque objetivos do espírito. Aprenda as lições importantes da vida.*

RELACIONAMENTOS

PONTOS FORTES: ESPIRITUAL, OTIMISTA, ESTIMULANTE

PONTOS FRACOS: EGOÍSTA, FRUSTRADO, RESSENTIDO

MELHOR: IRMÃOS

PIOR: CASAMENTO

BOBBY DARIN (14/5/36)
CONNIE FRANCIS (12/12/38)

O cantor e compositor Darin foi popular nos anos 1950, ganhando 2 prêmios pelo grande sucesso *Mack the Knife*. De 1958 a 1964, a cantora e atriz Francis teve 35 sucessos entre os "40 mais". Sua autobiografia de 1984 revelou seu romance secreto com Darin. **Também:** George Lucas & Steven Spielberg (colaboradores; diretores); Barbara Marx & Frank Sinatra (casados; viúva de Zeppo/cantor); Margaret de Valois & Henrique IV (consorte/rei).

| RELACIONAMENTOS |

PONTOS FORTES: FASCINANTE, SEDUTOR, GRATO

PONTOS FRACOS: FRUSTRANTE, DEPRIMIDO, CONFUSO

MELHOR: PAIS-FILHOS

PIOR: TRABALHO

HENRY FONDA (16/5/05)
JANE FONDA (21/12/37)

Jane não era próxima ao pai Henry quando cresceu. Ele não foi um pai particularmente caloroso ou afetuoso. Em 1981, contracenaram no filme *Num Lago Dourado*, que descrevia um relacionamento pai-filha similar ao seu. O filme marcou uma simbólica reconciliação entre eles.
Também: Katharine Hepburn & Howard Hughes (romance; atriz/industrial).

---

11 a 18 de maio
SEMANA DO NATURAL
TOURO III

19 a 25 de dezembro
CÚSPIDE DA PROFECIA
CÚSPIDE DE SAGITÁRIO-CAPRICÓRNIO

Preso no labirinto

O invisível parece predominar nesta combinação. Sente-se a presença de segredos, problemas e fantasias, mas os parceiros não possuem capacidade alguma de tocar e definir o que não conseguem ver, muito menos de lidar com isso. Se a dupla puder simplesmente aceitar o mistério sem tentar analisá-lo, o relacionamento pode ser plenamente satisfatório.

O lado mais misterioso dos representantes da cúspide Sagitário-Capricórnio é ativado por este relacionamento e pode dominá-lo. Os nascidos em Touro III são fortemente levados pela natureza apaixonada dos representantes da cúspide Sagitário-Capricórnio, que se escondem atrás de uma máscara incrustada; eles podem ser facilmente seduzidos pelos nascidos em Sagitário-Capricórnio até fora do relacionamento principal, sem se dar conta no que estão se metendo.

Este cenário não é de maneira alguma inevitável no que diz respeito aos casos amorosos. Todavia, os representantes de Touro III podem se perder ao lidar com as emoções dos nascidos na cúspide Sagitário-Capricórnio, sobretudo quando estas emoções se manifestarem em sentimentos de obstinação, frustração e depressão. A abordagem positiva de Touro III não funciona com tais parceiros, que devem ficar livres para resolver seus sentimentos sem ser incitados ou forçados. Os desejos mais íntimos são muitas vezes sacudidos por este relacionamento, mas o idealista Touro III deve aceitar que esses resultados não são necessariamente positivos. Os casamentos e as amizades podem se concentrar na valorização e exploração da natureza. Jardinagem, animais domésticos e de estimação podem ser pontos de interesse. Se houver filhos, os cuidados começam muitas vezes nos próprios adultos, estendendo-se depois para a prole.

É provável que, no trabalho, equívocos no relacionamento diminuam ou interrompam projetos, desencadeando raiva e frustração contraproducentes. As relações familiares, sobretudo entre pais e filhos, são profundas e complexas; ambos podem muitas vezes compreender um ao outro melhor do que os amigos ou os parceiros amorosos são capazes. As relações entre mãe e filho e entre pai e filha, nesta combinação, podem ser fatores determinantes na vida destes indivíduos.

Conselho: *Não perca a cabeça. Conserve sua objetividade. Mantenha os sentimentos sob controle. Cuide dos outros, mas não seja possessivo. Seja mais compreensivo.*

| RELACIONAMENTOS |

PONTOS FORTES: DISTINTO, ÍNTIMO, SOLIDÁRIO

PONTOS FRACOS: REMOTO, ILUSÓRIO, DESTRUTIVO

MELHOR: AMOR

PIOR: CASAMENTO

JEAN GABIN (17/5/04)
MARLENE DIETRICH (27/12/01)

A estrela francesa e personalidade internacional Gabin tinha uma aparência rude e forte e uma imagem calada nas telas que atraiu Dietrich, que se tornou sua amante em 1942. Por ciúmes de suas escapadas bissexuais, entretanto, ele batia nela.
Também: Ellen Axson & Woodrow Wilson (primeira esposa do presidente).

---

11 a 18 de maio
SEMANA DO NATURAL
TOURO III

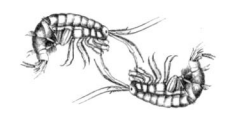

26 de dezembro a 2 de janeiro
SEMANA DO REGENTE
CAPRICÓRNIO I

Folie à deux

Este relacionamento íntimo enfatiza a privacidade e a discrição, mantendo-se isolado dos olhos da sociedade. Este distanciamento não é necessariamente agradável para nenhum de seus parceiros, pois ambos precisam estar envolvidos no mundo; mas o relacionamento pode funcionar se ambos estiverem tão voltados para o lado externo da relação, que ficar a sós com o parceiro passa a ser uma reclusão positiva.

A intimidade emerge mais claramente no amor, no casamento e na amizade. Casos amorosos entre os nascidos em Touro III e Capricórnio I podem ser fisicamente satisfatórios, solidários e dinâmicos. Problemas surgem se os representantes de Capricórnio I vierem a simbolizar para os nascidos em Touro III uma espécie de força repressora, o que inevitavelmente provoca rebeldia. Reprovação e culpa podem agravar ainda mais a situação. Os nascidos em Capricórnio I necessitam de compreensão, e a tendência a se conterem pode diminuir nos braços de um representante de Touro III, que não está disposto a julgar ninguém. Se este finalmente decidir romper a relação, Capricórnio I ficará lastimando a perda do relacionamento.

Amizades nesta combinação podem não vingar em função da insegurança dos nascidos em Touro III, o que muitas vezes os leva a uma ambição desenfreada. Os representantes de Capricórnio I, mais dispostos a encontrar um nicho e lá se estabelecer, podem se espantar com essas bobagens de Touro III e finalmente desistir da relação.

Os relacionamentos profissionais e entre pais e filhos são raramente favoráveis. A falta de solidariedade de um chefe ou pai nascido em Capricórnio I em relação à espontaneidade e naturalidade de um funcionário ou filho nascido em Touro III pode gerar insatisfação e rebeldia. Se o representante de Touro III for o chefe ou o pai, ele ou ela podem ser liberais demais ou muito exigentes no tocante à iniciativa pessoal para os funcionários ou filhos nascidos em Capricórnio I, que são orientados para uma estrutura rígida.

Conselho: *Mantenha-se em contato com a realidade. Não rompa os laços sociais. Seja reservado, mas não isolado. Saiba lidar com a culpa e a rebeldia.*

11 a 18 de maio
SEMANA DO NATURAL
TOURO III

3 a 9 de janeiro
SEMANA DA DETERMINAÇÃO
CAPRICÓRNIO II

Exigindo solução

Este relacionamento costuma participar de quebra-cabeças que exigem solução. Esta pode ser alcançada de duas maneiras: primeiro, plasmando-se uma forma a partir do caos – isto é, unindo-se os elementos desiguais para formar um conjunto coerente. Segundo, fenômenos enigmáticos podem estar à mercê do teste lógico e literal que leva à solução de um problema. Tanto os nascidos em Touro III quanto os de Capricórnio II têm interesses amplos, do científico ao paranormal, dos computadores aos tópicos da nova era, da arte à música. Os nascidos em Touro III são em geral muito mais abertos a idéias esotéricas, enquanto os representantes de Capricórnio II são mais cabeça-dura e, muitas vezes, exigem uma prova física. Conflitos podem surgir a partir desses dois pontos de vista, mas este casal determinado não desiste até encontrar suas respostas.

No relacionamento amoroso, os nascidos em Capricórnio II tendem a suportar tudo pois relutam em aceitar a derrota. Os representantes de Touro III são mais interessados na liberdade, e se mantêm envolvidos nesta relação somente enquanto eles assim o desejarem – as tentativas de Capricórnio II de controlar ou prendê-los não funcionam. Quando o casal se dá bem, o relacionamento pode ser fisicamente muito prazeroso. O passo seguinte ao casamento não é recomendado, a menos que o representante de Touro III esteja preparado para assumir um compromisso sério.

Esta combinação pode ser íntima, solidária e produtiva em um par formado pelo pai, filho ou irmão, desde que Capricórnio II possa ceder de vez em quando e aceitar a visão diferente de Touro III em relação à vida. Os interesses por jogos e quebra-cabeças são excessivos. Nas amizades, os parceiros podem se entender, se estiverem unidos no interesse e na disposição de aceitar não apenas os fenômenos metafísicos, mas também os amigos e os namorados fora do comum, que por sua vez partilham desses mesmos interesses. Dividir as emoções provavelmente é algo menos importante do que as áreas em estudo ou discussão.

No trabalho, os representantes de Touro III tendem a avançar rápida e entusiasticamente, sobretudo quando novas teorias ou produtos estão sendo desenvolvidos ou testados. Os nascidos em Capricórnio II tendem a ser mais reservados e cuidadosos. No relacionamento, cada parceiro é crítico e não raro desaprova as atitudes do outro.

Conselho: *Resolva os conflitos entre crença e lógica. Aceite as diferenças. Atitudes exigentes não funcionam. Nunca abra mão de sua liberdade.*

RELACIONAMENTOS

PONTOS FORTES: QUESTIONADOR, COMPREENSIVO, AGRADÁVEL

PONTOS FRACOS: POUCO RECEPTIVO, QUEIXOSO, DADO A JULGAR

MELHOR: FAMÍLIA

PIOR: CASAMENTO

BURT BACHARACH (12/5/29)
CAROL BAYER SAGER (8/1/47)

Os compositores Bacharach e Sager foram casados por 10 anos (1981-91). Sager é mais conhecida como a ganhadora do Grammy em 1986 por *That's What Friends Are For*. As melhores canções de Bacharach incluem *Walk on By* (1964) e *Arthur's Theme* (1981), do filme *Arthur, o Milionário Sedutor*, pelo qual ele ganhou um Oscar.
Também: Dwayne Hickman & Bob Denver (co-estrelas, *Dobie Gillis*).

---

11 a 18 de maio
SEMANA DO NATURAL
TOURO III

10 a 16 de janeiro
SEMANA DA DOMINAÇÃO
CAPRICÓRNIO III

Inventando novos esquemas

Esta combinação é um clássico. Como os representantes de Touro III e de Capricórnio III formam um evidente trígono de signos terra (Touro e Capricórnio são signos de terra distantes 120° no zodíaco), a astrologia muito apropriadamente prediz um relacionamento positivo e sem muitos problemas. O foco é emocional, com o predomínio de expectativas positivas. O relacionamento também pode ser altamente filosófico, ao mesmo tempo que abarca muito do conhecimento técnico. Inventar novas idéias e esquemas não tem conotações negativas aqui, e essas sementes muitas vezes podem ser lançadas em campos férteis.

No amor, no casamento e nas relações familiares, as atitudes dominadoras de Capricórnio III não provocam necessariamente a rebeldia de Touro III, como seria de esperar. Os representantes de Capricórnio III muitas vezes admiram a desenvoltura física dos nascidos em Touro III, que são rápidos em perceber essa aprovação. O vínculo fortemente sensual que pode existir gera muito prazer para os parceiros. De fato, o relacionamento é muitas vezes prazeroso e tranqüilo em suas atitudes. O perigo é o da complacência, já que ambos podem sentir pouca necessidade de evoluir, uma vez que o status quo já lhes proporcionou tanto prazer. Este é um dos poucos relacionamentos em que os nascidos em Touro III podem avaliar o benefício de desistir de sua impetuosidade e ambição, talvez porque eles logo vão se sentir seguros. Casamento pode funcionar muitíssimo bem aqui.

As relações profissionais e as amizades podem carecer de foco. Embora os dois tenham poucos problemas como companheiros de trabalho e colegas, eles podem precisar de energia e impulso para dar mais de si mesmos em vez de apenas executar rotineiramente o trabalho. Da mesma forma, como executivos e parceiros num empreendimento, eles podem ficar empolgados com esquemas inúteis ou se sentir seguros de que as coisas estão indo bem, o que os faz retardar as decisões indispensáveis. Procrastinação e atrasos na supervisão são riscos sempre presentes na empresa ou no empreendimento regido por esta dupla.

Conselho: *O* status quo *pode não ser o máximo que você pode conseguir. Acelere. Teste seus limites. A ambição e a agressão podem ser positivas se forem bem direcionadas.*

RELACIONAMENTOS

PONTOS FORTES: CONFIANTE, FILOSÓFICO, AGRADÁVEL

PONTOS FRACOS: COMPLACENTE, PROCRASTINADOR

MELHOR: CASAMENTO

PIOR: NEGÓCIOS

RAY BOLGER (10/1/04)
L. FRANK BAUM (15/5/1856)

Baum foi o autor do livro *O Maravilhoso Mágico de Oz*, publicado pela primeira vez em 1900. Quando foi adaptado por Hollywood para o cinema como *O Mágico de Oz* (1939), o cantor e dançarino Bolger foi escolhido para o papel de espantalho e teve um brilhante e indelével desempenho.

| RELACIONAMENTOS |

PONTOS FORTES: ÍNTIMO, COMPREENSIVO, RECOMPENSADOR

PONTOS FRACOS: RESTRITIVO, INIBIDOR, ANSIOSO

MELHOR: AMIZADE

PIOR: TRABALHO

**LINCOLN ELLSWORTH
(12/5/1880)
UMBERTO NOBILE (21/1/1885)**

Ellsworth, um abastado explorador do polar, financiou e organizou o primeiro vôo com dirigível sobre o Pólo Norte. Acompanhando-o estavam Roald Amundsen e o aviador italiano Nobile, o projetista e proprietário da aeronave, Norge. **Também: Frank Mankiewicz & Don Mankiewicz** (irmãos; jornalista/roteirista).

---

11 a 18 de maio
SEMANA DO NATURAL
TOURO III

17 a 22 de janeiro
CÚSPIDE DO MISTÉRIO E DA IMAGINAÇÃO
CÚSPIDE DE CAPRICÓRNIO-AQUÁRIO

Jardim das delícias terrenas

Uma vez que ambos os parceiros podem ser muito vivos, extrovertidos, desinibidos e naturais, este deveria ser um par maravilhoso. A relação entre os dois amplia intensamente o lado terreno e enfatiza a sensualidade dos parceiros. Na realidade, seu foco é muitas vezes a beleza sensual, seja no preparo de refeições fantásticas, na decoração suntuosa da casa ou na satisfação com os prazeres da massagem, banhos ou relações sexuais.

É provável que excitação e harmonia surjam na mesma dose nos casos amorosos; emoções diversas que assinalam rompimentos ou separação dolorosa raramente se caracterizam nesta combinação. Tal fato de forma alguma diminui a paixão neste relacionamento; simplesmente torna tudo mais prazeroso e menos rebelde. É provável que também haja uma ênfase excessiva nos valores mais superficiais, como os representados pela boa aparência (corroborada pelo honesto reconhecimento de dívidas na compra de cosméticos), roupas de estilo e penteados da moda. Mesmo assim, a preferência é por uma imagem natural.

É provável que casamentos nesta combinação sejam felizes e harmoniosos para a maioria. É possível que haja muito cuidado pela aparência externa – a limpeza das crianças, por exemplo, e questões de decoração da casa, sobretudo a mobília. Há um impulso inegável no sentido de se preocupar com que os vizinhos pensam, e um carro vistoso ou dois estacionados na entrada é em geral um dever.

Um par formado por um representante de Touro III e da cúspide Capricórnio-Aquário provavelmente terá mais êxito na área da amizade. Compartilhar atividades arriscadas (muitas vezes envolvendo viagens), seja na exploração da natureza ou nos esportes radicais, é fundamental para a relação. Essas amizades muitas vezes começam no trabalho; como colegas e companheiros de profissão, não se importam em passar o dia juntos em atividades relacionadas ao trabalho e sair ocasionalmente à noite ou no fim de semana. Muitas vezes eles desenvolvem hábitos e interesses em comum de natureza estética, relacionados, por exemplo, com a música, a moda ou o desenho.

No plano familiar, estes parceiros podem animar qualquer evento especial, e também proporcionam bom humor no dia-a-dia. Há problemas diversos no tocante a mantê-los sob controle, pois seu entusiasmo pode se tornar muito exagerado, perturbando a concentração e a sensibilidade de outros membros da família.

Conselho: *Atenção para os valores dos outros. Vá um pouco mais fundo no seu modo de encarar a vida. Aproveite as coisas bonitas, mas não se prenda a elas.*

| RELACIONAMENTOS |

PONTOS FORTES: PROGRESSISTA, ANIMADO, PROTETOR

PONTOS FRACOS: NERVOSO, INCONSCIENTE, TEMPESTUOSO

MELHOR: PARCERIA DE NEGÓCIOS

PIOR: AMIZADE

**NATASHA RICHARDSON
(11/5/63)
VANESSA REDGRAVE (30/1/37)**

Richardson começou sua carreira aos 4 anos de idade, contracenando com a mãe, Redgrave. Ela certa vez disse: "Passei metade de minha vida longe de casa por ser filha de Vanessa Redgrave e agora fico longe por ser esposa de Liam Neeson." **Também: Imperatriz Maria Theresa & Frederico o Grande** (inimigos); **Czar Nicolau II & Kaiser Guilherme II** (primos; chefes de estado).

---

11 a 18 de maio
SEMANA DO NATURAL
TOURO III

23 a 30 de janeiro
SEMANA DO GÊNIO
AQUÁRIO I

Na frente

Esta combinação está muitas vezes concentrada em novas idéias. Tremendamente inventivos, dão pouca importância às tradições ultrapassadas ou às cerimônias vazias, a menos que possam ser revividas de forma diferente. Olhar para o futuro é o forte desta dupla – seja trabalhando em mídia inovadora, com arte ou tecnologia pioneira, com uma nova moda, eles sempre querem estar na dianteira. Enquanto ambos podem fervilhar de idéias, separadamente sua inércia para colocar as idéias em movimento pode ser algo difícil de superar; juntos, porém, seu relacionamento lhes dá um incentivo no sentido de transpor os obstáculos iniciais.

Casos amorosos entre esses dois são mais cintilantes do que crepitantes – suas energias residem nos domínios do pensamento e da intuição, em vez de no sentimento. Em geral, a diversão fora da cama é tão importante quanto a em cima dela, e visitar clubes, entreter amigos, fazer caminhadas, sair para jantar ou para espetáculos, ou mesmo assistir televisão e ler livros são atividades fundamentais.

Casamentos entre os representantes de Touro III e Aquário I são altamente positivos, sobretudo se houver filhos. As crianças não precisam ser do próprio casal – sobrinhas e sobrinhos, e os filhos de amigos, podem ser visitas constantes, e há a possibilidade de adoção ou de contratação de trabalho de pessoas mais jovens.

As relações entre irmãos representantes de Touro III e Aquário I podem ser muito intempestivas, mas também muito recompensadoras. Eles muitas vezes parecerão amigos íntimos – e a amizade terá a naturalidade dos laços fraternos. Manter o equilíbrio dessa amizade pode ser difícil, pois ambos têm dificuldade para reconhecer os limites, e um envolvimento excessivo pode desgastar os dois parceiros. Ambos muitas vezes intensificam o lado nervoso um do outro, gerando grave instabilidade. Oportunidades profissionais excelentes podem surgir para esses dois como trabalhadores autônomos ou proprietários de uma empresa. Os funcionários são em geral felizes ao trabalhar sob as ordens de chefes tão voltados para o futuro, cuja motivação maior não é apenas a eficiência e o progresso – pode-se esperar que esses chefes adquiram o equipamento mais moderno para facilitar o trabalho dos funcionários –, mas também a criação de um local divertido e interessante para se trabalhar.

Conselho: *Sintonize os estados emocionais das outras pessoas. Atenue os atritos e o mau humor. Tradição também tem seu valor. Juventude não é algo mais valioso do que a idade.*

11 a 18 de maio
SEMANA DO NATURAL
TOURO III

31 de janeiro a 7 de fevereiro
SEMANA DA JUVENTUDE E DESPREOCUPAÇÃO
AQUÁRIO II

Descuidando das áreas mais profundas

Sob muitos aspectos esse relacionamento pareceria perfeito e, de fato, ele pode envolver o esforço de que as coisas corram suavemente ou mesmo impecavelmente. Pelo menos na superfície, os nascidos em Touro III e em Aquário II têm uma abordagem natural perante a vida que evitam controvérsias e problemas. Além disso, eles não são os tipos que precisam controlar um ao outro e realmente insistem com os outros para serem eles mesmos. Essa abordagem, porém, pode pôr de lado problemas e dificuldades mais profundas e também oportunidades de crescimento.

Os relacionamentos amorosos podem ser satisfatórios, levando-se em conta que existe uma atração física. Se não houver, ambos podem ser amigos que dividem sentimentos de amor platônico importantes. Os limites entre o amor e a amizade são com freqüência pouco nítidos aqui, permitindo a passagem de um estado para o outro. Esse processo pode, na realidade, ser um meio de manipular situações desagradáveis, quando elas surgirem, evitando-se um confronto direto para solucionar essas perturbações. As drogas e outros meios de escapar podem também trazer problemas. É importante para os dois reconhecer seu lado sombrio e admitir que os problemas de um relacionamento são também desafios que podem ajudá-los a crescer e se aprofundar. O casamento revela esta relação sob um ângulo diferente. Marido e mulher estão mais preocupados com atividades prazerosas, mas que os desafiem mental e fisicamente. Projetar uma casa bonita e funcional, ganhar dinheiro, criar filhos, participar de esportes competitivos ou aprimorar-se são aspectos muito estimulantes. À medida que o compromisso se aprofunda, ambos podem também se comprazer na análise psicológica e no crescimento espiritual.

Como colegas de trabalho, os dois possuem altos padrões de profissionalismo e especialidade técnica, o que normalmente lhes garantem sucesso. Se não são valorizados, a qualidade de seu trabalho pode cair e eles podem até pedir demissão.

Os membros desta família, sobretudo os pais (ou avós) e os filhos, são muito gratos um com o outro. Há uma tendência para estragar os filhos com mimos, e a falta de uma estrutura rígida pode, às vezes, ser motivo de reclamações e, em última análise, de falta de respeito.

Conselho: *Tente se aprofundar mais. Atitudes fáceis nem sempre são as mais importantes. Os problemas são oportunidades. A porta de saída raramente é a resposta.*

RELACIONAMENTOS

PONTOS FORTES: IMPECÁVEL, GRATO, DESPREOCUPADO

PONTOS FRACOS: SUPERFICIAL, ESCAPISTA, NEGLIGENTE

MELHOR: CASAMENTO

PIOR: AMOR

STAN GETZ (2/2/27)
WOODY HERMAN (16/5/13)

O saxofonista Getz foi um dos principais acompanhantes do clarinetista Herman no final dos anos 1940. Grandes figuras do jazz com técnicas superiores, eles sempre mantiveram elevados padrões profissionais. **Também: Leo Stein & Gertrude Stein** (irmãos escritores); **Henry Fonda & John Ford** (colaboradores; ator/diretor).

---

11 a 18 de maio
SEMANA DO NATURAL
TOURO III

8 a 15 de fevereiro
SEMANA DA ACEITAÇÃO
AQUÁRIO III

Jogo criativo

Este relacionamento é muitas vezes imaturo mas altamente vital e exuberante. Como os representantes de Touro III e de Aquário III estão em aspecto fixo e quadratura (90º de distância no zodíaco, ambos signos fixos), a astrologia convencional prevê conflitos e obstinação. No entanto, embora possamos esperar confrontos entre essas personalidades voláteis, o laço desse relacionamento é, na maioria das vezes, muito forte. Os sentimentos de ambos os parceiros são acionados facilmente pela crítica ou pela reprovação, e sua luta para serem eles mesmos e resistirem a tais agressões pode ser o principal tema do relacionamento.

Nos casos amorosos e no casamento, a questão da aceitação é suprema. Uma vez que ambos tenham de fato aceitado um ao outro em nível profundo, coisas incríveis podem acontecer, mas mesmo assim a irritação constante pode estar presente. Eles têm tanto em comum para construir um relacionamento e, no entanto, podem achar difícil ou impossível se darem bem no cotidiano. O que é pior, quanto mais passionais se tornarem os sentimentos, mais se manifesta a instabilidade, criando uma situação em que o desejo pode, em última análise, ameaçar a própria integridade do relacionamento. Além disso, esses parceiros compartilham um gosto pela liberdade sexual e informalidade com os outros, o que muitas vezes desperta sentimentos subjacentes de raiva, ciúme e rejeição. Se os parceiros conseguissem ter um casamento aberto, permitindo verdadeira liberdade de ação, esta seria uma relação autêntica, mas na prática as coisas não funcionam desse jeito. Talvez isso sinalize para uma falta de confiança na realidade objetiva.

Nas amizades, onde existe pouca responsabilidade, os nascidos em Touro III e em Aquário III gostarão de se encontrar de vez em quando. Se desejam intensificar seu contato, eles podem estar arrumando problema. Conhecidos, colegas e outros contatos de natureza mais fortuita geralmente funcionam melhor nesta combinação, com a competitividade do relacionamento incentivando os dois parceiros a galgar níveis cada vez maiores de realização. Os relacionamentos familiares funcionam muito bem, sobretudo entre irmãos na tenra infância. Ambos manterão um ao outro ocupados por horas a fio, jogando e se divertindo. Quando surgirem os conflitos, pais espertos devem deixar que eles se entendam sozinhos, em vez de culpá-los ou julgá-los.

Conselho: *A chave para o sucesso é a aceitação. Tente ser menos irritado. Esqueça pequenos problemas. Busque objetivos positivos. Evite culpar as pessoas. Pegue leve.*

RELACIONAMENTOS

PONTOS FORTES: VITAL, ENTUSIASTA, CRIATIVO

PONTOS FRACOS: INSTÁVEL, IMATURO, DESCONFIADO

MELHOR: IRMÃOS

PIOR: CASAMENTO

JIMMY HOFFA, JR. (15/5/41)
JIMMY HOFFA (14/2/13)

Jimmy foi o líder do sindicato acusado de extorsão por Bobby Kennedy e que desapareceu misteriosamente em 1975. Seu filho Jimmy, Jr. é hoje funcionário deste sindicato. **Também: Bertrand Russell & Alfred North Whitehead** (colaboradores; filósofo-matemáticos); **Maureen O'Sullivan & Mia Farrow** (mãe/filha; atrizes).

RELACIONAMENTOS

PONTOS FORTES: AMBICIOSO, AFETIVO, COMPREENSIVO

PONTOS FRACOS: AFLITO, REJEITADO, DESAPROVADOR

MELHOR: AMOR

PIOR: PAIS-FILHOS

LOU DIAMOND PHILLIPS (17/2/62)
RICHIE VALENS (13/5/41)

A estrela latina do rock Valens que chegou ao topo com *La Bamba* em 1959, morreu em um acidente aéreo (juntamente com Big Bopper e Buddy Holly) no mesmo ano. A história de sua vida inspirou o filme de sucesso *La Bamba* (1987), estrelado por Phillips. **Também:** Lindsay Crouse & Russell Crouse (filha/pai; atriz/dramaturgo musical); Lowell Weicker & Barbara Jordan (membros da investigação no Senado do caso Watergate).

---

11 a 18 de maio
SEMANA DO NATURAL
TOURO III

16 a 22 de fevereiro
CÚSPIDE DA SENSIBILIDADE
CÚSPIDE AQUÁRIO-PEIXES

Neutralizando inseguranças

Este relacionamento pode muito bem ser construído em torno da imagem social e da carreira. Os representantes de Touro III e da cúspide Aquário-Peixes portam uma grande insegurança, que muitas vezes buscam aliviar por meio do sucesso profissional e da ascensão social. As vozes da infância dizendo-lhes que são inadaptados ou inúteis só podem ser neutralizadas com uma ovação estrondosa do mundo, aplaudindo suas pesquisas ambiciosas. O relacionamento pode também servir de antídoto para o desespero ou dor causada pela negatividade dos nascidos na cúspide Aquário-Peixes e pela preocupação dos representantes de Touro III. Pode ser uma valiosa terapia para ambos elaborar suas inseguranças de outras maneiras, em vez de por meio da ambição.

Os representantes da cúspide Aquário-Peixes podem aprender habilidades sociais com a compreensão e amizade estimulantes dos nascidos em Touro III, que são privilegiados nessa área, e assim podem ser recompensados por contar com a amizade desses talentos. A relação em si pode acabar sendo um paraíso de solidariedade em tempos de necessidade e desespero. Enfrentando os problemas dos outros construtivamente, como conselheiros ou consultores, os nascidos em Touro III e na cúspide Aquário-Peixes podem despertar seus próprios níveis de confiança e auto-estima.

Os casos amorosos caracterizam-se por sentimentos profundamente empáticos. Ambos sabem o que significa ser magoado, já que o foram muitas vezes na infância, e podem demonstrar grande solidariedade nas áreas psicológicas mais delicadas. Os representantes da cúspide Aquário-Peixes podem se achar vagamente irritados pelas atitudes otimistas dos nascidos em Touro III, que, por seu lado, podem se sentir incomodados com o pessimismo dos nascidos na cúspide Aquário-Peixes. Essas polaridades, entretanto, se amenizarão com o tempo, à medida que um meio-termo é estabelecido. Na verdade, aprender a ouvir e entrar num acordo são importantes nesse relacionamento, que tem potencial para alcançar novos níveis de confiança, amor reconfortante, afeição e, em última análise, paixão. Os casamentos e os relacionamentos de trabalho nesta combinação não fornecem em geral a estabilidade de que tais acordos precisam. Os relacionamentos familiares são também complicados, uma vez que essas duas personalidades, quando crianças, são profundamente sensíveis à reprovação.

Conselho: *Não siga roteiros antigos. Quebre o círculo de reprovação. Desenvolva a confiança e a compreensão. A ambição tem os seus limites. Busque os verdadeiros motivos.*

RELACIONAMENTOS

PONTOS FORTES: IDEALISTA, IDEOLÓGICO, ESPIRITUAL

PONTOS FRACOS: QUEIXOSO, EGOÍSTA, CARENTE

MELHOR: TRABALHO

PIOR: CASAMENTO

DENNIS HOPPER (17/5/36)
PETER FONDA (23/2/39)

O trabalho de Hopper e Fonda no clássico *Sem Destino* foi além da atuação: Hopper escreveu o roteiro com Fonda e dirigiu o filme e Fonda o produziu. Ambos tinham reputação de rebeldes e às vezes imaturos. **Também:** Barbara Marx & Zeppo Marx (casados); Henry Fonda & Peter Fonda (pai/filho; atores).

---

11 a 18 de maio
SEMANA DO NATURAL
TOURO III

23 de fevereiro a 2 de março
SEMANA DO ESPÍRITO
PEIXES I

Um teste de maturidade

A tentação para esses parceiros é arremessar-se em competições extremamente sutis, cada qual tentando eclipsar o outro. O foco de um encontro entre os nascidos em Touro III e os representantes de Peixes I, mais iluminados, é superar tais impulsos do ego, primeiro tornando-se conscientes desses impulsos e, depois, trabalhando juntos para reforçar, em vez de dividir, o relacionamento. Isso pode não ser fácil. Embora esses dois sejam por suas próprias características razoavelmente compreensivos um com o outro, seu relacionamento não estimula empatia nem solidariedade mútuas. Será preciso realmente fazer um trabalho para que aprendam a dar um ao outro a importância desejada – claro está que isso abre oportunidades de crescimento.

Nos casos amorosos nessa combinação, os nascidos em Touro III podem ser egoístas sem mesmo estar conscientes disso. Os representantes de Peixes I tendem a ser mais generosos, são capazes até mesmo de se sacrificar, e devem ser cuidadosos para não ser explorados. Todavia, eles, às vezes, impõem condições para essa generosidade, alimentando o ressentimento que pode explodir com fúria em um representante de Touro III que passou dos limites. Não apenas compartilhar, mas também dar incondicionalmente (sem esperar receber de volta), deve ser a tônica nesta combinação.

Os casamentos são felizes durante um bom tempo, mas atitudes reivindicativas surgirão após um fracasso. Filhos, casa, carro, dinheiro, posses – tudo ou qualquer coisa pode assumir o primeiro plano. De muitas formas, esses itens são apenas projeções do egoísmo do relacionamento em si. Exigir tratamento igual e também recusar-se a participar de atitudes e conversas destrutivas são um verdadeiro teste da maturidade do relacionamento.

Como amigos, ambos podem estar livres de exigências materiais, mas podem ficar desequilibrados, seguindo um caminho espiritual ou filosófico exclusivo. Eles podem ser carismáticos e estar à frente das ideologias, mas podem ignorar as responsabilidades necessárias da vida cotidiana.

Situações de trabalho podem ser terapêuticas para esses dois parceiros, forçando-os a colocar a energia da equipe à frente de suas necessidades pessoais. Aqui, todas as tentativas de assumir o lugar de destaque podem ser contraproducentes no trabalho. Mecanismos para atrair a atenção geral para si devem ser tratados com severidade pelos patrões e até mesmo pelos colegas de trabalho.

Conselho: *Tente não exigir atenção demais. Trabalhe pelo bem da equipe. Demonstre maturidade, procurando compartilhar. Cumpra suas atribuições diárias.*

11 a 18 de maio
SEMANA DO NATURAL
TOURO III

3 a 10 de março
SEMANA DO SOLITÁRIO
PEIXES II

Mostre-se!

Preocupado com tendências e estilos, esse relacionamento também tem o potencial de determiná-los. Sejam colegas de trabalho em uma indústria de moda ou desenho ou simplesmente um casal com uma abordagem interessante em relação ao gosto e que seja estimulado pelos amigos, essa dupla pode exercer um forte impacto em seu meio. Jamais sendo vítimas do senso comum, eles sempre definem seus pontos de vista. Como uma unidade, eles estão na mira do público. Se os tempos ou costumes forem contra eles, os dois possuem condições de superar e, em geral, um círculo de amigos íntimos os ajudará durante a tempestade até que seu estilo brilhante seja novamente reconhecido – e até que se mostrem de qualquer maneira. O relacionamento traz o lado extrovertido dos representantes de Peixes II. A química aqui funciona e cria um casal que gosta de divertir e de se divertir, e geralmente de ser o centro de seu círculo. É provável que sejam bem teatrais, vestindo-se bem em casa e na rua.

Os casos amorosos aqui tendem a ser ostensivos. Os nascidos em Peixes II têm uma vida de fantasia exuberante acionada por este relacionamento, e o contato com os nascidos em Touro III também gera entusiasmo que se caracteriza por comportamento sobretudo estranho. Mas existe pouco constrangimento nesta combinação. O relacionamento pode despertar antagonismos, até mesmo violência, nos outros que tomam tal comportamento como uma afronta pessoal.

As amizades têm seu próprio tipo de intimidade. Nas discussões abrangentes de pais com outros amigos, os pontos de vista mais estranhos podem ser ventilados sem medo de represália. Pensamentos extrovertidos encontram um contrapeso em ambientes mais moderados e pacíficos. Os casamentos são, em geral, menos bem-sucedidos: os beijos de respeito não combinam com o traço ousado e mesmo anti-social do relacionamento. É provável que um casamento estável seja bastante feliz, mas aos poucos pode extinguir o fogo que havia quando os dois eram namorados.

Os relacionamentos de trabalho não são recomendados de forma alguma, a não ser que tenha alguma ligação com moda, desenho ou atividades semelhantes e cercadas de uma aura de romantismo. Os relacionamentos familiares são também desfavorecidos – ambos podem deixar nervoso um e outro, e quase sempre não há entendimento ou solidariedade para com os pontos de vista diametralmente opostos de cada um.

Conselho: *Não seja agressivo demais. Curta-se, mas nem sempre espere que os outros o olhem. Cultive a intimidade. Em certas ocasiões, modere seus pontos de vista.*

RELACIONAMENTOS

PONTOS FORTES: INFLUENTE, VISTOSO, TEATRAL

PONTOS FRACOS: DESESTABILIZADOR, OFENSIVO, INDIFERENTE

MELHOR: FAMÍLIA

PIOR: CASO AMOROSO

JAMES MASON (15/5/09)
PAMELA KELLINO MASON (10/3/18)

Os ingleses Mason eram figuras permanentes da alta-sociedade de Hollywood de 1941 a 1964. Seu dispendioso arranjo do divórcio deu o que falar nas manchetes dos jornais.
Também: Herbert Ross & Lee Radziwill (casados; diretor/*socialite*); **Czar Nicolau II & Czar Alexandre III** (filho/pai); **Millie Perkins & Dean Stockwell** (casados; atores); **Burt Bacharach & Bertram Bacharach** (filho/pai; compositor/jornalista).

---

11 a 18 de maio
SEMANA DO NATURAL
TOURO III

11 a 18 de março
SEMANA DOS DANÇARINOS E SONHADORES
PEIXES III

Sobrevivência garantida

Esse relacionamento olha para a frente, para o mais longe possível. Não raro na linha de frente de seu círculo social, familiar ou estudantil, os dois parceiros desejam chegar corajosamente onde ninguém jamais chegou. Eles dão pouca importância às feridas ou realizações do passado, e vêem o ontem como algo acabado e o amanhã como tudo o que importa. Esse ponto de vista positivo pode ajudá-los a ir longe, mas cuidar do presente não é uma má idéia para ambos. Os dois podem ser os primeiros de seus amigos a alugar uma casa de férias, organizar uma viagem para uma ilha exótica, ou colocar-se em dívida por causa de uma renovação no visual. Todavia, eles perdem seus compromissos ou se esquecem de pagar as contas.

Os casais formados por Touro III e Peixes III podem ser muito bem-sucedidos se também trabalharem juntos. Quer tenham ou não negócios juntos, as iniciativas de apoio e aconselhamento são importantes em seu relacionamento. Os nascidos em Touro III ouvirão o conselho dos representantes de Peixes III porque, em geral, é fruto da experiência de vida; e Peixes III irá admirar a forma como Touro III interage facilmente com os outros e capta sua confiança. Os filhos podem ser uma alegria especial para esses parceiros se puderem dedicar um tempo de suas várias atividades para cuidar adequadamente das crianças.

Os casos amorosos são, com freqüência, baseados na natureza. Muitas vezes, pelo menos um dos parceiros já está comprometido em um relacionamento, o que torna o segredo um imperativo. Eles são tão bons em esconder suas atividades que os outros só vão descobrir anos depois, se é que descobrem algum dia.

O espírito pioneiro é forte na amizade entre os representantes de Touro III e de Peixes III; viagens e aventura, sobretudo que envolvam perigo a ponto de deixar as outras pessoas assustadas, são muito comuns aqui. Mas os parceiros são bem prudentes quanto a observar as regras de segurança necessárias, garantindo sua sobrevivência para novas aventuras.

Os relacionamentos entre irmãos nascidos em Touro III e em Peixes III podem ser muito íntimos, sobretudo entre sexos opostos. Apesar dos conflitos verbais declarados, os laços entre irmão e irmã são muitas vezes íntimos e podem estabilizar o grupo inteiro. Essas ligações podem prosseguir pela vida adulta, tornando-se mais afetuosa e mais compreensiva à medida que os anos passam.

Conselho: *Você pode ser perigoso para os outros. Tente ser franco e honesto. Preste atenção aos que precisam de cuidado. Não corra riscos desnecessários. Seja mais reflexivo.*

RELACIONAMENTOS

PONTOS FORTES: EMPREENDEDOR, OUSADO, SOLIDÁRIO

PONTOS FRACOS: CALADO, MENTIROSO, PREOCUPADO

MELHOR: CASAMENTO

PIOR: AMOR

RUDOLF NUREYEV (17/3/38)
MARGOT FONTEYN (18/5/19)

Em 1962, aos 43 anos de idade, quando muitos bailarinos já se aposentaram, Fonteyn mantinha seu reinado como primeira bailarina ao dançar com Nureyev em *Giselle*. Sua parceria foi selada com *Marguerite e Armand*, de Frederick Ashton, em 1963.

RELACIONAMENTOS

PONTOS FORTES: ENERGÉTICO, ENVOLVIDO, PRODUTIVO

PONTOS FRACOS: EXPLOSIVO, ESCAPISTA, POUCO COMUNICATIVO

MELHOR: CASAMENTO

PIOR: FAMÍLIA

LORDE WALDORF (19/5/1879)
LADY NANCY ASTOR (19/5/1879)

Este par, que se casou em 1906, nasceu exatamente no mesmo dia. Quando Lorde Waldorf sucedeu o pai e entrou na Casa dos Lordes, em 1919, Lady Astor ganhou sua cadeira na Casa dos Comuns, tornando-se a primeira mulher membro do Parlamento.

---

19 a 24 de maio
CÚSPIDE DA ENERGIA
CÚSPIDE TOURO-GÊMEOS

19 a 24 de maio
CÚSPIDE DA ENERGIA
CÚSPIDE TOURO-GÊMEOS

Curtos-circuitos

Não há falta de energia aqui! A dúvida é: os canais de comunicação vão se desgastar? O relacionamento queimará? Se as energias estão fluindo na direção certa ou não, os curtos-circuitos podem exigir que esses dois se separem de vez em quando para recarregar as baterias. Felizmente, a queima de fusíveis, devido à energia que aumenta rapidamente, o que ocorre mesmo no mais bem-sucedido dos cenários dessa combinação, é corrigida pelos disjuntores do circuito do relacionamento e pelas válvulas de segurança que automaticamente entram em ação quando tudo fica quente demais. Tais dispositivos são construídos ao longo dos anos, mediante experiência, paciência, confiança e compreensão.

Os nascidos na cúspide Touro-Gêmeos têm dificuldade em permanecer na presença um do outro por muito tempo. Eles podem dar uma olhada, só de curiosidade, e depois ir embora. Os relacionamentos que envolvem compromisso firme, como os do plano matrimonial e profissional, devem funcionar melhor do que as amizades e os relacionamentos amorosos, que tendem a ser efêmeros – simplesmente porque só podem ser assim. Um caso de amor ou amizade entre um Touro e Gêmeos pode ser doce mas fugaz. Uma lembrança ou duas é tudo que os parceiros podem levar dessa relação. Dores e ressentimentos dificilmente terão tempo para surgir.

Quando os casamentos entre Touro e Gêmeos são bem-sucedidos, eles podem estar associados facilmente ao lado profissional. Aqui as energias reúnem-se em um envolvimento total, que mantém os parceiros ocupados vinte e quatro horas por dia, tratando de questões domésticas e profissionais. Curiosamente, este não é tanto um compromisso de um para com o outro, mas sim para com as atividades comuns. Touro e Gêmeos não raro lembram menos pessoas do que forças que realizam coisas. Esse casal diferente, portanto, precisa se esforçar para ter um tempo livre para explorar os domínios pessoais juntos.

Se as crianças de Touro e Gêmeos forem irmãos, a família deve se preparar para o pior. Raramente as pessoas estão prontas para enfrentar esse nível de barulho (tanto verbal quanto físico) e precisam de atenção. Os relacionamentos entre pais e filhos desses dois signos podem ser cheios de mal-entendidos, que, como a estática, acabam perturbando os outros.

Conselho: *Tente limitar seus contatos. Compreensão pode levar algum tempo. Não desista. Estruture seu relacionamento em torno de atividades comuns.*

RELACIONAMENTOS

PONTOS FORTES: INSPIRADOR, ADMIRADOR, LIGADO

PONTOS FRACOS: CIUMENTO, REBELDE, TRAIDOR

MELHOR: FAMÍLIA

PIOR: AMIZADE

JOHN ROBERT SCHRIEFFER (31/5/31)
JOHN BARDEEN (23/5/08)

Colegas próximos, Bardeen e Schrieffer (com Leon N. Cooper) dividiram em 1972 o Prêmio Nobel de Física. Eles forneceram a primeira explicação teórica da supercondutividade. **Também:** Bob Dylan & A.J. Weberman (cantor de folk/"Dylanologista"); Susan Strasberg & Marilyn Monroe (a filha do instrutor de atuação de MM era amiga próxima da atriz).

---

19 a 24 de maio
CÚSPIDE DA ENERGIA
CÚSPIDE TOURO-GÊMEOS

25 de maio a 2 de junho
SEMANA DA LIBERDADE
GÊMEOS I

Franca rivalidade

Esse não é um relacionamento fácil. Embora ambos compartilhem características de Gêmeos (agilidade mental, capacidade verbal e charme), o que surge com mais freqüência entre eles é o desafio e o combate. Esse fato é mais comum devido à disputa por atenção ou amor de um terceiro, mas pode também ser parte de uma batalha entre perspicácia e desejo de ver quem sai vencedor. A competição e também um traço de rebeldia são muitas vezes a tônica desse relacionamento.

Apesar de ser possível os nascidos na cúspide Touro-Gêmeos e os representantes de Gêmeos I se aproximarem, seu relacionamento tende a basear-se em uma atividade ou interesse comum em vez de no compartilhamento de emoções ou na tentativa de compreender um ao outro. Se o interesse comum é uma pessoa, porém, o desastre pode ser evidente. Inveja, ciúme, até mesmo raiva podem surgir aqui, e a guerra pode durar por meses ou anos. Uma vez que esses dois são muito parecidos, o relacionamento pode lembrar um campo de batalha, com ímpetos de matar ou morrer. Conflitos e novas batalhas podem se tornar rotina ou, da mesma forma, pode haver iniciativas no sentido de se evitar um confronto direto, dando-se preferência a lutar por outros meios. Os colegas e conhecidos muitas vezes se dão bem melhor do que amigos íntimos. Não é recomendável que os dois sejam colegas de trabalho, vendo-se diariamente, ou parceiros em um empreendimento.

As relações amorosas e os casamentos podem ser problemáticos: mentiras deslavadas, desonestidade e traição podem levar esse relacionamento a um final misericordioso. O casamento é o mais trágico, em geral, por causa do tempo, do dinheiro e das expectativas investidas, ou talvez por causa dos filhos.

As relações familiares – entre primos, ou entre tios e tias e sobrinhos e sobrinhas – tendem a funcionar melhor. Tios e tias de ambas as personalidades podem se tornar pais substitutos, com inspiração, admiração e afeição em destaque. Primos também podem facilmente se tornar mais íntimos do que irmãos, fortalecendo ou renovando laços entre os familiares mais distantes emocionalmente.

Conselho: *Cuidado com os confrontos. Aprenda a ser mais diplomático, porém honesto. Coloque o ciúme de lado. Abra canais de comunicação. Seja mais ameno na hora de uma discussão.*

19 a 24 de maio
CÚSPIDE DA ENERGIA
CÚSPIDE TOURO-GÊMEOS

3 a 10 de junho
SEMANA DA NOVA LINGUAGEM
GÊMEOS II

Fantasias não-reconhecidas

Este relacionamento funciona em certas áreas, desde que os parceiros sejam livres para buscar seu próprio caminho. A projeção muitas vezes é a tônica neste caso, com Gêmeos II projetando seu lado sombrio nos nascidos na cúspide Touro-Gêmeos, e estes, por sua vez, projetando seus defeitos em Gêmeos II, tudo em nível inconsciente. Gêmeos II aprecia a comunicação com esses parceiros, valorizando altamente suas opiniões e conquistando sua atenção. Já os representantes da cúspide Touro-Gêmeos podem tolerar apenas a loquacidade de Gêmeos II, ou mesmo criticá-la, sem perceber que são igualmente falantes e predispostos à repreensão.

Nos casos amorosos, os nascidos em Gêmeos II tendem principalmente ao mecanismo de projeção e os representantes da cúspide Touro-Gêmeos, em geral mais rebeldes e anticonvencionais do que Gêmeos II, podem subitamente se sentir objeto de paixões incontroláveis de ambos os lados. Tais desejos podem perdurar por anos a fio, muitas vezes sob a aparência de amizade ou de um relacionamento profissional, até se inflamar de repente. É comum os nascidos em Gêmeos II terem sonhos e fantasias sexuais incríveis, nas quais os representantes da cúspide Touro-Gêmeos desempenham o papel principal.

O casamento não é recomendado entre esses dois, pois ambos tendem ao confronto – cedo ou tarde. Violência crítica e verbal pode acontecer periodicamente nas relações sexuais, e humores de todo tipo causam estragos na relação. As amizades são a melhor aposta, mas têm uma tendência a se dissolver ou evoluir para outro nível. De várias formas, os relacionamentos entre professor e estudante e entre patrão e empregado são o melhor caminho para esses dois, mas isso funciona melhor quando os nascidos na cúspide Touro-Gêmeos estão no papel principal.

Os irmãos nessa combinação são muitas vezes bons amigos, sobretudo quando do sexo oposto. Esse casal de irmão e irmã exibe empatia e compreensão, ao mesmo tempo permitindo uma liberdade impressionante de ação, pensamento e escolha. Mais tarde na vida adulta, cada qual pode buscar um relacionamento que espelhe esse laço familiar íntimo da infância.

Conselho: *Conserve sua objetividade. Faça uma análise de si mesmo em um nível profundo. Lembre-se de quem você é. Não desista de sua identidade tão facilmente.*

RELACIONAMENTOS

PONTOS FORTES: COMUNICATIVO, AUTÔNOMO, EMPÁTICO

PONTOS FRACOS: DADO A PROJETAR, ABUSADO, INCONTROLÁVEL

MELHOR: PROFESSOR-ALUNO

PIOR: CASAMENTO

SIR JAMES YOUNG SIMPSON (7/6/1811)
RAINHA VITÓRIA (24/5/1819)

A forte defesa do obstetra Simpson pelo uso do éter no parto era contra a posição do clero e de outros médicos, até que a anestesia foi considerada eficaz e segura. Vitória o nomeou seu médico na corte em 1847 e o tornou barão em 1866. A rainha teve 9 filhos.

---

19 a 24 de maio
CÚSPIDE DA ENERGIA
CÚSPIDE TOURO-GÊMEOS

11 a 18 de junho
SEMANA DO INQUIRIDOR
GÊMEOS III

Dons psíquicos

Insatisfeitos com o trivial representado pelo aqui e agora, esse relacionamento busca algo além e uma orientação original, exclusiva até. Embora ambas as partes insistam em sua independência, esses parceiros podem achar-se mutuamente fascinantes e, portanto, sentem necessidade de se ver mais do que ocasionalmente. Esses encontros são muitas vezes bastante privados, nos quais o que transpira raramente vem a público ou mesmo é repetido, exceto na forma de fofoca. O elemento desta relação é o fogo, denotando intuição ou carinho, criatividade e alegria.

Os casos amorosos podem ser ocultos. Mais do que casual, mas também não necessariamente profundo, esse relacionamento muitas vezes expressa carinho, solidariedade e admiração, em vez de emoção pura. Entre os nascidos em Touro-Gêmeos e em Gêmeos III, o amor e a amizade podem estar intimamente muito ligados. Os presentes psíquicos e paranormais ou acontecimentos sincrônicos podem abundar nesse relacionamento; sua orientação mental forte é muitas vezes dominada pela intuição.

O casamento entre os dois pode não ser de fato necessário, uma vez que já aconteceu antes, de alguma forma, pelo menos simbolicamente, na amizade antiga do casal e no caso de amor. No que se refere a trabalhar juntos, apesar dos laços fortes de compreensão existentes nessa combinação, talvez seja melhor ambos buscarem seu próprio rumo, voltando à base de vez em quando para consultas e avaliações do trabalho um do outro.

Os relacionamentos familiares entre irmãos, sobretudo entre membros do sexo oposto, podem ser muito atraentes. Nos dois indivíduos, os impulsos do ego podem ser menos fortes do que o desejo irresistível de agradar, e ambos podem se tornar muito independentes um do outro. Os relacionamentos entre pais e filhos pode também desencadear atitudes incestuosas declaradas ou ocultas. Embora amorosos, esses laços devem finalmente ser rompidos ou elaborados nos relacionamentos mais maduros. Do contrário, essas atitudes infantis provavelmente tenderão a ser destrutivas mais tarde.

Conselho: *Desenvolva a individualidade. Evite a dependência. Rompa os laços imaturos. Preserve seu ponto de vista e originalidade. Desenvolva capacidades superiores.*

RELACIONAMENTOS

PONTOS FORTES: SINGULAR, INTUITIVO, PSÍQUICO

PONTOS FRACOS: INCESTUOSO, OCULTO, ESCANDALOSO

MELHOR: AMOR

PIOR: FAMÍLIA

BRONSON PINCHOT (20/5/59)
MARK LINN-BAKER (17/6/54)

Pinchot e Linn-Baker co-estrelaram no *sitcom* da tevê *Perfect Strangers* de 1986 a 1993. Perfeito contraste um ao outro, Linn-Baker fazia o papel de um criterioso cidadão de Chicago; Pinchot era seu ingênuo primo imigrante, confuso com os costumes americanos.

RELACIONAMENTOS

PONTOS FORTES: ATENCIOSO, TÁTICO, ROMÂNTICO

PONTOS FRACOS: CALADO, DESONESTO, OFENDIDO

MELHOR: AMOR

PIOR: AMIZADE

NICK CASSAVETES (21/5/59)
GENA ROWLANDS (19/6/34)

Cassavetes é filho de Rowlands e do ator e diretor John Cassavetes. Ela é uma proeminente atriz de teatro, cinema e tevê que apareceu na maioria dos filmes do falecido marido. Nick atuou em vários filmes de baixo orçamento nos anos 1980 e início dos anos 1990. Em 1996 ele escreveu e dirigiu *Unhook the Stars*, em que sua mãe é protagonista.
Também: William Gilbert & James I (médico da corte/rei).

19 a 24 de maio
CÚSPIDE DA ENERGIA
CÚSPIDE TOURO-GÊMEOS

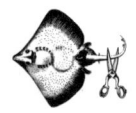

19 a 24 de junho
CÚSPIDE DA MAGIA
CÚSPIDE GÊMEOS-CÂNCER

Dando conselhos

Este relacionamento enfoca a comunicação mas não necessariamente a do tipo verbal. O forma predominante pode ser a silenciosa; e, quando é preciso quebrar este silêncio, muitas vezes ocorre da maneira mais prazerosa possível, talvez com música ou algumas palavras murmuradas. A comunicação por escrito pode com freqüência carregar significados especiais nesta relação, talvez na forma de um interesse por livros, manuscritos e suas traduções para diferentes línguas. Os nascidos em Touro-Gêmeos são uma mistura de terra e ar (Touro é um signo de terra, Gêmeos de ar), e Gêmeos-Câncer de ar e água (Câncer é um signo de água), portanto, o elemento que possuem em comum é o ar, simbolizando o pensamento.

Pode-se esperar que casos amorosos sejam do tipo mais intelectual, mas os aspectos físicos do relacionamento, sobretudo os ligados ao tato, são também pronunciados. Aqui, a ênfase é no silêncio e o tato pode estimular o romance, com o casal necessitando de espaços íntimos e calmos para se encontrar. A inteligência e a paixão não são, de forma alguma, mutuamente exclusivas aqui e, na verdade, funcionam maravilhosamente bem juntas. Casos amorosos secretos entre os parceiros já comprometidos com outros podem ser especialmente excitantes, mas podem levar à desonestidade e, em última análise, a um comportamento danoso.

Os casamentos podem funcionar aqui, mas, curiosamente, talvez jamais venham a se concretizar devido a circunstâncias ou acasos do destino. As amizades são possíveis, mas raramente após a dissolução decepcionante de um caso de amor. Se ambos se encontrarem primeiro como amigos, seu relacionamento pode progredir, evoluir para um caso de amor ou gradualmente se romper.

Os relacionamentos profissionais entre os dois, incluindo o contato entre estudante e professor, podem ser bem positivos. É provável que os representantes da cúspide Gêmeos-Câncer admirem as energias mentais prodigiosas e o conhecimento eclético dos nascidos na cúspide Touro-Gêmeos, que por seu turno podem aprender bastante com a mestria fácil de Gêmeos-Câncer em sua área de ação. Os relacionamentos familiares são favoráveis nas combinações entre pais e filhos. As qualidades provedoras dos pais de Gêmeos-Câncer são sobretudo uma tranqüilidade para filhos instáveis ou nervosos nascidos em Touro-Gêmeos.

Conselho: *Seja cuidadoso ao envolver-se romanticamente. Tente ser aberto e honesto. Não se deixe levar pela fantasia. Compartilhe idéias. Dê conselho regularmente.*

RELACIONAMENTOS

PONTOS FORTES: EXPLORADOR, RESPEITOSO, EXPANSIVO

PONTOS FRACOS: FORA DA REALIDADE, CAÓTICO, FALIDO

MELHOR: AMIZADE

PIOR: CASAMENTO

RON GOLDMAN (2/7/68)
NICOLE BROWN SIMPSON (19/5/59)

Os amigos Goldman e Brown, esposa de O.J. Simpson, foram as vítimas de um infame assassinato. O promotor público Christopher Darden descreveu Goldman como um herói "que foi morto tentando salvar sua vida [a dela]".
Também: Jimmy Stewart & Olivia de Havilland (quase noivos; atores); **Rainha Vitória & Louis Mountbatten** (bisavó/bisneto reais).

19 a 24 de maio
CÚSPIDE DA ENERGIA
CÚSPIDE TOURO-GÊMEOS

25 de junho a 2 de julho
SEMANA DA EMPATIA
CÂNCER I

Entusiasmo moderado

Este relacionamento pode ter o foco no mundo das idéias e dos sentimentos e, nas duas áreas, a tendência é ampliar as fronteiras para o limite mais longínquo. Grandes idéias e paixões são analisadas, tanto por meio da discussão quanto pela experiência real. É também possível que debates intelectuais surjam no calor da hora, frutos de sentimentos e experiências que deverão sofrer uma análise lógica, misturando-se assim às áreas de pensamento e emoção.

Os casos amorosos expansivos podem levar o desejo até novas alturas, mas as frustrações surgem pela incapacidade de satisfazer expectativas excessivas. A constante falta de autocompreensão que caracteriza os nascidos em Touro-Gêmeos e a tendência dos representantes de Câncer I à depressão podem acabar sendo uma combinação desgastante. No casamento, ambas as partes precisam ser realistas, o que significa saber quando escalar novamente e quando encorajar os parceiros a gastar — seja as emoções, o dinheiro ou energia de vida. É muito comum o equilíbrio aqui acarretar problemas financeiros, uma vez que o relacionamento tem poucas reservas para recuar e pouco para dar.

É provável que as amizades sejam difíceis entre contemporâneos; todavia, entre velhos e jovens elas podem florescer, mantendo-se certa distância, perspectiva e objetividade que eliminam a raiva ou a irritação sentida por membros da mesma faixa etária. O respeito mútuo é em geral o antídoto de tal conflito. As relações familiares e profissionais podem acionar tanto o lado melhor como o pior. A moderação é a chave aqui, pois as emoções e a fantasia sem nenhuma ligação com a realidade podem rapidamente fugir ao controle. É provável que os relacionamentos entre pais e filhos estabeleçam padrões de supervalorização ou subvalorização, provocando sentimentos alternativos de superioridade ou inferioridade, vaidade e auto-estima.

Em todos os relacionamentos acima, está claro que a moderação e o equilíbrio são necessários, mas certamente não a repressão de atitudes entusiásticas. Às vezes, uma terceira pessoa neutra ou um terapeuta pode ajudar a movimentar o processo de conscientização.

Conselho: *Equilibre seus humores. Cuidado para não ter expectativas grandes demais. Sem respeito, não se chega a lugar algum.*

19 a 24 de maio
CÚSPIDE DA ENERGIA
CÚSPIDE TOURO-GÊMEOS

3 a 10 de julho
SEMANA DO NÃO-CONVENCIONAL
CÂNCER II

Interesse excessivo

Este pode ser um relacionamento arriscado e repleto de desafios, dado a investigar os domínios da experiência eternamente estranhos e alheios à rotina. Supondo-se que os parceiros concordem quanto às áreas que pretendam explorar, eles podem ter em comum grande interesse por assuntos que variam da ajuda aos que estão em condições de desvantagem à pesquisa de curiosidades históricas. Ler anúncios de classificados e visitar antiquários ou ferros-velhos, brechós e leilões são todos parte do mesmo esquema. Unidos pelo interesse por traços pessoais peculiares, a relação pode encontrar em seus próprios membros objetos de estudo mais interessantes.

Nos casos de amor e nas amizades, por exemplo, os dois podem ser excessivamente interessados no corpo e na saúde um do outro. Tudo de anormal ou que fuja à rotina é provável que os fascine. Os nascidos na cúspide Touro-Gêmeos têm propensão de verificar freqüentemente seu meio imediato, e os representantes de Câncer III de se tornar indevidamente presos a certos pensamentos ou fantasias; com tendências desse tipo, a relação pode com facilidade se tornar obsessivo-cumpulsiva, com os nascidos na cúspide Touro-Gêmeos sendo a fonte das compulsões, e os de Câncer II das obsessões. O resultado pode ser uma preocupação excessiva com os processos físicos, os pensamentos, as respostas e as ações mais minuciosas ou aparentemente insignificantes. Esta relação pode não ser completamente saudável do ponto de vista psicológico, mas pode ser absorvente e prazerosa.

Os casamentos nessa combinação podem sofrer com as ansiedades obsessivo-compulsivas, preocupações e ações repetitivas. O casamento só é recomendado nesta combinação como um meio de lutar e, no fim das contas, de superar esses medos. Se existir essa possibilidade, o casal pode transformar um relacionamento terapêutico em algo produtivo.

As relações familiares, sobretudo entre pais e filhos, podem com facilidade degenerar para padrões neuróticos. A ansiedade e a culpa engendradas por um pai nascido em Câncer II no filho que representa a cúspide Touro-Gêmeos, ou vice-versa, pode durar a vida inteira. Os relacionamentos profissionais são talvez as manifestações mais positivas, sobretudo quando a busca para atingir objetivos compartilhados pode ser conduzida com um mínimo de contato pessoal.

Conselho: *Não se prenda a detalhes. Liberte-se dos medos. Procure esquecer de vez em quando. Checar tudo constantemente é uma perda de energia.*

RELACIONAMENTOS

PONTOS FORTES: EXPLORADOR, COLECIONADOR, INCOMUM

PONTOS FRACOS: OBSESSIVO, COMPULSIVO, PECULIAR

MELHOR: TRABALHO

PIOR: FAMÍLIA

O.J. SIMPSON (9/7/47)
NICOLE BROWN SIMPSON (19/5/59)

Na época de seu assassinato em 1994, Nicole estava separada do marido, O.J., com quem teve um casamento tumultuado. Embora ele tenha sido inocentado no julgamento criminal, um júri civil o considerou responsável pela morte da esposa. **Também: Lillian Gilbreth & Frank Gilbreth** (casados; engenheiros).

---

19 a 24 de maio
CÚSPIDE DA ENERGIA
CÚSPIDE TOURO-GÊMEOS

11 a 18 de julho
SEMANA DO PERSUASIVO
CÂNCER III

Contra todas as expectativas

Este relacionamento poderoso muitas vezes realiza grandes projetos, e a intuição que se revela em suas hipóteses e a forma como põe em prática suas idéias tornam possível ele superar todas as expectativas. Tão intuitivo ele é que pode até lançar idéias proféticas e premonitórias sobre se seus esforços terão resultado e se estes irão compensar. Entretanto, é preciso tomar muito cuidado com profecias, pois o destino possui um estranho modo de torná-las realidade, mas nem sempre da forma esperada. Um lado sombrio se manifesta em várias áreas desse relacionamento, tornando possíveis modos de comportamento ilícito, destrutivo e exagerado.

As relações amorosas e os casamentos podem ser tumultuados e instáveis. Se os nascidos em Câncer III desejarem perder o controle, eles precisam ser protegidos, como um poço de petróleo em chamas. A sabedoria, o autocontrole e o autoconhecimento dessas personalidades em geral bastam para evitar que isso aconteça, mas podem acarretar problema de outro tipo: uma autodefesa que acabará sendo um desafio sexual para o mais agressivo representante da cúspide Touro-Gêmeos, interessado em derrubar essas barreiras. Embora rebeldes, os nascidos na cúspide Touro-Gêmeos muitas vezes recuam por medo e só se reanimam em função das qualidades protetoras e provedoras dos representantes de Câncer III.

As amizades podem funcionar bem se as energias do relacionamento atenderem aos interesses, em vez de serem desperdiçadas. As tendências espirituais, paranormais e premonitórias do relacionamento favorecem as atividades que abrangem desde *workshops* de autoconhecimento até apostas em roletas ou cartas. No âmbito familiar, este pode ser um relacionamento forte, sobretudo quando oferece proteção aos irmãos nascidos em Touro-Gêmeos e em Câncer III contra um pai rígido ou violento. No caso de pais ausentes, irmãos e irmãs nessa combinação podem exercer os papéis de pais para os outros irmãos e um para o outro.

Podem ser bem-sucedidos como colegas de trabalho. Ganhar dinheiro é algo especialmente favorecido, mas uma abordagem espiritual pode ser de maior interesse; essas áreas raramente misturam-se, mas, quando isso acontece, os resultados podem superar todas as expectativas. Embora a dupla se orgulhe de ser realista, os parceiros muitas vezes se surpreendem, tanto agradável quanto desagradavelmente, com eventos que contrariam as previsões em curso.

Conselho: *Conheça-se melhor. Cuidado com os exageros. A repressão acabará em frustração. Encontre saídas criativas e espirituais.*

RELACIONAMENTOS

PONTOS FORTES: PSÍQUICO, ESPIRITUAL, PRODUTIVO

PONTOS FRACOS: EXAGERADO, SOMBRIO, SUPERFICIAL

MELHOR: IRMÃOS

PIOR: AMOR

BOB DYLAN (24/5/41)
WOODY GUTHRIE (14/7/12)

As canções populares de Guthrie dos anos 1930 e 1940 lançaram a base do trabalho de Dylan na música. Dylan mudou-se para Nova York em 1961 para ficar perto de seu ídolo, que estava morrendo. Ele gravou um tributo a Guthrie em seu primeiro álbum, *Song of Woody*. **Também: Tommy Chong & Cheech Marin** (comediantes); **Jimmy Stewart & Ginger Rogers** (romance; atores).

RELACIONAMENTOS	19 a 24 de maio	19 a 25 de julho
	CÚSPIDE DA ENERGIA	CÚSPIDE DA OSCILAÇÃO
	CÚSPIDE TOURO-GÊMEOS	CÚSPIDE CÂNCER-LEÃO

PONTOS FORTES: ENCANTADOR, EQUILIBRADO, PRODUTIVO

PONTOS FRACOS: INDIGNO DE CONFIANÇA, INSTÁVEL, AMARRADO

MELHOR: TRABALHO

PIOR: AMIZADE

MARY CASSATT (22/5/1844)
EDGAR DEGAS (19/7/1834)

A pintura de Cassatt foi intensamente influenciada por seu amigo íntimo Degas. Em 1874, ele a convidou para juntar-se aos Impressionistas e incluiu seus trabalhos em suas exposições. Permaneceram confidentes toda a vida. **Também: John Payne & Gloria DeHaven** (casados; atores): **James Brown & Charles C. Little** (editores parceiros).

Um quadro holístico

Completo e bem equilibrado, este relacionamento também opera milagres. Os nascidos na cúspide Touro-Gêmeos são regidos pela terra e pelo ar e os representantes da cúspide Câncer-Leão pela água e pelo fogo, uma combinação que, neste caso, indica um equilíbrio perfeito de todos os quatro elementos. Este quadro holístico é valorizado pelos nascidos na cúspide Touro-Gêmeos e Câncer-Leão, dois tipos que separadamente tendem para a instabilidade mas juntos podem reunir todos esses elementos. A relação propriamente dita é regida pelo ar (pensamento) e pela água (sentimentos), o que significa que não raro o plano lógico, em áreas que apelam para a emoção, será bem-sucedido. A complementaridade é a chave deste relacionamento; esses parceiros têm condições de suprir as carências um do outro, criando um todo sinergético bem maior do que a soma de suas partes.

Nas relações amorosas, os talentos e as idéias dos nascidos na cúspide Touro-Gêmeos podem atrair o interesse dos representantes da cúspide Câncer-Leão – e esta é uma qualidade fundamental para eles. Já os nascidos na cúspide Touro-Gêmeos são capazes de viver com os parceiros muita aventura e emoção. A instabilidade, às vezes gerada por infidelidade que pode ser real ou imaginária, sempre será um problema aqui, mas a confiança dos dois em si mesmos e um desejo inesgotável serão um esteio nos momentos de dificuldade. O equilíbrio básico do relacionamento geralmente se recupera após cada discussão.

Nos relacionamentos profissionais, familiares e matrimoniais, a união da lógica e da emoção produz um tipo de inteligência emocional que levará os parceiros a percorrer um longo caminho. Raramente a irracionalidade será uma tentação que possa prejudicar a união, o trabalho ou os interesses dessa dupla. O elemento mágico aqui lhes dá carisma, de forma que tudo o que vierem produzir, mesmo os filhos que tiverem, será irresistível ou, no mínimo, atraente.

As amizades são mais do que possíveis – de fato, os bons sentimentos que provavelmente os envolve e o desejo de passarem tempo juntos não raro os fará evoluir para uma parceria de trabalho, um casamento ou um caso amoroso. Se assim for, os parceiros devem estar preparados para abrir mão de um pouco de sua liberdade; mais tarde, podem se arrepender de terem ido tão longe. Às vezes, a melhor resposta para esses amigos é deixar como está, ou mesmo se retrair e marcarem encontros apenas em ocasiões especiais.

Conselho: *Mantenha a individualidade. Os grupos são eficazes até certo ponto. Não seja confiante demais. Uma boa alternativa não deve ser vista como algo líquido e certo.*

RELACIONAMENTOS	19 a 24 de maio	26 de julho a 2 de agosto
	CÚSPIDE DA ENERGIA	SEMANA DA AUTORIDADE
	CÚSPIDE TOURO-GÊMEOS	LEÃO I

PONTOS FORTES: RESPONSÁVEL, SÉRIO, LIVRE

PONTOS FRACOS: CAÓTICO, NECESSITADO, DESFOCADO

MELHOR: AMIZADE

PIOR: AMOR

JEAN PAUL MARAT (24/5/1743)
CHARLOTTE CORDAY (27/7/1768)

Confessa girondista, Corday foi para Paris em 1793 e, sob o pretexto de trair girondistas dissidentes, obteve acesso ao revolucionário Marat e o apunhalou até a morte na banheira. Ela foi guilhotinada 4 dias mais tarde.

Diferenças marcantes de temperamento

O padrão deste relacionamento é a seriedade, talvez seriedade além da medida para os nascidos na cúspide Touro-Gêmeos, cujo espírito de rebeldia se acentua pela arrogância exagerada dos representantes de Leão I, e que esses parceiros poderosos podem também rejeitar como excentricidade ou diletantismo. O nível de responsabilidade enfatizado aqui é muitas vezes de tal ordem que ninguém se sente capaz de viver dentro desse padrão. Todavia, reduzir expectativas não é uma tarefa simples. Há também a necessidade de uma energia dominante forte, que não raro deve estar fora da relação – em geral, ela não pode ser incorporada por um dos parceiros. Essa energia pode se configurar na forma de um conjunto de leis, mas será difícil formular algo que os dois parceiros aceitem igualmente.

São muitos os problemas desse tipo nos relacionamentos matrimoniais, trabalhistas e familiares. Para a maioria dos nascidos em Leão I, a incerteza é insuportável; e eles podem ter certeza de tudo, menos de suas interações com os nascidos na cúspide Touro-Gêmeos, na qual predomina mercúrio e cujas mudanças de humor, desejos e necessidades irritam Leão I. Se os representantes de Leão I tentarem gritar ou insistir, os nascidos na cúspide Touro-Gêmeos geralmente vão embora. Os dois parceiros se dão melhor como autônomos no trabalho, como agentes livres no casamento e como membros independentes da família, mas esse tipo de independência pode enfraquecer ou dissolver os laços que mantêm tais relacionamentos unidos, o que é uma pena. Para que o casamento, os projetos de trabalho e as relações entre pais e filhos de representantes da cúspide Touro-Gêmeos e de Leão I dêem certo, as concessões terão que ser trabalhadas e os acordos cumpridos no tocante a responsabilidades e regras. Até que isso seja feito, o caos pode reinar. As amizades aqui são muito mais recomendáveis e fáceis. Muitas vezes, os relacionamentos mais bem-sucedidos são aqueles entre parceiros do mesmo sexo, e estes podem ter mais êxito se ocorrerem entre os nascidos em Gêmeos e Leão de qualquer decanato. Confiança e honestidade devem ser sentidas instintivamente, em vez de impostas de fora para dentro. Este casal pode se livrar de suas responsabilidades semanal ou mensalmente, desde que estas não sejam grandes demais, e, nas épocas de penúria, esta relação sempre abre uma porta e uma carteira. Os casos de amor entre os nascidos na cúspide Touro-Gêmeos e em Leão I são raros e pouco recomendados, sobretudo por causa das diferenças marcantes de temperamento.

Conselho: *É preciso ser condescendente. Abra mão um pouco de sua independência. Esteja disposto a colaborar. As regras são necessárias, mas não esqueça de se divertir.*

19 a 24 de maio
CÚSPIDE DA ENERGIA
CÚSPIDE TOURO-GÊMEOS

3 a 10 de agosto
SEMANA DA FORÇA EQUILIBRADA
LEÃO II

RELACIONAMENTOS

PONTOS FORTES: EMPÁTICO, APAIXONADO, RESPEITOSO

PONTOS FRACOS: EXPLOSIVO, INSTÁVEL, IRRITADO

MELHOR: IRMÃOS

PIOR: COLEGAS

Quem está sentindo o quê?

Esses dois estão em sintonia. A compreensão e a solidariedade são imediatas e evidentes neste relacionamento, e os sentimentos são empáticos. Os parceiros podem se identificar em alto grau, sentindo a dor e o prazer mútuos. Um mecanismo interessante ocorre aqui, muito comum em casos de empatias: se os nascidos em Leão II sentem uma emoção, como a raiva, por exemplo, mas não a expressa, os representantes da cúspide Touro-Gêmeos podem se irritar sem saber por quê – assimilando realmente a emoção do outro, como um camaleão. Tão reais são as emoções que os parceiros muitas vezes se enganam na crença de que os sentimentos da outra pessoa são os dele.

O amor e o casamento podem ser conturbados – o que não surpreende, tendo em vista o nível de sentimento envolvido. Os nascidos na cúspide Touro-Gêmeos são regidos pelo ar e pela terra, enquanto os representantes de Leão II pelo fogo, mas a relação é regida pela água, o que denota emoção. Este relacionamento tende a ser passional até o ponto de pegar fogo. A instabilidade, a raiva, o ciúme, a violência – um desses itens ou todos eles juntos podem surgir aqui. Embora haja empatia, as emoções turbulentas e as defesas do ego muitas vezes evitam que ela se manifeste em sua forma pura. A empatia é mais evidente e constante nas relações entre irmãos e amigos, irmãos em particular sendo mais íntimos, quase como gêmeos, ou talvez como os irmãos corsos de Alexandre Dumas, que a quilômetros de distância um do outro eram capazes de perceber o que cada um estava sentindo. É provável que as amizades sejam abertas e generosas.

Os relacionamentos profissionais entre os dois podem ser muito bem-sucedidos. Tanto os nascidos na cúspide Touro-Gêmeos quanto os representantes de Leão II são dotados de energia prodigiosa, e se puserem suas energias para funcionar simultaneamente e com o mesmo objetivo, muito poderá ser realizado. Os nascidos na cúspide Touro-Gêmeos dão o impulso inicial necessário para começar um projeto, enquanto os representantes de Leão II vão resoluta e energicamente até o deste. Quando o par é formado por colegas de trabalho, sentimentos pessoais e de competição podem aparecer, mas as situações entre chefes e subordinados podem funcionar muitíssimo bem: apesar do espírito de rebeldia que existe nos dois parceiros, cada qual pode aceitar o outro como um chefe se existir uma estrutura hierárquica, desde que os dois se respeitem e tenham admiração um pelo outro.

Conselho: *Tente discriminar os sentimentos. Assuma responsabilidades apenas que lhe diga respeito. Não deixe as suas emoções fugirem ao controle. Encoraje a franqueza.*

ANDY WARHOL (6/8/28)
MARISOL (22/5/30)

A artista contemporânea Marisol é mais conhecida por suas enormes esculturas de madeira, muitas vezes combinadas com retratos de si mesma. Nos anos 1960 e 1970 ela associou-se ao movimento Pop Art. Normalmente introvertida, ela muitas vezes participou de vernissages e festas com seu famoso amigo Warhol. **Também:** Roseanne Cash & Rodney Crowell (casados; estrelas da música country).

---

19 a 24 de maio
CÚSPIDE DA ENERGIA
CÚSPIDE TOURO-GÊMEOS

11 a 18 de agosto
SEMANA DA LIDERANÇA
LEÃO III

RELACIONAMENTOS

PONTOS FORTES: COMPREENSIVO, ESFORÇADO, COOPERATIVO

PONTOS FRACOS: IMPACIENTE, INCONSCIENTE DE SI, EGOÍSTA

MELHOR: COLEGAS

PIOR: PAIS-FILHOS

Inteligência emocional

Reconhecer as emoções internas é a tônica subjacente deste relacionamento. Os nascidos na cúspide Touro-Gêmeos e em Leão III devem procurar compreender e aceitar não apenas seus próprios sentimentos e os dos outros, mas também os de quem está fora desta relação; além disso, devem aproveitar essa compreensão e usá-la em ocasiões sociais. Esse é o grande desafio do casal. O relacionamento só pode ser bem-sucedido se cada parceiro conseguir entender plenamente seus sentimentos; a repressão emocional só leva à frustração, à ansiedade e à depressão. Os sentimentos devem ser tratados com maturidade e paciência, confiança e compreensão. Essas qualidades não surgem com facilidade tanto para os nascidos em Touro-Gêmeos quanto para os representantes de Leão III, mas elas podem ser obtidas com esforço. O fato de que esse não é um objetivo fora da realidade é um bom sinal para essa combinação.

Os nascidos em Touro-Gêmeos e em Leão III compartilham três problemas: falta de profunda autocompreensão, pouca paciência e considerável capacidade para se deixar envolver. O amor e o casamento entre os dois podem agravar essas tendências a ponto de criar dúvidas sobre se o relacionamento irá perdurar tempo suficiente para pôr em prática o controle emocional tão necessário. Se um amor profundo surgir, ele pode vir acompanhado da disposição de suportar todo esforço que for preciso.

Os relacionamentos familiares nessa combinação, sobretudo entre pais e filhos, necessitam de inteligência emocional. Os nascidos na cúspide Touro-Gêmeos são muitas vezes ansiosos por agradar e exibem um ego pouco formado; já os representantes de Leão III possuem um ego grande e pode ser arrogantes com os outros. Como pais, é provável que Leão III subjugue ou mime seus filhos nascidos na cúspide Touro-Gêmeos, enquanto os pais Touro-Gêmeos podem ser dominados pela criança poderosa representada por Leão III.

No campo profissional, o relacionamento demandará compreensão. Se as emoções não forem mantidas sob controle, o trabalho não será realizado. Envolvimento emocional profundo não é favorecido, só se houver plena consciência dessa dificuldade. Os nascidos em Touro-Gêmeos e em Leão III que trabalham juntos podem se dar bem, sobretudo se eles forem colegas ou sócios, em vez de chefes e subordinados. Esse relacionamento lhes permitirá construir progressivamente o respeito mediante a cooperação e lograr um equilíbrio emocional saudável.

Conselho: *Continue tentando. O resultado vale o esforço. Cuidado com o egoísmo e a impaciência. Conheça-se melhor. Elabore os problemas emocionais.*

MALCOLM X (19/5/25)
ALEX HALEY (11/8/21)

Malcolm X, o radical defensor do Nacionalismo Negro, compartilhava mútuo respeito com o escritor Haley, a quem ditou The Autobiography of Malcolm X. Ela se tornou um best-seller em 1965, o ano do assassinato de Malcolm. **Também:** Sam Giancana & Fidel Castro (acusado de plano de assassinato pela máfia).

RELACIONAMENTOS

PONTOS FORTES: MAGNÉTICO, INCOMUM, ADMIRADOR

PONTOS FRACOS: CALADO, FATÍDICO, INEXORÁVEL

MELHOR: AMOR

PIOR: CASAMENTO

RICHARD WAGNER (22/5/1813)
LUÍS II (25/8/1845)

O excêntrico "Rei Louco Luís" da Bavária foi um grande patrono das artes e sustentou o compositor Wagner nos últimos 20 anos de sua vida, incluindo a performance de seus trabalhos maduros e a construção de uma sala de concertos projetada por Wagner. **Também: Rainha Vitória & Guilherme IV** (sobrinha, sucedeu o tio no trono inglês).

---

19 a 24 de maio
CÚSPIDE DA ENERGIA
CÚSPIDE TOURO-GÊMEOS

19 a 25 de agosto
CÚSPIDE DA EXPOSIÇÃO
CÚSPIDE LEÃO-VIRGEM

A mão do destino

Esta combinação pode ser estranha sob vários aspectos – a forma de esses parceiros se encontrarem, a velocidade com que seu relacionamento se desenvolve e as experiências alternativas que eles vivem juntos e que raramente são comuns. O foco do relacionamento também pode não ser muito convencional, e de certa maneira não beneficia o parceiro, os amigos ou familiares, mas tacitamente o beneficia. O destino muitas vezes desempenha papel importante no encontro dos dois, e, quando ocorre esse encontro, é como se ambos já se conhecessem, como se (realmente?) já tivessem se encontrado em outra vida. Logo, o relacionamento é muitas vezes permeado por uma sensação de *déjà vu*, mas de um modo positivo – algo que aumenta o entusiasmo de suas experiências, tornando previsível tudo o que vai acontecer.

Os casos de amor nesta combinação tendem a ser altamente expressivos. Os dois parceiros muitas vezes sentem o que está acontecendo como algo que deve ser, mesmo quando o relacionamento é secreto ou socialmente inaceitável, em termos convencionais. A relação atrai esses dois como um ímã e, mesmo sendo curta e intensa, depois de um rompimento, os namorados podem se tornar amigos. Mas esta relação também pode dar em casamento, sendo que este passo pode ser desnecessário ou prematuro e deve ser algo a ser cuidadosamente cogitado.

É provável que as amizades sejam duradouras, tenham sido os parceiros namorados ou não. Elementos sutis, até mesmo bizarros, podem surgir. Cada parceiro sente uma admiração e solidariedade pela inteligência e sensibilidade artística do outro, e um interesse no trabalho que o outro faz; portanto, as amizades podem evoluir para relacionamentos de trabalho ou vice-versa. Seja qual for a área, o relacionamento envolve mutabilidade, adaptabilidade e atendimento às necessidades do outro. Todavia, os problemas decorrentes da reserva dos nascidos na cúspide Leão-Virgem e da megalomania dos representantes da cúspide Touro-Gêmeos podem ser graves e, em última análise, podem provocar uma separação repentina. No âmbito familiar, esse relacionamento raro tem menos probabilidade de ser bem-sucedido entre pais e filhos do que entre avós e netos, tios ou tias e sobrinhos e sobrinhas, ou entre primos. Não apenas compreensão, mas também apoio financeiro, está muitas vezes disponível aqui, permitindo que a pessoa mais jovem desenvolva suas habilidades.

Conselho: *Não abra mão de sua autonomia. Nem tudo está escrito. O que você está tentando provar? Descubra seus verdadeiros desejos. Pense claramente.*

RELACIONAMENTOS

PONTOS FORTES: AMBICIOSO, LÓGICO, PRÁTICO

PONTOS FRACOS: NERVOSO, OFENDIDO, DESFOCADO

MELHOR: CASAMENTO

PIOR: AMOR

RAINHA VITÓRIA (24/5/1819)
PRÍNCIPE ALBERTO (26/8/1819)

O casamento destes primos foi unilateral. Vitória tinha fortes interesses eróticos, mas Alberto limitava suas atenções principalmente à procriação. Tiveram 9 filhos juntos.
Também: Priscilla Presley & Michael Jackson (sogra/genro; atriz/ estrela do rock).

---

19 a 24 de maio
CÚSPIDE DA ENERGIA
CÚSPIDE TOURO-GÊMEOS

26 de agosto a 2 de setembro
SEMANA DOS CONSTRUTORES DE SISTEMAS
VIRGEM I

Sucesso a qualquer preço

Este casal não permitirá que nada fique em seu caminho – eles estão determinados a ser bem-sucedidos a qualquer preço. A inteligência também é acentuada (intensificada pela regência de Mercúrio tanto em Gêmeos quanto em Virgem). Na verdade, a capacidade prática dos dois excede em muito à de cada parceiro isoladamente. Planejar é uma atividade fundamental e os pontos de vista e sonhos compartilhados do relacionamento são de natureza prática e orientada para as metas.

Os casos amorosos são raramente bem-sucedidos. O encanto dos nascidos na cúspide Touro-Gêmeos pelas outras pessoas torna Virgem I inseguro e é provável que ele se retire, desapontado e ferido. Os representantes da cúspide Touro-Gêmeos podem se sentir culpados por provocarem sofrimento, mas isso nem sempre é motivo para ele deixar de se envolver com os outros.

As parcerias em negócios, o casamento e a participação conjunta como voluntários em atividades sociais são mais favorecidos. São especialmente recomendáveis as iniciativas que possam implicar grandes perdas, mas também muito a ganhar, obrigando a dupla a ser objetiva e vigilante. O enfoque aqui pode ser excessivo – talvez excessivo demais para os nervosos representantes da cúspide Touro-Gêmeos e Virgem I poderem lidar. A amizade entre os nascidos na cúspide Touro-Gêmeos e os representantes de Virgem I é muitas vezes baseada em torno de um trabalho sério, mental ou físico. O interesse por passatempos diferentes, como xadrez e futebol ou jogo de cartas e condicionamento físico, ilustra os extremos desse relacionamento. Os nascidos na Cúspide se beneficiarão da estrutura natural, enquanto os representantes de Virgem I poderão se reabastecer com a energia abundante de Touro-Gêmeos.

O par formado por irmão e irmã nessa combinação pode ser simbioticamente íntimo enquanto crescem e mesmo na idade adulta. Sua conexão mental é forte não apenas em termos de razão e senso comum, mas também, possivelmente, na esfera física. Mesmo assim, os dois podem conscientemente rejeitar a idéia que qualquer coisa paranormal está em ação.

Conselho: *Não feche com seus pensamentos. Aprenda a relaxar. Preocupação é veneno. Desligue o cérebro. Procure esquecer. Evite comportamentos agressivos.*

19 a 24 de maio
CÚSPIDE DA ENERGIA
CÚSPIDE TOURO-GÊMEOS

3 a 10 de setembro
SEMANA DO ENIGMA
VIRGEM II

Ponto e contraponto

Este relacionamento é orientado para o debate, para a discussão e para o trabalho de detetive que resulta na teoria ou na resposta a uma pergunta. Os dois parceiros tentarão convencer um ao outro acerca de seus pontos de vista – e se surpreenderão em achar isso tão importante. Cada qual ficará especificamente preocupado em tentar esclarecer o sentido por trás das atitudes do outro. Na conversa, por exemplo, os nascidos na cúspide Touro-Gêmeos, que não primam pelo tato, analisarão as fraquezas enigmáticas dos representantes de Virgem II, tentando fazer esse parceiro entender como é de fato seu próprio caráter. Porém, esse é um exercício exasperante, uma vez que Virgem II raramente revela tudo e nunca admite fazer isso. Além disso, ele sofreu muitas vezes na infância com a crítica dos outros, é fraco e pode retaliar seus críticos mais sutis. Portanto, uma discussão aberta pode desencadear uma batalha de vontades e palavras.

O amor raramente é visível. Sem desenvolver um caso por inteiro, ele pode abranger muitos estágios de flerte, adulação e investidas imperceptíveis, despertando uma curiosidade que apenas leva à frustração. O casamento também não é recomendado: com Touro-Gêmeos fazendo exigências e Virgem II recusando-as, esses parceiros levarão um ao outro à loucura. Uma loucura a dois, que se desenvolve em um delírio compartilhado, é talvez somente um dos pesadelos que este relacionamento deve encontrar.

As amizades, no entanto, podem funcionar bem: embora os interesses externos possam encobrir o interesse de um pelo outro, isso só quer dizer que as pesquisas no campo da ciência, matemática, estética, filosofia e psicologia podem dar ao relacionamento uma base. Um interesse voltado para atividades ilícitas, seja em histórias de mistério ou da vida real, pode ser muito estimulante. É provável que os relacionamentos profissionais e familiares só cause preocupação pela atividade quase obsessiva do casal. Essa dupla não é recomendada para a realização de um trabalho: no meio da tarefa, é possível que sejam atraídos por um detalhe interessante, causando uma distração imediata e mesmo um descarrilamento de um projeto que momentos antes estava indo tão bem. As relações entre pais e filhos e entre chefe e subordinado especificamente podem sofrer atrito, preocupação e aborrecimento.

Conselho: *Aprenda a se recolher. O voyeurismo nem sempre é apreciado. Respeite a privacidade dos outros. Tente manter o rumo. Viver em busca de coisas interessantes pode ser uma maldição.*

RELACIONAMENTOS

PONTOS FORTES: INVESTIGATIVO, SEDUTOR, PRÁTICO

PONTOS FRACOS: PREOCUPADO, FRUSTRADO, CRÍTICO DEMAIS

MELHOR: AMIZADE

PIOR: CASAMENTO

WILLIAM GILBERT (24/5/1544)
RAINHA ELIZABETH I (7/9/1533)

Gilbert foi um dos homens de ciência mais proeminentes durante o reinado de Elizabeth. Considerado o "pai do estudo da eletricidade", ele concentrou seu trabalho no magnetismo. Em 1601 tornou-se o médico pessoal da rainha. **Também:** Richard Wagner & Minna Planer (primeira esposa do compositor).

---

19 a 24 de maio
CÚSPIDE DA ENERGIA
CÚSPIDE TOURO-GÊMEOS

11 a 18 de setembro
SEMANA DO LITERAL
VIRGEM III

A espinha dorsal da família

A excitação e a imaginação figuram em destaque nesse relacionamento inteligente e animado, que está disposto a se concentrar nos acontecimentos dramáticos em que a mudança é o denominador comum. As mudanças de residência, humor, status financeiro, carreira – um desses ou todos eles juntos podem caracterizar a vida do relacionamento. Essa mutabilidade possui um lado sombrio, pois a insegurança pode levar a tendências de domínio ou controle. Os nascidos em Virgem III especificamente que gostam que as coisas sejam definidas claramente, tentarão controlar os problemas se sentirem que estão fora do controle.

Os casos de amor podem provocar o lado tempestuoso de ambos os parceiros, e há o risco de discussões aos berros. Por trás dessas discussões, porém, encontra-se um respeito que perdura, seja qual for o grau de animosidade das acusações. A censura e a culpa podem surgir, mas também momentos tranqüilos e períodos longos de sentimentos positivos. O espírito aqui é imprevisível, algo semelhante ao tempo.

O casamento não é especificamente recomendado: ele pode caracterizar um nível de conflito e uma falta de estabilidade do qual raramente os filhos podem tirar proveito. As mudanças de humor e as tentativas de controle não serão a propícias tanto para a tranqüilidade do lar quanto para a saúde mental. Os relacionamentos familiares, por outro lado, sobretudo com pai e filho do sexo oposto e duplas profissionais (colegas de trabalho, chefe e subordinado ou colegas de profissão) podem ser produtivos e compreensivos. Os relacionamentos entre pais e filhos podem ser a espinha dorsal da família, sinalizando uma combinação interessante de respeito e mudança. Essa dupla pode dirigir com rédea curta, usando esperança e bom humor para passar pelas intempéries do destino. Tanto no trabalho quanto em casa, o relacionamento evita o esnobismo, promete justiça e igualdade, está do lado dos oprimidos e em geral vê os indivíduos altamente ambiciosos, pretensiosos ou ricos com alguma suspeita.

As amizades entre esses dois podem ser bastante prazerosas, mas é raro que emocionalmente se desenvolvam. Os representantes de Gêmeos-Câncer e Virgem III estão em geral muito ocupados com seus relacionamentos profissionais, amorosos e familiares para dedicarem bom tempo à amizade um com o outro. Se necessário, poderão contar com esse relacionamento.

Conselho: *Reserve um bom tempo para relaxar. Discuta menos. Divirta-se. Não se atole no trabalho e nas responsabilidades. Tente confiar que tudo está bem.*

RELACIONAMENTOS

PONTOS FORTES: ESTIMULANTE, MUTÁVEL, CONTROLADOR

PONTOS FRACOS: BRIGÃO, PREOCUPADO, CULPADO

MELHOR: PAIS-FILHOS

PIOR: CASAMENTO

ARTHUR CONAN DOYLE (22/5/1859)
AGATHA CHRISTIE (15/9/1890)

Doyle e Christie foram escritores de romances de mistério proeminentes da Inglaterra. O personagem mais famoso de Doyle é o detetive vitoriano Sherlock Holmes, com seus agudos poderes de raciocínio dedutivo. Christie era principalmente uma representante do século XX, com seus personagens populares Hercule Poirot e Miss Marple. **Também:** Richard Wagner & Clara Schumann (rivais; compositor/pianista).

| RELACIONAMENTOS |

PONTOS FORTES: POSITIVO, ARTÍSTICO, EXIGENTE

PONTOS FRACOS: INCERTO, INCONSCIENTE, SUPERFICIAL

MELHOR: CONHECIDOS

PIOR: FAMÍLIA

ANTHONY NEWLEY (24/9/31)
JOAN COLLINS (23/5/33)

A carreira de Collins atingiu o auge no seriado de tevê *Dinastia* (1981-89). Newley, um versátil ator, cantor, compositor e diretor, criou *Stop the World - I Want to Get Off* para a Broadway. Foram casados de 1963 a 1970. **Também: Rosemary Clooney & Debby Boone** (sogra/nora; cantoras).

---

19 a 24 de maio
CÚSPIDE DA ENERGIA
CÚSPIDE TOURO-GÊMEOS

19 a 24 de setembro
CÚSPIDE DA BELEZA
CÚSPIDE VIRGEM-LIBRA

A menina de caracóis

Este relacionamento sofre grandes oscilações. Embora seu aspecto trígono (120º de distância) no zodíaco promova facilidade e os dois parceiros compartilhem uma orientação de terra e ar (Touro e Virgem são signos de terra, Gêmeos e Libra são de ar), o relacionamento é baseado na água e no fogo, uma combinação que produz mudanças no estado (água extingue o fogo, o fogo faz a água ferver). Tais mudanças físicas indicam uma instabilidade subjacente e muitas vezes repentina, e humores imprevisíveis oscilam. Aqui temos um exemplo perfeito da ironia dos relacionamentos: dois indivíduos perfeitamente bem-ajustados criam juntos o exato oposto do que cada um está procurando – paz e tranqüilidade –, mas, ao fazê-lo, criam uma motivação para aprender e crescer.

Nos casos de amor, nos casamentos e nos relacionamentos familiares, as coisas podem parecer que vão bem até que uma preocupação se manifesta aparentemente sem motivo. Isso é um problema concreto para esses parceiros, nenhum dos quais é propriamente capaz de ir fundo nas coisas. Além disso, os nascidos na cúspide Touro-Gêmeos não têm consciência e os representantes da cúspide Virgem-Libra desejam paz e harmonia, uma mescla difícil para ambos, quando os problemas surgem – os nascidos na cúspide Touro-Gêmeos ficarão ainda mais nervosos do que em geral são. A necessidade óbvia é haver maior consciência dentro do relacionamento, para que se possa entender e dirigir os problemas subjacentes e evitar desculpas, vendo-se tudo por um lado positivo.

As amizades estão menos sujeitas a explosões e mudanças de humor, mas podem não ir muito fundo. Relacionamentos mais casuais, tais como conhecimentos ou companheirismo centrado em torno de uma atividade comum muitas vezes estabelecem uma interação mais calma, podendo haver até uma orientação intelectual, filosófica e artística.

Os relacionamentos profissionais tendem a estabelecer exigências excessivas para ambos os membros que tentarão atendê-las, mas, em última análise, podem fracassar. Os nascidos na cúspide Touro-Gêmeos desejam muitas vezes que os representantes da cúspide Virgem-Libra sejam mais expressivos, enquanto os da cúspide Virgem-Libra desejarão que os de Touro-Gêmeos produzam mais trabalho bonito e tecnicamente perfeito. Como a menina dos caracóis, essa dupla fornece com muita freqüência um produto ou serviço que é de qualidade duvidosa – às vezes muito bom e, às vezes, bem, não horrível, mas um pouco abaixo da média.

Conselho: *Tente equilibrar seu trabalho. Tenha por meta a consistência. Promova a autocompreensão. As infecções às vezes demandam atenção imediata.*

| RELACIONAMENTOS |

PONTOS FORTES: ESTIMULANTE, CEREBRAL, BRINCALHÃO, RECOMPENSADOR

PONTOS FRACOS: BELIGERANTE, INVEJOSO, VIOLENTO

MELHOR: COMPETIÇÃO

PIOR: AMOR

RICARDO III (2/10/1452)
LAURENCE OLIVIER (22/5/07)

Olivier foi considerado o maior ator do século XX, bem-sucedido em trabalhos modernos e clássicos. Uma de suas melhores representações, no teatro e no cinema, foi o de *Ricardo III* de Shakespeare, o Duque de Gloucester louco pelo poder que não media conseqüência para se tornar rei. Nas representações de Olivier de *Ricardo III*, ator e personagem se fundiam em um só.

---

19 a 24 de maio
CÚSPIDE DA ENERGIA
CÚSPIDE TOURO-GÊMEOS

25 de setembro a 2 de outubro
SEMANA DO PERFECCIONISTA
LIBRA I

Superando o outro

A tônica deste relacionamento são problemas da mente. Trazer percepções à consciência e tirar conclusões a partir disso são atividades rápidas, às vezes quase imediatas. Um sinal de explosão que lembra as tempestades de verão, com sua intensidade repentina e seus relâmpagos, ameaça aqui. Explosões desse tipo, no entanto, podem ser um aviso, e raramente se materializam num conflito físico real. Como as conclusões são tão rápidas, os parceiros fariam melhor se dessem um ao outro um período para esfriar os ânimos antes de abordarem problemas, e, assim, depois de fazê-lo, se certificarem de que discutiram tudo. Se os pensamentos ou sentimentos forem reprimidos, a ansiedade, o medo e o ciúme podem ser sublimados em impulsos competitivos. Esse relacionamento nem sempre é o mais confiante ou estável. Uma polaridade muitas vezes surge, e tanto os nascidos na cúspide Touro-Gêmeos quanto os representantes de Libra I tornam-se o professor e seu parceiro o estudante, formalmente em uma situação escolar ou no tocante a uma atividade, talvez relacionada ao esporte, à música ou ao espírito. O relacionamento pode estar baseado em um desejo de superar, com lutas de poder, amistosas ou não.

Os relacionamentos amorosos podem não durar muito nessa combinação, mas sua vida curta pode ser misericordiosa, e eles assim quase não são feridos. Há uma atração sexual inegável, mas os parceiros são cautelosos para iniciar uma ação, preferindo duelar um com o outro romanticamente, até que um deles sinta um caminho aberto. Não é raro que ambos se aproximem um do outro quando um deles já está num relacionamento problemático.

Nas amizades, o desejo de cada parceiro para superar o outro encoraja os sentimentos de competição e inveja. É provável que os relacionamentos familiares e matrimoniais sejam producentes, contanto que a competição seja positivamente orientada e a atenção para terceiros possa ser mantida sob controle. O contato físico é sempre complicado e terá de ser tratado com alguma sensibilidade para evitar a catástrofe. Mentalmente este par pode brilhar (sobretudo irmãos do mesmo sexo), com os nascidos em Touro-Gêmeos fornecendo a imaginação e a energia bruta, e os representantes de Libra I o conhecimento técnico. É compreensível que por conta da competição, os relacionamentos profissionais entre ambos não dêem certo em geral.

Conselho: *A competição deveria ser mutuamente recompensadora. Saiba como lidar com os sentimentos negativos. Não se engane. Ganhar pode significar perder.*

19 a 24 de maio
CÚSPIDE DA ENERGIA
CÚSPIDE TOURO-GÊMEOS

3 a 10 de outubro
SEMANA DA SOCIEDADE LIBRA II
LIBRA II

O terceiro ouvido

Este relacionamento muitas vezes enfoca o exame das palavras escrita e oral. Porém, embora a comunicação seja importante aqui, o relacionamento tem, de fato, mais a ver com conhecimento intuitivo – ouvir com um terceiro ouvido. Esses dois encontram-se em tamanha sintonia que o entendimento mútuo é seu mais precioso bem. Eles gostarão do contato mental, experimentando grande satisfação, por exemplo, nas discussões sobre questões econômicas, estéticas, espirituais e psicológicas. Há necessidade de manter a objetividade, pois as emoções intensas desses parceiros podem facilmente arrebatá-los. Mas eles possuem a capacidade de se manter individualmente objetivos dentro desse relacionamento, assegurando sua duração.

No entanto, os relacionamentos amorosos podem ser algo perigoso aqui. Esse perigo pode aumentar ainda mais a atração entre os dois, pois ambos revelam certo irrealismo nas questões do coração. Porém, a desconfiança mútua intuitiva em relação ao envolvimento sexual indica bom senso e os faz esperar antes de se tornarem mais profundamente envolvidos. Se essa dupla chegar a um acordo, provavelmente acabará em casamento ou num convívio. O casamento entre os nascidos na cúspide Touro-Gêmeos e os representantes de Libra II pode ser sólido e também cheio de emoção. Podem surgir dificuldades devido ao egoísmo de Touro-Gêmeos e à baixa auto-estima de Libra II, mas o amor e a compreensão podem muitas vezes superar esses e outros problemas. Quando suas paixões esfriarem, ambos podem ver que este relacionamento lhes dá uma aparência muito positiva.

As amizades podem ser íntimas e afetuosas, mas, como o amor, terão de ser mantidas sob controle. Os relacionamentos familiares podem também mostrar tendências intempestivas. Encontros espaçados, favorecem a objetividade. Os dois parceiros devem cuidar para não se perder no relacionamento.

A relação profissional pode ser bem-sucedida, desde que as tendências a discordar sejam mantidas sob controle. Aqui as forças verbais e intuitivas do relacionamento encontram uma saída construtiva, possivelmente comercial, que pode direcionar positivamente uma discussão que se tornou infrutífera, apesar de interessante.

Conselho: *Estruture seu relacionamento. Mantenha os sentimentos sob controle. Encontre uma saída criativa, talvez financeira. Dê conselhos sem se envolver.*

RELACIONAMENTOS

PONTOS FORTES: INTUITIVO, COMUNICATIVO, CHEIO DE SENTIMENTOS

PONTOS FRACOS: FORA DA REALIDADE, MONOPOLIZADOR, MODESTO

MELHOR: AMOR

PIOR: TRABALHO

MALCOLM X (19/5/25)
ELIJAH MUHAMMAD (7/10/1897)

Ao se converter ao islamismo na prisão em 1947, Malcolm X se tornou porta-voz e pastor do movimento Islã Negro de Muhammad. Em março de 1964, ele abandonou o movimento devido à divergência ideológica com Muhammad. Malcolm foi assassinado em abril de 1965. **Também: Joan Collins & Jackie Collins** (irmãs; atriz/escritora); **Jimmy Stewart & Josh Logan** (colegas de classe; ator/diretor).

---

19 a 24 de maio
CÚSPIDE DA ENERGIA
CÚSPIDE TOURO-GÊMEOS

11 a 18 de outubro
SEMANA DO TEATRO
LIBRA III

Jovem para sempre

Este relacionamento é melhor quando livre e descontraído, com poucas responsabilidades assumidas da parte dos dois parceiros. A relação pode enfocar questões sociais e universais e não apenas discuti-las, e isso implica sair de casa para fazer algo em prol do bem-estar mundial. Este não é um relacionamento visionário ou de cruzadas, exercendo sua influência principalmente dentro do círculo social, ocupacional ou familiar imediato. Entretanto, ele sustenta o que acredita estar certo. A justiça e a imparcialidade são valores fortes aqui, e embora esse relacionamento explore todas as saídas legais raramente, se é que alguma vez, ele tira vantagem injusta das pessoas.

É improvável que o amor entre esses dois seja principalmente romântico. Se um caso de amor terminar, ele pode não ser inteiramente desfeito; assim, forma-se um casal platônico, baseado em sentimentos fortemente protetores e provedores gerados pelo declínio da paixão. Atitudes críticas não são proibidas e os desacordos são previstos. Os egos fortemente desenvolvidos de muitos nascidos em Libra III podem forçar os representantes da cúspide Touro-Gêmeos a desempenhar papel subordinado, algo que eles podem não estar prontos para atender.

Nos casamentos e amizades, os representantes de Libra III em geral obrigam os nascidos na cúspide Touro-Gêmeos a ter um relacionamento mais estreito com a sociedade, em geral, e o mundo profissional, em particular. Nesse aspecto, ele se torna o professor de seu parceiro. Nos envolvimentos entre um e outro e na família como um todo, os nascidos na cúspide Touro-Gêmeos têm muito mais para mostrar a Libra III.

Alguns relacionamentos familiares podem ser excelentes aqui. Um comportamento juvenil é incentivado, e as combinações entre pais e filhos podem ser bem-sucedidas no que diz respeito a conservar para sempre o lado jovem de cada um. Os nascidos em Libra III nem sempre percebem o quanto precisam fazer parte de um grupo familiar em harmonia. Os representantes da cúspide Touro-Gêmeos podem ser bem-sucedido tanto em fazer Libra III perceber suas necessidades quanto em ajudar a satisfazê-las, talvez como um padrasto, um filho adotivo ou um parente mais distante. As relações de trabalho entre representantes da cúspide Touro-Gêmeos e Libra III em geral não são boas, uma vez que os dois lados podem ser rígidos demais para condescender ou concordar.

Conselho: *Pegue leve. Tenha consciência de seus desejos profundos. Desenvolva os contatos sociais e familiares. Nunca é tarde demais para começar. Termine o que começou.*

RELACIONAMENTOS

PONTOS FORTES: DESPREOCUPADO, JUSTO, IMPARCIAL

PONTOS FRACOS: INTRANSIGENTE, BRIGUENTO, HIPERCRÍTICO

MELHOR: FAMÍLIA

PIOR: TRABALHO

LELAND HAYWARD (15/10/02)
JIMMY STEWART (20/5/08)

Hayward foi um agente e produtor bem-sucedido que negociou, em 1952, um contrato na base de porcentagem com a Universal Pictures para seu cliente Stewart. Uma mina de prosperidade para Stewart, o contrato foi seguido por outros atores.

| RELACIONAMENTOS |

PONTOS FORTES: INTELECTUAL, EXPRESSIVO, EQUILIBRADO

PONTOS FRACOS: INCONSCIENTE, IMATURO, FERINO

MELHOR: AMIZADE

PIOR: CASAMENTO

RICHARD WAGNER (22/5/1813)
FRANZ LISZT (22/10/1811)

Wagner se casou com Cosima, a filha de Liszt, em 1870, após a anulação de seu casamento anterior. Liszt, perturbado com seu primeiro caso em 1867, recusou-se a ir ao casamento, mas permaneceu devotado à música de Wagner. **Também: Joshua Lederburg & George Wells Beadle** (ganhadores de Prêmio Nobel de Medicina, 1958); **Edmund Lynch & Charles Merrill** (fundadores da Merrill Lynch).

---

19 a 24 de maio
CÚSPIDE DA ENERGIA
CÚSPIDE TOURO-GÊMEOS

19 a 25 de outubro
CÚSPIDE DO DRAMA E DA CRÍTICA
CÚSPIDE LIBRA-ESCORPIÃO

Jogos mentais

A força desta combinação é o poder da mente. Ambos os parceiros valorizam funções mentais, tendo um talento para a razão e a lógica; todavia, seu relacionamento em geral baseia-se na intuição ou na expressão ativa da vontade. O que acontece quando essas características se misturam? O que surge é um plano mental meio agressivo. Juntos, os dois podem reconhecer que são mentalmente superiores aos outros, e podem lutar entre si para provar quem é o mais esperto. Os efeitos podem ser altamente negativos, revelados por jogos mentais e excesso de intelectualidade. É difícil para a dupla evitar completamente essas batalhas cerebrais, mas se eles puderem juntar suas forças e voltá-las contra o mundo, podem tornar-se líderes. De outra forma, eles serão divididos.

Nos casos de amor, os nascidos na cúspide Touro-Gêmeos, preocupados em agradar seu parceiro, terão uma surpresa desagradável: sua impaciência terrena não sintonizará com a ambivalência de sentimentos dos nascidos na cúspide Libra-Escorpião. Estes estão muitas vezes divididos entre o que pensam que precisam e o que desejam emocionalmente, e o que realmente precisam e desejam. Devido a essa carência de autoconhecimento, os representantes da cúspide Touro-Gêmeos podem prosseguir numa busca infrutífera e decepcionante, tentando agradá-lo. De qualquer forma, a disposição dos nascidos na cúspide Touro-Gêmeos de absorver punição pode corresponder ao desejo de punir dos nascidos na cúspide Libra-Escorpião, criando um cenário de pesadelo. O casamento não é recomendado aqui, mas muitas vezes ele acontece, na expectativa de uma identidade de pensamento que com muita freqüência mascara a imaturidade espiritual e emocional.

As amizades podem ser estáveis, desde que a manipulação emocional seja mantida fora de ação. Os interesses comuns no plano intelectual e artístico são um prazer que pode perdurar a vida toda. Esse relacionamento pode brilhar dentro do círculo social, que carinhosamente se orgulha de suas realizações.

Os relacionamentos profissionais podem ser produtivos, mas as lutas pelo poder e a competição muito freqüentemente os prejudica, a menos que um esforço consciente seja feito no que diz respeito à solidariedade. Nesse caso, a característica de competição da dupla pode levá-los longe. Os relacionamentos familiares, sobretudo as combinações entre pais e filhos, podem ser tumultuados, com exceção dos relacionamentos entre irmãos e irmãs, que são quase como amizades e atingem um equilíbrio solidário e dinâmico.

Conselho: *Sintonize-se com seu eu profundo. Desenvolva poderes intuitivos. Não perca de vista os objetivos por causa de idéias e discussões. Tenha consciência do que é mais importante.*

| RELACIONAMENTOS |

PONTOS FORTES: CAPAZ, PRÓXIMO, PRODUTIVO

PONTOS FRACOS: RANCOROSO, POUCO RECEPTIVO, DESAPROVADOR

MELHOR: TRABALHO

PIOR: AMOR

JOAN PLOWRIGHT (28/10/29)
SIR LAURENCE OLIVIER (22/5/07)

Olivier e a atriz Plowright tiveram um casamento feliz de 1961 até sua morte, em 1989. Ela apareceu com ele em dois filmes, *The Entertainer* (1960) e *The Three Sisters* (1970), também dirigido por Olivier. Eles formaram uma família e se tornaram esteio do National Theatre de Londres.

---

19 a 24 de maio
CÚSPIDE DA ENERGIA
CÚSPIDE TOURO-GÊMEOS

26 de outubro a 2 de novembro
SEMANA DA INTENSIDADE
ESCORPIÃO I

Petulância imprevisível

Este relacionamento progressista, voltado para o futuro e imprevisível pode ir em qualquer direção. O principal problema e desafio do relacionamento é a aceitação. Os dois muitas vezes ficam irritados um com o outro; cada um deles sabe como atingir o outro.

O amor e o casamento são difíceis aqui. Os nascidos em Escorpião I são obcecados por controle; já os nascidos na cúspide Touro-Gêmeos querem fazer as coisas de seu jeito e, apesar de sua energia, não são rígidos o suficiente para enfrentar as exigências incessantes de Escorpião I. Interessados em gratificação a curto prazo, os representantes da cúspide Touro-Gêmeos provavelmente fugirão se os nascidos em Escorpião I tentarem fazê-los tomar uma decisão. Às vezes, porém, um exausto Touro-Gêmeos implorará pelo controle de um Escorpião I, achando confortável ser liberado da responsabilidade. Os nascidos em Escorpião I, porém, podem ser capazes de desfrutar a energia e a imaginação de Touro-Gêmeos, uma vez que também envelheceram e sua natureza categórica ficou menos rígida.

As amizades e os relacionamentos familiares podem ser íntimos, mas podem ser perturbados pelo que cada parceiro considera uma atitude impensada. Os nascidos em Escorpião I condenarão os motivos espúrios e os representantes da cúspide Touro-Gêmeos reclamarão do fraco desempenho, ambos jogando a culpa um no outro. A capacidade de perdoar e aceitar em geral determinará se amigos, pais, filhos e irmãos continuarão a falar um com o outro ou não.

Os relacionamentos profissionais podem ser uniformemente produtivos e capazes de proezas antológicas. Os nascidos em Escorpião I são orientados para o detalhe e odeiam ser apressados, enquanto os representantes da cúspide Touro-Gêmeos são impacientes e podem pegar atalhos. O desejo de Touro-Gêmeos de dar por encerrada uma tarefa e passar para outra coisa será neutralizado pela determinação obstinada de Escorpião I em realizar um trabalho até o fim, mesmo que tenha de ser até a morte. Esta dinâmica pode produzir resultados maravilhosos, desde que os colegas de trabalho não levem um ao outro à loucura.

Conselho: *Deixe o passado para trás. Você está carregando fardos pesados. Pegue leve. Deve haver uma forma mais fácil de realizar o trabalho. Controle sua irritação. Aceite.*

19 a 24 de maio
CÚSPIDE DA ENERGIA
CÚSPIDE TOURO-GÊMEOS

3 a 11 de novembro
SEMANA DA PROFUNDIDADE
ESCORPIÃO II

Siga o líder

Este relacionamento é caracterizado não pela luta por poder, mas pela tentativa séria de dar-lhe uma direção. Nem sempre isso pode ser realizado graças a uma unanimidade de opiniões, circunstância que muito freqüentemente leva a decisões bem-intencionadas, mas nunca implementadas; um parceiro tem de assumir a liderança. Este poder de decisão, no entanto, pode mudar de mãos dependendo da situação, invertendo-se os papéis de líder e seguidor. Quando as áreas de experiência estão claramente definidas, a escolha do líder é óbvia, mas os conflitos podem surgir nas situações diárias no que se refere a como os papéis devem ser executados. E é aqui que o foco intuitivo do relacionamento é bem-sucedido ou fracassa.

Os relacionamentos amorosos em geral favorecem a liderança dos nascidos na cúspide Touro-Gêmeos. Eles muitas vezes são extremamente passionais, mas a depressão dos nascidos em Escorpião II pode surgir na proporção direta da intensidade sexual. Para os representantes da cúspide Touro-Gêmeos, que precisam ser valorizados e esperam que a alegria seja o resultado de tal relação sexual, isso pode causar uma paralisia. Se nenhum parceiro estiver disposto ou for capaz de assumir a liderança e adotar uma linha dura baseada na realidade, os casamentos também podem afundar, ficar à deriva, perder a direção e finalmente acabar nas rochas. Os pais nervosos ou deprimidos, preocupados com seus próprio problemas, raramente têm tempo para os filhos – um resultado evidentemente trágico.

O melhor de todos os relacionamentos dessa combinação é a amizade. Aqui os nascidos na cúspide Touro-Gêmeos e em Escorpião II, sobretudo do mesmo sexo, podem formar um laço extremamente íntimo e empático, e a liderança trocará de mãos sem esforço e com pouco ou nenhum conflito. Os ressentimentos e aborrecimentos certamente aparecerão, mas podem ser expressos e liberados.

Os colegas de trabalho e os membros da família têm condições de encontrar um equilíbrio, no qual cada um cumpre sua parte no trato. Respeito mútuo e um desejo de trabalhar para o bem da empresa ou da família podem garantir o sucesso, mas os sentimentos de carinho são em geral vagarosos em se manifestar. Construir a confiança é essencial antes de qualquer mudança emocional possível.

Conselho: *Olhe pelo lado positivo. Não se deixe tomar pela depressão. Dê um rumo aos seus esforços. Assuma a liderança sempre que necessário.*

RELACIONAMENTOS

PONTOS FORTES: DIRETO, EMPÁTICO, INTUITIVO

PONTOS FRACOS: FRACASSADO, DEPRIMIDO, DECEPCIONADO

MELHOR: AMIZADE

PIOR: CASAMENTO

SIR LAURENCE OLIVIER (22/5/07)
VIVIAN LEIGH (5/11/13)

O casal se conheceu nas filmagens de *Fire Over England* (1937) e iniciaram um caso que recebeu muita publicidade. Divorciando-se de seus cônjuges, em 1940 eles iniciaram um casamento tempestuoso que durou 20 anos. Em 1960, Leigh se divorciou de Olivier por adultério, acusando Joan Plowright de ser sua amante. **Também:** Richard Grant White & Stanford White (pai/filho; crítico/arquiteto); Rainha Vitória & Príncipe Alberto (mãe/filho).

---

19 a 24 de maio
CÚSPIDE DA ENERGIA
CÚSPIDE TOURO-GÊMEOS

18 a 12 de novembro
SEMANA DO ENCANTO
ESCORPIÃO III

Cristal raro

Ambas as partes tratam este relacionamento com grande cuidado, sabendo que sua sensibilidade traduz sua preciosidade e fragilidade como um cristal raro. Os primeiros encontros aqui são muitas vezes afetuosos mas cautelosos. Um período longo e ininterrupto se faz necessário para a confiança e a aceitação começarem a se desenvolver, e parceiros espertos sabem que não devem pressionar ou tentar acelerar esse processo. Surge o respeito mútuo, que em geral não se baseia apenas em valores humanos gerais ou no reconhecimento de um nível excessivo de dedicação. É um tipo de respeito gerado ao se perceber que alguém é capaz de nos ferir, mas escolhe não fazê-lo – e, também, um respeito pela natureza única de um relacionamento que pode enxergar seus parceiros como eles são realmente, tanto nos bons como nos maus momentos.

A atração magnética, sobretudo romântica e sexual, não é rara aqui. Com freqüência, ela se esconde na natureza, ficando oculta até mesmo dos parceiros, revelando-se apenas em sinais e lampejos ocasionais. Um dia essas paixões podem ser reveladas com força assustadora. O problema é que os parceiros podem já ter construído um relacionamento satisfatório nas esferas de trabalho ou amizade, relacionamentos que podem estar prontos para explodir. Quando as sensações físicas intensas são as primeiras a surgir, os parceiros de trabalho e os amigos têm a obrigação de deixar vir à tona para evitar uma catástrofe mais tarde. Mas amizades platônicas podem ser altamente recompensadoras, sobretudo se envolverem atividades artísticas e espirituais comuns. Da mesma forma, nos relacionamentos mais bem-sucedidos profissionalmente, os sócios ou pares formados por chefes e subordinados sublimam os impulsos primários nos projetos de trabalho.

Nos casamentos e no lar, tanto os representantes da cúspide Touro-Gêmeos quanto os nascidos em Escorpião III contarão com o apoio do grupo e das influências sociais. Tais grupos tendem a mitigar a tendência dessa dupla ao isolamento, forçando-os a interagir socialmente no dia-a-dia, e assim ambos podem fortalecer o relacionamento e torná-lo mais flexível. O ciúme e o comportamento exigente dos nascidos em Escorpião III, assim como o traço volúvel e de jogador dos representantes da cúspide Touro-Gêmeos, terão de ser monitorados e tratados com cuidado. Seja a dupla irmãos ou marido e mulher, as exigências são grandes. Nenhuma das partes está consciente das apostas envolvidas.

Conselho: *Seja franco. Evite ambigüidades. Fale francamente com o parceiro. Seja objetivo. Os sentimentos são valiosos mas explosivos. Pare de exigir.*

RELACIONAMENTOS

PONTOS FORTES: PRECIOSO, RESPEITOSO, ESPIRITUAL

PONTOS FRACOS: ISOLADO, QUEIXOSO, EXIGENTE

MELHOR: CASAMENTO

PIOR: CASO AMOROSO

LEE STRASBERG (17/11/01)
SUSAN STRASBERG (22/5/38)

Lee fundou o Actors Studio em Nova York, em 1949. A filha Susan nunca freqüentou a prestigiada escola do pai, preferindo estudar outras técnicas dramáticas. **Também: Todd Stottlemeyer & Mel Stottlemeyer** (pai/filho; beisebol); **Malcolm X & Attallah Shabazz** (pai/filha; atriz).

RELACIONAMENTOS

PONTOS FORTES: REVELADOR, FLEXÍVEL, DIGNO DE CONFIANÇA

PONTOS FRACOS: REPRESSOR, AUTO-SACRIFICADO, CRUEL

MELHOR: PARCERIA

PIOR: CASAMENTO

EVELYN KEYES (20/11/19)
ARTIE SHAW (23/5/10)

A atriz Keyes foi a oitava esposa do líder de banda e clarinetista Shaw, depois de Lana Turner e Ava Gardner. Sua autobiografia reveladora, de 1977, *Scarlett O'Hara's Younger Sister*, focalizou seus relacionamentos em Hollywood, incluindo seus casamentos anteriores com os diretores Charles Vidor e John Huston. **Também: Sam Giancana & Robert Kennedy** (alegada ligação com a máfia).

---

19 a 24 de maio
CÚSPIDE DA ENERGIA
CÚSPIDE TOURO-GÊMEOS

19 a 24 de novembro
CÚSPIDE DA REVOLUÇÃO
CÚSPIDE ESCORPIÃO-SAGITÁRIO

Um conduto de conhecimento

Os nascidos na cúspide Touro-Gêmeos e Escorpião-Sagitário estão em oposição no zodíaco. E essas oposições denotam estresse e também atração magnética, e, neste caso, a última é bem pronunciada. A tônica do relacionamento é trazer à tona o que está oculto, sobretudo de natureza espiritual, religiosa ou ideológica. Sejam esses conceitos e idéias secretas reveladas ao círculo social ou ao público em geral, as energias dos nascidos nas cúspides Touro-Gêmeos-Escorpião-Sagitário são poderosas em transmiti-las. O relacionamento é um conduto de conhecimento.

O amor e o casamento entre os dois podem funcionar desde que eles não se intrometam em terrenos mais importantes: tanto Touro-Gêmeos quanto Escorpião-Sagitário tendem a colocar seu trabalho em primeiro lugar. Encontros românticos devem ser cuidadosamente planejados para momentos e lugares especiais. Problemas surgirão se exigências domésticas ou do relacionamento perturbarem o ritmo de trabalho. Se o ressentimento não resolvido de Touro-Gêmeos e as culpas ou perturbações emocionais mútuas de Escorpião-Sagitário se impuserem de fato, eles muitas vezes serão tratados impiedosamente, tornando claro que sentimentos pessoais são de importância secundária para os dois e devem ser eliminados se forem um incômodo. Com o passar do tempo, infelizmente, a recusa em lidar com problemas pessoais latentes intensificará as tensões em vez de aliviá-las.

Amigos e membros da família com esta combinação podem ter sucesso no trabalho conjunto – cônjuges e namorados acharão mais difícil. Sobretudo entre membros do mesmo sexo, é possível, e até necessário, que sentimentos íntimos de confiança e afeição prevaleçam, enquanto o par estiver trabalhando em um projeto comum. Sociedades autônomas ou empreendimentos e a administração de grupos sociais ou organizações são especialmente favorecidas aqui.

Dada a prioridade da carreira sobre a vida pessoal, expectativas de sucesso são altas na esfera profissional. No entanto, a medida verdadeira da índole do relacionamento será sua habilidade em sobreviver ao fracasso e à catástrofe e prosseguir no lugar. Coragem e determinação muitas vezes permitem que projetos tomem forma, havendo dinheiro ou não, pois este par tem plena convicção de seu valor. Será um desafio para eles exigir uma recompensa à altura enquanto o trabalho ainda está sendo feito, sem poderem se basear na confiança de suas expectativas.

Conselho: *Não tenha como garantidas as questões pessoais. Cuidado com a ambição excessiva. Exija reconhecimento e recompensa. Baseie-se no passado, invista no futuro.*

RELACIONAMENTOS

PONTOS FORTES: CONSTRUTIVO, CONSCIENTE, ENERGÉTICO

PONTOS FRACOS: ESTRANHO, RESSENTIDO, IRRITADO

MELHOR: AMIZADE

PIOR: AMOR

JIMI HENDRIX (27/11/42)
JOE COCKER (20/5/44)

O cantor de soul Cocker e o extraordinário guitarrista Hendrix são músicos lendários dos anos 1960. Ambos fizeram apresentações explosivas no Festival de Woodstock em 1969: Cocker com a execução de *With a Little Help from My Friends* e Hendrix com seu ensurdecedor e irreverente *Star-Spangled Banner*. Ambos tiveram problemas com drogas. Cocker superou os seus; Hendrix morreu de overdose em 1970.

---

19 a 24 de maio
CÚSPIDE DA ENERGIA
CÚSPIDE TOURO-GÊMEOS

25 de novembro a 2 de dezembro
SEMANA DA INDEPENDÊNCIA
SAGITÁRIO I

Construindo pontes

O desafio aqui será duplo: primeiro, construir compreensão e aceitação entre seus parceiros; segundo, usar esta compreensão para criar uma estrutura viável para o relacionamento. Ambas as personalidades são tipos independentes, e se este for verdadeiramente o relacionamento que desejam, eles terão de aprender a aceitar as regras e os limites que os manterão unidos, e as expressões de ressentimento e raiva que terão de manifestar ocasionalmente. Analisar os fracassos do passado é de valor limitado aqui – o que é mais necessário é colocar algum tipo de mecanismo no lugar para resolver problemas, continuar com a situação presente e, essencialmente, preparar-se para um futuro mais iluminado. Repetir os erros do passado raramente constitui um problema nesta relação, que possui uma capacidade de expor as causas dos problemas e criar soluções.

Nos relacionamentos amorosos, os dois podem desencadear as sensibilidades um do outro. O relacionamento está pronto para revelar seu lado apaixonado, e eles devem ter cuidado para não deixar emoções negativas saírem do controle. Demonstrando uma falta de realismo e conhecimento, os dois podem provar que esta é uma situação clássica: "na cama é o paraíso, fora dela o inferno". Se o que é desejado é um relacionamento completo, em vez de frustrado ou egoísta, muitas horas de trabalho na introspecção e na autocompreensão terão de ser compartilhadas.

O casamento não é a melhor idéia para esta combinação, uma vez que os nascidos na cúspide Touro-Gêmeos ficam nervosos e os representantes de Sagitário I impacientes. Se tais irritações puderem ser superadas, o casal muitas vezes proporcionará um lar dinâmico, amoroso e acolhedor para seus filhos e animais de estimação. Amizades e relacionamentos profissionais podem ser divertidos, cordiais e produtivos, mas envolvimentos emocionais profundos devem ser desencorajados. Nenhuma das partes é em geral estável o suficiente para garantir a esses relacionamentos a qualidade que eles exigem. Pares formados por membros da família, sobretudo relacionamentos entre pai e filho, caracterizam-se por acessos intempestivos e períodos de alienação adulta, mas vínculos de amor e confiança podem ser formados mais tarde, na vida adulta. No trabalho, os nascidos em Sagitário I podem achar os representantes da cúspide Touro-Gêmeos dissimulados e estes podem achar Sagitário I inflexível e exigente.

Conselho: *Perdoe e esqueça. Prossiga. Não recue. Você pode ter o que deseja, apenas esteja certo de que sabe o que quer.*

19 a 24 de maio
CÚSPIDE DA ENERGIA
CÚSPIDE TOURO-GÊMEOS

3 a 10 de dezembro
SEMANA DO ORIGINADOR
SAGITÁRIO II

O caminho menos percorrido

A tônica deste relacionamento está longe do mundo da ambição e do sucesso: esses dois tipos raros, talvez criticados e rejeitados bastante durante a vida, escolhem juntos o caminho menos percorrido. Embora ambos possam ser considerados extrovertidos para os padrões do mundo, neste relacionamento o foco é mais interno, imaginativo e espiritual. Isto não significa que os dois sejam menos do que profissionais em suas carreiras – longe disso. Dinheiro e poder, porém, não são faz parte deste relacionamento.

Casos amorosos entre pessoas tão divergentes são silenciosos, o que é uma surpresa. Íntimo e apaixonado, este relacionamento demonstra um fascínio pelo bizarro e o excêntrico no amor e no romance, mas o mantém sereno – poucos adivinhariam o que acontece atrás das janelas e portas. Mas pode-se imaginar que as atitudes sexuais nessa combinação não excluem uma abordagem interessante e que ambos estão abertos para novas experiências.

Casamentos, ou situações de vivência permanente podem se basear nas crenças espirituais, religiosas ou artísticas de um ou mesmo dos dois parceiros. Semelhantes associações geralmente propiciam meios importantes de as pessoas extravasarem socialmente, proporcionando alívio para uma vida pessoal e doméstica agitada. Em determinados períodos, deve-se tentar uma vida em comum que geralmente – mas não necessariamente – alcança resultados duradouros.

Como amigos, os nascidos na cúspide Touro-Gêmeos e em Sagitário II podem dedicar-se com tanta satisfação e energia aos seus interesses e atividades comuns de lazer, como eles o fazem com suas respectivas carreiras ou casos amorosos. Assim, a amizade deixa de ser uma oportunidade para se descontrair e ser aceito, tornando-se um meio de prosseguir rapidamente na busca de objetivos comuns. Esportes, ginástica, viagens, livros e novas mídias – é provável que uma ou todas essas atividades atraiam os dois parceiros.

A conexão profissional aqui é menos forte, desde que esteja ligada a uma amizade ou casamento, ou ainda a um interesse que absorva muito tempo. As relações familiares, sobretudo entre irmãos, tendem a encher a casa com entusiasmo e bom humor. Os nascidos na cúspide Touro-Gêmeos e em Sagitário II apreciarão este relacionamento por causa do entusiasmo mútuo e por suas qualidades mais raras.

Conselho: *Desenvolva seu lado social. Traga consigo uma disposição em relação aos outros. Não despreze oportunidades profissionais. Evite ir longe demais.*

RELACIONAMENTOS

PONTOS FORTES: ENTUSIASTA, IMAGINATIVO, ESPIRITUAL

PONTOS FRACOS: PECULIAR, IMAGINATIVO, RETRAÍDO

MELHOR: IRMÃO

PIOR: TRABALHO

DOUGLAS FAIRBANKS, JR.
(9/12/09)
DOUGLAS FAIRBANKS
(23/5/1883)

Como pai, a estrela absorta em si mesma do cinema mudo teve pouco interesse pela carreira do filho. Tornaram-se próximos apenas nos anos 1930, quando Fairbanks, Jr. casou-se com Joan Crawford, em 1928, e ascendeu ao estrelato. **Também: Cher & Gregg Allman** (casados; cantora-atriz/ estrela do rock).

---

19 a 24 de maio
CÚSPIDE DA ENERGIA
CÚSPIDE TOURO-GÊMEOS

11 a 18 de dezembro
SEMANA DO TITÃ
SAGITÁRIO III

Uma estranha mistura

Ser compreendido é a característica deste relacionamento. Os outros terão muitas vezes dificuldades para entender a atração entre esses dois parceiros tão diferentes e o que os mantém juntos. Eles podem se sentir da mesma forma – muitas coisas nesta relação giram em torno da idéia de revelar a verdade a respeito um do outro e, sucessivamente, de se explicarem ao mundo. Não é que eles não queiram compreender um ao outro; o problema é que suas energias e abordagens são tão diferentes que é difícil para eles até começar. Os nascidos em Sagitário III são indivíduos influentes, dados à contemplação dos grandes temas, e não são sobretudo verbais; já os nascidos na cúspide Touro-Gêmeos são loquazes, sofrem da síndrome de cometer gafes e gostam de minúcias, detalhes e nuanças. Mas esses opostos podem se fundir e se contemplar, formando uma combinação misteriosa na qual padrões são rigorosos. Eles querem fazer bem o seu trabalho e as expectativas são sólidas.

Casos amorosos aqui são enganosos. Os poderosos representantes de Sagitário III podem ficar fascinados pelos nascidos na cúspide Touro-Gêmeos, que são brilhantes e otimistas e que, por sua vez, também se sentem atraídos pelo porte e pela visão de seus parceiros. Mas a necessidade de dominar no amor que caracteriza Sagitário III pode se transformar em ressentimento em um representante da cúspide Touro-Gêmeos, que necessita de liberdade. Casamentos semelhantemente podem ser bem-sucedidos somente se o parceiro nascido na cúspide Touro-Gêmeos estiver preparado para representar um papel secundário, o que não é fácil. Um aspecto positivo é que a depressão e o mau humor de Sagitário III podem ser positivamente afetados pela cúspide Touro-Gêmeos, que se caracteriza pela alegria e extroversão e sabe como se divertir.

Amizades e relacionamentos familiares podem ser extremamente acolhedores. Como amigos ou irmãos, os nascidos na cúspide Touro-Gêmeos e em Sagitário III serão mutuamente protetores, o primeiro talvez verbalmente e o último fisicamente. Além disso, o relacionamento em si pode se revelar defensor dos mais pobres ou dos que estão em condições de inferioridade e também ser prestativo para os fracos ou membros familiares tímidos. A compreensão da dupla para com a natureza humana pode fazer com os que se sentem incompreendidos procurem seus conselhos. No trabalho, os representantes de Sagitário III podem ser chefes excelentes ou até gerentes dos nascidos na cúspide Touro-Gêmeos.

Conselho: *Procure tempo para se explicar. Ser compreendido não é uma vantagem. Coopere mas nunca desista de sua individualidade. Equilibre os extremos.*

RELACIONAMENTOS

PONTOS FORTES: MISTERIOSO, COMPLEMENTAR, ADMIRADOR

PONTOS FRACOS: HIPEREXPANSIVO, INCOMPREENDIDO, EXTREMISTA

MELHOR: FAMÍLIA, TRABALHO

PIOR: AMOR

WILLIAM GEORGE FARGO
(20/5/1818)
HENRY WELLS (12/12/1805)

Em 1852, Fargo e Wells fundaram a Wells Fargo & Co. que fornecia serviços de correio e banco de costa a costa. Em 1866, a Wells Fargo controlava todas as diligências do território, proporcionando um elo vital entre as cidades dos Estados Unidos. **Também: Bob Dylan & John Hammond** (cantor descoberto por crítico musical).

| RELACIONAMENTOS |

PONTOS FORTES: ÍNTIMO, INTRIGANTE, SUAVE

PONTOS FRACOS: REJEITADO, INIBIDOR, ISOLADO

MELHOR: AMOR

PIOR: AMIZADE

RAINHA VITÓRIA (24/5/1819)
BENJAMIN DISRAELI (21/12/1804)

Disraeli, primeiro-ministro de Vitória, tornou-se seu confidente após a morte de Alberto, em 1861. Consolador e atraente, ele restaurou seu interesse em governar nomeando-a imperatriz da Índia em 1876. Ela fez dele conde. **Também: Wagner & Cosima Liszt** (casados; compositor/filha de Liszt); **Wagner & Matilde Wesendonck** (compositor apaixonado pela poetisa); **Artie Shaw & Ava Gardner** (casados; líder de banda/atriz).

---

19 a 24 de maio
CÚSPIDE DA ENERGIA
CÚSPIDE TOURO-GÊMEOS

19 a 25 de dezembro
CÚSPIDE DA PROFECIA
CÚSPIDE SAGITÁRIO-CAPRICÓRNIO

O olho privado

É provável que o foco deste relacionamento seja uma privacidade que transcende os limites do normal, até tendendo à reclusão. É provável também que os nascidos na cúspide Sagitário-Capricórnio permitam que os representantes da cúspide Touro-Gêmeos enxerguem um pouco o lado sombrio de suas personalidades, o lado que poucas vezes eles mostram para as outras pessoas. Detetives por natureza, os nascidos na cúspide Touro-Gêmeos ficarão fascinados pela possibilidade de investigar mais; todavia, é provável que o relacionamento exija que eles renunciem a determinados aspectos expansivos de seu ser para que possam ficar sozinhos em um ambiente íntimo e doméstico com os representantes da cúspide Sagitário-Capricórnio, que são mais introvertidos. Astrologicamente, Touro-Gêmeos é uma combinação terra-ar, e Sagitário-Capricórnio, fogo-terra. O elemento que falta é precisamente o que governa o relacionamento: água, simbolizando sentimento.

O amor e o casamento entre os dois podem ser afetuosos, pessoais e emocionais em sua natureza. A ênfase aqui é doar e, embora ambos os parceiros possam ganhar muito um com o outro, é provável que sejam os nascidos na cúspide Sagitário-Capricórnio a crescer aos olhos dos nascidos na cúspide Touro-Gêmeos e no próprio relacionamento, algo semelhante ao que acontece em *Pigmaleão*, de George Bernard Shaw, e em *My Fair Lady*, de Eliza Doolittle. Infelizmente, quando este crescimento se torna real e há uma queda do pedestal, o escultor fica abandonado enquanto sua linda criação sai pela porta afora. As ligações e os rompimentos subseqüentes podem ser extremamente dolorosos.

Amizades nesta combinação também podem ser profundas. Como amigos, muitas vezes se tornam envolvidos em triângulos ou quartetos amorosos e podem no final substituir um dos parceiros principais. Ciúmes, exigências exigentes e impulsos competitivos podem facilmente surgir e atingir proporções doentias.

Relacionamentos de trabalho não são recomendados aqui a menos que eles garantam quase total autonomia a ambos os parceiros, uma exigência difícil. Relacionamentos familiares, sobretudo pares formados por pai e filha ou mãe e filho, podem ser extremamente influentes na vida de ambos os indivíduos, às vezes se tornando uma força dominadora que inibe o crescimento pessoal.

Conselho: *Cuidado com os relacionamentos indevidos. Não dê as costas para o mundo. Mantenha-se ligado. O perigo reside nos triângulos. Lembre-se de quem você é. Atente para os limites.*

| RELACIONAMENTOS |

PONTOS FORTES: FRANCO, LITERAL, EMOCIONAL

PONTOS FRACOS: DIFÍCIL, DANOSO, INSTÁVEL

MELHOR: TRABALHO

PIOR: CASAMENTO

J. EDGAR HOOVER (1/1/1895)
CLYDE TOLSON (22/5/1900)

Hoover foi diretor do FBI por 48 anos. Em 1947 ele nomeou Tolson como diretor-associado. Considerados homossexuais e namorados, sua longa e próxima associação durou até a morte de Hoover, em 1972. **Também: Cher & Phil Spector** (colaboração; cantor/produtor de gravadora); **George Tabori & Viveca Lindfors** (casados; escritor-diretor/atriz).

---

19 a 24 de maio
CÚSPIDE DA ENERGIA
CÚSPIDE DE TOURO-GÊMEOS

26 de dezembro a 2 de janeiro
SEMANA DO REGENTE
CAPRICÓRNIO I

Aceitar o que é bom, acatar o que é ruim

O desafio desta combinação é ser realista. Embora decepções, conflitos e dificuldades de todos os tipos existam em grande número aqui, o relacionamento tende a ser aberto e honesto, até insensível. Raramente um dos parceiros guardará por muito tempo o que se passa em sua mente sem manifestar sua reclamação. Isto não quer dizer que as coisas não andem bem aqui; longos períodos de paz sentimental e até experiências extraordinárias ocorrem nos relacionamentos entre Touro-Gêmeos-Capricórnio. Aceitar o que é bom, ao mesmo tempo em que se acata o que é mau, é uma regra de vida aqui. Há duas grandes ameaças para a saúde do relacionamento: interrupção na comunicação e perda de confiança, a primeira mais decepcionante para os nascidos na cúspide Touro-Gêmeos, e a última para os nascidos em Capricórnio I.

Casos amorosos entre os dois podem ser profundos mas também instáveis. Se os representantes de Capricórnio I perderem a cabeça e iniciarem uma relação com os excitantes e românticos nascidos na cúspide Touro-Gêmeos, é só uma questão de tempo para a realidade se restabelecer e o relacionamento perder seu ímpeto e até se romper. Se os representantes da cúspide Touro-Gêmeos desviarem-se do relacionamento em seus estágios iniciais e forem descobertos, eles podem ficar surpresos com a rapidez e severidade da resposta dos nascidos em Capricórnio I.

Casamentos nesta combinação são dolorosos demais para serem levados em consideração. A menos que Capricórnio I se resigne em ficar sentado esperando lentamente a hora em que seu Touro-Gêmeos ocupado vai chegar em casa; por isso, é melhor nem tentar. Amizades e relacionamentos familiares podem ser íntimos e amorosos mas também dolorosos e difíceis. Tal fato é verdadeiro sobretudo em relação aos pares formados pelo pai e filho. Sendo capaz de considerar o relacionamento pelo que ele é, e vê-lo sob um ângulo realista, despido de ilusões e projeções simbólicas, é um desafio difícil que pode valer a pena para ambos os parceiros.

Na esfera profissional, este relacionamento pode funcionar satisfatoriamente com a personalidade e a energia abundante de Touro-Gêmeos se solidificando com a praticidade e o bom senso de Capricórnio I. Os dois se saem melhor trabalhando juntos como executivos ou como parceiros de negócios, em vez de colegas de trabalho, pois neste último caso é mais provável que surjam conflitos.

Conselho: *Cuidado para não se deixar levar pela falsa realidade. Procure enxergar direito. Aceite o melhor e o pior. Mantenha a confiança e a comunicação vivas.*

19 a 24 de maio
CÚSPIDE DA ENERGIA
CÚSPIDE DE TOURO-GÊMEOS

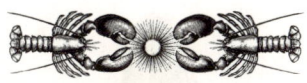

3 a 9 de janeiro
SEMANA DA DETERMINAÇÃO
CAPRICÓRNIO II

Voltar à realidade

Esta relação pode explorar as dimensões distantes do pensamento e da fantasia, mas também se firmar no aqui e agora. A metáfora da dança é indicada aqui – saltar, literalmente voar, depois retornar ao chão para recuperar a energia. O relacionamento em geral mostra percepção suficiente para se basear no esforço prático que satisfaz os dois parceiros no seu trabalho. Sem essa base, é provável que eles fiquem perdidos ou até mesmo tentem escapar juntos das exigências da vida diária. O relacionamento tem um ar de falsa realidade.

Os nascidos na cúspide Touro-Gêmeos podem se deixar levar pela excentricidade desta combinação. Eles estão do lado inconstante, e as ilusões criadas aqui podem ser muitas. Já os nascidos em Capricórnio II, sempre sérios e em geral carregados de responsabilidades, inicialmente se sentirão libertados pela imaginação do parceiro, mas podem mais tarde tentar exercer o controle. Os nascidos na cúspide Touro-Gêmeos suportarão o impacto deste relacionamento amorfo.

Charmosa e maliciosa, a relação amorosa é à primeira vista a essência do romance. No entanto, é provável que seja reservada e exiba sintomas neuróticos de ansiedade e preocupação. O casamento em geral está mais favorecido: tarefas domésticas, planejamentos financeiros e construção de uma família podem ser as influências terrenas de que o relacionamento exige. A melhor aposta de todas é provavelmente a amizade, que caracterizará uma cadeia de pensamentos infinita no tocante a tarefas a serem executadas, tanto intelectuais quanto físicas. Tais amigos podem perfeitamente viajar, fazer exercícios e trabalhar juntos. Ternura, afeição e doação de presentes são características aqui.

Os irmãos nesta combinação parecerão tão diferentes quanto a noite e o dia, mas suas personalidades podem harmonizar-se bem. Os perigos aqui são dependência exagerada e falta de desenvolvimento individual. Diferenças de temperamento nas combinações pai e filho (o sério e exigente Capricórnio II, o brincalhão e flexível Touro-Gêmeos) podem estabelecer um dinamismo familiar contencioso, porém raramente enfadonho. Se o relacionamento for bom no dia-a-dia, pares profissionais são favorecidos. Os dois podem trabalhar lado a lado por anos a fio e ainda manter sua individualidade. Eles constituirão uma unidade efetiva para fazer o trabalho com eficiência e segurança.

Conselho: Não perca de vista as exigências do dia-a-dia. Seja responsável, mas não se esqueça de sonhar. Domine o medo e a ansiedade. Não reprima a afeição.

RELACIONAMENTOS

PONTOS FORTES: PARTICIPATIVO, AFETIVO, COM PÉS NO CHÃO

PONTOS FRACOS: ESCAPISTA, PREOCUPADO, MEDROSO

MELHOR: AMIZADE

PIOR: AMOR

PRISCILLA PRESLEY (24/5/45)
ELVIS PRESLEY (8/1/35)

Eles se conheceram quando Priscilla tinha 14 anos de idade e se tornaram íntimos um ano mais tarde. Casaram-se quando ela completou 21 anos e tiveram uma filha, Lisa Marie. O consumo de bebida e drogas por Elvis e suas infidelidades acabaram com o casamento em 1973. **Também: Rosemary Clooney & Jose Ferrer** (casados); **Bob Dylan & Joan Baez** (romance; amigos-colaboradores); **Richard Wagner & Hans von Bülow** (associados, casaram com a mesma mulher).

---

19 a 24 de maio
CÚSPIDE DA ENERGIA
CÚSPIDE DE TOURO-GÊMEOS

10 a 16 de janeiro
SEMANA DA DOMINAÇÃO
CAPRICÓRNIO III

Linhas genuínas

Este casal pode se dedicar ao gosto estético, seja nas artes, na música, na literatura e na dança e nos esportes. Seu gosto corre na direção das linhas genuínas e claras e da beleza funcional. O relacionamento revela o lado mais prático dos nascidos na cúspide Touro-Gêmeos e o lado mais artístico dos representantes de Capricórnio III. Pode ser uma relação poderosa quando se trata de definir a melhor forma de ter um projeto iniciado ou concluído. A fusão da rapidez e das forças ecléticas dos nascidos na cúspide Touro-Gêmeos com o poder e a capacidade de planejamento dos representantes de Capricórnio III pode criar uma combinação que avança vigorosamente para a frente.

Relacionamentos amorosos entre os dois serão extremamente físicos. Atividades tanto sexuais quanto sensuais florescerão. O gosto estético do casal nessas atividades não deve ser subestimado. Os representantes de Capricórnio III inicialmente acharão fascinantes os nascidos na cúspide Touro-Gêmeos e um desafio real que devem assumir. Os nascidos na cúspide Touro-Gêmeos tirarão proveito da solidez, do espírito prático e da independência de Capricórnio III.

O casamento pode ser feliz, mas muitos dos atributos mais pessoais dos parceiros acabarão sendo irritantes e mutuamente incômodos. Embora os nascidos na cúspide Touro-Gêmeos possam entreter os representantes de Capricórnio III sérios ao cabo de um dia longo e difícil, eles também podem ser muito falantes e mentalmente agitados. As exigências práticas dos nascidos em Capricórnio III também podem ser muito intensas para suportar diariamente.

Relacionamentos familiares são extremamente complexos, sobretudo entre mãe e filho ou pai e filha. Reverência, até adoração na infância, pode gerar uma união indevida, que será extremamente difícil de separar mais tarde, sobretudo no início da vida adulta. Relacionamentos no trabalho são mais favoráveis aqui. É possível para amigos nascidos em Touro-Gêmeos-Capricórnio III participarem junto em algum empreendimento. Não apenas realizar o trabalho, não importa quão bem-sucedido ele seja, mas também as alegrias de compartilhar lutas e realizações com um amigo íntimo tornam este relacionamento algo especial. A flexibilidade de Touro-Gêmeos pode ser perturbadora às vezes, mas Capricórnio III no fundo perceberá seus benefícios no tocante a seus projetos conjuntos.

Conselho: Divirta-se mas faça o trabalho. Não se distraia no trabalho. Mantenha os sentimentos sob controle. Tente ser mais eficiente.

RELACIONAMENTOS

PONTOS FORTES: GRATO, ESTÉTICO, DIFÍCIL DE PARAR

PONTOS FRACOS: EXIGENTE, IRRITANTE, EMPERRADO

MELHOR: TRABALHO

PIOR: CASAMENTO

MARY CASSATT (22/5/1844)
BERTHE MORISOT (14/1/1841)

Cassatt, uma americana, e a francesa Morisot, foram as únicas mulheres membros do grupo de impressionistas no século XIX liderado por Degas. Como tal são consideradas as pintoras mais importantes de seu tempo. **Também: Sam Giancana & Judith Exner** (membro de quadrilha/caso com Kennedy).

| **RELACIONAMENTOS** |

PONTOS FORTES: DIVERTIDO, CÔMICO, VISTOSO

PONTOS FRACOS: CIUMENTO, FORA DA REALIDADE, MALUCO

MELHOR: CASAMENTO

PIOR: AMIZADE

ROBERT MACNEIL (19/1/31)
JIM LEHRER (19/5/34)

Este par compatível teve extensa experiência em reportagem antes de se tornarem âncoras, em 1976, do prestigiado *MacNeil-Lehrer Newshour*, que era transmitido pelas estações de âmbito nacional da PBS até a aposentadoria de MacNeil, em 1995.

---

19 a 24 de maio
CÚSPIDE DA ENERGIA
CÚSPIDE DE TOURO-GÊMEOS

17 a 22 de janeiro
CÚSPIDE DO MISTÉRIO E DA IMAGINAÇÃO
CÚSPIDE CAPRICÓRNIO-AQUÁRIO

Ultrapassando o limite

Espera-se que este relacionamento seja tranqüilo por causa de seu aspecto trígono (120° separado no zodíaco); os dois podem na realidade ter muita diversão juntos. É provável que surjam aqui os projetos mais bobos e simples. O par aparecerá altamente extrovertido aos olhos do mundo, envolvido em planos arrojados, mas às vezes loucos. Isto pode ser um perigo, pois a estabilidade psicológica de ambos não é congenitamente boa, e as atividades que exigem muito ou são perigosas podem arremessá-los para além dos limites. Então o relacionamento serve como um teste de comportamento maduro e de habilidade para equilibrar os impulsos exagerados. O truque seria que ambos preservassem rigorosamente sua individualidade e trouxessem à tona a força pessoal que eles compartilham – uma faculdade altamente desenvolvida e prática para análises críticas.

Amizades e casos amorosos, embora animados e excitantes, podem sofrer com a competitividade inconsciente. Tanto os nascidos na cúspide Touro-Gêmeos como na cúspide Capricórnio-Aquário adoram ser o centro das atenções e às vezes nem percebem que estão lutando por posição. Devido à natureza muitas vezes cômica, resplandecente e carismática, é provável que ambos atraiam admiradores; caso essas atrações sejam muito tentadoras, isto pode provocar ciúme e desgosto. No entanto, o comportamento possessivo e reivindicatório não é necessariamente uma característica aqui, e uma atitude tolerante e abertamente permissiva que dê ensejo ao envolvimento moderado com os outros, muitas vezes em nome de enriquecimento ou revitalização, pode ser algo recompensador.

Relacionamentos conjugais, profissionais e familiares entre os nascidos na cúspide Touro-Gêmeos e Capricórnio-Aquário muitas vezes se beneficiam da estrutura do grupo e dos sistemas de apoio. Estar cercado pelos outros pode ter um efeito estabilizador, atuando no sentido de se evitar que energias mais violentas saiam do controle. Como cônjuges e pais, um casal formado pela cúspide Touro-Gêmeos e Capricórnio-Aquário terá bons momentos com seus filhos, levando-os em férias e participando de atividades fora de seu roteiro escolar. Relacionamentos entre pai e filho nesta combinação podem não ser estáveis o bastante para ser benéfico a um dos parceiros; na verdade, muitas vezes essa relação é minada por expectativas irreais de ambos os lados.

Conselho: *Diminua sua necessidade de atenção. Tente compreendê-la. Coloque seus muitos talentos a serviço dos outros. Compartilhe. Desenvolva a paciência e a compreensão.*

| **RELACIONAMENTOS** |

PONTOS FORTES: PERFECCIONISTA, EMOCIONANTE, PSÍQUICO

PONTOS FRACOS: EXCÊNTRICO, CAÓTICO, CEGO

MELHOR: FAMÍLIA

PIOR: CASAMENTO

DONNA REED (27/1/21)
JIMMY STEWART (20/5/08)

Talvez em seu papel mais memorável, Stewart contracenou com Reed no clássico romântico e sentimental de Frank Capra, em 1946, *A Felicidade Não se Compra*. **Também:** Rainha Vitória & Kaiser Guilherme II (avó/neto; rainha inglesa/rei alemão).

---

19 a 24 de maio
CÚSPIDE DA ENERGIA
CÚSPIDE TOURO-GÊMEOS

23 a 30 de janeiro
SEMANA DO GÊNIO
AQUÁRIO I

Emocionalmente romântico

O ar é o elemento governante deste relacionamento, enfatizando o pensamento, o raciocínio e a conexão. Reforçando os lados mentais de seus parceiros, o relacionamento tende ao perfeccionismo e é sensível à beleza da matemática, da lógica e do desenho. O problema é que ele pode tomar certas atitudes de acordo com um padrão duplo, sendo muito cego sobre sua própria falta de lógica. Reservando a observação crítica para os outros, o relacionamento, em seu entusiasmo e otimismo, pode perder a habilidade de se analisar e de enxergar os objetivos claramente.

É provável que casos amorosos sejam tempestuosos e inconstantes. Nenhum dos nascidos na cúspide Touro-Gêmeos e em Aquário I prima pela estabilidade nesta área, e sua fusão aqui pode ser muito caótica. Por outro lado, a excitação, a tensão sexual e a expressão energética do relacionamento podem às vezes ser sensacionalmente românticas. Uma vez que a liberdade e a infidelidade também são acentuadas aqui, o casamento não é sobretudo recomendado.

Se os dois estiverem procurando uma amizade com poucas responsabilidades e uma grande capacidade para a diversão, é esta a relação. O céu é o limite para aventuras e experiências de todos os tipos, e a forte conexão mental aponta para jogos de mesa e vídeo, quebra-cabeças, Internet ou envolvimento com computador e possíveis interesses pela realidade virtual ou por fenômenos físicos. Esta pode ser uma amizade só para as horas boas, carecendo de profundidade, e com os parceiros se tornando menos interessados um no outro nos momentos de necessidade. Há também uma certa negligência no tocante às responsabilidades financeiras.

Relacionamentos familiares podem ser íntimos aqui, sobretudo entre irmãos do mesmo sexo. Algum tipo de habilidade telepática não é de todo rara, e conexões importantes são esperadas. Relacionamentos entre pais e filhos tendem ao permissível, com pais tanto de Aquário I quanto da cúspide Touro-Gêmeos tentando encorajar a liberdade de seu filho.

Relacionamentos no trabalho que efetivamente utilizam o poder mental deste par podem ser altamente bem-sucedidos. Mas os chefes podem ter de controlar a irresponsabilidade financeira de Touro-Gêmeos e os julgamentos um tanto sarcásticos de Aquário I.

Conselho: *Acalme-se. Cuidado com os padrões duplos. Seja mais autocrítico. Harmonize suas emoções. Entusiasmo pode ser mortal. Não perca de vista sua meta.*

19 a 24 de maio
CÚSPIDE DA ENERGIA
CÚSPIDE TOURO-GÊMEOS

31 de janeiro a 7 de fevereiro
SEMANA DA JUVENTUDE E DA DESPREOCUPAÇÃO
AQUÁRIO II

Sinos de prata e amêijoas

Este relacionamento lembra imagens de um reino infantil, em que as pessoas brincam em ambientes paradisíacos. Esses parceiros podem viver no seu próprio mundo, esquecidos de tudo menos de sua própria imaginação. É muito acentuada a vivência de fantasias, que podem assumir uma importância maior do que a sociedade está preparada para aceitar. Na realidade, outros podem ver estes parceiros como uma dupla um pouco bizarra e fora de contexto com a realidade. Caso trabalhem no campo artístico, acadêmico ou de negócios, seus esforços podem ser aplaudidos.

Relacionamentos amorosos são muitas vezes ocultos, e os sentimentos subjacentes podem muito bem ter ficado em segredo por anos a fio antes do início da relação. Esses sentimentos podem ter se manifestado na forma de fantasias ou podem ter sido completamente inconscientes. O momento em que essas almas gêmeas se juntam provoca entusiasmo, naturalmente, mas parece quase uma obra do destino. Os nascidos em Aquário II desejarão ter certeza de que o relacionamento é o que os nascidos na cúspide Touro-Gêmeos realmente desejam; estes podem estar adotando um atitude: "Eis a minha chance" ou "Agora ou nunca". Esses relacionamentos podem prosseguir por anos, provocando até mudanças nos parceiros principais. Casamento raramente parece estar incluído neste destino; caso isso ocorra, pode ser bem-sucedido, embora os amigos e a família possam nunca aceitá-lo.

Como irmãos ou outros familiares, os dois parecerão extremamente íntimos. Sua recusa total a se prender a papéis familiares tradicionais pode confundir o resto da família ou torná-la ciumenta. No trabalho, eles podem ser admiravelmente bem-sucedidos, sobretudo em um dos mais imaginativos tipos de empreendimento comercial. Eles se saem melhor como executivos ou sócios em negócios do que como colegas de trabalho em escritório ou fábrica. Caso o relacionamento surja em um grupo de pesquisa e desenvolvimento ou em um setor de propaganda, ele pode gerar descobertas e métodos inovadores. Relacionamentos entre professor e aluno também podem ser importantes. Como amigos adultos, os dois se divertem tanta quanto crianças. Sem nenhuma consciência de si mesmo, os nascidos na cúspide Touro-Gêmeos e em Aquário II podem sentir enorme prazer com a música, a culinária ou o entretenimento com um grupo pequeno de familiares ou amigos íntimos.

Conselho: *Olhe mais para você mesmo. Cuidado com as desilusões e para não machucar os outros. Encontre o que realmente tem valor. Pense construtivamente.*

RELACIONAMENTOS

PONTOS FORTES: IMAGINATIVO, INFANTIL, INOVADOR

PONTOS FRACOS: DISTRAÍDO, DESLIGADO, NÃO RECONHECIDO

MELHOR: AMOR

PIOR: CASAMENTO

RONNIE REAGAN (20/5/58)
RONALD REAGAN (6/2/11)

Filho do ex-presidente Reagan, Ronnie permaneceu em segundo plano para sua família na Casa Branca. Bailarino, dançou com Joffrey, depois partiu para uma carreira na tevê que durou de 1986 a 1992. **Também: Rainha Vitória & Felix Mendelssohn** (compositor favorito da rainha).

---

19 a 24 de maio
CÚSPIDE DA ENERGIA
CÚSPIDE TOURO-GÊMEOS

8 a 15 de fevereiro
SEMANA DA ACEITAÇÃO
AQUÁRIO III

Puro-sangue nervoso

Este relacionamento exigente atua em altas – mas estressantes – esferas. A perfeição exigida aqui melhorará a qualidade da vida, mas pode miná-la em qualquer modelo fornecido, gerando nervosismo e pressão. Um atitude de autocrítica cruel também pode funcionar, com velhos manuscritos produzindo profecias que se auto cumprem ("Você nunca será nem um pouco bom nisso"). Uma atitude positiva pode ser continuamente eliminada.

O impulso social inegável do relacionamento favorece amizades e casamentos. Tanto os nascidos em Aquário III quanto os representantes de Touro-Gêmeos têm um lado fortemente gregário que deve ser expresso, e seu par reforça a sinergia desta tendência. Por consequência, seu relacionamento acaba sendo definido como errático para os padrões dos outros, sejam estes familiares, grupos sociais, colegas ou amigos. Quando as exigências sociais tornam-se muito invasivas, ressentimento e resistência podem surgir sobretudo da parte dos nascidos em Aquário III, que têm um lado independente muito forte.

Casos amorosos entre os dois tendem a ser altamente acolhedores e reconfortantes. Embora os representantes de Aquário III se exasperem facilmente, os nascidos na cúspide Touro-Gêmeos conhecem um jeito de suavizar o humor e de manter a objetividade, sem exageros. Por outro lado, eles também desejam ser o centro das atenções, uma necessidade que o orgulhoso e ocupado Aquário III pode não satisfazer, o que pode causar frustração. Se o relacionamento for apaixonado ou platônico, pode ser duradouro e compensador, mas ambos os parceiros precisarão manter seus temperamentos nervosos sob controle diário.

Relacionamentos entre pais e filhos são complexos. Os pais nascidos na cúspide Touro-Gêmeos tendem a se culpar e a intrometer-se demais na vida dos filhos nascidos em Aquário III, que reagirão violentamente contra tal comportamento. Os pais representantes de Aquário III, por outro lado, tendem a tornar as crianças nascidas na cúspide Touro-Gêmeos ansiosas e histéricas. Todavia, este relacionamento pode ser extremamente apaixonado, acolhedor e amoroso, com períodos longos de contato tranquilo, interrompidos somente por uma reação explosiva a um comentário, a um olhar ou uma observação crítica perspicaz. Relacionamentos profissionais não são recomendados, uma vez que os dois parceiros têm seus próprios pontos de vista.

Conselho: *Acalme-se. Não se deixe irritar. Vozes do passado devem ser silenciadas. Aprenda a assumir compromissos. Tenha em mente uma vida social equilibrada.*

RELACIONAMENTOS

PONTOS FORTES: SOLIDÁRIO, ESTIMULANTE, AFETIVO

PONTOS FRACOS: NERVOSO, SENSÍVEL DEMAIS, ESTRESSADO

MELHOR: AMOR

PIOR: TRABALHO

YELENA BONNER (15/2/23)
ANDREI SAKHAROV (21/5/21)

Sakharov ganhou o Prêmio Nobel da Paz em 1975 pelo desarmamento nuclear e a cruzada democrática na Rússia. Exilado de Moscou em 1984, ele e a esposa, a ativista Bonner, foram libertados da pena capital em 1986. **Também: Laurence Olivier & Claire Bloom** (caso); **Nora Ephron & Carl Bernstein** (casados; escritora/jornalista); **Artie Shaw & Lana Turner** (casados); **Sam Giancana & Phyllis McGuire** (caso; membro de quadrilha/cantor),

| RELACIONAMENTOS |

PONTOS FORTES: ESTIMULANTE, ENCORAJADOR, BEM-SUCEDIDO

PONTOS FRACOS: COMPETITIVO, BRIGUENTO, DISTRAÍDO

MELHOR: TRABALHO

PIOR: AMIZADE

SONNY BONO (16/2/35)
CHER (20/5/46)

Casados em 1964, a série de sucessos da dupla hippie Sonny e Cher iniciou-se com *I Got You Babe*, em 1965. Eles também apresentaram juntos um programa de variedades popular e fizeram dois filmes. Divorciaram-se em 1975, e têm uma filha, Chastity.

---

19 a 24 de maio
CÚSPIDE DA ENERGIA
CÚSPIDE TOURO-GÊMEOS

16 a 22 de fevereiro
CÚSPIDE DA SENSIBILIDADE
CÚSPIDE AQUÁRIO-PEIXES

O holofote é grande o suficiente?

Este relacionamento é marcado por conflitos sobre quem ganha a atenção. Os parceiros são muito diferentes entre si – um objetivo e extrovertido, o outro subjetivo e introvertido – mas ambos sentem uma tremenda necessidade de atenção, tanto um do outro quanto dos amigos e da família. Certamente entram em conflito sobre quem vai ser a estrela, sobretudo porque seus pontos de vista diferentes os impedem de compreender os desejos um do outro – tampouco são capazes de ver os próprios pontos de vista com clareza. Caso trabalhem juntos nesta questão, podem constituir um time eficiente; compartilhando o holofote evitam conflitos, sobretudo se atribuem seu sucesso ao relacionamento. Caso contrário, o sucesso pode ser motivo de discórdia, provocando inveja e ressentimento. O aspecto em quadratura das cúspides Touro-Gêmeos e Aquário-Peixes no zodíaco (encontram-se a 90° de distância) indica tensão e discussão mas também euforia e estímulo para os parceiros se empenharem mais.

Os casos amorosos são talvez melhores quando mantidos como tais: o casamento pode representar uma excessiva responsabilidade a esses parceiros, amantes da liberdade. Os problemas surgem quando nem os nascidos na cúspide Touro-Gêmeos nem os nascidos na cúspide Aquário-Peixes possuem o ego forte, pois o desejo de agradar um ao outro pode vir a ser repetidamente frustrado. Com efeito, podem debater-se juntos em um mar de sentimentos não resolvidos e confusos, reagindo, sem motivo aparente, aos menores estímulos, sem efeitos positivos a longo prazo.

A competição pode evitar que esses dois se tornem amigos íntimos. Mas, em pares semicompetitivos – tais como parceiros nos esportes ou adversários em jogos – podem adquirir uma feição produtiva, contanto que o número de vitórias se mantenha equilibrado.

O relacionamento pai-filho pode ser tumultuado, sobretudo nos pares pai-filha e mãe-filho. Muitas vezes ocorrem rebeliões, mas há também uma grande necessidade de amor. O relacionamentos entre irmãos do mesmo sexo é alegre, vivo e divertido (mas também perturbador) para os outros membros da família. São bons colegas de trabalho ou parceiros de negócios. Um produto ou serviço que combina os pontos fortes desse par pode arrasar com a competição. A dissolução deste relacionamento é muito debilitante – pode ser necessário muito tempo e energia para os parceiros readquirirem a autoconfiança.

Conselho: *Saiba o que você quer e quem você é. Cuidado com a ânsia de agradar. Exija menos atenção. Controle os impulsos competitivos.*

| RELACIONAMENTOS |

PONTOS FORTES: ANIMADO, ESPIRITUOSO, GENEROSO

PONTOS FRACOS: SENSÍVEL DEMAIS, IRREAL, À DERIVA

MELHOR: PAIS-FILHOS

PIOR: AMOR

PETE TOWNSHEND (19/5/45)
ROGER DALTREY (1/3/44)

Townshend e Daltrey, oriundos da classe trabalhadora, formaram o lendário quarteto de rock *The Who*, em 1964. O jeito de andar no palco de Daltrey e a maneira de girar a guitarra de Townshend eram suas marcas registradas.
Também: Roseanne Cash & Johnny Cash (pai/filha; cantores); Pete Townshend & Meher Baba (músico/guru); Jimmy Stewart & Glenn Miller (representação no cinema).

---

19 a 24 de maio
CÚSPIDE DA ENERGIA
CÚSPIDE TOURO-GÊMEOS

23 de fevereiro a 2 de março
SEMANA DO ESPÍRITO
PEIXES I

Trocas espirituosas

Este relacionamento, de brilho inegável, pode concentrar-se em questões sociais ou intelectuais ou em uma área de interesse em comum. Este par forma uma combinação cintilante, cheia de sagacidade, bom humor e inteligência. Os nascidos em Peixes I sentem uma tremenda necessidade de respeito pelos nascidos na cúspide Touro-Gêmeos, que, da mesma forma, sentem-se ansiosos para impressionar com suas realizações. É provável que nenhum deles tente dominar o outro, mas pode ser que sempre haja um traço de competição amistosa entre eles.

Mais voltados para o intelecto do que para o físico, este par não apresenta forte tendência para o amor ou casamento. Contudo, é possível um envolvimento platônico satisfatório em que a solidariedade e a afeição são expressas abertamente. Esse tipo de relacionamento é caracterizado por discussões interessantes e por atitudes de apoio.

As amizades apresentam um pouco mais de tempero. Os parceiros se sentem livres para criticar um ao outro e para divertir-se com caçoadas ou insultos. Perspicácia, ironia, sarcasmo e humor competem pela primazia. Este par pode se ver com freqüência envolvido em projetos artísticos, geralmente de música, redação ou desenho.

Em pares familiares, sobretudo pai-filho e mãe-filha, um relacionamento estreito destrói as barreiras mas também pode ficar à deriva, sem rumo. O envolvimento entre os parceiros pode ser tão grande a ponto de ambos esquecerem questões práticas, como preparar o jantar e pagar as contas. A família, é enriquecida por esta dupla, mas pode se cansar de ser forçada a assistir às suas trocas espirituosas.

O relacionamento de trabalho desta combinação, sobretudo quando são sócios ou executivos, somente pode dar certo se estes reconhecerem prioridades financeiras e colocarem as transações fiscais nas mãos do membro mais capaz, em geral o nativo de Peixes I. É comum o entusiasmo do nascido na cúspide Touro-Gêmeos ser altamente irrealista e prejudicial a qualquer projeto em comum, sendo difícil para o representante de Peixes I explicar o problema. Por outro lado, os nascidos na cúspide Touro-Gêmeos podem se cansar de ter de pisar em ovos ao lidar com a sensibilidade dos nativos de Peixes I, sujeitos a darem as costas e se retirarem quando tratados com insultos ou com desinteresse.

Conselho: *Reconheça a existência dos outros. Falar é uma coisa, fazer é outra. Não perca de vista o objetivo. Lute contra a tendência a ficar à deriva. Agüente firme.*

19 a 24 de maio	3 a 10 de março
CÚSPIDE DA ENERGIA	SEMANA DO SOLITÁRIO
CÚSPIDE TOURO-GÊMEOS	PEIXES II

Avenidas inexploradas

Os nascidos na cúspide Touro-Gêmeos e os nativos de Peixes II podem formar laços muito estreitos, sobretudo em seus relacionamentos pessoais. Juntos, são pioneiros do espírito humano e conhecem poucas barreiras à investigação emocional. Os nativos da cúspide Touro-Gêmeos são regidos pela terra e pelo ar, os nascidos em Peixes I pela água, mas sua combinação é governada pelo fogo, que simboliza intuição, paixão e perseverança.

Baseando-se na intuição, a amizade entre os nascidos na cúspide Touro-Gêmeos e os representantes de Peixes II segue suas próprias premonições. Embora sejam em geral bem-informados sobre assuntos de seu interesse, preferem acreditar nos seus pressentimentos. Querem descobrir as coisas por si mesmos, colocando suas intuições à prova da experiência. É comum esses relacionamentos se tornarem tão estreitos que o amor e o sentimento de família são expressos com muita naturalidade.

Os casamentos e os casos amorosos são menos bem-sucedidos do que é de se esperar. A necessidade e os desejos sexuais do casal nem sempre são compatíveis e, mesmo quando tais relacionamentos têm sucesso, podem no fundo se tratar de uma amizade disfarçada. É comum o par negligenciar ou ignorar as responsabilidades domésticas e a rotina diária em benefício de atividades mais pessoais, o que leva a uma situação caótica que acaba por necessitar de arrumação.

No relacionamento entre irmãos, sobretudo do mesmo sexo, podem ser extremamente protetores e partidários, o que é sobretudo verdadeiro quando um pai ou outro adulto é incompreensivo ou violento. Por outro lado, o relacionamento entre pai e filho nesta combinação em geral não consegue suprir a atenção e a paciência necessárias para o processo de crescimento. Relacionamentos profissionais são muito difíceis caso o sucesso financeiro seja o principal objetivo. No nível pessoal, um nascido na cúspide Touro-Gêmeos pode ressentir a natureza sonhadora do colega de trabalho nascido em Peixes II, enquanto o representante de Peixes II pode não gostar da personalidade expansiva e esfuziante do representante de Touro-Gêmeos.

Conselho: *Não despreze as tarefas diárias. Brilhantismo não paga as contas. Mantenha as emoções sob controle. Aplique as premonições na vida prática. O amor não deve envelhecer.*

RELACIONAMENTOS

PONTOS FORTES: PERCEPTIVO, EXPLORATÓRIO, SOLIDÁRIO

PONTOS FRACOS: IMPACIENTE, POUCO PRÁTICO, CAÓTICO

MELHOR: AMIZADE

PIOR: TRABALHO

KAY KENDALL (21/5/26)
REX HARRISON (5/3/08)

A personalidade vivaz de Kendall a tornou uma comediante popular das telas nos anos 1950. Ela se casou com Harrison em 1957, mas faleceu de leucemia 2 anos mais tarde – uma perda trágica para seu marido profundamente envolvido com ela. **Também:** Herbert Marshall & Edna Best (casados; atores); Richard Benjamin & Paula Prentiss (casados; atores); Lilli Palmer & Rex Harrison (seu primeiro casamento; atores).

---

19 a 24 de maio	11 a 18 de março
CÚSPIDE DA ENERGIA	SEMANA DOS DANÇARINOS E SONHADORES
CÚSPIDE TOURO-GÊMEOS	PEIXES III

Domínio das idéias

Este relacionamento costuma basear-se nas idéias. Os parceiros são solidários um com o outro, mas a emoção não é a tônica; estão mais interessados em discussões filosóficas ou em conversas mais amenas em torno da sociologia da vida diária. Atividades como passeios ou idas a cafés ou confeitarias para discutir os acontecimentos da semana recebem especial importância. O principal ponto da conversa é conseguir manter a tensão entre dois opostos, encontrando a harmonia na incongruência, vivendo com a ambigüidade. Não se trata de tarefa simples, mas esses dois podem conversar horas a fio e é assim que conseguem resolver essa questão.

A amizade e o casamento entre nativos da cúspide Gêmeos-Touro e nativos de Peixes III tendem a ser tranqüilos. Receber amigos em casa – de forma elegante, mas muitas vezes com toques inovadores – e se engajar em discussões leves ou ocasionalmente sérias sobre gastronomia e vinho (foi dedicada bastante atenção e tempo à seleção e à preparação das refeições) pode se tornar uma importante atividade social. Reuniões de família para comemorar aniversários e para passar as férias podem ser também motivo de diversão e convívio. É provável que discussões mais filosóficas sejam postergadas para tarde da noite, quando os dois estiverem sozinhos, podendo, assim, debater o assunto exaustivamente sem serem limitados por constrangimentos sociais.

Casos amorosos entre esses dois são um tanto raros. Os nascidos na cúspide Touro-Gêmeos e os nativos de Peixes III em geral se oferecem apaixonadamente a pessoas muito diferentes de si mesmos, até mesmo a estranhos pouco conhecidos. A empatia que sentem um pelo outro muitas vezes impossibilita esses encontros assimétricos, embora instigantes. Relacionamentos familiares favorecem pares de irmãos, sobretudo pares irmão-irmã, que podem apresentar habilidades telepáticas. No trabalho, esses dois podem constituir um time vital. Quando ambos são formados pela escola da vida – basicamente auto-aprendizagem ou educação pela própria experiência e não educação formal – podem abranger entre si uma grande extensão de conhecimento. O relacionamento emana autoconfiança, baseado nas habilidades interpessoais dos nascidos na cúspide Touro-Gêmeos e nas habilidades práticas e imaginativas dos representantes de Peixes III. Essas habilidades se fundem bem, sobretudo nos projetos mais ambiciosos e aventureiros. Contudo, é necessário precaver-se contra a falta de modéstia e a sensação de infalibilidade.

Conselho: *Nunca perca a sensação de bem-estar, mas seja crítico também. Não desperdice sua vida em sonhos (ou na bebida). Cuidado com a auto-satisfação. Continue o debate animado.*

RELACIONAMENTOS

PONTOS FORTES: COMPREENSIVO, FESTIVO, IDEOLÓGICO

PONTOS FRACOS: CONFIANTE DEMAIS, INFALÍVEL, HIPERTEATRAL

MELHOR: AMIZADE

PIOR: AMOR

JAMES MADISON (16/3/1751)
DOLLEY MADISON (20/5/1768)

James criou um alvoroço quando começou a cortejar a jovem de 17 anos de idade Dolley, com quem se casou em 1794. Como quarto presidente dos Estados Unidos, ele era puritano e moralista, ao contrário de Dolley, que adorava o estilo francês mais solto. Ela se tornou a principal anfitriã do país.

RELACIONAMENTOS

PONTOS FORTES: INDIVIDUALISTA, RÁPIDO, TÉCNICO

PONTOS FRACOS: BRIGUENTO, INDIFERENTE

MELHOR: PARENTE DISTANTE

PIOR: PAIS-FILHOS

MARILYN MONROE (1/6/26)
JOHN F. KENNEDY (29/5/17)

Monroe teve um romance secreto com o presidente no final dos anos 1950. Em 1962, em um encontro para levantar fundos no Madison Square Garden, em Nova York, ela cantou seu famoso *Feliz Aniversário Sr. Presidente*. **Também: Clint Eastwood & Sondra Locke** (caso; atores); **R.W. Emerson & Walt Whitman** (amigos; poetas); **Todd Hundley & Randy Hundley** (filho/pai; beisebol); **Sarah & John Churchill** (duquesa/duque).

---

25 de maio a 2 de junho
SEMANA DA LIBERDADE
GÊMEOS I

25 de maio a 2 de junho
SEMANA DA LIBERDADE
GÊMEOS I

Vale tudo?

É improvável que este relacionamento energético dure muito, se é que realmente chega a começar. Esses dois podem cooperar entre si e admirar um ao outro, mas também acentuam a ânsia que cada um sente por liberdade, e um relacionamento que se concentra na oposição a restrições pode eliminar suas próprias chances de sobrevivência. Caso os nativos de Gêmeos I – amantes da liberdade – sejam capazes de adotar uma perspectiva em que vale tudo, pode ser que haja chance de o relacionamento dar certo. Infelizmente, trata-se de algo geralmente impossível – um tirano secreto vive dentro de muitos nativos de Gêmeos I.

Os casos amorosos dos nascidos em Gêmeos I são muitas vezes intensos e fugazes. Reconhecendo uma alma semelhante, o par pode estabelecer contatos breves sempre que tiver tempo, mas nada além disso. É difícil manter o casamento unido a ponto de sua própria existência causar espanto. Situações de vida em comum e casos amorosos de longa duração são mais freqüentes. Esses parceiros sentem uma necessidade de impor suas idéias ao outro e, em uma situação de contato diário, as divergências podem rapidamente se tornar intoleráveis. É improvável que os obstinados, voluntariosos e inteligentes cônjuges nascidos em Gêmeos I vejam o ponto de vista ou expressem muita solidariedade pelos sentimentos do outro. Entretanto, caso utilizem sua faceta guerreira em nome do relacionamento, podem ser capazes de criar uma situação que funcione para eles.

As amizades têm uma boa chance de sucesso, contanto que as exigências não sejam muito pesadas. Não são amizades muito profundas, funcionando melhor quando formam sociedades para projetos ou atividades específicas, talvez esportivas ou educativas. É provável que os pares pai-filho e irmãos nascidos em Gêmeos I sejam tempestuosos, nenhum dos parceiros realmente dando ao outro o respeito ou a estabilidade de que necessitam. Relacionamentos entre parentes mais afastados – avós e netos, primos, ou tios com sobrinhos – são em geral os mais interessantes, afetuosos e estimulantes.

Relacionamentos de trabalho nesta combinação podem dar certo, sobretudo se exigirem habilidade técnica. A maioria dos nativos de Gêmeos I se sente pouco à vontade quando permanecem no mesmo emprego ano após ano, mas como colegas de trabalho podem oferecer consolação irônica.

Conselho: *Acalme-se. Preste mais atenção aos sentimentos. Sintonize as intuições. Largue sua postura combativa. Tente cooperar. Diminua o atrito.*

RELACIONAMENTOS

PONTOS FORTES: ORIGINAL, INDEPENDENTEE, ATIVO

PONTOS FRACOS: BARULHENTO, INQUIETANTE, VULNERÁVEL

MELHOR: CASAMENTO

PIOR: IRMÃOS

JUDITH MALINA (4/6/26)
JULIAN BECK (31/5/25)

Em 1947, este casal formou o influente grupo The Living Theatre. Nos anos 1960 e 1970, eles aplicaram técnicas de teatro inovadoras a temas ligados à revolução sexual, política e cultural. **Também: James Arness & Dennis Weaver** (co-estrelas, *Gunsmoke*); **Tony Zale & Rocky Graziano** (rivais meio-pesados).

---

25 de maio a 2 de junho
SEMANA DA LIBERDADE
GÊMEOS I

3 a 10 de junho
SEMANA DA NOVA LINGUAGEM
GÊMEOS II

Moderados

Este relacionamento pode levar seus participantes a buscarem experiências incomuns com o intuito de aumentar seu próprio desenvolvimento. Juntos, são muito mais intuitivos do que o são individualmente. Orientados para o intelecto, em separado operam de maneira perspicaz, muitas vezes agindo impetuosamente, seguindo o primeiro impulso. Juntos, no entanto, podem examinar as questões, analisar os fatos e racionalmente prever os resultados de suas ações – supondo-se que consigam ficar quietos tempo suficiente para se unirem em vez de agirem sem pensar. Uma vez que preferem projetos de grande escala, é vital que empenhem sua capacidade sinergética para ver a situação como um todo. De outra forma, podem estar querendo abarcar o mundo com as pernas.

Nos casos amorosos, este casal pode ser objetivamente bem adequado em muitas formas. Apesar de seus pontos positivos mercuriais em comuns (veloz, comunicativo, inteligente), os nativos de Gêmeos II anseiam por um parceiro sereno, profundo, poderoso – talvez uma projeção de seu próprio lado obscuro. Há um conflito entre o que necessitam (um representante de Gêmeos I sem dúvida gosta de si mesmo) e o que desejam (uma projeção especular, oposta). Esse conflito pode deixar o nascido em Gêmeos I muito frustrado, sobretudo por ser um ponto que deveria correr bem.

Casamentos nesta combinação podem ser interessantes, repletos de atividades, viagens e interesses. Surpreendentemente estáveis, podem durar anos, transbordando de vivacidade, até que os parceiros comecem a se cansar um do outro. Nenhum dos dois tem senso prático, mas os nativos de Gêmeos I são em geral os mais práticos do par e podem se tornar impacientes com a falta de concentração do representante de Gêmeos II. Mesmo assim, as instabilidades emocionais do relacionamento podem muitas vezes ser resolvidas por meio da dedicação a um projeto em grande escala, tal como a criação dos filhos.

A amizades entre os nascidos em Gêmeos I e Gêmeos II é original em seu enfoque, mas pode não ser forte o suficiente para uní-los de modo a superarem seus conflitos individuais. Relacionamentos no trabalho e na família podem oferecer pouca paz às pessoas ao seu redor: independente de os parceiros estarem convivendo bem ou não, o nível de barulho pode ser intolerável. A solução pode estar em virtualmente encerrá-los juntos e deixar que resolvam o assunto entre si.

Conselho: *Seja atencioso com os outros. Encontre um lugar onde possa ficar sozinho. Cuidado com as tendências exibicionistas. Acalme-se. Medite. Desligue-se.*

25 de maio a 2 de junho
SEMANA DA LIBERDADE
GÊMEOS I

11 a 18 de junho
SEMANA DO BUSCADOR
GÊMEOS II

Bombardeio verbal

A tendência dessas personalidades a argumentar em vez de tentar se entender pode dificultar-lhes a comunicação. O relacionamento amplifica sua garrulice, dando-lhes pouca trégua de um bombardeio verbal que muitas vezes os impede de ouvir. A comunicação desempenha papel fundamentral: em parte por serem ambos nativos de Gêmeos – embora Gêmeos de tipos muito diferentes. Os nascidos em Gêmeos I são muito perspicazes, pulando de um pensamento para outro rapidamente, o que irrita muito os nascidos em Gêmeos III, que não gostam de conhecimento superficial, preferindo explorar um assunto em profundidade para então discutir muito a respeito, às vezes até demais para a paciência do representante de Gêmeos I. Desta maneira, é comum ver os dois tagarelando sem ter um verdadeiro elo de ligação. Encontrar uma maneira de se comunicar, seja ela verbal, afetiva ou por escrito, é o primeiro passo para a compreensão.

Talvez a linguagem de mais fácil compreensão para os nascidos em Gêmeos I e III seja a linguagem do amor: olhares silenciosos, carícias delicadas ou paixões ardentes podem resultar em eficientes meios de comunicação. Entretanto, raramente bastam para substituir a necessidade de expressão verbal; colapsos são fadados a acontecer.

Os relacionamentos conjugais e profissionais devem transmitir informações de forma mais literal e, neste caso, pode ser que os parceiros sejam capazes de desenvolver uma linguagem própria, com expressões e discurso idiossincráticos – em resumo, uma linguagem usada para discutir questões diárias. Na medida em que esta linguagem pode ser altamente original, pode ser difícil para outros membros a compreenderem.

As amizades podem funcionar melhor se baseadas na ação, que em geral dramatiza a própria estória. Expedições perigosas (reais ou imaginárias), investigações fascinantes (em livros ou na vida real) e os aspectos mais desafiadores da vida em geral atraem este relacionamento como um ímã. Na família, este par de irmãos, sobretudo de sexo oposto, muitas vezes apresenta uma grande intimidade, cada um compreendendo instintivamente os sentimentos do outro. Combinações pai-filho nascidos em Gêmeos I e Gêmeos III terão de batalhar para corrigir mal-entendidos. Como colegas de trabalho, pode faltar tempo para esses dois desenvolverem sua própria linguagem. O resultado é a perda da eficiência.

Conselho: *Ouvir é necessário para a comunicação. Cuidado com a temeridade. Lembre-se de que os outros podem achar você confuso. Procure explicar. Modere a atividade.*

RELACIONAMENTOS

PONTOS FORTES: INOVADOR, FÍSICO, INTUITIVO

PONTOS FRACOS: BRIGUENTO, TAGARELA, INCOMPREENDIDO

MELHOR: AMIZADE

PIOR: PAIS-FILHOS

WASHINGTON ROEBLING (26/5/1837)
JOHN ROEBLING (12/6/1806)

Uma equipe pai-filho, este par de engenheiros americanos foi pioneiro no desenvolvimento de pontes suspensas. Eles projetaram e supervisionaram a construção da Ponte do Brooklyn em Nova York, durante a qual John morreu em um acidente. **Também: Jessi Colter & Waylon Jennings** (casados; estrelas da música country).

---

25 de maio a 2 de junho
SEMANA DA LIBERDADE
GÊMEOS I

19 a 24 de junho
CÚSPIDE DA MAGIA
CÚSPIDE GÊMEOS-CÂNCER

Favorecendo projetos expansivos

Este fascinante relacionamento pode ser marcado pela participação em projetos de grande escala e pela luta por objetivos grandiosos, embora nem sempre realistas. Este par dedica-se ao mundo em geral e a tudo que o representa – livros, filosofias, movimentos políticos, teatro. Os parceiros às vezes necessitam assumir uma postura antagônica, pois por meio do conflito podem alcançar resultados maiores do que os possíveis individualmente. Embora os nativos de Gêmeos I possam dar a impressão de serem os mais agressivos da dupla, os nativos da cúspide Gêmeos-Câncer costumam ser mais, mesmo que sutilmente. Nos casos amorosos, tais conflitos podem resolver-se bem, mas os nascidos em Gêmeos I acabam por se cansar da energia mental necessária para manter o relacionamento.

Os nascidos na cúspide Gêmeos-Câncer oferecem uma vida doméstica tranqüila para os cônjuges nascidos em Gêmeos I, que, todavia, perturbam essa tranqüilidade doméstica. Mas os nativos de Gêmeos I podem trazer benefícios práticos ao casamento, sobretudo em termos de contatos sociais. Sua tendência a pular a cerca pode constituir um problema, mas pode ser que o representante da cúspide Gêmeos-Câncer esteja encantado o bastante para manter o relacionamento. Nas amizades e no trabalho, são capazes de concentrar seus temperamentos diferentes a serviço de uma causa idealista comum que requeira capacidade de visão e dedicação. Ao longo do caminho, podem surgir tendências combativas; o segredo é transformar esses impulsos em um tipo de luta que mantenha as causas em comum e favoreça projetos expansivos. É provável que pares pai-filho funcionem melhor quando o afetuoso representante da cúspide Gêmeos-Câncer esteja no papel paternal.

Conselho: *Modere as posturas combativas. Utilize os impulsos competitivos de modo construtivo. Reduza seus horizontes um pouco. Cuide das tarefas diárias.*

RELACIONAMENTOS

PONTOS FORTES: EXPANSIVO, ESFORÇADO, DESAFIADOR

PONTOS FRACOS: ENERVANTE, BRIGUENTO DEMAIS, FORA DA REALIDADE

MELHOR: CASAMENTO

PIOR: AMOR

JACK DEMPSEY (24/6/1895)
GENE TUNNEY (25/5/1898)

Os pesos-pesados Tunney e Dempsey se enfrentaram em duas lutas históricas. Na primeira, Tunney bateu no campeão Dempsey. Nocauteado na segunda luta, Tunney recebeu a agora famosa "longa contagem" de 13 segundos, depois do que ganhou a luta. **Também: Dashiell Hammett & Lillian Hellman** (vivem juntos; autor/dramaturga).

| RELACIONAMENTOS |

PONTOS FORTES: OBSERVADOR, CRÍTICO, CONFORTANTE

PONTOS FRACOS: NERVOSO, INFELIZ, DESESPERADO

MELHOR: TRABALHO

PIOR: FAMÍLIA

OTIS SKINNER (28/6/1858)
CORNELIA OTIS SKINNER (30/5/01)

Famoso ator americano, Otis percorreu o país com a companhia Edwin Booth antes de formar sua própria *troupe* em 1894. A filha Cornelia era uma atriz que escrevia poesias, ensaios espirituosos e monólogos para o teatro que com freqüência ela própria interpretava.

---

25 de maio a 2 de junho
SEMANA DA LIBERDADE
GÊMEOS I

25 de junho a 2 de julho
SEMANA DA EMPATIA
CÂNCER I

Busca mútua

Embutido neste relacionamento está um desejo de buscar respostas para questões amplas, tais como descobrir as razões para os acontecimentos da vida ou tentar encontrar seu lugar no mundo – questões que de alguma forma muitas vezes se relacionam com o indivíduo. Este par pode se envolver em atividades que gerem experiência ou projetos educativos. O interessante é que, muito embora a busca seja compartilhada, as questões e portanto as respostas são diferentes para cada parceiro. O nascido em Câncer I deseja conhecer as razões de seus sentimentos, enquanto o representante de Gêmeos I deseja expandir a consciência de suas idéias. A busca do relacionamento pode, em última análise, ser por valores pessoais possíveis de serem compartilhados pelos dois.

Os casos de amor podem começar bem, mas despencar rapidamente quando o independente nativo de Gêmeos I parte para sua próxima aventura, deixando o representante de Câncer I em casa, entediado e infeliz. Quando o representante de Gêmeos I finalmente volta, o nascido em Câncer I responde com mágoa, que leva ao sentimento de culpa. Consolos, beijos e reconciliações funcionam até que o círculo previsível começa novamente. Casados, o cônjuge de Gêmeos I em geral percorre o mundo cuidando da vida, enquanto o cônjuge de Câncer I assegura que o lar esteja bem mantido, em ordem e, de forma geral, seja um refúgio confortável. Dessa forma, a combinação pode dar certo, sobretudo na esfera prática, uma vez que a eficiência do nascido em Gêmeos I e o tino financeiro do representante de Câncer I constituem uma combinação eficiente. Construir situações domésticas juntos, buscar valores religiosos ou espirituais ou perseguir o sucesso em um projeto de trabalho mútuo preenche algumas das necessidades do relacionamento. Mas emocionalmente a relação pode ser um desastre se todos esses planos maravilhosos acabarem-se repentinamente, enquanto o nascido em Câncer I cai no desespero e o representante de Gêmeos I permanece inerte, nervoso e muito frustrado. Surgem tensões, discussões e ressentimentos e, por fim, separações dolorosas.

Os relacionamentos de amizade e familiares em geral polarizam as diferenças entre os nascidos em Gêmeos I e Câncer I em vez de concentrar seus pontos fortes. Surgem críticas que servem de exercício às faculdades mentais e incentivam disputas em vez de produzirem solidariedade ou paz. Esses relacionamentos raramente trazem harmonia para a família ou para o círculo de amizades.

Conselho: *Cuidado com a manipulação emocional. Resolva o sentimento de culpa e de vergonha. Tente ser mais aberto e alegre na vida. Não fique parado.*

| RELACIONAMENTOS |

PONTOS FORTES: INTERESSANTE, DESAFIADOR, PROFUNDO

PONTOS FRACOS: VICIADO, SOMBRIO, PERVERSO

MELHOR: AMOR

PIOR: AMIZADE

IRVING THALBERG (30/5/1899)
LOUIS B. MAYER (4/7/1885)

Em 1923, Thalberg juntou-se à pequena empresa cinematográfica de Mayer, que se fundiu nos estúdios Metro-Goldwyn-Mayer, em 1924. Sob a administração de Mayer e a direção artística de Thalberg, a MGM se tornou a mais charmosa produtora cinematográfica de Hollywood.
Também: Max Brod & Franz Kafka (amigos; Brod publicou a obra póstuma de Kafka); **Connie Sellecca & John Tesh** (apresentadores de tevê); **Levon Helm & Robbie Robertson** (The Band).

---

25 de maio a 2 de junho
SEMANA DA LIBERDADE
GÊMEOS I

3 a 10 de julho
SEMANA DO NÃO-CONVENCIONAL
CÂNCER II

O lado sombrio

Raramente o representante de Gêmeos I é sensível ou solidário o bastante para dar ao nascido em Câncer II o tipo de compreensão emocional de que este precisa, assim como é difícil que o nascido em Câncer II seja receptivo ao desejo do nascido em Gêmeos I de estabelecer as regras de conduta. Onde, então, encontra-se o ponto comum deste relacionamento? A resposta está naquelas áreas escuras e ocultas das quais esses dois podem nunca se aproximar nos seus relacionamentos com os outros. O lado sombrio da experiência humana exerce um estímulo sedutor aqui, unindo esses dois na busca pelo incomum. Seja por meio da fascinação que um nascido em Gêmeos I sente pela falta de convencionalidade de um nativo de Câncer II, seja por meio do deslumbramento que o representante de Câncer II sente pela consciência adormecida do nativo de Gêmeos I com relação a sua própria personalidade sombria, o relacionamento busca explorar as profundezas escuras da experiência. Esses dois podem demonstrar grande interesse por acontecimentos, circunstâncias e pessoas incomuns, não apenas investigando-as, mas buscando se envolver com poderes ocultos, talvez proféticos ou metafísicos.

No amor e no casamento, é improvável que o relacionamento ignore os aspectos misteriosos do sexo ou evite explorar essa área de forma incomum – por meio do tantra, por exemplo. Para o representante de Gêmeos I, que fica contente com uma existência mis superficial, sobretudo nos assuntos do amor, tal relacionamento pode acabar sendo um pouco ameaçador, embora ao mesmo tempo fascinante. O representante de Câncer II pode se sentir mais à vontade nesse aspecto, até mesmo assumindo a liderança, algo a que o representante de Gêmeos I pode não estar acostumado. Pescar nessas águas emocionais profundas, no entanto, implica perigos sobretudo quando os monstros da psique são despertados das profundezas.

Na família e no trabalho, a raiva, a reprovação e a agressividade dos nativos de Gêmeos I e a mágoa, o retraimento e as exigências do nascido em Câncer II devem ser resolvidas se o relacionamento quiser ser produtivo. A amizade pode muitas vezes centrar-se no vício, o que pode ser agradável e divertido, mas oculta uma necessidade profunda de afeição e segurança. O vício pode incluir o álcool, o tabaco, bem como drogas alucinógenas ou tranqüilizantes. Infelizmente, o relacionamento pode carecer do autocontrole necessário para limitar o uso de tais substâncias.

Conselho: *Não chegue ao seu limite. Cuidado com as tendências ao vício. Aplique o que aprendeu na vida. Aumente a compreensão humana. Compartilhe com os outros.*

25 de maio a 2 de junho
SEMANA DA LIBERDADE
GÊMEOS I

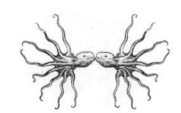

11 a 18 de julho
SEMANA DO PERSUASIVO
CÂNCER III

Capitulação prazerosa

Ao realçar o carisma dos parceiros, esta relação pode ser magnética e extremamente persuasiva, de modo a conseguirem o que desejam na vida. Em termos criativos, os dois podem realizar muito, já que qualquer projeto artístico e mesmo social com que estejam comprometidos em geral possui algo muito especial, uma espécie de magia, que ajuda muito a mantê-los juntos. A manipulação e a persuasão são seus pontos fortes como indivíduos e o relacionamento amplia essas habilidades, o que é bom, desde que sejam usadas na busca por objetivos externos. Os jogos dentro do relacionamento, no entanto, podem acabar sendo destrutivos. Qualquer batalha que surgir confrontará um forte nativo de Gêmeos I contra um Câncer III manipulador de emoções. Em última instância, o representante de Gêmeos I não tem nenhuma chance frente à capacidade do parceiro de conseguir o que quer. Os nascidos em Câncer III às vezes ficam irritados com a tagarelice do nascido em Gêmeos I, que faria melhor se tentasse ser mais prático.

Os casos amorosos revelam claramente a capacidade dos nativos de Câncer III para determinar o curso do relacionamento: se atraídos por um Gêmeos I nada os impedirá. Os nativos de Gêmeos I podem brilhar e fascinar, mas os nascidos em Câncer III são capazes de detectar imediatamente as suas inseguranças e vulnerabilidades, sobretudo as emocionais. Se o casamento for o objetivo do representante de Câncer III, o representante de Gêmeos I, que embora anseie pela liberdade, provavelmente reconhece os benefícios da vida doméstica com este parceiro capaz e, então, capitula com prazer. O relacionamento pode, em última análise, se tornar assimétrico: o representante de Câncer III será o manda-chuva. Pais nascidos em Câncer III podem ver uma talentosa criança nascida em Gêmeos I como excelente matéria prima para ser moldada como quiserem. A criança, no entanto, poderá se rebelar contra esta atitude controladora. Pais nascidos em Gêmeos I em geral ocupam uma posição mágica aos olhos dos filhos nascidos em Câncer III, que podem se iludir a respeito desses indivíduos evasivos e acabarem tendo de enfrentar uma decepção. Ambos os parceiros valorizam as amizades e a parceria de trabalho desta combinação: juntando seus talentos em projetos sociais ou comerciais, esses relacionamentos podem trazer algo mais a uma ampla variedade de empreendimentos. Seja atraindo outros para sua causa, seja conquistando clientes, esses dois se especializam em convencer os outros de sua capacidade para realizar o trabalho.

Conselho: *Deixe os outros decidirem por si mesmos. Tente não ser mandão. Atitudes de controle e de reivindicação podem voltar-se contra você mesmo. Estabeleça valores mais significativos.*

RELACIONAMENTOS

PONTOS FORTES: CONVINCENTE, MAGNÉTICO, CAPAZ

PONTOS FRACOS: MANIPULADOR, DESTRUTIVO, ENGANOSO

MELHOR: AMIZADE, TRABALHO

PIOR: PAIS-FILHOS

**RALPH WALDO EMERSON
(25/5/1803)
HENRY DAVID THOREAU
(12/7/1817)**

Após sua graduação em 1837 na Harvard, Thoreau se chegou a Emerson, que influenciou muito o jovem escritor, mais tarde ajudando-o quando este ficou pobre. Em 1845, ele deixou Thoreau construir sua cabina no agora famoso Walden Pond. **Também: Johnny Weissmuller & Lupe Velez** (casados; atores); **Nelson Riddle & Linda Ronstadt** (parceiros musicais).

---

25 de maio a 2 de junho
SEMANA DA LIBERDADE
GÊMEOS I

19 a 25 de julho
CÚSPIDE DA OSCILAÇÃO
CÚSPIDE CÂNCER-LEÃO

Guiando o bumerangue

Este relacionamento precisa de estabilidade. Embora tenham energias semelhantes, tendências tirânicas emergem, assim como a mutabilidade e a inquietação. Esses elementos fazem com que cada um dos parceiros fique nervoso, até mesmo quando estão separados; e quando estão juntos o desconforto e a insegurança se multiplica de forma insuportável. Numa tentativa de estabelecer a ordem, um ou outro tenta dominar: o nascido em Gêmeos I pela passividade e obstinação, e o nascido na cúspide Câncer-Leão pela agressividade e reivindicação. Os nascidos na cúspide Câncer-Leão são em geral mais irritados pelos nascidos em Gêmeos I do que o inverso, pois estes representam para eles o que temem em si mesmos: suas próprias características de desconcentração ou instabilidade. É o nascido na cúspide Câncer-Leão que em geral acaba como tirano. O nativo da cúspide Câncer-Leão sente-se atraído por indivíduos imprevisíveis como os nascidos em Gêmeos I, e a insegurança faz com que seus casos amorosos sejam mais ardentes. O nascido na cúspide Câncer-Leão nunca pode ter certeza das atividades extracurriculares desse namorado específico, tampouco pode o representante de Gêmeos I prever os humores do nascido na cúspide Câncer-Leão. Será necessário dedicação de ambos os lados para prevenir um esgotamento prematuro ou uma catástrofe futura.

Associações de trabalho, casamentos e amizades enfrentam dificuldades com relação à questão da responsabilidade. Seja no local de trabalho ou em casa, os parceiros são suficientemente inteligentes para detectarem o que é necessário materialmente e, com freqüência, são tecnicamente privilegiados o bastante para o obterem. Porém, o representante de Gêmeos I pode se cansar de tarefas e responsabilidades repetitivas, e sua ânsia por liberdade faz com que o nascido na cúspide Câncer-Leão se sinta extremamente nervoso. Inseguranças desse tipo podem representar o maior problema que enfrentam. O relacionamento entre pais e filhos pode ser altamente positivo e produtivo. As relações entre irmãos são instáveis e causam problemas na vida familiar; pais sábios lhes atribuem tarefas conjuntas e não aceitam desculpas individuais.

Conselho: *Seja realista ao assumir responsabilidades. Trabalhe com mais eficiência. Não deixe as questões pessoais interferirem. Equilibre instabilidades emocionais. Considere o papel desempenhado pela projeção.*

RELACIONAMENTOS

PONTOS FORTES: DESAFIADOR, APAIXONADO, EXCITANTE

PONTOS FRACOS: INSTÁVEL, INSEGURO, DISRUPTIVO

MELHOR: TRABALHO

PIOR: IRMÃOS

**DASHIELL HAMMETT
(27/5/1894)
RAYMOND CHANDLER
(23/7/1888)**

Estes escritores se conheceram em 1936 em um jantar de contribuintes da revista de detetives *Black Mask*. Mestres do gênero romance policial popularizados nos anos 1930 e 1940, ambos transformaram muitos de seus romances em roteiros premiados. **Também: Brooke Shields & Woody Harrelson** (romance; atores); **JFK & Rose Kennedy** (filho/mãe).

RELACIONAMENTOS

PONTOS FORTES: OBJETIVO, ROMÂNTICO, EMPÁTICO

PONTOS FRACOS: INFIEL, DOMINADOR, SERENO

MELHOR: CASAMENTO

PIOR: AMIZADE

JOHN F. KENNEDY (29/5/17)
JACKIE KENNEDY (28/7/29)

O evento social de 1953, o casamento de Kennedy uniu personalidades muito diferentes: uma pessoa refinada e um político firme. JFK esperava que Jackie se adequasse ao seu mundo, e como uma primeira-dama de classe ela o fez, mesmo no meio de rumores de infidelidade. **Também: Brooke Shields & Dean Cain** (romance; atores).

---

25 de maio a 2 de junho
SEMANA DA LIBERDADE
GÊMEOS I

26 de julho a 2 de agosto
SEMANA DA AUTORIDADE
LEÃO I

Líquido e certo

O lado de fora do mundo vê esse relacionamento como espirituoso e radiante. Gêmeos (um signo do ar) e Leão (um signo do fogo) combinam-se em uma mistura explosiva, sobretudo na interação romântica e sexual. Há também uma facilidade de interação que incentiva a descontração nos outros. No entanto, o relacionamento é regido pelo elemento da água, que é associado ao sentimento e cujo foco é a empatia. Esse aspecto aponta para um lado mais privado do relacionamento, o qual o mundo não é autorizado a ver.

O sentimento e a emoção se alternam nos relacionamentos amorosos entre esses dois, mas são, em última instância, mantidos sob controle pelo bom senso e objetividade. Ambos tendem a ser distantes e frios nos assuntos pessoais; o relacionamento exacerba essa característica, tornando difícil para eles admitir a profundeza de seus sentimentos – os quais podem ser extremamente profundos e passionais. Além disso, embora a empatia entre eles seja grande, podem ignorá-la ou até mesmo usá-la como arma de manipulação para obterem ascendência. Essa pode ser a principal tragédia do relacionamento, retirando-lhe a melhor parte em favor do controle e do poder.

A objetividade do relacionamento pode aparecer mais no casamento do que em casos amorosos passageiros. É mais provável que os parceiros mantenham o primeiro do que o segundo, podendo até chegar a depender dele como uma âncora em suas vidas. A segurança do casamento, no entanto, não garante a fidelidade ou a monogamia; é provável que tanto os nascidos em Gêmeos I quanto em Leão I pulem a cerca. Se a confiança em seu relacionamento fosse menor poderiam até permanecer mais fiéis, mesmo que frustrados. Embora nenhum dos dois seja conhecido pela capacidade de dar afeto e pela dedicação aos filhos, suas semelhanças impulsionam sinergicamente essas tendências – o casal pode ser excelentes pais.

Não é provável que sejam harmoniosos a amizade, o trabalho e o relacionamento entre irmãos. O representante de Leão I em geral exige mais do relacionamento do que o nascido em Gêmeos I está preparado para dar. Além disso, o leão está disposto a conceder sua legendária firmeza e lealdade apenas até determinado ponto, o ponto em que sente que uma pessoa menos responsável, possivelmente um nativo de Gêmeos I, está levando vantagem.

Conselho: *Seja mais honesto com relação a seus sentimentos. Cuidado com os desejos de controle e de poder. Nunca considere seu relacionamento como líquido e certo. Cumpra com as obrigações.*

RELACIONAMENTOS

PONTOS FORTES: DIRETO, CAPAZ, GRATIFICANTE

PONTOS FRACOS: EXIGENTE, INCLINADO A JULGAR, PACIENTE

MELHOR: ROMANCE

PIOR: CASAMENTO

BENNETT CERF (25/5/1898)
SYLVIA SIDNEY (8/8/10)

Ao mesmo tempo que dirigiu a Random House de 1927 a 1966, o proeminente editor de livros Cerf foi também um espirituoso painelista no programa popular da tevê *What's My Line* (1952-66). Ele e a heroína das telas Sidney foram casados por um curto período, de 1935 a 1936. **Também:** **Irving Thalberg & Norma Shearer** (casados; produtor/atriz); **Marilyn Monroe & Andy Warhol** (ícone pop/artista pop).

---

25 de maio a 2 de junho
SEMANA DA LIBERDADE
GÊMEOS I

3 a 10 de agosto
SEMANA DA FORÇA EQUILIBRADA
LEÃO II

Segurando a onda

O sucesso deste relacionamento depende da capacidade do nascido em Gêmeos I de reconhecer o representante de Leão II como chefe nas situações apropriadas. Se isso for impossível, prevê-se para esses dois um caminho árduo pela frente, supondo-se que desejem caminhar juntos. No entanto, ambos podem estar tão determinados a fazer esse relacionamento dar certo que poderão entrar num acordo. Assim, o representante de Leão II entende a necessidade que o representante de Gêmeos I sente por liberdade e sua propensão a apresentar críticas e a fazer exigências, enquanto o representante de Gêmeos I pode ceder lugar ao nascido em Leão II quando um líder for necessário, mantendo, entretanto, as rédeas do poder por meio de planejamento e decisões tomadas nos bastidores. Esses dois podem concordar com relação à luta contra a injustiça ou a opressão. Quando unidos nessa luta, talvez ninguém os segure.

Os relacionamentos românticos podem ser satisfatórios para ambos os parceiros, sobretudo na esfera sexual. O nascido em Leão II é exigente quanto a isso e coloca a resistência do nascido em Gêmeos I à prova. Nem um pouco compreensivos quanto à infidelidade, também mantém a rédea do nascido em Gêmeos I curta, o qual não gosta de enfrentar seus ultimatos. Se alguém usa de dois pesos duas medidas, no entanto, é provável que seja o nascido em Leão II: o representante de Gêmeos I é provavelmente mais conciliatório e compreensivo.

Nos casamentos e nas relações de trabalho, o representante de Leão II cumpre seus compromissos e espera que o parceiro de Gêmeos I faça o mesmo. Essa atitude pode ser ou não inteligente, pois é comum um nativo de Gêmeos apoiar-se nesse parceiro poderoso para conseguir que as coisas sejam feitas. Além disso, o nascido em Leão II pode ser um sofredor eterno e mesmo que um dia perceba que tomou a decisão errada quando escolheu um parceiro de Gêmeos I frívolo ou irrequieto, segura a onda e continua a arcar com as responsabilidades do relacionamento. O nascido em Leão II pode, de fato, preferir que o parceiro de Gêmeos I esteja ausente a maior parte do tempo. É provável que as discussões sobre dinheiro atormentem este casal.

As relações entre amigos e irmãos podem funcionar bem, contanto que as reclamações ou críticas do representante de Gêmeos I não esgotem a paciência do nascido em Leão II.

Conselho: *Tente ser mais diplomático. Concessões podem tornar o impossível possível. Tenha consciência de suas limitações. Insista em participar em regime de igualdade.*

25 de maio a 2 de junho
SEMANA DA LIBERDADE
GÊMEOS I

11 a 18 de agosto
SEMANA DA LIDERANÇA
LEÃO III

Antigos inimigos, antigos amigos

É provável que a agressividade desses dois parceiros oculte ou supere os aspectos mais íntimos dessa relação. Encontros verbais e mesmo físicos são prováveis, sobretudo entre os irmãos mais jovens e os amigos. Atitudes de combate podem ser sublimadas em competição saudável ou simplesmente expressas em zombaria irônica e sarcástica. Expressões pejorativas desse tipo podem ser perigosas se causarem baixa auto-estima, o que se torna mais comum quando pais ou professores as usam para com os filhos e alunos. As duas partes necessitam de resistência para sobreviver nesse relacionamento, mas uma atitude realista indica aos incomodados que se mudem.

É possível que os casos amorosos sejam intensos e ardentes, até mesmo destrutivos. Se os parceiros conseguirem sair desse relacionamento psicologicamente ilesos, entrarão em futuros relacionamentos com mais sabedoria e experiência. No casamento é pouco provável que sejam capazes de concordar sobre a liderança ou de estabelecer os acordos necessários. Combinações de ar e fogo como esta (Gêmeos sendo um signo de ar, Leão de fogo) podem ser perigosamente explosivas, sendo comuns as demonstrações de raiva. Porém se a raiva for suprimida, o representante de Leão III pode sofrer de depressão, ou o nascido em Gêmeos I pode refugiar-se nas drogas e na bebida. O uso do sexo como uma válvula de escape pode funcionar por um tempo, mas em última análise é fútil além de frustrante. Uma solução é cada um dos parceiros estabelecer uma supremacia inviolável nas próprias áreas da vida que lhe são importantes e limitar as atividades em comum às tarefas cotidianas que não requerem liderança forte.

Amigos e colegas de trabalho podem ser antigos rivais e concorrentes que se respeitam mutuamente e a quem o destino colocou do mesmo lado. No entanto, esses relacionamentos podem também evoluir na direção inversa, desaparecendo o respeito. Ninguém descreveria esse relacionamento como "legal" – nenhum amor parece estar perdido aqui. No entanto, é honesto e franco, e seus parceiros não gostariam que fosse diferente. O fato de ambos não gostarem de fingimento e presunção enfatiza este ponto.

Conselho: *Transforme o combate em competição. Jogue de acordo com as regras. Seu inimigo pode ser um amigo disfarçado. Concorde sobre áreas de especialização. Minimize o estresse.*

RELACIONAMENTOS

PONTOS FORTES: COMPETITIVO, HONESTO, REALISTA

PONTOS FRACOS: PERIGOSO, INTRANSIGENTE, REPRESSOR

MELHOR: COMPETIÇÃO

PIOR: AMOR

SAM SNEAD (27/5/1896)
BEN HOGAN (13/8/1896)

Os melhores jogadores de golfe do mundo durante os anos 1940 e 1950, "Slammin' Sammy" e Hogan eram amigavelmente rivais. Cada um venceu um número sem precedentes de campeonatos e se alternavam como ganhadores das maiores somas de dinheiro de sua época. **Também: Karl Buhler & Wilhelm Wundt** (psicólogos rivais); **Julia Ward Howe & Lucy Stone** (reformadoras sociais).

---

25 de maio a 2 de junho
SEMANA DA LIBERDADE
GÊMEOS I

19 a 25 de agosto
CÚSPIDE DA EXPOSIÇÃO
CÚSPIDE LEÃO-VIGEM

Vencendo uma luta justa

O foco do relacionamento entre essas personalidades tão distintas pode ser a ambição do sucesso, individual ou em conjunto. Seja qual for a ambição que cada um tenha, o relacionamento a aumenta sinergicamente. As melhores relações são uma parceria de negócio bem sucedida, um noivado, ou o relacionamento entre pais e filhos. Embora o representante de Gêmeos I tenda a ser mais incisivo e o nascido na cúspide Leão-Virgem mais reservado no tocante à concretização de objetivos, juntos, simplesmente vão em frente, pragmática e objetivamente, sem exigir ou evitar a atenção dos outros.

É improvável que os casos amorosos entre os nativos de Gêmeos I e os da cúspide Leão-Virgem funcionem, sobretudo se carecerem desse elemento de ambição. Puro prazer é raramente um interesse duradouro para este casal e encontros sexuais podem com freqüência acabar em casos breves. É improvável que o nascido em Gêmeos I entenda ou respeite a intensa necessidade do parceiro por privacidade, não percebendo que um único segredo confidenciado por um nascido na cúspide Leão-Virgem que for rompido provavelmente será o último. No casamento, no trabalho e na família, o relacionamento é ambicioso mas não necessariamente cruel. Demonstra respeito pelos outros e, se o objetivo for a vitória, a luta será limpa. A vitória significa pouco para este casal se for conseguida por meio de ardis ou artimanhas. Em vez disso, é dada maior prioridade ao planejamento inteligente e às táticas.

As amizades nessa combinação podem existir principalmente no plano intelectual, com um interesse talvez em jogos, quebra-cabeças ou outras atividades cerebrais. Amigos nascidos em Gêmeos I são confidentes mais confiáveis do que namorados nascidos em Gêmeos I, e o representante da cúspide Leão-Virgem pode vir a depender de seus conselhos sábios, ao mesmo tempo que fornece aos nascidos em Gêmeos I conselhos e críticas construtivas sobre como progredir na carreira.

Conflitos destrutivos no tocante à atenção dos pais podem surgir entre irmãos nascidos em Gêmeos I e na cúspide Leão-Virgem, sobretudo se forem do mesmo sexo. Suas brigas com freqüência ultrapassam os limites do lar, espalhando-se pela escola, pelo campo de esportes e pelos grupos sociais. Infelizmente, o mau hábito de disputar as afeições de um amigo ou namorado mútuo pode perdurar na adolescência e na vida adulta.

Conselho: *O sucesso não é tudo. Encontre sentido dentro de si. Não fique preso a competições inúteis. Respeite as confidências. Busque objetivos construtivos.*

RELACIONAMENTOS

PONTOS FORTES: AMBICIOSO, DETERMINADO, JUSTO

PONTOS FRACOS: DESTRUTIVO, POUCO CONFIÁVEL, DESFOCADO

MELHOR: AMIZADE

PIOR: IRMÃOS

IAN FLEMING (28/5/08)
SEAN CONNERY (25/8/30)

Muitos dos romances de espionagem dos 13 James Bond de Fleming se transformaram em filme. Connery foi escolhido por uma pesquisa de um jornal londrino para fazer o papel de James Bond em *O Satânico Dr. No* (1962), que o catapultou para o estrelato. Ele estreou em 5 outros filmes de James Bond de 1963 a 1971. **Também: Henry Kissinger & Jill St. John** (caso; dignitário/atriz).

417

RELACIONAMENTOS

PONTOS FORTES: ATENCIOSO, MUTÁVEL, ESTRUTURADO

PONTOS FRACOS: MANIPULADOR, ANSIOSO, MEDROSO

MELHOR: TRABALHO

PIOR: AMOR

HUBERT H. HUMPHREY (27/5/11)
LYNDON JOHNSON (27/8/08)

Humphrey foi senador gregário por Minnesota de 1948 a 1964 e concorreu à presidência com Johnson em 1964. O par ganhou a campanha com orçamento reduzido, vencendo facilmente Barry Goldwater. Humphrey cumpriu mandado de 4 anos como vice-presidente. **Também: John Hinckley & Jim Brady** (futuro assassino/vítima ferida).

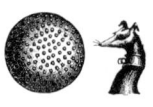

---

25 de maio a 2 de junho
SEMANA DA LIBERDADE
GÊMEOS I

26 de agosto a 2 de setembro
SEMANA DOS CONSTRUTORES DE SISTEMAS
VIRGEM I

Necessidade de mudança

O maior feito deste relacionamento é atrelar as habilidades dos parceiros de modo a manipular o ambiente e a construir algo de valor duradouro. Seus pontos fortes podem se fundir sinergicamente, gerando uma poderosa capacidade de persuasão. O representante de Gêmeos I possui habilidades técnicas notáveis, e no entanto raramente termina seus projetos. Se o nascido em Virgem I proporcionar-lhe uma estrutura, esses dois podem ter um projeto, processo ou causa bem-sucedidos em mãos, junto com a capacidade de convencer os outros a comprar, a unir-se ao, e até mesmo a acreditar no empreendimento. Esse ponto positivo, contudo, também constitui uma área de conflito: é importante para o representante de Virgem I preservar essa estrutura, já para o nascido em Gêmeos I alterar ou eliminá-la. O motivo da disputa pode facilmente ser a luta entre os parceiros de convencer um ao outro da necessidade de reduzir ou ampliar uma dada estrutura (regras, a estrutura da casa ou do lugar de trabalho, cronogramas, orçamentos etc.).

Pode haver manipulação emocional nos casos amorosos. Esse casal tende a exacerbar o lado nervoso do outro, tentando influenciá-lo por meio do medo e da ansiedade. A situação é instável e tensa.

A persuasão desempenha um papel importante nos relacionamentos conjugais, de trabalho e de família. O representante de Virgem I em geral sente-se mais seguro numa situação ordenada, que seja alterada apenas quando uma mudança aumenta a eficiência; o representante de Gêmeos I prefere algo mais livre, com freqüência efetuando mudanças por prazer e por ter se cansado da estabilidade. Porém, a mudança em si não é realmente a questão, uma vez que, em última instância, ambos podem lidar bem com ela. A questão são as diferenças de opinião indicadas pelo aspecto em quadratura (90º de separação no zodíaco) entre os nascidos em Gêmeos I e em Virgem I. Seus conflitos fornecem impulso para seguir em frente, mas têm de ser resolvidos para que a harmonia seja mantida no negócio ou no grupo familiar.

As amizades podem ser relaxantes, mas a propensão à crítica e à análise característica dos parceiros (ambos os signos são regidos por Mercúrio) vêm à tona. Se conseguirem mudar sua ênfase mental para atividades prazerosas relacionadas ao intelecto (quebra-cabeças, jogos, livros, a Internet etc.), ou aplicá-la a análises detalhadas de comportamento – em outras palavras, para o autoconhecimento – ela pode vir a ser extremamente produtiva.

Conselho: *Reduza o estresse e a tensão. Não seja ansioso. Concorde com mudanças estruturais. Implemente apenas regras essenciais. Aumente a facilidade de cooperação.*

RELACIONAMENTOS

PONTOS FORTES: CRIATIVO, IMAGINATIVO, SOLIDÁRIO

PONTOS FRACOS: INCOMPREENDIDO, QUEIXOSO, CIUMENTO

MELHOR: CASAMENTO

PIOR: IRMÃOS

JOHN F. KENNEDY (29/5/17)
JOSEPH KENNEDY (6/9/1888)

A natureza ferozmente competitiva de JFK foi alimentada por seu exigente pai, que, embora nunca tenha concorrido a um cargo público, tinha grandes ambições políticas para os filhos. Ele aconselhou e financiou o filho para ascender à presidência.

---

25 de maio a 2 junho
SEMANA DA LIBERDADE
GÊMEOS I

3 a 10 de setembro
SEMANA DO ENIGMA
VIRGEM II

Projetos criativos

Este relacionamento incomum tende a enfatizar a fantasia e a imaginação dos parceiros. Seus projetos criativos podem exigir um alto grau de inventividade. As habilidades técnicas e artesanais são altamente favorecidas. No entanto, é de se esperar choques entre o tradicional e o novo, bem como abordagens mais radicais para qualquer atividade científica, técnica ou artística empreendida. Os nascidos em Gêmeos I e Virgem II podem criar situações domésticas altamente personalizadas e explorar os caminhos ocultos do prazer. O nativo de Gêmeos I sente-se primeiro intrigado pela misteriosa calma e reserva do representante de Virgem II, que por sua vez fica fascinado pela personalidade livre, instável do nativo de Gêmeos I. O representante de Virgem II tende a dominar neste relacionamento, o que pode ser desejável, uma vez que é o mais prático e estável do par. Como colegas de trabalho, a dupla pode dirigir um negócio em comum ou, se tiverem carreiras separadas, estarem disponíveis a ajudar um ao outro quando necessário.

Os casos amorosos libertam a sensualidade e a imaginação dos dois parceiros, ao mesmo tempo em que seguem uma abordagem menos romântica, mais franca com relação ao sexo. O casamento é com freqüência o passo seguinte após um caso intrigante, mas os outros podem ficar preocupados com a união entre duas pessoas que parecem ter pouco em comum. De fato, o casal tende a continuar a ser mal-entendido à medida que os anos passam – sua estabilidade e sua resistência podem assombrar tanto amigos quanto familiares.

A amizade entre esses dois garante diversão infinita para o relativamente sombrio e isolado nascido em Virgem II e serve para introduzir um elemento social significativo em sua vida. Ao mesmo tempo, o mistério do nativo de Virgem II constitui um eterno desafio para o curioso representante de Gêmeos I. Atividades de todos os tipos, incluindo talvez viagens, pesquisas, negócios ou investimentos, podem funcionar bem. Um relacionamento profissional entre amigos ou cônjuges nascidos em Gêmeos I e Virgem II pode com freqüência ser interessante.

Os irmãos de sexos opostos nascidos em Gêmeos I e Virgem II podem viver num mundo isolado de fantasia quando crianças, às vezes desempenhando o mesmo papel que terão mais tarde na vida adulta. Este relacionamento específico pode conter elementos de ciúme e atitudes reivindicatórias na vida adulta.

Conselho: *Cuidado com o isolamento. A fantasia precisa ter uma base real. Não se perca na irrealidade. Proteja-se contra atitudes reivindicatórias.*

418

25 de maio a 2 de junho
SEMANA DA LIBERDADE
GÊMEOS I

11 a 18 de setembro
SEMANA DO LITERAL
VIRGEM III

Função ondular

Aparentemente instável, este relacionamento, com suas características ondulações ou oscilações, na verdade possui uma regularidade inata, um mecanismo de autocontrole. Como ondas sonoras ou de rádio, apresenta uma periodicidade de função, sujeito a altos e baixos previsíveis, que aparecem em intervalos fixos. Não é tanto a instabilidade que caracteriza o relacionamento, mas uma mudança rítmica. Qualquer tipo de empreendimento conjunto que exija uma aplicação constante de energia não é recomendada aqui.

Tanto Virgem quanto Gêmeos são regidos pelo veloz planeta Mercúrio, que simboliza mudança e comunicação. Logo, os nascidos em Gêmeos I e em Virgem II estão em sintonia nos assuntos amorosos, de amizade e familiares. Todos esses relacionamentos podem lembrar um passeio de montanha-russa, algo parecido com um gráfico literal de uma função ondular. Os sentimentos em especial possuem altos e baixos bem marcados.

Discussões sobre como as coisas devem ser feitas e sobretudo sobre quem as fará são características dos casamentos. O representante de Gêmeos I tende a não dar o devido valor ao sentido prático e às habilidades do nascido em Virgem III. Irritantemente também tende a não estar por perto justo quando um trabalho precisa ser feito. Tal comportamento pode causar ressentimento e raiva no nascido em Virgem III, resultando em olhares atravessados e comandos duros. Amigos e familiares podem achar tal comportamento exagerado ou mal-humorado, mas de fato pode ser necessário para manter o obstinado representante de Gêmeos I sob controle. É provável que o casamento seja marcado por brigas sobre domínio e dinheiro.

Os nascidos em Gêmeos I e Virgem III são excelentes amigos, mas a amizade deve ser libertada da influência do romance ou do trabalho. Nenhum dos parceiros deve pensar que o outro tem segundas intenções. Este relacionamento valoriza o comportamento espontâneo e franco e detesta pretensões ou esnobismos de qualquer tipo. A honestidade é a base para a maioria das afirmações do par, de forma que o nascido em Gêmeos I deve reprimir sua tendência a exagerar, enquanto o nascido em Virgem III deve expressar seus sentimentos ocultos. A meia verdade pode assumir um papel curioso em tal relacionamento.

Conselho: *Se você espera honestidade, não manipule a verdade. Equilibre confronto e fuga. Evite emoções extremas. Normalize o comportamento cotidiano.*

RELACIONAMENTOS

PONTOS FORTES: DIVERSIFICADO, HONESTO, COMUNICATIVO

PONTOS FRACOS: HESITANTE, IRRESPONSÁVEL, MEIO MENTIROSO

MELHOR: AMIZADE

PIOR: CASAMENTO

CLAYTON MOORE (14/9/14)
JAY SILVERHEELS (26/5/22)

Estes atores se complementavam no seriado de tevê *Zorro* (1949-57). Moore fazia o papel do decidido mascarado defensor da justiça ao lado de Silverheels, seu fiel companheiro índio, Tonto. **Também:** Minnie Pearl & Roy Acuff (co-estrelas, Grand Ole Opry); Hank Williams, Jr. & Hank Williams (filho/pai; estrelas da música country); Vanessa Stephen & Clive Bell (casados; pintora/crítico de arte).

---

25 de maio a 2 de junho
SEMANA DA LIBERDADE
GÊMEOS I

19 a 24 de setembro
CÚSPIDE DA BELEZA
CÚSPIDE VIRGEM-LIBRA

Conexões tênues

Este relacionamento clama por estabilidade. Infelizmente, o ar, típico de conexões efêmeras e tênues, é o elemento predominante, o que torna improvável uma base comum. No lado mental, filosófico, lógico ou intelectual, as relações podem correr extremamente bem, sendo a excentricidade e a imaginação os marcos da criatividade mútua. Em assuntos mais físicos, emocionais ou instintivos, no entanto, o relacionamento pode demonstrar deficiências gritantes – uma das principais sendo a incapacidade de estarem disponíveis um para o outro quando necessário.

Os relacionamentos amorosos raramente são muito profundos. Um bonito nativo de Gêmeos I pode se sentir lisonjeado quando um nascido na cúspide Virgem-Libra sentir-se atraído por ele, mas também pode pensar que está sendo tratado mais como um belo objeto do que como uma pessoa com valor. Podem também achar as sensibilidades do nascido na cúspide Virgem-Libras falsas e pensar que estão sendo tratados de forma paternalista, algo que não toleram. Por outro lado, o nascido na cúspide Virgem-Libra não consegue encontrar a confiança de que tanto necessita no representante de Gêmeos I. Essas relações funcionam melhor quando não terminam em casamento.

Os nascidos na cúspide Virgem-Libra e em Gêmeos I podem ser bons conhecidos, assim como eventuais companheiros de lazer. Raramente compartilham sentimentos profundos o bastante para que aconteça uma amizade verdadeira. O lamentável é que esses amigos apenas para as horas boas podem não assumir essa relação casual mas agradável como ela é, podendo se decepcionar na hora da verdade. Esse tipo de relacionamento não costuma sobreviver a tal estresse.

Nos relacionamentos familiares, e sobretudo nos relacionamentos entre pais e filhos, é importante para os parceiros melhorarem a aparência, o ambiente, as roupas, a dieta e o grau de instrução. Grande parte dessa ambição advém de uma necessidade inconsciente de competir com os outros. Relacionamentos de trabalho nesta combinação podem ser excelentes, sobretudo se centrados na moda, no desenho, na música, em investimentos, em imóveis ou na arquitetura. O relacionamento tem faro para encontrar barganhas e objetos de arte, sabe apreciar o dinheiro e usá-lo. Além disso, tem conhecimento profundo das técnicas de vários campos de especialização. Também apresenta capacidade para convencer clientes.

Conselho: *Tente desenvolver-se espiritual e fisicamente. Concentre-se no aqui e agora. Medite. Examine seus valores. Busque a espiritualidade e o caráter.*

RELACIONAMENTOS

PONTOS FORTES: ATRAENTE, SENSATO COM DINHEIRO, PERSUASIVO

PONTOS FRACOS: INCONSCIENTE, DESCONECTADO, INSTÁVEL

MELHOR: TRABALHO

PIOR: AMIZADE

JIM HENSON (24/9/36)
FRANK OZ (25/5/44)

A colaboração deste par como manipulador de fantoche e diretor, juntamente com o talento da produção de Henson, resultou no programa de tevê *Vila Sésamo* e *Muppet Show*. Oz, que também era vice-presidente da organização Henson, considerava Henson seu mentor. **Também:** Pat Boone & Debby Boone (pai/filha; cantores); Martha Vickers & Mickey Rooney (casados; atores).

| **RELACIONAMENTOS** |

PONTOS FORTES: INTENSO, ATENCIOSO, GRATIFICANTE

PONTOS FRACOS: DESORDEIRO, CONFLITUOSO, INTOLERANTE

MELHOR: CASAMENTO

PIOR: IRMÃOS

ISADORA DUNCAN (27/5/1878)
SERGEI YESENIN (2/10/1895)

Ao visitar a Rússia em 1921, a pioneira da dança moderna Duncan casou-se com Yesenin, um talentoso jovem poeta. Separaram-se em 1923. Alcoólatra, ele se enforcou em 1925, deixando um último poema escrito com o próprio sangue. **Também: JFK & Angie Dickinson** (caso; presidente/atriz).

---

25 de maio a 2 de junho
SEMANA DA LIBERDADE
GÊMEOS I

25 de setembro a 2 de outubro
SEMANA DO PERFECCIONISTA
LIBRA I

Convivendo bem

Esses dois indivíduos não são conhecidos por suas habilidades sociais, característica esta que o relacionamento não muda. O primeiro desafio que enfrentam será conviverem bem no dia-a-dia. A fim de evitarem discussões é preciso encontrar fontes de autoridade com as quais concordem – nenhum dos dois acredita logo no que vê. São pessoas notoriamente difíceis de convencer, mas juntos podem chegar a um acordo quanto a crenças, ou conceitos políticos, filosóficos, financeiros ou artísticos aceitáveis. (Em se tratando de colegas de trabalho, pode ser uma política da empresa.) Se for possível encontrar esse tipo de base comum, suas disputas podem se reduzir a discussões razoáveis e, então, é de se esperar um relacionamento relativamente fácil devido a seu aspecto trígono (120º de distância no zodíaco). É preciso tomar cuidado, contudo, para não se tornarem mandões, autoritários ou arrogantes com os outros, seja no trabalho ou no convívio social. Uma vez unidos, podem facilmente adotar uma atitude do tipo "nós contra o resto do mundo".

É provável que o amor entre esses dois seja intenso. Na verdade, esse amor deve ser moderado para evitar extinguir-se. Mesmo quando o contato físico é gratificante, desentendimentos de todos os tipos podem prejudicar fases de pouca satisfação ou euforia. Para saber quando deixar o outro sozinho, precisam desenvolver a intuição e sobretudo devem crer na capacidade do relacionamento para curar feridas e para promover o entendimento. É preciso pôr de lado a dúvida, a preocupação e o controle deixando as coisas seguirem seu curso.

Os casamentos são mais bem-sucedidos quando os parceiros compartilham o mesmo sistema de crença. Uma formação semelhante pode ser um fator estabilizador. O perigo é que pontos de vista intolerantes ou prejudiciais possam levar as crianças para o mau caminho. As amizades e os relacionamentos entre irmãos podem ser íntimos, mas se o par seguir filosofias opostas pode haver discussões acaloradas. Geralmente se envolvem tanto com o que fazem que não percebem o quanto podem atrapalhar os outros. Muito tempo depois de um confronto entre os nascidos em Gêmeos I e em Libra I ter se encerrado, seus efeitos ainda podem ser sentidos pelos observadores.

Conselho: *Controle-se. Os outros podem ficar irritados. Estabeleça linhas de entendimento comuns. Não acredite apenas no que vê. Tenha fé.*

| **RELACIONAMENTOS** |

PONTOS FORTES: LEVE, DESPREOCUPADO, DIVERTIDO

PONTOS FRACOS: DESPREPARADO, AMIGO DAS BOAS HORAS, SUPERFICIAL

MELHOR: AMOR

PIOR: CASAMENTO

STEVIE NICKS (26/5/48)
LINDSEY BUCKINGHAM (3/10/47)

Membros originais do Fleetwood Mac em 1972, os roqueiros Nicks e Buckingham se envolveram em 1976 e se separaram logo depois. Seguiram carreiras separadas, gravando independentemente durante os anos 1980, mas atuaram juntos mais uma vez na festa inaugural de Clinton, em 1993. **Também: Marilyn Monroe & Bert Stern** (amigos; estrela/fotógrafo),

---

25 de maio a 2 de junho
SEMANA DA LIBERDADE
GÊMEOS I

3 a 10 de outubro
SEMANA DA SOCIEDADE
LIBRA II

Rindo e se divertindo

Este relacionamento é em geral apenas divertido para os dois parceiros. A ênfase recai na alegria, seja na esfera pessoal, profissional ou familiar. Não que o relacionamento não possa funcionar; na verdade, pode ser extremamente eficiente e eficaz. Porém, os parceiros acreditam que se algo vale a pena ser feito, pode ser feito da forma fácil ou difícil, e a fácil é obviamente a preferível. Valorizam-se as atitudes leves e soltas, e evitam-se as nervosas e tensas.

Os casos amorosos e as amizades entre nascidos em Gêmeos I e em Libra II são definitivamente voltados para o prazer. Divertir-se é a prioridade máxima. Aqueles que vêem esse relacionamento com desconfiança, provavelmente pensam que é superficial mas talvez seja apenas ciúme; quando duas pessoas conseguem satisfazer uma a outra de forma tão fácil e espontânea como este par, devem estar fazendo a coisa certa. No entanto, sobretudo com os amigos, problemas podem começar justamente no ponto onde atitudes sérias começam a surgir. Relações estilo Poliana como esta não estão realmente prontas para enfrentarem problemas e quando estes surgem podem arruinar o bem-estar do par. Caso apareça um desastre maior – financeiro, acadêmico, doméstico ou físico – este relacionamento pode ficar à beira do abismo.

Os casamentos em geral têm sua cota de infortúnios e estresse, e infortúnios e estresse nunca foram a preferência deste casal. A menos que estejam preparados para a alegria e a tristeza, para atravessar tormentas e até mesmo para sofrer com problemas não resolvidos durante anos, preferem não viver juntos, mas permanecerem amigos ou namorados.

Os relacionamentos de trabalho podem ser muito alegres, mas será que realmente conseguem executar as tarefas? Na maioria das vezes, sim – na verdade, colegas de trabalho nascidos em Gêmeos I e em Libra II fazem muito mais além de alegrar o ambiente de trabalho. O aspecto social do trabalho também é importante e o senso de humor irônico e espirituoso deste dueto pode servir para manter todo mundo bem – rindo e se divertindo.

Conselho: *Tente ficar sério de vez em quando – a seriedade não significa o fim da alegria. Em algum momento pode ser necessário amadurecer.*

25 de maio a 2 de junho
SEMANA DA LIBERDADE
GÊMEOS I

11 a 18 de outubro
SEMANA DO TEATRO
LIBRA III

RELACIONAMENTOS
PONTOS FORTES: TRABALHADOR, EXCITANTE, VISTOSO
PONTOS FRACOS: IRREQUIETO, DESEQUILIBRADO, FORA DE SINCRONIA
MELHOR: AMIZADE
PIOR: PAIS-FILHOS

Diferenças na velocidade

O desafio aqui é equilibrar energias opostas. A harmonia é um problema para esses dois: ambos são poderosos mas a velocidade do representante de Gêmeos I perturba o gracioso, tranqüilo e precavido nativo de Libra III. Talvez, ao achar o nascido em Gêmeos I mais interessado nos fins do que nos meios, o nascido em Libra III possa se sentir cobrado. Por sua vez, o nativo de Libra III pode perturbar seu parceiro devido à sua consciência de como os outros o vêem, característica que o representante de Gêmeos I pode considerar falsa e desprezível. O relacionamento precisa abranger o meio-termo, a tolerância e o entendimento para poder haver um equilíbrio. Por outro lado, a persistência e a capacidade inatas desses parceiros para assumir desafios podem ajudá-los a encontrar o equilíbrio.

Os casos amorosos podem incluir lutas pelo poder, com o nativo de Gêmeos I tentando, sem sucesso, controlar o parceiro. A necessidade que o nascido em Libra III sente por uma figura forte, com quem possa contar, não será preenchida, e a curva do relacionamento pode, assim, descrever uma espiral para baixo. Os casamentos, embora não recomendados, podem funcionar melhor devido às responsabilidades fixas e claras. As rotinas diárias podem estabelecer uma base para o nascido em Gêmeos I, e pode ser que organizar um lar represente um desafio à sua capacidade técnica. O nativo de Libra III aprecia essa capacidade do parceiro e, ao contribuir com sua parte nesse processo, talvez seja possível alcançar um equilíbrio. O representante de Gêmeos I, no entanto, pode achar que abriu mão de seu bem mais precioso, a liberdade, e pode se sentir traído se as preocupações com a carreira mantiverem o parceiro de Libra III muito afastado.

Um maior equilíbrio pode ser atingido nas amizades. Os amigos se procuram porque querem, não por obrigação. O relacionamento pode ser dinâmico e motivante, cheio de aventura e euforia, e talvez seja melhor quando possibilita uma verdadeira fuga das responsabilidades esgotantes.

A falta de respeito mútuo e a incapacidade de agradar um ao outro torna o relacionamento entre pais e filhos difícil. Os relacionamentos de trabalho, norteados por responsabilidades fixas, podem ser mais fáceis de administrar, embora as diferenças na velocidade possam ser motivos de preocupação, sobretudo uma vez que, carecendo de intimidade, os parceiros invistam pouca energia na solução de seus problemas pessoais.

Conselho: *Tente compreender. Não seja precipitado. A negligência é uma forma de abuso. Tente construir respeito. Use seu poder de análise para ganhar autoconhecimento.*

MARILYN MONROE (1/6/26)
ARTHUR MILLER (17/10/15)

Monroe e Miller se casaram em 1956, e apesar de se amarem sofreram barreiras culturais. Ela se divorciou do dramaturgo uma semana antes que *The Misfits*, uma peça escrita para ela, fosse estreada em 1961. **Também:** Marilyn Monroe & Yves Montand (caso); Ian Fleming & Roger Moore (autor/representação de Bond); Pamela Johnson & C.P. Snow (casados; autores); JFK & Arthur Schlesinger, Jr. (presidente/assessor especial).

---

25 de maio a 2 de junho
SEMANA DA LIBERDADE
GÊMEOS I

19 a 25 de outubro
CÚSPIDE DO DRAMA E DA CRÍTICA
CÚSPIDE LIBRA-ESCORPIÃO

RELACIONAMENTOS
PONTOS FORTES: ADORÁVEL, ADMIRADOR, ESFORÇADO
PONTOS FRACOS: IDEALIZADOR, DECEPCIONADO, INCOMPREENDIDO
MELHOR: CASO DE AMOR
PIOR: TRABALHO

Queda do pedestal

O amor, a afeição e a admiração podem estar presentes neste relacionamento difícil e complexo, embora estes parceiros possam acabar achando difícil ou impossível aceitarem-se mutuamente. Parte do problema reside no tipo de adoração que costuma haver: cada parceiro tende a colocar o outro num pedestal, o que cria uma situação para uma queda. O relacionamento pode continuar por meses ou anos em um estado quase paradisíaco, mas tal estado apenas torna a inevitável expulsão do Paraíso ainda mais difícil. O grande desafio é os parceiros verem um ao outro como realmente são, sem projeções e expectativas.

Os casos amorosos são muitas vezes eufóricos, intensos e compensadores, mas agem como uma cortina de fumaça escondendo a realidade. A percepção gradual de que a pessoa por quem se está apaixonado não corresponde à imagem ideal que se faz de um namorado pode ser muito dolorosa. À medida que a realidade se insinua, os parceiros têm pelo menos uma chance de aceitar um ao outro como são, mas em vez disso podem perder o interesse em continuar o relacionamento. Por outro lado, podem também serem incapazes de romper, talvez devido ao vício do sexo e do amor, e essa pode ser a experiência mais dolorosa de todas.

Os casamentos e as amizades exigem um grande esforço de honestidade. Diferenças marcantes precisam ser enfrentadas. Os nascidos na cúspide Libra-Escorpião podem não ser receptivos, mas também podem se sentir abandonados e mal-entendidos, enquanto os nativos de Gêmeos I se sentem negligenciados e frustrados. A luta pelo poder muitas vezes se desenvolve a partir de um empenho individual para crescer, que pode ser impossível se o relacionamento continuar nesses moldes. As amizades são um pouco mais flexíveis e promovem o crescimento, mas é difícil manter a objetividade. Os relacionamentos familiares podem ser especialmente difíceis, sobretudo entre pais e filhos em qualquer combinação, exigindo que os pais compreendam e aceitem a verdadeira natureza dos filhos. É necessário incentivar as crianças a fazerem as próprias escolhas e a aceitarem responsabilidades. Tanto a dependência quanto a desaprovação devem ser enfrentadas e superadas. Falta de realidade, letargia e uma tendência à procrastinação dificultam bons relacionamentos nos negócios ou no trabalho, que não são recomendados para esta combinação. Os papéis de sócios ou executivos são especialmente desaconselhados.

Conselho: *Cultive a aceitação e o entendimento. Evite julgamentos. Tome decisões e aja de acordo com elas. Não deixe o barco correr. Aprenda a conciliar.*

JACQUES-FRANÇOIS HALEVY (27/5/1799)
GEORGES BIZET (25/10/1838)

Enquanto estudava com o compositor Halevy, Bizet casou-se com sua filha, Geneviève, em 1869. Bizet mais tarde completou *Noé*, a ópera inacabada de Halevy. **Também:** Cornelia Otis Skinner & Emily Kimbrough (colaboradores; escritores).

421

RELACIONAMENTOS

PONTOS FORTES: LEAL, RESPONSÁVEL, DETERMINADO

PONTOS FRACOS: AGRESSIVO, CONFLITUOSO, INSTÁVEL

MELHOR: IRMÃOS

PIOR: CASAMENTO

MARIA ANTONIETA (2/11/1755)
JOSEPH GUILLOTIN (28/5/1738)

Guillotin foi o médico membro da Assembléia Nacional durante a Revolução Francesa. Ele projetou a guilhotina como uma forma rápida e indolor de execução. Durante o abominável Reino do Terror (1793-94), Maria Antonieta, considerada culpada de traição, foi uma das vítimas mais notáveis da lâmina. **Também: Miles Davis & Clifford Brown** (trompetistas de jazz contemporâneos).

---

25 de maio a 2 de junho
SEMANA DA LIBERDADE
GÊMEOS I

26 de outubro a 2 de novembro
SEMANA DA INTENSIDADE
ESCORPIÃO I

Correntes alternadas

No caso improvável de este par vir a juntar-se de alguma forma, o relacionamento será profundo, emocionalmente complexo e inflamado por energias vulcânicas e, com freqüência, misteriosas. Uma vez iniciada, é difícil escapar a esta combinação; torna-se um círculo vicioso, chegando mesmo ao ponto de criar uma aura mitológica ou ritualista em torno de si. Assim como os pólos de dois ímãs repelem-se, mas, ao trocarem de direção, atraem-se fortemente, esses parceiros atraem um ao outro. O relacionamento centra-se na questão de quem assume a liderança. Ambos podem ser agressivos na hora de estabelecer suas prioridades, portanto pode ser preciso negociar os papéis dominantes nas diversas áreas do relacionamento – dinheiro, por exemplo, sendo controlado pelo nascido em Escorpião I, enquanto as interações sociais ficam a cargo do nascido em Gêmeos I.

É provável que os casos amorosos nesta combinação contenham acirradas lutas pelo poder, marcadas por inseguranças e explosões emocionais. Em princípio, é comum se detestarem intensamente. Um caso amoroso começa de repente, surpreendendo a todos, inclusive eles mesmos. O desembaraço e a versatilidade do nascido em Escorpião I podem minar seriamente a confiança do representante de Gêmeos I, enquanto o sarcasmo e a insinuação do nascido em Gêmeos I perturbam a sensibilidade de Escorpião I.

Como amigos, esses parceiros assumem responsabilidades iguais na tomada de decisões, mas o processo de negociação é difícil. O nascido em Escorpião I exige bastante dos seus amigos e é particularmente severo no tocante à intenção e à moral. O nascido em Gêmeos I em geral preocupa-se menos com os motivos subjacentes às ações; além disso, costuma passar por cima da moralidade convencional caso lhe convenha, duas atitudes que podem provocar forte desaprovação por parte do nativo de Escorpião I. Mesmo assim, de um modo geral, o relacionamento é bem apropriado para as amizades. As conexões familiares podem ser mutuamente protetoras. Os irmãos nascidos em Escorpião I e em Gêmeos I com freqüência permanecem leais a apenas um dos pais em casos de divórcio; em geral preferem ficar juntos em tal situação e, nesse caso, sua lealdade intuitiva a uma autoridade comum resolve bem o problema de liderança. O mesmo tipo de lealdade, mas dessa vez a uma empresa, pode torná-los colegas de trabalho eficientes.

Conselho: *Deixe de lado as lutas pelo poder. Tente conversar sem sarcasmo ou raiva. Determine onde se encontram os talentos. Assuma a liderança apenas quando necessário.*

RELACIONAMENTOS

PONTOS FORTES: SENSÍVEL, VISIONÁRIO, CONSCIENTE

PONTOS FRACOS: POUCO RECEPTIVO, COMPETITIVO, EGOÍSTA

MELHOR: TRABALHO

PIOR: AMOR

MARY TRAVERS (7/11/37)
PETER YARROW (31/5/38)

Travers e Yarrow, juntamente com Paul Stookey, foram membros do grupo folclórico acústico mais popular dos anos 1960, Peter, Paul and Mary, formado em 1961. **Também: Julia Ward Howe & Samuel Howe** (casados; reformador social/humanitarista).

---

25 de maio a 2 de junho
SEMANA DA LIBERDADE
GÊMEOS I

3 a 11 de novembro
SEMANA DA PROFUNDIDADE
ESCORPIÃO II

Sensibilidades afinadas

Este relacionamento costuma dar aos parceiros a oportunidade de tornarem-se mais francos. Nesse caso, pode abrir-se para eles um mundo inteiramente novo, inclusive o visionário e o psíquico. Se conseguirem superar suas diferenças individuais, podem trilhar juntos um caminho bastante rico e incomum. Nos assuntos do amor, podem surgir rivalidades em torno de um objeto de desejo comum. Embora os nascidos em Gêmeos I e em Escorpião II tenham um excelente senso de humor, juntos podem não conseguir manter um equilíbrio. A competição entre eles pode acabar sendo intensa. O casamento e os casos amorosos nessa combinação não são, em geral, recomendados, uma vez que o espírito dominante pode ser de desconfiança. O caminho da harmonia surge se esses parceiros forem capazes de manter a segurança um do outro, resistindo a qualquer impulso de tentar se menosprezar mutuamente. É provável que compartilhem uma certa sensibilidade, o que significa que ambos podem ser receptivos às necessidades um do outro e também que, infelizmente, com freqüência, irritem um ao outro. Se a competição surgir, a mesma capacidade de julgar o caráter que em outras situações provou ser o ponto forte dessas personalidades, pode neste relacionamento se tornar uma arma usada por cada um para atingir fins egoístas.

Se os dois forem amigos, irmãos ou tiverem algum outro grau de parentesco, a família ou o grupo social ao qual pertencem pode sofrer com sua rivalidade. Em geral, não há vencedores, e muitas vezes torna-se difícil conseguir ou impor decisões aceitáveis a ambos. A menos que as combinações pais e filhos ou entre irmãos demonstrem grande respeito e aceitação mútuos, um espírito de irritação constante pode prevalecer. O representante de Gêmeos I faria bem se usasse seus poderes analíticos e o nascido em Escorpião II sua compreensão emocional para diminuir tais tensões.

A menos que esses dois sejam irremediavelmente separados pela idade ou pela cultura, conseguem trabalhar bem juntos, estabelecer uma boa amizade, ou mesmo ser amigos que trabalham juntos na mesma profissão. Ter consciência da orientação, opinião e qualidades da outra pessoa é essencial para o sucesso.

Conselho: *Suavize as rivalidades e as discussões. Entre em acordo. Resolva as irritações imediatamente. Ponha a sensibilidade a serviço do entendimento.*

25 de maio a 2 de junho
SEMANA DA LIBERDADE
GÊMEOS I

12 a 18 de Novembro
SEMANA DO ENCANTO
ESCORPIÃO III

A abertura do véu

Algo faz esses dois esconderem segredos do mundo: o funcionamento interno de seu relacionamento será sempre privado. Talvez seja por revelarem um ao outro facetas de si que nunca mostram a mais ninguém, criando uma proximidade que protegem com unhas e dentes. Muita energia é gasta em saber o modo e o momento em que devem confiar um no outro. Uma vez que não conseguem deixar de compartilhar seus segredos, cada um acaba por saber muito, podendo, assim, exercer um tipo de poder ou de controle silencioso. Não se pode deixar de perguntar o que acontece quando as revelações acabam: o poço do relacionamento seca também?

    Em geral é o nascido em Escorpião III quem manda, decidindo o quanto da relação é revelada ao mundo e quando. Sua auto-suficiência e estabilidade inspiram confiança nos filhos ou nos empregados nascidos em Gêmeos I, que podem vir a depender muito deles como pais ou chefes. Os casos amorosos costumam ser secretos, sobretudo se um dos parceiros já se encontra envolvido em outro relacionamento. Mas o nascido em Gêmeos I tem dificuldade em manter segredos e, se revelar confidências ao nativo de Escorpião III ou informações sobre o caso em si, é severamente admoestado e mesmo ameaçado com rejeição. Em tais situações, o nascido em Escorpião III raramente lhe dará uma segunda chance. A paixão do casal é com freqüência diretamente proporcional a quanto de seu relacionamento permanece secreto.

    Os casamentos entre esses dois são extremamente privados, principalmente devido à influência do cônjuge de Escorpião III. O cônjuge de Gêmeos I pode finalmente se tornar enfadado com esse sigilo e buscar conforto em outro lugar. Se pular a cerca, pode ser surpreendentemente bom em esconder o ocorrido do representante de Escorpião III, que pode preferir não saber o que está acontecendo, ou suspeitar mas sofrer em silêncio. O nascido em Escorpião III depende muito de seus amigos, mas o nativo de Gêmeos I deve ter cuidado para não abusar de sua boa vontade. Os nascidos em Gêmeos I mais independentes se dão relativamente bem na amizade com os nascidos em Escorpião III, já os mais dependentes acabam levando um fora.

Conselho: *Gaste menos energia em se esconder. Desenvolva atitudes mais livres. Tanto controle não é necessário. Deixe as coisas caminharem por si.*

RELACIONAMENTOS

PONTOS FORTES: CONFIANTE, PRIVADO, DIRETO

PONTOS FRACOS: CONTROLADOR, REPRESSOR, QUEIXOSO

MELHOR: AMIZADE

PIOR: AMOR

PRÍNCIPE RAINIER (31/5/23)
GRACE KELLY (12/11/29)

Em um romance de conto de fadas, Kelly deixou para trás uma carreira bem-sucedida nas telas para se casar com o príncipe de Mônaco, em 1956. Aos 52 anos de idade ela morreu em um trágico acidente de carro, deixando 3 filhos. **Também: DMC & Run** (rappers do Run-DMC); **William Pitt o Jovem & William Pitt o Velho** (filho/pai; primeiros-ministros ingleses).

---

25 de maio a 2 de junho
SEMANA DA LIBERDADE
GÊMEOS I

19 a 24 de novembro
CÚSPIDE DA REVOLUÇÃO
CÚSPIDE ESCORPIÃO-SAGITÁRIO

Laço espiritual

O foco aqui é espiritual – este é um relacionamento no qual os parceiros podem explorar com mais profundidade tópicos idealistas, ou podem passar tempo juntos em contemplação tranqüila. Podem, na verdade, acreditar que compartilham uma vocação elevada. Essa idéia não impede um certo entusiasmo e amor pela vida; de fato, em todas as suas áreas de interesse – artes, música, dança, política, sistema de crenças – divertir-se e apreciar o mundo das idéias é importante para eles. Este par se interessa por tudo que afeta a condição humana. O mundo pode ver esse relacionamento como ativo e mesmo frenético, mas nesse caso pode estar deixando de ver o lado pessoal e íntimo.

    Os casamentos e casos amorosos são complicados para essa combinação. Ambos têm uma tendência à infidelidade acentuada pelo relacionamento, de modo que para sobreviver precisa ser muito aberto, com poucas regras, sentimento de culpa ou acusações. Os filhos deste casal podem ter problemas com as atitudes dos pais e mais tarde podem reprovar e até mesmo condenar suas atitudes. Os relacionamentos entre nativos de Gêmeos I e da cúspide Escorpião-Sagitário geralmente incluem tanto paixões desenfreadas quanto emoções profundamente negativas, sobretudo o ciúme, que pode pôr fim a tudo.

    As amizades e os relacionamentos entre irmãos tendem a ser próximos, sobretudo quando do mesmo sexo. O relacionamento é caracterizado pelo desejo de defender os fracos e os oprimidos, mas também apresenta um curioso respeito pelo dinheiro e pelo poder. É preciso tomar cuidado, na verdade, para que o relacionamento não sucumba a esta última tendência, comprometendo as próprias forças espirituais.

    Os relacionamentos de trabalho entre esses dois podem ser altamente bem-sucedidos. De um modo geral, no entanto, o dueto composto por nascidos em Gêmeos I e na cúspide Escorpião-Sagitário não trabalha mais do que o necessário e com freqüência poupa sua energia para atividades extracurriculares. Uma característica incomum de um relacionamento comercial pode ser uma religião ou uma orientação espiritual subjacente aos negócios financeiros ou sociais e que supre uma base de confiança para assuntos de dinheiro.

Conselho: *Acalme as energias frenéticas. Pratique alguma forma de meditação. Perceba o valor do silêncio e da paz. Não sucumba ao encanto do poder.*

RELACIONAMENTOS

PONTOS FORTES: ATIVO, ESPIRITUAL, MEDITATIVO

PONTOS FRACOS: FRENÉTICO, CIUMENTO, PROMÍSCUO

MELHOR: IRMÃOS

PIOR: CASAMENTO

JODIE FOSTER (19/11/62)
JOHN HINCKLEY (29/5/55)

A tentativa de assassinato do Presidente Reagan em 1981 por Hinckley foi atribuída à sua obsessão pela atriz Foster, a quem queria impressionar. **Também: Marilyn Monroe & Robert Kennedy** (suposto caso; atriz/irmão de JFK).

423

RELACIONAMENTOS

PONTOS FORTES: INDIVIDUALISTA, EXPRESSIVO, MAGNÉTICO

PONTOS FRACOS: IRREQUIETO, REBELDE, MONOPOLIZADOR

MELHOR: AMIZADE

PIOR: CASAMENTO

JOE DIMAGGIO (25/11/14)
MARILYN MONROE (1/6/26)

Este herói do beisebol e a sex symbol pareciam a combinação perfeita dos anos 1950, mas DiMaggio detestava a exploração de Hollywood sobre Monroe e seu casamento durou menos de um ano. O amor de DiMaggio vive na colocação diária de uma flor no túmulo de Monroe. **Também:** JFK & JFK, Jr. (pai/filho); JFK & Caroline Kennedy (pai/filha); R.W. Emerson & Louisa Alcott (amigos; escritores).

---

25 de maio a 2 de junho
SEMANA DA LIBERDADE
GÊMEOS I

25 de novembro a 2 de dezembro
SEMANA DA INDEPENDÊNCIA
SAGITÁRIO I

Independência rígida

Duas pessoas que amam a liberdade como estas não constroem um relacionamento com facilidade. O foco conjunto, e o grande desafio é encontrar uma estrutura dentro da qual possam funcionar, seja ela derivada do trabalho ou da família, ou talhada para as necessidades do relacionamento. Encontrar uma forma de convivência para essas pessoas altamente individualistas, cujas atitudes independentes podem se transformar na companhia um do outro em um tipo de rigidez, constitui, de fato, um teste da força da combinação. Os nativos de Gêmeos I e de Sagitário I estão situados em lados opostos do zodíaco e a natureza mutável e protéica (ambos são signos mutáveis, Gêmeos é um signo do ar, Sagitário, do fogo) é magneticamente atraente, perturbadora e explosiva.

Os casos amorosos entre esses dois podem começar como uma chama ardente, mas faltam-lhes estabilidade e compreensão para seguir adiante e a chama simplesmente se apaga. Nenhum dos parceiros é particularmente hábil em ajudar o outro a enfrentar seus problemas psicológicos, com os quais o relacionamento pode intensificar. Cada um necessita de um parceiro estável, e já que é provável que nenhum deles atenda a essa necessidade, casamentos nesta combinação podem ser problemáticos. Embora cada parceiro goste do temperamento livre do outro, o responsável nativo de Sagitário I pode se ressentir da ambigüidade do nascido em Gêmeos I quando se trata de trabalho duro, enquanto o representante de Gêmeos I pode achar o parceiro de Sagitário I crítico demais.

A amizade entre esses dois pode funcionar extremamente bem, sobretudo quando baseada em esportes ou em outras atividades físicas. Porém, as atitudes morais fixas do nascido em Sagitário I podem ser difíceis de aceitar para o nascido em Gêmeos I, sobretudo quando dirigidas contra ele. As estruturas mais rígidas da carreira e das relações familiares inevitavelmente despertam atitudes de rebeldia; os colegas de trabalho mais próximos e os irmãos de nascidos em Gêmeos I e Sagitário I podem ser um problema para um chefe ou pais inflexíveis. Sua postura independente provoca, por sua vez, atitudes ainda mais autoritárias e repressivas, empurrando-os mais ainda para a solidão e para a resistência – um círculo potencialmente explosivo. Como combinação entre pais e filhos ou entre parceiros de trabalho, os nascidos em Gêmeos I e em Sagitário I podem achar sua interação de alguma forma limitada ou restrita, talvez precisando, por exemplo, marcar compromissos para se verem.

Conselho: *Cumpra tarefas e obrigações. Prove que é responsável. Crie diretrizes aceitáveis. Respeite mais as regras necessárias.*

RELACIONAMENTOS

PONTOS FORTES: CURIOSO, EXPLORADOR, RESISTENTE

PONTOS FRACOS: PROBLEMÁTICO, INCOMPREENSIVO, OBSESSIVO

MELHOR: CASAMENTO

PIOR: FAMÍLIA

BOB HOPE (29/5/03)
DOROTHY LAMOUR (10/12/14)

Amigos antigos, Hope e Lamour (juntamente com Bing Crosby) são memoráveis por suas performances de flerte nos 6 filmes clássicos *Road to...* (1940-52), começando com *The Road to Singapore*. Lamour também apareceu em muitos dos especiais para a tevê de Hope. **Também:** John Gregory Dunne & Joan Didion (casados; autores de best-sellers).

---

25 de maio a 2 de junho
SEMANA DA LIBERDADE
GÊMEOS I

3 a 10 de dezembro
SEMANA DO ORIGINADOR
SAGITÁRIO II

Ritual de conquista

A necessidade de compreender os outros é crucial para este relacionamento. Esses dois tentam decifrar a moralidade daqueles ao seu redor, mas talvez a intenção subconsciente seja encontrar uma postura moral própria, seja ela individual ou conjunta. Trata-se de um verdadeiro encontro de iguais, com críticas e autocríticas ajudando cada parceiro a crescer. O tom do relacionamento é intelectual e racional, caracterizado pelo exame dos sistemas de crença de cada um ou da falta desses sistemas. A complexidade do nativo de Sagitário II pode instigar o nascido em Gêmeos I; na verdade, a personalidade do representante de Sagitário II pode se tornar o campo de estudo do par. Pode ser que haja também uma fascinação ou uma obsessão com o relacionamento em si, que requer compreensão por parte dos parceiros para que possa se desenvolver e crescer.

A curiosidade pode ser a força que junta os indivíduos de Gêmeos I e de Sagitário II. Nas amizades e nos casos amorosos, um crescente interesse mútuo estimula a investigação, bem como um curioso tipo de ritual de conquista, uma dança pela qual se conhecem mutuamente. Esse processo orgânico, prosseguindo em ritmo próprio, serve com freqüência como indicação da saúde do relacionamento. Em um determinado momento, engrena ou não. Se engrenar, pode continuar por anos, evoluindo e se aprofundando; senão, simplesmente desaparece.

O casamento pode funcionar, muitas vezes representando uma evolução positiva para seus parceiros. Agüentam o teste do tempo. Esses esposos gostam de criar um ambiente comum que reflita seu gosto diferente. Principalmente se houver filhos, o casamento será muito identificado com a sua base doméstica e também com a vizinhança e com o grupo social. O cônjuge de Sagitário II se sente aceito pelo de Gêmeos I que, por sua vez, sente orgulho de seu parceiro incomum, além de ser estimulado pela expressividade e pensamento livre deste.

Os colegas de trabalho nascidos em Gêmeos I e em Sagitário II funcionam melhor como autônomos ou talvez como sócios de um pequeno negócio. É provável que irmãos, bem como pais e filhos, demonstrem especial interesse em resolver os consideráveis problemas psicológicos oriundos do relacionamento.

Conselho: *Não seja obcecado por si mesmo. Busque orientação nos outros. Não antecipe ou crie problemas. Mantenha a curiosidade sob controle.*

25 de maio a 2 de junho
SEMANA DA LIBERDADE
GÊMEOS I

11 a 18 de dezembro
SEMANA DO TITÃ
SAGITÁRIO III

Intimidade turbulenta

Este relacionamento é cheio de contradições. Os nascidos em Gêmeos I e Sagitário III são, com freqüência, personalidades sociáveis, no entanto seu relacionamento é predestinado a ser íntimo e sensível. Apesar de o nascido em Gêmeos I ser regido pelo ar, o elemento do pensamento, e o representante de Sagitário III, pelo fogo, o da intuição, o relacionamento é governado pelo sentimento. Assim, há uma ênfase completamente inesperada na vida interior e emocional. O relacionamento é também mutável por natureza, de forma que se torna impenetrável e a longo prazo intranqüilo para os parceiros.

O amor e o casamento nesta combinação podem oferecer a esses indivíduos gregários um refúgio do mundo, refúgio este difícil de entenderem. O nascido em Sagitário III pode não ser tão confiante e bem resolvido nesta relação como parece ser em outra áreas. O parceiro de Gêmeos I percebe suas inseguranças quase imediatamente, demonstrando empatia com seus problemas ocultos sem mesmo tê-los ouvido. Uma vez ganha a confiança do nascido em Sagitário III, este pode vir a confiar no nativo de Gêmeos I para discutir suas dificuldades pessoais, ou mesmo para apenas ouvir suas reclamações. O nascido em Gêmeos I também pode ter suas queixas, mas o representante de Sagitário III tem menos paciência para ouvi-las.

As diferenças de perspectiva desta dupla aparecem nas amizades e nos relacionamentos de trabalho. Enquanto o nascido em Sagitário III tende a ver a situação como um todo, o representante de Gêmeos I gosta de concentrar-se em dados particulares da experiência, um por um. O relacionamento enfatiza essa polaridade. O representante de Gêmeos I, mais concreto, e o de Sagitário III, mais filosófico, com freqüência discutem sobre que caminho seguir, mas não é impossível chegar a um entendimento, podendo resultar, assim, um relacionamento integrado, versátil e produtivo.

As diferenças de perspectiva são menos importantes nos relacionamentos familiares. Os irmãos desta combinação podem constituir almas gêmeas, atribuindo o mais alto status à intimidade e à privacidade. Compartilhar segredos e demonstrar solidariedade com os problemas um do outro exerce um papel predominante.

Conselho: *Reconcilie pontos de vista diferentes. Não se isolem. Desenvolva intimidade, mas não dependência. Evite causar a impressão errada.*

RELACIONAMENTOS

PONTOS FORTES: PROTETOR, DIGNO DE CONFIANÇA, EMPÁTICO

PONTOS FRACOS: CONTRADITÓRIO, ENIGMÁTICO, QUEIXOSO

MELHOR: AMOR

PIOR: TRABALHO

DON JOHNSON (15/12/49)
PHILIP MICHAEL THOMAS (26/5/49)

Johnson e Thomas estrearam na tevê em *Miami Vice* (1984-89), um programa policial inovador no uso de atmosfera e música. Ambos se vestiam com roupas cintilantes: a *persona* bem arrumada de Thomas complementava o ultracasual estilo europeu de Johnson.
Também: Marilyn Monroe & Frank Sinatra (caso; atriz/cantor).

---

25 de maio a 2 de junho
SEMANA DA LIBERDADE
GÊMEOS I

19 a 25 de dezembro
CÚSPIDE DA PROFECIA
CÚSPIDE SAGITÁRIO-CAPRICÓRNIO

Mariposa e chama

Enigmático ao extremo, este relacionamento contém energias complexas e emoções agitadas muito diferentes de sua aparente fachada de frieza. O esforço necessário para manter essa fachada pode estagnar a dupla ou então aumentar mais ainda a turbulência entre eles. Quando estão a sós, é quase como se tivessem sido sugados para algum lugar cavernoso, protegido, mas sem aí o suficiente.

O representante de Gêmeos I sente-se atraído pelo nascido na cúspide Sagitário-Capricórnio como a mariposa pela chama. A chama é escura, mas a natureza instável de Gêmeos I é incapaz de resistir à sua intensidade. A combinação fogo-terra no nascido na cúspide Sagitário-Capricórnio indica uma natureza passional, que desperta as emoções do representante de Gêmeos I e o faz sentir-se vivo. Essa sensação não é necessariamente boa, pois pode suscitar alguma negatividade. É comum o nascido na cúspide Sagitário-Capricórnio irritar este parceiro, muitas vezes silenciosamente, por exemplo, recusando-se a reagir ou a responder ou fingindo que não está entendendo. O representante de Gêmeos I tem a tendência a repetir-se, que pode ser igual, e talvez estimulada pela capacidade do nascido na cúspide Sagitário-Capricórnio de esquecer o que foi dito. Logo, pode-se encontrar a comunicação literal no representante de Gêmeos I sendo constantemente engolida ou absorvida pelo poço de silêncio que é o nascido na cúspide Sagitário-Capricórnio.

Os casos amorosos e as amizades podem envolver um bocado de teatralidade, com cada parceiro assumindo diferentes papéis. Esse jogos não são dos mais saudáveis, pois são apenas papéis e não representam o que esses dois realmente significam, embora, pelo lado positivo, permitem ao nascido em Gêmeos I dar vazão a sentimentos profundos que poderiam de outra forma simplesmente serem ignorados, e possibilitam Sagitário-Capricórnio sair das sombras para a luz, exibindo uma energia teatral, expressiva e vibrante.

Os relacionamentos familiares e de trabalho nessa combinação estão fadados à confusão, sobretudo porque sem formas mais íntimas de comunicação, esses dois provavelmente terão dificuldade em se entenderem.

Conselho: *Abaixe o nariz. Você não precisa agir em benefício dos outros. Lute pela verdade, não pela ilusão. Seja honesto com relação a sentimentos.*

RELACIONAMENTOS

PONTOS FORTES: EXPRESSIVO, DRAMÁTICO, LITERAL

PONTOS FRACOS: GELADO, DISTANTE, DESONESTO

MELHOR: AMIZADE

PIOR: AMOR

MILES DAVIS (25/5/26)
CICELY TYSON (19/12/33)

Davis, um influente trompetista de jazz, era temperamental, recluso e viciado em heroína. Depois de uma grave doença nos quadris, no final dos anos 1970, a atriz Tyson, sua esposa, o encorajou a fazer um novo álbum, *Man with the Horn* (1981), e reassumir seus concertos.
Também: Brigham Young & Joseph Smith (líderes mórmons).

| **RELACIONAMENTOS** |

PONTOS FORTES: DIVERTIDO, INTERESSANTE, DESAFIADOr

PONTOS FRACOS: FRUSTRADO, IRRITANTE, FÚTIL

MELHOR: CASAMENTO

PIOR: FAMÍLIA

MARLENE DIETRICH (27/12/01)
JOSEF VON STERNBERG (29/5/1894)

O diretor von Sternberg descobriu Dietrich em 1930 quando procurava a protagonista de *O Anjo Azul*. Um relacionamento de 5 anos se seguiu, durante o qual von Sternberg moldou a imagem de Dietrich de *femme fatale* fora e dentro das telas. Eles não estavam, contudo, romanticamente envolvidos.

---

25 de maio a 2 de junho
SEMANA DA LIBERDADE
GÊMEOS I

26 de dezembro a 2 de janeiro
SEMANA DO REGENTE
CAPRICÓRNIO I

Tango de amor

Cheio de irrealidades e impossibilidades, este relacionamento se caracteriza por tentar pegar ar numa rede de borboletas ou beber água de uma lata cheia de furos. Aparentemente esses dois são um bom partido um para o outro: criaturas rápidas e evasivas, capazes de escapar das responsabilidades com grande facilidade, os nascidos em Gêmeos I podem dar a impressão de se beneficiarem da companhia do nascido em Capricórnio I, senhores da realidade, estabelecendo fronteiras e exigindo obediência às regras. Porém, embora consigam controlar bem o parceiro em outras combinações, o nascido em Capricórnio I simplesmente não consegue manipular a energia mercuriana do representante de Gêmeos I; quanto mais tentam, mais evasivo este se torna. Tampouco o nativo de Gêmeos I se deixa atrair por armadilhas, não importa o quanto possam ser sutis, portanto é improvável que se deixe apanhar. Contudo, podem temporariamente fingir que foram pegos apenas para escapar novamente quando o descuidado par de Capricórnio I sente-se confiante demais e relaxa a vigilância.

Nos relacionamentos românticos, a dança entre os nascidos em Gêmeos I e Capricórnio I é um tango de amor, no qual os parceiros se juntam e se separam alternadamente. Como num sonho, as realidades mudam rapidamente, de sensual a etérea, de mundana a aérea, de sexual a distante. As emoções são tão difíceis quanto prender dançarinos em movimento, e não há garantias do resultado. No fim, é possível que toda a coreografia acabe em frustração.

Os casamentos são bastante incertos, mas essa incerteza por si só é intrigante o suficiente para que o cônjuge de Gêmeos I, amante da liberdade, e o de Capricórnio I, autoritário, deixem de ficar entediados. Olhando de fora, o relacionamento pode parecer uma busca fútil por estabilidade, contudo, pode se manter misteriosamente ano após ano. Como num arco, a pedra central é com freqüência mantida no lugar pela ação da força da gravidade sobre as outras pedras.

O elemento da irrealidade tanto apresenta efeitos positivos quanto negativos para as amizades, a família e os relacionamentos de trabalho. Muitas vezes, para desespero dos demais, apenas os parceiros compreendem o relacionamento – e mesmo assim apenas num bom dia.

Conselho: *Mantenha uma direção constante. Tentem se entender mutuamente. Você sofre e finge estar alegre, ou se diverte enquanto finge sofrer?*

| **RELACIONAMENTOS** |

PONTOS FORTES: FIRME, PRÁTICO, FRANCO

PONTOS FRACOS: INCOMPREENSIVO, INTRANSIGENTE, ANTAGÔNICO

MELHOR: AMIZADE

PIOR: AMOR

RICHARD NIXON (9/1/13)
HENRY KISSINGER (27/5/23)

Kissinger foi ministro do Exterior, conselheiro político e mais tarde secretário de Estado de Nixon. Sua associação profissional tinha altos e baixos: Kissinger sendo o homem forte ou sendo empurrado para os bastidores.
Também: JFK & Nixon (rivais políticos); **Kissinger & Terry Moore** (caso; dignitário/atriz).

---

25 de maio a 2 de junho
SEMANA DA LIBERDADE
GÊMEOS I

3 a 9 de janeiro
SEMANA DA DETERMINAÇÃO
CAPRICÓRNIO II

Linha dura

Este relacionamento assume uma linha dura. Há pouca necessidade de obedecer às regras da etiqueta ou das boas maneiras; a formalidade é observada apenas quando necessário e não há nenhuma obrigação de relevar sensibilidades ou fraquezas pessoais. De fato, o relacionamento opera sobre o princípio de que a experiência é um processo endurecedor, a educação final. Embora os parceiros possam se sentir bem um com o outro, especialmente no começo, uma postura antagônica pode surgir à medida que entendam a filosofia de cada um, separando-os progressivamente. No entanto, se ambos estiverem trabalhando juntos para alcançarem um objetivo, como certamente são capazes de fazer, a dureza e a praticidade da combinação podem conseguir muito.

Os casos amorosos são em geral frios, práticos e sem emoção. O sexo é encarado com franqueza: há atração ou não; não há tentativa de acordo. Entretanto, o relacionamento não é desprovido de romance; embora seja um romance que não é reconhecido como tal pelos outros, tendo um significado particular para os próprios namorados. Tais relacionamentos podem acabar em casamento ou em amizade, mas muitas vezes os parceiros vão se separando aos poucos até que a ligação acabe. O casamento entre esses dois pode ser pragmático. O cônjuge de Capricórnio II contribui com capacidade financeira e planejamento doméstico, enquanto Gêmeos I traz um faro aguçado para barganhas e um instinto agressivo para promover os interesses da família. Embora a ênfase recaia na praticidade, um amor por belos objetos de decoração e mobiliário leva esse casal a gastar tempo enfeitando o seu lar.

As amizades e os relacionamentos de trabalho e de família são caracterizados por acirradas trocas ideológicas e filosóficas. A instabilidade do nativo de Gêmeos I é inevitavelmente confrontada pela forte ética de trabalho e pela obstinação do nascido em Capricórnio II, enquanto a aguda faculdade de crítica do nascido em Gêmeos I atinge o âmago de qualquer imperfeição do nascido em Capricórnio II. A afeição mútua pode compensar o efeito de insultos e comentários depreciativos. Os relacionamentos entre patrão e empregado e entre pais e filhos, nos quais o representante de Capricórnio II provavelmente exerce o papel dominante, pode orgulhar-se dos resultados mas raramente alcança o tipo de entendimento emocional que permite uma relação fácil no dia-a-dia.

Conselho: *Pegue leve. Não seja sério demais; não se prenda obstinadamente a seu ponto de vista. Derrube as barreiras que dificultam o entendimento.*

426

25 de maio a 2 de junho
SEMANA DA LIBERDADE
GÊMEOS I

10 a 16 de janeiro
SEMANA DA DOMINAÇÃO
CAPRICÓRNIO III

Trabalho de parto

O desafio deste relacionamento é promover o crescimento psicológico e espiritual. O problema é que tanto o nascido em Gêmeos I quanto o de Capricórnio III sentem interesse em antagonismos e em lutas pelo poder. Nesse aspecto, os nascidos em Gêmeos I não são páreo para este parceiro específico, mas são lutadores, e sua tendência a não desistir pode prolongar qualquer conflito. O nascido em Capricórnio III confia em última instância na sua capacidade de dominar. A necessidade que sente em ser chefe é muito maior do que a do parceiro nesta combinação e, se parecem ocupar uma posição secundária em relação ao chefe, pai ou mesmo ocasionalmente um esposo nascido em Gêmeos I, isso se deve apenas a uma escolha temporária. As lutas deste relacionamento podem parecer tornar a realização pessoal difícil ou impossível, mas o conflito muitas vezes serve para demarcar o território, para exigir reconhecimento e respeito pelo talento pessoal e para promover um crescimento acima das diferenças individuais. Pode finalmente culminar no estabelecimento de um caminho muito mais evoluído, seja individualmente ou como um par.

Ultrapassar dificuldades como essas nos casos amorosos, nas amizades e nos casamentos é quase como um trabalho de parto. O tema do renascimento aparece com freqüência simbolicamente em tais relacionamentos, presumindo-se que os dois parceiros têm interesse e energia suficientes para completar o processo. O nascido em Gêmeos I por vezes opta por retirar-se quando a situação torna-se difícil, mas a necessidade de afeição ou de interação sexual com o nascido em Capricórnio III pode mantê-los juntos. O representante de Capricórnio III necessita de muito menos, mas pode gostar de ter os enérgicos e entusiasmados namorados de Gêmeos I por perto.

Os relacionamentos familiares e de trabalho são favoráveis apenas se forem baseados no respeito mútuo. De outra forma, não é provável que chefes ou pais nascidos em Capricórnio III levem a sério os empregados ou os filhos nativos de Gêmeos I e vice-versa. A situação mais natural é o nascido em Capricórnio III assumir o papel dominante, uma vez que figuras de autoridade de Gêmeos I enfrentam problemas para manter os subordinados Capricórnio III sob controle. Mas papéis que sigam esse padrão muito rigidamente podem inibir o crescimento pessoal.

Conselho: *Leve o outro a sério. Respeito pela capacidade é fundamental. Resolva os problemas para encontrar, assim, seu próprio caminho. Promova a cooperação.*

RELACIONAMENTOS

PONTOS FORTES: REALIZADO, ESFORÇADO, RESPEITOSO

PONTOS FRACOS: CONFLITUOSO, DOMINADOR, EXPÕE AO RIDÍCULO

MELHOR: AMOR

PIOR: FAMÍLIA

WYNONNA JUDD (30/5/64)
NAOMI JUDD (11/1/46)

Depois de anos de trabalho árduo, esta dupla de música country de mãe e filha atingiu a fama em meados dos anos 1980. Juntas ganharam 5 Grammys. Em 1991, Naomi se aposentou mas Wynonna continuou com ainda maior sucesso. **Também: Isadora Duncan & Craig Gordon** (caso; dançarino/cenógrafo); **JFK & Judith Campbell** (caso; presidente/amante).

---

25 de maio a 2 de junho
SEMANA DA LIBERDADE
GÊMEOS I

17 a 22 de janeiro
CÚSPIDE DO MISTÉRIO E DA IMAGINAÇÃO
CÚSPIDE CAPRICÓRNIO-AQUÁRIO

Obra de arte perfeita

Esta pode ser uma combinação extravagante e maluca. A sede de aventura caracteriza o relacionamento, mas também um desejo de atingir algo de valor duradouro. Há uma afirmação e uma celebração da criatividade, seja nas belas artes, na literatura, na música, no cinema – em suma, a valorização de qualquer obra que transcenda seu tempo. Esse amor pelo clássico sugere que o relacionamento atribui alto valor à perfeição. O melhor símbolo seria a obra de arte perfeita, mas o par também valoriza as pessoas, as situações reais e, claro, os relacionamentos, que submete aos mesmos altos padrões de escrutínio com que trata a arte. Infelizmente, isso significa que provavelmente o próprio relacionamento entre os nascidos em Gêmeos I e na cúspide Capricórnio-Aquário se torne vítima de suas próprias demandas.

Nos casos amorosos, os parceiros podem achar difícil atender as exigências de perfeição e evolução. Ambos os nativos de Gêmeos I e da cúspide Capricórnio-Aquário têm um lado impulsivo e amam a liberdade, detestando ficarem presos a rotinas ou expectativas. No entanto, podem achar o outro um desafio contínuo, em constante mutação, e em seus encontros descobrirem um tipo de ideal duradouro, embora caleidoscópico.

Os casamentos podem também ser fascinantes. Caso haja filhos, um perigo previsível é eles também serem forçados a preencher o modelo de perfeição. O prestígio e as pressões sociais representam um problema menor, uma vez que o relacionamento possui seu próprio sistema de valores, mas é provável os amigos e os familiares serem necessários para evitar que as influências opressivas e sufocantes escapem ao controle.

As amizades e os relacionamentos de trabalho, que podem vir combinados, utilizam o alto nível de energia e os ocasionais gostos excêntricos da combinação. Interessante e cativante ao extremo, o par atrairá outros tanto social quanto financeiramente, promovendo os próprios interesses sem grande dificuldade. Provavelmente será necessário aprenderem a diminuir um pouco seus padrões de expectativa e ao mesmo tempo intensificarem seus esforços de trabalho. Na família, o relacionamento entre irmãos tende a ser violento e incontrolável.

Conselho: *Acalme energias frenéticas. Diminua as expectativas. A perfeição pode ser uma tirania. Aceite as coisas como são e à medida que surgem. O comum pode ser lindo.*

RELACIONAMENTOS

PONTOS FORTES: EXCITANTE, GRATO, IDEALISTA

PONTOS FRACOS: EXIGENTE, INCONSISTENTE, SE FAZ DE VÍTIMA

MELHOR: TRABALHO

PIOR: IRMÃOS

DUNCAN GRANT (21/1/1885)
VANESSA STEPHEN BELL (30/5/1879)

Os artistas Grant e Bell faziam parte do grupo Bloomsbury no início de 1900. Juntamente com o marido de Bell, o crítico Clive Bell, os 3 viveram juntos. Grant, um homossexual, foi o pai da filha de Bell, Angelica (que até os 17 anos não sabia que Grant era seu pai). Vanessa era possessiva com Grant e tinha ciúme de seus namorados. **Também: John Emerson & D.W Griffith** (diretor/produtor).

RELACIONAMENTOS

PONTOS FORTES: DESCOMPLICADO, RÁPIDO, DIVERTIDO

PONTOS FRACOS: INSTÁVEL, IRRESPONSÁVEL, ESTRESSADO

MELHOR: COMPANHEIRISMO

PIOR: CASAMENTO

ELLEN DEGENERES (26/1/58)
ANNE HECHE (25/5/69)

Em 1997 DeGeneres, a estrela do programa de tevê *Ellen*, anunciou pela revista *Time* e para a entrevistadora Barbara Walters que era lésbica. Simultaneamente, sua personagem em *Ellen* "pulou" para uma audiência de milhões no horário nobre; ela havia se envolvido intimamente com a atriz Heche, que trabalhou no filme de Al Pacino *Donnie Brasco* (1997). **Também: Príncipe Rainier & Princesa Caroline** (pai/filha; nobres de Mônaco).

---

25 de maio a 2 de junho
SEMANA DA LIBERDADE
GÊMEOS I

23 a 30 de janeiro
SEMANA DO GÊNIO
AQUÁRIO I

Suflê, oba!

Leve, rápido e descomplicado – essas são as senhas do relacionamento entre nativos de Gêmeos I e de Aquário I. Por essas duas posições formarem aspecto trígono (120° de distância) no zodíaco, a astrologia tradicional prevê um relacionamento fácil entre eles. Essa idéia, embora correta, é incompleta, pois o relacionamento entre esses dois signos do ar é regido pelo fogo, o que indica uma combinação que pode se tornar explosiva e instável. Nem o nativo de Gêmeos I nem o de Aquário I são as pessoas mais responsáveis do mundo, uma tendência que se amplia quando se combinam. Podem enfrentar problemas para pagarem as contas em dia, serem pontuais, alimentarem as crianças ou o cachorro e organizarem a vida cotidiana de um modo geral. Ademais, qualquer desejo de esse relacionamento atingir um nível emocional mais profundo não se concretiza.

O amor e o casamento são melhores se mantidos o mais livres de responsabilidades possível: esses dois podem decidir não ter filhos, não comprar uma casa, não seguirem um cronograma rígido. A liberdade é a chave aqui, o que significa que pode não haver muito para manter o relacionamento nos momentos de grande estresse e problemas. A postura adotada pelo casal é que tais momentos não são o que esperavam ao se unirem e, se as coisas estiverem indo mal, talvez seja a hora de procurar outro parceiro. Como um bom contrato, o relacionamento deixa várias portas de saída abertas, o que evita que se sintam presos numa armadilha.

É provável que amizades profundas e relacionamentos familiares não sejam nem possíveis nem desejados, mas as amizades e os conhecimentos construídos em torno de atividades prazerosas tem mais chances de dar certo Atividades em comum são características marcantes, sendo bastante agradáveis. Relacionamentos sociais, com freqüência expandindo-se de forma a incluir outras pessoas – por exemplo, outros membros da família – na programação das férias ou de passeios são recomendados neste caso. O relacionamento profissional muitas vezes envolve amigos, membros da família, bem como amigos de amigos e de membros da família em comum. Pequenos negócios e empreendimentos autônomos que permitam o máximo de liberdade e o mínimo de responsabilidade são favoráveis – este par pode facilmente se tornar irritadiço e estressado.

Conselho: *Seja mais esforçado. Assumir responsabilidades lhe trará mais estabilidade. Planeje um pouco o futuro. Enfrente o fato de que o estresse acontece. Diminua o passo.*

RELACIONAMENTOS

PONTOS FORTES: ENVOLVIDO, SOCIAL, ORGULHOSO

PONTOS FRACOS: ISOLADO, DEPENDENTE, ESTRESSADO

MELHOR: FAMÍLIA

PIOR: TRABALHO

RAINHA ANNE (6/2/1665)
SARAH CHURCHILL (29/5/1660)

Quando Anne se tornou rainha em 1702, concedeu a Sarah status privilegiado na corte, mas a teimosia e as intrigas políticas de Sarah levaram a seu afastamento em 1711. **Também: Charles II & Nell Gwynne** (rei/amante); **John Wayne & John Ford** (ator/diretor); **Lisa Hartman & Clint Black** (casados; atriz/estrela da música country); **John Hinckley & Presidente Reagan** (tentativa de assassinato).

---

25 de maio a 2 de junho
SEMANA DA LIBERDADE
GÊMEOS I

31 de janeiro a 7 de fevereiro
SEMANA DA JUVENTUDE E DA DESPREOCUPAÇÃO
AQUÁRIO II

Contrato social

A interação social é a especialidade deste relacionamento. Voltado para o mundo e sobretudo preocupado com o estabelecimento de laços entre o seu grupo social ou familiar e um público mais amplo, este par pode agir como um tipo de representante de grupo, trabalhando de forma a unir pessoas, fortalecendo laços sociais. Em resumo, esses dois são por definição construtores de pontes.

Até mesmo os relacionamentos amorosos entre nativos de Gêmeos I e Aquário II são gregários. Juntos, gostam de compartilhar com os outros a alegria e o afeto da própria relação. Isso não implica falta de intimidade – a afeição e o amor predominam neste casal – mas há uma necessidade, em especial da parte do Aquário II, de ser apreciado por mais alguém além de seu parceiro. A aprovação e a apreciação da família e dos amigos é muito importante e a sua ausência pode enfraquecer o relacionamento.

Os casamentos desta combinação são verdadeiros contratos sociais. A família, os amigos, os filhos e até mesmo os colegas de trabalho são bem-vindos à casa de um casal formado por Gêmeos I e Aquário II. Os sentimentos de companheirismo e de sociabilidade recebem alta prioridade. Infelizmente, porém, o nascido em Gêmeos I pode precisar menos desse tipo de sociabilização do que seu parceiro e pode vir a arrepender-se de ter aberto as portas em todos os horários. Se isso se tornar um problema entre os dois é provável que o Gêmeos I se retire um pouco asperamente para seu escritório, garagem ou quarto e se recuse a sair.

A amizade entre eles corre fácil e tranqüila. O problema é que podem servir apenas para as horas boas, sendo assim a amizade incapaz de sobreviver até mesmo a um período de estresse moderado. Servindo como grupo de apoio forte, outros amigos e familiares podem ajudar a preservar o relacionamento, suprindo a persistência que a combinação em si não possui. Os relacionamentos de família e de trabalho entre nascidos em Gêmeos I e Aquário II são muitas vezes bem-sucedidos, mas apenas quando centrados em um contexto social firme. Caso os colegas se separem ou se afastem um do outro, o relacionamento pode sofrer uma tensão violenta e, por fim, terminar.

Conselho: *Não dependa tanto da presença dos outros. Aprenda a trabalhar sozinho. A aprovação não é realmente tão importante. Encontre valor dentro de si.*

25 de maio a 2 de junho
SEMANA DA LIBERDADE
GÊMEOS I

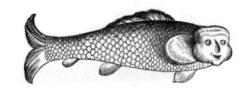

8 a 15 de fevereiro
SEMANA DA ACEITAÇÃO
AQUÁRIO III

Agradecendo os cumprimentos juntos

Os nativos de Gêmeos I e Aquário III tendem a competir por atenção. Embora sejam atraídos um pelo outro, o relacionamento pode terminar se ambos dependerem do reconhecimento de um terceiro. Caso se aceitem totalmente e se sintam admirados um pelo outro, a competição diminui mas raramente desaparece. Outra possibilidade é reconhecerem o relacionamento como algo importante em si mesmo, de modo a ocuparem o centro das atenções e agradecerem os cumprimentos juntos, em geral, nos negócios, nos esportes ou nas artes.

Em um caso amoroso, é provável que esses parceiros fiquem loucos de paixão no início, mas acabem se sentindo rejeitados e desanimados. Não fica absolutamente claro como a espiral descendente se inicia, mas pode começar com as críticas mordazes do nascido em Gêmeos I. Se o mais receptivo Aquário III não for forte o suficiente para reprimi-las, o hábito pode se tornar intolerável. A insegurança do nativo de Aquários III começa a emergir e a confiança gradualmente desaparece. Entretanto, o representante de Gêmeos I pode não ter consciência do efeito catastrófico que seus comentários exercem sobre a relação.

As críticas do Gêmeos I também podem vir à tona nos casamentos e nas amizades, e com freqüência, advêm da necessidade de mandar que o Gêmeos I muitas vezes demonstra nesta combinação – o nascido em Aquário III costuma ser relegado ao segundo plano, pelo menos emocionalmente, em relação a esses indivíduos altamente firmes. Os esposos e amigos nascidos em Aquário III farão tudo para acomodar os parceiros de Gêmeos I, mas mais cedo ou mais tarde chegam ao limite da paciência e da aceitação. Às vezes é apenas quando retiram seu afeto ou transferem-no para outra pessoa que o Gêmeos I acorda e percebe o que perdeu.

Na família e no trabalho, os nativos de Aquário III e Gêmeos I geralmente não dão valor ao que possuem. Tendem a ver o relacionamento como algo que sempre esteve e sempre estará ali, uma suposição fatal. As necessidades e os desejos mudam com os anos; esses parceiros devem verificar se o relacionamento está correndo bem, para então negociar e estabelecer os acordos necessários.

Conselho: *Não perca de vista o que acontece a sua volta. Seja sensível a sinais reveladores. Não assuma nada como líquido e certo. Trabalhe para melhorar as relações. Pense de maneira construtiva.*

RELACIONAMENTOS

PONTOS FORTES: ADORÁVEL, RECEPTIVO, FLEXÍVEL

PONTOS FRACOS: NECESSITADO, CRÍTICO, REJEITADO

MELHOR: PARCERIA

PIOR: AMOR

JOAN MITCHELL (12/2/26)
BARNEY ROSSET (28/5/22)

Rosset foi um editor pioneiro de trabalhos literários fundamentais dos anos 1950 em diante. Ele fundou a Grove Press e a *Evergreen Review*. Em 1947 se casou com a notável artista americana Mitchell, membro da segunda geração de impressionistas abstratos. Divorciaram-se em 1952. **Também:** Tom Mankiewicz & Joseph Mankiewicz (filho/pai; roteirista-diretores).

---

25 de maio a 2 de junho
SEMANA DA LIBERDADE
GÊMEOS I

16 a 22 de fevereiro
CÚSPIDE DA SENSIBILIDADE
CÚSPIDE AQUÁRIO-PEIXES

Impulsos dramáticos

Este relacionamento traz à tona o lado exuberante destas duas personalidades, sobretudo quando estão empenhadas em concretizar suas ambições conjuntas. O sucesso é importante mas apenas se puder ser atingido com um certo estilo. Este par está obviamente preocupado com as aparências; o que é menos óbvio é a importância atribuída ao trabalho de boa qualidade. Batalham para atingirem o padrão de excelência, ao mesmo tempo que o fazem parecer fácil.

Os nascidos na cúspide Aquário-Peixes são sensíveis mas possuem um lado prático que o Gêmeos I estimula, resgatando-os de seu refúgio psicológico ou físico e motivando-os para se exteriorizarem. A energia do relacionamento entre Gêmeos I e Aquário-Peixes pode ser agressiva, operando com eficiência nos negócios, nos esportes ou nas artes. Entretanto, nos relacionamentos pessoais, o nascido na cúspide Aquário-Peixes pode também estimular um lado sensível do Gêmeos I, encorajando-o à introspecção e à meditação.

Essa última influência se faz sentir no amor, na amizade e no casamento. O autoconhecimento é um tema importante: o par pode passar períodos longos em lugares íntimos, explorando lados privados de suas personalidades. Não é fácil para eles, já que não podem realmente confiar um no outro em um nível profundo, mas em geral tentam – de fato trabalham o relacionamento tanto quanto trabalham tudo o mais. O impulso principal, no entanto, é externo. Os impulsos dramáticos e teatrais podem caracterizar a aparição pública do casal; o compartilhamento emocional que precede essas demonstrações vívidas pode dar-lhes uma base, sem a qual poderiam parecer falsos ou vazios. Os amigos e a família acham esse casal estimulante mas um pouco estranho.

O relacionamento familiar entre esses dois é com freqüência protetor, porém dinâmico, especialmente entre irmãos do mesmo sexo. O relacionamento entre pais e filhos é problemático, muitas vezes marcado por lutas de poder e desentendimentos; um relacionamento desta combinação entre uma criança e um outro membro de família pode ser mais aberto e representar uma força positiva mais forte nos primeiros anos de vida. No trabalho, esses parceiros são muitas vezes imaginativos e inovadores. Se forem colegas de trabalho, esses talentos podem atrapalhar aqueles ao redor, mas como executivos ou sócios, sua força total se manifesta e, com freqüência, acarreta sucesso.

Conselho: *Tenha consciência das horas em que fere os sentimentos alheios. Fique mais tempo sozinho. Prossiga em seu caminho de autoconhecimento. Mantenha a agressividade sob controle.*

RELACIONAMENTOS

PONTOS FORTES: IMAGINATIVO, INOVADOR, ESTIMULANTE

PONTOS FRACOS: INCOMPREENDIDO, ESTRANHO, SUPERAGRESSIVO

MELHOR: AMIZADE

PIOR: COLEGAS

MARTHA WASHINGTON (2/6/1731)
GEORGE WASHINGTON (22/2/1732)

Em 1789, Martha se tornou a primeira primeira-dama dos Estados Unidos, um papel que odiava. Enquanto George se desvelava na admiração de outros, Martha relutantemente cumpria com suas obrigações sociais. **Também:** Dixie Carter & Hal Holbrook (casados; atores); Sharon Gless & Tyne Daly (co-estrelas, *Cogney & Lacey*); H.H. Humphrey & Muriel Humphrey (casados; políticos); Al Unser & Bobby Unser (irmãos).

RELACIONAMENTOS

PONTOS FORTES: SENSÍVEL, EDUCATIVO, DEVOCIONAL

PONTOS FRACOS: EXCLUSIVISTA, EXIGENTE, DESILUDIDO

MELHOR: CASAMENTO

PIOR: FAMÍLIA

RON HOWARD (1/3/54)
ANDY GRIFFITH (1/6/26)

Howard, o ator infantil que desempenhou o papel do astuto Opie no programa popular de tevê *Griffith Show* (1960-68), estrelou anteriormente contracenando com Griffith, seu pai viúvo Andy Taylor, o respeitado xerife de Mayberry. **Também: Rei George I & George Frideric Handel** (patrono/compositor); **Giovanni Gentile & Benedetto Croce** (fascista italiano/antifascista).

---

25 de maio a 2 de junho
SEMANA DA LIBERDADE
GÊMEOS I

23 de fevereiro a 2 de março
SEMANA DO ESPÍRITO
PEIXES I

Desafio pessoal

É provável que o principal impulso deste relacionamento seja na direção do autodesenvolvimento, sobretudo do tipo cultural e espiritual. Embora a astrologia tradicional preveja conflito entre esses dois, dado o aspecto de quadratura no zodíaco (onde encontram-se a 90º de distância), esse tipo de atrito é muitas vezes estimulante e leva a um resultado positivo. O nativo de Gêmeos I não é muito introspectivo e, em seu mundo frenético, é provável que um relacionamento com um Peixes I mais sensível ofereça um refúgio calmo e afável. O nascido em Peixes I invariavelmente se coloca na posição de professor não tanto para transmitir informação, mas para mostrar delicadamente ao Gêmeos I, por exemplo, como desenvolver as partes mais profundas de sua personalidade de forma construtiva. É inevitável que o Peixes I também cresça no processo e o próprio relacionamento tende a dar continuidade a si mesmo. Nos casos amorosos, esses dois, em geral, exibem grande sensibilidade com relação às necessidades um do outro. Esses relacionamentos tendem a ser altamente privados – seu crescimento interior não é para ser examinado minuciosamente pelo mundo. Carinho e prazer certamente fazem parte de tal relacionamento, mas o principal valor é a instrução, possivelmente de um tipo espiritual, sobretudo para um indivíduo de Gêmeos I que não tenha sido previamente exposto às influências ou às sensibilidades típicas de um nascido em Peixes I. Tais relacionamentos, no entanto, podem exercer grande pressão sobre o Peixes I, que pode perceber como o parceiro é exigente e pouco atencioso, característica esta que tende a deixar o nativo de Peixes I nervoso.

O casamento pode se afiliar a um grupo religioso, espiritual ou cultural, que pode se tornar uma fonte importante de estabilidade. No entanto, se esse laço se tornar forte demais e terminar em desilusão, pode causar danos extremos, acabando com freqüência em separação ou divórcio. Os pais devem ficar atentos para não forçarem idéias ou rituais religiosos ou espirituais nos filhos, o que, em última análise, incentiva à rebeldia.

As amizades, a família e os relacionamentos de trabalho entre nativos de Gêmeos I e Peixes I tendem a ser exclusivos, muitas vezes despertando animosidade ou ciúme nas outras pessoas. O par terá de desenvolver a capacidade de diplomacia se desejar evitar o conflito.

Conselho: *Não se isole das pessoas. Os outros podem ver sua crença como presunção. Não seja auto-suficiente. Lute pelo que você tem de melhor.*

RELACIONAMENTOS

PONTOS FORTES: COMPASSIVO, ÚTIL, SENSATO

PONTOS FRACOS: INSENSÍVEL, EGOÍSTA, AUTOPIEDOSO

MELHOR: FREEELANCER

PIOR: PAIS-FILHOS

ALEXANDER GRAHAM BELL (3/3/1847)
DON AMECHE (31/5/08)

Conhecido mais recentemente por sua atuação em 1985 no filme ganhador de Oscar *Cocoon*, Ameche foi um ator popular nos anos 1930 e 1940, mais lembrado por sua divertida interpretação em *A História de Alexander Graham Bell* (1939). Faleceu em 1993. **Também: Peter Carl Fabergé & Czar Alexandre III** (joalheiro do czar encarregado de criar os famosos ovos de Páscoa da czarina).

---

25 de maio a 2 de junho
SEMANA DA LIBERDADE
GÊMEOS I

3 a 10 de março
SEMANA DO SOLITÁRIO
PEIXES II

Dicotomia pensamento/sentimento

Este relacionamento deveria exibir uma polarização entre a emoção e a lógica. Nativos de Peixes II (regido pelo elemento água, que simboliza o sentimento) e nativos de Gêmeos I (regido pelo ar, que representa o pensamento) unem-se num relacionamento em que tais extremos raramente se fundem de maneira harmoniosa, embora tudo possa correr bem por algum tempo. A força real do dueto, e seu grande desafio, é a capacidade de combinar seus pontos fortes de modo a resolver crises usando tanto a emoção quanto a razão.

Os relacionamentos amorosos são raros. Seu sucesso depende de o veloz nativo de Gêmeos I ser sensível e compreensível o bastante com relação à lentidão do parceiro de Peixes I. A polarização da emoção e do pensamento podem, em última análise, acabar destruindo as chances de sucesso do relacionamento. Os casamentos exigem mais união e as obrigações domésticas que com freqüência tanto prendem o cônjuge de Gêmeos I – amante da liberdade – a responsabilidades fixas quanto forçam o cônjuge de Peixes II a exercer papéis sociais que por vezes preferiria ignorar. Na melhor das hipóteses, embora possam surgir atritos e mesmo ressentimentos, é possível chegarem a um acordo.

Os amigos nesta combinação podem ser extremamente compreensivos com relação aos problemas das outras pessoas e a inteligência emocional do par muitas vezes atrai pessoas carentes de apoio psicológico ou de conselhos. Em alguns casos raros é mesmo possível utilizarem esse talento no trabalho. As amizades não despertam emoções fortes e a maior objetividade melhora o relacionamento. No entanto, a tendência por parte do nascido em Gêmeos I ao egoísmo e por parte do nascido em Peixes II à autopiedade tem de ser resolvidas ou minarão o relacionamento.

Os relacionamentos de trabalho não são os melhores, mas empreendimentos autônomos que combinam a imaginação do nativo de Peixes II e a garra do Gêmeos I podem ser bem-sucedidos. Os relacionamentos familiares, por outro lado, são difíceis, sobretudo os relacionamentos entre pais e filhos do mesmo sexo. Emergem todos os tipos de conflitos, muitas vezes devido à extrema sensibilidade e à necessidade de compreensão por parte do Peixes II e à incapacidade do Gêmeos I de fazê-lo. É possível uma melhor interação com o passar dos anos, mas a falta de consideração do nascido em Gêmeos I e o ressentimento do nascido em Peixes II podem permanecer insolúveis.

Conselho: *Você já tentou de fato entender? Deixe de olhar para o próprio umbigo. Preste atenção às necessidades dos outros. Acalme os nervos e se situe*

25 de maio a 2 de junho
SEMANA DA LIBERDADE
GÊMEOS I

11 a 18 de março
SEMANA DOS DANÇARINOS E SONHADORES
PEIXES III

Demonstrações emocionais

Se ambos os parceiros tiverem o mesmo objetivo, esse relacionamento será quase perfeito. O segredo é a capacidade de a dupla pensar estrategicamente, planejar e esperar o momento certo para agir – desde que, é claro, estejam agindo juntos. Separados, os nativos de Gêmeos I e Peixes III não possuem esses talentos e são, na verdade, um tanto fora da realidade. O maior desafio que enfrentam, no entanto, será sua capacidade de se relacionarem bem no dia-a-dia. Muitas vezes surge irritação e insatisfação um com o outro e, se o relacionamento se tornar uma luta pelo poder, é provável que se separem. Ambos os parceiros apresentam um traço de quase onisciência, o que faz com que discussões sejam inevitáveis. Se o relacionamento for caracterizado por uma atitude de sabichão, podem desgostar os amigos e familiares, afastando aqueles que são forçados a ouvi-los.

Os casos amorosos entre Gêmeos I e Peixes III não são recomendados. Tendem a ser litigiosos e exibicionistas. Incluem uma gama completa de expressões emocionais mas que tende à negatividade. Observadores externos às vezes têm a impressão de que uma briga está sendo encenada por eles e, de fato, esse casal pode secretamente gostar de fazer demonstrações públicas de mau gênio. A capacidade de se aborrecerem mutuamente é uma tentação constante, e até que os parceiros aprendam o valor da moderação, reconciliações passionais são o que de melhor se pode esperar.

Quando não estão discutindo, os nascidos em Gêmeos I e Peixes III são extraordinariamente feitos um para o outro como colegas e amigos, podendo compartilhar muitos interesses e atividades. Se tiverem filhos, torna-se essencial diminuírem os confrontos, que podem induzir as crianças a padrões de comportamento nervoso, neurótico e imitativo. O que torna as combinações de trabalho entre Gêmeos I e Peixes III tão poderosamente eficientes, a despeito de suas instabilidades, é um excelente faro para negócios e uma compreensão da natureza humana. Dirigir uma empresa ou trabalhar juntos como parte de uma equipe encarregada de um projeto desvia o foco dos conflitos pessoais e canaliza as energias para um objetivo comum. Os relacionamentos entre pais e filhos são conturbados mas também amorosos, principalmente entre pais e filhas, mães e filhos. Os relacionamentos entre irmãos de sexo diferente podem ser especialmente próximos e íntimos.

Conselho: *Tente abafar a discórdia. Transforme as discussões em conversas. Aprenda a entrar em acordo e a abrir mão. Abandone atitudes de onisciência.*

RELACIONAMENTOS

PONTOS FORTES: ENÉRGICO, CONVINCENTE, EFICAZ

PONTOS FRACOS: INQUIETO, CONTROVERSO, ONISCIENTE

MELHOR: AMIZADE

PIOR: AMOR

JAMES ARNESS (26/5/23)
PETER GRAVES (18/3/26)

Atores de cinema, estes irmãos tornaram-se astros de séries de TV. Arness protagonizou o amável marshal Dillon na série *Gunsmoke* (1955-75). Graves liderava a equipe do IMF em *Missão Impossível* (1966-73). **Também: Bennett Cerf & Sylvia Beach** (primeiros editores de *Ulysses*, de Joyce, nos Estados Unidos e na França).

---

3 a 10 de junho
SEMANA DA NOVA LINGUAGEM
GÊMEOS II

3 a 10 de junho
SEMANA DA NOVA LINGUAGEM
GÊMEOS II

Verborragia

A verborragia atinge seu ponto máximo entre esses dois comunicadores. A convivência lhes dá luz verde e é provável que engrenem uma quinta marcha. Um dos perigos é que o fluxo de palavras possa de vez em quando tornar-se nada além de um murmúrio ou zumbido. Outro é que o amor pelo debate desses tagarelas possa dominar o relacionamento, criando uma atitude de vencer a qualquer preço. A questão é: eles estão conversando ou falando sozinhos? O desafio é ouvir, e ouvir é pelo menos metade do processo comunicativo. Além disso, uma vez que ambos os nativos de Gêmeos II têm uma linguagem própria e altamente individual, a compreensão entre eles pode não ser grande no começo. Se o relacionamento se solidificar, podem criar a sua própria linguagem particular, comunicando-se com facilidade, mas enfrentando dificuldades em se fazerem entender pelos outros.

Se os namorados nesta combinação desejam aprofundar o relacionamento, devem tentar deixar de lado a linguagem verbal em favor da comunicação física, emocional e mesmo espiritual. Nada pior para experiências sexuais ou românticas do que falar delas, ou analisá-las até cansar – seja durante ou após. É provável que os casamentos sejam agitados, mesmo frenéticos ou, ocasionalmente, histéricos. O nativo de Gêmeos II presta atenção a detalhes e, em geral, há detalhes suficientes pela casa que clamam sua atenção para mantê-lo ocupado durante anos. Se uma preocupação mútua com o trivial prevalecer, o casamento pode chegar às raias da obsessão e da neurose. A preocupação e a ansiedade são os inimigos.

As amizades e os relacionamentos de trabalho podem aliviar o estresse ao objetivar as emoções e ao colocar ênfase em atividades divertidas e em realizar as tarefas respectivamente. Porém, o estresse aumenta terrivelmente quando surgem problemas ou quando prazos e metas não são cumpridos e a questão é se o relacionamento conta com recursos para agüentar a situação. A capacidade verbal dos nativos de Gêmeos II pode às vezes ser utilizada para resolver esse problema e planejar o futuro. Dentro da família, se o fluxo de linguagem do nascido em Gêmeos II não for bem direcionado, podem ocorrer infinitos debates, brigas e mal-entendidos.

Conselho: *Tente ouvir. Encontre um lugar tranqüilo dentro de si, por exemplo, por meio da prática da meditação. Aprenda a desligar o motor. Tente se fazer entender.*

RELACIONAMENTOS

PONTOS FORTES: VERBAL, COMUNICATIVO, DIVERTIDO

PONTOS FRACOS: TAGARELA, INCOMPREENDIDO, INCOMODATIVO

MELHOR: AMIZADE

PIOR: FAMÍLIA

CZARINA ALEXANDRA (6/6/1872)
DUQUESA TATIANA (10/6/1897)

Alexandra, neta da Rainha Vitória, foi esposa de Nicolau II e mãe de Tatiana. Alexandra interferiu de forma desastrosa na política, encorajando a tendência reacionária do marido. Em 1918 ela e sua família, incluindo Nicolau, foram presos e executados pelos revolucionários bolcheviques. **Também: Federico García Lorca & Dante Alighieri** (poetas nascidos no mesmo dia).

RELACIONAMENTOS

PONTOS FORTES: VÍVIDO, METICULOSO, EXPANSIVO

PONTOS FRACOS: INSTÁVEL, INCLINADO A JULGAR, DESCONTROLADO

MELHOR: TRABALHO

PIOR: AMIZADE

BARBARA BUSH (8/6/25)
GEORGE BUSH (12/6/24)

George tinha 20 e Barbara 19 anos de idade quando se casaram em 1944. Ao longo dos anos, Barbara foi o suporte da família bem como companheira do marido nas campanhas e na presidência. O casal tem 6 filhos. **Também: Judy Garland & David Rose** (casados; estrela/compositor-maestro).

---

3 a 10 de junho
SEMANA DA NOVA LINGUAGEM
GÊMEOS II

11 a 18 de junho
SEMANA DO BUSCADOR
GÊMEOS III

Detalhes do todo

Um relacionamento animado e original pode surgir entre esses dois. Seu modo de pensar começa com o amor pelos detalhes, mas desenvolve-se de forma constante até abranger o todo. É bastante provável que possam se engajar em grandes empreendimentos ou projetos sociais juntos, navegando ambiciosamente em águas desconhecidas. Porém, se o gosto pela aventura e pela ação não for contrabalançado por uma preocupação com a segurança e a fiabilidade, os planos mais bem arquitetados podem ir por água abaixo.

Os casos amorosos entre esses dois podem ser emocionantes mas um tanto instáveis. A energia sexual corre solta, mas sentimentos românticos não são em geral suficientes para manter o relacionamento, pois esses dois podem ser pessoas bastante frias, que sabem o que querem. Compartilhar atividades de todos os tipos, mas em especial aquelas que envolvem comunicação, são essenciais para que o caso continue. Se os nascidos em Gêmeos II e Gêmeos III se casarem, provavelmente estabelecerão planos precisos para o lar, filhos (se houver), vizinhos, carreira, férias e assim por diante.

As amizades podem sofrer de uma divisão de atitude – o nascido em Gêmeos II gosta de falar sobre coisas enquanto o nativo de Gêmeos III prefere fazê-las. Como resultado, o Gêmeos II pode ver o Gêmeos III como um tanto ousado, incontrolável e impulsivo. Por sua vez, o Gêmeos III pode achar que o Gêmeos II é só discurso e nenhuma ação. Tanto os relacionamentos de trabalho quanto os de família se beneficiam de projetos em comum. Esses dois são bons companheiros de viagem e podem ser ótimos representantes de uma empresa ou grupo familiar. Prestam bastante atenção às aparências e cuidam muito de sua imagem – roupas, higiene pessoal, maquiagem, perfume, tudo é revisto até o último detalhe. As relações entre pais e filhos e entre patrão e empregado podem ser especialmente favoráveis, sem ressentimento ou rebeldia, embora é provável que haja uma competição saudável entre colegas de trabalho e irmãos.

Conselho: *Diminua as atitudes críticas. Nem tudo precisa estar sob controle. Deixe as coisas tomarem seu rumo. Não fique apenas falando – aja!*

RELACIONAMENTOS

PONTOS FORTES: INVESTIGATIVO, SOLIDÁRIO, COMPREENSIVO

PONTOS FRACOS: QUEIXOSO, SUPERPROTETOR, ISOLADO

MELHOR: CASAMENTO

PIOR: TRABALHO

TRACY POLLAN (22/6/60)
MICHAEL J. FOX (9/6/61)

Fox subiu ao estrelato no *sitcom* da tevê *Laços de Família* (1982-89). Pollan, que fazia o papel de sua namorada, é esposa de Fox na vida real. Eles vivem em uma fazenda em Vermont. **Também: Gordon Waller & Peter Asher** (cantores Peter & Gordon); **Paulette Goddard & Erich Maria Remarque** (casados; atriz/escritor); **Les Paul & Chet Atkins** (parceiros musicais); **Charles & Maurice Saatchi** (irmãos; parceiros de agência de propaganda).

---

3 a 10 de junho
SEMANA DA NOVA LINGUAGEM
GÊMEOS II

19 a 24 de junho
CÚSPIDE DA MAGIA
CÚSPIDE GÊMEOS-CÂNCER

Compreensão mais profunda

Este relacionamento envolve com freqüência uma busca do eu. Questões da alma, de identidade e de realização pessoal predominam; os parceiros não apenas compartilham sua experiência pessoal, mas também avaliam o relacionamento à medida que este se aprofunda e se desenvolve. O nativo de Gêmeos II possui um lado oculto que deseja compreensão; os nascidos na cúspide Gêmeos-Câncer, por serem ouvintes atentos e solidários, são justamente o tipo de pessoa capaz de neutralizar o medo que o Gêmeos II sente de parecer tolo, ajudando-o assim a se conhecer. A ênfase no crescimento interno também ajuda o nativo da cúspide Gêmeos-Câncer, que se beneficia do entusiasmo e da capacidade de compartilhar idéias e informações do parceiro de Gêmeos II.

Os casos amorosos tendem a centrar-se nas necessidades de compreensão e aceitação dos dois parceiros. O nascido na cúspide Gêmeos-Câncer com freqüência conhece bastante a si mesmo, mas o nativo de Gêmeos II muitas vezes precisa entender-se melhor, sobretudo seu lado sombrio reprimido, antes que o relacionamento realmente comece a decolar. A investigação da personalidade de cada parceiro pode se ampliar, resultando em um entendimento mais rico não apenas do relacionamento, mas também das outras pessoas, e até mesmo da própria vida. Expressar amor e intimidade é a recompensa de tal processo. Em princípio, é provável que o nascido em Gêmeos II relute em assumir um compromisso duradouro – o nascido na cúspide Câncer-Gêmeos terá de demonstrar paciência e persistência nesse aspecto. Uma vez concretizado o compromisso, no entanto, os Gêmeos II são esposos dedicados.

A amizade entre nascidos em Gêmeos II e na cúspide Gêmeos-Câncer é mais voltada para o exterior. O amor pela natureza pode levar este par a explorar paisagens do campo ou simplesmente a passear nos parques da cidade. Não é provável que os relacionamentos de trabalho sejam dinâmicos quando incluem tarefas repetitivas e objetivos bem definidos, mas empreendimentos mais instigantes podem estimular níveis mais elevados de energia. O relacionamento entre pais e filhos pode ser compreensivo e afetuoso, mas superproteção e dependência podem inibir o crescimento.

Conselho: *Aprofunde o processo de entendimento. Não se desligue do mundo. Mantenha-se fisicamente ativo. Aceite a individualidade.*

3 a 10 de junho
SEMANA DA NOVA LINGUAGEM
GÊMEOS II

25 de junho a 2 de julho
SEMANA DA EMPATIA
CÂNCER I

Andando nas nuvens

Atrações magnéticas podem se manifestar entre essas personalidades muito diferentes entre si. No entanto, o foco é, com freqüência, irrealista e caracterizado por esquemas ou planos grandiosos e visões de futuros idílicos. Juntos, este par podia facilmente embarcar em uma busca pelo inatingível. Parte do problema é uma profunda necessidade de se comunicar, porém os nascidos em Gêmeos I e em Câncer I têm estilos tão diferentes que o único momento no qual parecem se encontrar é quando estão sonhando, prevendo ou profetizando. Na verdade, é comum gastarem muito dinheiro consultando médiuns, videntes, tarólogos ou outros tipos de adivinhos.

O nativo de Câncer I é um tipo sensível, mas sua faculdade mental é muitas vezes estimulada pelo comunicativo e inteligente nativo de Gêmeos II. Com freqüência, pode se sentir frustrado com o estilo indireto de Gêmeos II, mas acaba por aprender a linguagem do parceiro. De seu lado, o nativo de Gêmeos II se beneficia desse tipo de comunicação, característico deste relacionamento, que ocorre em um nível não-verbal, muitas vezes emocional. Unir as forças torna-se uma dinâmica importante.

Os casos amorosos e os casamentos não são especialmente recomendados. Presumindo-se que haja uma atração física, os sentimentos românticos podem se desenvolver rapidamente e dissolver-se com a mesma velocidade. Os relacionamentos desse tipo em geral carecem de uma base firme, seja ela sexual ou outra qualquer. O casal costuma se deixar levar, sonhar juntos, curtir uma afeição mútua, mas a menos que surjam problemas dolorosos que desafiem essa situação, o relacionamento raramente se aprofunda. As relações de amizade e de família são em geral muito mais bem-sucedidas. Um maior leque de emoções pode ser expresso nesse caso e a conversação e interação do par abrange do mais sério ao mais engraçado. Os membros da família podem ser amigos íntimos e os amigos podem assumir um papel de família. Os relacionamentos de trabalho também podem ser favoráveis, contanto que não entrem elementos subjetivos. Ambos os parceiros com freqüência possuem uma aptidão para assuntos técnicos, o que lhes permite lidar com problemas sérios à medida que surgem. Tarefas diárias bem-definidas conferem a esse dueto estrutura e direção, enquanto empreendimentos empresariais podem escapar ao controle e perder o contato com a realidade financeira.

Conselho: *Tente pôr o pé no chão. O trabalho duro ajuda a mantê-lo no presente. Lute contra a tendência de colocar demasiada ênfase no futuro. Enfrente os problemas e resolva-os.*

RELACIONAMENTOS

PONTOS FORTES: MAGNÉTICO, COMUNICATIVO, TÉCNICO

PONTOS FRACOS: DESFOCADO, FANTASIOSO, CIUMENTO

MELHOR: FAMÍLIA

PIOR: AMOR

PRÍNCIPE PHILIP (10/6/21)
LADY DIANA (1/7/61)

Quando o Príncipe Charles estava cortejando Diana, Philip preocupado com a "perturbação" do filho o instou a assumir ou a terminar o relacionamento. Philip ficou encantado quando Di concordou em se casar com Charles. Ao longo do casamento problemático, Philip foi compreensivo com Diana, mas durante a separação e o divórcio ele ficou do lado do filho. **Também:** William Kunstler & Stokely Carmichael (advogado/réu).

---

3 a 10 de junho
SEMANA DA NOVA LINGUAGEM
GÊMEOS II

3 a 10 de julho
SEMANA DO NÃO-CONVENCIONAL
CÂNCER II

Uma aura de encantamento

Esta combinação tem uma qualidade mágica que pode trazer inspiração e luz a cada parceiro. As discussões são animadas mas uma sensibilidade emocional subjacente pode evitar que se tornem combativas ou ferinas – o relacionamento tráz à tona atitudes de carinho. A riqueza de sua fantasia pode torná-lo muito divertido, mas também irrealista ou instável a longo prazo. O nativo de Gêmeos II deve aproveitar a imaginação e o senso de humor do Câncer II, mas não deve fazer negócios com ele. Provavelmente, o nascido em Câncer II, acha alguns traços da personalidade de Gêmeos II atraentes, mas pode no fim considerar esse parceiro demasiado crítico e convencional. Ambos têm um lado escuro que raramente compartilham, se é o que fazem. Caso cheguem a se revelar um ao outro, pode ser que sintam uma aura de encantamento.

Os relacionamentos românticos podem se manifestar na forma de amores passageiros. Nesse caso, boas lembranças e talvez alguma decepção ou perplexidade são o melhor e o pior que se pode esperar. No entanto, se o nativo de Câncer II se tornar obcecado por um Gêmeos II que está apenas interessado em prazer passageiro, o resultado será o sofrimento. O nativo de Gêmeos II não gosta de ser perseguido e o amor não correspondido do Câncer II pode se tornar uma experiência frustrante, até mesmo humilhante.

As combinações de casamento e de trabalho não são aconselháveis: esses dois não formam um time prático. Ambos têm um lado irrealista, que aumenta com o relacionamento e ameaça minar a maioria de seus esforços financeiros e técnicos. Embora os lares de nascidos em Gêmeos II e Câncer II costumam ser decorados alegremente, o hábito de pagar pela mobília e pelos outros utensílios domésticos esticando o crédito ao máximo, e até mesmo extrapolando o limite, não é bom sinal para o orçamento familiar no futuro. Os relacionamentos familiares e as amizades são melhores para esta combinação. Quando irmãos ou amigos, esses dois podem construir um mundo mágico para si próprios. As atividades mais simples podem trazer inspiração, sendo caracterizadas por um brilho inovador. O jogo em seu sentido mais básico é elevado ao nível de uma arte refinada. Separados, esses dois com freqüência não conseguem compartilhar com os outros; os observadores podem não acreditar nisso ao virem os dois brincando juntos com tanta atenção e espontaneidade.

Conselho: *Tente ser objetivo. Não exceda seu limite financeiro. Aceite as coisas como são, sem expectativas. Mantenha o respeito por si próprio.*

RELACIONAMENTOS

PONTOS FORTES: IMAGINATIVO, ENCANTADOR, BRINCALHÃO

PONTOS FRACOS: POUCO PRÁTICO, INSTÁVEL, CONFUSO

MELHOR: AMIZADE

PIOR: CASAMENTO

TONY CURTIS (3/6/25)
JANET LEIGH (6/7/27)

Casados de 1951 a 1962, Curtis e Leigh se tornaram queridinhos da mídia impressa e contracenaram em 3 filmes. Sua filha é a atriz Jamie Lee Curtis. **Também:** Les Paul & Mary Ford (casados; guitarrista/cantora); **Ruth Benedict & Franz Boas** (colegas; antropólogos); **Happy & Nelson Rockefeller** (casados); **Imperatriz Carlota & Imperador Maximiliano** (casados; regentes mexicanos).

| RELACIONAMENTOS |

PONTOS FORTES: OTIMISTA, PRÁTICO, PRODUTIVO

PONTOS FRACOS: AUTORITÁRIO, POUCO COMUNICATIVO, DESVITALIZADOR

MELHOR: TRABALHO

PIOR: IRMÃOS

HUME CRONYN (18/7/11)
JESSICA TANDY (7/6/09)

Um dos casais mais íntimos e duráveis no *show business*, Tandy e Cronyn foram casados de 1942 até a morte de Tandy, em 1994. Eles apareceram juntos em 4 peças da Broadway e nos filmes *Cocoon* (1985) e *Batteries Not Included* (1987).

---

3 a 10 de junho
SEMANA DA NOVA LINGUAGEM
GÊMEOS II

11 a 18 de julho
SEMANA DO PERSUASIVO
CÂNCER III

De volta aos trilhos

A direção da vida é um tema poderoso para esses parceiros, que parecem ter um vínculo paranormal que permite cada um compreender exatamente em que ponto da jornada da vida o outro se encontra. No entanto, mantêm-se curiosamente separados – conservando suas fronteiras ao mesmo tempo que tomam conta um do outro a uma certa distância. Se um deles perder o rumo, o outro entra para ajudar. Ambos possuem um lado prático que o relacionamento acentua. Deve-se evitar as atitudes autoritárias, mas estas são às vezes necessárias para planejar o futuro. O par pode se ver encenando seu relacionamento para os outros. Se bem-direcionados e agindo em conjunto, são capazes de progredir de forma estável.

Os casos amorosos e o casamento podem ser afetados pelas tentativas de dominação do nascido em Câncer III. O parceiro de Gêmeos II em geral aceita idéias positivas que levam à maior segurança, mas desejam que suas opiniões sejam levadas em conta e conseguem escapar habilmente do controle do Câncer III. O casal pode ter problemas de comunicação: o nascido em Câncer III nem sempre entende as idéias muitas vezes mirabolantes do Gêmeos II. E se surgirem dificuldades no plano físico ou sexual, como é possível, é difícil para o casal sentar e conversar sobre elas. O nativo de Gêmeos II sente dificuldade em lidar com seus sentimentos e o nativo de Câncer III, embora mais sensível nessa área, pode relutar em discutir assuntos particulares.

Os relacionamentos de trabalho podem ser excelentes, sobretudo quando o Câncer III é o chefe, orientando um empregado nascido em Gêmeos II, que apresenta sugestões altamente originais. Os dois sentem muito respeito um pelo outro. Como colegas de trabalho, no entanto, pode ser difícil conseguirem realizar um projeto complexo, já que ambos ficam muito nervosos à medida em que os prazos se aproximam. O nascido em Câncer III é um pai cuidadoso e carinhoso para o talentoso filho de Gêmeos II, dando-lhe tanto espaço quanto apoio. Os relacionamentos entre irmãos, sobretudo os do mesmo sexo, se caracterizam por lutas de poder e por discussões, sobretudo em reuniões familiares ou em outros eventos públicos. As amizades nesta combinação são com freqüência inovadoras, encorajando o círculo social a novas iniciativas.

Conselho: *Respeite a necessidade de orientação e autoridade. Coopere mais com o líder. Acalme seus nervos. Tente se explicar.*

| RELACIONAMENTOS |

PONTOS FORTES: EMPÁTICO ENERGÉTICO, INOVADOR

PONTOS FRACOS: SENSÍVEL DEMAIS, NERVOSO, INSTÁVEL

MELHOR: AMOR

PIOR: TRABALHO

ILIE NASTASE (19/7/46)
BJORN BORG (6/6/56)

Nastase e Borg foram ferozes rivais no tênis no início dos anos 1970, quando o intenso sueco estava ascendendo à dominância e o temperamental romeno estava encerrando seu reinado como número 1 (1972-73). Sua maior partida foi em Wimbledon (1976), quando Borg derrotou Nastase em seu caminho para o posto de número 1 (1978-80).
Também: Paul Gauguin & Edgar Degas (impressionistas franceses).

---

3 a 10 de junho
SEMANA DA NOVA LINGUAGEM
GÊMEOS II

19 a 25 de julho
CÚSPIDE DA OSCILAÇÃO
CÚSPIDE CÂNCER-LEÃO

Seu próprio pior inimigo

O lado emocional deste relacionamento é evidente – esses parceiros conseguem atingir um nível de entendimento profundo. A "empatia" é a palavra-chave, significando um tipo de fusão ou uma mistura de personalidades, tanto no aspecto positivo quanto no negativo. Infelizmente, os nascidos em Gêmeos II e na cúspide Câncer-Leão possuem um lado nervoso e instável que é reforçado pela combinação, minando a interação entre eles. Em geral, não há limites para a energia, o entusiasmo, a inovação ou a capacidade de persuasão deste relacionamento, tampouco para a sua capacidade de enfrentar desafios, não importa o quanto possam ser perigosos. Mas também gera energias tão erráticas, mesmo frenéticas, que acaba se tornando seu próprio pior inimigo.

O romance entre esses dois pode ser passional e intenso, arrastando consigo os parceiros. Quando caem na real, no entanto, podem ver o relacionamento de um ponto de vista completamente diferente. Viagens, moda, estilo, arte e música são altamente valorizados e a afinidade nessas áreas é considerável. São comuns atividades criativas ou comerciais entre os namorados.

No casamento, é possível que o relacionamento perca muito de seu brilho. A rotina e a obrigação de cumprir tarefas não é seu ponto alto. De uma forma curiosa, no entanto, os casamentos ruins podem ser mais bem-sucedidos do que os bons, uma vez que os problemas, os desequilíbrios e as inseguranças podem impulsionar a relação. Em outras palavras, casamentos que vêm se deteriorando por anos, ou que passem por períodos de grande estresse, continuam de alguma forma a interessar e a unir esses cônjuges. Como amigos com atividades e interesses em comum, esses dois costumam reagir muito emocionalmente, de modo que é provável que conflitos surjam espontaneamente entre eles com uma certa regularidade. As relações familiares entre nascidos em Gêmeos II e Câncer III, sobretudo as mais próximas, tais como entre pais e filhos e entre irmãos, tendem a ser instáveis. Se a dupla quiser formar uma sociedade comercial ou trabalhar lado a lado em uma organização, devem superar sua sensibilidade aos sentimentos do outro. Embora positiva até certo ponto, esse tipo de empatia muitas vezes subverte as atitudes práticas e pragmáticas necessárias à realização do trabalho.

Conselho: *Estabilize suas atividades. Encontre um lugar tranqüilo dentro de si. Adote uma postura mais firme. Desenvolva seu lado prático.*

3 a 10 de junho
SEMANA DA NOVA LINGUAGEM
GÊMEOS II

26 de julho a 2 de agosto
SEMANA DA AUTORIDADE
LEÃO I

Regulando a chama

Este relacionamento pode fortalecer o caráter. Embora seja uma mistura potencialmente explosiva, a combinação entre Gêmeos, regido pelo ar, e Leão, regido pelo fogo, queima como uma chama viva, derretendo tudo na provação da experiência. É provável que nenhum dos dois deixe de criticar o outro, mas se esse teste de personalidade não os separar, fortalece o laço entre eles (presumindo-se que haja o mesmo nível de concessões de ambos os lados). Se formarem um time ou uma sociedade, é possível que a tremenda energia supere até mesmo a oposição mais ferrenha. Se se separarem ou, por causa dos caprichos do destino, tiverem de enfrentar um ao outro, é provável que não tenham piedade, tampouco façam concessões ao ex-parceiro.

Os casos amorosos tendem a ser intensos, talvez intensos demais para durarem. Para manter o relacionamento, podem ter de se casar, um tipo de relação na qual é possível que as energias sejam mais equilibradas. A amizade entre esses dois pode virar amor, ou vice-versa, contanto que o respeito pelo outro permaneça intacto. Os relacionamentos platônicos desta combinação são tão fortes quanto os amorosos e, em última análise, podem acabar sendo mais satisfatórios e duradouros.

Os relacionamentos entre irmãos ou entre pais e filhos nascidos em Gêmeos II e Leão I podem formar uma base sólida para a família. No entanto, caso surjam problemas ou confrontações, é possível que o grupo seja abalado em suas raízes. Os projetos profissionais são altamente favorecidos neste caso: Leão I permitirá que Gêmeos II lidere, e vice-versa, contanto que o respeito mútuo seja mantido. Os relacionamentos entre colegas de trabalho são menos prováveis para esse dueto do que parcerias executivas ou empresariais. As qualidades verbais e comunicativas do nascido em Gêmeos II se fundem poderosamente com a sabedoria e a capacidade de implementação do Leão I. O provável é que o nativo de Gêmeos II estruture ou inove e o nativo de Leão I administre o projeto até que os frutos do trabalho possam ser colhidos.

Conselho: *Relaxe. Regule a chama para não se queimar. Equilibre suas energias e se certifique de que estão apontadas na direção certa.*

RELACIONAMENTOS

PONTOS FORTES: ENERGÉTICO, DETERMINADO, INTENSO

PONTOS FRACOS: AGRESSIVO, CRUEL, CONFRONTACIONAL

MELHOR: PARCERIA DE NEGÓCIOS

PIOR: CASO AMOROSO

BARBARA BUSH (8/6/25)
MARILYN QUAYLE (29/7/49)

Bush e Quayle foram primeira e segunda-damas na administração Bush (1989-93). Eram amigas próximas e muito ativas durante a ocupação do cargo dos maridos. A Sra. Bush era particularmente ativa em programas educativos, estabelecendo a Fundação Barbara Bush visando ao aprendizado de ler e escrever da família.

---

3 a 10 de junho
SEMANA DA NOVA LINGUAGEM
GÊMEOS II

3 a 10 de agosto
SEMANA DA FORÇA EQUILIBRADA
LEÃO II

Irreverência secreta

Este relacionamento traz à tona o lado incomum dos dois parceiros. Nativos de Gêmeos II e de Leão II respeitam a tradição, mas não a reverenciam, concordando que as convenções estabelecidas podem simplesmente servir como desculpas para maus hábitos; o que funciona, em vez de o que deveria funcionar, predomina em suas mentes. Conseqüentemente, o relacionamento é marcadamente pragmático em sua filosofia de vida. Atitudes não-convencionais prevalecem, embora em geral os parceiros permaneçam dentro dos limites do bom senso. Também demonstram bastante senso de humor. O resultado é uma mistura estranha. Reconhecendo-se como almas gêmeas, esses dois podem desfrutar de uma boa piada ou mesmo de algumas fofocas à custa de companheiros mais tradicionais, mas tudo discretamente e atrás dos bastidores.

É provável que os casos amorosos entre Gêmeos II e Leão II sejam honestos, mas nunca expostos à sociedade. Em outras palavras, não revelam publicamente a singularidade do relacionamento, compartilhando-a sobretudo durante os momentos mais íntimos. Ambos acreditam que o que acontece entre duas pessoas deve ser mantido na esfera particular. Em seus aspectos físicos, o relacionamento pode ser franco, aberto, criativo e desimpedido. O carinho e a consideração estão certamente presentes, mas, com freqüência, são secundários. O casamento pode ser bem-sucedido se os parceiros atingirem um equilíbrio entre suas filosofias de vida. Se forem capazes de equilibrar a crítica e a independência do nativo de Gêmeos II e o impulso de dominação do nascido em Leão II, o resultado é uma harmonia duradoura. Se não, espere o pior. O equilíbrio é mais difícil de atingir nas amizades e nos relacionamentos familiares, onde os comentários francos e, com freqüência, incisivos do Gêmeos II podem magoar e enfurecer o Leão II, que pode responder com explosões violentas e depois silêncios sepulcrais. O nativo de Gêmeos II se considera incompreendido por Leão II, que muitas vezes parece não lhe dar a devida atenção.

Os relacionamentos de trabalho em ambientes mais tradicionais, tais como empresas, não são recomendados para esta dupla, dadas as atitudes não-convencionais. No entanto, sua irreverência pode contribuir para o sucesso de um empreendimento empresarial, contanto que as tendências adversárias sejam reprimidas, impedindo assim dificuldades no contato diário e perturbações no local de trabalho.

Conselho: *Abra canais de comunicação. Tente reduzir o conflito. Estabeleça laços mais fortes com o mundo. Cuidado com seu efeito sobre os outros.*

RELACIONAMENTOS

PONTOS FORTES: PRAGMÁTICO, ÍNTIMO, NÃO-CONVENCIONAL

PONTOS FRACOS: ANTAGÔNICO, POUCO COMUNICATIVO, ESTRANHO

MELHOR: AMOR

PIOR: FAMÍLIA

RAINHA-MÃE (4/8/1900)
PRÍNCIPE PHILIP (10/6/21)

A rainha-mãe inglesa é mãe da rainha Elizabeth e sogra do Príncipe Philip. Philip, como consorte real, e a rainha-mãe são requisitados a servir a Rainha Elizabeth.

| RELACIONAMENTOS |

PONTOS FORTES: EFICAZ, IMPONENTE, PRODUTIVO

PONTOS FRACOS: MANIPULADOR, ABRASIVO, DOMINADOR

MELHOR: TRABALHO

PIOR: AMIZADE

LEO G. GORCEY (3/6/15)
HUNTZ HALL (15/8/19)

Gorcey e Hall desempenharam o papel de membros de gangues em comédias dos anos 1930 e início dos anos 1940, como *Dead End Kids*, depois *East Side Kids* e finalmente os *Bowery Boys*. Uma equipe proeminente, Hall fazia o papel do incompetente e tolo membro da gangue ao lado do personagem mais sério e rebelde Gorcey. **Também: Sandra Bernhard & Madonna** (amizade; cômica/estrela pop).

---

3 a 10 de junho
SEMANA DA NOVA LINGUAGEM
GÊMEOS II

11 a 18 de agosto
SEMANA DA LIDERANÇA
LEÃO III

Sem dó nem piedade

A austera fachada deste relacionamento oculta uma batalha sangrenta pela supremacia. A atitude geral é "Sem dó nem piedade". O maior problema é o domínio do nascido em Leão III, e se nativo de Gêmeos II vai conseguir aceitá-lo ou não. Não é tarefa impossível, contanto que o nativo de Gêmeos sinta que seus esforços estão sendo apreciados e recompensados. Porém, sua incapacidade para se manter calado sobre qualquer coisa que o esteja aborrecendo com freqüência leva ao conflito, sobretudo quando, com razão, acusa o nativo de Leão III de ineficiência ou incompetência. A forma pela qual o Gêmeos II exacerba as inseguranças do Leão III pode tornar difícil ou impossível para a dupla viver ou trabalhar juntos. No entanto, o nascido em Leão III valoriza as críticas e as opiniões do nascido em Gêmeos II e pode até vir a depender dele.

Em seu relacionamento com um esposo de Gêmeos e na hierarquia familiar em geral, o nascido em Leão III deseja ser o chefe. O charme, a inteligência e a sedução do representante de Gêmeos II, porém, muitas vezes lhe permite dobrar o Leão III, que costuma ser duro mas apresenta nesse caso uma inegável fraqueza. Pode haver um ciclo no qual o nativo de Leão III tenta controlar o Gêmeos II, mimando-o, enchendo-o de presentes e levando-o a pensar que se encontra, de fato, numa posição superior; se esse tratamento for suspenso mais tarde é provável que o nativo de Gêmeos II se sinta desamparado e derrotado – e pode responder redobrando os esforços manipuladores. Os casos amorosos e as amizades não são recomendados; já que tende a haver um alto nível de conflito, a honestidade e a profundidade da emoção são difíceis de atingir.

Os relacionamentos de trabalho são também complexos. Quando o nativo de Leão III precisa montar uma equipe, o brilhante Gêmeos II pode ser o melhor lugar-tenente. Há, porém, um grande problema – não quanto à eficiência do Gêmeos II (na verdade este terá poucos problemas para entender e para implementar as necessidades do Leão III) mas quanto à sua insubordinação. Juntos, também, os dois adotam uma postura abrasiva para com os colegas de trabalho. Nativos de Leão III e de Gêmeos II nem sempre trabalham bem juntos quando estão em pé de igualdade, uma vez que violentas lutas de poder tendem a surgir entre eles.

Conselho: *Tente ser honesto. Diminua a aspereza. Minimize o conflito. Cuidado com a manipulação. Desenvolva suas qualidades positivas.*

| RELACIONAMENTOS |

PONTOS FORTES: GRATO, PERSUASIVO, ATUALIZADO

PONTOS FRACOS: INTROMETIDO, ATREVIDO, CONDESCENDENTE

MELHOR: AMOR

PIOR: AMIZADE

RUBY KEELER (25/8/09)
AL JOLSON (7/6/1886)

Jolson casou-se com a atriz musical Keeler em 1928. A briga de Jolson com os Irmãos Warner em 1937 fez Keeler abandonar os estúdios também; mas isso teve um ônus para seu casamento e eles se divorciaram em 1940. **Também: Robert Cummings & Orville Wright** (neto/avô; ator/aviador).

---

3 a 10 de junho
SEMANA DA NOVA LINGUAGEM
GÊMEOS II

19 a 25 de agosto
CÚSPIDE DE EXPOSIÇÃO
CÚSPIDE LEÃO-VIRGEM

Encorajando a auto-expressão

O principal tema desta combinação é a sedução – não no sentido sensual, mas naquele de incentivar as pessoas a se revelarem. É um tipo de sedução que encoraja a auto-expressão: cada uma dessas personalidades, e sobretudo a nascida na cúspide Leão-Virgem, possui um lado oculto ou complicado, mas cada uma é capaz de promover o entendimento mútuo ao persuadir o outro a revelar-se. Nesta combinação, o nativo de Gêmeos II pode lembrar um vendedor tentando vender ao Leão-Virgem a idéia de que este é valioso e deve emergir de seu mundo particular. Por sua vez, Gêmeos II pode ser capaz de expressar-se como nunca antes: a comunicação é o mais importante para ele e Leão-Virgem é certamente inteligente o bastante para entender sua linguagem singular. Com efeito, ao deixar que o nativo de Gêmeos II tente convencê-lo por tanto tempo, o nascido na cúspide Leão-Virgem pode na verdade estar apenas analisando o estilo de linguagem de Gêmeos II.

Em casos amorosos, esses dois podem ser exploradores, desbravando as emoções um do outro. Como o Príncipe Encantado e a Bela Adormecida, podem despertar os sentimentos mais profundos de cada um com um beijo. Romper as defesas de ambos também pode ser difícil e perigoso, uma vez que o nascido na cúspide Leão-Virgem dificilmente aceita ajuda na escolha do que revelar e de quando fazê-lo, enquanto o nativo de Gêmeos II evita a auto-exposição com receio de parecer tolo. Os casamentos podem elevar essas tensões ao extremo: podem ser plenos e ricos, mas o ressentimento de Leão-Virgem com relação ao rompimento de sua privacidade e autonomia pode causar explosões e depressões periódicas, resultando na frustração de Gêmeos II por se achar mal-entendido. Os amigos nascidos em Gêmeos II e na cúspide Leão-Virgem precisam aprender a funcionar em pé de igualdade, o que não é fácil. Mas, se o nativo da cúspide Leão-Virgem conseguir desfrutar de momentos calmos com o Gêmeos I, ou se relacionar-se socialmente com ele – apenas por sua livre e espontânea vontade e porque assim o deseja – o relacionamento pode dar certo. Pais e chefes nascidos em Gêmeos II podem ser atenciosos e encorajadores para empregados e filhos nascidos na cúspide Leão-Virgem. Qualquer insinuação de paternalismo, no entanto, em geral faz o Leão-Virgem calar-se e, se esse paternalismo for mais acentuado, pode prejudicar a sua auto-estima. Assim, é preciso grande sensibilidade a esse respeito e evitar elogios indevidos.

Conselho: *Permita que as emoções surjam espontaneamente. Fortaleça sua vontade e seja resoluto. Preocupe-se tanto com os desejos quanto com as necessidades. Descubra seu verdadeiro desejo.*

3 a 10 de junho
SEMANA DA NOVA LINGUAGEM
GÊMEOS II

26 de agosto a 2 de setembro
SEMANA DOS CONSTRUTORES DE SISTEMAS
VIRGEM I

A um passo

Este relacionamento reforça as qualidades de ar e terra (associadas respectivamente com as forças mentais e pragmáticas), mas reconciliar essas forças nem sempre é fácil ou mesmo possível: os impulsos mundanos para alcançar o sucesso, para se divertir, e mesmo para controlar os outros competem com influências imaginativas, não-práticas e imprevisíveis. Na melhor das hipóteses, no entanto, o resultado é uma mistura que resulta numa combinação pragmática, embora profundamente imaginativa. A influência comum de Mercúrio (o planeta regente de Gêmeos e de Virgem) fornece um impulso adicional de sensatez e lógica.

Os casos amorosos caracterizam-se por uma influência estabilizadora, encorajando massagens, banhos quentes e aconchegos gostosos. Porém, a um passo de distância, encontra-se uma força igual, contrária e perturbadora, que pode arruinar a paz em um instante, dando vazão a emoções incontroláveis. Deve-se ter cuidado para que as paixões não descambem para a violência, seja por meio de palavras ou de atos.

Os casamentos e os relacionamentos de trabalho desses dois são muitas vezes pragmáticos e financeiramente bem-sucedidos, embora caracterizados pela instabilidade. Ambos os parceiros às vezes experimentam uma sensação fatalista de que o relacionamento pode mudar em um instante, com influências e expectativas favoráveis dissolvendo-se no ar. Essa insegurança, no entanto, pode apenas levá-los a apostar mais alto em suas realizações conjuntas, sejam elas na esfera familiar, doméstica, financeira ou profissional. É comum cônjuges desta combinação trabalharem juntos em carreiras dinâmicas e imaginativas.

As amizades e os relacionamentos familiares podem aflorar o lado nervoso da combinação. A ansiedade e mesmo a paranóia podem aparecer, tornando impossível a fácil comunicação. O relacionamento entre pais e filhos é talvez o pior, já que a propensão do nativo de Gêmeos II à crítica implacável e o impulso do nativo de Virgem I à ordem combinam-se para enlouquecer todos ao redor. Na verdade, quando concordam entre si, esses dois causam mais problemas para o resto da família; quando discordam, outros pontos de vista têm mais chance de prevalecer.

Conselho: *Deixe rolar os bons momentos. Não fique achando todo dia que a casa vai cair – um dia ela cai mesmo! Siga mais os seus instintos e intuições. Dê mais sossego aos outros.*

RELACIONAMENTOS

PONTOS FORTES: SENSUAL, PRÁTICO, IMAGINATIVO

PONTOS FRACOS: IMPREVISÍVEL, FATALISTA, DESORDEIRO

MELHOR: CASAMENTO

PIOR: FAMÍLIA

FREDERICK LOEWE (10/6/01)
ALAN JAY LERNER (31/8/18)

A brilhante colaboração entre o compositor Loewe e o liricista Lerner se iniciou em 1947, resultando em obras-primas musicais como *Brigadoon*, *Point Your Wagon*, *My Fair Lady* e *Camelot*. **Também: Nancy Sinatra & Tommy Sands** (casados; cantores); **Bjorn Borg & Jimmy Connors** (tenistas rivais); **Jessica Tandy & Jack Hawkins** (casados; atores); **June Haver & Fred MacMurray** (casados; atores).

---

3 a 10 de junho
SEMANA DA NOVA LINGUAGEM
GÊMEOS II

3 a 10 de setembro
SEMANA DO ENIGMA
VIRGEM II

Sinais trocados

A dualidade é o tema deste relacionamento e é provável que a síntese em um todo coerente seja difícil. Cada um desses parceiros tem dois lados distintos (embora não necessariamente opostos); portanto, quatro pares diferentes podem surgir no relacionamento, causando grande confusão. A combinação também possui um estilo fraternal, até semelhante a almas gêmeas, fazendo da igualdade de talentos sua marca de autenticidade. Mitos de gêmeos, tal como Ísis e Osíris, os deuses do Egito antigo que eram irmãos e casados, ou Rômulo e Remo, legendários fundadores de Roma, são invocados. Tais mitos abordam a existência de um lado escuro na humanidade e o objetivo final desta combinação é lidar com este lado e integrá-lo em um esforço criativo do eu ou do relacionamento. Dada a variedade dos aspectos da personalidade envolvidos e a complexidade da tarefa, muita instabilidade e mudanças de humor são inerentes.

Os casos amorosos, se é que se desenvolvem, com freqüência carecem de tenacidade para lidar com todas essas questões. O nativo de Virgem II é em geral inacessível ao nativo de Gêmeos II, incapaz de compreender seus sinais trocados e suas respostas confusas. Embora excelente na formulação de linguagem verbal, Gêmeos II pode ter problemas para traduzir a linguagem silenciosa e altamente pessoal do nascido em Virgem II. Os casamentos enfrentam problemas semelhantes.

Os amigos nascidos em Gêmeos II e em Virgem II têm afinidades mentais, mas controlam intensamente suas emoções. Se Virgem II tiver um colapso depressivo, Gêmeos II em geral sabe quando deixá-lo resolver as coisas por si só e quando intervir para ajudar. Os relacionamentos de trabalho podem ser produtivos, mas uma irritação mútua pode reduzir as probabilidades de cooperação diária, sobretudo com os colegas de trabalho. Como administradores ou empresários, Gêmeos II pode entrar com as idéias e Virgem II com a parte prática, forjando, assim, uma unidade capaz de resolver problemas e de elaborar acordos. O relacionamento pode ser especialmente forte na esfera legal.

Os relacionamentos familiares, em especial as relações entre pais e filhos e entre irmãos, são espinhosas. Trocas verbais ásperas são freqüentes, e caso os dois fiquem a sós por muito tempo, em especial no final da adolescência e no início da idade adulta, surgem atritos. Fazer as pazes, no entanto, torna-se cada vez mais importante na vida madura.

Conselho: *Tente agir mais. Confie mais na intuição. Estabeleça uma base mais firme em sua vida. Deixe as preocupações e ansiedades de lado.*

RELACIONAMENTOS

PONTOS FORTES: SOLUCIONA PROBLEMAS, INTELIGENTE, FLEXÍVEL

PONTOS FRACOS: PREOCUPADO, INSTÁVEL, IRRITÁVEL

MELHOR: ADMINISTRAÇÃO

PIOR: AMOR

FRANK LLOYD WRIGHT (8/6/1867)
LOUIS SULLIVAN (3/9/1856)

Porta-voz da arquitetura orgânica no final da década de 1890, Sullivan exerceu imensa influência em seus dias, mas morreu na obscuridade e pobreza. Wright, seu mais famoso discípulo, o chamava de "querido mestre" quando era um jovem desenhista do escritório de Sullivan. Wright publicou um tributo a ele em 1949. **Também: Amanda Pays & Corbin Bernsen** (casados; atores); **Elizabeth Hurley & Hugh Grant** (namorados; atores).

RELACIONAMENTOS

PONTOS FORTES: LOQUAZ, LEAL, ESPIRITUOSO

PONTOS FRACOS: EXCLUSIVISTA, SARCÁSTICO, CABEÇA-DURA

MELHOR: AMIZADE

PIOR: TRABALHO

CLARA SCHUMANN (13/9/1819)
ROBERT SCHUMANN (8/6/1810)

Em 1830, Robert mudou-se para a casa de Clara para estudar piano com seu pai, que também era professor. Desafiando-o, eles se casaram em 1840. Apesar de ter de criar 8 filhos, Clara se tornou uma grande concertista de piano e colaborou para que as composições de Robert amadurecessem. **Também: Príncipe Philip & Príncipe Henry** (avô/neto; realeza).

---

3 a 10 de junho
SEMANA DA NOVA LINGUAGEM
GÊMEOS II

11 a 18 de setembro
SEMANA DO LITERAL
VIRGEM III

Aberto a novas idéias

Este relacionamento brilha na esfera mental. É provável que seu foco resida em conversas inteligentes pontilhadas por uma sensação de bem-estar. Embora ambos os parceiros possam ser obstinados, nesta relação comunicam bem suas idéias, exercitam o bom senso e conseguem fazer planos para o futuro. Também são espirituosos e engraçados. O relacionamento pode abranger projetos de equipe envolvendo construção e criatividade, talvez nas áreas de artesanato ou de desenho. Ambos os parceiros são abertos a novas idéias em vez de ficarem amarrados às tradicionais.

A flexibilidade é a marca registrada dos casos amorosos entre nascidos em Gêmeos II e em Virgem III. Em geral, o não-envolvimento é cultivado, sendo a liberdade de ação não apenas um privilégio, mas uma exigência. Essas atitudes abertas realmente encorajam os parceiros a manterem-se fiéis um ao outro – regras rígidas podem apenas levá-los à separação. Enquanto conseguirem respirar com liberdade, é provável que o relacionamento continue em relativa harmonia.

Os casamentos são um pouco mais problemáticos. O nativo de Gêmeos II nem sempre está disponível fisicamente e a temperatura do nativo de Virgem III pode aumentar se a ele couber o trabalho duro. É provável que haja discussões não apenas com relação à distribuição de tarefas mas também em relação a dinheiro e aos filhos. Os parceiros são tipos verbais e suas réplicas podem ser altamente estimulantes, mas também podem tomar um rumo destrutivo em direção à ironia e ao sarcasmo. O lado dramático dos dois parceiros em geral surge em tais momentos.

Os relacionamentos familiares entre os nascidos em Gêmeos II e em Virgem III e sobretudo as amizades podem ser notáveis. Muitas vezes, esses dois estão ligados por fortes laços de lealdade e compreensão. Caso se tornem melhores amigos, no entanto, devem ter cuidado para não se isolarem dos outros. É apenas na medida em que o relacionamento for capaz de se tornar inclusivo e não exclusivo que a sua própria longevidade fica garantida. Os relacionamentos de trabalho nesta combinação podem passar para o amor e a amizade, reduzindo sua eficiência.

Conselho: *Não se isole dos outros nem deixe seu humor tornar-se ferino. Não esqueça a tradição. Evite discutir sobre dinheiro. Seja objetivo no trabalho.*

RELACIONAMENTOS

PONTOS FORTES: COMUNICATIVO, PARTICIPATIVO, EDUCATIVO

PONTOS FRACOS: DESCONECTADO, DISTRAÍDO, IRRESPONSÁVEL

MELHOR: CASAMENTO

PIOR: TRABALHO

MICKEY ROONEY (23/9/20)
JUDY GARLAND (10/6/22)

No início de sua carreira, Garland e Rooney apareceram em 9 filmes juntos, começando em 1937 com *Thoroughbreds Don't Cry*. A presença do humorista energético Rooney complementava a inocência crédula de Garland. Tornaram-se amigos para a vida toda. **Também: Jerry Stiller & Anne Meara** (casados; comediantes).

---

3 a 10 de junho
SEMANA DA NOVA LINGUAGEM
GÊMEOS II

19 a 24 de setembro
CÚSPIDE DA BELEZA
CÚSPIDE VIRGEM-LIBRA

Precisa-se: uma base firme

O desafio deste relacionamento é encontrar um conjunto de princípios subjacentes que desenvolva tanto o relacionamento como um todo quanto cada um dos parceiros individualmente, servindo-lhe de base. Essa razão de ser pode ser financeira, religiosa ou estética. Se esta dupla se interessar por cultura popular, sobretudo música, cinema e moda, pode, com facilidade, basear seu estilo de vida na apreciação e na participação em tais áreas. Por quererem demais serem levados a sério pelos outros e parecerem ser "jogadores", questões de estilo os atraem fortemente. Assim, uma visão moderna e atual, junto com um toque de esnobismo, pode ser a base de que necessitam. Juntos, são capazes de encontrarem um nicho criativo em qualquer campo que lhes interesse.

O nativo de Gêmeos II gosta de contar ao nascido na cúspide Virgem-Libra sobre os acontecimentos atuais nas artes populares e o Virgem-Libra gosta de investigar essas áreas por si próprio. Os casos amorosos, as amizades e os casamentos nesta combinação podem, então, se basear abertamente em atividades que os outros consideram superficiais: assistir a filmes e à televisão, ouvir CDs novos, ler livros ou revistas de moda, navegar na Internet, possuir uma coleção de CDs. Para este par tais assuntos significam não apenas prazer, mas também instrução, pois os estudam em profundidade e colocam o conhecimento adquirido a serviço da criatividade. Se esses dois viverem na mesma casa, com freqüência essas influências aparecem graficamente na decoração, na arte etc.

Os relacionamentos familiares em geral não despertam fortes emoções. A convivência fácil, no entanto, pode desenvolver laços fortes e uma filosofia de vida saudável entre nascidos em Gêmeos II e na cúspide Virgem-Libra – não são nessárias atribuições para uni-los. Quando surgem crises, essa calma pode ter um impacto positivo nos outros membros da família, sobretudo nos nervosos ou preocupados. Se o relacionamento abranger um empreendimento empresarial, tal como uma loja ou um negócio, ou se incluir um trabalho autônomo, é preciso ter bastante cuidado com os assuntos financeiros. Embora um vínculo de trabalho com um amigo ou colega possa ajudar a estabelecer a base comum que o relacionamento exige, a irresponsabilidade fiscal é um perigo constante e o fracasso financeiro abalará o par.

Conselho: *Adote e siga um conjunto de princípios. Conscientize-se de sua tendência à arrogância. Preste atenção a seus gastos – você provavelmente compra demais a crédito.*

3 a 10 de junho
SEMANA DA NOVA LINGUAGEM
GÊMEOS II

25 de setembro a 2 de outubro
SEMANA DO PERFECCIONISTA
LIBRA I

Um verdadeiro encontro de idéias

A forte conexão mental entre esses dois torna o compartilhamento de idéias e de conceitos fundamental para relacionamento. Essas idéias podem ser intelectuais ou práticas, dependendo de o par compartilhar ou não as responsabilidades diárias. O relacionamento pode ser extremamente sereno e, na verdade, pode precisar ser – por não ser possível lidar com assuntos dolorosos ou perturbadores. Às vezes, os observadores externos vêem esse relacionamento como quase perfeito, mas claro que não sabem o que está acontecendo de verdade. É um relacionamento que enfatiza o humor, a inteligência e a facilidade de interação mais do que a intensidade ou a paixão.

Frustrações podem surgir no amor e no casamento. O nativo de Gêmeos II pode querer estabelecer um contato com o parceiro de Libra I em um nível emocional profundo e se sentirá enganado quando tal intimidade lhe for recusada. O nascido em Libra I, por sua vez, pode desejar que o parceiro de Gêmeos II seja menos instável e mais organizado. De fato, em ambas as áreas, o relacionamento muitas vezes exige e consegue o melhor que os dois são capazes de dar. Na verdade, os relacionamentos amorosos entre Gêmeos II e Libra I são permeados por atitudes irrealistas e negativas que podem mais ou menos desaparecer, uma vez concretizado o casamento. As expectativas com freqüência exercem um papel demasiado forte no casamento, preparando o casal para decepções, mas muitas vezes é possível encontrar bastante satisfação para manter o relacionamento intacto durante anos.

As amizades nesta combinação são tranqüilas e estimulantes, mas os relacionamentos entre pais e filhos e entre irmãos são os que tendem a uma verdadeira proximidade. De fato, o relacionamento entre pai e filha ou mãe e filho pode lembrar tanto uma amizade quanto uma conexão familiar. Nesses encontros intelectuais, identificações mentais e emocionais diminuem as chances de mal-entendidos. Um amor verdadeiramente altruísta é possível.

Os relacionamentos de trabalho entre esses dois não são muito produtivos ou suficientemente inovadores. Ambos tendem a sabotar a si mesmos em assuntos profissionais e, portanto, devem prestar muita atenção a esse respeito.

Conselho: *Tente pensar nos outros. Atitudes egoístas levam à separação. Esteja preparado para ouvir. Nada humano é perfeito ou eterno.*

RELACIONAMENTOS

PONTOS FORTES: PARTICIPATIVO, COMPREENSIVO

PONTOS FRACOS: FORA DA REALIDADE, SABOTADOR, FRUSTRADO

MELHOR: FAMÍLIA

PIOR: AMOR

PAULETTE GODDARD (3/6/11)
GEORGE GERSHWIN (26/9/1898)

Em 1936, Goddard e o compositor Gershwin tiveram um sério romance enquanto ela ainda era casada com Chaplin. Alguns biógrafos acreditam que ela era seu grande amor, sobretudo porque ele implorou que ela deixasse Chaplin.

---

3 a 10 de junho
SEMANA DA NOVA LINGUAGEM
GÊMEOS II

3 a 10 de outubro
SEMANA DA SOCIEDADE
LIBRA II

Pressentimentos corretos

Rico em potencial, este relacionamento tem a capacidade de atingir qualquer objetivo, contanto que seus parceiros decidam capitalizar os pontos fortes fidelidade, paciência e intuição. Este par faria melhor se seguisse seus pressentimentos em vez da lógica e iniciasse projetos ou redirecionassem os já existentes. O desafio, na verdade, é desenvolver um modus operandi forte e seguro para iniciar e depois manter os novos projetos. O relacionamento promete uma coexistência tranqüila, com poucos atritos e poucos problemas, mas a tensão muitas vezes leva ao crescimento, e se esses dois desejam que o relacionamento seja dinâmico é preciso enfocar objetivos fora de si.

Nos casos amorosos, por exemplo, podem apenas vagar e sonhar. São talvez relações agradáveis, mas falta-lhes uma convicção forte. Os parceiros têm uma veia sensacionalista e podem estar em busca da mais nova emoção; se esse for o caso, estão sempre caçando em direções opostas. Se, ao contrário, levarem um pouco mais a sério o mundo em geral e seu relacionamento em particular, abrirão novos mundos de envolvimento mútuo. Descobrir os prazeres do aprendizado e do autoconhecimento, seja por meio de leituras, de pesquisas ou de experiências de vida, fornece um foco positivo.

Os casamentos podem ser altamente bem-sucedidos aos olhos do mundo. Ao cuidar das necessidades domésticas, no entanto, esses dois podem deixar de se desenvolverem tanto como casal quanto como indivíduos. Nesse aspecto, mesmo o casamento mais feliz pode retirar dos nascidos em Gêmeos II e em Libra II seu inalienável direito hereditário: o crescimento pessoal. É muito provável que amigos, cônjuges e parentes nesta combinação se juntem no trabalho ou nos negócios. Esses relacionamentos comerciais podem ser confiáveis e alegres, e podem funcionar bem – mas poderiam ser bem melhores com um pouco mais de estímulo. Esse é o ponto onde é mais importante os parceiros confiarem na sua intuição e não na lógica ou no bom senso e simplesmente buscar o que desejam em vez de ficarem parados, pesando os prós e os contras.

Conselho: *Desenvolva mais firmeza. Estruture e canalize suas energias para o trabalho. Exija mais. Não se esqueça do seu desenvolvimento pessoal.*

RELACIONAMENTOS

PONTOS FORTES: BEM-SUCEDIDO, INTUITIVO, EQUILIBRADO

PONTOS FRACOS: DESFOCADO, À DERIVA, SENSACIONALISTA

MELHOR: TRABALHO

PIOR: AMOR

H. RAP BROWN (4/10/43)
WILLIAM KUNSTLER (7/6/19)

Kunstler foi advogado de defesa de muitos ativistas negros radicais, incluindo Brown, proponente do "black power" nos anos 1960. Kunstler não apenas representava líderes de minorias, mas com freqüência apoiava suas causas.

| RELACIONAMENTOS |

PONTOS FORTES: VIGOROSO, ESPONTÂNEO, EXCITANTE

PONTOS FRACOS: PROVOCATIVO, FRENÉTICO, TEMPESTUOSO

MELHOR: PAIS-FILHOS

PIOR: CASAMENTO

COLLEEN DEWHURST (3/6/26)
GEORGE C. SCOTT (18/10/27)

Uma respeitada atriz, Dewhurst é conhecida por seu trabalho nos palcos de Nova York. A proeminente carreira de Scott foi pontuada por 5 casamentos com atrizes. O par se casou e se divorciou duas vezes (1960-65, 1967-72).

3 a 10 de junho
SEMANA DA NOVA LINGUAGEM
GÊMEOS II

11 a 18 de outubro
SEMANA DO TEATRO
LIBRA III

Tentador, encantador, enlouquecedor

Um relacionamento emocionante pode se desenvolver entre esses parceiros. Sua duração vai depender da capacidade de se aceitarem, inclusive com todas as suas pequenas imperfeições e antipatias, uma vez que o interesse inicial tenha se esvaído. Às vezes lembrando um campo de futebol, outras vezes um campo de batalha, o relacionamento é tentador, encantador, enlouquecedor, irracional – caleidoscópico. A energia do nativo de Gêmeos II atrai o de Libra III, que nem sempre se esforça para parecer interessado. Sua frieza e objetividade, por sua vez, atrai o nascido em Gêmeos II e, com freqüência, provoca sentimentos mais profundos. Nenhuma das partes está procurando problemas ou encrencas neste relacionamento, o que não é garantia de que não venham a acontecer.

Os casos amorosos podem ser especialmente instáveis. A ênfase recai em energias juvenis e em demonstrações espontâneas de afeto. O sexo tende a ser excitante e não premeditado, mas é possível que revele algumas características indesejáveis de ambos os parceiros. Cenas de provocação ou de violência e egoísmo declarado são muito prováveis. O nativo de Gêmeos II pode, às vezes, sentir-se dominado pelo poderoso Libra III, o que pode até exercer um certo fascínio. O nascido em Libra III que vier a se deixar levar pelas energias frenéticas do Gêmeos II considerará tal perda de controle desagradável.

O casamento não é recomendável como próximo passo para esses relacionamentos tumultuados. Tampouco é sempre possível que casos amorosos fracassados resultem em amizades. Por outro lado, caso os nativos de Gêmeos II e Libra III primeiro se conheçam como amigos, é possível que consigam estabelecer um toma-lá-dá-cá mais fácil. Mais uma vez a solidariedade e a profundidade do relacionamento dependerão do grau de tolerância.

Os relacionamentos de trabalho podem ser voláteis demais para serem bem-sucedidos. O nativo de Libra III precisa de liberdade e se o Gêmeos II se tornar dependente dele de alguma forma, a rejeição será inevitável. Os pais e filhos nesta combinação são em geral capazes de resolver suas diferenças com o passar do tempo; atitudes bastante amorosas podem surgir de infâncias turbulentas e há possibilidade de reconciliação na maturidade.

Conselho: *Procure ser mais objetivo. Concentre-se nos aspectos positivos do amor. Trate os sentimentos violentos com cuidado. Tente melhorar sua compreensão.*

| RELACIONAMENTOS |

PONTOS FORTES: CONVINCENTE, IMPONENTE, INSPIRADOR

PONTOS FRACOS: INSENSÍVEL, NEGLIGENTE, ESPONTÂNEO

MELHOR: EQUIPE DE LÍDERES

PIOR: CASAMENTO ISOLADO

HARRY F. BYRD (10/6/1887)
RICHARD E. BYRD (25/10/1888)

Os irmãos nascidos na Virgínia, Harry foi governador (1926-30) e senador (1933-65), enquanto Richard, aviador e explorador, se tornou herói nacional depois de sobrevoar o Pólo Norte em 1926 e o Pólo Sul no mesmo ano. **Também: John Maynard Keynes & Lydia Lopokova** (casados; economista/bailarina).

3 a 10 de junho
SEMANA DA NOVA LINGUAGEM
GÊMEOS II

19 a 25 de outubro
CÚSPIDE DO DRAMA E DA CRÍTICA
CÚSPIDE LIBRA-ESCORPIÃO

Impacto sobre o mundo

Esta combinação pode estabelecer o rumo de uma ampla variedade de projetos: nascidos em Gêmeos II e na cúspide Libra-Escorpião se saem bem como equipe de liderança em clubes, em escolas e em empreendimentos artísticos e comerciais. A ênfase do relacionamento, em geral, recai menos nas interações mútuas do que no impacto que juntos causam no mundo ao seu redor. Esses dois possuem capacidades críticas e verbais que se fundem, e o trabalho em conjunto pode torná-los capazes de atingir grande êxito no jornalismo, no ensino, em trabalhos que envolvam línguas, tradução ou edição, e talvez na política ou no direito. Dadas as qualidades de liderança do relacionamento, porém, ficar preso a uma atividade enfadonha ou acadêmica traz imensa frustração. A equipe formada pelo nascido em Gêmeos II e na cúspide Libra-Escorpião precisa usar seus talentos para convencer, estimular e, em última instância, levar os outros a realizações maiores, seja nas esferas mais populares ou nas mais esotéricas. Outro perigo é o par perder sua visão de mundo ampla, sentir-se pouco apreciado e se refugiar-se em um círculo restrito de admiradores, pregando para os convertidos. Funcionam melhor juntos, na verdade, quando céticos discordam deles e oferecem resistência, desafiando-os e instigando-os a se expressarem mais.

Amizades, casos amorosos e casamentos são todos possíveis entre esses dois, mas esses relacionamentos quase sempre enfatizam questões maiores do que os sentimentos pessoais dos parceiros em relação um ao outro. Se válvulas de escape externas para suas energias de liderança forem negadas ou disponibilizadas, costuma haver frustração e as energias do relacionamento se voltam para dentro – um resultado posteriormente bastante destrutivo.

Os avós nesta combinação podem ditar as regras para uma família durante duas, três ou talvez até mais gerações. Suas atitudes incisivas suscitam orgulho e dedicação nos filhos e netos. Um dueto de irmãos, sobretudo do mesmo sexo, pode também influenciar bastante o rumo social e financeiro da família. É preciso cuidado para não atropelar os sentimentos dos membros da família mais sensíveis e passivos, para quem o desenvolvimento pessoal tem maior importância.

Conselho: *Não ignore sentimentos pessoais em si ou nos outros. Diminua sua retórica. Permita que os outros tomem as suas próprias decisões. Controle-se um pouco.*

3 a 10 de junho
SEMANA DA NOVA LINGUAGEM
GÊMEOS II

26 de outubro a 2 de novembro
SEMANA DA INTENSIDADE
ESCORPIÃO I

Um canal emocional

A sensibilidade é enorme – este par pode estar ligado no mesmo canal emocional, tanto num aspecto positivo quanto negativo. No lado positivo, podem dar um ao outro bastante apoio e inspiração emocional. A convivência diária, no entanto, irrita-os. O desafio é conviverem bem, diminuindo os pontos de conflito e irritação e, ao mesmo tempo, aproveitando sua capacidade de dar vida, criar intimidade e mesmo gerar alegria. As trocas entre esses dois podem ser vívidas e estimulantes, mas o nativo de Gêmeos II pode achar que está sendo vítima do lado moral do Escorpião I, que leva este a condenar até mesmo pensamentos e ações que considera apenas um pouco questionáveis.

É provável que os casos amorosos sejam intensos mas passageiros. Mesmo se os parceiros procurarem aceitar os erros um do outro, as extremas diferenças de temperamento e a filosofia de vida altamente crítica do relacionamento podem causar problemas. Existe uma tendência à diversão, com muito humor e bons momentos, mas também a uma certa instabilidade. Por essa razão, os casamentos também podem ser problemáticos.

As amizades são em geral energéticas mas exigentes no que se refere a atenção do parceiro, pelo menos se forem duradouras. Um nativo de Gêmeos II, envolvido em um relacionamento problemático ou apaixonado, pode buscar apoio em um amigo de Escorpião I; independente de tais amizades virarem amor ou não, a situação é potencialmente explosiva, uma vez que o Escorpião I protege muito os amigos de Gêmeos II e arrisca-se, assim, a perder toda a objetividade ao tomarem seu partido. Os triângulos formados dessa maneira podem ser altamente destrutivos, sobretudo para o Gêmeos II, que é a parte mais vulnerável.

Os relacionamentos entre pais e filhos nesta combinação podem ser empáticos e compreensivos, sobretudo nas relações entre mãe e filho e entre pai e filha. Pais nascidos em Gêmeos II tendem a deixar os filhos de Escorpião I seguirem o próprio rumo, mas pais nascidos em Escorpião I devem tomar cuidado para não tentarem controlar a vida dos filhos de Gêmeos II. No trabalho, esses dois devem evitar ficarem presos a detalhes ou deixarem as atitudes críticas diminuírem o ritmo do trabalho e suscitarem discórdia.

Conselho: *Pegue leve. Cuidado com as exigências e as críticas. Não se irrite com problemas pequenos. Tente manter tudo em perspectiva.*

RELACIONAMENTOS

PONTOS FORTES: EMPÁTICO, ENERGÉTICO, COMPREENSIVO

PONTOS FRACOS: IRRITADO, CONTROLADOR, DESTRUTIVO

MELHOR: PAIS-FILHOS

PIOR: AMIZADE

CHIANG KAI-SHEK (31/10/1887)
MADAME CHIANG KAI-SHEK (4/6/1899)

Mei-ling Soong, filha de uma abastada família politicamente proeminente, se casou com Chiang Kai-shek em 1927, um ano depois de ele se tornar o líder do governo nacionalista da China e de Taiwan. Sua irmã se casou com Sun Yat-Sen. **Também: Darci Kistler & Peter Martins** (casados; bailarinos); **Johnny Depp & Winona Ryder** (ex-noivos; atores).

---

3 a 10 de junho
SEMANA DA NOVA LINGUAGEM
GÊMEOS II

3 a 11 de novembro
SEMANA DA PROFUNDIDADE
ESCORPIÃO II

Do lado do avesso

Esta combinação ilumina qualidades sombrias das psiques dos parceiros. Em outras palavras, traz à tona as tendências escuras, menos reconhecidas dos dois. De certa forma, Escorpião II é Gêmeos II do lado do avesso: a profundidade e a intensidade emocional de Escorpião II realmente se esconde dentro de Gêmeos II, que, no entanto, pode não ter consciência do fato. Por outro lado, a excentricidade e a singularidade características de Gêmeos II existem dentro de Escorpião II, mas são raramente expostas aos outros. O foco deste relacionamento é, portanto, revelar verdades ocultas, sobretudo as emocionais, dos dois parceiros. Com freqüência, o processo é inconsciente, com os parceiros não tendo consciência do que está acontecendo.

Os amigos podem achar este par muito estranho, pois o nascido em Gêmeos II costuma ser espirituoso e sociável, enquanto o Escorpião II, quieto e cismado. Mas no fundo são menos diferentes do que parecem. Um grande problema é que, se a um deles falta consciência ou se não luta por ela, projetam seus próprios lados ocultos, tanto positivos quanto negativos, no outro, acusando o outro dos mesmos comportamentos ou atitudes que eles próprios dissimuladamente nutrem. Os casos amorosos entre nativos de Gêmeos II e de Escorpião II costumam durar e até mesmo chegar ao casamento. Em geral, esses dois são bem talhados um para o outro. Se houver dificuldades, estas surgem quando Gêmeos II fica nervoso ou Escorpião II depressivo; a reticência verbal de Escorpião II pode enlouquecer o Gêmeos II, podendo causar frustração e depressão. Lidar com a raiva e a projeção são talvez os problemas mais difíceis. Na maioria das vezes, no entanto, esse relacionamento, energético mas tranqüilo, é caracterizado por atividades em comum, forte compreensão e solidariedade, apoio emocional e uma poderosa atração física.

As amizades são possíveis, mas sem um esforço para ser objetivo arriscam-se a sofrer mal-entendidos e explosões ocasionais. Esses dois talvez se dêem melhor como conhecidos, companheiros, colegas ou sócios, relacionamentos com interesses objetivos em vez de questões pessoais. Os relacionamentos entre irmãos podem ser tumultuados, e entre pais e filhos difíceis, pois a revelação e a exposição figuram fortemente.

Conselho: *Procure entender. Tente ser mais honesto com relação a seus sentimentos. A confiança precisa ser conquistada. Ser reservado pode ser contraproducente.*

RELACIONAMENTOS

PONTOS FORTES: SOLIDÁRIO, REVELADOR, RESISTENTE

PONTOS FRACOS: TEMPESTUOSO, AFEITO A PROJETAR, NERVOSO

MELHOR: CASAMENTO

PIOR: FAMÍLIA

JOSEPHINE BAKER (3/6/06)
PRÍNCIPE ADOLFO (11/11/1882)

Baker e Adolf (o futuro Rei Gustavo VI da Suécia) tiveram um caso apaixonado em 1929. Depois de assistir ao excelente desempenho da dançarina, o nobre casado a convidou para ir ao seu castelo isolado de verão. Passaram um mês juntos, depois disso nunca mais se encontraram.

RELACIONAMENTOS

PONTOS FORTES: VÍVIDO, MEDITATIVO, DESAPEGADO

PONTOS FRACOS: QUEIXOSO, SUPER-RESPONSÁVEL, POUCO PRÁTICO

MELHOR: AMOR

PIOR: TRABALHO

BURGESS MEREDITH (16/11/08)
PAULETE GODDARD (3/6/11)

Dois anos depois de se divorciar de Chaplin, Goddard se casou com o ator de cinema Meredith, em 1944. Apareceram juntos em vários filmes, com destaque do filme de Jean Renoir *The Diary of a Chambermaid* (1946). Divorciaram-se em 1949.

---

3 a 10 de junho
SEMANA DA NOVA LINGUAGEM
GÊMEOS II

12 a 18 de novembro
SEMANA DO ENCANTO
ESCORPIÃO III

Libertado

Este relacionamento está predestinado a ser voltado para a vida e para o prazer, sem grandes ligações. Um enfoque no mundo material é improvável. O nativo de Escorpião III, que, com freqüência, cumpre obrigações financeiras e práticas, sente algum alívio quanto a isso, embora seu senso de responsabilidade permaneça alto. Por achar mais natural um relacionamento menos materialista, o nascido em Gêmeos II pode liderar, mostrando ao Escorpião III como se libertar de obrigações pesadas.

Desapego e falta de vínculos, ambos princípios espirituais, são, obviamente, importantes nesse relacionamento. Em casos amorosos, o êxtase sexual serve a um propósito mais espiritual do que carnal. Os romances de natureza mais platônica podem também se desenvolver facilmente, com o elemento físico ausente ou quase totalmente subjugado. Esses parceiros podem ser excelentes candidatos a formas diferentes de meditação diária ou de ioga (incluindo tantra ioga, onde a iluminação é atingida através da sexualidade). O nativo de Gêmeos II ajuda o Escorpião III a começar algo, ou a se mexer, e o de Escorpião III fornece a segurança e estabilidade de que o Gêmeos II tanto necessita.

Os casamentos se beneficiam com a praticidade de Escorpião III, mas também com a astúcia e a mordacidade de Gêmeos III. Os pais nesta combinação em geral conseguem educar os filhos a serem indivíduos autônomos, capazes de cuidarem de si próprios. Os laços familiares são importantes: reuniões com amigos e com parentes nas férias, nos aniversários e em outras ocasiões especiais são particularmente agradáveis. O relacionamento entre pais e filhos costuma funcionar melhor quando o representante de Escorpião III é o pai, em geral, exercendo forte controle sem despertar o antagonismo do filho de Gêmeos II. Não há garantia, porém, de que não haverá reivindicações sutis. Na esfera comercial, um relacionamento entre nascidos em Gêmeos II e em Escorpião III, voltado para o não-material, pode prestar-se a servir aos outros, à comunidade ou à igreja, ou a qualquer outra orientação espiritual, filosófica ou religiosa. O par pode achar muito fácil – talvez fácil demais – tratar de dinheiro, o qual consideram um meio energético fluido em vez de um bem ou uma posse. Há um risco de essa falta de preocupação com o dinheiro acarretar dificuldades financeiras, até mesmo a ruína.

Conselho: *Cuidado para não perder contato com a realidade. As necessidades materiais e espirituais não precisam ser opostas. Leve o dinheiro um pouco mais a sério. Faça as tarefas diárias.*

RELACIONAMENTOS

PONTOS FORTES: ESPONTÂNEO, AGRADÁVEL, LEAL

PONTOS FRACOS: CONFRONTACIONAL, INCOMPREENDIDO, INCONTROLÁVEL

MELHOR: COLEGAS, IRMÃOS

PIOR: AMOR

BILLY THE KID (23/11/1859)
PAT GARRETT (5/6/1850)

Billy the Kid (William H. Bonney) foi um notório fora-da-lei acusado de 12 assassinatos aos 18 anos de idade. Em 1881, o lendário advogado do Oeste, xerife Garrett, seguiu e atirou no bandido depois que ele fugiu da cadeia e matou mais 2 homens. **Também: Tony Curtis & Jamie Lee Curtis** (pai/filha; atores).

---

3 a 10 de junho
SEMANA DA NOVA LINGUAGEM
GÊMEOS II

19 a 24 de novembro
CÚSPIDE DA REVOLUÇÃO
CÚSPIDE ESCORPIÃO-SAGITÁRIO

Recusa a seguir regras

O foco desta combinação, e talvez sua maior necessidade, é fornecer uma estrutura às ações, por vezes imoderadas e imprevisíveis, de seus integrantes. Nativos de Gêmeos II e da cúspide Escorpião-Sagitário compartilham características na medida em que o relacionamento aumenta, inclusive um lado mordaz, crítico e sarcástico que pode levar ao confronto e ao conflito. Uma recusa a seguir as leis do comportamento social e da moralidade convencional mete-os constantemente em apuros, não apenas com outras pessoas mas um com outro. Sua independência e rebeldia ficam mais pronunciadas quando formam um casal, expondo-os ao perigo da condenação ou do ostracismo social.

Os casos amorosos, o casamento e as amizades nesta combinação dependem, para sua sobrevivência, da medida em que os parceiros conseguem concordar com princípios simples de senso comum ou de códigos morais, que lhes trarão um mínimo de estabilidade e apoio. O casamento tem as melhores probabilidades, pois em geral exige compromissos mais firmes e fortes. O simples fato de ter de organizar uma rotina diária, pagar contas, preparar refeições e todos os outros pequenos detalhes da vida familiar fornece uma estrutura para o relacionamento e uma base para uma abordagem mais sistemática da vida em geral. Infelizmente, os casos amorosos e as amizades podem ser tão volúveis quanto os ventos. Não significa que não possam ser agradáveis – nesse sentido, muitas vezes são bastante gratificantes –, mas é provável que vagueiem, desarraigados e sem rumo.

Os locais de trabalho e a família tendem novamente a impor algum tipo de estrutura. No entanto, a idiossincrasia de Gêmeos II e a rebeldia de Escorpião-Sagitário podem provocar mal-entendidos e raiva. Os colegas de trabalho e os irmãos nesta combinação se unem frente à fúria dos empresários ou dos pais. Mas se conseguirem aprender a negociar com as figuras de autoridade e começarem a pensar em soluções criativas, acabam por amadurecer, aprendendo a coexistir por meio de uma boa mistura de sensibilidade e diplomacia.

Conselho: *Recusar-se a negociar apenas fecha portas. Tente ser diplomático. Deixe as rotinas diárias estruturarem sua vida. Ponha sua casa em ordem.*

3 a 10 de junho
SEMANA DA NOVA LINGUAGEM
GÊMEOS II

25 de novembro a 2 de dezembro
SEMANA DA INDEPENDÊNCIA
SAGITÁRIO I

Aposentadoria prematura

Este relacionamento é altamente espirituoso, mas os sentimentos profundos que também abriga e o desejo de se retirar do tumulto da vida diária permite-lhe servir aos parceiros como um verdadeiro refúgio de um mundo muitas vezes hostil. Aqueles que se surpreendem que indivíduos tão sociáveis e extrovertidos busquem uma vida calma juntos negam o lado mais espiritual dessas personalidades – certamente o lado que esta combinação traz à tona.

Os casos amorosos podem ser próximos. Tendo, previamente, enfrentado rejeição e incompreensão no amor, os nascidos em Gêmeos II e em Sagitário I apaixonados sentem grande alívio em serem finalmente entendidos e aceitos. Seus laços podem ser bastante profundos, criando uma lealdade que nenhum dos parceiros permitiria facilmente em outra parte. Observadores externos podem ficar chocados ao verem esses dois espíritos livres unindo-se tão profundamente. Talvez seja porque se vêem tão claramente um no outro que os nativos de Gêmeos II e de Sagitário I consigam sentir tal empatia.

No casamento esses dois devem ter cautela para não se isolarem demais do mundo, tampouco exibirem uma atitude amarga ou derrotada, em especial se tiverem filhos. Qualquer filho exerce um papel positivo, mantendo os pais interessados no mundo e também mantendo-os jovens. No entanto, Gêmeos II e Sagitário I juntos têm uma tendência inegável a se "aposentarem" de suas multifacetadas atividades sociais, mas muitas vezes infelizes.

As amizades e os relacionamentos entre irmãos nessa combinação são, em geral, físicos, sendo especialmente dedicados aos esportes, ao condicionamento físico e a outras formas de exercício. Entusiastas e capazes de traduzir seu intenso poder de concentração num desejo de vencer, os parceiros de Gêmeos II e Sagitário I podem galvanizar as energias de qualquer equipe ou grupo do qual façam parte. Energias semelhantes costumam caracterizar os relacionamentos profissionais entre colegas de trabalho lutando por uma causa comum.

Conselho: *Não seja descrente com relação ao mundo. Concentre-se no lado positivo da vida. Desenvolva seus pontos fortes. Esteja disponível para ajudar.*

RELACIONAMENTOS

PONTOS FORTES: ENERGÉTICO, LEAL, SENTIMENTAL

PONTOS FRACOS: RETRAÍDO, ISOLADO, AMARGO

MELHOR: AMOR

PIOR: CASAMENTO

DIANE LADD (29/11/32)
BRUCE DERN (4/6/36)

Dern e Ladd se casaram nos anos 1960 e co-estrelaram *The Wild Angels* (1966). Ambos tiveram parentes famosos da área literária: Ladd era prima de Tennessee Williams e Dern, sobrinho de Archibald MacLeish. O casal, agora divorciado, são os pais da elogiada atriz Laura Dern.

---

3 a 10 de junho
SEMANA DA NOVA LINGUAGEM
GÊMEOS II

3 a 10 de dezembro
SEMANA DO ORIGINADOR
SAGITÁRIO II

Gostos excêntricos

Este é um relacionamento misterioso e enigmático – até mesmo os nativos de Gêmeos II e de Sagitário II muitas vezes não entendem como se uniram. Às vezes apenas caem em um relacionamento, talvez após terem sido apresentados por um amigo, terem se conhecido em um evento social ou terem calhado de integrar a mesma equipe de trabalho ou de serviço comunitário. Curiosamente, conseguem ter um caso amoroso por anos antes de perceberem o pouco que têm em comum e perguntarem a si mesmos como puderam ficar juntos por tanto tempo. Gêmeos II e Sagitário II são diretamente opostos no zodíaco, o que significa que são polarizados. Os pensamentos e ações de uma pessoa vão numa direção, os da outra, na direção oposta. O desafio que enfrentam é sintetizar suas diferenças para formar um todo funcional. Essa tentativa de síntese produz conflito e tensão, mas ter consciência do processo ajuda o par a atingir seus objetivos, a melhorar sua compreensão do mecanismo de negociação do relacionamento e a produzir criativamente juntos. Mesmo assim, no entanto, sentem dificuldade em compreender a natureza de seu relacionamento. É como se reagissem entre si sem de fato saber o motivo e achassem difícil encarar o relacionamento objetivamente.

Como amigos e esposos, os nascidos em Gêmeos II e em Sagitário II com freqüência desenvolvem gostos estranhos. Hábitos excêntricos são comuns, assim como interesses diferentes na alimentação, na moda, na música, na literatura e no cinema não são adotados com o intuito de chocar: O casal não encara suas ações e gostos como excêntricos – outro exemplo do ponto cego do relacionamento. Da mesma forma, aqueles ao seu redor acham que seus relacionamentos familiares beiram o estranho. Os duetos pai e filho ou irmãos nesta combinação procuram atividades que tenham pouco ou nada a ver com o resto da família. Em tais atividades, é melhor deixarem-nos fazer o que desejam.

Esse tipo de esquisitice é raramente tolerada no local de trabalho e, em geral, é melhor esses dois não constituírem uma equipe no dia-a-dia. Se o fizerem, pode ser que sua excentricidade os deixe em maus lençóis com aqueles em posição de autoridade.

Conselho: *Às vezes tente ser o observador e o observado. Saiba discernir. Seja paciente com os outros. Reconheça que seu caminho não é o único.*

RELACIONAMENTOS

PONTOS FORTES: SINGULAR, INTERESSANTE, POUCO CONVENCIONAL

PONTOS FRACOS: INCONSCIENTE, FATÍDICO, INCOMPREENSIVO

MELHOR: AMIZADE

PIOR: TRABALHO

[TAFKA] PRINCE (7/6/58)
KIM BASINGER (8/12/53)

O músico-performer [artista antes conhecido como] Prince criou a trilha sonora de *Batman* em 1989. Durante as filmagens, dizem que ele teve um romance com sua estrela, Basinger. Ela agora está casada com Alec Baldwin. **Também: David Darius Brubeck & Dave Brubeck** (filho/pai; músicos de jazz); **Madame Chiang Kai-shek & T.V. Soong** (irmãos; estadista chinês).

RELACIONAMENTOS

PONTOS FORTES: VORAZ, HONESTO, LITERAL

PONTOS FRACOS: INCERTO, VAGO, MAL-INTERPRETADO

MELHOR: TRABALHO

PIOR: AMIZADE

FRANK SINATRA (12/12/15)
NANCY SINATRA (8/6/40)

Nancy fez sua estréia como cantora em um especial para a tevê, em 1960, aparecendo com o pai e Elvis Presley. Embora sua canção *These Boots Are Made for Walkin* tenha sido um sucesso em 1966, sua carreira finalmente acabou. Em 1985 ela escreveu seu tributo de amor *Sinatra, Meu Pai*.

---

3 a 10 de junho
SEMANA DA NOVA LINGUAGEM
GÊMEOS II

11 a 18 de dezembro
SEMANA DO TITÃ
SAGITÁRIO III

Levando a cabo compromissos

Esses dois estão profundamente envolvidos com a idéia de dar sua palavra e cumpri-la. Confiança, honestidade e o cumprimento de compromissos são idéias importantes. No entanto, uma vez que o nativo de Gêmeos II com freqüência possui uma linguagem própria e individual, sendo provável que interpretem o que os outros dizem ou escrevem de uma forma incomum, pode não ser fácil vinculá-los a um simples acordo. Da mesma forma, o nativo de Sagitário III, que tende a ver a situação como um todo, pode deixar de lado pequenos detalhes, considerando-os mesquinhos ou insignificantes quando, de fato, têm significado considerável. Portanto, pode ser extremamente difícil para esses dois chegarem a um acordo comum, seja ele contratual ou outro qualquer. Em geral, relacionado com essas questões está o fato de a palavra escrita fascinar este par – jornais, revistas, romances e poesia interessam-lhes muito.

Nos casamentos e nos relacionamentos de trabalho, onde a integridade é de importância básica e vital, os problemas não surgem necessariamente de imediato. Apenas quando aparecem dificuldades sérias e até colapsos parciais é que surgem disputas relativas a intenções, faladas ou escritas. Gêmeos II tenta fazer com que Sagitário III cumpra os mínimos detalhes de qualquer acordo prévio, enquanto Sagitário III questiona com uma visão mais ampla da situação. Essas diferenças não precisam ser irreconciliáveis, contanto que os parceiros possam concordar em relação à medida que tais afirmações devem ser interpretadas literalmente.

Os casos amorosos, os relacionamentos familiares e as amizades podem também depender do cumprimento da palavra, muitas vezes em questões de confiança emocional. No amor e nos relacionamentos entre pais e filhos, promessas feitas e desfeitas podem acabar sendo um problema – sobretudo se o pai acusado de quebrar a palavra enviar mensagens truncadas ou levar seus filhos a terem falsas expectativas for o Sagitário III, em geral o mais dominador dos dois. Um namorado, filho ou amigo de Gêmeos II pode se sentir terrivelmente magoado quando um ponto básico que supunham verdade é de repente questionado ou exposto como uma ilusão. Mal-entendidos entre namorados, parentes e amigos podem ser mais difíceis de aceitar do que aqueles entre casados e colegas de trabalho.

Conselho: *Tente manter-se flexível e aberto. Interpretações literais muitas vezes não levam em conta as nuances. Nem tudo é tão simples quanto parece.*

RELACIONAMENTOS

PONTOS FORTES: AGRADÁVEL, IMAGINATIVO, PROTETOR

PONTOS FRACOS: FORA DA REALIDADE, NUBLADO, À DERIVA

MELHOR: FAMÍLIA

PIOR: AMOR

ISMAIL MERCHANT (25/12/35)
JAMES IVORY (7/6/28)

Em sua longa carreira, Merchant contribuiu com seus recursos e amor pelo cinema com a habilidade aguçada do diretor Ivory, resultando em numerosos filmes culturais e literários de baixo orçamento e alta qualidade, incluindo *Shakespeare Wallah* (1965) e *Os Europeus* (1979).

---

3 a 10 de junho
SEMANA DA NOVA LINGUAGEM
GÊMEOS II

19 a 25 de dezembro
CÚSPIDE DA PROFECIA
CÚSPIDE SAGITÁRIO-CAPRICÓRNIO

Vagando e sonhando

Esses dois podem perder contato com a realidade muito facilmente. É provável que ambos iludam-se com relação ao outro e à vida em geral, e uma vez que o relacionamento reforça esse traço sinergicamente sua visão de mundo é muitas vezes confusa. São comuns previsões e ações que acabam se concretizando como esperado; especialmente perigosas são as expectativas negativas baseadas em fracassos passados, que produzem situações que provavelmente serão repetidas eternamente a não ser que os parceiros consigam rompê-las e seguir adiante. O desafio é dar um rumo positivo a tais expectativas, e talvez, em última análise, abandoná-las totalmente, colocando uma nova ênfase em viver o presente e não se preocupar com o futuro. A oportunidade que o relacionamento oferece a esses dois é controlar o poder da imaginação para que possa ser usada de forma positiva.

É improvável que o amor e o casamento inflamem uma paixão profunda ou sejam tranqüilos e isentos de brigas. No entanto, possuem uma característica sonhadora que os prolonga: cada parceiro encoraja as ilusões do outro. Há o perigo real de esses dois criarem um mundo de sonho, tornando-se uma *folie à deux*. Um terceiro compreensivo, perspicaz, paciente e dedicado pode ser capaz de revelar tais ilusões e, se a confiança for suficientemente grande, pode tornar o relacionamento mais forte e mais completo do que era antes.

As amizades e os relacionamentos familiares tendem a ser um pouco mais realistas. Mesmo assim, se esses dois limitarem suas responsabilidades ou se recusarem a encará-las com seriedade, o relacionamento tende a ficar sem rumo. Podem passar momentos maravilhosos juntos, mas faltam-lhes um foco real ou um sentido subjacente. Essa deficiência torna-se clara rapidamente em tempos de crise, sobretudo em casos de uso de drogas.

Talvez os relacionamentos de trabalho sejam os mais difíceis de todos – expectativas financeiras e de negócios são problemáticas para esse par. Porém, se forem capazes de idéias criativas, deixando outro sócio ou parceiro encarregado do lado prático, podem ser de grande valia para uma organização social ou comunitária.

Conselho: *Reveja sua vida periodicamente. Examine premissas com cuidado. Preste atenção a sinais objetivos. Encontre uma base realista para seus pensamentos.*

3 a 10 de junho
SEMANA DA NOVA LINGUAGEM
GÊMEOS II

26 de dezembro a 2 de janeiro
SEMANA DO REGENTE
CAPRICÓRNIO I

Pleno de desejo

Este relacionamento em geral privilegia a beleza física. Os parceiros podem ser extremamente atraídos um pelo outro, ou podem compartilhar um amor ou interesse por belos quadros, esculturas, artesanato, desenho ou música. Sente-se a característica de terra de Capricórnio, mas também o olho perspicaz de Gêmeos, e a coalescência dessas qualidades produz um relacionamento ao mesmo tempo sensual e pleno de desejo. As tendências críticas dos dois parceiros figuram invariavelmente em destaque, mas este relacionamento em geral as aplica a assuntos estéticos e as torna secundárias com relação às qualidades pessoais.

Os casos amorosos podem ser estimulantes e satisfatórios, sobretudo sexualmente. Gêmeos II pode ser um namorado dedicado e Capricórnio I aprecia seu ardor. Há, porém, uma instabilidade subjacente que pode estimular o relacionamento mas não traz bons prognósticos para o futuro. O conjunto de emoções que esses casos liberam pode abrir a caixa de Pandora: uma vez aberta, pode ser difícil fechá-la.

Os casamentos são mais bem-sucedidos. O nativo de Capricórnio I é pragmático em sua visão do mundo e o nativo de Gêmeos II pode aprender bastante sobre prática com ele. Este, por sua vez, aprende delicadeza social e alegria de viver. As crianças se beneficiam do relacionamento com os pais, que tanto permite brincadeiras quanto exige responsabilidade.

As amizades podem ser prejudicadas por dificuldades de comunicação. O nascido em Gêmeos II pode sentir que o Capricórnio I apenas finge entender o que ele diz e de fato não compreende tudo. Se a compreensão for realmente fingida e a falsidade revelada mais tarde, o nativo de Gêmeos II ficará furioso. O parceiro de Capricórnio I, entretanto, pode ficar exasperado ou mesmo acabar com o relacionamento se o Gêmeos II deixar de aparecer aos encontros com freqüência.

Conflitos podem surgir entre pais ou chefes nascidos em Capricórnio I e filhos ou empregados em Gêmeos II, uma vez que nessa combinação o primeiro tende a ser ditador e o último rebelde. No futuro, os filhos podem vir a reconhecer que os pais se esforçaram ao máximo a aceitar seus filhos como são. Reconciliar-se antes da morte do pai é essencial para o bem-estar psicológico de ambos os parceiros.

Conselho: *Aceitem-se mutuamente. Não acredite nas aparências. Vá mais fundo no campo espiritual. Esforce-se para entender e aceitar.*

RELACIONAMENTOS

PONTOS FORTES: FÍSICO, SENSUAL, GRATIFICANTE

PONTOS FRACOS: REJEITADO, DESESPERADOR, AUTORITÁRIO

MELHOR: AMOR

PIOR: AMIZADE

DR. SAMUEL SHEPPARD (29/12/23)
F. LEE BAILEY (10/6/33)

Como um jovem e sedento advogado criminal, em 1961, Bailey representou Sheppard em seu segundo julgamento pelo assassinato de sua esposa, ocorrido em 1954. Bailey teve sucesso em derrubar a prisão de Sheppard, com o argumento de que a atenção exagerada da imprensa prejudicou o primeiro julgamento. O caso consolidou a reputação de Bailey como um defensor que não é detido por barreiras de seus clientes.

---

3 a 10 de junho
SEMANA DA NOVA LINGUAGEM
GÊMEOS II

3 a 9 de janeiro
SEMANA DA DETERMINAÇÃO
CAPRICÓRNIO II

Cicatrizando feridas

A energia deste relacionamento está no rejuvenescimento e na cicatrização. Assim, a combinação pode ter um efeito reanimador em seus parceiros, após algum deles ter sido ferido em outro relacionamento, ou quando ambos estiverem tentando resolver uma crise em seu relacionamento. Porém, embora haja uma grande capacidade para cicatrizar feridas novas e velhas, há também uma instabilidade inerente, uma vez que cada pessoa possui uma abordagem da vida muito diferente. Essa diferença torna o resultado final do relacionamento incerto; em alguns casos esses dois ficam juntos o tempo de se curarem e depois seguem seus próprios rumos. No entanto, esse relacionamento promove longevidade e crescimento, contanto que cada pessoa esteja disposta a dedicar tempo e energia para tal e deixe que sua capacidade inerente de curar seja expressa.

Se um desses parceiros estiver deprimido, talvez de luto pelo fim de um casamento ou pela perda de um ente querido, é provável que o outro venha a ser um tremendo consolo, ajudando-o a enfrentar esse momento. No entanto, é importante não esperar muito por tais situações e ser paciente. O nativo de Gêmeos II, impaciente por natureza, é menos propenso a ser aquele que apóia. Se o próprio relacionamento amoroso ou casamento entre nativos de Gêmeos II e de Capricórnio II fracassar, não é incomum esses parceiros tentarem se unir novamente após os ânimos terem esfriado e o entendimento e aceitação terem começado a surgir.

Encorajar uma cura lenta, mas constante, e não deixar as chamas da paixão reacenderem-se com muita rapidez podem levar a uma reconciliação bem-sucedida. Se, por outro lado, os parceiros decidirem terminar a relação, a capacidade de cura os ajuda a seguir adiante.

Laços de família partidos, sobretudo entre pais e filhos e entre irmãos, podem necessitar de consertos periódicos. Tais feridas podem levar anos para cicatrizarem, mas o processo de reconciliação muitas vezes aproxima ainda mais esses parceiros. Amizades e relações de trabalho problemáticas podem ser menos abertas à cicatrização. Saiba que tais relacionamentos são com freqüência formados para ajudar um ou ambos os parceiros a superarem velhas feridas, e uma vez alcançado o objetivo, a amizade pode não durar.

Conselho: *Não desista. É possível que ainda haja uma chance. Por outro lado, reconheça quando algo ultrapassou sua vida útil e aprenda a deixar os vínculos se romperem.*

RELACIONAMENTOS

PONTOS FORTES: SAUDÁVEL, ANIMADO, COM INICIATIVA

PONTOS FRACOS: IMPACIENTE, AGRESSIVO, PROPENSO A CRISES

MELHOR: CASAMENTO

PIOR: TRABALHO

NICHOLAS CAGE (7/1/64)
JOHNNY DEPP (9/6/63)

Cage é responsável por deslanchar a carreira cinematográfica de Depp. Quando Depp se mudou para Los Angeles, sua ex-esposa o apresentou a Cage, que sugeriu que ele tentasse representar. Depois de um encontro com o agente de Cage, Depp conseguiu um papel em *A Hora do Pesadelo*.

RELACIONAMENTOS

PONTOS FORTES: EDIFICANTE, PRODUTIVO, EFICIENTE

PONTOS FRACOS: ACUSADOR, RÍGIDO, PUNITIVO

MELHOR: TRABALHO

PIOR: AMOR

KATE MOSS (16/1/74)
JOHNNY DEPP (9/6/63)

Depp se tornou a sensação do cinema em Hollywood depois de seu papel como o protagonista tragicômico em *Eduard Mãos de Tesoura* (1990). Fora das telas, ele também atrai muita atenção com seus romances, incluindo o romance com a supermodelo inglesa Kate Moss, que terminou em 1997. **Também: Parker Stevenson & Kirstie Alley** (casados; atores).

---

3 a 10 de junho
SEMANA DA NOVA LINGUAGEM
GÊMEOS II

10 a 16 de janeiro
SEMANA DA DOMINAÇÃO
CAPRICÓRNIO III

Atendendo a altos padrões

Esses dois fazem um casal atraente. Seu relacionamento enfoca a perfeição, uma idéia que para eles engloba a noção de realização: não é um ideal estético a ser contemplado, mas uma medida exata a ser ultrapassada, uma integridade moral com a qual viver. O nativo de Capricórnio III joga para ganhar e tem força de vontade para fazê-lo. Essa característica atrai o nascido em Gêmeos II, que também joga para ganhar, mas tem menos confiança em sua capacidade e seu poder de persistência. Mesmo assim, Gêmeos II em geral atinge seus objetivos a seu próprio modo, e essa afinidade com caminhos novos agrada ao Capricórnio III, que adere mais estritamente aos padrões da sociedade.

Poucos, no entanto, conseguiriam atender aos padrões que esses dois estabelecem para si. Juntos, tendem a ver o mundo como terrivelmente imperfeito e a manter-se impossivelmente distantes. Infeliz do parceiro que deixar de atender aos padrões da combinação: pune a si mesmo severamente, sofrendo terrivelmente, mesmo quando o outro parceiro não expressar nenhuma crítica. Em geral é o nativo de Capricórnio III que age como o dominador e que está melhor equipado para suportar as pressões do relacionamento – pressões estas que podem deixar o nascido em Gêmeos II nervoso e preocupado. Faria sentido para esses dois amenizarem sua característica perfeccionista ou dirigi-la para áreas onde a produtividade é o que importa. No amor, por exemplo, essa característica é perigosa. Um relacionamento que fica fazendo balanços da aparência, do desempenho sexual e do controle emocional faz os parceiros se sentirem como se estivessem fazendo uma prova e pode tirar toda a espontaneidade do caso amoroso. Nos casamentos e no trabalho, por outro lado, os altos padrões exigidos nas tarefas domésticas e profissionais podem ser muito produtivos. Portanto, esses dois deveriam abandonar expectativas rígidas e investigar a verdadeira profundidade e o potencial do relacionamento. Ao fazê-lo, também se descobrem como indivíduos.

O perfeccionismo raramente é uma característica forte na maioria das amizade e as tentativas dos amigos de Gêmeos II e de Capricórnio III para atingi-lo são provavelmente contraproducentes. Na família, da mesma forma, um membro que exija perfeição pode ser bastante desagradável, mas dois pode ser intolerável.

Conselho: *Mantenha os padrões altos, mas cuidado com expectativas irrealistas. Minimize o estresse. Encoraje a espontaneidade e a iniciativa. No amor, quanto menos regras melhor.*

RELACIONAMENTOS

PONTOS FORTES: NATURAL, INFANTIL, BRINCALHÃO

PONTOS FRACOS: DISTRAÍDO, INCONSCIENTE, POUCO INTROSPECTIVO

MELHOR: AMIZADE

PIOR: PAIS-FILHOS

DUNCAN GRANT (21/1/1885)
JOHN MAYNARD KEYNES (5/6/1883)

No início do século XX em Londres, Keynes, um economista e Grant, um pintor, eram membros de um círculo elitista intelectual e cultural conhecido como grupo Bloomsbury. Embora Keynes fosse casado e Grant tivesse um longo relacionamento e vivesse junto com a irmã de Virginia Woolf (e seu marido), dizia-se que os amigos tinham um relacionamento homossexual.

---

3 a 10 de junho
SEMANA DA NOVA LINGUAGEM
GÊMEOS II

17 a 22 de janeiro
CÚSPIDE DO MISTÉRIO E DA IMAGINAÇÃO
CÚSPIDE CAPRICÓRNIO-AQUÁRIO

Trabalho e diversão

Este relacionamento enfatiza a individualidade. Pelo menos para adultos, seu foco é redescobrir a criança dentro de cada um, a parte verdadeiramente natural. Certa vez Nietzsche definiu a maturidade como "readquirir a seriedade que se tinha ao brincar como criança" e, na verdade, os assim chamados adultos responsáveis poderiam aprender muito sobre dedicação a uma tarefa com as crianças. Os nascidos em Gêmeos II e na cúspide Capricórnio-Aquário podem ter dificuldades com a concentração, uma vez que costumam ser muito abertos aos mais recentes progressos e acontecimentos. Seu relacionamento pode ajudar-lhes a esse respeito e juntos talvez possam aprender como voltar toda sua atenção ao trabalho, ao casamento e a outros interesses da vida.

Os nascidos em Gêmeos II e na cúspide Capricórnio-Aquário enfrentam momentos de emoção nos casos amorosos, mas também alguns momentos muito íntimos. Em ambos os casos, geralmente saem de si e ficam absortos no que estão fazendo naquele momento. É verdade que a introspecção não recebe destaque, mas pode-se aprender muito sobre si mesmo observando-se em ação e, portanto, o relacionamento pode aumentar o nível de conscientização se os parceiros estiverem atentos o bastante para aprenderem.

No casamento e nos relacionamentos profissionais é onde aprendem a relacionar trabalho e prazer. Uma conexão integrada entre essas duas áreas, ou pelo menos a capacidade de os parceiros formarem uma unidade ou pelo menos verem uma conexão entre ambos, é a chave para o sucesso. O sucesso pode ser julgado pela produtividade, mas também pelo monitoramento dos níveis de estresse e de felicidade.

As amizades e os relacionamentos entre irmãos em geral são abertos e compreensivos ao comportamento infantil e ao espírito lúdico, ambos os quais recebem alta prioridade. Não apenas o cumprimento de responsabilidades é realizado com o mesmo entusiasmo introduzido pelos parceiros na brincadeira, mas um espírito imaginativo pode ser introduzido nas tarefas diárias para torná-las mais palatáveis. As tensões entre pais e filhos são consideráveis e periodicamente necessitam de ser resolvidas.

Conselho: *Encontre o equilíbrio entre o comportamento infantil e o adulto, e deixe um ser o modelo do outro. O trabalho não precisa ser chato, tampouco a brincadeira trivial.*

3 a 10 de junho
SEMANA DA NOVA LINGUAGEM
GÊMEOS II

23 a 30 de janeiro
SEMANA DO GÊNIO
AQUÁRIO I

Perito em sociedade

Embora não seja provável que este relacionamento seja profundamente emocional, ele é intensamente social. Esses parceiros bem talhados combinam-se de forma excelente ao interagirem com os outros em clubes, reuniões familiares e grupos comunitários. A sagacidade do nativo de Aquário I e a capacidade de comunicação do Gêmeos II se fundem de modo a desenvolver um talento social eficiente e respeitado. O relacionamento é caracterizado menos pela empatia pelos outros do que pelo conhecimento objetivo, que garante o sucesso dos empreendimentos em conjunto. E uma vez que ambos os parceiros têm idéias originais, não é surpreendente encontrá-los trabalhando em silêncio para trazer maior visibilidade social a novas idéias ou tendências. Embora o relacionamento brilhe em certas áreas, é lamentavelmente deficiente em outras: o grande desafio é ele confrontar a si mesmo, aprofundando e enriquecendo-se em nível interpessoal. Reconhecer e atacar os problemas, encarar situações dolorosas de frente e superar a dor e a perda constituem oportunidades para tornar o relacionamento menos assimétrico.

No amor, no casamento e nas amizades, os nascidos em Gêmeos II e em Aquário I estão em geral menos interessados no próprio desenvolvimento e interação do que em deixar a porta aberta para que os amigos e familiares se unam a eles nas atividades sociais. Seja recebendo visitas, apenas participando de bate-papos agradáveis, assistindo a vídeos ou à TV, navegando na Internet ou disputando jogos, muitas vezes um terceiro ou quarto parceiro se junta ao grupo. Passear é um grande programa e no círculo de amigos com freqüência organizam a compra de ingressos para eventos musicais, shows e filmes. Não devem ser vistos como superficiais, pois muitas vezes servem a uma função importante na dinâmica de grupo, ouvindo atentamente aqueles em crise e também, por exemplo, ajudando os outros a adquirirem habilidades sociais.

O par formado por Gêmeos II e Aquário II se dão bem como colegas de trabalho e como irmãos, trazendo vivacidade às atividades cotidianas. Com esses dois por perto raramente há momentos de monotonia.

Conselho: *Vá fundo. Seu relacionamento é tão interessante e importante quanto o resto do mundo. Trabalhe para confrontar os problemas, não para fugir deles.*

RELACIONAMENTOS

PONTOS FORTES: SOCIAL, CAPAZ, DIVERTIDO

PONTOS FRACOS: SUPERFICIAL, AMIGO DAS BOAS OCASIÕES, ESCAPISTA

MELHOR: AMIZADE

PIOR: AMOR

CZARINA ALEXANDRA (6/6/1872)
RASPUTIN (23/1/1871)

Rasputin (que significa "o que debocha") apareceu na corte imperial em 1907 e, com seus poderes hipnóticos, se tornou favorito de Alexandra. Por seu intermédio, ele influenciou muito o Czar Nicolau, levando ao colapso final da dinastia Romanov. **Também: Madame Chiang Kai-shek & Madame Sun Yat-Sen** (irmãs Soong; viúvas de líderes chineses); **Tony Richardson & Vanessa Redgrave** (casados; diretor/atriz).

---

3 a 10 de junho
SEMANA DA NOVA LINGUAGEM
GÊMEOS II

31 de janeiro a 7 de fevereiro
SEMANA DA JUVENTUDE E DESPREOCUPAÇÃO
AQUÁRIO II

Como um cometa no céu

Normalmente tranqüilos e independentes, esses dois juntos possuem um lado competitivo, aparente sobretudo no desejo de chamar a atenção dos outros. Questões de querer e de ser querido figuram proeminentemente. Tanto fingir não precisar da outra pessoa quanto desejar que a outra pessoa precise são temas recorrentes, assim como desejar ser querido pelo mundo em geral.

Gêmeos II e Aquário II formam aspecto trígono no zodíaco (120° de distância), de modo que a astrologia tradicional prevê uma convivência fácil para esse par aéreo. No entanto, esse relacionamento é regido pelo fogo, associado com a intuição, e portanto tende a envolver conflitos. Ao trabalharem essas questões juntos, os nativos de Gêmeos II e de Aquário II se tornam introspectivos, fugindo às suas características podendo, assim, examinar verdadeiramente a si e a seus valores.

A necessidade de ser querido é evidente sobretudo no amor, na família e nos relacionamentos matrimoniais. Podem surgir fortes dependências, acompanhadas pelo vício da gula, da bebida e do consumo de drogas. A necessidade de viver bons momentos torna-se algumas vezes o bem mais importante – uma tendência altamente destrutiva. Sintomas de retração se manifestam se um parceiro decidir que já chega ou se for seduzido por uma nova perspectiva, abandonando a relação. Essas situações podem detonar crises explosivas, repletas de grandes oscilações emocionais mas também de oportunidades únicas para autodescoberta e crescimento. Até mesmo a raiva e a decepção desempenham papéis construtivos ao forçarem-nos a enfrentarem os sentimentos.

As amizades têm mais chance de durar, sobretudo se forem objetivas e livres de cobranças. A necessidade de ser uma estrela gera competição, mas os dois são capazes de se tornar um verdadeiro time, lutando juntos, em vez de um contra o outro na busca pela atenção. Essa luta em conjunto não é menos egoísta, claro, mas é melhor para preservar a longevidade do relacionamento e para a obter sucesso mundano.

Os relacionamentos profissionais são talvez os melhores para esses dois, sendo capazes de satisfazer os aspectos agressivos e sociais do relacionamento, bem como sua necessidade de brilhar como um cometa no céu. Como colegas ou parceiros de negócios, o nativo de Aquário II costuma reduzir a tensão do Gêmeos II, enquanto o nascido em Gêmeos II incentiva o Aquários II a ser mais direto e incisivo.

Conselho: *Não perca a oportunidade de crescer. Cuidado com vícios. Tente ver a si mesmo claramente. A autodescoberta é também um sinal de sucesso.*

RELACIONAMENTOS

PONTOS FORTES: ANIMADO, AMBICIOSO, BEM-SUCEDIDO

PONTOS FRACOS: NECESSITADO, DEPENDENTE, EGOÍSTA

MELHOR: TRABALHO

PIOR: AMOR

JOÃO GILBERTO (10/6/31)
STAN GETZ (2/2/27)

Gilberto é um compositor, guitarrista e cantor brasileiro que causou grande furor quando apresentou a bossa-nova e o samba moderno aos Estados Unidos nos anos 1960. Em 1962, Gilberto e Getz, um renomado sax-tenorista, gravaram o álbum *Jazz Samba*, que ganhou um Grammy.

RELACIONAMENTOS

PONTOS FORTES: VISTOSO, FANTASIOSO, COMUNICATIVO

PONTOS FRACOS: RESSENTIDO, REPRESSOR, DESTRUTIVO

MELHOR: AMOR

PIOR: TRABALHO

JEFFERSON DAVIS (3/6/08)
ABRAHAM LINCOLN (12/2/1809)

Davis e Lincoln concorreram à presidência durante a Guerra de Secessão. Davis liderava as forças pró-escravidão dos Confederados, e Lincoln liderou a União até a vitória, pondo fim à escravidão e preservando uma nação unificada. **Também: Bruce Dern & Laura Dern** (pai/filha; atores); **Judy Garland & Joseph Mankiewicz** (caso; estrela/diretor); **Robert McNamara & Dean Rusk** (membros de grupo governamental pró-guerra nos anos 1960).

---

3 a 10 de junho
SEMANA DA NOVA LINGUAGEM
GÊMEOS II

8 a 15 de fevereiro
SEMANA DA ACEITAÇÃO
AQUÁRIO III

Nos bastidores

Esses dois podem provocar o lado nervoso um do outro. Embora a relação possa às vezes ser instável, sua natureza essencialmente vital e exuberante é apreciada por ambos os parceiros e pelos outros a seu redor. Impulsos teatrais abertos podem emergir, e tanto numa situação teatral real quanto figurada, é provável que Gêmeos II e Aquário III tenham um bom desempenho. Na verdade, é provável que a representação se torne o foco desse relacionamento extrovertido.

Ar, o elemento do intelecto, rege esse relacionamento. Embora os casos amorosos possam ser repletos de desejo e paixão, a mente nunca está fora da equação. A fantasia e a comunicação rápida caracterizam esses casos; os dois se agradam fisicamente e podem aumentar o prazer por meio de sua consciência e percepção agudas de tudo que está acontecendo. No entanto, a ênfase no plano mental, com sua análise e crítica constantes pode às vezes ir longe demais, interferindo com a expressão espontânea ou natural dos sentimentos.

O casamento e as amizades nesta combinação devem tomar cuidado para não atraírem energias negativas. Tais relacionamentos são com freqüência magnéticos, mas as pessoas que atraem são exatamente as erradas – influências que atrapalham ou que seduzem e que podem, assim, acabar dividindo e ameaçando a sobrevivência do par. Há definitivamente um elemento destrutivo nesse relacionamento, que tem um lado sombrio que pode não ser evidente para os parceiros, mas que, mesmo assim, precisa ter sua própria necessidade profunda satisfeita. Se tais áreas sombrias forem ignoradas ou colocadas de lado, podem surgir impulsos incontroláveis ou problemas monstruosos, possivelmente envolvendo filhos ou amigos mútuos.

As combinações entre pais e filhos podem ser próximas e estarem em sintonia, mas podem também ser perturbadoras e exigentes na vida familiar diária. O favoritismo dentro do relacionamento pode ser doloroso para os outros familiares, fazendo-os sentirem-se excluídos e criando inveja e ressentimento. Nos assuntos profissionais, nativos de Gêmeos II e de Aquário III podem ir longe demais nas suas dramatizações. Também podem mostrar uma preocupante falta de conhecimento financeiro, assim como humano.

Conselho: *Modere um pouco a expressividade. Cuidado para não gerar ciúmes. Controle seu lado escuro, confrontando e resolvendo os impulsos autodestrutivos.*

RELACIONAMENTOS

PONTOS FORTES: EMPREENDEDOR, VANGUARDISTA, INDEPENDENTE

PONTOS FRACOS: INCOMPREENSIVO, SUPERAGRESSIVO, MAL-AGRADECIDO

MELHOR: TRABALHO

PIOR: AMOR

BJORN BORG (6/6/56)
JOHN MCENROE (16/2/59)

Borg e McEnroe, 2 dos tenistas rivais mais empolgantes, competiram em várias finais dos Abertos dos Estados Unidos e de Wimbledon, consideradas hoje algumas das melhores partidas de tênis da história. **Também: F. Lee Bailey & Patty Hearst** (advogado/cliente); **George III & George Washington** (inimigos); **John Drew Barrymore & Drew Barrymore** (pai/filha); **Linda Evangelista & Kyle MacLachlan** (casados; modelo/ator).

---

3 a 10 de junho
SEMANA DA NOVA LINGUAGEM
GÊMEOS II

16 a 22 de fevereiro
CÚSPIDE DA SENSIBILIDADE
CÚSPIDE AQUÁRIO-PEIXES

Projetos inovadores

Esses dois podem enfrentar problemas ao conviverem no dia-a-dia, mas são bem talhados para se envolverem juntos com empreendimentos. Em geral, o relacionamento está ligado à exploração e à investigação. O nativo da cúspide Aquário-Peixes possui um lado agressivo e ambicioso que provavelmente se mistura bem com as energias do nascido em Gêmeos II. Podem, no entanto, ser complexos demais para o Gêmeos II entender, e suas necessidades de silêncio e de privacidade podem ser perturbadas pela tagarelice do parceiro.

Os casos amorosos e as amizades entre esses dois não são geralmente recomendados. Não é provável que a profundidade emocional e a sensibilidade do nascido na cúspide Aquário-Peixes seja reconhecida ou mesmo percebida pelo nativo de Gêmeos II, que acha difícil lidar com sentimentos fortes e que pode encarar o silêncio do parceiro como rejeição. O fato de Gêmeos II ser atraído por tais indivíduos profundos não faz com que esses dois sejam a melhor escolha um para o outro.

O casamento pode funcionar melhor, contanto que o casal realize muitas atividades em comum e não espere muito um do outro emocionalmente. Senão, pode ser o tipo de casamento no qual ambos vivem suas vidas bastante independentes e passam pouco tempo juntos. No entanto, o casal deve ter cautela em ter filhos.

Na família, costuma haver conflitos entre esses dois devido às diferenças de temperamento, mas pais e filhos ou irmãos podem motivar o grupo familiar a buscar algo além dos eventos comuns da vida cotidiana. Inspirado, mas também um pouco desvairado, o par formado por Gêmeos II e Aquário-Peixes contribui com diversidade, ousadia, expectativa e variedade à família da qual fazem parte.

Os relacionamento profissionais podem ser excelentes. As profissões científicas e técnicas são particularmente recomendadas, como sócios ou colegas de trabalho. O relacionamento entre professor e aluno pode também brilhar nas áreas de pesquisa, discussão intelectual e comentário crítico.

Conselho: *Tente ser mais solidário e compreensivo. As diferenças de temperamento podem ser reconciliadas. Não pressione demais.*

3 a 10 de junho
SEMANA DA NOVA LINGUAGEM
GÊMEOS II

23 de fevereiro a 2 de março
SEMANA DO ESPÍRITO
PEIXES I

Balões facilmente estourados

É provável que esse relacionamento dramático enfatize o pensamento crítico e a observação. Desafios mentais de todos os tipos atraem esse par, desde quebra-cabeças ao xadrez e jogos de computador. Com freqüência, há uma rivalidade amigável quanto a quem sabe mais. O vencedor constante é um "não-falei?". A imaginação vívida do nascido em Peixes I e a capacidade verbal do Gêmeos II colaboram para produzir uma combinação jovial. Peixes I fica satisfeito em usar sua capacidade mental, pois em muitos de seus relacionamentos o lado emocional é o enfatizado.

Os casos amorosos podem ser instáveis. A química entre nativos de Gêmeos I e de Peixes I tende a ser volátil e expressiva, com sensibilidade à flor da pele. Peixes I pode achar Gêmeos II irritante e pouco confiável, enquanto Gêmeos II pode achar Peixes I sonhador e pouco incisivo. As ilusões românticas abundam e, como os balões, estouram facilmente. Os casamentos que se desenvolvem de tais casos necessitam de cuidados para conciliarem diferenças, se tornarem mais realistas e construírem fundações.

As amizades entre nativos de Gêmeos II e de Peixes I podem ser estimulantes e engraçadas. Um amor mútuo por jogos mantém o casal ocupado e, juntos, tendem a ter bom gosto e conhecimento sobre assuntos de culinária, arte e diversão. Jogar para eles não é apenas um modo de passar o tempo, mas uma atividade que pode elevar a um alto nível técnico e artístico. A competição entre esses dois é em geral construtiva, instigando-os para quebrar os próprios recordes. O relacionamento também não despreza a intimidade, pois os nativos de Peixes I em geral têm muito que ensinar a seus amigos de Gêmeos I sobre calma e meditação.

Os relacionamentos de família e de trabalho nessa combinação tendem a ser muito dinâmicos e provocantes por natureza. Dúvidas podem girar em torno dessa relação, que parece fadada a despertar impulsos competitivos naqueles imediatamente próximos. Como um catalisador, a relação entre Gêmeos II e Peixes I pode desencadear e encaminhar projetos com rapidez, mas sem participar na atividade ou no processo em si.

Conselho: *Tente ser mais realista em assuntos de amor. Cuidado com as diferenças entre a ilusão e a realidade. Considere os resultados de suas palavras ou ações sobre os outros.*

RELACIONAMENTOS

PONTOS FORTES: VIVAZ, BRINCALHÃO, MENTAL

PONTOS FRACOS: INSTÁVEL, ILUSÓRIO, HIPERCRÍTICO

MELHOR: AMIZADE

PIOR: CASAMENTO

LAURIE ANDERSON (5/6/47)
LOU REED (2/3/42)

Por meio de festivais de arte e concertos, a artista performática avant-garde Anderson foi bem-sucedida em conquistar grandes audiências com sua música, sobretudo na Europa. Ela e o cantor e compositor Reed, "o avô do movimento punk", se envolveram emocionalemtne depois do divórcio dele em 1994. **Também: Judy Garland & Vincente Minnelli** (casados; estrela/diretor).

---

3 a 10 de junho
SEMANA DA NOVA LINGUAGEM
GÊMEOS II

3 a 10 de março
SEMANA DO SOLITÁRIO
PEIXES II

Uma conexão interna profunda

Sem que eles saibam, esses dois exercem um forte efeito sobre o ambiente. Seu relacionamento centra-se no poder, embora não do tipo mundano que constrói impérios e conquista montanhas; em vez disso, é algo mais pessoal que esses dois suscitam um no outro. Esse poder se torna não apenas um símbolo, mas uma razão para a sua profunda conexão interna. Com o apoio do relacionamento, esses dois podem expressar mais corajosamente quem são e o que desejam ser.

A característica da conexão entre nativos de Gêmeos II e de Peixes II é com freqüência mais aparente em seus casos amorosos. Esse amor é muitas vezes mais espiritual ou platônico do que físico, embora a paixão sexual não seja excluída. Os problemas de comunicação surgem, uma vez que Peixes II pode periodicamente ficar incomunicável, isolando-se em seu próprio mundo, recluso dos estresses da vida e das perguntas ansiosas de seu parceiro. Pode também se sentir inseguro devido à necessidade do nascido em Gêmeos II de periodicamente buscar conforto ou afeição fora da relação, um passo que tende a considerar um ato de traição.

O casamento é emocionalmente rico e pode dar certo, embora em geral careçam da estabilidade necessária para durar. Gêmeos II e Peixes II formam uma quadratura (90º de distância) no zodíaco, um prognóstico de dificuldade. Embora se traduza nessa combinação como nervosismo, preocupação ou depressão, em vez de conflito aberto, esses estados passivos são realmente mais difíceis para o nativo de Gêmeos II lidar do que a raiva ou a agressividade franca. Apesar de sua dificuldade de interação, pode ser difícil para o casal se separar, o que os ajuda a crescer e a se expressarem. As amizades podem ser uma boa aposta, mas podem carecer de intensidade e terem uma tendência a vagar. As relações profissionais, por outro lado, são voltadas para o poder e para o sucesso, embora talvez não abertamente ambiciosas. É provável que uma visão realista, baseada na capacidade objetiva do relacionamento, caracterize essas conexões de negócios. Os relacionamentos entre pais e filhos nesta combinação são caracterizados por afeição e solidariedade, mas também pela tendência a ter a paz quebrada por discussões e convulsões emocionais.

Conselho: *Não tenha medo de ir mais fundo. Tente equilibrar humores. Mantenha os canais de comunicação abertos. Cuidado com a compulsão a se recolher.*

RELACIONAMENTOS

PONTOS FORTES: EMOCIONAL, PODEROSO, ORIENTADO PARA O SUCESSO

PONTOS FRACOS: NERVOSO, INSEGURO, POUCO COMUNICATIVO

MELHOR: AMOR

PIOR: AMIZADE

MARY WILSON (6/3/44)
TOM JONES (7/6/40)

A cantora e autora Wilson é a mais conhecida ex-Supreme depois de Diana Ross. Ela e Jones tiveram um caso que recebeu grande publicidade e aumentou sua reputação de símbolo sexual – mesmo sendo ele avô e ainda casado com sua primeira esposa.

RELACIONAMENTOS

PONTOS FORTES: INTENSO, DINÂMICO, EXALTADO

PONTOS FRACOS: BRIGUENTO, HIPEREMOCIONAL, DANOSO

MELHOR: AMOR

PIOR: TRABALHO

LIZA MINNELLI (12/3/46)
JUDY GARLAND (10/6/22)

Liza foi criada como artista de teatro de variedades, aparecendo aos 2 anos de idade em um filme com sua mãe e a acompanhando em suas performances enquanto crescia. Ela começou sua própria carreira bem-sucedida como cantora e dançarina nos anos 1960. Foram grandes amigas até a morte trágica de Judy, em 1969.

---

3 a 10 de junho
SEMANA DA NOVA LINGUAGEM
GÊMEOS II

11 a 18 de março
SEMANA DOS DANÇARINOS E SONHADORES
PEIXES III

Do êxtase à catástrofe

Profundo e intenso, este relacionamento tem o poder de trazer à tona seu lado dinâmico, o que pode acabar sendo demais para esses parceiros. Podem até mesmo virem a se ressentir disso, uma vez que apesar de esse relacionamento tomar tanto tempo e energia, quando estão fora dele não conseguem sentir-se tão vivos. Ambos acreditam que ser incapaz de ter sentimentos é provavelmente o pior de tudo, de modo que seu relacionamento – talvez doloroso, nunca enfadonho – pode torná-los insatisfeitos com outras áreas de suas vidas, em comparação, que parecem quase mortas. Uma vez que juntos atraem um turbilhão de experiências, algumas alegres, outras muito difíceis, parece aos espectadores que são extremamente sortudos, amaldiçoados ou ambos.

Os casos amorosos podem ir do êxtase à catástrofe. Sentimentos de alegria e de tristeza, felicidade e desespero, euforia e depressão podem se suceder com uma intensidade desnorteante. Sem saber para onde vão ou mesmo de onde vieram, o casal é fustigado por tempestades de emoção. No entanto, sua empatia é tal que cada um consegue ler a linguagem emocional do outro sem erros. Para o nativo de Gêmeos II, cujo modo mais forte de comunicação é o verbal, a linguagem amorosa do Peixes III pode ser uma experiência inesquecível.

O casamento e os relacionamentos de negócios são desencorajados, uma vez que o conflito é provável. Além disso, podem ser debilitados por estados emocionais que interferem no relacionamento. O bom funcionamento de uma companhia pode cessar tão rapidamente quanto se uma ferramenta tivesse caído em uma caixa de engrenagens. Os relacionamentos familiares são propensos a rupturas quando irmãos ou pais e filhos sofrem uma explosão emocional. É melhor evitar cenas públicas e solucionar os problemas dentro de quatro paredes. As amizades podem funcionar contanto que haja canais de comunicação abertos e as discussões e os debates sejam limitados. Peixes III tende a falar de assuntos metafísicos com uma intensidade quase religiosa, enquanto Gêmeos II tende a ser racional e a se ater aos fatos, muitas vezes subestimando assuntos de fé; se o par concordar em discordar de forma civilizada e se limitar a atividades e tópicos favoráveis a ambos, o relacionamento tem boas chances de durar.

Conselho: *Suavize a retórica sem perder a intensidade. Muitas vezes o amor pode ser frágil e é melhor preservá-lo. Mostre respeito e consideração com as pessoas.*

RELACIONAMENTOS

PONTOS FORTES: AVENTUREIRO, AMANTE DA LIBERDADE, SOBREVIVENTE

PONTOS FRACOS: SE EXPÕE AO PERIGO, REPRESSOR, TRANQÜILO DEMAIS

MELHOR: TRABALHO ARRISCADO

PIOR: CASAMENTO CONVENCIONAL

CHRISTO (13/6/35)
JEANNE-CLAUDE (13/6/35)

Notavelmente, este casal inseparável nasceu no mesmo dia. São artistas ambientalistas que financiam os próprios projetos. Seu trabalho artístico de larga escala, feito tanto em locais rurais quanto urbanos, inclui as *Ilhas Rodeadas* e o envoltório da Ponte Neuf. Eles se conheceram em Paris em 1958. Seu filho Cyril nasceu em 1960.

---

11 a 18 de junho
SEMANA DO BUSCADOR
GÊMEOS III

11 a 18 de junho
SEMANA DO BUSCADOR
GÊMEOS III

Ficando frio

O foco deste relacionamento é como enfrentar situações desafiadoras no dia-a-dia. Tendo isso como ponto de partida, esses dois podem se aproximar emocionalmente, mas o mais provável é que tomem a direção oposta: reprimindo os sentimentos e mantendo uma rígida objetividade na esfera pessoal. Espíritos livres, Gêmeos III toleram muito poucas regras mas se seu relacionamento tiver um princípio regente, este certamente poderia ser: "Fique frio – não se envolva emocionalmente um com o outro." Essa é de fato a chave para o sucesso da parceria. Na verdade, a sobrevivência não apenas do relacionamento, mas também, em situações de perigo extremo, da vida de um ou de ambos os parceiros pode depender desse princípio.

Por que essas pessoas independentes e aventureiras precisariam viver juntas de verdade? O amor e o casamento convencionais podem apenas ser possíveis para nativos de Gêmeos III mais raros, que sejam menos aventureiros e mais caseiros. Geralmente, seus casos e casamentos precisam permitir-lhes muita liberdade de movimentos para percorrerem o mundo em busca de aventura – provavelmente sozinhos, ou com um parceiro que não seja de Gêmeos III. É verdade que uma amizade ou um negócio que tenha por base viagens, finanças arriscadas, proezas físicas perigosas ou algo do gênero, poderia levá-los a passar muito tempo juntos, mas estabilidade, afeição e carinho raramente serão os valores importantes – independência e liberdade prevalecem. Pode-se perguntar por que desejariam este relacionamento, mas o que o Gêmeos III deseja, terá, e a seu jeito.

Na família, laços de parentesco mais distantes, tais como avós e netos, são mais harmoniosos do que os entre pais e filhos ou irmãos. Para os irmãos é uma grande dificuldade o simples fato de terem de crescer juntos e serem forçados a conviver um com o outro durante anos, enfrentando regras e responsabilidades inevitáveis. Na medida do possível, tal par, mesmo quando são gêmeos, devem ter suas próprias coisas, sem precisar dividi-las. Tampouco devem ser responsáveis um pelo outro ou ter de realizar as mesmas tarefas.

Conselho: *Tenha objetivos firmes em mente. Não se deixe desviar por perigos. Compartilhe tanto quanto seja possível ou aconselhável. Seja honesto emocionalmente.*

11 a 18 de junho	19 a 24 de junho
SEMANA DO BUSCADOR	CÚSPIDE DA MAGIA
GÊMEOS III	CÚSPIDE GÊMEOS-CÂNCER

Matando dragões

Este relacionamento usa sua energia para tentar realizar proezas épicas. Se essas tentativas terão chance de sucesso ou se em retrospectiva serão encaradas como irrealistas, dependerá muito do direcionamento da relação. "Proezas épicas" não precisam necessariamente estar na escala de matar dragões ou ganhar uma bolada no mercado de ações, podem incluir a realização de projetos que de outra forma não teriam a mínima chance. A abordagem ambiciosa de Gêmeos II e a capacidade de Gêmeos-Câncer para fazer milagres pode combinar-se numa sinergia, gerando poderes impressionantes.

O amor e o casamento entre esses dois podem ficar em segundo plano em relação a sua luta para atingirem seus objetivos. O nascido na cúspide Gêmeos-Câncer precisa ser induzido a se motivar, pois sua principal tendência em tais relacionamentos é se entregar ao romance e à segurança do lar. O representante de Gêmeos III, então, precisa ser capaz de mostrar-lhe o que está em jogo e como o alcançar. Caso o par não atinja seus objetivos, o Gêmeos-Câncer pode acabar não gostando e, em última análise, rejeitando os valores do relacionamento.

As amizades entre esses dois são em geral mais harmoniosas, com menos pressões. O nativo de Gêmeos III em geral sai para fazer suas próprias coisas sem tentar envolver tanto o seu parceiro da cúspide Gêmeos-Câncer. Os projetos em larga escala e a visão extrovertida de amigos dessa combinação podem ser mais do tipo observador ou apreciativo – colecionar a discografia de uma banda de rock ou as obras completas de um autor, ou acompanhar todos os jogos da temporada.

É provável que este relacionamento funcione melhor na esfera do trabalho ou da família, onde o desejo de proezas épicas pode ser posto a serviço do grupo, e tanto a ambição pelo sucesso de Gêmeos III e a necessidade de Gêmeos-Câncer por segurança podem ser satisfeitas.

Conselho: *Nem sempre pense tão grande. Seja mais realista sobre os objetivos alcançáveis. Não se esqueça de manter um lar seguro e feliz.*

RELACIONAMENTOS

PONTOS FORTES: AMBICIOSO, EXPANSIVO, OTIMISTA

PONTOS FRACOS: FORA DA REALIDADE, INSEGURO, DECEPCIONADO

MELHOR: FAMÍLIA

PIOR: AMOR

HENRY WARD BEECHER (24/6/1813)
HARRIET BEECHER STOWE (14/6/1811)

O livro *A Cabana do Pai Tomás*, de Stowe (1852), trouxe-lhe renome internacional. Seu irmão, o reverendo Beecher, notório orador cristão, pregava sermões pouco ortodoxos. Seus leais seguidores o apoiaram mesmo durante seu julgamento por adultério, em 1875. **Também:** Vic Damone & Pier Angeli (casados; cantor/atriz): Jack Albertson & Freddie Prinze (co-estrelas, *Chico & the Man*).

11 a 18 de junho	25 de junho a 2 de julho
SEMANA DO BUSCADOR	SEMANA DA EMPATIA
GÊMEOS III	CÂNCER I

Bom demais para ser verdade

O relacionamento entre Gêmeos III e Câncer I possui uma qualidade mágica que às vezes parece boa demais para ser verdade. Raramente desperta inveja; ao contrário, parece tornar felizes os que estão ao redor, talvez por estarem encantados por essa aura de conto de fadas. Poder-se-ia esperar um certo ar de irrealidade, mas de fato uma abordagem realista costuma dar substância e direção à magia. Na verdade, um sentido de retidão, a sensação de que ambos foram feitos um para o outro, permeia esse casal e aqueles que os observam. Tal certeza é rara e deveria ser apreciada. O nascido em Câncer I se sente motivado pelo dinamismo elétrico do Gêmeos III, que por sua vez se beneficia da capacidade solidária do Câncer I para criar um lar aconchegante.

O romance pode atingir o céu. Estados de contentamento podem ser familiares para o Câncer I, orientado pelos sentimentos; Gêmeos III pode ter tido vaga idéia de tais sentimentos em sua busca aventureira por objetivos externos, mas agora os encontra pela primeira vez em uma pessoa na vida real. Se o relacionamento terminar, os parceiros sentem a perda como trágica e podem enfrentar momentos difíceis para superá-la. Essa perda é mais pronunciada se um dos parceiros abandonar a relação e voltar para outro relacionamento mais importante, especialmente se esse for um casamento com filhos, carreira ou responsabilidades sociais.

Um relacionamento amoroso viável como esse pode obviamente envolver o casamento, mas algo da magia pode se perder no processo, resultando em decepção ou em desilusão. O casal pode sentir saudades da felicidade passada, perguntando-se por que cozinhar, pagar contas e trocar fraldas tinham de entrar na equação.

Irmãos e amigos dessa combinação podem ter um relacionamento mágico. O nascido em Câncer I sabe intuitivamente quando seu parceiro de Gêmeos III precisa de solidariedade ou de consolo, e a forma sedutora e lisonjeira de Gêmeos III pode ajudar a tirar Câncer I da depressão. Os relacionamentos de trabalho em geral exigem uma abordagem mais pragmática do que é possível nessa combinação.

Conselho: *Não fique parado. Tente manter o equilíbrio. Mantenha uma visão filosófica. Decepções seguem expectativas irrealistas. Não perca seu rumo.*

RELACIONAMENTOS

PONTOS FORTES: ENCANTADOR, EMPÁTICO, AMBICIOSO

PONTOS FRACOS: APEGADO, DESILUDIDO, ANGUSTIADO

MELHOR: AMOR

PIOR: TRABALHO

GILDA RADNER (28/6/46)
GENE WILDER (11/6/35)

O talento brilhante e versátil para a comédia de Radner combinou-se facilmente com o do ator cômico de cinema Wilder. Foram casados desde 1984 (o segundo de Radner) até sua morte prematura de câncer em 1989. **Também: Jeanette MacDonald & Nelson Eddy** ("namorados cantores"); **George Bush & Ross Perot** (candidatos à presidência em 1992).

| RELACIONAMENTOS |

PONTOS FORTES: DOMINANTE, FORTE, INTRANSIGENTE

PONTOS FRACOS: FECHADO, POUCO PRÁTICO, BRIGUENTO

MELHOR: AMIZADE SUPERFICIAL

PIOR: TRABALHO

DAVID ROCKEFELLER (12/6/15)
NELSON ROCKEFELLER (8/7/08)

Estes irmãos abastados foram proeminentes em suas respectivas áreas. David dirigiu o Chase Manhattan Bank, de 1962 a 1981. Nelson foi governador de Nova York por 4 gestões (1959-73), depois indicou Ford para vice-presidente em 1974.

11 a 18 de junho
SEMANA DO BUSCADOR
GÊMEOS III

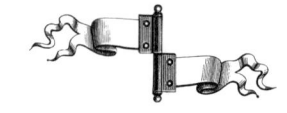

3 a 10 de julho
SEMANA DO NÃO-CONVENCIONAL
CÂNCER II

Fantasia *versus* realidade

O conflito neste relacionamento é a luta não somente entre a fantasia e a realidade, mas também entre o mundo interior e o exterior. Acordos não são em geral possíveis. Gêmeos III deseja que Câncer II deixe seu santuário para se unir a ele no mundo exterior; Câncer II deseja que Gêmeos III se retire de uma vida de aventura e relaxe com ele em casa. Nenhum dos parceiros na verdade é feito um para o outro; no entanto, pode ser possível para cada um periodicamente assumir a liderança em sua área particular e fazer o parceiro segui-lo por um tempo. Dessa forma, cada um pode reinar temporariamente, evitando-se assim a necessidade de encontrar uma base comum mais diluída.

É possível que o relacionamento teste os limites do amor e da amizade. Se esses dois tirarem férias juntos, o nativo de Gêmeos III desejará ir fazer caminhadas rústicas em algum lugar isolado. Lá, Câncer II tirará fotos para recordar com nostalgia quando estiver em casa, comprará suvenires de viagem mais tarde, Gêmeos III será forçado a admirar pela milionésima vez as fotos tiradas por Câncer II, o tempo todo desejando partir em novas aventuras. Dada essa situação, serem conhecidos ou companheiros informais é talvez uma melhor do que criarem laços fortes.

No casamento também precisam demonstrar muita compreensão. O nativo de Câncer II é sem dúvida o chefe da casa, mas o Gêmeos III pode não estar por perto para ser mandado. As crianças provavelmente conhecem melhor o pai nascido em Câncer II, mas na fantasia e na memória podem enaltecer o pai nascido em Gêmeos III, e talvez desejem se unir a ele nas viagens e nos projetos desafiadores.

O sucesso no relacionamento profissional entre esses dois é improvável. Em especial, os relacionamentos de trabalho sofrem de uma falta de praticidade e de perícia financeira. Na família, rivalidades e conflitos intermináveis podem surgir entre essas personalidades contrastantes, exceto, por incrível que pareça, quando são irmãos do mesmo sexo, uma combinação que amplia suas compatibilidades.

Conselho: *Esforce-se para encontrar mais coisas em comum. Siga a liderança do outro sempre que possível. Entrar em acordo não é tão ruim assim. Tente ser mais diplomático.*

| RELACIONAMENTOS |

PONTOS FORTES: PERITO, EMPÁTICO, DESTEMIDO

PONTOS FRACOS: EGOÍSTA, ENGANOSO, REBELDE

MELHOR: AMOR

PIOR: TRABALHO

DIAHANN CARROLL (17/7/35)
VIC DAMONE (12/6/28)

Damone foi um cantor popular de cinema e de teatro nos anos 1950. Em 1989 ele se casou com a cantora e atriz Carroll, a primeira personalidade negra a estrear um seriado regular de tevê, *Julia* (1968-71). **Também: Katharine Graham & Philip Graham** (casados; editores).

11 a 18 de junho
SEMANA DO BUSCADOR
GÊMEOS III

11 a 18 de julho
SEMANA DO PERSUASIVO
CÂNCER III

Desafiando as leis da sociedade

Uma conexão empática une firmemente esses dois. Às vezes, os parceiros se sentem ligados no nível espiritual; caso se separem, podem sentir a perda do relacionamento pela vida inteira. Outras pessoas não compreendem a sua aparente incompatibilidade – há grandes diferenças entre eles e raramente entendem ou compartilham as idéias e os sentimentos um do outro. Em geral se juntam, devido à vontade de controlar e, em última instância, de conquistar o ambiente. Câncer III em geral exerce essa tendência em sua profissão, Gêmeos III em seus arredores imediatos, seja onde estiverem. O relacionamento é voltado para o desafio e com freqüência esconde inseguranças subjacentes.

Os casos amorosos entre nativos de Câncer III e de Gêmeos III desafiam leis sociais no que se refere à sua expressão de desejo passional (presumindo-se que tal desejo esteja presente). Demonstram uma grande rebelião, mostrando pouco respeito por regras estúpidas e por credos ultrapassados. Ambos os parceiros acreditam que o que acontece entre duas pessoas diz respeito somente a elas. No entanto, é estranho que não se esforcem muito para esconderem seu caso da curiosidade alheia. O exibicionismo e a falta de proteção do relacionamento pode vir a ser sua ruína.

Esse casal raramente está interessado no casamento, mas o nativo de Câncer III que deseja um Gêmeos III como companheiro pode ser muito persuasivo. Mesmo assim, o Gêmeos III, de espírito livre, em última análise apenas cede por decisão própria, e tentativas de manipulação ou de controle podem apenas afastá-lo. O sutil Câncer III deixa o Gêmeos III pensar que é o dono da idéia, não percebendo que esta foi sutilmente plantada nele.

A amizade entre nascidos em Gêmeos III e em Câncer III não é muito freqüente, mas a conexão empática do relacionamento pode levar o casal longe. Um tema freqüente nessas situações é falar sobre sentimentos. Embora não se vejam sempre, os amigos dessa combinação ajudam-se nos momentos de crise. Seu egoísmo ao querer tudo do seu jeito muitas vezes deixa pouco espaço para terceiros na equação. O mesmo se aplica aos relacionamentos familiares e profissionais, mas, nesse caso, o contato esporádico é muito mais problemático.

Conselho: *Tente ver as coisas do ponto de vista dos outros. Faça o que precisa ser feito calmamente. Não se deixe guiar pela rebeldia – em vez disso, siga sua intuição.*

11 a 18 de junho
SEMANA DO BUSCADOR
GÊMEOS III

19 a 25 de julho
CÚSPIDE DA OSCILAÇÃO
CÚSPIDE CÂNCER-LEÃO

Determinação corajosa

Este relacionamento tem uma determinação corajosa de ser bem-sucedido e de superar todos os obstáculos que estiverem no caminho. O nativo de Gêmeos III aciona a vontade de arriscar do nascido na cúspide Câncer-Leão; seu relacionamento pode se centrar em empreendimentos desafiadores, seja no mundo da natureza ou das finanças. O problema é que o relacionamento pode colocar o nascido na cúspide Câncer-Leão sob estresse excessivo, já que este precisa de um parceiro estável e compreensivo e de um lar seguro, sendo menos bem talhado para os riscos e a rivalidade encorajada por essa relação do que o parceiro de Gêmeos III. A estratégia indicada seria tentar contornar esse problema, ou então arriscar uma separação.

Os casos amorosos podem ser altamente românticos, mas quando cair na real, o nativo da cúspide Câncer-Leão pode se sentir um pouco inseguro com o desejo de Gêmeos III de passar para o próximo desafio. O relacionamento terá de mostrar muita flexibilidade para acomodar as diferentes necessidades dos parceiros. No entanto, seu casamento pode ser bem-sucedido e duradouro, com o Câncer-Leão às vezes aderindo às aventuras de Gêmeos III, às vezes se concentrando no lar. O nascido na cúspide Câncer-Leão pode não ser capaz de lidar com atividades domésticas, financeiras e familiares sozinho; pode ser preciso negociar o nível do envolvimento do parceiro de Gêmeos III.

As amizades entre os nascidos em Gêmeos III e na cúspide Câncer-Leão podem correr bem. Tendem a incluir atividades desafiadoras, sobretudo as físicas – esportes, treinamento físico, artes marciais, viagens. Os relacionamentos de negócios e entre irmãos nessa combinação podem ter um efeito desestabilizador no trabalho e na família, mas também ajudam a encorajar a ambição e o sucesso por meio da determinação e do risco. Em casa, esses irmãos só podem conviver bem se pelo menos um dos pais for capaz de dar estabilidade e seguir uma visão pragmática. De outra forma, é provável que o caos ocorra periodicamente.

Conselho: *Não dê um passo maior que as pernas. Reconheça suas limitações. Inclua um fator de segurança. Não negligencie seu lar. Tente ser realista.*

RELACIONAMENTOS

PONTOS FORTES: DETERMINADO, ROMÂNTICO, DESAFIADOR

PONTOS FRACOS: PROPENSO AO ESGOTAMENTO, ESTRESSADO, DESESTABILIZADO

MELHOR: AMIZADE

PIOR: FAMÍLIA

CAROL KANE (18/6/52)
WOODY HARRELSON (23/7/61)

Kane ganhou um Emmy por seu notável desempenho como Simka, contracenando com Andy Kaufman em *Taxi* (1981-83), na tevê. Harrelson, que conquistou popularidade em *Cheers* (1985-93), desde então se tornou um grande ator de cinema. O par se envolveu intimamente.

---

11 a 18 de junho
SEMANA DO BUSCADOR
GÊMEOS III

26 de julho a 2 de agosto
SEMANA DA AUTORIDADE
LEÃO I

Força para uma mudança positiva

Este relacionamento pode se ver envolvido em um código ou sistema de crença social, moral, ético ou religioso que defende a igualdade e denuncia a exclusão ou os privilégios. Pode voltar-se para o engajamento na política, com os parceiros se considerando defensores dos oprimidos. Se a capacidade de visão e a motivação do expansivo Gêmeos III conseguir se juntar à capacidade de liderança do Leão I, o relacionamento pode dar uma força à mudança positiva. Gentileza, afeição e solidariedade são prováveis. Muitas vezes Gêmeos III pode fornecer a paciência e compreensão exigida pelo relacionamento com Leão I. Além disso, Gêmeos III possui um bom domínio das finanças, que mantém os projetos conjuntos em andamento. O relacionamento é em geral otimista, mas os parceiros devem tomar cuidado com a tendência a evitar a autocrítica e a desconsiderar sugestões valiosas dos outros.

Os casos amorosos costumam ser de uma sexualidade intensa, e, se o romance terminar um amor menos inflamado, levando à amizade ou ao casamento, pode sucedê-los. Esses últimos muitas vezes acabam sendo mais importantes do que o caso original, que mais tarde pode ser visto simplesmente como o meio pelo qual o casal se juntou. Elementos de amizade e de casamento podem se misturar, com o elemento pessoal e humano na vanguarda.

Esse dueto é capaz de relacionamentos profissionais muito pouco convencionais, que com freqüência colocam a serviço de uma causa. Essa empreitada pode não ser exclusivamente idealista e não-comercial, pôs os inovadores Gêmeos III e Leão I encontram meios de fazer seu idealismo render, muitas vezes desenvolvendo um produto ou serviço que é uma sólida fonte de dinheiro. Mesmo se os lucros não forem astronômicos, o relacionamento em geral funciona bem com um modesto, mas razoável, retorno financeiro.

Os relacionamentos entre pais e filhos nessa combinação são complicados. Os pais nascidos em Leão I podem exercer influência poderosa na vida dos filhos nascidos em Gêmeos III, mas a questão crucial é se essa influência é totalmente benéfica – essas personalidades poderosas nem sempre constituem modelos satisfatórios. É também questionável se o caprichoso nativo de Gêmeos III pode dar toda a atenção e o reconhecimento de que um jovem de Leão I necessita.

Conselho: *Escute as sugestões dos outros. Seja mais autocrítico. Tome cuidado para não se deixar levar pelo idealismo excessivo ou pela vaidade.*

RELACIONAMENTOS

PONTOS FORTES: OTIMISTA, AFETIVO, IDEALISTA

PONTOS FRACOS: POUCO CRÍTICO, IDEALISTA DEMAIS, INCESTUOSO

MELHOR: TRABALHO

PIOR: PAIS-FILHOS

GIORGIO VASARI (30/7/1511)
COSIMO DE MEDICI (12/6/1519)

A dinastia Medici compreendeu a maior família de patronos da arte da história italiana. Cosimo é considerado o verdadeiro fundador deste papel. Vasari, escritor, pintor e arquiteto da época, glorificou os Medici em uma série de pinturas no Palazzo Vecchio de Florença. **Também: Timothy Busfield & Ken Olin** (co-estrelas, *thirty something*).

RELACIONAMENTOS

PONTOS FORTES: RESPONSÁVEL, OUSADO, DOMINADOR

PONTOS FRACOS: CALADO, REBELDE, TRAIÇOEIRO

MELHOR: AMIZADE

PIOR: CASAMENTO

ERIK ERIKSON (15/6/02)
JEAN PIAGET (9/8/1896)

O dano-americano Erikson e o suíço Piaget foram psicólogos contemporâneos e pioneiros no estudo do desenvolvimento infantil. Piaget é conhecido por suas pesquisas sobre o desenvolvimento cognitivo e intelectual das crianças. Erikson focalizou a influência social, cultural e outros fatores ambientais nos estágios psicossexuais do desenvolvimento inicial.

---

11 a 18 de junho
SEMANA DO BUSCADOR
GÊMEOS III

3 a 10 de agosto
SEMANA DA FORÇA EQUILIBRADA
LEÃO II

Repleto de riscos

Este relacionamento exibe o desejo não apenas de alcançar seus objetivos mas de alcançá-los totalmente. Sejam metas conjuntas ou individuais, o resultado é o que conta. Esses dois são a medida certa quando se trata de explorar, aventurar, assumir riscos e em geral, fazer o que os outros consideram difícil ou impossível. Para os nascidos em Gêmeos III e em Leão II projetos como esses podem não ser nada de mais. A responsabilidade que sentem um pelo outro é muitas vezes crucial para o relacionamento, uma vez que os dois parceiros sabem que em situações difíceis um deslize pode ser fatal.

Os casos amorosos entre esses dois podem ser repletos de riscos, mas o nativo de Gêmeos III costuma ser atraído pelo perigo. Leão II é em geral mais estável e seguro do que Gêmeos III e não hesitará em tentar desenvolver e proteger o relacionamento, independente da possibilidade de reprovação social – pois com freqüência um dos parceiros já está envolvido em um casamento ou um relacionamento amoroso antigo. A desaprovação dos outros apenas aumenta a rebeldia do nativo de Gêmeos III. Em vez de formar um triângulo com um terceiro, esse casal pode manter-se escondido por um tempo e então um dia simplesmente fugir juntos. Se houver casamento, essa situação pode se repetir novamente com outra pessoa. Em tais casos, em geral é o esposo de Leão II que permanece fiel e é abandonado.

As amizades e as relações de trabalho muitas vezes se sobrepõem, principalmente nos projetos que envolvem desafio e aventura. Estimulados pelo desafio, o casal pode alcançar grande sucesso seja lutando do mesmo lado como executivos numa diretoria ou calmamente planejando uma estratégia para superar uma oposição poderosa. A irrealidade é vista como uma grave infração da confiança e a traição é o pior crime possível. Rupturas em tais relacionamentos são em geral decisivas, podendo resultar em animosidade ou em sentimentos feridos por anos a fio.

Os relacionamentos entre irmãos, sobretudo os de mesmo sexo, podem ser competitivos, mas de forma positiva, estimulando os parceiros a se esforçarem ao máximo.

Conselho: *Seja menos exigente. Aproveite as delícias do relaxamento ou mesmo do tédio. Diminua os impulsos competitivos. Não seja tentado demais pelo perigo.*

RELACIONAMENTOS

PONTOS FORTES: COMPREENSIVO, EMPÁTICO, PERSUASIVO

PONTOS FRACOS: INEFICAZ, VACILANTE, MANIPULADOR

MELHOR: AMIZADE

PIOR: TRABALHO

FIDEL CASTRO (13/8/26)
CHE GUEVARA (14/6/28)

Guevara e Castro foram companheiros de conspiração na tomada comunista de Cuba. Depois de sua bem-sucedida revolução em 1959, eles assumiram juntos o poder. Em 1965, Guevara foi preso e executado na América do Sul, onde estava tentando difundir o ideal comunista. **Também: Jeanette MacDonald & Gene Raymond** (casados; cantora/ator).

---

11 a 18 de junho
SEMANA DO BUSCADOR
GÊMEOS III

11 a 18 de agosto
SEMANA DA LIDERANÇA
LEÃO III

Atingindo consistência

Este relacionamento é um estudo de emoções complexas e de lutas pelo poder. O tema central é provavelmente a mistura da persuasão e da manipulação – muitas vezes difícil dizer ao certo onde começa uma e acaba a outra. Dentro do relacionamento, o nativo de Gêmeos III é em geral mestre em ambas as atividades, mas o Leão III tende a assumir a liderança em assuntos de trabalho, família ou casamento que envolvam outras pessoas. Nessas situações, Leão III trata Gêmeos III como um braço direito. O nascido em Gêmeos III não é avesso a assumir tal papel, pois liberta-o de responsabilidades e da obrigação de assumir a liderança, dando-lhe mais liberdade.

Embora Gêmeos seja um signo de ar e Leão de fogo, o relacionamento entre os nascidos em Gêmeos III e em Leão III é regido pelo elemento água, associado com os sentimentos. Muitas emoções contrárias giram em torno da turbulência emocional que é esse relacionamento, e uma mistura difícil entre interesse e apatia, desejo e indiferença, solidariedade e hostilidade pode dominar a maioria dos relacionamentos dessa combinação em qualquer momento. Contudo, a compreensão e a empatia são fatores constantes.

Os casos amorosos entre esses dois podem durar algum tempo, ou pelo menos até que o nativo de Leão III ou o de Gêmeos III de repente anuncie a sua vontade de casar – nesse caso, é tão provável a separação quanto a continuação do relacionamento. Em ambos os casos, não é provável que o sexo seja um fator crucial; esses dois apreciam a companhia um do outro em uma ampla variedade de atividades e a amizade tende a ser a base subjacente de todos os relacionamentos pessoais. Poder-se-ia mesmo dizer que, se não fosse a amizade, apresentariam pouca coisa em comum.

Nos ambientes de trabalho e de família, Gêmeos III e Leão III podem ser emocionalmente próximos, mas nem sempre eficientes no desempenho profissional. O representante de Leão III é obviamente melhor no papel de pai ou chefe – Gêmeos III em tais papéis pode não ser tão eficiente em dirigir ou educar um empregado ou filho de Leão III.

Conselho: *Procure a consistência e a constância. Resolva as lutas de poder deixando-as de lado. Assuma a responsabilidade por seus atos. Do que você tem medo?*

11 a 18 de junho
SEMANA DO BUSCADOR
GÊMEOS III

19 a 25 de agosto
CÚSPIDE DA EXPOSIÇÃO
CÚSPIDE LEÃO-VIRGEM

Jogo de esconde-esconde

Esta parceria pode parecer um jogo de esconde-esconde, no qual o nascido em Gêmeos III é o buscador e o Leão–Virgem o que se esconde. Mas seu ponto central é melhor definido como uma exploração mútua dos mundos fascinantes do mistério e da imaginação. Neste reino, os conflitos pertinentes à dominação nunca estão muito longe. Os nativos de Leão–Virgem possuem, com freqüência, personalidades secretas e escondidas à espera de alguém que encontre a chave. Em geral, os nascidos em Gêmeos III estão menos interessados na exploração psicológica do que na luta pelo sucesso e no reconhecimento pelo mundo exterior, mas suas relações com os nascidos na cúspide Leão–Virgem geralmente possuem o efeito de atraí-los para mundos emocionais, espirituais, criativos e até mesmo sobrenaturais, dignos de sua capacidade de investigação. Para este par, a pesquisa nestas áreas pode ser um elo forte e duradouro.

Os casos amorosos são animados e cheios de vida, mas também muito íntimos e particulares com momentos de reflexão. Este é um relacionamento no qual os nascidos em Gêmeos III podem esquecer suas inúmeras tarefas e perder-se em um labirinto de sentimentos e sensações. Muitas vezes, não sentem mais vontade de sair dele. Para os parceiros nascidos Gêmeos III e na cúspide Leão–Virgem, perder-se juntos nos corredores do amor pode tornar-se uma experiência comum.

Contudo, os casamentos tendem a ser mais monótonos, perdendo a fagulha imaginativa que o casal tinha quando namorados. Por outro lado, as amizades, apesar da ausência de um forte componente sexual ou romântico, podem ser íntimas e criativas. A auto-estima do nascido na cúspide Leão–Virgem pode receber um grande impulso do Gêmeos III, mais confiante que, por sua vez, aprende do companheiro a aumentar seu poder pessoal, mantendo os pensamentos e os sentimentos para si.

Na vida familiar, os relacionamentos entre irmãos e entre pais e filhos dificilmente contribuem muito. No entanto, podem gostar das interações fora da esfera doméstica. Os pais devem tomar cuidado para não dominarem os filhos especialmente nos jogos. No trabalho, os nascidos na cúspide Leão–Virgem tendem a criticar os métodos idiossincráticos de Gêmeos III, mesmo quando têm que permanecer em um espaço interior particular, tornando difícil para o colega de trabalho comunicar-se com eles.

Conselho: *Mantenha a chama acesa. Tente compreender-se melhor. Enfrente os problemas de frente, sem fugir. Trabalhe a comunicação.*

RELACIONAMENTOS

PONTOS FORTES: INVESTIGATIVO, IMAGINATIVO, INSPIRACIONAL

PONTOS FRACOS: ESCAPISTA, POUCO COMUNICATIVO, DISTRAÍDO

MELHOR: AMOR

PIOR: TRABALHO

GEORGE BUSH (12/6/24)
BILL CLINTON (19/8/46)

Na campanha presidencial de 1992, Clinton defendeu programas de crescimento com base em uma nova economia, na reforma da saúde e da educação. Bush respondeu atacando o caráter e o passado de Clinton como governador do Arkansas. Clinton venceu por uma margem de 43% a 38%. **Também: George Bush & General Norman Schwarzkopf** (comandante-em-chefe/general).

---

11 a 18 de junho
SEMANA DO BUSCADOR
GÊMEOS III

26 de agosto a 2 de setembro
SEMANA DOS CONSTRUTORES DE SISTEMAS
VIRGEM I

Necessidade de compromisso

Este relacionamento provavelmente será desequilibrado e com constantes oscilações de humor. Grande parte dessas flutuações resulta das mudanças ou das variações de idéias ou de informações dentro do relacionamento. Para manter essa tendência sob controle é necessário concentrar-se nos assuntos práticos. Será sempre uma batalha, pois o nativo de Virgem I tende a selecionar os parceiros, de forma irreal e até catastrófica, especialmente no amor e no casamento e, infelizmente, Gêmeos III pode representar exatamente esta escolha. Os nativos de Gêmeos III geralmente estão muito ocupados com suas próprias atividades para enquadrar-se no tipo de vida estruturada exigida por Virgem I. Raramente se sentem bem em uma situação doméstica definida pelo tipo de regras e ambientes ordenados que são a marca registrada do nascido de Virgem I. Sua incapacidade de viver com horários fixos ou de comprometer sua liberdade de movimento sob qualquer forma, enlouquecem o Virgem I.

Nesta combinação, as amizades funcionam muito melhor. Terão seus altos e baixos, mas a ausência de responsabilidades rígidas e a capacidade de expressar suas preferências sem no entanto forçá-las, possibilitam uma maior chance de sucesso. Os nascidos em Virgem I apreciam uma relação na qual se sentem livres para observar e até registrar as atividades do companheiro imprevisível. O nativo de Gêmeos III gosta de relaxar de vez em quando em uma atmosfera na qual tem certeza que tudo está sendo cuidado e sob controle. Contudo, as posturas diferentes de cada um não entram em conflito nessas situações sendo, na verdade, apreciadas.

No trabalho e na família, esse tipo de ordem imposta pelos pais e chefes de Virgem I pode tranqüilizar os funcionários ou os filhos de Gêmeos III, a não ser que a ordem seja rígida e fria, quando passa a ser intolerável. A conseqüência é muita vezes uma revolta. Em geral, os irmãos e os colegas de trabalho nascidos em Gêmeos III e em Virgem I se dão bem, mais devido às diferenças do que apesar delas. Nesse caso, os relacionamentos entre irmãos são particularmente favorecidos, pois os pontos positivos de ambos podem encaixar-se perfeitamente no quadro familiar, e também porque muitas vezes demonstram empatia e compreensão entre si.

Conselho: *Aprenda o valor do compromisso. Cuidado com as atitudes rígidas. Insistir na liberdade significa ser inflexível. Seja mais alegre. Seja mais bondoso.*

RELACIONAMENTOS

PONTOS FORTES: OBSERVADOR, GRATO, EMPÁTICO

PONTOS FRACOS: IRREQUIETO, NERVOSO, REBELDE

MELHOR: IRMÃO-IRMÃ

PIOR: AMOR

KATHARINE GRAHAM (16/6/17)
BEN BRADLEE (26/8/21)

Depois do suicídio do marido em 1963, Graham assumiu o *Washington Post* e a *Newsweek*. Durante os 10 anos em que ficou no *Post* ela nomeou Bradlee como editor-chefe. **Também: Paul McCartney & Michael Jackson** (colaboradores; Beatle/detentor dos direitos autorais das canções dos Beatles), **David Rose & Martha Raye** (casados; líder de banda/comediante).

RELACIONAMENTOS

PONTOS FORTES: CONVERSADOR, INTELIGENTE, EDUCATIVO

PONTOS FRACOS: BRIGUENTO, IMPACIENTE, POUCO EMOTIVO

MELHOR: ALUNO

PIOR: AMIZADE

NIGEL BRUCE (4/9/1895)
BASIL RATHBONE (13/6/1892)

As maneiras arredias e suaves de Rathbone como vilão de Hollywood nos anos 1930 o tornaram adequado para um convincente Sherlock Holmes uma década mais tarde. Bruce era o despiste perfeito como Dr. Watson – uma testemunha gaga e pasma das revelações de Holmes. Fizeram 14 filmes juntos. **Também: Waylon Jennings & Buddy** Holly (colaboradores no rock and roll).

---

11 a 18 de junho
SEMANA DO BUSCADOR
GÊMEOS III

3 a 10 de setembro
SEMANA DO ENIGMA
VIRGEM II

O eterno estudante

É provável que o relacionamento entre nascidos em Gêmeos III e em Virgem II se concentre no plano mental. Nesse caso, os relacionamentos entre professores e estudantes, colegas de profissão e até familiares mais distantes são os que têm maior chance de êxito. As áreas humanas de estudo ou de interesse, talvez relacionadas à arte, à sociologia ou à política, atraem este par. Não importa se os contatos ocorram dentro ou fora da escola, as discussões sobre textos escritos podem ser estimulantes e gratificantes. Os nativos de Gêmeos III são intensamente físicos embora, muitas vezes, tentem superar as limitações materiais para descobrir o que há além, e será nesta área mais metafísica que seu relacionamento com Virgem II pode frutificar. Esta dupla dificilmente consegue uma união profunda na esfera emocional e intuitiva, já que nenhum dos dois terá paciência ou interesse suficiente para mergulhar em profundidade na personalidade do outro. Sua maior possibilidade de estabelecer contato encontra-se na área objetiva, no mundo do pensamento e das idéias.

Não significa, porém, que Gêmeos III e Virgem II não possam ter um envolvimento romântico. Nos seus negócios no casamento e em relação às atividades intelectuais, geralmente mantêm as emoções sob controle um rígido e em segundo plano. As relações que seguem esse padrão podem facilmente dar certo. O casamento certamente é produtivo, mas tem mais chances de acontecer quando os parceiros são mais velhos e podem apreciar melhor a orientação mental do outro par. Aos amigos de Gêmeos III e de Virgem II pode faltar a dedicação e a profundidade de compreensão necessárias a um contato verdadeiro. Eles se dão melhor como colegas e conhecidos com contato esporádico, talvez estudantes e estagiários em uma situação de pesquisa ou aprendizagem. Seja qual for o caso, muitas vezes os dois exercem um efeito catalisador sobre a capacidade de aprender do outro, e seu relacionamento pode servir como apoio a projetos na área de educação. No trabalho, o relacionamento entre os dois pode ser excelente, especialmente nas áreas técnicas. Contudo, nos relacionamentos familiares íntimos, principalmente entre irmãos, os nativos de Gêmeos III e de Virgem II costumam discutir muito e adorar as brincadeiras de eu-bem-que-avisei ou ser-melhor-que-o-outro. Os pais que conhecem bem estas crianças encontrarão saídas mais construtivas para sua competição intelectual.

Conselho: *Equilibre os impulsos mentais e físicos. Tente redirecionar as brincadeiras. Aprofunde suas ligações emocionais. Não tenha medo de mostrar seus sentimentos.*

RELACIONAMENTOS

PONTOS FORTES: FRANCO, RÁPIDO, COM PRINCÍPIOS

PONTOS FRACOS: DURO, INCOMPREENSIVO, NEGLIGENTE

MELHOR: PARCERIA DE NEGÓCIOS

PIOR: PAIS-FILHOS

ALFRED KNOPF (12/9/1892)
ALFRED KNOPF, JR. (17/6/18)

Em 1915, Knopf lançou uma editora que detinha os títulos literários mais prestigiados da indústria de livros. Depois de receber treinamento de seu pai, Knopf, Jr. saiu da empresa em 1957 para fundar (com 2 parceiros) a Atheneum Publishers, que rapidamente formou sua própria lista de nomes proeminentes.
Também: Courtney Cox & Brian DePalma (atriz descoberta por diretor); **Joe Montana & Dan Marino** (jogadores de beisebol rivais).

---

11 a 18 de junho
SEMANA DO BUSCADOR
GÊMEOS III

11 a 18 de setembro
SEMANA DO LITERAL
VIRGEM III

Forjando princípios básicos

Já que, no zodíaco, estes dois signos encontram-se distantes a 90º, formando uma quadratura ou um aspecto negativo um com o outro, a astrologia tradicional prevê uma luta entre eles. De fato, podemos observá-los disputando a liderança. Mas, embora realmente sejam impiedosos um para com o outro, muitas vezes, após vários confrontos, nasce o respeito e a compreensão. Provavelmente, o foco do relacionamento é encontrar um ponto de autoridade reconhecido por ambos. Caso concordem em um conjunto de princípios, talvez forjado a duros golpes na bigorna da experiência, é possível que o relacionamento se transforme em uma ligação firme e duradoura.

Nos casos amorosos, a paixão certamente pode envolver os dois parceiros, mas, na maioria das vezes, é a força da vontade e o bom senso que dominam a emoção. Nesta combinação particular, Mercúrio, regente tanto de Gêmeos como de Virgem, é particularmente forte, assegurando reações rápidas e emprestando ao relacionamento uma atitude lógica e crítica. Tanto um como o outro raramente permitem que seus sentimentos os impulsionem a atividades que, no final, serão contraproducentes aos seus interesses, seja como indivíduos ou como um par.

Os casamentos podem ser fundamentados em princípios pragmáticos, desde que os parceiros contribuam de forma igual. Uma das constantes dificuldades é que o nativo de Gêmeos III poderá estar ausente boa parte do tempo, ou faltar ao trabalho, deixando o que tem que ser feito para o companheiro de Virgem III terminar. Estes parceiros podem ser pais excelentes, tanto incentivando quanto educando os filhos. Deixar os canais abertos para os filhos e mantê-los abertos ao longo dos anos de adolescência, é um desafio enorme mas compensador. Apesar de poderem ser bons amigos, nem Gêmeos III, nem Virgem III terão tempo ou sentirão vontade de desenvolver esse tipo de relacionamento. Em contrapartida, no trabalho podem ser excelentes sócios, com o nativo de Gêmeos III contribuindo com seus conhecimentos financeiros e mundanos, e o de Virgem III com o trabalho árduo, a dedicação e a aplicação necessários para transformar a empresa em um sucesso. Nesta combinação, as relações familiares, principalmente entre pais e filhos, estão carregadas de dificuldades emocionais e são, com freqüência, mais positivas do que qualquer um dos dois está preparado para admitir.

Conselho: *A vida não é feita apenas de trabalho duro. Tire férias agradáveis e relaxantes com freqüência. Tente ser um pouco mais bondoso e carinhoso.*

11 a 18 de junho
SEMANA DO BUSCADOR
GÊMEOS III

19 a 14 de setembro
CÚSPIDE DA BELEZA
CÚSPIDE VIRGEM-LIBRA

Ocorrências auspiciosas

Este relacionamento tranqüilo se caracteriza por ocorrências auspiciosas, daquelas que encantam e alegram. Aliás, é provável que tenha sido exatamente uma delas que aproximou os dois em primeiro lugar. É possível que surjam ligações intuitivas entre estes parceiros, cada um sabendo muitas vezes o que o outro está pensando e antecipando as ações do outro antes que ocorram. Buscadores da beleza, Gêmeos III são facilmente capazes de desviar o olhar daquela montanha distante e voltar-se para um atraente Virgem-Libra absorto com a mesma imagem. Antes que se perceba, iniciaram uma conversa e um novo relacionamento terá nascido.

Os relacionamentos românticos têm uma sensação de fatalidade, como se este fosse seu destino. O lado positivo é que o relacionamento pode funcionar muito bem sozinho, sem interferências, e o negativo é que pode haver uma tendência a deixá-lo correr ou estagnar, sem que nenhum dos dois tenha força de vontade para fazer algo a respeito. Esse estranho mal-estar pode ser curado por um bom e saudável pontapé do destino, muitas vezes na forma de uma situação um pouco ameaçadora, que exige ação imediata. Esses eventos perturbadores ocorrem com uma certa freqüência, mas, de tempos em tempos, é preciso despertar uma relação estagnada.

Os casamentos podem durar anos, com os companheiros mais ou menos dedicados. Seu amor inerente pela beleza se reflete nos móveis e na decoração da casa. A possessividade do nativo da cúspide Virgem-Libra pode levar à frustração e à insegurança, pois lhe parece necessário manter um domínio firme sobre o parceiro de Gêmeos III, o qual, no entanto, pode sentir-se muito feliz com o amor do companheiro de Virgem-Libra.

Nesta combinação, as amizades muitas vezes demonstram um amor tanto pelo mundo natural como artificial, sendo que, na maioria dos casos, aquele é preferido por Gêmeos III e este por Virgem-Libra. Compartilhar e tentar reconciliar esses interesses pode ser altamente gratificante. Na família, as combinações entre pais e filhos podem apresentar um interesse especial por assuntos voltados para a estética.

Conselho: *Tentem exercer uma força de vontade maior. Controlem os impulsos possessivos. As lições do destino geralmente são benéficas. Aproximem seus mundos.*

RELACIONAMENTOS

PONTOS FORTES: SORTUDO, PSÍQUICO, DESPREOCUPADO

PONTOS FRACOS: FRUSTRADO, INSEGURO, ESTAGNADO

MELHOR: ROMÂNTICO

PIOR: TRABALHO

PAUL MCCARTNEY (18/6/42)
LINDA EASTMAN (24/9/42)

O ex-Beatle McCartney se casou com a fotógrafa americana Eastman em 1969. Em 1971 eles formaram o popular grupo de rock *Wings*, com Linda nos teclados e vocal. Devido a sua proeminência na música, a rainha Elizabeth deu o título de cavalheiro a McCartney em 1997.

---

11 a 18 de junho
SEMANA DO BUSCADOR
GÊMEOS III

25 de setembro a 2 de outubro
SEMANA DO PERFECCIONISTA
LIBRA I

Aberto ao escrutínio

Apesar de esta relação estar imbuída de continuidade e tenacidade, seu desafio encontra-se na tarefa de equilibrar as energias dos parceiros de modo a não perder de vista seus objetivos. Gêmeos e Libra são signos de ar, ligados ao intelecto, mas o relacionamento entre Gêmeos III e Libra I é governado pelo fogo, o elemento das pulsões e da paixão. Este par estará envolvido em pular grandes poças. Separados, nenhum dos dois possui muita resistência, mas juntos podem superar qualquer obstáculo.

Os relacionamentos entre nativos de Gêmeos III e de Libra I podem influenciar bastante as pessoas ao seu redor em grande parte devido à sua capacidade de atingir os objetivos. Todavia, muitas vezes escondem um ponto fraco: não percebem até que ponto seus assuntos particulares estão abertos ao escrutínio minucioso dos outros. Por exemplo, seus impulsos apaixonados são visíveis a todos. Além disso, são tão fogosos que chegam a ameaçar queimar aquelas estruturas – a família, os negócios ou o que seja – que levaram anos para construir, provavelmente aterrorizando as outras pessoas envolvidas na construção. O equilíbrio necessário reside nos acordos, sejam eles verbais ou tácitos, para agir de tal forma a promover a harmonia e a minimizar os aborrecimentos entre todos os envolvidos.

Para este par casar ou morar juntos como adultos, talvez seja o tipo de relacionamento que apresenta os maiores desafios. Em primeiro lugar, para afastar um efeito neurótico em outras áreas da vida e evitar uma exaustão, terão de limitar a freqüência do seus contatos sexuais. Em segundo lugar, terão de ser muito honestos acerca de suas atividades com outras pessoas e do tempo que passam fora de casa. Em terceiro lugar, e o mais importante, devem construir um elo de confiança e de respeito mútuo, o qual reconciliará as tendências críticas do nativo de Libra I e a indeterminação e a falta de compromisso do Gêmeos III. Nesta combinação, as amizades podem funcionar muito bem desde que evitem os sentimentos extremos. No entanto, as sociedades de negócios são raramente aconselháveis, pois o seu alto grau de envolvimento subjetivo é nocivo à qualidade de seu trabalho. Nas relações familiares, os pais nascidos em Libra I podem sentir que tudo está funcionando muito bem em relação ao filho de Gêmeos III quando, na verdade, o que está acontecendo é justo o oposto.

Conselho: *Controle demais não é a resposta. Normalize os relacionamentos. Esconder a verdade causa efeitos invisíveis. Cultive a honestidade, a franqueza e a confiança.*

RELACIONAMENTOS

PONTOS FORTES: INTUITIVO, APAIXONADO, INFLUENTE

PONTOS FRACOS: DESCONCERTANTE, CEGO, ENREDADO

MELHOR: AMIZADE

PIOR: TRABALHO

ERIC HEIDEN (14/6/58)
BETH HEIDEN (27/9/57)

Estes irmãos solidários foram velozes esquiadores mundiais nos anos 1970 e início dos 1980. Em 1980, Eric se tornou o primeiro na história a ganhar medalha de ouro nos 5 eventos de velocidade no esqui. **Também: Eduardo I & Henrique III** (filho/pai; monarcas ingleses).

| RELACIONAMENTOS |

PONTOS FORTES: RECEPTIVO, EMPÁTICO, MODERADO

PONTOS FRACOS: INTROMETIDO, SUPERFICIAL, ASSEXUADO

MELHOR: IRMÃOS

PIOR: CASAMENTO

PAUL MCCARTNEY (18/6/42)
JOHN LENNON (9/10/40)

McCartney e Lennon foram os originadores e a força criativa por trás dos Beatles. Sua extraordinária parceria era protegida por um acordo especial, no qual canções compostas por cada um deles seriam creditadas a ambos. **Também: Keye Luke & Warner Oland** (representação de filho/pai em *Charlie Chan*).

---

11 a 18 de junho
SEMANA DO BUSCADOR
GÊMEOS III

3 a 10 de outubro
SEMANA DA SOCIEDADE
LIBRA II

Um brilho no olhar

Os pontos altos deste relacionamento são uma abordagem geral, leve e relaxada, com ênfase na virtuosidade técnica, e uma espécie de sensibilidade ou consciência apurada. Que mistura! Sendo o ar o elemento dominante, pode-se esperar que estes parceiros compartilhem um envolvimento mental. Além disso, sua agilidade técnica e verbal é exacerbada por uma espécie de ligação intuitiva. Há sensibilidades que provocam tensão mas, no geral, a combinação é vivaz, espirituosa, relaxada e íntima.

Se considerarmos estas personalidades pelo que são e com poucas reservas, o nativo de Libra II pode exercer um efeito apaziguador sobre as freqüentes energias frenéticas do nativo de Gêmeos III. Em geral, Gêmeos III está despreparado seja para seguir a liderança social das pessoas de Libra II, seja para acompanhá-las durante seus periódicos retiros do mundo, Porém estão dispostos a aceitar a personalidade de Libra II na sua totalidade, numa atitude de pegar ou largar. O relacionamento pode representar um porto seguro para ambos os parceiros, especialmente quando nasce nas esferas da amizade e da família. No entanto, aos casamentos e aos casos amorosos pode faltar aquela faísca tão necessária para o nativo de Gêmeos III. Os relacionamentos podem ser fáceis em muitos aspectos, mas sem aquela mágica indefinida pode faltar-lhes o "tempero" necessário para envolver os parceiros em um nível mais profundo.

A tendência a viver e a deixar viver permite aos amigos, irmãos e colegas desta combinação comunicar-se e sentir empatia um pelo outro, apesar das diferenças. O ponto mais forte destes relacionamentos talvez seja a objetividade: os parceiros não sentem necessidade de influenciar os pontos de vista ou as ações do outro, embora se interessem muito em observar suas ações, às vezes com frieza, às vezes com muito entusiasmo, mas sempre com um brilho conhecedor no olhar. Neste caso, a ausência de antagonismo e de competição também propicia alívio.

De um modo geral, o relacionamento entre Gêmeos III e Libra II funciona melhor quando se assume como é, e não quando tenta ser algo diferente. Embora possa atingir os extremos mais altos e mais profundos da experiência humana, não perde nada em seguir um curso calmo e moderado. Outros relacionamentos não pedem mais que isso.

Conselho: *Solte os sentimentos de vez em quando. Não tenha medo de ser rejeitado. Os ressentimentos deveriam ser discutidos com franqueza. Qual o seu verdadeiro interesse?*

| RELACIONAMENTOS |

PONTOS FORTES: ATIVO, ENERGÉTICO, CRIATIVO

PONTOS FRACOS: EGOÍSTA, COMPETITIVO, DOMINADOR

MELHOR: PARCERIA DE NEGÓCIOS

PIOR: AMOR

STEFFI GRAF (14/6/69)
MARTINNA NAVRATILOVA (18/10/56)

Navratilova dominou o tênis feminino de 1982 a 1986. Graf a desbancou no final dos anos 1980 e permaneceu no topo desde então. **Também: Príncipe Aly Khan & Rita Hayworth** (casados; playboy/atriz); **Joe Montana & Jerry Rice** (companheiros de equipe no Superbowl); **Harriet Beecher Stowe & Lyman Beecher** (filha/pai; abolicionistas).

---

11 a 18 de junho
SEMANA DO BUSCADOR
GÊMEOS III

11 a 18 de outubro
SEMANA DO TEATRO
LIBRA III

Em movimento

Este relacionamento franco e cheio de energia é caracterizado por muito dinamismo e atividade. Estes dois estão sempre em movimento – mas nem sempre juntos. Porém, quando se encontram no mesmo lugar na mesma hora, procuram um ao outro a fim de compartilhar experiências. Mais importante: se unirem as forças descobrem um novo talento: que juntos possuem a capacidade para criar e para implementar conceitos novos, atraentes e funcionais. A astrologia tradicional prevê com muita precisão uma união fácil e agradável devido a um aspecto trígono (no zodíaco, Gêmeos III e Libra III encontram-se a 120° de distância). No entanto, a paixão está sempre à espreita neste relacionamento, gerando energia mas também criando o risco de conflitos e de explosões emocionais.

As pessoas de Libra III encontram-se entre as poucas do zodíaco capazes de acompanhar as buscas aventureiras de Gêmeos III. Este par pode formar uma combinação imbatível na direção de uma companhia, de uma pequena empresa,ou de um grupo social ou familiar. Uma vantagem adicional é que o tino comercial e financeiro de Gêmeos III, somado à exuberância e aos talentos sociais de Libra III, são uma combinação ideal nos negócios. Enquanto o bem-estar do grupo permanecer o objetivo principal haverá poucos problemas mas, se um dos parceiros tornar-se egoísta ou ambicioso demais e tentar agir em proveito próprio, certamente surgirão grandes problemas pela frente. Muitas vezes, o relacionamento é instável demais para sustentar esses conflitos e pode romper ou desfazer-se.

Os casos amorosos, as amizades e o casamento entre os nascidos em Gêmeos III e Libra III raramente permanecem na esfera exclusivamente particular durante muito tempo: cada parceiro demonstra um grande interesse pelo trabalho e pela carreira do outro e, geralmente, mal consegue conter-se para não se intrometer. Mas este desejo não melhora, necessariamente, a qualidade do relacionamento original – na verdade, pode criar grandes problemas onde havia poucos. Lutas pelo poder surgem inevitavelmente sobre quem deve ser o líder e qual o caminho a seguir. Então, há o perigo do lado destrutivo do relacionamento emergir, deixando no seu rastro apenas escombros.

Conselho: *Mantenha a carreira e a vida pessoal separadas. Cuide de sua própria vida. Pense no que tem a perder antes de começar novos projetos.*

11 a 18 de junho
SEMANA DO BUSCADOR
GÊMEOS III

19 a 25 de outubro
CÚSPIDE DO DRAMA E DA CRÍTICA
CÚSPIDE LIBRA-ESCORPIÃO

As alegrias do anonimato

Este par atrai muita atenção, tanto juntos como individualmente, embora seu relacionamento tenda a ser bem íntimo e particular – poucas serão as pessoas que saberão muito a respeito. Compartilham um desejo por experiências de todo tipo e a exploração é um tema predominante, mas podem vivenciar essa coletânea de experiências em silêncio, movendo-se pelos limiares da vida quase sem serem reconhecidos. Não é que se escondam de propósito ou até conscientemente, mas a maioria das pessoas que conhece este par fica ofuscada pela verdadeira natureza de seu relacionamento, por causa de seu lado extrovertido e brilhante. Tampouco se esforçam para corrigir as opiniões erradas que os outros formam a seu respeito, pois se contentam em preservar sua privacidade e sua capacidade de ser eles mesmos quando estão sozinhos um com o outro. Nestes momentos, desfrutam da alegria do anonimato.

O casamento, os casos amorosos e as amizades em geral mostram para o mundo uma face vibrante, bem-sucedida e autoconfiante. No íntimo, porém, surgem as inseguranças e as frustrações. Essas dificuldades raramente são o resultado do próprio relacionamento; são de ordem pessoal e social. Tanto os nativos de Libra III como os da cúspide Libra–Escorpião tendem a sentir-se, durante boa parte do tempo, um pouco irritáveis, nervosos e aborrecidos em relação ao tratamento que o mundo lhes dá, e uma das principais funções do relacionamento é permitir a expressão desses sentimentos negativos sem temer a censura. Nesta dimensão, a ligação entre os dois pode tornar-se essencial para seu bem-estar psicológico. Muitas vezes, esses sentimentos, sejam sexuais ou outros, ocupam um lugar secundário em relação a esse aspecto do relacionamento.

Nesta combinação, os membros da família e os colegas de trabalho muitas vezes são sensíveis às manhas e manias de cada um. A irritação pode ser um problema constante e são necessários jogos e um comportamento neurótico para suportar os aborrecimentos não-resolvidos. As atividades no trabalho e com a família também serão uma válvula de escape. Seja qual for a esfera na qual o relacionamento se manifeste, a divisão entre as persona privadas e públicas pode ser essencial para o bem estar de ambos. No entanto, estes parceiros deveriam tentar lidar com seus problemas sociais e pessoais diretamente em vez de meramente considerá-los como um espaço protetor ou neutro.

Conselho: *Enfrente suas dificuldades. Não procure sempre a saída mais fácil. Almeje uma honestidade social maior. Minimize as dependências.*

RELACIONAMENTOS

PONTOS FORTES: SENSÍVEL, RECEPTIVO, COMPREENSIVO

PONTOS FRACOS: IRRITÁVEL, ENGANOSO, ESCAPISTA

MELHOR: CASAMENTO

PIOR: FAMÍLIA

WAYLON JENNINGS (15/6/37)
BIG BOPPER (24/10/30)

Jennings e Big Bopper eram disc-jóqueis e músicos. Em 1959, quando Buddy Holly convidou Big Bopper para unir-se a ele em uma turnê pelo meio-oeste, Jennings deu-lhe a passagem de avião. O avião se chocou com uma tempestade de neve, matando todos a bordo, inclusive Big Bopper e Holly.

---

11 a 18 de junho
SEMANA DO BUSCADOR
GÊMEOS III

26 de outubro a 2 de novembro
SEMANA DA INTENSIDADE
ESCORPIÃO I

Uma questão de honestidade

O tema é determinar quando dizer a verdade e quando escondê-la. A questão não é a desonestidade, mas o momento certo: este par geralmente possui uma sensibilidade extraordinária para, dependendo do caso, escolher o momento certo para criar um confronto ou evitar um problema. Contudo, podem não exercer tanto controle como pensam, porque forças externas também podem precipitar as revelações. Mesmo no seu relacionamento, os aborrecimentos e os conflitos podem desencadear explosivas manifestações da verdade antes do momento apropriado.

Se pode ser obtida uma honestidade total é uma pergunta que fica em aberto. O nativo de Escorpião I tende a criticar o de Gêmeos III, cujos motivos, na verdade, podem ser puros, pelo menos tanto quanto saibam, embora talvez estejam agindo sob a influência de forças inconscientes. A exacerbada sensibilidade do nativo de Escorpião I a tais forças permite-lhe perceber impulsos de que o parceiro não tem consciência. Neste caso, o representante de Gêmeos III pode facilmente sentir-se acusado injustamente. Por outro lado, Escorpião I às vezes comete e esconde indiscrições conscientemente, realmente acreditando estar agindo para o bem do relacionamento. Mas se, mais tarde, Gêmeos III descobrir, Escorpião I poderá ser acusado de duplicidade.

A honestidade é muito importante nos casos amorosos entre nascidos em Gêmeos III e Escorpião I devido ao ciúme sexual que muitas vezes aparece. As suspeitas podem levar rapidamente a acusações, as acusações a brigas e ao conflito aberto. Para começar, estes dois deveriam colocar menos pressão sobre o outro para que seja honesto e deveriam também abandonar as atitudes possessivas. Em geral, sob o disfarce do amor, o relacionamento tende a nutrir um sentimento de que os parceiros são donos um do outro, uma atitude destrutiva em potencial. Da mesma forma, as relações com a família e as amizades tendem a exagerar a necessidade de colocar as coisas em aberto. Seria bom lembrar que tentar ser honesto, por um lado, e ser obrigado a confessar, por outro, são duas coisas muito diferentes: a primeira enfatiza o respeito e a responsabilidade, enquanto a segunda é motivada pela culpa e pela repressão. As relações de trabalho podem fugir um pouco desse problema ao exigirem a dedicação às tarefas e ao pressuporem a existência de confiança e dependência.

Conselho: *Culpe a si mesmo. Construa um ego mais forte. Não se deixe levar pelo medo e pela culpa. É fácil começar a jogar a culpa nos outros, o difícil é parar. Imponha limites.*

RELACIONAMENTOS

PONTOS FORTES: ABERTO, SEXUAL, ESFORÇADO

PONTOS FRACOS: ENGANOSO, CONFESSIONAL, NÃO ASSUME CULPA

MELHOR: TRABALHO

PIOR: AMOR

DONALD TRUMP (14/6/46)
MARLA MAPLES (27/10/63)

O bilionário Donald e a ex-modelo Marla se conheceram em 1989 na mesma igreja que ele havia se casado pela primeira vez com Ivana. Depois de uma tumultuosa corte e um anel de noivado de 7,5 quilates que custou 250.000 mil dólares, eles se casaram em 1993 no Trump's Plaza Hotel.b Eles têm uma filha, Tiffany. O casamento terminou amigavelmente em 1997.
Também: William Butler Yeats & Ezra Pound (amigos; poetas).

RELACIONAMENTOS

PONTOS FORTES: ÍNTIMO, AGRADÁVEL, AUTÔNOMO

PONTOS FRACOS: ISOLADO, REMOTO, INSATISFEITO

MELHOR: AMIZADE

PIOR: AMOR

GEORGE BUSH (12/6/24)
MICHAEL DUKAKIS (3/11/33)

Em 1988, o candidato a presidente Dukakis salientou a competência em detrimento da ideologia, mas fez uma campanha pouco agressiva. Bush rotulou Dukakis de liberal suave e amigo de grupos marginais não patrióticos. A popularidade de Reagan ajudou Bush a vencer por uma margem confortável de 54 a 46%.

---

11 a 18 de junho
SEMANA DO BUSCADOR
GÊMEOS III

3 a 11 de novembro
SEMANA DA PROFUNDIDADE
ESCORPIÃO II

Auto-suficiência

A questão é: quais são os limites da intimidade? Este par possui dois estilos diferentes de proximidade e cada um tentará fazer com que o outro se acomode ao seu. A preferência do nativo de Escorpião II por remover lentamente os véus de seus eus interiores não funciona com Gêmeos III, que deseja pular no turbilhão das suas atividades para criar, assim, uma proximidade. Devido à própria natureza do seu relacionamento e ao seu envolvimento na questão da intimidade, estes dois muitas vezes ficam presos um ao outro, formando um par muito unido. Essa é uma situação um pouco incômoda para o nativo de Gêmeos III, que é explorador nato, mas que se apontar o alvo para as profundidades ainda não descobertas da personalidade de Escorpião II encontrará mais do que esperava. Seja como for, os nativos de Escorpião II raramente estão interessados em serem explorados. Contudo, são capazes de se entregar apaixonadamente no amor, o que deixa o representante de Gêmeos III com vontade de saber mais.

Os casos amorosos desta combinação, que no início eram muito apaixonados, logo se comprovam serem insatisfatórios. Escorpião II deseja agradar ao namorado de Gêmeos III, mas pode levar meses ou anos antes que confie nele o suficiente para admiti-lo no seu mundo particular. Gêmeos III, que em geral quer que as coisas andem mais rápido, poderia sentir-se rejeitado ou não-amado neste relacionamento, apesar da gratificação sensual.

Estes dois podem ter uma amizade altamente física, centrada nos esportes, nos exercícios físicos, na culinária ou nas aventuras. Seu relacionamento é bastante auto-suficiente e sua necessidade de tornar-se parte de um círculo social ou familiar é mínima. O perigo, presente também nos casamentos, é de o relacionamento se afastar por completo do contato social normal, tornando-se excessivamente isolado. Durante os bons tempos funciona muito bem, mas em momentos difíceis sentem muito a falta da presença de um grupo de apoio, especialmente se houver filhos envolvidos.

Os colegas de trabalho e os irmãos formados por este par podem ser eficazes no trabalho e nas brincadeiras, necessitando de muito pouco ou quase nenhum incentivo do chefe ou dos pais. Na verdade, uma presença autoritária inibe este par.

Conselho: *Vá devagar e aprecie o aprofundamento da intimidade. Deixe os mistérios de lado. Mantenha seus contatos sociais e familiares. Não se feche à vida.*

RELACIONAMENTOS

PONTOS FORTES: ESTRUTURADO, EXCITANTE, PERSUASIVO

PONTOS FRACOS: ENGANADOR, MANIPULADOR, INSTÁVEL

MELHOR: CASAMENTO

PIOR: AMIZADE

MARTIN SCORSESE (17/11/42)
ISABELLA ROSSELLINI (18/6/52)

A atriz e modelo internacional Rossellini é filha de Ingrid Bergman e Roberto Rossellini. Scorsese foi criado em Nova York, na dura Little Italy e se tornou um respeitado e original diretor. Foram casados de 1979 a 1983. **Também: Dean Martin & "Dino" Martin** (pai/filho),

---

11 a 18 de junho
SEMANA DO BUSCADOR
GÊMEOS III

12 a 18 de novembro
SEMANA DO ENCANTO
ESCORPIÃO III

Apoio ou erosão?

O desafio principal deste relacionamento é a própria estrutura estabilizadora e, ao mesmo tempo, absorvente das atividades diárias. Embora Gêmeos seja um signo de ar e Escorpião um signo de água, o relacionamento é regido pela terra que, neste caso, representa o trabalho e a aplicação. Se a união for fraca os parceiros sonharão e flutuarão sem certezas; quanto mais enraizado for o relacionamento, mais fortes serão os laços. Esses dois podem disputar todos os tipos de jogos físicos e mentais juntos. Tal como falsos artistas, muitas vezes tentam persuadir ou manipular um ao outro de maneiras sutis, sem revelar sua verdadeira intenção. Assim, formam um par excelente. Talvez devessem estabelecer algumas regras básicas para manter essa tendência dentro dos limites.

Muitas vezes, devido a um aspecto quincôncio (no zodíaco, Gêmeos III e Escorpião III encontram-se a 150º de distância), surge uma instabilidade no relacionamento, tornando a necessidade de estrutura muito mais aparente. O nativo de Escorpião III pode achar os relacionamentos amorosos com Gêmeos III entusiasmantes e atraentes, mas caso decidam que o parceiro não lhes serve ou que está agindo de forma destrutiva para minar o relacionamento (de forma consciente ou não) não hesitam em deixá-los para trás. Essa atitude pode deixar o Gêmeos III confuso, que fica se perguntando o que teria feito para merecer tal tratamento. Os casamentos correm um grande risco de rompimento, mas a seriedade e a responsabilidade envolvida também pode ajudar a apertar mais ainda os laços que os unem, em vez de criar obstáculos.

A estrutura inerente à família e aos grupos de trabalho garante à relação uma maior estabilidade. No entanto, os estratagemas manipuladores dos irmãos desta combinação podem minar as estruturas familiares e sutilmente erodir as ligações entre pais e filhos. O nativo de Gêmeos III pode não se encaixar tão bem no esquema de uma empresa ou de uma organização como o companheiro porque tendem à rebeldia e falta-lhe o talento maravilhoso de organização e administração de Escorpião III. A amizade entres estes dois tende a ser de curta duração, pois Gêmeos III necessita de muito mais espaço e flexibilidade do que Escorpião III está preparado para dar.

Conselho: *Não espere demais do outro. Cumpra sua responsabilidade diária. Torne suas atividades realistas. Preocupe-se com o outro.*

11 a 18 de junho
SEMANA DO BUSCADOR
GÊMEOS III

19 a 14 de novembro
CÚSPIDE DA REVOLUÇÃO
CÚSPIDE ESCORPIÃO-SAGITÁRIO

Dedicação incansável

Este relacionamento é basicamente, voltado para dentro. Apesar de poder ser extrovertido, sua preocupação principal é um elo espiritual tácito, cujo objetivo final é ajudar a ambos os parceiros a tornarem-se indivíduos mais plenamente realizados. Sem o respeito mútuo do parceiro e uma dedicação incansável às crenças e aos princípios em comum, não dará certo. A combinação pode realmente dar certo na esfera da implementação de idéias; na verdade, deslanchar projetos pode ser sua especialidade e mantê-los em funcionamento uma preocupação constante.

É provável que, neste caso, as relações mais bem-sucedidas sejam aquelas entre colegas envolvidos com atividades sociais, religiosas, estéticas e espirituais. Em geral, tanto os nativos de Gêmeos III como os da cúspide Escorpião-Sagitário são perfeitamente capazes de lidar com a parte financeira destes projetos, mas o ganho financeiro e a administração do dinheiro são raramente os objetivos principais, pois o que impulsiona o relacionamento é o idealismo. Mesmo assim, as capacidades práticas da dupla são, em geral, mais do que suficientes para garantir o sucesso, a menos que discordem com a direção que o projeto deveria tomar.

As amizades entre nascidos em Gêmeos III e na cúspide Escorpião-Sagitário possivelmente se desenvolvem com base no trabalho conjunto. Os sentimentos que surgem são em geral construtivos e não impedem o trabalho em curso. Contudo, é preciso tomar cuidado para não perder de vista o ponto central do relacionamento: divertir-se muito e perder o rumo são perigos constantes. Nesta combinação, é provável os casos amorosos serem intensos e curtos. Raramente se transformam em casamento pois, em geral, ambos são independentes demais para entregar-se a uma união como esta, a não ser que possa ser estruturada de forma a deixá-los relativamente livres de responsabilidades. Para este par ter filhos pode não ser o ideal.

As relações entre irmãos podem parecer competitivas para quem está do lado de fora; poucas pessoas desconfiariam que por trás dos bastidores estão ligados por um elo de aceitação forte e amoroso. Em outras combinações na família, os compreensivos Gêmeos III dificilmente provocam a natureza rebelde característica do Escorpião-Sagitário.

Conselho: *Cumpra o que prometeu. Não permita que diferenças de opinião interfiram com o trabalho. Aprenda a ceder. Não perca seu objetivo de vista.*

RELACIONAMENTOS

PONTOS FORTES: IDEALISTA, COM INICIATIVA, MANTENEDOR

PONTOS FRACOS: DESVIADO, DISTRAÍDO, IRRESPONSÁVEL

MELHOR: PARCERIA EM PROJETOS

PIOR: CASAMENTO

NATHAN LEOPOLD, JR. (19/11/04)
RICHARD LOEB (11/6/05)

Abastados e academicamente brilhantes, Leopold e Loeb seqüestraram e assassinaram um garoto de 14 anos em Chicago, em 1924, para sentirem emoção "intelectual". A eloqüente defesa de Clarence Darrow resultou em sentenças de prisão perpétua e não em pena de morte. **Também: Príncipe Aly Khan & Gene Tierney** (caso; playboy/atriz).

---

11 a 18 de junho
SEMANA DO BUSCADOR
GÊMEOS III

5 de novembro a 2 de dezembro
SEMANA DA INDEPENDÊNCIA
SAGITÁRIO I

Dança cósmica

Não importa o quanto o relacionamento pareça maravilhoso, pois uma certa complexidade secreta na sua vida emocional confunde e espanta até os próprios parceiros. Não importa quanto tempo estes dois se conheçam, já que estão sempre encantados, fascinados e entusiasmados com o relacionamento o qual, apesar de ser raramente turbulento, dá muitas voltas. Esta combinação é de tal ordem que incentiva as idiossincrasias das atividades altamente pessoais de cada um, exacerbando as tendências neste campo. Sob estas circunstâncias, a construção de uma base para uma união ou um envolvimento mais sério torna-se difícil e inatingível. Embora, no princípio, Gêmeos III e Sagitário I se sintam atraídos pela quantidade de interesses comuns a ambos, tenderão a envolver-se cada vez mais nas suas próprias atividades e, no final, o relacionamento acabará sofrendo com isto.

Os casos amorosos começam sendo empolgantes e podem até chegar ao casamento ou a uma situação de coabitação permanente. Mas mesmo quando visivelmente se acomodam para criar uma família ou compartilhar uma vida, na verdade os nativos de Gêmeos III e de Sagitário I estão engajados em uma dança cósmica. Os observadores poderão pensar que eles levam vidas completamente separadas quando, na realidade, estão engajados em uma sutil interação pessoal. Há a tentação de deixar que o relacionamento flua dentro de um jogo teatral e brincalhão, desenvolvendo variações infinitas sobre o tema. Apesar de fascinantes, essas atividades geralmente são improdutivas.

Os amigos, os membros da família e os colegas dos nascidos em Gêmeos III e em Sagitário I não deveriam ser encorajados a seguir a mesma profissão. A convivência é melhor se houver uma divisão estrita entre o trabalho e suas vidas particulares e em ocupações as mais diferentes possíveis. As pessoas que conhecem um dos companheiros profissionalmente muitas vezes se espantam quando encontram o outro. Os familiares e amigos nascidos em Sagitário I costumam se irritar com o que percebem como a volubilidade de Gêmeos III e tendem a acreditar que são os mais práticos dos dois. Muitas vezes é verdade, mas o tino financeiro de Gêmeos III e sua capacidade de manter as coisas em funcionamento, mesmo a seu modo estranho, não devem ser subestimados.

Conselho: *Não fique preso na sua própria dança. Busque uma interação mais profunda e mais significativa. Não pense que tudo é óbvio.*

RELACIONAMENTOS

PONTOS FORTES: CAPAZ, COMPLEXO, INTERESSANTE

PONTOS FRACOS: JOGADOR, ENGANOSO, INCOMPREENDIDO

MELHOR: CASAMENTO

PIOR: TRABALHO

BETTE MIDLER (1/12/45)
BARRY MANILOW (17/6/46)

Manilow conheceu Midler quando era pianista de um clube gay em Nova York, o Continental Baths. Antes de deslanchar em sua bem-sucedida carreira de cantor, ele era diretor musical e pianista de Midler. Ele fez o arranjo de seu álbum de estréia que ganhou o Grammy em 1972 e fez turnês com ela como atração principal. **Também: Gene Wilder & Richard Pryor** (co-estrelas de cinema); **Steffi Graf & Monica Seles** (tenistas rivais).

RELACIONAMENTOS

PONTOS FORTES: VISIONÁRIO, BEM-SUCEDIDO, COMPLEMENTADOR

PONTOS FRACOS: POUCO OBJETIVO, IRREAL, ESCAPISTA

MELHOR: TRABALHO

PIOR: PAIS-FILHOS

TIMOTHY BUSFIELD (12/6/57)
PATRICIA WETTIG (4/12/51)

Busfield e Wettig fizeram o papel de Elliot e Nancy Weston no seriado de tevê *thirty something* (1987-91). O par desempenhava seus personagens nascidos no pós-guerra com forte *insight* psicológico. **Também: Margaret Bourke-White & Alfred Eisenstaedt** (primeiros fotógrafos da revista *Life*); **Paul McCartney & Little Richard** (Beatle influenciou o roqueiro).

11 a 18 de junho
SEMANA DO BUSCADOR
GÊMEOS III

3 a 10 de dezembro
SEMANA DO ORIGINADOR
SAGITÁRIO II

Integração das forças

Nesta combinação a empatia e a proximidade emocional são muito fortes: estes parceiros compartilham um nível incomum de entendimento e aceitação. O que não significa automaticamente que a relação seja estável ou mesmo que seja boa para eles. Na verdade, incentiva o escapismo, com o risco de os parceiros, ao se idolatrarem, acabarem por escolher viver no seu mundo onírico particular, um lugar fantasioso, imaginativo e criativo, mas raramente fundamentado na realidade. Esse escapismo é particularmente verdadeiro se ambos se sentirem mal-entendidos pelo mundo exterior.

O nativo de Gêmeos III geralmente observa os detalhes enquanto o de Sagitário III enxerga a situação por inteiro, e esta relação pode tanto integrar essas forças como ser dividida por elas. Gêmeos III, geralmente voltado para a sobrevivência, aponta para a importância do resultado final – exatamente o que Sagitário III considera óbvio e passa por cima. Por outro lado, Sagitário III acha que Gêmeos III concentra-se demais nos objetivos imediatos para poder perceber o contexto mais amplo. Essas diferenças podem ser facilmente resolvidas nas amizades, mas podem agir como uma linha divisória nos casamentos e nas famílias.

A área na qual as forças individuais dos parceiros podem se integrar melhor é a do trabalho, especialmente se forem sócios ou executivos de uma empresa, pois essas duas posições requerem tanto atenção para com os detalhes como uma visão mais abrangente. No entanto, neste caso o relacionamento apresenta uma curiosa ausência de força de liderança. Juntos esses dois atuam melhor no campo da criação de idéias e do planejamento do que encabeçando um time de negócios agressivo.

Os pais nascidos em Gêmeos III possivelmente terão idéias erradas a respeito dos filhos de Sagitário II, apesar de amá-los com ternura. Tentar protegê-los do mundo é desnecessário, podendo até ser nocivo, porque o nativo de Sagitário II precisa aprender em primeira mão a lidar com as atitudes da sociedade, que são muitas vezes desaprovadoras e rejeitadoras, para fortalecer tanto suas tomadas de decisões como a si próprios.

Conselho: *Trabalhe no sentido de integrar os diferentes pontos de vista. Tente compreender e aceitar. Fortaleça-se. Seja mais objetivo. Não se entusiasme demais.*

RELACIONAMENTOS

PONTOS FORTES: DINÂMICO, PRAGMÁTICO, ORIENTADO PARA PROJETOS

PONTOS FRACOS: BRIGUENTO, ESTRESSADO, MANIPULADOR

MELHOR: AMIZADE

PIOR: TRABALHO EM ESCRITÓRIO

ERSKINE CALDWELL (17/12/03)
MARGARET BOURKE-WHITE (14/6/06)

Bourke-White estava entre os 4 fotógrafos originais da revista *Life*. Seu marido, o romancista Caldwell, escreveu *Estrada do Tabaco* (1932). Durante os anos 1930, eles fizeram documentários ilustrados da vida rural americana, sobretudo sobre a pobreza do sul. **Também: Mario Cuomo & Ed Koch** (políticos adversários de Nova York); **Dean Martin & Frank Sinatra** (parceiros em "Rat Pack").

11 a 18 de junho
SEMANA DO BUSCADOR
GÊMEOS III

11 a 18 de dezembro
SEMANA DO TITÃ
SAGITÁRIO III

Entrando em contato

Este relacionamento tem muito para ensinar aos parceiros sobre a realidade prática. Opostos no zodíaco, podem facilmente se deixar levar por seu empreendimento mais recente e mais expansivo mas, felizmente, o relacionamento os mantêm presos e mais perto do chão – provavelmente salvando-os de muita frustração e de esperanças vãs. Neste relacionamento ambos aprendem a dar valor à precaução e ao planejamento cuidadoso, a integrar as habilidades e a considerar literal e objetivamente qualquer empreendimento, o que para eles não é tarefa fácil. O relacionamento ativa de modo construtivo as energias e encoraja suas visões mas, ao mesmo tempo, acrescenta uma boa dose de realidade, formando a base de uma possível sucesso para seus projetos ou aventuras. O nativo de Gêmeos III conhece bem o valor de verificar várias vezes as cordas antes de começar uma escalada, os tanques de oxigênio antes de mergulhar, os fatos antes de escrever e sabe, em geral, como não perder os detalhes de vista. O nascido em Sagitário III tem muito o que aprender a este respeito mas, por sua vez, ensina ao parceiro sobre o poder e como exercê-lo.

Nos casos amorosos geralmente o papel dominante cabe a Sagitário III. Porém, Gêmeos III é bem capaz de primeiro encantá-los, para em seguida manipulá-los, embora possam preferir não o fazer, optando por enfrentar o parceiro cara a cara em duelos potencialmente épicos. Muitas vezes, esse tipo de conflito é evitado nas amizades e no casamento, quando é mais fácil a concessão de áreas de conhecimento e controle independentes e indiscutíveis. As combinações entre pais e filhos e entre irmãos nascidos em Gêmeos III e em Sagitário III podem tender a discussões, que raramente destroem os interesses do grupo familiar. Há poucos momentos de monotonia nesses relacionamentos alegres, dinâmicos, estressantes e irritantes. Por outro lado, quando são colegas ou companheiros de trabalho, essas energias podem ser desagregadoras para a companhia ou departamento: no contato diário, este par não é recomendável como um grupo de trabalho. Contudo, poderão se entender muito bem como equipe dentro de uma área específica, por exemplo, como administradores de um projeto, no qual cada um faz sua parte, mantendo um contato esporádico para atualizar, coordenar e analisar o trabalho.

Conselho: *Reduzam os níveis de estresse. Abandonem as expectativas e deixem as coisas acontecerem. Diminuam a irritação, sejam mais conciliadores. Não esperem demais um do outro.*

11 a 18 de junho
SEMANA DO BUSCADOR
GÊMEOS III

19 a 25 de dezembro
CÚSPIDE DA PROFECIA
CÚSPIDE SAGITÁRIO-CAPRICÓRNIO

Hora de acordar

Este relacionamento envolve experiências reveladoras, até de transformação. Depois de semanas, meses ou anos de envolvimento mútuo, este par pode passar por algo como uma revelação Zen, na qual a verdade, ou a percepção, acontecem como um raio, geralmente somente após longos períodos de luta e depois de já terem abandonado qualquer esperança de acontecer alguma novidade. Já que esta experiência pode ser exatamente o que o nativo de Gêmeos III e o da cúspide Sagitário-Capricórnio estiveram procurando durante a vida toda, o relacionamento, que serve de pára-raios para este tipo de acontecimento, deveria ser-lhes de grande valia. No entanto, muitas vezes só percebem a química que existe entre eles em retrospectiva. Então, às vezes, e por ironia, o conteúdo da revelação que vivenciaram é exatamente o que o relacionamento significa para eles, uma descoberta que, com freqüência, chega tarde demais.

Os casos amorosos e as amizades beneficiam-se mutuamente. O nativo de Gêmeos III tira o da cúspide Sagitário-Capricórnio do seu mundo privado, encorajando-o a uma abordagem mais positiva e mais agressiva em relação à vida. O Sagitário-Capricórnio ajuda Gêmeos III a tornar-se mais pensativo e calmo. Em geral, um caso amoroso coloca os dois parceiros em contato consigo mesmos em um nível que antes lhes era negado, dando-lhes oportunidade para tornarem-se mais ativos entre si.

Os relacionamentos no casamento e no trabalho podem durar anos, e é onde a experiência da revelação terá mais probabilidade de acontecer. Pode ocorrer no meio de uma tarefa previsível ou chata, mas uma vez percebida, é capaz de mudar o ponto de vista dos parceiros para sempre, até para melhor. Se o par vivenciar uma epifania no mesmo instante, o relacionamento se une em laços ainda mais estreitos. Essas experiências não devem ser consideradas ilusórias, nocivas ou isoladoras; ao contrário; servem para lembrar que estes dois formam parte de algo muito maior do que eles próprios, próximo dos outros seres humanos e da Mãe-Terra.

Nesta combinação, as pessoas da família podem perfeitamente ter ligações intuitivas, as quais terão sido observadas pela primeira vez quando perceberem os pensamentos do outro ou quando os dois começarem a falar ao mesmo tempo sobre o mesmo assunto. Essas ligações muitas vezes estão presentes entre pais e filhos e também entre irmãos nascidos em Gêmeos III e na cúspide Sagitário-Capricórnio.

Conselho: *As experiências extremadas deveriam desenvolver a auto-realização. Almeje níveis mais profundos de experiência. Esteja atento às sincronias.*

RELACIONAMENTOS

PONTOS FORTES: ESCLARECEDOR, ABERTO, TELEPÁTICO

PONTOS FRACOS: ILUSÓRIO, FRUSTRADO, ISOLADO

MELHOR: AMOR

PIOR: CASAMENTO

WILLIAM BUTLER YEATS (13/6/1865)
MAUDE GONNE (20/12/1865)

Em 1896, Yeats se apaixonou por Gonne, uma zelosa nacionalista irlandesa, mas ela se casou com outro em 1903. Depois que o marido de Gonne foi executado em 1916, Yeats propôs casamento novamente, mas ela o recusou outra vez. **Também: Daphne Maxwell Reid & Tim Reid** (casados; atores).

---

11 a 18 de junho
SEMANA DO BUSCADOR
GÊMEOS III

26 de dezembro a 2 de janeiro
SEMANA DO REGENTE
CAPRICÓRNIO I

Sonhos de uma vida inteira

Grande parte da atenção deste relacionamento está voltada para uma forma de idealização – talvez pela visão de um lugar idílico para morar, de um paraíso onde tirar férias ou de um objeto estético cobiçado. Esses sonhos podem ir além da simples imaginação de cada parceiro, mas juntos muitas vezes anelam por uma beleza que se torna a força motriz de suas ambições e esforços. Em momentos mais razoáveis ou, talvez, mais depressivos, esses desejos podem também ser desesperadores, pois as visões são percebidas como ilusões e impossíveis de serem alcançadas. Na verdade, o relacionamento pode fazer com que os parceiros se perguntem o que seus desejos idealizados representam na realidade e de que fonte metafísica surgem. Essas perguntas podem levar a questões filosóficas relacionadas às expectativas, à franqueza, à autogratificação e à visualização, enfim a uma análise benéfica ao par.

As amizades e o casamento são particularmente adequados para as pesquisas metafísicas. Neste relacionamento, os nativos de Gêmeos III e de Capricórnio I, que nunca se preocuparam com conceitos tais como poder da mente, afirmação e visualização, passam a acreditar neles. Os resultados podem ser extraordinários. Claro que transformar os sonhos em realidade também pode ser perigoso, o que confirma o ditado: "Cuidado com o que deseja."

Ocasionalmente, o relacionamento torna-se incapaz de permanecer no lugar. Para este par, a procura constante de uma localidade ou de um trabalho ideal pode tornar-se um modo de vida. Nesta combinação, até os pais podem adotar uma existência nômade, apesar de os filhos certamente se ressentirem da mudança constante de escolas e da perda dos amigos. Mesmo entre os parceiros, o nascido em Capricórnio I geralmente finca os pés e se recusa a sair do lugar. Da mesma forma, podem livrar-se das esperanças provocadas pelo relacionamento, chegando até a odiá-lo às vezes. O nativo de Gêmeos III aceita mudanças com mais facilidade e pode não gostar da resistência apresentada pelo parceiro. Esses conflitos podem acabar com o relacionamento, embora o par ganhe experiência no processo.

No trabalho, os colegas podem achar que as idéias e os sonhos da dupla são uma fantasia. Levar as visões para o trabalho pode fazer com que estes dois sejam vistos como excêntricos e que não devem ser levados a sério.

Conselho: *Cuidado com o que deseja. Examine seus valores cuidadosamente. Aprenda a contentar-se com o que possui. Não insista em mudanças constantes.*

RELACIONAMENTOS

PONTOS FORTES: COM VISÃO, APRECIADOR DA BELEZA, CRENTE

PONTOS FRACOS: ILUDIDO, DESESPERADO, CÍNICO

MELHOR: AMIZADE

PIOR: TRABALHO

JACQUES COUSTEAU (11/6/10)
PHILLIPE COUSTEAU (30/12/40)

O explorador marítimo pioneiro Jacques foi o inventor do aqualung e inovador em fotografia submarina. Autor e cineasta premiado, ele deu ao mundo uma melhor compreensão do ambiente marítimo. O filho Phillipe mergulha desde a infância e faz parte do grupo de pesquisadores de Jacques, colaborando em projetos e divulgando o comprometimento do pai com a oceanografia.

RELACIONAMENTOS

PONTOS FORTES: AUDAZ, OUSADO, SENSATO COM DINHEIRO

PONTOS FRACOS: FORA DA REALIDADE, EXIGENTE, ESTRESSADO

MELHOR: TRABALHO

PIOR: FAMÍLIA

UTA HAGEN (12/6/19)
JOSE FERRER (8/1/12)

Hagen, uma brilhante atriz de teatro, foi uma proeminente professora de teatro em Nova York e a primeira esposa de Ferrer, de 1938 a 1948. Ferrer conquistou fama com seu papel de protagonista como *Cyrano de Bergerac* (1950) e como Toulouse-Lautrec em *Moulin Rouge* (1952).
Também: Paul McCartney & George Martin (Beatle/produtor).

11 a 18 de junho
SEMANA DO BUSCADOR
GÊMEOS III

3 a 9 de janeiro
SEMANA DA DETERMINAÇÃO
CAPRICÓRNIO II

Avaliação realista

Juntos, estes dois poderão construir um relacionamento sólido e diligente, baseado na coragem e na vontade de obter sucesso. Um traço perfeccionista causa exigências enormes aos dois parceiros: se não tomarem cuidado para ter certeza de que as expectativas não são demandas fora da realidade, o estresse poderá ser forte demais e resultar em crises nervosas. O relacionamento, seja ele voltado internamente para os parceiros ou externamente para os outros tende a mexer com as pessoas – ou seja, trata-se de uma tentativa de melhorá-las, geralmente disfarçada por uma oferta de ajudar a crescer ou a aprender. Para estes dois, as avaliações realistas – de cada um, daqueles à sua volta e do próprio relacionamento – deveria ser uma prioridade.

Os relacionamentos no casamento e no trabalho são altamente favorecidos. O nativo de Gêmeos III acrescenta à união alegria e flexibilidade, e o nativo de Capricórnio II sua teimosia prática. É verdade que, de tempos em tempos, Capricórnio II pode achar Gêmeos III bobo e fora da realidade, e Gêmeos III ressentir-se com a rigidez e a teimosia do companheiro. Contudo, na maior parte do tempo, as qualidades destes dois convivem eficazmente. Na esfera financeira, apesar de discutirem sobre como o dinheiro deveria ser gasto, ambos conseguirão cumprir com sua parte do negócio. É muito importante não tentarem mudar um ao outro.

Muitas vezes, os casos amorosos entre Gêmeos III e Capricórnio II não dão certo devido às críticas insistentes e constantes que tornam o dar-e-receber quase impossível em uma atmosfera íntima. Também nas relações familiares, especialmente entre os pares pai e filho e mãe e filha, podem surgir situações negativas para as crianças, contendo uma ameaça de rejeição ou abandono, especialmente se o nativo de Capricórnio II for o pai ou a mãe. As amizades entre estes dois deveriam ser leves, e Capricórnio II terá de compreender que exigir atitudes mais responsáveis dos amigos Gêmeos III raramente funciona. A melhor solução é o par trabalhar junto em um projeto desafiador pois, neste caso, a questão de quem assume a responsabilidade surge naturalmente no processo, em vez de serem impostas do exterior. O nativo de Capricórnio II pode facilmente equiparar-se aos seus amigos de Gêmeos III no que se refere a situações ousadas e aventureiras, as quais podem ter o efeito de torná-los mais flexíveis.

Conselho: *Não se esqueça de relaxar e divertir-se. Modifique as atitudes perfeccionistas. Cuidado com as exigências irreais. Mantenha as críticas positivas.*

RELACIONAMENTOS

PONTOS FORTES: DESAFIADOR, CONQUISTADOR, FILOSÓFICO

PONTOS FRACOS: INSTÁVEL, INFANTIL, ESTAFADO

MELHOR: RIVALIDADE

PIOR: CASAMENTO

STAN LAUREL (16/6/1890)
HAL ROACH (14/1/1892)

Em 1926, o ator de comédias desconhecido Laurel assinou um contrato de longo prazo com o produtor Roach como escritor, comediante e diretor, mas logo ele voltou a atuar formando uma longa e propícia parceria com Oliver Hardy, resultando em uma das produções mais bem-sucedidas de Roach.

11 a 18 de junho
SEMANA DO BUSCADOR
GÊMEOS III

10 a 16 de janeiro
SEMANA DA DOMINAÇÃO
CAPRICÓRNIO III

Gosto por obstáculos

Estes dois compartilham um desejo de vencer, mesmo contra obstáculos praticamente intransponíveis. Seu relacionamento sempre busca o sucesso social ou financeiro, mas também trabalha para melhorar sua própria capacidade pessoal, tanto individualmente quanto em conjunto. Sua visão é surpreendentemente infantil, sendo duas de suas principais qualidades o entusiasmo e o positivismo. Mas, com isso, escapa lhes o óbvio, ou seja, na maioria das situações há um caminho de menor resistência e que um olhar mais maduro é capaz de discernir melhor. Para uma criança, tudo parece extraordinário, mas essa pode ser uma visão que acaba por concretizar a si mesma.

O nativo de Gêmeos III pode tanto resistir aos aspectos estáveis da personalidade de Capricórnio III como depender deles ao mesmo tempo. Neste caso, o relacionamento pode forçá-los a assumir mais responsabilidades do que gostariam. Às vezes ressentem esse fato embora, por outro lado, possa dar-lhes a confiança de que necessitam para obter êxito. Então, chefes e pais nascidos em Capricórnio III podem suscitar sentimentos muito ambíguos nos empregados e filhos de Gêmeos III.

Nesta combinação, os casos amorosos tendem a ser instáveis, como o aspecto em quincôncio indica (no zodíaco, Gêmeos III e Capricórnio III encontram-se a 150º de distância). Porém, é uma instabilidade que pode ser excitante, especialmente no quarto de dormir. Estes relacionamentos apaixonados raramente se desenvolvem em casamentos duradouros ou em amizades, mas tendem a apagar-se ou a crepitar – a menos, é claro, que os parceiros encarem o casamento como uma realização, uma visão de "nós contra o mundo", a qual podem adotar caso a união seja vista com desagrado pela sociedade e pela família. Neste caso, eles vão até o fim para vencer. Os amigos de Gêmeos III e Capricórnio III se entendem melhor se compartilharem atividades físicas tais como esportes, dança, exercícios físicos ou aventuras. Seus aspectos filosóficos também emergem e o relacionamento floresce em pesquisas sobre temas sociais, técnicos ou científicos.

Às vezes, estes companheiros assumem um papel antagônico, especialmente como concorrentes ou adversários em tarefas desafiadoras, nas quais incentivam-se a realizar cada vez mais. Seja no comércio ou no amor, a rivalidade pode uni-los mais fortemente do que a amizade, a família, ou as relações no trabalho.

Conselho: *Regule sua produção de energia. A rivalidade tem aspectos positivos mas também negativos. Equilibre o físico e o filosófico. Desenvolva a maturidade.*

11 a 18 de junho
SEMANA DO BUSCADOR
GÊMEOS III

17 a 22 de janeiro
CÚSPIDE DO MISTÉRIO E DA IMAGINAÇÃO
CÚSPIDE CAPRICÓRNIO-AQUÁRIO

União de almas gêmeas

Este relacionamento pode ser estimulante demais. Felizmente, suas múltiplas interações sociais com a família e os amigos são uma influência estabilizadora e calmante. Esses dois podem ser arrastados para novos projetos e horizontes, e seus contatos sociais podem servir-lhes de âncora. O relacionamento, com freqüência, tenta buscar e expandir suas raízes, sejam elas familiares ou geográficas, o que pode oferecer uma fonte de estabilidade maior. Se os parceiros tiverem origens étnicas ou raciais diversas, o relacionamento, só vai se beneficiar com tal diferença.

Os casamentos e as amizades são especialmente favorecidos. De fato, os casais nesta combinação podem se assemelhar a amigos verdadeiros, procurando até mesmo incluir seus filhos nessa categoria. Como os nascidos em Gêmeos III e na cúspide Capricórnio-Aquário costumam possuir uma inteligência rápida e alerta, não constitui surpresa alguma que, juntos, sejam atraídos pelos assuntos intelectuais. Sua inclinação geralmente é mais intelectual do que física, mais intuitiva do que emocional. Logo, os nativos de Gêmeos III e Capricórnio-Aquário fariam bem em expandir e em aprofundar o que sentem um pelo outro, seja nas relações amorosas, nas amizades ou no casamento. Como podem facilmente alcançar um bom nível de camaradagem em qualquer uma dessas áreas, é necessário algum acontecimento significativo que os desperte para o verdadeiro valor do seu relacionamento e para a necessidade de dor e de tristeza para um crescimento espiritual. Um dos pontos fracos desse relacionamento, com certeza, é o fato de os dois evitarem tudo que for desagradável ou perturbador.

Nos assuntos familiares ou de trabalho, o relacionamento entre nativos de Gêmeos III e da cúspide Capricórnio-Aquário torna interessante a rotina diária. Como ficam entediados facilmente, vão sempre tentar inovar, o que pode levá-los a se indispor contra figuras de autoridade que estejam interessadas apenas em resultados. Como colaboradores ou irmãos, a dupla pode tentar se libertar de trabalhos rotineiros ou do esquema familiar e estabelecer seus próprios padrões de funcionamento.

Conselho: *A vida nem sempre é fácil. Aprenda a enfrentar dificuldades. Fugir é uma solução temporária. Aprenda a se acalmar. Medite diariamente.*

RELACIONAMENTOS

PONTOS FORTES: INOVADOR, DIFERENTE, MENTAL

PONTOS FRACOS: SUPERFICIAL, ENTEDIANTE, ESCAPISTA

MELHOR: CASAMENTO

PIOR: AMOR

STAN LAUREL (16/6/1890)
OLIVER HARDY (18/1/1892)

Estes profusos bufões seguiram carreiras separadas antes de se unirem em 1926. Fizeram mais de 100 filmes juntos em cerca de 3 décadas, seu sucesso sendo atribuído a sua aparência física contrastante e singular maneirismo cômico. **Também: Carol Kane & Andy Kaufman** (co-estrelas, *Taxi*); **Isabella Rossellini & David Lynch** (romance; atriz/diretor).

---

11 a 18 de junho
SEMANA DO BUSCADOR
GÊMEOS III

23 a 30 de janeiro
SEMANA DO GÊNIO
AQUÁRIO I

Necessidade de atenção

O relacionamento deste par, geralmente bem-entrosado, pode facilmente ocupar o centro de um grupo familiar, social ou profissional. Um certo brilho aponta para uma necessidade de atenção, mas os parceiros terão de descobrir que as aparências não são suficientes – junto com a atenção de outras pessoas vem a responsabilidade. Todavia, pode estar faltando potencial de liderança, e a dupla pode ser incapaz de apoiar os esforços do grupo com obstinação e persistência. A necessidade de estar no centro das atenções pode não ser compatível com o esforço que estão preparados para envidar. Além disso, sua necessidade de atenção é capaz de se tornar um problema dentro do relacionamento: o fato de apenas um dos parceiros receber o reconhecimento das outras pessoas desperta ciúme ou desconforto. Podem também se sentir infelizes com o nível ou com o tipo de atenção que cada um dos parceiros recebe do outro.

Os namorados nascidos em Gêmeos III e em Aquário I geralmente exigem uma enorme quantidade de atenção, um egoísmo que pode minar o relacionamento. Suas chances de sobrevivência aumentam, no entanto, graças à sua disposição de investir na construção de pontes de empatia e de sacrificar suas próprias preferências em prol da satisfação mútua. Ambos os parceiros podem se ressentir com o relacionamento; Gêmeos III, por restringir sua necessidade de exploração, e Aquário I, por limitar sua impulsividade. Essas limitações, entretanto, podem acabar se tornando benéficas ao processo individual de formação do caráter. O relacionamento conjugal e o profissional não são particularmente aconselhados nesta combinação, a não ser que o casal esteja disposto a fazer sacrifícios. Mas um compromisso sério pode ser mantido mais facilmente se as concessões mútuas forem trabalhadas passo a passo, com os parceiros compensando, por exemplo, períodos de lazer e substituindo as prioridades individuais por tarefas e obrigações conjuntas. O prazer de se distraírem juntos, após trabalho ou durante as férias, pode ajudar a proporcionar a motivação necessária.

Os amigos e parentes nascidos em Gêmeos III e em Aquário I vão ter de aprender a calar sua necessidade de atenção ou então procurar preencher essa necessidade com uma dedicação maior. O maior desafio é abrir mão de uma parte de sua liberdade e de sua individualidade, reconhecendo a responsabilidade perante o grupo do qual fazem parte.

Conselho: *Esteja pronto para apoiar. Atenção exige compromisso. Justifique sua posição. É necessário fazer acordos. Seja compreensivo e demonstre que se interessa.*

RELACIONAMENTOS

PONTOS FORTES: ORIENTADO PARA GRUPO, AMBICIOSO, VÍVIDO

PONTOS FRACOS: NÃO COMPROMETIDO, EGOÍSTA, INTRANSIGENTE

MELHOR: AMIZADE

PIOR: TRABALHO

GENE SISKEL (26/1/46)
ROGER EBERT (18/6/42)

Siskel e Ebert, críticos de cinema do *Sun-Times* de Chicago e do *Chicago Tribune*, respectivamente, são famosos por suas resenhas onde apareciam polegares apontando para cima e para baixo. Esta equipe cativante parece satisfazer suas diferenças de opinião.
Também: Jim Belushi & John Belushi (irmãos; comediantes); **James Brown & Tammy Terrell** (romance; cantores pop).

RELACIONAMENTOS

PONTOS FORTES: SOCIAL, AGRADÁVEL, PROTETOR

PONTOS FRACOS: SONHADOR, INIBIDOR, DESONESTO

MELHOR: TRABALHO

PIOR: PAIS-FILHOS

ROBERTO ALOMAR (5/2/68)
SANDY ALOMAR, JR. (18/6/66)

Os irmãos do beisebol Alomar jogaram juntos no San Diego Padres na temporada de 1988 e 1989. Além disso, é o recorde de Roberto que se destaca – 5 Luvas de Ouro, 6 vezes na seleção e Jogador Mais Valioso de 1992.
Também: George Bush & Ronald Reagan (vice-presidente/presidente); **George Bush & Dan Quayle** (presidente/vice-presidente); **Richard Strauss & Hugo Von Hofmannsthal** (colaboradores; compositor/libretista).

---

11 a 18 de junho
SEMANA DO BUSCADOR
GÊMEOS III

31 de janeiro a 7 de fevereiro
SEMANA DA JUVENTUDE E DESPREOCUPAÇÃO
AQUÁRIO II

Hora da diversão

Este relacionamento traz à tona a tendência à extroversão dos dois parceiros. Gêmeos III e Aquário II gostam de se socializar e de se divertirem juntos, mas tais atividades, apesar de gratificantes, podem não deixá-los avançar nas suas demandas, sejam elas conjuntas ou individuais. Se forem pouco ambiciosos, podem persistir numa busca inquebrantável pelo prazer durante meses, até mesmo durante anos. Essa busca pode conduzi-los a um vazio, no qual os valores espirituais, emocionais e de realizações pessoais são poucos ou inexistentes. Esses dois, desde que tenham a necessária ambição, poderão ser bem-sucedidos nas áreas de relações públicas, organizando coalizões e reunindo grupos de pessoas díspares. Nessa área, podem fazer uso de seus talentos sociais e de sua capacidade de trabalho, idealmente por uma boa causa.

As deficiências do relacionamento tornam-se extremamente óbvias nas horas de necessidade e de tensão, quando sua característica falta de reservas morais nas quais confiar mostra-se prejudicial ao ambiente conjugal, amoroso ou familiar. Aprender que a dor e a luta são essenciais para o crescimento psicológico é uma dura lição, mas é imprescindível que esse par a aprenda. Pode ser inevitável e necessário que sua mútua tendência a divagar e a sonhar seja despertada bruscamente por surpresas periódicas, tornando-os conscientes e fazendo-os retornar à realidade.

Nessa combinação, as amizades tendem a ser autodefensivas, no que parecem ser bem-sucedidas, mas, na verdade, tornam-se constrangedoras. As dificuldades mais aparentes podem ser a falta de capacidade para enfrentar a verdade e o desejo mútuo de enganar a si mesmo. Já que as questões profissionais tendem a apresentar exigências realistas, que devem ser cumpridas no dia-a-dia, podem também criar um contexto que, apesar de não ser muito agradável para esses parceiros, no final acaba contribuindo mais para o seu crescimento. Por outro lado, nessa combinação, chefes e empregados podem provocar forte ressentimento em outros trabalhadores, que se sentem excluídos do que lhes parece ser uma sociedade de admiração mútua. Da mesma forma, o relacionamento entre pais e filhos pode provocar ciúme ou ressentimento em outros membros da família. O casal terá de se tornar mais consciente das necessidades das outras pessoas no seu ambiente mais próximo.

Conselho: *Lute para enxergar a verdade, não importa o quanto possa ser doloroso. Todos os prazeres eventualmente se acabam. Construa uma base sólida. Busque valores mais duradouros.*

RELACIONAMENTOS

PONTOS FORTES: COMUNICATIVO, PERSISTENTE, DESTEMIDO

PONTOS FRACOS: CULPADO, CALADO, IRREQUIETO

MELHOR: IRMÃOS

PIOR: AMIZADE

KIM NOVAK (13/2/33)
PRÍNCIPE ALY KHAN (13/6/11)

Aly Khan, da Índia, foi um notório playboy. Sua lista de amantes glamourosas inclui Novak, cujos romances com Frank Sinatra e Cary Grant foram bastante noticiados. Comparados com Aly Khan, ela declaradamente considerava os outros "semimortos".
Também: Mark Van Doren & Charles Van Doren (pai/filho; intelectual/programa de testes).

---

11 a 18 de junho
SEMANA DO BUSCADOR
GÊMEOS III

8 a 15 de fevereiro
SEMANA DA ACEITAÇÃO
AQUÁRIO III

Levado pela paixão

Este relacionamento tende a estender os limites políticos e sociais. Já socialmente engajados, essa parceria se intensifica ainda mais e o ativismo vai lhes parecer, então, uma grande aventura. Dos dois, o nativo de Aquário III é o mais comprometido com valores; e o nascido em Gêmeos III geralmente busca apenas a experiência. No entanto, para ambos, tudo é relativo e assim defendem uma causa durante algum tempo e em seguida voam em outra direção. A graça está em ser o primeiro a assumir determinada posição. O verdadeiro trabalho duro do ativismo não é percebido – para os dois, tudo faz parte do romance. O nativo de Aquário III gosta de correr o delicioso risco de ser carregado por seu parceiro de Gêmeos III para dar uma volta num tapete mágico, seja servindo uma organização ou correndo atrás de uma aventura. Por causa do aspecto trígono (Gêmeos III e Aquário III encontram-se a 120º de distância no zodíaco), a astrologia prevê um relacionamento fácil, o que costuma ser verdade, com as linhas de comunicação geralmente abertas.

As amizades e os relacionamentos amorosos entre Gêmeos III e Aquário III lutam contra as desaprovações familiar e social – de fato, florescem nas mesmas. Se ameaçados, simplesmente tornam-se mais discretos ou se camuflam. Entretanto, os parceiros devem tomar cuidado para que esconder o relacionamento não se torne um mau hábito, tampouco que a culpa se transforme em ingrediente necessário para o prazer.

Os relacionamentos conjugais e profissionais podem ser produtivos. O espírito pioneiro da dupla quebra as barreiras mas, ao mesmo tempo, os deixa expostos a influências inoportunas e inconstantes. A coragem de falhar é uma, mas falhas reiteradas não são desejáveis de forma alguma e os parceiros devem estar atentos à tendência de esquecer a meta em detrimento da alegria proporcionada pelo esforço e pelos obstáculos vencidos.

Os irmãos nascidos em Gêmeos III e Aquário III, principalmente se forem do mesmo sexo, devem ter a liberdade de divagar e de sonhar com seus projetos criativos. Aprender a partir dos próprios erros é uma preparação essencial para sua incursão na vida adulta. Em todos os relacionamentos desta combinação, qualquer tentativa por parte de terceiros de suprimir o entusiasmo e a postura voltada para o desafio, característica do par formado por Gêmeos III e Aquário III, normalmente estará destinada ao fracasso ou provocará danos psicológicos.

Conselho: *Evite esconder. Lembre-se de suas metas. Não se envolva numa luta improdutiva. Reconheça limites realistas.*

11 a 18 de junho
SEMANA DO BUSCADOR
GÊMEOS III

16 a 22 de fevereiro
CÚSPIDE DA SENSIBILIDADE
CÚSPIDE AQUÁRIO-PEIXES

Estilo e substância

O ideal deste relacionamento é dar um sentido de estilo e de aparência a todas as suas atividades. Cativantes e extrovertidos, são muito requisitados socialmente. A ética profissional é também muito pronunciada, tendo como prioridade clara os padrões de qualidade. Curiosamente, a necessidade de estilo não se enquadra bem na área de comunicação, onde a aguda franqueza da combinação pode trabalhar contra ela mesma. Se esses dois não aprenderem a fazer críticas com muito tato e com compreensão, podem ser vistos como arbitrários ou censuradores. Entretanto, sua franqueza mútua os ajuda a crescer e a aprender, de forma que o relacionamento os afeta positivamente, fazendo sobressair seus pontos fortes e suavizando suas fraquezas. Em primeiro lugar, ajuda a tornar o nativo de Gêmeos III mais consciente de si mesmo e de seus sentimentos; além disso, ajuda a empurrar o nascido na cúspide Aquário-Peixes para o mundo externo, de forma a alcançar suas metas.

As relações amorosas, nesta combinação, encorajam o nascido na cúspide Aquário-Peixes a ser mais aberto com relação a seus sentimentos e incentivam o nativo de Gêmeos III a olhar aos seus com maior profundidade. Deve-se permitir que esse processo siga o seu próprio ritmo, em vez de aplicar métodos psicológicos teóricos ou caseiros. Uma terapia pode ser útil no caso de serem encontrados obstáculos, mas somente com uma terceira pessoa que seja sensível e perceptiva. Os relacionamento amorosos sérios podem evoluir para casamento, o que, no entanto, só deverá ocorrer se for demonstrado que houve crescimento espiritual e pessoal no relacionamento. Os amigos e, especialmente, os colegas de trabalho podem enfatizar demais o dinheiro. As parcerias comerciais e os parceiros executivos deverão investir mais no crescimento sólido e estável e em princípios financeiros estabelecidos, de natureza mais conservadora, e menos em empreitadas especulativas de alto risco. As amizades devem deslocar a ênfase dos negócios monetários e, em vez disso, procurar desenvolver metas idealistas e práticas de natureza não-comercial.

Os relacionamentos familiares nesta combinação, especialmente entre avós e netos, ou entre tios e sobrinhos, podem ser empáticos e gratificantes, especialmente na infância. Podem também evitar as críticas paternais e os julgamentos filiais que surgem nos pares formados por pais e filhos de Gêmeos III e de Aquário-Peixes. Um dos avós ou um dos tios do mesmo sexo da criança pode ser um modelo satisfatório.

Conselho: *Faça críticas positivas respeitosamente. Não tente analisar psicologicamente. Permita a evolução do processo. Tente não apressar ou forçar as coisas. Tenha paciência.*

RELACIONAMENTOS

PONTOS FORTES: SOLIDÁRIO, EDIFICANTE, ELEGANTE

PONTOS FRACOS: HIPERCRÍTICO, DOMINADOR, MERCENÁRIO

MELHOR: AVÓS-NETOS

PIOR: TRABALHO

DONALD TRUMP (14/6/46)
IVANA TRUMP (20/2/49)

O bilionário do ramo imobiliário Trump (ela o apelidou de "The Donald") conheceu sua futura esposa em 1975. Ela era esquiadora olímpica checa e modelo antes de se casarem, em 1976, após intensa corte. Ele a nomeou vice-presidente executiva encarregada de design em suas organizações. Tiveram seu terceiro filho em 1984. Divorciaram-se em 1990.

---

11 a 18 de junho
SEMANA DO BUSCADOR
GÊMEOS III

23 de fevereiro a 2 de março
SEMANA DO ESPÍRITO
PEIXES I

Voltando-se para dentro

Marcado por uma sensibilidade poderosa, este relacionamento tem potencial para promover um grande impacto em seu ambiente ou campo de ação, uma vez que amplia enormemente o poder individual dos parceiros. Esse poder de amplificação pode em parte se dever à tendência da combinação, que encoraja os valores de desapego e de calma; estados de meditação e de contemplação são característicos e constituem uma base de sustentação para todas as horas. Em geral dirigido para objetivos externos, o nativo de Gêmeos III pode nesta combinação se encontrar reorientado para questões da alma ou de poderes mais elevados. Nesse aspecto está seguindo a liderança de Peixes I, tipo reservado que, de sua parte, pode achar que a natureza sociável de Gêmeos III se transferirá para eles.

Nos casos amorosos, um mundo totalmente novo pode se abrir para esses parceiros. Enquanto os temas de seus relacionamentos anteriores podem ter sido românticos, sexuais ou emocionais, a ênfase deste é na auto-exploração, auto-realização, na empatia, na compreensão e no equilíbrio psicológico ou de saúde. A capacidade para amar outra pessoa sem acessos e perturbações pode acabar sendo uma novidade para ambos. Um romance como este é uma base excelente para o casamento. Os pais nascidos em Gêmeos III e em Peixes I podem ser modelos admiráveis para seus filhos, contanto que possam manter o amor que desfrutavam antes do casamento.

Na família, este par, particularmente quando são irmãos, tenta levar o grupo numa direção espiritual, mas não é necessariamente apreciado por isso. As tensões podem ser apenas aumentadas por sua preferência pelo relaxamento, pela paz e pela conciliação, o que acaba por marcá-los como preguiçosos ou indiferentes. Paradoxalmente, um relacionamento que de fato esbanja garra pode ser acusado de carecer dela. Como amizade, este relacionamento pode causar ressentimento nos amigos menos compreensivos, nos namorados ou nos membros da família que se sentem ameaçados ou que sentem ciúmes traço contemplativo. Os colegas de trabalho nascidos em Gêmeos III e em Peixes I podem não ser agressivos ou produtivos o bastante para agradarem aos chefes. Em um departamento de recursos humanos voltado para o bem-estar dos funcionários, no entanto, podem acabar sendo uma influência útil e saudável.

Conselho: *Não ignore as reações dos outros. Tente entendê-las, mas não comprometa sua própria postura.*

RELACIONAMENTOS

PONTOS FORTES: PODEROSO, ESPIRITUAL, FLEXÍVEL

PONTOS FRACOS: RESSENTIDO, EVASIVO, CONDESCENDENTE

MELHOR: AMOR

PIOR: FAMÍLIA

JOHNY CASH (26/2/32)
WAYLON JENNINGS (15/6/37)

Estes cantores country eram grandes amigos em meados dos anos 1960 e confessadamente passaram um ano e meio se drogando juntos em Nashville antes de seguirem caminhos separados. Em 1985 formaram o Highway-men (com Kris Kristofferson e Willie Nelson).

RELACIONAMENTOS

PONTOS FORTES: INTENSO, ATUALIZADO, AMANTE DA NATUREZA

PONTOS FRACOS: ÍNTIMO, HIPERCRÍTICO, VICIADO

MELHOR: FAMÍLIA

PIOR: CASAMENTO

TIM ALLEN (13/6/53)
MICHAEL EISNER (7/3/42)

O diretor dos Disney Studios Eisner descobriu e contratou Allen, cuja rotina humorística centra-se na paixão dos homens por máquinas e ferramentas. Um ano após estrear em um especial para a tevê em 1990, *Men Are Pigs*, a série de sucesso de Allen, *Home Improvement*, estreiou.

---

11 a 18 de junho
SEMANA DO BUSCADOR
GÊMEOS III

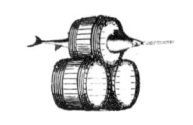

3 a 10 de março
SEMANA DO SOLITÁRIO
PEIXES II

Experiências extremas

Aparentemente, este par poderia esperar muitos problemas. O nativo de Peixes II muitas vezes não gosta da atitude agressiva de Gêmeos III que, por sua vez, é às vezes pouco simpático com o que interpreta como a retração ou a hipersensibilidade de Peixes II. O foco do relacionamento, então, pode ser crítica mútua – mas esses dois também compartilham um desejo de experiências extremas, sobretudo aquelas que despertam a consciência e impulsionam a busca por objetivos sublimes. Tais empenhos podem também ser caracterizados por uma intensificação do relacionamento do par com a natureza. Se esses dois conseguirem aprender o valor da aceitação, uma experiência profunda pode estar a sua espera.

O objetivo de despertar a consciência é admirável, mas se os meios forem questionáveis podem subverter e engolir o objetivo em si. A atitude crítica inerente ao relacionamento pode ser bem-aproveitada, encorajando a objetividade e expondo estados de mente confusos à luz da razão. Um problema com os casos amorosos e os casamentos entre nativos de Gêmeos III e de Peixes II é o perigo de que drogas e estimulantes artificiais sejam usados para alterar o estado da mente, propiciando dessa forma o vício.

Os relacionamentos familiares (sobretudo entre irmãos de sexo oposto) e mesmo as amizades são capazes de intensas conexões intuitivas. É provável que haja experiências extremas entre pares tão próximos; sendo difícil descrever ou compartilhar com os outros, essas experiências podem limitar a capacidade de os irmãos ou os amigos se aproximarem dos outros, de modo que às vezes formam uma unidade íntima e algo isolada. Um interesse em explorar o mundo natural com freqüência aparece, seja viajando, vivendo no interior, mantendo animais de estimação ou lendo sobre questões de meio ambiente.

Muitas situações profissionais não são favorecidas pela crítica aberta do par ou pelo estado de espírito subjetivamente exploratório. O dueto pode, no entanto, trabalhar juntos nas áreas de religião, psicologia, ensino ou reabilitação de toxicômanos, por exemplo.

Conselho: *Mantenha contato com os outros. Siga sua visão, mas permaneça objetivo também. Lute pela comunicação. Coloque sua capacidade crítica a serviço do bem.*

RELACIONAMENTOS

PONTOS FORTES: OUSADO, ENGENHOSO, PRÁTICO

PONTOS FRACOS: BRIGUENTO, FERINO, DESTRUTIVO

MELHOR: CASAMENTO

PIOR: AMIZADE

DEAN MARTIN (17/6/17)
JERRY LEWIS (16/3/26)

Nem Martin nem Lewis haviam tido atuações bem-sucedidas antes de se conhecerem, em 1946, mas logo após se unirem se tornaram a dupla de comediantes favorita dos Estados Unidos. Sua famosa inimizade foi responsável pela interrupção dos programas em 1956. **Também: Tim Allen & Patricia Richardson** (estrelas, *Home Improvement*); **Stravinsky & Rimsky-Korsakov** (aluno/professor).

---

11 a 18 de junho
SEMANA DO BUSCADOR
GÊMEOS III

11 a 18 de março
IANA DOS DANÇARINOS E SONHADORES
PEIXES III

Resultado surpreendente

Este relacionamento tem um efeito surpreendente: embora os parceiros sejam conhecidos individualmente como sonhadores ou buscadores, juntos se tornam produtores. Bastante práticos e capazes de obterem resultados, a dupla surpreende até a si mesmos. Podem fornecer uma base de harmonia e cooperação aos outros ao mesmo tempo que buscam seus objetivos. Além disso, suas qualidades criativas e inspiradoras garantem um suprimento eterno de idéias originais para serem postas em ação, fabricadas, apresentadas, produzidas e vendidas. A única desvantagem em tanta coisa boa é que enquanto cada um separadamente se constitui numa personalidade flexível, juntos são tão imutáveis quanto uma montanha.

A combinação favorece relacionamentos matrimoniais e profissionais, os quais fornecerão bases sólidas para qualquer lar ou local de trabalho. O aventureiro Gêmeos III e o fantasioso Peixes III têm posições firmes nos projetos domésticos ou profissionais, que exigem cada gota de seu sentimento prático, de sua ousadia e de sua ingenuidade. Uma vez que Gêmeos III e Peixes III formam uma quadratura (90° de distância no zodíaco) a astrologia prevê atrito e conflito entre eles. Nesse caso, porém, a competição e a luta são limitadas e, se estiverem de alguma forma presentes, são colocadas a serviço da prática, sobretudo quando o casal é formado por colegas de trabalho, lutando por objetivos tangíveis.

As amizades podem apresentar uma tendência a rivalidades e a discussões sobre objetos de amor comuns. No entanto, quaisquer triângulos que se desenvolvam podem ser não apenas intensos, mas também amorosos – embora também dolorosos e destrutivos com o tempo, sobretudo para a pessoa que acaba se sentindo excluída. Os casos amorosos entre Gêmeos III e Peixes III podem facilmente deixar espaço para um terceiro parceiro, em geral um amigo, mas podem também serem mantido por anos, contanto que um carinho mútuo e um alto grau de objetividade sejam colocados em prática.

Os relacionamentos familiares entre nativos de Gêmeos III e de Peixes III, sobretudo entre pais e filhos, podem ser caracterizados por brigas e discussões violentas, que deixam os outros membros da família boquiabertos, mas que podem igualmente darem apoio tangível à estrutura do grupo.

Conselho: *Não acredite apenas em suas intuições. Minimize a dor causada por triângulos amorosos. Cuidado com as tendências exibicionistas. A rivalidade tem um lado positivo.*

19 a 24 de junho
CÚSPIDE DA MAGIA
CÚSPIDE GÊMEOS-CÂNCER

19 a 24 de junho
CÚSPIDE DA MAGIA
CÚSPIDE GÊMEOS-CÂNCER

Transbordando com quietude

Este relacionamento é tranqüilo e harmonioso. Esses dois em geral exercem um efeito calmante um no outro, e juntos sua mágica adquire um nível pessoal e íntimo transbordando quietude. As interações são sensíveis a ponto de beirar o psiquismo. Raramente um casal exibe tanto a atenção um com outro como esses dois.

Sejam casados ou vivam juntos como namorados, o casal estabelece um mundo empático que tolera poucos transtornos. Os silêncios podem ser perturbados por intrusões externas, mas ao mesmo tempo têm o poder de estabelecer um estado de espírito que apenas o mais insensível ousaria perturbar. Os filhos deste par podem ser surpreendentemente sociáveis e brincalhões, mas em casa sabem exatamente até aonde podem ir. Eles se beneficiarão das qualidades carinhosas dos pais e de um lar capaz de atender a muitas ou a todas as necessidades domésticas. Os namorados e esposos nascidos na cúspide Gêmeos-Câncer apreciam as visitas de bons amigos de vez em quando, mas na maioria das vezes guardam sua privacidade tenazmente e podem passar semanas ou mesmo meses sem muita necessidade de contato social. Obviamente, devem tomar cuidado para não levar uma existência isolada que os separe do mundo.

Os relacionamentos familiares entre esses dois, sobretudo relações entre pais e filhos e entre irmãos de sexo oposto, podem ser protetoras até o ponto de serem debilitantes. Por amarem-se tanto e por serem extremamente próximos, os nativos da cúspide Gêmeos-Câncer podem ao mesmo tempo privarem-se da individualidade de que ambos precisam para serem eles mesmos. A separação na adolescência ou no começo da idade adulta pode ser um processo doloroso e difícil.

Os relacionamentos profissionais e de amizade entre esses dois serão muito fáceis, mas podem acabar não sendo eficientes para promover as ambições profissionais e sociais. Nenhum dos dois parceiros tem impulsos fortes nessa direção e seu relacionamento fará pouco para compensar. Caso se deixem levar por um estado de espírito relaxado e receptivo, correm o risco de se estagnarem e perderem a motivação necessária para o desenvolvimento profissional e pessoal.

Conselho: *Promova a ação individual. Cuidado para não sufocar o outro. Aprenda a recuar. A desarmonia e a insatisfação têm um papel a desempenhar.*

RELACIONAMENTOS

PONTOS FORTES: PROTETOR, ADORÁVEL, PACÍFICO

PONTOS FRACOS: SUPERPROTETOR, ESTAGNADO, INEFICAZ

MELHOR: CASAMENTO

PIOR: TRABALHO

WALLIS SIMPSON (19/6/1896)
EDUARDO VIII (23/6/1894)

Em um dos maiores gestos românticos do século, Eduardo abdicou do trono inglês para se casar com Simpson depois que o longo e secreto caso foi exposto ao público e aos líderes políticos ingleses. Eles se mudaram para a França e circularam na alta-sociedade internacional. **Também: Charles Lindbergh, Jr. & Anne Morrow Lindbergh** (filho/mãe seqüestrados; mesmo dia de aniversário).

---

19 a 24 de junho
CÚSPIDE DA MAGIA
CÚSPIDE GÊMEOS-CÂNCER

25 de junho a 2 de julho
SEMANA DA EMPATIA
CÂNCER I

Elaborando sentimentos

Uma situação emocionalmente complexa pode surgir neste relacionamento. Esses dois estão ligados psiquicamente e, na verdade, podem compartilhar uma visão profética que os unirá intimamente; seu nível de intimidade, no entanto, pode exigir a elaboração de sentimentos pessoais profundos, uma tarefa que pode exigir anos de dedicação. Muito se passa por baixo da superfície. Pode ser que nunca veja a luz do dia a curto prazo, mas precisará ser resolvido em algum momento. Esse processo exige a fé em que o relacionamento caminha na direção certa e também a paciência para deixar o tempo fazer seu trabalho. Presumindo que exista o interesse em tais explorações subjetivas, o relacionamento promete. Gêmeos-Câncer é em geral o mais tranqüilo ou o mais objetivo; Câncer I tende a estar mais à mercê de seus sentimentos e, embora possa se orgulhar de sua astúcia psicológica em relação ao parceiro de Gêmeos-Câncer, pode ser incapaz de ver a si mesmo claramente.

O amor e o casamento podem atingir níveis inconscientes profundos. Atender a assuntos práticos e cuidar para que o estresse emocional seja mantido no nível mínimo, enquanto se conhecem mútua e calmamente e constroem laços de confiança, são essenciais. O nativo de Câncer I pode saber lidar com dinheiro de forma tranqüila e habilidosa, mas pode enfrentar problemas para construir uma carreira. Essa situação pode perturbar o parceiro de Gêmeos-Câncer, absorto em suas próprias atividades profissionais.

Os pares de irmãos e de pais e filhos nessa combinação podem ser sensíveis demais a outros membros da família e exigir uma atenção indevida. Os colegas de trabalho nascidos em Gêmeos-Câncer e em Câncer I podem, da mesma forma, ser tecnicamente eficientes e dedicados o suficiente para cumprirem suas obrigações, no entanto, trazem uma instabilidade emocional ao local de trabalho. Um dos maiores problemas é a tendência do par a analisar e a impor sua subjetividade aos outros.

As amizades são certamente possíveis entre nascidos em Gêmeos-Câncer e em Câncer I, mas exigem tempo e compreensão. Gêmeos-Câncer poderá não gostar da agressividade de Câncer I de vez em quando, mas este também o encoraja a ser mais franco e afirmativo.

Conselho: *Aumente sua percepção. Não jogue seus problemas nos outros. Assuma a responsabilidade por seus sentimentos. Não se deixe atolar na depressão.*

RELACIONAMENTOS

PONTOS FORTES: PROFUNDO, SENSÍVEL, DEDICADO

PONTOS FRACOS: AGRESSIVO, DESORDEIRO, EXIGENTE

MELHOR: CASAMENTO

PIOR: FAMÍLIA

JOSEPHINE DE BEAUHARNAIS (23/6/1763)
PAUL FRANÇOIS BARRAS (30/6/1775)

Antes de se casar com Napoleão, Josephine teve um longo caso com o poderoso Barras. Depois de se cansar da amante dispendiosa, ele arranjou para ela conhecer e se casar com Napoleão. **Também: Príncipe William & Lady Diana** (filho/mãe; nobres); **Errol Flynn & Olivia de Havilland** (parceiros no cinema); **Billy Wilder & I.A.L. Diamond** (colaboradores; diretor/roteirista).

RELACIONAMENTOS

PONTOS FORTES: EMPÁTICO, DIGNO DE CONFIANÇA, RESPEITOSO

PONTOS FRACOS: PASSIVO, INCONSISTENTE, MAL-HUMORADO

MELHOR: AMIZADE

PIOR: AMOR

NICOLE KIDMAN (21/6/67)
TOM CRUISE (3/7/62)

Quando Cruise conheceu Kidman em *Terror a Bordo* (1989), fez com que ela fosse alvo de seu amor em *Dias de Trovão* (1990). Casaram-se naquele ano, e então atuaram juntos em *Um Sonho Distante* (1992). O casal tem 2 filhos adotivos.

19 a 24 de junho
CÚSPIDE DA MAGIA
CÚSPIDE GÊMEOS-CÂNCER

3 a 10 de julho
SEMANA DO NÃO-CONVENCIONAL
CÂNCER II

Compartilhar e confiar

Este relacionamento é intensamente empático. Seus parceiros possuem uma percepção e uma sensibilidade inatas em relação aos sonhos, preferências e aversões mútuas. Câncer II será capaz de apreciar e seguir o romantismo terno de Gêmeos-Câncer, que por sua vez vai aceitar o lado mais peculiar de Câncer II. Mas, se esses dois serão capazes ou não de satisfazer as necessidades mútuas já é uma outra questão: não importa o quanto possam ser compreensivos um com o outro, uma faísca dinâmica e essencial pode estar faltando. Além disso, o relacionamento tende a reforçar o lado passivo de cada um dos parceiros de tal forma que estimular a vontade mútua ou incentivar um ao outro a agir, pode não vir a ser uma tarefa viável.

As amizades e os relacionamentos familiares podem tornar-se mais gratificantes do que o amor e o casamento. Atrações sexuais cheias de paixão raramente estão presentes nos relacionamentos amorosos nesta combinação, que freqüentemente tornam-se platônicos. Esses namorados são capazes de se transformarem em amigos e também é possível que uma pequena porcentagem deles se casem. Seja no casamento, na amizade, ou no romance, o relacionamento apresenta na maioria das vezes mais compreensão e compaixão do que desafio, oposição e atrações intuitivas ou emocionais.

Os pares de irmãos e amigos entre membros do sexo oposto têm uma certa química: os amigos nesta combinação com freqüência se parecem com duplas de irmão-irmã e vice-versa. Nota-se um respeito pelas diferenças de sexo e uma ausência de intromissão agressiva, mas, na verdade, sutis forças incestuosas podem estar atuando. A confiança e a partilha em tais relacionamento são especialmente evidentes nas questões de dinheiro, estilo, imaginação e comida. O gosto pela culinária pode ser particularmente evidente.

Tratando-se de trabalho em conjunto, os nativos de Gêmeos-Câncer e de Câncer II podem ser capazes de administrar um pequeno negócio, tais como serviço de bufê, assessoria de imprensa, elaboração de projetos de interiores ou decoração. Entretanto, o tino comercial aguçado é raramente um ponto forte e será preciso contratar um bom gerente comercial ou um contador.

Conselho: *Cultive um melhor senso comercial. Ser agradável nem sempre é útil. Estimulem um ao outro para ação. Eleve suas metas pessoais.*

RELACIONAMENTOS

PONTOS FORTES: ABERTO, HONESTO, COMUNICATIVO

PONTOS FRACOS: ABSOLUTISTA, MANIPULADOR, DEPENDENTE

MELHOR: IRMÃOS

PIOR: CASAMENTO

PHYLICIA RASHAD (19/6/48)
BILL COSBY (12/7/37)

Rashad e Cosby co-estrelaram no *The Cosby Show* (1984-92), um dos *sitcoms* de tevê mais populares. Sua representação de pais profissionais de uma família de classe média alta do Brooklyn foi cômica e realista.
Também: Peter Asher & Linda Ronstadt
(empresário/cantora).

19 a 24 de junho
CÚSPIDE DA MAGIA
CÚSPIDE GÊMEOS-CÂNCER

11 a 18 de julho
SEMANA DO PERSUASIVO
CÂNCER III

Implorando orientação

Uma estrutura desequilibrada de força aparece neste relacionamento que, freqüentemente, focaliza a liderança e como ela deve ser exercitada. O nativo de Câncer III pode dominar o parceiro de Gêmeos-Câncer. Entretanto, nem sempre o primeiro é o culpado, já que esse parceiro pode estar silenciosamente pedindo uma orientação. O grande desafio do relacionamento é estabelecer uma estrutura de força equilibrada, onde a tomada de decisão seja um processo aberto, honesto e compartilhado e não uma espécie de combinação de absolutismo e manipulação. Como namorados, irmãos e amigos é que esses dois têm a maior chance de alcançar tal equilíbrio, por meio de diálogos sem rodeios. A verbalização dos problemas e das diferenças de opinião normalmente são os primeiros passos a serem dados. Depois de estabelecida uma trégua, pode se seguir um relacionamento positivo, em que cada parceiro é capaz de orientar o outro em determinada área.

No amor e no casamento, o nativo de Gêmeos-Câncer pode se ressentir do absenteísmo do parceiro de Câncer III, sentindo-se negligenciado pelo companheiro, obcecado pela própria carreira. Por outro lado, o nativo de Câncer III pode enfrentar dificuldades num relacionamento em que é constantemente requisitado para motivar e tomar decisões para um parceiro que ele sabe ser extremamente passivo ou apático. Porém, se o relacionamento surgir na esfera familiar ou no trabalho, pode apresentar uma estrutura de poder bastante diferente: o nativo de Gêmeos-Câncer com freqüência excede seu parceiro de Câncer III em persuasão e manipulação, lançando mão muitas vezes de métodos sutis, que passam totalmente despercebidos. Concessões sensuais ou sexuais, em forma de insinuação ou de maneira aberta, desempenham aqui o seu papel.

Os relacionamentos entre pais e filhos e entre patrões e empregados tendem a lutas pelo poder, nos quais Câncer III assume o papel de manda-chuva. Na família, se um dos pais for um autoritário nativo de Câncer III, torna-se uma influência muito forte sobre o relativamente dócil filho de Gêmeos-Câncer. Em vez de crescerem rebeldes, é provável que o nativo de Gêmeos-Câncer crie dependências. Às vezes, leva esses antigos papéis para a vida adulta, fazendo-o reviver o relacionamento infantil, encontrando um substituto para o pai dominante na figura de um chefe, namorado, cônjuge ou amigo.

Conselho: *Mantenha abertos os canais de comunicação. Imponha respeito. Procure o equilíbrio em todos os aspectos da vida. Cuidado para não estabelecer estruturas de poder inflexíveis.*

19 a 24 de junho
CÚSPIDE DA MAGIA
CÚSPIDE GÊMEOS-CÂNCER

19 a 25 de julho
CÚSPIDE DA OSCILAÇÃO
CÚSPIDE CÂNCER-LEÃO

Uma unidade bizarra

Este relacionamento é verdadeiramente fora do comum. Ampliando os aspectos menos convencionais de ambos os parceiros, pode tornar-se realmente extraordinário tanto para os amigos como para a família. As amizades e os casamentos convencionais talvez não sejam interessantes para esse par, que pode substituí-los por companheirismo, relações profissionais ou situações de vida não muito comuns. Enormes diferenças de idade, tipo físico, formação, dieta ou religião, por exemplo, aparecem neste relacionamento, representando não um meio-termo, mas combinações totalmente novas, até mesmo esquisitas. Tal relacionamento deve se tornar forte e seguro de si mesmo para resistir à crítica de pessoas mais ásperas ou menos sensíveis ou ao ridículo.

Os casais nessa combinação tendem mais a exibir suas diferenças em público do que a escondê-las. Ser o centro das atenções não incomoda esse par, que em geral acha que os outros é que tem de se adaptar a eles e não vice-versa. Cor, estilo, movimento, discurso, humor – tudo pode ser levado ao extremo, por vezes chegando a efeitos dissonantes ou incompatíveis, por vezes dando a impressão geral de que foi cuidadosamente calculado e planejado. A intenção óbvia parece ser o espetáculo, mas algo inesperado pode ocultar-se por trás da ostentação.

As razões do estilo de vida estranho desse par não são tão fáceis de descobrir. Se o par nascido nas cúspides Gêmeos-Câncer e Câncer-Leão forem membros da família, tais como combinações de irmãos ou de pais e filhos, a psicologia em questão envolve o sentimento de exclusão do grupo familiar e a busca mútua de conforto como forma de defesa. Se forem companheiros de trabalho ou sócios num pequeno negócio (os membros da família nesta combinação podem se unir para um empreendimento), podem encontrar uma verdadeira saída comercial para seus impulsos. De qualquer maneira, aos olhos da sociedade não há nenhuma justificativa mais clara para um estilo de vida incomum do que o sucesso financeiro. Entretanto, o dinheiro raramente é a coisa mais importante para essa dupla e o sucesso, se houver, não é uma aspiração; acontece por acaso.

Conselho: *Encontre uma forma de expressão significativa. Não choque apenas pelo prazer de chocar. Compartilhe sua fantasia com os outros. Não comprometa sua individualidade.*

RELACIONAMENTOS

PONTOS FORTES: EXPRESSIVO, NOTÁVEL, BEM-SUCEDIDO

PONTOS FRACOS: DISSONANTE, IRRITANTE, SEM-SENTIDO

MELHOR: PARCERIA DE NEGÓCIOS

PIOR: AMIZADE

ERROL FLYNN (20/6/09)
LILI DAMITA (19/7/01)

Menos de um ano depois de chegar em Hollywood, em 1935, o bonitão travesso Flynn era uma estrela consumada e se casou com a primeira esposa, Damita, uma atriz menor. Tiveram um filho. Divorciaram-se depois de, em 1942, ele ser absolvido de acusações de raptar duas adolescentes em seu iate.

---

19 a 24 de junho
CÚSPIDE DA MAGIA
CÚSPIDE GÊMEOS-CÂNCER

26 de julho a 2 de agosto
SEMANA DA AUTORIDADE
LEÃO I

Cedendo para vencer

Esta combinação dá um novo enfoque a um velho tema ao enfatizar o domínio através da passividade por meio da ação. Os nativos de Leão I estão acostumados a representar o papel dominante nos seus relacionamentos, mas os sedutores nascidos na cúspide Gêmeos-Câncer sabem muito bem domar o leão selvagem. O relacionamento é governado pelo elemento terra, enfatizando o domínio sensual que Gêmeos-Câncer exerce sobre seu parceiro de Leão I.

Segundo Lao-tsé, a maior força está em não mostrar resistência, e é dessa forma que o suave Gêmeos-Câncer enfrenta o ataque colérico do nativo de Leão I. Todas as crenças em princípios, em ideais e na autoridade deste último podem ser atiradas pela janela diante da magia dos olhos ou da voz de Gêmeos-Câncer. Particularmente no contato físico, os namorados de Leão I, que dificilmente aceitam a aproximação de outras pessoas em outras combinações, podem se derreter sob as carícias de Gêmeos-Câncer. Podem se surpreender e se sentirem bem com sua própria vulnerabilidade, mas surgem problemas se forem obrigados a reconhecer a superioridade de Gêmeos-Câncer. A rejeição por parte de um amigo, namorado ou companheiro de Gêmeos-Câncer torna-se devastadora para o ego do Leão I.

As situações de trabalho não são recomendadas de forma alguma: os nativos de Gêmeos-Câncer não são firmes o suficiente para trabalhar com patrões de Leão I e raramente são bastante determinados para servirem-lhes de chefes. Mesmo sendo companheiros de trabalho, em pé de igualdade, os nativos de Leão I podem insistir num ritmo e numa dedicação que não são possíveis, nem desejados, para a maioria dos Gêmeos-Câncer.

Os pais nascidos em Leão I, especialmente nos pares pai-filha e mãe-filho, costumam mimar terrivelmente seus filhos de Gêmeos-Câncer. Os filhos é que saem perdendo, já que pode não lhes ser possível respeitar o papel de adultos que eles próprios terão de vir a desempenhar mais tarde na vida.

Conselho: *O prazer nem sempre é o mais importante. Não desista de seus ideais. Seja firme quanto a suas crenças. Não se deixe levar por uma falsa segurança.*

RELACIONAMENTOS

PONTOS FORTES: PACIFICADOR, SENSUAL, AGRADÁVEL

PONTOS FRACOS: INDECISO, CADUCO, REJEITADO

MELHOR: SENSUAL

PIOR: PAIS-FILHOS

CLARENCE THOMAS (23/6/48)
ANITA HILL (30/7/56)

Thomas estava prestes a ser nomeado Juiz da Suprema Corte quando Hill, sua ex-auxiliar, o acusou de constrangimento sexual, o que ele negou. Depois de uma tensa audiência televisionada, ele foi absolvido e confirmado para o posto. **Também: Pete Hamill & Jackie Onassis** (caso); **Jane Russell & Bob Waterfield** (casados; atriz/estrela do futebol); **Benazir Bhutto & Asif Zardari** (líderes paquistaneses destituídos).

RELACIONAMENTOS

PONTOS FORTES: ORIENTADOR, PROTETOR, PERSUASIVO

PONTOS FRACOS: MANIPULADOR, DESILUDIDO, FRUSTRADO

MELHOR: AMIZADE CASUAL

PIOR: FAMÍLIA

**SIR ALEXANDER FLEMING (6/8/1881)
ERNEST CHAIN (19/6/06)**

Fleming e Chain (com H.W. Florey) ganharam o Prêmio Nobel de Medicina em 1945 por sua pesquisa com penicilina. Fleming é considerado o descobridor e Chain (com Florey) purificaram e testaram a droga. São responsáveis pela introdução da moderna era dos antibióticos. **Também: Príncipe William & Rainha-mãe** (bisneto/bisavó; nobres).

---

19 a 24 de junho
CÚSPIDE DA MAGIA
CÚSPIDE GÊMEOS-CÂNCER

3 a 10 de agosto
SEMANA DA FORÇA EQUILIBRADA
LEÃO II

Derretendo o gelo

Esses dois exercem um tremendo efeito sobre os outros, levando, às vezes, todo o grupo social a um novo nível. A capacidade do nascido em Gêmeos-Câncer de transmitir uma sensação de magia, em combinação com a força e a firmeza de Leão II, pode gerar experiências inesquecíveis para aqueles a sua volta. Quando trabalham pelo que consideram ser uma boa causa, o relacionamento torna-se impossível de ser detido. Nos seus assuntos mais particulares, Gêmeos-Câncer às vezes tentam controlar ou dominar seu parceiro de Leão II. Leão II não é conhecido por sua passividade, mas nos seus relacionamentos pessoais com os nativos de Gêmeos-Câncer são capazes de perder o controle emocional e sofrerem abalos na autoconfiança. Inicialmente, podem assumir uma postura de excessiva confiança para com seu parceiro de Gêmeos-Câncer, em seguida podem vir a sofrer muito quando não forem capazes de manter sua própria farsa. Nesses casos, os nativos de Gêmeos-Câncer saem vitoriosos.

Os relacionamentos românticos entre esses dois são complexos. O nativo de Leão II de vez em quando pode se tornar frio e distante, mas normalmente seu namorado de Gêmeos-Câncer vai ser capaz de quebrar esses períodos de frieza. Além do mais, os nativos de Leão II, em geral, não são muito versados na esfera dos sentimentos para se opor aos impulsos emocionais dos nascidos em Gêmeos-Câncer, que tendem a assumir o controle. As manipulações dos Gêmeos-Câncer, claras ou não, normalmente mantêm seus parceiros de Leão II presos a reboque.

Os casamentos não são particularmente recomendados dentro desta combinação. Os nativos de Leão II são fiéis e mantêm-se firmes; o lado masoquista de sua personalidade não vai lhes permitir admitir sua derrota, mesmo quando Gêmeos-Câncer deixam de amar ou se desencantam com eles, fechando-se emocional e fisicamente.

As amizades são mantidas melhor se forem ocasionais. Os relacionamentos familiares raramente são satisfatórios e podem até mesmo ser marcados por lutas intensas e incompreensão mútua. Em termos de trabalho, é sempre melhor essa dupla trabalhar lado a lado em nome dos outros.

Conselho: *Mantenha sua auto-estima e confiança. Tentem se ajudar a crescer mutuamente. Cuidado com lutas pelo poder. Procure o que for melhor para ambos.*

RELACIONAMENTOS

PONTOS FORTES: ROMÂNTICO, SEXUAL, DEVOCIONAL

PONTOS FRACOS: DOMINADOR, IMPACIENTE, AGRESSIVO

MELHOR: AMOR

PIOR: TRABALHO

**NAPOLEÃO BONAPARTE (15/8/1769)
JOSEPHINE DE BEAUHARNAIS (23/6/1763)**

Josephine foi passada para Napoleão pelo ex-amante Conde Barras, com (falsas) promessas de que ela era rica. Josephine esperava ser amante de Napoleão, não sua esposa. Ela dizia não amá-lo, mas admitia que se sentia dominada por sua paixão constrangedora. **Também: Blaise Pascal & Pierre de Fermat** (teoria da probabilidade).

---

19 a 24 de junho
CÚSPIDE DA MAGIA
CÚSPIDE GÊMEOS-CÂNCER

11 a 18 de agosto
SEMANA DA LIDERANÇA
LEÃO III

Um romance irresistível

Este relacionamento pode arrastar os dois parceiros para uma paixão tempestuosa. Seu tom é romântico, intenso e irresistível. O foco pode vir a ser a realização de fantasias e de impulsos imaginários. O nativo de Leão III, que normalmente procura e exige admiração, pode se ver adorando o altar de Gêmeos-Câncer, que por sua vez pode não hesitar em exercer o domínio sobre o parceiro no momento em que se vê no controle da situação. Porém, a sua influência é raramente destrutiva – na verdade, a atitude de ambos os parceiros para com o relacionamento é de devoção.

Os relacionamentos amorosos e os casamentos tendem a ser sexualmente excitantes. Freqüentemente, ambos os parceiros sentem que o amor chega ao âmago do seu ser e esse sentimento tende a perdurar. Os nativos de Gêmeos-Câncer podem se considerar responsáveis pela manutenção do lar e pela constituição de uma base sólida para o relacionamento, enquanto os companheiros ou namorados de Leão III encontram-se pelo mundo afora, vencendo obstáculos e alcançando sucesso. Na área doméstica, geralmente os nativos de Leão III parecem ser os chefes, mas os nativos de Gêmeos-Câncer é quem exercem o verdadeiro poder por trás do trono.

Nos relacionamentos de amizade e entre irmãos desses dois, principalmente se forem de sexos opostos, tendem a predominar a compreensão e o apoio. Os nativos de Leão III de vez em quando podem se tornar impacientes com as atitudes passivas de Gêmeos-Câncer que, por sua vez, podem se ressentir e ao mesmo tempo contar com a agressividade de Leão III. Os relacionamentos entre pais e filhos nascidos em Gêmeos-Câncer e em Leão III freqüentemente costumam ser altamente polarizadas, com papéis tradicionais bem-definidos e cada parceiro bastante ligado e emocionalmente dependente do outro.

Os relacionamentos de trabalho não são especialmente recomendados nessa combinação, uma vez que os nativos de Gêmeos-Câncer podem ser forçados a comprometer muito seu amor próprio, sua integridade e sua individualidade para acompanhar um chefe, colega ou sócio dominante de Leão III.

Conselho: *Exercite a paciência e a solicitude. Cuidado com esgotamentos. Mantenha suas emoções equilibradas. Mantenha a cabeça nos assuntos emocionais.*

19 a 24 de junho
CÚSPIDE DA MAGIA
CÚSPIDE GÊMEOS-CÂNCER

19 a 25 de agosto
CÚSPIDE DA EXPOSIÇÃO
CÚSPIDE LEÃO-VIRGEM

Equiparação

É provável que de vez em quando este relacionamento se torne instável e de difícil compreensão. Os dois parceiros podem ser bastante reservados, uma tendência que é ampliada de forma sinérgica pelo relacionamento. Não é muito provável que os nativos de Gêmeos-Câncer possam proporcionar o apoio forte e sólido de que os nativos de Leão-Virgem necessitam para manterem suas emoções equilibradas. Na verdade, o efeito que esses dois exercem um sobre o outro tende a ser perturbador.

As amizades, os relacionamentos amorosos e os casamentos entre os nativos de Gêmeos-Câncer e os de Leão-Virgem são atormentados pelas variações de humor. Apesar de as altas desse relacionamento serem com freqüência maravilhosamente compensadoras, oferecem pouca continuidade ou segurança. Entretanto, existe nelas um aspecto altamente positivo, que é a recuperação rápida, refletindo a orientação fundamentalmente saudável e benéfica dessa combinação. Não importa o quanto as coisas possam parecer desestruturadas em um dado momento, os parceiros podem contar com a capacidade do relacionamento para incrementar o crescimento e o desenvolvimento pessoal com o decorrer do tempo.

Nesta combinação, os membros da família tendem a contar cegamente com o apoio emocional um do outro. A extroversão dos nativos de Leão-Virgem contrasta fortemente com a introversão dos de Gêmeos-Câncer, mas atingem um bom equilíbrio. No par formado por pai e filho, um dos dois tem a capacidade de tirar o outro, pouco a pouco, de um baixo-astral, criando um equilíbrio dinâmico que exerce um efeito estimulante no grupo familiar.

Normalmente, o sucesso está reservado para os sócios e colegas de trabalho nativos de Gêmeos-Câncer e Leão-Virgem. Nesse tipo de relacionamento, os nativos de Gêmeos-Câncer entram com o estímulo criativo e a imaginação, e os de Leão-Virgem com a sua imponente energia social. É provável que, juntos, sejam eficientes na promoção de um produto ou na prestação de um serviço comunitário.

Conselho: *Trabalhe no sentido de alcançar o equilíbrio. Equilibre suas alterações de humor. Mantenha a objetividade. Incentive os aspectos benéficos. Cuidado com o isolamento e a negligência.*

RELACIONAMENTOS

PONTOS FORTES: ESTIMULANTE, FLEXÍVEL, GRATIFICANTE

PONTOS FRACOS: DESEQUILIBRADO, RETRAÍDO, INTRANQÜILO

MELHOR: TRABALHO

PIOR: AMIZADE

SIR FRED HOYLE (24/6/15)
RAY BRADBURY (22/8/20)

Hoyle e Bradbury são escritores de ficção científica contemporâneos que abordaram de diferentes perspectivas em seus livros. Hoyle é basicamente um astrônomo-cosmologista que acredita que a vida na Terra teve origem extraterrestre. Bradbury focaliza o perigoso poder da imaginação na sociedade, conforme descrito em seu célebre romance *Fahrenheit 451* (1953).

---

19 a 24 de junho
CÚSPIDE DA MAGIA
CÚSPIDE GÊMEOS-CÂNCER

26 de agosto a 2 de setembro
SEMANA DOS CONSTRUTORES DE SISTEMAS
VIRGEM I

Descobertas ao acaso

As qualidades encantadoras dos nativos de Gêmeos-Câncer e a orientação lógica, metódica de Virgem I constituem uma combinação fora do comum. O relacionamento que daí resulta é dotado de fortes poderes mentais, não necessariamente relacionados a talentos matemáticos ou lógicos, mas na esfera psíquica ou paranormal. As experiências sincrônicas e outros fenômenos perceptíveis, para os quais não há uma explicação óbvia, são comuns para esses dois. Os nativos de Virgem I podem ter uma resistência inerente às questões metafísicas e espirituais, mas a química de sua ligação com os nativos de Gêmeos-Câncer os torna cada vez mais abertos a esses fenômenos e estados mentais. Uma vez convencidos, tanto por seu parceiro como pela irrefutável evidência dos acontecimentos que ocorrem quando estão juntos, podem assumir o comando num recém-descoberto desejo de experiências fora do comum.

Os relacionamentos amorosos e as amizades entre esse dois são caracterizados por justaposições e coincidências chocantes que surpreendem e divertem ambos os parceiros. A descoberta ao acaso pode se tornar um fato tão habitual que passa a ser esperada, e sua freqüência aumenta graças à receptividade dos parceiros ao fenômeno. Os nativos de Virgem I raramente vão abrir mão completamente de sua postura crítica e teimosa, mas a combinação de adulação e bom humor, característica dos nativos de Gêmeos-Câncer, certamente vai atenuá-la. Os relacionamentos amorosos que permanecem como tal, sem evoluir para o casamento, se mantêm melhor dessa forma, já que é provável que os pontos de vista dos nativos de Gêmeos-Câncer e de Virgem I se tornem cada vez mais polarizados à medida que essa dupla envelhece e mais arraigadas fiquem as suas idéias. No trabalho, esses dois preferem o desafio empresarial ou projetos de investimentos em vez das tarefas repetitivas ou mundanas. Esse relacionamento tem um instinto de jogo, sendo atraído por empreendimentos arriscados, cujo resultado pode depender de uma simples jogada dos dados. As amizades também florescem nos desafios físicos e espirituais que expõem os parceiros mais a riscos reais do que imaginários.

Os grupos familiares tendem a incentivar as qualidades individuais dos nativos de Virgem I e de Gêmeos-Câncer, valorizando sua capacidade prática e imaginativa. Sua predileção pelo perigo é desencorajada nesse contexto e qualquer aptidão paranormal será vista como tendo pouca contribuição para a vida familiar.

Conselho: *Mantenha sua tendência para jogar sob controle. Lembre-se de que os outros podem depender de você. Seja flexível. Afaste qualquer medo do inexplicável.*

RELACIONAMENTOS

PONTOS FORTES: EXCITANTE, PSÍQUICO, DESAFIADOR

PONTOS FRACOS: IMPRUDENTE, POLARIZADO, ESTRANHO

MELHOR: AMIZADE

PIOR: FAMÍLIA

GOWER CHAMPION (22/6/21)
MARGE CHAMPION (2/9/23)

Os Champion se casaram em 1947 e ascenderam à fama como dupla de dançarinos dos musicais de Hollywood nos anos 1950. Gower continuou fazendo coreografias para a tevê, o teatro e atuou também como diretor de cinema. Marge seguiu carreira como atriz. O casal se divorciou em 1973. **Também: Mike Todd & Joan Blondell** (casados; produtor/atriz).

| **RELACIONAMENTOS** | 19 a 24 de junho | | 3 a 10 de setembro |

PONTOS FORTES: FILOSÓFICO, INSPIRADOR, AUTORIZADO

PONTOS FRACOS: REPRIMIDO, CONFLITUOSO, OCULTO

MELHOR: TRABALHO

PIOR: CASAMENTO

BRIAN WILSON (20/6/42)
AL JARDINE (3/9/42)

Quando o guitarrista e vocalista Jardine se uniu à banda Beach Boys, era amigo de Wilson e se inspirou em suas canções ao longo dos anos. Jardine compôs várias excelentes canções para os Beach Boys, incluindo *Lady Lynda*, um tributo à sua esposa.

19 a 24 de junho
CÚSPIDE DA MAGIA
CÚSPIDE GÊMEOS-CÂNCER

3 a 10 de setembro
SEMANA DO ENIGMA
VIRGEM II

Lição de firmeza

A grande lição deste relacionamento é ensinar seus parceiros a se impor e a desenvolver um senso de autoridade interna a fim de serem levados a sério pelos outros. Entretanto, é importante que pratiquem essa postura não um com o outro mas com o mundo externo. O par é incentivado a usar sua força intuitiva conjunta para descobrir idéias filosóficas, religiosas, sociais ou políticas que possam guiá-los na sua caminhada. O desenvolvimento desses sistemas ou táticas são freqüentemente a força propulsora por trás de suas interações diárias, ajudando duas personalidades um tanto retraídas a lidar melhor com o mundo. O relacionamento atua como um motor, impulsionando seus esforços para a frente.

Os relacionamentos amorosos entre nativos de Gêmeos-Câncer e Virgem II podem ser altamente reservados. Entretanto, sua natureza encoberta é importante para que os parceiros se sintam seguros e, às vezes, para evitar que magoem os outros. As ideologias e as crenças não têm importância crucial neste relacionamento íntimo, que fica preso a sentimentos complexos e às vezes reprimidos. Os relacionamentos entre irmãos e entre pais e filhos têm uma qualidade quase confessional, mantendo às vezes segredos do restante do grupo familiar durante anos, em absoluta confiança. Tanto no amor como na família, o próprio segredo se torna a base principal do relacionamento, proporcionando uma fonte de reconhecimento e de crença compartilhados.

Se esses dois se encontrarem primeiro como amigos, podem achar juntos uma ocupação ou uma profissão capaz de sustentá-los e ao mesmo tempo alimentar o lado espiritual e intelectual dos dois. Independente de essa atividade ser religiosa ou social, pessoal ou comunitária, os nativos de Gêmeos-Câncer e os de Virgem II vão procurar os recantos secretos nos corações dos que podem responder às suas mensagens. Talvez atingindo apenas uma pequena porcentagem da população de sua cidade, podem mais cedo ou mais tarde descobrir que sua missão deles está destinada somente aos poucos que estão preparados para absorver seu conteúdo singular. Os cônjuges nesta combinação podem também compartilhar uma carreira, mas devido aos seus conflitos e lutas emocionais as chances de sucesso são menores.

Conselho: *Tente se alegrar um pouco. Não seja tão reservado. Aprenda a compartilhar com os outros as emoções e as idéias. Lembre-se que ser firme não é ser agressivo.*

RELACIONAMENTOS

PONTOS FORTES: AGRADÁVEL, INTERESSADO, PROTETOR

PONTOS FRACOS: SACRIFICADO, ESTAGNADO, À DERIVA

MELHOR: CASAMENTO

PIOR: FAMÍLIA

MARTIN LANDAU (20/6/31)
BARBARA BAIN (13/9/32)

O ganhador do Oscar em 1994 Landau estreou na tevê em *Missão Impossível*, ao lado da esposa Bain. Embora o programa tenha durado de 1966 a 1973, o par saiu em 1969 por motivos financeiros.
Também: Lillian Hellman & Zoe Caldwell (teatrólogo/representação no teatro); **Alison Smithson & Peter Smithson** (casados; arquitetos); **Príncipes William & Henry** (irmãos nobres).

19 a 24 de junho
CÚSPIDE DA MAGIA
CÚSPIDE GÊMEOS-CÂNCER

11 a 18 de setembro
SEMANA DO LITERAL
VIRGEM III

Auto-alimentação

Nenhum desses dois gosta de um relacionamento confuso, e o lema deles poderia ser "não às disputas". É provável que prevaleçam atitudes tranqüilas. Atividades saudáveis, desenvolvidas com vistas ao conforto físico e ao prazer, tais como exercícios físicos, massagem, aromoterapia, ducha, sauna, podem se tornar atraentes. Não é provável que abusem da alimentação, existindo na verdade uma tendência para a dieta. Esses envolvimentos são basicamente auto-sustentáveis, mas esses dois se dedicam a eles com firmeza de propósito. Também se preocupam com as outras pessoas nesse aspecto. Pode se constituir um problema se esse interesse intenso pela saúde disfarçar uma negação dos sentimentos e dos estados psicológicos mais profundos. Tal fato poderá tolher o próprio crescimento interior dos parceiros e o do relacionamento.

No amor e no casamento, há uma tendência de as energias serem mais sensuais do que sexuais. Os parceiros possuem um aspecto afetivo que o relacionamento reforça de forma sinérgica, principalmente quando se trata de um casal com filhos. As atitudes sensíveis e as soluções práticas dos nativos de Virgem III são equilibradas pelas sugestões sensatas e criativas dos nativos de Gêmeos-Câncer; os filhos do casal provavelmente se beneficiam com as duas abordagens. Se o casal não tiver filhos, eles podem voltar sua natureza protetora para sobrinhos ou, se tiverem negócios em comum, para sua empresa e empregados. Observar o crescimento e o desenvolvimento humano é uma grande alegria para o casal de Gêmeos-Câncer e Virgem III.

Nas combinações entre pai e filho poderá faltar determinação. Cada parceiro pode manifestar um desejo intenso de ajudar o outro às próprias custas. Porém, essas posturas de se sacrificar podem ser encaradas como egoísmo pelos outros membros da família, que naturalmente se sentem excluídos do quadro.

Conselho: *Seja honesto a respeito do que realmente deseja. Cuidado para não se sacrificar pelos outros. A privação produz ressentimento. Tenha consciência de estar negligenciando os outros.*

19 a 24 de junho
CÚSPIDE DA MAGIA
CÚSPIDE GÊMEOS-CÂNCER

19 a 24 de setembro
CÚSPIDE DA BELEZA
CÚSPIDE VIRGEM-LIBRA

Harmonia grata

Este relacionamento tem uma qualidade romântica que pode espalhar-se por todo o ambiente. A beleza e a graça se destacam. Os pontos fortes do relacionamento são a necessidade e o desejo de manter a harmonia com o ambiente e de apreciar as maravilhas da vida em todos os seus aspectos. A astrologia tradicional prevê uma rivalidade em um aspecto de quadratura como esse (dois signos de sol estão a 90° de distância no zodíaco), mas Gêmeos-Câncer e Virgem-Libra são em geral um par altamente equilibrado. É verdade, no entanto, que quando o seu relacionamento se torna desequilibrado, podem sofrer terrivelmente por depender dele como fonte de poder e de inspiração. Assim sendo, esperar o melhor do relacionamento nem sempre é uma boa preparação para os tempos difíceis. Os nativos de Gêmeos-Câncer e Virgem-Libra devem aprender a enxergar as suas limitações e deficiências como um par não apenas porque essa cegueira os deixa vulneráveis, mas também porque lhes tira o espírito de luta necessário para melhorar a situação. As amizades e os casos amorosos são especialmente vulneráveis nesse aspecto.

Os relacionamentos profissionais e os casamentos são menos abertamente românticos do que outros relacionamentos nesta combinação porque apresentam demandas diárias que precisam ser atendidas, gostem ou não disso. No entanto, uma boa dose de realidade e de responsabilidade não machuca a dupla, e é saudável na medida em que desencoraja suas tendências menos realistas. Porém, atender apenas aos aspectos físicos da vida, mesmo se estes tiverem um lado estético, pode excluir áreas inteiras da experiência – os domínios emocional, religioso e espiritual. Um relacionamento equilibrado entre os nascidos nas cúspides Gêmeos-Câncer e Virgem-Libra de fato terá de se motivar para investigar tais áreas. A auto-satisfação pode ser o maior inimigo.

A presunção em geral emerge mais claramente entre os membros da família desta combinação. O sentimento de que eles e sua família são superiores aos outros, "os melhores" em seu próprio círculo, pode ser destrutivo para o desenvolvimento pessoal e para auto-realização.

Conselho: *Você não é melhor do que ninguém. Cuidado com a auto-satisfação. Motive-se para atingir o seu máximo. Ajude a servir os outros.*

RELACIONAMENTOS

PONTOS FORTES: EQUILIBRADO, HARMONIOSO, ESTÉTICO

PONTOS FRACOS: PRESUNÇOSO, SUPERIOR, CEGO

MELHOR: TRABALHO

PIOR: FAMÍLIA

HENRY WARD BEECHER (24/6/1813)
VICTORIA WOODHULL (23/9/1838)

Beecher, um popular e influente orador e clérigo, atacou Woodhull por ela defender o amor livre. Ela retaliou em 1872 ao instigar um sensacional escândalo de adultério que ligava Beecher a uma de suas paroquianas. **Também: Ernest Chain & H.W. Florey** (ganhadores de Prêmio Nobel de Medicina em 1945).

---

19 a 24 de junho
CÚSPIDE DA MAGIA
CÚSPIDE GÊMEOS-CÂNCER

25 de setembro a 2 de outubro
SEMANA DO PERFECCIONISTA
LIBRA I

Um toque de humor

Propenso à preocupação, este par luta para relaxar e para ver o mundo com humor. A tensão auto-induzida é em geral o maior problema para Libra I em qualquer relacionamento, e as atitudes relaxadas de Gêmeos-Câncer podem ter um paradoxal efeito catalisador nessa área, fazendo com que fiquem mais nervosos do que o normal. No entanto, Gêmeos-Câncer pode também exercer um efeito calmante sobre seus nervos. Essa ambígua curiosidade em geral depende de seu humor no momento. Com freqüência, uma pequena observação de Gêmeos-Câncer ou um certo olhar, pode provocar uma reação. Libra I pode ser exigente demais para com o sensível nativo de Gêmeos-Câncer. O verdadeiro desafio do relacionamento pode ser conseguir ou não relaxar e aceitar o parceiro.

Os casos amorosos exigem que os dois parceiros sejam extremamente sensíveis para com as necessidades do outro. Gêmeos-Câncer são facilmente feridos pelas críticas de Libra I; Libra I fica ofendido pela falta de atenção de Gêmeos-Câncer. Do ponto de vista sexual, o relacionamento pode, em princípio, pegar fogo e depois gradualmente se apagar. O que resta após o fim da paixão raramente é suficiente para formar a base de uma amizade duradoura. É importante que o término de tal caso seja tratado com respeito, de outra forma os ressentimentos e as frustrações podem estender-se por muito tempo.

Os casamentos não são recomendados, uma vez que Libra I em geral não possui paciência para lidar com as necessidades emocionais de Gêmeos-Câncer a longo prazo, nem a capacidade para abster-se de infligir dor quando não satisfeito. Nos relacionamentos familiares, também, pais nascidos em Libra I podem ser muito mais críticos do que seus filhos de Gêmeos-Câncer, que tendem a ser influenciados demais por eles.

É provável que amizades casuais e relacionamentos profissionais relativamente pouco exigentes sejam as melhores apostas para esta combinação. Em tal contexto, podem apreciar os talentos e as capacidades do outro, contanto que o envolvimento emocional permaneça distante e as atitudes objetivas prevaleçam. A capacidade técnica de Libra I e a imaginação de Gêmeos-Câncer podem se misturar bem em certas ocupações, sobretudo aquelas que envolvem a criação de um novo e empolgante produto ou serviço. O relacionamento em geral dá um toque de humor a tais esforços.

Conselho: *Sintonize as necessidades do outro. Suspenda as críticas. Tente ser mais receptivo. Aprecie os pequenos atos de carinho. Não abrigue ressentimentos.*

RELACIONAMENTOS

PONTOS FORTES: MITIGADOR, SERENO, GRATO

PONTOS FRACOS: IRRITADO, REJEITADO, NEGLIGENTE

MELHOR: TRABALHO

PIOR: CASAMENTO

JUNE CARTER (23/6/29)
CARLENE CARTER (26/9/55)

Membros de uma família de proeminentes músicos country, Carlene é filha de June Carter Cash e neta de Maybelle Carter. Quando criança, ela viajava nas turnês com a mãe, depois cantou no Carter Family Revue. Ela partiu para carreira solo em 1978.

RELACIONAMENTOS

PONTOS FORTES: DIRETO, INQUISIDOR, VERSÁTIL

PONTOS FRACOS: SEDENTÁRIO, VAGO, OBSESSIVO

MELHOR: AMIZADE

PIOR: TRABALHO

AAGE NIELS BOHR (19/6/22)
NIELS BOHR (7/10/1885)

Niels e seu filho Aage eram físicos dinamarqueses que ganharam o Prêmio Nobel com a diferença de mais de 50 anos: Niels em 1922 por seu trabalho na teoria atômica, e Aage em 1975 por descobrir a assimetria do núcleo atômico.

19 a 24 de junho
CÚSPIDE DA MAGIA
CÚSPIDE GÊMEOS-CÂNCER

3 a 10 de outubro
SEMANA DA SOCIEDADE
LIBRA II

Encontrando sentido e propósito

A grande necessidade deste relacionamento, e inevitavelmente o foco de sua energia, é encontrar uma direção. Talvez essa dupla precise seguir uma ideologia, uma pessoa ou um grupo; talvez possam encontrar a força para dar sentido e propósito a suas atividades dentro do relacionamento em si. Essas são as questões cruciais. Criar uma unidade automotivante é claro o objetivo, mas o relacionamento pode precisar encontrar seu caminho por intermédio de algum tipo de professor, uma pessoa cujas idéias são de início provavelmente dominantes, mas podem mais tarde gradualmente serem deixadas de lado ou mesmo rejeitadas. Dada essa tendência, não é incomum para os nativos de Gêmeos-Câncer e de Libra II se encontrarem pela primeira vez em uma escola ou em outro ambiente educacional.

Os casos amorosos e os casamentos entre Gêmeos-Câncer e Libra III com freqüência mostram um interesse especial pela culinária, cozinha, roupas e decoração de interiores. O maior perigo para essa relação é a dieta, pois um casal com estilo de vida sedentário e sereno, com uma paixão pela comida pode ser uma receita para o desastre. Novamente entra a questão da motivação, uma vez que dar um direcionamento externo para o relacionamento pode ajudar a salvar seus membros do excesso de peso ou da obstrução arterial. É em geral essencial para esses namorados e esposos se exercitarem, nadarem ou fazerem longas caminhadas juntos.

As amizades entre os colegas ou mesmo os irmãos desta combinação são clássicas. A principal característica do relacionamento é questionar áreas até então inexploradas e fascinantes do pensamento e da ação. Libra II está especialmente interessado em pessoas e Gêmeos-Câncer na estética, mas juntos é provável que investiguem um ampla gama de assuntos, da história à musica e aos esportes.

Na esfera profissional, trabalharem juntos em projetos mútuos é um bom modo de Gêmeos-Câncer e Libra II se conhecerem. Devem tomar cuidado, no entanto, para não ficarem tão comprometidos com o que estão fazendo que o seu relacionamento torne-se obcecado pelo trabalho.

Conselho: *Encontre um equilíbrio entre a inércia e a hiperatividade. Olhe para dentro de si e busque motivação e inspiração. Limite um pouco seus interesses.*

RELACIONAMENTOS

PONTOS FORTES: SENSÍVEL, RECEPTIVO, ORGÂNICO

PONTOS FRACOS: IRRITANTE, DEPENDENTE, EGOÍSTA

MELHOR: AMOR

PIOR: FAMÍLIA

TERRY RILEY (24/6/35)
LAMONTE YOUNG (14/10/35)

Riley e Young foram contemporâneos na música avant-garde e grandes amigos. Nos anos 1960 fizeram experiências com elementos básicos de som e estabeleceram-se como primeiros compositores minimalistas. Em 1970, estudaram música indiana com Pran Nath. **Também: Reverendo Henry Ward Beecher & Lyman Beecher** (filho/pai; orador/abolicionista).

19 a 24 de junho
CÚSPIDE DA MAGIA
CÚSPIDE GÊMEOS-CÂNCER

11 a 18 de outubro
SEMANA DO TEATRO
LIBRA III

Duplamente dinâmico

Este relacionamento com freqüência goza de um forte laço de entendimento que não exige interação diária entre seus parceiros, mas que garante um comprometimento e um apoio profundos sempre que necessário. Esses dois possuem abordagens muito diferentes da vida, mas seu relacionamento é, em grande parte, sensível e receptivo. O mundo de Gêmeos-Câncer é de um modo geral privado e o mundo de Libra III é mais público, mas o nativo de Libra III na verdade escolhe com cuidado quando deseja estar na companhia de outra pessoa e pode, de fato, passar a maior parte do tempo sozinho. A ação em vez da contemplação é o que o atrai, e nesse aspecto pode estimular seu parceiro de Gêmeos-Câncer, dobrando o dinamismo do relacionamento. Esses dois podem com facilidade dedicarem-se à mística, talvez mesmo trazendo-a para os outros na forma de uma apresentação teatral. Juntos podem ser muito inspiradores. No fundo também seu relacionamento é um grande divertimento.

No amor e no casamento, o nativo de Libra III pode desejar um parceiro mais forte, que possa liderar mais efetivamente do que ele, mas com mais freqüência se apaixona por tipos dependentes que se encostam um pouco neles – como os nascidos em Gêmeos-Câncer. Nesse caso particular, no entanto, as recompensas são grandes: Libra III pode nunca mais na vida se sentir tão amado e aceito do que com os dedicados parceiros de Gêmeos-Câncer.

Como amigos, esses dois muitas vezes compartilham uma atividade comum, onde trabalham duro. De coleção de selos a mergulho, o escopo de possibilidades é amplo e imprevisível. A dupla pode se encontrar completamente por acaso ou ser apresentada por um terceiro; embora interessados, em geral não se apegam intensamente um ao outro no começo, mas com o tempo seu relacionamento se aprofunda de forma orgânica, em geral garantindo a longevidade.

Os relacionamentos profissionais entre esses dois não são recomendados, pois ambos costumam se dar melhor fazendo suas próprias coisas e talvez trocando idéias em uma data posterior. Nos relacionamentos familiares, os nativos de Gêmeos-Câncer e de Libra III podem acabar se tornando sensíveis demais para com as fraquezas um do outro, o que pode levar à irritação constante.

Conselho: *Não deixe os outros lhe provocarem tão facilmente. Deixe os outros seguirem o próprio caminho. Cuidado para não ser receptivo demais. Mostre o que sente.*

19 a 24 de junho
CÚSPIDE DA MAGIA
CÚSPIDE GÊMEOS-CÂNCER

19 a 25 de outubro
SEMANA DO DRAMA E DA CRÍTICA
CÚSPIDE LIBRA-ESCORPIÃO

Difícil de decifrar

A química deste relacionamento favorece a divulgação de segredos mantidos por muitos anos e a liberação de informações particulares. Uma vez estabelecido um vínculo de confiança, o par compartilha muitas informações pessoais. Se um deles cair em um estado emocional mais volátil, pode perder o controle e deixar escapar os segredos. Outra ocorrência comum é a emersão de material que o relacionamento libera no subconsciente do parceiro, por exemplo, através de sonhos. Finalmente, um Libra-Escorpião crítico e questionador pode simplesmente fustigar um Gêmeos-Câncer até que o material inconsciente ou reprimido venha à tona. Em qualquer área em que esse relacionamento se manifeste, os parceiros devem ter cuidado para não ficarem tão absorvidos nesse jogo de esconde-esconde de modo a perderem de vista o crescimento pessoal e o desenvolvimento profissional. É provável que tais energias desperdiçadas sejam o elemento mais destrutivo, embora a revelação do material escondido pode ter efeitos terapêuticos indiscutivelmente positivos.

Os jogos mentais e emocionais podem ser características fortes deste relacionamento, sobretudo em suas manifestações íntimas – por exemplo, entre namorados, membros da família e amigos. Não apenas ambos os parceiros alternadamente escondem e revelam segredos um ao outro, mas juntos possuem o hábito de assumir a mesma postura de sigilo em relação com outros pares. Os membros da família e os outros amigos podem ver o casamento de Gêmeos-Câncer com Libra-Escorpião como reservado, intrigante, difícil de entender. Muito desse comportamento é consciente, formando parte de uma cortina de fumaça projetada para encobrir o que realmente está acontecendo. Relacionamentos mais maduros entre esses parceiros demonstram menos necessidade de tais atividades.

Os relacionamentos profissionais entre Gêmeos-Câncer e Libra-Escorpião são mais bem estabelecidos no nível empresarial ou executivo, onde esses parceiros podem exercer suas capacidades diferentes de modo mais eficiente. Em contraste, trabalharem juntos no mesmo projeto como empregados não é especialmente recomendado.

Conselho: *Cuidado com jogos destrutivos. Lute por uma maior transparência. Não negligencie o crescimento pessoal e a iniciativa. Cuidado com o desperdício de energia.*

RELACIONAMENTOS

PONTOS FORTES: REVELADOR, LIBERTADOR, ANALÍTICO

PONTOS FRACOS: JOGADOR, REDUZ TUDO A TRIVIALIDADE, DESVITALIZADOR

MELHOR: PARCERIA DE NEGÓCIOS

PIOR: COLEGAS

AL HIRSCHFELD (21/6/03)
NINA HIRSCHFELD (20/10/45)

Al Hirschfeld foi um proeminente caricaturista de personalidades da Broadway. Depois do nascimento de sua filha Nina, em 1945, ele começou a ocultar seu nome em várias partes de seus desenhos. Milhões de leitores começaram a se divertir procurando por "Nina" em seu trabalho. **Também:** Meryl Streep & Carrie Fisher (amigas próximas; atrizes).

---

19 a 24 de junho
CÚSPIDE DA MAGIA
CÚSPIDE GÊMEOS-CÂNCER

26 de outubro a 2 de novembro
SEMANA DA INTENSIDADE
ESCORPIÃO I

Amor pelo silêncio

O laço profundo e duradouro deste relacionamento confere aos parceiros grande intimidade, e o entendimento e a confiança em geral se aprofundam com o tempo. O interesse na filosofia, na religião ou no movimento "new age" é com freqüência destacado, e as idéias derivadas dessas escolas são em geral colocadas na prática. Mesmo se os parceiros não estiverem abertamente envolvidos em buscas espirituais, no entanto, seu relacionamento manifesta um amor por silêncio, paz, meditação, contemplação e visualização, elementos estes que apontam na direção da verdadeira espiritualidade.

Os casos amorosos são especialmente favorecidos nesta combinação. Às vezes são de curta duração, mas se ambos os parceiros concordarem em perseverar em face às dificuldades, o prognóstico é duradouro. A atração sexual pode ser alta. Embora o nascido em Gêmeos-Câncer se expresse mais sensualmente e o Escorpião I mais sexualmente, seu relacionamento manifesta um bom equilíbrio entre o prazeroso e o erótico. Esse relacionamento não reconhece uma separação bem delimitada entre o físico e o espiritual, vendo os prazeres da mesa e da cama como provas da mão de Deus, ou de uma força benevolente no universo. Uma abertura e um interesse no tantra, no Kama Sutra e na erótica oriental de uma forma geral não são incomuns.

O casamento parece ser o próximo passo desse casal, mas com freqüência vêem-no como pouco necessário, em geral por razões idealistas ou ideológicas. As amizades nesta combinação muitas vezes se desenvolvem como resultado de um encontro no local de trabalho ou durante uma atividade comunitária ou comercial. Tais amizades podem ser combinadas lucrativamente com uma nova carreira, sobretudo em negócios relacionados às artes, ao autodesenvolvimento ou à saúde.

Na família, o laço emocional entre pais e filhos ou entre irmãos nesta combinação, muitas vezes estabelece o tom para o resto do grupo familiar. Portanto, o relacionamento pode com freqüência encorajar uma orientação mais espiritual naqueles que o cercam.

Conselho: *Não acredite em tudo o que ouve. Mantenha o ceticismo. Respeite as crenças dos outros. Aprenda a esperar e perseverar.*

RELACIONAMENTOS

PONTOS FORTES: ESPIRITUAL, SEXUAL, SENSUAL

PONTOS FRACOS: SENSÍVEL DEMAIS, CRÉDULO, POUCO PRÁTICO

MELHOR: AMOR

PIOR: CASAMENTO

PRUNELLA SCALES (22/6/32)
JOHN CLEESE (27/10/39)

Scales e Cleese fizeram o papel de marido e mulher proprietários de hotel que estavam sempre se bicando em *Fawlty Towers*, o sitcom inglês que provocou uma tempestade na PBS nos anos 1980. Como Sybil Fawlty, Scales era a ruína do personagem pomposamente rude de Cleese, Basil. **Também:** Elza Soares & Garrincha (casados; cantora/jogador de futebol).

RELACIONAMENTOS

PONTOS FORTES: ESTRUTURADO, ORGANIZADO, INOVADOR

PONTOS FRACOS: FRUSTRADO, INSEGURO, EXIGENTE

MELHOR: CASAMENTO

PIOR: TRABALHO

ROSEANNE BARR (3/11/52)
JOHN GOODMAN (20/6/52)

Goodman e Barr é a combinação perfeita de pais da classe trabalhadora de 3 filhos no sitcom de sucesso da tevê *Roseanne* (1980-97), inovador em seus episódios francos e realistas. **Também: Jean-Paul Sartre & Albert Camus** (existencialistas); **Olympia Dukakis & Michael Dukakis** (primos); **Bob Fosse & Ann Reinking** (romance; coreógrafo/dançarina); **Audie Murphy & Wanda Hendrix** (casados: atores).

---

19 a 24 de junho
CÚSPIDE DA MAGIA
CÚSPIDE GÊMEOS-CÂNCER

3 a 11 de novembro
SEMANA DA PROFUNDIDADE
ESCORPIÃO II

Aspectos funcionais

É provável que este relacionamento enfatize a construção ou a organização de uma estrutura, seja ela um espaço doméstico, de trabalho ou na sociedade. As interações emocionais entre nativos de Gêmeos-Câncer e de Escorpião II são de tal ordem que é preciso estabelecer uma organização física eficiente para essas atividades antes de qualquer um deles sentir-se profundamente seguro. Em geral têm uma boa idéia do que querem e do que precisam, mas as limitações financeiras ou de espaço podem exigir negociação, flexibilidade e criatividade na resolução de problemas. Uma vez estabelecida a estrutura, podem se dedicar ao trabalho de se conhecerem e se revelarem. Ambos profundamente reservados, quase parecem necessitar desses laços imaginários para se sentirem seguros.

O amor, o casamento e os relacionamentos familiares entre esses dois se concentram em mobiliar e decorar, mas também abordam questões funcionais, sobretudo com relação a áreas práticas tais como alimentação e profissão. Em geral será necessário que cada parceiro tenha seu próprio espaço, o que pode exigir uma casa grande, se houver filhos. Não é importante apenas o divertimento em casa, mas há uma ênfase também no estudo e no trabalho. O casal em geral usa de cuidado e inteligência ao planejar a melhor forma de ocupar o espaço. As amizades entre nativos de Gêmeos-Câncer e de Escorpião II preocupam-se menos com a estrutura física, mas continuam funcionando melhor em situações ordenadas – quando cronogramas indicam claramente o tempo disponível para férias, lazer, almoço e outras possibilidades de interação social, por exemplo. A maioria dessas atividades será de um tipo pessoal em vez de social, e podem seguir a mesma profissão. Colegas de trabalho nessa combinação se sentem frustrados se as limitações espaciais lhes negarem a oportunidade de organizarem seu escritório ou o espaço de trabalho da maneira mais adequada às suas necessidades. Em geral trabalham melhor em espaços amplos, tal como uma loja de bom tamanho. A melhor possibilidade de todas talvez seja o relacionamento funcionar em um nível gerencial ou executivo, onde suas decisões e visões possam ser implementadas sem muita burocracia. Tantos os esforços técnicos quanto os estéticos são em geral encontrados.

Conselho: *Não seja tão exigente com relação ao espaço físico. Organize-se internamente de modo a poder funcionar em qualquer lugar. Não tenha medo de mostrar quem é.*

RELACIONAMENTOS

PONTOS FORTES: PRÓXIMO, ENVOLVIDO, ÍNTIMO

PONTOS FRACOS: DEPENDENTE, QUEIXOSO, VICIADO

MELHOR: AMOR

PIOR: AMIZADE

PRÍNCIPE WILLIAM (21/6/82)
PRÍNCIPE CHARLES (14/11/48)

O mais velho dos 2 filhos de Charles e Diana, William é o futuro herdeiro do trono. Devido ao rompimento entre os pais, William agora participa de dois mundos diferentes, enquanto se prepara para o papel público a exemplo de seu pai. **Também: Francoise Gauquelin & Michel Gauquelin** (casados; estatísticos-astrólogos).

---

19 a 24 de junho
CÚSPIDE DA MAGIA
CÚSPIDE GÊMEOS-CÂNCER

12 a 18 de novembro
SEMANA DO ENCANTO
ESCORPIÃO III

Superenvolvido

Este relacionamento bastante reservado é caracterizado pelos longos períodos que os parceiros passam sós e juntos. Concomitantemente, no entanto, existe a tendência para se envolverem demais um com o outro até o ponto em que os limites de seus egos se misturam e o relacionamento assume o controle. Cada parceiro pode se encontrar em conflito aberto com o relacionamento em si, o que pode às vezes acabar sendo exigente, envolvente e inescapável. O nascido na cúspide Gêmeos-Câncer pode se sentir especialmente oprimido pelo charmoso e, no entanto, imponente Escorpião III.

Os casos amorosos, os casamentos e as amizades devem ser cuidadosamente monitorados para detectarem sinais de dependência indevida, os quais são com freqüência um aviso de que um envolvimento maior não é aconselhável. Os vícios em sexo e amor não são incomuns; também as drogas, farmacêuticas ou outras, podem causar problema de dependência. Um desejo magnético figura proeminentemente nos relacionamentos entre nascidos em Gêmeos-Câncer e em Escorpião III em geral, e a relação pode sinergicamente intensificar esse traço para criar um tipo ainda maior de vínculo. Separações são especialmente dolorosas em tais situações, e podem ressaltar a necessidade de ser cauteloso com tais envolvimentos intensos no futuro.

Pode ser mais fácil para esses dois manter a objetividade em suas amizades do que em seus casos amorosos e casamentos, mas os problemas de dependência e de ciúme em geral ainda se manifestam. Os relacionamentos profissionais podem ser os mais objetivos de todos, e contanto que ambos os colegas de trabalho tenham o mesmo nível e sejam tratados sem favoritismo pelos superiores, podem ser extremamente produtivos. Na família, os relacionamentos entre pais e filhos podem ser caracterizados por laços emocionais íntimos e fora do comum, sobretudo entre pais e filhas ou mães e filhos. A dor da separação quando os filhos atingem a adolescência será forte nesses casos de amor excessivo. Os parceiros devem trabalhar para abdicarem das cobranças à medida que os anos passam, permitindo que o relacionamento cresça em maturidade e em autoconfiança.

Conselho: *Cuidado com o isolamento. Mantenha contato com amigos e familiares. Tenha cuidado com substâncias viciantes. Aprenda as lições de independência.*

19 a 24 de junho
CÚSPIDE DA MAGIA
CÚSPIDE GÊMEOS-CÂNCER

19 a 24 de novembro
CÚSPIDE DA REVOLUÇÃO
CÚSPIDE ESCORPIÃO-SAGITÁRIO

Um ar de mistério

Este interessante relacionamento não é fácil de entender, seja pelas outras pessoas ou pelos próprios parceiros. Embora ambos tendam a ser tipos reservados, esta relação misteriosa não apenas os fascina mas também os frustra. Ambos os nascidos em Gêmeos-Câncer e em Escorpião-Sagitário são mais do que capazes de conseguirem o que desejam. Na verdade, cada um é tão capaz quanto o outro quando se trata de persuasão e manipulação. O efeito final é o de uma base instável – de insegurança.

A atração física pode ser forte entre esses dois, mas os casos amorosos tendem a ser instáveis, como é sugerido pelo quincôncio (Gêmeos-Câncer e Escorpião-Sagitário estão a 150º de distância no zodíaco). As atitudes mais tranqüilas de Gêmeos-Câncer tendem a colocá-los no comando, uma vez que o emocional Escorpião-Sagitário pode achar difícil controlar seus sentimentos durante confrontos, explodindo mais facilmente. As inseguranças no tocante ao relacionamento são grandes de ambos os lados, mas os resultados não são completamente negativos: uma mistura de medo e excitação dá mais intensidade às interações sexuais do casal.

A confiança é o aspecto mais importante nos casamentos e nas amizades entre esses dois. Uma vez que o nascido em Gêmeos-Câncer tende a ser fiel se estiver apaixonado, arrisca-se à maior dor nesses relacionamentos. Os colegas e amigos de Escorpião-Sagitário raramente revelam tudo sobre suas atividades secretas, mas o sagaz Gêmeos-Câncer em geral descobre a capacidade do parceiro de manter vários relacionamentos ao mesmo tempo. No entanto, os nativos de Escorpião-Sagitário podem ser bastante leais do seu próprio jeito mesmo quando estão sendo infiéis, e se Gêmeos-Câncer for capaz de perdoá-los por uma ou duas pequenas indiscrições é provável que o relacionamento dure.

Colegas de trabalho e parceiros em negócios nesta combinação podem ser eficientes, sobretudo no campo dos serviços humanos. Quando os parceiros concordam entre si, podem construir uma grande força persuasiva. Felizmente, são sensíveis o bastante para permitirem que outros decidam por eles mesmos. Nos relacionamentos familiares, no entanto, sobretudo entre pais e filhos, devem tomar cuidado para não deixarem os impulsos manipuladores fugirem ao controle.

Conselho: *Certifique-se de que deixa aos outros espaço suficiente. Construa laços de confiança. Procure entender-se melhor. Tente ser honesto em termos emocionais.*

RELACIONAMENTOS

PONTOS FORTES: FASCINANTE, DIGNO DE CONFIANÇA, PERSUASIVO

PONTOS FRACOS: FRUSTRADO, INDISCRETO, MANIPULADOR

MELHOR: TRABALHO

PIOR: AMOR

AHMAD RASHAD (19/11/49)
PHYLICIA RASHAD (19/6/48)

A atriz de tevê Phylicia (*The Cosby Show*) é casada com Ahmad, uma estrela do futebol aposentado e comentarista esportivo. Ele propôs casamento à futura esposa em cena durante a gravação de *NFL Live!*, em 1985. **Também:** Mike Todd & Evelyn Keyes (namorados; produtor/atriz); Peter Pears & Benjamin Britten (parceiros; cantor/compositor).

---

19 a 24 de junho
CÚSPIDE DA MAGIA
CÚSPIDE GÊMEOS-CÂNCER

25 de novembro a 2 de dezembro
SEMANA DA INDEPENDÊNCIA
SAGITÁRIO I

Sonhos comuns

A chave para esta dupla é compartilhar os sonhos e as fantasias, e o grau em que tal compartilhamento acontece pode ser o fator determinante para o sucesso do relacionamento. Sagitário I possui um lado reservado forte e será extremamente compensador para ele compartilhar seus sentimentos mais profundos com Gêmeos-Câncer, que pode ser muito compreensivo e receptivo. Gêmeos-Câncer, no entanto, às vezes é capaz de não demonstrar aos parceiros as suas emoções mais pessoais, não desejando perturbá-los ou aborrecê-los com o que lhes parecem ser problemas menores; de fato sacrifica a sua própria necessidade de intimidade. O sacrifício também se apresenta em vários atos de lealdade que o nascido em Gêmeos-Câncer tende a desempenhar nas situações de trabalho. Mais cedo ou mais tarde esse impulso terá de ser dominado, ou as frustrações reprimidas transbordarão em ódio esmagador.

Os casos amorosos não são recomendados pelas diferenças de estilo. Conseguem funcionar, no entanto, assim como os casamentos e as amizades. Esses parceiros possuem temperamentos diferentes: Sagitário I em geral funciona em rotação mais alta do que o parceiro de Gêmeos-Câncer. Essa diferença apenas significa, no entanto, que a influência de Gêmeos-Câncer pode diminuir. Sagitário I com freqüência convive bem em uma situação com uma pessoa menos confiante e argumentativa do que ele mesmo, com quem possa contar para uma certa tranqüilidade doméstica. Gêmeos-Câncer também exerce um efeito positivo com sua mania de organização doméstica.

Os amigos e os membros familiares dessa combinação às vezes mergulham fundo em uma vida de fantasia. Os irmãos e irmãs de Gêmeos-Câncer e Sagitário I podem viver em seus próprios mundos particulares, repletos de figuras mitológicas imaginárias. Os amigos de infância podem ser inseparáveis e continuarem o relacionamento até a idade adulta. Um amor pela atividade física, sobretudo esportes não-competitivos, dança e formas mais brandas de aventura, unem esses dois mais ainda.

Conselho: *Dê incondicionalmente ou então não se dê. Objetive um toma-lá-dá-cá fácil. Cuidado para não se isolar da realidade cotidiana. Não tenha medo de compartilhar.*

RELACIONAMENTOS

PONTOS FORTES: FANTASIOSO, DEVOTADO, FÍSICO

PONTOS FRACOS: RESSENTIDO, POUCO PARTICIPATIVO, IRRITADO

MELHOR: AMIZADE

PIOR: AMOR

JOHN MCVIE (26/11/45)
MICK FLEETWOOD (24/6/47)

Membros originais do grupo pop *Fleetwood Mac*, a seção rítmica de Fleetwood e McVie não mudou desde sua formação em 1967. O baterista Fleetwood e o baixista McVie mantiveram a consistência do grupo ao longo dos anos enquanto outros membros iam e vinham. **Também:** "Bebê" Charles Lindbergh, Jr. & Bruno Hauptmann (vítima/seqüestrador-assassino).

RELACIONAMENTOS

PONTOS FORTES: DESAFIADOR, PRAGMÁTICO, INSTRUTIVO

PONTOS FRACOS: EXAUSTIVO, HESITANTE, IMPERMANENTE

MELHOR: FAMÍLIA

PIOR: AMOR

GENA ROWLANDS (19/6/34)
JOHN CASSAVETES (9/12/29)

A atriz Rowlands e o ator, diretor e roteirista Cassavetes foram casados de 1958 até sua morte, em 1989. Eram muito próximos pessoal e profissionalmente. Ela apareceu com freqüência em seus filmes, com *A Woman Under the Influence* (1974) sendo indicado para o Oscar. **Também:** Roy Disney & Walt Disney (irmãos; parceiros); Robert Henri & Marjorie Organ (casados; artistas).

19 a 24 de junho
CÚSPIDE DA MAGIA
CÚSPIDE GÊMEOS-CÂNCER

3 a 10 de dezembro
SEMANA DO ORIGINADOR
SAGITÁRIO II

Testado e aprovado

Este relacionamento é um grande desafio para os dois, já que muitas vezes exige atitudes literais e verdadeiras, levando-os a restringirem seu lado imaginativo e exuberante que ambos gostam de mostrar. O fato é mais valioso que a ficção nessa relação, conceito este que beneficia os parceiros, mas que muitas vezes acham difícil compreender. Quando um deles é confrontado com problemas, o primeiro instinto é em geral pensar numa solução incomum. No entanto, ficam limitados a tomarem a rota do testado e aprovado, que tem garantia de funcionamento.

No trabalho e na família, o relacionamento entre Gêmeos-Câncer e Sagitário II ensina praticidade e exige pontos de vista pragmáticos. Assumir responsabilidades sérias com freqüência melhora esses espíritos livres. No entanto, ambos necessitam de bastante tempo para se distrair após terem completado as tarefas profissionais e domésticas. Uma vez que tenham atendido às demandas de suas respectivas circunstâncias, na verdade podem tender a ficarem um pouco perturbados quando estão passeando sozinhos juntos. Ambos precisarão aprender a encontrar um equilíbrio em suas vidas entre as responsabilidades entediantes e os divertimentos irresponsáveis.

O amor e o casamento, sobretudo os do tipo mais romântico, não são particularmente recomendados, uma vez que provocam as instabilidades inerentes em ambos. Devido a seus extremos de emoção, o casal encontra pouco apoio ou descanso em tal relacionamento. Nada é permanente exceto a mudança. O nativo de Gêmeos-Câncer pode ficar cansado e o de Sagitário II nervoso com tais extremos.

Os amigos dessa combinação tentam fazer mais do que apenas se divertir a todo custo. O envolvimento social com deficientes físicos ou economicamente carentes, e o trabalho com grupos comunitários podem preencher seu tempo – isto é, quando não estão sendo solicitados para ajudar os grupos de amigos e familiares em projetos práticos.

Conselho: *Não se ofenda com a responsabilidade – aprenda com ela e cresça. Aprender a ser bom em empreendimentos práticos fará com que você se torne uma pessoa mais completa.*

RELACIONAMENTOS

PONTOS FORTES: ATREVIDO, RENOVADOR, PROTETOR

PONTOS FRACOS: DEPENDENTE, SUFOCANTE, QUEIXOSO

MELHOR: AMOR

PIOR: AMIZADE

JULIETE LEWIS (21/6/73)
BRAD PITT (18/12/63)

Lewis e Pitt se conheceram em 1989 quando filmavam a fita para tevê *Too Young to Die*. Apaixonaram-se e viveram juntos durante 4 anos. **Também:** Eduardo VIII & Jorge VI (irmãos; monarcas); Increase Mather & Cotton Mather (pai/filho; clérigos da colônia); Errol Flynn & Patricia Wymore (casados; atores).

19 a 24 de junho
CÚSPIDE DA MAGIA
CÚSPIDE GÊMEOS-CÂNCER

11 a 18 de dezembro
SEMANA DO TITÃ
SAGITÁRIO III

Nova esperança

O foco desse relacionamento é um novo começo. Ao encontrarem-se após relacionamentos fracassados, esses parceiros, mais velhos e maduros, podem decidir darem-se uma nova chance. Também podem se encontrar em seus anos de juventude, quando o relacionamento pode representar uma primeira tentativa séria de explorar uma área específica, tal como o casamento ou a carreira. Seja qual for o caso, os parceiros sentem um faísca, uma vivacidade, uma nova esperança de que o relacionamento tomará a direção certa, justificando o gasto de tempo e de energia.

Presumindo-se que os parceiros estejam atraídos suficientemente um pelo outro, as chances para os casos amorosos e o casamento nesta combinação são, em geral, boas. Gêmeos-Câncer é muitas vezes cauteloso com pessoas de Sagitário III, que exige e obtém grande atenção dos outros, mas por baixo dessa desconfiança pode esconder-se uma admiração secreta. Sagitário III está com freqüência muito ocupado para notar ou para conhecer indivíduos tão reservados, mas o charme de Gêmeos-Câncer pode atraí-los como um ímã. Com Sagitário III buscando metas ambiciosas e Gêmeos-Câncer propiciando-lhes um ambiente feliz e confortável, o relacionamento pode acabar sendo gratificante e bem-sucedido. Cuidado deve ser tomado, no entanto, para que o nativo de Sagitário III não domine o parceiro de Gêmeos-Câncer, privando-o da oportunidade de desenvolver-se individualmente.

Os relacionamentos entre irmãos e amigos são, com freqüência, altamente protetores, com o Titã de Sagitário III em geral atuando como provedor e defensor. O nativo de Gêmeos-Câncer fica muito feliz com tal plano até que desejem assegurar a própria individualidade, o que Sagitário III deve ser capaz de aceitar se desejar que o relacionamento continue harmonioso.

Os relacionamentos de trabalho não são particularmente favorecidos, a menos que o nascido em Gêmeos-Câncer esteja preparado para aceitar um papel secundário ou de assistente do dominante Sagitário III. Em alguns casos raros, um nativo de Gêmeos-Câncer que seja dinâmico e poderoso, pode depender intensamente de um empregado ou colega de trabalho nascido em Sagitário III, mas o perigo de confronto e de lutas pelo poder nunca está afastado.

Conselho: *Aprenda a deixar as pessoas e o passado irem embora. Fique atento às necessidades dos outros. Não tente convencer-se de que as coisas são melhores do que são.*

19 a 24 de junho
CÚSPIDE DA MAGIA
CÚSPIDE GÊMEOS-CÂNCER

19 a 25 de dezembro
CÚSPIDE DA PROFECIA
CÚSPIDE SAGITÁRIO-CAPRICÓRNIO

Beleza e equilíbrio

Este é um dos relacionamentos mais incomuns do ano. Os nativos nas cúspides Gêmeos-Câncer e Sagitário-Capricórnio nasceram no solstício de verão e de inverno, respectivamente; a oposição simbólica entre o mais longo dia e a mais longa noite pode representar um conflito entre o crescimento externo e a orientação inconsciente característicos do verão e da juventude, por um lado, e o crescimento interno e a orientação consciente característicos do inverno e da vida adulta, por outro. Mas o relacionamento que esses dois formam tem seu caráter próprio também, e o foco dominante pode ser uma busca pela beleza e pelo equilíbrio.

Uma dinâmica complexa está em funcionamento, com forças de atração e de repulsão em igualdade de condições. Os parceiros diferem no temperamento mas compartilham uma necessidade por privacidade e intimidade extremas; seu relacionamento amplia essa necessidade. Buscam a beleza: podem procurá-la um no outro ou podem trabalhar juntos para encontrá-la na natureza, na arte ou na humanidade. Muitas vezes, deixam de ver ou esquecem suas diferenças individuais nessa busca, mesclando personalidades extremamente diferentes em um todo comum. Há, claro, o perigo da perda da individualidade, mas essas personalidades são em geral forte o suficiente para sobreviverem dentro do relacionamento.

Os casos de amor entre esses dois são difíceis e dolorosos. A complexidade emocional e uma curiosa incapacidade para impulsionar o relacionamento passional sublinha a dificuldade que enfrentam para se comunicarem. O nativo da cúspide Sagitário-Capricórnio tende a sofrer calado, esperando que seu namorado o entenda, enquanto o Gêmeos-Câncer pode preferir manter as coisas calmas, tentando evitar totalmente mal-entendidos e problemas.

Os relacionamentos profissionais, os casamentos e os pares formados por pais e filhos de Gêmeos-Câncer e Sagitário-Capricórnio possuem muito a oferecer aos colegas de trabalho, aos filhos e a outros membros da família em termos de variedade e pontos de vista contrastantes. Os filhos de tais pais, por exemplo, podem realmente escolher sobre qual progenitor abordar quando tiverem qualquer problema, e não esperam uma resposta monolítica. O impulso do relacionamento para a beleza e o equilíbrio em geral exerce uma influência positiva e harmoniosa sobre qualquer grupo do qual faça parte.

Conselho: *Fique de olho no objetivo. Não se atole nos sentimentos. Enfatize atividades construtivas. Aprecie as diferenças.*

RELACIONAMENTOS

PONTOS FORTES: ATRAENTE, ESTÉTICO, ÍNTIMO

PONTOS FRACOS: REPELENTE, POLARIZADO, INCOMPREENDIDO

MELHOR: CASAMENTO

PIOR: AMOR

JANE RUSSELL (21/6/21)
HOWARD HUGHES (24/12/05)

Descobrindo-a em uma busca nacional altamente divulgada para uma protagonista rechonchuda, o multimilionário Hughes colocou Russell no elenco de seu controvertido e primeiro western censurado *O Proscrito* (1943), que ele produziu e dirigiu. Tiveram um caso.

---

19 a 24 de junho
CÚSPIDE DA MAGIA
CÚSPIDE GÊMEOS-CÂNCER

26 de dezembro a 2 de janeiro
SEMANA DO REGENTE
CAPRICÓRNIO I

Alta tensão

Este relacionamento é muito exigente, sobretudo se ocorre nas áreas familiares ou profissionais. Seu tom perfeccionista cria muitas expectativas não cumpridas e muitas complexidades emocionais. O nativo de Capricórnio I é, para início de conversa muito exigente tanto consigo próprio como com os; o nativo de Gêmeos-Câncer pode, por sua própria natureza, ser capaz de aliviar um pouco essa situação, mas não é capaz de amenizar o fardo do relacionamento em si. De fato, essa combinação particular coloca Capricórnio I sob uma pressão e um escrutínio intensos. A tensão também pode sobrar para Gêmeos-Câncer, que responde com autocrítica – como se estivesse em seu poder fazer alguma coisa para melhorar a situação. Esses dois precisam aprender a relaxar, a se preocuparem menos e a relevarem problemas pequenos.

Os casos de amor entre Gêmeos-Câncer e Capricórnio I podem revelar dificuldades emocionais. Capricórnio I pode ser muito emotivo mas raramente é capaz de discutir com seu parceiro sobre o que o está incomodando. Gêmeos-Câncer pode duvidar que o parceiro de Capricórnio I consegue entender ou apreciá-lo. Esses dois são muitas vezes atraídos um pelo outro fisicamente, mas é improvável que essa atração o ajude muito e, de fato, pode ampliar os mal-entendidos.

Os casamentos nesta combinação não são recomendados, uma vez que a energia perfeccionista do relacionamento está apta a criar os tipos de tensão que evitam o relaxamento. O nascido na cúspide Gêmeos-Câncer pode vir a se ressentir do relacionamento por essa razão; e o nativo de Capricórnio I pode não gostar do relacionamento por não atender às suas expectativas.

Como amigos, a dupla pode se unir para criticar os outros, em vez de ficarem criticando um ao outro. Atraídos pela ironia e pelo humor, às vezes se divertem gozando as fraquezas alheios. A amizade terá de aprender a rir de si mesma também, sobretudo quando essas energias voltarem-se para ela. Em qualquer esfera que ocorra, seja profissional, familiar ou pessoal, o relacionamento entre Gêmeos-Câncer e Capricórnio I deve manter altos padrões, mas reduzir o perfeccionismo persistente dos parceiros em favor de um ponto de vista mais receptivo.

Conselho: *Diminua um pouco suas expectativas. Aceite as coisas como são. Diminua a tensão, não a qualidade. Melhore as relações pessoais. Seja gentil.*

RELACIONAMENTOS

PONTOS FORTES: PREOCUPADO COM QUALIDADE, EXIGENTE

PONTOS FRACOS: SARCÁSTICO, ESTRESSADO, POUCO COMPREENSIVO

MELHOR: TRABALHO

PIOR: CASAMENTO

BOB FOSSE (23/6/27)
JOAN MCCRACKEN (31/12/22)

O coreógrafo e diretor Fosse e a estrela de comédias musicais McCracken foram casados no início dos anos 1950 e divorciaram-se em 1958. Ela foi sua segunda esposa e ex-parceira de dança. Ela estreou em *Billion Dollar Baby* na Broadway (1945). Fosse foi influente em musicais para o teatro e o cinema. Sua rápida carreira foi dramatizada em *O Show Deve Continuar* (1979).

RELACIONAMENTOS

PONTOS FORTES: INFANTIL, BRINCALHÃO, DIVERTIDO

PONTOS FRACOS: INGÊNUO, DEPENDENTE, NERVOSO

MELHOR: PAIS-FILHOS

PIOR: TRABALHO

SIMONE DE BEAUVOIR (9/1/08)
JEAN-PAUL SARTRE (21/6/05)

Beauvoir foi discípula de Sartre, companheira e às vezes namorada durante os 51 anos de relacionamento unido pela crença comum no existencialismo. Durante seus últimos 20 anos juntos, viajaram constantemente e cuidaram ternamente um do outro. **Também: Benazir Bhutto & Zulfikar Ali Bhutto** (filha/pai; líderes paquistaneses).

---

19 a 24 de junho
CÚSPIDE DA MAGIA
CÚSPIDE GÊMEOS-CÂNCER

3 a 9 de janeiro
SEMANA DA DETERMINAÇÃO
CAPRICÓRNIO II

Mitigando a seriedade

Um tanto misteriosamente, este relacionamento se caracteriza pela novidade e pelo charme, contagiando seus parceiros e as outras pessoas com o entusiasmo mais simples possível. Juntos, esses dois compartilham uma visão pessoal pura, que exige expressão. Com freqüência, têm um modo quase infantil de se relacionar um com o outro – direto e simples. O ar de determinação costumeiro de Capricórnio II é subvertido pelo espírito brincalhão do nativo da cúspide Gêmeos-Câncer. Por mais sério que Capricórnio II seja, seu relacionamento com Gêmeos-Câncer inspira-lhe reverência e admiração, mesmo nos momentos mais pragmáticos. Por baixo da dureza exterior de Capricórnio II pode estar uma alma sensível que o nativo da cúspide Gêmeos-Câncer sabe como revelar e como apreciar. Um problema que o relacionamento encontra é que o nativo de Gêmeos-Câncer pode ficar dependente da capacidade de Capricórnio II, o que o torna nervoso.

Os casos amorosos e as amizades entre nativos da cúspide Gêmeos-Câncer e de Capricórnio II serão afetuosos e carinhosos, contanto que Capricórnio II dedique-lhes tempo suficiente e não sejam ocupados demais pela carreira. Jogos, diversão, dança e outras atividades são especialmente gratificantes, servindo ao duplo propósito de encorajar o lado social do nascido em Gêmeos-Câncer e mitigar a seriedade de Capricórnio II. O espírito lúdico de Capricórnio II despertado pelo relacionamento pode encorajá-lo ao casamento e à paternidade. O nativo da cúspide Gêmeos-Câncer em geral exerce uma forte influência provedora e inicia seu parceiro de Capricórnio II nas alegrias de criar filhos. O casal pratica esportes com os filhos, mantendo, dessa forma, as próprias atitudes infantis viáveis. O relacionamento entre pais e filhos nesta combinação é muitas vezes divertido e sua alegria é contagiante. Outros membros da família admiram essa química, pois até mesmo os pais mais sérios podem derreter-se por um filho amoroso de Gêmeos-Câncer. É provável que os pais nascidos em Gêmeos-Câncer dêem a afeição e o entendimento que o duro Capricórnio II deseja secretamente. Um relacionamento profissional nesta combinação não é propriamente indicado, uma vez que a ingenuidade infantil que lhe caracteriza nem sempre é apreciada no escritório, na indústria ou na empresa.

Conselho: *Nunca se envergonhe de ser infantil. Mantenha-se jovem gastando mais tempo com os filhos. Brincar é pelo menos tão importante quanto trabalhar.*

RELACIONAMENTOS

PONTOS FORTES: SOCIÁVEL, GENEROSO, MOTIVADOR

PONTOS FRACOS: MORALISTA, MEDROSO, SACRIFICADO

MELHOR: AMIZADE

PIOR: AMOR

BOB FOSSE (23/6/27)
GWEN VERDON (13/1/25)

A dançarina e cantora da Broadway Verdon foi a terceira esposa de Fosse e atuou na estréia de *Redhead* (1959), com direção do coreógrafo. Depois de seu divórcio e uma longa ausência dos palcos, Verdon retornou à Broadway em 1975 para estrear em *Chicago*, dirigido por Fosse. **Também: Phylicia Rashad & Debbie Allen** (irmãs; atrizes); **Jeff Beck & Rod Stewart** (Grupo Jeff Beck); **Anna Akhmatova & Osip Mandelstam** (poetas russos).

---

19 a 24 de junho
CÚSPIDE DA MAGIA
CÚSPIDE GÊMEOS-CÂNCER

10 a 16 de janeiro
SEMANA DA DOMINAÇÃO
CAPRICÓRNIO III

Sentindo-se normal

O impulso deste relacionamento é um companheirismo que se abre ao mundo. As atividades em equipe surgem com facilidade para esses dois, que ingressam em atividades de grupo com entusiasmo. Essa característica é sobretudo significativa uma vez que no fundo ambos se sentem um tanto desajustados. Juntos, criam coragem para unir-se de bom grado a um grupo e a sentir como se pertencessem a ele. Essa idéia de comunhão penetra no seu relacionamento pessoal, que demonstra um grau incomum de boa vontade e de concessões mútuas.

Os casos amorosos nesta combinação não são tão benéficos quanto a amizade, em grande parte devido às atitudes morais rígidas de Capricórnio III e dos receios de Gêmeos-Câncer. No entanto, a tendência de Capricórnio III para dominar pode ser subvertida pelo representante da cúspide Gêmeos-Câncer em atitudes mais meigas, e a solidariedade e o apoio são perfeitamente possíveis. O casamento que tem por base principalmente um contato social – por exemplo, um casamento que permite aos esposos entrar em círculos sociais que de outra forma lhes seriam fechados – possue uma boa chance de sucesso.

A amizade e o trabalho são sobretudo gratificantes. Na maioria das vezes, o relacionamento atrai magneticamente outras pessoas, servindo como núcleo para outros times, grupos sociais e organizações comerciais. O nativo de Capricórnio III aprecia a oportunidade oferecida pelo relacionamento de contribuir e de servir, enquanto o nascido na cúspide Gêmeos-Câncer se sente algo liberado de seu isolamento. Ser capaz de se sentir normal, e ao mesmo tempo ser ele mesmo, é o ganho real para ambos os parceiros. Mais cedo ou mais tarde, porém, o casal terá de estabelecer os limites de tempo e de energia que dão aos outros.

Os relacionamentos familiares desta combinação, sobretudo entre tios e sobrinhos, pode constituir um forte impulso motivador por trás de reuniões de família. Esses relacionamentos são sobretudo bons para cicatrizar velhas feridas e para fazer com que adversários perenes se comportem decentemente, pelo menos por um tempo.

Conselho: *Não sacrifique sua individualidade. Dar também implica ser capaz de receber. Sentir-se normal não é necessariamente uma atividade consciente.*

19 a 24 de junho
CÚSPIDE DA MAGIA
CÚSPIDE GÊMEOS-CÂNCER

17 a 22 de janeiro
CÚSPIDE DO MISTÉRIO E DA IMAGINAÇÃO
CÚSPIDE CAPRICÓRNIO-AQUÁRIO

Uma posição central

Embora regido pelo fogo, esse relacionamento é emocionalmente tranqüilo. Como um par demonstram uma surpreendente frieza aos sentimentos dos outros, concentrando-se em sua própria condição, manobrando para galgar uma posição e esperando que estejam sendo notados. Essa abordagem egocêntrica obviamente deixa algo a ser desejado no nível interpessoal; causa surpresa encontrar dois indivíduos mágicos tendo problemas entre si. Parte da explicação pode ser o fato de que os nascidos nas cúspides Gêmeos-Câncer e Capricórnio-Aquário estão em quincôncio (150° de distância) no zodíaco. Além disso, enquanto o nativo de Gêmeos-Câncer em geral não busca se destacar, neste relacionamento seus instintos competitivos são provocados, estimulando a necessidade de ser notado. Na verdade, uma arma do arsenal competitivo desses parceiros é impedir a si mesmo de demonstrar grande interesse pelo outro. E no momento em que o relacionamento chama a atenção de fora, sua união pode ser destruída quando um dos parceiros reivindica responsabilidade exclusiva.

A lealdade é uma questão central nos relacionamentos entre Gêmeos-Câncer e Capricórnio-Aquário. O sucesso ou o fracasso dos casamentos e dos casos amorosos pode depender diretamente da capacidade de os parceiros limitarem as prioridades das próprias necessidades. Mesmo se essas necessidades forem satisfeitas, ambos os parceiros (mas sobretudo o nativo da cúspide Capricórnio-Aquário) são capazes de pular a cerca e sofrerem um lapso de fidelidade. Os desejos muitas vezes ultrapassam as necessidades, e a ganância, demonstrada pelo desejo de ter tudo em detrimento dos sentimentos alheios, pode ocasionalmente provocar revoltas.

As amizades são menos vulneráveis a tal subversão, sobretudo se se mantiverem casuais e se evitarem envolvimentos emocionais mais profundos. Os relacionamentos familiares, sobretudo entre irmãos, podem ser competitivos, com ambas as personalidades lutando para ser a estrela. Quando a competição se manifesta no relacionamento entre pais e filhos, talvez pela afeição do outro pai ou de outro membro da família, a família sofre grande estresse.

Os relacionamentos profissionais entre esses dois podem ser extremamente bem-sucedidos, sobretudo quando são colegas em áreas como relações públicas, publicidade e vendas, tanto dentro de uma empresa quanto como autônomos ou consultores. As coisas podem ir bem, contanto que o relacionamento seja colocado em primeiro plano e os parceiros percebam que o reconhecimento beneficia aos dois.

Conselho: *Pense no bem do grupo. Vocês podem ser mais forte unidos do que individualmente. Mantenha seus desejos sob controle. Pense com cuidado antes de agir.*

RELACIONAMENTOS

PONTOS FORTES: EXIGENTE, BEM-SUCEDIDO, DINÂMICO

PONTOS FRACOS: SUBVERSIVO, GABOLA, DESLEAL

MELHOR: TRABALHO

PIOR: FAMÍLIA

KRIS KRISTOFFERSON (22/6/37)
JANIS JOPLIN (19/1/43)

A lendária cantora de blues-rock Joplin e o cantor-compositor Kristofferson foram namorados em algum momento nos anos 1960. Kristofferson compôs *Me and Bobby McGee*, que Joplin gravou em *Pearl* – o primeiro álbum, lançado em 1971 – antes de morrer de overdose em 1970. **Também: James I & Francis Bacon** (rei/ministro). **Chico Buarque de Holanda & Nara Leão** (compositor, dramaturgo, escritor, cantor/cantora).

---

19 a 24 de junho
CÚSPIDE DA MAGIA
CÚSPIDE GÊMEOS-CÂNCER

23 a 30 de janeiro
SEMANA DO GÊNIO
AQUÁRIO I

O mundo é um palco

A energia deste relacionamento é exuberante, com influências teatrais e com a predominância de grande gestos. O nativo da cúspide Gêmeos-Câncer tem a chance de sair da concha e de se expressar no ambiente social. O nascido em Aquário I em geral se sente mais em casa em tais situações, mas terá de ser cuidadoso para não ofender ou esmagar seu parceiro mais recluso. É preciso sensibilidade, paciência e empatia para este relacionamento ter sucesso – não é uma tarefa fácil, dada a sua atitude geral de distanciamento e de objetividade.

Os casos amorosos e os casamentos entre esses dois em geral são estabilizados na esfera doméstica pelo cuidado com a casa demonstrado pelo nativo da cúspide de Gêmeos-Câncer. Aquário I precisa imensamente de estabilidade em sua vida e pode encontrá-la aqui. Porém, Gêmeos-Câncer terá de ser extremamente compreensivo em relação à necessidade de seu parceiro de interagir com os outros e de passar muito tempo fora de casa. Se Aquário I achar que seu parceiro está ficando satisfeito e dependente, pode querer escapar dessa armadilha afetiva. O nascido na cúspide Gêmeos-Câncer pode se sentir deprimido neste relacionamento porque lamentavelmente negligencia seu lado emocional.

Os relacionamentos entre colegas de trabalho e entre sócios em negócios podem virar amizade e vice-versa, podendo ser benéficos tanto financeira quanto emocionalmente. Sejam os amigos profissionalmente aliados ou não, tendem a dar um ao outro o espaço de que precisam para agir – uma tática que os une ainda mais. Tanto a amizade quanto os relacionamentos profissionais são atraídos por ambientes vibrantes que permitem uma ampla gama de expressão. Pode haver ciúme e competição no tocante à atenção de amigos e colegas de trabalho comuns.

Na família, sobretudo os relacionamentos entre irmãos e primos, adicionam vivacidade e tempero aos encontros familiares e aos eventos especiais. Os irmãos podem achar difícil conviverem bem no dia-a-dia, sendo totalmente desinteressados pelas atividades um do outro, sobretudo se houver uma grande diferença de idade. As combinações entre pais e filhos são muitas vezes amorosas e gratificantes.

Conselho: *Limite a competição pelos sentimentos dos outros. Desenvolva a paciência e a compreensão. Mostre mais interesse e você também receberá mais.*

RELACIONAMENTOS

PONTOS FORTES: VISTOSO, EMPÁTICO, GRATO

PONTOS FRACOS: FARTO, INIBIDOR, DESINTERESSADO

MELHOR: CASAMENTO

PIOR: IRMÃOS

ROMAIN ROLLAND (29/1/1867)
JEAN-PAUL SARTRE (21/6/05)

Esses escritores franceses Prêmio Nobel em 1964 e 1915, respectivamente, eram profundamente preocupados em compreender o papel do homem na sociedade. Rolland foi um humanista cujo melhor trabalho é a obra em 10 volumes *Jean-Christophe* (1904-12), um conto épico sobre um músico profundamente envolvido na civilização contemporânea. Os escritos existencialistas de Sartre vêem o indivíduo como um ser isolado, à deriva em um mundo sem sentido.

| **RELACIONAMENTOS** |

PONTOS FORTES: RELAXADO, AGRADÁVEL, ESTIMULADO

PONTOS FRACOS: COMPLACENTE, PROCRASTINADOR, PREGUIÇOSO

MELHOR: AMOR

PIOR: TRABALHO

ANNE MORROW (22/6/06)
CHARLES LINDBERGH (4/2/02)

Morrow, uma escritora bem-sucedida e filha do embaixador americano no México, se casou com o famoso aviador Lindbergh 2 anos depois de seu vôo transatlântico solo em 1927. A tragédia bateu em sua porta em 1932 quando seu filho foi raptado e assassinado.
Também: Lou Gehrig & Babe Ruth (companheiros de equipe; amigos); **Ray Davies & Dave Davies** (The Kinks).

---

19 a 24 de junho
CÚSPIDE DA MAGIA
CÚSPIDE GÊMEOS-CÂNCER

31 de janeiro a 7 de fevereiro
SEMANA DA JUVENTUDE E DESPREOCUPAÇÃO
AQUÁRIO II

Enfrentando o desafio

Esses dois podem se sentir muito relaxados e confortáveis juntos. Ambos são capazes de se divertirem facilmente por longos períodos de tempo, qualidade esta aumentada pelo relacionamento. Felizmente, porém, também são capazes de motivar-se para irem em frente na estrada da vida e no caminho da realização. Um grande problema é a existência de um tipo de auto-satisfação que pode beirar o orgulho. A procrastinação é um outro problema, mas as épocas mais lentas podem ser talvez períodos criativos, nos quais são plantadas sementes para aventuras e dinamismo futuros.

Os casos amorosos entre nascidos na cúspide Gêmeos-Câncer e em Aquário II podem ser extremamente prazerosos e sensuais. Buscar estoicismo ou responsabilidade elevada no meio de tal jardim das delícias talvez seja tanto puritano como desnecessário, pois o envolvimento físico e emocional profundo desse relacionamento em geral resulta em laços firmes de aceitação e confiança. Da mesma forma, nos relacionamentos familiares as atitudes desse par não devem ser desafiadas, pois servem ao propósito mais elevado de amenizar tensões e de impulsionar aqueles ao redor para se divertirem mais.

A principal preocupação das amizades pode ser a diversão, e a dos casamentos a sobrevivência, mas mais cedo ou mais tarde ambos devem enfrentar o desafio, a resistência, o pesar e a dor se desejam aprofundar-se e amadurecer. Qualquer superficialidade nas atitudes dos parceiros se torna imediatamente aparente durante períodos de problemas. Para enfrentar esses períodos, é preciso armazenar reservas profundas de força emocional para evitar fracasso espiritual.

Tanto como colegas de trabalho e parceiros comerciais, é provável que esse par deixe oportunidades passarem e se fixem no status quo. Essa atitude pode ser fatal num mundo competitivo e para preservar a si mesmo o relacionamento terá de se tornar mais ciente de tais realidades duras.

Conselho: *Saiba quando relaxar e quando ir em frente. Certas atitudes exigem mais dinamismo. Nunca perca a capacidade de se divertir.*

| **RELACIONAMENTOS** |

PONTOS FORTES: INSTRUTIVO, SENSÍVEL, CALOROSO

PONTOS FRACOS: FRUSTRADO, INTROMETIDO, POUCO CONVINCENTE

MELHOR: AMOR

PIOR: AMIZADE

JAMES DEAN (8/2/31)
PIER ANGELI (19/6/32)

A atriz Angeli teve um caso com o lendário Dean no início dos anos 1950, deixando-o triste ao se casar com o cantor Vic Damone em 1954. Menos de um ano depois, Dean morreu em um acidente com seu novo Porsche. **Também: Mary McCarthy & Kevin McCarthy** (irmãos; escritora/ator); **Malcolm McDowell & Mary Steenburgen** (casados; atores); **Mary Livingstone & Jack Benny** (casados; comediantes).

---

19 a 24 de junho
CÚSPIDE DA MAGIA
CÚSPIDE GÊMEOS-CÂNCER

8 a 15 de fevereiro
SEMANA DA ACEITAÇÃO
AQUÁRIO III

Nível de paridade

Ambos esses indivíduos são muito sensíveis e a faculdade crítica inerente a seu relacionamento tende a irritar os egos. Há uma capacidade visionária, mas sua especialidade é encontrar erros – nos outros, na moralidade, na sociedade, até mesmo no mundo em geral. Aquário III assume a liderança. De fato, é provável que supere o nativo da cúspide Gêmeos-Câncer nas esferas dos valores e da tomada de decisão, tendendo a ser crítico e mandão às vezes. De fato, Gêmeos-Câncer tem muito que ensinar – se apenas Aquário III estivesse pronto para ouvir. O relacionamento com Gêmeos-Câncer pode confrontá-lo com os principais desafios de sua vida: ser aberto, lidar com as próprias irritações e ser mais compreensivo em geral.

Os casos amorosos colocam esses dois no mesmo nível de paridade. Com seu charme discreto, Gêmeos-Câncer pode mesmo dominar por algum tempo. O nascido em Aquário III tem muito que aprender sobre si mesmo e muitas vezes enfrenta problemas para entender a si próprio em um nível mais profundo. Nesse aspecto, o nascido na cúspide Gêmeos-Câncer pode ajudá-lo tremendamente. Um caso dessa combinação provavelmente será afetuoso, romântico e satisfatório, pelo menos enquanto durar.

Os casamentos e as amizades são em geral dominados pelas atitudes críticas do nativo de Aquário III. A paciência e a calma de Gêmeos-Câncer provavelmente serão levadas ao extremo pelas provocações e agressões do seu parceiro, em geral bem-intencionados mas insensíveis às necessidades do outro. Podem surgir frustrações de ambos os lados, pela incapacidade de Aquário II de convencer seu parceiro, pela sensação de Gêmeos-Câncer de que está sempre sendo mandado. Da mesma forma, na esfera familiar os pais nascidos em Aquário III terão de aprender a parar de chatear seus filhos de Gêmeos-Câncer. Na escola e no trabalho Aquário III pode sofrer constrangimento com a atitude de sabichão quando, na verdade seu colega de escola ou de trabalho nascido na cúspide Gêmeos-Câncer é quem detém muito mais conhecimento, mas sem fazer alarde. Com efeito, Aquário III pode dar bons conselhos, mas precisa aprender a se retrair e a deixar seus amigos tomarem suas próprias decisões.

Conselho: *Aprende-se muito quando se ouve. Retraia-se às vezes. Com sensibilidade a frustração pode ser evitada. Tente estabelecer a igualdade*

19 a 24 de junho
CÚSPIDE DA MAGIA
CÚSPIDE GÊMEOS-CÂNCER

16 a 22 de fevereiro
CÚSPIDE DA SENSIBILIDADE
CÚSPIDE AQUÁRIO-PEIXES

Realizando o trabalho

Ambos têm uma qualidade etérea que em outras combinações às vezes os tornam incapazes de se impor e, com isso, são passados para trás. No entanto juntos se tornam extraordinariamente fortes. Uma pessoa que os conheça individualmente pode se espantar com o relacionamento: juntos manifestam pura energia e poder. A reação é quase química, colocando o pensamento estratégico acima da sensibilidade emocional, o instinto acima do sentimento, o impulso acima da indecisão. Trata-se de uma combinação impressionante. Embora ambos os parceiros misturem ar e água (Gêmeos e Aquários são signos de ar, Câncer e Peixes de água), seu relacionamento é governado pelo fogo e pela terra, associado com a iniciativa e o trabalho. Seu foco é apaixonado e poderoso – a energia atinge uma intensidade tremenda, tanto positiva quanto negativa. Tais energias são melhor direcionadas para fora; brigas internas entre esses parceiros poderiam separá-los.

No trabalho, nas amizades e nos casamentos, esses dois são uma força poderosa para colocar os projetos nos trilhos no seu ambiente imediato. Apesar de seu aspecto muitas vezes sereno e despretensioso, pode-se contar com eles para realizar o trabalho. Seu poder não é necessariamente forte fisicamente, mas pode manifestar-se psicológica e espiritualmente, muitas vezes realizando maravilhas com pouco esforço. O relacionamento é muito bom em ensinar os outros por meio do exemplo, e seu efeito em geral perdura após ambos terem partido. O sucesso desse par depende não somente de sua eficácia, mas de sua habilidade em relaxarem juntos e em serem empáticos.

Nos relacionamentos românticos entre os nascidos nas cúspide Gêmeos-Câncer e Aquário-Peixes, gostar é em geral tão importante quanto amar. Os casos muito freqüentemente degeneram em lutas de poder, sobretudo se os parceiros perderem o respeito mútuo e o respeito próprio. A manipulação sexual pode ser usada negativamente e a ameaça de privar um ao outro de interação física, ou de romper o relacionamento completamente, não é incomum. É preciso cuidado para que os relacionamentos entre pai e filho nesta combinação não se entreguem a lutas e combates. Em geral, construir vínculos de confiança e de fidedignidade serenos, porém firmes, superam tais tendências agressivas.

Conselho: *Cuidado com lutas de poder. Afeição é muitas vezes mais importante do que paixão. Cultive a empatia. Aponte sua energia na direção certa.*

RELACIONAMENTOS

PONTOS FORTES: COM INICIATIVA, ENERGÉTICO, PODEROSO

PONTOS FRACOS: MANIPULADOR, COMBATIVO, SUPERAGRESSIVO

MELHOR: AMIZADE

PIOR: AMOR

JEAN-PAUL SARTRE (21/6/05)
ANDRÉ BRETON (19/2/1896)

O filósofo Sartre e o poeta Breton foram oponentes ideológicos. Breton repudiou o existencialismo de Sartre como "escola noturna" e "tagarelice acadêmica". Sartre considerava o surrealismo de Breton um "fenômeno... como o Charleston e o ioiô". Eles se conheceram em 1945 e não gostaram um do outro. **Também: Príncipe William & Príncipe Andrew** (sobrinho real/tio).

---

19 a 24 de junho
CÚSPIDE DA MAGIA
CÚSPIDE GÊMEOS-CÂNCER

23 de fevereiro a 2 de março
SEMANA DO ESPÍRITO
PEIXES I

Amizade até o fim

Não importa o quanto esses dois possam ser diferentes entre si em termos de temperamento, seu relacionamento será íntimo e intenso. No entanto, embora nenhum dos parceiros hesite em dizer ao outro exatamente o que pensa, o que dizem é altamente seletivo; são capazes de manter algo em segredo do outro por longos períodos de tempo. Entretanto, costuma haver também uma honestidade inerente – mais cedo ou mais tarde contam tudo, mas somente quando lhes for conveniente.

Nos casos amorosos, parceiros nascidos em Gêmeos-Câncer e em Peixes I são capazes de compartilharem muito um com o outro, mas devem tentar serem mais independentes. Cobranças mútuas podem restringir sua gama de expressão. Essa atitude será exposta em caso de separação, um processo muito difícil para o par. Porém, pessoas mais evoluídas nesta combinação pensam no outro, estando abertas para separações ou divisões se sentirem que leva a um benefício mútuo. Essas decisões são frias e racionais – o que não quer dizer que os parceiros deixem de se amar. Esses namorados muitas vezes permanecem amigos, muito tempo depois que seu caso já tiver terminado.

Se um caso evoluir para casamento, há uma grande chance de sucesso e ter filhos o consolidará nas horas boas e ruins. Ambos os pais podem ser afetuosos, complementando um ao outro em muitos aspectos. Um problema pode surgir se Gêmeos-Câncer e Peixes I cercearem seus filhos, um gesto protetor que, na realidade, os priva de golpes necessários a um desenvolvimento normal.

É provável que relacionamentos familiares nesta combinação, sobretudo pares pai-filho, também sejam mutuamente protetores e de natureza fechada. Seja pai ou filho, o nascido na cúspide Gêmeos-Câncer costuma defender e proteger com zelo incessante. O nativo de Peixes I tende a ser extremamente empático e solidário com os sentimentos de dor e de frustração de Gêmeos-Câncer. Relacionamentos profissionais carecem de astúcia financeira para florescerem.

Conselho: *Superproteção pode magoar também. Dê liberdade àqueles de quem gosta. Abra-se para o mundo, mas cultive força interior.*

RELACIONAMENTOS

PONTOS FORTES: INTENSO, EMPÁTICO, HONESTO

PONTOS FRACOS: SUPERPROTETOR, CALADO, FINANCEIRAMENTE INCONSCIENTE

MELHOR: CASAMENTO

PIOR: TRABALHO

JUNE CARTER (23/6/29)
JOHNNY CASH (26/2/32)

Em meados dos anos 1960 Carter ajudou Cash a combater seu antigo hábito de consumir drogas e a converter-se ao cristianismo fundamentalista. Na época em que se casaram, em 1968, estavam trabalhando juntos de forma estável e gravaram muitas músicas de sucesso. **Também: Michelle Lee & James Farentino** (casados; atores); **Mike Todd & Elizabeth Taylor** (casados; produtor/estrela).

RELACIONAMENTOS

PONTOS FORTES: COM PÉS NO CHÃO, ESTRUTURADO, PARCIMONIOSO

PONTOS FRACOS: INTROMETIDO, BISBILHOTEIRO, AUTOCRÁTICO

MELHOR: PARCERIA DE NEGÓCIOS

PIOR: FAMÍLIA

WILLIAM HULL (24/6/1753)
ISAAC HULL (9/3/1773)

William, governador do território de Michigan durante a Guerra de 1812, foi sentenciado à morte (porém, mais tarde perdoado) por covardia em 1812. Neste mesmo ano seu sobrinho Isaac, comandante naval, se tornou herói ao derrotar um navio inglês em uma batalha decisiva.

---

19 a 24 de junho
CÚSPIDE DA MAGIA
CÚSPIDE GÊMEOS-CÂNCER

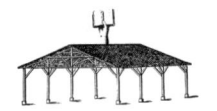

3 a 10 de março
SEMANA DO SOLITÁRIO
PEIXES II

Uma influência prática

A intimidade entre esses dois muitas vezes necessita de realização material por meio da criação de um espaço físico que atenda às necessidades do relacionamento. Seja doméstico, profissional ou, no caso de amigos nesta combinação, atlético ou social, esse espaço ocupa grande parte do tempo e da energia do par, na realidade podendo se tornar o foco de seu relacionamento. Planejar, construir, estabelecer e manter o espaço exerce uma influência prática em ambos os parceiros, que tendem a viver, tanto como indivíduos quanto como uma dupla, no mundo das idéias e dos sentimentos.

Casados ou morando juntos, os nativos da cúspide Gêmeos-Câncer e de Peixes II dedicam muita atenção ao ambiente, tentando tanto quanto possível fazer a realidade externa corresponder ao seu estado interno e subjetivo. O lado imaginativo e fantasioso de ambos os parceiros é imediatamente notado por qualquer visitante. A decoração não é vista como uma atividade social, tendo em mente possíveis visitas, mas como uma atividade completamente pessoal, servindo às necessidades privadas dos parceiros. Aprender a ser disciplinado e eficiente ao mobiliar e decorar um espaço reduz a tendência deste par a ser excessivamente relaxado e até desleixado.

Colegas de trabalho nesta combinação podem ficar frustrados se trabalharem para uma empresa onde não possam opinar sobre a arrumação do seu local de trabalho. Saem-se melhor como empresários em pequenos negócios ou executivos ou sócios em empresas maiores, onde dêem a palavra final sobre a disposição física do local de trabalho. Outro dom garantido aos parceiros é a astúcia financeira e o conseqüente tino para dinheiro.

Na família, os parentes podem não apreciar a necessidade que o relacionamento entre Gêmeos-Câncer e Peixes II sente em reorganizar, remodelar e repensar a estrutura física doméstica. O ideal, sobretudo no caso de irmãos nesta combinação, é chegar a um entendimento, onde o par tem liberdade para fazer o que deseja com seu próprio quarto ou quartos (dentro dos limites) e deixar em paz os espaços coletivos.

Conselho: *Deixe os outros fazerem suas próprias escolhas. Não fique obcecado com as necessidades e os desejos materiais. Dance conforme a música. Não desista da sua liberdade.*

RELACIONAMENTOS

PONTOS FORTES: PESSOAL, PROFUNDO, SEXUAL

PONTOS FRACOS: ISOLADO, RETRAÍDO, NARCISISTA

MELHOR: AMOR

PIOR: CASAMENTO

BRIAN WILSON (20/6/42)
MIKE LOVE (15/3/41)

Embora fossem membros originais e colaboradores dos Beach Boys, os primos Wilson e Love tiveram um relacionamento problemático. Em 1977 tiveram desavenças de personalidade. Em 1993 Love processou Wilson por difamação em sua autobiografia (resolvida fora dos tribunais), e em 1995 processou de novo, por causa de uma disputa de direitos autorais, pela qual Wilson teve de pagar 3 milhões de dólares.

---

19 a 24 de junho
CÚSPIDE DA MAGIA
CÚSPIDE GÊMEOS-CÂNCER

11 a 18 de março
SEMANA DOS DANÇARINOS E SONHADORES
PEIXES III

Uma postura reservada

Este relacionamento necessita se retirar do mundo periodicamente para construir sua própria força e visão pessoais. Costuma fazer todo o possível para proteger os parceiros, construindo barreiras contra todas as intromissões sociais. O perigo de isolamento ou de reclusão duradouros e, em casos extremos, de comportamento sociopata é óbvio. Independente do contexto em que se encontra o relacionamento, seu principal desafio é evitar que sua tendência para o ostracismo saia do controle.

Casamentos entre nativos da cúspide Gêmeos-Câncer e Peixes III tendem a se isolar do mundo. Caso haja filhos ou se a família viver em uma região fisicamente isolada do país, será necessário tomar medidas conscientes e vigorosas para construir uma vida social significativa. O isolamento estimula a imaginação e a fantasia de ambos os parceiros, uma de suas áreas psíquicas mais desenvolvidas, mas também apresenta efeitos nocivos.

Nos casos amorosos, este par pode satisfazer mais completamente a necessidade que sente por privacidade e intimidade. Um relacionamento sexual mais profundo pode ser imensamente recompensador para ambos, mas também pode despertar uma grande quantidade de sentimentos, inclusive ressentimento e ciúme. Esses dois tendem a permanecer fiéis um ao outro, mas devem ter cuidado e refrear cobranças e dependência afetiva e sexual. O uso de drogas e de álcool pode ter um efeito especialmente debilitante.

Amigos podem se tornar colegas de trabalho e vice-versa. Neste caso, o par separa cuidadosamente os momentos de lazer do trabalho, e seus cônjuges e parentes terão de entender sua necessidade de passarem muito tempo juntos. Os conflitos por ciúmes podem emergir.

Relacionamentos entre pai e filho nesta combinação, sobretudo os pares pai-filha e mãe-filho, podem alienar outros membros da família devido à necessidade excessiva dos parceiros um pelo outro. É preciso grande cuidado para que tal exclusividade não prejudique irreparavelmente a estrutura familiar.

Conselho: *Mantenha a objetividade. Use seu bom senso. Cuidado com as tendências viciantes. Construa um relacionamento profundo, mas não se isole.*

25 de junho a 2 de julho
SEMANA DA EMPATIA
CÂNCER I

25 de junho a 2 de julho
SEMANA DA EMPATIA
CÂNCER I

Confusão de sentimentos

A ultra-sensibilidade dos nativos de Câncer I caracteriza este relacionamento. É improvável que esses dois passem momentos tranqüilos juntos, sobretudo nos relacionamentos mais pessoais. Os nascidos em Câncer I são muito sensíveis aos sentimentos dos outros, e seus limites são tão fluidos que os parceiros contaminam-se com seus humores sem perceber. Considere, então, o efeito combinado de dois deles: cada um amplifica a confusão de sentimentos do outro. O relacionamento se torna extremamente complexo emocionalmente. Para haver alguma chance mínima de sucesso, os parceiros devem usar de toda sua força para manter a objetividade e para assumir a responsabilidade por seus sentimentos. Lamentavelmente, porém, não são nem inclinados nem capazes de realizar este esforço e o resultado é muitas vezes um ricochete de sensibilidades, impressões e pontos de vista.

Casos amorosos, amizades, casamentos e relacionamentos familiares são muito problemáticos nesta combinação, tornando-se campos minados de emoções com explosões detonando a cada minuto. Pode ser difícil para dois nativos de Câncer I continuarem juntos. Deveriam abordar estes relacionamentos com a maior cautela possível; trabalhar na sua própria evolução individual ajuda imensamente.

Talvez as áreas de maior benefício para este relacionamento têm a ver com trabalho, estudo e outras buscas objetivas. Como colegas de trabalho, sobretudo em escritórios relacionados a publicidade, desenho, manufatura, computadores e finanças, os nativos de Câncer I podem operar lado a lado lealmente durante todo o projeto. Sua atenção ao detalhe, concentração e temperamento complacente são profundamente apreciados pelos superiores e pelos colegas. Em geral necessitam que lhes seja dada direção, e às vezes precisam ser empurrados para evitar a complacência. Pares de executivos nascidos em Câncer I costumam ser agressivos e podem antagonizar as pessoas com suas atitudes insistentes e autoritárias. Motivação é muitas vezes uma grande dificuldade enfrentada por pares de estudantes e de professor-aluno. Podem às vezes alcançar picos de realizações, mas o processo de aprendizagem nem sempre é uniforme ou consistente – períodos de inatividade, devaneios ou rabugice costumam prevalecer. Caso o par esteja engajado nos esportes, ginástica ou outras atividades atléticas, eles terão de lutar contra a preguiça e a tendências a interromper as atividades.

Conselho: *Objetividade deveria ser sua filosofia. Cuidado para não espelhar os sentimentos um do outro. Sem reprimir suas emoções, mantenha-as sob controle.*

RELACIONAMENTOS

PONTOS FORTES: PERCEPTIVO, SENSÍVEL, INTERESSADO

PONTOS FRACOS: CONFUSO, DEPRIMIDO, MAL-HUMORADO

MELHOR: TRABALHO

PIOR: CASAMENTO

ANNA MOFFO (27/6/34)
ROBERT SARNOFF (2/7/18)

Sarnoff é filho de David Sarnoff, fundador da RCA e da NBC. Robert se tornou presidente da NBC em 1955 e foi diretor da RCA de 1970 a 1975. Ele foi casado com a cantora de ópera Moffo, que estreou no Metropolitan Opera em Nova York em 1959 e teve uma bem-sucedida carreira internacional.

---

25 de junho a 2 de julho
SEMANA DA EMPATIA
CÂNCER I

3 a 10 de julho
SEMANA DO NÃO-CONVENCIONAL
CÂNCER II

Mistérios intrigantes

Este relacionamento possui uma notável determinação para chegar ao fundo das coisas – conhecer, investigar, compreender. É provável que as áreas de investigação sejam a psicologia ou as ciências sociais em vez de, digamos, a ciência geral ou a matemática; pessoas e suas personalidades em geral exercem a maior atração. Talvez a primeira área difícil e a mais fascinante para esses parceiros explorarem seja seu próprio relacionamento, uma vez que seus próprios mistérios são tão interessantes para eles como aqueles dos outros.

É provável que o empático nativo de Câncer I compreenda seu parceiro não-convencional de Câncer II melhor do que a maioria. Em vez de afastá-los, o retraimento de Câncer II lhes interessa e na realidade esse interesse pode ser o caminho pelo qual o caso amoroso e as amizades deste par inicialmente começam. É provável que o lar para a dupla seja um local muito privado, onde poucos são admitidos. Uma vez que este refúgio abriga duas pessoas com grande tendência para a reclusão, podem passar horas nele em segurança e na solidão, tentando compreender os níveis mais profundos de seu relacionamento. Seja compartilhando sentimentos e pensamentos, fazendo amor ou expressando afeição, ocupando-se sossegadamente com atividades diferentes ou simplesmente compartilhando um vínculo de silêncio, os nativos de Câncer I e II constantemente enriquecem a compreensão um do outro e do relacionamento em si.

Preocupações subjetivas como essas podem ser contraproducentes nas situações profissionais, todavia, e a menos que os parceiros possam se concentrar em realizar o trabalho em vez de tentar analisá-lo ou investigar seus significados, não serão bem-sucedidos juntos profissionalmente. Nem a vida diária da família em geral costuma abrir espaço para tais formas ponderadas ou narcisistas de diversão, que podem desviar o par de cumprir com suas responsabilidades. Essa falta de espaço é lamentável, pois é provável que irmãos de Câncer I e II, sobretudo de sexo opostos, explorem muitos mistérios de vida juntos enquanto crescem. Em geral carregam esta conexão profunda em seus anos maduros.

Conselho: *O mundo não é composto somente de pessoas. Mostre mais interesse pelo mundo natural. Realize seus pensamentos por meio da ação. Simplifique os mistérios.*

RELACIONAMENTOS

PONTOS FORTES: DETERMINADO, INVESTIGATIVO, COMPREENSIVO

PONTOS FRACOS: NARCISISTA, DESAPROVADOR, MALSUCEDIDO

MELHOR: CASAMENTO

PIOR: TRABALHO

GEORGE ABBOTT (25/6/1887)
GEORGE M. COHAN (3/7/1878)

Abbott e Cohan, dramaturgos, produtores e diretores, são figuras lendárias do teatro musical da Broadway. Cohan dominou os palcos musicais americanos no início do século XX, ao passo que Abbott foi ativo dos anos 1930 até os 1980. Abbott é mais famoso por *Pajama Game* (1954) e *Damn Yankees* (1955). Cohan é mais lembrado por suas canções *Over There* e *Give My Regards to Broadway*.

| **RELACIONAMENTOS** |

PONTOS FORTES: INCOMUM, CONFIANTE, LEAL

PONTOS FRACOS: AMEAÇADOR, INCOMPREENDIDO, INSATISFEITO

MELHOR: AMIZADE

PIOR: CASAMENTO

RICHARD RODGERS (28/6/02)
OSCAR HAMMERSTEIN II
(12/7/1895)

O compositor Rodgers e o liricista Hammerstein uniram seu destino em 1943 para criar os musicais mais memoráveis da Broadway, incluindo *Oklahoma!* (1953), *Carousel* (1945) e *South Pacific* (1949). Seu trabalho foi central para o desenvolvimento dos musicais como uma forma de arte nos Estados Unidos.

---

25 de junho a 2 de julho
SEMANA DA EMPATIA
CÂNCER I

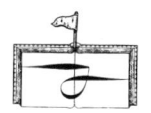

11 a 18 de julho
SEMANA DO PERSUASIVO
CÂNCER III

Aprendendo a viver e a deixar viver

Esses dois demonstram grande interesse em observar o mundo e as pessoas com distanciamento. Caso as pessoas ao redor percebam – e talvez ressintam – um par estranho analisando-as detalhadamente ao ponto de se sentirem incomodadas, o par pode ser um tanto discriminado pela sociedade, mas ele tem a capacidade de ultrapassar essa barreira, dependendo da força de vontade dos parceiros. Ser anti-social tem seus prazeres e pode ser a razão de ser desta combinação. Caso o par esteja sinceramente interessado no relacionamento em si, em vez de apenas aproveitar uma postura de "eu e você contra o mundo", sua crença pode garantir sua sobrevivência. Os nativos de Câncer I e de Câncer III podem ser muito determinados quando decidem querer algo e são extremamente bons na defesa, protegendo o que lhes é caro. Por outro lado, não devem jogar o relacionamento na cara daqueles que o acham difícil ou ofensivo. Esses parceiros devem desenvolver uma atitude de viver e deixar viver com relação aos outros.

Nos romances desta combinação, o nascido em Câncer III deve ter cuidado com a sua tendência a dominar. Câncer I sabe se defender, mas as brigas decorrentes são uma perda de tempo e energia, devendo ser evitadas. O envolvimento físico deste casal pode ser extraordinário, caracterizado por criatividade e afeto. Pode se beneficiar de uma ativa vida de fantasia emanando de um ou de ambos os parceiros. Esses relacionamentos costumam dar mais certo se não prosseguirem para o casamento, que pode isolar o casal das outras pessoas.

As amizades podem ser mais relaxadas. Muitas vezes emanam uma confiança serena que os outros respeitam. Se os amigos forem mais jovens, todavia, seus pais podem se sentir ameaçados pelo relacionamento, demonstrando medo, preocupação ou ciúmes. É esse o aspecto em que este par pode ser mais vulnerável às opiniões da sociedade. A segurança e a lealdade em geral vencem. Esses dois podem formar uma combinação profissional poderosa, contanto que o nativo de Câncer I encontre uma forte motivação que o faça desempenhar um papel ativo. Seu tino financeiro pode consolidar-se bem com a personalidade persuasiva de Câncer III em muitos esforços comerciais, sobretudo nos criativos.

Conselho: *Defenda-se, mas cuidado para não ser ofensivo. Cultive confiança tranqüila. Não fique tão preocupado com o que os outros pensam.*

| **RELACIONAMENTOS** |

PONTOS FORTES: SENSUAL, INTERESSADO, PERITO

PONTOS FRACOS: INSTÁVEL, RABUJENTO, REPRIMIDO

MELHOR: AMOR

PIOR: FAMÍLIA

JEAN-JACQUES ROUSSEAU
(28/6/1712)
SIMON BOLÍVAR (24/7/1783)

Foi a filosofia de Rousseau do Iluminismo – segundo a qual a sociedade perverteu o homem natural, um "selvagem nobre" – que influenciou Bolívar a libertar os países da América do Sul do jugo espanhol. Bolívar foi chamado de "Libertador" **Também: Dan Aykroyd & Donna Dixon** (casados; atores).

---

25 de junho a 2 de julho
SEMANA DA EMPATIA
CÂNCER I

19 a 25 de julho
CÚSPIDE DA OSCILAÇÃO
CÚSPIDE CÂNCER-LEÃO

Ganhando controle

Juntos, esses dois são extraordinariamente determinados e o mínimo que conseguem é encontrar um espaço para si mesmos. No melhor dos casos conseguem criar um império. Se tiverem de alcançar seus objetivos mundanos, todavia, terão de manter o próprio relacionamento equilibrado. Esse equilíbrio pode ser o que exige maior determinação. As oscilações de humor do nascido na cúspide Câncer-Leão combinam-se com a sensibilidade emocional do nativo de Câncer I, de modo a produzir instabilidade emocional; o desafio do relacionamento é ganhar controle sobre as emoções sem suprimi-las indevidamente. Quando ameaçados, tanto Câncer I quanto Câncer-Leão tendem a retrair ou a encerrar-se; este relacionamento deve lutar por expressão, abertura e aceitação emocional. Pode ser difícil comunicar-se com nascidos em Câncer-Leão, mas nativos de Câncer I mais saudáveis podem usar de suas habilidades empáticas e de sua capacidade psicológica para desbloquear este parceiro, sobretudo nos casamentos e nas amizades. Caso o representante de Câncer I seja o que está retraído ou deprimido, Câncer-Leão deve ser sensível o bastante para saber quando deixá-los sozinhos e quando forçá-los gentilmente para atividades mais prazerosas.

Casos amorosos entre Câncer-Leão e Câncer I enfatizam a sensualidade e o prazer físico. Saunas, massagem, aromoterapia e outras atividades prazerosas são recomendadas, assim como férias de verão em spas ou em lagos e rios. Podem surgir estados emocionais complexos, mas resolução e coragem, juntamente com paciência e compreensão, ajudam esses casos a funcionar. Qualquer tendência a procrastinar problemas ou a escapar por meio da negação ou de deixar o barco correr pode ser superado e dominado. Casamentos se beneficiam da habilidade do par de estabelecer e manter em funcionamento um empreendimento. Esses dois poderiam fundar uma dinastia.

Em tempos de crise, os familiares nascidos em Câncer-Leão se beneficiam da empatia de Câncer I, capazes de compreender melhor os sentimentos de Câncer-Leão do que estes próprios. Câncer I, por sua vez pode lucrar com a energia de seu parceiro. Relacionamentos entre colegas de trabalho e entre irmãos se beneficiam do impulso de Câncer-Leão e da sensibilidade de Câncer I, qualidades que muitas vezes amplificam.

Conselho: *Sinta o momento certo para a ação e para o silêncio. Domine as emoções sem bloqueá-las. Demonstre interesse. Fortaleça a determinação.*

25 de junho a 2 de julho
SEMANA DA EMPATIA
CÂNCER I

26 de julho a 2 de agosto
SEMANA DA AUTORIDADE
LEÃO I

Sorte e sucesso

Os nativos de Câncer I, regidos pela lua, e os de Leão I, regidos pelo sol, são muito diferentes entre si, embora seu relacionamento possa evidenciar forças sinérgicas impressionantes, sobretudo a habilidade de convencer os outros e de persuadi-los o unir-se a sua causa, seja ela comercial, social ou espiritual. (Seus talentos persuasivos não funcionam em geral um no outro, pois ambos os parceiros estão convencidos de seus respectivos pontos de vista e são altamente resistentes à manipulação.) A percepção e a sensibilidade emocional de Câncer I se fundem com a força de vontade e a natureza expansiva de Leão I para produzir um todo que é altamente eficiente nas esferas pessoal e profissional.

Os casos amorosos entre esses dois não são especialmente favorecidos. A vida interior de Câncer I pode ser complexa demais para Leão I lidar ou compreender, presumindo-se que estejam interessados. O nascido em Câncer I, por sua vez, pode estar demasiado absorto em sua própria vida emocional para querer dar a Leão I a devoção e até a adoração que essas personalidades exigem.

As amizades, os relacionamentos profissionais e o casamento nesta combinação ocupam muitas vezes o centro de seus grupos sociais ou profissionais. Conflitos internos eclodem ocasionalmente, mas esses dois em geral têm a bênção de serem capazes de trabalhar bem juntos em outro projeto. Os nascidos em Câncer I e Leão I às vezes cismam que seu relacionamento tem poderes especiais, sentimento este que pode privá-los da confiança de prosseguir sozinho, ou de mudar de parceiro ou time. Nenhum ato de deslealdade ou traição deve ser feito levianamente, uma vez que poderia quebrar a magia que traz a esses dois sorte e sucesso. Embora Câncer em geral seja considerado um signo passivo, Câncer I pode rivalizar com Leão I em agressividade e se recusa a ser relegado à cozinha ou ao escritório neste relacionamento. Embora capazes de trabalhar por conta própria para benefício de seu grupo, Câncer I e Leão I causam impressão mais forte quando aparecem juntos e pode às vezes ser impossível não conseguirem o que querem.

Conselho: *O sucesso externo está sendo superenfatizado. Busque valores espirituais e siga seu coração. Honre e demonstre interesse pelos sentimentos de seu parceiro.*

RELACIONAMENTOS

PONTOS FORTES: PERSUASIVO, EFICAZ, BEM-SUCEDIDO

PONTOS FRACOS: INDIFERENTE, INCOMPREENDIDO, NARCISISTA

MELHOR: AMIZADE

PIOR: AMOR

JERRY HALL (2/7/56)
MICK JAGGER (26/7/43)

A supermodelo Hall foi namorada de Jagger muito tempo antes de finalmente se casarem, em 1990. Jagger era considerado o "bom partido" das celebridades nesta época e Hall estava no auge da carreira. Participar da alta-sociedade parece ser o que fazia este casal funcionar. **Também: George Orwell & Aldous Huxley** (escritores futuristas ingleses).

---

25 de junho a 2 de julho
SEMANA DA EMPATIA
CÂNCER I

3 a 10 de agosto
SEMANA DA FORÇA EQUILIBRADA
LEÃO I

Aos trancos e barrancos

É raro a expressão se manifestar facilmente neste relacionamento volátil; esses dois só conseguem se comunicar esporadicamente, aos empurrões. Conflitos entre Câncer I e Leão II parecem facilmente surgir do nada. Na realidade, são conflitos sobre sentimentos. O nativo de Leão II carece dos talentos empáticos de Câncer I, sendo muitas vezes insensível às emoções das outras pessoas. Os acessos de raiva e de ressentimento que costumam surgir entre esses dois podem ostensivamente ocorrer sobre questões as mais variadas, desde finanças à estética, mas costuma haver algo pessoal por trás dessas divergências aparentemente objetivas.

É provável que os casos amorosos entre nativos de Câncer I e de Leão II sejam vívidos, mas um tanto inconstantes. Alguma constância de humor ou igualdade de tom pode ser difícil ou impossível de alcançar. O nascido em Câncer I muitas vezes sente que esses parceiros são frios e insensíveis, enquanto Leão I pode se irritar com o que ele considera invasão emocional, que ele preferiria apenas ignorar. O casamento também terá seus problemas, mas em alguns casos os parceiros agüentam firme durante anos, por lealdade ou simplesmente por recusarem-se a desistir. O relacionamento tende a ser resignado, comprometido mas perturbado.

As amizades nesta combinação podem ser animadas e divertidas, enfatizando atividades estimulantes tais como cinema, dança e música. Porém, esses dois só gostam de uma vida social ativa durante uma pequena parte do tempo, já sentem uma grande necessidade de privacidade. Na maior parte das vezes, preferem atividades limitadas aos dois sozinhos.

No trabalho, diferenças sutis no temperamento pode gerar conflitos. Com relação à família, os relacionamentos entre pai e filho podem ser caracterizados por um alto nível de divergências, pelo menos do ponto de vista dos outros parentes.

Conselho: *Reduza ao máximo as discussões. Tente ouvir o que está sendo dito. Equilibre seus humores. Tente ser mais paciente e compreensivo.*

RELACIONAMENTOS

PONTOS FORTES: EXCITANTE, COMPROMETIDO, ESTIMULANTE

PONTOS FRACOS: FRUSTRADO, BRIGUENTO, DESORDEIRO

MELHOR: AMIZADE

PIOR: TRABALHO

OLIVIA DE HAVILLAND (1/7/16)
JOHN HUSTON (5/8/06)

Em 1945 Huston, recém-divorciado de sua segunda esposa, cortejou enfaticamente Havilland. De acordo com um repórter de Hollywood: "O beijo de Ano-Novo dado nela por John Huston deveria ter sido fotografado em tecnicolor!" Os dois nunca se casaram. **Também: Gilberto Gil & Caetano Veloso** (parceiros, compositores e intérpretes).

RELACIONAMENTOS

PONTOS FORTES: PROTETOR, AFETIVO, ÚTIL

PONTOS FRACOS: INSTÁVEL, EXTREMISTA, AGRESSIVO-PASSIVO

MELHOR: CASAMENTO

PIOR: AMIZADE

PAUL FRANÇOIS BARRAS (30/6/1755)
NAPOLEÃO BONAPARTE (15/8/1769)

Membro da Convenção Nacional Francesa, Barras ordenou Napoleão em 1795 a defender o governo contra insurretos. Quando Napoleão obteve sucesso foi recompensado com o posto de comandante do exército. Um ano mais tarde, Napoleão se casou com Josephine, ex-amante de Barras, a quem Barras havia apresentado ao ascendente Napoleão.

25 de junho a 2 de julho
SEMANA DA EMPATIA
CÂNCER I

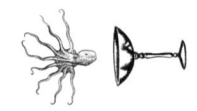

11 a 18 de agosto
SEMANA DA LIDERANÇA
LEÃO III

Gostos e desgostos

O tema forte é tentar determinar o que cada pessoa deseja ou precisa e incorporá-lo ao relacionamento. Leão III pode provocar o lado agressivo de Câncer I, que, da mesma forma, pode provocar a passividade de Leão III. É provável que o relacionamento seja caracterizado por grande mudanças de humor, com os parceiros expressando o que gostam e não gostam um do outro com surpreendente freqüência.

Ambos um tanto agressivos, Câncer I e Leão III não hesitam em perseguirem seus desejos – contanto que possam se identificar com eles. Sua capacidade para ajudar um ao outro a perseguirem esses desejos é a grande força do relacionamento. Seria de se esperar que o complexo Leão III fosse capaz de dominar Câncer I mas, curiosamente, é Câncer I que muitas vezes acaba sendo o chefe, com sua capacidade de sentir, entender e satisfazer ou frustrar os desejos e as necessidades deste parceiro. Ao mesmo tempo, as qualidades heróicas de Leão III podem ser inspiradoras para Câncer I quando este estiver no mundo externo. Sentimentos de afeição e de amor são com freqüência expressados nesse relacionamento.

É difícil obter constância e moderação nos casos amorosos, mas trata-se de objetivos valiosos. Leão III precisa de um ambiente doméstico calmo e afetuoso, onde possa relaxar do seu elevado ritmo de trabalho e Câncer I pode ser capaz de fornecê-lo. A empatia dos nascidos em Câncer I pode também ser usada para sondar e suavizar esse lado explosivo e oculto do parceiro. Leão III dará a direção no casamento e nos casos amorosos, em geral tendo um papel solidário e protetor.

A despeito dessas instabilidades, o relacionamento entre Câncer I e Leão III pode ser um verdadeiro paraíso para ambos os parceiros. É vantagem para eles então, tentar estabilizar um casamento, trabalho ou situação familiar, eliminando influências conflitantes tanto quanto possível. Os chefes e pais nascidos em Leão III podem se sentir muito satisfeitos em cuidar de empregados e filhos de Câncer I, mas na verdade, pode ser que o nativo de Câncer I é que tenha maior capacidade para garantir bem-estar psicológico para Leão III – certamente tem a melhor das intenções para com este parceiro. Portanto, o relacionamento pode ser uma mistura interessante de influências mutuamente benéficas.

Conselho: *Cuidado com as lutas pelo poder. Trabalhe para o bem comum. Estabilize seu relacionamento. Divida as tarefas e tome cuidado com as atitudes sexistas.*

RELACIONAMENTOS

PONTOS FORTES: INTELIGENTE, COMUNICATIVO, SOLIDÁRIO

PONTOS FRACOS: SUPERFICIAL, BRIGUENTO, IMPULSIVO

MELHOR: TRABALHO

PIOR: CASAMENTO

BILL CLINTON (19/8/46)
ROSS PEROT (27/6/30)

Logo depois que Perot anunciou sua candidatura a presidente, em março de 1992, ele despontou na frente de Clinton e Bush nas pesquisas nacionais. Clinton se beneficiou pela retirada de Perot da campanha mais tarde, pois muitos dos partidários deste passaram a apoiar Clinton. Perot entrou novamente na disputa em outubro, mas Clinton venceu com uma margem confortável.

25 de junho a 2 de julho
CÚSPIDE DA EMPATIA
CÂNCER I

19 a 25 de agosto
SEMANA DA EXPOSIÇÃO
CÚSPIDE LEÃO-VIRGEM

Investigações inteligentes

Câncer I é regido pela água e Leão-Virgem pelo fogo e pela terra, mas seu relacionamento é regido pelo ar, associado ao intelecto. O foco de seu relacionamento pode ser a invenção e o desafio, sobretudo nas atividades mentais – jogos, quebra-cabeças, discussões e debates, o empenho pela excelência acadêmica. Os relacionamentos de Câncer I também costumam trazer à tona seu lado emocional, em detrimento da sua capacidade intelectual. O relacionamento com o nascido na cúspide Leão-Virgem, no entanto, coloca à prova sua inteligência e enfatiza sobretudo as respostas rápidas – se os parceiros quiserem evitar a superficialidade, terão de se lembrar de aprofundarem-se nas questões. Atitudes mutuamente críticas podem causar discussões, mas também aguçam a inteligência. Uma vez unidos, Câncer I e Leão-Virgem serão adversários poderosos para qualquer pessoa que os desafie na esfera mental.

Neste relacionamento, a ênfase na capacidade intelectual não necessariamente diminui os prazeres sexuais, e é provável que o amor entre Câncer I e Leão-Virgem inclua um aspecto físico de peso. Claro que também desejarão conversar sobre esse lado de suas vidas. Seu grande interesse nas buscas hedonistas elevam o prazer, contanto que sua abordagem não seja intelectual demais. Atividades de pesquisa incluindo a leitura, a participação em grupos de estudo e de aconselhamento pode exercer um efeito positivo neste relacionamento. Se os parceiros quiserem tentar um casamento ou uma situação de vida em comum, devem tomar cuidado para não agirem sob impulso.

Os relacionamentos entre irmãos e amigos, por outro lado, parecem ser muito tranqüilos e objetivos. Em geral, a emoção é subordinada à razão, até correndo o risco de refrearem os impulsos básicos e reprimirem os sentimentos. No entanto, há intenso apoio mútuo neste relacionamento. Seu nível de comunicação é alto – de fato, os parceiros possuem uma ligação quase telepática entre si. Se pensarem em começar um negócio, podem ser altamente bem-sucedidos em uma empresa pequena na área de informática, programas de computador, projetos de Internet, publicidade ou consultoria.

Conselho: *Tenha calma e tente refletir mais quando tomar decisões. Evite discussões desnecessárias. Cuidado para não parecer tranqüilo demais.*

25 de junho a 2 de julho
SEMANA DA EMPATIA
CÂNCER I

26 de agosto a 2 de setembro
SEMANA DOS CONSTRUTORES DE SISTEMAS
VIRGEM I

Encontrando o cerne da questão

Este relacionamento apresenta uma autoridade exterior, vista pelo mundo com muita seriedade. Internamente, porém, investiga os assuntos do coração. A ambição é proeminente, mas apenas quando aprenderem a verdadeira relação que têm entre si poderão alcançar o sucesso. É provável que nenhum dos parceiros individualmente seja capaz de guiar o relacionamento até terra firme; terão de investigar suas idéias, seus sentimentos, suas crenças e seus gostos de uma forma organizada para aprenderem o que têm em comum. É improvável que essa busca seja intelectual ou mesmo consciente; surge naturalmente por meio das experiências compartilhadas pela dupla. As partes se encaixam uma a uma nos seus devidos lugares e aparece então o cerne do relacionamento. Uma vez estabelecida uma verdadeira comunhão, os parceiros obtêm sucesso em várias áreas de suas vidas. Até então podem vagar sem rumo.

Os casos amorosos desta combinação tendem a ser instáveis mas românticos. Há com freqüência uma disputa entre a emoção de Câncer I e a estrutura e a lógica de Virgem I. Em geral, Virgem I faz demandas que Câncer I acha difíceis de atender; também se recusa a reconhecer a importância dos sentimentos para o nativo de Câncer I, o que se torna motivo de ressentimento. Em geral, falta-lhes o tempo necessário para encontrar um terreno comum; um compromisso duradouro é improvável a não ser que os dois estejam em uma situação que os obriga a um contato regular, permitindo que o relacionamento se desenvolva.

A necessidade de uma base sólida é evidente no casamento, na família e no trabalho. A procrastinação e a dúvida podem complicar até mesmo as decisões mais simples. As direções tomadas nem sempre são as melhores e pode levar meses ou anos antes que os erros sejam detectados e corrigidos. Ocorrem mudanças dramáticas, no entanto, se uma base sólida conseguir ser estabelecida. Nota-se sobretudo um aumento na autoconfiança dos parceiros, uma vez que individualmente e nos relacionamentos com os outros tendem a ter pouca capacidade de decisão ou bom senso.

Contanto que não sejam dominadas pela dependência mútua, as amizades dessa combinação podem tolerar diferenças. Nesse caso, a direção pode ser obtida simplesmente por meio de atividades comuns, talvez físicas ou de natureza levemente competitiva, com ambos os parceiros fazendo uso de suas qualidades individuais.

Conselho: *Persevere na sua busca. Permaneça aberto às idéias e às escolas de pensamento. Arrisque-se. Não permita que a falta de coragem o deprima.*

RELACIONAMENTOS

PONTOS FORTES: INVESTIGATIVO, CONSCIENTE, ESTEBELECIDO

PONTOS FRACOS: DESORIENTADO, PROCRASTINADOR, À DERIVA

MELHOR: CASAMENTO

PIOR: AMOR

BEN BRADLEE (26/8/21)
SALLY QUINN (1/7/41)

A jornalista e autora Quinn foi contratada em 1969 por Bradlee, editor executivo do *Washington Post*, como repórter da seção de Moda. Mutuamente solidários e politicamente alinhados, eles se casaram em 1978. Quinn deixou o jornal em 1982 para ter um bebê e escrever romances. Bradlee deixou seu cargo em 1991 e se tornou vice-presidente do *Post*.

---

25 de junho a 2 de julho
SEMANA DA EMPATIA
CÂNCER I

3 a 10 de setembro
SEMANA DO ENIGMA
VIRGEM II

Melhorando os humores

Duas personalidades tão ocultas e discretas como essas pareceriam reforçar os aspectos mais reservados um do outro. No entanto, a química de seu relacionamento age para melhorar seus humores, e com freqüência para fazê-los ter contato com o mundo. Facilidade de interação é a ênfase, e fornece alívio aos parceiros, que provavelmente enfrentaram obstáculos e dificuldades tremendas em seus relacionamentos passados. A chave é um tipo de comunicação e de entendimento tácitos. Essa comunicação pode fazer muito para aliviar o conflito, a discussão ou a negociação proeminente em outras interações.

Nos casos amorosos e nos casamentos, esses dois possuem uma capacidade forte para perceberem os desejos um do outro, tanto intelectuais quanto emocionais. Mas não são necessariamente bons em satisfazer as necessidades físicas um do outro, portanto podem ter de gastar meses ou mesmo anos se conhecendo nesse nível de intimidade. Com sorte, por meio de conversas – a orientação do relacionamento é mental – o entendimento pode prevalecer. É melhor não levarem as frustrações e preocupações a sério demais; se for possível simplesmente ignorá-las, desaparecerão à medida que o relacionamento crescer.

As amizades são sobretudo favorecidas. As demandas emocionais e as responsabilidades financeiras devem ser mantidas leves, dando aos parceiros o tempo e o espaço de que precisam para conhecerem-se melhor. Inevitavelmente passarão muito tempo sozinhos, mas à medida que adquirirem mais confiança, o relacionamento se insere como parte de uma unidade social maior. Câncer I fica fascinado pelas mudanças de personalidade de Virgem I, que por sua vez encontra na profundidade e na abrangência das emoções de Câncer I uma fonte inesgotável de espanto.

Como colegas de trabalho e membros da família, os nativos de Câncer I e de Virgem II podem formar um laço empático forte que os faz enfrentar situações difíceis no trabalho e no lar. Como em outras áreas, a chave é ter uma atitude descontraída e não fazer cobranças desnecessárias um ao outro, reduzindo portanto o estresse.

Conselho: *Minimize as cobranças. Livre-se da negatividade. Mude as atitudes pessimistas. Mantenha-se leve e descontraído. Abra canais de comunicação.*

RELACIONAMENTOS

PONTOS FORTES: DESPREOCUPADO, COMPREENSIVO, CALMANTE

PONTOS FRACOS: FRUSTRADO, INSATISFEITO, ESTRESSADO

MELHOR: AMIZADE

PIOR: AMOR

PETER LAWFORD (7/9/23)
PATRICIA KENNEDY (28/6/24)

Kennedy, irmã de JFK, foi casada com o ator Lawford (1954-66), tornando-o cunhado de JFK e membro da clã Kennedy. Ele foi também membro de uma clã menos prestigiada, o "Rat Pack", liderado por Frank Sinatra. **Também: Henrique VIII & Elizabeth I** (pai/filha); **Gilda Radner & Jane Curtin** (cômicos SNL); **Dan Rowan & Peter Lawford** (sogro/genro, década de 1970).

RELACIONAMENTOS

PONTOS FORTES: DETERMINADO, EQUILIBRADO, TÉCNICO

PONTOS FRACOS: RESSENTIDO, IRRITADO, DEPRIMIDO

MELHOR: TRABALHO

PIOR: FAMÍLIA

FERDINAND MARCOS (11/9/17)
IMELDA MARCOS (2/7/31))

Após 11 dias de namoro se casaram. Tiveram 3 filhos e viveram luxuosamente enquanto a maior parte do país sofria na pobreza. Foram expulsos e se exilaram nos Estados Unidos em 1986; ele morreu 3 anos mais tarde. **Também: Carl Lewis & Jesse Owens** (campeões olímpicos); **Mel Brooks & Anne Bancroft** (casados; atores); **Medgar Evers & Charles Evers** (irmãos; ativistas dos direitos humanos),

---

25 de junho a 2 de julho
SEMANA DA EMPATIA
CÂNCER I

11 a 18 de setembro
SEMANA DO LITERAL
VIRGEM III

Razão *versus* emoção

É provável que este relacionamento envolva uma luta para equilibrar os interesses muitas vezes conflitantes do coração e da mente. Câncer I é com freqüência controlado por suas emoções, Virgem III por seus pensamentos e em seu relacionamento essas influências muitas vezes polarizam em vez de unir. A luta não lhes é estranha, porém, e se esses dois estiverem determinados o bastante conseguirão superar as diferenças que os dividem, pelo menos o suficiente para conviverem bem. Sem essa determinação, o relacionamento não apresenta prognóstico favorável na área da interação pessoal.

O nativo de Virgem III em geral mantém seus sentimentos profundos sob controle, mas ao negar-lhes uma saída pode sofrer de frustração, de depressão e de explosões de raiva. O problema se complica pela tendência de Câncer I a captar os sentimentos desse parceiro e a agir da mesma forma. Principalmente nos casos amorosos e nos casamentos, os dois devem aprender a confessar francamente e a assumir a responsabilidade por suas emoções. Ambos os parceiros tendem a gostar de usar de manipulação para obterem o que desejam. Do lado positivo, a combinação dá a seus parceiros um nível incomum de fidelidade, determinação e resistência, ajudando-os a agüentar a barra.

As amizades e os relacionamentos familiares entre nativos de Câncer I e de Virgem III podem ser atormentados pelo ressentimento e por explosões de raiva mal-entendidos. A bem da verdade, essa negatividade pode emanar do relacionamento do dueto com um terceiro, talvez um amigo mútuo, namorado ou pai, que com freqüência suscita o problema sem ter consciência. Para resolver os problemas, a principal tarefa para todos os envolvidos é desenvolver conscientização psicológica. As possibilidades de trabalho podem ser excelentes entre esses dois. O nativo de Câncer I é capaz de ser objetivo o bastante, sobretudo nas esferas técnicas e financeiras, para complementar seu prático sócio de Virgem III. Seja o par colegas de trabalho em uma grande organização ou sócios de uma empresa, seu relacionamento pode ser um sucesso que sobrevive e se desenvolve durante muitos anos.

Conselho: *Persevere para chegar à raiz dos problemas. Descubra suas verdadeiras qualidades. Assuma a responsabilidade por seus sentimentos. Permaneça objetivo.*

RELACIONAMENTOS

PONTOS FORTES: RECEPTIVO, ADMIRADOR, GRATO

PONTOS FRACOS: DESORDEIRO, SENSÍVEL DEMAIS, REVERENTE

MELHOR: AMIZADE

PIOR: CASAMENTO

HENRIQUE VIII (28/6/1491)
ANA DE CLÈVES (22/9/1515)

Ana foi a quarta esposa do monarca inglês. Seu casamento em 1540 foi arranjado para assegurar a aliança entre Henrique e o irmão de Ana, um poderoso príncipe alemão. Descontente com a aparência de Ana, Henrique teve o casamento anulado seis meses mais tarde. **Também: Ilya Bolotowski & Esphyr Slobodkina** (casados: artistas); **Patrice Lumumba & Kwame Nkrumah** (líderes africanos).

---

25 de junho a 2 de julho
SEMANA DA EMPATIA
CÂNCER I

19 a 24 de setembro
CÚSPIDE DA BELEZA
CÚSPIDE VIRGEM-LIBRA

Ampliando a aceitação

Este relacionamento pode ser baseado na admiração mútua e caracterizado pelo humor, pela comunicação e pelo brilho. Os parceiros podem descobrir que compartilham uma visão comum. Ademais, cada um pode expor o outro a idéias novas e entusiasmantes, aumentando a abertura entre eles. O nativo de Câncer I será atraído pelo lado estético de Virgem-Libra, secretamente admirando as atitudes modernas deste parceiro bem como sua capacidade de acompanhar a opinião pública. Embora Virgem-Libra necessite de um esforço extra para entender os sentimentos de Câncer I, eles mesmos apreciarão serem entendidos psicologicamente, e serem aceitos por quem são, por esse parceiro perspicaz. Gerar atitudes mais amplas e mais receptivas um para com o outro e, mais importante, para as pessoas de fora do relacionamento pode ser um foco principal.

Um interesse intenso pelas artes – tais como moda, pintura, escultura e desenho – é característico. Esse interesse não é apenas teórico, mas também prático, refletindo-se em seus gostos por roupas e em seu estilo de vida em geral. É possível abrirem um negócio juntos com base em tais interesses. Em uma amizade ou relacionamento profissional, devem tomar cuidado para não se tornarem mutuamente exclusivos, esnobes ou intolerantes.

Um caso de amor entre Câncer I e Virgem-Libra, sobretudo escondido de um companheiro ou namorado principal, pode ser emocionante, mas também destrutivo. Se esses dois descobrirem um ideal de beleza um no outro, talvez o reconhecimento clássico de um ideal interno, seu caso pode continuar clandestino por anos, demonstrando aspectos viciantes. Não é em geral aconselhável para tal relacionamento progredir para o casamento. Deve ser visto claramente pelo que é, dentro de um quadro total que inclua o terceiro no triângulo amoroso. Os relacionamentos familiares, sobretudo entre pais e filhos, desafiam a capacidade de Câncer I e de Virgem-Libra para aceitarem suas diferenças. As interações do lado escuro, sobretudo caracterizado por projeção psicológica e dramatização, pode perturbar a família. Porém, a profundidade da interação dos parceiros pode ser uma dádiva divina, à medida que para eles a descoberta da verdade sobre si mesmos pode levar à maior saúde e autoconfiança no futuro.

Conselho: *Lute pela autoconsciência. Cuidado para não sucumbir ao modismo. Procure ver os erros. Aja com base em suas observações. Aceite as diferenças.*

25 de junho a 2 de julho
SEMANA DA EMPATIA
CÂNCER I

25 de setembro a 2 de outubro
SEMANA DO PERFECCIONISTA
LIBRA I

Senso de propósito

A motivação é o elemento crucial deste relacionamento. Individualmente os dois possuem uma tremenda iniciativa, mas o efeito que exercem entre si pode ser equiparado ao retardamento. De alguma forma essa combinação libera forças um tanto obscuras e complexas, atrapalhando tudo que possam tentar alcançar. Esse efeito se deve, em primeiro lugar, ao fato de que a convivência nenhum deles é fácil. O relacionamento entre Câncer I e Libra I pode estagnar se não tiver direção. Uma sensação de liderança e de propósito é o principal requisito; uma vez que é provável que nenhuma das partes lidere com segurança, a tarefa é encontrar formas para criar motivação ou propósito dentro do relacionamento. Tal força de vontade requer um esforço tremendo desses parceiros, esforço este que pode apenas acontecer se houver desejo e firmeza de caráter. Felizmente, consciência da situação pode levar à negociação e ao acordo.

No amor e no casamento, um motor poderoso para o casal pode ser o desejo que sentem um pelo outro. As paixões podem ser muito intensas. No entanto, é provável que em algum momento um dos parceiros avise ao outro que, se as coisas não começarem a se movimentar, é melhor se separarem. Se o desejo de continuar juntos (seja motivado pelo medo da perda, pela ligação sexual ou pelo amor) for forte o suficiente, o relacionamento em geral encontra um caminho. Ambos os parceiros devem estar preparados para chegarem a um acordo e a discutirem francamente.

As amizades nesta combinação podem se afastar gradativamente, seja por negligência ou por não lhe dar o devido valor. Sinais de aviso, talvez um longo período sem se comunicar, alertará a dupla do perigo de perder sua conexão, estimulando a vontade de fazer algo a respeito e evitar que aconteça novamente.

Na família e no trabalho, com freqüência nenhuma parte é forte o suficiente para agir convincentemente como pai ou patrão. Dos dois, o afetivo e protetor Câncer em geral desempenha melhor tais papéis do que Libra I. Como irmãos ou colegas de trabalho, o par com freqüência funciona melhor quando há uma fonte externa de liderança ou de autoridade na estrutura familiar ou profissional.

Conselho: *Aumente sua determinação. Decida o que realmente deseja. Esteja preparado para entrar em acordo. Reprima as tendências escuras.*

RELACIONAMENTOS

PONTOS FORTES: CHEIO DE DESEJOS, NEGOCIADOR, CONDESCENDENTE

PONTOS FRACOS: INTENSO, CONTRAPRODUCENTE, FRACO

MELHOR: IRMÃOS

PIOR: AMIZADE

BILLY DAVIS, JR. (26/6/40)
MARILYN MCCOO (30/9/43)

Os cantores Davis e McCoo foram membros do bem-sucedido grupo de pop-soul The Fifth Dimension de 1966 a 1975. Casaram-se em 1969 e deixaram o grupo em 1975 para se apresentarem em dupla, mas seu casamento não resistiu e em 1980 se separaram. **Também:** Patty Smyth & Richard Hell (roqueiros casados); Gilda Radner & Barbara Walters (representação na *SNL* de "Baba Wawa").

---

25 de junho a 2 de julho
SEMANA DA EMPATIA
CÂNCER I

3 a 10 de outubro
SEMANA DA SOCIEDADE
LIBRA II

Excesso de prazer

A grande força deste relacionamento é a sensibilidade e a comunicação sutil entre seus membros. Como indivíduos, são bem conscientes e psicologicamente adaptados, e seu relacionamento magnifica essas qualidades, produzindo um nível ainda mais alto de compreensão. Esses talentos podem ser mantidos dentro do relacionamento, sendo usados para benefício dos parceiros, ou, se o par for ativo no grupo social, na família ou no negócio, podem ser usados com aqueles ao seu redor, que inevitavelmente serão atraídos por seus conselhos. Em qualquer caso, as interações entre nascidos em Câncer e em Libra II são observadas de perto pelos outros, que podem ver o relacionamento como uma fonte de inspiração.

Os casamentos, os casos amorosos e as amizades são abençoados com todas essas capacidades. No entanto, têm problemas com procrastinação e indecisão. Um excesso de prazer ou de conforto é um fato: os parceiros com freqüência não sentem necessidade de ir além do seu nível atual, tanto espiritual quanto financeiramente, de forma que status quo tem primazia. O inimigo é a auto-satisfação, se apenas Câncer I e Libra II pudessem ver isso. Esses dois mostram bastante consciência dos domínios psicológicos e emocionais; é irônico que com freqüência deixem de ver o que está esgotando a força e o crescimento de seu próprio relacionamento.

Os relacionamentos entre nativos de Câncer I e de Libra II têm uma vocação para a esfera dos serviços humanos, seja no trabalho social, no aconselhamento psicológico ou nas atividades comunitárias. Se esses dois iniciarem uma sociedade em um negócio, a tarefa de fazer a sociedade funcionar financeiramente em geral será de Câncer I. Libra II pode ser o mais forte na interação com os clientes, com os vendedores ou com o público.

O laço forte que une dois membros da família nesta combinação confere energia positiva ao grupo como um todo. Outros parentes sentem que podem recorrer a esse par quando forem mal-entendidos e acreditam em sua capacidade de transformar fraqueza em força.

Conselho: *Aplique seus conselhos em você mesmo. Seja mais consciente do que não está fazendo. Sentir-se bem não é o único objetivo. Compartilhe suas descobertas com os outros.*

RELACIONAMENTOS

PONTOS FORTES: SENSÍVEL, PERCEPTIVO, INSPIRACIONAL

PONTOS FRACOS: PRESUNÇOSO, AUTO-SATISFEITO, PROCRASTINADOR

MELHOR: TRABALHO

PIOR: AMIZADE

H. RAP BROWN (4/10/43)
STOKELY CARMICHAEL (29/6/41)

Carmichael e Brown foram sucessivos presidentes do radical SNCC a partir de 1966, repudiando a integração em favor do "black power", um termo introduzido por Carmichael e adotado por Brown. Devido a seu extremismo e brigas internas, o SNCC se esfacelou no início dos anos 1970. **Também:** Pamela Anderson & Tommy Lee (casados; atriz/roqueiro).

RELACIONAMENTOS

PONTOS FORTES: ENCORAJADOR, EQUILIBRADO, EDUCATIVO

PONTOS FRACOS: SEM CONSIDERAÇÃO, FRUSTRADO, RESSENTIDO

MELHOR: AVÔ/NETO

PIOR: TRABALHO

NANCY LIEBERMAN (1/7/58)
MARTINA NAVRATILOVA (18/10/56)

A grande jogadora de basquete Lieberman e a lenda do tênis Navratilova iniciaram uma relação de 3 anos em 1981. Treinando juntas rigorosamente, Lieberman ajudou Navratilova a chegar ao topo, tanto física quanto mentalmente. Elas viveram juntas durante este período entre rumores de romance. **Também: John Cusack & Joan Cusack** (irmãos; atores); **Jean-Jacques Rousseau & Denis Diderot** (autor-colaboradores).

---

25 de junho a 2 de julho
SEMANA DA EMPATIA
CÂNCER I

11 a 18 de outubro
SEMANA DO TEATRO
LIBRA III

Tornando-se saudável

Câncer I e Libra III exercem um efeito catalisador entre si. Há uma dinâmica psicológica interessante, na qual cada parceiro incorpora algumas atitudes do outro; isso, por sua vez, os leva a descobrir ou a expor aspectos de seus eus que estavam previamente ocultos. Sua combinação impele Câncer I a ser mais sociável e a revelar mais sua vida interna; Libra III a se retrair um pouco dos envolvimentos mundanos e a se tornar mais introspectivo. Este relacionamento equilibra as tendências inatas um do outro. Ao encorajá-los nessas direções, cria um movimento para o bem-estar e para a saúde psicológica. Mesmo se terminar, provavelmente deixará cada parceiro uma pessoa mais sã, não apenas vivendo melhor, mas tendo mais para oferecer.

O nativo de Libra III com freqüência gosta de um braço forte para se apoiar em seus relacionamentos, mas com Câncer I se beneficia da parte anatômica ainda mais importante deste – um ouvido solidário que sabe como ouvir. Por sua vez, no entanto, pode ser incapaz ou não ter vontade de dar a seu parceiro de Câncer I a atenção de que este precisa, causando frustração e algum ressentimento para com suas atividades e associações profissionais. O nascido em Libra III fica muitas vezes constrangido com as emoções, mas seu relacionamento com Câncer I ensina os riscos de uma fachada fria e sem emoção. Aprender a reconhecer e a dar vazão a seus sentimentos construtivamente é uma importante lição para Libra III. A dinâmica dessa combinação quase parece ter um propósito específico no crescimento pessoal de cada indivíduo. Uma vez atingido o propósito, o par pode achar que o relacionamento está terminando, tendo passado da data de validade. Os membros da família, sobretudo os pares de primos e de avós e netos, respeitam os segredos um do outro. No entanto, também encorajam-se para acharem o tempo e o lugar certos para revelar esse material oculto, e talvez no percurso ajudem a trabalhar os problemas que surgirem. É improvável que os colegas de trabalho de Câncer I e Libra III constituam uma equipe efetiva em cargos na área de prestação de serviços, industrial ou burocrática, tampouco funcionem como parceiros em negócios.

Conselho: *Construa uma aparência bem acabada. Reconheça a importância da expressão emocional. O que você pode oferecer? Seja grato pelo que tem.*

RELACIONAMENTOS

PONTOS FORTES: SENTIMENTAL, ESPIRITUAL, ADAPTADO

PONTOS FRACOS: SÉRIO DEMAIS, INDIRETO, SEM AUTO-ESTIMA

MELHOR: AMIZADE, COMPETIÇÃO

PIOR: PAIS-FILHOS

OLIVIA DE HAVILLAND (1/7/16)
JOAN FONTAINE (22/10/17)

As irmãs Havilland e Fontaine foram proeminentes na Hollywood dos anos 1930 e 1940. (Joan mudou seu nome para Fontaine em 1937.) Ambas foram indicadas para o Oscar de melhor atriz em 1941. Fontaine ganhou por *Suspeita* (de Havilland perdeu com *Hold Back the Down*). **Também: George Sand & Franz Liszt** (amizade próxima); **Mike Tyson & Evander Holyfield** (inimigos pugilistas pesos-pesados).

---

25 de junho a 2 de julho
SEMANA DA EMPATIA
CÂNCER I

19 a 25 de outubro
CÚSPIDE DO DRAMA E CRÍTICA
CÚSPIDE LIBRA-ESCORPIÃO

Reconhecendo um poder maior

Este relacionamento pode ser altamente espiritual, não obstante sua aparência de físico. Esses parceiros estão com freqüência submetidos a um poder maior, que reconhecem como tal. Nesse sentido, o relacionamento muitas vezes apresenta tons religiosos, mas não necessariamente formais. Em todas essas atividades juntos, os nativos de Câncer I e da cúspide Libra-Escorpião sempre se esforçam muito, mas em última análise deixam para o destino ou uma divindade mais pessoal resolver. No entanto, se colocam por inteiro em tudo o que fazem.

Considerando o seu caso de amor e o seu casamento como abençoados e consagrados, nenhum dos dois é especialmente egoísta neste relacionamento; estão mais interessados em um tipo precioso de intimidade, que sabem que nunca devem trair ou não dar o devido valor. Essas atitudes podem fazer a vida difícil se o relacionamento acabar – os parceiros são em geral incapazes de adotar a postura leve, realista ou cética que torna a separação mais fácil. Um período de angústia é em geral necessário antes de conexões românticas novas com os outros poderem ser assumidas.

Os nascidos em Câncer I e em Libra III são bem talhados um para o outro, sejam amigos, rivais ou concorrentes. Justiça é em geral uma questão importante. Estejam do mesmo lado ou não, podem admirar as capacidades um do outro, e não guardam ressentimentos de seus confrontos. Como rivais em negócios, competindo por um contrato ou um cliente, guardam uma visão positiva um do outro, tanto que podem mais tarde acabarem trabalhando juntos para a mesma empresa.

Os relacionamentos entre pais e filhos dessa combinação nem sempre são capazes de fornecer o tipo de autoridade e de direção exigidas na criação de filhos. Os pais e filhos com muita freqüência se relacionam como amigos, um hábito que pode causar problemas de identificação de papéis mais tarde na adolescência e no começo da vida adulta.

Conselho: *Assuma mais responsabilidade por sua ações. Fortaleça a visão que tem de si mesmo. Desempenhe seu papel plenamente. Não use o destino como desculpa.*

25 de junho a 2 de julho
SEMANA DA EMPATIA
CÂNCER I

26 de outubro a 2 de novembro
SEMANA DA INTENSIDADE
ESCORPIÃO I

Estabelecendo parâmetros

Embora a astrologia tradicional preveja um relacionamento tranqüilo, por causa do aspecto trígono (Câncer I e Escorpião I estão a 120° de distância no zodíaco), este relacionamento tende a ser emocionalmente muito complexo. Seu grande desafio é construir pontes de comunicação verbal e estabelecer parâmetros nos quais contato significativo possa ocupar um lugar. Os nativos de Câncer I favorecem interações não-planejadas, desejando tanto espaço de respiração quanto possível, enquanto os nascidos em Escorpião I impõem regras e regulamentos que lhes garantem controle. Lutas de poder são quase certas, então, e ameaçam a segurança do relacionamento se saírem do controle. Diplomacia paciente, compromisso e discussão são essenciais para deterem essas lutas.

Casos amorosos vão fundo. É provável que vínculos sexuais sejam apaixonados e duradouros, e os encontros emocionais dos parceiros mexem com eles profundamente. Sentimentos negativos, e positivos emergem. Antes que um desses casos prossiga para o casamento, caberia ao par esboçar o papel e as responsabilidades esperadas de cada parceiro, estabelecendo pautas gerais para garantir ao relacionamento uma base estrutural.

Amizades entre nativos de Câncer I e Escorpião I podem ser íntimas, mas são difíceis de manter. É improvável que os parceiros vejam a necessidade de criar pautas para suas interações, ou concordar com elas. Escorpião I também pode desconfiar das motivações de Câncer I (que acha dúbias) e ações (vistas como furtivas). É provável que Câncer I veja Escorpião I como excessivamente preocupados com o controle moral. O resultado de toda essa situação é muitas vezes um tipo de relacionamento que vai e volta.

Em nenhuma área as relações entre Câncer I e Escorpião I são tão complexas como na esfera pai-filho. Não importa qual deles é o pai, o filho pode ficar desnorteado com uma mistura interessante de mimo e expectativa alta. É provável que manipulação emocional, amor, ressentimento, bondade e muitos outros sentimentos mesclem-se e se confundam. Colegas de trabalho nascidos em Câncer I e Escorpião I podem se dar bem quando suas tarefas são bem definidas.

Conselho: *Defina os papéis mais claramente. Concorde na divisão do trabalho. Cuidado com atitudes e expectativas indefinidas. Busque princípios comuns para a convivência diária.*

RELACIONAMENTOS

PONTOS FORTES: ESFORÇADO, SENSÍVEL, SEXUAL

PONTOS FRACOS: COMPLEXO, BRIGUENTO, MAL DEFINIDO

MELHOR: AMOR

PIOR: AMIZADE

CHARLES LAUGHTON (1/7/1899)
ELSA LANCHESTER (28/10/02)

Os atores Laughton e Lanchester se casaram em 1929 antes que se tornassem conhecidos. Trabalharam juntos ocasionalmente em filmes, como *The Private Lives of Henry VIII* (1933), em que ela fez o papel de Ana de Clèves, e em *Testemunha de Acusação* (1975), em que ambos desempenharam seu papel como uma grande equipe cômica. **Também: Patrice Lumumba & Mobutu Sese Seko** (inimigos políticos do Congo); **Mário Quintana & Carlos Drummond de Andrade** (poetas)

---

25 de junho a 2 de julho
SEMANA DA EMPATIA
CÂNCER I

3 a 11 de novembro
SEMANA DA PROFUNDIDADE
ESCORPIÃO II

Jogo paralelo

A força primária nesta combinação é a tendência de seus parceiros a se juntarem ao ponto de excluírem o mundo. O relacionamento pode ser reclusivo, com os parceiros se retirando do contato social com outras pessoas. Laços familiares e profissionais os ajudam a ficar em contato com o mundo. Seus relacionamentos às vezes constroem conexões pela da religião, pela música, pelo cinema ou pelo esportes, que podem lhes trazer um aspecto quase sagrado, agindo como pontos de contato tanto entre eles quanto deles para com outras pessoas. Periodicamente necessitam parar para recuperar o fôlego, separando-se por um tempo. Esse nível de envolvimento atinge o limite da dependência mútua, não sendo ideal para o crescimento individual dos parceiros.

Casos amorosos entre nascidos em Câncer I e Escorpião II podem ser altamente sensuais, mas podem igualmente bem sublimar o prazer sexual em outras esferas, tais como comida e conforto físico. O prazer é raramente do tipo estático, apaixonado, mas ao contrário é flutuante e difuso. Padrões de sono podem ser especialmente importantes para este par. O relacionamento pode evoluir também para uma direção marcadamente não-física, com o predomínio de sentimentos platônicos e a intensidade sendo reservada para buscas mais espirituais. Os namorados em tal relacionamento podem continuar como amigos (e até parceiros de cama) muito depois de suas paixões se esfriarem. Casamentos e amizades nesta combinação podem ser contraproducentes para o crescimento mútuo por causa da tendência dos parceiros de se removerem da vida social, gastando todo o tempo submersos no próprio relacionamento. Pode ocorrer uma situação parecida com aquela de brincadeira paralela entre crianças, que estão sentadas lado a lado, mas absortas em suas próprias atividades, de forma que estão aparentemente alheias à presença da outra. No entanto, de forma curiosa, esses relacionamentos entre nascidos em Câncer I e Escorpião II podem funcionar, conseguindo atender às necessidades de ambos os parceiros.

Nas esferas familiar e profissional, tendências combativas muitas vezes surgem entre Câncer I e Escorpião II. Sobretudo entre irmãos, padrastos e enteados, bem como colegas de trabalho, todos os tipos de situações competitivas podem suscitar raiva, mágoas e, muitas vezes, ciúmes e rivalidade sobre as afeições de um terceiro.

Conselho: *Separem-se ocasionalmente. Abandone as cobranças. Limite os combates. Tente ser franco e compreensivo.*

RELACIONAMENTOS

PONTOS FORTES: GRATO, ESPIRITUAL, SENSÍVEL

PONTOS FRACOS: COMBATIVO, RETRAÍDO, DEPENDENTE

MELHOR: AMOR

PIOR: CASAMENTO

BONNIE BRAMLETT (8/11/44)
DELANEY BRAMLETT (1/7/39)

Marido e esposa, a dupla Delaney & Bonnie se casou uma semana depois de se conhecer em 1967. Seus sucessos musicais estão ligados a sua associação com Eric Clapton, que gravou e viajou em turnês com eles. Quando Clapton se afastou no início dos anos 1970, sua popularidade se desvaneceu. Em 1972, com o lançamento de seu último álbum, *Together*, o casamento acabou.

| **RELACIONAMENTOS** | 25 de junho a 2 de julho | 12 a 18 de novembro |

PONTOS FORTES: PRAGMÁTICO, COM PÉS NO CHÃO, FÍSICO

PONTOS FRACOS: INCOMPREENDIDO, FERINO, SADOMASOQUISTA

MELHOR: COLEGAS

PIOR: CASAMENTO

PRÍNCIPE CHARLES (14/11/48)
LADY DIANA (1/7/61)

Após um casamento de contos de fadas em 1981 assistido por milhões de pessoas no mundo todo, 2 filhos e uma vida aparentemente perfeita, o casal real se separou devido à infidelidade conjugal, incluindo a admissão pública de Diana de adultério e um caso de Charles com uma antiga amante. Seu casamento acabou após 15 anos.

25 de junho a 2 de julho
SEMANA DA EMPATIA
CÂNCER I

12 a 18 de novembro
SEMANA DO ENCANTO
ESCORPIÃO III

Pode a honestidade prevalecer?

Muito freqüentemente a fachada que este relacionamento apresenta aos amigos, aos parentes e ao público em geral desfigura o verdadeiro estado das coisas. O relacionamento é enigmático, então, e difícil de compreender até para os parceiros. Embora Câncer e Escorpião sejam ambos signos de água (associados com sentimento), o símbolo do relacionamento é a terra, o que lhe confere um lado pragmático, prático e físico que enfatiza a responsabilidade, mas também pode se caracterizar por críticas e tendências a impor culpas e censura.

Em casos amorosos e em casamentos, é provável que Câncer I se ressinta das atitudes controladoras de Escorpião III. O nativo de Câncer I costuma receber punições de Escorpião III, e o relacionamento pode na realidade ter um caráter levemente sadomasoquista. Parte do problema é que Câncer I tem uma necessidade desesperada de expressar seus sentimentos, enquanto Escorpião III constrói toda a estrutura de seu ego em torno do controle dos seus sentimentos. Ameaçado pelas mostras de emoção do Câncer I, Escorpião III reprime e domina – quando na realidade fariam bem em aprender uma lição. Câncer I, por outro lado, tem uma habilidade estranha para atazanar Escorpião III. E uma vez que nenhum dos parceiros resigna-se ao sofrimento se não obtiverem o que desejam, não hesitarão em buscar satisfação em outro lugar se o relacionamento não for capaz de lhes proporcioná-la. Para que este quadro não pareça totalmente desanimador, é preciso dizer que também podem ser felizes juntos, mas somente se a dedicação, a honestidade, a aceitação e a afeição prevalecerem e as críticas forem suprimidas.

As amizades nesta combinação podem ser confusas e são muitas vezes mal compreendidas. O mundo tende a ver principalmente as diferenças do par, e a contemplar o relacionamento como algo vago e carecendo de definição. Somente quando o relacionamento prova sua eficácia e sobrevive a algumas pancadas duras é que a família e os amigos finalmente o reconhecem e o levam a sério.

Em pares no trabalho e na família, os nativos de Câncer I e de Escorpião III se beneficiam da proteção de um grupo no qual seus papéis, sobretudo como colegas de trabalho ou irmãos, são bem definidos. Esta dupla é melhor quando questões pessoais não se impõem, e quando chefes e pais esperam dedicação e resultados deles.

Conselho: *Seja honesto e aberto. Evite usar dois pesos e duas medidas. Abandone atitudes controladoras. Não se deixe ser tratado como uma bola.*

RELACIONAMENTOS

PONTOS FORTES: IMAGINATIVO, ESCAPISTA, AGRADÁVEL

PONTOS FRACOS: FORA DA REALIDADE, FERINO, SONHADOR

MELHOR: FAMÍLIA

PIOR: ROMANCE

PAT BUCKLEY (1/7/26)
WILLIAM BUCKLEY (24/11/25)

O escritor William é fundador da revista politicamente conservadora *National Review*. É um colunista conhecido nos Estados Unidos e convidado freqüente de programas de entrevista na tevê, demonstrando agudo senso intelectual e sagacidade. Sua esposa, a autora Pat, é uma figura socialmente proeminente que devota grande parte de seu tempo à caridade. **Também: George Abbott & Mary Sinclair** (casados; produtor/pintora).

25 de junho a 2 de julho
SEMANA DA EMPATIA
CÂNCER I

19 a 24 de novembro
CÚSPIDE DA REVOLUÇÃO
CÚSPIDE ESCORPIÃO-SAGITÁRIO

Um mundo irreal

Este relacionamento nunca seguirá as regras. Seus parceiros acham difícil definir sua interação, o que pode ser tanto positivo quanto negativo, dependendo do ponto de vista. A ilusão se apresenta proeminentemente; portanto, depositar as esperanças e os sonhos no relacionamento é em geral um erro. Câncer I, o mais tradicional do par, achará a falta de foco mais perturbadora do que o Escorpião-Sagitário, amante da liberdade. De qualquer forma, é improvável que o relacionamento seja duradouro. Câncer I tende a ver algo neste relacionamento que simplesmente não existe. Além disso, raramente conseguem se impor perante o nativo da cúspide Escorpião-Sagitário, que pode ser ardiloso e que, consciente ou inconscientemente, às vezes seduz seus parceiros, fazendo promessas que acabam por não cumprir. Muito freqüentemente o nascido na cúspide Escorpião-Sagitário consegue obter o que deseja, ou pensa que deseja, deste relacionamento e depois vai embora, deixando para trás um Câncer I mais triste e sério.

Os romances podem ser abençoadamente curtos ou cruelmente longos. Os mais curtos podem ser prazerosos para ambos os parceiros, levando-os para um mundo irreal do qual, infelizmente, eventualmente terão de retornar. Pares duradouros enfrentam rejeição, dor e culpa, que podem acabar com as boas lembranças do início auspicioso do relacionamento.

As amizades somente são possíveis dado algum compromisso definido. A escolha essencialmente reside com o nativo de Escorpião-Sagitário, cujos compromissos perdidos e telefonemas esquecidos muito freqüentemente deixam o Câncer I saber que seus amigos se importam menos do que eles. Uma vez que perceba que foram usados, Câncer I em geral fecha a porta. Para ser justo com o representante de Escorpião-Sagitário, todavia, estes podem ter estado recebendo mensagens ambíguas de seus parceiros durante todo o tempo. Relacionamentos no trabalho são provavelmente a melhor aposta. Particularmente recomendados são os empreendimentos imaginativos, nos quais o talento e bom-gosto de Escorpião-Sagitário se unem com o tino para negócios e às habilidades técnicas de Câncer I. Se o relacionamento for capaz de limitar sua tendência a vagar e a sonhar, é capaz de implementar suas idéias no setor comercial. Pares formados por irmãos e pais e filhos são provavelmente mais bem-sucedidos quando trabalhando para melhorar a situação familiar, muitas vezes ajudando os parentes a relaxar e a se divertir.

Conselho: *Tente manter os pés no chão e os olhos no alvo. Não se engane. Encontre suas verdadeiras qualidades. Não saia do caminho.*

25 de junho a 2 de julho
SEMANA DA EMPATIA
CÂNCER I

25 de novembro a 2 de dezembro
SEMANA DA INDEPENDÊNCIA
SAGITÁRIO I

Buscas bem estabelecidas

Este relacionamento firma parceiros e proporciona-lhes objetivos e prioridades claros. Mas precisam ser claros sobre exatamente o que estão falando; se sua comunicação não for específica, são comuns osequívocos. Também poderiam cultivar características de discernimento e seletividade – com efeito, é importante que o façam. Os nativos de Câncer I e Sagitário I se dão melhor quando tiverem algo específico para discutir ou conversar. Caso falte essa base, a imprecisão de Câncer I e os vôos filosóficos e fantasiosos de Sagitário I podem rapidamente desmoronar o relacionamento.

Os casos amorosos podem ficar completamente perdidos ou emaranhados, devido a problemas de comunicação e a deturpações na linguagem emocional. A menos que haja uma forte atração física ou alguma outra razão bem definida para os dois ficarem juntos, é improvável que o romance decole. É mais provável que o casamento funcione se os cônjuges compartilharem um bom relacionamento profissional, ou se o casamento for a evolução de uma amizade comprovadamente bem-sucedida e objetiva.

As amizades são um tipo de contato no qual o significado literal pode talvez ser menos importante. Neste tipo de relacionamento, os nativos de Câncer I e de Sagitário I podem deixar tudo correr frouxo, relaxando, divertindo-se e brincando. Viagens curtas no verão para o mar, lagos ou rios são especialmente agradáveis, assim como atividades em ambientes fechados como pingue-pongue, jogos na piscina e de mesa. Pode ser difícil para parentes de Câncer I e Sagitário I, sobretudo pais ou avós e filhos e netos, se entenderem. Diferenças temperamentais podem dificultar a compreensão mútua, criando conflitos emocionais. Na adolescência e no início da vida adulta, tais interações correm melhor quando o envolvimento é limitado. As questões deveriam ser sempre bem definidas.

Relacionamentos de trabalho entre Câncer I e Sagitário I são melhores quando construídos ao redor de atividades autônomas ou empresariais que misturam suas habilidades individuais. O nativo de Câncer I é em geral melhor na administração do lar, na organização, no planejamento e no orçamento; o Sagitário I, em tarefas externas, viagens, trabalho físico pesado e resolução de problemas.

Conselho: *Não fique divagando. Limite as atividades e as direcione bem. Desenvolva suas habilidades individuais. Aprenda a cooperar.*

RELACIONAMENTOS

PONTOS FORTES: BRINCALHÃO, LITERAL, LIMITADO

PONTOS FRACOS: DESCONECTADO, TRUNCADO, POUCO COMUNICATIVO

MELHOR: TRABALHO

PIOR: FAMÍLIA

MIKE TYSON (30/6/66)
ROBIN GIVENS (27/11/64)

Em um par muito improvável, Givens, uma atriz afro-americana educada e culta, se casou com o lutador Tyson, um desordeiro de rua com ficha criminal. Seu casamento foi tempestuoso desde o começo, Tyson sendo acusado de violência. O divórcio foi inevitável. A carreira de Givens, entretanto, ganhou impulso devido à publicidade de que foi alvo.

---

25 de junho a 2 de julho
SEMANA DA EMPATIA
CÂNCER I

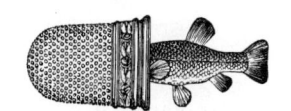

3 a 10 de dezembro
SEMANA DO ORIGINADOR
SAGITÁRIO II

Almas afins

A combinação de Câncer I com Sagitário II pode ser frutífera. Há uma sensação de bem-estar e um entusiasmo neste relacionamento que o par pode usar para iniciar novos projetos, e que podem fazer maravilhas para dissipar seus humores negativos. Tanto Câncer I quanto Sagitário II têm qualidades incomuns que nos relacionamentos com os outros muitas vezes os marcam como estranhos e os tornam mal compreendidos, mas neste relacionamento, podem experimentar a satisfação de encontrar a alma gêmea. A aceitação e a apreciação do lado informal um do outro muitas vezes liberam a energia necessária para iniciar projetos de trabalho juntos e levá-los a cabo.

Relacionamentos românticos decolam ou não. Há poucas áreas nebulosas ou ambigüidades; os nativos de Câncer I e de Sagitário II costumam ser objetivos e decidem logo se vão ou não continuarem juntos. Em tais pares tudo-ou-nada, ser capaz de ser honesto e direto sobre sentimentos é um alívio para ambos os parceiros. O casamento entre esses dois pode funcionar maravilhosamente bem ou terminar em desastre confuso. Antes de se empolgar com a perspectiva de um casamento maravilhoso, ou de tentar resolver todos os problemas de uma só vez, pretendentes de Câncer I e Sagitário II fariam melhor em sentar-se e conversar longa e francamente sobre a conveniência de tal passo. Permanecer objetivo é difícil mas poupa muita dor ao longo do caminho.

É improvável que Câncer I e Sagitário II formem amizades íntimas. Embora compreendam-se bem, neste tipo de relacionamento podem não gostar muito das idiossincrasias do outro. E sem novos projetos para iniciar, seu relacionamento provavelmente carecerá de força e de propósito. Na família, é provável que pares de irmãos e de primos nesta combinação colidam fortemente e sejam incapazes de conviver, a menos que tenham um hobby ou um interesse artístico ou atlético em comum. Tais interesses podem ajudar muito a superarem diferenças temperamentais.

Conselho: *Entusiasmo pode ser mortal. Tente usar o bom senso nas tomadas de decisão. Esteja preparado para terminar o que começar.*

RELACIONAMENTOS

PONTOS FORTES: COM INICIATIVA, ENTUSIASTA, GRATIFICANTE

PONTOS FRACOS: CONFUSO, FATÍDICO, DESASTRADO

MELHOR: AMOR

PIOR: AMIZADE

HENRIQUE VIII (28/6/1491)
CATARINA HOWARD
(10/12/1520)

Howard foi a quinta esposa de Henrique. Eles se casaram em 1540, logo depois da anulação do casamento com Ana de Clèves. Howard era jovem, namoradeira e indiscreta. Acusada de adultério em novembro de 1541 foi executada em fevereiro do ano seguinte. **Também: Mike Tyson & Don King** (pugilista/patrocinador).

RELACIONAMENTOS

PONTOS FORTES: PARTICIPATIVO, GRATO, ESTÉTICO

PONTOS FRACOS: RETRAÍDO, POLARIZADO, NÃO RECONHECIDO

MELHOR: CASAMENTO

PIOR: FAMÍLIA

GEN. BENJAMIN DAVIS, JR.
(18/12/12)
GEN. BENJAMIN DAVIS
(1/7/1877)

Davis foi o primeiro negro a se tornar general no Exército americano. Foi também professor de ciência militar. Davis, Jr., seguindo o amor do pai pelo serviço militar, serviu na Força Aérea americana e se tornou major (1959) e tenente-coronel (1965). **Também:** Henrique VIII & Catarina de Aragão (casados; primeira esposa); **Frank Loesser & Abe Burrows** (parceiros musicais da Broadway).

25 de junho a 2 de julho
SEMANA DA EMPATIA
CÂNCER I

11 a 18 de dezembro
SEMANA DO TITÃ
SAGITÁRIO III

Um dom de dividir

Os relacionamentos mais bem-sucedidos entre Câncer I e Sagitário III compartilham um sistema de valores ou uma visão de beleza. Esses dois devem reconhecer e fortalecer o valor do que eles têm – incluindo o relacionamento em si. Câncer I e Sagitário III podem contemplar o mundo um tanto superficialmente, mas sempre contribuem com alguma coisa que vale a pena, e em geral em grande escala. Os nascidos em Sagitário III são muitas vezes tão preocupados com a carreira ou com os objetivos pessoais que têm dificuldade em reconhecer quão dependentes eles são neste relacionamento. Os nascidos em Câncer I, todavia, são em geral sensíveis o suficiente para perceber que os nascidos em Sagitário III não estão ignorando ou subestimando o relacionamento, apenas falhando em reconhecê-lo. Câncer I pareceria estar em desvantagem nesta combinação, mas as necessidades inconscientes dos nascidos em Sagitário III, menos cientes, são um livro aberto para eles e, se desejarem, poderão exercitar um controle psicológico poderoso neste contexto.

Este parece ser um clássico par extrovertido-introvertido, mas quem é alheio à relação com freqüência falha em ver os estados de alma mais baixos, contidos, dos nascidos em Sagitário III, ou o papel ativo que Câncer I pode representar ao lidar com eles. Nos casos amorosos e casamentos, os nascidos em Câncer I, que são inteligentes o suficiente para não lançar um ataque frontal à depressão de Sagitário III, mostrarão valiosas compreensão e paciência. Os nascidos em Sagitário III em geral adotam uma atitude agressiva, poderosa para com o mundo, enquanto o Câncer I presta atenção à cena doméstica, mas no relacionamento tais dicotomias raramente são tão simples. Adotando mutuamente um padrão de beleza, talvez um no outro, em seus filhos, em sua casa ou interesses comuns, a esses parceiros é conferido o dom de dividir. Nas amizades os nascidos em Sagitário III muitas vezes dominam, e Câncer I pode por fim necessitar se libertar deles. Nas situações familiares, também, um pai de Sagitário III pode exercer influência dominadora sobre um filho Câncer I, ou um irmão ou irmã sobre irmãos. Relacionamentos no trabalho nesta combinação são desafiadores nos pares de companheiros de trabalho ou colegas que exigem igualdade. Menos problemáticos serão relacionamentos mais simples de patrão-empregado, nos quais o Sagitário III é "grande figura" e representa o papel primário, enquanto o Câncer I gerencia os trabalhos internos do projeto.

Conselho: *Abertamente reconheça o que você tem. Lute por igualdade. Aprecie as diferenças completamente. Não fique preso em papéis fixos. Permaneça flexível.*

RELACIONAMENTOS

PONTOS FORTES: BRINCALHÃO, FANTASIOSO, DIVERTIDO

PONTOS FRACOS: IMATURO, IMPRUDENTE, FORA DA REALIDADE

MELHOR: AMIZADE

PIOR: CASAMENTO

WILLIAM THOMSON (26/6/1824)
JAMES PRESCOTT JOULE
(24/12/1818)

Os físicos Thomson [Barão Kelvin] e Joule são conhecidos por seu trabalho em termodinâmica. Eles descobriram o efeito Joule-Thomson – o decréscimo de temperatura de um gás quando se expande no vácuo, que é a base de todos os refrigeradores modernos e dos ares-condicionados.

25 de junho a 2 de julho
SEMANA DA EMPATIA
CÂNCER I
SAGITÁRIO-CAPRICÓRNIO

19 a 25 de dezembro
CÚSPIDE DA PROFECIA
CÚSPIDE DE

Alívio da sombra

A natureza infantil deste relacionamento é em geral aparente para ambos os parceiros. Embora sua perspectiva conjunta possa ser um tanto ingênua às vezes, eles têm oportunidade de desenvolver uma conexão divertida e rica em fantasia. Necessitando de privacidade, eles muitas vezes mantêm suas atividades secretas e escondidas do mundo, e pode levar muito tempo para que comecem a dividir seus segredos mais íntimos um com o outro – comportamento que o relacionamento em geral promoverá. Aceitação e confiança representarão um forte papel neste caso. Para ambos os parceiros o valor terapêutico potencial de suas interações pessoais não deveria ser subestimado, uma vez que ambos têm um lado sombrio profundo e depressivo do qual o relacionamento poderá enfim oferecer a eles algum alívio.

Aqui, casos amorosos podem ser imaturos e não realistas, mas o romance é muitas vezes intenso e a paixão pode ser prazerosamente irresistível. É provável que ambos os parceiros se entreguem de corpo e alma, mas a chama que queima tão intensamente também pode ser logo extinta. Casamentos não são recomendados a menos que os parceiros estejam dispostos a adotar atitudes mais maduras e assumir responsabilidades pesadas.

Amizade entre Câncer I e Sagitário-Capricórnio e pares de irmãos pode ser alegre e íntima. O elemento infantil tem soberania neste caso. Ambos os parceiros estão abertos para aproveitar atividades divertidas, seja nas áreas de jogos, esportes, mídia, música ou aventura. Seus pares são em geral fechados para os outros, e o grande desafio aqui é abrir o relacionamento para fazer tais atividades mais inclusivas.

O lado de sobra da combinação aparece relativamente pouco nas amizades e relacionamentos de irmãos. Momentos solenes ocorrerão, mas eles são em geral sadios, nos quais os parceiros se sentem capazes de dividir seus problemas e sofrimento um com o outro. Relacionamentos no trabalho, nesta combinação, podem não ser sérios o suficiente para terem sucesso, mas quando Câncer I e Sagitário-Capricórnio são companheiros de trabalho e colegas, eles podem alegrar o ambiente de trabalho com atitudes mais leves e frívolas.

Conselho: *Preserve sua juventude, mas não descuide de suas responsabilidades. Seja um pouquinho mais realista. Olhe antes de pular. Compartilhe com os outros.*

25 de junho a 2 de julho
SEMANA DA EMPATIA
CÂNCER I

26 de dezembro a 2 de janeiro
SEMANA DO REGENTE
CAPRICÓRNIO I

Custo-eficácia

Este relacionamento é em geral bastante severo e exigente, impulsos perfeccionistas tornam difíceis o relaxamento e a interação tranqüila. Porque Câncer I e Capricórnio I são opostos um do outro no zodíaco, a astrologia prediz dificuldades e, neste caso, corretamente, a oposição se traduz em tensão e pressão para produzir um resultado perfeito.

Câncer I pode ser bastante crítico, e é provável que seja tão crítico com Capricórnio I quanto consigo mesmo. Caso o relacionamento surja na família ou no trabalho, ele pode facilmente exigir mais eficiência dos outros e exercer pressão sobre parentes ou colegas para evitar desperdício. Sagacidade e conservadorismo inato nas questões de dinheiro são características o suficiente, a ponto de serem prováveis insistentes abordagens quanto a custo-eficácia. Embora Câncer seja um signo de água e Capricórnio de terra, o relacionamento de Câncer I – Capricórnio I é simbolizado pelo elemento ar, associado ao pensamento, aqui sugerindo planejamento, implementação de idéias e também, infelizmente, a tendência a se preocupar.

As atitudes cerebrais encontradas aqui são muitas vezes contraproducentes na área do amor. Listas de verificação e avaliações deveriam ser deixadas para trás, mas muitas vezes não são, colocando ambos os parceiros sob pressão para desempenharem-se apropriadamente e bem. As tensões geradas por essas atitudes podem conduzir a uma falta de espontaneidade e essencialmente à inflexibilidade e até ao colapso. A inclinação perfeccionista do relacionamento pode colocar parceiros casados nesta combinação sob estresse insuportável, tornando-os tão preocupados com problemas financeiros e domésticos que são incapazes de relaxar e aproveitar.

Amizades podem contornar tais atitudes extremas, deixando de lado a maioria das expectativas não realistas comuns ao par. Mas uma insistência quanto a detalhes e uma expectativa tácita de um nível alto de qualidade podem dirigir ambos os parceiros para a distração. Na família, sobretudo quando Capricórnio I é o pai e Câncer I o filho, atitudes dominadoras e a aplicação cruel de regras irão por fim despertar ressentimento ou, pior, produzirão um indivíduo que não pode funcionar sem receber ordens estritas.

Conselho: *Suavize suas exigências. Relaxe mais. Permita que as outras pessoas tenham suas próprias abordagens e valores. Cuidado com a inflexibilidade.*

RELACIONAMENTOS

PONTOS FORTES: VALORIZA QUALIDADE, FINANCEIRAMENTE ASTUTO, EFICIENTE

PONTOS FRACOS: ESTRESSADO, PREOCUPADO, INFLEXÍVEL

MELHOR: TRABALHO

PIOR: AMOR

PETER LORRE (26/6/04)
SIDNEY GREENSTREET (27/12/1879)

Lorre e Greenstreet podem ser chamados de Laurel e Hardy (Gordo e Magro) dos vilões das telas, o corpulento Greenstreet fazendo dobradinha com o diminuto, porém não menos temível, Lorre. Eles apareceram juntos em muitos filmes B, e se sobressaíram em *Relíquia Macabra* (1941) e *Casablanca* (1942). **Também: Príncipe Egon von Furstenburg & Diane von Furstenburg** (casados, designers de moda).

---

25 de junho a 2 de julho
SEMANA DA EMPATIA
CÂNCER I

3 a 9 de janeiro
SEMANA DA DETERMINAÇÃO
CAPRICÓRNIO II

Necessidade de interação

Este par representa um papel importante para seus parceiros ensinando-os não somente a interagir socialmente com outros, mas, mais crucial ainda, o valor do relacionamento em si. Ambas personalidades podem ser sinceras sobre seu próprio sucesso; aqui aprenderão a considerar as necessidades e desejos das outras pessoas, a ser mais diplomáticos e a negociar, assim como considerarão o valor de concessões mútuas. Se forem alunos iniciados, esta poderá ser uma combinação de sucesso.

O perigo aqui é que, contrariamente, os parceiros escolherão se isolar dos outros e retirar-se para o que eles vêem como um lugar seguro. Pode não ser tão seguro quanto pensam. Longe da influência dos amigos e da família, as empáticas pessoas nascidas sob Câncer I podem representar dramaticamente as frustrações, raiva e outros sentimentos reprimidos de seu parceiro nesta combinação. Eles estão inclinados a assimilar inconscientemente, com facilidade e muita rapidez, os sentimentos dos nascidos em Capricórnio II, expressando-os como se eles fossem seus. Quanto mais tempo passarem juntos, os problemas pessoais de ambos os parceiros também tendem a se tornar amplificados. Por razões de saúde mental, então, este par deveria construir pontes para o mundo exterior.

Casos amorosos, casamentos e amizades terão problemas para atravessar a armadura do parceiro. Na infância, ambos sofreram com as atitudes desaprovadoras de seus pais, professores e outras figuras de autoridade, fazendo com eles construíssem um exterior duro e resistente. A tarefa de todos esses relacionamentos é vagarosamente construir vínculos coletivos e de confiança que dissolverão as barreiras. Após fazer o esforço para conectar-se com o outro parceiro, seja como namorado, cônjuge ou amigo, esses dois podem por fim começar a interagir melhor com outros amigos e membros familiares. Nos relacionamentos familiares, sobretudo pais-filhos, Câncer I e Capricórnio II muitas vezes tentam romper com velhos ciclos e padrões que os fazem repetir erros passados e agir de forma menos opressiva e mais gentil e receptiva. Relacionamentos patrão-empregado e professor-aluno também deveriam ser atenuados e atraídos a um nível mais humano envolvendo abertura e compartilhamento.

Conselho: *Livre-se da bagagem do passado. Você tem carregado muito nos seus ombros. Cuidado com o isolamento. Estabeleça vínculos sociais.*

RELACIONAMENTOS

PONTOS FORTES: ÍNTIMO, SEGURO, DIGNO DE CONFIANÇA

PONTOS FRACOS: ISOLADO, OPRESSIVO, INCONSISTENTE

MELHOR: PAIS-FILHOS

PIOR: AMIZADE

LESTER FLATT (28/6/14)
EARL SCRUGGS (6/1/24)

Centrais para o desenvolvimento da música bluegrass, o guitarrista Flatt e o banjoísta Scruggs se uniram em 1948 e formaram o grupo Foggy Mountain Boys. Sua banda se tornou a primeira a atrair público pop e rock.

RELACIONAMENTOS

PONTOS FORTES: BEM-HUMORADO, INTUITIVO, IMPETUOSO

PONTOS FRACOS: IMPLICANTE, COMPETITIVO, CRUEL

MELHOR: AMOR

PIOR: CASAMENTO

A.J. FOYT (16/1/35)
RICHARD PETTY (2/7/37)

Petty e Foyt foram corredores de automóvel que alcançaram recordes significativos antes de se aposentarem em 1992 e 1993, respectivamente. Foyt, vencedor 4 vezes da Fórmula Indy 500 é o único piloto da história a ganhar as Indy 500, a Daytona 500 e Le Mans. Petty, 7 vezes ganhador da corrida de Daytona, é líder de todos os tempos da NASCAR em corridas ganhas.

---

25 de junho a 2 de julho
SEMANA DA EMPATIA
CÂNCER I

10 a 16 de janeiro
SEMANA DA DOMINAÇÃO
CAPRICÓRNIO III

Humor abundante

A competição pelo lugar de destaque é comum nessa combinação, mas não tem de ser séria. O relacionamento pode apresentar uma rivalidade amistosa, abundante em amabilidade e bom humor. Talvez por constrangimento ou por não desejar parecer voluntarioso, nem os nascidos em Câncer I nem os nascidos em Capricórnio III estão acostumados a esforços em busca de glória (embora uma parte considerável deles a atinjam). Nesse relacionamento, então, eles podem se divertir muito provocando um ao outro tentando atrair atenção. Em suas interações pessoais, eles podem fingir ignorar seu parceiro, ou não estar impressionados pelas realizações dele, como um tipo de jogo projetado para instigar e forçar uma reação.

Os casos amorosos podem ser muito passionais. Embora Câncer seja um signo de água e Capricórnio de terra, o relacionamento é regido pelo fogo, nesse caso conotando a combustão de um tórrido caso de amor. O fogo com freqüência introduz a intuição, e nessa área o relacionamento é forte. Esses parceiros terão bons pressentimentos sobre o que é e não é permitido em qualquer momento específico. Como namorados eles muitas vezes consideram o casamento formal desnecessário, preferindo viver juntos, permanentemente ou não.

Os amigos e irmãos podem passar bons momentos brincado um com o outro e fazendo competições de troça e debates satíricos. Essas batalhas às vezes acabam sendo sérias, mas quaisquer animosidades são rapidamente dispersadas. Uma exceção, que pode acabar sendo profundamente perturbadora, é quando os parceiros entram em competição pela atenção de um objeto de amor comum a ambos. Essa terceira pessoa muitas vezes acaba sendo rejeitada e vista com muita frieza por ambos os amigos como não valendo o risco de perder o relacionamento.

As relações profissionais entre Câncer I e Capricórnio III podem se destacar, e os colegas de trabalho que são separados quando o parceiro muda para uma nova posição ou troca de emprego pode preservar sua amizade, pelo menos por um tempo.

Conselho: *Saiba quando ser sério e quando suavizar-se. Não permita que uma brincadeira saia do controle. Cuidado com as rivalidades de terceiros. Aja com consideração para com todos.*

RELACIONAMENTOS

PONTOS FORTES: EXCITANTE, IMAGINATIVO, ROMÂNTICO

PONTOS FRACOS: OFENSIVO, SUPEREXIGENTE, DESAVERGONHADO

MELHOR: AMOR

PIOR: TRABALHO

WILLIAM WYLER (1/7/02)
CARL LAEMMLE (17/1/1867)

Quando o magnata do cinema Laemmle abriu a Universal City em uma área de 230 acres em 1915, a festa de gala foi prestigiada por milhares de pessoas. Ao contratar funcionários para sua nova empresa "Uncle Carl", como ele era conhecido, pensou primeiro em seus parentes, entre os quais Wyler, um primo distante de sua mãe. Este foi o estrelato da prestigiada carreira de diretor de Wyler.

---

25 de junho a 2 de julho
SEMANA DA EMPATIA
CÂNCER I

17 a 22 de janeiro
CÚSPIDE DO MISTÉRIO E DA IMAGINAÇÃO
CÚSPIDE CAPRICÓRNIO-AQUÁRIO

Hora de se vestir bem

A imaginação, a fantasia, o instinto – este relacionamento tem tudo isso e mais. Se Câncer I e os nascidos em Capricórnio-Aquário não descobriram esse aspecto de seu relacionamento, eles não sabem o que estão perdendo. A auto-imagem dos nascidos em Câncer I pode mudar drasticamente aqui, e quase da noite para o dia. Qualquer visão que tenham tido de si mesmos como tipos caseiros é boa para ser definitivamente descartada, pois seu parceiro não os vê dessa forma de jeito nenhum. Capricórnio-Aquário pode se sentir muito confortável nesse relacionamento, e em geral assumirá a liderança mostrando alguns passos a seu parceiro de Câncer I.

Os casos amorosos aqui tendem a ser românticos e efusivos. Qualquer relacionamento de Câncer I é capaz de desenvolver intimidade, mas os parceiros nesta combinação calculam que, se você tiver intimidade – ostente-a! Deixar tudo extrapolar pode ser uma experiência totalmente nova para Câncer I, algo de que ele desfruta totalmente. Apenas o alívio de não se sentir constrangido ou inibido pela demonstração pública já é em si um prêmio para essas personalidades particulares. Os casamentos podem ser menos excitantes e mais prosaicos. O relacionamento tem um lado mais reflexivo para manifestar, mas em última análise pode não estar nas cartas que esse par deva assumir mais responsabilidades. Ademais, a profundidade emocional necessária a um compromisso duradouro tal como casamento é em geral ausente neste caso.

É provável que as amizades entre Câncer I e Capricórnio-Aquário não sejam menos sociáveis que os casos amorosos; demonstrações públicas de afeição entre esses amigos não devem ser excluídas. As relações entre irmãos, sobretudo entre os de sexo oposto, podem escandalizar um pouco quando as inibições normais entre irmão e irmã são descartadas.

No trabalho, é improvável que esse relacionamento floresça em um emprego entediante em um escritório ou uma fábrica. No entanto, os colegas de trabalho em tal situação podem ficar satisfeitos em ganhar dinheiro (mesmo quando não excitados pelo trabalho) e então sair após o trabalho e se embebedarem.

Conselho: *Mesmo escândalos são cansativos. Não exagere. Mantenha algo reservado. Encontre o eu verdadeiro. Não exclua as reflexões.*

25 de junho a 2 de julho
SEMANA DA EMPATIA
CÂNCER I

23 a 30 de janeiro
SEMANA DO GÊNIO
AQUÁRIO I

Dando à luz novas idéias

Esta pode ser uma combinação brilhante para levar adiante projetos e compreender objetivos. O relacionamento deixa seus parceiros saberem que funcionam bem operando em um contexto social mais amplo; juntos, esses dois naturalmente assumem a liderança em qualquer empreitada, ao mesmo tempo compartilhando algumas tensões entre eles com relação a domínio e controle. Eles exigem, no entanto, a mais alta qualidade nos outros e em si mesmos. A qualidade do relacionamento de prover e compreender dá à luz novas idéias da mesma forma que uma galinha choca seus ovos. Essa combinação pode com freqüência assumir a liderança em seu campo profissional ou social, fazendo o trabalho pioneiro que outros seguirão. Embora o foco do relacionamento não seja necessariamente prático, os nascidos em Câncer I e Aquário I podem possuir o conhecimento teórico e o impulso para serem bem-sucedidos. Se Câncer I for professor, pesquisador ou patrão e Aquário I seu aluno, assistente ou empregado, esses dois podem incentivar um ao outro a atingir novos patamares de realizações.

Nos casos amorosos e casamento dessa combinação, é provável que Câncer I seja grato e provedor para seu parceiro, apoiando-o. Porém as instabilidades e truques de Aquário I podem fazer Câncer I infeliz – sobretudo quando flerta com outros –, muito embora saiba que os nascidos em Aquário I precisam ser livres e são mais felizes quando recebem o espaço de que precisam. Aquário I exige apreciação constante, tanto que Câncer I pode se sentir aliviado às vezes quando ficam sós. Aquário I em geral gosta do conforto e da segurança domésticos que Câncer I pode fornecer, presumindo que ele não considere isso excessivo ou ainda uma exigência.

Nos relacionamentos familiares, os pais nascidos em Câncer I podem ser protetores e ambiciosos demais para os seus filhos de Aquário I. Eles certamente devem encorajá-los, mas devem parar de projetar os próprios desejos frustrados neles: não se deve esperar que o sucesso dos filhos compense as chances perdidas dos pais. Os pais nascidos em Aquário I podem não ser capazes de dar a seus filhos de Câncer I a proteção e a alimentação que precisam. As amizades nessa combinação podem prover apoio mútuo mas raramente vão muito fundo, e por fim podem simplesmente afastar-se.

Conselho: *Não sinta que você tem que pressionar. Deixe as coisas acontecerem no seu momento. Cuidado com as atitudes reivindicatórias. Compartilhe mas observe os limites.*

RELACIONAMENTOS

PONTOS FORTES: GRATO, INSPIRADOR, VANGUARDISTA

PONTOS FRACOS: PACIENTE, SUPERPROTETOR, INSTÁVEL

MELHOR: TRABALHO

PIOR: FAMÍLIA

JOHN BELUSHI (24/1/49)
DAN AYKROYD (1/7/52)

Estes cômicos são mais lembrados juntos como os Blues Brothers, uma dupla humorística do estilo dos anos 1950 que estreou em um pré-show de aquecimento para *Saturday Night Live* em 1977. Eles eram tão bons que logo fizeram sucesso e protagonizaram o longa-metragem, *Os Irmãos Cara-de-Pau*. **Também: Peter Lorre & Humphrey Bogart** (co-estrelas); **Dan Rowan & Dick Martin** (apresentadores, *Lough-In*); **Gilda Radner & John Belushi** (co-estrelas, SNL).

---

25 de junho a 2 de julho
SEMANA DA EMPATIA
CÂNCER I

31 de janeiro a 7 de fevereiro
SEMANA DA JUVENTUDE E DESPREOCUPAÇÃO
AQUÁRIO II

Inteligentemente hedonista

Este relacionamento tem uma tendência natural para ser analítico e dobrar seu poder mental. O perigo é que a análise pode assumir a forma de crítica negativa – de censura, reclamação e outras atividades sugadoras de energia que desgastam os parceiros. Câncer I é mais propenso a se preocupar e reclamar do que Aquário II, que raramente é duro o suficiente para lidar com este comportamento e prefere um relacionamento com pouca ou nenhuma controvérsia. Se a crítica negativa atinge um nível alto demais, Aquário II pode achar que o relacionamento não vale o esforço. Voltar a orientação mental para um propósito positivo, é aqui um objetivo valioso.

Os impulsos românticos nesse relacionamento podem ser severamente mitigados por uma orientação abertamente mental. No entanto o poder mental do relacionamento pode também ser colocado para funcionar inventando meios cada vez mais agradáveis de diversão. Um grande número de novas atividades e melhorias das antigas – férias mais satisfatórias, mais imaginativas e relações sexuais mais prazerosas, menus mais deliciosos e bem planejados – tudo isso e mais podem atestar uma atitude inteligentemente hedonista. A crítica positiva, então, pode trazer prazer em vez de insatisfação para ambos os parceiros, ao mesmo tempo em que não nega o foco crítico do relacionamento.

Os casamentos e amizades devem ter cuidado para não serem destrutivos com os outros. Muito capaz de entristecer os outros com suas farpas penetrantes e perspicazes, o relacionamento entre Câncer I e Aquário II pode ser notório nos círculos sociais e familiares por esvaziar egos superinflados. Embora esse comportamento seja às vezes necessário, exagerar nele pode intimidar outras pessoas e fazê-las nervosas. Cultivar a diplomacia, gentileza e a consideração permitirá os outros a aceitarem suas observações num espírito muito mais construtivo. No trabalho e na família, os colegas e irmãos de Câncer I e Aquário II podem funcionar como um teste de realidade, sendo úteis por dizer ao grupo quando saíram do rumo e como voltar a ele novamente.

Conselho: *Os outros deveriam sentir que seus comentários são bem-intencionados. Seja diplomático. Aja por consideração, não como um juiz.*

RELACIONAMENTOS

PONTOS FORTES: INTELIGENTE, CRÍTICO, EDIFICANTE

PONTOS FRACOS: NEGATIVO, TENSO, DESTRUTIVO

MELHOR: IRMÃOS

PIOR: AMIZADE

HENRIQUE VIII (28/6/1491)
SIR THOMAS MORE (7/2/1477)

Em 1527 o membro do Parlamento Britânico More recusou-se a endossar o divórcio de Henrique e de Catarina de Aragão e foi mais tarde preso por recusar-se a reconhecer o rei como chefe supremo da Igreja da Inglaterra. More foi considerado culpado de traição e decapitado em 1535. **Também: Cheryl Ladd & David Ladd** (casados; atores).

RELACIONAMENTOS

PONTOS FORTES: ESPIRITUAL, PODEROSO, EVOLUCIONÁRIO

PONTOS FRACOS: ABUSA DO PODER, COMBATIVO, INJUSTO

MELHOR: CASAMENTO

PIOR: TRABALHO

LENNIE HAYTON (13/2/08)
LENA HORNE (30/6/17)

A voz vibrante, a beleza e o fulgor da cantora de pop e blues Horne a levou a Hollywood nos anos 1930, onde se tornou a primeira negra a assinar um contrato de longo prazo com um grande estúdio. Lá ela se casou com Hayton, um notável compositor, pianista e arranjador e diretor musical da MGM (1940-53). **Também: Dan Rowan & Phyllis McGuire** (romance; apresentadores); **Henrique VIII & Maria I** (pai/filha; monarcas ingleses).

---

25 de junho a 2 de julho
SEMANA DA EMPATIA
CÂNCER I

8 a 15 de fevereiro
SEMANA DA ACEITAÇÃO
AQUÁRIO III

Um desafio de poder

O foco desse relacionamento é o poder, seja o desafio de tomá-lo, exercê-lo ou desistir dele. Um processo espiritualmente evolucionário pode estar implícito, com os parceiros primeiro lutando pelo poder e conseguindo-o, posteriormente aprendendo mais sobre eles mesmos e o seu relacionamento e finalmente entregando o poder em favor de causas nobres. Eles podem precisar reconhecer seu poder social ou pessoal e viver com ele por um momento antes de entregá-lo. No percurso, Câncer I e Aquário III podem vir a perceber que o maior poder é o poder do amor, que não devia ser trocado mas dado e compartilhado com os outros livremente.

O amor naturalmente tem muito a ensinar nesse relacionamento. Um caso pode começar convencionalmente, com os parceiros sendo atraídos um pelo outro e se apaixonando, mas após um tempo ambos sentirão que estão destinados a percorrer um caminho mais espiritual. Isso não significa que eles sacrificarão o contato físico, a afeição ou o sexo, mas que orientam suas prioridades, tornando o autodesenvolvimento a consideração mais importante de todas ao longo de seus caminhos comuns e individuais. O casamento que pode manter tais objetivos e sentimentos elevados pode atingir altos níveis de espiritualidade.

A amizade pode ter começado após os parceiros terem sido oponentes ou rivais profissionais ou pessoais. Com esse casal, a admiração e o respeito podem rapidamente deslocar a agressividade e a inveja, e raramente regredir aos hábitos antigos. O processo implica desistir do poder de competitividade e adotar atitudes mais pacíficas, abertas e receptivas.

Os relacionamentos dos pais podem ser tumultuados, mas muitas vezes formam a espinha dorsal sólida da família. Eles podem também compartilhar muito poder, dando direção e força a todas as atividades da família. No trabalho, Câncer I e Aquário III devem tomar cuidado para não lutarem pelo poder nem exercê-lo injustamente com os outros. Em vez disso, eles deviam colocá-lo a serviço do bem de todos.

Conselho: *Tente ser amoroso e receptivo. Não se deixe levar pelo poder. Busque seu próprio caminho. Os atos simples de gentileza podem ser muito fortes.*

RELACIONAMENTOS

PONTOS FORTES: TRANSPARENTE, EMOCIONAL, INTENSO

PONTOS FRACOS: INCONSCIENTE, EMBARAÇOSO, CONFUSO

MELHOR: AMOR

PIOR: FAMÍLIA

GEORGE SAND (1/7/1804)
FREDERIC CHOPIN (22/2/1810)

A romancista Sand e o compositor Chopin tiveram um caso de 10 anos (1837-47). Diz-se que ela era a mais masculina (vestia-se como um homem e fumava), ao passo que ele era delicado e sofria de tuberculose. Quando se separaram, ela o descreveu em seus escritos como fraco. **Também: Patty Smyth & John McEnroe** (caso; cantora de hard-rock/estrela do tênis); **Sidney Lumet & Gloria Vanderbilt** (casados; diretor/socialite).

---

25 de junho a 2 de julho
SEMANA DA EMPATIA
CÂNCER I

16 a 22 de fevereiro
CÚSPIDE DA SENSIBILIDADE
CÚSPIDE AQUÁRIO-PEIXES

Uma oportunidade única

Este relacionamento pode atingir uma profundidade de empatia e sensibilidade para além do que uma parte seria capaz de fazer sozinha ou com outras pessoas. Esta intensidade emocional especial pode trabalhar tanto positiva quanto negativamente, uma vez que se dirige para áreas pessoais de grande vulnerabilidade. O relacionamento pode desenvolver grande confiança, por exemplo, mas se os resultados dessa confiança forem negativo, os parceiros podem ser forçados a se afastar um do outro ou mesmo terminar o relacionamento. Tanto Câncer I quanto Aquário-Peixes podem entrar no relacionamento fortemente protegidos em função de sofrimentos passados, no entanto sendo incapazes de se fecharem um para o outro devido à química poderosa entre eles.

O amor e a amizade dessa combinação oferecem oportunidades únicas para a auto-exploração, o crescimento mútuo e compartilhamento. Câncer I em geral é capaz de enxergar os segredos mais bem-guardados dos namorados de Aquários-Peixes, que por sua vez podem mostrar irritação por serem tão transparentes; no entanto, eles por sua vez terão poderes especiais no caso de Câncer I se recolher e deprimir, deixando seu parceiro se sentindo sem lugar para se esconder. Ambos os parceiros podem se beneficiar de seu exame detalhado um do outro, mas também podem ter sentimentos mistos sobre isso. É provável que as paixões sejam intensas aqui, difíceis de medir e mesmo difíceis de controlar. Sobretudo nos extremos dos momentos de êxtase e infelicidade, falta de habilidades analíticas e consciência pode levar os parceiros a sentirem-se sem poder sobre o que está acontecendo com eles, deixando-os muito confusos.

Os casamentos e as relações profissionais muitas vezes não possuem o compromisso sólido, as capacidades práticas e técnicas necessária para acertá-los. Questões familiares, também, podem ficar muito encruadas quando Câncer I e Aquário-Peixes interagem. Não que Câncer I e Aquário-Peixes não possuam essas capacidades totalmente, mas seu relacionamento é tão emocional que eles podem ficar incapacitados para usá-las. Para que esses relacionamentos sejam bem-sucedidos, os parceiros devem lutar pela objetividade, colocar os sentimentos de lado e manter seu olho diretamente no que necessitam fazer, sem se distraírem.

Conselho: *Entenda melhor a si mesmo. Tente ser um pouco analítico. Lute pela objetividade. Permaneça aberto e mais no controle. Tenha consciência dos outros.*

25 de junho a 2 de julho
SEMANA DA EMPATIA
CÂNCER I

23 de fevereiro a 2 de março
SEMANA DO ESPÍRITO
PEIXES I

A longa caminhada

Regido pela terra, esse relacionamento traz valores sólidos e bem-estabelecidos para experimentar. Sua fundação não é frágil ou temporária – esses dois têm o longo prazo em mente. Embora sua combinação seja governada pela terra, tanto Câncer I quanto Peixes I são regidos pela água; uma relação em trígono (120º de distância no zodíaco) entre os signos de água como eles é classicamente um dos mais fáceis e mais compatíveis do ano. Suas atitudes um para com o outro são receptivas, mas as exigências que fazem um ao outro são consideráveis: seu relacionamento promove fundamentos, pragmatismo, responsabilidade e maturidade, evitando o tipo de excentricidade de que os dois parceiros podem ser acusados individualmente. Um tipo de tenacidade inerente aqui os ajudará em qualquer choque no caminho.

O fluxo natural entre Câncer I e Peixes I promove atitudes distensionadas nos casos amorosos. Também estão fundamentados em uma apreciação sensual pela comida, sexo e ambientes confortáveis. Os casamentos são encorajados como um passo a mais no compromisso de vida um com o outro, assim como ter filhos. A segurança financeira é essencial para o bem-estar de todos os envolvidos.

Nas atividades comerciais, educacionais e sociais, dão pouco valor a idéias em si mesmas a menos que sejam postas em prática. O relacionamento entre Câncer I e Peixes I pode ser especialmente efetivo em promover a marcha suave da organização e o trabalho ajudará a manter esses indivíduos em geral reservados se relacionando com o mundo. Os parceiros apreciarão o relacionamento e às vezes se ressentirão de suas pesadas exigências – que podem, de fato, esmagar a amizade dessa combinação. Câncer I e Peixes I em geral preferem apenas passar bons momentos quando não estão trabalhando e podem se afastar de um relacionamento que seja por demais pesado ou carregado de responsabilidades. Na família, os relacionamentos entre pais e filhos têm a solidez e flexibilidade necessárias às interações cotidianas, sendo ambos confiáveis e sensíveis às necessidades dos outros. Os valores espirituais e religiosos podem ser vistos como essenciais para darem sentido e direção a tal unidade familiar.

Conselho: *Mantenha a leveza. Não se atole em responsabilidades. Busque valores espirituais. Seja realista em suas demandas. Não espere demais.*

RELACIONAMENTOS

PONTOS FORTES: CONFIÁVEL, SEGURO, ESPIRITUAL

PONTOS FRACOS: RESSENTIDO, SUPEREXIGENTE, PESADO

MELHOR: CASAMENTO

PIOR: AMIZADE

ROBERT SARNOFF (2/7/18)
GEN. DAVID SARNOFF (27/2/1891)

O imigrante russo David ascendeu à chefia da RCA e fundou a rede NBC. Ele também foi pioneiro em tecnologia de tevê. Seguindo os passos do pai, Robert se tornou presidente da NBC em 1955 e introduziu a tevê em cores. **Também:** Meyer Lansky & Bugsy Siegel (gângsteres); Jean Stafford & Robert Lowell, Jr. (casados; escritora/poeta).

---

25 de junho a 2 de julho
SEMANA DA EMPATIA
CÂNCER I

3 a 10 de março
SEMANA DO SOLITÁRIO
PEIXES II

Profundo envolvimento pessoal

Intenso nos sentimentos, esse relacionamento pode se tornar um tipo de útero, um lugar onde os parceiros podem se sentir nutridos e protegidos. Ao fornecer esse porto seguro, a combinação pode catalisar a autotransformação: pode ensinar aos parceiros se doarem um ao outro e a confiarem em si e no próprio relacionamento. Nem Câncer I tampouco Peixes II formam laços profundos com facilidade, mas muitas vezes sabem, assim que o encontram, que acharam alguém em quem podem confiar. Eles podem ter sido mal-interpretados no passado – pelos pais, namorados, até mesmo amigos; aqui, de repente, está alguém que parece aceitá-los. Devem acreditar nesse sentimento? Não será uma outra armadilha para a traição? Como o casal responde terá muito a ver com como o relacionamento caminha. Velhas feridas podem torná-los desconfiados e cautelosos, estabelecendo as condições para a frustração. Se aceitarem o laço com a fé, no entanto, a relação pode ser tudo que promete.

Os casos amorosos entre Câncer I e Peixes II são em geral mais bem-sucedidos quando notórios do que quando escondidos. Esses parceiros precisam sentir orgulho um do outro; não importa quanto seu relacionamento seja privado, eles obtêm satisfação e confiança ao aparecerem em público juntos sem medo ou vergonha. No casamento os parceiros devem tomar cuidado com o ciúme e também para que seu desenvolvimento individual e sua auto-realização não sejam inibidos pela intimidade de seu elo.

As amizades aqui podem ser possessivas; é importante para os parceiros aprenderem a compartilhar amigos, se sentirem livres para passar o tempo com outros e não sentirem medo de se decepcionarem. Ambos têm uma necessidade intensa de passar um tempo sozinhos, um traço que nenhum dos dois deve ver como um sinal de fracasso do relacionamento. Pelo contrário, eles devem vir a ressentir-se seu relacionamento se ele não fornecer uma solidão ocasional.

Os relacionamentos familiares e profissionais podem ser saudáveis ao fazer esses dois manterem contato com o mundo. As considerações práticas e a necessidade de cuidado, responsabilidade e nutrição podem fornecer o equilíbrio necessário para o envolvimento pessoal dos dois.

Conselho: *Cuidado com as falsas expectativas. Não pense demais – sinta. Libere a preocupação e o medo. Construa laços pessoais de confiança e pontes com o mundo.*

RELACIONAMENTOS

PONTOS FORTES: PROFUNDO, PROTETOR, COMPREENSIVO

PONTOS FRACOS: QUEIXOSO, ISOLADO, ENVERGONHADO

MELHOR: AMOR

PIOR: CASO OCULTO

HELEN KELLER (27/6/1880)
ALEXANDER GRAHAM BELL (3/3/1847)

Bell, inventor do telefone, cuja mãe e esposa eram surdas, era profundamente preocupado com os problemas dos incapacitados. Ele foi treinado pelo pai para ensinar os surdos a falar. Keller, cega e surda, foi sua aluna e *protegé*. Ela se tornou uma célebre palestrante e humanitarista. **Também:** Carly Simon & Richard Leo Simon (filha/pai; cantora pop/editor).

RELACIONAMENTOS

PONTOS FORTES: EDUCATIVO, MADURO, ADAPTADO

PONTOS FRACOS: DIDÁTICO, INIBIDOR, IMPACIENTE

MELHOR: CASAMENTO

PIOR: FAMÍLIA

JAMES TAYLOR (12/3/48)
CARLY SIMON (25/6/45)

Os cantores e compositores Simon e Taylor se casaram em 1972. Gravaram várias canções de sucesso juntos, a mais memorável sendo seu dueto de 1974 *Mockingbird*, do álbum *Hotcakes*, com o qual ganharam o disco de ouro. Felizes no início, Simon e Taylor tiveram 2 filhos, mas seu relacionamento acabou em 1981 e se divorciaram em 1983.

---

25 de junho a 2 de julho
SEMANA DA EMPATIA
CÂNCER I

11 a 18 de março
SEMANA DOS DANÇARINOS E SONHADORES
PEIXES III

A rodovia da vida

Muitas lições podem ser tiradas desse relacionamento – de fato, temas como aprender e ensinar são importantes aqui. A combinação encoraja não apenas o crescimento individual mas o potencial de crescer como um casal. Esses dois sempre estarão envolvidos com idéias e conceitos – eles podem até acreditar que têm uma mensagem a compartilhar. É provável que Câncer I e Peixes III se unam em muitas atividades desafiadoras, seja como estudantes em aulas formais ou como parceiros na rodovia da vida. O foco do relacionamento é em geral a aquisição de conhecimento por meio da experiência. Há muitos caminhos para desenvolver esse tema, mas uma vez que as diferenças de idade não sejam barreiras aqui, os relacionamentos entre estudante e professor são especialmente favorecidos.

Na esfera do amor, nenhum romance ou prazer é visto como representativo de tudo. Se esses parceiros não sentirem que seu amor é uma experiência de aprendizado para eles, rapidamente cansam dele. Se desejarem que o envolvimento seja satisfatório, os desafios devem ser aceitos, as barreiras superadas e o desenvolvimento visível. Uma certa quantidade de dor, sofrimento e dificuldade não é vista como o fracasso do relacionamento – de fato, é entendida como um desafio ao crescimento. Essa atitude positiva é um bom presságio para os casamentos também.

Na família, os relacionamentos entre avós e netos podem ser mais lucrativos do que aqueles entre pais e filhos. Os relacionamentos entre irmãos e as amizades são muitas vezes extinguidos contra o pano de fundo da escola. As oportunidades sociais são muitas vezes tão importantes quanto as educacionais; na verdade, elas são vistas como uma parte importante do processo de aprendizagem. Esses parceiros devem ser cuidadosos com os ciúmes com relação a amigos mútuos e com as tendências competitivas sobre posições na hierarquia. Será importante para o relacionamento apresentar uma frente unida, mas também evitar ser uma fraternidade fechada. Os amigos e a família de Câncer I e Peixes III podem trabalhar juntos para uma companhia ou mesmo formar seu próprio negócio. É importante que eles sejam capazes de se separar quando necessário para seguirem seu próprio caminho de auto-realização e desenvolvimento.

Conselho: *Dê ao outro espaço suficiente. Aceite as coisas como elas são. Renuncie um pouco a suas demandas. Seja paciente. Cuidado com o ciúme e a competição.*

RELACIONAMENTOS

PONTOS FORTES: IMAGINATIVO, SOLIDÁRIO, RECEPTIVO

PONTOS FRACOS: RETRAÍDO, SEM PERSONALIDADE, FATÍDICO

MELHOR: AMIZADE

PIOR: FAMÍLIA

ABIGAIL VAN BUREN (4/7/18)
ANN LANDERS (4/7/18)

Estas colunistas de conselhos pessoais são gêmeas, cujos nomes de solteira eram Pauline e Pauline Esther Friedman, respectivamente. Landers e (Dear Abby) Van Buren publicaram suas colunas por muitos anos em jornais americanos lidos por milhões de pessoas. **Também: P.T. Barnum & James Bailey** (parceiros de circo); **Walter Kerr & Jean Kerr** (casados; crítico de teatro/escritor); **Ron Kovic & Tom Cruise** (representação no cinema).

---

3 a 10 de julho
SEMANA DO NÃO-CONVENCIONAL
CÂNCER II

3 a 10 de julho
SEMANA DO NÃO-CONVENCIONAL
CÂNCER II

Fora do caminho trilhado

Quanto não-convencional pode ser um relacionamento? Este relacionamento pode não impressionar outras pessoas como sendo terrivelmente fora do comum; muitos nascidos em Câncer II funcionam bem em empregos regulares, e aqueles ao redor desse casal podem vê-los como muito normais. Na vida privada, no entanto, as qualidades verdadeiramente incomuns da personalidade de Câncer II surgem, e esse relacionamento apenas as aumenta. O mundo de fantasia construído aqui pode ser vívido, altamente imaginativo e de fato extremo. A combinação encoraja um interesse no bizarro, seja em livros, filmes, mídia eletrônica, desenho ou dança. Os casais de Câncer II podem também gostar de elementos de cultura popular que pareçam muito comuns para outras pessoas, mas seja o que for que os atraia o olhar em geral possui um aspecto incongruente ou peculiar, e é isso que os fascina.

Os romances e casamentos demandam muita privacidade em um espaço que é capaz de sustentar ou refletir essa visão interna dos parceiros. Os projetos, as cores e as formas incomuns podem ser estimulantes para esse casal, mas eles podem também dar vazão a seus gostos em um ambiente neutro, como se um projetor estivesse lançando imagens coloridas em uma tela vazia. Essa dicotomia curiosa é também refletida nas roupas de Câncer II: alguns casais parecem exóticos, outros nada apresentam de extraordinário. Em vários outros aspectos da vida, o relacionamento pode tanto expressar sua característica fora do comum diretamente ou pode emudecer, disfarçá-la ou mascará-la.

Os amigos de Câncer II gostam de compartilhar segredos um com o outro, sobretudo no que se refere aos traumas infantis. A reprovação dos pais e da sociedade muitas vezes figuram proeminentemente aqui, e o relacionamento pode ser muito terapêutico para ambos os parceiros em aliviar ou apagar complexos de inferioridade e outros roteiros antigos, obsoletos e negativos. A aceitação é a chave, e com ela uma vontade de deixar o passado para trás.

Os relacionamentos familiares e profissionais entre Câncer II e Câncer II podem ser mutuamente solidários mas não extraordinários. Se forem pais e filhos, irmãos, colegas de trabalho ou patrão e empregado, ambos têm um jeito de não atrair a atenção para si mesmos e, na verdade, de desenfatizar seu relacionamento pessoal em favor de seu papel externo.

Conselho: *Não seja tão defensivo. Os outros podem de fato apreciar seu eu mais comum. Compartilhe quando a confiança for obtida. Dê mais de si no dia-a-dia.*

3 a 10 de julho
SEMANA DO NÃO-CONVENCIONAL
CÂNCER II

11 a 18 de julho
SEMANA DO PERSUASIVO
CÂNCER II

Fluxo e refluxo

Esta pode ser uma combinação surpreendentemente poderosa, dedicada a buscar sucesso no mundo. Os nascidos em Câncer em geral tendem a ser íntimos e pessoais, mas este relacionamento revela seu lado mais mundano, empenhado também. Mesmo quando os objetivos do par são incomuns de alguma forma, eles proporcionarão um ao outro muito apoio emocional e moral nos seus esforços individuais, exibindo surpreendentemente pouca competitividade ou ciúme. Eles também podem mostrar uma determinação incrível na obtenção do que desejam. Uma vez que suas diferenças individuais tenham sido estabelecidas e tenham escolhido um curso comum, ambos podem avançar rapidamente no mundo para atingir seus objetivos, sejam eles grandiosos ou intensamente práticos.

Casos amorosos e amizades nesta combinação podem ser conjugados com esforços profissionais mas às vezes sofrem na comparação. Muito freqüentemente, questões emocionais e responsabilidades pessoais são colocadas de lado ou até ignoradas porque é dada prioridade para questões profissionais urgentes. Namorados e amigos Câncer II-Câncer III fazem melhor quando podem encontrar um equilíbrio entre necessidades pessoais e profissionais. Casais e pares familiares em geral mostram um interesse e um talento incomum para os elementos organizacionais e estruturais de seu grupo: pode-se confiar neles para a contribuição em eventos especiais, seja no planejamento logístico ou na preparação de comida, e são sobretudo capazes nas questões financeiras.

O relacionamento é favorecido nas questões de trabalho e carreira. Sucesso financeiro é uma possibilidade real aqui; este casal tem um interesse por bens materiais e pela administração de dinheiro, percebendo a dinâmica de dar e receber, comprar e vender, do fluxo e refluxo. Torna-se claro que a fluidez do mercado diário seja compreendida no nível mais básico em virtude da forma com que a impaciência e o desejo por um golpe final rápido estão sabiamente subordinados à observação, à espera e finalmente à ação decisiva no momento certo. Embora o par seja em geral bastante atencioso para com seus associados e funcionários, eles também têm um traço inegavelmente implacável, e são muito capazes de proteger seus próprios interesses.

Conselho: *Não despreze sua vida pessoal. Mantenha os impulsos profissionais sob controle. Equilibre sua ambição com autodesenvolvimento. Seja bondoso com os outros.*

RELACIONAMENTOS

PONTOS FORTES: SENSATO COM DINHEIRO, CONFIÁVEL, RESPONSÁVEL

PONTOS FRACOS: AMBICIOSO DEMAIS, EGOÍSTA, MATERIALISTA

MELHOR: CASAMENTO

PIOR: AMOR

ARLO GUTHRIE (10/7/47)
WOODY GUTHRIE (14/7/12)

O cantor folk social e politicamente engajado Woody é pai de Arlo, que seguiu seus passos dos anos 1960 em diante. Arlo é mais conhecido por seu clássico folk *Alice's Restaurant*. Woody é mais lembrado por *This Land Is Your Land*. **Também: Jamie Wyeth & Andrew Wyeth** (filho/pai; artistas); **George Steinbrenner & Joe Torre** (proprietário/treinador do time de beisebol Yankees de Nova York).

---

3 a 10 de julho
SEMANA DO NÃO-CONVENCIONAL
CÂNCER II

19 a 25 de julho
CÚSPIDE DA OSCILAÇÃO
CÚSPIDE CÂNCER-LEÃO

Liderança persuasiva

Este relacionamento manifesta uma necessidade intensa de persuadir os outros da integridade de sua causa e da propriedade de suas tomadas de decisão. Uma vez que esses dois são resistentes à manipulação emocional um do outro, sua necessidade conjunta de influenciar ou manipular o ponto de vista de uma outra pessoa é muitas vezes expressada na relação com amigos, família ou o público em geral. Câncer II se beneficiará de seus contatos com Câncer-Leão, que os encorajará a realizar suas fantasias. Sua compreensão psicologicamente astuta por sua vez ajudará Câncer-Leão no seu próprio processo de autodescoberta.

Casos amorosos aqui podem ter um gosto pelo segredo e por se arriscar, uma combinação que pode encorajar relacionamentos extraconjugais e outros igualmente ocultos. Um amor pelo perigo pode realmente sair do controle, ao ponto em que ele se torna o ingrediente principal em todo o processo de prazer. Relacionamentos entre Câncer II e Câncer-Leão não são recomendados para casamento, uma vez que na procura por alcançar a estabilidade e a aprovação social eles provavelmente perderão sua emoção.

É provável que as amizades apresentem aventura, muitas vezes como parte de uma equipe que esse par liderará dando a ela sua direção e a convencendo de sua capacidade e força. Juntos esses dois são líderes persuasivos, capazes de enfrentar o perigo com calma. Eles em geral mantêm os melhores interesses da equipe em mente – a fantasia verdadeira de Câncer II terá de ser redimensionada ocasionalmente, e as oscilações de humor de Câncer-Leão eliminadas, mas o relacionamento apoiará e encorajará esses processos.

Pares familiares, sobretudo irmãos, podem ocupar-se em convencer membros de outras famílias de seus pontos de vista e persuadi-los a mudar seu rumo. Eles muitas vezes chegam a se ver como os cães de guarda que alertarão a família dos perigos sorrateiros e despercebidos. Relacionamentos no trabalho de Câncer II-Câncer-Leão são mais efetivos como sociedades e pares entre colegas do mesmo nível. É provável que atuem nas áreas de relações públicas, propaganda, marketing e outras áreas que envolvem influenciar varejistas e o público.

Conselho: *Evite pensar que você é mais importante do que qualquer outra pessoa. Os outros podem viver sem você. Deixe espaço para escolhas pessoais. Controle sua sede de perigo.*

RELACIONAMENTOS

PONTOS FORTES: CONVINCENTE, CONFIANTE, IMPONENTE

PONTOS FRACOS: MANIPULADOR, SENSACIONALISTA, DECEPCIONADO

MELHOR: AMIZADE

PIOR: CASAMENTO

LIONEL TRILLING (4/7/05)
DIANA TRILLING (21/7/05)

Lionel foi um influente crítico literário americano cujo trabalho estava permeado de psicologia, sociologia e filosofia. Ele escreveu muitos livros importantes sobre a humanidade no mundo moderno. Sua esposa Diana (casaram-se em 1929) também era crítica e autora. Ela escreveu sobre seu casamento no livro *The Beginning of the Journey*.

RELACIONAMENTOS

PONTOS FORTES: ESFORÇADO, CONTRASTANTE, COMBATIVO

PONTOS FRACOS: DESTRUTIVO, DOMINADOR, ESTRESSADO

MELHOR: RIVALIDADE NO TRABALHO

PIOR: FAMÍLIA

ARNOLD SCHWARZENEGGER (30/7/47)
EUNICE KENNEDY SHRIVER (10/7/20)

Ex-fisiculturista e atual superestrela, o ator Schwarzenegger é genro de Eunice Shriver (pelo casamento com a filha Maria). Eunice é fundadora (1963) e presidente honorária do Comitê Olímpico Especial, para o qual ela indicou Arnold como treinador de levantamento de pesos internacional em 1979.

---

3 a 10 de julho
SEMANA DO NÃO-CONVENCIONAL
CÂNCER I

26 de julho a 2 de agosto
SEMANA DA AUTORIDADE
LEÃO I

Conflito transcendente

Uma clássica confrontação surge aqui: Leão I fundamenta o que conhece e faz na tradição, Câncer II faz as coisas da sua maneira e rompe com o passado. O foco do relacionamento, então, é muitas vezes uma luta de poder. Este combate interno pode ser vívido e excitante para os parceiros, mas eles deveriam ser cuidadosos para evitar que ele dê uma virada violenta. Eles são essencialmente muito capazes de esculpir um relacionamento que encontra um solo intermediário entre impulsos conservadores e radicais. Se eles conseguirem isso, devem descobrir uma fertilidade e uma energia muito criativa.

Casos amorosos e amizades acentuam uma variação neste tipo de confrontação: Câncer II, regido pela lua, brilha com luz refletida, Leão I, regido pelo sol, resplandece na sua própria glória ardente. Lutas de poder inevitavelmente emergem em tais relacionamentos, muitas vezes sobre quem receberá atenção dos outros. Sejam os parceiros rivais ou lutadores diretos, nenhuma trégua será perdida ou dada nestas lutas. Suas interações são muitas vezes apaixonadamente intensas, mas o relacionamento tem o potencial para transcender seus conflitos por meio da integração de suas energias contrastantes a um nível mais alto. Esses vínculos sólidos não serão fáceis de formar. Uma vez criados, todavia, serão difíceis de quebrar. Casamentos entre Câncer II e Leão I somente são possíveis se cada um tiver seu próprio campo ou área de conhecimento incontestado. A alternativa é o conflito constante, tornando difícil ou impossível para os cônjuges e seus filhos uma vida doméstica relaxada e recompensadora. Nos pares familiares, sobretudo entre pais e filhos, grande compreensão terá de ser mostrada de ambos os lados para evitar lutas de poder, que, todavia, são em geral inevitáveis. Irmãos podem ser rivais nos seus anos mais jovens mas podem crescer mais próximos à medida que amadurecem. Relacionamentos no trabalho tendem a ser mais bem-sucedidos ou pelo menos mais confortáveis no nível executivo, onde colegas em áreas diferentes de especialidade podem se complementar. Os relacionamentos mais excitantes e até produtivos, todavia, podem facilmente ser rivalidades intensas, que revelam tanto o melhor quanto o pior em Câncer II e Leão I, estejam eles trabalhando para a mesma organização ou para concorrentes.

Conselho: *Obtenha o melhor de suas interações. Jogue limpo. Tente transcender as diferenças. Evite ninharias e irritações menores. Tenha o todo em mente.*

RELACIONAMENTOS

PONTOS FORTES: DIVERSIFICADO, EXCITANTE, DESAFIADOR

PONTOS FRACOS: DESCONCERTANTE, INTRANQÜILO, DISTRAÍDO

MELHOR: AMOR

PIOR: FAMÍLIA

JOHN HUSTON (5/8/06)
ANJELICA HUSTON (8/7/51)

Filha do beligerante diretor John, Anjelica foi criada na obscuridade na Irlanda. Em 1969, aos 17 anos de idade, ela atuou em um dos filmes menos conhecidos do pai. Ela ascendeu à proeminência em 1985 na sombria comédia de John *A Honra do Poderoso Prizzi*, pelo qual ela ganhou um Oscar como melhor atriz coadjuvante. **Também: Janet Leigh & Norma Shearer** (atrizes; Shearer descobriu Leigh).

---

3 a 10 de julho
SEMANA DO NÃO-CONVENCIONAL
CÂNCER II

3 a 10 de agosto
SEMANA DA FORÇA EQUILIBRADA
LEÃO II

Oposições estabelecidas

Este relacionamento tem dois lados distintos e suas energias oscilam entre eles – entre a luz e a escuridão, o externo e o interno, a intuição e a emoção. Pouca tentativa é feita para abrandar os contrastes ou para chegar ao acordo ou a sínteses. Compreender as oscilações amplas impostas pela natureza pendular dessa combinação e aprender a seguir com o fluxo são medidas que permitirão ir longe na geração de paz aqui. Os nascidos em Câncer II terão momentos mais fáceis; de natureza informal, eles podem até gostar da variedade do relacionamento. Os nascidos em Leão III, por outro lado, têm uma forte necessidade por equilíbrio. Eles se colocarão em estado de tensão nesta combinação, resistindo à sua viabilidade natural e criando o potencial para o conflito.

Casos amorosos de Câncer II-Leão II são muitas vezes românticos, envolvendo interação emocional profunda e atividades excitantes e muitas vezes arriscadas, sejam elas nas áreas profissionais ou fora, em ambientes selvagens. Os nascidos em Câncer II se sentem mais confortáveis em casa, mas anseiam por projetos que os coloquem em situações novas e excitantes ou os carreguem em um tapete mágico. Leão II pode ser o oposto, gastando seu tempo derrubando barreiras e alcançando novas alturas de realização, mas durante todo o tempo sonhando com um fogo aconchegante e uma cama confortável. Uma combinação ideal para esses dois seria gastar longos períodos primeiro em casa e depois em outro lugar, talvez passando uma parte do ano na sua própria cidade ou país e uma outra parte longe ou em outro país. Quanto mais atividades eles puderem compartilhar, melhor; tanto casos amorosos e casamentos tendem a ser mais bem-sucedidos quando ambos parceiros estão engajados em esforços por um mesmo objetivo. Namorados que também trabalham juntos podem não considerar o casamento um passo necessário.

Irmãos Câncer II-Leão II muitas vezes complementarão um ao outro produtivamente, mas mais fora do ambiente da família do que dentro dele. Os vaivéns e as oscilações da relação geram instabilidade doméstica, mas é mais provável que amigos e colegas de escola tragam excitação e humor variado. Companheiros de trabalho nesta combinação podem gerar desconforto no ambiente de trabalho impedindo os outros de se concentrar, mas socialmente eles podem ser a vida da festa.

Conselho: *Encontre suas necessidades reais e satisfaça-as. Não sossegue por menos que o melhor para você. Unifique algumas das áreas diferentes na sua vida. Abra mão e deixe fluir.*

3 a 10 de julho
SEMANA DO NÃO-CONVENCIONAL
CÂNCER II

11 a 18 de agosto
SEMANA DA LIDERANÇA
LEÃO III

Empatia especial

Esta combinação rara e poderosa pode alcançar a distinção por meio de seus surpreendentes talentos mentais. Seu foco é uma abordagem ponderada capaz de rapidamente avaliar um problema na sua raiz e tomar medidas para resolvê-lo. As qualidades do relacionamento de Leão III muitas vezes se unem com a estranha habilidade de Câncer II de prever seus desejos, assim como os problemas ou tendências no mundo maior. Dessa forma esses dois podem ser uma combinação destacada em muitas áreas de realização. O relacionamento lembra um pouco a harmonia especial que é possível entre um diretor cinematográfico (o Leão III) e um ator ou atriz (o Câncer III).

Namorados nesta combinação às vezes espelham e duplicam os humores um do outro, mas o relacionamento oferece a eles a reflexão psicológica que necessitam para imaginar o que está acontecendo. Sua compreensão é muitas vezes imediata – eles são capazes de uma percepção quase instantânea das conseqüências de suas ações e comportamento juntos. Esta consciência aumentada permite uma mistura interessante de comunicação física e mental, e também impede a necessidade de discussões inoportunas depois. Casamento aqui pode funcionar bem, mas cuidado deve ser tomado para não ir longe demais na direção mental, deixando necessidades importantes físicas e emocionais insatisfeitas.

Amigos nesta combinação devem cuidar para não ser muito materialistas e para não supervalorizar a lógica à custa de considerações mais espirituais. Manter contato com os sentimentos que a dupla compartilha é vitalmente importante na sustentação de tais amizades. Nos ambientes familiares e no trabalho, pais e chefes de Leão III se considerarão facilmente compreendidos e apreciados pelos filhos e empregados de Câncer II. Para eles o fato de que os nascidos em Câncer II estão dispostos a trabalhar juntamente com eles e unir-se a eles na dedicação e atenção significa muito. Eles também são capazes de desabafar para os parceiros de Câncer II sem medo do ridículo ou da rejeição. Na realidade, o poder real atrás do trono real de Leão III pode ser um Câncer II incomum e despretensioso.

Conselho: *Não ignore considerações emocionais e espirituais. Tente não ficar muito amarrado em seus pensamentos. Promova a igualdade. Mantenha-se em contato com os outros.*

RELACIONAMENTOS

PONTOS FORTES: RÁPIDO, INTELIGENTE, CONSCIENTE

PONTOS FRACOS: MENTAL EM EXCESSO, MATERIALISTA, INSATISFEITO

MELHOR: TRABALHO

PIOR: CASAMENTO

SAM GOLDWYN (17/8/1882)
LOUIS B. MAYER (4/7/1885)

Apesar da parceria implícita na "Metro-Goldwyn-Mayer", Goldwyn e Mayer tiveram um relacionamento hostil. Quando a MGM foi formada em 1922, Goldwyn foi derrotado por pequena margem na empresa, o que não era parte do trato. Ele prometeu nunca mais ter sócios e nunca mais os teve. **Também:** Steve Lawrence & Eydie Gormé (casados; cantores); **Imperador Maximiliano** [México] & **Imperador Francisco José** [Áustria] (irmãos).

---

3 a 10 de julho
SEMANA DO NÃO-CONVENCIONAL
CÂNCER I

19 a 25 de agosto
CÚSPIDE DA EXPOSIÇÃO
CÚSPIDE LEÃO-VIRGEM

Encontrando a conexão

Esta combinação tem um necessidade gritante por uma base firme, seja ideológica, financeira ou emocional, na qual se estabelecer. Nos momentos de necessidade, é provável que os parceiros se voltem para seus relacionamentos para dar-lhes estabilidade. O foco aqui muitas vezes reside nos domínios ocultos que têm pouco significado para qualquer um exceto para os parceiros. Os nascidos em Câncer II são magneticamente atraídos para pessoas raras, e o mundo emocional de Leão-Virgem pode se tornar um ponto de interesse importante para eles. Os nascidos em Leão-Virgem podem da mesma forma gostar de ter o poder para ocultar ou revelar tão pouco ou tanto quanto desejarem para seus parceiros de Câncer II. Em tudo isso, todavia, o relacionamento deve estabelecer uma conexão sólida entre essas explosões psicológicas e pessoais e o tipo de base descrita acima.

Namorados, amigos e cônjuges de Câncer II-Leão-Virgem podem ser capazes de unificar e dar estrutura a suas vidas por meio de um caminho comum na carreira, nos negócios, na religião ou no espírito. Isto em geral exige, que eles passem a maior parte de seu tempo juntos, e pressupõe que eles se dêem bem o suficiente para fazê-lo. Atividades profissionais ou sociais serão provedoras de base mas também se beneficiarão dos recursos e das forças internas tremendas as quais esta combinação pode empregar. Irritações pessoais podem facilmente aparecer aqui, e se aparecerem, é importante que a raiva e o ressentimento, assim como o amor e a bondade, sejam expressos sem medo de rejeição ou censura. A culpa pode ser um fator importante entre eles, sobretudo dado o tipo de dissimulação que o relacionamento adota.

Membros familiares de Câncer II e Leão-Virgem podem experimentar conflito no espaço do lar, posses e tarefas domésticas, as quais eles podem perceber como divididas injustamente. Ciúme profundo pode ferir a proximidade e despertar agressividade ou traição. Se tais conflitos tiverem de ser resolvidos e colocados de lado como ocorre quando crescem crianças nesta combinação, será crucial para eles encontrar uma ideologia comum ou um sistema de crença.

Conselho: *Construa vínculos íntimos, mas seja capaz de encontrar tempo longe um do outro também. Desenvolva crenças e projetos comuns. Cuidado com a competição pelas afeições dos outros.*

RELACIONAMENTOS

PONTOS FORTES: COM PÉS NO CHÃO, ESTABILIZADOR, INTERESSANTE

PONTOS FRACOS: CULPADO, IRRITADO, MANIPULADOR

MELHOR: CASAMENTO

PIOR: FAMÍLIA

KEVIN BACON (8/7/58)
KYRA SEDGWICK (19/8/65)

O ator Bacon desempenhou muitos papéis excelentes desde os anos 1970, incluindo *Footloose, Em Ritmo Louco* (1984) e *Assassinato em Primeiro Grau* (1995). É casado com Sedgwick, uma atriz de teatro, cinema e tevê, mais conhecida por seus papéis em *Nascido em Quatro de Julho* (1989) e *O Poder do Amor* (1995). Ela produziu sua estréia como diretora na HBO em *Losing Chase* (1996).

RELACIONAMENTOS

PONTOS FORTES: CONFORTÁVEL, AGRADÁVEL, NÃO-CONVENCIONAL

PONTOS FRACOS: ESTIMULA DEPENDÊNCIA, AUTO-SACRIFICADO

MELHOR: AMOR

PIOR: TRABALHO

GUSTAV MAHLER (7/7/1860)
ALMA SCHINDLER (31/8/1879)

Em 1902, o compositor Mahler se casou com Schindler, uma talentosa música que circulava nos meios artísticos de Viena. As exigências de Mahler, que era autocentrado, deixavam-na muito tensa; no entanto, apesar do sofrimento emocional, Schindler ficou ao lado de Mahler até a morte dele em 1911. **Também: Ringo Star & Barbara Bach** (casados; Beatle/atriz); **Fred Gwynne & Yvonne DeCarlo** (co-estrelas, *Os Monstros*).

---

3 a 10 de julho
SEMANA DO NÃO-CONVENCIONAL
CÂNCER II

26 de agosto a 2 de setembro
SEMANA DOS CONSTRUTORES DE SISTEMAS
VIRGEM I

Preocupação com o bizarro

Esta combinação promove excentricidade, e enquanto ambos os parceiros são normalmente muito dedicados ao trabalho eles se ocupam principalmente com a busca do prazer e do conforto. Virgem I pode tentar enfocar sua atenção no parceiro de Câncer II, talvez até tentando construir um sistema psicológico para definir ou conter seu lado mais raro. Mas o relacionamento promove informalidade, e o Câncer II está apto a escapar das garras de Virgem I. E quanto mais arduamente o Virgem I persegue o Câncer II, mais bizarro seu próprio comportamento começará a parecer. O processo pode se tornar viciante, e o casal pode em breve desejar nada mais do que a liberdade para perseguir a própria relação.

Se esconder de um terceiro ou do olho vigilante da sociedade, pode se tornar um obsessão nos pares Câncer II-Virgem I, gastando demasiada energia. Casos amorosos e amizades serão mais bem-sucedidos quando vividos publicamente. Casos saudáveis tendem a evoluir naturalmente para situações de convívio temporário e depois permanente, e talvez finalmente para o casamento. O conforto e a segurança proporcionados por um espaço doméstico compartilhado é um dos fundamentos do relacionamento; aqui o casal pode satisfazer sua preocupação com o bizarro. Eles naturalmente desejarão trabalhar juntos para fortalecer tal espaço, fazendo-o mais bonito assim como mais funcional. O lado nutriz e orientado para o serviço no relacionamento sugere ter ou adotar filhos, mas os pais nesta combinação devem ser cuidadosos para deixar tempo de qualidade suficiente um para o outro e para eles mesmos.

Relacionamentos de trabalho não são recomendados aqui, uma vez que eles não tendem a ser suficientemente geradores de empenho para alcançar sucesso, e é provável que rompam com a política das empresas. A ênfase é muito freqüentemente no relaxamento e no tipo de intimidade que pode ser somente encontrada depois do trabalho. Pares familiares, sobretudo entre pais e filhos, podem ser respeitáveis e afetuosos, mas às vezes também promovem dependência e são emocionalmente debilitantes. O fortalecimento da independência e a ruptura com atitudes reivindicatórias pode emergir como os desafios a serem enfrentados se esses dois indivíduos estabelecerem vínculos maduros mais tarde na vida.

Conselho: *Evite a dissimulação. Preste atenção a como os outros vêem você. Cuidado com os vícios.*

RELACIONAMENTOS

PONTOS FORTES: RESOLUTO, FORTE, RECONSTRUTIVO

PONTOS FRACOS: NÃO CONFIA, HIPERSENSÍVEL, RESSENTIDO

MELHOR: FAMÍLIA

PIOR: CASAMENTO

RICHARD ALDINGTON (8/7/1892)
HILDA DOOLITTLE (10/9/1886)

Doolittle, mais conhecida como "H.D.", se casou com Aldington em 1911 em sua terra natal, Inglaterra. Ambos eram poetas do movimento Imagist e escreveram ótimos romances. Ele também escreveu críticas e biografias; ela escreveu um tributo a Freud e uma autobiografia. **Também: Jean Cocteau & Elsa Schiaparelli** (amigos; artista/designer de moda); **Candy Barr & Mickey Cohen** (caso; stripper/gângster).

---

3 a 10 de julho
SEMANA DO NÃO-CONVENCIONAL
CÂNCER II

3 a 10 de setembro
SEMANA DO ENIGMA
VIRGEM II

Encontrando conforto

Um relacionamento surpreendentemente forte e equilibrado pode emergir deste par, que pode concentrar-se na rejeição de atitudes críticas da sociedade e na construção de uma perspectiva autoconfiante e construtiva. Câncer II e Virgem II poderiam facilmente encontrar conforto um no outro, pois cada um será sensível ao ponto em que o outro foi incompreendido pelo mundo. Alguns pares nesta combinação podem na realidade adotar uma postura vigorosamente desafiante para com os outros, e até nos casos de uma postura mais serena e mais humilde, os parceiros provavelmente estarão fortemente cientes do que estão fazendo e exercerão um esforço determinado para testarem a si mesmos, tanto pessoal quanto profissionalmente.

É provável que o mundo veja pouco da maioria dos casos amorosos e das amizades de Câncer II-Virgem II; eles têm uma forma de virar suas costas para a sociedade, talvez um tanto desdenhosamente. Experiências passadas podem ter mostrado a um ou a ambos os parceiros quão pouco o mundo pode ser confiável, de forma que eles tendem a colocar todos os seus ovos sociais em uma cesta, restringindo seu círculo a muito poucos amigos ou até a nenhum. Pelo menos em princípio, isto pode aumentar as chances de sobrevivência do relacionamento, mas, por outro lado, construir um relacionamento baseado na amargura e desilusão é um negócio arriscado, e uma vez que esses dois tenham formado um vínculo sólido, eles devem começar, a se abrir para o mundo e criar novos laços. No caso de uma dissolução, é provável que ambos os parceiros sejam personalidades mais completas e saudáveis do que antes.

Relacionamentos profissionais e conjugais não são altamente favorecidas aqui: reconhecer a autoridade de um chefe ou por meio de um contrato matrimonial é algo que raramente está ao gosto deste relacionamento. Mesmo assim, construir seu empreendimento empresarial próprio, com objetivos concretos e dirigido a um alvo específico, é algo com que esses dois poderiam bem lidar. É improvável que relacionamentos de irmãos ou pais-filhos de Câncer II-Virgem II atraiam muita atenção na estrutura familiar, embora nela sejam em geral protegidos e compreendidos, e possam acabar dando sua chancela ao próprio grupo.

Conselho: *Não tente fortalecer sentimentos negativos. Perdoe e esqueça. Faça as pazes com seu passado. Lute contra tendências anti-sociais. Faça novos amigos.*

3 a 10 de julho
SEMANA DO NÃO-CONVENCIONAL
CÂNCER II

11 a 18 de setembro
SEMANA DO LITERAL
VIRGEM III

Experiência de aprendizado

Desenvolver uma atitude aberta e distensionada será uma experiência de aprendizado para ambos parceiros, e é a chave para o sucesso de seu relacionamento. É improvável que os de Virgem III aprovem as atitudes de Câncer II, mas podem vir a aceitá-las – um passo importante. Os nascidos em Câncer II em geral compreenderão os nascidos sob Virgem III até quando eles não concordarem com eles, e ficarão contentes em deixar suas idéias seguirem sem muita discussão se forem tratados com a mesma cortesia. Mas o lado crítico dos de Virgem III é revelado aqui, e os informais Câncer II podem se achar acusados, condenados e sentenciados antes de saberem que estão sendo julgados.

Casos amorosos e casamentos não são recomendados aqui sem uma quantidade considerável de tolerância. Para começar, esses dois são raramente atraídos um pelo o outro. Caso eles fiquem juntos por qualquer de uma série de razões, eles terão de decidir se darão o melhor de si ou se simplesmente desistirão. É improvável que atitudes resignadas produzam bons resultados. Às vezes ambos os parceiros ficam melhor apenas desistindo.

Amizades estão mais aptas a serem produtivas, sobretudo quando restritasd a encontros causais por um interesse em comum, talvez um esporte ou um hobby. Mas pares na família e no trabalho testarão a paciência de ambos os parceiros até o limite, sobretudo onde Virgem III é o pai ou o chefe. É provável que os nascidos em Câncer II se sintam mal compreendidos e não valorizados neste tipo de relacionamento, os de Virgem II sendo negligenciados e ignorados. Um grande primeiro passo para a aceitação seria os parceiros verem tais situações como armadilhas contra as quais pouco pode ser feito, e trabalharem para fazer as coisas mais prazerosas.

Há muitos parceiros na vida que não se apressam para escolher um ao outro. Os que acreditam no destino, predestinação ou reencarnação têm respostas prontas para a existência de tais casais, mas seja como for que esses relacionamentos começaram, a aceitação é em geral a chave de sua tolerância. Ao promover pensamento positivo e abordagens construtivas, diminuindo irritações e incapacitando os mecanismos que disparam insatisfação, este relacionamento poderia funcionar como um campo de treinamento para fazer seus parceiros mais completos e maduros como indivíduos.

Conselho: *A vida é uma experiência de aprendizado. Aceite o inevitável. Dê passos positivos para melhorar a situação. Mude suas atitudes. Aceite quando possível.*

RELACIONAMENTOS

PONTOS FORTES: ESTIMULANTE, EVOLUCIONÁRIO, DESAFIADOR

PONTOS FRACOS: IRRITANTE, INCLINADO A JULGAR, POUCO RECEPTIVO

MELHOR: FAMÍLIA

PIOR: AMOR

GRETA GARBO (18/9/05)
JOHN GILBERT (10/7/1897)

Gilbert e Garbo contracenaram no final dos anos 1920 em 3 romances cinematográficos abrasadores. Depois de cada cena o pobre ator corria para o vestuário. A MGM divulgou seu romance com anúncios como "Garbo e Gilbert Apaixonados" (o nome do filme). Mas Garbo se cansou do impetuoso Gilbert e acabou com os encontros, negando mais tarde ter tido um caso com ele. **Também: George Sanders & Tom Conway** (irmãos; atores).

---

3 a 10 de julho
SEMANA DO NÃO-CONVENCIONAL
CÂNCER II

19 a 24 de setembro
CÚSPIDE DA BELEZA
CÚSPIDE VIRGEM-LIBRA

Revezando-se

Ambos parceiros têm qualidades de liderança com base nas quais o seu relacionamento tem um efeito paradoxal. Ele pode estimular seu heroísmo, forçando-os a tentar fazer funcionar um arranjo harmonioso por meio dos quais esses impulsos podem ser reconhecidos – alternando o papel principal nos sucessivos projetos, por exemplo. Lutas por poder seriam cenários indesejáveis aqui. Um problema mais comum é o inverso exato: cada parceiro fica relutante em assumir o comando do outro. Neste caso é provável que o relacionamento derive até obter um injeção de força de vontade. Essas questões deveriam ser discutidas e um plano efetivo deveria ser engendrado para impedir tal indecisão e deterioração. Esses dois parceiros podem realizar muito se empenharem seu relacionamento em uma causa valiosa.

Os relacionamentos românticos de Câncer II-Virgem-Libra são bastante recompensadores. Virgem-Libra pode achar os Câncer II atraentes e acima de tudo interessantes, e Câncer II será lisonjeado por sua atenção. Caso esses dois se empenhem juntos em buscas estéticas, Câncer II contribuirá provavelmente com um amor pelo bizarro e o inesperado, ampliando os horizontes dos nascidos em Virgem-Libra, mais classicamente orientados. Com freqüência o relacionamento abrirá todo um novo mundo de beleza pelo reconhecimento do valor estético dos objetos que ambos os parceiros previamente pensavam feios e desinteressantes.

Casamentos nesta combinação serão, uma vez que os nascidos em Virgem-Libra em geral exigem mais contato social e os de Câncer II menos. Suas atitudes contrastantes podem ajudar Virgem-Libra a aprofundar seu autoconhecimento emocional, e os de Câncer II a qualidade de suas interações humanas, mas muitos acordos terão de ser trabalhados ao longo do caminho. Amizades sofrerão de polaridades semelhantes, mas novamente o acordo é possível.

Irmãos e colegas de trabalho nesta combinação se beneficiarão com a alternância do papel de liderança e a promoção da igualdade. Todos os sinais de domínio e controle permanente da parte de quaisquer das personalidades deveriam ser cortados pela raiz, e uma solução deveria ser trabalhada para a satisfação de ambos os parceiros.

Conselho: *Revezem-se no comando. Evite atitudes ditatoriais. Promova a igualdade. Dê direção para evitar a ausência de metas. Amplie horizontes estéticos.*

RELACIONAMENTOS

PONTOS FORTES: DETERMINADO, EXPANSIVO, REALIZADO

PONTOS FRACOS: CONFLITUOSO, DOMINADOR, INDECISO

MELHOR: AMOR

PIOR: AMIZADE

BURT WARD (6/7/46)
ADAM WEST (19/9/28)

Ward e West fizeram o papel de Robin e Batman, respectivamente, no seriado de tevê *Batman* (1966-68). Juntos, a Dupla Dinâmica ajudou a inepta força policial a manter seguras as ruas de Gotham City. Ward e West deram aos seus personagens um tom sarcástico que com o tempo atraiu considerável número de admiradores. **Também: Gina Lollobrigida & Sophia Loren** (italianas rivais em apelo sexual).

RELACIONAMENTOS

PONTOS FORTES: SENSÍVEL, EMPÁTICO, ESPIRITUAL

PONTOS FRACOS: INCLINADO A JULGAR, DOGMÁTICO, DEPENDENTE

MELHOR: CASAMENTO

PIOR: TRABALHO

WILLIAM PALEY (28/9/01)
BABE PALEY (5/7/15)

William provém de uma família do ramo do cigarro e criou a CBS. Ele transformou uma pequena rede de estações de rádio em uma poderosa força do entretenimento de massa na tevê. Ele era casado com Barbara "Babe" Cushing, uma socialite muito bela que freqüentava as listas de mulheres mais bem-vestidas.

---

3 a 10 de julho
SEMANA DO NÃO-CONVENCIONAL
CÂNCER II

25 de setembro a 2 de outubro
SEMANA DO PERFECCIONISTA
LIBRA I

Um tecido muito delicado

Contanto que esses dois respeitem o espaço um do outro e evitem julgar-se mutuamente, eles podem juntos atingir novas alturas de experiência espiritual etérea ou de êxtase. A sensibilidade e a aceitação são ampliadas aqui, e ambos os parceiros podiam se considerar plenamente satisfeitos. Mas Libra I tende a apreciar o relacionamento apenas pelo que ganha com ele. Nem sempre eles estão plenamente conscientes do que possuem, e deixam de perceber que atitudes críticas, exigentes e condenatórias podem facilmente rasgar o delicado tecido desse vulnerável relacionamento.

O amor, o casamento e a amizade podem representar estágios evolucionários no desenvolvimento desse relacionamento, ou, em seu nível mais alto, podem mesmo ser combinados em um. Ideais nobres e ideologias desafiadoras atraem esse casal, que muitas vezes se engajam em experiências de auto-realização, tanto juntos quanto separados. As técnicas da nova era, oficinas de trabalho e leitura podem ser de especial interesse aqui. As idéias retiradas de tais atividades podem ser colocadas em prática na cozinha, nas áreas de trabalho e nos quartos. Deve-se tomar cuidado para que novas idéias não se tornem dogmas rígidos, inibindo os impulsos saudáveis que são feitos para ajudar.

É provável que os membros familiares nessa combinação, sobretudo os pares pais e filhos e irmãos, sejam sensíveis demais um com o outro, certamente empáticos e talvez mesmo telepáticos. Eles terão que redesenhar várias vezes as fronteiras do ego entre eles para distinguir seus desejos e necessidades individuais. Embora a intimidade no relacionamento seja em geral uma vantagem nesse caso específico, os parceiros arriscam perder as próprias personalidades e se afogar como eus individuais. No trabalho, os colegas de Câncer II e Libra I podem ser incapazes de sustentar a objetividade que necessitarão se quiserem cumprir suas obrigações para com a organização que os contratou. Um controle maior deve ser exercido para impedir que pequenos atritos e irritações saiam do controle. Os parceiros de Câncer II e Libra I em todas as profissões se beneficiarão da grande sensibilidade um com o outro se ao menos derem a essa sintonia um efeito positivo.

Conselho: *Atente para os benefícios. Trate os outros com respeito. Não tome qualquer coisa como líquida e certa. Mantenha as fronteiras. Lute pela objetividade. Limite as críticas.*

RELACIONAMENTOS

PONTOS FORTES: SOCIÁVEL, SENSUAL, PROTETOR

PONTOS FRACOS: POUCO PARTICIPATIVO, DIFÍCIL, POUCO COMUNICATIVO

MELHOR: COMPANHEIRISMO

PIOR: AMOR

NIKOLA TESLA (9/7/1856)
GEORGE WESTINGHOUSE (6/10/1846)

Tesla foi o inventor do motor de corrente alternada (AC). Westinghouse comprou os direitos de Tesla e o adotou como base de seus produtos Westinghouse. Em essência, este negócio significou o uso da corrente alternada como padrão em equipamentos americanos. **Também: P.T. Barnum & Jenny Lind** (patrocinador/"Rouxinol Sueco").

---

3 a 10 de julho
SEMANA DO NÃO-CONVENCIONAL
CÂNCER II

3 a 10 de outubro
SEMANA DA SOCIEDADE
LIBRA II

Um refúgio da sociedade

A principal preocupação desse relacionamento é o grau no qual está pronto a revelar-se ao mundo exterior. Os parceiros estão preocupados com a forma de se relacionar mais significativamente não apenas em situações sociais, mas um com o outro. Na raiz está uma certa desconfiança: a seu modo próprio cada pessoa tem um bom entendimento dos seres humanos, e como um casal eles não gostam muito de se expor ao escrutínio público. Na verdade, eles podem não gostar muito de outras pessoas, considerando até mesmo o mais simples convite com suspeita. Eles realmente consideram seu relacionamento como um refúgio do mundo.

No amor e no casamento, o aspecto físico desse par é uma mistura pesada de paixão e sensualidade, áreas em que nenhum parceiro está inteiramente confortável. Quanto mais íntima a relação for para a esfera platônica da amizade, mais confortável se sentem os parceiros. As exigências físicas podem ser facilmente substituídas aqui por emoções mais sociáveis e um sentimento de despreocupação. Uma vez que Câncer II e Libra II estão formando quadratura um com o outro no zodíaco (90º de separação), a astrologia convencional prevê um relacionamento difícil entre eles, mas não faz parte ds preocupações deles tentar resolver tensões em prol das causas conjuntas.

Apenas companheiros ou conhecidos sem exigências é talvez a possibilidade mais realistas para esses dois. As demandas sociais desse tipo de relacionamento serão mais fáceis de satisfazer, e nenhuma acusação ou culpa precisa surgir se eles passarem muito tempo separados. Uma amizade mais distante também será uma válvula de escape quando as demandas sociais em outro lugar forem pesadas e os parceiros precisarem de divertimento e refúgio, na ausência das críticas do mundo. Na família e no trabalho, por outro lado, os irmãos e colegas de trabalho dessa combinação podem se ver forçados a conviver dia-a-dia, gostem ou não disso, e muitas vezes precisarão compartilhar a mesma área física. Os conflitos provavelmente surgirão, mas em última análise podem levar a um acordo sobre a separação das obrigações, o uso dos espaços comuns e até mesmo sobre que tópicos são tabu. Dessa forma, o casal pode ser capaz de se tolerar mutuamente.

Conselho: *Diminua as exigências. Deixem um ao outro o mais livre possível. Faça o que precisar para diminuir o estresse. Encontre soluções criativas. Viva e deixe os outros viverem.*

3 a 10 de julho
SEMANA DO NÃO-CONVENCIONAL
CÂNCER II

11 a 18 de outubro
SEMANA DO TEATRO
LIBRA III

Uma pose ultrajante

Sintonizados em uma mesma freqüência de onda, esses dois formam uma excelente equipe nas situações profissionais e sociais. Seu relacionamento é capaz de mudar feito um camaleão e praticamente bastará querer fazê-lo, assumindo cada vez uma nova forma e orientação para se adequar ao ambiente. Outras pessoas ficarão impressionadas pela facilidade com que o relacionamento passa por essas mudanças. No fim, também, elas podem se desesperar quando descobrirem o "verdadeiro" casal de Câncer II e Libra II por trás da máscara.

Ao espírito em vez da matéria é em geral atribuído o maior valor nos casos amorosos e nos casamentos entre esses indivíduos. Os parceiros certamente gostarão bastante de comida, sexo e divertimento juntos, mas esses apetites não são em geral pedras fundamentais para buscas mais transcendentais. Isso pode ser visto na sua recusa geral de estar ligado ou muito dependente de qualquer área física – eles preferem estar livres para explorar e acima de tudo brincar. A comédia, a ironia, a sátira e o sarcasmo surgem com facilidade para esse casal, que pode ser impiedoso e até mesmo destrutivamente engraçado com os indivíduos ou pares que lhes parecem possuir uma qualidade inflexível ou pretensiosa. O envolvimento espiritual direto é possível aqui, mas é mais comum uma orientação voltada para a nova era, para as cores, para atividades não-convencionais e excitantes.

As amizades tendem a ser superficiais mas são muito divertidas. Esses dois muitas vezes apresentam uma pose ultrajante simplesmente para provocar os mais convencionais, uma brincadeira que sabem fazer em geral causando certo rebuliço. Seu humor pode também operar mais sutilmente, às vezes sendo apreciado apenas pelos parceiros mesmos.

Gostando de desempenhar papéis e amando a liberdade, o relacionamento entre Câncer II e Libra III nem sempre agrada os patrões (no caso de colegas de trabalho) ou pais (no caso de irmãos). No trabalho, esses dois despertam hostilidade por sua recusa em levar o trabalho a sério; em casa, o mesmo tipo de frivolidade pode se manifestar como uma negação das tarefas diárias, o que outros membros da família considerarão irresponsável. Embora muitas vezes apreciados, Câncer II e Libra III terão que lutar se desejarem obter o respeito dos outros.

Conselho: *Leve as coisas um pouco mais a sério às vezes. Mostrando respeito você ganha o respeito dos outros. Vá mais fundo. Considere mais importante ter um compromisso.*

RELACIONAMENTOS

PONTOS FORTES: HILÁRIO, DESAPEGADO, SATÍRICO

PONTOS FRACOS: DISTRAÍDO, RESSENTIDO, SUPERFICIAL

MELHOR: AMIZADE

PIOR: FAMÍLIA

JERRY SIEGEL (17/10/14)
JOE SHUSTER (10/7/14)

Shuster e Siegel, amigos de adolescência, conceberam o personagem do livro em quadrinhos *Super-homem* em 1933, e 5 anos mais tarde venderam os direitos autorais por 130 dólares para seu empregador, o National Periodicals. Quando o *Super-homem* se tornou um grande sucesso comercial, eles não receberam quase nada por isso. Siegel passou a maior parte da vida processando a National. Shuster recolheu-se ao isolamento permanente.

---

3 a 10 de julho
SEMANA DO NÃO-CONVENCIONAL
CÂNCER II

19 a 25 de outubro
CÚSPIDE DO DRAMA E DA CRÍTICA
CÚSPIDE LIBRA-ESCORPIÃO

Estabelecendo cronogramas

Esta combinação emocionalmente complexa pode produzir uma mistura de prazer e dor. Se for para o relacionamento crescer, terá de haver acordo com relação a uma estrutura que imponha objetividade, expressão individual, suspensão de atitudes críticas e, acima de tudo, uma percepção analítica capaz de detectar e desviar observações dolorosas. O sensível Câncer II possui uma vulnerabilidade à crítica que pode permitir-lhe ser dominado por esse parceiro: Libra-Escorpião não pisa em ovos, e ferir os sentimentos de Câncer II pode se tornar um hábito. Câncer II, também, tem uma habilidade para atingir o ponto fraco do outro, e usará isso quando for atacado. Ambos os parceiros têm uma tendência para atormentar, um hábito que pode se tornar uma conexão perigosamente prazerosa para eles.

Os casos amorosos aqui podem ser profundos – tão profundos que há perigo de dependência nos momentos emocionalmente carregados e nas experiências sexuais de êxtase. As exigências por aumento de intensidade e freqüência dessas experiências podem levar o sistema nervoso dos parceiros ao limite do colapso. Esgotamentos induzidos pela rejeição, ciúme ou medo de abandono são cenários horríveis; horário estabelecidos para moderar o contato emocional podem reduzir sensivelmente sua probabilidade. Tais estruturas às vezes surgem mais facilmente nos casamentos, que impõem rotinas diárias objetivas que podem ter o efeito de criar um sentimento de ordem e regular sentimentos. O perigo também existe, no entanto, de que o casamento em última análise desenvolva uma estrutura rígida que sufocará sentimentos profundos e aumentará frustrações. Os nascidos em Libra-Escorpião raramente rejeitarão as idiossincrasias dos de Câncer II, fazendo esse parceiro não-convencional se sentir valorizado. Eles podem, por outro lado, ser livres demais com seus conselhos às vezes, o que pode ter o efeito de fazer Câncer II manter-se à distância ou ainda torná-lo abertamente dependente da orientação de Libra-Escorpião. A estrutura embutida da maioria dos empregos muitas vezes permite aos colegas de trabalho dessa combinação a objetividade necessária para um relacionamento bem-sucedido. Na família, no entanto, os parentes de Câncer II e Libra-Escorpião podem se sentir incapazes de se adaptar à estrutura grupal existente. Nesse caso, uma reação comum subverterá a autoridade paterna/materna ou outra qualquer com atitudes abertamente rebeldes.

Conselho: *Busque a moderação. Forneça a estrutura na qual os sentimentos possam ser expressos. Suspenda os julgamentos. Limite a crítica. Promova a individualidade.*

RELACIONAMENTOS

PONTOS FORTES: ENLEVANTE, GRATO, AGRADÁVEL

PONTOS FRACOS: OBSESSIVO, FRUSTRADO, MEDROSO

MELHOR: CASAMENTO

PIOR: AMOR

JOHNNY CARSON (23/10/25)
DOC SEVERINSEN (7/7/27)

Em 1967 o trompetista Severinsen juntou-se a Carson em *Tonight Show* como líder de banda. Suas roupas exóticas no palco se tornaram sua marca registrada, inspirando muitos momentos divertidos nos monólogos de Carson nos 25 anos seguintes. Eles se aposentaram juntos no show em 1992. **Também: Nancy Davis Reagan & Patti Ann Davis** (mãe/filha); **Jamie Wyeth & N.C. Wyeth** (neto/avô; artistas).

RELACIONAMENTOS

PONTOS FORTES: ÍNTIMO, EXCITANTE, PODEROSO

PONTOS FRACOS: DESTRUTIVO, MEDROSO, SOFREDOR

MELHOR: TRABALHO

PIOR: AMOR

FRANÇOIS MITTERRAND (26/10/16)
GEORGES POMPIDOU (5/7/11)

Pompidou foi primeiro-ministro francês (1962-68) e presidente (1969-74) da Quinta República. Forte partidário da política de independência externa de DeGaulle, Pompidou também concentrou-se nos problemas domésticos. Quando Mitterrand assumiu a presidência em 1981, ele aboliu muitas das políticas de Pompidou, afastando-se do conservadorismo gaullista.

---

3 a 10 de julho
SEMANA DO NÃO-CONVENCIONAL
CÂNCER II

26 de outubro a 2 de novembro
SEMANA DA INTENSIDADE
ESCORPIÃO I

Um plano subterrâneo

É provável que este relacionamento seja altamente reservado, virtualmente subterrâneo em sua recusa em permitir que a forma como é conduzido venha a ser exposta. Para realizar seus planos ocultos sem contratempos, seus parceiros devem ser dedicados, consistentes e peritos em disfarçar. Como é desastroso para um terceiro que é mantido no escuro! No entanto, a emoção de uma ação ilícita ou proibida é grande demais para que a ela se resista. E ferir alguém em geral não faz parte da intenção – de fato, muitas vezes é Câncer II ou Escorpião I quem mais sofre no fim.

Os triângulos amorosos são os cenários clássicos aqui. Muitas variações sutis sobre esse tema podem aparecer: em geral, um terceiro passa de amigo de Câncer II e Escorpião I a namorada de um deles, permanecendo amigo ou tornando-se rival do outro. Nesse caso o relacionamento se concentrará naquele que está envolvido nos dois relacionamentos íntimos, muitas vezes ambos sexuais ao mesmo tempo.

Câncer II e Escorpião I podem viver casamentos felizes, mas devem tomar cuidado para não passarem tempo demais juntos a sós. Compartilhar amizades que não carreguem a tentação ou o perigo de triângulos amorosos novos, mas funcionem simples e puramente como amizades, trará estabilidade. Ambos tendem a ser bons pais, fornecendo a seus filhos uma boa mescla de educação e inspiração, mas eles devem tomar cuidado para não permitirem que o filho coloque um pai contra o outro.

Como amigos ou irmãos, Câncer II e Escorpião I são bons em manter segredos e em esconder sua verdadeira intenção dos olhos vigilantes dos pais, professores e outras autoridades. Atividades limítrofes ou abertamente ilegais podem exercer uma atração especial para eles, e embora o dinheiro esteja muitas vezes envolvido, é primariamente o perigo e o poder que fornecem os atrativos. Câncer II e Escorpião I podem ser excelentes parceiros e financeiramente bem-sucedidos nos negócios.

Conselho: *Pense um pouco mais sobre o que está fazendo. Você pode estar brincando com fogo. Cresça um pouco mais em suas atitudes. Você está pedindo para ser ferido?*

RELACIONAMENTOS

PONTOS FORTES: ENTUSIASTA, ENCANTADOR, MISTERIOSO

PONTOS FRACOS: DESTRUIDOR, DEPENDENTE DEMAIS, PERDIDO

MELHOR: AMOR

PIOR: PAIS-FILHOS

KURT VONNEGUT JR. (11/11/22)
GERALDO RIVERA (4/7/43)

O radialista Rivera se tornou genro do romancista Vonnegut ao se casar com Edith Bucket Vonnegut, filha do escritor. Vonnegut expressou seu desencanto com a sociedade moderna em seus trabalhos. Ironicamente, Rivera apresentava programas que muitas vezes capitalizava em cima de perdedores da sociedade. **Também: Eunice Kennedy & Sargent Shriver** (casados; irmã de JFK/primeiro diretor do Corpo de Paz).

---

3 a 10 de julho
SEMANA DO NÃO-CONVENCIONAL
CÂNCER II

3 a 11 de novembro
SEMANA DA PROFUNDIDADE
ESCORPIÃO II

Perdendo-se

Este relacionamento entre Câncer II e Escorpião II é misterioso e difícil de penetrar. Essas personalidades formam trígono uma com a outra no zodíaco (120º de distância), e a astrologia prevê um relacionamento distensionado e prazeroso entre eles. Seu envolvimento vai além do simples prazer, no entanto, sendo enigmático até mesmo para os parceiros. Um impulso profundamente magnético muitas vezes os reúne, e uma vez que seu relacionamento é formado pode ser difícil modificá-lo ou separá-los. Os sentimentos se entrelaçam sutil e constrangedoramente para criar vínculos de lealdade mas também de dependência. Os parceiros muitas vezes espelham os sentimentos um do outro e vivenciam esses sentimentos sem terem consciência do processo. Os egos podem se dissolver. As fronteiras podem se misturar e a individualidade, desaparecer.

Os casos amorosos tendem a ser passionais e arrebatadores. Os parceiros podem não perceber isso, mas muitas vezes fazem uma reivindicação ao outro, e com essa reivindicação assumem uma grande responsabilidade. Os mistérios do sexo, do amor e do relacionamento em geral são revelados aqui como um panorama encantado que mantém esses namorados enfeitiçados. Mesmo quando tentam uma objetividade analítica que explicaria o processo e sondaria as profundezas do mistério, os parceiros se distanciam do choque do reconhecimento, em vez disso deixando-se cair numa torrente inconsciente de esquecimento e abandono. O casamento pode sugerir uma orientação mais objetiva, mas perderem-se juntos permanece uma atividade constante. As amizades, a família e os relacionamentos profissionais possuem um magnetismo semelhante, mas muitas vezes substituem um envolvimento total no amor e no casamento nessa combinação com uma empatia mais saudável. (Uma exceção é o relacionamento entre pais e filhos, que são altamente reivindicatórios.) Os amigos, irmãos e colegas de trabalho mantêm uma certa objetividade e individualidade, enquanto ainda sintonizados nos sentimentos um do outro. Há mais consciência aqui; o mistério do relacionamento é melhor compreendido e até certo ponto conscientemente explorado. Serão necessários anos para isso acontecer, mas o encanto não desaparece totalmente. nem a natureza enigmática do relacionamento se exaure por completo. Até o fim, longos períodos de interação diária comuns são pontilhados de momentos mágicos, inesquecíveis por seu charme e iluminação.

Conselho: *Compreender nem sempre é possível. O amor faz poucas perguntas e dá menos respostas ainda. Ceder é às vezes necessário.*

3 a 10 de julho
SEMANA DO NÃO-CONVENCIONAL
CÂNCER II

12 a 18 de novembro
SEMANA DO ENCANTO
ESCORPIÃO III

Atenção em êxtase

O charme delicioso do esquecimento arrebata esse casal periodicamente, e em sua esteira seguem sonhos e visões vívidos e belos. O relacionamento possui uma qualidade poética e profundamente espiritual. A meditação tranqüila tem um papel importante: os parceiros de Câncer II e Escorpião III são capazes de uma conexão que fornecerá paz e descanso a ambos. Não importa quanto estressante, mundano ou prosaico tenha sido o dia, esses dois podem procurar um ao outro e encontrarem-se uma vez que estiverem em seu próprio espaço maravilhoso juntos. Esses sentimentos são difíceis de compartilhar diretamente com os outros, mas o relacionamento tem uma energia que pode ser contagiante e enaltecedora para aqueles ao redor. Ele exerce tal atração em seus parceiros que libertar-se pode ser extremamente difícil.

Os casos amorosos progridem do físico para o metafísico, usando o ato sexual para transportar os parceiros para outros mundos e planos mais elevados de experiência. A relação sexual é um tipo de dança cósmica, evocativa e elevada, uma fusão verdadeira de espíritos. Esses parceiros podem também permanecer por longos períodos sem contato físico, tocando apenas com o olhar ou um tipo de palavra. Em geral, nada dessa mágica será de todo aparente aos olhos do público. Os filhos de tal casal, nascidos ou não do casamento deles, podem mesmo ver seus pais com algum humor, como bobos, hippies ou caprichosos. Raramente, no entanto, duvidarão do amor permanente de seus pais um pelo outro.

Os relacionamento profissionais entre Câncer II e Escorpião III não são especialmente recomendados, uma vez que esses dois raramente mostram muito desejo de vencer os outros e serem bem-sucedidos nas exigentes atividades comerciais. As sociedades entre amigos dessa combinação, no entanto, podem ser altamente bem-sucedida em evocar sonhos e visões compartilhadas de tal forma que tocam em algo caro às outras pessoas; apesar da aparente falta de agressividade do casal, o sucesso financeiro é muito possível aqui. É provável que os irmãos e amigos passem muitas horas juntos atentos e extasiados, sintonizados nos pensamentos e sentimentos um do outro. O par pai e filho também pode possuir uma qualidade de amizade, criando intimidade incomum, laços de confiança e entendimento.

Conselho: *Estimule-se para atingir maiores realizações. Os outros podem estar contando com você. Não se esqueça das responsabilidades. Mantenha-se alerta para as necessidades do momento.*

RELACIONAMENTOS

PONTOS FORTES: AMOROSO, MEDITATIVO, ENALTECEDOR

PONTOS FRACOS: PREGUIÇOSO, FORA DA REALIDADE, FRACO

MELHOR: AMOR

PIOR: TRABALHO

NANCY REAGAN (6/7/21)
HOWARD BAKER (15/11/25)

A influente primeira-dama Reagan pressionou para nomear Baker como chefe de pessoal da Casa Branca durante a presidência do marido nos anos 1980. Ela preferia o agradável senador do Tennessee ao chefe em exercício, Donald Reagan, a quem ela detestava e chamava de "sanguessuga".

---

3 a 10 de julho
SEMANA DO NÃO-CONVENCIONAL
CÂNCER II

19 a 24 de novembro
CÚSPIDE DA REVOLUÇÃO
CÚSPIDE ESCORPIÃO-SAGITÁRIO

Realidades atuais

Esse relacionamento provavelmente irá enfatizar a verdade dos fatos e o trato com a realidade. É provável que o realismo entre Escorpião e Sagitário dê base para a fantasia de Câncer II. Não significa que os de Escorpião-Sagitário não tenham imaginação, ou que não apreciem a abordagem única e altamente individual de Câncer II. Porém, eles sabem o que é melhor para eles e raramente fazem qualquer coisa para comprometer sua aceitação no mundo. Se tiverem interesse em um Câncer II, podem levar adiante sua visão de aceitação social e sucesso comercial.

Os relacionamento românticos entre Escorpião-Sagitário e Câncer II devem ser mantidos bem separados dos negócios e da carreira do par. Ambos os parceiros devem sentir que são amados pelo que são, não por seu valor profissional ou financeiro. Também, quando os de Escorpião-Sagitário apóiam os planos de carreira de Câncer II como conselheiros ou gerentes, seu lado crítico pode surgir e os de Câncer II podem se sentir como se estivessem sendo controlados por seu parceiro poderoso. A chave é manter viva a chama romântica, pois, se diminuir, é provável que os Escorpião-Sagitário sejam atraídos para outro lugar.

Escorpião-Sagitário gostam de trabalhar com seus amigos, e podem construir uma íntima e longa ligação profissional com Câncer II. Se os dois quiserem abrir um negócio juntos como sócios em igualdade de condições, em vez de trabalharem juntos em projetos ocasionais, eles devem redigir contratos legais sólidos para evitar problemas mais tarde e finalizar o que podem ser apenas intenções vagas. Um ponto crucial, e um no qual o relacionamento poder afundar, será a honestidade contínua e aberta de amigos no trato pessoal e de negócios um com o outro.

Na família, e sobretudo na combinação pais-filhos, o relacionamento enfatiza ater-se à palavra dada. Ambos os parceiros obrigarão o outro a cumprir sua palavra, e em geral resistirão a tentativas posteriores de revisão e acordo.

Conselho: *Seja mais diplomático. Aprenda a valorizar o acordo. Até mesmo os fatos são discutíveis. Cuidado com o domínio e a submissão. Mantenha a confiança.*

RELACIONAMENTOS

PONTOS FORTES: GRATO, COMERCIAL, FACTUAL

PONTOS FRACOS: VAGO, CONTROLADOR, EXPLORADOR

MELHOR: CASAMENTO

PIOR: FAMÍLIA

JAMIE LEE CURTIS (22/11/58)
JANET LEIGH (6/7/27)

Curtis é filha da atriz Leigh, que foi casada com Tony Curtis (1951-62). Crescendo com os pais famosos em Hollywood, Jamie Lee seguiu a carreira de atriz, estreando em 1978 em filmes de horror, fazendo depois trabalhos mais dramáticos. Leigh, uma atriz de filmes ingênuos dos anos 1940 e 1950, mais tarde fez papéis mais sérios. **Também: Georges Pompidou & Charles DeGaulle** (aliados políticos franceses).

RELACIONAMENTOS

PONTOS FORTES: BRINCALHÃO, COMPREENSIVO, NATURAL

PONTOS FRACOS: COMPETITIVO, SUPERFICIAL, ESCAPISTA

MELHOR: AMIZADE

PIOR: TRABALHO

GEORGES POMPIDOU (5/7/11)
JACQUES CHIRAC (29/11/32)

Pompidou foi primeiro-ministro francês (1962-68) e presidente (1969-74). Amigo próximo de DeGaulle, ele seguiu a política gaullista em todo seu mandato. Chirac era líder do partido gaullista e primeiro-ministro em 1974-76 e 1986-88. Ao longo da carreira, ele se alinhou politicamente com Pompidou.

---

3 a 10 de julho
SEMANA DO NÃO-CONVENCIONAL
CÂNCER II

25 de novembro a 2 de dezembro
SEMANA DA INDEPENDÊNCIA
SAGITÁRIO I

Brincalhão por natureza

O tema central dessa combinação é muitas vezes uma busca por atitudes naturais e renovadas. Na verdade, o relacionamento em si pode ser muito engrandecedor para seus parceiros – um lugar que procuram para recarregarem as baterias e um tipo de refúgio ou paraíso fora do mundo. Esses dois se sentirão em casa na natureza, caminhando, fazendo trilhas, canoagem ou acampamento. É provável que Sagitário I proteja o parceiro contra o mundo hostil; Câncer II, no entanto, é capaz de colocar Sagitário I em contato novamente com seu lado infantil e com seu mundo de sentimento mais profundo. Há perigos simultâneos de superproteção e de viver em um mundo de sonho irreal.

Os casos amorosos entre Câncer II e Sagitário I podem ser ternos e solidários. A afeição é expressa facilmente aqui, e é muitas vezes considerada tão importante quanto o sexo. Cordialidade e compreensão são em geral a norma desse relacionamento do que a emoção tempestuosa. Câncer II pode levar o excitável Sagitário I a um entendimento profundo de sensualidade, e pode, por sua vez, introduzir novas ondas de paixão. Porém, embora Sagitário I possa apreciar o tipo de amor de Câncer II por uns momentos, ele pode por fim se cansar disso, se sentir trapaceado ou controlado, e tentar escapar.

Os casamentos e amizades valorizam a renovação, a inovação e o jogo. O entretenimento, tanto pessoalmente inventado quanto comercialmente fornecido, é pensado como elemento essencial da vida cotidiana para esse casal. Evitando rotinas enfadonhas ou repetitivas, os parceiros de Sagitário I e Câncer II são atraídos para experiências vívidas, excitantes e divertidas, tanto no lar (ou lares) quanto fora, no mundo dos clubes e restaurantes. A ênfase é mais freqüente no entretenimento doméstico, com a participação de amigos, familiares e filhos.

Os relacionamentos profissionais são perfeitamente satisfatórios mas tendem a ser pouco ambiciosos e podem deixar de ter as qualidades necessárias para um grande sucesso. Na esfera familiar, os irmãos de Câncer II e Sagitário I competirão pela atenção dos pais, no entanto, em outros aspectos são mutuamente solidários.

Conselho: *Cuidado para não ser superprotetor. Não fuja das responsabilidades. Motive-se para conseguir um pouco mais. "Infantil" não deve significar "imaturo".*

RELACIONAMENTOS

PONTOS FORTES: ESTÉTICO, HARMONIOSO, INCOMUM

PONTOS FRACOS: DESORDEIRO, INSTÁVEL, CAÓTICO

MELHOR: CASAMENTO

PIOR: FAMÍLIA

CHET HUNTLEY (10/12/11)
DAVID BRINKLEY (10/7/20)

Estes comentaristas de rádio se uniram em 1956 para apresentar o *The Hundey-BrinkJey Report* na CBS. A reserva de Huntley casou com o humor ácido de Brinkley e fez com que sua cobertura da política se sobressaísse no telejornalismo. O programa foi apresentado 25 anos antes de Huntley se aposentar em 1971. **Também: Ken Olin & Patricia Wettig** (casados; co-estrelas, *sitcom*); **Frida Kahlo & Diego Rivera** (casados; artistas).

---

3 a 10 de julho
SEMANA DO NÃO-CONVENCIONAL
CÂNCER II

3 a 10 de dezembro
SEMANA DO ORIGINADOR
SAGITÁRIO II

Normalmente ousado

Esses dois tipos muito diferentes podem achar um ponto de encontro ou equilíbrio, embora precário, na área da estética: estilo, moda, desenho ou arte popular. Seja o que for que cada um faça individualmente, é em seus sentimentos, pensamentos e preocupações com relação à beleza que seu relacionamento encontrará a base e a expressão comuns. A astrologia convencional prevê alguma estabilidade nessa combinação devido a seu aspecto quincôncio (Câncer II e Sagitário II estão 150º separados no zodíaco), e na verdade ele possui um lado instável; ambas personalidades são excêntricas, uma qualidade que o relacionamento amplia, gerando um tom muito idiossincrático. Mesmo assim esses dois são muito capazes de atingir a harmonia por meio de amores compartilhados.

Os casos amorosos entre esses dois são únicos. Singulares em tudo, eles seguem as características mais bizarras de seus parceiros, e podem chocar a sensibilidade de amigos e familiares. Esse relacionamento promove a ousadia à categoria de evento cotidiano normal. Os parceiros mesmos provavelmente consideram o que fazem muito natural, e podem se divertir com a consternação que causam. Um desejo de ferir ou de chocar pelo prazer de chocar, é raramente seu fator estimulante. Casamentos, em geral favorecem gostos incomuns na decoração doméstica, vestimenta e no estilo de vida em geral. Os visitantes podem considerar os lares de Câncer II e Sagitário II não-convencionais e ecléticos, mas muitas vezes admitem que dentro de uma multiplicidade de estilos conflitantes há um tipo estranho de beleza e harmonia. Essa decoração pode ser tomada como simbólica do relacionamento em si.

Como amigos, Câncer II e Sagitário II compartilham interesses e muitas vezes gostos bizarros, que eles às vezes têm prazer em exibir. Os irmãos nessa combinação são da mesma forma demais para um ambiente familiar conservador agüentar; nesse tipo de relacionamento não há garantia de que o par se dará bem de forma alguma. Logo, os pais e outros familiares têm muitas vezes que lidar não apenas com um relacionamento estranho mas com dois "esquisitões" distintos. Dois colegas de trabalho desse tipo podem ser mais do que as situações profissionais podem tolerar confortavelmente.

Conselho: *Seja firme com relação a suas vontades, mas cuidado com as outras pessoas. Por que criar mais dificuldades do que o necessário? Não conteste só porque são normas.*

3 a 10 de julho
SEMANA DO NÃO-CONVENCIONAL
CÂNCER II

11 a 18 de dezembro
SEMANA DO TITÃ
SAGITÁRIO III

Um pai para a truculência

Esta combinação tem uma energia tremenda que, como a de uma criança em crescimento, é difícil conter e adequadamente orientar. O relacionamento em geral agüentará ou cairá com sua habilidade de originar parceiros muitas vezes recalcitrantes e truculentos, e proporcionar a sabedoria, segurança e direção que eles tão desesperadamente exigem. No seu escopo e visão imaginativa, Câncer II pode ser uma boa combinação para Sagitário III. Isto também significa, todavia, que esses dois podem apoiar e encorajar um ao outro nos planos que ultrapassam o ponto da praticidade. Esperanças frustradas podem ser o resultado. A pressão que isso coloca no relacionamento é muitas vezes mais do que ele pode agüentar, e parceiros sensatos aprenderão a recuar e trazer suas idéias de volta à terra.

Casos amorosos escondidos aqui não permanecerão secretos por muito tempo – como uma regra, suas energias irão extravasar em outras áreas da vida. É provável que essas correntes quentes de lava emocional deixem devastação no seu percurso não somente para o casal Câncer II-Sagitário III, mas para a família, os amigos e cônjuges também. Casamentos não são particularmente recomendados aqui, a menos que o relacionamento possa ter sucesso no estabelecimento de pautas, princípios ou estruturas que impedirão erupções emocionais e garantirão aos filhos a segurança que eles necessitam. Dissoluções aqui podem ser sobretudo penosas e prejudiciais.

Esses dois parceiros muitas vezes combinam amizade e trabalho. Eles são capazes de gerar e implementar idéias poderosas, mas deveriam fazer uso de gerentes e consultores financeiros para garantir sua estabilidade econômica. O sucesso de seus esforços dependerá essencialmente de sua habilidade para permanecerem objetivos e impedir que exagerem um com o outro no nível pessoal. Caso seus planos de negócio desintegrem-se, um esforço incrível será exigido para Câncer I e Sagitário III juntarem os pedaços de sua amizade e continuarem como antes. Pares de família, sobretudo pais-filhos, apresentam confrontações freqüentes e diferenças de opinião. Esses pares deveriam tentar encontrar um interesse social ou intelectual compartilhado ou um prazer comum nos esportes.

Conselho: *Seja mais partidário. Evite confrontações estressantes. Empenhe-se nas buscas comuns, mas fique objetivo. Não deixe as energias saírem do controle.*

RELACIONAMENTOS

PONTOS FORTES: IMAGINATIVO, ENERGÉTICO, VISIONÁRIO

PONTOS FRACOS: EXPLOSIVO, CONFRONTACIONAL, AMARGO

MELHOR: TRABALHO

PIOR: AMOR

GERTRUDE LAWRENCE (4/7/1898)
NOEL COWARD (16/12/1899)

A cintilante atriz Lawrence caiu do céu na sala de visitas do espirituoso Coward. Ela estreou as mais memoráveis de suas produções na Broadway *Private Lives* (1930) e *Blithe Spirit* (1941). Eles também eram amigos pessoais.
Também: Franz Boas & Margaret Mead (professor/aluna; antropólogos); **Nancy Reagan & Frank Sinatra** (amigos próximos; primeira-dama/cantor).

---

3 a 10 de julho
SEMANA DO NÃO-CONVENCIONAL
CÂNCER II

19 a 25 de dezembro
CÚSPIDE DA PROFECIA
CÚSPIDE SAGITÁRIO-CAPRICÓRNIO

Grandes expectativas

Nenhum dos parceiros neste relacionamento está muito interessado no nível superficial da vida. Ambos valorizam cavar cada vez mais fundo e encontrar significado maior, até se isso envolver sofrimento. A tendência perfeccionista forte do relacionamento faz grandes exigências dos seus parceiros. Os erros não são facilmente explicados, nem são as desculpas prontamente aceitas. Esta severidade pode criar tensão e de fato pode tornar a ação efetiva mais difícil, uma vez que nenhum dos parceiros se sai bem quando alterado. Aprender a relaxar e aceitar a vida como ela vier será uma lição importante para esses dois aprenderem.

Nos casos amorosos esses parceiros podem ter dificuldade em viver de acordo com suas próprias elevadas expectativas. A imaginação ativa de Câncer II e os sentimentos profundos de Sagitário-Capricórnio são uma mescla potente, mas que é difícil de compreender claramente e é conseqüentemente pouco realista. Ambos os parceiros poderiam construir um quadro falso do que seu relacionamento é de fato, talvez o vendo como uma solução para todos os seus problemas pessoais. Usar o relacionamento como uma fuga em geral somente torna as coisas mais difíceis e pode conduzir a uma situação doentia. Casamentos, também, podem estar baseados em premissas falsas e na pressuposição de um tipo de perfeição que pode nunca ser alcançada na realidade.

Embora Câncer I seja um signo de água e Sagitário-Capricórnio uma combinação de fogo e terra, este relacionamento é regido pelo ar, associado com o pensamento. Nas amizades e pares familiares isso pode significar preocupação, ruminação excessiva e essencialmente ficar envolvido muito com a própria cabeça. Será importante para esses amigos e parentes achar saídas físicas para suas energias, seja nos esportes, no exercício ou no jogo.

Relacionamentos de trabalho se beneficiam mas também sofrem de impulsos perfeccionistas. Limites de estresse terão de ser estabelecidos e não excedidos se se quiser evitar colapsos. Deveria ser possível manter a qualidade em um nível aceitável e mesmo elevado sem o estresse dos parceiros.

Conselho: *Não espere muito. Siga o fluxo. Fugas são somente temporárias. Enfrente as coisas como são. O pensamento pode se tornar destrutivo.*

RELACIONAMENTOS

PONTOS FORTES: PROFUNDO, ENVOLVIDO, VALORIZA QUALIDADE

PONTOS FRACOS: ESTRESSADO, EXPECTANTE, EXIGENTE

MELHOR: FAMÍLIA

PIOR: TRABALHO

NICKY HILTON (6/7/26)
CONRAD N. HILTON (25/12/1887)

Conrad, pai de Nicky (Conrad, Jr.), começou com um simples hotel de família e expandiu seus negócios se tornando a maior cadeia hoteleira do mundo, amealhando fortuna pessoal ao longo do caminho. Seu filho Nicky foi um célebre playboy, casado brevemente com Elizabeth Taylor em 1950.

RELACIONAMENTOS

PONTOS FORTES: ADAPTADO, PRIVADO, INTUITIVO

PONTOS FRACOS: CONDENSCENDENTE, FRACO, AFEITO A PROJETAR

MELHOR: AMIZADE

PIOR: PAIS-FILHOS

JESSICA HAHN (7/7/59)
JIM BAKKER (2/1/40)

O televangelista Bakker (juntamente com a esposa Tammy Faye) fundaram a rede de tevê PTL em 1974, alcançando milhões de pessoas em 50 países. Em uma onda de escândalos envolvendo encontros sexuais com Hahn em 1980, Bakker foi forçado a renunciar em 1987. Hahn saiu do tumulto com seu próprio programa de entrevistas na tevê. **Também: Barry Goldwater, Jr. & Barry Goldwater** (filho/pai; políticos).

---

3 a 10 de julho
SEMANA DO NÃO-CONVENCIONAL
CÂNCER II

26 de dezembro a 2 de janeiro
SEMANA DO REGENTE
CAPRICÓRNIO I

Estrelando juntos

Este par pode ser muito desigual, às vezes parecendo um relacionamento provocador de pais-filhos com o pai (ou mãe) de Capricórnio I. Parte do problema é que o par é distintamente orientado para o sucesso, com cada parceiro desejando que o outro seja uma estrela – o que somente os torna ainda mais críticos entre si. É provável que os de Capricórnio I sejam condescendentes com Câncer II, que, após um período de gostarem de ser cuidados por seu parceiro, essencialmente se rebelarão contra esta perda de poder. A situação é às vezes complicada pelo fato de que os de Capricórnio I podem projetar ambições frustradas nos companheiros ou filhos Câncer II e podem empurrá-los à atividade brilhante em um campo para o qual eles podem não ser adequados. No curto prazo, essas lutas podem se mostrar debilitantes para a auto-estima dos parceiros. Com o decorrer do tempo, todavia, eles podem funcionar positivamente, tornando Câncer II mais auto-confiante. E se o Câncer II verdadeiramente ganha o respeito deste parceiros, Capricórnio I será forçado por sua vez a ser mais receptivo e menos controlador.

Amor e casamento aqui podem certamente envolver lutas por poder, com Capricórnio I lutando por controle, Câncer II por integridade e individualidade. Felizmente, o relacionamento é em geral muito privado, e seu isolamento livra seus parceiros de alguns dos constrangimentos que suas discussões poderiam lhes causar em público. Sua liberdade para resolver as coisas por conta própria ajuda o casal a crescer. Muito freqüentemente esses relacionamentos melhoram com o tempo, sobretudo em termos de compreensão crescente.

Embora Câncer seja um signo de água e Capricórnio de terra, o relacionamento de Câncer II-Capricórnio I é regido pelo fogo, associado com a intuição. Amigos e membros da família nesta combinação se saem melhor quando confiam em pressentimentos e primeiras impressões, e pior quando discutem coisas desnecessariamente ou ficam emotivos a seu respeito. Igualdade pode muito freqüentemente ser alcançada nas amizades e pares de irmãos do que em casos amorosos e casamentos. Caso eles trabalhem juntos, tais membros da família e amigos podem brilhar em projetos onde as habilidades práticas e financeiras de Capricórnio I se unem com a imaginação e o instinto de Câncer II.

Conselho: *Confie na sua intuição. Cuidado com atitudes dominadoras. Nem submissão nem rebelião é a resposta. Promova respeito.*

RELACIONAMENTOS

PONTOS FORTES: BOM EM EQUIPE, AMBICIOSO, VOLTADO PARA O TRABALHO

PONTOS FRACOS: PROBLEMÁTICO, ISOLADO, POUCO SOCIÁVEL

MELHOR: CASAMENTO

PIOR: TRABALHO

P.T. BARNUM (5/7/1810)
TOM THUMB (4/1/1838)

Barnum, consumado showman e publicitário, fez fortuna com o anão Thumb, a quem ele descobriu em 1840. Thumb, que tinha 1,10 centímetro de altura, fazia o papel de um cavalheiro general que fumava charuto em público nos Estados Unidos e no exterior. Foram grandes amigos ao longo de sua parceria. **Também: Dr. Watson & Sherlock Holmes** (colegas; detetives fictícios).

---

3 a 10 de julho
SEMANA DO NÃO-CONVENCIONAL
CÂNCER II

3 a 9 de janeiro
SEMANA DA DETERMINAÇÃO
CAPRICÓRNIO II

Expressando solidariedade

Sucesso social é importante neste relacionamento. Embora se relacionar com os outros seja problemático para esses dois como indivíduos, juntos suas forças se unem e eles se tornam muito mais hábeis em interagir com o mundo. Finalmente, eles podem ser de fato muito procurados por outros. Câncer II e Capricórnio II muitas vezes começam no lado de fora de um grupo social ou familiar, e mostram pouco interesse em um vínculo mais íntimo com ele. Com o tempo, todavia, um apetite por contato social se declara, e o casal pode facilmente se encontrar esperando desempenhar uma parte importante ou até assumir o papel de liderança. Este desejo em geral tem um efeito consolidante no seu relacionamento.

Câncer II e Capricórnio II acham-se opostos um ao outro no zodíaco. A astrologia convencional prediz conflitos e dificuldades entre eles, e nos casos amorosos isto pode mesmo ser verdade. Neste tipo de relacionamento eles têm uma tendência a se isolar, o que pode desencaminhá-los, pois é precisamente quando isolados do contato com a família e com os amigos que problemas insolúveis podem surgir entre eles. Os de Câncer II são criaturas de sentimento, e necessitam de uma grande quantidade de interação emocional e apoio; os de Capricórnio II são mais durões, e têm menos necessidade da aprovação de outras pessoas. É fácil, então, para os de Câncer II se sentirem ignorados e para os de Capricórnio II sentirem-se um tanto assediados pelo parceiro.

Casamento pode funcionar, presumindo que a atração exista e as circunstâncias sejam favoráveis. Ter filhos e construir laços familiares em geral têm efeitos saudáveis no relacionamento e dão a ambos os parceiros uma oportunidade de expressar seu lado orientado para servir. Amizades e pares de amigos podem se beneficiar de contatos sociais crescentes. Pares de pais-filhos e irmãos que trabalham como equipe, em atividades de um clube, digamos, ou em encontros familiares, expressarão solidariedade e também exigirão uma reputação para serem capazes de ser alguém com quem se pode contar nos momentos de necessidade. É provável que relacionamentos profissionais de Câncer II-Capricórnio II, sobretudo como colegas e companheiros de trabalho, sejam tensos no nível pessoal.

Conselho: *Dê aos outros uma chance. Estabeleça elos com aqueles em volta de você. Participe de comemorações. Ofereça ajuda mas deixe tempo para você.*

3 a 10 de julho
SEMANA DO NÃO-CONVENCIONAL
CÂNCER II

10 a 16 de janeiro
SEMANA DA DOMINAÇÃO
CAPRICÓRNIO III

Lado excêntrico

É provável que este relacionamento seja extrovertido, não sério e envolvido nos aspectos mais leves da vida. Um amor por teatro, filme, dança e esportes é característico aqui, e os parceiros em si têm um talento para o teatro. Eles não necessitam revelar este lado profissionalmente – pode surgir em um grupo social ou familiar, ou com amigos mútuos. A solidez dos nascidos sob Capricórnio III realmente apresenta um lado excêntrico, o qual se mistura bem com os gostos às vezes bizarros de Câncer III, emprestando mais do que apenas sutileza para esta combinação.

Após um dia de trabalho árduo, os de Capricórnio III anseiam por estar com seus amigos e namorados de Câncer II para relaxar e se divertir. Além disso, seu relacionamento ainda pode inaugurar uma vida completamente nova para ambos os parceiros, permitindo que eles expressem seus impulsos mais ousados e desinibidos. A responsabilidade de Capricórnio III muitas vezes faz com que seja rotulado de conservador ou eterno balde de água fria. Se cansando disso, ele pode receber bem um relacionamento com um Câncer II, no qual possa mostrar apenas o quanto animado ele pode ser. Casos amorosos aqui podem ser excitantes e vívidos. Caso eles evoluam para um casamento, a firmeza de Capricórnio III e os instintos domésticos de Câncer II podem ser uma influência fortemente criadora de fortes laços.

Esses parceiros podem amimar consideravelmente o local de trabalho, mas devem ser cuidadosos para não deixar as coisas saírem do controle. O Capricórnio III é em geral a âncora que puxa o relacionamento de volta para a realidade, assegurando que os prazos sejam cumpridos e o trabalho realizado. Na família, as interações entre pais e filhos nesta combinação podem ser muito emotivas – mas suas expressões de sentimento são às vezes colocadas para gerar um efeito, com o teatro assumindo o lugar da emoção real. Os pais finalmente se cansarão de tais demonstrações e exigirão uma abordagem mais séria e menos perturbadora para as atividades diárias.

Conselho: *Cuidado com seus estratagemas com relação aos outros. Não perca o rumo de onde você está. Mantenha um pouco mais de coisas para você mesmo. Estratagemas repetidos ficam obsoletos.*

RELACIONAMENTOS

PONTOS FORTES: VÍVIDO, TEATRAL, EXPRESSIVO

PONTOS FRACOS: CANSATIVO, CAÓTICO, IMPOSTOR

MELHOR: AMIZADE

PIOR: FAMÍLIA

JAMES MCNEIL WHISTLER (10/7/1834)
JOHN SINGER SARGENT (12/1/1856)

Whistler e Sargent, pintores contemporâneos americanos do século XX, se estabeleceram em Londres, onde desenvolveram sua carreira. Ambos eram técnicos virtuosos. Sargent se destacou com retratos arrojados e lisonjeiros de celebridades sociais. Whistler, impressor, aquarelista e pintor, é conhecido por seus magníficos desenhos. **Também: Dorothy Kilgallen & Johnny Ray** (amigos próximos; colunista/cantor).

---

3 a 10 de julho
SEMANA DO NÃO-CONVENCIONAL
CÂNCER II

17 a 22 de janeiro
CÚSPIDE DO MISTÉRIO E DA IMAGINAÇÃO
CÚSPIDE CAPRICÓRNIO-AQUÁRIO

Postura desbravadora

É provável que este relacionamento represente um papel estimulante e direto em qualquer grupo ou organização, muitas vezes assumindo uma postura desbravadora. Parte do poder deste par é uma visão única de seus colegas humanos e o que os motiva. Sua fé nas pessoas e sua habilidade para inspirá-las podem ser forças verdadeiramente potentes. Embora Câncer seja um signo de água e Capricórnio-Aquário uma mistura de terra e ar, seu relacionamento é regido pelo fogo, sugerindo neste caso uma tendência ativa e estimulante. Câncer II pode ser incentivado para atividades maiores aqui, enquanto os de Capricórnio-Aquário recebem saídas positivas para suas energias importantes. Ambos parceiros têm imaginações ativas e devem tomar cuidado para evitar que sua fantasia os leve de roldão. Cultivar atitudes práticas com relação a dinheiro e sobretudo planejamento financeiro e fluxo de caixa são vitais para seu sucesso. Relacionamentos no trabalho do tipo empreendedor ou executivo são favorecidos entre eles, e amigos ou membros familiares podem facilmente entrar nos negócios juntos.

Casos amorosos entre esses dois são ardentes e tendem a ser instáveis. Câncer II têm uma necessidade de segurança que é raramente satisfeita nesta combinação, e se o caso é ilícito ou secreto eles podem se sentir abusados ou usados. Em geral o mais fidedigno e constante no par sofre mais. Lutas por poder são raras neste romance, o que significa que os de Capricórnio-Aquário em geral assumem o papel dominante. Se o par se casar, Capricórnio-Aquário pode ter uma tendência a se afastar; uma vez que é improvável que os de Câncer II tolerem tal comportamento, o matrimônio não é sobretudo favorecido aqui.

Pares pais-filhos Câncer II-Capricórnio-Aquário são em geral mais propícios quando Câncer II são os pais. Eles têm qualidades inatas que são sobretudo bem adequadas ao filho Capricórnio-Aquário ativo. Os de Capricórnio-Aquário proporcionam modelos de papel excitante para os filhos Câncer II, mas muitas vezes carecem de paciência e tempo para dar a eles o esteio emocional e de compreensão que eles exigem.

Conselho: *Oriente bem sua energia. Outros dependem de você. Não se deixe levar por preocupações do ego. Redimensione sua ambição. Siga o exemplo dos modelos financeiros sólidos.*

RELACIONAMENTOS

PONTOS FORTES: ESTIMULANTE, DIRECIONADO, PIONEIRO

PONTOS FRACOS: FORA DA REALIDADE, OUSADO, SEM SUBSTÂNCIA

MELHOR: TRABALHO

PIOR: CASAMENTO

PAUL CEZANNE (19/1/1839)
CAMILLE PISSARRO (10/7/1830)

Os pintores Cézanne e Pissarro fizeram parte do famoso *Salão dos Recusados* em Paris – impressionistas revoltados contra a tirania da Academia oficial. Os dois passaram significativo tempo juntos (1872-74) pintando paisagens. Cézanne, 9 anos mais jovem, se tornou *protegé* de Pissarro, profundamente influenciado pela habilidade e pelas teorias do Impressionista – sobretudo no sentido de clarear sua paleta e não usar tantas cores terra pesadas.

RELACIONAMENTOS

PONTOS FORTES: EDUCADO, CRÍTICO, INTELIGENTE

PONTOS FRACOS: RESTRITIVO, INIBIDOR, ANSIOSO

MELHOR: AMIZADE

PIOR: CASAMENTO

NELSON ROCKEFELLER (8/7/08)
JOHN ROCKEFELLER, JR. (29/1/1874)

Nelson era filho de John, Jr., empresário e filantropo bilionário. Nascido em uma família privilegiada, Nelson se tornou colecionador e patrono de arte, mas é mais conhecido como o governador que cumpriu o maior mandato do estado de Nova York (1958-73). **Também: Faye Emerson & Skitch Henderson** (casados; atriz/líder de banda); **Tom Cruise & Mimi Rogers** (casados; atores).

---

3 a 10 de julho
SEMANA DO NÃO-CONVENCIONAL
CÂNCER II

23 a 30 de janeiro
SEMANA DO GÊNIO
AQUÁRIO I

Ânsia de aprender

Uma vez que este relacionamento dá tanta importância à inteligência, é provável que seu foco seja a educação, o que pode se tornar uma paixão de ambos os parceiros mas sobretudo para os de Câncer II, que sentem que têm alcançar o outro. O mais emotivo desses parceiros, é provável que Câncer II admire Aquário I, mentalmente talentoso, quase ao ponto de adoração. Paradoxalmente, seus parceiros Aquário I podem não encorajá-los a obter escolaridade formal, uma vez que os dons mentais são muitas vezes inatos ou estimulados no correr da experiência. Seja como for, Câncer II muitas vezes escolhem o estudo superior como o meio para satisfazer sua ânsia por aprender.

Casos amorosos Câncer II-Aquário I são talvez surpreendentemente apaixonantes dada a ênfase que o relacionamento coloca no poder do cérebro. Mas o sexo também é um assunto delicado para esses dois considerarem, embora nesta área é provável que eles coloquem de lado sua sala de aula em favor da pesquisa prática. Mais tarde, quando a temperatura tiver esfriado, é provável que eles sejam capazes de discutir esses estudos muito abertamente, e apresentar crítica objetiva e construtiva.

O problema sobre o casamento nesta combinação é em geral a ambivalência de Aquário I para com tal relacionamento permanente. Por um lado, eles gostam da proteção, segurança e conforto que os de Câncer II podem oferecer no ambiente doméstico. Por outro lado, eles voam para longe dele, num anelo por liberdade. Infelizmente eles muitas vezes tentam guardar o doce e comê-lo ao mesmo tempo. Os de Câncer II podem se encontrar passando algumas noites solitárias até finalmente colocarem os pés no chão, o que eles são muito capazes de fazer.

Câncer II e Aquário I podem encontrar-se e se tornar amigos em salas de aula de ensino para adultos, cursos avançados em universidades ou algum tipo de seminário. Essas amizades satisfazem seu amor de aprender e em geral duram mais tempo do que o período das aulas apenas. Neste caso, a aprendizagem não pára quando o curso acaba, mas continua a aprofundar-se e crescer à medida que a vida em si é reconhecida como o diretor. É provável que os relacionamentos no trabalho e na família de Câncer II-Aquário I também sejam olhados como experiências de aprendizado, sobretudo em retrospectiva.

Conselho: *Desligue seu cérebro ocasionalmente. Diplomas universitários não garantem inteligência. Cave mais profundamente no domínio emocional. Tente ser menos crítico.*

RELACIONAMENTOS

PONTOS FORTES: ATRAENTE, AMBICIOSO, PODEROSO

PONTOS FRACOS: ENGANOSO, DISSIMULADO, CRUEL

MELHOR: CASAMENTO

PIOR: PAIS-FILHOS

NANCY DAVIS (6/7/21)
RONALD REAGAN (6/2/11)

Os atores Davis e Reagan se conheceram em 1951 em Hollywood e se casaram no ano seguinte. Contracenaram no último filme dela, *Hellcats of the Navy* (1957). Ela assumiu o papel de esposa, mãe e leal partidária de Reagan em sua ascensão política e ao longo da presidência. **Também: George Sanders & Zsa Zsa Gabor** (casados; atores); **Noble Sissle & Eubie Blake** (parceiros musicais).

---

3 a 10 de julho
SEMANA DO NÃO-CONVENCIONAL
CÂNCER II

31 de janeiro a 7 de fevereiro
SEMANA DA JUVENTUDE E DESPREOCUPAÇÃO
AQUÁRIO II

Areia movediça encantadora

Este relacionamento parece condescendente mas esconde uma sede tremenda por poder. Escondida sob um exterior amável está uma essência que não será fácil de esquecer para aqueles que equivocadamente acharem esse par fácil de lidar. Embora Câncer seja um signo de água, e Aquário, de ar, seu relacionamento é regido pela terra e pelo fogo, aqui implicando desejo e ambição ardentes. Esses movimentos vulcânicos podem causar frustração tremenda se não desabafados, mas casais Câncer II-Aquário II muitas vezes têm paciência e percepção para esperar até que sejam chamados.

Parte do poder deste par reside na sua popularidade. Namorados, amigos e companheiros nesta combinação podem estar sob alta exigência no seu círculo social. Seu carisma, muitas vezes do tipo encantador e delicado, é um tipo de gancho com o qual eles podem prender os corações de seus admiradores. O processo não necessita ser de forma alguma desagradável, e na realidade todos tendem a ter bons momentos juntos. O poder sedutor do relacionamento em si é reconhecido e apreciado cada vez mais. No entanto geralmente sabe-se pouco sobre os indivíduos em si no relacionamento, seu dinamismo e como eles interagem.

É menos provável que irmãos com este par interajam com os outros menos como uma equipe do que jogando jogos de poder um com o outro. Essas atividades são muitas vezes mais surpreendentes do que sérias, e raramente causam danos. Relacionamentos entre pais e filhos, todavia, podem ser muito prejudicial para ambos os parceiros se eles perseguirem a arte do engodo com real convicção.

Relacionamentos no trabalho entre esses dois podem ser ambiciosos, até cruéis. Parceiros em negócios Câncer II-Aquário II usarão cada artimanha disponível para superar seus adversários. Os que os atacam frontalmente muitas vezes terminam parecendo equivocados, com sua insatisfação sendo dissolvida pelo que parece ser boa vontade. As fáceis atitudes convidativas ou as boas-vindas de mesmo caráter podem atrair adversários imprudentes para areias movediças das quais eles podem não emergir facilmente.

Conselho: *Você não pode escapar impunemente para sempre – ou pode? Você pode se tornar a vítima de seu próprio sucesso. Cultive valores humanos simples. Seja honesto.*

3 a 10 de julho
SEMANA DO NÃO-CONVENCIONAL
CÂNCER II

8 a 15 de fevereiro
SEMANA DA ACEITAÇÃO
AQUÁRIO III

O pacote completo

Este relacionamento combina uma intensidade de emoção com atitudes altamente críticas e de rejeição. Nenhum dos parceiros deveria esperar obter um tempo tranqüilo aqui. Os de Câncer II tornam-se facilmente fascinados pelos aspectos mais incomuns ou até bizarros de Aquário III, e podem ser magneticamente arrastados para eles. Problemas surgem quando os de Aquário III são pouco responsivos, ou talvez respondam impulsivamente, e então com a mesma rapidez se desinteressam. Os de Câncer III devem ser sutis na sua abordagem com Aquário III, que não se deixarão controlar, e podem ir embora ao primeiro sinal de atitudes reivindicatórias.

Casos amorosos aqui são complexos e difíceis. Verdadeiros, os de Aquário III têm uma necessidade tremenda de amor, e caso achem um Câncer II atraente eles ficarão satisfeitos por sua atenção. Mas a obsessão de Câncer II pode levar Aquário III à loucura, irritando-o. Mesmo quando as coisas estão indo bem, os de Aquário III tendem a ficar irritados com pequenas coisas de Câncer II. Se for para o relacionamento funcionar, terão obviamente de aprender a aceitar o pacote total – não podem imaginar que têm o luxo de só escolher os pedacinhos da personalidade de Câncer II de que eles gostam. Casamento pode ser tentado aqui, mas muitas vezes amplificará esses problemas, com disputas constantes, comunicação perdida e frustração como resultado. Amizades entre esses dois são em geral construídas em torno de atividades compartilhadas e um tanto incomuns. Além disso, os parceiros não abordam seus interesses com moderação mas com extremos e intensidade de emoção. Todavia, a crítica mútua que aparece em outros tipos de relacionamentos nesta combinação é abafada. Uma atitude mais relaxada prevalece, e é provável que amigos achem seu relacionamento recompensador e prazeroso.

Relacionamentos entre pais e filhos são em geral tempestuosos, caracterizando crítica e muitas vezes atitudes de rejeição de ambos os lados. Pais de Aquários III podem carecer de paciência ao lidar com seus filhos Câncer II, e pais Câncer II podem exercer possessividade e controle intrusivo na prole sob Aquário III. No trabalho, relacionamentos patrão-empregado podem ter os mesmos problemas, mas como colegas de trabalho esses dois são muitas vezes capazes de chegar a um acordo.

Conselho: *Suavize sua postura crítica. Suspenda julgamentos. Aceite as coisas como são. Não se deixe irritar. Reduza a possessividade.*

RELACIONAMENTOS

PONTOS FORTES: MAGNÉTICO, RECOMPENSADOR, INTENSO

PONTOS FRACOS: HIPERCRÍTICO, INCLINADO A JULGAR, DIFÍCIL

MELHOR: AMIZADE

PIOR: PAIS-FILHOS

JAMES WHISTLER (10/7/1834)
JOHN RUSKIN (8/2/1819)

Ruskin foi um proeminente crítico do século XIX. Em seu livro *Fors Clavigera* atacou ferozmente as pinturas de Whistler, que culminou em um processo, em 1878, contra Ruskin, cuja humilhação pública arruinou a carreira. **Também: Hanns Eisler & Bertolt Brecht** (compositores); **Merv Griffin & Eva Gabor** (romance; apresentador de tevê/atriz); **Nikola Tesla & Thomas Edison** (inventores rivais).

---

3 a 10 de julho
SEMANA DO NÃO-CONVENCIONAL
CÂNCER II

16 a 22 de fevereiro
CÚSPIDE DA SENSIBILIDADE
CÚSPIDE AQUÁRIO-PEIXES

Um milagre da manifestação

Esses dois podem abordar seu relacionamento um pouco como duas almas perdidas que tiveram algumas experiências frustrantes na estrada da vida, ou apenas não encontraram ainda a pessoa certa. Seu par é verdadeiramente provedor de base, e o milagre de sua manifestação pode vir como um alívio tremendo e fonte de alegria para ambos. Crucial aqui é o elemento da confiança, pois o passado pode ter ensinado a ambos que outras pessoas deveriam ser mantidas a distância sem a permissão de abrir a sua guarda. Apenas a capacidade de baixar um pouco suas defesas, distensionando-se com a outra pessoa, pode ser uma recompensa tremenda.

Uma vez estabelecidos, os casos amorosos, casamentos e amizades nesta combinação em geral crescerão estáveis, com mais profundidade e segurança. Perigos naturalmente existem: primeiro, que o relacionamento se feche, fazendo pouco contato - se fizer - com outras pessoas, e segundo, que se um dos parceiros morrer, o outro será deixado isolado, no desespero. Com relação ao primeiro ponto, Câncer II e Aquário-Peixes devem olhar para seu encontro como um degrau para estabelecer confiança com outros, tanto individualmente quanto como par. Segundo, mesmo se um parceiro for perdido, o outro terá memórias maravilhosas e, após um período de luto, começará idealmente outra vez.

Relacionamentos no trabalho, sejam com parceiros em negócios ou como patrão-empregado ou colegas de trabalho, se sairão melhor ao estabelecerem-se projetos e objetivos específicos de longo prazo, lutando para implementá-los. Responsabilidades financeiras e organizacionais estabelecerão ainda mais base para este relacionamento. Em casa, irmãos se beneficiarão de serem autorizados a assumir responsabilidade tanto para eles mesmos quanto pela família; se acarinhados ou mimados por seus pais, eles podem não formar vínculos sólidos um com o outro. Da mesma forma, pais e filhos nesta combinação deveriam fazer exigências concretas um ao outro e satisfazê-las, estabelecendo confiança maior.

Conselho: *Estabeleça confiança em um nível profundo. Construa pontes para o mundo. Abra o seu coração. Seja exigente. Defenda-se. Dar-e-receber é importante.*

RELACIONAMENTOS

PONTOS FORTES: DIGNO DE CONFIANÇA, RECEPTIVO, ESTABELECIDO

PONTOS FRACOS: RECEOSO, PRÓXIMO, DEPENDENTE

MELHOR: CASAMENTO

PIOR: FAMÍLIA

LUCIEN PISSARRO (20/2/1863)
CAMILLE PISSARRO (10/7/1830)

O pintor pai Camille era mais conhecido que o filho Lucien. Camille ficou famoso por seus quadros impressionistas, sobretudo ruas da cidade e estradas do interior. Lucien, um pintor pontilhista menor, destaca-se como o melhor designer de livros de seu tempo.

RELACIONAMENTOS

PONTOS FORTES: CATIVANTE, SÉRIO, CRÉDULO

PONTOS FRACOS: CALADO, REPRIMIDO, SEGUE MODA

MELHOR: AMIZADE

PIOR: TRABALHO

GEORGE HARRISON (25/2/43)
RINGO STARR (7/7/40)

Ringo, o último a se juntar aos Beatles, foi "o melhor *backbeat* nos negócios", segundo George, o companheiro Beatle. Logo depois que o grupo se separou em 1970, George patrocinou 2 concertos beneficentes por Bangladesh com Ringo na bateria. Eles permaneceram amigos íntimos ao longo dos anos. **Também: Nicky Hilton & Elizabeth Taylor** (casados; playboy/atriz).

---

3 a 10 de julho
SEMANA DO NÃO-CONVENCIONAL
CÂNCER II

23 de fevereiro a 2 de março
SEMANA DO ESPÍRITO
PEIXES I

Lealdade às idéias

Esse relacionamento pode ser profundo e cativante. Sua energia é séria e sua orientação é filosófica, religiosa ou mesmo espiritual. Isso não implica um intelectualismo, mas uma orientação com base na crença ou na fé. Câncer II e Peixes I em geral são normalmente pessoas muito reservadas, e seu relacionamento expande sinergicamente essa tendência, por vezes produzindo extremos de reserva. A maioria das tentativas de arrancá-los da sua reserva encontrará resistência – eles podem preferir apenas passar um tempo sozinhos, separados ou juntos.

Os casos amorosos são com freqüência mais orientados para o lado sexual do que para o romantismo. Os sentimentos são muitas vezes mantidos silenciosos em tais relacionamentos, em vez de serem expressos. Se as discussões e brigas são incomuns, é porque o envolvimento aqui favorece o calar, e muito fica por dizer. A comunicação muitas vezes acontece em um nível não-verbal – esses parceiros em geral sabem de imediato como o outro se sente. Mas devem tomar cuidado para não represar suas frustrações; precisarão criar uma atmosfera na qual possam expressar crítica e reprovação sem medo de mal-estar ou rejeição.

Os casamentos entre Câncer II e Peixes I podem ser construídos sobre uma ideologia ou aparência que se torna a base da vida familiar. O relacionamento mostrará grande lealdade para com tais idéias, mas deve tomar cuidado para não se tornar rígido sobre elas. A questões espirituais recebem ênfase, com freqüência, até o ponto em que os bens materiais e a saúde possam ser vistos com relativa insignificância. Tais atitudes nem sempre são de fácil aceitação pelos filhos desses pais.

Os amigos e irmãos dessa combinação são muitas vezes passionalmente devotados ao estilo de vida que envolve vestir certas roupas, ouvir certa música e se associar a certas pessoas. Esses casais podem, em última análise, precisar fazer uma escolha entre os gostos de seu próprio relacionamento e aqueles da subcultura social à qual pertencem. No trabalho, patrão e empregado e colegas não se dão tão bem.

Conselho: *Não se ligue abertamente às suas crenças. Seja um pouco cético de vez em quando. O que você tem para esconder? Tente ser mais aberto.*

RELACIONAMENTOS

PONTOS FORTES: COMPREENSIVO, ESPIRITUAL, CORAJOSO

PONTOS FRACOS: RELAXADO DEMAIS, HEDONISTA, EXCLUSIVISTA

MELHOR: AMOR

PIOR: FAMÍLIA

LEONA HELMSLEY (4/7/20)
HARRY HELMSLEY (4/3/09)

O multibilionário do ramo imobiliário que venceu com o próprio esforço Harry se casou com a segunda esposa Leona em 1972. Eles se abrigaram em sua riqueza e poder. A poderosa Leona se sobressaía a Harry e eles foram finalmente presos por sonegação de impostos. Ele estava velho demais para agüentar o julgamento; ela foi para a cadeia. **Também: Jim Kerr & Patsy Kensit** (casados; cantor/atriz); **Doc Severinsen & Ed McMahon** (presença constante no *Tonight Show* de Carson).

---

3 a 10 de julho
SEMANA DO NÃO-CONVENCIONAL
CÂNCER II

3 a 10 de março
SEMANA DO SOLITÁRIO
PEIXES II

Achando ouro

É provável que este relacionamento enfatize o que os parceiros podem aprender com ele – o relacionamento em si se torna um professor com muito para ensinar. Uma vez que Câncer e Peixes formam trígono em relação um ao outro no zodíaco (estão separados em 120°), a astrologia tradicional prevê um relacionamento fácil e agradável aqui, e na verdade esses dois signos de água em geral se dão muito bem; no caso de Câncer II e Peixes II, no entanto, uma busca por sentido se torna dominante, o que não evita que os dois se divirtam. As lições objetivas a serem aprendidas aqui são várias, e incluem as capacidades de compreender os outros e adquirir consciência, compreensão espiritual e paciência e determinação em face da adversidade.

Nos casos amorosos, os casais Câncer II e Peixes II exploram os domínios do sentimento e garimpam ouro em suas profundezas subterrâneas. Percepções, consciência e empatia são apenas alguns dos valores descobertos aqui, mas o processo tem seus riscos e esforços; ressentimento, ciúme e uma porção de emoções negativas são muitas vezes encontrados também. No entanto, os parceiros são determinados a fazerem mais do que apenas se divertir com seu amor, e em geral perseveram em sua busca pela verdade.

Nos casamentos e amizades dessa combinação, os parceiros funcionam como uma unidade de teste para investigar os mistérios de se relacionarem com os outros. Devido aos seus interesses psicológicos sérios e especialidade emocionais, muitas vezes são procurados pela família e pelos amigos em necessidade, tanto pessoal quanto social. Os filhos desse relacionamento em geral consideram seus pais solidários, compreensivos e capazes de oferecer conselhos importantes.

Os relacionamentos entre pais e filhos nessa combinação podem ser íntimos e exclusivos demais, e os outros membros da família se sentem excluídos ou enciumados. Esses pares devem tentar compartilhar seus sentimentos bons com os outros e alegrar o espaço ao redor deles. Os relacionamentos profissionais entre Câncer II e Peixes II podem ser um pouco distensionados demais, e demandarão mais esforço e força de vontade se o trabalho tiver que ser bem-feito e a tempo.

Conselho: *Não se perca na procura. Lembre de se divertir. Fortaleça sua resolução mas cuidado com a monomania. Compartilhe suas percepções com os outros.*

3 a 10 de julho
SEMANA DO NÃO-CONVENCIONAL
CÂNCER II

11 a 18 de março
SEMANA DOS DANÇARINOS E SONHADORES
PEIXES III

Sucumbindo ao prazer

Este relacionamento carrega o perigo de descontrolar a busca de prazer. Ele pode com facilidade viciar, tornando os parceiros incapazes de obterem o suficiente um do outro ou das atividades que perseguem juntos no mundo. Parte do problema é que o relacionamento vai tão fundo que enfrenta dificuldades para seus parceiros se libertarem. Esse alto grau de ligação a uma pessoa, atividade ou substância pode em primeiro lugar ser visto como meramente habitual ou obsessivo e apenas mais tarde como vício. A consciência em geral oferece a única esperança para parar o processo, mas os parceiros com muita freqüência ignoram qualquer sinal revelador, ou se cegam para o que está acontecendo.

O vício por sexo e amor não é totalmente incomum aqui; os casos amorosos e os casamentos desse par em geral mostram pelo menos algum traço de tais tendências. Os avisos acontecem desde o início. Os vícios podem ser sobretudo incitados pela baixa auto-estima ou falta de confiança de Câncer II e pela necessidade de Peixes II de ser importante até o ponto de ser idolatrado. O último traço é especialmente perigoso, uma vez que Peixes III às vezes encoraja outras pessoas a serem dependentes deles. Embora o sexo seja muitas vezes altamente gratificante entre esses dois, pode se tornar obsessivo e exigente, e ficar bem no caminho de uma abordagem realista e saudável da vida.

As amizades são com freqüência magnéticas e duradouras, mas aqui também há o perigo de compartilharem o uso de entorpecentes, sejam drogas, álcool, tabaco ou substâncias de expansão da mente ou de controle do prazer. Quando os amigos e familiares confrontam tal casal com a verdade, eles com freqüência respondem com negação. Embora agradáveis, tais amizades arriscam ser exercícios de autodecepção, com os parceiros prontos demais a sucumbir à fascinação do prazer e dos bons sentimentos. Os relacionamentos profissionais podem às vezes ser viciados em trabalho e às vezes podem ser adversamente afetados pela dependência emocional ou química. O casal pode não ter força de vontade para voltar ao rumo. Na família, as dependências emocionais nos relacionamentos entre pais e filhos podem levar ao retardamento do crescimento espiritual e do desenvolvimento psicológico.

Conselho: *Abra seus olhos para a verdade. Cuidado com a auto-engambelação. Ouça as observações dos outros. Não promova dependências. Seja objetivo.*

RELACIONAMENTOS

PONTOS FORTES: MAGNÉTICO, DURADOURO, PROFUNDO

PONTOS FRACOS: DEPENDENTE, LIBIDINOSO, VICIADO

MELHOR: AMIZADE

PIOR: AMOR

OTTORINO RESPIGHI (9/7/1879)
NIKOLAI RIMSKY-KORSAKOV (18/3/1844)

O compositor italiano Respighi visitou a Rússia duas vezes (1900, 1902) e estudou com o famoso compositor Rimsky-Korsakov. Respighi é mais conhecido por suas suítes *Fontes de Roma* (1916) e *Pinheiros de Roma* (1924). Rimsky-Korsakov exerceu grande influência sobre a vívida orquestração do italiano.

---

11 a 18 de julho
SEMANA DO PERSUASIVO
CÂNCER III

11 a 18 de julho
SEMANA DO PERSUASIVO
CÂNCER III

Declaração de trégua

O mundo notará essa poderosa combinação mesmo quando os parceiros não trabalham para atrair sua atenção. Conscientes de que as pessoas os notaram, no entanto, eles podem sutilmente manipular as percepções públicas, talvez fazendo apenas mudanças muito pequenas nas roupas, linguagem corporal ou apresentação. Em geral, por meio de um acordo tácito, esses dois garantirão que o mundo os veja como desejam ser vistos. Dentro do relacionamento, em geral confiam e podem ser eles mesmos um com o outro; mas os de Câncer III se sentem muito confortáveis quando estão sós, e é improvável que sejam forçados a formar um casal que consideram contraproducente. Eles podem escolher não se envolver com outro Câncer III ou, na verdade, com qualquer um.

Os casos amorosos entre dois de Câncer III são mais sujeitos a lutas de poder do que outros relacionamentos nessa combinação. Câncer III é passional, e suas inseguranças podem ser ativadas como faíscas. Os dois parceiros podem se refugiar periodicamente quando encontram confrontos emocionais ameaçadores demais, deixando um campo de batalha mortífero. Os casamentos, por outro lado, podem ser altamente bem-sucedidos e produtivos, com esses esposos realizando muito para o bem comum. Um nível incrivelmente alto de capacidade pode aparecer aqui, assim como um desejo de união forte, leal através de tempos bons e maus. Os filhos desse relacionamento, no entanto, podem ser completamente dominados por seus pais. A pior parte pode ser tentar encontrar uma alternativa para o ponto de vista dos pais apelando para outro cujas idéias acabam sendo exatamente as mesmas.

Esses dois se dão muito bem como amigos ou colegas de trabalho em um ambiente profissional. Aqui suas emoções podem ser mantidas sob controle (com lapsos curtos, agudos e rápidos). Quando eles canalizam suas energias em um esforço comercial, poucos podem suportar sua energia – uma vez que começam a se movimentar, gostam de ondas do oceano forte ou impulso irresistível da corrente do rio.

Os relacionamentos familiares podem ser verdadeiros desastres, sobretudo no caso de combinação entre mãe e filha ou pai e filho.

Conselho: *Encontre tempo para se divertir. Evite tentar se fixar um no outro. Lembre de que abrir-se um com o outro pode ser uma boa prática. Evite as lutas de poder.*

RELACIONAMENTOS

PONTOS FORTES: IRRESISTÍVEL, LEAL, FRANCO

PONTOS FRACOS: COMBATIVO, INSEGURO, DOMINADOR

MELHOR: TRABALHO

PIOR: FAMÍLIA

DAVE FLEISCHER (14/7/1894)
MAX FLEISCHER (17/7/1889)

Os irmãos Dave e Max foram pioneiros do desenho animado. Inventaram o rotoscópio (1917), uma engenhoca que conferia vida a filmes animados de longa-metragem, o que economizava muito trabalho. Seus desenhos mais famosos foram *Betty Boop* (1930) e *Popeye* (1933). **Também: Milton Berle & Bill Cosby** (comediantes; mesmo dia de aniversário).

RELACIONAMENTOS

PONTOS FORTES: EFICAZ, PROFISSIONAL, BEM-SUCEDIDO

PONTOS FRACOS: INCOMPATIBLE, PREDOMINANTE, RUDE

MELHOR: TRABALHO

PIOR: AMOR

BOB DOLE (22/7/23)
GERALD FORD (14/7/13)

Ford e Dole foram companheiros na disputa presidencial em 1976 contra Carter e Mondale. Ford, um republicano moderado, escolheu Dole por ser um conservador combativo. Fizeram uma campanha dura, aludindo aos democratas como "democratas da guerra", mas foram derrotados pela oposição. **Também: Dr. Charles Menninger & Dr. Karl Menninger** (pai/filho; fundadores da Clínica Menninger).

---

11 a 18 de julho
SEMANA DO PERSUASIVO
CÂNCER III

19 a 25 de julho
CÚSPIDE DA OSCILAÇÃO
CÚSPIDE CÂNCER-LEÃO

Ombro a ombro

Câncer III e Câncer-Leão muitas vezes aumentam as capacidades práticas um do outro e são mais efetivos quando uma tarefa precisa ser realizada. Seu relacionamento é caracterizado, então, pela responsabilidade e adoção de obrigações pesadas. Esses parceiros podem não ser bem talhados um para o outro no temperamento, mas seu relacionamento abranda muitas dessas diferenças pessoais, e em geral funde suas energias. Desde que o mundo é mundo, o foco está muitas vezes sobre os objetivos e realizações do próprio par, em vez de sobre os indivíduos. As lutas de poder iniciais podem ser amenizadas à medida que os parceiros chegam a um acordo para propósitos de unidade, permitindo ao relacionamento levá-los a um nível mais alto de desempenho ou especialidade. Apesar de sua orientação prática, esses dois podem com freqüência ser encontrados se dedicando ao indefinível e ao misterioso.

Os casos amorosos nessa combinação em geral não fecham – aqui Câncer III e Câncer-Leão podem ser tão incompatíveis como água e óleo. Do ponto de vista emocional, eles podem considerar um ao outro um pouco ameaçadores, e preferirão se retrair. Mas podem ser muito bem-sucedidos ao lutarem ombro a ombro em um casamento (presumindo que tenham algum grau de atração física). Os problemas são propensos a surgir em profusão, mas Câncer III é muitas vezes capaz de, diplomaticamente, dar base e se estabelecer como o poder por trás do trono de Câncer-Leão.

As amizades entre Câncer III e Câncer-Leão em geral não vão muito fundo, e os relacionamentos familiares podem manifestar sérias lutas pelo poder. Os relacionamentos profissionais são talvez os mais naturais para esses dois: é muito possível para antigos rivais, concorrentes ou antagonistas se unirem em uma nova situação, amenizar as diferenças e formar um time efetivo. A chave dessa combinação é fundir o conhecimento financeiro, gerencial e teórico com a liderança de Câncer-Leão e as capacidades da equipe, em especial a capacidade de delegar autoridade. O que em última análise faz o relacionamento funcional é o entendimento emocional entre os parceiros. A honestidade é uma lei não escrita entre eles; essa franqueza pode irritar de vez em quando, mas raramente causa conflito aberto.

Conselho: *Crie bastante espaço entre vocês. Minimize as lutas de poder. Perceba o que mais lhe interessa. Aprofunde a compreensão. Espaireça de vez em quando.*

RELACIONAMENTOS

PONTOS FORTES: FLEXÍVEL, PARTICIPATIVO, DIGNO DE CONFIANÇA

PONTOS FRACOS: RECALCITRANTE, CAÓTICO, DOMINADOR

MELHOR: AMIZADE

PIOR: TRABALHO

LEON SPINKS (11/7/53)
MICHAEL SPINKS (29/7/56)

Os irmãos pugilistas Spinks fizeram história quando ambos ganharam medalha de ouro nas olimpíadas de 1976 – Leon como peso-pesado leve e Michael como meio-pesado. Ambos se tornaram campeões profissionais pesos-pesados. **Também: Ginger Rogers & Rudy Vallee** (caso; atores); **Frances Lear & Norman Lear** (casados; editor/produtora); **Brigitte Nielsen & Arnold Schwarzenegger** (caso).

---

11 a 18 de julho
SEMANA DO PERSUASIVO
CÂNCER III

26 de julho a 2 de agosto
SEMANA DA AUTORIDADE
LEÃO I

Ajuste mútuo

Este relacionamento está sempre mudando e constantemente exige pequenos ajustes. No entanto, porque ambos os parceiros estão confortáveis nessa combinação, essas adaptações não são difíceis, e eles também fornecem as oportunidades para crescimento, exigindo que as duas personalidades avaliem suas prioridades fazendo acomodações. O relacionamento muitas vezes pede ao flexível Câncer III que ajuste as posições fixas de Leão I. Vencendo o respeito e talvez em última análise o amor desse parceiro, Câncer III pode realmente acabar sendo uma força de controle poderosa no relacionamento. O fato é que, regido pela Lua, ele mostra muitas faces aqui, enquanto Leão I, regido pelo Sol, é fixado e transparente. Leão I tem pouco respeito por aqueles que não o enfrentam, portanto Câncer III deve saber quando ser duro e quando ceder.

Os casos amorosos enfatizam dar-e-receber e flexibilidade. Leão I terá de aprender a ser flexível, mas à medida que é mais flexível pode começar a exibir seu lado mais empático, vindo a lembrar um pouco seu parceiro. Embora Câncer III seja diplomático, ele não está disposto a se subjugar aos seu colegas, e cenas explosivas são possíveis aqui de vez em quando, mesmo enquanto o relacionamento em geral mantém as emoções individuais bem sob controle. Falando de uma maneira geral, nem Câncer III nem Leão I tem muita necessidade de casar – o que significa que, se decidirem se unir, será porque têm um desejo genuíno e consciente de fazê-lo.

As amizades aqui provavelmente serão mais de ajuda e apoio do que afetivas e amorosas. Confiando em seus amigos de Câncer III mais do que em seus colegas, por exemplo, Leão I pode se voltar para Câncer III para obter conselho financeiro, valorizando-o por sua perspicácia e astúcia. Na família, os pais de Leão I são em geral adorados por seus filhos de Câncer III, mas estão propensos a mimá-los. Um relacionamento profissional entre Câncer III e Leão I pode ser problemático, seja entre patrão e empregado ou entre colegas de trabalho. As lutas de poder aqui podem causar oscilações caóticas no local de trabalho.

Conselho: *Seja aberto a conselhos e influências. Mantenha a flexibilidade. Mantenha a crítica positiva. Cuidado com as lutas de poder. Ceda ao desejo de controle.*

11 a 18 de julho
SEMANA DO PERSUASIVO
CÂNCER III

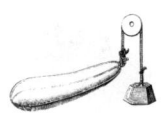

3 a 10 de agosto
SEMANA DA FORÇA EQUILIBRADA
LEÃO II

Inteligência prática

As forças desse relacionamento são a atividade mental ativa e um amor por jogos e brincadeiras. Esses parceiros são capazes de relaxar juntos e se divertir, mas podem igualmente aplicar-se a qualquer emprego à mão com bons resultados, também pela clareza do pensamento que seu relacionamento produz. Embora Câncer seja um signo de água e Leão de fogo, esse relacionamento é regido pelo ar e pela terra, nesse caso significando inteligência prática. Atitudes críticas aqui são em geral do tipo positivo, e assegurarão que as atividades do relacionamento sejam seguidas no nível mais alto possível.

Os casos amorosos entre Câncer III e Leão II são sensuais mas raramente atingem alturas imoderadas de entrega. Esses parceiros são sempre um pouco cuidadosos emocionalmente um com o outro, e às vezes suspeitam dos motivos do outro. O relacionamento nem sempre é de todo confiante. Os parceiros podem ter dificuldade em confiar totalmente um no outro, e compromissos longos podem atrasar qualquer plano de casamento. Suas dúvidas sobre realizações, no entanto, são muitas vezes realistas, evitando decepções e catástrofes mais tarde.

Os amigos dessa combinação em geral gostam de jogos de tabuleiro e de vídeo, quebra-cabeças e todo tipo de mistérios que necessitam solução; podem gostar sobretudo de cenários de simulação detetivesca, atuando como Sherlock Holmes e Watson. Também terão muito prazer em fofocar sobre as atividades dos outros, até o ponto onde sua família e amigos possam ver esse par como barulhento ou intrometido, e desejarão ficar de fora de suas investigações. As relações familiares entre irmãos despertam os elementos mais extremos e antagônicos de ambos os parceiros, deixando pouco espaço para cooperação e realizações mútuas. A competição pela afeição dos pais é muitas vezes destacada aqui. Outras combinações familiares, no entanto, são em geral mais positivas e divertidas. Os relacionamentos entre patrão e empregado nessa combinação em geral funcionam mal, mas entre colegas de trabalho muitas vezes são estimulantes e produtivos. Em certos casos, os rivais Câncer III e Leão II levam os oponentes ao limite. Quando trabalham na mesma equipe, Leão II pensaria em deixar Câncer III sozinho em vez de pressionar ou mandar nele.

Conselho: *Abrande os impulsos competitivos. Aprenda a ser mais cooperativo. Os outros podem não apreciar seus interesses. Transfira alguma energia da cabeça para o coração.*

RELACIONAMENTOS

PONTOS FORTES: ATENCIOSO, ESTIMULANTE, PRÁTICO

PONTOS FRACOS: ANTAGÔNICO, INTROMETIDO, POUCO COOPERATIVO

MELHOR: COLEGAS

PIOR: IRMÃOS

ROBERT TAYLOR (5/8/11)
BARBARA STANWYCK (16/7/07)

O protagonista bonitão Taylor foi casado com atriz de cinema e tevê Stanwyck (1939-51) – uma das parcerias mais duradouras de Hollywood. Ela apareceu com ele em 2 filmes, *This Is My Affair* (1937) e *The Night Walker* (1965), seu último filme. **Também: Lucie Arnaz & Lucille Ball** (filha/mãe); **Thomas Bulfinch & Charles Bulfinch** (filho/pai; autor/arquiteto).

---

11 a 18 de julho
SEMANA DO PERSUASIVO
CÂNCER III

11 a 18 de agosto
SEMANA DA LIDERANÇA
LEÃO III

Nos termos de quem?

Seja consciente ou inconscientemente, esse relacionamento faz seus parceiros estabelecerem um conjunto de regras para eles mesmos. As questões prováveis são: quem imporá e quem seguirá as idéias? Embora esses dois em geral se dêem bem juntos, e tenham bastante respeito mútuo, possuem idéias muito diferentes no que se refere à forma de um relacionamento. Portanto, o foco aqui é a questão sobre que ideologias compartilhadas funcionarão para eles. É preciso que as lutas pelo poder não apareçam entre esses indivíduos poderosos, uma vez que Câncer III pode prontamente aceitar que Leão III precise liderar (mas não dominar ou reger). Contanto que um ponto de vista comum possa ser encontrado, o relacionamento será provavelmente pacífico e agradável.

Os casos amorosos entre Câncer III e Leão III podem ser sexualmente passionais mas também combativos e agressivos, tanto dentro quanto fora do quarto. Câncer III é muito mais forte emocional e psicologicamente do que Leão III, e pode desaprovar os acessos e explosões vulcânicas desses parceiros, preferindo formas mais sutis de comunicação – comunicação em seus próprios termos. Devido ao ego de Leão III precisar tanto de afagos, as observações devastadoras de que Câncer III é capaz com freqüência serão o suficiente para derrubar o poderoso Leão; não dar a aprovação fará isso, também. Os casamentos podem funcionar aqui, mas Leão III terá que andar à risca nos assuntos domésticos e será informado acerca do que precisa ser feito de forma eficaz.

Nos relacionamentos entre pais e filhos, Câncer III em geral funciona melhor no papel de pai; ele é severo com os filhos de Leão III e ao mesmo tempo protetor e amoroso. Os relacionamentos entre patrão e empregado, por outro lado, com freqüência são melhores com Leão III dando ordens. Em ambas as situações, doméstica e profissional, a autoridade deve em geral ser aceita e mutuamente acordada para que as coisas funcionem. Nas amizades, no entanto, a autoridade é raramente uma questão importante, e os parceiros devem adotar uma atitude um tanto livre e fácil com relação um ao outro. Os problemas sérios podem surgir, no entanto, quando os amigos são atraídos para um mesmo objeto de amor.

Conselho: *Aprenda a entrar em acordo sem ressentimentos. Engula seu orgulho de vez em quando. Trabalhe para a causa comum. Seja mais atencioso.*

RELACIONAMENTOS

PONTOS FORTES: APAIXONADO, AGRADÁVEL, PODEROSO

PONTOS FRACOS: EXPLOSIVO, FRUSTRADO, CIUMENTO

MELHOR: AMIZADE

PIOR: AMOR

BILL COSBY (12/7/37)
ROBERT CULP (16/8/30)

Cosby e Culp co-estrelaram o seriado popular na tevê *I Spy* (1965-68). Formavam uma empolgante e inteligente dupla, com Cosby (o primeiro negro a estrear um seriado que não era comédia) e Culp como espiões que se passavam por jogadores de tênis profissional. Os dois se encaixavam muito bem. **Também: Bill Cosby & Malcolm-Jamal Warner** (pai/filho *Cosby Show*).

RELACIONAMENTOS

PONTOS FORTES: LIVRE, DESPREOCUPADO, ATENCIOSO

PONTOS FRACOS: NÃO SE COMPROMETE, PARANÓICO, FRIO

MELHOR: AMIZADE

PIOR: AMOR

MALCOLM FORBES (19/8/19)
STEVE FORBES (18/7/47)

O notável Malcolm foi proprietário/editor da revista de seu pai, *Forbes*, de meados dos anos 1960 até os anos 1980, tendo falecido em 1990. Seu filho Steve, agora editor-chefe, é mais famoso por sua tentativa de indicar um candidato republicano em 1996 para a presidência, para o que gastou milhões de dólares de sua fortuna pessoal. **Também: Keith Godchaux & Donna Godchaux** (casados; pianista de rock/vocalista com Grateful Dead);

---

11 a 18 de julho
SEMANA DO PERSUASIVO
CÂNCER III

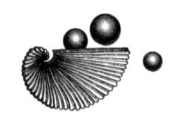

19 a 25 de agosto
CÚSPIDE DA EXPOSIÇÃO
CÚSPIDE LEÃO-VIRGEM

Tirando a rolha da garrafa

A abordagem descontraída encontrada nessa combinação deixa os parceiros se sentirem livres para irem e virem de acordo com sua vontade, unindo-se um ao outro em momentos de prazer e diversão. Separadamente, tendem a estabelecer altos padrões, mas embora essa ênfase complete seu relacionamento, as atitudes em geral são aqui mais descontraídas. Essa capacidade de acalmar-se um pouco sem sacrificar a qualidade é um benefício para essas personalidades, que tendem a ser um pouco intensas. Ademais, os dois possuem um lado muito privado, que seu relacionamento sinergicamente aumenta em paixão por ter um espaço no qual poucos ou ninguém pode entrar. As experiências passadas dão a Câncer III e Leão-Virgem uma certa sensibilidade, e ambos são cautelosos nos relacionamentos. No entanto, eles encontram um no outro alguém em quem confiar. Instintivamente aceito por Câncer III, Leão-Virgem se sentirá confortável se abrindo e revelando-se. Sua própria discriminação, no entanto, lhe permitirá ver Câncer III mais objetivamente do que a maioria, e portanto dar-lhes o reconhecimento pelo qual essas personalidades anseiam.

Os casos amorosos entre esses dois podem sofrer de uma ênfase exagerada na atividade mental consciente. Isso pode, em última análise, ter um efeito debilitante na expressão instintiva e emocional espontânea. Os casamentos e os relacionamentos profissionais podem funcionar bem o bastante, contanto que nenhum parceiro seja solicitado a suportar mais do que a sua quota de responsabilidade. Ambos os parceiros aqui darão a maior importância ao relacionamento em si. Seu tipo de respeito mútuo, autoconfiante, torna desnecessário para eles pressionar ou interferir. "Em time que está ganhando não se mexe" é o lema desse casamento e dos casos amorosos – quando as coisas estão indo bem. Se o estresse e as emergências surgirem, no entanto, o ânimo do relacionamento será testado verdadeiramente: a insegurança, a dúvida e o medo podem com facilidade se tornar esmagadores, ameaçando causar um tipo de colapso. Atenção e paciência podem ser um salva-vidas, juntamente com o controle que impedirá agir apressadamente.

As amizades e o relacionamento entre irmãos podem ser verdadeiramente divertidos. Uma abordagem inocente, infantil e ingênua da vida pode ser liberada aqui sem medo de censura.

Cultive *a paciência e deixe a verdade aparecer. Faça planos firmes de vez em quando. Distensione as questões particulares.*

RELACIONAMENTOS

PONTOS FORTES: CONSISTENTE, ESTÁVEL, EQUILIBRADO

PONTOS FRACOS: MONOLÍTICO, RÍGIDO, DESCARADO

MELHOR: CASAMENTO

PIOR: AMOR

PINCHAS ZUKERMAN (16/7/48)
TUESDAY WELD (27/8/43)

Zukerman é um proeminente violinista israelense-americano cujas gravações das sonatas e trios de Beethoven são consideradas entre as melhores. É casado com a radiante atriz Weld, cujos papéis nas telas e na vida – alvo de publicidade fora das telas – tornaram-na uma figura *cult*. **Também: Berenice Abbott & Man Ray** (fotógrafo que foi assistente do dadaísta); **Gustav Klimt & Alma Schindler** (casados; artistas).

---

11 a 18 de julho
SEMANA DO PERSUASIVO
CÂNCER III

26 de agosto a 2 de setembro
SEMANA DOS CONSTRUTORES DE SISTEMAS
VIRGEM I

Camuflagem não-descritiva

Este relacionamento pode ser altamente confiável e provedor de apoio, equilíbrio e harmonia mútuos. Forças opostas surgem juntas aqui para criar estabilidade e uma ênfase na honra, dignidade e fé. Ambos, Câncer III e Virgem I, são dirigidos para sua abordagem, e estão aptos a comunicar com muita facilidade um com o outro. O impulso de Câncer III também complementará a capacidade de Virgem I para sistematizar as tarefas, de modo que esses dois se darão muito bem realizando seus objetivos.

As amizades e os casos amorosos podem ser calmos e privados, atraindo pouca atenção. É muito possível para os casos ocultos ou ilícitos entre Câncer III e Virgem I continuarem por anos, causando prazer e dor alternadamente, mas nunca dor o suficiente para separá-los ou causar prazer suficiente que seduza os parceiros a assumirem um compromisso permanente ou um casamento. Não é paixão ou desejo que mantém esses dois namorados juntos mas um tipo de inércia, ou, mesmo apatia.

Se eles estiverem em um relacionamento construído por um compromisso forte, no entanto, tais como casamento e parceria profissional, Câncer III e Virgem I podem formar uma equipe impressionante. De temperamentos semelhantes em vários aspectos, eles compreendem e aceitam um ao outro. Se vierem de lugares e etnias similares, podem criar um relacionamento que seja monolítico em sua perspectiva e que seja mais como dois parceiros arquetípicos do que como eles próprios são como personalidades. Um tipo de camuflagem não descritiva esconde seu relacionamento do mundo. Seu caráter é muito reconhecido pela família e pelos amigos, mas, mesmo quando pressionados, os parceiros podem ficar completamente perdidos para descrevê-lo. As responsabilidades práticas são disciplinadas e cumpridas com facilidade aqui, e os parceiros de negócios ou pais nascidos em Câncer III e Virgem I darão extrema tranqüilidade aos empregados, colegas de trabalho e aos filhos. Ambos são fortes na área da perspicácia financeira.

As combinações entre pais e filhos devem superar atitudes reivindicatórias ou superprotetoras. Certamente eles darão estabilidade a uma família, mas também rigidez inegável, como numa fortaleza reforçada que não é facilmente invadida ou pilhada. Aqui como em qualquer outro lugar, a estrutura tem vantagens e desvantagens.

Conselho: *A estabilidade nem sempre é a melhor coisa. Não fique com medo da mudança ou do desenvolvimento. Dar um salto às vezes é necessário. Ouse fracassar.*

11 a 18 de julho
SEMANA DO PERSUASIVO
CÂNCER III

3 a 10 de setembro
SEMANA DO ENIGMA
VIRGEM II

Opção em vez de necessidade

Este relacionamento carrega consigo um nível incomum de compreensão. Esses dois estão em geral muito à vontade um com o outro – Virgem II surpreendentemente ansiando por abrir-se, aqui mais do que em qualquer outro lugar, e Câncer III encantado por sua maneira tranqüila. Mas a pergunta verdadeira é se a aceitação é sincera ou somente condicional. Os de Virgem II podem ser muito encorajados pelo interesse de Câncer III, e não farão objeção à abordagem agressiva de seu parceiro, uma vez que eles estão confiantes em sua habilidade de rejeitar intrusões em qualquer ponto. Para toda essa ostentação, são indivíduos altamente privados que não estão de forma alguma implorando para serem compreendidos. Muitas vezes, seu único desejo é serem deixados a sós.

Casos amorosos entre esses dois podem ser intensos, mas não são particularmente voltados a compartilhar ou fazer revelações. Para os de Virgem II, fazer sexo com um namorado de forma alguma implica abertura emocional. Os de Câncer III podem achar essa atitude altamente frustrante; eles têm muito para ensinar sobre a honestidade e a empatia emocional se ao menos Virgem II estiver preparado para ouvir. De sua parte, Câncer III deve aprender a aceitar a resistência de Virgem II em ser analisado.

Casamentos se beneficiarão com a habilidade de Câncer III de se encarregar da casa. Cuidado deve ser tomado, todavia, para que os de Virgem I não sintam que seu espaço está sendo invadido; eles têm seu próprio conjunto de idéias sobre como as coisas deveriam ser feitas, e conflito aberto pode facilmente emergir aqui. Ambos os parceiros são muito capazes para viverem sozinhos. Isto pode fortalecer seu casamento, todavia, uma vez que é provável que ele esteja baseado mais na escolha do que nas necessidades emocionais.

Os de Virgem II muitas vezes se abrem para amigos especiais mais facilmente do que para namorados, e nesta combinação em suas amizades com Câncer III estão às vezes mais satisfeitos emocionalmente do que em seus casos amorosos. Eles também podem tomar a iniciativa aqui para solucionar alguns dos mistérios de Câncer III. Caso esses dois aceitem um ao outro, compartilharão muitos momentos pessoais juntos, alcançando uma aceitação e confiança que lhes permitirá revelar segredos secretos que eles nunca discutiram com ninguém.

Conselho: *Trabalhe para vencer seus medos. Abra-se e seja mais receptivo. Compartilhe suas emoções em um nível profundo. Desista um pouco do controle que você advoga ter.*

RELACIONAMENTOS

PONTOS FORTES: CAPAZ, PARTICIPATIVO, INTENSO

PONTOS FRACOS: CALADO, RESSENTIDO, FRUSTRADO

MELHOR: AMIZADE

PIOR: AMOR

JOHN DEE (13/7/1527)
ELIZABETH I (7/9/1533)

Matemático, mágico e astrólogo altamente reconhecido no século XVI na corte de Elizabeth, de cujos favores desfrutava, Dee indicou o dia mais propício para sua coroação e a tutorou quanto ao significado místico de seus escritos.

---

11 a 18 de julho
SEMANA DO PERSUASIVO
CÂNCER III

11 a 18 de setembro
SEMANA DO LITERAL
VIRGEM III

Formação do ego

Esta combinação tem seus parceiros trabalhando nas questões do ego – que podem ser tanto boas quanto más. A pergunta levantada neste relacionamento será "Quem sou eu e qual é o meu lugar aqui?" Não é surpresa que até enquanto esses dois estão lutando um com o outro, também estarão indevidamente sensibilizados para o que quer que seja que cada um tenha sido capaz de extrair da vida – quem tem a carreira mais interessante ou bem-sucedida, o maior salário, o melhor parceiro, a maior casa, a maior tranqüilidade e assim por diante.

Os de Câncer III que são atraídos por Virgem III exagerarão seus talentos sedutores e manipuladores até o limite se suas atenções forem retribuídas de forma não adequada. Até se ambos os parceiros estiverem interessados desde o início, o ônus ainda cairá sobre Câncer III para ser convincente – é provável que Virgem III se apresente recalcitrante, ressentindo as exigências de ambos os parceiros e o relacionamento como um todo. É importante, então, manter tais exigências sensatas. Os de Virgem III com freqüência não assumem prontamente o controle por si mesmos neste par, preferindo ser os parceiros silenciosos, que podem, todavia, mansamente tomar muitas das decisões importantes. No amor e casamento, a ênfase do relacionamento nas questões do ego podem se provar divisórias.

Quando os parentes e amigos Câncer III – Virgem III trabalham juntos, seu relacionamento muitas vezes tem a força da família, tradição e experiência por trás. O melhor dos casos nesta combinação é muitas vezes o par trabalhando junto, consolidando seu relacionamento em torno do esforço profissional. Essas sociedades são sobretudo produtivas nos esforços empreendedores tais como restaurantes ou hotéis, pequenas lojas, serviços e escolas. Em todos esses empreendimentos, todavia, os parceiros devem ser determinados o suficiente para resistir à fascinação das transações um tanto questionáveis ou aparentemente fáceis. Lutas por poder e exploração individual também deveriam ser cuidadosamente evitadas, e se parceiros em negócios ou colegas de trabalho, que também são amigos, companheiros ou membros familiares quiserem assegurar tranqüilidade e satisfação mútua, devem ser cuidadosos para estabelecer uma linha precisa entre seu trabalho e sua vida doméstica ou social.

Conselho: *Persuasão nem sempre é necessária. Mantenha forte liderança. Compreenda seus desejos. Promova a unidade e coloque o ego de lado. Trabalhe para o bem comum.*

RELACIONAMENTOS

PONTOS FORTES: AMBICIOSO, DETERMINADO, BEM-SUCEDIDO

PONTOS FRACOS: RESSENTIDO, ESTRESSADO, HIPEREMOCIONAL

MELHOR: TRABALHO

PIOR: AMOR

GRETA GARBO (18/9/05)
MAURITZ STILLER (17/7/1883)

O diretor sueco Stiller descobriu Garbo em uma escola de teatro em Estocolmo no início dos anos 1920. Logo ele se tornou seu professor, mentor e amigo íntimo. Em 1924 ele foi convidado por Louis B. Mayer para dirigir filmes em Hollywood; Stiller colocou Garbo como parte do contrato. Chegaram em 1925, e sob a direção de Stiller a carreira de Garbo deslanchou.

| RELACIONAMENTOS |

PONTOS FORTES: EMPÁTICO, RECEPTIVO, GRATO

PONTOS FRACOS: SENSÍVEL DEMAIS, SERENO, RESSENTIDO

MELHOR: CASAMENTO

PIOR: AMIZADE

**JULIO CÉSAR (12/7/100 A.C.)
AUGUSTO [OTAVIANO]
(23/9/63 A.C.)**

Otaviano tinha 18 anos de idade quando seu tio-avô César foi assassinado em 44 a.C. Em seu testamento César outorgou a Otaviano, cujo nome se tornou Augusto, um título conferido a ele pelo Senado. Graças à César, Otaviano se tornou imperador de Roma em 27 a.C. **Também: Jules Mazarin & Ana da Áustria** (primeiro-ministro/rainha regente).

11 a 18 de julho
SEMANA DO PERSUASIVO
CÂNCER III

19 a 24 de setembro
CÚSPIDE DA BELEZA
CÚSPIDE VIRGEM-LIBRA

Aceitando a irritação

Este relacionamento se manifesta em uma infeliz hipersensibilidade. Em geral involuntariamente e até inconscientemente, seus parceiros têm o talento de alfinetar um ao outro nos seus pontos mais delicados. Câncer III pode apreciar as sensibilidades estéticas de Virgem-Libra que, por sua vez, se os de Câncer III forem os mais criativos dos dois, verão possibilidades em qualquer trabalho conjunto que possa ser levado à realização artística ou financeira. Se ambos têm uma inclinação artística semelhante, todavia, e no mesmo campo (por exemplo redação, pintura ou música), é provável que a competição e o ciúme prejudiquem sua comunicação, apesar do nível de compreensão e simpatia. Talvez a melhor possibilidade seja eles compartilharem sua apreciação artística como um hobby, sobretudo quando estiver bem distante das suas atividades diárias individuais.

A empatia muitas vezes se caracteriza em casos amorosos, mas o desejo não é necessariamente proporcional a ele. Em outras palavras o relacionamento pode carecer de sentimentos sexuais e românticos fortes, até quando ele for gentil e amoroso. Câncer III pode eventualmente se cansar do relacionamento ou até vir a resenti-lo, sentido que carece da intensidade que o faria sentir que vale a pena, ou sentir que o Virgem-Libra está muito envolvido com superficialidades. Nos casamentos, esses cônjuges apreciarão um determinado ambiente de aceitação no relacionamento, assim como a oportunidade de mobiliar a casa belamente. Mas ansiedades inexplicáveis poderiam surgir sem nenhuma razão aparente, e a irritabilidade que o relacionamento tende a instalar entre os parceiros poderia criar uma situação emocional potencialmente esgotada.

Companheiros de trabalho e amigos nesta combinação podem ocasionalmente provar ser supersensíveis um com o outro e atravessar períodos de irritação e alienação. Será importante para eles ser menos reativos um com o outro e desenvolver a capacidade de ignorar ou resistir a sentimentos negativos. Pares familiares, sobretudo pais-filhos, podem ser compreensivos e solidários mas carentes em cordialidade verdadeira. Ambos os parceiros devem lembrar de expressar afeição ativamente na vida diária, e mostrar um ao outro que eles realmente se importam.

Conselho: *Dê mais de si. Não se contenha tanto. Desenvolva tolerância. Esteja mais consciente dos pontos sensíveis um no outro.*

| RELACIONAMENTOS |

PONTOS FORTES: ELUCIDATIVO, EXIGENTE, PRODUTIVO

PONTOS FRACOS: HIPERCRÍTICO, EXPLOSIVO, REJEITADO

MELHOR: TRABALHO

PIOR: PAIS-FILHOS

**NELSON MANDELA (18/7/18)
WINNIE MANDELA (26/9/36)**

Ativistas antiapartheid, os Mandela eram guiados pela política. Casados em 1958, lutaram como equipe até a prisão de Nelson em 1962. Winnie se tornou heroína política. Após sua libertação em 1990, eles se separaram ideologicamente e se divorciaram em 1996. **Também: Richie Sambora & Heather Locklear** (casados; músico de Bon Jovi/atriz); **João Bosco & Aldir Blanc** (compositores; parceiros).

11 a 18 de julho
SEMANA DO PERSUASIVO
CÂNCER III

25 de setembro a 2 de outubro
SEMANA DO PERFECCIONISTA
LIBRA I

Revelando paixões ocultas

Em geral francamente direcionado, este relacionamento parece plácido o suficiente e unido diante de objetivos comuns. Um olhar sobre os mecanismos internos do relacionamento, todavia, revela algo muito diferente: é improvável que Câncer III e Libra I sejam de temperamento adequado um ao outro. As coisas que eles têm em comum são suas atitudes críticas e exigentes – não as qualidades que tendem à paz e à harmonia. Embora Câncer seja um signo de água e Libra de ar, este relacionamento é regido pelo fogo e pela terra, introduzindo energias vulcânicas e eruptivas. Não surpreendentemente, um tema importante do relacionamento é trazer paixões ocultas à luz, muitas vezes ao clarão da iluminação pública.

Casos amorosos aqui podem ser extáticos, catastróficos ou ambos. Esses parceiros necessitam expressar o que está nas suas mentes. O mental e físico combinam com dificuldade aqui: pode ser difícil para esses dois entenderem-se na cama após uma discussão séria, pois conflito muitas vezes explode na esfera sexual também. Tanto nos casos amorosos quanto nos casamentos, é provável que Câncer III e Libra I mostrem o melhor e o pior de si, e seus pares nestas áreas são em geral de natureza extrema.

Câncer III e Libra I raramente buscam um ao outro, portanto é improvável que suas amizades sejam baseadas no emocional. Caso eles se encontrem em um companheirismo ou conhecimento baseado em interesses comuns, todavia, talvez tendo a ver com dinheiro, política ou idéias, podem se absorver e interessar. E relacionamentos no trabalho entre esses dois podem ser importantes contanto que não sejam tão pessoais. As habilidades gerenciais e financeiras de Câncer III muitas vezes se consolidam bem com as habilidades de precisão e de técnica de Libra I.

Na família, é provável que cada uma dessas personalidades seja um pai reprovador e crítico para o outro. O filho em tais pares muitas vezes se sentirá mal compreendido ou até rejeitado, e na vida adulta pode se envolver com figuras que igualmente apresentem rejeição sua vida toda.

Conselho: *Tente mais arduamente dar-se bem com os outros. Seja leniente com questões que certamente causarão conflito. Diminua atitudes críticas. Equilibre oscilações emocionais. Mantenha-se objetivo.*

11 a 18 de julho
SEMANA DO PERSUASIVO
CÂNCER III

3 a 10 de outubro
SEMANA DA SOCIEDADE
LIBRA II

Um vínculo do espírito

Este relacionamento pode ser muito íntimo e compreensivo. É muitas vezes um vínculo do espírito – leal e verdadeiro. Religião e espiritualidade são proeminentes aqui, e embora esses parceiros possam ter orientações muito diferentes, cada um reconhece um espírito bondoso no outro. A intensidade de Câncer III pode se provar muito exigente para Libra II, que necessita ser livre para voar, mas que também é capaz de ser muito feliz no relacionamento, contanto que os parceiros não se sintam limitados. Os laços entre esses dois serão difíceis de quebrar; o par compartilhará muito, e tendo feito este tipo de investimento mútuo relutarão para abrir mão um do outro. Então o começo do relacionamento pode ser fascinante, o meio, produtivo e confiante, e a dissolução, extremamente dolorosa, se na realidade tal relacionamento puder de fato terminar.

Casos amorosos e amizades são muitas vezes comuns aqui. Esses dois são tão naturais um com o outro que poderiam ser considerados irmãos. Embora físicos, tais relacionamentos são mais seguros no domínio espiritual ou intelectual, como encontros de mentes e corações. A combinação tem uma qualidade de idealismo – não do tipo pronto ou sonhado mas vivido todo dia. Esses dois podem não ver necessidade de se casarem, pois na forma mais importante eles são muitas vezes já cônjuges, tornando a cerimônia uma formalidade vazia.

Na família, é provável que os de Libra II, ao fazerem coisas com amigos, incluam os irmãos de Câncer III, apresentando-os para pessoas e apresentando-os em atividades sociais mais comuns. O irmão Câncer III, entretanto, pode ensinar Libra II sobre como o poder e a agressão funcionam no mundo. Em ambos os casos é provável que o par lute como cães e gatos, mas durante esses momentos eles mantêm uma compreensão e até um vínculo espiritual.

Amigos e namorados nesta combinação podem tentar compartilhar de uma carreira, mas no decorrer do tempo eles ficarão melhor buscando seus interesses profissionais separados. Caso um Câncer III e Libra II se achem trabalhando juntos como pares patrão-empregado ou colegas de trabalho, farão melhor mantendo seu relacionamento alegre e repleto de perspicácia e bom humor.

Conselho: *Tente ser um pouco mais realista. Cuidado com ligações indevidas. Faça preparativos para tempos difíceis. Tente evitar seriedade em excesso.*

RELACIONAMENTOS

PONTOS FORTES: PRÓXIMO, COMPREENSIVO, ESPIRITUAL

PONTOS FRACOS: APEGADO DEMAIS, CONFLITUOSO, INGÊNUO

MELHOR: AMIZADE

PIOR: CASAMENTO

MILTON BERLE (12/7/08)
AIMEE SEMPLE MCPHERSON (9/10/1890)

Não é segredo no mundo do entretenimento que Berle era um conquistador que tinha muitos casos. Entre eles estão seus vários encontros clandestinos com McPherson nos anos 1930, uma famosa pregadora evangélica com abominável reputação para o escândalo. **Também: Gerald Ford & Chevy Chase** (representação cômica em *SNL*); **Nelson Mandela & Desmond Tutu** (africanos ganhadores de Prêmio Nobel da Paz).

---

11 a 18 de julho
SEMANA DO PERSUASIVO
CÂNCER III

11 a 18 de outubro
SEMANA DO TEATRO
LIBRA III

Aproveitando o conflito

Esses dois podem ser uma combinação poderosa. A ênfase é na abordagem objetiva, ponderada e sistemática de qualquer idéia, tarefa ou projeto; idealmente engajado no estabelecimento ou na administração de uma organização, o relacionamento de Câncer III-Libra III supera tensões internas usando-as como uma força direcionadora para alcançar objetivos. Câncer III e Libra III formam quadratura um com o outro no zodíaco (90 separados), e a astrologia tradicional conseqüentemente os veria como conflitantes. O fato de o relacionamento poder aproveitar tal conflito é característico de sua habilidade de tornar o que parece ser desvantajoso para seu bem. Regido pela terra, refletindo sua orientação estabelecida e estável, este relacionamento revela os lados práticos e ambiciosos de seus parceiros.

Uma vez que nenhum desses parceiros coloca o amor acima da ambição, o romance não é favorecido aqui. Embora seus casos possam ser intensos, sobretudo sexualmente, não há em geral nenhum grande amor entre eles, e estão mais freqüentemente em conflito do que em harmonia. Casamentos tendem a ser do tipo mais prático e socialmente ambicioso. Juntos, usando determinação e ambição, esses dois em geral são bem-sucedidos em fazer de sua colaboração um sucesso financeiro e social.

Amizades não são especialmente favorecidas aqui porque esses dois raramente podem relaxar por completo juntos e entregar-se à diversão e ao entretenimento simples. Na família, do mesmo modo, a ambição de relacionamentos entre pais e filhos provavelmente os fará apresentar grande estresse. No trabalho, por outro lado, esta é uma combinação forte. Uma vez que o par Câncer III-Libra III é tão forte do ponto de vista organizacional, ele se dá melhor conduzindo grupos profissionais e comerciais. Aqui diferenças pessoais são na maior parte das vezes colocadas de lado a fim de trazer o grupo para o nível de desempenho e sucesso mais alto. Equipes líderes formadas por Câncer III-Libra III devem ser cuidadosas para agir atenciosa e humanitariamente, todavia, apenas para aqueles servindo abaixo deles, pois têm uma tendência a se descuidar desta responsabilidade em uma corrida cruel para o topo. Seus impulsos pelo poder tendem a ser irresistíveis, e é provável que exijam de seus associados ou empregados até o limite de sua capacidade de suportar.

Conselho: *Dê uma trégua nas questões pessoais. Tentem relaxar juntos ocasionalmente. Não há vergonha em se divertir. Seja mais atencioso com os outros.*

RELACIONAMENTOS

PONTOS FORTES: COM PÉS NO CHÃO, ORGANIZADO, ESFORÇADO

PONTOS FRACOS: CRUEL, EXIGENTE, DURO

MELHOR: TRABALHO

PIOR: AMIZADE

MARINA OSWALD (17/7/41)
LEE HARVEY OSWALD (18/10/39)

Em 1959 Lee foi para a Rússia e conheceu Marina em Minsk quando trabalhava para os russos. Eles se casaram em 1961 e no ano seguinte voltaram para os Estados Unidos com a filha pequena, estabelecendo-se em Dallas. Em 22 de novembro de 1963, ele alegadamente assassinou o presidente Kennedy e foi morto a tiros poucos dias depois enquanto estava sob custódia policial. **Também: Oscarito & Grande Otelo** (parceiros, atores de chanchada); **Chiquinha Gonzaga & Carlos Gomes** (compositores; amantes).

RELACIONAMENTOS

PONTOS FORTES: INTELIGENTE, ESTIMULANTE, PROFUNDO

PONTOS FRACOS: NERVOSO, REATIVO, VICIADO

MELHOR: AMIZADE

PIOR: AMOR

PHOEBE CATES (16/7/63)
KEVIN KLINE (24/10/47)

O versátil ator de cinema e teatro Kline brilhou em *O Reencontro* (1983), *Um Peixe Chamado Wanda* (1988, Oscar de ator coadjuvante) e *Dave* (1993). e casou-se com a atriz Cates, um prodígio da dança, modelo e protagonista romântica em filmes dos anos 1980 e 1990. Ela fez uma pausa de 4 anos (1984-88) para dedicar-se à nova família.
Também: Andrew Wyeth & N.C. Wyeth (filho/pai; artistas): **Tab Hunter & Divine** (co-estrelas; filmes de John Waters).

---

11 a 18 de julho
SEMANA DO PERSUASIVO
CÂNCER III

19 a 25 de outubro
CÚSPIDE DO DRAMA E DA CRÍTICA
CÚSPIDE LIBRA-ESCORPIÃO

Correntes velozes

Este relacionamento é capaz de tocar seus parceiros profundamente e ser bastante complexo em termos emocionais, mas também pode ser isolado, até solitário. Juntos esses dois têm grande dificuldade em estabelecer ligações significativas com outros, sobretudo na família e no trabalho. A ênfase é em geral na dinâmica entre os parceiros. Libra-Escorpião são notoriamente difíceis de lidar, portanto será gasto cada centímetro da persuasão de Câncer III para atingi-los. Mesmo assim, esses dois podem facilmente irritar um ao outro, de forma que um dos desafios reais do relacionamento é manter a abertura enquanto, simultaneamente, um novo conjunto de ferramentas é desenvolvido para evitar a irritabilidade fácil. Cada porção de imaturidade de ambos os lados está praticamente fadada a se expressar em conflito mais cedo ou mais tarde – mas isto pode ser uma força, pois aumentar e resolver uma comunicação pode se tornar um processo de amadurecimento para ambos os parceiros.

Supondo que esses dois se sintam atraídos um pelo outro, seus casos amorosos podem ser tanto difíceis quanto intensos. Eles terão problemas para manter qualquer tipo de objetividade, uma vez que as torrentes emocionais do relacionamento serão fortes e o conflito sempre irá nas proximidades. As inseguranças de Câncer III e a natureza excessivamente crítica de Libra-Escorpião emergem em completo florescer com excessiva freqüência. Além disso, ambos os parceiros têm uma inclinação para o excesso, e caso seu envolvimento seja profundamente apaixonado, o relacionamento pode ter um problema com o vício pelo sexo e pelo amor – para não falar das lutas contra álcool e outras drogas. Nos casamentos, assim como nos casos amorosos, tais vícios muitas vezes funcionam como avenidas de escape da forte orientação mental do par, e do nervosismo que pode acompanhá-lo. É provável que amizades entre Câncer III e Libra-Escorpião e relacionamentos no trabalho sejam um pouco mais objetivos e estáveis. Ciúme e competição podem surgir nas questões profissionais ou com amigos em comum, testando quaisquer vínculos de compreensão que tenham se desenvolvido. Câncer III em geral têm menos necessidade de atenção do que Libra-Escorpião, e pode escolher recuar quando as rivalidades vierem à tona, sendo sábio o suficiente para tentar encontrar uma alternativa mais favorável a todos.

Conselho: *Relaxamento é a chave. Trabalhe sendo menos irritável e reativo. Cuidado com a competição, ainda que amigável. Modere seus excessos. Medite.*

RELACIONAMENTOS

PONTOS FORTES: PRODUTIVO, BENEFICENTE, MAGNÉTICO

PONTOS FRACOS: DESONESTO, CALADO, DESTRUTIVO

MELHOR: CASAMENTO

PIOR: TRABALHO

JOHN QUINCY ADAMS (11/7/1767)
JOHN ADAMS (30/10/1735)

John Adams, um dos pais fundadores da América e segundo presidente dos Estados Unidos (1797-1801), era pai de John Quincy, que se tornou o sexto presidente (1825-29). Depois de educar o filho na Europa, Adams pessoalmente o tutorou por 7 anos, preparando-o para seu papel na incipiente política externa do país.

---

11 a 18 de julho
SEMANA DO PERSUASIVO
CÂNCER III

26 de outubro a 2 de novembro
SEMANA DA INTENSIDADE
ESCORPIÃO I

Uma cortina de fumaça

Algo sobre este relacionamento será sentido como muito enigmático por seus parceiros, indivíduos profundamente perceptivos que são fadados a se sentir frustrados pelo fato de que quase não podem ver ou emocionalmente tocar um ao outro. É como se o relacionamento fosse uma tela de fumaça evitando a compreensão completa. Enquanto Câncer III e Escorpião I trabalham e vivem juntos ou são amigos íntimos, muito entre eles em geral fica por dizer, ou é ativamente ocultado. Parecerá haver algo inevitável aqui, um impulso fatal ou cármico que traz esses dois juntos a contragosto, independente das diferenças na experiência, educação, raça, religião ou interesses profissionais, mas que ao mesmo tempo evita uma união mais profunda.

Relacionamentos românticos nesta combinação têm um componente sexual forte. Do flerte à tentação e sedução completa, o par tende a produzir o tipo de comportamento provocativo que provavelmente conduzirá a algum grau de envolvimento sexual. Ambos os parceiros têm uma necessidade de manter as coisas secretas, e eles em geral serão muito discretos sobre quando e onde se encontram. Caso um terceiro seja envolvido como o namorado duradouro ou parceiro de um dos dois, uma dissolução no relacionamento entre os membros do triângulo é muitas vezes inevitável.

Casamentos entre Câncer III e Escorpião I têm o potencial para serem mais bem-sucedidos. Os parceiros ainda podem ser incapazes de demonstrar honestidade mútua, recorrendo a manobras para conseguirem o que querem em vez de se expressarem diretamente. Os de Escorpião I muitas vezes pensam que seus parceiros Câncer III usam táticas não éticas, e os de Câncer III vêem os cônjuges de Escorpião como egoístas e controladores. Mesmo assim, esses casamentos podem ser duradouros e produtivos.

Na família e no trabalho, lutas por poder muitas vezes emergem nos pares pais-filhos e patrão-empregado nesta combinação, mas a família ou a companhia como um todo podem se beneficiar dos envolvimentos e negociações necessárias para resolver tais problemas. Contanto que as linhas de comunicação sejam mantidas abertas e uma determinada quantidade de diplomacia seja observada, os pares formados por Câncer III e Escorpião I podem desenvolver um modo de viver próprio com o tempo.

Conselho: *Lute pela honestidade e abertura. Abaixe a guarda ocasionalmente. Conciliação pode ser benéfica. Enfrente as conseqüências de suas ações.*

11 a 18 de julho
SEMANA DO PERSUASIVO
CÂNCER III

3 a 11 de novembro
SEMANA DA PROFUNDIDADE
ESCORPIÃO II

Um nicho confortável

O tema deste relacionamento pode ser a realização de sonhos e aspirações. A motivação e a força de vontade dos parceiros, todavia, podem não estar adequadas às suas esperanças e seus desejos. Superar obstáculos é um incentivo forte aqui, e uma vez que estão em uma missão, esses dois raramente desistirão completamente; mesmo sem oposição severa, frustrações e contratempos sutis, reais ou imaginados, podem minar o impulso positivo do relacionamento e esgotar sua determinação. Muito freqüentemente esses parceiros chegam a um acordo com relação a um nicho confortável no qual eles possam continuar sonhando com ter sucesso um dia. Entretanto, por outro lado, há um vínculo profundo de sentimento entre Câncer III e Escorpião II, uma conexão empática com que se pode contar em tempos de crise.

Tanto casos amorosos quanto casamentos podem ser prazerosos e distensionados – talvez demais. Satisfeitos juntos, esses dois raramente exigem o suficiente um do outro para que se sintam aptos a evoluir e crescer. Conforto físico e segurança podem representar um papel desproporcinalmente grande em tal relacionamento. Atitudes muito provedoras com os filhos são comuns aqui além da necessidade de construir um lar seguro e acolhedor.

Irmãos e amigos nessa combinação em geral compartilham uma vida fantasiosa. Todos os tipos de esquemas e sonhos imaginativos podem ocupá-los, mas também podem despojá-los da força e resolução para a concretização de projetos na vida real. Nenhuma das partes necessariamente reconhecerá a importância da auto-motivação, ou até a necessidade dela, sobretudo se eles estiverem se divertindo.

No trabalho, as situações mais favoráveis para esses dois são provavelmente como colegas que têm a função de guiar o futuro de uma companhia ou organização. Aqui a visão imaginativa do par pode brilhar, contanto que eles contem com pessoas práticas para trabalhar e para tornar seus sonhos realidade. Podem surgir perguntas sobre a factibilidade dos esquemas de Câncer III e Escorpião II, mas uns poucos sucessos importantes calarão seus adversários mais críticos.

Conselho: *Esforce-se mais um pouco. Seja mais autocrítico e realista. Sonhos não deveriam ser um substituto da ação. Use sua imaginação mais ativamente.*

RELACIONAMENTOS

PONTOS FORTES: ATIVO, AGRADÁVEL, SEGURO

PONTOS FRACOS: ESTAGNADO, DESESTIMULADO, ILUDIDO

MELHOR: TRABALHO

PIOR: CASAMENTO

ABIGAIL ADAMS (11/11/1744)
JOHN QUINCY ADAMS (11/7/1767)

John Quincy era filho de Abigail, esposa de John Adams, então um advogado do interior pouco conhecido. Abigail era brilhante e determinada, criando John Quincy segundo os padrões mais rígidos do puritanismo, trabalho árduo e patriotismo.

---

11 a 18 de julho
SEMANA DO PERSUASIVO
CÂNCER III

12 a 18 de novembro
SEMANA DO ENCANTO
ESCORPIÃO III

Uma fundação firme

Este relacionamento manterá um código ou conjunto de regras que levará muito seriamente. Em geral estável e tradicional, ele tende a desencorajar emotividade excessiva e a favorecer a racionalidade. Dada a natureza apaixonada dos parceiros, esta é uma tendência muito positiva, e ajuda a estabelecer o par sobre firmes fundações. Uma vez que Câncer III e Escorpião III formam aspecto trígono um com o outro (120 de distância no zodíaco), a astrologia tradicional prediz um relacionamento tranqüilo e relativamente sem problemas entre eles. Embora uma troca fluida de energia seja possível e até provável entre dois signos de água, o relacionamento é muito prático. Uma vez feitas, é provável que as conciliações e promessas dos parceiros sejam consideradas literalmente.

Casos amorosos podem ser mundanos e sensuais mas podem carecer de paixão ardente. Uma vez que Câncer III e Escorpião III raramente se conciliarão ou minarão seus melhores interesses, se um dos parceiros se tornar dependente ou necessitado o fim pode estar próximo. Casamentos são um melhor uso da orientação responsável e bem fundamentada do relacionamento. Escorpião III pode facilmente começar a abandonar suas atitudes controladoras em torno dos de Câncer III, que deveriam gostar de deixar esses parceiros capazes fazer a sua parte no relacionamento.

Amizades nesta combinação podem ser geniais, tendo uma tolerância e compreensão que permitem questões altamente pessoais serem discutidas e compartilhadas. Sendo praticidade o ponto forte do relacionamento, esses amigos podem confiar muito um no outro pare receberem conselhos. Colegas de trabalho Câncer III-Escorpião III podem funcionar lado a lado por anos em relativa harmonia; a qualidade emocional para suas interações será reduzida, mas de uma forma ou de outra eles em geral mostrarão respeito e afeição mútuas. Na família, pares pai-filho e irmãos são capazes de constituir a fundação da qual outros membros da família podem depender. Questões domésticas básicas, sobretudo as que lidam com comida e divisão de trabalho, serão bem conduzidas por uma combinação das habilidades gerenciais de Câncer III e Escorpião III.

Conselho: *Saia de casa um pouco mais. Compartilhe experiências excitantes envolvendo risco. Desperte paixões adormecidas. Os outros podem servi-lo também.*

RELACIONAMENTOS

PONTOS FORTES: PRÁTICO, RESPONSÁVEL, SENSUAL

PONTOS FRACOS: EGOÍSTA, MANDÃO, CHATO

MELHOR: AMIZADE

PIOR: AMOR

DANIEL BARENBOIM (15/11/42)
PINCHAS ZUKERMAN (16/7/48)

O pianista Barenboim e o violinista Zukerman são amigos e colaboradores que se apresentam e gravam juntos com freqüência. Os dois devotaram particular atenção a Beethoven. Entre seus mais célebres trabalhos estão as sonatas completas em violino de Beethoven e, juntamente com Jacqueline Du Pré (esposa de Barenboim), os trios para piano de Beethoven.

RELACIONAMENTOS

PONTOS FORTES: COM INICIATIVA, PROFISSIONAL, DIGNO DE CONFIANÇA

PONTOS FRACOS: INSTÁVEL, MEDROSO, INSEGURO

MELHOR: TRABALHO

PIOR: AMIZADE

REMBRANDT VAN RJIN (15/7/1606)
BARUCH SPINOZA (24/11/1632)

O artista Rembrandt e o filósofo Spinoza foram ambos holandeses do século XVII cuja contribuição causou grande impacto ao longo dos anos. Produziram sua obra na Idade de Ouro da Holanda, e viveram e trabalharam na mesma comunidade em Amsterdã. Ambos eram profundamente preocupados com a condição humana, e procuravam leis universais que pudessem aumentar nossa autoconsciência.

11 a 18 de julho
SEMANA DO PERSUASIVO
CÂNCER III

19 a 24 de novembro
CÚSPIDE DA REVOLUÇÃO
CÚSPIDE ESCORPIÃO-SAGITÁRIO

O princípio da incerteza

Este relacionamento muitas vezes inicia associado a novos esforços e, de fato, sua marca metafórica pode ser o nascimento, ou dar vida nova a uma atividade tradicional. A combinação em geral inspira confiança. Esses dois raramente assumem um projeto com risco muito alto de fracasso; eles não hesitam em, juntos, fazer frente a autoridades e apresentam uma aparência sólida quando discutem seus princípios. Ao mesmo tempo, o relacionamento também encoraja um pouco do sonhador que existe tanto em Câncer III quanto em Escorpião-Sagitário, pois esses dois se dão bem com um pouco de incerteza – dar à luz novos projetos seria pouco divertido se soubessem do sucesso de antemão.

Os casos amorosos aqui podem começar de forma explosiva; é provável que os sentimentos se libertem a princípio, mas serão rapidamente controlados. No entanto, o relacionamento pode revelar o lado dos excessos de Câncer III, fazendo-o sentir que está chegando ao limite. Os de Escorpião-Sagitário serão atraídos pela intensidade de Câncer III, mas caso se cansem disso, podem ter dificuldade em libertar-se das reivindicações emocionais de seu parceiro. Por outro lado, eles mesmos têm uma tendência para o capricho, que, infelizmente, podem usar de forma manipuladora uma vez que descubram a vulnerabilidade de Câncer III a ser ferido assim.

Os casamentos estão mais destinados a serem levados adiante, e os contratos de negócios, da mesma forma, serão completamente profissionais. Em ambos os casos, a insegurança de Câncer III e o medo de Escorpião-Sagitário muitas vezes escondem-se por trás da fachada, mas esses elementos, aparentemente negativos, em geral dão ao casal o pontapé inicial de que precisam para tornar seu relacionamento bem-sucedido. Os esposos de Câncer III e Escorpião-Sagitário são pais atenciosos, e como parceiros em negócios esses dois podem tratar seus projetos como filhos, guiando-os intencionalmente na direção certa. Um pai de Câncer III, no entanto, pode despertar rebeldia em um filho Escorpião-Sagitário, enquanto um pai de Escorpião-Sagitário pode não possuir a estabilidade emocional que o filho de Câncer III exige. Aqui, os amigos são menos comuns do que os rivais, pois o relacionamento tem uma qualidade de intensidade que muitas vezes parece exigir expressão por meio de confronto.

Conselho: *Tente equilibrar seus sentimentos. Não tenha medo de rejeição. Aprenda a confiar e compartilhar. Passem um tempo juntos longe do trabalho ou da família.*

RELACIONAMENTOS

PONTOS FORTES: HARMONIOSO, COMPLETO, DIVERTIDO

PONTOS FRACOS: FUGAZ, INTROMETIDO, PRECIPITADO

MELHOR: AMIZADE

PIOR: CASAMENTO

ABBIE HOFFMAN (30/11/36)
JERRY RUBIN (14/7/38)

Declarados inimigos da decadência burguesa, Hoffman e Rubin encabeçaram o movimento de contracultura dos anos 1960. Do SDS (movimento estudantil), estes ativistas radicais criaram o movimento hippie, com seu estilo satírico de protestar. Rubin e Hoffman mais tarde se separaram. **Também: George Eastman & John Hyatt** (inventores do processo fotográfico); **Christine McVie & John McVie** (casados; membros do Fleetwood Mac).

11 a 18 de julho
SEMANA DO PERSUASIVO
CÂNCER III

25 de novembro a 2 de dezembro
SEMANA DA INDEPENDÊNCIA
SAGITÁRIO I

Arco-íris sobre a montanha distante

Uma rara beleza caracteriza essa combinação, como um arco-íris atravessando uma montanha distante após uma tempestade. Esses parceiros dificilmente acreditarão em sua boa sorte: em todas as questões relacionadas ao gosto estético e ao entretenimento, eles ficarão contentes ao lidar um com o outro, uma qualidade que se espalhará pelo restante de seu relacionamento. De personalidades muito diferentes, eles pareceriam ter pouco em comum: Câncer é um signo de água e Sagitário, de fogo, e Câncer III Persuasivo podia parecer ameaçar as chamas de independência de Sagitário I. No entanto, o relacionamento é regido pela terra e pelo ar, para que um tipo de complemento ocorra aqui – um equilíbrio de todos os quatro elementos.

É provável que os casos amorosos entre Câncer III e Sagitário I sejam experiências únicas – se chegarem a decolar. É a combinação menos provável, mas esses dois podem ser capazes de descobrir qualidades mútuas que os outros não perceberam e, se assim for, por uma alquimia maravilhosa essas qualidades podem se unir em algo belo. No entanto, esses relacionamentos são muitas vezes fugazes, e podem deixar seus namorados imaginando se foram reais ou apenas um sonho.

Os casamentos entre esses dois podem funcionar na teoria, uma vez que ambos os parceiros são sérios e possuem capacidade forte para criarem; estranhamente, no entanto, casos amorosos desse par raramente se desenvolvem tanto. As amizades, por outro lado, podem ser sólidas e divertidas para ambos os parceiros. Câncer III adora trapacear os amigos de Sagitário I, pressionando-os de brincadeira ou fazendo-os ousar realizar certas coisas por humor. Sagitário I gosta de provocar Câncer III e ridicularizar sua pose muitas vezes séria demais. Os pais de Câncer III podem fornecer a autoridade, o apoio e a compreensão de que os filhos de Sagitário I precisam, mas devem ser extremamente cuidadosos para não se meterem em sua vida particular. Os pais de Sagitário I podem ser modelos inspiradores para os filhos de Câncer III, mas podem, sem intenção, ferir seus sentimentos por meio de ações ou decisões apressadas. Os relacionamentos profissionais aqui podem ser excelentes quando os projetos dos parceiros exigem aplicação vigilante e trabalho duro.

Conselho: *Não duvide do que acontece entre vocês. Brincar pode ser um tipo de afeto. Vá com calma. Não segure o outro. Valorize um pouco mais o que tem.*

11 a 18 de julho
SEMANA DO PERSUASIVO
CÂNCER III

3 a 10 de dezembro
SEMANA DO ORIGINADOR
SAGITÁRIO II

Altas exigências

Esta combinação é muitas vezes um encontro de mentes iguais. Em seu ponto máximo, ela carrega consigo uma exigência pela perfeição de idéias, técnicas ou perspectivas, e Câncer III e Sagitário II, juntos, têm muito mais força para seguirem à risca seus princípios do que qualquer um deles sozinho poderia reunir. Eles se sentirão capazes de acreditar em seu relacionamento, mas podem também depender dele como da espinha dorsal; isso é sobretudo verdade com Sagitário II, que respeitará o impulso diretivo, poderoso e organizacional de Câncer III, e também sentirá que mesmo aspectos mais incomuns de suas próprias personalidades são apreciadas e entendidas por esse parceiro.

Como um caso de amor, o relacionamento pode ser altamente exigente, não apenas na área sexual mas em termos de aparência social. Câncer III e Sagitário II são em geral orgulhosos um do outro e deixam os outros saberem isso. Ao mesmo tempo, guardarão com zelo sua privacidade, insistindo em longos e ininterruptos períodos de tempo sozinhos.

Os casamentos nessa combinação são, às vezes, irreais. A satisfação e felicidade de ambos os parceiros no relacionamento podem desviar a atenção dos problemas urgentes, que não serão vistos ou serão ignorados. A experiência ensina a esse casal uma estranha lição: sempre que eles se sentem eufóricos, podem estar certos de que algo está errado ou precisando de cuidados.

As amizades raramente permanecem apenas no plano social ou pessoal: Câncer III e Sagitário II possuem uma forte tendência para trabalhar juntos. Esse trabalho pode começar com um passatempo e depois evoluir para uma profissão. As expectativas técnicas serão altas, e a inclinação perfeccionista do casal será bem evidente. Inversamente, os relacionamentos que começam no trabalho, entre colegas, muitas vezes se transformam em amizades. Em tais casos pode ser difícil para os esposos, amigos ou familiares se relacionarem com as duas pessoas que estão tão envolvidas em suas próprias coisas – ressentimentos e ciúmes são muitas vezes despertados dessa forma.

Conselho: *Seja leniente com suas exigências técnicas. Preste mais atenção aos assuntos cotidianos. Abra-se para os outros. Cuidado com a dependência indevida.*

RELACIONAMENTOS

PONTOS FORTES: ENVOLVIDO, EXIGENTE, FELIZ

PONTOS FRACOS: EXCLUSIVISTA, EUFÓRICO, NEGLIGENTE

MELHOR: AMOR

PIOR: FAMÍLIA

MILTON BERLE (12/7/08)
JOYCE MATTHEWS (5/12/19)

O cômico Berle e a corista Matthews foram casados duas vezes (1941, 1949). Suas reconciliações fracassaram apesar do esforço de manter o casamento adotando uma criança. Nesta época, Matthews tentou duas vezes o suicídio. **Também: Jane Welsh & Thos. Carlyle** (cartas famosas); **Ingmar Bergman & Sven Nykvist** (colegas; diretor/câmera); **Christine McVie & Dennis Wilson** (caso; estrelas do rock),

---

11 a 18 de julho
SEMANA DO PERSUASIVO
CÂNCER III

11 a 18 de agosto
SEMANA DO TITÃ
SAGITÁRIO III

Desvios interessantes

Divertido e imaginativo, esse relacionamento tem uma qualidade provocante para testar limites. Os dois parceiros são intensamente curiosos e é improvável que deixem qualquer caminho inexplorado à medida que percorrem mundos de fantasia e aventura. Por Câncer III e Sagitário III formarem aspecto quincôncio com relação um ao outro (150º de distância no zodíaco), a astrologia tradicional prevê alguma instabilidade. Para esses dois, no entanto, sentimentos de insegurança apenas tendem a acrescentar excitação, estimulando o relacionamento para as maiores proezas da ousadia.

Os relacionamentos românticos aqui certamente incluirão um elemento forte de fantasia e é provável que sejam breves mas memoráveis. Esses dois raramente são talhados para a longa jornada – é verdade que cada um pode provocar o lado brincalhão do outro, mas têm uma tendência depressiva também, que será um fator importante entre eles. No entanto, embora os parceiros possam, mais tarde, ver seu caso como um erro ou mesmo um desastre, é provável que reconheçam sua importância em suas vidas. Os casamentos não são especialmente recomendados, uma vez que Câncer III e Sagitário III podem estar muito ocupados com suas carreiras para devotarem-se aos filhos e se acomodarem numa vida em família.

Como membros da família, sobretudo os filhos do sexo oposto, esse par muitas vezes se torna um foco vívido de atenção para os pais e outros parentes. Eles podem ser encantadores em suas brincadeiras, criando muitos castelos no ar. No local de trabalho, Câncer III e Sagitário III pode questionar os planos e perspectivas opostos. Aqui a combinação entra em conflito, e suas tensões podem ser refletidas em uma rivalidade dentro da hierarquia da empresa.

As amizades são ativas e sociais. Os parceiros não ficam envergonhados por agirem tolamente, embora possam se mostrar sensíveis se os outros os acusarem de infantilidade. Como amigos, esses dois podem ter um efeito positivo em diminuir a seriedade de qualquer grupo familiar ou social do qual façam parte, encorajando outros a brincarem com eles.

Conselho: *Tente perseverar um pouco mais. Aprofunde seus compromissos. Cuidado com os impulsos competitivos na profissão. Um pouco mais de seriedade não lhe faria mal.*

RELACIONAMENTOS

PONTOS FORTES: BRINCALHÃO, OUSADO, INOCENTE

PONTOS FRACOS: IRRESPONSÁVEL, INSEGURO, INFANTIL

MELHOR: AMIZADE

PIOR: CASAMENTO

LIV ULLMANN (16/12/39)
INGMAR BERGMAN (14/7/18)

O intenso relacionamento profissional entre o diretor Bergman e a atriz Ullmann estendeu-se para sua vida privada. Depois de se divorciarem de seus respectivos cônjuges, viveram juntos por 5 anos e tiveram um filho. **Também: Bess Myerson & Ed Koch** (amigos; colegas NYC); **James Cagney & Edward G. Robinson** (gângsters do cinema).

RELACIONAMENTOS

PONTOS FORTES: ENCORAJADOR, BEM-QUISTO, ADMIRADO

PONTOS FRACOS: INFELIZ, FRUSTRADO, ATREVIDO

MELHOR: CASAMENTO

PIOR: AMOR

DONALD SUTHERLAND (17/7/34)
KIEFER SUTHERLAND (20/12/66)

O ator veterano Donald é pai de Kiefer, um dos jovens atores mais ocupados de Hollywood das décadas de 1980 e 1990. Eles apareceram juntos no filme de estréia de Kiefer, *Max Dugan Returns* (1983).
Também: Ginger Rogers & Howard Hughes (caso; atriz/industrialista); **Donald Sutherland & Jane Fonda** (amigos; co-estrelas em *Klute, o Passado Condena*).

11 a 18 de julho
SEMANA DO PERSUASIVO
CÂNCER III

19 a 25 de dezembro
CÚSPIDE DA PROFECIA
CÚSPIDE SAGITÁRIO-CAPRICÓRNIO

Despertando o melhor

Este relacionamento traz consigo um empenho para melhoria. Os parceiros em geral instigam um ao outro a melhorar, mas devem tomar cuidado para simplesmente apoiar os objetivos de crescimento mútuos, em vez de impor sua opinião ou juízo. A tendência, infelizmente, é que em geral tenham laços profundos mas não necessariamente felizes. Câncer III tentará com empenho apresentar o lado positivo de Sagitário-Capricórnio, mas sua capacidade persuasiva será verdadeiramente colocada à prova ao tentar pressionar esses parceiros a serem um pouco mais comunicativos, expressivos e precisos. Os nascidos em Sagitário-Capricórnio podem vir a se ofender e mesmo se desgostar de um relacionamento que os pressione a tomar tal direção, eles em geral desejam seguir seu próprio ritmo, revelando-se apenas quando estão prontos. Sendo eles próprios muito cheios de bom senso, tentam por sua vez instigar os mais desalinhados nascidos sob Câncer III a ficarem mais "ligados".

Um pouco de complexo de Cinderela surge nos casos amorosos nessa combinação: Sagitário-Capricórnio, que não possui autoconfiança, pode se recusar a admitir que tenha realmente sido escolhido por Câncer III. Todos os tipos de roteiros antigos serão usados muitas vezes em sua mente à medida que tenta convencer-se de que houve algum erro e que será por fim desmascarado como fraude. Recebendo-o, Câncer III pode gozar do papel de protetor e salvador, mas ganhará muito mais satisfação com um parceiro que possa gostar do relacionamento como sendo seu direito.

A habilidade de fazer casamentos e amizades funciona aqui e é para o relacionamento em si ser visto como vulnerável e merecedor de atenção de fora – quando o relacionamento é bem-sucedido aos olhos dos parentes e amigos. A apreciação e admiração do casal como uma unidade é o cerne da questão, e atingi-lo é muitas vezes o principal foco do relacionamento. Os pais de Câncer III tendem a pressionar os filhos de Sagitário-Capricórnio a saírem de seu mundo calmo, e como resposta encontram resistência obstinada. Os parceiros são muito mais equilibrados nos relacionamentos de trabalho, mas podem ser igualmente e com facilidade colaboradores ou adversários poderosos.

Conselho: *Desenvolva mais sua autoconfiança. Pare de tentar se testar. Atinja um nível de equilíbrio na vida diária. Cuidado com as atitudes arrogantes e pretensiosas.*

RELACIONAMENTOS

PONTOS FORTES: BOM COM FINANÇAS, ADMINISTRADOR, SENSÍVEL

PONTOS FRACOS: MATERIALISTA, SUPERTRABALHADOR, DITATORIAL

MELHOR: TRABALHO

PIOR: AMOR

JOE TORRE (18/7/40)
FRANK TORRE (30/12/31)

O treinador de beisebol dos Yankee, é o irmão mais novo do jogador aposentado Frank, que certa vez fez um *home run* na Série Mundial e o segurou para Joe. Em 1996, Joe levou os Yankees à vitória na Série Mundial. Frank, ainda fraco de uma cirurgia cardíaca, chamou o irmão e disse, "muito bem, garoto" – palavras que tiveram grande significado para Joe.
Também: Ginger Rogers & Lew Ayres (casados; atores).

11 a 18 de julho
SEMANA DO PERSUASIVO
CÂNCER III

26 de dezembro a 2 de janeiro
SEMANA DO REGENTE
CAPRICÓRNIO I

Unidos resistimos

O foco dessa forte combinação provavelmente funcionará como uma unidade nos grupos social e de trabalho. Esses dois são capazes de se unir quando estão se sentindo socialmente inseguros; quando cada um tiver atingido um lugar no grupo maior, o relacionamento pode acabar. Realização, ambição e carreira são enfatizados aqui. A combinação não é especialmente apegada ao conforto, em vez disso favorece o trabalho e a realização – talvez até demais. Os casais desse relacionamento têm muito a aprender sobre cortesia social, e também sobre o lado imaterial da vida.

Pode-se pensar que os casos amorosos seriam aqui sensíveis e práticos, mas isso é raro. Esses parceiros não estão invariavelmente interessados um no outro, e nesse caso, claro, é improvável que se unam, mas também são capazes de esconder uma paixão estranha mútua; em tais ocasiões nenhum bom senso conseguirá mantê-los afastados. Como casal, nem sempre lidam bem com as emoções e podem com facilidade sair do controle. Talvez duas pessoas que estejam tão bem encaminhadas em outras partes da vida ocasionalmente precisem apenas desabafar e espairecer um pouco no campo do desejo.

As amizades e os casamentos são em geral mais típicos da combinação, tendendo a ser extremamente sensíveis. Aqui as escolhas dos parceiros podem ser deliberadas e exatas. A impulsividade é reprimida. Os esposos dessa combinação são orientados para a segurança e extremamente cuidadosos sobre como gastam seu dinheiro. É provável que nenhum parceiro seja avarento, mas as despesas devem ser justificadas e o dinheiro não pode ser desperdiçado. Como pais esses dois podem fazer seus filhos se sentirem culpados quando se trata de assumir responsabilidade e empenho no trabalho.

O casal possui uma força considerável nos negócios – de fato eles podem dar prioridade a considerações econômicas acima de tudo. Qualquer grupo que representem ou dirijam provavelmente se sentirá melhor administrado. Câncer III e Capricórnio I podem ser excelentes colegas de trabalho, e no nível executivo dão direção e bom senso aos esforços da corporação. Como patrão e empregado, no entanto, eles podem se ofender com o rigor um do outro.

Conselho: *Perceba que você não pode controlar tudo. Desenvolva a flexibilidade para evitar um colapso total. Cultive valores mais espirituais. Cuidado a quem você dá valor.*

11 a 18 de julho
SEMANA DO PERSUASIVO
CÂNCER III

3 a 9 de janeiro
SEMANA DA DETERMINAÇÃO
CAPRICÓRNIO II

Lutando para superar

Esse pode ser um time imbatível, mas como adversários esses parceiros darão um ao outro o combate de suas vidas. Ambos indivíduos poderosos e influentes, Câncer III e Capricórnio II nem sempre se olham nos olhos, sobretudo quando se trata de decidir quem manda. Mesmo quando se encontram pela primeira vez, as faíscas voam, ou talvez eles apenas olhem um ao outro com cautela, mostrando pouca fé. Um bocado de água em geral tem que passar sob a ponte antes de esse relacionamento poder mostrar qualquer sinal de confiança profunda. Uma vez que um laço seja formado, no entanto, o par é em geral atraído para uma estrada menos viajada; aquilo que foi testado e aprovado desperta pouco interesse neles.

Os casos amorosos e as amizades não são sugeridas aqui, pois nenhum desses parceiros sairá de seu caminho para dar o primeiro passo para ser gentil, solidário ou compartilhar. Nos casamentos, relacionamentos de trabalho ou combinações dos dois, no entanto, um Câncer III e um Capricórnio III podem formar uma unidade resoluta. Esses últimos parceiros raramente estão contentes com manter o que possuem, e são atraídos para atividades de risco e mesmo perigosas. Ousar fracassar é visto aqui como um ingrediente sem o qual o sucesso é impossível. Na verdade, o relacionamento é mais confortável quando desafiado, ou mesmo quando assediado pelos acidentes aparentemente insuperáveis. Os casamentos confrontados com dificuldades e privações, e os negócios que sofrem perdas tremendas, são páreo no caminho. Lutar se torna o lema e o grito de convocação de tal relacionamento, ajudando-o a chegar à vitória.

Os relacionamentos familiares, sobretudo entre pais e filhos, são difíceis aqui. Choques de vontade sobram em tais relacionamentos, e pouco é considerado líquido e certo. Em geral, Câncer III deseja que Capricórnio II fale sobre o que o está de fato aborrecendo, enquanto Capricórnio II insiste em que Câncer III estabeleça um compromisso profundo com a vida familiar. Com freqüência, esses dois se unem durante tempos de crise, quando seu relacionamento se torna a rocha da qual tudo e todos dependem.

Conselho: *Amenize um pouco sua intensidade. Aceite a felicidade se ela aparecer em seu caminho. O caminho mais fácil é às vezes o melhor. Não atraia problemas.*

RELACIONAMENTOS

PONTOS FORTES: CORAJOSO, AUDACIOSO, CONQUISTADOR

PONTOS FRACOS: POUCO RECEPTIVO, TEIMOSO, INDELICADO

MELHOR: CASAMENTO

PIOR: FAMÍLIA

RICHARD NIXON (9/1/13)
GERALD FORD (14/7/13)

O presidente Nixon indicou Ford para vice-presidente em 1973, quando Spiro Agnew foi forçado a renunciar entre acusações de suborno e violação de impostos. Ford se tornou o 38º presidente americano em 1974, depois da renúncia de Nixon em face do possível impeachment. Como presidente, Ford, em uma jogada controvertida, perdoou Nixon de qualquer crime que possa ter cometido.

---

11 a 18 de julho
SEMANA DO PERSUASIVO
CÂNCER III

10 a 16 de janeiro
SEMANA DA DOMINAÇÃO
CAPRICÓRNIO III

Consumados desempenhadores de papéis

Este relacionamento parece imaginar a vida como um teatro, e seus parceiros, como membros de uma audiência feliz comentando sobre a atuação. No entanto, esses indivíduos poderosos são muito capazes de eles mesmos desempenharem funções públicas e participarem. Embora a oposição desses parceiros no zodíaco (onde estão a 180º de distância) leve a astrologia tradicional a prever um trajeto duro para eles, o atrito que geram pode também ser afetuoso. Eles não levam a sério as briguinhas, o que é provavelmente sábio se a vida em comum tem que se prolongar. Eles também serão sensatos se escolherem operar em duas arenas diferentes, uma vez que nenhum gosta de papel menos proeminente.

É improvável que os casos amorosos aqui se desenvolvam para além do encontro inicial. Câncer III pode ficar ameaçado pelo destemor de Capricórnio III, que de sua parte pode ficar inquieto pelas percepções astutas da personalidade de seu parceiro. Os casamentos tampouco são tão compensadores quanto podiam ser, e suas conseqüências podem ser não apenas improdutivas, mas destrutivas. Os relacionamentos entre pais e filhos, por sua vez, pode ser verdadeiramente importantes. Independente de qual desses dois é o pai ou o filho, há um entendimento entre Câncer III e Capricórnio III que garante o cuidado paterno e o respeito filial. Se um progenitor solteiro estiver vivendo com um filho único nessa combinação, os dois podem desempenhar muitos papéis diferentes na estrutura dramática do relacionamento, de modo que não precisam muita interferência de fora de seu lar. A única restrição aqui é a superproteção e superapego, que podem ser dolorosos para lidar na primeira fase da idade adulta.

Câncer III e Capricórnio III podem muito possivelmente trabalhar juntos em uma empresa, mas em geral o fazem melhor como iguais, no mesmo nível. Assim que um ocupa uma posição mais elevada, as disputas irritantes pelo poder podem começar, embora dificilmente fiquem fora de controle. Eles também possuem uma qualidade ligeiramente desdenhosa e sarcástica: esses dois sabem como expressar qualquer antagonismo caçoando e sem ameaças.

Conselho: *Quanto é fantasia, quanto é real? Seja mais objetivo sobre você mesmo. Lute pela objetividade e compreensão. Cuidado com o isolamento.*

RELACIONAMENTOS

PONTOS FORTES: DIVERSIFICADO, DRAMÁTICO, VÍVIDO

PONTOS FRACOS: CONFLITUOSO, SUPERPROTETOR, ENGANOSO

MELHOR: PAIS-FILHOS

PIOR: CASAMENTO

LUISE RAINER (12/1/12)
CLIFFORD ODETS (18/7/06)

O dramaturgo e roteirista Odets ascendeu à proeminência em 1931 com sua primeira peça produzida, *Waiting for Lefty*. Enquanto trabalhava em Hollywood ele conheceu e se casou com a talentosa atriz ganhadora do Oscar Rainer em 1937. Quando a carreira de Luise subitamente se deteriorou, muitos acusaram os maus conselhos do marido por isso. O casal se divorciou em 1940.

RELACIONAMENTOS

PONTOS FORTES: EXCITANTE, ENERGÉTICO, DETERMINADO

PONTOS FRACOS: FORA DA REALIDADE, INSTÁVEL, CAÓTICO

MELHOR: AMIZADE

PIOR: AMOR

DESI ARNAZ JR. (19/1/53)
LUCIE ARNAZ (17/7/51)

Lucie e Desi, Jr. são filhos de Lucille Ball e Desi Arnaz. Lucie nasceu sem grande alarde, mas na época em que Desi veio ao mundo o público estava de olho: sua foto saiu na capa do primeiro exemplar da revista da tevê *Guide*. Ambos se tornaram artistas da tevê e de cinema. **Também:** Sidney Webb & Beatrice Webb (casados; Sociedade Fabiana); **Ginger Rogers & Cary Grant** (caso; atores); **Roald Amundsen & Umberto Nobile** (exploradores polares).

11 a 18 de julho
SEMANA DO PERSUASIVO
CÂNCER III

17 a 22 de janeiro
CÚSPIDE DO MISTÉRIO E DA IMAGINAÇÃO
CÚSPIDE CAPRICÓRNIO-AQUÁRIO

Objetividade no caos

A instabilidade é alta nesse relacionamento e se deve ele sobreviver, uma grande objetividade será necessária para determinar o que é preciso cada vez que há um problema. Se perder o rumo, um ato supremo de força de vontade pode ser necessário para acertá-lo. O relacionamento oscila violentamente entre extremos emocionais, tornando impossível qualquer tipo de vida tranqüila. Câncer III em geral se envolve com muita crítica, mas a menos que essas avaliações sejam, em última análise, positivas, elas podem apenas piorar a tensão e levar ao fim do relacionamento. Capricórnio-Aquário não reagem bem a censuras, reclamações ou mesmo sugestões positivas, uma vez que eles se ressentem de todas as limitações de sua impulsividade. No entanto o Câncer III, paciente e maduro, com freqüência exercerá com garra e determinação cada gota de seu poder persuasivo para colocar o relacionamento em uma atmosfera de tranqüilidade antes de admitir o fracasso.

Amor e casamento aqui são altamente imprevisíveis. Uma vez que Câncer III tem muito menos necessidade de atenção do que seu parceiro, e uma vez que em geral prefere ficar a sós a ter envolvimentos problemáticos ou bagunçados, é difícil imaginá-lo até mesmo entrando em tais situações. Se o faz, periodicamente necessitará afastar-se dos aspectos mais loucos do relacionamento. Esses afastamentos estratégicos podem de fato promover a objetividade; talvez Capricórnio-Aquário também seja sábio para seguir esse exemplo de vez em quando;

As amizades nessa combinação são melhores quando restritas em abrangência, não sendo emocionalmente profundas. Os amigos de Câncer III e Capricórnio-Aquário fazem melhor quando mantém as coisas leves. Compartilhando atividades de entretenimento juntos, em vez daquelas que são solenes ou estressantes, é em geral a melhor aposta aqui.

Os patrões e pais de Câncer III que encontram impulsividade e falta de controle nos empregados ou nos filhos de Capricórnio-Aquário podem ser críticos. No trabalho e nas famílias, tentativas de se tornar objetivo nem sempre são bem-sucedidas, uma vez que a rebeldia e excentricidade de Capricórnio-Aquário e a tendência para dominar de Câncer III com freqüência fazem uma mistura perigosamente explosiva.

Conselho: *Retire-se e observe. Analise os erros. Comporte-se com maturidade. Equilibre sentimentos. Não seja controlado por seus humores.*

RELACIONAMENTOS

PONTOS FORTES: INTUITIVO, BOM EM IMPROVISAR, PODEROSO

PONTOS FRACOS: PESADO, COMPETITIVO, CONFLITUOSO

MELHOR: TRABALHO

PIOR: FAMÍLIA

LINDA RONSTADT (15/7/46)
AARON NEVILLE (24/1/41)

Os cantores Ronstadt e Neville foram bem-sucedidos nos anos 1970 e 1980, mas quando se juntaram em 1989 para gravar *Don't Know Much*, a carreira de ambos ganhou um novo impulso. O delicado falsete de Neville, com o vocal vigoroso de Ronstadt, levou a muitas gravações de sucesso nos anos 1990.

11 a 18 de julho
SEMANA DO PERSUASIVO
CÂNCER III

23 a 30 de janeiro
SEMANA DO GÊNIO
AQUÁRIO I

Uma lacuna no mercado

Aqui está um exemplo de duas forças combinadas para formar uma terceira entidade ainda mais forte e mais poderosa. Embora Câncer seja um signo de água, e Aquário, de ar, este relacionamento é governado pelo fogo e pela terra, nesse caso conotando paixão e dedicação. Quando Câncer III e Aquário I miram em algo, pouca coisa os dissuadirá de seu objetivo. Especialmente conhecedor e inteligente nos negócios, o relacionamento é rápido em perceber e preencher as lacunas do mercado. Nessas e noutras áreas da vida sua força intuitiva permite que seu parceiro siga seus palpites e retire, aparentemente de lugar algum, informações necessárias, um talento útil em tempos de crise.

Os casos amorosos aqui são muitas vezes pesados e demandam envolvimento total. Os parceiros em geral sabem quando seu namorado está se retraindo emocionalmente, portanto fingir respostas não é uma alternativa viável – esses relacionamentos em geral demandam honestidade. Se um novo envolvimento surgir, esses parceiros desejarão ouvir sobre isso um do outro, não de outra pessoa. Os casamentos são mais bem-sucedidos quando as lutas de poder puderem ser descartadas desde o começo. Câncer III em geral assumirá o papel dominante, mas Aquário I é capaz de desafiar esta tendência. Uma vez que a questão do poder esteja resolvida, o relacionamento pode encontrar-se em uma posição de liderança, no centro de seu grupo social e familiar. Inventivo ao extremo e capaz de compartilhar o que quer que cada parceiro tenha, não importando que seja pouco, as amizades nessa combinação mostram marcante talento para a improvisação. Na família, pode-se esperar que os pares de irmãos e pais e filhos de Câncer III e Aquário I descordem sobre a direção básica que a família tomará, sobretudo no que se refere a assuntos de educação, lar e religião ou ideologia. Nos relacionamentos profissionais, esses dois formam uma excelente equipe, com Câncer III contribuindo com habilidades práticas e astutas capacidades organizacionais enquanto Aquário I aplica sua inteligência rápida para resolver problemas. Aquário I tem uma inclinação, no entanto, para aumentar seu crédito até o limite ou simplesmente gastar mais do que ganha, e Câncer III terá que manter um controle sobre esse hábito.

Conselho: *Resolva questões de poder. Faça acordos com relação a assuntos de ideologia. Investigue os fatos por completo. Não presuma que você está tomando a direção certa.*

11 a 18 de julho
SEMANA DO PERSUASIVO
CÂNCER III

31 de janeiro a 7 de fevereiro
SEMANA DA JUVENTUDE E DESPREOCUPAÇÃO
AQUÁRIO II

Uma luta por honestidade

Este relacionamento tem uma intensidade oculta que pode começar repentinamente como uma onda imprevista, inundando tudo à vista. Na superfície, as coisas parecem harmoniosas o suficiente, mas muitas vezes abundam nas profundezas. São ricas em ressentimentos e frustrações. Câncer III tende a ser superdominador aqui. Isto faz com que Aquário II se sinta capturado e deseje se libertar, o que ele muitas vezes faz – mas secretamente, sem seu parceiro suspeitar. Isto pode ser naturalmente, porque os de Câncer III se cegaram para o que está acontecendo, mas uma vez que eles descubram, sua dor e raiva podem ser vulcânicas. Em um relacionamento com fachada tão enganadora quanto atraente, a principal necessidade é em geral a honestidade.

Independente do quanto pareçam simpáticos as amizades, os casos amorosos e casamentos nesta combinação muitas vezes ocultam tensões que podem ser ignoradas ou até insuspeitadas pelos parceiros. Podem ser as pessoas em torno deste par – os filhos de pais Câncer III e Aquário II, digamos – que primeiro começam a representar os sentimentos reprimidos e os problemas. Na realidade, esta representação pelos outros pode ser o primeiro sinal de que algo está errado com o relacionamento. E quando os parceiros tentam ajudar o membro da família ou amigo atormentado, eles podem se encontrar impotentes, uma vez que é realmente seu próprio relacionamento que necessita cura.

Os nascidos em Aquário II muito freqüentemente operam com um padrão duplo. Os de Câncer III podem concordar com isso porque são confiantes em excesso e não se sentem ameaçados, ou porque estão escondendo uma baixa auto-estima atrás de um manto de bravata. Ser honesto o suficiente para exigir tratamento igual, promover a comunicação e não dar as coisas por certas são sinais de saúde em uma amizade entre esses dois. Nos pares profissionais e familiares, também, se o relacionamento tiver que ser bem-sucedido, deve-se lutar para exigir honestidade dos parceiros.

Conselho: *Cave um pouco mais fundo. Não se engane – você provavelmente está desprezando muitas coisas. Por que deixar-se tratar como uma bola de futebol? Mantenha o auto-respeito.*

RELACIONAMENTOS

PONTOS FORTES: SOLIDÁRIO, CONFORTÁVEL, HARMONIOSO

PONTOS FRACOS: AFLITO, INCONSCIENTE, DESONESTO

MELHOR: AMIZADE

PIOR: CASAMENTO

JAMES CAGNEY (17/7/1899)
RONAM REAGAN (6/2/11)

Cagney e Reagan foram atores de Hollywood cuja amizade começou nos anos 1930 quando atuaram juntos na comédia *Boy Meets Girl* (1938). Com idéias conservadoras semelhantes, os amigos permaneceram próximos até a morte de Cagney em 1989. Reagan fez um elogio em seu funeral. **Também: Steve Wozniak & An Wang** (empresários da indústria de computadores).

---

11 a 18 de julho
SEMANA DO PERSUASIVO
CÂNCER III

8 a 15 de fevereiro
SEMANA DA ACEITAÇÃO
AQUÁRIO III

Instabilidade enlouquecedora

Este relacionamento está no seu melhor e mais tranqüilo estado quando suas atividades são sólidas e bem fundamentadas. Confiança é uma grande questão aqui: em geral está presente ou não, e caso esses parceiros sejam incapazes de formar um vínculo de confiança, as instabilidades inerentes lhes causarão dano. Na realidade estes parceiros têm perspectivas extremamente diferentes na vida. Porque Câncer III e Aquário III se localizam no aspecto de quincôncio (150 de distância) no zodíaco, a astrologia prediz um relacionamento um tanto precário entre eles, e a instabilidade emocional pode na realidade ser franca aqui, dirigindo ambos para a distração. Incapazes de predizer como a outra pessoa responderá em qualquer dada situação pode ser algo enlouquecedor. De maneira interessante, o conflito aberto será incomum aqui – a menos que um dos parceiros seja impulsionado diretamente para o limite, caso no qual ele se manifestará de uma forma nada discreta.

Casos amorosos podem ser extremamente românticos e sensuais, caracterizando todas as maneiras de jogos e habilidades sedutoras. O relacionamento tem uma qualidade amplificadora simétrica, com os namorados atraídos um pelo outro alternadamente em um momento e abandonando um ao outro no momento seguinte. Em certo momento estão com medo de se perderem em seguida ficarão ligados um ao outro. Desejo neste relacionamento é melhor acompanhado por uma rota de fuga, o que pode sempre ser mantido na reserva. Casamentos podem emprestar solidez a um caso amoroso vacilante, mas não são de forma alguma uma cura garantida. Filhos, todavia, são muitas vezes a argamassa que pode ajudar a segurar o relacionamento.

Amizades nesta combinação nunca deveriam ser sobrecarregadas com responsabilidades demais como uma unidade, nem deveria ser esperado muito de seus próprios membros. Interações livres e tranqüilas são melhor aqui. Nas combinações na família e no trabalho, os nascidos em Aquário III podem se encontrar vulneráveis para a arte superior de persuasão dos de Câncer III, mas há um limite para o quanto este parceiro pode pressioná-los sem enfurecê-los. Esta tensão em especial não desaparecerá facilmente – ela permanecerá em torno destes relacionamentos como uma alergia, sobretudo em pares pais-filhos e patrão-empregado.

Conselho: *Encontre vínculos comuns no jogo e no trabalho. Lute por consistência emocional. Tente construir vínculos fortes de confiança. Sempre deixe uma saída para você mesmo.*

RELACIONAMENTOS

PONTOS FORTES: SENSUAL, ROMÂNTICO, DESPREOCUPADO

PONTOS FRACOS: DESCENTRADO, ANSIOSO, IRRITANTE

MELHOR: AMOR

PIOR: PATRÃO-EMPREGADO

YUL BRYNNER (11/7/15)
CLAIRE BLOOM (15/2/31)

Brynner e Bloom se apaixonaram durante as filmagens de *The Buccaneer* e *Os Irmãos Karamazov* (ambos de 1958). Os atores tiveram certa vez um encontro na casa de Cecil B. DeMille em Paris. Quando seu romance acabou, Bloom disse que ela sentia "imensa e afetiva consideração" por ele. **Também: Gerald Ford & Sara Jane Moore** (tentativa de assassinato).

RELACIONAMENTOS

PONTOS FORTES: CURIOSO, PROFUNDO, INTERESSADO

PONTOS FRACOS: ESTRANHO, OBSESSIVO, CALADO

MELHOR: FAMÍLIA

PIOR: AMIZADE

JAMES BROLIN (18/7/40)
ROBERT YOUNG (22/2/07)

Brolin e Young foram co-estrelas do seriado de tevê de longa duração *Marcus Welby, M.D.* (1969-79). Young fez o papel do médico de família amável e paternal, e Brolin, seu companheiro, fez o papel de contraparte da geração seguinte. Os atores trabalharam juntos proximamente, criando uma atmosfera médica verossímil.

---

11 a 18 de julho
SEMANA DO PERSUASIVO
CÂNCER III

16 a 22 de fevereiro
CÚSPIDE DA SENSIBILIDADE
CÚSPIDE AQUÁRIO-PEIXES

Voltas e meandros

O âmago deste relacionamento é profundamente emocional. Seus parceiros podem se achar envolvidos em uma exploração mútua do labirinto de voltas e meandros da condição humana. As complexidades particulares que os envolvem podem certamente residir no relacionamento em si, mas como um par esses dois também estão interessados na investigação dos problemas de outras pessoas – incluindo os psicológicos – e talvez na ajuda para resolvê-los. Os nascidos em Câncer III estão entre as poucas pessoas que têm probabilidade de ganhar a confiança de Aquário-Peixes (não é uma tarefa fácil), e de continuar a fazer jus essa confiança por muitos anos.

Este par em geral leva seus casos amorosos e casamentos muito a sério. Ambos os parceiros são muito cientes do quanto o amor e afeição são importantes no seu relacionamento, e tendem a tratar seu vínculo com o maior respeito. Se problemas surgirem, será às vezes porque demasiada delicadeza esteve em jogo, com os parceiros virtualmente pisando em ovos para evitar tópicos ou atividades perturbadoras. Ao serem superprotetores de seu par, podem negar as experiências de confrontação e de valentia que fazem avançar os relacionamentos no seu crescimento espiritual e psicológico. Câncer III e Aquário-Peixes deveriam buscar desenvolver muitas áreas mais no seu relacionamento, além das poucas que eles acham especialmente interessantes.

Como amigos, Câncer III e Aquário-Peixes podem mostrar um interesse nos romances de mistério e horror, suspenses que absorvem a atenção como romance policial e filmes, ou outras formas de arte e cultura popular que provocam a imaginação. Determinadas características bizarras de seu próprio relacionamento ocasionalmente surgem para excitar sua curiosidade, que pode até se tornar obsessiva às vezes. Reservados sobre tais questões, esses amigos raramente revelam tais interesses para outros.

Como equipe profissional, Câncer III e Aquário-Peixes se saem melhor em trabalhos autônomos ou orientados para o serviço, onde podem expressar seu interesse nas pessoas e seu desejo de ajudá-las. Também é provável que tais atitudes cuidadosas surjam nos pares pais-filhos e avós-netos, o que pode ser muito explorado em momentos de necessidade.

Conselho: *Busque um pouco de leveza. Não seja tão superprotetor. O segredo é menos necessário do que você pensa. Quando está precisando, você também pode tentar esperar ajuda de outros.*

RELACIONAMENTOS

PONTOS FORTES: COMPREENSIVO, SENSÍVEL, EDUCATIVO

PONTOS FRACOS: INTRANSIGENTE, HIPERMATERIALISTA, EXIBIDO

MELHOR: AMIZADE

PIOR: CASAMENTO

STEVEN JOBS (24/2/55)
STEVE WOZNIAK (11/7/51)

No final dos anos 1970 o engenheiro eletrônico Wozniak e o empresário de computadores Jobs criaram o PC amigável ao usuário que se tornou a pedra angular da Apple Computer Co. Na década de 1980 eles fizeram uma revolução iniciando uma enorme nova indústria.
Também: Richie Sambora & Jon Bon Jovi (Bon Jovi); **Lucie Arnaz & Desi Arnax** (filha/pai; artistas); **Milton Berle & Betty Hutton** (caso; comediante/atriz).

---

11 a 18 de julho
SEMANA DO PERSUASIVO
CÂNCER III

23 de fevereiro a 2 de março
SEMANA DO ESPÍRITO
PEIXES I

Uma mensagem para dividir

Este relacionamento está muitas vezes ocupado principalmente com a transmissão de idéias, seja nas áreas financeira, social ou espiritual ou como entretenimento. O enfoque pode ser sobre o relacionamento em si ou sobre o que se está tentando dizer. Embora Câncer e Peixes sejam ambos signos de água, este relacionamento é regido pela terra, elemento que sugere sensibilidade completamente prática. Os nascidos em Peixes I não são conhecidos por seu lado materialista, mas nos relacionamentos com Câncer III eles podem aprender muito sobre o mundo e como ele funciona, financeira, política e socialmente. Eles estão menos interessados no dinheiro em si e mais no que pode ser feito com ele para melhorar a qualidade de vida.

Casos amorosos entre Câncer III e Peixes I podem ser altamente sensuais mas também sensíveis e compreensivos. Esses parceiros em geral levarão um tempo para se conhecerem, usando seus momentos tranqüilos juntos para alcançar níveis de paz e contentamento. Mas seu relacionamento também tem um lado ultrajante e desinibido que ele apresenta para o espetáculo. Os humores podem representar um papel importante aqui, sobretudo quando do tipo irônico e sarcástico. Casamentos não são particularmente recomendados a menos que os parceiros desejem suportar ajustes sérios às necessidades mútuas e estejam prontos para o compromisso e a flexibilidade.

Amigos Câncer III-Peixes I podem se encontrar nos seus anos de estudantes e continuar tais relacionamentos até muito mais tarde na vida. Seu vínculo é uma ânsia não necessariamente por aprender mas por amadurecimento e desenvolvimento social. Afastar-se do papel de estudante e avançar para o papel de professor será uma experiência altamente satisfatória, e é muitas vezes a direção mais positiva que o relacionamento pode tomar à medida que os amigos envelhecem.

Pares de família, sobretudo pares de irmãos do mesmo sexo, podem ser íntimos e compreensivos. Mas as sensibilidades também são muito pronunciadas, de forma que esses pares de irmãos ou irmãs muitas vezes colidem emocionalmente. Relacionamentos no trabalho entre Câncer III e Peixes I podem ser melhorados se os colegas de trabalho passarem um tempo se conhecendo pessoalmente, talvez nas buscas informais fora do trabalho.

Conselho: *Cuidado com seus efeitos nos outros. Desenvolva seu lado espiritual mais completamente. Flexibilidade e conciliação são importantes. Seja mais receptivo.*

11 a 18 de julho
SEMANA DO PERSUASIVO
CÂNCER III

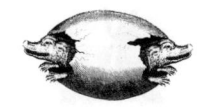

3 a 10 de março
SEMANA DO SOLITÁRIO
PEIXES I

Independentemente dependente

O envolvimento entre essas duas personalidades é em geral muito profundo, descendo em um nível tal de profundidade que a maioria das suas interações pode ocorrer em um plano subconsciente e até psíquico. Uma vez que muito do que ocorre aqui é não-verbal, o clima geral é bastante confortável. Enquanto ambos os parceiros tendem a gastar muito do tempo sozinhos, sua compreensão emocional é grande, e eles acham fácil ser abertos um com o outro. Há uma tendência para se tornar mutuamente dependentes, então, de uma forma bastante independente.

Nos relacionamentos românticos, é raro Câncer III e Peixes II hesitarem emocionalmente. Interações emocionais, sexuais ou de outro tipo são prolongadas e satisfatórias. Esses parceiros podem ser muito fiéis um ao outro com o tempo, mas uma dependência inegável se manifesta neste relacionamento, tendo ambas efeito salutar e negativo. O relacionamento funciona muito bem quando os parceiros podem dar tudo de si e somente quando eles escolhem fazê-lo, cada um tendo seu próprio espaço para onde possa se retirar, vivam juntos ou não. Embora sexo completo e vícios de amor sejam incomuns aqui, Câncer III e Peixes II podem se unir tão fortemente que é improvável que se tornem envolvidos profundamente com outra pessoa até terminar o relacionamento. Tanto nos casos amorosos quanto no casamento, o relacionamento deveria almejar ser mais aberto, e os parceiros, almejar formar amizades significativas com outros.

Amizades Câncer III-Peixes II podem ser importantes. Sua tendência de se isolar não é tão forte aqui. Os nascidos em Câncer III em geral assumem o comando para fazer retornar os amigos de Peixes II para o mundo, encorajando-os e incrementando sua carreira e desenvolvimento social. Os de Peixes II, entretanto, suprem a solidariedade e compreensão que os de Câncer III imploram, sobretudo quando suas obrigações profissionais são colocadas de lado.

Relacionamentos pais-filhos e irmãos entre Câncer III e Peixes II são em geral empáticos e receptivos. Cada um valoriza muito a opinião do outro, e o par compartilha uma grande confiança, que causará um sofrimento profundo se violada. Pares profissionais de Câncer III-Peixes II são muitas vezes distensionados e financeiramente produtivos.

Conselho: *Forme amizades com outros. Aumente o envolvimento social. Faça jus à confiança. Permaneça objetivo. Cuide para não deixar os sentimentos dominarem sua vida.*

RELACIONAMENTOS

PONTOS FORTES: EMPÁTICO, DEVOTADO, RELAXADO

PONTOS FRACOS: SUPER DEPENDENTE, SUPER PROTETOR, ISOLADO

MELHOR: AMIZADE

PIOR: FAMÍLIA

YEVGENY YEVTUSHENKO (18/7/33)
IRINA RATUSHINSKAYA (4/3/54)

Yevtushenko e Ratushinskaya estão entre os principais poetas russos do século XX. Sua poesia fala contra a injustiça social e religiosa. Ele fez várias turnês altamente divulgadas pelos Estados Unidos nos anos 1960. Ratushinskaya foi prisioneira da KGB (1983-86) e escreveu centenas de poemas enquanto estava confinada, guardando-os na cabeça até seu livro premiado ser publicado em 1988.

---

11 a 18 de julho
SEMANA DO PERSUASIVO
CÂNCER III

11 a 18 de março
SEMANA DOS DANÇARINOS E SONHADORES
PEIXES III

Pacificadores naturais

No fundo este relacionamento a um só tempo é muito complexo, um dos pares mais naturais e confortáveis no ano. Esses dois de muitas formas chegam um ao outro partindo de limites diferentes do espectro: os de Câncer III são muitas vezes tipos práticos, metidos com as preocupações mundanas e a estrutura do poder, enquanto os de Peixes III são mais realistas sobre seguir seus sonhos durante a vida. No entanto, porque Câncer III e Peixes III formam o trígono clássico do signo de água (eles se encontram a 120 de distância no zodíaco, e são ambos signos de água), a astrologia prediz um relacionamento tranqüilo com ênfase nos sentimentos. Por causa da solidariedade natural entre eles dois, são capazes de superar dificuldades, construir aceitação e confiança, e descobrir o que têm em comum. O ajustamento como um todo é distensionado.

O relacionamento é sobretudo forte na esfera social. Seja uma amizade ou um casamento, pode funcionar magnificamente para juntar amigos e membros familiares. Tem uma queda por reconciliar indivíduos hostis ou facções rivais, e é naturalmente adequado para representar o papel de mediador e pacificador. Os nascidos em Câncer III são muitas vezes realistas o suficiente para reconhecer a verdade essencial da perspectiva filosófica de Peixes III, e podem trabalhar arduamente para implementar tais idéias. Pode-se dizer que a crença é o vínculo entre esses dois; crença não somente em um ideal mas no relacionamento em si, o que pode realizar muito no que tange a seu interesse pelos outros.

Dada a postura do relacionamento, orientada para o serviço no domínio profissional, familiar ou interpessoal, parceiros Câncer III-Peixes III devem assegurar-se de que deixam tempo suficiente para eles mesmos. Uma dificuldade aqui é abnegação, com os parceiros muitas vezes exigindo deles mesmos o maior sacrifícios de todos: desprezar seu próprio relacionamento e negar a ele uma determinada quantidade de sustentação que necessita para o crescimento emocional e espiritual. Eles devem ser mais egoístas emocionalmente, negar as necessidades dos outros por um tempo de forma a que possam aprofundar seu próprio vínculo pessoal.

Conselho: *Alimente-se assim como aos outros. Não se coloque em último lugar. Construa um ego mais forte. Deixe os outros contribuírem com você. Mantenha tempo livre para questões pessoais.*

RELACIONAMENTOS

PONTOS FORTES: PACIFICADOR, NATURAL, ORIENTADO PARA SERVIÇO

PONTOS FRACOS: AUTONEGADOR, SACRIFICADO, VULNERÁVEL

MELHOR: TRABALHO

PIOR: AMOR

F.W. DE KLERK (18/3/36)
NELSON MANDELA (18/7/18)

DeKlerk se tornou presidente da África do Sul em 1989. Em 1991, libertou Mandela da prisão. Juntos negociaram a revogação da legislação do apartheid e trabalharam para dar aos negros um papel político nacional. Em 1993 dividiram o Prêmio Nobel da Paz. **Também: Berenice Abbott & Diane Arbus** (parceiros; fotógrafos); **Bill Cosby & Bobby McFerrin** (apresentadores; descoberta de Cosby).

RELACIONAMENTOS

PONTOS FORTES: DINÂMICO, EMPREENDEDOR, PERCEPTIVO

PONTOS FRACOS: INSTÁVEL, IMPULSIVO, BIPOLARIZADO

MELHOR: TRABALHO

PIOR: CASAMENTO

ERIC HOFFER (25/7/02)
HERBERT MARCUSE (19/7/1898)

Hoffer e Marcuse foram filósofos sociais contemporâneos de meados do século XX. Marcuse foi um acadêmico radical que defendia a rejeição da ordem social existente. Hoffer era um estivador autodidata, crítico dos movimentos de massa, que enfatizava uma abordagem mais individualista. **Também: George McGovern & Bella Abzug** (aliados políticos; liberais dos anos 1960).

---

19 a 25 de julho
CÚSPIDE DA OSCILAÇÃO
CÚSPIDE CÂNCER-LEÃO

19 a 25 de julho
CÚSPIDE DA OSCILAÇÃO
CÚSPIDE CÂNCER-LEÃO

Equalizando

A personalidade de Câncer-Leão está sujeita a oscilações amplas de humor, o que este relacionamento em geral amplifica – às vezes ao ponto em que se tornam intoleráveis. Mas uma dinâmica viável pode também ser obtida aqui, sobretudo se o que os parceiros estão fazendo juntos tiver a ver com emoções, psicologia, arte e música, ou as artes de cura. Na realidade, as compreensões do processo criativo e da psique humana do Câncer-Leão, combinadas, podem ser inestimáveis para qualquer família, grupo social ou profissional.

Os nascidos em Câncer-Leão muitas vezes imploram estabilidade nos seus relacionamentos, mas é improvável que a encontrem um com outro. Emoções neste caso amoroso podem oscilar do brilhante e até amplamente excitante ao depressivo e finalmente frio. É provável que uma dissolução ou um colapso estejam próximos. Se o casal tentar o casamento, certamente necessitarão da estabilidade que vem de uma base financeira, compromissos profissionais firmes, uma situação doméstica estável e pagamentos e benefícios adequados, ainda assim, mesmo com tudo isso presente eles ainda não terão nenhuma garantia do sucesso a menos que possam alcançar algum tipo de equilíbrio emocional.

Como amigos, Câncer-Leão terão que compreender e se ajustar à dinâmica de seu relacionamento, o que pode ser difícil. É um desastre quando um deles está muito entusiasmado ou muito frustrado, e um efeito gangorra – quando quer que um esteja em cima, o outro está em baixo – também pode ser extremamente frustrante. Em casa, o relacionamento pais-filhos Câncer-Leão ou irmãos muitas vezes manterá as coisas vivas, mas também emprestará um ar de instabilidade e imprevisibilidade para a vida familiar.

Relacionamentos no trabalho podem ser bons contanto que os parceiros não reajam com exagero às oscilações de humor um do outro. A combinação de um decréscimo na interação emocional e um aumento na objetividade é essencial aqui. Projetos empreendedores e um tanto agressivos, nos quais o desafio desempenha papel importante, são especialmente favorecidos. Uma outra lição que terá de ser aprendida, talvez da forma mais difícil, é se conter em situações onde a impulsividade poderia ser contraproducente, ou até fatal.

Conselho: *Equilibre as coisas. Lute por controle emocional. Vise objetividade. Satisfaça exigências básicas. Não reaja exageradamente ou faça ataques cegos.*

RELACIONAMENTOS

PONTOS FORTES: ORIENTADO PARA META, INTELIGENTE, ENERGÉTICO

PONTOS FRACOS: SUPERAMBICIOSO, COMBATIVO, DESORIENTADO

MELHOR: CASAMENTO

PIOR: AMOR

BOB DOLE (22/7/23)
ELIZABETH DOLE (29/7/36)

Bob Dole, candidato a presidente em 1996, passou a maior parte de sua carreira como um influente senador. Saiu do posto para concorrer à presidência. A esposa Elizabeth, que é presidente da Cruz Vermelha Americana, foi forte presença em sua malsucedida campanha. **Também: Albert Warner & Jack Warner** (irmãos; fundadores da Warner Bros.); **Alexandre Dumas, pai & Alexandre Dumas, filho** (escritores).

---

19 a 25 de julho
CÚSPIDE DA OSCILAÇÃO
CÚSPIDE CÂNCER-LEÃO

26 de julho a 2 de agosto
SEMANA DA AUTORIDADE
LEÃO I

Chegando ao topo

Uma energia eletrizante se manifesta nesta combinação, que pode levar ambos os parceiros a um grande sucesso. O relacionamento demonstra alto nível de inteligência, o que é em geral colocado a serviço da ambição: chegar ao topo é importante para esses dois, que na realidade em geral colocam o lado pessoal de seu relacionamento em segundo lugar em importância, priorizando seus objetivos sociais, políticos ou financeiros. Impulsos de poder não devem ser autorizados a sair do controle aqui, pois o relacionamento pode se perder se não for propriamente guiado ou controlado.

Casos amorosos aqui são raramente de grande profundidade ou paixão. São ricos em energia, mas nem sempre a dirigem bem; a energia sexual em particular pode terminar sublimada em outras atividades. Casamentos, por outro lado, podem funcionar excelentemente, contanto que ambos os parceiros recebam independência completa e as responsabilidades familiares sejam mantidas a um mínimo. Como cônjuges esses dois podem ser muito zelosos um com o outro, ou podem até associar-se em uma atividade profissional. São muito capazes de formular um acordo feito para se ajustar a eles, conseguindo preservar qualquer que seja o tempo de qualidade juntos que eles necessitem; até quando as exigências do trabalho impedem que eles se vejam muito. Seus filhos, todavia, não devem esperar desvelo exagerado ou atenção deles.

Na família, pares pais-filhos e irmãos também podem ser orientados para a carreira, tanto incitando um ao outro a novos passos quanto de fato trabalhando juntos profissionalmente. Esses relacionamentos podem ser inspiradores, mas não estão imunes à competitividade ou mesmo ao combate aberto. Amizades nesta combinação podem começar na escola e continuar através da vida. Muitas vezes Câncer-Leão se acha dependente das convicções, sólidas como rocha, de Leão I - e Leão I se vê dependente da ajuda de Câncer-Leão para recarregar suas baterias ocasionalmente. Se sentimentos competitivos surgirem em um objeto de amor comum, esses amigos muitas vezes escolhem ficar juntos, em última instância rejeitando o intruso atraente.

Conselho: *Tente ter mais tempo um para o outro. Mantenha um pouco de distância de suas necessidades profissionais. Não deixe a ambição ficar fora de controle. Certifique-se de que você sabe o que necessita.*

19 a 25 de julho
CÚSPIDE DA OSCILAÇÃO
CÚSPIDE CÂNCER-LEÃO

3 a 10 de agosto
SEMANA DA FORÇA EQUILIBRADA
LEÃO II

Tecendo o tecido

A combinação de Câncer-Leão–Leão II é muito orientada para objetivos, mas os objetivos são em geral internos – isto é, são objetivos do relacionamento em si. Esta é muitas vezes uma questão bastante privativa, com alvos muito determinados. Estranho como possa parecer, como casal esses dois parecerão maiores do que a vida; ocorre que nenhum será capaz de ver exatamente o que espera alcançar – até que eles o vêem eles mesmos. Enquanto os de Câncer-Leão trarão vivacidade e excitação para o par, também podem vir a depender pesadamente da estabilidade, constância e equilíbrio que são a contribuição de Leão II. Na realidade, a estabilidade interior de muitos dos Leão II pode ser tramada no tecido do relacionamento, tornando-se sua força latente. Problemas surgirão, então, caso Leão II sofra depressão: se sua autoconfiança for minada, ele pode entrar em uma queda e desintegrar diante de olhos horrorizados de um parceiro Câncer-Leão dependente.

Casos amorosos aqui podem ser intensos, cheios de momentos excitantes e românticos. Seu nível de energia será difícil de sustentar: Câncer-Leão periodicamente necessita de isolamento, o que pode fazer com que o Leão II se sinta rejeitado, afastando-se, e mostrando sinais de dor ou até paranóia. A rotina diária da vida conjugal proporcionará ao Câncer-Leão uma base mais objetiva de estabilidade e estrutura que ajudará a mantê-los equilibrados. Os nascidos em Leão II são intensamente leais e dedicados, apoiando mais a estabilidade do relacionamento.

Relacionamentos de irmãos entre membros do mesmo sexo podem ser estimulante e provedoras de apoio – amizades também. Mas embora esses dois estejam sempre presentes um para o outro nos momentos de necessidade, suas energias podem colidir quando são forçados a interagir diariamente. Além disso, Leão II pode compreender o que está aborrecendo Câncer-Leão, mas recusar a solidarizar-se. Limitar contato encontrando privacidade e encorajando a independência muitas vezes ajudará a aliviar esses problemas. No trabalho, os nascidos em Câncer-Leão são mais jogadores de equipe que Leão II, individualistas ásperos que gostam de atuar por conta própria; portanto não espere muita cooperação entre eles. Seus objetivos também serão em geral misteriosos para seus colegas de trabalho.

Conselho: *Encontre outras coisas para acreditar além de um no outro. Estabeleça uma base sólida na atividade prática. Quando trabalhando juntos, tente fazer acordos.*

RELACIONAMENTOS

PONTOS FORTES: SOLIDÁRIO, ESTIMULANTE, CONFIÁVEL

PONTOS FRACOS: RETRAÍDO, REJEITADO, INCOMPREENSIVO

MELHOR: AMIZADE

PIOR: TRABALHO

COURTNEY LOVE (8/9/64)
WOODY HARRELSON (23/7/61)

Harrelson e Love foram artistas indicados para o Oscar pelo filme *O Povo Contra Larry Flynt* (1996). Tiveram uma atuação convincente como o sincero editor da revista *Hustler* e sua esposa viciada em drogas, Althea. **Também: Ernest Hemingway & Mata Hari** (suposto caso; escritor/*femme fatale*, espiã).

---

19 a 25 de julho
CÚSPIDE DA OSCILAÇÃO
CÚSPIDE CÂNCER-LEÃO

11 a 18 de agosto
SEMANA DA LIDERANÇA
LEÃO III

Voltando-se para o riso

Problemas podem certamente surgir neste relacionamento, mas sua vivacidade e sua insistência em se divertir, não levando as coisas muito a sério, podem ser suas graças salvadoras. Os dois dependem arduamente de suas forças mentais para atravessarem maus momentos emocionais ou físicos; voltar-se para o riso para ganhar objetividade pode ser difícil para eles como indivíduos. Juntos, no entanto, são capazes de rir deles mesmos e dos outros, muitas vezes satisfazendo-se em trocadilhos irônicos e satíricos.

É improvável que amor, casamento e relacionamentos familiares sejam bem-sucedidos. Câncer-Leão têm um lado sensível que anseia por compreensão, e Leão III está em geral muito ocupado com seu próprio ego e projetos para realmente prestar atenção. Leão III, por sua vez, necessita ser adorado, até reverenciado, e isso nem sempre vai bem com Câncer-Leão, uma vez que eles também desejam ser reis da selva. Os de Câncer-Leão estão aptos para dar as costas quando seus namorados, cônjuges ou pais de Leão III acabam por ignorá-los ou acusá-los de algo. Dito de forma mais simples, os nascidos em Câncer-Leão em geral exigem mais apoio emocional do que os de Leão III estão prontos ou são capazes de dar. É um caso clássico de choque entre o ego e a carência, e para lidar com isso será necessário todo o humor que este relacionamento tem para oferecer.

O sucesso de uma amizade entre esses dois em geral dependerá de quanto tempo e energia eles estão preparados para investir. Se se acharem constantemente decepcionados por compromissos não cumpridos e telefonemas esquecidos, poderiam se dar melhor repensando o relacionamento e tornando-o mais um mero conhecimento ou companheirismo divertido sem qualquer envolvimento pessoal profundo. No trabalho, chefes de Leão III podem esperar um resultado uniformemente alto dos funcionários de Câncer-Leão, em vez de serem confrontados com trabalho errático e imprevisível. Da mesma forma, é provável que os de Câncer-Leão achem seus chefes de Leão III autoritários e não solidários. Caso esses dois sejam colegas de trabalho do mesmo nível, encontrarão as mesmas dificuldades, mas em uma extensão menor, e provocação de jovialidade e zombaria suavizará o humor.

Conselho: *Suavize-se. Controle atitudes de julgamento. Aceite expectativas mais baixas. Aceite a vida como ela é. Tente ser mais atencioso.*

RELACIONAMENTOS

PONTOS FORTES: ATENCIOSO, OBJETIVO, ENGRAÇADO

PONTOS FRACOS: DECEPCIONANTE, DESPÓTICO, DESINTERESSADO

MELHOR: CONHECIDO

PIOR: CASAMENTO

WILLIAM C. DEMILLE (25/7/1878)
CECIL B. DEMILLE (12/8/1881)

William, menos conhecido que seu famoso irmão produtor e diretor, foi originalmente dramaturgo em Nova York e foi para Hollywood seguindo o sucesso inicial do irmão. William dirigiu e produziu por conta própria, se saindo mais ou menos bem e também adaptou suas peças de teatro para outros dirigir, incluindo o irmão Cecil.

RELACIONAMENTOS

PONTOS FORTES: EQUILIBRADO, EFICAZ, SOSSEGADO

PONTOS FRACOS: IRADO, REPRIMIDO, INSTÁVEL

MELHOR: TRABALHO

PIOR: AMOR

ALEXANDRE DUMAS PAI (24/7/1802)
LOLA MONTEZ (25/8/1818)

Dumas, autor de *Os Três Mosqueteiros* (1844), foi o mais prolífico escritor da escola romântica francesa. Teve um breve caso com a provocativa dançarina de teatro Montez, símbolo sexual dominante de sua época. Em 1870 Dumas morreu de sífilis, correndo o rumor de que pegou de Montez. **Também: Bob Dole & Bill Clinton** (adversários políticos em 1996).

---

19 a 25 de julho
CÚSPIDE DA OSCILAÇÃO
CÚSPIDE CÂNCER-LEÃO

19 a 25 de agosto
CÚSPIDE DA EXPOSIÇÃO
CÚSPIDE LEÃO-VIRGEM

Encontrando acordos aceitáveis

O maior desafio que esse relacionamento enfrenta é criar e manter um sentido de equilíbrio. Nenhum parceiro é conhecido pela estabilidade emocional, e o relacionamento exagera o problema de manter as emoções e sobretudo a raiva sob controle. Ademais, as questões do ego são problemáticas aqui. Seja trabalhando juntos, sendo rivais ou ambos, eles necessitarão maximizar seu controle sobre os sentimentos, não apenas para que possam ser vistos sob uma luz melhor, mas também para aumentarem sua eficácia quando combatendo nos domínios do amor, negócios, família ou vida social.

Esta combinação pode ser desequilibrada demais para durar muito no amor e no casamento. Tentar equilibrar os extremos será um processo doloroso, uma batalha sob o fogo cerrado das emoções fugidias. Da mesma forma que o relacionamento amplifica as instabilidades, no entanto, ele pode aumentar as chances de reconciliar os extremos e encontrar conciliação aceitável. Para o bem ou para o mal, esses relacionamentos são desafiadores, voltados para o ego e altamente emocionais. Muitas vezes, também são recompensadores.

Nas amizades, dependendo de seu humor os nascidos em Câncer-Leão serão alternadamente gratificados e amedrontados pelo lado ousado e extrovertido de Leão-Virgem. Podem também achar que, quando estão desanimados ou deprimidos, Leão-Virgem, que está sempre ocupado com os próprios sentimentos, pode não ter tempo ou solidariedade para lidar com ele. Essas amizades se beneficiarão dos laços sociais com outros amigos, casais e membros da família.

Na família e no trabalho, a presença de um controle social embutido e uma estrutura organizacional dará a esse par mais estabilidade. As animosidades pessoais e pequenas irritações deviam ser mantidas sob controle ou eliminadas, pelo menos na presença de outras pessoas. Se esses parceiros suprimirem ou esquecerem as diferenças de opinião, no entanto, raiva e outros sentimentos destrutivos inevitavelmente surgirão mais tarde. Talvez a melhor política aqui seja uma honestidade objetiva, onde as opiniões sejam expressas educadamente e em particular, sem exageros ou indiretas emocionais.

Conselho: *Encontre o meio termo. Controle as emoções sem suprimi-las. Guie os sentimentos em uma direção saudável. Tente ser o mais honesto possível.*

RELACIONAMENTOS

PONTOS FORTES: ATENCIOSO, CONSERVADOR, RESISTENTE

PONTOS FRACOS: MEDROSO, INIBIDOR, DEPRIMIDO

MELHOR: AMIZADE

PIOR: CASAMENTO

JIMMY CONNORS (2/9/52)
ILIE NASTASE (19/7/46)

Nastase e Connors foram 2 dos tenistas que mais agradaram o público no início dos anos 1970. Foram também *bad boys* da corte, de sangue quente e briguentos. Jogaram um com o outro com freqüência. Em 1972 e 1973 Nastase chegou a ser o número 1, e Connors, o número 3. De 1974 a 1978, Connors foi número 1, e Nastase desceu alguns pontos no ranking.

---

19 a 25 de julho
CÚSPIDE DA OSCILAÇÃO
CÚSPIDE CÂNCER-LEÃO

26 de agosto a 2 de setembro
SEMANA DOS CONSTRUTORES DE SISTEMAS
VIRGEM I

Delicada dualidade

Este relacionamento pode flutuar amplamente em humor, sendo ora condescendente, ora cheio do que pode melhor ser descrito como um tipo de indignação moral. Ambas essas posições são limitadas, uma vez que uma delas representa muito pouco julgamento, e outra, julgamento demais. Também constituem uma dualidade que impõe preocupação. Esses dois fariam melhor se percebessem que a verdade está no caminho do meio, e a buscassem lá. Outro problema aqui é que, embora Virgem I possa fornecer a Câncer-Leão a estabilidade necessária, ele também tende a ser duro consigo mesmo. Suas depressões exigirão atenção. Em vez disso, uma dinâmica às vezes emerge na qual o exigente e constantemente movimentado Câncer-Leão empurra Virgem I para uma espiral descendente, enquanto ele próprio se sente oprimido pelo talento que Virgem tem para sistemas. O desafio do relacionamento é minimizar as dependências enquanto se descobrem possíveis energias e um sentido de liberdade é expresso por completo. O equilíbrio mais delicado pode estar simplesmente na aceitação.

Nos relacionamentos românticos, Virgem I pode achar excitantes os extremos da energia de Câncer-Leão, mas difíceis de aceitar e muito menos controlar. Virgem I pode ter aqui um efeito de canalização de energias, mas Câncer-Leão não gosta e fica enfadado com a previsibilidade, e pode cansar dessa influência realmente benéfica. Em vez de reclamar quando as coisas não vão como desejam, esses parceiros terão que aprender a aceitar o bem com o mal.

Os casamentos e relacionamentos profissionais aqui tendem a ser tanto supercuidadosos ou superdescontraídos. Às vezes há um esforço para compensar as dificuldades imaginadas mas esperadas enquanto se toleram áreas problemáticas mais concretas. Isso pode produzir uma atitude conservadora, mesmo temível, que embota a iniciativa e não permite que o relacionamento tenha sucesso, tornado-se uma profecia que se cumpriu. Esse problema não mina a estabilidade do relacionamento, no entanto, e pode de fato garantir sua longevidade. As amizades e os relacionamentos familiares estão com freqüência entremeados, pois os irmãos e seus amigos podem formar grupos estáveis com Câncer-Leão e Virgem I. Com freqüência surgido durante os anos escolares, tais relacionamentos podem fornecer prazer confiável e duradouro na idade adulta tardia. Câncer I e Leão-Virgem aceitam mais um ao outro aqui do que em outros tipos de relacionamento.

Conselho: *Tente aceitar o pacote todo. As profecias que se cumprem podem garantir o fracasso. Empregue visualizações positivas. Reclamações podem desperdiçar energia.*

19 a 25 de julho
CÚSPIDE DA OSCILAÇÃO
CÚSPIDE CÂNCER-LEÃO

3 a 10 de setembro
SEMANA DO ENIGMA
VIRGEM II

Alimentando a chama

Aqui está um relacionamento impetuoso, cheio de paixão e excitação que faz da vida uma aventura romântica. A grande necessidade aqui é um dos parceiros, ou mesmo o relacionamento em si, fornecer uma direção firme que levará o casal para um nível mais elevado. Os dois parceiros são capazes de assumir seu papel, mas em vários casos ele é preenchido pela orientação social, profissional ou religiosa do relacionamento como um todo. A ambição é forte nesse relacionamento. Os parceiros podem sacrificar suas necessidades pessoais pela ambição, e na verdade ela ameaça o relacionamento em si.

Os casos amorosos entre Câncer-Leão e Virgem II podem começar com sentimentos românticos poderosos, mas não penetram facilmente nas emoções mais profundas dos parceiros. Como resultado, o combustível que alimentaria o fogo pode ser fornecido limitadamente, e o envolvimento pode rapidamente acabar. Os casamentos são uma estória diferente, pois uma das orientações que o relacionamento em si pode fornecer em geral surge para estabelecer uma fundação sólida. A ambição nesse caso pode ser refletida na alta prioridade em geral dada à carreira de um dos parceiros, provavelmente aquele com mais probabilidade de atingir o sucesso. Como pais, esses dois podem ser extremamente cuidadosos para não pressionarem seus filhos sem misericórdia, querendo fazê-los satisfazer as ambições dos pais.

Embora os membros da família muitas vezes busquem suas próprias carreiras, eles manterão contato íntimo um com o outro nos assuntos profissionais. A família mesma pode fornecer as bases fortes e o elemento de liderança do qual seus membros dependem. Câncer-Leão e Virgem II muitas vezes podem se sentir muito orgulhosos com as realizações profissionais da família, e sentir que têm que atender a seus padrões de sucesso. Os colegas de trabalho de Câncer-Leão e Virgem II muitas vezes têm uma conexão familiar, e vice-versa.

Amizades nesta combinação podem ser inspiradoras e competitivas. Conseguir o melhor de si com freqüência torna-se o foco principal da relação.

Conselho: *Você pode ser seu pior inimigo. Cuidado com a ambição cega. Impulsos de poder podem se voltar contra você mesmo. Crie espaço para a espiritualidade em sua vida.*

RELACIONAMENTOS

PONTOS FORTES: DIRETO, IMPETUOSO, MEMORÁVEL

PONTOS FRACOS: SUPERAMBICIOSO, INCONSCIENTE, AUTODESTRUTIVO

MELHOR: CASAMENTO

PIOR: AMOR

ROSE KENNEDY (22/7/1890)
JOSEPH KENNEDY (6/9/1888)

Rose e Joseph se casaram em 1914. Ela era filha de um prefeito de Boston. Joseph, filho de um taberneiro de Boston, se tornou milionário com o próprio esforço. Tinham grandes ambições para os 9 filhos. Mas a tragédia os perseguiu: perderam um filho em combate, outro em um acidente aéreo e 2 por assassinato político. **Também: Etienne Decroux & Jean Louis Barrault** (instrutor/mímico).

---

19 a 25 de julho
CÚSPIDE DA OSCILAÇÃO
CÚSPIDE CÂNCER-LEÃO

11 a 18 de setembro
SEMANA DO LITERAL
VIRGEM III

Vendo o outro ponto de vista

O principal desafio desse relacionamento será se os parceiros podem ser sensíveis o suficiente com as necessidades mútuas. A falta de sensibilidade pode despertar conflitos tremendos, e às vezes pode ameaçar acabar com o relacionamento. Atitudes críticas e de rejeição de Virgem III podem despertar ressentimentos e antagonismos em Câncer-Leão. Virgem III, por sua vez, pode ser desconcertado pela inclinação de Câncer-Leão para expressar suas emoções publicamente, e por sua falta de sensibilidade para com as necessidades de privacidade e discrição do parceiro. Grande cuidado deve ser tomado para reconhecer o ponto de vista do parceiro e tratá-lo com respeito.

É provável que os casos amorosos aqui estejam no lado da despreocupação. Como enamorados esses dois raramente tapeiam um ao outro sobre a natureza do romance, que eles podem ver como agradável mas na realidade talvez uma ilusão no fim. O relacionamento em geral não se dá todo no âmbito emocional, tendendo a contrair-se e proteger suas vulnerabilidades.

Os casamentos e os relacionamentos profissionais podem produzir tanto praticidade quanto exuberância. Tanto Virgem III quanto Câncer-Leão não são estranhos à estrutura e trabalham bem dentro das organizações. Como jogadores em um time, eles tendem a preservar o bem do grupo, mas apenas até um certo ponto, pois, de forma ciumenta, guardam seus próprios interesses. O idealismo e a fé são limitados nesse par, e o limite é em geral atingido quando qualquer indivíduo sentir que tira vantagem ou assume uma posição de compromisso. As lutas pelo poder são com muita freqüência o resultado.

Na família, os pais de Virgem III nem sempre se solidarizam o suficiente com as necessidades de aprovação de seus filhos. Eles podem também ser brutalmente honestos, deixando seus filhos saberem imediatamente quando seu comportamento não está adequado. Mesmo quando muito jovem, Virgem III possui padrões de comportamento razoável e constante que os pais de Câncer-Leão podem achar inatingíveis. Os irmãos de Câncer-Leão e Virgem III que são supersensíveis um com outro esgotarão a paciência da família com seus resmungos e sarcasmo.

Conselho: *Mostre maior sensibilidade e respeito. Não se retraia diante do amor. Cuidado como você afeta os outros. Realismo demais pode tirar a graça da vida.*

RELACIONAMENTOS

PONTOS FORTES: ORIENTADO PARA EQUIPE, PRÁTICO, ESTRUTURADO

PONTOS FRACOS: EGOÍSTA, SENSÍVEL DEMAIS, DESRESPEITOSO

MELHOR: TRABALHO

PIOR: FAMÍLIA

JASON ROBARDS, JR. (22/7/22)
LAUREN BACALL (16/9/24)

O casamento de 1961-1969 de Bacall e Robards foi o segundo dela (depois de Bogart) e o terceiro dele. Eram conhecidos por ser altamente incompatíveis. Durante este período Bacall largou o cinema e voltou aos palcos. Robards continuou a trabalhar em ambos os locais. Em 1961 tiveram um filho. **Também: William DeMille & Agnes DeMille** (pai/filha; dramaturgo/coreógrafa).

| RELACIONAMENTOS |

PONTOS FORTES: DIVERTIDO, EXCITANTE, DESAFIADOR

PONTOS FRACOS: SUPERFICIAL, SENSACIONALISTA, ESCAPISTA

MELHOR: TRABALHO

PIOR: CASAMENTO

F. SCOTT FITZGERALD (24/9/1896)
ZELDA SAYRE (24/7/1900)

A escritora Sayre foi sobrepujada por Fitzgerald. Casaram-se em 1920. Muito da vida dele girava em torno dela, provavelmente em prejuízo de seu trabalho. No final dos anos 1920, ele havia se tornado alcoólatra, ao passo que ela foi diagnosticada esquizofrênica. O casal viveu separado nos anos 1930. Ela ficou mentalmente insana; ele voltou a escrever até a morte, em 1940. **Também: George McGovern & Thomas Eagleton** (companheiros concorrentes à presidência).

19 a 25 de julho
CÚSPIDE DA OSCILAÇÃO
CÚSPIDE CÂNCER-LEÃO

19 a 24 de setembro
CÚSPIDE DA BELEZA
CÚSPIDE VIRGEM-LIBRA

Encontrando o lado escuro

Quanto mais esses parceiros tentam esconder o lado menos favorável de seu relacionamento, mais ele tende a aparecer. Juntos eles têm um problema em lidar com o infortúnio, a dor e a perda. Contanto que as coisas caminhem bem, o mundo é um lugar cor-de-rosa; mas quando as dificuldades surgem, podem estar extraordinariamente despreparados para lidar com elas. Há uma tendência aqui a ignorar questões dolorosas e amofiná-las em um poço de repressão. O principal desafio do relacionamento, e talvez seu foco central, é enfrentar as dificuldades de frente, reconhecendo que a vida de fato tem um lado escuro que deve ser encontrado, tratado e integrado no quadro total.

Os casos amorosos entre Câncer-Leão e Virgem-Libra podem ser excitantes mas extremamente instáveis. Uma fome por sensação de todos os tipos os leva para direções cada vez mais novas, experiências ainda mais estimulantes. Quando os limites extremamente altos de excitação não podem mais ser mantidos, é provável que o relacionamento caia em depressão profunda. Os parceiros devem aprender a não usar o mundo da experiência para escapar, e tirar o máximo da situação antes de correr para a próxima atração. O casamento não é recomendado para esse casal a menos que possam juntos equilibrar sua vida juntos construindo uma base estável para o relacionamento e permanecendo nele. A responsabilidade aumentada, incluindo filhos, pode ajudar nesse processo, mas não devia ser assumida levianamente.

Os relacionamentos entre irmãos e as amizades nessa combinação são muitas vezes orientadas para a diversão e as experiências excitantes. Tais relacionamentos podem exibir imaturidade e irresponsabilidade na infância e manter-se assim até o começo da fase adulta. Crescer é um verdadeiro problema aqui – o fator realidade é baixo. Nos negócios, Câncer-Leão e Libra-Virgem podem ser empreendedores efetivos, sobretudo quando o gosto e o julgamento de Libra-Virgem são autorizados a combinarem-se com a liderança e a inovação de Câncer-Leão.

Conselho: *Ações responsáveis também podem ser envolventes. A vida nem sempre é um mar de rosas. Enfrente seu lado sombra e aceite-o. A dor é muitas vezes necessária para se obter o progresso.*

| RELACIONAMENTOS |

PONTOS FORTES: OTIMISTA, CUIDADOSO, ESPIRITUAL

PONTOS FRACOS: FORA DO CHÃO, CONFIANTE DEMAIS, DEPRESSIVO

MELHOR: AMIZADE

PIOR: AMOR

THOMAS HUNT MORGAN (25/9/1866)
GREGOR MENDEL (22/7/1822)

Mendel, um monge austríaco, descobriu as leis da hereditariedade e sugeriu a existência dos genes. Mais tarde, o zoólogo americano, Morgan avançou o trabalho de Mendel no campo da genética, pelo qual recebeu o Prêmio Nobel no campo da fisiologia em 1933. **Também: Robin Williams & Christopher Reeve** (amigos; atores).

19 a 25 de julho
CÚSPIDE DA OSCILAÇÃO
CÚSPIDE CÂNCER-LEÃO

25 de setembro a 2 de outubro
SEMANA DO PERFECCIONISTA
LIBRA I

Nunca um momento entediante

Este relacionamento é definitivamente "alto astral". Seu foco pode ser imaterial – talvez um interesse na Nova Era ou em assuntos espirituais – e como resultado raramente se sentirá "aterrado"; esses parceiros podem apenas ter que se reconciliar com a idéia de que nunca foram incluídas a estabilidade e a praticidade nesse relacionamento. A questão é: eles podem lidar com o relacionamento sem perder o controle dele? Nenhuma dessas personalidades é a mais firmemente enraizada. Ambos gostam de excitação, e ambos estão propensos a se tornar esmagados quando confrontados com emoções extremas. Finalmente, a crítica de Libra I pode ter efeito perturbador sobre Câncer-Leão e as oscilações de humor deste último podem acabar sendo demais para Libra I.

Os casos amorosos nessa combinação podem ser passionais mas cheios de agitação. Libra I gostará da intensidade da emoção aqui, mas provavelmente também a considerará interferência em seu trabalho. Câncer-Leão pode descobrir todo romance que sempre desejou, mas terá problemas agarrando-se a seus parceiros atraentes. Ambos os parceiros terão sentimentos ambivalentes nesse relacionamento. Os casamentos não serão monótonos, mas aptos a revelar os lados depressivos de ambas as personalidades, sobretudo quando a falta de interesse e a insensibilidade levantarem suas cabeças horríveis.

Como amigos, Câncer-Leão e Libra I muitas vezes compartilham um laço espiritual profundo que pode ajudá-los a superar qualquer dificuldade que encontrem em outras áreas de suas vidas. Sua abertura mútua os apóia no exame dos problemas tanto dentro como além de seu relacionamento, e o conselho que dão um ao outro para lidarem com essas questões é em geral perfeito. Na família, também, os relacionamentos entre pais e filhos nessa combinação podem ser mutuamente receptivos e cuidadosos.

No trabalho, esse casal pode compor uma dupla importante, sobretudo no nível executivo. As forças de liderança de Câncer-Leão e a precisão e capacidade técnica de Libra I podem ser uma combinação altamente efetiva. Ambos os parceiros devem encontrar as próprias forças em vez de se intrometerem nas de seu parceiro. Ambos também deviam procurar conselho financeiro em um terceiro colega, pois Libra I muitas vezes tem uma confiança infundada em suas habilidades com dinheiro.

Conselho: *Cultive os interesses práticos. Encontre uma base sólida para sua vida. Adquira capacidade nos assuntos financeiros. Cuidado para não achar que sabe mais do que de fato sabe.*

19 a 25 de julho
CÚSPIDE DA OSCILAÇÃO
CÚSPIDE CÂNCER-LEÃO

3 a 10 de outubro
SEMANA DA SOCIEDADE
LIBRA II

Atitudes estabilizadoras

Esta combinação pode atingir um tipo curioso de estabilidade. Com freqüência, ela enfoca a construção de uma estrutura adaptável que pode dar-lhe definição e apoio, e essa tendência se espalhará para outras áreas da vida dos parceiros, para que, por fim, encontrem-se bem harmonizados. Deve-se tomar cuidado, no entanto, para não seguir com rigidez excessiva as estruturas que são criadas. Esses dois devem também trabalhar a avaliação e aprender a desligar-se do que não está funcionando. Muitas vezes Câncer-Leão não possui uma visão clara dele mesmo, e a capacidade psicológica de Libra II pode acabar sendo muito útil aqui; inversamente, Libra II pode se beneficiar do exemplo da ambição de Câncer-Leão, que pode inspirá-lo a levar adiante suas próprias aspirações profissionais. Esses dois possuem efeitos práticos e estabilizadores mútuos.

No amor e no casamento, Câncer-Leão e Libra II podem agradar bem um ao outro no nível físico, expressando afeição com facilidade. No entanto, a verdadeira empatia pode não surgir entre eles, e mesmo se um deles entender o que está aborrecendo o outro, não há garantia de que sejam solidário. Ambos os parceiros têm suas próprias idéias sobre o comportamento humano, e seu relacionamento promove muita individualidade. Quando surgem desentendimentos sobre estilo de vida, como evidentemente acontece, Libra II é em geral aquele cujo conselho deve ser seguido nos assuntos sociais, enquanto Câncer-Leão percebe melhor o que se refere à carreira. Os casamentos nessa combinação podem atrair indivíduos carentes procurando direção e afeição, motivo que, por vezes, pode causar problemas.

As amizades podem enfrentar problemas para estabelecer constância e construir uma conexão sadia. Comportamentos impostos podem não ser bem-vindos aqui, preferindo os parceiros serem livres e afáveis, e reconhecendo poucas normas ou responsabilidades. Laços mais casuais em geral são preferíveis a amizades profundas. Membros da família nessa combinação com freqüência trabalham para ampliar a estabilidade desse grupo, sobretudo para controlar os conflitos. Parentes mais distantes raramente perdem de todo o contato um com o outro, e podem estreitar os laços se desejarem. Colegas de trabalho podem funcionar bem contanto que seus papéis sejam bem definidos e os limites não sejam ultrapassados.

Conselho: *Toque as bases emocionalmente. Lute pela empatia assim como pelo entendimento. Veja o todo e não apenas a parte. Ignore as irritações menores. Proteja o que tem.*

RELACIONAMENTOS

PONTOS FORTES: ESTRUTURADO, PRÁTICO, INSPIRACIONAL

PONTOS FRACOS: RÍGIDO, INCOMPREENSIVO, DISCORDANTE

MELHOR: FAMÍLIA

PIOR: AMIZADE

SUSAN SARANDON (4/10/46)
CHRIS SARANDON (24/7/42)

Os Sarandon se conheceram quando Chris era um ambicioso ator e Susan estudante em uma universidade inglesa. Logo ela mudou para a arte dramática. Casaram-se em 1969 e se mudaram para Nova York. Ao acompanhá-lo em uma audição ela descolou seu primeiro papel no cinema, em *Joe* (1970). A carreira dos dois decolou nos anos 1970. Divorciaram-se em 1979.

---

19 a 25 de julho
CÚSPIDE DA OSCILAÇÃO
CÚSPIDE CÂNCER-LEÃO

11 a 18 de outubro
CÚSPIDE DO TEATRO
LIBRA III

Investigações introspectivas

Esse relacionamento sério pode levar seus parceiros a querer ficar isolados juntos. Câncer-Leão e Libra III se sentem muito à vontade quando estão em evidência, mas seu relacionamento aumenta seu lado mais sensível e recluso. Câncer-Leão em geral terá feito da investigação introspectiva uma parte importante de sua vida muito cedo, mas isso pode ser a primeira chance que Libra III teve de um encontro sério com essa parte de si mesmo. Os problemas podem surgir se vier a se ressentir de que o relacionamento o fez lidar indevidamente com os problemas emocionais de outra pessoa muito de perto. Câncer-Leão, por sua vez, pode se sentir rejeitado pela falta de interesse de Libra III e ficar deprimido; isso apenas fará Libra III se sentir mal compreendido e isolado, fechando ambos os parceiros em um ciclo de alienação. Muito tempo e paciência terão que ser investidos nesse relacionamento para uni-los.

Tanto Câncer-Leão quanto Libra III tendem a ter lados masculinos e femininos fortemente equilibrados. Isso não apenas faz qualquer tipo de relacionamento possível entre eles mas também se torna um traço de qualquer relacionamento que acabem tendo. Um equilíbrio extraordinário é possível aqui. As amizades, os casamentos e os casos amorosos parecem de natureza surpreendentemente privativa, considerando a visão de mundo dos nascidos em Câncer-Leão e Libra III como sendo de pessoas extrovertidas. Se esses dois viverem juntos, seu espaço pode ser um paraíso de segurança e um bastião contra as intrusões do mundo de fora. Seu relacionamento guardará o ciúme de sua privacidade, e não admitirá intrusão facilmente.

Os membros da família de Câncer-Leão e Libra III, sobretudo os irmãos, podem viver em seu pequeno mundo, com dramas atuados diariamente e a fantasia no papel principal. Tais relacionamentos, sobretudo as combinações entre irmão e irmã, com freqüência ultrapassam a infância e podem continuar a ser íntimas por toda a vida. Após o trabalho, os colegas nessa combinação podem freqüentar lugares favoritos onde possam se divertir sozinhos, e longe da vigilância de um chefe ou supervisor.

Conselho: *Investigue profundamente mas lembre-se de vir à tona para respirar. Não exclua os outros. Preserve a privacidade mas tenha cuidado com o isolamento. Mantenha os sentimentos sob controle.*

RELACIONAMENTOS

PONTOS FORTES: FANTASIOSO, INTROSPECTIVO, PRIVADO

PONTOS FRACOS: ISOLADO, INCOMPREENDIDO, ALIENADO

MELHOR: AMOR

PIOR: TRABALHO

ROBIN WILLIAMS (21/7/52)
PAM DAWBER (18/10/51)

Williams e Dawber foram perfeitos no programa de tevê *Mark & Mindy* (1978-82). O humorista Williams fazia o papel de um alienígena proscrito de outro planeta e era um contraste perfeito com a retidão americana Dawber. Finalmente o casal fictício se apaixonou, tornando crível seu superior trabalho em equipe como atores. **Também: Charles Weidman & Doris Humphrey** (parceiros da dança moderna).

543

| RELACIONAMENTOS |

PONTOS FORTES: TRABALHADOR, SENSUAL, PERSPICAZ

PONTOS FRACOS: VICIADO, AUTODESTRUTIVO, CAÓTICO

MELHOR: IRMÃOS

PIOR: CASAMENTO

JOSEPH ROISMAN (25/7/08)
ALEXANDER SCHNEIDER (21/10/08)

Roisman e Schneider foram primeiro e segundo violinistas do Quarteto de Cordas de Budapeste. Ambos abandonaram a carreira de solistas para juntar-se ao Quarteto e torná-lo um dos maiores de todos os tempos, sobretudo por suas execuções de Beethoven. Os violinistas formavam um par musical extremamente compatível.

19 a 25 de julho
CÚSPIDE DA OSCILAÇÃO
CÚSPIDE CÂNCER-LEÃO

19 a 25 de outubro
CÚSPIDE DO DRAMA E DA CRÍTICA
CÚSPIDE LIBRA-ESCORPIÃO

Vulnerável a tentações

Muitos elementos surpreendentes e misteriosos surgem nesse relacionamento. Com freqüência altamente discriminatório e sensual, ele enfatiza a perícia ou a virtuosidade. Também tem tensões: cada parceiro tem um ponto de vista distinto e diferente, e o relacionamento pode exacerbar suas tendências ao hábito e ao vício, refletindo uma propensão ao excesso e aos comportamentos extremos. Por Câncer-Leão e Libra-Escorpião estarem em quadratura com relação um ao outro no zodíaco (90º de distância), a astrologia prevê atritos e dificuldades.

A fuga pode se tornar um tema principal de casos amorosos, casamentos e amizades. Embora vívida e volátil, essa combinação não é das mais estáveis, e os parceiros são propensos a encontrar segurança no vício por sexo e amor ou no álcool ou ainda em outras drogas viciantes. Uma vez que o comportamento extremado vem naturalmente neste relacionamento, ele é sobretudo vulnerável a tais tentações. A complexidade emocional e a volatilidade são freqüentes na interação diária em todos os relacionamentos interpessoais. O humor de Câncer-Leão oscila e as instabilidades emocionais de Libra-Escorpião podem ser temporariamente amainadas nos colapsos que seguem as bebedeiras, mas certamente aparecerão novamente, forçando a uma recorrência do ciclo. Há aqui o perigo de uma descida vertiginosa, no fim da qual ambos os parceiros são deixados exaustos e o relacionamento, cambaleante.

A estrutura da família ou da empresa pode ajudar os irmãos e colegas de trabalho a manter a estabilidade. Aqui espera-se que esses dois compartilhem seu prazer em vinhos finos, arte, música, especialidades técnicas e similares. Nas situações cotidianas, a presença de um pai ou patrão manterá sob controle as tendências mais extremas do relacionamento. Sob os olhos zelosos de tal autoridade, os irmãos ou colegas de trabalho com freqüência se afastam em um modo reservado, desenvolvendo formas altamente pessoais de comunicação não rapidamente entendidas pelos outros. Na melhor das hipóteses, tais parceiros podem ser trabalhadores obstinados e úteis ao seu grupo.

Conselho: *Fuga não é a resposta. Enfrente suas dificuldades. Use sua inteligência e força de vontade. Não se torne sua própria vítima.*

| RELACIONAMENTOS |

PONTOS FORTES: EXCITANTE, VÍVIDO, AVENTUREIRO

PONTOS FRACOS: AMBIVALENTE, INCOMPATÍVEL, DESORIENTADO

MELHOR: TRABALHO

PIOR: AMIZADE

ERNEST HEMINGWAY (21/7/1899)
EZRA POUND (30/10/1885)

Hemingway foi para a França em 1921 e se tornou parte de um grupo de escritores americanos expatriados, entre os quais o erudito poeta Pound, que se interessou pelos escritos de Hemingway. Pound o estimulou a cortar adjetivos e advérbios. **Também: Harry Cohn & Jack Cohn** (irmãos; fundaram a Columbia Pictures); **Woody Harrelson & Larry Flynt** (representação no cinema).

19 a 25 de julho
CÚSPIDE DA OSCILAÇÃO
CÚSPIDE CÂNCER-LEÃO

26 de outubro a 2 de novembro
SEMANA DA INTENSIDADE
ESCORPIÃO I

Sentimentos ambivalentes

Esse relacionamento promoverá a imaginação e a aventura. Embora esses dois tenham talento para planejar esquemas juntos, em geral têm modos diferentes de implementar suas idéias. Após a fase inicial e criativa de um projeto, podem entrar em conflito nas etapas seguintes. Escorpião I tem uma sede para grandes proezas que é estimulada por Câncer-Leão, e muitas vezes admira a capacidade de Câncer-Leão para colocar o medo de lado e ir atrás do que deseja. Ao mesmo tempo, no entanto, são legais e clientes cuidadosos e podem achar esse parceiro um pouco ousado e impaciente. Câncer-Leão valorizará o controle e a meticulosidade de Escorpião I mas pode ficar muito impaciente com o tempo que em geral demora para planejar seu próximo passo. Os sentimentos ambivalentes como esses são comuns aqui; os parceiros raramente estão confortáveis com as formas de proceder um do outro.

Os casos amorosos acentuam esta ambivalência. Escorpião I pode atrair Câncer-Leão como um ímã, despertando paixões que buscam satisfação imediata. Eles mesmos, no entanto, são muito mais calmos, e preferem esperar até que tenham certeza de seus sentimentos. Então, uma vez que se comprometam, exigem uma intensidade no relacionamento que com o tempo Câncer-Leão é muitas vezes incapaz de sustentar. As diferenças agudas no temperamento são excitantes a curto prazo mas podem miná-lo com o tempo.

Os casamentos e as amizades podem ser construídas em virtude de uma viagem e uma aventura. Escorpião I gostará de ser arrebatado por um parceiro de Câncer-Leão para lugares exóticos e de beleza natural. O movimento físico ou a exploração curiosa é central aqui, sobretudo quando envolve um elemento de perigo. Escorpião I pode de vez em quando desaprovar os motivos de Câncer-Leão e achar que o relacionamento é algo superficial, mas, por fim, ele o beneficia, encorajando-o a se expressar nitidamente. Os relacionamentos de trabalho nessa combinação podem funcionar bem se o casal for parte de um esforço maior da equipe que dirige suas energias, exigindo cooperação e limitando algumas diferenças emocionais. Como membros da família, sobretudo nas combinações entre pais e filhos, os pais de Escorpião I guiarão com cuidado as energias mais obstinadas de seus filhos de Câncer-Leão e trabalharão para equilibrar suas oscilações de humor.

Conselho: *Exercite sua paciência. Faça planos com cuidado, executndo-os decisivamente e sem reservas. Trabalhe com uma equipe quando possível. Concilie as diferenças.*

19 a 25 de julho
CÚSPIDE DA OSCILAÇÃO
CÚSPIDE CÂNCER-LEÃO

3 a 11 de novembro
SEMANA DA PROFUNDIDADE
ESCORPIÃO II

O aqui e agora

Este é um relacionamento prático no qual espera-se que os parceiros vivam de acordo com obrigações bem definidas. Literal, firmemente estabelecida no aqui e agora (esta é em grande parte a influência de Escorpião II) e tomada de um ar de autoconfiança, é uma associação positiva, cujos parceiros têm um lado introvertido e inseguro. Uma palavra de cautela: uma vez que tudo é entendido tão literalmente aqui, cada qual deve ser cuidadoso com o que diz. Câncer-Leão e Escorpião são muito sensíveis ao desrespeito, e podem considerar de forma errada o comentário mais casual. A estabilidade do relacionamento é benéfica para os nascidos em Câncer-Leão, em caso contrário bastante agitados, que apreciarão a oportunidade disponível aqui para realizar o trabalho e ser produtivo. Mas se Escorpião II se sentir esgotado pela pressão de manter seu parceiro equilibrado, eles podem vir a se ressentir do relacionamento como um dreno de energia.

Nos casos amorosos e casamentos, ambos os parceiros tendem a ser fiéis e manter-se juntos. Se o relacionamento estiver indo mal, provavelmente será o Escorpião II que sofrerá mais – é ossível que os nascidos em Câncer-Leão levem uma vida dupla e busquem afeição em outro lugar. Crianças, dificuldades financeiras e propriedade de casa podem pressionar ambos os parceiros a ficarem juntos não importando o que ocorra. Recriminações mútuas e discussões sobre dinheiro são características em momentos de estresse. Se todas as possíveis soluções para os problemas do relacionamento fracassarem, os parceiros fariam melhor se considerassem desistir dele.

Amizades muitas vezes obedecem a um rígido conjunto de leis não escritas, cuja transgressão pode afastar o par um do outro. Há aqui uma expectativa de honestidade e tratamento justo, não somente entre os parceiros: das outras pessoas que fazem promessas para esta dupla será esperado que mantenham à risca sua palavra.

Pares de irmãos aqui podem ser intensamente rivais, sobretudo quando são do mesmo sexo. Escorpião II pode ser vingativo, e Câncer-Leão, implacável. Colegas de trabalho Câncer-Leão–Escorpião II se saem melhor com cargas de trabalho regulares e poucas surpresas; como parceiros em negócios e empresários eles muitas vezes discordam sobre a direção que seus empreendimentos deveriam tomar e como o capital deveria ser gasto.

Conselho: *Expectativas podem ser muito altas. Lealdade é admirável; masoquismo não é. Faça o melhor em tudo mas saiba parar. Alegre-se.*

RELACIONAMENTOS

PONTOS FORTES: PRÁTICO, LEAL, RESPONSÁVEL

PONTOS FRACOS: INFLEXÍVEL, ESTRESSADO, RANCOROSO

MELHOR: CASAMENTO

PIOR: FAMÍLIA

SARGENT SHRIVER (9/11/15)
GEORGE MCGOVERN (19/7/22)

Na campanha presidencial de 1972, McGovern foi pressionado a desistir de sua escolha original para concorrer como companheiro de chapa, o senador Thomas Eagleton. Depois de estudar suas alternativas, McGovern escolheu Shriver – cunhado de Kennedy, diretor do Corpo de Paz e tradicional democrata liberal como candidato à vice-presidência. McGovern e Shriver perderam a eleição para Nixon e Agnew.

---

19 a 25 de julho
CÚSPIDE DA OSCILAÇÃO
CÚSPIDE CÂNCER-LEÃO

12 a 18 de novembro
SEMANA DO ENCANTO
ESCORPIÃO III

Preservando energias jovens

A dinâmica entre Câncer-Leão e Escorpião III é complexa. Embora muito diferentes em temperamento, esses parceiros podem formar uma combinação profissional efetiva, sobretudo quando inovando e desenvolvendo novos projetos. Onde os nascidos em Câncer-Leão estão muitas vezes prontos a arriscarem-se (ou gostariam de estar), os de Escorpião III raramente se aventuram no que poderia ameaçar sua segurança. Essas atitudes podem complementar um ao outro no local de trabalho, dando ao Câncer-Leão a segurança de que ele necessita e a Escorpião III, um empurrão. Tais combinações de atitudes mais radicais e mais conservadoras podem se unir para formar um relacionamento que tem ambição e impulso mas também sabe quando recuar e esperar. O reverso pode vir quando um dos impulsos predomina, enfraquecendo o relacionamento pela produção de revezamento entre temeridade e cautela, ou luta por poder entre as duas direções.

Casos amorosos de Câncer-Leão–Escorpião III podem começar como uma casa em chamas, depois rapidamente queimar por completo. Caso tais relacionamentos prematuramente avancem para o casamento, há a possibilidade de combate aberto entre um Câncer-Leão mais agressivo e um Escorpião III mais defensivo, mas por fim retaliador. Amizades nesta combinação são excitantes no início, os parceiros muitas vezes ficando fascinados com as abordagens diferentes que cada um tem para a vida, e um para com o outro em geral. Mais tarde, após terem compartilhado muitas experiências, também começarão a perceber que na realidade têm muito em comum. Em todos esses tipos de relacionamento, Câncer-Leão e Escorpião III nunca deveriam queimar etapas no início, e mais tarde deveriam trabalhar para preservar e fortalecer a energia inocente e jovem na qual seus laços foram concebidos.

Na família e no trabalho, os nascidos em Escorpião III são melhores pais e chefes para Câncer-Leão do que ao contrário. Embora os de Câncer-Leão sejam jogadores de equipe que se dão bem em esforços de grupo, como pais e chefes eles podem não ser estáveis ou fortes o suficiente para lidar com a prole ou funcionários de Escorpião III.

Conselho: *Não tão rápido. Faça o amor durar. Você pode queimar como um meteoro. Valorize suas diferenças e deixe que elas enriqueçam sua vida.*

RELACIONAMENTOS

PONTOS FORTES: FASCINANTE, INOVADOR, COMPLEMENTAR

PONTOS FRACOS: PRECIPITADO, EXTREMISTA, DIFERENTE

MELHOR: TRABALHO

PIOR: AMOR

ROBIN WILLIAMS (21/7/52)
WHOOPI GOLDBERG (13/11/49)

Comediantes e amigos por muitos anos, Williams e Goldberg juntam-se anualmente como apresentadores (com Billy Crystal) do especial da HBO *Comic Relief*, um evento anual para levantar fundos para os sem-teto. Ambos são brilhantes improvisadores que interagem com grande energia.
Também: Jason Robards, Jr. & Sam Robards (pai/filho; atores).

RELACIONAMENTOS		

PONTOS FORTES: ADMIRADOR, ESTÉTICO, SENSUAL

PONTOS FRACOS: CONFLITADO, DADO A JULGAR, EQUIVOCADO

MELHOR: AMIZADE

PIOR: CASAMENTO

ROBERT KENNEDY (20/11/25)
ROSE KENNEDY (22/7/1890)

Rose foi a matriarca da família Kennedy. Tinha grandes esperanças para todos os filhos, e quando JFK foi assassinado em 1963, ela (e o marido Joseph) passaram o manto político para Bobby, que também foi assassinado (1968). Isto foi parte de um padrão de tragédia dos Kennedy.

---

19 a 25 de julho
CÚSPIDE DA OSCILAÇÃO
CÚSPIDE CÂNCER-LEÃO

19 a 24 de novembro
CÚSPIDE DA REVOLUÇÃO
CÚSPIDE ESCORPIÃO-SAGITÁRIO

Uma fórmula confiável

O foco deste relacionamento pode ser uma apreciação da beleza física, sensual. Câncer-Leão e Escorpião-Sagitário formam aspecto trígono um em relação ao outro (120 de distância no zodíaco), de forma que a astrologia os prediz um par condescendente ou harmonioso. Na realidade, conflitos e equívocos podem facilmente surgir aqui, mas o relacionamento realmente tem sua própria harmonia – com base mais no que ele vale do que no que ele produz. A dinâmica de trabalho aqui pode ser direcionada à discussão e até abertamente combativa na vida diária. Mas a dialética de luta entre duas forças opostas muitas vezes resulta em uma síntese verdadeira, uma bela criação – ou até em um relacionamento com uma fórmula segura para o sucesso continuado e gratificante.

Nas questões de amor, a apreciação deste casal de beleza sensual no mundo da estética pode ser transportada para o quarto. É provável que aqui Câncer-Leão e Escorpião-Sagitário alcancem acordo completo, embora um lado desafiante e competitivo possa ainda estar presente. Amigos nesta combinação podem gostar um do outro completamente sem reservas ou julgamento. O maior valor nestes relacionamentos é a sintonia na apreciação da beleza, seja na forma humana ou nos mundos das artes ou da natureza.

Nas situações conjugais, familiares ou profissionais, é provável que os nascidos em Escorpião-Sagitário sejam impacientes com as atitudes de Câncer-Leão, vendo-os como temíveis e conservadores. Nisto suas opiniões podem diferir das do resto do mundo, o qual em geral vê Câncer-Leão como alguém determinado e temerário, até radical. De alguma forma os nascidos em Escorpião-Sagitário acabam condenando a reflexão de Câncer-Leão como insegurança, e a vigilância de Câncer-Leão, como indolência e negligência. Muitas vezes, todavia, o julgamento de Câncer-Leão se provará correto com o tempo, finalmente ganhando o respeito de Escorpião-Sagitário. Os nascidos em Câncer-Leão podem não compreender realmente o brilho de Escorpião-Sagitário, vendo-os como um tanto excêntricos e sabichões.

Conselho: *Tentem compreender um ao outro um pouco mais. Abandone atitudes de julgamento. Continue a compartilhar as visões e os sucessos. De que você tem medo?*

RELACIONAMENTOS		

PONTOS FORTES: SAUDÁVEL, ESPONTÂNEO, OUSADO

PONTOS FRACOS: IMPRUDENTE, INFANTIL, TEMPESTUOSO

MELHOR: AMOR

PIOR: PAIS-FILHOS

CAROLINE KENNEDY (27/11/57)
EDWIN SCHLOSSBERG (19/7/45)

Caroline, filha de Jackie e JFK, conheceu Schlossberg no Museu de Arte Moderna de Nova York. Ele era historiador cultural, e ela buscava projetos para a tevê. Seu casamento católico-judeu foi aprovado por Jackie. São os felizes pais de 3 filhos. **Também: Rose Kennedy & Caroline Kennedy** (avó/neta).

---

19 a 25 de julho
CÚSPIDE DA OSCILAÇÃO
CÚSPIDE CÂNCER-LEÃO

25 de novembro a 2 de dezembro
SEMANA DA INDEPENDÊNCIA
SAGITÁRIO I

Curando a rebeldia

Esta combinação tem um efeito saudável, revelando a eterna criança neste par – a parte em cada um que é capaz de superar a adversidade e avançar com alegria. O foco aqui é na espontaneidade, intuição e confiança. O relacionamento tem uma qualidade lúdica que parecerá libertadora aos olhos dos parceiros e poderá fazer dele um abrigo da dor. Não importa quais sejam as circunstâncias, ele manterá seus parceiros jovens. O tédio é um inimigo para esses dois, que gostam de se satisfazer em todos os tipos de atividades incomuns ou até arriscadas; apenas para manter as coisas interessantes, eles empurrarão um ao outro direto para o limite. Há aqui o aparecimento de um tipo de rebeldia, mas o relacionamento não está sem controle; os dois têm uma boa percepção de quão longe eles podem ir. Ficar um pouco à parte é simplesmente necessário para eles – em geral para aliviar outras pressões.

Casos amorosos de Câncer-Leão e Sagitário I podem ser altamente românticos, com o casal bem capaz de desprezar a cautela e desaparecer diante de todos – mesmo quando um parceiro já tenha alguém como par. Esses dois podem mostrar notavelmente pouca consideração por um terceiro, na realidade às vezes se comportando de maneira completamente cruel. Caso se casem, uma certa amplitude deve ser estruturada no relacionamento, sobretudo em benefício de Sagitário I.

Nesta combinação é provável que amigos que se encontram como colegas de escola desafiem um ao outro para correrem riscos maiores. Eles são muito interessados em como as coisas funcionam, tanto prática quanto teoricamente; curiosidade é um elemento primário de seu relacionamento. Podem facilmente integrar suas carreiras, formando uma associação profissional forte. A fase inicial de projetos é sobretudo interessante para eles – uma vez que as coisas estejam correndo tranqüilamente, são capazes de perder o interesse e seguir adiante.

Como combinações pais-filhos, Câncer-Leão e Sagitário I podem experimentar cenas tempestuosas, quase violentas. Rebelião e raiva podem surgir, independente de qual personalidade seja o pai e qual o filho. Controle e explosividade serão difíceis a princípio, mas se tornarão mais fáceis com a maturidade e a idade.

Conselho: *Faça as pazes com você mesmo. Você pode ser mais efetivo quando menos emocional. Minimize a violência. Mostre mais consideração pelos outros.*

19 a 25 de julho
CÚSPIDE DA OSCILAÇÃO
CÚSPIDE CÂNCER-LEÃO

3 a 10 de dezembro
SEMANA DO ORIGINADOR
SAGITÁRIO II

RELACIONAMENTOS

PONTOS FORTES: EXIGENTE, IMPROVISADOR, FÍSICO

PONTOS FRACOS: REPRIMIDO, OBSESSIVO, RÍGIDO

MELHOR: AMIZADE

PIOR: AMOR

Controle por meio do poder da mente

Esta não é uma combinação especialmente estável, uma vez que amplifica as tendências voláteis de cada parceiro. Em um esforço para manter as coisas sob controle, o relacionamento insiste em que tudo seja feito sem erros, no nível de qualidade mais alto possível. Então o foco se torna um tipo de perfeccionismo que impõe preocupação ou pensamento insistente e às vezes obsessivo. Há um perigo de que Câncer-Leão e Sagitário II suprimam suas forças intuitivas reais em um esforço de controlar sua impetuosidade por meio do poder da mente.

Nas questões de amor, perfeccionismo na aparência, os aspectos físicos e o entorno podem dirigir ambos os parceiros para a distração e infelicidade. Nos casamentos, também, padrões altos serão mantidos nas áreas domésticas, financeiras e sociais. Esses impulsos para a qualidade podem ajudar a direcionar tendências menos estáveis, mas nunca deveriam ser permitido de se tornarem rígidas ou compulsivas. Tanto no amor quanto no casamento, esses parceiros deveriam lutar para se apegar aos talentos de espontaneidade e improvisação que são seu direito inato.

Tanto Câncer-Leão quanto Sagitário II devem ser eles mesmos, e podem sofrer terrivelmente quando censurados, rejeitados ou forçados a representar um papel que não é deles. Pares pais-filhos e patrão-empregado deveriam ser sensíveis às necessidades um do outro neste respeito. Forçando um ao outro a desempenhar o papel errado apenas para satisfazer determinadas expectativas ou profecias pode causar atrito e criar inquietação.

Como amigos, Câncer-Leão e Sagitário II tendem a se revelar nos esportes, treinamentos de aptidão, exploração de ambientes naturais e viagem. Sua competitividade mútua nessas áreas é saudável somente até certo ponto; eles ficariam melhor voltando esta energia para cada parceiro aprimorar o que já tem de melhor. Tendências perfeccionistas devem ser mantidas sob controle, todavia, para evitar exaustão mental e física.

Conselho: *Use poderes mentais com bom senso. Cuidado ao reprimir o que é melhor em você. Pensar muito causa dor de cabeça. Flexibilize pouco suas expectativas.*

JANINE TURNER (6/12/63)
ROB MORROW (21/7/62)

Morrow e Turner foram co-estrelas no drama-comédia de tevê pouco convencional *Northern Exposure* (1990-95). Morrow fez o papel de um médico de Nova York nomeado para uma cidadezinha do Alasca. Turner fez o papel de piloto de um pequeno aeroplano, e era dona da casa dele e alvo de seus interesses românticos. Os personagens se casaram no terceiro ano do programa.

---

19 a 25 de julho
CÚSPIDE DA OSCILAÇÃO
CÚSPIDE CÂNCER-LEÃO

11 a 18 de dezembro
SEMANA DO TITÃ
SAGITÁRIO III

RELACIONAMENTOS

PONTOS FORTES: ENTUSIASTA, AMBICIOSO, ORIENTADO PARA O SUCESSO

PONTOS FRACOS: IMATURO, SEM CONSIDERAÇÃO, INSEGURO

MELHOR: SEXUAL

PIOR: AMIZADE

A subida ao topo

Este relacionamento tende a ser extrovertido e orientado para o sucesso. Embora ele amplifique as inseguranças ocultas de ambos os parceiros, isto somente os dirige para realizações conjuntas cada vez maiores. Seja nas esferas sociais, familiares ou profissionais, esta combinação é destinada a ocupar o lugar central. Sagitário III tende a representar o papel dominador na maioria de seus relacionamentos, mas Câncer-Leão fica em geral contente de ocupar uma posição secundária aqui, e a exercitar seu talento para atuar em equipe. As atitudes gerais do par tendem a ser abertas, entusiasmadas e otimistas, mas também serão como as de uma criancinha ingênua e imatura.

Caso esses dois sejam atraídos um pelo outro, seus casos amorosos podem ser intensos e tempestuosos: ambos são exigentes, e Sagitário III terá pouca paciência para as oscilações de humor de Câncer-Leão. Sentimentos apaixonados podem ser expressos e desfrutados. Os nascidos em Câncer-Leão, mais carentes, podem se sentir desprezados ou abandonados quando um parceiro Sagitário III mostra pouco interesse em reconhecê-los ou apoiá-los durante suas depressões. Os nascidos em Sagitário III estão muitas vezes muito ocupados com suas carreiras para mostrar ao Câncer-Leão o tipo de atenção pessoal que eles exigem.

Casamentos e relacionamentos profissionais tendem a ser ambiciosos. Infelizmente, na sua ascensão para o topo social ou profissional, o par pode ignorar ou pisar em qualquer um no seu caminho. Membros familiares ou amigos que são desconsiderados pelo par Câncer-Leão podem agarrar-se a seu ressentimento por anos, mais tarde colocando uma ameaça para a dupla nos momentos mais inesperados e inoportunos. Para seu próprio bem, então, Câncer-Leão e Sagitário III deveriam prestar mais atenção aos sentimentos dos outros e evitar causar animosidades.

Como amigos e membros familiares, esses dois deveriam tomar cuidado para evitar o descontrole de seus impulsos competitivos e ciumentos. Câncer-Leão e Sagitário III também muitas vezes competem pelo centro das atenções nos grupos sociais e familiares, minando seu próprio relacionamento. Alcançar um acordo e concordar em reescalonar a competição provará ser um grande alívio para todos os envolvidos.

Conselho: *Cuidado com o que você causa aos outros. Não deixe a ambição cega assumir o controle. Torne-se mais autoconsciente. Busque valores espirituais duradouros.*

BELLA ABZUG (24/7/20)
ED KOCH (12/12/24)

Em 1977 Abzug e Koch eram adversários na disputa pela candidatura à prefeitura de Nova York pelo Partido Democrata. Koch era conservador, e Abzug uma forte e destemida liberal feminista. Ele venceu a nomeação (e as eleições). Ela é lembrada por suas visões radicais e característicos chapéus de abas largas.
Também: Gavrilo Princip & Arquiduque Franz Ferdinand (assassino/nobre; evento que iniciou na Primeira Guerra Mundial).

547

| RELACIONAMENTOS |

PONTOS FORTES: ADAPTADO, SUAVIZADOR, DIVERTIDO

PONTOS FRACOS: RESSENTIDO, REIVINDICADOR, EXIGENTE

MELHOR: AMIZADE

PIOR: TRABALHO

EDITH PIAF (19/12/15)
MARCEL CERDAN (22/7/16)

O grande amor da famosa cantora Piaf foi Cerdan, um pugilista meio-pesado árabe-francês campeão em 1948. Em 1949, enquanto ela estava em Nova York e ele na Europa, ela o persuadiu a visitá-la e ir de avião e não de navio. Ele morreu quando seu avião caiu. Ela ficou arrasada pela perda. **Também: Verdine White & Maurice White** (irmãos; membros do Earth, Wind & Fire).

---

19 a 25 de julho
CÚSPIDE DA OSCILAÇÃO
CÚSPIDE CÂNCER-LEÃO

19 a 25 de dezembro
CÚSPIDE DA PROFECIA
CÚSPIDE SAGITÁRIO-CAPRICÓRNIO

Atividades mais sociais

O empurrão desta combinação é primeiramente social. Separadamente esses dois tipos solitários muitas vezes têm problemas para estabelecer laços de grupo, mas seu relacionamento, seja pessoal, familiar ou profissional, permite e os incita a se engajarem juntos em contato significativo com os outros. Porque Câncer-Leão e Sagitário-Capricórnio estão em um aspecto quincôncio um com o outro no zodíaco (150 de distância), a astrologia tradicional prediz uma necessidade de ajustes significativos entre eles. Aqui a ênfase nas conexões sociais fora do relacionamento pode ajudar a trazê-los ao equilíbrio. A luz e a abordagem alegre do par são uma vantagem a mais, uma vez que ambos os parceiros têm lados depressivos. Os nascidos em Sagitário-Capricórnio, com suas tendências anti-sociais ou dificuldades, terão sentimentos ambivalentes sobre um relacionamento que os encoraja à interação humana. Os nascidos em Câncer-Leão em geral assumirão o controle aqui, mas deveriam ser cautelosos quanto ao ressentimento de Sagitário-Capricórnio sobre se tornar notório. Deveria haver cuidado de ambos os lados para que o relacionamento se permita suficiente tempo de qualidade.

Nos casos amorosos, casamentos e amizades, a interação social deveria ser vista como um dos meios principais pelos quais Câncer-Leão e Sagitário-Capricórnio encontram alívio das reivindicações e exigências emocionais que eles fazem um ao outro em particular. Ambos os parceiros tendem a ser intensos e inclinados a oscilações de humor, qualidades que seu relacionamento aumenta. A participação em festas, férias, esportes, jogos e entretenimento com amigos, família e outros casais tenderá a normalizar problemas psicológicos e equilibrar tendências agressivo-passivas.

Relacionamentos profissionais entre esses dois são difíceis mas se beneficiarão da presença de outros, de forma que os parceiros se sairão melhor como colegas de trabalho em uma firma grande exigindo contato humano diário. Pares pais-filhos se saem melhor quando sua unidade familiar está em contato estável com outros parentes e amigos, em vez de isolar-se por longos períodos de tempo. Pares de irmãos Câncer-Leão–Sagitário-Capricórnio se saem bem quando podem visitar primos e outros amigos regularmente.

Conselho: *Encontre o equilíbrio entre a vida pública e privada. Trabalhe para a harmonia e para a estabilidade. Crescimento pessoal é essencial. Desenvolva habilidades sociais.*

| RELACIONAMENTOS |

PONTOS FORTES: DESAFIADOR, REALIZADOR, INDOMÁVEL

PONTOS FRACOS: SUPERAMBICIOSO, DESCONECTADO, INCOMPREENSIVO

MELHOR: TRABALHO

PIOR: AMOR

SANDY KOUFAX (30/12/35)
DON DRYSDALE (23/7/36)

Drysdale e Koufax foram os maiores arremessadores de beisebol dos anos 1960. Ambos levaram sua liga ao *strikeout* pelo total de seis anos. Drysdale ganhou o Prêmio Cy Young (1962) e certa vez arremeteu 6 *shutouts* em uma única série (1968). Koufax ganhou o Prêmio Cy Young 3 vezes, foi Jogador mais Valioso (1963) e arremeteu 4 *no-hitters*. **Também: Jason Robards, Jr. & Jason Robards** (pai/filho;

---

19 a 25 de julho
CÚSPIDE DA OSCILAÇÃO
CÚSPIDE CÂNCER-LEÃO

26 de dezembro a 2 de janeiro
SEMANA DO REGENTE
CAPRICÓRNIO I

Uma combinação vencedora

Este relacionamento se concentra em se tornar uma combinação vencedora. Ambos os parceiros têm necessidade de domínio, mas em vez de despender sua energia em batalhas inúteis um com o outro, eles são inteligentes o suficiente para orientarem-se para desafios fora do relacionamento, e para explorar com sucesso suas forças compartilhadas para se tornarem uma unidade imbatível. Eles não somente jogam para ganhar, mas, enquanto o estão fazendo, tentam conquistar novos terrenos e superar dificuldades ou corrida de obstáculos impossíveis. Esses esforços permitem a eles compartilhar uma grande percepção de satisfação.

Casos amorosos entre esses dois podem ser difíceis, uma vez que ambos os parceiros estão muitas vezes desconectados de suas emoções e têm dificuldades com mostrar empatia. Eles podem ser incapazes de apoiar um ao outro nos momentos de necessidade. Casamentos podem funcionar melhor, sobretudo quando os parceiros são unidos na busca de objetivos sociais e financeiros comuns; mas essas ambições deveriam ser tratadas cautelosamente e talvez repensadas, uma vez que os cônjuges muitas vezes não sabem o que fazer com seus objetivos quando os alcançam. Este é um casal que teme o sucesso mais do que teme o fracasso.

Amizades entre Câncer-Leão e Capricórnio I se saem melhor quando os parceiros estão envolvidos com incursões aventureiras no mundo da natureza. Exploração, montanhismo, mergulho, vôo e uma grande quantidade de outras atividades desafiadoras os estimulam para realizações maiores. Deve haver cuidado, todavia, para que a intrepidez não conduza à negligência, e a negligência, à autodestruição. Os nascidos em Câncer-Leão ganharão uma abordagem responsável e estruturada de Capricórnio I e em troca contaminarão Capricórnio I, com seu espírito aventureiro. Nas questões profissionais, então, esses dois podem fazer uma equipe excelente, e podem facilmente se encontrar no nível executivo de qualquer organização. Pais Capricórnio I vigilantes sabem como guiar as energias do jovem de Câncer-Leão na direção correta e mantê-lo no caminho; seus filhos podem se ressentir de sua postura controladora cedo na vida, mas também podem vir a depender deles completamente – uma rota pior para adotar. Pais Câncer-Leão podem ser influências inspiradas para seus filhos Capricórnio I, pelo menos quando eles estão em seus estados de alma mais positivos.

Conselho: *Trabalhe na expressão de seus sentimentos. Compreenda-se melhor psicologicamente. Afrouxe um pouco nas suas exigências. Encontre tempo para relaxar.*

19 de 25 de julho
CÚSPIDE DA OSCILAÇÃO
CÚSPIDE CÂNCER-LEÃO

3 a 9 de janeiro
SEMANA DA DETERMINAÇÃO
CAPRICÓRNIO II

Encenando um espetáculo

Este relacionamento revela as características mais resplandecentes e teatrais. Vestir-se a rigor, festejando e saindo para clubes e para jantar são todos de prioridade máxima. Os nascidos em Câncer-Leão podem estar excessivamente motivados por tais atividades excitantes, mas a segurança e a responsabilidade de Capricórnio II pode ancorá-los. O relacionamento é não apenas dramático e vivo mas também direcionado e equilibrado. Os nascidos em Capricórnio II são em geral fascinados pelas energias de Câncer-Leão e são bem capazes de lidar com suas oscilações de humor e depressões ocasionais. O relacionamento não é possuído de grande reflexão, mas os parceiros realmente se compreendem e são capazes de satisfazer as necessidades um do outro.

Relacionamentos românticos podem ser excitantes para ambos. A expressão sexual é elétrica e poderosa, intensa e satisfatória. Ambos os parceiros são responsáveis por levar o relacionamento a sério o suficiente para contemplar o casamento. Esse passo deveria ser considerado cuidadosamente, todavia, uma vez que uma mudança sutil muitas vezes acontece quando o enlace acontece: questões financeiras se tornam muito importantes, pressões domésticas e de trabalho aumentam, e fissuras podem aparecer em um relacionamento que já foi sólido. É provável que Capricórnio II expresse sua decepção com o silêncio e que Câncer-Leão seja mais emocionalmente volátil.

Relacionamentos profissionais nesta combinação muitas vezes funcionam bem, uma vez que ambos os parceiros respeitarão um ao outro por darem tudo de si. Na realidade, amizades e casos amorosos entre esses dois muitas vezes começam no trabalho. Se o trabalho for enfadonho, colegas de trabalho muitas vezes festejarão juntos após o expediente, ou expressarão seu lado mais resplandecente nas festas do escritório e piqueniques. Membros familiares e parentes de Câncer-Leão e Capricórnio II fazem melhor ao formar suas próprias empresas com base em serviço ou produto, onde suas maneiras elegantes e polidas podem ser expressas em relações públicas e propaganda, assim como em encenar um espetáculo para clientes em potencial.

Conselho: *Cave um pouco mais fundo. Encontrem tempo tranqüilo juntos. Monitore sua saída de energia e tenha cuidado com a sobrecarga. Assuma novas responsabilidades com tranqüilidade.*

RELACIONAMENTOS

PONTOS FORTES: VISTOSO, EQUILIBRADO, ELEGANTE

PONTOS FRACOS: PERTURBADO, VOLÚVEL, DISSIMULADO

MELHOR: AMOR

PIOR: CASAMENTO

GEORGE MCGOVERN (19/7/22)
RICHARD NIXON (9/1/13)

Quando McGovern e Nixon disputaram a presidência em 1972, não poderiam estar mais distantes um do outro em sua visão, sobretudo quanto a terminar a Guerra do Vietnã. Nixon era a favor de bombardear o inimigo para submetê-lo, ao passo que McGovern defendia uma retirada negociada. McGovern perdeu de longe. **Também: Julie Nixon & Richard Nixon** (filha/pai); **Iman & David Bowie** (casados; modelo/estrela do rock).

---

19 a 25 de julho
CÚSPIDE DA OSCILAÇÃO
CÚSPIDE CÂNCER-LEÃO

10 a 16 de janeiro
SEMANA DA DOMINAÇÃO
CAPRICÓRNIO III

Atirados à consciência

Juntos, esses dois em geral são uma combinação forte, e na realidade o foco de seu relacionamento pode ser uma sede por poder. As lições da espiritualidade e de amor generoso (talvez o poder maior de todos) são muitas vezes aprendidos após sucessos e fracassos repetidos terem atirado o par em direção ao reconhecimento de que há mais na vida além de ambição e luta incessante. Do lado positivo, a energia que se manifesta nesta combinação pode ser boa para seus parceiros. Capricórnio III sólido pode dar ao Câncer-Leão o apoio firme que ele exige. Da mesma forma, os elementos mais eletrizantes da personalidade de Câncer-Leão podem recarregar as baterias dos de Capricórnio III e incitá-los a alturas maiores, sobretudo se eles desenvolveram um pouco de complacência.

Casos amorosos e casamentos entre Câncer-Leão e Capricórnio III são muitas vezes dominados pelas lutas de poder, nas quais cada parceiro busca fortalecer sua posição e exige de forma egoísta mais do que lhe cabe. Dinheiro, status social e objetos são muitas vezes apenas joguetes na luta por domínio. Os nascidos em Capricórnio III são difíceis de destituir em tais lutas, e os nascidos sob Câncer-Leão, inteligentes, muitas vezes tentarão alcançar seus fins por meio de sutileza e da ação indireta. Esses relacionamentos dão aos parceiros a oportunidade de se fortalecer, mas também evoluem para um nível mais alto e deixam tais lutas para trás.

Pares familiares, sobretudo irmãos do mesmo sexo e pares pais-filhos do sexo oposto, podem periodicamente dirigir parentes para fora da casa com seus conflitos, lutas por poder furiosas que tendem a transbordar e envolver todo o ambiente doméstico. Com o tempo, todavia, a conciliação e a diplomacia podem evoluir, e mais tarde a vida pode trazer aceitação e compreensão. Amizades nesta combinação podem ser altamente estimulantes, e se efetivamente os dois consolidarem suas forças podem realizar muito a serviço de um grupo social, time ou clube. Pares de colegas de trabalho tendem a se desestabilizar com as energias flutuantes de Câncer-Leão, mas como um par executivo esses dois podem dar direção firme à organização ou companhia que dirigem.

Conselho: *Não se deixe seduzir pelo poder. Aprenda a conciliar. A doação deveria ser incondicional. Cultive bondade e consideração. Minimize o conflito.*

RELACIONAMENTOS

PONTOS FORTES: PODEROSO, ESTIMULANTE, CONSOLIDADOR

PONTOS FRACOS: DOMINADOR, EGOÍSTA, COMBATIVO

MELHOR: AMIZADE

PIOR: FAMÍLIA

NATALIE WOOD (20/7/38)
SAL MINEO (10/1/39)

Juntamente com James Dean (no centro), os atores Wood e Mineo contracenaram em *Juventude Transviada* (1955). Quando Dean morreu logo depois de o filme ser lançado, seus fãs perturbados o transformaram em mártir e se voltaram para os 2 atores que havia trabalhado com ele no clássico *cult*. Por ironia, Wood e Mineo também morreram prematuramente. Ela se afogou misteriosamente (1981) e ele foi assassinado (1976).

| RELACIONAMENTOS |

PONTOS FORTES: APAIXONADO, DRAMÁTICO, ESTIMULANTE

PONTOS FRACOS: INSTÁVEL, RETRAÍDO, BRIGUENTO

MELHOR: AMOR

PIOR: PAIS-FILHOS

DAVID BELASCO (25/7/1853)
RUTH ST. DENIS (20/1/1877)

St. Denis foi uma exótica pioneira da dança moderna cuja longa carreira começou em 1906. Ao longo dos anos ela foi cortejada por muitas figuras conhecidas, entre elas o produtor teatral Belasco (que deu a um teatro o nome St Denis). Sua devoção à carreira e "estranha aversão ao sexo" limitou o relacionamento a um romance fugaz.

---

19 a 25 de julho
CÚSPIDE DA OSCILAÇÃO
CÚSPIDE CÂNCER-LEÃO

17 a 22 de janeiro
CÚSPIDE DO MISTÉRIO E DA IMAGINAÇÃO
CÚSPIDE CAPRICÓRNIO-AQUÁRIO

Comportamento escandaloso

Por estarem os dois parceiros sujeitos a grandes oscilações de humor e ansiarem por excitação, esse relacionamento provavelmente não será estável. Os conflitos entre as energias intelectuais e emocionais podem aparecer aqui, e serem resolvidos por um tipo de descarga de força na forma de comportamento escandaloso. Câncer-Leão e Capricórnio-Aquário são opostos em relação um ao outro no zodíaco, portanto a astrologia tradicional prevê tensão e conflito entre eles, e seu relacionamento é, na verdade, dramático, enfatizando sentimentos escuros e passionais. Também tem um lado fortemente crítico, que surge quando o casal tenta usar a razão para lidar com as explosões ameaçadoras de emoção incontrolável.

Os casos amorosos entre Câncer-Leão e Capricórnio-Aquário muitas vezes envolvem sigilo. Esses parceiros em geral reservam sua exuberância para o quarto, sentindo necessidade que os pressiona a não revelar nenhum traço seu aos outros. Seu relacionamento também mostra uma tendência para se tornar envolvido em triângulos amorosos, o terceiro parceiro sendo o cônjuge de um deles. Tais casos amorosos ocultos ou ilícitos podem continuar por algum tempo sem serem descobertos, e é em geral um dos parceiros mesmos que em última análise revela o caso, caracteristicamente em um momento dramático, quando a tensão emocional ou física se torna insuportável. Inotáveis e possivelmente infiéis, o casamento dessa combinação é imprudente

As amizades aqui podem ser muito públicas, mesmo teatrais. O par sente pouca necessidade de suprimir tais impulsos, e os tipos mais caprichosos de comportamento social podem resultar – comportamento no qual eles se deleitam, alegremente provocando a todos. Como colegas de trabalho, esses dois podem ter um relacionamento extraordinário em atividades artísticas, mas lhes falta o interesse ou a aplicação para ter sucesso nos negócios.

O relacionamento de pais e filhos entre Câncer-Leão e Capricórnio-Aquário pode ser vívido e estimulante para a vida familiar, mas também altamente apartado. Atitudes críticas no relacionamento em geral levam à adoção de posturas de rejeição e discussão.

Conselho: *Trabalhe para ficar equilibrado. Mantenha os impulsos críticos sob controle. Use sua inteligência emocional. Canalize suas paixões de forma mais construtiva.*

| RELACIONAMENTOS |

PONTOS FORTES: ATENCIOSO, ADAPTADO, INTENSO

PONTOS FRACOS: VOLÚVEL, NERVOSO, SUPERFICIAL

MELHOR: AMIZADE

PIOR: TRABALHO

JASON ROBARDS JR. (22/7/22)
HUMPHREY BOGART
(23/1/1899)

Os atores Robards e Bogart foram ambos casados com a bela Lauren Bacall. Bogart morreu (1957) como herói no coração de Bacall. Quando ela se casou com Robards 4 anos mais tarde, muitos viram semelhanças no tipo macho, e apreciador de uísque, entre os dois grandes atores. Robards teve dificuldade em preencher o papel mítico de Bogey – ele se cansou de ser chamado de "o segundo marido da Sra. Bogart".

---

19 a 25 de julho
CÚSPIDE DA OSCILAÇÃO
CÚSPIDE CÂNCER-LEÃO

23 a 30 de janeiro
SEMANA DO GÊNIO
AQUÁRIO I

Exasperadamente imprevisível

Pouco descanso será encontrado aqui – nesse relacionamento intenso, as emoções flutuam como a descida em um tobogã. Câncer-Leão pode considerar Aquário I fascinante mas exasperador. E Aquário I será atraído para experiências excitante por Câncer-Leão, mas provavelmente não se sentirá confortável com isso. Ambos se darão melhor com um parceiro estável de quem possam depender quando necessitarem, mas seu relacionamento um com o outro parece apenas minar a previsibilidade, a permanência e a paz. Nervosismo e discussões ocorrem com freqüência, mas ao mesmo tempo o relacionamento promove trocas profundas de sentimento e permite aos parceiros descobrirem muito sobre si mesmos. Em seu melhor aspecto, pode marcar o começo de um processo profundo e reflexivo no qual esses indivíduos realmente começam a crescer.

Esse relacionamento é com freqüência pouco sério no começo, sobretudo nas esferas do amor e da amizade, onde ambos os parceiros podem começar apenas desejando se divertir. À medida que se envolvem mais profundamente, no entanto, se tornará claro que há potencialmente mais para o relacionamento do que um anseio superficial após uma excitação. Se decidirem continuar, haverá um período de dificuldade no qual questões mais sérias emergirão e o relacionamento exigirá uma atitude mais de troca entre os parceiros. Aquário I em particular pode se ressentir de tais exigências e escapar, mas não irrevogavelmente – eles podem, em última análise, se encontrar ainda no relacionamento e nele se aprofundar.

Os casamentos e as relações profissionais podem não sobreviver aos primeiros estágios do contato, que são estressantes e exigentes. Atitudes críticas podem tornar os parceiros tão tensos que não poderão funcionar apropriadamente no ambiente doméstico e profissional. O prognóstico aqui será mais favorável se Câncer-Leão e Aquário I puderem aprender a deixar as pequenas coisas de lado sem constantemente atribuir a culpa a alguém. Na família, os irmãos nessa combinação, sobretudo do mesmo sexo, podem ser próximos mas também altamente competitivos.

Conselho: *Tempo e paciência são necessários para que as coisas se desenvolvam. Não corra. Aprenda a se acalmar, talvez por meio da meditação. A auto-realização é possível.*

19 a 25 de julho
CÚSPIDE DA OSCILAÇÃO
CÚSPIDE CÂNCER-LEÃO

31 de janeiro a 7 de fevereiro
SEMANA DA JUVENTUDE E DESPREOCUPAÇÃO
AQUÁRIO II

Determinação firme

Este relacionamento está envolvido com a realização de idéias e conceitos, assim como com a sua atribuição a uma base firme na realidade. As idéias em questão tenderão a girar em torno de assuntos como gosto estético, arte e conceitos abstratos de criatividade – no entanto este é um relacionamento sólido e prático. De fato ambos os parceiros, ainda que um pouco excêntricos às vezes, confiarão na segurança que o relacionamento oferece. Juntos esses parceiros são mais teimosos do que quando separados, o que pode acabar sendo um elemento decisivo. Por outro lado, Aquário II não gosta de controvérsias mas sim de interações fáceis e sensuais. Câncer-Leão precisa de vivacidade e desafios interessantes, e esses desejos ele encontra aqui. Tudo que é possível sonhar no mundo encontrará um pouco de satisfação nesse relacionamento, a menos que seja acompanhado pela determinação firme de colocar as idéias em prática; se isso ocorrer, esses dois encontrarão sucesso.

É provável que as amizades e os casos amorosos sofram a menos que encontrem uma saída prática para seus pensamentos vivazes. As atividades que ancoram esses dois nas buscas físicas, tais como esportes, treinamento físico ou caminhadas diárias ou natação, são altamente recomendadas. A afeição e a sensualidade caracterizam esse relacionamento. Na esfera da família, ambos os irmãos e esposos podem estar interessados em fazer melhorias no lar. Câncer-Leão pode ficar um pouco preocupado com a insistência de Aquário II por conforto, enquanto Aquário II pode achar a energia de Câncer-Leão um pouco inquietante, mas esses dois em geral são capazes de viver juntos em relativa harmonia.

As conexões profissionais entre Câncer-Leão e Aquário II são especialmente favorecidas. Se formarem uma sociedade em um negócio, servirem como colegas executivos em uma empresa ou trabalharem lado a lado em um emprego diariamente, têm boa chance de atingir o sucesso. Mais efetivos quando suas idéias têm probabilidade de serem implementadas, eles podem rapidamente ficar enfadados com uma posição que exija apenas que realizem tarefas predeterminadas. Inovadores ao extremo, esses dois se saem excelentes na solução de problemas, sendo capazes de arranjar as formas mais engenhosas de sair de situações difíceis e dar a volta por cima.

Conselho: *Desça das nuvens – você está na sua melhor fase quando está implementando idéias. Faça atividades físicas. Fortaleça sua determinação.*

RELACIONAMENTOS

PONTOS FORTES: CONSISTENTE, SOLUCIONADOR DE PROBLEMAS, SENSUAL

PONTOS FRACOS: EXCÊNTRICO, ENTEDIANTE, TEIMOSO

MELHOR: TRABALHO

PIOR: AMIZADE

PATRICK MACNEE (6/2/22)
DIANA RIGG (20/7/38)

Rigg e MacNee apareceram juntos de 1965 a 1968 no seriado de ação na tevê *The Avengers*. MacNee fazia o papel de um *bon vivant* urbano, tipicamente em um terno de três peças e chapéu-coco, e Rigg fazia o papel de uma agente secreta liberada, muitas vezes de botas e roupas de couro. Os atores deram um toque de classe à televisão nos anos 1960.
Também: Ernest Hemingway & Gertrude Stein (amigos literários).

---

19 a 25 de julho
CÚSPIDE DA OSCILAÇÃO
CÚSPIDE CÂNCER-LEÃO

8 a 15 de fevereiro
SEMANA DA ACEITAÇÃO
AQUÁRIO III

Espreitando ao fundo

O desafio dessa combinação pode ser enfrentar problemas que se escondem nas profundezas das personalidades de ambos os parceiros. O lado sombrio é poderoso aqui, e se suprimido, ignorado ou mal-entendido, pode ameaçar o relacionamento todo. Atenção deve ser dada aos sentimentos profundos e às tendências psicológicas, sobretudo as negativas, que parecem muito perturbadoras. A necessidade inevitável de enfrentar tais questões obscuras se torna aparente quando os problemas surgem e não vão embora, e de fato ficam piores quando negligenciados. Quando os parceiros de Câncer-Leão e Aquário III decidem ir fundo nos problemas, seu relacionamento complexo pode ter que ser desembaraçado por um profissional, tal como um psicólogo ou um terapeuta. Por meio desse tipo de processo de auto-exame, ainda que doloroso, Câncer-Leão e Aquário III com freqüência ficarão mais perto um do outro e ganharão um sentido renovado de compromisso entre eles.

Relacionamentos românticos mas irreais entre Câncer-Leão e Aquário III são muito comuns. Os casos amorosos podem ser profundos, passionais mas destrutivos. Esses parceiros tendem a projetar a própria negatividade um no outro e depois reagir contra humores e atitudes percebidos que são deles próprios. Também podem forçar seus companheiros a encenar novamente os papéis rejeitadores de pessoas que conheceram na infância, talvez professores ou pais. Ambos os parceiros devem ser encorajados a construir a própria auto-estima antes de poderem progredir como casal. Os casamentos baseados em sentimentos conflitantes podem também acabar se não houver um desejo mútuo forte para resolver problemas individuais.

Nas amizades, Aquário III pode ter dificuldades em aceitar as atitudes excessivas e freqüentemente poderosas de Câncer-Leão e de lidar com suas demandas emocionais. Os parceiros devem fazer mais esforço para entender um ao outro e abrir canais de comunicação. Os relacionamentos entre pais e filhos, também, podem periodicamente ser rompidos a menos que ambos os parceiros façam um esforço para falar sobre o que realmente estão pensando. No trabalho, a intensidade do relacionamento pode prejudicar o projeto de realizar um trabalho; esses dois em geral se dão melhor por conta própria.

Conselho: *Enfrente seus problemas. Promova a autocompreensão. Rejeite o escapismo. Discussão honesta é uma obrigação. Lide com o lado obscuro e não o ignore.*

RELACIONAMENTOS

PONTOS FORTES: INVESTIGADOR, CORAJOSO, PROFUNDO

PONTOS FRACOS: DADO A PROJETAR, SOFREDOR, INFELIZ

MELHOR: AMOR

PIOR: CASAMENTO

NATALIE WOOD (20/7/38)
ROBERT WAGNER (10/2/30)

Wood e Wagner se casaram duas vezes, 1957-63 e 1972 até a morte dela em 1981. Foram muito íntimos na maior parte de vida de casados. Durante a filmagem de seu último filme, ela se afogou misteriosamente em um acidente no iate do casal.
Também: Harry Cohn & Kim Novak (produtor que descobriu a atriz); **Rose Kennedy & John** (Money Fitz) **Fitzgerald** (filha/pai).

| RELACIONAMENTOS |

PONTOS FORTES: EDUCACIONAL, RECOMPENSADOR, REALIZADO

PONTOS FRACOS: DADO A JULGAR, DIDÁTICO, RESSENTIDO

MELHOR: CASAMENTO

PIOR: FAMÍLIA

JULIE NIXON (25/7/48)
TRICIA NIXON (21/2/46)

Julie e Tricia são filhas de Richard e Pat Nixon. Tricia nasceu no mesmo ano em que seu pai deslanchou na carreira política. As irmãs se criaram em um apartamento atulhado enquanto Nixon era congressista e se mudaram para a mais espaçosa Casa Branca durante a presidência. Julie se casou com David Eisenhower, neto do presidente Dwight Eisenhower, e Tricia se casou com o advogado Edward Cox.

---

19 a 25 de julho
CÚSPIDE DA OSCILAÇÃO
CÚSPIDE CÂNCER-LEÃO

16 a 22 de fevereiro
CÚSPIDE DA SENSIBILIDADE
CÚSPIDE AQUÁRIO-PEIXES

Experiência de vida

Esses dois têm muito para ensinar um ao outro. Ambos os parceiros aprenderão mais com suas próprias interações do que nos livros, e sua capacidade para obter conhecimento da experiência de vida é muito auspicioso para seu relacionamento. Aquário-Peixes ajudará Câncer-Leão a descobrir mais sobre ele mesmo, Câncer-Leão ajudará Aquário-Peixes a perceber alguns de seus sonhos secretos. Redescobrir sentimentos perdidos ou reprimidos será um esforço positivo aqui. Se Câncer-Leão for incapaz de sentir emoção real, Aquário-Peixes poderá ajudá-lo a ultrapassar tais bloqueios psicológicos tão ameaçadores. Câncer-Leão e Aquário-Peixes têm um aspecto quincôncio em relação um ao outro no zodíaco (eles estão a 150 de distância), sugerindo necessidade de ajuste. Em suas interações diárias eles provavelmente terão de lutar para manter o equilíbrio.

Se os casos amorosos entre esses dois são mantidos em equilíbrio, eles podem ser imensamente recompensadores. A sensualidade é proeminente aqui, mas os parceiros em geral percebem que é de seu interesse ir além do puramente físico e enfatizar a auto-realização. Crescer e evoluir juntos é possível sob a égide desse relacionamento afetuoso mas psicologicamente ambicioso; os casos amorosos nessa combinação podem progredir muito naturalmente para o casamento, com compromisso renovado para o entendimento e o amor incondicional. E casamentos podem evoluir ainda mais, tornando-se uma fonte de inspiração para aqueles ao seu redor, para que aprendam com seu exemplo.

As amizades entre Câncer-Leão e Aquário-Peixes e os relacionamentos familiares, por outro lado, correm o risco de ser excessivamente didáticos. Uma confusão de opiniões não solicitadas pode despertar ressentimentos de ambos os lados, e os parceiros podem vir a se ressentir com o relacionamento tirânico que os priva de escolha individual. Mais tolerância e abertura podem ser atingidas ao reduzirem-se as suposições e atitudes que promovem culpa e vergonha. Câncer-Leão e Aquário-Peixes podem fazer um excelente time de colegas de trabalho, sobretudo bem talhados para ensinar procedimentos a novos empregados e iniciá-los nas normas do grupo ou organização.

Conselho: *Permaneça flexível. A aprendizagem é infinita. Evite atitudes críticas. Beneficie-se de suas experiências. Aprenda com os exemplos.*

| RELACIONAMENTOS |

PONTOS FORTES: SEDUTOR, ADMIRADOR, AFETIVO

PONTOS FRACOS: INIBIDOR, INCONSCIENTE, DEPENDENTE

MELHOR: AMOR PLATÔNICO

PIOR: IRMÃOS

MICHAEL WILDING (23/7/12)
ELIZABETH TAYLOR (27/2/32)

O charmoso protagonista inglês Wilding foi segundo marido de Taylor. Eles foram apresentados por seu amigo Montgomery Clift. Taylor perseguiu Wilding e eles se casaram em 1952. Tiveram 2 filhos e terminaram o casamento amigavelmente em 1957 com um rápido divórcio mexicano. No dia seguinte, ela se casou com Mike Todd.
Também: Michael Wilding & Margaret Leighton (casados; atores).

---

19 a 25 de julho
CÚSPIDE DA OSCILAÇÃO
CÚSPIDE CÂNCER-LEÃO

23 de fevereiro e 2 de março
SEMANA DO ESPÍRITO
PEIXES I

Barreiras invisíveis

Embora essa combinação faça seus parceiros se sentirem encantados ou seduzidos, eles podem, em última hipótese, enfrentar decepções uma vez que há em geral um limite para a profundidade de seu envolvimento. Não importa o grau de intimidade entre eles, por fim eles se defrontarão com uma barreira invisível que os impedirá de ir adiante. A admiração e mesmo a paixão figuram fortes nesse relacionamento, mas mesmo sentimentos como esses não podem superar o sentido da distância que está também presente. A incapacidade do casal para juntar-se em uma unidade pode em algum ponto fazer um ou outro parceiro se sentir inferior; isso é freqüente com Peixes I, que, não importando o quanto se esforce, pode terminar incapaz de agradar a Câncer-Leão e, em última hipótese, pode enfrentar rejeição.

Os casos amorosos ficam, às vezes, melhores quando são platônicos ou limitantes quanto ao seu grau de envolvimento. De fato, namorados podem ficar melhor se forem amigos, uma vez que as diferenças profundas de temperamento e sentimento entre eles podem ser grandes demais para superar. A afeição e a solidariedade são, com freqüência, mais naturalmente sentidas e expressas aqui do que o desejo carnal; uma forma desapegada de doação, em vez de um desejo lúbrico, é típico aqui. Esses parceiros podem precisar de longos períodos juntos mas isolados para aumentarem e aprofundarem seus sentimentos mútuo. Os casamentos podem funcionar, contanto que os parceiros não façam demandas emocionais pesadas um ao outro e deixem espaço para liberdade de escolha e ação. Dependência, ciúme e atitudes reivindicatórias muitas vezes causam dor no lar.

As amizades e os relacionamentos entre irmãos nessa combinação muitas vezes exibem um tipo curioso de rivalidade, que está estimulando ambos os parceiros mas em última hipótese embota seus esforços. Estejam juntos ou separados, um contrato tácito no relacionamento parece evitar que se ultrapassem nas realizações. Disfarçar a admiração mútua é uma inibição de fato séria, e pode indicar um ponto cego psicológico. Os projetos conjuntos dos amigos ou irmãos nascidos em Câncer-Leão e Peixes I muitas vezes são bem-sucedidos em um nível inferior do que o que são capazes sozinhos. Nos negócios, cuidado deve ser tomado para permanecerem objetivos e impedirem que a dinâmica interpessoal afete adversamente os esforços do casal.

Conselho: *Não impeça que o outro progrida. A lealdade tem seus limites. Seja realista sobre seus sentimentos. A honestidade emocional é um objetivo valioso.*

19 a 25 de julho
CÚSPIDE DA OSCILAÇÃO
CÚSPIDE CÂNCER-LEÃO

3 a 10 de março
SEMANA DO SOLITÁRIO
PEIXES II

Preenchendo as lacunas

São tão diferentes, porém seu relacionamento é descontraído, natural e fácil. Cada parceiro compensa as fraquezas do outro sem estresse ou tensão. Peixes II é forte na introspecção, e influenciará Câncer-Leão para desenvolver seu lado mais sensível e espiritual. As forças sociais de Câncer-Leão ajudarão Peixes II a entrar em contato mais significativo com seus colegas. Portanto, o relacionamento melhorará as dificuldades de ambos os parceiros – a incapacidade de Câncer-Leão de contatar seus sentimentos e a tendência de Peixes II para se isolar. De fato, ambos os parceiros arriscam tornarem-se indevidamente dependentes um do outro e do relacionamento. Eles deviam se concentrar em assimilar ao seu caráter o que aprendem para poderem engrandecer seu crescimento pessoal como indivíduos e interagir com os outros mais efetivamente no futuro.

Nos casos amorosos e nos casamentos, cada um é em geral aberto para o outro, psicológica e fisicamente. Embora Câncer-Leão seja uma combinação de água e fogo, e Peixes II, um signo de água, o relacionamento é regido pela terra, um elemento que aqui sugere uma conexão sensual. A perspectiva ancorada e prática do relacionamento beneficia ambos os parceiros, sobretudo Peixes II, que às vezes tem dificuldade de cumprir com responsabilidades diárias.

As amizades entre esses dois são fáceis e confortáveis. Nenhum parceiro tenta criar problemas, e ambos buscam seu relacionamento como um alívio do estresse de outras áreas da vida. Na família, os relacionamentos entre irmãos, pais e filhos e outros parentes são comparativamente pacíficos, mas devem ser ineficazes nos momentos de necessidade, a menos que algum esforço seja feito para aprofundá-los. A longo prazo, no entanto, pode ser benéfico para esse par enfrentar problemas e dificuldades juntos, pois isso criará laços mais íntimos e promoverá a compreensão.

Os colegas de trabalho nascidos em Câncer-Leão e Peixes II se dão bem pessoalmente mas podem fazer uma equipe ineficaz na realização rápida de um trabalho. Os relacionamentos no nível executivo são muitas vezes mais capazes de mesclar as capacidades e talentos individuais dos parceiros.

Conselho: *Aprofunde o entendimento um do outro. Não evite dificuldades. Cuidado com o excesso de dependência. Enriqueça e amplie seu caráter.*

RELACIONAMENTOS

PONTOS FORTES: COMPLEMENTAR, NATURAL, SOLIDÁRIO

PONTOS FRACOS: DEPENDENTE, INEFICAZ, SUPERFICIAL

MELHOR: CASAMENTO

PIOR: COLEGAS

TADEUS REICHSTEIN (20/7/1897)
EDWARD KENDALL (8/3/1886)

O químico suíço Reichstein e o bioquímico americano Kendall ganharam o Prêmio Nobel de Medicina em 1950 (juntamente com Philip Hench) por sua pesquisa sobre hormônios do córtex adrenal. Sua descoberta levou ao uso da cortisona como tratamento bem-sucedido de doenças inflamatórias.

---

19 a 25 de julho
CÚSPIDE DA OSCILAÇÃO
CÚSPIDE CÂNCER-LEÃO

11 a 18 de março
SEMANA DOS DANÇARINOS E SONHADORES
PEIXES III

Concordar em discordar

Este relacionamento em geral exigirá um acordo para discordar. A energia aqui tende a ser polida mas cuidadosamente voltada para o confronto – os parceiros muitas vezes não se olham nos olhos, mas a aceitação das diferenças de opinião implica respeito e prediz um bom futuro para o relacionamento. Embora a honestidade seja uma prioridade alta aqui, tendências manipuladoras inegáveis estão claras na necessidade dos parceiros de convencer e influenciar um ao outro. Suas trocas podem parecer espirituosas, elegantes e charmosas para os de fora, mas podem conter um tom sério e poderoso para os parceiros mesmos.

Atitudes sedutoras são com freqüência proeminentes nos casos amorosos e casamentos, sendo usadas para vencer ou acalmar discussões. Esse tipo de manipulação emocional pode anuviar a questão original e embotar qualquer impulso para buscar a verdade. Enquanto esses relacionamentos podem ser agradáveis o bastante, eles também são auto-ilusórios. A menos que esses parceiros possam construir crenças e objetivos, podem desperdiçar suas energias em jogos que os mantêm envolvidos mas não ajudam em nada para fazê-los crescer e se desenvolver.

Os relacionamentos entre pais e filhos nessa combinação podem ser sobretudo tumultuados, com discussões constantes testemunhando a incapacidade de concordar. Manter respeito e abertura é extremamente importante aqui, pois se isso for perdido, o nível de combate pode acabar sendo verdadeiramente destrutivo tanto para os indivíduos quanto para o resto da família. Como amigos, esses dois são muitas vezes unidos na rebeldia contra o que vêem como credos sociais ultrapassados, hábitos estúpidos e mau gosto. Eles seriam sábios se se preocupassem em construir valores positivos, em vez de sempre definir suas reservas negativamente dizendo que são seus opostos. Câncer-Leão e Peixes III possuem forças imaginativas que podem se dissolver efetivamente em uma ampla variedade de carreiras, mesmo quando suas opiniões diferem. Como parceiros em negócios ou executivos, sua visão ampla pode levar longe a empresa ou a corporação. Mas suas capacidades de manter as coisas como estão podem deixar algo a desejar e necessitarão de outros tipos de pessoas mais práticas na direção diária da organização, sobretudo nos assuntos de pessoal, estrutura e finanças.

Conselho: *Cuidado com a manipulação. Dê espaço um ao outro para respirarem. Vencer as discussões não é o principal.*

RELACIONAMENTOS

PONTOS FORTES: ESTIMULANTE, RESPEITOSO, VISIONÁRIO

PONTOS FRACOS: REBELDE, BRIGUENTO, MANIPULADOR

MELHOR: TRABALHO

PIOR: AMOR

BARRY BONDS (24/7/64)
BOBBY BONDS (15/3/46)

Bobby e seu filho Barry foram ambos da seleção de beisebol. Bobby jogou em 8 equipes de 1968 a 1981; roubou 461 bases. Barry jogou na liga principal de 1986 com os Pittsburgh e agora pelo San Francisco. Ele fez 33 *home runs* em 1995. **Também: Robin Williams & Billy Crystal** (amigos; atores); **Bella Abzug & Daniel Moynihan** (adversários concorrentes ao senado por Nova York, 1976).

🟔 RELACIONAMENTOS 🟔

PONTOS FORTES: ESFORÇADO, COMPETITIVO, POSITIVO

PONTOS FRACOS: INFALÍVEL, CONFIANTE DEMAIS, ONISCIENTE

MELHOR: RIVALIDADE

PIOR: AMOR

WILLIAM POWELL (29/7/1892)
MYRNA LOY (2/8/05)

O cortês Powell e a efervescente Loy se tornaram uma equipe no cinema na comédia policial *The Thin Man* (1934), pela qual ele recebeu indicação para o Oscar e ela se tornou uma atriz número um de bilheteria de Hollywood. Seguiram-se outros 6 *Thin Men*. Espirituosos e sofisticados, sua química era excelente na tela. **Também: Casey Stengel & Leo Durocher** (técnicos rivais de beisebol).

---

26 de julho a 2 de agosto
SEMANA DA AUTORIDADE
LEÃO I

26 de julho a 2 de agosto
SEMANA DA AUTORIDADE
LEÃO I

Rivalidade magnífica

Dois Leões I podem fazer uma grande equipe mas podem também ser rivais magníficos. Como eles combinam depende em geral da logística. Esse par pode brilhar nos casos amorosos ou no casamento, por exemplo, mas em uma empresa, família ou outra organização há com freqüência espaço para apenas um Leão I no topo. Se ambos os parceiros se submetem a uma autoridade de fora, em geral uma ideologia, eles podem se empenhar ombro a ombro para apoiar sua causa. Mas os nascidos em Leão I que reivindicarem ser a autoridade viva sobre um assunto, ou a cabeça de um certo grupo, podem esperar que seu parceiro Leão I os enfrente diretamente ou os deixe sair em busca de seu próprio grupo para liderar. A perspectiva poderosa e positiva desse relacionamento o tornará impossível de não ser vivido. Ademais, uma vez que ser levado a sério é a chave dessa combinação, ela contém uma grande dose de desejo pelo movimento ascendente e o sucesso.

No amor e no casamento há sempre um elemento de competição entre esses dois, não importando o quanto seja maravilhoso fazer amor ou dirigir bem a vida doméstica. A competição é na profissão, na área sexual e financeira – qualquer área -, eles não podem evitar. Leão I realmente gosta de confrontar-se com um oponente valioso. Ele também é autoconfiante o bastante para ser capaz de admirar a capacidade e o desejo de vencer de um bom rival, em vez de temê-lo ou invejá-lo; e que rival melhor ele poderia encontrar do que Leão I? De certa forma, nos romances ou casamentos os nascidos em Leão I podem realmente estar buscando uma versão melhor ou pelo menos igual a eles mesmos.

As amizades entre os de Leão I podem ser sutilmente interligadas com rivalidades. Eles dão um novo movimento para o dito: "Com amigos desse tipo, quem precisa de inimigos?". Os relacionamentos entre irmãos podem acabar sendo tanto íntimos quanto combativos. No trabalho, as posições mais típicas ocupadas pelo casal de Leão I são como chefes de organizações rivais. Aqui seu relacionamento pode estimular as duas empresas a chegarem a novos patamares de realizações.

Conselho: *A competição pode ser menos importante do que você pensa. Cuidado com a vaidade. Encontre autoridade dentro de si mesmo. Busque valores mais duradouros.*

🟔 RELACIONAMENTOS 🟔

PONTOS FORTES: ATENCIOSO, DEDICADO, TRABALHADOR

PONTOS FRACOS: POUCO SOLIDÁRIO, HIPERCOMPETITIVO, FORA DE SINCRONIA

MELHOR: TRABALHO

PIOR: IRMÃOS

JOHN HUSTON (5/8/06)
HERMAN MELVILLE (1/8/1819)

O diretor Huston adaptou a grande saga marinha de Melville *Moby Dick* para o cinema em 1956. Huston (na cena) também foi co-roteirista e produtor do filme épico. O senso de medidas de Melville foi bem adaptado na versão cinematográfica de Huston do livro. Tanto Huston quanto Melville eram aventureiros que gostavam de emoções fortes na vida real: Melville havia sido pescador de baleias, foi capturado por canibais; Huston foi um obcecado caçador na África.

---

26 de julho a 2 de agosto
SEMANA DA AUTORIDADE
LEÃO I

3 a 10 de agosto
SEMANA DA FORÇA EQUILIBRADA
LEÃO II

Nobreza *versus* sangue

Ambos parceiros tendem a ser de sangue quente, tipos impetuosos, mas seu relacionamento é regido por algo antitético ao fogo – o elemento ar. O relacionamento é muito mais razoável, racional e intelectual do que se esperava. Nem sempre pode ser esse o elo mais confortável para esse par, que tende a compensar em excesso o aspecto mental dessa combinação tentando obter uma interação distensionada e calma.

Emocionalmente este relacionamento pode ser complexo, pois esses parceiros nem sempre estão em sincronia com as necessidades um do outro. As lutas pelo poder envolvendo o sexo podem romper o relacionamento, e embora Leão II seja psicologicamente astuto o suficiente para entender seu parceiro Leão I, ele pode no entanto recusar a se solidarizar com ele. Leão I muitas vezes exige atenção e apoio. Ele também gosta que seus parceiros sejam otimistas e alegres, e os problemas reais podem ser provocados pelas depressões periódicas de Leão II. No casamento, o maior problema é quem dirigirá o "poleiro", e nesse caso pode ser o parceiro mais inteligente dos dois, não o mais forte ou o mais desejoso.

As amizades que surgem durante os anos escolares às vezes refletem o valor que o relacionamento coloca no poder da mente: como amigos, esses dois podem se interessar pelas atividades sociais e físicas, mas seu valor mais alto está reservado para o aprendizado e a excelência acadêmica. Se tiverem dificuldades nessa área ou se um parceiro tiver mais capacidade natural ou dedicação do que o outro, a frustração inevitavelmente resultará. Os irmãos de Leão I e Leão II podem competir pela atenção de seus pais tentando superar o outro nos estudos, uma luta perpetuada mais tarde ao entrarem em colégios e universidades melhores e assegurando posições de carreira mais bem pagas e em níveis mais elevados. Tais irmãos deveriam tentar descobrir as próprias forças individuais e disputar menos impetuosamente um com o outro por aprovação. No trabalho, os colegas dessa combinação muitas vezes são bem-sucedidos por meio da dedicação e do trabalho duro.

Conselho: *Descubra suas forças reais. Não seja regido pelas expectativas dos outros. Tente ser mais sério e atencioso. Cultive a gentileza e a solidariedade.*

26 de julho a 2 de agosto
SEMANA DA AUTORIDADE
LEÃO I

11 a 18 de agosto
SEMANA DA LIDERANÇA
LEÃO III

Autoconfiança destemida

Este relacionamento destaca-se por iniciar e controlar projetos e esforços grupais. Seu foco é muitas vezes uma organização ou atividade profissional ou social que os parceiros comandam. O atributo admirável do par é sua habilidade para emprestar equilíbrio e harmonia a uma ampla variedade de esforços. Esses dois muitas vezes alcançam tal equilíbrio por meio de sua presença física, acompanhada pela intuição sólida e pela autoconfiança destemida. Constantes lealdade e dedicação a uma causa diante de obstáculos monumentais são características aqui.

Relacionamentos conjugais e amorosos são um pouco astuciosos. Na realidade, os mais intrigantes e satisfatórios desses casos podem ser os ocultos, que levantam uma ampla gama de sentimento e expressão. Tais relacionamentos clandestinos podem seguir por anos e podem ajudar ambos os parceiros a atravessar momentos difíceis que eles estão tendo com outras pessoas. Amizades permitem que as emoções sejam expressas mais abertamente, sem medo de censura; na realidade, amigos de Leão I e Leão III em geral mostram lealdade e devoção especiais.

Famílias são em geral felizes de ter um par Leão I-Leão III para exercer controle em momentos de emergência ou perda. Tais casais também são notavelmente bons em organizar celebrações e férias mas devem tomar cuidado para não serem mandões ou insensíveis. Diferença de idade entre esses dois de forma alguma impede que adotem tais papéis juntos, e na realidade podem se provar benéfica para diminuir intervalos entre as gerações.

Conexões de trabalho e profissão entre Leão I e Leão III são muitas vezes de natureza realistas. Uma ideologia compartilhada predominante agirá como motor, dirigindo a atividade física perseverante do casal e garantindo a eles alívio durante períodos de desânimo. O sucesso financeiro é de forma alguma excluído, mas o interesse principal aqui nem sempre é monetário. Embora tanto Leão I quanto Leão III sejam em geral personalidades dominadoras que gostam de manejar o poder exclusivamente, eles são notavelmente compatíveis no papel da liderança dupla. Compartilhar obrigações e responsabilidades sem briga ou ressentimento é um talento especial deste par.

Conselho: *Fique aberto para as sugestões dos outros. Descanse ocasionalmente de seus empenhos. Divertir-se é importante também. Cuidado com ressentimentos ocultos.*

RELACIONAMENTOS

PONTOS FORTES: INABALÁVEL, DEDICADO, LEAL

PONTOS FRACOS: MANDÃO, INSENSÍVEL, DOMINADOR

MELHOR: FAMÍLIA

PIOR: CASAMENTO

WILLIAM CLARK (1/8/1770)
MERIWETHER LEWIS (18/8/1774)

Lewis e Clark realizaram uma expedição patrocinada pelo governo para explorar o território entre o Rio Mississippi e o Oceano Pacífico, de 1804 a 1806. Bravos e engenhosos homens do campo, foram os primeiros a chegar ao Pacífico por via terrestre. **Também:** Nick Bollettieri & Jim Courier (professor de tênis/*protegé*).

---

26 de julho a 26 de agosto
SEMANA DA AUTORIDADE
LEÃO I

19 a 25 de agosto
CÚSPIDE DA EXPOSIÇÃO
CÚSPIDE LEÃO-VIRGEM

Devolvendo

Na melhor das hipóteses, este relacionamento ama o prazer. Mas também pode ser um tanto solene quando preocupado com o trabalho, treinamento ou qualquer coisa que exija a prática para dominar; manter as coisas serenas e sem conflito nem sempre é fácil aqui. Este objetivo deveria ser perseguido tão diligentemente quanto mais sérios forem os esforços. Assumir responsabilidades pesadas no trabalho ou nas questões familiares deixa Leão I e Leão-Virgem com a necessidade de começar e entregar-se às experiências divertidas que podem ajudá-los a esquecer, pelo menos temporariamente, as exigências que os outros colocam sobre eles. Os outros podem criticar seu relacionamento como superficial ou hedonista, mas o prazer na realidade desempenha um importante papel na sua saúde mental. O jogo é como uma tônica para esses dois.

Nos casos amorosos e nas amizades, esses parceiros podem se voltar um para o outro para aliviar o estresse da vida diária. Leão I tende a revelar o lado extrovertido de Leão-Virgem; ele mesmo pode ficar frustrado, no entanto, pela tendência deste parceiro de ignorá-lo, uma vez que a atenção é algo que ele necessita. No todo, os de Leão-Virgem são mais fortes emocionalmente, uma vez que eles realmente não se importam muito com o que os outros pensam deles. Mas eles anseiam por compreensão, o que é improvável que seus parceiros de Leão I proporcionem.

Um desafio maior espera Leão I e Leão-Virgem nas esferas do casamento, da família e do trabalho, onde as pressões tendem a se avolumar independentemente do quanto o par trabalhe para tornar a atmosfera cotidiana mais amena e mais alegre. No entanto essas pressões são muitas vezes auto-induzidas, pois esses dois deixam de ver o desejo das outras pessoas de fazer coisas para eles mesmos. Juntos, em outras palavras, Leão I e Leão-Virgem tendem a criar dificuldades para eles mesmos, exigindo de si maturidade e responsabilidade mas revelando tendências de vício pelo trabalho. Agir mais como criança e menos "com maturidade" é muitas vezes a resposta.

Conselho: *Aprenda observando as crianças brincar. A seriedade não é exclusiva para os adultos. Aprenda a relaxar. Permita que os outros cuidem de suas próprias necessidades.*

RELACIONAMENTOS

PONTOS FORTES: HEDONISTA, EXTROVERTIDO, DIVERTIDO

PONTOS FRACOS: SÉRIO DEMAIS, SUPERTRABALHADOR, ESTRESSADO

MELHOR: AMOR

PIOR: TRABALHO

BILL CLINTON (19/8/46)
RON BROWN (1/8/41)

Brown foi nomeado secretário de Comércio pelo Presidente Clinton em 1993, depois dele ter dirigido o Comitê Nacional de Campanha dos Democratas que ajudou Clinton a ser eleito em 1992. Como eram amigos próximos, a súbita morte de Brown em um acidente aéreo em 1996 foi um choque para Clinton. Brown foi pioneiro na política americana por ser o primeiro afro-americano a presidir um partido político principal.

555

RELACIONAMENTOS

PONTOS FORTES: DETERMINADO, EFICIENTE, DIGNO DE CONFIANÇA

PONTOS FRACOS: INSATISFEITO, NERVOSO, FRUSTRADO

MELHOR: TRABALHO

PIOR: AMOR

MARCEL DUCHAMP (28/7/1887)
PEGGY GUCGENHEIM (26/8/1898)

O artista Duchamp e a abastada herdeira Guggenheim se tornaram grandes amigos em 1938, quando ele a ajudou a escolher trabalhos de arte para sua galeria em Londres, Guggenheim Jeune. Diz-se que sua paixão por arte moderna era superada apenas por seu desejo por artistas modernos. Diz-se que ela e Duchamp tiveram um caso.

---

26 de julho a 2 de agosto
SEMANA DA AUTORIDADE
LEÃO I

26 de agosto a 2 de setembro
SEMANA DOS CONSTRUTORES DE SISTEMAS
VIRGEM I

Desenvolvendo projetos conjuntos

Este relacionamento orientado para o projeto pode ser produtivo para ambos os parceiros. Regularmente Leão I e Virgem I encontram-se desenvolvendo idéias juntos, depois apresentando uma estratégia para dar-lhes direção. Seus projetos são muitas vezes de natureza humanitária ou caridosa. Os nascidos em Leão I podem ser modelos de papéis admiráveis aqui, sobretudo na sua extrema independência e auto-suficiência, o que permite que seus parceiros nesta combinação dêem deles mesmos e coloquem suas energias a serviço de seus esforços conjuntos. Os nascidos em Virgem I são felizes em funcionar como colegas de trabalho e assistentes, permitindo que Leão I assuma o controle; muitas vezes, todavia, eles são o verdadeiro poder atrás do leão real.

Interpessoalmente, as coisas podem não funcionar tão bem para esta combinação. Caso a objetividade decresça nos casamentos, nas amizades e nos casos amorosos, o lado nervoso e instável de Virgem I e o desapontamento, o tédio e a frustração na qual os de Leão I são capazes de afundar podem minar o relacionamento. Leão I anseia por uma variedade de experiências (eles odeiam a previsibilidade) que Virgem I podem ser incapazes de suprir. Se eles se cansam do relacionamento, podem facilmente agüentá-lo fielmente mas buscam excitação e satisfação em outro lugar.

Os relacionamentos mais efetivos de Leão I-Virgem I são em geral profissionais e familiares. O dinamismo e a força criativa de Leão I se misturam com a estrutura e a eficiência de Virgem I, produzindo um par efetivo tanto para o desenvolvimento de novos e excitantes projetos quanto para a mantê-los funcionando tranqüilamente. Como colegas, parceiros em negócios, companheiros de trabalho ou combinações patrão-empregado, Leão I e Virgem I podem levantar sua organização para o nível mais alto de desempenho e satisfazer tanto as necessidades financeiras quanto as de ideais. Na parte doméstica, combinações pais-filhos e avós-netos podem manter a família no rumo certo enquanto garantem tratamento justo e igual para todos.

Conselho: *Mantenha seus olhos no objeto. Não deixe considerações pessoais deter você no trabalho. Tente ser mais compreensivo e solidário no amor.*

RELACIONAMENTOS

PONTOS FORTES: RECEPTIVO, SENSÍVEL, INTERESSANTE

PONTOS FRACOS: PECULIAR, IRREGULAR, FALA SEM RODEIOS

MELHOR: FAMÍLIA

PIOR: TRABALHO

ALDOUS HUXLEY (26/7/1894)
DAME EDITH SITWELL (7/9/1887)

Huxley foi um dos mais elegantes e espirituoso romancistas ingleses do século XX cujos trabalhos focalizaram os arrogantes círculos intelectuais de sua época. Sitwell foi uma proeminente poeta com profundidade emocional conhecida por suas opiniões excêntricas e roupas elizabethanas. Eram grandes amigos. **Também: Blake Edwards & Peter Sellers** (diretor/ator; filmes da *Pantera Cor-de-rosa*).

---

26 de julho a 2 de agosto
SEMANA DA AUTORIDADE
LEÃO I

3 a 10 de setembro
SEMANA DO ENIGMA
VIRGEM II

Não para qualquer um

Como parceiros esses dois terão a habilidade de aceitar as características pessoais peculiares um do outro e ser sensíveis às necessidades e desejos mútuos. Juntos eles também tratarão os de fora do relacionamento da mesma maneira, em geral dando a cada pessoa ou idéia, não importa quão estranha, uma chance justa sem julgamento prévio. Na realidade, o relacionamento é sobretudo atraído para experiências e pessoas incomuns e fora do caminho. Reconhecer os elementos curiosos e excêntricos nos acontecimentos diários é uma especialidade desta combinação, e nas suas opiniões é provável que eles dêem um giro diferente para acontecimentos e tópicos, jogando uma luz completamente nova neles. Sua sinceridade, todavia, nem sempre é apreciada – esta combinação pode não ser do agrado de qualquer um.

Uma atração física ou sexual muitas vezes falta entre esses dois. Leão é um signo de fogo e Virgem de terra, mas seu relacionamento é governado por uma mistura de ar e água, elementos aqui sugerindo sentimentos mais leves e menos apaixonados ou terrenos. O casal está muitas vezes interessado nas questões intelectuais, estéticas ou espirituais, e seus casos amorosos e casamentos, embora altamente empáticos, estão aptos a ser mais platônicos do que sensuais. Os nascidos em Virgem II são muitas vezes ambivalentes sobre a agressão de Leão I, sendo atraídos e repelidos alternadamente, e os de Leão I acham seus parceiros Virgem II intrigantes mas essencialmente um tanto negativos e críticos.

Amizades aqui têm seus altos e baixos. Ambos os parceiros devem se sentir livres para seguir seus caminhos separados, o que em geral significa que os de Virgem II têm de ser autorizados a se retirar um tanto do mundo e Leão I a avançar para ele. Relacionamentos pais-filhos podem demonstrar grande sensibilidade e compreensão apesar das tremendas diferenças de temperamento. Não importa qual dos dois é o pai e qual é o filho, eles respeitarão as atitudes um do outro até quando não simpatizarem com elas. Relacionamentos profissionais, sobretudo pares de colegas de trabalho, são ineficazes a menos que possam resolver suas diferenças pessoais.

Conselho: *Aprecie as coisas como são. Nem tudo tem de ser incomum. O bizarro é somente um dos elementos da vida. Tente prestar atenção aos detalhes práticos.*

26 de julho a 2 de agosto
SEMANA DA AUTORIDADE
LEÃO I

11 a 18 de setembro
SEMANA DO LITERAL
VIRGEM III

Trazendo a verdade à luz

Tanto Leão I quanto Virgem III tendem a ser mais preocupados com princípios e idéias do que com pessoas, e quando eles vêem algo juntos eles muitas vezes se concentram em trazer a verdade à luz – fatos que foram escondidos, ou opiniões que foram silenciadas, a serviço de alguma intenção talvez ética. Casais Leão I-Virgem III são cruzados potenciais. A verdade e a honestidade são mais importantes para eles do que qualquer outra coisa, uma postura intransigente que às vezes os impede de levar em consideração os sentimentos das pessoas, de forma que eles podem pisar em alguns sensíveis dedos do pé – sobretudo no pé um do outro. Ambos são teimosos, e nenhum é de forma alguma tímido para expressar suas opiniões. As coisas correrão tranqüilamente contanto que eles acreditem nas mesmas idéias; espere conflitos, todavia, caso eles discordem. Também as verdades que eles revelam muitas vezes têm a ver mais com a compreensão de questões de seu próprio relacionamento do que com quaisquer ideais abstratos.

Apesar de sua preocupação pela verdade, nos seus casos amorosos e amizades esses parceiros podem ter pouco interesse em descobrir fatos perturbadores um sobre o outro, sobretudo quando as coisas estão indo bem. Durante tempos de conflito, todavia, é provável que eles cavem mais fundo, revelando fraqueza e indiscrição a ser usada como depósito de munições. Ignorar e investigar alternadamente a verdade pode se tornar um padrão típico aqui. Nos casamentos e envolvimentos profissionais, todavia, é provável que o lado vingativo-angelical do relacionamento surja inequivocamente. Os parceiros não descansarão até as injustiças serem tratadas e as falsidades expostas. Sua aversão particular por pretensão e pelo privilégio dos ricos ou poderosos pode conduzi-los a tentar humilhar o forte. Há um sentimento inegável do tipo Robin Hood aqui, um sentido para corrigir os erros da sociedade e defender os oprimidos.

Segredos guardados por muito tempo podem conter uma fascinação especial para parentes Leão I-Virgem III. Investigar tais áreas ocultas é típico aqui, mas também o é ter o bom senso de não revelá-las se sua exposição puder machucar o grupo familiar. Assim mesmo, esses dois devem tomar cuidado com a tentação de usar tais fatos para fomentar seus interesses egoístas por meio de chantagem emocional sutil.

Conselho: *Nem coloque sempre seu nariz nos negócios dos outros. Lembre-se de que a curiosidade matou o gato. Cuide de seus próprios problemas. Cultive a bondade.*

RELACIONAMENTOS

PONTOS FORTES: AMANTE DA VERDADE, DEFENSOR, HONESTO

PONTOS FRACOS: INTROMETIDO, EGOÍSTA, INTRANSIGENTE

MELHOR: TRABALHO

PIOR: FAMÍLIA

VIDA BLUE (28/7/49)
GAYLORD PERRY (15/9/38)

Blue e Perry foram 2 dos melhores arremessadores de beisebol dos anos 1970; ambos ganharam o Prêmio Cy Young (Blue em 1971, Perry em 1972). Eram ferozes rivais na Liga Americana. Blue fez um *no-hitter* (1970) e foi Jogador Mais Valioso (1971). Perry se aposentou em 1983 com incríveis 314 vitórias e 3.534 *strikeouts* ao longo de 22 anos.

---

26 de julho a 2 de agosto
SEMANA DA AUTORIDADE
LEÃO I

19 a 24 de setembro
CÚSPIDE DA BELEZA
CÚSPIDE VIRGEM-LIBRA

Ansiando pelo além

No coração deste relacionamento podem residir pensamentos atordoantes e visões estéticas. Essas imaginações podem ser de natureza celestial ou diabólica e podem lidar tanto com o tempo futuro quanto com o tempo passado; em ambos os casos, o relacionamento pode ficar obcecado pela ficção científica, pela espiritualidade, pela pesquisa – em suma, uma ânsia pelo além. Esses parceiros desejam superar os limites normais do tempo e do espaço. O impulso para fugir, mas também explorar as possibilidades de muitos planos de existência, é inegável aqui. Tanto o lado aventureiro de Leão I quanto a necessidade de buscar experiências mais novas e mais estéticas de Virgem-Libra são ativadas neste par. Leão I pode provar-se uma figura poderosa para os de Virgem-Libra, sendo uma pessoa de quem eles podem depender.

Casos amorosos entre esses dois podem ser altamente românticos, de forma que vão além do lado carnal. A vida pode ser uma aventura gloriosa para este par. A desilusão oculta-se na próxima esquina, todavia, para os parceiros que se deixam levar demais pelo idealismo. Seja como amigos, namorados, companheiros, pais ou professores, Leão I e Virgem-Libra muitas vezes colocam um ao outro em pedestais, uma tendência que pode vir a ser uma armadilha para o desapontamento quando o objeto divino de sua adoração vem a ser na realidade muito humano e falível. Um grande desafio deste relacionamento é para os parceiros verem um ao outro como eles realmente são, despidos de projeções psicológicas e expectativas.

Relacionamentos profissionais entre Leão I e Virgem-Libra devem ser estruturados. Caso contrário a fantasia conduzirá à não realidade, a não realidade para a impraticabilidade e o inexeqüível, e o inexeqüível para o fracasso. Um ou ambos os parceiros podem muitas vezes encontrar a objetividade e o pragmatismo necessários neles mesmos, mas se tiverem de ter sucesso devem ter a força de recuar da visão engrandecida de seu relacionamento e ver as questões friamente.

Conselho: *Fundamente-se no aqui e agora, mas procure alcançar as estrelas. Cultive as habilidades práticas. Não deixe de ver o que está na sua frente.*

RELACIONAMENTOS

PONTOS FORTES: VISIONÁRIO, IDEALISTA, ROMÂNTICO

PONTOS FRACOS: ILUDIDO, DESILUDIDO, DECEPCIONADO

MELHOR: AMIZADE

PIOR: PAIS-FILHOS

PATTI SCIALFA (29/7/56)
BRUCE SPRINGSTEEN (23/9/49)

A vocalista Scialfa e Springsteen se aproximaram quando ela se juntou à sua banda em 1985. Em 1988 os tablóides noticiaram que eles estavam tendo um caso. Sua esposa, a modelo e atriz Julianne Phillips, pediu o divórcio. Scialfa e Springsteen se casaram em 1991 e têm agora 3 filhos. **Também: Francis Scott Key & F. Scott Fitzgerald** (parentes; compositor/escritor); **Carroll O'Connor & Larry Hagman** (amigos; atores).

RELACIONAMENTOS

PONTOS FORTES: PRÁTICO, ELEGANTE, VALORIZA QUALIDADE

PONTOS FRACOS: AUTOCONSCIENTE, ESNOBE, EXIGENTE

MELHOR: AMOR

PIOR: TRABALHO

BLAKE EDWARDS (26/7/22)
JULIE ANDREWS (1/10/35)

Edwards é um diretor de cinema, teatro e tevê, produtor e roteirista extremamente respeitado. Ele se casou com Andrews em 1969, durante a filmagem de *Lili Minha adorável Espiã*, que ela estreou e ele dirigiu. Em anos recentes, ela trabalhou quase que exclusivamente em seus projetos. **Também: Polly Jefferson & Martha Jefferson Randolph** (filhas de Thomas Jefferson); **Benito Mussolini & Romano Mussolini** (pai/filho; ditador/pianista de jazz).

---

26 de julho a 2 de agosto
SEMANA DA AUTORIDADE
LEÃO I

25 de setembro a 2 de outubro
SEMANA DO PERFECCIONISTA
LIBRA I

Elegância sensível

Este relacionamento poderia provar-se um ajuste muito confortável para seus parceiros, cada um aproveitando aspectos diferentes para razões diferentes. Junto este par terá uma abordagem ordenada, razoável e estruturada sobre quase tudo. Isto satisfará a necessidade de Libra I de atenção ao detalhe e encantará Leão I, que sempre tem de ter um sistema para se apoiar. Além disso, o relacionamento ancora e dá forma aos aspectos mais excitantes e ansiosos da personalidade de Leão I e de Libra I.

Por mais romântico que um caso amoroso entre um Leão I e um Libra I possa ser, ele sempre tem um traço fortemente sensível que raramente permitirá que seja dominado por impulsos autodestrutivos ou não realistas. O romantismo aqui é elegante, aprimorado e cheio de nuanças. Talvez um tanto tímido como um par, namorados e companheiros Leão-Libra estão sempre cientes de seu efeito sobre as outras pessoas. Eles trabalharão cuidadosamente para aprimorar seu estilo, vestir, movimento e discurso antes de aparecer juntos em público.

Como amigos, Leão I e Libra I podem fazer exigências severas um ao outro para manter seu relacionamento em um plano alto. Qualidade em vez de quantidade é importante. Isto pode tornar desnecessário que os parceiros se vejam com muita freqüência: quando eles o fazem, algo é acrescentado. Colegas de trabalho são igualmente dedicados para produzir um trabalho de qualidade e não hesitarão em excluir esforços que não estejam à altura de seus padrões, independente de quanto trabalho tiveram. Como parceiros em negócios ou executivos em companhias, esses dois podem colocar um ao outro e aos que trabalham para eles sob estresse excessivo, uma vez que raramente flexibilizam suas expectativas intensas de envolvimento total.

Relacionamentos pais-filhos nesta combinação podem ser cruelmente exigentes, mas os dois também encontram tempo para relaxar e ser orgulhosos. É possível que tais pares trabalhem em projetos artísticos, comerciais ou lúdicos juntos e alcancem resultados de alta qualidade e interesse.

Conselho: *Sem sacrificar a qualidade, flexibilize um pouco suas exigências. Seja mais natural e menos tímido. Deixe as coisas acontecerem por elas mesmas.*

RELACIONAMENTOS

PONTOS FORTES: INTROSPECTIVO, EMOCIONAL, CONFIÁVEL

PONTOS FRACOS: IRRESPONSÁVEL, INDECISO, INSATISFEITO

MELHOR: AMOR

PIOR: PAIS-FILHOS

WILLIAM POWELL (29/7/1892)
CAROLE LOMBARD (6/10/09)

Powell e Lombard foram casados de 1931 a 1933. Nenhum alcançou o auge da carreira durante o tempo em que juntos casados. Ambos chegaram ao estrelato em 1934 – ela na comédia de Howard Hawks *Twentieth Century*, e ele em *The Thin Man*.

---

26 de julho a 2 de agosto
SEMANA DA AUTORIDADE
LEÃO I

3 a 10 de outubro
SEMANA DA SOCIEDADE
LIBRA II

Um local dentro

Esta pode ser uma combinação inspiradora na qual os parceiros compartilham um contato emocional profundo. Seu relacionamento os encoraja a se tornarem mais introspectivos, e eles podem na realidade ajudar um ao outro a explorar suas vidas interiores. A astúcia psicológica de Libra II e sua maneira não ameaçadora e compreensiva, podem facilmente mostrar ao Leão I como diminuir um pouco a sua luta externa e se conhecer melhor e mais profundamente. Da mesma forma, impressionados com a força de vontade e determinação de Leão I, os nascidos em Libra II, mais sábios, buscarão um verdadeiro local de força e determinação interior, sabendo que não lhes faria bem apenas tentar imitar a postura de Leão I, direcionada à extroversão.

Casos amorosos nesta combinação podem ser altamente emocionais, embora quase nunca de uma maneira expressivamente extrovertida. Quando esses parceiros estão juntos, a química mágica de seu relacionamento os atenua de suas responsabilidades sociais e profissionais, permitindo que eles relaxem na segurança de uma empatia mútua. Em suma, esses dois se sentem confortáveis, seguros e confiantes. Tais atitudes são muito auspiciosas para o casamento. O único problema real aqui é se o par está desejoso de assumir essa responsabilidade, uma questão que pode levantar indecisão.

Nos relacionamentos profissionais e familiares este par nem sempre verá olho no olho. Para os funcionários ou filhos de Libra II, as atitudes de chefes e pais de Leão I muitas vezes parecem didáticas e rígidas, enquanto os de Leão I são perturbados pela indecisão de Libra II. Caso Libra II esteja no comando, eles podem ter dificuldade em resistir à postura poderosa e muitas vezes rebelde de um empregado ou filho insatisfeito de Leão I. As amizades entre esses dois podem ser muito divertidas mas também provocar sentimentos que inexplicavelmente perturbam ambos os parceiros vez ou outra. Este fenômeno pode sugerir uma necessidade de serenar e resolver questões mais profundas.

Conselho: *Busque dentro. Encontre suas emoções e vá além delas. Encontre o caminho que é unicamente seu. Proceda sem temor e com convicção.*

26 de julho a 2 de agosto	11 a 18 de outubro	**RELACIONAMENTOS**
SEMANA DA AUTORIDADE	SEMANA DO TEATRO	
LEÃO I	LIBRA III	

PONTOS FORTES: DINÂMICO, LEAL, SENSUAL

PONTOS FRACOS: INCONSCIENTE DE SI, TEIMOSO, INCOMPREENDIDO

MELHOR: AMIZADE

PIOR: CASAMENTO

Extroversão traída

Essas duas personalidades serão mais do que um par para o outro. O centro de seu relacionamento é muitas vezes oculto: aparentemente extrovertidos, eles podem na realidade ser apanhados em esforços altamente pessoais que acham difíceis de comunicar a qualquer um exceto ao outro. Possuídos de uma visão que não podem compartilhar, o par pode parecer distraído para outras pessoas, que muitas vezes compreenderão mal suas intenções e ações. Embora os nascidos em Leão I sejam altamente dominadores, eles nem sempre se sentem confortáveis como líderes, e é mais provável que o Libra III administre o relacionamento. Esta combinação é explosiva, combinando a natureza ardente de Leão com a composição aérea de Libra. No entanto o relacionamento é regido pela terra, um elemento que neste caso implica sensualidade, prazer físico e também teimosia.

As paixões podem ser fortes em casos amorosos e casamentos, que também podem ser sensuais. No entanto o par raramente é hábil em auto-compreensão e conhecimento. Nenhum desses parceiros está muito interessado em investir tempo ou paciência no reconhecimento das necessidades não sexuais de seus parceiros. Estranho como possa parecer, esses dois, que enfrentam muitos desafios honestamente, podem estar mal preparados para enfrentar as questões de mais vulto em seu próprio relacionamento.

Como amigos, Leão I e Libra III são bem adequados um ao outro. Uma vez que ambos são alérgicos a tipos dependentes, eles apreciarão a auto-suficiência um do outro. Lutas por poder são raras aqui. Libra III pode achar no seu parceiro Leão I uma figura leal de quem ele pode depender ou até apoiar-se nos momentos de necessidade. Esses amigos muitas vezes se acham no centro dos grupos sociais, da escola ou da família, onde exercem uma influência para ancorar e direcionar. Como colegas de trabalho, eles podem funcionar como a força motriz a dirigir um departamento.

Conflitos são muitas vezes abundantes entre os pares pais-filhos e irmãos nesta combinação. Aqui o lado extrovertido de ambos os parceiros conduzem à demonstrações efusivas de temperamento, o que pode apontar para uma falta de autoconhecimento. O par se beneficiará ao permanecer calmo ponderando sobre seus problemas juntos.

Conselho: *Tente compreender seus próprios mistérios. Preste atenção aos sentimentos. Dê tempo ao tempo para poder compreender. Encontre a calma em meio à confusão.*

LARAINE DAY (13/10/20)
LEO DUROCHER (27/7/05)

Durocher foi um briguento e engraçado técnico de beisebol por 24 anos, ganhando 3 campeonatos, uma Série Mundial e o coração da atriz de cinema Day. Durante seu casamento (1947-60) ela foi chamada de "primeira-dama do beisebol". Seu livro *Day with Giants* (1952) trata de memórias de sua vida juntos. **Também: Geraldine Chaplin & Eugene O'Neill** (neta/avô; atriz/roteirista).

---

26 de julho a 2 de agosto	19 a 25 de outubro	**RELACIONAMENTOS**
SEMANA DA AUTORIDADE	CÚSPIDE DO DRAMA E DA CRÍTICA	
LEÃO I	CÚSPIDE LIBRA-ESCORPIÃO	

PONTOS FORTES: BEM-SUCEDIDO, EXIGENTE, ORIENTADO PARA GRUPO

PONTOS FRACOS: ESTRESSADO, IMPESSOAL, FORA DA REALIDADE

MELHOR: TRABALHO

PIOR: AMOR

Sensibilidade à crítica

Este relacionamento está muitas vezes baseado em uma profissão ou carreira, onde ele pode ser uma combinação vencedora. Mas ele pode deixar muito a desejar no domínio pessoal: ele tende a tornar seus parceiros hipersensíveis, e uma vez que eles sejam já altamente críticos, seu par pode elevar-se a uma prescrição de dor. Mesmo fora deste relacionamento, os nascidos em Leão I são extremamente sensíveis à crítica, um calcanhar de Aquiles que Libra-Escorpião irá almejar quando desafiado ou ferido. Ambos os parceiros tendem a ser exigentes um com o outro, um traço que pode ser construtivo no trabalho ou no casamento, mas poderá gerar muito estresse nas formas menos estruturadas de camaradagem.

Nas amizades, nos casos amorosos e nos pares de irmãos, Leão I e Libra-Escorpião muitas vezes se perdem em seu pequeno mundo. Como namorados eles poderiam dar à sua sexualidade muita importância no relacionamento, gerando problemas em vez de prazer. Seus casamentos podem facilmente ser energizados por uma idéia, ideologia ou crença religiosa, áreas que os deixam investir suas emoções em algum tipo de atividade de grupo em vez de reservá-las para suas vidas pessoais. Uma tendência a se manter superficial é inegável aqui. O casal deve ter cuidado para não perder de vista sua vida doméstica juntos, sobretudo se eles tiverem filhos.

Como amigos esses dois competirão, de forma que seu relacionamento pode ajudá-los a tentar desenvolver o que há de melhor neles. Pode-se imaginar que isso poderia também causar-lhes algumas mágoas se o relacionamento começasse durante a adolescência. Como irmãos Leão I e Libra-Escorpião muitas vezes fogem para a fantasia, um mecanismo protetor contra atitudes paternas cruéis ou equivocadas.

É como colegas que esses dois não somente exigem mas em geral obtêm o melhor do que seu relacionamento é capaz. Ambos os parceiros estão abertos para investir todas as suas energias nos seus projetos, sabendo de antemão que seus esforços beneficiarão todos os envolvidos. Eles não são dessas equipes que necessitam operar por conta própria, como uma parceria empresarial ou de negócios; eles podem funcionar muito eficientemente como um grupo.

Conselho: *Flexibilize um pouco as suas exigências. Seja menos crítico para consigo mesmo e mais crítico com suas idéias. Construa vínculos emocionais. Preste mais atenção às necessidades pessoais.*

PAUL ANKA (30/7/41)
ANNETTE FUNICELLO (22/10/42)

O cantor e compositor Anka era ídolo dos adolescentes nos anos 1950. Funicello era uma cantora pop e atriz, conhecida por seus filmes de festas na praia. Ela conheceu e se apaixonou por Anka em *American Bandstand* de Dick Clark. Anka escreveu 2 memoráveis canções de sucesso dedicadas a ela, *Put Your Head on My Shoulder* (1959) e *Puppy Love* (1960). **Também: Clara Bow & Bela Lugosi** (caso; atores).

| RELACIONAMENTOS |

PONTOS FORTES: PIEDOSO, RESPEITOSO, SEXUAL

PONTOS FRACOS: CONFLITADO, RANCOROSO, EXIGENTE

MELHOR: AMIZADE

PIOR: PAIS-FILHOS

**ALICE LEE ROOSEVELT
(29/7/1861)
TEDDY ROOSEVELT
(27/10/1858)**

Alice Lee foi o grande amor da vida do jovem Teddy. Eles se casaram em 1880 e tiveram 3 anos de felicidade – até a tragédia chegar. No Dia dos Namorados de 1884, apenas 2 dias depois do nascimento de sua filha, Alice e a mãe de Teddy morreram de febre tifóide com poucas horas de diferença. Ele escreveu "A luz acaba de sair de minha vida".

---

26 de julho a 2 de agosto
SEMANA DA AUTORIDADE
LEÃO I

26 de outubro a 2 de novembro
SEMANA DA INTENSIDADE
ESCORPIÃO I

Tudo ou nada

Leão I e Escorpião I compartilham a crença em ser verdadeiro, aconteça o que acontecer. Seu relacionamento aumenta sinergicamente essa qualidade, que pode se tornar o centro dele. As coisas não são fáceis entre esses dois, uma vez que ambos tendem a ser exigentes e a acreditarem em dar tudo de si para seus projetos – ou a não darem absolutamente nada. Ao mesmo tempo, eles muitas vezes vêem a verdade com o algo relativo, em vez de algo absoluto e lavrado. Na maioria das vezes, no entanto, ambos os parceiros concordam que são de importância suprema a honestidade, integridade, o comportamento ético e seguir os fatos rigidamente, tanto quanto possível.

Uma vez que Leão I e Escorpião I estão em quadratura em relação um ao outro no zodíaco (isto é, a 90^0 de distância), a astrologia prevê atrito e conflito nesse relacionamento. E dado que esses dois estão entre os indivíduos mais teimosos do ano, conflitos certamente surgirão. Mas o conflito também pode significar paixão. Embora Leão seja um signo de fogo e Escorpião, de água, o relacionamento entre Leão I e Escorpião I é governado pela terra, um elemento aqui representando uma conexão física forte. A sexualidade é em geral importante nesse relacionamento. Nos casos amorosos, a honestidade continua a ter seu papel, combinada com intensidade passional e erótica. Os casamentos podem não ser menos passionais do que os casos amorosos mas são certamente mais exigentes em termos de responsabilidades.

As amizades entre Leão I e Escorpião I podem ser muito íntimas. Apesar das divergências e preocupações emocionais, sobretudo por causa de sua honestidade, esses dois geralmente têm um grande respeito mútuo e podem contar um com o outro quando precisam. Na mesma intensidade em que odeiam ter de admitir isso, ambos os parceiros de vez em quando serão forçados a levar em conta considerações pessoais ou atenuantes e permitir lapsos na confiança, até mesmo em si próprios.

Dificuldades aparentemente insuperáveis podem surgir nos relacionamentos entre pais e filhos e entre colegas de trabalho, mas esses podem também ser sacrificados em certos momentos para chegar a um meio termo; mas uma vez que uma questão tenha sido resolvida ou acordada, os parceiros em geral manterão sua palavra fielmente.

Conselho: *Seja mais humano ao aplicar padrões de verdade. Perdoe e esqueça. Cultive a empatia. Cuidado com a rigidez. Seja flexível.*

| RELACIONAMENTOS |

PONTOS FORTES: EMPREENDEDOR, TRANSFORMADOR, ARDENTE

PONTOS FRACOS: IRRITANTE, PREVISÍVEL, COMBATIVO

MELHOR: AMOR

PIOR: COLEGAS

**MARIA SHRIVER (6/11/55)
ARNOLD SCHWARZENEGGER
(30/7/47)**

O relacionamento entre Shriver e Schwarzenegger é a história de Cinderela da mídia. O musculoso fisiculturista campeão do mundo se tornou grande estrela de cinema nos anos 1980. Ela é uma badalada jornalista e sobrinha de JFK. Eles se casaram em 1986 e ainda dedicam-se vigorosamente à sua carreira como um célebre casal.
Também: Henry Ford & Edsel Ford (pai/filho); **Dom De Luise & Peter De Luise** (pai/filho; atores).

---

26 de julho a 2 de agosto
SEMANA DA AUTORIDADE
LEÃO I

3 a 11 de novembro
SEMANA DA PROFUNDIDADE
ESCORPIÃO II

O ressurgimento da fênix

Este relacionamento pode ser igualado às chamas que consomem a fênix e depois a invocam de volta das cinzas. Metamorfose de ambos os parceiros e do relacionamento mesmo, é a característica aqui. Isso é sobretudo verdade durante aqueles períodos proféticos nas vidas de seus parceiros quando atingem uma encruzilhada ou um beco sem saída. Nesse ponto, a mágica do renascimento acontece, impelindo a ambos e ao relacionamento para um nível mais elevado. Uma transformação espiritual ou progressiva no nível individual ou pessoal está implicada aqui, mas o rejuvenescimento de uma empresa ou família pode também ocorrer.

O fogo de Leão I pode realmente fazer a água de Escorpião II ferver nos casos amorosos. A torrente que resulta é fogosa e pode exercer uma pressão irresistível em ambos os parceiros. Seus impulsos já fortes são aumentados pela sinergia do relacionamento, elevando o ato de fazer amor a novas alturas. No entanto, a menos que trabalhem para deixar o relacionamento crescer e mudar, ele pode se tornar velho e eles podem se cansar de sua previsibilidade. Aqui, Escorpião II terá uma tendência maior a deixar as coisas como estão. Sem renovação periódica, no entanto, o relacionamento não será aquilo de que qualquer um dos parceiros realmente precisa.

Os relacionamentos entre irmãos em geral são íntimos e podem agir como o eixo principal da família ou mesmo como a força que os impulsiona por meio de períodos de maior mudança. No curso de tais mudanças esse relacionamento pode suportar uma transformação em si ou pode agir como um catalisador, adiantando a reação química na família sem ser ele mesmo significativamente mudado. No local de trabalho, os executivos dessa combinação às vezes combatem pela posição de destaque, mas colaboram mais tarde, gozando de maior respeito. Os colegas de trabalho podem não ser capazes de gastar longos períodos de tempo na presença um do outro sem ficarem irritados – eles terão que trabalhar para estabelecer um modo de convivência. Os relacionamentos adversários entre esses dois podem ser assustadoramente violentos, com Leão I em geral começando o conflito e Escorpião II explodindo de uma postura defensiva para um modo de ataque.

Conselho: *Mantenha os impulsos violentos sob controle, mas de vez em quando dê vazão a eles. Na esfera emocional, aja com sabedoria. Mantenha seu amor vivo.*

26 de julho a 2 de agosto
SEMANA DA AUTORIDADE
LEÃO I

12 a 18 de novembro
SEMANA DO ENCANTO
ESCORPIÃO III

Ajustado e apropriado

Há com freqüência um sentimento de retidão nesse relacionamento, um sentido de que ele alcançou um certo equilíbrio e adequação. Os parceiros em geral possuem um sentimento por *kairos* (o tempo certo para a ação); eles raramente terão que se esforçar para atingir seus objetivos mas podem estar sujeitos à inevitabilidade e ao destino. Tal sujeição cósmica mostra a capacidade do relacionamento para "unir-se à Força", seja ela de origem terrestre, estelar ou divina. Embora Leão e Escorpião sejam signos de fogo e água, respectivamente, o relacionamento entre Leão I e Escorpião III é regido por terra e ar, os outros dois elementos aqui significando um equilíbrio fácil entre os pólos etéreos e físicos da existência.

O relacionamento com freqüência provoca uma necessidade de justiça e de concertar o que está errado. Surja em casa, no trabalho ou na esfera social, ele justificará a própria existência trabalhando para dar a todos com quem encontra suas recompensas e prêmios justos, incluindo os parceiros mesmos. Um resultado é que ele pode ser visto como dando com uma das mãos e punindo com a outra, sobretudo quando é um casamento, uma carreira ou relacionamento familiar. Se as tendências categóricas e que reivindicam infalibilidade aqui não forem mantidas sob controle, o relacionamento pode acabar se dispersando da atmosfera de justiça que ajudou a criar.

As amizades entre Leão I e Escorpião III são menos comuns do que rivalidades e animosidades francas. Se esses dois não gostam um do outro, em geral não farão mistério sobre isso, mesmo na presença dos outros. Também farão sposição sem demora a qualquer grupo ou indivíduo que profane a beleza ou mine a harmonia.

Como inimigos, esses dois muito provavelmente não darão trégua nem farão prisioneiros, seja no combate intelectual, emocional, físico ou mesmo espiritual ou religioso um com o outro. Tais são os aspectos mais intransigentes desse relacionamento que enfrentará poucos problemas com coisas vagas e indecisas ou com a falta de comunicação.

Conselho: *Não tente bancar Deus. Seja mais aberto e clemente. Cuidado para não sucumbir ao lado obscuro. O poder pode ter que ser entregue. Promova a gentileza.*

RELACIONAMENTOS

PONTOS FORTES: EQUILIBRADO, DIRETO, DECISIVO

PONTOS FRACOS: PRIMITIVO, DADO A JULGAR, IMPIEDOSO

MELHOR: CASAMENTO

PIOR: AMIZADE

ESTES KEFAUVER (26/7/03)
JOSEPH MCCARTHY (14/11/08)

O congressista Kefauver e o senador McCarthy são responsáveis pelo uso da tevê pela primeira vez em casos civis nos EUA, estreando em 1950. Kefauver chefiou um subcomitê no senado que investigava o crime organizado, ao passo que McCarthy caçava cabeças de comunistas no Departamento de Estado. Suas audiências televisionadas levou as questões aos lares de milhões de americanos e estabeleceu um precedente para a mídia.

---

26 de julho a 2 de agosto
SEMANA DA AUTORIDADE
LEÃO I

19 a 24 de novembro
CÚSPIDE DA REVOLUÇÃO
CÚSPIDE ESCORPIÃO-SAGITÁRIO

Positivo e para cima

Esses dois são capazes de desenvolver idéias frescas e novas. Seu relacionamento em geral segue suas intuições e pressentimentos, sobretudo quando farejam o que pode ser o cheiro doce do sucesso. Juntos, em geral se concentram no lado positivo e para cima da vida, e se o sucesso não estiver disponível, gastam pouca ou nenhuma energia em análises detalhadas do fracasso – de fato, provavelmente já terão mudado para uma coisa nova, provocativa e excitante. Escorpião-Sagitário é em geral razoavelmente realista, mas seu relacionamento com Leão I é geralmente otimista.

Os relacionamentos românticos e matrimoniais entre esses dois às vezes enfatizam a jovialidade ao juntar parceiros de diferentes gerações. Em vez de o jovem admirar os velhos, aqui o parceiro mais velho, seja Leão I ou Escorpião-Sagitário, valoriza o frescor e a vitalidade do mais jovem. A tragédia de tais relacionamentos é aparente quando o parceiro mais velho fica doente ou incapacitado ou o mais jovem se torna impaciente e deseja passear. Todos esses relacionamentos deviam enfatizar o valor da idade e da maturidade da mesma forma que a juventude e a inocência. Os pares casados nessa combinação podem exibir um interesse especial por crianças e pequenos animais de estimação, sejam próprios ou de outras pessoas. Na família, essa é uma combinação natural para avós e netos, ou para velhos tios e jovens sobrinhos. O verdadeiro compartilhar entre gerações é possível em tais áreas.

As amizades entre Leão I e Escorpião-Sagitário podem ser despreocupadas mas terão um propósito subjacente. Raramente se entregam apenas na busca de entretenimento e prazer podem colocar seus talentos inovadores a serviço de algum tipo de grupo maior, tal como um clube ou seu próprio círculo social. Os relacionamentos de trabalho entre esses dois raramente são bem-sucedidos, exceto em níveis de executivos mais elevados, onde a inovação pode ser melhor apreciada.

Conselho: *Encoraje o entendimento entre gerações. Respeite as diferenças de idade. O vinho novo nem sempre é o melhor vinho. Exercite um pouco mais a paciência.*

RELACIONAMENTOS

PONTOS FORTES: INOVADOR, DETERMINADO, VIGOROSO

PONTOS FRACOS: NEGLIGENTE, ENTEDIANTE, POLARIZADO

MELHOR: FAMÍLIA

PIOR: TRABALHO

CHARLES VIDOR (27/7/1900)
EVELYN KEYES (20/11/19)

Nascido na Hungria, o diretor/roteirista Vidor foi casado com a atriz Keyes de 1943 a 1945. Ela apareceu em 3 de seus filmes, entre eles *The Desperadoes* (1943). Mas seu filme mais memorável foi (1946), que fez de Rita Hayworth um símbolo sexual, e *The Joker Is Wild* (1957).
Também: Nick Bollettieri & Boris Becker (professor de tênis/ estrela do tênis); **Jackie Kennedy & Robert Kennedy** (cunhados; amigos íntimos).

RELACIONAMENTOS

PONTOS FORTES: COMPREENSIVO, APAIXONADO, VALORIZA QUALIDADE

PONTOS FRACOS: ESTRESSADO, TEIMOSO, IMPREVISÍVEL

MELHOR: AMOR

PIOR: FAMÍLIA

JACKIE KENNEDY ONASSIS (28/7/29)
MARIA CALLAS (2/12/23)

Callas teve um longo caso com Aristóteles Onassis. Em 1966 eles falaram em casamento, mas ele decidiu cortejar e se casar com Jackie Kennedy (1968). Callas ficou furiosa e achava que sua rival estava atrás de seu dinheiro. Logo após o casamento com Jackie, Callas reatou o relacionamento com ele. **Também: Jackie & John Kennedy, Jr.** (mãe/filho); **Jackie & Caroline Kennedy** (mãe/filha).

---

26 de julho a 2 de agosto
SEMANA DA AUTORIDADE
LEÃO I

25 de novembro a 2 de dezembro
SEMANA DA INDEPENDÊNCIA
SAGITÁRIO I

Sentimentos fundidos

A comunicação entre esses dois é em geral rápida e direta. Tanto entre eles como com os outros, seu relacionamento pode ser extremamente exigente, se esforçando particularmente para realizar um trabalho o melhor possível. Cada parceiro tráz à tona o lado perfeccionista do outro. Ambos são normalmente impulsivos, mas aqui a sabedoria do relacionamento contribui criando um sentimento de que as coisas devem ser planejadas antes de tentadas. O lema a esse respeito pode ser uma regra familiar de carpintaria: "Meça duas vezes, corte uma." Tanto Leão quanto Sagitário são signos de fogo, mas o relacionamento entre Leão I e Sagitário I é regido pelo ar, enfatizando a concentração mental e a força de vontade. Leão I e Sagitário I formam aspecto trígono em relação um ao outro (120°) no zodíaco e, portanto, a astrologia tradicional preveria uma conexão confortável entre eles; mas esse relacionamento irascível pode ser impetuosamente competitivo.

Os casos amorosos passionais não são incomuns entre esses dois. Nas cama as coisas podem ficar bem excitantes, mas tais sentimentos compartilhados podem extinguir-se com o tempo. O temperamento sensível de Sagitário I e as energias arrasadoras quarteirão de Leão I podem também colidir e causar explosões. Quando as coisas ficam frias entre os dois, eles podem às vezes continuar como amigos em um nível emocional inferior. No casamento, a honra e honestidade de Leão I e Sagitário I lhes prestam um bom serviço, mas eles podem fazer exigências excessivas para seus filhos e outros membros familiares. Aprender a exigir menos e diminuir as expectativas perfeccionistas será essencial se desejarem manter um mínimo de tranqüilidade doméstica. Essa pode ser uma amizade clássica. Afeto e entendimento irradiam entre os dois – pelo menos quando estão convivendo. Porém, a competição com relação a assuntos profissionais, partilha de objetos de amor, dinheiro ou muitas outras preocupações podem acabar com a harmonia em qualquer ponto, transformando o relacionamento em um choque de vontades. Os pais de Leão I sempre são ferozmente protetores com seus filhos, mas aqui esse traço pode se manifestar em expectativas que são simplesmente altas demais, tornando rebeldes os filhos nascidos em Sagitário I. Os relacionamentos entre irmãos e colegas de trabalho são imprevisíveis; a constância nas interações diárias é difícil para o casal.

Conselho: *Equilibre seus sentimentos. Busque a moderação na vida cotidiana. Cuidado com o esgotamento e a sobrecarga. Goze seu afeto e seu lado hedonista. Relaxe.*

RELACIONAMENTOS

PONTOS FORTES: ENERGÉTICO, SOLIDÁRIO, IDEALISTA

PONTOS FRACOS: REBELDE, IMATURO, CARENTE DE ATENÇÃO

MELHOR: IRMÃOS

PIOR: CASAMENTO

DEAN CAIN (31/7/66)
TERI HATCHER (8/12/64)

Cain e Hatcher são co-estrelas de *Lois & Clark – As Aventuras do Super-homem* (1993-). Cain como Clark Kent/Super-homem e Hatcher como Lois Lane formaram uma química tão boa que os autores do programa deram mais ênfase ao seu romance. No final da segunda temporada, os personagens se apaixonaram e Clark propôs casamento a Lois. **Também: Benito Mussolini & Francisco Franco** (aliados na Segunda Guerra Mundial; ditadores europeus).

---

26 de julho a 2 de agosto
SEMANA DA AUTORIDADE
LEÃO I

3 a 10 de dezembro
SEMANA DA ORIGINADOR
SAGITÁRIO II

Assegurando o sucesso

As lutas imaturas pelo poder podem surgir nessa combinação de tempos em tempos, à medida que esses dois competem pela posição de destaque. Uma vez que esse problema pode ser eliminado quando trabalham juntos para assegurar o sucesso em tudo para eles mesmos e como dupla, as parcerias de todos os tipos, incluindo a matrimonial e a profissional, são com freqüência benéficas. Nos relacionamentos pessoais, Leão I tem um efeito calmante nos aspectos excessivos da personalidade de Sagitário II, guiando as energias do parceiro numa direção mais construtiva. Sagitário II, por sua vez, pode ser inspirador para Leão I.

Os casos amorosos dessa combinação podem ser idealistas como também egoístas. Os parceiros podem se tornar excessivamente faminto por atenção um do outro, caso em que ressentimentos inevitavelmente surgirão com relação a quem está mais (ou menos) interessado em quem. Não são incomuns rivalidades infantis devido à atenção de um terceiro, com freqüência um amigo comum. Os casamentos não são muito recomendados, não pelo fato de o casal ser incompatível, mas porque podem ser incapazes de atingir a maturidade e o equilíbrio necessários para criarem um ambiente doméstico pacífico juntos, muito menos para criarem filhos. As conexões profissionais podem se desenvolver entre esposos, no entanto, fornecendo uma saída que desviará a atenção dos problemas em casa.

As amizades entre esses dois podem ser extremamente provedoras de apoio e compreensivas. Se lançarem um esforço combinado para fazerem sucesso em um empreendimento social, esportivo ou comercial, eles serão com freqüência bem-sucedidos, mas estarão melhores iniciando um projeto do que diariamente dirigindo um negócio. Os relacionamentos entre irmãos, sobretudo do mesmo sexo, são muito íntimos, apesar das diferenças do par. Os nascidos em Leão I em geral valorizam a educação obtida formalmente na escola, Sagitário valoriza a educação obtida por meio da experiência de vida. Esses relacionamentos são em geral importantes para inspirar a família e desenvolvê-la. Os colegas de trabalho de Leão I e Sagitário II tendem a se revoltar contra o tratamento injusto e fazer pressão em prol dos direitos de seus colegas. Eles podem assumir a representatividade do grupo nas negociações com a gerência.

Conselho: *Trabalhe a auto-suficiência. Não seja tão carente de aprovação. Não gaste sua energia com rivalidade e rebeldia. Busque objetivos construtivos.*

26 de julho a 2 de agosto
SEMANA DA AUTORIDADE
LEÃO I

11 a 18 de dezembro
SEMANA DO TITÃ
SAGITÁRIO III

Fazendo a dança

Essas duas personalidades dominantes em geral encontram-se interagindo com mais sucesso no tipo de ambiente social que enfatiza o saber jogar o jogo. Sejam parceiros ou rivais, eles farão sua dança um com o outro de acordo com bem estabelecidas regras de conduta. O pensamento estratégico tem seu lugar nesse relacionamento, pois Leão I e Sagitário III gostam de poder trocar idéias sobre como lidar com os outros na condição de um parceiro sério e instruído. Sagitário III pode ficar um pouco sério às vezes, e sua atmosfera mais obscura pode ser muito pesada para Leão. Por outro lado, ele mesmo pode às vezes achar Leão I um pouco impulsivo e prematuro em seus julgamentos e ações.

A privacidade é importante nos casos amorosos entre Leão I e Sagitário III, os quais no entanto tendem a ser muito envolvidos com a família e os amigos. As festas, excursões e reuniões sociais de todos os tipos atraem esses dois, que provavelmente se envolverão completamente nesses eventos em vez de ficarem isolados. Esse tipo de participação social ativa em geral constitui um bom augúrio para a longevidade do relacionamento, pois se deixado a sós por muito tempo, esse casal pode se chocar e entrar em conflito pelo poder. Os casamentos se especializam em aconselhar as outras pessoas e orientá-las nos períodos difíceis com compaixão e compreensão.

Os relacionamentos entre pais e filhos nessa combinação podem ser extremamente problemáticos e dolorosos. Os filhos de Leão I muitas vezes procuram outras figuras de autoridade em vez de seus pais, que podem ser extremamente intolerantes com relação à necessidade de seus filhos de pensarem por si mesmos. Quando o relacionamento se manifesta entre amigos e sócios ou rivais e oponentes, ele terá seus altos e baixos, com amigos por vezes agindo com hostilidade e os concorrentes às vezes fazendo gestos amistosos. O casal se respeita mutuamente, porém mais porque reconhecem o poder um do outro do que porque de fato reconhecem a humanidade um do outro. Cada um deles conhece bem a capacidade do outro parceiro para infligir dor.

Conselho: *Chegue a um acordo sempre que possível. Não gaste tempo e energia com disputas pesadas. Aprenda a arte de chegar a um acordo. Desenvolva valores duradouros.*

RELACIONAMENTOS

PONTOS FORTES: SÉRIO, IDEOLÓGICO, COMPASSIVO

PONTOS FRACOS: ANTAGÔNICO, SOFREDOR, INTOLERANTE

MELHOR: CASAMENTO

PIOR: PAIS-FILHOS

MICK JAGGER (26/7/43)
KEITH RICHARDS (18/12/43)

Os Rolling Stones Jagger e Richards eram ambos ávidos fãs de *rhythm and blues* americano. Em 1962 os Stones estrearam e os 2 músicos começaram a compor juntos. Em 1965 a maioria dos sucesso dos Stones eram de autoria de Jagger e Richards. **Também:** Clara Bow & Gilbert Roland (namorados; atores); Jerry Van Dyke & Dick Van Dyke (irmãos; atores).

---

26 de julho a 2 de agosto
SEMANA DA AUTORIDADE
LEÃO I

19 a 25 de dezembro
CÚSPIDE DA PROFECIA
CÚSPIDE SAGITÁRIO-CAPRICÓRNIO

Abandonando maus hábitos

O tema desse relacionamento tem tudo a ver com ir do passado para o futuro. Claro, o desenvolvimento e a evolução estão implícitos aqui, mas também a passagem do velho para o novo e a continuação da tradição, tanto o abandono do maus hábitos quanto a readequação de abordagens ultrapassadas. Como indivíduos, Leão I e Sagitário-Capricórnio possuem tanto um lado fortemente tradicional quanto pensamentos modernos que clamam por reconhecimento. Eles em geral confiam na intuição para saber o que deve ser deixado para trás e que direção uma família ou negócio deve tomar.

Os casos amorosos nessa combinação podem ser difíceis. Os nascidos em Sagitário-Capricórnio exigem que seus parceiros tenham muita paciência e um interesse infinito por seus problemas e lutas, enquanto Leão I precisa de uma platéia que o aprecie e esteja livre de atmosferas pesadas e negatividade. O relacionamento raramente satisfaz todas essas necessidades, muitas vezes resultando em frustração e desejo de escapar.

Nos casamentos e relacionamentos profissionais, Leão I e Sagitário-Capricórnio desejarão os benefícios de abordagens tanto convencionais quanto mais arrojadas. Juntos, desejarão seguir as últimas tendências e até começar algumas novas, mas terão a sabedoria de dar utilidade aos esforços do passado, analisando-os para descobrir suas fraquezas e forças. A vontade de Leão I às vezes será perturbada pelo silêncio de Sagitário-Capricórnio, com freqüência interpretando-o como crítica ou reprovação; Sagitário-Capricórnio muitas vezes achará que Leão I é muito agressivo e se ressentirá dessa onisciência reivindicada. Porém, ele também apreciará a abertura do relacionamento às idéias incomuns, e se os dois superarem suas diferenças pessoais, seu relacionamento tem uma boa chance de ser bem-sucedido. Na melhor das hipóteses, essa dupla é pioneira, capaz de levar adiante as aspirações de qualquer grupo que represente. As amizades podem ser difíceis, polarizando a extroversão de Leão I e a introversão de Sagitário-Capricórnio. Nos relacionamentos entre pais e filhos nessa combinação, os parceiros podem ter problemas em se comunicar abertamente um com o outro e em desenvolver tolerância e entendimento profundos.

Conselho: *Abra vias de comunicação. Tente construir pontes sobre lacunas e superar diferenças. Desenvolva a empatia. Aumente o entendimento pessoal.*

RELACIONAMENTOS

PONTOS FORTES: SENSATO, PIONEIRO, INTUITIVO

PONTOS FRACOS: FRUSTRADO, DIFÍCIL, INCOMPATÍVEL

MELHOR: TRABALHO

PIOR: AMOR

CONSTANTINO I (2/8/1868)
JORGE I (24/12/1845)

Jorge sucedeu ao trono grego em 1863. Durante seu reinado a área da Grécia foi consideravelmente expandida. Os últimos territórios foram conquistados na Guerra dos Bálcãs, no final da qual ele foi assassinado. Seu filho Constantino subiu ao trono em 1913 e manteve-se nele até ser forçado a abdicar em 1922 depois de uma revolta militar.

RELACIONAMENTOS

PONTOS FORTES: BRINCALHÃO, DIVERTIDO, TEATRAL

PONTOS FRACOS: IRRESPONSÁVEL, INSTÁVEL, INEFICAZ

MELHOR: CASAMENTO

PIOR: TRABALHO

MARIANNE FAITHFULL (29/12/46)
MICK JAGGER (26/7/43)

O primeiro sucesso dos Rolling Stones *As Tears Go By* (1964), cantado por Faithfull, foi composto para a cantora angelical por Jagger. Durante seu altamente visível romance (1965-70), eles co-estrearam no filme *Ned Kelly* (1970), no qual ela foi hospitalizada por overdose de drogas e teve um aborto. **Também: Mussolini & Woodrow Wilson** (invasão italiana impedida pela Liga das Nações).

---

26 de julho a 2 de agosto
SEMANA DA AUTORIDADE
LEÃO I

26 de dezembro a 2 de janeiro
SEMANA DO REGENTE
CAPRICÓRNIO I

Uma fuga da realidade

Pode-se esperar que essa combinação de personalidades poderosas seja extremamente pesada, mas é com freqüência o oposto, tendo uma qualidade teatral. Esses parceiros atuam suas fantasias projetando-as um no outro. O relacionamento também tem uma tendência para evitar as realidades cruciais da vida, de forma que seus parceiros podem, por exemplo, usar drogas. No entanto a relação não está isenta de ambição, e de fato ambos têm muito estímulo. Observa-se um compromisso com o estilo em tudo que fazem. Combinado com o desejo de realizar suas fantasias, isso produz uma efusão às vezes excessiva. Esse casal provavelmente se irritará muito. Leão I e Capricórnio I formam aspecto quincôncio em relação um ao outro no zodíaco (ficando a 150° de distância), o que exerce uma pressão para torná-los um tanto instável, sublinhando sua tendência para a excentricidade.

    Os casos amorosos podem ser excitantes mas extraordinariamente frios. Uma certa objetividade assume o lugar da paixão profunda e da explosão emocional. As explosões fortes de energia que em geral emanam das personalidades de Leão I e Capricórnio I como que perdem a marca nesses relacionamentos, que são quase sem efeito às vezes. No entanto, os casamentos podem funcionar aqui se os parceiros apoiarem eles mesmos e um ao outro nas suas mútuas responsabilidades. Com muito mais freqüência, eles serão brincalhões um com o outro, mas podem ser um tanto indolentes quando se trata de limpeza e cuidado com os filhos.

    Os relacionamentos profissionais são minados por atitudes não sérias e instabilidades interpessoais. Os casais de amigos e de irmãos podem ser muito companheiros, contanto que não se espere muito deles – raramente desenvolverão laços profundos de entendimento. Os relacionamentos entre pais e filhos em geral promovem o lado mais pesado de Leão I e Capricórnio I, muitas vezes resultando em um pai ditador e uma criança rebelde, sobretudo quando Capricórnio I é o pai.

Conselho: *Tente enfrentar a verdade. Escapar pode ser prazeroso mas com freqüência improdutivo. Construa bases firmes para sua vida. Coordene energias.*

RELACIONAMENTOS

PONTOS FORTES: AMBICIOSO, PODEROSO, BEM-SUCEDIDO

PONTOS FRACOS: COMBATIVO, DURO, DESCUIDADO

MELHOR: TRABALHO

PIOR: FAMÍLIA

CARLOS SAURA (4/1/32)
GERALDINE CHAPLIN (31/7/44)

Chaplin e Saura foram companheiros constantes desde meados dos anos 1960. Saura é um proeminente diretor e roteirista de cinema deste o final dos anos 1950. Chaplin, uma delicada e séria atriz, protagonizou alguns dos filmes de Saura, realizando suas melhores atuações sob a direção dele. **Também: Thelma Todd & ZaSu Pitts** (co-estrelas, em comédias no cinema).

---

26 de julho a 2 de agosto
SEMANA DA AUTORIDADE
LEÃO I

3 a 9 de janeiro
SEMANA DA DETERMINAÇÃO
CAPRICÓRNIO II

Disputa frontal

Feliz ou infelizmente, não há caminho para contornar as questões de poder desse relacionamento. Parece haver apenas duas alternativas para esse par: ou eles vão frontalmente um contra o outro ou juntam as forças em um impulso ao topo. Dado que o poder é o foco aqui, Leão I e Capricórnio II pareceriam ter poucas alternativas senão expressar os lados agressivos e ambiciosos de suas personalidades. Em geral é Capricórnio II que vence, uma vez que essas personalidades em geral nem reconhecem a derrota, quanto menos a admitem. Leão I, por outro lado, é com freqüência desencorajado por um grande revés ou uma série de pequenas adversidades. Este casal pode, em última instância, precisar aprender a lição espiritual de que talvez o maior poder esteja em resistir aos impulsos do ego e desenvolver amor, entendimento, aceitação e gentileza. Aprender essa lição pode ser mais recompensador do que dinheiro, sucesso na carreira ou triunfo sobre um oponente.

    Os casos amorosos aqui estão muitas vezes mais preocupados com quem tem o controle do que com os sentimentos reais. Leão I e Capricórnio II podem esbanjar o amor que possuem transformando-o em desejo de controle e dominação. Os casamentos são mais felizes quando os parceiros compartilham deveres igualmente e deixam um ao outro sozinho por boa parte do tempo restante.

    As amizades podem não funcionar de modo algum nessa relação, pelo menos não o tipo de amizade com base na perseguição da pura amabilidade e do amor ao prazer. Lutas terríveis podem ocorrer nos relacionamentos entre pais e filhos, seja quem for o pai; ambos os parceiros podem por fim aprender que, em algum momento (em geral antes de o pai simplesmente de retirar) será do seu próprio e melhor interesse chegar a um acordo um com o outro. As relações profissionais são difíceis, pois o enfrentamento de Leão I e Capricórnio II no mesmo nível em uma hierarquia pode exigir esforço demasiado para manter um ao outro fora de combate e não ser o suficiente para que trabalhem juntos tornando bem-sucedidos os esforços do grupo. Mesmo quando conseguem levar a empresa adiante, eles podem o estar fazendo por motivos egoístas.

Conselho: *Examine seus valores. Tire um tempo e pense sobre o que está fazendo. Cultive os valores espirituais. Preste atenção aos sentimentos dos outros.*

26 de julho a 2 de agosto	10 a 16 de janeiro
SEMANA DA AUTORIDADE	SEMANA DA DOMINAÇÃO
LEÃO I	CAPRICÓRNIO III

Modelo

Esses dois compartilham uma franqueza e uma facilidade mental que certamente manterá o relacionamento – às vezes além da sua utilidade. No entanto, apreciarão a honestidade da combinação, que será de um tipo que eles experimentam com poucas pessoas. São fortes e dominadores, e espera-se que seu relacionamento seja carregado de dificuldades, mas são de fato capazes de deixar de lado suas lutas pelo poder para aprenderem um com o outro. Nesse sentido, cada um é o modelo do outro. Cada um admira e aprende com as forças do outro. São felizes em se preparar para o combate como uma unidade contra o mundo, usando as capacidades estratégicas do relacionamento para atingir seus objetivos comuns. Capricórnio III é propenso a idealizar alguém que conhece, e Leão I pode bem ser essa pessoa escolhida. Com a falta de certa autoconfiança, ele pode ver um Leão I como um epítome da pessoa bem-sucedida e segura que ele mesmo gostaria de ser algum dia.

O amor entre esses dois é excessivamente complexo. Por Capricórnio III tender a idolatrar seu namorado de Leão I, cede o controle do relacionamento para ele, pelo menos temporariamente. Ao fazê-lo pode de fato estar, sem saber, levando Leão I a cair na desgraça de ser totalmente rejeitado, tendo falhado em manter a imagem da perfeição. O casamento não é particularmente recomendado a menos que possam conseguir um equilíbrio de poder, ou a menos que o casal compartilhe ambições mundanas específicas.

Nos relacionamentos entre professor e aluno, patrão e empregado e pais e filhos, Leão I exerce uma influência em seu parceiro mas em geral também entende a necessidade desesperada de Capricórnio III de ser ele mesmo. Um Leão I sensível e compreensivo guiará um Capricórnio III na direção da responsabilidade cada vez maior. Cuidado deve ser tomado, no entanto, para controlar a franqueza que é típica do relacionamento. Não é necessário mencionar que uma atitude de um Leão I inconsciente e mais brutal pode deixar marcas eternas na psique de Capricórnio III.

Conselho: *Reduza as expectativas. Equilibre a estrutura de poder. Cuidado para não idolatrar. Evite a crítica indevidamente negativa.*

RELACIONAMENTOS

PONTOS FORTES: INSPIRACIONAL, CONSTRUTIVAMENTE CRÍTICO

PONTOS FRACOS: DESEQUILIBRADO, ESTIMULA DEPENDÊNCIA

MELHOR: PROFESSOR-ALUNO

PIOR: AMOR

ARISTÓTELES ONASSIS (15/1/06)
JACKIE KENNEDY ONASSIS (28/7/29)

Jackie e Aristóteles se casaram em 1968. Onassis ofereceu o consolo da riqueza a Jackie, que estava abalada pela morte de JFK e de Robert Kennedy. Em troca, Jackie ofereceu a companhia de uma das mulheres mais charmosas do mundo. **Também: Henry Moore & Barbara Hepworth** (grandes escultores contemporâneos).

---

26 de julho a 2 de agosto	17 a 22 de janeiro
SEMANA DA AUTORIDADE	CÚSPIDE DO MISTÉRIO E DA IMAGINAÇÃO
LEÃO I	CÚSPIDE CAPRICÓRNIO-AQUÁRIO

Química extraordinária

Este relacionamento é um dos clássicos no ano todo para relacionamentos profissionais ou matrimoniais bem-sucedidos. Não importa o quanto teóricos, idealistas ou imaginativos Leão I e Capricórnio-Aquário possam ser como indivíduos, juntos eles caem por terra com um golpe. O relacionamento provoca neles um lado prático e sensual do qual nenhum pode previamente ter estado consciente. Nesse aspecto a química entre eles é muito extraordinária. Leão I e Capricórnio-Aquário podem se apaixonar à primeira vista ou desenvolver seu relacionamento devagar e seguramente, mas no caso o relacionamento permanece poderoso com os anos, e em retrospectiva pode ser visto como um milagre que foi simplesmente destinado a ocorrer.

Os casos amorosos, de casamento e negócios correm o risco de que os parceiros, não obstante o poder individual, possam submergir ou perder suas identidades no relacionamento. Nesse sentido, o sucesso do relacionamento pode ser sua destruição. Se um dos dois morrer, ou se perder para o outro pelas circunstâncias, a dor extrema ou os sentimentos de privação ou raiva podem acabar sendo debilitantes – deixados sozinhos, o parceiro pode sentir que a vida acabou, ou que não conseguirá continuar. Enquanto o relacionamento está no auge, grande cuidado deve ser tomado para preservar as prerrogativas individuais, para que os parceiros não se tornem totalmente envolvidos na capa protetora do relacionamento.

Os relacionamento entre irmãos e as amizades entre Leão I e Capricórnio-Aquário com freqüência possuem uma chance melhor de permanecer objetivas. Pode haver, de fato, pouco interesse de ambos os lados em elevar o relacionamento a uma posição de grande importância. Ao mesmo tempo, devia ser considerado líquido e certo que atitudes fáceis e prazerosas sempre prevalecerão aqui. Assumir responsabilidades e levar um elemento de trabalho duro para o relacionamento muitas vezes irá ancorá-lo, emprestando mais permanência e satisfação.

Conselho: *Mantenha a individualidade. Nunca considere os bons sentimentos como líquidos e certos. Trabalho duro é necessário. Não se auto-sacrifique. Egoísmo pode ser saudável, também.*

RELACIONAMENTOS

PONTOS FORTES: PRÁTICO, SENSUAL, BEM-SUCEDIDO

PONTOS FRACOS: DOMINADOR, REPRESSOR, DEBILITANTE

MELHOR: CASAMENTO

PIOR: PAIS-FILHOS

GRACIE ALLEN (26/7/06)
GEORGE BURNS (20/1/1896)

Eles se conheceram em 1925 e formaram dupla de comediantes Burns and Allen antes de se casarem em 1926. Sua personalidade desmiolada contrastava com a perspicácia fria e desapegada. Ele continuou a adorá-la depois que ela morreu em 1964, até sua morte em 1995. **Também: Yves Saint-Laurent & Christian Dior** (*protegé*/mentor; costureiros); **Duchamp & Picabia** (dadaístas); **Carroll O'Connor & Jean Stapleton** (co-estrelas, *All in the Family*).

| RELACIONAMENTOS |

PONTOS FORTES: DESAFIADOR, ATENCIOSO, AVENTUREIRO

PONTOS FRACOS: IMPACIENTE, RESSENTIDO, QUER LEVAR A MELHOR

MELHOR: IRMÃOS

PIOR: AMOR

AUGUSTE PICCARD (28/1/1884)
JACQUES PICCARD (28/7/22)

Em 1948 Auguste projetou e construiu o batiscafo, um veículo autopropulsionado para explorar o fundo do mar que podia flutuar sob a água como um balão. Ele e o filho construíram um segundo batiscafo em 1953 e mergulharam repetidamente a profundezas nunca antes alcançadas pelos cientistas, reunindo valiosos dados dos lugares mais profundos da terra.

---

26 de julho a 2 de agosto
SEMANA DA AUTORIDADE
LEÃO I

23 a 30 de janeiro
SEMANA DO GÊNIO
AQUÁRIO I

Um espírito investigador

Este relacionamento manifesta uma atenção poderosa para os detalhes e para manter elementos obstinados sob controle. Leão I e Aquário I ficam diretamente opostos um ao outro no zodíaco e, portanto, a astrologia tradicional prevê dificuldades e conflitos para essa combinação, mas a intensidade que geram pode com freqüência servir a fins úteis. Leão é um signo de fogo, e Aquário, de ar, mas o relacionamento entre Leão I e Aquário I é regido pela água, um elemento que nesse contexto assegura energias emocionais e de livre fluxo. Leão I fica pasmo com a inteligência natural de Aquário I e de vez em quando sente algum ressentimento de que seu parceiro tenha que trabalhar menos duro do que ele para obter conhecimento. Aquário I, por outro lado, pode depender muito da força estável de Leão I, e de sua capacidade para conduzir quase todas as situações que surgem. Compensar os pontos fracos um do outro é um dos grandes talentos do relacionamento.

Os casos amorosos entre esses dois não são especialmente recomendados. Aquário I raramente pode fornecer a compreensão e a paciência de que Leão I precisa, no entanto, esperará que Leão I seja atencioso com ele – um traço que pode naturalmente despertar ressentimento. Os casamentos são mais aptos a serem bem-sucedidos. O trabalhador ferrenho nascido em Leão I achará a leveza e o entusiasmo de Aquário I agradável na hora de voltar para casa, e Aquário I apreciará a capacidade e o ombro amigo que Leão I sempre oferece a ele.

Amizades e relacionamentos entre irmãos são orientados para o desafio, prontos para a aventura a qualquer momento. A espontaneidade e a vivacidade esses companheiros estimularão um ao outro para novos patamares de realização. Os relacionamentos profissionais podem ser sobremaneira importantes: nenhum assunto está fora dos limites do espírito investigativo insaciável do relacionamento. A pesquisa e o desenvolvimento de projetos são especialmente talhados para eles. Os assuntos financeiros são melhor tratados por Leão I, ou por um bom conselheiro, uma vez que essa área não é uma força tradicional de Aquário I.

Conselho: *Gaste tempo e energia em assuntos pessoais. Cultive a paciência e o entendimento. A afeição mostra que você se preocupa. Até você tem limitações.*

| RELACIONAMENTOS |

PONTOS FORTES: PROFUNDO, ORIENTADO, GRATIFICANTE

PONTOS FRACOS: CONFLITADO, POUCO COMUNICATIVO, FERINO

MELHOR: AMOR

PIOR: PAIS-FILHOS

MARILYN QUAYLE (29/7/49)
DAN QUAYLE (4/2/47)

Em 1974-76 os Quayle eram advogados. Seu casamento foi projetado para parecer perfeito devido à sua carreira como político. Depois de eleito vice-presidente, ela assumiu um papel relativamente passivo como segunda-dama.
Também: Carl Jung & Alfred Adler (críticos freudianos); **Jackie Onassis & Ron Galella** (membro do *jetset/paparazzo*).

---

26 de julho a 2 de agosto
SEMANA DA AUTORIDADE
LEÃO I

31 de janeiro a 7 de fevereiro
SEMANA DA JUVENTUDE E DESPREOCUPAÇÃO
AQUÁRIO II

Efeito aprofundável

Dizer que esses dois nem sempre olham no olho um do outro seria um eufemismo. Esse relacionamento desperta sentimentos profundos, e aprender como canalizá-los na direção correta pode ser um desafio irresistível. As tendências destrutivas e mesmo dolorosas emergem na esfera emocional, mas ao mesmo tempo o relacionamento pode exibir grande orgulho nas realizações de seus parceiros. A autoridade de Leão I nem sempre assume uma visão favorável da Juventude e Facilidade de Aquário II. Embora Leão seja um signo de fogo, e Aquário, de ar, esse relacionamento é regido pela água, aqui indicando expressão emocional e perturbação.

Nas amizades e casos amorosos, Leão I pode ficar encantado pelas energias fáceis de Aquário II, que, por sua vez, será gratificado por ter despertado e satisfeito os impulsos desse parceiro, tanto sexuais quanto outros. O impulso do relacionamento para emoções e intensidades mais profundas surge na probabilidade de que Leão virá a estimular seu parceiro a buscar por mais dentro deles mesmos; Aquário II é em algumas circunstâncias mais capaz de abandonar certas atitudes superficiais próprias e se tornar mais sério nos assuntos emocionais. Eles acharão a tarefa difícil a princípio, mas, em última análise, recompensadora. No casamento entre Leão I-Aquário II, divertir-se é uma prioridade alta, mas também o será assumir as responsabilidades familiares.

Os relacionamentos entre pai e filho e entre mãe e filha no qual Leão I é o pai pode satisfazer o clássico cenário do conflito entre gerações. Esses pais não devem esperar obediência e respeito por sua autoridade. Se não desejarem aceitar que o filho de Aquário II seja independente, um indivíduo de pensamento livre, haverá espaço para pouco além da luta. Leão I, um pai mais compreensivo, deixará seus filhos tomarem seus próprios rumos, e não os sobrecarregará com responsabilidades que serão difíceis ou impossíveis para eles lidarem. As recompensas por tal sabedoria podem ser sentidas quando os filhos de Aquário II, por sua livre vontade, procuram o pai de Leão I para pedir conselho. No trabalho, as diferenças na abordagem e no temperamento provavelmente condenam o relacionamento a discussões e ao conflito.

Conselho: *Permita que a interação emocional se aprofunde. Aprenda a controlar as explosões. Seja paciente e aja inteligentemente. Divirta-se, mas perceba o valor que há em expressar-se seriamente.*

26 de julho a 2 de agosto
SEMANA DA AUTORIDADE
LEÃO I

8 a 15 de fevereiro
SEMANA DA ACEITAÇÃO
AQUÁRIO III

Um destino de experiência

Este relacionamento colocará seus parceiros em uma série de experiências formativas ou educacionais que podem ter um efeito determinante em suas vidas. O relacionamento assume uma abordagem prática, pesando todas as ações antes de tomar uma decisão. Sua estrutura é sólida. O prazer mútuo dos parceiros com comida, vinho, arte e outros prazeres sensuais é certamente uma força, mas o desafio do relacionamento será lutar por objetivos metafísicos, espirituais ou universais. Mesmo assim, o relacionamento pode ser muito divertido para ambos os parceiros, e pode caracterizar laços extremamente íntimos de compreensão e compartilhamento.

Nos assuntos do amor, o lado físico do relacionamento pode estar pouco presente – aqui a atração sexual forte não é a regra. Os nascidos em Leão I com freqüência aparecem como exagerados para os gostos de Aquário III, que, por sua vez, surpreende seu parceiro por ser errático e emocionalmente volátil. Os casamentos podem ser acomodados e calmos mas raramente possuem uma sede por experiências mútuas (o que, no entanto, é uma característica da amizade dessa combinação). Se um dos parceiros for um professor reconhecido ou outra autoridade, o relacionamento pode ser bem-sucedido ao tomar uma direção mais filosófica ou espiritual.

Como amigos e colegas de escola, Leão I e Aquário III buscarão fazer tudo que for possível juntos, às vezes visitando um ao outro com tanta freqüência que praticamente viverão juntos. Telefone, e-mail, papo na rede de computadores – nada satisfará seu desejo de contato um com o outro. Esses laços íntimos muitas vezes continuarão na fase inicial da vida adulta antes de serem afrouxados por outros compromissos ou realidades logísticas. Eles também caracterizam irmãos nessa combinação, de forma que podem muitas vezes ser vistos como amigos.

Os colegas de trabalho de Leão I e Aquário III funcionarão bem como time, em geral tentando aprender mais sobre sua profissão e avançar juntos na hierarquia da empresa. Os relacionamentos mais polarizados, tais como entre patrão e empregado ou entre pais e filhos, muitas vezes despertarão animosidades pessoais que criarão problemas para a organização ou para a família da qual fazem parte.

Conselho: *Olhe um pouco além do aqui e agora. Cuide da condição física. Cuidado com as obsessões. Você está criando problemas para os outros?*

RELACIONAMENTOS

PONTOS FORTES: GENEROSO, EXPERIENTE, ERUDITO

PONTOS FRACOS: EXAGERADO, POUCO IMAGINATIVO, PROBLEMÁTICO

MELHOR: AMIZADE

PIOR: AMOR

BURT REYNOLDS (11/2/36)
DOM DELUISE (1/8/33)

Amigos fora das telas, Reynolds e DeLuise trabalharam de forma hilária em vários filmes. Reynolds era tipicamente o protagonista turbulento, e DeLuise, o palhaço infeliz. **Também:** G.B. Shaw & Sra. Patrick Campbell (correspondentes espirituosos); **Cheryl Crane & Lana Turner** (filha assassinada por namorado da mãe); **Kate Bush & Peter Gabriel** (parceiros musicais).

---

26 de julho a 2 de agosto
SEMANA DA AUTORIDADE
LEÃO I

16 a 22 de fevereiro
CÚSPIDE DA SENSIBILIDADE
CÚSPIDE AQUÁRIO-PEIXES

Magnetismo palpável

Juntos, esses dois sabem como conquistar as pessoas. Parte do motivo pelo qual seu relacionamento é tão atraente é seu entendimento profundo do que os outros desejam. Mas as pessoas são também simplesmente atraídas por causa da química entre, que é magnética em si mesma, e palpável. Extremamente modernos, eles podem sentir tendências e mesmo ajudar a criá-las, seja profissionalmente ou dentro de um círculo familiar ou social. Entre outras coisas, isso os tornará, por exemplo, infalíveis compradores de presentes – alguém que receba um presente deles ficará orgulhoso por isso. Com tal arte de vender, o casal pode ser bem-sucedido em qualquer empreendimento.

Os casos amorosos entre Leão I e Aquário-Peixes podem ser profundamente passionais, mas o casal também se arrisca a tornar-se altamente dependente um do outro, ou mesmo se tornarem viciados em sexo e amor. Se essas tendências formarem um hábito e se estenderem ao uso de drogas, serão mortais. Porque o desejo magnético tem um papel tão poderoso aqui, ambos os parceiros devem tomar cuidado para permanecerem objetivos e se guardarem dos excessos.

Os casamentos e relacionamentos profissionais são especialmente favorecidos aqui. No trabalho, é com freqüência Aquário-Peixes que primeiro atrai a atenção dos superiores ou clientes em potencial, mas isso é apenas em parte, porque Leão I já deu a ele o apoio emocional de que precisa para ganhar auto confiança. Esse apoio pode também ser financeiro ou moral. Aquário-Peixes, por sua vez, pode ajudar seu companheiro e parceiro de Leão I a descobrir sua sensibilidade interior, e expressar seus sentimentos mais facilmente.

Os amigos e irmãos nessa combinação podem ser encantadores de fato, como um dueto, mas em geral vêm através dos recursos manipuladores um do outro o suficiente para percebê-los com frieza. De fato, o fator realidade aqui pode ser um pouco alto demais, evitando que os parceiros expressem seus sentimentos com medo de se fazerem passar por tolos.

Conselho: *Você sabe o que os outros desejam, mas você sabe do que você precisa? Não tenha medo de mostrar seus sentimentos. Cuidado com todas as drogas que viciam.*

RELACIONAMENTOS

PONTOS FORTES: SOLIDÁRIO, CHARMOSO, PERCEPTIVO

PONTOS FRACOS: EXAGERADO, VICIADO, FRIO

MELHOR: CASAMENTO

PIOR: AMOR

DAVID BROWN (28/7/16)
HELEN GURLEY BROWN (18/2/22)

O produtor de cinema de Hollywood David é marido de Helen, ex-editora todo-poderosa da *Cosmopolitan* e famosa autora de *Sex and the Single Girl* (1962). Antes de entrar no negócio do cinema nos anos 1950, David era editor da *Cosmo*. **Também:** Rudy Vallee & Edgar Bergen (co-estrelas do rádio); Peter Bogdanovich & Cybill Shepherd (casados; diretor/atriz).

RELACIONAMENTOS

PONTOS FORTES: NATURAL, CONFIÁVEL, SENSUAL

PONTOS FRACOS: INCERTO, INDOLENTE, RECEPTIVO DEMAIS

MELHOR: AMIZADE

PIOR: TRABALHO

VIVIAN VANCE (26/7/12)
WILLIAM FRAWLEY (26/2/1893)

Como Ethel & Fred Mertz, eles fizeram o papel de vizinhos e melhores amigos de Ricky & Lucy Ricardo do programa popular de tevê *I Love Lucy* (1951-57). Perfeitos contrastes para as estrelas, eles sempre exaltaram os predicados hilários do programa. **Também: G.B. Shaw & Ellen Terry** (caso; correspondentes apaixonados); **Peter Bogdanovich & Dorothy Stratten** (namorados; diretor/atriz); **Mussolini & Claretta Petacci** (ditador/amante; enforcados juntos).

26 de julho a 2 de agosto
SEMANA DA AUTORIDADE
LEÃO I

23 de fevereiro a 2 de março
SEMANA DO ESPÍRITO
PEIXES I

Sendo "si mesmo"

A marca desse relacionamento é um comportamento não afetado e natural. Há pouca necessidade aqui para diminuir diferenças ou mesmo reconciliar pontos de vista opostos, pois o relacionamento promove a compreensão e a aceitação. Na verdade, ele em geral apenas impõe um única exigência e lei: seja você mesmo. Em geral, esses dois confiam um no outro. Cada um sabe qual a situação do outro, e cada um respeita o outro por ser assim. Leão I e Peixes I formam aspecto quincôncio com relação um ao outro no zodíaco (150° de separação), uma posição suscetível de instabilidade, mas nesse relacionamento qualquer incerteza muitas vezes se traduz em excitação e emoção pelo desconhecido.

Os casos amorosos e os casamentos entre os dois podem ser muito incomuns. Leão I habitualmente busca por objetivos interiores em vez de exteriores, buscando realizações puramente pessoais ou desenvolver-se mais; Peixes I pode concordar e unir-se a ele nessa tendência. Como um casal, podem dar mais prioridade à vida interior criativa do que à expressão física ou sexual. Não que os elementos terrenos estejam ausentes – na verdade, o relacionamento entre Leão I e Peixes I é regido pela terra (muito embora Leão seja um signo de fogo, e Peixes, de água), e enfatiza uma abordagem ancorada e prática da vida. Mas experiências sensuais em vez de sexuais são em geral enfatizadas aqui, e os prazeres que esses dois podem procurar fica menos fora do contato físico do que fora do amor de ambos por comida, música, arte e confortos humanos.

Os relacionamentos profissionais nessa combinação funcionam melhor quando o idealismo do casal e as atitudes positivas são liberadas. A rotina, os empregos sem imaginação ou restritivos não são recomendados para eles. Os relacionamentos entre pais e filhos e entre irmãos enfatizam a abertura e, com freqüência, compartilham um amor pela exploração junto à natureza ou por deleitar-se nos arredores da beleza natural. Os amigos de Leão I e Peixes I festejam as alegrias da vida, mas podem mostrar grande compaixão pelo sofrimento e podem tentar ajudar os prejudicados, talvez por meio de trabalho voluntário no serviço social, religioso ou comunitário.

Conselho: *Seja mais duro. Crítica positiva pode ajudar. Exija um pouco mais de si mesmo. Mesmo o comportamento mais natural e confortável pode ser refinado e melhor canalizado.*

RELACIONAMENTOS

PONTOS FORTES: CARISMÁTICO, CRIATIVO, COMERCIAL

PONTOS FRACOS: EXIBIDO, REBELDE, TEMPESTUOSO

MELHOR: TRABALHO

PIOR: CASAMENTO

ROB REINER (6/3/45)
SALLY STRUTHERS (28/7/48)

Struthers e Reiner eram atores coadjuvantes no programa de tevê *All in the Family* (1971-80). Como filha e genro liberais do conservador Archie Bunker, eram magnéticos, tanto em harmonia quanto em discordância. **Também: William Powell & Jean Harlow** (noivos quando ela morreu); **Geoffrey Holder & Carmen DeLavallade** (bailarinos amigos); **Jackie Onassis & Lee Radziwill** (irmãs; Aristóteles foi galã de Lee primeiro).

26 de julho a 2 de agosto
SEMANA DA AUTORIDADE
LEÃO I

3 a 10 de março
SEMANA DO SOLITÁRIO
PEIXES II

Atração e repulsa

Este relacionamento tem um efeito peculiar sobre seus parceiros: a princípio muito sedutor para eles, mais tarde como que encoraja uma revolta que pode ameaçar sua longevidade. Ele pode ser altamente carismático para outras pessoas, atraindo todo tipo de admiradores e parasitas, mas uma sobrecarga de responsabilidades sociais e pessoais pode acabar debilitando esses parceiros, que em geral estão muito melhores quando escondem um pouco a própria luz e reduzem o encanto. Juntos, eles podem fazer grande progressos nos níveis pessoal e espiritual, e seria uma vergonha se descuidassem de tais áreas.

Os casos amorosos nessa combinação podem ser tumultuados. Divergências e conflitos sobre responsabilidade, dinheiro e atenção dividida podem surgir periodicamente. Peixes II é muitas vezes o mais fiel dos dois e sofrerá muito se seu companheiro de Leão I procurar por afeição ou alívio em outro lugar. Os casamentos aqui não são especialmente recomendados: os parceiros podem não se satisfazer um com o outro além de um certo nível e, a longo prazo, é improvável que construam uma vida emocional e estável juntos.

Os amigos e irmãos de Leão I e Peixes II possuem um lado rebelde forte. Propensos a problemas, eles devem tomar cuidado para não sujarem seu nome, ganhando o tipo de reputação que fará os outros mudarem de calçada quando aparecerem em público. Devem tentar chegar a valores pessoais que não sejam apenas definidos em oposição a códigos paternos ou sociais. Outros tipos de relacionamento familiar podem ser tão íntimos quanto sufocantes – a revolta do parceiro aqui pode ser de um contra o outro.

No trabalho, Leão I e Peixes II podem se sair excepcionalmente bem quando envolvidos em atividades artísticas ou criativas juntos. Se seus impulsos criativos puderem ser colocados a serviço de um empreendimento comercial, eles podem ser profissional e financeiramente bem-sucedidos. Porém, se arriscam periodicamente a perder de vista os objetivos do negócio e a se perderem no lado criativo ou técnico de seu trabalho. Ambos os parceiros devem ser capazes de retornar à realidade e cuidar do lado prático e monetário das coisas.

Conselho: *Nem tudo que você atrai é desejável. Seja mais seletivo. Mantenha a objetividade nas finanças. Suavize o fator excitação.*

26 de julho a 2 de agosto
SEMANA DA AUTORIDADE
LEÃO I

11 a 18 de março
SEMANA DOS DANÇARINOS E SONHADORES
PEIXES III

Compartilhando a verdade

Altamente filosófico, esse relacionamento busca compartilhar a verdade com outras pessoas. No entanto, sem sua prioridade na comunicação, ele tenderia a isolar-se do mundo e, de fato, provavelmente o faz quando sua capacidade para compartilhar crenças e idéias fica frustrada. Embora Leão seja um signo de fogo e Peixes, de água, seu relacionamento é regido por terra e ar, aqui acentuando um misto de energias nas esferas práticas e ideológicas.

Amizades e casamentos são muitas vezes construídos ao redor de idéias religiosas e intelectuais pelos dois parceiros. Talvez sejam essas crenças comuns que unam esse casal em primeiro lugar, embora possam também ter sido promovidas pelo relacionamento em si enquanto em desenvolvimento. Em ambos os casos, é muito comum para o casal estabelecer uma estrutura para a vida diária baseada em tal sistema de crença, e subordinar a maioria de suas atividades a essa autoridade mais alta. Quaisquer lutas internas dentro do relacionamento muitas vezes resultam em irritação e frustração causadas pela negligência das questões emocionais pressionantes. Os casos amorosos são possíveis, mas aqui a tendência para abraçar uma estrutura de crença é menos provável. Se houver um caso amoroso, o par pode ver seus sentimentos românticos e sexuais elevados a um plano enaltecedor – o que apenas leva à desilusão se as expectativas forem frustradas, como em geral o são.

Os pais e filhos de Leão I e Peixes III podem sofrer sob a influência prematura e rigorosa de ideologias pesadas. Mas se a família conseguir estabelecer um ambiente mais tolerante e menos sério, Peixes III em geral será um pai melhor no relacionamento, podendo ser extremamente atencioso, provedor e compreensivo para seus filhos de Leão I. A ênfase na comunicação aqui é altamente pessoal – pais e filhos devem ser cuidadosos para não romperem a interação familiar e social. Os empreendimentos comerciais entre Leão I e Peixes III e os relacionamentos profissionais não são em geral favorecidos.

Conselho: *Tente ver as coisas pelo nível humano. Não negligencie as questões pessoais. Pare de sonhar tanto. Promova a flexibilidade.*

RELACIONAMENTOS

PONTOS FORTES: IDEALISTA, COMUNICATIVO, PRÁTICO

PONTOS FRACOS: NEGLIGENTE, RÍGIDO, FRUSTRADO

MELHOR: CASAMENTO

PIOR: TRABALHO

JERRY GARCIA (1/8/42)
PHIL LESH (15/3/40)

O guitarrista e vocalista Garcia do Grateful Dead (formado em 1965) era também o principal compositor e força propulsora. Lesh era o baixista e vocalista do Dead. Tocaram juntos nos altos e baixos de décadas pontuadas por drogas. A morte de Garcia em 1995 marcou o fim de uma era. **Também: Alfonse D'Amato & Daniel Moynihan** (inimigos políticos; senadores de Nova York); **Maria Cole & Nat "King" Cole** (casados; cantores).

---

3 a 10 de agosto
SEMANA DA AUTORIDADE
LEÃO I

3 a 10 de agosto
SEMANA DA FORÇA EQUILIBRADA
LEÃO II

Permanecendo estável

Os nascidos em Leão II são muitas vezes um páreo perfeito um para o outro – se eles forem oponentes ou rivais, darão um ao outro bastante trabalho. Seja esse relacionamento combativo ou de apoio, ele tende a permitir que seus parceiros se expressem o melhor que podem, embora sua energia enfoque o apoio a suas próprias forças em vez da forças dos indivíduos. Quando um parceiro estiver deprimido ou magoado, por exemplo, o outro com freqüência fará o trabalho em dobro por um tempo para manter o nível de energia do relacionamento constante. Os nascidos em Leão II tendem a confiar e depender um do outro, no entanto, e se um desses dois sofrer um colapso prolongado o outro pode ser incapaz de continuar por muito tempo.

O amor e o casamento entre eles podem ser exigentes ou fáceis, dependendo de suas razões para escolher um ao outro. O parceiro que ama menos em geral terá o controle nas lutas pelo poder. Embora o Leão II que ama mais seja vulnerável, em geral não abre mão do que quer, permanecendo estável nos momentos difíceis, desde que possa manter-se equilibrado emocionalmente.

Se os amigos de Leão II forem atraídos para um romance com alguma pessoa, problemas reais surgirão. Sua lealdade ao próprio relacionamento será severamente testada, e se um deles deixar o outro para seguir seu próprio desejo como um indivíduo, a amizade provavelmente se desintegrará. Com muita freqüência, no entanto, Leão II escolherá manter-se leal um ao outro em tais situações, deixando um terceiro fora, no gelo. Leão II em geral ampara o outro por toda a vida e pode fornecer apoio mútuo tremendo, encorajando-o.

Os relacionamentos entre irmãos e colegas de trabalho são fortes, dependentes e portanto de grande valor para a família ou a empresa da qual fazem parte. Batalhas ocasionais são inevitáveis entre eles, no entanto, com Leão II causando todo o tipo de perturbação. Pouca ou nenhuma guarida ou nenhuma é dada em geral em tal combate; nem é aconselhável ficar entre esses adversários – eles devem ser deixados a sós para resolverem as coisas, seja física ou verbalmente.

Conselho: *Minimize as lutas de poder. As necessidades podem ser atendidas através da consideração e da paciência. Preserve a estabilidade emocional. A lealdade devia ser dada livremente.*

RELACIONAMENTOS

PONTOS FORTES: INSPIRADOR, LEAL, EQUILIBRADO

PONTOS FRACOS: ESTRESSADO, ANTAGÔNICO, DESTRUTIVO

MELHOR: AMIZADE

PIOR: AMOR

ANTONIO BANDERAS (10/8/60)
MELANIE GRIFFITH (9/8/57)

Griffith e Banderas se apaixonaram durante a filmagem de *Quero Dizer que te Amo* (1996). Ela ficou grávida e se divorciou do marido Don Johnson. Griffith e Banderas então se casaram. **Também: Eddie Fisher & Connie Stevens** (casados; cantores), **Jorge Amado & Zélia Gattai** (casados, romancistas).

RELACIONAMENTOS

PONTOS FORTES: AUTO-CONFIANTE, SENSUAL, PROTETOR

PONTOS FRACOS: ABRUPTO, CONFIANTE DEMAIS, PREGUIÇOSO

MELHOR: AMOR

PIOR: TRABALHO

DUSTIN HOFFMAN (8/8/37)
ROBERT REDFORD (18/8/37)

Com sua própria empresa Wildwood Enterprises, Redford produziu *Todos os Homens do Presidente* (1976), em que ele co-estreiou com Hoffman. No filme eles fizeram o papel de Woodward e Bernstein, os jornalistas do *Washington Post* responsáveis pela denúncia do escândalo de Watergate. Como equipe de atores, foram brilhantemente empenhados.
Também: Paul Dirac & Erwin Schrödinger (ganhadores de Prêmio Nobel de Física em 1933).

---

3 a 10 de agosto
SEMANA DA FORÇA EQUILIBRADA
LEÃO II

11 a 18 de agosto
SEMANA DA LIDERANÇA
LEÃO III

Calor radiante

É provável que este relacionamento seja condescendente, com cada parceiro desfrutando da habilidade de expor-se no brilho estável da força um do outro. Os nascidos sob Leão, orgulhosos, são em geral bem ajustados, distensionados e aceitando um ao outro. A falta de combate aberto entre eles é certamente uma boa coisa, e até obrigatória para a continuação do relacionamento, considerando que a alternativa é a enorme capacidade desses dois de impor dor mútua. Desse modo, então, qualquer ameaça contra um deles, seja aberta ou insidiosa, será considerada um ataque ao outro, e cada parceiro virá em defesa do outro. Este traço é tão pronunciado que pode ser quase demasiadamente protetor, evitando que o indivíduo lide com suas dificuldades por conta própria.

Tanto amizades quanto casos amorosos podem ser calorosos e românticos. Relações sexuais não necessitam ser tão tórridas quanto se possa pensar – tendem mais para a delicadeza e a ternura, as quais são a regra em vez da exceção. A preferência do casal por sensualidade em lugar de paixões altamente sexuais ou eróticas tende a enfatizar atitudes passivas em vez de ativas, mentalmente assim como fisicamente.

Relacionamentos comerciais e casamentos entre Leão II-Leão III compartilham agressividade e vontade de ter sucesso, dificultada somente por sua condescendente autoconfiança. Este último traço, todavia, pode causar problemas se o par deixar de ver as dificuldades presentes e se recusar a reconhecer a seriedade dos problemas recorrentes até ser tarde demais. Muito antes de eles mesmos perceberem as luzes de advertência, seus funcionários ou filhos já podem ver perigo à frente, mas podem ter sido ensinados pela experiência a ficar quietos por medo de serem acusados de alarmistas. Mais tarde, no entanto, seus chefes ou pais Leão II-Leão III podem acusá-los por fracassarem em avisar sobre um perigo, de forma que eles serão culpados se o fizerem e culpados também se não o fizerem.

Pares de irmãos Leão II-Leão III, sobretudo do mesmo sexo, serão altamente competitivos nos seus primeiros anos. Com o tempo, todavia, em geral crescem para serem compreendidos, protegidos e receptivos.

Conselho: *Tente ser mais atencioso. Preste atenção aos sinais de advertência. Não dê simplesmente os ombros para as dificuldades – faça alguma coisa com relação a elas. Ouça as opiniões dos outros.*

RELACIONAMENTOS

PONTOS FORTES: DETERMINADO, CONDESCENDENTE, LUCRATIVO

PONTOS FRACOS: RETRAÍDO, BRIGUENTO, FERINO

MELHOR: TRABALHO

PIOR: CASAMENTO

RAINHA-MÃE (4/8/1900)
PRINCESA MARGARET (21/8/30)

A Rainha Elizabeth II da Inglaterra e a Princesa Margaret são filhas da resoluta rainha-mãe. Ela criou os filhos com verdadeiro espírito real mantendo-os na Inglaterra durante a segunda Guerra Mundial mesmo quando Londres estava sendo bombardeada. Margaret era uma criança precoce, irrepreensível e se tornou uma celebridade real popular.
Também: James Gamble & William Cooper Procter (parceiros; Procter & Gamble Co.).

---

3 a 10 de agosto
SEMANA DA FORÇA EQUILIBRADA
LEÃO II

19 a 25 de agosto
CÚSPIDE DA EXPOSIÇÃO
CÚSPIDE LEÃO-VIRGEM

O assento do motorista

O foco deste relacionamento é a provisão de liderança efetiva para atingir os objetivos específicos, sejam comerciais, sociais ou pessoais. Um guia ou figura autoritária é muitas vezes necessário aqui – em geral um dos dois parceiros, mas também às vezes o par como parceiros iguais liderando outras pessoas. Esses dois muitas vezes se encontram envolvidos em uma causa ou ideal maior para o qual eles dedicam seu relacionamento. Mantendo a causa em mente, eles podem ser capazes de evitar a competição pela liderança. De outra forma, Leão-Virgem, do tipo mais agressivo, pode ter problemas com Leão II discutindo sobre quem ocupará o lugar do motorista. Leão-Virgem, do tipo mais quieto, pode ficar muito contente em deixar Leão II assumir o controle e desempenhar o papel secundário, talvez como conselheiro. Mais cedo ou mais tarde, todavia, também desejará um direito igual.

É provável que o amor entre esses dois seja secreto e apaixonado. Seus casos podem facilmente ser ilícitos, com um Leão-Virgem infelizmente casado com um cônjuge insensível buscando apreciação e prazer nos braços de um Leão II ardente. Casamentos aqui facilmente se tornarão exauridos com o tempo, mas ambos os parceiros tendem a permanecer juntos, compartilhando papéis de liderança. Como pais, Leão-Virgem são mais zelosos do que naturalmente atenciosos com seus filhos e podem depender de Leão II para que faça aquilo que eles não conseguem fazer.

Nos pares profissionais, Leão II e Leão-Virgem podem se envolver em violentas lutas por poder mas são em geral sensíveis o suficiente para perceber que esses conflitos são perda de tempo e energia na dedicação à causa em questão. Muitas vezes a dupla mais bem-sucedida aqui são parceiros em negócios, que reconhecem suas forças individuais desde o início e concordam sobre quem tem a palavra final. Caso as habilidades analíticas de Leão-Virgem se consolidem com as energias constantes de Leão II, é provável que as associações de carreira aqui sejam lucrativas. Porque nem Leão-Virgem nem Leão II são excessivamente confiantes, eles podem preferir entrar em um negócio juntos quando já estão juntos como amigos, irmãos ou cônjuges.

Conselho: *Resolva as questões de poder. Cuidado com os efeitos de suas ações, desenvolva vínculos de confiança mais profundos. Não ignore os que necessitam de sua atenção.*

3 a 10 de agosto	26 de agosto a 2 de setembro
SEMANA DA FORÇA EQUILIBRADA	SEMANA DOS CONSTRUTORES DE SISTEMAS
LEÃO II	VIRGEM I

Verdadeiras almas gêmeas

Esses dois podem encontrar-se como verdadeiras almas gêmeas. Dificuldades raramente os detêm na busca um ao outro e estabelecer um relacionamento; na verdade, barreiras sociais, raciais ou financeiras somente os estimularão. Esta combinação é muitas vezes altamente pessoal, caracterizando aceitação e solidariedade mútuas. Vínculos empáticos fortes asseguram comunicação íntima e sensibilidade com as necessidades mútuas, não somente nos romances mas nos outros relacionamentos e laços sociais. É um relacionamento que adota compreensão intelectual e emocional.

Casos amorosos nesta combinação e os casamentos que muitas vezes resultam deles podem ser altamente comovedores. Virgem I não acha a satisfação emocional fácil e está sujeito às instabilidades nervosas, mas os relacionamentos com Leão II lhes dão apreciação, apoio e segurança para expressar seus sentimentos construtivamente. Leão II, por sua vez, se beneficia tremendamente da ordem e estrutura de Virgem I e aprecia a necessidade do relacionamento por firmes tomadas de decisão. Estados meditativos profundos podem aparecer aqui, mas o relacionamento tende a se isolar e deve-se tomar cuidado para não perder contato com as realidades mundanas.

Amizades entre esses dois tendem a ser idealistas, no entanto têm uma base prática forte. São altamente seguros e capazes de assumir suas responsabilidades, mas seu foco real é compartilhar conceitos filosóficos ou ideológicos e colocá-los em prática na vida diária. Pares no trabalho, por outro lado, podem não ser ideais, dada a vulnerabilidade, subjetividade e sensibilidade do par. Na família, do mesmo modo, pares de irmãos e pais-filhos podem ser empáticos com uma falha – os parceiros reagem com excesso aos humores um do outro e têm dificuldade de estabelecer estabilidade.

Conselho: *Não vire suas costas para o mundo. Continue em contato com as realidades diárias. Não seja guiado pela rebeldia. Mantenha seus ideais novos e puros.*

RELACIONAMENTOS

PONTOS FORTES: EMPÁTICO, SENTIMENTAL, GRATO

PONTOS FRACOS: REATIVO, SUBJETIVO DEMAIS, ISOLADO

MELHOR: AMOR

PIOR: FAMÍLIA

MARY WOLLSTONECRAFT (30/8/1797)
PERCY BYSSHE SHELLEY (4/8/1792)

Em 1814 Shelley e Wollstonecraft se apaixonaram profundamente e deixaram a Inglaterra. Após o suicídio da primeira esposa (1816), eles se casaram e se estabeleceram na Itália, um "paraíso dos exilados". Tiveram 3 filhos; 2 morreram. Depois do afogamento de Shelley em 1822, ela manteve seu coração em uma mortalha de seda e a carregou consigo pelo resto da vida.

---

3 a 10 de agosto	3 a 10 de setembro
SEMANA DA FORÇA EQUILIBRADA	SEMANA DO ENIGMA
LEÃO II	VIRGEM II

Uma necessidade de introspecção

O grande desafio deste relacionamento é descobrir sentimentos ou tendências psicológicas e permitir que elas sejam expressadas. Ambos os parceiros têm uma tendência a se isolar, o que torna difícil para eles serem emocionalmente íntimos para outras pessoas. Seu relacionamento pode amplificar esta tendência, criando distância emocional até entre eles. Há uma necessidade aguda aqui por grande conhecimento e auto-exame. Uma decisão consciente para ser mais aberto e confiante ajudará bastante. Esses dois necessitam dedicar muito tempo para discussão mais séria e exploração pessoal. Sua incursão no privado e domínios muitas vezes reprimidos exigirá grande força de vontade deles, mas as recompensas serão grandes.

O amor pode ser fisicamente satisfatório, até apaixonado, mas em geral em um sentido objetivo em lugar um envolvimento emocional profundo. Esses parceiros são muitas vezes frios em tais encontros, preferindo a separação à fusão. Relacionamentos matrimoniais e familiares são muita vezes tempestuosos campos de batalha para lutas pessoais, freqüentemente com origens inconscientes. Uma dinâmica complexa está em funcionamento aqui: sentimentos podem percorrer a escala da adoração ao ressentimento, do ressentimento à rejeição. Revoluções vulcânicas periódicas indicam a profundidade do sentimento envolvido mas também a superficialidade da compreensão. Como cônjuges e como combinações pais-filhos, Leão II e Virgem II, que usam o tempo para cavar profundamente, de forma paciente e compreensiva, começarão a sondar a natureza de seus problemas. As muitas realizações valiosas que podem resultar daí ajudarão a equilibrar a expressão e construir pontes de compreensão.

Amizades nesta combinação podem enfocar uma determinada atividade, tal como um hobby, ou podem ir mais fundo, explorando domínios pessoais intensamente. A escolha é habilidosa, pois uma associação prazerosa pode ser perturbada ou até destruída por curiosidades que se movem para muito longe, muito rapidamente, na tentativa de descobrir segredos bem guardados. Envolvimentos profissionais entre Leão II e Virgem II podem ser produtivos e compensadores se as diferenças pessoais puderem ser resolvidas.

Conselho: *Dedique tempo para exploração interna. Fortaleça sua vontade de compreender, pois a compreensão traz recompensa. Dê o que for necessário.*

RELACIONAMENTOS

PONTOS FORTES: PRODUTIVO, INTROSPECTIVO, CONFIÁVEL

PONTOS FRACOS: REPRIMIDO, INCOMPREENSIVO, EXPLOSIVO

MELHOR: PAIS-FILHOS

PIOR: AMOR

MARTIN SHEEN (3/8/40)
CHARLIE SHEEN (3/9/65)

O intenso ator Martin, conhecido por seu papel em *Apocalypse Now* (1979), é pai de 4 filhos, todos atores. O mais proeminente é o filho Charlie, que fez sua estréia aos 9 anos de idade em um filme de tevê, com seu pai. A carreira de adulto deslanchou em *Platoon* (1986). Pai e filho são conhecidos por seu forte relacionamento.

RELACIONAMENTOS

PONTOS FORTES: ABERTO, FIRME, EMOCIONALMENTE DESAFIADOR

PONTOS FRACOS: REPRIMIDO, IRADO, DESCONFIADO

MELHOR: TRABALHO

PIOR: PAIS-FILHOS

DUSTIN HOFFMAN (8/8/37)
ANNE BANCROFT (17/9/31)

Um dos maiores pares cômicos da história do cinema foram Hoffman e Bancroft em seus papéis de graduando ingênuo e a sedutora rica de meia-idade em *A Primeira Noite de um Homem* (1967). Foi o primeiro grande filme de Hoffman. Os atores fizeram seu papel de forma brilhante enfatizando emoções estereotipadas.
Também: Rainha-mãe & Príncipe Henry (bisavó/bisneto).

---

3 a 10 de agosto
SEMANA DA FORÇA EQUILIBRADA
LEÃO II

11 a 18 de setembro
SEMANA DO LITERAL
VIRGEM III

Desafios emocionais

Esta combinação se provará um desafio para seus parceiros, uma vez que se concentra nos sentimentos e no espírito – áreas nas quais nenhum dos dois se sente particularmente confortável. O relacionamento certamente revelará emoções previamente reprimidas. Seu foco pode ser a dificuldade que Leão II e Virgem II em geral têm com os sentimentos, o que esses indivíduos difíceis muitas vezes vêem como confusões que eles preferem evitar. Nesta combinação isso será impossível. O relacionamento os confrontará com uma área da vida que eles necessitam explorar mais e, essencialmente, resolver. Felizmente, o processo terá um determinado fluxo, de forma que as lições que ele tem a oferecer ocorrerão antes de parceiros sequer perceberem o que está acontecendo.

Amor e casamento terão seus problemas. Os nascidos em Virgem III são orientados para a atividade mental e os aspectos práticos, e embora os de Leão II sejam atraídos para a inteligência, eles na realidade se saem melhor quando confiam na própria intuição. Nos casamentos, nas amizades e no amor, raramente eles são fortes o suficiente para agüentar a lógica crítica e implacável de Virgem III. A raiva e o temperamento explosivo de Leão II, entretanto, serão difíceis para Virgem III. As interações deste casal muitas vezes se alternam de acessos emocionais a silêncios frustrados, refletindo raiva reprimida.

Pares familiares nesta combinação, sobretudo pais e filhos, são muitas vezes de confrontação. Filhos de Virgem III podem ser muito críticos para com seus pais de Leão II, que estão propensos a ser autoritários. Caso os pais sejam Virgem III, é provável que eles achem seus filhos de Leão II insubordinados e incontroláveis. Suas tentativas de impor disciplina raramente serão de sucesso.

Pares na carreira podem ser bem-sucedidos em evitar o sensível assunto dos sentimentos, mas os parceiros ainda sentirão uma determinada cautela emocional em torno um do outro, o que pode torná-los um pouco tranqüilos demais na companhia mútua. De outra forma, a energia direta de Leão II e a atenção de Virgem III podem se misturar bem. Esses dois podem ser bem-sucedidos em uma variedade de tarefas, preferencialmente as objetivas, nas quais o trabalho apenas necessita ser feito, sem estardalhaço ou aborrecimento.

Conselho: *Aprenda a lidar com seus sentimentos, e cuidado para não reprimi-los. Equilibre as oscilações de humor. A mente só pode levá-lo até um certo ponto. Siga seu coração.*

RELACIONAMENTOS

PONTOS FORTES: CRIATIVO, DIGNO DE CONFIANÇA, TRADICIONAL

PONTOS FRACOS: ESTIMULA DEPENDÊNCIA, LISONJEIRO, RÍGIDO

MELHOR: FAMÍLIA

PIOR: AMOR

SIR ALEXANDER FLEMING (6/8/1881)
SIR HOWARD FLOREY (24/9/1898)

Fleming descobriu o antibiótico penicilina em 1928. Em 1939, Florey (trabalhando com Ernst Chain) purificou a penicilina e testou-a com sucesso como uma droga clínica. Os 3 cientistas foram agraciados em 1945 com o Prêmio Nobel de Medicina.

---

3 a 10 de agosto
SEMANA DA FORÇA EQUILIBRADA
LEÃO II

19 a 24 de setembro
CÚSPIDE DA BELEZA
CÚSPIDE VIRGEM-LIBRA

Ficando bem preparado

Este relacionamento se concentrará em construir uma estrutura sólida e segura em um grupo social, familiar ou profissional. Superar obstáculos técnicos e sujeitar tarefas ou problemas a um sistema que flua bem são o forte nesta combinação, o que favorece uma combinação profissional excelente, com os parceiros compartilhando liderança e ocupando papéis claramente definidos. A resolução criativa de problemas vem naturalmente aqui.

Virgem-Libra necessita de uma figura forte e confiável de quem possa depender – uma pessoa como um Leão II. Relacionamentos de colegas de trabalho, de cônjuges e de pais são todos favorecidos aqui. Mas embora Leão II goste de se sentir apreciado, há um perigo que Virgem-Libra o veja como infalível. Se ele realmente representar um ideal de beleza de Virgem-Libra, pode ter dificuldade de se livrar do que pode se tornar uma armadilha excessivamente frágil. Em outro cenário, a agressividade de Leão II pode não ser completamente benquista pelos de Virgem-Libra, que são muitas vezes extremamente exigentes sobre como são abordados ou tocados.

Amizades, laços de família e casamentos nesta combinação tendem a salientar tradição, solidez e propósito no contexto de seu círculo social. Leão II achará imensamente compensador colocar seus poderes a serviço de tal grupo, e Virgem-Libra se beneficiará de usar sua criatividade e gosto de fazer a vida mais agradável e confortável para aqueles de quem gosta. Lutas por poder raramente surgem neste relacionamento, mas uniões extraodinariamente íntimas podem entorpecer a iniciativa individual, sobretudo no caso de Virgem-Libra. Caso Virgem-Libra se torne indevidamente dependente do relacionamento, Leão II pode ficar desconfortável e recuar.

Como pares patrão-empregado ou colegas de trabalho em um esforço de equipe, é provável que os nascidos em Virgem-Libra dêem direção e objetivo aos projetos que caracterizam a energia quase ilimitada de Leão II. Eficiência e planejamento figurarão proeminentemente em tais esforços, pois esses dois tendem a ser bem preparados quando entram em uma batalha.

Conselho: *Mantenha as coisas em perspectiva. Não deixe as necessidades e desejos saírem do controle. Pergunte-se sobre qual parte lhe toca nas coisas. Não recuse ajuda quando for oferecida.*

3 a 10 de agosto
SEMANA DA FORÇA EQUILIBRADA
LEÃO II

25 de setembro a 2 de outubro
SEMANA DO PERFECCIONISTA
LIBRA I

Cena transitória da vida

A vivacidade deste relacionamento é inconfundível, embora esteja muitas vezes acompanhada por um toque de tristeza latente. Leão II e Libra I certamente apreciam a excitação e podem constituir uma combinação um tanto volátil, embora ao mesmo tempo eles sejam realistas e reconheçam a natureza transitória da vida. Reflexão filosófica é importante para eles e pode se tornar o foco de seu relacionamento. Longe da afobação do mundo, onde eles são vistos como extrovertidos e até exibicionistas, o relacionamento oferece o porto tranqüilo que eles necessitam para explorar as questões espirituais e ideológicas.

Casos amorosos entre esses dois podem ser emocionalmente voláteis. Ambos os parceiros tendem a ter impulsos sexuais fortes, mas é improvável que um sentimento profundo se desenvolva entre eles e poderá haver pouco para manter seu relacionamento. Casamentos não são recomendados para este par, uma vez que é provável que nenhum dos parceiros esteja muito interessado em assumir responsabilidades domésticas ou educar uma família.

A direção filosófica da combinação surge nas amizades. Altamente valorizadas aqui são a ironia e o humor, sobretudo o humor negro, enfatizando o lado severo da vida. Com o passar dos anos, todavia, uma visão muito negativa e crítica do mundo pode progredir para uma visão mais esperançosa e espiritual. A inclinação intelectual de Libra I e as forças intuitivas de Leão II podem encontrar expressão neste par, mas ambos os parceiros muitas vezes desprezam a importância dos sentimentos. Eles necessitam reconhecer que a emoção representa um papel muito decisivo na vida do que eles estão preparados para admitir isso.

No trabalho e na família, chefes e pais de Libra I podem ser super-críticos com filhos ou empregados de Leão II, que estão muitas vezes sob o domínio de seu poder mental. Os nascidos em Leão II estão mais equipados para a ação, e muitas vezes se expressam com uma franqueza que os superiores de Libra I podem achar alarmante. Este relacionamento encoraja Libra I a ser um pouco mais destemido e Leão II a ser um pouco mais ponderado.

Conselho: *Leve a vida um pouco mais a sério. Não fique simplesmente observando o cortejo passar – tente fazer a diferença. Servir aos outros pode lhe beneficiar enormemente.*

RELACIONAMENTOS

PONTOS FORTES: FILOSÓFICO, REALISTA, ENGRAÇADO

PONTOS FRACOS: DESCUIDADO, TRISTE, SARCÁSTICO

MELHOR: AMIZADE

PIOR: CASAMENTO

ANNE KLEIN (7/8/23)
DONNA KARAN (2/10/48)

A designer de moda Klein definiu o estilo esportivo americano. Depois de sua morte em 1974, Karan, que fora treinada por ela, continuou o design de sua etiqueta até fundar a própria empresa muito bem-sucedida em 1984. **Também: Alfalfa & Spanky** (co-estrelas, *Little Rascals*); **Ruth Carter Stapleton & Jimmy Carter** (irmãos; evangelista/presidente); **Norma Shearer & George Raft** (caso; atores).

---

3 a 10 de agosto
SEMANA DA FORÇA EQUILIBRADA
LEÃO II

3 a 10 de outubro
SEMANA DA SOCIEDADE
LIBRA II

Barreiras psicológicas

Este relacionamento é mais complexo do que se pode pensar. Embora o par em geral se dê bem, há barreiras emocionais e psicológicas entre eles, as quais são mais óbvias no papel representado no relacionamento pela aprovação e desaprovação: cada parceiro usará esses julgamentos como uma ferramenta para tentar ir além das fronteiras psicológicas do outro – uma estratégia não muito saudável. Diferenças de temperamento entre esses dois pode revelar seus lados nervosos, embora apesar de suas áreas de conflito, o lado divertido e espirituoso de Libra II possa levantar o ânimo de Leão II. Por exemplo, Leão II pode, por sua vez, ensinar Libra II como ser mais positivo e agir decisivamente.

Barreiras psicológicas profundas podem ter de ser superadas nos casos amorosos. Libra II pode ser extremamente útil em encorajar Leão II a ser introspectivo e obter uma compreensão tanto deles mesmos quanto do relacionamento. Muito freqüentemente, todavia, Libra II pode se ressentir do relacionamento (não importa quanto eles estão apaixonados) por serem colocada essas exigências psicológicas sobre eles. Seus sentimentos ambivalentes poderiam facilmente conduzir a mais indecisão. Muito freqüentemente este caso é deixado solto em um vazio. Nos casamentos, também, atitudes positivas e força de vontade imensa serão necessárias para evitar atitudes de julgamento e para encorajar a aceitação de algumas delas se a depressão e a incerteza tiverem de ser vencidas. É provável que relacionamentos de irmãos e amigos sejam mutuamente protetores, com a presença física poderosa de Leão II e a habilidade social de Libra II se mesclando. Ambos os parceiros serão capazes de visitar um ao outro ocasionalmente em momentos de necessidade; ainda mais importante, eles podem regularmente ter excelentes momentos juntos. Embora Leão seja um signo de fogo e Libra de ar, o relacionamento Leão II –Libra II é regido pela terra, um elemento aqui significando habilidades práticas e habilidade para trabalhar juntos. Se eles puderem colocar suas diferenças de personalidade de lado, esses dois podem servir melhor como colegas de trabalho, realizando-o eficientemente. Nas associações em negócios e outros esforços empresariais, todavia, o lado pessoal do relacionamento pode se provar contrário aos acordos, de forma que essas combinações não são recomendadas.

Conselho: *Mantenha-se leve. Não deixe humores entristecerem você. Fortaleça sua determinação para avançar. Mantenha objetivos positivos em mente.*

RELACIONAMENTOS

PONTOS FORTES: DIVERTIDO, PERCEPTIVO, EFICAZ

PONTOS FRACOS: ENIGMÁTICO, NERVOSO, DEPRIMIDO

MELHOR: IRMÃOS

PIOR: AMOR

RAOUL WALLENBERG (4/8/12)
HEINRICH HIMMLER (7/10/1900)

Himmler era considerado o mais cruel dos líderes nazistas, responsável pela morte de milhões nos campos de concentração. Wallenberg, representante suíço em Budapeste, em 1944 salvou dezenas de milhares de judeus-húngaros fornecendo-lhes passaporte suíço antes de sua deportação para campos da morte. Diz-se que ele pagou Himmler para libertar muitos destes prisioneiros.

RELACIONAMENTOS

PONTOS FORTES: IMAGINATIVO, OUSADO, DINÂMICO

PONTOS FRACOS: CONFLITADO, INTRANSIGENTE, REATIVO DEMAIS

MELHOR: TRABALHO

PIOR: AMOR

RAY BROWN (13/10/26)
HERB ELLIS (4/8/21)

O baixista Brown e o guitarrista Ellis eram membros do elegante Oscar Peterson, trio de jazz, que estreou em 1951. Eles fizeram muitas gravações extraordinárias, entre elas *The Oscar Peterson Trio* no Festival shakespeariano de Stratford (1956) – e se apresentaram muitas vezes no circuito de clubes de jazz. Ellis e Brown eram músicos simpáticos que tocavam juntos com grande sensibilidade.

---

3 a 10 de agosto
SEMANA DA FORÇA EQUILIBRADA
LEÃO II

11 a 18 de outubro
SEMANA DO TEATRO
LIBRA III

Dois capitães no leme

A qualidade visionária ou irreal nesta combinação pode ser difícil de acomodar. Há uma escolha – aproveitar a criatividade deste traço ou ficar acovardado por suas flutuações – mas essas duas personalidades dominantes encontrarão as energias em funcionamento no seu relacionamento difíceis de compreender. Sentindo-se ameaçados, é provável que ambos teimem. Lutas por poder e conflito podem ser inevitáveis, mas se eles puderem superar suas inseguranças os elementos mais inspiradores de suas personalidades podem se fundir, de forma que projetos visionários podem às vezes ser lançados e realizados.

Um grande problema aqui é a natureza resplandecente e dramática de Libra III, o que Leão II pode ver como altamente artificial. Entretanto, Libra III poderia ver a abordagem de Leão II como muito direta e sem atrativos. Mas a primeira questão que terá de ser resolvida é "Quem é o chefe?" A única solução pode residir na conciliação, com os parceiros compartilhando o leme. Isto será certamente difícil, todavia.

É provável que casos amorosos sejam tempestuosos e curtos, mas os relacionamentos no trabalho e os casamentos têm uma chance boa de sucesso se as obrigações forem bem-definidas. O relacionamento deveria estabelecer fronteiras claras, decidindo que áreas são a província de cada parceiro. É quando esses dois estão constantemente olhando por sob os ombros um do outro que os problemas começam, pois cada um é extremamente sensível à crítica e à censura. Esses relacionamentos muitas vezes funcionam melhor quando outras pessoas tomam conta de questões práticas (tais como contabilidade, limpeza, anotar recados etc.) e o par Leão II-Libra III é deixado livre para seguir os chamados da sua imaginação conjunta.

Irmãos nesta combinação às vezes se perdem no seu próprio mundo aventureiro de fantasia, sobretudo na infância. Atravessar a adolescência juntos pode ser doloroso para eles – eles terão de desistir dos momentos maravilhosos que tiveram juntos no início e assumir alguns papéis mais responsáveis. Amizades são mais bem-sucedidas quando as responsabilidades são mantidas ao mínimo. Atividades dinâmicas e físicas envolvendo risco e perigo são especialmente atraentes para este par.

Conselho: *Tente elaborar acordos. Seja diplomático. Conciliar não é uma palavra obscena. Tente ser mais sensível às necessidades um do outro.*

RELACIONAMENTOS

PONTOS FORTES: REALISTA, HONESTO, LITERAL

PONTOS FRACOS: PROVOCATIVO, RANCOROSO, CONFRONTACIONAL

MELHOR: AMIZADE

PIOR: CASAMENTO

BOBBY BROWN (25/10/69)
WHITNEY HOUSTON (9/8/63)

A cantora pop Houston ganhou numerosos Grammys. Brown, um cantor de rhytm & blues também tem várias canções de sucesso. Seu casamento em 1992 levou os cínicos a sugerir que era apenas um esforço para melhorar sua imagem de mau elemento. **Também:** Eddie Fisher & Carrie Fisher (pai/filha; cantor/atriz-autora).

---

3 a 10 de agosto
SEMANA DA FORÇA EQUILIBRADA
LEÃO II

19 a 25 de outubro
CÚSPIDE DO DRAMA E DA CRÍTICA
CÚSPIDE LIBRA-ESCORPIÃO

Acordo tácito

O relacionamento entre Leão II e Libra-Escorpião é em geral estabelecido no aqui e agora. Ele muitas vezes se concentra nos fatos e nas exigências frias de que a verdade literal seja dita. A honestidade nas questões de trabalho e pessoais é obrigatória aqui, e infeliz do parceiro que quebrar este acordo tácito. Embora Leão seja um signo de fogo e Libra um signo de ar, o relacionamento entre Leão II e Libra-Escorpião é governado pela terra, um elemento aqui sugerindo pensamento prático forte mas também sensualidade e sedução.

Amor e casamento podem ser dolorosos para esses dois se eles não se olharem olho no olho, ou se seu relacionamento físico amargurar-se. A paixão tem uma forma de conduzir para a provocação e a provocação para o combate, todos em um ordem muito curta. Formidáveis como os Leão II podem aparecer em uma confrontação psicológica arrasadora e interminável, eles não são em geral nenhum par para Libra-Escorpião, que saberá exatamente como magoá-los, ofendendo seu orgulho e minando sua autoconfiança. Se um caso de amor tempestuoso conduzir a um casamento difícil, Leão II tende a agüentar-se muito além do ponto em que seria melhor para todos se desistissem.

Relacionamentos pais-filhos nesta combinação podem ser amorosos mas desiludidos, sobretudo se um pai de Leão II ficar desacreditado aos olhos de um filho Libra-Escorpião. Tanto os pais quanto os filhos esperam que as promessas feitas um ao outro sejam mantidas, e mantenham um para o outro a sua palavra sem deslizes. Pares de irmãos não são menos inexoráveis, embora irmãos e irmãs possam ser muito mais objetivos e respeitadores das forças e fraquezas um sobre o outro.

Amizades e relacionamentos no trabalho entre Leão II e Libra-Escorpião podem gerar tremenda energia. Manter os projetos e as produções andando, sejam comerciais ou sociais, é um ponto forte nesta combinação. Trabalho de alta qualidade deve ser esperado de tais pares, juntamente com uma igual exigência por apresentação elegante e simples.

Conselho: *Perdoe e esqueça. Não deixe as expectativas se avolumarem. Tente ser um pouco mais flexível. Considere as coisas mais figurativa e menos literalmente.*

3 a 10 de agosto
SEMANA DA FORÇA EQUILIBRADA
LEÃO II

26 de outubro a 2 de novembro
SEMANA DA INTENSIDADE
ESCORPIÃO I

RELACIONAMENTOS

PONTOS FORTES: AMBICIOSO, PROTETOR, INOVADOR

PONTOS FRACOS: TEIMOSO, SÉRIO DEMAIS, COMBATIVO

MELHOR: CASAMENTO

PIOR: IRMÃOS

Experimentando o renascimento

Esta combinação é protetora e provedora, assim como produtiva. Forças criativas são fortes aqui – tão fortes, que juntos esses parceiros podem experimentar um tipo de renascimento. Seu relacionamento lhes dá uma chance de mudar para um nível pessoal e espiritual mais elevado. Seus respectivos pontos fortes Força Equilibrada e Intensidade são bem-combinados, complementando um ao outro nos empreendimentos profissionais, educacionais e sociais que permitem que o equilíbrio de Leão II e o impulso de Escorpião I se fundam. Ambos Leão e Escorpião são signos fixos, portanto é provável que nenhuma dessas personalidades dê o braço a torcer em uma discussão acalorada. Trabalhando lado a lado em uma variedade de empreendimentos, no entanto, eles podem conquistar a confiança um do outro.

No amor esses dois raramente ficam contentes em apenas gozar os prazeres da vida: eles têm um impulso para ir adiante. Isso com freqüência os empurrará na direção do casamento. Ter filhos e comprar a própria casa podem também ser partes importantes do cenário. Eles devem ficar atentos, no entanto, para o fato de que o progresso nesse sentido não os faça cada vez mais sérios e inflexíveis, perdendo a espontaneidade e a alegria que caracterizam seu relacionamento no começo.

As amizades e os relacionamentos entre irmãos Leão II e Escorpião I podem ser intensos e competitivos, sobretudo no plano físico. Seja rivalizando um com o outro como oponentes ou tentando atingir o melhor de si ou dos dois, esse casal às vezes competirá sem dó pela vitória. Eles deve tomar cuidado para não se ferirem indo longe demais nessa direção.

Nos relacionamentos profissionais, Leão II e Escorpião I são mais felizes quando capazes de levar novas idéias para o ambiente de trabalho. Como um time de iguais, são capazes de trabalhar duro, mas apenas quando escolhem fazê-lo. A motivação é uma consideração importante aqui, pois empregarão generosamente seu talento e energia se acreditarem nos produtos e objetivos da organização a que servem.

Conselho: *Mantenha-se jovem de coração. Não assuma mais responsabilidades do que você pode agüentar. Permaneça flexível e aberto em seus pontos de vista. Deixe tempo para a diversão.*

**LARRRY FLYNT (1/11/42)
RUTH CARTER STAPLETON (7/8/29)**

Na vida real, como no filme de 1996 *O Povo Contra Larry Flynt*, Stapleton, a irmã evangelista do presidente Jimmy Carter, procurou Flynt na esperança de oferecer ao editor da revista *Hustler* salvação espiritual. Por algum tempo, Flynt fez parte de seus assuntos religiosos. **Também: Sara Teasdale & Margaret Conklin** (amigas; poetisa/atriz).

---

3 a 10 de agosto
SEMANA DA FORÇA EQUILIBRADA
LEÃO II

3 a 11 de novembro
SEMANA DA PROFUNDIDADE
ESCORPIÃO II

RELACIONAMENTOS

PONTOS FORTES: AGRADÁVEL, SENSUAL, AFETIVO

PONTOS FRACOS: OBSESSIVO, FRUSTRADO, EXAGERADO

MELHOR: AMOR

PIOR: TRABALHO

Energias pesadas

Esta combinação canaliza sérias energias. Como signos fixos, Leão e Escorpião tendem a ser obstinados e inflexíveis, de forma que os de Leão II e Escorpião II não mudam com facilidade e não estão prontamente abertos a fazer acordo. Ademais, uma vez que esses dois estão em quadratura em relação um ao outro no zodíaco ($90°$ de distância), a astrologia tradicional prevê tensão e problemas para esse relacionamento. No entanto, os sentimentos são muito profundos entre eles. Se puderem apenas lidar um com o outro, seu relacionamento será rico e compensador do ponto de vista emocional. Felizmente, há um tema unificador nesse relacionamento – uma apreciação e um prazer pelo físico e pela beleza sensual. A questão total é como a sensualidade, a sexualidade e o prazer em geral são abordados aqui.

No amor e casamento, esses parceiros são às vezes mais bem-sucedidos em um envolvimento conjunto com a arte, natureza, moda, música ou o cinema do que o serão nas suas interações um com o outro. Quando podem expressar objetivamente o desejo sensual ou a apreciação de um objeto que ambos admiram, podem experimentar muita satisfação mútua. No entanto, quando o desejo sensual leva essas mesmas personalidades em direção uma a outra, eles conseguem atolar-se em um redemoinho de pensamentos e sentimentos conflitantes. A interação sexual entre esses dois pode ser muito ser poderosa mas também extremamente perturbadora se não for bem-manipulada psicologicamente. Expressões sensuais simples – um toque, um olhar, um gesto afetuoso – são raramente um problema, mas a sensualidade franca pode se tornar muito problemática, sobretudo se drogas, comida ou dependência amorosa aparecerem. É na esfera da amizade que os vícios arrebatadores podem ser os mais danosos, embora altamente prazerosos a curto prazo.

Os relacionamentos familiares entre Leão II e Escorpião II, sobretudo nas relações entre pais e filhos de sexo oposto, são profundamente amorosos, mas há com freqüência algum bloqueio nessa expressão do amor. Os pares mãe e filho e pai e filha podem ser íntimos mas frustrantes, e quanto mais íntimos são, piores seus problemas podem se tornar. Aprender a melhorar o humor, se divertir juntos e compartilhar sentimentos com outros membros da família pode ajudar. Relacionamentos profissionais entre Leão II e Escorpião II não são recomendados a menos que os parceiros possam ser estritamente objetivos.

Conselho: *Deleite-se com a apreciação mútua da beleza. Cuidado com o vício dos prazeres físicos. Cultive a afeição verdadeira e a gentileza. Suavize-se um pouco.*

**VACHEL LINDSAY (10/11/1879)
SARA TEASDALE (8/8/1884)**

A poetisa Teasdale rejeitou o poeta Lindsay como um antigo cortejador e se casou com outro em 1914. Em 1929, 2 anos depois do divórcio de Teasdale, Lindsay cometeu suicídio bebendo veneno. Ela se mudou para Nova York, onde viveu reclusa até seu próprio suicídio em 1933. **Também: Courtney Love & Althea Flynt** (representação no cinema); **Dustin Hoffman & Mike Nichols** (ator descoberto por diretor).

RELACIONAMENTOS

PONTOS FORTES: RELAXADO, BEM-HUMORADO, FESTIVO

PONTOS FRACOS: FORA DA REALIDADE, INGÊNUO, CONTENTE

MELHOR: AMIZADE

PIOR: TRABALHO

PRÍNCIPE CHARLES (14/11/48)
RAINHA-MÃE (4/8/1900)

A rainha-mãe é avó de Charles. Ele foi criado em sua presença e herdou, por meio da Rainha Elizabeth, a dedicação de uma vida às responsabilidades da família real. Ele se movimenta com o mesmo humor, charme e dignidade da avó.

---

3 a 10 de agosto
SEMANA DA FORÇA EQUILIBRADA
LEÃO II

12 a 18 de novembro
SEMANA DO ENCANTO
ESCORPIÃO III

Bom humor

Os parceiros nesta relação altamente divertida de fato apreciarão um ao outro por quem e pelo que são. O bom humor muito freqüentemente prevalece quando estão juntos, não obstante o pouco tempo que possam ter disponível para passar um com o outro. Seu relacionamento permanece fresco e novo por muitos anos. Também é muitas vezes algo irrealista e ingênuo sobre o mundo. Leão II e Escorpião III aprendem lições importantes de sua experiência, mas podem desejar de forma incomum deixar para trás quaisquer sentimentos de terem sido prejudicados – em outras palavras, perdoar e esquecer. Isso por causa da segurança que sentem em seu relacionamento e pelos bons sentimentos que ele produz.

Essa segurança por meio de bons sentimentos é sobretudo evidente nos casos amorosos, amizades e casamentos. Embora nem Leão II nem Escorpião III sejam confiantes demais em seu relacionamento com outras pessoas, juntos podem se abrir emocionalmente em um nível surpreendente. A convivência é um grande tópico aqui; esse casal gostará muito de sentar em uma mesa com amigos, comprazendo-se na boa comida e bebida e, claro, na conversação. Os nascidos em Leão II tendem a buscar excitação e desafio em muitas áreas da vida, mas com Escorpião III podem relaxar e ser eles mesmos. Escorpião III também gostará de baixar as defesas e de não ter de bancar o patrão, organizador ou diretor.

Os relacionamentos profissionais são menos favoráveis aqui, uma vez que tipos de atitudes descontraídas que são típicas entre esses dois raramente promovem as pessoas nos mundos profissional e comercial. Os parceiros de Leão II e Escorpião III interessados em fazer sucesso terão de pressionar a si mesmos um pouco mais. Nos ambientes familiares, os relacionamentos entre pais e filhos e avôs e netos nessa combinação podem ser recompensadores e comunicativos, mas também exigentes, mimados e superprotetores.

Conselho: *Divirta-se, mas não esqueça as suas responsabilidades. Bons sentimentos não são tudo. A confiança pode ter de ser conquistada. Proteja seus interesses.*

RELACIONAMENTOS

PONTOS FORTES: FOCADO, ATENCIOSO, ESTABILIZADOR

PONTOS FRACOS: INIBIDOR, HIPERZELOSO, SOLAPADOR

MELHOR: IRMÃOS

PIOR: AMOR

JOHN HUSTON (5/8/06)
EVELYN KEYES (20/11/19)

A atraente protagonista Keyes era popular nos anos 1940 e 1950. Ela foi casada com o diretor Huston de 1946 a 1950. Huston era um incansável e persistente marido. Ele se casou com Keyes depois de se divorciar da primeira esposa e de cortejar Olivia de Havilland. No dia seguinte de se divorciar de Keyes, ele se casou com a quarta esposa.

---

3 a 10 de agosto
SEMANA DA FORÇA EQUILIBRADA
LEÃO II

19 a 24 de novembro
CÚSPIDE DA REVOLUÇÃO
CÚSPIDE ESCORPIÃO-SAGITÁRIO

Fazendo o melhor

Grandes prazeres podem ser desenvolvidos nesse relacionamento por meio de sua insistência em ter tudo de forma correta. Extremamente exigentes consigo e com os outros, talvez coloquem ênfase demais na concentração mental. Uma vez que Leão II fica à vontade quando segue seus pressentimentos, e Escorpião-Sagitário quando lida com seus sentimentos, ambos os parceiros podem ficar desconfortáveis com o foco no pensamento lógico, descompromissado, que surge quando estão juntos, separando-os de suas forças reais. Devido a todos os seus impulsos e intensidade, ambos Leão II e Escorpião-Sagitário se sentem melhores em circunstâncias descontraídas onde possam trabalhar seu próprio tempo. A insistência do relacionamento na perfeição pode solapar seu funcionamento e causar frustração.

Ambas essas personalidades são vigorosas em sua sexualidade, no entanto essa força nem sempre surge nos casos amorosos que têm um com o outro. Eles podem ter um efeito estranhamente inibidor no lado carnal, como se estivessem esperando críticas ou reprovação. Nos casamentos, também, expectativas altas podem evitar bons resultados. As interações aqui raramente são livres e fáceis. Leão II tende a continuar até o amargo fim, mas as tensões e pressões do relacionamento podem fazer Escorpião-Sagitário buscar conforto e prazer em outro lugar.

Na família, por outro lado, essa combinação pode ser fortalecida e estabilizada, sobretudo entre irmãos do mesmo sexo. Esses dois podem com facilidade dirigir o lar quando os mais velhos estiverem fora. Os amigos dessa combinação muitas vezes compartilham uma área comum de interesse ou atividade, o que eles buscam com desvelo. Seus membros familiares, esposos e outros amigos terão que ser compreendidos por seu envolvimento efetivo e de concentração exclusiva um com o outro.

Os relacionamentos profissionais entre Leão II e Escorpião-Sagitário podem ter que liberta-se um pouco, deixando os parceiros livres para operar de sua própria maneira. Contanto que venham em casa de vez em quando e evitem ser abertamente críticos, as coisas podem ser suaves o bastante. O sentido de direção de Leão II e a elegância e detalhamento de Escorpião-Sagitário nem sempre se combinam, mas podem complementar um ao outro se essas diretrizes forem observadas.

Conselho: *Amenize um pouco suas demandas. Cuidado com as altas expectativas. Não negligencie suas forças reais. Trabalhe mais a serviço dos outros.*

3 a 10 de agosto
SEMANA DA FORÇA EQUILIBRADA
LEÃO II

25 de novembro a 2 de dezembro
SEMANA DA INDEPENDÊNCIA
SAGITÁRIO I

Apaixonado-se pelo amor

Esse relacionamento entusiasmado, de vibrações positivas, é todo fogo. Extrovertido e excitante, ele empresta vivacidade a qualquer agrupamento de pessoas e também inspira os próprios parceiros. As qualidades de juventude e infantilidade são em geral aparentes aqui, a energia é abundante e os pensamentos positivos prevalecem, pelo menos quando as coisas estão acontecendo entre esses dois. Durante os períodos de depressão, no entanto, o par pode não possuir os recursos internos para lidar com problemas, sobretudo os emocionais e psicológicos. Os problemas podem também surgir para quem está atraindo mais atenção. Leão II e Sagitário I devem ser mais conscientes de suas próprias necessidades e aprender como lidar com elas sem fazer demandas aos outros.

A combinação pode ser extremamente romântica. Com Leão II e Sagitário apaixonados, todos os outros aspectos da vida tendem a empalidecer em comparação com a chama viva entre os dois. Também, com freqüência, apaixonar-se é ilusório para eles e tem um propósito escondido de afastar suas mentes dos próprios problemas. O aparente alívio de não ter mais que lidar com infelicidade, ou de finalmente ter encontrado a pessoa certa (muito embora os parceiros possam ter se sentido da mesma forma antes e, em última análise, se desapontado), nunca deixa de levantar o espírito e renovar a autoconfiança. Infelizmente, o oposto pode também ocorrer: se um dos dois sofrer rejeição ou frustração, a desilusão e depressão podem ser severas. Os casamentos são em geral mais estáveis e duradouros, sobretudo quando deixam que o tempo permita que um compromisso profundo se forme antes do casamento real acontecer. O casal deve fazer um esforço para manter seu romance vivo, equilibrando-o com responsabilidades domésticas e financeiras em uma combinação saudável. Uma vez que o entusiasmo em excesso pode ser fatal em atividades comerciais, o relacionamento não é recomendado para parcerias ou pares de executivos. E as posições de colegas de trabalho na hierarquia de uma empresa podem entediar esse vibrante par. Os relacionamentos familiares, por outro lado, sobretudo entre pais e filhos, podem ser mutuamente estimulantes, e tenderão a manter os mais velhos jovens no coração. As amizades entre Leão II e Sagitário I em geral precisam de uma vazão física forte, talvez esportes, treinamento físico ou outras formas de treinamento.

Conselho: *Divirta-se, mas reserve algum tempo para enfrentar a verdade. Apaixonar-se raramente resolve todos os problemas a longo prazo. Preste atenção aos seus sentimentos.*

RELACIONAMENTOS

PONTOS FORTES: ENTUSIASTA, VIGOROSO, FÍSICO

PONTOS FRACOS: DESILUDIDO, REJEITADO, DESCONECTADO

MELHOR: CASAMENTO

PIOR: TRABALHO

PERCY BYSSHE SHELLEY (4/8/1792)
WILLIAM BLAKE (28/11/1757)

Shelley e Blake foram ambos poetas românticos ingleses. Blake veio de uma geração anterior (com Wordsworth e Coleridge) e Shelley de um grupo posterior (com Keats e Byron). O trabalho de Blake refletia uma visão religiosa e mística, ao passo que o de Shelley era mais liberal e livre. **Também: John Huston & James Agee** (diretor/romancista-roteirista); **Melanie Griffith & Steve Bauer** (casados; atores).

---

3 a 10 de agosto
SEMANA DA FORÇA EQUILIBRADA
LEÃO II

3 a 10 de dezembro
SEMANA DO ORIGINADOR
SAGITÁRIO II

Sentindo-se normal

Este relacionamento é muitas vezes orientado para as interações humanas, seja na escola, na religião ou em organizações sociais ou mais informalmente dentro de um grupo de amigos. Ambos Leão II e Sagitário II possuem um traço de caráter de periodicamente sentirem-se mal-entendidos, até mesmo anormais. Juntos, no entanto, eles podem fazer seu caminho no mundo sem se sentirem estranhos consigo mesmos. Portanto, o foco de seu relacionamento é muitas vezes o desenvolvimento social, com os parceiros aprendendo mais sobre as pessoas, as instituições e como elas funcionam. Uma vez que Leão II e Sagitário II formam um aspecto trígono (estão a 120° de distância no zodíaco), a astrologia tradicional prevê um relacionamento fácil aqui, quase sempre corretamente. As dificuldades podem surgir, no entanto, quando a natureza impetuosa de cada parceiro começar a se sobressair.

Como um romance esse relacionamento pode ser espontâneo, impulsivo, passional e altamente sexual. A maturidade emocional é geralmente ausente, no entanto, e o envolvimento pode ficar cheio de explosões de sentimentos positivos e negativos. Leão II é definitivamente o que mais sofre desses dois: se Sagitário II se sentir rejeitado ou frustrado, ele é capaz de partir e sem avisar.

Os casamentos e amizades entre esses dois podem certamente ser intensos às vezes mas são na maior parte do tempo sociáveis e prazerosos. O fato de haver em geral muita compreensão entre Leão II e Sagitário II não significa que haja sempre total solidariedade. Os parceiros são muito independentes. A maior parte do tempo que gastam juntos pode incluir a presença de outra pessoa, e como em um ambiente social eles tendem a ser tratados como se fossem uma só pessoa essa situação os unirão ainda mais.

As rivalidades entre irmãos são altamente desafiadoras, especialmente entre pares do mesmo sexo. Os problemas sobem à cabeça rapidamente entre tais pares, mas uma vez que a tempestade suaviza as coisas se acalmam rapidamente. Será em geral melhor se os amigos e familiares não tentarem trabalhar juntos, mas os colegas de trabalho nascidos em Leão II e Sagitário II com freqüência se tornam amigos rapidamente. As espetadas de sarcasmo verbal são sinais de afeição em tais relacionamentos.

Conselho: *Mostre inteligência emocional. Desenvolva paciência e autocontrole. Dê aos outros mais uma chance. Deixe o passado para trás. Não seja rancoroso.*

RELACIONAMENTOS

PONTOS FORTES: ESPONTÂNEO, COMPREENSIVO, SOCIAL

PONTOS FRACOS: ANTIPÁTICO, VOLÚVEL, MAL-COMPREENDIDO

MELHOR: CASAMENTO

PIOR: IRMÃOS

GILLIAN ANDERSON (9/12/68)
DAVID DUCHOVNY (7/8/61)

Duchovny e Anderson são co-estrelas do seriado de sucesso na tevê sobre fenômenos paranormais, *Arquivo X* (1993-). Ele faz o papel de um psicólogo educado em Oxford que acredita que sua irmã foi raptada por alienígenas, e ela faz o papel de uma ex-estudante de medicina que tem uma abordagem mais científica de seus casos. Na vida real, Anderson acredita em UFOs e percepção extra-sensorial. **Também: Paul Claudel & Camille Claudel** (irmãos; dramaturgo/artista).

RELACIONAMENTOS

PONTOS FORTES: ORIENTADO, VANGUARDISTA, MOTIVADOR

PONTOS FRACOS: NEGLIGENTE, BELIGERANTE, EXPLOSIVO

MELHOR: TRABALHO

PIOR: AMOR

DON JOHNSON (15/12/49)
MELANIE GRIFFITH (9/8/57)

Os atores Griffth e Johnson se casaram e divorciaram duas vezes. Ela foi morar com ele quando tinha 14 anos de idade e ele 22. Se casaram em 1976 e se divorciaram um ano depois. Em 1988, a caminho de uma clínica de reabilitação, ela o chamou e declarou seu amor; se casaram em 1989. **Também: Dino DeLaurentiis & Carlo Ponti** (parceiros cineastas); **Whitney Houston & Dionne Warwick** (primas; cantoras pop).

3 a 10 de agosto
SEMANA DA FORÇA EQUILIBRADA
LEÃO II

11 a 18 de dezembro
SEMANA DO TITÃ
SAGITÁRIO III

Unanimidade de propósito

O principal impulso deste relacionamento é ter um papel pioneiro na organização comercial, familiar ou social da qual o casal faz parte. Qualquer carroça puxada por dois cavalos tão poderosos como Leão II e Sagitário III com certeza chegará ao destino – contanto que os dois estejam puxando na mesma direção: capazes de dar liderança e direção a qualquer esforço, esses dois podem também paralisar um projeto se tiverem uma opinião forte diferente. Um desafio importante aqui é preservar a unanimidade de propósito. Leão II às vezes se colocará em segundo plano com relação a Sagitário III quando o projeto obviamente não funcionar com mais do que um líder, mas com mais freqüência uma divisão judiciosa de responsabilidades pode ser necessária, permitindo ao casal co-dirigir um projeto sem muito atrito.

Os relacionamentos de trabalho e familiar nessa combinação tendem a ser mais efetivos quando se mantém impessoais e orientados para o objetivo. Se os sentimentos pessoais não forem mantidos à parte do local de trabalho ou de casa, a agressão pode explodir ou irritações mais silenciosas podem se tornar o atrito lento que finalmente leva um projeto relutante a parar. É importante para ambos encontrarem um nível humano no qual se relacionar, no entanto, para que a área de compartilhamento de pensamentos possa gerar desafios para o relacionamento enfrentar.

Os casos amorosos e casamento entre esses dois podem experimentar lutas tremendas pelo poder sobre quem manda. Se um dos parceiros tiver um salário ou uma posição na empresa mais destacada do que o outro é provável que isso se torne um ponto de discussão entre eles. No entanto, os impulsos sociais e econômicos competitivos podem de fato unificar o relacionamento não apenas reforçando valores comuns, mas sublinhando a necessidade de trabalho árduo e produtivo para fortalecer o laço. Ambos os parceiros devem tomar cuidado para que a afeição, a ternura, o amor e a gentileza não fique de fora na perseguição pelo sucesso. As amizades entre Leão II e Sagitário III devem reconhecer que ambas as personalidades passam por humores alternados; em tais momentos é melhor que sejam deixados a sós.

Conselho: *Não coloque todos os seus ovos em uma única cesta. Busque valores espirituais e emocionais. O sucesso mundano não é a única coisa. Desista de lutas pelo poder.*

RELACIONAMENTOS

PONTOS FORTES: RESOLUTO, CURIOSO, DRAMÁTICO

PONTOS FRACOS: INTROMETIDO, SENSACIONALISTA, DOGMÁTICO

MELHOR: TRABALHO

PIOR: CASAMENTO

LOUIS B. LEAKEY (7/8/03)
RICHARD LEAKEY (19/12/44)

Louis, a esposa Mary e o filho Richard são dedicados antropólogos. As pesquisas de Louis focalizam a feitura de ferramentas primitivas, explicando como os caçadores e coletadores pré-históricos adquiriam seu alimento. Após sua morte em 1972, Richard e sua mãe continuaram seu campo de pesquisa na África. **Também: James Randi & Uri Geller** (grande crítico do psíquico).

3 a 10 de agosto
SEMANA DA FORÇA EQUILIBRADA
LEÃO II

19 a 25 de dezembro
CÚSPIDE DA PROFECIA
CÚSPIDE SAGITÁRIO-CAPRICÓRNIO

Controlando o espetáculo

Esses dois podem acharem-se atuando em um drama sobre o qual não possuem controle. Seu relacionamento tem uma qualidade especialmente destinada a isso, com cada parceiro assumindo os papéis definidos, como se alguém estivesse por trás movimentando os atores e controlando-os. Bem-direcionado e mentalmente forte, o relacionamento sabe onde está indo e o que se espera que faça, mas a questão é: seus parceiros o sabem? Como uma unidade, Leão II e Sagitário-Capricórnio são reunidos por um propósito único que pode transcender várias limitações e barreiras. Esse relacionamento é governado pelo elemento ar, garantindo-lhe uma grande capacidade de pensamento estratégico e poderes profundos de concentração.

Os casos amorosos entre Leão II e Sagitário-Capricórnio podem ser profundos e passionais. Eles também mostram um alto grau de curiosidade: ambos possuem um lado secreto que poucos podem penetrar, dando-lhes amplo espaço para exercitar seus dons investigativos quando estão juntos. Se tocarem em um nervo escondido, no entanto, ou cavarem um pouco fundo demais, demonstrações muito teatrais de sentimentos são prováveis. Os casamentos nessa combinação podem trazer grande alegria para os dois parceiros mas também dor profunda. De fato, o casal pode viver todas as etapas da emoção humana antes de terminarem a relação.

Como amigos ou irmãos, Leão II e Sagitário-Capricórnio podem ser muito extrovertidos, se envolvendo em atividades desafiadoras e excitantes. O perigo com freqüência os atrai como um ímã. Embora confortáveis ao assumirem riscos, o par terá de reconhecer as limitações e estabelecer limites que não deve ultrapassar. A competição aqui é em geral positiva por natureza, impelindo a esforços mútuos adiante.

Na esfera profissional, Leão II e Sagitário-Capricórnio podem muitas vezes trabalhar lado a lado por anos a fio. Seu propósito comum e sentimento para o exagero e o gesto dramático são equilibrados pela atenção estrita ao detalhe. Um desafio importante para eles será permitir que ambos os parceiros tenham sua própria individualidade sem comprometerem os interesses do grupo.

Conselho: *Você pode estar errado. Abra-se para pontos de vista contrários. Não se furte a olhar o todo. Mantenha sua visão periférica ativa. As respostas criam as perguntas.*

3 a 10 de agosto
SEMANA DA FORÇA EQUILIBRADA
LEÃO II

26 de dezembro a 2 de janeiro
SEMANA DO REGENTE
CAPRICÓRNIO I

Uma postura monolítica

Com muita freqüência, essa combinação eleva os poderes a uma posição de importância primária, ignorando as considerações mais humanas. E se o impulso para o poder for internalizado dentro do relacionamento, o casal pode partir para a agressão física e de forma não muito bonita. Conflitos fortes provavelmente emergirão entre esses dois. No entanto, Leão II e Capricórnio I também compartilharão muitos valores, e podem mesmo às vezes adotarem uma postura monolítica que pode ser algo insensível para seus colegas, amigos e filhos.

As lutas de poder podem levar os casos amorosos a pique se forem combativos o suficiente. A incapacidade do casal de abrir seus corações um ao outro sinalizará o fim, mesmo se sua expressão sexual ainda estiver forte. O casamento entre Capricórnio I e Leão II pode ser ambíguo, buscando o melhor que a vida tem para oferecer em termos de saúde material e posses. O fracasso para realizar esses fins pode ser um grande golpe na confiança em si do relacionamento, gerando raiva, ressentimento e vergonha.

Nas amizades, laços extremamente fortes tendem a se desenvolver, mas nem sempre são os mais positivos: Leão II e Capricórnio I podem oferecer um ao outro um tipo amargo de consolação para sentimentos compartilhados de rejeição ou inadequação. Ignorar tais atitudes e renovar a vontade de tentar novamente, e dessa vez para ser bem-sucedidos, pode dar ao relacionamento a força de que precisa para servir como um impulso de inspiração nas vidas de seus parceiros.

Nos relacionamentos profissionais e familiares, Capricórnio I pode ser extremamente crítico dos métodos de Leão II com seus empregados ou filhos, que muitas vezes adotam uma atitude honesta e vão atrás do que desejam. Isso ofende as sensibilidades morais de Capricórnio I, que gosta de insistir em uma forma particular de fazer as coisas. Capricórnio I gosta tipicamente de estabelecer as regras, Leão II, de quebrá-las.

Conselho: *Busque valores profundamente humanos. Limite seu desejo por poder. Encontre saídas construtivas para sua energia. Aceite o que acontecer.*

RELACIONAMENTOS

PONTOS FORTES: AMBICIOSO, PODEROSO, OPULENTO

PONTOS FRACOS: MONOLÍTICO, ACUSADOR, FRUSTRADO

MELHOR: AMIZADE

PIOR: AMOR

PHIL SPECTOR (26/12/40)
RONNIE SPECTOR (10/8/43)

O influente produtor musical Phil conheceu a cantora Ronnie do grupo The Ronettes em 1963. Eles se casaram em 1966. De acordo com sua autobiografia, ele a mantinha prisioneira em sua mansão em Los Angeles. Divorciaram-se em 1974. **Também: Rosanna Arquette & Charley Weaver** (neta/avô; atores); **Dustin Hoffman & Jon Voight** (co-estrelas, *Perdidos na Noite*); **Kristoffer Tabori & Viveca Lindfors** (filho/mãe; atores).

---

3 a 10 de agosto
SEMANA DA FORÇA EQUILIBRADA
LEÃO II

3 a 9 de janeiro
SEMANA DA DETERMINAÇÃO
CAPRICÓRNIO II

Prazeres predatórios

Esses dois fazem um casal poderoso e penetrante. Sua força de propósito é inigualável e seu relacionamento promete-lhes uma vida emocionante, enfrentando desafios e conquistando-os. Não apenas essa combinação é fisicamente forte, como ela possui gosto refinado e um olhar perceptivo – um olho de predador mesmo. Leão II e Capricórnio II formam quincôncio em relação um ao outro no zodíaco (150° de distância), e, portanto, a astrologia tradicional prevê alguma instabilidade em seu relacionamento, mas entre esses dois a instabilidade pode traduzir-se em excitação e espontaneidade impulsivas. Como indivíduos, ambas personalidades podem dar tudo pela profissão ou por uma causa, e seu relacionamento aumenta esse traço sinergicamente. O resultado pode ser uma quase monomania dirigida para superar e vencer.

Sentimentos fortemente sexuais podem vir a determinar o amor e o casamento. Sem atingir níveis mais profundos de entendimento, gentileza, aceitação e compartilhamento, esses relacionamentos podem se extinguir, revelando o egoísmo como sua base verdadeira. Mas embora Leão II e Capricórnio II sejam realistas ferrenhos, os sentimentos românticos podem acrescentar algo ao seu relacionamento, em última análise, levando-o à expressão de mais solidariedade. Esforços conscientes para expandir o escopo do relacionamento para além do plano físico em geral trarão uma vida mais longa. Todos os relacionamentos entre Leão II e Capricórnio II, incluindo as amizades, se beneficiarão de uma ênfase deliberada na gentileza e na consideração. As instabilidades podem ser amenizadas consideravelmente, encontrando atividades mais leves para compartilhar e gozar à parte do esforço principal do relacionamento. Os relacionamentos de trabalho e familiares podem ser inter-relacionados aqui. Em ambos os casos, as energias do grupo são muitas vezes dirigidas puramente para o sucesso e pouco mais. Os objetivos podem ser financeiros ou profissionais mas em geral exigem uma busca por excelência em um nível mais elevado. O que motiva esses esforços inevitavelmente está na competição e em superar adversários de índole valiosa. Capacidades altamente analíticas são garantidas para esse casal, seja patrão ou empregado, pai e filho, irmãos ou colegas de trabalho. Portanto, as fraquezas são expostas sem misericórdia e as melhorias feitas constantemente para garantir o sucesso futuro.

Conselho: *Descanse após o trabalho. Aprenda a se divertir. Perder graciosamente é uma arte. Respeite seus adversários. Seja justo com os outros.*

RELACIONAMENTOS

PONTOS FORTES: FÍSICO, CRÍTICO, VITORIOSO

PONTOS FRACOS: IMPESSOAL, EGOÍSTA, INCOMPREENSIVO

MELHOR: FAMÍLIA

PIOR: AMOR

BRETT HULL (9/8/64)
BOBBY HULL (3/1/39)

O filho Brett e o pai Bobby pertencem à elite dos jogadores de hóquei. No que parecia impossível, Brett realizou muito os domínios de seu pai superestrela. Ambos receberam prêmios de Jogador mais Valioso (Hart) e Lady Byng (esportista) e troféus de melhor time. **Também: Esther Williams & Fernando Lamas** (casados; atores).

| RELACIONAMENTOS |

PONTOS FORTES: PRÁTICO, LEAL, ESTABELECIDO

PONTOS FRACOS: TEIMOSO, INFLEXÍVEL, EMPERRADO

MELHOR: TRABALHO, CASAMENTO

PIOR: AMIZADE

LOUIS B. LEAKEY (7/8/03)
DIAN FOSSEY (16/1/32)

O famoso antropólogo Leakey foi responsável pelo início do trabalho da cientista social Fossey. Como pioneiro em pesquisas sobre primatas, Leakey a estimulou a estudar os gorilas. Ambos acreditavam que tais estudos aumentariam nossa compreensão do comportamento humano.

3 a 10 de agosto
SEMANA DA FORÇA EQUILIBRADA
LEÃO II

10 a 16 de janeiro
SEMANA DA DOMINAÇÃO
CAPRICÓRNIO III

Dando tudo de si

Este relacionamento confere a seus parceiros uma necessidade de dar ou fazer e ver os resultados tangíveis de seus esforços. Pode-se estar apto para vê-los ativamente envolvidos no estabelecimento, na administração e no gerenciamento de uma organização ou serviço. Os nascidos em Leão II são em geral os mais ambiciosos desses dois: os de Capricórnio III ficam facilmente contentes em alcançar um determinado nível e permanecer ali, mas os de Leão II estão sempre buscando desafios maiores, e isso pode ser uma fonte de tensão no seu relacionamento. No entanto, se Leão II muitas vezes serve como modelo de inspiração para Capricórnio III, a quem eles podem suceder na decisão por um caminho a trilhar, Capricórnio III será muito capaz de continuar sem ajuda adicional. O relacionamento entre Leão II e Capricórnio III é sólido, orientado para o serviço e em geral capaz de aceitar um nicho que é desafiante mas não necessariamente está no nível mais alto.

Casos amorosos e casamentos entre esses dois podem ser duradouros, fiéis, satisfatórios e produtivos. Não excessivamente dados a impulsos imaginativos ou românticos, eles tendem a ser simplesmente estáveis. As responsabilidades de ter filhos e administrar uma família virão naturalmente para este par. Sensação e prazer físicos têm uma importância primária aqui; conforto e segurança são em geral prioridades máximas para o casal formado por Leão II e Capricórnio III.

As habilidades práticas que tendem a surgir nesta combinação tornam-na ideal para negócios e buscas profissionais. Os nascidos em Capricórnio III podem ensinar aos de Leão II muito sobre lidar com dinheiro e podem eles mesmos ser empurrados para o sucesso pela energia e ambição perseverante do seu parceiro. Mesmo no caso de dissolução ou fracasso, ambos os parceiros darão à renovação seu melhor lance e experimentarão lutas tremendas entre a lealdade e o bom senso para decidirem quando estão quites.

Vínculos pais-filhos nesta combinação podem ser fortes e mutuamente provedores de apoio, seja qual for a personalidade do pai. Amizades podem experimentar conflitos na escolha de atividades, com ambos os parceiros muitas vezes mostrando grande teimosia e se recusando a fazer concessões.

Conselho: *Aprenda a desistir. Quanta segurança você necessita? Arrisque-se um pouco agora e depois. Aceite o fracasso. Aprenda a continuar. Não se prenda.*

| RELACIONAMENTOS |

PONTOS FORTES: ESTIMULANTE, INTENSO, AUDACIOSO

PONTOS FRACOS: ESTRESSADO, RANCOROSO, ESTAFADO

MELHOR: TRABALHO

PIOR: IRMÃOS

BUZZ ALDRIN (20/1/30)
NEIL ARMSTRONG (5/8/30)

Anrstrong e Aldrin, o 1º e 2º homens a pisarem na lua, treinaram lado a lado para chegar a um alto nível de perícia para sua famosa viagem em 1969 na Apollo II. Armstrong disse: "Este é um pequeno passo para um homem, um passo gigante para a humanidade." **Também: Melanie Grifith & Tippi Hedrin** (filha/mãe; atrizes); **Percy Shelley & Lord Byron** (amigos íntimos; poetas); **Lucille Ball & Desi Arnaz, Jr.** (mãe/filho; atores).

3 a 10 de agosto
SEMANA DA FORÇA EQUILIBRADA
LEÃO II

17 a 22 de janeiro
CÚSPIDE DO MISTÉRIO E DA IMAGINAÇÃO
CÚSPIDE CAPRICÓRNIO-AQUÁRIO

Intenso como laser

Juntos esses dois são capazes de grandes realizações. Seu relacionamento pode ser dinâmico, onde eles se estimulam para elevar seu desempenho e sua consciência a um nível mais alto. Eles devem estar certos, todavia, para não exagerar na dose de entusiasmo consigo mesmos ou com outras pessoas, por meio da intensidade de sua conexão. Façanhas excitantes podem ser o alimento deste relacionamento, mas a dieta pode ser cansativa, finalmente conduzindo à exaustão. Redigir pautas, estabelecer estruturas e concordar com barreiras e limitações serão todos passos sensatos a ser tomados se a sobrevivência saudável e a eficiência do relacionamento tiverem de ser preservadas.

Casos amorosos entre esses dois podem proporcionar diversão, sobretudo sexual, mas em geral por um breve momento. Se esses parceiros forem sérios um com o outro eles devem estar desejosos de investir tempo em pacientemente se conhecerem. Se se casarem, a calma sob o fogo de Leão II em geral assentará o temperamento mais excitável de Capricórnio-Aquário, enquanto Capricórnio-Aquário pode às vezes trazer um toque de humor ao seu parceiro supersério.

No trabalho esses dois podem ser terrivelmente exigentes um com o outro. Acordos tácitos permitem que poucas ou nenhuma desculpa seja aceita por esquecimento ou desatenção. Leão III e Capricórnio-Aquário são guiados para se desempenhar bem nos mais altos níveis de estresse, e também de excelência. Ficar juntos após o trabalho pode revelar um lado totalmente novo do relacionamento, aquele no qual o relaxamento e o prazer podem ser buscados tão avidamente quanto os objetivos profissionais o são durante o dia. Esses dois tendem a trabalhar arduamente e a jogar duro. Sem este tipo de trabalho ou momento de prazer as amizades podem carecer de intensidade.

Relacionamentos pais-filhos podem ser difíceis, sobretudo durante a adolescência. Todos os tipos de conflito serão amplificados. Também na família, pares de irmãos, sobretudo do mesmo sexo, podem conduzir a uma busca por aventura que envolveria atividades arriscadas, atingindo o limite do ilegal.

Conselho: *Busque moderação e calma. Reduza seu nível de estresse. Direcione suas energias com inteligência. Conheçam-se melhor em um nível profundo.*

3 a 10 de agosto
SEMANA DA FORÇA EQUILIBRADA
LEÃO II

23 a 30 de janeiro
SEMANA DO GÊNIO
AQUÁRIO I

Tentativa e erro

A experiência é a melhor professora, pelo menos de acordo com este relacionamento. Não é incomum para esses dois associarem-se em um projeto até mesmo quando nenhum deles tiver tido treinamento formal ou experiência relacionada com ele. Em geral eles atingem resultados surpreendentes e originais. Embora esta seja uma combinação potencialmente inflamável (Leão é regido pelo fogo, Aquário I pelo ar), ela também pode conceder muito do aspecto prático e do senso comum. Por meio de uma combinação criteriosa de seus talentos naturais e experiência de vida, esses dois podem gerar resultados que são irrefutáveis e quase imediatamente compreensíveis.

É um simples fato que algumas pessoas podem aprender com cada um deles e outros não podem. Neste caso, é o relacionamento o verdadeiro professor, pois ele dá a seus parceiros o espaço, estímulo e acima de tudo a oportunidade de inovar e experimentar. No amor e no casamento esses dois avançam por tentativa e erro, ganhando em profundidade e compreensão à medida que progridem. Juntos eles tendem a aprender muito um sobre o outro e sobre eles mesmos. Por meio da experiência eles descobrem como tratar um ao outro e como tirar o máximo do se tempo juntos. Embora a impaciência, frustração e a raiva possam muitas vezes vir à tona entre esse par volátil, o bom senso prevalece.

Relacionamentos patrão-empregado e pais-filhos aqui podem ser altamente produtivos, muitas vezes alcançando o tipo de igualdade verdadeira que se acha nos relacionamentos de colegas de trabalho e amizades. Cada parceiro em geral tem o bom senso de saber que os extremos de autoridade e revolta raramente são positivos, e que fazer concessões deve ser preferível ao combate. Às vezes a tangência nesses limites pode ser percebida neste relacionamento, mas em geral serve para favorecer a ação. Amizades entre esses dois podem se concentrar no lazer e na diversão, nunca alcançando níveis emocionais mais profundos. Divertir-se e relaxar juntos em vez de dialogar com a consciência são o que esses dois em geral têm em mente.

Conselho: *Continue aprendendo. Tente ir mais fundo espiritualmente. Cuidado com as emoções voláteis. Não despreze seu desenvolvimento pessoal. Seja paciente.*

RELACIONAMENTOS

PONTOS FORTES: EXPERIENTE, PRÁTICO, PRODUTIVO

PONTOS FRACOS: IMPACIENTE, IRRITÁVEL, VOLÚVEL

MELHOR: CASAMENTO

PIOR: AMIZADE

SAM ELLIOTT (9/8/44)
KATHERINE ROSS (29/1/42)

Os atores Elliott e Ross apareceram em 2 filmes juntos, *Butch Cassidy e Sundance Kid* (1969) e *O Legado* (1979). Casaram-se em 1984. Ross foi indicada para o Oscar como a iniciadora no amor de Dustin Hoffman em *A Primeira Noite de um Homem* (1967). Elliott foi seu quinto marido. **Também: John Huston & Humphrey Bogart** (ótimo relacionamento de trabalho; diretor/ator).

---

3 a 10 de agosto
SEMANA DA FORÇA EQUILIBRADA
LEÃO II

31 de janeiro a 7 de fevereiro
SEMANA DA JUVENTUDE E DESPREOCUPAÇÃO
AQUÁRIO II

Oposição atraente

Este é um relacionamento altamente magnético. Não importa que dificuldades esses dois encontrem, a força de seu vínculo lhes é em geral suficiente para superar os problemas que parariam outros em seus caminhos. Na realidade, resolver os problemas pode se tornar uma forma de vida para esse par. Embora Leão II e Aquário II estejam diretamente opostos um do outro no zodíaco, de forma que a astrologia preveja dificuldades para este casal, o ditado "os opostos se atraem" nunca foi tão verdadeiro quanto aqui.

Nos casos amorosos, Aquário II ficará espantado com a profundidade do sentimento despertado nele por Leão II – na realidade, nem sempre pode se sentir adequado para lidar com ele. Os nascidos em Leão II sentem-se à vontade com a natureza sexualmente apaixonada do relacionamento, mas eles também se sentem um pouco intimidados e perplexos com a complexidade de suas próprias emoções nesta combinação. O par desafia ambos os parceiros na área dos sentimentos – tradicionalmente uma área não desenvolvida de suas personalidade, e que muitas vezes eles preferem abandonar ou ignorar. Ao envolver-se com tais questões, Aquário II e Leão II podem progredir incomensuravelmente no seu desenvolvimento pessoal.

Relacionamentos no trabalho e casamentos, os quais esses dois têm a tendência de formar, são em geral de um tipo muito elevado. Relacionamentos Aquário II-Leão II podem se dar ainda melhor profissionalmente do que pessoalmente, sendo caracterizados por uma facilidade de comunicação e força de propósito comum. Conflitos podem surgir entre cônjuges de Aquário II mais distensionados e de Leão II mais agressivos, mas o relacionamento também pode ser caracterizado por atitudes serenas e estimulantes que fazem bem a ambos os parceiros.

Como amigos, é provável que Leão II e Aquário II fiquem muito ligados. Uma profundidade e complexidade de emoções podem facilmente surgir, de modo que eles serão incapazes de lidar. É muitas vezes melhor que recuem um pouco e se encontrem em um nível mais prazeroso, embora mais superficial, onde eles possam ser um pouco mais objetivos um sobre o outro, talvez como companheiros ocasionais. Nos relacionamentos pais-filhos de qualquer combinação uma oposição real pode conduzir a conflito tempestuoso.

Conselho: *Encontrem suas forças reais. Façam as diferenças funcionarem. Tentem compreender suas emoções. Oposição pode ser benéfica. Sejam mais receptivos.*

RELACIONAMENTOS

PONTOS FORTES: COMPLEMENTADOR, PROFUNDO, PROFESSIONAL

PONTOS FRACOS: PERTURBADO, TEMPESTUOSO, PROBLEMÁTICO

MELHOR: TRABALHO

PIOR: PAIS-FILHOS

KEITH CARRADINE (8/8/50)
JOHN CARRADINE (5/2/06)

John, um dos atores mais prolíficos de Hollywood, apareceu em mais de 220 filmes. O cantor e ator Keith (segundo dos 3 filhos atores de John) estreou na Broadway e no cinema. Em 1991 ele fez o papel principal em *The Will Rogers Follies*. **Também: Tommie Aaron & Hank Aaron** (irmãos jogadores de beisebol); **Rosanna Arquette & Peter Gabriel** (romance; atriz/músico); **Louis Leakey & Mary Leakey** (casados; antropólogos).

RELACIONAMENTOS

PONTOS FORTES: OTIMISTA, CHARMOSO, NATURAL

PONTOS FRACOS: DEPRIMIDO, VICIADO, POUCO CONFIÁVEL

MELHOR: AMOR

PIOR: TRABALHO

LONI ANDERSON (5/8/46)
BURT REYNOLDS (11/2/36)

Em 1988, o conquistador Reynolds se casou com a atriz de tevê Anderson (*WKRP in Cincinnati*). Parecia que tinham um forte relacionamento até que o casamento acabou em 1993. Seguiu-se um dos mais horríveis divórcios de Hollywood dos anos 1990. **Também: Martha Stewart & Andy Stewart** (casados; designer/editor); **Thomas Scopes & Charles Darwin** (professor processado por ensinar darwinismo).

---

3 a 10 de agosto
SEMANA DA FORÇA EQUILIBRADA
LEÃO II

8 a 15 de fevereiro
SEMANA DA ACEITAÇÃO
AQUÁRIO III

Um mar de bons sentimentos

Atração e força de personalidade recebem alta classificação neste relacionamento. Muitas vezes otimista, o par é coberto de charme e de uma atração romântica que são simplesmente irresistíveis. Naturalmente, Leão II e Aquário II têm um lado mais obscuro, do qual ambos podem estar fugindo, mas considerando como são as fugas esta é muito boa. Essas personalidades odeiam pessoas que se tomam de um ar de grande importância, e é provável que encontrem conforto na naturalidade de seu próprio relacionamento. Eles têm uma maneira de levantar o humor um do outro. Mesmo assim, há um perigo de depressão profunda aqui. Se ambos os parceiros se deprimirem simultaneamente, seu efeito um no outro poderia mantê-los nesse estado, tornando a recuperação extremamente difícil. É no melhor interesse deste relacionamento, então, que pelo menos um dos parceiros seja feliz em um dado momento.

Casos amorosos aqui podem ser brilhantes e divertidos. Entretenimento figura proeminente na lista das coisas essenciais destes parceiros, e se eles forem incapazes de se manterem entretidos, eles estão sujeitos a buscar prazer em outro lugar. Eles deveriam ser extremamente cuidadosos com todas as substâncias viciantes, do álcool aos analgésicos e às assim chamadas drogas expansoras da mente, pois nestas migrações hedonistas eles tendem a exagerar. Casamentos não são recomendados a menos que essas tendências de formação de hábito, as quais também podem incluir vícios de sexo e amor, possam ser controladas.

É provável que relacionamentos entre Leão II e Aquário III nadem em um mar de bons sentimentos, pelo menos quando tudo está indo bem. Pode não ser exatamente preciso chamar esses dois de amigos nas horas boas, mas tampouco são conhecidos por dar generosamente nos momentos de necessidade. Reconhecer o lado obscuro e não abandonar o navio quando as condições ficarem difíceis são desafios reais para o relacionamento.

Pares no trabalho nem sempre podem ter a persistência necessária para projetos de longo prazo. Na família, membros familiares Leão II e Aquário III raramente olham olho no olho na maioria das discussões mas podem ser extremamente francos e honestos um com o outro e fazer críticas fidedignas.

Conselho: *Esteja presente nos momentos bons e ruins. Cuidado com as conquistas do lado obscuro. Escapismo e vícios poderiam conduzir à ruína. Aprenda o valor do silêncio.*

RELACIONAMENTOS

PONTOS FORTES: HONESTO, NATURAL, SOLIDÁRIO

PONTOS FRACOS: DESEQUILIBRADO, VICIADO, DEPRIMIMENTE

MELHOR: AMOR

PIOR: CASAMENTO

COURTNEY LOVE (9/8/64)
KURT COBAIN (20/2/67)

Love e Cobain estarão para sempre ligados ao rock and roll e ao seu trágico suicídio. Estrelas de seus próprios grupos de rock (Hole e Nirvana), eles se casaram em 1992 e tiveram um filho a quem tiveram que brigar para manter devido ao hábito de consumir drogas. Deprimido, Cobain se matou com um tiro em 1994. **Também: Jane Wyatt & Robert Young** (co-estrelas, *Father Knows Best*).

---

3 a 10 de agosto
SEMANA DA FORÇA EQUILIBRADA
LEÃO II

16 a 22 de fevereiro
CÚSPIDE DA SENSIBILIDADE
CÚSPIDE AQUÁRIO-PEIXES

Abertura confortável

Este relacionamento pode ser extremamente honesto, no sentido não da obediência de imperativos morais mas simplesmente de ser distencionado o suficiente para permitir a abertura. Tanto Leão II quanto Aquário– Peixes são muitas vezes indivíduos prudentes que não abrem facilmente seu mundo privado; no entanto seu relacionamento tem uma ambientação na qual eles podem compartilhar sentimentos confortavelmente. Ao mesmo tempo, também é aumentada a tendência de ambos os parceiros a entregar-se a atividades excitantes que ocultam o indivíduo sensível e talvez ferido. Um problema aqui, então, é que os parceiros podem ficar presos juntos em um poço de solidão, depressão ou vício do qual pode ser difícil ou impossível para eles se livrarem.

Casos amorosos, quando estão acontecendo, podem ser altamente sensuais e prazerosos. Embora Leão seja um signo de fogo e Aquário-Peixes uma combinação ar-água, o relacionamento entre Leão II e Aquário-Peixes é regido pela terra, aqui produzindo uma orientação distensionada no plano físico. Mas o relacionamento pode facilmente sair do controle, e algum esforço pode ter de ser exercido para manter sua estabilidade psicológica, o que é crucial para seu sucesso. O casamento não é recomendado para este par até que cada um se conheça o bastante para garantir, juntos, um nível mínimo de saúde mental.

Relacionamentos no trabalho entre Leão II e Aquário-Peixes são melhores quando de natureza empresarial, autônoma ou executiva, pois como colegas de trabalho em uma grande organização a dupla pode ficar frustrada de ficar presa a um nível hierárquico inaceitavelmente baixo. Como time esses dois podem facilmente se provar muito ambiciosos, pois eles têm uma necessidade intensa de se testar. Como irmãos, Leão II e Aquário-Peixes devem ser capazes de fazer sua voz coletiva ser sentida nos negócios familiares. Se ignorados ou não levados a sério, eles podem responder com rebeldia e destruição. Amizades nesta combinação podem ser mutuamente protetoras e compreensivas.

Conselho: *Trabalhe na manutenção da estabilidade. Equilibre os humores. Não tema mostrar quem você realmente é. A agressão não é necessariamente produtiva.*

3 a 10 de agosto
SEMANA DA FORÇA EQUILIBRADA
LEÃO II

23 de fevereiro a 2 de março
SEMANA DO ESPÍRITO
PEIXES I

Deleites inefáveis

Romance e charme estão inegavelmente presentes neste relacionamento, mas da mesma forma também a revolta de um ou ambos os seus parceiros. Peixes I tentará conduzir seus parceiros nesta combinação para um mundo cativante de sentimento e romance, mas os de Leão II, determinados, serão somente levados até certo ponto, e podem rejeitar o que eles perceberem como atitudes excessivamente reivindicatórias. Em última instância é provável que Peixes I fique magoado, mas a memória dos prazeres inefáveis do relacionamento pode perseguir Leão II pela vida toda.

No amor, este relacionamento tende a carregar ambos os parceiros em uma viagem no tapete mágico. Infelizmente para Peixes I, todavia, a direção que a viagem toma é muitas vezes ditada severamente pelo capitão Leão II. Peixes I tende a ser o mais narcisista do par, e Leão II realista, pode com o passar do tempo ver ao outro como mais envolvido com seu amor-próprio do que por qualquer coisa que Leão possa oferecer. Sentindo-se capturado mas não realmente apreciado, o Leão II pode silenciosamente perder-se em uma outra direção, talvez até pouco ciente de ter deixado Peixes I um tanto desnorteado para trás. Dissoluções muitas vezes ocorrem quando Peixes I, ferido, se fecha para um amor de Leão II.

Casamentos têm o potencial de ser duradouros, e pares em negócios ou na carreira também podem ser bem-sucedidos, mas ambos os parceiros deveriam ter uma idéia clara do que desejam. Os objetivos financeiros e de obter poder em geral costumam vir em segundo lugar em relação ao envolvimento pessoal aqui, mas com o passar do tempo pode superá-lo. Por outro lado, eles também podem ser extremamente fiéis e amorosos – quando isso serve ao seu propósito.

Amizades e relacionamentos de irmãos nesta combinação podem ser magnéticas, enfatizando a sensibilidade e um tipo prático de espiritualidade. Interesses tais como meditação, ioga, artes marciais e uma variedade de atividades artísticas (sobretudo musicais) que podem encontrar expressão nas suas vidas diárias exercerão atração especial neste par.

Conselho: *Fique mais ciente das necessidades e desejos. Mantenha as linhas de comunicação abertas. Não fique com medo de falar sobre os problemas. O romance pode deter você.*

RELACIONAMENTOS

PONTOS FORTES: ROMÂNTICO, PRÁTICO, BEM-SUCEDIDO

PONTOS FRACOS: REBELDE, EGOÍSTA, INCONSCIENTE

MELHOR: CASAMENTO

PIOR: AMOR

LUCILLE BALL (6/8/11)
DESI ARNAZ (2/3/17)

Ball e Arnaz se casaram em 1940, o ano da sua estréia no filme *Too Many Girls.* Ao longo dos anos eles amealharam uma fortuna com *I Love Lucy* e muitos outros programas de tevê. Depois de seu divórcio em 1960, ela comprou a parte dele da Desilu Productions, e ele se tornou produtor independente. **Também: Eddie Fisher & Elizabeth Taylor** (casados; cantor/atriz).

---

3 a 10 de agosto
SEMANA DA FORÇA EQUILIBRADA
LEÃO II

3 a 10 de março
SEMANA DO SOLITÁRIO
PEIXES II

Corredores intermináveis

Este relacionamento gera muita energia, mas seu grande desafio é colocar essa energia a serviço de fins e esforços mutuamente benéficos. O maior problema aqui é que Peixes II tende a esgotar a energia de seu parceiro nesta combinação: Leão II prontamente adota uma atitude protetora para com eles, vendo-os como um grande tesouro pessoal para tratar com carinho, no entanto raramente sendo capaz de atravessar os corredores de seu labirinto emocional sem se sentir exausto e frustrado. Peixes II raramente pede tal atenção conscientemente mas implora por ela no nível inconsciente, com o qual Leão II está muito afinado.

Uma dificuldade com que os relacionamentos românticos e casamentos terão de debater-se é a instabilidade, salientada pelo aspecto quincôncio entre Leão II e Peixes II (separados por 150° no zodíaco). Suas energias sexualmente satisfatórias ou prazerosas, muito freqüentemente vão se soltando nas direções extremas que acabam por minar seu equilíbrio diário. Reunir uns poucos dias, semanas ou meses de comportamento coerente pode ser uma verdadeira façanha aqui. Momentos de êxtase e depressão profunda muitas vezes se sucedem com rapidez assustadora. Tédio ou comportamento inócuo pode ser visto como sinais de saúde em tal relacionamento.

Amizades entre esses dois podem tornar os nascidos em Leão II mais sensíveis e os de Peixes II mais motivados. Eles muitas vezes favorecem atividades objetivas, de natureza em geral mais técnica do que social, e podem até fazer sucesso em esforços comerciais limitados – projetos nos quais eles embarcam sem ganho financeiro em mente, mas que depois se provam comercialmente viáveis apesar de sua motivação inicial. Relacionamentos pais-filhos e patrão-empregado podem ver Leão II como tendo poder excessivo até mesmo quando relativamente adormecido. Filhos e funcionários de Peixes II podem ser comprimidos por sua energia mas podem enfim virar o jogo, usando aquela energia para mover seus próprios motores. Dependências curiosas e debilitantes podem surgir.

Conselho: *Dê utilidade prática às energias. Fundamente atividades no aqui e agora. Diminuir a excitação pode limitar a depressão. Siga os planos de negócios.*

RELACIONAMENTOS

PONTOS FORTES: ENERGÉTICO, SENSIBILIZADOR, MOTIVADOR

PONTOS FRACOS: EXAUSTIVO, ESTIMULA DEPENDÊNCIA, BIPOLARIZADO

MELHOR: AMIZADE

PIOR: PAIS-FILHOS

WILLIAM GODWIN (3/3/1756)
PERCY BYSSHE SHELLEY (4/8/1792)

O filósofo social Godwin foi um revolucionário e libertário. Ele influenciou o jovem poeta Shelley quando se conheceram em 1812. Shelley foi financeiramente solidário com Godwin até 1820, e sua vida intelectual continuou a se ampliar por meio de sua ligação. Shelley se casou com a filha de Godwin em 1816.

RELACIONAMENTOS

PONTOS FORTES: COMPETITIVO, INDEPENDENTE, INTELIGENTE

PONTOS FRACOS: NEGADOR, MEDROSO, RÍGIDO

MELHOR: RIVALIDADE

PIOR: AMOR

NEIL ARMSTRONG (5/8/30)
FRANK BORMAN (14/3/28)

Os astronautas Armstrong e Borman fizeram parte da tripulação do programa espacial da NASA de 1962 a 1970. Embora nunca viajassem juntos, trabalharam lado a lado no solo. Ambos eram pilotos comandantes das missões Gemini e Apollo. Borman foi comandante da primeira órbita lunar (1968); Armstrong foi o primeiro a pisar na lua (1969).

---

3 a 10 de agosto
SEMANA DA FORÇA EQUILIBRADA
LEÃO II

11 a 18 de março
SEMANA DOS DANÇARINOS E SONHADORES
PEIXES III

Buscando superação

Uma vez que este relacionamento tem o efeito de estimular o impulso de cada parceiro por independência, é questionável se eles serão capazes de formar e sustentar um relacionamento duradouro um com o outro. Leão II e Peixes III raramente têm um efeito estabilizante e calmante um sobre o outro e podem sentir pouca necessidade de compartilhar coisas entre si em qualquer nível mais profundo. É possível, todavia, que eles desenvolvam uma rivalidade que de uma forma estranha pode levá-los a ficar mais próximos no espaço e no tempo, senão nas emoções, do que qualquer amizade ou caso amoroso seria capaz de fazê-lo.

Leão II pode ficar fascinado pelo pensamento filosófico e independente de Peixes III, que pode igualmente se excitar com a postura social e profissional dominante de Leão II. Entre amigos e irmãos tal admiração muitas vezes conduz à competição, com cada parceiro se beneficiando da tentativa de se igualar ou até buscar exceder as forças do outro. Ambos devem ter cuidado para evitar uma tendência de tentar a todo o custo impedir-se de sair do controle. Nos pares comerciais e outras combinações profissionais, Leão II pode competir com Peixes III em uma companhia, em geral tendo o efeito de estimular à ação em vez de inibi-la. Quando esses dois competem diretamente em organizações rivais, Peixes III buscará inteligentemente minar as forças de Leão II e virá-las contra ele.

A pergunta nos casos amorosos e casamentos será: quanto tempo e esforço o casal está desejoso de colocar neste relacionamento? Não importa quão apaixonados eles estejam, seu relacionamento os encoraja a valorizar sua independência mais do que seu desejo de compartilhar ou até de obter algo um do outro. Salientar essa mania de ser livre pode ser um medo secreto de ficar muito profundamente envolvido um com o outro. Se este medo puder ser superado e se houver menos insistência na liberdade a qualquer custo resultarão o envolvimento e o compromisso renovados.

Conselho: *Dê a seus impulsos competitivos o seu melhor uso. O medo pode estar impedindo você de um envolvimento mais profundo. Independência nem sempre é necessária.*

RELACIONAMENTOS

PONTOS FORTES: IMPONENTE, CONFIÁVEL, RESPEITOSO

PONTOS FRACOS: COMBATIVO, EGOÍSTA, ORIENTADO PARA PODER

MELHOR: CASAMENTO

PIOR: AMOR

SEAN PENN (17/8/60)
MADONNA (16/8/58)

Penn e Madonna tiveram um casamento apaixonado porém problemático (1986 a 1989). Às vezes ele era tão inconstante que ela precisava chamar a polícia. Ela diz que ele estava bêbado na maior parte de seu casamento, no entanto, ela o considerava seu mais importante amor.
Também: Kathie Lee & Frank Gifford (casados; apresentadores de tevê/radialista esportivo); Ross McWhirter & Norris McWhirter (gêmeos; compiladores do *Livro de Recordes Guinness*).

---

11 a 18 de agosto
SEMANA DA LIDERANÇA
LEÃO III

11 a 18 de agosto
SEMANA DA LIDERANÇA
LEÃO III

O maior de todos os poderes

Um grupo pode ter dois líderes? Dois nascidos sob Leão III, comandantes, podem na realidade se dar bem em uma situação familiar ou conjugal, uma vez que nenhum deseja dominar ou governar tanto quanto deseja liderar. Se eles puderem ambos estabelecer suas próprias áreas separadas da influência na qual eles são a autoridade inquestionável, não é nada impossível que suas interações se tornem bastante pacíficas. Os pares na carreira, todavia, provavelmente serão adversários ou rivais, até se servirem do mesmo lado. Desnecessário dizer, a teimosia extrema e a orientação de poder de Leão III podem muitas vezes conduzir ao confronto, embora umas poucas confrontações possam convencer ambos os parceiros da inconveniência dos ataques frontais no futuro. Estranho como possa parecer, este par pode ter sucesso no desenvolvimento do lado mais sutil de Leão III se cada um tentar imaginar uma saída para persuadir ou manipular o outro mais eficientemente.

Casos amorosos entre Leão III, não importa quão românticos, sempre incluirão alguma forma de luta por poder. Mesmo nas áreas mais íntimas, a competição por supremacia pode mostrar seus dentes. Talvez a lição mais importante que tal casal pode aprender é que o poder maior de todos é o amor incondicional e altruísta, e que o cultivo da bondade, compreensão e consideração pode ser muito mais desafiante e compensador do que vencer.

Cônjuges Leão III se saem melhor quando ambos têm sua própria carreira. Embora eles possam mostrar interesse nos projetos um do outro, e até se ajudar periodicamente, como profissionais eles se dão melhor mantendo uma separação estrita. No trabalho, pode ser difícil para dois Leão III trabalharem juntos no mesmo departamento, mas como executivos, conselheiros ou chefes de suas próprias seções eles podem se dar muito bem.

Nos pares pais-filhos e outras combinações familiares, a chave para evitar o combate é construir vínculos fortes de confiança e respeito. Com o tempo, e com grande paciência de ambos os lados, tais ligações podem ser formadas. Uma vez que elas sejam quebradas, todavia, cenários verdadeiramente assustadores podem surgir, onde o confronto ameaça separar a família.

Conselho: *Diminua as lutas por poder. Desenvolva a paciência e a compreensão. Atos simples de bondade carregam grande força. Dê mais, seja menos egoísta.*

11 a 18 de agosto
SEMANA DA LIDERANÇA
LEÃO III

19 a 25 de agosto
CÚSPIDE DA EXPOSIÇÃO
CÚSPIDE LEÃO-VIRGEM

Aspirações secretas

O vínculo neste relacionamento é altamente empático, encorajando a abertura, aceitação e a sensibilidade entre os parceiros. Mas isso não se traduz necessariamente para o mundo de fora. Ambos essas personalidades possuem um lado oculto que pode ser escuro, mesmo vulcânico; sentir e compreender isso os leva longe, estabelecendo um relacionamento único para eles. Eles podem com facilidade adotar uma postura de "nós contra o mundo" que pode simultaneamente isolá-los e apoiá-los em suas aspirações individuais. Leão III e Leão-Virgem podem ter papéis complementares, sobretudo quando Leão III toma as rédeas e Leão-Virgem fica bem atrás dele, empurrando a ambos. A longo prazo, Leão III pode se tornar dependente de Leão-Virgem não apenas por apoiá-lo mas também por acreditar nele.

Nos relacionamentos amorosos a dependência mútua pode continuar por toda a vida, com cada parceiro secretamente precisando da aprovação do outro. Quebrar tais laços será extremamente doloroso mas às vezes será necessário se os parceiros quiserem se desenvolver e crescer. No casamento, Leão-Virgem pode, sem dó, empurrar Leão III para que este alcance a riqueza e o poder, seja subindo na empresa onde trabalha ou por outros meios.

As amizades e os relacionamentos entre irmãos nessa combinação podem danificar a capacidade de Leão-Virgem de conseguirem o sucesso sozinhos. Eles provavelmente tiveram de assumir um papel subordinado em relação a Leão III desde muito jovem, que pode tê-los tornado reservados e reprimidos. Freqüentemente frustrados em suas próprias ambições, e carregando o peso da vida por desejar a fama ou a riqueza e o ressentimento por não ter conseguido, os pais de Leão-Virgem podem atribuir suas esperanças e sonhos aos filhos de Leão III, que serão, inconscientemente, programado para ser super-realizadores.

No trabalho, Leão III e Leão-Virgem são melhores como iguais nos empregos onde suas forças podem se juntar de forma vantajosa para o grupo sem a emergência de comparações ou competição hostis.

Conselho: *Definam-se como indivíduos. Reconheçam o que é seu. Cuidado com o que o relacionamento significa para você pessoalmente. Promovam a igualdade.*

RELACIONAMENTOS

PONTOS FORTES: EMPÁTICO, SOLIDÁRIO, COMPLEMENTAR

PONTOS FRACOS: DEPENDENTE, RESSENTIDO, SOLAPADOR

MELHOR: TRABALHO

PIOR: PAIS-FILHOS

REGIS PHILBIN (25/8/34)
KATHIE LEE GIFFORD (16/8/53)

Philbin e Gifford são apresentadores do programa semanal na tevê *Live with Regis and Kathie Lee* (1989-). Uma combinação vencedora, eles são divertidos juntos, Gifford formando um perfeito contraste com a cômica Philbin. **Também: Napoleão Bonaparte & Letizia Bonaparte** (filho/mãe); **Princesa Anne & Margaret** (sobrinha/tia nobre); **Jorge IV & Guilherme IV** (irmãos; reis ingleses).

---

11 a 18 de agosto
SEMANA DA LIDERANÇA
LEÃO III

26 de agosto a 2 de setembro
SEMANA DOS CONSTRUTORES DE SISTEMAS
VIRGEM I

Uma transparência inerente

Esta combinação tem uma certa transparência inerente: ela tende a revelar seus parceiros, tanto para si mesmos quanto para as outras pessoas, pelo que realmente são. É uma relação completamente sem rodeios na qual quaisquer segredos serão revelados ao mundo. Esses dois de fato interagem muito bem, experimentando poucos conflitos. Contribuindo para isso, seu relacionamento lhes garante um sentido de tempo excelente – eles sabem quando agir e falar. Virgem I é pelo menos um tanto capaz de trabalhar com Leão III ou para ele: ele em geral não se importa de ter um papel secundário nessa dinâmica, um parceiro algo arrogante. Porém, a longo prazo as energias de Leão III muitas vezes serão demais para ele lidar. Ainda assim, ele muitas vezes tem uma compreensão profunda da personalidade de Leão III, e pode dar-lhe apoio valioso. Leão III, por sua vez, pode vir a depender de ter um Virgem I ao seu lado quando precisar, e ao fazê-lo pode tomar como líquida e certa essa valiosa associação.

Nos casos amorosos é difícil para esses dois manterem segredos um para o outro. Onde Leão III dramatiza com felicidade, Virgem I tende a ser um observador quieto e afastado; mas isso não significa que escape do tipo de escrutínio que é tão comum aqui. Quando ele não pode lidar com isso, o nervoso Virgem I muitas vezes tentará se retirar para seu mundo mais privado e estruturado, o que fará Leão III se sentir rejeitado. Esses relacionamentos podem ser passionais mas também altamente críticos. Se os parceiros puderem apenas tirar vantagem das oportunidades que oferecem, eles serão extremamente benéficos para o crescimento e o desenvolvimento pessoais. Os casamentos nessa combinação são propensos a ser mais críticos – aqui Virgem I verá Leão III com um olho frio, não se impressionando por sua teatralidade.

As amizades e os relacionamentos entre irmãos podem ser importantes, mas são altamente temperamentais. Ao deixarem tudo em suspenso, essa dupla muitas vezes colide emocionalmente.

Conselho: *Equilibre as emoções. Permaneça aberto. Tire vantagem de sua oportunidade de se desenvolver. Trabalhe para eliminar a timidez. Deixe fluir.*

RELACIONAMENTOS

PONTOS FORTES: TRANSPARENTE, ATUALIZADO, HONESTO

PONTOS FRACOS: CAÓTICO, SUPEREMOTIVO, DESCONCERTANTE

MELHOR: AMOR

PIOR: AMIZADE

SUNNY VON BULOW (1/9/32)
CLAUS VON BULOW (11/8/26)

O aristocrático Claus foi preso em 1982 por tentativa de homicídio contra sua esposa, a socialite Sunny, com uma injeção de insulina. Ela entrou em coma irreversível. Claus mais tarde foi inocentado das acusações. O caso sensacional foi tema do filme *Reversal of Fortune* (1990). **Também: Shelley Winters & Vittorio Gassman** (casados; atores); **Janice Rule & Ben Gazzara** (casados; atores).

RELACIONAMENTOS

PONTOS FORTES: ESTIMULANTE, VÍVIDO, SENSÍVEL

PONTOS FRACOS: SENSÍVEL DEMAIS, DESLIGADO, DESAPROVADOR

MELHOR: AMIZADE

PIOR: AMOR

SUSAN SAINT JAMES (14/8/46)
JANE CURTIN (6/9/47)

Saint James e Curtin foram estrelas do *sitcom* de tevê *Kate & Allie* (1984-89). Elas faziam o papel de mulheres divorciadas com filhos, que dividiam um apartamento em Greenwich Village, Nova York. As atrizes, a equipe de trabalho e sua química cômica tornaram o programa extremamente popular. **Também: Sam Goldwyn & Sam Goldwyn, Jr.** (pai/filho; diretores da Universal Pictures).

---

11 a 18 de agosto
SEMANA DA LIDERANÇA
LEÃO III

3 a 10 de setembro
SEMANA DO ENIGMA
VIRGEM II

Incitados

Este relacionamento pode ser intrépido e contencioso. Vívidos intercâmbios são possíveis entre esses indivíduos tão diferentes, e como colegas de trabalho em geral se respeitam mesmo se não se importarem muito um com o outro pessoalmente. Virgem II pode atacar o extravagante Leão III pela falta de sensibilidade e pelo egoísmo, e pode ser criticado, por sua vez, por ser tenso e crítico. Esses dois são extremamente sensíveis à reprovação, mas há um desejo de ouvir com as idéias muitas vezes tendo um efeito positivo, à medida que os estimula a desenvolver o melhor em seus esforços.

Se se formarem em algum momento casos amorosos entre Leão III e Virgem III, é provável que sejam muito diretos e carentes de detalhes emocionais. Por trás das atitudes extremamente racionais do casal, no entanto, pode haver uma confusão de emoções que podem não ser facilmente expressadas. Os sentimentos reprimidos de raiva, inveja ou mesmo luxúria muitas vezes ditam como esses dois se tratam na vida cotidiana. As responsabilidades domésticas dos casamentos torna provável a sua viabilidade.

As amizades entre esses dois podem correr extremamente bem. Laços íntimos de crença, estética, religiosa ou espiritual, podem abrir novos mundos, provando-se não apenas interessantes mas confortantes. A necessidade de compartilhar do relacionamento permite ao par superar seus impulsos mais egoístas e seu temor de ser ignorado ou esquecido.

As rivalidades da carreira não são incomuns, sobretudo quando os dois parceiros já formaram seus próprios nichos. Esses dois realmente não se dignam a competir um com o outro, mas mantêm um olho muito atento às mútuas atividades. Se Leão III e Virgem II trabalharem para a mesma organização, eles operarão melhor em departamentos diferentes e terão apenas contato ocasional. Os irmãos de Leão III e Virgem II podem ser extremamente sensíveis com as necessidades um do outro, mas podem também ser mutuamente irritáveis – é importante que ambos tenham seu próprio espaço privado.

Conselho: *Unam as forças de vez em quando. Deixem passar diferenças e deixem o passado para trás. Sejam um pouco mais duros. Promovam a abertura o entendimento.*

RELACIONAMENTOS

PONTOS FORTES: ESTRUTURADO, ORGANIZADO, INOVADOR

PONTOS FRACOS: ESTRESSADO, DEFENSIVO, À DERIVA

MELHOR: TRABALHO

PIOR: AMIZADE

AGNES DEMILLE (18/9/09)
CECIL B. DEMILLE (12/8/1881)

A coreógrafa Agnes, sobrinha do produtor e diretor Cecil, foi uma grande força no balé e nos musicais americanos. De seus muitos sucessos, a coreografia de *Oklahoma!* (1943) da Broadway pode ter sido seu melhor trabalho. **Também: Frieda Weekley & D.H. Lawrence** (casados; prima do Barão von Richthofen/escritor); **Cecil DeMille & Jesse Lasky** (co-produtores); **Sam Goldwyn & Jesse Lasky** (cunhados; produtores).

---

11 a 18 de agosto
SEMANA DA LIDERANÇA
LEÃO III

11 a 18 de setembro
SEMANA DO LITERAL
VIRGEM III

Uma combinação de trabalho eficiente

As forças desse relacionamento são organizacionais e estruturais, portanto não surpreende que o foco aqui possa ser reorganizar a família, os grupos sociais e comerciais ou iniciar novos projetos. Atrelando as forças direcionais e os impulsos de Leão III à racionalidade e ao pragmatismo de Virgem III, esses dois podem formar uma combinação de trabalho eficiente. Virgem III nem sempre pode aprovar a forma prepotente de Leão III, mas ele não nega a eficiência dessa personalidade em obter e manter a atenção das pessoas. Quando esses dois trabalham juntos em geral é melhor para Virgem III fazer o trabalho inicial (planejamento, propostas escritas, pesquisa) e então enviar seu parceiro bem-preparado para levá-lo adiante. Quando Leão III voltar para relatar os resultados, Virgem III pode fechar o círculo analisando os dados e recomeçando o círculo.

Nos casos amorosos, ambos em geral são extremamente reservados. Suas interações sexuais podem ser muito emocionantes, mas isso não é garantia de que o casal atinja qualquer nível realmente profundo de sentimento. Ambos podem ser muito egoístas em obter o que desejam desse relacionamento, porém esposos, cooperam e interagem mais facilmente, e provavelmente serão muito competentes em estabelecer uma estrutura familiar eficiente e prática, podendo também se envolver em lutas pelo poder. Embora ambos tenham tendências protetoras, serão aconselhados a falar seriamente sobre suas idéias sobre criação de filhos antes de se comprometerem nessa área.

Os relacionamentos entre pais e filhos de Virgem III e Leão III podem ser exigentes e estressantes, seja qual for o pai dentre os parceiros. Mesmo assim, ele provavelmente será a espinha dorsal da família. As amizades nessa combinação, no entanto, podem vagar sem direção se não tiverem um projeto específico para desenvolver. Embora Virgem III e Leão III possam necessitar desesperadamente de descontração, esse relacionamento não necessariamente lhes dará isso.

Conselho: *Construa laços de confiança mais fortes. Tente se divertir mais. Compartilhe o máximo possível, e em todas as áreas de sua vida. Abra seu coração se puder.*

11 a 18 de agosto
SEMANA DA LIDERANÇA
LEÃO III

19 a 24 de setembro
CÚSPIDE DA BELEZA
CÚSPIDE VIRGEM-LIBRA

Longe da multidão enlouquecedora

Mais do que na maioria dos outros casos, esse relacionamento se ocupa com o lado pessoal das vidas dos parceiros. Seu foco pode ser a exploração mútua das áreas ocultas de seu caráter – áreas talvez muito desconhecida para eles, pois Leão III e Virgem-Libra tendem a depender dos envolvimentos sociais, sobretudo em suas carreiras. Essa combinação os introduz em um mundo de sentimento profundo. Talvez apenas porque se relacionam tão bem socialmente, eles possam se sentir descontraídos o bastante um com o outro para começar a explorar esse mundo especial, longe do tumulto da multidão.

Nos casos de amor, amizade e casamento esses dois muitas vezes colocam os interesses sociais de lado. Tendo tido companhia suficiente durante o dia de trabalho, eles tendem a ficar juntos nas tardes ou nos fins de semana. Eles não se opõem a conviver de vez em quando com os amigos ou familiares, e acrescentarão cor a qualquer reunião, mas muitas vezes mal conseguindo esperar para ficarem a sós novamente. Se esse relacionamento se tornar uma busca ativa por prazeres íntimos, tudo bem, mas tais buscas raramente são suficientes em si mesmas: o relacionamento exige o tipo de atitude séria que leva ao entendimento e ao crescimento pessoal, e os parceiros em geral terão pouca escolha a não ser obedecer, se desejam se sentir satisfeitos.

Os relacionamentos profissionais entre esses dois muitas vezes funcionam apenas porque não podem fornecer a intimidade que o relacionamento exige. No trabalho, as análises profundas dos motivos, planos e pressentimentos nos quais esses dois naturalmente tendem a torná-los intimidados, e são com muita freqüência contraproducentes para o trabalho imediato. Leão III e Virgem-Libra levam perspicácia e estilo ao grupo familiar, mas sua necessidade de estar a sós juntos, sobretudo quando são irmãos, podem levá-los a se afastarem dos outros.

Conselho: *Encontre um equilíbrio entre a vida social e a privada. Deixe as atitudes reivindicatórias para trás. Siga o caminho evolucionário. Não se afaste dos outros.*

RELACIONAMENTOS

PONTOS FORTES: RELAXADO, PRIVADO, INVESTIGATIVO

PONTOS FRACOS: AUTOCONSCIENTE, ESCAPISTA, SUPERPROTETOR

MELHOR: CASAMENTO

PIOR: TRABALHO

PRINCESA ANNE (15/8/50)
CAPITÃO MARK PHILLIPS (22/9/48)

Anne e Mark se conheceram como entusiastas da equitação. Casaram-se em 1973 com a tradicional festa real e tiveram 2 filhos. Gradualmente se afastaram no meio de rumores dos casos de Mark e um processo de paternidade. O casal se separou em 1989 e se divorciou em 1992. **Também: Napoleão Bonaparte & Maria Borghese** (irmão/irmã).

---

11 a 18 de agosto
SEMANA DA LIDERANÇA
LEÃO III

25 de setembro a 2 de outubro
SEMANA DO PERFECCIONISTA
LIBRA I

A fachada perfeita?

A intensidade dessa combinação muito interessante pode provocar faíscas, mas esses dois podem darem-se bem de modo sociável e confortável. A face que seu relacionamento apresenta ao mundo pode ser um pouquinho enganosa. A questão persiste com relação ao que está em foco aqui: algo completamente fluido e harmonioso ou uma fachada perfeita? De fato, há muito mais mistério aqui do que qualquer pessoa poderia admitir. Embora o relacionamento irradie autoconfiança, a insegurança se esconde por trás de suas portas.

Os casos amorosos entre Leão III e Libra I têm muitos segredos que não apenas não vêm jamais à luz do dia, como tampouco são suspeitados pelos outros. Não significa que o casal tenha um grande desejo de esconder coisas, eles simplesmente sabem como manter as coisas para si mesmos sem despertar suspeitas, uma verdadeira arte. Os casamentos, também, podem desenvolver uma intimidade profunda que impede a necessidade de falar sobre isso para outras pessoas, até mesmo para os membros da família. O mesmo acontece nas amizades, que podem aderir a pactos de lealdade que são inquebráveis e indizíveis, nunca tendo sido discutidos ou abertamente resolvidos.

Os segredos de família e similares são também características de relacionamentos entre pais e filhos e entre avós e netos. Os pais de Leão III podem exercer um poder estranho e enigmático sobre os filhos de Libra I e vice-versa, como se cada parceiro estive sempre a ponto de revelar algo prejudicial sobre o outro, sobretudo na área das promessas inquebráveis. Um amor por jogos humorísticos, enigmas e paradoxos é também característico desse relacionamento, o que pode manter ambos os parentes ocupados e divertidos por horas.

No mundo profissional, os parceiros comerciais nessa combinação podem ser altamente persuasivos na venda de um produto, em geral porque têm um modo inspirador de serem naturais, despretensiosos. Os cálculos estarão silenciosamente em funcionamento, no entanto, sobretudo quando há a possibilidade de um bom retorno de caixa. Esses dois raramente são uma fraude ou impostura – eles acreditam no que estão vendendo, mas quase sempre menos do que os compradores.

Conselho: *Vocês estão sendo completamente honestos um com o outro? Algo não faz sentido. Você resolveu seu próprio mistério? Abra algumas portas.*

RELACIONAMENTOS

PONTOS FORTES: CONFIANTE, MODESTO, PERSUASIVO

PONTOS FRACOS: ENGANOSO, RETRAÍDO, INSEGURO

MELHOR: CASAMENTO

PIOR: FAMÍLIA

MISS LILLIAN CARTER (15/8/1898)
JIMMY CARTER (10/1/24)

Miss Lillian e o filho Jimmy, ex-presidente americano, foram sempre muito próximos. Ela comentou: "Jimmy é sensível e compassivo – ao ponto de sofrer por isso. Certa vez, quando era garoto, seu pai matou um passarinho e ele chorou. Mas ele aprendeu a pescar e a caçar. Ele gosta de aprender." **Também: Steve Martin & Victoria Tennant** (casados; atores); **Rosalynn Carter & Jimmy Carter** (casados).

RELACIONAMENTOS

PONTOS FORTES: COMPREENSIVO, PROTETOR, AGRADÁVEL

PONTOS FRACOS: FORA DA REALIDADE, DEPRIMENTE, CADUCO

MELHOR: AMOR

PIOR: TRABALHO

RICARDO, DUQUE DE YORK (17/8/1473)
EDUARDO V (6/10/1470)

Ricardo e Eduardo foram duas crianças-príncipes que viviam na Torre de Londres em 1483 por ordem do tio, o intrigante Duque de Gloucester (mais tarde Ricardo III). Depois da morte de seu pai, o jovem Eduardo foi coroado rei. Mas o casamento dos pais foi rapidamente declarado inválido e os irmãos ilegítimos. Gloucester, assim, tendo limpado o caminho para o trono, foi proclamado rei e os príncipes assassinados logo depois.

---

11 a 18 de agosto
SEMANA DA LIDERANÇA
LEÃO III

3 a 10 de outubro
SEMANA DA SOCIEDADE
LIBRA II

Animando-se

Este relacionamento pode ser extremamente sensível, solidário e compreensivo, sobretudo nos momentos difíceis. Libra II tem um modo de iluminar e animar o dia de Leão III. Sua perspicácia psicológica pode ajudar Leão III a trabalhar seus problemas, ensinando a lidar com os demônios que o atormentam. O relacionamento pode também acabar sendo tremendamente benéfico para Libra II, reforçando sua resolução e estabilidade. Leão III pode ser protetor em caso de uma falta, preservando-os das intrusões mundanas e assumindo uma posição forte a seu lado quando as coisas não vão bem.

    Os casos amorosos entre Leão III e Libra II podem ser sensuais e prazerosos para ambos. Embora Leão seja um signo de fogo e Libra de ar, o relacionamento entre Leão III e Libra II é regido pela água, um elemento que produz emoção livre e solidariedade profunda. O casamento pode ser recomendado mas também os coloca à prova as realidades duras da vida diária que podem amortecer os momentos de êxtase e ensurdecer sua espontaneidade e seus impulsos românticos. Eles serão magnificamente bem-sucedidos ou não conseguirão atender às exigência financeiras, de criação de filhos e outras responsabilidades domésticas. Também, no casamento e na amizade, Libra II pode vir a sentir-se totalmente dominado por Leão III, que apenas quer o melhor mas pode de fato tornar o desenvolvimento pessoal do parceiro difícil ou impossível. Em casos como esses, Libra II pode aprender lições valiosas sobre como se defender.

    A fantasia pode ter um grande papel no relacionamento entre Leão III e Libra III para que se tornem parceiros comerciais e colegas de trabalho. Os irmãos e as combinações entre pais e filhos, no entanto, podem levar os vôos de sua imaginação até o limite sem causar muito transtorno aos outros parentes. Os pais de Leão III são propensos a mimar os filhos de Libra II e ser louco por eles.

Conselho: *Retraia-se um pouco. Sua preocupação pode não ajudar. Volte-se para questões práticas. Aprenda a ver o milagre nas coisas comuns. Permaneça ancorado.*

RELACIONAMENTOS

PONTOS FORTES: CHEIO DE IDÉIAS, ESTIMULANTE, RELAXADO

PONTOS FRACOS: COMBATIVO, TEMPESTUOSO, DESTRUTIVO

MELHOR: AMIZADE

PIOR: IRMÃOS

JIM SEALS (17/10/42)
DASH CROFTS (14/8/38)

Seals & Crofts era uma dupla popular bem-sucedido de soft-rock nos anos 1970. Suas harmonias vocalizadas captaram o espírito romântico da época em álbuns como *Summer Breeze* (1972) e *Diamond Girl* (1974). Eram grandes amigos e seguidores da fé Baha'i. **Também: Shimon Peres & David Ben-Gurion** (*protegé*/estadista mais velho; líderes de Israel); **Sam Goldwyn & Edgar Selwyn** (parceiros; pioneiros do cinema); **Oscarito & Grande Otelo** (parceiros; comediantes).

---

11 a 18 de agosto
SEMANA DA LIDERANÇA
LEÃO III

11 a 18 de outubro
SEMANA DO TEATRO
LIBRA III

Tudo ou nada

A ênfase nessa combinação é a praticidade – intenções fortificantes, questões esclarecedoras, fruição de projetos. No entanto, rivalidades intensas podem também surgir aqui. Isso não é realmente de forma alguma surpreendente quando se considera a necessidade intensa de ambos os parceiros em assumir a liderança, uma necessidade que pode induzir a uma ruptura entre eles quando estão dentro de uma organização; podem ambos surgir na liderança de grupos separados ou concorrentes. A ideologia é uma questão tremendamente importante nesse relacionamento. São em geral idéias que unem ou dividem esses dois ainda mais do que os gostos e as aversões pessoais. Seu relacionamento enfatiza a orientação filosófica, os fatos e a palavra dada. Os relacionamentos entre esses dois podem ir de descontraídos a tumultuados, mas em geral são dinâmicos. Eles tendem a ser tudo ou nada – os parceiros são tanto absolutamente unidos quanto amargamente opostos. Mesmo quando lutam, há muitas vezes um laço comum em suas lutas, que em última análise os torna menos inimigos e mais rivais, com freqüência pelo controle de uma causa comum.

    Nos relacionamento amorosos e entre irmãos, Leão III e Libra III podem competir pela afeição de um terceiro que pode ser encantado pela atenção deles mas impressionado com o nível de confronto envolvido. Seus casos amorosos podem ser sexualmente satisfatórios e mostrar afeição real mas são muitas vezes prejudicados por sérias lutas de poder. A ideologia é em geral menos importante nos casamentos, mas os esposos muitas vezes possuem idéias muito diferentes sobre como dirigir a família. Nas esferas doméstica e financeira sobretudo, as tensões e o atrito serão a regra até que acordos vinculatórios sejam realizados.

    As amizades aqui podem ser extremamente íntimas, com respeito mútuo considerável. Elas com freqüência crescem de associações profissionais, embora possam também surgir delas. Trabalhar juntos revelará toda a competição e rivalidade da qual a combinação é capaz, mas se os parceiros permanecerem nela e desejarem negociar as diferenças muitas vezes, o resultado pode ser um sucesso tremendo.

Conselho: *Tenha em mente o bem do grupo. Não deixe as lutas fugirem do controle. Mantenha um olho nas outras pessoas que não estão envolvidas. Cuidado com os impulsos do ego.*

11 a 18 de agosto
SEMANA DA LIDERANÇA
LEÃO III

19 a 25 de outubro
CÚSPIDE DO DRAMA E DA CRÍTICA
CÚSPIDE LIBRA-ESCORPIÃO

Fechando o círculo

Embora esse relacionamento possa representar uma porção de conflitos e diferenças de opinião, ele é muitas vezes benéfico para ambos os parceiros e, em geral, lida com a perpetuação das tradições e percepção das aspirações do grupo a que o par pertence. Libra-Escorpião muitas vezes tem um sentimento maior pela tradição do que Leão III, que pode, no entanto, motivá-lo e encorajá-lo em seus esforços mundanos. É extremamente importante que um equilíbrio diplomático seja mantido aqui, pois se o relacionamento deixar de ser democrático, pode ser desastrosamente dividido por confrontos e discussões ferozes.

Nos casos amorosos e de amizade entrar em um acordo é muito importante. Os parceiros devem perceber que o melhor que têm a dar ao relacionamento é seu apoio total. Muito freqüentemente, Libra-Escorpião irá muito longe em suas críticas dilacerantes de Leão III, presumindo que esses Leões fiéis ficarão por perto para pegar tudo que puderem distribuir. Leão III, por sua vez, pode ser confiante demais presumir que a força de vontade pode manter Libra-Escorpião na linha. Manter uma visão realista e ser mais diplomático ajudará na maioria das áreas.

Nas parcerias matrimoniais e comerciais, o relacionamento em geral se devotará à práticas que promovem o crescimento e o desenvolvimento, mas principalmente usará métodos convencionais que funcionaram no passado. Nesse sentido, fortalece o apoio e a perpetuação dos sistemas tradicionais nos quais esses métodos são baseados. Um grande desafio para o relacionamento será pensar criativamente sem se deixar levar pelos tipos de impulsos aos quais ambos os parceiros podem ser propensos como indivíduos. A inovação verdadeira será difícil para esse casal, mas também será necessária para seu sucesso continuado.

Na família, os relacionamentos entre pais e filhos nessa combinação podem ser inspiradores mas também ilusórios. Atitudes de adoração mútua mas extremamente possessivas são comuns aqui. Novamente, uma visão mais realista é essencial se se desejar que as decepções sejam evitadas mais tarde.

Conselho: *Aprenda o valor do acordo. Trabalhe pelo bem comum. Desista de atitudes possessivas. Seja o mais realista possível. Mantenha a estabilidade.*

RELACIONAMENTOS

PONTOS FORTES: AMBICIOSO, TRADICIONAL, SOLIDÁRIO

PONTOS FRACOS: POUCO DIPLOMÁTICO, BRIGUENTO, DESILUDIDO

MELHOR: CASAMENTO

PIOR: PAIS-FILHOS

SHELLEY WINTERS (18/8/22)
TONY FRANCIOSA (25/10/28)

Os atores Winters e Franciosa foram casados de 1957 a 1960. Embora Winters tenha recebido publicidade primeiro por sua sexualidade, ela se estabeleceu como atriz de qualidade dos anos 1950 em diante. Franciosa passou do teatro para o cinema e a tevê, onde estreou vários seriados, mais notavelmente *The Name of the Game* (1968-71). Seu casamento foi o terceiro dela e o segundo dele.

---

11 a 18 de agosto
SEMANA DA LIDERANÇA
LEÃO III

26 de outubro a 2 de novembro
SEMANA DA INTENSIDADE
ESCORPIÃO I

Um labirinto subterrâneo

Este relacionamento extremamente complexo é unido pela estética comum – um amor pela beleza e harmonia e uma visão criativa compartilhada – mas pode ter um subterrâneo emocional escuro e semelhante a um labirinto do qual poucos dos que viram seu brilhante exterior suspeitariam. Ensolarado na aparência, Escorpião I lida com intensidades demoníacas em sua vida privada, e Leão III pode acionar essas várias formas ocultas. Por nenhum dos parceiros considerar a autocompreensão especialmente importante, o relacionamento arrisca estar à mercê de suas próprias forças destrutivas.

Os casos amorosos e o casamento nessa combinação são muitas vezes assumidos, criando um lar feliz cheio de desenhos e objetos de arte, cor e luz. Em certo sentido isso é uma tentativa de bloquear os distúrbios emocionais que podem estar abaixo da superfície e ameaçar aparecer. Escorpião I pode estar consciente de um certo domínio sobre os namorados e companheiros de Leão III, no entanto pode ao mesmo tempo sofrer de sentimentos intensos de inferioridade e desespero. Leão III muitas vezes não está ciente de suas atitudes superiores e não se preocupa com o sofrimento que Escorpião I está passando. Nas discussões, quando Leão III passa por um ataque fulminante, Escorpião I em geral se retrai e retalha com ataques violentos e defensivos mais tarde.

As amizades entre Leão III e Escorpião I podem ser frutíferas, contanto que evitem emoções profundas. Construir confiança e compreensão pacientemente pode resultar em um relacionamento sólido e confiável. No trabalho, Leão III e Escorpião I podem se dar bem criando produtos e serviços atraentes que tragam alegria para a vida dos outros.

Os relacionamentos entre pais e filhos aqui são enganosos e problemáticos. Os pais de Leão III podem dominar os filhos de Escorpião I, suprimindo seu lado mais expressivo. No entanto, esses filhos podem chegar perto de idolatrar seus pais de Leão III, que limitarão seu desenvolvimento pessoal em modos que acabam sendo altamente debilitantes na vida adulta. Quando Escorpião I é o pai, os filhos de Leão II provavelmente se rebelarão contra o controle franco ou as atitudes reivindicatórias, numa tentativa desesperada de se libertarem.

Conselho: *Leve luz à sua vida pessoal. Cuidado para não construir essas belas defesas. Ponha sua intensidade para trabalhar para você. Equilibre o interno e o externo.*

RELACIONAMENTOS

PONTOS FORTES: CONFIÁVEL, ADMIRADOR DA BELEZA, CRIATIVO

PONTOS FRACOS: PROBLEMÁTICO, COMPLEXO, REPRESSOR

MELHOR: AMIZADE

PIOR: CASAMENTO

JERRY FALWELL (11/8/33)
LARRY FLYNT (1/11/42)

O pastor batista Falwell é líder do conservadorismo político-religioso nos Estados Unidos. Flynt é o abominável editor de revistas pornográficas. Eles se enfrentaram em um sensacional julgamento (vencido por Flynt). O conflito foi dramatizado no filme *O Povo contra Larry Flynt* (1996).
Também: Edith Kermit Carow & Theodore Roosevelt (casados, sua segunda esposa); **Ted Hughes & Sylvia Plath** (casados; poetas).

RELACIONAMENTOS

PONTOS FORTES: IRREPREENSÍVEL, PODEROSO, BRINCALHÃO

PONTOS FRACOS: AGRESSIVO, NÃO-VULNERÁVEL, ESMAGADOR

MELHOR: AMOR

PIOR: AMIZADE

JELLYBEAN BENITEZ (7/11/57)
MADONNA (16/8/58)

Jellybean é um produtor de gravação e mixagem de música que se tornou conhecido como disc-jóquei. Ele conheceu Madonna em um clube e ela o contratou para mixar seu primeiro sucesso dançante, *Holiday* (1983), depois do que eles se envolveram emocionalmente. Eles terminaram logo depois do lançamento de *Like a Virgin* (1984). **Também: Menachem Begin & Yitzhak Shamir** (líderes israelenses).

11 a 18 de agosto
SEMANA DA LIDERANÇA
LEÃO III

3 a 11 de novembro
SEMANA DA PROFUNDIDADE
ESCORPIÃO II

Clientes muito difíceis

Esta combinação pode gerar uma grande quantidade de energia nova. Direto na orientação e explosivo no poder, o relacionamento entre Leão III e Escorpião II pode ser desobstruído ou pelo menos irreprimível. Esses indivíduos são conhecidos como muito difíceis, uma qualidade que como par pode amplificar, mas no relacionamento eles muitas vezes mostram um lado mais agradável um ao outro. Todavia afeição e solidariedade são uma coisa, vulnerabilidade é outra, e é provável que nenhum dos parceiros mostre fraquezas ou se deixe exposto por muito tempo.

Casos amorosos entre esses dois podem ser tórridos mas ao mesmo tempo altamente alegres. Um mistura curiosa de inocência infantil e sólida maturidade muitas vezes caracteriza o par. Confrontações diretas aqui não são uma visão bonita – os nascidos em Leão III, que são usados para comprimir seus adversários podem presenciar uma surpresa desagradável caso tentem isso com um Escorpião II. Casamentos não são recomendados a menos que os dois estejam preparados para compartilhar obrigações e responsabilidades domésticas. Caso o relacionamento se torne amargo, Escorpião II tenderá a manter-se nele, mas é muito provável que cônjuges Leão III, que acham o casamento opressivo, busquem conforto ou prazer em outro lugar, ou, se o caminho se torna difícil, podem simplesmente desistir.

Um relacionamento no trabalho entre Leão III e Escorpião II é mais eficaz quando suas energias prodigiosas podem ser colocadas em funcionamento para novos projetos, muitas vezes os que nunca foram tentados antes. Métodos de trabalho tendem ao não-convencional aqui; o relacionamento raramente segue as regras. Orientado para o poder, este time não hesitará em oprimir qualquer oposição. Eles devem estar atentos, todavia, para o fato de este comportamento poder levantar animosidades poderosas, e se eles realmente agem no melhor interesses de sua organização terão de aprender a moderar sua agressão. Amizades entre Leão III e Escorpião II e relacionamentos entre irmãos são poderosos mas muita vezes implacáveis.

Conselho: *Trate seus inimigos com um pouco mais de respeito. Direcione bem suas energias. Vitória não é a coisa mais importante. Dedique tempo para relaxar.*

RELACIONAMENTOS

PONTOS FORTES: FASCINANTE, SOFISTICADO, SOLIDÁRIO

PONTOS FRACOS: ESTRESSADO, ESNOBE, CONTROLADOR

MELHOR: TRABALHO

PIOR: FAMÍLIA

ROBERT DE NIRO (17/8/43)
MARTIN SCORSESE (17/11/42)

O ator De Niro e o futuro amigo, o diretor Scorsese, se criaram nos apartamentos de Little Italy, Nova York. Scorsese usou De Niro no papel principal de 9 filmes, muitas vezes como a incorporação da neurose da sociedade urbana. **Também: Malcolm-Jamal Warner & Lisa Bonet** (co-estrelas, *Cosby Show*); **John Derek & Linda Evans** (casados; atores); **Hitchcock & Grace Kelly** (diretor/estrela): **Edna Ferber & George S. Kaufman** (co-autores).

11 a 18 de agosto
SEMANA DA LIDERANÇA
LEÃO III

12 a 18 de novembro
SEMANA DO ENCANTO
ESCORPIÃO III

Dínamo-giroscópio

Esta combinação pode ser muito frutífera. Ela muitas vezes funciona em um nível alto, com os parceiros se estimulando da melhor forma. Caso ela apareça no centro de um negócio, escola ou outra organização, pode funcionar como um dínamo na geração de energia mas também como um giroscópio, tendo uma capacidade para a estabilidade construída. Quando é um tipo mais pessoal de relacionamento, Leão III em geral ficará fascinado com seus encantadores parceiros Escorpião III, e não hesitarão em apreciar completamente o que eles têm para oferecer. Os nascidos em Escorpião III tenderão a apoiar-se nos ombros poderosos de Leão III, sobretudo quando são amigos ou parentes, e ganharão grande conforto sabendo que a força destes parceiros está disponível para eles nos momentos de necessidade. Leão III e Escorpião III formam um aspecto em quadratura fixo no zodíaco (eles estão a 90 de distância, e Leão e Escorpião são signos fixos), o que astrologicamente indica estresse inevitável. O par tem um tendência perfeccionista.

Para que o amor e o casamento sejam bem-sucedidos aqui, Leão III e Escorpião III devem ter uma boa conexão mental e social, assim como física e espiritual. Isto é salientado para o fato de que seu relacionamento (uma combinação de fogo-água) é regido pelo elemento de ar, aqui sugerindo um natureza inspiradora e comunicativa. As energias de Leão III podem revelar os poços profundos do desejo de Escorpião III, o que atrairá o Leão III como um ímã. É provável que sentimentos sensuais continuem por anos, o que é um bom augúrio para uma conexão permanente. Ter filhos pode ser uma grande alegria nesta combinação.

Pares profissionais entre esses dois são muitas vezes bastante sofisticados. Eles não permitirão muito envolvimento pessoal – a objetividade tem um papel importante no seu sucesso comercial. Esses parceiros não hesitarão em se colocar sob pressão para oferecer um trablho da mais alta qualidade. Ganhar o respeito um do outro ajudará esses dois a trabalhar efetivamente juntos.

Conselho: *Evite superdependência. Você pode assumir responsabilidades, mas há um limite. O fim nem sempre justifica os meios. Respeite as outras pessoas.*

590

11 a 18 de agosto
SEMANA DA LIDERANÇA
LEÃO III

19 a 24 de novembro
CÚSPIDE DA REVOLUÇÃO
CÚSPIDE ESCORPIÃO-SAGITÁRIO

Causando sensação

Esta combinação é fadada a ser altamente competitiva. Embora esses dois se compreendam em um nível profundo e tenham o potencial de se darem muito bem, a natureza desse relacionamento é tal que isto somente levanta a baliza – e as maquinações. Como indivíduos, os nascidos em Leão III são em geral mais necessitados de atenção do que Escorpião-Sagitário, mas neste relacionamento ambos os parceiros competem igualmente pela atenção. Caso Leão III ganhe seu lugar natural como a estrela da dupla, ou na realidade derrote seu parceiro nos negócios, amor ou esportes, o Escorpião-Sagitário humilhado se irritará e tramará a vingança. Felizmente, é improvável que ódio sério surja no relacionamento uma vez que ambos os parceiros vêem sua competição essencialmente como um jogo hilariante – na realidade, eles podem se tornar amigos íntimos.

Nos casos amorosos e casamentos, os nascidos em Leão III tendem a causar sensação na frente de amigos e da família, mas os de Escorpião-Sagitário em geral hesitarão e esperarão por sua oportunidade para aparecer. Muitas vezes é necessário apenas um dardo com boa mira para estourar a bolha de Leão III. Leão III, que tenta ocultar ou fazer calar Escorpião-Sagitário, na sua vida a dois pode se encontrar enfrentando revolta completa e então guerra total. As amizades entre esses dois são competitivas, sérias o suficiente ao ponto em que ambos os parceiros darão tudo para ganhar. Nada poderia ser mais humilhante nesses relacionamentos do que uma vitória que acabe tendo sido um presente para o adversário. O tom geral, todavia, é amigável. Rivalidades de irmãos, por outro lado, podem alcançar proporções alarmantes. Um filho mais velho que é superado por um mais novo está apto a considerar esta indignidade um mal que deve imediatamente ser corrigido. Nada poderia ser mais constrangedor do que a competição por atenção entre pais e filhos, mas muitos relacionamentos entre Leão III e Escorpião-Sagitário deste tipo são generosos e partidários. No âmbito profissional, colegas de trabalho devem ter cuidado para evitar lutas de ego que são contraprodutivas para o trabalho em questão.

Conselho: *Desista das lutas infantis. Mostre mais maturidade. Divirta-se mas não à custa de outra pessoa. Aplique suas energia a uma finalidade mais positiva.*

RELACIONAMENTOS

PONTOS FORTES: ESTIMULANTE, INOCENTE, DIRETO

PONTOS FRACOS: HUMILHANTE, CONTRAPRODUCENTE, VAIDOSO

MELHOR: AMIZADE

PIOR: CASAMENTO

JOHN DEREK (12/8/26)
BO DEREK (20/11/56)

John e Bo se casaram em 1974, quando ele assumiu o controle de sua vida e carreira. Ele a lançou em vários filmes medíocres em que era diretor e câmera. Muitos acreditam que sua orientação foi nociva para a carreira dela e que ele a fez virar manequim. Ele ganhou dinheiro distribuindo fotos de seus belos recursos.

---

11 a 18 de agosto
SEMANA DA LIDERANÇA
LEÃO III

25 de novembro a 2 de dezembro
SEMANA DA INDEPENDÊNCIA
SAGITÁRIO I

Cultivando a paciência

O foco deste relacionamento, e seu maior desafio, é entrar em um contato mais significativo com a sociedade. Essas personalidades têm um lado rebelde e anti-social que aparece como a resposta dada àqueles que têm a autoridade e dizem o que deve ser feito. Tanto Leão III quanto Sagitário I têm uma percepção inata de justiça e honestidade que também muitas vezes os põe em maus lençóis. Uma das tarefas importantes para este relacionamento, é aprender a ser menos franco e mais diplomático não somente para com outras pessoas, mas entre si. Esta tarefa certamente incluirá o cultivo da paciência, pois juntos esses dois tendem a reagir com exagero.

Nos casos amorosos e casamentos, cada parceiro deve rapidamente aprender a não deixar o outro irritá-lo tão facilmente. Aprender a ser mais desapegado pode ser parte da solução e compreensão por parte dos parceiros a ponto de se imaginar no lugar dos outros pode contribuir bastante. Paixões muitas vezes atingem alto envolvimento nesta relação, mas a afeição natural e o amor em geral superarão outras dificuldades no decorrer do tempo. Adquirir habilidades sociais como um casal interagindo com outros muitas vezes ajudará a manter a harmonia, uma vez que ela incluirá a obtenção de polidez, diplomacia e tato.

Amizades nesta combinação têm uma chance de ter sucesso, mas problemas podem surgir quanto a forte percepção de Sagitário I sobre o que é certo e errado. Determinadas atitudes e atividades de Leão III, incluindo sua tendência a fazer calar as pessoas que eles consideram inferiores, podem parecer muito questionáveis para os nascidos em Sagitário I, que também desaprovarão sua habilidade de não executarem tarefas diárias pequenas que eles sentem que simplesmente não valem seu esforço. Relacionamentos na carreira e na família se beneficiarão de contato social crescente. Os nascidos em Sagitário I gostam de trabalhar sem muita confusão ou interação humana, e Leão III pode ensiná-los sobre a necessidade de estabelecer vínculos fortes com as pessoas com quem eles lidam comercialmente. Relacionamentos entre pais e filhos também se beneficiarão de trabalhar juntos e de juntar os parentes para celebrações e eventos anuais.

Conselho: *Cultive habilidades sociais. Aprenda a diplomacia e o tato. Mantenha controle de suas emoções. Trabalhe na diminuição de sua irritabilidade. Seja mais aberto com os outros.*

RELACIONAMENTOS

PONTOS FORTES: AFETIVO, AFETUOSO, ENVOLVIDO

PONTOS FRACOS: REATIVO, IMPACIENTE, SEM TATO

MELHOR: AMOR

PIOR: AMIZADE

ANGELA BASSET (16/8/58)
TINA TURNER (25/11/38)

Bassett se transformou em uma talentosa artista ao representar a estrela do rock Turner no filme de 1993 *What's Love Got to Do With It*. Na preparação para o papel, Bassett conheceu pessoalmente Turner. Em seu primeiro papel importante Basset recebeu indicação para o Oscar.

RELACIONAMENTOS

PONTOS FORTES: EMPREENDEDOR, GENEROSO, FÍSICO

PONTOS FRACOS: EGOÍSTA, BRIGUENTO, EXAGERADO

MELHOR: AMIZADE

PIOR: CASAMENTO

**DIAMOND JIM BRADY
(12/8/1856)
LILLIAN RUSSELL (4/12/1861)**

O rico empresário Brady e a estrela do teatro Russell tiveram uma amizade baseada em excessos como gastar muito dinheiro para encarecer um produto. Ele fez várias propostas de casamento a ela, certa vez despejando 1 milhão de dólares em seu colo. Ela recusou por não queriercolocar em risco uma bela amizade. **Também: Gerty Cori & Carl Cori** (casados; ganhadores de Prêmio Nobel em Medicina); **Magic Johnson & Larry Bird** (rivais amigáveis do basquete).

---

11 a 18 de agosto
SEMANA DA LIDERANÇA
LEÃO III

3 a 10 de dezembro
SEMANA DO ORIGINADOR
SAGITÁRIO II

Fácil descomedimento

Este par extremamente empreendedor é cheio de vida e energia. Caso esses dois sejam sócios ou concorrentes, seu relacionamento enche o ar com faíscas e a noite com estrelas cadentes. Esta dupla não é de hesitar quando um trabalho especialmente exigente necessita ser feito – eles em geral estarão na vanguarda de qualquer esforço. Tanto entusiasmo e resolução podem ser um problema ocasionalmente, fazendo com que os parceiros vão longe demais. Na realidade, seu comportamento excessivo pode despertar o ressentimento e hostilidade dos outros, que podem na realidade ficar com inveja de sua fácil imoderação.

A grandeza é típica de atividades sociais, profissionais e de lazer aqui. Esses dois não hesitarão em dar de seu tempo e dinheiro para assegurar que aqueles com quem eles se importam tenham o que necessitam. Leão III e Sagitário II são sobretudo voltados para os socialmente inferiores, cuja admiração eles podem despertar e quem eles podem inspirar a melhorar sua condição. Os aspectos mais egoístas do par muitas vezes surgem nos casos amorosos; sobretudo na cama, ambos podendo estar envolvidos para obter o que desejam: simplesmente ter seu prazer e partir. Casamentos não são recomendados aqui sem uma reorientação radical dos valores.

Amizades entre Leão III e Sagitário II são muitas vezes importantes. Esportes competitivos e atividades de aptidão são sobretudo recomendados para eles, ajudando-os a empenhar seus impulsos competitivos e libertar-se de suas frustrações. Eles quase certamente terão uma tendência a discutir, mas seu amor por caçoar e fazer humor com as coisas muitas vezes acalmará os ânimos, tornando possível que a agressão seja expressa inofensivamente. Na família, relacionamentos entre irmãos de sexo oposto podem ser íntimos e partidários; entre irmãos do mesmo sexo, todavia, a competição direta, do tipo que pode terminar somente em vitória ou derrota bem-definida, é em geral a regra. Relacionamentos entre pais e filhos podem mostrar uma perceptível falta de compreensão, solidariedade e paciência, seja qual for a personalidade de que estiver em qualquer uma das partes.

Conselho: *Amenize um pouco sua postura. Cuidado com o comportamento excessivo, que pode gerar hostilidade. Impulsos para conquistas deveriam ser propriamente canalizados.*

RELACIONAMENTOS

PONTOS FORTES: AMBICIOSO, TRABALHADOR, TEATRAL

PONTOS FRACOS: FORA DA REALIDADE, CONFIANTE DEMAIS, RANCOROSO

MELHOR: TRABALHO

PIOR: FAMÍLIA

**NAPOLEÃO BONAPARTE
(15/8/1769)
MARIE LOUISE (12/12/1791)**

Quando ficou provado que Josephine não podia dar um herdeiro a Napoleão, ele escolheu a austríaca Marie Louise, uma virgem de 18 anos de idade cujos prolíficos ancestrais garantiram ao rei "o tipo de ventre com que desejo casar". Não desmentindo sua linhagem, ela presenteou o rei com um filho logo após seu casamento em 1810. **Também: Rose Marie & Morey Amsterdam** (co-estrelas, *Dick Van Dyke Show*).

---

11 a 18 de agosto
SEMANA DA LIDERANÇA
LEÃO III

11 a 18 de dezembro
SEMANA DO TITÃ
SAGITÁRIO III

O palco do mundo

Este relacionamento é em geral direcionado para fora, para o mundo, o palco no qual esses parceiros gostam de representar seus papéis. Seja nos campos da comunicação, da política, das finanças ou do entretenimento, eles podem trabalhar juntos eficientemente em grandes projetos. A confrontação pareceria inevitável entre essas duas personalidades superfortes, e é verdade que nenhum deles gosta de voltar atrás ou ceder – mas eles podem ter verdadeiro respeito pelas habilidades um do outro. Embora conflitos sejam inevitáveis nas amizades nesta combinação, nos casamentos e casos amorosos esses dois podem ser uma grande combinação, sobretudo se eles estiverem dedicados a uma causa comum.

Casamentos são em geral uma aposta melhor do que amizades ou pares de família, que são muito freqüentemente separados por lutas para ver quem surgirá no topo. Levar seu casamento até um nível social, financeiro, cultural ou intelectual alto pode muitas vezes unir Leão III Sagitário III e superando as diferenças pessoais ou os combates.

Quando enfrentando adversários ou formando seu próprio time, esses dois são tremendamente cientes de sua imagem. Como parceiros em empreendimentos de negócios ou produções profissionais, eles instintivamente sabem que seu sucesso depende da mensagem que eles transmitem para os outros, sobretudo no que diz respeito a sua própria autoconfiança e credibilidade. Levar em conta erros humanos da parte de seus funcionários pode ser um problema para o par, que pode ser severo e implacável – para suas vítimas, suas explosões de raiva podem ser sentidas como o golpe de um raio. Embora capaz de inspirar grande confiança na sua equipe, Leão III e Sagitário III deveriam perceber a importância de admitir o fracasso e dar louvor adequado e honesto ou reconhecimento para outros, incluindo os adversários. Subestimar o inimigo é uma das fraquezas mais evidentes do par e pode conduzir à ruína.

Conselho: *Dê crédito para seus adversários. Não se ache infalível ou imbatível. Aprece suas forças de forma realista. Seja mais bondoso.*

11 a 18 de agosto
SEMANA DA LIDERANÇA
LEÃO III

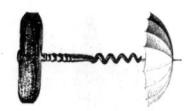

19 a 25 de dezembro
CÚSPIDE DA PROFECIA
CÚSPIDE SAGITÁRIO-CAPRICÓRNIO

Ativando o âmago

Este par certamente tem um âmago de poder – as principais perguntas são como esse poder será exercido, e ao serviço de que objetivos será colocado. As energias radiantes de Leão III podem penetrar o âmago mais obscuro da personalidade de Sagitário-Capricórnio, ativando emoções profundas, tanto positivas quanto negativas. O magnetismo emocional de Sagitário-Capricórnio pode da mesma forma descarregar as energias reprimidas, fazendo com que elas entrem em erupção vulcânica. Esta combinação de forças poderosas no relacionamento o torna perigoso e requer, uma abordagem cuidadosa. Felizmente, esses parceiros raramente se atiram em envolvimentos um com o outro; eles caracteristicamente hesitam um pouco, com certa cautela, avaliando o território com um olho experiente.

Casos amorosos entre esses dois são muitas vezes mantidos ocultos dos olhos curiosos do mundo. Nenhum dos parceiros está interessado em exibir o relacionamento publicamente – suas energias são em geral voltadas para o interior. Eles podem encontrar grande satisfação sexual aqui, mas também sofrimento emocional e talvez, em intervalos regulares, depressão. Leão III ficará frustrado quando Sagitário-Capricórnio parar de falar, e Sagitário-Capricórnio achará Leão III mandão e restritivo, embora ambos experimentem a todo o tempo momentos inesquecíveis de paixão um com o outro. Eles deveriam tentar compreender seus estados psicológicos mais completamente e até equilibrar seus humores se tiverem que alcançar felicidade duradoura no amor ou casamento.

No trabalho, nas amizades e nos laços fraternos, Leão III e Sagitário-Capricórnio podem oscilar entre ser aliados ou inimigos, alternadamente em vários estágios de suas vidas juntos. Não é que seu relacionamento seja um cenário de oscilações, mas, ao contrário, trata-se de uma situação real de amor-ódio, na qual sentimentos extremos estão quase sempre presentes. Se o poder que o relacionamento gera pode ser voltado para projetos mutuamente recompensadores, o par se dará toleravelmente bem. Se se voltar para os parceiros, todavia, os resultados podem ser altamente destrutivos. Enquanto a escolha parecer residir com os parceiros em si, na realidade ela muitas vezes se encontrará nas circunstâncias externas e nos movimentos sutis do destino.

Conselho: *Alegre-se. Tente se divertir com os outros em um ambiente social. Evite os extremos de sentimento. Direcione suas energias para um objetivo construtivo.*

RELACIONAMENTOS

PONTOS FORTES: PODEROSO, APAIXONADO, MAGNÉTICO

PONTOS FRACOS: DESTRUTIVO, SOFREDOR, RESTRITIVO

MELHOR: AMOR

PIOR: AMIZADE

MENACHEM BEGIN (15/8/13)
ANWAR SADAT (25/12/18)

Após uma dispendiosa guerra, o presidente egípcio Sadat decidiu em 1977 iniciar conversar com o primeiro-ministro de Israel, Begin, culminando nos históricos Acordos de Camp David. Por isso ambos foram agraciados com o Prêmio Nobel da Paz em 1978. **Também: Imperador Franz Joseph & Imperatriz Elizabeth** (casados; nobres austríacos).

---

11 a 18 de agosto
SEMANA DA LIDERANÇA
LEÃO III

26 de dezembro a 2 de janeiro
SEMANA DO REGENTE
CAPRICÓRNIO I

Poucas desculpas

O domínio deste par em qualquer situação será tão completo que qualquer um nas proximidades preferirá sair de seu caminho para não agarrar-se em seu relacionamento monolítico em qualquer nível. Suas atitudes são altamente críticas, mas eles são tão exigentes consigo mesmos quanto o são com os outros, aceitando poucas desculpas para trabalhos ou resultados de qualidade inferior. Quando esses dois associam-se, seus colegas de trabalho, funcionários ou filhos podem ter realmente momentos difíceis.

Casos amorosos entre Leão III e Capricórnio I podem inicialmente ser muito dramáticos, mas com os anos se tornarão mais conservadores, até ameaçadores ou sem graça. Esforços sérios deveriam ser feitos para soprar vida nova em tais relacionamentos ou senão desistir deles e mudar. Casamentos podem exercer influência em áreas de carreira, com ambos os cônjuges representando papéis efetivos nos esforços profissionais. Os nascidos em Capricórnio I desejam governar, e podem sair-se bem gerenciando, organizando e administrando afazeres no escritório ou em casa, enquanto os de Leão III gostam de conduzir, e tomarão a iniciativa no mundo, ou irão direcionar seus esforços pessoais de forma inspirada. Em casa esses dois se dão bem o suficiente enquanto a divisão das tarefas for eqüitativa e eles tiverem seu próprio domínio incontestado. Deveriam ser dadas alternativas aos filhos sempre que eles abordam esses pais para alguma coisa, e sua individualidade deveria ser encorajada.

Amizades nesta combinação podem apresentar atitudes irônicas e sarcásticas que também são extremamente divertidas. Esses dois amam uma boa piada e não se importam de rir de suas própria fraquezas, ou daqueles de seu relacionamento. Incongruências de todos os tipos atraem sua atenção e eles a revelam em seus comentário e são mortais em suas críticas.

Nos relacionamentos entre pais e filhos de quaisquer das combinações possíveis, pais podem ser terrivelmente exigentes com seus filhos, que tendem a ser obedientes e respeitosos mas também terríveis. A menos que fluxos de comunicação sejam abertos e a empatia seja aprofundada, o relacionamento pode se tornar cada vez mais silencioso e ameaçador à medida que os anos passam.

Conselho: *Mantenha sua individualidade. Destine espaço para a escolha. Cuidado com as tendências repressivas. Diminua as inibições.*

RELACIONAMENTOS

PONTOS FORTES: INCISIVO, INTEIRO, VALORIZA QUALIDADE

PONTOS FRACOS: CORTANTE, MONOLÍTICO, EXIGENTE

MELHOR: TRABALHO

PIOR: AMOR

LEW FIELDS (1/1/1867)
JOE WEBER (11/8/1867)

Weber & Fields foram considerados uma das grandes duplas humorísticas da história do vaudeville. Eles estrearam com 10 anos de idade e em 5 anos se estabeleceram como os principais comediantes do país. Invariavelmente, o magro Fields tentava trapacear o rotundo Weber levando-o a fazer algo que não compreendia direito.

| **RELACIONAMENTOS** | 11 a 18 de agosto | 3 a 9 de janeiro |

11 a 18 de agosto
SEMANA DA LIDERANÇA
LEÃO III

3 a 9 de janeiro
SEMANA DA DETERMINAÇÃO
CAPRICÓRNIO II

PONTOS FORTES: RESPONSÁVEL, PERSEVERANTE, DISCIPLINADO

PONTOS FRACOS: NEGADOR, RECEOSO, SÉRIO DEMAIS

MELHOR: AMOR

PIOR: PAIS-FILHOS

FERNANDO LAMAS (9/1/20)
ARLENE DAHL (11/8/28)

Lamas e Dahl, durante os 6 anos de seu casamento (1954-60), foram a epítome do casal charmoso de Hollywood. Ela era uma arrebatadora ruiva e ele um amante latino com brilhantina nos cabelos. Apareceram na tela juntos uma vez em *The Diamond Queen* (1953). Seu filho Lorenzo é ator de cinema e tevê. **Também: Sam Goldwyn & Adolf Zukor** (magnatas do cinema).

Sonhos práticos

Este relacionamento é melhor satisfeito quando idéias são atraídas dos domínios mais elevados e estabelecidas como realidade. Esses dois são especialistas em realizar seus sonhos, e sua inteligência altamente prática predispõe os resultados a seu favor e garante sucesso. Eles são capazes de desistir de muitas coisas para chegar onde desejam. Aprendendo a viver com algumas carências e sujeitando-se à disciplina estrita, eles constroem vagarosamente a força de vontade e a autoconfiança. A estrada para o sucesso neste relacionamento é formada de muitos degraus pequenos mas a marcha para o objetivo é inexorável.

Casos amorosos entre Leão III e Capricórnio II levam tempo para se desenvolver. Sua paixão não é imediatamente irresistível, mas cresce à medida que o relacionamento se aprofunda e vínculos de confiança são formados. É importante para este casal que seu amor seja reconhecido e levado a sério pela família e pelos amigos. Ser ou não casado é menos importante do que sua conciliação mútua – na realidade, é improvável que o casamento mude muito seu relacionamento. Assumir responsabilidade absoluta pelas ações é um dado neste par.

Em geral é melhor para namorados, companheiros ou amigos nesta combinação ter carreiras separadas. Eles podem se ajudar ocasionalmente, mas deveriam ter seu próprio interesse profissional primário. Se Leão III e Capricórnio II realmente se tornarem colegas de trabalho ou parceiros em negócios é melhor que evitem o domínio pessoal de forma que possam dedicar toda a sua energia ao trabalho em questão.

Os nascidos em Leão III são em geral pais atenciosos e cuidadosos para filhos de Capricórnio II, mas tendem a dominar suas vidas. A adolescência em geral traz a separação entre pai e filho, mas isto pode tomar a forma de crianças de Capricórnio II firmemente despedindo-se de seus pais de Leão III e tomando o seu caminho em vez de se tornarem revoltados.

Conselho: *Sejam "tolos" juntos de vez em quando. Sejam um pouco mais clementes. Mimem-se algumas vezes. Atitudes espartanas não são necessariamente satisfatórias.*

RELACIONAMENTOS

11 a 18 de agosto
SEMANA DA LIDERANÇA
LEÃO III

10 a 16 de janeiro
SEMANA DA DOMINAÇÃO
CAPRICÓRNIO III

PONTOS FORTES: FÍSICO, INTENSO, DESAFIADOR

PONTOS FRACOS: IMPREVISÍVEL, DESCONFIADO, VIOLENTO

MELHOR: IRMÃOS

PIOR: TRABALHO

FIDEL CASTRO (13/8/26)
FULGENCIO BATISTA (16/1/01)

Castro foi um revolucionário dos anos 1950 que liderou uma campanha determinada para derrubar o ditador cubano Batista. Ele começou a organizar seu movimento guerrilheiro em 1956. Levou 3 anos para depor Batista, que fugiu para a Espanha em 1959 e lá morreu em 1973.
Também: Daffy Dean & Dizzy Dean (irmãos jogadores de beisebol); **J.P. Warburg & Felix Warburg** (sobrinho/tio; financistas).

Respeito vigiado

É provável que este relacionamento seja extremamente intenso. Leão III e Capricórnio III formam quincôncio um em relação ao outro no zodíaco (separados por 150°), portanto a astrologia prediz alguma instabilidade entre eles. Além disso, ambos são muito teimosos e é improvável que recuem em qualquer confrontação, de forma que seus temperamentos podem rapidamente se incendiar e descontrolar. Raiva, agressão e violência podem surgir neste relacionamento, exigindo cuidado especial para controlá-las. Seria um erro suprimi-las ou vê-las como inaceitáveis; uma abordagem plausível seria sublimá-las em uma competição saudável, talvez nos esportes mas também nos desafios de cartas e jogos de mesa como bridge e xadrez.

Casos amorosos entre esses dois podem não se desenvolver de forma alguma, uma vez que cada um tem uma certa cautela quanto ao poder dos outros para machucá-lo. Caso eles se tornem fascinados um com o outro, é provável que lutem para ocupar o papel dominante. Casamentos são somente recomendados para Leão III e Capricórnio III altamente evoluídos que têm considerado as implicações de suas confrontações intensas em uma situação de vida diária. Caso esses cônjuges tenham filhos, devem estar cientes do perigo de ser superprotetores, abafando sua independência e individualidade.

Amizades são menos prováveis nesta combinação do que francas rivalidades e hostilidades. Onde os nascidos em Leão III tendem a ser extremamente rápidos nos seus movimentos, os de Capricórnio III se demoram, fornecendo resistência efetiva. Ambos os parceiros são responsáveis por se atirar em papéis heróicos, dependendo dos outros para responder a suas qualidades de liderança muitas vezes carismáticas.

Relacionamentos de irmãos entre Leão III e Capricórnio III podem ser notáveis, sobretudo quando do mesmo sexo. Embora o par inevitavelmente venha a discutir e agir imprevisivelmente na infância, mais tarde é provável que eles se tornem um time eficiente em algumas áreas, possivelmente nos domínios financeiros, políticos ou físicos. Relacionamentos em negócios e sociedades não são recomendados nesta combinação.

Conselho: *Exponha suas diferenças. A confrontação pode ser necessária. Limite os envolvimentos emocionais. Canalize suas energias construtivamente.*

11 a 18 de agosto
SEMANA DA LIDERANÇA
LEÃO III

17 a 22 de janeiro
CÚSPIDE DO MISTÉRIO E DA IMAGINAÇÃO
CÚSPIDE CAPRICÓRNIO-AQUÁRIO

Esforços de aprendizagem

Esta combinação sugere um relacionamento entre professor e aluno. Mesmo na ausência de uma situação escolar formal, esses dois podem estar unidos no esforço de aprendizagem, com freqüência de natureza mais prática do que teórica. Se Capricórnio-Aquário for escalado para o papel de professor, ele guiará as energias abundantes de Leão III com instinto infalível. Leão III pode acabar sendo um pouco ditador ao tratar Capricórnio-Aquário, inicialmente despertando sua revolta, mas em última análise conquistará seu respeito.

Nos casos amorosos e nas amizades a energia do relacionamento tende a aprofundar seus laços de intimidade e sensualidade. Há com freqüência uma qualidade reservada aqui. Embora esses dois sejam emocionalmente inflamáveis, sua combinação pode ser extraordinariamente estável. Eles muitas vezes preferem gastar tempo juntos a ter contatos sociais, e devem tomar cuidado para não se tornar isolados demais ou mutuamente dependentes.

Os relacionamentos matrimoniais e familiares entre Leão III e Capricórnio-Aquário podem fornecer um equilíbrio certo entre a interação pessoal e a social. Os relacionamentos entre pais e filhos são muitas vezes importantes e especialmente educacionais, contanto que ao filho seja dado espaço para auto-expressão e experiência. Sejam como esposos ou como outras combinações de parentes, Leão III e Capricórnio-Aquário estão melhor juntos quando evitam uma abordagem didática estrita: o parceiro no papel de estudante deve ser ensinado a ensinar o outro parceiro, gradualmente permitindo ao professor se desembaraçar de um processo de aprendizagem total.

Conexões de carreira entre esses dois podem ser excelentes. Em geral um parceiro tem mais experiência e ensina o outro. Impulsos competitivos raramente surgem, pois Leão III e Capricórnio-Aquário em geral concentram-se no que podem aprender um com o outro em vez de se envolver em lutas de poder. O relacionamento enfatiza esforços criativos de todos os tipos, com as conexões relacionadas às artes sendo especialmente favorecidas.

Conselho: *Tire tempo para seus estudos e divirta-se. Não se prenda demais nos pensamentos um do outro. Mantenha a individualidade. Personalize a expressão.*

RELACIONAMENTOS

PONTOS FORTES: DIDÁTICO, INSPIRACIONAL, COM OS PÉS NO CHÃO.

PONTOS FRACOS: REBELDE, DIDÁTICO, ISOLADO

MELHOR: TRABALHO

PIOR: AMOR

SUZANNE FARRELL (16/8/45)
GEORGE BALANCHINE (22/1/04)

A bailarina Farrell treinava na American School of Ballet onde foi descoberta por Balanchine. De 1948 até sua morte, em 1983, Balanchine devotou-se ao Balé de Nova York, ao qual Farrell se juntou em 1961, chegando a bailarina principal em 1965. Após 10 anos de ausência, Farrell voltou a juntar-se à companhia de Balanchine em 1975. **Também: Alfred Hitchcock & Tippi Hedrin** (diretor apaixonado pela estrela).

---

11 a 18 de agosto
SEMANA DA LIDERANÇA
LEÃO III

23 a 30 de janeiro
SEMANA DO GÊNIO
AQUÁRIO I

Carma pesado

Este relacionamento pode ser profundamente simbiótico. Enquanto nem sempre benéfico, o relacionamento entre Leão III e Aquário I é extremamente íntimo, e em alguns casos o par é inseparável. Esses dois são unidos sobretudo na esfera dos sentimentos, mas isso não significa que sua conexão será necessariamente amorosa ou mesmo solidária. Tem-se a impressão, no entanto, de que o relacionamento tem um carma pesado – que foi predestinado.

Como outros relacionamentos nessa combinação, laços românticos aqui terão um ar de inevitabilidade. O modo como os namorados de Leão III e Aquário I se encontram quase sempre terá uma alusão à sorte. A sorte não está só no encontro inicial: o inesperado é em geral uma faceta do relacionamento. Fazer planos, marcar datas ou fazer listas é muitas vezes indesejável aqui, pois a expressão espontânea de sentimentos é uma alta prioridade.

No casamento, o domínio de Leão III em geral emerge e, de fato, pode ser necessário colocar o mais instável Aquário I na linha. Aquário I se beneficiará desse tipo de pressão, em geral se tornando mais forte e mais responsável por meio da influência do relacionamento. E se as coisas forem bem com seus parceiros de Aquário I, Leão III pode ser capaz de desistir de sua necessidade de controle e direção.

No trabalho, a criatividade mental de Aquário I pode despertar a inveja e o ressentimento de Leão III, fazendo-o parecer como se estivem se movendo em câmara lenta – muito embora ele mesmo seja bom com relação a agilidade criativa. No entanto, a combinação desses dois juntos pode ser até mesmo mais inventiva e produtiva do que qualquer um deles sozinho, presumindo, claro, que eles permitam que suas forças respectivas se fundam. Como em certas reações químicas um catalisador pode ter que estar presente para começar todo o processo: talvez uma pessoa, um lugar, mesmo um certo tipo de dia. Os relacionamentos entre irmãos e as amizades podem também ser inseparáveis, mas deve-se ter cuidado para não despertar o ciúme de outros amigos e parentes.

Conselho: *Um pouco de estrutura não machuca ninguém. Não superestime sua confiança na espontaneidade e na sorte. Cuidado com as necessidades dos outros.*

RELACIONAMENTOS

PONTOS FORTES: EMOCIONAL, ESPONTÂNEO, SORTUDO

PONTOS FRACOS: DESPERTA INVEJA, INCOMPREENSIVO, RESSENTIDO

MELHOR: AMOR

PIOR: IRMÃOS

AMADEUS MOZART (27/1/1756)
ANTONIO SALIERI (18/8/1750)

Embora o filme *Amadeus* (1984) retrate Salieri como um compositor medíocre com ciúmes insanos do gênio de Mozart, na verdade ele foi um célebre compositor de óperas que admirava Mozart. Eram ambos considerados talentosos em sua época. **Também: Mae West & W.C. Fields** (co-estrelas de cinema); **Roman Polanski & Sharon Tate** (casados; diretor/atriz); **Robert Redford & Paul Newman** (amigos; co-estrelas).

RELACIONAMENTOS

PONTOS FORTES: DIPLOMÁTICO, NATURAL, AGRADÁVEL

PONTOS FRACOS: MANIPULADOR, COERCITIVO, EGOÍSTA

MELHOR: AMOR

PIOR: IRMÃOS

NAPOLEÃO BONAPARTE (15/8/1769)
TALLEYRAND-PÉRIGORD (2/2/1754)

Talleyrand participou do golpe que ajudou Napoleão a ascender ao poder como imperador (1804). Napoleão o recompensou com propriedades e títulos. Mas depois de 1805, Talleyrand se distanciou do imperador, cuja ambição ele considerava exagerada. Ele renunciou em 1807 e começou a traçar planos com os inimigos estrangeiros de Napoleão.

---

11 a 18 de agosto
SEMANA DA LIDERANÇA
LEÃO III

31 de janeiro a 7 de fevereiro
SEMANA DA JUVENTUDE E DA DESPREOCUPAÇÃO
AQUÁRIO II

O caminho da menor resistência

Esses dois inevitavelmente tomarão o caminho da menor resistência em qualquer aventura e direção na qual andem. Sua capacidade para identificar e ensinar a si mesmo a rota mais simples e mais direta para qualquer solução de um problema os fará parecer muito brilhantes. Seu relacionamento os torna inconformistas, destemidos para escolher a via menos usada. É em geral Aquário II que mostra a Leão III como fazer as coisas da forma mais fácil. Os líderes Leão III tendem a ultrapassar quaisquer obstáculos que enfrentem, enquanto Aquário II em geral encontra uma forma de contornar quaisquer dificuldades sem confrontá-las diretamente.

Nos casos amorosos, a intensidade de Leão III é temperada pelas atitudes mais distensionadas de Aquário II, produzindo uma relação ao mesmo tempo excitante e agradável. Ambos os parceiros muitas vezes amam seu relacionamento tanto quanto ou mais do que gostam um do outro. Portanto, o caso encontra um meio-termo, juntando o melhor que cada um tem para oferecer. Sua tendência sensual é fortalecida pelo fato de que Leão III e Aquário II, regidos pelo fogo e pelo ar respectivamente, formem um relacionamento governado pelo elemento de terra, aqui enfatizando delícias carnais. Os casamentos entre esses dois podem não ser vistos com seriedade pelas outras pessoas mas podem funcionar bem contanto que Leão III não seja mandão demais e Aquário II irresponsável demais.

Os relacionamentos entre irmãos e as amizades nessa combinação nem sempre são harmoniosas, uma vez que cada parceiro está consciente demais quando ele ou ela está sendo constrangido ou manipulado pelo outro. A rotina da diplomacia funciona bem com as outras pessoas mas é transparente demais quando empregada dentro do relacionamento em si. Relacionamentos da carreira, por outro lado, podem ir extremamente bem, em geral com Leão III assumindo a liderança e Aquário II agindo como a mão direita, conselheiro e confessor. A postura de perder os anéis e salvar os dedos não é a especialidade de Leão III, mas essa qualidade natural do relacionamento ameniza a tensão criada. Leão III empresta dinamismo a Aquário II, que, por sua vez, pode tornar as diretrizes de seu parceiro mais palatáveis para outras pessoas.

Você *não pode ter as coisas de seu modo todo o tempo – às vezes você tem que se conformar. Receba mas também dê. Seja mais e menos sério.*

RELACIONAMENTOS

PONTOS FORTES: MAGNÉTICO, IDEALISTA, MÁGICO

PONTOS FRACOS: PRESUNÇOSO, DESILUDIDO, ESQUIVO

MELHOR: AMOR PLATÔNICO

PIOR: TRABALHO

MENACHEM BEGIN (15/8/13)
REI FAROUK (11/2/20)

Foi o rei egípcio Farouk, cuja ambiciosa política exterior nacionalista dos anos 1940, que criou um conflito com a Grã-Bretanha e o desastrado conflito árabe-israelense de 1948. Begin, então um herói militar que liderava o movimento guerrilheiro contra a Inglaterra, se tornou inimigo jurado de Farouk.

---

11 a 18 de agosto
SEMANA DA LIDERANÇA
LEÃO III

8 a 15 de fevereiro
SEMANA DA ACEITAÇÃO
AQUÁRIO III

Trazendo ideais para os outros

Um estudo sobre a polaridade e posicionando-se a 180° de distância no zodíaco, esses dois exercem um enorme impulso um sobre o outro. Seu relacionamento muitas vezes tem uma atração magnética, com um charme irresistível. Trabalhando por meio da sinergia, ele pode reconciliar e integrar as diferenças extremas na atitude e no estilo de vida. Aquário III pode ser muito mais forte do que Leão III, mas de uma forma diferente. ele tem um poder visionário, que muitas vezes entra em choque com o poder físico de Leão III mas na melhor das hipóteses se une a ele para que o casal trabalhe junto para trazer ideais e crenças mais elevados ao seu círculo imediato ou ao público geral.

A condição humana é uma preocupação importante para esses dois, que desejarão viver a vida em um plano mais elevado. O amor que expressam um pelo outro tende a ser a variedade platônica e se abstém de vantagem egoísta ou prazer. Leão III descobre todo um lado novo de si mesmo nesse relacionamento, mas deve ser cuidadoso para não sucumbir à fascinação de exercer o poder psicológico ou tentar manipular, uma vez que pára de se preocupar com o poder físico. Esses dois muitas vezes vêem seus casamentos com reverência e até mesmo estupefação religiosa. A desilusão e a rejeição são muitas vezes os frutos de tais visões e expectativas irrealistas.

No trabalho e na família, Leão III e Aquário III devem ser cuidadosos para não se deixarem levar pelas suas idéias, sobretudo se eles forem tentados a converter seus colegas de trabalho ou parentes ao seu sistema de crença. O proselitismo ou as atitudes de pretensa superioridade da parte desse casal pode levar a que seja evitado por outros em seu grupo. Quando são amigos, seus impulsos idealistas compartilhados podem envolvê-los na crença e no objetivo um do outro, mas não deveria desvesti-los de seus egos a ponto de já não reconhecerem totalmente sua própria individualidade. Seguir o caminho do serviço, talvez assumindo responsabilidades um tanto subordinadas e de ancoramento no aqui e agora, ajudará a manter o pé no chão no relacionamento.

Conselho: *Não se eleve acima dos outros. Fale na linguagem simples. Não convença os outros contra a vontade deles. Lembre de quem você realmente é.*

11 a 18 de agosto
SEMANA DA LIDERANÇA
LEÃO III

16 a 22 de fevereiro
CÚSPIDE DA SENSIBILIDADE
CÚSPIDE AQUÁRIO-PEIXES

Demolindo os portões

O foco dessa combinação é uma mistura interessante de pontos de vista conservadores e radicais. É um relacionamento que ao mesmo tempo valoriza tradições de todos os tipos e esposa idéias modernas, avançadas. Alguns podem denominar como nova era ou considerá-la esotérica. Aquário-Peixes é duro por fora mas supersensível por dentro, enquanto Leão III pode ser duro o tempo todo. Enquanto esses dois são muito semelhantes em seu impulso para o sucesso mundano, ele é muito diferente quando se trata de suas vidas íntimas e sua abordagem do seu relacionamento.

Nos casos amorosos e nas amizades, Aquário-Peixes tem muito para ensinar a Leão III sobre emoção, mas primeiro ele em geral tem que liberar seus próprios sentimentos reprimidos. A química única de seu relacionamento com Leão III pode muitas vezes realizar exatamente isso, uma vez que terão que encontrar um parceiro que não aceitará um não como resposta se um envolvimento profundo com Aquário-Peixes for o objetivo. Ao derrubar suas defesas, os nascidos em Leão III muitas vezes são bem-sucedidos em atingir aquele estrato emocional profundo e inestimável no qual Aquário-Peixes tem tanto para oferecer.

Os casamentos e os relacionamentos familiares podem sofrer quando Aquário-Peixes termina carregado de obrigações domésticas. É verdade, sua necessidade de carinho deve ser atendida, mas não devia ser permitido a um Leão não solidário tirar vantagem nessa área. É extremamente importante nesses relacionamentos para Leão III trabalhar lado a lado com Aquário-Peixes no compartilhamento de tarefas diárias mundanas, não apenas para o próprio desenvolvimento pessoal mas para fortalecer o relacionamento e mostrar que ele realmente se importa.

No trabalho, esses dois podiam chegar ao topo, sejam como parceiros comerciais ou autônomos. O produto que vendem ou o serviço que oferecem muitas vezes têm um apelo para alternativas de uma existência melhor por meio de um misto de tradicional e radical. Competidores ferozes contra os rivais, o relacionamento é em geral unido internamente. Se suas energias minguam ou sua visão embaça, no entanto, disputas e desavenças surgirão inevitavelmente.

Conselho: *Não passe simplesmente por cima de seus oponentes. Mostre solidariedade e compreensão um com o outro. Busque com afinco o tesouro emocional.*

RELACIONAMENTOS

PONTOS FORTES: AMBICIOSO, AMANTE DA TRADIÇÃO, RADICAL

PONTOS FRACOS: INCOMPREENSIVO, REPRIMIDO, HIPERCOMPETITIVO

MELHOR: AMIZADE

PIOR: FAMÍLIA

MICHAEL JORDAN (17/2/63)
MAGIC JOHNSON (14/8/59)

Jordan e Johnson, ex-rivais do basquete, se tornaram companheiros de equipe em 1992, quando foram membros do sensacional Dream Team nas Olimpíadas. Eles levaram a equipe americana à conquista da medalha de ouro. Dentro e fora das quadras são bons amigos. **Também: Princesa Anne & Príncipe Andrew** (irmãos reais).

---

11 a 18 de agosto
SEMANA DA LIDERANÇA
LEÃO III

23 de fevereiro a 2 de março
SEMANA DO ESPÍRITO
PEIXES I

Aberto demais

Este relacionamento trata de comunicação e versatilidade, encorajando seus parceiros a serem mais abertos e a ampliarem seus interesses. Suas energias terão de ser controladas e direcionadas, pois podem com facilidade sair do controle. E embora a pesquisa de novas áreas seja característica do relacionamento, esses dois devem ser cuidadosos para não faltarem com sua atenção ao trabalho em questão ou para não se dispersarem demais. Autodestrutivo em certos aspectos, o relacionamento entre Leão III e Peixes I precisa manter seu pé no chão e o olho no que pode obter.

Os casos amorosos sofrem em virtude de serem abertos demais, raramente considerando o comprometimento, muito menos discutindo-o. Esses parceiros muitas vezes não se opõem às atrações um do outro por outras pessoas, às vezes ate as encorajando, um traço que pode minar o relacionamento. E quando realmente precisam gastar um bom tempo juntos, construindo devagar sua intimidade, tendem a se deixar atrair para outras direções. O casal não deve tentar casar a menos que essas tendências possam ser mantidas sob controle e o compromisso possa ser trabalhado solidamente.

Os relacionamentos profissionais entre esses dois podem ser excelentes. As parcerias sociais e financeiras muitas vezes são bem-sucedidas por meio de uma mistura de especialidade técnica, sensibilidade e experiência de Peixes I aliadas à agressão, à liderança e ao impulso de Leão III. O relacionamento será eficiente em uma variedade de esforços, mas em geral obtém seu sucesso maior em uma área onde deveria investir a maior parte das suas energias. Os membros da família e os amigos não são aconselhados a trabalhar juntos em negócios.

Os relacionamentos entre pais e filhos de Leão III e Peixes I podem ser tumultuados. Os pais de Leão III podem dominar seus filhos mais jovens de Peixes I, então enfrentando descontentamento extremo e revolta quando aqueles filhos atingem a adolescência. É improvável que os pais de Peixes I entendam seus filhos de Leão III ou forneçam o tipo de orientação de que precisam.

Conselho: *Tente fazer uma coisa de cada vez. Não se deixe desviar com tanta facilidade. Mantenha suas energias bem-direcionadas. Seja realista sobre o que o compromisso significa para você.*

RELACIONAMENTOS

PONTOS FORTES: VERSÁTIL, COMUNICATIVO, ENERGÉTICO

PONTOS FRACOS: DESFOCADO, AUTODESTRUTIVO, CAÓTICO

MELHOR: TRABALHO

PIOR: CASAMENTO

ANNE OAKLEY (13/8/1860)
BUFFALO BILL CODY (26/2/1846)

Em 1883 o patrulheiro militar Buffalo Bill organizou espetáculos itinerantes no oeste com a exímia atiradora Oakley. Durante anos eles trabalharam juntos em apresentações dramatizadas de ladrões de diligências, lutas com índios e caçadas de búfalos, viajando pelos EUA e a Europa. **Também: Shimon Peres & Yitzhak Rabin** (líderes israelenses); **Steve Martin & Bernadette Peters** (caso; co-estrelas de cinema).

| **RELACIONAMENTOS** |

PONTOS FORTES: COMPREENSIVO, SOLIDÁRIO, INDEPENDENTE

PONTOS FRACOS: POUCO PRÁTICO, GRUDENTO, DESCOMPROMETIDO

MELHOR: IRMÃOS

PIOR: CASAMENTO

KARL LIEBKNECHT (13/8/1871)
ROSA LUXEMBURGO (5/3/1871)

Opondo-se à participação da Alemanha na I Guerra, Liebknecht e Luxemburgo formaram a radical Liga Spartacus (1916), precursora do partido comunista alemão. Em 1919 eles tentaram um levante mas fracassaram. Foram presos imediatamente e executados pelas forças militares alemãs.

---

11 a 18 de agosto
SEMANA DA LIDERANÇA
LEÃO III

3 a 10 de março
SEMANA DO SOLITÁRIO
PEIXES II

Espaço para respirar

Este relacionamento é melhor quando seus parceiros têm grande independência um do outro na vida diária. Não significa que não são íntimos – pelo contrário; apenas o relacionamento entre Leão III e Peixes II está em geral em sua melhor versão quando os parceiros possuem suficiente espaço para respirar e não se sentem sufocados. Embora Peixes II seja em geral o mais introvertido desses dois, eles têm um lado extrovertido que o relacionamento pode ativar. Eles também serão sensíveis às necessidades de seus parceiros nessa combinação, que Leão III apreciará, embora isso não signifique que Peixes II seja capaz de satisfazê-los – ou mesmo esteja interessado em fazê-lo.

No quarto, Leão III pode acabar sendo exigente demais com Peixes II, que muitas vezes prefere não levar as coisas muito a sério. Se Peixes II se envolver com profundidade, por outro lado – um grande "se" – ele pode ter problemas em deixar seus companheiros leoninos poderosos e em casos extremos podem manifestar um vício por sexo e amor. O problema para Peixes II é que Leão III pode dar uma grande intensidade ao caso amoroso sem estar realmente envolvido em um nível emocional profundo. A independência extrema de pensamento e ação, que é um subproduto desse relacionamento, pode tornar o casamento difícil ou impossível.

Os amigos e irmãos nessa combinação podem se relacionar muito bem, sobretudo se não tiverem que se ver com freqüência. Eles podem depender um do outro profundamente para aconselhamento em momentos de estresse. Aqui o relacionamento enfatiza o apoio e representa uma fonte de entendimento para seus parceiros.

Os relacionamentos profissionais entre Leão III e Peixes II são melhor formados em situações em que não estejam intimamente cooperando como colegas de trabalho, mas que sejam independentes e capazes de tomar as próprias decisões, talvez consultando um ao outro de tempos em tempos. Como parceiros de trabalho devem assegurar-se de ter um bom contador e conselheiro financeiro, pois suas habilidades nessa área nem sempre são as melhores.

Conselho: *Encontre equilíbrio emocional. Decida quão profundamente deseja se envolver. Siga seu próprio caminho. Dê de forma incondicional e plena.*

| **RELACIONAMENTOS** |

PONTOS FORTES: COMUNICATIVO, LIVRE, ATENCIOSO

PONTOS FRACOS: ESTRESSADO, INSTÁVEL, PROPENSO A CRISES

MELHOR: TRABALHO

PIOR: CASAMENTO

LEE SCHUBERT (14/3/1875)
JACOB SCHUBERT (15/8/1880)

Lee e Jacob foram 2 de 3 irmãos (o outro era Sam) que construíram um poderoso grupo econômico teatral. No final dos anos 1920 eles tinham mais de 100 grupos, com destaque dos teatros Schubert, Booth, Broadhurst e Barrymore na área de Times Square em Nova York. A dinastia dos Schubert continua até os dias atuais, com 16 teatros na Broadway de sua propriedade. **Também: FDR, Jr. & John Roosevelt** (irmãos; filhos de FDR).

---

11 a 18 de agosto
SEMANA DA LIDERANÇA
LEÃO III

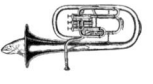

11 a 18 de março
SEMANA DOS DANÇARINOS E SONHADORES
PEIXES III

Falando com o olhar

O nível de comunicação nesse relacionamento é extremamente alto – os pensamentos vagam livremente. Ambos estão interessados nas idéias, e seu relacionamento é sobretudo caracterizado pela concentração intelectual e pela atenção ao detalhe. Pouco escapa à atenção do relacionamento. Isso significa que ele pode ser impiedosamente crítico, tanto de si mesmo quanto de outras pessoas; e toda aquela energia mental pode criar nervoso e preocupação. Para evitar dores de cabeça e outros sintomas de estresse, Leão III e Peixes III terão de aprender a dar vazão a seu lado mais brincalhão e despreocupado, tentando mesmo conscientemente enfatizar a esfera mais física.

Nos casos amorosos, esses dois se sentem livres o suficiente para expressarem-se sem medo de rejeição. No entanto, seu relacionamento pode ser extremamente instável do ponto de vista emocional. Leão III e Peixes III formam quincôncio um em relação um ao outro no zodíaco (150° de distância), uma situação de instabilidade que tende a elevar o nível de desejo e excitação sexual mas não contribui muito para a longevidade do relacionamento. O casamento deveria ser tentado apenas após um caso de amor longo ter desenvolvido laços de compreensão e confiança.

As vantagens de canais abertos de comunicação podem ser observadas claramente nesses relacionamentos profissionais e nas amizades. Leão III tende a ser mais direto, Peixes III mais sutil, mas essa é uma combinação em que tudo pode ser dito com apenas um rápido olhar ou gesto, sobretudo em situações de crise. Os parceiros certamente sabem como atender os prazos e produzir sob pressão, uma capacidade que muitas vezes é sua marca registrada.

Os irmãos, sobretudo do mesmo sexo, podem sofrer restrição parental e desejar se libertar. O relacionamento em geral os deixará encobrir um ao outro, fornecendo uma proteção contra a punição vinda de cima. Não é incomum para esses irmãos sair de casa juntos e mesmo compartilhar o espaço no começo da vida adulta.

Conselho: *Não se divirta tão duramente quanto trabalha – aprenda a relaxar. Esvazie-se para poder se recarregar. Os prazos podem ser adiados. Desligue seu motor mental.*

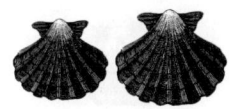

19 a 25 de agosto
CÚSPIDE DA EXPOSIÇÃO
CÚSPIDE LEÃO-VIRGEM

19 a 25 de agosto
CÚSPIDE DA EXPOSIÇÃO
CÚSPIDE LEÃO-VIRGEM

Brincando de esconde-esconde

Há espaço para vocês dois aí dentro? Esses dois são capazes de abafar seus segredos no armário e depois se rastejar dentro de si mesmos. Brincar de esconde-esconde é o passatempo favorito de Leão-Virgem, e sigilo pode ser duas vezes mais divertido para dois representantes de Leão-Virgem do que o é para um deles apenas. Essa combinação pode enfocar o jogo de esconder a verdade, depois de repente revelá-la – um passatempo envolvente mas não necessariamente produtivo. A qualidade emocional do relacionamento pode ser despreocupada ou séria, útil ou obstruída, amigável ou viciada, mas em todos os casos tende a ser imprevisível.

Os casos amorosos aqui são complexos, confusos e raramente emocional ou fisicamente satisfatórios. Eles parecem engrandecer essa necessidade da personalidade de brincar com jogos emocionais para que os namorados nesse relacionamento raramente saibam que posição ocupam em relação um ao outro. O casamento também tende a não ter estabilidade e não é especialmente recomendado.

As amizades entre Leão-Virgem podem ser muito divertidas mas também algo frustrante. Os parceiros são pouco desejosos de mostrar o que sentem e enfrentam problemas sendo totalmente abertos um com o outro. Seu prazer em ocultamento e revelação alternados pode evitar que estabeleçam confiança. Não significa que eles mintam completamente, mas exagerar ou esconder a verdade é lugar comum aqui.

Alguns casais de pais e filhos e irmãos nascidos em Leão-Virgem competem diretamente, outros apóiam e se beneficiam mutuamente. Nos dois casos, eles em geral percebem um ao outro, embora não necessariamente abertamente: de fato, pode ser difícil para eles dar atenção plena um ao outro, uma vez que Leão-Virgem está muitas vezes envolvido em seu próprio mundo. Nos assuntos familiares eles devem reconhecer seus interesses compartilhados e colocar em suspenso suas preocupações com seus jogos particulares. No trabalho, Leão-Virgem é um bom parceiro apenas se fizer um esforço para ser objetivo e manter os dois olhos atentos no negócio. Infelizmente, a desconfiança pode fazê-los tão vigilantes com relação a observar um ao outro que não percebem que a caixa registradora está sendo mexida por outra pessoa.

Conselho: *Arrume a confusão ou nada será feito. Seja mais honesto. Gaste menos tempos jogando. Tente ser mais coerente e confiável.*

RELACIONAMENTOS

PONTOS FORTES: REVELADOR, DIVERTIDO, ENVOLVENTE

PONTOS FRACOS: RECEOSO, DESONESTO, CONFUSO

MELHOR: AMIZADE

PIOR: CASAMENTO

REI LUÍS I (25/8/1786)
LOLA MONTEZ (25/8/1818)

Montez era uma bela dançarina espanhola que se tornou amante do rei bávaro. Quando ele a fez condessa, ela exerceu grande influência nos assuntos políticos, e foi considerada a causa da revolução de 1848. Ela foi banida e finalmente morreu (1861) na pobreza nos Estados Unidos. **Também:** Eliel Saarinen & Eero Saarinen (pai/filho; arquitetos).

---

19 a 25 de agosto
CÚSPIDE DA EXPOSIÇÃO
CÚSPIDE LEÃO-VIRGEM

26 de agosto a 2 de setembro
SEMANA DOS CONSTRUTORES DE SISTEMAS
VIRGEM I

A chance para a metamorfose

A estabilidade emocional é o fantasma de Leão-Virgem e Virgem I. A sinergia desse relacionamento aumenta essa fraqueza, que significa maiores nervosismo, sensibilidade e insegurança. Porque essas personalidades podem ter um efeito inquietante um sobre o outro, elas devem trabalhar duro para manter um mínimo de estabilidade entre eles. Por outro lado, a sensibilidade e os sentimentos de vários tipos que podem emergir sob qualquer forma de relacionamento nessa combinação são, de forma estranha, uma realização para esses dois, que, como indivíduos, tendem a reprimir e esconder seus problemas. Sua combinação encoraja seu interesse em todas as disciplinas psicológicas que possam ajudar na jornada.

Os desafios do amor e do casamento são múltiplos para esse casal. Confrontados com emoções não conhecidas que podem ser sentidas profundamente pela primeira vez, seu relacionamento em princípio tende a ter que lutar para se firmar. Uma vez que os parceiros se tornem mais confortáveis com os sentimentos um do outro, eles começarão a construir laços de compreensão e confiança. Se puderem se manter juntos em meio ao que provavelmente são vários contratempos, mudanças de direção e sucessos menores, o relacionamento irá encontrar o seu lugar em suas vidas, muitas vezes se tornando cada vez mais espiritual. Com os anos de desenvolvimento pessoal, um casal basicamente prático pode passar por uma completa metamorfose.

As amizades são melhores quando baseadas na atividade física. A competição é boa para esses dois, uma vez que revela seus lados poderosos e encoraja-os a desenvolver a força de vontade e a concentração. Nas atividades comerciais e nos empreendimentos profissionais, o estabelecimento de objetivos concretos revelará a aspiração de Leão-Virgem I e o espírito de luta. A construção de autoconfiança pode ser tremendamente incrementada pela realização anterior de uma série de pequenos sucessos. Na família, os casais de pais e filhos nessa combinação podem ser algo enfadonhos, falhando em inspirar um ao outro.

Conselho: *Descubra seus sentimentos mas mantenha-se estável. Permaneça prático mas mire as estrelas. Não se deixe desencorajar. Desenvolva a autoconfiança. Acredite.*

RELACIONAMENTOS

PONTOS FORTES: ATUALIZADO, TRANSFORMADOR, SENSÍVEL

PONTOS FRACOS: INSTÁVEL, NERVOSO, APAGADO

MELHOR: TRABALHO

PIOR: PAIS-FILHOS

BERNARD BARUCH (19/8/1870)
PEGGY GUGGENHEIM (26/8/1898)

Baruch, conselheiro econômico e financista, era grande amigo da patrona das artes e colecionadora Guggenheim, herdeira da fortuna da família. Baruch era representante financeiro dos Guggenheim, fazendo investimentos e negócios lucrativos. **Também: William Rutherford Mead & Charles Folien McKim** (parceiros; arquitetos).

599

RELACIONAMENTOS

PONTOS FORTES: ESTRUTURADO, TEÓRICO, SISTEMÁTICO

PONTOS FRACOS: QUER LEVAR A MELHOR, MENTAL, INSENSÍVEL

MELHOR: AMIZADE

PIOR: AMOR

VALERIE HARPER (22/8/40)
JULIE KAVNER (7/9/51)

Seguindo sua popularidade no *The Mary Tyler Moore Show*, Harper se tornou a estrela de seu próprio seriado de tevê, *Rhoda* (1974-78). Uma das humoristas mais talentosas do elenco era Kavner, que fazia o papel de irmã mais nova de Rhoda, Brenda. As artistas eram excelentes como as sensíveis nova-iorquinas. **Também: Louis Teicher & Arthur Ferrante** (dupla de pianistas).

---

19 a 25 de agosto
CÚSPIDE DA EXPOSIÇÃO
CÚSPIDE LEÃO-VIRGEM

3 a 10 de setembro
SEMANA DO ENIGMA
VIRGEM II

Mudando para o atingível

Este relacionamento pode acabar se envolvendo com a análise e criação de todo o tipo de constructos teóricos. Tornar-se muito confiante em um sistema de pensamento pode ser um problema aqui; uma mudança de ênfase para o prático e objetivo é muitas vezes desejável para esses dois. Seu relacionamento tem uma necessidade inerente por sistemas e estruturas filosóficas, até uma dependência dos mesmos, mas é importante que essas estruturas sejam periodicamente reavaliadas ou simplesmente redirecionadas. Leão-Virgem e Virgem II podem gostar de tentar o impossível juntos, mas eles ficam realmente melhores procurando obter o que quer que esteja dentro de seu alcance. O problema é que sustentar uma coisa certa pode se provar um pouco obtuso para eles, removendo a emoção da iniciativa e do impulso no relacionamento.

Amor e casamento entre esses dois muitas vezes não se consolidam. Os elementos mais confusos e inacessíveis de seu caráter de alguma forma predominam aqui, evitando contato íntimo. Interações sexuais podem ser excitantes mas sem sentimentos profundos.

Relacionamentos em família, sobretudo entre irmãos, são às vezes extremamente secretos. Ficar calado sobre suas atividades compartilhadas é o imperativo categórico para esses dois, com qualquer violação sendo severamente punida. Pais de irmãos nesta combinação podem achá-la um osso duro de roer. Como amigos, Leão-Virgem e Virgem II são igualmente firmes e muitas vezes intensamente físicos, revelando-se nos esporte e exercícios competitivos. Eles também amam jogos de estratégia e humor, não excluindo o sarcasmo, a ironia e até o ridículo, e seu relacionamento tem a habilidade de não se levar a sério, apontando o dedo tão freqüentemente para si mesmo assim como para outras pessoas. Este sinal de saúde é auspicioso para essas amizades, que têm um poder mental e uma habilidade para o inter-relacionamento que pode ajudá-los a durar mais tempo do que muitos pares mais "sérios".

Relacionamentos profissionais aqui podem ser efetivos e eficientes. Esses dois são bons para farejar desperdício e ineficiência no trabalho de outras pessoas, de forma que eles podem funcionar bem como gerentes, analistas e consultores. Uma desvantagem é que como um time eles podem enfatizar demais a razão à custa da intuição.

Conselho: *Não desista de sua espontaneidade. Planejamento demasiado enfraquece a criatividade. Confie mais no seu coração, menos na sua cabeça. Liberte-se.*

RELACIONAMENTOS

PONTOS FORTES: EDUCACIONAL, PESSOAL, EMOCIONAL

PONTOS FRACOS: EXCLUSIVISTA, DADO A PROJETAR, DADO A JULGAR

MELHOR: TRABALHO

PIOR: PAIS-FILHOS

DAVID COPPERFIELD (16/9/56)
CLAUDIA SCHIFFER (25/8/70)

Copperfield, mestre ilusionista, deixa seu público estarrecido com suas mágicas desde 1977. Ele e sua noiva, a supermodelo Schiffer, vivem em Nova York, onde Schiffer abriu o Fashion Cafe em 1995. **Também: Lili Boulanger & Nadia Boulanger** (irmãs; compositoras); **Durward Kirby & Alan Funt** (co-estrelas, *Candid Camera*).

---

19 a 25 de agosto
CÚSPIDE DA EXPOSIÇÃO
CÚSPIDE LEÃO-VIRGEM

11 a 18 de setembro
SEMANA DO LITERAL
VIRGEM II

Liberdade das palavras

Os parceiros neste relacionamento altamente pessoal apreciam não somente as habilidades e os talentos um do outro, mas também sua química mútua. Como indivíduos eles são clientes exigentes mas distantes, tendendo a ser muito desapegados e objetivos, embora apesar de sua forte conexão mental é provável que os alicerces de seu relacionamento sejam emocionais. Os nascidos em Leão-Virgem muitas vezes vêem Virgem III como modelos a seguir ou juízes de seu trabalho, de forma que algum tipo de relacionamento professor-aluno é comum aqui, transformando-se em papéis de guia ou fonte de inspiração e seguidores ou até adoradores. O relacionamento freqüentemente aparece nas situações onde o Virgem III é reconhecido como a autoridade estabelecida e os de Leão-Virgem são reconhecidos como os novos empreendedores em cena.

Casos amorosos, amizades e casamentos aqui podem se tornar isolados e exclusivos, com nenhum dos parceiros tendo muito tempo para ninguém mais a não ser um ao outro. Vínculos espirituais podem ser tão fortes quanto os físicos, mas o coração do relacionamento será emocional. Ambos Leão-Virgem e Virgem III às vezes têm um lado fortemente orientado para a linguagem verbal, o qual eles gostam de compartilhar. Ao mesmo tempo, eles ficam ambos felizes em estabelecer uma conexão forte por meio de sentimentos não ditos, tendo prazer em se libertar da responsabilidade de se expressar com palavras. Na realidade, suas interações emocionais são muitas vezes não pronunciadas, o que abre áreas totalmente pessoais à exploração mútua.

Pais e chefes de Virgem III preencherão uma lacuna natural com relação aos filhos e funcionários de Leão-Virgem, e demonstrarão grande empatia e compreensão. Eles também terão opiniões e atitudes críticas para expressar, todavia, o que deveria se provar recompensador para Leão-Virgem, mas, se externadas muito asperamente, poderiam machucá-los muito. Caso Leão-Virgem idolatrar Virgem III indevidamente, ele pode colocar esses realistas literais de Virgem III em uma posição muito difícil. Eles terão de evitar essas projeções se quiserem ser eles mesmos.

Conselho: *Não se deixem envolver tanto um pelo outro. Estabeleça valores individuais. Abra-se para os outros. Cuidado com o isolamento. Equilibre o mental e o emocional.*

19 a 25 de agosto
CÚSPIDE DA EXPOSIÇÃO
CÚSPIDE LEÃO-VIRGEM

19 a 24 de setembro
CÚSPIDE DA BELEZA
CÚSPIDE VIRGEM-LIBRA

Forma sobre substância

Este relacionamento aflora ao longo da superfície da vida, preferindo não se arriscar muito intensamente em motivações e sentimentos. Sua ênfase é na beleza externa da forma: embora esses dois certamente nunca aceitariam alguma coisa que fosse bonita do lado de fora mas podre por dentro, eles provavelmente não questionariam seus trabalhos interiores contanto que estivessem funcionando apropriadamente. Este tipo livre de objetividade não é auspicioso para relacionamentos mais íntimos. Os nascidos em Leão-Virgem sentem-se atraídos pela lábia e charme de Virgem-Libra, mas ficam um pouco amedrontados com sua falta de interesse pelos elementos mais íntimos e mais perturbadores de sua própria personalidade. Os nascidos em Virgem-Libra podem sentir-se extremamente atraídos pela aparência de Leão-Virgem, mas terão problemas para compreender sua preocupação com o lado pessoal da vida. O par pode tentar escapar em um labirinto prazeroso e convidativo, ou pode buscar os elementos mais excitantes da vida social e do entretenimento.

É improvável que casos amorosos nesta combinação sejam estáveis ou profundos. Satisfação sexual e sensual pode surgir, mas o relacionamento não adota compreensão ou confiança profunda. Apesar de sua fascinação inicial, esses dois estão basicamente interessados em se conhecer melhor. Nem são os casamentos muito recomendados: eles podem ser uma solução prática e sociável para problemas que os parceiros podem ter individualmente – solidão, por exemplo – mas tendem a ser emocionalmente imaturos. Cônjuges nesta combinação não desejarão apressar-se em ter filhos.

Como membros familiares, Leão-Virgem e Virgem-Libra podem ter problemas para se compreender. Como amigos, todavia, terão muito interesse a compartilhar, talvez como colecionadores ou fãs de esporte. Jogos também podem ser absorventes e até obsedantes para eles. Relacionamentos no trabalho podem ser muito favoráveis ainda, com os ambiciosos nascidos em Leão-Virgem se beneficiando do gosto e da perícia gerencial e social de Virgem-Libra, e os Virgem-Libra aparecem mais contentes obtendo o empurrão que necessitam, proveniente do impulso e da força de vontade de Leão-Virgem. Aqui o relacionamento mostra grande inteligência e adaptabilidade, sobretudo nas finanças. É provável que Leão-Virgem e Virgem-Libra sejam bem-sucedidos em empreendimentos autônomos e em negócios.

Conselho: *Conheça-se melhor e também aos outros. Tente olhar mais profundamente. Cresça emocionalmente. Quebra-cabeças podem ser resolvidos, até mesmo os humanos.*

RELACIONAMENTOS

PONTOS FORTES: AGRADÁVEL, EXCITANTE, FINANCEIRAMENTE BEM-SUCEDIDO

PONTOS FRACOS: INCOMPREENSIVO, EQUIVOCADO, ENIGMÁTICO

MELHOR: TRABALHO

PIOR: FAMÍLIA

BARBARA EDEN (23/8/34)
LARRY HAGMAN (21/9/31)

Eden e Hagman foram as estrelas do popular *sitcom* de família *Jennie é um Gênio* (1965-70). Em seus papéis de oficial da Força Aérea (Hagman) que descobriu um gênio (Eden) em uma garrafa, existia uma química especial durante o show. Em certo ponto o relacionamento platônico dos personagens se transformou em um casamento na tevê.

---

19 a 25 de agosto
CÚSPIDE DA EXPOSIÇÃO
CÚSPIDE LEÃO-VIRGEM

25 de setembro a 2 de outubro
SEMANA DO PERFECCIONISTA
LIBRA I

Desinteresse pela realidade

Este par mostra uma marcada falta de interesse no lidar com a realidade. Embora ambos sejam mais do que capazes de façanhas técnicas e práticas (na realidade, como indivíduos eles muitas vezes colocam muita ênfase nisso), como um par é provável que eles se entreguem à busca prazerosa da fantasia e imaginação. Ao libertar o controle de seu perfeccionismo, seu relacionamento libera seus parceiros e dá a eles um conhecimento maior do sagrado. Os nascidos em Leão-Virgem consideram-se valentões e mais fortes do que Libra I, mas aqui eles estarão mais do que desejosos de explorar questões espirituais.

Casos amorosos nesta combinação podem ser uma marca atraente de estimulação sensual e intelectual. Não é de modo algum incomum para o casal discutir sua interação sexual até mesmo no meio dela. Ambos os parceiros estão abertos para experimentar e para dar liberdade às suas imaginações. Raramente enfadonhas, as interações entre Leão-Virgem e Libra I podem carecer de algum mistério, mas eles mais do que o compensam em excitação. O casamento pode entorpecer a intensidade dos casos amorosos, e os nascidos em Leão-Virgem mais intuitivos e os namorados de Libra I podem nunca levá-lo a sério.

Amizades e relacionamentos de irmãos entre esses dois são competitivos mas também mutuamente partidários e defensivos. Pode não ser realista para o par assumir responsabilidades pesadas – se o fizer, isto poderá por fim separá-los – mas ao mesmo tempo satisfazer exigências e cumprir prazos diários razoáveis os farão mais responsáveis. Aprender a compartilhar e abandonar impulsos egoístas provavelmente será o desafio maior para esse par. Animosidades e rivalidades muitas vezes surgem entre colegas em negócios e companheiros de trabalho Leão-Virgem e Libra I. Inveja secreta também pode desempenhar um papel importante mas não declarado em seu relacionamento. Competição acirrada e confronto são muito possíveis entre esses dois, sobretudo quando eles fazem parte de organizações rivais, e as inseguranças que muitas vezes vêm à superfície em tais confrontações podem revelar alguns dos seus piores traços pessoais, sobretudo em termos de maldade e agressão. Também é possível nessas situações, que o par revele seu melhor desempenho.

Conselho: *Impeça seu pior lado de envolver-se em discussões. Cuide das questões práticas. Não abandone as responsabilidades. Cuidado para não empreender demais.*

RELACIONAMENTOS

PONTOS FORTES: IMAGINATIVO, SENSUAL, DIVERTIDO

PONTOS FRACOS: INSEGURO, ASQUEROSO, INVEJOSO

MELHOR: AMOR

PIOR: TRABALHO

GLENN GOULD (25/9/32)
LEONARD BERNSTEIN (25/8/18)

Como maestro, Bernstein se apresentou e gravou com o pianista Gould. Criança prodígio, Gould destacava-se por suas interpretações pouco ortodoxas de Bach. Apesar de o *establishment* muitas vezes desaprovar a forma idiossincrática de executar de Gould, o canadense teve um considerável número de seguidores. Bernstein mais de uma vez negou qualquer relação com as interpretações musicais de Gould.

RELACIONAMENTOS

PONTOS FORTES: INTERESSADO, DESCOBRIDOR, ESTIMULADOR

PONTOS FRACOS: EXPLORADOR, CRUEL, INSACIÁVEL

MELHOR: AMOR

PIOR: PAIS-FILHOS

KEITH MOON (23/8/47)
JOHN ENTWHISTLE (9/10/44)

Moon e Entwhistle foram membros originais da grande banda de rock *The Who*. Moon era conhecido por seu estilo intenso e hiperenergético de tocar bateria, e Entwhistle por sua maneira ágil e estrondosa de tocar baixo. Eles tocaram juntos de 1964 até a morte de Moon de overdose de sedativos em 1978. **Também: Harry F. Guggenheim & Robert Goddard** (financista do "pai dos foguetes").

---

19 a 25 de agosto
CÚSPIDE DA EXPOSIÇÃO
CÚSPIDE LEÃO-VIRGEM

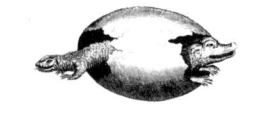

3 a 10 de outubro
SEMANA DA SOCIEDADE
LIBRA II

Interesse insaciável

Esta combinação manifesta uma preocupação considerável com suas próprias necessidades, e com arranjar a vida de forma que essas necessidades sejam satisfeitas. Ela sempre trata esses assuntos de forma muito prática, primeiro analisando um problema, depois elaborando uma solução. Se os parceiros são um par que se dá muito bem, esta abordagem pode ir longe no prolongamento do relacionamento, mas também pode acontecer que eles fiquem mais preocupados com suas próprias necessidades do que com suas necessidades como um casal. Uma dinâmica interessante pode acontecer aqui quando os de Libra II, socialmente especializados, tentam ajudar o lado mais pessoal de Leão-Virgem – sua vida interior, idéias e pensamentos – a vir à luz pública. À medida que os nascidos em Libra II descobrem este par, eles podem desejar ficar mais envolvidos. Os nascidos em Leão-Virgem em geral valorizam sua privacidade, repelindo a curiosidade simples, mas se eles estiverem interessados nos avanços de Libra II eles podem ficar surpreendentemente receptivos à abertura de seus parceiros.

Casos amorosos, casamentos e amizades podem todos ser inflamados pelo interesse que um Libra II tem em um Leão-Virgem. Quanto mais misterioso e inescrutável é o Leão-Virgem, mais interessado o Libra II muitas vezes será. Caso esses dois se apaixonem, Leão-Virgem muitas vezes se torna o objeto do interesse de Libra II, mas o relacionamento pode tornar-se mais equilibrado com o tempo. Juntos esses parceiros manifestarão um interesse em todos os tipos de assuntos, da ciência ao cinema e à psicologia, e buscarão aumentar seu conhecimento por meio do estudo e da experiência. Nos casamentos e amizades essa busca pode aproximar-se da obsessão e finalmente conduzir a um caminho profissional.

Quando esses dois trabalham juntos, os nascidos em Leão-Virgem se saem melhor como a força criativa e os de Libra II como o produtores, gerentes ou promotores do trabalho de Leão-Virgem. Um tipo de praticidade difícil que às vezes surge para trazer sucesso. Os parceiros devem ser cuidadosos para evitar o descontrole de impulsos de poder – esta combinação pode ter uma tendência cruel por meio de seu desejo dirigido para o sucesso. Pais de Libra II são, infelizmente, capazes de explorar um filho de Leão-Virgem.

Conselho: *Tente ser mais moderado nos seus desejos e interesses. Monomania reduz a visão periférica. Valorize a privacidade dos que lhe interessam.*

RELACIONAMENTOS

PONTOS FORTES: RELAXADO, CONFIÁVEL, RENOVADOR

PONTOS FRACOS: EFÊMERO, FORA DE SINCRONIA, INADEQUADO

MELHOR: CASAMENTO

PIOR: AMIZADE

PENNY MARSHALL (15/10/42)
CINDY WILLIAMS (22/8/47)

Marshall e Williams foram estrelas do popular *sitcom Loverne and Shidey* (1976-83), um subproduto de *Happy Days*. Como Shirley, Williams era o contraste perfeito para o personagem cômico mais dinâmico de Laveme, representado por Marshall, que também dirigiu alguns dos 178 episódios produzidos. **Também: Renee Richards & Martina Navratilova** (treinadora transexual/estrela do tênis); **Aubrey Beardsley & Oscar Wilde** (ilustrador/escritor).

---

19 a 25 de agosto
CÚSPIDE DA EXPOSIÇÃO
CÚSPIDE LEÃO-VIRGEM

11 a 18 de outubro
SEMANA DO TEATRO
LIBRA III

Colaboração relaxada

É provável que esses dois colaborem em projetos que tragm alguma coisa nova e excitante para as vidas de outras pessoas. Quer seu relacionamento surja no lado profissional ou privado de suas vidas, ele dá a eles uma oportunidade para debater idéias em um ambiente fácil, de camaradagem. Os nascidos em Libra III podem ser personalidades poderosamente dominantes, mas sua agressão é em geral menos aparente no seu relacionamento. Os nascidos em Leão-Virgem por sua vez podem se sentir livres o suficiente com Libra III para expressarem sua criatividade, sabendo que eles são apreciados e compreendidos. O relacionamento pode marcar um ponto alto nas vidas de ambos os parceiros, trabalhando para renovar seus sentimentos sobre eles mesmos e reafirmar sua autoconfiança.

A condição em que esses dois podem estar quando ao fim de um relacionamento ou casamento fracassado poderia ajudar a enraizar um caso amoroso entre eles. Sua auto-estima em geral será baixa neste ponto. Tais relacionamentos começam devagar, mas se movem com uma premeditação conhecida. Construir confiança nem sempre é fácil, cada pequeno passo aumentando a fé e estabelecendo a idéia de que o amor poderia uma vez mais ser uma possibilidade. Os nascidos em Leão-Virgem não querem ser apressados ou empurrados, e os de Libra III desejam simplesmente receber uma segunda chance para fazer as coisas corretamente.

Amizades nesta combinação podem acabar vítimas de diferenças de temperamento, a menos que o par pratique junto um hobby ou uma atividade social. Pais de Libra III tendem a ser mandões e um pouco insensíveis às necessidades especiais de seus filhos Leão-Virgem; pais de Leão-Virgem podem adorar seus filhos de Libra III, mas podem se sentir inadequados para lidar com suas energias muitas vezes tumultuadas.

Na esfera profissional, este pode ser um encontro verdadeiramente especial, e seu sucesso pode ser tremendo. Mas como equipes de trabalho Leão-Virgem e Libra III muitas vezes se reúnem somente para um projeto simples, raramente formando sociedades duradouras. Até se sua colaboração falhar após o primeiro esforço, todavia, poderá ser um marco nas carreiras de ambos os parceiros, podendo lançá-los em uma direção totalmente nova.

Conselho: *Aproveite enquanto durar. Tente ser mais sensível aos desejos do outro. Construa sua autoconfiança. Não seja influenciado indevidamente por seu passado.*

19 a 25 de agosto
CÚSPIDE DA EXPOSIÇÃO
CÚSPIDE LEÃO-VIRGEM

19 a 25 de outubro
CÚSPIDE DO DRAMA E DA CRÍTICA
CÚSPIDE LIBRA-ESCORPIÃO

Uma frente imponente

Este relacionamento enfatiza a aparência externa. Ambos os parceiros serão críticos do discurso, da aparência, do vestir e das maneiras um do outro, uma vez que eles assumirão que serão tolhidos em suas aspirações sociais se um deles aparecer parecendo mal vestido ou desajeitado. Apreciação em demasia antes de sair em público, todavia, pode destruir o ar natural e não premeditado que pode ajudar a colocar os outros à vontade, de forma que pode ser contraproducente a insistência rígida em voltar uma face imponente para o mundo. De modo semelhante, se este par julgar outras pessoas quanto a aparência ou atitude, pode perder a pessoa real por trás da máscara. Trazer o eu interno e externo para o equilíbrio será um desafio importante para este relacionamento.

Casos amorosos aqui podem ser altamente apaixonados, mas a ênfase nas coisas superficiais são pouco auspiciosas para compromissos mais íntimos. Para esses dois, o prazer sexual pode na realidade depender do parceiro passar no teste objetivo de boa aparência e manter-se em forma. Uma vez que a idade pode obviamente corroer este ideal, casos amorosos relativamente curtos são mais comuns do que casamentos entre Leão-Virgem e Libra-Escorpião. Buscar as qualidades íntimas de um namorado ou companheiro é dolorosamente necessário nesta combinação.

Amizades e relacionamentos entre irmãos também podem ser afetados por gostos e aversões estéticas. Estilo e moda muitas vezes figuram com proeminência, e não ser "superior" o suficiente na aparência ou fisionomia pode ser considerado um pecado grave na realidade. Situações desgastantes podem surgir quando um irmão ou amigo se sente forçado a rejeitar o outro por ter fracassado em satisfazer o critério severo de uma roda social. Ao se relembrar de tais ações mais tarde na vida, os parceiros podem ver seus eus mais jovens como imaturos, desleais e insensíveis.

No local de trabalho os nascidos em Leão-Virgem são às vezes cautelosos e um pouco desconfiados com a desaprovação de Libra-Escorpião. Os nascidos em Libra-Escorpião entretanto podem ficar cansados da dissimulação de Leão-Virgem. Formar um negócio ou ser executivos em uma companhia será difícil para este par, mas eles podem ser colegas de trabalho se seu trabalho for simples e bem-definido.

Conselho: *Relaxe um pouco sobre sua aparência. Use o tempo para conhecer o seu interior. Modere nos julgamentos e nas críticas.*

RELACIONAMENTOS

PONTOS FORTES: SOCIÁVEL, ELEGANTE, APAIXONADO

PONTOS FRACOS: DADO A PREMEDITAR, IMPOSTOR, TENSO

MELHOR: CASO AMOROSO

PIOR: TRABALHO

FRANZ LISZT (22/10/1811)
LOLA MONTEZ (25/8/1818)

Liszt teve um caso com a dançarina espanhola de sangue quente, ex-cortesã do Rei Louco Luís da Baváriá. Quando Liszt se cansou dela, ele a abandonou enquanto ela dormia, deixando dinheiro para os móveis que ele tinha certeza que ela destruiria em sua fúria. **Também: Josef Strauss & Johann Strauss, Jr.** (irmãos; compositores).

---

19 a 25 de agosto
CÚSPIDE DA EXPOSIÇÃO
CÚSPIDE LEÃO-VIRGEM

26 de outubro a 2 de novembro
SEMANA DA INTENSIDADE
ESCORPIÃO I

Bem camuflado

Esses dois muitas vezes transmitem uma impressão jovem e apresentam um exterior inocente e infantil. A aparência da inocência tem pouco a ver com o caráter tanto de Leão-Virgem quanto de Escorpião I; é um produto de seu relacionamento. Ambos os parceiros são na realidade objetivos, pessoas sagazes por natureza, embora seu relacionamento disfarce seu realismo, apresentando uma fachada que de muitas formas serve como uma defesa ou uma cortina de fumaça. Eels são também altamente discretos e fazem da sua imagem convincentemente ensolarada uma camuflagem para o que quer que eles estejam escondendo. Como Freud descobriu, atrás de um exterior aberto e confiante que uma criança apresenta para o mundo está se escondendo um lado obscuro que pode ser friamente egoísta, cruel e agressiva.

Nos casos amorosos e de amizades a natureza verdadeira dos parceiros pode ser revelada muito rigidamente, pelo menos no âmbito privado, onde a máscara infantil será tirada sempre que essas duas intenções colidirem em combate. Mas poucos verão esse lado do casal, que em público será muito menos ingênuo sobre suas divergências, e o relacionamento ainda terá uma qualidade jovem – significando que a réplica do parceiro oscilará entre o alegre, cômico e bondoso e o imaturo, auto-centrado e petulante. Quando lutando um com o outro por domínio, esses dois muitas vezes parecem duas crianças lutando por um brinquedo.

Muitos casamentos são necessariamente mais sociais em natureza, e aqui os cônjuges vestem a máscara infantil ao confrontar o mundo. Isto pode significar problemas para seus filhos, que são às vezes roubados de sua infância pelos pais que não parecem ainda ter se tornado adultos. Reversão de papéis é comum aqui, com os filhos tendo de agir como os pais em algumas situações – como mediadores no relacionamento tempestuoso dos pais, por exemplo.

Relacionamentos patrão-empregado e pais-filhos entre Leão-Virgem e Escorpião I, de qualquer combinação, podem ter uma perspectiva objetiva e realista que não se engana com floreios e aceita uma visão maquiavélica do mundo. Aqui o infantil pode ser abertamente evitado em favor de uma maturidade um tanto forçada e uma tentativa de aparecer onisciente.

Conselho: *Por que esconder? Deixe as outras pessoas verem como você realmente é. Cultive a honestidade e a transparência. Desista das lutas por poder. Sua energia pode ser melhor despendida.*

RELACIONAMENTOS

PONTOS FORTES: VIGOROSO, BRINCALHÃO, BONDOSO

PONTOS FRACOS: ENGANOSO, CRUEL, FAMINTO POR PODER

MELHOR: TRABALHO

PIOR: AMOR

HILLARY CLINTON (26/10/47)
BILL CLINTON (19/8/46)

O presidente americano e a primeira-dama foram para Washington de Arkansas, onde ele foi governador até 1992. Apesar das alegações sobre suas atividades extraconjugais e suas práticas questionáveis nos negócios, ambos permanecem leais um ao outro. **Também: Luís XVI & Maria Antonieta** (casados); **Giuseppe Guarneri & Niccolo Paganini** (fabricante de violinos/virtuoso do violino); **Connie Chung & Dan Rather** (âncoras da tevê).

| RELACIONAMENTOS |

PONTOS FORTES: PERFECCIONISTA, PRODUTIVO, ORGULHOSO

PONTOS FRACOS: COMPREENSIVO, RANCOROSO, ESTRESSADO

MELHOR: PAIS-FILHOS

PIOR: AMIZADE

STANFORD WHITE (9/11/1853)
WILLIAM RUTHERFORD MEAD (20/8/1846)

Os arquitetos Mead e White (com Charles F. McKim) foram os fundadores da influente firma McKim, Mead & White, em 1880. White, em colaboração com seus parceiros, projetaram numerosos edifícios institucionais, religiosos e públicos, muitos deles com o pródigo estilo da Renascença italiana. Um exemplo primoroso é o Arco Washington em Nova York (1889).

19 a 25 de agosto
CÚSPIDE DA EXPOSIÇÃO
CÚSPIDE LEÃO-VIRGEM

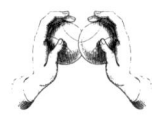

3 a 11 de novembro
SEMANA DA PROFUNDIDADE
ESCORPIÃO II

Orgulho em realizar

Este relacionamento exige o nível mais alto de desempenho de que seus parceiros são capazes. Dar menos do que o melhor de si é considerado um pecado notório neste par. Mesmo o relacionamento em si, seja pessoal ou profissional, tem de ser quase perfeito – não que os erros sejam completamente inaceitáveis, mas deve ser óbvio que eles surgiram das circunstâncias inevitáveis e imprevisíveis e não do erro humano. Há grande orgulho nas realizações, mas afeição, solidariedade e bondade são também muitas vezes desconsideradas na corrida para a vitória ou conquista atordoante. Reconhecimento é importante para esses parceiros, mas não realmente necessário; eles estão em geral bem conscientes de sua própria excelência e não necessitam muito de aclamação.

Casos amorosos são curiosamente desinteressados pelo mundo externo mas não menos dedicados à excelência. Listas de verificação e avaliações podem surgir nos lugares mais estranhos nestes relacionamentos, inlusive no quarto. Não somente a exigência por um grau objetivamente alto de desempenho pode colocar os parceiros sob alguma pressão, como pode também resultar em uma perda de sentimento. Infelizmente, o casal Leão-Virgem-Escorpião II muitas vezes confunde solidariedade ou perdão com um sinal de fraqueza ou desleixo. Casamentos podem ser excessivamente preocupados com o status, dinheiro, as possessões e outros signos de poder. Quando esses dois ficam românticos, eles às vezes se apaixonam pela matéria em vez de pelo espírito.

Colegas de trabalho nesta combinação podem formar uma equipe ilustre, capaz de altas realizações previsíveis. Este atributo é menos útil nas amizades, as quais são muitas vezes dominadas pelos valores de realização e sucesso em vez de confiança e intimidade. Como amigos, esses parceiros podem nunca alcançar níveis profundos de compreensão. Pai e filho nesta combinação exigem o melhor um para o outro, mas embora cada parceiro possa facilmente ser capaz de produzir os resultados que o outro exige, os filhos se sentem mais explorados do que amados. Reavaliações e inversões são possíveis aqui, todavia, e esses dois podem alcançar uma conciliação saudável na qual a busca de excelência é equilibrada pela empatia e pela bondade.

Conselho: *Não desista dos valores humanos. Excelência não é tudo. Permita erros – eles são parte da vida. Aprenda com seus erros. Seja clemente.*

| RELACIONAMENTOS |

PONTOS FORTES: VISTOSO, EXPRESSIVO, EMOCIONAL

PONTOS FRACOS: CIUMENTO, IRADO, EGOÍSTA

MELHOR: AMIZADE

PIOR: CASAMENTO

GEORGE S. KAUFMAN (16/11/1889)
DOROTHY PARKER (22/8/1893)

A crítica e escritora satírica Parker está ligada ao diretor e roteirista da Broadway Kaufman como proeminentes membros da elite do Round Table do Hotel Algonquin em Nova York nos anos 1920 e anos 1930. Ambos são conhecidos por sua troca verbal picante. Parker e Kaufman sentavam-se regularmente com as pessoas mais espirituosas de sua época.
Também: Rainha Noor & Rei Hussein (casados; regentes jordanianos).

19 a 25 de agosto
CÚSPIDE DA EXPOSIÇÃO
CÚSPIDE LEÃO-VIRGEM

12 a 18 de novembro
SEMANA DO ENCANTO
ESCORPIÃO III

Forças além de seu controle

Este relacionamento pode revelar o lado mais resplandecente de seus parceiros. A química é intensa e pode levantar sentimentos de todos os tipos, tanto positivos quanto negativos. Esses dois se contêm pouco nas suas confrontações, seja na sala de diretoria ou no quarto. O relacionamento muitas vezes enfoca uma das carreiras do parceiro, ou a popularidade do par, não importando quão modesto for seu escopo. Ambos os parceiros podem ser cuidadosos e desconfiados sobre a exposição de seus sentimentos mais íntimos, de forma que eles podem não compartilhar realmente suas vidas íntimas, não importa o quanto sua interação pareça apaixonada. O relacionamento é muitas vezes dirigido para forças além de seu controle, seja cármica, pessoal ou social.

Casos amorosos podem ser repentinos e tórridos, mas também podem extinguir-se com a mesma rapidez. Solidariedade, bondade e consideração raramente representam papéis importantes aqui; na realidade, ambos podem estar se alimentando do ciúme e da raiva para com uma terceira pessoa que completa seu triângulo amoroso, muitas vezes um indivíduo que os tenha ignorado ou tratado mal um deles no passado. Nem sempre este casal toma uma decisão consciente sobre o casamento de uma forma ou de outra, e se isso realmente vier a ocorrer, terá sido por meio da pressão das circunstâncias ou da falta de preocupação real.

Pares de família, sobretudo entre pais e filhas ou mães e filhos, são caracterizados pela competição por atenção. Os parceiros podem se adorar, mas cada um tenta realçar suas próprias dificuldades e lutas. Amizades são mais equilibradas mas podem ainda ser emocionalmente voláteis. Tanto Leão-Virgem ou Escorpião III começaram a amizade a partir de uma necessidade de ser associado com uma personalidade mais conhecida.

Como colegas de trabalho, Leão-Virgem e Escorpião III muitas vezes serão sensíveis sobre quem ganha o crédito principal pelo trabalho bem feito. Algum tempo, até anos, pode ter de passar antes que eles sejam capazes de ver seu relacionamento como aquilo que deve ser aclamado ou censurado. Somente então eles podem se dedicar realmente e de forma altruísta.

Conselho: *Seja mais ciente de você mesmo. Realize seu interesse comum. Seja mais bondoso e solidário. Não monopolize a atenção de outras pessoas.*

19 a 25 de agosto
CÚSPIDE DA EXPOSIÇÃO
CÚSPIDE LEÃO-VIRGEM

19 a 24 de novembro
CÚSPIDE DA REVOLUÇÃO
CÚSPIDE ESCORPIÃO-SAGITÁRIO

Arregaçando as mangas

Este relacionamento é sobretudo social. Os parceiros são ótimos juntos em projetos que envolvem outras pessoas, sobretudo quando eles mesmos formam uma importante parte do time. Seu interesse não é apenas gerencial ou teórico mas intensamente prático, pois eles não se importam em arregaçar as mangas, fazer o trabalho e sujar as mãos. Tanto Leão-Virgem quanto Escorpião-Sagitário possuem uma forte ética de que se nutrem aqui.

Os envolvimentos românticos entre esses dois raramente estão nas cartas, pois seu relacionamento como amigos, associados ou parceiros sociais são perturbados com facilidade pela intimidade física. Para esses dois as amizades e mesmo o casamento são relacionamentos que funcionam melhor do que os casos amorosos: como amigos ou esposos amarão o divertimento, darão jantares ou festas, decorando e planejando celebrações. O faro de Leão-Virgem e o charme de Escorpião-Sagitário complementam um ao outro, produzindo resultados que são prazerosos e divertidos.

Na vida profissional e familiar, os colegas e parentes nessa combinação são muitas vezes encontrados na linha de frente representando seu grupo ou realizando produções. Aqui, eles têm uma tendência para o conflito, sobretudo quando se trata de determinar que direção os esforços futuros tomarão. Leão-Virgem e Escorpião-Sagitário formam quadratura um em relação ao outro no zodíaco (ele estão a 90° de distância), o que faz a astrologia tradicional prever atrito e todos os tipos de manifestação emocional entre eles. Essas qualidades podem aparecer, no entanto, como impulso, tendência e ímpeto para realizar coisas. Muito freqüentemente, os parceiros trabalharão juntos em um ou dois grandes projetos, ou se unirão de vez em quando em vez de trabalharem juntos de forma estável e sem interrupção. Especialmente bons em colaborar sob pressão, eles podem ser chamados em emergências ou momentos estressantes para cumprir prazos e realizar o que os outros podem achar difícil ou impossível.

Conselho: *Tente agir mais coerentemente. Estresse não deveria ser a primeira motivação. Peça ajuda aos outros também. Não tema admitir suas fraquezas.*

RELACIONAMENTOS

PONTOS FORTES: SOCIAL, PRÁTICO, TRABALHADOR

PONTOS FRACOS: TENSO, INTERMITENTE, CONFLITUOSO

MELHOR: FAMÍLIA

PIOR: AMOR

INDIRA GANDHI (19/11/17)
RAJIV GANDHI (20/8/44)

Rajiv era o filho mais velho de Indira, que foi primeira-ministra da Índia por quase 20 anos. Filha do primeiro primeiro-ministro da Índia Nehru, ela foi assassinada em 1984. Preparado para a vida pública, Rajiv a sucedeu mas também foi assassinado em 1989. **Também: Marion Seldes & Garson Kanin** (casados; atriz/escritor).

---

19 a 25 de agosto
CÚSPIDE DA EXPOSIÇÃO
CÚSPIDE LEÃO-VIRGEM

25 de novembro a 2 de dezembro
SEMANA DA INDEPENDÊNCIA
SAGITÁRIO I

Necessidade de atenção

Temperamental até o ponto de explosões ocasionais, esse relacionamento revela o lado impetuoso de Leão-Virgem. A raiva aparece constantemente na vida desse casal, que objetivamente seria capaz de resplandecer em novas trilhas, sobretudo profissionais, não fosse pelas diferenças emocionais. Parte de suas dificuldades é a natureza competitiva tanto dos indivíduos quanto do relacionamento. Esses dois lutam pela atenção de seu grupo ou de um terceiro próximo e querido de ambos. Se eles forem capazes de superar a necessidade de atenção, serão capazes de grandes coisas, mas até então provavelmente desperdiçarão seu tempo arremessando farpas um no outro.

Nos casos amorosos, a agressão pode ser sublimada no sexo, com resultados muito satisfatórios. Mas é no casamento que os maiores sucessos da combinação ocorrem, sobretudo quando os projetos domésticos, financeiros ou profissionais ocupam os parceiros e fazem com que trabalhem juntos. O respeito duradouro pode ser construído com o tempo aqui, mas conflitos inevitáveis podem igualmente surgir, levando por fim a uma separação. Nos dois casos, a honestidade em geral prevalecerá. Esses relacionamentos raramente vagam sem direção.

As amizades e relacionamentos entre irmãos são melhores quando os parceiros não gastam muito tempo juntos. Infelizmente, Leão-Virgem e Sagitário I têm uma forma de se enervarem mutuamente. Incomodando um ao outro de propósito, como se tivessem prazer com isso. No entanto como amigos eles compartilham a apreciação mútua por cultura, esporte ou questões técnicas, ou quando eles trabalham em um passatempo especial, seus problemas parecem desaparecer como mágica.

Os casais de pais e filhos dessa combinação são propensos a competir pela afeição do outro pai. Embora a guerra total possa acontecer de vez em quando, na maioria das vezes as emoções são mantidas em banho-maria. De formas muito sutis, os parceiros se envolvem em incontáveis jogos e intrigas, que possuem um efeito, para melhor ou pior, de vincular mais o relacionamento em vez de separá-lo.

Conselho: *Deixe suas diferenças para trás. Entre em acordo. Os desacordos pessoais estão atrasando você. Resolva as diferenças. Concentre-se no trabalho.*

RELACIONAMENTOS

PONTOS FORTES: CAPAZ, VANGUARDISTA, ENVOLVIDO

PONTOS FRACOS: COMPETITIVO, MANIPULADOR, INVEJOSO

MELHOR: CASAMENTO

PIOR: PAIS-FILHOS

MARK TWAIN (30/11/1835)
BRET HARTE (25/8/1836)

Twain e Harte foram escritores americanos contemporâneos. Harte era mais conhecido por seus contos pitorescos sobre o Velho Oeste, Twain por seus escritos satíricos e *As Aventuras de Huckleberry Finn* (1884). Os 2 eram amigos mas também rivais. Em certo ponto Harte, que invejava a maior notoriedade de Twain, emprestou dinheiro para ele. Mais tarde, Twain tentou desacreditar a influência literária de Harte sobre ele.

RELACIONAMENTOS

PONTOS FORTES: SOCIÁVEL, VIBRANTE, COMUNICATIVO

PONTOS FRACOS: INCONSCIENTE, DEPENDENTE, ESCAPISTA

MELHOR: AMOR

PIOR: TRABALHO

LYNN FONTANNE (6/12/1887)
ALFRED LUNT (19/8/1892)

Lunt e Fontanne, que se casaram em 1922, eram considerados o melhor casal a atuar nos palcos americanos em seus 40 anos de carreira. Sobressaíam-se por sua espirituosidade e sofisticação em peças de Shaw, Noël Coward, Shakespeare e outros. No palco eram artistas mágicos.

---

19 a 25 de agosto
CÚSPIDE DA EXPOSIÇÃO
CÚSPIDE LEÃO-VIRGEM

3 a 10 de dezembro
SEMANA DO ORIGINADOR
SAGITÁRIO II

Anelo por divertimento

Tendências sociáveis prevalecem aqui. Este relacionamento é caracterizado por amor pela experiência vibrante, que pode assumir a forma tanto de uma súplica por todos os tipos de divertimento (mas sobretudo dança, música, filme e desenho) quanto de geração de tal trabalho em si. Esses dois têm uma habilidade de renovos velhos temas e um pode inspirar o outro a novas experiências criativas. A animação em qualquer festa esses parceiros são com freqüência socialmente populares. Infelizmente, sua extroversão às vezes serve como um escape de problemas dentro do relacionamento que precisam de atenção. Leão-Virgem em geral estará mais provavelmente cientes desses problemas, mas pode ser desviado deles pela pressão forte de seu parceiro. Em momentos tranqüilos de reflexão, no entanto, eles são capazes de levar Sagitário II a ficar face a face com um problema e encorajá-lo a falar sobre isso em vez de ignorar o assunto. Tais momentos podem marcar o começo de um processo penosamente necessário de auto-exame e crescimento pessoal.

Os casos amorosos podem abrir canais de comunicação e confiança entre esses parceiros. Se Sagitário II sentir-se verdadeiramente aceito por Leão-Virgem, ele é capaz de começar a confiar nele e não sairá correndo ao ver qualquer sinal de dificuldade psicológica e emocional. Leão-Virgem deve tomar cuidado com uma tendência da parte do parceiro de Sagitário II para se tornar indevidamente apegado, fazer pressão indevida ou se tornar exigente. Os nascidos em Sagitário II muitas vezes são ouvidos dizendo: "Você é o único que entende". Os casamentos são um pouco mais subjugados, sobretudo com a chegada de filhos, cuja presença pode induzir a mais autoconsciência e sentimentos de responsabilidade em ambos os pais.

As amizades e os relacionamentos entre irmãos nessa combinação em geral presenciam o lado mais teatral do relacionamento, e um desejo aparentemente inesgotável de se divertir com outras pessoas, pontuado pela comédia, pela representação de papéis, por demonstrações de virtuosismo e uma grande variedade de dispositivos dramáticos. Uma vez que essas tendências também aparecem nos relacionamentos de trabalho, ambientes mais tradicionais ou de corporação podem não ser especialmente favorecidos por esse casal, que se sairia melhor em campos de esforço criativos.

Conselho: *Goste de ser teatral, mas faça uma pausa às vezes. Aprenda mais sobre você mesmo. Fortaleça sua identidade. Aprenda a confiar mais em você mesmo.*

RELACIONAMENTOS

PONTOS FORTES: TRADICIONAL, DEDICADO À FAMÍLIA, LINEAR

PONTOS FRACOS: DUVIDOSO, COERCITIVO, EQUIVOCADO

MELHOR: FAMÍLIA

PIOR: AMOR

CAL RIPKEN JR. (24/8/60)
CAL RIPKEN (17/12/35)

O jogador de beisebol do Baltimore Orioles Cal, Jr. é mais conhecido por seu recorde em 1995 no "Iron Man" em 2153 jogos consecutivos, antes detido por Lou Gehrig. O pai de Cal treinou a equipe, com seu filho jogando nas temporadas de 1987 e 1988. **Também: Houari Boumedienne & Ahmed ben Bella** (inimigos políticos algerianos); **Gene Kelly & Betsy Blair** (casados; atores).

---

19 a 25 de agosto
CÚSPIDE DA EXPOSIÇÃO
CÚSPIDE LEÃO-VIRGEM

11 a 18 de dezembro
SEMANA DO TITÃ
SAGITÁRIO III

Passando o bastão

Este relacionamento é muitas vezes preocupado com os temas da sucessão e do poder – como se o bastão da autoridade, quando passado de Leão-Virgem a Sagitário III ou vice-versa, fosse entregue ou pego à força. Tais processos em geral acontecem dentro de uma estrutura familiar, profissional ou social, embora possam também envolver uma passagem mais pessoal do revestimento de fora desse tipo de contexto grupal. Muitas vezes é Sagitário III que está na posição de poder e é a Leão-Virgem que é dado ou ele assume o controle. As circunstâncias e sentimentos envolvidos pode ser muito ambíguos e nunca são tão simples quanto parecem. Talvez ambos os parceiros pareçam estar do mesmo lado quando de fato são rivais ou mesmo inimigos; talvez pareçam ser combatentes quando de fato sua estirpe e mesmo suas existências são interdependentes. Da mesma forma, o ato de sucessão em si pode parecer voluntário para alguns observadores, um ato de coerção para outros.

O tema da sucessão não é em geral aparente por si nos casos amorosos e nos casamentos, mas é imitado na questão do poder. Não importa quão sensualmente compensador é o relacionamento, Leão-Virgem muitas vezes se sentirá mal-entendido e não apreciado pelos companheiros do dominante Sagitário III. Provavelmente, sua auto-estima afunda até o ponto em que Sagitário III pode ter que lidar com suas depressões.

A sucessão é uma questão mais óbvia entre pais e filhos, ou em uma organização com um patrão e um parceiro ou subordinado. Em formas mais sutis, isso também pode aparecer nas amizades. Um negócio familiar muitas vezes enfrenta o processo aparentemente inevitável à medida que os pais envelhecem e os filhos crescem e amadurecem: problemas podem surgir quando os filhos têm dúvidas, ou realmente não estão interessados em tomarem uma direção predeterminada pelo pai, forçando o negócio a ser vendido ou retirado da família totalmente. Sagitário III pode ser teimoso e inflexível nessas situações. Leão-Virgem é mais adaptável, mas com freqüência em função de serem inseguros e famintos.

Conselho: *Seja sensível às necessidades e desejos. Mostre mais interesse. Não suponha que as prioridades do grupo sao mais importantes que as individuais.*

19 a 25 de agosto
CÚSPIDE DA EXPOSIÇÃO
CÚSPIDE LEÃO-VIRGEM

19 a 25 de dezembro
CÚSPIDE DA PROFECIA
CÚSPIDE SAGITÁRIO-CAPRICÓRNIO

A terceira pessoa

Esta combinação tem uma consciência social poderosa que é imediatamente penetrante e desapegada. Os parceiros são capazes de se desligar e avaliar maquinações operantes em qualquer situação – mesmo as próprias, como se houvesse uma terceira pessoa invisível em seu próprio relacionamento. Esses dois têm muito em comum. Ambos tendem a ser indivíduos privados, escondendo um ou outro segredo, e não confiam prontamente nas pessoas. Eles também possuem a mesma composição elementar (ambos são combinações de fogo e terra), e seus signos formam aspecto trígono (estão a 120° de distância em relação um ao outro) no zodíaco. Em outras palavras, eles interagem bem. Juntos adoram observar outras pessoas e compartilham uma curiosidade sobre enigmas e mistérios, incluindo os próprios, que resolvem aplicando a razão e a intuição, como detetives particulares.

Os casos amorosos e os casamentos entre esses dois não são tão comuns quanto se pensa; eles têm uma necessidade de se esconder um pouco, de forma que será necessário alguém realmente magnético para atraí-los. Se eles são aproximados por uma terceira pessoa, no entanto, podem optar pela segurança da própria semelhança, em vez de arriscar a possibilidade de se ferir ou a possibilidade de falta de entendimento em um novo relacionamento.

As amizades são em geral os relacionamentos mais frutíferos nessa combinação. Elas muito freqüentemente incluem um interesse compartilhado – talvez uma área de estudo, uma apreciação das artes ou alguma forma de exercício físico. Se Leão-Virgem e Sagitário-Capricórnio se encontram na época escolar, eles em geral mantêm contato com o passar dos anos, embora seu relacionamento possa não continuar a ser íntimo. Eles podem compartilhar um envolvimento com uma terceira pessoa, seja romanticamente ou como um amigo, e isso pode lhes dar conhecimento e experiência. Os relacionamentos profissionais e comerciais podem funcionar bem se os parceiros tiverem um interesse em comum, talvez melhor aplicado na área de pesquisa e desenvolvimento em vez de na esfera executiva. Na família, os primos nascidos em Leão-Virgem e Sagitário-Capricórnio podem oferecer um ao outro a afeição e o entendimento que os pais ou outros parentes são incapazes de fornecer.

Conselho: *Assuma uma posição firme. Fortaleça sua vontade de ser bem-sucedido. Aumente sua auto-estima. Evite a autopiedade como se evita o veneno. Seja mais aberto com outras pessoas.*

RELACIONAMENTOS

PONTOS FORTES: COMPREENSIVO, INVESTIGATIVO, PRIVADO

PONTOS FRACOS: FERINO, INCOMPREENDIDO, DESLIGADO

MELHOR: AMIZADE

PIOR: CASAMENTO

PETER CRISS (20/12/47)
GENE SIMMONS (25/8/49)

O baterista Criss e o baixista Simmons são membros originais da teatral banda de hard-rock Kiss, formada em 1972. Com máscaras demoníacas e roupas exóticas, as apresentações do Kiss eram enfatizadas pelos gestos extravagantes de Simmons no palco, incluindo engolir fogo e vomitar sangue.

---

19 a 25 de agosto
CÚSPIDE DA EXPOSIÇÃO
CÚSPIDE LEÃO-VIRGEM

26 de novembro a 2 de janeiro
SEMANA DO REGENTE
CAPRICÓRNIO I

Um pragmatismo ortodoxo

Este relacionamento é teimoso e recalcitrante face à autoridade e a todas as formas de domínio, seja esse oriundo do outro parceiro ou sejam os parceiros unidos contra o mundo de fora. O relacionamento muitas vezes coloca tempo e dinheiro na organização de empreendimentos, que podem acabar sendo financeiramente lucrativos. Juntos esses dois têm um tipo ortodoxo de pragmatismo, e se o sucesso não chegar dentro de um determinado período, não gastarão mais energia no projeto. Capricórnio I em geral é responsável o suficiente para ser confiável, mas isso não é garantia de que Leão-Virgem permitirá sua entrada em sua vida.

Os casos amorosos não são especialmente recomendados: os conflitos pessoais e a incapacidade dos parceiros para se abrirem um com o outro, até mesmo em um nível razoável, minam o valor de seu envolvimento físico. Se se casarem, comprarem uma casa e estabelecerem uma infra-estrutura doméstica isso será uma preocupação primária para eles. Leão-Virgem apreciará a segurança que esse casamento lhes dá, mas o dominador em excesso que é Capricórnio I agarrará a chance de exercer seu talento para dirigir o poleiro, e isso quase certamente levará a um choque frontal de energias. Leão-Virgem pode exercer um papel secundário por um tempo, até mesmo por anos, mas por fim se cansará e se rebelará, tentando expressar-se mais completamente e exigir mais do relacionamento. Os relacionamentos entre pais e filhos com Capricórnio I no papel parental podem seguir um padrão semelhante, uma vez que os filhos de Leão-Virgem crescem mais convictos.

Os relacionamentos profissionais se beneficiam das capacidades analíticas e observadoras de Leão-Virgem e do talento financeiro de Capricórnio I. A interação pessoal é em geral mantida em seu mínimo aqui, pelo menos se a harmonia for o objetivo. As amizades são melhores quando não incluem acordos comerciais, embora o trabalho voluntário ou o serviço comunitário possa funcionar bem contanto que ambos os amigos tenham voz igual na escolha da direção que tomam.

Conselho: *Dêem um tempo um para o outro. Abandone atitudes categóricas. Seja mais solidário e compartilhe mais. Joguem e divirtam-se juntos.*

RELACIONAMENTOS

PONTOS FORTES: FINANCEIRAMENTE ASTUTO, PRAGMÁTICO, EXIGENTE

PONTOS FRACOS: EGOÍSTA, TEIMOSO, DURO

MELHOR: TRABALHO

PIOR: PAIS-FILHOS

MAO TSÉ-TUNG (26/12/1893)
DENG XIAOPING (24/8/04)

Depois de ser demitido em 1976 de uma função política importante, Deng voltou a ter uma posição elevada após seu retorno à China depois da morte de Mao. O líder mais velho havia sido mais isolacionista que Deng, que em 1979 visitou os Estados Unidos em busca de laços econômicos mais estreitos. **Também: Shelley Long & Ted Danson** (co-estrelas, *Cheers*).

| RELACIONAMENTOS |

PONTOS FORTES: CONTROLADO, DETERMINADO, AMBICIOSO

PONTOS FRACOS: POUCO DIPLOMÁTICO, IRRITANTE, POUCO CONDESCENDENTE

MELHOR: TRABALHO

PIOR: CASAMENTO

MAURY POVICH (7/1/39)
CONNIE CHUNG (20/8/46)

Povich e Chung são personalidades da tevê casados com carreiras separadas. Povich apresenta um programa de entrevistas durante o dia na NBC. Chung foi âncora de notícias da CBS e também apresentou vários programas de notícias. Em algum momento ela pediu uma licença para tentarem ter um filho. **Também: Robert Plant & Jimmy Page** (músicos do Led Zeppelin); **George Wallace & Richard Nixon** (candidatos à presidência em 1968).

---

19 a 25 de agosto
CÚSPIDE DA EXPOSIÇÃO
CÚSPIDE LEÃO-VIRGEM

3 a 9 de janeiro
SEMANA DA DETERMINAÇÃO
CAPRICÓRNIO II

Uma resposta emocional controlada

Sentimentos fortes são uma das marcas registradas desse relacionamento: outra é a resposta emocional controlada. A privacidade e o sigilo muitas vezes têm prioridade aqui, juntamente com a exigência de um frente sólida contra as intromissões do mundo. Nenhum parceiro está especialmente interessado em deixar outras pessoas entrarem em seus pensamentos e sentimentos, uma tendência que seu relacionamento aumenta. Os conflitos são inevitáveis entre esses dois, e eles são reservados o suficiente para que diferenças profundas se formem na estrutura do relacionamento sem que nenhum deles tome conhecimento.

As lutas pelo poder em jogo aqui podem girar em torno da ideologia. Nos casamentos e casos amorosos, esses dois raramente concordam com suas crenças, o que gera atrito quase diariamente. A menos que acordos ou tréguas sejam obtidos, esses conflitos podem desgastar o relacionamento até o ponto em que eles perdem a capacidade de resolvê-los. Os parceiros podem precisar aprender a ser diplomáticos e acabar com a irritação que sentem um pelo outro. Controle emocional é muitas vezes usado como uma arma aqui, com ambos os parceiros mantendo o silêncio por longos períodos, escondendo seus sentimentos verdadeiros e negando sua aprovação.

A chave para o sucesso dos relacionamentos familiares é o respeito mútuo. Até que isso seja atingido, o relacionamento pode ser tumultuado, cheio de recriminação e censura. As amizades são muitas vezes capazes de canalizar a intensidade aqui mais construtivamente, sobretudo nas buscas que permitem um gasto completo de energia, sejam físicas ou mentais.

Os relacionamentos profissionais podem ser importantes, pois ambos esses parceiros são capazes de estar absolutamente certos que seus projetos serão bem-sucedidos e que suas ambições em geral complementam uma a outra. Leão-Virgem e Capricórnio II sabem instintivamente que desistir das prerrogativas do ego individual e colocar suas energias a serviço do bem comum pode levar ambos muito longe.

Conselho: *Aprenda a entrar em acordo. Acabe com os conflitos. Construir o respeito mútuo é a chave. Não tenha medo de admitir que esteve errado; não fique com medo de mostrar fraqueza.*

| RELACIONAMENTOS |

PONTOS FORTES: ESTUDIOSO, COMPROMETIDO, BEM-AVENTURADO

PONTOS FRACOS: SÉRIO DEMAIS, INFLEXÍVEL, SEDUTOR

MELHOR: IRMÃOS

PIOR: CASAMENTO

JILL ST. JOHN (19/8/40)
JACK JONES (14/1/38)

St. John era uma vivaz estrela ruiva de filmes de Hollywood nos anos 1960. Um de seus 4 casamentos foi com o bonitão cantor de clubes noturnos Jones (1967-69). **Também: Sean Connery & Jason Connery** (pai/filho; atores); **Melvin Van Peebles & Mario Van Peebles** (pai/filho; escritor-diretor/ator); **Dorothy Parker & Martin Luther King, Jr.** (escritora que deixou para o líder dos direitos civis sua propriedade).

---

19 a 25 de agosto
CÚSPIDE DA EXPOSIÇÃO
CÚSPIDE LEÃO-VIRGEM

10 a 16 de janeiro
SEMANA DA DOMINAÇÃO
CAPRICÓRNIO III

Confiança sagrada

A transmissão de idéias é de importância suprema nesse relacionamento; esses dois têm muito que falar e compartilhar. Uma situação de aprendizagem mútua muitas vezes funciona melhor aqui. Os parceiros podem estar envolvidos com um corpo de conhecimento teórico, possivelmente religioso, técnico, científico ou filosófico, que fornece uma base comum de estudo. Esse projeto de aprendizagem pode ser sério, mas não necessariamente – é muitas vezes tremendamente desafiador, mas pode também ser divertido. Nem a ênfase nos estudos significa que o lado físico da vida esteja ausente, pois o casal pode estar envolvido com esportes e exercícios competitivos. Seja qual for a área de estudo, os relacionamentos entre Leão-Virgem e Capricórnio III em geral se baseiam em um tópico e se concentram nele, em vez de buscarem a diversidade.

Nos assuntos do coração, Leão-Virgem e Capricórnio III tendem a dar tudo, e seu amor pode atingir as estrelas em seu êxtase inebriante. Ele raramente deixará de ser baseado no aqui e agora, no entanto. Embora ambos os parceiros possam ser teimosos e inflexíveis nas discussões, eles em geral resolvem suas diferenças quando nos braços um do outro. O casamento pode tender ao prosaico, mas os parceiros raramente se decepcionarão pois sentirão instintivamente que esses relacionamentos envolvem um conjunto totalmente diferente de parâmetros para um caso de amor, que se constituem em uma confiança sagrada.

As amizades e os relacionamentos familiares em geral incluem uma atividade central de estudo. A educação formal, aulas particulares e grupos de estudo são todas atividades possíveis de serem compartilhadas por irmão ou amigos de Leão-Virgem e Capricórnio III. Sobretudo no nível universitário, onde a variedade de relacionamentos entre mentor e protegido é muito provável, também ocorre com freqüência que os relacionamentos entre professor e aluno evoluam para amizades e, em casos raros, casos amorosos e mesmo casamentos. Se o envolvimento em uma área particular de interesse se tornar profundo o suficiente, Leão-Virgem e Capricórnio III podem formar uma parceria comercial construída em torno de uma escola ou outro centro de aprendizagem. Devotar-se para o desenvolvimento de pessoas jovens pode se tornar uma especialidade para esses dois.

Conselho: *Não tire vantagem de seu poder. Respeite o espaço e as opiniões dos outros. Estudar é apenas um dos caminhos. Não ignore o valor da experiência de vida.*

19 a 25 de agosto
CÚSPIDE DA EXPOSIÇÃO
CÚSPIDE LEÃO-VIRGEM

17 a 22 de janeiro
CÚSPIDE DO MISTÉRIO E DA IMAGINAÇÃO
CÚSPIDE CAPRICÓRNIO-AQUÁRIO

Mistura pessoal de expressão

Este relacionamento em geral se preocupa pouco com o que as pessoas pensam, e raramente deixará as expectativas da sociedade entrarem no caminho de sua própria mescla altamente pessoal de expressão. Leão-Virgem é estimulado pela verve de Capricórnio-Aquário, e Capricórnio-Aquário é fascinado pelas energias meio escondidas de Leão-Virgem. A sinergia de seu relacionamento muitas vezes intensifica o lado mais efusivo de ambos os parceiros, criando uma postura mútua muito extrema. Profundamente compensadora para ambos os parceiros, essa combinação permite aprofundar sentimentos e um sentido de liberdade que é difícil para eles encontrarem em outro lugar.

Os casos amorosos entre Leão-Virgem e Capricórnio-Aquário podem ser rebeldes e loucos. Sua tendência de extravasar muitas vezes esconde um lado mais particular e sério desse relacionamento, que é de fato muito profundamente comprometido e leal. Ambos os parceiros podem ter olhos para outras pessoas, mas podem ser surpreendentemente fiéis um ao outro. As correntes sexuais são muito importantes, já que estão implicadas na confiança total de Leão-Virgem a qual Capricórnio-Aquário nunca deve trair. O casamento pode também funcionar bem, com seus parceiros dando generosamente suas energias para tornar o relacionamento um sucesso.

Instabilidades podem surgir nas amizades devido à inveja, cobiça ou ao orgulho, com Leão-Virgem e Capricórnio-Aquário tomando cuidado para não minar esses relacionamentos em função do egoísmo excessivo e do não compartilhamento verdadeiro. Aprender a dar incondicionalmente será uma lição importante para ele dois. Nos relacionamentos entre patrão e empregado e entre pais e filhos nessa combinação, os parceiros podem ser mutuamente fascinados com o mundo um do outro. A empatia de patrões ou pais de Capricórnio-Aquário por Leão-Virgem é muitas vezes tão profunda que pode formar um quadro muito claro da mente de seus empregados ou filhos, penetrando nos mundos profundos, escondidos, em que os segredos do coração podem ser lidos.

Conselho: *Não seja tão ansioso para chocar. Seja mais confiante em si. Cuidado com o egoísmo. Tenha mais respeito pela privacidade. Cuide de si mesmo.*

RELACIONAMENTOS

PONTOS FORTES: PROFUNDO, RECOMPENSADOR, EMPÁTICO

PONTOS FRACOS: VOYEUR, EGOÍSTA, INVEJOSO

MELHOR: PAIS-FILHOS

PIOR: AMIZADE

CHRISTOPHER ROBIN MILNE (21/8/20)
A.A. MILNE (18/1/1882)

Christopher é filho A.A. Milne, autor de *Winnie-the-Pooh*. O livro *When We Were Very Young* apresenta o jovem Christopher Robin como seu principal personagem. A fama do livro deixou Christopher com crise de identidade que durou toda a vida e a ter relações tensas com o pai. **Também: Dorothy Parker & Alexander Woolicott** (literatos da Round Table do Algonquin).

---

19 a 25 de agosto
CÚSPIDE DA EXPOSIÇÃO
CÚSPIDE LEÃO-VIRGEM

23 a 30 de janeiro
SEMANA DO GÊNIO
AQUÁRIO I

Trocas fáceis

Uma expressão completamente natural de sentimentos aparece nesse relacionamento, que caminha melhor com trocas fáceis e pior quando atolado em emoções pesadas. O relacionamento tem um ar sensual – um amor pela comida e pelo prazer físico em geral. Ambos os parceiros gostarão de boa conversa e debaterão um com o outro sobre detalhes mínimos de tópicos interessantes. O esperto Aquário I encontrará em Leão-Virgem um bom parceiro quando se tratar de seguir as últimas descobertas científicas ou apreciar as tendências atuais das artes e do divertimento. Se suas conversas envolvem conflito, no entanto, ou ficam exaltadas, esses dois começarão a se sentir completamente fora de sintonia.

Leão-Virgem no amor com Aquário I terá momentos difíceis se esperar que seu parceiro seja fiel. Aquário I tem que ser livre, e fazer com seus namorados, companheiros e amigos o que melhor entender. Em função do relacionamento ser natural, favorecendo a honestidade, abertura e autenticidade, o fenômeno da infidelidade pode ser abertamente mostrado ante os olhos de Leão-Virgem, fazendo-o sentir-se decepcionado ou mesmo traído. De certa forma, será melhor para Aquário I ser um pouco mais reservado ou pelo menos discreto sobre o que está fazendo quando está longe. Parte do problema é que Leão-Virgem pode não fornecer a Aquário I a estabilidade emocional que anseia ver no parceiro, e o relacionamento pode exibir grande volatilidade.

Os relacionamentos profissionais entre esses parceiros podem funcionar a curto prazo, mas raramente serão bem-sucedidos ao se estabelecer uma base financeira ou ideológica duradoura. Os empreendimentos que envolvem a mídia, as relações públicas, a publicação e as artes são especialmente favorecidas aqui. A longo prazo, os parceiros em negócios de Aquário I podem, para o gosto de Leão-Virgem, exigir atenção demasiada e ter escassa compreensão psicológica de seu colega para mantê-lo feliz. Os irmãos dessa combinação muitas vezes têm bons momentos juntos, gozando de ar livre e buscando excitação, risco e aventura.

Conselho: *Tente mostrar mais discrição. Não leve as coisas tão a sério. Trabalhe para ser mais prático e responsável.*

RELACIONAMENTOS

PONTOS FORTES: SENSUAL, NATURAL, GRATO

PONTOS FRACOS: INSTÁVEL, VOLÚVEL, INDISCRETO

MELHOR: IRMÃOS

PIOR: AMOR

GEORGE WALLACE (25/8/19)
CORNELIA WALLACE (28/1/39)

O governador de Alabama George Wallace se casou pela segunda vez com a sobrinha de uma colega, em 1971. Ele sentiu-se atraído por sua juventude e beleza sensual. Em 1972 ele recebeu um tiro e ficou parcialmente paralítico. Ela se mudou da mansão do governador em 1977 e eles se divorciaram em 1978.

| RELACIONAMENTOS |

PONTOS FORTES: SOLIDÁRIO, MAGNÉTICO, DIPLOMÁTICO

PONTOS FRACOS: DEPENDENTE DEMAIS, EQUIVOCADO, FLUTUANTE

MELHOR: AMOR

PIOR: FAMÍLIA

LEONARD BERNSTEIN (25/8/18)
TALLULAH BANKHEAD (31/1/03)

Bernstein e Bankhead ficaram famosos por seu comportamento social desinibido. Bankhead era notória por tirar as roupas em público, Bernstein por ter relacionamentos extraconjugais. Diz-se que tiveram um caso. **Também: Barão Georges Cuvier & Alexandre Brongniart** (colaboradores; naturalista/geólogo).

---

19 a 25 de agosto
CÚSPIDE DA EXPOSIÇÃO
CÚSPIDE LEÃO-VIRGEM

31 de janeiro a 7 de fevereiro
SEMANA DA JUVENTUDE E DESPREOCUPAÇÃO
AQUÁRIO II

Mantendo as aparências

Uma combinação simbolicamente governada pelo elemento da água, é provável que este relacionamento envolva um fluxo livre de sentimentos. Na realidade esses dois podem ser magneticamente atraídos, não somente respeitando um ao outro no nível mais básico, mas concebendo uma paixão mútua profunda. Outras pessoas podem vê-los como um casal peculiar, e eles são na realidade muito diferentes como indivíduos, mas seu relacionamento em si tem um charme único para eles – são mais atraídos pela sua combinação do que um pelo outro. Podemos encontrar esse par tentando manter as aparências de normalidade quando na realidade seu relacionamento é muito incomum.

Casos amorosos podem ser sexualmente recompensadores e podem alcançar níveis emocionalmente profundos. Aquário II pode ocasionalmente se encontrar fora de seu meio aqui, mas eles ficarão fascinados pela complexidade da personalidade de Leão-Virgem e gratificados de serem envolvidos com ela. Os nascidos em Leão-Virgem desfrutarão da simplicidade relativa de suas interações com os pais de Aquário II. Esses casos amorosos podem facilmente evoluir para o casamento, que pode funcionar surpreendentemente bem: Leão-Virgem pode exercitar um controle sutil sobre os cônjuges de Aquário II que os impedirá de procurar satisfação fora do relacionamento.

Questões de dependência complexa podem surgir entre pais Leão-Virgem e filhos Aquário III. Seus esforços para agradar um ao outro muitas vezes dão errado, sinalizando um problema básico de comunicação. Pais de Aquário II, entretanto, nem sempre podem compreender a complexidade de seus filhos de Leão-Virgem. No entanto há em geral amor e preocupação suficiente nestes relacionamentos para garantir alguma recompensa em ambas as combinações. Amizades entre Leão-Virgem e Aquário II têm seus altos e baixos, mas são extraordinariamente dedicadas e comprometidas. No domínio da carreira, Leão-Virgem e Aquário II têm habilidades mentais abundantes e são muito capazes de uni-las. Seus relacionamentos podem trazer sucessos sólidos. Planejar novos projetos e analisar as desvantagens e defeitos dos iniciais são habilidades especialmente notáveis aqui. Mas Leão-Virgem deveria fazer esforços conscientes para manter os problemas pessoais fora do ambiente profissional, pois Aquário II não permitirá que tais assuntos interfiram no seu trabalho.

Conselho: *Não tome as coisas como certas. Será necessário trabalho árduo. Seja mais receptivo e menos exigente. O tempo é o maior realizador de curas.*

| RELACIONAMENTOS |

PONTOS FORTES: EMPÁTICO, ENERGÉTICO, DIGNO DE CONFIANÇA

PONTOS FRACOS: HIPERCOMPETITIVO, CONFIANTE DEMAIS, DESILUDIDO

MELHOR: CASAMENTO

PIOR: AMIZADE

WILT CHAMBERLAIN (21/8/36)
BILL RUSSELL (12/2/34)

Os jogadores Chamberlain e Russell foram grandes rivais do basquetebol nos anos 1960. Quando jogavam um com o outro, soltavam faíscas na quadra. Em um destes jogos Chamberlain pegou 55 rebotes. **Também: Madame du Barry & Luís XV** (amante/rei) **Jill St. John & Robert Wagner** (casados; atores); **Benjamin Harrison & William Henry Harrison** (neto/avô; presidentes).

---

19 a 25 de agosto
CÚSPIDE DA EXPOSIÇÃO
CÚSPIDE LEÃO-VIRGEM

8 a 15 de fevereiro
SEMANA DA ACEITAÇÃO
AQUÁRIO III

Maior do que a soma das partes

Esses dois podem dar tantoquanto recebem. A energia de seu relacionamento é muitas vezes extremamente alta – muito maior do que a soma de suas energias como indivíduos. Esta química sinergética também é efetiva quando eles são rivais brigando nas arenas financeiras, sociais, políticas e esportivas. Fica-se impressionado com o equilíbrio aqui, embora Leão-Virgem muitas vezes pareça mais inspirado para Aquário II do que ao contrário.

Casos amorosos são estimulados não somente pela paixão mas pelos interesses e pelas afeições mútuas. É mais uma questão de gostar do que amar, o que pode ser bom augúrio para a longevidade do relacionamento. A empatia proporciona compreensão e a compreensão proporciona confiança. Esses casos amorosos muitas vezes se provam candidatos ideais para casamentos. A intimidade é tal que caso um dos parceiros se apaixone por uma terceira pessoa que também seja um amigo mútuo, o relacionamento pode continuar relativamente bem-sucedido como um *ménage à trois*, formal e informalmente.

No mundo profissional faz pequena diferença se Leão-Virgem e Aquário II são colegas ou rivais, uma vez que mais cedo ou mais tarde eles podem terminar de qualquer forma trabalhando para a mesma organização. Seu tremendo respeito um pelo outro os leva muito além de qualquer desejo superficial por conquista ou vitória. A igualdade de pares de irmãos entre esses dois, sobretudo quando eles são do sexo oposto, é refletida em atitudes igualmente respeitosas e partidárias. Esses relacionamentos podem continuar a ser ativos pela vida adulta.

Nas amizades, por outro lado, Leão-Virgem e Aquário II devem ter cuidado para não deixar que seus impulsos competitivos saiam do controle. Sua confiança em excesso sobre sua invencibilidade como uma equipe pode finalmente conduzir à desilusão, à luta interna e à dissolução. Redimensionar suas ambições e economizar suas energias prodigiosas para outras áreas permitirá a eles relaxar e aproveitar o que poderia ser uma associação completamente satisfatória.

Conselho: *Não deixe que impulsos competitivos saiam do controle. Você deve também trabalhar para divertir-se. Cuidado com expectativas. Aceite as coisas como são.*

19 a 25 de agosto
CÚSPIDE DA EXPOSIÇÃO
CÚSPIDE LEÃO-VIRGEM

16 a 22 de fevereiro
CÚSPIDE DA SENSIBILIDADE
CÚSPIDE AQUÁRIO-PEIXES

Resistência às incursões

Esses dois têm muito em comum no seu desejo de esconder seus eus reais do mundo e defender sua acalentada posição autoprotetora. Fortalecida quando estão juntos, esta atitude se torna quase um zelo revolucionário para serem deixados em paz. Mas enquanto Leão-Virgem às vezes tende a se esconder, às vezes a se revelar em relação ao mundo, Aquário-Peixes tende a construir um muro em torno deles de forma que ninguém nunca entre. Localizando-se em oposição um ao outro no zodíaco, esses dois formam um relacionamento polar que pode ser muito resistente a incursões nos espaços privados. Eles podem ser agressivos com as pessoas que não os compreendem, sobretudo com figuras de autoridade tais como pais e chefes – será como eles querem ou os deixem sozinhos. Mas rebeldes como são quando jovens, arriscam ser excessivamente dogmáticos uma vez que eles mesmos se elevam às suas posições de poder ou autoridade. Neste ponto, rupturas podem aparecer no relacionamento em si, com lutas maiores por poder ocorrendo entre dois indivíduos previamente oprimidos.

Namorados e cônjuges nesta combinação simplesmente virarão suas costas para os que não os compreendem, rapidamente se cansando dos membros da família que não os aceitam e vociferando com raiva, sarcasmo ou desprezo. Esses acessos periódicos são extremamente importantes não somente para lidar com agressões represadas mas também afirmar de que o casal não será mais tratado como servil. O relacionamento entre Leão-Virgem e Aquário-Peixes é altamente protetor; esses parceiros se levantarão em defesa um do outro.

No trabalho, colegas de Leão-Virgem e Aquário-Peixes formam um vínculo sólido contra o tratamento injusto de superiores, nunca hesitando em defender e, se necessário, representar outros membros de seu grupo. Uma aversão por injustiça pode conduzi-los a envolver-se em atividades sindicais ou grupos de trabalho menos formais. Amizades são igualmente unidas, e pares de irmãos nesta combinação formam um anteparo contra mau trato ou abuso por parte dos pais. Na realidade, eles devem ter cuidado para não ser rebeldes, causando brechas maiores e possivelmente ensejando o emprego de medidas adversas.

Conselho: *Seja mais paciente às vezes. Defenda-se mas não exagere. Cuidado para não se tornar intolerante. Mantenha a sua raiva sob controle.*

RELACIONAMENTOS

PONTOS FORTES: PROTETOR, ASSERTIVO, JUSTO

PONTOS FRACOS: DOGMÁTICO, SUPER-REBELDE, INFLEXÍVEL

MELHOR: TRABALHO

PIOR: FAMÍLIA

WILT CHAMBERLAIN (21/8/36)
JULIUS ERVING (22/2/50)

"Wilt the Stilt' e "Dr. J" jogaram basquete para o Philadelphia em diferentes anos. Ambos estão no Hall da Fama e ambos foram o Jogador Mais Valioso durante sua carreira. Na lista dos que mais pontuaram de todos os tempos, Chamberlain é o número 2 com 31.419, e Erving o número 3 com 30.026.

---

19 a 25 de agosto
CÚSPIDE DA EXPOSIÇÃO
CÚSPIDE LEÃO-VIRGEM

23 de fevereiro a 2 de março
SEMANA DO ESPÍRITO
PEIXES I

Independência de ação

Esses dois podem ser extremamente íntimos, mas eles têm de ser capazes de manter sua independência um do outro a todo custo. Peixes I pode inspirar a vida de Leão-Virgem, vindo a representar um determinado ideal de integridade e compromisso fiel. Leão-Virgem, por sua vez, muitas vezes traz uma perspectiva admiravelmente crítica e uma faísca de excitação para a vida diária de Peixes I. O par pode se complementar perfeitamente, sobretudo uma vez que o relacionamento funciona bem nos cenários social e pessoal. A intimidade aqui é mais comovedora do que física – esses parceiros se tratam com compreensão e respeito.

O desafio de amizades e casos amorosos é levar os humores dos parceiros a sincronia, de forma que se sintam confortáveis e aceitos um pelo outro. Leão-Virgem pode às vezes se intrometer no lado mais reflexivo de Peixes I quando tomado de um impulso repentino. Mas ele admirará as necessidades altruístas de Peixe I de compartilhar e servir, mesmo embora isso o faça sentir-se culpado ou indigno. O sinal de que as coisas estão indo bem neste relacionamento são as concessões mútuas fáceis da parte de ambos os parceiros. Casamento pode ser impossível para esses dois, que tendem a ter um medo forte de perder sua autonomia. Embora ambos possam lidar com a perda de uma determinada quantidade de liberdade trabalhando em uma organização, eles teimosamente resistirão em perder a independência nas suas vidas privadas.

Na vida profissional esses dois são melhores trabalhando como autônomos ou como empreendedores, mantendo tanta independência um do outro quanto possível. A comunicação entre eles é muitas vezes tão boa que eles só ocasionalmente necessitam falar sobre as coisas, sendo em geral confiantes e cientes dos pensamentos e ações um do outro. Nos relacionamentos entre pais e filhos de ambas as combinações devem cuidar para não causar revolta devido a atitudes excessivamente rígidas ou críticas, e para não se envolverem excessivamente na vida um do outro.

Conselho: *Medo de perder a independência pode na realidade ser medo de aproximar-se. Seja tão honesto quanto possível. Não tome as coisas como certas. Tente não pressionar demais.*

RELACIONAMENTOS

PONTOS FORTES: COMPLEMENTAR, SENTIMENTAL, INSPIRACIONAL

PONTOS FRACOS: INTROMETIDO, PROVOCADOR DE CULPA, MEDROSO

MELHOR: AMIZADE

PIOR: CASAMENTO

CHELSEA CLINTON (27/2/80)
BILL CLINTON (19/8/46)

Chelsea é extraordinariamente pouco afetada pelo status do pai como presidente dos Estados Unidos. Em virtude de uma boa criação ela tem um claro senso de si mesma, sem qualquer traço de vaidade ou consciência de classe. Ele é próximo e atencioso com ela, protegendo-a do brilho de seu alto posto. **Também:** Malcolm Forbes & Elizabeth Taylor (bons amigos; editor milionário/estrela de cinema).

RELACIONAMENTOS	19 a 25 de agosto	3 a 10 de março
	CÚSPIDE DA EXPOSIÇÃO	SEMANA DO SOLITÁRIO
	CÚSPIDE LEÃO-VIRGEM	PEIXES II

PONTOS FORTES: CRIATIVO, LIVRE, ORIGINAL

PONTOS FRACOS: DESISTIMULADO, INDECISO, À DERIVA

MELHOR: CASAMENTO

PIOR: AMIZADE

PRINCESA MARGARET (21/8/30)
ANTHONY ARMSTRONG-JONES (7/3/30)

Margaret e Armstrong-Jones (conde de Snowdon) foram casados de 1960 a 1978. Seu casamento foi recheado de casos discretos com vários outros parceiros. Tiveram 2 filhos. **Também: Ring Lardner, Jr. & Ring Lardner** (filho/pai; escritores); **Claude Debussy & Maurice Ravel** (compositores impressionistas); **Gene Kelly & Cyd Charisse** (parceiros de dança no cinema).

Assumindo uma posição

Este relacionamento busca se libertar das restrições. A ênfase aqui é no relacionamento como uma unidade e na sua liberdade de agir por conta própria, sem restrição, e exercitar seu próprio julgamento sobre o que pensa melhor. Especialmente resistente aos agrados da sociedade e às limitações impostas pela tradição, esses dois podem ser desbravadores na abertura de novas formas de expressão. Os nascidos em Leão-Virgem tendem a ser os mais intuitivos e originais do par, Peixes II os mais sensíveis e perfeccionistas, mas suas energias criativas se unem sinergicamente para produzir resultados que podem não ser do agrado de todos mas pode exercer um efeito de longo prazo.

Parte do desafio aqui será manter a atividade, uma vez que esses dois podem ser extremamente sensíveis à crítica e às vezes sentirão vontade de desistir, sobretudo se forem casados ou se trabalharem juntos. Sua necessidade de ser livres implica uma determinada força de vontade para resistir e se necessário continuar uma luta prolongada, mas este tipo de resistência pode na realidade estar faltando aqui. Embora eles possam tender a desistir quando as coisas se tornam realmente difíceis, sem oposição real o relacionamento pode ser duradouro, uma vez que esses cônjuges e colegas de trabalho são em geral bem-ajustados.

Embora Leão-Virgem seja uma combinação fogo-terra e Peixes seja regido pela água, o relacionamento entre Leão-Virgem e Peixes II é governado pelo ar, um elemento aqui induzindo uma recusa de ser tolhido. No entanto nas questões de amor e amizade esses dois são às vezes incapazes de ver as coisas realisticamente ou de agir decisivamente – em vez de assumir uma posição nas questões emocionais eles têm uma tendência a vagar e a evitar confrontação, esperando ou supondo que os problemas irão embora. Em suma, eles nem sempre tomam a melhor decisão. É muito provável que os relacionamentos entre pais e filhos aqui assumam atitudes informais que deixarão os outros familiares impressionados. As animosidades produzidas desta forma podem se provar essencialmente prejudiciais para a família como um todo.

Conselho: *Fortaleça sua vontade de resistir e percorra a distância que for preciso. Não apenas busque a liberdade – viva-a. Assumir uma posição agora livrará você de problemas mais tarde.*

RELACIONAMENTOS	19 a 25 de agosto	11 a 18 de março
	CÚSPIDE DA EXPOSIÇÃO	SEMANA DOS DANÇARINOS E SONHADORES
	CÚSPIDE LEÃO-VIRGEM	PEIXES III

PONTOS FORTES: ÚNICO, GRATIFICANTE, INTROSPECTIVO

PONTOS FRACOS: IMPERMANENTE, DIVIDIDO, DADO A EMOÇÕES

MELHOR: AMIZADE

PIOR: AMOR

JOLEY BUTTAFUOCO (11/3/56)
AMY FISHER (21/8/74)

Fisher, garota de 16 anos de idade, e o casado Buttafuoco tiveram um caso ilícito pelo qual ele foi acusado de rapto estatutário e preso por 6 meses. Fisher, a "Lolita de Long Island", atirou em sua esposa na cabeça e pegou de 5 a 15 anos. **Também: Josef Strauss & Johann Strauss** (filho/pai; compositores); **Claude Debussy & Stéphane Mallarmé** (compositor inspirado por poeta).

Encontrando solo comum

A força que impulsiona este relacionamento é em geral a necessidade do parceiro de se sentir único ou especial ou de estar fazendo algo incomum ou emocionante. Seja para o bem ou para o mal, é provável que eles compartilhem um relacionamento inigualável, muito diferente do que qualquer um que eles experimentaram antes. Eles tendem a ter se desenvolvido em linhas diferentes: enquanto os nascidos em Leão-Virgem são em geral envolvidos com questões pessoais, os de Peixes III são mais guiados para preocupações universais, filosóficas, sociais ou até românticas. Como conseqüência seu relacionamento está às vezes fora de sincronia, caracterizando divisões amplas e diferenças de opinião. Nem sempre é possível para ele se tornar um laço duradouro.

A estabilidade é difícil de atingir nos casos amorosos. Os nascidos em Leão-Virgem podem ficar irritados com os aspectos de caráter mais sonhadores dos de Peixes III, que por sua vez podem se tornar cansados da inabilidade de Leão-Virgem de aprender com a experiência. Eles muitas vezes se decidem pelo casamento e podem ser altamente provedores, mas podem não achar o apoio e a permanência que exigem nos cônjuges de Leão-Virgem. Como um casal, eles tenderão a viajar e a se mudar muito em vez de estabelecer seu lar em um lugar.

Amizades podem ser relativamente duradouras mas não envolverão necessariamente encontros freqüentes do par. A inclinação do relacionamento para a originalidade pode conduzir a alguns encontros, associações ou hobbies incomuns, nos quais Leão-Virgem e Peixes III muitas vezes encontrarão satisfação profunda. Não raro, o lado mais sensível e interno de cada parceiro é ativado aqui, e eles podem vir a confiar um na ajuda do outro em introspecção mútua. Quando eles se encontram como rivais ou adversários, por outro lado, eles podem, no seu choque, inconscientemente tocar áreas emocionais profundas e ativar as crenças mais básicas de cada um. Pode ser possível para membros familiares nesta combinação trabalhar juntos em um negócio, uma religião ou uma atividade social. O relacionamento muitas vezes combina praticidade com idealismo em uma mistura estranha que será interessante para os que têm uma tendência filosófica mais realista. Lidar criativamente com questões diárias é uma especialidade deste par.

Conselho: *Assuma uma posição. Correr dos problemas raramente ajuda. Enfrente as diferenças e formule soluções. Encontre um solo comum.*

26 de agosto a 2 de setembro
SEMANA DOS CONSTRUTORES DE SISTEMAS
VIRGEM I

26 de agosto a 2 de setembro
SEMANA DOS CONSTRUTORES DE SISTEMAS
VIRGEM I

Até o último detalhe

Dois Virgem I podem ser um excelente par, mas se eles escolheram um ao outro é uma outra história – muitas vezes escolhem pessoas muito diferentes deles mesmos para seus envolvimentos. Rigidamente orientados para o serviço, eles podem trabalhar bem juntos em uma variedade de atividades. Porque ambos podem funcionar como assistentes ou colegas de trabalho, deverá haver pouco conflito sobre quem assumirá o papel de liderança, a menos que um executivo forte não esteja disponível e o grupo necessite de direção.

Nos casos amorosos e casamentos os de Virgem I tendem a se tornar envolvidos com figuras fortes para quem eles possam assumir o papel de ajudantes, ou com pessoas necessitadas em cuja companhia eles possam satisfazer sua necessidade de servir. Essas escolhas às vezes se são errôneas, mas eles realmente despertam os sentimentos de Virgem I, e esta polaridade está ausente nos seus relacionamento com outros de Virgem I. É improvável, então, que saltem faíscas de paixão aqui, muito embora o par possa ter um relacionamento físico muito satisfatório. O romance também pode faltar nos casamentos de Virgem I, embora considerações práticas e a correria doméstica diária em geral absorvam muitas das energias dos parceiros e mantenham-nos completamente felizes.

Amizades, relacionamentos familiares e pares profissionais entre Virgem I podem coincidir. Caso eles se encontrem pela primeira vez no trabalho, em geral serão capazes de trabalhar juntos eficientemente contanto que suas obrigações e objetivos sejam bem definidos. Nem sempre interessados em projetos realmente imaginativos, eles tendem a colocar seus esforços em empenhos práticos que são bem-fundados e produzem resultados sólidos. Amigos de Virgem I podem contar um com o outro nos momentos de necessidade. Como familiares eles têm um sentimento de tradição para fazer coisas de uma forma estruturada, pré-ordenada, e é muito provável que entrem em um negócio junto, ou cooperem na condução de um grupo de esportes, religioso, político ou uma comunidade. A comunicação tende a ser íntima aqui – muitas regras e valores são tacitamente compreendidos.

Conselho: *Às vezes você não sabe o que tem até que perde. Faça o máximo de uma boa coisa. Não saia de seu caminho por desvios que causem o próprio fracasso.*

RELACIONAMENTOS

PONTOS FORTES: ORGANIZADO, PRÁTICO, FÍSICO

PONTOS FRACOS: POUCO INTERESSANTE, POUCO ESPONTÂNEO, INSENSÍVEL

MELHOR: TRABALHO

PIOR: AMOR

BRANFORD MARSALIS (26/8/60)
CHARLIE PARKER (29/8/20)

O lendário saxofonista Parker, com seu brilhante virtuosismo, influenciou gerações de tocadores de sax – entre eles Branford Marsalis, mais popularmente conhecido como o líder de banda do programa *Tonight Show* de Jay Leno. Antes ele era solista do Sting. Como músicos, Parker e Marsalis compartilham o dom da inovação expressiva de suas melodias, harmonias e ritmos solados de forma sutil, seduzindo o ouvinte.

---

26 de agosto a 2 de setembro
SEMANA DOS CONSTRUTORES DE SISTEMAS
VIRGEM I

3 a 10 de setembro
SEMANA DO ENIGMA
VIRGEM II

Tendência a viciar-se no trabalho

Ambos os parceiros têm uma forte tendência a se retirar regularmente do mundo e conduzir vidas pessoais altamente privadas. A sinergia de seu relacionamento amplifica este traço, fazendo do isolamento quase um pré-requisito para eles às vezes. Não é que eles não possam ser poderosos e seguros nos seus mundos profissionais – longe disso. É simplesmente que há uma divisão entre suas vidas pública e privada que deve ser rigorosamente observada. Seus amigos, por exemplo, muitas vezes vêm de seu próprio meio profissional, mas seus encontros com essas pessoas são em geral sujeitos às regras sociais que determinam quando e quão freqüentemente eles podem se ver apropriadamente fora do trabalho.

Casos amorosos e casamentos, entre Virgem I e Virgem II podem ser relacionamentos silenciosamente emocionais nos quais os sentimentos são expressos sem muita confusão. Os nascidos em Virgem I podem ser um pouco despreparados para os gostos sexuais de Virgem II, mas uma vez que eles os entendem o relacionamento pode se provar mutuamente satisfatório. O casal tende a ficar junto em qualquer ocasião. Se dissoluções ocorrerem elas podem ser extremamente dolorosas. Amizades e pares de irmãos podem sofrer de hipersensibilidade, nervosismo e instabilidade, uma vez que esses parceiros não têm um efeito emocionalmente estabilizante um sobre o outro.

Tendências ao vício pelo trabalho parecem inevitáveis no relacionamento profissional Virgem I–Virgem II, mas trabalho árduo não é a única norma aqui: esses dois em geral se envolvem em projetos que acham interessantes e absorventes. Seu relacionamento eleva seu trabalho a uma posição de primeira importância, e sua concentração nele é total. Virgem I muitas vezes tem uma insistência um tanto rígida em fazer as coisas da maneira apropriada, e isto pode incomodar Virgem II, que gosta de fazer coisas da sua própria e estranha maneira. Na verdade, a irritação aqui é mútua, pois este traço de Virgem II pode decepcionar muito a Virgem I – ele o verá como desnecessário e desgastante. No entanto, ambos os parceiros são cuidadosos e juntos podem exercer uma influência desaceleradora benéfica nos tipos mais impulsivos em um grupo ou uma organização.

Conselho: *Tente relaxar um pouco. Esqueça o trabalho ocasionalmente. Faça alguns novos amigos que saibam como se divertir. Seja mais flexível e aberto.*

RELACIONAMENTOS

PONTOS FORTES: PROFISSIONAL, TRABALHADOR, GRATIFICANTE

PONTOS FRACOS: NERVOSO, RETRAÍDO, INFLEXÍVEL

MELHOR: CASAMENTO

PIOR: IRMÃOS

MARTHA MITCHELL (2/9/18)
JOHN MITCHELL (5/9/13)

Enquanto servia como advogado geral de Nixon, John Mitchell foi preso por crimes no escândalo Watergate e condenado à prisão (1975-79). Sua esposa Martha tinha a reputação em Washington de ser intrigante. Ela morreu enquanto ele estava preso. Ele morreu em 1988. **Também: Alma Schindler & Franz Werfel** (casados; artista/escritor).

RELACIONAMENTOS

PONTOS FORTES: INSTRUTIVO, PERSONALIZADO, EXPERIENTE

PONTOS FRACOS: RANCOROSO, RUDE, POUCO CONDESCENDENTE

MELHOR: PROFESSOR-ALUNO

PIOR: AMOR

**H.L. MENCKEN (12/9/1880)
THEODORE DREISER
(27/8/1871)**

O romancista Dreiser (*Uma Tragédia Americana*, 1925) e o jornalista e autor Mencken foram intermitentes amigos que com freqüência discutiam sobre literatura. Dreiser recebeu de Mencken seu primeiro emprego como crítico literário. Eles também colaboraram na revista *The Bohemian*. Tiveram uma ativa correspondência ao longo dos anos em que Mencken apoiou a luta de Dreiser contra o *establishment* literário.

---

26 de agosto a 2 de setembro
SEMANA DOS CONSTRUTORES DE SISTEMAS
VIRGEM I

11 a 18 de setembro
SEMANA DO LITERAL
VIRGEM III

Sem coibição

Ninguém preveria este relacionamento – ele vem do nada, muitas vezes pegando amigos e a família de surpresa. No entanto além de ser incomum é altamente simbiótico. Os nascidos em Virgem III muitas vezes se acham dirigindo a energia física de Virgem I. Eles também podem ser colocados no papel de pai, chefe, professor ou gerente, enquanto Virgem I se torna o filho, funcionário, aluno ou executor. Virgem III são muitas vezes os mais velhos e mais experientes dos dois, e é muito provável que eles já tenham representado o papel de desempenho em cenários anteriores. Os nascidos em Virgem I podem aceitar de forma completa e fácil o conselho e a orientação desses representantes de Virgem III mais velhos, que são poderosamente perceptivos e analíticos e encorajarão sua habilidade nativa. Muito freqüentemente, eles seguem para assumir o papel gerencial deles mesmos mais tarde na vida.

Os mais fortes em sala de aula, no campo dos esportes ou nas estradas difíceis da vida, este relacionamento é muitas vezes um vínculo sólido baseado na confiança e compreensão mútua. No entanto não é um par fácil, emocional, física ou espiritualmente. Ambos podem ser extremamente difíceis e intransigentes. Ao repreenderem um sinal faltante ou outros erros, é provável que recuem, ensinando uma lição que o outro parceiro lembrará por um longo tempo. Relacionamentos nesta combinação e seus métodos de ensino e aprendizado, em geral falam uma língua muito diferente um do outro, uma vez que cada par será criado para suas necessidades e talentos específicos de seus parceiros. Isto não significa dizer que eles não transmitirão a sabedoria estabelecida e os métodos existentes de forma mais exata, mas somente que eles reconhecem que as exceções à regra e a experiência direta são tão importantes quanto as regras em si.

Os relacionamentos de trabalho entre Virgem I e Virgem III podem ser tão recompensadores para o patrão quanto para o empregado e mutuamente benéficos para ambos, sobretudo quando o trabalho da equipe é revisado pelos superiores. Namorados, amigos e companheiros nesta combinação são em geral menos bem-sucedidos nos domínios emocionais e sensuais do que quando eles se associam nos projetos sociais, financeiros ou educacionais.

Conselho: *Não leve todo o erro tão a sério. Quando algo deixa de ser divertido, pode ser que seja a hora de parar. Dedique mais tempo para a exploração de pensamentos e sentimentos.*

RELACIONAMENTOS

PONTOS FORTES: CRÉDULO, ORADOR FASCINANTE, ENLEVANTE

PONTOS FRACOS: INACESSÍVEL, DESCONTROLADO, DESILUDIDO

MELHOR: AMOR

PIOR: AMIZADE

**JOHN COLTRANE (23/9/26)
ALICE COLTRANE (27/8/37)**

John Coltrane foi um dos mais brilhantes improvisadores saxofonistas de jazz. Seus álbuns dos anos 1950 e 1960 são um testemunho de seu virtuosismo. Proeminente em um grupo posterior foi a pianista e esposa Alice. Depois de sua morte em 1967, ela ajudou a organizar um movimento que buscava deificar o falecido marido.
Também: Mark Harmon & Gunnar Nelson (tio/sobrinho; ator/ músico de rock); **Duque de Buckingham & Ana da Áustria** (romance).

---

26 de agosto a 2 de setembro
SEMANA DOS CONSTRUTORES DE SISTEMAS
VIRGEM I

19 a 24 de setembro
CÚSPIDE DA BELEZA
CÚSPIDE VIRGEM-LIBRA

A cadeia dos milagres

Este relacionamento muitas vezes concentra-se na sua estupefação em face de alguma coisa maior do que ele mesmo, seja uma crença, uma visão de um mundo estranho ou um trabalho de arte magnífico. A beleza ou o esteticismo de Virgem-Libra pode despertar emoção profunda até nos Virgem I mais prosaicos, que, encantados pelo que este parceiro oferece a eles, podem rapidamente se desfazer de seu senso comum usual, felizes por trocarem seus padrões por apenas uns poucos momentos de prazer adicional. Na realidade o relacionamento pode ter um efeito devastador na sua perspectiva total sobre a vida. Ao mesmo tempo ele mostrará aos de Virgem-Libra, que muitas vezes vêm somente a beleza superficial, como procurar níveis mais profundos de significado na vida.

Quando envolvidos intimamente, eles podem podar o gosto de Virgem I pela preparação e pelo planejamento em todas as coisas: enfatizam a espontaneidade e as surpresas múltiplas de coincidência e acidente. Virgem-Libra, de tipo mais conservador, pode também ficar espantado com as coisas que podem acontecer uma vez que ele desista do controle. Experiências estáticas máximas podem emergir imprevisivelmente aqui, deslumbrando ambos os parceiros. O casamento não necessita empobrecer essa riqueza a menos que os cônjuges sintam necessidade demasiada de estruturar suas atividades, talvez temendo que eles estejam agindo irresponsavelmente.

Pares profissionais são melhores quando a dupla pode compartilhar seu senso de maravilhamento com outras pessoas – talvez em algum campo espiritual que pode se sobrepor com possibilidades comerciais. Na realidade a riqueza parecerá vir de seu próprio acordo para esses dois, que não a verão como contrária a iluminação espiritual. Eles podem facilmente ver o dinheiro como apenas mais um elo na cadeia surpreendente de milagres que parecem permear suas vidas.

Irmãos de sexo oposto terão um relacionamento mágico desde uma idade mais tenra, imaginativamente preenchido com gênios, dragões, ciborgues e outras criaturas fantásticas. Encorajados a deixar essas buscas para trás na infância, Virgem I e Virgem-Libra podem se rebelar, recusando-se a desistir de seus vínculos especiais de fantasia. É provável que amigos que crescem juntos se separem com alguma tristeza, dizendo adeus para um relacionamento sem o qual suas criações imaginativas podem facilmente enfraquecer.

Conselho: *Mantenha controle da estupefação e maravilhamento mas também da realidade. Encontre beleza nas coisas comuns da vida. Coisa diárias têm sua própria mágica.*

26 de agosto a 2 de setembro
SEMANA DOS CONSTRUTORES DE SISTEMAS
VIRGEM I

25 de setembro a 2 de outubro
SEMANA DO PERFECCIONISTA
LIBRA I

O que há além?

Este par prático, racional, pode ver a vida de forma extremamente pragmática. Os resultados contam mais do que as intenções aqui; e a tendência de Virgem I para a estrutura e organização é complementada pelo impulso de Libra I de fazer as coisas certas. Dois problemas surgem, um moral, o outro prático. Primeiro, o sentimento de que os fins justificam os meios pode muitas vezes ser egoísta ou mesmo pior – descuidado ou prejudicial. Segundo, embora uma atitude pragmática pareça muito viável, ela pode terminar favorecendo um relacionamento tão rígido e empatado que suas habilidades são severamente danificadas. Se este relacionamento tiver de ser verdadeiramente bem-sucedido, deve conter sua postura e moderar seus impulsos.

A atitude literal para a vida aqui pode impelir a poesia e o romance dos casos amorosos. Na sua abordagem pragmática do prazer, sexo e amor, casais nesta combinação devem ser cuidadosos para não perder seu brilho. Casamento poderia representar um objetivo prático para eles, mas se assim for eles arriscariam deixar os sentimentos verdadeiros escapar por entre os dedos. Tentar segurar o outro não é a resposta aqui: melhor largar o controle e aceitar as faltas e erros como uma linha tecida na urdidura e na trama da tapeçaria da vida.

Quando esses dois são amigos, não importa o quanto eles sentem que sua conexão pode ser maravilhosa, é improvável que seu relacionamento se aprofunde a menos que os sentimentos de aceitação e compreensão sejam autorizados a prevalecer. Relacionamentos entre pais e filhos podem ser muito ásperos e implacáveis, recordando Shylock em *O Mercador de Veneza*; ater-se às palavras literalmente e insistir em se prender aos fatos pode ter um efeito negativo aqui. Aprender a ampliar o significado em vez de restringi-lo, e acima de tudo compreender o significado verdadeiro atrás das palavras do outro, será uma lição importante.

Virgem I e Libra I podem formar uma equipe de trabalho eficaz, mas também podem se estressar, deixando o relacionamento desgastado. Em vez de esgotar suas energias constantemente, eles deveriam aprender a poupá-las mais, ambos desposando suas forças e encorajando-as a crescer.

Conselho: *Veja todo o quadro. Não leve as coisas tão a sério. O mundo é um símbolo. Tente dar uma olhada no que há além. Mantenha mente e coração abertos.*

RELACIONAMENTOS

PONTOS FORTES: EFICAZ, PRAGMÁTICO, PRODUTIVO

PONTOS FRACOS: SUPERESTRESSADO, FERINO, POUCO AFETUOSO

MELHOR: CASAMENTO

PIOR: TRABALHO

MARK HARMON (2/9/51)
TOM HARMON (28/9/19)

O ator Mark é filho do lendário herói do futebol dos anos 1940, ganhador do Troféu Heisman. Mark seguiu os passos do pai jogando no All-American. Depois de graduar-se em 1974 ele se voltou para o mundo do cinema e do teatro. **Também: Elizabeth Ashley & George Peppard** (casados/atores).

---

26 de agosto a 2 de setembro
SEMANA DOS CONSTRUTORES DE SISTEMAS
VIRGEM I

3 a 10 de outubro
SEMANA DA SOCIEDADE
LIBRA II

Visão mais ampla

Não é raro para esses dois se acharem exatamente no momento certo, em geral quando cada um deles está à margem de alguma coisa nova, ainda incertos de pular ou não. Seu relacionamento muitas vezes os ajuda a sair de um poço de solidão e começar de novo – uma nova vida. Cada parceiro aqui tem talento e habilidade para capacitar o outro a ver mais clara e amplamente. Mais aptos para examinar o horizonte, eles são capazes de fazer melhores escolhas. Libra II tem um lado alegre e afeito ao divertimento que é exatamente a tônica para alegrar o Virgem I. Eles também têm uma habilidade para avaliar outras pessoas e agir socialmente, um apoio valioso para Virgem I, mais reservado e desajeitado socialmente. Por sua vez Virgem I pode mostrar a Libra II como melhor organizar sua vida, ajudando-o a desenvolver as habilidades analíticas que lhe permitirão tomar decisões mais claras.

Casos amorosos e amizades entre esses dois são muitas vezes oficinas para a aceitação, a resolução ou a solução de problemas pessoais. Libra II tem muito da compreensão psicológica, tornando-o bem ajustado para ajudar Virgem I a começar a compreender suas próprias personalidades, um passo necessário se eles tiverem de se tornar mais auto-suficientes e menos necessitados. Casamento muitas vezes aprofundará o compromisso deste par com seu relacionamento e aumentará a eficiência de sua procura por auto-realização.

O par pode formar uma equipe de trabalho eficaz, em que Virgem I lida com os livros ou administra o lar e seu parceiro de Libra II, socialmente apto, arranja novos clientes e faz negócios. Comunicação íntima será exigida aqui, pois Virgem I pode ser muito enrolado em questões técnicas e Libra II pode se deixar levar pelas questões humanas. Formar novas empresas e soprar vida nas velhas é uma especialidade desta dupla. Irmãos nesta combinação podem representar um papel igualmente reconstrutor, mas também podem ser inclinados à apatia e à indolência.

Conselho: *Estruture sua força de vontade. Aprenda como se ajudar a sair das depressões. Construa a autoconfiança. Deixe seu coração guiar você.*

RELACIONAMENTOS

PONTOS FORTES: ESFORÇADO, RENOVADOR, VANGUARDISTA

PONTOS FRACOS: APÁTICO, INSEGURO, DEPRIMIDO

MELHOR: AMIZADE

PIOR: IRMÃOS

HAROLD PINTER (10/10/30)
ANTONIA FRASER (27/8/32)

A romancista histórica Fraser se casou com o roteirista Pinter em 1980, logo após seu divórcio da atriz Vivien Merchant. Fraser é filha de um conde. Ela possui 3 filhos e 3 filhas do casamento anterior, que acabou em divórcio em 1977. **Também: Michael Jackson & Sean Lennon** (bons amigos; cantores).

RELACIONAMENTOS

PONTOS FORTES: SENSUAL, AGRADÁVEL, SATISFEITO

PONTOS FRACOS: NARCISISTA, ANTAGÔNICO, INCONSCIENTE

MELHOR: AMOR

PIOR: PAIS-FILHOS

**JOHN L. SULLIVAN (15/10/1858)
"GENTLEMAN JIM" CORBETT
(1/9/1866)**

Sullivan foi o último campeão peso-pesado a lutar sem luvas (1882-92). Lutando sob as regras do Marquês de Queensberry, ele perdeu o título para Corbett, que orgulhosamente manteve a coroa de 1892 a 1897.
Também: Branford Marsalis & Wynton Marsalis (irmãos; músicos de jazz); Mark Harmon & Pam Dawber (casados; atores).

---

26 de agosto a 2 de setembro
SEMANA DOS CONSTRUTORES DE SISTEMAS
VIRGEM I

11 a 18 de outubro
SEMANA DO TEATRO
LIBRA III

Orgulho de si mesmo

Este relacionamento é uma sociedade de admiração mútua. Pode até ser bastante narcisista, pois esses parceiros geralmente estão bem cientes do valor daquilo que têm, se orgulham de si mesmos e estão bastante satisfeitos com eles próprios. Devem ter cuidado para não atiçar a animosidade e a inveja das outras pessoas, que podem, na verdade, até ser da mesma forma felizes ou afortunadas, mas que podem se incomodar com o que considerarem – em geral corretamente – vaidade. Mesmo assim, um pouco de consciência é raro aqui, e o fato de o par valorizar o que possui é uma grande vantagem para ele, contribuindo para a longevidade do relacionamento. Lutas de poder raramente vêm à tona, já que a necessidade que os nascidos em Libra III têm de assumir a liderança é complementada pela satisfação que os nascidos em Virgem I têm de servir como colaboradores.

Relacionamentos amorosos entre estes dois são mais sensuais do que apaixonados. Boa comida, massagem, música suave e sedutora e um ambiente confortável podem fazer parte do cenário. O maior prazer para esse casal é passar uma noite sozinhos em um local tranquilo. No casamento, existe um perigo de polarização: os nascidos em Virgem I sempre dando e os de Libra III sempre recebendo, o que faz com que os representantes de Virgem I sejam totalmente dedicados e isso pode resultar em que se ressintam. Ninguém consideraria esta combinação como sendo muito íntima, mas muita gente pode considerá-la ideal.

Esses dois podem se sair bem como colegas, trabalhando para obter um produto atraente, talvez como editores, no meio cinematográfico, no mundo da moda ou do *design*. No campo da amizade, os nascidos em Libra III podem achar que o de Virgem I são dependentes demais e, sendo isso verdade ou não, se afastarão. Os nascidos em Virgem I podem ser excelentes pais para os nascidos em Libra III, pois suprem todas as necessidades físicas mas podem, sem intenção, negar carinho e compreensão tão necessários a essas crianças.

Conselho: *Seja mais atento aos outros. Uma atitude presunçosa é hostil aos que estão à sua volta. Descubra suas reais necessidades. Equilibre responsabilidades e benefícios.*

RELACIONAMENTOS

PONTOS FORTES: ESTIMULANTE, EXCITANTE, EXIGENTE

PONTOS FRACOS: ESTRESSADO, INGRATO, DO CONTRA

MELHOR: TRABALHO

PIOR: CASAMENTO

**CHARLIE PARKER (29/8/20)
DIZZY GILLESPIE (21/10/17)**

O talentoso saxofonista Parker, uma lenda mesmo antes de sua morte prematura aos 35 anos de idade, recebeu reconhecimento já em 1945 tocando com Gillespie, cujo trompete tinha o mesmo nível de virtuosismo. Gravaram juntos definindo o estilo bebop. Parker era dependente das drogas e, enquanto Gillespie se tornou uma estrela, Parker se destruiu.

---

26 de agosto a 2 de setembro
SEMANA DOS CONSTRUTORES DE SISTEMAS
VIRGEM I

19 a 25 de outubro
CÚSPIDE DO DRAMA E DA CRÍTICA
CÚSPIDE LIBRA-ESCORPIÃO

Crítica corrosiva

Este relacionamento tem propensão a explosões apaixonadas e expressões intelectuais que muitas vezes tomam a forma de censuras corrosivas. O par pode ser completamente inepto socialmente, mas pode ser também extremamente criativo se sua energia for canalizada na direção correta. Os dois são as pessoas mais perfeccionistas do ano e a criatividade que geram juntos pode levá-los aos píncaros da realização e do estímulo. Os nascidos em Virgem I causam um bom efeito nos nascidos em Libra-Escorpião, domando seus impulsos mais selvagens e limitando ocasionais caprichos. Entretanto, Libra-Escorpião empresta verve e sofisticação aos de Virgem I, freqüentemente estimulando-as a fazer o melhor que podem.

Relacionamentos amorosos nessa combinação podem perturbar o equilíbrio e a serenidade dos nascidos em Virgem I, trazendo à tona seu lado nervoso. Podem sentir-se lisonjeados pela paixão do companheiro mas não se igualam em seu ardor, mesmo que o nascido em Libra-Escorpião pareça estar satisfeito e feliz. Os nascidos em Virgem I são propensos a um estado de espírito que os impedem de acreditar que são realmente agradáveis à outra pessoa. Isso pode ser frustrante para um nascido em Libra-Escorpião, mas aqui, mais do que em qualquer outra situação, é importante que eles controlem explosões críticas. Enquanto durar, esta é geralmente uma relação excitante. Casamento já é uma outra história: os representantes de Virgem I podem se sentir mais à vontade nesta união, menos nervosos e mais auto-confiantes, mas os nascidos em Libra-Escorpião freqüentemente são complexos demais para serem felizes em um relacionamento longo com este parceiro relativamente previsível.

A relação de trabalho e amizade entre esses dois às vezes dá certo e eles se beneficiam tanto da atitude crítica do companheiro quanto do alto padrão. Exigente nos requisitos, a parceria os expõe a certa tensão, mas enquanto forem sensíveis o suficiente para acertar o passo e não pegarem muito trabalho de uma só vez, podem continuar produzindo excelentes resultados. Pares de Virgem I e Libra-Escorpião que sejam irmãos ou primos são uma grande força para a tradição na família (se forem estimados) ou uma força bastante rebelde (se não forem). Seus laços geralmente são fortes em tempos difíceis, mas as diferenças tendem a aflorar em períodos mais calmos.

Conselho: *Não assuma coisas demais de uma só vez. Mantenha sua intensidade, mas aprenda a relaxar. Dê aos outros uma chance de apreciá-lo. Direcione as críticas com sabedoria.*

26 de agosto a 2 de setembro
SEMANA DOS CONSTRUTORES DE SISTEMAS
VIRGEM I

26 de outubro a 2 de novembro
SEMANA DA INTENSIDADE
ESCORPIÃO I

Atenção ao detalhe

Este par talentoso e atraente se baseia na determinação técnica, em um código de honra e na adesão às regras. Seu maior prazer é encontrar soluções para os problemas, e são muito bons nisso pela combinação de suas forças individuais. Os nascidos em Virgem I e em Escorpião I diferem no temperamento, mas têm uma coisa em comum que é, freqüentemente, a base do relacionamento: atenção ao detalhe. Geralmente, eles também têm a capacidade de se concentrarem completamente no assunto em pauta. Não é de se surpreender que tenham interesse e talento especiais para áreas de pesquisa técnica, científica ou outras. Esse interesse pode ser usado profissionalmente, mas também pode aflorar na forma de passatempos tais como bridge, xadrez, quebra-cabeça e outros jogos de desafio.

Quando representantes de Virgem I e Escorpião I se apaixonam, às vezes deixam esses interesses de lado, mas também podem seguir com essas atividades amadorísticas do mesmo modo ávido e dedicado. Esmero, controle e atenção costumam caracterizar seus casos amorosos. Sempre preocupados com os sentimentos do outro, tanto os nascidos em Virgem I quanto os nascidos em Escorpião I geralmente colocam as prioridades da relação antes de suas próprias. Podem transformar o amor em uma espécie de religião, tendo o sacrifício um papel importante. Aprender a desistir e se entregar ao momento pode ser uma lição que essas duas personalidades controladas deveriam estudar juntas. Essa combinação pode ser muito boa para o casamento.

Confiança é o elemento principal na amizade deste par. Os representantes de Escorpião I podem ser altamente exigentes e morais, mas enquanto o laço de confiança permanecer intato perdoarão os ocasionais lapsos inconscientes dos representantes de Virgem I a fim de preservarem a relação. No entanto, se esse vínculo for quebrado, raramente dão aos seus amigos de Virgem I uma segunda chance. É um relacionamento que não perdoa. O relacionamento entre Escorpião I e Virgem I é melhor quando os dois são parceiros ou irmãos do que quando são colocados no papel de patrão-empregado ou pais-filhos. A igualdade é fundamental aqui – como também é a ausência de condescendência, jogos de poder, culpa e censura.

Conselho: *Ceda ocasionalmente. Aprenda a sujeitar-se. Tente ser menos rancoroso. Permita os erros. Não use a confiança como arma. Deixe rolar.*

RELACIONAMENTOS

PONTOS FORTES: ATENCIOSO, CONCENTRADO, TÉCNICO

PONTOS FRACOS: CONTROLADOR, CUIDADOSO DEMAIS, RANCOROSO

MELHOR: CASAMENTO

PIOR: PATRÃO-EMPREGADO

DR. ALBERT SABIN (26/8/06)
DR. JONAS SALK (28/10/14)

Sabin e Salk são microbiologistas que desenvolveram vacinas contra a pólio. Salk foi pioneiro em 1953 com uma injeção inoculada com vírus que foi amplamente usada até Sabin aparecer com sua vacina oral com vírus vivos em 1960. Ambos são responsáveis pela drástica redução da poliomielite em todo o mundo.

---

26 de agosto a 2 de setembro
SEMANA DOS CONSTRUTORES DE SIST4EMAS
VIRGEM I

3 a 11 de novembro
SEMANA DA PROFUNDIDADE
ESCORPIÃO II

Parceiros autônomos

Igualdade e equilíbrio contam nesta relação. O foco aqui é a realização mas nunca à custa de nenhum dos parceiros; nem é a relação em si que os parceiros tentam promover, mas cada um dos dois como indivíduos. O par depende, da igualdade do seu nível social. É uma dessas raras situações onde é dada a mesma importância ao desenvolvimento do pleno potencial de ambos os parceiros. Essa atitude prevalece tanto no domínio pessoal quanto no profissional.

As qualidades terrenas dos nascidos em Virgem I e as emoções profundas dos nascidos em Escorpião II se misturam bem nas áreas da sexualidade e do sentimento. Nenhum dos parceiros se conterá fisicamente nos relacionamentos amorosos, mas pode levar tempo para que eles revelem e dividam as áreas mais secretas de sua personalidade. Por serem ambos confiáveis, a relação costuma durar bastante e pode levar ao casamento. Se um triângulo amoroso se formar, onde tanto os representantes de Virgem I quanto de Escorpião II estejam envolvidos com uma mesma pessoa, geralmente eles serão capazes – surpreendentemente – de querer o bem do outro, em vez de agir com ciúmes e sentimentos de vingança. Apesar de a guerra ser rara entre eles, podem ser excelentes adversários, já que são capazes de dar tudo de si ao mesmo tempo que mantêm o respeito e mesmo a confiança, cada qual sabendo que o outro se conformará às regras justas de combate.

No trabalho, a atitude aqui é: "Ou fazemos os dois, ou ninguém faz." É claro que muitas equipes profissionais têm esta atitude, mas o incomum aqui é a ênfase na autonomia de cada pessoa. Não há nada do apego, da dependência ou da falsa lealdade que caracterizam muitos dos esforços carreiristas ("amigos até o fim... e este é o fim").

Pares de irmãos e de pais-filhos nesta combinação, principalmente do mesmo sexo, geralmente são atraídos para os esportes e outros ambientes competitivos e sobretudo físicos. Aqui, o relacionamento age como incentivo e inspiração para que cada parceiro aperfeiçoe o que há de melhor em si.

Conselho: *Não menosprezem seu relacionamento. Ocasionalmente, façam sacrifícios por ele. Gastem mais tempo com esforços mútuos. Tentem compartilhar.*

RELACIONAMENTOS

PONTOS FORTES: DIGNO DE CONFIANÇA, RESPEITOSO, AUTÔNOMO

PONTOS FRACOS: POUCO GENEROSO, RETRAÍDO, SUPERCOMPETITIVO

MELHOR: AMIZADE

PIOR: AMOR

HUEY P. LONG (30/8/1893)
RUSSELL LONG (3/11/18)

Por quase 60 anos a família Long dominou a política de Louisiana. Huey, conhecido como "kingfish" foi governador de 1928 a 1932 e senador de 1932 até seu assassinato em 1935. Seu filho Russell foi senador de 1948 a 1987 **Também: Charles F. McKim & Stanford White** (parceiros; arquitetos); **Príncipe Alberto & Eduardo VII** (pai/filho); **Goethe & Schiller** (amizade literária).

RELACIONAMENTOS

PONTOS FORTES: PRÁTICO, REALISTA, CONTRIBUINTE

PONTOS FRACOS: PRÓXIMO, PARADO, ISOLADO

MELHOR: CASAMENTO

PIOR: AMOR

JOAN BLONDELL (30/8/09)
DICK POWELL (14/11/04)

A vivaz e louvável Blondell de Hollywood foi protagonista de muitas comédias e musicais nos anos 1930 e 1940. Ela apareceu com Powell em 10 filmes. Ele cantava músicas populares nos anos 1930 e mais tarde passou a fazer papéis dramáticos. Foram casados de 1936 a 1944. **Também:** Harold Ross & William Shawn (sucessivos editores do *New Yorker*).

---

26 de agosto a 2 de setembro
SEMANA DOS CONSTRUTORES DE SISTEMAS
VIRGEM I

12 a 18 de novembro
SEMANA DO ENCANTO
ESCORPIÃO III

Um pequeno círculo de amigos

Esta combinação geralmente gira em um círculo fechado de amigos ou familiares, que serve não só para satisfazer a forte necessidade social do par como também para fornecer um grupo de apoio de que eles possam dispor quando necessitarem. Podem adquirir estabilidade a partir desse grupo, mas também contribuem para isso – este relacionamento geralmente dá a qualquer grupo tanto quanto dispõe dele. Os nascidos em Virgem I se beneficiam do autocontrole e da independência dos nascidos em Escorpião III, e estes da confiança e da ordem dos nascidos em Virgem I. O relacionamento não necessita ser romântico ou físico; este par se sentirá realizado como amigos, parentes ou companheiros de trabalho.

Não existe garantia de que os representantes de Escorpião III e os de Virgem I se sintam atraídos, e qualquer relacionamento amoroso em que estejam envolvidos tende a carecer da verdadeira chama da paixão. Casamentos podem se basear mais em fundamentos práticos e realistas do que em românticos, logo podem ser altamente confiáveis e responsáveis, sobretudo no que diz respeito aos filhos. No terreno da amizade, esses dois terão várias atividades com outros amigos, provavelmente envolvendo viagens e divertimento; dentro do grupo, podem assumir a liderança para planejar, programar e coordenar essas atividades. No correr dos anos, esse pequeno círculo de amigos sofrerá desgaste por causa da idade avançada e um ou os dois parceiros podem se encontrar cada vez mais isolados, a menos que façam um esforço para aumentar o seu círculo.

Membros da família nascidos em Virgem I e em Escorpião III geralmente trabalham em áreas afins ou no mesmo negócio ou organização. Tais relacionamentos são confiáveis, mas se os parceiros de trabalho restringirem seus contatos ao grupo familiar imediato, o relacionamento será de certa forma fechado, com horizontes estreitos e capacidade limitada para desenvolvimento pessoal ou espiritual.

Conselho: *Amplie seus horizontes. Não restrinja seu círculo por medo. Tente, tanto quanto possível, desenvolver todo o seu potencial. Acredite em si mesmo.*

RELACIONAMENTOS

PONTOS FORTES: AMBICIOSO, INOVADOR, VISIONÁRIO

PONTOS FRACOS: SUPEREXIGENTE, CONDENSCENDENTE, DESAPROVADOR

MELHOR: TRABALHO

PIOR: AMOR

BORIS BECKER (22/11/67)
JIMMY CONNORS (2/9/52)

A carreira dos tenistas Connors e Becker se sobrepôs. Em meados dos anos 1980, Connors era um "velho" veterano aos 33 anos de idade e Becker um iniciante de 18 anos. Em suas muitas partidas a experiência e firmeza de Connors eram usadas contra a força e a forma atlética de Becker. Seus rankings mostraram Connors na frente de Becker em 1985, atrás em 1986, na frente em 1987 e atrás novamente em 1988.

---

26 de agosto a 2 de setembro
SEMANA DOS CONSTRUTORES DE SISTEMAS
VIRGEM I

19 a 24 de novembro
CÚSPIDE DA REVOLUÇÃO
CÚSPIDE ESCORPIÃO-SAGITÁRIO

Inovador e visionário

Este par quase que certamente demonstrará desvelo em qualquer atividade que se proponha. No entanto, podem ter, um com o outro, problemas interpessoais: os nascidos em Escorpião-Sagitário às vezes acham os nascidos em Virgem I formais e antiquados, enquanto estes acham os nascidos em Escorpião-Sagitário tendenciosos e menos inovadores do que se autoproclamam. E quer o par esteja ou não intimamente envolvido, os nascidos em Virgem I podem desaprovar a tendência que representantes de Escorpião-Sagitário têm de ser inconstantes. No entanto, apesar das diferenças os outros os vêm na vanguarda em seu campo de atividade, grupo social ou familiar. Qualquer rivalidade aqui freqüentemente aparece menos entre os próprios representantes de Virgem I e de Escorpião-Sagitário do que entre seus respectivos defensores.

Relacionamentos românticos não são comuns entre os dois; os nascidos em Virgem I podem ser demasiadamente exigentes para com os de Escorpião-Sagitário, fazendo com que estes se sintam presos. O casamento também não é muito recomendado, a não ser que os parceiros trabalhem juntos em empreendimentos comerciais ou sociais. A amizade superficial talvez seja mais gratificante, apesar de que, mesmo aqui, os parceiros não pensam da mesma forma. A condescendência dos nascidos em Escorpião-Sagitário com os representantes de Virgem I pode colocar um fim no relacionamento.

Pais nascidos em Virgem I podem suprir as necessidades físicas e, muitas vezes, os recursos financeiros que o jovem Escorpião-Sagitário deseja, mas raramente fornecem a compreensão emocional que esses filhos necessitam. Na verdade, freqüentemente acham seus filhos rebeldes e incontroláveis. No trabalho, essa combinação pode ser impressionante em matéria de resultados. Muitas vezes inovadora e visionária, dará aos nascidos em Virgem I a chance de deixar de lado uma imagem conservadora e ir em frente em um terreno novo e desafiador, muitas vezes no primeiro plano. Os representantes de Escorpião-Sagitário apreciam o sólido apoio que esta relação lhes proporciona. Ser apoiado por alguém tão fidedigno muitas vezes lhes dá a oportunidade de realizar seus melhores trabalhos. No entanto, esses parceiros devem evitar ser demasiadamente íntimos, pois se perderem a objetividade, arriscam-se a perder tudo.

Conselho: *Concentre-se no trabalho que tem à mão. Compartilhar segredos pode ser como abrir uma lata de minhocas. Diminua suas exigências, navegue a favor da correnteza e tente ser mais leve.*

26 de agosto a 2 de setembro 25 de novembro a 2 de dezembro
SEMANA DOS CONSTRUTORES DE SISTEMAS   SEMANA DA INDEPENDÊNCIA
VIRGEM I   SAGITÁRIO I

Amigos ou inimigos?

Esta combinação obstinada e orientada para o sucesso é caracterizada pela persistência e por papéis definidos. Em atividades comerciais, este par pode agir para ganhar – o rosto frio, relaxado e objetivo que apresenta para o mundo é destinado a enfurecer os competidores para que estes cometam erros. De maneira alguma a relação é perfeita: na verdade, pode causar extrema tensão, tanto que não é recomendada para uniões íntimas. O conflito entre esses dois virá à tona invariavelmente, resta saber se é para um fim construtivo ou destrutivo. Já que Virgem I e Sagitário I formam quadratura no zodíaco, (estão a 90° de distância), a astrologia tradicional prediz fricção entre eles. No entanto, também são signos mutáveis e o relacionamento pode passar por muitas mudanças, vendo amizades se transformarem em inimizades e vice-versa, por exemplo.

Como romance, é provável que este relacionamento pegue fogo - as tensões sexuais são muito grandes aqui. O casal freqüentemente fará críticas abertas um ao outro, os representantes de Virgem I considerando os de Sagitário I inconstantes e pouco realistas e os de Sagitário I considerando os de Virgem I seletivos e difíceis. Diferenças como essas tornam o casamento pouco recomendável, mas se esses dois casarem-se nunca reclamarão que o relacionamento é insípido.

Amizade e rivalidade estão freqüentemente interligadas aqui. Mesmo o mais íntimo dos amigos nesta combinação gostará de se compadecer uns dos outros em diversas atividades, geralmente no campo material, mas inevitavelmente de forma conflituosa. A competição entre eles será altamente desafiadora, pois freqüentemente são adversários à altura. A amizade entre os representantes de Virgem I e os de Sagitário I às vezes se desfaz devido a ciúmes, conflito na carreira ou desentendimento financeiro, mas, se assim for, eles sentirão remorso e sofrerão a perda da amizade e não serão adversários entusiásticos. No entanto, antigos rivais e adversários podem formar uma amizade sólida, fazendo troça e rindo do passado hostil de maneira bem-humorada. Irmãos e companheiros de trabalho podem passar juntos por períodos difíceis, com explosões de ira e muitos desentendimentos. Contudo, eles têm um certo entendimento que os mantêm unidos. O elemento mais consistente do relacionamento pode ser a concordância em discordar.

Conselho: *Mantenha o combate em níveis razoáveis. Aprenda o valor da diplomacia e do acordo. Ganhar é só parte da história. Nunca perca o respeito.*

RELACIONAMENTOS

PONTOS FORTES: DESAFIADOR, VISTOSO, EXCITANTE

PONTOS FRACOS: ANTAGONISTA, BRIGUENTO, TENSO

MELHOR: AMIZADE/RIVALIDADE

PIOR: TRABALHO

EDGAR RICE BURROUGHS (1/9/1875)
BURNE HOGARTH (25/11/11)

Burroughs é o autor dos 24 livros de Tarzan baseados em seu romance original *Tarzan dos Macacos* (1912). Hogarth é o cartunista que deu a Tarzan toda vida nas tiras de quadrinhos de jornal de 1937 a 1947, quando ele saiu para fundar a prestigiada Escola de Artes Visuais de Nova York. Em 1972, Hogarth começou a ilustrar outros livros baseado nas criações de Burroughs. **Também: Michael Jackson & Berry Gordy** (estrela pop/produtor de discos).

---

26 de agosto a 2 de setembro   3 a 10 de dezembro
SEMANA DOS CONSTRUTORES DE SISTEMAS   SEMANA DO ORIGINADOR
VIRGEM I   SAGITÁRIO II

Destravando o poder dormente

Um dos temas desse relacionamento é despertar o poder interno que está dormente nos indivíduos, grupos ou coisas. Muitas vezes de inclinação técnica, científica ou teórica, este par forma uma combinação altamente curiosa e investigativa, sentindo-se magneticamente atraído a revelar o segredo do que quer que estudem. A sistematicidade dos nascidos em Virgem I é plenamente realizada aqui, dando forma e estrutura a idéias que poderiam ficar adormecidas ainda por um bom tempo.

Esta qualidade é invulgarmente bem complementada pela originalidade dos nascidos em Sagitário II, que têm uma forte capacidade de dar uma nova guinada ou uma interpretação diferente a velhas idéias.

No relacionamento amoroso, os representantes de Virgem I e de Sagitário II podem despertar forças que previamente jaziam escondidas. A química do relacionamento e o interesse na revelação são úteis para pessoas como, que tem tendência a guardarem seus pensamentos e sentimentos, e que preferem ser exploradas do que se exporem se forem mais extrovertidas e agressivas. Ambos os parceiros podem ter experimentado a rejeição e a incompreensão, e podem entrar na relação bastante machucados emocionalmente. Um relacionamento modesto no qual sejam aceitos e poucas expectativas recaiam sobre eles, pode ser o que ambos têm em mente. Felizmente, em geral é uma grande surpresa quando o relacionamento floresce. Este encontro amoroso pode facilmente acabar em casamento.

Na família e na amizade, os representantes de Virgem I e de Sagitário II costumam ser extremamente discretos, preferindo a intimidade tranqüila. Em combinações profissionais, podem cooperar bem em termos diários, mas geralmente trabalham melhor sozinhos, mantendo um estreito contato por telefone, e-mail ou fax. Já que vivem bastante no mundo das idéias, a presença física em uma mesma sala raramente é necessária, já que podem criam melhor quando pensam sozinhos e depois passando para o outro as idéias já totalmente formadas. Estes dois podem ser bem-sucedidos em qualquer campo de uma variada gama de atividades, desde financeira até a científica.

Conselho: *Seja mais positivo. Não deixe as outras pessoas fora do seu mundo. Arrisque-se emocionalmente. Não seja governado por fracassos do passados.*

RELACIONAMENTOS

PONTOS FORTES: MODESTO, DESCOBRIDOR, PODEROSO

PONTOS FRACOS: INDECISO, PASSIVO, DISTANTE

MELHOR: AMOR

PIOR: FAMÍLIA

BEN GAZZARA (28/8/30)
JOHN CASSAVETES (9/12/29)

O ator Gazzara e o ator e diretor Cassavetes foram famosos amigos e colaboradores em Hollywood. Gazzara apareceu em 3 filmes de Cassavetes, mais notadamente no conceituado *Husbands* (1970), do qual Cassavetes foi produtor, diretor e co-estrela. O problema com bebidas de Cassavetes contribuiu para sua morte em 1989. A atuação de Gazzara continuou de forma prodigiosa nos anos 1990.

RELACIONAMENTOS

PONTOS FORTES: FIEL, SOLIDÁRIO, REALIZADOR

PONTOS FRACOS: CRÍTICO, EXCLUDENTE, EGOÍSTA

MELHOR: CASAMENTO

PIOR: AMIZADE

LEE DE FOREST (26/8/1873)
EDWIN ARMSTRONG (18/12/1890)

Forest e Armstrong foram inventores no campo da eletrônica que ao longo dos anos envolveram-se em uma série de longos processos por patentes (1925-33). Mais notavelmente, Forest desafiou a alegação de Armstrong de ter sido o inventor do rádio FM. Armstrong, com má saúde e sem dinheiro, cometeu suicídio em 1954.

---

26 de agosto a 2 de setembro
SEMANA DOS CONSTRUTORES DE SISTEMAS
VIRGEM I

11 a 18 de dezembro
SEMANA DO TITÃ
SAGITÁRIO III

Destinado ao conflito

Esta combinação é extremamente crítica, com tendência a que debates, brigas e batalhas completas venham à tona a qualquer momento. Esses dois geralmente têm dificuldade de aceitar um ao outro. Afinal, têm sérias diferenças de temperamento. Os nascidos em Virgem I costumam desconfiar bastante das atitudes dominadoras dos nascidos em Sagitário III que, por sua vez, não facilitam as coisas quando rejeitam os representantes de Virgem I como críticos pedantes. Às vezes, este parece ser o caso de gente que se perde em muitos detalhes (Virgem I), brigando com as pessoas que não reparam nos detalhes (Sagitário III). A preocupação dos nascidos em Virgem I com a ordem e o detalhe, restringe o estilo do expansivo e ambicioso Sagitário III. Fundamentalmente opostos nos seus pontos de vista, esses dois estão destinados ao conflito.

Esta combinação raramente alcança a plenitude no romance ou a paixão no amor e no casamento, mas um forte envolvimento físico pode manter o casal junto por muito tempo. A relação costuma ser fiel e dá apoio em períodos de necessidade, mas muitas vezes os parceiros ignoram um ao outro, mantendo teimosamente cada um seu próprio ponto de vista. Na família e na amizade, os nascidos em Virgem I criticam o que consideram negligência e desleixo nas pessoas de Sagitário III. Isso pode se tornar insuportável para o parceiro. Pais nascidos em Sagitário III raramente têm tempo suficiente para seus filhos nascidos em Virgem I, que geralmente, depois de um certo tempo, desistem de querer chamar a atenção dos pais.

Como executivos ou colegas de trabalho de um mesmo departamento, os representantes de Virgem I e Sagitário III podem ser excessivamente sensíveis com o progresso um do outro, sobretudo se os empreendimentos coincidem. Disputas para ver quem ganha o aumento, a promoção ou o crédito depois de um trabalho bem-feito são bastante comuns. Mas se o par conseguir colocar o bem do grupo na frente de seus próprios interesses, pode tornar-se uma equipe estimada e confiável.

Conselho: *Tente ser mais diplomático. Não seja tão verbal. Ocasionalmente, ouça as críticas. Esforce-se mais para compartilhar.*

RELACIONAMENTOS

PONTOS FORTES: INTEIRO, CONCENTRADO, IMPOSSÍVEL DE DETER

PONTOS FRACOS: SUPERAMBICIOSO, EGOÍSTA, MONOLÍTICO

MELHOR: TRABALHO

PIOR: AMOR

LADY BIRD JOHNSON (22/12/12)
LYNDON JOHNSON (27/8/08)

Lyndon e Lady Bird se conheceram quando ele era secretário do congresso no Texas. Depois de uma corte ruidosa, se casaram em 1934. Tiveram 2 filhas, Lynda Bird e Luci Baines. Na ascensão de Lyndon à presidência, Lady Bird foi de grande valia para sua carreira – calorosa, inteligente, ambiciosa e ativa na campanha.

---

26 de agosto a 2 de setembro
SEMANA DOS CONSTRUTORES DE SISTEMAS
VIRGEM I

19 a 25 de dezembro
CÚSPIDE DA PROFECIA
CÚSPIDE SAGITÁRIO-CAPRICÓRNIO

Uma frente unida e obstinada

Esta combinação pode se opor teimosamente a mudanças, tanto no seu meio como na própria estrutura – a não ser que a mudança seja iniciada pelos próprios parceiros. Muita vezes monolítico em suas perspectivas, o par costuma agir e pensar como uma unidade. Sentem-se atraídos pela busca da fama e sabem que se se apresentarem como uma frente unida e se orientarem por uma meta comum, seu relacionamento pode ser imbatível. Juntos têm um temperamento impiedoso, mas geralmente se comportam com gentileza e consideração suficientes para ganhar a confiança da família ou do seu meio social. Extremamente capazes e trabalhadores, os representantes de Virgem I e de Sagitário-Capricórnio têm o dom para conseguirem o que querem e depois manterem sua posição sem arredar pé.

O relacionamentos íntimo entre esses dois é mais realista do que romântico. Aqui, o amor e o poder podem estar inextrincavelmente juntos. No seu âmago, o relacionamento enfatiza o lado mais secreto e ambicioso de seus parceiros e, social e financeiramente, isso pode impulsionar a relação. Um sentimento de inadequação em ambos costuma resultar na determinação de se porem à prova e terem sucesso nos seus esforços como casal. Geralmente a combinação é melhor para casamentos do que para relacionamentos amorosos; como esposos, costumam fazer do seu lar um castelo e de seus filhos, príncipes e princesas. Na carreira, tentam construir um império, mesmo que modesto. Na família, saem-se melhor quando trabalham pelo interesse do grupo, e pior quando tentam se opor ou levar vantagem em benefício próprio. Em todos esses relacionamentos, os representantes de Virgem I e de Sagitário-Capricórnio farão bem se expandirem um pouco mais seus pontos de vista e os tornarem mais flexíveis e se modificarem atitudes de poder em favor de mais simpatia e compreensão.

Relacionamentos profissionais e amizades geralmente são bastante conscientes socialmente. Os parceiros podem depender um do outro para procurar promoção e reconhecimento. "Unidos ficaremos, separados, cairemos" pode ser o lema do casal.

Conselho: *Desenvolva buscas espirituais. Cuidado com a sedução do poder. Seja mais enfático em seus relacionamentos pessoais. Atos de bondade serão recompensados.*

26 de agosto a 2 de setembro
SEMANA DOS CONSTRUTORES DE SISTEMAS
VIRGEM I

26 de dezembro a 2 de janeiro
SEMANA DO REGENTE
CAPRICÓRNIO I

Placas tectônicas

Tanto os representantes de Virgem I quanto os de Capricórnio I têm uma idéia bem-definida de como as coisas são feitas. Se essas idéias coincidirem, provavelmente eles se darão muito bem, do contrário eles se defrontarão com problemas. Os nascidos em Virgem I não estão interessados em ter um papel secundário neste relacionamento com Capricórnio I; geralmente as coisas funcionam melhor quando os parceiros dividem o poder, cada em sua própria área de especialidade. No entanto, em certos departamentos, sobretudo no financeiro, nenhum dos dois cede espaço facilmente. A astrologia tradicional prevê momentos despreocupados entre Virgem I e Capricórnio I por causa do seu aspecto trígono no zodíaco (eles ficam a 120° de distância), mas, na verdade, seu relacionamento é bastante intenso. Ambos são signos de terra e podem colidir com a força de duas placas tectônicas.

O relacionamento amoroso entre esses dois pode ser sensual, até mesmo apaixonado, mas um elemento de controle estará sempre presente – controle de emoções, de poder, de escolhas. Por mais gratificante que seja o lado físico do relacionamento, finalmente virão à tona tensões e pressões que minarão o fator prazer. O poder é uma questão importante no casamento, mas aqui o casal pode discutir compromissos e até mesmo acordos inequívocos. Na verdade, o casamento pode até ser duradouro, sendo virtualmente insensível aos golpes de fatores externos que poderiam penetrar em uma frente menos unida.

Como amigos, os nascidos em Virgem I e Capricórnio I podem se dar bem, mas geralmente têm um pé atrás um com o outro. Sua mesquinhez, ou quando muito sua atitude um tanto avarenta no que diz respeito a assuntos financeiros, será uma certeza que darão valor ao dinheiro, tanto com bens de consumo quanto com diversão. Relacionamentos entre pais-filhos de qualquer variação também colocam o dinheiro em primeiro lugar – o pior dos pecados nesta combinação pode ser a imprudência financeira ou a generosidade em demasia. No trabalho, esses dois podem conseguir sucesso estável e até mesmo lucro financeiro sólido, mas seu medo de correr riscos pode impedir seu progresso.

Conselho: *Solte-se. Não leve o dinheiro tão a sério. Para que ele serve se não se pode aproveitá-lo? É necessário compartilhar e ceder.*

RELACIONAMENTOS

PONTOS FORTES: SÉRIO, PARCIMONIOSO, INTENSO

PONTOS FRACOS: SOVINA, ESTRESSADO, RÍGIDO

MELHOR: CASAMENTO

PIOR: AMIZADE

LYNDON JOHNSON (27/8/08)
BARRY GOLDWATER (1/1/09)

Johnson e Goldwater foram adversários políticos na disputa presidencial de 1964. Goldwater via Johnson como um grande e despótico manipulador que faria de tudo para vencer uma disputa política. Johnson caracterizava Goldwater como "extremamente reacionário" e trapaceiro na questão do Vietnã. Johnson venceu por esmagadora maioria.

---

26 de agosto a 2 de setembro
SEMANA DOS CONSTRUTORES DE SISTEMAS
VIRGEM I

3 a 9 de janeiro
SEMANA DA DETERMINAÇÃO
CAPRICÓRNIO II

Dando um exemplo

Estes dois podem se tornar excelentes colaboradores. Ao trabalharem juntos com tanto êxito em geral dão um bom exemplo ou são um bom modelo para a família e os amigos, demonstrando a força das interações positivas e dos bons sentimentos. Geralmente são os nascidos em Capricórnio II que tomam a dianteira, enquanto os nascidos em Virgem I servem em uma função menor, mas, qualquer que seja o caso, poder e controle raramente são importantes aqui. O que é mais óbvio nesse relacionamento é que os parceiros usufruem um do outro. Isso lhes dá muita satisfação e até demonstram que, sem esse prazer mútuo, até a mais fantástica realização teria seu valor reduzido.

Aqui, o relacionamento amoroso e o casamento podem ser altamente satisfatórios. Uma sensualidade permeia o dia-a-dia do casal, sendo que o único lado negativo é que as coisas nem sempre são feitas de uma maneira rápida e eficiente. Mas o relacionamento é certamente responsável o bastante para garantir que todos os envolvidos, até mesmo os filhos, sejam bem-cuidados. O conforto físico é muito valorizado para esses casais, no entanto, são capazes de passar sem ele por muito tempo, vivendo do carinho que emana de dentro. O relacionamento, se não for bem-sucedido, será meramente satisfatório, porém, se tiver um elemento de espiritualidade e um desejo de desenvolvimento pessoal, esses dois podem alcançar novos níveis de aprimoramento.

Equipes profissionais nesta combinação são às vezes um pouco calmas demais e aquiescentes, carecendo da energia necessária para ter sucesso em um nível profissional mais alto. Também o relacionamento pais-filhos, independente de quais dos parceiros sejam os pais, pode colocar pouca ênfase no desenvolvimento pessoal e no sucesso, apesar de contrabalançar esse problema com uma atitude compreensiva e relaxada no dia-a-dia doméstico. A amizade entre os nascidos em Virgem I e Capricórnio II pode ser mutuamente instrutiva. Esses dois às vezes estudam juntos em uma área de interesse comum, mas na maioria das vezes o relacionamento aprende com a experiência.

Conselho: *Não seja tão distensionado. Exija um pouco mais de si mesmo. Divertimento e sucesso não precisam entrar em conflito. Esteja ciente de que os outros estão de olho em você.*

RELACIONAMENTOS

PONTOS FORTES: RELAXADO, COOPERATIVO, INSTRUTIVO

PONTOS FRACOS: PREGUIÇOSO, SEM ENERGIA, INEFICIENTE

MELHOR: AMOR

PIOR: TRABALHO

GERALDINE FERRARO (26/8/35)
WALTER MONDALE (5/1/28)

Ao concorrerem juntos como candidatos democratas nas eleições presidenciais de 1984, Mondale e a ex-congressista Ferraro superaram a barreira histórica contra mulheres nos mais altos postos governamentais. **Também: Tuesday Weld & Elvis Presley** (romance; atriz/cantor); **Michael Jackson & Elvis Presley** (genro póstumo/sogro; cantores); **J.M. & J.E. Montgolfier** (irmãos; inventores do balão a ar quente).

RELACIONAMENTOS

PONTOS FORTES: CONSISTENTE, FINANCEIRAMENTE ASTUTO, CONFIÁVEL

PONTOS FRACOS: OPRESSIVO, MATERIALISTA DEMAIS, EMPERRADO

MELHOR: CASAMENTO

PIOR: FAMÍLIA

K-CI (2/9/69)
MARY J. BLIGE (11/1/71)

K-Ci é líder do grupo musical neo-doo-wop Jodeci. Blige é considerada a rainha do hip-hop soul (a "Aretha Franklin da Geração X"). Ela apela para fãs mais velhos com sua mistura de soul e hip-hop. Estes dois grandes artistas estão noivos e devem se casar.

---

26 de agosto a 2 de setembro
SEMANA DOS CONSTRUTORES DE SISTEMAS
VIRGEM I

10 a 16 de janeiro
SEMANA DA DOMINAÇÃO
CAPRICÓRNIO III

Difícil de ignorar

O peso deste relacionamento é palpável. Seja lá em que esfera da vida se manifestar, é uma combinação importante que exige atenção. Não que estes dois sejam pessoas particularmente carentes; ambos podem passar anos trabalhando sem exigir elogios e destaque. No entanto, seu relacionamento é difícil de ignorar. Mesmo que não seja levado a sério por uns tempos, o impacto exercido à sua volta se sentirá mais tarde – às vezes quando não está mais em cena.

Como namorados e esposos, esses parceiros esperam que o outro esteja sempre a postos e faça sua parte. Esse relacionamento leva as coisas a sério quando se trata de cumprir responsabilidades; e de fato, pode ser extremamente rancoroso. Aqui, a expressão sexual geralmente é direta, e talvez algo sem nuances. Se a chama esfriar, a sexualidade pode ser canalizada para outras áreas, sobretudo aquelas relacionadas à comida, ao atletismo ou à aptidão física. Os filhos geralmente crescem considerando os pais confiáveis e ativos.

O relacionamento entre pais e filhos, seja qual for a personalidade dos pais, geralmente é caracterizado por contato físico afetuoso e pela preocupação com as necessidades materiais uns dos outros. A amizade e outros tipos de relacionamentos familiares tem uma inegável tendência a ser excessivamente materialista, o que pode retardar o desenvolvimento pessoal. Os nascidos em Capricórnio III geralmente tomam a frente quando o casal se sente empacado ou atolado, encorajando o relacionamento a tomar caminhos mais filosóficos, religiosos ou espirituais.

Como colaboradores ou sócios em negócios, os representantes de Virgem I e de Capricórnio III geralmente são sensatos no que se refere à produção, a vendas e à administração financeira. O relacionamento lida bem com finanças, às vezes, ganha muito dinheiro, mas também fica satisfeito com lucros menores, conquanto que sejam estáveis. Atenciosos com as necessidades alheias, os representantes de Virgem I e de Capricórnio III raramente esquecem aqueles que trabalham para eles ou com eles.

Conselho: *Não se esqueça de se colocar no mercado. Não seja tão sério. Os outros podem tomar conta de si mesmos. Preste mais atenção ao seu próprio desenvolvimento.*

RELACIONAMENTOS

PONTOS FORTES: INABALÁVEL, ESPONTÂNEO, BÁSICO

PONTOS FRACOS: TOLO, IRRELEVANTE, DESORDEIRO

MELHOR: AMOR

PIOR: CASAMENTO

SYLVIA FINE (29/8/13)
DANNY KAYE (18/1/13)

Fine e Kaye foram casados de 1940 até a morte dele, em 1987. Kaye, um versátil ator, cantor, dançarino e comediante, foi um dos artistas mais amados nos Estados Unidos. Durante seu longo casamento, muito do material cômico e muitas das canções foram escritos por ela.
Também: Man Ray & Francis Picabia (inovadores dadaístas).

---

26 de agosto a 2 de setembro
SEMANA DOS CONSTRUTORES DE SISTEMAS
VIRGEM I

17 a 22 de janeiro
CÚSPIDE DO MISTÉRIO E DA IMAGINAÇÃO
CÚSPIDE CAPRICÓRNIO-AQUÁRIO

Renovando o ar

Este relacionamento enfatiza a divisão e a transmissão de idéias e observações. Ambos os parceiros apreciam o pensamento um do outro, portanto, mesmo que discordem em alguns detalhes, invariavelmente concordam na idéia geral. O relacionamento evita tanto as falsas armadilhas do sentimentalismo quanto a falsificação do esnobismo, e tenta se expressar em um nível bastante básico. O problema dessa abordagem é que as pessoas de fora podem considerá-lo sem sentido, sobretudo se estão comprometidas com abordagens mais tradicionais. O relacionamento terá de ser firme em suas crenças se quiser agüentar o que pode se tornar uma crítica avassaladora.

O relacionamento amoroso e a amizade podem atrair a atenção pelo seu comportamento simples e espontâneo. Os nascidos em Virgem I apreciarão esse, que não os força a um molde conservador nem insiste em que reprimam seu lado mais audacioso. Aqui, eles têm a liberdade que geralmente lhes é negada. Aqui, os nascidos em Capricórnio-Aquário se sentem em casa e raramente sobrecarregam os nascidos em Virgem I com deveres ou os inibem ao encorajar seu desejo de servir. Neste relacionamento, os sentimentos são expressos abertamente e sem censura.

O casamento e os relacionamentos profissionais entre esses dois podem não funcionar tão bem em um ambiente social ou profissional padrão, já que tanto os nascidos em Virgem I quanto em Capricórnio-Aquário exigem um pouco mais da vida, muitas vezes rejeitando a idéia de casamento, duvidando que realmente seja necessário ou apropriado para eles. Na esfera profissional, esses dois se dão melhor se forem seus próprios patrões ou se forem empresários em um negócio pequeno ou em alguma especulação criativa.

Familiares nascidos em Virgem I e em Capricórnio-Aquário costumam se procurar. Apesar de qualquer diferença de idade ou posição social, estão no mesmo comprimento de onda e chocam alguns familiares mais conservadores com seu comportamento e idéias pouco comuns. Este relacionamento muitas vezes renova o seu círculo, mas também traz à tona hostilidade e ressentimento naqueles que se recusam a levar o relacionamento a sério.

Conselho: *Ande um pouco mais suavemente – esteja ciente de que incita antagonismos. Faça suas coisas mas deixe espaço para que os outros façam as deles. Não ceda, mas também não provoque.*

26 de agosto a 2 de setembro
SEMANA DOS CONSTRUTORES DE SISTEMAS
VIRGEM I

23 a 30 de janeiro
SEMANA DO GÊNIO
AQUÁRIO I

Apelo magnético

Esta combinação costuma irradiar encanto e charme. Como casal, esses dois gostam de se mimar, e seu relacionamento enfatiza a sensualidade. Isso não quer dizer que seja um casal sem problemas – não necessariamente esse parceiros terão um relacionamento fácil. Astrologicamente, os nascidos em Virgem I e em Aquário I formam quincôncio (150° de distância) no zodíaco, e conseqüentemente pode-se esperar que o relacionamento seja inseguro e que precise de ajustes. Isso é resumido pelo fato de os parceiros não estarem completamente à vontade com a ênfase no prazer que eles próprios dão ao relacionamento. De certa forma, constituem uma antítese um com o outro e com a própria relação: os nascidos em Virgem I costumam ser mais conservadores, sólidos e previsíveis, e os nascidos em Aquário I costumam ser mais cerebrais, aéreos e espontâneos. Se juntos geram um apelo magnético, atraindo as pessoas para si, também escondem muita frustração e qualidades sombrias e pretensiosas por baixo da superfície.

Elementos obscuros geralmente afloram no relacionamentos amoroso entre esse par. Os representantes de Virgem I têm dificuldade com suas emoções mais profundas (tanto em lidar com elas como em expressá-las), enquanto os de Aquário I não têm dificuldade de enfrentar a própria vida interior. A sinergia do relacionamento também exacerba o lado mais nervoso, preocupado e, às vezes, autodestrutivo de ambos os parceiros. As tensões nessa combinação podem resultar em uma interação sexual excitante, mas, infelizmente também podem produzir explosões emocionais e atitudes de rejeição. De muitos modos e bem diferente das suas personalidades em outras combinações, esses parceiros têm dificuldade em manter a objetividade entre eles. Dado o considerável nível de instabilidade, o casamento não é recomendado para eles. Uniões de amizade e familiares geralmente sofrem desgaste a longo prazo devido a uma química entre Virgem I e Aquário I que parece trazer à tona uma tendência à emoção exacerbada, e diferenças de temperamento e valores. No entanto, no setor profissional ou comercial os parceiros podem transmitir uma enorme afabilidade e fascinação que transcende qualquer diferença pessoal que tenham. Curiosamente, as energias conflituosas podem ser transformadas em energias magnéticas. O lado social do relacionamento geralmente é bem-sucedido em convencer os outros e inspirar confiança em seus poderes.

Conselho: *Não dê uma impressão errada deliberadamente. Esforce-se para resolver as diferenças pessoais. Aprenda sobre equilíbrio e objetividade – e também a ouvir.*

RELACIONAMENTOS

PONTOS FORTES: AFÁVEL, CHARMOSO, SOCIAL

PONTOS FRACOS: PROBLEMÁTICO, INSTÁVEL, HISTÉRICO

MELHOR: TRABALHO

PIOR: FAMÍLIA

HUMPHREY BOGART (23/1/1899)
INGRID BERGMAN (28/8/16)

Bergman e Bogart serão para sempre lembrados por seus papéis no clássico de 1942 *Casablanca*. Foi o primeiro papel romântico de Bogart desde que ascendeu ao estrelato como um rapaz durão. Seu magnetismo na tela era e ainda é inesquecível. **Também: Antonia Fraser & Hugh Fraser** (casados; romancista/membro do parlamento britânico); **Huey Long & FDR** (inimigos políticos); **William Friedkin & Jeanne Moreau** (casados; diretor/atriz).

---

26 de agosto a 2 de setembro
SEMANA DOS CONSTRUTORES DE SISTEMAS
VIRGEM I

31 de janeiro a 7 de fevereiro
SEMANA DA JUVENTUDE E DESPREOCUPAÇÃO
AQUÁRIO II

Trocando papéis

Este relacionamento geralmente gira em torno da promoção de uma causa, que funciona com uma energia enorme, quase inexaurível. No entanto, se olharmos bem no fundo, a diversão e a estrutura também estão presentes em seus esforços. Os nascidos em Aquário II com certeza têm como ensinar aos nascidos em Virgem I a relaxar, dar o troco e se divertir, e estes podem mostrar aos de Aquário II muitas coisas sobre o modo de organizar a vida com mais eficiência. Quando se juntam, a alegria e a organização de cada um, podem ser combinadas dando-lhes a possibilidade de desfrutar do seu trabalho e de estruturar sua atividade. Felizmente, tanto o trabalho quanto a diversão geralmente são imbuídos de uma energia irreprimível. Mas apesar de parecerem incansáveis, precisam ficar atentos aos primeiros sinais de desgaste.

A amizade, o relacionamento amoroso e o casamento nesta combinação simplesmente não serão negados. Mesmo se houver desgaste a longo prazo, eles têm enorme energia e espírito, superando a desaprovação social e espalhando críticas para todos os lados. Deve-se admitir que, às vezes, esta escolha pode parecer um tanto estranha, até mesmo para os próprios parceiros, mas eles só reconhecem as próprias leis, o que lhes dá a oportunidade de superar diferenças pessoais e dificuldades. Geralmente, seu relacionamento pode deslocar-se com facilidade entre amizade, casamento e relacionamento amoroso, como se não reconhecessem que para as outras pessoas geralmente existem entre esses estados limites bastante definidos. A versatilidade emocional com a qual trocam de papel lhes dá a chance de ficar durante anos na vida um do outro. Também podem trocar rapidamente de uma atitude passiva para ativa, masculina para feminina, extrovertida para introvertida.

Uniões entre pais e filhos nesta combinação geralmente apresentam uma mistura de identidade, na qual os filhos são os mais maduros dos dois. No trabalho, os nascidos em Virgem I e em Aquário II podem levar adiante projetos sociais ou profissionais com uma força interminável. Se falham, é devido a uma tendência alienante para o excesso de confiança e a arrogância. Ser mais realista e controlado ajudará esse casal a alcançar suas metas.

Conselho: *Mantenha suas metas no âmbito da realidade. Aprenda a reorientar suas opiniões com inteligência. Não se deixe cegar pela emoção. Cuidado para não superestimar sua capacidade.*

RELACIONAMENTOS

PONTOS FORTES: VERSÁTIL, ENERGÉTICO, IRREPREENSÍVEL

PONTOS FRACOS: CONFUSO, ARROGANTE, PROPENSO AO FRACASSO

MELHOR: AMIZADE

PIOR: PAIS-FILHOS

LISA MARIE PRESLEY (1/2/68)
MICHAEL JACKSON (29/8/58)

Foi manchete no mundo todo quando a superestrela Jackson se casou com a filha de Elvis. Casados há apenas 20 meses, ela pediu divórcio alegando "diferenças irreconciliáveis". **Também: Isabel Sanford & Sherman Hemsley** (co-estrelas, *The Jeffersons*); **Jim & Sarah Brady** (casados; lobistas de armas); **Eldridge Cleaver & Huey Newton** (ativistas negros); **Peggy & Solomon, R. Guggenheim** (sobrinha/tio; colecionadores de arte).

RELACIONAMENTOS

PONTOS FORTES: JUSTO, PROTETOR, ASSERTIVO

PONTOS FRACOS: RESSENTIDO, IRRITANTE, CONFLITUOSO

MELHOR: TRABALHO

PIOR: CASAMENTO

JOHN PHILLIPS (30/8/35)
CHYNNA PHILLIPS (12/2/68)

Chynna é filha de John e Michele Phillips, os membros originais do grupo de folk-pop dos anos 1960 *The Mamas and the Papas*. Em 1989 ela se juntou às filhas de Brian Wilson (a força criativa dos Beach Boys) para formar o grupo de pop-rock Wilson Phillips. **Também: G.W Pabst & Bertolt Brecht** (diretor de cinema/compositor; *A Ópera dos Três Vinténs*).

26 de agosto a 2 de setembro
SEMANA DOS CONSTRUTORES DE SISTEMAS
VIRGEM I

8 a 15 de fevereiro
SEMANA DA ACEITAÇÃO
AQUÁRIO III

Protegendo os oprimidos

Este relacionamento é interpessoalmente tenso e rebelde, porém tem suas vantagens. Esses parceiros, além de lutarem um contra o outro, lutam juntos contra o mundo exterior. Ignoram quaisquer diferenças entre eles se aparecer a chance de proteger alguém – de fato seu instinto protetor é automático e podendo aflorar a qualquer momento. O par pode irritar um ao outro, mas também supre suas necessidades reais. Os nascidos em Aquário III geram o caos a sua volta, fato que incomoda os nascidos em Virgem I. No entanto, também são capazes de arregaçar as mangas e começar a trabalhar para pôr ordem no relacionamento. Porém, a necessidade que os representantes de Virgem I têm de ter tudo planejado com antecedência, não combina com os nascidos em Aquário III, já que eles são expontâneos e a graça está em tocar de ouvido. Se o casal for atacado enquanto estiver discutindo entre eles, geralmente se unem contra a ameaça externa.

Como namorados, esse par geralmente direciona para si a rebeldia inerente do relacionamento, sobretudo se um deles tentar exercer demasiado poder ou controle. Mas geralmente esses confrontos terminam bem, já que nenhum dos dois costuma brincar de tirano por muito tempo. O maior problema no casamento é a irritação dos nascidos em Virgem I por terem de lavar a louça do parceiro de Aquário III, que geralmente se descuida das tarefas domésticas. Sua natureza livre pode, a longo prazo, fazer com que os representantes de Aquário III tenham dificuldade em satisfazer as exigências que os nascidos em Virgem I têm em relação à fidelidade e à responsabilidade matrimonial. Na família e no trabalho, os pais e patrões representantes de Virgem I costumam provocar a rebeldia dos nascidos em Aquário III mas, ao mesmo tempo, trazem a tão necessária estrutura para a vida desses seres um tanto erráticos.

Tanto os nascidos em Virgem I quanto os representantes de Aquário III têm um forte sentido de justiça que, quando ultrajado, os faz brigar. Suas amizades são particularmente reativas contra a autoridade ou o puro e simples despotismo, seja de professores, patrões ou pais. A proteção aos despossuídos ou oprimidos é comum nesses relacionamentos e pode até se tornar uma profissão ou meio de vida para eles.

Conselho: *Não exagere. Aquiete sua rebeldia e guarde sua energia para as grandes batalhas. Saiba quem são seus amigos. Fale sobre o que lhe incomoda.*

RELACIONAMENTOS

PONTOS FORTES: DINÂMICO, LIVRE-PENSADOR, ESTIMULANTE

PONTOS FRACOS: SABOTADOR, FERINO, DIFAMADOR

MELHOR: RIVALIDADE

PIOR: TRABALHO

RICHARD GERE (31/8/49)
CINDY CRAWFORD (20/2/66)

O sexy Gere foi casado com a supermodelo Crawford de 1992 a 1995 em meio a rumores internacionais de uma alegada homossexualidade (de ambos), e que manteriam o casamento só pelas aparências. Em 1994, o casal publicou um anúncio no *London Times* negando veementemente os rumores. **Também: Christopher Isherwood & W.H. Auden** (amigos antigos; escritores); **Hegel & Schopenhauer** (filósofos rivais).

26 de agosto a 2 de setembro
SEMANA DOS CONSTRUTORES DE SISTEMAS
VIRGEM I

16 a 22 de fevereiro
CÚSPIDE DA SENSIBILIDADE
CÚSPIDE AQUÁRIO-PEIXES

Uma luta de livre-pensamento

Liberdade para os parceiros terem diferentes maneiras de pensar é imperativo neste relacionamento, e também é sua mais provável fonte de conflito. Os nascidos em Virgem I podem reforçar e instigar a luta pelo sucesso dos nascidos em Aquário-Peixes, ou podem desencorajá-la; quando a apóiam, resulta uma íntima amizade ou relação profissional, mas quando se opõem, os de Aquário-Peixes podem se ver forçados a lutar contra eles abertamente ou bater em retirada e se preparar para lutar mais tarde. Por outro lado, os nascidos em Virgem I defendem o que os de Aquário-Peixes chamam de rigidez – de pensamento, de hábitos, de padrões. Na verdade, os dois têm uma lado ferino, que esta união freqüentemente faz aflorar, produzindo resistência e espírito de briga. O relacionamento pode ir da amizade à inimizade, dependendo de uma enorme gama de variáveis, nenhuma delas sendo a circunstância.

Aqui os relacionamento amoroso tem seus altos e baixos, mas geralmente é extremamente íntimo e afetuoso. A liberdade de pensamento e ação do casal costuma tanto unir quanto desunir em vários pontos do desenrolar do relacionamento. A teimosia dos nascidos em Virgem I e a sensibilidade dos nascidos em Aquário-Peixes pode até não combinar, mas também pode combinar muito bem, sobretudo na esfera sexual. A ideologia e as crenças representam um papel importante nos casamentos desta combinação, com as discordâncias e concordâncias nessa área algumas vezes determinando todo o rumo do relacionamento.

Ligações profissionais, amizades e uniões familiares costumam encontrar os de Virgem I e de Aquário-Peixes mais como rivais do que como companheiros. Mesmo quando trabalham no mesmo ramo ou na mesma equipe, as divergências costumam ser veementes. Uma diferença fundamental de idéias, ou uma antipatia pessoal pode estar por trás dessa hostilidade, mas também inclui a necessidade que os representantes de Aquário-Peixes têm de desafiar a supremacia e a firme presença ameaçadora dos nascidos em Virgem I. Mesmo assim, o par pode reconhecer freqüentemente a insegurança do outro e tentar fazer com que o relacionamento seja mais estável, mesmo que seja sempre, ao menos de alguma forma, controverso.

Conselho: *Jogue limpo. É possível discordar sem destruir a reputação dos outros. A competição pode fazer aflorar o melhor e o pior.*

26 de agosto a 2 de setembro
SEMANA DOS CONSTRUTORES DE SISTEMAS
VIRGEM I

23 de fevereiro a 2 de março
SEMANA DO ESPÍRITO
PEIXES I

Limites organizacionais externos

Virgem I e Peixes I estão exatamente em lados opostos no zodíaco, no entanto, quando essas forças contrárias se combinam o relacionamento resultante geralmente é bastante autônomo e independente: uma entidade individual coerente. Esses parceiros se relacionam melhor quando atuam por si mesmos, livres da influência dos outros e fora dos limites impostos por organizações ou outros empreendimentos grupais. Uma dinâmica adicional aqui inclui a tendência que os nascidos em Virgem I têm de puxar para o chão a energia difusa e cósmica dos nascidos em Peixes I. Em troca dessa influência terrena, os próprios representantes de Virgem I recebem uma enorme infusão de energia espiritual, como receptores de rádio, antenas de satélites ou pára-raios puxando a energia da atmosfera.

Como namorados, esse par pode se sentir extraordinariamente atraído um pelo outro, como partículas com cargas opostas. É precisamente sua polaridade que torna o relacionamento amoroso pleno e satisfatório.

Apesar de, às vezes, sua marcante diferença de opiniões e de temperamento gerar conflito, mostram um entendimento e uma aceitação subjacentes e raramente seu relacionamento os pressiona a ser o que não são. A opinião que têm um do outro é realista e exata, e nenhum dos dois espera do parceiro mais ou menos do que ele é capaz de dar. Os casamentos nesta combinação podem dar certo e oferecem um amplo espectro de diferenças para os filhos, que saberão instintivamente de qual dos pais se aproximar de acordo com a situação.

O relacionamento profissional entre Virgem I e Peixes I pode ser menos eficaz se o par trabalhar no mesmo projeto, quando uma abordagem diferente pode se interpor entre eles e o resultado desejado. Se, por outro lado, trabalharem como autônomos, sócios ou executivos em departamentos separados ou áreas de especialidade diferentes, a ação independente que exercem geralmente trará bons resultados.

O relacionamento entre irmãos e a amizade entre eles, sobretudo do sexo oposto, pode ser extremamente íntimo, especialmente na infância e na pré-adolescência, mas às vezes também durante a vida adulta.

Conselho: *Tente melhorar sua habilidade social. Aplaine as diferenças e resolva os conflitos internos. A independência pode ser menos necessária do que você imagina.*

RELACIONAMENTOS

PONTOS FORTES: GRATIFICANTE, INDEPENDENTE, DIFERENTE

PONTOS FRACOS: DESUNIDO, POUCO SOCIAL, CONFLITUOSO

MELHOR: AMOR

PIOR: COLEGAS

ELIZABETH TAYLOR (27/2/32)
MICHAEL JACKSON (29/8/58)

Jackson e Taylor são amigos próximos e confidentes há muitos anos. Em 1991, quando ela se casou com Larry Fortensky (seu 8º marido), Jackson ofereceu sua casa para a pródiga cerimônia. **Também: Yaser Arafat & Yitzhak Rabin** (inimigos; líder da OLP/líder israelense); **George Montgomery & Dinah Shore** (casados; ator/cantor); **Elizabeth Ashley & James Farentino** (casados; atores).

---

26 de agosto a 2 de setembro
SEMANA DOS CONSTRUTORES DE SISTEMAS
VIRGEM I

3 a 10 de março
SEMANA DO SOLITÁRIO
PEIXES II

Gosto pelo peculiar

A independência de pensamento pode ser considerada o maior poder neste relacionamento. Este par é capaz de trabalhar para que este relacionamento se transforme em algo único e tentará tocar o sublime, tanto física quanto mentalmente. Energias criativas e originais estão presentes aqui, com esses parceiros raramente fazendo algo que não seja do próprio jeito. As outras pessoas podem considerá-los esquisitos. A independência deles é tal que não se darão bem em situações impostas, em vez de escolhidas - como membros da família, digamos, ou em equipes de trabalho - mas em relacionamentos interpessoais escolhidos por eles, geralmente gostam plenamente um do outro. Amizades ou atividades criativas, relacionamentos amorosos e casamentos podem funcionar aqui.

O relacionamento é regido pelo fogo, o que implica paixão e intuição, sobretudo em uniões íntimas. Os nascidos em Virgem I admiram a graça e a honestidade emocional dos nascidos em Peixes II e estes apreciam a tendência ao físico e a falar sem rodeios dos representantes de Virgem I. Os nascidos em Peixes II podem ter problemas com o que considerarem ser o cinismo do parceiro, que é, no entanto, a recusa dos nascidos em Virgem I de se curvarem para modelos que consideram irracionais. E por sua vez, os de Virgem I abordam a vida com uma astúcia debochada e podem considerar os nascidos em Peixes II fervorosos e sérios demais. Porém, esses parceiros possuem a capacidade de aprender e de incorporar algo da força do outro. A natureza do relacionamento é tal que qualquer tentativa de encaixá-lo em padrões mais tradicionais pode levar ao seu fim, mas antes do término, os parceiros estarão mais fortes e melhor equipados do que antes.

Como parceiros e como amigos são fiéis em tempos difíceis, raramente não auxiliando o outro em tais momentos, seja apoiando moral, espiritual ou financeiramente. Geralmente essa entrega é incondicional, porém, mais tarde, poderá trazer sentimentos de culpa no parceiro que recebeu a ajuda e que não se sentiu merecedor de tal atenção.

Conselho: *Nem sempre espere por entendimento. As diferenças são o motor do mundo. Mantenha-se objetivo em assuntos profissionais. Faça as pazes com seus pais.*

RELACIONAMENTOS

PONTOS FORTES: SOLIDÁRIO, ÚNICO, INFLUENTE

PONTOS FRACOS: CULPADO, DESAPROVADOR, PECULIAR

MELHOR: AMOR

PIOR: PAIS-FILHOS

EMILIO ESTEFAN (4/3/53)
GLORIA ESTEFAN (L/9/57)

Gloria e Emilio foram membros originais da banda de disco-pop e salsa Miami Sound Machine (1975). Se casaram em 1978. À medida que a banda ganhou popularidade, ela se tornou uma grande força no mundo pop. Ele passou a empresariar em vez de atuar. Os dois têm um filho.
Também: Oliver Wendell Holmes & Oliver Wendell Holmes, Jr. (pai/filho; escritor/juiz da Suprema Corte).

RELACIONAMENTOS

PONTOS FORTES: INOVADOR, COMUNICATIVO, TÉCNICO

PONTOS FRACOS: REJEITADO, INCOMPREENDIDO, FRUSTRADO

MELHOR: TRABALHO

PIOR: FAMÍLIA

QUINCY JONES (14/3/33)
PEGGY LIPTON (30/8/47)

Uma das figuras mais prodigiosas da música pop, Jones é músico, compositor arranjador e produtor, tendo ganhado vários Grammys. No final dos anos 1960 ele se casou com Lipton, estrela do programa de tevê *The Mad Squad* (1968-73). O casal mais tarde se divorciou. **Também: William Friedkin & Lesley-Ann Down** (casados; diretor/atriz).

---

26 de agosto a 2 de setembro
SEMANA DOS CONSTRUTORES DE SISTEMAS
VIRGEM I

11 a 18 de março
SEMANA DOS DANÇARINOS E SONHADORES
PEIXES III

Afiando conceitos

Esta combinação geralmente tem relação com o desenvolvimento e a comunicação de novas idéias. Na verdade, a ligação mental aqui pode ser tão aguda que torna o relacionamento irresistível. Os nascidos em Virgem I, mais pragmáticos, podem se preocupar principalmente com o que está sendo dito, e os nascidos em Peixes III, imaginativos, podem se preocupar com a maneira que está sendo dito ou com o que está sendo simbolizado. Os representantes de Virgem I ajudarão os de Peixes III a aprimorarem seus conceitos, enquanto estes últimos proporcionarão uma centelha vívida aos pensamentos dos nascidos em Virgem I, tornando-os mais atraentes para os outros.

A comunicação entre os dois em relacionamentos amorosos ou no casamento pode ser de um tipo mais pessoal, com os namorados e cônjuges desenvolvendo uma linguagem particular não totalmente compreendida por outras pessoas. O entendimento que tem um do outro é bem grande, mas devem ter cuidado para não se isolarem dos familiares e dos amigos nem serem mal-interpretados por eles. Na amizade, os parceiros muitas vezes demonstram bastante interesse em inovações técnicas de todos os tipos, mas sobretudo naqueles que dizem respeito a novos programas de computação e desenvolvimento em videojogos e Internet. Ao perseguir tais interesses podem, às vezes, ficar excessivamente na companhia um do outro, causando problemas no contato com amigos íntimos de fora do próprio relacionamento. Seus namorados e cônjuges se sentirão rejeitados e ressentidos. Quando a combinação Virgem I-Peixes III aparece na família, outros parentes podem se sentir igualmente excluídos, e pares de irmãos nesta combinação são muitas vezes criticados exaustivamente pelos pais, que tentam estabelecer um mínimo contato com eles.

As relações no trabalho podem ser controversas - os nascidos em Virgem I e em Peixes III que trabalham juntos raramente têm o mesmo ponto de vista. No entanto, seus debates e suas discussões muitas vezes terão o efeito de aguçar suas percepções e aumentar a irrefutabilidade e a lógica de seu pensamento. Logo, as habilidades de comunicação podem ser imensamente aprimoradas nessa relação, sobretudo quando outras pessoas dão suas próprias opiniões. Se esses parceiros estão ou não com a razão em seus argumentos, isso será provado pelos resultados que obtêm, mas tenham sucesso ou falhem, contribuem imensamente para elevar o nível de comunicação entre seu grupo.

Conselho: *Não pense que os outros entendem o que você diz. Lembre-se que existem outros meios de expressão além do verbal. Menos às vezes é mais.*

RELACIONAMENTOS

PONTOS FORTES: DIVERTIDO, ÚNICO, TÉCNICO

PONTOS FRACOS: ENGANOSO, INCOMPREENDIDO, CONFUSO

MELHOR: FAMÍLIA

PIOR: AMOR

DWEEZIL ZAPPA (5/9/69)
JOHN CAGE (5/9/12)

Embora não sejam pessoalmente ligados, Cage e Zappa são artistas contemporâneos da música que compartilham o mesmo dia de nascimento. Dweezil é filho de Frank Zappa. Artista solo nos anos 1980 ele formou o grupo Shampoo-horn com o irmão nos anos 1990. Cage é o famoso compositor avant-garde que redefiniu a música do século XX.

---

3 a 10 de setembro
SEMANA DO ENIGMA
VIRGEM II

3 a 10 de setembro
SEMANA DO ENIGMA
VIRGEM II

Insondável

Os parceiros nesta combinação acharão extremamente difícil compartilhar questões pessoais. É uma sorte então que a necessidade de compartilhar não seja assim tão grande – mas se insistirem podem tornar a vida um do outro extremamente difícil. Os nascidos em Virgem II reagem mal quando se exige demais deles, mas são bastante exigentes no relacionamento. Podem se divertir muito juntos, sobretudo porque ambos gostam muito de rir, porém devem refrear a tendência que têm de rir um do outro, o que pode fazer sua auto-estima despencar. Paradoxal e difícil de imaginar, apesar de possível, o relacionamento desses dois pode ser duas vezes mais impenetrável do que o são indivíduos complexos.

A análise acadêmica desse relacionamento poderia ser enciclopédica, tanto em profundidade quanto em tamanho. A raridade dessa combinação é facilmente compreensível: os nascidos em Virgem II podem ser encontrados no mesmo ramo, na mesma empresa, na mesma família, mas raramente permanecem sob o mesmo teto. Não por serem incapazes disso, mas, se tiverem de escolher, preferem não fazê-lo. De certo modo, o par de Virgem II combina, já que ambos mantêm padrões rigorosos que poucos a não ser eles próprios são capazes de agüentar. Também costumam compartilhar um alto nível de interação intelectual e um interesse em qualquer coisa que requeira uma grande perícia.

Casais de Virgem II têm um jeito mal-interpretado de ser que é difícil de analisar. Há algo tão enigmático nessa relação que até na mais simples e rotineira das tarefas um certo mistério turva seus motivos, suas ações e metas. Talvez uma razão para tanta dificuldade seja que os nascidos em Virgem II são especialistas em emitir sinais confusos. Os relacionamentos amorosos, o casamento e as amizades podem ser tão obscuros para os parceiros quanto para as outras pessoas, já que eles são incapazes de ver a relação, ou a si mesmos, de forma objetiva. Esses dois saem-se melhor quando se concentram em qualquer coisa que esteja concretamente fora do relacionamento.

Conselho: *Não se leve tão a sério. Tente aproveitar em vez de analisar. Cuidado para não emitir mensagens confusas. Um pouco menos de mistério ajuda.*

3 a 10 de setembro
SEMANA DO ENIGMA
VIRGEM II

11 a 18 de setembro
SEMANA DO LITERAL
VIRGEM III

Difícil de definir

Este relacionamento costuma ser privado, isolado e bastante idiossincrático. Já que um elemento importante aqui é o campo dos sentimentos, uma área onde ambos os parceiros tradicionalmente têm problemas, essa união pode ser altamente benéfica ao permitir que se expressem mais plenamente. No entanto, ao mesmo tempo, a dificuldade dos parceiros com tudo o que não é concreto pode produzir uma espécie de luta. Como indivíduos, muitas vezes se sentem pouco à vontade com o interesse dos parceiros pelo espiritualismo, pela religiosidade ou pela arte – por coisas que são amorfas ou difíceis de definir. Uma outra tensão pode brotar do conflito causado pelo esforço que os nascidos em Virgem III fazem para que representantes de Virgem II adotem as regras e mantenham a palavra e a tendência dos nascidos em Virgem II de trazer à tona o lado procrastinador da personalidade dos nascidos em Virgem III, encorajando-os a reagir de forma violenta. O vencedor dessa batalha específica varia de situação para situação, mas em geral é a influência mais despreocupada dos nascidos em Virgem II que se mostrará mais forte.

Raramente o relacionamento amoroso é fogoso, mas os parceiros se entendem, e o que perdem em excitação podem ganhar em estabilidade. No melhor dos casos, esses relacionamentos são bastante abertos e generosos e permitem uma moderada expressão de sentimentos. No casamento e no trabalho geralmente o peso de colocar na linha as qualidades mais propensas ao isolamento do relacionamento recai sobre os nascidos em Virgem III; ao insistir em um envolvimento mais social e comercial com o mundo garantem um mínimo de interação saudável com outras pessoas. O casamento irá requerer grande paciência de ambos, mas pode funcionar bem. Por outro lado, parcerias de trabalho ou empregos em uma empresa devem ser evitados, já que ambos geralmente se saem melhor cada um em sua esfera de ação.

Amigos e irmãos nesta combinação geralmente têm relacionamentos bastante particulares que costumam deixar os outros de fora. O humor e as piadas particulares do par costuma deixá-los com boa disposição.

Conselho: *Esforce-se para conseguir um pouco mais. Não se distancie demais do mundo. Compartilhe seu senso de humor com os outros. Permita-se uma maior auto-expressão.*

RELACIONAMENTOS

PONTOS FORTES: FANTASIOSO, BEM-HUMORADO, PRIVADO

PONTOS FRACOS: RETRAÍDO, EXCLUDENTE, PROCRASTINADOR

MELHOR: AMOR

PIOR: TRABALHO

ROBERT A. TAFT (8/9/1889)
WILLIAM HOWARD TAFT (15/9/1857)

Robert é filho de William, 27º presidente americano. William concorreu com Teddy Roosevelt em 1912, dividindo os votos republicanos e permitindo que o democrata Woodrow Wilson ganhasse a eleição. Robert foi senador por 3 mandatos (1939-53) e se tornou conhecido como "Mr. Republicano". **Também: Jean Foucault & Hippolyte Louis Fizeau** (colaboradores; inovadores do processo fotográfico).

---

3 a 10 de setembro
SEMANA DO ENIGMA
VIRGEM II

19 a 24 de setembro
CÚSPIDE DA BELEZA
CÚSPIDE VIRGEM-LIBRA

Diretrizes tradicionais

Este relacionamento é governado por regras, mencionadas ou não, que nunca devem ser transgredidas. Se qualquer uma delas for ambígua ou aberta à interpretação ou se não forem completamente conhecidas ou compreendidas, surgirão problemas, mas os parceiros geralmente as entendem claramente na maior parte das vezes, reinando assim a harmonia no relacionamento. Juntos, os dois descobrem métodos de trabalho efetivos que garantem resultados. Geralmente o relacionamento tem uma abordagem tradicional por mais incomuns que forem as preferências individuais. Profissionalmente ou talvez em um negócio familiar, esses dois geralmente fazem coisas de acordo com métodos já testados que funcionaram no passado. Devem ter cuidado para que o apego excessivamente rígido às regras não destrua sua espontaneidade, resultando em uma vida um tanto previsível.

O relacionamento amoroso é um pouco complicado e incerto. Os nascidos em Virgem-Libra geralmente ficam intrigados com o misterioso Virgem II, mas quando esse mistério se torna obscuro, transformando-se em complexidade emocional, eles podem achar difícil de penetrar. Já que os nascidos em Virgem II não necessitam dos outros para terem elogios ou apoio, podem achar que os nascidos em Virgem-Libra se debilitam ao se entregarem a tais necessidades. Se o relacionamento passar para o plano físico (o que não é muito provável), o casal pode vir a pensar em casamento, mas como são tão disciplinados, as responsabilidades matrimoniais e domésticas podem ser grandes demais e difíceis de enfrentar.

Na amizade, os nascidos em Virgem II costumam valorizar sua vida privada, e os de Virgem-Libra a vida pública. Mas tais diferenças não são, de nenhuma forma, insuperáveis e, na verdade, até ajudam a infundir variedade no relacionamento. Uma maior complementaridade pode ser vista no modo como os representantes de Virgem-Libra dão expressão às fantasias dos nascidos em Virgem II, geralmente sendo capazes de traduzir os desejos do parceiro em representações vívidas e originais, seja em matéria de estilo, *design*, decoração ou mobiliário.

Combinações entre Virgem II e Virgem-Libra de pais e filhos, irmãos e colegas de trabalho podem ser o baluarte das famílias ou empresas de que façam parte.

Conselho: *Mantenha sua chama pura. Não faça concessões com suas crenças. Cuidado com a rigidez resultante de demasiadas regras. Suposições podem ser perigosas.*

RELACIONAMENTOS

PONTOS FORTES: TRADICIONAL, HARMONIOSO, SOLIDÁRIO

PONTOS FRACOS: PREVISÍVEL, SUPERESTRUTURADO, ESTRESSADO

MELHOR: FAMÍLIA

PIOR: AMOR

ANA DA ÁUSTRIA (22/9/1601)
LUÍS XIV (5/9/1638)

Luís, filho de Ana, sucedeu o pai aos 4 anos de idade. Enquanto Ana era regente durante sua infância, o parlamento organizou uma revolta, resultando na expulsão da família real francesa de Paris por duas vezes. Em certo ponto, Luís e Ana foram mantidos prisioneiros no palácio real. **Também: Isaac K. Funk & Adam W. Wagnalls** (editores parceiros).

RELACIONAMENTOS

PONTOS FORTES: ANALÍTICO, REORGANIZADO, FÍSICO

PONTOS FRACOS: EGOÍSTA, HIPERCRÍTICO, FRIO

MELHOR: TRABALHO

PIOR: CASAMENTO

RICARDO I (8/9/1157)
ELEANOR DE AQUITAINE (28/9/1122)

Ricardo Coração de Leão era filho de Eleanor. Durante seu reinado (1189-1204) ela foi uma figura dominante na política inglesa. Além disso, ela era muito bela, rainha e mãe de dois reis e mais de 2 outros filhos. Ricardo era conhecido como um grande cruzador, passando a maior parte do reinado no exterior. **Também: Dweezil Zappa & Moon Unit Zappa** (irmãos; músicos).

---

3 a 10 de setembro
SEMANA DO ENIGMA
VIRGEM II

25 de setembro a 2 de outubro
SEMANA DO PERFECCIONISTA
LIBRA I

Escrutínio rigoroso

Este relacionamento tende à hipervigilância em sua atenção ao detalhe, sobretudo na abordagem que um parceiro faz ao outro. O interminável escrutínio um do outro pode ser ofensivo e destrutivo. Ao mesmo tempo, a abordagem analítica do relacionamento geralmente é sua grande força, aumentando a eficiência e produtividade de, digamos, uma equipe de trabalho por meio de crítica judiciosa e bem-elaborada. Tanto os nascidos em Virgem II quanto em Libra I têm um lado exigente que os leva a submeterem seja lá o que for, a uma rigorosa avaliação. Podem ser de grande valor para um grupo de trabalho ou para a família testando hipóteses, avaliando desempenhos e reorganizando estruturas preexistentes. Freqüentemente aparecem com um novo plano que pode ser bem mais eficiente do que aquele empregado anteriormente.

O relacionamento amoroso geralmente é mais forte no âmbito sexual. Os parceiros são francos um com o outro nesse assunto e nenhum dos dois têm muita energia para romantismos ou sentimentalismos, tampouco muito interesse nisso. Satisfazendo desejos e necessidades físicas mútuas, o relacionamento pode ser bastante satisfatório. Infelizmente, conflitos emocionais podem surgir entre os namorados a partir de sua crítica da aparência ou desempenho um do outro, inevitavelmente desinflando os egos. Se decidirem começar uma nova vida juntos como marido e mulher, seu entusiasmo pode ser bastante considerável, certamente o suficiente para fazê-los transpor os primeiros anos do casamento. No entanto, como pais, têm uma tendência a ser exigentes demais com os filhos. A amizade nesta combinação gera momentos divertidos e cria um ambiente onde jogos, quebra-cabeças e outras formas de entretenimento mental desafiadoras podem ser apreciados. No trabalho, o par pode se sair bem como consultores, analistas e até como simples empregados. Seus superiores e os altos executivos confiam neles devido a suas avaliações isentas e objetivas; na verdade, são de grande valor para a gerência, já que conhecem bem a sua área e estão em contato com as necessidades de seus companheiros de trabalho. Na família, os pais podem com freqüência pedir conselhos a irmãos nascidos em Virgem II e Libra I durante períodos de tensão e mudança. No entanto, os próprios irmãos são hábeis em se importunaram cruelmente.

Conselho: *Solte-se um pouco. Não seja o tempo todo tão crítico. Cuidar de um ego magoado pode se tornar um mau hábito. Seja menos exigente com parentes próximos.*

RELACIONAMENTOS

PONTOS FORTES: HARMONIOSO, EQUILIBRADO, TRANSPARENTE

PONTOS FRACOS: SEM AMBIÇÃO, POUCO EMPÁTICO, DIVIDIDO

MELHOR: CASAMENTO

PIOR: TRABALHO

PETER SELLERS (8/9/25)
BRITT EKLAND (6/10/42)

A sueca Ekland foi protagonista em filmes internacionais nos anos 1960 e 1970, depois de uma breve carreira como modelo. Ela se casou com o ator Sellers em 1963, no ano que ele começou sua série de filmes como o desajeitado Inspetor Clouseau. Se divorciaram-se em 1968. **Também: Giuseppina Strepponi & Giuseppe Verdi** (casados; primeira bailarina/compositor).

---

3 a 10 de setembro
SEMANA DO ENIGMA
VIRGEM II

3 a 10 de outubro
SEMANA DA SOCIEDADE
LIBRA II

Uma interface transparente

Este pode ser um relacionamento despreocupado, no qual os parceiros aprendem e se beneficiam de suas respectivas forças. É como uma janela entre duas pessoas, uma olhando para fora (Virgem II), a outra para dentro (Libra II). O que ambos vêem aparece na janela como um objeto de grande beleza: por exemplo, os nascidos em Virgem II, mais pessoais, admiram o mundo social dos nascidos em Libra II, e vice-versa. O relacionamento raramente mistura essas visões contrastantes, mas permite a preservação da individualidade dos parceiros. Sua polaridade não apresenta nenhuma ameaça à sua unidade.

A admiração e o afeto podem levar ao amor entre esses dois. Os parceiros têm a capacidade de expressar uma verdadeira ternura, mesmo quando a empatia não é na verdade uma opção. A diferença de temperamento geralmente cria uma atmosfera de fascinação romântica e desperta fortes sentimentos protetores. Como cônjuges, os representantes de Virgem II e Libra II têm grande orgulho um do outro, e se sentem felizes de viverem com alguém tão diferente deles mesmos. O efeito janela entre eles os separa, mas permite uma transparência, tornando difícil ou mesmo impossível esconder segredos e encorajando o compartilhamento. É recomendado que este casal tenha filhos, já que sua polaridade é essencialmente saudável, o que permite que os filhos façam uma clara escolha quando necessitarem uma consulta ou conselho.

Já que a harmonia e o equilíbrio entre os nascidos em Virgem II e em Libra II podem limitar o esforço e a agressividade que são necessários no mundo dos negócios, relacionamentos comerciais nesta combinação podem carecer de vontade e força para vencer. A harmonia e o equilíbrio serão mais apreciados na família, onde outros membros do grupo podem ver este par como pacificadores não por meio da coerção, mas do exemplo. Aqui a amizade geralmente é calma e prazerosa. Os parceiros, às vezes, não compartilham um sentimento profundo ou uma forte interação emocional, mas podem colher recompensas em uma área muitas vezes negligenciada em nossos tempos tensos: a felicidade.

Conselho: *Tente sentir o que os outros estão sentindo. Coloque-se no lugar dos outros. Talvez precise tentar um pouco mais. Quando vir algo que queira, vá atrás.*

3 a 10 de setembro
SEMANA DO ENIGMA
VIRGEM II

11 a 18 de outubro
SEMANA DO TEATRO
LIBRA III

Um excelente contraste

Este casal geralmente causa uma impressão jovial e entusiástica, deixando os outros à vontade. Esse relacionamento é caracterizado pelo tipo de vivacidade e impacto que o torna bastante eficaz para ajudar os nascidos em Libra III a alcançarem suas ambições profissionais. Eles consideram os nascidos em Virgem II um excelente contraste para suas personalidades expansivas e valiosas caso sejam seus assistentes, tanto como consultores como simplesmente parceiros capazes. O problema aqui é manter-se calmo, já que os nascidos em Virgem II são um pouco nervosos e podem ser incapazes de lidar com as pressões a que os expõe os nascidos em Libra III. Se desistem ou mostram sinal de tensão, as aspirações do relacionamento podem correr perigo. Os representantes de Libra III podem se sentir incapazes de fazer alguma coisa com relação ao estado do parceiro.

O relacionamento amoroso entre esses dois pode deixá-los completamente apaixonados. A impetuosidade pode ser um problema, mas mesmo que as coisas não dêem certo a longo prazo, permanecerá a lembrança de um relacionamento amoroso natural e sem inibições. A jovialidade do relacionamento geralmente é passada para o casamento. Filhos dessa união aproveitarão da perspectiva positiva dos pais, mas não devem fazer com que sintam que estão sacrificando sua própria juventude por eles. É interessante notar que o desprendimento que ambos os parceiros muitas vezes demostram em relacionamentos de qualquer combinação é entendido e completamente à vontade aqui.

A amizade pode ser prejudicada pela irresponsabilidade não só do par para com o mundo exterior, mas também do par para consigo mesmo. A parte mais penosa geralmente é a incapacidade que o relacionamento tem de superar tempos difíceis. Combinações em família, sobretudo entre pais e filhos, podem ser prejudicadas por brigas que revelam uma certa imaturidade. Em situações profissionais, os nascidos em Virgem II podem trazer para a terra o aspecto etéreo dos nascidos em Libra III e podem ajudar a resolver sua periódica indecisão. O relacionamento também pode dar estímulo e inspiração para muitos projetos vantajosos e esforços empresariais.

Conselho: *Não se deixe levar tão facilmente. Exercite maior prudência e cuidado. Esteja pronto para ajudar. Responsabilize-se por seus atos.*

RELACIONAMENTOS

PONTOS FORTES: ENTUSIASTA, VIGOROSO, COM PÉS NO CHÃO

PONTOS FRACOS: OUSADO, POUCO CONFIÁVEL, IMATURO

MELHOR: AMOR

PIOR: AMIZADE

PIERRE TRUDEAU (18/10/19)
MARGARET TRUDEAU (10/9/48)

Margaret, socialite e autora (*Beyond Reason*, 1979), era esposa de Pierre, primeiro-ministro do Canadá (1968-84). Ele promoveu a independência econômica do Canadá e subjugou o movimento de independência de Quebec. O casal era popular no jet set internacional e conhecido por seu estilo de vida festivo. Finalmente se divorciaram.

---

3 a 10 de setembro
SEMANA DO ENIGMA
VIRGEM II

19 a 25 outubro
CÚSPIDE DO DRAMA E DA CRÍTICA
CÚSPIDE LIBRA-ESCORPIÃO

Pressão para vencer

Esta combinação traz à tona o lado mais exigente de ambos os parceiros. Juntos provavelmente farão trabalhos de alta qualidade e terão grandes expectativas em sua relação pessoal. As pressões para vencer e sobressair nesta relação são mais auto-induzidas do que colocadas pelo meio social ou pelos pais. No entanto, em última análise, é possível que nenhum dos parceiros se sinta bem com o ar rarefeito das alturas, e uma rejeição ou rebeldia contra os valores do relacionamento pode significar seu fim. Para o relacionamento dar certo, deve adquirir um sentido mais realista das capacidades dos parceiros.

Nesta combinação, pode ser difícil reconhecer limites e assumir uma posição mais moderada em um relacionamento amoroso ou em uma amizade. A tendência aqui é exagerar e se entregar a todo o tipo de excessos. O par às vezes se entrega a farras, resultado direto das pressões auto-impostas e da mania de perfeição. Ao buscar alívio das insuportáveis tensões advindas das próprias exigências e expectativas, eles podem lançar mão de atividades escapistas. Se os nascidos em Virgem II e Libra-Escorpião formarem uma sociedade de negócios ou qualquer outra parceria profissional que exija muito deles, podem igualmente se recompensar com loucos acessos de dispêndio de dinheiro e bebidas.

O casamento entre nascidos em Virgem II e Libra-Escorpião pode ser bastante ambicioso, com o relacionamento forçando os cônjuges e os filhos a escalar degraus cada vez mais altos na escada social. Encontrar valores e sentimentos pessoais mais substanciais e de maior riqueza interior pode ser um desafio gratificante para eles. Aqui é óbvia a necessidade de equilíbrio e moderação, e talvez o modo de começar seja relaxar um pouco. Um problema correlato pode surgir no relacionamento entre pais e filhos de qualquer variação: os pais procurarão projetar suas próprias ambições frustradas em seus filhos, que podem não ser talhados para as carreiras para as quais estão sendo preparados.

Conselho: *Faça cálculos realistas de suas capacidades. Não se exija demais ou tenha tanta pressa. Dê tempo para que as coisas aconteçam. Fugir não é a resposta.*

RELACIONAMENTOS

PONTOS FORTES: AMBICIOSO, EXCEDENTE, VIGOROSO

PONTOS FRACOS: ESTRESSADO, FORA DA REALIDADE, VICIADO

MELHOR: CASAMENTO

PIOR: AMOR

MICKEY MANTLE (20/10/31)
ROGER MARIS (10/9/34)

Maris e Mantle formaram a melhor dupla do NY Yankees, estabelecendo muitos recordes. Embora grandes companheiros, ambos competiram em 1961 para quebrar o recorde de 60 *home-runs* de Ruth. Maris venceu. **Também: Buddy Holly & Big Bopper** (cantores de rock and roll; morreram no mesmo acidente aéreo); **Kitty Carlisle & Moss Hart** (casados; atriz/dramaturgo); **Alan Ladd & Alan Ladd, Jr.** (pai/filho; ator/produtor).

| RELACIONAMENTOS |

PONTOS FORTES: CÔMICO, COMPETENTE, DURO

PONTOS FRACOS: ESCAPISTA, DISRUPTIVO, DIFÍCIL

MELHOR: AMOR

PIOR: FAMÍLIA

FANNY BRICE (29/10/1891)
BILLY ROSE (6/9/1899)

Brice foi a primeira atriz cômica yiddish a trabalhar em grandes produções na comédia musical e no rádio ("Baby Snooks"). Em 1927 ela se mudou para um apartamento em Nova York com o empresário teatral, produtor e compositor Rose. Eles se casaram em 1929. Ela estreou vários de seus teatros-revistas nos anos 1930. **Também: Hilda Doolittle & Ezra Pound** (poetas amigos); **Capitão Bligh & Capitão Cook** (Bligh foi comandante do navio na última viagem de Cook).

3 a 10 de setembro
SEMANA DO ENIGMA
VIRGEM II

26 de outubro a 2 de novembro
SEMANA DA INTENSIDADE
ESCORPIÃO I

Agressão pelo escárnio

Neste relacionamento divertidamente competitivo é proeminente o humor em suas várias formas, sobretudo a ironia e o sarcasmo. Os nascidos em Virgem II adoram zombar dos parceiros de Escorpião I que, apesar de geralmente serem mais sérios, também podem zombar deles impiedosamente. Estas provocações geralmente têm um tom leve e são bastante divertidas, mas às vezes há algo mais obscuro que não pode ser expressado diretamente. Aqui, a arte de ser melhor do que o outro pode ser a ordem do dia: os parceiros geralmente tentam se superar, a si próprios e um ao outro, alçando o relacionamento para esferas cada vez mais altas de brincadeiras que são simultaneamente sérias.

Os problemas que surgem no relacionamento amoroso e no casamento desta combinação podem muitas vezes ser resolvidos nestas trocas coloquiais e geralmente enérgicas. A agressão pelo escárnio pode ser uma maneira útil de resolver ressentimentos e frustrações. No entanto, pode-se chegar a um ponto onde as dificuldades se tornam maiores e devem ser confrontadas diretamente, e aqui pode haver problemas, precisamente porque os parceiros não costumam realmente discutir. Mas isso não quer dizer que as pessoas nascidas em Escorpião I e em Virgem II nunca tenham momentos maravilhosos e mesmo arrebatadores juntos – geralmente têm.

A amizade e os relacionamentos profissionais podem coincidir e podem ser mais complexos e sérios do que outros relacionamentos desta combinação. O nível de competência geralmente é alto, com eles cumprindo suas responsabilidades totalmente e podendo confiar um no outro, sobretudo em tempos de crise e necessidade. No entanto, pode vir à tona um impulso competitivo, que às vezes pode ficar descontrolado. Tentar superar a técnica do outro parceiro, fazê-lo de bobo (mesmo que de forma sutil) ou trabalhar para superar as realizações do outro são táticas que provavelmente seriam usadas aqui. A competição entre irmãos nascidos em Virgem II e em Escorpião I pode desintegrar o ambiente familiar mas tem um efeito endurecedor sobre os próprios indivíduos. Saber quando parar geralmente é o ponto difícil, já que os dois nem sempre têm consciência do efeito que sua atitude causa nos outros.

Conselho: *Procure momentos tranqüilos para iniciar discussões sérias. Explore motivos subjacentes. Cultive a honestidade. Não perca o senso de humor, mas saiba quando parar.*

| RELACIONAMENTOS |

PONTOS FORTES: APAIXONADO, SUAVIZADOR, SOCIAL

PONTOS FRACOS: POUCO PRÁTICO, DEPRIMIDO, INCONTROLÁVEL

MELHOR: CASAMENTO

PIOR: TRABALHO

EDSEL FORD (6/11/1893)
HENRY FORD II (4/9/17)

Edsel, filho do Henry Ford (1863-1947), foi presidente da Ford Motor Co. de 1919 até sua morte, em 1943. O agora clássico automóvel Edsel recebeu o nome em sua homenagem. Seu filho, Henry Ford II (conhecido como "Hank the Deuce") é considerado aquele que reviveu e modernizou a empresa nos anos 1940. Ele foi presidente e diretor-presidente de 1960 a 1980. **Também: Max Reinhardt & Hedy Lamarr** (diretor que descobriu atriz).

3 a 10 de setembro
SEMANA DO ENIGMA
VIRGEM II

3 a 11 de novembro
SEMANA DA PROFUNDIDADE
ESCORPIÃO II

Socialização inesperada

Ambos os parceiros têm um lado privado e retraído e muitas vezes preferem ficar sozinhos. A química desse relacionamento é surpreendente, já que ativa o impulso de interação social com as outras pessoas. Este é um relacionamento que tenta distanciar os parceiros da preocupação com o aspecto pessoal, dando-lhes a chance de contrabalançar esse seu lado com interesses com a família, a comunidade, o clube ou esportes em equipe. O mistério dos nascidos em Virgem II e o silêncio dos nascidos em Escorpião II nunca serão completamente apagados, mas esse relacionamento dá aos parceiros a oportunidade de combinar o lado mais introvertido com outros aspectos da vida que poderiam ter sido negligenciados.

O relacionamento amoroso entre as pessoas de Virgem II e Escorpião II pode ser obscuro, apaixonado, até mesmo tempestuoso. Eles ativam partes profundas da psique do parceiro, criando uma intensidade ardente. Ao mesmo tempo, o relacionamento tem um impulso social que impede que os namorados entrem em humores sombrios e depressivos a que têm tendência, motivando-os a buscar a companhia dos outros. O casamento entre esses dois pode ser extremamente bem-sucedido, mesmo que os parceiros necessitem dar um tempo um do outro – o que poderão fazer em festas, diversões, férias, jogos e outras atividades leves que incluam amigos ou familiares.

Na amizade e com irmãos, essa combinação traz à tona um lado leve e pouco sério, aliviando os problemas e dando-lhes uma abordagem mais solta em relação à vida. O relacionamento profissional entre as pessoas nascidas em Virgem II e em Escorpião II pode ser bem-sucedido, mas provavelmente ressaltará a negatividade dos parceiros, reforçando o que quer que lhes tenha dado uma baixa autoconfiança. Aumentar sua auto-estima, talvez ao mudar sua atitude em relação ao trabalho, pode fazer com que a parceria seja mais eficaz, mas a ligação entre eles deve ser examinada objetivamente e, se for demonstrado que não é viável, deve ser modificada ou terminada.

Conselho: *Siga seus instintos mais sociais. Não suponha que deva ser sozinho para ser entendido. Compartilhe esperanças e sonhos com os outros. Alegre-se.*

3 a 10 de setembro
SEMANA DO ENIGMA
VIRGEM II

12 a 18 de novembro
SEMANA DO ENCANTO
ESCORPIÃO III

Dando o melhor de si

O surpreendente neste casal é que eles sabem dar o melhor de si e alcançar o sucesso mundano. Isso se dá em parte porque o relacionamento é regido pelo fogo, aqui significando dinamismo e iniciativa, favorecendo um par altamente aventureiro que não hesita em se adiantar e assumir a liderança. De modo mágico, mobiliza o lado mais extrovertido dos nascidos em Virgem II e o combina com as habilidades administrativas dos nascidos em Escorpião III para formar um par vencedor. É grande a inteligência do relacionamento, apesar de ser mais intuitiva do que mental. Os parceiros sabem instintivamente como atrair e manter a atenção das pessoas. Além do mais, a habilidade que os nascidos em Escorpião III têm de convencer funciona melhor e mais naturalmente quando baseadas no relacionamento entre Virgem II e Escorpião III, que evita atitudes controladoras ou reivindicativas. As outras pessoas gostam desse relacionamento e raramente se ofendem com sua persuasão.

Para propulsionar o par, a complexa química desse relacionamento funciona melhor em ligações profissionais e na amizade. Infelizmente, os nascidos em Virgem II e Escorpião III não se saem tão bem vivendo juntos como namorados, amigos ou familiares. Em uma interação emocional diária, onde eles mesmos são o foco central, as dificuldades parecem aumentar. Na superfície, este parece ser um relacionamento que tem pouca probabilidade de durar: os de Virgem II preferem resolver as coisas sozinhos e não gostam de serem forçados, manipulados ou encantados; os nascidos em Escorpião III tradicionalmente motivam ou manipulam seus parceiros com sedução, mas rapidamente se cansam se eles próprios não se sentem admirados. Também apesar de os nascidos em Virgem II serem bastante independentes, os de Escorpião III podem considerar que eles precisam de um empurrão, ou pior ainda, que precisam de apoio, coisas que eles não gostam de fazer. Se o relacionamento carecer de um foco externo, tende a se auto-devorar em discordâncias ou dissipar suas energias.

Conselho: *Trabalhem o entendimento interpessoal. Procurem conhecer melhor as pessoas. Sejam mais aquiescentes. Cuidado para não fazer suposições. Exercitem a paciência.*

RELACIONAMENTOS

PONTOS FORTES: DINÂMICO, CONVINCENTE, INSTINTIVO

PONTOS FRACOS: RESISTENTE, REJEITADO, INCOMPATÍVEL

MELHOR: AMIZADE

PIOR: CASAMENTO

SID CAESAR (8/9/22)
IMOGENE COCA (18/11/08)

Caesar e Coca foram estrelas de *Your Show of Shows* (1950-54), programa de variedades da tevê que prendia a atenção do público americano. Perfeito contraste, eles tinham um magnetismo humorístico que mantinha a audiência atenta por 90 minutos todo sábado à noite. **Também: Jane Curtin & Lorne Michaels** (cômico da SNL/produtor).

---

3 a 10 de setembro
SEMANA DO ENIGMA
VIRGEM II

19 a 24 de novembro
CÚSPIDE DA REVOLUÇÃO
CÚSPIDE ESCORPIÃO-SAGITÁRIO

Declarações exageradas

Como um par, esses dois sabem muito bem que o mundo inteiro é um palco, e que o próprio drama pessoal é só um entre tantos outros que estão sendo representados. Interessam-se muito pelos fatos que ocorrem à sua volta e tentam encontrar o lugar onde seu próprio relacionamento pessoal se encaixa. Na verdade, extrair do pessoal um sentido social talvez seja o foco principal deste relacionamento. Mais do que se empenhar em lutas de poder um com o outro, esse dois se sentem mais impelidos para a natureza da sociedade – perceber e compreender o fluxo de poder no extenso mundo.

Relacionamentos românticos, casamento e mesmo pares na família desta combinação podem ter uma certa objetividade e desapego que facilita entender os outros – suas motivações, seus defeitos, suas frustrações. Os parceiros podem objetivar áreas tais como a psicologia, ficando fascinados com o estudo das emoções como ciúme, ódio, amor e assim por diante. Ao mesmo tempo, não são muito propensos a experimentarem essas emoções em sua forma pura no próprio relacionamento. De forma paradoxal, o relacionamento entre Virgem II e Escorpião-Sagitário pode ser estranhamente incapaz de lidar com seus próprios problemas, ou, em muitos casos, pode até mesmo ignorar que existem. Seu desprendimento e sua falta de percepção pode reduzir seriamente o grau de intimidade.

Aqui, as amizades e inimizades são muito animadas. Extremamente volátil, o relacionamento não costuma guardar por muito tempo sentimentos tanto positivos quanto negativos. O par, dado a gestos extremos e declarações exageradas, costuma despertar reações dramáticas que combinam com suas próprias, em outras pessoas.

Pares profissionais podem se preocupar com as condições de trabalho dos outros. Seus bens materiais básicos e as condições que os fazem mais felizes e mais produtivos são de importância primordial. Discussões sobre a forma como o trabalho pode ser inteligentemente agendado e atenção ao significado especial de datas festivas, hábitos especiais e tradições de empresas ou grupos, sublinha os interesses sociais do par. De forma similar, combinações pais-filhos valorizam festividades familiares de todos os tipos.

Conselho: *Ocasionalmente, deixe para lá o "teatro". Tente chegar ao âmago da questão. Não negligencie o autoconhecimento. Abra mais o seu coração.*

RELACIONAMENTOS

PONTOS FORTES: PERCEPTIVO, EXPRESSIVO, COMPROMETIDO

PONTOS FRACOS: INCONSCIENTE DE SI, EXAGERADO, IMPESSOAL

MELHOR: TRABALHO

PIOR: AMOR

JAMES GARFIELD (19/11/1831)
CHARLES GUITEAU (8/9/1841)

Guiteau foi o assassino do presidente Garfield. O grupo político de Garfield declinou da oferta de Guiteau para ajudar na campanha de 1880 e mais tarde recusou-se a dar-lhe um emprego na administração do presidente. Em 1881, quando Garfield estava saindo de uma estação de trens em Washington, DC, para um passeio com a família o desgostoso Guiteau atirou nele. Ele foi enforcado.

RELACIONAMENTOS

PONTOS FORTES: INSPIRADOR, PODEROSO, DINÂMICO

PONTOS FRACOS: EGOÍSTA, AGRESSIVO, DIVIDIDO

MELHOR: FAMÍLIA

PIOR: AMIZADE

ROBERT GOULET (26/11/33)
CAROL LAWRENCE (5/9/32)

Goulet, o cantor e ator que debutou para o estrelato em *Camelot* na Broadway (1960), foi casado com a atriz Lawrence, mais lembrada por seu papel no palco como Maria em *West Side Story* (1957). Ambos seguiram bem-sucedidas carreiras no palco e na tevê. **Também: Merna Kennedy & Busby Berkeley** (casados; atriz/coreógrafo).

---

3 a 10 de setembro
SEMANA DO ENIGMA
VIRGEM II

25 de novembro a 2 de dezembro
SEMANA DA INDEPENDÊNCIA
SAGITÁRIO I

Direção forte

Estes dois costumam realçar o lado extrovertido um do outro. Juntos, podem formar uma equipe poderosa – na verdade, o relacionamento costuma se basear no exercício do poder, seja na família, nos negócios ou na sociedade em geral. No entanto, funciona menos para dominar e controlar do que como um catalisador de forças dinâmicas e idéias incomuns. Apesar de os pares formados por pessoas de Virgem II-Sagitário I terem um forte lado privado em sua vida, que poucos conhecem, como indivíduos também têm uma personalidade poderosa e agressiva e precisam encontrar seu caminho no mundo, uma qualidade exacerbada pela sinergia do relacionamento. Cada parceiro está especialmente aberto à influência do outro: as pessoas de Sagitário I têm algo a ensinar às de Virgem II sobre confiar em sua intuição e as pessoas de Virgem II podem mostrar muito aos parceiros de Sagitário I sobre bom gosto encorajando-os a serem mais pacientes.

Casos amorosos, casamentos e amizades nesta combinação podem ser românticos, afetivos e compensadores, mas os parceiros devem tomar cuidado para não entrarem em embates de ego. As pessoas nascidas em Sagitário I têm um lado moral e implacável que pode fazê-las criticar a postura ética bastante imperfeita das pessoas de Virgem II, que costumam justificar os meios pelos fins e uma certa crueldade para conseguir o que querem. Os nascidos em Sagitário I também insistem no que querem, mas tentam ser justos – e declaram isso. Isso pode irritar os nascidos em Virgem II, levando-os a criticar a atitude superior dos parceiros. Entretanto, a seletividade das pessoas de Virgem II pode incomodar os nascidos em Sagitário I, provocando ataques de elitismo, exigências e esnobismo.

Em parcerias de negócios e atividades criativas ou de pesquisa, a visão deste par pode mostrar uma forte inclinação para qualquer grupo de trabalho. Raramente são separados por luta de poder e podem exercer a liderança conjuntamente, se isso for necessário. Combinações de pais-filhos têm propensão às mesmas fricções que aparecem em outros relacionamentos interpessoais mas podem ser proveitosas para membros da família e outros parentes.

Conselho: *Diminua a disputa interna. Discuta abertamente as diferenças. Não permita que discussões destruam o amor. Tente ser mais generoso e clemente.*

RELACIONAMENTOS

PONTOS FORTES: COMPREENSIVO, CRÍTICO, INCOMUM

PONTOS FRACOS: BIZARRO, INCOMPREENDIDO, OFENSIVO

MELHOR: AMOR

PIOR: AMIZADE

ELI WALLACH (7/12/15)
ANNE JACKSON (3/9/26)

Estes atores de Nova York têm um feliz e durável casamento desde 1948. Jackson, uma atriz de teatro, e Wallach, um ator de cinema, com freqüência compartilharam as luzes da ribalta. **Também: Cliff Robertson & Dina Merrill** (casados; atores); **Donnie & Bobby Allison** (irmãos; corredores de automóvel): **Elizabeth I & Maria, rainha dos escoceses** (inimigas reais); **Billy Rose & Joyce Matthews** (casados duas vezes; líder de banda/atriz).

---

3 a 10 de setembro
SEMANA DO ENIGMA
VIRGEM II

3 a 10 de dezembro
SEMANA DO ORIGINADOR
SAGITÁRIO II

Fora do comum

Quando dois dos tipos mais incomuns no ano se juntam, quase tudo pode acontecer. Ambos têm uma visão idiossincrática do mundo, indo do incomum ao peculiar e até mesmo ao completamente estranho. Esta tendência é intensificada pelo relacionamento, que, tem bastante chances de ser mal-interpretado e mal compreendido pelas pessoas. Quer esses dois sejam amigos ou inimigos, geralmente têm uma percepção aguda do outro a ponto de cada um achar que o outro é o único que o pode compreender.

As pessoas de Virgem II e de Sagitário I estão bem cientes do próprio valor – sabem o que querem. No entanto, já que, freqüentemente, não têm uma boa percepção de si mesmas, nem sempre sabem o que precisam ou como consegui-lo. O relacionamento amoroso e a amizade são muito complexos, mas a compreensão presente no relacionamento pode ajudá-los a aprofundar o autoconhecimento. Isso inevitavelmente trará luta e sofrimento, mas também será extremamente significativo. Por meio profundidade e de percepções psicológicas proporcionados por este relacionamento, os parceiros podem finalmente superar rejeições e mal-entendidos que sofreram no passado. A ligação pode se fortalecer no processo, mas eles devem ter cuidado para não se tornarem dependentes demais do relacionamento. Aqui, o divórcio pode ser particularmente traumático, mas os parceiros serão capazes de formar relacionamentos melhores mais tarde por meio das lições que aprenderam com este.

Já que as pessoas de Virgem II e de Sagitário II formam quadratura (90° de distância) no zodíaco, a astrologia prediz fricção entre eles. Certamente haverá faíscas se eles são rivais ou inimigos, mas se são aliados, a família e os grupos de trabalho podem se beneficiar da atitude crítica construtiva que o relacionamento oferece. Em todos os relacionamentos, o casal Virgem II-Sagitário II deve tomar cuidado para não ofender os outros com sua atitude fora do comum e, ao mesmo tempo, para não comprometer as próprias convicções. Devem tentar encontrar um meio-termo entre uma atitude não-conformista e portanto isoladora e outra que necessite e procure a aceitação social.

Conselho: *Seja você mesmo, mas também esteja preparado para ceder. Reveja com calma seu passado. Trabalhe para o auto-aperfeiçoamento. Seja claro.*

3 a 10 de setembro
SEMANA DO ENIGMA
VIRGEM II

11 a 18 de dezembro
SEMANA DO TITÃ
SAGITÁRIO III

Construção de um império

A extensão do poder pessoal é o tema fundamental nesta combinação; os parceiros geralmente se unem porque percebem sua habilidade de aumentar sua capacidade juntos. No entanto, às vezes a interação degenera em luta de poder pelas coisas mais mundanas. O relacionamento pode administrar um negócio, a família ou organização social de forma eficaz, mas também pode achar que sua esfera de ação é seu próprio império pessoal, esteja ele contido no lar, escritório do parceiro ou se estenda mais além. As pessoas de Virgem II vêem todos os pequenos detalhes e são mais pé no chão, enquanto que as pessoas de Sagitário III têm uma visão mais geral e idéias inovadoras. Na sua melhor forma, têm todas as bases cobertas, mas se brigarem sua orientação diferente é motivo de infindáveis lutas.

Às vezes, no amor e no casamento, os nascidos em Virgem II se sentem negligenciados pelos de Sagitário III. Emocionalmente complexos, requerem um grau de esforço, paciência e compreensão que as pessoas de Sagitário III não estão preparadas a dar. Também os nascidos em Sagitário III podem se sentir ignorados pelos parceiros ou amigos de Virgem II, que podem não estar tão interessados no último plano como estão no trabalho que está à mão. Mesmo assim, os casos amorosos podem ser emocionantes tanto dentro quanto fora do quarto, com fortes sentimentos românticos de ambos os lados. Se esses sentimentos se manterão no decorrer do casamento, isso já é outra história.

Combinações pais-filhos entre esses dois, seja lá qual deles for o pai ou a mãe, costumam enfatizar a tradição, a sucessão e o passar o cetro das finanças, do negócios ou das propriedades familiares de geração em geração. Os problemas aparecem quando o sucessor não tem nenhum interesse em tais tradições ou se comporta de forma irresponsável. Na esfera comercial, as pessoas de Virgem II geralmente sabem aonde ir para obter aconselhamento financeiro quando elas próprias não têm todas as respostas. As pessoas de Sagitário III podem ter talento para ganhar dinheiro mas podem usar os conselhos dos nascidos em Virgem II a respeito do que fazer com os lucros, pois às vezes são frugais em pequenos assuntos e esbanjadores em grandes. Geralmente tomam a frente em assuntos profissionais e sociais, mas as pessoas de Virgem II não são ineficientes quando se trata de poder, portanto, podem surgir problemas se a liderança das pessoas de Sagitário III vacilar ou falhar.

Conselho: *Seja mais paciente e compreensivo. Se possível, demonstre mais interesse. Não pense que o que você está fazendo é mais importante.*

RELACIONAMENTOS

PONTOS FORTES: ESTABELECIDO, AMBICIOSO, ROMÂNTICO

PONTOS FRACOS: DESINTERESSADO, CONFIANTE DEMAIS, EGOÍSTA

MELHOR: TRABALHO

PIOR: CASAMENTO

AMY IRVING (10/9/53)
STEVEN SPIELBERG (18/12/46)

O produtor e diretor Spielberg se casou com a atriz de teatro, cinema e tevê Irving, em 1985. Sua carreira no final dos anos 1980 foi sobrepujada pelo casamento e por seu papel de mãe de seu filho Max. Passaram por um divórcio especialmente litigioso, terminando em 1989. **Também: Darryl Zanuck & Richard Zanuck** (pai/filho; produtores); **Peter Lawford & Frank Sinatra** (companheiros do Rat Pack; ator/ator-cantor).

---

3 a 10 de setembro
SEMANA DO ENIGMA
VIRGEM II

19 a 25 de dezembro
CÚSPIDE DA PROFECIA
CÚSPIDE SAGITÁRIO-CAPRICÓRNIO

Nós contra o mundo

Esta combinação pode estimular as tendências menos moralmente respeitáveis dos parceiros ao permitir que se entreguem à autocomiseração. Nesse sentido, o relacionamento tem uma função de apoio, mas também a tendência a uma atitude de "nós contra o mundo" que pode ser perigosamente isoladora. Tanto as pessoas de Virgem II quando as de Sagitário-Capricórnio possuem um lado privado e introvertido que é exacerbado pela química do relacionamento. Geralmente sofreram alguma frustração e infelicidade pelo mundo e encontram certa compreensão compensatória um no outro – podem fazer com que o outro sinta que encontrou um espírito congênere que entende o que é ter sofrido as agruras e amarguras da vida.

Casos amorosos entre esses dois podem ser de uma paixão profunda. Extremamente privados, os namorados não toleram qualquer intromissão e podem considerar a traição de uma confidência o pior dos pecados. O relacionamento é vigoroso, mas pode incluir sentimentos de censura, culpa e vergonha que geralmente são ecos ou páginas não viradas de experiências infelizes na infância. Os parceiros devem prestar atenção e deixar o outro perceber quando começam a se comportar como pais censuradores. E se eles próprios se tornarem pais, os nascidos em Virgem II e Sagitário-Capricórnio devem estimular a intenção de romper com velhos padrões, em vez de repetir os mesmos erros do passado.

Na amizade e no relacionamento profissional, as pessoas de Virgem II podem inspirar a criatividade das pessoas de Sagitário-Capricórnio e servir de modelo em atividades profissionais e sociais bem-sucedidas. Como equipe de trabalho, os dois serão capazes de cumprir suas tarefas em uma empresa ou organização ano após ano, tranqüila e eficientemente, com constância e sem reclamação. São fiéis um ao outro, raramente rompendo sua ligação para obter promoção ou aumento. Infelizmente, isso significa que correm o risco de ficarem emperrados.

Irmãos ou primos nesta combinação, especialmente do sexo oposto, podem formar uma sociedade secreta família que poucos conhecem ou mesmo suspeitam. A comunicação pode ser sem palavras, contudo para eles soa alto e claro.

Conselho: *Apóiem-se mas não se humilhem. Deixem espaço para o crescimento individual. Sejam mais magnânimos e menos medrosos. Abram-se com os outros.*

RELACIONAMENTOS

PONTOS FORTES: SOLIDÁRIO, PROTETOR, APAIXONADO

PONTOS FRACOS: RETRAÍDO, RETICENTE, ACUSADOR

MELHOR: AMIZADE, TRABALHO

PIOR: AMOR

DAVE STEWART (9/9/52)
ANNIE LENNOX (25/12/54)

Stewart e Lennox são os principais membros do grupo pop Eurythmics. Quando se conheceram no final dos anos 1970, imediatamente começaram um relacionamento romântico e musical. Na época em que estrelaram o Eurythmics, em 1980, seu caso havia terminado. **Também: Dweezil Zappa & Frank Zappa** (filho/pai; músicos de rock).

633

| **RELACIONAMENTOS** |

PONTOS FORTES: RESPEITOSO, CONFIÁVEL, SENSUAL

PONTOS FRACOS: INTIMIDADOR, PRESSIONADOR, POSSESSIVO

MELHOR: AMOR

PIOR: FAMÍLIA

ANTON DVORAK (8/9/1841)
PABLO CASALS (29/12/1876)

O compositor Dvorak popularmente conhecido por sua *Sinfonia do Novo Mundo* (1893), compôs um concerto para violoncelo. Casals, o maior violoncelista do século XX, fez famosas interpretações do concerto de Dvorak e fez o que é considerado a gravação definitiva do trabalho.
Também: Pierre Troisgros & Alain Chapel (inovadores da nouvelle cuisine).

---

3 a 10 de setembro
SEMANA DO ENIGMA
VIRGEM II

26 de dezembro a 2 de janeiro
SEMANA DO REGENTE
CAPRICÓRNIO I

Evolução paralela

Este relacionamento enfatiza o aprendizado, a experimentação e o desenvolvimento pessoal por meio da experiência. Os nascidos em Virgem II e em Capricórnio I geralmente têm suficiente respeito e confiança um no outro para serem capazes de acreditar nas observações e informações do outro. Mesmo sem viverem e trabalharem juntos, em vários aspectos seu desenvolvimento será paralelo, precisando somente de um contato ocasional a fim de tocar a base. Na verdade, pode ser difícil para esses dois estabelecer seu relacionamento no mesmo espaço físico, já que costumam ser territoriais e possessivos e acham difícil dividir o que consideram seu.

Geralmente costumam brigar no casamento por causa de espaço e propriedade. A extensão dessas atitudes controladoras pode se tornar bastante aparente se os cônjuges se separarem – o divórcio pode acarretar brigas veementes pela posse dos bens ou a guarda dos filhos. Os casos amorosos são menos problemáticos. Aqui, as pessoas de Virgem II e de Capricórnio I podem dar bem mais valor a ideais, afeição e consideração – em suma, coisas intangíveis. Esse par também é bastante sensual; na vedade, as áreas do paladar, do tato e da sensualidade atraem esse par como um ímã e podem se tornar uma base sólida do relacionamento. Ainda assim, evitar bens comuns é uma boa idéia nesses romances.

Relacionamentos profissionais mostram uma impressionante capacidade para digerir e disseminar informações. Compartilhar as descobertas talvez seja a maior e única alegria do relacionamento profissional desses indivíduos; motivos comerciais tais como o medo de que segredos sejam roubados raramente fará com que este par reprima seu desejo de aprender, compartilhar e assimilar. A educação também tem prioridade no âmbito familiar e da amizade. No entanto, a convicção de que o aprendizado deve ser valorizado acima de todas as coisas nem sempre tem um efeito benéfico, já que esse relacionamento pode exercer uma pressão importuna e pouco edificante em pessoas que não são realmente talhadas para o estudo.

Conselho: *Não imponha seu desejo aos outros. Respeite opiniões diferentes. Dê tempo para as pessoas se decidirem. Largue mão de atitudes possessivas.*

| **RELACIONAMENTOS** |

PONTOS FORTES: EMOCIONAL, PROFUNDO, GRATIFICANTE

PONTOS FRACOS: PESADO, RETRAÍDO, CRUEL

MELHOR: AMIZADE

PIOR: TRABALHO

RICHARD NIXON (9/1/13)
JOHN MITCHELL (5/9/13)

Mitchell foi advogado geral de Nixon de 1969 a 1972. Em 1972, Nixon o nomeou presidente do Comitê de Reeleição para a Presidência. Entretanto, o envolvimento de Mitchell no escândalo de Watergate resultou em sua prisão (1975) por perjúrio e outras acusações. Ele ficou preso durante 4 anos. Mitchell, que morreu em 1988, permaneceu leal a Nixon até o fim.

---

3 a 10 de setembro
SEMANA DO ENIGMA
VIRGEM II

3 a 9 de janeiro
SEMANA DA DETERMINAÇÃO
CAPRICÓRNIO II

Ervilhas na vagem

De certa maneira, esses dois combinam como ervilhas na vagem. Distantes $120°$ no zodíaco, Virgem II e Capricórnio II formam aspecto trígono entre eles, o que a astrologia considera como sendo favorável e solto. E o relacionamento é bastante confortável – até surgirem os problemas. No entanto, a combinação vai bem mais fundo do que a afeição e a aceitação superficiais, sobretudo no âmbito emocional, e essa profundidade só se torna mais aparente em tempos de crise e caos. Os laços que unem as pessoas de Virgem II e de Capricórnio II têm um aspecto quase fatalista ou cármico para elas. Tem-se a impressão de que esses dois se merecem ou foram feitos um para o outro, para o que der e vier.

Aqui, os casos amorosos com freqüência são muito físicos e sexualmente satisfatórios. Mas a preocupação e o medo da rejeição podem importunar o casal, e se o relacionamento quiser manter um certo grau de equilíbrio deve ter mais atenção, mais autoconfiança (mas não arrogância) e, acima de tudo, ser um pouco mais leve. Aprender a se divertir e se levar menos a sério pode se tornar uma exigência para a saúde do relacionamento e, definitivamente, para sua sobrevivência. O casamento e o trabalho estão freqüentemente interligados, novamente elevando o nível de tensão e aumentando a tendência para o trabalho excessivo. O relacionamento entre pais e filhos de qualquer variedade deve se esforçar para trazer à luz o que está escondido, para que possa ser resolvido e, talvez, esquecido.

Relacionamentos de amizade e trabalho olham para o resto do mundo como a ponta de um iceberg: aqui, muito está escondido sob a superfície. Extremamente reservados, os parceiros fazem suas próprias regras e fazem o que têm que fazer, dando pouca atenção às conseqüências. Em certos casos cruéis, em outros simplesmente preocupados ou indiferentes, pacientemente ajudam e protegem um ao outro, sabendo que seu destino está inextrincavelmente ligado. No entanto, carecem de moral profunda ou compromisso enfático. Se um deles falhar nas relações profissionais, sociais e financeiras, ameaçando assumir a liderança sobre eles ou sua empresa, o outro demonstrará calmamente instintos de sobrevivência pragmáticos.

Conselho: *Anime-se. O que adianta se não dá para se divertir? Seja mais honesto. Reconheça as responsabilidades pessoais. Diminua o nível de tensão.*

3 a 10 de setembro
SEMANA DO ENIGMA
VIRGEM II

10 a 16 de janeiro
SEMANA DA DOMINAÇÃO
CAPRICÓRNIO III

Assimilando experiências

Este relacionamento sólido e firme pode agüentar muitos golpes. Ao mesmo tempo, é caracterizado por uma facilidade em assimilar experiências e por um sentimento natural entre os parceiros. Demonstra imaginação, visão e orientação para o futuro. Às vezes, a única coisa necessária para fazer fluir a criatividade de alguém é uma abordagem tranqüila e aberta, e as pessoas de Capricórnio III apreciam particularmente este relacionamento pois ele permite ativar seu lado criativo, um lado muitas vezes negligenciado por pessoas que só o procuram em busca de apoio. As pessoas de Virgem II também ficam felizes quando suas idéias e personalidade incomuns encontram uma platéia compreensiva. É verdade que experiências desafiadoras fatalmente fazem com que esses dois se confrontem, mas quanto mais dificuldades eles enfrentam, mais determinados ficam em vencê-las e mais aprendem.

As pessoas de Virgem II e de Capricórnio III formam uma excelente combinação em casos amorosos, apesar desses casos não serem muito românticos. Ambos os parceiros têm uma atitude natural com relação ao sexo e podem facilmente expressar afeição. O casamento também pode dar certo, mas de um modo diferente: aqui as responsabilidades e a oportunidade de construir uma unidade familiar eficaz geralmente ganham precedência. Muitas discussões e brigas por causa de detalhes rotineiros podem aflorar, pois como esposos esses dois nem sempre têm a mesma opinião sobre assuntos práticos, e ambos se consideram especialistas nestas áreas. Construir, restaurar e remodelar a casa pode ser especialmente desgastante nesse relacionamento.

No trabalho, esses parceiros compõem uma impressionante combinação. As pessoas de Virgem II são especialmente boas em cuidar de assuntos financeiros e de negócios, enquanto as pessoas de Capricórnio III contribuem com grande habilidade para planejar e administrar projetos. Relacionamentos de amizade e familiares (pais-filhos ou irmãos) nesta combinação podem ter brigas por poder, onde cada indivíduo se empenha para impor ao outro seu próprio rumo. Para que tal relacionamento permaneça intato, deve-se estabelecer um pouco de compreensão, tolerância e concessão. Um cenário de conflito deve ser evitado a qualquer custo.

Conselho: *Dê ao outro espaço suficiente. Coloque limites em suas discordâncias. Trabalhe para o bem do grupo. Deixe para trás a luta por poder pessoal.*

RELACIONAMENTOS

PONTOS FORTES: IRREDUTÍVEL, IMAGINATIVO, NATURAL

PONTOS FRACOS: ESTRESSADO, DISCORDANTE, COMPETITIVO

MELHOR: TRABALHO

PIOR: AMIZADE

JESSE JAMES (4/9/1847)
FRANK JAMES (10/1/1843)

Os irmãos James (na foto com a mãe) formaram uma gangue de marginais logo após a Guerra de Secessão. Roubaram bancos, diligências e trens e construíram a reputação de Robin Hood no processo. Em 1882, Jesse foi morto por um marginal pela recompensa. Frank mais tarde se entregou às autoridades e foi absolvido. **Também: Daniel Hudson Burnham & John Wellborn Root** (arquitetos do primeiro arranha-céu).

---

3 a 10 de setembro
SEMANA DO ENIGMA
VIRGEM II

17 a 22 de janeiro
CÚSPIDE DO MISTÉRIO E DA IMAGINAÇÃO
CÚSPIDE CAPRICÓRNIO-AQUÁRIO

União irresistível

Este relacionamento geralmente vê a praticidade das pessoas de Virgem II e a inventividade das pessoas de Capricórnio-Aquário unindo-se de um modo irresistível. Tem a habilidade de convencer os outros não só por meio de idéias, por meio do encanto, manifestando uma influência magnetizante no seu ambiente. Sua dinâmica interna nem sempre é das mais estabelecidas, mas atritos e diferenças de opinião em geral têm o efeito de gerar força dinâmica. Os nascidos em Virgem II e em Capricórnio-Aquário às vezes se tornam inimigos mas são mais propensos a demonstrar impulsos competitivos que têm definitivamente um efeito positivo, forçando ambos os parceiros a darem o melhor de si e a melhorarem a qualidade do seu trabalho.

No amor, a diferença de temperamento entre pessoas de Virgem II e as de Capricórnio-Aquário geralmente não permite que elas formem um relacionamento duradouro ou emocionalmente profundo. Ambos costumam não ser honestos sobre seus sentimentos e têm dificuldade em demonstrar empatia. Mesmo uma forte ligação sexual não é suficiente para manter este relacionamento por muito tempo. O casamento também não é muito recomendado.

Tendências competitivas e até mesmo combativas ameaçam destruir a amizade, mesmo se for excitantes. Amigos nesta combinação propensos a ciúmes e possessividade provavelmente se tornam rivais quando compartilham o mesmo objeto de afeição. No fim precisam decidir o que pode ser doloroso. No relacionamento profissional é melhor manter a objetividade e não envolver a família ou os amigos. Os nascidos em Virgem II podem se exasperar com representantes de Capricórnio-Aquário que não são nada práticos, sobretudo no âmbito das finanças, mas ao mesmo tempo dependem da criatividade deles. As pessoas de Capricórnio-Aquário podem ofender-se com as críticas e o jeito mandão das pessoas de Virgem II, mas precisam da sua orientação pragmática. O talento e as necessidades dos parceiros geralmente são complementares e podem levar ao sucesso na carreira. Relacionamentos entre pais e filhos, sobretudo com pais nascidos em Virgem II, podem ser tensos e ter colapsos periódicos na comunicação.

Conselho: *Tente ser mais honesto e solidário. Coloque-se no lugar dos outros. Mantenha abertas as linhas de comunicação. Use um pouco do seu tempo para cuidar de alguém.*

RELACIONAMENTOS

PONTOS FORTES: INVENTIVO, CHARMOSO, MAGNÉTICO

PONTOS FRACOS: ESTRESSADO, POUCO EMPÁTICO, IRREQUIETO

MELHOR: TRABALHO

PIOR: CASAMENTO

ARNOLD PALMER (10/9/29)
JACK NICKLAUS (21/1/40)

Palmer e Nicklaus estão entre os maiores e mais populares jogadores de golfe da história do esporte. Nicklaus teve sua primeira grande vitória no US Open de 1962 em um *playoff* contra Palmer, tornando-se um dos mais jovens jogadores de golfe a conquistar o título. Estes companheiros são amigos de longa data. **Também: Matthew Boulton & James Watt** (parceiros construtores da máquina a vapor).

RELACIONAMENTOS

PONTOS FORTES: OBJETIVO, AMIGÁVEL, CONSULTIVO

PONTOS FRACOS: DEFENSIVO, INVEJOSO, BLOQUEADO

MELHOR: AMIZADE

PIOR: AMOR

FRANKLIN ROOSEVELT (30/1/1882)
ALF LANDON (9/9/1887)

Landon foi favorecido na eleição presidencial de 1936 contra Roosevelt. De fato, Roosevelt venceu por esmagadora maioria. A confiança em Landon adveio do fato de que ele era o único republicano a manter seu governo nas eleições de 1932. Depois de perder para Roosevelt, ele se retirou da política nacional. **Também: Stefano Casiraghi & Princesa Caroline de Mônaco** (casados).

3 a 10 de setembro
SEMANA DO ENIGMA
VIRGEM II

23 a 30 de janeiro
SEMANA DO GÊNIO
AQUÁRIO I

Amistosidade e animosidade

A mistura de amistosidade e animosidade mantém esses dois indivíduos em guarda. O resultado dessa postura é um bloqueio de energias que emperra tanto os resultados como o desenvolvimento do relacionamento. Os dois têm muito a oferecer, mas suas forças respectivas não se unem, fundem ou complementam, pois isso exige um fluxo de energia que falta à essa combinação. O comum aqui, sobretudo nas combinações de negócios e amizades, são a distância e o bloqueio. Além disso, a relação pode envolver uma certa inveja: da parte de Virgem II pela percepção e criatividade de Aquário I, e da parte desse pela praticidade e bom senso monetário de Virgem II. Aquário I tende a apagar seu parceiro nessa relação, mas Virgem II exerce sua própria influência sutil, podendo funcionar como mais valioso crítico, conselheiro ou até professor de Aquário I. Ele, por sua vez, sente-se atraído pela complexidade e pelo recato de Virgem II, e tenta desvendar o mistério intrigante de sua personalidade. A observação é uma marca de qualidade, mas normalmente ela não serve para muita coisa, pois bloqueios inerentes impedem o progresso desse par.

Os casos amorosos trazem à tona o lado nervoso de ambos os parceiros. A insegurança é abundante aqui, e o casal tende a preocupar-se muito sobre se estão no caminho certo ou se deveriam mesmo envolver-se um com o outro. A responsabilidade doméstica desse casamento beneficia um pouco o relacionamento, mas muitas vezes Virgem II é deixado fazendo o trabalho enquanto seu parceiro de Aquário I está fora se divertindo. O ressentimento que Virgem II conseqüentemente sente é internalizado, resultando em depressão e em seu retraimento.

Virgem II será um pai (ou mãe) orgulhoso de Aquário I, fornecendo também o tipo de ambiente seguro de que esses filhos precisam. No entanto, eles podem sentir que não têm capacidade de entender o jovem Aquário I ou supri-los com aquilo que precisam emocionalmente. Grande parte da atitude de guarda entre as amizades de Virgem II e Aquário I podem ser aliviadas quando os parceiros têm tempo e espaço próprios.

Conselho: *Liberte-se de preocupações desnecessárias. Acentue o positivo. Compartilhe igualmente as responsabilidades. Fique atento a comparações invejosas.*

RELACIONAMENTOS

PONTOS FORTES: AFETUOSO, IDEALISTA, COMPREENSIVO

PONTOS FRACOS: DESAPROVADOR, DESTITUI PODER, REBELDE

MELHOR: CASAMENTO

PIOR: AMIZADE

RAINHA BEATRIX (31/1/38)
PRÍNCIPE CLAUS VON AMSBERG (6/9/26)

Beatrix ascendeu ao trono holandês em 1980 com a abdicação da mãe. Seu casamento anterior (1966) com o diplomata alemão von Arnsberg despertou certa oposição inicial devido a sua posição obscura e aos sentimentos anti-realeza holandeses. Eles têm 3 filhos. **Também: Elinor Wylie & William Rose Benet** (casados; poeta/fundador da *Saturday Review*).

3 a 10 de setembro
SEMANA DO ENIGMA
VIRGEM II

31 de janeiro a 7 de fevereiro
SEMANA DA JUVENTUDE E DESPREOCUPAÇÃO
AQUÁRIO II

Julgamento desfavorável

Esse é um relacionamento amoroso, com um grande idealismo, mas possui também suas dificuldades. As diferenças de caráter inerentes a ele podem estimular muitas críticas desses parceiros. Ambos têm a tendência de atacar o outro. Astrologicamente, Virgem II e Aquário II formam quincôncio um com o outro (separados por um ângulo de 150), o que indica alguma instabilidade. Aquário II gosta de uma vida sem problemas, o que significa que deve sentir-se livre para seguir seu próprio caminho; Virgem II tem outras idéias, mas toda vez que surge uma objeção ou um desacordo é expressado, eles são acusados de tentar criar problemas. Depois de algum tempo, eles desistem e se atêm a ressentimentos e frustrações. O fato é que muitos indivíduos de Virgem II não estão realmente preparados psicologicamente para deixar-se fluir com a corrente – eles florescem no desafio, nos problemas e nas dificuldades. Se Aquário II desaprovar esse enfoque, Virgem II se sentirá privado de poder.

O calor e a simpatia ficam aparentes em casos amorosos, onde os parceiros representam uma frente sólida e mutuamente sustentadora. Aquário II geralmente inicia o relacionamento romântico, e Virgem II não faz objeção a ser procurado assim. Um problema imediato surge quando membros da família e amigos fazem comparações entre os parceiros; geralmente Virgem II é julgado como faltoso. Uma vez que o orgulho dessa personalidade for ferido, poderá ser impossível para Aquário II alcançá-lo novamente.

Casamentos e parcerias de negócios funcionam bem, onde o bom gosto, a perspicácia e a discriminação se contrapõem ao enfoque mais juvenil e entusiasta de Aquário II. A frieza de ambas as partes emerge como uma das principais características desse relacionamento, e isso pode crescer mais tarde até virar uma reserva profunda. O casal apresenta uma face refinada e serena para o mundo que esconde todo o tipo de problema psicológico subjacente. A amizade entre Virgem II e Aquário II exibe uma rebeldia juvenil contra pais, professores e outras figuras de autoridade.

Conselho: *Não leve tão a sério o que os outros dizem. Siga seu próprio caminho. Seja mais transparente. Diminua suas atitudes de desaprovação. Alimente seu amor.*

3 a 10 de setembro
SEMANA DO ENIGMA
VIRGEM II

8 a 15 de fevereiro
SEMANA DA ACEITAÇÃO
AQUÁRIO III

Libertados da negatividade

Esse relacionamento encara dois grandes desafios em torno do assunto da liberdade. O primeiro é ajudar a liberar os parceiros de seus próprios padrões de pensamento negativos e auto-estima baixa. O segundo, supondo-se que o primeiro foi contornado, é a preservação e a celebração da liberdade individual dos parceiros, enquanto esses honram o relacionamento. Embora os dois possam parecer bastante diferentes de fora (Virgem II é mais reservado, enquanto Aquário III é mais vivaz), eles têm na verdade muito em comum. Ambos são sensíveis à crítica, e no entanto não hesitam em anunciar sua própria insatisfação com o mundo. Eles também tendem a agir como vítimas: ouvindo-os, pode-se supor que passaram por dificuldades, mas há também um toque de autopiedade e uma inabilidade em abandonar o passado na maioria de suas histórias. Juntos, esses dois trabalham liberando seu pensamento e hábitos negativos: sua negatividade simultânea é tão insuportável que a barreira se rompe e eles tomam outros caminhos. Ambos (não só Aquário III) têm problemas em aceitar as coisas e ambos (não só Virgem II) são difíceis de se compreender.

Quanto mais próximos esses dois ficam em um relacionamento romântico, mais insegurança sentem. Cada um tem medo de ser rejeitado ou abandonado pelo outro em favor de um competidor com melhor aparência, mais inteligente ou mais capaz. Esse relacionamento pode curar sua baixa auto-estima mas não milagrosamente: ambos têm de trabalhar seus próprios problemas, juntando-os ocasionalmente. No casamento, a ênfase é na permissão cuidadosa da liberdade individual de ação, de estilos e até de gostos.

As relações entre pais e filhos mostram os pais nascidos em Virgem II um pouco severos e exigentes, e filhos nascidos em Aquário III teimosos e rebeldes. Pais de Aquário III, por outro lado, podem negligenciar seus filhos de Virgem II, deixando-os bastante sozinhos com suas coisas. A amizade e as combinações de trabalho podem reforçar essas duas atitudes negativas e também o sentimento entre os parceiros de que o mundo é hostil e desolador. No trabalho, essa tendência tem um efeito desagradável sobre os projetos dessa equipe.

Conselho: *Respeitem suas diferenças e não tentem passar por cima delas ou eliminá-las. Resolvam seus próprios problemas. Tentem se livrar de velhos roteiros.*

RELACIONAMENTOS

PONTOS FORTES: SAUDÁVEL, DECIDIDO, PROTETOR

PONTOS FRACOS: MEDROSO, AUTODEPRECIATIVO, NEGATIVO

MELHOR: CASAMENTO

PIOR: AMOR

ELIZABETH I (7/9/1533)
MARIA I (8/2/1516)

A rainha católica Maria foi monarca inglesa de 1553 até sua morte em 1558. Durante seu reinado, Elizabeth, sua meia-irmã protestante, viveu no silêncio, esperando assumir o trono. Ela reinou de 1558 a 1603. **Também: Carl & Charles Van Doren** (tio/sobrinho; escritor/programa de jogos); **Elsa Schiaparelli & Marisa Berenson** (avó/neta; designer/atriz); **Vince & Dom DiMaggio** (irmãos jogadores de beisebol).

---

3 a 10 de setembro
SEMANA DO ENIGMA
VIRGEM II

16 a 22 de fevereiro
CÚSPIDE DA SENSIBILIDADE
CÚSPIDE AQUÁRIO-PEIXES

Trabalhar de duas formas

Embora os dois parceiros tenham temperamentos independentes, Virgem II geralmente assume o papel de guia para Aquário-Peixes, que, embora apesar de ser duro e agressivo o suficiente para vencer no mundo, se beneficia de seus poderes analíticos e de sua objetividade. Virgem II, por sua vez, não só obtém uma enorme satisfação ao ver seus protegidos de Aquário-Peixes alcançarem o sucesso, como também é recompensado financeiramente e ganha renome com esse processo. Dentro de uma família ou grupo social, Virgem II e Aquário-Peixes são pessoas independentes mas ao mesmo tempo dependem de seu relacionamento com o outro para obter conselhos e inspiração.

Nos casos amorosos e casamentos, Virgem II demonstra uma grande empatia com a sensibilidade isolada de Aquário-Peixes, e vice-versa. Ambos sabem quando apresentar-se com um ouvido aberto e um ombro amigo, e quando devem ficar calados. A grande confiança que emerge nesse relacionamento, no entanto, pode não se recuperar quando for rompida. A relação é regida pelo fogo, que aqui significa paixão, desejo e instinto. Com esse nível de sensibilidade e paixão, não é de se espantar que os relacionamentos sejam bastante satisfatórios, ao menos enquanto o respeito mútuo é mantido.

Os relacionamentos entre pais e filhos são mais fortes quando Virgem II é o pai ou a mãe. Há um perigo, no entanto, de que haja uma admiração cega da parte dos filhos de Aquário-Peixes, e uma posterior desilusão quando a verdade é revelada. Embora Virgem II possa ser um modelo excelente para os filhos de Aquário-Peixes, eles podem também ensinar alguns maus hábitos, incluindo arrogância e dissimulação. Como indicado, as amizades e os relacionamentos sociais e de trabalho entre Virgem II e Aquário-Peixes são extraordinários. Dentro ou fora da sala de aula, o relacionamento entre professor e aluno com Virgem II no papel do mentor flui em direções opostas: a educação aqui é mais um processo de experiências mútuas do que uma mera partilha de conhecimento.

Conselho: *Nunca traia a confiança que é sagrada. Fique atento à arrogância. O respeito é frágil e facilmente destruído. Elevar alguém pode ser um prelúdio à sua queda.*

RELACIONAMENTOS

PONTOS FORTES: EDUCACIONAL, INSPIRADOR, EMPÁTICO

PONTOS FRACOS: DESILUDIDO, RETRAÍDO, TRAIDOR

MELHOR: PROFESSOR-ALUNO

PIOR: PAIS-FILHOS

EDWARD KENNEDY (22/2/32)
JOSEPH KENNEDY (6/9/1888)

O filho mais novo do rico diplomata Joseph é Edward ("Teddy"), senador de 1962 até o presente. A maior ambição de Joseph para os filhos foi ameaçada quando o mais velho foi morto na Segunda Guerra em combate e 2 outros foram assassinados por motivos políticos. Joseph morreu em 1969.

RELACIONAMENTOS

PONTOS FORTES: INTELIGENTE, GENEROSO, COMPARTILHADOR

PONTOS FRACOS: VOLÚVEL, INFELIZ, INDECISO

MELHOR: AMIZADE

PIOR: AMOR

RALPH ELLISON (1/3/14)
RICHARD WRIGHT (4/9/08)

Wright e Ellison foram romancistas afro-americanos contemporâneos cujo trabalho favoreceu a causa dos negros nos Estados Unidos. Em 1936 Ellison conheceu Wright e se associou ao Projeto de Autores Federais; neste período Ellison foi inspirado por Wright. **Também: Luís XIV & Charles Le Brun** (rei/artista da corte).

---

3 a 10 de setembro
SEMANA DO ENIGMA
VIRGEM II

23 de fevereiro a 2 de março
SEMANA DO ESPÍRITO
PEIXES I

Mapear o futuro

Esse relacionamento focaliza-se no pensamento, na inteligência, na inspiração e na partilha de idéias. As dificuldades pessoais, no entanto, podem impedir essa ligação mental extraordinária. A graça da salvação é a capacidade de Virgem II de ser uma força estabilizadora na vida de Peixes I, que tende a ser indeciso e incerto. Virgem II pode ter de agüentar muita coisa, sentir-se rejeitado ou negligenciado, ficar infeliz e deprimido. Mas se ele tiver a paciência para permanecer firme, seu parceiro de Peixes I poderá retornar após dar sua voltinha, ou pode sossegar após um momento de confusão.

Um dos maiores problemas nos casos amorosos é a instabilidade emocional de Peixes I, que pode, achar o enfoque de Virgem II calmo e relativamente desapegado, o que o fará sentir-se seguro. Ambos os parceiros orientam-se para o serviço, e pode-se contar que darão sua contribuição ao relacionamento. No casamento, também, eles podem dar bastante de si mesmos ao outro e aos filhos. Peixes I por vezes esquece ou ignora suas tarefas diárias, e Virgem II pode ajudá-lo a manter-se na linha. As tarefas domésticas como limpeza e lavagem da roupa ajudam a puxar para o chão o comportamento caprichoso de Peixes I.

A amizade entre os dois é extraordinária. Peixes I é aquele amigo especial com quem Virgem II se abre e compartilha suas coisas, sentindo-se a salvo e interessado, sabendo instintivamente que não tem nada a temer. É nas combinações no trabalho e em família que a capacidade desse par de gerar idéias e discutir conceitos fica aparente. Engajados em projetos de pesquisa e de desenvolvimento, como o mapeamento do futuro de uma família, ou de uma organização cultural ou de negócios, ou fornecendo um serviço necessário juntos, Virgem II e Peixes I formam uma equipe eficaz que, na maioria dos casos. enxerga as coisas com os mesmos olhos.

Conselho: *Busque mais estabilidade. Continue compartilhando, mas não enfatize demais os problemas. Atenha-se aos assuntos do dia-a-dia. Force-se um pouco mais.*

RELACIONAMENTOS

PONTOS FORTES: ÚTIL, CRIATIVO, GENEROSO

PONTOS FRACOS: FORA DA REALIDADE, FRACO, PERDIDO

MELHOR: CASAMENTO

PIOR: FAMÍLIA

SALT (8/3/64)
PEPA (9/9/69)

O grupo feminino de rap Salt-and-Pepa, formado em 1985, foi um dos primeiros a ascender às paradas de sucesso. Salt (Cheryl James) e Pepa (Sandy Denton) se conheceram quando eram funcionárias da Sears Roebuck. Desde então estão em ascensão. **Também: Dweezil Zappa & Sharon Stone** (romance; cantor/atriz); **August Wilhelm von Schlegel & Friedrich von Schlegel** (irmãos; escritores românticos).

---

3 a 10 de setembro
SEMANA DO ENIGMA
VIRGEM II

3 a 10 de março
SEMANA DO SOLITÁRIO
PEIXES II

Manter a objetividade

Esse relacionamento gera uma energia criativa tremenda, capaz de pensamentos e inovações expansivas e almejar objetivos soberbos. É uma energia que surge da oposição: Virgem II e Peixes II estão em lugares opostos um ao outro no zodíaco (separados por 180). Capazes de construir um laço forte que funciona para estabilizar qualquer grupo ou organização, o relacionamento é bastante apto a manter-se por si mesmo, e, portanto, as parcerias de negócios e associações profissionais fortes são muito favorecidas. Virgem II tende a lidar com o planejamento, as finanças e a administração, enquanto Peixes II fornece a imaginação e, muitas vezes, o conhecimento teórico ou técnico.

Nas relações pessoais os dois tendem a perder-se um do outro. Há tantos mistérios em suas personalidades ocultas que eles podem tornar-se obcecados com a exploração pessoal, perdendo assim o contato com a realidade diária. Os casos amorosos entre Virgem II e Peixes II são profundos e emotivos. Há um perigo real da perda da identidade dos parceiros e ela pode tornar-se uma relação que absorve toda sua energia.

Amizades e casamentos são mais objetivos e conduzem ao crescimento pessoal individual. O relacionamento Virgem II-Peixes II pode ser uma unidade social extremamente ativa no seu círculo de amizades e fora dele; não é incomum que esse par assuma um importante papel no desenvolvimento de organizações comunitárias, religiosas ou esportivas, onde seu lado mais orientado para servir pode ser plenamente expressado. Esse trabalho é geralmente feito numa base voluntária, e almeja pouco, mesmo em termos de remuneração.

Parentes de Virgem II e Peixes II dão direção ao grupo familiar contanto que mantenham a objetividade em relação aos sentimentos que têm um do outro. Infelizmente, eles não possuem a firmeza ou a força de vontade para suportar decepções. O perigo aqui é que eles podem esconder-se dentro de seu próprio casulo e dissociarem-se de suas responsabilidades, sobretudo quando se sentem magoados ou rejeitados.

Conselho: *Componha-se. Fortifique sua resolução. Não se deixe destruir. Mantenha seu foco no criativo.*

3 a 10 de setembro	11 a 18 de março
SEMANA DO ENIGMA	SEMANA DOS DANÇARINOS E SONHADORES
VIRGEM II	PEIXES III

Milagroso e inesperado

Sonhos secretos, adormecidos por anos podem florescer nesse relacionamento, e quando são revelados os parceiros ficam espantados com sua correspondência e semelhança de pensamento. O milagroso e o inesperado são proeminentes aqui. O relacionamento focaliza as aspirações e o pensamento visionário, tanto como viagem quanto como destino.

Por meio do casamento e dos casos amorosos, Virgem II pode ser levado por Peixes III a um mundo totalmente novo de relações de família, nos quais não estavam interessados ou se sentiam inadequados para se envolverem. Por outro lado, esses indivíduos requerem dos parceiros uma grande compreensão emocional, que por alguma razão é difícil para eles. Talvez seja porque aqui o foco esteja mais em objetivos mútuos externos que internos. O casamento dá a ambos a oportunidade de trabalhar assuntos mal resolvidos de infância, sobretudo aqueles que envolvem a desaprovação de figuras de autoridade. Os dois podem conseguir planejar, comprar ou construir uma casa nova juntos ou reformar uma antiga. Esse tipo de empreendimento doméstico pode ocupar grande parte do tempo e do esforço desse relacionamento.

Como amigos, Virgem II e Peixes III são excelentes companheiros de viagem. Quando estão juntos sua expansividade de pensamento fica evidente por meio da forma de como planejam férias prolongadas ou até expedições a lugares relativamente remotos do mundo. Infelizmente, muitos desses projetos nunca saem do papel, além de um ou dois que são emocionantes e satisfatórios. Embora Virgem seja um signo de terra e Peixes de água, o par Virgem II-Peixes III é regido pelo fogo, que aqui representa o desejo de desafios dinâmicos.

As conexões de trabalho são, de certa forma, irreais. Os sonhos e aspirações muitas vezes superam a realidade pragmática, deixando-a para trás. Nos empreendimentos financeiros, de negócios ou empresariais, os parceiros de Virgem II e Peixes III podem não alcançar seus objetivos, e embora sejam capazes de obter pequenos sucessos, eles podem finalmente desistir simplesmente por estarem decepcionados.

Conselho: *Formem uma imagem mais realista de si mesmos. Examinem seus planos cuidadosamente. Não se contentem com fantasias. Procedam metodicamente, passo a passo.*

RELACIONAMENTOS

PONTOS FORTES: EXPANSIVO, AMBICIOSO, GENEROSO

PONTOS FRACOS: FORA DA REALIDADE, EGOÍSTA, DECEPCIONADO

MELHOR: CASAMENTO

PIOR: CARREIRA

PETER SELLERS (8/9/25)
LIZA MINNELLI (12/3/46)

Nos anos 1970 a carreira de Minnelli era frenética, com uma agenda de apresentações e gravações quase impossível de cumprir. Durante este período, seu romance com o ator Sellers se transformou em um sofrimento profundo devido às tensões de seus compromissos. Ela logo precisou de tratamento contra o abuso de álcool (1984-86). **Também: Dr. Michael DeBakey & Jerry Lewis** (médico/paciente; médico que atendeu ator viciado em remédios).

---

11 a 18 de setembro	11 a 18 de setembro
SEMANA DO LITERAL	SEMANA DO LITERAL
VIRGEM III	VIRGEM III

Doses não diluídas

É improvável que esse par procure enganar um ao outro; Virgem III é brutalmente honesto, e um par formado por eles espera a verdade em doses não diluídas. Não é que o relacionamento seja sério demais. Na verdade, troças e brincadeiras são proeminentes aqui. Por trás de toda afirmação humorística, no entanto, há compreensão, uma suposição de que o ouvinte sabe o que está acontecendo no mundo. Virgem III, na realidade, muito um sobre o outro, e quando seu parceiro não consegue corresponder às suas expectativas o escárnio pode ser o único recurso.

Os casos amorosos entre Virgem III e Virgem III são francos e têm o pé no chão, e são mais sexuais que românticos. Os parceiros sabem o que querem e geralmente acham que podem consegui-lo. O problema principal desse relacionamento é o egoísmo, de variedade física e psicológica. Embora os parceiros sejam muito parecidos, raramente ocorre a qualquer um deles tentar colocar-se no lugar do outro e ver como é. O casamento entre indivíduos de Virgem III é prático e pragmático. Se forem rebeldes, os casais ficam juntos pelo que consideram um tempo razoável, mas não hesitam em romper os laços.

Dois nascidos em Virgem III em uma só família podem ser um problema para os outros membros, pois essas personalidades tendem a impor sua atitude crítica, vontade forte e natureza exigente às pessoas ao seu redor. A autonomia é tão importante para eles que os irmãos de Virgem III travam batalhas para proteger suas prerrogativas. As escolhas conflitantes podem ser um problema especial para eles. As relações entre pais e filhos com essa combinação esperam o mesmo dos outros. Amigos ou parceiros de negócios de Virgem III podem dar-se muito bem, contanto que não esperem receber demasiada atenção um do outro. Esses relacionamentos devem ser mantidos tão objetivos quanto possível; aqui, as áreas com carga emocional são difíceis.

Conselho: *Perdoe e esqueça. Tente ser mais flexível. Deixe algumas coisas passarem sem comentários. Coloque-se no lugar de seu parceiro. Não espere demais.*

RELACIONAMENTOS

PONTOS FORTES: DIRETO, HONESTO, PRAGMÁTICO

PONTOS FRACOS: CRÍTICO, EXIGENTE, INFLEXÍVEL

MELHOR: TRABALHO

PIOR: FAMÍLIA

AGATHA CHRISTIE (15/9/1890)
JAMES FENIMORE COOPER (15/9/1789)

Christie e Cooper, ambos escritores de ficção mundialmente famosos compartilham o mesmo dia de aniversário. Os romances mais conhecidos de Coopeer são contos sobre a fronteira americana cheios de aventura e atmosfera histórica. Christie escreveu mais de 75 livros, principalmente romances policiais, nos quais e apresentou a milhões de leitores os personagens Hercule Poirot e Miss Jane Marple.

RELACIONAMENTOS

PONTOS FORTES: COM PÉS NO CHÃO, INOVADOR, AMBICIOSO

PONTOS FRACOS: BRIGUENTO, EGOÍSTA, CONTROLADOR

MELHOR: AMIZADE

PIOR: CASAMENTO

MARGARET SANGER (14/9/1883)
H.G. WELLS (21/9/1866)

Sanger foi pioneira na defesa do controle da natalidade. Entre seus muitos namorados estava o célebre escritor inglês H.G. Wells. Ele era conhecido como mulherengo. Seu caso apaixonado começou em 1921 e continuou com altos e baixos por muitos anos. **Também: Theodore Roosevelt, Jr. & Elliot Roosevelt** (primos; ambos generais do Dia D); **Jesse Lasky & Jesse Lasky, Jr.** (pai/filho; produtor/roteirista).

---

11 a 18 de setembro
SEMANA DO LITERAL
VIRGEM III

19 a 24 de setembro
CÚSPIDE DA BELEZA
CÚSPIDE VIRGEM-LIBRA

Iniciar novos projetos

Esse relacionamento cria novas perspectivas e orientações que podem resultar na realização de novos projetos, ou mais simples e basicamente, em novas maneiras de pensar, contanto que os parceiros deixem que as coisas se misturem entre eles. Se os dois afetarem-se de maneira errada (sempre há essa possibilidade), eles não darão à relação a chance de trabalhar seus efeitos. Virgem III oferece a Virgem-Libra um enfoque de bom senso, prático e com pés no chão, enquanto Virgem-Libra ensina a Virgem III algo sobre o prazer sensual, o divertimento e o relaxamento. Portanto, ambos os parceiros exercem um efeito realista um sobre o outro. Uma vez que essa qualidade começa a penetrar nesse relacionamento, Virgem III e Virgem-Libra decidem explorar outros empreendimentos, provavelmente ambiciosos. O fato desse novo esforço de imaginação surgir espontaneamente é uma surpresa para ambos.

Nos casos amorosos, a atitude um tanto quanto inflexível de Virgem III em relação a qualquer coisa considerada amoral pode amainar-se sob a tutela sensual persistente de Virgem-Libra. De qualquer forma, isso deve acontecer, e se não acontecer, Virgem-Libra pode começar a esbarrar na severidade de julgamento de seu parceiro. Virgem III faria bem se aprendesse a relaxar e a aproveitar o afeto espontâneo que esse relacionamento oferece. No casamento, também, a expectativa de Virgem III de que seu cônjuge tome a dianteira pode causar surpresa e ressentimentos a menos que ele aprenda a se controlar.

As amizades e relações de trabalho se sobrepõem, e podem basear-se na exploração de áreas teóricas remotas. Eles têm uma boa chance de ser comercialmente bem-sucedidos. O bom senso de Virgem III e o bom gosto de Virgem-Libra podem formar uma excelente combinação, mas o par deve ficar atento à tendência de Virgem III de ser crítico demais, e também ao gosto por novidades da moda de Virgem-Libra. Os irmãos dessa combinação podem lutar pela atenção de outros, sobretudo se forem do mesmo sexo. Sua tendência egoísta, controladora e possessiva pode levar a conflitos e brigas que magoam a família. Eles necessitam de seu espaço, suas posses e prioridades inquestionáveis. Será um grande erro se os pais forçarem ou exigirem que os irmãos dividam suas coisas.

Conselhos: *Tentem evitar ficar irritado com o outro. Focalizem-se no que é mutuamente relaxante e prazeroso. Aprendam o dom de dar. Trabalhar juntos requer paciência.*

RELACIONAMENTOS

PONTOS FORTES: VALORIZA QUALIDADE, GRATO, INSPIRADOR

PONTOS FRACOS: HIPERCRÍTICO, ARGUMENTATIVO, PROCRASTINADOR

MELHOR: TRABALHO

PIOR: AMOR

WILLIAM FAULKNER (25/9/1897)
SHERWOOD ANDERSON (13/9/1876)

Os escritores Faulkner e Anderson eram grandes amigos que se conheceram em New Orleans e dividiram um apartamento. Depois que Faulkner escreveu um malsucedido livro de poesias, Anderson o convenceu a escrever seu primeiro romance *O Soldo do Soldado* (1926), que Anderson também ajudou a publicar.

---

11 a 18 de setembro
SEMANA DO LITERAL
VIRGEM III

25 de setembro a 2 de outubro
SEMANA DO PERFECCIONISTA
LIBRA I

Busca de harmonia

Essa combinação envolve-se na busca da harmonia tanto dentro do relacionamento como no ambiente à sua volta; tanto nos projetos comuns aos parceiros e suas consequências criativas como em empreendimentos nos quais se envolvem com outras pessoas. A harmonia no relacionamento pode ou não ser alcançada, mas em termos de criação de beleza de formas, esses dois não têm igual. Seus padrões são muito altos. O perfeccionista Libra I encontra um espelho em Virgem III, e ambos têm mentes críticas de primeira linha. Apesar da possibilidade de conflitos pessoais, os dois trabalham bem juntos quando seus ideais relacionados à alta qualidade mesclam-se. Sem admiração e respeito mútuo, no entanto, irritações emocionais e conflitos podem separá-los. A sinergia aqui significa não só tendências críticas e perfeccionistas, mas também uma tendência à procrastinação; em Virgem III isso tem algo a ver com a autoconfiança grande demais, e em Libra I, com a indecisão.

Os casos amorosos e amizades são difíceis para os dois, pois seus temperamentos são muito diferentes. A intensidade direta de Libra I desestimula o mais sutil e perceptivo representante de Virgem III que, por sua vez, pode ser ameaçador para Libra I por causa da qualidade de sua inteligência – uma área que Libra I precisa dominar. Os casamentos são melhores, sobretudo quando os parceiros dão um tom realista à sua capacidade e visão nas tarefas diárias. O teste de acidez aqui é feito se desacordos cáusticos forem evitados ao se estabelecer o espaço doméstico.

As relações de trabalho entre Virgem III e Libra I funcionam melhor quando ambas as personalidades têm o mesmo peso em seus projetos, como colegas, parceiros de negócios ou executivos. Seu contato pessoal deve ser limitado e suas atitudes objetivas mantidas. Sua insistência para alcançar padrões elevados pode torná-los respeitados, mas também temidos pelos colegas e empregados. As relações entre pais e filhos são desordenadas: aqui, a paciência é uma qualidade rara, e desacordos explosivos podem ocorrer a qualquer momento.

Conselho: *Diminua os desentendimentos. Tente ser mais calmo e menos crítico. Não deixe assuntos importantes de lado por muito tempo. Seja tão objetivo quanto possível.*

11 a 18 de setembro
SEMANA DO LITERAL
VIRGEM III

3 a 10 de outubro
SEMANA DA SOCIEDADE
LIBRA II

Baixar a guarda

Esse relacionamento é confiante, aberto e até mesmo inocente. Sendo assim, ele tem a capacidade de insuflar vida nova nos pontos de vista de dois indivíduos que são geralmente embotados. Virgem III e Libra II são ossos duros de roer quando se trata do resto da humanidade, e sentindo a possibilidade de baixar a guarda nessa relação eles adquirem uma energia totalmente nova, além de uma nova vida. Eles vêem que são capazes de lidar com projetos que os assustavam antes. Na verdade, a tranqüilidade cria um nível de criatividade totalmente novo para eles.

Os romances dessa combinação são muito gratificantes. Uma mistura de compreensão pessoal e sensualidade garante uma relação calorosa e carinhosa. Os parceiros podem ficar próximos por anos. Pode ser que sintam necessidade de se casarem, mas poderão também finalmente tomar a decisão de viver juntos. Quando se casam, às vezes, Virgem III se ressente por ter de assumir uma parcela grande demais de responsabilidades diárias.

Como amigos ou irmãos, os dois exercem um efeito positivo em outros amigos e membros da família. Sua atitude é construtiva e eles gostam de ter um papel pequeno, porém importante nas atividades do grupo maior. Ocasionalmente, a inocência do par Virgem III e Libra II pode irritar as pessoas, que a vêem como uma jogada para evitar trabalho ou responsabilidades. Na realidade, em geral o relacionamento precisa adotar atitudes mais maduras, se quiser escapar da acusação de agir infantil ou irresponsavelmente, para que ganhem o respeito dos outros. Em particular, o sucesso das relações de trabalho entre Virgem III e Libra II depende da capacidade de se fortalecerem e tornarem-se um pouco mais realistas. Embora essa combinação traga bons sentimentos ao local de trabalho, ela também reforça tendências à indolência e à indecisão em outros. Os superiores farão bem se estimularem os dois, que são capazes de produzir trabalho de alta qualidade quando encorajados.

Conselho: *Sejam um pouco mais duros consigo mesmos. Provem que são maduros o suficiente para lidar com responsabilidades. Busquem fontes de inspiração e motivação.*

RELACIONAMENTOS

PONTOS FORTES: ABERTO, SOCIÁVEL, CALOROSO

PONTOS FRACOS: INDOLENTE, INDECISO, INFANTIL

MELHOR: AMOR

PIOR: TRABALHO

MICHAEL KORDA (8/10/33)
SIR ALEXANDER KORDA (16/9/1893)

O produtor e diretor Alexander foi de grande importância para o cinema inglês e americano por 25 anos, apresentando filmes memoráveis como *The Four Feathers* (1939) e *The Third Man* (1949). Seu sobrinho Michael é editor e escritor americano (*Charmed Lives*, 1979) que detém posição de destaque na Simon & Schuster. **Também: Greta Garbo & Rouben Mamoulian** (romance; atriz/diretor).

---

11 a 18 de setembro
SEMANA DO LITERAL
VIRGEM III

11 a 18 de outubro
SEMANA DO TEATRO
LIBRA III

Valores mais elevados

Os sentimentos sociais são predominantes nessa combinação, que se concentra em tornar as interações diárias mais prazerosas e gratificantes. Presta-se a um relacionamento tranqüilo que busca a paz e a harmonia. Não é de forma alguma entediante, exigindo dos parceiros o melhor de si em todos os momentos, mas o contexto aqui presente raramente permite que tais exigências se tornem pouco razoáveis ou estressantes. Na realidade, os valores mais elevados dessa relação são a atenção e a gentileza.

O relacionamento atinge seu ponto culminante com o casamento. Propelido pela insistência de Virgem III e a presença marcante de Libra II, esse casal é uma força a ser considerada dentro de qualquer contexto social ou familiar. Seus filhos terão respeito e atenção de ambas as partes, embora Libra III raramente possa suprir tanta energia para criar os filhos como os parceiros de Virgem III. Como pais, esses dois também tendem a ter expectativas muito elevadas de seus filhos.

As amizades e casos amorosos são mais tranqüilos. O humor é importante aqui, mas tende a ser direcionado para outras pessoas; o relacionamento é levado um pouquinho a sério demais. Atividades de todos os tipos atraem esse par, mas eles se interessam sobretudo por divertir-se e melhorar a si mesmos. Devem evitar a tendência a se envolverem de forma extremo e até mesmo fanática com programas de perda de peso, ginástica e saúde.

O perfeccionismo aflora de maneira mais proeminente na família e no trabalho, sendo também uma manifestação menos tranqüila da relação. Tanto os pais de Virgem III como os de Libra III são extremamente críticos de seus filhos do outro signo; isso também ocorre com patrões e empregados. Embora a rebeldia seja um caso raro aqui, esses pais devem tomar cuidado extremo para não alienar a afeição de seus filhos, que podem carregar consigo complexos psicológicos até a maturidade, dificultando ou até mesmo tornando impossível o relacionamento normal com figuras de autoridade.

Conselho: *Tentem rir de si mesmos ocasionalmente. Busquem o caminho do meio. O hedonismo nem sempre é o melhor para vocês. Desconfiem um pouco mais de comportamentos extremos.*

RELACIONAMENTOS

PONTOS FORTES: RELAXADO, ATENCIOSO, DIVERTIDO

PONTOS FRACOS: PERFECCIONISTA, ALIENADO, EXPECTANTE DEMAIS

MELHOR: AMIZADE

PIOR: PAIS-FILHOS

DICK HAYMES (13/9/16)
RITA HAYWORTH (17/10/18)

Cantor e ator de filmes românticos, Haymes foi uma celebridade nos anos 1940. A charmosa Hayworth foi a 4ª de suas 6 esposas. Depois que se casaram em 1953 ela se tornou responsável pela dilapidação de seus recursos, o que levou ao seu rompimento em 1955. **Também: John Ritter & Suzanne Somers** (co-estrelas, *Three's Company*); **Milton Eisenhower & D.D. Eisenhower** (irmãos; educador/presidente).

| **RELACIONAMENTOS** |

PONTOS FORTES: INTERESSANTE, CINTILANTE, DIRETO

PONTOS FRACOS: INCONSCIENTE, DOGMÁTICO, COMPETITIVO

MELHOR: FAMÍLIA

PIOR: CASAMENTO

ANNETE FUNICELLO (22/10/42)
FRANKIE AVALON (18/9/40)

Os cantores e atores Funicello e Avalon se tornaram símbolos da cultura adolescente dos anos 1960 quando se uniram para fazer filmes de festas na praia entre 1963 e 1965. Depois de um longo hiato, se reencontraram em uma nostálgica reprise de *Back to the Beach* (1985), durante a qual Annette descobriu os primeiros sintomas da esclerose múltipla. Fizeram turnês pelos Estados Unidos juntos em 1988.

---

11 a 18 de setembro
SEMANA DO LITERAL
VIRGEM III

19 a 25 de outubro
CÚSPIDE DO DRAMA E DA CRÍTICA
CÚSPIDE LIBRA-ESCORPIÃO

Brilho juvenil

A exuberância infantil dessa combinação é tão grande que o mundo deverá notá-la: os dois têm uma certa capacidade de tornarem-se famosos. A sorte, no entanto, pode escapar deles. Aqui, um brilho juvenil é dominante, e isso pode se sobrepor aos traços individuais da personalidade de cada parceiro, que em ambos os casos tendem para o severo. Seu relacionamento os encoraja a mostrar iniciativa e, para que se dêem conta dessa tendência, ambos terão de superar o desejo de planejar as coisas com demasiado cuidado. Se conseguirem adicionar comentários intuitivos e administração eficiente (traços comuns a esse par) a outros traços compartilhados, irão longe. Pelo lado negativo, o mau temperamento também pode ter influência aqui.

Nas parcerias do amor e familiares, uma terceira pessoa geralmente está presente no relacionamento entre Virgem III e Libra-Escorpião. Essa pessoa ocupa um lugar central ao redor do qual os parceiros giram, como para complementar ou antagônico. Ciúmes e competitividade podem surgir nesses triângulos. O ideal é que Libra-Escorpião e Virgem III se dêem conta finalmente da lógica interna da situação (que pode estar fadada a continuar por muitos anos) e estabeleçam uma espécie de acordo. Porém, o problema é que tanto Virgem III como Libra-Escorpião são muito mais equipados para projetos sociais e atividades físicas que para assuntos ligados à psicologia humana e à compreensão emocional. Eles podem ter problemas para chegar a conclusões mais profundas sobre a dinâmica de seu relacionamento, sobretudo quando isso se refere aos outros. Os casamentos e as relações de trabalho dessa combinação podem atrair muita atenção da parte de outros. Poderia esperar-se o sucesso aqui, dado o alto nível de competência de ambos, mas a parceria raramente é duradoura. Esses parceiros possuem opiniões fixas e são apegados demais a seu próprio enfoque para trabalharem juntos por muito tempo ou mesmo viverem sob o mesmo teto. A amizade pode funcionar melhor, sobretudo quando ambos compartilham um interesse ou objetivo, que muitas vezes envolve arte, viagens ou coleções. Contanto que essa atividade torne-se central, a competição pela atenção entre amigos de Virgem III e Libra-Escorpião geralmente não afeta o relacionamento.

Conselho: *Tente ver-se às vezes como os outros o vêem. Não se comprometa demais. Reconheça a importância da diplomacia.*

| **RELACIONAMENTOS** |

PONTOS FORTES: SOCIAL, ADAPTÁVEL, GRATO

PONTOS FRACOS: OBSESSIVO, DOMINADOR, NEGLIGENTE

MELHOR: CASAMENTO

PIOR: IRMÃOS

SAMUEL JOHNSON (18/9/1709)
JAMES BOSWELL (29/10/1740)

O escritor inglês e espirituoso Johnson conheceu o jornalista escocês Boswell em 1763. Boswell juntou-se ao grupo literário de Johnson, formando um duradoura amizade. Em 1773 o par viajou pela Escócia, aventura relatada por Boswell na biografia *Vida de Samuel Johnson*, uma obra-prima literária. **Também:** Theodore Roosevelt, Jr. & Theodore Roosevelt (filho/pai; escritor-político/presidente americano).

---

11 a 18 de setembro
SEMANA DO LITERAL
VIRGEM III

26 de outubro a 2 de novembro
SEMANA DA INTENSIDADE
ESCORPIÃO I

Dinâmica adaptada à forma

Esse relacionamento demonstra uma espécie de consciência de si mesmo sobre seu lugar na família, na carreira ou na hierarquia do grupo ao qual pertence e, portanto, sua tendência a uma natureza social. Aqui, mais do que em outros relacionamentos, está em funcionamento uma interessante dinâmica moldadora. Virgem III e Escorpião I têm a capacidade de se adaptarem seriamente ao outro e ao seu ambiente sem comprometer sua individualidade essencial. Eles o conseguem por meio do gosto pela reflexão silenciosa e pelo pensamento envolvidos em seu relacionamento. Esse par precisa periodicamente recuar para que possa observar a situação na qual se encontra. Quando o fazem, ressurgem mais maleáveis, encaixando-se em uma nova forma ou mais confortavelmente em uma forma mais velha.

Amizades e relacionamentos entre irmãos geralmente fazem do Escorpião I um observador, papel ao qual se adapta bem. Sua atenção natural pode levá-lo a uma observação obsessiva de seu parceiro nascido em Virgem III, que pode ficar inicialmente impressionado, mas depois pode sentir-se bastante desconfortável. Virgem III sente-se estável nessa combinação, o que pode tornar Escorpião I dependente e, portanto, eles devem ter cuidado para que sua parceria não assuma uma importância grande demais em sua vida. Ambos os parceiros finalmente se ressentem caso o relacionamento os una muito fortemente. Os casos amorosos e casamentos entre Virgem III e Escorpião I são extremamente sociáveis. Em vez de enterrar-se em atividades secretas e escondidas (o que essas personalidades podem fazer em outras combinações), eles florescem em interações com outras pessoas, em festas, jantares, eventos ou férias. Geralmente é por meio do contato social que os dois realmente se conhecem e começam a apreciar um ao outro. Esses parceiros devem tomar cuidado para cultivar intimidade entre eles e dar tempo para que ela se desenvolva. As relações de trabalho entre os dois podem ser excelentes, contanto que mantenham o respeito e preservem um aparência de igualdade. A tendência de Virgem III de dominar seu parceiro de Escorpião I deve ser cuidadosamente observada, pois ela pode levar a ressentimentos e até mesmo à rejeição.

Conselho: *Dêem-se tempo suficiente para os assuntos pessoais. Preocupem-se menos com sua imagem. Fiquem atento a tendências obsessivas. Promovam a igualdade.*

11 a 18 de setembro
SEMANA DO LITERAL
VIRGEM III

3 a 11 de novembro
SEMANA DA PROFUNDIDADE
ESCORPIÃO II

Equipe coesa

Esse par poderosamente persuasivo tende a ignorar as regras da sociedade, estabelecendo seus próprios valores e fazendo o que quer. O foco do relacionamento é uma atividade ou um projeto importante, no qual os dois funcionam como uma equipe coesa. Virgem III pode ressentir-se da dominação de Escorpião II, enquanto Escorpião II pode achar Virgem III manipulador, mas no todo, os dois desejam unir-se em torno de um esforço comum. Escorpião II aprecia o estímulo mental oferecido por esse relacionamento, e Virgem III o envolvimento emocional intenso.

Como namorados, os dois são inicialmente levados pela paixão, mas Virgem III começa a recuar quando se sente cobrado ou controlado. Se a relação for recompensadora sexualmente, esse distanciamento será um processo difícil e doloroso. Escorpião II pode retaliar, mas se preferir lutar, verá que a língua de Virgem III é afiada e terá de sofrer em silêncio. Geralmente, a repressão estabelece um círculo vicioso, no qual as energias bloqueadas de Escorpião II reúnem-se e atacam repetidamente Virgem III. O casamento funciona melhor; ambos têm tendências a ser cuidadosos um com o outro, e isso se intensifica com a sinergia de sua relação. Assim, eles fornecem tanto à sua prole como ao parceiro um ambiente protetor e amoroso. Pais de Virgem III e Escorpião II formam uma equipe de negócios eficaz, compartilhando *hobbies*, esportes ou alguma atividade criativa.

Amigos de Virgem III e Escorpião I podem decidir trabalhar juntos como autônomos ou ter um pequeno negócio juntos. Entretanto, podem surgir problemas com dinheiro se os gostos de Escorpião II forem muito caros para o econômico Virgem III, e assim, se não conseguirem ater-se a acordos financeiros firmes, sua relação de trabalho poderá ser rompida. Na família, o relacionamento entre pai e filho de Virgem III e Escorpião II (em qualquer combinação) é excelente, mas seu sucesso depende da capacidade do pai ser um modelo para o filho, principalmente se os dois são do mesmo sexo.

Conselho: *Dêem asas aos seus sentimentos. Pensem construtivamente. Levem em conta suas necessidades e desejos. Equilibrem seu fluxo de caixa, e não sejam sovinas ou perdulários.*

RELACIONAMENTOS

PONTOS FORTES: INDEPENDENTE, PERSUASIVO, PROTETOR

PONTOS FRACOS: REPRIMIDO, REIVINDICADOR, INSOLVENTE

MELHOR: PAIS-FILHOS

PIOR: AMOR

MARILYN BERGMAN (10/11/29)
ALAN BERGMAN (11/9/25)

Alan e Marilyn são roteiristas de cinema e liricistas. Estão entre as parcerias mais bem-sucedidas de marido e esposa do cinema, ganhando vários Oscars por seu trabalho dos anos 1960 aos 1980. Entre seus filmes estão *Nosso Amor de Ontem* (1973), *Nasce uma Estrela* (1976), *Tootsie* (1982) e *Quero Ser Grande* (1988).
Também: D.H. Lawrence & Dorothy Brett (caso).

---

11 a 18 de setembro
SEMANA DO LITERAL
VIRGEM III

12 a 18 de novembro
SEMANA DO ENCANTO
ESCORPIÃO III

Apresentação cintilante

O foco desse par é ser a força motriz por trás de apresentações comerciais, celebrações em família e manifestações culturais. Embora como indivíduos esses parceiros tenham a tendência à viver uma vida pessoal na surdina e controlada, essa relação permite uma extroversão que pode ser chamada de cintilante, mais obviamente presente aqui do que em qualquer projeto que compartilharem. A relação consegue direcionar muito bem suas energias para aquilo com o que podem contar em vez de desgastá-la com demonstrações emocionais. Embora Virgem seja um signo de terra e Escorpião de água, o relacionamento Virgem III-Escorpião III é regido pelo ar, um elemento que, nesse caso, significa pensamento e entretenimento. Antes de tudo realistas, os nascidos em Virgem III e Escorpião III não se enganam sobre sua relação.

Nos casos amorosos, os dois raramente se deixam levar por tendências românticas. A relação pode ser um tanto quanto perigosa para eles, pois nenhum dos dois hesita em rompê-la se for contra seus interesses ou desejos. No entanto, ela pode ser muito satisfatória e, às vezes, até emocionante, sobretudo sexualmente. O casamento funciona bem, pois os parceiros levam seus deveres domésticos e paternais a sério e raramente comprometem a unidade familiar com um comportamento inesperado.

Como amigos, os dois dependem muito de seu relacionamento para obter apoio e conselhos. Porém, Escorpião III pode achar Virgem III um pouco egoísta, enquanto Virgem III acha que Escorpião III se preocupa um pouco demais com sua imagem social. Relações entre pais e filhos apresentam atitudes paternais um pouco estritas e filiais submissas.

No trabalho, esse par tem um olho bom para o sucesso. Atentos ao que os outros desejam, os parceiros sabem como fornecê-lo de maneira excitante e atraente, sem comprometer excessivamente seus próprios conceitos. A honestidade é extremamente importante para eles, que raramente fingem ser o que não são para conseguir melhorar financeiramente ou em sua carreira.

Conselho: *Fique mais tranqüilo emocionalmente. Não tenha medo de seus sentimentos. Tente ser mais gentil e compreensivo. A consideração pelos outros é da maior importância.*

RELACIONAMENTOS

PONTOS FORTES: BEM-SUCEDIDO, HONESTO, EXCITANTE

PONTOS FRACOS: EGOÍSTA, INFLEXÍVEL, REJEITADO

MELHOR: CASAMENTO

PIOR: AMIZADE

BELA KAROLYI (13/9/42)
NADIA COMANECI (12/11/61)

A ginasta romena Comaneci assombrou o mundo nas Olimpíadas de 1980 ao ganhar 2 medalhas de ouro e 2 de prata sob a orientação de Karolyi. Ele a descobriu em 1967 aos 6 anos de idade. Ele se tornou treinador da equipe romena para os jogos de 1980.
Também: Harold Clurman & Lee Strasberg (fundadores do Group Theater); **Nadia Boulanger & Aaron Copeland** (professora de música/aluno-compositor).

RELACIONAMENTOS

PONTOS FORTES: IRREDUTÍVEL, NEGOCIADOR, COMERCIAL

PONTOS FRACOS: CONFLITUOSO, DADO A JULGAR, RECEOSO

MELHOR: TRABALHO

PIOR: PAIS-FILHOS

JOHN FIELD (22/11/21)
SIR FREDERICK ASHTON (17/9/06)

Field e Ashton foram figuras proeminentes do London's Royal Ballet. Ex-dançarino, Ashton foi um de seus coreógrafos fundadores (1933-70) e foi nomeado co-diretor (1963-70). Field trabalhou com Ashton como diretor assistente (1957-70) e co-diretor a partir de 1970. Ambos serviram a Força Aérea na Segunda Guerra.

11 a 18 de setembro
SEMANA DO LITERAL
VIRGEM III

19 a 24 de novembro
CÚSPIDE DA REVOLUÇÃO
CÚSPIDE ESCORPIÃO-SAGITÁRIO

Discussões pragmáticas

O tema aqui será provavelmente a luta pelo poder, e o sucesso do relacionamento tende a aumentar ou diminuir dependendo da capacidade dos parceiros de ganhar e manter o respeito um pelo outro. É crucial que eles negociem de maneira justa já que eles raramente vêem as coisas da mesma forma sem discussões extensas, abertas e pragmáticas. Ambos apreciam a comunicação solta e fácil que, no entanto, nunca tem mais valor para o relacionamento que a negociação. Acordos difíceis geralmente têm de ser forçados se o relacionamento se der na esfera doméstica, comercial ou familiar.

Os pontos difíceis no amor e no casamento são a necessidade de movimentar-se de Escorpião-Sagitário (ou de manter sua independência, em geral) e a capacidade de Virgem III de aceitar e permitir esse comportamento. Seu julgamento rígido coloca Escorpião-Sagitário contra o muro, e é capaz até mesmo de aliená-lo completamente. Pode haver uma forte atração física aqui, mas ela é geralmente insuficiente para ultrapassar ou mitigar esses problemas. Por outro lado, a luta pelo poder nesse relacionamento nem sempre provoca a separação, pois os parceiros se completam, além de serem bastante capazes de obter satisfação em suas interações.

A amizade pode ser impedida por um comportamento teimoso entre essas personalidades obstinadas e cabeçudas. O confronto é ainda mais provável em família, sobretudo nas relações entre pais e filhos onde Virgem III é o pai (ou mãe). As restrições impostas provocam rebeldia e selvageria nos filhos nascidos em Escorpião-Sagitário, resultando inevitavelmente em uma série de conflitos. Virgem III e Escorpião-Sagitário podem trabalhar juntos de maneira excelente, contanto que respeitem e confiem um no outro. Esse último item é importante, porque Virgem III acha Escorpião-Sagitário esquivo e nem sempre pode ter certeza de seus motivos quando não estiverem em seu campo de visão. Por outro lado, Escorpião-Sagitário acha Virgem III um pouco conservador e inflexível. No entanto, se uma dinâmica funcional for alcançada, o sucesso comercial e artístico estará dentro do alcance desses parceiros.

Conselho: *Suspendam os julgamentos sempre que possível. Tentem aceitar mais. Não se deixem levar por lutas pelo poder. Sejam flexíveis e abertos.*

RELACIONAMENTOS

PONTOS FORTES: PACIFICADOR, PERSPICAZ, MAGNÂNIMO

PONTOS FRACOS: CRÍTICO DEMAIS, AUTOCONSCIENTE, EXPLOSIVO

MELHOR: AMOR

PIOR: TRABALHO

ED HARRIS (28/11/50)
AMY MADIGAN (11/9/50)

O ator Harris apareceu em uma ampla variedade de filmes, mais notavelmente como o astronauta John Genn em *Os Eleitos* (1983). Em 1983 ele se casou com a versátil atriz de teatro, cinema e tevê Madigan. Fizeram 2 filmes juntos, *Um Lugar no Coração* (1984) e *Baía do Ódio* (1985). **Também: Jacqueline Bisset & Alexander Godunov** (romance; atriz/dançarino).

11 a 18 de setembro
SEMANA DO LITERAL
VIRGEM III

25 de novembro a 2 de dezembro
SEMANA DA INDEPENDÊNCIA
SAGITÁRIO I

Abordagem discernidora

Naturalmente vivaz e afetivo, esse par é provavelmente atraente para os outros, mesmo quando recuam de forma um pouco desapegada, para analisar e criticar secretamente as próprias pessoas que se sentem atraídas por eles. Seu relacionamento dá grande valor à honra e à integridade, mas seu foco real é uma abordagem discernidora e crítica do mundo material, sobretudo das pessoas. Virgem III sente-se atraído pelas qualidades naturalmente expressivas de Sagitário I, e Sagitário I pela elegância tranqüila de Virgem III. Embora Virgem III sinta-se mais à vontade nesse mundo, Sagitário I aprecia poder expressar seu lado mais seletivo e compartilhar padrões elevados com seu parceiro. Outro dos temas da relação é a geração de emoção, e aqui Sagitário I geralmente toma a frente.

Os casos amorosos são muito românticos. A paixão é intensa e o envolvimento físico pode ser febril. No entanto, as qualidades discriminadoras e críticas não são deixadas do lado de fora da porta do quarto. Ambos os parceiros sabem muito bem que podem dar e receber prazer sobretudo sexual de seu parceiro exigente – Os fortes sentimentos entre os dois provavelmente não se desgastam com o casamento; na realidade, eles se tornam mais profundos. Esses casamentos são temperamentais, incluindo explosões de raiva, mas também muitos beijos e entendimento.

Irmãos com essa combinação são extremamente próximos. Eles têm uma compreensão e aceitação profunda do outro, sobretudo quando são do sexo oposto, e sua capacidade de pensar nos problemas e conseguir chegar a soluções exeqüíveis pode ser muito valiosa para a família da qual fazem parte. Geralmente pensa-se neles como diplomatas e pacificadores. Esse papel é especialmente apreciado por Sagitário I, pois em outras relações eles freqüentemente têm um papel ativista ou rebelde.

Em suas amizades e relações de trabalho, o indivíduo mental de Virgem III pode entrar em conflito com seu parceiro intuitivo. Suas qualidades críticas também podem enervar Sagitário I, que muitas vezes não é capaz de explicar como se sente sobre um dado problema para satisfazer Virgem III.

Conselho: *Avalie menos os outros: a vida não é uma competição. Trabalhe para manter suas opiniões para si mesmo. Não se apresse para compreender.*

11 a 18 de setembro
SEMANA DO LITERAL
VIRGEM III

3 a 10 de dezembro
SEMANA DO ORIGINADOR
SAGITÁRIO II

Reconciliar pontos de vista distintos

O foco desse relacionamento, e também o seu desafio, é estabelecer um negócio, uma família ou um sistema para alcançar metas mútuas. Pode-se esperar muitas dificuldades, sendo que uma das maiores é a dificuldade de Virgem III aceitar os aspectos mais incomuns da personalidade de seu parceiro. Ele pode não se achar rigoroso, mas Sagitário II, mais ousado, provavelmente fará com que se sinta mais tenso e conservador. Aqui, surgem dificuldades não só para se entenderem, como também para reconciliarem diferentes pontos de vista e atitudes.

Pais de Virgem III são um pouco severos com filhos de Sagitário II, que são vistos por eles como voluntariosos, necessitando de disciplina. O jovem de Sagitário II pode tentar recuar ou escapar quando o pai (ou mãe) não o entende; também pode começar a preferir o outro pai, e isso provavelmente criará tensões. A amizade pode ser maravilhosamente bem-sucedida, chegando a uma unanimidade de opiniões e florescendo na diversidade e nas diferenças. Porque é precisamente por suas peculiaridades que os dois gostam tanto um do outro como amigos, sua relação quase não exerce pressão sobre eles, deixando-os ser eles mesmos.

É provavelmente no casamento e nos casos amorosos em que os dois moram juntos que ocorre mais sofrimento pela diferença de temperamento entre esses parceiros, além das lutas pelo poder inerentes a essa combinação. Como cônjuges, os dois podem realizar-se comprando, construindo ou reformando uma casa; Sagitário II tem a energia prática que funciona muito efetivamente aqui. O único perigo é que podem ter problemas em manter seus esforços, e isso exigirá paciência de Virgem III. Em assuntos de negócios e educação, Sagitário II pode depender muito de seu parceiro para apoio e ajuda. Sendo assim, Virgem III terá tendência aos detalhes mais práticos da vida, enquanto seu parceiro de imaginação fértil ficará mais absorvido em seu trabalho criativo. É possível que ressentimentos e frustrações cresçam constantemente aqui, assim como culpas e recriminações, sendo centradas na falta de constância e na excentricidade de Sagitário II.

Conselho: *Reconcilie as diferenças quando possível. Tente aceitar e compreender mais. Encontre o equilíbrio entre a diversão e a responsabilidade.*

RELACIONAMENTOS

PONTOS FORTES: DESAFIADOR, INDIVIDUALISTA, ESTABELECIDO

PONTOS FRACOS: INTOLERANTE, IMPACIENTE, IRRECONCILIÁVEL

MELHOR: AMIZADE

PIOR: PAIS-FILHOS

PETER FALK (16/9/27)
JOHN CASSAVETES (9/12/29)

Falk e Cassavetes eram amigos pessoais de longa data. Falk, famoso na tevê como Colombo, atuou com Cassavetes em vários filmes e foi dirigido por ele em outros 2, notavelmente em *A Woman Under the Influence* (1974), que eles também financiaram e distribuíram. **Também: Ben Shahn & Diego Rivera** (muralistas); **Greta Garbo & Paul Bern** (atriz/produtor executivo); **Henrique V & Carlos VI** (reis guerreiros inglês e francês).

---

11 a 18 de setembro
SEMANA DO LITERAL
VIRGEM III

11 a 18 de dezembro
SEMANA DO TITÃ
SAGITÁRIO III

Estimular tensões

Esse relacionamento fornece apoio e compreensão, mas também é intenso. Ele exige de seus parceiros algum esforço para ganhar o respeito do outro, e o caminho para esse objetivo pode ser realmente tumultuado. A dificuldade é sublinhada pelo fato de Virgem III e Sagitário III formarem quadratura no zodíaco (separados por um ângulo de 90), e portanto, a astrologia prevê problemas entre eles. Essa tensão, no entanto, tem um efeito positivo que os estimula a níveis mais altos de realizações.

Como namorados, os dois podem alcançar um nível emocional jamais alcançado em seus relacionamentos anteriores. Embora não seja possível para qualquer um dos parceiros ser objetivo nesses momentos, mais tarde Virgem III poderá avaliar o estado do relacionamento. No entanto, ele guarda suas conclusões para si mesmo, dando-se conta de que Sagitário III não tem interesse algum em sua análise. O casamento entre eles tende a engendrar conflitos pelo poder; Sagitário III pode tentar forçar Virgem III a um papel subserviente, e eles acharão isso difícil de aceitar.

Amizades e combinações entre irmãos são extremamente próximas, sobretudo quando os indivíduos são do mesmo sexo. Como amigos, Sagitário III e Virgem III podem ser considerados irmãos ou irmãs. Pode-se esperar competição e até mesmo brigas entre os dois, mas com o passar dos anos, sua ligação se aprofunda. Eles podem contar um com outro invariavelmente em momentos de crise ou de emergência.

No trabalho, sobretudo na esfera profissional, Virgem III e Sagitário III reconhecem os seus talentos como colegas ou como rivais. Aqui, o conceito chave é a assessoria; os dois tendem a ser os melhores críticos um para o outro. Se trabalharem para a mesma organização, sua relação será reconhecida como uma força poderosa na reorganização, análise de mercado ou no tipo de pesquisa e desenvolvimento que produzem inovações e invenções extraordinárias.

Conselho: *Controlem a combatividade. Entrem em comum acordo. Usem as tensões positivamente. Mantenham positivos seus pontos de vista. Relaxem quando possível.*

RELACIONAMENTOS

PONTOS FORTES: ASTUTO, INTENSO, DIGNO DE CONFIANÇA

PONTOS FRACOS: ESTRESSADO, COMBATIVO, PROBLEMÁTICO

MELHOR: TRABALHO

PIOR: FAMÍLIA

ROBERT BENCHLEY (15/9/1889)
MARC CONNELLY (13/12/1890)

Benchley e Connelly foram ambos membros da famosa Round Table – um grupo de literatos espirituosos que se encontrava e bebia regularmente no Hotel Algonquin em Nova York, nos anos 1920 e 1930. Benchley era crítico de teatro e autor humorístico. Connelly era um roteirista cujo trabalho inclui o ganhador de prêmio Pulitzer *The Green Postures* (1930).

RELACIONAMENTOS

PONTOS FORTES: ENRIQUECEDOR, EDUCATIVO, ESPECIALIZADO

PONTOS FRACOS: INVERTE PAPÉIS, EQUIVOCADO, BRIGUENTO

MELHOR: PROFESSOR-ALUNO

PIOR: AMOR

BOBBY COLOMBY (20/12/44)
DAVID CLAYTON-THOMAS (13/9/41)

O vocalista Clayton-Thomas e o baterista Colomby foram membros originais do grupo de jazz-rock Blood, Sweat and Tears (1967). Clayton-Thomas saiu em 1972 por uma pouco recompensadora carreira solo, retornando em 1974. Colomby parou de se apresentar em 1976 e produziu o álbum do grupo Brand New Day. Ele então se juntou a Clayton-Thomas como co-proprietário do nome e do catálogo da banda.

---

11 a 18 de setembro
SEMANA DO LITERAL
VIRGEM III

19 a 25 de dezembro
CÚSPIDE DA PROFECIA
CÚSPIDE SAGITÁRIO-CAPRICÓRNIO

Soprados pelos ventos do acaso

Enquanto esses parceiros forem capazes de trabalhar juntos seu relacionamento será enriquecido por talentos e pontos de vista opostos, e poderá até focalizar-se em quanto podem aprender um do outro. No entanto, é questionável que sejam capazes de viver em harmonia por muito tempo. Esse não é um relacionamento fácil. Sagitário-Capricórnio muitas vezes se deixa levar por algum objetivo que o cega para o que está a sua volta, inclusive seu parceiro de Virgem III. Quando estão em um de seus momentos profundos e silenciosos, podem também sentir que as afirmações mais básicas e de bom senso de Virgem III são uma ameaça (ou, no mínimo, uma crítica). A dinâmica aqui é de uma espécie de luta pela supremacia, na qual a abstração de Sagitário-Capricórnio luta contra o pragmatismo de Virgem III.

Os casos amorosos e casamentos sofrem por falta de compreensão. No entanto, os dois geralmente aprendem muito sobre si mesmos nesse relacionamento, e no mínimo tornam-se atentos aos seus desgostos e sentimentos negativos. Ideologias e pontos de vista conflitantes são particularmente destruidores.

As relações entre companheiros de trabalho ou professor e aluno de Virgem III e Sagitário-Capricórnio funcionam bem quando suas atividades são limitadas a uma área especializada. De fato, a especialização pode tornar-se a dádiva salvadora da relação, porque encoraja um tipo de objetividade que não é possível para esses dois em áreas pessoais. A análise e a discussão de assuntos técnicos pode ser especialmente frutífera.

As relações entre pais e filhos podem conter uma inversão de papéis, onde o filho se torna professor do pai, e até, mais tarde, um modelo para ele. Na verdade, o filho pode estar agindo de acordo com a parte mais saudável dos desejos reprimidos do pai, o que tornará o seu laço tácito extremamente forte. Amizades e inimizades entre Virgem III e Sagitário-Capricórnio podem alternar-se no relacionamento, flutuando com as circunstâncias e sendo soprados pelos ventos do acaso.

Conselho: *Assuma uma posição. Não deixe as coisas à sua própria sorte. Seja honesto com seus sentimentos. Aceite as diferenças. Seja objetivo e mantenha a calma.*

RELACIONAMENTOS

PONTOS FORTES: COMPROMETIDO, SÉRIO, RESPONSÁVEL

PONTOS FRACOS: INFLEXÍVEL, POUCO CONDESCENDENTE, ESTRESSADO

MELHOR: TRABALHO

PIOR: FAMÍLIA

GRETA GARBO (18/9/05)
MARLENE DIETRICH (27/12/01)

As rivais Garbo e Dietrich foram importações de Hollywood cujo charme europeu cativou a atenção da América. Dizia-se que a sueca Garbo ouvia os discos de Dietrich para ver o quanto seu sotaque se parecia com o dela. Na crítica do primeiro filme americano de Dietrich, *Morocco* (1930), a *Variety* se perguntou se "ela não era outra Garbo". **Também: Taft & Wilson** (adversários presidenciáveis, 1912).

---

11 a 18 de setembro
SEMANA DO LITERAL
VIRGEM III

26 de dezembro a 2 de janeiro
SEMANA DO REGENTE
CAPRICÓRNIO I

Dar cabeçadas

Esses dois indivíduos teimosos inevitavelmente dão cabeçadas um contra o outro, sobretudo no âmbito familiar. Nenhum deles é compreensivo ou flexível nesse relacionamento, embora geralmente conquistem o respeito um do outro ao menos o suficiente para saber que nenhum deles permitirá que o outro avance em seu território. As circunstâncias normalmente determinam se Virgem III e Capricórnio I se encontrarão no mesmo lado do muro. Se forem aliados, seu relacionamento se tornará a espinha dorsal sólida de qualquer organização; se forem oponentes, lutarão até o final. Embora Virgem e Capricórnio sejam ambos signos de terra, o relacionamento entre eles é regido pela água, um elemento que significa profundidade emocional e seriedade em seus propósitos. Essa seriedade determina o tom do relacionamento.

Os casos amorosos não são tratados com leveza. Esses parceiros exigem um comprometimento sério e são sensíveis aos lapsos de conduta ou quebra de ética do outro. Isso é um desgaste para Virgem III, que acha a inflexibilidade de Capricórnio I difícil de agüentar. Por outro lado, Capricórnio I pode sentir-se ameaçado pelo pensamento livre e pelo questionamento de Virgem III. O casamento entre os dois pode ser eficaz em muitas áreas práticas, mas não possui brilho necessário para sustentar sentimentos ativos por muitos anos.

Amizades e relações de trabalho entre Virgem III e Capricórnio I são sólidas, dignas de confiança e responsáveis. Nenhum dos parceiros tem muitas ilusões a respeito do outro no que diz respeito a capacidade ou personalidade. Seus negócios financeiros são bastante inteligentes: embora esses parceiros sejam generosos, geralmente esperam que o que lhes é devido seja pago até o último centavo. Se Virgem III e Capricórnio I trabalharem no mesmo departamento ou como executivos ligados à área financeira, devem ficar atentos a uma tendência a segurar seus gastos por conservadorismo ou por medo de sofrerem perdas. Se o relacionamento buscar um sucesso comercial mais amplo, seu maior desafio será arriscar-se a falhar.

Conselho: *Tente permanecer aberto e flexível. Tentar a sorte envolve um sucesso maior. Seja diplomático e busque ceder. Mantenha a chama do desejo acesa.*

11 a 18 de setembro
SEMANA DO LITERAL
VIRGEM III

3 a 9 de janeiro
SEMANA DA DETERMINAÇÃO
CAPRICÓRNIO II

Divertir-se

Qualidades terrenas combinam-se nesse par. Não só os parceiros se comprazem com um relacionamento que permite-lhes concordar, sobre assuntos pessoais, mas também a sinergia entre eles intensifica sua tendência sensual, resultando no gosto pela comida, pelo conforto e prazer físico. O par é galvanizado à ação pela ambição de Capricórnio II e se beneficia do bom senso de Virgem III. Os dois geralmente sabem como divertir-se juntos: na verdade, o relacionamento focaliza o divertimento. Embora a combinação possa soar superficial, deve-se notar que os parceiros sabem também trabalhar tão duro quanto divertir-se.

Os casos amorosos são muito sensuais, embora o comprometimento de cada parceiro com o trabalho seja um impedimento para que passem tempo de qualidade juntos. Mesmo nas situações mais íntimas, Virgem III e Capricórnio II têm problemas em esquecer seus assuntos de trabalho e podem não ser capazes de dar-se completamente um ao outro. Seu casamento, por outro lado, tem uma tendência a ser saudável, já que ciúmes e infidelidade raramente são um problema aqui.

Como amigos e companheiros, Virgem III e Capricórnio II podem achar oportuno compartilhar uma carreira ou ao menos ajudar um ao outro. Se envolverem-se ao se conhecerem, como colegas ou associados, têm grande chance de formarem uma amizade rapidamente, que continuará nos horários depois do trabalho. Ambos valorizam o enfoque natural do relacionamento, que faz com que sejam eles mesmos sem medo de críticas ou de julgamentos.

Pais de Virgem III geralmente têm mais tempo para seus filhos de Capricórnio II que pais de Capricórnio II para filhos de Virgem III. Porém, esses últimos são independentes e não exigem demais de seus pais, até mesmo apreciando a solidão na maior parte do tempo.

Conselho: *Tente diminuir um pouco suas atividades. Fique atento a exageros e farras. Use suas faculdades analíticas para manter a moderação.*

RELACIONAMENTOS

PONTOS FORTES: BRINCALHÃO, SENSUAL, FIEL

PONTOS FRACOS: PREOCUPADO, ESTAFADO, EXAGERADO

MELHOR: AMIZADE

PIOR: AMOR

EARL SCRUGGS (6/1/24)
BILL MONROE (13/9/11)

Monroe é considerado o "pai do bluegrass". Seu lendário grupo, Blue Grass Boys, formado em 1945, incluía Scruggs (banjo). Seu som combinava blues, gospel, jazz, country e folk. Em 1948 Scruggs deixou o grupo para formar o Foggy Mountain Boys. **Também: Dan Marino & Don Shula** (jogadores do Miami Dolphins/treinador); **Jesse Lasky & Adolph Zukor** (parceiros; magnatas do cinema).

---

11 a 18 de setembro
SEMANA DO LITERAL
VIRGEM III

10 a 16 de janeiro
SEMANA DA DOMINAÇÃO
CAPRICÓRNIO III

Calado mas direto

Esse relacionamento funciona surpreendentemente em várias áreas da vida; a relação trígona entre Virgem III e Capricórnio III (estão a 120° de distância no zodíaco) prevê isso. Aqui a ênfase é colocada sobre um "dar e receber" emocional. Entre os dois surge compreensão imediata, acompanhada por uma espécie de comunicação muda, mas direta. Capricórnio III tende a ter um complexo de inferioridade secreto, mas ele não é ativado nessa combinação, embora realmente admire a inteligência e as realizações de Virgem III. Por outro lado, Virgem III geralmente vem a depender de seu parceiro poderoso para obter proteção e conselhos financeiros. Às vezes, sua racionalidade pode ter problemas com o lado dos interesses religiosos, espirituais ou metafísicos de Capricórnio III, mas também pode acontecer que essas qualidades lhe sejam inspiradoras.

Os casos amorosos dessa combinação são magnéticos e não apresentam ameaças. Às vezes eles podem ser exclusivos ou até mesmo fisicamente obsessivos e, portanto, os parceiros devem ficar atentos a uma tendência de isolarem-se totalmente da sociedade. A auto-suficiência indiscutível aqui manifestada pode tornar-se simultaneamente a força e a fraqueza do relacionamento. Esse par tem uma tendência a servir a terceiros e, caso se casarem, esse traço será exacerbado, trazendo bons augúrios à educação dos filhos, a ter animais de estimação ou cuidarem um do outro, sobretudo em idades mais avançadas.

As amizades de infância e relações entre irmãos do mesmo sexo são próximas e frutíferas. Os parceiros são muito unidos durante seus anos de formação, e quando se tornam mais velhos têm de fazer um esforço para estabelecer vidas separadas, ao mesmo tempo em que mantêm sua ligação intacta. Na vida profissional a área de negócios é sucesso garantido, onde a atenção de Virgem III e a energia sem limites de Capricórnio III reúnem-se, formando o núcleo de um grupo eficaz. Patrões de Capricórnio III podem suscitar instintos rebeldes nos empregados de Virgem III com quem entrarem em contato diariamente, e essa situação deve ser evitada.

Conselho: *Preserve a igualdade tanto quanto possível. Fique aberto para o mundo. Dê-se incondicionalmente, sem ressentimentos, ou não o faça. Seja paciente.*

RELACIONAMENTOS

PONTOS FORTES: DESPREOCUPADO, MAGNÉTICO, POUCO AMEAÇADOR

PONTOS FRACOS: OBSESSIVO, DEPENDENTE DEMAIS, ISOLADO

MELHOR: AMOR

PIOR: PATRÃO-EMPREGADO

TEX RITTER (12/1/06)
JOHN RITTER (17/9/48)

John, co-estrela na tevê de *Three's Company* (1977-84), é filho de Tex, um cantor e compositor country. A carreira de Tex atingiu o auge nos anos 1930 e 1940 quando ele estabeleceu o estereótipo do "cowboy cantor". Sua canção mais popular foi *Do Not Forsake Me*, que ele cantou no filme *Matas ou Moner* (1952). **Também: Greta Garbo & Cecil Beaton** (romance; atriz/fotógrafo).

| RELACIONAMENTOS |

PONTOS FORTES: BRINCALHÃO, ENERGÉTICO, COMUNICATIVO

PONTOS FRACOS: DESCONCERTANTE, ARRASADOR, PROPENSO A CRISES

MELHOR: FAMÍLIA

PIOR: TRABALHO

PATRICIA NEAL (20/1/26)
ROALD DAHL (13/9/16)

O escritor inglês Dahl se casou com a atriz Neal em 1953. Depois de um grave problema cardíaco em 1965, ela retomou a carreira. Sua coragem e devoção foram tema de um filme para a tevê em 1981. O caso dele com uma amiga próxima provocou o divórcio 2 anos mais tarde. **Também: Hans Arp & Sophie Taeuber** (casados; dadaístas); **Betsy Drake & Cary Grant** (casados; atores).

---

11 a 18 de setembro
SEMANA DO LITERAL
VIRGEM III

17 a 22 de janeiro
CÚSPIDE DO MISTÉRIO E DA IMAGINAÇÃO
CÚSPIDE CAPRICÓRNIO-AQUÁRIO

Poucos conflitos profundos

Esses dois criam uma combinação naturalmente energética, mas Virgem III deve tomar cuidado para que a eletricidade considerável desse relacionamento não provoque um curto-circuito. Embora o temperamento desses parceiros seja diferente, sua relação lhes é muito satisfatória, e eles passam por poucos conflitos profundos. No entanto, eles podem ter dificuldades para lidar com as áreas mais obscuras da vida, e durante os momentos de dificuldades passarão por um estresse que pode ser insuportável. Capricórnio-Aquário tende a apoiar-se em seu parceiro de Virgem III por sua estabilidade e bom senso; enquanto Virgem III se diverte com o humor e a fantasia de Capricórnio-Aquário.

Os casos amorosos são desafiantes e sensuais. Capricórnio-Aquário pode ficar um pouco confuso com a reserva e a calma de Virgem III, mas também fica intrigado com os aspectos misteriosos da personalidade de seu parceiro. Virgem III fica impressionado com a atenção de Capricórnio-Aquário, mas pode recuar, pois um aspecto dessa combinação pode ser agressivo demais e até mesmo violento. O casamento entre os dois pode ser muito problemáticos porque Capricórnio-Aquário acha difícil conseguir satisfazer as expectativas de Virgem III, ou mesmo escutar suas críticas contínuas.

As relações de família dessa combinação tendem a ser abertas e comunicativas, sobretudo quando há uma grande diferença de idade entre os parceiros, eliminando a competitividade e permitindo afeição e brincadeiras. As amizades são particularmente próximas quando o par compartilha uma área comum de interesse, geralmente esportes, entretenimento ou mídia; eles são mais freqüentemente observadores que participantes, mas desenvolvendo esses interesses juntos, tornam-se mais envolvidos ativamente nessas áreas, em um nível amador ou profissional. Nas relações de trabalho, os conflitos entre o estilo aberto de Capricórnio-Aquário e o cuidado de Virgem III pode crescer até chegar a proporções alarmantes. As atitudes de julgamento de Virgem III podem facilmente afetar Capricórnio-Aquário, aumentando sua insegurança e diminuindo seu entusiasmo. No entanto, com o passar do tempo, a influência desse parceiro será positiva (ainda que os desencoraje) para eles.

Conselho: *Até a sua energia tem limites: tentem administrá-la. Prestem atenção e usem a força um do outro. Mantenham a crítica em um nível mínimo.*

| RELACIONAMENTOS |

PONTOS FORTES: INDÔMITO, FALA SEM RODEIOS, JUSTO

PONTOS FRACOS: REBELDE, SUBVERSIVO, VOLÁTIL

MELHOR: CASAMENTO

PIOR: COLEGAS

LAUREN BACALL (16/9/24)
HUMPHREY BOGART (23/1/1899)

Bogie e Bacall se apaixonaram enquanto filmavam *To Have and Have Not*. Depois do casamento, em 1944, o romance prosseguiu nas telas e fora delas. Bogart foi um lendário boêmio e farrista antes de casar com Bacall. Sua morte por câncer, em 1957, a deixou arrasada. **Também: Friedrich von Steuben & Frederico o Grande** (oficial prussiano/regente).

---

11 a 18 de setembro
SEMANA DO LITERAL
VIRGEM III

23 a 30 de janeiro
SEMANA DO GÊNIO
AQUÁRIO I

Briguentos intratáveis

As fagulhas voam quando esses dois se juntam. Esse relacionamento briguento não acredita em ceder a nenhuma forma de coerção e mantém sua integridade, apesar de tudo. Virgem III e Aquário I valorizam muito sua individualidade. Na verdade, o que os une mais é sua rebeldia conjunta a qualquer forma de autoridade, que pode tornar-se até o foco do relacionamento. Virgem III possui uma tendência interessante e indiscutível de se subordinar ao parceiro de Aquário I. Isso raramente ocorre por causa de lutas pelo poder entre os dois, mas sim porque a maior necessidade de Aquário I é ser o centro das atenções.

Os casos amorosos são explosivos e instáveis. Embora Virgem seja um signo de terra e Aquário de ar, o relacionamento entre Virgem III e Aquário I é regido pelo fogo e pela água, que juntos sugerem a pressão que surge quando as emoções desse par fervem. O único elemento previsível no relacionamento é sua imprevisibilidade. O casamento não necessariamente adiciona estabilidade ou estimula um comportamento mais responsável, mas é importante como afirmação social e como prova da crença dos parceiros na certeza do relacionamento.

Colegas com essa combinação podem causar problemas para qualquer organização comercial da qual fazem parte, pois não hesitam em falar o que pensam quando a situação envolver um tratamento injusto. Se o par encontrar-se na posição mais elevada de uma hierarquia ou se engajar em uma parceria de negócios, ele poderá ter consideração por aqueles que trabalham sob sua orientação, mas também será muito exigente, e assim ganhará o devido respeito. Os pares entre irmãos podem ser muito rebeldes durante a adolescência, mas as batalhas que travam podem torná-los ambos leais; eles têm o suficiente em suas mãos sem lutarem um contra o outro. Embora a amizade entre eles seja próxima, podem ser periodicamente testados por desacordos sérios, o que jogará a forte vontade de Virgem III contra a espertaza de espadachim de Aquário I.

Conselho: *Não gaste energia demais com irritação. Encontre uma saída construtiva para sua energia. Evite as desavenças só por si mesmas.*

11 a 18 de setembro
SEMANA DO LITERAL
VIRGEM III

31 de janeiro a 7 de fevereiro
SEMANA DA JUVENTUDE E DESPREOCUPAÇÃO
AQUÁRIO I

Feito no céu?

Essa parece ser uma daquelas combinações naturais, um par feito no céu. No entanto, é difícil imaginar como dois indivíduos tão independentes se reuniram pela primeira vez e, às vezes, eles não o fazem! Não é que Virgem III e Aquário II sejam realmente mais independentes que qualquer par do ano, mas seu relacionamento estimula essa qualidade em abundância. Capazes de formar uma equipe coesa ou de se verem raramente, adotando a mesma ideologia ou lutando por pontos de vista opostos, tendo assustadoramente o mesmo comprimento de onda ou ficando totalmente incomunicáveis, Virgem III e Aquário II não se unem por regras estritas ou padrões estabelecidos. Seu tipo de relacionamento é aquele onde os parceiros podem não se ver por anos e recomeçar depois exatamente onde deixaram tudo, virtualmente no meio do caminho.

As relações pessoais dessa combinação (amizades, casos amorosos ou casamento) não são particularmente orientadas para a expressão emocional. A ênfase está mais centrada no pensamento, no humor, na inteligência e no discurso do que em qualquer outra coisa. Isso não significa que a emoção esteja excluída, mas ela é secundária aos assuntos do pensamento, embora seja de fato reforçada por eles. Se um relacionamento preocupa-se com o amor ou com a amizade é menos importante do que como e o que comunica. É muito comum que o primeiro encontro entre Virgem III e Aquário II pareça ser mais próximo (ou talvez mais zangado ou desapontado) do que jamais sentiram em relação a qualquer pessoa em suas vidas. Vidas passadas ou carma são inevitavelmente sugeridos nesses encontros, que podem também incluir a sensação de *dejá vù*.

Quando dois indivíduos semelhantes crescem juntos como membros de uma família, quase que inevitavelmente tornam-se envolvidos na teoria ou na prática de uma certa área, sendo ela artística, científica ou orientada para jogos. Esses hobbies muitas vezes levam a ligações com o trabalho, sobretudo em áreas onde a coordenação e a interação mental são proeminentes. Se Virgem III e Aquário II se conhecerem no ambiente profissional, seu trabalho será visto mais tarde como um pretexto do destino para reuni-los.

Conselho: *Tentem ser mais consistentes. Sacrificar um pouco de sua liberdade pode valer a pena. Não fique com medo de compartilhar seus sentimentos. Você tem o direito de perguntar.*

RELACIONAMENTOS

PONTOS FORTES: TELEPÁTICO, LIVRE, INTELIGENTE

PONTOS FRACOS: INSENSÍVEL, POUCO COMUNICATIVO, ISOLADO

MELHOR: FAMÍLIA

PIOR: AMOR

ARTHUR HAYS SULZBERGER (12/9/1891)
ARTHUR OCHS SULZBERGER (5/2/26)

Arthur Hays Sulzberger se tornou editor do *NY Times* em 1935, depois da morte de Adolph Ochs, seu chefe, mentor e sogro. Depois de muitos anos de melhorias, seu filho, Arthur Ochs Sulzberger assumiu, dando continuidade às mudanças com novo formato e conteúdo. **Também: Charlie Byrd & Stan Getz** (colaboradores do jazz); **Margaret Sanger & Havelock Ellis** (caso; reformadora social/psicólogo).

---

11 a 18 de setembro
SEMANA DO LITERAL
VIRGEM III

8 a 15 de fevereiro
SEMANA DA ACEITAÇÃO
AQUÁRIO III

Liberdade da dependência

Uma dinâmica curiosa emerge aqui: a necessidade de apoio e conflitos fomentados por uma necessidade semelhante de independência. No geral, a energia do relacionamento é benéfica para ambos os parceiros. A necessidade de Aquário III muitas vezes extraem inspiração e força de Virgem III, que algumas vezes terão precedido a eles no caminho que estão percorrendo; mas os benefícios que recebem da relação pode-se tornar um hábito, e o seu apoio no outro parceiro se torna então um caso extremo de dependência. De forma um tanto quanto paradoxal, eles conseguirão recorrer à sabedoria de Virgem III para ajudá-los a lutar por uma autonomia dentro do relacionamento. Virgem III também tem muito a aprender aqui, embora suas lições sejam mais absorvidas que confrontadas. De sua própria maneira, ele é bastante rígido, e pode aprender algo de Aquário III no que toca à liberdade que encontrarão se aceitarem as coisas como são e seguirem em frente.

Nos casos amorosos paciência de Virgem III é necessária caso Aquário III se encantar com ele. Porque Virgem III e Aquário III estão em quincôncio um com o outro no zodíaco (separados por um ângulo de 150°), a astrologia prevê corretamente uma instabilidade nesse relacionamento. Manter uma espécie de equilíbrio dinâmico dos sentimentos é o principal desafio aqui. Também no casamento, Aquário III tem que ganhar sua merecida fama como parceiro de igual para igual. O relacionamento geralmente permite-lhes fazer isso.

Irmãos e amigos dessa combinação, especialmente quando são do mesmo sexo, passam por momentos difíceis na infância pois têm o hábito de fazer comparações mútuas desfavoráveis. Brigas iradas, incluindo confrontos físicos, não são raros nesses casos e devem na realidade ser esperadas. No entanto, quando os dois crescem, eles se tornam mais próximos e podem alcançar respeito mútuo, ao mesmo tempo que se livram de seus papéis infantis. As ligações de trabalho requerem a sensibilidade de ambas as partes se desejarem evitar lutas pelo poder e promover a igualdade. Como Aquário III tende a ver Virgem III como modelo, eles devem ficar atentos para não serem influenciados demais. Como resultado disso, as relações entre patrão e empregado são menos recomendadas que entre colegas ou parceiros.

Conselho: *Defenda-se. A inspiração é saudável, mas a dominação não. Evite comparações desfavoráveis como evita-se uma praga. Promova a consideração.*

RELACIONAMENTOS

PONTOS FORTES: DESENVOLVIMENTISTA, ATUALIZADO, LIBERTÁRIO

PONTOS FRACOS: BRIGUENTO, DEPENDENTE DEMAIS, COMPARADOR

MELHOR: CASAMENTO

PIOR: AMOR

EDDIE ANDERSON (18/9/05)
JACK BENNY (14/2/1894)

Benny foi um dos poucos artistas do rádio a fazer uma bem-sucedida transição para a tevê. *The Jack Benny Program* (1950-65) apresentava seus colegas coadjuvantes do rádio, entre eles "Rochester", seu criado pessoal com voz grave e gracioso contraste cômico. **Também: Zoe Caldwell & Stella Adler** (representação no teatro); **H.L. Mencken & George Nathan** (amigos; escritores); **Dolores Costello & John Barrymore** (casados; atores).

RELACIONAMENTOS

PONTOS FORTES: INDIVIDUALISTA, ADMIRÁVEL, CRIATIVO

PONTOS FRACOS: DESCONCERTANTE, PROVOCADOR, REBELDE

MELHOR: AMOR

PIOR: CASAMENTO

BOBBY SHORT (15/9/26)
GLORIA VANDERBILT (20/2/24)

Short, um excelente pianista clássico, teve um longo relacionamento como a abonada socialite Vanderbilt que tinha uma carreira bem-sucedida com atriz, pintora, escritora e designer de moda. **Também:** Phil Jackson & Michael Jordan (treinador de basquete/jogador de basquete); Alexander Korda & Merle Oberon (casados; diretor/atriz); Nathan Mayer Rothschild & Mayer Amschel Rothschild (filho/pai; financistas).

---

11 a 18 de setembro
SEMANA DO LITERAL
VIRGEM III

16 a 22 de fevereiro
CÚSPIDE DA SENSIBILIDADE
CÚSPIDE AQUÁRIO-PEIXES

Tratamento de choque

Esse relacionamento tende a explorar novos horizontes e a confrontar sem medo a maioria em uma organização, família ou um grupo social com sua própria visão individualista. Suas inovações às vezes têm a ver com idéias, discursos ou aparência e, às vezes com ética pessoal e sentimentos, mas em ambos os casos ele focaliza-se em forçar outras pessoas a aceitá-lo pelo que é. Absolutamente nenhuma desculpa é dada. A crítica e os desafios são bem-vindos no relacionamento, mas os parceiros devem ficar atentos para não se tornarem estressados demais ou para não viverem em constante rebeldia contra a atitude dos outros.

Os casos amorosos entre Virgem III e Aquário-Peixes podem ser profundos e apaixonados, mas também indubitavelmente teatrais. Os dois muito freqüentemente tentam chocar os mais convencionais. Manter a privacidade, a quietude e a calma é difícil para eles; mesmo que tentem, eles inevitavelmente são alvo dos olhos do público, não importa o quão pequena seja sua família ou círculo social. As amizades aqui são difíceis para os outros entenderem ou penetrarem, tendo uma forma muito pessoal de comunicação que só os parceiros podem compreender totalmente.

Casamentos e combinações de trabalho entre Virgem III e Aquário-Peixes são entrelaçados. O bom senso de Virgem III e a ambição de Aquário-Peixes mesclam-se efetivamente, mas uma certa tendência bárbara se manifesta aqui, e portanto, os parceiros devem ter cuidado para não criarem animosidade ao seu redor. Eles realmente criam suas próprias dificuldades, que em muitos casos podem ser evitadas se tiverem mais tato e forem mais gentis. Pela mesmo motivo, eles também podem evitar problemas pessoais sendo cuidadosos para agendarem tempo o bastante longe um do outro. O par formado entre pais e filhos é muitas vezes próximo, mas deve ficar atento para não causar ciúmes por causa da exclusividade do relacionamento. Com o tempo, incluir outras pessoas em vez de fechar-se para os outros, será muito mais proveitoso no sentido de ampliar os interesses da família.

Conselho: *Não saia do seu caminho para chocar ou provocar. Realize seu trabalho com calma. Lute por equilíbrio e tranqüilidade na sua vida pessoal.*

RELACIONAMENTOS

PONTOS FORTES: GENEROSO, CARINHOSO, ORIGINAL

PONTOS FRACOS: IRRITANTE, IMPACIENTE, INSOLVENTE

MELHOR: IRMÃOS

PIOR: TRABALHO

RUDOLF STEINER (27/2/1861)
BRUNO WALTER (15/9/1876)

O filósofo, cientista e artista austríaco Steiner e o maestro alemão Walter compartilhavam a crença na "antroposofia", uma doutrina criada por Steiner que afirma que os seres humanos possuem a faculdade de cognição espiritual ou pensamento puro separadamente do restante dos sentidos.

---

11 a 18 de setembro
SEMANA DO LITERAL
VIRGEM III

23 de fevereiro a 2 de março
SEMANA DO ESPÍRITO
PEIXES I

Totalmente diferentes

O importante aqui é dar, e o relacionamento geralmente pede pouco de volta, além de calor e afeição. Esses dois são tão diferentes quanto o dia e a noite, mas sua combinação é a prova de como as diferenças podem ser transformadas por meio da mágica de um relacionamento. A energia de Peixes I é tão difusa quanto possível, e a de Virgem III prática e de pés no chão e, no entanto, seu relacionamento engloba ambos os elementos e consegue um resultado que é totalmente diferente e sobretudo, generoso. Sua relação é certamente original, mas também é orientada para o serviço, trabalhando geralmente por uma causa, uma família ou uma ideologia.

Os casos amorosos dessa combinação são poucas vezes tão bem-sucedidos como as amizades. Como namorados, Virgem III e Peixes I incitam a impaciência e a irritação do outro proporcionalmente a seu desejo, criando muitas vezes uma situação insustentável. Eles se entendem melhor como amigos, particularmente se tiverem poucas responsabilidades ou preocupações em suas mãos e tempo bastante para gastarem juntos.

O casamento pode ser bem-sucedido, contanto que absorva o máximo da criatividade e da originalidade da relação. Virgem III pode ficar louco com a irresponsabilidade financeira de Peixes I, e se tiver de ser o principal no ganha-pão ou o cão de guarda das finanças, ele se ressentirá. Às vezes essa combinação se sai melhor se viver com pouco, talvez nos estágios iniciais do relacionamento. Se os esposos conseguirem desenvolver uma forma inusitada de fazer dinheiro e que esteja ligada a seu estilo de vida pessoal, esse relacionamento será bastante feliz e completo.

Essa é raramente uma boa combinação nos negócios, porque ela é poucas vezes firme, egoísta ou agressiva o suficiente para ser bem-sucedida no duro mundo comercial. Dentro de uma família, no entanto, suas capacidades e qualidades fomentadoras serão apreciadas tanto por parentes próximos como distantes. Como pares de irmãos de sexos opostos, Peixes I e Virgem III ligam-se pela vida inteira, e mesmo se separados por continentes ainda sentirão a presença espiritual do outro.

Conselho: *Seja um pouco mais prático. Você também merece ser servido. Exija ser adequadamente recompensado por seu trabalho. Tente ser mais paciente.*

11 a 18 de setembro
SEMANA DO LITERAL
VIRGEM III

3 a 10 de março
SEMANA DO SOLITÁRIO
PEIXES II

Jogos calculados

A simpatia inata entre esses dois combinada com uma espécie de comunicação aberta, pode levar à busca de objetivos desafiadores e pensamentos e idéias de grande alcance. Como par, eles gostam de explorar áreas além das limitações ordinárias e, na realidade, têm a tendência a se deixarem levar. Virgem III tem que exercer cada centímetro de seu autocontrole para manter a relação com os pés no chão. Muito inspirador, esse par pode vencer dificuldades substanciais em sua batalha contra forças assustadoras.

Como namorados, Virgem III é geralmente sensível à necessidade de Peixes II de passar algum tempo sozinho. Ele certamente deseja atenção em algum momento, pois tem suas próprias necessidades, mas as expressões periódicas de amor e simpatia de Peixes II são suficientes para satisfazê-lo. No casamento, o relacionamento pode enfrentar um problema crônico de saúde da parte de um dos esposos, o que exigirá lealdade, paciência e compreensão extraordinárias da parte do outro. Se essas dificuldades forem ultrapassadas, isso muitas vezes aprofundará a união.

No trabalho, as tarefas comuns de escritório ou da fábrica raramente são o que esse par tem em mente. Os dois exigem desafios, e se ousarem falhar, eles podem alcançar objetivos que poucos alcançariam. Seu forte é assumir riscos calculados, mas saber onde parar é importante, pois às vezes eles ficam tentados a jogar tudo o que ganharam com uma jogada de dado. Na família, os parentes com essa combinação geralmente procuram uns aos outros, independentemente da diferença de idade, e embarcam juntos em empreendimentos financeiros, educacionais ou espirituais. Amigos dessa combinação gostam de aventuras e viajam juntos para lugares distantes, para buscar atividades um tanto quanto perigosas que os instigam a dar o melhor de si mesmos.

Conselho: *Mantenham algo reservado. Tentem agir de forma mais prudente. Moderação não é uma má palavra. Não escolham sempre o caminho mais difícil.*

RELACIONAMENTOS

PONTOS FORTES: DESAFIADOR, INSPIRACIONAL, CONQUISTADOR

PONTOS FRACOS: IMPRUDENTE, DESCONTROLADO, SOFREDOR

MELHOR: FAMÍLIA

PIOR: AMOR

HERSCHEL WALKER (3/3/62)
TOM LANDRY (11/9/24)

Walker juntou-se à equipe de futebol de Landry, Dallas Cowboys, quando os USFL faliram em 1985. Sob a liderança de Landry (1960-88), o Dallas se tornou uma das melhores equipes de futebol. Em 1988, o último ano de Landry, Walker liderou o NFL em corrida.

---

11 a 18 de setembro
SEMANA DO LITERAL
VIRGEM III

11 a 18 de março
SEMANA DOS DANÇARINOS E SONHADORES
PEIXES III

Megalomania

Essa combinação tende a não se importar com coisa alguma além de projetos épicos. O problema aqui é que ela geralmente está totalmente despreparada para atividades de tal âmbito, e se sairia muito melhor se limitasse seus objetivos. Virgem III e Peixes III estão localizados em posições diametralmente opostas no zodíaco, e essa polaridade dá energia ao relacionamento, empurrando-o para além de limites razoáveis. Embora Virgem seja um signo de terra e Peixes de água, o par Virgem III-Peixes III é regido pelo fogo, que aqui enfatiza o perigo de deixar-se levar por desejos inflamados.

Nos casos amorosos e nas amizades, os sentimentos vão além dos limites realistas. Os parceiros têm uma tendência a pensar que seu relacionamento é o melhor, o mais romântico e o mais sensual. Pode ser impossível para eles aprender a serem mais realistas e, na verdade, eles aprendem apenas o quão fora de mira estão suas percepções. Não é tanto o relacionamento que falta aqui, e sim, uma percepção objetiva dele.

Particularmente quando Peixes III está no papel de pai (ou mãe), a relação entre pais e filhos com essa combinação deve lutar contra uma tendência de o filho ser usado para agir de acordo com a ambição oculta do pai. O par entre avós e netos pode tomar a mesma direção; mimar os netos pode dar-lhes idéias irreais sobre si mesmos, abrindo espaço para depois encararem uma realidade bastante dura.

Pensar alto e fantasiar coisas sobre dinheiro ou poder pode prejudicar seriamente esse relacionamento. Esse par deve tentar dar pequenos passos, estabelecendo uma base em sua carreira antes de ir até a lua. Embora Virgem III e Peixes III possam achar os trabalhos mundanos chatos, persistir pode promover instabilidade psicológica. Com o passar do tempo, posições modestas podem contribuir mais para a auto-estima do relacionamento que as mais ambiciosas. No casamento, a residência do par também deve ser pequena e administrável.

Conselho: *Dê um passo de cada vez. Controle sua vida fantasiosa. Lembre-se de que ter um pensamento é em si um ato poderoso e influente.*

RELACIONAMENTOS

PONTOS FORTES: ERUDITO, ENERGÉTICO, DESPERTA CONSCIÊNCIA

PONTOS FRACOS: FORA DA REALIDADE, MEGALOMANÍACO, DADO A PROJETAR

MELHOR: TRABALHO MUNDANO

PIOR: FAMÍLIA

HAL WALLIS (14/9/1899)
JERRY LEWIS (16/3/26)

Em 1949 o produtor Wallis assinou contrato com o comediante Lewis (e parceiro Dean Martin) para aparecer como coadjuvante em uma comédia menor, *My Friend Irma*. Seus gestos cômicos levaram o filme ao estrelato e 16 outros filmes de Wallis se seguiram antes de a equipe separar-se em 1956. **Também: Arthur Hays Sulzberger & Adolph Ochs** (sogro/genro; editores do *NY Times*).

RELACIONAMENTOS

PONTOS FORTES: LANÇA TENDÊNCIAS, OBJETIVO, FRIO

PONTOS FRACOS: SUPERFICIAL, ESCAPISTA, INSENSÍVEL

MELHOR: TRABALHO

PIOR: AMOR

GUNNAR NELSON (20/9/69)
MATHEW NELSON (20/9/69)

Gunnar e Matthew são gêmeos idênticos filhos do roqueiro Pick Nelson, que morreu tragicamente em um acidente aéreo em 1985. Com cabelos louros compridos e uma boa imagem, os gêmeos são roqueiros. Cresceram em um ambiente melancólico em Hollywood longe do estilo de vida descrito pelos avós, Ozzie e Harriet Nelson, ícones americanos dos anos 1950.

---

19 a 24 de setembro
CÚSPIDE DA BELEZA
CÚSPIDE VIRGEM-LIBRA

19 a 24 de setembro
CÚSPIDE DA BELEZA
CÚSPIDE VIRGEM-LIBRA

Superficial

O relacionamento ideal para dois representantes de Virgem-Libra é platônico, no qual são capazes de apreciar a arte ou a beleza do mundo natural, sem deixar a paixão e a possessividade incomodá-los. Uma objetividade calma e o desapego caracterizam essa relação, que alcança um equilíbrio quase perfeito, dada a ausência de preocupações humanas mais desorganizadas. Embora esse duo possa ser popular dentro de seu próprio círculo social ou familiar, eles não se interessam em ceder (na diminuição de padrões ou no sacrifício de ideais) para aumentar sua esfera de influência. Na verdade, esses indivíduos não vêem nenhuma contradição entre o sucesso comercial e a integridade artística, pois têm certeza absoluta da qualidade de seu trabalho. Se ele for apreciado, ótimo; se não, deixe estar.

No entanto, estabelecer tendências, ou ao menos reconhecê-las, parece ser o destino desse casal. Portanto, dois indivíduos de Virgem-Libra podem ser de grande utilidade para uma organização, como consultores independentes ou como membros permanentes de uma equipe de executivos. Não se trata somente de saber como diagnosticar a pulsação do público; eles sabem como fazê-la bater mais rápido ou mais lentamente como desejarem. Quanto a esse assunto, pode-se dizer que agem mais como psicólogos experimentais, testando seus temas no ambiente anti-séptico do laboratório, do que como terapeutas que interagem com seus clientes em uma base diária: sua compreensão da natureza humana não é muito grande.

As relações amorosas entre duas pessoas de Virgem-Libra podem levar o narcisismo ao seu limite. Cada parceiro tende a ser um espelho do outro, cuidando-se, embelezando-se, produzindo a melhor imagem possível. A empatia verdadeira e a profundidade de sentimentos não são prioridades máximas. Nos relacionamentos maritais, uma grande ênfase é dada a considerações sociais, que não excluem fazer um show para os vizinhos. Esses pares devem ficar atentos para não passarem valores falsos ou superficiais à sua prole. As relações de família e amizades entre esses dois demonstram uma aversão óbvia a sentimentos obscuros, que são freqüentemente reprimidos. Escapar dos problemas por meio das drogas é uma tendência de Virgem-Libra que, infelizmente, pode ser exacerbada pela sinergia desse relacionamento.

Conselho: *Preste mais atenção aos sentimentos humanos. Não fique tão preocupado sobre o que os outros pensam. Encontre um significado mais profundo em sua vida. A beleza pode ser apenas superficial.*

RELACIONAMENTOS

PONTOS FORTES: CONFIÁVEL, ABERTO, BRINCALHÃO

PONTOS FRACOS: CRÉDULO, EXPLORADO, FORA DA REALIDADE

MELHOR: PAIS-FILHOS

PIOR: CASAMENTO

MARCELLO MASTROIANNI (28/9/24)
SOPHIA LOREN (20/9/34)

Loren e Mastroianni foram 2 das mais proeminentes personalidades italianas do cinema dos anos 1950 até os anos 1970. Desde seu primeiro filme juntos, em 1955, até o último, em 1994 (*Ready to Wear*), as estrelas internacionais exalaram a essência do apelo sexual e emotividade italianos.
Também: Cardeal Richelieu & Luís XIII (estadista/rei); **Ana da Áustria & Luís XIII** (rainha/rei).

---

19 a 24 de setembro
CÚSPIDE DA BELEZA
CÚSPIDE VIRGEM-LIBRA

25 de setembro a 2 de outubro
SEMANA DO PERFECCIONISTA
LIBRA I

Derreter corações endurecidos

Esse relacionamento pode ser muito desfrutável, no qual uma atitude despretensiosa e um comportamento natural são proeminentes. A combinação entre Virgem-Libra e Libra I também estimula a confiança e a compreensão, permitindo aos parceiros baixar sua guarda de forma significativa. A alegria é um atributo freqüente aqui. Esta é especialmente apreciada por Libra I, que muitas vezes acha difícil relaxar. Portanto, o relacionamento tem um aspecto infantil e uma aura de inocência que derrete os corações mais endurecidos encontrados no caminho da vida, incluindo os seus. O maior problema para essa dupla é sua própria inocência, que pode deixá-los vulneráveis à fraude.

Os casos amorosos entre Virgem-Libra e Libra I preocupam-se em buscar divertimentos, em particular e no público. Extremamente despreocupados e sociáveis, os dois estão pouco preparados para problemas sérios quando eles surgem; se barrarem as catástrofes, no entanto, eles poderão continuar sem inibições. O relacionamento é menos adequado para o casamento, onde a falta de visão por parte de Libra-Virgem, combinada com a tendência à preocupação de Libra I, pode criar uma situação perigosa.

Amizades e relações de trabalho entre os dois podem ser inter-relacionadas, desenvolvendo amizades com colegas de trabalho e amigos e decidindo abrir negócios juntos. Um das maiores forças do relacionamento é a habilidade de cada parceiro de dar bons conselhos ao outro; o fato do crítico Libra I e do elegante Virgem-Libra acatarem esses conselhos é um tributo à abertura do relacionamento. Os dois são difíceis de satisfazer, e seu relacionamento é exigente, onde o objetivo é a excelência. Na esfera familiar, as combinações entre pais e filhos são geralmente orientadas para valores mais juvenis. Jogos de infância, viagens de férias e outras formas de recreação e diversão exercem um efeito salutar no relacionamento, reunindo pais e filhos com o laço da admiração mútua.

Conselho: *Confiem, mas não tão completamente. Tentem ser um pouco mais realistas. Crescer não significa deixar a diversão de lado.*

19 a 24 de setembro
CÚSPIDE DA BELEZA
CÚSPIDE VIRGEM-LIBRA

3 a 10 de outubro
SEMANA DA SOCIEDADE
LIBRA II

Pouco descanso

A determinação de Virgem-Libra e Libra II está sempre em seu melhor ponto quando magnificada por seu relacionamento e, portanto, ele lhes dá oportunidade de pouco descanso. Para esses dois, é importante estar totalmente a par dos últimos acontecimentos e tendências. Jornais, revistas, televisão, Internet: todos são usados para alimentar a fome interminável de informações. Não só a quantidade é importante aqui, mas também a qualidade; de fato, o foco do relacionamento entre Virgem Libra e Libra II é o esforço incansável pelo estilo perfeito, a casa perfeita, enfim, a situação ideal. Aprender a ser paciente e tornar-se sintonizado ao *kairos* (o momento certo para tentar algo) é importante. Um perigo nesse relacionamento é sua atitude indiscutivelmente elitista, o que pode incitar muito antagonismo e inveja da parte de outros, se ela não for controlada.

O indivíduo de Libra II valoriza muito sua privacidade e precisa insistir em ser deixado completamente sozinho de tempos em tempos, o que pode irritar seu namorado ou amigo menos compreensivo de Virgem-Libra. Os casos amorosos entre os dois são geralmente mais afetivos que eróticos, mas também existe ausência de tensão e aborrecimento correspondente. Cozinhar, fazer compras e decorar são interesses especiais para esse par, que vivam juntos ou não. O sucesso nessas e em outras atividades domésticas traz bons augúrios para o casamento e as situações de convivência permanente. Porque tanto Libra II como Virgem-Libra não são particularmente atentos a si mesmos, seu relacionamento pode às vezes ver-se invadido por depressões terríveis que podem causar ansiedade e medo.

Se Virgem-Libra e Libra II trabalharem juntos, se entenderão melhor como autônomos ou envolvendo-se com pequenas parcerias de negócios, onde as responsabilidades são menores e há maior liberdade de escolha. Virgem-Libra é geralmente bastante astuto para estimular a capacidade de seu parceiro de Libra II e colocá-la em bom uso. A combinação entre irmãos do sexo oposto é um pouco antagônica, mas esse par geralmente consegue trabalhar suas dificuldades dentro do contexto de seu envolvimento social. Rivalidades e ciúmes sobre um pai preferido ou amigo são comuns aqui. Essa tendência deve ser observada.

Conselho: *Fique atento ao seu efeito sobre os outros. Não fique exausto perseguindo as últimas tendências. Busque valores mais tradicionais.*

RELACIONAMENTOS

PONTOS FORTES: MODERNO, DOMÉSTICO, AFETIVO

PONTOS FRACOS: CIUMENTO, ELITISTA, IRRITANTE

MELHOR: CASAMENTO

PIOR: AMIZADE

JOHN LENNON (9/10/40)
BRIAN EPSTEIN (19/9/34)

Epstein descobriu os Beatles em 1961 em um clube de Liverpool. Em de 2 meses se tornou seu empresário, mudando a imagem deles ao substituir as jaquetas de couro, os jeans apertados e o penteado à Pompadours por ternos Pierre Cardin e cortes de cabelo mais andróginos. No início Lennon se queixava de Epstein, dizendo que "ele não estava fazendo nada e nós fazemos todo o trabalho".

---

19 a 24 de setembro
CÚSPIDE DA BELEZA
CÚSPIDE VIRGEM-LIBRA

11 a 18 de outubro
SEMANA DO TEATRO
LIBRA III

Brilho solar

Virgem-Libra e Libra III são estrelas do mesmo firmamento. Embora o relacionamento seja orientado para o exterior e bastante extrovertido, ele obtém sua força de um lugar profundo: a necessidade de cada parceiro de encontrar a representação externa perfeita de sua própria visão interna e fazê-la brilhar. Nesse relacionamento, a igualdade entre os parceiros é essencial, mas freqüentemente Libra III é o mais empolgado. É muito freqüente que Libra III incentive Virgem-Libra a se superar e lutar pelo melhor de que é capaz. A situação mais comum aqui é aquela onde esses dois indivíduos passam uma certa quantidade de tempo juntos e depois se separam, enriquecidos pelo contato com o outro. Portanto, o relacionamento pode ser rápido ou pode durar vários anos, mas nos dois casos ele deve ser terminado se tiver cumprido sua finalidade.

Os casos amorosos e casamentos podem ser profundos, mas raramente duram muito. O contato é visto em retrospectiva, como necessário e valioso para o desenvolvimento pessoal de ambos os parceiros. A amizade e a relação entre irmãos é firme e estabilizadora. Embora o surgimento de competição seja inevitável, sobretudo entre parceiros do mesmo sexo, essas atividades têm um efeito endurecedor e raramente resultam em séria animosidade. Por um bom tempo, ambos Virgem-Libra e Libra III precisam ser a estrela, mas finalmente deverão buscar cada um seu próprio palco, o que geralmente significa terminar, ou ao menos limitar severamente, o relacionamento.

Ligações de trabalho, não importa o quão breves, permitem um alto grau de inspiração e colaboração. Raramente os parceiros evitam dar ao outro o melhor que ele ou ela têm profissionalmente. Em todas as relações, os amigos e a família ficarão maravilhados com a capacidade dos parceiros de compartilhar presentes espirituais e criativos, considerando a quantidade de atenção que ambos necessitam. Existe aparentemente uma compreensão inata de que o que beneficia a um beneficia a ambos.

Conselho: *Não explorem demais um ao outro. Desenvolvam seu lado carinhoso: compartilhar não é o suficiente. Expressem suas emoções. Mantenham as coisas simples.*

RELACIONAMENTOS

PONTOS FORTES: GENEROSO, INSPIRADOR, RADIANTE

PONTOS FRACOS: ABRUPTO, LIMITADO, EGOÍSTA

MELHOR: AMIZADE

PIOR: CASAMENTO

SARA ROOSEVELT (21/9/1855)
ELEANOR ROOSEVELT (11/10/1884)

Sara era a mãe do presidente Roosevelt que se casou com Eleanor em 1905. Eleanor se tornou famosa como a "Primeira-Dama do Mundo" por suas muitas obras humanitárias em âmbito nacional e internacional. Sua sogra Sara foi a segunda esposa de um rico herdeiro James Roosevelt. Sara criou Franklin em sua elegante propriedade em Hyde Park, Nova York, onde toda a família passava muito tempo reunida.

RELACIONAMENTOS

PONTOS FORTES: ASTUTO, SOCIAL, BEM-SUCEDIDO

PONTOS FRACOS: NEGATIVAMENTE EXPECTANTE, INSEGURO, INCONSCIENTE

MELHOR: FAMÍLIA

PIOR: AMOR

JACK ANDERSON (19/10/22)
THOMAS EAGLETON (24/9/29)

O senador Eagleton — vice-presidente na candidatura de George McGovern à presidência, em 1972 — foi forçado a renunciar quando, Anderson colunista de um jornal republicano, revelou a história de doença nervosa de Eagleton. Anderson fez duras críticas ao tratamento que recebeu de Eagleton — que mais tarde foi reeleito para o senado. **Também: Gunnar Nelson & Tracy Nelson** (irmão/irmã; músico/atriz).

---

19 a 24 de setembro
CÚSPIDE DA BELEZA
CÚSPIDE VIRGEM-LIBRA

19 a 25 de outubro
CÚSPIDE DO DRAMA E DA CRÍTICA
CÚSPIDE LIBRA-ESCORPIÃO

Divisão curiosa

Essa combinação pode experimentar uma divisão curiosa entre seus aspectos sociais e pessoais. Combinando o gosto de Virgem-Libra com a iniciativa de Libra-Escorpião, ela se interessa muito por assuntos estéticos e grupais. Aqui, não é raro o tema da possessão, de objetos ou de pessoas. Os dois poderão rivalizar pela dominação de grupos sociais. Ambos desejam ir até o fim do mundo para encontrar objetos colecionáveis de valor, ou simplesmente para ver um objeto de arte distinto. Esse amor pela beleza pode contradizer-se aos enormes problemas psicológicos que podem estragar esse relacionamento. Certas tendências obscuras, cuidadosamente escondidas da vista de amigos ou membros da família envolvidos, podem alcançar proporções obsessivas ou até viciadas. Muito freqüentemente, Virgem-Libra e Libra-Escorpião não têm consciência das ligações sutis entre o seu amor pela beleza, o desejo de ascender socialmente e os pensamentos negativos sobre eles mesmos.

Casamentos e casos amorosos entre os dois podem ser controlados por forças obscuras além de seu alcance. Os impulsos dominantes aqui são mais eróticos que afetivos, e os parceiros podem ter uma forte ligação um com o outro, não só com paixão, mas também com desespero e temor. Tudo isso pode ocorrer por trás de uma fachada social fulgurante. A menos que um dos parceiros tenha uma marcante habilidade analítica, é improvável que o relacionamento forneça um ambiente propício para o florescimento da compreensão.

Amizades, relacionamentos em família e ligações com a carreira devem entrelaçar-se. Os dois sabem bastante sobre o mundo, particularmente os últimos estilos e modas. Se envolvidos com arte, arquitetura, moda, música ou design, portanto, eles poderão ser muito bem-sucedidos. Em todas as áreas precedentes, o relacionamento entre Virgem-Libra e Libra-Escorpião faria bem se devotasse uma fração da energia a seus próprios problemas internos em vez de devota a preocupações externas. A construção da confiança própria, acompanhada de uma total limpeza psicológica em que velhos papéis e roteiros são destruídos, é o mais importante aqui.

Conselho: *Ponha sua casa em ordem e ilumine os cantos escuros. O que o atrai mais pode refletir-se negativamente em você. Siga adiante com autoconfiança.*

RELACIONAMENTOS

PONTOS FORTES: PERSISTENTE, DINÂMICO, OTIMISTA

PONTOS FRACOS: DESCONFIADO, SUPERAMBICIOSO, DESLEAL

MELHOR: AMOR

PIOR: AMIZADE

LEON JAWORSKY (19/9/05)
BOB HALDEMAN (27/10/26)

Jaworski foi promotor especial da investigação de Watergate em 1973. Ele apresentou provas a um grande júri federal que levaram à indiciação de peças chaves do escândalo, entre eles Haldeman, o poderoso chefe de pessoal da Casa Branca de Nixon. Haldeman foi sentenciado a 4 anos de reclusão. **Também: John Dankworth & Cleo Laine** (casados; músicos de jazz).

---

19 a 24 de setembro
CÚSPIDE DA BELEZA
CÚSPIDE VIRGEM-LIBRA

26 de outubro a 2 de novembro
SEMANA DA INTENSIDADE
ESCORPIÃO I

Uma dinâmica litigiosa

Essa combinação é incerta e suspeitosa, mas é também onde uma dinâmica litigiosa faz a ação avançar no palco da vida. Portanto, o relacionamento é caracterizado pelo impulso e pela agressão. As coisas não irão bem entre esses dois se Escorpião I sentir que Virgem-Libra, como árbitro do gosto, o trata de uma maneira condescendente. Ele pode facilmente considerar Virgem-Libra esnobe e seu enfoque elitista. Sentir-se pessoalmente atacado em um tal nível levará os parceiros a adotarem medidas opostas.

Não importa o quão gratificante um caso de amor possa ser na esfera sexual, Virgem-Libra pode finalmente deixar seu parceiro se sentir que se tornou objeto de escrutínio e crítica severa. Ele também não aprecia as explosões periódicas de seus parceiros de Escorpião I, pois tende a deixá-los fora de equilíbrio. Também o casamento é improvável aqui, principalmente porque o gosto de Virgem-Libra é irreconciliável com os desejos de Escorpião I nessa área. Muito freqüentemente, Virgem-Libra faz amizade com pessoas que podem melhorar suas oportunidades sociais e no trabalho. Isso é insustentável para Escorpião I, que mantém seus poucos amigos por razões muito pessoais, envolvendo muitas vezes a confiança e a honra.

As ligações de trabalho são do tipo ambicioso. Nenhum deles deixa de usar os talentos do outro para melhorar a sua própria posição, mas quando esse empurra-empurra vira um encontrão, a apreciação e a lealdade podem estar ausentes. O mais decepcionante são as justificativas que podem dar para romper sua ligação, que pode parecer ética, mas na realidade é vazia. A ambição também exerce um papel importante entre pais e filhos. Ambos os parceiros poderão impulsionar o outro em vários pontos de suas carreiras para adiantarem o seu lado, supostamente para o benefício do grupo todo. Tentativas de envolver-se em negócios de família são emocionalmente catastróficas e devem ser evitadas, a menos que uma objetividade estrita possa ser mantida.

Conselho: *Mantenha tudo um pouco mais leve. Um envolvimento profundo pode não ser uma boa idéia. Fique atento para não fazer promessas que não pode cumprir. Dê um tom mais leve à sua moralidade.*

19 a 24 de setembro
CÚSPIDE DA BELEZA
CÚSPIDE VIRGEM-LIBRA

3 a 11 de novembro
SEMANA DA PROFUNDIDADE
ESCORPIÃO II

RELACIONAMENTOS

PONTOS FORTES: DIVERTIDO, INSPIRADOR, GRATO

PONTOS FRACOS: OPRESSIVO, ARRASADOR, SOMBRIO

MELHOR: AMIZADE

PIOR: TRABALHO

Variedade impetuosa

Esse par aprecia uma grande variedade de atividades sociais em conjunto, complementando um ao outro e preenchendo abismos. Aqui uma característica particular é seu senso de humor, que muitas vezes é impetuoso. A sátira e a paródia presentes não são direcionadas apenas a outras pessoas, mas, pelo contrário, a habilidade dos parceiros de rirem de si mesmos é o indicativo principal de sua compatibilidade.

Esses dois parecem estar em posições diametralmente opostas – os nativos de Virgem-Libra estão mais preocupados com assuntos pessoais e externos, enquanto os de Escorpião II preocupam-se mais com assuntos pessoais e sua complexa vida interna. No entanto, o lado extrovertido de Escorpião II revela-se aqui, sobretudo na esfera da amizade; poder dar-se ao luxo de ser teatral sem o risco de desaprovação é uma experiência libertadora para eles. Além disso, a profunda concentração de Escorpião II é um instrumento excelente para direcionar a atenção de Virgem-Libra para os assuntos correntes.

Nos casos amorosos, Escorpião II pode ser um pouco demais para seu parceiro. Seus humores ocasionalmente opressivos fazem com que os representantes de Virgem-Libra sintam-se frágeis e esmagados. O nativo de Virgem-Libra que gosta de manter as coisas leves pode recuar quando observar pela primeira o quão profundo Escorpião II pode descer. O casamento entre os dois muitas vezes sobrevive da interação social, que ajuda a clarear o lado mais obscuro do relacionamento.

Pais de Virgem-Libra admiram a energia de seus filhos de Escorpião II, mas podem não conseguir suportá-los. Quando Escorpião II está em posição de exercer o papel de pai (ou mãe), gosta de aproveitar as atividades leves e as distrações com seus amigáveis rebentos de Virgem-Libra, sobre os quais exerce enorme influência. Seus filhos do sexo oposto, em particular, são influenciados por ele na escolha de amigos ou parceiros mais tarde em suas vidas. No trabalho, os nativos de Virgem-Libra e de Escorpião II devem evitar situações fixas. Se seguirem qualquer carreira juntos, esta deverá permitir flexibilidade e independência mútua.

Conselho: *Fiquem atentos à influência que exercem um sobre o outro; equilibrem suas energias. Rir é o melhor remédio, mas fiquem sérios quando realmente for necessário.*

TWIGGY (19/9/49)
JEAN SHRIMPTON (6/11/42)

As inglesas Twiggy e Shrimpton foram 2 das mais populares e bem-sucedidas modelos do mundo nos anos 1960. Shrimpton foi fundida no molde da alta-costura clássica, ao passo que Twiggy, com seus 41,5 quilos, foi a epítome do estilo supérfluo, pouco convencional e único dos anos 1960.

---

19 a 24 de setembro
CÚSPIDE DA BELEZA
CÚSPIDE VIRGEM-LIBRA

12 a 18 de novembro
SEMANA DO ENCANTO
ESCORPIÃO III

RELACIONAMENTOS

PONTOS FORTES: AMBICIOSO, TRABALHADOR, PODEROSO

PONTOS FRACOS: SUPERTRABALHADOR, SUPERESTRESSADO, LIBIDINOSO

MELHOR: CASAMENTO

PIOR: AMOR

Buscando bens

O apetite pela beleza em todas as suas formas, característica que esses indivíduos compartilham, é transmutado pela química de seu relacionamento em um convite a todas as recompensas, materiais ou não, que o dinheiro e a influência podem trazer. Essa é uma combinação muito perigosa, pois o desejo de poder combinado de seus parceiros é potencial e suficientemente forte para exigir que eles sacrifiquem a afeição, o amor e a doçura (ou praticamente todos os valores humanos fundamentais) pela ambição. Suas posições relativas no relacionamento são geralmente fixas, e eles não são particularmente suscetíveis a lutas internas pelo poder: o foco predominante aqui é a conquista externa.

Nos casos amorosos, nas amizades e relações entre irmãos um forte desejo competitivo pode manifestar-se, e é possível mantê-lo positivo se ele for sublimado com alguma interação física saudável ou brincadeira. Se esse impulso tornar-se negativo, no entanto, ele poderá causar danos indescritíveis não somente aos parceiros entre si mas também à unidade social ou familiar da qual fazem parte. O casamento em geral é definido pelo desejo de ascensão social. Se esse ímpeto é controlado e melhor direcionado, no entanto, essa relação tem uma chance enorme de prosperar na esfera do desenvolvimento pessoal.

Em ambientes de família ou trabalho, o poder é freqüentemente transferido de uma geração à outra. Grandes sacrifícios são exigidos nesses grupos; ironicamente, embora luxo e facilidades possam parecer os objetivos finais, a exigência de trabalhar duro e ter um estilo de vida espartano deixam de sobra pouca energia ou tempo para que eles possam aproveitar os frutos de seu trabalho – os meios se tornam os fins em si mesmos. Cultivar o equilíbrio entre trabalho e prazer é importante, pois o relacionamento entre Virgem-Libra e Escorpião III é capaz de dirigir-se ao extremo oposto, periodicamente dedicando-se à busca fanática pelo prazer, cuja ética de "trabalhar duro e aproveitar muito" pode criar problemas físicos e psicológicos.

Conselho: *Encontrem um equilíbrio entre o trabalho e a diversão: saibam quando parar. Aproveitem os frutos de seu trabalho. Compartilhem com outros de fora de seu grupo.*

TIBÉRIO (16/11/42 A.C.)
AUGUSTO (23/9/63 A.C.)

Augusto tentou fazer seu sucessor durante sua vida. Como não teve filhos, primeiro tentou os maridos das 2 filhas, depois os 2 filhos destas — mas todos morreram prematuramente. Finalmente, ele foi forçado a fazer do marido da terceira filha, Tibério, de quem não gostava, seu sucessor. **Também: Bill Murray & Lorne Michaels** (ator SNL/produtor).

655

RELACIONAMENTOS

PONTOS FORTES: DE BOM GOSTO, EXCITANTE, EQUILIBRADO

PONTOS FRACOS: ELITISTA, FRUSTRADO, ALIENADO

MELHOR: AMIZADE

PIOR: FAMÍLIA

DAVID MCCALLUM (19/9/33)
ROBERT VAUGHN (22/11/32)

McCallum e Vaughn formaram uma equipe na tevê com alta energia para a ação *The Man from UNCLE* (1964-68). Vaughn fazia o papel do agente secreto Napoleon Solo (um nome emprestado de *Goldfinger* de Ian Fleming), e McCallum fazia o papel de seu parceiro, Ilya Kuryakin. **Também: Suzanne Valadon & Toulouse-Lautrec** (amantes; artista de circo, também mãe do artista Utrillo/artista); **Joseph Patrick Kennedy III & RFK** (filho/pai; congressista/senador).

---

19 a 24 de setembro
CÚSPIDE DA BELEZA
CÚSPIDE VIRGEM-LIBRA

19 a 24 de novembro
CÚSPIDE DA REVOLUÇÃO
CÚSPIDE ESCORPIÃO-SAGITÁRIO

O que nunca foi nunca poderia ter sido

Essa combinação muito excitante tem uma enorme capacidade de iniciar e manter os projetos. Mas tendências críticas também são abundantes aqui, com a censura mútua das próprias forças que os parceiros trazem ao relacionamento. Esse julgamento é visto como injusto, é claro, e encontra oposição. Uma instabilidade potencial é mitigada pela presença nesse relacionamento dos quatro elementos – Terra (Virgem), Ar (Libra), Fogo (Sagitário) e Água (Escorpião). Embora as atividades aqui tenham um ritmo febril, a energia dessa combinação raramente se perde, sendo usada construtivamente no final.

A sensualidade se manifesta nesse relacionamento por meio da comida, do sexo e principalmente da arte. Os casos amorosos e casamentos são muitas vezes marcados por frustrações: como nenhum dos dois parceiros fica feliz com o que tem, as coisas nunca parecem estar muito bem. Não são tanto atitudes exigentes (embora elas realmente existam) que os mantém separados mas sim uma vaga insatisfação envolvendo comparações desfavoráveis com os amores do passado ou idealizados. Paradoxalmente, eles sempre podem compartilhar a apreciação artística e os prazeres gastronômicos. Esse relacionamento pode, finalmente, tornar-se platônico, com seus parceiros virando amigos em vez de namorados.

A amizade talvez seja o relacionamento mais equilibrado entre os nativos de Virgem-Libra e os de Escorpião-Sagitário. Há muitas áreas onde eles compartilham desenvolvimento e prazer mútuos, livres de problemas emocionais adjacentes. Esse relacionamento pode tornar-se central para a vida de ambos os parceiros durante anos, e profundas dores de perda são vividas na partida ou na ocasião da morte de um deles.

Relacionamentos de trabalho entre casais ou amigos são sugeridos aqui, sobretudo na área editorial, em televisão ou outros ramos da comunicação de massa. A relação corre o risco de tornar-se elitista e esnobe, no entanto, alienando a terceiros. As combinações familiares, especialmente entre pais e filhos, também reiteram o tema da incompletude ou do arrependimento, como se os dois estivessem às vezes separados por barreiras intermináveis.

Conselho: *Examinem o que os está mantendo no passado. Tentem abandonar ideais impossíveis. Larguem o passado – apreciem aquilo que possuem no presente.*

RELACIONAMENTOS

PONTOS FORTES: ESTABELECIDO, LIVRE-PENSADOR, ENERGÉTICO

PONTOS FRACOS: PRIVADO, GANANCIOSO, CIUMENTO

MELHOR: CASAMENTO

PIOR: AMOR

JOEL COEN (29/11/54)
ETHAN COEN (21/9/58)

Antes de 1997 os irmãos Coen, roteiristas, foram reconhecidos no negócio do cinema por sua pomposidade e excentricidade em filmes como *Arizona nunca mais* (1987) e *Barton Fink* (1991). Em 1996, entretanto, eles espantaram o mundo com o brilhante *Fargo*, que lhes valeu o Oscar de melhor roteiro. **Também: Larry Hagman & Mary Martin** (filho/mãe; atores).

---

19 a 24 de setembro
CÚSPIDE DA BELEZA
CÚSPIDE VIRGEM-LIBRA

25 de novembro a 2 de dezembro
SEMANA DA INDEPENDÊNCIA
SAGITÁRIO I

Construindo tijolo por tijolo

Este par pode ser visto nas áreas de design, decoração e até na construção de estruturas físicas, o que por sua vez dá forma aos grupos familiares, sociais ou profissionais dos quais os parceiros fazem parte. O relacionamento permite a conjunção do gosto de Virgem-Libra à iniciativa de Sagitário I, e sua força está na capacidade de dar forma material a suas crenças: o que caracteriza a dupla é algo do "construtor de impérios". Embora nenhum desses parceiros seja especialmente paciente, isso confere-lhes força e habilidade para construir algo devagar, tijolo a tijolo. Além disso, a dupla é muito simbiótica: seus parceiros são indubitavelmente dependentes um do outro. Raramente um dos parceiros adianta seus próprios interesses à custa do outro, pois os dois sabem instintivamente que o que é melhor para o relacionamento é melhor para o indivíduo.

Os nativos de Sagitário I apreciam esse relacionamento porque ele garante uma base sólida para sua vida sem comprometer sua necessidade de ser livre; os de Virgem-Libra gostam de usar as consideráveis energias desse relacionamento como fonte para instituir sua visão técnica e artística. Nos casos amorosos e nos casamentos, apesar de uma orientação para a segurança, nenhum dos parceiros se sente particularmente preso a noções convencionais de fidelidade. Sem comprometer sua lealdade para com o outro, o par Virgem-Libra e Sagitário I muitas vezes sente-se à vontade para viver grandes romances com outras pessoas. Isso pode esgotar socialmente o relacionamento, mas tanto a família como os amigos logo compreendem que os dois podem (na maioria das vezes) lidar com essas situações complicadas de uma forma madura. A verdadeira dificuldade surge quando somente um dos parceiros se sente relegado a segundo plano, ou sente uma mudança negativa na energia do relacionamento. Companheiros, familiares ou amigos de Virgem-Libra e Sagitário I podem trabalhar juntos, ou mesmo em campos profissionais aliados. Seus planos são muitas vezes ousados, pois a relação raramente se satisfaz com o sucesso em moderação: tanto os representantes de Virgem-Libra como os de Sagitário I sempre buscam a posição mais alta. Aprender a ter expectativas mais realistas, ou seja, contentar-se com um nível respeitável de sucesso, além de ter forte determinação para manter-se, é uma lição importante para esse par.

Conselho: *Não ignore a sabedoria convencional. Cultive a humildade. Controle a sua ambição: aprenda a satisfazer-se com o que tem.*

19 a 24 de setembro
CÚSPIDE DA BELEZA
CÚSPIDE VIRGEM-LIBRA

3 a 10 de dezembro
SEMANA DO ORIGINADOR
SAGITÁRIO II

A bela e a fera

Esse relacionamento normalmente é bastante direto, enfatizando a intensidade das emoções e a apreciação da beleza: as paixões correm soltas aqui. Falando simplesmente, a união é definida pela atração e inspiração pela beleza de Sagitário II e o encanto de Virgem-Libra, criando o desejo de envolver-se com o nativo de Virgem-Libra em atividades mutuamente recompensadoras e prazerosas. Sagitário II normalmente toma a iniciativa, e Virgem-Libra sente-se igualmente atraído por Sagitário II em razão de sua visão e pensamento inovadores. É freqüente que as carreiras e envolvimentos pessoais unam os dois, havendo dificuldade em manter as relações profissionais após o rompimento da amizade, do caso de amor ou do casamento. Portanto, é melhor escolher desde o início se o relacionamento deve concentrar-se em assuntos pessoais ou profissionais, e não em ambos.

Os casos amorosos às vezes demonstram divisão entre a beleza física do nativo de Virgem-Libra e a força intelectual do de Sagitário II, mas essa divisão também pode unir os parceiros: é a clássica atração da beleza pelo cérebro e do cérebro pela beleza. Se a diferença de idade entre os dois for muito grande, o casal tem de ter senso de humor para lidar com os comentários picantes de outras pessoas, como por exemplo "a bela e a fera" ou "idade acima da beleza". O casamento pode sofrer as conseqüências da estrutura de poder, que sugere e baseia-se nos atributos primários da beleza, idade ou inteligência, por exemplo, valorizados pela sociedade. Aqui, manter a igualdade ao mesmo tempo em que se reconhece as diferenças é o desafio principal.

Os relacionamentos entre professor e aluno, normalmente com Sagitário II no papel dominante, podem envolver um processo de descoberta das habilidades e talentos de Virgem-Libra. Desta forma, muito envaidecidos com essa atenção, pode ser que trabalhem com mais afinco ou, inversamente, de forma mais tranqüila, certos de possuírem as habilidades para manipular seu admirado instrutor quando quiserem. As relações entre pais e filhos e patrão e empregado podem formar um padrão similar.

Conselho: *Separem o trabalho da diversão. Fiquem atentos a críticas, mas defendam-se. O que acontece entre dois adultos é, definitivamente, problema deles.*

RELACIONAMENTOS

PONTOS FORTES: INTENSO, INSPIRACIONAL, RECEPTIVO

PONTOS FRACOS: MANIPULADOR, POLARIZADO, RIDÍCULO

MELHOR: PROFESSOR-ALUNO

PIOR: CASAMENTO

LOUISE NEVELSON (23/9/1899)
DIEGO RIVERA (8/12/1886)

A escultora Nevelson é famosa por suas esculturas de caixas pretas feitas de peças de mobília e outros objetos de madeira. Antes de fazer sua primeira exposição, em 1941, ela trabalhava como assistente do muralista mexicano Rivera, cujo trabalho dramático se concentrou em temas sociais e políticos. **Também:** Anna Karina & Jean-Luc Goddard (casados; atriz/diretor).

---

19 a 24 de setembro
CÚSPIDE DA BELEZA
CÚSPIDE VIRGEM-LIBRA

11 a 18 de dezembro
SEMANA DO TITÃ
SAGITÁRIO III

Descobrindo por si mesmos

O grande respeito mútuo comum nesse relacionamento promove uma interação fácil no dia-a-dia, e exclui sentimentos de condescendência e lutas pelo poder. A combinação Virgem-Libra-Sagitário III, tanto como laços de família sólidos, como amizade, casos amorosos sensuais ou casamento, é caracterizada por uma forte qualidade física. O nativo de Virgem-Libra raramente exerce um papel secundário; capaz de encantar o de Sagitário III, ele raramente tem problemas para fazer o que quer. O par Virgem-Libra e Sagitário III geralmente consegue aprender bastante um do outro, mas pode aprender mais ainda do próprio relacionamento.

Os casos amorosos são bastante românticos e contêm uma espécie de adoração. Cada parceiro tem uma imagem idealizada duradoura do outro, que geralmente vai muito além da mera aparência física. O casamento pode ser bem-sucedido, contanto que Virgem-Libra não exija atenção demais de Sagitário III, muito trabalhador, e que esse último não imponha seus humores pesados sobre o primeiro.

As amizades e combinações entre irmãos enfatizam o crescimento e desenvolvimento mútuos, mas em vários estágios Sagitário III pode ter que forçar um pouco para que as coisas aconteçam. Os representantes de Virgem-Libra não se incomodam com esse estímulo de vez em quando, mas desejam ser incluídos na tomada e na implementação das decisões. Essas combinações muitas vezes rebelam-se contra pais ou professores didáticos, não porque particularmente discordem da autoridade, mas sim porque a dupla prefere descobrir por si mesma.

As relações de trabalho entre os dois podem ser extraordinárias. A visão de Sagitário III e o gosto de Virgem-Libra mesclam-se primorosamente e deixam sua marca de sucesso em muitos de seus empreendimentos. Mas os assuntos financeiros podem exigir conselhos profissionais de um contador ou administrador: essa combinação não é a mais astuta quando se trata de dinheiro.

Conselho: *Não deixe de ouvir os conselhos dos outros, e não exija demais de si mesmo: quando precisar de ajuda, peça. Permita-se errar.*

RELACIONAMENTOS

PONTOS FORTES: EXPERIENTE, IDEALISTA, SENSUAL

PONTOS FRACOS: DE VENETA, RECALCITRANTE, DESEQUILIBRADO

MELHOR: AMOR

PIOR: IRMÃOS

SOPHIA LOREN (20/9/34)
CARLO PONTI (11/12/10)

A escultural Loren e o diminuto Ponti, 24 anos mais velho que ela, se conheceram em 1949 em um concurso de beleza aos 15 anos de idade. Ele a preparou como atriz e se casaram em 1957. Têm um filho, Carlo Jr. **Também:** Bruce Springsteen & John Hammond (estrela do rock descoberto por crítico e produtor); Charles Parker & George Parker (irmãos; fundaram empresa de jogos).

19 a 24 de setembro
CÚSPIDE DA BELEZA
CÚSPIDE VIRGEM-LIBRA

19 a 25 de dezembro
CÚSPIDE DA PROFECIA
CÚSPIDE SAGITÁRIO-CAPRICÓRNIO

Entrando de cabeça

Poderoso e magnético, esse relacionamento também pode ser muito contido. Uma tendência fortemente não-convencional e anti-social é estimulada aqui, sublinhada pela extrema necessidade de privacidade e o grande interesse do casal por segredos. A cúspide Virgem-Libra coincide com o equinócio de outono, e a cúspide Sagitário-Capricórnio com o solstício de verão, dois dos quatro momentos poderosos do ano. Em quadratura um com o outro no zodíaco (formam aspecto de 90º), Virgem-Libra e Sagitário-Capricórnio produzem personalidades fortemente contrastantes, entre as quais a Astrologia pode prever fricção e dificuldade. Envolver-se com alguém com um espírito tão singular quanto o deles, no entanto, pode ser irresistível para esse par. Uma vez que os dois estejam envolvidos, pode ser que sintam que alguma força ou destino obscuro os uniu.

Os nativos de Virgem-Libra confrontam-se freqüentemente com a projeção de seu lado sombrio sobre casos amorosos e casamentos dessa combinação. O representante de Sagitário-Capricórnio pode funcionar como *animus* ou *anima* de Virgem-Libra, tornando-se objeto irresistível de seus desejos secretos. Apaixonar-se aqui pode ter repercussões graves para os dois parceiros, que podem perder a cabeça: arrebatados por um redemoinho de emoções, são levados a níveis de emoção mais profundos do que qualquer um deles já alcançou. Irmãos dessa combinação podem tornar-se extremamente próximos, onde o irmão mais velho serve freqüentemente como substituto de um dos pais ou torna-se modelo na adolescência ou no início da vida adulta. A amizade entre Virgem-Libra e Sagitário-Capricórnio supre uma necessidade igualmente profunda, muitas vezes compensando a ausência de relações satisfatórias de família. Essas combinações são muito próximas, mas características como possessividade, extrema dependência e inibição do desenvolvimento pessoal em nome da lealdade ao relacionamento devem ser cuidadosamente monitoradas.

Idéias e ideais são extremamente importantes, tanto para Virgem-Libra como para Sagitário-Capricórnio, em seu relacionamento profissional. Como membros de uma organização social ou empresarial, eles podem ter no coração as melhores intenções com os outros, e são incansáveis em sua capacidade de dar de si. Muitas vezes são defensores dos fracos e oprimidos, e lutam juntos por isso para garantir que o tratamento justo seja dado a todos.

Conselho: *Fiquem atentos a si mesmos, e aos seus melhores interesses: não se deixem levar. Lembre-se de dar mais espaço ao outro para respirar.*

RELACIONAMENTOS

PONTOS FORTES: MAGNÉTICO, PESSOAL, ALTRUÍSTA

PONTOS FRACOS: SOMBRIO, PROBLEMÁTICO, INIBIDOR

MELHOR: TRABALHO

PIOR: AMOR

AVA GARDNER (24/12/22)
MICKEY ROONEY (23/9/20)

Rooney, o pequenino dínamo cuja carreira no cinema durou 8 décadas, foi casado 8 vezes, tipicamente com mulheres altas e bonitas. Sua primeira esposa foi Gardner, a sedutora estrela de voz rouca dos anos 1840 e 1850. Quando ela se casou com Rooney em 1942 sua carreira ganhou impulso devido à publicidade de que foram alvo. **Também:** H.G. Wells & Rebecca West (caso; escritores).

---

19 a 24 de setembro
CÚSPIDE DA BELEZA
CÚSPIDE VIRGEM-LIBRA

26 de dezembro a 2 de janeiro
SEMANA DO REGENTE
CAPRICÓRNIO I

Busca de significado

Sentimentos e atitudes naturais predominam nesse relacionamento livre e solto. Muitas vezes libertadora, a combinação Virgem-Libra-Capricórnio I pode influenciar poderosamente os dois parceiros em sua busca por um significado na vida, e também no seu próprio desenvolvimento. Portanto, o nativo de Virgem-Libra aprende muito com seu parceiro de Capricórnio I, que, por sua vez, beneficia-se tremendamente das influências estéticas do representante de Virgem-Libra, que pode abrir mundos inteiramente novos para ele.

O romance é possível entre os dois; ele raramente é do tipo selvagem, no entanto é mais desinibido do que o tipo de relação ao qual os parceiros estão acostumados. O nativo de Capricórnio I fica encantado com seu parceiro de Virgem-Libra mas, infelizmente, também o considera sua posse. Virgem-Libra só pode ser adulado até certo ponto, e recua se sentir que algo lhe é exigido ou controlado. No casamento, eles se beneficiam do espírito prático e bom senso de Capricórnio I. Virgem-Libra não fica insatisfeito com o papel coadjuvante, mas deve ficar atento para que sua personalidade não seja engolida pelo relacionamento.

Como amigos, os dois apreciam participar de cursos juntos – comerciais, físicos ou artísticos – que levam ao autodesenvolvimento mútuo. Um hobby comum freqüentemente emerge, unindo o par e tornando-se a base do relacionamento. O nativo de Virgem-Libra não deve ficar surpreso com a economia de Capricórnio I, mas deve conduzir o relacionamento para longe de uma atitude mesquinha que poderá limitar suas possibilidades e inibir a criatividade.

O relacionamento entre pais e filhos pode ser extremamente favorável, havendo partilha, aprendizado e crescimento de ambos os parceiros. Laços artísticos e espirituais podem ser formados aqui, que continuam na vida adulta. Na esfera do trabalho, o representante de Capricórnio I tende a pensar que é onisciente, traço esse que, se encarado diariamente, afetará os nervos do nativo de Virgem-Libra. Os dois se relacionam melhor como colegas independentes ou autônomos que encontram-se ocasionalmente para compartilharem pensamentos e observações.

Conselho: *Aprendam um do outro, mas mantenham sua independência: fiquem atentos às reclamações. Cultivem metas artísticas e espirituais.*

RELACIONAMENTOS

PONTOS FORTES: NATURAL, EDIFICANTE, PARCIMONIOSO

PONTOS FRACOS: REIVINDICADOR, MATERIALISTA, SOVINA

MELHOR: PAIS-FILHOS

PIOR: TRABALHO

MAURICE UTRILLO (26/12/1883)
SUZANNE VALADON (23/9/1865)

Valadon, mãe do artista Utrillo, foi uma versátil pintora que havia sido costureira, artista de circo e modelo de artistas. Ela inspirou o filho a se tornar pintor. Ele é mais conhecido por sua interpretação de cenas de rua de Paris, muitas vezes uma atmosfera festiva e lúgubre de Montmartre.

19 a 24 de setembro
CÚSPIDE DA BELEZA
CÚSPIDE VIRGEM-LIBRA

3 a 9 de janeiro
SEMANA DA DETERMINAÇÃO
CAPRICÓRNIO II

Resolução do destino

Para a intensidade emocional e freqüentemente física presentes nesse relacionamento deve ser encontrada uma válvula de escape construtiva. Os parceiros sentem-se magnética e até fatalmente atraídos um pelo outro, mas as interações resultantes não são sempre prazerosas. Uma energia indubitavelmente antagonista e violenta flui nesse relacionamento. Os parceiros não devem inventar desculpas para isso, pois precisam de confrontos diretos para resolver qualquer conflito. Se esses confrontos forem evitados, o relacionamento provavelmente sofrerá frustrações e se estagnará, permanecendo sem realização.

Os casos amorosos apresentam uma grande quantidade de sensualidade e atração mútua; a ênfase aqui concentra-se em um envolvimento físico e emocional satisfatório. O empenho sexual parece indicar conflito mas, na realidade, leva inicialmente a um maior prazer. O casamento deve almejar harmonia e estabilidade, ou talvez não deva ser iniciado, visto que as disputas maritais e os eventuais rompimentos não são muito agradáveis aqui. Se os companheiros tornarem-se adversários, a situação poderá transformar-se em uma guerra para resolver brigas sobre posses, dinheiro e filhos.

Amizades e relações entre irmãos dessa combinação podem ser amigáveis ou contenciosas, ou podem flutuar entre as duas. A ambivalência e a ambigüidade encobrirá por vezes a verdadeira natureza do relacionamento, pois aqui o amor e o ódio estão muito proximamente entrelaçados. Muitas vezes, anos têm que passar antes que o significado e o verdadeiro foco desse relacionamento seja revelado aos parceiros. As combinações profissionais entre os dois exemplificam essas observações. Extremamente realistas, os parceiros sabem exatamente onde estão nesse relacionamento; na realidade, se algum deles abandonar o realismo, mesmo que por momento, e deixar vigorar o sentimentalismo, será um erro fatal. Embora papéis adversários apareçam com freqüência, a dança na qual esse par se envolve é tão bem sincronizada que os oponentes pareçam, mesmo quando em batalha, ligados harmoniosamente. Uma falta de comportamento ardiloso indica a falta de vontade dos dois parceiros de seguir as regras e a busca do ganho pessoal, em vez de jogar limpo.

Conselho: *Limitem os confrontos tanto quanto possível, mas não tentem evitá-los: resolvam suas dificuldades. Acentuem o positivo.*

RELACIONAMENTOS

PONTOS FORTES: PROFÉTICO, PROFUNDO, DECIDIDO

PONTOS FRACOS: DESTRUTIVO, CONTENCIOSO, DESAGRADÁVEL

MELHOR: COMBATE

PIOR: CASAMENTO

FLOYD PATERSON (4/1/35)
INGEMAR JOHANSSON (22/9/32)

O sueco Johansson tirou o título de peso-pesado do americano Patterson em 1959 em uma atordoante virada. Patterson ganhou o movimento em 1960, tornando-se o primeiro a reconquistar a coroa. Patterson derrotou Johansson outra vez em 1961. Suas 3 lutas são lendárias. Tornaram-se grandes e profundamente respeitosos amigos. **Também: Brian Epstein & George Martin** (empresário dos Beatles/produtor).

---

19 a 24 de setembro
CÚSPIDE DA BELEZA
CÚSPIDE VIRGEM-LIBRA

10 a 16 de janeiro
SEMANA DA DOMINAÇÃO
CAPRICÓRNIO III

Incondicionalmente

Esse relacionamento vigoroso é capaz de colocar novos projetos nos trilhos e de melhorar a comunicação interna dos grupos aos quais pertence. Aqui, a admiração de Capricórnio III pela atração física de Virgem-Libra fica apenas um pouco disfarçada, e esse último pode aprender muito sobre vigor, autoconfiança e força de vontade com o primeiro. Essas qualidades complementam-se umas às outras, em um relacionamento focalizado na manutenção de suas posições, de maneira incondicional.

Conflitos sutis podem surgir em casos amorosos e casamentos entre os dois, pois o nativo de Capricórnio III anseia pela capacidade de controlar e até de negar suas necessidades físicas, e o de Virgem-Libra deseja muito entregar-se a elas. Assim, o representante de Capricórnio III pode não gostar das tentações que esse relacionamento coloca em seu caminho, e o de Virgem-Libra pode acabar sentindo-se frustrado quando for culpado ou excluído.

Os relacionamentos entre pais e filhos são caracterizados por uma admiração mútua que pode, às vezes, aproximar-se do endeusamento. Algumas dificuldades são esperadas durante a adolescência, quando separações dolorosas tornam necessário ressaltar a individualidade. Com suficiente tempo de separação, os parceiros podem unir-se novamente, tendo alcançado um novo nível de confiança e respeito. A amizade entre Virgem-Libra e Capricórnio III desperta interesse em uma ampla gama de atividades, e não gosta de fixar-se em um objetivo em particular. Essa relação deve ficar atenta ao nervosismo e à empolgação que resultam de se deixar influenciar demais.

Nas combinações relacionadas ao trabalho, os dois alcançam posições sólidas, mas muitas vezes se comodam em vez de almejarem postos mais altos. Assim, os nativos de Virgem-Libra e Capricórnio III são excelentes colegas, dentro de um departamento ou grande empresa, onde eles continuarão a impressionar os outros com o passar dos anos com a qualidade de seu trabalho e sua facilidade de promover a cooperação.

Conselho: *Aceitem as coisas como são. Não adorem demais. Dêem espaço ao seu parceiro: a separação pode tornar-se necessária de tempos em tempos.*

RELACIONAMENTOS

PONTOS FORTES: COMUNICATIVO, INOVADOR, MANTENEDOR

PONTOS FRACOS: NERVOSO, RESSENTIDO, FRUSTRADO

MELHOR: TRABALHO

PIOR: AMOR

JOHN MARSHALL (24/9/1755)
ALEXANDER HAMILTON (11/1/1755)

Marshall e Hamilton foram líderes federalistas instrumentais na criação e estruturação do governo americano. Hamilton, cujos ensaios publicados em *The Federalist* muito fizeram para ratificar a Constituição, influenciou o presidente do supremo tribunal, Marshall, que estabeleceu os princípios básicos das leis constitucionais, mais notavelmente o poder da Suprema Corte de governar com base em atos de outros ramos do governo.

RELACIONAMENTOS

PONTOS FORTES: PROTETOR, RESPEITOSO, INSTINTIVO

PONTOS FRACOS: IMPREVISÍVEL, INSTÁVEL, ENCRENQUEIRO

MELHOR: AMIZADE

PIOR: PAIS-FILHOS

GAIL RUSSELL (23/9/24)
GUY MADISON (19/1/22)

O bonitão Madison estreou em filmes de ação nos anos 1950 e 1960 em filmes europeus de qualidade inferior. Foi casado com Russell (1949-54), uma bela protagonista de Hollywood dos anos 1940 e 1950. Ela era insegura e introvertida e tinha medo do palco, o que a levou ao alcoolismo.

---

19 a 24 de setembro
CÚSPIDE DA BELEZA
CÚSPIDE VIRGEM-LIBRA

17 a 22 de janeiro
CÚSPIDE DO MISTÉRIO E DA IMAGINAÇÃO
CÚSPIDE CAPRICÓRNIO-AQUÁRIO

Rebeldia reativa

Este relacionamento é uma mistura estranha de acordos e divergências. Embora os augúrios aqui sejam de uma relação fácil, devido ao aspecto de trígono (Virgem-Libra e Capricórnio-Aquário estão separados no zodíaco por 120°), isso é só uma parte da história. Muito à vontade entre si em determinado momento, o par pode explodir de repente em uma erupção espontânea que assusta terceiros. Como tantas outras combinações de cúspides, essa contém elementos singularmente imprevisíveis. Se algum dos parceiros tentar um jogo de poder óbvio, o resultado será certamente uma revolução de grande escala. De fato, a rebeldia pode ser o foco desse relacionamento, especialmente em ambientes de família e de trabalho.

Embora tanto Virgem-Libra como Capricórnio-Aquário sejam combinações do tipo ar-terra, o relacionamento é regido por água e fogo, podendo rapidamente entrar em ebulição. Nos casamentos e casos amorosos, a regra é muitas vezes excitamento e sensualidade, mas é igualmente a instabilidade emocional e psicológica, e nenhum desses indivíduos tem o temperamento preparado para tal. O nativo de Virgem-Libra, atraído pela capacidade imaginativa de seu companheiro, pode manter-se calmo por muito tempo, mas se o representante de Capricórnio-Aquário o importunar demais, eles poderão adotar uma posição de ataque.

Na amizade entre os dois, sobretudo nos anos de escola, é pouco provável que deixem que insultos da parte de outros alunos ou de professores passem desapercebidos. Os dois podem adquirir a reputação de desordeiros ou traquinas, quando, na realidade, estarão só se recusando a ser manipulados. As relações entre pai e filho ou patrão e empregado são muitas vezes iradas, sobretudo quando Capricórnio-Aquário está na posição dominante. Este possui um lado autoritário; pode dar uma direção eficaz à família ou ao grupo de trabalho, mas pode também incomodar ao representante de Virgem-Libra, tão pacífico e bom, sendo capaz até de ridicularizá-lo em público. O nativo de Virgem-Libra pode suportar tudo isso, justamente por causa de sua boa natureza, até que Capricórnio-Aquário comece a incomodar colegas mais fracos ou membros da família, finalmente suscitando a oposição de Virgem-Libra. Esses confrontos podem ser de fato necessários para reforçar a auto-estima e a confiança dos representantes de Virgem-Libra, particularmente se eles quiserem triunfar sobre seus formidáveis adversários.

Conselho: *Fique tranqüilo, mas não deixe que os outros o manipulem. Mantenha o respeito por si mesmo e dê o mesmo aos outros. Seja consistente.*

RELACIONAMENTOS

PONTOS FORTES: EFICAZ, BRILHANTE, PODEROSO

PONTOS FRACOS: ARROGANTE, IRREFLETIDO, DESONESTO

MELHOR: TRABALHO

PIOR: AMIZADE

RICHARD OLDENBERG (21/9/33)
CLAES OLDENBERG (28/1/29)

Os irmãos Oldenberg são ambos grandes figuras do mundo das artes. Claes se tornou um grande artista pop nos anos 1960, conhecido por suas réplicas gigantes de objetos comuns como engenhocas, alimentos e roupas. Richard foi diretor do Museu de Arte Moderna em Nova York de 1972 a 1994.
Também: Otávio & Livia Drusilia (casados; regentes romanos); **Mickey Rooney & Carolyn Mitchell** (casados; atores).

---

19 a 24 de setembro
CÚSPIDE DA BELEZA
CÚSPIDE VIRGEM-LIBRA

23 a 30 de janeiro
SEMANA DO GÊNIO
AQUÁRIO I

Trabalhos complexos

O foco aqui se concentra nos trabalhos complexos e labirintos da mente humana. A combinação é tortuosa, nada fácil de entender até mesmo para seus parceiros, e raramente segue um caminho reto e estreito. Essa dupla tende a ser arrogante e a assumir que a lei está dentro deles. Ressaltando a liberdade para si mesmos, às vezes, aplicam padrões duplos de julgamento, exigindo que os outros conformem-se. A relação sugere a união clássica entre beleza e cérebro, e para fazer com que os outros apostem nisso, ela se utiliza muitas vezes de argumentos externos atraentes e inteligentes. Não é de admirar que a honestidade não seja uma característica forte aqui.

Fortes lutas pelo poder surgem em casos amorosos e casamentos, sobretudo se um dos parceiros sentir-se encurralado ou oprimido pelo outro, mas nessas ocasiões essas interações não se estabelecem. Normalmente, um dos parceiros gosta de ficar por cima, ao menos de um ponto mais alto para dar a direção e as ordens. Jogos mentais podem ser usados com uma variedade surpreendente, indicando novamente o grau com que cada parceiro manipulará o outro para conseguir o que quer.

As amizades podem não se tornar muito íntimas ou profundas entre os representantes de Virgem-Libra e Aquário I, e normalmente ocorrem quando um trabalho ou uma propriedade comum está envolvida. Na maioria das vezes, interesses individuais impedem a possibilidade de compartilhar neste relacionamento. Nessa combinação, irmãos garantem agressivamente seus interesses. De fato, a unidade familiar da qual eles fazem parte poderá submergir em um mar de divergências, a menos que reconheçam a extensão do enfraquecimento causado.

As ligações de trabalho entre os dois podem ser muito eficientes, e até brilhantes, mas um tanto quanto rudes e desonestas. A tendência desmedida ao sucesso não só é um sinal de ambição como também do quanto esse par está atento aos sentimentos dos outros. O par constrói sonhos complexos para adiantar seus interesses, e então coloca esses planos em execução eficientemente.

Conselho: *Considerem os sentimentos. Fiquem atentos a tendências bárbaras. O poder é menos importante que o amor. Padrões diferentes provocam ressentimentos.*

19 a 24 de setembro
CÚSPIDE DA BELEZA
CÚSPIDE VIRGEM-LIBRA

31 de janeiro a 7 de fevereiro
SEMANA DA JUVENTUDE E DESPREOCUPAÇÃO
AQUÁRIO II

O dom do riso

Este relacionamento carrega consigo o dom do riso. O par aprecia se divertir tanto quanto qualquer outra combinação do ano e não se importa nem um pouco se tiver que rir de outras pessoas. A independência de pensamento e ação está fortemente presente aqui, e como unidade os dois podem ser guiados infalivelmente a um alvo, atirando quando quiserem. Ter o humor como seu foco poderia levar essa relação a ter fama de superficialidade, não fora por seu efeito cáustico, que, quando ocorre, acorda as pessoas e as fazem pensar. Geralmente escondendo uma mensagem mais séria por trás de uma fachada vulgar ou extravagante, essa dupla pode prosperar onde pais, professores ou filósofos falham.

Nos casos amorosos ou casamentos, esse par, pode ser extremamente engraçado na frente de outros e sofrer de depressão quando estiver a sós. Na verdade, há uma certa quantidade de desesperança e desespero no centro do relacionamento, disfarçado sutilmente com sarcasmo e humor negro. A fonte dessa infelicidade tem normalmente a ver com um certo desinterese, certo vazio ou falta de intimidade, que os parceiros sentem como vaga insatisfação, já que nenhum dos dois possui a visão psicológica para perceber o que está errado. Os confrontos privados entre os dois podem ser tudo menos engraçados, e, na realidade, podem ser dolorosos de maneira torturante, pois é improvável uma solução.

As amizades desse tipo dedicam-se de forma direta, incondicional e sem constrangimento ao divertimento. Alguma sensibilidade quanto aos sentimentos do outro tem que ser demonstrada se essa combinação não quiser tornar-se algo do qual os outros se afastam instintivamente, com medo ou aversão. Na esfera familiar ou no trabalho, pode-se contar com os nativos de Virgem-Libra e Aquário II para melhorar o ambiente. Se forem atacados ou repreendidos por sua irreverência, no entanto, são bastante capazes de ataques severos que podem fazer seus críticos correrem em busca de abrigo. Um incidente desses é o suficiente para ensinar aos outros a evitar a ira desse par como evitariam um enxame de abelhas.

Conselho: *Ao fazer piadas sobre alguém, você pode estar magoando a si mesmo. Tente reagir menos violentamente; seja mais diplomático. Trabalhe sua diplomacia.*

RELACIONAMENTOS

PONTOS FORTES: DIVERTIDO, INDEPENDENTE, BRILHANTE

PONTOS FRACOS: SARCÁSTICO, FERINO, SOMBRIO

MELHOR: AMIZADE

PIOR: AMOR

DUKE SNIDER (19/9/26)
JACKIE ROBINSON (31/1/19)

Snider e Robinson foram companheiros de equipe no Brooklyn Dodgers de 1947 a 1956. Ambos tiveram destacados recordes. Em 1956, The Duke liderou sua liga em *home runs*; em 1955 liderou em *run batted ins*. Robinson foi Rookie do Ano em 1947, Jogador Mais Valioso em 1949 e teve 10 anos de média de *batting* de 3,10. Ambos estão no Hall da Fama.

---

19 a 24 de setembro
CÚSPIDE DA BELEZA
CÚSPIDE VIRGEM-LIBRA

8 a 15 de fevereiro
SEMANA DA ACEITAÇÃO
AQUÁRIO III

Uma ligação psíquica

A razão do sucesso desse relacionamento tem seus indícios no próprio tipo de comunicação existente entre os dois parceiros. Porque essa comunicação raramente toma a forma de um sistema de pensamento ou uma verdadeira linguagem, é difícil permitir que terceiros entrem nesse processo. Essa língua desconhecida pode levar a desentendimentos com quem está de fora do relacionamento, à inveja e ao ressentimento. Definir o canal de comunicação desse par não é fácil, mas os elementos envolvidos são abertura, respeito, aceitação e compreensão, além de uma ligação psíquica e intuitiva especial.

No romance, os dois parceiros têm prazer por não terem o trabalho de se explicar, pois isso é algo que nenhum deles gosta de fazer. Muito ligados nos desejos do outro, os nativos de Virgem-Libra e Aquário III sabem imediatamente como dar prazer um ao outro, mas é claro que nem sempre escolherão fazê-lo. Portanto, nas discussões eles estão mais aptos a se agredirem com uma negligência intencional do que a oferecer a desculpa de que um dos dois não sabe o que está acontecendo.

O casamento e as relações de trabalho entre Virgem-Libra e Aquário III são, em sua maioria, sólidos. Essas combinações dependem de ter um interesse a proteger, seja ele financeiro, doméstico ou talvez até sua própria reputação. Os parceiros raramente abandonam seus interesses, nem tampouco os vendem, mesmo se um preço alto for oferecido, pois sabem instintivamente que abandonar esse ponto de permanência pode sujeitar o relacionamento a uma maré oscilante e, finalmente, a um rompimento. As amizades podem ser muito próximas, mas um pouco instáveis. Uma qualidade nervosa permeia esse par, assim como uma tendência a soprar com o vento dominante, que leva ocasionalmente a atos de egoísmo e desconsideração.

Na esfera familiar, os canais abertos de comunicação na combinação entre pais e filhos podem ser uma dádiva à unidade familiar da qual fazem parte, mas também um espinho para o lado dos membros familiares que se sentem excluídos dela. Incluir os outros sempre que for possível é o melhor para o interesse de todos os envolvidos.

Conselho: *Atenha-se ao que possui, mas não exclua os outros. Fique atento ao egoísmo. Agir com superioridade suscita ressentimento.*

RELACIONAMENTOS

PONTOS FORTES: COMUNICATIVO, ABERTO, COMPREENSIVO

PONTOS FRACOS: EGOÍSTA, NERVOSO, EXCLUSIVISTA

MELHOR: CASAMENTO

PIOR: AMIZADE

RED AUERBACH (20/9/17)
BILL RUSSELL (12/2/34)

O lendário jogador de basquete Auerbach foi treinador do Boston Celtics de 1950 a 1966, conquistando 9 títulos pela NBA, um recorde de 8 sucessivos. Durante o reinado de Auerbach, Russell jogou na defesa do Celtic, talvez o melhor da história do basquetebol com 21.000 rebotes. Jogou 11 vezes na All-Star da NBA e foi 5 vezes o Jogador Mais Valioso. **Também: Twiggy & Mary Quant** (modelo/designer de moda).

RELACIONAMENTOS

PONTOS FORTES: INCOMUM, ESTÉTICO, IMPETUOSO

PONTOS FRACOS: DESCONECTADO, PECULIAR, OUSADO

MELHOR: CASAMENTO

PIOR: AMOR

SINEAD CUSACK (18/2/48)
JEREMY IRONS (19/9/48)

O brilhante ator de teatro e cinema Irons surgiu em *A Mulher do Tenente Francês* (1981). Desde então goza de grande sucesso, mais notavelmente como Claus Von Bulow em *Reverso da Fortuna* (1990), pelo qual ganhou um Oscar. Em 1978, ele se casou com a atriz irlandesa Cusack, filha do poeta Cyril Cusack. **Também:** Jim Henson & Edgar Bergen (manipulador de marionete inspirado por ventríloquo).

---

19 a 24 de setembro
CÚSPIDE DA BELEZA
CÚSPIDE VIRGEM-LIBRA

16 a 22 de fevereiro
CÚSPIDE DA SENSIBILIDADE
CÚSPIDE AQUÁRIO-PEIXES

Visão singular

Esse par é muito incomum e não necessariamente estável. Na realidade, os parceiros podem ter de trabalhar conscientemente para terem mais os pés no chão e serem mais práticos em sua visão e em suas ações, se quiserem preservar o relacionamento. Há uma tendência à instabilidade, que aumenta à proporção que aumenta a idiossincrasia. Os dois compartilham idéias visionárias; a relação apresenta uma natureza sonhadora, a qual nenhum deles está acostumado. Pode ser também amorosa e carinhosa. O nascido na cúspide Aquário-Peixes tem a sensibilidade e o estímulo de que Virgem-Libra precisa, e o nascido em Virgem-Libra consegue compartilhar seus interesses estéticos com o parceiro de Aquário-Peixes. Os dois podem viver cercados de belos objetos e passar a maior quantidade de tempo possível em locais de natureza virgem. É muito importante para o par engajar-se em projetos que os permitam compartilhar a visão singular desse relacionamento. Por causa de um aspecto de quincôncio entre Virgem-Libra e Aquário-Peixes (encontram-se a 150° de distância no zodíaco), a Astrologia prevê um desequilíbrio no relacionamento e os parceiros podem ter de lutar para manterem um nível emocional equilibrado.

As relações de casamento e de trabalho são particularmente gratificantes, já que surgem muitas oportunidades para implementar uma visão do mundo ou um estilo de vida que agrada aos dois parceiros. As viagens podem ser também importantes, servindo de novas fontes de inspiração para os principais objetivos do par. Deve-se tomar cuidado com as tendências dos parceiros ao comportamento impulsivo e a situações de risco. Sobretudo nas amizades, nos casos amorosos e nos casamentos, os parceiros devem esforçar-se para cumprir as responsabilidades diárias, o que mantém seu relacionamento a salvo e até mesmo equilibrado.

Problemas surgem nas relações entre irmãos ou nas amizades, onde os desejos conflitantes vão de encontro um ao outro. A necessidade que os dois parceiros sentem por companheirismo pode ser bastante satisfeita pelo relacionamento, embora seus desejos individuais (ou seja, os de Virgem-Libra por bens materiais e os de Aquário-Peixes por objetivos mais filosóficos) possam ser diferentes.

Conselho: *Valorize as tradições – elas sobreviveram por alguma razão. Preste atenção às finanças. Assuma maiores responsabilidades.*

RELACIONAMENTOS

PONTOS FORTES: COMPROMETIDO, HONRADO, OBSERVADOR

PONTOS FRACOS: POLARIZADO, CONFLITUOSO, INDOLENTE

MELHOR: AMIZADE

PIOR: CASAMENTO

BRIAN EPSTEIN (19/9/34)
GEORGE HARRISON (25/2/43)

O empresário dos Beatles, Epstein, moldou sua imagem como um grupo e trabalhou duro para conseguir seu primeiro contrato de gravação. Mesmo quando as gravadoras não aceitavam o grupo, Epstein permanecia otimista. Harrison: recordando sua falta de confiança nos esforços de Epstein, disse, "Mas nós ainda costumávamos brincar com a idéia de que chegaríamos ao topo."

---

19 a 24 de setembro
CÚSPIDE DA BELEZA
CÚSPIDE VIRGEM-LIBRA

23 de fevereiro a 2 de março
SEMANA DO ESPÍRITO
PEIXES I

Reconciliando o material e o espiritual

De várias formas, esta combinação busca reconciliar e unir os elementos superficiais e espirituais da existência, um enfoque onde tanto o conforto quanto a contemplação são proeminentes. O par busca o significado por trás de toda a beleza, ou seja, a essência que lhe confere poder. Não satisfeitos somente com a existência material, esses dois sempre buscam algo mais; em seu relacionamento, o sucesso financeiro pode ser visto como um aspecto de recompensa espiritual. Os conflitos devem acontecer entre nativos de Virgem-Libra, mais materialistas, e os representantes de Peixes I, mais espiritualizados. No entanto, a relação não se opõe a enfrentar os desafios, e se os dois parceiros desejarem ir mais além de si mesmos, poderão unir-se em uma busca comum, obtendo bons resultados.

Os romances entre os nascidos em Virgem-Libra e Peixes I geralmente prosperam ou falham de acordo com o grau de comprometimento presente. A entrega é um tema importante, podendo tratar-se tanto de entrega ao amor do casal como a uma fonte mais elevada (talvez um professor, uma filosofia ou uma religião). Se um dos parceiros comprometer-se totalmente com a relação e o outro o fizer parcialmente, discussões, brigas e mesmo batalhas tornam-se regra, apressando o término do relacionamento. Os casamentos entre os dois só devem ser tentados quando as diferenças ideológicas tenham sido acertadas.

As amizades podem ser rigidamente baseadas na busca pela verdade e pelo conhecimento. Profundamente idealista, a combinação entre Virgem-Libra e Peixes I estabelece padrões altos para a honra e para a confiança que, uma vez violados, não são facilmente restabelecidos. Essa relação é geralmente fácil, contanto que os parceiros estejam de completo acordo em assuntos da moralidade e da decência. Tais amigos podem passar momentos maravilhosos juntos, ao mesmo tempo em que exploram seu lado mais sério. A quietude é bastante valorizada. Nas esferas familiares ou profissionais, Virgem-Libra e Peixes I podem ajudar um ao outro a concluir os trabalhos diários. Embora os parceiros não sejam do tipo mais ambicioso ou trabalhador, sua relação geralmente consegue cumprir com as responsabilidades de uma maneira calma, o que pode abaixar o nível de estresse nas organizações das quais fizerem parte.

Conselho: *Escolha suas prioridades e encontre pontos comuns de acordo. Esteja atento à indolência. Tente perdoar mais e julgar menos.*

19 a 24 de setembro
CÚSPIDE DA BELEZA
CÚSPIDE VIRGEM-LIBRA

3 a 10 de março
SEMANA DO SOLITÁRIO
PEIXES II

Uma atmosfera rarefeita

A capacidade de expansão deste relacionamento provavelmente o levará aos lugares mais longínquos da estratosfera. Nessa atmosfera rarefeita, o par formado por Virgem-Libra e Peixes II preocupa-se com um tipo de abstração de pensamento que os outros não conseguem compreender facilmente. Esse par deve reconciliar a si mesmo com o fato de que somente uma família ou um grupo seleto, amigos ou colegas podem realmente compreendê-los em um nível um pouco melhor do que o superficial. De alguma forma misteriosa, porém não realmente planejada, o par de Virgem-Libra e Peixes II pode decidir cada um traçar seu próprio caminho, gratos um ao outro, e deixar a todos a tarefa de entender o que se passou.

Os casos amorosos e as amizades entre os dois baseiam-se muitas vezes no gosto pela dança, pela música ou pelo cinema, como formas de arte e não divertimento. Sua sensibilidade também é levada até a vida diária, onde são enfatizados a graça dos movimentos, o gosto impecável e as atitudes altamente seletivas em relação às pessoas. Se for levado ao extremo, esse enfoque pode resultar em esnobismo ou elitismo, empurrando o relacionamento para a alienação ou o isolamento.

A relação conjugal e familiar entre Virgem-Libra e Peixes II beneficia-se da presença de um só parente carinhoso, talvez o filho ou o pai. Esse indivíduo pode exercer uma forte influência prática a essa dupla, ou pode pelo menos servir como mais um companheiro em seus vôos de imaginação. A crença de um só desses indivíduos no relacionamento pode fornecer a credibilidade necessária para a manutenção do orgulho e do amor próprio.

Uma relação de trabalho com esta combinação está raramente interessada em um objetivo rápido, mas fica feliz com ganhar o suficiente para manter-se. Mais interessados na qualidade do produto ou do serviço e menos em encher a caixa registradora, os representantes de Virgem-Libra e de Peixes II ficam felizes quando podem se dedicar àquilo em que realmente acreditam. Os dois fazem grandes sacrifícios no plano material para assegurar a continuidade do trabalho, mesmo sob circunstâncias adversas.

Conselho: *Não seja extremo demais; mantenha o contato com os outros. Cultivar um pouco de praticidade não dói. Fique atento para não sacrificar seus próprios interesses.*

RELACIONAMENTOS

PONTOS FORTES: ARTÍSTICO, SACRIFICADO, GRATO

PONTOS FRACOS: POUCO PRÁTICO, FORA DA REALIDADE, ALIENADO

MELHOR: TRABALHO CRIATIVO

PIOR: CASAMENTO

REX HARRISON (5/3/08)
RACHEL ROBERTS (20/9/27)

O afável artista inglês Harrison é mais lembrado por seu papel como Professor Henry Higgins em *My Fair Lady* (teatro e cinema). Ele foi casado com a atriz Roberts (a 2ª de 6 esposas) de 1962 a 1971. Ela foi indicada para o Oscar por *The Sporting Life* (1963) e fez a carreira na tevê nos anos 1970. **Também:** John Coltrane & Jimmy Garrison (músicos de quarteto de jazz).

---

19 a 24 de setembro
CÚSPIDE DA BELEZA
CÚSPIDE VIRGEM-LIBRA

11 a 18 de março
SEMANA DOS DANÇARINOS E SONHADORES
PEIXES III

Mundo dos sonhos coloridos

Como combinação romântica e emocional, Virgem-Libra e Peixes III provavelmente vivem em seu próprio mundo dos sonhos coloridos, mesmerizados por seu encanto pelo outro. Altamente imaginativa, essa relação pode buscar experiências onde a incerteza, a ambigüidade e a mágica têm papéis importantes. O par geralmente escapa de horários rígidos e de direções predeterminadas, preferindo deixar as coisas acontecerem em vez de fazê-las acontecer. Na realidade, os parceiros podem acreditar firmemente que fazer as coisas acontecerem não é possível, e que a maior parte da vida é mesmo resultado do destino ou da sorte.

Como namorados ou amigos, os nativos de Virgem-Libra e de Peixes III muitas vezes se conhecem de uma forma que corrobora essa crença. Retrospectivamente, a coincidência improvável que os levou a se conhecerem pode parecer prodigiosa, dando ao seu encontro um caráter milagroso. Sua convicção de que o relacionamento é parte do destino pode servir-lhe de enorme impulso, sustentando-o em muitos períodos difíceis. Os casamentos podem desgastar-se com o tempo, porém, havendo somente esses fatos miraculosos para sustentá-lo. Na realidade, os parceiros podem descobrir que não são realmente feitos um para o outro, ou simplesmente desenvolvem-se em direções opostas com o passar dos anos.

Os relacionamentos entre pais e filhos desta combinação podem ser emocionalmente complexos. Pais nascidos em Peixes III tendem a adorar e a mimar seus filhos de Virgem-Libra. Pais de Virgem-Libra, por outro lado, podem ficar impacientes com seus filhos de Peixes III e fazer muitas exigências (ser arrumado, ser eficiente e ter bom senso), o que as crianças acham difícil ou impossível de realizar. Nos dois casos, ter menos idéias preconcebidas e aceitar os filhos como são é da maior importância, se quiserem evitar problemas psicológicos.

As relações de trabalho entre Virgem-Libra e Peixes III podem não ser nada compatíveis com cargos exercidos em tempo integral em companhias ou em organizações. Se esses dois formarem seu próprio negócio, devem ser extremamente cuidadosos para não serem levados por suas fantasias e arriscarem-se a perder tudo financeiramente.

Conselho: *Mantenha seus olhos abertos. Faça um esforço para ver as coisas como são, e não como deseja que sejam.*

RELACIONAMENTOS

PONTOS FORTES: IMAGINATIVO, VIVAZ, ROMÂNTICO

PONTOS FRACOS: INCERTO, AMBÍGUO, INADEQUADO

MELHOR: AMOR

PIOR: TRABALHO

SHEILA MACRAE (24/9/24)
GORDON MACRAE (12/3/21)

Sheila e a estrela musical Gordon foram casados de 1941 a 1967. Mais lembrado por seus papéis na tela em *Oklahoma!* (1955) e *Carousel* (1956), ele mais tarde se apresentou em clubes noturnos com Sheila. Ela seguiu a carreira na tevê, por algum tempo aparecendo como Alice Kramden no *The Jackie Gleason Show* (1966), e depois apresentando seu próprio *talk show* (1971). **Também:** Ray Charles & Quincy Jones (músicos tinham banda

RELACIONAMENTOS

PONTOS FORTES: PERCEPTIVO, CONCISO, BRILHANTE

PONTOS FRACOS: NEGATIVO, HIPERCRÍTICO, DEVASTADOR

MELHOR: AMOR

PIOR: PATRÃO-EMPREGADO

JULIE ANDREWS (1/10/35)
STANLEY HOLLOWAY (1/10/1890)

Andrews e Holloway não apenas dividiram o palco na produção da Broadway de *My Fair Lady* (1956), mas também o mesmo dia de aniversário. Ela fez o papel de Eliza Doolittle, filha de Alfred Doolittle, retratado por Holloway. Como tudo o mais no bem-sucedido musical, estes atores eram mágicos no palco juntos. **Também: Vittorio Mussolini & Romano Mussolini** (irmãos; filhos do ditador italiano; crítico de jazz/pianista de jazz).

---

25 de setembro a 2 de outubro
SEMANA DO PERFECCIONISTA
LIBRA I

25 de setembro a 2 de outubro
SEMANA DO PERFECCIONISTA
LIBRA I

Um lado zombeteiro

A energia principal desse relacionamento provavelmente se encontra em um jogo de palavras. Como esgrimistas, os dois são mestres no contragolpe. Seria difícil para um terceiro determinar quando um deles está sendo sincero, pois há muitas vezes um lado zombeteiro em suas palavras, ou no tom de sua voz, que pode indicar ironia, sarcasmo ou um duplo sentido. Os nativos de Libra I também não usam a linguagem corporal (movimentos de mão, uma expressão facial congelada ou até um pequeno gesto) ou o silêncio para passar alguma mensagem. Especialistas em ambiguidades e sutilezas, cada um dos nativos de Libra I consegue geralmente entender o que o outro está querendo dizer, mesmo se passar despercebido para os outros ouvintes.

Os casos amorosos e os casamentos entre os dois podem ser muito românticos e, ao mesmo tempo, não completamente sérios. Há um tipo de autoconhecimento saudável que trabalha para que o relacionamento tenha consciência de sua própria farsa. Os dois parceiros são realistas o suficiente para não tentarem enganar um ao outro, mas ocasionalmente exageram com sua teatralidade; um parceiro, vendo o outro derramar lágrimas de crocodilo, pode ser incapaz de conter o riso. Na realidade, rir do outro, seja delicada ou sarcasticamente, se levado ao excesso, pode ser um dos piores hábitos desse relacionamento.

O par de amigos nascidos em Libra I exige qualidade especial de suas experiências, tanto no divertimento como no esporte ou nas aventuras. Raramente fingem estar gostando de alguma coisa quando não estão, e quando se unem para criticar uma pessoa ou evento, podem ser bastante devastadores. Esses amigos devem ter cuidado para não sucumbir ao encanto da negatividade, ou seja, constantemente ignorar a parte positiva do que estiver sendo discutido, cortando-o pela raiz.

Os relacionamentos de trabalho e de família podem ser extremamente difíceis por causa de constantes desentendimentos entre chefes e empregados e entre pais e filhos de Libra I. Como os dois parceiros gostam de dar a palavra final, as discussões verbais podem ser intermináveis.

Conselho: *Sabe quando está falando sério? Mantenha sua negatividade sob controle – procure olhar sempre o lado positivo. Divirta-se sem tecer comentários ou análises críticas.*

RELACIONAMENTOS

PONTOS FORTES: AMBICIOSO, DETERMINADO, PRÓXIMO

PONTOS FRACOS: AMARGO, COMPETITIVO, DEPENDENTE

MELHOR: TRABALHO

PIOR: AMOR

TOMMY LEE (3/10/62)
HEATHER LOCKLEAR (25/9/61)

A atriz Locklear estreou em *Dynasty*, *T.J. Hooker* e *Melrose Place* na tevê (cuja audiência pulou para 50 pontos quando ele se juntou ao programa). Ela foi casada com o baterista Lee de Mötley Crüe de 1986 a 1994. Desde então ele está casado com a atriz de tevê Pamela Anderson. **Também: Sebastian Coe & Steve Ovett** (fundistas rivais).

---

25 de setembro a 2 de outubro
SEMANA DO PERFECCIONISTA
LIBRA I

3 a 10 de outubro
SEMANA DA SOCIEDADE
LIBRA II

Dignos oponentes

As necessidades competitivas muitas vezes surgem entre esses dois e podem tornar-se o foco do relacionamento. Pertencem a dois tipos: a primeira, na qual competem para ser o foco de atenção da família ou do grupo social ou profissional, e a segunda, na qual competem para ultrapassar um objetivo estabelecido ou para vencer o outro. Em ambos os casos, esse relacionamento adverso não envolve necessariamente a animosidade e pode ser bastante amigável. Os nativos de Libra I têm o impulso e a intensidade crítica, e os de Libra II, o encanto e a visão profunda, sendo oponentes dignos.

Uma mistura interessante de desembaraço e cobrança opera nos casos amorosos. Às vezes Libra I e Libra II contentam-se em deitar-se e ficar de molho, mas em outras ocasiões podem imbuir a relação com a fúria de um furacão. Essas oscilações imprevisíveis de humor devem ser equilibradas, se quiserem alcançar uma estabilidade psicológica mínima. Tanto no amor como nos casamentos, a competição pela atenção de amigos mútuos pode separar os dois temporariamente.

É na esfera profissional que as formas mais produtivas de competição surgem entre Libra I e Libra II. Pode-se pensar que na realidade precisam um do outro para esforçarem-se ao máximo, especialmente quando são grandes rivais. Se pertencerem ao mesmo grupo em uma companhia, esse lado competitivo também estará presente, mas pode ser usado por um chefe ou superior inteligente de forma positiva, para beneficiar a organização como um todo. Os nativos de Libra I e Libra II muitas vezes tratam-se com tal cordialidade que um visitante comentaria sobre suas boas relações.

As amizades e as combinações entre irmãos evidenciam não só um desejo de ganhar nos esportes, nos jogos e nas brincadeiras, mas também brigas pela atenção dos amigos e de outros membros da família. Entretanto, esse relacionamento pode ser muito próximo. Na realidade, um tipo de afeição, e em alguns casos até de amor, está presente no mesmo conflito que às vezes parece indicar hostilidade.

Conselho: *Fique atento à competição improdutiva. Vocês podem não estar tão separados como parecem. Tente ser mais compreensivo. Algumas vezes, ganhar é perder.*

25 de setembro a 2 de outubro
SEMANA DO PERFECCIONISTA
LIBRA I

11 a 18 de outubro
SEMANA DO TEATRO
LIBRA III

Um redemoinho social

O impulso desta relação é de natureza social. Como par, esses dois estão interessados em causar uma boa impressão, tanto no contexto familiar como no círculo de amizades. O relacionamento sofre terrivelmente se os outros pensarem algo de mal a seu respeito e, portanto, os parceiros envolvidos prestam atenção e observam os códigos de comportamento apropriados. O problema é que não é tão fácil para esses indivíduos comportar-se de uma forma convencional. O nativo de Libra I é demasiado iconoclasta, e o de Libra III é demasiado extravagante para ajustarem-se completamente, o que pode impor um desgaste enorme à relação.

Em se tratando de casos amorosos e casamentos, os representantes de Libra I e Libra III ficariam contentes em relaxar na companhia um do outro e manter um estilo de vida bastante privado, mas a sua relação toma caminhos diferentes. De alguma maneira, surgem inesperadamente novas reuniões, outros compromissos ou responsabilidades, que freqüentemente requerem a atenção (ou mesmo a presença) dos dois parceiros. Desesperados, os dois podem buscar ausentarem-se das responsabilidades sociais, tirando férias freqüentes, porém, quando retornam, parecem ter dez vezes mais compromissos do que antes.

O par de Libra I e Libra III pode ser muito mais feliz ao encaixar-se nos requisitos sociais da amizade. Nesse caso, o problema pode ser o contrário, ou seja, é possível que os parceiros gostem tanto da interação social que sua relação pode enfraquecer-se por sua falta de habilidade (ou, em ultima instância, por sua falta de vontade) de ficarem algum tempo sozinhos. Da mesma forma, os pais e filhos nesta combinação estão sempre ocupados com atividades escolares, extracurriculares, familiares e outras, o que lhes deixa pouco tempo para construir laços pessoais fortes. Essa deficiência pode tornar-se aparente mais tarde em suas vidas, quando crises envolvendo a vida e a morte surgirem.

As sociedades e outras transações comerciais lucram com os inúmeros contatos engendrados pela relação e também com um bom tino financeiro. Porém, o conservadorismo fiscal de Libra III pode entrar em conflito com a visão mais especuladora e impetuosa de Libra I.

Conselho: *Tente passar mais tempo juntos e a sós. Não se preocupe tanto com sua imagem social – as outras pessoas terão de entender. Cancele os compromissos, se for necessário.*

RELACIONAMENTOS

PONTOS FORTES: ATIVO, SOCIAL, DIVERTIDO

PONTOS FRACOS: DISTRAÍDO, IMPESSOAL, FRUSTRADO

MELHOR: CASAMENTO

PIOR: PAIS-FILHOS

CHRISTOPHER REEVE (25/9/52)
MARGOT KIDDER (17/10/48)

Em todos os 4 filmes *Superhomem* (1978, 1980, 1983, 1987), não houve química maior em tela do que a que ocorreu entre Reeve e Kidder. Seus personagens Clark Kent/Superhomem e Lois Lane tinham encanto, humor, ironia e romance segundo a representação destes excelentes atores. **Também: Tom Bosley & Angela Lansbury** (co-estrelas, *Murder, She Wrote*).

---

25 de setembro a 2 de outubro
SEMANA DO PERFECCIONISTA
LIBRA I

19 a 25 de outubro
CÚSPIDE DO DRAMA E DA CRÍTICA
CÚSPIDE LIBRA-ESCORPIÃO

Realização romântica

Esta pode ser uma daquelas relações ultra-românticas pela qual muitas pessoas anseiam, repleta de paixão, entusiasmo e ousadia. Este par compartilha seus desejos mais profundos e sonhos; são seguros o suficiente para revelarem sua faceta mais sensível sem medo de represálias. O relacionamento enfrenta poucos problemas de ordem mundana e prática.

No amor, esse par se deixa levar por uma onda romântica. Os representantes de Libra I e da cúspide Libra-Escorpião exercem tanto controle em outras áreas, que possuem uma autoconfiança tremenda como par. Portanto, não têm medo de se perderem em uma paixão arrebatadora. O relacionamento normalmente proclama o que é, e se for de alguma forma não-convencional, está preparado para suportar as duras críticas que a sociedade poderá arremessar em sua direção. Alguns casos amorosos podem ser mais extravagantes do que outros, não porque os parceiros têm a intenção de ostentar sua conexão, mas simplesmente porque não acreditam em moderar sua afeição mútua, tanto na esfera privada como na pública. Os nativos de Libra I e os de Libra-Escorpião são, no entanto, pessoas tremendamente críticas e essa tendência é exacerbada pelo relacionamento, tornando-o extremamente exigente, e, às vezes, até mesmo estressante. De uma forma miraculosa, no amor (porém não tão freqüentemente no casamento) os dois conseguem atender aos altos padrões desejados pelo parceiro, no aspecto físico, financeiro ou social. No entanto, podem não ter um elo emocional profundo, o que pode indicar falta de autoconhecimento e de vontade de confrontar diretamente os sentimentos.

Os amigos e os membros familiares desta combinação também têm muito em comum, talvez trocando entre si contos de romances e lugares distantes. Aqueles que buscam trabalhar juntos, formando possivelmente um pequeno negócio, são particularmente felizes como consultores ou assistentes técnicos. Os nativos de Libra I e de Libra-Escorpião podem formar um time poderoso, ajudando tanto indivíduos quanto organizações a superarem situações difíceis. Se os pares conhecerem-se no trabalho, podem continuar seus relacionamentos nas horas vagas, primeiro como companheiros e depois como grandes amigos.

Conselho: *Não tenha medo de examinar seus sentimentos de forma crítica. Vá um pouco mais fundo emocionalmente. Considere as opiniões alheias com seriedade.*

RELACIONAMENTOS

PONTOS FORTES: EMPREENDEDOR, ROMÂNTICO, AUTOCONFIANTE

PONTOS FRACOS: ESTRESSADO, INCONSCIENTE, ESCAPISTA

MELHOR: AMOR

PIOR: CASAMENTO

MARK HAMILL (25/9/51)
CARRIE FISHER (21/10/56)

Hamill e Fisher eram desconhecidos até aparecerem na trilogia *Guerra nas Estrelas* (1977, 1980, 1983) como Luke Skywalker e Princesa Leia. A identificação de Hamill com Luke bloqueou seus subseqüentes esforços de encontrar novos papéis no cinema. O sucesso precoce de Fisher provocou problemas emocionais e com drogas. **Também: Marcello Mastroianni & Catherine Deneuve** (amantes de longa data; atores); **Jimmy Carter & Amy Carter** (pai/filha),

RELACIONAMENTOS

PONTOS FORTES: DRAMÁTICO, VISTOSO, EXCITANTE

PONTOS FRACOS: FRENÉTICO, VICIADO, INSTÁVEL

MELHOR: PAIS-FILHOS

PIOR: TRABALHO

T.S. ELIOT (26/9/1888)
EZRA POUND (30/10/1885)

Os poetas Eliot e Pound tiveram uma longa associação que iniciou em 1914, quando se conheceram no apartamento de Pound em Londres. A prática de Eliot de escrever poesia foi estimulada por Pound, que o ajudou a publicar *Love Song of Alfred Prufrock* (1915). **Também: Bryant Gumbel & Jane Pauley** (apresentadores de tevê, *Today Show*); **Samuel Adams & John Adams** (primos em segundo grau; patriota revolucionário/presidente americano).

---

25 de setembro a 2 de outubro
SEMANA DO PERFECCIONISTA
LIBRA I

26 de outubro a 2 de novembro
SEMANA DA INTENSIDADE
ESCORPIÃO I

Partindo do entusiasmo

A poderosa química entre esses dois estimula freqüentemente um redemoinho de acontecimentos dramáticos ao seu redor. Mesmo quando sua vida é relativamente convencional, esse par tem dificuldades em alcançar a estabilidade, e, de fato, pode ter pouco interesse em fazê-lo. Projetos na área de cultura e lazer, como televisão, cinema ou teatro, podem tornar-se um meio de compartimentalizar e objetivar essa necessidade de agitação. A insatisfação e o tédio continuam a ser o problema principal nesse caso, gerando a necessidade de viverem experiências ainda mais interessantes. Infelizmente, a busca pela euforia pode tornar-se um vício, causando um acúmulo de eventos cada vez maior em seu tempo disponível, levando, em última instância, à exaustão ou mesmo a um colapso nervoso.

Nas relações amorosas pode ser importante aprender que o alvo principal não é o entusiasmo, mas a satisfação que advém de aceitar a si mesmo e ao outro. Da mesma forma, é provável que haja algo profundamente errado nos casamentos e nas amizades que se empenham em uma busca frenética de gratificação. Essas pessoas deveriam achar que o outro é interessante o bastante para quererem ficar a sós com ele, em vez de ficarem saindo o tempo todo. Além disso, comparar constantemente sua relação com a dos outros é destrutivo.

Na relação familiar, assim como naquelas já apresentadas, é necessário reavaliar os valores (e talvez até mesmo repensar e reestruturar totalmente a vida quotidiana) para se alcançar uma estabilidade maior. Pode-se transformar o vício em estímulo na relação entre pais e filhos, mas essa tarefa exige conhecimento de si mesmo, que inicialmente deve vir da parte dos pais e só mais tarde do filho. As combinações profissionais entre Libra I e Escorpião I acham os trabalhos comuns insatisfatórios, mas se este relacionamento surgir em carreiras mais extravagantes, ambos terão de enfrentar o elevado senso crítico um do outro.

Conselho: *Acalme-se um pouco. Seja objetivo sobre o que está fazendo. Encontre atividades mais satisfatórias. Encontre sua própria diversão e criatividade.*

RELACIONAMENTOS

PONTOS FORTES: REALISTA, AUTOCONFIANTE, SEXUAL

PONTOS FRACOS: PROVOCATIVO, BRIGUENTO, ESTAFADO

MELHOR: TRABALHO

PIOR: AMOR

JACQUES CHARRIER (6/11/36)
BRIGITTE BARDOT (28/9/34)

O ator francês Charrier ganhou as manchetes ao se casar com a sexy Bardot e contracenar com ela em *Babete Vai à Guerra* (1959). Seu turbulento casamento foi marcado por ataques nervosos e tentativas de suicídio, terminando em divórcio em 1960. **Também: Gene Autry & Roy Rogers** (cantores cowboys dos anos 1950); **Brigitte Bardot & Alain Delon** (namorados); **Groucho Marx & George Fenneman** (co-estrelas, *You Bet Your Life*).

---

25 de setembro a 2 de outubro
SEMANA DO PERFECCIONISTA
LIBRA I

3 a 11 de novembro
SEMANA DA PROFUNDIDADE
ESCORPIÃO II

Os duros fatos da vida

Essa é uma combinação que não recua quando tem de se confrontar com a verdade. O par formado por Libra I e Escorpião II possui um respeito muito maior pelos duros fatos da vida do que por todas as teorias do mundo sobre como a vida deve ser. As lutas internas pelo poder são reduzidas a um mínimo, por respeito mútuo, mas também pelo desejo das duas personalidades de prosseguir com a sua própria causa. Portanto, o relacionamento geralmente possui a aprovação e o apoio sólido dos parceiros, que confiam em sua habilidade para suportar quase qualquer ataque por de meio uma defesa unida.

As parcerias de negócios e de trabalho são particularmente favorecidas. O par é realista, mas tem também o seu encanto pessoal. Esse relacionamento possui um conhecimento profundo de como o poder funciona no mundo corporativo e dos negócios, e não hesita em exercê-lo com autoridade. Igualmente, na esfera familiar, os parentes de Libra I e Escorpião II são capazes de defender os interesses familiares e de colocarem na linha os parentes com tendências dissidentes. Tal combinação tem de ter cuidado para não incitar a ira ou o ressentimento de outros membros da família com opiniões fortes.

Os casos amorosos e os casamentos são um pouco complicados. Algumas lutas pelo poder podem surgir aqui, principalmente na esfera do sexo. Os nativos de Escorpião II precisam dominar fisicamente e os de Libra II mentalmente, e a intensidade desses encontros pode chegar a níveis sísmicos. Infelizmente, discussões ou conflitos emocionais de igual intensidade com freqüência precedem ou se seguem a essas interações. É preciso chegar a um equilíbrio ou estabelecer concessões para que o relacionamento possa evitar o desgaste. Além disso, a ênfase concentrada na realidade fria e na natureza do poder deixa muito a desejar em termos de calor, sensibilidade e gentileza. Em última instância, esses dois clientes difíceis podem chegar à conclusão de que somente a paixão não é o suficiente. As amizades correm melhor quando os parceiros têm tempo para passar relaxando juntos, talvez conversando sobre assuntos leves e agradáveis, comendo juntos ou apenas aproveitando o tempo.

Conselho: *Estabeleça acordos importantes. A moderação e o compromisso são essenciais. Não se deixe levar pelo poder. O sexo pode ser uma arma perigosa.*

25 de setembro a 2 de outubro
SEMANA DO PERFECCIONISTA
LIBRA I

12 a 18 de novembro
SEMANA DO ENCANTO
ESCORPIÃO III

Posições fechadas

Uma divisão entre tipos de caráter pode ser enfatizada nesse relacionamento. Os nativos de Libra I aderem ao modo já comprovado de fazer as coisas, acreditando em seguir os mais altos padrões e códigos de conduta possíveis. Os nativos de Escorpião III, no entanto, buscam ser modernos e atuais e estão mais do que dispostos a "cortar caminho". Se, no entanto, o par for atacado ou enfrentar oposição, unem-se contra uma ameaça comum. Esse relacionamento se caracteriza, então, por uma menor unanimidade quando não é pressionado. As tendências perfeccionistas do Libra I impressionam o Escorpião III, que tenta imitá-las com um certo sucesso. Por sua vez, o carisma do Escorpião III pode ser usado muitas vezes para convencer Libra I da necessidade de ceder, para seu próprio benefício. Felizmente, os atributos positivos de cada um dos parceiros, assim como sua habilidade para mitigar as tendências negativas de seu par, chega a uma harmonia feliz.

Os casos amorosos e os casamentos podem ser passionais, afetuosos e calorosos. Dramáticas demonstrações emotivas são inevitáveis, já que o relacionamento faz aflorar os aspectos mais temperamentais de ambos os parceiros. Os nativos de Libra I exigem muito de seus parceiros na esfera sexual, mas os de Escorpião III costumam rivalizá-los em intensidade e energia, podendo até ultrapassá-los em certas ocasiões. As relações sexuais geralmente não demonstram tendências bipolares ou frustrantes, mas são capazes de criar um fluxo energético constante e sustentável. As combinações entre pais e filhos são normalmente mais favoráveis com Escorpião III no papel do pai, guiando e cuidando de seu precoce filho de Libra I. Da mesma forma, nas relações de trabalho os representantes de Escorpião III são melhores chefes, enquanto os de Libra I são melhores funcionários, contanto que as responsabilidades estejam definidas desde o início. Nas amizades, o par é capaz de combinar energias e pontos de vista contrastantes em uma união coesa. Tais combinações são freqüentemente eufóricas e, nesses momentos, os parceiros sentem que podem ganhar o mundo. Nos círculos sociais, profissionais e familiares, servem de inspiração, mas sofrem de períodos extremamente depressivos quando sua energia ou autoconfiança fraqueja. Passar tempo demais juntos, sem um propósito ou direção, pode levar a desentendimentos internos, à indecisão e ao torpor.

Conselho: *Reconcilie seus pontos de vista opostos. Aprenda a motivar-se internamente. Lute contra a letargia e a indecisão. Mantenha a autoconfiança.*

RELACIONAMENTOS

PONTOS FORTES: APAIXONADO, DINÂMICO, AFETIVO

PONTOS FRACOS: INSTÁVEL, INDECISO, DEPRIMENTE

MELHOR: CASAMENTO

PIOR: AMIZADE

JAWAHARLAL NEHRU (14/11/1889)
MAHATMA GANDHI (2/10/1869)

O líder político e espiritual indiano Gandhi conheceu o político Nehru em 1916. Gandhi, uma figura de destaque na luta pela independência da Índia, foi mentor de Nehru ao longo dos anos. Nehru, primeiro primeiro-ministro da Índia, foi o mais ocidentalizado, e suas posições internacionais muitas vezes se chocavam com o foco indiano mais estreito de Gandhi. **Também:** Michael Douglas & Brenda Vaccaro (namorados; atores).

---

25 de setembro a 2 de outubro
SEMANA DO PERFECCIONISTA
LIBRA I

19 a 24 de novembro
CÚSPIDE DA REVOLUÇÃO
CÚSPIDE ESCORPIÃO-SAGITÁRIO

Manifestando o lado mais leve

Essa combinação causa uma impressão forte no ambiente à sua volta e tende a deixar algo memorável após a sua passagem. A combinação é caracterizada pela firmeza, pela determinação e pelo poder marcante. Apesar de seus efeitos bastante pesados e palpáveis no meio ambiente, essa combinação é particularmente notada por seu lado mais leve. Os nativos de Libra I tendem a trazer à tona a coragem e o senso de humor do Escorpião-Sagitário, o que se nota particularmente quando os dois começam a fazer brincadeiras. A irreverência de Escorpião-Sagitário em relação à autoridade estimula e apoia o aspecto fortemente individualista de Libra I. O foco desse relacionamento pode envolver a quebra de tradições estabelecidas e a tentativa de formar uma estrutura independente na família, ou no ambiente social ou profissional.

Em seus relacionamentos amorosos e nos casamentos, os dois podem compartilhar vários prazeres carnais. Enquanto os representantes de Escorpião-Sagitário tendem a ser mais sensuais, apreciam a comida e o conforto tanto quanto o sexo, os de Libra I são muitas vezes tipos mais passionais, reservando e concentrando a maior parte de sua energia para o sexo. No entanto, as idéias e os ideais de Libra I podem algumas vezes não permitir a participação física mútua, fazendo com que o indivíduo de Escorpião-Sagitário fique frustrado e infeliz. Os casamentos podem ser práticos e divertidos, mas certamente não são tradicionais.

Nas amizades e nos relacionamentos de trabalho, os dois iluminam os arredores com suas trocas humorísticas. No entanto, se tiverem chance, preferem estruturar e administrar sua própria organização. O problema é que esse par atua melhor, na verdade, quando trabalha para terceiros e podem de fato carecer das habilidades administrativas e práticas necessárias ao sucesso. Na esfera familiar, tanto as combinações entre irmãos como entre pais e filhos podem impor estruturas nas atividades do dia-a-dia e galvanizar outros parentes, envolvendo-os em esforços comuns.

Conselho: *Não assuma mais do que consegue fazer – seja realista sobre sua própria capacidade. Tenha cuidado para não suscitar a ira de autoridades.*

RELACIONAMENTOS

PONTOS FORTES: ESTABELECIDO, VÍVIDO, ORGANIZADO

PONTOS FRACOS: POUCO PRÁTICO, FORA DE SINCRONIA, FRUSTRADO

MELHOR: FAMÍLIA

PIOR: TRABALHO

HARPO MARX (23/11/1893)
GROUCHO MARX (2/10/1890)

Groucho e Harpo foram 2 dos 4 Irmãos Marx (juntamente com Chico e Zeppo). Fizeram mais de uma dúzia de filmes juntos e se estabeleceram definitivamente na comédia americana. Inteligente Groucho era o chefe natural, ao passo que Harpo, que fazia papel mudo, era brilhante mímico. **Também:** Christopher Buckley & William Buckley (filho/pai; escritores).

| RELACIONAMENTOS |

PONTOS FORTES: PERSUASIVO, PROTETOR, SOLIDÁRIO

PONTOS FRACOS: INCONSCIENTE, PROCRASTINADOR, NEGADOR

MELHOR: TRABALHO

PIOR: CASAMENTO

LECH WALESA (29/9/43)
ZBIGNIEW BUJAK (29/11/54)

Em 1981 Walesa e Bujak defenderam lado a lado o Solidariedade na Polônia, trabalhando contra o governo comunista repressor. Bujak, secretamente, chamou soldados e a polícia para resistir a lei marcial. Walesa foi preso e libertado em 1982 por temor, por parte dos militares, de um levante. Ele recebeu o Prêmio Nobel da Paz em 1983.
Também: Gwyneth Paltrow & Bruce Paltrow (filha/pai; atriz/produtor de tevê).

25 de setembro a 2 de outubro
SEMANA DO PERFECCIONISTA
LIBRA I

25 de novembro a 2 de dezembro
SEMANA DA INDEPENDÊNCIA
SAGITÁRIO I

Usando da força

Essa combinação dinâmica não evita as brigas. É explosiva na sua mistura de elementos: Libra é um signo de ar, Sagitário de fogo, e a relação é regida pela água, que, nesse caso, significa emoções profundas. Bastante persuasivo, esse relacionamento sabe quando é preciso usar da força para conseguir o que deseja. Os parceiros sentem-se melhor quando protegem ou representam os interesses de terceiros, até mais do que quando estão impulsionando a própria relação. Os instintos críticos e a ambição considerável de Libra I podem incomodar os nativos de Sagitário I, cujas idéias e moralidade, por sua vez, podem irritar os nervos de Libra I, mas os dois tentam conviver bem, muitas vezes em benefício de funcionários, filhos ou outros membros da família.

Os casos amorosos deste par são excitantes, mas também podem ser muito instáveis. Uma avalanche de sentimentos ameaça soterrar o par, que parece não estar preparado para lidar com eles. A consciência das emoções não é o ponto alto desse relacionamento, e elementos inconscientes freqüentemente prevalecem sobre os mais conscientes. O casamento não é muito recomendado, a menos que os parceiros façam um esforço conjugado para conhecerem a si mesmos e ao outro em um nível mais profundo.

Como amigos, os representantes de Libra I e Sagitário I precisam estar envolvidos em atividades específicas, freqüentemente de natureza técnica. Essas combinações podem sofrer dificuldades emocionais, mas os problemas são muitas vezes simplesmente ignorados ou adiados. Esse relacionamento é tão próximo que é possível uma verdadeira comunhão em muitas áreas, mas que nunca ou raramente é discutida. Há em geral um código silencioso; quebrar esse código pode lesar ou até mesmo destruir o relacionamento.

Nas relações de trabalho ou de família, o duo Libra I e Sagitário I pode ser tanto uma força de mudança como um apoio sólido em tempos de crise e de necessidade. A consciência social e política é normalmente grande nessa combinação, conferindo uma visão bastante realista a qualquer grupo do qual o relacionamento faça parte. O amálgama do carisma de Libra I com a energia de Sagitário I é eficiente o bastante para que essa dupla assuma a liderança em tais áreas.

Conselho: *É preciso discutir as coisas mais abertamente – fique atento à condenação silenciosa. Lute pelo que valha a pena. Proteja-se contra o egoísmo, não negligencie os assuntos pessoais.*

| RELACIONAMENTOS |

PONTOS FORTES: ARTÍSTICO, FINANCISTA, INSTRUTIVO

PONTOS FRACOS: DO CONTRA, EGOÍSTA, TEIMOSO

MELHOR: FAMÍLIA

PIOR: AMOR

GEORGE GERSHWIN (26/9/1898)
IRA GERSHWIN (06/12/1896)

O compositor George e o liricista Ira colaboraram pela primeira vez em *Lady Be Good!* (1924), depois do que Ira compôs a maior parte de suas composições líricas para o irmão executar, até a morte de George em 1937. Juntos eles compuseram mais de uma dúzia de musicais para a Broadway e muitas trilhas de sucesso para o cinema.
Também: Michael Douglas & Kirk Douglas (filho/pai; atores).

25 de setembro a 2 de outubro
SEMANA DO PERFECCIONISTA
LIBRA I

3 a 10 de dezembro
SEMANA DO ORIGINADOR
SAGITÁRIO II

Pedra de amolar afiada

A combinação entre Libra I e Sagitário III é única. Embora exista uma tendência irrefutável a um parceiro assumir o papel de mentor do relacionamento, o foco é adquirir experiência e conhecimento em uma certa área, que pode então ser aplicado especificamente na esfera social, financeira ou artística. É bastante comum encontrar interações do tipo professor-aluno, mas freqüentemente os papéis são invertidos. Além disso, embora a autonomia seja importante tanto para Libra I como para Sagitário II, não há como negar os benefícios de seu trabalho juntos, em pé de igualdade. Quando algum dos parceiros age de forma egoísta ou enaltece a si mesmo, vai contra os próprios interesses da dupla, pois os verdadeiros benefícios desse relacionamento derivam da interação entre os dois. Os casos amorosos e os casamentos entre os nativos de Libra I e Sagitário II podem ser bastante estressantes. As tendências perfeccionistas de Libra I podem levá-lo a analisar o companheiro nesta combinação como bastante desleixado ou negligente, enquanto Sagitário III pode considerar Libra I tenso demais. Quando um nível de satisfação física for suficientemente alto, esses aborrecimentos são rapidamente esquecidos; mas os parceiros devem criar oportunidades para discutir os problemas e as possíveis soluções, em vez de oscilar entre períodos de estresse e momentos de maior prazer. As amizades e as rivalidades são normalmente desafiantes e, muitas vezes, gratificantes. Um lado competitivo raramente falta, e a reação freqüentemente age como uma pedra de amolar, mantendo os parceiros afiados.

A teimosia (ou até resistência) do par Libra I e Sagitário II pode fazer com que membros da família não se reúnam por algum tempo. A competição aflora inevitavelmente, sobretudo entre parentes do mesmo sexo, mas em termos de experiência ambos os parceiros ganham nesses encontros, independente do quanto possam parecer desagradáveis. A rapidez mental de Libra I e o alto grau de criatividade que caracteriza Sagitário II às vezes se misturam e às vezes colidem, mas a obstinação leva ambos os parceiros a continuar, em vez de abandonar o relacionamento. Tanto as combinações entre pais e filhos como aquelas entre irmãos possuem qualidades excepcionais, que poderão ser exploradas como um negócio de família ou como autônomos, prestando serviços ou ocupando um ofício.

Conselho: *Mantenha o antagonismo sob controle. Aja pelo interesse de todos. Duas cabeças são muitas vezes melhor do que uma. Descubra as possibilidades ocultas.*

25 de setembro a 2 de outubro
SEMANA DO PERFECCIONISTA
LIBRA I

11 a 18 de dezembro
SEMANA DO TITÃ
SAGITÁRIO III

Amor secreto

Essa é uma combinação profunda em todos os aspectos, suscitando sentimentos profundos nos parceiros (nem sempre agradáveis). Os dois não são conhecidos por sua emotividade; de fato, ambos possuem uma inclinação para o desapego e para a objetividade. Porém, as emoções são intensas e algumas vezes, inexplicáveis, freqüentemente manifestando-se de forma explosiva e assustadora. O relacionamento em geral carrega consigo um segredo conhecido apenas por seus parceiros, talvez raramente discutido. Esse segredo pode contribuir para a profundidade do relacionamento.

Mesmo assim, a dupla Libra I-Sagitário III não necessariamente chega a uma consumação bem-aventurada. A frustração pode predominar tanto quanto a satisfação, porque as emoções envolvidas são com freqüência confundidas. Assim, nos casos amorosos os sentimentos, os desejos e as esperanças de um dos parceiros podem alimentar os do outro, porém sem permitir alegria ou satisfação duradoura. Embora uma enorme satisfação sexual possa ser alcançada durante algum tempo e por um ou ambos os parceiros, raramente ela é sustentável. No casamento, os representantes de Sagitário III podem ter expectativas bastante irreais e inalcançáveis, enquanto Libra I pode se sentir confuso por sua inabilidade de satisfazer seu parceiro. Em vez de buscarem uma experiência tão utópica, ou então níveis tão altos de prazer constantes, o casal de Libra I e Sagitário III poderia se contentar com seu laço emocional, que é freqüentemente considerável.

Os pares em família com essa combinação estão inclinados a sofrerem decepções emocionais e situações de rejeição que podem estender-se por anos. Os sentimentos não-resolvidos em geral são a raiz dessas dificuldades. Esses sentimentos devem ser trazidos à tona e discutidos, talvez com acompanhamento profissional. As amizades entre Libra I e Sagitário III podem ser sérias e comprometidas, porém não têm capacidade de aproveitar os bons momentos. Emoções complexas são um problema menor, exceto quando os interesses pessoais ou profissionais suscitam ciúmes ou a necessidade de competição. Como colegas de trabalho, os nativos de Libra I e Sagitário III podem experimentar conflitos que surgem da busca do primeiro pela perfeição técnica e dos planos de sucesso e de uma visão otimista demais do último.

Conselho: *Diminua suas expectativas. Aceite as coisas como são. A felicidade pode estar mais perto do que espera. Examine o que existe por trás de sua insatisfação.*

RELACIONAMENTOS

PONTOS FORTES: SEXUAL, SÉRIO, EMOCIONAL

PONTOS FRACOS: FRUSTRADO, INSATISFEITO, INCOMPATÍVEL

MELHOR: AMIZADE

PIOR: FAMÍLIA

BRAD PITT (18/12/63)
GWYNETH PALTROW (28/9/73)

Paltrow, filha da atriz Blythe Danner e do produtor Bruce Paltrow, contracenou em *Seven* (1995) com o então namorado e símbolo sexual dos anos 1990, Pitt. O primeiro papel importante de Pitt foi como o caroneiro em *Thelma & Louise* (1991). **Também: Juliet Prowse & Frank Sinatra** (caso; dançarina/ator-cantor); **Noel Rosa & Araci de Almeida** (compositor/cantora)

---

25 de setembro a 2 de outubro
SEMANA DO PERFECCIONISTA
LIBRA I

19 a 25 de dezembro
CÚSPIDE DA PROFECIA
CÚSPIDE SAGITÁRIO-CAPRICÓRNIO

Estudo de contrastes

Esses dois se correspondem muito bem em certos aspectos, e, em outros, nem um pouco, o que cria um estudo de contrastes. O nativo da cúspide Sagitário-Capricórnio aprecia o lado alegre e conversador de Libra I no início do relacionamento, mas a convivência revela uma certa superficialidade, que é profundamente desprezada por Sagitário-Capricórnio, mais profundo. Da mesma forma, a quietude e o silêncio de Sagitário-Capricórnio podem ser enervantes para Libra I, que depende da resposta e, em última instância, da apreciação de seus parceiros. As duas personalidades valorizam a simplicidade e a ausência de artificialidade; podem compartilhar o amor por alimentos naturais, tecidos macios, tons pastéis e, em geral, por um estilo de vida natural. Viver em um ambiente agradável com ao menos um pouco de verde também conduz a uma sensação de bem-estar.

Os casos amorosos são curiosos, porque os parceiros podem sentir-se muito próximos um do outro e serem extremamente afetuosos nas interações sexuais, porém frios e distantes no dia-a-dia. A raiva reprimida do nativo de Sagitário-Capricórnio e o enfoque autoritário e hipercrítico do representante de Libra I são fatores determinantes aqui. A quebra nas comunicações é sinalizada por um silêncio sepulcral que se estende sobre tudo. Em situações de casamento, Libra I e Sagitário-Capricórnio tendem a sofrer pelo envolvimento externo de Libra I com hobbies ou assuntos sociais, que deixam Sagitário-Capricórnio sentado em casa, sentindo-se rejeitado e abandonado.

De várias formas, o par Libra I-Sagitário-Capricórnio é mais adequado para a amizade ou para as relações familiares. Os parceiros neste contexto podem exibir lealdade e compaixão pelo outro. Tais relacionamentos servem freqüentemente como um refúgio para indivíduos que se sentem ignorados pelo mundo, garantindo aos parceiros a tão necessária simpatia e compreensão. As relações de trabalho raramente funcionam bem, nem no nível executivo e empresarial nem no de colegas; o nativo de Libra I fica impaciente com o ritmo mais lento de Sagitário-Capricórnio, e também com sua maneira de fazer tudo a seu modo.

Conselho: *Abra o seu coração. Dêem espaço para discordâncias sem raiva. Demonstre mais paciência. Aceite as diferenças. Não condene.*

RELACIONAMENTOS

PONTOS FORTES: LEAL, NATURAL, COMPREENSIVO

PONTOS FRACOS: REPRESSOR, NEGLIGENTE, IRADO

MELHOR: FAMÍLIA

PIOR: TRABALHO

MOON UNIT ZAPPA (28/9/68)
FRANK ZAPPA (21/12/40)

O escandaloso músico de jazz-rock Frank primeiro usou sua filha Moon Unit em uma gravação que satirizava o sucesso, *Valley Girl* (1982). A canção parodiava filhas mimadas do mundo do entretenimento da Califórnia e apresentava a garota de 14 anos de idade Moon Unit fazendo uma inspirada mímica de falas de garotas do vale. **Também: Shostakovich & Stalin** (compositor sob o jugo tirano do comunista).

RELACIONAMENTOS

PONTOS FORTES: AGRADÁVEL, ENCANTADOR, RESPEITOSO

PONTOS FRACOS: IRRITÁVEL, BRIGUENTO, RUDE

MELHOR: CASAMENTO

PIOR: PAIS-FILHOS

JAYNE MEADOWS (27/9/26)
STEVE ALLEN (26/12/21)

Meadows e Allen estão entre os casais mais duradouros no show business - casados desde 1954, nunca se divorciaram. *The Steve Allen Show* estreou em 1950 e continuou por 26 anos em várias encarnações. A atriz e personalidade da tevê Meadows com freqüência foi convidada de seu programa. **Também: François Boucher & Madame de Pompadour** (artista patrocinado por amante do rei); **Mahatma Gandhi & Ben Kingsley** (representação no cinema).

---

25 de setembro a 2 de outubro
SEMANA DO PERFECCIONISTA
LIBRA I

26 de dezembro a 2 de janeiro
SEMANA DO REGENTE
CAPRICÓRNIO I

Convenientemente intransigente

Os dois podem ter um relacionamento duradouro, agradável e charmoso. A astrologia convencional prevê dificuldades nesse caso, pois Libra I e Capricórnio I formam um aspecto de quadratura no zodíaco (estando a 90° de distância), mas essa conjunção também pode indicar uma atitude honesta, realista e, freqüentemente, intransigente. Portanto, nenhum dos parceiros deixa passar muita coisa sem fazer um comentário, mas pode ser muitas vezes feito de uma maneira leve, fácil e, sobretudo, atenciosa, que não suscita raiva. Existe nesse tipo de relacionamento algo de diplomacia que pode garantir a possibilidade de harmonia diária. Entretanto, existe um limite, e os parceiros nunca devem se esquecer de que uma discussão exaltada pode facilmente surgir, e que, portanto, o respeito não deve ser negligenciado por nem um segundo.

Os casos amorosos e os casamentos são particularmente favorecidos entre Libra I e Capricórnio I, que em outros relacionamentos costumam ser severos e exigentes e não costumam perdoar, mas que neste exibe uma certa suavidade. Essa mudança ocorre porque os dois parceiros respeitam e confiam um no outro o suficiente para afrouxar a guarda, deixando que o outro possa ver o seu lado mais vulnerável e humano. As amizades nessa combinação podem ir a pique quando atitudes brutalmente honestas ofenderem um dos parceiros, normalmente o mais delicado nativo de Libra I. Do mesmo modo, os relacionamentos entre pais e filhos podem sofrer com insultos, verdadeiros ou dissimulados. Em ambos os setores, tanto os pares de amigos como os de pais e filhos devem aprender a serem mais diplomáticos, assim como a perdoar mais facilmente.

Os relacionamentos de trabalho entre representantes de Libra I e de Capricórnio I podem ser excelentes, com as habilidades práticas e financeiras de Capricórnio I complementando a vontade de dar certo de Libra I. Mas, a menos que algum esforço seja feito para manter os assuntos pessoais e de negócios estritamente separados, conflitos emocionais serão inevitáveis. Embora Capricórnio I em geral necessite ser o chefe em outros relacionamentos, não encontra problemas para acatar as ordens de Libra I, se essas forem conduzidas de maneira respeitável.

Conselho: *Seja tão diplomático quanto possível. Controle sua agressividade. Mantenha o respeito e a abertura. Não tenha medo de mostrar sua vulnerabilidade.*

RELACIONAMENTOS

PONTOS FORTES: DETERMINADO, ENERGÉTICO, BRINCALHÃO

PONTOS FRACOS: DESESTIMULADO, CONTENCIOSO, FRACO

MELHOR: AMIZADE

PIOR: CASAMENTO

JULIET PROWSE (25/9/36)
ELVIS PRESLEY (8/1/35)

Prowse é a atriz de teatro, cinema e tevê de longas pernas nascida na África do Sul. Fez vários filmes nos anos 1960 e estreou seu próprio seriado de tevê, *Mona McClusky* (1965-66). Diz-se que teve um caso com Elvis. **Também: Christopher Reeve & George Reeves** (Superhomem no cinema/Superhomem na tevê); **Carter & Mondale** (presidente/vice-presidente).

---

25 de setembro a 2 de outubro
SEMANA DO PERFECCIONISTA
LIBRA I

3 a 9 de janeiro
SEMANA DA DETERMINAÇÃO
CAPRICÓRNIO II

Florescendo no sucesso

Esse casal gosta de deixar as coisas correrem, com poucas expectativas ou conselhos práticos a determinarem suas ações. Com uma energia tremenda, o par de Libra I e Capricórnio II pode organizar suas forças e direcioná-las de uma maneira muito eficiente. Alcançar objetivos específicos é, normalmente, o ponto mais forte deste relacionamento, mas esse ponto pode tornar-se delicado quando o objetivo for difícil ou mesmo impossível de alcançar; um recuo óbvio serve para diminuir a confiança e a auto-estima dos parceiros. Essa é uma combinação que se apóia no sucesso, mas não está particularmente preparada para agüentar o fracasso.

Os casos amorosos entre os dois podem ser altamente sensuais e excitantes. Os nativos de Libra I são atraídos pela natureza prática de Capricórnio II e também pela estabilidade que estes podem oferecer, enquanto os de Capricórnio II são atraídos pelo brilho intelectual de Libra I. Embora tenham temperamentos extremamente diferentes, suas energias podem unir-se muito bem, fundindo-se em apreciação e cooperação mútuas. Infelizmente, muitas vezes uma parte do brilho romântico se perde quando se casam; à medida que começam a levar uma existência mais monótona, podem começar as brigas.

As amizades tornam-se melhores com o passar dos anos, e as diferenças entre Libra I e Capricórnio II costumam manter a vitalidade do relacionamento. Algumas desavenças e discussões estimulantes, um pouco de competição em atividades esportivas e uma leve rivalidade pela atenção dos outros fazem parte do jogo. As relações entre irmãos, no entanto, provavelmente eclodem em conflito aberto e o par deve aprender a ceder e a dividir se quiserem entender-se um pouco. Os nativos de Libra I e Capricórnio II podem ter uma relação eficiente e produtiva como parceiros de trabalho em uma grande firma, ou como executivos, responsáveis pelo destino da organização. Se a meta for um sucesso extraordinário, no entanto, o par precisa se tornar mais resistente e mais flexível.

Conselho: *Não se desencoraje tão facilmente – fortaleça sua resolução. Não permaneça tão apegado aos seus erros.*

25 de setembro a 2 de outubro
SEMANA DO PERFECCIONISTA
LIBRA I

10 a 16 de janeiro
SEMANA DA DOMINAÇÃO
CAPRICÓRNIO III

Resolução sem agitação

Esse é um relacionamento que sobrevive das dificuldades, mas não gasta muita energia com a solução dos problemas. O seu estilo é mais "deixar o barco correr e tentar resolver suas questões sem alarde, com pouca agitação". Na verdade, o par de Libra I e Capricórnio III vê as manifestações em público com um pouco de desagrado, e prefere seguir seu caminho sem atrair muita atenção. Os nativos de Capricórnio III podem fornecer estabilidade aos de Libra I, ao mesmo tempo em que se encantam com o charme de Libra I. Esses dois indivíduos podem formar um relacionamento bastante sofisticado e refinado, e também forte o suficiente para manter a integridade diante de conflito interno ou pressões externas.

Os casos amorosos entre Libra I e Capricórnio III têm, normalmente, uma natureza privada. Poucas pessoas de fora conseguem ver o funcionamento interno do relacionamento, e, a bem da verdade, os seus mistérios confundem os próprios parceiros. O contraste entre a energia mais pesada de Capricórnio III e a mais leve de Libra I é marcante – a família e os amigos geralmente acham o sucesso deste relacionamento um quebra-cabeças. O segredo, é claro, está no fato de que, sem muita agitação, cada parceiro recebe o que precisa do outro. O nativo de Libra I precisa ampliar a si mesmo, enquanto o Capricórnio III necessita de compreensão emocional profunda. Esses romances podem progredir até o casamento, tornando-se mais maduros e sábios com o passar dos anos.

As amizades entre Capricórnio III e Libra I que se formam na infância, talvez na escola, demonstram uma tendência à rebelião contra o tratamento injusto da parte de professores e de outras figuras de autoridade. Também freqüentemente se vêem sob a influência de uma pessoa mais velha e mais poderosa, que pode dominar o início da vida intelectual e espiritual dos parceiros. Como pais, os nativos de Capricórnio III podem ser alternadamente indulgentes e severos com seus filhos de Libra I, o que pode causar confusões. Os pais nascidos em Libra I geralmente exigem demais de seus rebentos de Capricórnio III. No local de trabalho, também os chefes de Libra I podem exigir demais de seus funcionários de Capricórnio III e colocar excessiva responsabilidade sobre seus largos ombros.

Conselho: *Seja um pouco mais realista em suas expectativas. Algumas vezes é necessário tomar decisões. Aprenda com os mais experientes que você.*

RELACIONAMENTOS

PONTOS FORTES: SOFISTICADO, ELEGANTE, PERSISTENTE

PONTOS FRACOS: INCONSISTENTE, IRREVERENTE, INCONSCIENTE

MELHOR: AMOR

PIOR: PAIS-FILHOS

FAYE DUNAWAY (14/1/41)
MARCELLO MASTROIANNI (28/9/24)

A encantadora e talentosa atriz Dunaway e o ídolo italiano do cinema Mastroianni se apaixonaram durante a filmagem do pouco aplaudido filme romântico *A Place for Lovers* (1969). Tiveram um romance que durou dois anos e recebeu muita publicidade, mas que terminou em 1971. **Também:** Julia Louis-Dreyfus & Jason Alexander (co-estrelas, *Seinfeld*).

---

25 de setembro a 2 de outubro
SEMANA DO PERFECCIONISTA
LIBRA I

17 a 22 de janeiro
CÚSPIDE DO MISTÉRIO E DA IMAGINAÇÃO
CÚSPIDE CAPRICÓRNIO-AQUÁRIO

Liberdade para agir

Essa combinação permite a ambos os parceiros serem o que são. Se o foco do relacionamento é assegurar a liberdade de seus parceiros, como é possível estarem juntos? Por que é mesmo necessário estarem juntos? Eis o mistério desse relacionamento. Paradoxalmente, os dois são completamente comprometidos um com o outro quando estão juntos e não correm nenhum risco de perder sua individualidade. Ao mesmo tempo, sua confiança absoluta de que nenhum dos parceiros irá comprometer o relacionamento deixa-os livres para agirem como quiserem quando estiverem separados. O nativo de Libra I tende a ser tão exigente como o de Capricórnio-Aquário, mas não tem sempre tanta energia ou imaginação. O representante de Capricórnio-Aquário provavelmente será o mais imprevisível do par, enquanto aquele de Libra I será o mais moderado e razoável.

Os casos amorosos e o casamento entre os dois surgem e acabam, dependendo da habilidade dos parceiros em deixar o outro livre para interagir com terceiros. Esses encontros fora do relacionamento principal não são necessariamente uma ameaça ou têm caráter sexual. Aceitar as atividades do outro é, porém, limitada ao âmbito humano; o ciúme, a raiva e o sentimento de posse podem estar muito perto. Essas atitudes abertas funcionam ou não, mas certamente o termômetro do sucesso do relacionamento é o alto grau de felicidade que elas oferecem que devem ser cuidadosamente monitoradas por ambos os parceiros.

As relações de trabalho podem ser um pouco complicadas, pois cada parceiro deseja direitos exclusivos sobre o outro, e pode se irritar quando um terceiro elemento tentar seduzir e levar embora um deles. Na realidade, suas reputações profissionais podem estar tão fortemente ligadas dentro de uma organização ou como autônomos, que raramente se pensa em um sem o outro. Portanto, seu valor de mercado como indivíduo é muitas vezes menor que o de sua parceria. As amizades e as relações entre irmãos são mais eficientes quando houver pouca exigência e cobrança.

Conselho: *Deixe que o seu parceiro saiba que você se importa com ele. Se precisar de algo, diga. Não pense que pode fazer tudo sozinho. Diminua os desejos – aumente o compromisso com o outro.*

RELACIONAMENTOS

PONTOS FORTES: LIVRE, FELIZ, CONTENTE

PONTOS FRACOS: FORA DA REALIDADE, IMPACIENTE, POSSESSIVO

MELHOR: TRABALHO

PIOR: IRMÃOS

MARCELLO MASTROIANNI (28/9/24)
FEDERICO FELLINI (20/1/20)

O ator italiano Mastroianni ganhou aclamação internacional como personagem moralmente vazio, cansado do mundo em *A Doce Vida*, do diretor e roteirista Fellini (1960). O ator continuou como principal protagonista de Fellini e alter ego em vários filmes de 1963 a 1987, entre eles *Oito e Meio* e *Entrevista*.

| RELACIONAMENTOS |

PONTOS FORTES: LIVRE-PENSADOR, LIBERADO, OTIMISTA

PONTOS FRACOS: INSTÁVEL, NERVOSO, SOCIÁVEL DEMAIS

MELHOR: FAMÍLIA

PIOR: AMOR

ROGER VADIM (26/1/28)
BRIGITTE BARDOT (28/9/34)

Em 1956 Vadim fez sua estréia como diretor em *E Deus Criou a Mulher*, um filme erótico com sua esposa Bardot aparecendo nua. Enquanto ele continuou perseguindo temas eróticos em seus filmes subseqüentes, ela se tornou o maior símbolo sexual da Europa. Também: Julie Andrews & Maria von Trapp (representação no cinema, *A Noviça Rebelde*); Samuel Adams & John Hancock (líderes revolucionários).

25 de setembro a 2 de outubro
SEMANA DO PERFECCIONISTA
LIBRA I

23 a 30 de janeiro
SEMANA DO GÊNIO
AQUÁRIO I

Minando a autoridade

A dupla formada por Libra I e Aquário I tem tendência a produzir um efeito libertador naqueles com quem entra em contado. A ênfase no relacionamento não está tanto na independência de cada parceiro, mas no seu poder conjunto de minar a autoridade e de romper as barreiras da tradição, o que normalmente promove uma ideologia ou um estilo de vida de pensamento livre e com visão de vanguarda. Os nativos de Libra I e Aquário I estão em aspecto trígono no zodíaco (ou seja, separados a 120 de distância), o que sugere fácil convivência. No entanto, essa facilidade de interação é traduzida em uma atitude relaxada ou em um ar de negligência que pode subverter os enfoques mais conservadores.

    Os casos amorosos e os casamentos trazem uma preocupação muito grande com os assuntos pessoais, mas encontram ainda expressão junto a grupos sociais que buscam soluções para tratamento injusto. Os nativos de Libra I e de Aquário I tendem a possuir um estilo de vida bastante social, mas não devem negligenciar a necessidade de passarem algum tempo sozinhos e construírem uma intimidade. O fluxo contínuo de movimento no espaço doméstico, típico nesse relacionamento, pode causar instabilidade e nervosismo em ambos os parceiros e normalmente enfraquece a relação. Essas combinações apreciam interações e atividades constantes, assim como feriados e celebrações especiais, inerentes à vida familiar.

    Nas amizades e nas relações de trabalho, os representantes de Libra I e Aquário I são bastante atrevidos em relação a professores e chefes que tentam impor sua vontade sobre os estudantes ou funcionários. Os dois são, muitas vezes, ativistas em organizações estudantis ou em sindicatos, verificando se seus companheiros recebem tratamento justo e razoável. Promessas e boas intenções não servem para aplacar estas tendências, porque os parceiros buscam resultados imediatos, em palavras e ações. Embora Libra e Aquário sejam signos de ar, o relacionamento entre Libra I e Aquário I é regido pelo fogo, um elemento que indica um compromisso apaixonado com a sua causa, o que os encoraja a atos espontâneos de ousadia.

Conselho: *Reserve tempo e qualidade de vida suficientes para você. Preste atenção para não se dispersar demais. Proponha alternativas construtivas para os assuntos aos quais se opõe.*

| RELACIONAMENTOS |

PONTOS FORTES: DIVERTIDO, APRECIADOR DO PRAZER, ATUALIZADO

PONTOS FRACOS: IRRITANTE, INCONVENIENTE, RIDÍCULO

MELHOR: AMIZADE

PIOR: CASAMENTO

JIMMY CARTER (1/10/24)
RONALD REAGAN (6/2/11)

Nas eleições presidenciais de 1980, o desafiador Reagan atacou o titular Carter em questões que iam dos males do liberalismo ao medo da debilidade militar americana. Carter tentou explorar a idade de Reagan (quase 70) e o conservadorismo de direita. Mas o estilo de Reagan prevaleceu e ele ganhou facilmente. **Também: Gwyneth Paltrow & Blythe Danner** (filha/mãe; atrizes); **Groucho Marx & S.J. Perelman** (colaboradores; cômico/roteirista).

25 de setembro a 2 de outubro
SEMANA DO PERFECCIONISTA
LIBRA I

31 de janeiro a 7 de fevereiro
SEMANA DA JUVENTUDE E DA DESPREOCUPAÇÃO
AQUÁRIO II

Necessitando de raízes

Este relacionamento não condiz bem com uma profunda seriedade. O principal foco é manter o humor leve, na superfície; o humor e a agudeza de espírito são suas características. Talvez destinada a um grau de superficialidade, a combinação entre Libra I e Aquário II normalmente se interessa em aproveitar a vida, explorando toda a gama de atividades de lazer, de jogos a festas, cinema e televisão. As reflexões religiosas, filosóficas ou espirituais são raramente encontradas no centro deste relacionamento, mas podem ser uma grande necessidade em uma combinação que não possui uma fundação ideológica firme. O relacionamento pode, no entanto, tentar substituir valores mais transitórios, de natureza social, política ou artística, para ajudar a satisfazer essa necessidade.

    Nos casos amorosos, nenhum dos parceiros parece estar interessado em causar problemas para o outro. No entanto, é precisamente o que os nativos de Libra I fazem: sua maneira demasiadamente crítica e às vezes até fastidiosa, pode fazer o parceiro de Aquário II, mais relaxado, ficar tenso. Além disso, o enfoque descompromissado aquariano pode enfurecer os parceiros de Libra I, que buscam uma filosofia mais claramente definida. Sexualmente, a intensidade do Libra I pode tornar-se ameaçadora ao Aquário II, mais sensual. Os casamentos entre esses dois não são muito recomendados.

    As amizades envolvendo esse par dedicam-se inteiramente à busca do prazer, na qual o sarcasmo e os jogos verbais têm um papel proeminente. Recalques e sensibilidades pessoais, no entanto, podem causar explosões momentâneas de agressividade. Os parentes nascidos em Libra I e em Aquário II ocasionalmente se irritam um com o outro, mas também representam cenas dramáticas que os outros membros familiares acham bastante divertidas. Na esfera profissional, os colegas tornam-se, intencionalmente ou não, alvo de piadas, pois seu relacionamento tem um lado estranho e indiferente.

Conselho: *Dê um pouco mais de atenção ao que os outros pensam. Comprometa-se com idéias ou crenças sérias. Trabalhe para acalmar a irritação.*

25 de setembro a 2 de outubro
SEMANA DO PERFECCIONISTA
LIBRA I

8 a 15 de fevereiro
SEMANA DA ACEITAÇÃO
AQUÁRIO III

RELACIONAMENTOS

PONTOS FORTES: INCOMUM, CRIATIVO, ESPIRITUAL

PONTOS FRACOS: CONFLITUOSO, INCONTROLÁVEL, BIZARRO

MELHOR: CASAMENTO

PIOR: PAIS-FILHOS

Canalizando energias irrepreensíveis

Esse relacionamento é regido pelo fogo, que nesse caso simboliza uma fonte contínua de energia, podendo ser usada construtivamente ou simplesmente deixada fora de controle. Portanto, essa combinação se caracteriza por uma luta contínua de Libra I para controlar as energias irrepreensíveis de Aquário III. Se forem bem-sucedidos e a disciplina necessária for imposta, esse par pode ser muito feliz ao levar a energia de Aquário III para um público mais amplo; na melhor das hipóteses, o resultado é uma união do conhecimento técnico do Libra I com a criatividade do Aquário III. Na pior das hipóteses, surgem batalhas entre os dois, sem que nenhum esteja preparado para estabelecer concessões.

Nos assuntos amorosos vislumbra-se um pouco das idiossincrasias de que esse par é capaz. Práticas não comuns e até esquisitas emergem, que os parceiros aceitam como normais mas que se a sociedade tomasse conhecimento, acharia estranhas e bizarras. No entanto, não importa o quanto os nativos de Libra I e Aquário III estejam aptos para explorar caminhos diferentes, raramente causam danos sérios a eles mesmos ou a outros. Essas buscas não se limitam de forma alguma ao plano físico, mas surgem também em práticas espirituais ou intelectuais. Os casamentos muitas vezes baseiam-se rigidamente em um desses campos, podendo envolver uma ideologia ou um grupo social ou político, ao qual o relacionamento dedica toda a sua energia.

A relação entre pais e filhos ou entre chefes e empregados na qual o representante de Libra I exerce o papel de autoridade irá depender da reação do filho ou funcionário de Aquário III. Definitivamente, o nativo de Aquário III exige ser tratado de igual para igual e a combinação resultante é mais efetiva do que a anterior. As amizades entre Libra I e Aquário III geralmente apresentam um estilo diferente, tanto na aparência como nas roupas, nos gostos musicais ou nas preferências sexuais.

Conselho: *Ouça cuidadosamente o outro. Mantenha a igualdade sempre que possível. Mantenha as energias mais radicais sob controle. Ostente quem você é, mas respeite as preferências alheias.*

WALTER MATTHAU (1/10/20)
JACK LEMMON (8/2/25)

Matthau e Lemmon fizeram 9 filmes juntos. De *The Fortune Cookie* (1966) a *Out to See* (1997), todos menos um (*UFK*, 1991) são comédias engraçadíssimas, mostrando sua magnífica habilidade de atuação e relação natural juntos. **Também:** Fran Drescher & Charles Shaughnessy (co-estrelas, *The Nanny*); Donny Hathaway & Roberta Flack (duo); Barbara Walters & Hugh Downs (apresentadores de tevê, *20/20*).

---

25 de setembro a 2 de outubro
SEMANA DO PERFECCIONISTA
LIBRA I

16 a 22 de fevereiro
CÚSPIDE DA SENSIBILIDADE
CÚSPIDE AQUÁRIO-PEIXES

RELACIONAMENTOS

PONTOS FORTES: ATUALIZADO, CURIOSO, DESAFIADOR

PONTOS FRACOS: INCONSCIENTE DE SI, VOLÚVEL, BRUSCO

MELHOR: TRABALHO

PIOR: FAMÍLIA

Prelúdio à aventura

Esse relacionamento está sempre movendo-se em busca de novos horizontes. A dinâmica de Libra I combina-se com a ambição de Aquário-Peixes de forma a produzir uma relação forte e intransigente, que apresenta poucas justificativas para suas ações e nenhuma para suas intenções. Tendendo para o idealismo, esses parceiros baseiam-se em um ponto de vista fortemente moral ou ético e, portanto, sentem-se justificados pelo que fazem. Embora o foco do relacionamento possa ser aventuras e desafios pelo mundo afora, sua maior necessidade é de introspeção e autocompreensão.

Nos casos amorosos, nas amizades e no casamento é essencial os parceiros ficarem algum tempo juntos para se conhecerem bem, mesmo que seja necessário adiar outras atividades e cancelar reuniões. O nativo de Aquário-Peixes pode liderar esse processo, embora relute em deixar emergir sentimentos possuem muito bem guardados. A chave está em não começar pela análise pessoal, mas por discussões sobre o relacionamento em si. Essas discussões podem ser o prelúdio para uma aventura altamente emocionante e diferente. Perceber que a descoberta pessoal é um desafio válido leva esse par a explorar mais ainda esse novo território.

As relações de trabalho entre Libra I e Aquário-Peixes podem ser muito produtivas. Essa dupla se interessa particularmente pelos acontecimentos atuais, sejam eles políticos, financeiros ou culturais. As informações colhidas são processadas e postas à prova em benefício do relacionamento, podendo servir de base para uma iniciativa profissional. Os membros familiares dessa combinação têm a mesma visão em muitos assuntos, mas os temperamentos podem entrar em conflito. Para manter a paz, é importante cultivar a calma e controlar as explosões emocionais, além de tentar aceitar o outro e encontrar áreas de interesse comum.

Conselho: *Busque valores emocionais e espirituais mais profundos. Compreenda melhor a si mesmo. Descanse periodicamente das atividades mundanas – encontre um lugar calmo em seu interior.*

BARBARA WALTERS (25/9/31)
JOHN WILLIAM WARNER (18/2/27)

Walters abriu caminho como repórter até chegar a um dos mais bem pagos programas da tevê (*20/20*) e entrevistadora especial. Warner é um dos membros mais proeminentes e ativos do senado americano. Diz-se que Walters e Warner se envolveram intimamente. **Também:** Edward Cox & Tricia Nixon (casados; advogado/ filha do presidente).

673

RELACIONAMENTOS

PONTOS FORTES: IDEALISTA, FLUTUANTE, ROMÂNTICO

PONTOS FRACOS: FORA DA REALIDADE, INSTÁVEL, CONTENCIOSO

MELHOR: AMIZADE

PIOR: AMOR

JOHNNY CASH (26/2/32)
CARLENE CARTER (26/9/55)

A cantora e compositora de música country Carter é filha adotiva do cantor de rock e country Cash pelo lado de June Carter Cash da família de várias gerações de músicos Carter. Desde 1986 eles viajam e se apresentam juntos com outros irmãos Cash e Carter. **Também: Lorraine Bracco & Edward James Olmos** (romance; atores); **William Paley & David Sarnoff** (titãs da radiodifusão).

---

25 de setembro a 2 de outubro
SEMANA DO PERFECCIONISTA
LIBRA I

23 de fevereiro a 2 de março
SEMANA DO ESPÍRITO
PEIXES I

Pensamentos abrangentes

A junção dos nativos de Libra I e de Peixes I traz muitas vezes o encanto dos ideais elevados. Quando o par chega a um acordo, sua relação é capaz de grandes feitos no âmbito do pensamento abstrato; quando não o conseguem, o relacionamento é provavelmente destruído por lutas internas. No zodíaco, Libra I e Peixes I formam um aspecto de quincôncio entre si (estão a 150° de distância), posição que freqüentemente indica uma parceria instável. Tanto os representantes de Libra I como os de Peixes I são muito subjetivos, e grandes discussões sobre conceitos abstratos, sendo o favorito sobre a natureza da justiça, podem tornar-se freqüentes. Libra I orgulha-se de sua precisão e pode ver Peixes I como um pouco tresloucado ou pouco cuidadoso. Por outro lado, Peixes I sente muitas vezes que Libra I não entendeu nada ou não compreendeu a essência do assunto em questão.

Os amores e o casamento têm tendências muito românticas, porém mutáveis; os dois devem esforçar-se para pôr os pés no chão, senão podem perder contato com a realidade. Além disso, muitas vezes são perturbados por diferenças ideológicas, religiosas ou espirituais. Como falta objetividade, pode ser necessário evitar esses assuntos para que alcancem estabilidade. Há uma tendência mútua a estressarem-se emocionalmente, levando à irritação, a brigas e a desentendimentos intermináveis.

Também nas amizades é melhor manter um clima leve e divertido, com poucas responsabilidades fixas. Embora possam ser duradouras, as rivalidades e as relações antagônicas são talvez tão comuns quanto as outras. As relações de trabalho entre os dois não são recomendadas, exceto se limitarem-se a uma organização espiritual ou religiosa com a qual simpatizem. Na esfera familiar, diferenças ideológicas e emocionais sérias podem suscitar confrontos entre os nativos de Libra I e de Peixes I, afetando outros parentes.

Conselho: *Mantenha os pés no chão com atividades práticas. Seja realista. Não se deixe levar por idéias ou ideais românticos.*

RELACIONAMENTOS

PONTOS FORTES: PERCEPTIVO, ENCANTADOR, DIVERTIDO

PONTOS FRACOS: MAL COMPREENDIDO, DESESPERADOR, DEBILITANTE

MELHOR: AMIZADE

PIOR: PATRÃO-EMPREGADO

LOU COSTELLO (6/3/06)
BUD ABBOTT (2/10/1895)

Mais famoso por sua comédia "Who's on First", Abbott e Costello era o principal duo cômico do cinema nos anos 1940. Contracenaram em vaudeville e espetáculos de variedade, apareceram no rádio em 1938 e fizeram seu primeiro de mais de 30 filmes em 1940. Pararam de se apresentar em 1957 por causa de problemas da família de Costello.

---

25 de setembro a 2 de outubro
SEMANA DO PERFECCIONISTA
LIBRA I

3 a 10 de março
SEMANA DO SOLITÁRIO
PEIXES II

Encanto cômico

Essa é uma mistura incomum, resultado das energias mais precisas e diretas de Libra I e das energias mais difusas e sensíveis de Peixes II. Quando as duas reagem para formar esse relacionamento, o resultado é mágico, podendo exercer um estranho encantamento sobre aqueles que tocar. Peixes II ganha um lado social que se equilibra com sua necessidade básica de isolamento, e Libra I sente uma forte necessidade de isolamento que equilibra sua tendência a estar em evidência pública. Portanto, cada parceiro possui forças que atraem o outro e formam uma base comum para o relacionamento. As dificuldades surgem quando os nativos de Libra I colocam ênfase demais na comunicação verbal e os de Peixes II na não-verbal, mas se tiverem tempo e vontade de se entenderem, os parceiros podem trabalhar essas diferenças amigavelmente.

Nos assuntos amorosos, as diferenças de temperamento são pronunciadas, mas são reconciliáveis. Em certos momentos o nativo de Libra I pode ficar exigente demais para o representante de Peixes II, que deseja ser deixado em paz. Por outro lado, a inabilidade de Peixes II de articular seus pensamentos pode exasperar o Libra I. O casamento entre Libra I e Peixes II sofre muitas vezes de indecisão e procrastinação; essa relação possue talvez um certo charme cômico para a família e os amigos, mas pode tornar-se muito debilitadoras.

As amizades entre Libra I e Peixes III adotam uma postura surpreendentemente relaxada. Situações humorísticas de todo tipo atraem esses dois, mais freqüentemente como observadores do que como participantes. Com seu discernimento psicológico das fragilidades humanas, o par reúne material humorístico para divertir os amigos, a família e os colegas.

A relação entre pais e filhos e entre patrões e empregados geralmente mostra Libra I dando as ordens e Peixes II tentando segui-las. O problema é que raramente correm bem por causa da falta de compreensão de Peixes II sobre as diretrizes de Libra I, ou por causa da rigidez e das expectativas pouco razoáveis do último em relação ao primeiro. Os pais nascidos em Libra I geralmente têm consciência da extrema sensibilidade da sua prole de Peixes II e são mais felizes quando são pacientes, compreensivos e pouco exigentes.

Conselho: *Tenha sensibilidade com as necessidades do próximo. Flexibilidade e paciência extrema são necessárias. Encontre o equilíbrio entre a vida pública e a privada.*

25 de setembro a 2 de outubro
SEMANA DO PERFECCIONISTA
LIBRA I

11 a 18 de março
SEMANA DOS DANÇARINOS E SONHADORES
PEIXES III

Poderes milagrosos

Esse relacionamento tende a examinar profunda e detalhadamente todos os aspectos da vida, concentrando-se em operações de sincronismo, acaso, profecia e percepção extrasensorial. De alguma forma, a combinação pode ser descrita como um duelo entre um "arquicético" e um "arquicrente". Embora essa caracterização seja um pouco exagerada, há nela um ponto de verdade. Os nativos de Libra I acreditam somente em suas faculdades racionais e negam o que não pode ser apreendido por meio dos sentidos. Os nascidos em Peixes III, por outro lado, depositam confiança nos poderes invisíveis, que lhes é tão real como o resto; também acreditam que objetos e eventos da vida cotidiana são imbuídos de poderes ou de significados sobrenaturais, apontando a inabilidade (ou falta de vontade) dos outros em reconhecerem o miraculoso no dia-a-dia.

Nos casos amorosos e no casamento, os representantes de Libra I e Peixes III podem demonstrar grande interesse em discutir como se encontraram e as coincidências que os levaram a estabelecer uma ligação forte. Não surpreende que ambos valorizem o inesperado, o não-premeditado e o espontâneo em suas interações, particularmente na esfera sexual. Os relacionamentos de família ou de amizade geralmente concentram-se na exploração do desconhecido, talvez por meio de um interesse em ficção científica ou da exploração pessoal. Os nativos de Libra I podem ficar céticos em relação a esse tipo de atividade no início, mas em seu relacionamento com Peixes III sua curiosidade relutante se transforma em avidez para saber mais. Quanto maior for sua resistência a esse tipo de estudo, mais profunda será sua imersão nele mais tarde (em geral), para o deleite de Peixes III.

Nas relações de trabalho, os dois demonstram um interesse especial em deixarem as coisas acontecerem por si, sem forçá-las: os elementos de jogo, risco e fatalidade entram poderosamente nas transações de negócios entre Libra I e Peixes III. Podem não admiti-lo, mas como colegas ou funcionários da mesma empresa, os dois se interessam também pelos aspectos psicológicos dos negócios, com ênfase especial na telepatia.

Conselho: *Seja realista, mas não abra mão de suas crenças. Confie em seu sentido e no seu discernimento. Siga tanto a razão como a emoção.*

RELACIONAMENTOS

PONTOS FORTES: INVESTIGATIVO, ESPONTÂNEO, CRÉDULO

PONTOS FRACOS: INGÊNUO, TACANHO, ILUDIDO

MELHOR: CASAMENTO

PIOR: TRABALHO

EDGAR CAYCE (18/3/1877)
J.B. RHINE (29/9/1895)

Cayce e Rhine foram grandes figuras do estudo científico da parapsicologia, investigando fenômenos psíquicos. Trabalhando na Duke University, Rhine concentrou-se em ESP e psicocinética (influência mental sobre objetos físicos). Cayce, considerado o principal psíquico de sua época, realizou pesquisas por conta própria. Ambos contribuíram para a compreensão dos fenômenos paranormais.

---

3 a 10 de outubro
SEMANA DA SOCIEDADE
LIBRA II

3 a 10 de outubro
SEMANA DA SOCIEDADE
LIBRA II

Posição de vantagem

Embora os nativos de Libra II dediquem uma grande parte de seu tempo à família e aos grupos profissionais, quando formam um par, tendem a resguardar-se o máximo possível do resto do mundo e a aproveitar um relativo isolamento juntos. Dessa posição de vantagem, seu interesse pelas outras pessoas não diminui: ficam simplesmente livres de qualquer responsabilidade de interação. Tampouco sentem menos necessidade de compartilhar as observações que fazem da psicologia alheia; na realidade, esse tipo de interesse pode tornar-se o foco de seu relacionamento. Os amigos e conhecidos podem procurá-los, tanto cada um isoladamente quanto os dois juntos, para fazerem confidências – envolvimento que pode acabar adquirindo um caráter profissional.

Os casos amorosos entre representantes de Libra II tendem a ser românticos, mas também são irreais. Talvez não sejam nem um pouco feitos um para o outro, pois os pares de Libra II são levados por um tapete mágico de euforia que, infelizmente, pode fazer com que tenham que cair na real rápido demais. Basicamente, essa situação ocorre porque os dois parceiros perseguem o que querem, sem dar muita atenção àquilo que precisam. Podem compartilhar atividades profissionais na área do serviço social. É mais provável que os membros da família consultem regularmente esses dois para obterem conselhos e esclarecimentos. A tendência de Libra II a ser severo demais com seus filhos pode, de fato, ser mitigada pela combinação, pois ambos costumam criticar muito o outro a esse respeito.

As amizades que envolvem essa combinação podem ser muito divertidas, se forem mantidas leves. Os parceiros devem evitar a dependência mútua, tanto em termos de obter apoio emocional como em termos de exigir uma quantidade excepcional de atenção. Certamente, esses relacionamentos podem alegrar o ambiente, mas também costumam ser seus melhores críticos.

É bastante possível para um par de Libra II formar um negócio ou trabalhar para um empreendimento na área de serviço social. Garantir o funcionamento financeiro, no entanto, é outra questão. Essa dupla é mais feliz se fizer parte de um time, pois assim os outros membros do grupo fornecem as habilidades práticas que ela não possui.

Conselho: *Não fique só parado olhando – envolva-se pessoalmente com o próximo. Procure ser mais realista em assuntos de amor. Insista naquilo que precisa.*

RELACIONAMENTOS

PONTOS FORTES: OBSERVADOR, PERCEPTIVO, CONSELHEIRO

PONTOS FRACOS: FORA DA REALIDADE, ROMÂNTICO DEMAIS, EUFÓRICO

MELHOR: AMIZADE

PIOR: AMOR

SEAN LENNON (9/10/75)
JOHN LENNON (9/10/40)

Sean nasceu no dia do 35º aniversário de John. Nos 5 anos seguintes John dedicou-se exclusivamente a cuidar de Sean, vivendo em casa e se autoproclamando "marido de casa" enquanto a esposa Yoko tomava conta dos negócios. John voltou a gravar no início de 1980. **Também: Camille Saint-Saëns & John Lennon** (compositores que compartilham o mesmo dia de aniversário).

RELACIONAMENTOS

PONTOS FORTES: DIVERTIDO, BEM-QUISTO, POLÍTICO

PONTOS FRACOS: INDIFERENTE, HIPERCOMPETITIVO, DESESPERADO

MELHOR: FAMÍLIA

PIOR: AMOR

TIM ROBBINS (16/10/58)
SUSAN SARANDON (4/10/46)

Robbins e Sarandon vivem juntos há muito tempo. Conheceram-se durante a filmagem de *Bull Durham* (1988) e trabalharam juntos várias vezes desde então. Doze anos mais velha que ele, Sarandon teve 3 filhos, 2 com Robbins. Ele é mais conhecido por seu papel em *O Jogador* de Robert Altman (1992). Ela ganhou o Oscar de melhor atriz por *Os Últimos Passos de um Homem* (1995).

---

3 a 10 de outubro
SEMANA DA SOCIEDADE
LIBRA II

11 a 18 de outubro
SEMANA DO TEATRO
LIBRA III

Ardente busca de atenção

Os parceiros de Libra II e Libra III procuram obter a atenção dos que estão a sua volta. Como o conseguem, e com que propósito, é uma boa pergunta. Esses dois podem competir facilmente entre si para decidir quem é a estrela; se forem inteligentes, no entanto, compreenderão que seu relacionamento pode ser o verdadeiro atrativo, se deixarem de lado seus desejos egoístas e se unirem. Na realidade, a combinação das observações psicológicas de Libra II com o estilo e a motivação de Libra III os torna formidáveis quando se trata de desviar a atenção dos outros para si mesmos. Mas por que precisam estar no centro das atenções? Os nativos mais desenvolvidos de Libra II e III conseguem se ver inseridos em um contexto social mais amplo, e optam, assim, por usar sua grande capacidade de visão em benefício de terceiros. Imbuídos de um forte desejo de melhorar a condição humana e dotados da capacidade de levar ao consenso, é possível encontrar esse par envolvido na política. Na realidade, o verdadeiro talento dessa relação pode ser sua consciência social, fornecendo a indivíduos por natureza socialmente orientados uma missão maior.

Nos casos amorosos e nos casamentos, há o perigo de competirem pela atenção do outro. Perversamente, podem usar sua necessidade mútua de atenção como uma arma nos conflitos internos, nos quais cada um ignora o outro, na esperança de vitória. Mas não há vencedores nesse jogo. Em última instância, ambos podem precisar buscar parceiros mais atenciosos, assinalando assim o fim desse relacionamento.

Na esfera familiar ou de trabalho, os pares de irmãos ou funcionários podem apresentar uma profunda rivalidade que, curiosamente, não tendem a atrapalhar o lar ou o local de trabalho. Essas combinações competitivas são interessantes para aqueles à sua volta e, de fato, podem beneficiar o grupo ao elevarem o nível das contribuições feitas por esse par. O relacionamento entre Libra II e Libra III pode se considerar bem-sucedido quando os parceiros são reconhecidos pelas suas contribuições e realizações conjuntas. Os amigos nessa combinação adoram receber e fazer visitas, fazendo de tudo para encenar um *show* ou assistir a outro.

Conselho: *Não gaste sua energia fazendo jogos. Tente crescer um pouco. Buscar atenção somente enfraquece. Use seu poder construtivamente.*

RELACIONAMENTOS

PONTOS FORTES: CONSCIENTE, TEATRAL, OBJETIVO

PONTOS FRACOS: CÍNICO, DISSIMULADO, REDUZ TUDO À TRIVIALIDADE

MELHOR: CASAMENTO

PIOR: AMOR ROMÂNTICO

AUGUSTE LUMIÈRE (19/10/1862)
LOUIS LUMIÈRE (5/10/1864)

Em 1894 os irmãos Lumière desenvolveram o cinematógrafo, uma combinação de câmera e projetor. Um ano mais tarde projetaram alguns filmes pela primeira vez para um público pagante em Paris, marcando assim o início histórico do mundo do cinema. **Também: Eleanor Duse & Sarah Bernhardt** (atrizes de teatro rivais); **Camille Saint-Saëns & Franz Liszt** (amigos; compositores).

---

3 a 10 de outubro
SEMANA DA SOCIEDADE
LIBRA II

19 a 25 de outubro
CÚSPIDE DO DRAMA E DA CRÍTICA
CÚSPIDE LIBRA-ESCORPIÃO

Representando um papel

Essa é uma das combinações mais teatrais de todo o ano. Geralmente, o foco desse relacionamento é a representação, tanto individual quanto em dupla. Embora poucos cheguem ao palco, à televisão ou ao cinema, os nativos de Libra II e da cúspide Libra-Escorpião se envolvem na encenação dos papéis da vida quotidiana, e o fazem muito bem. O que torna esse relacionamento especial é saber que "o mundo é um palco", e essa consciência permite que possam abraçar todas as oportunidades teatrais que a vida possa oferecer. Os dois demonstram interesse especial pelos aspectos ilusórios da existência, mas mesmo assim conseguem manter contato com a realidade: portanto, são também capazes de analisar as jogadas dos outros, com o olhar conhecedor de quem sabe o que é preciso para encená-las.

Como realistas, esses indivíduos podem curtir um romance, mas nunca completamente, pois ambos sabem que grande parte é fingida e que pouca parte é realmente profunda. Esse relacionamento raramente se apaixona pelo amor em si; percebe, ao invés, a comédia inerente a muitas atitudes românticas. Rir de si mesmos é talvez saudável – mas se os parceiros excederem-se nessa atitude, podem tornar-se descrentes, perdendo toda inocência e capacidade de admiração. Os casamentos entre esses dois provavelmente têm um caráter bastante prático. Para esse par, as festas, as reuniões de família e os jantares íntimos com amigos são excelentes oportunidades para analisar as várias facetas da natureza humana teatralizada.

Profissionalmente, a parceria pode representar produtos criados por eles mesmos ou por um terceiro, atuando como representantes de vendas, executivos ou consultores. Particularmente hábeis em reuniões e em apresentações, essa dupla sabe como impressionar, tanto física como verbalmente. Como amigos e irmãos, os nativos de Libra II e da cúspide Libra-Escorpião adoram jogos de todos os tipos, mas têm de aprender a não viver somente na superfície, tornando triviais os aspectos mais sérios.

Conselho: *Atitudes céticas e descrentes podem ser mortais. Viva o momento – deixe-se levar de vez em quando pelo que está fazendo. Tire a máscara.*

3 a 10 de outubro
SEMANA DA SOCIEDADE
LIBRA II

26 de outubro a 2 de novembro
SEMANA DA INTENSIDADE
ESCORPIÃO I

Atração fatal pelo poder

Esse relacionamento é facilmente atraído pelo poder. Seu maior desafio é dedicar sua considerável energia em direção a objetivos produtivos e favoráveis, bem como ser crítico a respeito de suas próprias tendências ao poder – para aprender como limitá-las e, talvez, acabar por abrir mão delas. A luta pelo poder se torna, assim, a luta para entender o poder e para ser seu mestre, em vez de seu escravo. Os nativos de Libra II e Escorpião II nunca devem sucumbir à atração do poder em si; esse é o maior perigo que enfrentam. Uma das tarefas mais significativas para esse relacionamento é servir a valores humanos que enfatizam a justiça, a gentileza e, sobretudo, o amor ao próximo. Apesar de suas habilidades sociais, os representantes de Libra II, estão nesta situação claramente fora de seu ambiente: muitas vezes o poder não os interessa mesmo. Nesse jogo, Escorpião I tem todas as cartas na manga.

Os relacionamentos amorosos e os casamentos são normalmente afetados pela ambição desmedida de seus parceiros: nesse caso, a interação do amor é difícil, pois as emoções mais afetuosas são consideradas descartáveis, diante de alvos sociais e financeiros específicos. É possível que as amizades entre um Libra II e um Escorpião I sejam muito gratificantes em termos de desenvolvimento pessoal, e também muito divertidas, mas essas amizades enfrentam decisões difíceis em momentos de crise, quando os parceiros são forçados a escolher entre a lealdade ao relacionamento ou seus interesses individuais.

Nos assuntos de negócios ou de família, esse relacionamento busca naturalmente exercer controle sobre os outros e ocupar uma posição proeminente na hierarquia do grupo. Trabalhando normalmente em proveito próprio, o par de Libra II e Escorpião I pode sacrificar o próprio conforto e as necessidades pessoais para conseguir empenhar-se ao máximo. Porém, colocar-se sob estresse e desgastar-se é exatamente o que essa parceria não deve fazer. Na realidade, satisfazer mais a si próprio pode ser bom para esses dois, pois as posses e um pouco de luxo os colocarão um pouco mais no plano físico.

Conselho: *Limite as tendências ao poder. Tente ser amoroso e bondoso. Fique atento para não se deixar levar por ideologias e crenças. Concentre-se no presente.*

RELACIONAMENTOS

PONTOS FORTES: ENERGÉTICO, AMBICIOSO, IDEOLÓGICO

PONTOS FRACOS: ESTRESSADO, OBCECADO PELO PODER, DESUMANO

MELHOR: FAMÍLIA

PIOR: AMOR

ELIJAH MUHAMMAD (7/10/1897)
WALLACE D. MUHAMMAD (30/10/33)

Elijah, que se auto-intitulava "mensageiro de Alá", foi líder da Nação do Islã (Muçulmanos Negros) de 1934 até sua morte em 1975. Foi sucedido pelo filho, Wallace, que relaxou as restrições de atividade política e serviço militar e aproximou a seita do islamismo ortodoxo. **Também: Heinrich Himmler & Paul Joseph Goebbels** (alto comando nazista).

---

3 a 10 de outubro
SEMANA DA SOCIEDADE
LIBRA II

3 a 11 de novembro
SEMANA DA PROFUNDIDADE
ESCORPIÃO II

Observador desapegado

Tomar os eventos do dia-a-dia e torná-los parte de um drama é a especialidade deste relacionamento. Portanto, o principal interesse dessa dupla é o desenrolar da ação, o clímax e o desfecho inevitável da vida das pessoas comuns, mas principalmente como observadores e comentaristas, não como participantes. Ao colocarem-se fora da esfera de ação humana, às vezes conferem a si mesmos uma posição um tanto quanto endeusada. Podem também, de vez em quando, ficarem tentados a influenciar os atos ao seu redor, mas normalmente por meio de conselhos, estímulos ou até ordens para que os outros ajam de uma certa forma. Nesse aspecto, assemelham-se mais a diretores que a atores no drama da vida.

Uma área na qual esses dois não hesitam em se envolver, entretanto, é nos seus próprios casos amorosos, casamentos ou amizades. Embora sejam dramáticos, esses relacionamentos têm poucas pretensões: são espontâneos, honestos e apaixonados. Os nativos de Libra II e Escorpião II se lançam nos assuntos do coração com poucas reservas, mas freqüentemente falta-lhes compreensão para entender o que está lhes acontecendo. Muitas vezes, a realidade é distorcida, à medida que seguem um caminho excessivo, obsessivo e perigoso.

Nos círculos de negócios e de família, a dupla formada por Libra II e Escorpião II funciona melhor quando as interações pessoais entre eles são mantidas no nível mínimo. Observar e avançar a ação da vida é essencial para o sucesso de seus envolvimentos profissionais e familiares. No plano familiar, são muitas vezes vistos como intrometidos, mas nos negócios seus conselhos e sua motivação são normalmente apreciados ou até procurados comercialmente.

Conselho: *Seja mais objetivo sobre si mesmo e menos crítico em relação aos outros. Guarde sua opinião para si mesmo de vez em quando – nem todos necessitam de seus conselhos.*

RELACIONAMENTOS

PONTOS FORTES: CONSELHEIRO, ORIENTADOR, ORIENTADO

PONTOS FRACOS: ONISCIENTE, MANDÃO, BISBILHOTEIRO

MELHOR: AMOR

PIOR: FAMÍLIA

PIERRE BONNARD (3/10/1867)
EDOUARD VUILLARD (11/11/1868)

Os artistas Bonnard e Vuillard dividiam um estúdio. Ambos rejeitaram a pintura acadêmica sob influência de Gauguin e estabeleceram um novo estilo de decoração que levou ao desenvolvimento da Art Nouveau no final da década de 1890. **Também: Helen Hayes & Charles Gordon MacArthur** (casados; atriz/roteirista); **Edward Davis Jones & Charles Henry Dow** (jornalistas financeiros; Dow-Jones).

| RELACIONAMENTOS |

PONTOS FORTES: ESTÁVEL, AFETIVO, DESPREOCUPADO

PONTOS FRACOS: ESCAPISTA, SUPERPROTETOR, ISOLADO

MELHOR: AMOR

PIOR: PAIS-FILHOS

DICK POWELL (14/11/04)
JUNE ALLYSON (7/10/17)

Powell e Allyson tiveram um dos casamentos mais duráveis de Hollywood. Ficaram casados de 1945 até a morte dele de câncer em 1963. Ambos eram extremamente populares em sua época, e fizeram vários filmes dos anos 1930 aos anos 1950. **Também: Joan Helpern & David Helpern** (casados; designers de sapatos).

3 a 10 de outubro
SEMANA DA SOCIEDADE
LIBRA II

12 a 18 de novembro
SEMANA DO ENCANTO
ESCORPIÃO III

Uma unidade digna de confiança

A combinação formada por Libra II e Escorpião III pode ser forte, tanto profissional como pessoalmente, pois confere estabilidade a ambos os parceiros. Os nativos de Libra II normalmente conseguem acatar as ordens de Escorpião III, e os de Escorpião III conferir liderança e direção efetivas ao relacionamento. Essa disposição normalmente torna clara a indecisão de Libra II, embora os nativos de Escorpião III devam controlar-se para não se tornarem arrogantes demais, pois seus parceiros também possuem um lado rebelde. O importante é tornar as decisões justas e equiparadas, e atender aos interesses do relacionamento.

As interações românticas e os casamentos provavelmente fundem-se em uma visão calma e tranqüila, o que encoraja uma mistura de independência e responsabilidade. Em tal ambiente, o amor e a afeição podem fluir facilmente. Se agradáveis ou relaxados demais, porém, esses relacionamentos se tornam válvulas de escape para realidades mais duras. Os parceiros têm de ficar atentos para não criarem uma tendência ao isolamento e à proteção excessiva.

Nas combinações entre pais e filhos e entre patrões e empregados, os de Escorpião III se saem muito melhor no papel dominante. O único perigo é o Escorpião III conseguir exercer demasiada influência, dominando, assim, a vida do geralmente mais passivo e complacente Libra II, e acabando por provocar rancor. Como amigos, os dois são muito capazes de formarem uma unidade digna de confiança dentro de um grupo social maior, ou até liderar a organização e a gerência de atividades. Entretanto, se os amigos de Libra II e Escorpião III se interessarem somente em si mesmos ou talvez em um pequeno grupo social ou familiar, serão bastante felizes e auto-suficientes.

Conselho: *Cuidado para não fugir dos problemas. Preste atenção ao que está acontecendo. Preserve a igualdade tanto quanto possível. Não se desvie dos planos.*

| RELACIONAMENTOS |

PONTOS FORTES: DE BOM GOSTO, INTENSO, AGRADÁVEL

PONTOS FRACOS: DISTANTE, EGOÍSTA, DEPRIMIDO

MELHOR: AMOR

PIOR: AMIZADE

COLEMAN HAWKINS (21/11/04)
HARRY "SWEETS" EDISON (10/10/15)

Edison foi um proeminente trompetista de jazz da banda de Count Basie, de 1938 a 1950 e solista de Frank Sinatra de 1952 a 1978. O sax-tenorista tenor Hawkins tocou em grandes bandas, incluindo sua própria, de 1921 a 1967. Ambos tocaram no programa "Jazz na Filarmônica" de 1950 a 1967. **Também: Pierre Bonnard & Toulouse-Lautrec** (pintores impressionistas franceses).

3 a 10 de outubro
SEMANA DA SOCIEDADE
LIBRA II

19 a 24 de novembro
CÚSPIDE DA REVOLUÇÃO
CÚSPIDE ESCORPIÃO-SAGITÁRIO

Reforço aos caprichos

Esses indivíduos possuem seu próprio quinhão a defender e seu primeiro encontro pode ter o caráter de um pequeno confronto. Além disso, ambos possuem tendências negativas, de modo que o relacionamento pode desencadear tanto para o bem quanto para o mal. Tendem a dedicar uma quantidade considerável de energia para trabalhar alguns sentimentos profundos, de uma maneira intensa e muito carregada. Se um dos parceiros estiver em alto astral e o outro deprimido, a tendência é a polaridade aumentar, pois é difícil para um Libra II tirar um Escorpião-Sagitário do fundo do poço – e vice-versa. Entretanto, os dois podem voar alto juntos ou se consolar mutuamente quando tristes, fornecendo reforços emocionais sem exercerem pressão para mudança. Quando os dois parceiros estiverem atravessando momentos tristes, ambos podem aprender muito.

Os casos amorosos entre os nativos de Libra II e os de Escorpião-Sagitário podem ser muito satisfatórios sexualmente, e continuarão a sê-lo contanto que sejam feitas poucas exigências. Os parceiros são capazes de curtir tremendamente a companhia um do outro e adoram surpreender e divertir o parceiro. Os envolvimentos extraconjugais dos representantes de Libra II e de Escorpião-Sagitário, sejam entre os dois ou fora de seu relacionamento, são tentadores para ambos os parceiros. Os casamentos são normalmente uma provação muito dura para essa combinação, no entanto, porque os problemas práticos da vida cotidiana não se encaixam em suas preferências pela busca fácil do prazer.

As amizades e as relações entre irmãos, entre pares do mesmo sexo, em geral tendem a demonstrar respeito, mas não são isentos de explosões ocasionais causadas por egos superativos. A necessidade de espaço e o orgulho que sentem por seu próprio trabalho evitam que esse par chegue muito perto um do outro. Na esfera profissional, o gosto refinado dos dois parceiros pode mesclar-se, produzindo uma parceria de trabalho que se sai bem em áreas como design, decoração, ilustração ou publicações. A agudeza financeira não é o forte, no entanto, e as tendências a gastar têm de ser cuidadosamente observadas. As parcerias de Libra II e Escorpião-Sagitário trabalham melhor como parte de uma equipe de uma organização maior.

Conselho: *Aprenda com suas depressões. Não fuja dos confrontos emocionais. Ser malcomportado pode parecer inofensivo, mas pode causar grandes danos a todos.*

3 a 10 de outubro
SEMANA DA SOCIEDADE
LIBRA II

25 de novembro a 2 de dezembro
SEMANA DA INDEPENDÊNCIA
SAGITÁRIO I

Cuidado! Frágil!

A inspiração e a educação são os temas que permeiam esse relacionamento. O nativo de Sagitário I geralmente assume esses papéis na vida de Libra II, mas Libra II também é fonte de inspiração para o parceiro de Sagitário I. O que se sugere é um relacionamento assexuado ou platônico, como aqueles entre professor e aluno, amigos próximos, ou parentes de outras gerações. Diante da importância que um relacionamento assim adquire em suas vidas, é extremamente importante que os parceiros mantenham-se objetivos, em parte porque existe um traço físico que pode tornar-se sensual, se as barreiras forem ultrapassadas. Obviamente, isso significa que a combinação pode ser ameaçada por perigos psicológicos: "Cuidado! Frágil!" é o aviso implícito.

Nas amizades e nos romances platônicos, o ideal que cada parceiro simboliza para o outro pode ser extremamente frágil ou facilmente destruído, até mesmo pela idéia do envolvimento físico. Contanto que as emoções sejam mantidas sob controle, os nativos de Libra II e Sagitário I são capazes de manter esses ideais e de aprender muito sobre e com o outro. Os casamentos entre Libra II e Sagitário I podem ser um pouco desequilibrados: Sagitário I geralmente adota o papel principal e Libra II aparece mais como "o obediente" ou "o estudante". É preciso equilibrar um pouco mais essa combinação se os parceiros quiserem evitar ressentimentos e hostilidades.

Ligações verdadeiras entre professor e aluno podem funcionar, tanto com Sagitário I como Libra II no papel do instrutor. A comunicação é fácil e aberta, e o próprio relacionamento torna-se, assim, um modelo ou fornece uma lição valiosa para terceiros. As combinações em família são complicadas e inevitavelmente superficiais, pois sentimentos muito profundos entre parentes próximos podem, na verdade, causar problemas na família. A questão da confiança é essencial, e agir de forma respeitosa e honrável, especialmente quando as diferenças de idade forem pronunciadas, é muito importante para o bem-estar psicológico.

Conselho: *Mantenha-se o mais objetivo possível. Honre seus compromissos. Esteja consciente do papel que exerce, e aja com sensibilidade e atenção.*

RELACIONAMENTOS

PONTOS FORTES: INSPIRACIONAL, IDEALISTA, EDUCACIONAL

PONTOS FRACOS: PERIGOSO, NAMORADOR, DESONRADO

MELHOR: ALUNO-PROFESSOR

PIOR: PAIS-FILHOS

SOON-YI PREVIN (8/10/71)
WOODY ALLEN (1/12/35)

Durante o altamente divulgado rompimento entre Allen e Mia Farrow, foi revelado que ele estava tendo um caso com Soon-Yi, a filha adotiva mais velha de Farrow. Allen afirmou que nada havia de moralmente errado em terem um relacionamento. **Também:** Stephanie Zimbalist & Efram Zimbalist, Jr. (filha/pai; atores); Janet Gaynor & Mary Martin (atriz-amigas em acidente de carro; Gaynor morreu devido aos ferimentos).

---

3 a 10 de outubro
SEMANA DA SOCIEDADE
LIBRA II

3 a 10 de dezembro
SEMANA DO ORIGINADOR
SAGITÁRIO II

Bem-acabado

Pode ser que esses dois estabeleçam uma ligação emocional profunda. O relacionamento entre Libra II e Sagitário II é muitas vezes íntimo, levando à expressão pessoal. É muitas vezes bem-acabado, com cada parceiro oferecendo algo de grande valia para o outro. Os nativos de Libra II podem influenciar seus parceiros de Sagitário II a terem um relacionamento mais significativo com a sociedade, enquanto os de Sagitário II podem estimular os de Libra II a expressarem sua própria individualidade e a sentirem-se menos compelidos a agradar aos outros. Suas forças complementares e sua intensa empatia fazem dessa combinação um relacionamento singularmente vibrante e saudável. Partindo dessa base comum, os dois são capazes de inserir o relacionamento em um contexto social significativo, sem comprometer as suas crenças fundamentais.

Não importa o modo com que o envolvimento possa ter se iniciado, os casos amorosos podem ser muito significativos. O relacionamento continua a alargar-se e aprofundar-se, além de encorajar a realização pessoal dos parceiros; os dois evoluem juntos, criando um laço difícil de se romper. O casamento pode ser o caminho natural desses namorados, que não devem supor que o desenvolvimento pessoal permaneça constante após atarem o nó.

As combinações em família e as amizades entre Libra II e Sagitário II podem ser muito próximas, marcadas por uma profunda empatia e afeição. Mas podem surgir cobranças, acompanhadas de ciúmes e dependências. O desafio nesses relacionamentos é manter um ambiente aberto, que permita a expressão individual, pois se isso for negado a Sagitário II, ele perde o traço básico de seu caráter e acaba por se sentir frustrado.

As relações profissionais entre Libra II e Sagitário II funcionam melhor se forem limitadas a empreendimentos autônomos ou empresariais, onde haja garantia de independência máxima. Embora as obrigações tenham de ser cumpridas, cada parceiro deve ter uma área de responsabilidade bem definida, que não deve ser invadida pelo outro.

Conselho: *Mantenha sua individualidade e fique atento às cobranças. Faça apenas as concessões necessárias. Lembre-se de encorajar o crescimento pessoal e espiritual do outro.*

RELACIONAMENTOS

PONTOS FORTES: ÍNTIMO, EXPRESSIVO, ATUALIZADO

PONTOS FRACOS: DEPENDENTE, FRUSTRADO, REIVINDICADOR

MELHOR: AMOR

PIOR: FAMÍLIA

JACKSON BROWNE (9/10/48)
DARRYL HANNAH (3/12/61)

O cantor e compositor sentimental Browne influenciou a música pop desde seu primeiro álbum, *Asylum* (1972). Seu romance nos anos 1990 com Hannah foi considerado abusivo pela atriz, e eles romperam gerando muita publicidade negativa para o cantor. **Também:** Gore Vidal & Thomas P. Vidal (neto/avô; escritor/senador).

RELACIONAMENTOS

PONTOS FORTES: ENRIQUECEDOR, NATURAL, PRODUTIVO

PONTOS FRACOS: DESCONTÍNUO, ERRÁTICO, DESCOMPROMETIDO

MELHOR: AMIZADE

PIOR: CASAMENTO

**MICHAEL ANDRETTI (5/10/62)
EMERSON FITTIPALDI
(12/12/46)**

Andretti e Fittipaldi são ambos pilotos de corrida com recordes especiais na Indy 500. Andretti (filho do campeão da Indy, Mario, 1969) ganhou o prêmio Novato do Ano em 1984. Fittipaldi venceu duas vezes a Indy, em 1989 e 1993. Ambos são ferozes competidores. **Também: Tommy Lee & Bob Guccione** (processo judicial; músico/editor da *Penthouse*).

3 a 10 de outubro
SEMANA DA SOCIEDADE
LIBRA II

11 a 18 de dezembro
SEMANA DO TITÃ
SAGITÁRIO III

Sentimentos e habilidades práticas

Este relacionamento busca equilibrar a proficiência técnica com um modo instintivo de abordar empreendimentos criativos. Uma das decisões mais importantes que os dois devem tomar é se devem competir ou se devem reunir suas forças em prol de um objetivo comum. Enquanto Libra II entra com o conhecimento psicológico e a atenção ao detalhe ausentes em Sagitário III, a tendência de Libra II à procrastinação é contrabalançada pela ambição, pela iniciativa e pela intuição de Sagitário III. Os dois se saem melhor quando sacrificam os ganhos pessoais para o bem do relacionamento, juntando suas forças para criar algo de valor duradouro. A relação entre Libra II e Sagitário III raramente prossegue sem interrupções, seguindo um padrão mais errático de ida e volta.

Os romances que envolvem esses dois são mais prósperos do que os casamentos: dedicação total não é o seu forte. Ambos têm uma tendência a envolverem-se romântica, emocional ou sexualmente com terceiros, o que pode ter um breve efeito de enriquecer seu relacionamento inicial. Mesmo assim, esses envolvimentos não reforçam a longevidade do relacionamento. As amizades dependem da quantidade de tempo que os parceiros têm para investir, pois seus horários tendem a ser desorganizados. É comum os dois encontrarem pequenas brechas de tempo, quando podem ficar sozinhos trocando idéias e sensações sem serem interrompidos. Na esfera familiar, as relações entre irmãos de Sagitário III e Libra II são voláteis e competitivas. As relações entre pais e filhos podem trazer à tona o lado mais severo ou o mais desapegado dos pais nascidos em Libra II ou Sagitário III, criando uma atitude crítica em relação à sua prole. O principal desafio é encorajar os sentimentos de aceitação e abrir os canais de comunicação. As relações de trabalho correm melhor se houver um certo distanciamento, onde cada parceiro realiza a sua cota de trabalho, sem pedir muita ajuda do outro. Embora os colegas possam demonstrar atitudes espontâneas e simpáticas entre si, talvez devam evitar um contato pessoal mais profundo. Grande parte depende de os dois estarem ou não envolvidos em algum projeto verdadeiro.

Conselho: *Tomem algumas decisões significativas, contra ou a favor; o comprometimento é mais importante do que possam pensar. Não percam a oportunidade de juntar as forças.*

RELACIONAMENTOS

PONTOS FORTES: EMPÁTICO, PROFUNDO, APAIXONADO

PONTOS FRACOS: INSTÁVEL, HESITANTE, CONFUSO

MELHOR: AMOR

PIOR: TRABALHO

**GIUSEPPE VERDI (10/10/1813)
GIACOMO PUCCINI
(/22/12/1858)**

Verdi e Puccini foram famosos compositores de ópera. O mais jovem Puccini foi inspirado pelo trabalho de Verdi, sobretudo por *Aida*. Quando *Tosca* (1900) e *Madame Butterfly* (1904) de Puccini foram apresentadas ao público, o compositor foi aclamado como o sucessor de Verdi - a maior aclamação que ele poderia ter recebido.
Também: Thomas Wolfe & Aline Bernstein (caso; romancista/cenógrafa).

3 a 10 de outubro
SEMANA DA SOCIEDADE
LIBRA II

19 a 25 de dezembro
CÚSPIDE DA PROFECIA
CÚSPIDE SAGITÁRIO-CAPRICÓRNIO

Inclinação febril

Esse é um par passional e emocionalmente complexo. O lado obscuro de cada parceiro é ativado, levando os sentimentos a uma tendência febril. Embora haja uma empatia marcante entre os dois, o relacionamento pode tornar-se um campo de batalhas, onde conflitos surgem a partir de fantasias e de desejos eróticos desconhecidos. Se essa relação não permitir a expressão de sentimentos tão intensos, a frustração e a animosidade serão os resultados inevitáveis. Nesse caso, é melhor que os dois evitem um ao outro, sobretudo o nativo de Libra II, que não está acostumado com esse tipo de situação. Ver a atuação do lado mais obscuro de suas naturezas pode ser um choque grande demais.

Amizades, casos amorosos e casamentos profundos e duradouros (e talvez até os três) estão entre as cartas para o relacionamento entre Libra II e Sagitário-Capricórnio. As projeções psicológicas são tão intensas que os limites entre as personalidades ficam obscurecidos, tornando impossível para qualquer dos indivíduos formar uma idéia clara de si mesmo sem o outro. Embora cada um tenha a melhor das intenções para com o outro, isso não é garantia de que agirão de forma justa ou sensata. Em alguns períodos, um arranjo mais platônico pode funcionar, dando aos parceiros um descanso e um toque de objetividade. Suas frustrações e fantasias, no entanto, podem sair do controle, acabando por empurrá-los de volta a um relacionamento sexual. A tarefa interpessoal mais difícil é estabelecer e observar seus próprios limites. Caso não seja possível, a separação pode ser a única solução possível para garantir a preservação pessoal de ambos.

A sensação de não ser capaz de viver com ou sem o outro distingue-se nas combinações familiares. Polaridades do tipo amor e ódio ou, no mínimo, gostar e desgostar são comuns, criando uma gangorra emocional que afeta tanto aos parentes como aos parceiros. É improvável que a relação de trabalho entre Libra II e Sagitário-Capricórnio alcance a estabilidade necessária para que uma carreira a dois seja construída.

Conselho: *Lute pela objetividade e pense na sua própria sobrevivência – pergunte a si mesmo se está feliz com a forma como as coisas estão correndo. Medite profundamente, tome uma decisão, e então aja.*

3 a 10 de outubro
SEMANA DA SOCIEDADE
LIBRA II

26 de dezembro a 2 de janeiro
SEMANA DO REGENTE
CAPRICÓRNIO I

Decolando

O maior desafio para esse par é superar a tendência a não se comunicar. Se esse bloqueio for grande demais, é improvável que o relacionamento saia do chão. Supondo-se que decole, no entanto, será necessário gastar uma quantidade considerável de energia para manter as linhas de comunicação abertas e operacionais. No fundo, pode ser que o nativo de Capricórnio I não aprove o de Libra II, vendo-o como uma criatura social, e portanto, superficial: uma pessoa que não deve ser levada a sério. Além disso, como Libra II tende a fazer o que lhe dá prazer e a não se ligar muito aos padrões de comportamento moral da sociedade, seu parceiro de Capricórnio I poderá taxá-lo como excêntrico, e o Libra II não apreciará muitos aspectos de um relacionamento tenso e crítico.

Se esse par sentir-se fisicamente atraído um pelo outro, a relação pode não sair dos estágios iniciais pelas razões expostas acima. O casamento só acontece se o nativo de Capricórnio I ficar convencido da seriedade das intenções de Libra II. Na realidade, o Capricórnio I se beneficia substancialmente do desembaraço social que Libra II tem para oferecer, enquanto Libra II pode aproveitar o conhecimento prático e financeiro de Capricórnio I. O relacionamento fornece aos dois uma grande parcela do que precisam, mesmo que não seja exatamente o que querem.

A relação familiar também sofre com uma atitude de desaprovação mútua. Ambos os indivíduos têm de trabalhar muito para aceitar um ao outro como são, e para evitar julgar o comportamento do outro. As amizades são mais compreensivas, as diferenças constituindo fonte de interesse e encanto em vez de condenação.

No trabalho, as coisas acontecem mais suavemente quando o gosto e a visão psicológica de Libra II combinam-se com a capacidade de liderança e o pragmatismo perseverante de Capricórnio I. Podem ser muito bem sucedidos empreendimentos vigorosos em que Libra II lida com design, compras, marketing ou relações públicas e Capricórnio I com produção, vendas ou administração financeira.

Conselho: *O que você precisa pode ser mais importante do que o que você quer. Tente aceitar mais e criticar menos. Aproveite as diferenças.*

RELACIONAMENTOS

PONTOS FORTES: BENEFICENTE, INTEGRADO, ENERGÉTICO

PONTOS FRACOS: POUCO RECEPTIVO, POUCO COMUNICATIVO, DADO A JULGAR

MELHOR: TRABALHO

PIOR: AMOR

GRANT HILL (5/10/72)
CALVIN HILL (2/1/47)

Calvin é um veterano do futebol na NFL cuja carreira foi impulsionada quando ganhou o prêmio Novato do Ano em 1969. O jogador de basquete Grant Hill segue os passos do tio, tendo sido eleito Novato do Ano em 1995. Eles são muito amigos. **Também: Eliza McCardle Johnson & Andrew Johnson** (primeira-dama/presidente americano).

---

3 a 10 de outubro
SEMANA DA SOCIEDADE
LIBRA II

3 a 9 de janeiro
SEMANA DA DETERMINAÇÃO
CAPRICÓRNIO II

Limiar decisivo

Os nascidos em Capricórnio II geralmente ocupam o papel dominante dessa combinação. O nativo de Libra II pode gostar ou não do relacionamento; de qualquer forma, costuma incentivar sua rebeldia. Astrologicamente, Libra II e Capricórnio II estão em quadratura (separados a 90° de distância) e, assim, espera-se que discordem: experimentam um pouco de tensão e fricção. Muitas vezes há duas possibilidades: ou desperdiçam essa energia tão controversa com discussões intermináveis, ou utilizam-na construtivamente, avançando o relacionamento em esferas sociais, criativas, técnicas ou comerciais.

Os casos amorosos entre os dois podem ter um extremo decisivo. A tensão sexual pode ser uma característica proeminente, o que pode levar a frustrações ou à satisfação. Pode ocorrer uma guerra emocional declarada; o perigo é que pode ser necessária uma espiral interminável de energia para satisfazer aos parceiros. Os casamentos tendem a ser muito ambiciosos, com os dois parceiros buscando juntos prestígio ou reconhecimento social: um exemplo do uso das tensões inerentes à combinação em proveito dos parceiros. No entanto, deve-se tomar cuidado ao aplicar esse extremo à educação dos filhos. Capricórnio II e Libra II podem tornar-se bons amigos, mesmo que seu relacionamento tenha começado originalmente por competição e antagonismo. A relação pode engajar-se em aventuras e em empreendimentos de risco: os dois são magneticamente atraídos pelo perigo. Nas relações entre pais e filhos onde Capricórnio II exerce o papel dominante, os nativos de Libra II costumam rebelar-se, mas as situações que evoluem para a guerra aberta podem ser evitadas. Com a compreensão e, freqüentemente, com a intervenção de um terceiro membro da família, os dois parceiros podem ver as vantagens de se entenderem e, portanto, serem capazes de resolver as diferenças racionalmente. Na esfera profissional, a combinação formada por Libra II e Capricórnio II almeja o que há de mais elevado em seu campo de atuação, atingindo os mais altos níveis de especialização e de sucesso. Desentendimentos pessoais e incompatibilidades geralmente não fazem parte da cena, pois são postas de lado em favor da cooperação harmoniosa. Quando ocorre uma diminuição do ritmo ou uma situação de crise, a paciência torna-se escassa e as tensões subjacentes à relação podem aflorar dramaticamente.

Conselho: *Use a tensão e o radicalismo da melhor forma possível. Limite as discussões; não rejeite os conselhos de um conciliador. Tome as precauções necessárias.*

RELACIONAMENTOS

PONTOS FORTES: OLHA PARA O FUTURO, AMBICIOSO, GRATIFICANTE

PONTOS FRACOS: BRIGUENTO, IMPACIENTE, INCOMPATÍVEL

MELHOR: AMIZADE

PIOR: PAIS

DYAN CANNON (4/1/37)
ARMAND ASSANTE (4/10/49)

Os atores Cannon e Assante iniciaram um romance no final dos anos 1970. Em 1978, o pavio-curto Assante deu um soco em um *paparazzo* no aeroporto JFK porque ele tirou sua fotografia. No ano seguinte o ator afirmou: "Ela é uma demonstração de minha masculinidade, assim como eu sou de sua feminilidade" (revista *People*). **Também: John Lennon & George Martin** (músico/produtor de gravação).

RELACIONAMENTOS

PONTOS FORTES: MUTANTE, DINÂMICO, SUBVERSIVO

PONTOS FRACOS: CONFLITUOSO, EVASIVO, ANTAGÔNICO

MELHOR: CASAMENTO

PIOR: AMIZADE

MARTIN LUTHER KING, JR. (15/1/29)
JESSE JACKSON (8/10/41)

Os líderes religiosos King e Jackson se comprometeram com a cruzada contra a injustiça social com os afro-americanos. Quando King encabeçou o movimento de protesto pelos direitos civis nos anos 1960, Jackson era um de seus principais lugar-tenentes; estavam juntos quando King foi assassinado. **Também: Britt Ekland & Rod Stewart** (processo de separação; atriz/estrela do rock).

---

3 a 10 de outubro
SEMANA DA SOCIEDADE
LIBRA II

10 a 16 de janeiro
SEMANA DA DOMINAÇÃO
CAPRICÓRNIO III

O outro lado do muro

Esse relacionamento está imbuído de contrastes – sua energia pode mudar do conhecido ao desconhecido, do potencial ao cinético, e muitas vezes do aceitável ao questionável. Saber controlar essa energia pode tornar o relacionamento uma força de mudança poderosa em qualquer contexto social, familiar ou profissional em que se encontrar. A tendência à dominação de Capricórnio III se revela, mas somente se Libra II der ao parceiro a chance de exercê-la. Os nativos de Libra II são rápidos no gatilho, e sua posição muitas vezes radical pode constituir uma verdadeira ameaça aos representantes de Capricórnio III, mais sólidos, seguros e com pensamento mais lento. No entanto, o perigo que Capricórnio III corre é mais uma subversão sutil do que um confronto poderoso, pois Libra II pode acabar erodindo sua posição conservadora, liberando-o, assim, para agir.

O nativo de Libra II provavelmente levará Capricórnio III por meio dos labirintos do amor, apresentando-o a muitos prazeres terrenos e físicos. Neste aspecto, Capricórnio III comprova ser um estudante interessado e entusiasmado. Os casamentos entre os dois podem ser surpreendentemente estáveis, e também abertos.

Os parentes de Libra II e Capricórnio III podem ter brigas violentas sobre política e questões sociais quando suas opiniões e pontos de vista, respectivamente radicais e conservadores, entrarem em conflito. Essa resistência às idéias do outro pode perdurar por anos, sendo vista de forma cautelosa, mas com um certo humor, pelos familiares. As amizades entre Libra II e Capricórnio III são menos comuns que as rivalidades amigáveis ou até as inimizades sérias, pois muitas vezes os dois indivíduos se encontram em lados diferentes do muro.

No setor comercial, a parceria de negócios entre Libra II e Capricórnio III, assim como outras combinações entre companheiros de trabalho, pode ser muito dinâmica. Mas Capricórnio III pode eventualmente ressentir-se por carregar nos ombros o estorvo do trabalho pesado, pois Libra II é escorregadio quando se trata de ter responsabilidades fixas e dividir cotas de trabalho.

Conselho: *Divida o trabalho igualmente. Apresente sua visão de forma objetiva e respeite as crenças dos outros. A subversão pode ser positiva, mas é uma ferramenta perigosa.*

RELACIONAMENTOS

PONTOS FORTES: RÁPIDO, PERCEPTIVO, INDEPENDENTE

PONTOS FRACOS: REATIVO, IRRITÁVEL, IRRESPONSÁVEL

MELHOR: AMIZADE

PIOR: AMOR

WARNER OLAND (3/10/1880)
AUGUST STRINDBERG (22/1/1849)

O dramaturgo e romancista sueco Strindberg teve em Oland o mais improvável tradutor inglês de sua obra. Oland nasceu na Suécia e chegou nos Estados Unidos com 10 anos de idade. Ele se tornou ator de cinema aos 32, aparecendo como o detetive oriental Charlie Chan em 7 filmes (1931-38). **Também: Allen Ludden & Betty White** (casados; personalidades da tevê); **Andy Devine & Guy Madison** (co-estrelas, *Wild Bill Hickok*).

---

3 a 10 de outubro
SEMANA DA SOCIEDADE
LIBRA II

17 a 22 de janeiro
CÚSPIDE DO MISTÉRIO E DA IMAGINAÇÃO
CÚSPIDE CAPRICÓRNIO-AQUÁRIO

Um ninho de vespas

Essa combinação animada concede sua energia radiante a qualquer grupo do qual faça parte. Por causa de sua natureza altamente independente, no entanto, o relacionamento pode não conseguir atender a responsabilidades fixas ou cumprir horários rígidos, e funciona melhor nas organizações onde pode determinar livremente seu próprio horário de trabalho – dentro dos limites aceitáveis. Os dois podem tornar-se extremamente rabugentos e rebeldes se forem tratados de forma áspera ou injusta, ou se virem alguém destratando terceiros. Existe, nesse sentido, um pouco de defensor e de protetor, pois nada suscita a fúria desses parceiros mais rapidamente do que ver alguém sendo privado de seus direitos.

Os casos amorosos entre Libra II e Capricórnio-Aquário desenvolvem-se tão rapidamente quanto uma tempestade de verão e podem passar com igual rapidez. Respostas rápidas e picantes podem comprometer a sensibilidade emocional dessa combinação. Geralmente, nos casamentos e nos compromissos longos, as fortes interações sexuais sofrem uma considerável diminuição de intensidade que, na realidade, pode ajudar muito a estabilizar esse relacionamento.

Na esfera familiar, a relação entre pais e filhos implica o desenvolvimento da paciência, especialmente devido à tendência de ambos a saírem de si quando confrontados com pequenas irritações. Aprender a não deixar o parceiro provocá-lo tão facilmente é essencial para manter uma quantidade razoável de paz e de harmonia. As amizades nessa combinação costumam gostar de se divertir e de manter as coisas leves. Essa dupla geralmente evita causar problemas para terceiros, mas se for criticada ou atacada por pessoas de fora, dão aos seus opositores, como um ninho de vespas, uma resposta maior do que estes esperavam.

As relações de trabalho entre Libra II e Capricórnio-Aquário são melhores quando o par é autônomo ou atua na prestação de serviços, ou mesmo no serviço social. As especialidades dessa equipe são consultoria e resolução imediata de problemas, pois são especialmente rápidos nisso.

Conselho: *Acalme-se um pouco – encontre um espaço para a meditação e a reflexão. Não reaja tão rapidamente; desenvolva a objetividade e a paciência. Delegue responsabilidades.*

3 a 10 de outubro
SEMANA DA SOCIEDADE
LIBRA II

23 a 30 de janeiro
SEMANA DO GÊNIO
AQUÁRIO I

O mesmo comprimento de onda

Existe uma facilidade de comunicação que se aproxima do telepático neste relacionamento. Esses parceiros possuem o mesmo comprimento de onda; estão tão perfeitamente alinhados que o problema principal é a tendência de ambos a fazerem suposições não-autorizadas dos desejos do outro. Além disso, os dois pensam que sabem o que é melhor para o outro, em qualquer situação. Portanto, o relacionamento é uma combinação interessante de liberdade e opressão, liberação e manipulação. No todo, a situação pode ser melhorada se os dois parceiros colocarem mais seus pés no chão e se envolverem menos em ginástica mental.

Nos casos amorosos, os nativos de Libra II e de Aquário I acham um ao outro muito desejáveis, e suas paixões são intensas. É de se esperar possessividade e ciúme, tornando comuns brigas violentas. No entanto, fazem parte de uma atitude saudável, uma vez que, extravasando o que sentem, os parceiros conseguem evitar frustrações. Esses dois indivíduos atraentes ficam tentados a dar suas escapadelas e são também procurados por tipos bastante predatórios, interessados em um caso rápido. Quando casados, Libra II e Aquário I podem atrair um terceiro carente, talvez um amigo, que busca instigar um triângulo amoroso. Essa situação pode causar efeitos desastrosos na relação principal. A amizade nesta combinação é, muitas vezes, próxima demais. Se quiserem que permaneça saudável, os parceiros precisam passar um tempo longe um do outro, regularmente, para avançar o desenvolvimento individual e para haver interação com os outros. A relação que for capaz de moderação e de controle sobre si mesma, evitará o desgaste e permanecerá intacta por anos. A relação entre pais e filhos pode ser extraordinária, com afeição, admiração, empatia e aceitação, todos em abundância. Dois indivíduos tão voláteis podem brigar como cão e gato, é claro, ocasional ou regularmente, mas esses confrontos servem para aguçar a inteligência e unir os parceiros. Na esfera profissional, o par de colegas trabalha bem em conjunto, mas deve estar atento para não dividir-se com brigas por reconhecimento individual ou por proveito próprio. Os dois também geram muitas idéias, mas poucas delas são realizadas.

Conselho: *Dê ao outro espaço suficiente. Fique atento a predadores. Você pode não ser tão livre quanto pensa. Use seu talento comunicativo com prudência.*

RELACIONAMENTOS

PONTOS FORTES: SINTONIZADO, LIBERADO, AFETIVO

PONTOS FRACOS: RUIDOSO, EMBARAÇOSO, OPRESSIVO

MELHOR: PAIS-FILHOS

PIOR: CASAMENTO

DAVID LEE ROTH (10/10/55)
EDDIE VAN HALEN (26/1/55)

David e Eddie eram membros da banda Van Halen, formada em 1974. A boa aparência no *show* e o magnetismo para a mídia de David contrastava com a reticência de Eddie. Foram considerados um dos casais mais estranhos do rock. Logo depois do lançamento de *Crazy from the Hat* (1985), de David, ele deixou o grupo. **Também:** Klaus Kinsky & Nastassja Kinsky (pai/filha; atores).

---

3 a 10 de outubro
SEMANA DA SOCIEDADE
LIBRA II

31 de janeiro a 7 de fevereiro
SEMANA DA JUVENTUDE E DESPREOCUPAÇÃO
AQUÁRIO II

Uma perseguição agradável

Esses dois provavelmente levam um ao outro a uma perseguição agradável. Os espíritos livres não são facilmente agarrados, e cada um é a caça adequada ao outro, o que não significa que o tema deste relacionamento seja uma relação adversária. Os nativos de Libra II e Aquário II gostam de sua dança incomum, que é muitas vezes verbal. Como Libra II e Aquário II formam um aspecto trígono entre si (estão separados a 120 de distância), sua relação é fácil e agradável. Também é muito original e versátil. O nascido em Aquário II é especialmente esquivo, e nem sempre o Libra II consegue mantê-lo firme nas mãos. Dar um senso de liberdade ao outro no meio da relação traz à tona as melhores qualidades desse dueto.

Os casos amorosos e os casamentos são realmente muito complexos. Será impossível para o casal empático formado por Libra II e Aquário II levar uma vida convencional, pois suas personalidades muito originais requerem alternativas incomuns. Poderão manter de uma forma diferente e imprevisível a distribuição de tarefas domésticas, a organização de tarefas de trabalho e a manutenção de registros financeiros. Geralmente os dois seguem seus impulsos, decidindo as coisas em cima da hora. Os filhos desse casal podem acabar sendo os membros mais responsáveis da família.

Na esfera social e de trabalho, Libra II e Aquário I podem ser amigos ou colegas, mas sua capacidade de manterem-se na presença um do outro pode ser bastante limitada. Se for necessário que o par seja constante em suas atitudes e seus sentimentos, o relacionamento inevitavelmente sofre com a tensão. A combinação entre irmãos ou entre pais e filhos diverte e dá vida às reuniões familiares. Um parente muito conservador ou austero pode irritar-se inevitavelmente com esse dueto, que adora provocar e ridicularizar atitudes intolerantes.

Conselho: *Lute pela consistência. Não se desvie de seus planos – a espontaneidade nem sempre é um traço desejável. Mantenha as tendências combativas sob controle.*

RELACIONAMENTOS

PONTOS FORTES: VIVAZ, ORIGINAL, CRIATIVO

PONTOS FRACOS: ESTRESSADO, IMPREVISÍVEL, CONTENCIOSO

MELHOR: AMOR

PIOR: TRABALHO

CLARK GABLE (1/2/01)
CAROLE LOMBARD (6/10/08)

O "casal mais feliz de Hollywood", Gable e Lombard se casaram em 1939. Gable, usualmente reservado, se sentiu instantaneamente atraído pelo humor cômico e apimentado da loira atriz mignon. Mas a tragédia atacou em 1942 quando Lombard morreu em um acidente aéreo em uma turnê para venda de títulos da guerra. **Também: Gore Vidal & Norman Mailer** (amargos inimigos; escritores).

RELACIONAMENTOS

PONTOS FORTES: TRABALHADOR, OBSERVADOR, DINÂMICO

PONTOS FRACOS: VICIADO EM TRABALHO, NERVOSO, DESORIENTADO

MELHOR: AMIZADE

PIOR: AMOR

FELICIA FARR (4/10/32)
JACK LEMMON (8/2/25)

Farr, a segunda esposa de Lemmon, foi protagonista de cerca de uma dúzia de filmes de Hollywood entre 1955 e 1992. Eles se casaram em 1960. Ele a dirigiu no filme *Ainda Há Fogo sob as Cinzas* (1971), e atuaram juntos de forma memorável em *That's Life!* de Blake Edwards (1986). **Também: Soon-Yi Previn & Mia Farrow** (filha adotiva da atriz).

---

3 a 10 de outubro
SEMANA DA SOCIEDADE
LIBRA II

8 a 15 de fevereiro
SEMANA DA ACEITAÇÃO
AQUÁRIO III

Aprendendo a ser

Este relacionamento envolve-se permanentemente na busca pela felicidade – não um contentamento fácil, mas uma busca ativa e dinâmica que é em si mesma gratificante. O perigo é um tipo de exaustão nervosa que pode se estabelecer; para esse par determinado, os meios podem tornar-se os fins. O nativo de Libra II pode ser uma força inspiradora na vida do representante de Aquário III, ajudando a trazer seus desejos inconscientes à tona e ajudando também no seu processo de amadurecimento. Aquário III agradece por esse relacionamento, que reconhece seu valor como indivíduo e o significado de seus esforços para crescer. Com toda essa luta, no entanto, cada um poderia aprender a relaxar e a desligar-se desse aparato mental, simplesmente sendo si mesmo naquele momento.

Os casos amorosos tendem à adoração. Tanto Libra II como Aquário III encaram seu relacionamento como quase sagrado, e em sua reverência podem deixar de reconhecer os problemas quando surgem. Se forem completamente cegos às falhas da relação, poderão experimentar um choque violento, se alguma vez ela não funcionar. Os casamentos entre eles são mais realistas e sóbrios, e menos suscetíveis a desilusões profundas.

A relação na família e nas amizades aprecia a conversa, e um pouco de fofoca de vez em quando. No entanto, trata-se de uma falha perdoável, considerando-se o peso de seu trabalho, ao menos por períodos curtos de tempo (nenhum deles possui a vontade de sustentar um esforço conjunto por períodos prolongados). No trabalho, os colegas e parceiros de negócios de Libra II e Aquário III precisam de uma variedade tremenda; os dois entediam-se facilmente e regularmente mudam de direção. A ausência da intuição resulta, muitas vezes, em perda de energia para o relacionamento, em seu esforço para alcançar um objetivo que não era o aspirado originalmente. Portanto, é necessário dar mais ênfase aos aspectos práticos, planejando e perseverando, se essa dupla quiser alcançar os objetivos propostos.

Conselho: *Fique em seu caminho – não se desvie tão facilmente. Diminua seus esforços de trabalho a um nível moderado. Mantenha suas resoluções iniciais se possível.*

RELACIONAMENTOS

PONTOS FORTES: IDEALISTA, SENSUAL, COM INICIATIVA

PONTOS FRACOS: IMPACIENTE, RESSENTIDO, IRADO

MELHOR: AMOR

PIOR: FAMÍLIA

JOHN LENNON (9/10/40)
YOKO ONO (18/2/33)

John e Yoko se conheceram em uma galeria de Londres em 1966. Logo começaram a colaborar em projetos. Casaram-se em 1969; sua lua-de-mel recebeu grande publicidade "Na Cama pela Paz". Em 1980 John foi assassinado por um fã maluco. Yoko se mantém fiel ao legado de Lennon. **Também: Sean Lennon & Yoko Ono** (filho/mãe); **Elizabeth Shue & Andrew Shue** (irmãos atores).

---

3 a 10 de outubro
SEMANA DA SOCIEDADE
LIBRA II

16 a 22 de fevereiro
CÚSPIDE DA SENSIBILIDADE
CÚSPIDE AQUÁRIO-PEIXES

Alcançar as estrelas

Este relacionamento quer alcançar as estrelas: talvez essa seja uma imagem apropriada para o par, que começa no âmbito físico e busca o metafísico. Em alta ebulição, a dupla formada por Libra II e Aquário-Peixes é expansiva, tanto nos planos como na visão, e raramente encontra-se disposta a ceder em seus pontos de vista. Contanto que os dois parceiros compartilhem a mesma perspectiva, as coisas irão bem entre eles, mesmo se o sucesso mundano não chegar rapidamente. Mas quando algumas rachaduras começarem a aparecer na base ideológica deste relacionamento, podem-se esperar problemas. Recriminações, raiva e ressentimentos tendem a aparecer.

Os casos amorosos nessa combinação são muito idealistas, mas também francos e sensuais. Como os parceiros são psicologicamente benéficos um para o outro, conseguem trabalhar os bloqueios e traumas da infância por meio de encenações conscientes, usando um ao outro para representar as figuras de autoridade (e outras) que lhes causaram problemas no passado. Contanto que esse processo ocorra com consciência plena, a probabilidade de cura é grande.

Embora Libra seja um signo de ar e Aquário-Peixes uma combinação entre ar e água, a relação entre nativos de Libra II e da cúspide Aquário-Peixes é regida pelo fogo, que simboliza a intuição e a iniciativa. Nos empreendimentos de trabalho, esse par funciona iniciando projetos e estabelecendo novas organizações; no entanto, não é muito afeito à sua manutenção, podendo deixar os outros encarregados dessa parte, enquanto começam um projeto novo. A relação familiar nessa combinação fica impaciente ou enraivecida com outros parentes que buscam restringir seus esforços ou controlar o seu idealismo. Como amigos, Libra II e Aquário-Peixes são extremamente otimistas, e assim podem não observar a chegada dos problemas.

Conselho: *Não fique cego para a verdade. Enquanto persegue o seu sonho, mantenha os pés no chão. Seja mais paciente e menos intratável.*

3 a 10 de outubro
SEMANA DA SOCIEDADE
LIBRA II

23 de fevereiro a 2 de março
SEMANA DO ESPÍRITO
PEIXES I

A hora certa

Esse pode ser daqueles relacionamentos onde tudo o que os parceiros tocam vira ouro. Produzindo seu próprio tipo de mágica, essa combinação é especialmente hábil em transformar a desvantagem em vantagem, deixando os observadores surpresos. Transformar o miraculoso em um evento do dia-a-dia é possível, mas, como em qualquer prestidigitação, a explicação pode ser surpreendentemente simples. Os dois estão em sintonia com o acaso, e costumam esperar até que os acontecimentos lhes sejam favoráveis, sem muito nervosismo ou ansiedade. Esse relacionamento tem um sexto sentido para *kairos*, ou seja, a hora certa para se tentar algo, e para os acontecimentos do sincronismo.

Essa sorte não é uma indicação de que os dois necessariamente alcançarão o sucesso com facilidade. É necessário muito trabalho duro para que os nativos de Libra II e Peixes I compreendam e aceitem um ao outro. Felizmente, os dois têm muito em comum, em particular seu senso estético, o amor pela harmonia e a necessidade de afeição constante. Nos casamentos, podem não ser suficientemente exigentes: os cônjuges podem ficar contentes em permanecer no mesmo nível social, financeiro e intelectual por anos a fio. Aprender a exigir o melhor para si mesmo envolve não somente desenvolver a força de vontade, mas também aprender a quebrar o hábito da procrastinação.

É na esfera profissional que essa relação pode alcançar seus melhores feitos. O par de Libra II e Peixes I possui um verdadeiro talento para sentir o ambiente e saber o que os outros querem e precisam. Por causa de sua apresentação inofensiva inspiram confiança nos outros, que muitas vezes acreditam no que dizem. As relações familiares e as amizades são empáticas, e os parceiros simpatizam com as necessidades do outro.

Conselho: *Não se contente com as coisas como são. Trabalhe para construir iniciativa e força de vontade: visualize o que deseja e vá em frente.*

RELACIONAMENTOS

PONTOS FORTES: SORTUDO, SINTONIZADO, CONSCIENTE

PONTOS FRACOS: PUSILÂNIME, PASSIVO, PROCRASTINADOR

MELHOR: TRABALHO

PIOR: CASAMENTO

MICHAEL ANDRETTI (5/10/62)
MARIO ANDRETTI (28/2/40)

Mario é o patriarca de uma família de pilotos de corrida – os filhos Michael e Jeff, e o sobrinho John. Michael venceu 29 corridas e em 1984 foi eleito Novato do Ano na Indy 500. O pai Mario conquistou a mesma honraria em 1965, e se tornou o único piloto a vencer a Daytona 500 (1967), a Indy 500 (1969) e Fórmula Um (1978). Pai e filho são muito amigos.

---

3 a 10 de outubro
SEMANA DA SOCIEDADE
LIBRA II

3 a 10 de março
SEMANA DO SOLITÁRIO
PEIXES II

Almejar o futuro

Essa combinação possui um sexto sentido quando se trata de ter conhecimento sobre o que nos aguarda na próxima esquina. O relacionamento interessa-se em especial pelo futuro, e geralmente é bom em sua predição. O interesse pela ficção científica, literatura fantástica e idéias utópicas está muitas vezes presente. O nativo de Libra II acrescenta seu conhecimento sobre o comportamento humano ao conjunto de informações técnicas, artísticas e filosóficas de Peixes II, preenchendo os bancos de dados do relacionamento até um ponto máximo.

Para não dar a impressão de essa relação ser exclusivamente intelectual, deve-se notar que ela demonstra igual interesse pelos prazeres da mesa e da cama, adicionando um forte elemento de sensualidade à dupla. Os casos amorosos e os casamentos são muito satisfatórios, e os parceiros buscam equilibrar seus interesses teóricos e práticos. Ler livros sobre gastronomia é normalmente um prelúdio às atividades culinárias, e os livros sobre sexo têm igual função. Libra II e Peixes II formam um aspecto de quincôncio no Zodíaco (estão a 150° de distância), portanto, a atrologia prevê alguma instabilidade. Nervosismo acentuado, preocupação ou insegurança emocional podem ser esperados, mas esses traços aumentam a excitação entre os parceiros, assim como a recompensa correspondente.

Os amigos de Libra II e Peixes II podem trabalhar juntos, mas não precisam fazê-lo, pois são bastante capazes de distraírem-se com um sem-número de projetos. Os dois confiam prontamente um no outro. Membros familiares com essa combinação podem ter problemas para realizar suas tarefas, e muitas vezes ignoram os assuntos domésticos que necessitam de atenção.

Na esfera profissional, esse par forma uma relação de trabalho extraordinária. Embora os interesses dos parceiros possam já apontar na mesma direção, o par se enriquece com sua capacidade de compreensão e sua boa convivência diária. Os dois se saem bem em posições em que seja necessário detectar tendências e prever habilidades, assim como na área de pesquisa e desenvolvimento de novos produtos e técnicas.

Conselho: *Preste atenção no aqui e agora – não tropece em seu caminho enquanto mira uma montanha distante. Fique calmo.*

RELACIONAMENTOS

PONTOS FORTES: PROFÉTICO, CURIOSO, SENSUAL

PONTOS FRACOS: NERVOSO, INSTÁVEL, INSEGURO

MELHOR: AMIZADE

PIOR: FAMÍLIA

NIELS BOHR (7/10/1885)
GEORGE GAMOW (4/3/04)

O dinamarquês Bohr e o russo Gamow foram físicos teóricos que trabalharam juntos como cientistas na Europa em 1930. Distinguiram-se separadamente em seus próprios campos de pesquisa. Gamow foi um dos primeiros proponentes da teoria do big-bang do universo; Bohr combinou a teoria quântica com seu conceito de estrutura atômica.

RELACIONAMENTOS

PONTOS FORTES: ROMÂNTICO, EMPÁTICO, IDEALISTA

PONTOS FRACOS: SUPERDEPENDENTE, SOFRIDO, POUCO PRÁTICO

MELHOR: AMOR

PIOR: CASAMENTO

ELEANORA DUSE (3/10/1858)
GABRIELE D'ANNUNZIO (12/3/1863)

Duse foi uma das maiores atrizes européias de sua época. Em 1894 ela iniciou um longo e tempestuoso caso com D'Annunzio, que conquistou fama como poeta, romancista, teatrólogo, patriota e amante, e foi uma presença dominante do cenário cultural europeu por 40 anos. O longo romance com Duse é narrado no romance *The Flame of Life* (1900).

---

3 a 10 de outubro
SEMANA DA SOCIEDADE
LIBRA II

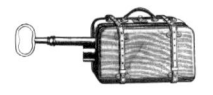

11 a 18 de março
SEMANA DOS DANÇARINOS E SONHADORES
PEIXES III

Pelos corredores do tempo

A repercussão do relacionamento entre Libra II e Peixes III ecoa, descendo os corredores do tempo. Romântica e inspirada ao extremo, essa relação também possui aspectos intensamente pragmáticos, que permitem uma certa mágica no âmbito profissional, entre outros. Mas os parceiros deixam-se levar um pelo outro e, portanto, negligenciam a crítica e a oposição da sociedade. É típico encontrar esse par com uma atitude exageradamente confiante e certa arrogância, o que pode causar problemas importunos no decorrer do tempo, até mesmo quando tudo parece estar indo bem. O relacionamento entre Libra II e Peixes III pode atrair ciúmes e animosidade, embora possua muitos admiradores.

Os casos amorosos entre Libra II e Peixes III são ultra-românticos. Dando todo o seu amor, os parceiros raramente controlam-se emocional ou sexualmente. No entanto, essa relação apaixonada nem sempre leva ao casamento, pois invariavelmente perde aquele brilho especial e rompe-se, ou então continua em um plano mais comum. À medida que os parceiros envelhecem, inevitavelmente observam seus anos mais enérgicos com uma mistura de nostalgia e de arrependimento.

Os amigos e os namorados de Libra II e Peixes III podem trabalhar juntos, muitas vezes dedicando parte de sua energia inspiradora a negócios ou atividades sociais e artísticas mútuas. Esses esforços não precisam ser muito lucrativos, porque o idealismo da dupla dita trabalhar em projetos nos quais os parceiros acreditam com todo seu coração. Os empreendimentos desse par são pouco práticos; soam bem no início, mas muitas vezes não se concretizam, e depois parecem bons demais para este mundo.

Na esfera familiar, pais e filhos tendem a ser afetivos e empáticos. A sensibilidade ao humor e aos desejos do outro pode ser um problema, já que cada um sente a dor ou o problema do outro tão profundamente. Os dois devem lutar para serem mais objetivos, e na adolescência devem trabalhar para desenvolver sua individualidade, para que ambos continuem por seus caminhos individuais sem maiores embaraços.

Conselho: *Dê ao outro espaço suficiente para respirar: não impeça o crescimento e o desenvolvimento pessoal. Não seja sensível demais ao sentimento do outro.*

RELACIONAMENTOS

PONTOS FORTES: VÍVIDO, ATIVO, DEDICADO

PONTOS FRACOS: INCONSCIENTE, DISRUPTIVO, DRAMÁTICO DEMAIS

MELHOR: AMIZADE

PIOR: TRABALHO

ARTHUR SCHLESINGER, JR. (15/10/17)
KENNETH GALBRAITH (15/10/08)

Além de compartilharem o mesmo dia de aniversário, Schlesinger e Galbraith são proeminentes eruditos que foram conselheiros de JFK. Schlesinger, historiador americano, foi assistente especial do presidente (1961-63), e Galbraith foi conselheiro econômico de JFK. **Também: Arthur Miller & Eugene O'Neill** (teatrólogos contemporâneos).

---

11 a 18 de outubro
SEMANA DO TEATRO
LIBRA III

11 a 18 de outubro
SEMANA DO TEATRO
LIBRA III

Partilha interminável

Esse relacionamento é marcado por um reconhecimento instantâneo – os nativos de Libra III percebem que conheceram alguém com idéias semelhantes, com quem podem comunicar-se aberta e honestamente. No entanto, os casais de Libra III projetam uma imagem ponderada, sem mostrar muito de seus sentimentos ou falar sobre o que está lhes incomodando. Essa imagem ocorre muitas vezes porque eles mesmos não sabem o que se passa em suas mentes, e, de fato, esse relacionamento não possui um elevado nível de autoconhecimento. Os representantes de Libra III são equipados para a ação; portanto, se sua relação for acalmada pelo mal-estar da indecisão, poderá sofrer verdadeiramente. Lidar com ansiedades e depressões é muito difícil para essa dupla, pois provavelmente nenhum deles é capaz de arrastar o outro para fora de um poço de solidão e desespero.

Os namorados de Libra III passam por momentos difíceis, já que seus sentimentos nem sempre correm bem na esfera romântica ou sexual. Muitas vezes fora de sincronia, sua interação pode sofrer devido a desentendimentos, energias deslocadas ou sinais trocados. Se os dois parceiros aceitarem as responsabilidades fixas e mais sérias do casamento, no entanto, a relação se beneficiará. Os dois podem ser pais conscienciosos e dedicados.

As amizades podem ser realmente extraordinárias, contanto que o nível de responsabilidade e de expectativa não seja alto demais. A capacidade de esses dois se divertirem juntos é praticamente ilimitada, e sua mente rápida e língua afiada prestam-se a um duelo verbal quase interminável. As discussões raramente saem do controle, particularmente se cada partido respeitar o ponto de vista do outro.

A família não é muito significativa para Libra III. Dois parentes que tenham nascido nessa semana podem animar qualquer reunião – muitas vezes, infelizmente, por não concordarem entre si; suas brigas e discussões podem ser extremamente perturbadoras. No local de trabalho, também, suas encenações dramáticas de afetação podem impedir que um projeto seja levado a cabo, comprovando serem mais improdutivos do que divertidos.

Conselho: *Seja mais contemplativo. Conheça-se melhor. Não tenha medo de mostrar seus verdadeiros sentimentos. Sua imagem não é tão importante.*

11 a 18 de outubro
SEMANA DO TEATRO
LIBRA III

19 a 25 de outubro
CÚSPIDE DO DRAMA E DA CRÍTICA
CÚSPIDE LIBRA-ESCORPIÃO

Busca de poder

Os parceiros nesse relacionamento devem tomar cuidado para não serem levados pela ambição e pela busca do poder; sua combinação muitas vezes sacrifica a simpatia, a gentileza e o amor em favor do empenho, da dominação e do controle. Como nenhum deles deseja admitir sua vulnerabilidade ou fraqueza, o relacionamento é muitas vezes caracterizado pela frieza, evitando emoções abertas. Os dois parceiros são extremamente atentos à imagem externa que passam e empenham-se em fazer com que seu relacionamento cumpra seu devido papel no seu meio social. Em última instância, a sede pelo poder ou pelo controle pode causar a separação.

Os críticos nascidos da cúspide Libra-Escorpião podem confrontar-se com os dominadores nativos de Libra III, tentando colocá-los nos trilhos. Como namorados, amigos ou companheiros, os dois se envolvem em competições, tentando provar sua superioridade verbal, intelectual ou física. As batalhas podem surgir, mas não com intenção de vingança: cada um deseja mais do que o outro, sendo que o objetivo não é dominar, e sim ser tratado como igual. Os dois podem sentir muita afeição pelo outro em algum ponto do relacionamento, mas podem ter medo de demonstrá-lo, considerando como um sinal de fraqueza. Portanto, deixar que o outro saiba que eles se importam é o desafio. Os parceiros que sabem como demonstrar o que sentem mostram que têm mais confiança e segurança pessoal que os parceiros que não o demonstram.

A combinação entre pais e filhos nascidos em Libra III e na cúspide Libra-Escorpião muitas vezes não funciona por causa de expectativas excessivas. Ambos, os pais e as crianças, podem tentar forçar os parceiros além de seu potencial, causando frustrações, e, no final, o rompimento do relacionamento.

As relações de trabalho podem ficar obcecadas por ultrapassar a oposição e chegar ao topo de tudo. Esses esforços estressantes oferecem inúmeros perigos para a dupla, sendo que um dos maiores é a culpa e a rejeição reservadas para o parceiro mais frágil e menos bem-sucedido. A preservação da verdadeira igualdade entre os parceiros, no entanto, pode contribuir bastante para o crescimento mútuo.

Conselho: *Controle seus instintos de poder. Cultive a compreensão e a simpatia. Deixe as coisas correrem. Abandone os impulsos infantis de ganhar a qualquer custo.*

RELACIONAMENTOS

PONTOS FORTES: PODEROSO, AMBICIOSO, ESFORÇADO

PONTOS FRACOS: REPRESSOR, MEDROSO, FRUSTRADO

MELHOR: TRABALHO

PIOR: PAIS-FILHOS

OSCAR WILDE (15/10/1854)
LORDE ALFRED DOUGLAS (22/10/1870)

Wilde, notório dramaturgo e poeta irlandês se apaixonou em 1891 por "Bosie", um jovem poeta rico e elegante. O caso fez o pai de Douglas, Marquês de Queensbury, acusar Wilde de sodomia. Wilde o processou por difamação, perdeu e foi acusado de comportamento homossexual criminoso. O julgamento sensacional sobre o "amor que não ousa pronunciar seu nome" resultou em uma sentença de 2 anos de prisão. **Também:** Paul Simon & Carrie Fisher (casados).

---

11 a 18 de outubro
SEMANA DO TEATRO
LIBRA III

26 de outubro a 2 de novembro
SEMANA DA INTENSIDADE
ESCORPIÃO I

A posição elitista

Tomando igualmente o elemento libriano de ar (indicando o pensamento) e o elemento escorpiano da água (indicando os sentimentos), o par busca encontrar um equilíbrio entre a expressão intelectual e emocional, mas o peso tende mais para o intelectual. Como Libra III e Escorpião I são unidos por uma visão de mundo detalhista e crítica, sua relação pode também focalizar-se no bom gosto, ao menos como eles o vêem. Junto com esse enfoque pode vir uma postura derrisória ou desdenhosa em relação àqueles com preferências mais comuns. Portanto, esse relacionamento se arrisca a levar seus parceiros a se isolarem em uma posição elitista.

Nos casos amorosos, os parceiros provavelmente levarão o outro a níveis de desejos mais profundos. Embora sua interação sexual possa ser intensa, é caracteristicamente pouco emocional e um pouco egoísta, com os dois parceiros buscando o que podem alcançar. O romance não é proeminente nem nos casos amorosos nem no casamento, que é muitas vezes bastante objetivo em sua abordagem.

A amizade é muito mais proveitosa quando segue seu caminho em vez de ser o centro de um grupo social. A atitude muito individualista e determinada desses parceiros é mais bem-sucedida quando se concentra em uma especialidade na qual a intuição sobre o contexto geral de Libra III e a atenção ao detalhe de Escorpião I podem mesclar-se.

A combinação entre pais e filhos pode ser estressante e exigente. As atitudes de rejeição são proeminentes e podem-se passar vários anos antes que os dois se aceitem como são. O interessante, no entanto, é que também não aprovam a mais ninguém e, portanto, no final podem favorecer um ao outro por eliminação. Se não imposerem limites aos seus conflitos e a suas desavenças, o relacionamento pode tornar-se difícil ou impossível. Da mesma forma, a relação entre patrão e empregado desta combinação é difícil; a relação entre colegas é mais feliz, embora os parceiros devam estar atentos para não diminuírem os seus funcionários ou imporem sua superioridade de forma desnecessária.

Conselho: *Veja as coisas de um outro ponto de vista. Não se eleve muito acima de outras pessoas. Cultive alguns gostos em comum. Os sentimentos simples podem levá-lo longe.*

RELACIONAMENTOS

PONTOS FORTES: DE BOM GOSTO, PERSPICAZ, ESPECIALIZADO

PONTOS FRACOS: ESNOBE, DESDENHOSO, EGOÍSTA

MELHOR: AMIZADE

PIOR: AMOR

RAY STARK (13/10/17)
FANNY BRICE (29/10/1891)

Stark, o genro da comediante judia Brice, produziu sua biografia para o cinema *A Garota Genial* (1968), estrelada por Barbra Streisand. Foi um de seus maiores sucessos. **Também: Imperatriz Farah Pahlevi & Xá do Irã** (casados); **Eleanor Roosevelt & Teddy Roosevelt** (sobrinha/tio); **Jerome Robbins & Peter Martins** (mestres de balé, New York Ballet); **E.E. Cummings & Ezra Pound** (antigos amigos; poetas).

RELACIONAMENTOS

PONTOS FORTES: CARISMÁTICO, INTEIRO, POUCO CONDESCENDENTE

PONTOS FRACOS: BRIGUENTO, INCOMPATÍVEL, MAL RESOLVIDO

MELHOR: IRMÃOS, TRABALHO

PIOR: CASAMENTO

PAUL SIMON (13/10/41)
ART GARFUNKEL (5/11/41)

Simon e Garfunkel começaram a fazer música no segundo grau, em 1953. Em 1990 estavam no Hall da Fama do rock and roll. Nesse intervalo, venderam mais de 20 milhões de álbuns só nos Estados Unidos. À medida que os anos passaram, ficaram cada vez mais afastados devido a diferenças na criação.
Também: Lillie Langtry & Eduardo VII (atriz-amante/monarca); **Dwight Eisenhower & George Patton** (generais americanos da II Guerra).

---

11 a 18 de outubro
SEMANA DO TEATRO
LIBRA III

3 a 11 de novembro
SEMANA DA PROFUNDIDADE
ESCORPIÃO II

Para melhor e para pior

Esse relacionamento possui uma química poderosa, que estabelece uma posição intransigente: costuma concentrar-se em tomar uma posição, que defende sem medo. Também é capaz de ganhar os corações e as mentes de outras pessoas e provavelmente se encontra no centro de um grupo social, familiar ou profissional. O relacionamento entre Libra III e Escorpião II não recua diante de qualquer desafio externo; os dois representam uma frente unida. Internamente, no entanto, o par pode ser perturbado por desentendimentos e dissidências desde o início. Muitas vezes esses contrastes lhe conferem um intenso dinamismo, mas também podem ameaçar dividi-lo.

Nos assuntos amorosos, a natureza extrovertida de Libra III e a tendência à introversão de Escorpião II podem entrar em conflito direto. No início, o relacionamento pode lucrar com essas diferenças, mas com o tempo essa incompatibilidade pode acabar sendo intransponível. O nativo de Escorpião II acha Libra III superficial e arrogante, enquanto o representante de Libra III pode não conseguir lidar com os humores e as depressões de Escorpião II. O casamento é um grande passo para essa relação e deve ser seriamente considerado antes de ser tentado. Se esse casamento soprar em direção aos rochedos, os parceiros devem ficar preparados para um rompimento doloroso, marcado por uma agonizante oscilação de ida e volta, em vez de uma finalização real. As amizades e as relações entre irmãos do mesmo sexo podem ser muito fortes, tanto em termos de competição como de apoio. Contra um inimigo comum, os dois são um modelo de solidariedade. Quando uma ameaça semelhante não existir, no entanto, a unidade possivelmente desaparecerá em meio a perturbações e discussões. Em vez de contarem com os pais ou com outros amigos para resolver suas desavenças, geralmente Libra III e Escorpião II insistem em resolver tudo por si mesmos. Os dois podem ser uma equipe profissional imbatível. Os desafios comerciais mostram seu melhor lado: suas diferenças desaparecem e o relacionamento assume a principal importância. O reconhecimento na carreira geralmente melhora a unidade em vez de miná-la, mas a um certo ponto os companheiros de trabalho tomam uma decisão racional de separarem-se e tentarem algo de novo.

Conselho: *Avalie sua posição objetivamente. Concorde em discordar. Limite sua responsabilidade. Preserve a unidade tanto nos bons como nos maus momentos.*

RELACIONAMENTOS

PONTOS FORTES: FORMIDÁVEL, INTENSO, RESISTENTE

PONTOS FRACOS: OBSESSIVO, COMBATIVO, ESCAPISTA

MELHOR: TRABALHO

PIOR: AMOR

NANCY KERRIGAN (13/10/69)
TONYA HARDING (12/11/70)

Em um bizarro incidente em 1994 entre estas figuras do patins de classe mundial, Harding planejou machucar a rival, Kerrigan, visando mantê-la fora da competição olímpica. Kerrigan, entretanto, ganhou medalha de prata; Harding ficou em oitavo lugar e o título foi-lhe tirado nos Estados Unidos. **Também: Penny Marshall & Garry Marshall** (irmãos; atriz-diretor/produtor); **Dwight & Mamie Eisenhower** (casados).

---

11 a 18 de outubro
SEMANA DO TEATRO
LIBRA III

12 a 18 de novembro
SEMANA DO ENCANTO
ESCORPIÃO III

Declarando trégua

Essa combinação pode ser muito enganosa: muitas pessoas têm a impressão de que Libra III e Escorpião III se dão muito bem, já que sua imagem pública é normalmente tão positiva. Mas essa imagem é muitas vezes uma fachada. Seu relacionamento na verdade é intenso, conflituoso e competitivo. Embora raramente exibido em público, o grau de conflitos pode ser considerável, com cada parceiro buscando ser melhor que o outro, seja emocional, intelectual ou fisicamente. Esses dois podem ser obcecados um pelo outro, fazendo com que seu relacionamento às vezes ameace engolir outros aspectos de suas vidas. Como conseqüência, poderão ter de passar longos períodos separados. Quando juntos, além disso, pode ser preciso declarar uma trégua formal.

Os casos amorosos entre Libra III e Escorpião III podem ser excitantes, mas também emocionalmente desgastantes. Quando a tensão se torna grande demais, os parceiros, separadamente ou como casal, têm uma tendência a buscar consolo na bebida ou nas drogas. Se a relação em si tornar-se um vício, muitos anos podem se passar até que os problemas decorrentes possam ser tratados. Mas também pode acontecer que um casamento entre Libra III e Escorpião III chegue a uma tal posição que, embora não seja inspirador ou satisfatório do ponto de vista psicológico, tenha uma longevidade notável.

Os representantes de Libra III e Escorpião III têm mais probabilidade de se tornarem rivais que amigos. Mesmo quando estiverem do mesmo lado hostilidade aberta pode surgir entre eles, podendo danificar seriamente qualquer esforço de grupo do qual façam parte. As rivalidades entre irmãos são comuns, com as tendências dominadoras de Libra III encontrando correspondência na tendência poderosamente controladora de Escorpião III. Se um acordo não for alcançado, a estabilidade familiar será erodida. Talvez a área mais delicada das interações entre Libra III e Escorpião III seja o setor do trabalho. Quando se unem, os dois formam uma combinação formidável, mas se surgirem impulsos competitivos, poderão se dividir prontamente. Existe geralmente pouca lealdade ou amor entre esses dois, mas quando percebem que cooperar lhes é mais proveitoso, podem acabar por se entender.

Conselho: *Considere o bem do grupo, mas seja honesto a respeito de seus sentimentos. Continuar a qualquer preço nem sempre é o melhor. Se possível, declare uma trégua.*

11 a 18 de outubro
SEMANA DO TEATRO
LIBRA III

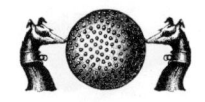

19 a 24 de novembro
CÚSPIDE DA REVOLUÇÃO
CÚSPIDE ESCORPIÃO-SAGITÁRIO

De olho um no outro

O foco desse relacionamento é aprender o ofício um do outro tão bem quanto o possível. Embora a energia competitiva faça parte da relação, raramente é destrutiva ou sai do controle. Na realidade, serve para incentivar os parceiros a aprenderem um com o outro e para compartilharem o que sabem. Seja trabalhando juntos na mesma organização ou simplesmente reconhecendo-se como colegas ou parentes, os dois sempre ficam um de olho no outro, observando cuidadosamente as indicações que possuem um significado pessoal para eles. Esse relacionamento não costuma ser o fator mais importante da vida de qualquer um dos parceiros, mas pode produzir um tipo de educação mútua.

Os casos amorosos entre os dois costumam ser livres e descompromissados. O laço provavelmente será temporário ou passageiro; raramente torna-se pesado ou possessivo. Se levar ao casamento, entretanto, sua natureza tranqüila ajuda a estabelecê-lo firmemente. Os casamentos entre Libra III e Escorpião-Sagitário muitas vezes apresentam uma diferença de idade considerável entre os dois. O mais velho pode exercer o papel de professor, enquanto o mais novo será um estudante ávido e atento. Alguma dor e tristeza são inevitáveis se o membro mais velho morrer, ou se o mais novo achar necessário desvencilhar-se da influência do mais velho para seguir seu próprio caminho.

As relações entre professor e aluno são de fato fortes, sejam elas num encontro de vida ou formalizadas em uma escola ou universidade. Muitas vezes no papel do professor, os representantes de Escorpião-Sagitário são capazes de transmitir uma grande quantidade de conhecimento filosófico, técnico e profissional a seus alunos de Libra III. Em outros contextos profissionais, tanto Libra III como Escorpião-Sagitário são capazes de trabalhar lado a lado constantemente por anos na mesma organização. Os pares formados por amigos ou irmãos são enriquecidos com as experiências em comum, na qual a vida é o mestre e o relacionamento Libra III-Escorpião-Sagitário o estudante. Os fortes laços assim formados permanecem intactos por meio dos anos.

Conselho: *Fique atento para não ser facilmente influenciado. Mantenha sua individualidade. Compartilhe tanto quanto for possível e evite as competições. Seja solidário.*

RELACIONAMENTOS

PONTOS FORTES: EDUCADOR, GENEROSO, ENRIQUECEDOR

PONTOS FRACOS: IMITATIVO, OPORTUNISTA, VOYEUR

MELHOR: PROFESSOR-ALUNO

PIOR: CASAMENTO

CALVIN KLEIN (19/11/42)
RALPH LAUREN (14/10/39)

Competidores da moda, Klein e Lauren têm muitos paralelos entre si. Ambos vêm de famílias do Bronx, Nova York, e cresceram no mesmo bairro. Estrearam seu próprio negócio em 1968 e expandiram suas coleções de roupas para outras linhas, como óculos de sol e perfume. Ambos receberam vários prêmios Coty. **Também: Martina Navratilova & Billie Jean King** (amigos; parceiros de duplas no tênis).

---

11 a 18 de outubro
SEMANA DO TEATRO
LIBRA III

25 de novembro a 2 de dezembro
SEMANA DA INDEPENDÊNCIA
SAGITÁRIO I

Dependência benéfica

Esse relacionamento é muitas vezes sério e, nesse caso, nenhum dos parceiros nega sua importância, particularmente se ocorrer durante os anos mais maduros, quando pode ser plenamente apreciado. A combinação quase sempre envolve alguma dependência, mas esta de forma alguma debilita ou vicia; na realidade reforça, já que cada parceiro consegue ter um envolvimento total (mas objetivo) com as necessidades do outro em tempos de crise. Além disso, quando essa hora de exigências tiver passado, os parceiros se sentirão livres para se envolverem com assuntos não relacionados com a vida um do outro, embora permaneçam envolvidos.

Os casos amorosos entre Libra III e Sagitário I podem ser gratificantes, tanto física como emocionalmente. A indecisão de Libra III e o temperamento de Sagitário I podem criar dificuldades e a impaciência pode irromper quando a relação estiver sob pressão, mas a compreensão e o comprometimento desse par geralmente fazem com que possam ultrapassar esses problemas. Os conflitos entre esses indivíduos, dotados de vontade forte, são inevitáveis mas muitas vezes resultam em um sentido de propósito renovado. O maior desafio para os casos amorosos e os casamentos está no domínio espiritual, pois a relação pode envolver um certo vazio, que pode ser preenchido somente pelo serviço abnegado e pela crença em algo maior.

Os casamentos e as relações de trabalho são favorecidos. Libra III e Escorpião-Sagitário geralmente compartilham crenças morais e, portanto, seguem com um senso subliminar, sabendo qual comportamento é correto e qual não é. Ignorar ou negligenciar esse código mutuamente compreendido não é tolerado e as penalidades impostas são severas, até mesmo levando ao término da relação. Quando atacada de fora, por outro lado, a relação não só defende-se a si mesma admiravelmente como também impõe punições severas aos agressores. Os pares em família ou no trabalho são tão voltados para o dinheiro ou para a carreira que praticamente excluem tudo o mais. Embora essa característica seja proveitosa, é de vital importância para os parceiros desenvolverem valores humanos, particularmente o cultivo da gentileza e da consideração.

Conselho: *Diminua seu nível de estresse. Encontre tempo para meditar e relaxar. Acalme sua mente ativa. Tenha mais a paciência.*

RELACIONAMENTOS

PONTOS FORTES: COMPREENSIVO, EMOCIONAL, COMPROMETIDO

PONTOS FRACOS: IMPACIENTE, EGOÍSTA, CONDENATÓRIO

MELHOR: AMOR

PIOR: TRABALHO

RITA MAE BROWN (28/11/44)
MARTINA NAVRATILOVA (18/10/56)

A estrela do tênis Navratilova e a romancista Brown se conheceram em 1978 e tiveram um relacionamento amoroso até 1981. Brown, uma feminista radical e ativa em causas a favor das lésbicas, exerceu forte influência intelectual sobre Navratilova. Compraram uma casa juntas em Virgínia e lá viviam quando Navratilova não estava em turnês. **Também: Dwight Eisenhower & Winston Churchill** (aliados da II Guerra; presidente/primeiro-ministro).

RELACIONAMENTOS

PONTOS FORTES: EXPRESSIVO, NATURAL, ENERGÉTICO

PONTOS FRACOS: HIPERCRÍTICO, INCONSCIENTE, MAL-ORIENTADO

MELHOR: CASAMENTO

PIOR: AMIZADE

MARIE OSMOND (13/10/59)
DONNY OSMOND (9/12/57)

Depois de uma década cantando como os Osmond Brothers, Donny se uniu a Marie para o programa de tevê *Donny e Marie* (1976-79). Ao longo dos anos, a irmã e o irmão conquistaram um sucesso após o outro, sós ou em dupla. Em 1978 co-estrearam no filme *Goin'Coconuts*. Nos anos 1980 continuaram a gravar suas canções. **Também: Demond Wilson & Redd Foxx** (co-estrelas, *Sanford & Son*).

---

11 a 18 de outubro
SEMANA DO TEATRO
LIBRA II

3 a 10 de dezembro
SEMANA DO ORIGINADOR
SAGITÁRIO II

Deixar tudo à vontade

O par de Libra III e Sagitário II tem a tendência a entregar-se a gestos excêntricos e à linguagem rebuscada, em uma atitude tanto positiva quanto negativa: deixam tudo sair à vontade. Críticos do esnobismo e da falsa sofisticação, o par derrama escárnio e insultos sobre aqueles que exigem tratamento exclusivo. No entanto, eles mesmos podem ser um exemplo do que condenam, pois geralmente demonstram pouca solidariedade com as necessidades dos homens comuns e, de fato, podem ser bastante egoístas e esnobes. A hipocrisia, nesta e em outras áreas, pode ser um problema para esse relacionamento, que envolve uma certa falta de autoconsciência.

Os casos amorosos e os casamentos entre os dois podem ser exuberantes e divertidos. Permitindo-se contato físico sem vergonha ou culpa, Libra III e Sagitário II conseguem dar-se de todo coração. Por outro lado, suas atitudes pouco sérias podem acabar por levá-los a um caminho que não vai a lugar algum, resultando em confusões e em desilusões. Se essa relação desejar sobreviver, é essencial que se questione um pouco, examinando seus motivos, e tomando resoluções firmes sobre seu comportamento.

Nas relações em família ou nas amizades, tanto Libra III como Sagitário II podem envolver-se facilmente com assuntos de terceiros. Rápidos a condenar, como par podem ser presunçosos, terminando por serem extremamente agressivos e apressados em seu julgamento. Por outro lado, a energia tremenda e o espírito positivo desse relacionamento podem revigorar muitos projetos emperrados, que, de outra maneira, não iriam adiante.

As relações de trabalho com essa combinação podem testemunhar o nativo de Libra III impaciente com a forma incomum de Sagitário II fazer as coisas. Além disso, o nativo de Sagitário II pode achar Libra III muito autoritário. A menos que os dois parceiros tenham suas próprias áreas de negócios, tendo, assim, oportunidades de interação somente ocasionais, os pares relacionados com o trabalho não são recomendados.

Conselho: *Não seja tão rápido a condenar. Conheça-se melhor. Tome decisões firmes e atenha-se a elas. Dê mais direção e um sentido melhor à sua vida.*

RELACIONAMENTOS

PONTOS FORTES: CHEIO DE DESEJOS, APAIXONADO, CONFORTANTE

PONTOS FRACOS: DOMINADOR, POUCO CONDESCENDENTE, EXAGERADO

MELHOR: FAMÍLIA

PIOR: AMIZADE

MELINA MERCOURI (18/10/23)
JULES DASSIN (18/12/11)

A atriz Mercouri e o diretor Dassin se apaixonaram durante as filmagens de *Never on Sunday* (1960), pelo qual ela foi indicada ao Oscar. Eles se casaram em 1966 e tiveram um relacionamento íntimo até a morte dela, em 1994. Nos anos 1970 ela seguiu carreira política na Grécia; ele continuou fazendo filmes. **Também: Chuck Berry & Keith Richards** (roqueiro/discípulo, um dos Rolling Stone).

---

11 a 18 de outubro
SEMANA DO TEATRO
LIBRA III

11 a 18 de dezembro
SEMANA DO TITÃ
SAGITÁRIO III

Sinceridade à mostra

A atração e o desejo têm papéis fundamentais nesse relacionamento; os dois parceiros tendem a ser sinceros e não escondem a afeição que sentem um pelo outro. Ainda assim, resta a questão da profundidade com que esses dois poderosos indivíduos desejam envolver-se, pois é pouco provável que os dois deixem-se levar por uma paixão que acabará dominando suas vidas (ou ao menos assim eles pensam). Como conseqüência, a relação pode concentrar-se em manter o sentimento sob controle, particularmente na frente de outras pessoas. Embora os parceiros possam expressar suas emoções em particular, quando estão em companhia mantém uma fachada mais fria, correndo do reconhecimento público que ajudaria a selar a permanência do relacionamento. O comprometimento é claramente uma questão importante para esse relacionamento. Talvez por ser possível confiar tanto na palavra de Libra III como na de Sagitário III, não é fácil para eles dedicarem-se solenemente um ao outro.

Os casos amorosos podem ser tumultuados, o que pode causar problemas: se os parceiros não conseguirem compartimentalizar estritamente seus fortes sentimentos um pelo outro, sua vida profissional, familiar e social será profundamente afetada. Também podem esperar sentir uma ampla gama de emoções que, no entanto, poderá nem sempre sobreviver ao seu objetivo de permanecerem intactos. Depois de um certo tempo, a relação provavelmente exibirá sinais inconfundíveis de desgaste. Se casarem-se, eles devem aprender a lidar com a moderação e o compromisso.

As amizades podem ser mais estáveis, porém também menos compreensivas e flexíveis. Cada parceiro terá uma grande expectativa do outro, e as decepções podem ser grandes. Os pares entre irmãos ou pais e filhos são empáticos, particularmente quando os parceiros são do sexo oposto. Protetores e compreensivos, os dois podem fazer de sua relação um abrigo para as dificuldades da vida.

Dois personagens poderosos como esses serão raramente encontrados nos locais de trabalho. Ambos exigem muita atenção e buscam dominar a organização da qual fazem parte. Talvez o melhor a fazer com esses dois em um grupo de trabalho é mantê-los separados; dessa forma, ambos poderão contribuir.

Conselho: *Tentem relaxar. Não levem as coisas tão a sério. Recue um pouco da posição de líder. Dê uma chance aos outros. Harmonize as emoções.*

11 a 18 de outubro
SEMANA DO TEATRO
LIBRA III

19 a 25 de dezembro
CÚSPIDE DA PROFECIA
CÚSPIDE SAGITÁRIO-CAPRICÓRNIO

Preparar para decolar!

Esse relacionamento é unido por um laço de energia, estável em sua intensidade, infalível em sua produção. Como uma turbina, gerando força a partir da barragem de um rio, pode-se contar com ele para fornecimento ininterrupto. A química é interessante: a relação geralmente se forma quando o nascido na cúspide Sagitário-Capricórnio escolhe seu aliado mais confiável, seu adversário mais formidável ou seu aluno mais apto como alvo de seus poderes de concentração precisos e formidáveis. Quando o nativo de Libra III se acende, o relacionamento inteiro se ilumina, decolando para seu destino como um foguete. Algumas coisas ficam claras desde o início: primeiro, o trajeto correto do vôo deve estar ligado ao sistema de condução desde o começo. Em segundo lugar, a relação deve ser forte o suficiente para agüentar o enorme estresse gravitacional que terá de enfrentar.

Continuando nessa analogia: os casos amorosos entre os dois são mais tensos durante a decolagem e a aterrissagem: ou seja, em seu início e final. Durante o vôo, precisam somente de um pouco de propulsão para continuarem em seu curso sem parar. Os nativos de Sagitário-Capricórnio gostam do fato de que, depois de lançada, a relação só precisa de uma pequena quantidade de energia para continuar. Os representantes de Libra III também ficam felizes por não terem de tomarem decisões, solucionarem problemas ou resolverem emergências. Dessa forma, os casamentos com essa combinação usufruem de muitos anos agradáveis, embora possam ter começos tempestuosos, antes que seus padrões estejam estabelecidos. O medo de a relação terminar, no entanto, é considerável e os próprios rumores da separação podem ser terríveis. Nesses momentos, os parceiros têm a tendência a se apegarem, recusando-se a acreditar que a viagem acabou.

As amizades, os relacionamentos e as combinações de trabalho seguem um caminho similar. As combinações entre pais e filhos podem ser mais conturbadas na infância, até que de repente consolidam-se na adolescência e no início da época adulta. As amizades e as relações de trabalho devem, da mesma forma, passar por cima de desgostos e irritações iniciais antes de continuarem seu caminho.

Conselho: *Passe por cima dos pontos conturbados. Supere seu medo de falhar. Não espere demais – aceite as coisas como são. Lide com as emergências de forma inteligente.*

RELACIONAMENTOS

PONTOS FORTES: ESTÁVEL, INFALÍVEL, NATURAL

PONTOS FRACOS: INSTÁVEL, TEMPESTUOSO, MEDROSO

MELHOR: CASAMENTO

PIOR: PAIS-FILHOS

YVES MONTAND (13/10/21)
EDITH PIAF (19/12/15)

Piaf foi a cantora mais proeminente da França dos anos 1930 aos 1950. Montand, originalmente cantor, foi descoberto por ela quando se apresentava no Moulin Rouge, em Paris. Ela orientou sua carreira e deu-lhe o primeiro papel no cinema em um de seus filmes, *Star Without Light* (1946). **Também:** George C. Scott & Ava Gardner (romance; atores); Martina Navratilova & Chris Evert (tenistas rivais).

---

11 a 18 de outubro
SEMANA DO TEATRO
LIBRA III

26 de dezembro a 2 de janeiro
SEMANA DO REGENTE
CAPRICÓRNIO I

Descartar o ultrapassado

Esse relacionamento possui uma maneira incomum de fazer as coisas; seus parceiros são vistos reagindo contra estilos, ideologias ou crenças ultrapassados e tentando substituí-los por algo mais significativo. Dentro de seu círculo de amigos ou de família, esse par provavelmente será uma força de mudança. Embora a tendência de Capricórnio I seja conservadora, ele aprecia o relacionamento por lhe oferecer espaço suficiente para declarar alguns de seus pensamentos mais longínquos. Por outro lado, Libra III aprecia a presença de um parceiro forte sobre o qual pode se apoiar de vez em quando, assim como aprecia o grande drama criado pela rebeldia do relacionamento.

Os casos amorosos e os casamentos entre Libra III e Capricórnio I são do tipo responsável. No entanto, o par não hesita em desafiar abertamente a tradição ou em submeter-se às exigências da sociedade em vez de comprometer sua crença no relacionamento. Se o relacionamento for um caso de amor, portanto, pode ser facilmente secreto ou ilícito, embora ambos os parceiros tratem um terceiro envolvido com a maior consideração possível. Se os namorados casarem-se, tendem a construírem sua própria organização particular que, embora nem sempre seja compreensível para o mundo externo, funciona bem o suficiente para eles. Tais casamentos funcionam para o bem de todos em vez de seguirem seus próprios interesses pessoais e egoístas.

Como colegas de trabalho, o par pode não conseguir alcançar seu impacto máximo se gastar energia demais brigando com os chefes ou se opondo ao status quo. As empresas podem finalmente desistir desse time, pois dá mais trabalho do que vale a pena. Os irmãos de Libra III e Capricórnio I tendem a rebelar-se contra os pais e outras figuras familiares, normalmente por razões mais ideológicas do que pessoais. Como amigos, os pares com essa combinação não têm problemas em defender-se da autoridade. Se algum deles se sentir dominado ou controlado pelo outro, no entanto, poderão discordar entre si.

Conselho: *Tente causar menos problemas para os outros. Aprenda o valor da diplomacia e da negociação. Tente ouvir o que as outras pessoas lhe dizem.*

RELACIONAMENTOS

PONTOS FORTES: ASSERTIVO, PROGRESSISTA, INCOMUM

PONTOS FRACOS: BELIGERANTE, ENCRENQUEIRO, RESSENTIDO

MELHOR: CASAMENTO

PIOR: TRABALHO

WOODROW WILSON (28/12/1856)
EDITH BOLLING GALT (15/10/1872)

Galt foi a segunda esposa do presidente Wilson (1913-21). Em 1919 ele sofreu um ataque e ficou seriamente incapacitado. Por quase 2 anos a gravidade de sua condição foi ocultada do público, enquanto ela corria o país até o final de seu mandato. **Também:** James II & Charles Edward Stuart (avô/neto; rei inglês/Bonnie Príncipe Charlie); D. Pedro I & Maquesa de Santos (amantes; imperador).

RELACIONAMENTOS

PONTOS FORTES: AUTOCONFIANTE, LIBERTÁRIO, AMBICIOSO

PONTOS FRACOS: ARROGANTE, POUCO CONDESCENDENTE, NEGLIGENTE

MELHOR: TRABALHO

PIOR: PAIS-FILHOS

**DWIGHT EISENHOWER (14/10/1890)
RICHARD NIXON (9/1/13)**

Nixon foi vice-presidente de Eisenhower de 1953 a 1961. Embora Nixon muitas vezes representasse o presidente em casa e no exterior, nunca foram pessoalmente próximos. Em 1955, quando Eisenhower sofreu um ataque cardíaco, Nixon o substituiu até que o presidente pudesse reassumir suas obrigações. **Também: John Dean & Richard Nixon** (testemunha-chave de Watergate que implicou o presidente).

---

11 a 18 de outubro
SEMANA DO TEATRO
LIBRA III

3 a 9 de janeiro
SEMANA DA DETERMINAÇÃO
CAPRICÓRNIO II

Leve engano

Essa relação pode enganar um pouco seus parceiros, dando-lhes a impressão de terem mais liberdade do que têm ou deveriam ter. Ambos os parceiros têm uma parcela de culpa pelo presunçoso orgulho e são, às vezes, um tanto arrogantes; manter um olho na realidade e recusar-se a se deixar levar pela importância pessoal é portanto crucial para eles. Tanto Libra III como Capricórnio II podem ser indivíduos fortes, autoconfiantes e ambiciosos, e quando formam um par, a relação que resulta pode intensificar sinergicamente suas tendências e estufar seus egos para além das proporções aceitáveis. É particularmente importante para esse par, portanto, prestar atenção aos sentimentos das pessoas e tomar conhecimento das fronteiras e limitações, que não devem ser transgredidas. Por outro lado, eles são fortemente unidos por laços comuns.

Nos casos amorosos, amizades e casamentos, nem sempre Libra III e Capricórnio II toleram a necessidade do parceiro de sair sozinho para descansar por um tempo. Nenhum deles é tampouco particularmente ávido por atenção, mas há um limite do grau no qual sua relação pode ser dada por assentada. Chegará uma hora em que terão que dar a ela algum sério estímulo. Ambos têm de fazer um esforço para fazer uma interrupção em sua agenda lotada e tirar tempo para férias, hobbies ou para saírem juntos. Demonstrar carinho com um presente especial, flores ou um jantar à luz de velas pode fazer maravilhas para injetar nova vida nesse relacionamento.

Como colegas de trabalho, Libra III e Capricórnio II são capazes de esforços duradouros e trabalho de alta qualidade. Há uma tendência, no entanto, de os dois parceiros seguirem cada um o seu caminho; eles nem sempre ouvem um ao outro. Se um deles for chefe do outro, deve ficar atento para tratar seu funcionário com respeito, sem comprometer sua dignidade. Da mesma forma, nos relacionamentos entre pais e filhos, podem surgir problemas graves se a criança for tratada de forma infantil ou adulta demais. Aqui, a gentileza funciona melhor que a seriedade.

Conselho: *Não se enganem. Dediquem ao seu parceiro tempo e esforço suficientes. Mantenham os canais de comunicação abertos. Mantenham sua ambição em rédeas curtas.*

RELACIONAMENTOS

PONTOS FORTES: FALA SEM RODEIOS, INDEPENDENTE, HONESTO

PONTOS FRACOS: DISCORDANTE, PROCRASTINADOR, RUDE

MELHOR: AMIZADE

PIOR: CASAMENTO

**E.E. CUMMINGS (14/10/1894)
JOHN DOS PASSOS (14/1/1896)**

O poeta cummings e o romancista Passos foram colegas na Harvard (1912-16). Sua amizade continuou em Paris nos anos 1920 quando fizeram parte de um grupo literário internacional radicado naquela cidade, que incluía Hemingway e Fitzgerald. Durante este período cummings e Passos viajaram juntos. **Também: Doris Humphrey & Jose Limon** (parceiros de companhia de dança).

---

11 a 18 de outubro
SEMANA DO TEATRO
LIBRA III

10 a 16 de janeiro
SEMANA DA DOMINAÇÃO
CAPRICÓRNIO III

Manter a individualidade

O foco desse relacionamento pode bem ser a independência de pensamento, maneiras e discurso. Muito interessado nas pessoas comuns, o par sente-se como um leal protetor dos fracos. Essa imagem pode ser verdadeira, sobretudo quando os parceiros forem jovens, período no qual o relacionamento poderá ser marcado por um ponto de vista filosófico radical. Com o avançar dos anos, no entanto, eles abandonam ou modificam seus ideais, adotando uma posição mais conservadora, tendência essa particularmente notável em Capricórnio III. Além disso, com o tempo, podem começar a fechar-se para o mundo, permanecendo tão abertos quanto antes entre si mesmos.

Embora Capricórnio III geralmente precise ser o chefe nos relacionamentos, aqui a tendência a dominar é um pouco abafada. Libra III tampouco necessita assumir as rédeas, contanto que não seja impedido de tocar para a frente suas idéias traduzindo-as em ações. Capricórnio III e Libra III formam aspecto de quadratura no zodíaco (onde estão a 90 de distância), posição que pode causar fricção e tensão, mas nesse caso essas irritações dão impulso à relação. A combinação entre Capricórnio III e Libra III tende à procrastinação, mas sua ligeira impaciência ocasionalmente pode dar-lhe uma sacudida, quase sempre fazendo-a avançar.

Casos amorosos e casamentos dessa combinação não são sempre estáveis. Eles podem de tempos em tempos ser afetados por divergências, com a recusa teimosa de cada parceiro em ceder na maioria dos assuntos. Embora os dois tenham a capacidade de expressar amor e compreensão, parece que o que se faz mais necessário é manter sua própria individualidade e, portanto, muitas vezes insistem em não cederem, ou o fazem somente após o término da discussão. O fato de os dois parceiros serem brutalmente honestos pode tornar as coisas melhores a longo prazo, mas é extremamente difícil a curto prazo.

Amizades e irmãos do mesmo sexo são particularmente próximos. As relações de trabalho com essa combinação funcionam melhor quando os dois são colegas, em vez de parceiros de negócios ou patrão e empregado.

Conselho: *Suavize sua postura. Aprenda o valor da diplomacia e ceda. Não abandone seus ideais. Minimize o estresse sempre que possível.*

11 a 18 de outubro
SEMANA DO TEATRO
LIBRA III

17 a 22 de janeiro
CÚSPIDE DO MISTÉRIO E DA IMAGINAÇÃO
CÚSPIDE CAPRICÓRNIO-AQUÁRIO

Necessidade de estímulo

Esse casal sente-se atraído por idéias e desafios inovadores. São típicos os jogos de palavras e as respostas cáusticas ou espirituosas, mas essa atividade mental ou verbal constante pode desgastar o relacionamento. O nativo de Capricórnio-Aquário adora sonhar com novos projetos, que o representante de Libra III esconde até implementá-los; no entanto, a relação pode ser obstaculizada pelo temperamento de Capricórnio-Aquário, que pode surpreender Libra III, deixando-o sem ação. Este, por sua vez, pode retrair-se do relacionamento simplesmente recusando-se a observar o ponto de vista de Capricórnio-Aquário. Dada a ênfase do relacionamento mais no mental que no físico ou no emocional, ele poderá não ser forte o suficiente para suportar essas interações dinâmicas.

Os romances e casamentos dessa combinação buscam interminavelmente mudanças. Tanto Libra III como Capricórnio-Aquário se entediam facilmente e necessitam de muito estímulo, o que nem sempre é bom porque estímulo em excesso pode deixar os nervos em frangalhos, e finalmente, sofrer um colapso. Aprender a evitar o excesso e contentar-se com atividades e interesses moderados é vital para a saúde do relacionamento.

As amizades dessa combinação formam facilmente uma associação que se admira mutuamente e, geralmente, não vai muito fundo. Na verdade, embora os dois se apreciem muito durante os bons tempos, eles podem não estar disponíveis um para o outro em tempos de estresse ou doença. Os pais de Capricórnio-Aquário acham seus filhos de Libra III divertidos, mas podem ser também duros com eles, vendo neles ausência de seriedade sobre o que vão ser no futuro. Pais de Libra III, por outro lado, podem apoiar e proteger filhos imaginativos de Capricórnio-Aquário. No mundo profissional, esse par tem carisma suficiente para um exército: eles podem convencer qualquer um a fazer qualquer coisa. Podem se sair bem em relações públicas, vendas ou marketing, sejam autônomos ou trabalhem em uma corporação. Podem prosperar também com um negócio pequeno e agressivo, mas Libra III e Capricórnio-Aquário devem ter cuidado com a contabilidade: eles podem ser bons em fazer dinheiro, mas são bons também em gastá-lo livremente, o que pode causar um estrago no planejamento financeiro.

Conselho: *Encontre o caminho do meio. Evite extremos. Controle sua necessidade de estímulo. Encontre um lugar calmo dentro de si. Busque valores espirituais.*

RELACIONAMENTOS

PONTOS FORTES: IMAGINATIVO, IMPLEMENTADOR, DIVERTIDO

PONTOS FRACOS: AMIGO DAS BOAS OCASIÕES, ESTIMULADO DEMAIS, EXAUSTIVO

MELHOR: TRABALHO

PIOR: AMIZADE

JEROME ROBBINS (11/10/18)
GEORGE BALANCHINE (22/1/04)

Robbins e Balanchine estão entre as figuras mais proeminentes do século XX no mundo do balé. Nos anos 1970 e 1980 eles trabalharam juntos como professores de balé do New York Ballet criando coreografias prodigiosas, combinando tradições americanas e européias de dança. **Também: Tex McCrary & Jinx Falkenberg** (casados; co-estrelas do rádio); **Lillian Gish & D.W. Griffith** (atriz *protegé*/diretor).

---

11 a 18 de outubro
SEMANA DO TEATRO
LIBRA III

23 a 30 de janeiro
SEMANA DO GÊNIO
AQUÁRIO I

Eletricidade atmosférica

Essa relação única impressiona por sua singularidade. Embora possa ser extremamente original e produtiva, ela pode ser igualmente caprichosa e difícil de alcançar. Se ela vai tomar um caminho positivo ou submergir em suas próprias peculiaridades depende não tanto dos talentos e capacidades dos parceiros, mas de sua atitude e também de quando se conheceram. Se unirem-se após uma experiência de rejeição e decepções, por exemplo, podem adotar uma atitude do tipo "Seja o que Deus quiser" e descambar para um relacionamento mutuamente protecionista. Mas se encontrarem-se quando jovens, ainda sem muitos problemas, podem querer tocar fogo no mundo com sua própria marca de idealismo.

Nos casos amorosos, os nascidos em Libra III sentem-se fascinados pelo livre espírito de seu parceiro, que por sua vez pode contar com Libra III para apoio e orientação. As paixões correm solta pois o relacionamento traz à tona os aspectos temperamentais de ambos, garantindo uma atmosfera elétrica em grande parte do tempo. Para Libra III, o relacionamento estimula a apreciação da ampla gama de seus próprios poderes mentais; para Aquário I ele enfatiza o lado mais sensual. O casamento não tem muita permanência no sentido convencional, mas pode oferecer possibilidades interessantes se os parceiros estiverem abertos a elas.

Na amizade e na relação entre irmãos, a criatividade aparece menos naquilo que o relacionamento produz do que naquilo que ele representa. Os parceiros imprimem toda sua energia no relacionamento, que se torna seu foco criativo. Onde outros trabalhariam em um programa educacional, ou em uma casa ou carro, esses dois podem investir tempo, dinheiro e energia na construção de algo sólido, que possa sobreviver ao tempo. As desilusões podem atingir esse idealismo como um raio. As relações profissionais e familiares entre Libra III e Aquário I obtêm muito sucesso artístico, mas podem ser detonadas se não tiverem uma firme base financeira. Os dois desejam criar seu próprio negócio, mas precisam da segurança que só uma grande organização pode oferecer.

Conselho: *Recue um pouco: você pode estar exagerando. Busque as soluções criativas que serão o seu legado. Fique atento para não expor-se a decepções.*

RELACIONAMENTOS

PONTOS FORTES: ÚNICO, CRIATIVO, PROTETOR

PONTOS FRACOS: ISOLADO, ESTRANHO, DEPENDENTE DEMAIS

MELHOR: AMOR

PIOR: TRABALHO

FRANKLIN ROOSEVELT
(30/1/1882)
ELEANOR ROOSEVELT
(11/10/1884)

Franklin e Eleanor se conheceram em um baile, em 1899, quando ela tinha 15 anos de idade. Depois de um longo namoro, os primos distantes se casaram em 1905. Ao longo dos anos eles se complementaram, cada qual se tornando uma figura histórica nacional que exerce forte influência sobre a opinião socioeconômica. **Também: Charles Sumner Greene & Henry Mather Greene** (irmãos;

RELACIONAMENTOS

PONTOS FORTES: CONFIÁVEL, FLEXÍVEL, OUSADO

PONTOS FRACOS: SUPERAMBICIOSO, INDIFERENTE, CRÉDULO

MELHOR: AMIZADE

PIOR: FAMÍLIA

JIMMY BRESLIN (17/10/30)
NORMAN MAILER (31/1/23)

Breslin e Mailer são escritores conhecidos por seu destemor, senão arrogância, contra o establishment. Em um esforço para provocar mudanças, eles concorreram ao cargo majoritário da prefeitura de Nova York em 1969. Perderam. **Também: Dwight Eisenhower & Adlai Stevenson** (adversários presidenciais em 1952 e 1956); **McLean Stevenson & Adlai Stevenson** (filho/pai; ator/político); **Ziggy Marley & Bob Marley** (filho/pai; músicos).

---

11 a 18 de outubro
SEMANA DO TEATRO
LIBRA III

31 de janeiro a 7 de fevereiro
SEMANA DA JUVENTUDE E DESPREOCUPAÇÃO
AQUÁRIO II

Lançando o destino ao vento

Essa combinação muito ambiciosa pode almejar o posto mais alto, sejam ou não as expectativas dos parceiros realistas ou não. A atitude irreverente que prevalece pode parecer irresponsável para algumas pessoas, mas pode também demonstrar muita confiança nas operações da sorte e do destino. O relacionamento pode estimular seus parceiros a sentir que têm pouco a perder e muito a ganhar ao deixar o destino ao sabor do vento. Isso permite a Libra III relaxar, coisa que ele precisa muito fazer, e dá a Aquário II a oportunidade de se envolver com projetos substanciais, com o potencial de fazer seus interesses avançarem. Ambos os parceiros desejam dar tudo a uma relação que prometa isso.

As amizades, os casos amorosos e os casamentos se preocupam com algo maior que o prazer e a satisfação física: geralmente têm um propósito, mesmo que o alvo não fique imediatamente claro. Com o passar dos anos, seu verdadeiro significado é revelado, o que pode ser uma surpresa para os parceiros, mas pode também explicar uma sensação vaga que tiveram durante esse tempo. Outros amigos e namorados nascidos em Libra III e Aquário II sentem-se contentes com o que têm, e não têm nenhuma idéia de obter coisa alguma; embora mesmo assim, mudanças repentinas ainda estejam por acontecer.

Seja como competidores ou colegas, rivais ou aliados, o par profissional formado por Libra III e Aquário II é um estudo de contrastes, onde Aquário II é o mais imprevisível dos dois. Como geralmente se encaixam bem, esse par oferece um estudo fascinante para seus colegas de trabalho. Se ele aparecer no nível executivo de uma companhia ou organização social, mudanças progressistas podem ser esperadas. Na família, os irmãos de Libra III e Aquário II do mesmo sexo podem ser exigentes demais e esperar mais de seus pais e parentes do que o que podem dar.

Conselho: *Não peça mais dos outros do que você mesmo está preparado para dar. Deixar tudo nas mãos do destino pode significar tomar o caminho mais fácil.*

RELACIONAMENTOS

PONTOS FORTES: HONESTO, ABERTO, GENEROSO

PONTOS FRACOS: INGÊNUO, FORA DA REALIDADE, DESCOMPROMETIDO

MELHOR: AMOR

PIOR: AMIZADE

BENTA HUME (14/10/06)
RONALD COLMAN (9/2/1891)

Hume era uma atriz de teatro em Londres que fez sua estréia no cinema em 1925. Ela fez papéis destacados em vários filmes na Inglaterra e em Hollywood até se casar com o ator romântico Colman, em 1938, quando se retirou das telas. **Também: Lotte Lonya & Bertolt Brecht** (colaboradores; atriz/teatrólogo); **Wendy Wilson & Chynna Phillips** (filhos de celebridades, formaram grupo de rock Wilson Phillips).

---

11 a 18 de outubro
SEMANA DO TEATRO
LIBRA III

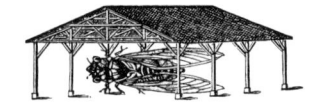

8 a 15 de fevereiro
SEMANA DA ACEITAÇÃO
AQUÁRIO III

Política de portas abertas

Esse relacionamento carrega consigo uma marca única de generosidade, financeira ou de sentimentos, e um otimismo inerente. Comprometidos com a honestidade e a abertura, Libra III e Aquário III acham difícil esconder as coisas um do outro não por uma necessidade de revelar a verdade, ou um imperativo moral, mas simplesmente porque preferem que seja assim. Isso se dá parcialmente porque seu relacionamento não se fixa tanto em detalhes, mas também porque busca compreender o quadro mais amplo e, portanto, cada detalhe ou segredo pode não ter tanta importância. Embora Libra e Aquário sejam signos de ar, o relacionamento entre eles é regido pelo fogo, que nesse caso, indica intuição, e não contenção.

Por mais generosa e espontânea que a relação possa ser, o amor, o casamento e o relacionamento entre irmãos podem testar essas atitudes. Os parceiros sentem ciúmes, competem e são possessivos em relação ao outro, mas se esforçam para superar e abandonar essas reações, e geralmente conseguem. Os sentimentos entre eles raramente são do tipo pesado, que provoca depressões ou lutas pelo poder, e se o seu relacionamento for um caso de amor, isso pode significar um grande alívio para ambos os parceiros, depois de passarem por experiências diferentes com outras pessoas. Portanto, eles apreciam essa parceria. Mesmo assim, podem não desejar investir o que é necessário para possibilitar uma relação de longa duração.

As amizades dessa combinação são geralmente menos bem-sucedidas que relacionamentos superficiais ou outros tipos mais leves de companheirismo. Existe um aspecto facilitador de trígono entre Libra III e Aquário III, que se encontram separados por um ângulo de 120° no zodíaco; em geral esse dueto prefere a aproximação casual. Como colegas de trabalho, Libra III e Aquário III podem entrar em apuros quando esperam que seus colegas ou rivais aparentem tanta prosperidade quanto eles. Uma certa ingenuidade no relacionamento pode ser contraproducente, ou algo pior, no mundo dos negócios.

Conselho: *Afrouxe um pouco a intensidade. Saiba perdoar e esquecer. Deixe os bons tempos acontecerem. Não fique tenso, é só uma questão de dinheiro. O poder não é tudo.*

11 a 18 de outubro
SEMANA DO TEATRO
LIBRA III

16 a 22 de fevereiro
CÚSPIDE DA SENSIBILIDADE
CÚSPIDE AQUÁRIO-PEIXES

Através do tempo e do espaço

Esse relacionamento sumamente romântico tem uma chama muito ardente no início. Poucos poderiam prever que esses dois chegassem a até mesmo gostar um do outro, mas sentimentos magnéticos sutis os atraem irresistivelmente. Esse é um daqueles relacionamentos em que os parceiros parecem atrair um ou outro silenciosamente através das fronteiras do tempo e do espaço. Está em seu destino se encontrarem, e uma vez que tiverem a companhia um do outro, não haverá nenhuma força no universo forte o suficiente para os manter separados.

No entanto, embora plenamente comprometidos, esses relacionamentos nem sempre têm o poder da permanência. Decepções e desilusões seguem-se a qualquer separação, para a qual nenhuma preparação é suficiente: para essa dupla com estrelas nos olhos, o futuro se estende indefinidamente, repleto de todas as alegrias que a vida tem a oferecer. A resistência externa pode ser facilmente enfrentada por um par assim nos estágios iniciais, mas o relacionamento pode desgastar-se com o passar do tempo, com a ação de um oponente dedicado e determinado.

Como amigos, o par é protetor e muito compreensivo com as necessidades do outro. Mesmo assim, as exigências de suas carreiras e vida em família são geralmente tão grandes que o relacionamento mostra sinais de desgaste pela ausência de tempo disponível para o mesmo. Na família, pais nascidos em Libra III podem ser muito exigentes e críticos com sua prole ultra-sensível de Aquário-Peixes, em cujas vidas eles podem ocupar uma posição dominadora demais, que pode continuar na fase adulta. A libertação dessas atitudes será difícil.

Na esfera de trabalho, as relações entre colegas e patrão e empregado geralmente não estão destinadas ao sucesso, ou ao menos não sem muita briga. O nativo de Libra III parece excessivamente dominador para o representante de Aquário-Peixes, que tem a sua própria marca de ambição a imprimir; ao mesmo tempo, Aquário-Peixes pode ser defensivo e reservado demais para o gosto de Libra III.

Conselho: *Fique firme. Tente ver as coisas como elas são. Endureça-se ou corra o risco de afundar. Não faça olho grosso a agressores. A gentileza tem limites.*

RELACIONAMENTOS

PONTOS FORTES: ROMÂNTICO, COMPREENSIVO, FATALISTA

PONTOS FRACOS: DESPREPARADO, DESILUDIDO, FRUSTRADO

MELHOR: AMOR

PIOR: PAIS-FILHOS

PRÍNCIPE ANDREW (19/2/60)
SARAH FERGUSON (15/10/59)

Ferguson ("Fergie") e Andrew se casaram em 1986 no que foi considerado o casamento perfeito entre a moça mundana e o despreocupado hedonista. Mas aventuras extraconjugais dela provocaram sua separação em 1992. Agora divorciados, são bons amigos e há rumores de que estão tendo um caso. **Também: Kelly Preston & John Travolta** (casados; atores).

---

11 a 18 de outubro
SEMANA DO TEATRO
LIBRA III

23 de fevereiro a 2 de março
SEMANA DO ESPÍRITO
PEIXES I

Sabedoria inerente

O relacionamento entre Libra III e Peixes I tem um certo conhecimento inerente a ele: parece sentir onde estão seus melhores interesses. Os dois podem tocar um ao outro a um nível muito profundo e muitas vezes assumem uma espécie de responsabilidade um pelo outro. Pelo lado positivo, portanto, o relacionamento é fiel e inteiro, onde os parceiros logo reconhecem que sua maior vantagem está em ficarem juntos e trabalharem para o bem comum. Infelizmente, essa compreensão pode não ser possível caso um dos parceiros interrompa o relacionamento em uma crise de impaciência, ou depois de conhecer outra pessoa pela qual se sinta mais completamente absorvido.

Os casos amorosos são de alguma forma imprevisíveis, pois os dois preocupam-se geralmente com seus próprios interesses, que podem absorvê-los a qualquer momento. Quando juntos, no entanto, eles vivem uma experiência apaixonada e sensual. Namorados de Libra III e Peixes I devem considerar seriamente o casamento, que pode fornecer mais unidade e permanência ao relacionamento. Quando conhecerem uma nova pessoa mais interessante, os parceiros devem compartilhar essa amizade, introduzindo a nova pessoa em seu círculo social e familiar.

Como amigos, Libra III e Peixes I podem ficar fascinados por jogos, pelo mercado de ações ou pela adivinhação – em outras palavras, por atividades que não só dependem de predizer o futuro, mas também de dar suporte às crenças um do outro por meio de ações. As relações de trabalho dessa combinação são muito imaginativas e produtivas. Se colaborarem em negócios ou em projetos sociais e artísticos, os parceiros usarão suas forças (a de Libra III para a liderança e a de Peixes I para a inspiração espiritual). A combinação entre irmãos, sobretudo de sexo oposto, pode resolver silenciosamente levar adiante os interesses da família quando jovens e preservá-los quando mais velhos.

Conselho: *Ponha seu relacionamento em primeiro lugar. Aprenda a dividir o que é mais valioso para você. Desenvolva a paciência. Refreie seus impulsos. Reflita cuidadosamente.*

RELACIONAMENTOS

PONTOS FORTES: INTEIRO, SENSATO, PREVIDENTE

PONTOS FRACOS: EGOÍSTA, IMPREVISÍVEL, IMPACIENTE

MELHOR: TRABALHO

PIOR: AMOR

LOTTE LENYA (18/10/1898)
KURT WEILL (2/3/1900)

A atriz e cantora Lenya se casou com o compositor Weill em 1926. Ele é mais conhecido por sua colaboração com Bertold Brecht na *Ópera dos Três Vinténs* (1928) e ela por seu papel como Jenny no mesmo trabalho musical. **Também: Robert Walker & Jennifer Jones** (casados; atores); **Arthur M. Schlesinger, Jr. & Arthur M. Schlesinger** (filho/pai; historiadores); **Richard & Karen Carpenter** (irmão/irmã; dupla de cantores); **Fernando Sabino & Paulo Mendes Campos** (escritores; amigos)

RELACIONAMENTOS

PONTOS FORTES: PRODUTIVO, BEM-SUCEDIDO, EMPÁTICO

PONTOS FRACOS: NECESSITADO, DECEPCIONADO, POUCO CONFIÁVEL

MELHOR: AMIZADE, TRABALHO

PIOR: PAIS-FILHOS

PENNY MARSHALL (15/10/43)
ROB REINER (6/3/45)

Quando Marshall e Reiner se casaram (1971-79), eram atores de tevê em ascensão - ela em *The Odd Couple* e ele em *All in the Family*. Desde então ambos se tornaram grandes diretores e produtores de cinema. **Também: Margot Kidder & John Heard** (casados; atores); **George C. Scott & Trish Van Devere** (casados; atores); **Paul Simon & Edie Brickell** (casados: cantor-compositores); **Ulisses Guimarães & Tancredo Neves** (políticos).

---

11 a 18 de outubro
SEMANA DO TEATRO
LIBRA III

3 a 10 de março
SEMANA DO SOLITÁRIO
PEIXES II

Anos de trabalho

Essa combinação focaliza-se em forjar um forte laço de empatia. A compreensão emocional não ocorre imediatamente entre Libra III e Peixes II, e o relacionamento precisa de muitos anos para edificar a confiança e a aceitação. Ele também é complicado pela tendência a tomar o caminho mais fácil, de retrair-se ou até desistir em tempos de crise. Embora a relação possa ser extremamente produtiva e bem-sucedida, lidar com problemas pessoais não é realmente seu forte.

Nos casos amorosos, Peixes II pode tornar-se inacessível quando Libra III mais precisar (particularmente em termos de sexo, Libra III pode fazer exigências que são muito pesadas para Peixes II). Por outro lado, Libra III pode ser incapaz de lidar com as necessidades emocionais de Peixes II, ou mesmo de dar a atenção que eles precisam. Apesar dessas oscilações, no entanto, Libra III e Peixes II possuem uma certa magia que pode permitir que eles se entendam bastante bem. Se puderem fazer certos acordos e ajustarem-se um ao outro em outras áreas, poderão até tentar o casamento. Se não for assim, é melhor esquecer.

Na relação entre pais e filhos onde Libra III é o pai (ou mãe), existe uma enorme lacuna entre o que o filho (ou filha) nascido de Peixes II precisa e o que pais de Libra II estão preparados para dar. Um nativo de Peixes II com um parente mais distante de Libra III, que pode dar mais livremente em uma base menos regular, pode se entender muito melhor, com menos decepções e expectativas frustradas.

Os nascidos em Libra III e Peixes II muitas vezes combinam amizade com trabalho. Na verdade, para que possam trabalhar bem juntos pode ser necessário que tenham um relacionamento chegado. Isso pode significar passar muito tempo juntos, talvez até vivendo e trabalhando sob o mesmo teto. Entre seções ininterruptas de trabalho, é melhor para essas duplas agendar períodos de tempo separados.

Conselho: *Reduza as necessidades e exigências. Não espere demais. Ceder é fundamental para continuar. Não perca a paciência, o objetivo vale a pena.*

RELACIONAMENTOS

PONTOS FORTES: ORIENTADO, DECISIVO, GENEROSO

PONTOS FRACOS: À DERIVA, INSTÁVEL, INCERTO

MELHOR: FAMÍLIA

PIOR: AMOR

LILLIAN GISH (14/10/1896)
DOROTHY GISH (11/3/1898)

As irmãs Gish eram belas figuras de Hollywood cuja vida girava em torno do cinema. Lillian, a "primeira-dama do cinema mudo", foi uma grande atriz dramática, e Dorothy se destacava em pantomima e comédia. Ambas era populares em sua época e dividiram a tela em vários filmes. Em 1920, Lillian dirigiu a irmã em *Remodeling Her Husband*.

---

11 a 18 de outubro
SEMANA DO TEATRO
LIBRA III

11 a 18 de março
SEMANA DOS DANÇARINOS E SONHADORES
PEIXES III

Respondendo a pergunta

Quem é o chefe aqui? A pergunta toca muitas áreas deste relacionamento. Não é que haja invariavelmente jogos de poder entre os dois, porém essa questão deve ser respondida. Determinar quem tem o papel dominante em certos momentos ou certas circunstâncias é importante, pois os dois parceiros respeitam ou seguem aquele que assumir a liderança. Na realidade, a melhor situação possível é quando o par assume um papel de comando em um grupo ou organização, exigindo que Libra III e Peixes III compartilhem igualmente os reinados do poder.

No zodíaco, Libra III e Peixes III estão em quincôncio (150° de distância), o que pode reforçar uma tendência à instabilidade em seus casos amorosos e casamentos. E, de fato, a indecisão pode assolar o relacionamento, onde os dois parceiros não conseguem se decidir quanto a direção em que desejam continuar, ou se ele deve terminar. Nas amizades, pode acontecer que nenhum dos dois esteja interessado em assumir a liderança ou exercer poder real sobre o outro, e isso pode privar o relacionamento de direção, deixando-o deste modo à deriva. Para que volte aos trilhos, um dos parceiros deve tomar uma decisão firme e conduzi-lo.

O par profissional ou familiar também é muito bem-sucedido. Dar direção ao grupo pode ser a especialidade desse par, como executivos ou irmãos. A combinação entre patrão e empregado ou pais e filhos pode também ter sucesso se os empregados e filhos concordarem com a abordagem do chefe ou pai (ou mãe). O perigo é que talvez a figura com autoridade exerça uma influência indevida sobre aqueles que dependem dele para orientação e, portanto, venha a dominar sua vida e obstacularizar suas iniciativas individuais. O desafio principal para chefes ou pais é encorajar funcionários ou filhos a tomar mais iniciativas e a pensar por si mesmos.

Conselho: *Não fique com medo de assumir as rédeas. Direção é algo necessário: você pode ter de assumi-la. Fortaleça sua vontade para evitar indecisões.*

19 a 25 de outubro
CÚSPIDE DO DRAMA E DA CRÍTICA
CÚSPIDE LIBRA-ESCORPIÃO

19 a 25 de outubro
CÚSPIDE DO DRAMA E DA CRÍTICA
CÚSPIDE LIBRA-ESCORPIÃO

Soltar-se

Os nascidos em Libra-Escorpião não são indivíduos fáceis de se conviver, e quando dois deles se juntam o que resulta é uma relação extremamente complexa. Exigentes e detalhistas, eles acham difícil viver juntos. Para que o relacionamento seja bem-sucedido, portanto, ele deve conter acordos sobre certos assuntos, como por exemplo o gosto – no caso de móveis, o *design* e as cores. As questões domésticas podem tornar-se um mundo de controvérsias. Se a esses forem adicionados outros assuntos, tais como a dieta que devem seguir, onde devem estabelecer-se e como devem lidar com estruturas financeiras, esse relacionamento poderá levar horas, dias ou mesmo anos em discussões sobre os prós e os contras antes que qualquer assunto possa ser decidido.

Alguns tópicos podem ser bem mais fáceis de se lidar. Estar abertos a reuniões sociais e visitas regulares de amigos raramente é um problema; tampouco o é uma variedade interminável de discussões e debates intelectuais. Com relação a isso, os nascidos em Libra-Escorpião podem formar um par maravilhoso – estimulantes, absorventes e talvez mais fortemente impelidos por impulsos conscientes ou inconscientes do que a maioria.

Os casos amorosos, casamentos e as amizades entre Libra-Escorpião geralmente envolvem a mesma divisão entre mente e coração com que os dois se engalfinham como indivíduos. Dois representantes de Libra-Escorpião com o mesmo comprimento de onda mental ou emocional têm a chance de alcançarem juntos o céu, mas quando os sentimentos de um chocam-se com os pensamentos do outro reinam o caos e a consternação. As discussões podem ser severas e constantes, mas raramente resultam em um tipo de dano irreparável que leva à separação ou ao rompimento, pois a maioria das brigas e palavras duras não são levadas muito a sério. O outro lado da intensidade de Libra-Escorpião é formado por um relaxamento e uma familiaridade extrema, que é quase esquecida. Embora os pares de Libra-Escorpião não sejam fiéis no sentido convencional, eles podem ser extremamente leais, devotando-se um ao outro completamente. Irmãos e companheiros de trabalho são muito próximos e compreendem um ao outro, convivendo bem no dia-a-dia.

Conselho: *Deixem as coisas serem chatas às vezes. Aprendam a relaxar. Busquem encontrar um meio termo entre a mente e o coração. Deixem as coisas acontecerem sem brigas.*

RELACIONAMENTOS

PONTOS FORTES: ESTIMULANTE, FESTIVO, COMPROMETIDO

PONTOS FRACOS: CONTENCIOSO, CAÓTICO, INFIEL

MELHOR: AMIZADE

PIOR: AMOR

RICHARD BYRD (25/10/1888)
FLOYD BENNETT (25/10/1890)

Além de compartilharem o mesmo dia de aniversário, Byrd e Bennett ganharam medalha de honra por terem sido os primeiros a sobrevoar o Pólo Norte (1926). Byrd era aviador e explorador, Bennett aviador e mecânico. Na célebre viagem, Byrd foi navegador de Bennett. **Também: Rose Dolly & Jenny Dolly** (irmãs; estrelas de *vaudeville*).

---

19 a 25 de outubro
CÚSPIDE DO DRAMA E DA CRÍTICA
CÚSPIDE LIBRA-ESCORPIÃO

26 de outubro a 2 de novembro
SEMANA DA INTENSIDADE
ESCORPIÃO I

Debate quente

Esse pode ser um par produtivo, repleto de bons sentimentos, ou pode desperdiçar o seu tempo com debates e discussões. Parte do problema é decidir quem está no controle e deve tomar as principais decisões; muitas vezes é impossível para os dois chegarem a um acordo, e se necessitarem resolver uma situação, um dos parceiros tem de assumir o papel de líder. É neste ponto que as brigas pelo poder geralmente afloram, resultando em uma situação onde não há vencedores, onde as coisas acabam ficando como estão. Na realidade, ambos os parceiros preferem assim, pois os dois gostam secretamente do debate e do estímulo que seriam neutralizados pelo acordo ou por forte liderança. Esse relacionamento é paradoxal: ele envolve indivíduos de personalidade forte que sabem o que querem, embora sejam influenciados pela indecisão e por pensamentos irracionais. Em suas interações diárias há um traço de perversidade que ameaça subverter todos seus esforços construtivos. Essa tendência autodestrutiva obstaculiza muitos projetos do par formado por Libra-Escorpião e Escorpião I. Se, no entanto, o par conseguir chegar a um acordo, como por exemplo deixar as brigas pelo poder, ele poderá se entender muito bem.

Os casos amorosos e casamentos podem ser animados ou mesmos descontrolados e estressantes. A interação sexual entre eles acontece como um incêndio ou não acontece: esse é um extremo que se reflete em todos os outros aspectos. A solidariedade e a compreensão, por exemplo, podem ser alternadas com frieza e incompreensão, deixando os dois parceiros incertos, frustrados e atordoados.

As relações entre amigos ou pais e filhos são muito afetivas: os dois parecem ter só olhos um para o outro. Na verdade, eles podem fazer os outros ao seu redor se sentirem excluídos, e podem não atentar para esse problema. Esse comportamento é bastante incomum para dois indivíduos que valorizam a atenção e a percepção consciente. No trabalho, Libra-Escorpião e Escorpião I formam uma excelente combinação. A objetividade triunfa e as diferenças pessoais não interferem, pois os dois concentram-se nos materiais que estão à mão e nas metas a serem atingidas.

Conselho: *Dê um passo atrás e olhe para si mesmo. Esteja atento às forças que o impelem. Decida acabar com seu comportamento autodestrutivo. Fortaleça a sua força de vontade.*

RELACIONAMENTOS

PONTOS FORTES: PRODUTIVO, ATENCIOSO, AFETIVO

PONTOS FRACOS: INCONSCIENTE, EQUIVOCADO, ESTRESSADO

MELHOR: TRABALHO

PIOR: CASAMENTO

TIMOTHY LEARY (22/10/20)
WINONA RYDER (29/10/71)

O utópico guru Leary foi padrinho da intensa atriz de Hollywood Ryder (seu pai foi arquivista de Leary). Nos anos 1960, Leary foi expulso de Harvard por distribuir LSD aos estudantes e logo se tornou um ícone da geração hippie. Ryder passou parte da infância em uma comunidade hippie na Califórnia. **Também: Jean Dausset & Baruj Benacerraf** (ganhadores de Prêmio Nobel em 1980, genética).

◆ RELACIONAMENTOS ◆

PONTOS FORTES: DIGNO DE CONFIANÇA, HONRADO, TALENTOSO

PONTOS FRACOS: RANCOROSO, INCOMPATÍVEL, FRUSTRADO

MELHOR: SEXUAL

PIOR: AMIZADE

ART CARNEY (4/11/18)
JOYCE RANDOLF (21/10/25)

Randolf e Carney co-estrelaram em *The Honeymooners,* de Jackie Gleason (1952-70), um dos primeiros seriados populares da tevê, que foi reapresentado nos anos 1990. Carney era Ed Norton, um operário ao mesmo tempo imbecil e gracioso; Randolf fazia o papel de sua apaixonada esposa Trixie. **Também: Will Rogers, Jr. & Will Rogers** (filho/pai; ator/humorista); **Sarah Bernhardt & Eduardo VII** (caso; atriz/nobre).

---

19 a 25 de outubro
CÚSPIDE DO DRAMA E DA CRÍTICA
CÚSPIDE LIBRA-ESCORPIÃO

3 a 11 de novembro
SEMANA DA PROFUNDIDADE
ESCORPIÃO II

Desenvolvendo a intensidade

O relacionamento entre Libra-Escorpião e Escorpião II envolve o crescimento gradual de uma intensidade que é tanto sua força como sua fraqueza. O relacionamento pode focalizar o desenvolvimento de laços profundos de confiança e honradez, mas uma vez que estes começam a materializar-se, crescem os interesses: os parceiros esperam mais, julgam mais e perdoam menos e, portanto, o relacionamento não dura o suficiente para que esses laços aflorem completamente. Embora possam passar bons momentos juntos, os dois tendem a irritar um ao outro ou frustrar-se um com o outro, necessitando passar algum tempo separados de vez em quando. A amargura e o insulto infelizmente acompanham os rompimentos aqui.

Os casos amorosos muitas vezes incluem uma forte expressão sexual, que permanece inalterada mesmo em casamentos de longa duração. As dificuldades que podem separar esses dois não são físicas, mas emocionais: o que começa como uma simples briga ou desentendimento pode assumir proporções terríveis. Muitas dessas ocasiões terminam finalmente na rejeição mútua. Os parceiros devem estar extremamente atentos para cortá-las pela raiz e nunca, sob quaisquer circunstâncias, ignorar sua importância ou deixá-las fugir de seu controle.

Na amizade, o nativo de Escorpião II faz exigências que o representante de Libra-Escorpião acha difícil de cumprir. Esse último, por sua vez, tem talento para a desaprovação com a qual Escorpião II não é capaz de lidar; rapidamente ferido, Escorpião II recolhe sua afeição, retraindo-se em um mundo de sofrimento e pena de si mesmo. Irmãos dessa combinação, sobretudo de mesmo sexo, possuem uma intensidade implacável que faz com que seja difícil para eles relaxar e divertir-se com facilidade O relacionamento muitas vezes envolve culpa e reprovações, particularmente se os desentendimentos entre parentes elevarem a tensão. Objetivamente, os nativos de Libra-Escorpião e Escorpião II adaptam-se bem um ao outro, com talentos e interesses em comum. Incompatibilidades emocionais, no entanto, geralmente impedem que as relações entre esses dois sejam bem-sucedidas.

Conselho: *Alivie um pouco a pressão. Cuidado para não sentir pena de si mesmo. Tente ser um pouco mais compreensivo emocionalmente.*

◆ RELACIONAMENTOS ◆

PONTOS FORTES: INSTRUTIVO, INTERESSADO, MADURO

PONTOS FRACOS: OBSESSIVO, ESTAGNADO, CONTROLADOR

MELHOR: AMIZADE

PIOR: PAIS-FILHOS

MOSS HART (24/10/04)
GEORGE S. KAUFMAN (16/11/1889)

Hart e Kaufman foram brilhantes dramaturgos e diretores que colaboraram como roteiristas em algumas das comédias mais engraçadas e bem-sucedidas dos Estados Unidos, entre as quais *Once in a Lifetime* (1930), a ganhadora de Prêmio Pulitzer *You Can't Take It With You* (1936) e *The Man Who Came to Dinner* (1939) – todas as 3 foram filmadas.

---

19 a 25 de outubro
CÚSPIDE DO DRAMA E DA CRÍTICA
CÚSPIDE LIBRA-ESCORPIÃO

12 a 18 de novembro
SEMANA DO CHARME
ESCORPIÃO III

Aparar e cultivar

Essa combinação, como o vinho, geralmente melhora com o tempo. No entanto, existe um limite para o tempo desse amadurecimento se pouca atenção lhe for dedicada: a relação tem uma tendência à estagnação e ao desgaste. Ela precisa de cuidados e trabalho duro para manter-se na direção certa. Os dois possuem um talento inato para cuidar de seus relacionamentos, mas, infelizmente eles podem ficar cegos e deixar isso de lado. Para que possa sobreviver, portanto, esse relacionamento precisa ser bem diagnosticado, e, de fato, o foco desse par está na compreensão de sua própria mecânica.

Nos casos amorosos e casamentos os parceiros têm interesse absoluto um pelo outro. Isso, é claro, não é o mesmo que prestar atenção ao relacionamento em si, que pode estar extremamente carente. Os parceiros podem ficar obsessivos um com o outro, talvez até ciumentos e controladores, sem compreender que esse comportamento pode afrouxar os laços do relacionamento, em vez de reforçá-los. Aprender a recuar, dar espaço ao outro e trabalhar objetivamente na melhoria do relacionamento, como uma pessoa apara e cultiva uma planta, pode fazer a pressão baixar de forma incrível, impedindo que surjam problemas.

Os relacionamentos entre pais e filhos e patrão e empregado funcionam melhor quando Escorpião III tem o papel do pai (ou mãe) ou do patrão. Tanto na família como nas esferas comerciais irmãos e colegas são mais bem-sucedidos, pois os parceiros se saem melhor quando estão em pé de igualdade. Como amigos, Libra-Escorpião pode dar excelentes conselhos ao companheiro de Escorpião III que, por sua vez, pode dar lições importantes sobre o desenvolvimento da força de vontade e da consistência. Se os dois se conhecerem como estudantes, se sentirão absorvidos e unidos mais por um interesse comum, com o passar dos anos, do que por seus sentimentos pessoais pelo outro.

Conselho: *Não pressuponha nada. A manutenção regular é necessária. As coisas não melhoram por si mesmas. Faça seu próprio diagnóstico.*

19 a 25 de outubro
CÚSPIDE DO DRAMA E DA CRÍTICA
CÚSPIDE LIBRA-ESCORPIÃO

19 a 24 de novembro
CÚSPIDE DA REVOLUÇÃO
CÚSPIDE ESCORPIÃO-SAGITÁRIO

Frágil equilíbrio

Esse relacionamento pode ser inesperadamente emocional para ambos os parceiros. Esses personagens se vêem (e também ao outro) como pessoas bastante calmas, mas podem ficar surpresos com os sentimentos produzidos neles pela presença do outro. Outro elemento de surpresa aqui são as qualidades sombrias, ou o lado mais obscuro da psique dos parceiros que pode aflorar. Entrar em contato com isso pode ser emocionalmente conturbado. De fato, a emoção pode tornar-se o foco dessa relação complexa e sensível. Os parceiros sentem-se inconscientemente fascinados pela profundidade dos sentimentos mútuos, podendo buscar restringir outros relacionamentos, e até suas carreiras, para passar mais tempo a sós. Libra-Escorpião se atrai pela incisividade, pelo gosto e o desejo de poder de Escorpião-Sagitário, enquanto este admira a habilidade mental e, muitas vezes, a aparência de Libra-Escorpião.

Os casos amorosos podem ser longos e satisfatórios. A relação sexual geralmente desenvolve-se mais com o passar do tempo, e se mistura a sentimentos de amizade e respeito. A animosidade e a competição são geralmente mínimas, e fazer amor é um complemento em vez de ser algo competitivo e dominador. Isso pode significar um grande alívio para os parceiros, que em geral se envolvem com jogos de poder em outras áreas de suas vidas. O casamento, no entanto, nem sempre é uma boa idéia, pois compromissos fixos e responsabilidades pesadas podem perturbar o frágil equilíbrio de emoções entre esses namorados. Amigos e irmãos com essa combinação sentem-se apoiados nesta relação com o passar dos anos. Como colegas de classe, eles podem ser competitivos, tentando dominar um ao outro no âmbito acadêmico, social ou esportivo, apesar de qualquer diferença de idade que possa existir. Esforçar-se para chamar a atenção de amigos comuns é freqüente. A combinação requer a maturidade da idade adulta para levar os parceiros a ter uma relação mais significativa e produtiva.

Esse par pode formar uma equipe eficiente de colegas e parceiros de negócios, onde os nascidos em Libra-Escorpião oferecem a imaginação e a fantasia e os representantes de Escorpião-Sagitário a visão sagaz necessária para alcançar o sucesso.

Conselho: *Você pode estar negligenciando certas responsabilidades. Aplaque sua tendência competitiva. Busque a paz e a harmonia. Não perturbe o que está indo bem.*

RELACIONAMENTOS

PONTOS FORTES: GRATIFICANTE, FASCINANTE, PROFUNDO

PONTOS FRACOS: COMPETITIVO, INVEJOSO, IMATURO

MELHOR: AMOR

PIOR: IRMÃOS

BELA LUGOSI (20/10/1882)
BORIS KARLOFF (23/11/1887)

Lugosi e Karloff nunca foram superados como atores de filmes de horror. Karloff teve sua grande oportunidade como o monstro em *Frankenstein* (1931), um papel que Lugosi recusou quando filmava *Drácula* (1931). Eles mais tarde apareceram juntos em muitos filmes, formando a dupla mais macabra e apavorante do cinema. Karloff era considerado melhor ator; Lugosi tinha mais presença na tela.

---

19 a 25 de outubro
CÚSPIDE DO DRAMA E DA CRÍTICA
CÚSPIDE LIBRA-ESCORPIÃO

25 de novembro a 2 de dezembro
SEMANA DA INDEPENDÊNCIA
SAGITÁRIO I

Ataques temperamentais

Pouco é evitado nesse relacionamento. Ele leva de roldão os parceiros em um redemoinho de confrontos excitantes, tanto físicos como verbais, que deixam pouco espaço para pensamentos objetivos ou desapego. O relacionamento valoriza muito o comportamento natural e a honestidade, mas não sabe compartilhar: os parceiros conseguem conviver de perto sem que tenham muito a ver um com o outro. As tensões serão abrandadas se cada um tiver seu espaço inviolável, completamente além da jurisdição ou da observação do outro. O problema é que tanto os nascidos em Libra-Escorpião como em Sagitário I têm muito a dizer sobre os hábitos do outro. Algumas vezes pode ser difícil para eles conter-se ou controlar sua crítica ou preocupação.

Nos assuntos amorosos, o relacionamento é muitas vezes instável e incendiário. Ataques temperamentais ou passionais podem explodir a qualquer momento; a harmonia e o equilíbrio emocional são difíceis de se manter. Além disso, embora Libra-Escorpião fique aliviado por poder ser honesto com seu parceiro de Sagitário I (que, por sua vez, se beneficia sem que isso lhe agrade sempre, do poder de observação de Libra-Escorpião), isso pode também significar que os dois nem sempre estão interessados em manter as coisas artificialmente calmas ou educadas. O casamento pode ajudar a canalizar as energias rebeldes do relacionamento para a direção certa. Ter filhos também pode acalmá-la um pouco, embora estes filhos sintam freqüentemente os tremores sísmicos que ameaçam irromper sob a superfície do relacionamento de seus pais.

O relacionamento entre pais e filhos, na realidade, pode ter sua própria intensidade e incluir brigas sérias e duradouras, com a alternância entre gostar e desgostar, amar e odiar, respeitar e desrespeitar com uma velocidade impressionante. A amizade entre os dois caracteriza-se pela volatilidade, mas atividades combinadas podem fornecer ao menos uma quantia módica de estabilidade. As relações de trabalho entre Libra-Escorpião e Sagitário I não são recomendadas: diferenças extremas de temperamento muitas vezes afloram.

Conselho: *Trabalhe duro para controlar suas emoções. Seja honesto mas seja também diplomático. Fique atento ao aumento da temperatura. Se ocupe de seus próprios afazeres.*

RELACIONAMENTOS

PONTOS FORTES: INTERESSADO, INABALÁVEL, ESPONTÂNEO

PONTOS FRACOS: INSTÁVEL, TEMPESTUOSO, EXPLOSIVO

MELHOR: CASAMENTO

PIOR: TRABALHO

PABLO PICASSO (25/10/1881)
FRANÇOISE GILOT (26/11/21)

Com o triplo de sua idade, Picasso se casou com Gilot logo depois da II Guerra. Ela foi sua modelo, era inteligente, bela e independente - e pintora com algum talento, ao seu ver. A arte cobria a distância de sua idade, como seus dois filhos, Claude e Paloma. **Também: Sonny Terry & Brownie McGhee** (dueto de blues); **Mickey Mantle & Joe DiMaggio** (jogadores de beisebol do NY Yankees).

RELACIONAMENTOS

PONTOS FORTES: INDIVIDUALISTA, AFETIVO, ENVOLVIDO

PONTOS FRACOS: COMPETITIVO, INDIFERENTE, DADO A PROJETAR

MELHOR: COLEGAS

PIOR: IRMÃOS

DON KING (6/12/32)
EVANDER HOLYFIELD (19/10/62)

King é considerado o patrocinador mais agressivo e controverso de boxe. O campeão peso-pesado Holyfield não aceitou as primeiras ofertas de King, mas para garantir seu título em 1996 contra Mike Tyson, ele foi forçado a deixar King patrocinar a luta. Holyfield venceu. **Também: Pablo Picasso & Wassily Kandinsky** (modernistas; estética oposta); **Albert Boni & Horace Liveright** (editores de Nova York).

---

19 a 25 de outubro
CÚSPIDE DO DRAMA E DA CRÍTICA
CÚSPIDE LIBRA-ESCORPIÃO

3 a 10 de dezembro
SEMANA DO ORIGINADOR
SAGITÁRIO II

Corações cativos

Esse relacionamento é muitas vezes competitivo devido ao desejo de cada parceiro de chamar a atenção de um amigo mútuo, namorado ou membro da família. Os dois derramam todo o seu charme para conquistar o coração dessa terceira pessoa. Sutilmente, não é na outra pessoa que estão especialmente interessados, mas sim um no outro; essa competição pela afeição é um mecanismo sutil usado para trabalhar certos problemas, aos quais não estão em geral atentos o bastante. Portanto, cabe aos dois parceiros concentrar-se mais no próprio relacionamento e tentar se adaptar a ele.

Casos amorosos e casamentos dessa combinação podem ser afetivos e passionais, mas muitas vezes envolvem-se em triângulos amorosos. A terceira pessoa é muitas vezes um amigo que passa bastante tempo com um dos parceiros. Em termos psicológicos, esse indivíduo pode representar uma pessoa relevante da infância do parceiro (uma pessoa que se nega a dar aprovação e amor). Libra-Escorpião e Sagitário II vão muito longe para ganhar a afeição de uma pessoa assim, mas raramente vão fundo o suficiente para ameaçar seu próprio relacionamento.

Amizades e irmãos dessa combinação são também muito competitivos, buscando a atenção de outros amigos ou dos pais. Os nascidos em Sagitário II têm uma tendência a retirar-se em seu próprio mundo e a cuidar das feridas e desconsiderações sofridas, enquanto pais nascidos em Libra-Escorpião mostram pouca preocupação com seus sentimentos. Na esfera profissional, o talento e a imaginação de Sagitário II podem mesclar-se com a motivação de Libra-Escorpião, mas muitas vezes os parceiros preferem seguir seu próprio caminho e desenvolver seu próprio enfoque. Portanto, seu relacionamento de trabalho funciona melhor quando podem consultar-se e dar conselhos um ao outro como amigos, e não em uma posição fixa como colegas.

Conselho: *Aprofunde sua compreensão. Elimine a competição sempre que possível. Tente ser honesto com seus sentimentos. Jogos podem magoar a outros.*

RELACIONAMENTOS

PONTOS FORTES: DESAFIADOR, ENERGÉTICO, INSPIRACIONAL

PONTOS FRACOS: PREOCUPADO, EXAGERADO, ESTAFADO

MELHOR: CASAMENTO

PIOR: PAIS-FILHOS

GILBERT ROLAND (11/12/05)
CONSTANCE BENNETT (22/10/04)

A atriz Bennett fez sua estréia nas telas aos 17 anos de idade e se tornou uma popular protagonista do cinema mudo e, mais tarde, do falado. Ela se casou 5 vezes. Um de seus maridos (1941-45) foi o amante latino Roland, que teve uma longa carreira como protagonista e coadjuvante. Seu primeiro filme foi em 1925 e o último em 1982.

---

19 a 25 de outubro
CÚSPIDE DO DRAMA E DA CRÍTICA
CÚSPIDE LIBRA-ESCORPIÃO

11 a 18 de dezembro
SEMANA DO TITÃ
SAGITÁRIO III

Pendor ao excesso

A combinação desses indivíduos obstinados pode envolver choques; no entanto, eles geralmente possuem respeito suficiente pela força do outro para evitar confrontos diretos. Além disso, esse relacionamento pode permitir-lhes colocar sua energia prodigiosa a serviço de causas comuns, e isso pode aliviar suas dificuldades pessoais. Os nascidos em Libra-Escorpião têm jeito para trazer à tona a insegurança do aparentemente inacessível Sagitário III, que pode vir a depender do intelecto e da visão de Libra-Escorpião para lhe dizer o que deve ser feito, tanto no plano pessoal como no profissional. Os nascidos em Sagitário III, que têm uma forte tendência a enganar-se, podem vir a valorizar a honestidade de Libra-Escorpião a longo prazo.

O casamento ou uma parceria de trabalho podem ser uma e única coisa para Libra-Escorpião e Sagitário III; a combinação é mais forte em colocar idéias em prática e realizar os objetivos que os outros consideram inatingíveis. Nenhum dos parceiros se impressiona com dificuldades. Na realidade, esse relacionamento muito enérgico sobrevive dos problemas, que muitas vezes aproximam emocionalmente os parceiros. Os casos amorosos entre Libra-Escorpião e Sagitário III são geralmente breves e estão sujeitos a desgastes, pois a propensão ao excesso aqui é difícil de controlar.

O representante de Sagitário III pode não ter tempo suficiente para passar com seu amigo nascido em Libra-Escorpião, mas raramente se esquece dele. Isso é bom, porque Libra-Escorpião às vezes tem uma forte necessidade de apoio moral ou da ajuda financeira do amigo de Sagitário III. No entanto, o relacionamento funciona melhor quando não se apega a compromissos e responsabilidades fixas.

Combinações entre pais e filhos mostram pais de Libra-Escorpião orgulhosos de sua prole de Sagitário III, mas eles não conseguem controlá-los ou mesmo orientá-los. Um pai (ou mãe) de Sagitário III pode ser um modelo ideal inspirador para um filho nascido em Libra-Escorpião, mas muitas vezes está preocupado demais com questões relacionadas à carreira para lhe dar suficiente atenção.

Conselho: *Tirem mais tempo livre para divertir-se juntos. Reconheçam as necessidades específicas de cada um. Moderem um pouco suas energias. Prolonguem o prazer.*

19 a 25 de outubro
CÚSPIDE DO DRAMA E DA CRÍTICA
CÚSPIDE LIBRA-ESCORPIÃO

19 a 25 de dezembro
CÚSPIDE DA PROFECIA
CÚSPIDE SAGITÁRIO-CAPRICÓRNIO

Resistência a conceitos ultrapassados

De alguma forma essa é uma combinação entre o consciente e o inconsciente; Libra-Escorpião é particularmente forte na esfera consciente, com alto desempenho em tudo o que tem a ver com lógica, conhecimento crítico, pensamento e discurso, enquanto Sagitário-Capricórnio é um mestre dos reinos ocultos que tem a ver com a intuição e o mundo inconsciente e profundo do sono, o silêncio e a imaginação. Em princípio, pode ser que não se sintam muito atraídos um pelo outro ou que não tenham um bom relacionamento, mas depois mesclam seus talentos em um todo complementar, muito maior que a soma das duas partes. Libra-Escorpião é regido pelos elementos ar e água (simbolizando pensamento e sentimento), enquanto Sagitário-Capricórnio é uma combinação de fogo e terra (representando intuição e sensação). Juntos, portanto, eles abarcam os quatro elementos: uma união poderosa. No entanto, inerente a essa combinação há uma certa resistência a conceitos ultrapassados e antiquados, estimulando o desejo de derrubar tradições ou conceitos estabelecidos, ou qualquer tipo de estrutura formal.

As relações de trabalho são talvez melhores para os dois, onde Libra-Escorpião contribui com sua capacidade de intensa concentração e perícia na linguagem, e Sagitário-Capricórnio fornece energias persuasivas e magnéticas. Essa dupla pode administrar bem uma empresa e cooperar como chefes de departamentos diferentes. A união não é livre de tensões, onde a energia rápida e incisiva de Libra-Escorpião se opõe à energia mais lenta, mas também mais profunda de Sagitário-Capricórnio (que, com o passar do tempo, geralmente triunfa pela sua firme resolução e teimosia). Os nascidos em Libra-Escorpião e Sagitário-Capricórnio raramente são afeitos para a amizade, os casos amorosos ou o casamento: suas diferenças de temperamento são marcantes demais. Certamente, Sagitário-Capricórnio pode ser fisicamente atraente para Libra-Escorpião, mas Libra-Escorpião também pode magoar ao seu parceiro de Sagitário-Capricórnio por sua incapacidade de manter-se fiel, pois exige um tipo de liberdade que Sagitário-Capricórnio não está pronto para dar. Membros da família podem confrontar-se uns com os outros diretamente, e não tão prazerosamente. Eles podem tornar seu dia-a-dia difícil e, portanto, podem optar pelo isolamento um do outro.

Conselho: *Reconciliem suas diferenças. Reconheçam a força de sua combinação e trabalhem ativamente para apoiá-la. Minimizem os confrontos. Estabeleçam a paz.*

RELACIONAMENTOS

PONTOS FORTES: COMPLEMENTAR, EFICAZ, BEM-SUCEDIDO

PONTOS FRACOS: DESAGRADÁVEL, DESESPERADO, LITIGIOSO

MELHOR: TRABALHO

PIOR: FAMÍLIA

COSIMA LISZT (24/12/1837)
FRANZ LISZT (22/10/1811)

Cosima era uma das 3 filhas do compositor Liszt com sua amante condessa Marie d'Agoult (1835-45). Cosima foi criada principalmente pela avó (mãe de Liszt). Seu relacionamento era distante - ele lhe escrevia, mas não a via com freqüência. Ele estava concentrado em sua própria vida e trabalho. O segundo casamento de Cosima com o compositor Richard Wagner o deixou furioso. **Também: Jean Dausset & George Snell** (ganhadores de Prêmio Nobel em 1980, genética).

---

19 a 25 de outubro
CÚSPIDE DO DRAMA E DA CRÍTICA
CÚSPIDE LIBRA-ESCORPIÃO

26 de dezembro a 2 de janeiro
SEMANA DO REGENTE
CAPRICÓRNIO I

Ideal inalcançável

Por razões diferentes, esse par pode encarar erroneamente um ao outro como uma força de mudança que pode libertá-lo de algo ou de alguém. As consequências dessa idéia são geralmente desastrosas. Em primeiro lugar, é claro, como princípio básico, isso não pode estar certo, pois as pessoas só podem libertar a si mesmas. Em segundo lugar, esse par geralmente busca a liberdade como ideal, que, assim, torna-se inalcançável. Assim é como se inicia o relacionamento. Geralmente ele termina em uma batalha que a tudo consome com muitos conflitos e que gira em torno da liberdade. Os nascidos em Libra-Escorpião desejam os de Capricórnio I, acreditando que sua solidez é benéfica; inconscientemente esperam libertar-se de seu lado obscuro, que é algo que não os deixa muito à vontade. Por sua vez, os nascidos em Capricórnio I buscam o exótico (a combinação de paixão e refinamento que Libra-Escorpião possui, mas que ele raramente sabe que possui) para liberá-los de sua vida estruturada e tradicional. Essa combinação traz sua parcela de frustrações. Capricórnio I pode sentir-se fora de controle em seu relacionamento com Libra-Escorpião, que parece escorrer por entre seus dedos; e Libra-Escorpião, por sua vez, pode cansar-se das atitudes fixas de Capricórnio I, achando-as limitadoras e, finalmente, embotadoras. O melhor aqui é que Capricórnio I torne-se o ponto fixo ao redor do qual Libra-Escorpião gira, livre até um certo ponto, mas ainda assim restrito a certas limitações.

Os casos amorosos entre os dois podem ser um exercício de futilidade. O casamento funciona melhor, pois Libra-Escorpião muitas vezes gosta de ocupar-se de tarefas domésticas, enquanto Capricórnio I lida com assuntos práticos. As amizades e os relacionamentos entre irmãos podem sofrer de rivalidades intermináveis, sobretudo se Capricórnio I buscar dominar seu parceiro de Libra-Escorpião. O outro lado da moeda, no entanto, é a proteção que Capricórnio I pode oferecer e que os nativos em Libra-Escorpião podem desejar, apesar de sua postura independente. Nos negócios, o par formado por Libra-Escorpião e Capricórnio I funciona melhor se os dois forem parceiros em uma grande organização.

Conselho: *Aprecie aquilo que você tem. Não peça o impossível. Respeite os limites da privacidade. Pense cuidadosamente antes de assumir um compromisso.*

RELACIONAMENTOS

PONTOS FORTES: COMPROMETIDO, RESPONSÁVEL, PROTETOR

PONTOS FRACOS: FRUSTRADO, CONFINADO, INSENSÍVEL

MELHOR: CASAMENTO

PIOR: AMOR

DAVID BAILEY (2/1/36)
CATHERINE DENEUVE (22/10/43)

A atriz francesa Deneuve, que teve um filho com o diretor Roger Vadim (1963) e outro com o ator Marcello Mastroianni (1972), se casou apenas uma vez – com o fotógrafo inglês Bailey – antes dos outros casos. Ele é mais conhecido por suas provocativas fotos de moda. O filme de Antonioni *Blow-Up – Depois Daquele Beijo* (1966) baseou-se na vida de Bailey. **Também: Franz Liszt & Condessa Marie d'Agoult** (compositor/amante).

RELACIONAMENTOS

PONTOS FORTES: EXPRESSIVO, INDEPENDENTE, IDEALISTA

PONTOS FRACOS: FORA DA REALIDADE, AUTODESTRUTIVO, VOLÚVEL

MELHOR: AMIZADE

PIOR: FAMÍLIA

HANS VON BULOW (8/1/1830)
FRANZ LISZT (22/10/1811)

O maestro e pianista von Bulow estudou piano com Liszt a partir de 1851; eles se tornaram grandes amigos. Em 1857, von Bulow se casou com a filha de Liszt. Quando ela deixou von Bulow, 12 anos mais tarde, para ficar com Richard Wagner, Liszt desaprovou veementemente. Os amigos continuaram sua associação ao longo dos anos.

---

19 a 25 de outubro
CÚSPIDE DO DRAMA E DA CRÍTICA
CÚSPIDE LIBRA-ESCORPIÃO

3 a 9 de janeiro
SEMANA DA DETERMINAÇÃO
CAPRICÓRNIO II

Soberania intransigente

Como esse par é provavelmente volátil, possuindo uma qualidade explosiva e o foco na ação independente, ele precisa de uma boa quantidade de cuidado e diplomacia. Capricórnio II é extremamente sensível à crítica, e portanto, Libra-Escorpião precisa ter cuidado para que o relacionamento sobreviva. Infelizmente, o relacionamento nem sempre tem pontos de vista realistas, e pode provocar sua ruína pela recusa em reconhecer suas próprias fraquezas e limitações. Se os parceiros forem sensatos perceberão as dificuldades de um relacionamento assim, que envolve tanta indisposição para ceder em sua soberania e em geral juntam forças para tornar o relacionamento fortemente independente. Dessa forma, são capazes de alcançar uma expressão mais irrestrita juntos do que qualquer um deles poderia alcançar sozinho.

A união entre Libra-Escorpião e Capricórnio II funciona particularmente bem em um local de trabalho que combina parceria e amizade. Essa equipe dinâmica e impetuosa pode rebelar-se contra restrições, considerando-as repressivas para o espírito humano. Ganhar dinheiro é menos importante para eles do que lutar por ideais e pela liberdade de pensamento; como conseqüência, eles se saem melhor em empreitadas sociais, políticas ou religiosas nas quais realmente acreditam e às quais podem entregar-se verdadeiramente de todo coração.

Casos amorosos e casamentos são construídos ao redor de objetivos idealistas, nos quais a admiração mútua e a honra possuem um importante papel. Nem Libra-Escorpião nem Capricórnio II se importam muito com o que os outros pensam sobre seu relacionamento. Auto-sustentáveis e leais, os parceiros tendem a permanecer juntos por muito tempo.

Na esfera familiar, o par formado por Libra-Escorpião e Capricórnio II pode encontrar-se em posição oposta a outros parentes. Muito atentos à tradição, mas nem sempre concordando com ela, eles possuem idéias próprias sobre como as coisas devem ser feitas. Os parceiros nesse relacionamento muitas vezes acreditam que aqueles que não são seus aliados devem ser seus inimigos: para eles, não conseguir compartilhar seu entusiasmo é um pecado tão grande como opor-se a eles.

Conselho: *Desenvolva a diplomacia e um espírito de concordância. Não isole os outros só porque não concordam. Tenha calma para explicar-se.*

RELACIONAMENTOS

PONTOS FORTES: DESAFIADOR, HONESTO, COMUNICATIVO

PONTOS FRACOS: TORTUOSO, BRIGUENTO, COMBATIVO

MELHOR: TRABALHO

PIOR: AMOR

HAROLD NICHOLAS (11/1/21)
FAYARD NICHOLAS (20/10/14)

Os irmãos Nicholas foram uma dupla de sapateadores muito populares nos anos 1930 e 1940. Eles se apresentaram durante anos no Cotton Club de Harlem, apareceram em musicais da Broadway e fizeram filmes de 1932 em diante. Autodidatas, sua arte continuou se desenvolvendo ao longo dos anos. Em 1940, eram renomados por seus saltos acrobáticos. Seu filme mais memorável foi *Stormy Weather* (1943).

---

19 a 25 de outubro
CÚSPIDE DO DRAMA E DA CRÍTICA
CÚSPIDE LIBRA-ESCORPIÃO

10 a 16 de janeiro
SEMANA DA DOMINAÇÃO
CAPRICÓRNIO III

Reviravolta desnorteante

Muitas dificuldades surgem nesse relacionamento tortuoso. Os dois parecem estar presos a uma luta onde são honestos um com o outro e relacionam-se de uma maneira significativa, mas em certos pontos de suas vidas o relacionamento sofre uma ruptura na comunicação que não pode ser remediada, mesmo que seja o que eles desejam. É necessário algum tempo para que os canais sejam novamente abertos, mas quando e como isso acontecerá será ditado apenas por circunstâncias que estão fora do alcance dos parceiros.

Casos amorosos bem-sucedidos são raros nessa combinação. Os nascidos em Libra-Escorpião geralmente não gostam do tipo de controle exercido por Capricórnio III, e Capricórnio III tampouco aprecia o sarcasmo e o humor cáustico de representantes de Libra-Escorpião. No casamento, pode aflorar um jogo de poder óbvio, onde cada parceiro busca ser melhor que o outro. Quando filhos estão envolvidos, o par pode agir de forma muito pouco digna. Também pode acontecer, no entanto, que sua prole os desafie a comportar-se de forma mais madura.

Quando membros familiares compartilham essa combinação, e sobretudo quando são do mesmo sexo, rivalidades e antagonismos podem predominar desde a infância. Após uma adolescência conturbada, no entanto, o par formado por Libra-Escorpião e Capricórnio III que se engalfinhava anteriormente pode iniciar um movimento de aproximação. As amizades podem ter altos e baixos e, às vezes, manifestar antagonismos que beiram a hostilidade. No entanto, reversões momentâneas são possíveis e, assim, os parceiros se consideram amigos outra vez, em uma reviravolta desnorteante.

A relação de trabalho entre Libra-Escorpião e Capricórnio III desenvolve uma maneira de comunicação especial e extremamente pessoal, difícil de ser decifrada por terceiros. Utilizando expressões faciais, inflexões da voz ou até o silêncio para assinalar sua aprovação ou desaprovação, eles podem comunicar-se em seu próprio comprimento de onda. Essa comunicação é o verdadeiro segredo que está por trás do seu trabalho conjunto.

Conselho: *Tente ver o todo. Não desista de sua luta para ser mais aberto e compartilhar mais. Dê um tempo à outra pessoa. Perdoe e esqueça.*

19 a 25 de outubro
CÚSPIDE DO DRAMA E DA CRÍTICA
CÚSPIDE LIBRA-ESCORPIÃO

17 a 22 de janeiro
CÚSPIDE DO MISTÉRIO E DA IMAGINAÇÃO
CÚSPIDE CAPRICÓRNIO-AQUÁRIO

Certamente inflamável

Fagulhas voam com esse par e algo certamente se inflama: as duas pessoas exercem um efeito altamente estimulante uma sobre a outra. Se sua energia for bem direcionada, o relacionamento pode atingir as alturas. Porém, a tensão entre essas energias é tão grande que qualquer coisa pode acontecer. Essa é uma situação estimulante, mas pode ser também difícil de manter. Libra-Escorpião e Capricórnio-Aquário formam quadratura no zodíaco (estão separados por um ângulo de 90°), uma posição de estresse, mas esse relacionamento diferente pode beneficiar-se das fricções, que se manifestam aqui como impulso e excitação. Muito originais, eles vêem as coisas de modo diferente da maioria e não têm medo de deixar que todos saibam disso.

O par é regido pelo elemento fogo, que pode tornar as relações sexuais tórridas e até ardentemente intensas. Mas os casos amorosos têm inevitavelmente sua parcela de discussões, o que torna importante que sejam limitadas em extensão. É importante possuir um mecanismo auto-regulador, como um sistema antiincêndio psicológico planejado para apagar as chamas. Se o relacionamento evoluir para o casamento, esfria um pouco, mas também adquire mais maturidade e sensatez. Os parceiros devem ter cuidado para tirarem "férias" regulares um do outro e para não descarregarem mazelas de sua carreira em sua vida pessoal.

As amizades incluem atividades incomuns e até bizarras. Aqui, a atitude crítica de Libra-Escorpião pode entrar em conflito e inibir o enfoque mais natural de Capricórnio-Aquário. Mesmo assim, existe uma sinergia entre as tendências dramáticas dos dois parceiros, produzindo uma energia vívida e colorida que impressiona os amigos e a família.

Em geral, tanto Libra-Escorpião como Capricórnio-Aquário se entendem quando têm a chance de estar em uma posição semelhante. Porém, eles não estão preparados para acatar ordens um do outro. Na esfera familiar ou de trabalho, portanto, as combinações entre irmãos ou colegas são melhores que aquelas entre pais e filhos ou patrão e empregado.

Conselho: *Aprenda a regular suas paixões. Fique atento a impulsos violentos. Cultive atitudes amorosas e gentis. Direcione as energias construtivamente.*

RELACIONAMENTOS

PONTOS FORTES: SEXUAL, ORIGINAL, VIVAZ

PONTOS FRACOS: BRIGUENTO, MANDÃO, DESCONTROLADO

MELHOR: SEXUAL

PIOR: PAIS-FILHOS

TED SHAWN (21/10/1891)
RUTH ST. DENIS (20/1/1877)

Denishawn era o nome da companhia de dança e rede de escolas fundadas por St. Denis e Shawn em 1915, que estabeleceu a base da dança moderna. Casados em 1914, eles desenvolveram sua escola nos 18 anos seguintes formando alunas notáveis como Doris Humphrey e Martha Graham. Seu casamento (e escola) acabou em 1932. **Também:** Jeff Goldblum & Geena Davis (casados; atores).

---

19 a 25 de outubro
CÚSPIDE DO DRAMA E DA CRÍTICA
CÚSPIDE LIBRA-ESCORPIÃO

23 a 30 de janeiro
SEMANA DO GÊNIO
AQUÁRIO I

Tentações no caminho

Esse relacionamento se sai melhor quando mantido solto e leve. Sua orientação é primordialmente mental, o que no entanto não exclui um lado físico satisfatório e prazeroso. A mudança tem um papel importante nesse relacionamento. Embora ela seja necessária, pode minar a estabilidade da relação. Aquário I é um oponente à altura do jogo de palavras e da esperteza de Libra-Escorpião, mas a energia desse relacionamento raramente é desperdiçada em conversas banais; para essa combinação ativa, a vida tem pouco significado sem novos desafios.

Casos amorosos e casamentos são muitas vezes devotados aos esportes, às viagens e à cultura. É nestas e em outras áreas que a dupla encontra o tipo de complexidade e de dificuldades com que deve lidar e, finalmente, superar. Essa combinação tende a ser tensa, e as muitas tentações que os indivíduos encontram ao longo do caminho podem aumentar seu nervosismo natural e perturbar sua harmonia e equilíbrio. A infidelidade não é a única área de risco; quase qualquer caminho alternativo pode ser debilitador para os dois. Como pais, tendem a envolver-se demais com os filhos e devem concentrar-se em manter distância, objetividade e sabedoria.

Como amigos, Libra-Escorpião e Aquário I nem sempre possuem a seriedade e o comprometimento necessários para formar um relacionamento profundo. Como companheiros ou conhecidos ocasionais, no entanto, ou como parceiros nos esportes, eles podem passar o tempo juntos com bastante prazer e poucos conflitos. Colegas de trabalho podem servir bem a uma empresa por muito tempo. Em um certo momento esse par certamente pensará em iniciar o seu próprio negócio, mas o relacionamento geralmente não possui a coragem e a determinação necessárias para mantê-lo por muito tempo. A combinação entre pais e filhos pode ser muito divertida, mas com a ausência do elemento maturidade. Isso fica particularmente claro quando os dois disputam um com o outro para dar uma impressão mais juvenil.

Desenvolva *a perseverança. Resista à tentação de horizontes sempre mutáveis. Devote algum tempo para superar pontos fracos antes de desistir.*

RELACIONAMENTOS

PONTOS FORTES: ATIVO, DESAFIADOR, DIVERTIDO

PONTOS FRACOS: VOLÚVEL, SUPERFICIAL, REDUZ TUDO À TRIVIALIDADE

MELHOR: COMPANHEIRISMO

PIOR: CASAMENTO

ROGER VADIM (26/1/28)
CATHERINE DENEUVE (22/10/43)

A magnífica atriz francesa Deneuve e o erótico diretor e roteirista Vadim tiveram um famoso caso nos anos 1960, gerando um filho, Christian, em 1987. Vadim publicou seu livro *Minha Vida com as Três Mais Belas Mulheres do Mundo*, descrevendo seu relacionamento amoroso com Deneuve, Brigitte Bardot e Jane Fonda. Ele dirigiu o filho Christian em *Surprise Party* (1983). **Também:** Vinícius de Moraes & Tom Jobim (poeta/parceiros em composições).

RELACIONAMENTOS

PONTOS FORTES: ABRANGENTE, ENVOLVIDO, ARTÍSTICO

PONTOS FRACOS: REPETITIVO, OBSESSIVO, POSSESSIVO

MELHOR: CASAMENTO

PIOR: AMIZADE

PETER TOSH (19/10/44)
BOB MARLEY (6/2/45)

Tosh e Madey formaram o grupo de reggae Bob Marley and the Wailers em 1963, cujas canções falavam de rebeldia, determinação e fé para audiências de todo o mundo. Tragicamente, ambos morreram cedo: Marley de câncer em 1982; Tosh foi assassinado na Jamaica em 1987. **Também: Adlai Stevenson & Adlai Stevenson II** (avô/neto; vice-presidente/ candidato a presidente); **Ziraldo & Henfil** (cartunistas; escritores).

---

19 a 25 de outubro
CÚSPIDE DO DRAMA E DA CRÍTICA
CÚSPIDE LIBRA-ESCORPIÃO

31 de janeiro a 7 de fevereiro
SEMANA DA JUVENTUDE E DESPREOCUPAÇÃO
AQUÁRIO II

Duplicação em série

O foco desse relacionamento é o desejo de engajar-se em uma série de projetos de amplo alcance. Quando provarem o gosto do sucesso em uma determinada área, tentarão duplicá-lo repetidamente. Encontrar uma forma que funcione é fundamental para seus planos, e se ela não surgir podem parecer um pouco desarraigados ou perdidos. Estranhamente, não importa muito qual a atividade que perseguem nesses tipos de projetos. O que importa é a reprodução de um bom projeto.

Casamentos, casos amorosos e amizades tornam-se a base de empreendimentos comerciais e artísticos. O tipo de envolvimento total necessário para tais atividades permeia todas as áreas da vida dos parceiros, e assim eles correm o risco de tornar-se extremamente possessivos um com o outro. Porque estão convencidos que não podem viver um sem o outro, às vezes eles podem sentir-se desesperados com a ausência do parceiro, ou extremamente ciumentos quando o parceiro desviar sua tenção para outro lado. Se a tensão, o estresse ou as pressões de seus projetos aumentarem até uma intensidade que ameace seu relacionamento, devem ter o bom senso de recuar, diminuir a velocidade ou talvez até mesmo de desistir desses projetos; uma decisão assim pode permitir-lhes desenvolver o lado mais pessoal de seu relacionamento e que conheçam melhor um ao outro.

Irmãos envolvem-se juntos em atividades esportivas em clubes ou escolas, estruturando seu relacionamento ao redor de atividades semanais ou mensais que os dois apreciam. Da mesma forma, colegas de trabalho dessa combinação apreciam o ritmo de trabalho de uma corporação: horários e cotas que devem ser cumpridos ou grandes e sucessivos projetos, nos quais eles podem ter um papel significativo.

Conselho: *Não tentem fazer demais. O lado pessoal de sua vida pode estar se perdendo na pressa. Desista da possessividade. Atenha-se ao que é legítimo.*

RELACIONAMENTOS

PONTOS FORTES: ROMÂNTICO, MÁGICO, CONFORTÁVEL

PONTOS FRACOS: FORA DA REALIDADE, IDEALISTA DEMAIS, VICIADO

MELHOR: TRABALHO

PIOR: PAIS-FILHOS

JEFF GOLDBLUM (22/10/52)
LAURA DERN (10/2/67)

O ator Goldblum deu um salto para a celebridade em seu papel no filme *O Reencontro* (1983). Dern progrediu de pequenos papéis para se tornar uma das atrizes mais talentosas de Hollywood. Ela e Goldblum co-estrelaram em *Parque dos Dinossauros* (1993) e iniciaram um longo romance nos anos 1990. **Também: Robert Reed & Florence Henderson** (co-estrelas, *The Brady Bunch*); **John Profumo & Harold Macmillan** (ameaça de escândalo sexual ao primeiro-ministro).

---

19 a 25 de outubro
CÚSPIDE DO DRAMA E DA CRÍTICA
CÚSPIDE LIBRA-ESCORPIÃO

8 a 15 de fevereiro
SEMANA DA ACEITAÇÃO
AQUÁRIO III

Necessidade de fantasia

Essa combinação pode facilmente perder contato com a realidade. Ilusões de todo o tipo fascinam o relacionamento, sobretudo quando preenchem as necessidades de fantasia dos parceiros. Um casal assim deve ter cuidado para não ver apenas o que quer ver ou escutar somente o que quer ouvir. Embora consigam apreciar a companhia do outro na maioria das vezes, incorporando romance, jogos e criatividade em suas atividades, eles se arriscam a formar hábitos pouco saudáveis ou dependências, como bebida e drogas, ou sexo e amor. Pode-se dizer que a susceptibilidade do casal a tais atividades é maior do que a da maioria, pois sua constituição psicológica possui uma natureza particular.

Os casos amorosos entre Libra-Escorpião e Aquário III são muito românticos e envolvem muitos momentos mágicos. Ficar apaixonado pelo próprio amor é sempre uma possibilidade, mas esses parceiros sentem-se compatíveis e à vontade um com o outro e sua sólida apreciação e carinho mútuos combate qualquer fantasia sonhadora. Se não mais se amarem, são capazes de tornar-se amigos, em um relacionamento que possui um tipo próprio de romance, geralmente de natureza platônica. Quando são namorados ou amigos, o par pode se admirar mutuamente, a ponto da adoração. Eles geralmente não sabem que seu apego à outra pessoa é uma projeção psicológica de seus próprios desejos - de seu próprio eu idealizado. Essas projeções podem incluir uma auto-imagem negativa da parte de ambos os parceiros.

Casamentos e relacionamentos de trabalho entre os dois podem forçá-los a ter um maior sentido da realidade, o que pode ser bom de um lado e ruim de outro: a necessidade de lidar com responsabilidades diárias diminui a magia e as ilusões desse par. Portanto, é mais fácil encontrar mais saúde psicológica no casamento do que nas outras relações entre Libra-Escorpião e Aquário III. As combinações entre pais e filhos mostram pais de Libra-Escorpião exigindo demais de filhos de Aquário III, que podem, por sua vez, ser muito facilmente dominados por pais de Libra-Escorpião.

Conselho: *Fique atento à sua fraqueza por ilusões. Tente manter contato com a realidade. Ter saúde psicológica não significa se divertir menos.*

704

19 a 25 de outubro
CÚSPIDE DO DRAMA E DA CRÍTICA
CÚSPIDE LIBRA-ESCORPIÃO

16 a 22 de fevereiro
CÚSPIDE DA SENSIBILIDADE
CÚSPIDE AQUÁRIO-PEIXES

Um bom ajuste

Esses dois se encaixam tão bem como uma luva. Libra-Escorpião e Aquário-Peixes são bastante diferentes um do outro, mas formam aspecto de trígono no zodíaco (estão a uma distância de 120°), posição que implica uma energia natural e fluida. Mesmo sendo tão fácil, o relacionamento se envolve em tarefas difíceis ou impossíveis. O interessante neste relacionamento é que oferece aos parceiros algo que lhes falta individualmente: a visão e o pragmatismo para se dar conta disso. Aqui, ter um objetivo ou meta é inevitável, e os parceiros formam uma combinação formidável que pode incitar não só a admiração como também antagonismo e ciúmes no mundo exterior. Essa combinação que não cede facilmente faz as coisas a seu próprio modo. É capaz de tocar a área emocional mais profunda de outras pessoas que instintivamente percebem que, mesmo que se oponham, ela representa a onda do futuro.

Sem uma causa à qual se devotarem, casos amorosos e casamentos podem incluir grandes diferenças de opinião, o que provoca brigas, apesar da facilidade de comunicação existente. Embora a sensualidade entre os dois seja pronunciada, os nascidos em Libra-Escorpião podem enervar ao representante mais sensível de Aquário-Peixes, que, por sua vez, pode tentar forçar Libra-Escorpião a abafar seu lado extrovertido. O resultado disso é que crescem as frustrações dos dois lados. A chave do sucesso aqui é que os parceiros demonstrem mais interesse no relacionamento em si, encarando-o com o mesmo fervor que fazem com seus projetos mais objetivos e idealistas. Na esfera familiar, pares de irmãos (particularmente do mesmo sexo) são competitivos, mas eles também se apóiam mutuamente.

As amizades e relações de trabalho são extraordinárias e muitas vezes coincidem. Quando a serviço de uma causa social, comercial ou artística, o relacionamento pode rebelar-se contra gostos ou ideais ultrapassados. Um elemento profético acompanha essa atitude; o par tem uma idéia bastante clara do que deseja em substituição ao status quo.

Conselho: *Não dê como certo seu relacionamento. Não se deixe levar por ideais. Mantenha os pés no chão. Aprenda a inspirar os outros sem despertar inveja.*

RELACIONAMENTOS

PONTOS FORTES: FORMIDÁVEL, PROFÉTICO, IDEALISTA

PONTOS FRACOS: ANTAGÔNICO, DESTRUTIVO, FRUSTRADO

MELHOR: AMIZADE

PIOR: AMOR

BOBBY SEALE (22/10/36)
HUEY NEWTON (17/2/42)

Seale e Newton fundaram o partido Panteras Negras (1966), uma organização militar com sede em Oakland, Califórnia. Como líderes dos Panteras, eles convocaram os negros a reunir arsenal e armas para lutar contra os opressores brancos. O movimento declinou nos anos 1970.
Também: Franz Liszt & Frederic Chopin (bons amigos; compositores).

---

19 a 25 de outubro
CÚSPIDE DO DRAMA E DA CRÍTICA
CÚSPIDE LIBRA-ESCORPIÃO

23 de fevereiro a 2 de março
SEMANA DO ESPÍRITO
PEIXES I

Apreciação mútua

Aqui desenvolve-se um relacionamento extremamente próximo, no qual predominam sentimentos de empatia. Embora os parceiros sejam muito diferentes em termos de temperamento, em que Libra-Escorpião possui orientação mental e Peixes I uma orientação emocional, podem forjar suas forças em uma unidade operacional eficaz. A chave para esse relacionamento, e muitas vezes o seu foco, é a capacidade dos parceiros de admirar os talentos e habilidades do outro. Se alguma decepção emocional aflorar aqui, os dois parceiros ficarão magoados, mas Peixes I será afetado em um nível mais profundo.

Amizades e casos amorosos são calorosos e compreensivos. Na maioria das vezes, um não oferece ameaça ao outro, tanto física quanto psicologicamente. No entanto, pequenos problemas surgem quando Peixes I sente-se empurrado ou apressado pelo companheiro enérgico de Libra-Escorpião. A química aqui é menos passional do que compreensiva e afetuosa. Libra-Escorpião pode terminar um caso de amor com Peixes I porque cansou-se, achando que não há dinamismo suficiente para ele; porém Peixes I também pode recuar, com medo de envolver-se mais profundamente com seu parceiro de Libra-Escorpião. A amizade que termina em um caso de amor possui um melhor prognóstico, pois os parceiros têm menos ilusões a respeito daquilo em que estão se envolvendo.

O casamento é sensual e relaxado. Libra-Escorpião, em particular, aprecia isso, como alternativa para seus horários profissionais desorganizados. A ênfase é colocada na tranqüilidade doméstica, e nenhum dos parceiros deseja perturbá-la ou agitá-la.

Irmãos ou colegas de trabalho dessa combinação se apóiam e se compreendem, contanto que Libra-Escorpião não se torne muito autoritário. Se Peixes I sentir-se magoado ou rejeitado, poderá retirar-se para o outro lado de um muro silencioso de frustrações em vez de tomar a iniciativa de dizer ao parceiro o que realmente pensa. Raramente essa combinação é dinâmica ou ambiciosa em sua orientação.

Conselho: *Estimulem-se um pouco. Expressem o melhor que têm a oferecer. Fiquem atentos para não afundarem-se na rotina. Prestem atenção no momento presente.*

RELACIONAMENTOS

PONTOS FORTES: EMPÁTICO, GRATO, RELAXADO

PONTOS FRACOS: INSENSÍVEL, FRUSTRADO, POUCO INSPIRADO

MELHOR: AMOR

PIOR: COLEGAS

YITZHAK RABIN (1/3/22)
BENJAMIN NETANYAHU (21/10/49)

Após o assassinato do primeiro-ministro de Israel, Rabin, em 1995, Netanyahu se tornou o próximo chefe do governo de Israel derrotando por pequena margem Shimon Peres nas eleições de 1996. Netanyahu era contra a política de Rabin e tentou derrubar seu governo durante anos. Netanyahu se opunha aos acordos firmados em 1995 por Rabin e o líder da OLP, Yasir Arafat.

RELACIONAMENTOS

PONTOS FORTES: DESAFIADOR, ATUALIZADO, DIVERTIDO

PONTOS FRACOS: INEFICAZ, POLARIZADO, SADOMASOQUISTA

MELHOR: TRABALHO

PIOR: CASAMENTO

ED MCMAHON (6/3/23)
JOHNNY CARSON (23/10/25)

Carson e McMahon originalmente trabalharam juntos no programa de tevê *Who Do You Trust?* (1957-62). Quando Carson assumiu o *The Tonight Show*, de Jack Paar, em 1962, levou junto seu companheiro e permaneceram juntos pelos 30 anos seguintes – a mais longa parceria da história da tevê. Sua parceria será para sempre lembrada pela apresentação de McMahon: "Commmm vocês... Johnny!"

---

19 a 25 de outubro
CÚSPIDE DO DRAMA E DA CRÍTICA
CÚSPIDE LIBRA-ESCORPIÃO

3 a 10 de março
SEMANA DO SOLITÁRIO
PEIXES II

Evidentes desigualdades

Essa combinação enfatiza a liderança e pode parecer abrasiva para aqueles que entrarem em contato com ela, um problema atribuível a Libra-Escorpião, que assume o papel dominante. Se o relacionamento não for amainado pela sensibilidade, a compreensão e pelo ar mais suave e modesto de Peixes II, na verdade ele pode não se viabilizar. Este papel importante de Peixes II deve ser reconhecido, o que, infelizmente, em geral não é feito, fazendo com que ele se sinta maltratado por Libra-Escorpião. Em casos extremos, o relacionamento pode ter um toque sadomasoquista. Ambos os parceiros devem tomar cuidado, portanto, para não se acomodarem em papéis fixos nos quais Peixes II sofre na mão do parceiro mais agressivo.

Desigualdades semelhantes podem ocorrer no casamento, nas relações de trabalho ou em família, mas não são sempre óbvias. O fator determinante, surpreendentemente, não é a atitude dominante de Libra-Escorpião, mas sim do mais quieto Peixes II; se essa personalidade sofrer uma baixa na auto-estima, ou repetir cenas antigas da infância, pode acabar estimulando seu parceiro a agir mais agressivamente, pois sua expectativa psicológica projeta Libra-Escorpião como uma figura repressora da infância de Peixes II. No entanto, se o casal conseguir seguir sem esse tipo de expectativa, será possível um relacionamento satisfatório e saudável, no qual a sensibilidade de Peixes II terá um efeito salutar sobre Libra-Escorpião, tendendo a colocá-lo em contato mais próximo com suas próprias emoções.

O sucesso dos casos amorosos dessa combinação, por outro lado, depende mais de Libra-Escorpião e de sua vontade de mergulhar na profundidade de sentimentos com o parceiro de Peixes II. Se houver uma retração ou almejarem um tipo de satisfação mais superficial, Peixes II se tornará mais inquieto e insatisfeito. Na amizade, eles se satisfazem com menos envolvimento: os dois parceiros ficam felizes em passar algum tempo se divertindo juntos. Mas o relacionamento pode ser relativamente incapaz de lidar com depressões profundas, se surgirem.

Conselho: *Diminua suas expectativas. Seja flexível e aberto. Tente ir mais fundo emocionalmente. Estimule a saúde pela compreensão de si mesmo.*

RELACIONAMENTOS

PONTOS FORTES: COESO, RELAXADO, NÃO-CONVENCIONAL

PONTOS FRACOS: PECULIAR, PROVOCATIVO, CHOCANTE

MELHOR: PAIS-FILHOS

PIOR: AMIZADE

JACK HALEY, JR. (25/10/33)
LIZA MINNELLI (12/3/46)

Haley e Minnelli foram casados de 1974 a 1979. Ele é produtor e diretor que fez o roteiro de *That's Entertainment* (1974), da MGM, e é filho do ator Jack Haley, que fez o papel de Homem de Lata em o *Mágico de Oz* (1939). A cantora Minnelli é filha de Judy Garland, que estrelou como Dorothy no mesmo filme clássico. **Também: Johann Strauss, Jr. & Johann Strauss** (filho/pai; compositores de valsa).

---

19 a 25 de outubro
CÚSPIDE DO DRAMA E DA CRÍTICA
CÚSPIDE LIBRA-ESCORPIÃO

11 a 18 de março
SEMANA DOS DANÇARINOS E SONHADORES
PEIXES III

Não pelo direto e estreito

Este pode ser um relacionamento plenamente bem-sucedido, com a integração do talento e da capacidade dos parceiros em uma união coesa. No entanto, isso não significa que sigam o caminho tradicional: a combinação entre Libra-Escorpião e Peixes III é pouco convencional e possui seus próprios métodos peculiares para manter a estabilidade. O nível emocional é ressaltado aqui, o que é profundamente compreendido pelo par, não só para o benefício da própria relação como também para encantar outras pessoas. Suas expressões de sentimento podem parecer estranhas, mas elas vêm de um local muito profundo e exigem um grau incomum de aceitação das outras pessoas. Peixes III tende a ser a estrela do relacionamento, onde o parceiro de Libra-Escorpião serve como conselheiro, aluno, colega de trabalho, assistente ou apenas admirador. Embora o indivíduo carismático de Peixes III seja bastante capaz de manter-se sozinho, ele se beneficia enormemente do apoio prazeroso deste parceiro de Libra-Escorpião.

Nos casos amorosos e casamentos, a intimidade entre os dois pode ser bastante gratificante, tanto física como emocionalmente. Libra-Escorpião aprecia esse relacionamento porque permite-lhe relaxar, e Peixes III porque gosta da atenção de seu intenso parceiro mentalmente desafiante. Como ambos os indivíduos têm uma forte necessidade de desenvolver seu próprio clã, ter filhos juntos pode ser o cimento que mantém o relacionamento com o passar dos anos. A amizade entre Libra-Escorpião e Peixes III pode ter um lado grotesco, onde os parceiros ressaltam os aspectos incomuns da relação e obviamente apreciam o choque que ele causa em outros.

As relações de família e de trabalho funcionam mais naturalmente com Peixes III na posição mais elevada. Ele possui uma personalidade solidária e compreensiva com sua prole ou com empregados de Libra-Escorpião, sem ser de forma alguma condescendente.

Conselho: *Se os outros o julgarem agressivo demais, você criará uma resistência. Modere a sua imagem. Aprofunde seu laço espiritual. Seja menos acanhado.*

26 de outubro a 2 de novembro
SEMANA DA INTENSIDADE
ESCORPIÃO I

26 de outubro a 2 de novembro
SEMANA DA INTENSIDADE
ESCORPIÃO I

Ceder pela sanidade

Essa combinação intensa clama por alívio: como esses dois podem viver sob o mesmo teto ou trabalhar lado a lado? A chave para o sucesso desse relacionamento é um esforço conjunto por parte dos parceiros para manter a característica que o define: a intensidade. É necessário declarar periodicamente um empate ou dar prioridade para o relaxamento. Em certas áreas, em determinados momentos, sua energia interminável se mescla eficientemente. Em outros momentos, os parceiros podem facilmente trabalhar em seu próprio detrimento, até perderem o controle. Os dois precisam de vez em quando deixar de lado a atenção ao detalhe e tentar enxergar o todo. Aqui, um problema recorrente é a tendência de fixar-se em um acontecimento desagradável do passado, um evento absorvente do presente ou em algo temido no futuro, e não ser capaz de abandoná-lo.

Sexualmente, o relacionamento pode ser obsessivo. O casal de Escorpião I, mais preocupado com a performance ou o critério técnico que com o divertimento e o prazer, pode inundar um ao outro com listas de checagem. "Você fez?" "Você não fez?" Esses são os tipos de perguntas que os namorados podem fazer-se ou ao menos pensar a cada vez. Ambos podem assumir a responsabilidade pela satisfação do outro, e quando isso não funciona podem pensar que são culpados. O resultado é o sentimento de culpa e a frustração. O casamento não exige menos da esfera sexual. Similarmente, a regra nas áreas domésticas e nas finanças é a tensão, mas aqui certas concessões podem ser feitas para manter a sanidade.

A amizade dessa combinação contém uma espécie de agressividade, que pode ser trabalhada em esportes, jogos competitivos, ginástica ou artes marciais. Na família, pais de Escorpião I podem competir com filhos de Escorpião I, pela atenção de um outro membro da família ou simplesmente para ganhar ascendência física ou mental. Pode ser uma má idéia que dois representantes de Escorpião I trabalhem no mesmo escritório ou grupo, pois a tensão de sua energia pode se espalhar facilmente entre os colegas de trabalho.

Conselho: *Faça uma pausa quanto às exigências dos outros. Esvazie a mente. De vez em quando entedie-se. Esforce-se para aceitar o destino.*

RELACIONAMENTOS

PONTOS FORTES: DIFÍCIL DE DETER, ECONÔMICO, ATENCIOSO

PONTOS FRACOS: ENLOUQUECEDOR, OBSESSIVO, FIXO

MELHOR: CASAMENTO

PIOR: TRABALHO

LYLE LOVETT (1/11/57)
JULIA ROBERTS (28/10/67)

A esbelta e bela Roberts (irmã do ator Eric) teve uma ascensão meteórica no final dos anos 1980 e foi indicada para o Oscar em 1990 por *Uma Linda Mulher*. Ela surpreendeu o público em 1993 com seu súbito casamento com Lovett, cantor country com penteado a Pompadour. Divorciaram-se em 1995. **Também:** Xá do Irã & Riza Cyrus Pahlevi (pai/filho).

---

26 de outubro a 2 de novembro
SEMANA DA INTENSIDADE
ESCORPIÃO I

3 a 11 de novembro
SEMANA DA PROFUNDIDADE
ESCORPIÃO II

Cercar cautelosamente

Esses dois se atraem fisicamente de forma magnética. Embora Escorpião seja um signo de água, seu relacionamento é regido pela terra, que aqui representa energias básicas, práticas e sensuais. O encontro entre esses dois inclui a sua crença de que pode ser fatal subestimar o outro como oponente: cautelosamente se cercando, eles suspeitam muito um do outro em seu primeiro encontro. Entretanto, embora nunca esqueçam esse encontro, podem tornar-se depois amigos ou namorados. Visto de fora, esse par pode parecer leve e solto; poucos suspeitam sua verdadeira natureza: pesada e grave. Escorpião I e II têm na realidade muito o que aprender um com o outro, e é uma educação mútua que eles adquirem por meio das experiências pelas quais passam juntos.

Essa experiência de aprendizado fica mais evidente na esfera do sexo e do dinheiro que em todas as outras. Nesses campos, como namorados ou parceiros de trabalho, até mesmo os indivíduos mais inocentes de Escorpião I e II avançam rápido no caminho, terminando sua formação e provavelmente recebendo sua graduação em tempo recorde. A química funciona sem precisar ler livros ou mesmo sem muita experiência prévia, e os parceiros rapidamente desenvolvem uma apreciação extraordinária pelo poder e como ele funciona. Esse casamento deve ter uma base material muito sólida para que se satisfaça ou se realize plenamente. Uma vez que essa fundação esteja no devido lugar, o casal deve dedicar-se a mantê-la (e isso é algo que eles geralmente são capazes de fazer), se quiserem que a relação cresça e prospere.

As amizades manifestam menos interesse no poder que os outros tipos de relações com essa combinação, e de fato os dois podem até deixar de lado sua preocupação com o campo material em favor de alvos mais espiritualizados. No entanto, se esse processo envolver a renúncia de valores práticos, pode ser muito doloroso para ambos os parceiros. Na família, parentes de Escorpião I e Escorpião II podem envolver-se em brigas titânicas sobre heranças, propriedades e dinheiro, discussões que simbolizam uma sede pelo amor dos parentes ou dos irmãos que lhes foi negado.

Conselho: *Não negligencie o lado espiritual da vida. As posses podem ser a primeira lição, mas o desapego será a última. Não seja teimoso demais para ouvir.*

RELACIONAMENTOS

PONTOS FORTES: MOMENTOSO, CONSISTENTE, MATERIALMENTE APTO

PONTOS FRACOS: DESCONFIADO, OBSECADO PELO PODER, INSATISFEITO

MELHOR: PARCEIROS DE NEGÓCIOS

PIOR: FAMÍLIA

DALE EVANS (31/10/12)
ROY ROGERS (5/11/12)

Evans e Rogers, casados em 1947, tiveram a quintessência do romance cowboy/cowgirl. Fizeram muitos filmes juntos, estreando seu próprio seriado de tevê, *The Roy Rogers Show* (1951-57), e ficaram muito ricos ao aplicarem bem sua renda. **Também:** Larry Flynt & Althea Flynt (casados; editores da *Hustler*); John Adams & Abigail Adams (presidente/primeira-dama); Warren Harding & Nan Britton (presidente/amante).

RELACIONAMENTOS

PONTOS FORTES: FADADO, PROFUNDO, ENGAJADO

PONTOS FRACOS: REPRESSOR, AGONIZANTE, RECEOSO

MELHOR: FAMÍLIA

PIOR: AMOR

SUN YAT-SEN (12/11/1866)
CHIANG KAI-SHEK (31/10/1887)

Sun e Chiang foram próximos aliados na transição da China para o comunismo nos anos 1920. Chiang se tornou proeminente na política depois da morte de Sun (1925), e foi líder do governo nacionalista a partir de 1928. Chiang e Sun eram também cunhados, casados com irmãs da família Soong. **Também:** John Cleese & Peter Cook (artistas, Cambridge Circus).

---

26 de outubro a 2 de novembro
SEMANA DA INTENSIDADE
ESCORPIÃO I

12 a 18 de novembro
SEMANA DO ENCANTO
ESCORPIÃO III

Raízes antigas

As raízes desse relacionamento vão fundo. Se envolvidos social, emocional ou financeiramente, as pessoas sentem que seus laços são inevitáveis, parte do destino. Aqui os motivos importantes não são gostar ou desgostar; o livre-arbítrio não está realmente envolvido. Geralmente unidos por situações acidentais felizes, os parceiros lentamente dão-se conta que sua sorte está inevitavelmente ligada. Estranhamente, a compreensão mútua é muitas vezes difícil para eles, como se tivessem vindo de planetas diferentes. Com os anos, no entanto, descobrem sua origem comum, e esse processo de descoberta de si mesmos torna-se o foco de seu relacionamento.

Casos amorosos desenvolvem-se lentamente: pode levar anos até que os dois se unam e ainda mais para que os dois se conheçam. Mas explorar juntos o significado de seu relacionamento os levará ainda mais longe no caminho da realização pessoal. No casamento, da mesma forma, processos angustiantes (ou ao menos dolorosos) devem ser ultrapassados antes que os parceiros finalmente concordem em atar o nó, mas uma vez que isso seja feito, eles raramente se arrependem. O comprometimento absoluto é a chave aqui. Infidelidade ou até flertes não serão tolerados.

As relações de família e as amizades podem tornar-se a base para conexões no trabalho, e vice-versa. O fato é que nenhum dos dois confia facilmente e, portanto, precisam comprometer-se em uma área da vida para que possam estabelecer um relacionamento em outra. Ambos são extremamente silenciosos sobre o que fazem e encaram qualquer liberação de informação interna como uma traição. Seu forte código moral pode governar quase todas as áreas de sua vida, embora não sejam incapazes de agir com fins amorais ou de atuar em cenários de poder. Em algum ponto, eles devem decidir se a relação os mantém amarrados e se devem se rebelar contra isso, para preservarem sua individualidade.

Conselho: *Estimule a liberdade de escolha sempre que possível. Não se amarre a comprometimentos repressores. Siga sua intuição e o seu coração.*

RELACIONAMENTOS

PONTOS FORTES: NATURAL, SEXUAL, EFICIENTE

PONTOS FRACOS: PERIGOSO, RETRAÍDO, OBLITERADO

MELHOR: CASAMENTO

PIOR: ADVERSÁRIOS

GARSON KANIN (24/11/12)
RUTH GORDON (30/10/1896)

Gordon foi atriz, roteirista e dramaturga bem-sucedida. Ela colaborou muitas vezes com o 2º marido Kanin (casaram-se em 1942), que era roteirista, diretor e autor. Dividiram duas indicações para o Oscar por 3 filmes de Cukor, *A Double Life* (1947), *Adam's Rib* (1949) e *Pat and Mike* (1952).

---

26 de outubro a 2 de novembro
SEMANA DA INTENSIDADE
ESCORPIÃO I

19 a 24 de novembro
CÚSPIDE DA REVOLUÇÃO
CÚSPIDE ESCORPIÃO-SAGITÁRIO

Desligar o interruptor

Essa combinação formidável pode exibir uma enorme despreocupação e abertura quando está ligada. Quando desliga – bem, reina um silêncio mortal. Essa completa polaridade torna a união perigosa, cheia de ameaças que nenhum dos parceiros compreende totalmente, até que, de repente, o interruptor é desligado. Quando isso acontece, tanto a família quanto os amigos ficam extremamente chocados com a finalidade do processo; revigorar o relacionamento é difícil e, às vezes, impossível. No entanto, quando os dois se conhecem, ficam muito felizes de encontrar um espírito semelhante. Os dois são indivíduos profundos, de certo modo excêntricos, que geralmente escolhem o caminho que ainda não foi trilhado. Os dois podem ser intensos, cautelosos e críticos. Não há meio-termo entre os dois.

Os casos amorosos entre Escorpião I e Escorpião-Sagitário são caracterizados por uma intensidade de sentimentos combinada com orientação dura e prática. Sentimentos românticos raramente prevalecem aqui, tampouco são particularmente desejados. Tendo uma visão realista de sua relação, os parceiros têm pouca dificuldade em declarar suas opiniões, seus desejos e suas insatisfações. Eles podem precisar de tempo para decidirem casar-se, mas uma vez que essa decisão seja tomada, as coisas acontecem bastante naturalmente e com sucesso. Se problemas emergirem, no entanto, os sinais de desgaste ficarão claros para ambos os parceiros. Os dois têm uma natureza reservada, e podem manter seus planos para si mesmos; então, de repente, desligam e o relacionamento acaba.

Não só no romance e no casamento como também na rivalidade e na amizade, Escorpião I tende a ditar regras ou estabelecer parâmetros, enquanto Escorpião-Sagitário se ajusta da melhor maneira que pode. No entanto, é essencialmente o indivíduo de Escorpião-Sagitário que liga e desliga, decidindo pela mudança. As inimizades e rivalidades declaradas com essa combinação podem durar anos, trazendo à tona o melhor e o pior de ambos os parceiros. Às vezes (embora raramente) esses relacionamentos sobrevivem a períodos de escuridão, inação ou hibernação, e depois recomeçam com uma intensidade impressionante. As relações entre colegas de trabalho e entre irmãos são naturais, calorosas e protetoras, e podem desmoronar de repente, sem aviso prévio.

Conselho: *Dêem aos outros uma justa chance. Fiquem atentos aos ultimatos. A finalidade pode ser irreversível. Sejam tão honestos quanto possível. Estejam certos de suas intenções.*

26 de outubro a 2 de novembro
SEMANA DA INTENSIDADE
ESCORPIÃO I

25 de novembro a 2 de dezembro
SEMANA DA INDEPENDÊNCIA
SAGITÁRIO I

Voltear-se e desviar-se

Escorpião I e Sagitário I precisam um do outro mais do que gostam de admitir. Seu relacionamento apresenta um exterior magnético e até carismático, que os torna o centro das atenções em seu grupo social ou familiar. Muito protecionista, o par é uma frente unida contra o mundo quando se sente ameaçado. Quando estão sozinhos, no entanto, os dois raramente vêem as coisas com os mesmos olhos, e podem tentar superar um ao outro a todo momento. Muito competitivos na esfera mental, verbal e física, o relacionamento é um estudo clássico de ataque e defesa, onde Sagitário I volteia-se habilmente e lança ataques rápidos, e Escorpião I desvia-se astutamente e prepara o contra-ataque.

    Casos amorosos e casamentos são um pouco enigmáticos, embora os parceiros possam ser anfitriões charmosos e amigos acolhedores, desde que seus próprios assuntos estejam resolvidos. Fica bastante claro para outros quando é a hora de os deixar sozinhos, pois o grau de confrontação e combate entre eles se torna muito aparente. Deixar as coisas bastante expostas é um traço saudável nesse relacionamento, mas o par deve impor limites às suas explosões emocionais, que podem ser feias e destrutivas.

    Amigos e irmãos do mesmo sexo formam relacionamentos complexos e paradoxais. É difícil dizer se são próximos ou distantes, compreensivos ou frios, aliados ou inimigos. Talvez seja a própria confiança em sua unidade que os permite ter desentendimentos tão profundos, pois os dois sabem que sua relação é essencialmente inexpugnável e suporta quase qualquer abalo. Maltratar um ao outro torna-se uma forma de fortalecer e endurecer o relacionamento. Os dois podem expressar afeição genuína de várias formas sutis, incluindo sarcasmo, ironia e até os insultos mais evidentes, o que torna esse relacionamento difícil de ser compreendido por outros. Relações de trabalho não são recomendadas aqui; as desavenças entre os parceiros sobre como fazer as coisas são muitas vezes paralisantes.

Conselho: *Há limites para sua força. Não estejam tão certos de sua sobrevivência. Dêem um tom mais suave à sua retórica. Controlem a competitividade. Controlem as explosões.*

RELACIONAMENTOS

PONTOS FORTES: PROTETOR, ENCANTADOR, IRREDUTÍVEL

PONTOS FRACOS: DISRUPTIVO, DESTRUTIVO, CONFIANTE DEMAIS

MELHOR: IRMÃOS

PIOR: TRABALHO

FRANÇOISE GILOT (26/11/21)
JONAS SALK (28/10/14)

Salk desenvolveu a primeira vacina universal para poliomielite em 1953 e foi diretor do Salk Institute for Biological Studies, 1963-75. Em 1970, ele se casou com Gilot, pintora e ex-esposa de Picasso. **Também: Kinky Friedman & Abbie Hoffmann** (cantor-escritor abrigou fugitivos radicais); **Edmund Halley & Mark Twain** (astrônomo/escritor; Twain nasceu/morreu em passagens de cometas).

---

26 de outubro a 2 de novembro
SEMANA DA INTENSIDADE
ESCORPIÃO I

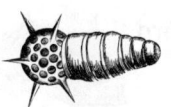

3 a 10 de dezembro
SEMANA DO ORIGINADOR
SAGITÁRIO II

Plugados

Quando esses dois se ligam mutuamente, a energia pode ser esmagadora. É em geral o nativo de Sagitário II que serve como o cérebro teórico por trás de seus empreendimentos e o representante de Escorpião I como força de implementação. A união parece natural aos dois parceiros e, de fato, uma mistura de conexões biológicas, sociais e econômicas não é incomum entre eles. Mas os métodos muito individualistas de Sagitário II podem incitar a desaprovação de Escorpião I, que por sua vez têm o hábito de observar detalhes, o que pode enervar seu parceiro. A vida não é um mar de rosas entre esses dois, portanto: existe uma tensão subjacente entre a visão expansiva e otimista de Sagitário II e o enfoque mais crítico e concentrado de Escorpião I.

    Envolvimentos românticos não são imediatamente sugeridos aqui: essa química geralmente não funciona na esfera sexual e, assim, os casos amorosos não vão fundo. Mas os pares que formam casamento, família, negócios ou uma carreira podem ser cativantes e muito produtivos. Essas áreas também se sobrepõem freqüentemente. O poder é o cimento que une esse relacionamento, fornecendo uma explicação para o porque de tantos parceiros de negócios se tornarem parentes e vice-versa. Embora ambos os parceiros continuem por seu caminho de forma independente um do outro, sentem ou acreditam que sua união é muito mais poderosa do que poderia ser seu esforço individual. Nisso, eles geralmente estão certos. Os dois embarcam em projetos de proporções gigantescas, em progressão regular, passo a passo. Seu relacionamento possui uma grande capacidade para seguir em frente, e sua visão pode sustentá-lo por muitos anos, e às vezes até por uma vida inteira.

    A amizade, por outro lado, é um pouco problemática e complexa. Os gostos e temperamentos contrastantes são estimulantes. Realmente esses dois sabem se divertir juntos, mas suas diferenças podem finalmente provocar divisão ou hostilidade.

Conselho: *Mantenha as coisas de forma um pouco mais simples. Estabeleça as diferenças toda vez que for possível. Seja mais diplomático. Demonstre paciência com aqueles que não compreende.*

RELACIONAMENTOS

PONTOS FORTES: VISIONÁRIO, ENERGÉTICO, DIFERENTE

PONTOS FRACOS: PROBLEMÁTICO, TENSO, INCOMPATÍVEL

MELHOR: TRABALHO

PIOR: AMOR

STEPHEN CRANE (1/11/1871)
JOSEPH CONRAD (3/12/1857)

Crane, destacado autor americano, poeta e jornalista, mudou-se para a Inglaterra em 1898 com sua amante, uma ex-dona de bordel. Vivendo prodigamente, eles recebiam figuras do mundo literário, entre elas Conrad, um amigo próximo. **Também: Chiang Kai-shek & T.V. Soong** (cunhados); **Mobutu & Don King** (ditador/promotor da luta de 1974 entre Zaire Ali-Foreman); **C.W Post & Dina Merrill** (avô/neta; produtor de cereais/atriz).

| RELACIONAMENTOS |

PONTOS FORTES: AFETIVO, EMPÁTICO, DIVERTIDO

PONTOS FRACOS: IRRITANTE, REBELDE, ENREDADO

MELHOR: FAMÍLIA

PIOR: TRABALHO

OSSIE DAVIS (18/12/17)
RUBY DEE (27/10/24)

Dee e Davis são casados e felizes desde 1948. Ambos tiveram carreiras brilhantes no teatro, cinema e tevê desde os anos 1950. Também foram ativos nos direitos humanos e causas humanitárias. Ele dirige a Third World Cinema, uma companhia cinematográfica formada nos anos 1970 para estimular talentos negros e porto-riquenhos. **Também: Jackie Coogan & Betty Grable** (casados; atores).

---

26 de outubro a 2 de novembro
SEMANA DA INTENSIDADE
ESCORPIÃO I

11 a 18 de dezembro
SEMANA DO TITÃ
SAGITÁRIO III

Desmascaramento vivaz

O que quer que esses dois façam juntos em público, provavelmente farão com brilho nos olhos. Vivazes, provocativos e orientados para o pensamento crítico, como casal eles se especializam em destruir fachadas antigas e ditar como as coisas são. Geralmente conseguem escapar do desmascaramento sem provocar muitos antagonismos, sobretudo por causa de sua habilidade em deixar que os outros riam deles. Mas sempre causam sérios problemas com as pessoas que não se divertem com o que eles fazem. São atentos e raramente fogem de um desafio, mas devem prestar atenção se o desafio emanar deles mesmos.

Nos casos amorosos, casamentos e amizades, a ordem do dia é geralmente uma leve zombaria. Devem tomar cuidado para que isso não cresça até virar uma guerra, e lembrar a importância de pequenas demonstrações de afeto. A relação pode parecer ora espinhosa ora nebulosa, ora compreensiva ora incompatível, dependendo do humor e das circunstâncias dos parceiros. Irritações surgem rapidamente quando um parceiro estimula o outro de forma errada. Essas relações podem durar anos, sendo predominantemente positivas ou negativas, pois como pedras de isqueiro, esse par vivaz vive soltando fagulhas.

Nos pares em família, sobretudo de pais e filhos, os dois representam muitas vezes o motor que empurra o grupo e o estimula à ação. Embora possam não se entender tão bem, suas energias litigiosas mantêm a família em pé e evitam que o tédio e a complacência tomem conta. No trabalho, colegas com essa combinação podem interromper os projetos quando suas emoções se tornam confusas. Em todas essas áreas, o relacionamento tem uma tendência à rebeldia. Isso enfraquecerá quando os parceiros envelhecerem e, como esperado, amadurecerem, um processo que cedo ou tarde exigirá que suas atitudes se suavizem (exceto em casos mais tenazes). Quando finalmente chegarem ao ponto de reconhecer que estão só tornando as coisas mais difíceis para si mesmos, os dois poderão decidir recuar e abrandar-se.

Conselho: *Esfrie a cabeça. Crescer é inevitável. A maturidade exige algo mais que somente bom senso. Não torne tudo mais difícil do que já é.*

| RELACIONAMENTOS |

PONTOS FORTES: ATENCIOSO, SÉRIO, BUSCA LIBERDADE

PONTOS FRACOS: EMOCIONALMENTE BLOQUEADO, POUCO COMUNICATIVO

MELHOR: AMIZADE

PIOR: AMOR

FRANK SHORTER (31/10/47)
BILL RODGERS (23/12/47)

Shorter e Rodgers foram maratonistas mundiais nos anos 1970. Shorter ganhou medalha de ouro nas olimpíadas de 1972, o primeiro americano a ganhar em 64 anos. Rodgers venceu 4 vezes cada maratona de Nova York e Boston (1975-80). **Também: Julia Roberts & Kiefer Sutherland** (ex-noivos; atores); **Ellsworth Statler & Conrad Hilton** (hoteleiros rivais).

---

26 de outubro a 2 de novembro
SEMANA DA INTENSIDADE
ESCORPIÃO I

19 a 25 de dezembro
CÚSPIDE DA PROFECIA
CÚSPIDE SAGITÁRIO-CAPRICÓRNIO

Espaço para respirar

Esse relacionamento enfatiza os assuntos da mente: pensamento crítico, agilidade verbal, conversação. Isso é bom porque quando sozinhos, os dois são bastante pesados e até depressivos; sua capacidade de trazer à tona o lado mais leve do outro é uma dádiva. Isso não quer dizer que a relação seja fácil. Usar seu intelecto para resolver os problemas emocionais é uma tarefa formidável para esse par, mas isso parece às vezes o único caminho para eles. Ambos podem estar interessados em clarear as coisas, mas sua boa intenção nem sempre é o suficiente. Eles terão de trabalhar duro e lidar com confrontos emocionais complexos antes que possam respirar livres. Os dois podem gastar horas tentando encontrar soluções para os problemas do relacionamento. Infelizmente, preocupações e ansiedades concomitantes podem também ter o seu papel. Se quiserem alcançar liberdade, ela não virá sem luta.

Nos casos amorosos e casamentos, a crença dos parceiros em sua capacidade de resolver os problemas vai de encontro a um muro, criando frustrações consideráveis. O tema do relacionamento, "livrar-se de problemas", pode significar que os parceiros irão finalmente livrar-se um do outro. Como amigos, Escorpião I e Sagitário-Capricórnio são leais e estão disponíveis em horas de necessidade. Periodicamente, pode aparecer um humor mais leve no relacionamento, mas isso não deve ser forçado. As relações entre pai e filho geralmente se caracterizam por Escorpião I tentando estabelecer uma conexão emocional direta e Sagitário-Capricórnio recuando. Para abrir canais de comunicação (essa é a maior necessidade do relacionamento, em qualquer setor), os parceiros terão de exercitar um nível mais elevado de sensibilidade e compreensão, assim como a vontade de experimentar caminhos diferentes. Obviamente, o melhor é criar um ambiente calmo por meio de cooperação mútua.

No trabalho, contanto que ambos os parceiros possam concordar com um protocolo e um método ao qual se atenham, e contanto que não haja muita interação verbal entre os dois, a tarefa será realizada. A melhor opção para eles são projetos médios ou até rotineiros e de curta duração, ao menos até que estabeleçam um ritmo de trabalho.

Conselho: *Às vezes, forçar as coisas pode ser contraproducente. Deixe as tensões e expectativas negativas de lado. Evite sentir culpa ou vergonha.*

26 de outubro a 2 de novembro
SEMANA DA INTENSIDADE
ESCORPIÃO I

26 de dezembro a 2 de janeiro
SEMANA DO REGENTE
CAPRICÓRNIO I

Cultivar abertura

Essa combinação tem seu foco em cultivar a flexibilidade e a abertura. Os parceiros aprendem como ventilar diferenças significativas de opiniões sem prejudicar o relacionamento. Quando as coisas vão bem eles podem de fato se dar muito bem, mas isso pode pressupor uma necessidade da parte de uma ou ambas as personalidades de que um dos parceiros se renda aos desejos do outro. Se cada parceiro sentir necessidade de exercer sua individualidade, a combinação pode ser abalada em sua base, pois os dois têm atitudes extremamente diferentes. Os bons tempos de segurança mútua que podem compartilhar não garantem a estabilidade ou saúde subjacente ao relacionamento. A chave do sucesso é dar liberdade às diferenças de estilo dentro do relacionamento.

Os casos amorosos, frustrantes ou satisfatórios (podem ser as duas coisas), demonstram um alto nível de envolvimento emocional, algumas vezes de forma torturante. Raras vezes se envolvem em lutas pelo poder, pois na maioria das vezes esses namorados estão fazendo o seu melhor e não têm interesse em controlar ou magoar seu parceiro. Entretanto, freqüentemente ocorrem danos, e nesse caso é melhor os namorados recuarem, deixando de lado o contato físico e tentando ser bons amigos. No casamento e nas relações de trabalho, atitudes sérias e responsáveis além de otimistas são geralmente a regra, onde ambos os parceiros dão o melhor de si pela causa comum. Com um pequeno esforço, essas podem ser excelentes uniões. Os pares entre pais e filhos manifestam brigas sérias pelo poder quando os filhos começam a pensar por si mesmos. Tanto Escorpião I como Capricórnio I são extremamente teimosos, e é possível que conflitos da adolescência ressoem na vizinhança, cujo impacto lembrará aos ouvintes o choque produzido quando uma força irresistível encontra um objeto imóvel.

A amizade é bastante possível entre esses dois, assim como a inimizade. Se o par se encontrar em lados opostos de uma muralha social ou ideológica, ou envolver-se em competições no amor, esportes ou nos negócios, nenhum deles poderá esperar que o outro tenha mercê, ou capitule de moto próprio.

Conselho: *Faça um debate aberto. Tente sentir as necessidades do momento. Não crie barreiras artificiais. Encoraje a expressão individual.*

RELACIONAMENTOS

PONTOS FORTES: INDEPENDENTE, AMBICIOSO, RESPONSÁVEL

PONTOS FRACOS: INTOLERANTE, FERINO, INFLEXÍVEL

MELHOR: TRABALHO

PIOR: FAMÍLIA

JONAS SALK (28/10/14)
LEE SALK (27/12/26)

O médico e cientista Jonas é famoso pelo desenvolvimento da primeira vacina contra poliomielite (1953). O irmão mais moço, Lee, é um renomado psicólogo; tem uma coluna sobre assuntos da família na revista *McCalls* e é autor do livro *Familyhood: Nurturing the Values That Matter* (1992). **Também: Chiang Kai-shek & Mao Zedong** (líderes chineses rivais).

---

26 de outubro a 2 de novembro
SEMANA DA INTENSIDADE
ESCORPIÃO I

3 a 9 de janeiro
SEMANA DA DETERMINAÇÃO
CAPRICÓRNIO II

Olho no olho

O nível de comunicação nesse relacionamento é extremamente alto: os parceiros conseguem entender sua própria taquigrafia. Isso infelizmente não significa que compreendem um ao outro. Uma das coisas que possuem é a admiração pelas habilidades e talentos do outro; uma das coisas contra eles é a dificuldade de estar de acordo sobre quase todos os assuntos. Desacordos, discussões e até brigas abertas podem aflorar tão repentinamente como uma combustão espontânea. No entanto, os parceiros têm pouca dificuldade para se entender, e o que desejam comunicar ressoa alto e claro. Essas pessoas de grande força de vontade não necessariamente são feitas para se entenderem. Se estiverem determinadas a resolver suas diferenças, no entanto, poderão construir um relacionamento estável e solidário.

Os casos amorosos entre Escorpião I e Capricórnio II são fortes na esfera sexual. Talvez ambos os parceiros anelem secretamente os romances, embora não gostem de admitir. Eles apresentam personalidade forte, direta, reprimindo qualquer sinal de fraqueza na companhia do outro. Nenhum desses parceiros vê necessidade de casar-se, e realmente o relacionamento é bastante completo sem isso. A ambição, tanto no sentido profissional como no social, é algo que compartilham, e ao persegui-la podem passar bastante tempo separados. Embora ambos tenham sua própria área de especialização profissional, são bastante sensíveis a qual deles receberá maior reconhecimento de outras pessoas ou será visto como o mais bem-sucedido, sobretudo quando estão juntos socialmente. A relação de trabalho dessa combinação é profissional, exigente e implacável. Se algum dos parceiros produzir um trabalho comum ou diminuir seu ritmo, ouvirá algo sobre isso imediatamente. Embora sejam um pouco tensos no trabalho, são bastante capazes de associar-se em seu tempo livre, mas trabalhar duro e divertir-se muito pode provocar finalmente um colapso. Os irmãos com essa combinação, sobretudo de sexos opostos, às vezes competem por quem consegue realizar mais e, se isso ocorrer, serão capazes de competir em detrimento de todo o resto.

Conselho: *Encontre tempo suficiente para relaxar. Deixe um pouco de lado suas exigências. A competição não ajuda sua vida profissional. Não tema a vulnerabilidade.*

RELACIONAMENTOS

PONTOS FORTES: SOLIDÁRIO, COMUNICATIVO, PROFISSIONAL

PONTOS FRACOS: ESTRESSADO, BRIGUENTO, CIUMENTO

MELHOR: AMOR

PIOR: IRMÃOS

EDMUND HALLEY (29/10/1656)
ISAAC NEWTON (4/1/1642)

O astrônomo Halley e o matemático Newton foram colegas. Usando o método de trajetória dos cometas de Newton, Halley concluiu que a órbita de 3 diferentes cometas eram na verdade a de um único cometa, cujo retorno em 1758 ele previu acertadamente e que desde então passou a ser conhecido como cometa Halley. **Também: Robyn Moore & Mel Gibson** (casados).

| **RELACIONAMENTOS** |

PONTOS FORTES: DESAFIADOR, PODEROSO, INCOMUM

PONTOS FRACOS: DESTRUTIVO, NEGATIVO, POUCO GRATIFICANTE

MELHOR: CONCORRÊNCIA NO TRABALHO

PIOR: CASAMENTO

MARTIN LUTHER KING, JR. (15/1/29)
MAHALIA JACKSON (26/10/11)

A excelente cantora de gospel Jackson era grande amiga pessoal de King e era solidária com sua luta espiritual pela igualdade dos negros nos Estados Unidos. Ela o estimulou a fazer a agora famosa concentração em Washington em 1963, na qual ele proferiu seu imortal discurso "Eu tenho um sonho". **Também: Paul Goebbels & Herman Goering** (alto comando nazista); **John Adams & Alexander Hamilton** (políticos rivais americanos).

---

26 de outubro a 2 de novembro
SEMANA DA INTENSIDADE
ESCORPIÃO I

10 a 16 de janeiro
SEMANA DA DOMINAÇÃO
CAPRICÓRNIO III

Vigilância contínua

A energia dessa relação é muito original e espirituosa, mas antagonismos podem surgir aqui. Os sentimentos mais fortes entre Escorpião I e Capricórnio III emergem em confrontos nos quais cada parceiro tenta prejudicar a reputação do outro, ou desafiar a posição do outro em um grupo familiar, social ou de trabalho. No entanto, o relacionamento pode perder sua qualidade contenciosa se os parceiros pertencerem ao mesmo grupo, e a defesa mútua contra uma ameaça comum pode tornar-se o assunto mais importante. No entanto, mesmo quando estão em melhores condições, os parceiros tendem a se prevenir bastante um contra o outro, e isso fica claro com a manutenção de uma espécie de mútua vigilância contínua.

Casos amorosos dessa combinação podem ser tórridos em sua intensidade emocional, mas também caracterizados por lutas pelo poder, raramente trazendo profunda satisfação. O surgimento inevitável de sentimentos negativos também traz maus augúrios para o casamento, a menos que os esposos demonstrem uma vontade especial de cooperar e de trabalhar as diferenças. A amizade tem seu próprio valor bizarro e pode ou não envolver conflitos. Às vezes ela também é bastante insípida e decepcionante, como se os confrontos fossem um temor sempre presente.

No trabalho e na família, conflitos inevitavelmente surgem nas combinações entre patrão e empregado ou pais e filhos, mas um comportamento responsável despertará respeito dos dois lados. O ponto forte sobre esses relacionamentos é que ele existe sem ambiguidades: cada parceiro sabe o lugar um do outro e o que deve esperar se as regras forem rompidas ou se os limites forem excedidos. Combinações profissionais e rivalidades podem emergir na forma de confronto entre a inteligência rápida de Escorpião I e a força de vontade de Capricórnio III. O nativo de Capricórnio III resiste a ser retirado de sua posição dominante, mas o representante de Escorpião I é capaz de aplicar muitas pressões sutis para chegar onde deseja, sabendo que uma enorme agressão frontal só conseguirá incitar maior resistência.

Conselho: *Busquem benefícios mútuos. Evitem que impulsos destrutivos saiam de seu controle; pode ser difícil repará-los mais tarde. Usem de bom senso.*

| **RELACIONAMENTOS** |

PONTOS FORTES: AVENTUREIRO, DIVERTIDO, CATIVANTE

PONTOS FRACOS: INSTÁVEL, INCONSISTENTE, VIOLENTO

MELHOR: AMIZADE

PIOR: IRMÃOS

JIM CARREY (17/1/62)
LAUREN HOLLY (28/10/63)

A atriz Holly e o cômico Carrey se aproximaram no set de *Dumb e Dumber* (1993). Casaram-se secretamente em 1996. Seus planos foram anunciados um mês depois por Carrey: "Estou me esforçando para viver uma vida adorável e honrada. Lauren é minha provável e recompensa". **Também: Ray Walston & Bill Bixby** (co-estrelas, *Meu Marciano Favorito*); **Darcy Ribeiro & Leonel Brizola** (parceiros políticos).

---

26 de outubro a 2 de novembro
SEMANA DA INTENSIDADE
ESCORPIÃO I

17 a 22 de janeiro
CÚSPIDE DO MISTÉRIO E DA IMAGINAÇÃO
CÚSPIDE CAPRICÓRNIO-AQUÁRIO

Ridículo profuso

O foco desse relacionamento é a busca de experiências estranhas, bizarras e excêntricas. Ambos os parceiros possuem um incrível senso de humor, e podem combinar bem, ao mesmo tempo em que são uma arma efetivamente devastadora contra adversários. Esse par se especializa em usar o ridículo para derrotar os outros, mas demonstra ser saudável rir também de si mesmo. Se a relação estimular um comportamento extrovertido e profuso, o outro lado da moeda será a ativação do lado obscuro dos parceiros. Eles podem ser ocasionalmente violentos, não só verbal mas também fisicamente, e isso pode provocar arrependimento ou culpa mútua mais tarde.

Casos amorosos e casamentos dessa combinação são bastante vivazes e raramente entediantes. Ambos os parceiros dão plena liberdade a demonstrações dramáticas dos sentimentos (muitas vezes, no entanto, eles estarão só encenando um *show*). A expressão mais profunda das emoções se dá na esfera sexual, que é inventiva e deixa fora de seus limites poucas atividades. Aqui existe uma necessidade urgente de estabilidade e consistência, pois o relacionamento é bastante capaz de perder-se de seu caminho, ou ao menos ficar fora de si.

Divertidas e aventureiras, as amizades são extraordinárias. Aqui os parceiros raramente estão interessados um buscar as coisas certas; sua atitude diz que há pouco a perder e muito a ganhar em um comportamento semelhante. Também é possível que engajem-se juntos em negócios ou em assuntos sociais, religiosos ou educacionais. Eles devem tomar cuidado para que esse envolvimento não se torne monopolizador a ponto de excluir outros aspectos importantes de sua vida. Pares de irmãos com essa combinação podem envolver-se continuamente em problemas e travessuras. Esse comportamento fica geralmente restrito à infância ou à adolescência, mas existe sempre o perigo de isso tornar-se base de um comportamento anti-social ou socialmente patológico na idade adulta.

Conselho: *Saiba quando parar. Estabelecer limites a priori pode ser uma boa idéia. Considere mais os sentimentos dos outros. Contenha a violência.*

26 de outubro a 2 de novembro
SEMANA DA INTENSIDADE
ESCORPIÃO I

23 a 30 de janeiro
SEMANA DO GÊNIO
AQUÁRIO I

Horizontes mais amplos

Esse relacionamento busca horizontes mais amplos e abertura de canais para suas atividades. A visão conjunta de seus parceiros é muito mais ampla que a de qualquer um deles sozinho; a visão do todo é a marca registrada desse par. Existe uma química dinâmica entre os dois, pois Aquário I e Escorpião I formam um aspecto de quadratura no zodíaco (estão separados por um ângulo de 90°), o que provê enorme energia e ímpeto, através também de alguma fricção e estresse. A estabilidade é raramente um problema aqui, a menos que tensões psicológicas ou interrupções na comunicação produzam ansiedade. É geralmente Aquário I que assume a liderança, mostrando a seu parceiro uma outra maneira de encarar a vida. Uma vez que Escorpião I entenda a idéia, no entanto, eles serão mais do que capazes de manter sua parte do relacionamento.

Nos casos amorosos, Escorpião I mostra uma tendência para influenciar a relação forte demais para seus companheiros de Aquário I amantes da liberdade, que, independentemente de quão grande seja a atração física ou atraente o envolvimento emocional, recua diante de um comportamento controlador e exigente. A necessidade de Escorpião I de explorar um lado mais profundo da vida ficará insatisfeita se Aquário I insistir em recuar e recusar-se a reconhecer a extensão de suas próprias emoções. Nenhum dos parceiros é muito aberto ou fica muito vulnerável ao outro, e o relacionamento pode sofrer por falta de cumplicidade. Portanto, o casamento não é especialmente recomendado.

Pares de amigos ou irmãos dessa combinação geralmente satisfazem seu lado físico com atividades esportivas e ginástica, preferindo aqueles com velocidade e muita energia. Desafios que opõem um ao outro, em vez daqueles formados por equipes, os fazem apresentar o que de melhor possuem. As relações de trabalho entre Escorpião I e Aquário I podem ser grandiosas, tanto em termos de ambição como em realização. Eles tendem a ter um elemento de idealismo, mas são suficientemente realistas para saber antes se seus planos têm chance de serem bem-sucedidos ou não. Ser franco e direto pode contribuir de maneira significativa para clarear as questões e prevenir o acúmulo de ressentimentos causados por desentendimentos.

Conselho: *Promova a participação. Recuar pode magoá-lo com o passar do tempo. Não negligencie seus projetos ou tarefas diárias. Seja honesto com suas emoções.*

RELACIONAMENTOS

PONTOS FORTES: GRANDIOSO, DINÂMICO, REALISTA

PONTOS FRACOS: DEFENSIVO, EGOÍSTA, INSATISFEITO

MELHOR: IRMÃOS

PIOR: AMOR

LEE KRASNER (27/10/08)
JACKSON POLLOCK (28/1/12)

Os artistas Krasner e Pollock foram casados de 1945 até a morte dele em 1956. Eram ambos abstrato-expressionistas, e nos últimos anos em que passaram juntos viveram e trabalharam em East Hampton, Nova York. Ele ficou famoso por suas pinturas rítmicas, recorrendo ao *dripping* ou gotejamento e estilo enérgico. **Também: Grace Slick & Marty Balin** (rivais; membros da banda Jefferson Airplane).

---

26 de outubro a 2 de novembro
SEMANA DA INTENSIDADE
ESCORPIÃO I

31 de janeiro a 7 de fevereiro
SEMANA DA JUVENTUDE E DESPREOCUPAÇÃO
AQUÁRIO II

Grande espectro de admiradores

Esse relacionamento extremamente carismático pode ser magnético e atrair um grande espectro de admiradores, seguidores e fãs. Há na realidade algo extremo nessa relação, por causa do que traz à tona, não somente em seus parceiros mas em seus admiradores. Existe um perigo aqui, porque os dois atraem uma espécie de adulação irritável e começam a acreditar nisso, o que induz a todo o tipo de comportamento pouco apropriado a eles. Livrar-se desse entorno pode ser mais difícil do que parece e, portanto, essa dupla deve pensar antes se deve encorajar logo no início ou não. Dentro do relacionamento em si, os parceiros vêem-se de vez em quando necessitando da atenção e da aprovação de seu parceiro, com Escorpião I tendendo a ser um pouco mais dependente entre os dois. Aquário II tem um enfoque relaxado, parecendo alcançar grandes recompensas em troca de pouco esforço. Não sabem lidar com o sofrimento, e acham que o caminho mais fácil é o melhor. Os nativos de Escorpião I, um pouco desconfiados disso, geralmente tomam o caminho mais difícil, que tem mais significado para eles.

Nos casos amorosos, amizades e casamentos, Escorpião I pode ressentir-se do que julga ser algo superficial da parte de seu parceiro. Para Aquário II, no entanto, Escorpião I não parece ser nem um pouco mais profundo do que ele, só um pouco mais dedicado a cultivar a dor. O relacionamento pode não fornecer o tipo de compreensão de que Escorpião I necessita desesperadamente, mas muitas vezes é capaz de fornecer o tipo de relaxamento que ambos necessitam. As paixões raramente voam alto aqui, mas ambos apreciam a sensualidade constante. Se esses prazeres tornarem-se cansativos, pode ser que um tente fugir temporariamente do outro, em uma direção mais excitante e menos certa.

Fortes diferenças de opinião são comuns no trabalho e na família. De modo geral, Escorpião I tende a ser o mais idealista e eqüitativo do par, sendo que Aquário II é mais pragmático e elitista. Os excessos e extremos de pensamento e de comportamento polarizam esses dois e também os impelem à competição pela atenção de colegas ou parentes.

Conselho: *Tenham mais força de vontade. Faz-se necessário senso de orientação. Atenção não é tudo. Aprendam a viver sem ela. Aumentem sua força moral e de decisão.*

RELACIONAMENTOS

PONTOS FORTES: ATRAENTE, SENSUAL, ENCORAJADOR

PONTOS FRACOS: POLARIZADO, EXAGERADO, FARTO

MELHOR: AMOR

PIOR: TRABALHO

JAMES JOYCE (2/2/1882)
EZRA POUND (30/10/1885)

Em 1920 o escritor Joyce se mudou para Paris sob insistência do poeta Pound, que o precedeu para fazer a carreira de Joyce deslanchar, editando textos e arranjando ajuda financeira. Foi Pound que pela primeira vez apresentou em série *Retrato do Artista Quando Jovem* de Joyce e então promoveu sua publicação nos Estados Unidos em forma de livro. **Também: François Mitterrand & Valéry Giscard d'Estaing** (políticos franceses rivais).

RELACIONAMENTOS

PONTOS FORTES: BRIGUENTO, ATUALIZADO, PROFUNDO

PONTOS FRACOS: PERTURBADOR, ENGANADOR, TURBULENTO

MELHOR: AMIZADE

PIOR: AMOR

A.J. AYER (29/10/10)
ALFRED NORTH WHITEHEAD (15/2/1861)

Ayer e Whitehead, ambos notáveis filósofos do século XX, foram adversários ideológicos. O metafísico *Principia Mathematica* de Whitehead (1910-13) é um marco de lógica pura. O antimetafísico *Linguagem, Verdade e Lógica* de Ayer (1936) expôs a doutrina do positivismo lógico baseado na observação e na experimentação.

---

26 de outubro a 2 de novembro
SEMANA DA INTENSIDADE
ESCORPIÃO I

8 a 15 de fevereiro
SEMANA DA ACEITAÇÃO
AQUÁRIO III

Explorar o lado sombrio

A química turbulenta desse relacionamento pode forçar ambos os parceiros a explorar seu lado mais sombrio. A confrontação com essa sombra é o principal desafio e foco da relação; isso é muitas vezes doloroso e difícil, mas se os parceiros tiverem a coragem de permanecer, terão potencial para avançar muito no desenvolvimento pessoal. O ímpeto para essa exploração de si mesmo geralmente vem de representantes de Aquário III. Eles podem parecer dominados por seus parceiros de Escorpião I, e de fato no mínimo são cautelosos com eles, tendo medo de sua crítica e de sua agressão. No entanto, Aquário III deixa para Escorpião I somente a tomada de decisões aberta, preferindo falar francamente, porém de maneira mais sutil. Isso é demonstrado pelo fato de que Escorpião I raramente movimenta-se sem consultar seu parceiro e pedir conselhos.

Os casos amorosos são muito tensos. Para que durem, Aquário III deve demonstrar mais paciência com seu parceiro de Escorpião I. Ambos apreciam o aspecto físico da relação, pois é onde seu lado obscuro encontra expressão mais livre, sem o acompanhante rompimento. Eles aprendem muito com suas interações emocionais, mas mesmo assim Aquário III precisa continuar a fingir que Escorpião I é o chefe. Essa atitude pode continuar até no casamento. Aqui, no entanto, Aquário III assume abertamente a liderança, pelo menos quando se trata de lidar com filhos.

Nas amizades, entre irmãos e nos relacionamentos de trabalho, Escorpião I e Aquário III não se tornam mais dependentes, mas independentes do outro. A saúde desses relacionamentos torna-se aparente quando seus membros seguem em frente e criam novas duplas com outras pessoas, carregando com eles o conhecimento valioso que obtiveram de si mesmos e um com o outro. Esse relacionamento, ao se atualizar, eleva os parceiros a novos patamares de atenção e performance.

Conselho: *Perseverem. Minimizem a turbulência. A atenção serve para benefício mútuo. O lado obscuro não deve ser temido. Façam amizade com os inimigos internos.*

RELACIONAMENTOS

PONTOS FORTES: COOPERATIVO, COMUNICATIVO, EMPÁTICO

PONTOS FRACOS: SATISFEITO, CHATO, ESTAGNADO

MELHOR: TRABALHO

PIOR: AMOR

PAT SAJAK (26/10/46)
VANNA WHITE (18/2/57)

Em 1982 Sajak e White assumiram como apresentadores de *Wheel of Fortune* (1975-), que logo se tornou o programa com maior audiência da história da tevê. A personalidade de menino despreocupado de Sajak combinada com o apelo sexual sutil de White continuam a fazer do programa um sucesso.
Também: Joanna Shimkus & Sidney Poitier (casados; atores); **John Adams & George Washington** (primeiro vice-presidente/presidente americano).

---

26 de outubro a 2 de novembro
SEMANA DA INTENSIDADE
ESCORPIÃO I

16 a 22 de fevereiro
CÚSPIDE DA SENSIBILIDADE
CÚSPIDE AQUÁRIO-PEIXES

Espelho confiável

Esse relacionamento se manifesta como uma base sólida de confiança e compreensão, um lugar ao qual os parceiros podem recorrer para obter bons conselhos, simpatia e apoio. Aqui eles são exortados a ser um espelho confiável dos sentimentos do outro, refletindo-os para ser vistos. Com muita gentileza, Escorpião I procura trazer os sentimentos de Aquário-Peixes para fora e ajudar a derrubar as defesas que se foram acumulando através dos anos. Aquário-Peixes, por sua vez, está entre um dos poucos indivíduos com paciência e visão para ajudar Escorpião I a buscar coisas mais profundamente em si mesmos. Essa dinâmica pessoal parece ter pouca ligação com a equipe eficiente que os dois podem formar em sua carreira; no entanto, até mesmo as tarefas terrenas dependem de uma base de compreensão. Esses dois geralmente têm um conhecimento instintivo de como as coisas funcionam em seu campo comum, e a maestria técnica dos dois pode tornar muitos empreendimentos um sucesso.

Na amizade, no amor e no casamento, essa combinação envolve um forte laço de empatia que fornece proteção e apoio mútuos. Embora o amor e a compreensão estejam geralmente presentes, curiosamente a paixão pode estar ausente. Por mais recompensadoras que essas relações sejam, Escorpião I pode ficar entediado e desejar mais intensidade. Se procurarem isso em algum outro lugar, ou mesmo se se desviarem do caminho, Aquário-Peixes pode se retirar da cena resolvendo nunca mais entregar o coração tão facilmente. Na família, as relações entre pai e filho são sensíveis e possuem profunda empatia.

O relacionamento de trabalho entre os dois é produtivo. Pouco importa quem é o chefe e quem é o assistente, ou até quem tem a posição mais elevada na hierarquia; esse relacionamento não trata do exercício do poder. Fala mais sobre a sensibilidade aguda de cada parceiro pelo que o outro está sentindo: isso é o que torna sua cooperação mais próxima e a comunicação instantânea possível. Não há nenhuma garantia, no entanto, que eles desejarão desenvolver inteiramente sua capacidade e se arriscarão a falhar, pois muitas vezes se contentam com uma posição razoável onde permanecem.

Conselho: *Empatia pode não bastar. Estimule-se um pouco mais para alcançar o melhor do que é capaz, em todas as áreas. Busque experiências máximas.*

714

26 de outubro a 2 de novembro
SEMANA DA INTENSIDADE
ESCORPIÃO I

23 de fevereiro a 2 de março
SEMANA DO ESPÍRITO
PEIXES I

As regras

Esse par se une pela busca das regras subjacentes que governam o comportamento humano e os fenômenos naturais. Seu relacionamento traz à tona seu lado filosófico e sério, mas isso não significa que são incapazes de divertir-se juntos. O foco aqui fica no respeito pela tradição, um desejo concomitante de fazer as coisas de forma apropriada e um pragmatismo sólido que apóia qualquer projeto. Escorpião I parece ser o mais prático, científico e fatual do par, e Peixes I o mais teórico, metafísico e sonhador. Se trabalharem juntos ou não, Escorpião I e Peixes I muitas vezes por fim começam a respeitar as idéias do outro.

A atração física entre ambos é pronunciada, e uma grande interação sexual pode resultar disso. Porque Peixes I e Escorpião I formam aspecto de trígono um com o outro (separados por um ângulo de 120° no zodíaco), a astrologia prevê uma interação fácil e prazerosa entre os dois, e como namorados eles podem realmente entregar-se à perseguição desenfreada do prazer. A necessidade aqui é de autocompreensão. Se os parceiros não conseguirem atingir conhecimento psicológico, podem sentir-se abandonados quando forem assolados por depressão, ansiedade ou tristeza. Seu relacionamento pode ter uma tendência à obsessão ou ao vício, ambos servindo para fornecer prazer e evitar a dor, mas levando finalmente a rompimentos. Deve-se pensar seriamente nesses assuntos antes de tomar a iniciativa do casamento.

É na esfera do trabalho e da amizade que os aspectos psicológicos do relacionamento mais claramente se revelam. A responsabilidade do pensamento, em lugar da ação, é crucial aqui, pois cada parceiro segue princípios intelectuais e morais elevados em suas atividades, como profissionais ou como parceiros nas horas de diversão. As combinações em família também contêm exigências sérias e requerem grande compreensão e confiança, se quiserem ultrapassar as diferenças de opinião e os ciúmes.

Conselho: *Conecte emoção com intelecto. Busque a solicitude no amor. Fique aberto a outros pontos de vista. O ciúme pode ser motivo de separação.*

RELACIONAMENTOS

PONTOS FORTES: FILOSÓFICO, SENSUAL, DIFERENTE

PONTOS FRACOS: ANTAGÔNICO, CIUMENTO, EMOCIONALMENTE INCONSCIENTE

MELHOR: AMIZADE

PIOR: FAMÍLIA

BILL GATES (28/10/55)
STEVEN JOBS (24/2/55)

Talvez os homens mais responsáveis pela explosão da indústria do computador pessoal sejam Gates e Jobs. Em 1975, Gates deu início à Microsoft Corp., a primeira empresa de software para computador e agora do mundo. Ficou bilionário aos 31 anos de idade. Em 1977, Jobs apresentou o computador Apple II, estabelecendo outra revolução no mundo industrial. **Também:** Henry Winkler & Ron Howard (co-estrelas, *Happy Days*).

---

26 de outubro a 2 de novembro
SEMANA DA INTENSIDADE
ESCORPIÃO I

3 a 10 de março
SEMANA DO SOLITÁRIO
PEIXES II

Nebulosidade ambígua

Esse não é, de forma alguma, um par comum. Na realidade, é um relacionamento extremamente complexo, por vezes extraordinariamente íntimo e outras vezes parece não ser viável. A razão disso é a profundidade do envolvimento emocional dos parceiros, que geralmente é pronunciada e, portanto, se qualquer um dos dois se sentir negligenciado ou maltratado pelo outro, rompimentos na comunicação e recuos são esperados. O relacionamento exibe tão grande sensibilidade que as interações diárias são governadas mais por sentimentos e humores do que pela razão.

A objetividade é difícil de se alcançar nas áreas do amor e da amizade, que são propensas a se entrelaçar. Como ambas as personalidades são extremamente reservadas e isoladas, sua capacidade de compartilhar em um nível profundo nessa relação levanta sérias questões de confiança. Qualquer transgressão ao código do relacionamento pode ser vista como uma séria traição. Além disso, Escorpião I e Peixes II tornam-se dependentes emocionalmente, e somente se dão conta disso quando são privados da companhia um do outro, pela da separação ou por rompimento. Juntos, eles inevitavelmente encaram o problema de manter sua individualidade e evitar que eles mesmos se percam em uma nebulosidade emocional amorfa e ambígua.

Os aspectos competitivos da combinação emergem em situações familiares, no trabalho ou no casamento. É particularmente importante que o valor individual de cada parceiro seja reconhecido, não importa quanto sucesso tenham alcançado como par. Dificuldades surgem quando o indivíduo de Peixes II sente que o representante de Escorpião I está sendo agressivo e controlador, ou quando o parceiro de Escorpião I acha seu par de Peixes II vago, desorientado ou pouco comunicativo. Trabalhar e viver juntos diariamente é difícil para esses dois, dada sua volubilidade emocional e as diferenças de temperamento. Se puderem concentrar-se no trabalho, poderão concluir pequenos projetos de abrangência limitada, mas devem pensar bem antes de assumir um projeto de proporções maiores.

Conselho: *Lutem pela objetividade. Não sejam tão intransigentes: saibam perdoar. Mesmo estando tão próximos, ainda assim podem não compreender um ao outro verdadeiramente. Tentem dar mais definição aos seus sentimentos.*

RELACIONAMENTOS

PONTOS FORTES: EMOCIONAL, CONFIÁVEL, PRÓXIMO

PONTOS FRACOS: SENSÍVEL DEMAIS, AMBÍGUO, REJEITADO

MELHOR: AMOR

PIOR: CASAMENTO

CRISTÓVÃO COLOMBO (30/10/1451)
AMÉRICO VESPÚCIO (9/3/1454)

Colombo foi o primeiro explorador europeu a avistar a costa da América do Sul; isto aconteceu em sua 3ª viagem ao Novo Mundo em 1498. Vespúcio foi o primeiro explorador a reconhecer o Hemisfério Ocidental como separado da Ásia, em 1499. As Américas receberam o nome em sua homenagem.

RELACIONAMENTOS

PONTOS FORTES: DETERMINADO, SEXUAL, COMPROMETIDO

PONTOS FRACOS: ISOLADO, ESNOBE, FRUSTRADO

MELHOR: CASAMENTO

PIOR: AMOR

PAUL KANTNER (12/3/41)
GRACE SLICK (30/10/39)

Kantner e Slick da Jefferson Airplane tiveram sua filha China em 1971. Durante a gravidez a banda gravou seu ótimo álbum *Blows Against the Empire*. Em 1971 o bebê China foi cover no álbum de Slick e Kantner *Sunfighter*. Em 1975 o romance estava acabando. Slick se casou com o diretor de iluminação da banda de 24 anos de idade. **Também: Eddie Holland & Brian Holland** (irmãos; dupla que compôs Motown); **Milton Nascimento & Elis Regina** (compositor; intérpretes).

---

26 de outubro a 2 de novembro
ESCORPIÃO I
SEMANA DA INTENSIDADE

11 a 18 de Março
SEMANA DOS DANÇARINOS E SONHADORES
PEIXES III

Várias metamorfoses

Quando os parceiros envolvidos nesse relacionamento decidem alcançar um objetivo é pouco provável que desistam. Mas decidir *a priori* o que realmente querem pode ser um problema. É difícil agradar as pessoas nascidas em Escorpião I e sua precisão elaborada pode levar um Peixes III à loucura. Os nascidos em Escorpião I são obcecados por detalhes que os nativos de Peixes III são mais propensos a não ver. Apesar de Escorpião e Peixes serem signos de água, seu relacionamento é regido pela terra, o que significa que enfatiza a sensatez, o objetivo e a responsabilidade.

O relacionamento amoroso entre nascidos em Escorpião I e Peixes III pode ser sexualmente intenso, mas também pode ter muita cobrança. Eles têm dificuldade de ficar distantes um do outro ou, caso necessário, de se separarem sem profundo sofrimento. Estes relacionamentos podem durar anos, e podem passar por inúmeras mudanças, incluindo uma fase mais platônica semelhante a uma amizade íntima. Também podem sobreviver separados geograficamente por um longo período. O casamento dessa combinação em geral dura a vida toda, já que o envolvimento emocional, financeiro e social do casal é caracteristicamente muito forte para ser destruído com facilidade. Esse relacionamento pode ser muito vantajoso para ambas as partes, pois os parceiros dividem igualmente os esforços e a colheita das recompensas.

O envolvimento familiar e no trabalho pode misturar-se favorecendo negócios e tarefas em que a família dos parceiros tem uma história de várias gerações. Não é raro pais de pessoas nascidas em Escorpião I e filhos de Peixes III aprenderem profissionalmente um com o outro e dividirem todas as decisões de um negócio. Por outro lado, quando a relação entre os dois é de amizade, é melhor não misturarem amizade com assuntos de negócios e de família. Essa amizade tende a ser reservada por natureza, e é deliberadamente mantida assim para evitar olhos intrometidos e prospectos sedutores, pois tendem a se isolar indevidamente do mundo ou a ocupar cargos elitistas ou uma posição social restrita.

Conselho: *Não se prenda a detalhes. Tenha em mente o quadro como um todo. Esteja atento para influências de outras pessoas. Não se oponha a mudanças, caso sejam necessárias.*

RELACIONAMENTOS

PONTOS FORTES: RESPEITOSO, POUCO EXIGENTE, CONFIANTE

PONTOS FRACOS: PARANÓICO, CIUMENTO, DEPRIMIDO

MELHOR: AMIZADE

PIOR: TRABALHO

MARIA SHRIVER (6/11/55)
SARGENT SHRIVER (9/11/15)

Maria, filha de Sargent, é repórter de tevê, cobrindo muitos eventos especiais. Ele é mais conhecido como o primeiro diretor do Corpo de Paz (1961-66). Também foi embaixador na França (1968-70) e companheiro de chapa (vice-presidente) concorrendo com George McGovern em 1972. Ambos são ativos nas Olimpíadas Especiais, encabeçada por Eunice Kennedy, esposa de Sargent e mãe de Maria.

---

3 a 11 de novembro
SEMANA DA PROFUNDIDADE
ESCORPIÃO II

3 a 11 de novembro
SEMANA DA PROFUNDIDADE
ESCORPIÃO II

Quase inexpugnável

Este poderia aparentemente ser um par pesado, mas não precisa ser. Apesar desses parceiros ocuparem uma posição de domínio em seus relacionamentos com outras pessoas, em seu relacionamento surpreendentemente se tornam pouco exigentes. Isso porque eles respeitam o poder um do outro e não têm necessidade de impressionar alguém a quem consideram pelo menos tão poderoso – e tão perigoso – quanto si próprios, com uma postura agressiva e ameaçadora. Esse relacionamento costuma ser estável, equilibrado e quase inexpugnável, pelo menos quanto a ataques externos.

É verdade que em momentos de frustração emocional, os dois podem cair em depressão juntos, e então será muito difícil para eles resgatarem-se mutuamente. Relacionamentos amorosos e casamentos atingidos dessa maneira poderão sentir muita dor e sofrimento. Os parceiros não são estranhos a tais acontecimentos, e, com freqüência poderão conviver com essas dificuldades durante anos, agüentando firme, sem desistir, e às vezes até superando ou sobrevivendo aos problemas. Quando terceiros cometem o erro de tentar se intrometer, achando talvez que podem tornar um dos namorados mais feliz, podem levar uma picada dupla, deste duo escorpiano, antes de sabiamente se retirarem.

Os nascidos em Escorpião II podem ser muito cautelosos e desconfiados um com relação ao outro para serem bons sócios. Não se trata tanto de conflito, mas de uma espécie de paranóia silenciosa que poderá fazer com que eles não confiem um no outro ao ponto de darem liberdade suficiente para que concluam transações e trabalhem no desenvolvimento de produtos ou em estratégias de mercado. Como irmãos e amigos podem fortalecer e proteger um ao outro de ameaças externas, como por exemplo dos pais. Entretanto, o ciúme e a competitividade podem se tornar um problema, quando for relacionado a um namorado, a pais ou amigos. Mesmo assim, os nascidos em Escorpião II, sabem como deixar de lado tais problemas em prol da preservação do seu relacionamento.

Conselho: *Sempre que possível, corte a depressão pela raiz. Cuidado com a competição e o ciúme. A lealdade também pode ser repressiva. Não se apegue ao seu sofrimento.*

3 a 11 de novembro
SEMANA DA PROFUNDIDADE
ESCORPIÃO II

12 a 18 de novembro
SEMANA DO ENCANTO
ESCORPIÃO III

Confusão materialista

O relacionamento pode ser muito tranqüilo e natural. A ausência de conflitos e estresse, entretanto, torna-se um problema se os pares enveredarem por um caminho de auto-satisfação e confusão materialista, não se atendo nem desejando qualquer desenvolvimento pessoal ou espiritual. Escorpião II quer que a relação ofereça um gama emocional mais completa e mostra sinais de impaciência ou frustração quando isso não acontece. Escorpião III prefere ficar sozinho e sequer se lembrar da falta de relacionamento, desde que esteja satisfeito com as coisas do jeito que estão.

Os casos amorosos e casamentos entre os dois são plenamente satisfatórios e duradouros. Os pares geralmente são atenciosos e gentis, leais e esforçados. Os casos amorosos geralmente adquirem um caráter mais significativo quando se desenvolvem em relações estáveis ou casamento, os filhos podendo ser uma bênção especial. Ambos os parceiros podem ser excelentes pais ou mães, mas têm de ficar atentos para não se tornarem excessivamente protetores e sufocar o lado criativo ou espiritual da criança. E quando essas crianças se tornam adolescentes podem questionar seus pais, Escorpião II e Escorpião III, e se rebelarem contra os aspectos materialistas da vida familiar, dependendo de seu temperamento pessoal.

Membros do mesmo sexo podem se tornar amigos ou inimigos, ou, em caso de trabalharem juntos, colegas ou adversários. De qualquer maneira, os pares denotam certa tranqüilidade e as rivalidades são encaradas sem recorrer a métodos ardilosos ou crueldade; mas isso não significa que a disputa seja menos acirrada, uma vez que para ambas as personalidades o único objetivo é a vitória. Os representantes de Escorpião II e Escorpião III, quando colegas, companheiros de trabalho e sócios, devem evitar situações rudes ou tirar vantagem injusta de uma situação que promete benefício ou lucro. Nas relações familiares, os pais nascidos em Escorpião II e Escorpião III são até gentis, mas freqüentemente nutrem hostilidades e rancores secretos um contra o outro.

Conselho: *Faça uma reciclagem. Não negligencie o lado espiritual da vida. A vitória é menos importante do que você pensa. Deixe aflorar seus sentimentos.*

RELACIONAMENTOS

PONTOS FORTES: GRATIFICANTE, PROTETOR, DESPREOCUPADO

PONTOS FRACOS: MATERIALISTA, PARADO, CRUEL

MELHOR: CASAMENTO

PIOR: AMIZADE

YANNI (4/11/54)
LINDA EVANS (18/11/42)

A atriz Evans é mais conhecida por seu papel como Krystle no seriado de tevê *Dynasty* (1981-89). Também foi publicitária e promoter de Yanni, arranjador e pianista que apresenta música interpretativa para grandes audiências e eventos esportivos. Estão envolvidos romanticamente. **Também: George Patton & Erwin Rommel** (inimigos na Segunda Guerra Mundial; generais); **Alger Hiss & Joseph McCarthy** (suposto espião/investigador do senado).

---

3 a 11 de novembro
SEMANA DA PROFUNDIDADE
ESCORPIÃO II

19 a 25 de novembro
CÚSPIDE DA REVOLUÇÃO
CÚSPIDE ESCORPIÃO-SAGITÁRIO

Estilo em lugar de essência

Esse relacionamento geralmente dá mais importância à maneira como a coisa é feita do que à coisa em si – em suma, o estilo precede a essência. Hábitos, etiqueta, convenções e protocolos são temas recorrentes aqui. Alguns poderiam questionar que esta relação é falsa, superficial ou com base em valores ilusórios, mas é verdadeiro dizer que é uma relação preocupada com o estilo e com o agir de uma maneira elegante. As conversas entre Escorpião II e Escorpião-Sagitário são tão divertidas e sedutoras que é difícil lembrar depois o que foi dito. Por certo há um elemento de jogo em tudo isso, mas em geral ninguém sai machucado e os pares raramente brincam com o que realmente importa.

Casos amorosos e casamentos não são recomendados. Esses pares têm problemas em expressar seus verdadeiros sentimentos, e quando conseguem fazê-lo, resulta quase sempre em hostilidade. Amizades nessa combinação são potencialmente bem-sucedidas, na verdade, cônjuges e namorados que desistem de sua relação física e se tornam amigos algumas vezes se livram da tensão, aproveitando para se desenvolverem de forma muito mais produtiva. Como pares, esses amigos gostam de ocupar uma posição central no grupo; os outros membros do grupo se apóiam neles por sua força e confiança.

Em negócios e outros empreendimentos profissionais em que ambos têm interesse, desenvolvem transações e contratos com um pouco de dificuldade mas com muito proveito para ambos os lados – desde que estejam satisfeitos em se ajudar mutuamente. Uma vez que ambos são capazes de várias malandragens, é recomendável, no mínimo, que estejam atentos. O relacionamento patrão-empregado é satisfatório, com pouca censura ou culpa. O relacionamento entre pais e filhos também pode ser respeitoso e pouco conflituoso.

Conselho: *Seu estilo é ótimo. Valorize seu conteúdo. Não se deixe enganar. Mantenha sua palavra. Lembre-se de que outros dependem de você.*

RELACIONAMENTOS

PONTOS FORTES: DIVERTIDO, RESPEITOSO, PRODUTIVO

PONTOS FRACOS: REPRESSOR, AFETADO, TRAPACEIRO

MELHOR: TRABALHO

PIOR: CASAMENTO

WILEY POST (22/11/1899)
WILL ROGERS (4/11/1879)

Post, famoso aviador americano, fez o primeiro vôo solo ao redor do mundo (1933). O humorista Rogers, célebre artista, despretensioso filósofo e comentador político, atingiu o pico de sua carreira em 1935 quando partiu em um vôo com Post. O aeroplano se chocou no Alasca e ambos morreram. **Também: Billy Graham & Billy Sunday** (evangelistas do estilo fervoroso).

RELACIONAMENTOS

PONTOS FORTES: DETERMINADO, ENERGÉTICO, TRANSFORMADOR

PONTOS FRACOS: CAÓTICO, INSTÁVEL, EFÊMERO

MELHOR: CASAMENTO

PIOR: AMOR

TINA TURNER (25/11/38)
IKE TURNER (5/11/31)

Ike e Tina se casaram em 1962 e, apesar de seu sucesso como grandes intérpretes do soul nos anos 1960 e 1970, tiveram um relacionamento tumultuado e às vezes violento. Ela o deixou em 1976 e se tornou uma superestrela solo. **Também: Eduardo VII & Rainha Alexandra** (nobres casados); **Walker Evans & James Agee** (colaboradores; fotógrafo/escritor); **Mary Travers & Paul Stookey** (cantores de Peter, Paul and Mary).

---

3 a 11 de novembro
SEMANA DA PROFUNDIDADE
ESCORPIÃO II

25 de novembro a 2 de dezembro
SEMANA DA INDEPENDÊNCIA
SAGITÁRIO I

Reação exotérmica

A atmosfera desse relacionamento indica prudência e determinação. Ambos são capazes de saber o que o outro quer e estão dispostos a fazer sacrifícios para consegui-lo. O resultado é o potencial para grandes empreendimentos. Escorpião II e Sagitário I podem se sentir atraídos um pelo outro; um relacionamento entre eles é comum. Sua química é exotérmica, significando que o calor de sua reação é sempre positivo. A não ser que voltem sua energia para propósitos mais elevados, de natureza mais espiritual, correm o risco de ter uma implosão. Sagitário I pode despertar as energias adormecidas do representante de Escorpião II, que, por sua vez, pode trazer para o chão tendências mais selvagens e volúveis de Sagitário I.

Os casos amorosos são intensos no início, mas os sentimentos podem acabar muito rapidamente. Escorpião II faz Sagitário I cair do céu como um relâmpago. Essa energia é desperdiçada, mas, se puder ser contida, torna-se uma força motriz. Esse par raramente sobrevive apenas pelo romance ou sexualidade – precisa de objetivos concretos. O projeto de constituir uma família, carreira ou estilo de vida pode perfeitamente ser o que essas personalidades desejam e o casamento muitas vezes oferece isso. Seu relacionamento pode levá-los a uma indecisão e, durante o processo, ambos sofrem uma metamorfose ou uma significativa mudança em suas personalidades.

A carreira, os laços familiares e as amizades com freqüência estão associadas para esse par. Escorpião II é uma grande força controladora para Sagitário I, se este quiser aceitar orientação. Nos negócios, Escorpião II administra as finanças, enquanto Sagitário I empresta seu dinamismo à relação. Problemas aparecem nesta área quando um exige demais do outro, e não há muita versatilidade para contornar a situação. Deve haver uma estrita separação entre negócios e prazer, carreira e casa, aspectos sociais e pessoais para que seja mantida a sanidade e estabilidade da relação.

Conselho: *Não crie expectativas demasiadas. Contribua com coisas que realmente importam. Não seja egoísta. Fique atento ao objetivo.*

RELACIONAMENTOS

PONTOS FORTES: REALIZADO, INOVADOR, BENÉFICO

PONTOS FRACOS: ANTAGÔNICO, ANTI-SOCIAL, COMBATIVO

MELHOR: AMIZADE

PIOR: TRABALHO

BILL WALTON (5/11/52)
LARRY BIRD (7/12/56)

Os jogadores de basquete Walton e Bird foram Jogadores Mais Valiosos. A carreira de Walton atingiu o auge nos anos 1970, e a de Bird, nos anos 1980, no entanto estes 2 grandes jogadores eram ferozes adversários na quadra. Walton levou sua equipe Portland a conquistar o título da NBA em 1977, e Bird levou o Boston a 3 títulos (1981, 1984, 1986). Eles se tornaram companheiros de equipe no Celtics no final dos anos 1980.

---

3 a 11 de novembro
SEMANA DA PROFUNDIDADE
ESCORPIÃO II

3 a 10 de dezembro
SEMANA DO ORIGINADOR
SAGITÁRIO II

Expressando desaprovação

Este pode ser um relacionamento agradável, mas não necessariamente confiável. Com freqüência expressa seu descontentamento com normas estabelecidas e pode até se tornar rebelde. Como parceiros, os dois são incapazes de aceitar o status quo. Estão sempre tentando implementar novos valores e idéias, e nem sempre obtêm êxito, uma vez que sua coesão interna é fraca. Quando os parceiros não enfrentam nenhuma ameaça externa, por exemplo, sua tendência é de se voltarem um para o outro, envolvendo-se em ardentes desentendimentos ou simplesmente se deixando levar pela corrente. Além disso, Escorpião II tem o impulso de controlar, enquanto Sagitário II precisa de liberdade e, às vezes, acha seu parceiro nessa combinação muito repressivo. Em casos extremos revolta-se contra a autoridade de Escorpião II.

Em relações amorosas e casamentos esses parceiros fazem as coisas a seu modo, não se importando com a desaprovação da família ou dos amigos. Esses relacionamentos raramente são convencionais, mas as atitudes anti-sociais dos pares acabam se voltando contra eles ou até mesmo contra seus filhos. Ter diplomacia e fazer concessões é extremamente importante para eles, porque sua tendência para criar antagonismos pode se tornar um sério problema.

Nas amizades, Escorpião II encorajará o lado introspectivo de Sagitário II; sendo assim, a amizade será um exercício de auto-realização. Será fisicamente bastante ativa a relação quando o par for orientado para esportes e exercícios, que serão benéficos para o sedentário Escorpião II. Irmãos desta combinação podem afetar favoravelmente um ao outro, mas devem tomar cuidado para que o lado combativo e competitivo não saia de controle. O par pode não se dar tão bem na esfera comercial, uma vez que Escorpião II é muito prudente no que refere à parte financeira e não aprova o modo negligente de Sagitário II com o dinheiro, resultando em conflito.

Conselho: *Acalme seus anelos rebeldes. Seja mais paciente e receptivo. Inovações podem ser implementadas em silêncio. Encoraje o crescimento pessoal e espiritual.*

3 a 11 de novembro
SEMANA DA PROFUNDIDADE
ESCORPIÃO II

11 a 18 de dezembro
SEMANA DO TITÃ
SAGITÁRIO III

Estruturando a liberdade

Os nascidos em Escorpião II e Sagitário III geram tanta energia que não há condição de seu relacionamento contê-la. Essa energia estimula, excita, é uma fonte de combustível criativo mas também demanda liberdade para seguir por muitos caminhos diferentes de desenvolvimento. Portanto, essa relação tem seu enfoque na liberdade criativa entre seus pares. Deve ser estruturada de forma a conceder o espaço necessário de que necessitam; quando isso não ocorre as brigas aparecem. Os dois possuem uma tendência a se imiscuir nos negócios do outro e normalmente os sufocam. Paradoxalmente, a fim de garantir o máximo de liberdade para ambos, têm de chegar a um acordo e cumprir uma série de regras.

A comunicação é essencial e os relacionamentos sofrem sem isso, mesmo que sejam fisicamente muito gratificantes. Sagitário III encontra em Escorpião II uma paixão muito prazerosa, mas não gosta dos períodos de depressão e ressentimento que os acompanham. Escorpião II às vezes se sente relegado a segundo plano no relacionamento, mas é capaz de administrar isso. Os casamentos são duradouros enquanto os cônjuges concordam em seguir estritamente as regras. Eles não toleram ser dependentes financeiramente; então, a melhor situação para ambos é terem sua própria renda ou, se tiverem de administrá-la em conjunto, a soma deve ser grande o bastante para que nenhum tenha que dar satisfação ao outro.

Na família, a liberdade que os filhos nascidos em Sagitário III necessitam nem sempre é a que os pais controladores nascidos em Escorpião II têm em mente, e o relacionamento pode ser tempestuoso. Os filhos nascidos em Escorpião II têm de procurar outro modelo se seu genitor nascido em Sagitário II não está de acordo. Amigos e colegas de trabalho só combinam se tiverem sob sua responsabilidade uma atividade ou projeto comum, em vez de uma necessidade emocional mútua. Freqüentemente, as diferenças temperamentais levam ao isolamento emocional.

Conselho: *Arrume tempo para discussão e planejamento. A liberdade não se materializa por si. Alivie a tensão e relaxe sempre que possível.*

RELACIONAMENTOS

PONTOS FORTES: ESTRUTURADO, COMUNICATIVO, LIVRE

PONTOS FRACOS: ALIENADO, TEMPERAMENTAL, RESSENTIDO

MELHOR: CASAMENTO

PIOR: PAIS-FILHOS

STEVEN SPIELBERG (18/12/46)
KATE CAPSHAW (3/11/53)

Ex-modelo e artista de novela na tevê, Capshaw fez sua estréia no cinema em 1982, mas não era conhecida até 1984, quando apareceu como companheira de Harrison Ford em *Indiana Jones e o Templo da Perdição*, dirigidos por Spielberg. Capshaw e Spielberg mais tarde se casaram, após seu divórcio (1989) da atriz Amy Irving.

---

3 a 11 de novembro
SEMANA DA PROFUNDIDADE
ESCORPIÃO II

19 a 25 de dezembro
CÚSPIDE DA PROFECIA
CÚSPIDE SAGITÁRIO-CAPRICÓRNIO

Intercâmbio ativo

O relacionamento fornece aos parceiros uma enganosa comodidade: liberdade para ambos. Opressivos, talvez até muito sérios quando sozinhos, essas personalidades preferem ser mais livres e soltas quando estão juntas, sem deixar de ser cautelosas. A energia, nesse caso, encoraja a autoconfiança e os parceiros podem até compartilhar experiências negativas e aprender com isso. Qualquer tipo de relacionamento entre indivíduos tão perspicazes nascidos em Escorpião II e Sagitário-Capricórnio, é uma experiência única na vida.

Os relacionamentos e casamentos são apaixonados e alegres. O sexo entre eles é vigoroso, algumas vezes são brincalhões, o que os ajuda em muitos níveis. Não sendo carentes socialmente, eles se divertem em todas as ocasiões, mesmo quando preferem os que são de mente aberta. Juntos, adoram observar os defeitos dos outros, mas não com maldade – eles possuem um forte traço de compaixão. O senso de liberdade é importante para ambas as personalidades e não evita que se transforme em casamento um relacionamento bem estruturado e, mesmo que se separem, tornam-se amigos; na verdade, o fortalecimento da relação – sua sagacidade, sua qualidade de moderação, sua orientação para a busca filosófica nas artes e na ciência – significa que continuam a amizade depois de terminado um relacionamento amoroso. Eles não desistem do que a relação tem a oferecer.

Há conflito nas áreas de trabalho e família, porque ambos são propensos a serem dominadores. Também não gostam de compartilhar poder, nem deixam o outro fazer sua vontade. A mesma força que aparece nos relacionamentos amorosos corta a tensão nos momentos cruciais. Mas é melhor que cada um deixe clara sua esfera de influência. Eles valorizam o caráter e a integridade e não vão usar métodos traiçoeiros para alcançar seus objetivos.

Conselho: *Não se fechem em um círculo de dois. Concentrem-se na necessidade de liberdade. Não suponham que ela existe; façam concessões a ela. Limitem as tendências dominadoras.*

RELACIONAMENTOS

PONTOS FORTES: SERENO, VÍVIDO, APAIXONADO

PONTOS FRACOS: CONFLITUADO, DESAPROVADOR, TENSO

MELHOR: CASAMENTO

PIOR: TRABALHO

MIKE NICHOLS (6/11/31)
DIANE SAWYER (22/12/45)

O brilhante produtor e diretor Nichols e a âncora de tevê Sawyer (*Prime Time Live*) estão casados e felizes desde 1988. Vivem em Nova York, e se dedicam a suas carreiras ativas e criativa. Ambos ganharam muitos prêmios pela alta qualidade de seu trabalho. **Também: Lulu & Maurice Gibb** (casados; cantores); **Trotsky & Stalin** (rivais comunistas); **Clifford Irving & Howard Hughes** (biógrafo fraudulento/industrialista milionário, tema da biografia).

RELACIONAMENTOS

PONTOS FORTES: VIGOROSO, DETERMINADO, INOVADOR

PONTOS FRACOS: ABRUPTO, INSENSÍVEL, OBCECADO PELO PODER

MELHOR: AMIZADE

PIOR: FAMÍLIA

PATTI SMITH (30/12/46)
ROBERT MAPPLETHORPE (4/11/46)

A cantora de rock e poeta Smith e o fotógrafo homoerótico Mapplethorpe eram bons amigos que dividiram o mesmo quarto quando ele se internou no Pratt Institute de Nova York nos anos 1960. Famoso por seu "Portfólio X" de cenas sadomasoquistas que despertaram furor em 1989, ele morreu de AIDS naquele ano. Smith dedicou uma apresentação à sua memória em 1993. **Também: Michael Dukakis & Kitty Dukakis** (casados; governador-candidato a presidente/esposa).

---

3 a 11 de novembro
SEMANA DA PROFUNDIDADE
ESCORPIÃO II

26 de dezembro a 2 de janeiro
SEMANA DO REGENTE
CAPRICÓRNIO I

Largando a batata quente

Essa relação destaca a conversação, a agilidade mental e o pensamento inovador. Quando os representantes de Escorpião II e Capricórnio I se relacionam (coisa que não é garantida), podem surgir idéias surpreendentemente originais. Mas toda a teoria do mundo nada significa se esses pensadores pragmáticos não a colocarem em prática – e fizerem com que tenha êxito. Os nascidos em Escorpião II e Capricórnio I não hesitam em desistir de idéias, ou pessoas, como uma batata quente que largam quando ela não surte efeito. Na verdade, a relação costuma ser um pouco difícil, abrupta e fria. É importante para esse par desenvolver um lado mais humano e gentil.

Os casos amorosos e amizades permitem aos pares normalmente conservadores dar maior abertura e flexibilidade a sua relação. Dessa forma, um não ameaça o outro e eles se mostram não apenas emocionalmente expressivos, mas também honestos. Os nascidos em Escorpião II e Capricórnio I acham que a bajulação é um veneno. É muito importante para eles, sejam amigos ou namorados, dividir seus ideais com o outro, porque desse modo alcançam um razoável crescimento.

Os pares dentro da família, nessa combinação, são muitas vezes prejudicados por causa da disputa de poder. Os cônjuges nascidos em Escorpião II e Capricórnio I vão ao encalço de seus objetivos financeiros e sociais com determinação e vigor, e como sócios e colegas de trabalho possuem uma firmeza similar, uma abordagem direta. Fortes no âmbito financeiro e do poder, são bem-sucedidos nos negócios e não aceitam um não como resposta. Na verdade, sua relação é coercitiva, sempre fazendo uma aproximação difícil e deixando claro suas ofertas "razoáveis" para os que não estão de acordo. As diferenças pessoais não são levadas em conta para os assuntos de trabalho.

Conselho: *Esforce-se para fazer progresso. Não se envergonhe em mostrar-se compreensivo. A falta de bondade não é motivo de orgulho. Desenvolva mais qualidades humanas.*

RELACIONAMENTOS

PONTOS FORTES: PROTETOR, INCOMUM, DEDICADO

PONTOS FRACOS: ARROGANTE, PECULIAR, AUTODESTRUTIVO

MELHOR: AMIZADE

PIOR: CASAMENTO

JUNE HAVOC (8/11/16)
GYPSY ROSE LEE (9/1/14)

Havoc era a irmã mais moça de Lee. Ambas as atrizes foram orientadas por uma ambiciosa mãe para o palco. Jovens elas fizeram o circuito vaudeville como "Madame Rose's Dancing Daughters". Havoc mais tarde se tornou atriz de teatro dramático e de cinema, enquanto Lee se tornou a mais famosa *stripper* de teatro de revista de sua época. **Também: Spiro Agnew & Richard Nixon** (vice-presidente/presidente).

---

3 a 11 de novembro
SEMANA DA PROFUNDIDADE
ESCORPIÃO II

3 a 9 de janeiro
SEMANA DA DETERMINAÇÃO
CAPRICÓRNIO II

Dando crédito à normalidade

Esses dois são tão obcecados em fazer coisas fora do comum que acabam por tornar tudo mais difícil. Sua relação pode claudicar sozinha, por meio de sua própria idiossincrasia. Não que essas personalidades queiram realmente ser diferentes; ao contrário, como indivíduos são muitas vezes conservadores e se esforçam para corporificar ideais que dariam crédito à sua normalidade. Embora tentem, não conseguem se livrar das peculiaridades que seu relacionamento lhes traz e que sempre acaba por conduzir suas vidas.

O destino pode ter um papel decisivo nesse relacionamento. De forma trágica ou cômica, séria ou ridícula, cuidadosa ou caótica, os parceiros perseguem um curso que, em retrospecto, parece predeterminado, porém que é muito mais direcionado pelos caprichos do acaso. Mesmo que pareçam controlar seu destino, a verdade é o oposto. Quer estejam envolvidos em algum projeto em sua carreira ou vida amorosa, o resultado de qualquer projeto muitas vezes será inesperado. Sua relação de trabalho ou casamento é ambiciosa por natureza, e o sucesso é a única alternativa que consideram. E por nem mesmo admitirem a possibilidade de fracasso e se recusarem a ver qualquer sinal de alerta, o relacionamento pode induzir ao resultado que eles mais temem.

A amizade entre os dois é geralmente protetora e íntima. Na verdade, construir um reino privativo no qual poucos são admitidos torna-se um meio de vida para eles. Sendo exclusivo e secreto, esse tipo de amizade cria suas próprias regras, que podem ser diferentes das regras da sociedade, mas que funcionam nesse contexto pessoal. Nas relações familiares as profecias negativas são a regra e não a exceção; as afirmações dos pares refletem profundos temores e insegurança, todos escondidos sob um disfarce. Pais e filhos são propensos a tais opiniões sobre si mesmos ou uns em relação aos outros.

Conselho: *Seja mais realista sobre si mesmo. Cuidado com expectativas negativas. Construa lentamente uma base sólida de autoconfiança. Aceite o destino.*

3 a 11 de novembro
SEMANA DA PROFUNDIDADE
ESCORPIÃO II

10 a 16 de janeiro
SEMANA DA DOMINAÇÃO
CAPRICÓRNIO III

Aliviando tensões

Esse par extremamente contencioso gasta muita energia mental para encontrar a melhor maneira de reconciliar suas diferenças. Quando esses esforços obtêm sucesso, resultam em um maior entendimento; quando não, a instabilidade e a desordem ameaçam. O relacionamento tenta aproximar o nascido em Escorpião II e o nascido em Capricórnio III e abrir canais de comunicação. Os pares se tornam recalcitrantes quando um terceiro participante se interpõe entre eles. Precisam resolver seus problemas sozinhos, dentro do relacionamento, e sentem enorme satisfação quando chegam a um acordo e decepção e tristeza quando interrompem as negociações com raiva – um resultado que sempre ocorre.

O relacionamento amoroso entre Escorpião II e Capricórnio III é fisicamente apaixonado mas sempre tem dificuldade de alcançar um entendimento emocional mais profundo. Ambos querem que prevaleça a sua verdade e, por isso, se deparam com repressão. Transpor esses obstáculos para uma expressão mais livre e solta é uma necessidade premente nesse caso. Às vezes, nenhum parceiro está ciente disso, mas aceita conselho de um amigo ou conselheiro profissional, em alguns casos, que o alerta para o problema. Mesmo assim, o casamento entre esses pares pode ser duradouro. Os parceiros são fiéis e devotados.

Como amigos e rivais, os nascidos em Escorpião II e Capricórnio III são como um pêndulo que balança. Seus sentimentos positivos e negativos para com o outro se alternam, gostando e desgostando um do outro em ciclos regulares. Entretanto, devem limitar o alcance de brigas, porque estão sujeitos a chegar a um ponto sem retorno. Uma outra alternativa prejudicial é a de não extravasar seus sentimentos, o que provoca frustração e depressão. Os pares pais-filhos e patrão-empregado chegam a alcançar um grau de respeito e entendimento que cresce com o passar do tempo.

Conselho: *Não desista de sua busca pelo entendimento. Imponha limite à discordância. Cuidado com a repressão. Abra canais de comunicação.*

RELACIONAMENTOS

PONTOS FORTES: RECONCILIADOR, OBSERVADOR, EDIFICANTE

PONTOS FRACOS: RECALCITRANTE, CONTENCIOSO, DIFÍCIL

MELHOR: CASAMENTO

PIOR: AMOR

DOROTHY DANDRIDGE (9/11/23)
HAROLD NICHOLAS (11/1/21)

A atriz musical Dandridge está entre as primeiras artistas negras a alcançar status de estrela em filmes como *Carmen Jones* (1954) e *Porgy and Bess* (1959). Ela se casou e se divorciou de Nicholas da famosa dupla de dançarinos Nicholas Brothers. Depois de perder todo o dinheiro em um negócio fraudulento de petróleo, ela foi encontrada morta de overdose de remédios (1965). **Também: Stanford White & Henry K. Thaw** (arquiteto assassinado por marido ciumento).

---

3 a 11 de novembro
SEMANA DA PROFUNDIDADE
ESCORPIÃO II

17 a 22 de janeiro
CÚSPIDE DO MISTÉRIO E DA IMAGINAÇÃO
CÚSPIDE CAPRICÓRNIO-AQUÁRIO

Beije e faça as pazes

Esse relacionamento faz os parceiros olharem para o grande quadro, mas também os torna otimistas; podem até ser levados por ondas de expectativa. O relacionamento entre Escorpião II e Capricórnio-Aquário não só pode levá-los a se divertir muito juntos, como também a realizar projetos, enquanto os lampejos emocionais entre eles não sabotar todo o esforço e fizer ruir esses projetos. Isso é enfatizado pelo fato de o relacionamento ser governado pelo fogo, elemento que indica atividade e energia positiva, mas também, é bom lembrar, capaz de uma ira incontrolável e de causar grande destruição.

Os relacionamentos amorosos e familiares podem ser especialmente voláteis. Os namorados e até pais e filhos, nesta combinação, podem amar profundamente um ao outro, mas são incapazes de manter a consistência e a estabilidade na vida diária. Particularmente quando Capricórnio-Aquário está no papel dominante, Escorpião II tem um jeito próprio de despertar sua raiva e acionar uma explosão de sentimentos, que sempre provocam infelicidade e amargura. Os pares são bem capazes de beijar e fazer as pazes e, na verdade, isso sempre ocorre. Mas, enquanto Escorpião II é capaz de perdoar o que aconteceu, Capricórnio-Aquário nunca esquecerá completamente e ficará muito mais em guarda no futuro.

Casamentos e relacionamentos de trabalho desta combinação têm seus altos e baixos. Na verdade, alguns projetos chegam a uma conclusão satisfatória, mas muitos deles sequer são colocados em prática. Ao final, aparecer com novas idéias torna-se um processo cansativo e angustiante para esse par, à medida que eles guardam decepções do passado. Ter menos expectativas, tentar limitar as idéias para ir ao encalço apenas das aproveitáveis, bem como um otimismo mudo, ajuda o relacionamento a ser mais realista e a ter mais êxito.

É melhor separar as amizades dos negócios e dos empreendimentos sociais; como amigos são capazes de se divertir muito juntos, e seria uma pena estragar tudo assumindo uma responsabilidade maior ou desenvolvendo intenções mais sérias.

Conselho: *Excesso de entusiasmo pode ser fatal. Mantenha os pés no chão e esforce-se para ser realista. Esteja pronto para perdoar e esquecer.*

RELACIONAMENTOS

PONTOS FORTES: EXPANSIVO, DIVERTIDO, AFETIVO

PONTOS FRACOS: VOLÚVEL, IRADO, DECEPCIONANTE

MELHOR: AMIZADE

PIOR: TRABALHO

JOHN RAITT (19/1/17)
BONNIE RAITT (8/11/49)

A cantora e compositora Bonnie é filha de John, vocalista da Broadway, estrela de *Pajama Game*, *Carousel* e muitos outros grandes musicais dos anos 1940 aos anos 1960. A carreira de Bonnie chegou ao auge com seu álbum de 1989 *Nick of Time*, que vendeu 4 milhões de cópias e ganhou o Grammy de Álbum do Ano. **Também: Stanford White & Ruth St. Denis** (caso; arquiteto/dançarina).

| RELACIONAMENTOS |

PONTOS FORTES: MILAGROSO, PRODUTIVO, EXPLORADOR

PONTOS FRACOS: MEDROSO, DESCONFIADO, INCOMPREENSIVO

MELHOR: AMOR

PIOR: CASAMENTO

EUGENE V. DEBS (5/11/1855)
WILLIAM MCKINLEY (29/1/1843)

Debs fundou várias organizações socialistas partidárias antes de concorrer contra McKinley em 1900 como o primeiro socialista americano a se candidatar à presidência. Debs era um forte orador, famosa sua afirmação "sou a favor do socialismo porque sou a favor da humanidade". Embora tenha perdido para McKinley, Debs estabeleceu o partido socialista nos Estados Unidos.

---

3 a 11 de novembro
SEMANA DA PROFUNDIDADE
ESCORPIÃO I

23 a 30 de janeiro
SEMANA DO GÊNIO
AQUÁRIO I

Nada menos que surpreendente

Quando esses pares combinam suas energias, o resultado é milagroso. Na verdade, a química que ocorre é incomensurável e até para os próprios parceiros é difícil imaginar como duas pessoas tão diferentes podem obter resultado tão maravilhoso. Aquário I nem sempre entende representantes de Escorpião II, vendo-os como pessoas que sempre fazem coisas do jeito mais difícil. Enquanto isso, Escorpião II sempre se surpreende quando Aquário I gasta a metade do tempo que eles gastariam para fazer algo, mas ficam desconfiados do método de seu par. Eles não deveriam ir tão fundo em suas sondagens sobre tais mistérios, uma vez que as coisas funcionam melhor quando seus mecanismos subjacentes estão escondidos.

Os casos amorosos são muito românticos. Escorpião II geralmente tem o firme controle da relação, mas, uma vez que encontra seu par amoroso em Aquário I por meio de charme e encanto, ele pode ser facilmente manipulado e sua dominação não é opressiva. Se o romance acabar em casamento, Escorpião II vai encontrar seu cônjuge caprichoso e incapaz de compartilhar sua abordagem séria aos problemas. Mas poucas pessoas no ano conseguem esquecer suas preocupações de trabalho quando chegam em casa depois de um dia duro de trabalho tão facilmente quanto o divertido Aquário I. Na verdade, se Aquário I se cansar do peso de Escorpião II e procurar emoção em outro lugar, sua depressão poderia alcançar baixios que excederiam todos os outros.

Os relacionamentos entre jovens amigos e irmãos são levados para o campo do sobrenatural – eles adoram estórias de terror, ficção científica e fantasia. Explorar o lado sombrio da experiência humana, seja no cinema ou não, é comum. Os pares devem ter cuidado com atividades que podem ser perigosas ou despertar medo nas pessoas, principalmente nos mais jovens ou mais velhos que eles. Escorpião II e Aquário I produzem resultados fantásticos na esfera profissional, mas sempre divergem na ideologia. Guardar a opinião para si é um pré-requisito para realizar o trabalho.

Conselho: *Retorne ao mundo real de vez em quando. Cuidado com os efeitos sobre os outros. Não se deixe levar pelo lado sombrio. Use sua energia de forma construtiva.*

| RELACIONAMENTOS |

PONTOS FORTES: BEM-INFORMADO, SEDUTOR, PERSISTENTE

PONTOS FRACOS: COMPETITIVO, CIUMENTO, INSULTANTE

MELHOR: CASAMENTO

PIOR: TRABALHO

CLARK GABLE (1/2/01)
VIVIEN LEIGH (5/11/13)

Gable e Leigh estão para sempre ligados a Rhett Butler e Scarlett O'Hara em *...E o Vento Levou* (1939). Leigh foi escolhida entre centenas de aspirantes para o papel, muitas delas grandes estrelas de Hollywood. Ironicamente, Gable estava relutante em fazer o personagem que seria seu maior papel no cinema.
Também: Sally Field & Jock Mahoney (atriz – filha adotiva de dublê).

---

3 a 11 de novembro
SEMANA DA PROFUNDIDADE
ESCORPIÃO II

31 de janeiro a 7 de fevereiro
SEMANA DA JUVENTUDE E DESPREOCUPAÇÃO
AQUÁRIO II

Chama eterna

A grande diferença de temperamento entre essas duas personalidades causa atrito no relacionamento. Essas tensões, no entanto, são provocativas, produzindo uma dinâmica desafiadora e sedutora. Escorpião II e Aquário II formam quadratura um com o outro no zodíaco (estão a 90° de distância), o que pode causar todo tipo de dificuldade, mas assegura que serão poucos os momentos enfadonhos. Aquário II gosta de ter suas emoções agitadas e está aberto para ser perturbado pela intromissão de seu par. Escorpião II adora paixão no relacionamento, mesmo que não leve a sério seu par. Na verdade, esse par como um todo é melhor se encarado como um grão de sal ou um piscar de olho, uma maneira saudável de evitar tensão e frustração.

Nos relacionamentos amorosos os desejos reprimidos provocam toda sorte de sentimento apaixonado. Se este ardente par esmorecer, pode ser rapidamente reaceso com todo vigor. Os casamentos também costumam ter algo em reserva – algo que os impeça de se queimar. Mesmo depois de passar longo período separados, quando se reencontram sentem o mesmo calor, como se mantido por uma chama eterna.

Amigos dessa combinação costumam se envolver em provocações que beiram o insulto – os pares sempre se divertem tentando sobrepujar um ao outro ou dar a última palavra. Na realidade, ciúme e competição acirrada aparecem, mas os parceiros são bem conscientes da velocidade com que esse sentimento aflora e raramente permitem que o relacionamento se torne hostil.

No aspecto profissional e doméstico, Aquário II tem uma atitude descontraída que sempre conquista Escorpião II, que, no entanto, pode ser extremamente exigente e crítico, desaprovando aquelas mesmas atitudes que o conquistaram. Filhos e empregados nascidos em Aquários II, como conseqüência, costumam ver seus pais e patrões de Escorpião II como se tivessem uma intensidade sombria, meditativa, que não tem utilidade prática.

Conselho: *Cuidado ao brincar com fogo. Suas brincadeiras podem ser levadas a sério. Dê-se ao trabalho de ser claro sobre o que pretende. Relaxe.*

3 a 11 de novembro
SEMANA DA PROFUNDIDADE
ESCORPIÃO II

8 a 15 de fevereiro
SEMANA DA ACEITAÇÃO
AQUÁRIO III

Dividindo experiências emocionais

Sentimentos fortes abastecem a energia predominante nesse relacionamento. Mas, mesmo que compartilhar experiências emocionais profundas, no final das contas, possa ser algo positivo para os dois, em pouco tempo eles se envolverão em situações difíceis, uma vez que nenhum deles se preocupa em se expor. Um padrão de proximidade seguido a distância não seria surpresa no caso. Os nascidos em Aquário III são capazes de dar aos nascidos em Escorpião II o tipo de compreensão que eles anseiam e o relacionamento se pauta não só pelas qualidades aceitáveis de Aquário III, mas por sua curiosidade em relação a seus parceiros emocionalmente complexos. Também é provável que Escorpião II ative o lado sombrio de Aquário III, mas isso pode finalmente levá-los a um envolvimento apaixonado e a uma boa dose de auto-análise e confrontação.

Os casos amorosos e casamentos entre esses pares são sempre gratificantes e prazerosos. Escorpião II será tomado por arroubos de paixão devido à provocante sensualidade de Aquário III. Os nascidos em Aquário III ficam completamente tocados pela dedicação de seu parceiro; eles costumam se cansar logo no amor e no casamento, mas seus pares nascidos em Escorpião II os proverão com uma gama quase inesgotável de encantos sensuais. Como pais, formam um casal muito dedicado. Tendo pontos de vista diferentes, criam os filhos lhes dando opções para resolver queixas e preocupações.

Colegas de trabalho e irmãos dessa combinação raramente se isolam de seus subalternos ou familiares e gostam de estabelecer laços sociais. Isso significa que seu relacionamento se torna o foco das atenções no grupo e que eles sempre agem como conselheiros e mediadores. Como amigos eles se envolvem em muitas atividades interessantes, raramente perdendo de vista aqueles com quem têm empatia. Entretanto, pode haver um resultado trágico se ambos se envolverem num romance com uma terceira pessoa e, por fim, tiverem de tomar uma decisão impossível contra seu próprio amigo.

Conselho: *Cuidado com escapadas perigosas. O confronto é importante aqui. Não fuja dele. Não jogue fora o que é mais valioso para você.*

RELACIONAMENTOS

PONTOS FORTES: APAIXONADO, BRIGUENTO, SOCIAL

PONTOS FRACOS: ESCAPISTA, CIUMENTO, DIVIDIDO

MELHOR: AMOR

PIOR: AMIZADE

BURT REYNOLDS (11/2/36)
SALLY FIELD (6/11/46)

No final dos anos 1970 Field e Reynolds iniciaram um longo romance, trabalhando juntos em vários pouco destacados porém comerciais filmes. Em 1979, Field rompeu com sua imagem de "namorada de Burt Reynolds" e passou a fazer papéis mais dramáticos, rompendo com ele no processo. **Também: Herman Mankiewicz & Joseph Mankiewicz** (irmãos; roteirista/diretor); **Richard Burton & Claire Bloom** (caso; atores).

---

3 a 11 de novembro
SEMANA DA PROFUNDIDADE
ESCORPIÃO II

16 a 22 de fevereiro
CÚSPIDE DA SENSIBILIDADE
CÚSPIDE AQUÁRIO-PEIXES

Sérias questões éticas

Questões sobre quais regras e de quem elas devem prevalecer são levadas a sério nesse relacionamento. O maior conflito é para saber de quem é o código moral a ser seguido. Os nascidos em Escorpião II geralmente têm o sentido mais apurado para o certo e o errado, mas eles nem sempre articulam isto conscientemente e sua indignação moral se manifesta de maneira destrutiva. Em geral estão certos, mas os outros raramente admitem. Aquário-Peixes, por sua vez, tem um senso de honra mais frouxo e o papel da fantasia em sua constituição nunca deveria ser subestimado. É fundamental para esse par concordar sobre a estrutura de seu relacionamento. É uma tarefa difícil para essas personalidades, uma vez que sua tendência é viver no limiar do subconsciente na maior parte do tempo. O traço de tirania do relacionamento é o resultado desta projeção interna.

Os casos amorosos e casamentos buscam satisfazer o lado mais social desses pares. Aquário-Peixes secretamente anseia por uma personalidade forte que o conduza socialmente. Uma vez que sai, é difícil para o retraído Escorpião II voltar para casa, resultando em conflitos estranhos que balançam entre a interação social e pessoal. Aquário-Peixes precisa aprender a sentir o mau humor de Escorpião II para saber quando recuar e deixá-lo sozinho. No casamento, o estresse é causado pela preocupação com o comportamento adequado e com o seguir as regras de boa conduta. Essas regras devem ser explícitas se se quiser evitar mal-entendidos, acusações e conflitos, e que o casamento não se torne tempestuoso. O relacionamento entre irmãos é íntimo, compreensivo e costuma seguir as regras da unidade familiar.

Na esfera profissional, os parceiros buscam algo além do mero ganho financeiro. Para se sentir bem com o sucesso, eles necessitam de um forte propósito moral.

Conselho: *Não espere que os outros sejam compreensivos com suas idéias. Cuidado para não afastar os outros com seu fervor. Não seja tão rigoroso.*

RELACIONAMENTOS

PONTOS FORTES: SÉRIO, PRAGMÁTICO, SOCIAL

PONTOS FRACOS: CONFLITUOSO, SECTÁRIO, COERCITIVO

MELHOR: IRMÃOS

PIOR: AMOR

JOHN MCENROE (16/2/59)
TATUM O'NEAL (5/11/63)

A atriz O'Neal se casou com o grande tenista McEnroe em 1986. Ela fez sua estréia no cinema em *Lua de Papel* (1973), pelo qual ganhou um Oscar com 10 anos de idade, de melhor atriz coadjuvante. Ao longo dos anos 1970 e 1980 ela continuou a atuar mas parou durante o casamento para cuidar dos filhos. Separaram-se em 1993. **Também: Erika Mann & W.H. Auden** (filha de Thomas Mann casada com poeta gay para fugir da Alemanha nazista).

RELACIONAMENTOS

PONTOS FORTES: BEM-SUCEDIDO, NÃO-CONVENCIONAL, MAGNÍFICO

PONTOS FRACOS: PROBLEMÁTICO, ESCAPISTA, INFERNAL

MELHOR: TRABALHO

PIOR: CASAMENTO

RICHARD BURTON (10/11/25)
ELIZABETH TAYLOR (27/2/32)

O ator galês Burton e a deusa do amor e superestrela Taylor começaram seu pródigo porém tempestuoso relacionamento no set de *Cleópatra* (1963). Trabalharam juntos em vários outros filmes, entre os mais memoráveis *Quem tem Medo de Virginia Woolf*. Casaram-se duas vezes, 1964-74 e 1975-76. **Também: Tommy Dorsey & Jimmy Dorsey** (irmãos; líderes de banda); **Art Carney & Jackie Gleason** (co-estrelas, *The Honeymooners*).

---

3 a 11 de novembro
SEMANA DA PROFUNDIDADE
ESCORPIÃO II

23 de fevereiro a 2 de março
SEMANA DO ESPÍRITO
PEIXES I

Céu ou inferno?

Esse par clássico parece ter sido formado no céu ou, quem sabe, no inferno. Em qualquer caso é irresistível e pouco convencional. Pode ter considerável sucesso profissional, o que não é garantia de um relacionamento pessoal consistente ou estável. Os nascidos em Escorpião II são de difícil aproximação, principalmente quando estão de mau humor e, embora os nascidos em Peixes I os entendam como ninguém, suas necessidades e exigências podem ser demais para seus parceiros. Agressivos, eles não encontram em Peixes I alguém fácil de vencer. As brigas entre eles são longas e difíceis. Com base absoluta no sentimento, o relacionamento em geral tem dois focos: trabalhar os problemas emocionais e colocar a enorme energia que o relacionamento libera a serviço de empreendimento profissional, seja nos negócios ou nas artes.

Quando se apaixonam, os representantes de Escorpião II e Peixes I tornam-se muito íntimos. Envolvidos pelo relacionamento, têm dificuldade em manter sua própria identidade; seu mundo particular é exclusivo, e não admitem mais ninguém. É tentador, para eles, pensar que têm envolvimento com vidas passadas, em razão de sua interação tão familiar e complexa. Os problemas emocionais sempre parecem insolúveis, mas eles não desistem facilmente e até conseguem superá-los. Drogas e sexo, entretanto, com freqüência são fugas fáceis no processo exaustivo. O casamento não é recomendável, a menos que os cônjuges estejam dispostos a uma série de investigações psicológicas.

Profissionalmente, esse par consegue ser um dos mais bem-sucedidos do ano. Membros da mesma família, amigos e cônjuges ou namorados sempre têm carreiras inter-relacionadas ou, na verdade, tornam-se sócios ou colegas. A questão é como eles vão se relacionar na esfera pessoal. Deve ser tomada a decisão de limitar seu contato no ambiente de trabalho, uma vez que sua energia negativa pode ser prejudicial para o projeto e para as pessoas à sua volta.

Conselho: *Dêem-se um tempo de vez em quando. Sigam um caminho construtivo. Não se desviem de seu verdadeiro objetivo.*

RELACIONAMENTOS

PONTOS FORTES: RESPONSÁVEL, FLUIDO, ORIENTADO PARA META

PONTOS FRACOS: DISTRAÍDO, RETRAÍDO, PROCRASTINADOR

MELHOR: CASAMENTO

PIOR: FAMÍLIA

STANFORD WHITE (9/11/1853)
EVELYN NESBIT (8/3/1885)

O arquiteto White e a corista Nesbit, casada com o rico empresário Harry K. Thaw, estavam tendo um caso. Em 1906, no terraço do Madison Square Garden (projetado por White), Thaw deu um tiro e matou White em um acesso de ciúmes. **Também: Roseanne Barr & Tom Arnold** (casados; atores); **Ole Olson & Chic Johnson** (equipe de comediantes de *vaudeville*).

---

3 a 11 de novembro
SEMANA DA PROFUNDIDADE
ESCORPIÃO II

3 a 10 de março
SEMANA DO SOLITÁRIO
PEIXES II

Meta almejada

Esta é uma combinação muito sedutora, não só fisicamente. Atração e desejo desempenham papel importante, mas o magnetismo do relacionamento funciona não apenas entre os próprios parceiros, mas entre eles como par e a meta que almejam, seja ela social, financeira ou familiar. O relacionamento traz à tona a determinação dos pares, permitindo-lhes conseguir coisas que sozinhos não conseguiriam; no entanto, geralmente é mais benéfico aos representantes de Peixes II. Os nascidos em Escorpião II e Peixes II formam trígono do zodíaco (120° de distância), que neste caso sugere uma orientação fácil, sensual. Os relacionamentos nessa combinação são muito estreitos. Em alguns casos são indissolúveis, uma vez que sua natureza aquosa é tão fluida. Eles ainda possuem um outro lado, o relativo à terra, que é bastante prático e responsável. Às vezes, surgem conflitos entre os dois lados, um deles querendo relaxamento e procrastinação e o outro querendo ação e esforço.

Os casos amorosos são muito reservados. Amigos e familiares podem até achar que sabem o que está acontecendo entre Escorpião II e Peixes II, mas normalmente estão errados. A maior parte da importância psicológica está muitas vezes escondida dos próprios namorados, que não estão nem um pouco interessados em auto-análise. Casamentos podem ser mais bem-sucedidos que os casos amorosos, desde que eles satisfaçam as necessidades dos parceiros em assumir responsabilidades. As relações familiares ou de carreira podem ser o elo que une tudo.

Na família, pais de Escorpião II e Peixes II são controladores, reclamam e pedem atenção. As amizades funcionam melhor quando têm interesse comum. Hobbies, esportes, atividades físicas, diversão e aventura desviam a atenção de obrigações prementes e tornam-se o ponto dominante de suas vidas. Colegas dessa combinação sempre trabalham lado a lado em relativa harmonia com rendimento estável e pouca agitação.

Conselho: *Decida quais são suas prioridades. Decida-se e aja. Dê vazão a seu lado responsável. Não fique desnorteado ou enredado.*

3 a 11 de novembro	11 a 18 de março
SEMANA DA PROFUNDIDADE	SEMANA DOS DANÇARINOS E SONHADORES
ESCORPIÃO II	PEIXES II

Poder de persuasão

Quando esses pares decidem-se por alguma coisa vão em frente e conseguem o que querem. O poder de persuasão é enorme nesse relacionamento e é tão grande que as pessoas são capazes de acreditar em quase tudo que os dois disserem. O resultado é uma enorme responsabilidade moral para não trair aqueles que os seguem. Claro que não é fácil para Escorpião II e Peixes III chegar a um acordo logo no início ou mesmo no primeiro encontro. Se eles se encontrarem mais tarde na vida, vão se lamentar por não terem se conhecido antes.

Os casos amorosos costumam ser mais voltados para os sentimentos do que para o romance. Um elemento de tristeza ou sofrimento pode permear esses relacionamentos porque carregam a consciência dos trabalhos da vida. A felicidade no caso é uma qualidade meio agridoce, que se alimenta com a crença de que, embora a vida não seja um mar de rosas, as coisas sempre melhoram. Nos casamentos, um espírito de resignação acompanha os cônjuges durante alguns momentos difíceis.

Os parceiros profissionais obtêm muito sucesso e confiam muito em seu poder de persuasão. É de vital importância que os produtos ou serviços que eles oferecem sejam confiáveis e, mesmo assim, têm problema para manter sua reputação. Para dizer a verdade, não são os nascidos em Escorpião II e Peixes III que fazem divulgação mas seus próprios clientes e consumidores que, no entusiasmo, exageram tornando as coisas fora de proporção.

Os pares de irmãos e amigos preferem se fechar a ter uma vida social intensa. O crescimento espiritual e a reflexão com freqüência se manifestam com a idade e a maturidade; depois de uma adolescência tempestuosa, os pares começam a desenvolver a meditação e a ponderar sobre o significado da vida.

Conselho: *Cuidado com o que diz. Não passe idéias erradas para os outros. Seu poder de persuasão pode produzir resultados indesejados. Não exagere. Deixe suas ações falar por si mesmas.*

RELACIONAMENTOS

PONTOS FORTES: PERSUASIVO, SENTIMENTAL, MEDITATIVO

PONTOS FRACOS: EXAGERADO, SOFREDOR, ARREPENDIDO

MELHOR: AMOR

PIOR: CASAMENTO

EDWARD ALBEE (12/3/28)
SAM SHEPARD (5/11/43)

Albee e Shepard são dramaturgos americanos contemporâneos influenciados pelo teatro do absurdo francês dos anos 1960. Shepard, então um roteirista avant-garde iniciante, começou a fazer roteiros e atuar no cinema. Albee também estreou no avant-garde. Seu maior sucesso foi *Quem Tem Medo de Virginia Woolf?* (1962).
Também: Ennio Morricone & Bernardo Bertolucci (colaboradores; compositor de trilhas sonoras/diretor).

---

12 a 18 de novembro	12 a 18 de novembro
SEMANA DO ENCANTO	SEMANA DO ENCANTO
ESCORPIÃO III	ESCORPIÃO III

Cedendo terreno

Embora os representantes de Escorpião III costumem ser fortes, essa relação pode ser ineficaz, porque ambos querem liderar. Como resultado, eles se tornam competidores, rivais ou inimigos. A solução seria um deles ceder terreno, deixando a liderança para o outro, ou ainda diminuir a intensidade da disputa pelo poder e, quem sabe, concordar em manter-se em um patamar mais baixo, porém igual ao de seu grupo. Isso é difícil para eles, porque a agressividade e o espírito de luta costumam acompanhar seu relacionamento. Mas a alternativa é não fazer nada ou partir para o ataque temeroso porque qualquer iniciativa parece oferecer resistência.

Os casos amorosos e casamentos entre eles não são impossíveis, porém raramente dão certo. A tendência que os nascidos em Escorpião III têm de guardar segredos – eles gostam de esconder suas emoções atrás de uma cortina de fumaça – é magnificada aqui. Na falta de alguma pista do que o outro está pensando ou sentindo, os parceiros tentam interpretar o comportamento um do outro e acabam inferindo dúbios motivos e duplicidades. A falta de empatia e o nível de suspeita é algo doentio. Se um dos pares, ou ambos, lutassem apenas por aquilo que pudessem obter, os dias do relacionamento estariam contados, porque os representantes de Escorpião III não toleram ser tratado dessa forma (mesmo quando eles próprios estão agindo assim).

A amizade nessa combinação tem auspícios semelhantes – é possível mas não impossível –, e combinações de pais e filhos raramente se dão bem, porque os nascidos em Escorpião III gostam de dar ordens mas se recusam a obedecê-las. Por outro lado, a competição e o desafio sempre despertam o melhor dos representantes de Escorpião III que se encontram em lados opostos da cerca. A rivalidade não chega à aversão pessoal: eles têm o maior respeito e em alguns casos admiração um pelo outro. Entretanto, voluntariamente podem trabalhar para a mesma empresa ou iniciar de forma bem-sucedida em um negócio juntos.

Conselho: *Tente se comprometer um pouco. Limite suas tendências combativas. Se o seu rival exige respeito, mostre. Não tenha medo do sucesso.*

RELACIONAMENTOS

PONTOS FORTES: ESTIMULANTE, DESAFIADOR, ADMIRADOR

PONTOS FRACOS: EGOÍSTA, INATIVO, MEDROSO

MELHOR: ADVERSÁRIOS

PIOR: AMOR

BERNARD MONTGOMERY (17/11/1887)
ERWIN ROMMEL (15/11/1891)

O britânico Montgomery e o alemão Rommel, ambos comandantes na África durante a Segunda Guerra Mundial, eram arquiinimigos. O melhor momento de Montgomery foi em 1942, quando ele derrotou as tropas de Rommel na Batalha de El Alamein no Egito, considerado o ponto decisivo dos esforço de guerra dos aliados.

RELACIONAMENTOS

PONTOS FORTES: RECOMPENSADOR, ENERGÉTICO, AMBICIOSO

PONTOS FRACOS: PROVOCATIVO, RANCOROSO, SUBMISSO

MELHOR: AMIZADE

PIOR: PAIS-FILHOS

JAWAHARLAL NEHRU (14/11/1889)
INDIRA GANDHI (19/11/17)

Gandhi era filha do primeiro-ministro da Índia Nehru (1947-64) e chegou ao mesmo posto que ocupou entre 1966-77 e 1980-84, quando foi assassinada. Era considerada mais realista que seu pai quanto à sociedade indiana e se tornou bastante popular entre a classe trabalhadora. **Também: Joseph McCarthy & Robert Kennedy** (senador/conselho do subcomitê).

---

12 a 18 de novembro
SEMANA DO ENCANTO
ESCORPIÃO III

19 a 24 de novembro
CÚSPIDE DA REVOLUÇÃO
CÚSPIDE ESCORPIÃO-SAGITÁRIO

Choques de evasão

A dominação de Escorpião III e a rebeldia de Escorpião-Sagitário parecem prontas para se chocarem, mas, na verdade, a química desse par é extremamente auspiciosa e pode ser benéfica para ambos; destaca a solidez, a estabilidade e abre canais de comunicação. Como parceiros, os dois são capazes de concentrar sua energia a serviço de uma causa ou organização, e a dinâmica dos pares costuma ser muito maior do que a soma de suas forças individualmente. Por outro lado, os efeitos da união, embora favoráveis para os próprios pares, pode ter consequências desfavoráveis para outros; desse modo, eles devem estar preparados para enfrentar animosidades e grande resistência.

Os casos amorosos entre os representantes de Escorpião III e Escorpião-Sagitário dificilmente duram, mesmo que um dos parceiros já esteja envolvido em um suposto feliz relacionamento. Entretanto, é preciso ter muito cuidado ao iniciar tal relacionamento, por causa de sua tendência autodestrutiva, para a qual nenhum deles está totalmente preparado. O prazer desse par pode ser grande, assim como o sofrimento, e, na verdade, um cenário angustiante surge para quem está envolvido. O casamento normalmente envolve um forte comprometimento e esses cônjuges lidam com a infidelidade de um modo imperdoável.

O relacionamento entre pais e filhos em toda a variação possível é forte, com os pais projetando seus próprios desejos e anseios em seus rebentos. Nesse caso, a rebeldia é um problema menor do que a submissão e a veneração do genitor, sobretudo quando Escorpião III é o pai e Escorpião-Sagitário é o filho. Isso geralmente é resolvido quando os filhos conseguem o reconhecimento de seus próprios direitos como adultos. Os relacionamentos de amizade e trabalho geralmente são recompensados em nível pessoal, mas são frustrantes se carecem de interesse e desafios.

Conselho: *Tente ouvir os outros. Cuide-se para não criar animosidade. Cultive flexibilidade e abertura. Você pode estar se sabotando. Cuidado.*

RELACIONAMENTOS

PONTOS FORTES: CRIATIVO, FORMIDÁVEL, REFORMADOR

PONTOS FRACOS: DESCONFIADO, TEMPESTUOSO, REBELDE

MELHOR: TRABALHO

PIOR: AMOR

ROBERT R. LIVINGSTON (27/11/1746)
ROBERT FULTON (14/11/1765)

O estadista e diplomata Livingston encarregou o inventor e engenheiro Fulton, em 1802, de projetar e construir um barco a vapor que navegasse no rio Hudson em Nova York. O primeiro barco a vapor de Fulton foi testado na França (1803). Ele retornou aos Estados Unidos em 1806, e no ano seguinte o barco foi lançado em um porto de Nova York. Batizado de *Clermont*, o barco se mostrou exeqüível comercialmente.

---

12 a 18 de novembro
SEMANA DO ENCANTO
ESCORPIÃO III

25 de novembro a 2 de dezembro
SEMANA DA INDEPENDÊNCIA
SAGITÁRIO I

Investida combinada

Há duas possibilidades distintas nesse relacionamento: a primeira é quando os pares desperdiçam seu tempo com rebeldias (normalmente ocorre quando os nascidos em Escorpião III tentam, em vão, dominar Sagitário I); a segunda, mais significativa, ocorre quando seus talentos combinam-se em investidas completas de mentes fechadas e atitudes reacionárias. A última alternativa lhes dá uma saída construtiva para a criatividade, e também os aproxima na esfera pessoal. Mas talvez eles tenham de negociar antes com a primeira alternativa caso os primeiros dias ou meses do relacionamento sejam tempestuosos. Os representantes de Escorpião III e Sagitário I às vezes não gostam imediatamente um do outro, mas é mais provável que ao se olharem, desconfiados como são, esperem até se conhecerem melhor antes de se envolverem.

Nos casos amorosos e entre pais e filhos, os representantes de Escorpião III sempre tentam controlar seu parceiro, geralmente sem proveito. Essa tentativa costuma fazer subir a temperatura de Sagitário I, tendo como resultado a fuga ou a briga. Escorpião III pode ser bem valente em combate, e os nascidos em Sagitário I, por sua vez, se recusam a admitir uma derrota. Pode haver amor entre eles, mas é raro que seja incondicional; nenhum dos dois se entrega totalmente, mesmo quando parecem ter doado o coração. Entretanto, alterações sutis a esse respeito têm o efeito de aproximar ainda mais os parceiros.

Os casamentos e as relações de trabalho sempre encontram o par em posição de ataque. Esse é um prospecto temerário e qualquer um que provoque a ira do outro não deve cometer o erro uma segunda vez. Normalmente, o relacionamento, tanto de casamento quanto de trabalho, representa os melhores interesses da família ou da organização e tenta progredir econômica ou socialmente. Se o casamento trouxer oportunidade para unir os interesses dos pares, ambos vão trabalhar ativamente para manter o vínculo.

Conselho: *Encontre uma saída criativa para sua agressividade. Não se deixe levar pela ambição cega. Atente para os sentimentos. Dê amor incondicionalmente.*

12 a 18 de novembro
SEMANA DO ENCANTO
ESCORPIÃO III

3 a 10 de dezembro
SEMANA DO ORIGINADOR
SAGITÁRIO II

Ativação imediata

Estes dois têm o efeito de liberar a energia latente um do outro. O relacionamento é libertário, no sentido de proporcionar aos pares uma atmosfera onde a criatividade brota e floresce. Por incentivar a liberdade de pensamento e ação o relacionamento leva os dois a afundarem em períodos de frustração ou desespero em suas vidas e atividades, períodos quando eles se sentem como se, a despeito das opções disponíveis, não pudessem prosseguir. Nessas horas eles se sentem terrivelmente depreciados e mal compreendidos. Caso um desses medos marque a ocasião do primeiro encontro, suas energias sempre reagem e o medo se dissipa quando um novo relacionamento é formado.

Os casos amorosos são extremamente excitantes. Algumas vezes os pares se encontram bem no momento em que tinham perdido a esperança de encontrar a pessoa certa. A alegria desse encontro é intensa, mas se os parceiros deixarem que isso os cegue para realidade podem arrolar seu novo relacionamento em uma lista de velhos fracassos. O casamento é recomendado apenas se eles se conhecerem bem. Esperar antes de assumir o compromisso permite aos pares crescer juntos, enquanto colocam seu relacionamento em teste.

O relacionamento entre irmãos e amigos dá certo, mas agudas diferenças de temperamento fazem com que a estabilidade não seja o ponto forte aqui. O relacionamento pode ainda levar os pares às alturas. No trabalho, esse par forma uma boa combinação, com Escorpião III administrando o dinheiro e assuntos práticos e Sagitário II fazendo a parte de relações públicas e gerando novas idéias. Problemas surgem se Escorpião III encontrar em Sagitário II propósitos muito extravagantes ou se Sagitário II ficar impaciente com o que vê nas atitude pouco entusiasmadas de seu par.

Conselho: *Olhe antes de pular. A altura pode turvar a visão. Teste sua primeira impressão. Equilibre suas instabilidades emocionais.*

RELACIONAMENTOS

PONTOS FORTES: LIBERTÁRIO, EXPRESSIVO, SORTUDO

PONTOS FRACOS: DESCONTROLADO, FORA DA REALIDADE, TEMPERAMENTAL

MELHOR: AMOR

PIOR: IRMÃOS

AUGUSTE RODIN (12/11/1840)
CAMILLE CLAUDEL (8/12/1864)

Claudel, talvez a mais significativa das muitas amantes de Rodin, o conheceu em 1883 e era sua modelo quando iniciaram tumultuado caso. Ele, já um mestre, não reconhecia seu talento como escultora dotada – mesmo assim colaborou em alguns dos trabalhos dele. Rodin nunca quis se casar com ela nem a deixava partir, o que provocou sua autodestruição, depressão e finalmente loucura.

---

12 a 18 de novembro
SEMANA DO ENCANTO
ESCORPIÃO III

11 a 18 de dezembro
SEMANA DO TITÃ
SAGITÁRIO III

Integridade como postura

A integridade e sua natureza – o que a constitui, o que a causa – é provável que seja o foco dessa combinação. Essas questões aparecem com respeito à interação pessoal entre os pares e com respeito à sua interação com o mundo exterior. Os dois com freqüência atacam a integridade um do outro, seja do ponto de vista artístico, político, moral ou filosófico. Isso se deve em parte porque as atitudes básicas dos parceiros diferem drasticamente. Os nascidos em Escorpião III têm um lado egoísta e não está fora de cogitação que usem os outros para proveito próprio. Mas quando se trata de ajudar, têm uma estranha forma de integridade própria e não carecem de compaixão. Seus parceiros de Sagitário III, por sua vez, são partidários da idéia do "faça o que eu digo, mas não faça o que eu faço". O ideal seria que os pares se concentrassem em preservar a integridade de seu relacionamento em vez de criticar o padrão moral um do outro ou então o das outras pessoas.

Como namorados esses dois não parecem se dedicar totalmente ao romance – são demasiadamente sensíveis. Eles se permitem o prazer de se apaixonar, mas não a ilusão de acreditar nisso. Sempre mantendo o pé no chão, podem garantir a estabilidade de seu relacionamento, sem comprometer seriamente a paixão. Os casamentos dão certo nesse caso, embora a harmonia seja constantemente ameaçada pela disputa de poder. Os cônjuges não devem marcar nenhum compromisso social antes de consultar o outro.

A amizade dá mais certo quando os representantes de Escorpião III e Sagitário III não se encontram com muita freqüência. Normalmente eles estão ocupados demais com suas próprias vidas para se dedicar a esse relacionamento – mas sempre podem contar um com o outro nos momentos de dificuldade. O relacionamento entre pais e filhos é bem equilibrado, com um dos pares respeitando o poder do outro. Quando aparecem sérias divergências, especialmente na adolescência e no começo da fase adulta, ambos devem ter bom senso para limitar a extensão de suas brigas, uma vez que danos irreparáveis podem acontecer entre eles se a paixão foge de controle. Como colegas de trabalho os nascidos em Escorpião III e Sagitário III se dão melhor quando têm igual posição e status.

Conselho: *Invista para fazer as coisas valerem a pena. Evite disputa de poder, promovendo a igualdade. Desenvolva seu lado social. Deixe as coisas acontecerem às vezes.*

RELACIONAMENTOS

PONTOS FORTES: SOCIAL, INDEPENDENTE, EQUILIBRADO

PONTOS FRACOS: EGOÍSTA, VIAJA NO PODER, DADO A JULGAR

MELHOR: CASAMENTO

PIOR: AMIZADE

MARC CONNELLY (13/12/1890)
GEORGE S. KAUFMAN (16/11/1889)

Connelly e Kaufman colaboraram para escrever algumas das peças mais engraçadas da Broadway dos anos 1920, entre elas *Dulcy* (1921), escrita para Lynn Fontanne; *To the Ladies* (1922), escrita para Helen Hayes; *Beggar on Horseback* (1924), e o musical *Be Yourself* (1924). Foram ambos membros proeminente do famoso grupo de intelectuais Round Table do Hotel Algonquin.

RELACIONAMENTOS

PONTOS FORTES: COMUNICATIVO, EMPREENDEDOR, COMPROMETIDO

PONTOS FRACOS: MATERIALISTA, INSENSÍVEL, ELITISTA

MELHOR: CASAMENTO

PIOR: IRMÃOS

DEWITT WALLACE (12/11/1889)
LILA BELL WALLACE (25/12/1889)

DeWitt e Lila Bell foram fundadores da *Reader's Digest*. Casaram-se em 1921, logo depois de concluírem uma amostra da revista para apresentarem a editores. Ninguém ficou interessado, então publicaram por conta própria em 1922, distribuindo exemplares em um bar clandestino em um porão de Greenwich Village. A circulação da revista aumentou de 1.500, em 1922, para 200.000, em 1929, e 30 milhões nos anos 1990.

---

12 a 18 de novembro
SEMANA DO ENCANTO
ESCORPIÃO III

19 a 25 de dezembro
CÚSPIDE DA PROFECIA
CÚSPIDE SAGITÁRIO-CAPRICÓRNIO

Perpétua inovação

Esse relacionamento enfoca não apenas o despertar de novas idéias e métodos de comunicação, mas como fazer para melhor disseminar tais idéias. Como par, os nascidos em Escorpião III e Sagitário-Capricórnio nunca ficam mais contentes do que quando iniciam um novo intento. Isso não significa que eles sejam medíocres com seus projetos; na verdade, a manutenção de suas habilidades pode também ser importante. Talvez isso se deva ao fato de eles sempre encararem a manutenção como uma oportunidade de manter as coisas funcionando bem e para iniciar inúmeros projetos novos ou derivados do original. Quando iniciam um projeto juntos, ele se perpetua e praticamente nunca termina.

Casamento e carreira muitas vezes se entrelaçam nesse relacionamento. Quando essas duas personalidades se envolvem totalmente em algo, sentem-se à vontade num relacionamento que lhes dá a oportunidade de passar a maior parte do tempo juntos ou trabalhar em projetos relacionados. O estado de sua casa provavelmente reflete sua atitude nos negócios e vice-versa, portanto ao examinar o estado de um já se pode imaginar o do outro. O relacionamento muitas vezes é dominado por atração pelo poder, status e dinheiro. Esses impulsos devem ser controlados com orientação ética, religiosa e espiritual. Os filhos desse casamento não devem acreditar que são melhores que os outros.

Os casos amorosos entre os nascidos em Escorpião III e Sagitário-Capricórnio são intensos, mas se eles perderem o foco de seu ideal comum, costumam se extinguir rapidamente ou simplesmente desaparecer por falta de interesse. Os pares de amigos e irmãos têm um lado meio obscuro – eles gostam de livros e filmes de terror, histórias do sobrenatural e ficção científica. O interesse obsessivo em tais assuntos pode ter um efeito pernicioso na estabilidade psicológica e também pode isolá-los das outras pessoas, que simplesmente não entendem.

Conselho: *Livre-se das tendências obsessivas. Dê-se um tempo de vez em quando. Encontre um lugar calmo. Reexamine seus valores. Cuidado com a atração pelo lado sombrio.*

RELACIONAMENTOS

PONTOS FORTES: ÍNTIMO, COMPREENSIVO, RECOMPENSADOR

PONTOS FRACOS: RESTRITIVO, INIBIDOR, ANSIOSO

MELHOR: AMIZADE

PIOR: TRABALHO

ALFRED STIEGLITZ (1/1/1864)
GEORGIA O'KEEFFE (15/11/1887)

Em 1917, a obra da pintora O'Keeffe foi exibida pelo fotógrafo Stieglitz em sua galeria de Nova York. Eles se casaram em 1924. A série de fotos dela é considerada sua expressão fotográfica mais íntima. **Também: Aaron Copland & Roger Sessions** (colaboradores em concertos; compositores); **Whoopi Goldberg & Ted Danson** (romance; atores); **Whoopi Goldberg & Frank Langella** (romance; atores).

---

12 a 18 de novembro
SEMANA DO ENCANTO
ESCORPIÃO III

26 de dezembro a 2 de janeiro
SEMANA DO REGENTE
CAPRICÓRNIO I

A arte de viver

Este é um dos pares mais criativos do ano. Inspiração é a chave: os dois costumam se inspirar um no outro e compartilham da mesma visão, seja do lado artístico, social ou humanístico. Os representantes de Escorpião III e Capricórnio I são pessoas dedicadas e sérias, mas como parceiros favorecem seu lado mais leve e se divertem muito juntos. Problemas aparecem quando se trata de saber quem é estrela, mas na maior parte das vezes sentem orgulho do trabalho do outro e não precisam entrar em disputa pela ribalta.

Alguns parceiros colocam toda sua energia em seu estilo de vida e não em um objetivo criativo específico. A arte de viver é o objetivo maior para eles. Os casos amorosos, casamentos e amizades com tal perspectiva são muito originais com respeito a domicílio, decoração, vestimenta, viagem e entretenimento. A intensidade ou sensibilidade sexual é forte, mas a energia do relacionamento se expressa em outras áreas. Tudo na vida para esses pares é uma experiência apaixonante, para a qual eles se dedicam quase que com exclusividade. Infelizmente, tais atitudes encontram resistência, ressentimento e com freqüência, incompreensão das outras pessoas. Os relacionamentos de trabalho entre os nascidos em Escorpião III e Capricórnio I são mais informais e espontâneos. Dessa forma, ambos os pares se voltam para seu próprio trabalho e juntam forças apenas quando inspirados para tal. Os pares formados por colegas de trabalho ou patrão-empregado não são recomendados nesse caso. Os pares familiares são uma exceção à regra nessa combinação, não raro sendo demasiadamente fixos em sua orientação para permitir muita liberdade de pensamento ou expressão. Os parentes têm dificuldade para dissipar estereótipos ou expectativas que inibem expressão espontânea.

Conselho: *Evite ditar regras. As restrições obstruem sua expressão. Se os outros não lhe entendem, é problema deles. Não ceda em suas crenças.*

12 a 18 de novembro
SEMANA DO ENCANTO
ESCORPIÃO III

3 a 9 de janeiro
SEMANA DA DETERMINAÇÃO
CAPRICÓRNIO III

Paladinos intransigentes

Esse relacionamento franco não hesita em investir tudo por uma causa, não se preocupando com as conseqüências. Os nascidos em Escorpião III e Capricórnio II não são imprudentes e normalmente não gostam de correr riscos, a não ser que seja absolutamente inevitável. Sua atitude é: o trabalho precisa ser feito, de um jeito fácil ou difícil – a escolha é dos adversários. Na maioria dos casos, a verdadeira ameaça ao relacionamento é interna e não externa. Pela natureza intransigente das suas crenças e da recusa em ceder em suas exigências, os pares acabam arrumando inimizades e até ódio pela vida afora. Esses paladinos normalmente são motivados pelo sentimento de justiça e igualdade e se posicionam ao lado dos fracos e injustiçados.

Nos casos amorosos, amizades e casamentos, a vida pessoal dos parceiros sofre por causa de seus compromissos com outras atividades. Eles devem aprender a dizer não e a ser mais egoístas se quiserem que o amor sobreviva ou cresça entre eles. Devotando seu tempo a outras coisas, eles podem nem mesmo perceber que seu relacionamento está fracassando. Entretanto, em certo ponto, acontece uma reviravolta e namorados, amigos e cônjuges percebem que o relacionamento desafia seus próprios horizontes e que a descoberta pessoal é tão excitante e recompensadora quanto os grandes empreendimentos.

Os relacionamentos profissionais são mais eficazes quando acontecem no campo das relações humanas, comunicações ou ensino. A habilidade administrativa dos nascidos em Escorpião III combina bem com a ambição dos nascidos em Capricórnio II; esses parceiros dão a qualquer empresa estrutura e propósito, respectivamente. Na família, os pares formados pelos pais trabalham muito pelo bem comum do grupo, mas sua presença não é bem-vista nas reuniões familiares, e as emoções que causam provocam distúrbios. Eles devem aprender sobre tato e diplomacia, se quiserem contribuir de forma construtiva.

Conselho: *Reserve um tempo para você. Os desafios internos são tão excitantes quanto os externos. Também vale a pena lutar pelo respeito pessoal e pelo amor.*

RELACIONAMENTOS

PONTOS FORTES: ATIVO, OUSADO, DESAFIADOR

PONTOS FRACOS: NEGLIGENTE, SEM TATO, AGRESSIVO

MELHOR: TRABALHO

PIOR: CASAMENTO

ELIZABETH CADY STANTON (12/11/1815)
LUCRETIA COFFIN MOTT (3/1/1793)

Stanton e Mott foram defensoras pioneiras dos direitos da mulher. Em 1848 organizaram a Convenção Seneca Falls (Nova York) para elaborar uma Declaração de Sentimentos, listando 16 formas de discriminação contra a mulher, incluindo a negação do sufrágio e controle sobre sua renda, pessoa e filhos. A convenção estabeleceu a causa dos direitos da mulher como movimento organizado.

---

12 a 18 de novembro
SEMANA DO ENCANTO
ESCORPIÃO III

10 a 16 de janeiro
SEMANA DA DOMINAÇÃO
CAPRICÓRNIO III

Sem limites

Esse relacionamento pode se tornar uma briga de gigantes, onde os egos e os humores fogem ao controle. Não importando se são fisicamente altos ou baixos, os nascidos em Escorpião III e Capricórnio III são grandes personalidades que querem sempre ser chefes, o que provoca conflito – e nenhum deles quer recuar. Os representantes de Escorpião III usam métodos muito sutis para conseguir a vitória, enquanto os representantes de Capricórnio III recusam-se a sair do caminho. É necessário para esse relacionamento estabelecer limites em seu comportamento e encontrar um jeito de evitar confronto.

Entretanto, os casos amorosos e amizades algumas vezes são incrivelmente passivos. É como se a energia de um dos parceiros cancelasse a do outro. Dessa maneira, eles desistem da idéia de dominação e têm comportamento meigo um com o outro. O problema é de automotivação, particularmente quando se voltam para um esforço de crescimento pessoal e espiritual. Quando se casam, eles se superestimam e não vivem das promessas e expectativas do outro.

Os relacionamentos entre pais e filhos geralmente se envolvem em disputas de poder. O fato triste é que eles não têm escolha, a não ser brigar, às vezes durante anos, até que um deles saia vencedor. Uma forte percepção de que não tem vencedor pode fazer parar os conflitos. No mundo profissional, os nascidos em Escorpião III e Capricórnio III que trabalham para empresas ou grupos concorrentes envolvem-se numa luta sem limites. Se jogam no mesmo time ou negociam juntos, devem se cuidar para não deixar sua agressividade sair de controle e afugentar os oponentes – se isso acontecer, os clientes vão fugir também. Trabalhar em projetos menores, um a cada vez, em vez de assumir um projeto imenso que superestima a capacidade dos parceiros, ajuda a evitar fracassos embaraçosos.

Conselho: *Façam as pazes. Procurem maneiras sutis de promover sua causa. Encontrem vantagens comuns. Conheçam-se um pouco melhor.*

RELACIONAMENTOS

PONTOS FORTES: PODEROSO, DESTEMIDO, INDÔMITO

PONTOS FRACOS: AMEAÇADOR, EXAGERADO, EMBARAÇOSO

MELHOR: COMBATE

PIOR: PAIS-FILHOS

REI HUSSEIN I (14/11/35)
GAMAL ABDEL NASSER (15/1/18)

Na Guerra dos Seis Dias de 1967, o rei da Jordânia, Hussein, e o presidente do Egito Nasser, como aliados invadiram Israel e sofreram humilhante derrota. Hussein perdeu o oeste da Jordânia, o que provocou uma guerra civil interna; ao controlar o levante Hussein, alcançou maior domínio sobre seu país. A derrota de Nasser por Israel não afetou seu já forte controle político sobre o Egito.

| RELACIONAMENTOS |

PONTOS FORTES: EXCITANTE, AGRADÁVEL, ROMÂNTICO

PONTOS FRACOS: ACUSADOR, RESSENTIDO, MATERIALISTA

MELHOR: ROMÂNTICO

PIOR: TRABALHO

CARY GRANT (18/1/04)
BARBARA HUTTON (14/11/12)

Hutton e Grant foram casados (sua 2ª esposa de 4 casamento, seu 2º marido de 7 casamento) de 1942 a 1945. Hutton era uma abastada socialite, neta de F.W. Woolworth e herdeira da fortuna da família. Grant foi seu único marido que ganhava a própria vida. Ela se tornou reclusa nos últimos anos de vida, afligida pela má saúde e depressão. **Também: Lee Strasberg & Konstantin Stanisiavsky** (professores de método de representação).

---

12 a 18 de novembro
SEMANA DO ENCANTO
ESCORPIÃO III

17 a 22 de janeiro
CÚSPIDE DO MISTÉRIO E DA IMAGINAÇÃO
CÚSPIDE CAPRICÓRNIO-AQUÁRIO

Superotimismo

Esse par pode planar num vôo romântico, mas tem a capacidade de levantar a bandeira vermelha quando há perigo. A energia elétrica de Capricórnio-Aquário e a sedução de Escorpião III resultam em um relacionamento excitante e prazeroso. Eles exibem um estilo eclético e leve. Como par se interessam por diferentes buscas intelectuais e mantêm uma perspectiva otimista e entusiasta. Isso é incrível, em se tratando de um par tão sério. Entretanto, há o perigo de que, em seu otimismo, ignorem problemas maiores que podem se inflamar e aprofundar se tornando irreparáveis. Uma típica questão é que como os nascidos em Escorpião III são os mais realistas, práticos e financeiramente sensíveis dos dois, e têm vontade de assumir responsabilidades ficam irados quando os nascidos em Capricórnio-Aquário se recusam a repartir o trabalho. Por sua vez, Capricórnio-Aquário pode se cansar dos resmungos de Escorpião III. Eles podem se tornar mais dedicados se algo os ressentir, ou simplesmente se desligam, tornando-se ainda mais vagos em suas atitudes.

Os casos amorosos acabam rapidamente no quarto e depois diminuem de intensidade durante meses. Quando a emoção vai embora, resta pouco para sustentar emocionalmente a relação. Os pares se casam às vezes por outras razões que não as românticas, principalmente dinheiro, poder ou prestígio social. Esses casamentos costumam ser muito complexos mas se as coisas se descomplicarem, durarão mais tempo do que os efêmeros casos amorosos.

As amizades normalmente se dedicam à diversão. O opressivo Escorpião III gosta do relacionamento porque o desvia de áreas mais exigentes da vida, mas pode se cansar de sua superficialidade. Os nascidos em Capricórnio-Aquário apreciam a confiabilidade de Escorpião III, mas a longo prazo podem achar seu par um pouco repetitivo e aborrecido. Os relacionamentos de trabalho raramente dão certo, quando eles trabalham em grandes empresas, mas se dão um pouco melhor quando são autônomos ou empresários. Os parceiros atuam melhor quando aceitam as coisas como elas são.

Conselho: *Seja mais realista, mas não calculista. Há mais do que dinheiro na vida. Cultive seus interesses culturais e espirituais. A chave é o autodesenvolvimento.*

| RELACIONAMENTOS |

PONTOS FORTES: PROFÉTICO, SÉRIO, MISTERIOSO

PONTOS FRACOS: OBSESSIVO, SOFREDOR, INFELIZ

MELHOR: FAMÍLIA

PIOR: AMIZADE

DANIEL BARENBOIM (15/11/42)
JACQUELINE DU PRÉ (26/1/45)

O pianista e maestro israelense Barenboim e a violoncelista inglesa Du Pré se casaram em 1967. Ao longo dos anos ele gravou mais de 100 discos como pianista e/ou maestro. Du Pré, que muitas vezes tocava com Barenboim, era considerada a maior executante inglesa de cordas até que sua carreira foi tristemente cortada pela esclerose múltipla que a atacou em 1972. **Também: Sun Yat-sen & Soong Ch'ing-ling** (casados; líder revolucionário/secretária).

---

12 a 18 de novembro
SEMANA DO ENCANTO
ESCORPIÃO III

23 a 30 de janeiro
SEMANA DO GÊNIO
AQUÁRIO I

Tentando compreender

Esse relacionamento é profético, talvez cármico. Os parceiros, às vezes, têm a sensação de que estão sendo levados por alguma força que não podem controlar. Tentar entender os aspectos mais profundos de seu relacionamento é fundamental para eles, se quiserem controlar os acontecimentos que giram freneticamente a sua volta. É notável o contraste entre a energia mais séria de Escorpião III e a mais leve de Aquário I, e o relacionamento tem decididamente um caráter sombrio. Juntos, podem ser obrigados a enfrentar os aspectos mais desagradáveis da vida – sobretudo sofrimento e perda.

Os relacionamentos românticos costumam ser sérios. A intensidade sexual raramente é o foco. Como namorados, os nascidos em Escorpião III e Aquário I estão mais preocupados, até obcecados, com os elementos mais evasivos das personalidades. As razões para esses sentimentos são difíceis de detectar e, como muitos outros elementos do relacionamento, são um mistério insondável. Os casamentos costumam ser inevitáveis entre esses parceiros, quando já têm um forte relacionamento amoroso. Têm o sentimento de que, quando cônjuges, vão exigir não só um compromisso profundo mas também demandar tempo para trabalhar questões complexas.

A amizade despreocupada é impossível entre os representantes de Escorpião III e Aquário I, mesmo quando é o que eles querem. As frustrações por não conseguir levar adiante o relacionamento sem graves problemas podem levar ao fim precoce. Os relacionamentos de trabalho, sobretudo quando na mesma empresa, podem ser mais permanentes. Embora esses parceiros não sejam capazes de trabalhar lado a lado, parecem destinados a interagir durante anos, principalmente quando envolvidos em projetos que exigem diferentes habilidades. Na esfera familiar, os parentes estão sempre interessados em explorar os laços culturais comuns e a genealogia.

Conselho: *Seu verdadeiro destino talvez seja tentar entender a si mesmo. Desempenhe um papel ativo, assumindo a responsabilidade por suas ações. Promova energias positivas.*

12 a 18 de novembro
SEMANA DO ENCANTO
ESCORPIÃO III

31 de janeiro a 7 de fevereiro
SEMANA DA JUVENTUDE E DESPREOCUPAÇÃO

Vibração solidária

Esse é um relacionamento emocionalmente íntimo. A fala e o pensamento raramente são o foco; esses parceiros costumam se concentrar muito mais em sentimentos, empatia e compreensão. Podem até ter uma ligação física, e discutem abertamente isso, mas é só uma experiência. A meta do relacionamento, geralmente atingida, costuma ser a abertura emocional e a honestidade.

Sua sensibilidade também se estende aos projetos que os nascidos em Escorpião III e Aquário II desenvolvem juntos, e em seu trabalho deixam a marca: os resultados são os mais refinados e criativos. Quando os parceiros trabalham em tais projetos, o laço psíquico entre os dois lhes garante completá-los mesmo que estejam separados pelo tempo e pelo espaço, pois podem agir com total segurança de que seu parceiro aprovaria sua decisão.

Apesar de haver compreensão, os casos amorosos são difíceis. Seu grau de sensibilidade incomum é uma força, mas pode se manifestar como irritação e agitação emocional. A psique dos nascidos em Aquário II costuma projetar sua própria sombra e se apaixonar por ela, e desse modo os nascidos em Escorpião III sentem-se vacilantes ao constatar que desempenham um papel inconsciente para o seu par. Claro que a atenção é gratificante, mas os nascidos em Escorpião III querem ser amados por eles próprios e não pela imagem que projetam em alguém ou em alguma coisa. Uma investigação psicológica normalmente permite a esse par começar a trabalhar a complexidade de seu relacionamento. O casamento os deixa mais maduros – quando eles começam realmente a desenvolver seu pleno potencial.

Os laços familiares costumam ser de empatia, apoio e compreensão, e as amizades e os pares profissionais demonstram as mesmas qualidades e uma luz até mais positiva. Isso se deve ao fato de eles não se envolverem com sentimentos e paixões opressivos, mas com um fluxo tranqüilo de vibrações solidárias. Os representantes de Escorpião III são bons guias e os representantes de Aquário II promovem uma atmosfera tranqüila e relaxada no trabalho. Como amigos, esses pares se dão bem nos negócios e em geral não há desapontamento.

Conselho: *Tenha emoções construtivas. Não se deixe levar. Seja forte. Trabalhe pela autocompreensão. Use a razão, também.*

RELACIONAMENTOS

PONTOS FORTES: COMPREENSIVO, EMOCIONAL, SOLIDÁRIO

PONTOS FRACOS: HIPERSENSÍVEL, DADO A PROJETAR, IMATURO

MELHOR: AMIZADE

PIOR: AMOR

PRINCESA STEPHANIE (1/2/65)
PRINCESA GRACE (12/11/29)

A Princesa Grace de Mônaco, ex-atriz Grace Kelly, era a mãe de Stephanie. Ambas estavam no carro que se chocou e tragicamente matou Grace em 1982. Como sobrevivente, Stephanie teve de suportar a dura circunstância da morte da mãe. Especula-se que Grace sofreu uma síncope enquanto dirigia. **Também:** Omobono Stradivari & Francesco Stradivari (irmãos; fabricantes de violino).

---

12 a 18 de novembro
SEMANA DO ENCANTO
ESCORPIÃO III

8 a 15 de fevereiro
SEMANA DA ACEITAÇÃO
AQUÁRIO III

Decisão difícil

Esse par pode se dar bem em vários empreendimentos. Suas atividades costumam se prender ao aqui e agora e eles dão importância ao tempo em que vivem. Não se sentindo atraídos nem pelo passado nem pelo futuro, esses pares querem modificar o meio familiar, social ou comercial ao seu redor e mudar tudo para melhor. Por causa do aspecto de quadratura entre Escorpião III e Aquário III no zodíaco (eles estão a 90º de distância), a astrologia tradicional prevê atrito e estresse no relacionamento, mas também dinamismo. Esse é o caso – há poucos momentos enfadonhos.

Os casos amorosos e casamentos geralmente são intensos e comprometidos. Os relacionamentos são muito apaixonados, as amizades devotadas, e, se além do aspecto pessoal houver o social e sobretudo uma causa à qual os dois se dedicam, eles podem de alguma forma negligenciar a vida privada. Às vezes, eles se defrontam com uma decisão difícil: devem devotar mais energia ao lado pessoal ou ao social? Na melhor das hipóteses, há espaço para os dois, na mesma medida.

Os nascidos em Escorpião III e Aquário III sempre combinam casamentos e relações de trabalho, com relativo sucesso. Esses relacionamentos lhes dão uma incomum capacidade para o compromisso, assim como as atitudes pragmáticas e a capacidade de enxergar mais longe. Para entender a força desses pares deve-se olhar a longo prazo para perceber os vários aspectos altos e baixos. Os representantes de Escorpião III vêem com desconfiança as energias mais fortes de Aquário III e condenam isso – e os nascidos em Aquário III acham isso intolerável. Na família, os representantes de Escorpião III gostam de impor regras e limites rígidos, na tentativa de manter sob controle as energias de Aquário III.

Conselho: *Seja tão receptivo quanto espera que os outros sejam. Passe por cima de situações difíceis. Não dê como certo seu relacionamento.*

RELACIONAMENTOS

PONTOS FORTES: COM PÉS NO CHÃO, DINÂMICO, DEVOTADO

PONTOS FRACOS: DESAPROVADOR, NERVOSO, INTOLERANTE

MELHOR: TRABALHO

PIOR: AMOR

MARIANNE MOORE (15/11/1887)
ELIZABETH BISHOP (8/2/11)

Moore, uma célebre poeta americana, escreveu a sempre citada definição de poesia: "Jardins imaginários com sapos de verdade." A poesia de Bishop, caracterizada pela atenção meticulosa ao detalhe, com freqüência tem sido comparada com a de Moore, cujos versos são detalhistas, espirituosos e irônicos. **Também:** Elizabeth Cady Stanton & Susan B. Anthony (co-autoras feministas); Johnny Mercer & Harold Arlen (parceiros musicais).

| **RELACIONAMENTOS** |

PONTOS FORTES: INCOMUM, INDIVIDUALISTA, IMAGINATIVO

PONTOS FRACOS: INTROMETIDO, ALIENADO, DESCORTÊS

MELHOR: CASAMENTO

PIOR: TRABALHO

JOSEPH MCCARTHY (14/11/08)
ROY COHN (20/2/27)

O advogado Cohn trabalhou para o senador McCarthy, ajudando-o a criar a histeria anticomunista do início dos anos 1950. Cohn fez a maior parte do trabalho sujo de McCarthy, cavando presas suspeitas para o senador atacar em audiências públicas na tevê. Ambos adoravam publicidade e a caça pela caça.

---

12 a 18 de novembro
SEMANA DO ENCANTO
ESCORPIÃO III

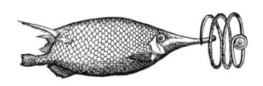

16 a 22 de fevereiro
CÚSPIDE DA SENSIBILIDADE
CÚSPIDE AQUÁRIO-PEIXES

Um veículo para a projeção

Há uma inegável qualidade nesse relacionamento: o aspecto bizarro e incomum dos nascidos em Escorpião III e Aquário-Peixes são ativados. E a coisa mais esquisita sobre esse par é que apesar de eles mesmos serem tão estranhos, ficam obcecados pelo comportamento pouco convencional dos outros, ao qual não demonstram empatia. Talvez o fato de narrar, analisar e, por fim, julgar os pontos fracos dos semelhantes seja uma reação reflexa de seus próprios medos e neuroses. Em todo caso, é difícil compreender o relacionamento. O fato é que ele não passa de um enorme e às vezes monstruoso veículo de projeção que pode no início não ser evidente. Por causa desses pares geralmente não se preocuparem com sua imagem pública, eles até se tornam mais indisciplinados e ofensivos. A família e os amigos sentem-se cada vez mais distantes deles. Quando sérios problemas ameaçam ou acabam com o relacionamento, eles percebem que não contam com o apoio do grupo.

Entediados com o convencional e o comum, esse par não se interessa em absoluto pelo casamento e caso chegue a se casar provavelmente não seguiria as regras, a começar pela cerimônia de casamento. É normal para os parceiros de origens diferentes – racial, nacional, cultural, econômica – fugir das tradições familiares.

As amizades e o relacionamento entre irmãos de Escorpião III e Aquário-Peixes geralmente são privativos e exclusivos. O isolamento do controle social favorece interesses e fantasias que às vezes se escondem na esfera pessoal ou se perdem no ambiente com efeitos inesperados. Os jovens gostam de ser valentões. Na carreira, os pares nascidos em Escorpião III e Aquário-Peixes sempre compartilham poder, tornando seu relacionamento ambicioso e até cruel. Quando jovens estes dois podem intimidar. Nas parcerias de carreira, os nascidos em Escorpião III e Aquário-Peixes muitas vezes compartilham a atração pelo poder, tornando seu relacionamento potencialmente ambicioso e até cruel. Em casos extremos, esse par até se aproveita do desconforto de outros ou tira vantagem deles.

Conselho: *Leve em conta os sentimentos alheios. E não se aproveite de seus infortúnios. Mantenha os amigos. Cultive gentilezas.*

| **RELACIONAMENTOS** |

PONTOS FORTES: FIEL, INABALÁVEL, ATENCIOSO

PONTOS FRACOS: MANIPULADOR, TEIMOSO, DESONESTO

MELHOR: AMIZADE

PIOR: FAMÍLIA

ELIZABETH TAYLOR (27/2/32)
ROCK HUDSON (17/11/25)

A revelação da homossexualidade do ator Hudson, em 1985, foi um choque para seus amigos e fãs no mundo inteiro. Apenas 10 semanas depois, Hudson morreu de AIDS. Naquele momento, sua querida amiga Taylor, em um grandioso gesto de apoio, se tornou presidente fundadora da Fundação Americana para a Pesquisa da AIDS (AMFAR). **Também:** Sir Frederick Banting & Charles Best (descobridores da insulina).

---

12 a 18 de novembro
SEMANA DO ENCANTO
ESCORPIÃO III

23 de fevereiro a 2 de março
SEMANA DO ESPÍRITO
PEIXES I

Um âmago sensível

Esse relacionamento normalmente se prende à fidelidade, lealdade e à firme determinação de nunca desistir, não importando o que aconteça. Embora Escorpião e Peixes sejam signos de água, e fluidos em sua orientação, o relacionamento entre Escorpião III e Peixes I é regido pelo elemento terra, destacando a tendência a ter os pés no chão. Quanto mais esses pares são atacados e pressionados, mais eles resistem. Esse par é caracterizado pela teimosia, para o melhor ou para o pior. O relacionamento tem uma certa sensibilidade, que normalmente é reservada aos próprios parceiros. Então, seu exterior pode esconder um âmago sensível e emocional.

Isto fica especialmente claro nos casos amorosos e amizades, que podem ser caracterizados por empatia e sentimentos profundos. Os nascidos em Escorpião III e Peixes I são capazes de se amar profundamente, mas isso não implica necessariamente atividade sexual ou romance; respeito e compreensão dão o tom desse relacionamento. Ainda mais forte e realista é uma orientação pragmática, de bom senso. Se esses parceiros ou amigos decidirem se casar, podem se dar bem e de viverem juntos por muito tempo, uma vez que têm ilusões um sobre o outro. Problemas surgem quando há atividades ocultas e uma certa dose de desonestidade, seja intencional ou não. Mas quando os representantes de Escorpião III e Peixes I ocultam informações dolorosas, os sentimentos do outro não são considerados.

Os colegas de trabalho e os familiares desempenham papel protetor estimulante para os negócios e a família. Mas eles também podem ser manipuladores e controladores, despertando ressentimento nos colegas e parentes. Com o passar do tempo, esse processo faz sua posição cair no grupo hierárquico, limitando muito sua eficácia. Aprender a manter distância dos assuntos dos outros ou impor limites estritos entre o que lhes pertence e o que pertence ao grupo é muito importante para assegurar sua credibilidade ou status.

Conselho: *A desonestidade só evita problemas a curto prazo. Não pressione as pessoas – desista. Tente ouvir os outros. Insista naquilo que é seu.*

12 a 18 de novembro
SEMANA DO ENCANTO
ESCORPIÃO III

3 a 10 de março
SEMANA DO SOLITÁRIO
PEIXES II

Absorvendo trocas

Esse relacionamento é uma mistura interessante de dar e receber: a afeição, a atenção e a absorção desempenhando papel importante na vida um do outro. Os parceiros são muito reservados e precisam ficar sozinhos durante bastante tempo, por isso respeitar o espaço um do outro é uma exigência que em geral cumprem. Por outro lado, são propensos a escapadas de diferentes tipos, e se se habituarem ou viciarem em alguma forma de fuga, sua ligação pode facilmente se tornar pouco saudável. Esse é um par emocionalmente complexo. Os nascidos em Escorpião III não gostam que ninguém seja muito dependente deles, e alguns representantes de Peixes II são extremamente dependentes. O outro lado da moeda é que os nascidos em Escorpião III precisam controlar seus parceiros, e Peixes II oferece pouca resistência.

A manipulação emocional é comum nos casos amorosos e casamentos. A arte da persuasão pode atingir altos níveis de sofisticação, normalmente se manifestando como uma série de acordos, trocas, atos levemente coercitivos e outros estratagemas, o que garante que cada parceiro tenha o controle por um bom tempo. Essas manobras não são necessariamente sérias e até têm um caráter brincalhão. Há também a possibilidade de recusar ou limitar favores sexuais. Esses pares costumam ficar juntos durante anos. Se acontece a separação, ela é muito dolorosa.

O relacionamento profissional entre os nascidos em Escorpião III e Peixes II pode ser importante. Sempre se destacando nas áreas técnica, científica e de pesquisa, esse par se concentra completamente no trabalho à mão, mantendo a mira no objetivo a ser alcançado. O par trabalha melhor lado a lado como colegas, fazendo parte de um grupo ou de forma independente. Os familiares e amigos dos representantes de Escorpião III e Peixes II têm uma forte ligação de trabalho, que se torna a base de seu relacionamento.

Conselho: *Cuidado com as fugas prazerosas. Cumpra sua parte do acordo. Não alimente dependências indevidas. Encare os problemas emocionais de frente.*

RELACIONAMENTOS

PONTOS FORTES: AFETIVO, BRINCALHÃO, TÉCNICO

PONTOS FRACOS: MANIPULADOR, DEPENDENTE DEMAIS, ESCAPISTA

MELHOR: TRABALHO

PIOR: AMOR

JOSEPH NIEPCE (7/3/1765)
LOUIS JACQUES DAGUERRE (18/11/1787)

Em 1826, Daguerre, que estava fazendo experiências com os conceitos primitivos da fotografia, ouviu falar de pesquisa semelhante de Niepce e, em 1829, uniu-se a ele em parceria. Trabalharam juntos até a morte de Niepce em 1833. Os primeiros daguerreótipos fotográficos foram feitos 4 anos mais tarde. **Também: Sir William Herschel & Sir John Herschel** (pai/filho; astrônomos).

---

12 a 18 de novembro
SEMANA DO ENCANTO
ESCORPIÃO III

11 a 18 de março
SEMANA DOS DANÇARINOS E SONHADORES
PEIXES III

Polêmica emocional

Esse relacionamento pode ser considerado uma disputa pela dominação, não necessariamente na esfera pessoal, mas no campo das idéias dos métodos, da visão e dos conceitos. Os nascidos em Escorpião III geralmente são atenciosos com detalhes e querem controlar os acontecimentos à sua volta, enquanto os nascidos em Peixes III são muito mais difusos e flexíveis quando têm de enfrentar o destino. Essas diferenças levam os pares a ataques polêmicos em quase todas as áreas, causando discussões e confrontos sem fim, dando ao relacionamento um estímulo, sem o qual as coisas seriam muito enfadonhas. Os representantes de Escorpião III e Peixes III formam trígono do zodíaco (estão a 120° de distância), o que encoraja sentimentos sensuais, despreocupados e relaxantes. O relacionamento é caracterizado pelo contraste entre uma orientação mental bem definida e um estado emocional confortável e unificado.

Os representantes de Escorpião III trazem para fora o lado mais realista dos nascidos em Peixes III, e seus casos amorosos, embora românticos, são sempre racionais. Seus contatos sexuais são normalmente mais sensuais que apaixonados, mais prazerosos e duradouros que angustiados e tumultuados. Sentimentos solidários normalmente garantem respeito e compreensão entre os pares. É a garantia de bons presságios para o casamento, mas os parceiros são cautelosos para tomar essa decisão, porque têm consciência das diferenças e normalmente pensam muito nos prós e contras.

O relacionamento de trabalho entre os nascidos em Escorpião III e Peixes III é bem racional, já que esse par é regido pela terra, um elemento que indica praticidade e visão pragmática. Com base tão sólida, os representantes de Escorpião III, atentos para os detalhes, e os representantes de Peixes III, com sua imaginação, podem se dar bem (apesar das diferenças de opinião) e conseguem sucesso comercial seja como sócios ou colegas em um projeto. Os relacionamentos entre amigos e pais e filhos normalmente são calorosos e, embora sempre discordem, os parceiros aceitam a opinião do outro.

Conselho: *Limite a extensão de sua discordância. Coloque forças individuais a trabalhar. Aprenda a aceitar diferentes pontos de vista. Cultive gentilezas.*

RELACIONAMENTOS

PONTOS FORTES: SENSUAL, CONCEITUAL, PRAGMÁTICO

PONTOS FRACOS: POLÊMICO, DIVIDIDO, RELAXADO DEMAIS

MELHOR: AMIZADE

PIOR: CASAMENTO

LIZA MINNELLI (12/3/46)
MARTIN SCORSESE (17/11/42)

Minnelli estrelou *Nova York, Nova York* (1977), de Scorsese, um ostentoso tributo aos musicais de Hollywood dos anos 1940. Na época em que o filme foi lançado eles tiveram um romance, que acabou em sofrimento para Minnelli devido à tensão de sua célere carreira. Finalmente ela se internou no Centro Betty Ford para tratamento de abuso do álcool. **Também: Danny DeVito & Judd Hirsch** (co-estrelas, *Taxi*).

RELACIONAMENTOS

PONTOS FORTES: VIGOROSO, INTRANSIGENTE, PERCEPTIVO

PONTOS FRACOS: ANTAGÔNICO, REIVINDICADOR, EGOÍSTA

MELHOR: CONSULTIVO

PIOR: CASAMENTO

MAXWELL CAULFIELD (23/11/59)
JULIET MILLS (21/11/41)

A inglesa Mills estreou como atriz ainda criança e mais tarde protagonizou papéis românticos no cinema e na tevê. Ela se casou com o bonitão da tevê Caulfield de *The Colbys* (1985-87). Entre os parentes famosos de Mills estão a mãe, a romancista e roteirista Mary Hayley Bell, o pai, John, e a irmã, Hayley, atores, e o padrinho, Noel Coward. **Também: Larry King & Ted Turner** (mesmo dia de aniversário; apresentadores de programa de entrevistas na *CNN*).

---

19 a 24 de novembro
CÚSPIDE DA REVOLUÇÃO
CÚSPIDE ESCORPIÃO-SAGITÁRIO

19 a 24 de Novembro
CÚSPIDE DA REVOLUÇÃO
CÚSPIDE ESCORPIÃO-SAGITÁRIO

Grande intensidade

Dois representantes de Escorpião-Sagitário poderiam até fazer parte de uma mesma equipe, mas dificilmente poderiam morar debaixo do mesmo teto. Impetuosos, intransigentes e insistentes, eles fazem o trabalho ao seu modo, recusando-se a receber ordens. Por outro lado, se sugestões forem feitas da maneira correta, o par Escorpião-Sagitário está aberto a novas idéias, e raramente as rejeita. Se os nascidos em Escorpião-Sagitário vivem juntos, por qualquer razão, tem de haver uma espécie de trégua, na qual o lado mais agressivo de suas naturezas não entra. Um conflito aberto ou uma guerra entre eles é impensável e tornaria a vida em comum quase impossível.

Os nascidos em Escorpião-Sagitário são em geral sexualmente intensos, mas isso não revela muito sobre seus casos amorosos um com o outro. No caso, eles são muito mais precavidos, sobretudo no estágio inicial do relacionamento. Sentindo um adversário poderoso, o qual não são capazes de dominar ou humilhar facilmente, mantêm distância ou recuam. Depois de envolvidos, vão ver se podem oferecer ao outro a liberdade que exigem, porque o par Escorpião-Sagitário é surpreendentemente carente da atenção e da afeição do outro. Sua necessidade de liberdade sexual e o costume de um duplo critério em relação a seus pares, tornam difícil ou até impossível um casamento bem-sucedido.

Deixar o outro em paz é fundamental para o sucesso dos pares formados entre pais e filhos e irmãos. As amizades, no caso, são aguçadas, rápidas e introspectivas, mas os pares não são capazes de encontrar sempre uma firme base emocional para o relacionamento. Na esfera profissional, Escorpião-Sagitário trabalham bem juntos, mas não no mesmo escritório ou no mesmo departamento. Trabalham melhor de forma independente, aconselhando-se às vezes e, desse modo, evitando os rigores da interação diária.

Conselho: *Garantam um ao outro os mesmos direitos. Cuidado com rivalidades. É melhor deixar a competição de lado. Sejam mais abertos ao acordo.*

RELACIONAMENTOS

PONTOS FORTES: FESTIVO, COMPATÍVEL, DIVERTIDO

PONTOS FRACOS: PREGUIÇOSO, SUPERFICIAL, ENCRENQUEIRO

MELHOR: AMIZADE

PIOR: TRABALHO

CARLOS I (19/11/1600)
HENRIETTA MARIA (25/11/1609)

Em 1625 Carlos da Inglaterra se casou com Henrietta, irmã de Luís XIII da França. No início um casamento arranjado, em 1630, ela conquistou seu coração e o futuro Carlos II nasceria. Nos anos seguintes Carlos I foi assediado por problemas políticos e em 1648 foi preso por traição. Suas últimas palavras, antes de ser executado, foram sobre sua lealdade como soberano e pai carinhoso.

---

19 a 24 de novembro
CÚSPIDE DA REVOLUÇÃO
CÚSPIDE ESCORPIÃO-SAGITÁRIO

25 de novembro a 2 de dezembro
SEMANA DA INDEPENDÊNCIA
SAGITÁRIO I

Optando pelo convívio

Esse relacionamento se sai melhor quando os parceiros estão juntos por opção e não por necessidade e ambos levam a vida do jeito que bem entendem. O fato de eles escolherem livremente conviver com o outro por um longo período atesta sua compatibilidade. Raramente escolhem responsabilidades opressivas como par, mas, como ciganos, levantam-se e vão embora quando sentem necessidade. Isso não implica qualquer irresponsabilidade em sua vida profissional, pois trabalham incansavelmente durante anos, cada qual mantendo sua parte no acordo em termos financeiros. No entanto, por preferência eles gostariam, em vez de trabalhar, de dedicarem-se a uma vida de diversão, viagem, estudo espiritual e social.

No amor e na amizade, muitas vezes bastante relacionados aqui, o valor mais alto é dado ao convívio – sentar-se com amigos para uma refeição, um pouco de bebida e rodas intermináveis de conversação bem humoradas. As festas e os jogos são uma atração para eles, não excluindo os jogos de azar. Costumam se interessar em especial por comida e cozinha, uma vez que isso envolve uma mistura de prazer e socialização. No que diz respeito ao casamento, esses dois espíritos livres decidem deixar as coisas do jeito que estão e evitar a finalidade de uma cerimônia formal. Ter filhos não é prioridade aqui.

Trabalhar juntos em um emprego regular em geral não está previsto pelas estrelas para eles, sobretudo como colegas em uma grande empresa. Como membros da família, principalmente irmãos e primos, Escorpião-Sagitário e Sagitário I podem passar grandes momentos juntos e têm uma inclinação especial para se meter em confusão. Um elemento de risco ou perigo é um incentivo importante para se envolver em certas atividades, indicando uma ânsia temerária que tem de ser satisfeita.

Conselho: *Não faça de sua vida uma festa. Encontre interesses profundos e contínuos, quem sabe religiosos e espirituais. Cuidado para não se prender à rotina.*

19 a 24 de novembro
CÚSPIDE DA REVOLUÇÃO
CÚSPIDE ESCORPIÃO-SAGITÁRIO

3 a 10 de dezembro
SEMANA DO ORIGINADOR
SAGITÁRIO II

A cilada da honestidade

O foco desse relacionamento é a luta para se livrar das restrições impostas aos seus pares, que querem agir com independência. Então pergunta-se: por que esse par se envolveu? Não importa, há algo nesse relacionamento que os seduz como uma cilada. Talvez seja o alto nível de veracidade e integridade que nenhum deles encontra em outro lugar. Apesar disso (ou por causa disso) o relacionamento pode gerar mútua desaprovação entre os pares. Na maioria dos casos, os nascidos em Sagitário II ocupam a posição dominante, simplesmente porque eles enxergam as coisas de um jeito peculiar e são incapazes de abandonar ou modificar suas expectativas. Os representantes de Escorpião-Sagitário primeiro tentam agradar e depois se rebelam contra tais atitudes, mas no final definem seus próprios valores, sem qualquer tentativa de se adaptar ou se rebelar contra a posição idealista do relacionamento.

Nos casos amorosos, os representantes de Sagitário II exercem poder sobre Escorpião-Sagitário, ameaçando ou preservando seu amor. Em tais situações, os nascidos em Escorpião-Sagitário dão tudo de si, mas no final se sentem frustrados e infelizes. Os casamentos entre os dois não costumam dar muito certo, a menos que Sagitário II limite seus jogos de poder e aja com mais compreensão e gentileza. Nos relacionamentos entre pais e filhos, pais nascidos em Sagitário II deixam profundas cicatrizes em filhos nascidos em Escorpião-Sagitário com sua desaprovação ou rejeição.

As amizades costumam ser mais equilibradas. Ambos os parceiros são capazes de manter sua independência do relacionamento e ainda contribuem positivamente para ele. Isso se torna possível pelo reconhecimento e pelo respeito que um tem pela capacidade do outro, sem qualquer insistência ou conformação com regras de comportamento social. Enormes diferenças no convívio significam relacionamentos de trabalho raramente bem-sucedidos. A excentricidade e a necessidade de ser o centro das atenções dos nascidos em Sagitário II podem causar problemas quando o charme dos nascidos em Escorpião-Sagitário conquista os colegas.

Conselho: *Esforcem-se para uma aceitação mútua por meio de um maior entendimento. Examinem sua desaprovação. Abram seu coração.*

RELACIONAMENTOS

PONTOS FORTES: INDEPENDENTE, ORIENTADO PARA O SUCESSO, TALENTOSO

PONTOS FRACOS: DESAPROVADOR, POUCO RECEPTIVO, REJEITADO

MELHOR: AMIZADE

PIOR: PAIS FILHOS

GREGG ALLMAN (8/12/47)
DUANE ALLMAN (20/11/46)

A Allman Brothers Band foi formada em 1968 tornando-se um dos grupos de rock and roll que mais durou ao longo dos anos, embora afligido por tragédias inesperadas. Em 1971, no auge de seu sucesso, o guitarrista Duane morreu em um acidente de motocicleta. Liderado por Gregg, o grupo tocou em seu funeral e decidiu continuar sem outro guitarrista.

---

19 a 24 de novembro
CÚSPIDE DA REVOLUÇÃO
CÚSPIDE ESCORPIÃO-SAGITÁRIO

11 a 18 de dezembro
SEMANA DO TITÃ
SAGITÁRIO III

Mesa de negociação

Esses parceiros podem se envolver em disputas acirradas pelo poder, mas normalmente são bem-sucedidos na comunicação mútua. Poucas barreiras no entendimento fazem com que cada um deles pelo menos saiba onde o outro se situa. Estabelecer acordos é o foco desse relacionamento, uma vez que os canais de comunicação em geral estão abertos e a experiência ensina que o par Escorpião-Sagitário-Sagitário III em conflito raramente resulta em algo que não seja sentimentos negativos e perda de tempo. Depois de algumas pancadas e brigas cansativas, os pares acordam para o fato.

A amizade íntima não funciona tão bem, nem mesmo nos relacionamentos mais superficiais. Nenhum deles tem tempo ou interesse de passar alguns momentos com o outro regularmente – na realidade, as coisas acontecem melhor desse jeito. Pais nascidos em Escorpião-Sagitário têm grande dificuldade em controlar seus filhos nascidos em Sagitário III e, se não tomarem medidas punitivas severas, correm o risco de perdê-los. Os pais nascidos em Sagitário III são adorados pelos filhos nascidos em Escorpião-Sagitário, que são muito ligados a seus pais, ao ponto de se tornarem emocionalmente incapacitados, a não ser que sua individualidade seja estimulada.

Nos relacionamentos de trabalho, eles se dão bem apenas como sócios ou colegas, depois de definida a questão do poder. Nenhum deles aceita o outro como chefe; em conseqüência, o poder tem de ser dividido ou delegado, de maneira que ambos fiquem satisfeitos. O próprio relacionamento serve como pacificador, fornecendo um espaço que se assemelha a uma mesa de negociação e não a um campo de batalha. A existência de êxitos comerciais que sejam fruto do trabalho dos parceiros ajuda a consolidar esse relacionamento; por outro lado, os fracassos sempre resultam em vergonha e renovada hostilidade – que por si só servem como forte incentivo para o sucesso. Nos casos amorosos e casamentos pode faltar compreensão para superar os conflitos e sobreviver às crises, sejam financeiras, sexuais ou românticas. A despeito da facilidade com que conversam, os sentimentos não se aprofundam muito. Os parceiros, entretanto, se contentam com um companheirismo funcional.

Conselho: *Seja leal em qualquer situação – só a determinação pode transpor a tempestade. Construa uma base firme. Procure soluções pacíficas.*

RELACIONAMENTOS

PONTOS FORTES: INTRANSIGENTE, HONESTO, COMUNICATIVO

PONTOS FRACOS: HOSTIL, ACUSADOR, POUCO ENGENHOSO

MELHOR: TRABALHO

PIOR: AMOR

JOHN V. LINDSAY (24/11/21)
ED KOCH (12/12/24)

Lindsay e Koch foram prefeitos populares de Nova York – Lindsay de 1965 a 1973, Koch de 1977 a 1989. Seu estilo era bastante diferente: Lindsay era um rapaz charmoso e liberal de Yale, e Koch um nativo de Nova York, com pés no chão, exemplo típico de sua favorita máxima em público: "Como estou me saindo?" **Também: Rodney Dangerfield & Joan Dangerfield** (casados).

RELACIONAMENTOS

PONTOS FORTES: ÚNICO, INTEGRADO, PROTETOR

PONTOS FRACOS: NECESSITADO, MEDROSO, AUTOPIEDOSO

MELHOR: AMOR

PIOR: FAMÍLIA

TED TURNER (19/11/38)
JANE FONDA (21/12/37)

O magnata da mídia Turner e a atriz Fonda se casaram em 1984, depois que ela rompeu com o político (e ex-radical) Tom Hayden. Fonda abandonou a carreira de atriz desde que se casou com Turner, e ambos podem ser vistos com freqüência em jogos de beisebol do Atlanta Braves (ele é dono do time). **Também: Marlo Thomas & Phil Donahue** (casados; atriz/apresentador de programa de entrevistas).

---

19 a 24 de novembro
CÚSPIDE DA REVOLUÇÃO
CÚSPIDE ESCORPIÃO-SAGITÁRIO

19 a 25 de dezembro
CÚSPIDE DA PROFECIA
CÚSPIDE SAGITÁRIO-CAPRICÓRNIO

Postura dissidente

Esse relacionamento é muito sólido, mas os parceiros só fazem as coisas ao seu próprio modo – um jeito que desanima a família, os amigos e os empregados. São resistentes a sugestões ou completa coerção, e quando tomam uma postura dissidente seguem com ela. Individualmente, os nascidos em Escorpião-Sagitário e Sagitário-Capricórnio não são muito estáveis emocionalmente, e é provável que já enfrentaram seu quinhão de esforço e rejeição; no entanto, o relacionamento é extraordinariamente estável porque é quase uma mistura orgânica de atributos complementares. Ambos os pares se refugiam em um relacionamento que é ao mesmo tempo protetor e estimulante.

Os casos amorosos e casamentos sempre oferecem aos parceiros um porto seguro. Ambos estão convencidos de que enquanto estiverem um com o outro estarão protegidos, mas quando se separarem o mundo selvagem com todos os perigos e incertezas, irá abusar deles. O medo não faz bem ao desenvolvimento pessoal, por isso os parceiros devem se dedicar a atividades orientadas para o crescimento de seu próprio entendimento, que os impulsione para a auto-realização. O relacionamento se desenvolve melhor se os parceiros se deixarem levar mais pelo desejo do que pela necessidade.

Na amizade, os parceiros não devem usar seu relacionamento como apoio, mas, em vez disso, trabalhar ativamente para desenvolver atividades novas e mais produtivas, estendendo sua base interativa. A socialização é um processo importante, sobretudo a construção de um círculo social onde o relacionamento ocupa seu devido lugar. Na família, os parentes que se sentem rejeitados ou abandonados procuram um ao outro para dividir suas mágoas e compadecer-se. Resultados positivos só podem ser esperados se a autopiedade for completamente extirpada do relacionamento. Os parceiros que trabalham juntos normalmente não se dão muito bem como equipe no difícil mundo comercial, a não ser que comandem o espetáculo e dêem as ordens.

Conselho: *Medos arraigados podem estar deixando você para traz. Conheça-se melhor. Desenvolva seu lado social, mas cuidado com sua tendência à adulação.*

RELACIONAMENTOS

PONTOS FORTES: ESTIMULANTE, ORGANIZADO, CONFIÁVEL

PONTOS FRACOS: REPRESSOR, COMBATIVO, REBELDE

MELHOR: TRABALHO

PIOR: CASAMENTO

J. EDGAR HOOVER (1/1/1895)
ROBERT KENNEDY (20/11/25)

Tecnicamente, o procurador geral Kennedy era chefe de Hoover, e o diretor do FBI não gostava disso. Em sua atividade política, Kennedy ficava atrás de Hoover para importunar ativistas liberais. Hoover mantinha seu arquiinimigo sob controle ameaçando expor os casos do presidente Kennedy com Marilyn Monroe e outras. **Também: Voltaire & Madame de Pompadour** (escritor/patrona).

---

19 a 24 de novembro
CÚSPIDE DA REVOLUÇÃO
CÚSPIDE ESCORPIÃO-SAGITÁRIO

26 de dezembro a 2 de janeiro
SEMANA DO REGENTE
CAPRICÓRNIO I

Questões políticas

Esse relacionamento tem um inegável traço político que não implica necessariamente um envolvimento político formal. Os pares realizam tais atividades na família e na esfera profissional e social. Mesmo que não sejam ativos em larga escala, se interessam por questões sociais e políticas que servem de base para seu relacionamento. A conversação e o debate abrangentes são marcas do relacionamento. Não há qualquer tipo de informação que esse par não queira saber – principalmente se for seu assunto favorito – política e suas tramas.

Os casos amorosos e casamentos começam com um forte apelo físico (embora não seja normalmente o caso), mas o sentimento sensual sempre esmorece se não há o desafio do entendimento emocional e intelectual mais profundo. Como os nascidos em Capricórnio I precisam dominar e Escorpião-Sagitário se rebela contra autoridade, tais relacionamentos não têm um futuro promissor, a não ser que transformem essas características opostas em compatíveis. Uma metamorfose completa e harmoniosa é possível, mas não provável. A amizade entre os nascidos em Capricórnio I e Escorpião-Sagitário pode ser muito profunda em termos de confiança e afeição. Em relacionamentos como esse, a honra e um forte senso de moralidade são dignos de nota. Os relacionamentos familiares e de trabalho nessa combinação podem ser particularmente auspiciosos, e as grandes diferenças de temperamento são minimizadas nos aspectos mais pessoais. Desse modo, os pares formados por parentes não tão chegados combinam melhor do que os pares patrão-empregado e pais e filhos. A grande força do relacionamento é a capacidade dos parceiros de enxergarem as coisas de forma objetiva e se engajar em debates desapaixonados. Se chegarem a um acordo podem implementar seus planos, o que geralmente provoca certa reorganização interna no grupo ou local de trabalho. Entretanto, se estão em lados opostos, os representantes de Capricórnio I e Escorpião-Sagitário brigam até a morte se necessário – quando seu relacionamento é adverso, o amor não sobrevive.

Conselho: *Controle suas urgências e aprenda a ceder. Deixe as questões políticas servirem de portal para as filosóficas. Aprofunde seus laços.*

19 a 24 de novembro
CÚSPIDE DA REVOLUÇÃO
CÚSPIDE ESCORPIÃO-SAGITÁRIO

3 a 9 de janeiro
SEMANA DA DETERMINAÇÃO
CAPRICÓRNIO II

A terra do nunca

Esse relacionamento não reconhece limite de tempo e espaço. Experiências de todos os tipos atraem esses dois como um ímã. Extremamente expansivos, os nascidos em Escorpião-Sagitário e Capricórnio II buscam os conceitos incomuns, até bizarros, que são capazes de incorporar em suas vidas e no trabalho. O maior perigo, no caso, é a estabilidade psicológica dos pares ser prejudicada e começarem a viver em uma terra do nunca e fantasia sem controle.

As áreas artística, filosófica, religiosa e espiritual são campos férteis de investigação para esse par. Amigos ou namorados, colegas ou companheiros de trabalho, o relacionamento será levado inevitavelmente para essa direção, chegando, às vezes, a um ponto onde as considerações pessoais são desprezadas, esquecidas ou sacrificadas. O romance no relacionamento amoroso e a amizade em particular são realçados por estes interesses especiais – uma centelha que pode se tornar uma chama de grande intensidade. Os casamentos são mais pragmáticos, sobretudo quando há filhos, e no cotidiano de tais relacionamentos as fantasias não devem ser permitidas para não haver excessos. Os filhos de tal casamento são forçados a aceitar pesadas responsabilidades muito jovens para preencher a lacuna deixada pelos vastos interesses de seus pais.

Muito afortunados são os parceiros que dão certo (amigos e familiares) e podem tornar sua grande imaginação lucrativa comercialmente. Mesmo não tendo grande experiência no campo do marketing, isso pode se tornar a ênfase aqui e podem obter grande sucesso financeiro. No melhor dos casos, o par é pago apenas para dividir sua experiência – embora sua exploração cruel de tais eventos os leve a ter cada vez menos tempo para aproveitar. Além disso, trazer ao concreto tais experiências deixa os parceiros normalmente aborrecidos.

Conselho: *Mantenha contato com os outros ao seu redor. Use sua imaginação de forma inteligente – cuidado com a fantasia irrestrita. Não embote sua experiência.*

RELACIONAMENTOS

PONTOS FORTES: EXPERIENTE, IMAGINATIVO, ROMÂNTICO

PONTOS FRACOS: INSTÁVEL, EMBOTADO, EXPLORADOR

MELHOR: AMIZADE

PIOR: PAIS

RENÉ MAGRITTE (21/11/1898)
ANDRÉ MASSON (4/1/1896)

Magritte e Masson foram artistas contemporâneos cujo surrealismo assumiu diferentes formas. Magritte desenvolveu imagens de sonho e alucinógenas extremamente realistas. Os trabalhos de Masson têm uma qualidade emocional que brota de sua exploração do inconsciente. **Também: Toulouse-Lautrec & Jose Ferrer** (representação no cinema).

---

19 a 24 de novembro
CÚSPIDE DA REVOLUÇÃO
CÚSPIDE ESCORPIÃO-SAGITÁRIO

10 a 16 de janeiro
SEMANA DA DOMINAÇÃO
CAPRICÓRNIO III

Começar com respeito

Esse relacionamento começa com respeito ou até admiração mútua pela capacidade do outro. Com o envolvimento maior, eles passam a se sentir atraídos pela personalidade do outro podendo até se apaixonar. Devido ao desenrolar lento, tais relacionamentos costumam sobreviver a toda crise romântica e continuar amigos. Um ar de encantamento envolve esse relacionamento, mas não é mero entusiasmo e sim algo duradouro. Deve-se tomar cuidado para que a razão não saia de controle, uma vez que ambos têm o temperamento exaltado e podem se arrepender de alguma cena.

Nos casos amorosos os parceiros costumam sentir-se arrebatados um pelo outro. Na maior parte do tempo, exercem o bom senso e o discernimento, sobretudo se um deles já está envolvido com outro. É o próprio relacionamento que os pares acham mais interessante, mesmo que tenham muitos outros interesses em comum. Se o casamento significa abrir mão da liberdade individual, raramente dá certo. Os representantes de Capricórnio III são muito seguros do que querem, e os nascidos em Escorpião-Sagitário sabem o que precisam para se enganar ou para lançar o destino ao vento.

As rivalidades profissionais e inimizades pessoais entre os nascidos entre Escorpião-Sagitário e Capricórnio III são horríveis de se ver. A frieza de Escorpião-Sagitário e a recusa em recuar são potencialmente contidos pela formidável presença e força de vontade de Capricórnio III. Tais brigas raramente se prendem ao plano verbal, em vez disso se transformam rapidamente em ação. Pares de amigos e irmãos devem cuidar para que sua energia agressiva não fuja ao controle quando encontram outras pessoas. Extremamente protetores, um dos parceiros pode irritar-se ao sentir que o outro está sendo ameaçado ou atacado. Fortes laços de interdependência são formados e não são fáceis de romper.

Conselho: *Cuidado com o pulo rápido para defender algo. Não tenha tanta certeza do que você quer e precisa – há muitas surpresas pela frente. Dê tempo ao tempo.*

RELACIONAMENTOS

PONTOS FORTES: ADMIRADOR, ENCANTADOR, PERSISTENTE

PONTOS FRACOS: SUPERPROTETOR, AGRESSIVO, TEMPERAMENTAL

MELHOR: AMOR

PIOR: RIVALIDADE

AHMAD RASHAD (19/11/49)
DEBBIE ALLEN (16/1/50)

Rashad e Allen são cunhados devido ao casamento dele com a irmã dela Phylicia Ayers-Allen (agora Phylicia Rashad do *The Cosby Show*). Allen é uma talentosa atriz, dançarina e coreógrafa que atuou no filme *Fama*, (1980) e subseqüente seriado de tevê, ganhando 2 Emmys. Rashad é ex-jogador de futebol, atualmente comentarista esportivo na tevê.

RELACIONAMENTOS

PONTOS FORTES: EQUILIBRADO, SENSUAL, AVENTUREIRO

PONTOS FRACOS: NERVOSO, ESTRESSADO, EXPLOSIVO

MELHOR: AMOR

PIOR: CASAMENTO

JIM GARRISON (20/11/21)
KEVIN COSTNER (18/1/55)

O ator Costner fez o papel do advogado de Nova Orleans Garrison no controverso filme de Oliver Stone *JFK* (1991). (O verdadeiro Garrison fez uma ponta no filme). Garrison foi o advogado que se tornou obcecado com a idéia de que Kennedy foi morto em resultado de uma conspiração e não por uma única pessoa. Costner fez o papel com convincente realismo.

---

19 a 24 de novembro
CÚSPIDE DA REVOLUÇÃO
CÚSPIDE ESCORPIÃO-SAGITÁRIO

17 a 22 de janeiro
CÚSPIDE DO MISTÉRIO E DA IMAGINAÇÃO
CÚSPIDE CAPRICÓRNIO-AQUÁRIO

Ponto de equilíbrio

Apesar da euforia, esse relacionamento é bem balanceado – um equilíbrio sublinhado pelo fato de Escorpião-Sagitário ser uma combinação de água e fogo, e Capricórnio-Aquário, uma combinação de terra e ar. Essa combinação contém os quatro elementos, mas é regida pelo fogo e pela terra, indicando paixão sensual. São relacionamentos muito profundos e sérios. Mesmo assim, os parceiros costumam ter um excelente senso de humor, não meramente cômico mas também sensível às ironias e às estranhas coincidências da vida. Ambos são leais ao extremo, a despeito de sua natureza intempestiva e instável; encontram, assim, nesse relacionamento um ponto de equilíbrio, um lugar no qual encontram refúgio de suas próprias, muitas vezes caóticas, vidas.

Os relacionamentos amorosos entre os representantes de Escorpião-Sagitário e Capricórnio-Aquário são tórridos, mesmo que calmos emocionalmente, sem rusgas ou confrontos desnecessários. Ambos são muito temperamentais e há poucos momentos aborrecidos, mas geralmente prevalece o contentamento e a harmonia. Os casamentos entre eles costumam dar certo, mas não há garantia de longevidade ou estabilidade, já que o estresse social e financeiro, bem como a tensão de criar os filhos, normalmente exacerba o lado nervoso e tenso do par.

Na esfera familiar, os relacionamentos entre pais e filhos, ou quaisquer outros, são calorosos e afetuosos, embora com tendência ao nervosismo. As amizades são impulsionadas pela ação com todas as suas possibilidades, estando sempre em busca de aventura e de diversão em lugares convencionais, ou (de preferência) mais exóticos. Combinações de negócios são desfavoráveis. Removidos de um ambiente doméstico e expostos aos rigores do mundo comercial, o relacionamento entre os nascidos em Escorpião-Sagitário e em Capricórnio-Aquário, embora estável, pode ser corrompido pelas necessidades de sobrevivência.

Conselho: *Encontre o ponto de equilíbrio. Seja mais cauteloso e paciente em seus contatos. Minimize o estresse e mantenha seu nervosismo sob controle.*

RELACIONAMENTOS

PONTOS FORTES: COMPREENSIVO, SOLIDÁRIO, DIVERTIDO

PONTOS FRACOS: DESCONCERTANTE, MESQUINHO, HUMILHANTE

MELHOR: TRABALHO

PIOR: AMOR

VOLTAIRE (21/11/1694)
FREDERICO O GRANDE (24/1/1712)

Em 1749, o filósofo e escritor francês Voltaire estava em baixa, tendo perdido sua amada e influente amiga, Madame du Châtelet. Frederico da Prússia, correspondente antigo de Voltaire, o convidou para ficar em sua corte. Voltaire então trabalhou em vários projetos até 1753, quando diferenças entre eles o fizeram partir. **Também: Charles de Gaulle & Franklin Roosevelt** (aliados na Segunda Guerra Mundia).

---

19 a 24 de novembro
CÚSPIDE DA REVOLUÇÃO
CÚSPIDE ESCORPIÃO-SAGITÁRIO

23 a 30 de janeiro
SEMANA DO GÊNIO
AQUÁRIO I

Zombaria impiedosa

Esses dois parecem ter um bom entendimento mútuo, o que não significa que se dêem bem, pois cada um conhece bastante o ponto fraco do outro. Cabe aos próprios parceiros decidir se o relacionamentos será pacífico ou não, pois está em seu poder serem compreensivos e gentis ou provocadores e mesquinhos. Precisamente por estarem na mesma freqüência emocional, é tão fácil para eles aborrecerem o parceiro. Os nascidos em Escorpião-Sagitário gostam do raciocínio rápido dos nascidos em Aquário I que, por sua vez, admiram a determinação e a ambição dos representantes de Escorpião-Sagitário. Como equipe de trabalho, podem ser altamente bem-sucedidos, enquanto permanecerem objetivos e controlarem seus sentimentos.

Nos relacionamentos amorosos, nos casamentos e nos pares de irmãos, os dois podem zombar um do outro impiedosamente – embora não fique claro se se trata de uma forma de humor ou de sadismo. Mas ambos sentem muito prazer em ridicularizar e depois rir muito do outro. Muitas vezes aparecem com uma história mirabolante ou com uma afirmação exagerada, incentivam o parceiro a acreditar e até mesmo a espalhá-la, só para vê-los sofrerem humilhações e constrangimentos. Apesar desse comportamento aparentemente cruel há uma afeição subjacente, confirmando que realmente gostam um do outro. Os casos amorosos não costumam ter por base sentimentos sensuais e fortes; tampouco os casamentos destacam a intimidade. Os relacionamentos entre irmãos são surpreendentemente físicos, característica esta que geralmente se expressa nas brincadeiras infantis, nos jogos e nos esportes.

As amizades raramente conseguem apresentar constância de humor. Esses relacionamentos trazem à tona o lado mais instável dos parceiros, com altos e baixos, idas e vindas, calma e agressividade. Podem acabar de modo ruim, se os insultos escaparem ao controle; os amigos podem nunca mais se verem ou se falarem.

Conselho: *Não tire vantagem injusta. Tente manter a consistência. Acentue o positivo. Não presuma que sempre será perdoado.*

19 a 24 de novembro
CÚSPIDE DA REVOLUÇÃO
CÚSPIDE ESCORPIÃO-SAGITÁRIO

31 de janeiro a 7 de fevereiro
SEMANA DA JUVENTUDE E DESPREOCUPAÇÃO
AQUÁRIO II

Poder autorizado

O relacionamento entre os nascidos em Escorpião-Sagitário e Aquário II carrega consigo grande respeito e orgulho pela tradição, ênfase na estabilidade e grande firmeza de propósito. Tem potencial para constituir uma base sólida para qualquer empreendimento. Como unidade, esse par é bastante poderoso, de um modo calmo e autorizado. No entanto, o nascido em Escorpião-Sagitário costuma ver-se como a verdadeira fonte de poder no relacionamento, considerando o representante de Aquário II um peso morto. Na verdade, é o par que agüenta o peso.

Esse relacionamento, romântico e sensual, é fisicamente gratificante para ambos. Os relacionamentos amorosos e os casamentos testemunham o confronto de dois parceiros teimosos e impulsivos. Ambos são passionais e amorosos – inquestionavelmente amorosos – mas muitas vezes rebeldes. Os representantes de Aquário II gostam das coisas boas e fáceis, mas não gostam de ser mandados, enquanto os nascidos em Escorpião-Sagitário não gostam que lhe imponham regras, a não ser que sejam as suas. Estabelecer o próprio relacionamento como autoridade maior e, metodicamente, impor diretrizes básicas é essencial, e, na verdade, é algo que os dois realmente gostam de fazer, contanto que ambos tenham participação igual. Chegar a um acordo sobre quem vai ser o chefe em sua área de interesse específica pode ser a solução.

As amizades são mais difíceis e emocionalmente complexas. Os nascidos em Aquário II podem se frustrar com a tensão dos nascidos em Escorpião-Aquário, e este pode querer um maior envolvimento do parceiro de Aquário II, mais desligado.

Os relacionamentos entre patrões e empregados e entre pais e filhos podem ser marcados por brigas, se o líder demonstrar pouca compaixão pelo subordinado. A falta de respeito de ambos os lados acaba com tal relacionamento. Entretanto, como irmãos ou colegas, o relacionamento entre nascidos em Escorpião-Sagitário e em Aquário II é muito gratificante, em que a carreira e a família podem se encontrar.

Conselho: *Discuta todos os detalhes. A paciência será recompensada. Estruture as interações com cuidado e sensibilidade – os esforços de agora podem prevenir conflitos posteriores.*

RELACIONAMENTOS

PONTOS FORTES: PODEROSO, AUTORIZADO, SENSUAL

PONTOS FRACOS: NERVOSO, TEIMOSO, INCONTROLÁVEL

MELHOR: AMOR

PIOR: PATRÃO-EMPREGADO

DICK SMOTHERS (20/11/38)
TOM SMOTHERS (2/2/37)

The Smothers Brothers, a dupla de comediantes com vários quadros brilhantes porém curtos na tevê de, 1967-75, usavam temas políticos controversos como material, muitas vezes sendo censurados. Tom era o mais ativo e a força inovadora do par. **Também: Geraldine Page & Rip Tom** (casados; atores); **Jamie Lee Curtis & Christopher Guest** (casados; atores).

---

19 a 24 de novembro
CÚSPIDE DA REVOLUÇÃO
CÚSPIDE ESCORPIÃO-SAGITÁRIO

8 a 15 de fevereiro
SEMANA DA ACEITAÇÃO
AQUÁRIO III

Acima das regras

Esse relacionamento incomum costuma se colocar acima das regras da sociedade, sejam elas ditadas pelas convenções ou pelas leis. Os sentimentos podem ser amigáveis ou hostis, mas geralmente são declarados – prevalece uma certa honestidade. Por outro lado, costumam esconder da família, dos amigos e dos colegas seus assuntos mais importantes, pois acreditam que o que acontece entre eles em nível pessoal só diz respeito a eles próprios. Seus encontros podem ser diários ou espaçados, dependendo do relacionamento. Felizmente, desentendimentos sérios são raros. As energias suscitam emoções profundas, que, no entanto, muitas vezes se ocultam por trás de uma fachada fria e até impessoal.

É comum ocorrer relacionamentos amorosos escondidos entre os nascidos em Escorpião-Sagitário e em Aquário III. São tão dissimulados que, mesmo quando os parceiros aparecem numa festa ou num evento social, poucos podem imaginar seu envolvimento íntimo. Desse modo, o relacionamento engana não só os outros, mas também eles próprios, que acreditam estar tudo calculado, quando não é verdade. O destino costuma ajudar esses pares, produzindo resultados completamente inesperados. Os casamentos são caóticos por natureza. Essa confusão pode ser estimulante, até engraçada, mas acaba sendo necessário resolvê-la, principalmente se houver filhos envolvidos.

Os relacionamentos entre irmãos e amigos nascidos em Escorpião-Sagitário e Aquário III são melhores quando não envolvem muita responsabilidade. Ambos precisam se sentir livres para trabalhar em separado e encontrar-se somente quando lhes convier. A carreira é muito competitiva e antagônica, principalmente quando envolve disputas cruéis, sejam elas hierárquicas ou financeiras. Tais batalhas continuam até que haja um vencedor; mesmo assim, o perdedor pode recusar-se a desistir ou buscar uma revanche. A batalha costuma ser disputada menos pelos próprios indivíduos do que pelo seu lado obscuro. Esse aspecto exerce uma forte influência sobre a personalidade de cada parceiro.

Conselho: *Tente aprofundar seu entendimento. Não seja briguento. Não tente abraçar o mundo com as pernas. Controle-se. Não perca tempo com disfarces.*

RELACIONAMENTOS

PONTOS FORTES: INCOMUM, HONESTO, EMOCIONAL

PONTOS FRACOS: CONTENCIOSO, DESTRUTIVO, VINGATIVO

MELHOR: AMIZADE

PIOR: TRABALHO

ROBERT KENNEDY (20/11/25)
JIMMY HOFFA (14/2/13)

Como conselheiro do Comitê Rackets do Senado (1957-59), Kennedy foi responsável por denunciar as ligações com o submundo do chefe do sindicado dos caminhoneiros Hoffa. Sua inimizade ficou famosa na mídia. Kennedy não ficou satisfeito enquanto Hoffa não foi enviado para a prisão em 1967 por suborno ao júri e desvio de fundos do sindicato. Fora da prisão, Hoffa desapareceu em 1975, presumivelmente executado por membros de quadrilha.

RELACIONAMENTOS

PONTOS FORTES: PRAGMÁTICO, MOTIVADO, AMANTE DO PRAZER

PONTOS FRACOS: CRUEL, MATERIALISTA, PREGUIÇOSO

MELHOR: IRMÃOS

PIOR: CASAMENTO

MAGAUX HEMINGWAY (19/2/55)
MARIEL HEMINGWAY (21/11/61)

A neta de Ernest Hemingway Margaux tirou a própria vida em 1996, e a talentosa atriz Mariel perdeu uma irmã próxima que parecia ter tudo: beleza, *glamour* e fama. Mas Margaux era atormentada pela epilepsia, pelo alcoolismo, pela bulimia, por dívidas e 2 casamentos fracassados e uma irmã que eclipsou sua criatividade. **Também: Juliet & John Mills** (filha/pai; atores); **Rodo & Lucien Pissarro** (irmãos; artistas impressionistas).

---

19 a 24 de novembro
CÚSPIDE DA REVOLUÇÃO
CÚSPIDE ESCORPIÃO-SAGITÁRIO

16 a 22 de fevereiro
CÚSPIDE DA SENSIBILIDADE
CÚSPIDE AQUÁRIO-PEIXES

Ambição ou complacência?

Embora esses pares sejam muito imaginativos e criativos, esse relacionamento tende a ser responsável e a se especializar em cuidar de assuntos práticos. Dessa forma, as tendências artísticas podem conviver com a responsabilidade de cuidar de uma casa ou escritório. Além disso, os dois são muito ambiciosos - nenhum se satisfaz em sonhar com o que poderia acontecer ou com o que poderia ter acontecido. Os planos para o futuro provavelmente se materializam, já que costumam ir descartando esquemas inúteis durante sua implementação. As atitudes relaxantes prevalecem, devido à comunicação fácil e aberta entre os parceiros: os nascidos nas cúspides Aquário-Peixes e Escorpião-Sagitário formam aspecto trígono no zodíaco (encontram-se a 120° de distância) e suas personalidades se dão bem, com pouca tensão. Se exageradas, porém, tais atitudes podem se transformar em complacência, podando a ambição dos parceiros. No trabalho e no lar, os dois oscilam entre períodos de alta motivação e períodos de indolência. Dessa forma, o relacionamento costuma seguir um modelo repetitivo de tensão e relaxamento.

Os cônjuges nascidos em Escorpião-Sagitário e em Aquário-Peixes geralmente são alpinistas sociais, implacáveis para conseguir seus objetivos. Quaisquer sentimentos de inferioridade que carregam – e não são poucos – são traduzidos em ações e em uma acirrada determinação para impressionar os outros. Curiosamente, quando os parceiros são amigos, esses desejos estão ausentes. Nesse caso, seu lado mais artístico aparece e ambos voltam sua considerável energia para empreendimentos criativos e talvez espirituais. Os relacionamentos amorosos, nessa combinação, são ainda mais tranqüilos e direcionados para o prazer. O hedonismo costuma ser a ordem do dia e os parceiros dedicam muita atenção a assuntos relacionados a sexo, casa e comida. O relacionamento entre irmãos é muitas vezes notável.

Parcerias de trabalho podem funcionar como uma saída bastante expressiva para a criatividade dos dois. Os tempos difíceis permitem sonhar e planejar, enquanto os períodos de maior decisão criam e executam projetos. Esses dois trabalham melhor em situações em que seja preciso implementar um projeto.

Conselho: *Encontre o equilíbrio entre a ambição e complacência. Gaste o dinheiro em vez de guardá-lo. Seja mais gentil com os outros. Não seja esnobe.*

RELACIONAMENTOS

PONTOS FORTES: CHARMOSO, PERSUASIVO, REALISTA

PONTOS FRACOS: PRECONCEITUOSO, PSEUDO-ARISTOCRÁTICO

MELHOR: AMIZADE

PIOR: FAMÍLIA

BOBBY RIGGS (25/2/18)
BILLIE JEAN KING (22/11/43)

King foi uma das grandes estrelas do tênis nos anos 1960 e 1970, vencendo muitos Grand Slams. Em 1973 Riggs, vencedor de Wimbledon em 1939 e autoproclamado chauvinista, desafiou King, então com 30 anos de idade, para uma "briga dos sexos". Ela o derrotou por 3 sets diante do maior público que já assistira a uma partida de tênis (30.472 pessoas).

---

19 a 24 de novembro
CÚSPIDE DA REVOLUÇÃO
CÚSPIDE ESCORPIÃO-SAGITÁRIO

23 de fevereiro a 2 de Março
SEMANA DO ESPÍRITO
PEIXES I

As pessoas certas

Os parceiros desse relacionamento muitas vezes concentram-se em persuadir os outros do seu ponto de vista – basicamente, vender a si mesmos ou seu produto. Indivíduos extremamente convincentes, sabem como levar praticamente todos na conversa. Mas, como também conhecem muito bem os métodos de persuasão do outro, fica um pouco mais difícil conseguirem realizar essa mágica dentro do próprio relacionamento. Um dos requisitos para ser um bom vendedor é conhecer bem e acreditar no serviço ou produto que promove. Assim, os representantes de Escorpião-Sagitário e de Peixes I dedicam tempo e energia consideráveis para se esmerar em seus planos de venda. Felizmente, essa combinação traz consigo capacidade administrativa e talento para organizar preparativos, elementos cruciais para o sucesso.

Esnobismo e elitismo costumam se manifestar em pares desse tipo e os dois se arriscam a serem taxados de presunçosos (o que pode minar seus esforços), mas raramente confiantes demais (o que os fortalece). Um forte traço de pessimismo e descrença acompanha esse relacionamento, o que também os torna indivíduos difíceis de serem persuadidos. Realistas, dificilmente enganam a si mesmos; portanto, sabem exatamente o que podem conseguir.

Na amizade e no amor, valorizam muito seu relacionamento, estando preparados para relevar desprezos ou insultos. Além disso, ambos costumam sacrificar o ganho pessoal para o bem do relacionamento. Os pares formados no trabalho e no casamento geralmente conseguem convencer os outros de sua confiabilidade e de seu valor, seja para o progresso social ou financeiro. Não resta dúvida de que esses dois seriam as pessoas certas para se procurar, caso se queira progredir na vida. O par formado por Escorpião-Sagitário e Peixes I se apóia no registro de seus feitos, pois não importa o lugar em que estejam agora, as outras pessoas tendem a acreditar no seu mérito passado. Na realidade, nenhum deles é fominha por dinheiro; para eles, o processo é tão importante quanto o resultado. O relacionamento acredita que estilo e fineza valem mais do que bens tangíveis e quem você conhece é mais importante do que o que você sabe.

Conselho: *Os diamantes podem ser encontrados nos lugares mais esquisitos. Com o nariz para cima, você pode deixar escapar algo que está bem a sua frente. Controle seu orgulho.*

19 a 24 de novembro
CÚSPIDE DA REVOLUÇÃO
CÚSPIDE ESCORPIÃO-SAGITÁRIO

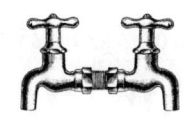

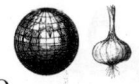

3 a 10 de março
SEMANA DO SOLITÁRIO
PEIXES II

Controle ambiental

Mesmo que esse relacionamento encontre muitas dificuldades, a lealdade que o caracteriza ajuda a superá-las. Por ter como objetivo a construção de um relacionamento estável pela vida afora, todo elemento que pertence ao meio ambiente dos pares está sob rígido controle. Particularmente sensíveis na esfera estética, os nascidos em Escorpião-Sagitário e em Peixes II têm excelente bom gosto, o que significa que para eles é de grande importância o design, a decoração, a jardinagem e o mobiliário, em pé de igualdade com as outras preocupações domésticas.

Os relacionamentos amorosos, as amizades e os casamentos são muito íntimos para os casais dessa combinação. O sexo raramente é o elemento mais importante em um relacionamento interpessoal entre esses pares; o foco é estabelecido pelos laços de amizade que permeiam todas as áreas da vida em comum do casal. O conhecimento de casos extraconjugais é inicialmente recebido como um choque, mas seguido de profunda compreensão e aceitação. Embora os laços empáticos sejam fortes, a emoção é mais difícil de ser expressada, sendo mantida sob a superfície nas interações diárias.

Os pais nascidos em Escorpião-Sagitário, embora compreensivos para com seus filhos de Peixes II, carecem, muitas vezes, de tempo ou de interesse para investir neles. Os pais nascidos em Peixes II estimulam seus filhos de Escorpião-Sagitário, mas também podem ser manipuladores e autoritários. Parentes mais afastados, como tios e tias, primos e avós de qualquer um dos signos, podem desempenhar muito melhor o papel de pais ou irmãos. Tais relacionamentos são mais satisfatórios, produtivos e solidários para o desenvolvimento pessoal da criança.

As parcerias de negócios ou os colegas de trabalho nem sempre resistem a um mundo cão. Falta nesse par o forte espírito competitivo e a verdadeira vontade de trabalhar árdua e diariamente para uma organização. Muito mais favoráveis são os trabalhos autônomos, por não envolverem prazos.

Conselho: *Recue um pouco e deixe as coisas acontecerem. Aceite o que o destino oferece, sem tentar controlá-lo. Aprecie os aspectos cômicos da vida cotidiana.*

RELACIONAMENTOS

PONTOS FORTES: LEAL, DE BOM GOSTO, ORGANIZADO

PONTOS FRACOS: MANIPULADOR, CONTROLADOR, REPRIMIDO

MELHOR: CASAMENTO

PIOR: TRABALHO

VERONICA HAMEL (20/11/45)
DANIEL TRAVANTI (7/3/40)

Hamel e Travanti co-estrelaram o intenso seriado policial de tevê *Hill Street Blues* (1981-87). Hamel fazia o papel de uma fria e profissional defensora pública, e Travanti de um dedicado e responsável comandante de polícia. Eles tipicamente tinham posições opostas, mas também estavam apaixonados (e brevemente casados). Os atores formavam um casal dinâmico. **Também: Sir Harold Nicolson & Vita Sackville-West** (casados; escritores).

---

19 a 24 de novembro
CÚSPIDE DA REVOLUÇÃO
CÚSPIDE ESCORPIÃO-SAGITÁRIO

11 a 18 de Março
SEMANA DOS DANÇARINOS E SONHADORES
PEIXES III

Vida na terra

Esse relacionamento não é dos mais estáveis, mas os pares podem contar um com o outro para se divertir. Os nascidos em Peixes III são mais sérios e têm chance de se expor, enquanto os nascidos em Escorpião-Sagitário deixam seu lado mais tresloucado aparecer. Poucas coisas estão fora de alcance para eles; tampouco sentem medo de enfrentar desafios. A fim de manter o equilíbrio, é necessário diminuir o nível de euforia, o que significa resistir à tentação do álcool e de outras drogas. Voltar a ter os pés na terra depois de um alto vôo da imaginação é uma experiência dolorosa, mas cedo ou tarde os parceiros percebem que a fuga, por mais divertida ou prazerosa que seja, só afasta o relacionamento do verdadeiro trabalho que precisa ser feito.

Nos relacionamentos amorosos, procurar sempre mais emoções acaba sendo enervante. Aprender a controlar a instabilidade de humor, ou, em alguns casos extremos, distúrbios bipolares que possam se manifestar, é prioritário. Pode ser preciso recorrer à ajuda profissional, se faltar recursos ao próprio relacionamento para resolver os problemas graves. O casamento entre esses dois é normalmente voltado para a busca do prazer, mas essa busca raramente leva os pares ao autoconhecimento.

Os familiares têm de ser muito compreensivos para com a necessidade que esses dois sentem de passarem tempo juntos – ressentimentos e ciúmes podem aparecer de ambos os lados. Os irmãos nascidos em Escorpião-Sagitário e em Peixes III, principalmente do mesmo sexo, criam um mundo particular de fantasias que os satisfaz em suas necessidades emocionais até a adolescência. Afastar-se de tais relacionamentos no início da fase adulta torna-se extremamente doloroso para ambos. Colegas de trabalho dessa combinação podem desenvolver grandes amizades, assim, os amigos muitas vezes procuram trabalhar juntos. Tais relacionamentos são muito absorventes e protetores, e os parceiros passam a maior parte do tempo juntos.

Conselho: *Controle seu comportamento. Não fuja de si mesmo. Encare os problemas de frente. Sinta a alegria do autodesenvolvimento.*

RELACIONAMENTOS

PONTOS FORTES: DIVERTIDO, DESAFIADOR, EXPRESSIVO

PONTOS FRACOS: ESCAPISTA, INSTÁVEL, SOFREDOR

MELHOR: AMIZADE

PIOR: AMOR

GOLDIE HAWN (21/11/45)
KURT RUSSELL (17/3/51)

Os atores Hawn e Russell, embora não tenham se casado, vivem juntos desde 1986. Tiveram um filho, além dos outros 2 de Hawn de um casamento anterior. Eles têm uma casa fora de Hollywood, em Aspen. **Também: Ted Turner & Rupert Murdoch** (adversários magnatas da mídia).

| RELACIONAMENTOS |

PONTOS FORTES: ENERGÉTICO, CORAJOSO, COMPREENSIVO

PONTOS FRACOS: SUPERPROTETOR, CAÓTICO, EXPLOSIVO

MELHOR: TRABALHO

PIOR: AMOR

MARY MARTIN (1/12/13)
CYRIL RITCHARD (1/12/1897)

Martin e Ritchard, que compartilham o mesmo dia de aniversário, estão unidos por seus papéis no musical da Broadway *Peter Pan* (1954), ela como Peter, ele como Capitão Gancho. Eles reviveram sua mágica na produção de tevê extraordinariamente popular em 1955. **Também: Amos Bronson Alcott & Louisa May Alcott** (pai/filha; mesmo dia de aniversário; filósofo/autora); **Caroline Kennedy & JFK, Jr.** (irmãos).

---

25 de novembro a 2 de dezembro
SEMANA DA INDEPENDÊNCIA
SAGITÁRIO I

25 de novembro a 2 de dezembro
SEMANA DA INDEPENDÊNCIA
SAGITÁRIO I

Energia cinética

Esse par é impressionante, porque Sagitário I finalmente encontra alguém que não esteja interessado em controlá-lo, uma alma gêmea livre. Porém, isso não é garantia de que o relacionamento vá dar certo ou de que os pares vão conviver bem na vida cotidiana. Mas quando acontece algo entre eles, a energia libertada pode ser enorme. Poucos indivíduos conseguem gerar o tipo de euforia elétrica de que são capazes os nascidos em Sagitário I, portanto a sinergia dessas duas pessoas juntas levam os indicadores às alturas, mas direcionar essa energia e mantê-la sob controle é outra história. Entretanto, na maior parte dos casos, dois representantes de Sagitário I são capazes de administrar as energias mútuas; em outros, pode haver um curto-circuito.

Os relacionamentos amorosos são intensos e breves. Tendo como sustentação apenas sentimentos românticos, os namorados nascidos em Sagitário I são capazes de exaurir tudo em meses ou até semanas. No tocante ao casamento, assumir responsabilidades individuais e realizar juntos projetos domésticos confere estabilidade ao par e garante sua sobrevivência por períodos mais longos. Os filhos de pais nascidos em Sagitário I normalmente apreciam sua energia e seu nível de interesse e afeto, mas os acham superprotetores e rigidamente éticos.

Os irmãos nascidos em Sagitário I brigam como cão e gato e competem sem parar, mas quando um precisa do outro, sempre se apóiam corajosamente. Como amigos, os representantes de Sagitário I podem compensar a ausência de afeto paterno ou o fracasso de relacionamentos conjugais. De fato, esse relacionamento pode adquirir um caráter completo, suprindo total compreensão e apoio emocional, mas também pode fomentar a dependência e isolar os parceiros dos desafios apresentados pelo mundo externo.

O par de Sagitário I geralmente executa o trabalho na metade do tempo e o fazem com vantagem. Embora não gostem de receber ordens, os representantes de Sagitário I aceitam-nas se forem benéficas e conduzidas de maneira respeitosa. Se esse critério for adotado, o relacionamento entre patrão e empregado dá certo.

Conselho: *Controle a energia. Assuma compromissos fixos. Alivie sua desaprovação. Não permita que a competitividade saia de controle.*

| RELACIONAMENTOS |

PONTOS FORTES: COMUNICATIVO, ROMÂNTICO, AVENTUREIRO

PONTOS FRACOS: DESCONFIADO, AUTÔNOMO, IRREQUIETO

MELHOR: FAMÍLIA

PIOR: CASAMENTO

DARRYL HANNAH (3/12/61)
JOHN KENNEDY, JR. (25/11/60)

Antes de seu casamento com Carolyn Bessette em 1996, Kennedy era considerado o solteiro melhor partido dos Estados Unidos. Hannah foi um de seus mais longos e conhecidos romances. No meio de rumores de um noivado diz-se que sua mãe, Jackie Onassis, deixou claro para o filho que ela não queria que ele se casasse com uma atriz. **Também: Paul Desmond & Dave Brubeck** (saxofonista/pianista; Dave Brubeck Quartet).

---

25 de novembro a 2 de dezembro
SEMANA DA INDEPENDÊNCIA
SAGITÁRIO I

3 a 10 de novembro
SEMANA DO ORIGINADOR
SAGITÁRIO II

Por acaso e não por opção

Esse par raramente se envolve por opção, mas geralmente por acaso. Parecidos demais em seus aspectos negativos para serem capazes de conviver bem, os representantes de Sagitário I e de Sagitário II são muito cautelosos em relação um ao outro. Qualquer relacionamento que se desenvolva é caracterizado por uma tremenda necessidade de liberdade e de independência que, dependendo das circunstâncias, torna difícil ou impossível um relacionamento profundo. Além disso, o relacionamento muitas vezes é demasiado extrovertido e carente de estabilidade, pois geralmente interessa-se pela mudança e variedade. Se houver interesse em fortalecer a relação, os pares devem se envolver mais e formar laços espirituais e emocionais mais profundos. Um ponto positivo desse relacionamento é a comunicação, porque geralmente os representantes de Sagitário I e Sagitário II não enfrentam problemas nesse aspecto.

As amizades e os relacionamentos amorosos são particularmente instáveis. Os melhores são mais românticos por natureza, evitando todo tipo de compromisso doméstico e buscando aventuras, geralmente envolvendo viagens e exploração. O casamento confere um pouco de estabilidade, mas nenhum dos dois assume compromisso rápido. Além do mais, não é recomendável dar o grande passo impulsivamente, sem considerar as dificuldades envolvidas. Nos casamentos consumados rapidamente, os cônjuges pagam o preço por sua atitude impetuosa mais tarde.

Os pares formados por irmãos e por pais e filhos nascidos em Sagitário I e Sagitário II são calorosos, íntimos e solidários. Laços físicos e emocionais fortes são a característica de tais relacionamentos e garantem a presença de laços fortes na vida adulta. No trabalho, os executivos e sócios têm divergências de opinião, sendo que algumas são irreconciliáveis. Mas a competição também faz aparecer o que cada um tem de melhor, promovendo, assim, a causa do grupo ou da organização em que ambos trabalham.

Conselho: *Tenha tempo para a exploração pessoal. Aprofunde os laços emocionais. Se está decidido, assuma um compromisso.*

25 de novembro a 2 de dezembro
SEMANA DA INDEPENDÊNCIA
SAGITÁRIO I

11 a 18 de Dezembro
SEMANA DO TITÃ
SAGITÁRIO III

Fogo cruzado

Se esses dois fossem armas apontadas uma contra a outra, seria melhor não passar pelo fogo cruzado, já que formam um excelente par, sejam aliados ou oponentes. Presenças dominantes, os nascidos em Sagitário III não gostam de bater em retirada; mas os representantes de Sagitário I são igualmente determinados e atacam com hora marcada e, se necessário, com fúria desenfreada. É difícil para essas duas personalidades marcantes servirem do mesmo lado, porém, se suas energias se combinarem, a força resultante é quase irresistível. O relacionamento é muito incomum, sejam amigos ou adversários, e suas qualidades mutáveis fazem da versatilidade sob pressão seu mais forte atributo.

Por ser um relacionamento com forte apelo físico, namorados, colegas e amigos dessa combinação se engajam em esportes e atividades físicas, ou, ainda, fazem longas caminhadas ou natação. Os namorados apreciam uma atitude franca e aberta em relação ao sexo, mas devem ser cuidadosos para que os antagonismos não resultem em disputa de poder ou comportamento insensível, até violento. A independência marcante dos cônjuges pode significar que seus filhos têm de se cuidar durante um bom tempo.

Nas amizades entre Sagitário I e Sagitário III, é difícil evitar a competitividade, que deve ficar restrita a jogos, video games ou quadras. Se aparecer uma terceira pessoa atraente, esta deve ser um amigo em comum, porque se houver amor a amizade se rompe.

As brigas estão na ordem do dia entre os pares de irmãos, durante a infância e a adolescência. Há sempre um perigo subjacente, até quando os pais, ansiosos, ou os próprios irmãos pedem trégua. Nos assuntos profissionais, colegas dessa combinação são valiosos para qualquer empresa, contanto que estejam convivendo bem. Se trabalharem para empresas concorrentes, o respeito que sentem pelo poder do outro não os mantém afastados de complicações.

Conselho: *Mantenha sua ira sob controle. Tente ver o que lhe é vantajoso. Encontre saídas construtivas para necessidades físicas.*

RELACIONAMENTOS

PONTOS FORTES: DETERMINADO, FLEXÍVEL, ÚNICO

PONTOS FRACOS: TENSO, ANTAGÔNICO, VIOLENTO

MELHOR: AMOR

PIOR: IRMÃOS

DICK CLARK (30/11/29)
CONNIE FRANCIS (12/12/38)

Clark foi o mestre de cerimônias do programa musical de maior duração na tevê, *American Bandstand* (1957-88). Ele apresentou todo importante acontecimento pop de sua época, incluindo a notável Francis, que, entre 1958 e 1964, teve 35 dos 40 maiores sucessos. Eles se tornaram grandes amigos. **Também: Monica Seles & Arantxa Sanchez Vicario** (tenistas rivais); **Robin Givens & Brad Pitt** (romance; atores).

---

25 de novembro a 2 de dezembro
SEMANA DA INDEPENDÊNCIA
SAGITÁRIO I

19 a 25 de dezembro
CÚSPIDE DA PROFECIA
CÚSPIDE SAGITÁRIO-CAPRICÓRNIO

Alternativa sombria

Esses dois estão constantemente procurando meios de resolver diferenças e de melhorar seu relacionamento. Essa procura parte do pressuposto de que os problemas existem e precisam ser resolvidos para que haja mais produtividade e menos antagonismo. Tudo isso parece muito lógico, mas, na realidade, os nascidos em Sagitário I e na cúspide Sagitário-Capricórnio estão defendendo seus próprios interesses também. É a tensão entre o que eles podem obter e o que eles têm de sacrificar como indivíduos que promove a dinâmica deste relacionamento. Em alguns momentos, esse par lembra políticos na hora de votar um acordo, em outros, um comprador e um vendedor regateando o preço da mercadoria.

O temperamento dos nascidos em Sagitário I e na cúspide Sagitário-Capricórnio não poderia ser mais oposto – o primeiro, elétrico e intempestivo e o segundo, mais comedido e difícil de se alterar. Em geral, as amizades entre eles são melhores do que os relacionamentos amorosos. Tais relacionamentos oscilam entre o conflito apaixonado e a indiferença e, portanto, raramente duram muito tempo. Nas amizades, esses pares passam por cima de suas diferenças, respeitando e até apreciando-as. Tais amigos juntam as forças quando trabalham juntos em projetos, sejam domésticos ou outros.

É nos casamentos e nos relacionamentos amorosos que o foco dessa combinação aparece mais claramente, à medida que os problemas são reconhecidos e resolvidos quase que diariamente. Talvez isso resulte do fato de que pressões familiares e considerações práticas ditem a necessidade desse processo, e que, em certo sentido, a sobrevivência está em jogo. Tendo de haver cooperação mútua, os pares colocam as diferenças de lado ou as trabalham, pois sabem muito bem que a alternativa sombria é o fim do relacionamento ou até do grupo ao qual pertencem. Os relacionamentos profissionais não costumam se dar tão bem assim. Os nascidos em Sagitário I ficam impacientes com a lentidão dos nascidos em Sagitário-Capricórnio que, por sua vez, ficam irritados com a impetuosidade e a recusa em querer ouvir dos representantes de Sagitário I.

Conselho: *Considere a necessidade dos outros. Defenda seus pontos de vista, mas esteja pronto para negociar. Abra os canais de comunicação. Ouça.*

RELACIONAMENTOS

PONTOS FORTES: NEGOCIADOR, SOLUCIONADOR, OBSERVADOR

PONTOS FRACOS: TENSO, INDIFERENTE, EGOÍSTA

MELHOR: FAMÍLIA

PIOR: AMOR

JOSEPH STALIN (21/12/1879)
WINSTON CHURCHILL (30/11/1874)

Churchill e Stalin foram aliados durante a fase final da Segunda Guerra Mundial. Em troca da entrada da União Soviética na guerra contra Hitler, Churchill (e FDR) prometeu a Stalin várias concessões econômicas e territoriais na Europa, apesar da aversão de Churchill pelo comunismo. Seu pacto com Stalin gerou muita crítica durante a guerra fria.

RELACIONAMENTOS

PONTOS FORTES: FILOSÓFICO, BRINCALHÃO, DEBATEDOR

PONTOS FRACOS: AGRESSIVO, DO CONTRA, POUCO EMPÁTICO

MELHOR: FAMÍLIA

PIOR: AMIZADE

MARIA CALLAS (2/12/23)
RENATA TEBALDI (2/1/22)

Callas e Tebaldi, estrelas contemporâneas da ópera, são consideradas as principais sopranos de sua geração. Inevitavelmente, eram também rivais. Callas é mais lembrada por seus papéis no *bel canto* durante os anos 1940 e 1950. Tebaldi se apresentou em todas as grandes casas de ópera no mesmo período. Ambas se retiraram em meados dos anos 1970. **Também: Eugene Istomin & Pablo Casals** (pianista/violoncelista; artistas).

---

25 de novembro a 2 de dezembro
SEMANA DA INDEPENDÊNCIA
SAGITÁRIO I

26 de dezembro a 2 de janeiro
SEMANA DO REGENTE
CAPRICÓRNIO I

Adorando o debate

Essa combinação raramente envolve-se com detalhes; questões de maior amplitude emergem naturalmente. Filosófico, o relacionamento adora discutir e debater os conceitos mais abstratos. Seu lado físico também é bem desenvolvido, o que pode levar a confrontos que vão do brincalhão ao agressivo. Se os representantes de Sagitário I e Capricórnio I simbolizarem dois pontos de vista muito diferentes num círculo de família, de amigos ou de colegas, seus seguidores tendem a alinhar-se e esperar que eles sejam seus porta-vozes ou seus representantes. De uma hora para outra, os dois podem se achar no meio de uma briga acirrada, com a qual não contavam.

Embora os nascidos em Sagitário I e Capricórnio I tenham temperamentos muito diferentes, o casamento entre eles pode durar, desde que concordem sobre os pontos importantes. A estabilidade inerente aos representantes de Sagitário I e o bom tino financeiro dos representantes de Capricórnio I é equilibrado pelo dinamismo e vitalidade deste último. Quando se deparam com um revés ou uma decepção, esse par sente dificuldade em aceitar os fatos, e pode carecer de flexibilidade ou de autoconhecimento para enfrentar a situação. Os relacionamentos amorosos dessa combinação raramente suscitam fortes desejos sensuais ou empatia. Por alguma razão, as amizades não costumam passar do estágio de mero conhecimento e, na realidade, quanto maior o envolvimento desses dois, maior o tom de adversidade.

Os encontros profissionais e familiares são muito intensos. Em termos gerais, os representantes de Sagitário I adotam um ponto de vista mais radical enquanto os nativos de Capricórnio I tendem a defender o status quo. Mesmo quando adotam idéias liberais, os nascidos em Capricórnio I defendem o modo mais tradicional de fazer as coisas, enquanto os nascidos em Sagitário I questionam qualquer ponto de vista normalmente aceito que não tenha sentido para eles. Além disso, o estilo dos nascidos em Capricórnio I normalmente é objetivo e desprovido de paixão, enquanto os representantes de Sagitário I costumam ser mais individualistas e emocionais.

Conselho: *Reserve um tempo para você. Não evite questões pessoais. Intensifique a compreensão e a aceitação. Proximidade não implica discordância.*

RELACIONAMENTOS

PONTOS FORTES: FASCINANTE, TRABALHADOR, CHARMOSO

PONTOS FRACOS: SÉRIO DEMAIS, DEPRIMENTE, BRIGUENTO

MELHOR: TRABALHO

PIOR: AMIZADE

JOHN KENNEDY, JR. (25/11/60)
CAROLYN BESSETTE (7/1/66)

O mundo suspirava romanticamente pelo príncipe dos Estados Unidos, Kennedy, que se casou com a mulher de seus sonhos, Bessette, em 1996. O advogado e editor e a ex-agente de propaganda da Calvin Klein se casaram silenciosamente em uma ilha isolada da Geórgia, de onde partiram para a lua-de-mel na Turquia. **Também: Woody Allen & Diane Keaton** (romance); **Winston Churchill & Jennie Churchill** (primeiro-ministro inglês, filho/mãe americana).

---

25 de novembro a 2 de dezembro
SEMANA DA INDEPENDÊNCIA
SAGITÁRIO I

3 a 9 de Janeiro
SEMANA DA DETERMINAÇÃO
CAPRICÓRNIO II

Leveza ilusória

A imagem social que esse relacionamento projeta é bem diferente de sua realidade pessoal. Esses dois despertam uma magia nas outras pessoas de forma que, mesmo quando as discussões ameaçam separá-los, os espectadores continuam pasmos de fascinação. O relacionamento é caracterizado, sob certos aspectos, como sendo leve e até fraco emocionalmente. Essa leveza pode ser ilusória pois, na verdade, o relacionamento é bastante sério. Nenhum dos dois leva a vida ou a carreira na brincadeira, ou acham que tudo é fácil. Dessa forma, a luta e o trabalho duro não são estranhos ao relacionamento.

Na vida privada, a seriedade de propósito aparece nos relacionamentos amorosos e nos casamentos. Se essa influência for dominante, pode, às vezes, levar o par à depressão, e é precisamente durante esses períodos que ocorre grande desenvolvimento pessoal, especialmente para os nascidos em Capricórnio II. Dando prosseguimento a si mesmo, o relacionamento se beneficia de muitos modos sutis, resolvendo dificuldades emocionais, e quanto mais os parceiros se esforçam, mais aprendem. Mesmo que tais relacionamentos não durem muito, ambos terão se beneficiado, pois, tendo passado por um processo de metamorfose, emergiram como pessoas diferentes.

As combinações de irmãos se interessam principalmente por arte, cinema, produções de vídeo ou na Internet, não apenas como observadores, mas como participantes ativos. Fortes laços familiares entre parentes nascidos em Sagitário I e Capricórnio I podem ser estabelecidos, a despeito da competitividade e das agudas diferenças de opinião. As amizades entre os representantes de Sagitário I e de Capricórnio II não são muito memoráveis, com freqüência devido a sua incapacidade de compartilhar.

Na esfera profissional, esse par pode trabalhar muito bem junto, integrando o dinamismo de Sagitário I e as qualidades idiossincráticas, até mesmo excêntricas, de Capricórnio II. É nessa área que os aspectos mágicos do relacionamento aparecem, pois os dois se especializam em magnetizar uma platéia durante uma apresentação de negócios, uma demonstração ou uma conferência de vendas.

Conselho: *Coloque sua pessoa pública e sua pessoa privada mais em evidência. Trabalhe sua honestidade emocional – tenha mais transparência. Tente ser mais tolerante.*

25 de novembro a 2 de dezembro
SEMANA DA INDEPENDÊNCIA
SAGITÁRIO I

10 a 16 de Janeiro
SEMANA DA DOMINAÇÃO
CAPRICÓRNIO III

Âmago impenetrável

Os sentimentos nesse relacionamento são intensos e apaixonados. Embora possa parecer que sejam inevitáveis choques entre os independentes nativos de Sagitário I e os dominadores nativos de Capricórnio III, essa combinação não envolve conflito; na verdade, são as diferenças entre os parceiros que os tornam tão fortes e dinâmicos, pois como par demonstram grande versatilidade em sua interação com outras pessoas. Diferenças extremas de temperamento entre os parceiros determinam que se vejam apenas de vez em quando e não diariamente. Por ser caracterizado pelo encontro da força irresistível de Sagitário I com o objeto imóvel que é Capricórnio III, há muitos elementos ocultos no relacionamento que nenhum dos dois deseja que seja revelado à família, aos amigos ou à sociedade em geral. O âmago obscuro de tal relacionamento pode permanecer misterioso e impenetrável.

Nos relacionamentos amorosos, os conflitos são inevitáveis e acontecem principalmente na esfera sexual. Os namorados devem tomar cuidado com a disputa de poder – para não ficarem obcecados com a vitória ou com o controle sobre o parceiro. Os casamentos são geralmente menos favoráveis que os relacionamentos amorosos, pois os aspectos materialistas do relacionamento costumam predominar. Os rompimentos e os divórcios são dolorosos, não apenas emocionalmente, mas também financeiramente.

As amizades e os relacionamentos entre irmãos seguramente têm seus altos e baixos. Nenhum deles costuma ser bem-sucedido em controlar o outro – mas não é por falta de tentativa. Rivalidade, ciúme ou competição, nos esportes e no amor, caracterizam esse par. Os relacionamentos entre pais e filhos, nessa combinação, testemunham a necessidade de dominação dos pais de Capricórnio III sendo desafiada pelos rebeldes filhos de Sagitário I, ou a teimosia dos filhos nascidos em Capricórnio III sendo provocada pelos pais nascidos em Sagitário I. Essa é uma forte combinação para colegas de trabalho, integrando a energia e o otimismo de Sagitário I com o senso comum, o bom tino financeiro e o sentido de responsabilidade de Capricórnio III. Diferenças clássicas de opinião aparecem no tocante à necessidade de Sagitário I de gastar e a de Capricórnio III de economizar, mas o relacionamento poderia se beneficiar de uma abordagem sensata, em que se conseguisse administrar o dinheiro, encontrando um ponto de equilíbrio entre os dois extremos.

Conselho: *Não tente reconciliar suas diferenças – aproveite-as. Tente se entender melhor. Desfrute as alegrias do relaxamento total.*

RELACIONAMENTOS

PONTOS FORTES: DINÂMICO, VERSÁTIL, MISTERIOSO

PONTOS FRACOS: CONTROLADOR, TENSO, MATERIALISTA EM EXCESSO

MELHOR: SEXUAL

PIOR: PAIS-FILHOS

ALBERT MAYSLES (26/11/26)
DAVID MAYSLES (10/1/32)

Os irmãos Maysles são destacados cineastas de documentários que começaram a colaborar em 1957 e produziram vários filmes bem-sucedidos, entre os quais *Salesman* (1969), *Gimme Shelter* (1970), *Grey Gardens* (1975) o ganhador de Emmy *Christo's Valley Curtain* (1972). **Também:** Maria Callas & Aristóteles Onassis (longo caso, antes e depois de Jackie Onassis).

---

25 de novembro a 2 de dezembro
SEMANA DA INDEPENDÊNCIA
SAGITÁRIO I

17 a 22 de Janeiro
CÚSPIDE DO MISTÉRIO E DA IMAGINAÇÃO
CÚSPIDE CAPRICÓRNIO-AQUÁRIO

Estrelas cadentes

Esse é um dos mais excitantes e explosivos pares de todo o ano. Infelizmente, há pouca estabilidade nesse relacionamento, de forma que os dois costumam iluminar seu caminho até desaparecer na escuridão, como estrelas cadentes no céu. Os pares são atraídos pelo jeito fácil de expressar o sentimento que sentem um pelo outro. A compaixão e a empatia entre eles assinala uma compreensão instintiva, que os ajuda a transpor muitas dificuldades.

Os relacionamentos amorosos e as amizades trazem à tona o seu lado mais sensível. A despeito da popularidade em seu círculo familiar ou de amigos, os nascidos em Sagitário I e os representantes de Capricórnio-Aquário se sentem incompreendidos durante a maior parte das vezes e, por isso, buscam vários tipos de fugas em seu relacionamento – das drogas ao sexo e do amor ao isolamento físico – numa tentativa de curar sua mágoa e de se proteger dos golpes de um mundo cruel. À medida que o relacionamento serve-lhes de abrigo durante a tempestade, pode exercer efeitos tanto negativos como positivos no desenvolvimento pessoal dos parceiros.

Os casamentos e os relacionamentos de trabalho entre esses dois têm de aceitar as responsabilidades sociais, geralmente tediosas, características dessas funções. Embora o mundo veja-os como indivíduos animados e extrovertidos, na realidade possuem um lado muito fechado, que é claramente revelado por este relacionamento. Além disso, quando aparecem em público, têm em mente algo mais emocionante do que reuniões de pais e professores ou festas de trabalho. Na esfera familiar, irmãos e primos nessa combinação alegram as festas, mas as tumultuam um pouco. Manter o relacionamento entre os nascidos em Sagitário I e na cúspide Capricórnio-Aquário sob controle pode ser mais difícil do que se imagina.

Conselho: *Perceba as situações. Mantenha sua impulsividade sob controle. Poupe sua energia. Seja sensato, sem sacrificar a expressão.*

RELACIONAMENTOS

PONTOS FORTES: EXCITANTE, SENSÍVEL, EMPÁTICO

PONTOS FRACOS: CHATO, SUFOCANTE, CAÓTICO

MELHOR: AMIZADE

PIOR: CASAMENTO

JIMI HENDRIX (27/11/42)
JANIS JOPLIN (19/1/43)

Além de terem sido namorados, as superestrelas do rock Hendrix e Joplin tinham outras coisas em comum: ambos fizeram explosivas apresentações no Monterey Pop Festival em 1967; ambos eram figuras extremamente sexuais no palco; sua música influenciou o curso do rock; ambos morreram muito jovens de overdose de drogas. **Também:** Bette Midler & Janis Joplin (representação no cinema, *A Rosa*).

RELACIONAMENTOS

PONTOS FORTES: ADMIRÁVEL, DIGNO DE CONFIANÇA, AFETIVO

PONTOS FRACOS: BRIGÃO, FAMINTO POR PODER, DESCONFIADO

MELHOR: FAMÍLIA

PIOR: AMOR

VIRGINIA WOOLF (25/1/1882)
LEONARD WOOLF (25/11/1880)

Os escritores Virginia e Leonard, centro do célebre grupo Bloomsbury, se conheceram em 1907 e se casaram 5 anos depois. Juntos eles fundaram e dirigiram a Hogarth Press, uma pequena porém prestigiada editora. Embora provavelmente assexuado devido à frigidez dela, seu casamento foi longo e devotado. **Também: Benigno Aquino & Corazon Aquino** (casados; líderes filipinos); **Churchill & Franklin Roosevelt** (aliados na Segunda Guerra Mundial).

---

25 de novembro a 2 de dezembro
SEMANA DA INDEPENDÊNCIA
SAGITÁRIO I

23 a 30 de janeiro
SEMANA DO GÊNIO
AQUÁRIO I

Palavra empenhada

Esse relacionamento é dignificado, no qual o valor pessoal e a honra recebem a maior consideração. A responsabilidade é a palavra-chave e, com ela, a garantia de um trabalho de alta qualidade. Acordos escritos raramente são necessários entre esses dois, porque a palavra dada é lei; entretanto, para fazê-los chegar a um acordo não é tão fácil. Embora haja um grande respeito mútuo, os nascidos em Sagitário I e em Aquário I não estão preparados para confiar seu futuro a tal relacionamento, nem para se comprometer com força total. Os representantes de Sagitário I suspeitam dos motivos de Aquário I, enquanto os nascidos em Aquário I são cautelosos diante da agressividade de Sagitário I.

Os relacionamentos amorosos e os casamentos não são muito aconselháveis entre esses dois – quando aparece a paixão entre eles, surge também muita instabilidade e nervosismo. Esses relacionamentos têm pouca garantia de duração, devido a seu ritmo frenético e, às vezes, à sua falta de bom senso. Os pares familiares, por sua vez são muito gratificantes pessoalmente. Também podem apresentar uma faceta profissional: não sendo necessariamente executivos, os familiares nessa combinação concentram seus talentos em atividades sociais, artísticas, esportivas ou ligadas à saúde, e desde que contratem um bom contador e um gerente de negócios, conseguem até obter um considerável sucesso comercial.

Nos relacionamentos de trabalho e de amizade, a admiração e o afeto entre os dois garantem um alto nível de realização. Normalmente compartilhando valores iguais ou semelhantes, os representantes de Sagitário I e Aquário I sentem pouca dificuldade de comunicação entre si, embora possam discordar na implementação dos planos. Uma vez estabelecido um curso de ação, o par o segue com firmeza e determinação. Podem aparecer disputas sobre uma questão, ou seja, quem é o chefe. Os pares mais inteligentes optam por deixar a autoridade maior no próprio relacionamento e por tomar decisões tendo em vista o futuro e o bem-estar da relação.

Conselho: *Trabalhe para aumentar a confiança e diminuir a suspeita – do que você tem medo? Use o senso comum para ajudá-lo a tomar decisões.*

RELACIONAMENTOS

PONTOS FORTES: INCOMUM, SENSÍVEL, IMAGINATIVO

PONTOS FRACOS: DESCONECTADO, IRRITANTE, INCOMPREENDIDO

MELHOR: ROMANCE

PIOR: CASAMENTO

BRUCE LEE (27/11/40)
BRANDON LEE (L/2/65)

A estrela das artes-marciais no cinema Bruce foi uma figura *cult* internacional mesmo depois de sua súbita morte, aos 32 anos de idade, de edema cerebral. O filho Brandon, uma estrela em ascensão, estava seguindo as pegadas de Bruce quando foi acidentalmente morto enquanto filmava *O Corvo* (1994). **Também: Bruno Hauptmann & Charles Lindbergh** (seqüestrador/pai da vítima); **Bruce Paltrow & Blythe Danner** (casados; produtor/atriz).

---

25 de novembro a 2 de dezembro
SEMANA DA INDEPENDÊNCIA
SAGITÁRIO I

31 de janeiro a 7 de fevereiro
SEMANA DA JUVENTUDE E DESPREOCUPAÇÃO
AQUÁRIO II

Perdendo-se

Esse relacionamento raramente se preocupa com o jeito normal de fazer as coisas. Procura lugares e atividades que ativem suas fantasias, mas, mesmo que esses dois vivam nem lugar convencional e sem graça, elaboram projetos imaginativos nos limites de seu próprio espaço doméstico. O relacionamento é regido pela água, um elemento que destaca o mundo dos sonhos, das visões e dos sentimentos vivos. Os representantes de Aquário II provocam o lado menos convencional dos representantes de Sagitário I, que geralmente os vêem como diferentes e buscam aproximação, atraídos pela possibilidade de um estilo de vida incomum ou de atividades estranhas. Por outro lado, os nascidos em Aquário II gostam da energia bruta e da curiosidade natural dos nascidos em Sagitário I.

Os relacionamentos românticos, nessa combinação, transportam os parceiros a mundos longínquos da mente, onde vivem num plano muito distante dos seus amigos, familiares e colegas de trabalho. Outras pessoas podem olhá-los de soslaio, às vezes com uma mistura de perplexidade e de inveja. Infelizmente, quando acaba a ilusão, esses namorados encontram pouca substância para segurar o relacionamento. Os casamentos não são recomendados, a não ser que haja uma base sólida para amparar tal energia efêmera.

As amizades dão certo quando não há muita cobrança. Ambos devem se sentir livres para seguir seu caminho, mas não devem negligenciar o outro nas horas difíceis. Nas esferas familiares e de trabalho, os nascidos em Sagitário I e em Aquário II cumprem suas responsabilidades, mas isso não é garantia de uma boa convivência. Os parceiros têm de aprender a se concentrar no trabalho e a manter afastadas as emoções. Já que o relacionamento é voltado para os sentimentos, essa não é uma tarefa fácil e esses parceiros podem acabar irritando um ou outro constantemente.

Conselho: *Não se perca. Preste atenção ao que está acontecendo. Se os outros não entendem, tente explicar. Seja paciente e escute.*

25 de novembro a 2 de dezembro
SEMANA DA INDEPENDÊNCIA
SAGITÁRIO I

8 a 15 de fevereiro
SEMANA DA ACEITAÇÃO
AQUÁRIO III

Só uma lembrança

A chave para manter esse relacionamento é a capacidade de os parceiros trabalharem juntos, seja no âmbito profissional ou doméstico. Devido à natureza individual dos nascidos em Sagitário I e em Aquário III, não haveria como prever muita estabilidade nesse relacionamento, mas sua química combinada provoca um forte efeito estabilizador – pelo menos enquanto as emoções não explodirem. Os representantes de Aquário III gostam da atenção que lhes dedicam os nascidos em Sagitário I, os quais admiram, e as coisas vão bem enquanto estiverem no centro dos acontecimentos. Entretanto, se os representantes de Sagitário I ocuparem a posição dominante, o relacionamento é muito menos coeso – a inconstância dos parceiros abala o relacionamento. Se prevalecer a honestidade, o relacionamento tem chance de ir bem, mas a duplicidade, a falsidade ou mesmo a traição aberta normalmente provocam confrontos violentos.

Os relacionamentos amorosos são mais práticos do que românticos. Com pouca ou nenhuma responsabilidade, tal relacionamento é fadado a se tornar apenas uma lembrança. No entanto, esses relacionamentos costumam correr bem quando progridem para o casamento, principalmente quando há filhos envolvidos. O ponto crucial é livrar-se facilmente de responsabilidades, sem ressentimentos, e guardar um respeito pela individualidade dos filhos que se aproxima de uma confiança sagrada.

Os amigos podem tentar trabalhar juntos, mas, embora as coisas pareçam fáceis no início, esse relacionamento não traz vantagem financeira para ninguém. O perigo é a amizade ser afetada negativamente no processo e, depois de uma falência nos negócios, nunca mais voltar a ser a mesma. E, se os parceiros lograrem sucesso, este traz consigo dificuldades inerentes, pois coloca os parceiros em patamares diferentes. Na esfera familiar, os pais nascidos em Aquário III podem não conseguir acompanhar a energia de seus filhos nascidos em Sagitário I. A tarefa é aprender a ter paciência e compreensão, e aprender a respeitar os pontos de vista de cada um.

Conselho: *Reconheça os espaços e os limites. Não exagere. Realize empreendimentos práticos. Lembre-se de quem e o quê você é.*

RELACIONAMENTOS

PONTOS FORTES: RESPONSÁVEL, ATENCIOSO, PRÁTICO

PONTOS FRACOS: DESONESTO, DESRESPEITOSO, ENREDADO

MELHOR: TRABALHO

PIOR: AMOR

MIA FARROW (9/2/45)
WOODY ALLEN (1/12/35)

Allen e Farrow tiveram um longo e próximo relacionamento embora vivessem em casas separadas. Eles adotaram 2 filhos e tiveram um filho biológico. Em 1992, quando ela descobriu que Allen estava tendo um caso com Soon-Yi Previn, filha adotiva de Farrow, se seguiu um amargo e altamente divulgado rompimento. **Também: Joe Di Maggio & Dom Di Maggio** (irmãos jogadores de beisebol); **Winston Churchill & Lorde Randolph Churchill** (filho/pai).

---

25 de novembro a 2 de dezembro
SEMANA DA INDEPENDÊNCIA
SAGITÁRIO I

16 a 22 de fevereiro
CÚSPIDE DA SENSIBILIDADE
CÚSPIDE AQUÁRIO-PEIXES

Personificação

A vida desses dois se entrelaça decisivamente de um modo complexo e nem sempre óbvio. O foco desse relacionamento é normalmente uma espécie de imitação, na qual um procura se igualar ao outro, em alguns casos chegando ao ponto de absorver o estilo ou as características pessoais do outro. Assim, um tema importante desse par é a interpretação, pois os parceiros costumam copiar o outro segundo sua própria maneira de ser altamente pessoal. É claro que se fica tentado a perguntar porque se tomam como modelos em primeiro lugar, mas a resposta reside num nível psicológico profundo. Uma possibilidade é o personificador estar sendo estimulado por algum elemento importante na vida ou na personalidade da figura que está imitando, e deseja ser como aquela pessoa. Essa imitação não deixa de ser irônica, pois na maioria dos casos o indivíduo em questão já carrega, embora inconscientemente, as características que vê no outro.

Esses intercâmbios tão pessoais e complexos podem tornar as amizades e os relacionamentos amorosos difíceis de se compreender. A projeção costuma estar presente, com os representantes de Sagitário I se tornando o foco dos desejos secretos ou das fantasias dos nascidos em Aquário-Peixes e vice-versa. Atrações *animus-anima*, ou seja, apaixonar-se pela sua própria projeção idealizada de homem ou mulher, também são evidentes. Entre os representantes de Sagitário I e Aquário-Peixes, são comuns casamentos com uma figura que lembra o pai ou a mãe, ou um irmão dominador. Esse tipo de relacionamento permite trabalhar as dificuldades da infância, ou apenas reencená-las, mas em qualquer caso torna-se muito confuso e frustrante para o outro parceiro ser sempre tratado como se fosse outra pessoa.

Sob o efeito de tais forças psicológicas, esses parceiros criam problemas desnecessários no ambiente de trabalho, que afetam o seu rendimento. Os relacionamentos familiares confrontam-se mais diretamente com a questão de imitação, principalmente nos pares entre pai e filho, onde o modelo aceitável da figura paterna é crucial para o desenvolvimento do filho.

Conselho: *Saiba quem você é. Examine o que o atrai para aquela pessoa especial. Resolva seu próprio mistério. Não se perca no drama de outro.*

RELACIONAMENTOS

PONTOS FORTES: INSPIRACIONAL, COMPETIDOR, TERAPÊUTICO

PONTOS FRACOS: DIFÍCIL, REPETITIVO, DENIGRIDOR

MELHOR: PAIS-FILHOS

PIOR: TRABALHO

MARK TWAIN (30/11/1835)
HAL HOLBROOK (17/2/25)

Holbrook é um respeitado ator, célebre por sua representação do humorista Twain no monólogo fora da Broadway *Mark Twain Tonightt!* Ao longo dos anos Holbrook tem sido aclamado como Twain em mais de 2.000 apresentações internacionais. **Também: John Kennedy, Jr. & Ted Kennedy** (sobrinho/tio); **Cyril Cusack & Sinead Cusack** (pai/filha; poeta/atriz).

RELACIONAMENTOS

PONTOS FORTES: ENCORAJADOR, LIVRE-PENSADOR, REORGANIZADO

PONTOS FRACOS: DISRUPTIVO, CIUMENTO, RESSENTIDO

MELHOR: TRABALHO

PIOR: AMOR

GAETANO DONIZETTI (29/11/1797)
GIOACCHINO ROSSINI (29/2/1792)

Donizetti e Rossini foram compositores italianos contemporâneos de ópera do século XX. Rossini foi a figura dominante no início do século, compondo mais de 40 óperas em 2 décadas, entre as quais sua obra-prima cômica *O Barbeiro de Sevilha* (1816). Donizetti surgiu em meados do século com óperas famosas como *Don Pasquale* (1843) e *Lucia di Lammermoor* (1835).

25 de novembro a 2 de dezembro
SEMANA DA INDEPENDÊNCIA
SAGITÁRIO I

23 de fevereiro a 2 de março
SEMANA DO ESPÍRITO
PEIXES I

Responsabilidade pessoal

Esses livres-pensadores – normalmente se unem num ponto: Morte ao Opressor! Toda a questão da dominação e da autoridade é crucial para seu pensamento. O problema que eles têm de resolver é como diminuir a necessidade que aqueles que estão a sua volta sentem por uma autoridade suprema, encorajando esses indivíduos (que podem ser familiares, amigos ou colegas) a assumirem mais responsabilidade pessoal por suas ações. Esse ponto revela que a orientação do par não é revolucionária ou anarquista em si pois continua a procurar ordem e estrutura, apenas usando outros meios.

Nos relacionamentos amorosos e nos casamentos, o casal passa por muitas mudanças, da sexual à platônica, da física à espiritual. Como os representantes de Sagitário I e Peixes I formam uma quadratura no zodíaco (encontram-se a 90° de distância) a astrologia convencional prevê atritos e estresse entre eles, mas uma energia dinâmica para resolver os problemas. Nos círculos familiares e de amigos, os parceiros procuram se opor e minar atitudes autoritárias, encorajando a liberdade de pensamento e a discussão aberta. O seu alvo principal num grupo familiar é o patriarca, a matriarca ou qualquer figura adulta que governa com mão de ferro. Assim, como irmãos, por exemplo, seu comportamento pode ser visto ou interpretado como rebelde, portanto têm de estar preparados para o pior, em termos de punição. Como amigos, influenciam amplamente os grupos sociais e as comunidades das quais fazem parte.

Os nascidos em Sagitário I e Peixes I podem enfrentar problemas interpessoais. Embora o ressentimento e o ciúme sejam comuns entre eles, tais considerações normalmente são sobrepujadas em favor da unidade necessária a sua missão comum. Essa postura é demonstrada dramaticamente, quando são atacados no meio de uma discussão, pois cada um sai imediatamente em defesa do outro, numa ofensiva disparada com velocidade incrível. Esse traço se destaca nos colegas de trabalho, onde os dois podem prestar bons serviços a uma organização, trabalhando lado a lado. Sindicatos trabalhistas são um ambiente natural para seus esforços.

Conselho: *Não presuma que você sabe o que é melhor. Mantenha em ordem sua própria casa. Cultive a diplomacia – a oposição pode frustrar seus esforços.*

RELACIONAMENTOS

PONTOS FORTES: EMOCIONAL, EMPÁTICO, APAIXONADO

PONTOS FRACOS: INSTÁVEL, AUTO-ILUDIDO, CAÓTICO

MELHOR: FAMÍLIA

PIOR: CASAMENTO

MABEL HUBBARD (25/11/1857)
ALEXANDER GRAHAM BELL (3/3/1847)

Hubbard, surda desde a infância, noivou com Bell no Dia de Ação de graças em 1875, seu 18º aniversário. Bell, cuja mãe também era surda, havia aprendido a ensinar e trabalhar com surdos muito antes de inventar o telefone em 1876. O pai de Hubbard financiou o desenvolvimento comercial do telefone de Bell. **Também: Samuel Reshevsky & Bobby Fisher** (grandes mestres do xadrez).

25 de novembro a 2 de dezembro
SEMANA DA INDEPENDÊNCIA
SAGITÁRIO I

3 a 10 de março
SEMANA DO SOLITÁRIO
PEIXES II

Altos e baixos

O relacionamento dos nascidos em Sagitário I e em Peixes II passa pela vida como uma montanha-russa. Com altos e baixos, exaspera os que têm de dolorosamente assistir ou lidar com ele. Embora os parceiros jurem lealdade e proclamem seu amor imortal, os duros fatos parecem indicar o contrário.

A fantasia é o maior problema que esse relacionamento tem de enfrentar, pois os parceiros normalmente não têm noção do jogo que estão fazendo entre si. A situação não seria tão difícil se o nível de sentimentos fosse menor, mas as emoções parecem repetidamente prevalecer sobre a razão. Pior ainda, os representantes de Sagitário I e de Peixes II estão convencidos de que são racionais, mas na realidade estão sendo enganados por um raciocínio errôneo.

Os relacionamentos são apaixonados e gratificantes. E é exatamente por isso que os nascidos em Sagitário I e Peixes II são muito propensos a não dar a devida atenção a problemas sérios até que seja tarde demais. Com pouco ou nenhum aviso, um dos parceiros simplesmente vai embora e nunca mais volta – o que pode representar uma experiência devastadora para o outro, embora este afirme o contrário. Os casamentos nessa combinação tem de encarar, por um lado, a extrema necessidade de independência dos nascidos em Sagitário I e, por outro, a necessidade de segurança dos representantes de Peixes II, necessidades estas que normalmente colidem. Também é provável que os cônjuges tenham amigos íntimos fora do relacionamento, os quais podem não se dar bem com o outro parceiro.

O relacionamento profissional entre esses dois tende a ser caótico, pois cada qual tem uma idéia diferente de como as coisas devem ser feitas. Talvez seja na esfera familiar e da amizade que as coisas saiam melhor para os nascidos em Sagitário I e em Peixes II. A auto-ilusão não é tão acentuada e os parceiros apóiam-se mutuamente sem enganar a si mesmos em relação à verdade. A empatia entre irmãos e entre pais e filhos é marcante. Os amigos nascidos em Sagitário I e Peixes II gostam de trazer o outro parceiro para o seio de sua própria família, onde sempre encontram aceitação e respeito.

Conselho: *Abra os olhos. Examine sua necessidade de convencer a si mesmo. Recue um pouco emocionalmente – tente permanecer objetivo. Procure conselho de familiares e amigos.*

25 de novembro a 2 de dezembro
SEMANA DA INDEPENDÊNCIA
SAGITÁRIO I

11 a 18 de março
SEMANA DOS DANÇARINOS E SONHADORES
PEIXES III

Fantasia em ação

Essa combinação vai onde a ação está. Para esse par, não é suficiente imaginar – querem que, no final, seus sonhos se tornem realidade. A expressão "no final" é, porém, crucial, pois pode levar meses ou anos antes de a fantasia passar para a ação. Mas já que esses pares fazem brotar o lado prático um do outro, traçar planos para tais empreendimentos, até o último detalhe, pode ser muito gratificante para ambos. O tema da viagem normalmente figura, de um jeito ou de outro, pois esse par sente grande prazer em se movimentar regularmente de um lugar a outro.

Os relacionamentos amorosos e os casamentos entre os representantes de Sagitário I e Peixes III favorecem as viagens de longa distância e, se passar algum tempo sem qualquer menção de viagem, os dois começam a sentir coceira nos pés. Viajar proporciona a fuga perfeita para os problemas do relacionamento, mas também funciona como uma válvula de escape, permitindo aos parceiros aliviar a tensão emocional acumulada pela frustração ou negligência. Expressar a raiva normalmente é o maior problema para esses dois, à medida que pode lhes ser difícil encontrar uma maneira socialmente aceitável para extravasar-se, ou para evitar violência em tais confrontos, seja ela física ou verbal.

Os relacionamentos profissionais e as amizades entre esses dois podem ser notáveis, podendo estar inter-relacionados, com particular ênfase em habilidades manuais, técnicas ou artísticas. Embora a impulsividade dos nascidos em Sagitário I e a falta de firmeza dos representantes de Peixes III possam às vezes constituírem problemas, quando há prazos e cotas a serem cumpridos, pode-se contar com esses dois para cumpri-los. Entretanto, quando há muito tempo e pouca cobrança, ambos são capazes de, juntos, deixar correr frouxo. Em muitas situações os pares nascidos em Sagitário I e Peixes III só trabalham o necessário. Na esfera familiar, nenhuma das combinações entre pai e filho costuma ser exigente ou autoritária. A atitude é normalmente livre e tranqüila, com grande dose de afeição de ambos os lados.

Conselho: *Deixar as coisas para depois é um mau hábito. Relaxe, mas não muito. Encontre um jeito sensato de expressar sua agressividade. Encare os desafios.*

RELACIONAMENTOS

PONTOS FORTES: IMAGINATIVO, ATIVO, AFETIVO

PONTOS FRACOS: NEGLIGENTE, PROCRASTINADOR, PREGUIÇOSO

MELHOR: AMIZADE

PIOR: AMOR

KARL BENZ (25/11/1844)
GOTTLIEB DAIMLER (17/3/1834)

Benz e Daimler foram pioneiros alemães de automotivos e que desenvolveram os primeiros motores e automóveis com combustão interna, em 1886. Benz obteve patente para um veículo construído em 1885 usando um motor de 4 cilindros - considerado o primeiro automóvel prático do mundo. A Daimler se credita a invenção do primeiro motor de alta velocidade (1885). Em 1890 eles fundaram a Daimler Motor Company, que mais tarde (1926) se tornou a Daimler-Benz.

---

3 a 10 de dezembro
SEMANA DO ORIGINADOR
SAGITÁRIO II

3 a 10 de dezembro
SEMANA DO ORIGINADOR
SAGITÁRIO II

Ansiando por alguém normal

As chances de duas pessoas tão idiossincráticas e individualistas como essas ficarem juntas, na vida diária, infelizmente não são grandes. Ambos têm seu próprio jeito de fazer as coisas e essa característica tende a não ser relevada, e na verdade costuma provocar conflitos. A atração que ambos sentem pelo diferente não torna mais fácil a solidariedade entre eles; com efeito, os dois sentem vontade de estar com alguém mais normal (contanto que possam continuar sendo pessoas difíceis, é claro). Um dos problemas para colocar tal relacionamento nos trilhos é que esses parceiros necessitam de um tempo para ajustarem seus pontos fracos, mas podem não estar preparados para esperar tanto tempo. Na verdade, os relacionamentos familiares entre dois nativos de Sagitário II podem ser os mais bem-sucedidos, simplesmente porque, tendo crescido juntos, estão acostumados com as idiossincrasias do outro.

Os relacionamentos amorosos e as amizades entre esses dois, à medida que são possíveis, costumam ser melhores quando os parceiros só se vêem de vez em quando. O desejo de aumentar a freqüência dos contatos em geral apressa o fim do relacionamento. Os casamentos dão certo somente se os cônjuges dispõem do espaço que lhes é necessário, que possam com segurança considerar próprio, sem interferência ou crítica. Os filhos desses pais não têm vida fácil, pois seu modelo de figura paterna ou materna deixa a desejar. Na verdade, os próprios filhos podem ser a força estabilizadora do relacionamento.

Os relacionamentos entre irmãos e entre pais e filhos nascidos em Sagitário II também não são mantidos com facilidades, mas um processo repetitivo de confronto e solução pode ajudar até certo ponto. Os relacionamentos familiares entre membros do sexo oposto normalmente têm mais chance de dar certo. Na esfera profissional, são mais felizes como trabalhadores autônomos ou sócios, onde os talentos individuais são melhor aproveitados, mas será necessário recorrer a consultoria e administração financeiras.

Conselho: *Dê uma chance para as coisas funcionarem. Insista, mas não dê murro em ponta de faca. Não use de dois pesos, duas medidas.*

RELACIONAMENTOS

PONTOS FORTES: CONTENCIOSO, VERSÁTIL, INDIVIDUALISTA

PONTOS FRACOS: CONFLITUOSO, DIFÍCIL, INCOMPATÍVEL

MELHOR: FAMÍLIA

PIOR: AMOR

BEAU BRIDGES (9/12/41)
JEFF BRIDGES (4/12/49)

Os atores e irmãos Beau e Jeff são filhos do ator veterano de Hollywood e da tevê Lloyd Bridges. Estreando suas carreiras em papéis infantis, a atuação de Jeff se destacou mais aos olhos dos críticos. Ele foi indicado para 3 Oscars, notavelmente por *Starman* (1984). Apareceram juntos em *The Fabulous Baker Boys* (1989). **Também: Maria, Rainha dos Escoceses & Lorde Darnley** (casados; rainha/consorte).

| RELACIONAMENTOS |

PONTOS FORTES: PREVIDENTE, INOVADOR, DINÂMICO

PONTOS FRACOS: SUPERFICIAL, HIPERCOMPETITIVO, FRENÉTICO

MELHOR: AMIZADE

PIOR: TRABALHO

SAMMY DAVIS, JR. (8/12/25)
FRANK SINATRA (12/12/15)

Davis e Sinatra foram membros do "Rat Pack" de Hollywood. Mais que isso, foram grandes amigos a vida toda e atuaram juntos com freqüência no palco e no cinema. No final dos anos 1980 fizeram uma turnê de concertos pelo mundo extremamente bem-sucedida (com Liza Minnelli). **Também: Walt Disney & Steven Spielberg** (fabricantes de fantasia para crianças).

---

3 a 10 de Dezembro
SEMANA DO ORIGINADOR
SAGITÁRIO II

11 a 18 de Dezembro
SEMANA DO TITÃ
SAGITÁRIO III

Uma flecha para o futuro

Com muita energia para gastar, esses dois estão prontos para novas e emocionantes experiências e também para romper os limites. Esses parceiros podem ser muito originais individualmente, mas a sinergia da combinação amplia essa qualidade, fazendo do relacionamento uma poderosa força para mudança. Independente de trabalharem juntos diretamente ou não, sua presença numa família ou grupo social ou como parte de uma equipe de trabalho confere a essas organizações um ímpeto para ir para frente. Como uma flecha apontada para o futuro, esses dois mostram o caminho.

Os relacionamentos amorosos entre os nascidos em Sagitário II e em Sagitários III são apaixonados, mas muito instáveis e podem não se aprofundar emocionalmente. Uma curiosa incapacidade para demonstrar solidariedade ou gentileza, o que, absolutamente, não significa que essas emoções não existam, torna tal relacionamento difícil e intransigente, mesmo que intenso. Aprender a se controlar e a dar mais ênfase à compreensão e à aceitação são cruciais para a sobrevivência desse relacionamento. O casamento não deve ser considerado, a não ser que essas questões tenham sido resolvidas.

As amizades normalmente são mais desafiadoras. Superar ao outro em qualquer campo de atividade torna-se a base de tal relacionamento. Os representantes de Sagitário II encontram seu nicho e lá permanecem, enquanto os nascidos em Sagitário III raramente ficam contentes até que tenham forçado seu talento ao máximo; a determinação e a resolução do primeiro encontra correspondência no desejo do último de vencer e de emergir vitorioso. Entretanto, os confrontos não são necessários e os dois sentem grande aceitação mútua.

Os pares de irmãos, particularmente do mesmo sexo, se encontram em diálogo e competição constantes que normalmente exercem um efeito salutar, atuando para melhorar as habilidades individuais. As ligações de trabalho raramente são possíveis entre duas personalidades tão dinâmicas; entretanto, normalmente dão o melhor de si quando trabalham sozinhos ou num grupo onde são os únicos responsáveis pelas decisões.

Conselho: *Explore os campos emocionais com cuidado, mas expresse profundamente seus sentimentos. Tente negociar. Poupe sua energia para que dure.*

| RELACIONAMENTOS |

PONTOS FORTES: AMPLO, RESOLVIDO, CONFRONTACIONAL

PONTOS FRACOS: SABOTADOR, CONFIANTE DEMAIS, INSALUBRE

MELHOR: IRMÃOS

PIOR: AMOR

PRÍNCIPE PETER KROPOTKIN (9/12/1842)
JOSEPH STALIN (21/12/1879)

Embora nascido nobre Kropotkin foi anarquista e revolucionário. Preso em 1874-76 devido às suas atividades políticas, fugiu da Rússia até a Revolução de Fevereiro (1917). Depois que Stalin assumiu o controle dos bolcheviques em outubro, Kropotkin, então com 75 anos, se retirou da política, desiludido com o regime autoritário bolchevique.

---

3 a 10 de Dezembro
SEMANA DO ORIGINADOR
SAGITÁRIO II

19 a 25 de Dezembro
CÚSPIDE DA PROFECIA
CÚSPIDE SAGITÁRIO–CAPRICÓRNIO

Resolução de triunfar

Esse relacionamento normalmente enfoca projetos em grande escala, até mesmo gigantescos. Seja organizando férias em família, eventos sociais ou projetos de trabalho, o par gosta de estar no centro do conflito, brigando juntos ou entre si pelas grandes decisões. Normalmente se encontram no topo de suas respectivas organizações, mas quando são colegas não precisam desempenhar o papel dominante do grupo; fazer parte dos acontecimentos já basta. A emoção do confronto também é um elemento importante no relacionamento e, embora a derrota não seja uma possibilidade considerada por eles, aceitam-na se tiverem consciência de que esforçaram-se ao máximo. Além disso, sua resolução de triunfar no próximo encontro costuma ser enorme.

Nos relacionamentos entre irmãos e entre colegas de trabalho, o aspecto competitivo dessa combinação é poderoso, principalmente quando os parceiros são do mesmo sexo. Em geral, os nascidos em Sagitário-Capricórnio levam vantagem nesse aspecto por serem muito perceptivos psicologicamente, porém a energia pura permite aos nascidos em Sagitário II vencer. As ligações mais satisfatórias entre esses dois são centradas no tema da construção, seja de estruturas físicas ou mais abstratas. Os chefes e os pais dependem muito do apoio e da dedicação de pares colegas e de irmãos desse tipo.

Nos relacionamentos amorosos e nos casamentos, o representante de Sagitário II é atraído pela paixão tórrida de Sagitário-Capricórnio, que, por sua vez, é atraído pelo carisma de Sagitário II. Esse pode ser um par intenso, acessando áreas emocionais profundas. Infelizmente, aparecem tanto os sentimentos ruins e autodestrutivos como os saudáveis e construtivos. A intenção dos parceiros é muito importante e, se o relacionamento acredita em si mesmo e busca o sucesso, o resultado obtido reflete diretamente a atitude adotada. As amizades ou inimizades tendem a ser forjadas no calor branco da experiência. Geralmente, deixam pouco para a imaginação no tocante à sua finalidade ao se envolverem.

Conselho: *Vencer não é a única coisa importante. Aprenda com seus erros. Mantenha uma atitude positiva. Não sabote seus esforços.*

3 a 10 de dezembro
SEMANA DO ORIGINADOR
SAGITÁRIO II

26 de dezembro a 2 de janeiro
SEMANA DO REGENTE
CAPRICÓRNIO I

Raramente neutro

Se esses dois forem capazes de ficar juntos, podem temporariamente exercer um tipo de magia como par, mas a longo prazo suas diferenças ideológicas e de temperamento se tornam uma barreira grande demais para o relacionamento. É provável que o nascido em Capricórnio I veja o representante de Sagitário II com cautela – é preciso superar a desconfiança e uma ponta de ciúme para o relacionamento seguir em frente. Não importa o quanto diferentes, ou até revolucionários, os nascidos em Capricórnio I sejam; no fundo, são muito tradicionalistas e geralmente desaprovam as manifestações incomuns e individualistas dos nascidos em Sagitário II.

Os relacionamentos amorosos e os casamentos entre esses dois não têm um prognóstico notável. Os nascidos em Capricórnio I têm uma sensualidade que cativa o interesse dos representantes de Sagitário II por um tempo, mas demonstram tendências autoritárias que, ao final, levam os nascidos em Sagitário II a querer se libertar e a procurar em outro lugar o que precisam. Sua própria curiosidade é aguçada pela originalidade dos representantes de Sagitário II, pelo menos no início, mas com o passar do tempo percebem que essa qualidade é débil e irresponsável, o que os irrita e os torna impacientes.

Os pais nascidos em Capricórnio I dão aos filhos nascidos em Sagitário II a estabilidade e o apoio de que tanto precisam, mas no final se revelam muito controladores. As amizades são um estudo em contrastes. Os outros acham difícil entender como pessoas tão diferentes permanecem amigas durante anos, mas esse laço especial normalmente é sustentado pela admiração e pela necessidade mútuas. Interesses comuns invariavelmente são a argamassa que une tal relacionamento.

Nas questões de trabalho, esse relacionamento pode ser positivo ou negativo, mas raramente neutro. Se forem rivais, é provável que tentem atrair ao outro com promessas duvidosas para então apanhá-lo distraído, num esforço para dominá-lo. Como colegas ou companheiros de trabalho, conseguem gerar um magnetismo que arrastam igualmente clientes e chefes para sua causa.

Conselho: *Tente enxergar o ponto de vista do outro. Dê um tempo para que as coisas evoluam e mudem. Controle sua desaprovação. Descubra o que é benéfico para ambos.*

RELACIONAMENTOS

PONTOS FORTES: ADMIRADOR, MAGNÉTICO, DIFERENTE

PONTOS FRACOS: DESAPROVADOR, SUPERCONTROLADOR, RECEOSO

MELHOR: AMIZADE

PIOR: CASAMENTO

MARLENE DIETRICH (27/12/01)
DOUGLAS FAIRBANKS, JR. (9/12/09)

Em 1936, ao mesmo tempo em que o chefe da CBS William Paley estava fazendo sua corte, Dietrich começou a ter um caso com Fairbanks. Isto continuou enquanto ela filmava *Knight Without Love* (1937) e ele *O Prisioneiro de Zenda* (1937). **Também: T.V. Soong & Mao Zedong** (inimigos políticos chineses; capitalista/comunista).

---

3 a 10 de dezembro
SEMANA DO ORIGINADOR
SAGITÁRIO II

3 a 9 de janeiro
SEMANA DA DETERMINAÇÃO
CAPRICÓRNIO II

Nada é permanente, exceto a mudança

Preste atenção a esse par se quiser manter-se atualizado. São excelentes em fixar direções ou pelo menos em reconhecê-las e segui-las. Essa capacidade não significa que o relacionamento não tenha altos e baixos. Na realidade, saber contornar os problemas é a garantia de sucesso da combinação, implicando uma sabedoria capaz de reconhecer que nada é permanente, exceto a mudança. Os nascidos em Capricórnio II são muito ambiciosos, uma qualidade que falta no seu parceiro dessa combinação, mas são certamente atraídos por fenômenos raros e, assim, cativados pelos atributos e conceitos incomuns dos nascidos em Sagitário II. Além disso, são sensíveis o bastante para perceber que as noções estranhas de hoje podem ser a realidade de amanhã, de forma que a visão do relacionamento é geralmente acurada e até lucrativa.

Nos relacionamentos amorosos, os nascidos em Sagitário II e Capricórnio II são levados pelas asas da fantasia, mas sua interação idealista tem uma longevidade surpreendente. O casamento entre esses pares imaginativos pode não ir muito bem quando se depara com a rotina monótona da vida doméstica. Os pares de irmãos e amigos nessa combinação normalmente demonstram interesse pela fantasia, pela ficção científica, por filmes de horror e afins. Os amigos e pais se desesperam de toda hora ter de trazê-los de volta ao mundo real, mas o par tem consciência do que é real e imaginário.

Os relacionamentos de negócio e as ligações profissionais normalmente dão certo quando livres das restrições impostas por uma organização hierárquica ou burocrática, mas os dois podem se encontrar enquanto trabalham para esse tipo de empresa, e então formular idéias para seguirem um rumo próprio. Outra situação comum para os representantes de Sagitário II e Capricórnio II se encontrarem como autônomos, ou numa pequena empresa, e concentrarem seus esforços, muitas vezes inspirados num conceito ou idéia totalmente novos.

Conselho: *Reconheça a existência dos outros. Respeite as atitudes mais tradicionais. Execute as tarefas diárias. O incomum normalmente está no comum.*

RELACIONAMENTOS

PONTOS FORTES: IMAGINATIVO, PIONEIRO, LUCRATIVO

PONTOS FRACOS: DESCONCERTANTE, BIZARRO, EGOÍSTA

MELHOR: TRABALHO

PIOR: CASAMENTO

GYPSY ROSE LEE (9/1/14)
OTTO PREMINGER (5/12/06)

Em 1971, logo após a morte de Lee, o diretor Preminger revelou ao público que ele era o pai do filho da atriz e *stripper* de 26 anos de idade, então diretor de elenco Erik Kirkland. Ele adotou Kirkland, que mudou seu nome para Eric Lee Preminger. **Também: Francisco Franco & Juan Carlos** (ditador/monarca sucessor); **Richard Sears & Alvah Roebuck** (magnatas dos correios); **Jim Messina & Kenny Loggins** (dupla musical).

RELACIONAMENTOS

PONTOS FORTES: COMPREENSIVO, PROTETOR, INSPIRADOR

PONTOS FRACOS: FRACO, APÁTICO, DEPENDENTE DEMAIS

MELHOR: FAMÍLIA

PIOR: TRABALHO

DEANNA DURBIN (4/12/21)
ROBERT STACK (13/1/19)

Durbin de Hollywood era uma grande estrela quando ainda criança e protagonista nos anos 1930 e 1940 de comédias românticas. A carreira cinematográfica de Stack deslanchou aos 20 anos com grande publicidade como o "primeiro rapaz a beijar Deanna Durbin na tela" em *First Love* (1939). **Também: Beau Bridges & Lloyd Bridges** (filho/pai; atores); **Maximilian Schell & Maria Schell** (irmãos; atores); **Don King & George Foreman** (patrocinador/lutador).

---

3 a 10 de dezembro
SEMANA DO ORIGINADOR
SAGITÁRIO II

10 a 16 de Janeiro
SEMANA DA DOMINAÇÃO
CAPRICÓRNIO III

Marasmo solidário

Há uma solidariedade natural e um sentimento profundo entre esses dois que os ajuda a superar muitas dificuldades. Seu relacionamento pode ser muito próximo, servindo-lhes de abrigo e proteção contra a incompreensão ou a limitação dos outros. Embora os nascidos em Capricórnio III pareçam ser os mais protetores do par, os nascidos em Sagitário II também oferecem conforto em tempos de necessidade psicológica, levantando o espírito de seus parceiros quando estão balançando no limite da depressão. A vivacidade e a imaginação fértil dos representantes de Sagitário II normalmente não perturba os nascidos em Capricórnio III, nem a tendência a dominar dos nascidos em Capricórnio II é ressentida pelos representantes de Sagitário II, que conta com a estabilidade e a força do parceiro.

Os relacionamentos amorosos e os casamentos entre esses dois criam laços de dependência mútua, difíceis de romper. Enquanto tudo correr bem há poucos problemas, mas se o desenvolvimento pessoal for negligenciado, nem os representantes de Sagitário II nem os nascidos em Capricórnio III estão preparados para terem confiança em agir sozinhos. A forte empatia entre os dois pode ser vista como uma bênção e como uma força que enfraquece o ego, porque reduz a necessidade de enfrentar desafios. Tais relacionamentos são muitos agradáveis, mas podem cair num marasmo que gera pouca energia.

Os relacionamentos familiares, por outro lado, são muitos dinâmicos, não apenas entre irmãos mas também entre pais e filhos nessa combinação. Os representantes de Capricórnio III geralmente servem de modelo para os nascidos em Sagitário II, e suas façanhas agem como estímulo para seus parceiros, que querem ser levados a sério e, portanto, tem de se provar. Os parentes também são capazes de se unir em projetos comuns, para o bem do relacionamento. As amizades advêm de relacionamentos de trabalho ou vice-versa; mas os sentimentos às vezes atrapalham e impedem o relacionamento de funcionar objetivamente. Em geral é melhor para esses parceiros decidirem se a prioridade é a amizade ou o trabalho e acatarem tal decisão, não importa o quanto seja difícil.

Conselho: *Tente manter a objetividade. Saiba agir por conta própria: um relacionamento tem seus limites. A empatia tem efeitos positivos e negativos.*

RELACIONAMENTOS

PONTOS FORTES: AFETUOSO, RESPONSÁVEL, VÍVIDO

PONTOS FRACOS: IMPULSIVO, INSTÁVEL, DISSIPADOR

MELHOR: COLEGAS DE TRABALHO

PIOR: PAIS-FILHOS

DON KING (6/12/32)
MUHAMMAD ALI (17/1/42)

Uma das primeiras lutas do patrocinador King em grande escala foi entre o orgulhoso e alegre Ali e o campeão pesado-pesado George Foreman no Zaire, em 1974. O magnético Ali atraiu toda a publicidade que o patrocinador poderia desejar. Ali conquistou o título. A luta foi tema do documentário ganhador do Oscar em 1996 *Quando Éramos Reis*. **Também: Bruce Nauman & Susan Rothenberg** (casados; artistas).

---

3 a 10 de dezembro
SEMANA DO ORIGINADOR
SAGITÁRIO

17 a 22 de janeiro
CÚSPIDE DO MISTÉRIO E DA IMAGINAÇÃO
CÚSPIDE CAPRICÓRNIO–AQUÁRIO

Circunstâncias auspiciosas

Superficialmente, essa combinação contém todos os ingredientes para a instabilidade. Entretanto, a euforia natural e as qualidades extrovertidas compartilhadas por esses parceiros podem ser canalizadas de forma construtiva para projetos altamente práticos. Assumir responsabilidades, cumprir prazos e preocupar-se com o bem-estar dos outros são aspectos que trabalham para benefício desses dois. Na verdade, são igualmente capazes de desviar-se do rumo e de dissipar suas energias em projetos débeis, embora agradáveis, mas esta não deixa de ser uma escolha possível. Para completar, o destino costuma ajudar, oferecendo circunstâncias auspiciosas que lhes permitem retomar o caminho certo.

Aprender a ler os sinais dos tempos é de fundamental importância para a estabilidade desse relacionamento. Portanto, pode ser uma combinação da vontade com o acaso que determina se os relacionamentos amorosos e as amizades vão dar certo ou não. As circunstâncias nas quais esses dois se encontram costumam ser tão importantes quanto a maneira como reagem mutuamente. Se algum deles já estiver envolvido num relacionamento estável, o que determina o curso do relacionamento é os parceiros demonstrarem afeto e paciência, ou atirarem-se no relacionamento, agindo sob impulso. E, nesse caso mais do que nunca, agir com responsabilidade ajuda a criar um resultado mais favorável para todos os envolvidos.

Nas esferas de família e de carreira, os relacionamentos entre pais e filhos e entre patrões e empregados tendem a ser nervosos e instáveis. Os pais acham difícil controlar a raiva e irritam-se facilmente com os filhos. Nas combinações de trabalho, principalmente entre colegas que têm imaginação e iniciativa pessoal, costumam formar um par bem-sucedido. As amizades costumam se desfazer, a menos que estejam imbuídos de um forte senso de propósito. Engajar-se em atividades comunitárias, interesses comuns e mesmo em pequenos negócios pode ser uma saída para conservar a amizade.

Conselho: *Não tente fugir do seu destino. Ceder é importante, mas a escolha individual também. Encontre atividades que lhe dêem orientação.*

3 a 10 de dezembro
SEMANA DO ORIGINADOR
SAGITÁRIO II

23 a 30 de janeiro
SEMANA DO GÊNIO
AQUÁRIO I

Competindo por atenção

A peculiaridade de caráter que esses dois possuem trabalha contra o estabelecimento de um forte relacionamento, uma vez que essa combinação só destaca seus aspectos não-convencionais e acrescenta uma dose de emotividade exagerada. Uma vez que esse par costuma investir mais em si próprios como indivíduos do que no relacionamento, este não tem muita chance. Passar muito tempo juntos não é comum para esses dois, de modo que os relacionamentos casuais são favorecidos. As emoções normalmente estão fora de sincronia, como evidenciado na impaciência e na irritação que sentem um pelo outro.

Nos relacionamentos amorosos e nos casamentos os dois querem atenção: se não conseguem, tentam incomodar um ao outro ou criar deliberadamente um problema que não pode ser ignorado. Tais parceiros sempre competem por atenção nos grupos familiares ou de amigos, exibindo seus talentos e habilidades ou sendo desagradáveis. Se os dois vierem a trabalhar juntos, vão precisar de muita disciplina para controlar suas emoções e para manter sua raiva sob controle. Na esfera da amizade, se dão melhor em encontros ou relações ocasionais. Limitar os contatos emocionais permite que os interesses comuns sejam o foco e que os sentimentos jocosos apareçam.

Examinar as famílias onde esses dois cresceram ajuda a compreender seu relacionamento. Os parceiros são muito egoístas, entretanto conseguem muitas vezes estabelecer laços por meio jogos de infância e de outras formas de brincadeiras. Enquanto estiverem envolvidos no que estiverem fazendo, as coisas vão muito bem, mas a entrada de um adulto desencadeia a competição pela atenção. Não conseguindo ganhar, um dos dois pode ter um acesso de raiva, começar uma briga ou se afastar. Tais pares de irmãos têm necessidades emocionais muito diferentes e os pais que pensam ser fácil adotar uma única atitude para com os dois suscitam insatisfação. É possível que esse padrão de comportamento se repita nos locais de trabalho.

Conselho: *Tente conviver bem. Ponha o relacionamento em primeiro lugar. Promova a harmonia, compartilhando. Seja o primeiro a dar atenção e o último a pedi-la.*

RELACIONAMENTOS

PONTOS FORTES: LEVE, BRINCALHÃO, CASUAL

PONTOS FRACOS: COMPETITIVO, TEMPERAMENTAL, EXPLOSIVO

MELHOR: CONHECIDOS

PIOR: IRMÃOS

DALTON TRUMBO (9/12/05)
HUMPHREY BOGART (23/1/1899)

O roteirista Trumbo (*Thirty Seconds Over Tokyo*, 1944; *Exodus*, 1960) e o ator Bogart foram investigados nos anos 1950 como suspeitos de serem comunistas pelo comitê de caça às bruxas do senador Joseph McCarthy. Quando chamado para testemunhar, Trumbo foi derrotado por McCarthy e mais tarde enviado para a cadeia e seu nome colocado em uma lista negra. Bogart convenceu McCarthy, mas recusou-se a indicar outros suspeitos.

---

3 a 10 de dezembro
SEMANA DO ORIGINADOR
SAGITÁRIO II

31 de janeiro a 7 de fevereiro
SEMANA DA JUVENTUDE E DESPREOCUPAÇÃO
AQUÁRIO II

Alcançar o topo

Há um inegável elemento de ambição nesse relacionamento, e para essa dupla o desejo de alcançar o topo em qualquer área não é necessariamente egoísta ou mesmo interesseiro; na verdade, é a expressão do que consideram ser seu caminho na vida, seu destino. Esses parceiros normalmente sentem que juntos são capazes de servir a uma causa de forma mais eficaz e de realizar não apenas seus sonhos e aspirações, mas as do grupo ao qual pertencem. Tais sentimentos de inevitabilidade e de justificativa tornam muito difícil a oposição a esse relacionamento nas áreas profissionais e de negócios. Entretanto, os parceiros devem ser cautelosos para não agirem injustamente ou não ferirem os sentimentos dos outros, por meio de uma atitude elitista ou excessivamente agressiva.

Essas atitudes ambiciosas normalmente se manifestam na esfera familiar e conjugal, onde o par pode ser uma espécie de representante de grupo. Mesmo quando os parceiros interessam-se por áreas diferentes e têm pouco a ver com interesses financeiros, outros parentes sentem grande orgulho por suas realizações. Mas a boa sorte do par também pode suscitar inveja naqueles que se sentirem excluídos ou talvez insultados por tal ascensão, ou que traçarem comparações desfavoráveis.

Como namorados, esses parceiros acham necessário convencer a si e aos outros de que o seu relacionamento é o melhor possível, com freqüência por demonstrações românticas de afeto. Tais demonstrações podem, na verdade, ser um disfarce para esconder problemas que não podem ser encarados ou mesmo identificados. Os amigos nessa combinação acham menos necessário tais demonstrações, mas precisam acreditar que seu relacionamento é ótimo. Pode até ser esse o caso, mas vão acabar aprendendo que essas atitudes também podem ser prejudiciais, pois chamar alguém de "melhor amigo" ou ficar alardeando aos quatro cantos seu próprio relacionamento pode realmente preparar o terreno para uma grande decepção ou traição.

Conselho: *Não fique se mostrando. A presunção pode minar seus esforços. Trabalhe em silêncio e seja modesto – os resultados falam por si.*

RELACIONAMENTOS

PONTOS FORTES: AMBICIOSO, DETERMINADO, ORGULHOSO

PONTOS FRACOS: PRECONCEITUOSO, SUPERAGRESSIVO, ILUDIDO

MELHOR: TRABALHO

PIOR: AMOR

GUNNAR MYRDAL (6/12/1898)
ALVA MYRDAL (31/1/02)

Os suecos, marido e mulher, ganharam Prêmio Nobel por suas realizações: Gunnar em 1974 em economia por sua teoria do dinheiro, e Alva em 1982 ganhou o Prêmio Nobel da Paz por seu trabalho sobre desarmamento. **Também: David Carradine & John Carradine** (filho/pai; atores); **Bo Belinsky & Mamie Van Doren** (caso; estrela do beisebol/atriz); **Jean-Luc Godard & François Truffaut** (diretores New Wave).

RELACIONAMENTOS

PONTOS FORTES: GENEROSO, SENTIMENTAL, AUDACIOSO

PONTOS FRACOS: DESCONFIADO, SOFREDOR, IMPRUDENTE

MELHOR: AMOR

PIOR: TRABALHO

MARY LAMB (3/12/1764)
CHARLES LAMB (10/2/1775)

Os Lamb foram irmãos escritores que colaboraram em livros infantis. Ele é mais conhecido por seus charmosos e esdrúxulos ensaios sob o pseudônimo de Elia. Sua irmã, mentalmente instável, matou a mãe em um acesso de insanidade em 1786. **Também: Sammy Davis, Jr. & Kim Novak** (artista negro recebeu ameaça de morte por namorar atriz branca).

---

3 a 10 de dezembro
SEMANA DO ORIGINADOR
SAGITÁRIO II

8 a 15 de fevereiro
SEMANA DA ACEITAÇÃO
AQUÁRIO III

Persuasão eficaz

Por causa de sua natureza incomum e de suas necessidades especiais, esses dois se reconhecem como almas gêmeas. Além disso, são capazes de ter sofrido muita rejeição e incompreensão antes de se encontrar. Os nascidos em Sagitário II sentem cautela diante da aceitação que lhes é dada pelos representantes de Aquário III e inicialmente recuam. Mais tarde, entretanto, se tornam excessivamente dependentes de seu parceiro, uma vez estabelecida a confiança. Os nascidos em Aquário III demonstram seu entusiasmo e em geral normalmente são hipnotizados pela energia que esse relacionamento desencadeia, mesmo que ainda se mantenham a distância. Assim, a ênfase do relacionamento pode ser a persuasão eficaz que os parceiros exercem mutuamente para se abrirem e se aceitarem por completo na pressa para consumar o que promete ser um relacionamento especial para ambos.

Nos relacionamentos amorosos e nos casamentos, esses parceiros são capazes de compartilhar em nível emocional profundo. Uma vez convencidos de que seus segredos estão salvos com o outro, podem abrir seus corações e discutir os assuntos mais íntimos e dolorosos. Tem grande consciência de que tal confiança pode ser um tiro pela culatra e que correm o risco da traição, mas estão dispostos a enfrentá-lo. Não é preciso dizer que, se o relacionamento fracassar ou se sofrer a perda de um dos parceiros, pode levar anos para que tal confiança se restabeleça com outra pessoa, se acontecer.

Amigos e irmãos nessa combinação normalmente adoram atividades físicas, que vão desde esportes e ginástica a atividades radicais como *bungee-jumping* ou asa-delta. Esses dois trazem à tona o lado extrovertido do outro, principalmente em áreas envolvendo desafio e perigo. Ter amigos em comum pode ser um problema por causa dos sentimentos de posse e dos ciúmes que sempre aparecem. Como colegas de trabalho, acham difícil concordar com a abordagem a ser dada aos projetos. Da mesma forma, como sócios ou empresários, suas diferenças podem provocar discórdia e por último precipitar um rompimento.

Conselho: *Supere a desconfiança e abra seu coração. Não tenha medo de dividir. A possessividade deve ser aniquilada. Aprenda a trabalhar junto.*

RELACIONAMENTOS

PONTOS FORTES: CONQUISTADOR, COM PÉS NO CHÃO, RESOLVIDO

PONTOS FRACOS: ESTRESSADO, DESEQUILIBRADO, AMEAÇADOR

MELHOR: CASAMENTO

PIOR: FAMÍLIA

LARRY BIRD (7/12/56)
MICHAEL JORDAN (17/2/63)

Amigavelmente rivais, Bird e Jordan são 2 dos maiores jogadores de basquete de todos os tempos. Bird levou sua equipe a conquistar 3 títulos da NBA, enquanto Jordan levou a sua a 4. Bird ganhou 3 prêmios como Jogador Mais Valioso e Jordan recebeu 5. Ambos juntaram seus esforços quando foram membros do Dream Team Olímpico americano em 1992 (na foto). **Também: Tyra Banks & Seal** (romance; modelo/cantor pop).

---

3 a 10 de dezembro
SEMANA DO ORIGINADOR
SAGITÁRIO II

16 a 22 de fevereiro
CÚSPIDE DA SENSIBILIDADE
CÚSPIDE AQUÁRIO–PEIXES

Fixando energias errantes

Esse par tende a suscitar a insegurança mútua. Dessa forma, a batalha para ultrapassar o desequilíbrio emocional é capaz de se tornar o foco do relacionamento, pelo menos à medida que busca se perpetuar em um comportamento saudável. Dominar a tendência e os impulsos autodestrutivos é de suma importância. O nativo de Sagitário II acha o parceiro dessa combinação muito atraente; mas pode se sentir frustrado ao tentar penetrar no elaborado mecanismo de defesa do representantes de Aquário-Peixes. Por sua vez, o nascido em Aquário-Peixes acha difícil se ajustar às oscilações de comportamento, ora agressivo ora passivo, do representante de Sagitário II. Dar consistência ao relacionamento é prioridade máxima; assumir responsabilidades e fixar as energias errantes nas atividades regulares da vida cotidiana é, pelo menos, uma solução parcial.

Todas as atividades de natureza física ou sensual – tais como gastronomia, sexo, exercícios e sono – devem ser profundamente exploradas. É comum os relacionamentos amorosos e os casamentos demonstrarem estresse e nervosismo quando esses aspectos são evitados ou negligenciados. Às vezes, as inseguranças desse relacionamento lembram reações ou deficiências químicas, à medida que podem ser retificadas quando o antídoto correto é encontrado. Com maior freqüência, o amor, a afeição e a gentileza são complementos necessários.

Para os parentes, trabalhar suas diferenças constitui tarefa para a vida toda. Como amigos, os nascidos em Sagitário II e em Aquário-Peixes têm seus altos e baixos. Costumam se dar melhor quando estão em crise ou precisam um do outro, demonstrando solidariedade e compreensão, mas podem ser surpreendentemente frios e distantes com o outro quando os tempos difíceis tiverem sido superados.

Os relacionamentos profissionais entre esses dois dá certo quando compromissos fixos exigem uma abordagem constante e firme, mas os nascidos em Sagitário II se cansam dos encargos inflexíveis e tediosos, ansiando por mudança. Os representantes de Aquário-Peixes normalmente se sentem ameaçados, e até traídos, por tais sentimentos. Na esfera familiar, a convivência entre os parentes é difícil, criando desavenças no grupo.

Conselho: *Promova a calma e o equilíbrio; evite extremos de comportamento. Concentre-se no aqui e agora. Problemas são desafios.*

3 a 10 de dezembro
SEMANA DO ORIGINADOR
SAGITÁRIO II

23 de fevereiro a 02 de Março
SEMANA DO ESPÍRITO
PEIXES I

Variando a freqüência

A harmonia entre esses dois tem a natureza de uma vibração simpática. Como cordas afinadas na mesma freqüência, os nascidos em Sagitário II e em Peixes I se sentem responsáveis um pelo outro, tanto que o menor mal-estar ou mudança de sentimento em um dos parceiros causa discórdia no relacionamento. Por causa da extrema sensibilidade, as oscilações de humor são comuns, sendo difícil manter a constância e a permanência. Entretanto, esse desafio pode se tornar o foco do relacionamento entre os representantes de Sagitário II e Peixes I, à medida que os parceiros procuram ser mais conscientes de suas emoções e tentam sintonizar-se mutuamente. Cedo ou tarde, aprendem a não reagir tão rápido aos problemas; percebem que estar fora de sintonia também deve ser aceito como um fenômeno natural que precisa acontecer de vez em quando.

Nos relacionamentos amorosos os parceiros gostam de passar muito tempo juntos. Mas embora sejam bons companheiros e namorados, se dão melhor quando cada um possui seu próprio espaço onde possa se retirar para ficar sozinho. As interações emocionais são complexas, porque é difícil para os parceiros ou para um observador objetivo saber de onde os sentimentos vêm, de tão imbricados que são. Sentir as emoções do outro e assumi-las como se fossem suas é um fenômeno comum. A dificuldade que os nascidos em Peixes I encontram em se comprometer e os problemas que os nascidos em Sagitário I enfrentam para confiar plenamente podem manter esses dois longe do casamento. Entretanto, se houver casamento, a união pode ser muito feliz.

Trabalhar juntos só é possível se os parceiros conseguirem abstrair-se de sua sensibilidade à mudança de humor do outro, para o andamento do projeto ou para o bem do grupo. Do mesmo modo, os parentes dessa combinação não podem esperar que os outros fiquem sentados até que os dois tenham resolvido suas diferenças. As amizades dos nascidos em Sagitário II e em Peixes I podem ser muito próximas, sufocando a individualidade de ambos os parceiros.

Conselho: *Sintonia freqüente demais impede a diversão. Deixe as coisas acontecerem. Preocupe-se menos com o que está errado, e não faça perguntas.*

RELACIONAMENTOS

PONTOS FORTES: SENSÍVEL, COMPREENSIVO, VIBRANTE

PONTOS FRACOS: HESITANTE, CONFUSO, PERTURBADO

MELHOR: AMOR

PIOR: AMIZADE

CASIMIR MALEVICH (23/2/1878)
WASSILY KANDINSKY (4/12/1866)

Malevich e Kandinsky foram 2 gigantes da pintura russa do século XX. Eles conheceram bem um ao outro e trabalharam juntos na fundação da escola abstrata russa, também conhecida como Suprematismo. No início de 1900 Kandinsky viajou para Paris, onde se juntou a outros artistas famosos da época. Malevich permaneceu na Rússia em relativa obscuridade. **Também:** Nicolo Amati & Girolamo Amati (filho/pai; mestres fabricantes de violino).

---

3 a 10 de dezembro
SEMANA DO ORIGINADOR
SAGITÁRIO II

3 a 10 de Março
SEMANA DO SOLITÁRIO
PEIXES II

Testando a paciência

E sse relacionamento pode ser altamente instigante e animado - o tédio não acontece. Entretanto, os parceiros têm de ser cuidadosos para moderar a energia e evitar o exagero. Atividades físicas e empreendimentos altamente criativos são características desse par. Os nascidos em Peixes II normalmente fazem desabrochar os aspectos mais introvertidos de seus parceiros nascidos em Sagitário II e, em seu mundo particular, esses dois podem dar asas ilimitadas à fantasia. Como um caleidoscópio, o modo de pensar mutável desse relacionamento vagueia pelas mais diversas áreas do empreendimento humano.

Os casos amorosos e as amizades tendem a ser diferentes, até peculiares. Raramente interessado no comum, esse relacionamento sai em campo para encontrar o que realmente estimule e satisfaça e não se contenta com valores burgueses. Se os parceiros negarem ou ridicularizarem a necessidade que cada um sente por conforto e segurança – e não são poucas – podem estar abreviando a longevidade do relacionamento. No casamento, a necessidade de segurança pode ser ainda mais forte, normalmente acarretando uma acentuada mudança de valores para um jovem casal de Sagitário II e Peixes II. Se tiverem filhos, vão gostar ainda mais dos valores de uma vida doméstica. Conseguir estabilidade financeira é um importante desafio para esse casamento.

Os relacionamentos de trabalho entre os nascidos em Sagitário II e em Peixes II normalmente são bem-sucedidos nas áreas técnicas e práticas, talvez lidando com computadores ou finanças. Embora nenhum deles seja muito prático sozinho, o relacionamento pode superar tal dificuldade e criar um espaço de trabalho objetivo e bem organizado.

Os irmãos nessa combinação acham difícil manter a estabilidade do relacionamento, pois exigem variedade. Em geral, colocam à prova a paciência dos pais e dos familiares mais velhos.

Conselho: *O que você ridiculariza pode ser o que você mais precisa. Tenha consciência do efeito que exerce nas outras pessoas. Respeite o espaço dos outros. Controle suas finanças.*

RELACIONAMENTOS

PONTOS FORTES: VÍVIDO, IMAGINATIVO, FÍSICO

PONTOS FRACOS: PECULIAR, PROVOCADOR, INSTÁVEL

MELHOR: CASAMENTO

PIOR: AMOR

PAUL BERN (3/12/1889)
JEAN HARLOW (3/3/11)

Bern se tornou grande força no cinema nos anos 1920. Ele era produtor executivo, diretor e roteirista. Em 1932 se casou com a maior símbolo sexual de Hollywood, Harlow. Um homem frágil, quase duas vezes mais velho, Bern aparentemente era impotente com ela. Ele cometeu suicídio 2 meses depois de se casar. **Também:** Louis Prima & Keely Smith (casados; líder de banda/cantora).

RELACIONAMENTOS

PONTOS FORTES: FILOSÓFICO, EXPLORADOR, DOMINADOR

PONTOS FRACOS: RESISTENTE, EGOÍSTA, PRÓXIMO

MELHOR: AMOR

PIOR: AMIZADE

JOHN MALKOVICH (9/12/53)
GLENNE HEADLY (13/3/55)

Malkovich e Headly foram casados de 1982 a 1990. Headly, talentosa atriz, apareceu em muitos filmes dos anos 1980 e 1990, notavelmente como Tess Trueheart em *Dick Tracy* (1990). Malkovich é um protagonista não-convencional, com muitos papéis fortes no palco e nas telas, memoravelmente como o sedutor em *Ligações Perigosas* (1988). **Também: Dina Merrill & Marjorie Merriweather Post** (filha/mãe; atriz/herdeira).

---

3 a 10 de dezembro
SEMANA DO ORIGINADOR
SAGITÁRIO II

11 a 18 de março
SEMANA DOS DANÇARINOS E SONHADORES
PEIXES III

Na pista de alta velocidade

Às vezes parece que esse par se uniu com uma única finalidade – se ajudarem a tomar o caminho da autocompreensão e a encontrar seu núcleo criativo individual. Uma vez seguindo a direção do crescimento interno, seu relacionamento não é mais necessário. O êxito desse trabalho depende da capacidade de os nascidos em Sagitário II manterem seu ego sob controle e submeterem-se a uma autoridade maior, seja moral, religiosa ou espiritual. Os nascidos em Peixes III podem ser uma forte influência nesse sentido, atuando como guias espirituais no relacionamento, gentilmente encorajando os nativos de Sagitário II a moderar seu egoísmo e a seguir o caminho do verdadeiro conhecimento interno. Por sua vez, os representantes de Sagitário II podem oompartilhar do modo corajoso e criativo com que os nascidos em Peixes III abordam esse processo.

Os relacionamentos amorosos são apaixonados, mas necessitam de direção filosófica. Ambos podem ter tido experiências muito gratificantes, mas se interessarem-se por explorar a fundo seus próprios sentimentos e contemplarem os muitos mistérios da vida, acrescentarão novas dimensões às suas interações. Além disso, tais investigações tendem a aumentar a probabilidade de permanecerem juntos. Os casamentos podem repousar solidamente numa determinada ideologia: os próprios parceiros resolvem se esta será uma ideologia formal ou mais subjetiva, desenvolvida por eles mesmos. Nesse caso, o par tem de estar aberto a críticas e avaliações, sem nunca se desligar da reação do mundo.

Como amigos, os representantes de Sagitário II e de Peixes III tendem a vagar sem rumo, a menos que encontrem uma direção para onde apontar sua bússola. Na esfera familiar, principalmente no relacionamento entre pais e filhos, os nascidos em Peixes III têm mais sucesso no papel de pais, tendo de insistir para que sua autoridade seja respeitada. Como colegas de trabalho, os nascidos em Sagitário II e em Peixes III normalmente se dão bem usando sua energia a serviço da empresa ou da organização. A inspiração é muito importante e esse par profissional se dá muito bem em atividades que necessitem de imaginação e intuição.

Conselho: *Aprenda a render-se. Não se coloque acima do universo. Encontre seu verdadeiro eu. Ouça com atenção as sugestões de outros.*

RELACIONAMENTOS

PONTOS FORTES: POSITIVO, CRÉDULO, IDEALISTA

PONTOS FRACOS: DESATENCIOSO, OTIMISTA DEMAIS, INACESSÍVEL

MELHOR: TRABALHO

PIOR: CASAMENTO

ED KOCH (12/12/24)
FIORELLO LAGUARDIA (11/12/1882)

La Guardia e Koch foram ambos 3 vezes prefeitos de Nova York – La Guardia, de 1934 a 1945, Koch, de 1977 a 1989. La Guardia ("Florzinha") lia as histórias em quadrinho dos jornais de domingo para uma audiência devotada de rádio. Koch gostava de perguntar a seu público: "Como estou me saindo?". **Também: Steven Biko & Es'kia Mphahele** (ativista da África do Sul/escritor); **Billy Ripken & Cal Ripken** (filho/pai; jogador de beisebol/treinador).

---

11 a 18 de dezembro
SEMANA DO TITÃ
SAGITÁRIO III

11 a 18 de dezembro
SEMANA DO TITÃ
SAGITÁRIO III

No mundo da lua

Por causa da tendência comum de pensar em termos gerais, esses dois são capazes de passar por cima de detalhes importantes que estão bem na sua frente. Normalmente tão concentrados no todo que não enxergam as partes, deixam que visões idealistas atrapalhem a execução das tarefas diárias. Desse modo, os parceiros podem ter de depender de outros para realizar essas tarefas e, já que tais serviços raramente são grátis, pode ser necessário contratar uma boa doméstica, um eficiente contador ou um bom jardineiro, só para começar. Os parceiros que não vêem o que não querem ignoram todos os avisos até que seja tarde demais. Poderiam se apoiar num par de uma combinação diferente para essa função, alguém que também os encoraje a abandonar seus projetos mais ambiciosos. Mas, infelizmente, o relacionamento entre dois nativos de Sagitário III não garante esse e outros benefícios.

Os casos amorosos, os casamentos e as amizades são muito otimistas, às vezes até demais. A incapacidade de os parceiros enxergarem que seu relacionamento não garante tal confiança causa perplexidade e desespero para ambos, se não der certo. Como irmãos, os nascidos em Sagitário III são dependentes dos pais, que cuidam dos assuntos práticos, permitindo-lhes viver no mundo da lua.

Os relacionamentos de trabalho entre os representantes de Sagitário III talvez sejam os mais bem-sucedidos. Quando engajados em projetos gigantescos juntos, seja de natureza profissional, social ou familiar, os parceiros normalmente prosseguem até o fim – não por serem excepcionalmente responsáveis ou mesmo persistentes, mas porque normalmente não há outra escolha. Além disso, projetos que parecem ambiciosos demais para alguns são vistos como possíveis pelos nascidos em Sagitário III e, desse modo, facilmente realizados. Nos assuntos profissionais, o maior problema é que algumas vezes não sabem como restringir suas empreitadas altamente especulativas. A crença de que o crescimento é inevitável e ilimitado pode criar uma visão muito arriscada e, em negócios, pode ser fatal.

Conselho: *Até você tem limitações – reconheça-as. Resolva o que está à sua frente. Tente focalizar os detalhes de vez em quando.*

11 a 18 de dezembro
SEMANA DO TITÃ
SAGITÁRIO III

19 a 25 de dezembro
CÚSPIDE DA PROFECIA
CÚSPIDE SAGITÁRIO-CAPRICÓRNIO

Prosperar na dificuldade

Esse relacionamento certamente tem seu lado tempestuoso. O magnetismo entre os dois é poderoso – sentem fascinação um pelo outro e, mais tarde, olhando para trás, parece que seu encontro e suas subsequentes interações estavam predestinados. Embora os nascidos em Sagitário III e em Sagitário-Capricórnio sejam normalmente muito sérios, seu relacionamento é uma estranha combinação de pensamento claro e articulado com sentimento puro. Esses dois inegavelmente compartilham a mesma freqüência e, independente de gostarem ou não um do outro, sentem profunda compreensão das necessidades do outro.

Sejam positivos ou negativos, os relacionamentos amorosos e os casamentos são muito íntimos, com os parceiros sabendo bem onde pisam. O desejo erótico está muito em evidência, ainda que não seja o aspecto mais importante de tais relacionamentos, sobretudo à medida que progridem. Os parceiros na verdade estão mais preocupados em estabelecer laços emocionais e em manter a chama romântica acesa. Infelizmente, a natureza turbulenta dos sentimentos envolvidos podem agir contra o desenvolvimento da empatia.

É tão comum os nascidos em Sagitário III e na cúspide Sagitário-Capricórnio serem amigos quanto inimigos. Quando se encontram como oponentes, suas lutas são épicas – incapazes de serem resolvidas em um único confronto, essas batalhas normalmente continuam pela vida afora. Como amigos, demonstram extremo interesse pelas atividades do outro e tentam executar projetos juntos, de natureza artística, social ou política. Os relacionamentos entre pais e filhos normalmente são desfavoráveis: essas personalidades tendem a provocar emoções mútuas. Em geral o silêncio dos nascidos em Sagitário-Capricórnio e a raiva dos nascidos em Sagitário III conspiram para acabar com qualquer chance de comunicação. Colegas e companheiros de trabalho nessa combinação formam uma equipe poderosa e eficaz, que prospera na adversidade e sempre obtém sucesso, por meio de tenacidade pura.

Conselho: *Tente manter os sentimentos sob controle. Trabalhe para desenvolver a empatia – mantenha abertos os canais de comunicação. Não se distraia em sua busca por valores.*

RELACIONAMENTOS

PONTOS FORTES: FASCINANTE, TENAZ, COMPREENSIVO

PONTOS FRACOS: PROVOCATIVO, CAÓTICO, CONFRONTACIONAL

MELHOR: AMOR

PIOR: PAIS-FILHOS

FRANK SINATRA (12/12/15)
AVA GARDNER (24/12/22)

Sinatra e Gardner se conheceram no final dos anos 1940, depois que ela se divorciou do músico Artie Shaw. Tiveram um namoro altamente divulgado e tempestuoso antes de se amarrarem em 1951. Entretanto, seu casamento não foi muito melhor. Eles se separaram em 1954 e se divorciaram em 1957. Foi o segundo casamento de ambos.
Também: Tom Hayden & Jane Fonda (casados; político/atriz).

---

11 a 18 de dezembro
SEMANA DO TITÃ
SAGITÁRIO III

26 de dezembro a 2 de janeiro
SEMANA DO REGENTE
CAPRICÓRNIO I

Abarcando o mundo

Esses dois são pólos opostos, o que significa que podem abarcar o mundo inteiro entre eles. Os representantes de Sagitário III são otimistas e efusivos por natureza, e os nascidos em Capricórnio I mais realistas e seletivos. Embora sejam uma mistura potencialmente volátil, esses dois costumam formar uma união poderosa, com as qualidades de um intensificadas pela sinergia com as qualidades do outro; não importa que sejam rivais ou que participem do mesmo time, completam-se perfeitamente. Esse vínculo é tão natural e eficiente que os parceiros acabam desempenhando mais de um papel na vida do outro e raciocinam corretamente que o sucesso em uma área tende a indicar uma superioridade semelhante em outra. Um dos elementos perturbadores desse relacionamento é que um dos parceiros sempre ativa o lado escuro do outro e tem de certificar-se de manter as tendências destrutivas fora do alcance.

As amizades e os casamentos entre os nascidos em Sagitário III e em Capricórnio I podem se tornar associações profissionais e vice-versa. Parceiros com laços emocionais tão fortes quanto esses dois também podem obter muito êxito nos negócios ou nos esportes, ou em empreendimentos científicos ou artísticos. Mas desacordos financeiros aparecem por causa da tensão entre os nascidos em Sagitário III, que são liberais nos gastos, e os representantes de Capricórnio I, que são muito controlados. Uma pequena rivalidade entre os parceiros os estimula a níveis mais altos de desempenho – uma forma positiva de competitividade, na qual seu relacionamento parece prosperar. Sentem muita vontade de aprender com o outro; em algumas áreas, um pode ser o melhor professor do outro. No entanto, os relacionamentos amorosos são perigosos; desejos obscuros surgem e podem levá-los facilmente tanto à instabilidade e à violência como à gratificação sexual.

Na família, os parentes de Sagitário III e Capricórnio I podem estar fadados a brigas, já que cada um pode acabar representando um ponto de vista contrastante dentro do grupo. Infelizmente, os papéis fixos e os modelos de comportamento na família impedem esses dois de interagir pessoalmente e de ter, assim, oportunidade para resolver suas diferenças.

Conselho: *Aprenda com suas diferenças – não as afaste. Tenha cuidado com seu lado obscuro. Chegue a um acordo financeiro. Evite rótulos.*

RELACIONAMENTOS

PONTOS FORTES: INTEGRADO, NATURAL, BEM-SUCEDIDO

PONTOS FRACOS: SOMBRIO, DESTRUTIVO, VIOLENTO

MELHOR: CASAMENTO

PIOR: AMOR

DICK VAN DYKE (13/12/25)
MARY TYLER MOORE (29/12/37)

Van Dyke e Moore co-estrelaram no popular *sitcom* da tevê *The Dick Von Dyke Show* (1961-66). Sua química conquistou o prêmio Emmy como o casal americano tipicamente suburbano.
Também: Tycho Brahe & Johannes Kepler (astrônomos-matemáticos); **Doc Blanchard & Glenn Davis** (jogadores de futebol); **Abbe Lane & Xavier Cugat** (casados; cantora/líder de banda); **Robert Koch & Louis Pasteur** (cientistas rivais).

| RELACIONAMENTOS |

PONTOS FORTES: COMPREENSIVO, EMPÁTICO, VULNERÁVEL

PONTOS FRACOS: AUTOPIEDOSO, DEPENDENTE DEMAIS, CARENTE

MELHOR: AMOR

PIOR: CASAMENTO

WILLIAM SAFIRE (17/12/29)
RICHARD NIXON (9/1/13)

O colunista Safire ofereceu voluntariamente seus serviços para a campanha presidencial de Nixon em 1968. Depois da vitória de Nixon, Safire se tornou assistente especial e escritor dos discursos do presidente. Mantiveram sua amizade depois que Nixon deixou de ser presidente. Safire escreve comentários políticos e uma popular coluna no *NYTimes*, "On Language".

11 a 18 de dezembro
SEMANA DO TITÃ
SAGITÁRIO III

3 a 9 de janeiro
SEMANA DA DETERMINAÇÃO
CAPRICÓRNIO II

Saber o que é melhor

Embora esse relacionamento pareça voltado para o poder, contém também elementos de solidariedade e compreensão. O foco é o forte laço emocional que existe entre seus parceiros. Os nascidos em Sagitário III entendem bem a necessidade de poder que os representantes de Capricórnio II sentem. Pode-se dizer que só os semelhantes se conhecem, porque os nascidos em Sagitário II também não ficam atrás em termos de ambição. Uma colisão é inevitável nesse relacionamento, a não ser que um dos parceiros ceda. Há duas possibilidades: na primeira, os parceiros não têm o mesmo objetivo nem estão competindo por ele; na segunda, um dos parceiros é subordinado ao outro, pelo menos por algum tempo, como auxiliar ou assistente. Em geral, um combate aberto, ou até uma competição feroz, não são típicos desse relacionamento, porque geralmente os parceiros têm bom senso para saber que tal situação não lhes traz nenhum benefício.

Por causa de sua compreensão mútua, os parceiros nascidos em Sagitário III e em Capricórnio II – sejam colegas, amigos ou companheiros de trabalho – são excelentes conselheiros. Ser capaz de compreender os sentimentos do outro e ter empatia pelos sentimentos pessoais de seu par é uma rara combinação, algo do qual esse par não consegue abrir mão. Os nascidos em Sagitário III conseguem dizer o que é melhor para os nascidos em Capricórnio II antes que estes o façam e vice-versa. Entretanto, essa empatia pode fortalecer ou enfraquecer o relacionamento, pois nenhum dos parceiros quer tomar a iniciativa sem saber a opinião do outro – e, idealmente, receber seu consentimento.

Esses dois impressionam os outros por serem durões, mas neste relacionamento amoroso específico são surpreendentemente vulneráveis. Permitir que o parceiro veja facetas que raramente mostram aos outros indica extrema confiança e crença na duração do relacionamento. O relacionamento entre pais e filhos, em qualquer combinação, também demonstra atitudes de amor e confiança.

Conselho: *Não se preocupe tanto em agradar o outro. Seja honesto com o que você quer, mesmo correndo o risco de rejeição. Pedir conselho não é sempre o melhor a fazer.*

| RELACIONAMENTOS |

PONTOS FORTES: PODEROSO, DECISIVO, AMBICIOSO

PONTOS FRACOS: ESTRESSADO, MANDÃO, COMBATIVO

MELHOR: TRABALHO

PIOR: FAMÍLIA

CHRISTINA ONASSIS (11/12/50)
ARISTÓTELES ONASSIS (15/1/06)

Christina era a filha do magnata armador Aristóteles, que chamou a atenção do mundo ao se casar com Jackie Kennedy (1968). Christina, dizia-se, não gostava de Jackie. Depois da morte de Aristóteles em 1975, Christina herdou todos os seus negócios. Quando ela morreu em 1988 de um aparente ataque cardíaco, sua filha Athena se tornou única herdeira.
Também: Frank Sinatra & Frank Sinatra, Jr. (pai/filho; cantores).

11 a 18 de dezembro
SEMANA DO TITÃ
SAGITÁRIO III

10 a 16 de janeiro
SEMANA DA DOMINAÇÃO
CAPRICÓRNIO III

Disputa pela supremacia

Uma disputa pela supremacia é inevitável nesse relacionamento. Entretanto, como os nascidos em Capricórnio III conseguem se satisfazer com o que têm e costumam gostar de servir, os conflitos podem ser evitados, se os nascidos em Sagitário III forem bastante espertos para não questionar a necessidade que seus parceiros sentem em dominar certas áreas importantes. Com efeito, contanto que essa necessidade seja reconhecida, os nascidos em Capricórnio III preferem deixar os representantes de Sagitário III assumirem a liderança. Mesmo assim, com duas personalidades tão marcantes como essas, é de se esperar choques de vez em quando. Para um relacionamento dar certo nessa combinação, o foco deve ser organizar a estrutura de poder do modo mais eficiente e agradável possível, para que nenhum dos parceiros demonstre interesse em provocar briga.

Os relacionamentos amorosos e as amizades, infelizmente, preocupam-se mais com o poder do que com o amor e a afeição. Os impulsos para dominar são difíceis de controlar, e as brigas, às vezes, saem do controle. Os parceiros precisam relaxar de vez em quando e perceber que, no amor e na amizade, uma vitória estrondosa, na verdade, pode significar derrota.

Como membros de uma família ou parceiros de um casamento, os nascidos em Sagitário III e Capricórnio III são extremamente mandões com os filhos e com outros parentes. Incapazes de ocupar uma posição secundária, sentem necessidade de dominar um grande grupo familiar e procuram controlar as finanças e as opiniões. Pode-se esperar conflitos sem fim, e o surgimento de ressentimento e resistência, a não ser que o par seja mais sensível aos desejos dos outros.

Nos assuntos profissionais, a dupla Sagitário III e Capricórnio III é muito dominadora e normalmente gosta de ditar as regras. Eles se dão melhor como sócios, administrando sua própria empresa, ou como executivos, com poder de decisão. Se, como colegas de trabalho, se encontrarem num nível inferior de uma grande empresa, fatalmente vão se sentir frustrados e insatisfeitos se forem incapazes de crescer por seus méritos.

Conselho: *Dê um tempo. Ouça os outros. Diminua sua necessidade de controle – delegue responsabilidades. O amor talvez seja a força maior.*

11 a 18 de dezembro
SEMANA DO TITÃ
SAGITÁRIO III

17 a 22 de janeiro
CÚSPIDE DO MISTÉRIO E DA IMAGINAÇÃO
CÚSPIDE CAPRICÓRNIO-AQUÁRIO

Uma bola quadrada

A dinâmica desse par funciona melhor quando os parceiros aceitam suas próprias idiossincrasias e as utilizam em proveito próprio, sem desculpas ou contenções. Muitos de seus problemas desaparecem quando deixam de agir formalmente ou de tentar serem aceitos por aqueles cujo respeito anseiam – afinal de contas, depois que começam a se ajudar, sua carreira melhora. Dinâmicos e imaginativos, os nascidos na cúspide Capricórnio–Aquário são bons em ajudar os sérios representantes de Sagitário III a relaxar depois do trabalho. Por sua vez, os nascidos em Capricórnio–Aquário nem sempre conseguem realizar seus esquemas mirabolantes e, nesse ponto, os nascidos em Sagitário III são de grande ajuda. Mesmo assim, na esfera interpessoal, o caminho não é fácil para eles: assim como provocam alegria mútua, também podem provocar irritação – com resultados terríveis. Os nascidos em Capricórnio–Aquário costumam extravasar sua raiva numa única explosão, seguida por uma série de pequenos ataques, enquanto os nascidos em Sagitário III ficam ruminando sua raiva que, se não for liberada, fatalmente se transforma em depressão.

Nos relacionamentos amorosos e nos casamentos, esse par fica dividido entre o desejo de uma vida pacata e convencional e uma verdadeira necessidade de ser diferente e extravagante. Tais conflitos entre desejos e necessidades transformam o relacionamento numa bola quadrada. Em geral, a raiz do problema está na infância ou na expectativa dos pais, que continuam a pressionar. Aprender a ser firme e a desvencilhar-se de culpas em relação aos pais é difícil mas necessário para dar continuidade ao autodesenvolvimento.

As amizades e os relacionamentos de irmãos dessa combinação, principalmente do mesmo sexo, adoram perturbar os adultos. Fazer travessuras é mais o estilo desse par do que se rebelar abertamente. Travessos ao extremo, ficam muito contentes quando incomodam alguém. A maturidade é, com freqüência, claramente marcada pelo cessar de tais atividades.

Conselho: *Aproveite sua extravagância – sua falta de formalidade pode ajudá-lo a obter sucesso financeiro. Não se sinta culpado por situações que ocorreram na infância.*

RELACIONAMENTOS

PONTOS FORTES: NÃO-CONVENCIONAL, EXPRESSIVO, VISTOSO

PONTOS FRACOS: MEDROSO, OBSEQUIOSO, CULPADO

MELHOR: TRABALHO

PIOR: AMOR

MARC CONNELLY (13/12/1890)
ALEXANDER WOOLLCOTT (19/1/1887)

Os escritores Connelly e Woollcott foram colegas e companheiros de drinques no Hotel Algonquin de Nova York durante os anos 1920 e 1930. Eles compartilhavam da réplica literária que caracterizava a famosa panelinha Round Table de sofisticados editores e escritores da época. Lá eles também se divertiam com George S. Kaufman, com quem ambos colaboraram em diferentes peças para a Broadway.

---

11 a 18 de dezembro
SEMANA DO TITÃ
SAGITÁRIO III

23 a 30 de janeiro
SEMANA DO GÊNIO
AQUÁRIO I

Imbatível, em teoria

Em termos profissionais, esse relacionamento pode ser uma bênção divina. Se os parceiros forem capazes de integrar suas energias, o céu é o limite; entretanto, a insegurança muitas vezes enfraquece sua determinação. O par parece imbatível, na teoria, ou quando só se examina a combinação de seu talento puro. Entretanto, em algum lugar, há uma voz importuna que insiste em levantar dúvidas, em diminuir a auto-estima e em ameaçar sabotar todo o empreendimento. Além disso, o tipo de criatividade que esses dois emanam é capaz de causar inveja e insegurança nos outros. No final, só uma firme determinação de vencer e a eliminação completa de pensamentos negativos consegue levá-los a prosseguir em seu trabalho. Se não houver esse tipo de decisão, são capazes de definhar num ambiente inferior, a despeito de toda sua capacidade.

Os relacionamentos entre os nascidos em Sagitário III e em Aquário I são muito animados, mas, a não ser que os parceiros se comprometam firmemente a estabelecer laços emocionais mais profundos, se mantêm superficiais ainda que agradáveis. Quando precisam daquele tipo de ajuda que exige sacrifício por algum tempo, o parceiro aflito é, infelizmente, capaz de ser abandonado. Os relacionamentos amorosos são muito apaixonados no começo, mas logo fracassam. São atrações que raramente envolvem uma real possibilidade de casamento. Entretanto, pura coragem e determinação resultam num tipo de sucesso que ninguém poderia prever para o relacionamento, bem como no desenvolvimento de vínculos e de novas áreas de interesse nunca antes imaginadas por esses dois, individualmente.

Os relacionamentos entre pais e filhos, em qualquer variação possível, vê um esforço conjunto, por parte dos pais para dar o melhor de si ou para explorar os talentos do filho. Mais tarde, os nascidos em Sagitário III ou Aquário I podem achar que tal energia teria sido mais bem empregada na obtenção de metas mais realistas.

Conselho: *Mantenha os pés no chão. Não conte com seu talento ou ache que o sucesso já está garantido – é preciso trabalhar duro. Determinação pura pode lhe ajudar a vencer.*

RELACIONAMENTOS

PONTOS FORTES: TALENTOSO, EXCITANTE, DETERMINADO

PONTOS FRACOS: INSEGURO, INDETERMINADO, SUPERFICIAL

MELHOR: CASAMENTO

PIOR: AMIZADE

HELEN FRANKENTHALER (12/12/28)
ROBERT MOTHERWELL (24/1/15)

Frankenthaler e Motherwell são expressionistas abstratos americanos que, embora casados no passado (1958), pertenciam a diferentes gerações de pintores. Viviam e trabalhavam em Nova York. **Também: Christopher Plummer & Tammy Grimes** (casados; atores); **Art Neville & Aaron Neville** (Neville Brothers; cantores); **Beethoven & Mozart** (aluno/professor); **Helen Menken & Humphrey Bogart** (casados; atriz-produtora/ator).

RELACIONAMENTOS

PONTOS FORTES: DIVERTIDO, PERSUASIVO, INFLUENTE

PONTOS FRACOS: TORTUOSO, ENGANOSO, RESSENTIDO

MELHOR: TRABALHO

PIOR: CASAMENTO

LUDWIG VAN BEETHOVEN (16/12/1770)
JOHANN ALBRECHTSBERGER (3/2/1736)

Em 1794, em Viena, Beethoven estudou com Albrechtsberger, mestre de capela da Igreja St. Stephen. Albrechtsberger era mestre contrapontista e de órgão e ensinou a Beethoven uma fusão da forma estrita do contraponto com o estilo garboso característico do período.

---

11 a 18 de dezembro
SEMANA DO TITÃ
SAGITÁRIO III

31 de janeiro a 07 de fevereiro
SEMANA DA JUVENTUDE E DESPREOCUPAÇÃO
AQUÁRIO II

Evitando problemas?

O controle parece ser a marca desse relacionamento e é a principal ferramenta que os parceiros utilizam para lidar com o outro. Trata-se, na verdade, de uma ferramenta eficiente, já que, nesse caso, o controle implica compreensão e boa vontade mais do que manipulação. A força dos nascidos em Sagitário III não serve de nada diante do charme dos representantes de Aquário II, que tendem a detectar sua falta de autoconfiança. Por sua vez, oferecem estabilidade a seus parceiros inquietos, além de uma sólida base financeira e profissional para o relacionamento. Os nascidos em Aquário II raramente vão fazer oposição direta a seus fortes parceiros e sua capacidade de persuasão atua como um guia sutil, mas eficaz. Embora digam que gostam das coisas fáceis, fugindo de problemas como o diabo foge da cruz, acabam sendo atraídos por personalidades difíceis (como os nascidos em Sagitário III).

Os relacionamentos amorosos podem dar certo, mas são complexos. Os nascidos em Sagitário III e Aquário II acham que a auto-análise é um processo extremamente doloroso, porém, se não tentarem, seu relacionamento não se desenvolverá completamente. Esses dois se divertem muito juntos, pelo menos até a seriedade ou a depressão dos representantes de Sagitário III aparecer. A paixão dos nascidos em Aquário II pelo lado obscuro de seu parceiro pode esfriar e a essa altura podem querer sair do relacionamento. Os casamentos entre os representantes de Sagitário III e Aquário II não são recomendados, a não ser que os parceiros se comprometam a desenvolver laços mais profundos de compreensão e confiança.

Na família, os filhos nascidos em Aquário II adoram os pais nascidos em Sagitário III mas são dominados por eles, reforçando a tendência desses filhos a relaxar e a deixar os outros tomarem conta deles. As amizades se dão melhor quando se dedicam a buscar o prazer e a diversão; raramente se tornam íntimas, nem há necessidade para tal. Os colegas de trabalho, nessa combinação, são extremamente persuasivos e influentes em sua esfera de atuação. Entretanto, os conflitos aparecem entre os nascidos em Sagitário III, mais esforçados, e os nascidos em Aquário II, mais tranqüilos, provocando ressentimento.

Conselho: *Desenvolva a autocompreensão. Fiquem juntos, venha o que vier. Aceitar ser mimado enfraquece a força de vontade e o caráter.*

RELACIONAMENTOS

PONTOS FORTES: RESOLUTO, REALISTA, CONVINCENTE

PONTOS FRACOS: DOMINADOR, REPRESSOR, HUMILHANTE

MELHOR: AMIZADE

PIOR: AMOR

MARY TODD (13/12/1818)
ABRAHAM LINCOLN (12/2/1809)

Todd e Lincoln se conheceram em 1838 e tiveram um namoro turbulento. Noivaram em 1840 e desmancharam em 1841 porque ela acreditava que ele amava outra. Finalmente se casaram em 1842. Ele foi assassinado em 1865; ela morreu em 1882, ainda usando a aliança. **Também: Steven Spielberg & John Williams** (diretor/compositor de partituras para o cinema); **Frank Sinatra & Mia Farrow** (casados; cantor/atriz).

---

11 a 18 de dezembro
SEMANA DO TITÃ
SAGITÁRIO III

8 a 15 de fevereiro
SEMANA DA ACEITAÇÃO
AQUÁRIO III

Assumir o comando

O foco desse relacionamento pode estar bem escondido atrás dos bastidores, mas geralmente envolve uma briga pelo poder. O par nascido em Sagitário III e em Aquário II tenta mostrar uma face alegre e positiva para o mundo, mas é difícil disfarçar suas divergências de opinião. De espírito forte, os parceiros sabem o que pensam e o que querem, mas normalmente o relacionamento demanda a subserviência de um deles. Não importa qual dos parceiros assume o comando, o outro vai sentir ressentimento e raiva em ser dominado e mais cedo ou mais tarde se rebela. Esse parceiros fariam melhor se tentassem de forma consciente e constante tornar-se mais equilibrados, retirando o poder individual e colocando-o nas mãos do relacionamento, ao qual realmente pertence.

Os relacionamentos amorosos correm melhor quando são de natureza mais leve do que séria. O mundo vê o casamento entre esses dois como do tipo senhor-escravo, o que não está longe da verdade. O temperamento dos parceiros se encaixa naturalmente nesses papéis, com os representantes de Sagitário III dominando e os nascidos em Aquário III aceitando a situação; embora esses relacionamentos pareçam indesejáveis, podem durar se, pelo menos, uma pequena porcentagem das necessidades dos parceiros for satisfeita.

Os familiares nessa combinação se sentem amados pelo outro, mas a longo prazo são incapazes de compartilhar, devido ao que consideram o egoísmo de seus parceiros. Nas amizades, é comum os nascidos em Sagitário III exercerem comando emocional, e os nascidos em Aquário III, intelectual. Tais relacionamentos funcionam bem se os parceiros aprenderem um com o outro e trabalharem para conseguir um equilíbrio.

Nos assuntos profissionais, os nascidos em Sagitário III e em Aquário III costumam ter pouca ilusão um sobre o outro. Capazes de trabalhar com eficiência a curto prazo, podem, entretanto, romper devido a diferenças de opinião sobre como o trabalho deveria ser feito.

Conselho: *Coloque o poder em seu devido lugar. Promova a dignidade e o respeito. Tente alcançar um equilíbrio; nenhum dos parceiros deve se beneficiar à custa do outro. Os erros não se apagam.*

760

11 a 18 de dezembro
SEMANA DO TITÃ
SAGITÁRIO III

16 a 22 de fevereiro
CÚSPIDE DA SENSIBILIDADE
CÚSPIDE AQUÁRIO–PEIXES

Isso também passará

Esse relacionamento tem a sabedoria de reconhecer a natureza transitória de todas as coisas. Esse ponto de vista permeia todas as suas interações, não apenas entre eles mas com os outros. A sensibilidade dos nascidos em Aquário–Peixes para com as flutuações do cotidiano se encaixa com a capacidade dos nascidos em Sagitário III em ter um visão do todo, de modo que o relacionamento demonstra uma consciência da constante mudança que ocorre no contexto geral das coisas. Duas características imediatas aparecem: primeiro, a capacidade de ter consciência das pequenas mudanças, mas sem reagir a elas ou levá-las a sério demais; e segundo, a paciência e sabedoria para esperar e para analisar as principais tendências antes de tomar uma decisão. Esses dois são muito eficientes, seja como parceiros na área comercial, social ou política, ou como amigos, familiares ou um casal que sabe investir seu dinheiro com sabedoria.

A longevidade das amizades, dos relacionamentos amorosos e dos casamentos entre esses dois é ditada por sua visão filosófica. Os parceiros raramente se separam ou rompem a relação, a não ser que todos os caminhos para a reconciliação já tenham sido percorridos durante anos. A desvantagem é que os parceiros tendem a sofrer calados, alimentando a esperança secreta de que as coisas vão funcionar e que o problema, como tudo o mais, vai passar.

Nos relacionamentos entre pais e filhos nessa combinação, os representantes de Aquário-Peixes podem ser influenciados indevidamente pelos pais nascidos em Sagitário III, principalmente do sexo oposto. Tais vínculos têm de ser trabalhados nos adolescentes e nos jovens adultos. Altos e baixos entre irmãos, onde se alternam períodos favoráveis e períodos difíceis, levam a família à loucura.

Nos negócios, os parceiros normalmente criam um produto ou serviço, pelo qual há demanda, mas não muita competição, descobrindo o chamado "furo de mercado". Esse par é competente não só em iniciar, mas também em dar continuidade aos projetos, principalmente na área de reinvestimento de lucros.

Conselho: *Cuide do que precisa ser revisto – não deixe tudo nas mãos do destino. Tome decisões e siga-as com determinação.*

RELACIONAMENTOS

PONTOS FORTES: PACIENTE, MUTÁVEL, RECEPTIVO

PONTOS FRACOS: RESIGNADO, INFLUENTE DEMAIS, INCONSTANTE

MELHOR: PARCERIA EM NEGÓCIOS

PIOR: IRMÃOS

STEVEN SPIELBERG (18/12/46)
DAVID GEFFEN (21/2/43)

Em 1994 o produtor e diretor Spielberg e o produtor Geffen se uniram com o executivo Jeffrey Katzenberg para criar o DreamWorks SKG - o primeiro estúdio cinematográfico completamente novo em 50 anos. Foi projetado para gerar filmes criativos, de alta tecnologia, dos anos 1990 e além. **Também: Erasmus Darwin & Sir Francis Galton** (avô/neto; médico-poeta/cientista).

---

11 a 18 de dezembro
SEMANA DO TITÃ
SAGITÁRIO III

23 de fevereiro a 2 de março
SEMANA DO ESPÍRITO
PEIXES I

Idealismo pragmático

Admiração mútua e boa vontade são o centro desse relacionamento, mas esses sentimentos não implicam uma convivência tranqüila para os nascidos em Sagitário III e Peixes I. Esse par inspirado pode gerar uma tremenda energia, que, se bem direcionada, pode melhorar a vida de todos a sua volta. Costumam estar sempre na vanguarda de tudo que está acontecendo, e de muitas maneiras aponta para o futuro. Podemos defini-los como idealistas pragmáticos: altamente imaginativos, estão interessados no tipo de mudança que transforma a vida das pessoas e não querem apenas esperar que essa mudança aconteça.

Os relacionamentos amorosos são apaixonados e envolventes. Os nascidos em Peixes I têm muito a ensinar a seus parceiros, não apenas sobre sensualidade mas sobre espiritualidade. E os nascidos em Sagitário III podem ser bons alunos. No casamento, esses dois podem ser cônjuges fiéis e dedicados, embora o nervosismo dos nascidos em Peixes I possa causar um pouco de problema. A energia dos nascidos em Sagitário III nem sempre tem um efeito calmante, e os nascidos em Peixes I muitas vezes sentem que já chegaram ao limite.

Como amigos e familiares, os nascidos em Sagitário III e Peixes I sentem-se realizados quando usam sua energia para uma causa, seja social, política ou artística. Como seu desejo de servir é forte, colaboram de forma valiosa para qualquer grupo ao qual pertençam. Entretanto, seu otimismo não é sempre recompensado, e devem se precaver contra outras pessoas mais egoístas, que gostam de levar vantagem. A melhor situação para os colegas de trabalho é quando conseguem manter-se trabalhando para conquistar seus ideais – o que não é fácil. É preciso fazer concessões, talvez trabalhar para uma escola, um serviço público ou uma organização comunitária, que pode não estar exatamente em sintonia com suas idéias, mas que oferece a oportunidade de realizar um trabalho construtivo.

Conselho: *Respeite o ideal do outro e aprenda a estabelecer concessões. Modere seu otimismo. Relaxar é importante. Não faça doações excessivas.*

RELACIONAMENTOS

PONTOS FORTES: INSPIRACIONAL, IDEALISTA, VOLTADO PARA SERVIÇO

PONTOS FRACOS: ESTRESSADO, OTIMISTA EM EXCESSO, DESORIENTADO

MELHOR: FAMÍLIA

PIOR: CASAMENTO

ALEKANDER SOLZHENITSYN (11/12/18)
MIKHAIL GORBACHEV (2/3/31)

O escritor Solzhenitsyn foi exilado da União Soviética em 1974 e seus escritos dissidentes, banidos. Quando Gorbachev assumiu o poder em 1985, o velho estilo de controle sobre a literatura foi abandonado em troca de uma nova política chamada *glasnost* (liberdade de expressão). Como resultado, a censura foi abolida e os trabalhos de Solzhenitsyn finalmente puderam ser publicados na Rússia.

RELACIONAMENTOS

PONTOS FORTES: DEDICADO, COMPROMETIDO, INTERESSANTE

PONTOS FRACOS: POUCO CONFIÁVEL, ENERVANTE, POUCO CONDESCENDENTE

MELHOR: AMIZADE

PIOR: AMOR

MICHAEL OVITZ (14/12/46)
MICHAEL EISNER (7/3/42)

Ovitz foi o fundador da Criative Artists Agency e um dos mais poderosos executivos de talento de Hollywood. Em 1994, o diretor da Disney Eisner contratou Ovitz, prometendo uma parceria. Ovitz, sem conseguir encontrar um papel satisfatório na Disney, saiu com um prêmio de consolação de 90 milhões de dólares. **Também: Chu Teh & Chou En-lai** (líderes militares do Exército Vermelho chinês); **Catarina de Aragão & Rei Fernando** (filha/pai).

---

11 a 18 de dezembro
SEMANA DO TITÃ
SAGITÁRIO III

3 a 10 de março
SEMANA DO SOLITÁRIO
PEIXES II

Fervor moral

O fervor moral desse par é acentuado e com freqüência torna-se a base para um profundo relacionamento interpessoal. Os nascidos em Sagitário III e Peixes II podem se ver do mesmo lado de uma causa, brigando pelo que acreditam que é certo. Podem se conhecer numa escola, numa demonstração ou num comitê e, depois de várias conversas interessantes, chegarem à conclusão de que querem se conhecer melhor. Quando se conhecem em um curso, ou devido a uma crença ou ideologia comum, essa filosofia ou atividade que os reuniu continua pelo menos nos primeiros meses e anos de seu relacionamento e permanece um elemento de coesão. Mas, no final, pode ser substituída pelo próprio relacionamento, que então se torna o principal motivo de inspiração para esse dedicado par.

Os relacionamentos amorosos e os casamentos em geral demandam o máximo da energia de seus parceiros. Embora os nascidos em Peixes II achem essa situação satisfatória, os nascidos em Sagitário III resistem a abandonar seus outros interesses e ressentem-se quando são forçados a tal. Entretanto, têm ainda muito o que aprender com os nascidos em Peixes II sobre a profundidade do sentimento humano e sobre ações significativas – presumindo-se que estejam preparados para aprender. E se os nascidos em Peixes II não estiverem realmente convencidos do comprometimento de seus parceiros, são capazes de recuar. Como familiares, os nascidos em Sagitário III costumam exigir mais atenção do que os nascidos em Peixes II, que podem se sentir negligenciados ou isolados. Ter responsabilidades comuns ajuda esses dois a ficarem em pé de igualdade. Os relacionamentos de trabalho são possíveis, se ambos acreditarem no que fazem e, nesse aspecto, o nascido em Sagitário III está mais disposto a abafar os impulsos do seu ego a serviço de uma causa comum. Se os amigos nascidos em Sagitário III e Peixes II decidirem colocar seu relacionamento em primeiro lugar, formam um laço forte e duradouro. Entretanto, se seus interesses individuais ou sua falta de confiança os mantiverem afastados, é melhor abrir mão do relacionamento. Como os demais relacionamentos entre esses parceiros, este parece ser do tipo tudo ou nada.

Conselho: *Seja menos rígido em suas crenças – cultive a flexibilidade e a tolerância, e aprenda a aceitar os outros como são. Tente realizar atividades diárias e práticas.*

RELACIONAMENTOS

PONTOS FORTES: INTELIGENTE, LÓGICO, TÉCNICO

PONTOS FRACOS: BRIGUENTO, INCOMPREENSÍVEL, DESUMANO

MELHOR: AMIZADE

PIOR: AMOR

HARRY JAMES (15/3/16)
BETTY GRABLE (18/12/16)

A alegação da saudável atriz Grable para a fama eram suas pernas de "um milhão de dólares". Sua imagem na Segunda Guerra Mundial ajudou a cunhar o termo "garota propaganda". O trompetista James tinha uma banda extremamente bem-sucedida nos anos 1930 e 1940, que vendia milhões de discos. O casal permaneceu casado de 1943 a 1965, uma das parcerias mais conhecidas e duradouras de Hollywood. **Também: Max Born & Albert Einstein** (amigos; físicos).

---

11 a 18 de dezembro
SEMANA DO TITÃ
SAGITÁRIO III

11 a 18 de março
SEMANA DOS DANÇARINOS E SONHADORES
PEIXES III

Competição intelectual

Se um desses parceiros tiver um mínimo de curiosidade intelectual o relacionamento é capaz de trazê-la à tona e, se ambos forem inteligentes e cerebrais, para início de conversa, esse par pode realizar uma verdadeira competição intelectual. De jogos de cartas, xadrez e palavras cruzadas a computadores e pesquisa técnica ou científica, esses dois estão interessados em testar seus conhecimentos contra o outro. Embora Sagitário seja um signo do fogo, e Peixes um signo da água, o relacionamento entre nativos de Sagitário III e de Peixes III é regido pelo ar, indicando, nesse caso, a força da razão.

Um inconveniente óbvio nos relacionamentos amorosos é a possibilidade de negligenciarem o lado físico e emocional em favor de jogos mentais e de tipos sofisticados de manipulação. Uma vez que Sagitário III e Peixes III formam quadratura no zodíaco, (estão a 90º de distância), a astrologia sugere conflito e estresse – previsão esta que surge como uma forte tendência a discussões. Tais confrontos, na verdade, não têm nada a ver com emoções, mas com uma espécie de ambição egoísta, na qual cada um dos parceiros se esforça para afirmar sua superioridade. Os casamentos entre os dois podem durar anos, com os parceiros sempre discutindo – podem até estar juntos por causa das brigas.

As amizades e os relacionamentos de trabalho normalmente se misturam. De natureza mais técnica, o trabalho que produzem pode ser importante, absorvente e incompreensível, a não ser para os poucos que conseguem penetrar no complexo jargão que é a especialidade desse relacionamento. Os parceiros têm de sair de sua torre de marfim de vez em quando e falar a linguagem comum – senão, podem criar ressentimentos ou ser taxados de elitistas. Talvez seja necessário eles serem seus próprios relações públicas, conhecendo as pessoas de uma maneira simples e direta, antes de seguir em frente. Na família, primos e irmãos dessa combinação divertem-se muito na juventude jogando videojogos e brincando com todos os tipos de jogos.

Conselho: *Tente se fazer compreender, usando palavras comuns. Não negligencie os aspectos humanos da vida. Nem tudo tem de ser complexo – simplifique.*

19 a 25 de dezembro
CÚSPIDE DA PROFECIA
CÚSPIDE SAGITÁRIO–CAPRICÓRNIO

19 a 25 de dezembro
CÚSPIDE DA PROFECIA
CÚSPIDE SAGITÁRIO–CAPRICÓRNIO

Intensos demais

Esse relacionamento pode ser pesado demais, até para esses indivíduos profundos. Para dar a si mesmos um pouco de descanso de sua própria seriedade, os nascidos em Sagitário-Capricórnio normalmente procuram pessoas de personalidade mais leve e descontraída; quando estão na companhia de outros, gostam de se divertir. Infelizmente, quando dois nascidos em Sagitário-Capricórnio estão juntos acabam reforçando o desânimo. Se já se encontrarem no limite da depressão, podem ficar paralisados com a falta de esperança.

    Os relacionamentos amorosos entre os representantes de Sagitário-Capricórnio são intensos fisicamente, mas de algum modo tais relacionamentos raramente surgem, decerto porque os dois são cautelosos no tocante a esse tipo de relacionamento profundo, intuindo que podem ser intensos demais e acabar dolorosos. Os filhos de pais nascidos em Sagitário-Capricórnio sentem muita dificuldade em se comunicar com eles e anseiam por uma atmosfera doméstica menos opressiva. Por outro lado, os irmãos ou primos às vezes formam um laço forte e se ajudam emocionalmente, durante todo tipo de crises e dificuldades. Nesse caso, os parceiros compartilham um tipo de entendimento profundo, que não necessita de muita conversa para ser mantido ou desenvolvido. Duas pessoas nascidas em Sagitário-Capricórnio são excelentes amigos. A capacidade intuitiva figura muitas vezes em tais relacionamentos, um sendo capaz de ler o pensamento do outro. Embora raramente demonstrem interesse profissional em prever o futuro, esses amigos são muito bons nisso, podendo até serem consultados informalmente por amigos ou familiares. O relacionamento pode ser um refúgio para ambos, protegendo-os de um mundo incapaz de aceitá-los. Entretanto, sua tendência para a autopiedade e a conseqüente depressão têm de ser definitivamente eliminadas por meio de força de vontade. Se esses dois trabalharem juntos, formam um time poderoso, principalmente durante a implementação da filosofia da companhia. Entretanto, costumam reprimir qualquer ressentimento e insatisfação que sintam, o que pode facilitar o trabalho, mas não é bom para a saúde psicológica.

Conselho: *Mantenha alguma distância. Não fique depressivo – anime-se. Cuidado para não reprimir seus verdadeiros sentimentos. Construa uma sólida auto-estima.*

RELACIONAMENTOS

PONTOS FORTES: ÍNTIMO, COMPREENSIVO, RECOMPENSADOR

PONTOS FRACOS: RESTRITIVO, INIBIDOR, ANSIOSO

MELHOR: AMIZADE

PIOR: AMOR

MAURICE GIBB (22/12/49)
ROBIN GIBB (22/12/49)

Maurice e Robin (juntamente com Barry) são os irmãos gêmeos que criaram os Bee Gees (1958). Eles gradualmente cresceram em popularidade ao longo dos anos até ganharem proeminência mundial em 1977 quando fizeram a trilha do filme *Os Embalos de Sábado à Noite*, vendendo mais de 30 milhões de álbuns. Os discos dos Bee Gees continuaram vendendo nos anos 1990. **Também:** Sissy Spacek & Jack Fisk (casados; atriz/diretor artístico no cinema).

---

19 a 25 de novembro
CÚSPIDE DA PROFECIA
CÚSPIDE SAGITÁRIO-CAPRICÓRNIO

26 de dezembro a 2 de janeiro
SEMANA DO REGENTE
CAPRICÓRNIO I

Estreitando laços afetivos

Pelo menos esses dois sabem onde pisam. Como são individualistas e cabeças duras, nem sempre chegam a um acordo, mas respeitam o lado prático do parceiro bem como sua capacidade conjunta de unir forças para defender sua posição. Nenhum deles consegue controlar o outro e, na verdade, raramente tentam fazê-lo; talvez porque já saibam de antemão que é perda de tempo. Entretanto, um estranho tipo de empatia acontece entre esses parceiros, que os permitem sentir, com grande sensibilidade e precisão, a natureza exata do estado emocional do outro, em qualquer momento.

    Os relacionamentos amorosos entre esses dois não são comuns, mas embora seja raro a chama romântica se acender, a afeição é possível dentro de limites. Casamentos altamente ambiciosos e pragmáticos acontecem, mas raramente o amor é primordial em tais ligações. Não obstante, esses parceiros podem estar em grande sintonia com os sentimentos do outro, conhecendo bem suas necessidades e desejos.

    Os relacionamentos entre pais e filhos podem ser muito combativos e até brutais. Os filhos nascidos em Sagitário-Capricórnio são extremamente rebeldes contra os ditadores pais de Capricórnio I e pode-se esperar o pior de tais confrontos. Os pais nascidos em Sagitário-Capricórnio são mais compreensivos com os filhos de Capricórnio I, mas tendem a ser distantes e mais exigentes à medida que estes vão amadurecendo.

    Embora o relacionamento entre patrão e empregado nessa combinação raramente dê certo, colegas e companheiros de trabalho são mais bem-sucedidos em suas interações. Entretanto, com o passar do tempo, os problemas pessoais podem atrapalhar a eficiência de tal par e acabar por encerrar a relação. Como amigos, se dão melhor quando unidos numa atividade comum, seja um hobby ou um interesse profissional, com freqüência de natureza física, como esportes, ginástica, dança ou artes marciais.

Conselho: *Use sentimentos empáticos para estreitar laços afetivos. Abra um pouco seu coração. Divida seus problemas e preocupações. Não tenha medo de ser vulnerável.*

RELACIONAMENTOS

PONTOS FORTES: RESPEITOSO, EMPÁTICO, PRAGMÁTICO

PONTOS FRACOS: CONFLITUOSO, COMBATIVO, DESAGRADÁVEL

MELHOR: COLEGAS

PIOR: PAIS-FILHOS

BENJAMIN DISRAELI
(21/12/1804)
WILLIAM GLADSTONE
(29/12/1809)

Disraeli e Gladstone tiveram uma longa e rancorosa rivalidade política no governo da rainha Vitória de 1852 até a morte de Disraeli em 1881. Gladstone desafiava a maioria das propostas de Disraeli na Casa dos Comuns. Disraeli foi primeiro-ministro de 1874 a 1980; Gladstone assumiu o posto 4 vezes entre 1868 e 1894.

763

RELACIONAMENTOS

PONTOS FORTES: PODEROSO, AMBICIOSO, CONTROLADOR

PONTOS FRACOS: INSENSÍVEL, CRUEL, MANIPULADOR

MELHOR: CASAMENTO

PIOR: AMIZADE

HOWARD HUGHES (24/12/05)
TERRY MOORE (7/1/29)

Em 1983 Moore venceu uma longa batalha na justiça reivindicando a herança de Hughes (ele morreu em 1976), pela qual ela foi declarada sua viúva legal. De acordo com Moore, eles se casaram secretamente em seu iate em 1949, e ela teve uma filha natimorta com ele em 1952. Eles nunca se divorciaram. **Também: Cosima Liszt & Hans von Bulow** (casados; filha do compositor/pianista-maestro).

---

19 a 25 de dezembro
CÚSPIDE DA PROFECIA
CÚSPIDE SAGITÁRIO-CAPRICÓRNIO

3 a 9 de janeiro
SEMANA DA DETERMINAÇÃO
CAPRICÓRNIO II

Lutando pela supremacia

É muito difícil para esses dois chegarem a um acordo. O relacionamento suscita o lado ambicioso dos parceiros, de modo a ser levado pela sede de poder, dinheiro ou controle. Tais desejos são puramente egoístas, mas eficazes à medida que ajudam os parceiros a atingirem metas benéficas para ambos e para o grupo ao qual pertencem, principalmente o familiar. Esse relacionamento é muito astuto, capaz de avaliar quando deve prosseguir e quando é mais sábio parar. São muitos os pontos de conflito entre os nascidos em Sagitário-Capricórnio e em Capricórnio II, mas normalmente estão relacionados com a disputa pelo poder. O relacionamento é desequilibrado logo no início, porque o nativo de Sagitário-Capricórnio ou de Capricórnio II toma as rédeas e ergue o parceiro de sua condição social ou econômica inferior. Entretanto, os nascidos em Capricórnio II adquirem grande força com esse relacionamento, e logo se encontram em condições de desafiar a posição dominante do parceiro. O resultado é difícil de prever, mas uma coisa é certa: num combate como esse, ninguém desiste facilmente.

Os relacionamentos amorosos também podem se concentrar no poder. Os favores íntimos podem ser oferecidos ou retirados segundo a vontade, e manipulação emocional grotesca é praticada com a finalidade de manter o controle. Os casamentos entre nascidos em Sagitário-Capricórnio e em Capricórnio II são altamente ambiciosos e tentam ascender o mais alto possível na escala social, acumulando dinheiro e poder pelo caminho. Tais relacionamentos podem ser bem duradouros, coesos e determinados, embora não desenvolvam qualidades humanas ou espirituais.

Os amigos dessa combinação costumam usar o outro em proveito próprio. Egoístas ao extremo, nenhum dos dois é capaz de estar por perto quando há necessidade de sacrifício. As relações profissionais logram muito sucesso, principalmente na esfera financeira, minada só ocasionalmente pela fraqueza dos nascidos em Sagitário-Capricórnio e pelo controle excessivo dos nascidos em Capricórnio II.

Conselho: *Desenvolva seu lado humano. Pratique a bondade e a caridade. Não se deixe levar pelo desejo de poder. Você tem necessidade de desenvolvimento espiritual.*

RELACIONAMENTOS

PONTOS FORTES: INCOMUM, BEM-SUCEDIDO, SINCERO

PONTOS FRACOS: COMPETITIVO, MAL-AGRADECIDO, SEGUIDOR DE MODA

MELHOR: AMOR

PIOR: IRMÃOS

FRANK ZAPPA (21/12/40)
CAPITÃO BEEFHEART (15/1/41)

Zappa e Beefheart (Don Van Vliet) se conheceram em 1954, e diz-se que Zappa o apelidou de Capitão Beefheart. Tiveram uma desavença depois de trabalharem no álbum de Beefheart *Trout Mask Replica* (1970), quando ele acusou Zappa de chamá-lo "alucinado". Eles voltaram a se unir em 1975 e colaboraram no álbum bem-sucedido de Zappa *Bongo Fury*. **Também: Anwar Sadat & Gamal Abdel Nasser** (presidentes do Egito).

---

19 a 25 de dezembro
CÚSPIDE DA PROFECIA
CÚSPIDE SAGITÁRIO-CAPRICÓRNIO

10 a 16 de janeiro
SEMANA DA DOMINAÇÃO
CAPRICÓRNIO III

Lucrando com o diferente

Essa combinação imagina uma maneira de lucrar com sua atitude pouco convencional. Sejam eles ativistas de grupos de cultura ou estilos de vida alternativos, ou de grupos que atraem a atenção do status quo, esses parceiros podem ser escandalosos, mas certamente não são loucos. Bastante espertos para promover seus aspectos mais incomuns, podem se dar muito bem financeiramente – ou ganharem apenas o suficiente para viver. A questão é que ambos tentam não comprometer seus padrões. Não só o relacionamento transmite uma visão diferente das coisas, mas seus parceiros são capazes de compartilhar seus sentimentos mais pessoais. Essa possibilidade de comunhão demonstra bem sua sinceridade e a profundidade de seu envolvimento.

Os relacionamentos amorosos são marcados por um compartilhamento emocional profundo, que permite aos dois um nível de auto-expressão que beneficia a ambos. Nenhum confia facilmente no outro, e assim sentem grande alívio quando, finalmente, são capazes de se revelar a uma outra pessoa sem medo de censura ou de deboche. No casamento, os parceiros conseguem encontrar um equilíbrio entre elementos mais convencionais e elementos mais excêntricos em termos de estilo, cor e design do ambiente doméstico.

Irmãos do mesmo sexo nascidos em Sagitário-Capricórnio e em Capricórnio III normalmente tentam superar um ao outro, cada um tentando ser o mais moderno no estilo de vestir, falar e agir, mas tais atitudes diminuem após a adolescência, sendo em alguns casos trocadas por um estilo de vida mais substancial. A esfera da amizade e de trabalho geralmente se inter-relacionam e, nessas áreas, o par dá plena vazão a sua exuberância. Os problemas aparecem se os nascidos em Capricórnio III forem dominadores ou insensíveis, ou se os nascidos em Sagitário-Capricórnio não se sentirem valorizados, mas, na maioria das vezes, as coisas vão bem. Podem surgir diferenças de opinião no tocante ao que a parceria deve considerar sucesso ou o quanto ela deve ser comercial, pois os representantes de Sagitário-Capricórnio podem achar que o relacionamento está exigindo muito sacrifício de sua integridade artística em troca de ganho financeiro.

Conselho: *Mantenha sua chama pura, mas lembre-se de que o comércio não é necessariamente uma contradição. Encontre um equilíbrio. Não se deixe levar por trivialidades.*

19 a 25 de dezembro
CÚSPIDE DA PROFECIA
CÚSPIDE SAGITÁRIO-CAPRICÓRNIO

17 a 22 de Janeiro
CÚSPIDE DO MISTÉRIO E DA IMAGINAÇÃO
CÚSPIDE CAPRICÓRNIO-AQUÁRIO

Concretizando idéias

Esse par muito determinado tem imaginação para conceber idéias incríveis e tenacidade para concretizá-las. Não se satisfazem com a pura especulação; o relacionamento só tem valor para eles se puderem concretizar realizações substanciais na esfera familiar, social ou talvez comercial – embora o dinheiro não seja o principal. Como indivíduos, podem ser muito egoístas, mas, como parceiros, gostam de ser prestativos. Às vezes, podem ressentir-se de o relacionamento os afastar de seus próprios objetivos; entretanto, se forem bem-sucedidos, ficam satisfeitos e realizados em saber que foram capazes de ajudar outras pessoas.

Nos relacionamentos amorosos, esses dois formam uma combinação instável. A menos que encontrem atividades sólidas, suas emoções voláteis podem deixá-los sem rumo. Os casamentos conseguem conferir maior estabilidade, principalmente quando os parceiros se vêem envolvidos em organizar atividades novas e divertidas para curtir com os filhos - normalmente viagens de férias e comemorações especiais. Na família, os parentes dessa combinação costumam ser uma força vital para a reorganização. Enxergar as necessidades dos familiares, criar e executar soluções imaginativas é a sua especialidade. É lógico que nem todos os parentes vão gostar de seu interesse ou dos métodos que usam – devem se preparar para encontrar resistência. As relações entre pais e filhos, sobretudo do sexo oposto, são muito próximas, mas enfrentam dificuldade em serem objetivos com o assunto em questão, principalmente quando as emoções sombrias dos nascidos em Sagitário-Escorpião incitam os nascidos em Capricórnio-Aquário à violência.

Como amigos e colegas de trabalho, esses dois se dão bem em atividades sociais, e nas que envolvem capacidade de produção e de organização, principalmente nas que envolvem serviços sociais. O relacionamento raramente consegue manter-se emocionalmente distante de outras pessoas e corre melhor quando enfrenta o desafio de implementar novas idéias. Os amigos dessa combinação se divertem muito juntos, mas brigam de vez em quando. Essas brigas, porém, duram pouco, não deixando acumular ressentimentos e frustrações.

Conselho: *Tente ser objetivo - suas emoções costumam encobrir sua meta. Seja sensível aos desejos alheios e tenha consciência de que suas idéias são indesejadas.*

RELACIONAMENTOS

PONTOS FORTES: IMAGINATIVO, DETERMINADO, GRATIFICANTE

PONTOS FRACOS: VOLÁTIL, INSTÁVEL, IMPACIENTE

MELHOR: TRABALHO

PIOR: AMOR

FLORENCE GRIFFITH JOYNER (21/12/59)
AL JOYNER (19/1/60)

Florence e Al são casados e estrelas das pistas. Ambos ganharam medalha de ouro olímpica para os Estados Unidos. Em 1984 (Los Angeles) ele ganhou em salto triplo. Em 1988 (Seul) ela ganhou nos 100 e 200 metros e revezamento 4 x 100 metros. **Também:** Kit Carson & John Charles Frémont (guia/explorador).

---

19 a 25 de dezembro
CÚSPIDE DA PROFECIA
CÚSPIDE SAGITÁRIO-CAPRICÓRNIO

23 a 30 de janeiro
SEMANA DO GÊNIO
AQUÁRIO I

Fala por si

Esses dois parecem ter pouca coisa em comum. A energia dos nascidos em Sagitário-Capricórnio é vulcânica, mais profunda e mais lenta, contrastando com a abordagem rápida, leve e fácil dos nascidos em Aquário I. No entanto, há uma fascinação mútua, que acaba sendo bastante persuasiva, superando as mais profundas diferenças socioeconômicas, raciais ou temperamentais. Separados, não são conhecidos por sua estabilidade psicológica; entretanto, sua união é surpreendentemente segura. Os parceiros apreciam e sentem orgulho dos talentos do outro e podem contar um com o outro em muitas áreas da vida, desempenhando vários papéis.

Os relacionamentos amorosos podem exacerbar tanto sentimentos altamente sensuais quanto mais platônicos. Os namorados nascidos em Sagitário-Capricórnio e em Aquário I geralmente são também bons amigos, e como tal querem o melhor para seu parceiro. Esses sentimentos podem parecer bom presságio para o casamento, mas só de pensar em tomar esse passo os parceiros mais liberais sentem-se inseguros e ameaçados. Os relacionamentos de irmãos entre os nascidos em Sagitário-Capricórnio e em Aquário I, principalmente do sexo oposto, costumam ser bastante íntimos, pacientes e compreensivos. Os sentimentos positivos gerados por esse relacionamento dão apoio discreto a toda família, mas podem também suscitar antagonismo por parte de parentes que se sentem ignorados ou negligenciados. Nas amizades, esse relacionamento é mutuamente gratificante. A bem da verdade, os nascidos em Sagitário-Capricórnio nem sempre podem contar com seus efêmeros parceiros de Aquário I, que, entretanto, costumam tentar compensar sua ocasional falta de apoio com seu espiritualismo vibrante. A profundidade dos nascidos em Sagitário-Capricórnio e o brilho dos nascidos em Aquário I podem se fundir bem nos empreendimentos comerciais em que forem sócios, principalmente se há necessidade de persuadir os outros do valor de seus serviços ou produtos. Raramente precisam recorrer a qualquer tipo de manipulação, já que a postura adotada pelo relacionamento é franca, proclamando que seus produtos falam por si. Os clientes e o público são atraídos para a energia emocional desse relacionamento.

Conselho: *Tenha calma com aqueles que são mais conservadores que você. Cumpra sua parte do acordo até o fim. Nunca seja superior ou condescendente.*

RELACIONAMENTOS

PONTOS FORTES: CONVINCENTE, VERSÁTIL, AFETIVO

PONTOS FRACOS: IRRESPONSÁVEL, INDIFERENTE, INSEGURO

MELHOR: AMOR

PIOR: CASAMENTO

ROGER VADIM (26/1/28)
JANE FONDA (21/12/37)

A atriz Fonda e o diretor francês Vadim se casaram em 1965. Durante os anos 1960 ela fez vários filmes franco-americanos com Vadim, que tentou transformá-la em uma nova Brigitte Bardot (sua ex-esposa). Seus esforços culminaram em *Barbarella*, um filme futurista, cômico e erótico com Fonda como uma deusa do sexo ardente e sem roupas.

RELACIONAMENTOS

PONTOS FORTES: CALMO, INSTRUTIVO, ASSERTIVO

PONTOS FRACOS: ANTAGONISTA, DEPENDENTE DEMAIS, COMPULSIVO

MELHOR: CASAMENTO

PIOR: FAMÍLIA

JACKIE ROBINSON (31/1/19)
BRANCH RICKEY (20/12/1881)

Enquanto Rickey era treinador dos Brooklyn Dodgers (1942-50), quebrou a barreira da cor no beisebol ao contratar Robinson, que se tornou o primeiro negro a jogar em ligas principais. Ambos mais tarde foram incluídos no Hall da Fama. **Também: Sissy Spacek & Rip Torn** (primos; atores); **Howard Hughes & Ida Lupino** (caso; produtor/atriz); **Conrad Hilton & Zsa Zsa Gabor** (casados; hoteleiro/atriz).

---

19 a 25 de dezembro
CÚSPIDE DA PROFECIA
CÚSPIDE SAGITÁRIO-CAPRICÓRNIO

31 de janeiro a 7 de fevereiro
SEMANA DA JUVENTUDE E DESPREOCUPAÇÃO
AQUÁRIO II

Melhorando a imagem

O foco desse relacionamento é um processo de socialização, no qual o lado dominador dos nascidos em Sagitário-Capricórnio é equilibrado pela descontração dos nascidos em Aquário II. Por serem facilmente aceitos pelos outros, os nascidos em Aquário II têm muito o que ensinar aos cabeças-duras representantes de Sagitário-Capricórnio em termos de como melhorar a imagem. Além disso, embora os nascidos em Sagitário-Capricórnio normalmente assumam o papel superior nesse relacionamento, dependem muito do jeito agradável e divertido dos nascidos em Aquário II para ajudá-los a resolver seus problemas e preocupações. Pode-se perguntar qual é o atrativo para os representantes de Aquário II, mas esses tipos costumam se apaixonar por indivíduos sérios e profundos, que são a projeção de seu lado obscuro – e os representantes de Sagitário-Capricórnio se encaixam perfeitamente nesse caso.

Os relacionamentos amorosos entre os dois começam com a necessidade premente dos nascidos em Sagitário-Capricórnio em assumir o papel forte, mas acabam sucumbindo ao encanto dos nascidos em Aquário II. No casamento, o sexo não é o assunto mais importante. Muitas vezes, a ênfase está num papel social desempenhado pelo relacionamento num pequeno círculo de amigos, colegas e família.

O relacionamento familiar entre os dois é muito complexo, principalmente entre pais e filhos, onde o sério pai nascido em Sagitário-Capricórnio tenta canalizar, de modo construtivo, as energias de um talentoso, mas geralmente dispersivo filho nascido em Aquário II. As amizades nessa combinação transpõem muitos obstáculos e podem vir a ocupar uma posição dominante em seu meio imediato. Tais amigos devem tentar não criar sérias inimizades e antagonismos, pois estas podem exercer um efeito bumerangue quando menos esperam.

Nos assuntos profissionais, esses dois dependem muito um do outro. Formam boas sociedades, com os representantes de Sagitário-Capricórnio atuando no planejamento, no desenvolvimento e na reorganização, enquanto os nativos de Aquário II ficam encarregados das vendas, do contato com os clientes e do serviço de relações públicas.

Conselho: *Batalhe pela autoconscientização – descubra o que lhe motiva. Cuidado para não suscitar inimizade. Compreenda a visão que os outros têm de você.*

RELACIONAMENTOS

PONTOS FORTES: DIFERENTE, PSÍQUICO, ARTÍSTICO

PONTOS FRACOS: INSTÁVEL, POUCO PRÁTICO, POLARIZADO

MELHOR: AMOR

PIOR: AMIZADE

BURT REYNOLDS (11/2/36)
CHRIS EVERT (21/12/54)

O ator Reynolds, conhecido por ter tido muitos casos ao longo dos anos, ligou-se romanticamente à grande tenista no auge da carreira dela. Enquanto ele era o mulherengo número 1, ela era a tenista número 1 do mundo, título que conquistou 5 vezes, vencendo pelo menos um Grand Slam por ano de 1974 a 1986.

---

19 a 25 de dezembro
CÚSPIDE DA PROFECIA
CÚSPIDE SAGITÁRIO-CAPRICÓRNIO

8 a 15 de fevereiro
SEMANA DA ACEITAÇÃO
AQUÁRIO III

Uma ligação sobrenatural

Embora esse relacionamento tenha como marca registrada uma ligação muito estreita, também sofre de grandes oscilações de humor e de afeto. Geralmente polarizado, seus parceiros inevitavelmente divergem nos pontos de vista, já que nenhum deles está disposto a ceder ou negociar. No entanto, os aspectos positivos do relacionamento também são proeminentes, sobretudo na surpreendente ligação intuitiva, voltada para o inesperado e o sobrenatural, que pode haver entre os nativos de Sagitário-Capricórnio e de Aquário III. A formação de vida dos parceiros nessa combinação que não são aparentados costuma ser extremamente diversa, contudo o relacionamento é capaz de superar diferenças aparentemente impossíveis de tempo e de espaço.

Os relacionamentos amorosos costumam apresentar fortes diferenças étnicas, religiosas ou culturais. Embora o par dê a impressão de não ser influenciado por tais questões, pode, na realidade, atribuir-lhe grande destaque ao sempre enfatizar sua pouca importância. Os filhos dos cônjuges nascidos em Sagitário-Capricórnio e em Aquário III acabam por se beneficiar da diversidade cultural de seus pais.

A amizade entre eles é composta de altos e baixos; num momento encontram-se muito entusiasmados e otimistas, e em outro, pessimistas, magoados ou deprimidos. Quando há um esforço consciente para equilibrar tais variações de humor e para não as levar muito a sério, há um verdadeiro progresso.

Os familiares, principalmente as combinações entre irmãos e pais e filhos, costumam manifestar sinais de telepatia e de clarividência; vistas como normais em muitas ocasiões, mas assustadoras em outras. Essas experiências muito incomuns nem sempre ajudam a estabilidade do relacionamento, mas tornam-nos laços especiais, talvez únicos, junto à estrutura familiar maior.

Na área profissional, os pares são de natureza artística ou ligados a alguma forma de comunicação, seja no ramo editorial ou outro qualquer. A imaginação criativa dos dois é muito alta, mas não garante sucesso financeiro, pois o relacionamento pode não tender para o lado prático.

Conselho: *Não se prenda ao desânimo. Evite extremos emocionais quando possível. Utilize sua capacidade intuitiva.*

19 a 25 de dezembro
CÚSPIDE DA PROFECIA
CÚSPIDE SAGITÁRIO-CAPRICÓRNIO

16 a 22 de fevereiro
CÚSPIDE DA SENSIBILIDADE
CÚSPIDE AQUÁRIO-PEIXES

Medo do desconhecido

Este par parece atrair experiências incomuns, ocasionalmente assustadoras, para si. É quase como se a energia desses dois se combinasse sinergicamente em um tipo de pára-raios para o estranho. O poder da imaginação também se encontra ativo, às vezes causando um nível anormal de medo ou paranóia. Esses indivíduos muitas vezes sofreram algum trauma de infância, que os faz se sentirem atraídos um para o outro. Felizmente, o relacionamento demonstra compaixão profunda quando se trata de ter medo do desconhecido. Lidar com as fantasias da infância e com as experiências amedrontadoras, reais ou imaginárias, pode se tornar o foco do relacionamento. O ato de compartilhar essas experiências pessoais do passado pode criar uma dependência mútua, que embora reconfortante nem sempre é do tipo mais saudável.

No primeiro encontro, os nativos das cúspides Sagitário-Capricórnio e Aquário-Peixes não se expõem muito, mas costumam perceber no outro uma alma gêmea, uma pessoa que sofreu e que então se voltou para dentro. À medida que os casos amorosos e as amizades se desenvolvem, podem pouco a pouco confiar um no outro e compartilhar suas experiências surpreendentemente semelhantes. Sobretudo quando houve violência na vida de um ou de ambos os parceiros, sentir que não têm nada a temer um do outro pode trazer grande conforto. Filhos desses casamentos podem nunca saber o quanto significa para estes pais a capacidade de amar os filhos abertamente e de proporcionar-lhes proteção. O maior problema pode ser superproteção, junto com o conseqüente temor dos pais, que pode ser absorvido pelos filhos.

Irmãos nesta combinação muitas vezes vivem num mundo de mistério e de imaginação, no qual filmes e livros de terror e de fantasia podem desempenhar papel central. Esses irmãos não deveriam ser deixados a sós durante muito tempo, mas sutilmente incentivados a desenvolver seu lado social. Na esfera profissional, colegas de trabalho podem obter sucesso de uma maneira muito discreta, executando seu trabalho com eficiência, sem confusão ou aborrecimento. Os aspectos criativos não costumam ter grande relevo e, na verdade, é melhor quando não são incorporados aos negócios.

Conselho: *Esqueça o passado. Cuidado com a superproteção e com o medo. Crie um certo distanciamento, mas não tenha medo do amor.*

RELACIONAMENTOS

PONTOS FORTES: IMAGINATIVO, COMPASSIVO, TRANQUILIZADOR

PONTOS FRACOS: MEDROSO, DEPENDENTE DEMAIS, PARANÓICO

MELHOR: AMIZADE

PIOR: CASAMENTO

ALEKSEI KOSYGIN (21/2/04)
LEONID BREZHNEV (19/12/06)

Brezhnev e Kosygin governaram a União Soviética em parceria, depois da queda de Nikita Khrushchev em 1964. Brezhnev sucedeu o líder destituído como primeiro secretário do partido e Kosygin assumiu como premier. Juntos eles desmantelaram muitas das reformas de seus antecessores, introduzindo uma política externa mais consistente e sofisticada.

---

19 a 25 de dezembro
CÚSPIDE DA PROFECIA
CÚSPIDE SAGITÁRIO-CAPRICÓRNIO

23 de fevereiro a 2 de março
SEMANA DO ESPÍRITO
PEIXES I

Uma lei própria

O foco deste relacionamento, e em geral seu maior problema, é encontrar um ponto de referência ou um padrão de comportamento reconhecido por ambos os parceiros. Muitas vezes separados em seus sistemas de crenças, este par pode enfrentar grande dificuldade para chegar a um acordo sobre a maioria das principais questões. Na esfera pessoal, é provável que o maior problema seja o fato de o nativo de Peixes I demonstrar necessidade de atenção e de aprovação, enquanto o representante de Sagitário-Capricórnio não espera aprovação e, na verdade, muitas vezes preferiria viver sem ela. Com isso, o Sagitário-Capricórnio é, de muitas maneiras, o parceiro mais forte e em geral capaz de ganhar nas disputas pessoais entre os dois. Esta comparação, todavia, também indica que o nativo de Peixes I opera mais facilmente segundo as normas socialmente aceitas de comportamento do que o nascido em Sagitário-Capricórnio, que tende, por seu isolamento, a seguir uma lei própria. Então, a luta inerente a este relacionamento centra-se na questão de voltar-se para as outras pessoas (mais fácil para o nativo de Peixes I) ou isolar-se, de certa forma, e buscar seus próprios valores (mais fácil para o nativo de Sagitário-Capricórnio).

Nos casos amorosos, o nascido em Sagitário-Capricórnio tem consciência de que sua postura intransigente magoa e afasta o parceiro de Peixes I. Por outro lado, acha difícil lidar com a mutabilidade de Peixes I, que sente necessidade intensa de variedade. Esses casos amorosos podem ser bastante passionais, mas a relutância dos parceiros em efetuar mudanças fundamentais nas suas personalidades não traz bom agouro para o casamento.

As amizades nesta combinação podem ser incapazes de encontrar um meio-termo e, conseqüentemente, gastar a maior parte do tempo saltando de um novo interesse para outro. É difícil para os outros levar este relacionamento a sério se os parceiros permitirem que seja associado a idéias não-práticas, até tolas. No trabalho, esses dois em geral carecem da vontade de competir no mercado de trabalho e se dão melhor em empreendimentos autônomos, criativos ou educacionais. Os relacionamentos entre pais e filhos de sexo oposto podem ser extremamente próximos nos primeiros anos, mas terão de trabalhar arduamente para desenvolver laços em outras áreas mais tarde.

Conselho: *Busque e desenvolva interesses comuns – não se deixem afastar. Tome decisões e prenda-se a elas. Saiba no que acredita.*

RELACIONAMENTOS

PONTOS FORTES: CURIOSO, CRIATIVO, FILOSÓFICO

PONTOS FRACOS: POUCO PRÁTICO, LEVIANO, TOLO

MELHOR: PAIS-FILHOS

PIOR: AMIZADE

ZERO MOSTEL (28/2/15)
JOSH MOSTEL (21/12/46)

Josh, ator de teatro, cinema e tevê, é filho do cômico Zero – cuja carreira no teatro e no cinema foi abalada nos anos 1950, quando entrou na lista negra como comunista do HUAC, apesar de negar. Mas ele voltou nos anos 1960 com uma das melhores representações da Broadway – Tevye em *Fiddler on the Roof* (1964). **Também: Joseph Stalin & Svetlana Stalin** (pai/filha).

RELACIONAMENTOS

PONTOS FORTES: PERCEPTIVO, wCONVERSADOR INTELIGENTE

PONTOS FRACOS: INTROMETIDO, VINGATIVO, INEFICAZ

MELHOR: AMIZADE

PIOR: FAMÍLIA

TONY MARTIN (25/12/13)
CYD CHARISSE (8/3/23)

Martin e Charisse se casaram em 1948 e tiveram um relacionamento íntimo ao longo dos anos, aparecendo muitas vezes juntos em apresentações em clubes noturnos. Ele cantou em musicais do cinema dos anos 1930 aos 1950. Ela foi parceira de dança de Fred Astaire e Gene Kelly. Em 1976, eles publicaram suas memórias, *The Two of Us*. **Também: Maurice Gibb & Andy Gibb** (irmãos; Bee Gees); **Howard Hughes & Jean Harlow** (romance; industrialista-produtor/atriz).

---

19 a 25 de dezembro
CÚSPIDE DA PROFECIA
CÚSPIDE SAGITÁRIO-CAPRICÓRNIO

3 a 10 de março
SEMANA DO SOLITÁRIO
PEIXES II

Fofoca e bate-papo

Não há nada de que essa combinação goste mais do que ficar sozinhos para empreender sua forma favorita de diversão – conversar, desde considerações filosóficas até a velha fofoca. Ambos os parceiros têm um lado fortemente recluso, que é exacerbado pelo relacionamento e que pode se desenvolver em um tipo de obsessão. Sem interesse de serem vistos juntos em público, muitas vezes eles preferem se encontrar no aconchego da cozinha, onde desfrutam de um bom bate-papo sentados à mesa, tomando café ou talvez um copo de vinho. São muitas vezes relacionamentos bem-sucedidos, pois os parceiros não exigem muito um do outro, tampouco usam o relacionamento como refúgio nas horas difíceis; simplesmente aproveitam seu contato regular, mesmo que não seja muito freqüente.

As amizades são sobretudo notáveis. A rápida capacidade de percepção e as observações agudas do casal podem ocupar-se tanto de seu próprio relacionamento como do relacionamento de outras pessoas, mas são as pessoas seu principal tópico de interesse, num estudo inteligente e penetrante. Tais sessões são em geral de natureza privada, e se um terceiro entra em cena o clima pode se desvanecer e a tarefa ser adiada. Não é um par talhado para casos amorosos, uma vez que há uma curiosa falta de paixão, mas pode ser bem adequado para aquele tipo de companheirismo que acaba por conduzir ao casamento.

Parentes nesta combinação preocupam-se em saber exatamente o que está acontecendo com o resto da família. Esses dois correm o risco de serem taxados de intrometidos, e de fato muitas vezes se meterem onde não são chamados. Na esfera profissional, é bem possível que os parceiros funcionem lado a lado como colegas de trabalho por anos a fio. O trabalho, todavia, é em geral secundário à conversa, de forma que não se trata de combinação eminentemente dinâmica.

Conselho: *Não seja tão fofoqueiro. Aprenda a ser mais aberto e realmente compreensivo. Seu interesse nem sempre é apreciado. Cuidado com o isolamento excessivo.*

RELACIONAMENTOS

PONTOS FORTES: CRIATIVO, EQUILIBRADO, AGREGADOR

PONTOS FRACOS: RELAXADO DEMAIS, SUBESTIMADO, AUTOGRATIFICADO

MELHOR: AMOR

PIOR: TRABALHO

MILEVA MARIC (19/12/1875)
ALBERT EINSTEIN (14/3/1879)

Em 1903 Einstein se casou com a colega Maric em Zurich. Seu casamento sofreu porque ele achava que ela interferia em seu trabalho. Em 1914 ele se mudou para Berlim, deixando Maric (e os 2 filhos). Em 1916 ele decidiu não vê-la novamente, e em 1919 se divorciaram. Ele deu a ela o que ganhou com o Prêmio Nobel em 1921. **Também: Diane Sawyer & Sam Donaldson** (âncoras, *Prime Time Live*).

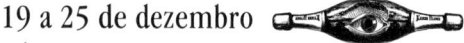

---

19 a 25 de dezembro
CÚSPIDE DA PROFECIA
CÚSPIDE SAGITÁRIO-CAPRICÓRNIO

11 a 18 de março
SEMANA DOS DANÇARINOS E SONHADORES
PEIXES III

Visualização

A combinação entre Sagitário-Capricórnio e Peixes III é muitas vezes capaz de realizar projetos simplesmente pensando neles. Possuem uma força equilibrada, que não costuma conduzir a grandes surpresas ou desastres. O par pode ser extremamente eficiente na orientação do destino de um grupo particular, seja social, familiar ou profissional, simplesmente formando um quadro claro do que é necessário e miraculosamente realizando-o. Alguns diriam que não há muita mágica envolvida, apenas um tipo de receptividade às soluções pragmáticas. Confiáveis ao extremo, tal par poderia induzir até os céticos a reconsiderarem sua negação de fenômenos paranormais.

Os casos amorosos e os casamentos podem ser altamente bem-sucedidos. A ênfase é mais no metafísico do que no físico, mas são ricos em sentimentos serenos e amorosos. As discussões são raras, mas o relacionamento pode às vezes ser um pouco tranqüilo demais, carecendo de fogo e de algo especial. Em momentos de dor e depressão, os parceiros devem ter cuidado para não concretizarem suas expectativas, já que suas palavras negativas tendem a se tornar realidade.

Os amigos nesta combinação contam um com o outro nas horas difíceis – seu relacionamento é extraordinariamente solidário. Nos períodos melhores, é provável que se vejam ocasionalmente, encontrando-se para verificar o progresso um do outro e passar uma noite agradável. Na família, os parentes nesta combinação que vivem juntos podem dominar o espaço, ditando o que os outros podem ou não fazer. Essas duplas são poderosamente unidas, o que torna a oposição difícil. Nas questões profissionais, é provavelmente melhor quando os nativos de Sagitário-Capricórnio e de Peixes III prestam serviço de consultoria e aconselhamento entre si, em vez de executarem trabalho juntos no dia-a-dia. E quando são parceiros em negócios, embora seus esquemas possam dar frutos de algum maneira, raramente trazem grande recompensa financeira.

Conselho: *Não tente controlar muito território – deixe espaço para outros tomarem decisões. Aprofunde os vínculos emocionais e busque maior autocompreensão.*

26 de dezembro a 2 de janeiro
SEMANA DO REGENTE
CAPRICÓRNIO I

26 de dezembro a 2 de janeiro
SEMANA DO REGENTE
CAPRICÓRNIO I

Alternativas à luta

Apesar de suas afirmações em contrário, os nativos de Capricórnio I em geral compreendem-se muito bem – o que implica não tanto empatia entre eles, mas compreensão básica. É possível, então, elaborar um acordo satisfatório sobre qual deles guiará o destino do relacionamento, ou o destino de qualquer pequeno grupo ao qual pertençam. Há uma tendência para o conflito e para lutas abertas pelo poder, mas há várias formas de evitar essa característica, das quais as melhores talvez sejam compartilhar o poder como parceiros e compartimentalizar o relacionamento, de forma que cada um tenha suas próprias áreas de domínio. Qualquer uma dessas alternativas pode funcionar bem, dependendo das circunstâncias e das preferências individuais. Caso dois nativos de Capricórnio I não estejam dispostos ou sejam incapazes de alcançar um acordo sobre quem manda, pode-se esperar rivalidades constantes, discussões e, finalmente, a separação.

Os nascidos em Capricórnio I são atraídos para o lado prático um do outro, mas seus casos amorosos tendem a ser sensuais em vez de sexuais. A falta de uma grande quantidade de excitação e de fogo pode aumentar a longevidade, mas não o interesse de tais parceiros. Os casamentos podem ser bem-sucedidos, contanto que a questão do poder possa ser estabelecida satisfatoriamente. Práticos ao extremo, tais relacionamentos raramente são divididos por pontos de vista diferentes no tocante a dinheiro, responsabilidade e estrutura familiar. Como amigos, os parceiros de Capricórnio I são leais e confiáveis. Caso não tenham interesses em comum, todavia, é improvável que desenvolvam os vínculos emocionais fortes que manteriam o relacionamento junto. Relacionamentos entre pais e filhos de Capricórnio I podem ser tempestuosos e punitivos, sobretudo se ambos os parceiros desviam-se do comportamento esperado. Como irmãos, nativos de Capricórnio I do mesmo sexo devem cada um ter seu próprio espaço, uma vez que a capacidade de compartilhar entre si pode ser muito limitada. Mas colegas de trabalho nascidos em Capricórnio I podem trabalhar juntos com sucesso por anos a fio, aliviando suas responsabilidades com grande desembaraço. Os problemas surgem somente se ambos tiverem ambições de promover-se dentro de uma companhia ou organização, uma vez que costumam ser muito egoístas e cruéis quando competem entre si.

Conselho: *Elabore acordos cuidadosamente. Tente ser mais flexível e menos severo. Tente ser mais honesto emocionalmente. Resolva conflitos de poder.*

RELACIONAMENTOS

PONTOS FORTES: DIGNO DE CONFIANÇA, COMPREENSIVO, SENSUAL

PONTOS FRACOS: INSENSÍVEL, EGOÍSTA, TEMPESTUOSO

MELHOR: CASAMENTO

PIOR: PAIS-FILHOS

MIKE NESMITH (30/12/42)
DAVY JONES (30/12/45)

Nesmith e Jones, membros originais dos The Monkees, compartilham o mesmo dia de aniversário. O grupo foi um protótipo para o seriado de tevê *The Monkees* (1966-68), concebido para aproveitar a beatlemania dos anos 1960. Nesmith trabalhou como músico antes; o inglês Jones havia sido ator de teatro e jóquei. **Também: Barry Goldwater & J. Edgar Hoover** (reacionários; mesmo dia de aniversário).

---

26 de dezembro a 2 de janeiro
SEMANA DO REGENTE
CAPRICÓRNIO I

3 a 9 de janeiro
SEMANA DA DETERMINAÇÃO
CAPRICÓRNIO II

Excelentes diplomatas

Este relacionamento tende a cuidar de seus próprios interesses e incentiva seus parceiros a conviverem bem. A despeito de todos os seus impulsos de poder, os nativos de Capricórnio I e Capricórnio II podem ser unidos ao lidar com questões importantes, uma vez que calculam rapidamente o que pode lhes trazer vantagem mútua. Observadores podem ficar surpresos pela formação de um vínculo entre duas pessoas cujos pontos de vista e caráter geral parecem ser irreconciliáveis. A bem da verdade, seu relacionamento pode parecer altamente não-convencional, até mesmo excêntrico em alguns aspectos. No entanto, essas incongruências não são as principais questões nas mentes dos parceiros, uma vez que estão em geral muito mais interessados em lidar com o assunto à mão. Quase não há perigo de esse relacionamento prático cair na especulação inútil.

Os casamentos são em geral mais fortes do que os casos amorosos, uma vez que o relacionamento entre Capricórnio I e Capricórnio II mostra tendência acentuada para a vida doméstica. O lar pode ser a principal consideração deste casal – tornando-o seguro, protegido, confortável e funcional, tanto como ambiente de trabalho quanto de relaxamento. É provável que o casal cuide bem dos filhos, mas também espera que estes andem na linha. Censura e punição devem ser mantidas nos limites, pois o relacionamento pode ser excessivo em ambos os aspectos.

As amizades e os relacionamentos entre irmãos nesta combinação são muitas vezes solidários, mas altamente competitivos, sobretudo nos esportes, na escola e no amor. Este par pode competir pela atenção ou pelo afeto dos adultos ou, mais provavelmente, pelos colegas. Caso tal briga saia do controle, separação e incapacidade de perdoar podem ser esperadas. No trabalho, por outro lado, os nativos de Capricórnio I e II são em geral capazes de abafar suas lutas por poder quando membros da mesma organização, uma vez que em geral os interesses do grupo recebem prioridade máxima. Mesmo se estiverem trabalhando para organizações rivais, podem ser excelentes diplomatas, buscando encontrar soluções mutuamente benéficas e evitando o conflito aberto.

Conselho: *Continue a encontrar soluções mutuamente benéficas, mas não despreze as necessidades individuais. Seja mais clemente – abra um pouco mais seu coração.*

RELACIONAMENTOS

PONTOS FORTES: DIPLOMÁTICO, INCOMUM, PROTETOR

PONTOS FRACOS: DESAPROVADOR, RANCOROSO, PUNITIVO

MELHOR: TRABALHO

PIOR: AMOR

NANCY LOPEZ (6/1/57)
RAY KNIGHT (28/12/52)

Knight e Lopez é um notável casal dos esportes. Ele é ex-jogador do NY Met (Série Mundial de 1986), e foi mais tarde treinador do Cincinnat Reds. Ela é jogadora de golfe 4 vezes Jogadora do Ano, 3 vezes campeã da LPGA e entrou para o Hall da Fama aos 30 anos de idade. **Também: Mao Zedong & Richard Nixon** (líderes mundiais; restabeleceram relações China-Estados Unidos); **Glenn Davis & Terry Moore** (casados; estrela do futebol/atriz).

RELACIONAMENTOS

PONTOS FORTES: DETERMINADO, CONFIANTE, LEAL

PONTOS FRACOS: SABE-TUDO, INFLEXÍVEL, FRUSTRADO

MELHOR: AMIZADE

PIOR: TRABALHO

KIRSTIE ALLEY (12/1/55)
TED DANSON (29/12/47)

Alley e Danson co-estrelaram o duradouro sitcom de tevê *Cheers* (1982-93) a partir de 1987, quando ela se juntou ao *show*. Danson fazia o papel de Sam, o mulherengo *barman* que perseguia em vão o personagem de Alley, Rebecca, a infeliz gerente do bar.
Também: Xavier Cugat & Charo (casados; líder de banda/cantora); Mary Tyler Moore & Grant Tinker (casados; atriz/produtor).

---

26 de dezembro a 2 de janeiro
SEMANA DO REGENTE
CAPRICÓRNIO I

10 a 16 de janeiro
SEMANA DA DOMINAÇÃO
CAPRICÓRNIO III

Totalmente infalível

Tanto Capricórnio I quanto Capricórnio III podem ser indivíduos muito determinados, e seu relacionamento pode sinergicamente fortalecer esta qualidade até atingir firmeza total. Com efeito, a falta de flexibilidade e de sensibilidade está entre os pontos mais fracos do relacionamento. Como parceiros, os dois decidem imediatamente a maioria das questões principais, o que, do lado positivo, os livra da dúvida e da hesitação, mas implica que às vezes façam julgamentos apressados. Tais atitudes intransigentes podem apresentar resultados bons e maus. Os parceiros podem obter vantagem, por exemplo, em chegar logo no início de um novo projeto, mas podem ficar sobrecarregados com obrigações das quais mais tarde se arrependem. Uma vez que este par raramente consegue admitir que está errado, seus parceiros podem ser forçados a sofrer em silêncio, sentindo grande frustração quando as coisas não saem como planejado.

Caracteristicamente, os casos amorosos e os casamentos nesta combinação exibem desavenças periódicas e podem enfrentar muitas brigas na vida privada, mas raramente demonstra algo diferente de uma fachada forte em público ou nas atitudes dos parceiros para com outras pessoas. Esses dois se compreendem muito bem e tendem a ter os mesmos objetivos. Há pouco espaço no seu relacionamento para sentimentos, o que pode criar grandes problemas se houver filhos, que, não tendo encontrado consolo num dos pais, corre para o outro, somente para deparar-se com um sentimento unânime. Em casos extremos, também, o filho pode ter de tomar partido de um dos pais, indo contra o outro, com resultados prejudiciais. Os irmãos nesta combinação, sobretudo os de sexo oposto, tendem a brigar como cão e gato, afetando a vida dos outros membros da família. As amizades deste tipo são em geral leais e duradouras, mas podem adotar um ar de segurança presunçosa ou dar a impressão de serem totalmente infalíveis, o que pode não ser bem aceito pelas outras pessoas. É melhor para os nativos de Capricórnio I e II não empreenderem buscas profissionais ou empresariais juntos, uma vez que sentem dificuldade em separar suas emoções das questões de negócios, tendendo, assim, a irritarem-se mutuamente nos momentos mais inoportunos.

Conselho: *Aprenda a admitir seus erros. Desista de seu ar onisciente ao lidar com as outras pessoas. Seja flexível e não tenha medo da mudança.*

RELACIONAMENTOS

PONTOS FORTES: ENCANTADOR, CONVINCENTE, DIVERTIDO

PONTOS FRACOS: MANIPULADOR, DESONESTO, POUCO CONFIÁVEL

MELHOR: AMIZADE

PIOR: CASAMENTO

TIGER WOODS (30/12/75)
JACK NICKLAUS (21/1/40)

Nicklaus é em geral considerado o maior jogador de golfe de todos os tempos. Ele venceu 17 grandes campeonatos, batendo muitos recordes mundiais. O jovem Woods, já um jogador de golfe mundialmente famoso tornou-se profissional em 1996, e então ganhou seu primeiro Masters (1997) facilmente, no que promete ser uma brilhante carreira. Autoridades acreditam que é só uma questão de tempo para que ele supere Nicklaus em quantidade de recordes.
Também: Country Joe MacDonald & Janis Joplin (caso; cantores).

---

26 de dezembro a 2 de janeiro
SEMANA DO REGENTE
CAPRICÓRNIO I

17 a 22 de janeiro
CÚSPIDE DO MISTÉRIO E DA IMAGINAÇÃO
CÚSPIDE CAPRICÓRNIO-AQUÁRIO

Sedução astuta

Este pode ser um relacionamento dramático e excitante. De natureza antagônica, estimula uma atmosfera na qual tanto o nativo de Capricórnio I quanto o da cúspide Capricórnio-Aquário tentam muitas vezes usar seus astutos poderes de sedução para obter do outro exatamente o que querem. Em interações manipuladoras como essas, a inteligência, a percepção e a experiência fazem parte do arsenal do relacionamento. Em geral, Capricórnio I confia na insistência silenciosa, enquanto Capricórnio-Aquário tende a sobrepujar emocionalmente. Como um time, esses dois podem ser extremamente persuasivos e encantadores, mas uma vez que detêm conhecimento profundo e em geral premeditam todos os seus argumentos, não necessitam confiar apenas na força de sua personalidade.

Os casos amorosos deste tipo são sedutores, encantadores – e repletos de ilusão. Sob a fachada romântica pode estar acontecendo uma manipulação emocional muito pesada, com freqüência provocada pelo medo de que o afeto acabe ou seja desviado. O casamento não é recomendado, mas se estiver sendo considerado ambos os parceiros deveriam trabalhar arduamente para construir honestidade e confiança, em vez de reverter para sentimentos imaturos e infantis.

Os relacionamentos entre pai e filho nesta combinação também costumam se envolver no tipo de jogo que pode ser divertido até certo ponto, mas que pode acabar minando a crença e a confiança, e que também pode fazer com que os outros membros da família não levem o par tão seriamente como unidade. Experiências máximas são muitas vezes o objetivo nas amizades entre Capricórnio-Aquário, seja por esforços fisicamente desafiantes ou, talvez, por estados induzidos por drogas. Moderar tais impulsos e manter-se em contato com a realidade são os desafios principais.

Na esfera profissional, esses parceiros podem ser muito convincentes, no entanto bastante enganadores. Caso os outros sintam que estão sendo trapaceados ou manipulados, pode correr a notícia de que este casal não é confiável e, assim, os dois podem descobrir que, ao buscar ganho temporário, assinaram sua sentença de morte.

Conselho: *Cuidado ao obter o que deseja – você pode estar enganando a si mesmo. Considere suas motivações. Considere as implicações éticas de suas ações.*

26 de dezembro a 2 de janeiro
SEMANA DO REGENTE
CAPRICÓRNIO I

23 a 30 de janeiro
SEMANA DO GÊNIO
AQUÁRIO I

Além do desejo

O foco e o principal objetivo do relacionamento entre Capricórnio I e Aquário I costuma ser aquele tipo de controle que só pode ser obtido por meio de treinamento técnico implacável. Não importa em que área tal esforço é despendido, esse relacionamento vê o controle – seja sobre os corpos de seus parceiros, o apetite, o ambiente, uma atividade ou a mente em si – como supremo. Tal atitude intransigente implica alguma forma de privação e a capacidade de negar a si mesmo aquilo que é mais natural para um ser humano – se castidade fosse o objetivo para este casal, por exemplo, seriam capazes de superar seus impulsos sexuais; se desejassem impor uma dieta especial, poderiam negar seu apetite por determinados alimentos. Por outro lado, a posse de tal controle pode ser uma forma de gratificação por si.

Se os casos amorosos forem voltados para a proficiência ou para o domínio técnico, seu objeto pode ser tipos requintados de prazer sensual. O perigo é que este tipo de ênfase pode conduzir o relacionamento a uma direção muito diferente, negando a necessidade de bondade, afeição e solidariedade pela qual muitos namorados anseiam. Os casamentos nesta combinação podem mostrar uma mania de perfeição doméstica, fazendo com que os parceiros gastem a maior parte do seu tempo renovando e tornando bonito o seu lar. Levado ao extremo, tais desejos poderiam conduzir este casal a recuperar e a vender continuamente várias casas, gastando quantidade significativa de energia ao retirar cada uma de um estado deplorável para a glória.

Os amigos e os irmãos nascidos em Capricórnio I e em Aquário I podem envolver-se em dietas, projetos técnicos, exercícios e esportes ou com empreendimentos artísticos que exigem alto grau de controle, habilidade e perfeccionismo. Infelizmente, sentimentos humanos muitas vezes se perdem na confusão. Os relacionamentos de trabalho entre esses dois se beneficiam do pragmatismo de Capricórnio I e da mente rápida e criativa de Aquário I. Mas a perfeição técnica pode às vezes ser contraproducente em negócios, pois o custo de alcançá-la pode exceder o seu valor.

Conselho: *Talvez você esteja sendo um pouco puritano. Cuidado para não se escravizar às suas idéias. Desligue-se de vez em quando – relaxe e divirta-se.*

RELACIONAMENTOS

PONTOS FORTES: IMPLACÁVEL, PERFECCIONISTA, REALIZADOR

PONTOS FRACOS: TACANHO, OBSESSIVO, DESUMANO

MELHOR: CASAMENTO

PIOR: AMIZADE

GELSEY KIRKLAND (29/12/52)
MIKHAIL BARYSHNIKOV (28/1/48)

Kirkland e Baryshnikov são estrelas do balé que se ligaram romanticamente. Apresentando-se no New York City Ballet (1968-74) e no American Ballet Theatre (1974-84), ela é conhecida pela pureza da técnica de sua dança. O russo Baryshnikov, que fugiu para os Estados Unidos em 1974, é considerado simplesmente o maior bailarino clássico de sua geração. **Também: Steve Allen & Skitch Henderson** (apresentador de tevê/líder de banda).

---

26 de dezembro a 2 de janeiro
SEMANA DO REGENTE
CAPRICÓRNIO I

31 de janeiro a 7 de fevereiro
SEMANA DA JUVENTUDE E DESPREOCUPAÇÃO
AQUÁRIO II

O meio-termo

Este relacionamento pode ser semelhante a uma gangorra, oscilando entre conformar-se às atitudes dos parceiros e tentar encontrar equilíbrio ou meio-termo entre eles. O nativo de Capricórnio I, que está acostumado à luta, pode de alguma forma ressentir-se do parceiro de Aquário II, que prefere ser poupado do trabalho e que é conhecido por ridicularizar aqueles que o vêem como sua razão de viver. Esses dois tendem a gastar grande quantidade de energia tentando convencer um ao outro de seus pontos de vista individuais. À medida que o relacionamento se desenvolve, os parceiros podem descobrir que é possível viver uma vida na qual alternam entre trabalho e relaxamento de uma forma bastante agradável, evitando os excessos de ambos os estados.

Os casos amorosos não deveriam ser vistos como projetos em si mesmos, frenéticos ou hiper-relaxados, mas como atividades moderadas e altamente prazerosas por si. Além disso, namorados maduros de Capricórnio I e Aquário II aprendem um com o outro – Capricórnio I a ser um pouco menos sério, Aquário I a ser um pouco mais. Os casamentos entre esses dois podem testemunhar uma mistura primorosa de trabalho e amor, fornecendo um fluxo estável de energia para ambos esses aspectos da vida dos cônjuges. O nativo de Capricórnio I apresenta um traço de crítica, todavia, e o de Aquário II um gosto pela tolice, e assim é provável que haja irritação entre os dois humores.

Os pais e filhos nesta combinação, sobretudo com Capricórnio I no papel de pai, terão de aprender a levar um ao outro a sério, sem se esquecer de passar momentos bons juntos. O melhor tipo de amizade entre eles também é capaz de dividir seu tempo de modo inteligente entre atividades sérias e atividades mais leves. Como colegas de trabalho, as combinações mais bem-sucedidas de Capricórnio I e Aquário II aprendem a não somente relaxar, mas a estudar após o fim de um dia de trabalho, mesmo quando abordam o trabalho com sensatez, sem fanatismos e com intervalos regulares.

Conselho: *Esqueçam suas diferenças. Alcançar o meio-termo é possível – há muito que aprender um com o outro. Evite os extremos e os excessos.*

RELACIONAMENTOS

PONTOS FORTES: MODERADO, INTELIGENTE, UNIFICADOR

PONTOS FRACOS: RESSENTIDO, IRRITANTE, EXTREMISTA

MELHOR: AMOR

PIOR: PAIS-FILHOS

PETER QUAIFE (31/12/43)
DAVE DAVIES (3/2/47)

Quaife e Davies são membros originais do grupo de rock inglês The Kinks (formado em 1963). O baixista Quaife resistiu ao antagonismo – às vezes no palco – entre Davies e seu irmão mais velho, Ray, o líder do grupo. Quaife permaneceu membro ativo da banda, ao passo que Davies seguiu carreira solo, lançando 2 álbuns moderadamente bem-sucedidos no início dos anos 1980.

RELACIONAMENTOS

PONTOS FORTES: TEÓRICO, PRAGMÁTICO, SOLIDÁRIO

PONTOS FRACOS: DESAPROVADOR, CHATO, DESCONFIADO

MELHOR: CASAMENTO

PIOR: TRABALHO

WILLIAM MASTERS (27/12/15)
VIRGINIA JOHNSON (11/2/25)

Os sexologistas Masters e Johnson foram casados de 1976 a 1991. Publicaram seus relatórios pioneiros sobre reações sexuais dos seres humanos em relacionamento hetero e homossexuais e treinaram centenas de terapeutas sexuais. **Também: Jacob Adler & Stella Adler** (pai/filha; ator yiddish/professora de teatro); **Ted Danson & Mary Steenburgen** (casados; atores); **Madame de Pompadour & Luís XV** (amante influente /rei).

26 de dezembro a 2 de janeiro
SEMANA DO REGENTE
CAPRICÓRNIO I

8 a 15 de fevereiro
SEMANA DA ACEITAÇÃO
AQUÁRIO III

Nem monótono nem instável

Este relacionamento encontra sua maior satisfação em colocar idéias maravilhosamente criativas em prática e em recomendá-las aos outros, em geral após terem-nas experimentado em particular. O segredo é uma mistura criteriosa de teoria e prática, pois os parceiros neste relacionamento em geral possuem igualmente essas duas qualidades. O nativo de Capricórnio I tende a ser mais responsável e o de Aquário II mais explosivo, mas estas características não parecem mantê-los separados. Relacionamento realmente bem-sucedido, não é nem monótono nem instável, uma vez que os pontos fortes de cada parceiro compensam os pontos fracos do outro. Nos relacionamentos menos bem-sucedidos ou fracassados, o nativo de Capricórnio I é altamente crítico do que ele vê como irresponsabilidade e debilidade no parceiro de Aquário III, enquanto este se torna enfadado e deprimido pela seriedade do nascido em Capricórnio I.

Independente de sentirem ou não forte atração física um pelo outro, em geral apreciam sua sabedoria; assim, há a mesma probabilidade de se tornarem confidentes quanto namorados. Forçados a escolher entre o amor e a amizade, muitos casais sabiamente escolhem esta última. Os casamentos entre Capricórnio I e Aquário III podem dar certo, contanto que o sexo não seja importante. Se prevalecerem atitudes de compreensão e de pouca crítica, e se a satisfação física não for vista como a responsabilidade única de cada parceiro, esses casais podem compartilhar ternura e afeição, além de prestar apoio emocional mútuo.

Na família, é provável que os parentes nesta combinação se olhem com um pouco de suspeita. Os pontos de vista mais conservadores de Capricórnio I muitas vezes colidem com as atitudes mais radicais ou francas de Aquário III. As amizades nesta combinação, por outro lado, tendem a florescer nas suas diferenças internas, proporcionando um estudo em contraste infinitamente divertido tanto para os parceiros quanto para as pessoas a sua volta. Levar os assuntos pessoais menos a sério pode ser uma grande vantagem. Como colegas de trabalho, esses parceiros muitas vezes enfrentam problemas quando o nativo de Capricórnio I ressente-se por achar que recebeu toda a carga do trabalho, ou quando o nascido em Aquário III sente que está sendo excessivamente cobrado.

Conselho: *Tente ser mais compreensivo e útil; é muito fácil criticar. Trate os outros como gostaria de ser tratado. Transforme as desvantagens em vantagens.*

RELACIONAMENTOS

PONTOS FORTES: REALIZADO, EDUCADOR, APAIXONADO

PONTOS FRACOS: COMBATIVO, POLÊMICO, DESTRUTIVO

MELHOR: SEXUAL

PIOR: CASAMENTO

HENRY MILLER (26/12/1891)
ANAIS NIN (21/2/03)

Miller e Nin se tornaram grandes amigos depois da publicação do livro dela *D.H. Lawrence: An Unprofessional Study* (1932). Sua famosa correspondência erótica com Miller, publicada em 1965, despertou novo interesse em seu trabalho anterior. Miller é mais conhecido por seus romances eróticos. **Também: Paul Bowles & Jane Auer Bowles** (casados; escritores); **Betsy Ross & George Washington** (confeccionista de bandeiras contratada pelo presidente).

26 de dezembro a 2 de janeiro
SEMANA DO REGENTE
CAPRICÓRNIO I

16 a 22 de fevereiro
CÚSPIDE DA SENSIBILIDADE
CÚSPIDE AQUÁRIO-PEIXES

Educação empírica

Este relacionamento será instrutivo tanto para Capricórnio I quanto para Aquário-Peixes, podendo ser visto como um tipo de educação empírica onde ambos os parceiros, juntos em um abraço sempre mutante, aprendem suas lições e fazem seu dever de casa. Embora esses dois possam ser muito próximos emocionalmente, podem ter de lutar para ver quem manda. Este pode ser um processo muito libertador para Aquário-Peixes, que precisa aprender a se impor e a se defender para prosseguir no seu caminho de auto-desenvolvimento. Tais lutas podem ocorrer na esfera pública ou privada, mas se o nativo de Capricórnio I for demasiado confiante pode se surpreender, uma vez que Aquário-Peixes descobre como chegar a ele emocionalmente. Como resultado, porém, o nativo de Capricórnio I pode aprender algo sobre seus próprios sentimentos por meio de tais encontros.

Nos casos amorosos, a exploração, a experimentação e a conscientização em geral desempenham papel basicamente gratificante, embora às vezes doloroso e até destrutivo. Esta combinação muitas vezes manifesta paixão em formas extremas. Porém, esses dois não estão preocupados apenas com os prazeres do sexo por si; ambos o vêem em um contexto mais amplo e usam seu relacionamento sexual como um meio de libertação do eu. Este processo tem menos probabilidade de vir à tona nos relacionamentos conjugais; muitas vezes assume a instabilidade de um caso amoroso de forma a permitir que tais emoções surjam na sua forma mais pura.

Pares de irmãos nesta combinação podem diminuir seus conflitos ao reconhecerem a autoridade inquestionável dos pais. Nas amizades, tais problemas de autoridade desempenham um papel menos significativo, mas esses relacionamentos no entanto são melhores quando dedicados a um hobby ou a uma atividade social em comum. Na esfera profissional, se esses dois forem capazes de concordar no tocante a determinados princípios básicos ou a uma filosofia geral, podem não precisar competir pela supremacia.

Conselho: *Não evite experiências – a vida é uma escola na qual você pode aprender. Seja mais firme. Bondade e solidariedade não devem ser excluídas.*

26 de dezembro a 2 de janeiro
SEMANA DO REGENTE
CAPRICÓRNIO I

23 de fevereiro a 2 de março
SEMANA DO ESPÍRITO
PEIXES I

Uma busca filosófica

Embora este relacionamento assuma a forma de confrontação entre o prático e o espiritual, a ênfase recai no poder que a mente possui para buscar e encontrar as respostas para tais perguntas filosóficas. Inevitavelmente, comunicar tais achados para outras pessoas também é importante. Então, são convocadas as forças individuais de Capricórnio I e Peixes I, e sua compreensão única e profunda a respeito dos mundos da matéria e do espírito respectivamente são úteis. É precisamente ao tentar eliminar suas marcantes diferenças que este par tropeça com as verdades mais universais.

Os relacionamentos amorosos e conjugais entre Capricórnio I e Peixes I raramente são muito notáveis, no entanto também não são negativos. Amizades nesta combinação são mais importantes, sobretudo quando os parceiros são capazes de se beneficiar de seus próprios pontos de vista radicalmente diferentes. Não causa surpresa tais amigos desafiarem-se e engajarem-se em debates acalorados, os quais deveriam ser mantidos objetivos e também impedidos de desencadear subitamente batalhas emocionais. Como membros familiares, esses parceiros são muitas vezes capazes de usar seus agudos poderes mentais no assunto em questão, seja emocional ou financeiro. Nos relacionamentos entre pais e filhos, é provável que o nativo de Capricórnio I seja excessivamente dominante no papel de pai, podendo sufocar a fagulha criativa do filho de Peixes I.

Na esfera profissional, esta combinação se dá melhor nas ocupações onde o pensamento e a comunicação representam um papel importante, por exemplo, na educação ou nas artes. Embora Capricórnio seja um signo de terra e Peixes de água, o relacionamento entre Capricórnio I e Peixes I é regido pelo elemento de ar, que salienta a orientação mental do par. Não importa o quanto seu relacionamento de negócios possa ser lucrativo (e pode ser realmente muito bem-sucedido em empreendimentos *new age*), será visto como pouco gratificante se não for intelectualmente desafiador para ambos os parceiros.

Conselho: *Não brinque de Deus. Seja mais humilde sobre suas próprias idéias – outros podem discordar. Incentive o pensamento livre e a iniciativa intelectual. Cuidado para não fazer escola.*

RELACIONAMENTOS

PONTOS FORTES: COMUNICATIVO, ATENCIOSO, SOLUCIONADOR DE PROBLEMAS

PONTOS FRACOS: SUFOCANTE, DOGMÁTICO, SUPER-EMOCIONAL

MELHOR: FAMÍLIA

PIOR: AMOR

JOHNNY WINTER (23/2/44)
EDGAR WINTER (28/12/46)

Os irmãos Edgar e Johnny são grandes figuras da música rythm and blues e do blues modernos. Johnny é considerado como o mais proeminente bluseiro branco de sua geração. Edgar estreou com o irmão mais velho nos anos 1960, depois seguiu carreira solo como roqueiro. Embora trabalhassem separados, os irmãos ainda gravaram juntos vários álbuns. **Também: Phil Spector & George Harrison** (produtor de seus álbuns solo pós-Beatles).

---

26 de dezembro a 2 de janeiro
SEMANA DO REGENTE
CAPRICÓRNIO I

3 a 10 de março
SEMANA DO SOLITÁRIO
PEIXES II

Equilíbrio emocional

O foco deste relacionamento é encontrar contentamento na busca de uma orientação pacífica e de um estado equilibrado. O par tem boa chance de ser harmonioso, contanto que os sentimentos mais extremos dos parceiros sejam mantidos sob controle. Na esfera doméstica, esses dois podem ficar muito satisfeitos em administrar um lar eficientemente, com tudo no seu devido lugar. De fato, em quase todos os aspectos da vida, Peixes II aprecia a ordem e a capacidade administrativa de Capricórnio I. Por sua vez, Capricórnio I valoriza a sensibilidade e a consideração de Peixes II, mas pode se irritar com sua ocasional imprecisão blasé no tocante a questões importantes. Um acesso de Capricórnio I em geral faz o Peixes II sair correndo em busca de proteção.

Nos casos amorosos e nos casamentos, é importante o nativo de Peixes II assumir um papel igual ao de seu companheiro nesta combinação. Não há nada de errado com Capricórnio I ser o chefe, contanto que os pontos de vista de Peixes II sejam exibidos e respeitados. Peixes II tem um lado sensível e carinhoso, que ajuda muito o Capricórnio I a se abrir e a expressar afeto mais facilmente. Mas quando fica realmente decepcionado, o nascido em Capricórnio I pode se ver incapaz de ajudar e se obriga a ficar de fora.

Os pais nascidos em Peixes II são muitas vezes afetuosos e atenciosos com seus filhos de Capricórnio I, contanto que eles próprios não estejam infelizes ou deprimidos. Nas amizades, a dinâmica preocupada da raiva de Capricórnio I e da mágoa de Peixes II é melhor resolvida quando ambos os parceiros assumem o compromisso de manter o equilíbrio emocional o máximo possível – infelizmente, nem sempre com sucesso notável. Nas áreas profissionais, colegas de trabalho conseguem manter um contato diário próximo com relativamente poucos problemas, contanto que suas tarefas sejam bem definidas. Como parceiros em negócios, porém, Capricórnio I pode se tornar insatisfeito com o desinteresse ou com a indefinição de Peixes II.

Conselho: *Não espere muito. Exercite a força de vontade – seja decidido. Endureça um pouco emocionalmente e não se deixe irritar tão facilmente.*

RELACIONAMENTOS

PONTOS FORTES: AFETIVO, EQUILIBRADO, PROTETOR

PONTOS FRACOS: REATIVO, IRADO, MAGOADO

MELHOR: COLEGAS DE TRABALHO

PIOR: AMIZADE

TAMMY FAYE BAKKER (7/3/42)
JIM BAKKER (2/1/40)

Os televangelistas Jim e Tammy Faye chegaram à proeminência nos anos 1970 com seu PTL Club. O angélico Jim e a pesada Tammy Faye se deram bem até que ele foi exposto em um escândalo sexual extraconjugal e mais tarde julgado por fraude e conspiração e enviado para a cadeia. Ela logo se casou novamente. **Também: Mao Zedong & Chou En-lai** (líderes comunistas chineses); **Carole Landis & Rex Harrison** (caso; atores).

RELACIONAMENTOS

PONTOS FORTES: RELAXADO, DIVERTIDO, DESPREOCUPADO

PONTOS FRACOS: COMPLACENTE, DESCOMPROMETIDO, SUPERFICIAL

MELHOR: IRMÃOS

PIOR: CASAMENTO

YURI GRIGOROVICH (2/1/27)
RUDOLF NUREYEV (17/3/38)

Grigorovich e Nureyev são grandes figuras do balé do século XX. Em 1946 Grigorovich se uniu ao Balé de Kirov como coreógrafo (e foi mais tarde mestre de balé no Bolshoi). Nureyev, o mais célebre bailarino desde Nijinsky, se incorporou ao Kirov em 1958 como solista e trabalhou com Grigorovich até a deserção de Nureyev em 1961 para o Ocidente.

---

26 de dezembro a 2 de janeiro
SEMANA DO REGENTE
CAPRICÓRNIO I

11 a 18 de março
SEMANA DOS DANÇARINOS E SONHADORES
PEIXES III

Ligando o encanto

O foco deste relacionamento e o barômetro de seu sucesso é o grau com que consegue obter relaxamento, diversão e finalmente contentamento. A combinação entre Capricórnio I e Peixes III pode sofrer conflitos, uma vez que os Peixes III são muitas vezes espíritos livres que devem fazer as coisas de maneira peculiar, e que poderiam se sentir inibidos pela insistência de Capricórnio I em fazerem tudo a sua maneira. A resposta é manter a descontração, o que é possível se Peixes III ligar seu encantamento e seduzir Capricórnio I até este relaxar e abaixar a guarda.

Nos casos amorosos, o nativo de Capricórnio I mais esclarecido percebe que sua capacidade para se deleitar e se divertir está diretamente relacionada a sua aceitação pessoal e a sua auto-imagem positiva. Peixes III têm muito para ensinar a Capricórnio I a este respeito, mas eles próprios em geral padecem do problema oposto – ou seja, estão contentes demais com eles mesmos, muitas vezes carecendo do instinto de autocrítica. O perigo é os parceiros se afastarem do relacionamento, pensando que o que quer que ele ofereça pode não valer o esforço que exige. Esta questão deve ser tratada antes que s dois tentem se casar, o que, para eles, pode demandar mais esforço do que um caso amoroso.

As amizades podem conseguir alcançar melhor estado relaxado e prazeroso, mas podem sacrificar a profundidade do processo. Correm o risco de serem bons amigos nas boas horas, mas que não estão realmente presentes nos momentos difíceis. Somente nos relacionamentos entre irmãos, sobretudo os do sexo oposto, pode ser possível para a combinação alcançar um equilíbrio entre compromisso e prazer, em parte devido a fatores biológicos e em parte devido à proximidade forçada entre eles. Os relacionamentos de trabalho são melhores em empregos de baixo índice de estresse, onde os parceiros sabem o que lhes é exigido e onde há poucas surpresas.

Conselho: *Decida o que você deseja. Mais compromisso pode trazer mais prazer. Exercite a paciência ao se conhecer melhor.*

RELACIONAMENTOS

PONTOS FORTES: IRREDUTÍVEL, BEM-SUCEDIDO, HONESTO

PONTOS FRACOS: POUCO AFETUOSO, INSENSÍVEL, BRUTO

MELHOR: PAIS-FILHOS

PIOR: CASAMENTO

GYPSY ROSE LEE (9/1/14)
CARRIE CHAPMAN CATT (9/1/1859)

Catt e Lee compartilham o mesmo dia de aniversário como 2 mulheres fortes que cavaram sua independência de forma muito distinta. Catt foi uma sufragista pioneira que organizou a Liga das Mulheres Votantes e trabalhou pelo movimento da paz. Lee, uma rainha do espetáculo de variedades, escreveu romances e peças. Sua autobiografia foi encenada na Broadway como o bem-sucedido *Gypsy* (1959), com 2 subsequentes versões cinematográficas (1962, 1993).

---

3 a 9 de janeiro
SEMANA DA DETERMINAÇÃO
CAPRICÓRNIO II

3 a 9 de janeiro
SEMANA DA DETERMINAÇÃO
CAPRICÓRNIO II

Uma marcha inexorável

A combinação de um par de nativos de Capricórnio II não pressupõe que gastem muito tempo juntos. Extremamente independentes, Capricórnio II são alérgicos a seguidores, aduladores e tipos parasitas e, portanto, são capazes de ter um relacionamento franco e honesto um com o outro. Esse relacionamento, todavia, pode ser baseado em cada parceiro ser capaz de seguir seu próprio caminho, embora também faça severas exigências quanto a responsabilidades que devem ser delegadas firmemente, tanto na esfera financeira quanto doméstica. Duro ao extremo, o relacionamento pode estar virtualmente fechado às influências externas, o que traz vantagens (evitar aborrecimento) bem como desvantagens (isolar-se).

É provável que os casos amorosos, as amizades e os casamentos entre esses dois sejam construídos menos sobre a paixão e mais sobre a vantagem mútua. O maior problema é o egoísmo, pois ambos têm grande consciência do que estão ou não obtendo, e nenhum sofre em silêncio se se sentir ignorado. Encontrar momentos tranqüilos sozinho para expressar afeição e para compartilhar intimidades é importante para o crescimento espiritual do relacionamento, mas não essencial para sua longevidade. Tópicos de interesse para Capricórnio II muitas vezes têm a ver com assuntos *new-age*, esotéricos, espirituais e religiosos, e na busca dessas áreas os parceiros podem ser capazes de consertar a divisão que ocorre entre suas vidas profissional e pessoal. É provável que pais e filhos nascidos em Capricórnio II muitas vezes tenham a mesma opinião sobre questões envolvendo regras, poder e responsabilidade.

Nos relacionamentos de trabalho, os nativos de Capricórnio II devem ser cuidadosos para não se matar de trabalhar. Há pouco controle de sua produção e, em sua luta para chegar ao topo, a combinação pode perder o pique, a menos que persigam seus objetivos pacientemente. Além disso, forte animosidade pode ser provocada nos que são violentamente empurrados para fora do caminho ou simplesmente arrasados. Então, esses dois podem ter de lembrar a si mesmos para não sacrificar sua humanidade em uma marcha inexorável para o sucesso.

Conselho: *Modere seus impulsos pelo poder. Seja mais atencioso com os outros. Aprenda o valor da negociação. Bondade e solidariedade são mais valiosos do que ouro.*

3 a 9 de janeiro
SEMANA DA DETERMINAÇÃO
CAPRICÓRNIO II

10 a 16 de janeiro
SEMANA DA DOMINAÇÃO
CAPRICÓRNIO III

Tirando a máscara

Se esses dois desejarem algo de você, é provável que você tenha de ceder. Muito difícil de se opor, esses dois têm uma forma não muito sutil de convencer os outros: a ameaça de força implícita ou explícita, que é em geral persuasiva o suficiente para garantir que o relacionamento consiga o que quer. É provável que surjam vários problemas. Na primeira hipótese, os outros cedem com relutância e com ressentimento, o que mais tarde volta como um bumerangue para o par. Na segunda, Capricórnio II e III suscitam a ira de outras figuras poderosas, que tiram a máscara do par e precipitam um conflito total – algo que esses dois, na maioria das vezes, na realidade prefeririam evitar.

Esses parceiros raramente brigam fisicamente um com o outro quando discordam; ao contrário, buscam persuasão mútua por meios emocionais mais sutis. Capricórnio III muitas vezes têm sentimentos arraigados de inferioridade, o que Capricórnio II pode manipular ao alternativamente dar e negar sua aprovação. Por outro lado, os Capricórnio II são presos a determinadas ilusões, as quais Capricórnio III são bons em compartilhar ou em revelar, conseguindo assim controlar seu parceiro. Dessa forma, os casos amorosos, os casamentos e as relações de trabalho podem ser vistos como de natureza manipuladora, e interessados principalmente em assegurar o poder e o controle.

Os relacionamentos entre pais e filhos de ambas as combinações, mas sobretudo do mesmo sexo, podem exibir grandes lutas, muitas vezes incluindo competição vigorosa pela atenção e pela afeição do outro pai. Nas amizades entre Capricórnio II e III, as energias são melhores dirigidas para a atividade física em esportes de equipe e não em esforços individuais. Caso os dois se apaixonem pela mesma pessoa, seu relacionamento é submetido à prova máxima, mas muito freqüentemente o resultado é permanecerem leais no final. Um triângulo difícil como este pode às vezes separar a amizade, mas é em geral o terceiro que acaba levando a pior.

Conselho: *Cuide de seu próprio negócio. Cuidado para não suscitar a ira ou o ressentimento de outras pessoas. Não se deixe seduzir pelo fascínio do poder.*

RELACIONAMENTOS

PONTOS FORTES: CONVINCENTE, PERSUASIVO, LEAL

PONTOS FRACOS: MANIPULADOR, MEDROSO, FAMINTO POR PODER

MELHOR: AMIZADE

PIOR: TRABALHO

MOLIÈRE (15/1/1622)
MADELEINE BÉJART (8/1/1618)

Béjart foi atriz protagonista na companhia francesa de Molière, o Illustre Théâtre. Por volta de 1640 ela se tornou sua amante. Ela teve uma filha ou irmã (não está claro para os historiadores) chamada Armande, com quem Molière se casou mais tarde (1662). Ele e Armande tiveram uma filha, nascida em 1665. Os historiadores não têm certeza se Molière era o pai de Armande. Se era, isto significa que pode ter sido pai de sua própria neta.

---

3 a 9 de janeiro
SEMANA DA DETERMINAÇÃO
CAPRICÓRNIO II

17 a 22 de janeiro
CÚSPIDE DO MISTÉRIO E DA IMAGINAÇÃO
CÚSPIDE CAPRICÓRNIO-AQUÁRIO

Fios do destino

A sinergia deste relacionamento tende a intensificar o lado voltado para a fantasia de ambos os parceiros, sobretudo no que diz respeito aos aspectos mais inacreditáveis da vida. Tudo o que tiver a ver com imaginar o impossível fascina este par e, na realidade, o foco de seu relacionamento tende a ser a dominação do pensamento consciente pelos elementos sobrenaturais que muitas vezes despertam do inconsciente. Não causa surpresa o fato de personalidades como essas valorizarem extremamente seus sonhos e seus momentos de sono, mas podem não estar cientes de que este é o depósito de onde surgem suas visões conscientes. No final, não faz diferença se se deixam dominar pelo inconsciente ou se decidem lutar contra ele, pois na melhor das hipóteses serão capazes somente de estabelecer limites ao seu desejo, nunca controlá-lo.

A presença do inconsciente é vista em tudo o que esse par faz, principalmente na esfera do amor. Sua fantasia tem plena liberdade e o romance inerente nesses relacionamentos é do tipo mais fantástico, até mítico. De forma consciente ou inconsciente, esses parceiros assumem papéis que em geral estão reservados para livros ou filmes, e o fazem com aparente facilidade. Infelizmente, esses relacionamentos não são autônomos; na realidade, costumam ser movidos pelos caprichos do destino. Os casamentos em geral começam com tais toques românticos, mas podem acabar se tornando muito comuns sob as pressões da vida diária.

As amizades e os relacionamentos entre irmãos muitas vezes adoram o mundo da fantasia, do horror, da violência e do humor negro. Impulsos inconscientes podem empurrar ambos os parceiros para comportamento anti-social ou, em casos extremos, até sociopata. Na esfera profissional, parceiros mais sortudos são capazes de colocar uma pequena parte de sua imaginação a seu serviço, mas se forem dominados ou obcecados por tais impulsos acabarão sendo, na melhor das hipóteses, um divertido aborrecimento, na pior, um representante do caos no local de trabalho.

Conselho: *Controle seu inconsciente. Use suas fantasias de modo construtivo. Escolha bem suas ilusões e molde-as com inteligência.*

RELACIONAMENTOS

PONTOS FORTES: IMAGINATIVO, VISIONÁRIO, ROMÂNTICO

PONTOS FRACOS: CAÓTICO, OBSESSIVO, COMPULSIVO

MELHOR: AMOR

PIOR: CASAMENTO

CARY GRANT (18/1/04)
DYAN CANNON (4/1/37)

Os atores Cannon e Grant se casaram em 1965. Ela se retirou temporariamente do show business para ter sua única filha. Ele tinha mais de 60 anos na época. Seu casamento era conhecido por ser tempestuoso e eles se divorciaram em 1968, depois do que ela continuou a carreira, notavelmente como a tensa Alice em *Bob & Carol & Ted & Alice* (1969).

RELACIONAMENTOS

PONTOS FORTES: CURIOSO, INVESTIGATIVO, DESAFIADOR

PONTOS FRACOS: INSTÁVEL, TEMPESTUOSO, SEM CONSIDERAÇÃO

MELHOR: TRABALHO-AMIZADE

PIOR: AMOR

CONSTANZE WEBER (4/1/1762)
WOLFGANG A. MOZART (27/1/1756)

Weber e Mozart se casaram em 1781. Foram genuinamente felizes, mas viviam além de seus meios. Um visitante certa vez encontrou o casal dançando na sala de estar nos braços um do outro para se manterem aquecidos, pois não tinham dinheiro para comprar lenha. Ela ficou arrasada quando ele morreu na pobreza aos 35 anos de idade.
Também: Har Gobind Khorana & Robert Holley (ganhadores de Prêmio Nobel de Medicina em 1968).

---

3 a 9 de janeiro
SEMANA DA DETERMINAÇÃO
CAPRICÓRNIO II

23 a 30 de janeiro
SEMANA DO GÊNIO
AQUÁRIO I

Curiosidade insaciável

O foco deste relacionamento é muitas vezes uma curiosidade insaciável sobre quase tudo que acontece ao seu redor. O par formado por Capricórnio II e Aquário I consegue em geral pôr em prática seu desejo de investigar e de explorar em uma busca pela verdade técnica, científica, artística ou histórica. Engajados em tal pesquisa, os dois podem ficar extremamente próximos, mas podem também sofrer alguma instabilidade na esfera emocional. São unidos por sua necessidade de descobrir a verdade, mas em termos de temperamento são muito diferentes – o vagaroso, estável e constante nativo de Capricórnio II contrasta marcadamente com o rápido, errático e facilmente distraído representante de Aquário I.

Emocionalmente, esta combinação é um tanto instável – possui uma determinada incandescência que torna os acessos e as disputas muito prováveis. Essa característica reflete-se nos casos amorosos e nos casamentos de Capricórnio II e Aquário I, que podem ser extremamente tempestuosos. Incompatibilidades temperamentais não são ajudadas pelo fato de Aquário I gostar de pular a cerca e achar difícil, se não impossível, satisfazer as exigências de fidelidade feitas por Capricórnio II.

Nativos de Capricórnio II e Aquário I trabalhando juntos na área da investigação profissional ou da pesquisa são muitas vezes também amigos próximos. O nascido em Capricórnio II sente necessidade de compartimentalizar, de forma que muitas vezes isola essa área de amizade e trabalho de sua vida familiar ou conjugal, o que suscita o ciúme de outras pessoas em torno deles, ciúmes estes que podem ser dirigidos contra eles ou contra o parceiro de Aquário I. No entanto, as realizações do par, até na visão mais preconceituosa, em geral justifica gastarem tanto tempo juntos. Poucos assuntos escapam a este par intensamente curioso. Como membros familiares, Capricórnio II e Aquário I muitas vezes buscam aventura, que funciona como um canto de sereia, que muitas vezes os fazem virar as costas para as responsabilidades da família e para as necessidades de parentes – uma fonte de ressentimento considerável.

Conselho: *Seja mais cuidadoso com os sentimentos dos outros. Não negligencie sua responsabilidade; dessa forma, a resistência diminui e torna tudo mais fácil.*

RELACIONAMENTOS

PONTOS FORTES: AGRADÁVEL, IMAGINATIVO, DIVERTIDO

PONTOS FRACOS: ESCAPISTA, NEGLIGENTE, DEPENDENTE DEMAIS

MELHOR: CASAMENTO

PIOR: AMIZADE

ELVIS PRESLEY (8/1/35)
LISA MARIE PRESLEY (1/2/68)

Lisa é filha de Priscilla e Elvis. Embora ele estivesse com freqüência em turnês, tinham um adorável relacionamento. Certa vez, quando ela disse que nunca havia visto neve, ele a levou a Utah de avião. Lisa herdou aos 30 anos de idade cerca de 150 milhões de dólares. **Também: Loretta Young & Clark Gable** (suposto caso; atores); **Jane Wyman & Ronald Reagan** (casados; atores).

---

3 a 9 de janeiro
SEMANA DA DETERMINAÇÃO
CAPRICÓRNIO II

31 de janeiro a 7 de fevereiro
SEMANA DA JUVENTUDE E DESPREOCUPAÇÃO
AQUÁRIO II

Chama acesa

Animação – e muita – é a tônica deste relacionamento. Nunca há um momento monótono – na realidade, é provável que esses dois esgotem a si mesmos, bem como os que estiverem ao seu redor, se não moderarem um pouco seus impulsos. Inclinado a se estressar demais, Aquário II deve ter cuidado para evitar que o relacionamento não o faça passar de seus limites. Os nativos de Capricórnio II em geral resistem bem ao pique, mas podem se ressentir da tendência do relacionamento de desviá-los de seu trabalho. A atração para esforços cada vez mais imaginativos, todavia, é difícil de resistir para esses dois, que podem acabar sacrificando todos os aspectos de suas vidas para manter acesa sua chama insaciável.

Os casos amorosos e as amizades nesta combinação podem se esforçar para se divertirem ao máximo. Rir desempenha um papel importante, não somente como um indicador de momentos agradáveis e de proximidade, mas como fuga de assuntos mais sérios, muitas vezes aqueles que desesperadamente necessitam de atenção. Esses relacionamentos são caracterizados pela tendência a evitar o desagradável, sejam sentimentos, obrigações ou problemas psicológicos profundos. Podem ser aproveitados por anos a fio, mas podem um dia desabar sob o peso acumulado de anos de desatenção de seus parceiros aos seus problemas.

Os casamentos e os relacionamentos de trabalho entre esses dois buscam maximizar o prazer e ao mesmo tempo minimizar os esforços. A energia de Aquário II predomina, às vezes frustrando o Capricórnio II, fanático por trabalho, mas também seduzindo-o a fazer o que mais necessita: relaxar. Embora sentindo-se culpado, Capricórnio II em geral entra no ritmo, e aprende com Aquário II a descontrair-se.

Surgem problemas nos relacionamentos entre pais e filhos em que Capricórnio II desempenha papel de pai, uma vez que os filhos de Aquário II podem se sentir pressionados e enclausurados por regras e regulamentos. Mas o nativo de Capricórnio II realmente oferece proteção e segurança, de forma que seu filho de Aquário II também pode se tornar muito dependente de um pai tão responsável.

Conselho: *Tente ser mais sério. Rir e se divertir é ótimo, mas pode ser usado como tática de fuga. Solucione os problemas à medida que surgem e não deixe que se acumulem.*

3 a 9 de janeiro
SEMANA DA DETERMINAÇÃO
CAPRICÓRNIO II

8 a 15 de fevereiro
SEMANA DA ACEITAÇÃO
AQUÁRIO III

Impulsos agressivos

O fator principal neste relacionamento é sua própria belicosidade, e seu foco é o quanto o melhor pode lutar e vencer. Esses parceiros têm uma vontade de combater que certamente os torna dinâmicos, mas devem canalizá-la cuidadosamente e evitar que perca o controle. Tentar suprimir a agressividade do relacionamento raramente funciona, pois ela empurra as energias dos parceiros que se escondem profundamente dentro deles, causando frustração e, finalmente, paralisando depressões. Encontrar uma forma ordenada e construtiva de utilizar energia em geral implica submeter-se a uma lei ou um plano, uma espécie de autoridade superior que estabelece as diretrizes segundo as quais os gastos de energia são mais eficazes.

Casos amorosos podem ser intensos entre esses dois, mas não em um sentido desordenado ou caótico. Aqui as energias do relacionamento são poderosas e diretas, mas podem ser facilmente moduladas. O sangue quente de Aquário III e a sensualidade insubordinada de Capricórnio II podem ser uma combinação sexual estranha porém irresistível. No casamento, os Capricórnio II têm muito a ensinar a Aquário III sobre o equilíbrio de suas energias, e Aquário III pode ajudar Capricórnio II a se tornar mais compreensivo e receptivo. Se tiverem filhos, os pais devem aprender a sabedoria do julgamento desapaixonado, e deveriam ter cuidado para não permitir que a raiva dite punições injustas.

Amigos e parentes nesta combinação muitas vezes têm pontos de vista morais fortes que eles impõem aos de seu círculo social ou familiar. Viver de acordo com as expectativas de seus parceiros pode ser simplesmente demais para qualquer um agüentar, e isto pode ter o efeito de afastar outras pessoas de sua causa. Na juventude, a agressividade é mais bem trabalhada no campo de jogos ou na quadra de esportes, onde as energias podem ser expressas dentro de limites estritos, sem envolver ressentimento ou rebeldia. No trabalho, esta dupla pode exercer autoridade poderosa em uma empresa ou organização, ou como parceiros de mesma hierarquia no seu próprio negócio.

Conselho: *Ater-se às regras é bom; criá-las é ainda melhor. Não reprima sua agressividade, porém direcione-a tão construtivamente quanto puder.*

RELACIONAMENTOS

PONTOS FORTES: DINÂMICO, FÍSICO, AUTORIZADO

PONTOS FRACOS: ALIENANTE, IRADO, AGRESSIVO

MELHOR: AMOR

PIOR: FAMÍLIA

JENNIE CHURCHILL (9/1/1854)
LORDE RANDOLPH CHURCHILL (13/2/1849)

Pais de Winston Churchill, Jennie e Lorde Randolph se casaram em 1874, no ano em que ele entrou para o Parlamento. Ela era americana, de uma prestigiosa família de Nova York. A carreira promissora de Randolph foi cortada pela morte prematura em 1895. **Também: Fernando Lamas & Lana Turner** (romance; atores); **Carrie Chapman Catt & Susan B. Anthony** (sufragistas); **Isaac Newton & Galileu** (as teorias de Newton basearam-se nas de Galileu).

---

3 a 9 de janeiro
SEMANA DA DETERMINAÇÃO
CAPRICÓRNIO II

16 a 22 de fevereiro
CÚSPIDE DA SENSIBILIDADE
CÚSPIDE AQUÁRIO-PEIXES

Fonte de honestidade

Este relacionamento sempre serve a um propósito específico – ser uma fonte de honestidade e clareza mental para seus parceiros. Ambos os indivíduos são bastante cientes de que outros tentam manipulá-los ou influenciá-los, e eles desejam alguém que gentil mas firmemente se revele como é. Este relacionamento satisfaz essa necessidade para ambos os parceiros, e continua sendo confiável durante anos. No entanto, o par também envolve um certo alheamento e objetividade. Embora possa haver empatia, paixão desenfreada ou fervor romântico são em geral negados a este casal, uma vez que isto introduziria um elemento altamente inconstante e subjetivo.

A amizade em geral é o tipo de relacionamento mais desejável aqui. Verdadeiros conselheiros um para o outro, os dois podem se voltar um para o outro em momentos de decisão ou necessidade de conselho sincero e prático, sem medo de lisonja ou traição. Seu conselho nem sempre pode ser preciso nas questões do coração, todavia, uma vez que nenhum desses dois tem compreensão profunda dos giros e voltas dos relacionamentos humanos e de suas bases emocionais e psicológicas. No todo, os relacionamentos amorosos aqui muitas vezes se saem melhor quando restritos à esfera platônica. Mas se o resultado for o casamento, os parceiros que forem espertos o suficiente para permanecer um com o outro e resistir à tentação de um rosto ou figura mais jovem colherão muitos benefícios ao envelhecerem juntos.

Pais de Capricórnio II do sexo oposto podem representar um papel muito importante na vida de filhos nascidos em Aquário-Peixes, que tendem a ser indevidamente sensíveis à crítica e ao julgamento dos adultos, e podem ter de lutar longa e duramente durante anos para se livrar disso. Pares profissionais nesta combinação podem ser transportados nas asas da ambição. Tanto Capricórnio II quanto Aquário-Peixes têm muito a provar, uma qualidade ampliada por seu relacionamento. Este poderia ser um par altamente bem-sucedido se a confiança em demasia e uma crença na sua própria infalibilidade não assumisse a primazia, cujo desastre é bastante provável.

Conselho: *Seja mais modesto e realista sobre suas capacidades – você não sabe tudo. Abra um pouco o coração. Recue. Não seja tão controlador.*

RELACIONAMENTOS

PONTOS FORTES: CONFIÁVEL, PERCEPTIVO, LEAL

PONTOS FRACOS: INFALÍVEL, CONFIANTE DEMAIS, FRIO

MELHOR: AMIZADE

PIOR: AMOR

W.H. AUDEN (21/2/07)
CHESTER KALLMAN (7/1/21)

O poeta Auden e o poeta e libretista Kallman foram grandes amigos e colaboradores. Eles escreveram vários libretos juntos, incluindo o texto para *The Rake's Progress* (1951) de Stravinsky. Também colaboraram em várias traduções de libretos. Auden era considerado um dos maiores poetas de sua época. **Também: Richard Nixon & Tricia Nixon** (pai/filha).

| RELACIONAMENTOS |

PONTOS FORTES: LEAL, GENEROSO, AFETIVO

PONTOS FRACOS: APAGADO, AUTO-SACRIFICADO, FATALISTA

MELHOR: CASAMENTO

PIOR: AMIZADE

MIKHAIL GORBACHEV (2/3/31)
RAISA GORBACHEV (5/1/32)

Como presidente da então USSR, Mikhail levou a cabo o fim da guerra fria, estimulando relações livres com o ocidente. No processo, ele e a esposa Raisa se tornaram visitantes internacionais populares de países ocidentais. Ela era uma mulher distintamente moderna, conhecida por sua vivacidade e estilo. **Também: Jakob Grimm & Wilhelm Grimm** (irmãos; contistas); **Gerald Durrell & Lawrence Durrell** (irmãos; escritores).

---

3 a 9 de janeiro
SEMANA DA DETERMINAÇÃO
CAPRICÓRNIO II

23 de fevereiro a 2 de março
SEMANA DO ESPÍRITO
PEIXES I

Calma sob fogo

Este pode ser um relacionamento importante em várias áreas da vida. Mostrando grande lealdade e respeito, este par enfrenta até as crises mais intensas com serenidade. Então o foco deste relacionamento, e talvez sua característica mais admirável, é manter o equilíbrio e ficar calmo sob fogo cruzado. No curso de sua parceria, Capricórnio II dá a seus pares nascidos em Peixes I sólido apoio, enquanto Peixes I contribui com imaginação e sensibilidade. Do lado negativo, às vezes esta dupla pode ser talvez um pouco fatalista, significando que os dois carecem de espírito de luta.

A sensualidade pode estar presente nos casos amorosos deste casal em um grau generoso, e ela em geral dá passagem ou pelo menos concede status igual a expressões mais brandas de afeição e solidariedade. Isto essencialmente traz bons agouros para casamento, que para esses dois pode ser repleto de amor e compreensão. Embora um pouco auto-sacrificado e às vezes modesto, o relacionamento em geral permite aos seus parceiros o espaço de que necessitam para atender suas necessidades individuais. A amizade nesta combinação pode ter uma qualidade neutra, indicando que se evitam extremos mas também, talvez, atitudes um pouco complacentes e pouco estimulantes.

Embora Peixes seja um signo de água e Capricórnio de terra, o relacionamento entre Capricórnio II e Peixes I é regido pelo fogo, significando aqui uma tendência a seguir suas intuições. Nos assuntos de negócios e de família, esses dois instintivamente sabem que curso buscar, em geral para sua vantagem. Os que os cercam podem se beneficiar de sua presença inteligente e tranqüilizadora. Caso membros da família decidam formar sociedades em negócios, eles são em geral capazes de trabalhar lado a lado e compartilhar o retorno financeiro de tais aventuras com funcionários e outros membros da família. Tal compartilhamento não é somente um reconhecimento do trabalho bem-feito, e um gesto de generosidade, mas um sólido investimento na boa vontade.

Conselho: *Seja mais firme. Pegue o que é legitimamente seu. Não se deixe tratar como um problema discutido em um grupo de amigos. A generosidade nem sempre é apreciada.*

| RELACIONAMENTOS |

PONTOS FORTES: AGRADÁVEL, DESPREOCUPADO, PROTETOR

PONTOS FRACOS: SUPERFICIAL, RELAXADO DEMAIS, INSENSÍVEL

MELHOR: AMIZADE

PIOR: CASAMENTO

GEORGE REEVES (5/1/14)
PHYLLIS COATES (10/3/21)

Os atores Reeves e Coates fizeram os papéis originais de Super-homem/Clark Kent e Lois Lane no seriado de tevê *Super-homem* (1951-57). Eles também atuaram juntos em 1951, no filme *Superman and the Mole Men*. **Também: Jose Ferrer & Cyrano de Bergerac** (representação no cinema); **Bob Denver & Alan Hale, Jr.** (co-estrelas, *Gilligan's Island*).

---

3 a 9 de janeiro
SEMANA DA DETERMINAÇÃO
CAPRICÓRNIO II

3 a 10 de março
SEMANA DO SOLITÁRIO
PEIXES II

Sem problemas!

Este relacionamento se sai bem quando conduzido casualmente, com poucas exigências. Pode não ter um foco forte, ou lidar com emoções profundas, mas pode certamente ser satisfatório o suficiente, com atitudes relaxantes e complacentes e boa comunicação entre seus parceiros. Capricórnio II aprecia os aspectos incomuns da personalidade de Peixes II, e Peixes II percebe que Capricórnio II gosta de experiências extremamente pouco convencionais. Na realidade, um dos interesses absorventes desse casal pode ser discutir ocorrências fortuitas ou remotas de natureza divertida ou interessante. Alguns podem criticar o relacionamento por sua aparente superficialidade, mas tais julgamentos raramente exercem muito efeito sobre os próprios parceiros.

Não levar as coisas muito a sério pode na realidade ajudar nos casos amorosos e amizades entre esses dois. Afinal, eles estão bem cientes de que evitar discussões lhes dá mais tempo para gastar em atividades prazerosas. A única desvantagem aqui é que problemas sérios podem não ser tratados senão bem mais tarde, mas os parceiros poderiam corretamente salientar que metade dos problemas da maioria das pessoas reside no fato de que elas estão convencidas de terem problemas. Muitas vezes acontece que como namorados esses dois têm pouco interesse em se casar; preferem ter liberdade para interagir somente quando desejam, e não serem obrigados a assumir responsabilidades fixas.

Pares pais-filhos de ambas as combinações tendem a ser protetores e carinhosos, mas raramente muito estimulantes ou inspirados. Na esfera profissional, esses parceiros podem conviver bem durante anos, como colegas de trabalho, em posições que não sejam muito exigentes, mas o par raramente se ajusta bem em relacionamentos patrão-empregado ou executivos.

Conselho: *Esforce-se um pouco mais. Reconheça que nem todo mundo deseja ser tão despreocupado quanto você. Não ignore tanto; leve algumas coisas a sério.*

3 a 9 de janeiro
SEMANA DA DETERMINAÇÃO
CAPRICÓRNIO II

11 a 18 de março
SEMANA DOS DANÇARINOS E SONHADORES
PEIXES III

Verdadeira equipe de trabalho

Seja quem for desses dois que assuma um papel de liderança, no relacionamento ou fora dele, é provável que o outro responda com apoio sincero. A combinação é extremamente bem ajustada para um papel de liderança na família, ou em uma organização social ou comercial como um par chefe-assistente, mas Capricórnio II e Peixes III raramente funcionam bem como co-regentes ou colegas de trabalho. Servir em papéis chefe-assistente não implica de forma alguma sujeição, pois nenhum dos parceiros suportaria ser tratado com condescendência ou humilhação pelo outro. Aqui o papel de assistente é visto como ajuda essencial sem a qual o chefe seria incapaz de funcionar. Esses dois formam verdadeira equipe, trabalhando íntima e conscientemente juntos para assegurar o sucesso de qualquer projeto, por pequeno que seja.

O relacionamento entre Capricórnio II e Peixes III assume uma abordagem apaixonada em tudo aquilo em que seus parceiros se envolverem. Esses dois não fazem as coisas com indiferença ou simplesmente de acordo com o regulamento, mas com vivacidade e entusiasmo. É provável que seus casos amorosos sejam altamente românticos, o tipo que os arrebata, dando-lhes pouco tempo para pensar. Tais relacionamentos raramente são leves em sua natureza, mas tampouco são pesados: têm um ar intencional e sério mas também são caracterizados pelo bom humor. O casamento entre esses dois também é caracterizado pela boa índole, sendo que censura, vergonha e culpa raramente têm vez, e brigas são logo esquecidas.

Capricórnio II e Peixes III são bons amigos, mas sua amizade exige uma igualdade que em geral impede o relacionamento chefe-assistente no qual cooperam muito bem. Por outro lado, esses relacionamentos de qualquer forma não são práticos por natureza, concentrando-se tão-somente na diversão. Na família, relacionamentos entre pais e filhos podem funcionar extremamente bem em ambas as variações. Tais duplas também funcionam bem juntas em situações de estresse que exigem dedicação e sacrifício.

Conselho: *Use suas habilidades de forma mais eficaz. Cuidado para não subjugar os outros à sua vontade. Tenha em mente os melhores interesses do grupo.*

RELACIONAMENTOS

PONTOS FORTES: ROMÂNTICO, BEM-HUMORADO, ORIENTADOR

PONTOS FRACOS: IRREFLETIDO, IMPULSIVO, SACRIFICADO DEMAIS

MELHOR: PAIS-FILHOS

PIOR: COLEGAS

RICHARD NIXON (9/1/13)
PAT NIXON (16/3/12)

Richard e Pat se conheceram em 1938. Foi amor à primeira vista para ele. Ela concordou em se encontrar desde que não se falasse em amor nem casamento, mas finalmente ela cedeu e eles se casaram em 1940. Seu casamento muitas vezes tenso foi mordazmente descrito no filme *Nixon*, de 1995. **Também:** Kathryn Walker & James Taylor (casados; atriz/cantor).

---

10 a 16 de janeiro
SEMANA DA DOMINAÇÃO
CAPRICÓRNIO III

10 a 16 de janeiro
SEMANA DA DOMINAÇÃO
CAPRICÓRNIO III

Adoração de herói

Os nascidos em Capricórnio III são um pouco inclinados a idolatrar um ao outro. Onde quer que o relacionamento surja, eles são propensos a elevar o parceiro a uma determinada posição, mas naturalmente é provável que eles sejam erguidos a uma posição correspondente. Seu relacionamento, então, não é apenas complementar (e lisonjeiro) mas, em muitos aspectos, muito pouco realista. Colocar-se em situação apropriada para a queda é muito comum aqui – aos olhos de um dos parceiros o outro será esmagado pelo fracasso, pela confiança depositada em lugar errado ou apenas pela tensão de não ser capaz de corresponder às expectativas. Somente pelo exercício de grande força de vontade, e de lembrar constantemente um ao outro que eles são seres humanos comuns como qualquer outro, é que essa dupla será capaz de ver seu relacionamento com olhos realistas. Talvez o perigo maior seja atribuir a este relacionamento um padrão meritório irreal, e desenvolver fé cega em sua capacidade de realizar milagres.

É provável que um caso amoroso entre dois representantes de Capricórnio III seja sensual e mundano. Ao considerá-lo o melhor que eles já tiveram, todavia, os parceiros podem impedir que se aprofunde espiritual e emocionalmente. No casamento, também, a presunção ou a satisfação em excesso podem inibir o desenvolvimento pessoal. Muito freqüentemente esses parceiros correm o risco de viver em um bolha de felicidade que pode um dia estourar, encontrando ambos despreparados para a avalanche de problemas e dificuldades que realmente não tinham enfrentado antes.

Como parceiros em negócios ou executivos, Capricórnio III podem trabalhar muito bem juntos, mas podem superestimar a capacidade um do outro. Em geral são muito leais para com sua firma ou empresa, e a capacidade de fazer sacrifícios pessoais parece ilimitada. Mas, naturalmente, são somente humanos, e se se sacrificam muito ficarão ressentidos, sobretudo se recompensas mensuráveis não estão à vista. É provável que as combinações pais-filhos também sejam superligadas ao seu grupo familiar; seu altruísmo pode fazer com que os outros membros da família mais egoístas os usem. Amigos nascidos em Capricórnio III são extremamente leais mas devem ter cuidado para não formar uma sociedade fechada de admiração mútua.

Conselho: *Tente ser um pouco mais realista. Não tenha expectativas tão altas. Acredite que sua infalibilidade pode ser mortal. Você não é melhor do que ninguém.*

RELACIONAMENTOS

PONTOS FORTES: ADMIRADOR, LEAL, ENTUSIASTA

PONTOS FRACOS: FORA DA REALIDADE, ESTRESSADO, PROPENSO AO FRACASSO

MELHOR: AMOR

PIOR: TRABALHO

MARTIN LUTHER KING, JR. (15/1/29)
JOANA D'ARC (15/1/1412)

É interessante notar que estes 2 mártires políticos e espirituais compartilham o mesmo dia de aniversário. Ambos defenderam grandes causas sociais de sua época. Enquanto ela profetizou o futuro, ele teve "um sonho" para o futuro. Ironicamente, como mulher ela abraçou a luta militar; como homem ele se comprometeu completamente com a não-violência.

RELACIONAMENTOS

PONTOS FORTES: DINÂMICO, EXCITANTE, DESAFIADOR

PONTOS FRACOS: COMBATIVO, INSTÁVEL, ESTRESSADO

MELHOR: TRABALHO

PIOR: FAMÍLIA

MUHAMMAD ALI (17/1/42)
GEORGE FOREMAN (10/1/48)

O campeão peso-pesado Foreman perdeu o título para Ali em um formidável assalto altamente divulgado no Zaire em 1974. Esta luta e as condições circundantes foram brilhantemente descritas no documentário agraciado com o Oscar, em 1996, *Quando Éramos Reis*. **Também:** George Foreman & Joe Frazier (pugilistas; Foreman ganhou o título de Frazier em 1973); **Hal Roach & Mack Sennett** (produtores rivais de cinema).

---

10 a 16 de janeiro
SEMANA DA DOMINAÇÃO
CAPRICÓRNIO III

17 a 22 de janeiro
CÚSPIDE DO MISTÉRIO E DA IMAGINAÇÃO
CÚSPIDE CAPRICÓRNIO-AQUÁRIO

Pisando nos calos

Esta é uma combinação precária. Muito freqüentemente, os sentimentos que surgem aqui conduzem os parceiros à confrontação. Por causa da instabilidade e imprevisibilidade de seu relacionamento, esses dois terão de tomar muito cuidado para não pisar nos calos do outro ou despertar hostilidades. Eles também podem experimentar muita excitação e desafio no relacionamento, mas um elemento competitivo muitas vezes vem à tona no meio de um projeto mútuo, fazendo-os pular na garganta um do outro. Manter a impulsividade e os sentimentos mais profundos sob controle, sem suprimi-los perigosamente, e ser capaz de resolver as diferenças de opinião será essencial para o bem-estar deste par volátil.

Casos amorosos nesta combinação podem ser apaixonados, porém transitórios. O relacionamento às vezes arrebatará a ambos com intensidade esmagadora, mas passa tão rapidamente quanto apareceu, como uma tempestade de verão. Tais começos indicam mau agouro ao casamento, mas caso esses dois se encontrem como amigos em vez de namorados, podem desenvolver uma base sólida de confiança e compreensão. No entanto, energizado pelo constante limiar emocional existente entre eles, seu casamento não permite muito relaxamento.

Amizades e inimizades entre esses dois podem ser tão íntimas quanto o conhecido amor e ódio. Brigas por objetivos mutuamente desejados, seja de um tipo comercial ou humano, podem tanto unir quanto separar Capricórnio III e Capricórnio-Aquário, dependendo das circunstâncias. O mais importante é que o antagonismo e até impulsos violentos sejam mantidos sob estrito controle, e que haja consideração para com todos os envolvidos a um grau tão grande quanto possível.

Na esfera profissional, os indivíduos neste par muitas vezes se acham em lados opostos, muito obviamente quando representam empresas rivais mas até quando trabalham para a mesma organização. Sua rivalidade pode ser estimulante mas pode revelar o melhor ou o pior neles. Nas questões familiares, parentes nesta combinação devem ter cuidado para evitar o combate aberto entre eles, precipitando uma situação adversa na qual os outros são forçados a tomar partido.

Conselho: *Descubram o que é mutuamente vantajoso. Não deixem que os desentendimentos saiam do controle. Cuidado com seu efeito sobre os outros. Promovam estabilidade.*

RELACIONAMENTOS

PONTOS FORTES: EXCITANTE, DIVERTIDO, DESAFIADOR

PONTOS FRACOS: EXIGENTE, VIOLENTO, INCOMPATÍVEL

MELHOR: CASAMENTO

PIOR: PATRÃO-EMPREGADO

WAYNE GRETZKY (26/1/61)
JANET JONES (10/1/62)

A artista Jones é esposa da estrela do hóquei Gretzky, conhecido como "o Grande". Ele foi o jogador mais jovem a ser eleito como Jogador Mais Valioso. Jones diz que sua maior conquista foi "um feliz e saudável casamento com filhos". **Também:** Katy Jurado & Ernest Borgnine (casados; atores); **Berthe Morisot & Edouard Manet** (amigos próximos; pintores impressionistas); **Ethel Merman & Ernest Borgnine** (casados; atores).

---

10 a 16 de janeiro
SEMANA DA DOMINAÇÃO
CAPRICÓRNIO III

23 a 30 de janeiro
SEMANA DO GÊNIO
AQUÁRIO I

Ajustando o passo

Essas duas personalidades são muito diferentes em temperamento, e a princípio elas podem ter dificuldade em ajustar o passo um ao outro. Mas são capazes de gerar muita energia e entusiasmo, e de conceber esquemas que podem mais tarde perceber como projetos da vida real. Seu relacionamento é um estudo de contrastes. Capricórnio III, com seu lado lento e sério, pode ter problemas com a abordagem de Aquário I, rápido como relâmpago; no entanto, ele tem muito a ensinar ao representante de Aquário I sobre o controle e a direção precisa de suas energias. Nas discussões e brigas de personalidades, os nascidos em Capricórnio III têm vantagem de ser capazes de persistir com firmeza, apresentando seu ponto de vista com perseverança inabalável, mas Aquário I às vezes explode com uma força à qual é difícil ou impossível resistir.

Nos casos amorosos e casamentos, o dominante Capricórnio III pode se chocar severa e até violentamente com Aquário I, que se recusa a ser controlado ou receber ordens. Esses relacionamentos em geral enfrentam intensos conflitos emocionais mais cedo ou mais tarde, embora também possam ser muito excitantes. Será essencial estabelecer normas rígidas para o que é e não é considerado comportamento aceitável, tanto em casa quanto nos contextos sociais. Além disso, ambos os parceiros deveriam saber o que se espera deles no âmbito doméstico, sobretudo porque dispensar responsabilidades fixas pode ter um efeito calmante e salutar neste par. Amizades e relacionamentos entre irmãos exigirão estímulo constante em termos de entretenimento e aventura. Esses dois estão dispostos a praticamente qualquer coisa, e buscarão o perigo e o desafio onde quer que possam encontrá-los.

A chave para o sucesso deste relacionamento é ser capaz de minimizar as diferenças pessoais e fazer com que as forças muito diferentes de seus parceiros funcionem como vantagem. Nas áreas de carreira, em relacionamentos como o de patrão-empregado, um Capricórnio III na chefia achará um funcionário Aquário I extremamente difícil de controlar e, muitas vezes, terá problemas para concordar com o curso comum de ação, mas uma vez que tenham estabelecido suas diferenças podem realizar o trabalho de forma eficiente e em curto prazo.

Conselho: *Estabeleça limites estritos. Atenda às atividades diárias. Cuidado em papéis sensíveis à dominação e à rebeldia. Entre em sincronia.*

10 a 16 de janeiro
SEMANA DA DOMINAÇÃO
CAPRICÓRNIO III

31 de janeiro a 7 de fevereiro
SEMANA DA JUVENTUDE E DESPREOCUPAÇÃO
AQUÁRIO II

Auto-avaliação

Este casal muitas vezes carece de um quadro claro de si mesmo e do que faz – necessita de ajuda na auto-avaliação. O foco aqui, então, é muitas vezes a busca mútua por padrões ou objetivos contra os quais ele pode medir ou avaliar suas realizações. Caso surjam brigas debilitantes, ambos os parceiros podem precisar consultar um conselheiro ou amigo comum que possa servir como mediador. Nos relacionamentos interpessoais, os trabalhadores representantes de Capricórnio III muitas vezes gostam da atitude livre e despreocupada de Aquário II, que pode ajudá-los a tirar sua mente do trabalho e das responsabilidades. Quando os nascidos em Capricórnio III relaxam, podem ser muito divertidos, de forma que esses dois podem desfrutar completamente de seu lazer juntos. Aquário II também irrita Capricórnio III quando estão com um humor mais sério ou ocupados com um projeto. Os nascidos em Capricórnio III às vezes acham Aquário II extremamente irritante e dispersivo.

Casos amorosos raramente se desenvolvem entre esses dois, uma vez que a dominação de Capricórnio III é em geral mais do que o complacente Aquário II pode suportar. No casamento, também, é provável que Capricórnio III se estabeleça como autoridade absoluta – uma postura não aceitável por Aquário II, e impraticável no relacionamento. Esses dois parceiros tendem a definir seus gostos e aversões com extrema clareza um com o outro, de forma que os assuntos nas suas amizades e rivalidades são em geral tratados de forma aberta. A amizade em geral revela o melhor, e a inimizade o pior desta combinação.

Pares na carreira caracterizam brigas e competição até que ambos os parceiros possam concordar com determinados pontos fundamentais. Caso Capricórnio III e Aquário II sejam colegas de trabalho, um chefe perceptivo em geral será capaz de manter a paz entre eles, mas a tensão que colocam no grupo pode às vezes ser opressiva. Como primos ou irmãos, eles podem se relacionar esplendidamente, preferindo passar o tempo tão longe da supervisão adulta quanto possível. Esses parceiros fazem suas próprias regras e consideram que os rigores sociais e legais não se aplicam realmente a eles.

Conselho: *Tentem com mais afinco resolver as coisas. Não se deixem irritar tão facilmente. Não faz mal dar uma mancada juntos. Não levem tudo tão a sério.*

RELACIONAMENTOS

PONTOS FORTES: AUTO-SUFICIENTE, HONESTO, DIRETO

PONTOS FRACOS: DOMINADOR, IRRITANTE, AUTO-ILUDIDO

MELHOR: FAMÍLIA

PIOR: AMOR

ALEXANDER HAMILTON (11/1/1755)
AARON BURR (6/2/1756)

Hamilton e Burr foram amargos inimigos políticos. Porque Hamilton criticou Burr em um jantar festivo, Burr o desafiou a um duelo armado. Embora Hamilton tivesse aversão ao duelo, estava comprometido pela honra a aceitar o desafio de Burr. Atirando para o ar, Hamilton recebeu um tiro e foi morto por Burr. **Também: Cole Younger & Belle Starr** (amantes; marginais do Oeste Selvagem).

---

10 a 16 de janeiro
SEMANA DA DOMINAÇÃO
CAPRICÓRNIO III

8 a 15 de fevereiro
SEMANA DA ACEITAÇÃO
AQUÁRIO III

Planejando campanhas

Os traços que Capricórnio III têm de sobra – constância, consistência, aplicação etc. – são precisamente os que Aquário III necessitam desenvolver. E Aquário III também têm muito a oferecer a seus parceiros nesta combinação na forma de iniciativa e invenção. Podem construir um relacionamento altamente criativo entre si que pode alcançar grande sucesso na impressão que causam em outras pessoas quanto aos seus talentos, e até ocasionalmente, sua genialidade. O humor está sempre presente neste relacionamento, na forma de ironia e inteligência. Capricórnio III muito freqüentemente enfatiza seu lado sério em suas interações com outras pessoas, portanto ele aprecia seu relacionamento com Aquário III por permitir-lhe dar vazão a seus humores alegres, até bobos.

Casos amorosos deste tipo podem ser complexos, pois embora haja em geral uma base de boa vontade, os parceiros despertam emoções um no outro em nível profundo, muitas vezes tocando áreas sombrias perigosas que ficariam melhor se deixadas em paz. Sublevações vulcânicas e expressões de sentimento verdadeiramente tempestuosas podem periodicamente aflorar no que é de outra forma um relacionamento extremamente pacífico. Casamentos são um pouco mais equilibrados, mas como cônjuges esses dois tendem a se sentir desprezados, desconsiderados e usados, e eles em geral somente tornam seu desagrado conhecido após longos períodos de ruminação. Como amigos, Capricórnio III e Aquário III são realmente bons em alegrar um ao outro. Caso ambos caiam em depressão séria ao mesmo tempo, todavia, nenhum pode ser forte o suficiente para sair do fosso sozinho, e esses humores terão de seguir seu curso.

Nas questões da carreira, Capricórnio III e Aquário III funcionam extremamente bem juntos, tendo poucas dificuldades emocionais. Na verdade, seus sentimentos raramente entram em jogo, uma vez que o conteúdo reflexivo e muitas vezes intelectual do que eles fazem é de importância básica. Particularmente bons no planejamento de projetos e campanhas, também têm tenacidade para colocar em prática seus planos. Na família, da mesma forma, parentes de Capricórnio III e Aquário III muitas vezes se associam quando celebrações ou outras festividades precisam ser organizadas.

Conselho: *Trate com cuidado o material inconsciente. Certifique-se de ter tempo suficiente para sonhar. Não deixe sinais de depressão passarem despercebidos. Dê descanso à sua mente.*

RELACIONAMENTOS

PONTOS FORTES: BEM-HUMORADO, ESPIRITUOSO, BRILHANTE

PONTOS FRACOS: DEPRIMENTE, DISRUPTIVO, NEGLIGENTE

MELHOR: TRABALHO

PIOR: CASAMENTO

MATHEW BRADY (15/1/1823)
ABRAHAM LINCOLN (12/2/1809)

Brady foi chamado de "câmera do Sr. Lincoln" por ter sido o primeiro a fotografar e documentar a Guerra de Secessão (1861-65). A ambição de Brady incluía o desejo de fotografar todas as pessoas notáveis de sua época. Seus retratos de Lincoln estão entre os mais célebres. **Também: Gamal Abdel Nasser & Rei Farouk** (presidente egípcio/rei deposto).

RELACIONAMENTOS

PONTOS FORTES: CONSCIENTE, ESPIRITUAL, EQUILIBRADO

PONTOS FRACOS: ARMADO, MEDROSO, ILUDIDO

MELHOR: AMOR

PIOR: TRABALHO

JUSTINE BATEMAN (19/2/66)
JASON BATEMAN (14/1/69)

Jason e sua irmã Justine são conhecidos atores de tevê. Ele fez o papel de David em *It's Your Move* (1984-85), um programa criado para ele. Depois disso ele alcançou ainda maior proeminência em *The Hogan Family* (1986-91). Justine estreou em *Family Ties* (1982-89), no papel da adolescente Mallory, irmã de Alex (Michael J. Fox). **Também:** Joana D'Arc & Carlos VII (soldado-santa francesa/soberano).

---

10 a 16 de janeiro
SEMANA DA DOMINAÇÃO
CAPRICÓRNIO III

16 a 22 de fevereiro
CÚSPIDE DA SENSIBILIDADE
CÚSPIDE AQUÁRIO-PEIXES

Força interna

Como indivíduos, esses parceiros muitas vezes dão a impressão de ser mais severos do que realmente são. Seja através da armadura física ou psicológica, seu exterior pode parecer inatacável; eles parecem ser uma prova viva da idéia de que a força é uma manifestação externa. Na realidade, no entanto, provavelmente acreditam exatamente no oposto, e seu relacionamento mútuo pode ser benéfico para eles pois permitirá que descubram mais completamente a natureza de sua força interna. Em alguns casos, na realidade, o relacionamento pode se tornar um preâmbulo para a espiritualidade. Desta forma a combinação do casal pode ter o efeito de transformar seu exterior ameaçador, tornando-o mais suave, uma vez que não mais têm necessidade de impressionar ninguém com desenvolvimento ou agressividade muscular.

Os relacionamentos amorosos e familiares nesta combinação muitas vezes levam a vários tipos de descobrimento espiritual por meio do desenvolvimento de equilíbrio e força interna. Tais casais podem achar ioga, tai-chi, kung fu e outras disciplinas orientais extremamente instrutivos. Capricórnio III e Aquário-Peixes não são alheios à abnegação, estando talvez mais preparados para disciplinas que a exijam do que muitos iniciados, mas seu relacionamento amplifica sua presteza. Aprender e praticar as verdadeiras diferenças entre mente e corpo podem gerar maior força em ambas as áreas.

Casamentos e relacionamentos de trabalho podem encontrar seu principal esforço como somente uma pequena parte da vida, e desejará dar a eles maior significado ligando-os com outras áreas ou com a vida como um todo. Consciência e pontos de vista filosóficos como esses, os quais são fundamentalmente espirituais por natureza, emprestam maior significado aos esforços conjugais e profissionais do par, embora possam torná-los menos produtivos comercialmente nas situações de trabalho. Para amigos desta combinação, formas variadas de entretenimento e excitação muitas vezes começam, com o tempo, a perder brilho e intensidade. Tais amigos podem finalmente achar a meditação silenciosa e a discussão pensativa muito mais estimulante e fortalecedora porque elas vêem de dentro e não de fora.

Conselho: *Mantenha-se em contato com a realidade. Equilíbrio interno é importante, assim como sua vida social. Não vire as costas para os outros. Estabeleça ligações.*

RELACIONAMENTOS

PONTOS FORTES: CONFIÁVEL, RELAXADO, PROTETOR

PONTOS FRACOS: INGÊNUO, AMARRADO, SUPERPROTETOR

MELHOR: CASAMENTO

PIOR: FAMÍLIA

MAHARISHI MAHESH YOGI (12/1/11)
GEORGE HARRISON (25/2/43)

Harrison (e os outros Beatles) foram para Wales em 1967 e tiveram um envolvimento de 6 meses com a meditação transcendental sob orientação de Maharishi. Isto os levou à Índia por 2 meses no ano seguinte. Harrison foi um dos primeiros músicos dos anos 1960 a se interessar pela cultura indiana.

---

10 a 16 de janeiro
SEMANA DA DOMINAÇÃO
CAPRICÓRNIO III

23 de fevereiro a 2 de março
SEMANA DO ESPÍRITO
PEIXES I

Crença como tecido

Este relacionamento é despreocupado e prazeroso. Tanto Capricórnio III quanto Peixes I conhecem a natureza da luta, mas no relacionamento um com o outro eles são capazes de deixar de lado problemas e dificuldades dolorosos, baixar a guarda e relaxar. Uma eterna juventude caracteriza este par, e sua natureza infantil e abertura protegem seus parceiros mais completamente do que jamais poderiam quaisquer fortalezas de muros espessos. Fortalezas como estas, naturalmente, convidam ao ataque, mas esses dois silenciosamente acreditam que a inocência verdadeira é intacável. Embora outras pessoas possam achar sua crença ingênua, eles mesmos acham que podem fazê-la funcionar na vida diária. Na realidade, ela pode se tornar parte do tecido interno do relacionamento. Esta não é necessariamente uma combinação religiosa mas caracteriza uma espécie de autoconfiança e confiança no amor que um sente pelo outro e no relacionamento em si.

Casamentos entre esses dois podem ser proeminentes. Ambos são excelentes pais – protetores, pacientes e solidários ao extremo. Casos amorosos e amizades, por outro lado, podem ser instáveis e transitórios; aqui os nascidos em Peixes I são menos concentrados, e representantes de Capricórnio III, menos dedicados. É improvável que esse relacionamento suporte transtornos emocionais, e se um dos parceiros for de alguma forma imaturo (o que é mais provável para Peixes I), eles podem na realidade se tornar muito egoístas e absortos.

Pais de Capricórnio III podem ser muito severos com seus filhos de Peixes I, mas também superprotetores. Pais de Peixes I podem tentar mimar seus filhos de Capricórnio III mas raramente terão sucesso em fazê-lo. Pares de irmãos de sexo oposto desta combinação em geral têm dificuldade em crescer. O vínculo que eles formam na infância pode durar até o final de suas vidas, mas muitas vezes interfere na capacidade de formar relacionamentos adultos maduros com outras pessoas. Romper com tal vínculo pode ser extremamente doloroso.

Ambos estão melhor quando têm sua área particular de especialidade. Portanto, não formam uma combinação destacada, como parceiros em negócios, executivos de empresa ou colegas de trabalho.

Conselho: *Nem todo mundo merece sua confiança. Mantenha viva sua individualidade. Desista de vínculos reivindicatórios. Em determinados aspectos você pode estar brincando consigo mesmo.*

10 a 16 de janeiro
SEMANA DA DOMINAÇÃO
CAPRICÓRNIO III

3 a 10 de março
SEMANA DO SOLITÁRIO
PEIXES II

Não tão simples quanto parece

Este relacionamento em geral se preocupa em proporcionar liderança efetiva. Os nascidos em Capricórnio III pareceriam ser os chefes aqui, uma vez que representantes de Peixes II raramente são capazes ou se interessam em dominar seu parceiro poderoso. Mas as coisas não são tão simples quanto parecem a este respeito: embora não possam governar Capricórnio III, os nascidos em Peixes II em geral exigem estar em pé de igualdade com eles em termos de poder e controle. É muitas vezes o relacionamento em si que assume um papel de liderança no ambiente social, profissional ou familiar. Uma vez que este relacionamento tem a possibilidade de envolvimento apaixonado, resolver essas questões pode estar longe de ser fácil.

Nos casos amorosos, é provável que as paixões sejam incontroláveis a menos que o relacionamento tenha alguma direção e propósito. Peixes II pode ser altamente não-convencional, e se rebelar contra quaisquer restrições sociais, enquanto Capricórnio III pode insistir em seguir as regras. O casamento entre esses dois não é recomendado a menos que possam chegar a um acordo nos assuntos sociais e financeiros. E quando eles fracassam, é provável que gerem energias extremamente dolorosas e destrutivas.

Amigos desta combinação têm grande prazer em discutir idéias e tendências modernas, da moda à política. Eles muitas vezes mostram empatia mútua, e podem apelar um para o outro em momentos de necessidade. Como membros da família esses dois muitas vezes assumem o comando no planejamento de atividades grupais, e são também capazes de representar a família quando obrigações sociais devem ser cumpridas.

Nos assuntos profissionais, este relacionamento pode ser extremamente valioso e recompensador para todos os envolvidos. Com uma tendência decididamente filosófica, ele se sai melhor nas áreas onde o planejamento, a teoria, a reorganização e a preparação representam um papel primário. Embora capazes de trabalhar como parte de uma grande equipe, esses dois provavelmente se saem melhor como *freelancers* independentes, pesquisadores ou consultores por conta própria.

Conselho: *Não perca o controle emocional. Lidere os outros sabiamente – cuidado com o abuso de poder. Não se perca em teorizações. Mantenha os pés no chão.*

RELACIONAMENTOS

PONTOS FORTES: TEÓRICO, REORGANIZADOR, CONFIÁVEL

PONTOS FRACOS: DESCONTROLADO, DESORIENTADO, DESTRUTIVO

MELHOR: TRABALHO

PIOR: CASAMENTO

HARRY K. THAW (12/1/1872)
EVELYN NESBIT (8/3/1885)

A corista Nesbit estava tendo um caso com o arquiteto Stanford White quando se casou com Thaw, descrito como "milionário psicótico". Intensamente possessivo em relação à jovem esposa, Thaw matou White com um tiro em 1906 no Madison Square Garden em Nova York. **Também: William James & Oliver Wendell Holmes** (filósofo/jurista; membros do "Clube Metafísico"); **Edward Teller & George Gamow** (teóricos do Big-Bang).

---

10 a 16 de janeiro
SEMANA DA DOMINAÇÃO
CAPRICÓRNIO III

11 a 18 de março
SEMANA DOS DANÇARINOS E SONHADORES
PEIXES III

Pensando o melhor dos outros

Grande humanidade é exibida por este relacionamento, e um desejo concomitante de melhorar a vida dos outros tanto no ambiente imediato dos pares como além. Capricórnio III é inflexivelmente justo e honesto em suas atitudes receptivas para com todos, e Peixes III é universal o suficiente em pensamento para evitar qualquer briga egoísta por dinheiro ou poder. Idealistas ao extremo, esses parceiros devem se lembrar que garantias, prazos e acordos legais também têm seu lugar no esquema das coisas. Eles às vezes são um pouco ingênuos quanto ao abuso de poder e devem se lembrar de ser firmes e exigentes, e insistir em que as garantias sejam calçadas por sólidos compromissos.

Nos casos amorosos, Capricórnio III muito freqüentemente senta-se em casa esperando que seu parceiro evasivo de Peixes III retorne. Peixes III é o mestre da desculpa, mas acha seu parceiro nesta combinação um tanto difícil de convencer, e incrivelmente relutante em perdoar. Após várias sessões de castigo, Peixes III aprende a andar na linha ou encontra outro parceiro.

Amizades e casamentos aqui tendem a ser um pouco crédulos. Os parceiros muito facilmente aceitam a palavra dos outros, colocando suas finanças e reputação em risco. Pensar o melhor dos outros até prova em contrário é uma qualidade admirável mas nem sempre prática, sobretudo quando diz respeito a áreas envolvendo parentes ou amigos íntimos que não são muito confiáveis. Confiança e aceitação também podem ser questões importantes entre os próprios parceiros. Nesta área Capricórnio III tende a ser severo, inflexível e moral, e Peixes III flexível, receptivo e difícil de fornecer informações precisas.

Pais de Capricórnio III muitas vezes mimam filhos charmosos de Peixes III muito descaradamente, mas também exercem absoluto controle. Na esfera profissional, este par pode ser uma força poderosa para a tolerância e a oportunidade. Empregados de organizações sociais e comerciais se beneficiarão de ter tal dupla como seus representantes.

Conselho: *Suas atitudes receptivas escondem um lado condenatório. Não se deixem manipular. Exijam firmes garantias, até de quem vocês amam.*

RELACIONAMENTOS

PONTOS FORTES: JUSTO, HONESTO, TOLERANTE

PONTOS FRACOS: CRÉDULO, POUCO PRÁTICO, HIPERMORALISTA

MELHOR: TRABALHO

PIOR: AMIZADE

CHAD LOWE (15/1/68)
ROB LOWE (17/3/64)

O ator de tevê Chad é irmão mais moço de Rob. Chad estreou em *Spencer* (1984-85), co-estreou em *Life Goes On* (1989-93). O ator de cinema Rob, membro do "Brat Pack" de Hollywood teve sua carreira brevemente ameaçada quando foi processado por fazer sexo com uma adolescente e gravar em vídeo. **Também: Martin Luther King, Jr. & Ralph Abernathy** (líderes dos direitos civis); **Hamilton & Madison** (co-autores, *The Federalist*).

783

RELACIONAMENTOS

PONTOS FORTES: GENEROSO, VIVAZ, ARTÍSTICO

PONTOS FRACOS: VIOLENTO, EXAGERADO, AUTODESTRUTIVO

MELHOR: TRABALHO

PIOR: AMOR

JOE FRAZIER (17/1/44)
MUHAMMAD ALI (17/1/42)

Estes inimigos pesos-pesados que compartilham o mesmo dia de aniversário lutaram 3 vezes, e se tornaram amigos para a vida toda. Frazier venceu o primeiro assalto, Ali o segundo – os dois por unanimidade. Mas seu maior assalto foi decisivamente vencido por Ali com um nocaute técnico de 12 rounds. **Também: Robert E. Lee & Stonewall Jackson** (generais confederados); **Mack Sennett & D.W Griffith** (diretores-produtores de cinema).

---

17 a 22 de janeiro
CÚSPIDE DO MISTÉRIO E DA IMAGINAÇÃO
CÚSPIDE DE CAPRICÓRNIO-AQUÁRIO

17 a 22 de janeiro
CÚSPIDE DO MISTÉRIO E DA IMAGINAÇÃO
CÚSPIDE CAPRICÓRNIO-AQUÁRIO

Um inferno intenso

Esses dois podem não ser a melhor combinação um para o outro. Na verdade, eles apreciam a jovialidade e a vivacidade um do outro, mas sua parceria tem duas grandes desvantagens: primeiro, que sua sinergia amplifica não somente seus talentos mas sua instabilidade, tornam-os perigosamente imprevisíveis; e segundo, que cada um deles muitas vezes sente-se mais atraído por tipos tranqüilos e passivos. Devido a sua habilidade em desencadear o lado sombrio um do outro, acessos violentos podem ser esperados neste relacionamento, o que pode ser destrutivo tanto psicológica quanto fisicamente.

Relacionamentos interpessoais como amizades, casamentos e casos amorosos são sobretudo suscetíveis a este tipo de desencadeamento. Além disso, uma vez que ambos os parceiros são fascinados por buscas imaginativas e perigosas, podem carecer de algum tipo de mecanismo de verificação ou limitador que evite que eles caiam presas de vários tipos de comportamento exagerado, talvez envolvendo drogas, violência, sexo ou fantasia. Cada parceiro meramente alimenta a chama do outro até que o relacionamento seja ventilado pelo fogo branco. Um inferno intenso ou um vulcão eruptivo de emoção pode varrer tudo em seu caminho, incluindo o relacionamento em si. Como parentes, os nascidos em Capricórnio-Aquário têm um vínculo rápido, quase telepático que permite-lhes agir como uma única pessoa, uma qualidade particularmente útil em situações de emergência que exigem reflexos rápidos. Instintos protetores também são bem desenvolvidos aqui, mas o par deve ter cuidado com suas reações violentas com pessoas que eles consideram intrusos no espaço familiar.

Mecanismos substanciais de controle realmente aparecem, por outro lado, nas esferas profissional e familiar. Pares Capricórnio-Aquário podem ser excelentes parceiros em negócios, buscas industriais e artísticas. Atitudes de trabalho árduo e responsável surgem aqui, e com elas o firme compromisso de alcançar o sucesso. As qualidades humanas do casal também são fortemente marcadas, de forma que esses dois raramente tiram proveito dos outros. Na realidade, seu par pode ser generoso, e é altamente atencioso com os sentimentos de outras pessoas, sobretudo as que estão em desvantagem social.

Conselho: *Atirar primeiro e perguntar depois não é aconselhável. Mantenha seu temperamento sob controle. Busque a moderação em todas as coisas, se possível.*

RELACIONAMENTOS

PONTOS FORTES: ENERGÉTICO, ESTIMULANTE, SOLIDÁRIO

PONTOS FRACOS: INSTÁVEL, POUCO CONFIÁVEL, IRRITANTE

MELHOR: IRMÃOS

PIOR: CASAMENTO

GEORGE BALANCHINE (22/1/04)
MARIA TALLCHIEF (24/1/25)

O mestre de balé Balanchine e a primeira bailarina Tallchief foram casados de 1946 a 1952. Ela foi bailarina do New York City Ballet (que ele ajudou a fundar) durante seus primeiros anos, 1947-65. Trabalharam juntos com freqüência, Tallchief fazendo muitos papéis importantes em suas coreografias. **Também: Konstantin Stanislavsky & Anton Chekbov** (diretor/dramaturgo); **Cary Grant & Randolph Scott** (amigos próximos; atores).

---

17 a 22 de janeiro
CÚSPIDE DO MISTÉRIO E DA IMAGINAÇÃO
CÚSPIDE CAPRICÓRNIO-AQUÁRIO

23 a 30 de janeiro
SEMANA DO GÊNIO
AQUÁRIO I

Acordos forçados

Embora esses dois possam compreender bem um ao outro e tenham energia de sobra para colocar a serviço de seus projetos compartilhados e do relacionamento em si, as coisas não funcionam em geral entre eles a menos que possam concordar em determinadas questões. Uma vez que cheguem a um acordo sobre assuntos financeiros, filosóficos e culturais podem seguir adiante, mas devem ser diligentes e prevenir lapsos periódicos sobre o que foi acordado. O problema aqui é a instabilidade emocional e a incerteza de propósito. A impetuosidade também muitas vezes ganha ascendência neste relacionamento, destruindo semanas, meses ou até anos de trabalho árduo. O relacionamento é construído sobre um equilíbrio delicado, até precário, e uma vez que ele não se destaca pela resistência ou alegria, um rompimento pode conduzir ao desastre em prazo muito curto.

Casos amorosos podem se desenvolver rapidamente, talvez até demais, uma vez que isto pode impedi-los de ter tempo para criar sólidas raízes. Além disso, tanto Capricórnio-Aquário e quanto Aquário I são namoradores, e a menos que possam tecer um acordo em torno de um relacionamento livre ou aberto, pode haver ciúmes, culpa e recriminação. Casamentos não deveriam obviamente ser tentados entre esses dois a menos que tais acordos sejam feitos primeiro e, também importante, haja uma atitude resoluta para executar esses acordos.

É melhor ter amizades superficiais pois os Capricórnio-Aquário têm um temperamento que pode sair do controle se achar seu amigo de Aquário I infiel ou irresponsável. Na família, pais nascidos em Capricórnio-Aquário podem ser muito intolerantes com jovens Aquário I; eles podem reconhecer os talentos e a inteligência desses filhos e ainda assim insistir em que eles façam tarefas menores. Relacionamentos de irmãos, por outro lado, podem ser altamente estimulantes e mutuamente solidários. Como parceiros em negócios e colegas de trabalho, Capricórnio-Aquário e Aquário I são capazes de grandes feitos, mas devem aprender a superar pequenas irritações em suas interações diárias.

Conselho: *Façam as regras e sigam-nas. Tentem refrear sua impetuosidade. Pensem no bem do grupo. Não exijam o impossível um do outro.*

17 a 22 de janeiro
CÚSPIDE DO MISTÉRIO E DA IMAGINAÇÃO
CÚSPIDE CAPRICÓRNIO-AQUÁRIO

31 de janeiro a 7 de fevereiro
SEMANA DA JUVENTUDE E DESPREOCUPAÇÃO
AQUÁRIO II

Satisfação ou insatisfação?

Este relacionamento caracteriza-se pela rápida comunicação, mas nem sempre de tipo positivo. Este par volátil facilmente expressa tanto satisfação quanto insatisfação; os parceiros raramente deixam um ao outro em dúvida quanto à sua posição. Embora Aquário II se sinta atraído pelas áreas profundas e sombrias da personalidade dos nascidos em Capricórnio-Aquário, nem sempre pode apreciar os problemas concomitantes ao relacionamento com esses indivíduos maravilhosos mas enlouquecedores. Essas duas personalidades têm uma qualidade extremamente jovem, mas Capricórnio-Aquário, com seu estilo de vida muitas vezes agitado, não envelhece tanto quanto Aquário II. O relacionamento é em geral positivo, mas seu entusiasmo não deve permitir que saia do controle e destrua o bom senso.

Casos amorosos podem ser excitantes, mas emocionalmente imprevisíveis. Aquário II muitas vezes tem problemas ao lidar com os agitados representantes de Capricórnio-Aquário, e embora possam implorar o que a natureza profunda e apaixonada desses indivíduos parece prometer, finalmente não podem lidar com sua intensidade. Os nascidos em Capricórnio-Aquário, por sua vez, podem gostar da atenção de Aquário II mas podem finalmente se cansar do que eles poderiam vir a considerar como um envolvimento cada vez mais superficial.

Nos casamentos e relacionamentos de trabalho, os nascidos em Capricórnio-Aquário podem ser sensíveis e práticos nas áreas técnicas (traços que são bem-vindos aos nascidos em Aquário II) mas caóticos emocional e financeiramente (traços que não são). Os nascidos em Aquário II muitas vezes se desesperam com as últimas trapaças de seu parceiro, e lamentam o fato de terem um dia optado por este relacionamento. Os nascidos em Capricórnio-Aquário, todavia, são facilmente absolvidos, sobretudo pelos representantes de Aquário II, que são muito relaxados depois que se acalmam.

Como amigos, esses dois podem ter excelentes momentos, seja indo a clubes juntos, saindo de férias, assistindo a filmes ou apenas não fazendo nada. Capricórnio-Aquário neste tipo de relacionamento com Aquário II se sente completamente à vontade, e é capaz de relaxar, pagando na mesma moeda e aproveitando o tempo que passam juntos. Irmãos nesta combinação também são excelentes companhias um para o outro, sobretudo quando são do sexo oposto.

Conselho: *Você pode lidar com isso? Lembre-se de que desejos se tornam realidade. Controle suas emoções. Previsibilidade não significa estupidez. Aprofunde seu compromisso.*

RELACIONAMENTOS

PONTOS FORTES: ENTUSIASTA, AGRADÁVEL, RELAXADO

PONTOS FRACOS: CAÓTICO, SUPERFICIAL, ARREPENDIDO

MELHOR: AMIZADE

PIOR: AMOR

MICHAEL TUCKER (6/2/44)
JILL EIKENBERRY (21/1/47)

Eikenberry e Tucker fizeram papéis no bem-sucedido seriado de tevê *LA Law* (1986-94). No programa eles se apaixonaram e se casaram; na vida real eles já eram casados. **Também:** Phil Everly & Don Everly (irmãos; dupla pop); Ray Anthony & Mamie Van Doren (casados; músico/atriz); Jack Abbott & Norman Mailer (escritor preso patrocinado pelo autor).

---

17 a 22 de janeiro
CÚSPIDE DO MISTÉRIO E DA IMAGINAÇÃO
CÚSPIDE CAPRICÓRNIO-AQUÁRIO

8 a 15 de fevereiro
SEMANA DA ACEITAÇÃO
AQUÁRIO II

Frio debaixo de calor

Esses dois revelam o lado rebelde um do outro. O maior problema que seu relacionamento tem, e muitas vezes seu principal foco, é se pode ter sucesso na moderação de seus impulsos, colocando-os a funcionar de forma mais equilibrada. A natureza do envolvimento aqui é tempestuosa, para dizer o mínimo. A pergunta é a seguinte: o fogo sairá do controle ou pode ser contido? Geralmente será contido, pois este par pode muitas vezes adiantar sua causa e favorecer seus interesses de forma tão profissional que desmente a intensidade de sua parceria. Manter-se frio debaixo de fogo é característica deles – e sabem como ocupar-se com o trabalho sem chamar atenção ou criar muita comoção, se assim o desejarem.

Casos amorosos, amizades e casamentos nesta combinação podem ser extremamente dedicados e leais. Os nascidos em Aquário III são capazes de aceitar Capricórnio-Aquário por inteiro, mesmo se não puderem concordar plenamente com ele. Representantes de Capricórnio-Aquário são muitas vezes seduzidos por seus companheiros de Aquário III, e sentem-se atraídos por eles fisicamente. Embora esses relacionamentos possam às vezes ser tempestuosos, eles tendem a continuar unidos por anos, confundindo críticos que previram que sua instabilidade conduziria a uma morte precoce. Relacionamentos entre pais e filhos em qualquer variação possível esforçam-se por equilíbrio e podem finalmente alcançá-lo.

Nos procedimentos de negócios, projetos de trabalho e outros esforços de carreira, esses dois podem formar uma combinação eficaz. Realizar o trabalho de acordo com o plano enfatiza o fato de que as coisas são muitas vezes resolvidas meticulosamente antes que qualquer tipo de apresentação ou confronto aconteça. Mas tensões emocionais e desacordo podem surgir nos momentos mais inoportunos, botando o trabalho a perder. O resultado é muitas vezes a auto-sabotagem dos esforços deste par, pois é mais fácil eles mesmos passarem a rasteira em si do que os outros.

Conselho: *Não deixe o fogo sair do controle. Alcance e mantenha o equilíbrio. Cuidado para não minar seus melhores esforços. Fique de olho em você mesmo.*

RELACIONAMENTOS

PONTOS FORTES: MODERADOR, PROFISSIONAL, LEAL

PONTOS FRACOS: TEMPESTUOSO, CONTRAPRODUCENTE, TENSO

MELHOR: AMOR

PIOR: PAIS-FILHOS

EMILY HARRIS (11/2/47)
WILLIAM HARRIS (22/1/45)

William e Emily é um casal do Symbionese Liberation Army, um grupo político terrorista que seqüestrou a herdeira Patti Hearst em 1974. Depois de um tiroteio com a polícia os Harris e Hearst – nesta altura compatriotas – permaneceram em liberdade, cruzando os Estados Unidos até serem presos pelo FBI em 1975. **Também:** David Lynch & Laura Dern (colegas; diretor/atriz).

RELACIONAMENTOS

PONTOS FORTES: NATURAL, IMAGINATIVO, ENCANTADOR

PONTOS FRACOS: FORA DA REALIDADE, IMPREVIDENTE, RIDÍCULO

MELHOR: FAMÍLIA

PIOR: CASAMENTO

FEDERICO FELLINI (20/1/20)
GIULLIETA MASINA (22/2/21)

Fellini e Masina se conheceram como estudantes em 1942 e se casaram um ano depois. Ela apareceu em sua estréia como diretor *Mulheres e Luzes* (1951), mas será lembrada para sempre como a doce garota de rua em sua primeira obra-prima *Na Estrada da Vida* (1954). Para Fellini ela era mais que uma atriz: era a musa que deu nova dimensão à sua arte.

---

17 a 22 de janeiro
CÚSPIDE DO MISTÉRIO E DA IMAGINAÇÃO
CÚSPIDE CAPRICÓRNIO-AQUÁRIO

16 a 22 de fevereiro
CÚSPIDE DA SENSIBILIDADE
CÚSPIDE AQUÁRIO-PEIXES

Contos de fada

Esta combinação muito natural se especializa na expressão fácil de pensamentos e idéias imaginativos. Ambos os parceiros têm uma vida interior desenvolvida, mas mesmo se um deles se satisfaz em meramente ter fantasias, o outro com certeza o tira desse estado, em geral por meio da curiosidade. Então, representar estas fantasias pode se tornar a especialidade do casal. Eles muitas vezes adoram vestir-se bem para festas e outros eventos, ou até fazer teatro na privacidade de seus lares. Isto não é exibicionismo, e certamente não é uma manifestação de tendências sociais, mas, ao contrário, a pura expressão do prazer pela representação, teatro ou faz de conta. Viver em um mundo de encantamento alegre e jovem, como fazem as crianças quando ouvem um conto de fada, pode se tornar a marca registrada deste casal.

Casos amorosos são em geral muito românticos e físicos, mais fantásticos do que mundanos. Esses namorados podem viver em um outro plano, um plano que compartilhem somente um com o outro. Confiar os segredos infantis mais íntimos, e jogar jogos que muitos adultos ficariam envergonhados, muitas vezes se tornam lugar-comum aqui. O casal pode ter pouco interesse em televisão ou em cinema, pois em geral suprem seu próprio entretenimento. Se se casarem, a união nem sempre obtém a compreensão de outras pessoas, incluindo seus próprios filhos. Envelhecer juntos em um ambiente familiar, persistindo nas atividades juvenis e imaginativas, pode causar alguma diversão, ou até preocupações sérias.

Como amigos, os dois podem decidir colocar as fantasias para funcionar a seu favor em atividades comerciais. Fazer dinheiro com assuntos ligados aos sonhos pode ser muito prazeroso, mas a ajuda de um gerente astuto e de um contador confiável pode ser tudo o que se interpõe entre este casal e a ruína financeira. Primos e irmãos nesta combinação se divertem horas brincando, precisando pouco suporte a não ser artigos domésticos e algumas roupas velhas.

Conselho: *Seja um pouco mais ciente de sua imagem. Não envie aos outros mensagens erradas. Preste mais atenção na realidade financeira.*

RELACIONAMENTOS

PONTOS FORTES: DETERMINADO, ADMIRADOR, AFETIVO

PONTOS FRACOS: MANIPULADOR, DOMINADOR, MEDROSO

MELHOR: AMIZADE

PIOR: PAIS-FILHOS

MICK TAYLOR (17/1/48)
BRIAN JONES (28/2/42)

Taylor é o guitarrista que substituiu o Rolling Stones Jones em junho de 1969. Jones deixou a banda porque não conseguia mais "olhar nos olhos dos outros" durante as gravações. Um mês depois ele foi encontrado morto em sua piscina, aparentemente vítima de depressão e abuso de drogas. **Também:** Duncan Grant & Lytton Strachey (primos, amantes; pintor/biógrafo); **Larry Fortensky & Elizabeth Taylor** (casados).

---

17 a 22 de janeiro
CÚSPIDE DO MISTÉRIO E DA IMAGINAÇÃO
CÚSPIDE CAPRICÓRNIO-AQUÁRIO

23 de fevereiro a 2 de março
SEMANA DO ESPÍRITO
PEIXES I

Descobrindo um ritmo próprio

O sucesso desse relacionamento em geral depende da descoberta de seu ritmo próprio – algo em geral, e literalmente, apenas uma questão de tempo. O sucesso também depende de encontrar as atividades certas a serem desenvolvidas. Se Peixes I sentir uma ligação pessoal com o que está fazendo, dará tudo de si. Capricórnio-Aquário muitas vezes tem a sensatez de perceber isso e luta contra a tendência de Peixes I de vagar e sonhar. Um desses parceiros, afinal, deve ser mais prático e assumir o comando se qualquer coisa tiver de ser feita. Este é um papel que Capricórnio-Aquário pode apreciar até certo ponto; e mesmo que possa se sentir um pouco frustrado caso seu dinamismo não consiga acender faíscas em seu parceiro Peixes I, ele em geral não desiste.

Casos amorosos e amizades entre esses dois podem ser compreensivos e afetivos. Peixes I às vezes sente que seu parceiro de Capricórnio-Aquário está se cercando muito veementemente, mas ele aprecia a atenção e secretamente admira a abordagem convincente de que está sendo alvo. A insensibilidade de Capricórnio-Aquário, todavia, o irrita, muitas vezes ao ponto de se retirar ou largar tudo. Enquanto isso Capricórnio-Aquário pode se sentir rejeitado e pouco apreciado, o que em geral resulta em sentimentos sufocados de raiva e depressão. Capricórnio-Aquário assume o controle no casamento, buscando convencer seu parceiro mais meigo de Peixes I que o relacionamento é do seu melhor interesse. Nos relacionamentos entre pais e filhos, pais nascidos em Capricórnio-Aquário podem desempenhar um papel tirano e dominador na vida de seus filhos de Peixes I. Libertar-se de suas influências será difícil para os filhos, que podem sofrer por anos uma mistura de admiração e medo de tal figura paterna.

Parcerias de negócios bem-sucedidas e outros relacionamentos profissionais são possíveis entre esses dois quando Capricórnio-Aquário convida Peixes I para se juntar a ele em empreendimentos de interesse mútuo. Peixes I se beneficiará muito de contatos comerciais para os quais o mais firme Capricórnio-Aquário pode apresentá-lo, e aprenderá com seu parceiro a sobreviver em um mundo competitivo.

Conselho: *Seja sensível às necessidades dos outros. Tenha mais compreensão. Tente compartilhar papéis de liderança. Dê tempo para que iniciativas se desenvolvam.*

17 a 22 de janeiro
CÚSPIDE DO MISTÉRIO E DA IMAGINAÇÃO
CÚSPIDE CAPRICÓRNIO-AQUÁRIO

3 a 10 de março
SEMANA DO SOLITÁRIO
PEIXES II

Um processo de treinamento

Este relacionamento tem uma ligação empática, mas seu maior desafio e foco é muitas vezes a aceitação mútua. A chave aqui é desenvolver a confiança, o que pode requerer alguma paciência, pois esses parceiros são muito diferentes em temperamento e podem não se dar bem de forma alguma por longos períodos de tempo. Aprender a se relacionar, todavia, pode se tornar um processo maravilhoso de autodescoberta para eles, o que os ajudará a perceber o verdadeiro valor de seu relacionamento. Há uma química estranha em funcionamento aqui, na qual a competição pode finalmente favorecer a admiração, a irritação pode levar à aceitação e o egoísmo pode se tornar compartilhamento. É muitas vezes por meio de uma atividade ou interesse comum que este processo de treinamento acontece.

Casos amorosos entre esses dois dependem da habilidade de Capricórnio-Aquário de aceitar não somente a necessidade de Peixes II de privacidade, mas também sua escolha de amigos. Capricórnio-Aquário pode ser muito exigente da atenção de Peixes II e deve sentir que ele é o número um da afeição de seu parceiro. Nas amizades também, ser intitulado de "melhor amigo" de um Peixes II talvez tenha grande importância para Capricórnio-Aquário, indicando talvez em ambas as situações uma atitude um tanto imatura e egocêntrica. O casamento tem chance de sucesso se Capricórnio-Aquário aprender a recuar em vez de ser possessivo e controlador com o cônjuge de Peixes II. Os nascidos em Peixes II podem ter de abandonar atitudes reivindicatórias e dar mais liberdade ao seu parceiro de Capricórnio-Aquário.

Nos relacionamentos de trabalho e familiares, desafios competitivos muitas vezes se tornam uma questão principal. Esses parceiros podem estar competindo pela atenção de um chefe ou pai, por uma posição superior ou por superioridade objetiva através de realizações, mas na maioria dos casos suas lutas podem ter um resultado positivo no final. No momento, todavia, colegas de trabalho e parentes terão de exercitar paciência maior para ficar de lado e deixar Capricórnio-Aquário e Peixes II resolver ou brigar pelas coisas.

Conselho: *Tenha mais paciência. A estrada para a aceitação não é fácil. Demonstre sua disposição para a conciliação. Cultive a diplomacia.*

RELACIONAMENTOS

PONTOS FORTES: PERSISTENTE, CONFIÁVEL, EMPÁTICO

PONTOS FRACOS: COMBATIVO, EGOÍSTA, CONTROLADOR

MELHOR: FAMÍLIA

PIOR: AMIZADE

AL JOYNER (19/1/60)
JACKIE JOYNER-KERSEE (3/3/62)

Al e Jackie, irmão e irmã, se tornaram estrelas da pista nos anos 1980. Ele ganhou medalha de ouro olímpica por salto triplo em 1984. Ela ganhou medalha de ouro por heptátlon e salto a distância no campeonato mundial de 1987 e nas olimpíadas de 1988, ela repetiu sua performance nas olimpíadas de 1992. Em 1986 ela recebeu o Prêmio Sullivan como melhor atleta amadora dos Estados Unidos.

---

17 a 22 de janeiro
CÚSPIDE DO MISTÉRIO E DA IMAGINAÇÃO
CÚSPIDE CAPRICÓRNIO-AQUÁRIO

11 a 18 de março
SEMANA DOS DANÇARINOS E SONHADORES
PEIXES III

Arquivos particulares

Este relacionamento revela o lado secreto de seus parceiros. É provável que seu par se torne, entre outras coisas, um repositório de todos os tipos de informação oculta, não somente sobre eles mesmos mas sobre os outros. Não é de admirar que eles demonstrem interesse especial pela fofoca, em ler jornais e assistir noticiários, uma vez que muito do que vêem lança luz adicional em seus arquivos privados, e talvez os enriqueça. Caso o relacionamento discretamente mantenha tais informações para eles mesmos, sua preocupação com a coleta de material poderia ser vista apenas como um hobby inofensivo, mas na realidade estas informações são muitas vezes reveladas em determinadas oportunidades ou momentos inoportunos, com efeito arrasador.

O desafio do caso amoroso ou do casamento desta combinação é lidar com o material do passado de cada personalidade – de forma sensível e compreensiva. É provável que ambos os parceiros tenham enterrado muitas memórias dolorosas, com as quais o relacionamento é capaz de lidar de forma terapêutica. Por meio da abertura e da discussão mútua, muito deste material pode ser trabalhado, e roteiros antigos podem ser analisados e descartados. Uma grande quantidade de confiança é necessária, naturalmente, com a conseqüência de que se um dos parceiros romper o relacionamento haverá ansiedade devastadora.

É provável que membros da família nesta combinação sejam cronistas de acontecimentos passados que compartilham muitos mas não todos os arquivos com outros parentes. Eles muitas vezes mantêm o material oculto para tirar vantagem dele um dia. Como amigos, esses dois estão especialmente interessados nos acontecimentos de seu ambiente social. Colegas de trabalho nesta combinação às vezes acumulam informações prejudiciais sobre a empresa, mas em geral são sensíveis o suficiente para guardá-las para si. Caso sejam demitidos de seus empregos, todavia, será perigosamente tentador para eles tornar públicas estas informações ou até, em casos extremos, oferecê-las pela oferta mais alta.

Conselho: *Não embarque em uma grande viagem de poder. Cuidado com a chantagem emocional. Você pode estar jogando um jogo perigoso. Desligue-se um pouco de suas preocupações.*

RELACIONAMENTOS

PONTOS FORTES: CRONISTA, TERAPÊUTICO, DIGNO DE CONFIANÇA

PONTOS FRACOS: FOFOQUEIRO, SENSACIONALISTA, INDISCRETO

MELHOR: CASAMENTO

PIOR: TRABALHO

RENNY HARLIN (15/3/59)
GEENA DAVIS (21/1/57)

Davis ganhou o Oscar de atriz coadjuvante em *Turista Acidental* (1988), mas talvez seja mais lembrada por seu papel de dona de casa fugitiva em *Thelma & Louise* (1991). Depois de seu divórcio em 1990 do ator de *A Mosca*, Jeff Goldblum, ela se casou com o diretor de filmes de ação Harlin (*Cliffhanger*, 1993). **Também: Telly Savalas & Kevin Dobson** (co-estrelas, *Kojak*); **Desi Arnaz, Jr. & Liza Minnelli** (romance; ator/artista).

| RELACIONAMENTOS |

PONTOS FORTES: COMUNICATIVO, LÚCIDO, PSÍQUICO

PONTOS FRACOS: IMPREVISÍVEL, POUCO CONFIÁVEL, INSTÁVEL

MELHOR: AMIZADE

PIOR: FAMÍLIA

JEAN PICCARD (28/1/1884)
AUGUSTE PICCARD (28/1/1884)

Os irmãos gêmeos Piccard foram pioneiros do século XX em balonismo e mergulho no mar. Em 1932 o físico Auguste atingiu a altitude de 16.000 metros em seu balão. Depois de 1946 ele fez mergulhos no mar com um batiscafo projetado por ele. O engenheiro químico Jean acompanhou o irmão em muitas subidas: ambos pesquisaram raios cósmicos.
Também: Pierre Beaumarchais & Wolfgang Mozart (roteirista inspirou composição de *Figaro*).

23 a 30 de janeiro
SEMANA DO GÊNIO
AQUÁRIO I

23 a 30 de janeiro
SEMANA DO GÊNIO
AQUÁRIO I

A velocidade da luz

Esses dois raramente dão um ao outro a estabilidade que necessitam. Embora Aquário I possa ser muito divertido, não necessariamente é capaz de contribuir muito mais do que com entretenimento e grande sagacidade para o relacionamento, e seus pares em geral dependem que outros parceiros supram pesadas doses de responsabilidade, seriedade e perseverança para mantê-lo viável – contribuição que é mais provável vir de outras personalidades do que deles próprios. Os nascidos em Aquário I podem ser amorosos e bondosos um com o outro, ou igualmente muito frios e cínicos, dependendo de seu humor. Sua imprevisibilidade é exacerbada neste relacionamento – provavelmente ninguém saberá o que eles podem apresentar a seguir. A comunicação rápida e precisa é uma vantagem deste relacionamento; mensagens às vezes parecem voar para frente e para trás com a velocidade da luz. De fato, não é raro que a telepatia represente um papel importante aqui, com ou sem o conhecimento dos parceiros.

Casos amorosos entre dois representantes de Aquário I tendem a ser breves, porém memoráveis. Extremamente instáveis, eles florescem repentina e dramaticamente, como determinadas plantas tropicais, em seguida murcham com a mesma rapidez. O casamento entre representantes de Aquário I pode ser surpreendentemente duradouro uma vez que os cônjuges compreendam que devem garantir um ao outro a mesma liberdade que exigem para si. Qualidades fixas surgem nos assuntos domésticos e financeiros nestes relacionamentos.

No trabalho, os nascidos em Aquário I colaboram bem juntos, mas somente a sua própria estranha maneira. Uma equipe inspirada, eles muitas vezes se saem melhor quando não têm muito contato, mas são capazes de manter contato com a base quando necessário para consulta e conselho. Na família, parentes de Aquário I nem sempre concordam nos assuntos importantes (e, na realidade, podem ser muito briguentos), mas pelo menos são capazes de compreender o ponto de vista um do outro. Quando irmãos de Aquário I estão de acordo, podem tornar seu ponto de vista muito convincente. Como amigos, Aquário I são companhias maravilhosas em uma ampla variedade de esforços. Uma vez que esses dois coloquem suas mentes a funcionar é provável que produzam resultados surpreendentes.

Conselho: *Procure ser mais consistente. Mantenha sob controle sua impetuosidade. Explore as emoções mais profundamente. Não se sinta culpado por aplicar um duplo padrão.*

| RELACIONAMENTOS |

PONTOS FORTES: ABERTO, DESPREOCUPADO, INDEPENDENTE

PONTOS FRACOS: ESCAPISTA, NEGADOR, IMATURO

MELHOR: PAIS-FILHOS

PIOR: TRABALHO

ALAN ALDA (28/1/36)
MIKE FARRELL (6/2/39)

Alda e Farrell co-estrearam um dos seriados mais populares e duráveis da tevê, M*A*S*H (1972-83), como médicos do exército na Guerra da Coréia. Alda, o espirituoso Hawkeye, e Farrell (que se juntou ao programa na terceira temporada), como seu travesso parceiro B.J., formavam uma incrível química natural juntos.
Também: John Ireland & Joanne Dru (casados; atores); **Troy Donahue & Suzanne Pleshette** (casados; atores).

23 a 30 de janeiro
SEMANA DO GÊNIO
AQUÁRIO I

31 de janeiro a 7 de fevereiro
SEMANA DA JUVENTUDE E DESPREOCUPAÇÃO
AQUÁRIO II

Pagando a conta

Este relacionamento objetiva ser tão livre de problemas quanto possível. A mútua alergia desses parceiros a problemas na maioria das vezes tende a dar ao relacionamento um ar de despreocupação. O preço que eles pagam por este equilíbrio, todavia, pode ser pesado, uma vez que ao evitar as dificuldades sempre que possível, o relacionamento pode acabar causando mais delas ao longo do tempo. Embora Aquário II goste de dar descanso ao seu lado sombrio neste relacionamento, isso não é nenhuma garantia de que haverá paz, uma vez que a sombra interior não aceita ser ignorada e bem pode exigir atenção. O relacionamento pode no entanto ser extremamente prazeroso para ambos os parceiros, pelo menos enquanto ele ainda funcionar.

Casos amorosos e amizades podem ser sobretudo entusiásticos, porém podem carecer de longevidade devido à dificuldade de ambos os parceiros de assumirem um compromisso de longo prazo. Trocas fáceis e poucas responsabilidades são as palavras chaves aqui. Um ar inocente inunda o relacionamento mas, infelizmente, também um ar infantil e imaturo. Esses dois podem às vezes parecer crianças que nunca crescem – e nunca desejam crescer também.

Relacionamentos que exigem um compromisso mais fixo, tais como pares profissionais e casamentos, não são particularmente favorecidos por esta combinação. O grau de independência que os parceiros exigem, e sua inabilidade de se submeter à autoridade controladora e exigente, é em geral proibitiva em ambos os casos. As condições podem ser melhoradas mantendo o poder igualmente dividido entre eles, seja em casa ou no trabalho, e evitando posturas autoritárias ou que exibam uma atitude de virtude superior.

Na família, pares pais-filhos em qualquer variação possível podem ser livres e permissivos. A atitude dos parceiros é na realidade que a liberdade não é alguma coisa que se recebe mas algo que se conquista. De certa forma, os filhos acabam sendo mais responsáveis assumindo a responsabilidade por suas próprias ações do que poderiam ser em ambientes mais autoritários.

Conselho: *Mais cedo ou mais tarde a conta terá de ser paga. Abstenção somente pode criar maiores dificuldades. Cuide das coisas agora. Assuma suas responsabilidades.*

23 a 30 de janeiro
SEMANA DO GÊNIO
AQUÁRIO I

8 a 15 de fevereiro
SEMANA DA ACEITAÇÃO
AQUÁRIO III

O mais prazeroso possível

Na medida do possível, esta dupla escolhe o caminho de menor resistência. Ambos os parceiros sabem que há duas formas de fazer as coisas: da forma difícil e, preferencialmente, da forma fácil. Não é que eles evitem de todas as formas as responsabilidades e os problemas, pois como par eles estão mais do que cientes dos perigos de sua abordagem. Mas o seu relacionamento é muito fatalista em aceitar o que tem de ser feito, e tentará fazê-lo da forma o mais prazerosa possível. Além disso, as decisões que esses dois fazem pode ser confiáveis, rápidas e decisivas, uma vez que sabem que ao retirar o inevitável do caminho agora terão mais tempo para diversão mais tarde.

Os casos amorosos entre esses dois são muitas vezes mais sensuais do que sexuais. Grandes amantes do prazer, eles muitas vezes gostam de comida, massagem, arte, música e outros prazeres terrenos semelhantes, de todos igualmente. Pares casados desta combinação dão mais atenção para a planta de suas casas e, sobretudo, para as cores e os tecidos que usam na decoração. Projetar a própria casa pode ser um prazer para eles, embora possam esperar muitas divergências acaloradas ao longo do caminho devido aos seus gostos deferentes.

Como amigos e irmãos, esses dois podem ser extremamente íntimos nos seus anos de formação, e passarão excelentes momentos juntos. Alguma rebeldia e impaciência com autoridades são inevitáveis aqui, mas o par muitas vezes elaborará uma forma melhor de fazer as coisas, e ao fazê-lo provarão finalmente como são confiáveis. É possível, mas nem sempre aconselhável, que Aquário I e III trabalhem juntos. O lado divertido da vida, afinal, é a área onde seu relacionamento se sai melhor, e uma ocupação tediosa ou repetitiva pode arrefecer os sentimentos entre eles. Por outro lado, se forem parceiros em negócios ou colegas de trabalho em um campo que desafia sua imaginação e oferece-lhes uma boa variedade, podem trabalhar lado a lado muito contentes e de forma produtiva.

Conselho: *Você não tem todas as respostas. Siga o conselho das outras pessoas ocasionalmente. Prazer nem sempre é o mais importante.*

RELACIONAMENTOS

PONTOS FORTES: AGRADÁVEL, CONFIÁVEL, SENSUAL

PONTOS FRACOS: EMBOTADO, REBELDE, DISCORDANTE

MELHOR: AMOR

PIOR: TRABALHO

FRANKLIN ROOSEVELT (30/1/1882)
LEO SZILARD (11/2/1898)

O médico húngaro Szilard foi um dos vários cientistas que, em 1939, persuadiram Einstein a recomendar com insistência Roosevelt a desenvolver a bomba atômica antes que os alemães o fizessem. Szilard ajudou a escrever a carta que Einstein enviou ao presidente e que resultaria na ordem de Roosevelt de que se fizessem o esforço.

---

23 a 30 de janeiro
SEMANA DO GÊNIO
AQUÁRIO I

16 a 22 de fevereiro
CÚSPIDE DA SENSIBILIDADE
CÚSPIDE DE AQUÁRIO-PEIXES

Ficando do lado de fora

Os parceiros neste relacionamento podem descobrir que não têm profundas necessidades sociais e que preferem ficar do lado de fora das interações humanas comuns, como observadores em vez de participantes. Porém, raramente se sentem isolados, embora tenham de ser cuidadosos para não negligenciar suas responsabilidades para com a família e os amigos. Caso Aquário I assuma o comando no relacionamento, Aquário-Peixes pode se sentir um pouco frustrado ao ser deixado de fora da tomada de decisões, portanto em geral é sensato que o poder seja compartilhado o mais igualmente possível. Os nascidos em Aquário-Peixes também tendem a ser um pouco defensivos na presença de um Aquário I, admirando seus poderes mentais e capacidade de liderança. No entanto, os nascidos em Aquário-Peixes na realidade tendem a ter uma compreensão emocional mais profunda das coisas do que representantes de Aquário I, e conseqüentemente têm muito a ensinar aos seus talentosos parceiros.

No romance esta combinação se manifesta como volátil e um tanto impulsiva, talvez até ousada. Isto é particularmente verdadeiro nos casos amorosos, que podem ser iniciados de modo impetuoso, deixando os parceiros com uma sensação de arrependimento por não terem mais paciência e prudência. Caso os namorados contemplem o casamento, deveriam dar a eles mesmos tempo suficiente para se conhecerem primeiro. De interesse particular é como dividem responsabilidades, que vão de ganhar dinheiro até a administração doméstica.

A amizade entre Aquário I e Aquário-Peixes pode ser muito sensível a respeito do sucesso – os parceiros provavelmente competirão um com o outro para alcançar maior reconhecimento e status ou salários mais altos. Embora sua competição possa ser divertida, ela também tem um sério limite, que eles deveriam discutir e resolver tanto quanto possível. Pares patrão-empregado e pais-filhos nesta combinação se apoiam na firme liderança. Muito freqüentemente, o funcionário ou filho ficarão com raiva pela falta de direção advinda do topo e a atribuirá à fraqueza ou indecisão da parte do chefe ou do pai, o que engendra perda de respeito. Colegas de trabalho e relacionamentos de irmãos são muitas vezes mais bem-sucedidos, uma vez que aqui é mais provável a igualdade entre os parceiros.

Conselho: *Descubra e exercite seu verdadeiro eu social. Encontre uma ligação significativa com outras pessoas. Status é menos importante que envolvimento.*

RELACIONAMENTOS

PONTOS FORTES: OBSERVADOR, BRINCALHÃO, INSTRUTIVO

PONTOS FRACOS: OUSADO, ARREPENDIDO, INTIMIDADO

MELHOR: COLEGAS

PIOR: PAIS-FILHOS

JOHN TRAVOLTA (18/2/54)
DIANA HYLAND (25/1/36)

Hyland era uma talentosa e promissora atriz de tevê (*Eight Is Enough*) que em 1977 morreu de câncer aos 41 anos de idade. Embora 18 anos mais velha que Travolta, ela foi seu primeiro amor sério. Eles eram namorados há 9 meses quando ela morreu nos braços de Travolta, que então tinha 22 anos. **Também: FDR & Wendell Willkie** (oponentes à presidência em 1940).

RELACIONAMENTOS

PONTOS FORTES: ESPIRITUALIZADO, RECEPTIVO, VERSÁTIL

PONTOS FRACOS: POLARIZADO, SABOTADOR, IRRECONCILIADO

MELHOR: AMOR

PIOR: FAMÍLIA

PAUL NEWMAN (26/1/25)
JOANNE WOODWARD (27/2/30)

Newman e Woodward se conheceram em 1953 e se casaram em 1958, formando um dos relacionamento mais duráveis e bem-sucedidos de Hollywood. Fora de sua carreira estelar como atores, eles são ativistas políticos bastante visíveis, comprometidos com muitas causas sociais e caritativas. **Também: Alan Alda & Robert Alda** (filho/pai; atores); **Bridget Fonda & Peter Fonda** (filha/pai; atores).

23 a 30 de janeiro
SEMANA DO GÊNIO
AQUÁRIO I

23 de fevereiro a 2 de março
SEMANA DO ESPÍRITO
PEIXES I

Pensamento espiritualizado

Esta combinação representa simbolicamente uma mistura de mente (Aquário I) e de alma (Peixes I). Naturalmente, as distinções entre essas áreas nem sempre são pretas-e-brancas, mas geralmente são as características mentais de Aquário I e a espiritualidade de Peixes I que reagem no cadinho do relacionamento. O resultado desta fusão depende do grau de aceitação um do outro, pois se isto for incompleto, suas respectivas qualidades permanecerão parcialmente opostas e irreconciliáveis. Caso a aceitação seja total ou quase, todavia, uma nova entidade pode surgir, erradicando qualquer polaridade e substituindo-a por conhecimento elevado, uma espécie de pensamento espiritualizado. Esta entidade altamente incomum às vezes funciona com autonomia dos parceiros em si, em geral servindo com uma mente mais elevada, um guia para cada uma de suas ações.

O grau de amor nos romances e casamentos é em si prova de que aconteceu uma fusão de mente e espírito. Expressão sexual, solidariedade e afeição são de modo algum contraditórias aqui e, na realidade, em geral estão presentes. Da aceitação segue-se a compreensão e, finalmente, a empatia, indicando uma verdadeira comunhão de sentimentos. Diferenças enormes podem existir no relacionamento, pois como indivíduos esses parceiros raramente até mesmo começam a se parecer um com o outro ou a pensar e agir da mesma forma. Esta diversidade, no entanto, fala bem da saúde psicológica do par.

Como amigos e irmãos, Aquário I e Peixes I são capazes de alcançar níveis de conhecimento tão elevados quanto os namorados e cônjuges. Mais freqüentemente, essas amizades e pares familiares progridem muito menos, e na realidade poderiam permanecer polarizados pela vida toda. Raramente capazes de aceitar por completo um ao outro, esses dois podem compartilhar muitas atividades harmoniosamente sem sentir qualquer ligação real de alma.

Relacionamentos no trabalho são melhor mantidos isolados das interações interpessoais. A abordagem muito diferente aos negócios e técnicas de Aquário I e Peixes I oferece versatilidade, mas pode minar a unanimidade de opinião que pode ser vital nas negociações comerciais.

Conselho: *Não recuem. Entreguem-se à experiência. Grandes coisas são possíveis uma vez que vocês se aceitem completamente. Ouçam seus guias.*

RELACIONAMENTOS

PONTOS FORTES: INTELIGENTE, SELETIVO, SOFISTICADO

PONTOS FRACOS: ENGANOSO, TRAPACEIRO, ILUSIONÁRIO

MELHOR: TRABALHO

PIOR: IRMÃOS

STEDMAN GRAHAM (6/3/51)
OPRAH WINFREY (29/1/54)

A apresentadora de programa de entrevista multiganhadora de prêmios Emmy, Winfrey teve um longo relacionamento com o elegante amigo e companheiro Stedman. Depois de estar oficialmente noiva por 4 anos, Oprah declarou: "Tenho o direito de não me casar." **Também: Boris Spassky & Bobby Fischer** (adversários do xadrez); **Virginia Woolf & Vita Sackville-West** (namoradas; escritoras); **Vanessa & Lynn Redgrave** (irmãs; atrizes).

23 a 30 de janeiro
SEMANA DO GÊNIO
AQUÁRIO I

3 a 10 de março
SEMANA DO SOLITÁRIO
PEIXES II

Tirando os outros do caminho

Esta combinação terá dificuldade se tentar se esconder, e é muitas vezes controversa, embora seja também extremamente privativa. Os amigos e a família dos parceiros poderiam chegar à conclusão que deveriam ser exibicionistas, uma vez que inevitavelmente acabam debaixo dos holofotes, e no entanto nada está mais longe da verdade: os momentos intensos no relacionamento são extremamente pessoais, estejam ou não os parceiros fisicamente sozinhos. Mesmo no meio do tumulto e da algazarra, eles podem cerrar suas cortinas e se isolarem na multidão. Parte do segredo do relacionamento é que carrega com ele uma compreensão única e profunda da dinâmica do comportamento privado e público, uma compreensão que pode ser usada a seu favor.

Os casos amorosos desta combinação poderiam ser controversos se os parceiros escolhessem revelar os particulares de sua intimidade, mas poucos podem até adivinhar que poderia existir um romance entre alguns desses casais – e já é surpreendente que eles estejam juntos. O casamento lança outra espécie de cortina de fumaça, a da respeitabilidade; a aparência convencional pode ser enganadora aqui, estando totalmente em desacordo com a verdade. Tanto no amor quanto no casamento, Peixes II pode representar o papel de introvertido e Aquário I de extrovertido, quando a verdade é exatamente o oposto.

Amizades e relacionamentos de irmãos podem esconder muitos segredos. Esses dois muitas vezes divertem-se em chocar os outros, em geral por meio de revelações surpreendentes que tiram as pessoas do caminho. Aliás, o par pode esconder-se, não ocultando suas atividades reais, mas revelando uma seqüência de imitações que servem apenas como diversão. Caçoar dos pais com sua postura de esconde-esconde é um dos principais prazeres de irmãos Aquário I-Peixes II.

Nos assuntos de negócios e de carreira, esses dois podem se achar em uma posição fixa com relação um ao outro, mas seu comportamento na luz clara do dia pode ser tão sofisticado que poucos realmente compreenderão o que está acontecendo. Mesmo que vejam, podem não acreditar na prova direta de seus sentidos.

Conselho: *Seja mais honesto. Quem você está tentando enganar? A decepção pode se tornar cansativa. Uma vez que os outros vejam o que você está fazendo, podem não acreditar mais em você novamente.*

790

23 a 30 de janeiro
SEMANA DO GÊNIO
AQUÁRIO I

11 a 18 de março
SEMANA DOS DANÇARINOS E SONHADORES
PEIXES III

Domínios teóricos

É provável que este relacionamento se concentre em domínios teóricos não facilmente abordados ou compreendidos por outras pessoas. A especulação filosófica é algo natural para esses dois como indivíduos, um traço que a sinergia de seu relacionamento exacerba. Aquário I e Peixes III têm antenas erguidas um para o outro. Eles são extremamente sensíveis aos desejos e humores um do outro, muitas vezes antecipando-os de forma gratificante, o que reforça a solidariedade psíquica do relacionamento. Embora Aquário I seja mais mentalmente orientado e Peixes III mais emocionalmente orientado nas questões diárias, é mais provável que tais diferenças complementem do que perturbem seu relacionamento.

Os casos amorosos entre esses dois podem ser mágicos, efêmeros e difíceis de definir. Eles são extremamente empáticos; a sensibilidade de cada parceiro para o que o outro está sentindo pode causar-lhes verdadeiro sofrimento. Compartilham com alegria os problemas um do outro, mas às vezes pode ser difícil discernir suas próprias dificuldades das de seu namorado – pois os limites do ego tornam-se indistintos aqui, e as identidades afloram. No casamento, uma grande força de vontade terá de ser empregada para conter a individualidade de cada pessoa, uma qualidade que os filhos muitas vezes têm necessidade de observar em seus pais. Muito freqüentemente aqui uma frente monolítica sinaliza uma ruptura de personalidades autônomas.

Membros da família e amigos desta combinação podem ser extremamente sensíveis um com o outro, o que significa que podem em um momento ser atenciosos e amáveis, no próximo irritar-se mutuamente. Finamente sintonizados, esses dois devem aprender a apagar suas telas quando estão juntos e, ao afrouxar a conexão, preservar seu próprio fluxo de meditação interior. Combinações de trabalho podem ser encontradas em todas as esferas de ação, mas até as ocupações mais mundanas e ordinárias podem resultar em conversas altamente sofisticadas durante almoços e depois do trabalho. Quando esses dois se envolvem em pesquisa científica, ensino, jogo ou especulação financeira, podem satisfazer tanto seu amor ao teórico quanto sua fascinação com a possibilidade do completo. Tentar descobrir as leis por trás da realidade diária pode se tornar uma pesquisa para a vida toda.

Conselho: *Encontre equilíbrio entre empatia e individualidade. Compartilhe, mas também reivindique o que é seu. Procure não despejar seus problemas nos outros.*

RELACIONAMENTOS

PONTOS FORTES: TEÓRICO, SENSÍVEL, ESPECULATIVO

PONTOS FRACOS: INTROMETIDO, SOFREDOR, IMITATIVO

MELHOR: AMOR

PIOR: FAMÍLIA

MIKHAIL BARYSHNIKOV (28/1/48)
RUDOFF NUREYEV (17/3/38)

Os russos Baryshnikov e Nureyev são considerados os 2 maiores bailarinos de balé do século XX. Ambos eram bailarinos principais do Kirov de Leningrado quando, em diferentes épocas, desertaram para o Ocidente. Ambos buscavam maior liberdade de coreografia e estilo de vida que o ocidente tinha a oferecer.
Também: FDR & Albert Einstein (presidente/conselheiro científico).

---

31 de janeiro a 7 de fevereiro
SEMANA DA JUVENTUDE E DESPREOCUPAÇÃO
AQUÁRIO II

31 de janeiro a 7 de fevereiro
SEMANA DA JUVENTUDE E DESPREOCUPAÇÃO
AQUÁRIO II

Atraindo problemas

Para quem gosta de coisas fáceis e simples, esses dois certamente atraem sua parte de problemas. Parte da explicação para isso é a tendência de Aquário II de reunir elementos de seu próprio lado sombrio em seu ambiente – uma tendência que este relacionamento amplifica. As dificuldades do casal estão relacionadas à sua necessidade de chamar atenção, pois juntamente com esta atenção é provável que seu relacionamento atraia todos os tipos de energia potencialmente debilitante. Em geral favorece duas alternativas: primeiro, continuar com seu impulso de permanecer debaixo dos holofotes; segundo, se retirar para uma posição mais segura, escolha que às vezes exige que os parceiros se afastem e sigam caminhos separados, como fugitivos na noite. Em ambos os casos o relacionamento está sendo dirigido por sua necessidade de atenção nos mundos social, familiar ou profissional. Caso esse desejo fosse redimensionado para um nível razoável, as alternativas enfrentadas no relacionamento seriam menos problemáticas.

É provável que amigos, namorados e membros da família desta combinação atraiam parasitas que desejam se envolver emocionalmente com eles. O fato de despertar essa tendência parasitária nos outros pode se tornar um verdadeiro problema para Aquário II, e em casos extremos pode enfraquecer e até destruir seu vínculo. Caso o relacionamento sobreviva a este ataque furioso mas sutil, por outro lado, ele emergirá disciplinado, mais esperto e certamente mais habilitado para lidar com esses problemas – muitas vezes auto-induzidos – no futuro.

No ambiente profissional esses dois sentem-se mais à vontade com uma abordagem de pouca intensidade. Ao não assumirem muitas responsabilidades, podem desincumbir-se daquilo que realmente assumem de forma relaxada e eficiente, e também podem implementar suas idéias muitas vezes brilhantes sem despertar animosidade ou resistências indevidas. Por outro lado, o casamento entre representantes de Aquário II pode despertar ciúmes ou aversões em outras pessoas por causa de sua maneira muitas vezes elitista e exagerada. As atitudes superiores destes casais, e seus esforços transparentes de chegar ao topo da escada social, tornam a vida difícil para eles e para seus filhos.

Conselho: *Diminua a sua necessidade de atenção. Seja mais prudente em relação a quem você se associa. Não se deixe enganar por sua própria presunção.*

RELACIONAMENTOS

PONTOS FORTES: POPULAR, RELAXADO, BUSCADOR

PONTOS FRACOS: ELITISTA, PRESUNÇOSO, PERSEGUIDOR

MELHOR: TRABALHO

PIOR: CASAMENTO

RONALD REAGAN (6/2/11)
SARAH BRADY (6/2/42)

Sarah é a esposa de Jim Brady, secretário de imprensa de Reagan que em 1981 foi gravemente ferido por arma de fogo em uma tentativa de assassinato do presidente. Subseqüentemente, Sarah, com o apoio de Reagan encabeçou uma campanha para aprovar a "Lei Brady", que restringe a venda de armas de fogo ao público, e que foi sancionada como lei pelo presidente Clinton em 1993. Seu nascimento, coincidentemente, é no mesmo dia do presidente Reagan.

RELACIONAMENTOS

PONTOS FORTES: MODESTO, RESPONSÁVEL, TRANQÜILO

PONTOS FRACOS: ESTAGNADO, SATISFEITO DEMAIS, DISINTERESSADO

MELHOR: PAIS-FILHOS

PIOR: AMOR

EVA GABOR (2/11/21)
ZSA ZSA GABOR (2/6/19)

As charmosas irmãs húngaras Gabor chegaram em Hollywood por volta de 1940. Eva atuava mais enquanto Zsa Zsa preferia perseguir maridos e namorados ricos a papéis no cinema. Zsa Zsa é mais conhecida pela língua ferina e personalidade de programas de entrevista na tevê.
Também: Jennifer Jason Leigh & Vic Morrow (filha/pai; atores); Phil Collins & Peter Gabriel (Genesis); Andreas & Georgios Papandreou (filho/pai; primeiros-ministros gregos).

---

31 de janeiro a 7 de fevereiro
SEMANA DA JUVENTUDE E DESPREOCUPAÇÃO
AQUÁRIO II

8 a 15 de fevereiro
SEMANA DA ACEITAÇÃO
AQUÁRIO III

Um carro sem motorista

Qual dessas duas personalidades acabará no lugar do motorista? Superficialmente, nenhum deles pode estar muito interessado em dominar ou assumir o comando, mas as circunstâncias muitas vezes forçam tais papéis em sua vida profissional. E em seus relacionamentos pessoais um com o outro pode haver até mais razões compelidoras para um deles assumir o comando, pois sem tal liderança o par pode vagar sem direção. No entanto, o relacionamento pode caracterizar uma marcada resistência para o comportamento assertivo de um parceiro, o que é lamentável, uma vez que em seu desejo de deixar as coisas como estão esses dois podem estar mimando sua oportunidade de sucesso pessoal, social e até financeiro.

Casos amorosos e amizades poderiam parecer menos necessitados de liderança real do que outros relacionamentos pessoais desta combinação. Na amizade, todavia, a liderança pode tomar a forma de auto desenvolvimento encorajador, crescimento espiritual e enriquecimento emocional, e se o relacionamento carecer deste tipo de impulso pode ser necessário que um dos parceiros puxe um pouco para esta direção. Os casos amorosos podem sofrer de complacência, e as amizades, de desinteresse, mas alguém terá de deixar de lado a preguiça se tiver de haver progresso. O casamento como uma regra tende a necessitar de direção financeira, e se isso não puder ser encontrado no relacionamento em si, terá de ser buscado conselho profissional. Em alguns casos, um filho astuto pode preencher alguns vazios na vida mais tarde.

Empresas e famílias sofrem agudamente da falta de liderança, e aqui o par poderia ser empurrado para uma posição de responsabilidade fora do comum. Caso já exista liderança incompetente ou ineficaz, os parceiros podem ser confrontados com a tarefa desagradável, porém necessária, de desbancá-la, o que poderia provocar animosidade e até ódio. Os relacionamentos patrão-empregado e pais-filhos nesta combinação muitas vezes testemunham a passagem de poder de uma geração mais velha para a mais jovem, não sem algum atrito e dificuldade, mas em geral com quase completo acordo entre os parceiros, juntamente com o de colegas de trabalho e da família.

Conselho: *Faça alguma coisa de sua vida. Não fique parado. Pode ser que você tenha de assumir a liderança. Motivação é fundamental. Cuidado com a complacência.*

RELACIONAMENTOS

PONTOS FORTES: SE ACEITA COMO É, SENSUAL, INVESTIGATIVO

PONTOS FRACOS: NEGADOR, INCONSCIENTE, REPRIMIDO

MELHOR: CASAMENTO

PIOR: FAMÍLIA

BETTY FRIEDAN (2/4/21)
HELEN GURLEY BROWN (2/18/22)

Friedan, autora de *A Mística Feminina* (1963), é considerada a fundadora do feminismo moderno nos Estados Unidos. Sua adversária ideológica é a ex-editora-chefe da *Cosmopolitan,* Brown, autora de *Sex and the Single Girl* (1962), cujo senso diferente de feminismo encorajou as mulheres a usar da tradicional astúcia feminina para subir no mundo – a imagem da "Garota Cosmopolita".

---

31 de janeiro a 7 de fevereiro
SEMANA DA JUVENTUDE E DESPREOCUPAÇÃO
AQUÁRIO II

16 a 22 de fevereiro
CÚSPIDE DA SENSIBILIDADE
CÚSPIDE DE AQUÁRIO-PEIXES

Quem são vocês?

Bem no coração desta combinação reside uma aguda necessidade de auto-aceitação – para o relacionamento se aceitar como uma unidade, e para os parceiros se aceitarem como indivíduos. Tanto Aquário II quanto Aquário-Peixes têm um lado obscuro no centro de sua personalidade que eles logo esquecem. Ambos construíram *personae* mais felizes para eles mesmos, muitas vezes a grande custo psicológico, e simplesmente não desejam ser incomodados com assuntos perturbadores. No entanto, ao fazer isso eles podem ter negado uma parte importante deles mesmos, fato que os atormentará mais tarde, até que finalmente a reconheçam e a aceitem. Seu relacionamento amplifica e ecoa essa necessidade de auto-realização.

Casos amorosos aqui podem florescer depois que elementos perturbadores sejam reconhecidos e compartilhados. As interações sexuais são muitas vezes intensas, porém também marcadas pela falta de consciência das forças envolvidas. Há um certo medo de que uma vez que os parceiros compreendam as verdadeiras bases de seu relacionamento sua paixão se dissipe, mas este não é o caso. No casamento, também, compreensão, aceitação e confiança cada vez maiores podem descobrir áreas ocultas e desencadear um total renascimento da sensualidade.

Como membros da família, sobretudo nas combinações pais-filhos e avós-netos, Aquário II e Aquário-Peixes podem lutar para aceitar um ao outro, mas primeiro podem ter de chegar a um acordo com sua própria auto-aceitação. A amizade aqui deve ser leve e sem seriedade. Como amigos esses dois muitas vezes usam o relacionamento para preencher vazios na sua própria personalidade, o que significa que podem adiar a necessidade de lidar com suas deficiências. Na esfera comercial, esses pares não têm necessidade de tocar suas áreas pessoais ocultas para alcançar o sucesso e, na realidade, é melhor que sejam deixadas sem mexer. A ambição de Aquário-Peixes é contagiosa, e muitas vezes inspira Aquário II a se esforçar um pouco mais. Entretanto, Aquário II pode ensinar a Aquário-Peixes alguma coisa sobre ficar calmo e relaxado.

Conselho: *Descubra quem vocês realmente são, e aceitem essas pessoas. O que mais poderão fazer? Então construam seu relacionamento sobre uma fundação sólida.*

31 de janeiro a 7 de fevereiro
SEMANA DA JUVENTUDE E DESPREOCUPAÇÃO
AQUÁRIO II

23 de fevereiro a 2 de março
SEMANA DO ESPÍRITO
PEIXES I

Comportamento moderado

Esses dois apreciam um relacionamento relaxado no qual tudo seja completamente à vontade. Há pouca necessidade de ocultamento ou exibicionismo entre eles, uma vez que se sentem naturais um com o outro, de forma que a regra aqui é o comportamento moderado e não o extremado. Os nascidos em Peixes I, todavia, têm uma necessidade muito maior de ficar só do que Aquário II, e podem ressentir-se da tendência do relacionamento a ser gregário. Eles também são rabugentos e instáveis por natureza, e isso, combinado com a inconstância de Aquário II, pode criar instabilidades no relacionamento. Eles procuram ser tão honestos com cada um quanto puderem, mas inevitavelmente guardam muito de seus sentimentos para eles mesmos, até mesmo quando estão à frente de suas ações.

Os nascidos em Aquário II e Peixes I nem sempre têm sucesso em ser fiéis um com o outro em seus casos amorosos, embora façam o melhor que podem para ser leais. Sua combinação é estimulada por energias emocionalmente complexas, até vulcânicas, que correm em partes profundas e escuras. O conhecimento consciente não é prezado aqui, de forma que mesmo que o relacionamento seja predominantemente relaxado, também haverá alguma frustração nesses tipos de relacionamentos, com desejos sendo despertos mas não satisfeitos. O casamento entre Aquário II e Peixes I não é recomendado, a menos que tais problemas de lealdade e sexualidade possam ser resolvidos.

A amizade nesta combinação pode funcionar melhor, sobretudo quando eles são relativamente livres de responsabilidade e ambos os parceiros podem se entregar decididamente à busca de entretenimento e prazer. Porém, compartilhar dificuldades, solucionar problemas e ajudar um ao outro em momentos de necessidade em geral é impossível, e pode até mesmo nem ser desejado. Membros da família nesta combinação, sobretudo pares pais-filhos, deveriam poder formar um vínculo solidário e ter poucos problemas com dominação e rebeldia. No trabalho, esses dois são capazes de trabalhar lado a lado muito prazerosamente por longos períodos de tempo em tarefas comuns, contanto que as exigências não sejam muito grandes.

Conselho: *Faça contatos sociais confiáveis. Esforce-se para ser mais útil m momentos de crise. Assuma um pouco mais de responsabilidade, sem que isso lhe seja exigido.*

RELACIONAMENTOS

PONTOS FORTES: RELAXADO, NATURAL, HONESTO

PONTOS FRACOS: INFIEL, POUCO CONFIÁVEL, INSTÁVEL

MELHOR: FAMÍLIA

PIOR: CASAMENTO

STEVEN JOBS (24/2/55)
AN WANG (7/2/20)

Wang e Jobs eram ambos empresários da computação bem-sucedidos. Estudando a tecnologia anterior ao microchip em Harvard (1948), Wang fundou sua própria empresa de computadores em 1951, que se tornou uma das maiores operadoras de hi-tech dos anos 1970. Jobs projetou e construiu um PC amigável ao usuário que se tornou a pedra angular da Apple, Inc., a empresa fundada por ele. **Também: Norton Simon & Jennifer Jones** (casados; industrialista/atriz).

---

31 de janeiro a 7 de fevereiro
SEMANA DA JUVENTUDE E DESPREOCUPAÇÃO
AQUÁRIO II

3 a 10 de março
SEMANA DO SOLITÁRIO
PEIXES II

Uma suave mistura

O foco deste relacionamento é a sensibilidade dos parceiros às necessidades um do outro. Mas embora esses dois possam ser muito cientes do que cada um necessita, nem sempre estão certos do que desejam. O resultado é que têm dificuldade para tomar decisões sensíveis e fazer escolhas definidas. Este problema pode estar relacionado com certa falta de desejo no relacionamento. Nenhum dos parceiros tem muitas objeções à maioria de suas atividades em comum, mas nenhum as deseja muito também. Então eles podem viver ou trabalhar juntos, sentindo-se satisfeitos por anos sem jamais realmente fazer grandes exigências um ao outro ou ao relacionamento. Embora a felicidade não deveria ser desconsiderada, neste caso muitas vezes tem-se a sensação de que está faltando alguma coisa vital.

Os casos amorosos podem ser afetuosos em alguns aspectos, bastante frios em outros, mas raramente são apaixonados. Sejam abertos ou escondidos, podem durar anos sem ter de enfrentar crises sérias. O casamento, também, pode ser mutuamente satisfatório, e também um tanto carente de acontecimentos significativos. Os filhos dos cônjuges se beneficiarão da estabilidade do relacionamento, mas podem achá-lo um pouco desinteressante.

Na família, uma abordagem orientada para o serviço é vista nos parentes desta combinação, que tendem a disponibilizar sua energia como par para qualquer membro da família que necessite de ajuda. A amizade entre Aquário II e Peixes II pode ter sucesso na satisfação de necessidades mútuas e proporcionar atitudes generosas e carinhosas. Os parceiros serão extremamente confortantes nos momentos de necessidade, e compreensivos com amigos e até estranhos que necessitam de um ouvido solidário ou de conselho psicológico.

Pares profissionais deste tipo podem se dar bem o suficiente, mas raramente terão impulso ou ambição para alcançar grande sucesso. Na esfera do humano ou dos serviços sociais, todavia, ambos os parceiros mostram grande solidariedade para com as necessidades de outros e podem ser extremamente eficazes em fornecer ajuda profissional.

Conselho: *O que é que vocês realmente desejam? Cavem mais fundo para encontrarem o que seu coração deseja. Sejam mais exigentes, menos facilmente satisfeitos. Animem sua vida um pouco.*

RELACIONAMENTOS

PONTOS FORTES: ÚTIL, COMPREENSIVO, CONFIÁVEL

PONTOS FRACOS: BRANDO, RECEPTIVO DEMAIS, POUCO INSPIRADOR

MELHOR: AMIZADE

PIOR: TRABALHO

FRAN TARKENTON (3/2/40)
FRANCO HARRIS (7/3/50)

Os jogadores de futebol de Minnesota, Tarkenton, e de Pittsburgh, Harris, estavam em lados opostos no Super Bowl de 1975. Embora Tarkenton fosse um dos melhores passadores de bola de todos os tempos do Super Bowl, a superioridade na corrida de Harris frustrou a equipe de Minnesota. Como o maior corredor de todos os tempos do Super Bowl, Harris sozinho frustrou os esforços de Tarkenton.

RELACIONAMENTOS

PONTOS FORTES: COM PÉS NO CHÃO, ORGANIZADO, IMAGINATIVO

PONTOS FRACOS: EXAGERADO, VICIADO, VORAZ

MELHOR: TRABALHO

PIOR: AMOR

NATALIE COLE (6/2/49)
NAT "KING" COLE (17/3/19)

Nat, popular cantor e pianista dos anos 1930 a 1950, cujos sucessos incluem *The Christmas Song* (1946) e *Mona Lisa* (1950), morreu quando a filha Natalie tinha 15 anos de idade, em 1991. Ela gravou um álbum agraciado com o prêmio Gramnmy no qual – com técnica mágica – canta postumamente com o pai *Unforgettable*. Foi a canção número 1 do ano. **Também: James Joyce & Sylvia Beach** (escritor/vendedora de livros, primeira a publicar *Ulisses*).

---

31 de janeiro a 7 de fevereiro
SEMANA DA JUVENTUDE E DESPREOCUPAÇÃO
AQUÁRIO II

11 a 18 de março
SEMANA DOS DANÇARINOS SONHADORES
PEIXES III

Confiança estimulada

Esses dois têm o potencial de construir algo substancial juntos, e seu relacionamento é muitas vezes sólido, enfatizando a estrutura e a compreensão. Os parceiros são extremamente encorajadores dos talentos um do outro, e a apreciação mútua de sua parceria dá a ambos grande impulso à sua autoconfiança. Puxar o lado mais criativo um do outro, fixando-o em formas substanciais e tangíveis, é uma especialidade dos dois.

Nos casos amorosos, muitas vezes surgem problemas na área do excesso sexual. Vícios são comuns aqui. Uma espécie de fantasia ou situação irreal pode nascer que ameaça soterrar o bom senso e o aspecto prático do casal. Casamentos nesta combinação em geral colocam muita energia na realização de projetos criativos na esfera doméstica. Aquário II e Peixes III nem sempre são capazes de concordar em termos de cor, estilo, desenho etc., uma vez que têm muitas idéias diferentes sobre tais assuntos, mas quando chegam a um acordo podem colocar em prática rapidamente suas decisões.

As amizades também têm uma fraqueza por excesso, mas elas se dão principalmente nas áreas do entretenimento e dos prazeres simples e não prejudiciais. Membros da família nesta combinação tendem a trabalhar arduamente em seus projetos mútuos, e também a se recompensarem um pouco extravagantemente; esses parentes terão de cuidar para que seu amor pela comida, bebida e por gastar dinheiro não saia do controle. Parcerias de negócios se especializam em desenvolver esquemas e produtos até onde se tornam confiáveis – o relacionamento tem a capacidade de realizar os projetos mais imaginativos. Fazer a fantasia render comercialmente por meio de planejamento e execução impecável é uma especialidade aqui.

Conselho: *Mantenham suas paixões sob controle. Não se deixem levar pelo excesso. Cuidado com vícios. Busquem o acordo. Diminuam os estados irreais.*

RELACIONAMENTOS

PONTOS FORTES: ENERGÉTICO, DIVERTIDO, SENSUAL

PONTOS FRACOS: DISTRAÍDO, NERVOSO, IRRITADO

MELHOR: CASAMENTO

PIOR: TRABALHO

CHARLES DARWIN (12/2/1809)
ABRAHAM LINCOLN (12/2/1809)

Darwin e Lincoln nasceram precisamente no mesmo dia. Ambos exerceram poderoso impacto em suas respectivas áreas durante a vida. Lincoln preservou a União durante a Guerra de Secessão e aboliu a escravatura. Darwin ofereceu solução científica para o mistério da origem do homem com sua teoria da evolução. Ambos fizeram grande contribuição para o avanço da sociedade moderna.

---

8 a 15 de fevereiro
SEMANA DA ACEITAÇÃO
AQUÁRIO III

8 a 15 de fevereiro
SEMANA DA ACEITAÇÃO
AQUÁRIO III

Brilho do espelho

Esses dois podem ter graves problemas para conviver no dia-a-dia. A irritação que eles em geral sentem com relação a outras pessoas é aumentada no relacionamento, e é provável que desenvolvam o hábito de acusarem um ao outro de coisas pelas quais eles são na realidade os maiores culpados. Brigas antagônicas podem irromper entre dois representantes de Aquários III que espelham as emoções um do outro. Cegos pelo brilho do espelho eles refletem um ao outro, e são incapazes de ver claramente a si mesmos ou ao parceiro. Por outro lado, há um enorme potencial energético no relacionamento se puder ser apropriadamente controlado e direcionado. E precisamente porque é tão contencioso e intransigente, o relacionamento pode levar ambos os parceiros muito longe em seu desenvolvimento pessoal, caso tenham paciência para persistirem e firmeza para sobreviver.

É provável que os casos amorosos e as amizades desta combinação sejam efêmeros. Explosivos e reativos, dois representantes de Aquários III terão momentos tempestuosos nessas interações pessoais, e o relacionamento não servirá de amortecimento contra os ataques um do outro. No casamento, por outro lado, é provável que apareçam os elementos mais estáveis e responsáveis da personalidade de Aquário III. O gosto por comida e por cozinhar, exercícios físicos, sexo ou viagens dá o cimento ao relacionamento, haja ou não filhos. Um estilo de vida livre ou pouco convencional é comum aqui, mas os parceiros terão de aprender a garantir um ao outro a mesma liberdade que exigem para si mesmos.

Como colegas de trabalho, parceiros em negócios ou pares de executivos, os nascidos em Aquário III adoram o desafio de negócios ou atividades onde haja livre debate, mas muitas vezes carecem de estabilidade para concluir seus esforços. Facilmente desviados, é provável que se excluam fazendo alguma outra coisa exatamente quando são mais necessários. Na família, parentes de Aquário III fornecem vivacidade a qualquer encontro – talvez até demais; embora eles sejam úteis, sua presença nem sempre tende à estabilidade ou à conclusão de tarefas repetitivas.

Conselho: *Acabe uma coisa antes de se dirigir para a próxima. Organize sua vida. Cuidado quando gerar o caos. Olhe-se honestamente.*

8 a 15 de fevereiro
SEMANA DA ACEITAÇÃO
AQUÁRIO III

16 a 22 de fevereiro
CÚSPIDE DA SENSIBILIDADE
CÚSPIDE AQUÁRIO-PEIXES

Zelo inexorável

Um relacionamento extremamente produtivo pode resultar desta combinação, que fará grandes contribuições para a vida dos que os cercam. É difícil ou impossível para esses dois esconderem sua luz ou energia atrás de uma moita – na realidade, qualquer tentativa que façam disso provavelmente resultará na moita pegar fogo e chamar a atenção de qualquer forma. Os nascidos em Aquário III podem não ter muitas idéias sobre o que fazer com sua energia, mas representantes de Aquário-Peixes muitas vezes apontam o caminho. Repleto de talento, este relacionamento tem mais sucesso quando se restringe a uma área de esforço que pode seguir com zelo inexorável.

É provável que os romances nesta combinação sejam tórridos. Isto é salientado pelo fato de que o relacionamento é caracterizado pelo fogo e pela terra, elementos que indicam aqui a paixão terrena. Os parceiros devem ter cuidado, todavia, para evitar que o relacionamento acabe muito rapidamente. Casamentos nesta combinação muitas vezes objetivam o dinástico, com filhos desempenhado um papel importante e questões de dinheiro arranjadas tendo a descendência em mente. Alcançar status social é importante aqui, mas as tendências elitistas do relacionamento raramente se ajustam bem com o igualitarista Aquário III.

Como membros da família também, os nascidos em Aquário III e Aquário-Peixes são inclinados a construir dinastias, de forma que trabalham bem juntos. Em determinados casos parceiros em negócios se mudam para a esfera familiar através do casamento. Brigas por poder podem surgir aqui, mas muito freqüentemente prevalece o instinto pelo benefício mútuo. As amizades podem carecer da estabilidade fornecida por um grupo, e aqui os parceiros fazem melhor quando não passam muito tempo sozinhos mas, se possível, assumem seu lugar em um círculo social de amigos íntimos.

Ligações profissionais podem ser altamente lucrativas e emocionalmente recompensadoras para ambos os parceiros. Altamente inventiva, esta dupla pode trabalhar por longos períodos em particular juntos antes de surgir com uma nova descoberta.

Conselho: *Busque a estabilidade do grupo. Fortaleça as ligações familiares. Concentre suas energias em um único esforço. Não tente esconder seu talento – não funcionará.*

RELACIONAMENTOS

PONTOS FORTES: PRODUTIVO, DETERMINADO, DINÁSTICO

PONTOS FRACOS: INSTÁVEL, INTENSO DEMAIS, ESTAFADO

MELHOR: FAMÍLIA

PIOR: AMIZADE

LOUIS TIFFANY (18/2/1848)
CHARLES TIFFANY (15/2/1812)

Charles fundou a prestigiosa loja de Nova York que leva seu nome. Iniciando com simples loja de artigos de papelaria, ele a transformou em loja de utensílios de prata e jóias finas. Louis, desinteressado da firma do pai, se tornou o mais notável comerciante de art nouveau nos Estados Unidos. **Também: Charles Darwin & Francis Galton** (primos; naturalista/eugenista); **Chynna Phillips & William Baldwin** (romance; cantor/ator).

---

8 a 15 de fevereiro
SEMANA DA ACEITAÇÃO
AQUÁRIO III

23 de fevereiro a 2 de março
SEMANA DO ESPÍRITO
PEIXES I

Ficando pateta

Esses dois têm uma grande compreensão e apreciação mútua. Devido à extrema sensibilidade de seu relacionamento, têm o potencial de superar grandes diferenças culturais, de idade e de personalidade. O relacionamento dá pouca importância a barreiras convencionais e de muitas formas dá a impressão de dar exemplo de tolerância ou falta de preconceito. Na realidade, os parceiros estão apenas agindo naturalmente um com o outro, sem qualquer preconceito ou doutrinas em mente. Um foco principal neste relacionamento é o humor. Risadas, ou falta delas, é um barômetro imediato do humor prevalecente dos parceiros.

Casos amorosos e amizades são muitas vezes vivos, dados a flertes e contagiosamente engraçados. O humor aqui é decididamente pouco sério e alegre. Os nascidos em Aquário III contribuem com energia irrepreensível e Peixes I com expressão emocional vívida ao que os outros podem ver como um relacionamento tolo e idiossincrático. Este par pode realmente ficar louco ou pateta juntos, e de vez em quando podem até convencer outras pessoas de que perderam totalmente o juízo. Os mais sérios ou conservadores podem certamente achá-los ofensivos, e podem retirar-se dos encontros com eles se sentindo insultados.

Relacionamentos no trabalho e casamentos aqui são muitas vezes extremamente informais, embora esses pares exijam às vezes deles próprios que funcionem bem. Podem insistir em determinados tipos de comida, móveis, espaços de trabalho, cores e um grande número de peculiaridades que permitem-lhes se sentir confortáveis mas que muitas vezes deixam os outros muito nervosos. Aprender a ceder nem que seja um pouco ajuda muito para uma convivência sem atritos constantes. É provável que irmãos nesta combinação animem qualquer reunião familiar. O único problema – que invariavelmente surge – é como fazer esses dois pararem depois de terem começado.

Conselho: *Certifique-se de que as outras pessoas também estão se divertindo. Não monopolize o espaço. Sintonize suas ações um pouco. Não seja tão exigente e necessitado.*

RELACIONAMENTOS

PONTOS FORTES: ABERTO, OTIMISTA, SENSÍVEL

PONTOS FRACOS: EXIGENTE, PECULIAR, IRRITANTE

MELHOR: AMOR

PIOR: TRABALHO

JACKIE GLEASON (26/2/16)
AUDREY MEADOWS (8/2/24)

Meadows e Gleason estão ligados para sempre como os Kramdens do eternamente popular *The Honeymooners* (1952-70). O pavio-curto Ralph, cujos esquemas excêntricos sempre produziam resultados indesejados, adorava sua fatigada esposa Alice, mesmo com todas suas tribulações – "Baby, você é a maior!" **Também: Burt Reynolds & Dinah Shore** (romance; ator/cantora); **Bertolt Brecht & Kurt Weill** (colaboradores; teatrólogo/compositor),

RELACIONAMENTOS

PONTOS FORTES: ÍNTIMO, BRINCALHÃO, AGRADÁVEL

PONTOS FRACOS: INDISCIPLINADO, PIEGAS, CAÓTICO

MELHOR: AMIZADE

PIOR: CASAMENTO

PENN JILLETTE (5/3/55)
TELLER (14/2/48)

Penn & Teller, excêntricos ilusionistas desde 1975, apresentam um *show* que era um sucesso antigo na Broadway. São convidados freqüentes de programas de entrevistas e ganharam Emmys em sua especialidade. Também apareceram em filmes e em livros que viraram best-sellers. **Também: John Barrymore & Evelyn Nesbit** (caso; ator/corista); **Alan Hale, & Alan Hale Jr.** (pai/filho; atores).

8 a 15 de fevereiro
SEMANA DA ACEITAÇÃO
AQUÁRIO III

3 a 10 de março
SEMANA DO SOLITÁRIO
PEIXES II

Rotina diária

O maior problema que este relacionamento enfrenta é ser capaz de encontrar ou construir uma estrutura na vida diária dentro da qual possa funcionar adequadamente. Felizmente, ele fornece a si mesmo o ímpeto para fazer isto. Os nascidos em Aquário III e Peixes II não estão exatamente no lado da ordem; e a menos que considerem seriamente horários e obrigações fixas, é provável que o resultado sejam projetos ou atividades no melhor dos casos ineficientes, no pior dos casos caóticos. Tais relacionamentos devem se submeter às rotinas diárias, procedimentos operacionais padrões e sistemas mecanizados vigentes, ou eles se arriscam a não se desincumbir de suas responsabilidades.

Os casos amorosos entre esses dois são assuntos altamente privativos e secretos. Escondidos do escrutínio do mundo, ocupam um lugar especial no coração de seus parceiros; embora sejam muitas vezes efêmeros por natureza, é difícil esquecê-los. Casamentos não são recomendados a menos que ambos os parceiros possam assumir o firme compromisso de cuidar de questões práticas.

Como membros da família e colegas de trabalho, os nascidos em Aquário III e Peixes II se dão melhor quando não são solicitados para trabalhar juntos como equipe. Se realmente tiverem de colaborar intimamente, se beneficiarão do regulamento estrito quanto à quantidade de tempo que gastam cumprindo com suas obrigações, a qualidade do trabalho solicitado e as cotas que têm de preencher. Não é de se esperar que tenham autodisciplina suficiente para funcionar de forma eficaz, por conta própria, como autônomos. Amizades nesta combinação podem ser extremamente prazerosas, contanto que as expectativas não sejam muito altas, ou as responsabilidades muito pesadas. Jogos, esportes e outras formas de diversão atraem esta dupla, sobretudo os que incluem mistérios e quebra-cabeças, uma vez que aceitar as regras dessas atividades não é um problema para os parceiros e, na realidade, realça sua diversão.

Conselho: *Procurem agir de comum acordo. Coloquem um pouco mais de energia na organização de seu dia. Ter compromissos fixos ajuda. Trabalhem como parte de um grupo.*

RELACIONAMENTOS

PONTOS FORTES: LEAL, EMPÁTICO, ATENCIOSO

PONTOS FRACOS: ISOLADO, TENTADO, REIVINDICADOR

MELHOR: CASAMENTO

PIOR: COLEGAS

PETER ALLEN (10/2/44)
LIZA MINNELLI (12/3/46)

Minnelli e o cantor e compositor Allen ficaram noivos em 1964 e se casaram em 1967. Em 1970 eles se separaram no mesmo dia em que ele rompeu a parceria com seu colega Chris Bell. Allen e Minnelli se divorciaram em 1973 mas permaneceram bons amigos até a morte dele em 1992. **Também: Amy Lowell & Percival Lowell** (irmã/irmão; poeta/astrônomo).

8 a 15 de fevereiro
SEMANA DA ACEITAÇÃO
AQUÁRIO III

11 a 18 de março
SEMANA DOS DANÇARINOS E SONHADORES
PEIXES III

Unidos pelas diferenças

Este relacionamento é caracterizado por um vínculo emocional ou espiritual muito íntimo. As diferenças de temperamento deste par raramente os dividem, mas ao contrário os unem, pois há uma fascinação mútua em operação aqui. Intelectualmente formam uma boa combinação, em geral sendo capazes de compreender a intenção e a linha de pensamento um do outro, mesmo que pouco familiarizados com o assunto. Esta pouca familiaridade é muitas vezes um estímulo para aprender; ambos os parceiros muitas vezes mostram grande interesse em adquirir mais conhecimento sobre a área de especialização de seu parceiro, embora tais áreas raramente coincidam. Consideração e compreensão são da maior importância aqui. Caso Aquário III se torne impaciente com Peixes III, ou caso Peixes III sinta que Aquário III está exigindo demais dele, o relacionamento sofrerá não tanto de estresse mas por ter de reconhecer falta de compreensão. Este é um par muito leal, dedicado a ajudar em momentos de crise.

Os casos amorosos aqui são muitas vezes empáticos, receptivos e carinhosos e não altamente sensuais ou apaixonados. Podem durar anos, e se evoluíram da amizade, o casal pode finalmente retornar para este papel. Caso os namorados tentem o casamento, suas chances de sucesso são excelentes, uma vez que demonstram muita consideração um pelo outro. Caso um dos parceiros se apaixone por um terceiro, todavia, o relacionamento básico pode ser varrido por tempestades de paixão, e algumas escolhas difíceis serão necessárias.

Amizades e relacionamentos de irmãos entre Aquário III e Peixes III podem ser importantes. Os parceiros devem ter cuidado, no entanto, para não se isolarem dos amigos ou da família. Assumir responsabilidades fixas nos grupos sociais ou familiares em geral serve como um tônico para a saúde do relacionamento e para o bem-estar dos parceiros. Na área profissional esses dois são bons parceiros de negócios, ou equipes de executivos trabalhando a serviço de uma organização maior, mas se saem menos bem como colegas de trabalho de nível inferior.

Conselho: *Recuem e dêem espaço suficiente um ao outro. Ninguém é dono de ninguém. Lembrem onde estão seus melhores interesses. Busquem desafios.*

16 a 22 de fevereiro
CÚSPIDE DA SENSIBILIDADE
CÚSPIDE AQUÁRIO-PEIXES

16 a 22 de fevereiro
CÚSPIDE DA SENSIBILIDADE
CÚSPIDE AQUÁRIO-PEIXES

Papéis trocados

O maior perigo neste relacionamento é que os pares unam suas defesas e se escondam nelas em uma atitude de autopiedade e apoio. A extrema compreensão para com a situação difícil de cada um pode ser, de fato, veneno mortal, uma vez que estimula evitar os tipos de confrontação que o relacionamento desesperadamente necessita. Mas os nascidos em Aquário-Peixes são difíceis, e se esses dois estiverem determinados a derrubar os muros de isolamento auto-imposto, podem fazer uma entrada triunfal no mundo. O maior desafio deste relacionamento, e muitas vezes seu foco primário, está em construir pontes para a sociedade, fazendo amigos e tendo uma vida social rica e variada.

Os casos amorosos e casamentos entre representantes de Aquário-Peixes podem ser extremamente interessantes do ponto de vista psicológico. Uma vez que os traços de caráter masculino e feminino podem ser destacados em cada parceiro, os dois têm muita possibilidade de interação: podem facilmente trocar ou modificar os papéis que representam, abrindo oportunidades infinitas de mudança e variedade. No entanto, o que esse relacionamento realmente deseja bem pode ser a estabilidade, e mais cedo ou mais tarde este casal terá de chegar a uma silenciosa compreensão neste sentido. Tais mudanças freqüentes também podem provocar grande confusão para os filhos de tal casamento. Como amigos, dois Aquário-Peixes exacerbam suas tendências individuais isolando-se em um casulo pessoal ou se ocupando de questões universais, ignorando o meio-termo ou o lado social da vida. Construir novas amizades, juntos e separadamente, é muitas vezes o foco de seu relacionamento, que luta por desenvolver seu pleno potencial e pelo desenvolvimento pessoal individual. Os parceiros podem às vezes dar muita ênfase a esta direção, à custa do relacionamento básico, mas algum tipo de oscilação nesta direção pode ser necessária, e o equilíbrio em geral com o tempo será estabelecido.

Relacionamentos patrão-empregado e pais-filhos nesta combinação podem ser extremamente ambiciosos, buscando a expressão completa de talentos e a realização dos sonhos. Esses pares devem permanecer sensíveis tanto aos seus próprios sentimentos quanto ao das outras pessoas, e não deveriam ser muito duros ou implacáveis em sua abordagem.

Conselho: *Tomem decisões firmes e atenham-se a elas. Construam uma vida social significativa. Solidariedade pode ser prejudicial. Não protejam um ao outro do mundo.*

RELACIONAMENTOS

PONTOS FORTES: VERSÁTIL, SOCIÁVEL, AMBICIOSO

PONTOS FRACOS: RETRAÍDO, CONFUSO, AUTOPIEDOSO

MELHOR: AMIZADE

PIOR: CASAMENTO

W.H. AUDEN (21/2/07)
ANAIS NIN (21/2/03)

Auden e Nin compartilham o mesmo dia de aniversário. Ambos foram escritores significativos contemporâneos, cujo trabalho muitas vezes focaliza temas amorosos. Ela é mais conhecida por seus *Journals* (1966-76), de 6 volumes, em que registra seu desenvolvimento erótico e artístico. Vários poemas de Auden revelam seu interesse homossexual.

---

16 a 22 de fevereiro
CÚSPIDE DA SENSIBILIDADE
CÚSPIDE AQUÁRIO-PEIXES

23 de fevereiro a 2 de março
SEMANA DO ESPÍRITO
PEIXES I

Atitudes práticas

Esses dois pareceriam ser indivíduos sensíveis, muito ligados a buscas estéticas, mas sua combinação é na realidade altamente prática. Ambos os parceiros têm um lado que é bom com dinheiro, e que seu relacionamento exacerba, de forma que o relacionamento favorece o gerenciamento financeiro, lidar com impostos e cobertura de seguro. Atitudes pragmáticas e práticas são a ordem do dia aqui. A ambição de Aquário-Peixes é um tanto atenuada ou desviada, todavia, pela necessidade de Peixes I de contato e compreensão emocional, o que coloca a ênfase mais nas interações interpessoais do que nas comerciais.

No casamento esses dois muitas vezes tentam combinar os lados profissional e pessoal de sua vida e se ajudar na carreira. Também às vezes insistem em uma separação rigorosa entre trabalho e vida privada, mas em ambos os casos sentimentos sinceros, compreensão e apoio nunca deixam de existir. Ambos os parceiros podem vir a depender muito em seu relacionamento de apoio psicológico e podem sofrer terríveis decepções em momentos de crise ou separação entre os dois. Os casos amorosos entre eles são em geral emocionalmente instáveis e incapazes de sustentá-los por qualquer período de tempo.

Os relacionamentos familiares podem muitas vezes ser muito úteis no tratamento das finanças de membros da família mais idosos ou incapacitados, assim como cuidar dos interesses de investimento do grupo familiar. Embora eles sejam sensíveis aos sentimentos dos outros, raramente deixam seu bom senso ser dominado por considerações emocionais. A esse respeito eles podem às vezes parecer práticos aos olhos de outras pessoas. Amigos nesta combinação podem participar em atividades organizadas, como clubes, times e grupos educacionais, mas devem ter cuidado para não comprometer muito seu tempo livre, ou se deixarem manipular por indivíduos mais egoístas.

Conselho: *Cuidado para não se deixar envolver nos negócios de outras pessoas. Nem sempre suponha que você sabe mais. O que as outras pessoas podem fazer para você?*

RELACIONAMENTOS

PONTOS FORTES: PRÁTICO, SENSATO COM DINHEIRO, SOLIDÁRIO

PONTOS FRACOS: EXPLORADOR, MANIPULADOR, MAL-AGRADECIDO

MELHOR: CASAMENTO

PIOR: AMOR

HARRY BELAFONTE (1/3/27)
SIDNEY POITIER (20/2/24)

O ator Poitier e o cantor e ator Belafonte são distinguidos afro-americanos que pavimentaram o caminho para artistas negros entrarem no principal circuito comercial do entretenimento. Eles também são grandes amigos pessoais, ambos ativos em causas sociais e políticas. **Também:** Merle Oberon & David Niven (ex-noivos, atores); John Warner & Elizabeth Taylor (casados; senador/atriz).

RELACIONAMENTOS

PONTOS FORTES: INCANSÁVEL, PACIENTE, INDIVIDUALISTA

PONTOS FRACOS: REATIVO, ESCAPISTA, RESSENTIDO

MELHOR: AMIZADE

PIOR: AMOR

SONNY BONO (16/2/35)
CHASTITY BONO (4/3/69)

Chastity é filha de Sonny e Cher, dupla de cantores dos anos 1960 e 1970. Ela recebeu o nome por causa do filme *Chastity* (1969), estrelado por Cher, escrito por Sonny. Depois de seu divórcio, Cher se tornou atriz, e Sonny, político. Em 1991 ele escreveu um livro *And the Beat Goes On*, alegando que Cher, uma carreirista fria e calculista, não dava atenção à filha, hoje ativista dos direitos dos gays. **Também:** Príncipe Andrew & Príncipe Edward (irmãos reais).

---

16 a 22 de fevereiro
CÚSPIDE DA SENSIBILIDADE
CÚSPIDE AQUÁRIO-PEIXES

3 a 10 de março
SEMANA DO SOLITÁRIO
PEIXES II

Outras maneiras

Há muita energia aqui! O foco deste relacionamento é uma espécie de corrente constante de expressão emocional, que parece inesgotável. Os parceiros podem continuar produzindo ou contribuindo por anos a fio sem se cansarem ou ficar martelando no assunto. Em vez de se sentir estressados, ou deixar de lado os obstáculos, eles parecem ser capazes de se ligarem em uma espécie de fonte de energia universal que os leva para a frente com pouco esforço. Ambos os parceiros também têm uma percepção natural de *kairos*, o momento certo para uma ação acontecer, de forma que eles em geral têm paciência para esperar e perceber o melhor momento para agir. Raramente discutem ou até verbalizam esses conceitos mas, ao contrário, vivenciam-nos de forma instintiva.

As amizades e os relacionamentos entre irmãos são bastante favorecidos. Envolvimento e interesse em buscas artísticas, sobretudo música, dança e representação, são característicos. A criatividade do casal é alta e não é do tipo que imita outras pessoas: tende a surgir espontaneamente. Esforçar-se para estabelecer sua visão única em um dado campo visando reconhecimento e recompensa financeira é característica típica desta combinação. Se, em seus anos de formação, eles se confrontam com a oposição de adultos, tendem a encontrar outras formas em vez de se tornarem rebeldes ou teimosos

O sucesso de relacionamentos no trabalho em geral depende da habilidade dos parceiros de conviverem emocionalmente. Peixes II às vezes deseja ficar em paz para fazer tudo do jeito que melhor lhe aprouver, e isto pode fazer com que seja extremamente difícil para Aquário-Peixes ser seu colega de trabalho, que muitas vezes são sobrecarregados com trabalho extra e se ressentem disso.

Os casos amorosos e casamentos aqui raramente são calmos, uma vez que nesse tipo de relacionamento os parceiros provocam e reagem com força exagerada. Estas reações dificilmente são positivas, e para começar a diminuí-las cada um pode ter de se concentrar muito para ser menos sensível, não se deixando irritar com facilidade.

Conselho: *Fique de fora da ação e observe. Não deixe os outros controlarem você irritando-o. Também é necessário levantar-se e ser levado em conta.*

RELACIONAMENTOS

PONTOS FORTES: PROFUNDO, MISTERIOSO, DESAFIADOR

PONTOS FRACOS: RETRAÍDO, DESAGRADÁVEL, DESANIMADOR

MELHOR: AMOR

PIOR: FAMÍLIA

ANN SHERIDAN (21/2/15)
GEORGE BRENT (15/3/04)

Os prolíficos atores de cinema Sheridan e Brent foram casados de 1942 a 1943, iniciando seu romance quando filmavam *Honeymoon for Three* (1941). Conhecida como a alegre "Garota Oomph" nos anos 1930, a ex-rainha da beleza provou em *King's Row* (1942) que sabia representar. A carreira de Brent, como a de Sheridan, chegou ao auge nos anos 1930 e 1940. Ele protagonizava papéis românticos ao lado de grandes estrelas de Hollywood, entre os quais 11 sucessivos filmes com Bette Davis.

---

16 a 22 de fevereiro
CÚSPIDE DA SENSIBILIDADE
CÚSPIDE AQUÁRIO-PEIXES

11 a 18 de março
SEMANA DOS DANÇARINOS E SONHADORES
PEIXES III

Passos para o submundo

Este pode ser um relacionamento muito misterioso – poucas pessoas sabem muito sobre ele. Mas ele alcança níveis emocionais profundos, e no seu âmago oferece cada vez mais complexidade e desafio para os parceiros penetrarem. É um relacionamento no qual a aventura, o perigo e o risco são concebidos não em termos externos mas internos. Aquário-Peixes e Peixes III percebem que as grandes aventuras na vida devem ser encontradas dentro, e que os enormes riscos (e recompensas) da pesquisa interior não devem ser considerados de forma leviana. Afinal, eles raciocinam, uma pessoa pode se perder, e até morrer, em uma região inculta, mas ficar permanentemente perdido no labirinto de sua própria mente pode ser uma morte em vida mais horrível ainda. No entanto, este par aceita o desafio alegremente, e dá os primeiros passos para o submundo com confiança.

Os casos amorosos e amizades desta combinação podem ocasionalmente ser assustadores, por causa dos muitos lados revelados para cada parceiro no espelho dos olhos do outro. Esses dois se vêem pelo que são, despidos de qualquer papel representado ou fingido. Enfrentar os aspectos mais desagradáveis de sua própria personalidade é de fato assustador, mas necessário se eles quiserem desenvolver-se pessoal ou espiritualmente. Não é o prazer ou a satisfação oferecidos por esse relacionamento que são tão valiosos para este casal mas, ao contrário, a oportunidade de dar os primeiros passos para o desenvolvimento de seu pleno potencial.

Casamentos e relacionamentos de trabalho podem tanto revelar o lado mais prático de ambos os parceiros quanto também revelar sua falta, em cujo caso o relacionamento fracassará e finalmente se desintegrará. O relacionamento é um teste, no qual o par é aprovado ou reprovado. Parcerias na família são altamente reservadas, tanto que outros parentes raramente percebem que eles vão tão fundo. Sua força real, todavia, só aflora se puderem ser reconhecidos e vistos claramente pelos outros à luz do dia.

Conselho: *Não tenha medo de cavar mais fundo – você será protegido. Não assassine os monstros – faça amizade com eles. Você não tem que se esconder.*

23 de fevereiro a 2 de março
SEMANA DO ESPÍRITO
PEIXES I

23 de fevereiro a 2 de março
SEMANA DO ESPÍRITO
PEIXES I

Terminando

Este pode ser um relacionamento ligeiramente caótico se os parceiros não cumprirem com suas responsabilidades domésticas. Ambos tendem a sair antes de o trabalho estar terminado, não porque eles sejam mais preguiçosos, simplesmente porque perderam o interesse. Por outro lado, Peixes I tende a viver em um plano altamente filosófico, e a se envolver em atividades que podem ser de grande benefício para os que estão ao seu redor. Serviço na sua forma mais pura e em abundância é algo que os nascidos em Peixe I têm a oferecer à sua família ou grupo social ou profissional. Mas o foco do relacionamento pode ser embaçado, sobretudo na definição e articulação de seus verdadeiros desejos. Os parceiros podem estar constantemente desistindo do que desejam fazer como indivíduos para servir às necessidades um do outro, e seu relacionamento pode carecer de direção.

Casos amorosos entre dois representantes de Peixes I não são muito comuns, e quando surgem são bastante complexos emocionalmente. Necessidades e desejos podem se tornar confusos ao ponto de os parceiros não mais reconhecerem a diferença. Não é em geral recomendado que representantes de Peixes I tentem se casar, pois suas qualidades mutáveis são tão pronunciadas que eles em geral têm dificuldade de sustentar um nível constante de sentimento por muito tempo, e são facilmente desviados por novos projetos.

Amizades e relacionamentos familiares nesta combinação podem ser alternativamente superotimistas e cínicos, em um momento perdido nas nuvens, no próximo exercendo um firme controle sobre as coisas. Quando não equilibram um ao outro nesse sentido, os parceiros são suscetíveis tanto a se deixar levar por nova tendência quanto a afundar em um poço aparentemente sem fim de depressão. Na esfera profissional, dois representantes de Peixes I são muito valiosos para o trabalho em grupo. Orientados para o serviço ao extremo, podem realizar pequenos milagres com um mínimo de esforço, e raramente criam antagonismos ou despertam ciúmes ao fazê-los. Eles realmente têm, todavia, um ar inegável de infalibilidade, o que pode deixar as outras pessoas nervosas. Uma dupla de Peixes I tem destacadas habilidades organizacionais, percebendo muito rapidamente o que precisa ser feito e oferecendo sugestões construtivas.

Conselho: *Diferencie seus desejos de suas necessidades. Forme uma idéia clara do que você deseja. Mantenha a consistência emocional. Não seja um sabe-tudo.*

RELACIONAMENTOS

PONTOS FORTES: FILOSÓFICO, ORIENTADO PARA O SERVIÇO, REORGANIZADOR

PONTOS FRACOS: CAÓTICO, CÍNICO, À DERIVA

MELHOR: TRABALHO

PIOR: CASAMENTO

DINAH SHORE (29/2/16)
JIMMY DORSEY (29/2/04)

O líder de banda Dorsey e a cantora Shore eram apresentadores musicais que compartilhavam o mesmo dia de aniversário. A carreira de ambos iniciou-se nos anos 1930. Ela apresentava um programa de variedades popular na tevê (1951-61), e ele se uniu ao irmão trombonista Tommy em 1953 e recriou sua grande banda, The Dorsey Brothers.

---

23 de fevereiro a 2 de março
SEMANA DO ESPÍRITO
PEIXES I

3 a 10 de março
SEMANA DO SOLITÁRIO
PEIXES II

Segredos revelados

Confuso para os outros, este relacionamento extraordinariamente pessoal não se revela com facilidade para o mundo. Uma defesa ciumenta de sua vida privada concede-lhe um ar de mistério – o que somente faz de com que outras pessoas desejem tentar revelar seus segredos. O grau de profundidade emocional aqui pode ser extremo, o silêncio representando um papel importante. Os parceiros são fortes tanto no domínio das emoções quanto no dos pensamentos. O relacionamento entre Peixes I e Peixes II pode mostrar grande interesse por questões históricas, críticas e técnicas e pode compartilhar vários insights. A vida social dos parceiros é em geral restrita a somente uns poucos amigos ou membros da família. Muito freqüentemente, tudo o que este relacionamento realmente pede é para ser deixado em paz.

A tendência romântica pode ser marcada em casos amorosos desse tipo, que muitas vezes são altamente carinhosos. Sensualidade em vez de paixão é comum aqui, com os parceiros mostrando interesse em tocar, provar e, muitas vezes, experimentar o melhor que a vida tem a oferecer. No entanto, um outro lado pode também vir à tona, um lado que é autodestrutivo e pouco crítico e que pode levar o relacionamento para águas perigosas sem que os namorados percebam. O casamento pode durar anos, surgindo poucos problemas, embora muitos sejam ocultados.

A insegurança pode ser um problema nos relacionamentos familiares, sobretudo entre pais e filhos, onde sinais confusos e um alto grau de empatia pode obliterar fronteiras individuais e aumentar a dependência mútua. A amizade é melhor quando é solta e despreocupada, mas pode não durar muito sem algum interesse ou foco comum. Os relacionamentos de trabalho desta combinação raramente são bem-sucedidos, pois podem carecer de vigor e iniciativa. Os nascidos em Peixes I e Peixes II trazem à tona o lado menos ambicioso dos dois, mas podem também tornar um ao outro nervosos quando têm prazos fixos para cumprir.

Conselho: *Esforce-se um pouco mais para alcançar seus objetivos. Seja claro sobre seus sentimentos. Cuidado com o isolamento e a reserva. Do que você tem medo?*

RELACIONAMENTOS

PONTOS FORTES: PROFUNDO, PERCEPTIVO, DESPREOCUPADO

PONTOS FRACOS: NERVOSO, POUCO CRÍTICO, AUTODESTRUTIVO

MELHOR: AMOR

PIOR: FAMÍLIA

MAX LINCOLN SCHUSTER (2/3/1897)
RICHARD LEO SIMON (6/3/1899)

Simon e Schuster uniram-se em 1924 para criar uma companhia editorial com seu nome, trabalhando em um escritório de 3 salas em Nova York. Seu primeiro título foi um livro de palavras cruzadas que virou best-seller. Ao longo dos anos, eles publicaram uma lista prodigiosa de autores de ficção e não-ficção. **Também: George Frideric Handel & C.P.E. Bach** (compositores; Handel influenciou o filho de J.S. Bach).

| RELACIONAMENTOS |

PONTOS FORTES: SENSÍVEL, PROTETOR, ESPIRITUAL

PONTOS FRACOS: BRIGUENTO, IRRITADO, REJEITADO

MELHOR: TRABALHO

PIOR: AMOR

GEORGE HARRISON (25/2/43)
PATTY BOYD (17/3/45)

Harrison e Boyd, modelo, se conheceram no início de 1964, enquanto filmavam *A Hard Day's Night* dos Beatles, no qual ela fez uma ponta. Eles se casaram em 1966, mas o casamento começou a não dar certo dentro de poucos anos. Eles se separaram mas não se divorciaram até 1977. Mais tarde ela se casou com um amigo de George, o guitarrista Eric Clapton. **Também: Shakira Baksh & Michael Caine** (casados; atores).

---

23 de fevereiro a 2 de março
SEMANA DO ESPÍRITO
PEIXES I

11 a 18 de março
SEMANA DOS DANÇARINOS E SONHADORES
PEIXES III

Retirando-se

Esses dois podem ser extremamente íntimos, e ainda assim não se dar bem no dia-a-dia. Há uma tendência marcada no relacionamento nos parceiros de recuar e se retirar para um mundo próprio. Eles podem sentir grande satisfação em estar juntos, embora ao mesmo tempo possam experimentar grande solidão quando suas necessidades não são satisfeitas. Parte do problema é que ambos têm profunda necessidade da atenção um do outro, que simplesmente acham natural na maioria das vezes, não notando o quanto contam com isso até não a terem mais. São muito sensíveis à desaprovação do outro, o que em determinados casos pode ser manejado como uma arma poderosa para ganhar ascendência.

Casos amorosos e pares familiares, sobretudo pais-filhos de sexo oposto, são emocionalmente complexos. Os parceiros nestes relacionamentos podem ser bastante irritados um pelo outro, mas podem mostrar profunda vulnerabilidade, o que leva ao sofrimento e à mágoa. Extremamente leais, esses dois se orgulham das realizações um do outro e são inabaláveis em seu apoio mútuo. Ligações e dependências mútuas muitas vezes garantem que fiquem juntos, embora não necessariamente com harmonia ou saúde psicológica.

Nas esferas conjugal e profissional, os nascidos em Peixes I e Peixes III podem ser extremamente eficazes em estabelecer e administrar um negócio, uma família ou ambos. Como casal possuem fortes qualidades, com concomitantes habilidades domésticas e para a manutenção, o que contribui para uma base doméstica estável e eficiente. No outro lado do seu relacionamento, todavia, suas qualidades receptivas e excessivamente generosas podem fazer com que sejam usados por todo o tipo de aproveitadores.

As amizades nesta combinação muitas vezes buscam o prazer, são relaxadas, mas também dedicadas à busca espiritual, religiosa ou ligada à nova era. Tais relacionamentos se saem melhor quando os parceiros são livres para se retirar por algum tempo, sem temer acusações e sem despertar sentimentos de rejeição.

Conselho: *Sejam mais seletivos com quem convidam para ir à sua casa. Dê ao outro o espaço para respirar que você necessita. Cuidado ao usar a desaprovação como uma arma.*

| RELACIONAMENTOS |

PONTOS FORTES: COMPREENSIVO, DIVERTIDO, APAIXONADO

PONTOS FRACOS: PROBLEMÁTICO, REIVINDICADOR, ILUSÓRIO

MELHOR: AMOR

PIOR: CASAMENTO

LYNN SWANN (7/3/52)
FRANCO HARRIS (7/3/50)

Além de compartilharem o mesmo dia de aniversário, os jogadores de futebol Harris e Swann eram 2 dos mais ofensivos companheiros de equipe na história do Super Bowl. Nos anos 1970 eles levaram o Pittsburgh Steelers ao Super Bowl 4 vezes. Harris é o corredor número 1 do Super Bowl, Swann um grande receptor; foram ambos Jogadores Mais Valiosos (1975-76) do Super Bowl. **Também: Craig Reid & Charlie Reid** (gêmeos; músicos, The Proclaimers).

---

3 a 10 de março
SEMANA DO SOLITÁRIO
PEIXES II

3 a 10 de março
SEMANA DO SOLITÁRIO
PEIXES II

Pense duas vezes

Os nascidos em Peixes II estão entre as personalidades mais difíceis e incomuns no ano, e a chance que um desses dois tem de ser uma pessoa exigente é muito alta. Este, então, pareceria ser um relacionamento com probabilidade maior de ter problemas do que outros pares Peixes II. Por outro lado, Peixes II têm uma capacidade excepcional de aceitação e compreensão, que pode ter o efeito de contrabalançar esta tendência. Qualquer que seja o caso, este pode se um relacionamento incomum, até mesmo extraordinário – se vier a se desenvolver. Quando dois representantes de Peixes II se conhecem podem reconhecer uma alma afim, mas não necessariamente aquela com a qual desejam se envolver. Uma outra situação é que juntamente com o choque do reconhecimento vem a decisão de adiar contatos futuros até um momento menos agitado. Na família e no trabalho, onde não há escolha, os de Peixes II podem muitas vezes tirar o melhor partido da situação, apesar de suas grandes divergências e de seus pontos de vista contrastantes.

Os casos amorosos e as amizades entre representantes de Peixes II podem ser apaixonados e exigentes, mas também divertidos, durem dias, meses ou anos. É provável que emoções turbulentas sejam despertadas aqui, o que tira os parceiros do equilíbrio e às vezes ameaça arrebatá-los. Há um sentimento forte de ter finalmente encontrado um verdadeiro parceiro de alma, o que, todavia, pode ser mais tarde reconhecido como um tanto ilusório. É pouco provável que casamentos com uma base tão instável funcionem, a menos que os cônjuges desincumbam-se das tarefas e responsabilidades domésticas, o que pode ser o caso. Uma tendência a encapsular o relacionamento é talvez inevitável.

Relacionamentos envolvendo empreendimentos profissionais criativos ou artísticos podem funcionar bem entre dois representantes de Peixes II. Mas combinações de colegas de trabalho ou patrão-empregado, com responsabilidades fixas e repetitivas, não são recomendadas. Como membros de uma família, sobretudo pares de irmãos de sexo oposto, é provável que confrontações dramáticas e exibicionistas se alternem com o retraimento e a depressão.

Conselho: *Pense duas vezes antes de se envolver – pode não ser o momento certo. Faça o seu melhor para dar-se bem. Mantenha a objetividade. Cuidado com a ilusão.*

3 a 10 de março	11 a 18 de março
SEMANA DO SOLITÁRIO	SEMANA DOS DANÇARINOS E SONHADORES
PEIXES II	PEIXES III

Só por brincadeira

Este relacionamento pode ser extremamente interessante e recompensador para ambos os parceiros, e muitas vezes envolve a busca compartilhada de uma natureza altamente factual, técnica, artística e até científica, seja isso em um hobby ou esforço profissional. É provável que os nascidos em Peixes II e III concordem em muitos assuntos. Peixes III pode tender a se tornar uma espécie de professor ou modelo para Peixes II, ajudando-o a dar a suas idéias uma forma comercialmente vendável, mostrando a eles como fazer esses conceitos despertarem a atenção do mundo. O relacionamento pode se concentrar na apreciação mútua, e com ela o desejo de ser útil sempre que possível. Isso pode infelizmente fazer com que as outras pessoas se sintam excluídas – há um perigo real de que vejam o par como uma sociedade fechada e sintam inveja e ressentimento.

Como namorados Peixes II e Peixes III podem ter um relacionamento sensível e apaixonado, que pode durar muitos anos sem grandes problemas. Menos apaixonados do que sensual, eles se revelam nos prazeres da mesa e da cama, assim como um grande número de atividades possíveis como massagem e uso moderado de drogas. O casamento entre esses dois pode facilmente se tornar uma sociedade de admiração mútua, em que prevalecem estados irreais.

As amizades desta combinação são muitas vezes prenhes de bons sentimentos e da busca insaciável de entretenimento e prazer. O excesso pode ser um verdadeiro problema aqui, e no final os parceiros terão de adotar algumas influências moderadoras. Pares profissionais são muitas vezes menos bem-sucedidos do que os mais casuais no que diz respeito a expressar interesse em um dado assunto. Rotinas embrutecedoras podem prejudicar o relacionamento entre Peixes II e Peixes III – esses dois sofrem com expectativas fixas e são em geral mais produtivos quando têm tempo para lazer, trabalham juntos apenas por diversão, com poucas ou nenhuma exigência. Desta forma, pode florescer o verdadeiro espírito investigativo. Pares na família podem ser empáticos e mutuamente prazerosos, mas também irritantes, fomentando continuamente mal entendidos.

Conselho: *Não se enerve. Busque o meio-termo. Refreie os excessos. Cuidado para não despertar o ressentimento dos outros. Permaneça aberto para o contato humano.*

RELACIONAMENTOS

PONTOS FORTES: AGRADÁVEL, LITERAL, CURIOSO

PONTOS FRACOS: IRRITANTE, EXAGERADO, EQUIVOCADO

MELHOR: ORIENTADO PARA HOBBIES

PIOR: FAMÍLIA

C.P.E. BACH (8/3/1714)
GEORG PHILIPPP TELEMANN (14/3/1681)

Durante sua vida o compositor e organista Telemann foi considerado um dos maiores músicos da Alemanha. Ele era amigo de J.S. Bach e padrinho de seu filho, C.P.E. Bach. Telemann era diretor musical das 5 maiores igrejas de Hamburgo. Depois de sua morte em 1767, C.P.E. Bach foi nomeado para substituí-lo.

---

11 a 18 de março	11 a 18 de março
SEMANA DOS DANÇARINOS E SONHADORES	SEMANA DOS DANÇARINOS E SONHADORES
PEIXES III	PEIXES III

Fundindo pensamento e ação

Este relacionamento pode fundir pensamento e ação em um alto grau. Muitas vezes extremamente bem-sucedido nos esforços comerciais, dois representantes de Peixes III sabem como fazer suas idéias vingar; eles em geral não vêem a especulação filosófica e financeira como contraditórias, considerando o uso criativo do dinheiro uma atividade altamente artística. Devem tomar cuidado, todavia, para não se deixarem levar por seus esforços, que eles tendem a imbuir com status impecável. Também pode acontecer, por outro lado, que repentinamente abandonem um esforço bem-sucedido, ou um que caminha para aquela direção, se cansando dele com o tempo, ou até se chateando com ele. Deixar uma série de negócios, projetos sociais ou intelectuais por acabar pode ser característico desta combinação. Eles também devem lutar contra a tendência de parecerem infalíveis ou divinos. Devem ter muito cuidado, na verdade, para não atrair um completo exército de parasitas, crentes ou dependentes.

A amizade entre representantes de Peixes III muitas vezes evolui em algo mais, seja um caso amoroso, casamento ou negócio. Confiança e compreensão são fatores fundamentais aqui, tanto quanto uma química muito especial, que inexplicavelmente leva esses dois mais longe do que a maioria de seus outros relacionamentos. É possível para amigos de Peixes III passar horas, dias e semanas na companhia um do outro sem se irritar e sem que surjam dificuldades. Seu vínculo é tão íntimo que eles podem às vezes ser confundidos com irmãos.

O romance entre representantes de Peixes III muitas vezes tem uma forte aura de irrealidade, como mais tarde podem ver. Adoração, reverência e confiança imerecida são os sinais de perigo a serem observados. Na realidade esses parceiros em geral se apaixonam pelo relacionamento em si, em vez de um pelo outro, e em um determinado ponto podem achar que estão intimamente envolvidos com um estranho. Ao casamento, também, podem estimar um valor irracionalmente alto que tem pouca base na realidade.

Conselho: *Não se enrede com você mesmo. Cuidado com lisonjas e seguidores. Mantenha sua chama pura. Siga seu caminho. A ilusão pode desencaminhá-lo.*

RELACIONAMENTOS

PONTOS FORTES: SENSATO COM DINHEIRO, IMAGINATIVO, ESPECULATIVO

PONTOS FRACOS: ESTIMULA DEPENDÊNCIA, PRESUNÇOSO, GANANCIOSO

MELHOR: TRABALHO

PIOR: AMOR

BEN COHEN (18/3/51)
JERRY GREENFIELD (14/3/51)

Ben & Jerry, amigos desde a infância, fundaram sua popular empresa de sorvete em 1978 em um posto de gasolina reformado de Vermont. Seu investimento inicial de US$12.000 (um terço emprestado) se tornou um negócio estrondoso, conhecido por seus muitos sabores inovadores de sorvete. Os parceiros dedicam-se ao ativismo social a assuntos comunitários. **Também:** Neil Sedaka & Howard Greenfield (dupla de compositores).

Índice

Índice

Números em negrito indicam páginas com ilustração.
T = Parágrafo do Topo
B = Parágrafo de Baixo

A

Aaron, Hank, 581
Aaron, Tommy, 581
Abbott, Berenice, 524, 537
Abbott, Bud, **674**
Abbott, George, **487**, 496
Abbott, Jack, 785
Abdul, Paula, 70, 374
Abernathy, Ralph, 783
Abrahams, Mick, 269
Abreu, Capistrano de, 134
Abreu, Casimiro de, 174
Abreu, Zequinha de, 118
Abzug, Bella, 538, **547**, 553
Acheson, Dean, 305
Acker, Jean, **354**
Acuff, Roy, 419
Adams, Abigail, **529**, 707
Adams, Don, **328**
Adams, Edie, **303**
Adams, John Quincy, **528**, 529
Adams, John, 297, 520, **528**, 666, 707, 712, 714
Adams, Samuel, 666, 672
Adjani, Isabel, **311**
Adler, Alfred, 566
Adler, Jacob, 366, 772
Adler, Luther, **356**, 366, 369
Adler, Stella, 174, 369, 649, 772
Adolf, Príncipe (Gustavo VI da Suécia), **441**
Agassi, Andre, 331, 335, **336**
Agee, James, 577, 718
Agnew, Spiro, 545, 720
Agoult, Condessa Marie D', 701T, 701B
Aguiar, Amador, 194
Aherne, Brian, **340**
Ahmed ben Bella, 606
Aida, Alan, **788**, 790
Aida, Robert, 790
Ailey, Alvin, 174, **366**
Aimee, Anouk, **329**
Akhmatova, Anna, 289, 482
Akihito, Imperador, **344**
Albee, Edward, **725**
Albers, Anni, **219**
Albers, Josef, **219**

Alberto da Saxe-Coburg-Gotha, **398**, 617
Alberto, Príncipe (Duque de Edinburgh e Saxe-Coburg-Gotha), 403
Albertson, Jack, 451
Albrechtsberger, Johann, **760**
Alcione, 150
Alcott, Amos Bronson, 742
Alcott, Louisa May, 424, 742
Aldington, Richard, **508**
Aldrin, Buzz, **580**
Alencar, José de, 42
Alexander, Jason, **338**, **659**
Alexandra, Czarina, **373**, **431**, 447
Alexandra, Rainha (esposa de Eduardo VII da Inglaterra), 718
Alexandre III, Czar, 391, 430
Alf, Johnny, 54
Alfalfa, 573
Ali, Mohamed, **182**, **257**, **780**, 784
Allen, Debbie, 482, **737**
Allen, Gracie, 565
Allen, Peter, **796**
Allen, Steve, 345, **670**, 771
Allen, Tim, 468T, 468B
Allen, Woody, **154**, 194, 299, 679, 744, 747
Alley, Kirstie, 446, **770**
Allison, Bobby, 632
Allison, Donny, 632
Allman, Duane, **735**
Allman, Gregg, 54, 405, **735**
Allyson, June, **678**
Almeida, Araci de, 102, 122, 669
Almeida, José Américo de, 178
Alomar, Roberto, **466**, 704
Alomar, Sandy Jr., 466
Alomar, Sandy, 704
Alou, Felipe, 217, 232, 375
Alou, Jesus, 217, **232**
Alou, Matty, **232**
Alou, Moises, 375
Alsop, Joseph, **381**
Alsop, Stewart, **381**
Alves, Ataulfo, 42
Alves, Castro, 210
Alves, Francisco, 102
Aly Khan, Príncipe, 458, 461, **466**
Amado, Jorge, 94, 569
Amati, Girolamo, 755
Amati, Nicolo, 755
Amaz, Lucie, 523, **534**, 536
Ameche, Don, **352**, 430
Amess, James, 412, **431**
Amis, Kingsley, 293

Amis, Martin, 293
Amos 'n' Andy (equipe de rádio), 368
Amsterdam, Morey, 592
Amundsen, Roald, **375**, 388, 534
Ana da Áustria, 526, 614, **627**, 652
Ana de Clèves, **492**, 496
Anchieta, José de, 22
Andersen, Hans Christian, **250**
Anderson, Eddie, **649**
Anderson, Gillian, **577**
Anderson, Ian, 269
Anderson, Jack, **654**
Anderson, Laurie, **449**
Anderson, Loni, **582**
Anderson, Pamela, 493, 664
Anderson, Richard, 314
Anderson, Sherwood, **640**
Andrade, Carlos Drummond de, 138, 495
Andrade, Joaquim Pedro de, 58
Andrade, Mario de, 110
Andrade, Oswald de, 178
Andress, Ursula, **223**
Andretti, Mario, **685**
Andretti, Michael, 680, **685**
Andrew, Príncipe, da Inglaterra, 310, 485, 574, 597, **695**, 798
Andrews, Julie, 558, **664**, 672
Angeli, Pier, 451, 484
Angélica, 154
Anísio, Chico, 34
Anjos, Ciro dos, 158
Anka, Paul, **559**
Anne, Princesa, da Inglaterra, 310, 314, **585**, 587, 597
Anne, Rainha, da Inglaterra, **428**
Ann-Margret, 344, 345
Anthony, Ray, 785
Anthony, Susan B., **731**, 777
Anton, Susan, **318**
Antunes, Arnaldo, 106
Aquino, Benigno, 746
Aquino, Corazon, 746
Arafat, Yasir, 625, 705
Aranha, Osvaldo, 146
Araújo, Severino (Maestro), 38
Arbudde, Fatty, **218**, **227**, 229, 234
Arbus, Diane, 537
Arinos, Affonso, 42
Arlen, Harold, 282, 731
Armberg, Príncipe Claus von, da Holanda, **636**
Armstrong, Edwin, **620**
Armstrong, Neil, **580**, 584
Armstrong-Jones, Anthony (Conde de Snowdon), **612**
Arnaz, Desi Jr., **534**, 580, 787

Arnaz, Desi, 534, 536, **583**
Arnold, Tom, 724
Arns, Dom Paulo Evaristo, 114
Arp, Hans, 648
Arquette, Cliff, 579
Arquette, Patricia, **279**
Arquette, Rosanna, 579, 581
Arraes, Miguel, 162
Asher, Peter, 432, 470
Ashford, Nicholas, **358**
Ashley, Elizabeth, 615, 625
Ashton, Sir Frederick, **644**
Assante, Armand, **681**
Assis, Machado de, 70
Astaire, Adele, **358**
Astaire, Fred, **355**, 357T, 357B, **358**
Astin, John, 255
Astor, Mary, **363**, 369
Astor, Nancy, 392
Ataíde, Austregésilo de, 122
Atkins, Chet, 432
Auden, W.H., 624, 723, 777, **797**
Auerbach, Red, **661**
Augusto (Otaviano), **526**, 655, 660
Aung Sun Suu Kyi, 70
Autran Paulo, 110
Autry, Gene, 666
Avalon, Frankie, **642**
Avedon, Richard, **371**
Axson, Ellen, 386
Ayala, Walmir, 174
Ayer, A.J., **714**
Aykroyd, Dan, 488, **501**
Ayres, Lew, 532
Azevedo, Aluísio, 34
Azevedo, Arthur, 78

B

Baba Ram Dass, 274
Baba, Meher, 410
Babo, Lamartine, 178
Babyface, **265**
Bacall, Lauren, 272, **541**, 550, 648
Bach, Barbara, 508
Bach, Carl Philipp Emanuel, 237, 799, **801**
Bach, Johann Christian, 225
Bach, Johann Sebastian, **22**, 225, 230, 237, 244, 801
Bach, Wilhelm Friedmann, 230
Bacharach, Bertram, 391
Bacharach, Burt, 380, **387**, 391
Bacon, Francis, 325, 483
Bacon, Kevin, **507**
Bacon, Peggy, **334**
Baez, Joan, 407

802

Bailey, David, **701**
Bailey, F. Lee, **445**, 448
Bailey, James A., 504, 517
Bailey, Pearl, 244
Bain, Barbara, **474**
Baker, Ginger, 247
Baker, Howard, **513**
Baker, Josephine, **441**
Bakker, Jim, **516**, **773**
Bakker, Tammy Faye, 516, 773
Baksh, Shakira, 800
Balakirev, Mili, **232**
Balanchine, George, **595**, **693**, **784**
Baldwin, Alec, **277**, 443
Baldwin, William, 277, **795**
Balin, Marty, 713
Ball, Lucille, 523, 534, 580, **583**
Bancroft, Anne, **492**, **572**
Bandaranaike, S.W.R.D., 302
Bandaranaike, Siramavo, **289**, 302
Bandeira, Manuel, 38
Banderas, Antonio, **569**
Bandolim, Jacó do, 194
Bankhead, Tallulah, **281**, **610**
Banks, Dennis, 298
Banks, Tyra, 754
Banting, Sir Frederick, **732**
Barbosa, Adoniram, 94
Barbosa, Dom Marcos, 114
Barbosa, Rui, 142
Bardeen, John, **392**
Bardot, Brigitte, **122**, **666**, **672**, **703**, 764
Barenboim, Daniel, **529**, **730**
Barker, Lex, 357
Barkley, Charles, 369
Barms, Paul-François, **469**, **472**, **490**
Barnacle, Nora, **235**
Barnum, P.T., 504, 510, **516**
Barr, Candy, 508
Barr, Roseanne, **478**, 724
Barrault, Jean Louis, 541
Barreto, Lima,50
Barreto, Tobias, 62
Barros, Ademar de, 38
Barros, Manuel de, 162
Barroso, Ari, 142
Barrow, Clyde, **226**
Barrymore, Drew, 448
Barrymore, Ethel, 336
Barrymore, John Drew, 448
Barrymore, John, 369, 649, 796
Barrymore, Lionel 336
Bartheime, Donald, 273
Bartheime, Frederick, 273
Bartok, Bela, 255
Baruch, Bernard, **599**
Baryshnikov, Mikhail, **325**, **771**, **791**
Basie, Count, 42, **270**, 678
Basinger, Kim, **277**, **443**
Bassett, Angela, **591**
Bateman, Jason, **782**
Bateman, Justine, **782**
Bateson, Gregory, **365**
Batista, Fulgencio, **594**
Batista, Linda, 66
Bauer, Steve, 577
Baum, L. Frank, **387**
Baxter, Anne, **286**, **352**

Baxter, Meredith, **311**
Beach, Sylvia, 431, 794
Beadle, George Wells, 402
Beardsley, Aubrey, 602
Beaton, Cecil, 647
Beatrix, Rainha, da Holanda, 347, 636
Beatriz, Princesa da Inglaterra, 223
Beatty, Warren, 178, 239T, 239B, 241, **242**, 244, 245, **247**, **255**
Beauhamais, Hortense de, 271
Beauhamais, Josephine de, **469**, **472**, 490, 592
Beaumarchais, Pierre de, 788
Beauvoir, Simone de, **174**, **482**
Bebeto, 198
Beck, Jeff, 243, 482
Beck, Julian, **412**
Becker, Boris, 561, **618**
Becker, Cacilda, 30
Beckett, Samuel, 304
Bednarik, Chuck, **334**
Beecher, Henry Ward, **451**, **475**, 476
Beecher, Lyman, 458, 476
Beefheart, Capitão (Don Van Vliet), 764
Beery, Wallace, **238**
Beethoven, Ludwig von, **255**, 759, 760
Begin, Menachem, 590, **593**, **596**
Begley, Ed Jr., 249
Begley, Ed, 248, **249**
Behrens Peter, 286, 296, 381
Béjart, Armande, 775
Béjart, Madeleine, 775
Belafonte, Harry, **797**
Belasco, David, **550**
Belinsky, Bo, 753
Bell, Alexander Graham, **430**, **503**, **748**
Bell, Clive, 419, 427
Bell, Vanessa Stephen, 427
Bellson, Louis, 244
Beltrão, Andréa, 114
Belushi, Jim, 465
Belushi, John, 465, **501**
Benacerraf, Baruj, 697
Benchley, Peter, 359
Benchley, Robert, 359, **645**
Benedict, Ruth, 433
Benét, William Rose, 636
Ben-Gurion, David, 588
Bening, Annette, **242**
Benitez, Jellybean, 590
Benjamin, Richard, 411
Bennett, Constance, **700**
Bennett, Floyd, 697
Benny, Jack, 484, **649**
Benson, George, **237**
Benz, Karl, **749**
Berenson, Marisa, 637
Bergen, Candice, **362**, **369**
Bergen, Edgar, **369**, 567, 662
Bergman, Alan, 643
Bergman, Ingmar, 162, 531T, **531B**
Bergman, Ingrid, **106**, 358, 460, **623**
Bergman, Marilyn, **643**
Bergstrom, Sune Karl, **257**
Berkeley, Busby, 632

Berle, Milton, 521, **527**, **531**, 536
Berlin, Irving, 383
Bern, Paul, 645, **755**
Bernardes, Artur, 94
Bernhard, Príncipe da Holanda, 333
Bernhard, Sandra, 436
Bernhard, Sarah, **134**, 319, 676, **698**
Bernsen, Corbin, 437
Bernstein, Aline, 680
Bernstein, Carl, **259**, 409, 570
Bernstein, Leonard, 224, **601**, **610**
Berra, Yogi, 376
Bcrrigan, Daniel, 360
Berrigan, Philip, 360
Berry, Chuck, 690
Berry, Halle, **292**
Bertinelli, Valerie, 325
Bertolucci, Bernardo, 725
Bessette, Carolyn, 742, **744**
Best, Charles, **732**
Best, Edna, 411
Bethânia, Maria, 66
Betinho, 142
Beviláqua, Clóvis, 126
Bhutto, Benazir, 471
Big Bopper, **459**, 629
Biggs, E. Power, 244
Biko, Steven, 756
Bilac, Olavo, 162
Billy the Kid (William H. Bonney), 442
Bird, Larry, 592, **718**, **754**
Birney, David, **311**
Bishop, Elizabeth, **731**
Bismarck, Otto von, 258
Bisset, Jacqueline, 644
Bixby, Bill, 712
Bizet, Georges, **421**
Black, Clint, 428
Blackwell, Henry Brown, 357
Blair, Betsy, 606
Blake, Eubie, 518
Blake, William, **577**
Blakey, Art, 340
Blanc, Aldir, **122**, 526
Blanchard, Doc, 757
Blanco, Billy, 46
Blecaute, 158
Blige, Mary J., **622**
Bligh, Capitão William, 630
Bloch, Adolfo, 126
Bloch, Deborah, 58
Bloembergen, Nicolaas, 308, **371**
Blondell, Joan, 473, **618**
Bloom, Claire, **235**, **304**, 409, **535**, 723
Blue, Vida, **557**
Boal, Augusto, 210
Boas, Franz, 433, 515
Bob & Ray, 214
Bock, Jerry, 342
Boff, Leonardo, 162
Bogart, Humphrey, 106, 501, **550**, 581, **623**, **648**, **753**, 759
Bogdanovich, Peter, 567, 568
Bohr, Aage Niels, 476
Bohr, Niels, 318, 476, **685**
Bolger, Ray, **387**
Bolivar, Simon, **488**

Bollettieri, Nick, 335, 555, 561
Bolotowski, Ilya, 492
Bolt, Robert, 247
Bon Jovi, Jon, 536
Bonaparte, Letizia, 585
Bonaparte, Luís, 271
Bonds, Barry, **553**
Bonds, Bobby, **553**
Bonet, Lisa, 590
Bonfá, Luís, 130
Boni, Albert, 700
Bonifácio, José, 66
Bonnard, Pierre, **677**, 678
Bonner, Yelena, 409
Bono Vox, 356
Bono, Chastity, **410**, **798**
Bono, Sonny, 54, **410**, **798**
Boone, Debby, 400, 419
Boone, Pat, 419
Booth, Catherine, 280
Booth, Edwin, 363
Booth, John Wilkes, 363, **369**
Booth, William, 280
Borba, Emilinha, 106
Borg, Bjorn, **434**, 437, **448**
Borges, Gustavo, 154
Borghese, Maria, **587**
Borgnine, Ernest, 780
Borman, Frank, **584**
Born, Max, 669, 762
Bosco, João, 82, 526
Bôscoli, Ronaldo, 138
Bosi, Alfredo, 106
Bosley, Tom, 665
Boswell, James, **642**
Boucher, François, 670
Boulanger, Lili, 600
Boulanger, Nadia, 600, 643
Boulton Matthew, 635
Boumédienne, Houari, 606
Bourke-White, Margaret, **66**, 462T, 462B
Bournonville, August, **315**
Bow, Clara, 356, 559, 563
Bowes, Paul, 772
Bowie, David, 549
Bowles, Jane Auer, 772
Boyd, Paptti, 260, **261**, 800
Bracco, Lorraine, 380, 674
Bradbury, Ray, **473**
Bradlee, Ben, **455**, **491**
Brady Mathew, **781**
Brady, Diamond Jim, **592**
Brady, Jim, 418, 791
Brady, Sarah, **791**
Braga, Rubem, 178
Bragg, William H., 244
Bragg, William L., 244
Brahe, Tycho, 757
Brahms, Johannes, 359
Bramlett, Bonnie, **495**
Bramlett, Delaney, **495**
Branagh, Kenneth, **300**
Branco, Camilo Castelo, 210
Branco, Carlos Castelo, 74
Brandão, Ignácio de Loyola, 90
Brando, Marlon, **30**, **273**, **282**
Braque, Georges, 382
Brasil, Vital, 42

Braun, Eva, **326**
Braun, Karl Ferdinand, **331**
Braun, Wernher von, 226
Brecht, Bertolt, 519, 624, 694, 795
Brent, George, **798**
Breslin, Jimmy, **694**
Breton, André, **485**
Brett, Dorothy, 643
Breuer, Marcel, **372**
Brezhnev, Leonid, **767**
Briand, Aristide, **240**
Brice, Fanny, 319, **630**, **687**
Brickell, Edie, 696
Bridges, Beau, 752, **749**
Bridges, Jeff, **749**
Bridges, Lloyd, 749, 752
Brightman, Sarah, 223
Brinkley, Christy, **368**
Brinkley, David, **514**
Britt, Mai, **231**
Britten, Benjamin, 479
Britton, Nan, 707
Brizola, Leonel, 182, 713
Broccoli, Albert, 265
Brod, Max, 414
Broderick, Matthew, 214
Brolin, James, **536**
Brongniart, Alexandre, 610
Bronson, Charles, 320
Brontë, Anne, 325
Brontë, Charlotte, **313**, 325
Brontë, Emily, **313**
Brook, Alexander, **334**
Brooks, Mel, 220, 492
Brosnan, Pierre, **378**
Brown, Bobby, 94, **574**
Brown, Clifford, 422
Brown, David, **567**
Brown, H. Rap, **439**, **493**
Brown, Helen Gurley, **567**, **792**
Brown, James (cantor pop), 465
Brown, James (editor), 396
Brown, Jerry, 262, 268
Brown, John, 355, 370
Brown, Pat, 262
Brown, Ray, **574**
Brown, Rita Mae, 689
Brown, Ron, **555**
Browne, Jackson, **679**
Browning, Elizabeth Barrett, **370**
Browning, Robert, **370**
Brubeck, Dave, 443, 742
Brubeck, David Darius, 443
Bruce, Nigel, **456**
Bryan, William Jennings, **215**, 234, 292
Brynner, Yul, **535**
Buckingham, Duque de, 614
Buckingham, Lindsay, **420**
Buckley, Christopher, 667
Buckley, Pat, **496**
Buckley, William, **496**, 667
Buhler, Karl, 417 Bujak, Zbigniew, **668**
Bulfinch, Charles, 523
Bulfinch, Thomas, 523
Bulhões, Otávio Gouvêa de, 174
Burke, Billie, **223**
Burne-Jones, Edward, **224**, 378

Burnett, Carol, 343
Burney, Dr. Charles, **266**
Burney, Fanney, **266**
Burnham, Daniel Hudson, 635
Burns, George, **565**
Burr, Aaron, **304**, **781**
Burroughs, Edgar Rice, **619**
Burrows, Abe, 498
Burstyn, Ellen, 343
Burton, Richard, 202, 723, 724
Busch, Adolf, 246
Busfield, Timothy, 453, **462**
Bush, Barbara, **432**, **435**
Bush, George, 243, 266, **332**, **432**, 451, **455**, **460**, 466, 490
Bush, Kate, 567
Bussunda, 74
Butenandt, Adolf, 225
Buttafuoco, Joey, 612
Byrd, Charlie, 649
Byrd, Harry F., **440**
Byrd, Richard E., **440**, **697**
Byron, Lord, 346, 577, 580

C

Cabrini, Madre, **82**
Caesar, Sid, **631**
Caetano, Robson, 114
Cafuringa, 130
Cage, John, **294**, **626**
Cage, Nicholas, **279**, **445**
Cagney, James, 531, **535**
Cain, Dean, 416, **562**
Caine, Michael, **350**, 800
Cairu, Visconde de, 82
Calamity Jane (Martha Jane Cannary Burk), 331
Caldas, Silvio, 54
Caldwell, Erskine, **462**
Caldwell, Zoe, 474, 649
Callado, Antônio, 186
Callas, Maria, **562**, **744**, 745
Calmón, Pedro, 166
Câmara, D. Hélder, 202
Camargo, Iberê, 146
Campbell, Glen, **318**
Campbell, Joseph, 242, **246**
Campbell, Mrs. Patrick, 567
Campbell, Naomi, 241
Campello, Celly, 66
Campos, Humberto de, 134
Campos, Paulo Mendes, 202, 695
Campos, Roberto, 34
Camus, Albert, 478
Candeia, 98
Canhoto, 194
Cannon, Dyan, **681**, 775
Capa, Cornell, 274
Capa, Robert, 274
Capanema, Gustavo, 94
Capone, Al, **325**
Capote, Truman, 380
Capra, Frank, 372, 408
Capshaw, Kate, **719**
Cardoso, Elizete, 82
Cardoso, Fernando Henrique, 66
Carequinha, 82
Carey, Mariah, 245

Carlisle, Kitty, 629
Carlos da Inglaterra, **734**
Carlos II da Inglaterra, 428, 734
Carlos VI da França, 645
Carlos VII da França, 782
Carlos, Erasmo, 62, 310
Carlos, Roberto, 38, 310
Carlota, Imperatriz do México, 433
Carlyle, Thomas, 531
Carmichael, Stokely, 433, **493**
Carne, Judy, 346, **348**
Carney, Art, **698**, , 724
Caroline, Princesa de Mônaco; 428, 636
Caron, Leslie, 244
Carow, Edith Kermit, 589
Carpeaux, Otto Maria, 206
Carpenter, Karen, 695
Carpenter, Richard, 695
Carradine, David, 753
Carradine, John, 235, **581**, 753
Carradine, Keith, **581**
Carradine, Robert, 235
Carrey, Jim, **712**
Carrilho, Altamiro, 166
Carroll, Diahann, 452
Carroll, Lewis (Charles Lutwidge Dodgson), **368**
Carson, Johnny, 297, **511**, 706
Carson, Kit, 764
Carte, Richard D'Oyly, **351**
Carter, Amy, 665
Carter, Billy, **250**
Carter, Carlene, **475**, **674**
Carter, Dixie, 429
Carter, Jimmy, **250**, 522, 573, 575, 587, 665, 670, 672
Carter, Lillian, 587
Carter, Lynda, **291**
Carter, Rosalynn, 587
Cartola, 130
Carvalho, Hermínio Belo de, 26
Carvalho, José Cândido de, 94
Carvey, Dana, 242, 243
Casals, Pablo, **634**, 744
Casanova, Giovanni Giacomo, **239**
Cascudo, Luís da Câmara, 170
Cash, Johnny, 410, **467**, **485**, **674**
Cash, June Carter, 475, **485**, 674
Cash, Roseanne, 398, 410
Casiraghi, Stefano, 636
Cassavetes, John, **480**, **619**, 645
Cassavetes, Nick, 394
Cassidy, David, 239, **295**, **306**
Cassidy, Jack, 260, 295, **306**
Cassidy, Shaun, 295
Cassini, Oleg, **285**, **298**, 299
Castaneda, Movita, 282
Castiglioni, Contessa Di, 216
Castle, Irene, **263**
Castle, Vernon, **263**
Castro, Fidel, 292, 398, **454**, **594**
Castro, Josué de, 110
Catarina a Grande, **239**, **312**, **317**, 318
Catarina de Aragão, 322, 498, 501, 762
Catarina de Médici, **239**, 286, **295**, **303**

Cates, Phoebe, **528**
Catt, Carrie Chapman, **774**, 777
Caulfield, Maxwell, **734**
Cavalcante, Tom, 206
Cavalcanti, Flavio, 178
Cavaquinho, Nelson, 138
Cavett, Dick, 276
Caxias, Duque de, 102
Cayce, Edgar, **675**
Caymmi, Danilo, 206
Caymmi, Dori, 106
Caymmi, Dorival, 42
Caymmi, Nana, 42
Cazuza, 30
Cearense, Catulo da Paixão, 190
Cerdan, Marcel, 166, **548**
Cerf, Bennett, **416**, 431
Cesar, Ana Cristina, 58
César, Guilhermino, 50
César, Julio, **526**
Cezanne, Paul, 257, **517**
Chacrinha, 182
Chad & Jeremy, 231
Chagas, Carlos, 78
Chain, Ernest, **472**, 475, 572
Chamberlain, Richard, 244
Chamberlain, Wilt, **610**, **611**
Chambers, Whittaker, 252
Champion, Gower, 473
Champion, Marge, 473
Chandler, Harry, **384**
Chandler, Otis, **384**
Chandler, Raymond, 415
Chanel, Gabrielle "Coco", **102**
Chapel, Alain, 634
Chaplin, Charlie, 34, 130, 235, 239, 264, 280, 285, 286, 287, **288**T, **288**B, 298, 299, 302, 304, 306, 439
Chaplin, Geraldine, 376, 559, **564**
Chaplin, Sydney, 239, 306
Chapman, Mark David, 360
Charisse, Cyd, 612, **768**
Charles, Príncipe, da Inglaterra, 74, **146**, 310, **320**, 433, **478**, **496**, 576
Charles, Ray, **118**, 359, 663
Charo, 770
Charrier, Jacques, **666**
Chase, Chevy, 527
Chateaubriand, Assis, 110
Châtelet, Madame Du, 738
Chaves, Juca, 134
Chekhov, Anton, 784
Cher, 54, 405, 406, **410**, 798
Chiang Kai-shek, 170, 441, **708**, 709, 711
Chirac, Jacques, **514**
Chong, Tommy, 395
Chopin, Frederic, **198**, **502**, 705 '9
Chou En-lai, 762, 773
Christian, Linda, 363
Christie, Agatha, **359**, 379, 399, 639
Christie, Julie, 239
Christo, **450**
Chu Teh, 762
Chung, Connie, 603, **608**
Churchill, Jennie, 744, 777
Churchill, John, 412

Churchill, Lorde Randolph, 218, 747, 777
Churchill, Sarah, 412, **428**
Churchill, Winston, 254, 689, **743**, 744, 746, 747, 777
Cilento, Diane, 247
Civita, Victor, 194
Clair, Janete, 42
Clairmont, Claire, 337, 346
Clapton, Eric, 243, 247, **260**, **261**, 495, 800
Clark, Dick, **743**
Clark, Eleanor, 312
Clark, Marcia, **271**
Clark, Walter, 66
Clark, William, **555**
Claudel, Camille, 577, **727**
Claudel, Paul, 577
Clayburgh, Jill, **329**, 349
Clayton-Thomas, David, **646**
Cleaver, Bill, 233
Cleaver, Eldridge, 623
Cleaver, Vera Allen, 233
Cleese, John, **252**, 477, 708
Cline, Patsy, 248, 316
Clinton, Bill, **102**, 455, 490, 540, 555, **603**, **611**, 791
Clinton, Chelsea, **611**
Clinton, Hillary Rodham, **138**, **603**
Cloocny, George, 351
Clooney, Rosemary, 351, 400, 407
Close, Glenn, 222
Clurman, Harold, 643
Coates, Phyllis, 778
Cobain, Kurt, **582**
Coca, Imogene, **631**
Cocker, Joe, **404**
Cocteau, Jean, 221, 508
Cody, Buffalo Bill, **597**
Coe, Sebastian, 664
Coelho, Paulo, 102
Coen, Ethan, **656**
Coen, Joel, **656**
Cohan, George M, **487**
Cohen, Arnaldo, 38
Cohen, Ben, **801**
Cohen, Mickey, 508
Cohn, Harry, 544, 551
Cohn, Jack, 544
Cohn, Roy, **732**
Colasanti, Marina, 122
Cole, Maria, 569
Cole, Nat "King", **210**, 569, **794**
Cole, Natalie, **794**
Coleridge, Samuel Taylor, 274, 577
Collins, Jackie, 401
Collins, Joan, 241, **400**, 401
Colman, Ronald, **694**
Colombo, Cristóvão, **319**, **715**
Colomby, Bobby, **646**
Colter, Jessi, 413
Coltrane, Alice, **614**
Coltrane, John, 110, **614**, 663
Comaneci, Nadia, 253, **643**
Comden, Betty, 364
Conklin, Margaret, 575
Connelly, Marc, **645**, **727**, **759**
Conner, Bart, 253
Connery, Jason, 608

Connery, Sean, **102**, 247, **378**, **417**, 608
Connors, Jimmy, 437, **540**, **618**
Conrad, Joseph, **709**
Conrad, Kimberly, 269
Conrad, Robert, 236
Constant, Benjamin, 130, 319
Constantino I da Grécia, **563**
Conway, Tom, 509
Cony, Carlos Heitor, 210
Coogan, Jackie, 710
Cook, Capitão, James, 630
Cook, Peter, 708
Cooke, Peter, 320
Cooke, Sam, 367
Coolidge, Rita, **332**
Cooper, Gary, 146, **351**, 353, 355T, **355B**, 356, 366, 367
Cooper, James Fenimore, 272, **639**
Copland, Aaron, 50, 643, 728
Copperfield, David, **600**
Coppola, Carmine, 266
Coppola, Francis Ford, 261, 263, 264, 266, 269, 270, **278**, 340
Corbett, "Gentleman Jim", **616**
Corday, Charlotte, **397**
Cori, Carl, 592
Cori, Gerty, 592
Corman, Roger, 261
Correia, Raimundo, 50
Cosby, Bill, **82**, **470**, 521, **523**, 537
Cosell, Howard, **257**
Costa Filho, Odilo, 162
Costa, Claudio Manuel da, 78
Costa, Gal, 122
Costa, Lucio, 202
Costello, Dolores, 649
Costello, Lou, **674**
Courier, Jim, 555
Cousteau, Jacques, **463**
Cousteau, Phillipe, **463**
Coutinho, Afrânio, 206
Couto, Miguel, 42
Coward, Noiël, 255, **515**, 734
Cox, Archibald, **376**, **379**, 380
Cox, Courtney, 456
Cox, Edward, 552, 673
Crane, Cheryl, 567
Crane, Stephen, **709**
Crawford, Cindy, **624**
Crawford, Joan, 178, 231, **233**, 235, 236
Criss, Peter, **607**
Croce, Benedetto, 430
Crofts, Dash, **588**
Cronyn, Hume, **434**
Crosby, Bing, 331, 333, 336, **343T**, 343B, 424
Crosby, Bob, 336
Crosby, Garry, 333
Crouse, Lindsay, **384**, 390
Crouse, Russell, 390
Crowell, Rodney, 398
Cruise, Tom, **470**, 504, 518
Cruz, Oswaldo, 94
Crystal, Billy, 545, 553
Cugat, Xavier, 757, 770
Culp, Robert, **523**

cummings, e.e., 687, **692**
Cummings, Robert, 436
Cunha, Celso, 46
Cunha, Euclides da, 182
Cunningham, Merce, **286**, **294**
Cuomo, Mario, 462
Curie, Marie, 142, **383**
Curie, Pierre, **383**
Currier, Nathaniel, 260
Curtin, Jane, 491, **586**, 631
Curtis, Jamie Lee, 433, 442, **513**, 739
Curtis, Tony, 433, 442
Cury, Ivon, 62
Cusack, Cyril, 662, 747
Cusack, Joan, 494
Cusack, John, 494
Cusack, Sinead, **662**, 747
Cuvier, Barão Georges, 610
Cyrano de Bergerac, 778

D

D. Pedro I, 130
D'Amato, Alfonse, 569
D'Annunzio, Gabriele, 686
D'Estaing, Giscard, 713
D'Eu Conde, 42
Daguerre, Louis-Jacques, **733**
Dahl, Arlene, 357, **594**
Dahl, Roald, 648
Daimler, Gottlieb, 749
Daley, Richard Jr., 308 9
Daley, Richard, 308
Dali, Gala, **379**
Dali, Salvador, 50, 373, **379**
Dalton, Timothy, 234
Daltrey, Roger, **410**
Daly, Chuck, 222
Daly, Tyne, 429
Damião, Frei, 142
Damita, Lili, 471
Damone, Vic, 451, **452**, 484
Dandridge, Dorothy, **721**
Dangerfield, Joan, 735
Dangerfield, Rodney, 735
Dankworth, John, 654
Danner, Blythe, 669, 672, 746
Dansori, Ted, 607, 728, 770, 772
Dante Alighieri, 431
Danza, Tony, 320, 326
Darden, Christopher, **271**, 394
Darin, Bobby, **308**, **385**
Darnley, Lorde (Henry Stewart), 749
Darrow, Clarence, **215**, **288**, **292**, 461
Darwin, Charles, 582, 794, 795
Darwin, Erasmus, 761
Dassin, Jules, **690**
Dausset, Jean, 697, 701
Davies, Dave, 484, 771
Davies, Madon, **345**
Davies, Ray, 484, 771
Davis, Benjamin Jr., **498**
Davis, Benjamin, **498**
Davis, Bette, 267, **269**, 275, **281**
Davis, Billy Jr., 493
Davis, Geena, 703, 787
Davis, Glenn, 757, 769
Davis, Jefferson, **448**

Davis, Mildred, 327
Davis, Miles, 110, 422, **425**
Davis, Ossie, **710**
Davis, Patti Ann, 511
Davis, Sammy Jr., **231**, **750**, **754**
Davisson, Clinton J., **361**
Dawber, Pam, **543**, 616
Dawes, William, 279
Day, Doris, **276**
Day, Laraine, **559**
Day-Lewis, C., **307**
Day-Lewis, Daniel, **307**, **311**
De Forest, Lee, **620**
De Gaulle, Charles, **321**, 512, 513, 514, 738
De Generes, Ellen, **428**
De Haven, Gloria, 396
De Havilland, Olivia, 394, 469, **489**, 494, 576
De Klerk, F.W., 82, **537**
De Kooning, Elaine, 328
De Kooning, Willem, 328
De Laurentiis, Dino, 314, 578
De Lavallade, Carmen, 568
De Luise, Dom, 560, **567**
De Luise, Peter, 560
De Mille, Agnes, 541, **586**
De Mille, Cecil B., 535, **539**, **586**
De Mille, Katherine, 311
De Mille, William, **539**, 541
De Niro, Robert, 270, **590**
De Palma, Brian, 456
De Vito, Danny, **253**, 320, 733
De Witt, Joyce, 338
Dean, Daffy, 594
Dean, Dizzy, 594
Dean, James, **194**, **484**, 549
Dean, John, 227, 692
DeBakey, Dr. Michael, 639
Debs, Eugene V., **722**
Debussy, Claude, 612T, 612B
DeCarlo, Yvonne, 508
Decroux, Etienne, 222, 541
Dee, John, **525**
Dee, Kiki, 260
Dee, Ruby, **710**
Dee, Sandra, 308
Degas, Edgar, **396**, **434**
Delaunay, Robert, 298
Delon, Alain, 666
Dempsey, Jack, 413
Deneuve, Catherine, 665, **701**, **703**
Deng Xiaoping, **607**
Dennis, Sandy, 263
Denver, Bob, 387, 778
Depp, Johnny, 441, **445**, **446**
Derek, Bo, 223, **591**
Derek, John, 223, 590, **591**
Dern, Bruce, 352, **443**, 448
Dern, Laura, 443, 448, **704**, 785
Desmond, Paul, 742
Devine, Andy, 682
Dewey, Thomas E., **217**
Dewhurst, Colleen, 440
Di Cavalcanti, 110
Di Maggio, Dom, 637, 747
Di Maggio, Joe, 58, **424**, 699, 747
Di Maggio, Vince, 637

805

Diaghilev, Sergei, 206, 215, 216, 219, **221**, **228**, 237
Diamond, I.A.L., 469
Diana, Lady (Diana Spencer, ex-princesa de Wales), 74, 311, **433**, 469, 478, 496
Diane de Poitiers, 239, 248
Dias, Cícero, 206
Dias, Gonçalves, 94
Dickinson, Angie, 380, 420
Dickinson, Emily, **158**
Diderot, Denis, 494
Didion, Joan, 424
Dietrich, Marlene, **170**, 366, **386**, **426**, **646**, **751**
Dillman, Bradford, 297
Dior, Christian, 565
Dirac, Paul, 570
Disney, Roy, 480
Disney, Walt, **158**, 480, 750
Disraeli, Benjamin, **406**, **763**
Divine, **319**, 528
Dixon, Donna, 488
Djanira, 54
DMC, 423
Dobson, Kevin, 787
Dole, Bob, **522**, **538**, 540
Dole, Elizabeth, 538
Dolly, Jenny, 697
Dolly, Rose, 697
Dominguinhos, 194
Donahue, Phil, 736
Donahue, Troy, 788
Donaldson, Sam, 768
Donato, João, 98
Donizetti, Gaetano, 748
Donovan, 358
Doolittle, Hilda ["H.D."], **508**, 630
Dorsey, Jimmy, 724, **799**
Dorsey, Tommy, 724, 799
Dos Passos, John, **692**
Dostoevski, Fyodor, 142
Douglas, Alfred, **687**
Douglas, Buster, 134
Douglas, Helen Gahagen, **277**
Douglas, Kirk, 254, 668
Douglas, Melvyn, **277**
Douglas, Michael, 667, 668
Douglas, Stephen A., **326**
Dourado, Autran, 182
Dow, Charles Henry, 677
Dow, Tony, **287**
Down, Lesley-Ann, 626
Downey, Robert Jr., 238, 270
Downs, Hugh, 673
Doyle, Arthur Conan, **399**
Dozier, Lamont, **243**
Dragon, Daryl, 358
Drake, Betsy, 648
Dreiser, Theodore, **614**
Dreja, Chris, 229 Drescher, Fran, 673
Dreyfus, Alfred, 250
Dru, Joanne, 788
Drummond, Roberto, 166
Drysdale, Don, **548**
Du Barry, Madame, 610
Du Bois, W.E. B., **305**
Du Pré, Jacqueline, 529, **730**

Duarte, Anselmo, 38
Duarte, Regina, 190
Duchamp, Marcel, **90**, **556**, 565
Duchin, Eddie, 269
Duchin, Peter, 269
Duchovny, David, **577**
Dufy, Raoul, 265
Dukakis, Kitty, 720
Dukakis, Michael, **460**, 478, 720
Dukakis, Olympia, 478
Dulles, John Foster, 305
Dumas, Filho, Alexandre, 538
Dumas, Pai, Alexandre, 538, 540
Dunant, Jean Henri, 351
Dunaway, Faye, **178**, **233**, **671**
Duncan, Isadora, 50, 420, 427
Dunga, 138
Dunne, John Gregory, 424
Duque, Patty, 255
Duran, Roberto, **373**
Durant, Ariel, **362**
Durant, Will, **362**
Durbin, Deanna, 752
Durocher, Leo, 554, **559**
Durrell, Gerald, 778
Durrell, Lawrence, 778
Duse, Eleanor, 676, **686**
Duvalier, "Baby Doc", 290
Duvalier, "Papa Doc", 290
Duveen, Barão Joseph, 227
Dvořák, Anton, **634**
Dylan, Bob, 392, **395**, 405, 407

E

Eagleton, Thomas, 542, 545, **654**
Earhart, Amelia, **86**
Earp, Wyatt, 230
Eastman, George, 530
Eastwood, Clint, 412
Ebert, Roger, 219, **465**
Echegaray, José, 316
Eddy, Nelson, 451
Eden, Barbara, **601**
Edison, Harry "Sweets", **678**
Edison, Thomas, 519
Edmundo, 26
Eduardo I da Inglaterra, 457
Eduardo IV da Inglaterra, **343**
Eduardo V da Inglaterra, 588
Eduardo VII da Inglaterra, **469**, 480
Eduardo VII da Inglaterra, 617, 688, 698, 718
Eduardo, Príncipe, da Inglaterra, 310, 328, 798
Edwards, Blake, 556, **558**
Edwards, Vince, 244
Eikenberry, Jill, **785**
Einstein, Albert, **210**, 328, 762, **768**, 789, 791
Einstein, Mileva Maric, **768**
Eisenhower, David, **245**, 552
Eisenhower, Dwight, 245, **296**, 552, **688T**, **688B**, 689, **692**, 694
Eisenhower, Mamie, 688
Eisenstaedt, Alfred, 462
Eisler, Hanns, 519
Eisner, Michael, 468, 762

Ekland, Britt, **630**, 682
Eleanor de Aquitaine, **628**
Eliot, George, 299
Eliot, T.S., **666**
Élis, Bernardo, 146
Elizabeth I da Inglaterra, **316**, **399**, 491, **525**, 632, **637**
Elizabeth II da Inglaterra, **38**, **310**, 311T, 311B, **314**, 315, 316, **320**, 322, 328, 435, 570, 576
Elizabeth, Imperatriz da Áustria, 593
Ellington, Duke, 42, 342
Elliot, Sam, 581
Ellis, Havelock, 649
Ellis, Herb, 574
Ellison, Ralph, **638**
Ellsworth, Lincoln, 375, **388**
Emerson, Faye, 518
Emerson, John, 331, 427
Emerson, Ralph Waldo, 412, **415**, 424
Engels, Friedrich, **364**
Entwhistle, John, **602**
Ephron, Nora, 409
Epstein, Brian, 409
Erikson, Erik, 454
Erlichman, John, **228**, **233**
Ernesto, Pedro, 122
Ernst, Max, 248
Erundina, Luísa, 154
Ervin, Sam, **379**
Erving, Julius (DR. J). **611**
Esposito, Phil, 327
Estefan, Gloria, 625
Esterhazy, Miklos, **271**
Esterhazy, Nikolaus, 255
Esterhazy, Paul, **271**
Estevez, Emilio, **374**, **377**, 379, 383
Estrada, Osório Duque, 42
Eugenie, Princesa da Inglaterra, 223, 574
Eva Todor, 142
Evangelista, Linda, 448
Evans, Dale, **707**
Evans, Dave, 356
Evans, Linda, 590, **717**
Evans, Rowland Jr., 349
Evans, Walker, 718
Everly, Phil, 785
Evers, Charles, 492
Evers, Chris, 691, **766**
Evers, Medgar, 492
Ewing, Patrick, 94, 396
Exner, Judith Campbell, 407, 427

F

Fabergé, Peter Carl, 430
Fagundes, Antonio, 34
Fairbanks, Douglas Jr., 231, **405**, **751**
Fairbanks, Douglas, 264, 280, 287, **330**, 405
Faithful, Mariane, **564**
Falabella, Miguel, 126
Falconer, Deborah, 270
Falk, Peter, **645**
Falkenberg, Jinx, 693
Fallaci, Oriana, 74
Falwell, Jerry, **589**

Fangio, Juan Manuel, **220**
Faoro, Raimundo, 42
Farentino, James, 485, 625
Fargo, William George, 405
Farney, Dick, 178
Farouk, Rei do Egito, **596**, 781
Farr, Felicia, **684**
Farrakhan, Louis, 382
Farrell, Charles, **266**
Farrell, Mike, **788**
Farrell, Suzanne, **595**
Farrow, John, 194
Farrow, Mia, **194**, **282**, 389, 679, 684, 747, 760
Faulkner, William, **640**
Fawcett, Farrah, 326
Faye, Alice, **352**, 353, 356, **365**
Feldon, Barbara, **328**
Felker, Clay, 250
Fellini, Federico, **182**, **671**, 786
Fenneman, George, 666
Ferber, Edna, 590
Ferguson, Sarah (duquesa de York), **695**
Fermat, Pierre de, 472
Fermi, Enrico, **317**
Fernandes, Millôr, 98
Fernando, Rei da Espanha, **328**, 76
Ferrante, Arthur, 600
Ferraro, Geraldine, **621**
Ferreira, Procópio, 78
Ferrer, Jose, 407, **464**, 737, 778
Ferrer, Mel, **357**
Field, John, **644**
Field, Sally, 722, **723**
Fields, Lew, **593**
Fields, W. C., **595**
Figueiredo, João Batista, 178
Filho, Adonias, 154
Filho, João Café, 190
Filho, Melo Moraes, 202
Fine, Sylvia, **622**
Finney, Albert, **329**
Fischer, Bobby, **206**, 748, 790
Fischer, Vera, 154
Fisher, Amy, **612**
Fisher, Carrie, 246, **251**, 477, 574, **665**, 687
Fisher, Eddie, 246, 569, 574, 583
Fisk, Jack, 763
Fittipaldi, Emerson, **680**
Fitzgerald, Ella, 336
Fitzgerald, F. Scott, **359**, **542**, 557, **692**
Fitzgerald, John (Honey Fitz), 551
Fizeau, Armand-Hppolyte-Louis, 627
Flack, Roberta, 673
Flatt, Lester, **499**
Fleetwood, Mick, **479**
Fleischer, Dave, **521**
Fleischer, Max, **521**
Fleming, Alexander, 472, **572**
Fleming, Ian, 265, 417, 421
Fleming, Rhonda, 377
Florey, Howard W., 472, 475, **572**
Flynn, Errol, 469, **471**, 480
Flynt, Althea, 539, 575, 707
Flynt, Larry, **275**, 539, 544, 575, **589**, 707

Fokine, Michel, 190, 206, 216, 347
Fonda, Bridget, 790
Fonda, Henry, 371, 372, **386**, **389**, 390
Fonda, Jane, **386**, 532, 703, **736**, 757, **764**
Fonda, Peter, **390**, 790
Fonseca, Deodoro da, 94
Fonseca, Rubens, 50
Fontaine, Joan, **340**, **494**
Fontanne, Lynn, **606**, 727
Fontes, Armando, 50
Fonteyn, Margot, **391**
Forbes, Malcolm, **524**, 611
Forbes, Steve, **524**
Ford, Betty, **268**
Ford, Charlotte, 271
Ford, Edsel, 560, **630**
Ford, Eileen, 240
Ford, Gerald, **268**, **522**, 527, **533**, 535
Ford, Glenn, **342**
Ford, Harrison, 719
Ford, Henry, 11, 271, **630**
Ford, Henry, 560
Ford, John, **389**, 428
Ford, Mary, 433
Forde, Victoria, **324**
Foreman, George, 182, 752T, 752B, **780**, 786
Fortensky, Larry, 625, 786
Fosse, Bob, 478, **481**, **482**
Fossey, Dian, **280**, **580**
Foster, Jodie, **423**,
Foucault, Jean, 627
Fox, Michael J., **432**, 782
Foxx, Redd, 690
Foyt, A.J., **500**
Franciosa, Tony, **589**
Francis, Connie, **385**, **743**
Francisco I da Áustria, 385
Francisco II da França, **303**
Franco, Afonso Arinos de Melo, 154
Franco, Afrânio de Melo, 202
Franco, Francisco, 562, 751
Frank, Anne, 373
Frank, Otto, 373
Frankenthaler, Helen, **759**
Franklin, Aretha, **26**
Franz Ferdinand, Arquiduque, 547
Franz Joseph, Imperador da Áustria, 508, 593
Fraser, Antonia, **615**, 623
Fraser, Hugh, 623
Frawley, William, **568**
Frazier, Joe, 182, 780, **784**
Frederico o Grande, 388, 648, **738**
Frederika, rainha da Grécia, 300
Freire, Gilberto, 210
Freire, Paulo, 118
Freitas, Chagas, 206
Frémont, John Charles, 764
Freud, Anna, **364**
Freud, Sigmund, 46, 90, **356**, **364**
Friedan, Betty, **258**, **792**
Friedkin, William, 623, 626
Friedman, Kinky, **709**
Frost, David, 276
Frost, Robert, **256**

Fullmer, Gene, 355
Fulton, Robert, **726**
Funicello, Annette, **559**, **642**
Funk, Isaac K., 627
Funt, Alan, 600
Furstenberg, Diane von, 499
Furstenberg, Príncipe Egon von, 499

G

Gabeira, Fernando, 114
Gabin, Jean, **386**
Gable, Clark, **190**, 235, **683**, **722**, 776
Gable, John, 235
Gabor, Eva, 519, **792**
Gabor, Zsa Zsa, 194, 518, 766, **792**
Gabriel, Peter, 567, 581
Gaiella, Ron, 566
Gaita, Edu da, 162
Galbraith, Kenneth, **686**
Galileu, **777**
Galton, Francis, 761, **795**
Gamble, James, 570
Gamow, George, **685**, 783
Gandhi, Indira, **605**, **726**
Gandhi, Mahatma, 667, 670
Gandhi, Rajiv, **605**
Garbo, Greta, **114**, **294**, **509**, **525**, 641, 645, **646**, 647
Garcia Lorca, Federico, 373, **431**
Garcia, Isaura, 202
Garcia, Jerry, **569**
Gardner, Ava, **278**, 404, 406, **658**, 691, 757
Garfield, James, **631**
Garfunkel, Art, **688**
Garland, Judy, 62, 210, **432**, **438**, 448, 449, **450**, 706
Garner, James, 266, 272
Garoto, 74
Garr, Teri, 300
Garrett, Pat, **442**
Garrincha, 138
Garrincha, 138
Garrison, Jim, **738**
Garrison, Jimmy, 663
Gassman, Vittorio, 585
Gates, Bill, **138**, **715**
Gattai, Zélia, 94, 569
Gauguin, Paul, **242**, 434
Gauquelin, Francoise, 478
Gauquelin, Michel, 478
Gaye, Marvin, 254, **258**
Gayle, Crystal, **302**
Gaynor, Janet, 679
Gazzara, Ben, 585, **619**
Geffen, David, 259, **761**
Gehrig, Lou, 353, 484, **606**
Geller, Uri, **166**, 578
Gentile, Giovanni, **430**
Gere, Richard, **624**
Gershwin, George, **439**, **668**
Gershwin, Ira, **668**
Getz, Stan, **389**, **447**, 649
Gflbreth, Frank, 395
Giamatti, A. Bartlett, **262**
Giancana, Sam, 398, 404, 407, 40

Gibb, Andy, 768
Gibb, Barry, 763
Gibb, Maurice, 719, **763**, 768
Gibb, Robin, **763**
Gibson, Mel, 711
Gifford, Frank, 584
Gifford, Kathie Lee, 584, **585**
Gil, Gilberto, 74, 489
Gilbert, John, **509**
Gilbert, Sir William, 351, **383**, 394, **399**
Gilberto, João, 62, 447
Gilbreth, Lillian, 395
Gillespie, DiW, **616**
Gilliam, Terry, **253**, **363**
Gilmar, 178
Gilot, Francoise, **699**, **709**
Ginsberg, Allen, **62**
Gish, Dorothy, **696**
Gish, Lillian, 693, **696**
Gismonti, Egberto, 158
Givenchy, Hubert de, 369
Givens, Robin, **496**, **743**
Gladstone, William, **763**
Gleason, Jackie, **724**, **795**
Gless, Sharon, 429
Gluck, Alma, 264
Godchaux, Donna, 524
Godchaux, Keith, 524
Goddard, Jean-Luc, 657, 753
Goddard, Paulette, **288**, **432**, **439**, **442**
Goddard, Robert, 602
Godunov, Alexander, 644
Godwin, William, **349**, **583**
Goebbels, Paul Joseph, 319, 677, 712
Goeldi, Osvaldo, 138
Goering, Herman, 324, 712
Goethe, Johann Wolfgang von, **106**, 617
Goldberg, Whoopi, **146**, 276, **545**, 728
Goldblum, Jeff, 703, **704**, 787
Goldman, Ron, **394**,
Goldwater, Barry Jr., 516
Goldwater, Barry, 418, 516, **621**, 769
Goldwyn, Sam Jr., 586
Goldwyn, Sam, **507**, 586T, 586B, 588, 594
Gomes, Carlos, 82, 527
Gomes, Dias, 134
Gomes, Paulo Emílio Sales, 162
Gonçalves, Dercy, 70
Gonçalves, Nelson, 70
Gonne, Maude, 463
Gonzaga, Chiquinha, 130, 527
Goodall, Jane, **280**
Goodman, John, 478
Gorbachev, Mikhail, **202**, **761**, 778
Gorbachev, Raisa, 778
Gorcey, Leo G., **436**
Gordimer, Nadine, **150**
Gordon, Craig, 427
Gordon, Ruth, **708**
Gordy, Beny, 254, 619
Gore, Albert Jr., **26**, 247
Gore, Tipper, 247
Gorme, Eydie, 507

Goulart, João, 202
Gould, Elliott, 262, **315**
Gould, Glenn, **122**, **601**
Goulet, Robert, **632**
Grable, Betty, 710, **762**
Gracindo, Paulo, 82
Graf, Steffl, **458**, 461
Graham, Billy, 717
Graham, Katharine, 452, **455**
Graham, Martha, 50, 174, **286**, 308, 383, 703
Graham, Philip, 452
Graham, Stedman, **790**
Granger, Stewart, 368
Grant, Cary, 466, 534, 648, **730**, 775, 784
Grant, Duncan, **427**, **446**, 786
Grant, Hugh, 437
Grant, Kathryn, **343**
Grant, Ulysses S., **346**
Graves, Peter, **431**
Graziano, Rocky, 412
Green, Adolph, 364
Greene, Charles Sumner, 693
Greene, Henry Mather, 693
Greenfield, Howard, **801**
Greenfield, Jerry, 801
Greenstreet, Sidney, **499**
Gregory, Andre, **371**
Gretzky, Wayne, **780**
Grey, Jennifer, 239
Grey, Joel, 239, 306
Grey, Wilson, 158
Griffey, Ken Jr., 276
Griffey, Ken, 276
Griffin, Merv, 519
Griffith, Andy, **430**
Griffith, D.W., 264, **280**, 330, 427, 693, 784
Griffith, Melanie, **569**, 577, **578**, 580
Griffith-Joyner, Florence, **166**
Grigorovich, Yuri, 774
Grimes, Tammy, 759
Grimm, Jakob, 778
Grimm, Wilhelm, 778
Gropius, Walter, 241, 286, 372, 378, **381**
Guarneri, Giuseppe, 603
Guarnieri, Gianfrancesco, 94
Guccione, Bob, 278, 689
Guerra, Rui, 102
Guerra-Peixe, 210
Guest, Christopher, 739
Guevara, Che, **454**
Guggenheim, Harry F., 602
Guggenheim, Peggy, 248, **556**, 599, 623
Guggenheim, Solomon R., 623
Guia, Domingos da, 150
Guignard, 202
Guilherme II, Kaiser, 258, 388, 408
Guilherme III da Inglaterra, **341**
Guilherme IV da Inglaterra, 398, 585
Guillotin, Joseph, **422**
Guimarães, Ulisses, 130, 696
Guiteau, Charles, **631**
Gullar, Ferreira, 110
Gumbel, Bryant, **360**, 666
Gumbel, Greg, **360**

Gumilev, Nikolai, 289
Gurdjieff, George I., **178**
Guthrie, Arlo, **505**
Guthrie, Woody, 355, **395**, **505**
Gwynne, Fred, 508
Gwynne, Nell, 428

H

Hagen, Uta, **464**
Haggard, H. Rider, **70**
Hagman, Larry, 557, **601**, 656
Hahn, Jessica, **516**
Haldeman, Bob (H.R.). **228**, **654**
Hale, Alan Jr., 778, 796
Hale, Alan, 796
Halevy, Geneviève, 421
Halevy, Jacques-François, **421**
Haley, Alex, **398**
Haley, Jack Jr., **706**
Haley, Jack, 706
Hall, Darryl, **274**
Hall, Huntz, **436**
Hall, Jerry, **489**
Halley, Edmund, 709, **711**
Hamel, Veronica, **741**
Hamil, Pete, 471
Hamill, Mark, **665**
Hamilton, Alexander, 302, **659**, 712, **781**, 783
Hamilton, Carrie, 343
Hamilton, Emma, 339
Hamilton, George, 223
Hammerstein, Oscar II, 221, 355, **488**
Hammerstein, Oscar, 335
Hammett, Dashiell, 218, 413, **415**
Hammod, John, 405, 657
Hampton, Lionel, 315
Hancock, John, 672
Handel, George Frideric, 430, 799
Hanks, Tom, **78**
Hannah, Daryl, **255**, 679, 742
Harburg, E.Y., 282
Harding, Tonya, **688**
Harding, Warren, 707
Hardy, Oliver, 464, **465**
Hari, Mata, 245, 246, 539
Haring, Keith, 356
Harli, Renny, **787**
Harlow, Jean, 568, **755**, 768
Harmon, Mark, 614, **615**, 616
Harmon, Tom, **615**
Harnick, Sheldon, 342
Harper, Velerie, **600**
Harrelson, Woody, 222, 415, **453**, **539**, 544
Harriman, Averell, 229
Harriman, Pamela, 216, 218, 227, **229**
Harris, Ed, **644**
Harris, Emily, **785**
Harris, Franco, **793**, **800**
Harris, Mildred, 299
Harris, Phil, 353
Harris, William, **785**
Harrison, Benjamin, 610
Harrison, George, **260**, 261, **283**, **520**, **662**, **773**, **782**, **800**

Harrison, Rex, 370, **411**, **663**, 773
Harrison, William Henry, 610
Hart, Lorenz, **333**
Hart, Moss, 629, **698**
Harte Bret, **605**
Hartley, Mariette, 266
Hartman, Lisa, 428
Hatcher, Teri, **562**
Hathaway, Donny, 673
Hauptmann, Bruno, 479, 746
Havelange, João, 46
Haver, June, 437
Havoc, June, **720**
Hawke, Ethan, 341
Hawkins, Coleman, **678**
Hawkins, Erick, 308
Hawkins, Jack, 437
Hawn, Goldie, **741**
Hayden, Tom, 736, 757
Haydn, Josef, **255**, 258
Hayes, Helen, 677, 727
Hayes, Peter Lind, 288
Haymes, Dick, **641**
Hayton, Lennie, **502**
Hayward, Leland, 227, 381, **401**
Hayworth, Rita, **361**, 458, 561, **641**, 693
Headly, Glenne, **756**
Healy, Mary, 288
Heard, John, 696
Hearst, Patty, **348**, 448, 785
Hearst, William Randolph, 263, 329, **345**, 347, **348**
Heath, Percy, 340
Heche, Anne, **428**
Hedrin, Tippi, 580, 592
Hefner, Christie, 275
Hefner, Hugh, 269, **275T**, **275B**, **278**
Hegel, Georg, 624
Heiden, Beth, **457**
Heiden, Eric, **457**
Hell, Richard, 493
Hellman, Lillian, 413, 474
Helm, Levon, 414
Helmsley, Harry, **520**
Helmsley, Leona, **520**
Helpern, David, 678
Helpern, Joan, 678
Hemingway, Ernest, **86**, **268**, 355, **539**, **544**, 551, **692**, 740
Hemingway, Margaux, **740**
Hemingway, Mariel, **740**
Hemingway, Mary Welsh, **268**
Hemsley, Sherman, 623
Hench, Philip, 553
Henderson, Florence, 704
Henderson, Skitch, 518, 771
Hendrix, Jimi, **404**, 745
Hendrix, Wanda, 478
Henner, Marilu, 284
Henpson, Matthew, 356
Henri, Robert, 480
Henrietta, Maria, 734
Henrique II da França, **239**, 248
Henrique III da Inglaterra, **295**, 457
Henrique IV da França, 385
Henrique V da Inglaterra, 645
Henrique VI da Inglaterra, **343**

Henrique VIII da Inglaterra, 491, **492**, **496**, 498, **501**, 502
Henry, Príncipe, da Inglaterrra, 316, 438, 474, 572
Henson, Jim, 419, 662
Hepburn, Audrey, **357**, 367, **369**, 370
Hepburn, Katharine, **264**, 381, 386
Hepworth, Barbara, 565
Herman, Woody, **389**
Herschel, Sir William, 733
Hesse, Hermann, **74**
Hickman, Dwayne, 387
Hickok, Wild Bill, 331
Hill, Anita, **471**
Hill, Calvin, **681**
Hill, Grant, **681**
Hilton, Conrad, **515**, 710, 766
Hilton, Nicky, **515**, 520
Hime, Francis, 106
Himmler, Heinrich, 318, **573**, 677
Hinckley, John, 418, **423**, 428
Hirohito, Imperador, 329, **344**, **347**
Hirsch, Judd, 284, 733
Hirschfeld, Alimentos, 477
Hirschfeld, Nina, 477
Hiss, Alger, **252**, 717
Hitchcock, Alfred, 146, 340, 590, 595
Hitler, Adolf, 38, 170, 315, 318, 319, **321**, 323, 324, **326**
Ho Chi Minh, 309
Hodiak, John, **286**
Hoffa, Jimmy Jr., 389
Hoffa, Jimmy, **389**, **739**
Hoffer, Eric, **538**
Hoffman, Abbie, **530**, 709
Hoffman, Dustin, **570**, **572**, 575, 579, 581
Hofmannsthal, Hugo von, 466
Hogan, Ben, **417**
Hogarth, Burne, **619**
Holanda, Aurélio Buarque de, 46
Holanda, Chico Buarque de, 70
Holanda, Sérgio Buarque de, 82
Holbrook, Hal, 429, 747
Holder, Geoffrey, 568
Holiday, Billie, 30, 238, **270**, 271
Holland, Brian, 716
Holland, Eddie, 716
Holley, Robert, **281**, 776
Holloway, Stanley, **664**
Holly, Buddy, 379, 456, 459, 629
Holly, Lauren, **712**
Holmes, Oliver Wendell Jr., 625
Holmes, Oliver Wendell, 625, 783
Holmes, Sherlock, 516
Holyfield, Evander, **134**, 494, **700**
Hoover, J. Edgar, **406**, **736**, 769
Hope, Bob, 331, **424**
Hopper, Dennis, 50, 264, **390**
Hopper, Hedda, 330, **335**
Horne, Lena, 267, **502**
Hortência, 118
Horton, Peter, **336**
Houaiss, Antonio, 130
Houdin, Jean-Eugène, 277
Houdini, Harry, 273, 277
Houghton, Henry, 329

Houseman, John, 359
Houston, Whitney, **94**, **574**, 578
Howard, Catherine, **496**
Howard, Clint, 327
Howard, Leslie, 261, 275
Howard, Ron, 327, **430**, 715
Howard, Ronald, 261
Howe, Julia Ward, 417, 422
Howe, Samuel, 422
Hoyle, Sir Fred, **473**
Hozler, Clementine, 254
Hubbard, Mabel, **748**
Hubert, 142
Hudson, Rock, 276, **732**
Hughes, Howard, 386, **481**, 532, 719, **764**, 766, 768
Hughes, Ted, 589
Hull, Bobby, **579**
Hull, Brett, **579**
Hull, Isaac, **486**
Hull, Wolliam, **486**
Hume, Benita, **694**
Humphrey, Doris, 543, 692, 703
Humphrey, Hubert H., 242, **418**, 429
Humphrey, Muriel, 429
Hundley, Ralph, 412
Hundley, Todd, 412
Hunt, Helen, 219
Hunter, Holly, **22**
Hunter, Tab, 528
Huntley, Chet, **514**
Hurley, Elizabeth, 437
Hurt, Mary Beth, 226
Hurt, William, **224**, 226
Hussein I da Jordânia, 604, **729**
Hussein, Saddam, **332**
Huston, Anjelica, 94, 267, **312**, **506**
Huston, John, **94**, **269**, 312, 404, **489**, **506**, **554**, **576**, **577**, **581**
Huston, Walter, **94**, 267, **269**
Hutton, Barbara, 298, **730**
Hutton, Betty, 536
Hutton, Timothy, **377**
Huxley, Aldous, 356, 489, **556**
Huxley, Thomas, 356
Hyatt, John, 530
Hyland, Diana, **789**

I

Idle, Eric, **252**, 253
Iman, 549
Ireland, Jill, 317, 320
Ireland, John, 788
Irons, Jeremy, **662**
Irving, Bill, 294
Irving, Clifford, 719
Irving, Washington, 272
Isabel, Rainha, 319. **322**, 328
Isherwood, Christopher, 624
Istomin, Eugene, 744
Ives, James, **260**
Ivory, James, 444

J

Jackson, Anne, **632**
Jackson, Janet, 378

808

Jackson, Jesse, 126, **682**
Jackson, Mahalia, **712**
Jackson, Michael, **378**, 398, 455, 615, 619, 621, **623**, **625**
Jackson, Phil, 650
Jackson, Thomas J. (Stonewall), 784
Jagger, Bianca, **335**, **350**
Jagger, Mick, **335**, 350, **489**, **563**, **564**
Jair Amorim, 82
James I da Inglaterra, **394**, **483**
James II da Inglaterra, 691
James, Frank, **635**
James, Harry, **762**
James, Henry, **302**, 303
James, Jesse, **635**
James, William, **302**, 783
Jamison, Judith, 174, 366
Jan & Dean, 283
Jardine, Al, **474**
Jaworski, Leon, 380, **654**
Jeanne-Claude, **450**
Jefferson, Martha, 297
Jefferson, Polly, 291, 558
Jefferson, Thomas, 291, 295, **297T**, **297B**, **301**, **302**, **304**, 558, **798**
Jennings, Waylon, 413, 456, **459**, **467**
Jessel, George, **265**
Jesus, Clementina de, 78
Jhabvala, Ruth Prawer, 365
Jillette, Penn, **796**
Joana D'Arc, 779, 782
João da Cruz, São, **243**
Joaquina, Carlota, 38
Jobim, Tom, 186
Jobs, Steven, **536**, **715**, **793**
Joel, Billy, 359, **368**
Joffrey, Robert, 232
Johansson, Ingemar, **659**
John, Elton, **241**, 244, 250, 260
Johns, Jasper, **382**
Johnson, Andrew, 681
Johnson, Chic, 724
Johnson, Don, **322**, **425**, **569**, **578**
Johnson, Eliza McCardle, 681
Johnson, Jack, **245**, 246
Johnson, Lady Bird, **620**
Johnson, Luci Baines, **220**, 620
Johnson, Lynda Bird, **220**, 223, 224, 620
Johnson, Lyndon, 224, 418, 620, 621
Johnson, Magic, **98**, 592, **597**
Johnson, Pamela, 421
Johnson, Samuel, **642**
Johnson, Virginia, 772
Joliot-Curie, Frederic, **225**
Joliot-Curie, Irene, **225**
Jolson, Al, **436**
Jones, Brian, **786**
Jones, Davy, **769**
Jones, Edward Davis, 677
Jones, George, 359
Jones, Grace, 54
Jones, Jack, **608**
Jones, Janet, **780**
Jones, Jennifer, 370, 695, 793
Jones, John Paul, **312**
Jones, Quincy, **237**, **626**, 663

Jones, Shirley, 239, 260, 295
Jones, Tom, **449**
Joplin, Janis, **182**, **483**, **745**, 770
Jordan, Barbara, 390
Jordan, Michael, **198**, **597**, 650, **754**
Jorge I da Grécia, **563**
Jorge I da Inglaterra, 430
Jorge III da Inglaterra, 448
Jorge IV da Inglaterra, 585
Jorge VI da Inglaterra, 322, 480
Joule, James Prescott, **498**
Joyce, James, 235, 304, **713**, 794
Joyner, Al, 166, **764**, **787**
Joyner, Florence Griffith, **764**
Joyner-Kersee, Jackie, 166, **787**
Juan Carlos da Espanha, 751
Judd, Naomi, **427**
Judd, Wynonna, **427**
Juliana, Rainha da Holanda, 333, 347
Jung, Carl G., **90**, **246**, **356**, 566
Jurado, Katy, 780
Justice, David, 292

K

Kadoly, Zoltan, 255
Kafka, Franz, **78**, 414
Kahlo, Frida, 78, 514
Kallman, Chester, **777**
Kandinsky, Wassily, **158**, **700**, **755**
Kane, Carol, **453**, **465**
Kanin, Garson, 605, **708**
Kantner, Paul, **716**
Kaplan, Gabe, **259**
Karabtchevssky, Isaac, 170
Karan, Donna, 317, **573**
Karina, Anna, 657
Karloff, Boris, **699**
Karolyi, Bela, **643**
Karpov, Anatoly, **287**
Karsavina, Tamara, **206**
Kashfi, Anna, **273**
Kasparov, Garry, **287**
Katzenberg, Jeffrey, **761**
Kaufman, Andy, 453, 465
Kaufman, George S., 122, **363**, **383**, **604**, **698**, **727**, **759**
Kavner, Julie, **600**
Kaye, Danny, 367, **622**
K-Ci, **622**
Keaton, Buster, **227**, 273
Keaton, Diane, 345, **744**
Keeler, Ruby, **436**
Kefauver, Estes, 561
Keitel, Harvey, 380
Keller, Helen, **35**, **74**, **289**, **503**
Kelley, DeForest, **234**
Kelly, Gene, 357, 606, 612
Kelly, Grace (Princesa Grace de Mônaco), **146**, **298**, **423**, **590**, **731**
Kendall, Edward, **553**
Kendall, Kay, **411**
Kennedy, Caroline, 424, **546**, **562**, 742
Kennedy, Edward (Ted), **637**, 747
Kennedy, Ethel, 299
Kennedy, Eunice, 512, 716
Kennedy, John F. Jr., 424, 562, **742T**, **742B**, **744**, 747

Kennedy, John F., **58**, 90, 150, **412**, 415, **416**, **418**, 420, 421, 42 426, 427, 491, 527, 546, 560, 565 686, 736, 738
Kennedy, Joseph Patrick, III, 656
Kennedy, Joseph, **86**, **248**, **418**, **541**, **546**, **637**
Kennedy, Mema, 632
Kennedy, Patricia, **491**
Kennedy, Robert, **150**, **230**, **299**, 389, 404, 423, **546**, 561, 565, 656 726, **736**, **739**
Kennedy, Rose Fitzgerald, **86**, 415, **541**, **546T**, 546B, 551
Kensit, Patsy, 520
Kepler, Johannes, **757**
Kerr, Jean, 504
Kerr, Jim, 520
Kerr, Walter, 504
Kerrey, Bob, 378
Kerrigan, Nancy, **688**
Keti, Zé, 126
Key, Francis Scott, 557
Keyes, Evelyn, **404**, **479**, **561**, **576**
Keynes, John Maynard, 440, 446
Khomeini, Aiatolá, **332**, **341**
Khorana, Har Bobind, 776
Khrushchev, Nikita, **284**, 292, **296**, **300**, **767**
Kidder, Margot, **665**, **696**
Kidman, Nicole, **470**
Kilgallen, Dorothy, 517
Kimbrough, Emily, 421
King, Albert, **338**
King, B. B., **338**
King, Billie Jean, **689**, **740**
King, Coretta, **346**
King, Don, **496**, **700**, **709**, **752T**, **752B**
King, Larry, 734
King, Martin Luther Jr., 126, **346**, 608, **682**, **712**, **779**, **783**
King, Stephen, 118
Kingsley, Ben, 670
Kinsky, Klaus, 683
Kinsky, Nastassja, 683
Kirby, Durward, 600
Kirkland, Gelsey, **771**
Kissinger, Henry, **287**, 417, **426**
Kissinger, Nancy, 287
Kistler, Darci, 441
Klein, Anne, **573**
Klein, Calvin, **689**
Klemperer, Otto, **217**
Klemperer, Werner, **217**
Klimt, Gustav, 524
Kline, Kevin, **528**
Klugman, Jack, **349**
Knievel, Evel, 361
Knievel, Robert, 361
Knight, Ray, **769**
Knopf, Alfred Jr., **456**
Knopf, Alfred, 456
Koch, Ed, 462, 531, **547**, **735**, **756**
Koch, Robert, 757
Kohl, Helmut, **263**, **278**
Korda, Michael, **641**
Korda, Sir Alexander, **641**, 650
Kostelanetz, André, **301**
Kostner, Kevin, **738**

Kosygin, Aleksei, **767**
Koufax, Sandy, 190, **548**
Kovacs, Ernie, **303**
Kovic, Ron, 504
Krasner, Lee, **713**
Kreutzmann, Bill, **284**
Kristofferson, Kris, **332**, **467**, **483**
Kropotkin, Príncipe Peter, **750**
Krupskaya, Nadezhda, **327**
Kubitschek, Juscelino, 114
Kuerten, Gustavo, 110
Kunstler, William, **433**, **439**
Kurasawa, Akira, 214

L

La Follette, Philip, **353**
La Follette, Robert, **353**
La Guardia, Fiorello, **756**
La Motta, Jake, **354**
Lacerda, Carlos, 42, 307
Lacerda, Sérgio, 166
Lacombe, Américo Jacobina, 78
Ladd, Alan Jr., **629**
Ladd, Alan, 629
Ladd, Cheryl, 501
Ladd, David, 501
Ladd, Diane, **443**
Laenirnie, Carl, **500**
Lago, Mario, 154
Laine, Cleo, **654**
Lamarr, Hedy, **142**, 630
Lamas, Fernando, 579, **594**, **777**
Lamb, Charles, **754**
Lamb, Mary, **754**
Lamour, Dorothy, 343, **424**
Lanchester, Elsa, **495**
Landau, Martin, **474**
Landers, Ann [Esther Pauline Friedman], 504
Landis, Carole, 773
Landon, Alf, **636**
Landowska, Wanda, **244**
Landry, Tom, **651**
Lane, Abbe, 757
Lane, Virgínia, 202
Langelia, Frank, **728**
Langtry, Lillie, **688**
Lansbury, Angela, 665
Lansky, Meyer, 503
Lardner, Ring Jr., **612**
Lardner, Ring, 612
Larige, Jessica, 316, **320**, **325**
Lasky, Jesse Jr., 640
Lasky, Jesse, 586, 640, 647
Lasorda, Tommy, **380**
Lasser, Louise, 299
Laughton, Charles, **495**
Laurel, Stan, 288, **464**, **465**
Lauren, Ralph, **689**
Lawford, Peter, 231, **491**, **633**
Lawrence, Carol, **632**
Lawrence, D.H., 114, 586, **643**
Lawrence, Frieda, 336
Lawrence, Gertrude, **515**
Lawrence, Steve, 507
Le Brock, Kelly, 238
Le Brun, Charles, 638

Le Corbusier (Charles-Edouard Jeanneret), 250, 296, 337, **381**
Leakey, Louis B., 280, **578**, **580**, 581
Leakey, Mary, 578, 581
Leakey, Richard, 578
Leal, Patricia, 182
Lean, David, 247, 255, 258
Leão, Nara, 182
Lear, Frances, 522
Lear, Norman, 522
Leary, Timothy, 274, 697
Lederburg, Joshua, 402
Lee, Brandon, **746**
Lee, Bruce, **746**
Lee, Gypsy Rose, **720**, **751**, 774
Lee, Michelle, 485
Lee, Rita, 170
Lee, Robert E., **346**, 784
Lee, Spike, 22, **218**, **224**, **225**
Lee, Tommy, 493, **664**, 680
Lehrer, Jim, **408**
Leiber, Jerome, 350
Leigh, Janet, **433**, 506, **513**
Leigh, Jennifer Jason, 792
Leigh, Vivien, 275, **403**, **722**
Leighton, Margaret, 552
Lemer, Alan Jay, **437**
Lemon, Sean, 250, **273**, 615, **675**, 684
Lenin, Vladimir Ilyich, 38, 309, **313**, 319, 320, **323**, 327
Lennon, John, **126**, **273**, 360, 458, **653**, **675**, **681**, 684
Lennox, Annie, **633**
Leno, Jay, **285**, 297
Lenya, Lotte, 694, **695**
Leonard, Sugar Ray, **373**
Leonardo da Vinci, **34**
Leopold, Nathan Jr., **461**
Lernmon, Jack, **673**, **684**
Lesh, Phil, **284**, 569
Lessa, Orígenes, 82
Letterman, David, **285**, **297**, **299**, 300
Levin, Gerald, 363
Lewes, George Henry, 299
Lewis, Carl, 492
Lewis, Jerry, **468**, 639, **651**
Lewis, Juliette, **480**
Lewis, Meriwether, **555**
Ley, Willie, 226
Liberace, **376**
Liberace, George, **376**
Liddell, Alice, **368**
Liddy, G. Gordon, **230**
Lieberman, Nancy, **494**
Liebknecht, Karl, **598**
Light, Judith, 326
Lima, Alceu Amoroso, 162
Lima, Artur Moreira, 82
Lima, Hermes, 166
Lima, Negrão de, 102
Limón, José, 692
Lincoln, Abraham, **326**, **369**, **448**, **760**, **781**, **794**
Lincoln, Mary Todd, **760**
Lind, Jenny, **250**, 510
Lindberg, Anne Morrow, 469

Lindbergh, "Baby" Charles Jr., 469, 479, 484
Lindbergh, Charles, **484**, 746
Lindfors, Viveca, 406, 579
Lindsay, John V., **735**
Lindsay, Vachel, **575**
Linn-Baker, Mark, **393**
Lippmann, Walter, **272**
Lipton, Peggy, **626**
Lispector, Clarice, 158
Liszt, Cosirm, 402, 406, **701**, 702, 764
Liszt, Franz, 198, **402**, **494**, **603**, 676, **701T**, **701B**, **702**, 705
Little Richard (Penniman), 229, 462
Little, Charles C., 396
Liveright, Horace, 700
Livia Drusilla, 660
Livingston, Robert R., **726**
Livingstone, David, 234
Livingstone, Mary, 484
Lloyd, Harold, 285, **324**, 327
Lobato, Monteiro, 34
Lobo, Edu, 106
Locke, Sondra, 412
Locklear, Heather, 526, **664**
Lodge, Henry Cabot Jr., 375
Lodge, Henry Cabot, 375
Loeb, Richard, **288**, **461**
Loesser, Frank, 498
Loewe, Frederick, **437**
Logan, Josh, 401
Loggins, Kenny, 751
Lollobrigida, Gina, 509
Lomax, Alan, 659
Lomax, John, 659
Lombard, Carole, 190, **558**, **683**
London, Julie, 250
Long, Huey P., **617**, 623
Long, Russell, **617**
Long, Shelley, 607
Lonstein, Shoshanna, **331**
Loos, Anita, **330**, 331
Lopez, Nancy, 769
Lopokova, Lydia, 440
Loren, Sophia, 110, **118**, 509, 652, 657
Lorre, Peter, **499**, 501
Louis, Joe, 380
Louis-Dreyfus, Julia, 346,
Louzeiro, José, 118
Love, Courtney, **539**, 575, 582
Love, Mike, **486**
Lovett, Lyle, **707**
Lowe, Chad, **783**
Lowe, Rob, **783**
Lowell, Amy, 796
Lowell, Percival, 796
Lowell, Robert Jr., 503
Loy, Myrna, 246, **554**
Lubbers, Ruud, **263**
Lucas, George, 264, 385
Luce, Clare Booth, **261**
Luce, Henry, **261**
Ludden, Allen, 682
Lugosi, Bela, 559, **699**
Luís II da Baváría, **398** 599, 603
Luís XIII da França, **339**, 652
Luís XIV, **627**, 638

Luís XV da França, 610, 772
Luís XVI da França, 603
Luke, Keye, 458
Lula, 126
Lulu, 719
Lumet, Sidney, 502
Lumière, Auguste, **676**
Lumière, Louis, **676**
Lumumba, Patrice, 492, 495
Lunt, Alfred, **606**
Lupino, Ida, 766
Luxemburgo, Rosa, **598**
Lynch, David, 465, 785
Lynch, Edmund, 402
Lynn, Loretta, **34**, **293**, 301, **302**, 303
Lyra, Carlos, 50

M

Macalé, 206
MacArthur, Charles Gordon, 677
MacArthur, Douglas, 368
MacDonald, Countryjoe, 770
MacDonald, Jeanette, 451, 454
Machado, Alfredo, 46
Machado, Ana Maria, 166
Machado, Carlos, 210
Machado, Maria Clara, 30
MacLachian, Kyle, 448
MacLaine, Shirley, 239, **307**, **316**
MacLeish, Archibald, 352, 443
Macmillan, Harold, 704
MacMurray, Fred, 437
MacNee, Patrick, **551**
MacNeil, Robert, **408**
MacPherson, Elle, 241, 247
MacRae, Gordon, **663**
MacRae, Sheila, **663**
Macy, Anne Sullivan, **289**
Madigan, Amy, **644**
Madison, Dolley, **411**
Madison, Guy, **660**, 682
Madison, James, **411**, 783
Madonna, 98, 247, 357, 436, **584**, 590
Madureira, Marcelo, 54
Magalhães, Antonio Carlos, 110
Magliozzi, Ray, **244**
Magliozzi, Tom, **244**
Magnani, Anna, 206, 370
Magno, Pascoal Carlos, 178
Magritte, Rene, 737
Maharishi Mahesh Yogi, **782**
Mahler, Gustav, **508**
Mahoney, jock, 722
Mahre, Phil, **350**
Mahre, Steve, 350
Mailer, Norman, 683, **694**, 785
Major, John, **251**
Majors, Lee, **314**, 326
Malcolm X, **54**, **218**, **398**, **401**, 403
Malevich, Casimir, 755
Malfati, Anita, 154
Malina, Judith, **412**
Malkovich, John, 756
Mallarmé, Stéphane, 612
Malle, Louis, 362
Mallowan, Max, 359

Mamet, David, **384**
Mamoulian, Rouben, 641
Man Ray, 524, 622
Mandela, Nelson, **82**, **526**, 527, **537**
Mandela, Winnie, **526**
Mandelstam, Osip, 482
Manet, Edouard, 780
Mangano, Silvana, 314
Manilow, Barry, **461**
Mankiewicz, Don, 388
Mankiewicz, Frank, 388
Mankiewicz, Herman, **723**
Mankiewicz, Joseph, 429, 448, 723
Mankiewicz, Tom, 429
Mann, Erika, 723
Mann, Ted, 377
Mansa, Marisa Gata, 42
Mansfield, Jayne, **285**
Mantle, Mickey, **629**, 699
Manuel, Claudio, 166
Mao Tsé-tung, **170**, **607**, 711, 751, 769, 773
Maples, Maria, **459**
Mapplethorpe, Robert, **720**
Maquiavel, Nicolau, 366
Marat, Jean Paul, 397
Marçal, 130
Marceau, Marcel, 222
Marconi, Guglielmo, **331**, 333
Marcos, Ferdinand, 492
Marcos, Imelda, 492
Marcos, Plínio, 122
Marcuse, Herbert, **313**, **538**
Margaret de Valois, 286, 385
Margaret, Princesa, da Inglaterra, 315, **570**, 585, **612**
Maria Antonieta, **422**, 603
Maria I da Inglaterra, 502, 637
Maria II da Inglaterra, 341
Maria Theresa, Imperatriz, 385, 388
Maria, Angela, 50
Maria, Antônio, 210
Maria, Rainha dos Escoceses, 303, 632, 749
Mariano, César Camargo, 118
Marie Louise da Áustria, **592**
Marin, Cheech, 395
Marinho, Irineu, 70
Marinho, Roberto, 158
Marino, Dan, 456, 647
Maris, Roger, **629**
Marisol, **398**
Marlene, 146
Marley, Bob, **694**, **704**
Marley, Ziggy, 694
Marlos, Nobre, 198
Marlowe, Christopher, 326
Marsalis, Branford, **613**, 616
Marsalis, Wynton, 616
Marshall, Garry, 688
Marshall, Herbert, 411
Marshall, John, **659**
Marshall, Penny, **602**, 688, **696**
Martin, "Dino", 460
Martin, Billy, **375**, **380**
Martin, Dean, 231, 460, 462, **468**, 651
Martin, Dick, 501
Martin, George, 464, 659, 681

Martin, Mary, 656, 679, **742**
Martin, Ross, 236
Martin, Steve, 587, 597
Martin, Tony, **365**, **768**
Martins, Peter, 441, 687
Marx, Barbara, 385, 390
Marx, Chico, 122, 226, 667
Marx, Groucho, **122**, 226, 666, **667**, 672
Marx, Harpo, 122, **667**
Marx, Karl, **364**
Marx, Zeppo, 390, 667
Masina, Giulietta, 182, **786**
Mason, James, **391**
Mason, Marsha, **267**
Mason, Pamela Kellino, **391**
Massine, Monide, 206
Masson, Andre, **737**
Masters, William, **772**
Masterson, Bat, 230
Mastroianni, Marcello, 118, 182, **652**, 665, **671T**, **671B**, 701
Mather, Cotton, 480
Mather, Increase, 480
Mathers, Jerry, **287**
Matlin, Martee, **224**
Matos, Gregório de, 30
Matos, Marlene, 42, 240
Matthau, Walter, **673**
Matthews, Joyce, **531**, 632
Mature, Victor, 142, 693
Mauá, Visconde de, 170
Maurício, Padre José, 118
Mautner, Jorge, 182
Maximiliano, Imperador, do México, 433, 507
May, Elaine, 320
Mayer, Louis B., 290, **414**, **507**, 525
Maysies, Albert, **745**
Maysles, David, **745**
Mazarin, Jules, 526
Mazzaropi, 30
McCallum, David, 317, **656**
McCarthy, Eugene, 242, 246
McCarthy, Joseph, **342**, **561**, 717, 726, **732**, 753
McCarthy, Kevin, 484
McCarthy, Mary, **353**, 484
McCartney, Linda Eastman, **457**
McCartney, Paul, 455, **457**, **458**, 462, 464
McClintock, Barbara, **66**
McCoo, Marilyn, **493**
McCracken, Joan, **481**
McCrary, Tex, 693
McDowell, Malcolm, 484
McEnroe, John, **448**, 502, **723**
McEntire, Reba, 248
McFerrin, Bobby, 537
McGhee, Brownie, 699
McGovern, George, 538, 542, **545**, 549, 654, 716
McGraw, Ali, 214
McGuire, Phyllis, 409, 502
McKim, Charles Follen, 599, 604, 617
McKinley, William, 234, **722**
McMahon, Ed, 520, **706**
McNamara, Robert, 448

McPherson, Aimee Semple, **527**
McQueen, Steve, 214
McVie, Christie, 530, 531
McVie, John, **479**, 530
McWhirter, Norris, 584
McWhirter, Ross, 584
Mead, Margaret, **365**, 515
Mead, William Rutherford, 599, **604**
Meadows, Audrey, **795**
Meadows, Jane, **670**
Means, Russell, 298
Meara, Anne, 438
Medici, Cosimo de, **453**
Médici, Garrastazu, 158
Medici, Lourenço de, **366**
Medici, Marie de, 338, **339**
Meir, Goida, 351
Meirelles, Cecília, 142
Mellon, Andrew, 227
Melo, Fernando Collor de, 98
Melo, Pedro Collor de, 162
Melo, Zélia Cardoso de, 118
Melodia, Luís, 174
Melville, Herman, **554**
Mencken, H. L., **114**, **614**, 649
Mendel, Gregor, **542**
Mendelssohn, Felix, 409
Mendes, Murilo, 50
Mendes, Sérgio, 194
Menescal, Roberto, 134
Menken, Helen, 759
Menninger, Dr. Charles, 522
Menninger, Dr. Karl, 522
Menuhin, Hephzibah, 309
Menuhin, Yehudi, 262, 309, 316, **323**
Mercer, Johnny, 731
Merchant, Ismael, 365, **444**
Mercouri, Melina, **690**
Meredith, Burgess, **442**
Merman, Ethel, 780
Merrill, Charles, 402
Merrill, Dina, 632, 709, 756
Merrill, Gary, **269**
Mesquita, Custódio, 42
Messina, Jim, 751
Metternich, Fiirst von, 377
Meyer, Russ, 219
Michael, George, 244
Michaels, Lome, 631, 655
MicHer, Bette, **154**, **461**, 745
Mies Van der Rohe, L., **241**, 250, 381
Mifflin, George, 329
Mifune, Toshiro, 214
Mignone, Francisco, 110
Millay, Edna St. Vincent, 369
Miller, Ann, 290
Miller, Arthur, 58, **421**, 686
Miller, Glenn, 42, 410
Miller, Henry, **170**, **772**
Miller, Reggie, 224
Mills, Hayley, 299, 305, 734
Mills, John, 305, **734**, 740
Mills, Juliet, 299, 734, 740
Milne, A.A., **609**
Milne, Christopher Robin, **609**
Milstein, Nathan, **323**
Mineo, Sal, **549**

Minneiii, Vincente, 210, 449
Minnelli, Liza, 62, **210**, 306, **450**, 639, **706**, **733**, 750, 787, **796**
Mistral, Frederic, 316
Mitchell, Carolyn, 660
Mitchell, Joan, **429**
Mitchell, John, **613**, **634**
Mitchell, Martha, **613**
Mitterrand, François, **512**, 713
Mix, Tom, **324**
Mobutu, Sese Seko, 495, 709
Moffo, Anna, **487**
Molière, 775
Mondale, Walter, 522, **621**, 670
Monroe, Bill, **647**
Monroe, Marilyn, 58, 392, **412**, 416, 420, **421**, 423, **424**, 425, 736
Montalban, Ricardo, **321**
Montana, Joe, 456, 458
Montand, Yves, 251, **421**, **691**
Monteiro, Ciro, 58
Monteiro, Dóris, 134
Montello, Josué, 102
Monteux, Pierre, 215, 266, **283**
Montez, Lola, **540**, 599, **603**
Montgolfier, J.M., 621
Montgolfter, J. E., 621
Montgomery, Bernard, **725**
Montgomery, Elizabeth, **298**
Montgomery, George, 625
Moon, Keith, **602**
Moore, Clayton, **419**
Moore, Demi, **229**, 383
Moore, Dudley, 315, **318**, 320
Moore, Henry, 565
Moore, Marianne, **731**
Moore, Mary Tyler, 757, 770
Moore, Robyn, 711
Moore, Roger, 421
Moore, Sam, 361
Moore, Sara Jane, 535
Moore, Terry, 426, **764**, 769
Morais, Evaristo de, 134
Morais, Prudente de, 142
Morais, Vinícius de, 134
More, Sir Thomas, **501**
Moreau, Jeanne, 623
Moreira, Adelino, 26
Morelenbaum, Henrique, 110
Morgan, Harry, **238**
Morgan, J.P. Jr., 294
Morgan, J.P., **284**, 294, **296**
Morgan, Julia, 347
Morgan, Thomas Hunt, **542**
Morisot, Berthe, **407**, 780
Morricone, Ennio, 725
Morris, William, 217, **222**, **224**, 235
Morrison, Toni, **198**
Morrow, Anne, **484**
Morrow, Rob, 547
Morrow, Vic, 792
Morse, Robert, 380
Moser, Ana, 98
Moses, Edwin, **106**
Moses, Grandma, **110**
Moss, Kate, 446
Mostel, Josh, 767
Mostel, Zero, 767
Mota, Nelson, 138

Motherwell, Robert, **759**
Mott, Lucretia Coffin, **729**
Mottola, Tommy, 245
Mountbatten, Louis, 394
Mountbatten, Philip, **310**
Moura, Paulo, 82
Mourão, Ronaldo, 58
Moyers, Bill, 242
Moynihan, Daniel, 553, 569
Mozart, Wolfgang Amadeus, **186**, 258, **595**, 759, 776, 788
Mphahele, Es'kia, 756
Muhammad, Elijah, 54, **401**, **677**
Muhammad, Wallace D., 382, **677**
Muir, John, 319
Mulligan, Gerry, 263
Murdoch, Rupert, 741
Murphie, Audie, 478
Murray, Arthur, **272**
Murray, Bill, 655
Murray, Katheryn, **272**
Murrow, Edward R., 216, **342**
Mussolini, Benito, 291, 558, 562, 564, 568
Mussolini, Rachele, **291**
Mussolini, Romano, 558, 664
Mussolini, Vittorio, 664
Mussorgsky, Modest, **232**
Mussum, 30
Myers, Mike, 242
Myerson, Bess, 531
Myrdal, Alva, **753**
Myrdal, Gunnar, **753**

N

Nabuco, Carolina, 194
Napoleão I (Napoleão Bonaparte), 98, 469, **472**, 490, 585, 587, **592**, **596**
Napoleão III (Luis-Napoleão), **216**, 319
Nascentes, Antenor, 66
Nascimento, Milton, 138, 716
Nássara, 142
Nassau, Mauricio de, 66
Nasser, Gamal Abdel, **729**, 764, 781
Nast, Thomas, 273
Nastase, Ilie, **434**, **540**
Nathan, George, 649
Nauman, Bruce, 752
Nava, Pedro, 62
Navratilova, Martina, **458**, **494**, 602, **689T**, **689g**, 691
Nazaré, Ernesto, 22
Neal, Patricia, 367, **648**
Neeson, Liam, 373, 388
Negri, Pola, 256, 302, 366
Nehru, Jawaharlal, 605, **667**, **726**
Nelson, David, 221
Nelson, Gunnar, **226**, 359, 614, **652**, 654
Nelson, Harriet, **83**, **221**, 652
Nelson, Horatio, 339
Nelson, Matthew, **226**, **652**
Nelson, Ozzie, **83**, **221**, **226**, 652
Nelson, Ricky, 221, 226, 359, 652
Nelson, Tracy, 654
Nepamuceno, Alberto, 78

811

Néri, Ana, 162
Nesbit, Evelyn, **724**, **783**, 796
Nesmith, Mike, **769**
Ness, Eliot, 324, **325**
Netanyahu, Benjamin, **705**
Neto, Delfim, 42
Neto, João Cabral de Melo, 174
Nevelson, Louise, **657**
Neves, Tancredo, 206, 696
Neville, Aaron, **534**, 759
Neville, Art, 759
Newhall, Beaumont, 353
Newhall, Nancy, 353
Newley, Anthony, **400**
Newman, Paul, 595, **790**
Newton, Huey, 623, **705**
Newton, Isaac, **711**, 777
Newton-John, Olivia, 669
Nicholas, Fayard, **702**
Nicholas, Harold, **702**, 721
Nichols, Mike, 320, 575, **719**
Nicholson, Jack, 178, **312**
Nicklaus, Jack, **635**, 770
Nicks, Stevie, **420**
Nicolau II, Czar, 309, **373**, 388, 391, 447
Nicolson, Sir Harold, 741
Niekro, Joe, 252
Niekro, Phil, 252
Nielsen, Brigitte, 522
Niemeyer, Oscar, 162
Niepce, Joseph, **733**
Nijinsky, Vaslav, 206, 237, 774
Nimoy, Leonard, **26**, **214**
Nin, Anais, **772**, **797**
Nirenberg, M.W., **281**
Niskier, Arnaldo, 142
Niven, David, **797**
Nixon, Julie, **245**, 549, **552**
Nixon, Pat, 552, 779
Nixon, Richard M., 58, **174**, 228, **233**, 245, 277, 376, **426**, **533**, 545, **549**, 552, 608, **634**, 654, **692**, 720, **758**, 769, 777, 779
Nixon, Tricia, **552**, 673, 777
Nkrumah, Kwame, 492
Nobile, Umberto, 375, **388**, 534
Nóbrega, Padre Manuel da, 130
Noguchi, Isamu, 383
Noor, Rainha da Jordânia, 604
Normand, Mabel, 229, 298
Novaes, Carlos Eduardo, 98
Novais, Guiomar, 202
Novak, Kim, **466**, 551, 754
Novak, Robert, 349
Nunes, Clara, 98
Nureyev, Rudolf, **391**, **774**, **791**
Nykvist, Sven, 531

O

O'Connor, Carroll, 557, 565
O'Keefe, Michael, 320
O'Keeffe, Georgia, **728**
O'Neal, Ryan, 320, 326
O'Neal, Tatum, 320, **723**
O'Neill, Ed, 298
O'Neill, Eugene, **130**, 274, 559, 686
O'Neill, Oona, 130, 286, 376

O'Sullivan, Maureen, **372**, 389
O'Toole, Peter, 376
Oakley, Annie, **597**
Oates, John, **274**
Oberon, Merle, 650, 797
Ocasek, Rick, **215**
Ochs, Adolph, 649, 651
Odets, Clifford, **533**
Oland, Warner, 458, **682**
Oldenberg, Claes, **660**
Oldenberg, Richard, **660**
Oldman, Gary, **216**, 219
Olímpio, José, 158
Olin, Ken, 453, 514
Oliveira, Dalva de, 46
Oliveira, Domingos de, 122
Olivier, Sir Laurence, **309**, **400**, **402**, **403**, 409
Olmos, Edward James, 674
Olson, Ole, 724
Onassis, Aristóteles, 90, **178**, 562, 565, 568, 745, **758**
Onassis, Athena, 758
Onassis, Christine, **758**
Onassis, Jacqueline Kennedy, 90, 178, **416**, 471, 546, 561, **562**, 565, 566, 568, 742, 758
Ono, Yoko, 126, 675, **684**, 684
Oppenheimer, J. Robert, **317**, 318
Organ, Marjorie, 480
Orlov, Grigori, 318
Orozco, Jose, **150**
Orthof, Silvia, 110
Orwell, George, 489
Oscarito, 98, 527
Osmond, Donny, **690**
Osmond, Marie, **690**
Oswald, Lee Harvey, **227**, **527**
Oswald, Marina, **527**
Otelo, Grande, 130, 527
Ouspensky, P. D., 178
Overt, Steve, 664
Ovitz, Michael, **762**
Owens, Jesse, 492
Oz, Frank, **419**

P

Paar, Jack, 339, **345**
Pabst, G.W., 624
Pacino, Al, **329**, 335, **337**, 343, 345
Pádua, Guilherme de, 138
Paganini, Niccolo, 603
Page, Geraldine, 739
Page, Jimmy, 608
Page, Ruth, 232
Pahlavi, Cyrus, 707
Pahlavi, Imperatriz Farah, 687
Pahlavi, Mohammad Reza (Xá do Irã), **341**, 687, 707
Paiva, Marcelo Rubens, 42
Paley, "Babe" Cushing, **510**
Paley, William, **510**, 674, 751
Palin, Michael, **363**
Palmer, Arnold, **635**
Palmer, Lilli, 411
Palmério, Mário, 202
Paltrow, Bruce, 668, 669, 746
Paltrow, Gwyneth, 668, **669**, 672

Pandeiro, Jackson do, 106
Papandreou, Andreas, 792
Papandreou, Georgios, 792
Parker, Bonnie, **226**
Parker, Charles, **613**, 657
Parker, Charlie, 110, **616**
Parker, Dorothy, **604**, 608, 609
Parker, George, 657
Parker, Sarah Jessica, 214, 238
Parker, Suzie, 297
Parsons, Louella, **335**
Parton, Dolly, 303
Pascal, Blaise, 472
Pascoal, Hermeto, 70
Passos, Pereira, 106
Passy, Frederic, 351
Pasteur, Louis, 757
Patrocínio, José do, 126
Patterson, Floyd, **659**
Patton, George, 688, 717
Paul I da Grécia, 300
Paul, Les, 432, 433
Pauley, Jane, 666
Pauling, Linus, **202**
Pavarotti, Luciana, 130
Pavlova, Anna, **190**, 206, 347
Payne, John, 396
Pays, Amanda, 437
Payton, Walter, **334**
Peale, Charles Wilson, 305
Peale, Rembrandt, 305
Pearl, Minnie, 419
Pears, Peter, 479
Peary, Admiral
Peck, Gregory, **278**
Pedroso, Bráulio, 42
Pei, I. M., **337**
Peixoto, Afrânio, 162
Peixoto, Caubi, 194
Peixoto, Floriano, 42
Pellegrino, Hélio, 174
Pena, Hélio de la, 66
Penn, Sean, 98, 126, **270**, **584**
Pepa (Sandy Denton), **638**
Pepê, 106
Peppard, George, 615
Perelman, S. J., 122, 672
Peres, Shimon, 588, 597, 705
Perez, Rosie, **225**
Perkins, Millie, 391
Perlman, Rhea, **253**
Peron, Evita, **46**, **357**, **360**
Peron, Juan, 46, **360**
Perot, Ross, 451, **490**
Perry, Gaylord, 557
Pessoa, Epitácio, 54
Pessoa, João, 186
Petacci, Claretta, 568
Peter, Príncipe, 320
Peters, Bernadette, 597
Peterson, Oscar, 336
Petty, Richard, **500**
Pfeiffer, Michelle, **42**, **336**
Phfllips, Michelle, 264, 271, 282, 624
Philbin, Regis, **585**
Philip, Príncipe, **433**, **435**, 438
Phillips, Chynna, 282, **624**, 694, 795
Phillips, John, 271, **624**

Phillips, Julianne, 380, 557
Phillips, Lou Diamond, **390**
Phillips, Mark, **587**
Phillips, Sian, 376
Piaf, Edith, **166**, **548**, **691**
Piaget, Jean, **454**
Picabia, Francis, 565, 622
Picasso, Pablo, **134**, **228**, 382, **699**, 700, 709
Picasso, Paloma, 699
Piccard, Auguste, **566**, **788**
Piccard, Jacques, **566**
Piccard, Jean, **788**
Pickford, Mary, **264**, 270, **280**
Pinchot, Bronson, **393**
Pinheiro, Paulo Cesar, 42
Pinter, Harold, **615**
Pinto, Magalhães, 74
Pinto, Roquete, 122
Pirner, David, 297
Pissarro, Camille, **517**, **519**
Pissarro, Lucien, **519**, 740
Pissarro, Rodo, 740
Pitanguy, Ivo, 62
Pitt, Brad, **480**, 669, 743
Pitt, William, o Jovem, 423
Pitt, William, o Velho, 423
Pitts, ZaSu, 279, 564
Pixinguinha, 38
Planck, Max, 328
Planer, Minna, 399
Plant, Robert, 608
Plath, Sylvia, 589
Pleshette, Suzanne, 788
Plowright, Joan, **402**, 403
Plummer, Amanda, **231**
Plurmner, Christopher, **231**, 759
Poitier, Sidney, 714, **797**
Polanski, Roman, 595
Pollan, Tracy, **432**
Pollock, Jackson, **713**
Pompadour, Madame de, 670, 736, 772
Pompidou, Georges, **512**, 513, **514**
Pons, Lily, **301**
Pontes, Paulo, 142
Ponti, Carlo, 118, 578, **657**
Porizkova, Paulina, **215**
Portinari, Cândido, 170
Porto, Sergio, 178
Post, C.W., 709
Post, Marjorie Merriweather, 756
Post, Wiley, 717
Potemkin, Grigori, 317
Pound, Ezra, 459, **544**, 630, **666**, 687, **713**
Povich, Maury, **608**
Powell, Baden, 94
Powell, Colin, **30**, 266, 270
Powell, Dick, **618**, 678
Powell, Eleanor, **342**
Powell, William, **554**, **558**, 568
Power, Tyrone, 363
Prado, Adélia, 162
Prata, Mário, 202
Prater, Dave, 361
Premadasa, Ranasinghe, **289**
Preminger, Eric Lee (Eric Kirkland), 751

Preminger, Otto, **751**
Prentiss, Paula, 411
Prescott, Samuel, 279
Presley, Elvis, 345, **407**, 444, 621, **670**, **776**
Presley, Lisa Marie, **623**, **776**
Presley, Priscilla, 398, **407**, **776**
Prestes, Júlio, 210
Preston, Kelly, **629**, **695**
Previn, Andre, 194, 274, **282**
Previn, Dory, 274
Previn, Soon-Yi, **679**, **684**, 747
Prima, Louis, 755
Prince, (artista antes conhecido como), **443**
Princip, Gavrilo, 547
Prinze, Freddie, 451
Procter, William Cooper, 570
Proença, M. Cavalcante, 82
Profumo, John, 704
Prokofiev, Sergei, 216, 317
Prowse, Juliet, **669**, **670**
Pryor, Richard, 461
Puccini, Giacomo, **680**
Pulitzer, Joseph, 11, 215, 263
Purim, Flora, 206
Puzo, Mario, **340**

Q

Quadros, Jânio, 186
Quaid, Dennis, 273, **276**
Quaid, Randy, 273
Quaife, Peter, **771**
Quant, Mary, 661
Quayle, Dan, 466, **566**
Quayle, Marilyn, **435**, **566**
Queiroz, Dinah Silveira de, 142
Queiroz, Eça de, 154
Queiroz, Rachel de, 146
Quinn, Anthony, 311
Quinn, Sally, **491**
Quintana, Mário, 74, 495

R

Rabe, David, 349
Rabelo, Rafael, 138
Rabin, Yitzhak, 597, **625**, **705**
Radner, Gilda, **451**, **491**, 493, 501
Radziwell, Lee, 391, 568
Raft, George, 573
Rainer, Luise, **533**
Rainha-mãe (Lady Elizabeth Bowes-Lyon), 223, **435**, 472, 570, 572, 576
Rainier, Príncipe, de Mônaco, **423**, 428
Raitt, Bonnie, 320, **721**
Raitt, John, **721**
Rambova, Natasha, 367
Ramos, Graciliano, 138
Randall, Tony, **349**
Randi, James, 578
Randolf, Joyce, **698**
Randolph, A. Phillip, **305**
Randolph, Martha Jefferson, 295, 558
Rangel, Flávio, 94

Rappe, Virginia, **218**
Rashad, Ahmad, **479**, **737**
Rashad, Phylicia, **470**, **479**, 482, **737**
Rasi, Mauro, 202
Rasputin, **447**
Rathbone, Basil, **456**
Rather, Dan, 603
Rauschenberg, Robert, **382**
Rautshinskaya, Irina, **537**
Ravel, Maurice, **283**, 612
Ray, Johnny, 517
Rayc, Martha, 248, 455
Raymond, Gene, 454
Reagan, Nancy Davis, 511, **513**, 515, **518**
Reagan, Ronald, **409**, 423, 428, 466, **518**, **535**, **672**, **776**, **791**
Reagan, Ronnie, **409**
Reale, Miguel, 142
Redford, Robert, **570**, 595
Redgrave, Lynn, 790
Redgrave, Vanessa, 234, **388**, 447, 790
Reed, Donna, **408**
Reed, John, 319
Reed, Lou, **449**
Reed, Robert, 704
Reeve, Christopher, 542, **665**, 670
Reeves, George, 670, **778**
Regan, Donald, 513
Regina, Elis, 210, 716
Rego, José Lins do, 62
Reichstein, Tadeus, **553**
Reid, Charlie, 800
Reid, Craig, 800
Reid, Daphne Maxwell, 463
Reid, L.A., **265**
Reid, Tim, 463
Reif, Keith, 229
Reinaldo, 142
Reiner, Carl, 220, **237**
Reiner, Rob, **237**, **568**, **696**
Reinhardt, Max, 170, 630
Reinking, Ann, 478
Reiser, Paul, 219
Remarque, Erich Maria, 432
Rembrandt Van Rijn, **530**
Resende, Otto Lara, 42
Reshevsky, Samuel, 748
Respighi, Ottorino, **521**
Revere, Paul, **279**
Reynolds, Burt, **348**, 369, **567**, **582**, **723**, **766**, 795
Reynolds, Debbie, **246**, **251**
Rhine, J. B., **675**
Ribeiro, Darcy, 134, 138, 712
Ribeiro, João Ubaldo, 186
Ricardo I, Coração de Leão, 628
Ricardo III (Duque de Gloucester), **400**, 588
Ricardo, Príncipe (Duque de York), **588**
Rice, Jerry, 458
Rice, Tim, 229
Richards, Keith, **563**, 690
Richards, Renee, 602
Richardson, Elliot, **376**, 379
Richardson, Natasha, 373, **388**

Richardson, Patricia, 468
Richardson, Tony, 447
Richelieu, Cardeal, 338, 652
Richthofen, Barão von, 336, **339**, 586
Rickenbacker, Eddie, **339**
Rickey, Branch, **766**
Riddle, Nelson, 415
Riefenstahl, Leni, 315
Rigg, Diana, **551**
Riggs, Bobby, **740**
Riklis, Meshulam, 364
Riley, Pat, **222**
Riley, Terry, **476**
Rimbaud, Arthur, 251
Rilke, Rainer Maria, 158
Rimsky-Korsakov, Nikolai, 468, **521**
Ripken, Billy, 756
Ripken, Cal Jr., **606**
Ripken, Cal, **606**, 756
Ritchard, Cyril, **742**
Ritter, John, 338, 641, **647**
Ritter, Tex, **647**
Rivera, Diego, 514, 645, **657**
Rivera, Geraldo, **512**
Roach, Hal, **324**, **464**, 780
Robards, Jason Jr., 541, 545, 548, **550**
Robards, Jason, 548
Robards, Sam, 545
Robb, Charles, **220**
Robbins, Jerome, 687, **693**
Robbins, Tim, **676**
Robert Edwin, 356
Roberts, Eric, **297**, 707
Roberts, Julia, **297**, **707**, 710
Roberts, Rachel, **663**
Robertson, Cliff, 632
Robertson, Robbie, 414
Robeson, Paul, 267, 274
Robinson, Edward G., 531
Robinson, Jackie, **661**, **766**
Robinson, Sugar Ray, **354**, 355
Rocha, Glauber, 210
Rockefeller, David, 332, **452**
Rockefeller, Happy, 433
Rockefeller, John D. Jr., 518
Rockefeller, John D., 221
Rockefeller, John D., III, 219, 221
Rockefeller, John D., IV, 219
Rockefeller, Nelson, 333, 433, **452**, **518**
Rockefeller, Winthrop, 332, 333
Rodgers, Bill, **710**
Rodgers, Richard, **333**, **488**
Rodin, Auguste, 727
Rodrigues, José Honório, 118
Rodrigues, Nelson, 102
Roebling, John, **413**
Roebling, Washington, **413**
Roebuck, Alvah, 751
Rogers, Buddy, 270
Rogers, Ginger, **355**, 395, 522, 532T, 532B, 534
Rogers, Mimi, 518
Rogers, Roy, 666, **707**
Rogers, Will Jr., **698**
Rogers, Will, 698, **717**
Roisman, Joseph, 544

Roland, Gilbert, 563, **700**
Rolland, Romain, **483**
Rollins, Sonny, **110**
Rolls, Charles Stewart, **248**
Romário, 186
Rommel, Erwin, 717, 725
Rónai, Paulo, 34
Ronaldinho, 118
Rondom, Marechal, 46
Ronstadt, Linda, 268, 415, 470, **534**
Rooney, Andy, **367**
Rooney, Mickey, 419, **438**, **658**, 660
Roosevelt, Alice Lee, **560**
Roosevelt, Eleanor, **653**, 687, **693**
Roosevelt, Elliot, 640
Roosevelt, Franklin D. Jr., 598
Roosevelt, Franklin D., **186**, 347, 368, 623, **636**, **693**, 738, 743, 746, **789T**, 789B, 791
Roosevelt, John, 598
Roosevelt, Sara, **653**
Roosevelt, Theodore Jr., 640, 642
Roosevelt, Theodore, 319, **560**, 589, 627, 642, 687
Root, John Wellborn, 635
Rosa, Guimarães, 74
Rosa, Noel, 162, 669
Rose Marie, 592
Rose, Billy, **630**, 632
Rose, David, 432, 455
Rose, Pete, **262**
Rosenberg, Ethel, **380**
Rosenberg, Julius, **380**
Ross, Betsy, **301**, 772
Ross, Diana, 238, **243**, **254**, 259, 260
Ross, Harold, 618
Ross, Herbert, 391
Ross, Katherine, **581**
Rossellini, Isabella, 216, 219, **460**, 465
Rossellini, Roberto, 106, 206, 358, 370, 460
Rosset, Barney, **429**
Rossetti, Christina, **385**
Rossetti, Dante Gabriel, 217, 378, **385**
Rossington, Gary, **254**
Rossini, Gioacchino, **748**
Rostropovich, Mstislav, 251
Roth, David Lee, **683**
Roth, Philip, **235**
Rothenberg, Susan, 752
Rothschild, Mayer Amschel, 650
Rothschild, Nathan Meyer, 650
Rotten, Johnny, 368
Rousseau, Jean-Jacques, **488**, 494
Rowan, Dan, 491, 501, 502
Rowlands, Gena, **394**, **480**
Royce, Frederick Henry, **248**
Rubin, Jerry, **530**
Ruby, Jack, **227**
Rudhyar, Dane, 218
Rudolf, Arqueduque, 224
Rule, Janice, 585
Run, 423
Ruperti, Alexander, 218
Rushdie, Salman, 332
Rusk, Dean, 448

813

Ruskin, John, 235, 326, **519**
Russell, Bertrand, **330**, 389
Russell, Bill, **610**, **661**
Russell, Gail, **660**
Russell, Jane, 471, **481**
Russell, Kurt, **741**
Russell, Lillian, **592**
Ruth, Babe, 484
Rutherford, Margaret, 379
Ruzicka, Leopold, 225
Ryan, Meg, **276**
Ryan, Nolan, **190**
Ryder, Winona, 297, 441, **697**

S

Saarinen, Eero, 599
Saarinen, Eliel, 599
Saatchi, Charles, 432
Saatchi, Maurice, 432
Sabin, Dr. Albert, **617**
Sabino, Fernando, 130, 695
Sacco, Nicola, **310**
Sackville-West, Vita, 741, 790
Sadat, Anwar, **593**, 764
Safer, Morley, 362
Safire, William, **758**
Sagal, Katey, 298
Sager, Carol Bayer, **387**
Saintjames, Susan, **586**
Saint-Laurent, Yves, 565
Saint-Saens, Camille, 675, 676
Sajak, Pat, **714**
Sakharov, Andrei, **409**
Saldanha, João, 78
Salgado, Sebastião, 194
Salieri, Antonio, **595**
Salk, Jonas, **617**, **709**, **711**
Salk, Lee, **711**
Salt (Cheryl James), **638**
Sambora, Richie, 54, 526, 536
Sampras, Pete, **336**
Sanchez Vicario, Arantxa, 743
Sand, George, 198, 494, **502**
Sandburg, Carl, **256**, 256
Sanders, George, 509, 518
Sands, Tommy, 437
Sanford, Isabel, 623
Sanger, Margaret, **640**, 649
Sant'Anna, Afonso Romano, 26
Santana, Dedé, 46
Santoro, Claudio, 150
Santos Turíbio, 206
Santos, Marquesa de, 170
Santos, Sílvio, 162
Sarandon, Chris, 543
Sarandon, Susan, **126**, **543**, 676
Sargent, John Singer, **517**
Sarney, José, 38
Sarnoff, David, 487, **503**, 674
Sarnoff, Robert, **487**, **503**
Sartre, Jean-Paul, 478, **482**, **483**, **485**
Sassoon, Vidal, 346
Saura, Carlos, **564**
Savalas, Telly, 787
Sawyer, Diane, **719**, 768
Sayre, Zelda, **542**
Scales, Prunelia, 477
Schawlow, Arthur L., **308**, 371

Schell, Maria, 752
Schell, Maxmillian, 752
Scherer, Fernando, 126
Schiaparelli, Elsa, 508, 637
Schiffer, Claudia, 247, **600**
Schiller, Johann, 617
Schindler, Alma, 378, **508**, 524, 613
Schindler, Oskar, **42**
Schlegel, August Wilhelm von, 638
Schlegel, Friedrich von, 638
Schlesinger, Arthur M. Jr., **686**, 695
Schlesinger, Arthur M., 421, 695
Schlossberg, Edwin, **546**
Schmeling, Max, 380
Schmidt, Augusto Frederico, 34
Schmidt, Helmut, 278
Schmidt, Oscar, 198
Schneider, Alexander, **544**
Schopenhauer, Arthur, 624
Schrbdinger, Erwin, 570
Schrieffer, John Robert, **392**
Schubert, Jacob, **598**
Schubert, Lee, **598**
Schumann, Clara, 359, 399, **438**
Schumann, Robert, **438**
Schuster, Max Lincoln, **799**
Schwarzenegger, Arnold, **506**, 522, **560**
Schwarzkopf, Norman, 30, 270, 455
Scialfa, Patti, **557**
Scliar, Carlos, 70
Scopes, John T., **292**
Scopes, Thomas, 582
Scorcese, Martin, **460**, 590, 733
Scott, George C., **440**, 691, 696
Scott, Randolph, 784
Scruggs, Earl, **499**, 647
Seagal, Steven, 238, 276
Seal, 754
Seale, Bobby, **705**
Seals, Jim, **588**
Sears, Richard, 751
Sedaka, Neil, 801
Sedgwick, Kyra, **507**
Seeger, Pete, 354, 355
Seeger, Ruth Crawford, 354
Seinfield, Jerry, **331**, **339**, 346
Seixas, Raul, 74
Seldes, Marion, 605
Seles, Monica, 461, 743
Sellecca, Connie, 414
Sellers, Peter, **110**, 556, **628**, **639**
Selwyn, Edgar, 588
Selznick, David O., 370
Senna, Ayrton, 22, **220**
Sennett, Mack, 234, 780, 784
Serkin, Peter, 245
Serkin, Rudolf, 245, 246
Sessions, Roger, 728
Sete, Bola, 82
Severinsen, Doc, **511**, 520
Severo, Marieta, 142
Sfat, Dina, 138
Shabazz, Attallah, 403
Shaffer, Paul, 299
Shahn, Ben, 645
Shakespeare, William, **309**, **316**, **325**, 326

Shamir, Yitzhak, 590
Shankar, Ravi, 262, **283**
Sharif, Omar, **262**
Shatner, William, **214**, 221, **234**
Shaughnessy, Charles, 673
Shaw, Artie, **404**, 406, 409, 757
Shaw, George Bernard, **222**, 567, 568
Shawn, Ted, **703**
Shawn, William, 618
Shearer, Norma, 416, 506, 573
Sheen, Charlie, 379, **571**, 629
Sheen, Martin, 269, 335, **377**, **571**
Shelley, Mary Wollstonecraft, 337, 349, **571**
Shelley, Percy Bysshe, **571**, 577, 580, **583**
Shepard, Sam, **320**, 325, **725**
Shepherd, Cybill, **236**, 567
Sheppard, Dr. Samuel, **445**
Sheridan, Ann, **798**
Sherwood, Robert, 280
Shields, Brooke, 331, 415, 416
Shimkus, Joanna, 714
Shiner, David, 294
Shire, Talia, 263, **340**
Shore, Dinah, 625, 795, **799**
Short, Bobby, **650**
Shorter, Frank, **710**
Shostakovich, Dmitri, 317, 360, 669
Shostakovich, Maxim, 360
Shrimpton, Jean, **655**
Shriver, Eunice Kennedy, **506**
Shriver, Maria, 506, **560**, **716**
Shriver, Sargent, 512, **545**, **716**
Shue, Andrew, 684
Shue, Elizabeth, 684
Shula, Don, 647
Shuster, Joe, **511**
Sidney, Sylvia, **356**, 416
Siegbahn, Kai M., **308**, **322**, 371
Siegbahn, Manne, **322**
Siegel, Bugsy, 503
Siegel, Jerry, **511**
Signoret, Simone, 251
Silva, Adhemar Ferreira da, 122
Silva, Aguinaldo, 62
Silva, Beto, 190
Silva, Francisco Manuel da, 198
Silva, Golbery do Couto e, 102
Silva, Hélio, 30
Silva, Ismael, 114
Silva, José Bonifácio de Andrada e, 82
Silva, Leônidas da, 110
Silva, Orlando, 126
Silveira, Ênio, 146
Silveira, Joel, 118
Silveira, Nise da, 194
Silverheels, Jay, **419**
Simmons, Gene, 54, **607**
Simmons, jean, 368
Simon, Carly, 503, **504**
Simon, Neil, **267**
Simon, Norton, 793
Simon, Paul, 687, **688**, 696
Simon, Richard Leo, 503, **799**
Simonsen, Mário Henrique, 198
Simpson, O. J., **394**, **395**
Simpson, James Young, 393

Simpson, Nicole Brown, **394**, **395**, 487
Simpson, Valerie, **358**
Simpson, Wallis, **469**
Sinatra, Frank Jr., 758
Sinatra, Frank, 194, 231, 385, 425, 444, 462, 466, 491, 515, 633, 669, 678, **750**, **757**, 758, 760
Sinatra, Nancy, 437, **444**
Sinclair, Mary, 496
Sinhô, 114
Sirhan, Sirhan, 230
Sirica, John, 227, **230**
Siskel, Gene, **465**
Sissle, Noble, 518
Sitwell, Dame Edith, **556**
Sivuca, 58
Skinner, Cornelia Otis, **414**, 421
Skinner, Otis, **414**
Skye, Ione, 358
Slick, Grace, **713**, **716**
Slobodkina, Esphyr, 492
Smith, Horace, **382**
Smith, Joseph, 425
Smith, Keely, 755
Smith, Patti, **720**
Smith, Robin, 357
Smith, Roger, **344**
Smithson, Alison, 474
Smithson, Peter, 474
Smothers, Dick, **739**
Smothers, Tom, **739**
Smyth, Patty, 493, 502
Snead, Sam, **417**
Snell, George, 701
Snider, Duque, **661**
Snow, C. P., 421
Soares, Elza, 70
Sobrinho, Barbosa Lima, 182
Sodré, Nelson Werneck, 42
Solzhenitsyn, Alexander, **162**, **300**, 761
Somers, Suzanne, 641
Sondheitn, Stephen, **214**, **221**, **224**
Soong, Ch'ing-ling (Madame Sun Yat-sen), 447, 708, 730
Soong, Mei-ling (Madame Chiang Kai-shek), **441**, **443**, 447, 708
Soong, T.V., **443**, **709**, 751
Soriano, Waldick, 50
Sousa, Cruz e, 150
Sousa, Naum Alves de, 58
Sousândrade, 78
Spacek, Sissy, 301, 763, 766
Spanky, 573
Spassky, Boris, 206, 790
Spector, Phil, 406, **579**, 773
Spector, Ronnie, 579
Spelling, Aaron, 308
Spelling, Tori, 308
Spielberg, Steven, 42, **162**, 194, 278, 385, **633**, **719**, **750**, 760, **761**
Spinks, Leon, **522**
Spinks, Michael, **522**
Spinoza, Baruch, **530**
Springsteen, Bruce, 380, 557, 657
Spungen, Nancy, 370
St. Denis, Ruth, 50, **550**, **703**, 721
St. John, Jill, 417, **608**, 610

Stack, Robert, 324, **752**
Stael, Madame de, 319
Stafford, Jean, 503
Stalin, Joseph, 38, **323**, 669, 719, **743**, **750**, 767
Stalin, Svetlana, 767
Stanislavsky, Konstantin, 730, 784
Stanley, Henry Morton, **234**
Stanton, Elizabeth Cady, **729**, 731
Stanwyck, Barbara, **523**
Stapleton, Jean, 565
Stapleton, Ruth Carter, 573, **575**
Stark, Ray, 318, **687**
Starr, Belle, 781
Starr, Ringo, 508, **520**
Statler, Ellsworth, 710
Steenburgen, Mary, 484, 772
Steffens, Lincoln, 272
Steichen, Edward, **256**, 256
Steiger, Rod, **304**
Stein, Gertrude, **347**, 389, 551
Stein, Leo, 389
Steinbrenner, George, **375**, 505
Steinem, Gloria, 250, **258**
Steiner, Rudolf, **650**
Stem, Bert, 420
Sternberg, Josef von, **426**
Stengel, Casey, 376, 554
Stephanie, Princesa de Mônaco, **731**
Stephen, Vanessa, 419
Steuben, Friedrich von, 648
Stevens, Connie, 569
Stevenson, Adlai, 694, 704
Stevenson, Adlai, II, 704
Stevenson, McLean, 694
Stevenson, Parker, 446
Stewart, Andy, 582
Stewart, Dave, **633**
Stewart, Jimmy, 330, **351**, 372, 394, 395, 401T, **401B**, **408**, 410
Stewart, Martha, 582
Stewart, Patrick, 221
Stewart, Rod, 482, 682
Stieglitz, Alfred, **256**, **728**
Stiller, Jerry, 438
Stiller, Mauritz, **525**
Stockwell, Dean, 391
Stokowski, Leopold, 158, **294**, **305**
Stoller, Michael, 350
Stone, Freddie, **219**
Stone, Lucy, 357, 417
Stone, Rosie, **219**
Stone, Sharon, 638
Stookey, Paul, 422, 718
Storrn, Gale, **266**, 279
Stottlemeyer, Mel, 403
Stottlemeyer, Todd, 403
Stowe, Harriet Beecher, **451**, 458
Strachey, Lytton, 786
Stradivari, Francesco, 731
Stradivari, Omobono, 731
Strait, George, 351
Strasberg, Lee, **403**, 643, 730
Strasberg, Susan, 392, **403**
Stratten, Dorothy, 568
Strauss, Johann Jr., **603**, 706
Strauss, Johann, 612, 706
Strauss, Josef, 603, 612
Strauss, Richard, 466

Stravinsky, Igor, 42, 158, 219, 266, 468, 777
Strayhom, Billy, 42, 342
Streep, Meryl, **70**, 477
Streisand, Barbra, **38**, **262**, **307**, **315**, 317, 318, 319, **322**, 687
Strepponi, Giuseppina, **628**
Stresemann, Gustav, **240**
Stroheim, Eric von, 248, **249**
Struthers, Sally, **568**
Stuart, Charles Edward (Bonnie Príncipe Charlie), 691
Suassuna, Ariano, 66
Sullavan, Margaret, 371, **374**, 381
Sullivan, Annie, **35**, 74
Sullivan, Arthur S., **351**, **383**
Sullivan, Ed, 339
Sullivan, John L., **616**
Sullivan, Louis, 62, **437**
Sulzberger, Arthur Hays, **649**, 651
Sulzberger, Arthur Ochs, 649
Sun Yat-sen, 441, **708**, 730
Sunday, Billy, 717
Sutherland, Donald, **532**
Sutherland, Kiefer, **532**, 710
Swann, Lynn, **800**
Swanson, Gloria, **238**, 248, **249**, 256
Szell, George, 122
Szilard, Leo, **789**

T

Tabori, George, 406
Tabori, Kristoffer, 579
Taeuber, Sophie, 648
Taffarel, 46
Taft, Robert A., **627**
Taft, William Howard, **627**, 646
Taglioni, Marie, **315**
Tallchief, Maria, **784**
Talleyrand-Périgord, Charles-Maurice de, **596**
Talmadge, Norma, 265
Tandy, Jessica, **434**, 437
Tange, Kenzo, **337**
Tapajós, Paulinho, 98
Tarkenton, Fran, **793**
Tate, Sharon, 595
Tatiana, Duquesa, **431**
Taunay, Visconde de, 198
Taupin, Bernie, **241**
Távola, Artur da, 174
Taylor, Elizabeth, **202**, 246, 485, 515, 520, **552**, 583, 611, **625**, **724**, **732**, 786, 797
Taylor, James, **504**, 779
Taylor, Johnnie, 367
Taylor, Mick, **786**
Taylor, Robert, **523**
Teasdale, Sara, 575T, **575B**
Tebaldi, Renata, **744**
Teffé, Nair de, 62
Teicher, Louis, 600
Teixeira, Anísio, 82
Teixeira, Renato, 54
Telemann, Georg Philipp, **801**
Teles, Lygia Fagundes, 38
Teles, Silvinha, 106

Teller, **796**
Teller, Edward, 783
Tennant, Victoria, 587
Tennille, Toni, 358
Teresa de Ávila, Santa, **243**
Teresa, Madre, 106
Terrell, Tammy, **258**, 465
Terry, Ellen, 568
Terry, Sonny, 699
Tesh, John, 414
Tesla, Nikola, **333**, **510**, 519
Thalberg, Irving, **414**, 416
Thatcher, Dennis, 361
Thatcher, Margaret, **130**, **251**, 361
Thaw, Harry K., 721, 724, **783**
Thomas, Clarence, **471**
Thomas, Dylan, **138**
Thomas, Mario, 736
Thomas, Philip Michael, **425**
Thompson, Emma, **300**
Thomson, Sir George P., **361**
Thomson, William, **498**
Thoreau, Henry David, 355, **415**
Thumb, Tom, **516**
Thurman, Uma, **216**, 341
Tibério, **655**
Tierney, Gene, 299, 461
Tiffany, Charles, **795**
Tiffany, Louis, **795**
Tilden, Samuel, 282
Tinker, Grant, 770
Tiso, Wagner, 162
Todd, Ann, 258
Todd, Mike, 473, 479, 485
Todd, Thehna, 564
Toklas, Alice B., **347**
Tolson, Clyde, **406**
Tom, Rip, 739, 766
Tone, Franchot, 236
Toquinho, 78
Torre, Joe, 505
Tosh, Peter, **704**
Toulouse-Lautrec, 656, 678, 737
Townshend, Pete, 410b, **410b**
Tracy, Spencer, **264**, 279
Travanti, Daniel, 741
Travers, Mary, **422**, 718
Travis, Randy, 351
Travolta, John, **259**, 695, **789**
Trevisan, Dalton, 66
Trilling, Diana, **505**
Trilling, Lionel, **505**
Trindade, Zé, 34
Troisgros, Pierre, 634
Trotsky, Leon, 320, 719
Trudeau, Margaret, **629**
Trudeau, Pierre, **629**
Truffaut, François, 753
Truman, Bess, 369
Truman, Harry, **217**, 329, 368, 369T,, 369B
Truman, Margaret, 369
Trumbo, Dalton, 753
Trump, Donald, **459**, 467
Trump, Ivana, 459, **467**
Tubman, Harriet, 370
Tucker, Michael, 785
Tucker, Tanya, **318**
Tunney, Gene, 413

Turk, Sonia, 298
Turner, Ike, **718**
Turner, J. M.W., 326
Turner, Janine, 547
Turner, Lana, 404, 409, 567, 777
Turner, Ted, 363, 734, **736**, 741
Turner, Tina, **154**, **591**, **718**
Tutu, Desmond, 527
Twain, Mark, **605**, 709, 747
Tweed, Boss (William Marcy Tweed), 273, 282
Twiggy, **655**, 661
Twitty, Conway, **293**
Tyson, Cicely, **425**
Tyson, Mike, 134, 494, **496T**, 496B

U

Ullmann, Liv, **162**, **531**
Unser, Al Jr., **309**, 429
Unser, Al, **309**
Unser, Bobby, 429
Utrillo, Maurice, **658**

V

Vaccaro, Brenda, 667
Vadim, Roger, **672**, 701, **703**, 764
Valadon, Suzanne, 656, **658**
Vale, João do, 130
Vale, Marcos, 114
Valença, Alceu,74
Valens, Richie, 379, **390**
Valente, Assis, 22
Valentino, Rodolfo, 354, 366, 367
Valle, Paulo Sérgio, 94
Vallee, Rudy, 356, 522, 567
Van Buren, Abigail [Pauline Esther Friedman), 504
Van Devere, Trish, 696
Van Doren, Carl, 379, 637
Van Doren, Charles, 466, 637
Van Doren, Mamie, 753, 785
Van Doren, Mark, 379, 466
Van Dyke, Dick, 563, 757
Van Dyke, Jerry, 563
Van Gogh, Theo, **240**
Van Gogh, Vincent, **240**, 242, 254
Van Halen, Alex, 368
Van Halen, Eddie, 325, 368, **683**
Van Peebles, Mario, 608
Van Peebles, Melvin, 608
Vance, Vivian, **568**
Vanderbilt, Cornelius, 352
Vanderbilt, Gloria, **305**, 502, **650**
Vanderbilt, William Henry, 352, 365
Vanderbilt, William Kissam, 365
Vandré, Geraldo, 114
Vane, John R., **257**
Vanzetti, Bartolomeo, **310**
Vanzolini, Paulo, 42
Varela, Fagundes, 98
Vargas, Getúlio, 38,307
Vasari, Giorgio, **453**
Vasconcelos, José Mauro de , 202
Vasconcelos, Naná, 90
Vaughn, Robert, **656**
Veiga, José J., 190
Velez, Lupe, **245**, 355, 415

815

Veloso, Caetano, 98, 489
Verdi, Giuseppe, **628**, **680**
Verdon, Gwen, **482**
Veríssimo, Érico, 162
Veríssimo, José, 30
Veríssimo, Luís Fernando, 138
Verlaine, Paul, 251
Vespúcio, Américo, **715**
Vetsera, Baronesa Maria, 224
Viana, Odwaldo, 202
Vianinha, 62
Vicious, Sid, 368, **370**
Vickers, Martha, 419
Vidal, Gore, 679, 683
Vidal, Thomas P., 679
Vidor, Charles, 404, **561**
Vieira, Padre Antônio, 190
Villa-Lobos, Heitor, 206
Villechaize, Herve, **321**
Viola, Mano Décio da, 82
Viola, Paulinho da, 146
Vishnevskaya, Galina, 251
Vitória, Rainha, **393**, 394, **398T**, **398B**, 403, **406**, 408, 409
Vlaminck, Maurice de, 265
Voight, Jon, 579
Voltaire, 736, **738**
von Bulow, Claus, **585**, 662
von Bulow, Hans, 407, **702**, 764
von Butow, Sunny, **585**
von Trapp, Maria, 672
Vonnegut, Edith Bucket, 512
Vonnegut, Kurt, 383, **512**
Vonnegut, Mark, 383
Vright, Frank Lloyd, **62**, 286, **352**, **437**
Vuillard, Edouard, **677**

W

Wadsworth, Charles, 158
Waggoner, Lyle, **291**
Wagnalls, Adam W., 627
Wagner, Richard, **398**, 399T, 399B, **402**, 406, 407, 701, 702
Wagner, Robert, **551**, 610
Wainer, Samuel, 178
Waldorf, Lord, **392**
Walesa, Lech, **668**
Walker, Alice, **194**
Walker, Herschel, **651**
Walker, Kathryn, 779
Walker, Robert, 695
Wallace, Chris, 361
Wallace, Cornelia, 609
Wallace, DeWitt, **728**
Wallace, George, 608, 609
Wallace, Irving, 235, 236
Wallace, Lila Bell, **728**
Wallace, Mike, 361, 362, **367**

Wallace, Sylvia Kahn, 236
Wallach, Eli, **632**
Wallechinsky, David, 235
Wallenberg, Raoul, **573**
Waller, Gordon, 432
Wallis, Hal, **316**, 651
Walston, Ray, 712
Walter, Bruno, 316, **650**
Walters, Barbara, 493, 673T, **673B**
Walton, Bill, **718**
Wanamaker, John, **290**
Waner, Lloyd, **306**
Waner, Paul, **306**
Wang, An, 535, **793**
Warburg, Felix, 594
Warburg, J. P., 594
Ward, Burt, **509**
Warhol, Andy, 356, **398**, 416
Warner, Albert, 538
Warner, Jack, 538
Warner, John, 797
Warner, Malcolm-Jamal, 523, 590
Warren, Robert Penn, 312
Warwick, Dionne, 578
Washington, Dinah, 315
Washington, George, 301, **429**, 448, 714, 772, **798**
Washington, Martha, **429**
Waterfield, Bob, 471
Waters, John, **319**
Watson, Dr., 516
Watt, James, 635
Wayne, John, 428
Weaver, Dennis, 412
Webb, Beatrice, 534
Webb, Jack, **238**, 250
Webb, Sidney, 534
Webber, Andrew Lloyd, 46, **214**, 223, 229
Weber, Constanze, 776
Weber, Joe, **593**
Weber, Max, 34
Weberman, A.J., 392
Wedgwood, Joseph, 375
Wedgwood, Thomas, 375
Weekley, Frieda, 586
Weicker, Lowell, 390
Weidman, Charles, 543
Weill, Kurt, **695**, 795
Weissmuller, Johnny, **372**, 415
Weld, Tuesday, 315, **337**, **524**, 621
Welles, Orson, 46, 329, 359, **361**
Wells, H.G., **640**, 658
Wells, Henry, **405**
Welsh, Jane, 531
Werfel, Franz, 613
Wesendonck, Matilde, 406
Wesson, Daniel Baird, **382**
West, Adam, **509**
West, Mae, 595

West, Rebecca, 658
Westinghouse, George, 296, **510**
Wettig, Patricia, **462**, 514
Wharton, Edith, 303
Whistler, James McNefll, **517**, **519**
White, Betty, 682
White, Maurice, 548
White, Richard Grant, 403
White, Stanford, 403, **604**, 617, 721T, 721B, **724**, 783
White, Vanna, **714**
White, Verdine, 548
Whitehead, Alfred North, 389, **714**
Whitman, Walt, **58**, 412
Wilde, Oscar, 602, **687**
Wilder, Billy, 469
Wilder, Gene, **451**, 461
Wilding, Michael, **552**
Wilhelmina (modelo), 240
Wilkes, Charles, 274
Wilkes, John, 274
Wilkeson, Leon, **254**
William, Príncipe, da Inglaterra, 311, 469, 472, 474, **478**, 485
Williams, Cindy, **602**
Williams, Esther, 579
Williams, Hank Jr., 419
Williams, Hank, 419
Williams, John, 760
Williams, Robin, 542, **543**, **545**, 553
Williams, Tennessee, 443
Willis, Bruce, **229**, **236**
Willkie, Wendell, 789
Wilson, Brian, **474**, **486**, 624
Wilson, Demond, 690
Wilson, Dennis, 531
Wilson, Edith Bolling Galt, **691**
Wilson, Edmund, **353**, 359, 369
Wilson, Mary, 260, **449**
Wilson, Wendy, 694
Wilson, Woodrow, 386, 564, 627, 646, **691**
Winfrey, Oprah, **186**, **790**
Winger, Debra, **377**, 378
Winkler, Henry, 715
Winter, Edgar, **773**
Winter, Johnny, **773**
Winters, Shelley, 585, **589**
Wittgenstein, Ludwig, **330**
Wolfe, Thomas, 680
Wollstonecraft, Mary, 349
Wood, Natalie, 245, **549**, **551**
Woodhull, Victoria, 475
Woods, Tiger, **770**
Woodward, Bob, **259**, 570
Woodward, Joanne, **790**
Woolcott, Alexander, 280, 609, **759**
Woolf, Leonard, 746
Woolf, Virginia, 746, 790
Woolworth, F.W., **290**, 298, 730

Wordsworth, William, **274**, 577
Wozniak, Steve, 535, **536**
Wright, Orville, **293**, 436
Wright, Richard, **638**
Wright, Robin, **270**
Wright, Wilbur, **293**
Wundt, Wilhelm, 417
Wyatt, Jane, 582
Wyeth, Andrew, 505, 528
Wyeth, Jamie, 505, 511
Wyeth, N.C., 511, 528
Wyler, William, **267**, **374**, **500**
Wylie, Elinor, 636
Wyman, Jane, 776
Wymore, Patricia, 480
Wynette, Tammy, 359, 369

X

Xuxa, 26, 240

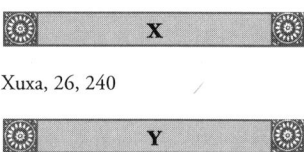

Y

Yanni, **717**
Yarrow, Peter, **422**, 422
Yeats, William Butler, **66**, 459, **463**
Yesenin, Sergei, **420**
Yevtushenko, Yevgeny, **537**
Young, Brigham, 425
Young, Gig, 275, **298**
Young, LaMonte, **476**
Young, Lester, 271
Young, Loretta, 279, 776
Young, Robert, **536**, 582
Younger, Cole, 781

Z

Zacaria, 182
Zadora, Pia, 364
Zagalo, 94
Zale, Tony, 412
Zanuck, Darryl, 633
Zanuck, Richard, 633
Zappa, Dweezil, **626**, 628, 633, 638
Zappa, Frank, 626, 633, **669**, 764
Zappa, Moon Unit, 628, **669**
Zardari, Asif, 471
Zé, Tom, 130
Zico, 206
Ziegfeld, Florenz, **22**
Ziembinsky, 206
Zimbalist, Efrain Jr., 277, 679
Zimbalist, Efrain, 264, 277
Zimbalist, Stephanie, 679
Ziraldo, 134
Zola, Emile, 250, 257
Zukerman, Eugenia, 526
Zukerman, Pinchas, **524**, 526, **529**
Zukor, Adolph, 594, 647

RECEBA INFORMAÇÕES NA VELOCIDADE DA LUZ.

A partir do momento em que você se cadastra no nosso site passa a receber, se quiser, informações sobre os lançamentos e novidades da Editora Campus, dentro dos assuntos do seu interesse. É rápido. E você ainda encontra catálogo completo on-line, para consultas e compras, com as mais importantes publicações sobre Administração, Negócios, Informática, Economia, Divulgação Científica, Qualidade de Vida, Ciências Humanas e Interesse Geral. Além disso tem Promoções e Sala de Professores, tudo ao seu alcance, 24 horas por dia. Clique **www.campus.com.br** e fique sempre bem informado.

www.campus.com.br
É RÁPIDO E FÁCIL. CADASTRE-SE AGORA.

OUTRAS MANEIRAS FÁCEIS DE RECEBER INFORMAÇÕES SOBRE NOSSOS LANÇAMENTOS E FICAR ATUALIZADO.

EDITORA CAMPUS

- ligue grátis: **0800-265340** (2ª a 6ª feira, das 9:00 h às 18:00 h)
- envie o cupom preenchido pelos correios (o selo será pago pela editora)
- passe o cupom pelo fax: **(0xx21) 507-1991**
- ou mande um e-mail para: **info@campus.com.br**

Nome: _____

Escolaridade: _____ ❏ Masc ❏ Fem Nasc: ___/___/___

Endereço residencial: _____

Bairro: _____ Cidade: _____ Estado: _____

CEP: _____ Tel.: _____ Fax: _____

Empresa: _____

Costuma comprar livros através de: ❏ Livrarias ❏ Feiras e eventos ❏ Mala direta ❏ Internet

Sua área de interesse é:

❏ NEGÓCIOS
- ❏ Biografias e Casos Empresariais
- ❏ Economia
- ❏ Estratégia e Mudança
- ❏ Finanças e Contabilidade
- ❏ Gestão de Pessoas
- ❏ Gestão Empresarial
- ❏ Liderança
- ❏ Marketing e Vendas
- ❏ Não-Ficção
- ❏ Produção
- ❏ Qualidade
- ❏ Reengenharia
- ❏ Serviços

❏ INFORMÁTICA
- ❏ Hardware
- ❏ Redes e Conectividade
- ❏ Programação e Linguagem
- ❏ Análise de Sistemas
- ❏ Sistemas Operacionais
- ❏ Aplicativos Gráficos
- ❏ Planilhas
- ❏ Processadores de Textos
- ❏ Banco de Dados
- ❏ Multimídia
- ❏ Internet

❏ INTERESSE GERAL
❏ QUALIDADE DE VIDA
❏ LIVROS-TEXTO

Nível: ❏ Iniciante ❏ Intermediário ❏ Avançado

20299-999 - Rio de Janeiro - RJ

O selo será pago por Editora Campus

CARTÃO RESPOSTA
Não é necessário selar

EDITORA CAMPUS

ISR-52-0085/86
UP-ACPRES.VARGAS
DR/RJ